Ordo Generalis Volume A

Volume B

Volume C

Retours of Services of Heirs

1544-1699

Inquisitionum ad Capellam Domini Regis Retornatarum quae in Publicis Archivis Scotiae adhuc Servantvr Abbreviation

Volume A

Inquisitiones Speciales

Aberdeen - Kirkcudbright

Originally published in 1816

Edited, rearranged and with a new introduction by

Bruce Durie

For Frances, for Jamie, and for all those to seek to know…

Acknowledgements
Thanks are due to all those students at the universities of Strathclyde and Edinburgh who came on the journey. George Mackenzie, Keeper of the Records of Scotland, was a constant supporter.

About the author
Dr. Bruce Durie was, until 2011, Course Director of the much-praised Professional Postgraduate Genealogical Studies programme at the University of Strathclyde in Glasgow. He now teaches mainly for the Universities of Edinburgh and Dundee. He has written numerous books on genealogy and local history, mostly for The History Press, plus Victorian crime and other fiction, and is best known for the long-running BBC Radio series *Digging Up Your Roots*.
www.brucedurie.co.uk

British Library Cataloguing in Publication Data.
A catalogue record for this book is available from the British Library.
ISBN 9871291003826
Typesetting and origination by Bruce Durie/Gath Askelon
Printed in Great Britain

More information at:
    www.lulu.com
    www.brucedurie.co.uk/books.htm

INQVISITIONVM
AD CAPELLAM DOMINI REGIS
RETORNATARVM,

QVAE

IN PVBLICIS ARCHIVIS SCOTIAE

ADHVC SERVANTVR,

ABBREVIATION.

VOL. A.

===

PRINTED BY COMMAND

OF

HIS MAJESTY KING GEORGE III.

IN PURSUANCE OF AN ADDRESS OF

THE HOUSE OF COMMONS OF GREAT BRITAIN.

===

M.DCCC.XVI.

Edited, rearranged and with a new
introduction by Bruce Durie

INTRODUCTION

The Retours of Services of Heirs 1544-1699

This book and the accompanying Volume B are composed from the three volumes together called *Inquisitionum ad Capellam Domini Regis Retornatarum, quae in Publicis Archivis Scotiae Adhuc Servantur* (*Inquiries Retourned to the Chancery of our Lord the King which are Held in the Archives of Scotland*) from 1544 to 1699. These records, informally known as *Retours of Services of Heirs*, represent possibly the greatest unused resource for Scottish genealogy and land history. Essentially, they are abbreviated abstracts of the records of inheritance, the continuity of heritable possession of land and certain associated rights and responsibilities. The original Retours themselves are often long and complicated, and mostly in Latin, but they were indexed and abbreviated by the wholly wonderful Thomas Thomson (see next page) into the form presented here.

The *Retours* are an almost unparallelled source of land and inheritance information (matched only by the Sasines), but are not widely available – mostly, the printed volumes are in the National Records of Scotland (NRS) and certain specialised archives and libraries. Scanned versions are on CDs produced by the Scottish Genealogical Society, but not in a very user-friendly form; downloadable PDF format versions available variously around the internet are usually poorly scanned and also not text-searchable.

The structure of the original volumes makes them complicated to use – it is necessary to know which form of service is required (there are five, see below); to look up Volume III in either an *Index Nominum* (Name Index) or *Index Locorum* (Place Index) for each County; then to refer to Volume I or Volume II for the actual Abbreviation. In order to simplify the process, the contents of all three original Volumes have been rationalised into a more useable order.

The original contents were:

Volume I
> Fontispiece
> Address to the House of Commons
> Retour Illustration and Exemplar (transcription and translation)
> *Ordo Generalis* (contents of all three Volumes)
> *Inquisitionum (de Successione) Specialium Abbreviatio* (Aberdeen to Orkney et Shetland)

Volume II
> *Inquisitionum (de Successione) Specialium Continuatio* (Peebles to Wigton)
> *Abbreviationis Inquisitionum Specialium Supplementa*
> *Inquisitionum (de Successione) Generalium Abbreviatio*
> *Abbreviationis Inquisitionum Generalium Supplementa*
> *Inquisitionum de Tutela Abbreviatio*
> *Abbreviationis Inquisitionum de Tutela Supplementa*
> *Inquisitiones Valorum (Sive Extentuum)*
> *Inquisitiones de Possessione Quinquennali*

Volume III
> *Indices Nominum et Locorum*

The present two volumes are rearrangements of these so that the *Indices* for each County appear before the Abbreviations, followed by the *Supplementa* and any *Addenda et Corrigenda*, in County order:

Volume A
  Fontispiece
  Address to the House of Commons
  Retour Illustration and Exemplar (transcription and translation)
  Ordo Generalis (contents of all three Volumes)
  Inquisitionum (de Successione) Specialium Abbreviatio (Aberdeen to Kirkudbright)
Volume B
  Continuation of the *Inquisitionum (de Successione) Specialium* (Lanark to Wigton)
  Inquisitionum (de Successione) Generalium Abbreviatio
  Abbreviationis Inquisitionum Generalium Supplementa
  Addenda et Corrigenda
  Inquisitionum de Tutela Abbreviatio
  Abbreviationis Inquisitionum de Tutela Supplementa
  Glossary of terms in Scots, English and Latin

Inquisitiones Valorum (Sive Extentuum) and *Inquisitiones de Possessione Quinquennali* are in Volume C along with the Retours for 1700-1859.

The production of the *Retours*

As described above the *Retours* were indexed and abbreviated by Thomas Thomson, appointed to the new office of Depute Clerk Register in 1806. Between 1811 and 1816, Thomson produced his indices in two series: 1544–1699 (mostly in Latin except for 1652–9, but all with English indexes); and 1700–1859 (in English). The first series consisted of two volumes of printed summaries, *Inquisitionum ad Capellam Regis Retornatarum Abbreviatio* and a third volume carrying indices to the first series, arranged by county, of names (*Index Nominum*) and places (*Index Locorum*). These are rearranged in Volumes A and B of this work. The second series (1700–1859) is for all of Scotland, arranged by decades. That forms the material in Volume C.

The printing in the originals is not always clear and suffers from other imperfections – accentuated, sadly, when such material is scanned and which mitigates against any optical character recognition. This explains why the *Retours* have been produced in this printed format rather than presented as text in a database.

Immoveable (heritable) property under the feudal system

When looking for evidence of inheritance in Scotland, it would perhaps be natural to look to wills and testaments. However, we should remember that until 1868, wills (strictly speaking, testaments) could only transfer moveable property; 'real' property (also called immoveable or heritable) – essentially land, buildings and heritable titles or offices – were subject to the separate process of *Retours of Services of Heirs*, much like the distinction in English executry law between bequeathing (moveables) and devising (immoveables, heritables). There was a way to subvert the Scottish process, the use of a Trust Disposition and Settlement ('deed of settlement') – not dealt with here, but those interested might consult two related works: Durie (2012)[i] and Durie (2013).[ii]

Until well after the 1950s, most of Scotland's inhabitants were tenants rather than landowners or householders and 100 years before that, the majority were agricultural tenants or labourers, factory or mill workers, coal miners and so on. Records of land and property ownership will only be useful for tracking and identifying property holders rather than tenants or workers. Sale or transfer of ownership (or, properly, vassalage) during life, and wadsetting (mortgages) was by means of sasines and because after 1858 it was possible, but not necessary, to register long leases (tacks) on properties, so renters and tacksmen might well appear in the *Register of Sasines*. Inheritance is recorded in the *Retours*.

Under the feudal system which governed landholding in Scotland until 2004,[iii] in theory almost all land belonged to the Crown as *ultimus haeres*,[iv] in a hierarchy of heritable possession to immediate vassals ('subject superiors' or 'Crown tenants', who were also feudal or minor barons, as distinct from peerage barons). No-one actually owned land – they were 'seised as of fee' – but one who had heritable possession of a property could in turn pass the possession of parts of the property to someone else – who then became vassal to that superior. A landholder could also alienate (dispose of, sell) the whole, including passing on the barony at the same time, and the rights, duties and responsibilities which accompanied that dignity. Sometimes the entire landed estate was alienated but the dignity of the barony retained, by a convenient legal fiction.

Say an estate had been, over the years, subdivided in 16^ths and those parts subinfeudated (passed heritably in fee) to vassals. The superior received a *reddendo* which could be of various kinds: *ward* (military or some other service, which gradually disappeared); *feu-ferme* (payment in cash or produce, at a certain level and at specified times); *blench-ferme* (the *reddendo* being minimal or notional – a silver penny, a white rose each Christmas, a peppercorn – and then only if asked for); *free-alms* (the usual mechanism for granting land to a church or other collegiate body in perpetuity, in exchange for masses said, services held, prayers offered etc., but usually reserving *advowson*, the right to appoint the minister or other clergy).

Now say the superior retained the portion around the main house, but later alienated the house and the land it stood on, all except one pocket-handkerchief-sized parcel of land near the property boundary. At this point, can the superior still be said to hold the estate, and with it, the barony? In other words, in what part of the land – and of what minimum size – is the barony itself vested? The convention was to use some landmark – a particular stone, for example – as the *caput* of the barony, and retaining that retained the baronial dignity. One consequence was the existence of a number of 'telephone-pole barons' whose ancestors had sold all their patrimony over the years except for the all-important *caput*, thus allowing the scion to be termed 'So-and-So of that Ilk, Baron of So-and-So' but without the tedious appendage of an estate and a ruinous property to maintain. Now that land and barony have been divorced from each other (see note [3]), Lord Lyon takes the view that a few acres are necessary before anyone can have a territorial designation recognised in a new Grant of Arms. In a parallel way, the *caput* of Scotland was held to be the ancient crowning-place of Kings of Scots, the moot-stone at Scone Palace – the so-called Stone of Destiny, which explains the significance of that piece of masonry beyond the mere mythical and emblematic, as in theory anyone in possession of it is 'seised' of Scotland, as Edward I evidently believed (or believed the Scots believed) when he removed the stone southwards.

This system of feudal possession also applied to property held collegiately or *ex-officio*. If, for instance, the Crown had granted lands to an abbey, the abbot as commendator and/or usufructuar, could then subinfeudate it in parcels to others, rent or lease it and so on. This ensured that abbeys were maintained by an income and produce, and that the land was worked. It was also a way for highly-placed clerics to vest their families and offspring in lands that were, in theory, ecclesiastical but then became in effect personal property. In such manner did the Duries of Fife acquire certain lands, though not the eponymous estate, which had been granted in the 1260s.

However, the consequence of heritable possession in fee to a superior was that when a vassal died, it was not automatic that the property would be passed to his or her designated heir – that would depend on the conditions of the original grant, and on the ability to prove heirship.

Heritable immoveable property and *Retours of Services of Heirs*

When a vassal died, his or her *heir appearand*[v] had to prove the claim, hence the system of *Retours*. Thomson gives an outline (reproduced in **this volume**) of the process from brieve (warrant) to the 'retourned' results of an inquisition. In the case of a subject superior (a vassal directly of the Crown), a jury of 15 local landholders or other 'upright and faithful men of the country'[vi] was summoned by a brieve served on the sheriff or other officer, to convene and hear pleas, to consider any documents provided and to decide who was the rightful heir. These would be other local landholders, who knew the place and the family, and might well include neighbours and relatives. (This, incidentally, is the origin of 'Fifteen men on a dead man's chest', the chest in question being the documents-kist which presumably held the relevant paperwork – it had nothing to do with Yo-Ho-Ho-ing pirates until Robert Lewis Balfour Stevenson purloined it for use in *Treasure Island*.) The findings of the jury were retourned (returned) to the Royal Chancery to confirm inheritance. If approved by Chancery the individual would be served as heir, and the process could start to give full title.

Where the Retours are especially important for family history purposes, is that they often help to clarify connections, such as when land was inherited by a grandson, brother, cousin, niece etc. They can also, by consulting the appropriate *Index Locorum*, be used to track the history of a property across the centuries. There are a number of forms of retour:

1. *Special Retours* dealt with lands of subject superiors, and unambiguously described the property in some detail - when it concerned their own vassals, subject superiors could confirm an heir's right to inherit by a Precept of *Clare Constat* ('clearly shows') essentially authorising the grant of title to the heir; there is no central register of these, but they are within many collections of family papers held at the NRS and elsewhere;

2. where the succession was not to any one particular estate 'in special' but to general heirship to the deceased ancestor, the claimant could use the Chancery to get a jury's opinion on the claim and use this, if beneficial, to get the superior's consent or to require him to consent. This produced a *General Retour* (which did not give any great detail about the property itself, merely those persons involved in the transaction). This situation may have arisen the need to prove the right to inherit, possibly because there was a dispute, or because the subject superior did not know the heir personally, or was refusing to grant title for some reason. It would help rationalise the process by which property held by a 'defunct' with no issue would pass to his next-elder brother if the property had been acquired by 'conqueish'[vii] or to his next-younger brother if by inheritance (and corresponding sisters as heirs portioner if no brothers existed).

3. enquiries into matters of Tutory (looking after the interests of minors) and Curatory (looking after the infirm etc.) which are in *Inquisitionum de Tutela*;

4. valuations of land (*Inquisitionum Valorum* and *Inquisitionum de Possessione Quinquennali*).

The documents are in the Records of the Chancery at the NRS (Refs. C22 and C28), but there is rarely much need to consult them directly – usually the printed abridgement is all the information needed, but the documents themselves, particularly Special Retours, may contain important information about the property itself and any special conditions attached to it.

Understanding a Retour

A retour begins with the date of the inquest, the names of the jury, the name of the deceased, the lands concerned (if a Special Retour), and the name of the legitimate heir. The extent (worth) of the land was sometimes given in Old Extent (A.E.) and New Extent (N.E.), reflecting the change in value of the Pund Scots (Scottish Pound, see below). Land extents (annual values) are often expressed in Merks (1 Merk = 2/3 Pound Scots.)

(18)   Dec. 9. 1640.
ARCHIBALDUS STIRLING, *hæres* Archibaldi Stirling burgensis de Stirling, *patris,*—in annuo redditu 640*m.* de terris dominicalibus de Menstrie ;—terris de Westertoun et Middiltoun de Menstrie, in parochia de Logie ;—et de terris de Westertoun de Tulliecultrie, infra parochiam de Tulliecultrie :—E. 512*m.*—annuo redditu 508*m.* de prænominatis terris et baronia de Menstrie, extendentibus ad 20 libratas terrarum antiqui extentus, in parochia de Logie, et de firmis, &c. dictarum terrarum et baroniæ de Menstrie.—E. 406*m.* 5*s.* 4*d.*   xvi. 135.

(30)   Oct. 6. 1654.
ALEXANDER BRUCE, *heir* of Hendrie Bruce son to Sir Robert Bruce of Clakmanan knight, *his father,*—in ane annuelrent of 200*m.* furth of the barroney and lands of Clackmanan ;—ane uther annuelrent of 200*m.* furth of the said lands.   xxiii. 72.

Translation

ARCHIBALD STIRLING, heir to Archibald Stirling Burgess of Stirling, his father, - in annual rent 640 Merks of the demesne lands of Menstrie, in the parish of Logie; and of the lands of Westerton of Tillicoutry, under the parish of Tillicoutry: - Extent 512 Merks – annual rent 508 Merks of the aforesaid lands and barony of Menstrie, extending to 20 Pounds [Scots] of land of Old Extent, in the parish of Logie, and of the forms etc. of the said lands and barony of Menstrie – Extent 406 Merks 5s 4d.

(The second retour is, unusually, in Scots.)

Abbreviations of two Special Retours from Clackmannanshire in the 1600s, one in Latin, one in Scots. The end references (xvi. 135 etc) are to the actual Retours. Consult the Glossary in Volume B for the terms used.

(50)   Oct. 16. 1600.
STEPHANUS LAW, *hæres* Alexandri Law notarii ac incolæ burgi de Edinburgh, *patris.*   ii. 67.

(51)   Oct. 18. 1600.
MAGISTER GEORGIUS BONYMAN, *hæres* Georgii Bonyman mercatoris ac burgensis de Edinburgh, *patris.*   ii. 64.

(52)   Oct. 31. 1600.
JOANNES GORDOUN, *hæres* Domini Joannis Gordoun de Petlurg militis, *patris.*   ii. 61.

(53)   Nov. 8. 1600.
MAGISTER JACOBUS DURHAME de Duntarvie, *hæres* Capitanei Alexandri Durhame de Houschgour in Denmark, *filii patrui.*   ii. 79.

Translation

(50) STEPHEN LAW, heir to Alexander Law notary and resident of the town of Edinburgh, his father.

(51) MASTER GEORGE BONYMAN, heir to George Bonyman merchant and burgess of Edinburgh, his father.

(52) JOHN GORDON, heir to Sir John Gordon of Petlurg, Knight, his father.

(53) MASTER JAMES DURHAM of Duntarvie, heir to Captain Alexander Durham of Houschgour in Denmark, his paternal uncle's son [*i.e., his cousin*]

[Note that *Dominus* when followed my *militis* = Sir and *Magister* signifies a graduate (M.A.).]

Abridgements of some General Retours from the 1600s. These are in Volume B.

(38)   Oct. 4. 1603.
MAGISTER THOMAS GAIRDYNE de Blairtone, patruus WALTERI, GILBERTI, MARIÆ, MARGARETÆ et ISABELLÆ GAIRDYNIS, liberorum legitimorum quondam Magistri Gilberti Gairdyne de Boithis,—*propinquior agnatus,* id est consanguineus ex parte patris dictis liberis quondam Magistri Gilberti sui fratris germani.   iii. 54.

Retour of Tutory (care of minors).

Translation

(38) MASTER THOMAS GAIRDYNE of Blairton, uncle of Walter, Gilbert, Mary Margaret and Isabella Gairdyne, legitimate children of the deceased Master Gilbert Gairdyne of Boithis, – nearest relation by blood on father's side of the said children of the deceased Master Gilbert his brother-german [=full brother]

There are examples of a Special Retour and a General Retour at the start of Volume B.

Retours for counties and burghs from 1700 (Volume C)

From 1700 to 1859 the printed *Indexes to the Services of Heirs in Scotland* (reproduced in Volume C) are arranged as decennial sections, after which they became annual. From the name of the heir in the index it is possible to find the heir's designation, details about the ancestor (sometimes with the death date), the type of heir, the names of lands (if a special retour) and the retour date. Original records before 15 November 1847 have the NAS reference prefix C22, and after that, C28. The abbreviations look like this:

1750–1759.

INDEX

to

THE SERVICES OF HEIRS IN SCOTLAND,

RECORDED IN THE TEN YEARS COMMENCING 1st JANUARY 1750, AND ENDING 31st DECEMBER 1759.

ABE—ALL.

Name of the Person Served.	Distinguishing Particulars.	Date of Recording.	Monthly No.	Dated before 1750, viz. in
	A			
Abercromby—George . .	of Tullibody, as his Father Alexander Abercromby of Tullibody—Hr. Male and of Line and Provn. Gl.—24th July 1753	1753 July 26	24	
ABERDEEN, EARL OF—GEORGE	to his Father William Earl of Aberdeen—Heir General—dated 18th April 1759	1759 April 23	14	
Aberdein—Alexander . .	of Cairnbulg, Provost of Aberdeen, to his Father Alexander Aberdein of Cairnbulg, Mercht. Aberdeen—Hr. Gl.—18th Feb. 1756	1756 March 6	3	
Adair—Charles . . .	to his Father Charles Adair, Merchant in Perth—Heir General—dated 24th January 1747 . . .	1752 Aug. 11	4	1747
Adam—Agnes—(or Douglas) .	Wife of Jas. Douglas, Dyer, Leith, to her Mother Elizabeth Nicholson, Wife of A. Adam, Shipmr. there—Hr. Gl.—26th Feb. 1752	1752 March 20	16	
Adam—Agnes—(or Strachan)	Widow of John Strachan, Shipmaster in Montrose, to her Father John Adam, Merchant there—Hr. Genl.—18th June 1752	1752 July 2	2	
Adam—Hamilton . . .	Maltster in Dalry, to his Mother Martha Anderson or Adam, Widow of Matthew Adam there—Heir General—4th May 1753	1753 June 13	13	
Adam—Jean—(or Burnside) .	Wife of Jn. Adam in Kirkintilloch, to her Father Patrick Burnside, Wright, etc. there—Hr. Portr. Genl.—24th March 1752	1752 Sept. 18	7	
Adam—John . . .	of Maryburgh, Architect, to his Father William Adam, Architect in Edinburgh, who died – June 1748—Heir Special in one-fourth of Blair of Crombith, and in the South half of the Hill of Dowhill Kinross shire 17th January 1754	1754 Jan. 31	28	
Adam—Marjory—(or Toolson)	Wife of A. Glennie, Aberdeen, and Wid. of Rt. Adam there, to her Brother Andrew Toolson, Rio Esquebo—Hr. Port. Gl.	1756 Oct. 14	2	

Forms of Heirship

Refer to Volume B for explanation of terms such as 'heir of line' and 'heir portioner'. One of the forms of heirship requires some further explanation: if an heir was served as 'heir of tailzie', the property was 'entailed' – essentially, its further transfer was restricted in some way, say to 'heirs male', or to 'heirs of the body lawfully procreate' or (rarely) to females only. This prevented the property going outwith the family or down a certain line and could, for instance, require the heir of tailzie to take the surname and arms of the entailer. Thus, an outsider marrying a sole heir daughter would take the daughter's family name.

Dates in Retours

There was no time limit for recording a retour, unlike with sasines, so the date of the Retour may not equate with that of the death. Some heirs engaged with the Chancery system years later if, for example, the inheritance was challenged or if they wanted to sell the property and required evidence of clear title.

Spelling of names in Retours

It is important not to be misled by spellings – these were variable in the earlier retours, and while Thomson has made efforts to rationalise the onomastic problem by grouping likely variants together under the more 'modern' form as recognised ca. 1800 (for instance MOUBRAY with MOUBRAY, or QUHEYT with WHITE). This example from Fife shows the same name rendered three different ways within the one Abbreviation – the accepted spelling now is DURIE, but the *Index Nominum* gives only DURY and DURRIE.

(495)   Oct. 12. 1633.
JACOBUS DURY, *hæres* Joannis Durrie filii legitimi Georgii Durie de Craigluscour, *fratris*,—in terris et villis de Craigluscour:—E. 12*l.*.5*s.* 0½*d.* &c.—Terris de Baldrig-Eister *alias* Hoilbaldrig, in parochia et regalitate de Dumfermling.—E. 9*l.* 10*s.* 9*d.* &c. xiv. 76.

Translation

(495) JAMES DURY, heir to John Durrie legitimate son of george Durie of Craigluscar, his brother, - in the lands and town of Craigluscar; - E(xtent) 3 Pounds 10s. 3d. etc.   xiv. 76.

Using these volumes (Special Retours)

1. Under the appropriate County, look up a surname in the *Index Nominum* or the name of land in the *Index Locorum* and note the reference numbers.
2. The Abbreviations are organised chronologically, using the reference numbers derived as above.
3. Cross-check any other lands or surnames mentioned in any Abbreviation.
4. Look up unfamiliar terms used (Latin, Scots and English) in the Glossary.
5. If further detail is needed, consult the original Retour at NRS, Register House, Edinburgh (see www.nas.gov.uk)
6. This can usually be followed back to the original charter granting the land, which will also be at NRS in most cases – if it is lost, an official extract can be obtained from the Register of the Great Seal (also at NRS, but also available in print at specialised libraries) which has the same legal status as the original charter.

General Retours are addressed in Volume B

Money, land measurement and dates

Consult Durie (2012) and Durie (2013) for more detail, but remember the following:

1. Until 1600 in Scotland and 1752 in England, New Year was 25 March – this necessitates on occasion giving the year in Old Style (OS) and New Style (NS) when a date falls between 1 January and 24 March (e.g., 14 Feb. 1597/98) but where it is not, it is unclear whether Thomson has 'modernised' the date to NS or followed what was in the original retour (see entry 75, Fife).
2. Land was usually measured by Extent (annual value in rent or produce realisable, equivalent to the later rateable value) and equated to its production worth – therefore fertile land of Extent (say) 20 Merks will be a smaller area than land of the same Extent in relatively unproductive hill-scrub.

3. Auld Extent, New Extent – there was a revaluation of land values in the 1400s by a factor of 4 or 5, but most people used both to avoid ambiguity. Think of this as the annual rent or produce value.

4. Occasionally other measures are used, such as the acre, and the davach – about 32 to 48 acres of sown land, roughly the same as an English ploughgate, the area that a single plough could turn over in a season.

5. The denomination for money was in pounds, shillings and pence or L.S.D. (*librae, solidi, denarii*) with 12 d. = 1s., 20s. = £1; all values are either in pund Scots, with occasional references to Sterling, or in merks (2/3 of a pund Scots).

6. Where values are in punds Scots, this can be equated to pounds Sterling using the following approximate exchange rates:

Up to 1355	equivalent
1356-1390	1:2
1391-1451	1:2½
1452-1453	1:3
1454-1467	1:3½
1468-1475 (gold only)	1:4
1476-1544 (all coinage)	1:4
1545-1560	1:5
1561-1565	1:6
1566-1579	1:8
1580-1597	1:10
1598-1601	1:12
after 1603	1:12 – this rate persisted even after Scots currency disappeared in 1707.

   There were various exchange rates during the Interregnum, 1649-1660.

7. There are occasional references to produce dry measure – bolls, firlots, pecks etc. (see entry 77, Fife). The basic measure was the firlot, equal to about 36 litres of wheat, peas, beans and meal, or about 53 litres of barley, oats and malt. A smaller unit, the lippie or forpet, was 1/16th of a firlot and thus around 2.25 or 3.3 litres. It was equivalent to the Imperial (English) half-gallon or 4 pints. Prices were usually expressed by the boll (4 firlots or 2 Imperial gallons).

   4 lippies or 4 forpets = 1 peck
   16 lippies = 4 pecks = 1 firlot (2214.3 cubic inches or 8 Imperial gallons for wheat etc.,
      3230.3 cu. in. or 11.65 Imperial gallons for barley etc.)
   64 lippies = 16 pecks = 4 firlots =1 boll
   16 firlots = 4 bolls = 1 quarter (equivalent to an English bushel)
   64 firlots = 16 bolls = 4 quarters = chalder
   31 Scots pints = 1 barley firlot

Liquid measure was different again, but rarely occurs in retours.

Counties and maps

It may be unclear in which county a certain place is located at the time. This is particularly the case where there have been many boundary-changes and/or renamings. In the area around Elgin, Forres and Nairn, a settlement or parish may have been considered Elginshire, Nairnshire, Morayshire or Inverness-shire. Some estates straddled more than one parish and county. Some county names have changed – Edinburghshire is now Midlothian, Linlithgowshire is West Lothian, Haddingtonshire is East Lothian and Forfarshire is now called Angus. Some more have disappeared completely – Selkirkshire, Roxburghshire, Berwickshire. Others are subdivided in modern times – Ayrshire is now three council areas of South Ayrshire, East Ayrshire and North Ayrshire.

To avoid doubt, consult a map for the relevant period – there are many, free to view, at the National Library of Scotland (www.nls.uk). Particularly valuable are Pont's maps and Blaeu's renditions of these from the late 1500s to about 1650, which show many placenames which have since disappeared or changed beyond recognition. Herman Moll's County Maps of 1745 are useful for delineating county boundaries.

Part of Moll's map of the Shires of Murray [Moray] and Nairn, showing that by 1745 the shire called Elgin and Forres had disappeared as a name.

Further Reading

Abolition of Feudal Tenure etc. (Scotland) Act 2000,
 www.hmso.gov.uk/legislation/scotland/acts2000/ 20000005.htm.

Report on Abolition of the Feudal System, www.scotland.gov.uk/deleted/library/documents-w10/afs1-00.htm.

Gretton G., *The Law of Property in Scotland*, pp. 31–100, Reid, Kenneth G.C. (ed), Butterworth's Edinburgh: Law Society of Scotland (1996).

McNeill, P.G.B. and MacQueen, H.L. (eds), *Atlas of Scottish History to 1707*, University of Edinburgh (1996).

Notes

---

[i] Durie, B. (2012). *Scottish Genealogy*. 3rd Edn. Stroud, The History Press.

[ii] Durie, B. (2013). *Documents for Genealogy and Local History*. Stroud, The History Press.

[iii] Abolition of Feudal Tenure (Scotland) Act 2000, which came into force in 2004. See *Further Reading*.

[iv] The exceptions are heritable property in Orkney and Shetland, and certain ecclesiastical lands, held by allodial (udal) tenure – see Glossary (Volume B) for more detail.

[v] Not exactly the same as 'heir apparent'.

[vi] The phrase used is *'probos et fideles homines patriae'*.

[vii] 'Conquest' is acquisition of land by any means other than inheritance, such as by purchase. There is no implication of a physical tussle for it.

ADDRESS

OF THE

HOUSE OF COMMONS OF GREAT BRITAIN

TO

HIS MAJESTY.

EXTRACTED FROM THE VOTES,

Veneris, 11° die Julii, Anno 40° Georgii 3tii Regis, 1800.

Moſt Gracious Sovereign,

WE, your MAJESTY's most dutiful and loyal Subjects, the Commons of Great Britain in Parliament assembled, having taken into our Consideration the State of the Public Records of this Kingdom, and the Necessity of providing for the better Arrangement, Preservation, and more convenient Use of the same, humbly beg Leave to lay before Your Majesty the Report of our Proceedings thereon; and to represent to Your Majesty, that in several of the principal Offices we have found the Public Records preserved with great Order and Regularity, and in some few, with a Method and Care which are exemplary; but that, in many of the most important Offices, they are wholly unarranged, undescribed, and unascertained; that some of them are exposed to Erasure, Alteration, and Embezzlement, and others are lodged in Places where they are daily perishing by Damp, or incurring a continual Risk of Destruction by Fire.

A Period of nearly Seventy Years has elapsed since the last General Parliamentary Inquiry upon this Subject; and, during this Interval of Time, the Change which has taken place in the Language and written Character of Judicial Proceedings, as well as the large Accumulation of Materials which has been progressively superadded in every Department, have increased the Difficulties of methodizing the several Repositories, or applying their Contents to Purposes of practical Use.

In the Course of our Inquiry, we have found that many of the Public Buildings allotted to these Uses, and especially those Buildings which belong to Your Majesty's Exchequer in all its Branches, comprehending the ancient Records and Muniments of the Rights and Possessions of the Crown, and the Vouchers and Accounts of the Public Revenues and Expenditure, are in a State so incommodious and insecure, as to require immediate Attention.

It has also appeared to us, that the salutary Measures heretofore adopted by Your Majesty's Authority, for methodizing the Contents of some of the principal Repositories of Your Majesty's Records and Papers of State, might also be extended to many other Repositories, with Consequences highly beneficial to the Public Service.

And the same motives which encouraged our Predecessors to intreat Your Majesty's Directions for printing the ancient Records of Domesday, and the Rolls of Parliament, have also induced us to submit to Your Majesty's Wisdom, our Desire of extending the same Measure to other ancient and valuable Monuments of our History, Laws, and Government.

Your faithful Commons do therefore most humbly beseech Your Majesty, that You will be graciously pleased to give such Directions as Your Majesty, in Your great Wisdom, shall think fit, for the better Preservation, Arrangement, and more convenient Use of the Public Records of this Kingdom.

And we beg Leave further to assure Your Majesty, that whatever extraordinary Expences may be incurred by the Directions which Your Majesty, in Your great Wisdom, shall think fit to give on this Occasion, shall be cheerfully provided for and made good by Your faithful Commons.

Jovis, 17° *die Julii;*

Anno 40° Georgii 3tii Regis, 1800.

Mr. Chancellor of the Exchequer reported to the House, That their Address of Friday last (that His Majesty would be graciously pleased to give such Directions as he shall think fit, for the better Preservation, Arrangement, and more convenient Use of the Public Records of this Kingdom; and to assure His Majesty, that whatever extraordinary Expences may be incurred by the Directions which His Majesty shall think fit to give on this Occasion, shall be made good by His faithful Commons) had been presented to His Majesty; and that His Majesty had commanded him to acquaint this House, that He will give Directions as desired by the said Address.

COMMISSION

For executing the Measures recommended by the House of Commons respecting the PUBLIC RECORDS OF THE KINGDOM.

GEORGE R.

GEORGE THE THIRD by the Grace of God, of the United Kingdom of Great Britain and Ireland King, Defender of the Faith:

To Our right trusty and well-beloved Councillor William Wyndham Baron Grenville, First Commissioner of Our Treasury, or the First Commissioner of Our Treasury for the time being; Our right trusty and right well-beloved Cousin and Councillor George John Earl Spencer, Knight of the most noble Order of the Garter, Our right trusty and well-beloved Councillors Charles James Fox, and William Windham, Our three Principal Secretaries of State, or Our three Principal Secretaries of State for the time being; Our right trusty and well-beloved Councillors Charles Abbot, Speaker of the House of Commons, or the Speaker of the House of Commons for the time being; and Sir William Grant, Knight, Master of the Rolls, or the Master of the Rolls for the time being; Our trusty and well-beloved Henry Erskine, Esquire, Our sole and only Advocate for Scotland, or Our sole and only Advocate for Scotland for the time being; Our right trusty and well-beloved Cousin and Councillor Henry Viscount Sidmouth; Our right trusty and well-beloved Councillors Frederick Campbell, Esq. (commonly called Lord Frederick Campbell), Sylvester Baron Glenbervie of that Part of our United Kingdom called Ireland, and John Baron Redesdale; the Right Reverend Father in God Our right trusty and well-beloved John Lord Bishop of Oxford; Our right trusty and well-beloved Councillors Charles Bathurst, William Wickham, and Nathaniel Bond.

WHEREAS the Knights, Citizens, and Burgesses, and Commissioners of Shires and Boroughs in Our Parliament of Great Britain assembled, having taken into their Consideration the State of the Public Records of this Kingdom, and the necessity of providing for the better Arrangement, Preservation, and more convenient Use of the same, have heretofore humbly laid before Us a Report of their Proceedings thereon; and also humbly represented unto Us, that the Public Records of the Kingdom are in many Offices unarranged, undescribed, and unascertained; that many of them are exposed to Erasure, Alteration, and Embezzlement, and are lodged in Buildings incommodious and insecure; and that it would be beneficial for the Public Service, that the Records and Papers contained in many of the principal Offices and Repositories should be methodized, and that certain of the more ancient and valuable amongst them should be printed; and humbly besought Us, that We would be graciously pleased to give such Directions thereupon, as We in Our Wisdom should think fit: And whereas We, considering the Premises, and earnestly desiring more effectually to provide for the better Arrangement, Preservation, and more convenient Use of the said Records and Papers, did, by Warrant under Our Sign Manual, bearing date the nineteenth day of July 1800, authorize and appoint the several Persons therein severally named, and any Three or more of them, to make a diligent and particular Inquiry into the several Matters which Our faithful Commons had, in their above-mentioned Report of their Proceedings, represented as fitting to be provided by Our Royal Authority, and to do such other Matters and Things touching the Premises as are therein set forth: And whereas the said several Persons thereby appointed have duly proceeded in the Execution of the several Matters committed to their Charge, and have made considerable Progress therein, as by their annual Certificates to Us in Our Privy Council appears; but some of the said Persons are since deceased, or have become less able to attend to the Duties so required of them, and it is expedient to appoint others in their Place, and also to increase the Number of the said Persons so to be appointed for the Purpose aforesaid, in such Manner as may give more complete and permanent Effect to Our Royal Intentions in that Behalf.

Now know ye, That We, considering the Premises, and earnestly desiring further and more effectually to provide for the better Arrangement, Preservation, and more convenient Use of the said Records and Papers, and reposing great Trust and Confidence in your Fidelity, Discretion, and Integrity, have authorized and appointed, and by these Presents do authorize and appoint you the said William Wyndham, Baron Grenville, George John Earl Spencer, Charles James Fox, William Windham, Charles Abbot, Sir William Grant, Henry Erskine, Henry Viscount Sidmouth, Frederick Campbell, Esquire, (commonly called Lord Frederick Campbell), Sylvester Baron Glenbervie, John Baron Redesdale, John Lord Bishop of Oxford, Charles Bathurst, William Wickham, and Nathaniel Bond, and any Three or more of you (whereof the said First Commissioner of Our Treasury, one of Our Principal Secretaries of State, the Speaker of the House of Commons, the Master of the Rolls, or Our Advocate for Scotland, severally and respectively for the Time being, to be one) further to make a diligent and particular Inquiry into the several Matters which Our faithful Commons have, in the above-mentioned Report of their Proceedings, represented as fitting to be provided for by Our Royal Authority: And furthermore, We do by these Presents, give and grant unto you Our said Commissioners, and any Three or more of you (whereof the said First Commissioner of Our Treasury, One of Our Principal Secretaries of State, the Speaker of the House of Commons, the Master of the Rolls, or Our Advocate for Scotland, severally and respectively for the Time being, to be One) full Power and Authority to cause all and singular the Officers, Clerks, and Ministers of the said Offices and Repositories respectively, to bring and produce upon Oath, before you, or any Three or more of you, all and singular Rolls, Records, Books, and Papers, or other Writings belonging

b

to the said Offices or Repositories, or any of them, or any Officers within the same, and which shall be in the Custody of them, or any of them respectively: And Our further Will and Pleasure is, That ye, or any Three or more of you (whereof the said First Commissioner of Our Treasury, One of Our Principal Secretaries of State, the Speaker of the House of Commons, the Master of the Rolls, or Our Advocate for Scotland, severally and respectively for the Time being, to be One), upon due Examination of the Premises, shall cause such Matters to be duly and speedily executed, as ye shall judge fitting and proper to be done for the more effectual Execution of the several Measures recommended by Our faithful Commons, in the said Report of their Proceedings relative thereto. And to the end that Our Royal Will and Pleasure in the Premises may be executed with the greater Regularity and Expedition, We further, by these Presents, will and command, and do hereby give full Power and Authority to you, or any Three or more of you, (whereof the said First Commissioner of Our Treasury, One of Our Principal Secretaries of State, the Speaker of the House of Commons, the Master of the Rolls, or Our Advocate for Scotland, severally and respectively for the Time being, to be One), to nominate and appoint from Time to Time, such Person of Ability, Care, and Diligence, as ye shall think fit, to be and act as your Clerk or Secretary, for the Purpose of aiding you in the Execution of these Presents; and also to nominate and appoint in like Manner such several Persons of Ability, Care, and Diligence, as ye may think fit, to be Sub-Commissioners, to be employed under your Direction and Controul in the Premises; and more especially to methodize, regulate, and digest the Records, Rolls, Instruments, Books, and Papers, in any of Our Public Offices and Repositories, and to cause such of the said Records, Rolls, Instruments, Books, and Papers, as are decayed and in Danger of being destroyed, to be bound and secured; and to make exact Calendars and Indexes thereof: and to superintend the printing of such Calendars and Indexes, and original Records and Papers as ye shall cause to be printed; which said Clerk or Secretary, and Sub-Commissioners, and every of them, shall and may be removed by you, or any Three or more of you, (whereof the said First Commissioner of Our Treasury, One of Our Principal Secretaries of State, the Speaker of the House of Commons, the Master of the Rolls, or Our Advocate for Scotland, severally and respectively for the Time being, to be One), from Time to Time at your Will and Pleasure, full Power and Authority being hereby given to you to appoint others in their Places respectively: And We further will and command, and by these Presents ordain, That ye, or any Three or more of you, (whereof the said First Commissioner of Our Treasury, One of Our Principal Secretaries of State, the Speaker of the House of Commons, the Master of the Rolls, or Our Advocate for Scotland, severally and respectively for the Time being, to be One), shall from Time to Time certify under your Hands and Seals, unto Our Lord High Treasurer, or unto the Commissioners of Our Treasury for the Time being, what shall be a fit and suitable Recompence to the above-mentioned Clerk or Secretary, and Sub-Commissioners respectively, for their Pains and Services in the Execution of the Duties hereby required to be by them performed; which said Recompence it is Our Will and Pleasure shall thereupon be paid to them respectively and accordingly. And Our further Will and Pleasure is, That ye, or any Three or more of you, (whereof the said First Commissioner of Our Treasury, One of Our Principal Secretaries of State, the Speaker of the House of Commons, the Master of the Rolls, or Our Advocate for Scotland, severally and respectively for the Time being, to be One), do and shall, on or before the Twenty-fifth Day of March, in the Year of our Lord 1807, and so from Year to Year, on or before the Twenty-fifth Day of March in each Year respectively, so long as this Commission shall continue in Force, certify unto Us in Our Privy Council, under your Hands and Seals respectively, all and every of the several Proceedings of yourselves and of the said Sub-Commissioners, had by virtue of these Presents, together with such other Matters (if any) as may be deserving of Our Royal Consideration, touching or concerning the Premises; and what further Measures (if any) ye shall think fit to propose thereupon. And lastly, We do by these Presents ordain, That this Our Commission shall continue in full Force and Virtue; and that ye Our said Commissioners, or any Three or more of you, (whereof the said First Commissioner of Our Treasury, One of Our Principal Secretaries of State, the Speaker of the House of Commons, the Master of the Rolls, or Our Advocate for Scotland, severally and respectively for the Time being, to be One), shall and may from Time to Time, and at any Place or Places, proceed in the Execution thereof, and of every Matter and Thing therein contained, although the same be not continued from Time to Time by Adjournment.—Given at Our Court at Saint James's, the Twenty-third Day of May 1806, in the Forty-sixth Year of Our Reign.

By His Majesty's Command,

SPENCER.

ORDER.

At a Board of the Commissioners appointed by His Majesty, for carrying into Execution the Measures recommended by the House of Commons, respecting the Public Records of the Kingdom, &c.

Holden at the House of the Right Honourable the Speaker of the House of Commons, the 31st Day of July 1807.

PRESENT,

The Right Honourable Charles Abbot, Speaker of the House of Commons,
The Right Honourable John Lord Redesdale,
The Right Honourable Sylvester Lord Glenbervie,
The Right Honourable Sir William Grant, Master of the Rolls,
The Right Honourable Archibald Colquhoun, Lord Advocate of Scotland;

Ordered, That the Plan proposed by Thomas Thomson, Esquire, Deputy Clerk Register of Scotland, for framing an Abstract of the Records of Retours of Services, be forthwith carried into Execution, and that the said Work be printed without delay.

John Caley, Secretary.

THE Record, of which an Abridgment is here given, comprehends all those Proceedings by " Inquest," or the Verdict of an " Assize," which originate in certain Writs issuing from Chancery, and which are ultimately transmitted or " retoured" to that Office.

THE peculiar Forms, or legal Effects of those Proceedings, it would be out of place here to explain; but an enumeration of their different sorts, and a slight outline of their nature, may be useful to those who are not already conversant with the practice of the Law of Scotland.

OF those Proceedings, the most considerable in number and importance originate in a Writ issuing from Chancery, in the King's name, called sometimes the Brieve of Mortancestry, but more properly the Brieve of Succession; the purpose of which, is to establish a Claim by Inheritance, or to be " served nearest lawful Heir" to those subjects of a feudal nature, in which the alleged ancestor of the Claimant was vested at the time of his death.

ACCORDING to the rules of the Law of Scotland, the complete and effective right to such subjects does not pass immediately and spontaneously from the ancestor to the heir; but is said to remain " in hereditate jacente" of the deceased owner, until the claim of the heir has been formally recognised and established by the procedure under a Brieve of Succession.

By that Writ, the Judge to whom it is addressed, is authorised and required to ascertain, by the verdict of a Jury, the following points :—1. In what Lands and Annual Rents, within the limits of his jurisdiction, the alleged Ancestor of the Claimant died vested and seised as of fee, at the faith and peace of the King; or in the words of the Brieve " de quibus terris et annuis re- " ditibus, cum pertinentiis quondam B. C. pater D. C. latoris præsentium obiit ultimo vestitus " et sasitus, ut de feodo, ad fidem et pacem nostram, infra balliam vestram ;"—2. If the Claimant be the nearest lawful heir of the deceased in these Lands, &c. ;—3. If he be then of lawful age ;— 4. What is the annual value of the Lands, &c. according to certain Valuations, usually called the Old and the New Extent, or in the technical language of the Brieve, " quantum valent dictæ " terræ et annui reditus cum pertinentiis nunc per annum ; et quantum valuerunt tempore pacis ;"—5. Of whom, as feudal Superior, the lands are held ;—6. By what feudal service or species of Tenure ;—7. In whose possession the lands now are, and on what account, and how long they have been so possessed. The result of these inquiries, duly authenticated, the Judge is directed to transmit to Chancery, together with the original Brieve.

ACCORDING to the more ancient usage, this Brieve was addressed to the Sheriff, or local Judge of the district, where the lands were situated, which were the subject of the claim; and where the lands were situated in different Counties, a corresponding number of Brieves was issued from Chancery. This mode of procedure may still be followed : But, in order to avoid a multiplicity of proceedings in such cases, a particular Process has been introduced for trying the whole of the Claim at once, under a Commission to certain inferior Officers of the Court of Session, as " Sheriffs in that part," or delegated to that particular duty. This was unquestion- ably an innovation upon the original practice of Chancery ; but of the history of its first intro- duction nothing is known, and among the earliest Retours which now remain on record in that Office, some of this description are to be found.

c

ANOTHER apparent innovation upon ancient usage, has been the application of the Brieve of Succession, to the establishment not of a claim to any specific inheritance, but of the general character of Heir to the alleged Ancestor. The form of the Brieve remains in this case unaltered, but the verdict of the Jury is, of course, restricted to those general points, which it is the immediate object of the Claimant to ascertain.

THE Proceedings which are held in pursuance of a Brieve of Succession, are usually denominated a " Service :" Those which have relation to a particular Estate of Inheritance, are denominated the " Service of an Heir in Special," or a " Special Service ;" in contradistinction to those other Proceedings last mentioned, which are denominated the " Service of an Heir in General," or a " General Service." These Proceedings may sometimes involve a great deal of judicial discussion : but whether in a Special or a General Service, it is only the ultimate Verdict of the Jury, framed in a certain technical form, that is transmitted to Chancery. It is there entered on Record by the Director of Chancery or his Deputies; an Extract of that Record is given to the Claimant; and, in this completed state, it is commonly termed the " Retour of the Service."

OF the ancient practice of Chancery in the Registration of the Retours of Services no certain knowledge is preserved. That the original Inquisition or Verdict of the Assize was " retoured" to the Chancery as a necessary step towards the feudal Investiture of the heir, may be confidently presumed; and that, of this Inquisition, some Record or Memorandum was preserved by the Officers of the Chancery, cannot be doubted; but that the original Inquisitions were again delivered to the private party, and not merely an Extract, as at present, may be fairly conjectured from the many Originals which yet remain in private custody.

BUT those ancient Records of Chancery, whatever may have been their peculiar form, appear to have been totally destroyed before the middle of the sixteenth century. Of that event, no historical account is preserved; but in the writings of the following age, it is alluded to as a distinct tradition, and is even founded on as the basis of several judicial decisions *. It is probable that this destruction of the Records of Chancery happened in the month of May 1544, when the town of Edinburgh, the monastery of Holyroodhouse, and the royal Palace adjoining to it, were burnt by the English army under the Earl of Hertford. The zeal and perseverance with which that work of devastation was carried on, leave but too little reason to wonder at the loss of those public muniments which were not protected by the fortifications of the Castle †.

THE supposed destruction of the Records of Chancery in the minority of Queen Mary is perfectly consistent with the state of those which now remain in that Office. Of the original Inquisitions retoured to Chancery, the present series begins no earlier than the year 1547; and no original Retours of prior date have been found, but such as may have been preserved in the custody of individuals, and long afterwards deposited and recorded in the Office. The imperfections in the series subsequently even to the period above mentioned, are indeed very great; but these may be traced to other causes. Till the

---

* In the Report of a judgment of the Court of Session in the year 1624, it is said " The Lords found, that Retours of elder dates, before the " year 1550, ought not to be decerned to make no faith for non-production, where the principal Service, sealed by the Assisers, is produced ; " albeit the same be not extant at the Chancellary, nor extracted out of the same."—Durie's Decisions, Feb. 17. 1624, Lord Elphingston contra Earl of Mar. In allusion to this case, Lord Stair, who wrote in the reign of Charles II. has said, " The Service is kept in the Chancery for war- " rant of the Retour ; yet it was found, that Services before the year 1550, were sufficient to satisfy the production, in Improbations or Reductions, " without producing the Retour itself; because, at that time, the books of the Chancery were destroyed by war."—Institutes of the Law of Scot- land, III. 5, 41. And, in the report of a Case decided in the year 1698, it is stated in argument, that Services which had not been retoured to the Chancery were never sustained, " unless Services within a Regality, or before the year 1550, when the Records were destroyed by the English." Fountainhall's Decisions, Feb. 2. 1698, M'Intosh against M'Intosh.

† The following account of the events here alluded to, is given in a narrative published by authority, entitled " The late Expedicion in Scotland " made by the Kynges Hyhnys Armye, vnder the conduit of the Ryght Honorable the Erle of Hertforde, the yere of oure Lorde God 1544."— " And finally, it was determyned by the sayde Lorde Lieutenant vtterly to ruynate and destroye the sayde towne with fyre; which, for that the " nyghte drewe faste on, we omytted thoroughly to execute on that daye; but settyne fyer in three or iiii. partes of the towne, we repayred for " that night vnto our campe. And the next mornynge very erly we began where we lefte, and continued burnynge all that daye, and the two dayes " nexte ensuinge continuually, so that neyther within ye wawles nor in the suburbes, was lefte any one house vnbrent, besydes the innumerable " botyes, spoyles, and pyllages, that our souldyours brought fró thense, notwithstanding habundaûce whiche was consumed with fyre. Also we " brent thabbey called Holy Rodehouse, and the pallice adioynynge to the same."

erection of the present General Register House, no proper Repository had been provided for this branch of the Public Records; many of them meanwhile appear to have been lost; many others to have perished by damp; and of those which remained, and were in a tolerable state of preservation, no arrangement had been made till the year 1807; when, on the suggestion of His Majesty's Commissioners on the Public Records of the Kingdom, that necessary Work was accomplished, at the expence of the Director of Chancery.

OF the present series of Inquisitions retoured to Chancery, commencing in the minority of Queen Mary, no Record appears to have been made till about the year 1630. The office of Director of Chancery was then held by Sir John Scott of Scottstarvet, a person of considerable note, and who has left behind him numerous traces of his activity and zeal in the discharge of his official duties. The retoured Inquisitions of all sorts, which had been preserved in the Chancery Office, were then recorded in a series of Books; and from that period, the practice of recording Inquisitions has been regularly continued. The whole of the series, ending March 25. 1811, consists of 102 volumes in folio; but of this series the fifth Volume relative to the years 1611—1614, is known to have been lost; and from the very considerable number of original Retours which have been discovered in consequence of the late arrangement above alluded to, of which there are no traces in any of the existing volumes of the Record, it must be inferred, either that several other volumes have been lost, or that the original plan of recording the whole had been imperfectly executed. Of the completeness or accuracy of this Record in other respects, it might be difficult to speak with confidence; but it ought not to be disguised, that throughout the series, from its commencement downwards, it exhibits many instances of negligent transcription. which can be detected only by a collation with the original Inquisitions, or the " Warrants" of the Record.

THE importance of the Record of Retours, independently of its primary purposes, is too well known to require illustration. With certain limitations, it may be considered as exhibiting an authentic history of the transmission by inheritance of the far greater part of the landed property of Scotland, as well as that of the descent of the greater number of its considerable families during the course of the two last centuries. That part of the Record which precedes the date of the Scottish statute of 1681, " concerning the Election of Commissioners " for Shires," derives a peculiar importance from its affording the appropriate evidence of a certain class of Freehold Qualifications. But, in all these respects, the usefulness of this Record has been hitherto greatly diminished by the difficulties of research; and a methodized Abridgment of its contents must therefore be considered as an important public work, by which the value of the original Record will be greatly enhanced.

IT has been already stated, that the two distinct classes of Inquisitions under the Brieve of Succession, commonly called Special and General Retours, have been entered promiscuously in the Record, nor has the order of time, at least in the earlier volumes, been very exactly observed. But in the following Abridgment, the Retours of Special and of General Services have been separated from one another, as well as from these other species of Retours with which they are blended in the Record.

IN the Abridgment of the Retours of Special Services, a local arrangement has been adopted, according to the several Counties in which the Lands are situated; subdividing the complex Retours, and arranging their different portions under the Counties to which the Lands respectively belong. In arranging the Retours of each County, the order of time has been exactly observed; and in framing the Abridgment of each Retour, whether simple or complex, there is given the date of the Service; the names of the Heir and the Ancestor; their natural relation to each other; the specific description of Heirs to which the former belongs; an exact enumeration of the Lands and Annual Rents to which the Claimant has been " served heir;" and a statement of the Valuation of the whole, or of its different portions, according to the Old and New Extent. There is subjoined a reference to the Volume and Folio of the Record; and where the Retour is of a complex kind, there is added a reference to the other Counties under which, in their chronological place, the other portions of the Retour are to be found. In connection with this part of the work there are given Alphabetical Indexes both of Persons and of Places; and for the sake of easy reference in these Indexes, the successive articles of the Abridgment under each County are regularly numbered.

In the arrangement of the Retours of General Services the order of time has been observed; and in framing the Abridgment of each, nothing more has been necessary than to specify the names of the Heir and the Ancestor; their natural relation to each other; and the particular description of Heirs to which the former belongs. In like manner as in the Abridgment of the Special Retours, there is subjoined a reference to the original Record; and in connection with this part of the Work there is given an Alphabetical Index of Persons, in which the references are likewise made to the numbers of the successive articles of the Abridgment.

The other classes of Inquisitions retoured to Chancery, and there recorded, are of inferior importance to those hitherto considered. One class of these originates in what is called the Brieve of Tutory; and has for its object to ascertain who is the person that by Law ought to be appointed to the office of Tutor to a Minor under the age of puberty, as being the nearest agnate or paternal relative, of the age of twenty-five years. Another class originates in what is called the Brieve of Idiotry or of Furiosity; the purpose of which is to ascertain, in the first place, the mental incapacity of the individual alluded to for the management of his own affairs; and, in the second place, who is the nearest agnate of proper age and capacity on whom that management is to be devolved. In the following Abridgment, the Retours of both these classes have from their analogy been arranged together in the order of time, under the general title of " Inquisitiones de Tutela."

Two other sorts of Retours have been found in these Records; but so few in number, that it has been thought fit, instead of abridging them, to print them entire in an Appendix. These are, in the first place, Inquisitions of the Extent, or estimated Value of the whole of the Lands of a County or other district; of which, it is to be regretted, that only a few have been preserved: And, secondly, Inquisitions taken and retoured to Chancery, in virtue of an Act of the Parliament of Scotland, 1584, c. 2. of which the object was to ascertain the real estates of which persons forfeited for Treason were in possession for five years preceding the dates of their Forfeiture.

The present Work has been brought down no further than to the end of the Seventeenth Century. It embraces the contents of about forty-nine Volumes of the Record; as also those more ancient Retours which have been deposited in Chancery at a later period, and which are to be found in the posterior Volumes of the Record. And as a necessary Supplement to the Work, there is annexed an Abridgment of those original Retours of which the existing Books contain no record, but which were fortunately recovered to the Public in the manner already alluded to. An accurate copy of these Retours has also been made, and deposited in the Chancery Office.

It may be proper to add, that throughout the whole of this Abridgment, the names of Places, as given in the Record, have been exactly followed. Where the Record was known to be grossly erroneous in this respect, the true name or spelling has been frequently added, within brackets; and where a gross error was suspected, a conjectural reading, followed by a point of interrogation, has sometimes been inserted. But there is good reason for believing that many other errors of the same kind exist in the Record, and have been unavoidably transferred into the Abridgment, of which only a minute local knowledge could possibly have afforded the means of detecting.

THO. THOMSON.

Inquisitionum Retornatarum Exemplar.

Hæc Inquisicio facta fuit apd Dovñ in mẽteth decio die meñ ñcij año dñj milleño quigenteño quarto sexto coram honorabili viro vilelmo edmondstoũ de dũtreth senescallo de mẽteth per hos subscript~ vℨ Jacobũ sſtueling de keir valterñ setoun de tulibody alexãdrũ levingstoũ de Prenterañ georgiũ lioñe de lũdeis Johãnem setoũñ de sſtinok Johãnem leky in polñor~ alex~ñ leky in skonis dauid rũlay in ochthire thomas fogo in row Jacobi mvschete de terre archibaldi edmondstoñ Jacobũ edmondstoñ alex dow vltio vestut~ et valterũ grahenie Quj Jurati dicunt q q̃nd Jacobus mvschete de burñebank pater georgij mvschate latoris pñtiũ setld estir calꝗequhen et est~ Anat~ cũ suis pertineñ Jaceñ in dicto senescallatu de mẽteht infra vic~ de pertht Et ꝗ dict~ georgius est legiti~ et propinꝗor heres eiusd q~nd Jacobj pñis suj de predictis sſis cũ pertineñ Et ꝗ est le~e etatis Et ꝗ oñes et singte dicte sſre eũ pertineñ valent nũc per ũnũ vigintj libris monete scotie Et tᵖe pacis valuerũt decim ñcis eiusd monete Et ꝗ oñes et singte pᵗñoiate sſre eũ pertineñ tuñtur iñmediate in capite de susᵖña dña ñra regina et suis succeffioribus per sruiciũ varde et releuij Et ꝗ oñes et singte pᵗñoiate sſre eũ pertineñ Exisſunt nũc in maibus dicte susᵖme dñe ñre regine ratione ñoñintroitus per deceiñ dictj q~ñd Jacobj In defectu dicti georgij veri heredis earũd Jus suñ hucusꝗℨ mĩme persecquutis Et sic fucrũt per spaciũ triũ mẽñiũ vel eocſta In Cuius rej tehioñ Sigilla q~rũd eoⱬ q~ dictj Inquisicionj inſerant Sub signeto officij dict~ senescallat~ pñtibus sſunt apponsa apud dovñ p~dict~ año die et mẽse q~bus supra

MAria dei gracia regina scotorum Senescallo ñro de Menteith et deputatis suis salutem Mandamus vobis et precipimus qſñs per probos et fideles homies patrie per quos rei veritas melius scñi poterit magno sacramento intoruenieñ diligeñ et fidelem inquisitionem fieri faciatis de quibus terris et ãnuis redditibus cum pertineñ quond Jacobus mufcheat de burnbank pater georgij mufcheat latoris pñtiũ obiit vltimo vestitus et sasſitus ut de feodo ad pacem et fidem ñram infra senescalliam vſram Et si dictus georgius sit legiſñs et propinquior heres eiusd quond Jacobi pñis sui de dcis terris et annuis redditibus cum pertineñ Et si sit legitime etatis Et quãtum valent dce terre et ãnui redditus cum pñtineñ nũc per ãnum Et quantum valuerunt tempore pacis de quo tenentur Per quod seruiciũ tenentur In Cuius manibus nũc existunt qualiter Per quem Ob quam cãm Et a quo tempore Et quid per dcãm inquistionem diligenter et fideliter factam esse Inueneritis Sub sigillo vſro senescallat Et sigillis eorum qui dce inquisitioni intererunt faciende Ad capellam ñram mittatis Et hoc breue Teste meipsa Apud Edinburgh primo die mẽsis februarij Anno Regnj ñri quinto

Senescallo ñro de Menteith et deputat~ suis Pro georgio mufcheat ⁊ c~

INQUISITIONUM SPECIALIUM,

AD CAPELLAM DOMINI REGIS

RETORNATARUM,

ABBREVIATIO;

RATIONE LOCI ET TEMPORIS ORDINE DISPOSITA.

ABERDEEN.

INDEX NOMINUM.

a

2

4

b

6

ABERDEEN.

INDEX LOCORUM.

9

c

10

d

14

16

c

18

ABERDEEN.—INDEX LOCORUM.

INQUISITIONES SPECIALES.

ABERDEEN.

(1) Apr. 16. 1546.
THOMAS CHARTROUS, *hæres* Thomæ Chartrouss de Kynfawnes, *avi*,—in terris et baronia de Lunfannan, in baronia de Oneill.—A. E. 10*l.* N. E. 50*l.* i. 67.

(2) Oct. 5. 1546.
GEORGIUS GORDOUN, *hæres* Willielmi Gordoun de Schives, *patris*,—in terris de Littilgeych, in baronia de Schives.—A. E. 20*s.* N. E. 6*l.* 13*s.* 4*d.* i. 52.

(3) Apr. 19. 1547.
WILLIELMUS KING, *hæres* Jacobi King, *patris*,—in dimidia terrarum de Westhous, vel Westerhous, in regalitate de Gareoche.—A. E. 20*s.* N. E. 3*l.* i. 66.

(4) Feb. 1. 1547.
WILLIELMUS BLAKHALL, *hæres* Willielmi Blakhall de Eodem, *patris*,—in terris de Blakhall, in regalitate de Gareoche:—A. E. 40*s.* N. E. 6*l.*—Officio Coronatoris et Forrestariæ regalitatis de Gareoche.—A. E. 10*s.* N. E. 30*s.* i. 1.

(5) Oct. 1. 1549.
ALEXANDER CUMMING, *hæres* Joannis Cumming de Coultircumming, *patris*,—in terris et baronia de Coultircumming.—A. E. 15*l.* N. E. 80*l.* i. 2.

(6) Oct. 1. 1549.
GEORGIUS BARCLAY, *hæres* Walteri Barclay de Eodem, *patris*,—in dimidia terrarum de Moncoffer, cum dimidia piscariæ ejusdem super aqua de Doverne, vocata Kirksyde Pottis;—Halfuird;—dimidia terrarum de Corskie;—dimidia terrarum de Cowiemure;—dimidia terrarum de Fowlsie;—dimidia terrarum de Auchinagorth, wodes, et boiges earundem;—dimidia terrarum de Kirktoun de Drumblait;—tertia parte terrarum de Gerrie;—terris de Newtoun de Gerrie, cum crofta et brasina;—dimidia molendini de Drumblait.—A. E. 10*l.* N. E. 40*l.* i. 9.

(7) Oct. 1. 1549.
GEORGIUS LESLIE, *hæres* Margaretæ Wintoun, *matris*,—in quarta parte terrarum de Cauclarachie, et Drimdurno.—A. E. 30*s.* N. E. 6*l.* i. 18.

(8) Oct. 17. 1549.
ANDREAS FRASER de Stanywode, *hæres* Andreæ Fraser de Muckallis, *patris*,—in terris de Kinmundie.—A. E. 5*l.* N. E. 10*l.* i. 1.

(9) Nov. 29. 1549.
ALEXANDER ABERCRUMBIE, *hæres* Jacobi Abercrumbie de Pitmedden, *patris*,—in terris de Pitmedden, Newtoun, Adeiscroft; octava parte terrarum de Ardonie.—A. E. 40*s.* N. E. 8*l.* i. 9.

(10) Mar. 3. 1549.
WILLIELMUS AUCHINLECK, *hæres* Jonetæ Hepburn, dominæ de Schethan, *matris*,—in tertia parte baroniæ de Polgony;—tertia parte terrarum de Schethin, Little Meldrum;—tertia parte piscariæ unius cymbæ, lie fish bait, in Pettindrume;—alia tertia parte baroniæ de Polgony Moncur;—advocatione capellaniæ apud altare Sancti Dominici infra ecclesiam cathedralem, alternis vicibus;—tertia parte terrarum de Westfield, Schethin, Little Meldrum, Fingask;—tertia parte piscariæ unius cymbæ, lie fish bait, in Pettindrumme.—A. E. 13*l.* 6*s.* 6*d.* N. E. 30*l.* i. 3.

(11) Mar. 29. 1550.
GEORGIUS HALYBURTOUN, pupillus, *hæres* Andreæ Halyburtoun de Pitcur, *patris*, (qui obiit, in prælio de Pinkiecleuch)—in dimidia terrarum de Drumblayt, viz. dimidia terrarum et villæ ecclesiasticæ de Drumblayt;—tertia parte terrarum de Garre;—sexta parte terrarum de Colmalegy.—A. E. 20*l.* N. E. 60*l.* i. 69.

(12) July 31. 1552.
JOANNES KEMPTY, *hæres* Willielmi Kemptie de Carnuick, (vel Carmuk) Constabularii de Aberdene, *patris*,—in officio Constabulariæ de Abirdene.—E. 20*s.* i. 52.

(13) Oct. 31. 1552.
WILLIELMUS HAY, *hæres* Patricii Hay de Chremound, *patris*,—in terris et baronia seu dominio, lie Lairdshipe, de Chremound.—A. E. 12*l.* N. E. 53*l.* 6*s.* 8*d.* i. 12.

(14) Apr. 11. 1553.
ALEXANDER FRASER, *hæres* Gilberti Fraser burgensis de Aberdein, *patris*,—in piscaria dimidiæ retis de Raik, super aqua de Die, in libertate burgi de Aberdene.—E. 6*l.* 6*s.* 8*d.* i. 7.

(15) Apr. 29. 1553.
JACOBUS WOD, *hæres* Willielmi Wod de Bonyntoun, *patris*,—in terris de Burnscuick.—A. E. 6*l.* N. E. 30*l.* i. 13.

(16) Maii 8. 1553.
ROBERTUS INNES, *hæres* Roberti Innes de Innermarkie, *patris*,—in terris et baronia de Monicabbok; molendino; cum advocatione ecclesiæ.—A. E. 20*l.* N. E. 60*l.* i. 11.

(17) Jul. 31. 1553.
ROBERTUS COWTIS, *hæres* Joannis Cowltis de Auchtercoul, *fratris germani*,—in terris de Auchtercoul; viz. manerie de Auchtercoull, molendino et terris molendinariis;—terris de Stramoir, Straveltie, Tennamoune et Tayultie.—A. E. 6*l.* N. E. 20*l.* i. 11.

(18) Oct. 3. 1553.
ROBÉRTUS GORDON, *hæres* Joannis Gordoun de Halheid, *avi*,—in terris de Halheid et Colquonderland, in baronia de Cushin. (vel Cushnie)—A. E. 3*l.* N. E. 12*l.* i. 6.

(19) Oct. 6. 1553.
GEORGIUS GORDOUN, *hæres* Jacobi Gordoun de Creiche, *patris*,—in quarta parte terrarum de Eister Creichie ;—quarta parte terrarum de Middel Creichie ;—quarta parte terrarum de Creichnaheid, in baronia de Creichie.—A. E. 20*s.* N. E. 4*l.* i. 105.

(20) Jun. 23. 1554.
ALEXANDER FORBES, *hæres* Jonetæ Gordon portionariæ de Colclarachie, *matris*,—in quarta parte terrarum de Colclarachie ; dimidia sextæ partis terrarum et villæ et Garry ;—quarta parte terrarum et villæ de Drumdornache, in regalitate de Gareoche.—A. E. 30*s.* N. E. 10*l.* i. 6.

(21) Oct. 2. 1554.
JOANNES CHEYNE, *hæres* Jacobi Cheyne, *patrui*,—in terris de Crabbiestoune.—A. E. 3*l.* N. E. 12*l.* i. 6.

(22) Oct. 6. 1556.
BEATRIX NORY, *hæres* Joannis Nory portionarii de Fynnairsie, *patris*, (qui obiit in conflictu de Pinkincleuch)—in tertiis partibus umbralibus terrarum de Meikill Fynnairsie ;—tertia parte terrarum de Little Fynnairsie et Monecht, in dominio de Mar.—A. E. 33*s.* 4*d.* N. E. 10 *m.* i. 7.

(23) Oct. 31. 1556.
ALEXANDER BUQUHAN, *hæres* Alexandri Buquhan de Auchmaquoy, *patris*,—in terris de Mekill Auchmakoy et Oykorne:—A. E. 4*l.* N. E. 20*l.*—Annuo redditu 2 *m.* de bina parte terrarum de Faichlie, in baronia de Kynnedward. i. 8.

(24) Jan. 11. 1557.
ALEXANDER FORBES, *hæres* Willielmi Forbes de Thainstoun, *patris*,—in terris de Kinnellar.—A. E. 40*s.* N. E. 8*l.* i. 4.

(25) Jan. 11. 1557.
ALEXANDER FORBES, *hæres* Willielmi Forbes de Thainstoun, *patris*—in terris de Kynnellar.—A. E. 40*s.* N. E. 8*l.* i. 8.

(26) Jan. 10. 1558.
WALTERUS BARCLAY, *hæres* Patricii Barclay de Towie, *patris*,—in terris de Meikill Sigget cum molendino de Sigget ;—terris de Maynes de Towie et manerie ;—terris de Couperg, Turnocht, Baldullie, Wodtoun, Auldmylne ;—14 bovatis terrarum de Meikill Drumquhendill ;—dimidia boreali terrarum de Drumquhendill ;—Outsettis de Ardlane, et Auchroddie.—A. E. 20*l.* N. E. 80*l.* i. 14.

(27) Jul. 12. 1558.
CHRISTINA TULLIDAFF, *hæres* Andreæ Tullidaff de Eodem, *patris*,—in terris de Orchardtoun et Tullidaff ;—terris de Logie Ruf.—A. E. 6 *m* N. E 24 *m.* i. 16.

(28) Jun. 23. 1559.
GEORGIUS GORDON de Colholstane, *hæres* Jacobi Gordon de Lesmoir, *patris*,—in terris de Balmad, Gerachtie, Crageheid.—A. E. 4*l.* N. E. 16*l.* i. 15.

(29) Feb. 19. 1559.
ALEXANDER FORBES, *hæres* Willielmi Forbes de Thainstoun, *patris*,—in 3 quarteriis et octava parte terrarum de Thainstoun in thanagio de Kyntor :—A. E. 40*s.* N. E. 8*l.*—Annuo redditu 35*s.* de terris de Kynkell in thanagio de Kyntor. i. 14.

(30) Mar. 21. 1561.
ALEXANDER URQUHART, *hæres* Thomæ Urquhart vicecomitis de Cromartie, *patris*,—in terris de Fischarie ;—Faytfaulds, Clochcorby, Bratulebo, Waltechil, in baronia de Fischarie.—A. E. 9*l.* N. E 36*l.* i. 13.

(31) Feb. 18. 1562.
WILLIELMUS FORBES de Melgum, *hæres* Alexandri Forbes de Pitsligo, *patris*,—in terris et baronia de Petsligo:—A. E. 21*l.* 13*s.* 4*d.* N. E. 86*l.* 13*s.* 4d.—Dimidia terrarum de Dalwach, et superioritate terrarum de Crodie, in baronia de Kinmundie :—A. E. 4*l.* N. E. 16*l.*—Terris de Cuburtibeg.—A. E. 6*s.* 8*d.* N. E. 26*s.* 8d. i. 18.

(32) Jul. 31. 1562.
WILLIELMUS FORBES, *hæres* Joannis Forbes de Pitsligo, *avi*, —in terris de Leythyrithy.—A. E. 3*l.* N. E. 20*l.* i. 16.

(33) Jul. 31. 1563.
WILLIELMUS FORBES, *hæres* Alexandri Forbes de Pitsligo, *patris*,—in terris de Knoksowle et Kynawdie, in baronia de Kynawdie.—A. E. 40*s.* N. E. 8*l.* i. 16.

(34) Jan. 11. 1563.
ALEXANDER CHALMER, *hæres* Alexandri Chalmer de Balnacraigie, *patris*,—in terris de Balnacraigie et Tullyfyne.—A. E. 3*l.* N. E. 12*l.* i. 17.

(35) Maii 20. 1564.
PATRICIUS CHEYNE, *hæres* Thomæ Cheyné de Essilnmont, *patris*,—in baronia de Essilnmont.—A. E. 10*l.* N. E. 40*l.* i. 17.

(36) Nov. 29. 1564.
JACOBUS GORDON, *hæres* Patricii Gordon filii legitimi et naturalis Georgii Gordon de Lesmoir, *fratris germani*,—in dimidia terrarum de Auchterarie, Tulloch, Tanameynen, Blackmylné.—A. E. 30*s.* N. E. 6*l.* i. 12.

(37) Nov. 29. 1565.
GEORGIUS GORDOUN Miles, *hæres* Willielmi Gordoun de Shawis, *patris*,—in terris et baronia de Schawis. (Schevis)—A. E. 12*l.* N. E. 48*l.* i. 8.

(38) Apr. 6. 1566.
WILLIELMUS STRATHAUCHIN, *hæres* Willielmi Strauthauchin de Glenkindie, *avi*,—in terris de Glenkindie ;—Ardler ;—Silvis de Aldnakeist et Luchorie, in dominio de Mar.—A. E. 6*l.* N. E. 24*l.* i. 5.

(39) Jul. 31. 1567.
MARGARETA FORBES, *hæres* Alexandri Forbes de Petsligo, *avi*,—in dimidia terrarum et villæ de Dawache ;—superioritate terrarum de Crodie.—A. E. 40*s.* N. E. 8*l.* i. 5.

(40) Jul. 31. 1567.
MARGARETA FORBES, *hæres* Willielmi Forbes de Petsligo, *patris*,—in superioritate terrarum et baroniæ de Petsligo:—A. E. 21*l.* 13*s.* 4*d.* N. E. 86*l.* 13*s.* 4*d*—Dimidia terrarum de Knoksowle Kynadie.—A. E. 30*s.* N. E. 6*l.* i. 4.

(41) Oct. 16. 1567.
GEORGIUS JOHNSTOUN, *hæres* Jacobi Johnstoun de Eodem *avi*.—in terris de Kinbrune, in baronia de Rothynormond—A. E. 4*l.* N. E. 10*l.*—Terris de Muirtoun in regalitate de Gareaucht.—A. E. 4 *m* N. E. 10 *m.* i. 183.

(42) Jan. 13. 1567.
WILLIELMUS FORBES, *hæres* Patricii Forbes de Corss, *patris*, —in terris de Oneilcroce, Kincragie, Muretoune, unitis in baronia de Oneil.—E. 12*l.* et 2 martas vel 15*s.* pro qualibet marta. i. 5.

(43) Apr. 6. 1573.
WILLIELMUS CRAWFURD, *hæres* Georgii Crawfurd de Fedderaucht, *avi*,—in terris et baronia de Fedderaught, viz. Maneria de Fedderaucht;—terris de Auldquhat, Quhystains, Meikill-Balmakellie, Ironesyd, Auquhat Meikill, Auquhat Little, Auchzeaucht, Broclayt, Schevaldie, Attamphuird, Pondercroft, Corbieshill, Wittinscheill, Clochcan, Burntbrae, infra baroniam de Fedderaucht;—Superioritate terrarum de Dragie, Glenbeg et Geaucht.—A. E. 20*l.* N. E. 80*l.* i. 11.

(44) Oct. 6. 1573.
GEORGIUS GORDON, *hæres* Patricii Gordoun de Auchincingzie, *patris*,—in terris de Litil Folay.—A. E. 40*s.* N. E. 8*l.* i. 59.

(45) Oct. 9. 1573.
JACOBUS BORTHUIK, *hæres* Willielmi Magistri de Borthuik, *fratris germani*,—in terris de Abirdour.—A. E. 10*l.* N. E. 75 *m.* (Vide Edinburgh, Selkirk, Peebles, Lanark, Berwick.) i. 165.

(46) Mar. 4. 1573.
ALEXANDER SKENE de Eodem, *hæres* Alexandri Skene de Eodem, *patris*,—in baronia de Skeyne ;—terris de Newtoun de Skeyne, et Lettir de Skeyne.—A. E. 50*s.* N. E. 10*l.* i. 4.

(47) Maii 20. 1574.
ELIZABETHA TULLOCH, *hæres* Joannis Tulloch portionarii de Moncuffir, *patris*,—in umbrali dimidia villæ et terrarum de Foulsie et Auchnagort, in parochia de Kynedward.—A. E. 20*s.* N. E. 4*l.* i. 59.

(48) Jun. 19. 1574.
WILLIELMUS WDNY, *hæres* Willielmi Wdny de Eodem, *patris*, —in terris de Wdny; Auchloun, Crabedonet Mynnes, in dominio de Wdny.—A. E. 10*l.* N. E. 66*l.* 13*s.* 4*d.* i. 60.

(49) Jun. 22. 1574.
JONETA FORBES, *hæres portionaria* Willielmi Forbes de Pitsligo, *patris*,—in terris de Knoksowll de Kinawdy:—A. E. 20s. N. E. 4l.—Dimidia terrarum de Draucht:—A. E. 40s. N. E. 8l.—Terris de Cowburtiebeg.—A. E. 9s. 4d. N. E. 13s. i. 139.

(50) Oct. 5. 1574.
ALEXANDER CHALMER, *hæres* Alexandri Chalmer de Balnacrag, *patris*,—in terris de Balnacrag et Tullesin, in baronia de Coull.—A. E. 3l. N. E. 12l. i. 60.

(51) Dec. 20. 1574.
JOANNES GORDOUN de Glascou-forrest, *hæres* Jacobi Gordoun de Auchtirairne, *fratris germani*,—in dimidia terrarum de Auchtirairne, Tulloch, Tannamoyne, et Blakmylne.—A. E. 40s. N. E. 6l. i. 105.

(52) Apr. 12. 1575.
PATRICIUS COPLAND, *hæres* Thomæ Copland de Udaucht, *patris*,—in dimidia terrarum de Udaucht.—A. E. 6l. N. E. 24l. i. 141.

(53) Nov. 29. 1575.
GEORGIUS COMES DE HUNTLIE, *hæres* Georgii Comitis de Huntlie, *patris*,—in terris, dominio, et baronia de Huntlie, olim vocata baronia de Strathbogy :—A. E. 375 m. N. E. 375l.—Terris de Tent, Cluny, Aboyne, Glentaner, Glenmuik ;—advocatione ecclesiæ.—A. E. Tenendriæ, 625 m. N. E. 625l.—Proprietatis, A. E. 375 m. N. E. 375l. i. 16.

(54) Apr. 19. 1577.
WILLIELMUS KING, *hæres* Jacobi King portionarii de Barraut, *patris*,—in dimidia terrarum de Barrauch, Wasterhous, Phillaw, Eschinheid, Fuyrdailhouse ;—sexta parte terrarum de Petgovine ;—dimidia molendini de Bourty;—superioritate dimidiæ terrarum de Muretoun:—A. E. 9l. N. E. 12l. i. 137.

(55) Jun. 5. 1577.
ROBERTUS DOMINUS ELPHINGSTOUN, *hæres* Alexandri Domini Elphingstoun, *patris*,—in villa et burgo baroniæ de Kildrummy, cum firmis burgalibus, infra Comitatum de Mar.—E. 46s. 8d. i. 62.

(56) Apr. 8. 1578.
THOMAS BAIRD, *hæres* Willielmi Bard in Byicht, *patris*,—in umbrali dimidia villæ et terrarum de Auchnagorth, in dominio de Montcuffer.—A. E. 10s. N. E. 40s. i. 61.

(57) Sept. 30. 1578.
PATRICIUS MELDRUM, *hæres* Thomæ Meldrum de Iden, *patris*,—in terris de Iden, molendino et piscaria Salmonum super aqua de Doverne ;—terris de Auchmull, Straucharrie, Fortrie, et Auchnamone ; et Outsettis vocatis Holme et Kilhies, in baronia de Kinedward—A. E. 6l. N. E. 24l. i. 10.

(58) Apr. 11. 1579.
JOANNES SPENS, *hæres* Willielmi Spens de Boddum, *patris*,—in terris de Overboddum, Netherboddum et Carnestoun, in regalitate de Gareoch.—A. E. 40s. N. E. 8l. i. 3.

(59) Nov. 29. 1581.
GEORGIUS BANERMAN, *hæres* Alexandri Banerman de Watertoun, *patris*,—in terris de Watertoun, Eister Elloun, Crecheid.—A. E. 40s. N. E. 8l. i. 98.

(60) Mar. 5. 1584.
JOANNES BARCLAY, *hæres talliæ* Patricii Barclay, *patris*,—in terris de Auld-Burty et Hilbray.—A. E. 30s. N. E. 6l. i. 79.

(61) Apr. 20. 1585.
DOMINUS PATRICIUS HEPBURN de Lufnes Miles, *hæres* Patricii Hepburn de Wauchtoun, *patris*,—in tertia parte terrarum et baroniæ de Polgonie, continente tertiam partem terrarum de Schethin ;—tertiam partem terrarum de Litel Meldrum et molendinum ;—tertiam partem terrarum de Fingask ;—cum tertia parte cimbæ piscariæ in portu de Pettindrum.—A. E. 6l. 9s. 4d. N. E. 40l. (Vide Forfar, Perth, Edinburgh, Berwick, Fife, Peebles.) i. 176.

(62) Jun. 1. 1591.
GILBERTUS MEINZEIS, *hæres* Gilberti Meinzeis de Cowlie, *avi*,—in terris et villæ de Cowlie in baronia de Tarves.—E. 14l. 16s. 6 n. ii. 149.

(63) Jan. 8. 1593.
GILBERTUS BAIRD, *hæres* Georgii Baird de Auchmaden, *patris*,—in terris de Auchmaden, et Glenkuthill, in baronia de Glendouachie.—A. E. 50s. N. E. 10l. i. 106.

(64) Feb. 19. 1593.
JOANNES JOHNSTOUN, *hæres* Georgii Johnstoun de Eodem, *patris*,—in terris de Porterstoun, ex australi parte aquæ de Wrie; cum molendino, in regalitate de Gareauch:—A. E. 40s. N. E. 6l.—Terris de Kinbrune in baronia de Rothynormond:—A. E. 6s. 8d. N. E. 26s. 8d.—Dimidia villæ et terrarum de Muirtoun: A. E. 5s. N. E. 20s.—Umbrali dimidia prædictarum terrarum: A. E. 5s. N. E. 20s.—Terris de Monkegy et Wasterboyndis, in baronia de Fintray, et regalitate de Lindoris.—E. 19l. 13s. 4d. i. 183. (Vide Kincardine, Bamf.)

(65) Nov. 10. 1599.
JONETA IRVING, *hæres portionaria* Margaretæ Allirdes, *aviæ*,—in quarta parte terrarum de Baddinscothe ;—quarta parte de Onseat de Baddinscothe, et terrarum molendinariarum, in baronia de Auchterless.—A. E. 10s. N. E. 40s. ii. 32.

(66) Nov. 10. 1599.
METILDA alias MEAT IRVING, *hæres portionaria* Margaretæ Alirdes, *aviæ*,—in quarta parte terrarum de Baddinscothe;—quarta parte terrarum de Onseat de Baddinscothe, et terrarum molendinariarum, in baronia de Auchterles.—A. E. 10s. N. E. 40s. ii. 32.

(67) Feb. 1. 1600.
JOANNES FORBES, *hæres* Alexandri Forbes de Petsligo, *patris*,—in terris de Melgoune ;—terris de Boig de Davachemenache ; Bavethemenache;—Knoksoull et Kynnedie;—superioritate terrarum de Groddis, in baronia de Kynnadie:—A. E. 8l. N. E. 32l.—Terris de Cowbertiebeg.—A. E. 6s. 8d. N. E. 26s. 8d. ii. 15.

(68) Maii 10. 1600.
JOANNES DAVIDSOUN, *hæres talliæ et provisionis* Joannis Davidsoun olim in Wester Fintray, *patrui*,—in molendino de Petcaple, et terris molendinariis, in baronia de Petcaple.—A. E. 10s. N. E. 40s. ii. 54.

(69) Sept. 30. 1600.
MAGISTER GILBERTUS SKENE, *hæres masculus* Magistri Jacobi Skene de Westercors, *patris*,—in annuo feodo, sive annua feudifirma 35 m. 6s. 8d. de terris de Westercross et Northam, in parochia de Coull ;—Superioritate dictarum terrarum de Westercross et Northam.—A. E. 9l. N. E. 12l. ii. 60.

(70) Oct. 2. 1600.
JOANNES FORBES, *hæres* Willielmi Forbes de Barnis, *patris*,—in solari dimidia baroniæ de Barnis et terrarum ejusdem, viz. Terris dominicalibus de Barnis ; de Newtoun, Blakboig, Hairboig, cum communi pastura in forresta de Bannachie ; Westfield, Auchlevin ;—terris de Ardwins ; Ardlairs, Rothuik, Drumrossie, Kingwideis, et molendino de Kinguidie ;—Forresta de Fulwoode ;—Blare, Thorntoun, Blackhouse, Andrestoun ;—et piscaria super aqua de Die;—advocatione Cappellæ apud pontem de Dee; et altarium infra ecclesiam parochialem de Aberdene fundatorum, unum apud altare Sancti Laurentii, in honorem Beatæ virginis Mariæ, et alterum Sancti Laurentii martyris;—unitis in baronia de Bairnis-Forbes.—A. E. 9l. N. E. 36l. ii. 54.

(71) Oct. 3. 1600.
ALEXANDER GORDOUN, *hæres masculus* Georgii Gordoun de Lesmoir, *patris*,—in terris de Grodie, in baronia de Kynnadie.—A. E. 10s. N. E. 40s. ii. 63.

(72) Oct. 31. 1600.
JOANNES GORDOUN, *hæres masculus* Domini Joannis Gordon de Petlurg militis, *patris*,—in terris et baronia de Kynmundie, viz. villa et terris de Kynmundie;—terris de Mylnehill, Milbreck, Durie, Pettimarkhous, Smalburne, Kinknokne; Burngranis, alias Barraksait et Pettindreich seat ;—Carvethin, Thornywray, Corsilstane, Pireismylne ;—3 quartis partibus et tertia parte quartæ partis dimidiæ terrarum de Drumblait, viz. Silauche, cum Park, Adamstoun, Silverhillok, Weistroune, Mutehillok, Bogheid, Newtoun ;—tertia parte terrarum de Garie ;—bina parte terrarum de Cheppiltoun ;—tertia parte terrarum de Wedderburne ;—bina parte terrarum de Brumehill ;—tertia parte terrarum de Thomastoun ;—bina parte terrarum de Comalegie.—A. E. 20l. N. E. 80l. ii. 61.

(73) Dec. 20. 1600.
ALEXANDER GORDOUN, *hæres* Georgii Gordoun de Lesmoir, *patris*,—in terris de Glascow forrest in baronia de Carnecrunlem, et per annexationem in baronia de Glencuthill.—A. E. 20s. N. E. 4l. ii. 70.

(74) Feb. 3. 1601.
ISOBELLA BURNAT, *hæres* Magistri Thomæ Burnat de Fordie, *patris*,—in dimidia solari villæ et terrarum de Fordie ; cum dimidia solari petiæ terræ vocatæ, The Banzeauchhauch, in dominio de Oneill, et baronia de Lumphanan ;—dimidia umbrali dictæ villæ et terrarum de Fordie, cum dimidia umbrali dictæ petiæ terræ vocatæ the Banzeauchhauch.—A. E. 13s. 4d. N. E. 4 m. ii. 182.

(75)   Apr. 21. 1601.

GEORGIUS LEYTH, *hæres* Gilberti Leithe portionarii de Bairnis, *patris*,—in dimidia terrarum de Bairnis vocata Mainis de Barnis;—dimidia villæ et terrarum de Westfield;—dimidia de Davakes;—dimidia de Milntoun et molendini;—dimidia de Boigis, viz. Blackboige, Hairboige, Mylneboige, Wandboig, infra regalitatem de Gareoch.—A. E. 52s. N. E. 10l. 8s.   ii. 90.

(76)   Maii 30. 1601.

MAGISTER GULIELMUS GORDOUN, *hæres* Alexandri Gordoun de Abirzeldi, *fratris immediaté senioris*,—in terris baroniæ de Abirzeldi, includentibus terras dictæ baroniæ de Abirzeldie, Eistoun de Glenculladyr, unitis in baronia de Abirzeldie.—A. E. 6l. N. E. 24l.   ii. 117.

(77)   Jun. 23. 1601.

JOANNES LEYTH, *hæres* Gilberti Leyth portionarii de Newtoun, *patris*,—in terris de Adamstoun, in baronia de Barclay.—A. E. 10s. N. E. 40s.   ii. 127.

(78)   Aug. 22. 1601.

ALEXANDER ANNAND, *hæres* Alexandri Annand de Auchterallone, *patris*,—in terris de Wester Ochterellone, Eister Ochterellone;—terris de Cuikstone et Hiltone, et molendino de Ochterellone:—A. E. 4l. N. E. 20l.—Terris de Over Mandurnoch, cum outsettis, viz. Leuchlandis et Cranboig, in regalitate de Abirbrothok.—E. 8l.   ii. 113.

(79)   Aug. 22. 1601.

ALEXANDER ANNAND, *hæres* Alexandri Annand de Ochterellone, *patris*,—in terris de Kinnarochy, et piscaria super aquam de Ithan, in baronia de Barclay:—A. E. 40s. N. E. 8l.—Feudifirma seu annuo censu 10l. de terris de Kinnarochy.—A. E. 2s. N. E. 8s.   ii. 114.

(80)   Dec. 15. 1601.

WILLIELMUS WATSOUN, *hæres masculus* Alexandri Watsoun, *patris*,—in Crofto de Brigend de Kynnermeit, in baronia de Auchterles-Dempster.—E. 4l. &c.   ii. 128.

(81)   Feb. 3. 1602.

ELIZABETHA, MARJORIA, et JONETA DUNCANES, *hæredes portionariæ* Jacobi Duncane de Mairdrum, *patris*,—in villa et terris de Blachymmie et Balnakille, in parochia de Cuischnye:—A. E. 40d. N. E. 13s. 4d.—Terris de Corbanchorie, in baronia de Cuischnye; et terris de Moithlit in warrantizatione terrarum de Corbanchorie:—A. E. 5s. N. E. 20s.—Terris et villa de Kirktoun de Locheall;—umbrali dimidia villæ et terrarum de Wester Foullis;—villa et terris de Cragmylne infra parochiam de Locheall:—A. E. 6s. 8d. N. E. 26s. 8d.—Villa et terris de Over Menmoir et Nether Menmoir;—orientali dimidia villæ et terrarum de Mylnetoun de Carncoulie;—terris de Burne-end de Carncoulie in dicta parochia de Cuischnie:—A. E. 3s. N. E. 12s.—Villa et terris de Over Tollies cum crofto vocato Lonsyde et Howfurde, in baronia de Tollie:—A. E. 5s. N. E. 20s.—Terris de Overboigis cum Wairde infra moram de Mongrie;—A. E. 30d. N. E. 10s.—Terris de Mairdrum, infra baroniam de Strathbogie.—E. 40s.   iv. 167.

(82)   Mar. 27. 1602.

ANDREAS LESLIE, *hæres* Willelmi Leslie filii quondam Joannis Leslie de Bannochie, *fratris*,—in terris ecclesiasticis de Logydurnoch, cum vicaria ecclesiæ parochialis de Logydurnoch.—E. 4 m. 6s. 8d.   ii. 144.

(83)   Apr. 13. 1602.

JOANNES LESLIE, de Wardres, *hæres masculus* Joannis Leslie de Cultis, *patris*,—in terris de Cultis, in regalitate de Gareoche.—A. E. 20s. N. E. 4l.   ii. 143.

(84)   Apr. 13. 1602.

DOMINUS THOMAS GORDOUN, *hæres* Joannis Gordoun de Cluny, *patris*,—in villa et croftis subscriptis vocatis terras Forrestæ de Brass, viz. Knokie-know, vulgo, the Lang Ledrih, the Spittal, Glencatt, et Achabreck.—E. 10l. et 3s. 4d. in augmentationem.   ii. 156.

(85)   Maii 11. 1602.

GEORGIUS LESLIE, *hæres masculus* Magistri Roberti Leslie de Auldcraig, *patris*,—in villa et terris de Auldcraig, infra schyram de Daviot.—E. 4l. pro firma, 16s. pro gressuma, &c.   ii. 154.

(86)   Jul. 22. 1602.

JACOBUS COMES MORAVIÆ, &c. *hæres* Jacobi Comitis Moraviæ, *patris*,—in 4 bovatis terrarum de Haltoun de Fintray extendentibus ad decimam sextam partem ejusdem villæ, cum decima sexta parte sylvæ de Garvok.—E. 3l. 6s. 8d.   iii. 79.

(87)   Jul. 22. 1602.

JACOBUS COMES MORAVIÆ, &c. *hæres* dominæ Elizabethæ Stewart Comitissæ de Murray, *matris*,—in terris de Allachane, Nether Ardmoir et Syde;—terris de Carnetralzeane, Ailhous, Pethethiscroft, Beildestoun, et Glasgow:—A. E. 10 m. N. E. 20l.—Terris et baronia de Glencuthill, continentibus villam et terras de Glencuthill, Auchmeddin, Glenhous, Kynkene, Litil Bythe, Balmakellie:—A. E. 10l. N. E. 20l.   iii. 82.

(88)   Nov. 18. 1602.

GEORGIUS BARCLAY, *hæres* Walteri Barclay in Newtoun, *fratris*,—in terris de Kyncharochie et piscaria Salmonum in aqua de Ithan, in baronia de Barclay.—A. E. 40s. N. E. 8l.   ii. 176.

(89)   Feb. 4. 1603.

JOANNES DOMINUS ABIRNETHY DE SALTOUN, *hæres* Alexandri Domini Abirnethy de Saltoun, *avi*,—in superioritate baroniæ et terrarum de Lessindrum.—A. E. 20s. N. E. 4l.   iii. 38.

(90)   Mar. 4. 1603.

ALEXANDER IRWING de Drum, *hæres* Alexandri Irwing de Drum, *patris*,—in terris de Cowll comprehendentibus Croftam de Cowll, Lochmaines, Under the Wode, Boigfeiddill, Tulliludge, Tillilair, Grenecottis, in baronia de Oneill:—E. 10l.—Villa et terris de Drummeak et terris de Potnabrungzeane, infra schyram de Murthil:—E. 26s. 8d. et 12d. in augmentationem:—Villa et terris de Cullairlies Eister et Wester cum villa molendinaria, molendino granorum et fullonum, Wodeside, Tilliorne et Dammis, cum foresta et sylva de Bank de Fair, per annexationem infra marchionatum de Huntlie:—A. E. 20s. N. E. 4l.—Petia terræ vocata Haugh of Muresk ex boreali parte aquæ de Deverne, infra baroniam de Muresk:—A. E. 12d. N. E. 4s.—Terris de Kynmukis, (vel Kilmukis) Peithill, Denmylne, infra regalitatem de Lundoris:—E. 21l. 9s. 2d.—Villa et terris de Craigtoun de Petircultar, Tailzeour croft, Ailhous croft, per annexationem in baronia de Roscobie.—E. 26s. 8d.
(Vide Kincardine, Bamf.)   iii. 16.

(91)   Jul. 30. 1603.

WILLIELMUS DALGARNO de Eodem, *hæres* Willielmi Dalgarno de Eodem, *patris*,—in terris de Garnastoucraig cum fullonum et granorum molendinis; et Auldtoun de Garnastoun, et quarta parte terrarum de Tullymald.—A. E. 3l. N. E. 12l.   iii. 32.

(92)   Jul. 30. 1603.

JOANNES GORDOUN de Petlurg, *hæres* domini Joannis Gordoun de Petlurg militis, *patris*,—in annuo redditu 10l. de terris de Mekil et Littil Bannagoakis, in baronia de Kelly.—A. E. 2s. N. E. 8s.   iii. 65.

(93)   Apr. 17. 1604.

GEORGIUS MELDRUM, Senior, de Ardfork, *hæres talliæ* Georgii Meldrum, Junioris de Ardfork, *filii*,—In dimidia umbrali terrarum de Ardfork, in parochia de Bathelny.—E. 4 m.   iv. 7.

(94)   Jul. 28. 1604.

THOMAS CHEYNE, *hæres* Magistri Patricii Cheyne de Raineistoun burgensis de Abirdene, *patris*,—in terris de Ferryhill, Ailhous, et Smiddies crofts, in parochia de Sancto Mauchar.—E. 20l.   iii. 94.

(95)   Oct. 2. 1604.

JACOBUS SKENE, de Eodem, *hæres*, Alexandri Skeyne de Eodem *patris*,—in terris et baronia de Skeyne cum lacu ejusdem;—A. E. 10l. N. E. 40l.—terris de Tillibrilach, Tilnahiltis, Balnadodill, Auchinmoir, Auchorie, et Comaris, infra baroniam de Ochtirellone.—A. E. 10s. N. E. 40s.   iii. 110.

(96)   Mar. 23. 1605.

PATRICIUS LEYTH, *hæres masculus* Willielmi Leyth de Lyklieheid, *patris*,—in 5 mercatis terrarum villæ de Auchlevin;—5 mercatis terrarum ejusdem villæ;—1 librata terræ, viz. quarta parte terrarum et molendini ejusdem;—4 mercatis terrarum villæ de Ardoyne;—dimidia mercatæ terrarum villæ de Harlaw, in regalitate de Garioche:—A. E. 20s. N. E. 4l.—octava parte terrarum de Auchlevin et molendini terrarum de Liklieheid, in baronia de Bairnis.—A. E. 10s.—N. E. 40s.   iv. 446.

(97)   Apr. 3. 1605.

PATRICIUS HEPBURN, de Wauchtoun, *hæres* Patricii Hepburne de Lufnes, militis, domini de Wauchtoun, *patris*,—in tertia parte terrarum de Rawston et Craigie, in baronia de Slaynes.—A. E. 30s. N. E. 6l.   iii. 160.
(Vide Haddington, Berwick, Fife, Perth, Kincardine.)

(98)   Jul. 13. 1605.

DAVID KNOWIS, *hæres* Alexandri Knowis burgensis de Aberdeen, *patris*,—in salmonum piscibus olim spectantibus Episcopo Abirdonensi, tam ratione decimarum, quam ratione temporalium pren-

dendis et capiendis infra piscariam de Cruifflis, tam in dictis Cruiffis quam subtus eisdem, super aqua de Done, extendentibus in numero ad sextum salmonum piscem, et septimum salmonum piscem, et omnium piscium cujuscunque generis salmonum, et cujusvis alterius generis piscium, utpote lie laxis, grilsis, et troutis.—E. 38*l*. 3*s*. 4*d*.
iii. 149.

(99) Feb. 8. 1606.
GEORGIUS GORDOUN de Geicht, *hæres masculus et talliæ* Willielmi Gordoun de Geicht, *patris*,—in terris et villa de Badichillo, Over et Nether Murefundlands, Over et Nether Sumfurde, Blacrie, Mactarrie;—molendino de Magtarrie; in baronia de Fyvie.—A. E. 6*l*. N. E. 24*l*.
iii. 168.

(100) Apr. 29. 1606.
JOHANNES SETOUN apparens de Meldrum, *hæres masculus* Alexandri Setoun Feoditarii de Meldrum, *fratris*,—in terris dominicalibus de Meldrum, vulgo Maynis de Meldrum;—terris de Auld-Meldrum, cum molendino de Cromblat;—terris de Percok cum Ailhous;—terris de Ardconan;—terris de Orddewin, cum astrictis multuris terrarum de Baithalnie et Orddewin;—terris de Balcarnie, cum molendino et astrictis multuris;—terris de Gowner, Frosterhill, Cawltie, Cardrune, Tullochie;—terris de Bethalnie, et advocatione vicariæ ejusdem;—terris de Ardfork;—terris de Kilblenie, unitis in baroniam de Meldrum.—A. E. 10*l*. N. E. 40*l*.
iii. 183.

(101) Apr. 29. 1606.
JOHANNES SETOUNE apparens de Meldrum, *hæres masculus* Alexandri Setoune de Meldrum, *fratris*,—in terris et villa de Bogfechill, in baronia de Tarwes :—E. 5*l*.—Terris et villa de Auchinhuiff, cum molendino de Auchinhuiff, et multuris.—E. 5*l*. 15*s*. 4*d*.
iii. 187.

(102) Apr. 29. 1606.
WILLIELMUS FORBES de Pofluge, *hæres masculus* Joannis Forbes de Pofluge, *patris*,—in villa et terris de Pofluge, in baronia de Awfurde-Forbes.—E. 4*l*. 6*s*. 8*d*.
iii. 204.

(103) Maii 27. 1606.
GEORGIUS LESLIE de Crachie, *hæres conquestus* Magistri Willielmi Leslie de Mekill Warthill, *fratris*,—in terris ecclesiasticis de Mekill Warthill, in regalitate de Gareoche :—E. 20*l*.—Terris de Carngall, in baronia de Kellie :—A. E. 6*l*. N. E. 24*l*.—Tenemento et horto in veteri Aberdonia :—E. 26*s*.—16 bovatis terrarum de Auldcraig, in parochia de Daviot.—A. E. 40*s*. N. E. 8*l*.
iv. 48.

(104) Jun. 6. 1606.
GEORGIUS CRUIKSHANK de Tullymorgin, *hæres* Willielmi Cruikshank de Tullymorgin, *patris*,—in solari tertia parte villæ et terrarum de Fysherfurde ;—solari tertia parte de Reidhall ;—solari tertia parte de Brukillis, in baronia de Ochterless :—E. 5 *m*.—Solari tertia parte villæ et terrarum de Bakyhill :—E. 40*s*.—Bina parte terrarum de Ochterles-Meldrum, continente terras subscriptas, viz. terras dominicales de Ochterles ;—terras de Fluiris et Smallburne, cum molendino ;—terras de Cuschnie, Knok-Leyth, cum molendino, Langschaw-bray, Halsiwallis, Logy-Auldtoun cum molendino ;—terras de Kirktoun de Ochterles ;—terras de Thomastoun, Ordley, Badinscott, Brukillis, Bakyhill, Reidhill, Fysherfurde ;—terras de Ovir, Nether et Middill Blackfurdis, cum molendino.—E. 80*l*.
iii. 260.

(105) Jul. 31. 1606.
ARCHIBALDUS COMES ARGADIÆ, dominus Cambell et Lorne, &c. *hæres* dominæ Annæ Keyth, Comitissæ de Murray et Argadiæ, *matris*,—in terris de Balquhen.—A. E. 20*l*. N. E. 40*l*.
iv. 52.

(106) Oct. 31. 1606.
JACOBUS GRANT, *hæres masculus* Patricii Grant de Ballandallauche, *patris*,—in terris de Mekill Innerernan, Littil Innerernan, Edinglase, Couill, Keandecrage, Roulzechrome, Linardauche, Pressecheild, cum molendino de Innerernan, et terris molendinariis, et Schelling de Chepelernan, Tordequhill, Charnequhat, Mounefuite, et Glenernan, in parochia de Tarlain.—A. E. 4*l*. N. E. 16*l*.
iii. 220.

(107) Mar. 26. 1607.
ALEXANDER STRATHACHIN de Thornetoun, *hæres* Alexandri Strathachin de Thornetoun, *avi*,—in terris de Culquhorsie, Kirktoun de Echtnokquhairne, Hilsyde, in baronia de Cluny.—A. E. 8*l*. N. E. 32*l*.
iii. 268.

(108) Maii 5. 1607.
ALEXANDER FORBES, *hæres masculus* Joannis Forbes de Toweis, *patris*,—in baronia de Toweis, comprehendente villam et terras de Nether Toweis,—terras de Middil Toweis, Culfork, Cowfurde, et Auldtoun;—terras burgagias de Kyndrimmie, Ardmurdoche, et piscariam vocatam the Pott of Bukie super aquam de Done.—A. E. 12*l*. N. E. 48*l*.
iv. 63.

(109) Jun. 17. 1607.
GULIELMUS GORDONE, *hæres* Alexandri Gordone de Abirzeldie, *patris*,—in terris de Grandoun, Inchmill, Perslie, et Craibstone.—A. E. 3*l*. 6*s*. 8*d*. N. E. 13*l*. 6*s*. 8*d*.
iv. 67.

(110) Jul. 11. 1607.
ALEXANDER GORDOUN, *hæres masculus* Domini Thomæ Gordoun de Cluny Militis, *patris*,—in villa et terris de Carvechin, Thornywray, Corsistane, Peiriesmylne, Sleauche, cum park, Adamstoun, Silverhillok, Weistroune, Mutehillok, Boigheid, Newtoun ;—tertia parte villæ et terrarum de Garie;—bina parte terrarum de Chappeltoun;—tertia parte de Wedderburne ;—bina parte de Brumhill ;—tertia parte de Thomastoun ;—bina parte de Comalegie ; in baronia de Kynmondie per annexationem.—A. E. 19. *m*. N. E. 50*l*. 13*s*. 4*d*.
iv. 85.

(111) Oct. 6. 1607.
GULIELMUS HAY, *hæres* Johannis Hay de Wrie, *patris*,—in terris et baronia de Cremond, comprehendente terras de Cremond park, Blairmormond, Kairne, Kumschie, Tillikyre, Cremondhagillis, Cremondgorth, cum pendiculo vocato Lochillis ; Cremondmogatt, cum molendino granorum et fullonum et pendiculis subscriptis, viz. Terris de Karnelob, Thinnardhill, Karne, Barquhatane et Berriebrae, cum advocatione ecclesiæ parochialis de Cremond.—A. E. 12*l*. N. E. 48*l*.
iv. 115.

(112) Nov. 14. 1607.
GULIELMUS KEITH, *hæres masculus* Gulielmi Keithe de Ludquharne, *avi*,—in terris de Ludquharne, in baronia de Kellie :—E. 21*l*. 6*s*. 8*d*.—Terris de Balmwire et Myresyide, in baronia de Balmure :—A. E. 40*s*. N. E. 8*l*.—Terris seu gleba ecclesiastica de Fetter-Angous, in parochia de Fetter-Angous.—E. 10*l*. 6*s*. 8*d*.
iv. 123.

(113) Dec. 14. 1607.
WILLIELMUS KEITH, *hæres* Gulielmi Keith de Ludquharne, *avi*,—in terris dominicalibus de Essilmount, in baronia de Essilmount.—A. E. 5*l*. N. E. 20*l*.
iv. 124.

(114) Dec. 19. 1607.
ALEXANDER CUMMYNG, *hæres masculus* Alexandri Cummyng de Cultar, *patris*,—in terris et baronia de Cultar vocata ab antiquo Cultar de Ardbeik, comprehendente terras dominicales de Cultar, et Inche de Cultar, cum piscationibus salmonum super aquam de Dee;—villam et terras de Robertstoun, Hilsyde et Tillioche, cum molendino granorum vocato Hoilmylne, et molendino fullonum vocato Denmylne ;—villam et terras de Over Coutlaw, Nether Coutlaw, Banishill, Lachtis, alias Lastis, in baronia de Cultar-Ardbeik, unitis in Baroniam de Cultar-Cumming.—A. E. 10*l*. N. E. 20*l*.
iv. 146.

(115) Apr. 5. 1608.
GEORGIUS LESLIE, *hæres* Joannis Leslie de Eodem, *fratris*,—in barohia de Leslie ;—terris de Awld-Leslie, Cheppeltoun, Towleyis, cum molendinis granorum et fullonum ;—dimidietate terrarum de Edingarach ;—superioritate dimidietatis terrarum de Auchquhorteis, molendini ejusdem, Auchquorsk, Blairdaff ;—superioritate alterius dimidietatis dictarum terrarum de Edingarack ; et superioritate terrarum de Erlisfeild, Newlandis, Bairnis, Cultis, New Leslies ;—advocatione beneficiorum dictæ baroniæ.—A. E. 10*l*. N. E. 40*l*.
iv. 158.

(116) Jun. 28. 1608.
DAVID CRAWFURDIÆ COMES, Dominus Lyndsay, *hæres* Davidis Crawfurdiæ Comitis, Domini Lyndsay, &c. *patris*,—in annuo redditu. 100 *m*. de magnis custumis burgi de Aberdeen ;—annuo redditu 40*l*. de burgi de Aberdene firmis burgalibus et aquaticis.—
iv. 218.

(117) Jul. 30. 1608.
ARTHURUS FORBES, *hæres* Duncani Forbes de Balfour, *patris*,—in solari aratro villæ et terrarum de Balfour, extendente ad dimidium dictæ villæ et terrarum de Balfour, in parochia de Forbes :—E. 40*s*.—Terris de Brumhill, in parochia de Touche.—A. E. 13*s*. 4*d*. N. E. 53*s*. 4*d*.
iv. 209.

(118) Jul. 30. 1608.
JACOBUS BODY, *hæres conquestus* Magistri Gilberti Bodye, ministri verbi Dei apud ecclesiam de Holme in Orkney, *fratris*,—in villa et terris de Cragquhorthie, in parochia de Kinkell.—A. E. 10*s*. N. E. 40*s*.
iv. 232.

(119) Jan. 10. 1609.
THOMAS BURNET de Cragmylne, *hæres* Willielmi Burnet de Cragour, *avi*,—in dimidietate terrarum de Tillyhaikie, in comitatu de Mar, et baronia de Oneill.—E. 10*s*.
iv. 214.

(120) Apr. 8. 1609.
ALEXANDER COPLAND de Udoche, *hæres* Patricii Copland de Udoche, *patris*,—in dimidietate terrarum de Udoche.—A. E. 6*l*. N. E. 24*l*.
iv. 226.

B

(121) Maii 6. 1609.
ALEXANDER BANNERMAN de Watterton, *hæres* Georgii Bannerman de Watterton, *patris,*—in crofta, rudis, et particatis terrarum, et horto, infra burgagium de Newburgh et baroniam ejusdem.—*E. 5d.* pro qualibet ruda. iv. 350.

(122) Maii 16. 1609.
THOMAS GRIG, *hæres* Jacobi Grig apud molendinum de Fuddes, *patris,*—in solari aratro villæ et terrarum de Ullaw, in baronia de Essilmounthe.—A. E. 10*s.* N. E. 40*s.* iv. 326.

(123) Maii 24. 1609.
EDWARDUS BRUCE, *hæres* Guilielmi Bruce fratris Edwardi Bruce domini Bruce de Kinloss, *patris,*—in villa et terris de Cothill et Collestowne, in baronia de Balhelvie.—E. 2 bollæ farinæ. iv. 246.

(124) Jan. 9. 1610.
ROBERTUS FORBES de Phynnersie, *hæres masculus* Joannis Forbes de Echt, *filii patrui,*—in terris baroniæ de Echt-Forbes, comprehendentibus sex libratas terrarum antiqui extentus de Tullifour et Wester Echt, cum molendino de Tullifour, et pendiculis subsequentibus, viz. Tullioche, Tulliboy, Vachindaill, Brumhill:— A. E. 6*l.* N. E. 24*l.*—10 solidatis terrarum antiqui extentus vocatis West third pairt villæ et terrarum de Phynnerseis et Manecht, et tertia parte molendini:—A. E. 10*s.* N. E. 40*s.*—Terris vocatis Millnhill de Echt:—A. E. 6*s.* 8*d.* N. E. 2 *m.*—Advocatione rectoriæ ecclesiæ parochialis de Echt, cum decimis.—A. E. 6*s.* 8*d.* N. E. 2 *m.* (Vide Banf, Kincardine.) iv. 279.

(125) Apr. 10. 1610.
MAGISTER ROBERTUS GARDYNE de Blairtown, *hæres* Magistri Thome Gardyne de Blairtown, *patris,*—in terris ecclesiasticis de Balhelvie vocatis Blairtown, et molendino ejusdem, infra parochiam de Balhelvie :—E. 20*l.* 6*s.* 8*d.* &c. et 8 *d.* in augmentationem :—Domo habitationis quondam rectoriæ de Balhelvie, infra civitatem et canoniam veteris Abirdoniæ:—E. 3*s.* 4*d.*—Terris seu crofta vocata Lochhillis, cum lacu et marresio ejusdem in dicta civitate:—E. 10*s.* 6*d.*—Hospitio de Murthlak infra canoniam dictæ civitatis :—E. 6*s.* 4*d.*—Lacu jacente ex occidentali parte dictæ canoniæ veteris Aberdoniæ, ab antiquo nuncupato the Deanis loche, cum custumis veteris Aberdoniæ.—E. 6*s.* 8*d.* vii. 304.

(126) Apr. 10. 1610.
JACOBUS GORDOUN de Lesmoir, *hæres* Alexandri Gordoun de Lesmoir, *patris,*—in terris de Balmad, Gorauchie, Craigheid, Morleis, et molendino de Balmad.—A. E. 4*l.* N. E. 16*l.* iv. 357.

(127) Nov. 29. 1610.
JOANNES GORDOUN, *hæres* Georgii Gordoun de Tillaquhowdie, *avi,*—in terris de Litill-Follay, in parochia de Fyvie.—A. E. 40*s.* N. E. 8*l.* iv. 387.

(128) Feb. 27. 1611.
ALEXANDER SKENE de Eodem, *hæres* Jacobi Skene, *avi,*—in terris et baronia de Skene, cum lacu.—A. E. 10*l.* N. E. 40*l.* iv. 398.

(129) Feb. 27. 1611.
ALEXANDER SKENE, filius legitimus primogenitus quondam Barbaræ Forbes sororis unicæ germanæ quondam Joannis Forbes de Echt, *hæres* dicti Joannis Forbes de Echt, *avunculi,*—in terris de Culquhorsie cum outsett vocato Dumbreck, et Kirktoun de Echt ; —terris de Hilsyde, in baronia de Clune.—A. E. 3*l.* N. E. 12*l.* iv. 408.

(130) Mar. 19. 1611.
EDWARDUS DOMINUS BRUCE DE KINLOSS, *hæres* Edwardi domini Bruce de Kinloss, *patris,*—in terris de Abbotischall et Candelland ;—terris de Lochart ;—mansione et villa de Allone, in parochia de Allone ; cum quibusdam aliis terris in vicecomitatibus de Elgin et Forres, Banf et Inverness.—A. E. 100 *m.* N. E. 300 *m.*—(Vide Elgin et Forres, Banf, Inverness.) iv. 424.

(131) Maii 15. 1611.
DOMINUS JOANNES WODE de Fetircairne, miles, *hæres* Walteri Wood de Fetircairne, *patris,*—in terris de Ovirblairtoun et Pettanes, in baronia de Balhelvie.—A. E. 3*l.* N. E. 12*l.* iv. 411.

(132) Maii 3. 1614.
GEORGIUS JOHNESTOUN de Eodem et Caskieben, *hæres masculus* Joannis Johnestoun de Eodem et Caskieben, *patris,*—in terris et baronia de Johnestoun, comprehendentibus villam et terras de Johnestoun cum molendino ;—villam et terras de Caskieben cum molendino ;—villam et terras de Inglistoun et Jackstoun cum molendino lie Pedesmylne ;—villam et terras de Ledget Favellis ;— octavam partem terrarum de Ardryne ;—dimidietatem terrarum de Cremond et molendini earundem ;—villam et terras de Baddin-

dauche, Keigisley cum molendinis granorum et fullonum ;—villam et terras de Craig, Corshill, Buchthills, Standingsteans, Sleipihillokrood, Landowertoun de Dyce, cum pendiculo vocato Beigin-toft et Pleybariche, in baronia de Johnestoune :—A. E. 20*l.* N. E. 80*l.*— Villa et terris de Selbie et Lochtulloche.—A. E. 20*s.* N. E. 4*l.*— Terris de Boyndis in baronia de Fintray.—A. E. 20*s.* N. E. 4*l.* vi. 5.

(133) Jun. 8. 1614.
PATRICIUS FORBES, *hæres portionarius* Gulielmi Forbes de Petsligo, *avi,*—in terris de Lethintie, cum molendino ;—terris de Auchincleuch, in parochia de Logiedurnoch.—A. E. 5*l.* N. E. 20*l.* vi. 5.

(134) Jun. 8. 1614.
JONETA FORBES, *hæres portionaria* Gulielmi Forbes de Petsligo, *avi,* in terris prædictis.—A. E. 5*l.* N. E. 20*l.* vi. 5.

(135) Jul. 23. 1614.
JOANNES HAY, *hæres* Williemi Hay de Littil Arnage, *patris,* —in terris et villa de Cremond-mogait, cum molendino, in baronia de Cremond-park :—A. E. 50*s.* N. E. 10*l.*—Dictus Joannes Hay, *hæres masculus* dicti Willielmi Hay, *patris,*—in terris de Little Arnage, Corshill, Quhythillock cum Ailhous-croft, et Proctoriscroft, cum molendinis granorum et fullonum, in baronia de Slaynes. —A. E. 3*l.* N. E. 12*l.* vi. 4.

(136) Jan. 21. 1615.
ROBERTUS GARDYN in Balgirsche, *hæres masculus* Roberti Gardyn de Blairtoun, *patris,*—in terris ecclesiasticis de Blairtown, cum molendino, in parochia de Balhelvie.—E. 20*l.* 6*s.* 8*d.* vi. 29.

(137) Mar. 29. 1615.
GULIELMUS GORDOUN, *hæres* Magistri Walteri Gordoun in Abirdene, *patris,*—in manso olim spectante thesaurario de Abirdene, in canonia de Abirdene.—E. 13*s.* 4*d.* vi. 52.

(138) Jul. 12. 1615.
MAGISTER PATRICIUS MAITLAND de Carnefechill, *hæres masculus* magistri Roberti Maitland de Carnefechill, *patris,*—in terris de Culsche, et Outset de Quhytboge, in baronia de Feddret :—E. 3*l.*—Terris de Carnefechill, Auchinleck, cum molendino de Fechill ; —terris de Pettrichie, infra baroniam de Tarves, et regalitatem de Aberbrotok.—E. 27*l.* 13*s.* 5*d.* vi. 71.

(139) Sept. 7. 1615.
DOMINA MARIA DOWGLAS COMITISSA DE BUCHAN, *hæres* Cristinæ Stewart comitissæ de Buchan, *aviæ,*—in terris et baronia de Glencuthill, viz. villa et molendino de Glencuthill ;—terris de Auchmaden, cum piscaria ;—terris de Inschbrek ;—terris de Saltcoittis ;—terris de Towie (vel Cowie) ;—terris de Pitmacadell : —A. E. 10*l.* N. E. 40*l.*—Molendino de Grandoun infra baroniam ejusdem ;—acra terræ in baronia de vel Cartralzear ;—terris de Balmadeyis, in baronia de Grandoun ;—terris de Glasgofores ;— terris et baronia de Cartralzear ;—monticulo nuncupato Erlishill, in comitatu de Buchan.—A. E. 6*l.* 13*s.* 4*d.* N. E. 26*l.* 13*s.* 4*d.* vi. 60.

(140) Oct. 3. 1615.
GEORGIUS CRAWFURDE, *hæres* Gulielmi Crawfurde, *patris,* —in terris de Anachie, cum molendino de Mekle Creichie, Bruntbray, et Clochtan, in baronia de Feddret.—A. E. 13*s.* 4*d.* N. E. 53*s.* 4*d.* vi. 113.

(141) Jan. 9. 1616.
GULIELMUS KING, *hæres* Gulielmi King in Dumbrek, *patris,* —In solari dimidietate villæ de Culhous de Dumbrek, in baronia de Dumbrek.—A. E. 20*s.* N. E. 4*l.* vi. 71.

(142) Feb. 28. 1616.
GULIELMUS SETOUN de Blair, *hæres* Gulielmi Setoun de Blair, *patris,*—in dimidietate terrarum de Rudrestoun infra parochiam Divi Mauricii.—A. E. 20*s.* N. E. 4*l.* vi. 129.

(143) Mar. 26. 1616.
JACOBUS DEMPSTER, *hæres* Joannis Dempster de Knockleyth, *fratris,*—in solari tertia parte villæ et terrarum de Knockleyth, ac crofta brueria earundem, cum crofta ejusdem vocata Bulbomylne ;—terris molendinariis de Knockleyth ;—terris de Halsiewells, tam solari tertia parte, quam bina parte earundem ; una cum solari tertia parte terrarum de Lenschache, et Lenschachebray ;— solari tertia parte terrarum de Haltoun de Auchterles, cum solari tertia parte de Thomastoun, in baronia de Auchterless-Dempster: —A. E. 14*s.* N. E. 56*s.*—Umbrali dimidietate totius villæ et terrarum de Logie Auldtoun, et molendini de Logie Auldtoun ; et in pendiculis earundem vocatis Bus et Ladyboig, infra baroniam de Auchterless-Meldrum.—E. 10. *m.* vi. 129.

(144)   Maii 17. 1616.

JOANNES FORBES de Tulloche, *hæres* Roberti Commendatarii de Monymusk, *patris*,—in terris de Tilliriauche ;—terris de Tullochveins, in baronia de Clunie :—E. 8*l.*—Villa et terris de Tillifour cum molendino jacentibus ut supra :—A. E. 10*s.* N. E. 40*s.*—Villa et terris de Bouack cum molendino, infra parochiam de Monymusk.—E. 7*l.* 10*s.*   vi. 127.

(145)   Jul. 17. 1616.

PETRUS BLAIKBURNE, *hæres* Petri Blaikburne Abirdonensis Episcopi, *patris*,—in terris et baronia de Dyce comprehendente villam et terras subscriptas in liberam baroniam erectas, viz. villam et terras de Nather Dyce ;—villam et terras de Rethis et Glen cum piscaria salmonum super aqua de Don, infra thanagium de Kintour et parochiam de Dyce, pro principali :—E. 8*l.*—Villa et terris de Dunmedure cum molendino ;—Villa et terris de Rothemurriell, et libero balliatus officio infra regalitatem de Garioche, in warrantum predictarum terrarum :—E. 50*l.*—Villa et terris ecclesiasticis, vulgo Kirktoun de Dyce, cum molendino et astrictis multuris villarum de Nather Dyce, Rethis, Glen et Pitmedden ; et jurisdictione balliatus et regalitatis earundem terrarum ecclesiasticarum, &c. infra regalitatem Sancti Andreæ.—E. 6*l.* 13*s.* 4*d.*   vi. 115.

(146)   Jul. 17. 1616.

PETRUS BLAKBURNE, *hæres* Petri Blakburne, Aberdonensis Episcopi, *patris*,—in umbrali aratro et 4 bovatis terrarum medii aratri solaris dimidietatis villæ et terrarum de Meikill Endovie, infra parochiam de Awfuird.—E. 20*s.*   vi. 140.

(147)   Nov. 20. 1616.

JOANNES TURING de Foverane, *hæres* Gulielmi Turing de Foverane, *fratris*,—in terris et baronia de Foverane, et jure patronatus altaris Sancti Jacobi, quondam situati infra ecclesiam parochialem de Aberdeen ;—terris de Tillifour ;—terris de Tibberlie et Vatrichinvir, (Watrichmuir ?) partibus prefatæ baroniæ de Foverane.—A. E. 20*l.* N. E. 80*l.*   vi. 147.

(148)   Apr. 12. 1617.

JACOBUS RAMSAY, *hæres* Alexandri Ramsay apud ecclesiam de Abirdour, *patris*,—in terris ecclesiasticis de Abirdour infra diocesim de Abirdene :—E. 30*s.*—Terris umbralis aratri solaris dimidietatis villæ et terrarum de Ardley, infra baroniam de Phillorthe.—E. 4*l.*   vi. 234.

(149)   Apr. 29. 1617.

PATRICIUS HEPBURNE, *hæres* Patricii Hepburne apud molendinum de Abirdene, *patris*,—in terris de Ferriehill, lie Ailhouse, et Smiddiecroftis, infra parochiam Sancti Macharii.—E. 20*l.*   vi. 220.

(150)   Apr. 30. 1617.

JOANNES COMES DE KINGORNE, dominus Lyoun et Glamis, *hæres* Patricii comitis de Kingorne domini Lyoun et Glamis, *patris*,—in terris et baronia de Belhelvies, cum tenandriis de Ardendraucht et Colleistoun :—A. E. 50*l.* N. E. 200*l.*—Terris de Courtistoun et Drumgowane :—A. E. 13*l.* 16*s.* 8*d.* N. E. 59*l.* 6*s.* 8*d.* —unitis cum aliis terris in Forfar et Perth in baroniam de Glammis.—Terris de Kingissait, cum advocatione ecclesiæ de Belhelveis :—E. 4*l.* 14*s.* 4*d.*—Terris de Mondorno Ovir et Nathir, cum molendino et outsettis, viz. Tarbethhill, Luchlandis et Carneboig, in baronia de Fyvie et regalitate de Abirbrothok.—E. 10*l.* 13*s.* 4*d.* —(Vide Forfar et Perth.)   vii. 16.

(151)   Jun. 7. 1617.

PATRICIUS GORDOUN de Halheid, *hæres* Patricii Gordoun de Halheid, *patris*,—in villa et terris de Halheid ;—terris de Corquhinderland infra parochiam de Cuschnie.—A. E. 3*l.* N. E. 12*l.*   vi. 231.

(152)   Jul. 23. 1617.

WALTERUS MOLYSOUN, *hæres* Joannis Mollysoun de Lachintullie, *patris*,—in dimidietate villæ et terrarum de Glak, in baronia de Muthell.—A. E. 10*s.* N. E. 40*s.*   vii. 25.

(153)   Jul. 24. 1617.

THOMAS DOMINUS BRUCE DE KINLOSS, *hæres* Edwardi domini Bruce de Kinloss, *fratris*,—in terris, dominio, et baronia de Kinloss, comprehendentibus inter alia, terras subscriptas in vicecomitatu de Aberdeen, viz. terras de Abbothishall et Condilland ; —terras de Lochnoch ;—mansionem in villa de Eilland, in parochia de Eilland ;—cum quibusdam aliis terris in vicecomitatibus de Elgin et Forres, Banf, Inverness.—A. E. 100 *m.* N. E. 300 *m.*   vii. 8.

(Vide Elgin et Forres, Banff, Inverness.)

(154)   Dec. 20. 1617.

CRISTINA CHEYNE, *hæres* Magistri Francisci Cheyne de Craigie, *patris*,—in terris villæ de Craigietarves, cum montibus viridariis nuncupatis, The Green hills of Craigie, et molendino, in regalitate de Abirbrothok.—E. 10*l.* 19*s.* 10*d.*   vii. 173.

(155)   Jan. 13. 1618.

GEORGIUS MARCHIO DE HUNTLIE, Comes de Ehzie, dominus Gordoun et Badzenoch, &c. *hæres* Georgii comitis de Huntlie, domini Gordoun et Badzenoch, *avi*,—in quarta parte davatæ terrarum de Coclarachie, vocata Leslie-quarter, viz. quarta parte terrarum de Coclarachie ;—quarta parte terrarum de Newbiging, cum quarta parte molendini ;—quarta parte Croftæ de Futtie ;—2 bovatis terrarum de Garrie.—A. E. 30*s.* N. E. 6*l.*   vii. 15.

(156)   Mar. 11. 1618.

JOANNES KYNNAIRD, *hæres* Patricii Kynnaird de Eodem, *patris*,—in terris de Kynnaird et Perskow, cum domo, et terris contigue adjacentibus dictæ domui, infra villam de Corthiecoom et baroniam de Slainis.—A. E. 6*s.* 8*d.* N. E. 26*s.* 8*d.*   vii. 15.

(157)   Jul. 15. 1618.

GULIELMUS WOOD, *hæres* Alexandri Wood de Colpnay, *patris*,—in solari tertia parte villæ et terrarum de Mekill Fynnersie ;—solari tertia parte villæ et terrarum de Littel Fynnersie ;—solari tertia parte villæ et terrarum de Monecht ;—solari tertia parte molendini de Mekil Fynnersie, in dominio de Mar.—A. E. 30*s.* N. E. 6*l.*   vii. 60.

(158)   Aug. 19. 1618.

GEORGIUS LESLIE de Eodem, *hæres* Joannis Leslie de Eodem, *avi*,—in terris ecclesiasticis cum gleba vicariæ de Leslie.—E. 4 *m.* 2*s.*   vii. 108.

(159)   Nov. 19. 1618.

DUNCANUS FORBES, *hæres* Gulielmi Forbes de Monymusk, *patris*,—in terris cum claustro, puteo, &c. in burgo de Abirdene ; —domo bruario, &c. in dicto burgo.—E.........   vii. 170.

(160)   Apr. 21. 1619.

JACOBUS MORRAVIE COMES et dominus de Doun, &c. *hæres* Jacobi Morravie comitis domini Abernethie, &c. *avi*,—in terris et comitatu de Buchane, comprehendentibus inter alia terras subscriptas in vicecomitatu de Aberdeen, viz.—terras et baroniam de Glencuthill ;—terras de Balmakelleis ;—terras de Fetterletter ;—terras de Saltcoittis ;—terras de Goveny, Inchebrek, Littel Methlik ;—terras de Lethinde ;—terras de Balmedie in baronia de Grandoun ;— montem nuncupatum Carles-hillock ;—terras de Cartralzean, cum molendino ;—terras de Beildistoun, cum salmonum piscaria super aqua de Don ;—terras de Allachem et Nethir Auchmoir, cum molendino ;— terras et baroniam de Grandoun ;—terras de Prestley, cum fullonum molendino ;—terras de Auchinoull ;—terras de Craibstoun ;—terras et baroniam de Cantreis ;—terras de Glasgow-forrest et Glasgow-ego ;—omnes unitas in baroniam de Glendowachie ;— annuo redditu 3*l.* de terris de Kintor.—A. E. 60*l.* N. E. 240*l* —(Vide Banf, Forfar.)   vii. 142.

(161)   Jun. 30. 1619.

GEORGIUS LEYTH, *hæres* Gilberti Leyth de Bairnes, *patris*,— in umbrali parte terrarum de Erlisfeild vocata the New-lands of Erlisfeild, infra parochiam de Premnay.—A. E. 2*s.* N. E. 8*s.*   vii. 193.

(162)   Sep. 11. 1619.

JOANNES FORBES de Leslie, *hæres* Roberti Forbes portionarii de Cowlie, *fratris germani immediate junioris*,—in 6 acris villæ et terrarum de Cowlie cum decimis.—A. E. 20*s.* N. E. 4*l.*   vii. 160.

(163)   Oct. 5. 1619.

WILLIELMUS SEYTOUN de Meldrum, *hæres masculus* Joannis Seytoun de Meldrum, *fratris*,—in terris et baronia de Meldrum, viz.—terris dominicalibus de Meldrum ;—villa et terris de Auldmeldrum cum molendino de Cromblet ;—terris de Percok cum ailhous ;—terris de Ardconnan ;—terris de Ordevene, cum multuris terrarum de Bathelnie ;—terris de Balcarne cum molendino ; —villa et terris de Gonar, Frosterhill, Cowtie, Cardrum et Tulloch ; —villa et terris de Bathelnie nuncupatis Auldmylne de Bathelnie ; —terris de Coirhill et Barbus ;—terris ecclesiasticis de Bathelnie cum jure patronatus vicariæ ejusdem ;—villa et terris de Ardfork ; —villa et terris de Kilblenie :—A. E. 10*l.* N. E. 40*l.*—Decimis garbalibus rectoriæ ecclesiæ et parochiæ de Bathelnie infra diocesim de Aberdeen, baroniæ de Meldrum annexatis :—E. 6*s.* 8*d.*— Villa et terris de Auchinneillie infra parochiam de Tarves :—A. E. 16*s.* N. E. 3*l.* 4*s.*—Decimis garbalibus predictarum terrarum de Auchinneilie.—E. 13*s.* 4*d.*   vii. 166.

(164)   Oct 6. 1619.

JACOBUS HALYBURTON de Pitcur, *hæres* domini Jacobi Haliburtoun de Pitcur Militis, *patris*,—in dimidietate terrarum et baroniæ de Drumblait, viz. 2 villis de Dumoyis, cum tertia parte terrarum de Garne, unacum tertia parte terrarum de Camalegie.— A. E. 6*l.* N. E. 24*l.*   vii. 186.

(165)   Nov. 30. 1619.
GULIELMUS BLAKBURNE, *hæres* Magistri Petri Blakburne de Endowie, *fratris,*—in umbrali aratro, et in 4 bovatis terrarum medii aratri dimidietatis villæ et terrarum de Meikil Endowie, infra parochiam de Aldefuird.—E. 20*s.*   vii. 183.

(166)   Apr. 25. 1620.
GEORGIUS BAIRD de Auchmedden, *hæres* Gilberti Baird de Auchmedden, *patris,*—in terris de Auchmunziell, infra dominium de Deir, nunc Altrie :—E. 4*l.* &c.—Decimis garbalibus dictarum terrarum de Auchmunziell:—A. E. 2*s.* N. E. 8*s.*—Villa et terris de Carnebanno, cum molendino, infra dictum dominium de Altrie.—E. 4*l.* &c.   vii. 222.

(167)   Jun. 9. 1620.
PATRICIUS LEITH de Licklieheid, *hæres masculus* Gulielmi Leith de Licklieheid, *avi,*—in terris de Auchnagathill extra et intra campos earundem, cum pastura ;—terris de Corrieboig et Corriemœs, in baronia de Keig, et regalitate Sancti Andree :—E. 11*l.* 16*d.* et 3*s.* 4*d.* pro augmentatione.—6 bovatis terrarum de Auchleavin, cum sexta parte molendini, infra parochiam de Premnay :—A. E. 30*d.* N. E. 10*s.*—5 mercatis terrarum ejusdem villæ de Auchleavin, cum pendiculo vocato Licklieheid ;—5 mercatis terrarum ejusdem villæ ;—librata terrarum, viz. quarta parte molendini et terrarum molendinariarum jacentium ut supra :—A. E. 20*s.* N. E. 4*l.* —Terris ecclesiasticis de Premnay, cum pecia terræ vocata Orchard, et ruda vocata Rig, jacente extra aquam de Gadis, et lie Hauche.— E. 4 *m.* 10*s.* 4*d.*   vii. 234.

(168)   Jul. 26. 1620.
MAGISTER JACOBUS SKENE, *hæres* Magistri Gilberti Skene de Westertore, *patris,*—in dimidietate villæ et terrarum de Corsinday;— dimidietate terrarum de Muirtoun et Littill Carnday, et dimidio molendini de Corsinday :—E. 5*l.*—Dimidietate terrarum de Baddinley, Endovie, et Badevin cum dimidietate molendini de Baddenley, et terrarum molendinariarum :—A. E. 20*s.* N. E. 4*l.*—Terris de Kebitie, cum pastura in foresta de Coranie, infra baroniam de Clunie.—A. E. 40*s.* N. E. 8*l.*   vii. 283.

(169)   Mar. 14. 1621.
GULIELMUS GORDONE de Aberzeldie, *hæres* Jacobi Gordone de Midmar, *avi ex parte patris,*—in terris de Carnetrailzeane, cum molendino, ailhous, Mekilglasgow, Beildziestoun, Auchinvee, infra comitatum de Buchane.—A. E. 3*l.* N. E. 12*l.*   vii. 352.

(170)   Jun. 27. 1621.
GEORGIUS KEYTHE, *hæres* Roberti Keythe in Lowstoun, *patris,*—in terris de Kremondgorthe, infra parochiam de Cremondpark.—A. E. 30*s.* N. E. 6*l.*   viii. 17.

(171)   Oct. 31. 1621.
ALEXANDER SKENE, *hæres* Jonetæ Skene, *matris,*—in tertia parte umbralis dimidietatis terrarum de Auchtererne et molendini earundem;—tertia parte umbralis dimidietatis terrarum de Tulloche ; —tertia parte umbralis dimidietatis terrarum de Drumind.—A. E. 3*s.* 4*d.* N. E. 13*s.* 4*d.*   viii. 32.

(172)   Feb. 27. 1622.
GEORGIUS GORDOUN de Halheid, *hæres* Patricii Gordoun de Halheid, *fratris,*—in villa et terris de Halheid, et terris de Corquhinderland, infra parochiam de Cuschnie.—A. E. 3*l.* N. E. 12*l.*   viii. 28.

(173)   Mar. 26. 1622.
ROBERTUS JAMESOUN, *hæres* Gilberti Jamesoun burgensis de Aberdene, *patris,*—in tenemento in dicto burgo.—E. 40*s.*   viii. 66.

(174)   Mar. 26. 1622.
ALEXANDER LOW, *hæres* Joannis Low, (filii quondam Jacobi Low burgensis de Abirdene) *fratris germani,*—in horreo cum ustrina, &c. in burgo de Abirdene.—E. 20*s.*   viii. 66.

(175)   Maii 24. 1622.
ROBERTUS DEMPSTER, *hæres* Magistri Joannis Dempster de Logiealtoun advocati, *patris,*—in solari tertia parte villæ et terrarum de Logiealtoun, in baronia de Auchterless.—A. E. 20*s.* N. E. 4*l.*—(Vide Kincardine et Fife.)   viii. 57.

(176)   Jul. 27. 1622.
MAGISTER JACOBUS SKENE, *hæres masculus* Magistri Gilberti Skeyne de Wester Corss, *patris,*—in annuali feodo seu feodifirma 35 *m.* 6*s.* 8*d.* de terris de Wester Corss et Northame, infra parochiam de Coull ;—superioritate dictarum terrarum.—A. E. 3*l.* N. E. 12*l.*   viii. 69.

(177)   Jan. 7. 1623.
ALEXANDER MENZIES filius secundo genitus Magistri Thomæ Menzies de Balgonie, *hæres provisionis et talliæ* dicti Magistri Thomæ, *patris,*—in piscaria dimidiæ retis piscationis salmonum piscium de lie Raik et Stellis super aquam de Die, infra libertatem burgi de Abirdene.—E. 20*s.*   viii. 111.

(178)   Jan. 23. 1623.
JOANNES LESLIE de Newleslie, *hæres* Andreæ Leslie de Newleslie, *patris,*—in terris de Insche cum molendino earundem, astrictis multuris villarum de Flunderis, Christiskirk, Largie-inche, Eddirlick ;—domo brasinæ de Insche ;—terris de Elderlick et Chrystiskirk infra regalitatem de Lundoris :—E. 29*l.* 14*s.* 8*d.* &c.— Terris et villa ecclesiastica, vulgo Kirklandis de Chrystiskirk, cum gleba vicariæ de Chrystiskirk de Rothmurrielle, cum decimis, &c. quæ sunt partes patrimonii vicariæ de Kennethmount, infra parochiam de Kinnethmount, et Chrystiskirk per annexationem, et regalitatem de Lundoris :—E. 4 *m.* 2*s.*—Terris templariis de Rothmurriell alias Chrystiskirk, cum decimis garbalibus, et officio hæreditario ballivatus infra bondas prædictarum terrarum templariarum :—A. E. 12*d.* N. E. 4*s.*—Terris umbralis dimidietatis villæ et terrarum de Drumrossie et Rothnayis, lie Dalhairboig et Dalblakboig, cum dimidietate molendini, et communi pastura in forresta de Bannochie :—A. E. 4 *m.* N. E. 12 *m.*—Terris de Newleslie, infra baroniam de Leslie et regalitatem de Garioch :—E. 10 *m.*— Decimis garbalibus terrarum et villarum de Christiskirk, Kirklandis et Tempillcroft ejusdem, villæ et terrarum de Edderlick, villæ et terrarum umbralis dimidietatis de Rothnay et Drumrossie in parochiis de Kennethmount, Premnay, et Insche, infra dictam regalitatem de Garioch.—E. 1*d.*   viii. 112.

(179)   Feb. 23. 1623.
JOANNES FORBES de Polfluig, *hæres masculus* Willielmi Forbes de Polfluig, *patris,*—in terris de Polfluig, infra baroniam de Aldfuird-forbes.—E. 4*l.* &c.   viii. 303.

(180)   Mar. 5. 1623.
GULIELMUS FORBES de Bairnes, *hæres masculus* Gulielmi Forbes, *avi,*—In solari dimidietate terrarum de Newlandis de Erlisfeild, in dominio de Leslie.—A. E. 2*s.* N. E. 8*s.*   ix. 126.

(181)   Mar. 5. 1623.
JOANNES ERSKENE de Balhagartie, *hæres* Joannis Erskene de Balhagartie, *patris,*—in quarta parte villæ et terrarum de Drumdurno, viz. dimidietate umbrali dimidietatis solaris villæ et terrarum de Drumdurno, infra regalitatem de Gareoche ;—3 croftis terrarum jacentibus prope capellam de Garioche.—A. E. 16*s.* N. E. 48*s.*   viii. 138.

(182)   Jun. 14. 1623.
THOMAS COLLESOUN de Auchlownie, *hæres masculus* Joannis Collesoune de Auchlownie, *patris,*—in terris de Auchlownie, cum salmonum piscaria super aquam de Die et decimis, in regalitate de Torphichen et baronia de Mariecoulter.—E. 26*s.* 8*d.*   viii. 195.

(183)   Nov. 12. 1623.
JACOBUS CHEYNE de Arnage, *hæres masculus* Magistri Joannis Cheyne de Arnage, *patris,*—in terris dominicalibus de Arnage, vulgo, the auld maynes of Arnage, Cardomehill, Auld Cotteris croft, et Adameshill appellatis ;—villa et terris de Towie ;—villa et terris de Carnetaffie, Carnedaylie et Brewcroft ejusdem ;—villa et terris de Arquhadleyes tam superiore quam inferiore ;—superiore molendino granorum de Arnage et terris de Mylntoun, ex antiquo molendino fullonum lie Walkmylne de Arnage appellato ;—villa et terris de Lambermuir ; infra parochiam de Ellone.—A. E. 4*l.* N. E. 16*l.*   viii. 255.

(184)   Apr. 30. 1624.
WALTERUS BARCLAY, *hæres masculus* Patricii Barclay feodatarii de Towie, *patris,*—in terris et baronia de Towie-Barclay, comprehendentibus terras dominicales de Towie ;—terras de Towie, Turney, Petdoulsie, Wodtoun et Auldmylne ;—terras de Mekil Siggat, unacum Silva lie Garlettwod et Erneboig eidem adjacentibus ; —capellam et croftam capellæ de Siggat ;—terras de Meikill Drumquhendhill cum molendino et pertinentiis subscriptis, viz. 14 bovatis dictarum terrarum de Meikill Drumquhendhill cum molendino; —borealem dimidietatem prædictarum terrarum de Drumquhendill, et terras vocatas, lie outsettis ;—terras de Ardlane et terras de Auchroddie ;—terras de Wodend et Burreldaillis; terras de Inverthernie, unitas in Baronium de Towie-Barclay.—A. E. 24*l.* 17*s.* 4*d.* N. E. 99*l.* 9*s.* 4*d.*   viii. 301.

(185)   Dec. 17. 1624.
ALEXANDER FRASER de Phillorth, *hæres masculus* Domini Alexandri Fraser de Fraserburgh militis, *patris,*—in terris et baronia de Phillorth ;—terris de Abirdour ;—villa et terris de Carnebulg ;—villa et terris de Innernorth cum novo molendino de Phil-

lorth;—villa et terris de Ardglassie, cum villa nuncupata Novum molendinum de Ardglassie;—villa et terris de Torriecuthill;—villa et terris de Bruxie;—villa et terris de Raitha cum Ailhous et Ailhous croft cum molendino de Raithin;—villa et terris de Ardenhorne; —villa et terris de Memsie, cum villa nuncupata Walkmylne de Memsie, et molendino fullonum ejusdem;—villa et terris de Carnemure ;—villa et terris de Bonnzeltoun cum molendino fullonum;—villa et terris de Kinboig et Kirktoun de Phillorth;—antiquo molendino de Phillorth;—villa et terris de Kingcassir ;—villa et terris de Bankwall ;—villa et terris de Wodley ;—villa et terris de Badichell ;—villa et terris de Over et Nether Peltuleis ;—terris de Peltallacheis ;—villa et terris de Bogheid ;—villa et terris de Cowburtie ;—villa et terris de Urmothe (vel Urinothe) ;—villa et terris de Litill Drumquhendill;—terris de Abirdour;—terris de Forefauldis; —villa et terris de Bremlaw ;—villa et terris de Feiltieheid, cum Newtoun de Outlaw nuncupata Brokeistoun;—terris de Skalterlie cum Holme alias Ailhouscroft nuncupata, et salmonum piscaria super aquam de Doverane ;—terris de Innerallachie cum lacu et piscaria ; —terris de Fortrie et Innerurie cum molendino nuncupato Denend ;—tertia parte villæ et terrarum de Faythlie ;—umbrali dimidietate villæ et terrarum de Kindroch et Denend, cum carbonibus et patellis salinariis ;—terris de Armabed ;—solari dimidietate terrarum de Kindrocht, et Denend, cum quibusdam terris in vicecomitatu de Banf:—A. E. 75l. N. E. 300l.—Terris de Faythlie et Tyrie, cum molendino de Tyrie, Collegiis, Universitatibus infra easdem situatis, cum villa et burgo baroniæ ejusdem, et portu de Faythlie nunc Fraserburgh nuncupato, et libera regalitate infra dictas bondas :—A. E. 40s. N. E. 8l.—Terris de Kirktoun de Tyrie et Cartmyres :—A. E. 20s. N. E. 4l.—advocatione ecclesiarum de Phillorth, Tyrie, Cremond et Raithin, &c.—A. E. 3s. 4d. N. E. 13s. 4d.—(Vide Banf.) ix. 34.

(186) Feb. 11. 1625.
JONETA GORDOUN sponsa Magistri Thomæ Davidson Clerici commissariatus Abirdonensis, hæres Jacobi Gordoun de Haddo, patris,—in villa et terris de Braklay, Tarves, Kirktoun de Tarves et Diracroft ejusdem, infra baroniam de Tarves.—E. 14l. ix. 58.

(187) Maii 13. 1625.
GEORGIUS OGILVIE de Carnousies, hæres Georgii Ogilvie, patris,—in terris et terris dominicalibus de Haltoun, continentibus terras et terras dominicales de Achterless ;—terras de Persent, Fleuris et Smallburne ;—terras de Cushnie, Knokleith, Langschawbray, Halsie-Wallis, Logyaltoun ;—terras de Thomastoun, Ordley;—terras de Badinschot, Bruckhillis, Bakiehillis, Reidhillis, Fischerfurd ;— terras superiores, inferiores, et mediatas de Blakfurds, infra baroniam de Achterles.—A. E. 20l. N. E. 80l. ix. 43.

(188) Maii 13. 1625.
GEORGIUS OGILVIE de Carnousies, hæres Georgii Ogilvie, patris,—in villa et terris de Raithen cum Ailhous et Ailhous-croftis earundem, et molendino de Raithen;—villa et terris de Ardglassie cum villa de Newmylne de Ardglassie ;—villa et terris de Kinboig ;—villa et terris de Kinglassie ;—villa et terris de Bankwall ; —villa et terris de Meinsie cum villa et terris vocatis Walkmylne de Mensie ;—villa et terris de Ardmacrone ;—villa et terris de Carnmure, infra baroniam de Phillorth.—A. E. 5l. N. E. 20l. ix. 68.

(189) Maii 25. 1625.
JACOBUS MARCHIO de HAMMILTOUN, Comes Arraniæ et Cambridge, Dominus Even et Innerdaill, hæres Jacobi Marchionis de Hamiltoun, &c. patris,—in terris de Carnebrogy cum pendiculis, viz. Auldtoun, et Newtoun earundem, Smydyland, Couly, Carnefechill, Petterechie ;—molendino de Fechill, Broklaw, Kirktoun de Tarves, Tullycartin, Tullyhilt cum molendino, Auchquhortie, Achinlek, Boigfechill, Achinhuiff, infra baroniam de Tarves et parochiam ejusdem;—terris de Achneiff in predicta baronia de Tarves et parochia ejusdem ;—terris de Monkishill, Kirktoun de Fyvie cum Marydykis ;—molendino de Fyvie et Ailhous earundem, Ardlogy, Mondurno, cum decimis, infra baroniam de Fyvie;—terris ecclesiasticis de Abirchirdoir infra parochiam de Abirchirdoir ;— piscatione de Poldun apud Pontem de Dey, cum quibusdam aliis terris infra vicecomitatus de Forfar, Kincardin, Edinburgh, Banf, Perth, Murray, Stirling et Inverness.—A. E. 200l. N. E. 600l. (Vide Lanark, Linlithgow, Bute, Stirling, Forfar, Kincardin, Edinburgh, Banf, Perth, Murray, Inverness, Ayr.) ix. 13.

(190) Jun. 1. 1625.
PATRICIUS LEYTHE de Licklieheid, hæres masculus Patricii Leythe, patris,—in quarta parte terrarum de Auchleavin ad umbram, cum quarta parte brasinæ et molendini, in dominio de Gareoche.—A. E. 40s. N. E. 8l. ix. 154.

(191) Jul. 29. 1625.
JACOBUS LENOCIÆ DUX, COMES DARNLIE ET MARCHIÆ, Dominus Tarbolton, Methven, Sanctandrois et Obignie,

Magnus Admirallus et Camerarius Scotiæ, hæres Lodovici Lenociæ et Richmundiæ Ducis, &c. patrui,—in terris de Bourty, et decimis garbalibus, cum quibusdam aliis terris in vicecomitatibus de Fife, Perth, Forfar, Kincardin, Edinburgh, Haddington, Berwick, et Linlithgow, unitis in temporale dominium et baroniam de Sanctandrois. —E. 500 m.—(Vide Dumbarton, Stirling, Perth, Renfrew, Ayr, Fife, Forfar, Kincardin, Edinburgh, Haddington, Berwick, Linlithgow, Lanerk.) ix. 249.

(192) Oct. 4. 1625.
JOANNES LEYTH de Harthill, hæres masculus Joannis Leyth, patris,—in terris et villa de Harthill ;—villa et terris de Nethir Cardyne, cum molendino et communi pastura in foresta de Bannochie, et advocatione ecclesiæ de Oyne:—A. E. 3l. N. E. 12l.—Villa ecclesiæ de Oyne, cum Ailhous et Ailhouscroftis, unitis in baroniam de Harthill :—E. 24l.—Villa et terris de Leusk cum molendino, in parochia de Rayne :—E. 48l.—Villa et terris de Torreis cum boigs ejusdem in parochia de Oyne.—E. 1l. ix. 110.

(193) Oct. 4. 1625.
WILLIELMUS SEATON de Schethin, hæres masculus Georgii Seatoun de Schethin, patris,—in duabus tertiis partibus maneriei de Schethin;—duabus tertiis partibus de lie Outsettis, antiquum molendinum nuncupatis;—duabus tertiis partibus molendini granarii et terrarum molendinariarum de Schethin ;—duabus tertiis partibus villæ et terrarum de Litle Meldrum;—tertia parte prenominatarum terrarum de Schethin et Lytle Meldrum;—tertia parte molendini et terrarum molendinariarum earundem, comprehendente tertiam partem maneriei de Schethin ;—tertiam partem lie Outsettis antiqui molendini nuncupatam ;—tertiam partem molendini granarii et terrarum molendinariarum de Schethin ;—tertiam partem terrarum de Litle Meldrum, jacentium ab antiquo infra baroniam de Balgonie, et nunc unitis in baroniam de Schethin:—A. E. 7l. N. E. 28l.— Villa et terris de Orchartoun cum Smiddie et Smiddiecroft pro principali :—A. E. 30s. N. E. 6l.—Terris de Ulaw de Essilmonth in warrantum dictarum terrarum principalium, in parochiis de Logie-Buchane, Udnie, et Ellone respectiv̈e.—A. E.......... N. E......... ix. 289.

(194) Nov. 2. 1625.
JOANNES FORBES de Balnagask, hæres Magistri Duncani Forbes, patris,—in acra terræ vocata Mylne-croft de Mylne-toun de Cragiewar, in baronia de Cragiewar :—A. E. 3d. N. E. 12d.—Ecclesiis de Logydurno, Inverury, Montkeigie, cum jure patronatus earundem et decimis, &c. ad easdem spectantibus ;—decimis garbalibus villæ et terrarum de Meikle Wardes;—decimis garbalibus de Kirktoun de Insche ;—decimis garbalibus terrarum de Boddumes et Lergy ;—decimis garbalibus terrarum de Johnsleyes in dominio de Lindoris, unitis ad dictam acram terræ vocatam Mylnecroft de Mylnetoun de Craigywar.—E. 1d. ix. 157.

(195) Nov. 16. 1625.
THOMAS ERSKINE de Balhagardie, hæres masculus Joannis Erskine, patris,—in terris et baronia de Balhagardie, comprehendentibus villam et terras de Pettodrie;—villam et terras de Balhagardie, Knokinglas, Petskurrie, Farboigis, Drumdurno, Darlathin, croftam capellæ de Gareoch et Inneramsay, Pitbie, Newlandis, Boyndis, cum molendino de Innerramsay, et pastura in foresta de Bannachie, cum jure patronatus capellaniarum de Knokinglas, Meikle Warthill, et Collihill in Gareoch ;—decimis garbalibus decimarum rectoriarum terrarum predictarum; omnibus unitis in baroniam de Balhagardie.—A. E. 20l. N. E. 80l. ix. 47.

(196) Nov. 19. 1625.
WALTERUS OGILVIE de Boyne, hæres masculus Walteri Ogilvie, proavi,—in terris de Auchleavin, Ardoyne et Harlaw, infra regalitatem de Gareoche.—E. par calcarum. ix. 118.

(197) Oct. 4. 1626.
ROBERTUS INNES de Eodem, hæres talliæ Walteri Innes de Auchintowle, consanguinei,—in terris et baronia de Douchis et Pitfour, cum molendino, infra parochiam de Deir, cum aliis terris in vicecomitatu de Banf, unitis in baroniam de Auchintowle.—A. E. 4l. 10s. N. E. 18l.—(Vide Banf.) ix. 255.

(198) Feb. 9. 1627.
GEORGIUS MARCHIO DE HUNTLIE, COMES DE EINGZIE, Dominus Gordoun et Baidzenoch, hæres Georgii Comitis de Huntlie, &c. patris,—in officio hereditario balliatus baroniarum, Schirarum et annuorum reddituum terrarum ad Episcopatum Abirdonensem spectantium in patrimonio, infra diœcesin Abirdonensem, in vicecomitatibus de Aberdeen et Banf respective. ix. 172.

(199) Apr. 3. 1627.
WILLIELMUS SEATOUN de Meldrum, hæres masculus Magistri Georgii Seatoun de Barrauche cancellarii de Aberdeen, patrui, —in villa et terris de Barrauche ;—terris de Westerhous ;—terris

C

de Phillaw ;—terris de Eschinheid ;—terris de Fuirdailhous ac duabus sextis partibus terrarum de Petgevinie ;—molendino de Bourtie ;—terris de Muirtoun infra parochiam de Bourtie :—A. E. 5l. 10s. N. E. 22l.—Parte villæ et terrarum de Kirktoun de Bourtie, ab antiquo spectante ad rectoriam ecclesiæ de Bourtie:—E. 6l. 13s. 4d.—40d. in augmentationem.—Parte dictarum villæ et terrarum de Kirktoun de Bourtie pertinente ab antiquo ad vicariam de Bourtie, infra parochiam de Bourtie, regalitatem de Gareoch, unitis in baroniam de Barrache.—E. 4l. 13s. 4d. et 40d. in augmentationem. ix. 230.

(200) Apr. 4. 1627.
ALEXANDER IRVING de Murthill, *hæres masculus* Gulielmi Irving, *filii patrui,*—in tribus quartis partibus davatæ villæ et terrarum de Wastoun in Cromar, cum molendino:—E. 14l. 15s. 9d.—Tribus quartis partibus novi molendini de Wastoun, cum terris molendinariis ;—tribus quartis partibus unius peciæ moræ dictæ villæ de Wastoun :—E. 5s. 4d.—Quarta parte dictæ villæ et terrarum de Wastoun, et molendini.—E. 6l. ix. 220.

(201) Apr. 21. 1627.
JOANNES GORDOUN de Haddo, *hæres masculus* Georgii Gordoun feodatarii de Haddo, *patris,*—in terris de duabus Methlickis cum pertinentiis vocatis Haddo ;—terris de Archedlie cum piscaria super aqua de Ythane :—superioritate annui redditus 5l. annuatim, solvendi Domino Forbes de predictis terris de Archedlie ;—terris de Andat, et terris de Braiklay-Andat, unitis in baroniam de Meikill Methlick.—A, E. 8l. N. E. 32l. ix. 224.

(202) Maii 8. 1627.
LAURENTIUS SINCLAIR de Burghe, *hæres masculus* Hugonis Sinclare, *patris,*—in solari dimidietate de Invernothie, in baronia de Phillorthe.—E. 20 m. ix. 320.

(203) Jul. 28. 1627.
GEORGIUS BAIRD de Auchmedden, *hæres* Gilberti Baird, *patris,*—in villa et terris de Pennans cum piscaria, &c. in parochia de Abirdour.—A. E. 2s. N. E. 8s. ix. 245.

(204) Nov. 14. 1627.
JOANNES RAMSAY de Culsche, *hæres* Archibaldi Ramsay, *patris,*—in villa et terris de Culsche ;—Outseat de Quhytboig in baronia de Feddret :—A. E. 40s. N. E. 8l.—In terris nuncupatis Kynnairdis-fauld;—tenemento terræ infra burgum de Fraserburgh, et baroniam de Phillorth.—E. 30s. 4d. x. 43.

(205) Apr. 5. 1628.
DOMINUS GEORGIUS OGILVY de Carnowsie miles baronettus, *hæres masculus* Georgii Ogilvie de Carnowsie, *patris,*—in terris et baronia de Ardgraine, cum pertinentiis vocatis Brumfeild, Caldwallis, et Piltachie, in parochia de Ellone.—A. E. 3l. N. E. 12l. x. 46.

(206) Apr. 22. 1628.
JOANNES GRANT, *hæres masculus* Jacobi Grant de Innererane, *patris,*—in terris de Lytill et Meckill Innererane, Edinglassie, Cowill, Keandacraige, Roulziethroun, Lynnardache, Pressachill, cum molendino de Innererane, et Scheilling de Chappelernan, Toldiequhill, et Thornyquhat, Monyfait, et Glenernan, infra parochiam de Tarlane.—A. E. 4l. N. E. 16l. x. 76.

(207) Jun. 5. 1628.
ALEXANDER SEATOUN de Pitmedden, *hæres masculus* Jacobi Seatoun de Pitmedden, *patris,*—in villa et terris de Auldbourtie ;—terris de Hilbray, unitis terris de Craig in tenandria de Craig, et baronia de Monycaboke.—A. E. 30s. N. E. 6l. x. 137.

(208) Jun. 6. 1628.
WILLIELMUS GORDOUN de Kennertie, *hæres* Willielmi Gordoun, *patris,*—in terris et baronia de Kinnertie, viz. Meikle Kinnertie, Midel Kinnertie, Muirtoun, Carnetoun, cum piscatione terrarum de Auldtoun de Kinnertie, et Schiphirdiis croft ;—2 croftis de Burnsyde ;—crofta de Watersyd.—A. E. 3l. N. E. 12l. x. 105.

(209) Oct. 1. 1628.
ALEXANDER FORBES de Petsligo, *hæres masculus* Joannis Forbes, *patris,*—in terris et baronia de Petsligo cum portubus et annexis, viz. terris de Meikill Wardes in Gareoche ;—crofta molendinaria de Meikill Wardes, cum molendino granorum et fullonum :—A. E. 30l. N. E. 120l.—Advocatione ecclesiarum de Aberdour et Logie, apud Ythen Syd :—A. E. 20d. N. E. 6s. 8d.—Terris de Cowbourtiebeg:—A. E. 6s. 8d. N. E. 26s. 8d.—Terris et baronia de Kynnadie, continentibus terras et villam de Kynnadie ;—terras de Melgonie et molendinum ejusdem ;—terras de Boig ;—villam et terras de Davache-Menache ;—villam et terras de Knoksoull et Kynnadie cum molendino ejusdem ;—terras de Balgrene, Kearnemoir, Pettallachie, Pogstoun, Pontelewin, cum Scheling in Auld-

bandiche in Bonzeauche, Ovir Garlet, Nethir Garlet, Auldmuck vocata Bonzeauche cum superioritate terrarum de Grodeis:—A.E. 8l. N. E. 32l.—Crofta molendinaria de Meikle Wardes in parochia de Insche;—decimis garbalibus villæ et terrarum de Meikill Wardes et Lergie, infra parochiam de Insche, cum advocatione ecclesiæ de Caldsteane:—A. E. 20d. N. E. 6s. 8d.—omnibus unitis in baroniam de Petsligo.—In terris et baronia de Essilmonth comprehendentibus turrem, fortalicium lie Maner Place de Essilmonth, Bourhillis, Ulaw, Claymyreis, Craigben, Corsteane, Cairnehill, binam partem terrarum de Chapeltoun, Aratrum vocatum Auldmilne ; Aratrum, vocatum Littill-Milne de Essilmonth; dimidietatem terrarum de Ower Fortrie ; villam et terras de Tavertie et Deiphedder :—A. E. 10l. N. E. 40l.—Terris et baronia de Abirdour comprehendentibus Maynes de Abirdour, turrem et fortalicium de Dundarge, Killiquharne, Ardlayhill, Clintertie, Pennan, cum cymbis piscatoriis de Abirdour, et Pennan;—salmonum piscariam cum patronatu ecclesiarum de Essilmonth, et Abirdour :—A. E. 15l. N. E. 60l.—Terris de Coldstean, Newtoun de Caldsteane, et Petlyne, cum multuris dictarum terrarum jacentium ut supra :—E. 40s. et 3s. 4d. in augmentationem.—Villa et terris de Largis et decimis garbalibus infra dominium de Lindoris :—E. 3l. 6s. 8d. pro terris—40s. pro decimis garbalibus.—Terris de Buthlawis tam solari quam umbrali dimidietate ejusdem ;—terris de Outmure de Tortertoun, tam solari quam umbrali dimidietate ;—tertia parte terrarum de Thundertoun contigue adjacente predictis terris.—E. 10l. x. 217.

(210) Oct. 31. 1628.
DOMINUS GULIELMUS FORBES de Monymusk miles, *hæres masculus* Domini Gulielmi Forbes Baroneti de Monymusk militis, *patris,*—in terris et terris dominicalibus de Monymusk :—E. 26l. 13s. 4d.—Crofta terræ arabilis post hortum loci de Monymusk :—E. 26s. 8d.—Domibus, edificiis, &c. per Priores de Monymusk perprius possessis:—E. 13s. 4d.—Pastura 6 equorum:—E. 6s.—Pastura 5 Arietum :—E. 4s.—Domo de Monymusk et baronia ejusdem cum burgo baronie de Monymusk ;—terris villæ et terrarum de Blacknack cum molendino jacentibus ut supra :—E. 7l. 10s.—omnibus unitis in baroniam de Monymusk.—Terris de Inver, Ardnedlie, Petmuie alias Pitmownie ;—superiore molendino de Monymusk nuncupato Owirmilne, cum astrictis multuris de Ingezeane ;—domibus et Chimneis de Auldtoun de Monymusk, Barkhous, horto; brasina ;—Tarnaglois :—E. 50l. 8s. 4d.—Terris de Tarnagloyis :—E. 2s.—Solari dimidietate terrarum de Cornabo ;—occidentali dimidietate terrarum de Carnabo :—A. E. 20d. N. E. 5s.—In terris de Pettis vocatis de Middilthird, ac terris vocatis Bourtie Lands, cum crofta vocata Bessie Hud's-croft, ex australi parte torrentis villæ de Monymusk :—E.........—In terris de Puttochie ;—terris de Pettis et Rigis earundem :—E. 4s.—Terris unius particatæ vulgo ane Rig of Land in Pettes de Monymusk ;—terris dimidietatis unius Rigæ de Pettis :—E. 20s.—In tenemento olim vocato Scollatis-land, olim vocato Forsythe's Land, in villa de Monymusk :—E. 20s.—In tribus Perticatis vulgo Three Riggis of land in Pettis de Monymusk, in dominio de Monymusk :—E. 40s.—In villa et terris de Coulie et Ingzeane cum molendino ;—terris de Dillab, Tullochourie ;—terris de Todlachie, cum pendiculo ejusdem nuncupato Auchrevie ;—terris de Abirsthank (vel Abirsnethak ;)—villa et terris de Tombeg, infra parochiam de Monymusk.—E. 86l. 8s.—et 22s. in augmentationem. x. 212.

(211) Jan. 16. 1629.
WILLIELMUS HALIBURTOUN de Pitcur, *hæres* Jacobi Haliburtoun de Pitcur, *fratris,*—in terris dimidietatis baroniæ de Drumblait, viz. duabus villis de Dammis, cum tertia parte terrarum de Garrie, et tertia parte terrarum de Comalegie.—A. E. 6l. N. E. 24l. x. 341.

(212) Jan. 16. 1629.
JOANNES FORBES de Balnagask, *hæres* Magistri Duncani Forbes de Balnagask, *patris,*—in villa et terris de Litell Kynn in parochia de Dyce.—A. E. 5s. N. E.......... xii. 10.

(213) Mar. 24. 1629.
WILLIELMUS FORBES de Craigievar, *hæres masculus* Willielmi Forbes de Craigievar, *patris,*—in villa et terris de Glasgow, Carnedradlane, cum molendino vocato Scotismilne ;—terris de Beildeistoun, cum salmonum piscatione super aquam de Don ad dictas terras spectante, in parochiis de Kynnell (vel Kynkell) et Dyce :—A. E. 4l. N. E. 20l.—Terris de Ardmurdo cum molendino ac piscaria super aquam de Done, vocata Pot of Buckie, in parochia de Kynkell :—A. E. 40s. N. E. 8l.—Jure patronatus ecclesiæ de Touch ;—jure patronatus ecclesiæ de Keith, et pendiculo ejusdem vocato Grange, in diocesi de Aberdeen, et vicecomitatibus de Aberdeen et Banf respective :—A. E. 3s. 4d. N. E. 13s. 4d.—Cum aliis terris in Fife, Haddington, Edinburgh, unitis in baroniam de Saltoun ;—cum quibusdam aliis terris in vicecomitatibus de Haddington, Edinburgh, Fife, et Banf.—Terris et baronia de Craigivar ;—terris de Inneteire ;—terris de Scheilfeild, Bandeane, Knokandauche et

Waster Loches, in parochia de Lochell :—A. E. .... N. E. 36*l.*
—Villa et terris de Tulliriauche et Tullochweymes in parochia de
Touche :—A. E. 40s. N. E. 8*l.*—Dimidietate terrarum de Sunna-
both et Fichly in parochia de Kinbethok :—A. E. 40s. N. E. 8*l.*—
Villa et terris de Bythe et Clavery fauldis, in dominio seu baronia
de Glendovachie, et vicecomitatibus de Aberdeen et Banf respective.
—A. E. .... N. E. ....—(Vide Fife, Haddington, Edin-
burgh, Banf.) xi. 8.

(214) Oct. 28. 1629.
GEORGIUS CRAWFUIRD de Annochie, *hæres conquestus*
Hugonis Crawfuird de Quhythill, *fratris immediate junioris,*—in
terris de Quhythill infra baroniam de Feddret :—A. E. 20s. N. E.
10*l.*—Feudifirma et annuo redditu 10*l.* de terris de Quhythill :—
E. 10*l.*—Villa et terris de Auchquhach, cum molendino :—A. E.
30s. N. E. 12 m.—Villa et terris de Wittingishill :—E. 15s.—Villa
et terris de Meikill Aucheoche.—A. E. 15s. N. E. 4*l.*—in dicta
Baronia de Feddret. xi. 167.

(215) Feb. 9. 1630.
JOANNES KENNEDY de Carmuik, *hæres masculus* Jacobi Kennedy de Carmuk constabularii de Abirdeine, *patris,*—in dimidietate unius retis piscariæ salmonum de Rouk et Stellis super aqua de
Dee ;—officio Constabulariæ de Abirdeine.—A. E. 50s. N. E.
10*l.* x. 320.

(216) Mar. 18. 1630.
DOMINUS ALEXANDER IRWING de Drum miles, *hæres*
Alexandri Irwing, *patris,*—in terris et baronia de Drum ;—Park de
Drum cum Piscatione salmonum super aqua de Dee ;—terris de
Lenmay, Largneis, Auchindow, Fulziemont et Tarlan, cum piscatione, et advocatione ecclesiæ de Lemnay, cum annuo redditu 5*l.* de
firmis burgalibus de Aberdeine, cum quibusdam aliis terris in vicecomitatu de Kincardin, unitis in baroniam de Drum :—A. E. 20*l.*
N. E. 80*l.*—Terris et baronia de Feddret ;—terris et villa de Schivado, Auchintamfuird, Pundlar-croft, Culshe, Stevins-burne, Quhytboig, Corbishill cum molendino, Allathem, Pyiktilhim, Muttone-
bray, Corsgicht, Quhytsteanis, Auldquhat, Meikle Bathnakellie,
Broumehill, Quhytkearnes, Quhythill, Irnesyd, molendino fullonum, Auchquhathe, Weittinshill, Brucklaw, Meikillauchdoche,
Garschohill, Lytell Auchdoche, Meikle Creichie, Burntbray,
Clochan, Annachie cum molendino granorum, infra baroniam de
Feddret ;—solari dimidietate terrarum de Kindrocht et Denend in
parochia de Raithin, unitis in baroniam de Feddret :—A. E. 20*l.*
N. E. 80*l.*—Terris et villa de Ruthvenis, Ower et Nether Balnastraid, cum pendiculis vocatis Leyis, Balgrame et Graysteane cum lacu et Boig ejusdem, et communi pastura, infra dominium de
Cromar, et parochiam de Logiemar :—E. 40s.—Advocatione ecclesiæ de Drumaok infra diocesin de Aberdein; unitis in tenandriam
de Ruthvenis:—A. E. 6*d.* N. E. 2s.—Terris de Coull, molendino et
terris molendinariis comprehendentibus Croftam de Coull, Lochmans, Under the Woid, Boigfeild, Tilludge, in baronia de Oudill :—
E. 6*l.* 13s. 4*d.*—Terris de Craigtoune de Peiterculter, et crofta terræ villæ et ecclesiæ de Banchorietarnan, in baronia de Rescobie
per annexationem, et vicecomitatibus de Aberdeine et Kincardin respective :—E. 20s. pro terris de Craigtoun,—3s. pro terris de Bancho-
rieternan.—Terris de Drumaok et Pittinlangzeane infra baroniam
de Murthill :—E. 26s. 8*d.* et 12*d.* in augmentationem.—Terris de
Kynmuckis, Peithill ;—molendino de Kynmuckis infra parochiam
de Kinkell et regalitatem de Lundoris.—E. 21*l.* 9s. 2*d.*—Terris et
villa vocatis Eist et Wester Collairleyis; Mylntoun cum molendino
granorum de Cullerlie, ac molendino fullonum ejusdem, comprehendentibus sylvam et forrestam de Baiuck de Forane cum pendiculis
ejusdem, viz. Wodsyd, Tilliorne et Dammis infra marchionatum de
Huntlie :—A. E. 9*l.* 7s. N. E. 37*l.* 8s.—Terris de Eister Beltiehill
de Beltie, Auchinlesley, molendino de Beltie, cum multuris terrarum de Waster Beltie, Sondays-wall et Torfynnes, in baronia de
Clunie et parochia de Kincardin-Oneill :—A. E. 7*l.* 19s. 6*d.* N. E.
31*l.* 18s.—Terris de Wester Beltie, Soundays-wall, et Torfynnes, infra baroniam de Clunie per annexationem :—A. E. 4*l.* 10s. N. E.
18*l.*—(Vide Kincardine, et Forfar.) x. 348.

(217) Maii 11. 1630.
JOANNES GORDOUNE de Haddo, *hæres masculus* Jacobi Gordoune de Haddo, *avi,*—in terris de New-park de Kellie ;—terris
de Overhill cum saitt vocato Thornerone, infra baroniam de Auch-
terellone.—A. E. 10s. N. E. 40s. xi. 163.

(218) Sep. 1. 1630.
JACOBUS HAMILTOUN, *hæres* Davidis Hamiltoun burgensis
de Edinburgh filii legitimi quondam Jacobi Hamiltoun de Wast-
port, *patris,*—in baronia de Elrick comprehendente terras et villam de Monycabak et Chappell croft earundem ;—terras de Elrick,
cum molendino, et multuris villæ et terrarum de Auldgovil et
Snailend;—villam et terras de Littel Govill, infra parochiam Sancti
Machärii; omnes unitas in baroniam de Elrick.—A. E. 10*l.* N. E.
40*l.* xii. 28.

(219) Feb. 10. 1632.
DOMINUS GEORGIUS JOHNESTOUNE de Eodem Miles
Baronettus, *hæres* Alexandri Johnestoune de Eodem, *tritavi*:—
in terris de Sauchok et Dennys infra baroniam de Audan, tanquam
pro principalibus:—A. E. 4*l.* N. E. 6*l.*—Terris de Auchat, infra baroniam de Stainiwod, in warrantum.—A. E. 6 m. N. E. 10 m.
xii. 116.

(220) Feb. 29. 1632.
ARTHURUS DOMINUS FORBES, *hæres masculus* Gulielmi
Domini Forbes, *avi,*—in terris de Monkishill in dominio de Deir.—
E. 20 Boll. Vict. &c. xi. 236.

(221) Feb. 6. 1633.
GEORGIUS LEYTHE de Ovirbarnes, *hæres* Georgii Leythe,
patris,—in solari et umbrali dimidietate Occidentali sive Over-half
dimidietatis terrarum dominicalium de Barnes ;—solari et umbrali partibus, de lie Northward dictarum Maynes de Barnes, in
parochia de Premnay ;—dimidietate villæ et terrarum de Wastfeild, dimidietate de Davakis dimidietate de Milntoun ; dimidietate molendini ejusdem ; dimidietate terrarum de Bogs cum pertinentiis ejusdem, viz. Blakboig, Hairboig, Mylneboig, Wandboig :
—A. E. 52s, N. E. 10*l.* 8s.—In terris umbralis partis terrarum de
Erlisfeild, vocatis The New-lands of Erlisfeild, infra parochiam de
Premnay.—A. E. 2s. N. E. 8s. xiii. 135.

(222) Oct. 2. 1633.
JOANNES IRWING de Brucklaw, *hæres masculus* Jacobi Irwing,
patris,—in villa et terris de Litle Auquheoch ;—villa et terris de
Brucklaw, Greischochell, Irnesyde, cum molendino fullonum infra
baroniam de Feddret et parochiam de Deir :—E. 3*l.*—Villa et terris maneriei vulgo Maynes de Cremond, ac molendino de Star-
nalphin in baronia de Cremond, tanquam pro principalibus:—A. E.
4*l.* 4s. N. E. 16*l.* 16s.—Parte villæ et terrarum de Tillikiro;—villa
et terris de Carneknusie, infra parochias de Cremond et Lenmey,
et baroniam antedictam, in speciale warrantum partis de Cremond
vocatæ Bilbo.—A. E. 30s. N. E. 6*l.* xiii. 297.

(223) Oct. 3. 1633.
ELIZABETHA WENTOUNE, *hæres* Joannis Wentoune in Bog-
ny, *patris,*—in octo bovatis terrarum de Muretoun, viz. solari aratro
solaris dimidietatis dictæ villæ, infra baroniam de Fendracht tanquam, pro principalibus :—A. E. 20s. N. E. 4*l.*—In media tertia
parte villæ et terrarum de Commyslie, infra baroniam predictam, in
warrantum terrarum predictarum.—A. E. 20s. N. E. 4*l.* xiv. 55.

(224) Jan. 24. 1634.
JOANNES HOWIE, *hæres* Andreæ Howie in Meikle Warkhill,
patris,—in octo bovatis villæ et terrarum de Northtoun de Ardoyne
cum decimis, in parochia de Oyne.—E. 40s. xiii. 148.

(225) Mar. 7. 1634.
PATRICIUS LESLIE, *hæres* Patricii Leslie ballivi burgi de Abirdein, *patris,*—in tenemento cum vocato Scheildis, cum domo in
terris de Seatoune, supra Heucheheid aquæ de Done, in parochia
de Sanct Machir.—E. 26s. 8*d.* &c. xiv. 46.

(226) Apr. 23. 1634.
ARTHURUS DOMINUS FORBES, *hæres masculus* Willielmi
Domini Forbes, *avi,*—in terris de Lauchintullie et Tulliline, in baronia de Kintoir, in speciale warrantum terrarum de Munkishill, in
parochia de Foverane.—A. E. 30s. N. E. 6*l.* xiii. 203.

(227) Mar. 25. 1635.
JOANNES COMES DE MAR, Dominus Erskine et Gareoch,
hæres Joannis Comitis de Mar, &c. *patris,*—in terris et baronia
de Kelly :—A. E. 20*l.* N. E. 30*l.*—Dominio, baroniis, aliisque
quæ ex antiquo ad comitatum de Mar pertinuerunt, viz. Strath-
done, Bræmar, Cromar, Strathdie, cum advocatione ecclesiæ et
capellaniæ ad dictum comitatum de Mar ex antiquo spectante,
cum piscationibus, &c.—terris, dominio, et regalitate de Gareoch,
cum jure patronatus ecclesiarum :—A. E. 500 m. N. E. 2000 m.
—Ecclesiis de Migvie et Tarlane, rectoriis et vicariis earundem,
cum decimis ad dictas ecclesias spectantibus, partibus dominii de
Sanctandrois, cum advocatione ministrorum ;—decimis garbalibus et
minutis ecclesiæ de Kindochart in Mar, perpruis ad prioratum de
Monymusk pertinentibus, cum advocatione ecclesiæ de Kindochart.
—A. E. .... N. E. .... omnibus unitis ad Comitatum de
Mar.—(Vide Clackmannan, Stirling, Perth, Dumbarton, Sel-
kirk.) xiii. 307.

(228) Jun. 3. 1635.
MAGISTER JOANNES FORBES de Cors Theologie Doctor,
hæres masculus Reverendi in Christo Patris Patricii Forbes de Cors
Aberdonensis Episcopi, *patris,*—in terris de Oneill, Corss Eister,
et Wester, Kincragie et Muirtoun, cum molendino et Ailhous

earundem, et pendiculo de Wester Corss vocato Morham, unitis in baroniam de Oneil :—E. 17l. &c.—Decimis garbalibus, et rectoriis decimis predictæ villæ et terrarum de Easter Cors, Wester Cors, Muirtoun de Cors, et Norham ad dictas terras annexatis :—A. E. 11s. N. E. 22s. xiii. 306.

(229) Dec. 16. 1635.
GULIELMUS GORDOUN de Tarpersie, *hæres* Georgii Gordoun de Tarpersie, *patris*,—in villa et terris de Erlisfeild et Seggiedene, infra parochiam de Kynnethmont :—A. E. 3l. N. E. 12l.—Villa et terris de Badinscoth, cum pratis ex occidentali latere aquæ de Ythane nuncupatis Crombie, cum molendino de Badinscoth, Redgill et Boiges de Badinscoth, cum bina parte terrarum de Brukillis, bina parte terrarum de Bakiehill ;—bina parte terrarum de Reidhill, infra parochiam de Auchterles.—E. 1 m. xv. 248.

(230) Mar. 2. 1636.
JOANNES IRWING de Beltie, *hæres* Joannis Irwing de Artamfuird, *patris*,—in terris de Newbigging de Balbithane, et Bog de Hedderweik, cum piscaria' super aqua de Done;—terris de Hedderweik ;—villa et terris de Auldplace et terris dominicalibus de Balbithane, cum croftis ejusdem vocatis Densieburne (vel Dewsiburne) infra regalitatem de Lundoires et parochiam de Kinkaill :—E. 16l. 13s. 4d.—Terris de Craigforthie:—E. 6l. et 3s. 4d. in augmentationem.—Villa et terris de Findlairg extendentibus ad dimidium davatæ terrarum de Findlarg in Cromar, in parochia de Lumphannane.—E. 10l. 6s. 4d. xv. 39.

(231) Mar. 20. 1636.
GULIELMUS ANDERSOUN, *hæres* Gulielmi Andersoun in Mealinsyde, *patris*,—in octo bovatis terrarum de Ardoyne, infra parochiam de Oyne.—E. 13s. 4d. xv. 249.

(232) Mar. 31. 1636.
ALEXANDER KEITH, *hæres* Margaretæ Keith sponsæ Roberti Keith in Auldmad, *matris*,—in molendino de Pettindrum cum astrictis multuris, &c. de Pitbay, Chappeltoun de Smurname, et Seymeinis-croft de Pittindrum, in baronia de Auden.—A. E. 6s. 8d. N. E. 26s. 8d. xvi. 248.

(233) Apr. 26. 1636.
JOANNES UDNY de Newburgh, *hæres tallie et provisionis* Roberti Udny de Eodem, *fratris germani*,—in terris dominicalibus de Udny ;—terris de Preistisfauldis, et Strikmedow super latus torrentis de Brony ;—terris de Kilmortoun ;—molendino de Udny cum privilegio nundinæ seu fori lie Chrystisfair nuncupatæ, cum terris et annuis redditibus ad ecclesiam de Udny dotatis, infra baroniam de Udny :—A. E. 4l. N. E. 16l.—Decimis garbalibus aliisque decimis terrarum prædictarum. Omnes unitæ in baroniam de Udny.—A. E. 40s. N. E. 4l. xv. 247.

(234) Nov. 18. 1636.
MAGISTER THOMAS KEMPT, *hæres* Alexandri Kempt burgensis de Aberdein, *patris*,—in terra templaria cum horto in Aberdein.—E. 2s. xv. 153.

(235) Mar. 30. 1637.
JOANNES SEATON de Pitmedden, *hæres masculus* Alexandri Seatoun de Pitmedden,*patris*,—in villa et terris de Barrache;—terris de Westerhous;—terris de Phillaw;—terris de Eschinhead;—terris de Fuirdailhous;—duabus sextis partibus de Petgevine;—molendino de Bourtie;—terris de Muirtoun et maresia de Ardfork, infra parochiam de Bourtie :—A. E. 5l. 10s. N. E. 22l.—Portione villæ et terræ de Kirktoun de Bourtie ab antiquo ad rectoriam ecclesiæ de Bourtie spectante, infra parochiam de Bourtie :—E. 6l. 16s. 8d. —Parte villæ et terræ de Kirktoun de Bourtie ab antiquo ad vicariam ecclesiæ de Bourtie spectante infra parochiam de Bourtie :— E. 4l. 16s. 8d. et 40d. in augmentationem;—omnibus unitis in baroniam de Barrache pro principalibus.—Terris dominicalibus de Meldrum ;—Chappelhous ;—villa et terris de Auld-meldrum, cum molendino de Cromblet ;—villa et terris de Pearcok et lie Ailhous earundem ;—villa et terris de Ardconnane ;—villa et terris de Gonyre et Frosterhill cum molendino ;—villa et terris de Catie in baronia de Meldrum.—A. E. 8l. N. E. 32l.—Decimis garbalibus rectoriæ terrarum predictarum; omnibus in warrantum dictæ Baroniæ de Barrache :—E. 6s. 8d.—Villa et terris dominicalibus de Pitmedden ;—Leslies-croft, Torries cum molendino de Torries, in parochia de Ellone, nunc in parochia de Udny per annexationem, infra baroniam de Slaynes.—A. E. 50s. N. E. 10l. xv. 189.

(236)
ANDREAS DOMINUS FRASER, *hæres masculus* Andreæ Domini Fraser, *patris*,—in terris et baronia de Stanywoode et Mukwell, unitis in baroniam de Stanywood :—A. E. 20l. N. E. 80l. —Villa et terris de Carnebulge cum piscatione super mare salsum infra baroniam de Phillorthe;—villa et terris de Innernorthe, et novo molendino de Phillorthe ;—villa et terris de

Tullicuthill, Bruxie, Ardleyes, Boigheid, Coubourtie, Brigend, Urinell et Badichell, cum multuris predictarum terrarum, et molendino de Badichell, infra dictam baroniam de Phillorthe, cum salmonum piscatione super aqua de Phillorthe, unitis in baroniam de Carnebulge.—A. E. 7l. 10s. N. E. 30l.—Terris de Kinmundie, et molendino de Tiffrie et Faichfeild ;—terris de Torduff, Innervedie, Faichfeild, Toddelhill, Knokleith, Sanchok, Dennis, et croftis terrarum vocatis Smiths-croft, et Mayes-croft, in baronia de Aden ;— terris de Buthleyes, Langhill, Thundertoun, bina et tertia parte earundem ;—terris de Outmure de Tortourstoun, Ailhoushill ;— terris super ripa maresii de Calmos, vulgo nuncupatis, The landis upon the Brae of Calmos ;—terris de Cagerhill infra baroniam de Tortourstoun :—E. 24l.—Decimis garbalibus terrarum predictarum :—A. E. 2s. N. E. 6s.—Terris de Midbeltie, comprehendentibus terras dominicales de Midbeltie, viz. terras de Walkmylne, et Cornemylne, Bandarre, Stranduff, Craigtoun, Windiehilles;—villam et terras de Tullmaquhille in speciale warrantum :—A. E. 3l. N. E. 12l.—Villa et terris de Denis ;—villa et terris de Ailhoushill, infra parochiam de Pitterugie.—A. E. 13s. 4d. N. E. 53s. 4d.—(Vide Kincardine.) xv. 161.

(237) Apr. 27. 1637.
ALEXANDER DOMINUS FORBES de Pitsligo, *hæres masculus* Alexandri Domini Forbes de Pitsligo, *patris*,—in terris et baronia de Pitsligo, comprehendentibus villam et terras de Pitsligo;— terras de Meikle Wardes in Garioche, cum granorum et fullonum molendinis :—A. E. 30l. N. E. 120l.—Terris de Cowbourtiebeg:— A. E. 6s. 8d. N. E. 26s. 8d.—Advocatione ecclesiæ Parochialis de Abirdour et Logie super Ythanesyde :—A. E. 20d. N. E. 6s. 8d. —Terris de Kinnaldie ;—terris de Milgonie cum molendino;—terris de Boig ;—terris de Davachemenache ;—terris de Knoksoul et Kynnaldie cum molendino;—terris de Balgrein, Cairnemoir, Pittallachie, Boigstoun, Pentalbone, cum Scheiling de Auldvantauche in Bonzeoche, Over-Gartlet, Nether-Gartlet, Auldemuk, cum Scheilings in monte de Morving, Bonzeache nuncupatis ;—superioritate terrarum de Grodies, et crofta molendinaria de Meikle Wardes :— A. E. 8l. N. E. 32l.—Decimis garbalibus de Meikle Wardes, et Lergie;—advocatione ecclesiæ parochialis de Coldstane; omnes unitæ in baroniam de Pitsligo :—A. E. 20d. N. E. 6s. 8d.—Terris et baronia de Essilmont, comprehendentibus turrim lie Maner Place de Essilmont ;—Maynes de Essilmont, Beurhillis, Ulaw, Claymyres, Craigben, Corstaire, Carnehill, binam partem terrarum de Chappeltoun, Aratrum vocatum Auld Mylne, Aratrum vocatum Litlemylne de Essilmont ;—dimidietatem terrarum de Overfortrie ;— villam et terras de Tavertie et Deiphedder, cum jure Patronatus :— A. E. 10l. N. E. 40l.—In terris et baronia de Abeirdour, comprehendentibus Maynes de Abeirdour, turrim de Dundarge, Kelliequharne, Ardlahill, Clentertie, Pennan, cum cymbis piscatoriis ; —lapicidiis de Abeirdour et Pennan, cum salmonum piscationibus et jure patronatus :—A. E. 15l. N. E. 60l.—Villa et terris de Largie :—E. 3l. 6s. 8d.—Decimis garbalibus de Largie in dominio de Lindoris :—E. 40s.—Villa et terris de Coldstane, Newtoun de Coldstane, et Pitlyne.—E. 40s. et 3s. 4d. in augmentationem. xv. 177.

(238) Apr. 28. 1637.
JACOBUS FORBES de Blaktoun, *hæres* Abrahami Forbes de Blaktoun, *patris*,—in terris de Blaktoun et Badintoy, cum aridis multuris, infra parochiam de Kinedwart, et baroniam de Fintray : —E. 8l.—Monte castri et Castellsteid de Kinedwart, cum Greines, jacente prope dictas terras de Blaktoun, in baronia de Kinedwart. A. E. 4s. N. E. 16s. xv. 187.

(239) Sep. 27. 1637.
ALEXANDER GORDOUN de Birsmoir, *hæres* Patricii Gordoun de Birsmoir, *patris*,—in terris et villa de Carnday, continentibus Auldtoun de Carnday, Ovir et Nether Cairndayis, Lin, cum molendino de Lin vel Carnday, et decimis garbalibus, in baronia de Cluny, infra parochiam de Kinairnie.—A. E. 40s. N. E. 8l. xvi. 187.

(240) Oct. 10. 1637.
WILLIELMUS MARISCALLI COMES, DOMINUS KEITH ET ALTRIE, &c. *hæres masculus* Willielmi Mariscali Comitis, Domini Keith et Altrie, &c. *patris*,—in baronia de Kintore et Eister Skene cum pendiculis earundem, viz. terris dominicalibus de Halforrest, Hairthilles, Hartwall, Strypes, Blaires, Schippartcroft, Rotchill, molendino de Halforrest, Fuirdtoun, Leyludge, Tillibin, Drumahaiche, Wombilhill, Fornett, Lachintillie, Auquhorsk, Auchreny, Tartoun, Auchinloch, Birsakeys-mylne, Garlogie, molendino de Garlogie, Wardres, Auquhirtine, Strary, Mylnecroft, Milbine, Kirktoun de Skene, Edwardis-croft, Smithiscroft, Hill de Keir, Leddauch, Schiphirdis-croft, Mylne-fuird, Ord, molendino ejusdem, Blackhilles lie Hill de Kinmundie, Hillend, Dounconesounes, Hilcairny, Feddie, Kynmundies, Hill de Auchrenny, Wardheid, molendino et piscatione earundem, cum advocatione capellaniæ Divæ Mariæ vulgo, the Lady Altar, infra

ecclesiam de Kintor jacentibus infra vicecomitatum de Aberdein;—terris et baronia de Auden;—terris dominicalibus vulgo Maynes et pendiculis, viz. Creiche, Conzeach, Auden, Smiddieland, Scrogiscroft, molendino de Auden, Brighous, Mintla, Langmure, Auchtindonald, Smiddieland ejusdem, Dumpstoun, Fortrie, Rorae, molendino ejusdem, Bouster-croft, Quhytsyd, Corthies, Corthiebray, Salterhilles, Auldtoun de Auchiries, Newtoun de Auchiries, et crofta ejusdem, Camculter, molendino ejusdem, Ailhouscroft, Innerquhomrie, Ailhouscroft ejusdem, Breustercroft ejusdem, molendino de Innerquhomrie, Zokeshill, Auchtigall, Blakburne, alias Collielaw, Innernytie, molendino ejusdem, Cotterburne, alias Litilboddome, Mekleboddome, cymbis et piscatione de Boddome, Inchemore, lie Schiphird-croft de Innernytie, Smiddieland de Innernytie, Dolmnescroft de Innernytie, Caulescroft de Innernytie, Durne, Auchinhamperis, Pettindrum, Pitblad, Newcroft, Techemurie, cum advocatione predictarum terrarum, jacentium in vicecomitatibus de Aberdeen et Banf respective, cum quibusdam aliis terris in Haddington, Kincardine, Banf, et Linlithgow perprius unitis in dominium et baroniam de Innerugie :—A. E. 100*l.* N. E. 400*l.* —Dominio et baronia de Altrie comprehendente maneriem de Deir, ab antiquo monasterium de Deir nuncupatam;—terras dominicales lie Cuthill, nuncupatas terras de Clerkhill;—terras de Quartailhous, ac molendinum fullonum ejusdem, molendinum de Dreichie;—terras de Dennis;—terras de Meikle Achredie;—terras de Auchminzell;—terras de Cairne bannoch ;—terras de Litel Auchredie;—terras de Craigmylne;—terras de Clachriache ;—terras de Little Etrick;—terras de Auldmad;—terras de Baldforstrie;—terras de Auchinleck;—terras de Aucherb;—terras de Croyallie;—terras de Skillimarno ;—terras de Auchmaher;—terras de Altrie;—terras de Biffie, lie Raw de Biffie ;—Parkhouse de Biffie ;—terras de Brucehill, molendinum de Bruxie cum novo molendino de Bruxie super aqua de Innerugie;—terras de Scroghill;—terras de Kirktoun de Deir;—terras de Benwalles;—terras de Meikle Etrick;—terras de Fechill;—terras de Munckishill ;—terras de Graing de Richill ;—Fischertoun de Peterheid cum portubus, anchoragiis &c.—terras de Baikinche;—terras de Munckisholme ;—terras de Over Altarlandes de Foverane ;—terras de Nethir Altarlandes de Foverane;—annuum redditum 3*l.* 6*s.* 8*d.* de Tullioch;—annuum redditum 33*s.* 4*d.* de Trux;—annuum redditum 40*s.* de Sciok de Kinmundie;—tenementum et domos in Aberdein ab antiquo ad dictum monasterium de Deir spectantia ;—salmonum piscationem de Innerugie in aqua salsa et recenti;—molendinum monasterii de Deir;—Kirktoun de Deir;—decimis garbalibus ecclesiarum Parochialium de Deir, Pitterugie, Foverane et Kinedward, et terrarum infra parochias earundem, infra diocesin de Abirdein; ab antiquo ad dictum monasterium annexatis; cum portu, ac burgo baroniæ de Keithinsche alias Kaikinche; cum pecuniis portuariis vulgo Heavin Silver, anchoragiis; et cum advocatione ecclesiarum de Deir, Pitterugie, Foverane et Kinedward, cum advocatione viccariæ ecclesiæ de Pitterugie, et prebendæ de Deir infra ecclesiam de Aberdein fundatæ, cum decimis garbalibus, aliisque decimis terrarum de Fechill, perprius ad dictam monasterium de Deir spectantibus, cum terris de Barrie in vicecomitatu de Banf; Omnibus perprius unitis in dominium et baroniam de Altrie:—E. 140*l.*—Villa et terris de Kinnellar in baronia de Kinnellar :—A. E. 40*s.* N. E. 8*l.*—Villa et terris de Over et Nathir Davachies et Kintor, Breadieshauch, et molendino earundem, Toweir de Kintor, et salmonum piscatione dictarum terrarum super aqua de Done, cum communi pastura, &c.—E. 23*l.* 4*s.*—(Vide Haddington, Kincardine, Banf, Linlithgow.) xv. 253.

(241) Apr. 17. 1638.
WILLIELMUS HAY de Dalgatie, *hæres* Domini Alexandri Hay militis, *patris,*—in terris et baronia de Dalgatie cum molendino fullonum et granorum :—A. E. 20*l.* N. E. 80*l.*—Terris et baronia de Udoch nuncupatis Coipland-Udoch, comprehendentibus Maines de Udoch cum pertinentiis nuncupatis Overhill;—villam et terras de Corswoodheid alias Lidmoir;—villas et terras de Burnesyd et Laverokhillock, solarem dimidietatem terrarum de Greinnes, et dimidietatem villæ et terrarum de Balquhynnachie, cum molendino de Udoch, Mylnetoun, Mylnecroft, &c. dictarum terrarum;—superioritate umbralis dimidietatis terrarum de Ardyn in parochia de Turreff; unitis in baroniam de Udoch:—A. E. 6*l.* N. E. 24*l.*—Villa et terris de Litle Auchrye ;—villa et terris de Netherwodheid, Hairmos;—terris umbralis dimidietatis de Greinnes, et Outsettis de Litle Auchrye vocatis Towcher et Graystane;—molendino de Hairmos, infra parochiam de Turreff :—A. E. 6*l.* N. E. 24*l.*—Terris de Ardendracht ;—terris de Braidmuir;—piscatione super aqua de Cruden, Peirres nuncupata;—villa Ward nuncupata;—superioritate terrarum de Auchlenchries;—terris de Sandend;—terris de Aschallas, cum molendino de Ardendracht, quæ omnes sunt partes dictarum terrarum de Ardendracht, infra baroniam de Balhelvies per annexationem:—E. 82*l.*—Terris de Caikinsche:—E. 10 *m.*—Terris de Kininmonth, Petskow, et occidentali est acra terræ arabilis domo adjacente, in villa de Corthiecrome, in baronia de Slaines:—A. E. 4 *m.* N. E. 16 *m.*—Umbrali dimidietate villæ et terrarum de Buquhynnachie infra parochiam de Turreff :—E. 4*l.*—Villa et terris de Corthie-

crome, infra parochiam de Lonmey et baroniam de Slaines:—A. E. 2 *m.* N. E. 8 *m.*—Terris de Meikill Artrochie, infra baroniam de Slaines :—E. 20 *m.* &c.—(Vide Forfar.) xiv. 164.

(242) Aug. 2. 1638.
GEORGIUS' MARCHIO DE HUNTLIE, COMES DE ENZIE, Dominus Gordoun et Badzenoch, &c. *hæres masculus* Georgii Marchionis de Huntlie, &c. *patris,*—in terris et Comitatu de Huntlie ab antiquo dominio et baronia de Strathbogie nuncupatis;—terris et baronia de Touch, Oboyne, Clunie, Glentanner, Glenmuk, Midmar, et Cabrach cum advocatione ecclesiarum, comprehendentibus terras de Carneburro, Asswanley, Invermarkie, Lesmoir ;—terras de Cairnes, Drumdelgie, Boigmoyn, Nather Drumdelgie, Outseat, Baidsyde, Boghauch, Intoun, Inchestomak, Drumquhuie, Dykheid, Mariefauld, Ernequholp, Brakles, Schinscharine cum brueriis ejusdem ;—terras de Cairne, cum brueriis earundem, Drumheid, Davidstoun, Midtoun de Davidstoun, Nethertoun de Davidstoun, Croft, Wynderaw, Ordonald, Botarie, Westthrid, Eistthrid, molendinum de Botarie, Bogforge, Midseat, Leadmorlauch, Auchquhanachie, Ovir Auchindrung, Nether Auchindrung, Davach, bruerii croftam de Ruthven, Brighous, molendinum de Ruthven, Ogstoun, molendinum de Ogstoun, Whythill, Cormaleit et Cumray, cum pertinentiis;—dominium de Oboyn;—terras, dominium et baroniam de Cluny;—terras de Midmar;—terras de Cabrach ;—terras et dominium de Glentanner;—terras de Glenmuck et Inchemarnok, cum sylvis de Brakley;—terras de Tullich et Ballater, cum sylvis et forestis de Morveing et Kilblain;—terras de Chandmoir cum lacu;—terras de Parkhill, cum Boghous et earundem sylvis parkwood nuncupatis ;—terras de Skippertie, Litill Sauchan, molendinum earundem;—terras de Tillimair cum Boiggis, Craiggearne et West-landis vocatis The Leyes of Tullochaddie, cum foresta de Corrynie ;—terras de Eistir et Westir Cullairlies ;—terras de Beltie ;—terras de Craigmyl ;—terras de Mekle-Sauchine ;—terras de Cairnday ;—terras de Kincraigie, Culquhorsie, Ardgowis ;—terras de Kintocher ;—terras de Davan, Lochboig ;—terras de Logy, Broomhill cum Boig earundem ;—quartam partem terrarum de Wastoun;—terras de Birs, Logie et Danaboig;—terras de Littill Colquhed, Deirstanes, cum pastura et advocatione ecclesiarum ;—terras de Balinvir et Cocklaw ;—villam et terras de Casteltoun de Aboyne ;—terras de Wreatoun ;—terras de Ballnagowne;—terras de Bowtie, cum crofta vocata Gilbert Mylnis-croft;—terras de Ovir et Nether Formastounes ;—terras de Drumgask ;—terras de Muirtoun ;—terras de Balvade cum molendino de Desk ;—terras de Mikle et Litill Gellanes ;—terras de Eistir et Westir Brerodakis et Munnudaven ;—terras de Kinkouis et croftam earundem;—terras de Ovir et Nethir Ballnacraigis;—terras de Ferrar cum cymba et crofta ejusdem, et tribus quarteriis terrarum de Blackmylne cum molendino ;—terras de Camesunnay et Hauch;—terras de Meikle et Litill Chandmoiris;—terras de Chandord ;—terras molendinarias de Dunatie cum molendino ;—terras de Water-Erne ;—terras de Tulloch ;—terras de Ballamoir et Ballabeg;—terras de Balmeanie ;—terras de Auchnarrane ;—terras de Blairglas;—terras de Mostoun et Ailhous-croft earundem ;—terras de Myltoune de Calquholdstane cum molendino et Smiddiecroft;—terras de Belhaine ;—terras de Meikle Culsche, et Eistir Culsche ;—terras de Tulloch, et Ardochie cum molendino ;—terras de Mylntoun de Culsche ;—terras de Pett, croftam de Glentannar ;—terras de Coldhame, et superioritatem terrarum de Tullochowdy ;—terras de Fochabers, Eistir et Westir Abergardnyis, cum pendiculo earundem vocato Pronny, et salmonum piscaria super aqua de Dee et Glengardyne eisdem spectante ;—molendinum de Abirgairdnye,—terras de Larie, et croftas vocatas Corieauchden et Brigend, cum pertinentiis vocatis Tarnagowne et Candacraige, cum molendino de Larie ;—terras de Kirktoune, infra parochiam de Glengardyne ;—binas dimidietates tam occidentalem quam orientalem terrarum de Mekle Culquholdstanes cum molendino ejusdem ;—terras de Litill Culquholdstanes et Auchnarran, infra parochiam de Cromar ;—terras de Auchtererne, Tulloche, Tannamoyne, Blackmylne, infra parochiam de Coldstane ;—terras de Corsindae, Kebbetie, Ordifork, Auchinkebbettie, Ranalloch, Tullicarne, in dominio de Clunie ;—villas et terras de Tullieriache, Tulliwanis, Litill Tolmaidis, Tornavechin, Drumlawsie, Blairglaslie ;—terras de Mekle Tolmaidis;—terras de Tulliefour et Tulliekeirie, infra baroniam de Clunie ;—terras de Sunhynnie, infra baroniam de Midmar, cum libero et communi pasturagio dictarum terrarum ; unitas in dominium seu baroniam de Huntlie alias Strathbogie :—A. E. 375 *m.* N. E. 375*l.* in proprietate :—A. E. 625 *m.* N. E. 625*l.* in superioritate.—Quarta parte davatæ terrarum de Coclarachie vocata Leslies Quarter, viz. quarta parte terrarum de Coclarachie ;—quarta parte terrarum de Newbiging ;—quarte parte molendini ejusdem ;—quarta parte croftæ de Futtie, cum 2 bovatis terrarum de Garrie :—A. E. 30*s.* N. E. 6*l.*—Villis et terris subspecificatis, viz. solari tertia parte villæ et terrarum de Knokleyth, cum crofta brueria ejusdem, et crofta vocata Bilboecroft, cum molendino de Knokleyth ;—villa et terris de Halseywalls, tam solari tertia parte quam bina parte earundem;—solari tertia parte villæ et terrarum de Lenschave et Lenschavebrae;—so-

D

lari tertia parte villæ et terrarum de Haltoun de Ochterles, cum solari tertia parte villæ et terrarum de Thomastoun, infra baroniam de Ochterles-Dempster ;—umbrali bina parte villæ et terrarum de Logy Auldtoun, cum pendiculis nuncupatis Bus de Logy Auldtoun et Ladyboig, infra parochiam de Ochterles;—solari tertia parte villæ et terrarum de Cuschnie, quæ est pars terrarum et baroniæ de Ochterles Dempster; unitis in baroniam de Knokleith:—A. E. 10*l.* N. E. 10*l.* —Terris de Cowlie :—E. 10*l.*—Terris de Carnfechill :—E. 6*l.*— Terris de Petreiche :—E. 3*l.*—Molendino de Fechill :—E. 5*l.*— Terris de Brecklaw :—E. 6*l.* 13*s.*—Terris de Craigie :—E. 6*l.* 13*s.* 4*d.*—Terris ecclesiasticis de Tarves:—E. 5*l.*—Terris de Tullicartin: —E. 46*s.* 8*d*—Terris de Tullihilt :—E. 4*l.*—Molendino de Tulli-hilt :—E. 4*l.* 13*s.*—Terris de Auchortie:—E. 46*s.* 8*d.*—Terris de Auchinlek :—E. 4*l.*—Terris de Boigfekill :—E. 16*l.*—Terris de Auchinhuive :—E. 4*l.* 13*s.* 8*d.*—Terris de Munkishill :—E. 4*l.*— Terris ecclesiasticis de Fyvie :—E. 8*l.*—Molendino de Fyvie :—E. 40*s.*—Brasinis de Fyvie :—E. 40*s.*—Terris de Ardlogy :—E. 8*l.*— Officio balliatus terrarum predictarum, in baronia de Tarves et Fyvie infra regalitatem de Abirbrothock :—E. 94*l.* 6*s.* 8*d.*—E. 138*l.* 6*s.* 8*d.* in integro.—Terris de Schevedlie, Ballnagowne, Ardraga-thill, Powtochie, Pittindreich, Brome, molendino de Keig, brasina et crofta ejusdem ;—terris de Dullab, Inzeane, Litill Abircattie, Mekle Abircattie, Grentoun, Finzeauch, molendino ejusdem, Cowlie, Auch-terbege, Todlachies, Tulliequhorrie, Edindurne, Tillispolie alias Ovir et Nethir Tullochies ;—terris de Cottirstane alias Coldstane, Newtoune de Coldstane, Pitlyne, cum molendino ejusdem, quæ sunt propriæ partes dominii et baroniarum de Keig et Monymusk, infra regalitatem Sancti Andreæ ; cum officio balliatus predictarum villarum et terrarum:—E. 249*l.* 11*s.* 8*d.*—Tenemento, vulgo The Persone of Belhelvies Manse nuncupato, infra canoniam veteris Aberdonie :— E. 3*s.* 4*d.* &c. et 20*d.* in augmentationem.—Terris de Kynmoir :— E. 10*l.* 16*s.* 4*d.*—Brueria de Kynmoir :—E. 49*s.* et 3*s.* 4*d.* in augmentationem :—Omnes in baronia de Keyth et regalitate de Spynie : —E. 13*l.* 8*s.* 8*d.* in integro :—Tenemento vocato mansum Thesaurarii Aberdonensis jacente ut supra :—E. 13*s.* 4*d.*—3*s.* 4*d.* in augmentationem :—Mansione vocata Forbes Mans in dicta canonia veteris Aberdonie :—E. 6*s.* 8*d.*—12*d.* in augmentationem :—Balliatus officio baroniarum, &c. ad Episcopatum Aberdonensem spectantium, jacentium in vicecomitatibus de Aberdeen et Banf respective :—E. valet defensionem dicti Episcopi et Capituli, &c.—Dimidietate terrarum de Coclarachie ;—dimidietate terrarum de Newbiging, cum molendino et crofta de Futtie, ac in sexta parte terrarum de Garrie. —E. 20*l.* 6*s.* 8*d.*—6*s.* 8*d.* in augmentationem.—(Vide Banf, Elgin et Forres, Berwick.)   xiv. 300.

(243)   Aug. 2. 1638.
GEORGIUS MARCHIO DE HUNTLIE, COMES DE EN-ZIE, Dominus Gordoun et Badzenoch, *hæres masculus* Georgii Marchionis de Huntlie, &c. *patris*,—in terris de Cultis, viz. terris de Eister Cultis, Mekle Cultis, Pett, Tullichardoch et Caldhame, cum molendino, in parochia de Tarlan:—A. E. 6*l.* N. E. 24*l.*— Decimis garbalibus villarum et terrarum de Milntoun et molendini de Dunnatyr, Ferrar, Brarodaches, Craigtoun, Wraetouns, Casteltoun, Boutie, Miltoun, et molendini de Boutie, Balnagown, Dalquhing, Milton et molendini, dimidietatis terrarum de Brodland ;—decimis terrarum de Foulbog, Haugh, Mekle Candmoir, Litill Candmoir, Kandred, et Camosmeyr, infra parochias de Oboyne et Tulliche; unitis ad terras de Cultis :—E. 2*s.*—Privilegio focalium in maresiis, vulgo to cast Peittis, turvis, et clodds, in maresiis vocatis The Moss of the Auldtoun of Halheid, infra parochiam de Cushnie. —E. 6 Bollæ brasii seu hordei.   xiv. 310.

(244)   Aug. 30. 1638.
GILBERTUS COMES DE ERROLL, Dominus Hay, magnus Regni Scotiæ constabularius, *hæres* Willielmi Comitis de Errol, &c. *patris*,—in terris et baronia de Slaynis, et officio constabulariæ regni Scotiæ, cum hostologiis ejusdem, et patronatu ecclesiæ de Turreff, unitis in baroniam de Slaynes :—A. E. 100*l.* N. E. 200*l.*— Terris de Haddow et Rattray, cum quibusdam aliis terris in Perth, Kincardine, Fife et Forfar, unitis in baroniam de Errol :—A. E. 130*l.* N. E. 500*l.*—Villa et terris de Abirdour, Ardlawhill, Tulliquhairne, et molendino de Abirdour, Clintertie, et Pennane :— A. E. 30*l.* N. E. 120*l.*—Terris et baronia de Crimond, comprehendente terras de Cremond-Park ;—terras de Blairmormont;—terras de Carneknusie ;—terras de Tilliekierie ;—terras de Crimondhaggills cum molendino ;—terras de Crimondgorthe, cum molendino et pendiculis vulgo vocatis Lochillis ;—terras de Crimoundmogit, cum molendino granorum et fullonum ;—terras de Cairnclose ;—terras de Channarahill ;—terras de Cairne ;—terras de Blairquhattun ;— terras de Berriebray cum pasturagiis, &c. terrarum de Crimond, Rattreiy, Cremond-Park, Crimondmogat, Tulliekeirie, cum advocatione ecclesiæ de Cremond;—terras ecclesiasticas et decimas in baronia de Crimond.—A. E. 12*l.* N. E. 48*l.*—(Vide Perth, Kincardine, Fife, Forfar.)   xv. 285.

(245)   Aug. 30. 1638.
GILBERTUS COMES DE ERROL, Dominus Hay, magnus

Regni Scotiæ constabularius, *hæres* Francisci Comitis de Errol, &c. *avi*,—in villa et terris de Turnaluiff, infra baroniam de Slaynis et parochiam de Crowden ;—advocatione ecclesiarum de Crowden, et de Erroll, in vicecomitatu de Perth.—A. E. 20*s.* N. E. 40*s.*—(Vide Perth.)   xv. 289.

(246)   Oct. 26. 1638.
JOANNES FORBES, *hæres* Joannis Forbes burgensis de Aberdein, *patris*,—in duobus tenementis in Aberdein.—E. 4*s.* et 2*d.* in augmentationem.   xiv. 215.

(247)   Jul. 12. 1639.
JOANNES BURNET de Craigover, *hæres* Alexandri Burnet de Craigover, *patris*,—in terris de Craigover et molendino granorum de Camphell, cum astrictis multuris de terris subsequentibus, viz. 20 bacca, vulgo The twentie Peck, terrarum de Craigowerforde, Cormoir, Blairheid, Eister Camphell, Westir Camphell, in dominio de Oneil, et baronia de Lumphannan.—E. 10*l.*   xiv. 222.

(248)   Feb. 28. 1640.
JACOBUS ROBERTSON, *hæres* Walteri Robertsone burgensis de Aberdeine, *patris*,—in terris de Cultis, cum molendino et salmonum piscaria super aqua de Die, infra parochiam de Banchorie-Devnick.—A. E. 33*s.* 4*d.* N. E. 6*l.* 13*s.* 4*d.*   xvi. 83.

(249)   Maii 28. 1640.
GILBERTUS ERROLLÆ COMES, Dominus Hay de Slaynis, magnus constabularius Regni Scotiæ, *hæres masculus* Willielmi Erroliæ Comitis, &c. *patris*,—in villa et terris de Corstone, Carnhill, Chappeltoun de Essilmont ;—villa et terris de Bourhill, Wovlaw, Grayisfortrie alias Fairlie, et molendino earundem :—A. E. 10*l.* N. E. 40*l.*—Villa et terris de Abirdour, Ardlawhill, Tulliquharne ;—molendino de Abirdour, Clintertie, Pennan.—A. E. 15*l.* N. E. 60*l.*   xvi. 21.

(250)   Apr. 23. 1640.
ALEXANDER FRASER de Tyrie, *hæres masculus* Jacobi Fraser de Tyrie, *patris*,—in terris dominicalibus de Tyrie ;—terris de Cartmyris et Kirktoun de Tyrie, infra parochiam de Tyrie :—A. E. 4*l.* N. E. 8*l.*—Villa et terris de Ardlay ;—villa et terris de Badichell ;—villa et terris de Carnmuir, in Parochiis de Abirdour et Rathine respective :—A. E. 4*l.* N. E. 16*l.*—Terris de Cardno et Tarvachie, infra parochiam de Phillorthe.—A. E. 3*l.* N. E. 12*l.* xvi. 98.

(251)   Jun. 3. 1640.
JEANNA ROS sponsa Joannis Wallace in Colph, *hæres* Findlai Ros apud finem pontis de Kinermitt, *patris*,—in crofta de Brigend de Kinermitt, infra baroniam de Auchterles-Dempster per annexationem.—E. 4*l.* 9*s.*   xvi. 84.

(252)   Feb. 26. 1641.
ELIZABETHA TULLIEDAFF, *hæres* Alexandri Tulliedaff de Mostoun, *patris*,—in villa et terris de Mostoun, infra parochiam de Logibuchan et baroniam de Tulliedaff.—A. E. 20*s.* N. E. 4*l.* xvi. 132.

(253)   Mar. 5. 1641.
CATHARINA IRVINGE sponsa Magistri Roberti Gordoun de Straloche, *hæres* Alexandri Irwing de Beltie, *patris*,—in terris de Wester Beltie et Sundayis-Wall, cum terris de Torffynes, infra baroniam de Cluny.—A. E. 40*s.* N. E. 8*l.*   xvi. 142.

(254)   Jun. 23. 1641.
ROBERTUS IRWING in Bandar, *hæres masculus* Alexandri Irwing de Lenturk, *filii patrui*,—in villa et terris de Lenturk, Drumdarge, Claymilne, Newtoun, Brigend, cum molendino de Lenturk, et lie Buss of Wood, in parochia de Lochall, unitis in baroniam de Lenturk :—A. E. 4*l.* N. E. 16*l.*—Villa et terris de Ardgowis cum pendiculo vocato Woodsyd, in baronia de Touch et Cluny.— A. E. 23*s.* 4*d.* N. E. 4*l.* 13*s.* 4*d.*   xvi. 106.

(255)   Jun. 23. 1641.
JOANNES LEITHE, *hæres masculus* Patricii Leithe (vel Leitche) de Montgarie, *patris*,—in villa et terris de Courtestoun, Drumgowand et Brae, cum molendino de Auchinair (vel Auchmair) in parochiis de Leslie et Tillinessill :—A. E. 3*l.* N. E. 12*l.*—Decimis garbalibus aliisque decimis terrarum de Courtestoun et Drumgowand et molendini de Auchmair ; (vel Auchinair) et decimis garbalibus villæ et terrarum de Jonstoun cum molendino de Jonstoun, in parochia de Leslie :—A. E. 3*s.* N. E. 12*s.*—Villa et terris de Montgarie, cum molendino et brasina vocata Milnhillcroft, Cravie, Diracroft, et pendiculo dictarum terrarum de Montgarie vocato Quhythauch :—E. 22*l.* 10*s.* 8*d.* &c.—Villa et terris de Foulslie, cum pendiculo vocato Lethindae, in baronia de Tillinessell :—E. 10*l.* 13*s.* 4*d.* &c.—Terris de Culquherny :—E. 8*l.* &c.—Terris de Tirrimilne, et crofta nuncupata Squyres-Croft :—E. 4*l.* 16*s.* &c.— Lie Hauch de Hauchtoun terrarum de Cinstair, ex boreali parte

aquæ de Done, infra parochiam de Aufuird, vocato Gariochs Hauch: —E. 6s. 8d.—Annuo redditu 6s. 8d. de dicto Hauch de Hauchtoun de Kinstair. xvi. 298.

(256) Dec. 15. 1641.
WILLIELMUS TROUP de Balnacraig, *hæres* Willielmi Troup de Balnacraig, *avi*,—in terris de Balnacraig, cum lie Hauche ejusdem vocato Carlogie, cum dimidietate terrarum de Balhangie et molendini de Cattie et Inschbair, infra parochias de Aboyne et Birss.—A. E. 6 *m.* N. E. 17 *m.* xvii. 122.

(257) Mar. 18. 1642.
GEORGIUS LEITHE, *hæres* Alexandri Leithe de Newrayne, *fratris*,—in umbrali dimidietate terrarum de Newrayne, ac dimidietate terrarum de Barreldykis, infra Schyram de Rayne, et parochiam ejusdem.—E. 3l. 6s. 8d. &c. xvi. 207.

(258) Mar. 22. 1642.
MAGISTER ALEXANDER MENZIES, *hæres* Domini Pauli Menzies de Kinmundie militis, *patris*,—in terris et villa de Kinmundie, cum monte earundem vulgo Drumnagaw nuncupato, infra schiram seu baroniam de Aberdein.—E. 17l. 18s. 6d. &c. xvi. 216.

(259) Apr. 20. 1642.
BARBARA RAITT relicta quondam Georgii Kemptie in Rothie, *hæres* Jacobi Raitt filii legitimi primo geniti quondam Jacobi Raitt de Cromaboig, *fratris*,—in terris et villa de Cromaboig, infra parochiam de Fyvie.—A. E. 5s. N. E. 20s. xvii. 229.

(260) Apr. 24. 1642.
DOMINUS JACOBUS GORDOUN de Lesmoir miles baronettus, *hæres masculus* Domini Jacobi Gordoun de Lesmoir militis baronetti, *proavi*,—in terris subsequentibus in tenandria, viz. villa et terris de Carveichines, Thornewrae, Corsilstaine;—villa et terris de Sliauche cum lie Park, Adamstoun, Silverhillok, Wistroun, Mutehillok, Boigheid, Newtoun;—villa et terris de Perrismilne;—tertia parte villæ et terrarum de Garie;—terris postea mentionatis in superioritate tantum, viz. bina parte villæ et terrarum de Chappeltoune;—tertia parte villæ et terrarum de Wadderburne;—bina parte villæ et terrarum de Broomhill cum molendino;—tertia parte villæ et terrarum de Thomastoun;—bina parte villæ et terrarum de Comalegie, infra baroniam de Kinmundie per annexationem:—A. E. 11l. N. E. 44l.—Terris templariis de Essie in baronia de Strathbogie;—terris templariis de Fulziement, in baronia de Auchdindour, cum officio hereditarii ballivatus, et privilegio libertæ regalitatis:—A. E. 5s. N. E. 20s.—38 rudis terrarum infra territorium burgi de Essie, quarum 22 jacent ex boreali parte dicti burgi, et 16 ex australi parte ejusdem burgi, unitis in baroniam de Newtoun de Garie:—A. E. 20s. N. E. 4l.—Terris de Essie, Belhennie cum terris vocatis Croft de Auchinleck, et loco maneriali de Lesmoir, infra baroniam et dominium de Huntlie.—E. 20l.—Dimidietate villæ et terrarum de Auldmairdrum in baronia de Strathbogie, cum jure patronatus ecclesiæ de Essie, in dicta baronia de Strathbogie.—A. E. 10s. N. E. 40s. xvi. 217.

(261) Apr. 27. 1642.
JOANNES COMES DE ROTHES, Dominus Leslie, *hæres* Joannis Comitis de Rothes, Domini Leslie, *patris*,—in dimidietate terrarum et comitatus de Buchane, comprehendente dimidietatem terrarum, baroniæ, et Thanagii de Glendovachie;—dimidietatem castri de Bamff, cum dimidietate piscariæ salmonum super aqua de Deverane, vocatæ Thaynesnet, cum dimidietate assisæ lax et salmonum piscariæ in mari vocato Craigschop, apud Dounie.—A. E. 14l. N. E. 70l.—Dimidietate terrarum et baroniæ de Montblairie;—dimidietate terrarum de Ryland;—dimidietate terrarum de Culbirnie et Inchdrovat;—dimidietate terrarum de Tullochye, cum pendiculis vocatis Ovir Tullochy, Haggischeill et Schirdley;—dimidietate terrarum de Todlaw cum salmonum piscariis;—dimidietate terrarum de Whytfeild;—dimidietate terrarum et villæ de Bog, Smedditoun et Bredmyre cum piscariis;—dimidietate terrarum de Blaktoun, Hairwoodhill, Ovir Deucheris et Petgaries;—dimidietate terrarum de Auchinbadie;—dimidietate terrarum et villæ de Stanelie, Balgray, et Knokin;—dimidietate terrarum de Fortrie et Glenhous;—dimidietate terrarum de Monimonay et Dredland;—dimidietate terrarum de Kinbene;—dimidietate villæ et terrarum de Scottistoun, Nethir Deuchtiris et Brwniesyde;—dimidietate terrarum et villæ de Auchmedin, Glencuthfil, Lennes et Towie, cum 2 cymbis piscariis;—dimidietate terrarum de Petnaccadder, et Inchebreck;—dimidietate terrarum et villæ de Litill Byth, Claveriefauldis, et Balmagellie;—dimidietate terrarum de Gelliehill cum molendino vocato Gelliemilne;—dimidietate terrarum de Tollair (vel Totlair) et Gelliemuire;—dimidietate villæ et terrarum de Collane et Silverfurde;—dimidietate villæ et terrarum de Jakistoun, Hungriehill, Moniebleatoun, Bruntzairds, Mekill et Letill...............Myrhous, Auldailhous, et Barnehill;—dimidietate villæ et terrarum de Dour;—Dimidietate terrarum de Newtoun de Montblairie:—A. E. 10l. N. E. 50l.—dimidietate terrarum et baroniæ de Glencuthill;—dimidietate terrarum de Ballinahekilles,

---

terrarum de Fetterletter, et Lethintie, terrarum de Saltcoittis, terrarum de Gloveny, Inchbrek, Litill Methlek;—dimidietate terrarum de Balmedie, cum monte vocato Erlishillock, et terrarum de Carnetradlezeane;—dimidietate terrarum de Beildlistoun, cum salmonum piscatione super aqua de Doun;—dimidietate terrarum de Allath et Nathir Ardmoir:—A. E. 5l. N. E. 20l.—Dimidietate terrarum et baroniæ de Grandoun;—dimidietate terrarum de Prestley, cum molendino fullonum;—dimidietate terrarum de Auchinnel et Crabstoun:—A. E. 5 *m.* N. E. 20 *m.*—Dimidietate terrarum et baroniæ de Cantreis communiter nuncupata Fintries, infra parochiam de Kingdowart;—dimidietate terrarum de Glasgoforrest et Glasgoego:—A. E. 5l. N. E. 20l.—Dimidietate annui redditus 3l. de terris de Kingtor;—dimidietate terrarum et baroniæ de Auchterhous, viz. Haltoun de Auchterhous, lacus, terrarum de Eistfeild, terrarum de Cottoun, molendini de Auchterhous, terrarum de Burnheid, terrarum dominicalium lie Maynes of Auchterhous, terrarum de Bonytoun;—dimidietate terrarum de Westorkeith:—A. E. 6l. 13s. 4d, N. E. 40l.—Dimidietate terrarum et baronia de Essie cum terris de Glenquhairaties et Halkertoun;—terris de Casteltoun, Inglistoun, Deirlandis et Brewlandis de Essie;—terris de Baldinge, et novo molendino de Essie:—A. E. 6l. N. E. 36l.—Dimidietate terrarum et baroniæ de Nevay:—A. E. 50s. N. E. 10l.—Dimidietate terrarum et baroniæ de Kittins et Petdonie, ac terrarum vocatarum Brodlandis et Eister Kiltoun;—A. E. 8l. N. E. 32l.—Dimidietate terrarum et baroniæ de Kinzaltie, cum maneriei loco de Queich cum pendiculis, viz. terris de Nather Kingzaltie, et molendino de Kingzaltie;—terris de Cossackis, Sherefbank, Auchleische, Tursawich;—terris de Torrielandis et Inschevan, et terris de Schahill:—A. E. 8l. N. E. 32l.—Omnibus jacentibus infra vicecomitatus de Aberdein, Bamff, et Forfar, respective, cum dimidietate burgi baroniæ de Doun, et dimidietate advocationis ecclesiæ de Auchterhous, infra vicecomitatum de Forfar, unitis in comitatum de Buchane.—(Vide Elgin et Forres, Banf, Forfar.) xvi. 252.

(262) Apr. 27. 1642.
JOANNES COMES DE ROTHES, Dominus Leslie, *hæres* Joannis Comitis de Rothes, Domini Leslie, *patris*,—in terris de Rothynormane in Foirmairtyne, cum quibusdam aliis terris in Elgin et Forres, et Invernes, unitis in baroniam de Ballinbreich:—A. E. 14l. N. E. 42l.—Terris et baronia de Quishy, cum advocatione ecclesiæ de Guisny;—terris de Cairntillacht, et Drumathalay (vel Downalathy);—terris de Corbanchrie, Tormellie, Harballinche;—terris de Barmakcalzie;—terris de Knokthy;—terris de Balchynnies (vel Balmaschinny);—terris de Crichmilland:—A. E. 5 *m.* N. E. 20 *m.*—Terris de Fowelsmowat:—A. E. 20s. N. E. 40s.—Omnes unitæ sunt ad baroniam de Ballinbreicht.—(Vide Perth, Forfar, Kincardine, Fife, Elgin et Forres, Inverness.) xvi. 258.

(263) Maii 17. 1642.
JACOBUS BAIRD de Auchmedden, *hæres* Georgii Baird de Auchmedden, *patris*,—in terris et villa de Auchmedden, et pendiculo vocato Leneis, cum albis piscationibus, cymbis piscariis et portu piscario earundem;—terris et villa de Glencuthell, cum molendino et astrictis multuris, in baronia de Glendowachie, et parochia de Abirdour, cum privilegio pasturandi boves super communiam de Glendowachie, et arare et habitare novas terras super dictam communiam, et New Seatls super easdem habere;—terris de Towie in baronia de Glencuthell:—A. E. 10s. N. E. 50s.—Terris et villa de Lytill Byith et Cleaveriefaulds, in dominio seu baronia de Glendowachie, in vicecomitatibus de Abirdein et Banf respective:—E. 6l. 6s. 8d.—Villa et terris de Clintertie et Pennan:—E. 20l.—Astrictis multuris.—E. 4 bollæ farinæ.—(Vide Banf.) xvii. 47.

(264) Jul. 8. 1642.
JOANNES CROILL, *hæres* Joannis Croill incolæ in Auldtoun de Aberdein, *filii fratris avi*,—in tenemento in civitate veteris Aberdoniæ.—E. 8s. xvi. 269.

(265) Aug. 1642.
ISOBELLA REID, *hæres* Patricius Reid de Smiddihill, *patris*,—in terris de Sythscroft, et Migvie in Cromar, cum molendino;—parva portione terrarum de Migvie adjacente dictæ croftæ.—A. E. .... N. E. .... xvii. 18.

(266) Jun. 2. 1643.
ROBERTUS INGLIS, *hæres* Joannis Inglis mercatoris burgensis de Edinburgh, *patris*,—in terris et baronia de Grandhame, comprehendente terras de Grandhame, Ovir et Nather Perslies, cum salmonum piscaria super aqua de Done, supra parochiam de Sanct Machar.—A. E. 26s. 8d. N. E. 8 *m.* xviii. 13.

(267) Jun. 21. 1643.
PATRICIUS BARCLAY de Towie, *hæres masculus* Walteri Barclay de Towie, *patris*,—in terris et baronia de Towie-Barclay, comprehendentibus terras dominicales de Towie;—terras de Tollieturno, Petdoilsay, Woodtoun et Auldmylne;—terras de Mekle Siggat, cum

molendino et Silva lie Garlatwood nuncupato, et Erneboig adjacente, cum capella et crofta capellæ de Siggat ;—terras de Mekle Drumquhendle, comprehendentes 14 bovatas dictarum terrarum de Drumquhendle, cum molendino;—borealem dimidietatem prædictarum terrarum de Drumquhendle, et terrarum vocatarum lie Outsettis earundem ;—terras de Ardlane ;—terras de Wodend ;—omnes unitas in baroniam de Towie-Barclay.—A. E. 24l. 17s. 4d. N. E. 99l. 9s. 4d.   xvii. 77.

(268)   Jul. 12. 1643.
RICARDUS MAITLAND, *hæres masculus* Magistri Patricii Maitland de Carnfechill, *patris*,—in terris de Carnefechill, Auchinleck, et molendino de Fechill ;—terris de Pittrichie, in baronia de Tarves et regalitate de Aberbrothok :—E. 27l. 13s. 5d.—Villa et terris de Boigfechill, infra predictam regalitatem :—A. E. 40s. N. E. 6l. —Decimis garbalibus omnium prefatarum terrarum, infra parochiam de Tarves :—A. E. 3s. 4d. N. E. 5s.—Bina parte villæ et terrarum de Auchincrevie, infra baroniam de Schives, cum libertate glebarum in maresia de Litle Ardo :—A. E. 20s. N. E. 4l.— Umbrali tertia parte villæ et terrarum de Newtoun de Schives, cum pertinentiis vocatis Skelmanee, infra dictam baroniam de Schives : —E. 40s.—Crofta boreali vulgo The Persoins Croft, cum terris ecclesiasticis ex boreali parte torrentis de Litle Methlick, infra parochiam de Methlick, cum decimis garbalibus prefatæ croftæ, &c. : —E. 6s. 8d.—Terris de Auchinhamperis ;—solari tertia parte terrarum de Downies ;—solari tertia parte terrarum de Auchinnache, et molendino de Auchinhamperis, infra parochiam de Awden :— E. 10 m.—Annuo censu et annua feudifirma 10 mercarum de predictis terris de Auchinhamperis, &c.—A. E. 2s. N. E. 8s. xviii. 18.

(269)   Sep. 27. 1643.
ALEXANDER STEWART, *hæres* Roberti Stewart de Jackistoun, *patris*,—in terris de Jackstoun, infra dominium de Fyvie.— E. 10l.   xvii. 230.

(270)   Sep. 29. 1643.
JOANNES BLAKHALL, *hæres masculus* Willielmi Blakhall de Eodem, *patris*,—in villa et terris de Blakhall, cum duabus croftis terræ ejusdem, infra parochiam de Innerurie;—officio coronatoris et forrestarii de Garrioche :—A. E. 40s. N. E. 4l.—Villa et terris de Auldtoun de Knokinblebis (vel Knokinblewes), infra baroniam de Balquhayne, et parochiam de Innerurie.—A. E. 20s. N. E. 40s. xvii. 231.

(271)   Oct. 18. 1643.
JOANNES IRWING, *hæres* Alexandri Irwing, *fratris immediate junioris*,—in terris et terris dominicalibus ac baronia de Aberzeldie.—A. E. 6l. N. E. 12l.   xviii. 5.

(272)   Nov. 29. 1643.
FRANCISCUS ROS de Auchlossin, *hæres* Nicolai Ros de Auchlossin, *avi*,—in baronia de Auchlossin ;—terris de Bogloche, Deray-Croft, et crofta vocata Alderane, cum officio balliatus ejusdem.—A. E. 3l. N. E. 12l.   xviii. 15.

(273)   Dec. 15. 1643.
JOANNES FRASER, *hæres* Joannis Fraser de Sklaittie, *patris*,— in solari dimidietate terrarum de Sklaittie, cum dimidio molendini; —solari dimidietate croftæ de Baglie ;—solari dimidietate croftæ et terrarum de Milnhill, infra parochiam de Sanct Machar.—E. 24l. &c.   xviii. 8.

(274)   Feb. 9. 1644.
HENRICUS KILGOUR filius legitimus quondam Joannis Kilgour nuncii in Aberdein, *hæres* Andreæ Kilgour, *avi*,—in tenemento in Aberdein.—E. 13s. 4d.   xviii. 52.

(275)   Jun. 10. 1644.
GEORGIUS GORDOUN de Newtoun, *hæres masculus* Jacobi Gordoun de Newtoun, *patris*,—in terris et baronia de Newtoun de Wranghame, continente terras de Newtoun de Wranghame, cum molendinis granorum et fullonum :—E. 66l. 13s. 4d.—Terras de Pulquhyt;—terras de Kirktoun de Colsalmond;—terras de Carnhill: —E. 32l. 4s.—Terras de Lethinghame ;—terras de Williamstoun, cum molendino de Williamstoun et astrictis multuris baroniæ de Wranghame, cum privilegio custumæ et lie toll nundinarum et fori de Sanct.Serffis-fair, annuatim super solum dictarum terrarum de Wranghame, infra baroniam de Newtoun et parochiam de Colsalmond.—E. 55l. 6s. 8d.   xviii. 149.

(276)   Jun. 12. 1644.
ELSPETA CROMBY sponsa Joannis Gordoun burgensis de Aberdein, *hæres portionaria* Domini Thomæ Cromby de Kemnay militis, *fratris*,—in terris et baronia de Kemnay, comprehendente terras dominicales de Kemnay, vulgo Auld Maynes, Litil Maynes, et Milntoun de Kemnay nuncupatas, cum parte dictarum terrarum nuncupata Inche de Mylntoun, cum pecia terræ vulgo nuncupata

Hauche de Slugartie ex boreali parte aquæ de Don ;—terras de Elisonwall ;—molendinum de Kemnay ;—terras de Over et Nather Auchinquothies, Ratharrald, Bogfur, Glenheid, Parkhill, Leschangis, croftas ejusdem, Wreatoun, Picktillum, croftam de Paradyce, croftas terrarum dominicalium et Cobleseatt, salmonum piscariam super aqua de Doun, cum lie Creivés, super dictam aquam, cum cymba portatoria lie Ferrieboat, &c. Omnes unitæ sunt in baroniam de Kemnay.—A. E. 5l. 10s. N. E. 22l.—Villa et terris de Craigearne tam solari quam umbrali dimidietate earundem, cum salmonum piscaria super aqua de Don, in baronia de Cluny, et parochiis de Cluny et Kemnay respective.—E. 40s.   xviii. 34.

(277)   Jun. 12. 1644.
CRISTINA CROMBY sponsa Roberti Smyth burgensis de Aberdein, *hæres portionaria* Domini Thomæ Cromby de Kemnay militis, *fratris*,—in terris predictis.   xviii. 36.

(278)   Aug. 7. 1644.
MAGISTER WILLIELMUS ALEXANDER, *hæres* Roberti Alexander burgensis de Aberdein, *patris*,—in terris vocatis Ward de Kinmundie, infra parochiam de SaintMacher.—E. 3l. xviii. 144.

(279)   Nov. 4. 1644.
JOANNES VICECOMES DE DUDOPE, Dominus Scrymgeour, *hæres masculus* Jacobi Vicecomitis de Dudope, Domini Scrymgeour, *patris*,—in terris de Sonahard et molendino, unitis ad baroniam de Dundie.—A. E. 5l. N. E. 20l.—(Vide Forfar, Fife, Perth, Argyle.)   xviii. 157.

(280)   Jan. 21. 1645.
MAGISTER JACOBUS REID, *hæres* Magistri Alexandri Reid burgensis de Aberdein, *patris*,—in villa et terris de Birkinbrewle cum molendino ejusdem, extendentibus ad 5s. antiqui extentus, infra baroniam de Kildruny :—E. 24s.—Villa et terris vocatis Newtoun de Auchindoir, infra parochiam de Auchindoir.—A. E. 5s. N. E. 20s.   xviii. 73.

(281)   Apr. 15. 1645.
ALEXANDER JAFFARY, *hæres* Magistri Alexandri Jaffray olim prepositi de Aberdein, *patris*,—in villa et terris de Inglistoun cum molendino et Mylnetoun de Caskiben;—villæ et terris de Newplace, Isakstoune, Legatis lie Auld et New ;—villa et terris de Corshill, Buchthillis, Standanstane, Slipiehillock, Overtoun de Dyce;—terris dominicalibus de Caskiben cum lie Hauches ex utroque latere de Urie;—villa et terris de Newplace de Caskiben, Over et Nether Creimond cum molendinis de Creimond ;—villa et terris de Sheilboig et Ardharrald, cum decimis garbalibus predictarum terrarum, infra parochias de Dyce, Montkegie, Innerourie et........respective :—A. E. 17l. N. E. 68l.—Villa et terris de Porterstoun, cum molendino :— A. E. 40s. N. E. 8l.—Villa et terris de Boynd, et croftis vocatis lie Braidmyr ;—villa et terris de Lochtulloch :—A. E. 30s. N. E. 6l.— Villa et terris de Muirtoun cum molendino fullonum ejusdem :— A. E. 30s. N. E. 6l.—Terris vocatis Dawache lands de Innerourie ; —villa et terris de Ardtames cum molendino de Innerourie, nunc vocato molendino de Ardtames, et rudis vocatis Davachruids thrid pairt lands de Stanners, cum cymba vectoria et crofta ejusdem vocata, The Over Boat de Innerurie, cum piscatione salmonum ad dictas terras spectante, super aqua de Done, cum jurisdictione balliatus prefatarum terrarum, infra dominium de Garioch et parochiam de Innerourie :—E. 24l.—Decimis garbalibus predictarum terrarum. —A. E. 2s. N. E. 8s.   xviii. 49.

(282)   Maii 23. 1645.
WILLIELMUS THOMSONE, *hæres* Thomæ Thomsone mercatoris burgensis de Aberdein, *patris*,—in boreali dimidietate villæ et terrarum de Bogholl, ac dimidietate molendini de Bogholl, ac terrarum Molendinariarum vulgo lie Mylnecroft, cum multuris, &c. earundem, viz. dimidietate multurarum villæ et terrarum de Boighoill, et dimidietate multurarum villæ et terrarum de Kinmundie, infra baroniam de lie Schyre et parochiam de Sanct Macher.—E. 3l. 4s. &c.   xviii. 233.

(283)   Maii 27. 1645.
ALEXANDER LUMSDEN, *hæres* Magistri Mathei Lumsden de Rudriestoun, olim ballivi burgi de Aberdeine, *patris*,—in villa et terra de Ruddriestoun tam solari quam umbrali dimidietate, cum salmonum piscaria super aqua de Dee, et advocatione capellaniarum prope Pontem de Dee, et alteragiorum in ecclesia Aberdonensi, infra parochiam de Sanct Macher :—A. E. 40s. N. E. 8l.—2 tenementis terræ infra civitatem veteris Aberdoniæ :—E. 12s.—Tertia parte villæ et terrarum de Broomhill de Newbigging, in parochia de Kinkarnoneill (Kincardine-Oneill.)—E. 10 m.   xviii. 85.

(284)   Jun. 12. 1646.
GEORGIUS DOMINUS SPYNIE, *hæres masculus* Alexandri Domini Spynie, *patris*,—in annuo reddito 100 m. e magnis custu-

mis burgi de Aberdein ;—annuo redditu 40*l.* e burgalibus et acquaticis censibus dicti burgi.—(Vide Forfar, Perth, Elgin et Forres, Nairne, Inverness.) xix. 50.

(285) Nov. 17. 1646.

THOMAS COMES DE ELGIN, *hæres masculus* Edwardi Domini Bruce de Kinloss, *fratris germani,*—in terris, dominio et baronia de Kinloss, comprehendente inter alia terras de Abbothall et Candeland ;—terras de Lochnoch;—mansionem in villa de Allane, infra parochiam de Allane ;—cum quibusdam aliis terris in vicecomitatibus de Elgin et Forres, Banf, Inverness, unitis in baroniam de Kinloss.—A. E. 100 *m.* N. E. 300 *m.*—(Vide Elgin et Forres, Bamf, Inverness.) xix. 16.

(286) Maii 14. 1647.

DOMINUS JOANNES GORDOUN de Haddo miles baronettus, *hæres masculus* Domini Joannis Gordoun de Haddo militis baronetti, *patris,*—in terris de Kirktoun de Tarves cum Diracroft ;—terris de Braklay et Tullilet, cum novo molendino super eisdem terris constructo, infra baroniam de Tarves et regalitatem de Abirbrothok :—E. 21*l.* 14*s.*—Villa et Maynes de Kellie ;—terris de Mylntoun de Kellie in baronia de Kellie:—E. 20*l.* 13*s.* 4*d.*—Terris de Sauchak in dicta baronia de Kellie ;—duabus tertiis partibus terrarum de Barrake in dicta baronia:—E. 20*l.*—Terris de Knawin, et terris de Achmaledye infra dictam baroniam :—A. E.........N. E. ....Terris de Collyne et Andat, in parochia de Methlik :—E. 5*l.* 6*s.* 8*d.*—Terris de Litle Methlik, infra parochiam de Methlike:—A. E.........N. E.........—Terris de Newpark de Kellie;—terris de Overhill et Seat earundem vocato Thornerone, in baronia de Auchterellon.—A. E. 10*s.* N. E. 40*s.* xix. 325.

(287) Oct. 19. 1647.

ALEXANDER JAFFRAY de Kingswallis, *hæres* Magistri Alexandri Jaffray de Kingswallis burgensis de Aberdein, *patris,*—in terris et villis de Innerglassie et Innermarkie, cum terris dominicalibus earundem ;—molendino de Innermarkie, Torrie, Kirktoun de Glass, Hiltoun, Badielair, Hillokheid, Neithertoun, Midletoun, Overtoun, Auchbyges, Corshalloche, Aldapaddik et Graystone, in parochiis de Glass et .... respective.—A. E. 6*l.* N. E. 24*l.* —(Vide Banf.) xix. 210.

(288) Jan. 19. 1648.

DOMINUS WILLIELMUS GORDOUN de Lesmoir miles baronettus, *hæres masculus* Domini Jacobi Gordoun de Lesmoir militis baronetti, *nepotis fratris,*—in villis et terris de Corveichines, Thorniewrae et Corsalstane ;—villis et terris de Sliache cum Park, Adamstoun, Silverhillock, Wistroun, Mutehillock, Boigheid, Newtoun ;—terris de Pernsmylne, (vel Peerismylne)—tertia parte villæ et terrarum de Garie ;—bina parte villæ et terrarum de Chappeltoun;—tertia parte villæ et terrarum de Wedderburne;—bina parte villæ et terrarum de Broomhill ;—tertia parte villæ et terrarum de Thomastoun;—bina parte villæ et terrarum de Comalegie, infra baroniam de Kinmundie :—A. E. 11*l.* N. E. 44*l.*—terris templariis de Essie, in baronia de Strathbogie ;—terris templariis de Fuilziement, infra baroniam de Auchindoir :—A. E. 5*s.* N. E. 5*s.*— Officio hæreditario ballivatus, et privilegio liberæ regalitatis, infra bondas terrarum suprascriptarum ;—38 rudis seu particatis terrarum infra territorium burgi de Rattray :—A. E. 20*s.* N. E. 4*l.*— omnibus unitis in baroniam de Newtoun-Garrie. xix. 197.

(289) Feb. 2. 1648.

ALEXANDER BRUCE, *hæres* Georgii Bruce burgensis de Aberdein, *patris,*—in tenemento in dicto burgo :—E. 13*s.* 4*d.*—Crofta Civilistæ :—E. 13*s.* 4*d.*—3 tenementis cum domibus jacentibus ex orientali parte dicti burgi.—E. 48*s.* xix. 202.

(290) Feb. 10. 1648.

ARTHURUS FORBES de Eight, *hæres masculus* Roberti Forbes de Eight, *patris,*—in terris de Kirktoun de Eight, et Hillsyd, infra parochiam de Eight et baroniam de Cluny.—A. E. 28*s.* N. E. 5*l.* 12*s.* xx. 85.

(291) Mar. 2. 1648.

MAGISTER ALEXANDER GORDOUN, *hæres* Elspetæ Crombie sponsæ quondam Joannis Gordoun, *matris,*—in equali dimidietate terrarum et baroniæ de Kemnay, comprehendente terras dominicales de Kemnay vulgo Auldmaynes, Litlemaynes, et Mylntoun de Kemnay nuncupatas, cum parte dictarum terrarum nuncupata Insche de Mylntoun de Kemnay, et petia terræ nuncupata Haugh de Slugartie, jacente ex boreali parte aquæ de Don;—terras de Elisounwall ;—molendinum de Kemnay ;—terras de Over et Nether Auchquhoythies, Racharrald, Boigfur, Glenheid, Parkhill, Leschangie, croftas ejusdem, Wreattoun, Pektillim, croftam de Paradyce, croftas terrarum dominicalium de Cobleseat ;—salmonum piscariam super dictam aquam de Don, cum cymba portatoria lie ferrieboat ;—omnes unitas in baroniam de Kemnay.—A. E. 55*s.* N. E. 11*l.* xix. 184.

(292) Jun. 1. 1648.

ANDREAS CASSIE de Quhytstryppis, *hæres* Jacobi Cassie de Quhytscryppis, *patris,*—in terris et villa de Quhytstryppis, pendiculis de Scottistoune, infra parochiam Divi Mauritii;—multuris terrarum de Quhytstryppis et Thackhedderhill, quæ sunt partes dictarum terrarum de Scottistoun.—E. 10 *m.* &c. xix. 304.

(293) Jun. 15. 1648.

PATRICIUS COMES DE KINGHORNE, Dominus Lyone et Glames, *hæres masculus* Joannis Comitis de Kinghorn, Domini Lyon et Glames, *patris,*—in baronia de Glames comprehendente inter alia terras et baroniam de Belhelvie ;—tenandrias de Adendraucht et Collestoun :—A. E. 50*l.* N. E. 200*l.*—Terras de Courtestoun (vel Couterstoun) et Drumgowane :—A. E. 13*l.* 6*s.* 8*d.* N. E. 53*l.* 6*s.* 8*d.*—Cum quibusdam aliis terris in vicecomitatu de Perth, unitis in dictam baroniam de Glames ;—villa et terris de Kingisait :—E. 4*l.* 14*s.* 4*d.*—Acra terræ vocata Pykeraiker, infra baroniam de Belhelvie et parochiam ejusdem ;—jure patronatus ecclesiæ parochialis de Belhelvies cum decimis, unitis ad dictam acram vocatam Pykeraiker :—A. E. 3*s.* 4*d.* N. E. 13*s.* 4*d.*—Terris de Mondarno Ovir et Nethir cum outsettis earundem, viz. Torbathehill, (vel Torbattlehill) Luchlandis et Carnboig, in baronia de Fyvie et regalitate de Aberbrothoke :—E. 10*l.* 13*s.* 4*d.*—Dimidietate terrarum et comitatus de Buchane, comprehendente dimidietatem terrarum, baroniæ, et thanagii de Glendavaichie, cum silvis ;—dimidietatem castri de Banff, et dimidietatem montis et hortorum ejusdem, cum dimidietate salmonum piscariæ super aqua de Dovrane, vocatæ Thaynes Nett, et dimidietate assissæ lax et salmonum piscariarum in mare vocatarum Craigslope apud Downe, cum dimidietate aliarum salmonum piscariarum tam in dulcibus quam in salsis aquis, super dicta aqua de Doverane:—A. E. 14*l.* N. E. 70*l.* —Dimidietatem terrarum et baroniæ de Montblairie, et salmonum piscariæ in dicta aqua de Doverne;—dimidietatem terrarum de Ryland;—dimidietatem terrarum de Culburne et Inschrowait ;—dimidietatem terrarum de Tullochie, cum pendiculis dictarum terrarum vocatis Over Tullochy, Haggischeill et Schireley;—dimidietatem terrarum de Todlaw, et salmonum piscariæ ejusdem;—dimidietatem terrarum de Quhyitfeild ;—dimidietatem terrarum et villarum de Bogsmedditoun et Bredmyre, cum salmonum piscariis super dictam aquam de Doverane ;—dimidietatem terrarum de Blaktoune, Hairwoodhill, Over Deuchiris et Pitgaries ;—dimidietatem terrarum de Auchinbadie, cum piscaria;—dimidietatem terrarum et villæ de Stanieley, Balgray et Knokin ;—dimidietatem terrarum de Fortrie et Glenhous;—dimidietatem terrarum de Monmonay de Driedland;— dimidietatem terrarum de Kinbene ;—dimidietatem terrarum de Scottistoun, Nethir Dewcheris et Brumesyid ;—dimidietatem terrarum et villarum de Auchmedden, Glencuthill, Lenies et Towie ;— dimidietatem de Petnacadder et Inchbrek;—dimidietatem terrarum et villarum de Litleblythe, Claverie-fauldes, et Balmagellie ;—dimidietatem terrarum de Geliiehill, cum molendino vocato Gelliemylne ; —dimidietatem terrarum de Todlaw et Gelliemuir;—dimidietatem terrarum et villæ de Cowane et Silverfurd;—dimidietatem villarum et terrarum de Jackistoun, Hungriehill, Monie-Bleatoun, Brunthaire, Meikle et Litle.........Muirhous, Auld Ailhous, et Barnehill :—A. E. 10*l.* N. E. 50*l.*—Dimidietatem villæ et terrarum de Downe :— A. E. 40*d.* N. E. 13*s.* 4*d.*—Dimidietatem terrarum de Newtoun et Montblairie ;—dimidietatem terrarum et baroniæ de Glencuthill :— A. E. 5*l.* N. E. 20*l.*—Dimidietatem terrarum de Balmahekills, Fetterletter et Lethintie, Saltcottis, Gloveny, Inchebrek, et Litle Methlick ;—dimidietatem terrarum de Balmadie cum monte vocato Erlisehillok, et terrarum de Carntradlydane ;—dimidietatem terrarum de Beildlistoun, cum salmonum piscaria super aqua de Don;—dimidietatem terrarum de Allath et Nethir Ardmoir;—dimidietatem terrarum et baroniæ de Grandoun :—A. E. 5 *m.* N. E. 20 *m.*—Dimidietatem terrarum de Presley;—dimidietatem terrarum de Auchmull et Crabstoun :—A. E. 5 *m.* N. E. 20 *m.*—Dimidietatem terrarum et baroniæ de Cantries vocatam Paterfintries, infra parochiam de Kingdowart (vel Kinedwart) ;—dimidietatem terrarum de Glasgoforrest et Glasgoego ;—dimidietatem annui redditus 3*l.* de terris de Kintor :—A. E. 5*l.* N. E. 24*l.*—Dimidietatem terrarum et baroniæ de Auchterhous, cum pendiculis earundem, viz. Haltoun de Auchterhous cum lacu ;—terrarum de Deskfurd, terrarum de Cottoun, molendini de Auchterhous, terrarum de Burneheid, terrarum dominicalium de Auchterhous, et terrarum de Bonnytoun;—dimidietatem terrarum de Wester Keythe :—A. E. 6*l.* N. E. 40*l.*—Dimidietatem juris patronatus ecclesiæ de Auchterhouse:—A. E. 3*s.* 4*d.* N. E. 13*s.* 4*d.*—Dimidietatem terrarum et baroniæ de Essie, cum terris de Glenquharie et Halkertoun ;—terris de Casteltoun, Inglistoun, Deirlandis et Brewlandis de Essie ;—terris de Baldenge et Newmylne de Eissie :—A. E. 6*l.* N. E. 36*l.*—Dimidietatem terrarum et baroniæ de Nevay :—A. E. 50*s.* N. E. 10*l.*—Dimidietatem terrarum et baroniæ de Kettinis et Petdonie, et terrarum vocatarum Brodlandis et Eister Kittoun :—A. E. 8*l.* N. E. 32*l.*—Dimidietatem terrarum et baroniæ de Kingzaltie, cum maneriei loco de Queich, et pendiculis earundem, viz. terrarum de Neather Kingzaltie, molendini de Kingzaltie ;—terrarum de Cossackis, Sherisbank, Auleis, Turfa-

E

wick, terrarum de Torrelandis et Inchven, et terrarum de Schea-hill.—A. E. 8l. N. E. 32l.—(Vide Forfar, Banf, Perth, Kinross, Fife.) xix. 273.

(294) Jan. 31. 1649.
MAGISTER GEORGIUS FORBES, hæres Patricii Forbes in Bythine, avi,—in villa et terris de Bythine, in dominio de Forbes et parochia ejusdem.—E. 40s. xix. 324.

(295) Apr. 4. 1649.
JOANNES HAY de Burnthill, hæres Georgii Hay de Auch-quharny, fratris,—in villa et terris de Erlsflatt, Wester Auquharny, multuris earundem, cum pendiculo vocato Locartsfield, quæ sunt partes baroniæ de Slaines, infra parochiam de Crowden;—parte de Eister Auquharny annexata ad terras de Wester Auquharnie.—A. E. 50s. N. E. 11l. xx. 20.

(296) Maii 18. 1649.
THOMAS FORBES, hæres Joannis Forbes filii legitimi Thomæ Forbes de Schetokisley, olim ballivi burgensis de Aberdeine, fratris, —in terris de Glastermuire, infra shiram de Murthill.—E. 47s. &c. xx. 133.

(297) Jun. 6. 1649.
ROBERTUS FRASER, hæres Magistri Willielmi Fraser de Bishopis-Clintertie, avi,—in terris de Little Clintertie, vulgo nun-cupatis Bishopis Clintertie, infra shiram sive baroniam de Abirdein et parochiam Divi Mauritii.—E. 20 bollæ victualium, &c. xx. 130.

(298) Jun. 20. 1649.
GEORGE FORBES of Cors, heir maill of Doctor John Forbes of Cors, his father,—in the lands of Oneil Cors, Eister and Wes-ter Cincraigie, and Muiretoun, with the Milnes and the pendicle of Wester Cors, called Norhame, unite into the barony of Oneil :—E. 17l. &c. 13s. 4d. in augmentatioun.—The teynds of the foresaid lands unite to the said lands, in the barony of Oneil and paroch of Coull :—E. 26s. 8d.—The Kirklands of the Kirktoun of Kinkell, whilk is ane pairt of the lordship of Keig and Monymusk :—E. 7l. 5s. 3d.—The libertie of ane frie fair called Michael-fair, upon the Kirklands of the samyn yearlie :—E. 3s. 9d.—The office of baliary, fies, &c. thereof.—E. 3s. 4d. xxi. 138.

(299) Jul. 20. 1649.
CHRISTINA CROMBIE sponsa Roberti Smyth burgensis de Aberdein, hæres portionaria Domini Thomæ Crombie de Kemnay militis, fratris germani,—in terris de Craigerne tam solari quam umbrali dimidietate, cum salmonum piscaria super aqua de Done, cum partibus, &c. dictarum terrarum super utroque latere torrentis de Tone et aquæ de Done, infra baroniam de Kemnay, et parochias de Clunie et Kemnay respective.—E. 40s. xx. 18.

(300) Jul. 20. 1649.
MAGISTER ALEXANDER GORDOUN filius legitimus quon-dam Joannis Gordoune burgensis de Abirdein, inter illum et quon-dam Elspetham Crombie, hæres portionarius Domini Thomæ Crombie de Kemnay militis, avunculi,—in terris prædictis.—E. 40s. xx. 19.

(301) Nov. 9. 1649.
JOANNES FORBES, hæres masculus Jacobi Forbes de Tillegonie, avi,—in terris de duabus Tillegonies cum molendino et silva de Or-dindaff, in Buchan.—A. E. 12 m. N. E. 20 m.—6s. 8d. monetæ Strivilingæ, tanquam annuo redditu de Saltcotts annuatim levando. xx. 29.

(302) Nov. 28. 1649.
GULIELMUS MURRAY, hæres Patricii Murray de Auchmill, patris, in solari aratro lie Sun Pleuch borealis dimidietatis davatæ terrarum de Auchinbo, cum decimis garbalibus et vicariis, infra pa-rochiam de Kintor.—E. 3l. xx. 118.

(303) Mar. 29. 1650.
ISOBELLA JACK, hæres portionaria Willielmi Jack filii legitimi quondam Patricii Jack burgensis de Aberdeine, fratris,—in pisca-ria unius retis salmonum piscium de Raik et Stellis, super aqua de Dee, infra libertatem de Aberdeine.—A. E. 4l. N. E. 16l. xx. 47.

(304) Mar. 29. 1650.
MARGARETA ET KATHARINA JACKS, hæredes portion-ariæ Willielmi Jack filii legitimi quondam Patricii Jack burgen-sis de Aberdeine, fratris,—in piscaria salmonum prescripta.—A. E. 4l. N. E. 16l. xx. 48.

(305) Apr. 24. 1650.
ELIZABETHA DURHAM, hæres portionaria Joannis Durham in Delspro, patris,—in 2 tenementis et crofta ex orientali parte civi-tatis Aberdoniæ.—E. 51s. xx. 36.

(306) Jun. 5. 1650.
PATRICIUS FORBES de Gask, hæres Joannis Forbes de Craig-toune, avi,—in terris de Craigtoune, infra baroniam de Culsa-mound et regalitatem de Lindores.—E. 13l. 6s. 8d. xx. 42.

(307) July 31. 1650.
JOHN LESLIE, heir of John Leslie burges of Aberdein, his fa-thers,—in ane portion of ane yearlie annual rent of 80 merks of the Lands, and baroni of the Maynes of Dalgeitie, lying within the parochin of Turriff. xxi. 13.

(308) Mar. 31. 1651.
MASTER ALEXANDER GREGORIE, heir of Master Johne Gregorie, somtyme minister at Dilmaik, his father,—in the lands and barony of Frendret, with milns, advocationnes of Kirks and salmond-fishings upon the water of Deverone, within the parochin of Foarge ;—the lands of Cunzie and Pitquhincie ;—the temple-lands of Frendret lyand as is aforesaid ;—the town and burgh of barony of Foarge lyand at the Kirk therof, with weiklie-markets and yearlie-faires ;—the right of patronage of the parochine, and paroch-kirk of Foarge and teinds ;—the lands and Maynes of Cu-bairdie ;—the lands of Eister Cubairdie, Bogheid, Cairnehaugh, Miln, &c. of Cubairdie.—O. E. 40l. N. E. 160l.—(See Banf.) xxi. 120.

(309) June 25. 1651.
DAVID RICKART burges of Aberdeen, heir of George Rickart burges of Aberdeen, his father,—in the lands of Auchnacant, with the Smeddiecroft and milne of Auchnacant, within the barony of Fiddes, and parochin of Foverane.—E. 4l. xxi. 214.

(310) Aug. 13. 1652.
WILLIAM LINDSAY, lawful son to Thomas Lindsay merchant, burges of Aberdeen, heir of William Lindsay, burges of Aberdeen, his grandfather,—in a tenement and croft contigue adjacent, lyand on the eist syd of the citie of Old Aberdeen.—E. 3l. 8s. xxi. 22.

(311) Sept. 20. 1652.
ALEXANDER BISSET of Lessindrum, heir of Maister Robert Bisset of Lessindrume, his father,—in the lands and dawach of the lands of Lessindrume, containing the Maynes of Lessindrume, the Ovirtoun of Lessindrum, the Leyes of Lessindrum, Reuthie (or Creuthie) and Knightsmill, with the Milne, &c.—in the barronie of Drumbleat, unite into the tennendrie of Lessindrum :—O. E. 5l. N. E. 20l.—The toun and lands of Kirktoun of Drumbleat, with the milnes and priviledge of the peit mose, within the bounds of the middle third pairt of the lands of Comalegie :—O. E. 40s. N. E. 8l.—The superioritie of the two pairt of the lands of Beigeshill with the Milne, &c. ;—the two pairt of the lands of Stoniefeild ;—the third pairt of the lands of Wedderburne, and the third pairt of the lands of Thomastoun, within the barronie of Drumbleat.—O. E. 1l. 6s. 8d. N. E. 5l. 6s. 8d. xxi. 25.

(312) Sep. 28. 1652.
GEORGE HAY, heir of James Hay of Kininmonth, his father, —in the landis and barronie of Dalgetie, with the Walk and Corne-milnes:—O. E. 20l. N. E. 80l.—The landis and barronie of Udoch, callet Copland-Udoch, comprehending the pertinents of the samyn callet Hiltoun, and landis of Corswodhill, wtherwayes Ludmor ;—the lands of Burnsyd and Laverockhillock;—the sunny half of the landis of Greinnes ;—the half of the landis of Bal-quhoynachie, with the milne of Udoch, Milnton, and Milne-croft ; —superioritie of the shadowhalf of the landis of Ardeine; All unite into the baronie of Wdoch, within the parochin of Turreff :—O. E. 6l. N. E. 24l.—The landis of Litill Auchrie;—the toun and landis of Neather Woodheid and Hairmos ;—the landis of the shadow-half of Greinnes, with the Outsettis of Litill Auchrie, called Toucher and Graystaine-milne, within the said parochin of Turreff, unite into the baronie of Dalgatie :—O. E. 6l. N. E. 24l.—The landis of Cakinsh (or Cabinsh) :—E. 10 m.—The toun and landis of Kiningmounth and Perskow, with the milne callit the Denend-milne, and the westmost house and aiker of arable land contigue to the said hous, in the toun of Corthecrome, within the barronie of Slaines :—O. E. 4 m. N. E. 16 m.—The toun and landis of Corthe-crome, within the parochin of Lonmay, and baronie of Slaines.—O. E. 2 m. N. E. 8 m.—(See Forfar.) xxi. 241.

(313) Oct. 6. 1652.
SAMUEL MIDLTOUN of Berriehillock, heir of Maister David Midltoun of Berriehillock, his brother,—in the lands of Berriehil-lok and Shireffseat, within the parochin of Saint Machir :—E. 8l. —2s. in augmentatioun.—The half nets salmond-fishing on the water of Done, upon both the syds of the bridge of Done, called the bridge of Balgonie, neir the citie of Old Aberdeen :—E. 6l. &c.—10s. in augmentatioun. xxi. 52.

(314)   Dec. 1. 1652.

FRANCES IRWING, *heir* of Maister Alexander Irwing of Hil-toun, *his father*,—in ane halff nets salmond fishing of the water of Done, on both the sydes of the brig of Done, called the brig of Balgonie, near the citie of Old Aberdein :—E. 56*l*. &c. and 10*s*. in augmentatioun.—The toun and lands of Clubsgovell with the milne of Clubsgovill, the Outsetts, called Arriburne, and Halkhil-lock, and salmond fishing therof upon the water of Done ;—the toun and lands of Lochills, with the loch thereof, called Bishopes-loch, in the parochin of Saint Macher :—E. 14*l*. 10*s*.—2*s*. 3*d*. in augmentatioun, &c.—The toun and lands of Perivinnes, in the said parrochin of Sant Macher :—E. 5 *m*. 3*s*. 4*d*. &c.—The toun and lands of Litil Gavel and salmond fishings ;—the Walk-milne and Milne-croft, and fishing upon the water of Done, within the barro-nie of Monykabok.—E. 10*l*.   xxi. 92.

(315)   Jan. 11. 1653.

JAMES HALYBURTOUN of Pitcur, *heir male* of James Haly-burtoun of Pitcur, *his father brother sone*,—in the lands of Kin-rossie, Thornegreen of Kinrossie, Southtoun of Kinrossie, called the Moat;—the Newhall of Kinrossie ;—the milne of Kinrossie otherwayes the milne of Collace, in the Sheriffdom of Perth, with the lands and barony of Drumblet, in the Sheriffdom of Aberdeen, united into the barony of Pitcur.—O. E. 10*l*. N. E. 40*l*.—(See Forfar, Perth.)   xxi. 128.

(316)   Jan. 14. 1653.

THOMAS WYLLIE Weiver in the Hospitall, *heir* of John Wyllie Wobster in Old Aberdeine, *his father brother*,—in 2 tene-ments of land, &c. on the East syd of the citie of Old Aberdeine.—E. 8*s*.   xxi. 211.

(317)   Feb. 4. 1653.

JEONET LESLIE, *spous* to John Patersone burges of Fores, *heir* of George Leslie of Monelly, *her father*,—in the shaddow halfes of the toun and lands of Moutle, and the corne-milne called the Ba-gramylne, Milntoune, &c. in the barronie of Fendraught.—E........   xxi. 340.

(318)   Mar. 25. 1653.

MARGARET LESLIE, *heir* of George Leslie, baillie of Inver-urie, *her brother*,—in the halfe of the towne and lands of Fischer-foord, called the Sine Pleugh, with thrie crofts therof, within the paroche of Auchterless.—O. E. 10*s*. N. E. 40*s*.   xxiii. 6.

(319)   Jun. 8. 1653.

SIR GEORGE MOWAT of Balquhollie, *heir maill* of Master Roger Mowat of Balquhollie, advocat, *his father*,—in the toun, lands, and Maynis of Balquhollie ;—the lands of Colp with the milne ;—the lands of Mekle Colp, Litle Colp, Smiddieseat ;—the lands of Jakstoun with the milne ;—the lands of Zewkray, (or Zewbray) Litle Brounhill, Mikle Brounhill, Lindrum, Keirthin, and Rusheid ;—the lands of Lostcraigie, Darach, Bogie, (or Logie) Shallach, Bomally, and Ardyne, within the parochine of Turreff, united with other lands in the county of Caithness, into the ba-rony of Balquhollie.—O. E. 8*l*. N. E. 32*l*.—(See Caithness.)   xxi. 158.

(320)   Oct. 5. 1653.

JOHN HAY burges of Aberdein, *heir of conquest* of George Hay of Auchnarne, *his immediat younger brother*,—in the lands of Earleseat, Wester Aquharnie, with the pendicles therof, called Lochhartfield, which are pendicles of the barronie of Slaynes, with-in the parochen of Cruden ;—a portion of the lands of Easter Aqu-harnie annexit to the lands of Wester Auquharnie.—O. E. 55*s*. N. E. 11*l*.   xxi. 192.

(321)   Apr. 24. 1654.

JOHNE URQUHART of Craigfintray, *heir* of Johne Urquhart, eldest lawful sone to John Urquhart fiar of Craigfintray, *his father*, —in the Maynes of Lathers, with salmond-fishings upon the water of Doverone, and milne of Lathers ;—the lands of Durlathers, Glaslaws, with the milne of Glaslaws ;—the lands of Rachloch, Woodhead, Brunthall, Darritorrie, Barritorrie, Kingfoord ;—the lands of Drachlaw with the milne of Drachlaw :—O. E. 66*l*. N. E. 144*l*.—The lands of Ardmiddell, Boggs, Carmordies, Cliftboggs, Polglassies Ovir and Neather, with the milne ;—the lands of Car-lingcraig and Fortrie, with power of casting fewall in the moss of Muresk :—O. E. 3*l*. 6*s*. 8*d*.—The lands and barony of Craigfintray;—the lands of Marles, Rothstrype, Birkinhill, Myln-seat, Coldwall, with the mylne :—O. E. 3*l*. N. E. 12*l*.—The lands of Meikell Auchry, and the West thrid parts therof, with the pen-dicles callit Cairncaik (or Cairntack) Seilliscruik, Monquhiter, Pol-drum, Heddrihall ;—the milne of Meikell Auchry;—the lands of Balthainziei, Middellhill, Balthanzie-Over, Tillimad and Blackhills, within the barony of Craigfintray, and by annexation within the Sheriffdom of Aberdene :—O. E. 12*l*. N. E. 48*l*.—All unite into the barony of Craigfintray.   xxii. 49.

(322)   Jun. 16. 1654.

ELIZABETH RAMSAY, *heir* of John Ramsay of Culsch, *her father*,—in the lands of Culsche, and Outset callet the Qhytbog, with the milne of Culsche, within the barony of Feddrutt.—E. 3*l*.   xxii. 84.

(323)   Aug. 16. 1654.

ANNA JOHNSTOUN, *heir portioner* of Thomas Johnstoune sonne to Doctour William Johnstoune, *her brother*,—in the lands of Beldistoune and salmond fisching upon the watter of Done, within the paroche of Dyce.—O. E. 20*s*. N. E. 5*l*.   xxiii. 49.

(324)   Dec. 15. 1654.

SIR JOHNE FORBES of Monymusk, Knight baronet, *heir male* of Sir William Forbes of Monymusk, Knight baronet, *his father*,— in the lands callet the Maynes of Monymusk :—E. 26*l*. 13*s*. 4*d*.— The Croft of arrabill land lyand at the bak of the yaird of the place of Monymusk :—E. 26*s*. 8*d*.—The houses, ruinous edifices, &c. formerly posest by the priors of Monymusk :—E. 13*s*. 4*d*.— The pasturage of 6 horse :—E. 6*s*.—The pasturage of 50 wedders : —E. 4*s*.—All the above within the lordship and paroch of Mony-musk.—The burgh of barony of Monymusk ;—the towne and lands of Balvale, with the mylne unite into the barony of Mony-musk :—E. 7*l*. 10*s*.—The lands of Inver :—E. 13*l*. 6*s*. 8*d*. &c. 20*d*. in augmentation.—The lands of Ardneidlie :—E. 6*l*. 13*s*. 4*d*. &c. 20*s*. 10*d*. in augmentation.—The lands of Pittinim alias Pittinmi-nim :—E. 6*l*. 13*s*. 4*d*. &c. 20*s*. 10*d*. in augmentation.—The Over-mylne of Monymusk, milne-land and multures of Inzeane, &c.—5*l*. 6*s*. 8*d*.—The Brew-croft of Monymusk, within the regalitie of Saint Androis and paroshin of Monymusk, with the lands of Inver, ex-tending in haill to 49*l*. 13*s*. 4*d*. ;—The lands of Torngloys :—E. 2*s*. —A rig and half-rig of land in the Peth of Monymusk :—E. 20*s*. —The half lands of Petts, with the tenement callit Scollatis-land, somtyme callit Forsyths-land, in the towne of Monymusk :—E. 4*s*. —The two halfes of the lands of Carnabo :—E. 13*s*. 4*d*.—Three rigs of land in the Peth of Monymusk ;—the lands of Petts callit Middellthird ;—the lands callit the Bourta lands, with the litle croft callit Bessie Hood's-croft, upon the south part of the burne of Monymusk ;—the lands of Putaquhy;—the lands of Petts and rigs thereof, in the towne of Monymusk, and regality of Saint Androis united into the Tenandry of Monymusk :—O. E..........N. E.......... —The lands of Cowlie and Inzean, with the Milne :—E. 17*l*. 15*s*. —The lands of Dullab, and Tillachowrie with the Milne, &c. ;— the lands of Todlachie, with the pendicles callit Auchrevie :— E. 53*l*. 11*s*. 8*d*. and 15*l*. 11*s*. 4*d*.—The lands of Abersnethock ; —the lands of Thombeg, within the Parochin of Monymusk :— E. 22*s*.—The lands of Petfeithie, with the salmond-fishing upon the water of Done, Ordheid, Ordwood, Ordhauch, Sandihillock, Pyktillum, Ordmylne-milne, Dowrie, Balquhorsk, Over and Ne-ther Bourmidall, within the regality of St. Androis :—O. E. 40*s*. N. E. 8*l*.—Part of the Peit-moss commonly callit the Mose of Craigearne, upon the West-side of Kayliemyre.—O. E. 6*s*. 8*d*. N. E. 26*s*. 8*d*.   xxii. 44.

(325)   Apr. 25. 1655.

PATRICK IRVING, *heir* of Johne Irving of Ardtamphuird, *his guidser*,—in the lands of Pitmurchie, with the corne-mylne of Pitmurchie and astrict multers :—E. 11 *m*.—The lands of Haltoun and Colliecroft :—E. 20 *m*.—The lands of Craigtoune of Lumphan-nan :—E. 20 *m*.—Extending in whole to 51 *m*. all within the ba-rony of Lumphannan and parochin therof.—The few ferme or annual rent of 51 *m*. furth of the saids lands.   xxiv. 47.

(326)   June 15. 1655.

ANDRO FORBES in Kinellar, *heir* of Daniel Forbes, immediat younger brother to James Forbes in Kinellar, *his father*,—in the shadow 4 oxingait of land, of the shadow pleugh, of the town and lands of Kirktowne of Kinellar, in the parochin of Kinellar.—O. E. 5*s*. N. E. 20*s*.   xxiv. 157.

(327)   June 15. 1655.

ANDRO FORBES, *heir* of Ronald Forbes sometyme portioner of Kinellar, *his guidser*,—in the sunie 4 oxgait of land, of the sha-dow pleugh of the toun and lands of Kirktoun of Kinellar, in the parochin of Kinellar.—O. E. 5*s*. N. E. 20*s*.   xxiv. 159.

(328)   June 15. 1655.

GEORGE LEITH, *heir* of George Leith of Overhall, *his father*, —in the lands and maynes of Hearthill;—the lands of Auld Heart-hill ;—the lands of Torries and Nether Carden, in the parochin of Oyne :—O. E. 3*l*. N. E. 12*l*.—The lands of Old Rayne, with the mylne :—E. 127*l*. 3*s*. 8*d*.—The lands of Luesk, within the paroch-in of Rayne :—E. 87*l*. 3*s*. 4*d*.—The lands of Kirktoun of Oyne, within the parochin of Oyne :—E. 24*l*.—The suny and shadow-halfes of the West or Ovir-half of the maynes of Barnes ;—the sun and shadow pairts of the North-ward of the maynes of Barnes, within the parochin of Premnay ;—half of the lands of Westfeild ; —half of Davaks;—half of Mylntoun, and half of the mylne thereof, with the half of the lands of Boigs, viz. Blakboig, Hairbogg, Mylnboig and Wandboig :—O. E. 52s. N. E. 10l. 8s.—The shaddow pairt of the lands of Erlsfeild, callit the Newlands of Erlsfeild, within the parochin of Premnay.—O. E. 2s. N. E. 8s.　　xxii. 146.

(329)　　　　　Oct. 3. 1655.
JAMES SEATOUN of Petmedden, *heir male* of John Seaton of Petmedden, *his father*,—in the lands of Old Bourtie and pendicle, callit Hilbrae, with the milne of Bourtie callit Little-mylne ;—two six parts of Petgavene, within the parochin of Bourtie;—the lands of Crage ;—the lands of Allathen and Nether Ardmoir, with the pendicle callit Howfasyde ;—the lands of Over Ardmoir ;—the south part of the lands of Logirrufe ;—the teynd-sheaves, and uthers great and small, of the lands and Maynes of Petmedden, Torries, Crage, Allathen, Nether Ardmoir, Howfasyde, Over Ardmoir, within the parochin of Ellen, and now within the parochin of Udney by annexation, all unite into the barony of Allathen :—O. E. 7l. 10s. N. E. 30l.—The lands of Barrauch ;—the lands of Westerhouse ;—the lands of Phillaw ;—the lands of Eschenhead, and Foordailhouse ;—two sixths of the lands of Petgavene ;—the milne of Bourtie, the lands of Murtoun, within the parochin of Bourtie ;—the Moss and Marress of Ardfork :—O. E. 5l. 10s. N. E. 22l.—That part of the toune and lands of Kirktoune of Bourtie, of old belonging to the personage and vicarage of the Kirk of Bourtie, within the parochin of Bourtie :—E. 6l. 16s. 8d. and 40d. in augmentation.—All unite into the barony of Barrauch ;—the above for principal.—The lands and maynes of Meldrum, also the towne and lands of Old Meldrum, with the milne of Crumblet ;—the lands of Partok and Ailhous ;—the lands of Ardcannan ;—the lands of Gowner and Frosterhill ;—the lands of Catie, in the barony of Meldrum, in Warrandice :—O. E. 8l. N. E. 32l.—The teynd-sheaves and personage teynds of the foresaids lands :—E. 6s. 8d.—The lands of Kinguidie, and Langsyd ;—the lands of the Maynes of Blair, Greinford, and Blakhouse, within the parochin of Bourtie.—E. 10l.　　　　　xxii. 94.

(330)　　　　　Oct. 3. 1655.
WILLIAM GALLANT in Newnoth, *heir* of William Gallant, *his father*,—in the lands of Newnoth extending to two pleuchs of land;—the lands of Bruklanknow, extending to ane pleuch of land, in the dominion or marqueship of Huntlie.—E. 24l.　　xxii. 109.

(331)　　　　　Nov. 2. 1655.
JOHNE FORBES of Watterstoune, *heir* of Thomas Forbes of Waterstoune, *his father*,—in the lands and hall callit Abbotshall of Ellone, within the parochin of Ellon :—E. 40s.—The lands of Combland (or Candland,) within the said parochin of Ellone :—E. 3l. 6s. 8d.—The teynd-sheaves, and uther teynds of the lands of Wattertoune, and Easter Ellon, Ordheid, and of the lands of Bomakessie, the lands of Turnaslaw, and pendicles of the same callit Foordailhouse, Over and Neather Coalhill, Cassigills, Pyktillhorne, Smiddie-croft and Ruids of Ellon, and of the 18th (or 8th) part of the folds of Carmunucks, (or Cairnmuks) of the Grein and Meadow of Abbotshall, and of the lands of Candland ;—the teynds of the salmond fishing upon the water of Ythan, as well croves as cobble and net fishings, and 4 rigis of land called Paton's Riggis, within the parochin of Ellon ;—the teynds of Cairnmuks, Barrowlie, Wattishill, Kirkhill, Clayhill, Fyvieland and Ellon, which with the above lands are unite into the tennandrie of .... E. 40s. —The lands of Balmakessie :—E. 3s.—The lands of Cassiegills, Coalhill, Foordailhouse, Pyktilhorne, Smiddiecroft :—E. 3s.—The lands of Turnaslaw :—E. 3s.—The 8th part of the Hill-faulds of Carmuck :—E. 2s.—The crofts and ruids of Ellon, within the regalitie of Sanctandrews.—E. 4s. and 3s. 4d. in augmentation.　　　　　xxii. 116.

(332)　　　　　Dec. 5. 1655.
THOMAS FORBES sone to Johne Forbes in Kinellar, *heir* of Robert Forbes in Kinellar, *his guidser*,—in the mid thrid part of the lands of the Kirktoun of Kinellar, within the parochin of Kinellar.—O. E. 6s. N. E. 24s.　　　　　xxiv. 42.

(333)　　　　　June 20. 1656.
ELIZABETH AND MARGARET CRUIKSHANKS, bairnes procreat betwix James Crookshank burges of Aberdein, and Bessie Robertsone his spous, *heirs portioners* of Alexander Crookshank, *their brother*,—in the manss, place, and ludging of Mortlick :—E. 20s. &c.—The manss, place, house, close, yeard, and taill, within the citie of Old Aberdaine, within the chanonrie therof.—E. 6s. 8d.　　　　　xxv. 173.

(334)　　　　　Nov. 1656.
ALEXANDER GORDOUN of Tulloch, *heir* of William Gordoun of Tulloch, *his father*,—in the lands of Nether Tulloch, with

the croft, and fertie coble upon the water of Done, within the parochin of Monymusk ;—the lands of Over Tulloch and Dipstoun, with the wood and salmond-fishing upon the water of Done, within the parochin of Monymusk and regalitie of Sanctandrois :—E. 24l.—The lands of Little Abercatie lyand as forsaid ;—the half of the lands of Noth, in the baronie of Strathbogie, in warrandice of the lands of Abercatie.—E. 12l. 8s.　　　　　xxiv. 119.

(335)　　　　　Jan. 15. 1657.
THOMAS FRASER of Streichen, *heir* of Thomas Fraser of Streichen, *his guidser*,—in the Maynes of Streichen, corn-mylne and walk-mylne therof ;—the lands of Burrahill, Hunleiskairne, Fairniebrey, Auchnary (or Auchnacht), Whythill, Thorwhat (or Tarwhat), Halkhill, Newhill, Bromsyde, and Newtoun of Streichen, within the parochin of Rothin, formerly united into the barony of Streichen ;—the lands of Aquorthies, with the mylne and pendicle callit Fredday-hill, and Newtoun-hill (or Newland-hill), in the said barony and parish :—O. E. 3l. N. E. 20l.—The lands of Kindrochties, als well sunnihalfe as shadowhalfe, with the mylne;—the lands of Dennend, and thrid part of the lands of Garthlie, within the baronie of Philorth by annexation, all now united into the baronie of Strechin :—O. E. .... N. E..........—The lands of Ardlethame-scot, now callit Over Ardlethem, in the baronie of Slanes.—O. E. 4l. N. E. 8l.—(See Inverness.)　　　　　xxiv. 120.

(336)　　　　　Feb. 4. 1657.
JOHN GORDONE of Brackay, *heir* of Maister Patrick Gordone of Brackay, *his father*,—in the toun and lands of Brackay and pendicles therof, callit Radbaddis and Whytwall ;—the lands and forrest of Drumkowane ;—the toun and lands of Glaschea and pendicle therof, callit Radfoord, with the mylne of Glaschea, within the barronie of Knokinglewis ;—the toun and lands of Mideltoun of Knockinglewis, within the lordschipe of Gareoch, and parochine of Inverwrie :—O. E. 40s. N. E. 8l.—The teynd sheaves and personage teinds of the said lands of Mideltoun of Knockinglewis.—O. E. 1d. N. E. 4d.　　　　　xxv. 153.

(337)　　　　　June 5. 1657.
MARJORIE CHALMER, *heir* of Andro Chalmer of Westerdisblair, *her father*,—in the lands of the shadow-halfe of the fourt part of the lands of Westerdisblair, in the baronie of Fintray and regalitie of Lindoirs.—E. 3l.　　　　　xxiv. 153.

(338)　　　　　July 24. 1657.
JOHNE SKENE of that Ilk, *heir* of James Skene of that Ilk, *his father*,—in the lands and barony of Skeine, with the loch thairof ; —the lands of Tullibreloch, Tulnahilt, Bandodle, Auchmoir, Auchorrie, with the mylne and mylne-lands of Comers, unite into the barronie of Skein :—O. E. 10l. N. E. 40l.—The lands and maynes of Aslowne, within the parochin of Alford ;—the lands of Dorsoilt, Murhils, Badinappettis, and Drumnawhinder.—E. 8l.　　　　　xxiv. 214.

(339)　　　　　Dec. 18. 1657.
THOMAS HERVIE, *heir* of Gilbert Hervie elder merchand burges of Aberdeine, *his father*,—in the lands and barony of Elbrick, comprehending the maynes of Elbrick, and mylne ;—the Meikle mylne-croft, and Smeddie-lands, Broombray, and Broomhil therof ;—the lands of Monykebbock comprehending the West-pleuche, and Chappell-crofts of Monykebbock ;—the pleuch, shaddow third pairt, and Ord of Monykebbock;—a piece of land in the Stragley of Monykebbock, with multers of the lands of Sowellend, within the parochin of Sanctmachar.—E. 40l.　　xxiv. 236.

(340)　　　　　Jan. 29. 1658.
WILLIAM THOIRS, *heir* of Issobell Andersoune, spous to Mr. Thomas Thoirs of Auchorthies, *his mother*,—in the third part of the lands of Finzeauch, and Meikle Abercatie ;—the lands called Auchfrauchifoulds ;—the third part of the milne of Finzeauch, Over and Nether Tulloches, within the regalitie of Sanct Andrews and parochin of Monymusk :—E. 6l. 10s.　　　　　xxiv. 272.

(341)　　　　　Feb. 27. 1658.
WILLIAM SEATONE, sometym of Easterdisblair, *heir maill and of taillzie* of John Seatoun of Easterdisblair, *his brother*,—in the tounes and lands of Eister-disblair, and mylne of Cavell, within the regalitie of St. Androus.—E. 16l. 11s.　　　　　xxv. 18.

(342)　　　　　Apr. 22. 1658.
MARGARET SKENE, *heir* to Alexander Skene of Auchterernan, *her father*,—in the third pairt of the Shaddowhalfe of the towne and lands of Auchterernane, and milns;—the third part of the Shaddow-halfe of the lands of Tulloche ;—the third pairt of the Shadow-halfe of the lands of Drynie, within the parochin of ....in Cromar.—O. E. 3s. 4d. N. E. 13s. 4d.　　xxv. 65.

(343) Apr. 22. 1658.
WILLIAM FORBES of Corsinday, *heir* of John Forbes of Corsinday, *his father*,—in the towne and lands of Knokwhairne, within the barrony of Cluny, and parochie of Echt.—E. 4*l.* xxv. 72.

(344) May 5. 1658.
ALEXANDER IRWING of Drum, *heir maill* of Alexander Irwing of Drum, Knight, *his father*,—in the lands and barrony of Drum, the parke of Drume and roods of the Samen, with the fishing of the salmond-fishes upon the watter of Die, with othir lands and barronies annexit to the said baronie of Drum, viz. the parklands of Drum, parkewoods, milne lands, 2 chalders ferme victual;—the lands of Kimney, Largues, Auchindoir, Fulethmonth and Torlan, with the advocatioun and right of patronage of the paroche and paroche kirke of Kimney, with the port and heaven of Kimney;—ane yeirlie anwel rent of 3 punds 6 merks furth of the burgall fewes of Aberdeine, with other lands and annual rents in the shire of Kincardine, all united into the barony of Drum;—the lands and barrony of Feddarat (or Fodderat) with the corne myln of Feddarat;—the townes and landis of Shivado, Auchinlemford, Pundlarcroft, Culsh, Stevinsburne, Whytbog, Taloshill, Allathane, Pyklithrame, Moltonbroy, Corsgiht, Whytstons, Auldwhat, Meikill Bathnakellie, Broomehill, Whytcairnes, Whythill, Yrnesyd and Walk Mylne thareof, Auchquoch, Weittingshill, Brufklay, Meikill Auchiloch, Garschohill, Litle Auchdoche, Meikill Creuchie, Bruntbray, Clecham, Annachie, within the barronie of Feddarat;—the suny halfe of the lands of Kindrocht and Tenend, within the parochin of Raithane, with other lands in the shire of Kincardine, all united into the barony of Fodderat, whereof:—O. E. 40*l.* N. E. 160*l.*—The toune and lands of Uvir and Nether Ruthvens, Balnastrand, with the pendicle called Leyes, Balgraine, and Graystaine, with the loch and bogg therof, within the Lordshipe of Bramare, and parochine of Logiemarr, unit into the tenandrie of Ruthvens: —E. 40*s.*—Advocatioun and right of patronage of the pareochin and pareoche churche of Drimmaok, within the dyoice of Aberdene:—O. E. 6*d.* N. E. 2*s.*—The lands of Cowill, comprehending the croft of Coull, Lochinans, Under the Wood, Bogfeild, and Tilliluds, within the barroney of Oneill:—E. 6*l.* 13*s.* 4*d.* &c.—The lands of Craigtoune of Petterculter, and ane croft of land of the Kirktoune of Banchorie-ternane, within the barrony of Rescobie be annexatioun:—E. 26*s.* 8*d.*—The lands of Drimmaok and Pitinbrinzeane, within the barroney of Murthill:—E. 26*s.* 8*d.* &c.—The lands of Kinmuck, Peitthill, mylne of Kinmuck, within the parochin of Kinkell and regalitie of Lundors:—E. 21*l.* 9*s.* 2*d.* &c.—The townes and lands called Easter and Wester Cullarlies, comprehending the forests of the banks of Fayr, to wit, Woodsyd, Tilliornie, Dams, within the Marquisat of Huntlie:—O. E. 9*l.* 7*s.* N. E. 27*l.* 8*s.*—The lands of Easter Beltie, Hill of Beltie, Auchinskey, milne of Beltie, the mannor-place of Easter Beltie, multers and sequells of Wester Beltie, Sondayes-well, and Torphinns, extending to 20 pecks of dry oatts, within the barroney of Cluny, and parochin of Kincardine-Oneill:—O. E. 7*l.* 19*s.* 6*d.* N. E. 21*l.* 18*s.* —The lands of Wester Beltie, Sondayes-well, and Torphins, within the said barrony of Cluny:—O. E. 4*l.* 10*s.* N. E. 18*l.*—The lands and barrony of Kinnertie, to wit, Meikill Kennertie, Midle Kinnertie, Moortoune, Cairnetoune, the toune and lands of Auldtoune of Kinnertie, with the Shepart's croft and fishing;—the two crofts of Burnesyd, and croft of Westersyd, with the passage or ferrieboat belonging therunto:—E. 12*l.*—Pairt of the moss of Pewlair, within the parochine of Birss:—O. E. 6*d.* N. E. 2*s.*— The third pairt of the lands of Finnersies and Monecht, with the third pairt of the mylne of Finersies, within the lordshipe of Marr: —O. E. 30*s.* N. E. 9*l.*—The lands and barrony of Auchtertoull comprehending the townes and lands of Strathmoir, Strathvertie, Tenewie, Tenenie, Tenemoyn, with the Hiltoun thairof, and manner place of Auchtertowll, within the parochin of Cowill:—O. E. 6*l.* N. E. 24*l.*—All unit into the barony of Auchtertoull.—The towne and lands of Ester Cults, Meikle Cults, Pett, Tillachardain, and Caldholme, with the brewcroft tharof, within the parochin of Tarlane;—the towne and lands of Mondavain, within the parochin of Aboyne, also unit into the barony of Auchtertoul:—O. E. 20*s.* N. E. 4*l.*—The towne and lands of Richarkorie with the pendicills thairof, called Torrane and Tomnaser, extending to half an davache or 8 oxingat of land, within the parochine of Glencardine and erledome of Marr, with the scheilling and pasturagis in Glaschell, Corriebeg, and Rynegkik;—the towne and lands of Eistoun, which are pairts of the barrony of Abergeldie, within the parochine of Tarlan in Cromar:—O. E. 15*s.* N. E. 9*l.*—The townes and lands of Lenturke, Drumdarg, Claymillne, Newtoune, Brigend, mylne of Lenturk, within the parochin of Locall;—unit into the barony of Lenturk.—O. E. 4*l.* N. E. 16*l.*—(See Kincardine and Forfar.) xxv. 25.

(345) June 18. 1658.
PATRICK DUNE, *heir* of Doctor Robert Dune, *his father*,—in the towne and landis of Taartie, and pendicle thereof, called Deephedder, within the parochine of Logybuchane, and barronie of Slaynes:—O. E. 20*s.* N. E. 4*l.*—The toune and landis of Logie, within the said parochin of Logibuchane.—O. E. 15*s.* N. E. 3*l.* xxv. 95.

(346) July 14. 1658.
MR. WILLIAM HAY minister at Cremond, *heir* of Maister William Hay somtyme minister at Cremond, *his father*,—in the pleugh of the maynes of Cremond, with pairt of the Waird of Boggs;—the half pleugh of the said Maynes of Cremond;—the milne and milne croft of Sternaphine;—the litle croft and house besyde the kilbarne of the Bogg;—the half pleugh of the said Maynes of Cremond, within the parochine of Cremond and barronie thereof.—O. E. 3*s.* 4*d.* N. E. 13*s.* 4*d.* xxv. 96.

(347) July 21. 1658.
FRANCIS MEINZEIS now of Balgownye, *heir* of Thomas Meinzeis of Balgowny, *his father*,—in the towne and lands of Balgownye;—the town and lands of Westfeild;—the toune and lands of Murcour;—the corne milne of Balgowny, otherwayes called Keathockmilne;—the walkmilne of Balgowny;—advocatioun and right of patronage of the Chaplanes alter of Saint Dominik, within the Cathedrall Kirk of Old Abirdein;—the priviledge and licence of holding fisch boats upoun the watter of Done, for taking whyt fisches in the sea, within the barrony of Balgowny and parochin of Saunct Macher; unit into the barony of Balgouny.—O. E. 7*l.* N. E. 28*l.* xxv. 83.

(348) Sept. 10. 1658.
ELIZABETH JOHNSTOUNE, spouse to Mr. Alexander Whyt regent in the New Colledge of Abirdein, *heir portioner* of Thomas Johnstoune, and son to Doctor William Johnstoune of Beildstoune, *her brother german*,—in the toune and landis of Beildstoun and salmond fishing upoun the watter of Done pertaining theirto, within the parochin of Dyce.—O. E. 25*s.* N. E. 5*l.* xxv. 92.

(349) Apr. 13. 1659.
MARJORIE AND JANET LEITHES, *heirs portioners* of George Leith of Newrayne, *their father*,—in the third part of the dominicall lands commonlie callit the Maynes of Hairthill, called Old Hearthill;—the third part of the lands of Neither Carden, with the mylne thereof, within the parochin of Oyne:—O. E. 1*l.* N. E. 4*l.*—The Shaddow-halfe of the lands of Newrayne, with the halfe lands of Bairelldykis, within the parochin of Rayne.—E. 6*s.* 8*d.* &c. xxv. 178.

(350) May 3. 1659.
SIMOUN FRAISER of Innerallochie, *heir* of Sir Simone Fraisser of Innerallochie Knight, *his grandfather*,—in the lands of Innerallochie with the Loch and fishings therof, and watter lead of the said loch, with the wrack and wair, and fischings on the sea shore;—the towne and lands of Armabedy, with pasturage in the lands of Carnglas, within the parochin of Lemney (Lonmey), as for the principall;—the towne and lands of Bonnycattoun in warrandice, of the foresaid lands of Inverallochie and Armabedy, and of the toun and lands of Carnglas, within the said parochin of Lemney (Lonmey).—E. 20*l.*—(See Nairn and Inverness.) xxv. 187.

(351) Jun. 7. 1661.
REBECCA FORBES filia legitima demortui Collonelli Willielmi Forbes filii primogeniti quondam Jacobi Forbes, fratris Arthuri Domini Forbes, *hæres* dicti Jacobi Forbes, *avi*,—in molendino de Anofoord, (vel Onofoord, vel Awfoord,) cum astrictis multuris terrarum de Kirktoun de Anofoord, Cobleserit, (vel Cobleseat,) Smiddiehill, Ardgethin, Arsballach, Carnaverne et Welhous, in dominio de Forbes, et parochia de Onofoord :—E. 10*s.*—Terris de Westertolmades, in parochia de Kincardin.—E. 40*s.* xxvi. 85.

(352) Jul. 5. 1661.
GULIELMUS LESLIE de Cambusbarran, *hæres masculus* Joannis Leslie de Balquhan, *filii fratris*,—in terris dominicalibus de Balquhan, comprehendentibus terras de Newtoun de Balquhan, Cowbyr, Bogangus, et croftam ejusdem, cum maneriei loco de Balquhan, et communi pastura in forresta de Bannachie, in parochia de Logidurno;—tertia parte villæ et terrarum de Drumdurno, cum communi pastura in dicta forresta de Bannachie; omnibus unitis in baroniam de Balquhan.—A. E. 4*l.* N. E. 16*l.* xxvi. 22.

(353) Jul. 10. 1661.
JACOBUS KEITH de Kinnadie, *hæres* Jacobi Keith de Kinnadie, *avi*,—in terris de Litle Kinnadie;—terris de Meikle Kinnadie, cum salmonum piscaria super aqua de Done, infra thainagium de Kintoir.—E. 8*l.* xxvi. 95.

(354) Sep. 4. 1661.
MARGARETA ET ELIZABETHA SEATOUNES, *hæredes portionariæ* Georgii Seatoun de Blair, *patris*,—in villa et terris de Kingusie, (vel Kingudie) Longside et molendino;—villa et terris

F

dominicalibus nuncupatis Maynes de Blair, Greinfoord et Blackhous, cum decimis, &c. infra parochiam de Bourtie.—A. E. 40s. N. E. 8l.   xxvi. 112.

(355)   Oct. 24. 1661.

MAGISTER JACOBUS CUNYNGHAME, *hæres* Magistri Jacobi Cunynghame in Alloway, aliquando designati fratris germani quondam Joannis Cunynghame de Drumquhasill, *patris,*—in annuo redditu 330 mercarum de villa et terris de Rora, infra parochiam de Langsyd ; et de aliis terris in Perth, Forfar, et Banf.—(Vide Stirling, Perth, Forfar, Banf.)   xxvi. 98.

(356)   Jan. 8. 1662.

THOMAS CARGILL, *hæres* Thomæ Cargill burgensis de Aberdein, *patris,*—in terris de Achtidonald, infra baroniam de Aden cum decimis.—E……….   xxvi. 126.

(357)   Jan. 8. 1662.

GULIELMUS ERSKINE, *hæres* Thomæ Erskine de Pittodrie, *patris,*—in terris de Dorlathine, Balhaggartie Eister et Wester ;—terris de Drumdurno cum decimis garbalibus, in baronia de Balhaggartie, et parochia de Logiedurno ;—terris de Pittedrie, Knokinglas, Pitskurrie, Sairbogges ;—villa et terris de Chappeltoun cum croftis capellæ de Garrioche et Innerramsay, Pitbie, Newlands et Boyndes, cum molendino de Innerramsay, et communi pastura in forresta de Belnachie, ac in silvis de Auldclochie, jure patronatus hospitalii de Balhaggartie, privilegio duorum fororum et nundinarum apud capellam de Garrioche, cum decimis garbalibus et rectoriis dictarum terrarum et baroniæ de Balhaggartie, jacentibus in dicta baronia:—A. E. 20l. N. E. 80l.—Terris dominicalibus de Newtoun et Wrangham ;—terris de Glennestoun, Brankan-enthim, Green-inches et Gatesyde:—E. 66l. 13s. 4d.—Terris de Litle Leddinghames ;—terris de Williamstoun :—E. 55l. 6s. 8d.—Terris de Polquhyt, Kirktoun de Culsalmond, et nundina et foro vocato St. Serffes-faire ;—villa et terris de Carnehill cum molendino, in parochia de Culsalmond et regalitate de Lindoires :—E. 32l. 4s.—Terris et villa ecclesiastica de Oyne, infra parochiam de Oyne :—E. 24l.—Terris, terrisque molendinariis de Oldrayne, &c. infra parochiam de Rayne:—E. 10l. 11s. 8d.—Villa et terris de Torries, tanquam pro principali:—E. 1d.—Crofta terræ de Kirktoun de Oyne, infra parochiam de Oyne, in warrantum de Torries.—E…….   xxviii. 193.

(358)   Feb. 19. 1662.

DOMINUS ROBERTUS GRAHAME de Morphie, *hæres* Domini Roberti Grahame de Morphie, *patris,*—in terris et baronia de Meanie, comprehendentibus terras dominicales de Meanie ;—molendinum de Meanie ;—terras de Leytoun, Cothill, Cowhill, et Alterseat, infra parochiam de Belhelvie.—A. E. 6l. N. E. 24l.   xxvi. 114.

(359)   Apr. 1. 1662.

GEORGIUS COMES DE PANMURE, Dominus Breichen et Navar, &c. *hæres* Patricii Comitis de Panmure, &c. *patris,*—in terris de Carbrogie, viz. Auldtoun et Newtoun ejusdem, Sandielands, Culle, Cairnefechelell, Petrichie, molendino de Fechell, Birklaw et Kirktoun ;—terris de Tullecartene, Tulliehill, cum molendino de Aucharte, Auchinleck, Boig-Fechell, Auchinhoffe, infra baroniam de Tarves, et parochiam ejusdem ;—terris de Monkshill lie Kirktoun de Fyvie, cum Ailhous ejusmodi, Ardlogie, Mondurno, et decimis, &c. infra parochiam de Fyvie ;—piscatione salmonum et alborum piscium cum portu ejusdem, et piscatione de Poldoun, apud pontem de Die, cum diversis annuis redditibus ad abbatiam de Aberbrothock olim pertinentibus ;—petia terræ in Auldearne ;—cum quibusdam aliis terris in vicecomitatibus de Forfar, Kincardine, Banf, Perth, Lanark et Nairn.—E. 200l.—(Vide Forfar, Kincardine, Banf, Perth, Lanark, Nairn.)   xxvi. 163.

(360)   Maii 21. 1662.

JOANNES ANDERSONE, *hæres* Alexandri Andersone de Tillikeirie, *patris,*—in villa et terris de Tillikeirie, in regalitate de Lindoris et baronia de Fintrie.—E. 6l.   xxvi. 211.

(361)   Maii 22. 1662.

MAGISTER THOMAS BURNET Medicinæ Doctor, *hæres* Magistri Roberti Burnet de Crimond, unius Senatorum Collegii Justiciæ, *patris,*—in terris et baronia de Crimond comprehendente terras subscriptas, viz. Auldtoun de Crimond, Eister et Wester Hillis de Crimond, Newmylne de Crimond, Auldmylne de Crimond et Kendill ;—villam et terras de Scheilboog ;—villam et terras de Ardiharrall ;—villam et terras de Muirtoun, cum molendino fullonum ejusdem, et decimis &c. infra parochias de Monkegie et Bourtie respective :—A. E. 10 m. N. E. 40 m.—Villa et terris de Whythill, infra parochiam de …………………—A. E. 50s. N. E. 10l.—(Vide Kincardine, Edinburgh, Peebles.)   xxvi. 259.

(362)   Aug. 26. 1662.

MAGISTER JOANNES LOGIE de Boddame, *hæres* Magistri Joannis Logie de Boddame, *patris,*—in molendino et terris molendinariis de Boddame, cum maneriei loco de Boddame ;—2 solaribus aratris de Ovir Boddame ;—2 umbralibus aratris villæ et terrarum de Ovir Boddame ;—3 croftis terrarum de Boddame, infra regalitatem de Gareoche ; et parochiam de Inche.—A. E. 26s. 8d. N. E. 5l. 6s. 8d.   xxvi. 342.

(363)   Aug. 28. 1662.

ANNA FORRESTER, *hæres* Willielmi Forrester burgensis burgi Vicicanonicorum, *patris,*—in terris templariis et terris dominicalibus de Gartullie, vocatis Hiltoun, Ristus, Halkhall, Cottoun ejusdem, Fauchill, Westseat, Kirkhill, Birkhill, Mylnehill, Corn-catfach, Sanquhar, Bordelseat, Gimpstoun, Cookistoun, Duncanstoun, Stodfauld, cum molendino de Gartullie et croftis, called Fidler-seat, Glenistoun, Doubscroft, infra parochiam et baroniam de Gartullie, et vicecomitatus de Bamff, et Aberdeine respective :—A. E. 12l. N. E. 48l.—Villa et terris de Kabrache, viz. Eister et Wester Baecbaes, Rochfinzie, Atche, Bracklache, Geauch, Auldivin, Auldvallich, Kirktoun, molendino de Milntoun, Auchmais, Haddo, Reidfuird, Powneid, Ovir et Nathir Powbeggs, forrestis de Lurekindie, Baickie, Auld-overane, Lairg, Touchelt, cum Scheillings de Baeckie et Blackwatters, infra parochiam de Cabrach ;—terris subscriptis ad dominium de Strathbogie spectantibus, viz. Rynnie, Ardlonie, Milnetoun de Noth, Skurdarge, New Mairdrum, Auld Mairdrum, Bogincluch, duabus forrestis Myttes, Furglennie, molendino ejusdem, Brockholles, Tillimimit, Conachie, Drumburgis, Tullachrowes, Corridoun, Corrilair, Curschalloche, Drumferge, Smythstoun, New Noth, Auld Noth, Kirkneyes, Whytclunies, Culleithies, molendino ejusdem, Coclarochie, Cudraine, Burgarch, Bucharne ;—in terris de Strathbogie et villa ejusdem subscriptis, viz. Rawes, Idiacks, Bralandknow, Tullochbegges, Craigcullie, Ittingstoun, Dumbennan, Milnetoun, Tilliefoull, Sandistoune, Robiestoun, Gibbistoun, Wastertoune, Inchtomack, Doun, Ovir Kirkes, Cullies, Collonaches, Artlachies, Drumdelgida, Achinchairne, Boigmonnie, Drumquhaill, Pittarie, molendino ejusdem, Craignequholpe, Carnebraldes, Bradranich, Amachie, Auchindrum, Davach, Kirktoun de Ruthven, Ardonald, Drumhead, Mortylach, Ogstoun, molendino de Ruthven, Litle-Milne, Whithill, Cunrie, Cormellit, Connachloich, Cairnehill, Tullitarmontle, Baddoch, Affiertis, Mostoun, Burnstane, Emittiswall, Auld Kinmoir, Kirktoun de Kinmoir, Tuchies, Auldmilnes et Auchinbees, omnibus in dominio de Strathbogie et parochiis de Rynnie, Esse, Gartullie, Dumbennan, Enmoir, Ruthven, Pittarie et Glas ;—terris de Davache de Grainge, Strathlay (vel Strathlag) et Kirkseat ;—terris de Cairneborrow, Assivanlie, Innermarkie et Lesmoire ;—villis et terris de Castletoune de Aboyne, molendino de Desk, villa et terris ejusdem, Drumgaskie, Belwood, Ovir Fernstounes, Bourtie (vel Bourtie) et molendino ejusdem, Wraetoun, Ferrar, Bracco et crofta ejusdem, Balnacraiges, Banedech, et Balnagon, infra parochiam de Aboyne ;—terris de Gelan et molendino ejusdem ;—villa et terris de Dalquhing et Graystone ;—villa et terris de Focha-beris ;—dimidio de Tornmachie et Mariewall, Broadland, Braland et Milnetoun ejusdem, Ovir et Nethir Balnastruns, Silvis de Glentanner, Litil et Meikle Candores, Candatrong, Tulliebourne, Newtoune, Watermadie, Cobleheuch, molendino de Evence, Kandezekell, Balnanon, Bellatreich ;—villa et terris de Dulurackie, Brecht, molendino de Glenmuck ;—terris de Inchmarnock, Eister et Westir Culches ;—villa et terris de Mostoun, Auchnaran, et Whythous de Coldstane, et forrestis eisdem pertinentibus ;—villa et terris de Glengarrane, molendino et piscatione ejusdem ;—molendino de Pronie ;—villa et terris de Candecraig, et salmonum piscatione ejusdem ;—villa et terris de Tulloche et Ballater ;—silvis et forrestis de Morving et Culblein, Westoun, molendino ejusdem, Bustoig, Dansboig, Eister et Westir Abergardines et molendino, Cairne, et croftis vocatis Karnachden et Brigend, Cairngoun, Grudacraig, et molendino de Carto ;—villa de Parkhill, et silvis vocatis Parkwood, Kippertie, Sauchen, molendino ejusdem, Tulliman ;—maresiis de Craigmorgarno et forresta, Corizne, Bervie, Eistir et Westir Taberties, Rigmyre, Meikle Sauchane, Carnekuy, Kincraigie, Tulliquhossie, Argevis, Kintacher, Davenlochboig, Brownhill, Kebbeltie, Ardifork, Auchinkebeltie, Randalachie, Stydne, Tillicairne, infra dominium de Clunie ;—Tullimach, Tullivans, Litle Tolmadies, Drumcaskie, Brascarchie, Meikle Tolmaides cum molendino, Tullifour, Sunchyn, infra baroniam de Midmar, cum juribus patronatuum.—A. E. 365 m. N. E. 365l.—(Vide Banf, Elgin et Forres, Inverness.)   xxxi. 123.

(364)   Oct. 14. 1662.

JACOBUS COMES DE SOUTHESK, Dominus Carnegie de Kinnaird et Lewcharis, *hæres masculus* Davidis Comitis de Southesk, &c. *patris,*—in terris ecclesiasticis seu gleba ecclesiastica de Aboyne, in parochia de Aboyne.—E. 4l. 13s. 4d.—(Vide Inverness, Forfar, Perth.)   xxvi. 350.

(365)   Nov. 12. 1662.

GEORGIUS MORIESONE de Baroch, *hæres* Georgii Moriesone prefecti de Aberdein, *patrui*,—in villa et terris de Gelcomstoun tam superiori quam inferiori, cum molendino, decimis et decimis garbalibus, infra parochiam de St. Macher :—A. E. 5*l*. N. E. 20*l*.—Tenemento in Aberdeen.—E. 4*l*.—(Vide Elgin et Forres, Kincardine.) xxvii. 124.

(366) Feb. 25. 1663.
JACOBUS CHALMER de Balbeithane, *hæres* Doctoris Jacobi Chalmer de Balbeithane, *patris*,—in terris de Balbeithane, cum salmonum piscaria super aqua de Done, cum novo loco de Balbeithane :—terris de Hedderwick :—E. 16*l*. 13*s*. 4*d*.—Terris de Craigquhorthie :—E. 6*l*.—Omnibus infra parochiam de Kinkell. xxvii. 30.

(367) Maii 12. 1663.
GEORGIUS COMES DE PANMUIR, Dominus Brechin et Navar, &c. *hæres* Patricii Comitis de Panmure, &c. *patris*,—in terris de Mondurno Over et Nether, cum molendino, et pendiculis earundem nuncupatis Tarbothiehill, Laiohlandis, et Cairnbeg, infra regalitatem de Aberbrothok :—E. 10*l*. 13*s*. 4*d*.—Dimidietate terrarum Thanagii de Glendovachie ;—dimidio castri de Bamff, cum dimidio montis et hortorum ejusdem ;—dimidietate salmonum piscationis super aquam de Deveran vocatæ Theynesnet ;—dimidietate assisæ lax et salmonum piscationis in mare vocato Craigslop apud Dounë, et aliarum salmonum piscariarum super aqua de Deveran :—A. E. 14*l*. N. E. 70*l*.—Dimidietate terrarum de Montblairie ;—dimidietate terrarum de Culbirnies, et Inschrowit ;—dimidietate terrarum de Ryland ;—dimidietate terrarum de Tullochie, cum pendiculis vocatis Ovir Tullochie, Haggishill et Shirrie ;—dimidietate terrarum de Todlaw ;—dimidietate terrarum de Whytefeild ;—dimidietate villæ et terrarum de Borg, Smiddiestoun et Braidmyre ;—dimidietate terrarum de Blacktoun, Halwoodhall, Over Deuchries et Pitgarries ;—dimidietate terrarum de Auchinbadie ;—dimidietate villæ et terrarum de Stanieley, Balgray et Knokin ;—dimidietate terrarum de Fortrie et Glenhous;—dimidietate terrarum de Monmony et Broadland ;—dimidietate terrarum de Kinbeane ;—dimidietate villæ et terrarum de Scotstoun, Nether Deuchries et Broomsyde ;—dimidietate terrarum de Pitnaccadder et Inschbreck ;—dimidietate villæ et terrarum de Auchmeddin, Glencuthill, Lennis et Towe, cum molendino, et duabus cimbis piscatoriis ejusdem ;—dimidietate terrarum de Litlebyith, Claveryfauldis, et Balmagellie ;—dimidietate terrarum de Gelliehill ;—dimidietate terrarum de Todlaw et Gelliemure ;—dimidietate terrarum de Colban et Silverfuird ;—dimidietate villæ de Jackstoun, Hungriehill, Montblaitoun, Bruntwards, Meikle et Litle Murehouse, Auld Ailhous et Barnehill ;—dimidietate villæ et terrarum de Doune ;—dimidietate terrarum de Newtoune et Montblairie :—A. E. 10*l*. N. E. 50*l*.—Dimidietate terrarum de Glencuthill :—A. E. 5*l*. N. E. 20*l*.—Dimidietate terrarum de Helmaherkillis ;—dimidietate terrarum de Setterletter et Lethindie ;—dimidietate terrarum de Saltcoits ;—dimidietate terrarum de Glovenny, Inschbreck et Litle Methlick ;—dimidietate terrarum de Balmadie, et monte vocato Ecclishillock ;—dimidietate terrarum de Carritralegan ;—dimidietate terrarum de Becklistoun ;—dimidietate terrarum de Allochie et Nether Ardmaw ;—dimidietate terrarum de Grandoun perprius in baroniam erecta :—A. E. 5 *m*. N. E. 20*l*.—Dimidietate terrarum de Prestie perprius in baroniam erecta :—A. E. .... N. E. ....—Dimidietate terrarum de Auchmull et Craibstoun :—A. E. .... N. E. ....—Dimidietate terrarum de Camtries, vulgo vocata Waterfuitries, perprius in baroniam erecta :—A. E. 5*l*. N. E. 20*l*.—Dimidietate terrarum de Glasgoforrest et Glasgoego :—A. E. .... N. E. ....—Dimidietate annui redditus 3*l*. de terris de Kintoir, cum dimidietate villæ de Doune :—A. E. 40*d*. N. E. 13*s*. 4*d*.—Quæ terræ dimidietatis Thanagii de Glendovachie, &c. jacentes in vicecomitatibus de Banf et Aberdeen, cum quibusdam aliis terris in vicecomitatu de Forfar, perprius unitæ fuerunt in comitatum de Brichen ;—terris de Balhelvies, perprius in baroniam erectis, cum tenandria de Ardendraught et Colliestoun :—A. E. 50*l*. N. E. 200*l*.—Terris de Courtestoun et Drumgovane.—A. E. 13*l*. 6*s*. 8*d*. N. E. 53*l*. 6*s*. 8*d*.—(Vide Fife, Kinross, Perth, Banf, Forfar, Kincardine.) xxvii. 62.

(368) Aug. 5. 1663.
PATRICIUS CHALMER, *hæres* Magistri Patricii Chalmer quondam clerici burgi de Aberdein, *patris*,—in terris de Sleepiehillock, cum decimis garbalibus, infra parochiam de Dyce.—E. 8*l*. xxvii. 156.

(369) Oct. 8. 1663.
ROBERTUS GORDOUN de Straloche, *hæres* Magistri Roberti Gordoun de Straloche, *patris*,—in villa et terris de Over Kinmundie cum terris dominicalibus ;—villa et terris de Dourie, Milnebreck cum molendino, Milhill, Pittiemarkhous, Smallburne, Kinknackie, comprehendentibus villam et terras de Auldtoun ejusdem, Nethertoun, alias Welstrype, et alias Pittindreichs-seat, Backhill, alias Barrackseat, in baronia de Kinmundie et parochia de Deer, unitis in baroniam de Kinmundie :—A. E. 5*l*. N. E. 24*l*.—Terris et davata de Bottarrie, comprehendentibus villam et terras de Bottarie,

Aucharne, Auchinclochie, Boigferge, Whytstaines, Claymyres, molendinum de Bottarie, in dominio de Huntlie, et parochia de Bottarie :—E. 24*l*.—Villa et terris de Fechill, Cobleseat, Coblecroft, lie priviledge of ferrieing super aquam de Ythan, Procurators-croft, per annexationem infra domimium de Deer et parochiam de Elone. —E. 8 bollæ victualium, &c. xxvii. 173.

(370) Nov. 4. 1663.
JOANNES BROCK, *hæres* Joannis Brock mercatoris Londinensis, *patris*,—in villa et terris de Creechie cum salmonum piscaria super aquam de Done, infra parochiam de Kinkell.—E. 10 *m*. xxvii. 141.

(371) Jan. 29. 1664.
MAGISTER JOANNES HAY de Logie, *hæres* Roberti Hay de Logie, *fratris germani*,—in molendino de Gatus, cum aratro terræ de Nethertoune de Cremondgorthie ;—aratro terræ de Longley, et dimidio aratri de Cremondgorthe, cum aratro terræ de Lochill, et altero aratro terræ de Overtoune de Cremondgorthe ;—villa et terris de Strathtodlie, cum communi pastura et decimis garbalibus, infra parochiam et baroniam de Cremond.—A. E. 15*l*. N. E. 60*l*. xxviii. 21.

(372) Maii 11. 1664.
DAVID GREGORIE de Netherdaill, *hæres* Magistri Alexandri Gregorie, *fratris germani*,—in terris et baronia de Frendraucht, cum advocatione, et salmonum piscaria super aquam de Doverane in parochia de Forge ;—terris de Conzie et Pitquhintie ;—villa et terris templariis de Frendraucht ;—terris et terris dominicalibus de Cowbairdie ;—villa et terris de Eister Cowbairdie, Boigheid, Cornehauch, molendino de Cowbairdie, comprehensis in baronia de Frendraucht, cum quibusdam aliis terris in vicecomitatu de Banf.—A. E. 40*l*. N. E. 160*l*.—(Vide Banf.) xxvii. 184.

(373) Apr. 20. 1664.
BEATRIX, ELIZABETHA, ET JEANNA GAIRDYNES, *hæredes portionariæ* Joannis Gairden portionarii de Bryckillis, *patris*, —in solari tertia parte villæ et terrarum de Bruckillis ;—solari tertia parte villæ et terrarum de Reidhill ;—solari tertia parte villæ et terrarum de Baikiehill, et Trallannes ejusdem, cum decimis garbalibus, in parochia de Auchterles.—E. 6 *m*. 3*s*. 4*d*. xxvii. 202.

(374) Jun. 29. 1664.
MARGARETA, JEANNA, ISSOBELLA, ELIZABETHA, CHRISTINA, ET MARJORIA SEATOUNES filiæ quondam Margaretæ Bodie filiæ Thomæ Bodie, *hæredes portionariæ* Thomæ Bodie de Pitfour, *avi*, et Isobella, Elizabetha, Catharina, Barbara et Helena Bodies, *hæredes portionariæ* dicti Thomæ Bodie de Pitfour, *patris*,—in terris et baronia de Toux (Tough) et Pitfour, cum molendino de Leggat, infra parochiam de Deir.—A. E. 4*l*. N. E. 16*l*. xxvii. 244.

(375) Apr. 5. 1665.
PATRICIUS IRVING de Beltie, *hæres* Joannis Irving de Artamford, *avi*,—in terris et terris dominicalibus de Ballogie, et terris de Brae de Ballogie ;—villa et terris de Millholl ;—terris de Makterrie, infra parochiam de Midmarre, perprius partibus terrarum et baroniæ de Lumphanan, et nunc unitis in baroniam de Ballogie.—A. E. 20*s*. N. E. 4*l*. xxviii. 48.

(376) Apr. 5. 1665.
JOANNES BANNERMANE filius legitimus natu maximus quondam Joannis Banermane in Pitillune, procreati inter eum et quondam Elizabetham Tillidaffe ejus sponsam, *hæres* dictæ Elizabethæ, *matris*,—in terris de Mostoune, infra parochiam de Logiebuchane, et baroniam de Tillidaffe.—A. E. 20*s*. N. E. 4*l*. xxix. 159.

(377) Mar. 15. 1666.
MAGISTER JACOBUS REID, *hæres* Willielmi Reid mercatoris burgensis de Edinburgh, *patris*,—in partibus terrarum et baroniæ de Kintore et Eister Skein, viz. villa et terris de Wardes, Auchquhirtie, Auchronie, (vel Auchrowie) Cartowie, Mylnbowie, et Carlogie, cum molendino granorum, per annexationem infra dominium de Inverougie.—E. 10*l*.—(Vide Ayr, Fyfe.) xxviii. 147.

(378) Apr. 25. 1666.
BESSETA LESLIE sponsa Magistri Andreæ Logie de Loanheid, *hæres* Georgii Leslie de Boges, *fratris germani*,—in 4 acris terrarum davatarum de Meikle Durno, cum crofta earundem vocata The Officer's-croft, et decimis garbalibus, infra parochiam de Logiedurno.—A. E. .... N. E. .... xxviii. 169.

(379) Nov. 2. 1666.
MARGARETA BISSET, *hæres portionaria* Roberti Bisset in Drumdolla, *fratris*,—in villa et terris de Corindhauch, et crofta pastoris ejusdem, lie Shipherds croft, cum decimis, et salmonum piscatione super aqua de Doverane, in baronia de Frendraucht et parochia de Forgie.—E. 40*s*. xxviii. 250.

(380) Feb. 27. 1667.

JOANNES FORBES filius legitimus Patricii Forbes de Garnestoune, *hæres* Gulielmi Forbes de Garnestoun, *fratris germani*,—in villa et terris dominicalibus de Garnestoun, vocatis Crage de Garnestoun, cum molendino granorum et fullonum;—villa et terris de veteri, media, et orientali Garnestoune, Barriehillock et Draiksmyres, infra parochiam de Kingedward;—villa et terris de Littertie, Carnehill, Fintrie, Over et Nether Cotburnes, Farniestrype, Over et Nether Torries, infra parochiam de Turreff, unitis in baroniam de Craigfintrie.—A. E. 3*l*. N. E. 12*l*. xxviii. 298.

(381) Maii 14. 1667.

JACOBUS HALYBURTOUNE de Pitcur, *hæres* Jacobi Halyburtoune de Pitcur, *filii fratris avi*,—in terris et baronia de Drumblet, quæ cum terris et baronia de Gask et Pitcur unitæ sunt in baroniam de Pitcur.—A. E. 9*l*. N. E. 36*l*. xxviii. 357.

(382) Jun. 4. 1667.

JOANNES LYON de Muresk, *hæres* Joannis Lyon de Craigstoune, *patris*,—in villa, terris, et baronia de Craigfintray, vocata Craigstoun, comprehendente terras de Marles, Rochstrype et Kirkinhill;—villam et terras de Milneseat;—villam et terras de Coldwells, cum interlirio terræ, aliquando pertinente ad dictas terras de Fintrie, cum molendino de Craigstoune, et Haugh de molendino de Leatheris, in parochiis de Kinedward et Turreff respective:—A. E. 2*l*. N. E. 8*l*.—Terris ac Maynes de Muresk;—villa et terris de Kinnermeitt;—villa et terris de Whitrashes, cum molendino de Muresk, et salmonum piscaria super aquam de Divron, infra parochiam de Turreff:—A. E. 50*s*. N. E. 10*l*.—Terris de Bomellie, infra dictam parochiam de Turreff.—A. E. 20*s*. N. E. 4*l*.—(Vide Banf.) xxviii. 365.

(383) Apr. 1. 1668.

JACOBUS ANNAND, *hæres* Alexandri Annand filii legitimi secundo geniti Capitanei Roberti Annand, *fratris*,—in villa et terris de Oldclochtow cum decimis, &c. infra baroniam de Slaynes.—E........ xxix. 97.

(384) Apr. 3. 1668.

WILLIELMUS BARCLAY de Towie, *hæres masculus* Patricii Barclay de Towie, *pronepotis*,—in terris et baronia de Towie-Barclay, comprehendente terras dominicales de Towie;—terras de Towie, Turno, Pitdoulfie, Woodtoune, et Auldmill;—terras de Meikle Seggat, et silvam lie Garletwoode nuncupatam, et Arneboig eidem adjacentem, cum capella et crofta capellæ de Seggat;—terras de Meikle Drumquhendle, cum molendino et terris molendinariis subscriptis, viz. 14 bovatis dictarum terrarum de Meikle Drumquhendle, ac boreali dimidietate dictarum terrarum de Drumquhendle, et terrarum vocatarum lie Outseats earundem;—terras de Ardlay et terras de Auchredie;—terras de Woodend, Cammalyne et Burrelldaills;—terras de Innerthernie;—unitas in baroniam de Towie.—A. E. 24*l*. 17*s*. 4*d*. N. E. 99*l*. 9*s*. 4*d*. xxix. 36.

(385) Jun. 26. 1668.

MAGISTER WILLIELMUS SEATOUN. Rector apud Logiebuchane, *hæres* Magistri Joannis Seattoun ministri apud ecclesiam de Foverane, *fratris*,—in villa et terris dominicalibus de Schethin, infra parochiam de Tarwis.—A. E. 50*s*. N. E. 10*l*. xxix. 271.

(386) Jul. 24. 1668.

MAGISTER GEORGIUS RICKART, *hæres* Davidis Rickart in Auchnacant, *patris*,—in terris dominicalibus de Pitfoure;—villa et terris de Taitfoball, Breokeshill, Dumbmill, Toux, Carneurchies, Drumies, lie Smiddiecroft de Carneurchies, cum molendino de Leggat, infra parochiam de Old Dear, cum decimis, &c.—A. E. 4*l*. N. E. 16*l*. xxix. 151.

(387) Dec. 4. 1668.

THOMAS FORBES junior in Saplinbrae, filius legitimus natu maximus quondam Walteri Forbes in Saplinbrae, fratris immediate junioris Magistri Abrahami Forbes ministri verbi dei apud ecclesiam de Stirlie, in comitatu de Notinghame in regno Angliæ, *hæres* dicti Magistri Abrahami, *patrui*,—in solari dimidietate villæ et terrarum de Cuithill, in parochia de Deer pro principali:—ac in justa tertia parte aratri terræ, solaris partis villæ et terrarum de Northessie, et aratri terræ, villæ et terrarum de Midlesee, in parochia de Longley, in warrantum, &c.—E........ xxix. 144.

(388) Jan. 1. 1669.

HELENA GORDOUNE, *hæres* Alexandri Gordoune de Swellend, *patris*,—in villa et terris de Swellend, infra parochiam de Monniecaback.—A. E. 5*s*. N. E. 20*s*. xxix. 152.

(389) Maii 24. 1669.

ROBERTUS GRAHAME de Morphie, *hæres* Domini Roberti Grahame de Morphie, *patris*,—in terris et baronia de Meany, comprehendente terras et terras dominicales de Meany, cum molendino;—terras de Leytoune, Cothill, Cowhill, et Altarseat, infra parochiam de Belhelvie.—A. E. 6*l*. N. E. 24*l*.—(Vide Forfar.) xxix. 188.

(390) Maii 5. 1669.

ROBERTUS COMES DE SOUTHESK, Dominus Carnegy de Kynaird et Lewcharis, *hæres* Jacobi Comitis de Sowthesk, &c. *patris*,—in terris ecclesiasticis seu gleba ecclesiastica de Aboyne.—E. 4*l*. 13*s*. 4*d*.—(Vide Peebles, Selkirk, Dumfries, Kirkcudbright, Inverness.) xxix. 182.

(391) Aug. 20. 1669.

ALEXANDER UDNEY, *hæres* Joannis Udney de Eodem, *patris*,—in terra ex orientali latere burgi de Aberdein:—A. E. 4*d*. N. E. 8*d*.—12 bovatis villæ et terrarum de Bonakettell nuncupatis Hilbray, infra baroniam de Kinedward et parochiam de Udney.—E. 6*l*. 8*d*.—(Vide Berwick.) xxxiii. 264.

(392) Sep. 10. 1669.

DOMINUS GEORGIUS GORDOUN de Haddo, miles baronettus, *hæres masculus talliæ et provisionis* Domini Joannis Gordoune de Haddo, militis baronetti, *patris*,—in terris dominicalibus de Haddo;—terris de Bicenquyn, Greenmyres, Lrarnes, Meikle Methlick, Andat, Brakley-Andat, Hilbraie, Northseat-Andat, et Archedlie;—terris de duabus Methlicks vocatis Haddo;—predictis terris de Archedlie cum piscatione super aquam de Ythan;—annuo redditu 5*l*. de dictis terris de Archedlie, Andat, et Brackley-Andat; unitis in baroniam de Haddo.—A. E. 8*l*. N. E. 32*l*. xxix. 248.

(393) Sep. 10. 1669.

DOMINUS GEORGIUS GORDOUN de Haddo miles baronettus, *hæres masculus* Domini Joannis Gordoun de Haddo militis baronetti, *fratris*,—in terris de Kirktoun de Tarves, cum lie Diracroft:—E. 5*l*. &c.—Terris de Brackley, cum novo molendino, infra baroniam de Tarves, et regalitatem de Aberbrothok:—E. 6*l*. 13*s*. 4*d*.—Terris de Tullielt:—E. 4*l*.—Extendentibus cum grassumis, &c. ad 21*l*. 4*s*.—Villa et Maynes de Kellie, et terris de Miltoun de Kellie, in baronia de Kellie:—E. 20*l*. 13*s*. 4*d*.—Terris de Sauchaik, in dicta baronia de Kellie;—duabus tertiis partibus terrarum de Barracke, infra dictam baroniam de Kellie:—E. 20*l*.—Terris de Kinawine et terris de Auchmaledy, infra dictam baroniam de Kellie:—E........—Terris de Collyne, et 2 bovatis terrarum de Andat, in parochia de Methlick:—E. 5*l*. 6*s*. 8*d*.—Terris de Newpark de Kelly;—terris de Overhill, cum lie seat earundem vocato Thornron, infra baroniam de Auchterelloun.—A. E. 10*s*. N. E. 40*s*. xxix. 249.

(394) Oct. 6. 1669.

CHRISTINA, MARJORIA, BARBARA, JEANA, ET ISSABELLA GORDOUNS, *hæredes portionariæ* Joannis Gordone de Branelane, *patris*,—in terris de Newmerdrum;—terris de Brothow cum molendino de Finglennie, alias vocato Crawsmill;—terris de Longley de Garbet, infra parochiam de Esse et Ryne.—E........ xxix. 289.

(395) Oct. 27. 1669.

GULIELMUS MEINZIES de Pitfoddells, *hæres masculus* Domini Gilberti Meinzies de Pitfoddells militis, *patris*,—in terris de Easter Pitfoddells, Midle Pitfoddells, et Wester Pitfoddells, cum piscatione salmonum super aquam de Dee;—unitis in baroniam de Pitfoddells:—A. E. 4*l*. N. E. 16*l*.—Villa et terris de Gelcomstoune:—A. E. 5*l*. N. E. 20*l*.—Terris templariis in Miditoune baroniæ de Pitfoddels.—E. 6*s*. 8*d*. xxix. 253.

(396) Dec. 11. 1669.

ANNA TARRES, *hæres provisionis* Jacobi Tarres olim ballivi de Elgin, *patris*,—in tenementis in Abirdeine.—E. 40*d*. xxx. 159.

(397) Apr. 15. 1670.

PATRICIUS GELLIE, *hæres* Patricii Gellie mercatoris burgensis de Aberdeene, *patris*,—in solari et umbrali duobus aratris terrarum de Balgerso, infra parochiam et baroniam de Foverane.—E. 3*s*. 4*d*. xxx. 102.

(398) Jul. 1. 1670.

WILLIELMUS CHALMER de Drummes, *hæres* Alexandri Chalmer de Drummes, *patris*,—in villa et terris de Drummes tam solari quam umbrali partibus earundem, cum multuris, &c. in parochia de Inverurie.—A. E. 3*l*. N. E. 12*l*. xxx. 108.

(399) Jul. 15. 1670.

GEORGIUS ANDERSONE, *hæres* Alexandri Andersone de Camalegie, *patris*,—in bina parte villæ et terrarum de Thomastoune de Camalegie;—villa et terris de Hilheid de Camalegie;—tertia parte villæ et terrarum de Wedderburne;—dimidietate villæ et terrarum de Boigs de Camalegie;—media parte villæ et terræ de Broomhill, cum multuris dictarum terrarum, infra baroniam de Kinmundie per annexationem, et parochiam de Drumblait, pro principali;—villa et terris de Mostoune de Carvechin;—villa et

48

terris de Corsknowes et Thorniewrae in speciale warrantum, infra parochiam de Drumblait.—E. 2d. xxx. 119.

(400) Jul. 19. 1670.
MARGARETA, ANNA, ET MARIA FORBESS, *hæredes portionariæ* Abrahami Forbes rectoris ecclesiæ de Stralley, in comitatu de Nottingham, infra regnum Angliæ, *patris*,—in terris de Cairterhaughe tanquam tertia parte solaris dimidietatis villæ et terrarum de Cuithill, infra parochiam de Old Deir pro principali ; —cum quibusdam aliis terris in vicecomitatu de Banf in warrantum.—A. E.......... N. E..........—(Vide Banf.) xxx. 92.

(401) Maii 16. 1671.
GEORGIUS COMES DE PANMURE, Dominus Maule, Breichin, et Navar, &c. *hæres masculus* Georgii Comitis de Panmure &c. *patris*,—in terris et baronia de Balhelvies ;—acra terræ de Balhelvies vocata Pykeraiker, cum advocatione ecclesiæ de Balhelvies, et decimis rectoriis et vicariis earundem :—A. E. 50l. N. E. 200l. —Terris de Mondurno Ovir et Nathir, cum Outsetts earundem, viz. Tarbothelhill, Laichlands, et Carnebeg, in baronia de Fyvie et regalitate de Aberbrothok :—E. 10l. 18s. 4d.—Terris de Kingseat. E. 3l. 4s. &c.—(Vide Forfar.) xxx. 186.

(402) Maii 16. 1671.
GEORGIUS COMES DE PANMURE, Dominus Maule, Breichin et Navarr, &c. *hæres masculus* Georgii Comitis de Panmure, &c. *patris*,—in terris de Carbrogie cum pendiculis, viz. Auldtoun et Newtoun ejusdem, Smyddielands, Cullie, Cairnefechell, Pitrichie, molendino de Fechill, Kirklaw, Kirktoune, Tulliecarteene, Tulliehill cum molendino, Auchortie, Auchinleck, Boigfechill, Auchinhuiff, infra baroniam et parochiam de Tarvis ;—terris de Monkshill, Kirktoun de Fyvie, molendino et Ailhous ejusdem, Ardlogie et Mondurno, cum decimis, infra baroniam de Fyvie ;—piscatione de Poldoun apud pontem de Die ; cum quibusdam aliis terris in Kincardine, Edinburgh, Forfar, Banf, Nairn, Perth, et Lanark, erectis in dominium et baroniam de Abirbrothock.—E. 200l. —(Vide Kincardine, Edinburgh, Forfar, Nairne, Banf, Perth, Lanark.) xxx. 197.

(403) Feb. 27. 1672.
WILLIELMUS MENZIES de Pitfoddellis, *hæres* Gilberti Menzies feoditarii de Pitfoddellis, *fratris germani*,—in terris de Eister Pitfoddellis, Midle Pitfoddellis et Wester Pitfoddellis, cum molendino et piscatione salmonum super aqua de Dee :—A. E. 4l. N. E. 16l.—Villa de Gilcomstoun cum molendino :—A. E. 5l. N. E. 20l.—Omnibus cum quibusdam aliis terris in vicecomitatu de Kincardine unitis in baroniam de Pitfoddellis.—(Vide Kincardine.) xxxi. 64.

(404) Feb. 28. 1672.
JOANNES LEITH de Whythaughe, *hæres* Joannis Leith de Whythaughe, *patris*,—in villa et terris de Courtestoune, Drumgowand et Brae, cum molendino de Auchmar, in parochiis de Leslie et Tullienessell :—A. E. 3l. N. E. 12l.—Decimis garbalibus et rectoriis prædictarum terrarum, cum decimis villæ et terrarum de Johnstoune, et molendini, infra dictam parochiam de Leslie, unitis ad terras de Courtestoune :—A. E. 3s. N. E. 12s.—Villa et terris de Johnstoune cum molendino, infra baroniam de Johnstoune et parochiam de Leslie.—E. 4l.—Annua feodifirma 4 librarum de dictis terris de Johnstoun cum molendino. xxxi. 62.

(405) Feb. 28. 1672.
JOANNES MENZIES, *hæres conquestus* Gilberti Menzies filii Thomæ Menzies de Balgownie, *patrui*,—in octava parte duorum aratrorum terrarum de Knappernay ;—octava parte duorum aratrorum terrarum de Cairley cum crofta brueria ejusdem et decimis garbalibus inclusis, infra baroniam et parochiam de Slaynes.—A. E.......... N. E. .... xxxi. 67.

(406) Feb. 28. 1672.
JOANNES MENZIES, *hæres* Thomæ Menzies filii secundo geniti Thomæ Menzies de Balgownie, *patris*,—in octava parte duorum aratrorum terrarum de Knappernay ;—octava parte duorum aratrorum terrarum de Crawley cum crofta brueria ejusdem et decimis garbalibus inclusis, infra baroniam et parochiam de Slaynes.—A. E.......... N. E.......... xxxi. 68.

(407) Jun. 5. 1672.
WILLIELMUS LYNDSAY de Culsche, *hæres* Magistri Jacobi Lyndsay de Cushnie, *avi*,—in terris tertiæ partis solaris villæ et terrarum de Cushnie, in baronia de Auchterles-Dempster.—A. E. 3s. N. E. 12s. xxxi. 129.

(408) Oct. 2. 1672.
DAVID HALYBURTOUNE de Pitcur, *hæres masculus* Jacobi Halyburtoune de Pitcur, *fratris germani*,—in terris et baronia de Drumblet :—A. E. 9l. N. E. 36l.—Cum quibusdam aliis terris in Forfar et Perth, unitis in baroniam de Pitcur.—(Vide Forfar, Perth.) xxxi. 98.

(409) Oct. 9. 1672.
WILLIELMUS GORDONE de Lesmoir, *hæres* Domini Jacobi Gordone de Lesmoir, *avi*,—in terris de Essie-Belhennie, cum terris vocatis Croft de Auchinleck, infra baroniam et dominium de Huntlie :—E. 20l.—Solari dimidietate villæ et terrarum de Auldmerdrum, in baronia de Strathbogie, cum jure patronatus ecclesiæ de Essie.—E. 1d. xxxi. 300.

(410) Nov. 1. 1672.
JACOBUS SEATOUN, *hæres* Magistri Willielmi Seatoun ministri apud Logiebuchan, *patris*,—in villa et terris dominicalibus de Schethin, infra parochiam de Tarves.—A. E. 50s. N. E. 10l. xxxi. 108.

(411) Jan. 21. 1673.
ELIZABETHA LESLIE filia Issobellæ Gray et Jacobi Leslie principalis Collegii Marescalli Aberdonensis, *hæres* Issobellæ Gray filiæ Magistri Thomæ Gray præpositi burgi Aberdoniæ, *matris*,—in tertia parte tenementi in Aberdeene.—A. E.......... N. E.......... xxxi. 145.

(412) Jan. 29. 1673.
ALEXANDER DONALDSONE de Hiltoun, *hæres* Joannis Donaldsone de Hiltoun, *patris*,—in terris et baronia de Hiltoun comprehendente villam et terras de Hiltoun cum terris dominicalibus ;—villam et terras de Kinnarochie ;—molendinum de Kinnarachie et piscationem salmonum super aquam de Ythan ;—villam et terras de Blinburne, cum libertate focalium infra moras de Tillidesk ;—villam et terras de Kirkhill ;—terras de Milnetoun de Arnage, et inferius molendinum granorum ejusdem vocatum Doupmiln ;—villam et terras de Litle Arnage, Corshill, Whythillock, Ailhous-croft, et terras vocatas Proctour-croft, cum molendino fullonum ;—molendinum granorum de Litle Arnage, infra parochiam de Ellon, unitas in baroniam de Hiltoun :—A. E. 6 m. N. E. 24 m.—Villa et terris de Litle Drumquhyndle, cum molendino granorum et fullonum, et salmonum piscaria super aquam de Ythan, infra parochiam de Methlick :—A. E. 2 m, N. E. 8 m.— Villa et terris de Tillidesk et pendiculis vocatis Toddlehilles et Elphin, infra parochiam de Ellon.—E. 20 m. xxxi. 185.

(413) Jun. 4. 1673.
CAROLUS DUNE mercator burgensis de Abirdein, *hæres* Caroli Dune tinctoris burgensis de Abirdein, *patris*,—in villa et terris de Badindauch et Bogisleys, cum granorum et fullonum molendinis ;—terris de Damgrein et Tilliriauche quæ sunt pendicula terrarum de Bogisleys ;—villa et terris de Craige, Pleyhauche et Woodland, cum pendiculis earundem nuncupatis Boginjose (forte Bogmose) ;—astrictis multuris terrarum forrestæ seu baroniæ de Cordyce tam quam umbralis dimidietatis, et particulariter terrarum de Corshill, Buchthills, Standinstaines, Sleepiehillock et Ovirtoune de Dyce, infra parochiam de Dyce et baroniam de Johnstoun per annexationem, cum privilegio in maresio de Badowrie.—A. E. 4l. 12s. N. E. 18l. 8s. xxxi. 303.

(414) Jul. 2. 1673.
FRANCISCUS DUIGUID de Auchinhuiff, *hæres* Willielmi Duiguid de Auchinhuiff, *patris*,—in parte villæ et terrarum de Coull vocata Greencotts et Tillielair, infra parochias de Coull et Aboyne respective.—E. 5 m. 5s. xxxi. 253.

(415) Jul. 16. 1673.
ALEXANDER BURNETT in Kinneskie, *hæres* Andreæ Burnett in Woodende, *patris*,—in villa et terris de Meikle et Litle Sauchinns, Muretoun, Dockinwell cum molendino de Sauchinn, infra parochiam de Cluny.—E. 10 m. xxxi. 310.

(416) Jul. 23. 1673.
ALEXANDER M'GHIE, *hæres* Hugonis M'Ghie filii Hugonis M'Ghie de Atrochie, *fratris germani*,—in villa et terris de Dorbshill pro principali :—A. E. 6s. 8d. N. E. 26s. 8d.—Dimidietate terrarum dominicalium de Meikle Auchmacoy, infra parochiam de Logie-buchan, in warrantum terrarum de Dorbshill.—A. E. 6s. 8d. N. E. 26s. 8d. xxxii. 26.

(417) Jul. 23. 1673.
ALEXANDER M'GHIE, *hæres* Hugonis M'Ghie de Atrochie, Pharmacopeii burgensis de Abirdein, *patris*,—in villa et terris de Litle Atrochie cum decimis et molendino, infra parochiam de Logiebuchan, cum libertate in glebario de Dorbshill, tanquam pro principali :—A. E. 10s. N. E. 40s.—Villa et terris de Auchmacoy comprehendentibus terras et terras dominicales de Auchmacoy, Meikle Auchmacoy, Litle Auchmacoy et Oykhorne, cum piscationibus et molendinis jacentibus ut supra ;—Coblecroft de Litle

G

Auchinacoy et cymbam portatoriam dictæ croftæ spectantem, infra parochiam prædictam in warrantum.—A. E. 3l. N. E. 12l. xxxii. 28.

(418) Nov. 7. 1673.

MAGISTER JOANNES FORBES scriba Edinburgi, *hæres* Roberti Forbes apud ecclesiam de Foverane, *patris*,—in terris dominicalibus et maneriei loco de Foverane, cum novo et antiquo molendinis de Foverane ;—villa et terris de Pitgerso ;—villa et terris de Pitscaff ;—villa et terris de Drumes, in parochia de Foverane et baronia ejusdem.—A. E. 6l. N. E. 24l. xxxi. 288.

(419) Jan. 9. 1674.

ALEXANDER SMITH, *hæres* Gulielmi Smith de Midletoun, *patris*,—in umbrali dimidietate villæ et terrarum de Blairfad, infra baroniam de Auchorthies.—A. E. 5s. 10d. N. E. 23s. 4d. xxxi. 297.

(420) Jan. 16. 1674.

MARIA MELDRUM sponsa Davidis Stewart commissarii de Murray, ISSOBELLA MELDRUM sponsa Jacobi Gordon de Ardmeallie, et ELSPETHA MELDRUM sponsa Magistri Davidis Cuming ministri verbi Dei apud Breymurray, *hæredes portionariæ* Magistri Joannis Hay de Logie, *avunculi*,—in molendino de Gatus; —aratro de Nethirtoun de Crimongorthe ;—aratro de Longley et dimidio aratri de Ovirtoun de Crimondgorth ;—aratro de Lochhills ;—alio aratro terrarum de Ovirtoun de Crimondgorth ;—villa et terris de Strathlodlie, cum decimis garbalibus, infra parochiam et baroniam de Crimond, unitis in tenandriam de Logie-Crimond. —A. E. 15l. N. E. 60l. xxxi. 311.

(421) Jun. 17. 1674.

GILBERTUS MENZIES de Pitfoddells, *hæres masculus* Willielmi Meinzies de Pitfoddells, *patris*,—in terris de Easter, Midle et Wester Pitfoddells, cum salmonum piscatione super aquam de Dee :—A. E. 4l. N. E. 16l.—Terris de Gilcomstoune :—A. E. 5l. N. E. 20l.—Terris de Findone cum piscatione et portu de Findone: —A. E. 4l. N. E. 16l.—Terris templariis jacentibus in Midletoune, in baronia de Pitfoddells :—E. 6l.—Omnibus, cum quibusdam aliis terris in vicecomitatu de Kincardine, unitis in baroniam de Pitfoddelles.—(Vide Kincardine.) xxxii. 149.

(422) Jun. 18. 1674.

ISSOBELLA GORDOUNE, *hæres* Joannis Gordoune de Balmade nuper præpositi burgi de Bamff, *patris*,—in dimidietate salmonum piscationis super aquam de Divorne subtus scopulis de Alvach, vulgo The Cruives of Alvach nuncupatis, adjacentibus terris de Moncoffer, Govin, et Corskie, cum Corfehouse ejusdem, et dimidietate trium croftarum de Braesyid :—A. E. 4s. N. E. 16s.— Salmonum piscaria super aquam de Divorne Thainsnett nuncupata.—A. E. 3s. N. E. 12s.—(Vide Banf.) xxxii. 41.

(423) Sep. 16. 1674.

JOANNES COLLIESONE burgensis de Abirdein, *hæres* Joannis Colliesone de Nathir Skellmure, *patris*,—in 2 aratris de Newtoun de Schives, et 2 aratris de Litle Ardo, infra parochiam de Tarves, et per annexationem infra parochiam de Methlick, pro principali : —E. 3s.—Baronia de Midmar comprehendente terras dominicales vocatas The Maynes of Balblair, Midmar, Corfauld, Tulliches, Betholme, Sunhoney, Kincairne, molendinum ejusdem, Bandtruck, Easter Mures, Westir Mures, Tillidaff, in parochiis de Midmar et Kiricairne in warrantum.—E. nummus argenti. xxxii. 61.

(424) Oct. 7. 1674.

JOANNES THOMSONE de Cultis, *hæres provisionis* Alexandri Thomsone advocati Abirdonensis, *patris*,—in terris de Cultis cum salmonum piscatione super aqua de Dee, infra parochiam de Banchorie-Devenick.—A. E. 33s. 4d. N. E. 6l. 13s. 4d. xxxii. 57.

(425) Jan. 6. 1675.

ALEXANDER STRAICHANE de Glenkindie, *hæres* Alexandri Straichane de Glenkindie, *patris*,—in terris et baronia de Kemnay comprehendentibus terras dominicales de Kemnay, vulgo Old Maynes, Litle Maynes, et Milnetoun de Kemnay, cum parte dictarum terrarum nuncupata Inche de Milnetoune de Kemnay, et pecia terræ nuncupata Haughe de Sluggartie ex boreali parte aquæ de Don ;—in terris de Ellisonewell ;—molendino de Kemnay ;— terris de Ovir et Nethir Auquhithies, Racharald, Bogfurr, Glenhead, Parkhill, Leshangie, cum croftis earundem, Wraetoun, Pycktillim, croft de Paradise, croftis terrarum dominicalium et Cobleseat ;—salmonum piscaria super aqua de Done ex utroque latere ejusdem, cum Cruives et cymba portatoria lie ferrie-boat, infra parochiam de Kemnay, unitis in baroniam de Kemnay :—A. E. 5l. N. E. 20l.—Villa et terris de Craigearne tam solari quam umbrali dimidietate, et salmonum piscariis super aqua de Done, cum multuris et partibus dictarum terrarum super ambobus lateribus torrentis de Done, infra parochias de Cluny et Kemnay respective ;—E. 40s. —Villa et terris de Ovir-Towie cum libertate pastufandi in Fowellis, infra baroniam de Towie et parochiam de Kinbethocke.—A. E. 5s. N. E. 20s. xxxii. 88.

(426) Apr. 30. 1675.

FRANCISCUS DUGUID de Auchinhuiff, *hæres masculus* Francisci Duguid de Auchinhuiff, *patris*,—in terris et baronia de Auchinhuiff comprehendente terras et terras dominicales de Auchinhuif, Over Auchinhuif cum molendino ;—villas et terras de Warthill, Tulloch, Whytehous, Blelack et boigs ejusdem, Cornetoun et boigs ejusdem, Greincoats, Badinlie et Mariewell, perprius unitas in baroniam de Auchinhuif :—A. E. 9l. N. E. taxata divoria.—Parte villæ et terrarum de Coull vocata Greincoats et Tullielair, infra parochias de Coull et Aboyne respective :—E. 5 m. 5s.—Villa et terris de Easter et Wester Kincragies nuncupatis Meikle et Litle Kincragies, cum pendiculis earundem vocatis Knowheadhillock et Boigloch, infra parochiam de Lumphanan et baroniam de Oneil ; unitis in baroniam de Auchinhuif :—E. 13s. 4d. et 4s. 6d. in augmentationem. xxxii. 242.

(427) Maii 14. 1675.

GEORGIUS BURNET de Elrick, *hæres* Joannis Burnet de Elrick, *fratris immediate senioris*,—in terris et baronia de Elrick comprehendente terras dominicales de Elrick, molendinum de Elrick, Meikle Milne-croft et Smiddieland de Elrick, Bromebrae de Elrick, Bromehill ejusdem ;—in villa et terris de Monacabback comprehendente Westpleugh villæ et terrarum de Monacabback, Chappell-croft de Monacabback, Chappeltack et Aratrum de Monacabback, cum umbrali tertia parte terrarum de Monacabback, Ord de Monacabback, et pecia terræ in Scoogley de Monacabback, cum multuris dictarum terrarum de Monacabback, et terrarum de Snellen, in parochia de St. Macher; unitis in baroniam de Elrick.—A. E. 3l. N. E. 40l. xxxii. 134.

(428) Jun. 9. 1675.

MARGARETA FORBES sponsa Georgii Meldrum de Auchineve, et ELIZABETHA FORBES, *hæredes portionariæ* Magistri Gulielmi Forbes de Fingask advocati, *patris*,—in villa et terris de Fingask cum molendino, infra baroniam de Daviock :—E. 1d.— Villa et terris de Armurdo, et croftis vocatis Bogeholme et Deuseburne, cum molendino de Ardmurdo nuncupato molendino de Buckie, et salmonum piscatione super aquam de Done vocata Pot de Buckie, infra parochiam de Kinkell.—E. 1d. xxxii. 370.

(429) Nov. 26. 1675.

JONETA FORBES sponsa Magistri Joannis Strachan ministri verbi Dei apud ecclesiam de Tarves, *hæres portionaria* Magistri Gulielmi Forbes de Fingask advocati, *patris*, et AGNETA MELDRUM filia Margaretæ Forbes, *hæres portionaria* dicti Magistri Gulielmi Forbes, *avi*,—in villa et terris prædictis. xxxii. 368.

(430) Jul. 21. 1676.

ALEXANDER CUMING de Culter, *hæres masculus* Alexandri Cuming de Culter, *patris*,—in terris et baronia de Culter vulgo vocata Culter de Ardbreck, et nunc Culter-Cuming, comprehendente terras dominicales de Culter, et pertinentia ejusdem vocata The Inch of Culter, cum salmonum piscaria super aqua de Dee ;— villam et terras de Robertoun, Hilsyde et Tulloche, cum molendino granorum vocato Hol-milne, et molendino fullonum vocato The Den-mylne ;—villam et terras de Over Coutlaw, Nether Coutlaw, Bainshill, Lachts, alias Lasts, in baronia de Culter-Ardbeck, unitas in baroniam de Culter-Cuming.—A. E. 10l. N. E. 20l. xxxii. 434.

(431) Jan. 12. 1677.

JEANNA BARCLAY filia legitima quondam Gulielmi Barclay de Auchrydie, et sponsa Alexandri Sibbald nuper de Arnadge, *hæres* Patricii Barclay de Auchrydie, *fratris avi*,—in villa et terris de Auchrydie, infra parochiam de Ellone et baroniam de Drumquhendle.—E......... xxxiii. 100.

(432) Feb. 21. 1677.

THOMAS FORBES de Wattertoune, *hæres masculus* Domini Joannis Forbes de Watertoune, *patris*,—in terris de Ardgraine et Broomfeild, infra parochiam de Ellone ;—hæreditario officio constabulariæ de Aberdein ;—jure patronatus ecclesiæ parochialis et parochiæ de Ellone :—A. E. 8l. N. E. 32l.—Decimis &c. terrarum de Carmuck, Borrowlie, Wattishill, Kirkhill, Clayhills, vocatis Fyvielands de Ellone, et croftis de Ellone :—E. 13s. 4d.— Terris de Knappernay cum terris dominicalibus ejusdem ;—molendino de Knappernay ;—terris de Corthiemuir ;—terris de Wodland ;—terris de Tillimar tam solaribus quam umbralibus ;—terris de Mostoune, infra parochiam de Logiebuchane ;—salmonum piscaria super aqua de Ythan, infra baroniam de Ogilvie per annexationem, et 4 rigs of land nuncupatis Pattoun's rig's, infra territorium de Ellone :—E. 2s. 1d.—Omnibus unitis in baroniam de Ardgraine.—Terris de Carmucks et Maynes ejusdem, molendino de Carmucks, multuris &c. ejusdem, et Backhill de Carmucks ;—villa et terris de Parkhill, Borrowlie, Clayhills, ac in rigis, rudis, tenementis, acris et hortis in et apud villam de Ellone ;—terris vocatis The Fyvielands of Ellone nuncupatis Clayhills, cum turre de Ardgight et villa et terris de Knockoshie, infra parochiam de Ellone et regalitatem Sancti Andreæ.—E. 8s.   xxxiii. 279.

(433)   Maii 5. 1677.
ISOBELLA DONALDSONE sponsa Gulielmi Donaldsone burgensis de Aberdein, *hæres* Roberti Donaldsone filii legitimi Roberti Donaldsone burgensis de Aberdein, *fratris germani*,—in crofta terræ vocata Clayhills ;—crofta terræ prope Crukstone.—E.........   xxxiii. 296.

(434)   Nov. 2! 1677.
JEANNA ET MARGARETA KEMPTIES filiæ legitimæ Joannes Kemptie portionarii de Old Govel, et GULIELMUS JOHNSTOUN filius legitimus quondam Elizabethæ Kemptie et nepos dicti Joannis, *hæredes portionarii* dicti Joannis Kemptie, *patris*, et *avi*,—in umbrali dimidietate terrarum de Old Govell, et dimidietate salmonum piscariæ super aqua de Don ;—solari dimidietate dictarum terrarum de Old Govell, et dimidietate salmonum piscariæ super dicta aqua de Don, infra parochiam de Sanct Macher et baroniam de Moniekeback.—A. E. 3s. 4d. N. E. 13s. 4d.   xxxiii. 318.

(435)   Feb. 27. 1678.
ROBERTUS LEITH de Overbarns, *hæres* Georgii Leith de Overbarns, *patris*,—in solari et umbrali dimidietate occidentalis aut superioris dimidietatis de Maynes de Barnes ;—solari et umbrali dimidietate de Northward de Maynes de Barnes, infra parochiam de Premnay ;—dimidietate villæ et terrarum de Westfeild, Earlesfeild, et dimidietate de Davacks et Miltoune, cum dimidietate molendini ejusdem ;—dimidietate terrarum de Boigs, viz. Blackboig, Hairbog, Mylnebog, et Wairdbog ;—villa et terris de Hedderlick, in dicta parochia de Premnay.—A. E. 52 asses, N. E. 10l. 8 asses.   xxxiii. 347.

(436)   Apr. 3. 1678.
ROBERTUS LEITH de Overbarns, *hæres* Georgii Leith de Overbarns, *proavi*,—in 8 bovatis terrarum de Kirktoune de Premnay, infra baroniam de Culsalmond et regalitatem de Lindoirs.—E. 5 m. &c.   xxxiii. 349.

(437)   Apr. 23. 1678.
DAVID AIDIE unus balivorum burgi de Aberdein, *hæres* Georgii Aidie mercatoris ac burgensis dicti burgi, *patris*,—in tenemento in dicto burgo.—E.........   xxxiii. 380.

(438)   Maii 31. 1678.
DOMINUS RICARDUS MAITLAND de Pitrichie, *hæres masculus* Domini Ricardi Maitland de Pitrichie militis baronetti, unius senatorum collegii justiciæ, *patris*,—in villa et terris de Coullie cum molendino, infra baroniam de Tarves et regalitatem de Aberbrothick :—E. 14l. 19s. 10d.—Decimis garbalibus et rectoriis dictarum villæ et terrarum :—E. 20s. &c.—Terris de Carnefechill, Auchinleck et Fadounhill, in baronia de Fechill :—E. 22l. 7s.—Terris de Pitrichie in baronia prædicta :—E. 5l. 6s. 5d in integro :—Villa et terris de Boigfechill &c. infra regalitatem de Aberbrothick :—E. 6l. 13s. 4d. et 6s. 8d. in augmentationem :—Decimis garbalibus prefatarum terrarum de Carnfechill cum molendino, ac terrarum de Auchinleck, Petrichie et Bogfechill :—A. E. 3s. 4d. N. E. 5s.—Terris de Coullie cum molendino et multuris de Carnfechill, Pitrichie, Bogfechill et Auchinleck, cum molendino de Fechill, infra baroniam et parochiam de Tarves :—E. 1s. 8d. &c.—Umbrali tertia parte villæ et terrarum de Shives, cum pertinentiis vocatis Skilmanie, infra baroniam de Shives :—E. 40s.—Bina parte villæ et terrarum de Auchincreive, infra baroniam de Shives :—A. E. 20s. N. E. 4l.—Crofta boreali vocata The Personescroft, et terris ecclesiasticis quibuscunque ex boreali parte torrentis de Litle Methlick, cum decimis garbalibus, infra parochiam de Methlick.—E. 6s. 8d.   xxxiv. 26.

(439)   Sep. 6. 1678.
ALEXANDER KER, *hæres* Roberti Ker de Meanie, filii legitimi natu maximi Roberti Ker, *fratris*,—in terris et baronia de Meanie comprehendentibus terras dominicales et Maines de Meanie, molendinum de Meanie ;—terras de Leytame, Cothill, Cowhill, et Alterseat, cum molendinis, infra parochiam de Belhelvie.—A. E. 6l. N. E. 24l.   xxxvii. 255.

(440)   Sep. 20. 1678.
JOANNES GORDOUNE de Bracko, *hæres* Joannis Gordoune de Bracko, *patris*,—in villa et terris de Bracko, cum terris dominicalibus de Bracko, et pendiculis earundem vocatis Reabidds et Whytwalls ;—terris et forresta de Drumkeaton ;—villa et terris de Glaschea, et pendiculo earundem vocato Redford, cum molendino de Glaschea, infra baroniam de Knockinglews (vel Knockinglens).—A. E. 2 m. N. E. 8 m.   xxxiv. 58.

(441)   Oct. 15. 1679.
DOMINUS CAROLUS MAITLAND de Pitreichie miles baronettus, *hæres masculus* Domini Richardi Maitland, &c. *fratris*,—

in villa et terris de Coulle cum molendino, in baronia de Tarves et regalitate de Aberbrothick :—E. 14l. 19s. 10d.—Decimis garbalibus terrarum prædictarum :—E. 20s.—Terris de Carnfechill, Auchinleck et molendino de Fechill, in baronia de Tarves et regalitate de Aberbrothick :—E. 22l. 7s.—Terris de Petrechie jacentibus ut supra :—E. 5l. 6s. 5d.—Decimis garbalibus terrarum de Carnefechill, molendini, et terrarum de Auchinleck, Pitrechie et Bogfechill :—A. E. 3s. 4d. N. E. 5s.—Terris de Coulie, molendino, et multuris dictarum terrarum de Carnfechill, Pitrechie, Boigfechill et Auchinleck, cum molendino de Fechill, infra parochiam et baroniam de Tarves :—E. 1s. 8d. &c.—Terris de Auchincreive et Skillmanæ, cum decimis garbalibus, infra parochiam de Tarves ;—salmonum piscaria circa arenas de Abirdein, inter latus boreale amnis de Dee, et latus australe amnis de Done; unitis in baroniam de Auchincreive.—A. E. 40s. N. E. 10 m.   xxxiv. 174.

(442)   Apr. 14. 1680.
MAGISTER JOANNES ROSS minister apud Foverane, *hæres* Magistri Alexandri Ross ministri apud Monymusk, *patris*,—in terris de Insch cum bruëriis et croftis ;—burgo baroniæ de Insh cum privilegiis ;—molendino de Insh et astrictis multuris terrarum de Flinders, Christskirk, Insh, et Hedderlick, et de Templecroft, infra regalitatem de Lindoris.—E. 18l.   xxxv. 31.

(443)   Maii 26. 1680.
ANDREAS BURNET de Craigour, *hæres* Alexandri Burnet, *avi*,—in terris de Craigour cum molendino, terris molendinariis de Camphell, et astrictis multuris terrarum de Craigour, Fordie, Carmoir, Blairhead, Easter Camphell et Wester Camphell, in dominio de Onrieil et baronia de Lumphanan.—E. 10l.   xxxv. 108.

(444)   Oct. 6. 1680.
ALEXANDER CHALMERS de Balnacraig, *hæres* Joannis Chalmers de Balnacraig, *proavi*,—in villa et terris de Balnacraig, cum molendino, et precipue Colliestoun et Tulliching, infra parochiam de Lumphanan.—A. E. 6s. 8d. N. E. 2 m.   xxxvi. 28.

(445)   Nov. 24. 1680.
MARGARETA FORBES, *hæres* vicecolonelli Jacobi Forbes de Foulis, *patris*,—in terris de Foulsmowat tam solari quam umbrali dimidietate ;—terris de Milnetoun de Foulismowat, cum molendino et pendiculo de Scutriefoord, et officio hereditario ballinatus prefatarum terrarum, infra baroniam de Ballinbreich per annexationem, et parochiam de Lochell.—E. 9l.   xxxv. 201.

(446)   Jan. 28. 1681.
DOMINUS CAROLUS MAITLAND de Pittrichie miles baronettus, *hæres masculus* Domini Ricardi Maitland junioris, *fratris*,—in terris et baronia de Geight alias Shives comprehendente terras dominicales de Geight ;—terras de Milbrecks, Blackhillock, Swanfoord, Fadounhill, Litle Geight, Meikle Ardoch, molendinum de Ardoch, Little Ardoch, Auchincreive, Monlettie, Newtoun de Shives, Chappeltoune de Shives, Skelminea, Balnagoak, Balquhynachie et molendinum, Midlemure, Touxtoune, Cairnorie, Monteath, Newseat, molendinum de Geight, Stanehouse de Geight, et Cottoun ejusdem ;—terras de Fetterletter, Monkshill, Lethintie, Buckleseat ;—terras dominicales de Shives, Newseat, Burnesyde, molendinum antiquum, molendinum novum ;—villam et terras de Oldtounleyes, Broadward, Quillquacks et Kilmathillie, cum decimis garbalibus, infra parochias de Fyvie et Tarves, unitas in baroniam de Geight.—A. E. 12l. N. E.........   xxxv. 216.

(447)   Mar. 23. 1681.
THOMAS FORBES de Echt, *hæres masculus* Thomæ Forbes feoditarii, *nepotis ex fratre germano seniore*,—in terris de Echt-Forbes comprehendentibus 6 libratas terrarum antiqui extentus de Tillifour, Old et New Wester-Echts, cum molendino de Tillifour, et pendiculis, viz. Tillieoch, Tilliboy, Wauchindaill, Tilliehodic, et Brounhill ;—10 solidatas terrarum antiqui extentus vocatarum Wester-thrid-part villæ et terrarum de Finerses et Maneck, cum tertia parte molendini ejusdem ;—terras vocatas Milnhill de Echt, infra parochiam de Echt ;—in solari tertia parte villæ et terrarum de Meikle et Little Finersies, et Manecht, cum tertia parte molendini de Meikle Finersies, infra parochiam de Echt, cum quibusdam aliis terris in Banf et Kincardine :—A. E. 10l. 10s. N. E. 42l.—Advocatione et jure patronatus ecclesiæ de Echt cum decimis :—A. E. 6s. 8d. N. E. 2 m.—Omnibus cum terris in Banf et Kincardine unitis in baroniam de Echt-Forbes.—(Vide Banf, Kincardine.)   xxxv. 219.

(448)   Maii 6. 1681.
ANDREAS GRAY de Shives, *hæres* Jacobi Gray, *patris*,—in terris dominicalibus de Shives ;—villa et terris de Culcaikes, Oldtounleys, Newseat, antiquo molendino de Shives, novo molendino de Shives, in baronia de Gight et parochia de Tarvis.—A. E. 9l. N. E. 12l.   xxxvi. 36.

(449) Oct. 25. 1681.
DAVID HALYBURTONE de Pitcur, *hæres masculus* Jacobi Haliburtoune de Pitcur, *fratris germani*,—in terris et baronia de Drumblet.—A. E. 9*l.* N. E. 36*l.*—(Vide Forfar, Perth.) xxxvii. 8.

(450) Nov. 25. 1681.
HENRICUS FORBES de Boyndlie, *hæres* Alexandri Forbes de Boyndlie, *patris*,—in terris et baronia de Kinaldie comprehendentibus villas et terras de Kinaldie et Melgoune cum molendino ;—terras de Boig ;—terras de Davachmenach ;—terras de Kinlesaill et Kinaldie cum molendino ;—terras de Balgrein, Cairnemure, Pittallochie, Boigstoune, Baudageach, Pouteldroan, cum sheillings de Auld Vantish in Bonzeach, Overgarlet, Nethergarlet, Auldmuck, cum pasturis in monte de Morving vocato Bonzeach :—A. E. 8*l.* N. E. 40*l.*—Superioritate terrarum de Grodies ;—advocatione ecclesiæ parochialis de Caldstain, infra parochiam de Caldstain, unitis in baroniam de Kinaldie :—A. E. 2*s.* N. E. 8*s.*—Villa et terris de Boyndlie vocatis Midle Boyndlie ;—villa et terris de Cairnemurevan, infra parochiam de Tyrie ;—villis et terris de Calstain, Newtoun de Coldstain et Pitlyne.—E. 3*s.* 4*d.* xxxvii. 72.

(451) Jan. 27. 1682.
ALEXANDER ROSS, *hæres* Joannis Ross de Drumrossie, *fratris*,—in 4 aratris villæ et terrarum de Luesk cum decimis, infra parochiam de Rain, pro principalibus:—E. 1*d.*—Terris villæ et terrarum de Pitscurie et Farbags, cum crofta de Pitscurrie et solari aratro villæ et terrarum de Drumdurno, cum decimis, infra baroniam de Balhagartie, in warrantum:—E. 3*s.* 4*d.*—Dimidietate aratri villæ et terrarum de Chappell de Garrioch, cum crofta terræ vocata Craigfley, infra parochiam de Chappell de Garrioch.—E. 3*s.* 4*d.* xxxvii. 19.

(452) Maii 16. 1682.
MARGARETA COMITISSA DE HADDINGTON, *hæres talliæ et provisionis* Joannis Ducis Rothusiæ, *patris*,—in terris de Rothienorman, Infowmartyne et advocatione ecclesiarum, cum quibusdam aliis terris in Elgin et Forres, et Inverness :—A. E. 14*l.* N. E. 42*l.*—Terris et baronia de Guisnay, cum jure patronatus ecclesiæ de Guisnay ;—terris de Barintilloch, Drummathally, cum molendino ;—Corbanchrie, Tormellie, Harbalinscht, Balmacallchie, Knockthy, Balchinny, Creichmilland :—A. E. 5 *m.* N. E. 20 *m.*—Terris de Foulesmowat:—A. E. 20*s.* N. E. 50*s.*—Omnibus, cum terris in Fife, Perth, Kincardine, Forfar, Elgin et Forres, et Inverness, unitis in baronia de Bambreich.—(Vide Fife, Perth, Kincardine, Forfar, Elgin et Forres, Inverness.) xxxvi. 165.

(453) Jun. 7. 1682.
JACOBUS STRAQWHANE de Moulettie, *hæres* Vicecollonelli Joannis Straquhane de Maulettie, *patris*,—in villis et terris de Moulettie cum decimis garbalibus, infra parochiam de Methlick :—E. 13 *m.*—2 aratris terrarum de Rottengill et Fairniestack, infra parochiam de Sanct Colace.—E. 1*d.* xxxvii. 127.

(454) Jul. 28. 1682.
JACOBUS BAIRD de Auchmedden, *hæres* Jacobi Baird de Auchmedden, *patris*,—in villis, terris, et baronia de Auchmedden comprehendentibus villas et terras de Auchmedden, cum pendiculo earundem vocato Lemnahouse, Glencuithill, molendino earundem, Glenhouse, Kinbene, Litlebyth, cum pendiculis earundem vocatis Easter Strawhaple, Claveriefaulds et Towie ;—villas et terras de Pittnacaddell et Tuthbreck, ac villam et terras de Pennan et Clintertie, et piscationes, omnes infra parochiam de Aberdour, et baroniam de Auchmedden per annexationem ; cum aliis terris in vicecomitatu de Banff :—E. 15*l.* 5*s.*—Villam et terras de Meiklebyth, cum terris dominicalibus ;—molendinum de Byth ;—villas et terras de Gullies vulgo vocatas New, Midle et Old Gullies ;—villas et terras de Cullbyth, Auchnamoyne, Over et Nether Tilliemaulds et Croftas de Willings ;—Over et Nether Achnagorthe, et Croftas et pendicula dictarum terrarum vocatas lie Wester Straqwhaple et Tippercowane, cum piscationibus, infra baroniam de Newbyth et parochiam de Kingedward, omnes unitas in baroniam de Auchmedden.—E. 7*l.* 10*s.*—(Vide Banff.) xxxvii. 279.

(455) Sep. 15. 1682.
CAROLUS GORDON de Bracco, *hæres* Joannis Gordon de Bracco, *fratris*,—in villa et terris de Bracco, cum terris dominicalibus de Bracco ac pendiculis earundem vocatis Raebids et Whytwalls ;—terris et forresta de Drumkentoun ;—villa et terris de Glashea et pendiculis earundem vocatis Reidfoord, cum molendino de Glashea et privilegio baroniæ, infra baroniam de Knokinglews.—A. E. 2 *m.* N. E. 8 *m.* xxxvi. 332.

(456) Mar. 2. 1683.
CAROLUS DOMINUS FRASER, *hæres masculus* Andreæ Domini Fraser, *patris*,—in terris et baronia de Stainiwood et Muckwell, cum terris vocatis Hill de Savoy:—E. 50*l.*—Advocatione, &c.

ecclesiæ et parochiæ de Cluny :—E. 1*d.*—Villa et terris de Cairnebulg cum piscationibus et molendinis, in baronia de Philorth ;—villa et terris de Innernorth, et novo molendino de Philorth ;—villis et terris de Tillicuthill, Bruxie, Ardleyis, Boigheid, Cowburtie, Brigend, Urinell et Badichell, cum molendino de Badichell, infra baroniam de Philorth, cum salmonum piscationibus super aqua de Philorth, omnibus unitis in baroniam de Cairnebulg.—E. 100 *m.* xxxvii. 109.

(457) Mar. 23. 1683.
JOANNES LESLIE de Auquhorsk, *hæres* Joannis Leslie de Auquhorsk, *patris*,—in villa et terris de Auquhorsk, Auquhorthies, Blairdaff et Woodhill ;—villa et terris de Knocbollochie ;—molendino de Pitcaple, et crofta terræ nuncupata Coldhame, cum astrictis multuris villæ et terrarum de Resivet, Harlaw et Maines de Pitcaple, croftarum de Legisden et Blackinches, infra parochiam de Logiedurno ;—villa et terris de Drumes tam solaribus quam umbralibus dimidietatibus, infra parochiam de Inverurie, extendentibus ad 5 libratas et 10 solidatas terrarum, omnibus unitis in baroniam de Auquhorsk.—A. E. 5*l.* 10*s.* N. E. 40*l.* xxxvii. 103.

(458) Sep. 28. 1683.
JOANNES GORDOUNE, *hæres masculus* Patricii Gordoune de Halhead, *patris*,—in villis et terris de Corqwhinderland et Halhead, infra baroniam de Cushney.—E. 10*l.* xxxvii. 245.

(459) Oct. 3. 1683.
ISSOBELLA DOUGLAS sponsa Arthuri Udney mercatoris burgensis de Edinburgh, *hæres* Margaretæ Jack relictæ Joannis Douglas mercatoris burgensis de Aberdein, *matris*,—in piscaria unius retis salmonum piscium de lie rack et stells, super aqua de Dee, infra libertatem burgi de Aberdein.—A. E. 4*l.* N. E. 16*l.* xxxvii. 194.

(460) Mar. 6. 1684.
ROBERTUS BURNET de Elrick, *hæres* Georgii Burnet de Elrick, *fratris germani*,—in terris et baronia de Elrick comprehendentibus terras dominicales de Elrick ;—molendinum de Elrick ;—Meiklemilnecroft et Smiddieland de Elrick ;—villas et terras de Monacaback comprehendentes West-pleugh villæ et terrarum de Monacaback, Chappellcroft de Monacaback, et Chappelltack de Monacaback, et aratrum de Monacaback, cum umbrali tertia parte terrarum de Monacaback, et petia terræ in Scrogley de Monacaback, cum multuris terrarum de Monycabock et villæ et terrarum de Swelend, in parochia de Sanct Macher, omnibus unitis in baroniam de Elrick.—A. E. 3*l.* N. E. 40*l.* xxxvii. 270.

(461) Jun. 4. 1684.
JOANNES TYRIE de Dumdeir, *hæres* Davidis Tyrie de Dumdeir, *patris*,—in terris de Dumdeir et molendino, cum pendiculo vocato Poyek, infra parochiam de Insh et dominium de Darioch (Garioch).—E. 20*l.* &c. xxxix. 41.

(462) Jun. 18. 1684.
WILLIELMUS MENZIES de Balgownie, *hæres masculus* Francisci Menzies de Balgownie, *patris*,—in villa et terris de Balgownie ;—terris de Westfield ;—villa et terris de Murker ;—molendino granorum de Balgownie vocato Kethocksmilne ;—molendino fullonum de Balgownie, cum astrictis multuris prædictarum terrarum, et jure patronatus altaris capellaniarum Divi Dominici infra ecclesiam veteris Aberdoniæ, et privilegio tenendi cymbas piscarias super aquam de Don adjacentem dictis terris, infra baroniam de Balgownie et parochiam de Sanct Macher, unitis in baroniam de Balgownie :—A. E. 7*l.* N. E. 28*l.*—Villa et terris de Carnefield, in parochia Sancti Machari :—A. E. 4*l.*—Piscaria dimidietatis unius retis piscationis salmonum super aquam de Done, infra libertatem burgi de Aberdein.—E. 9*l.* 16*s.* xxxvi. 343.

(463) Mar. 19. 1686.
ALEXANDER SKEIN de Eodem, *hæres* Joannis Skein de Eodem, *patris*,—in terris et baronia de Skein cum lacu et molendinis, unitis in baroniam de Skeen.—E. 220 *m.* xxxviii. 264.

(464) Apr. 27. 1686.
JACOBUS COMES DE PANMURE, &c. *hæres* Georgii Comitis de Panmure, Domini Maule, Brechine, et Navarr, &c. *fratris germani senioris*,—in terris et baronia de Balhelvie cum molendinis et piscariis ;—tenandria de Colliestoune :—A. E. 50*l.* N. E. 200*l.*—Acra terræ predictarum terrarum de Balhelvie nuncupata Pyker aiker, cum advocatione ecclesiæ parochialis et parochiæ de Balhelvie et decimis :—A. E. 3*s.* 4*d.* N. E. 10*s.* 4*d.*—Terris de Mondurno Over et Nether, cum molendino et multuris &c. Tarbothiehill, Lochlands et Cranboig, in baronia de Fyvie et regalitate de Aberbrothok, unitis in baroniam de Balhelvie :—E. 10*l.* 13*s.* 4*d.*—Villa et terris de Kingseat, cum aliis terris in vicecomitatu de Forfar.—A. E. 6*l.* N. E. 24*l.*—(Vide Forfar.) xxxviii. 340.

(465)　　　　Apr. 27. 1686.

JACOBUS COMES DE PANMURE, &c. *hæres* Georgii Comitis de Panmure, Domini Maule, Brechin, et Navarr, *fratris senioris germani*,—in terris et baronia de Aberbrothock comprehendentê terras de Cairnbroggie cum pendiculis, viz. Oldtoune et Newtoune earundem, Smiddielands, Cullie, Cairnféchill, Pittrichie;—molendinum de Fechill;—Kirklaw;—Kirktoune;—terras de Tilliebarteen, Tulliehill cum molendino ejusdem, Auchorties, Auchinleck, Boigfechill, Auchinhuiff, infra baroniam et parochiam de Tarves;—terras de Munkieshill;—Kirktoune de Fyvie, multuras cum alehouse ejusdem, Ardlogy, Mondurno et decimas earundem, infra baroniam de Fyvie;—unitas cum aliis terris in Forfar, Kincardine, Edinburgh, Banff, Lanark, Perth, et Nairn in dominium, baroniam, et regalitatem de Aberbrothock.—E. 200*l*.—(Vide Forfar, Kincardine, Edinburgh, Banff, Lanark, Perth, Nairn.)　xxxviii. 374.

(466)　　　　Oct. 6. 1685.

CAROLUS COMES DE ABOŸNE, Dominus Strathaven et Glenlivet, *hæres masculus* Caroli Comitis de Aboyne, Domini Strathaven et Glenlivat, *patris*,—in terris et dominio de Aboyne, comprehendente Castltoun de Aboyn cum terris dominicalibus et manerie;—villam et terras de Wreattons, Balnagowen, Over et Nether Bounties cum crofta et molendino, villam et terras de Over et Nether Formistones, Drumgoisk, Muirtoun, Over et Nether Balvads, molendinum de Deske, Eister et Wester Breirdocks, Tomalhaleck, Knockguies et croftam ejusdem, Over et Nether Balnacraigs, Monerdaven, Ferrer, et croftam earundem, cum cymba portatoria ejusdem super aqua de Dee;—Tilliechondie, maneriei locum ejusdem, Over et Nether Bodomends, Eistertoun, Hirneley, Tilliebrin, Balverie, molendinum de Dinnittie, cum cymba portatoria et crofta ejusdem, Foberbirs, molendinum de Cattie, Torquhinlachie et sylvas ejusdem, Bandorie, Cobleseat, Belhangies, Inshbair, cymbam portatoriam earundem, Balnacraig, Garlogie, Marywell et dimidiam croftam ejusdem, Forestam de Birs, Silvas, lie Corries, Burns, Glens, et Schillings earundem, Dalquhing et croftam ejusdem, molendinum fullonum et croftam ejusdem, Foulbogue, Borland, Graystone, Brigend, Craighead, Greencotts, Birkenhillock, Milnefeild-fauld, et Bogue, Meikle et Litle Gellans cum molendino, Brigend, Haugh, Camissamay cum silvis ejusdem, Meikle et Litle Kendoirs, Kendord, et Clarach, cum silvis et lacu earundem, Tullich, Cobletoun, Coble, et Coblecroft ejusdem, Tomnakeist cum silvis earundem, una cum Forestis de Morven et Cublain (Culblain?) silvis, lie Corries, Burns, Glens, et Schillings ejusdem, Bellamoir, Bellabeg, Belmean, Auchnerran, Blairglass, Mostoun, Smiddiecroft, Hughhead, Miltoun et molendinum, Culquholstoun, Belhennie, Knockdow, Findlaycroft, Shiperdcroft, et Dodscroft, croftas de Mamure, et Newgrodie et Oldgrodie, Blackmilne, Waterearne, Tullich, Staycroft, et croftam de Oldweir, Larie, Tomniturne, Belmildie et molendinum ejusdem, Keandiecraig, Pronnie, Eister et Wester Abergardins, Brigend, Kirktoun, Cairniemoir, Tomnaman, Balintichan, Riamrie, Auldmoir, Castletoun cum maneriei loco ejusdem, Croftend, Whangie, Craigachastle, Belnaquhangie, cum forestis, silvis et Schillings dictarum terrarum, et decimis omnium prædictarum terrarum;—salmonum piscaria super rivolo de Dee et aqua de Gardyn:—A. E. 20*l*. N. E. 200*l*. *taxatæ wardæ*:—advocatione ecclesiarum de Aboyne, Glentaner, Glenmuick, Glencardin, Coldstoun, et Tullich;—burgo baroniæ de Charltoun de Aboyne cum quatuor annuis nundinis et foro hebdomadario, et privilegio de cruives super rivolo de Dee apud the Cruivepot;—officio et jurisdictione Forestriæ infra forestas de Morvan, Culblein, et Birss, et curias tenendi:—A. E. 2*s*. N. E. 8*s*.—omnibus jacentibus infra parochias de Aboyne, Coull, Birss, Tullich, Coldstone, et Glengardyne, et unitis in comitatum et dominium de Aboyne;—terris terrarum et baroniæ de Gicht postea mentionatis, vulgo vocatis Schives, viz. terris dominicalibus et maneriei loco de Gicht, villis et terris de Fetterletter, Woodhead de Fetterletter, Milnbrecks, Blackhillock, Swanfoord, Faldounhill, Litle Gight, molendino de Gight, Cottoune, Stonehouse de Gicht, Lethintie, et Brucklseat, infra baroniam de Gicht vulgo vocatam Schives tanquam partibus ejusdem, et parochiam de Fyvie.—A. E. 6*l*. N. E. 100*l*. *taxatæ wardæ*.　xliii. 43.

(467)　　　　Nov. 24. 1686.

JOANNES HAY, *hæres* Gulielmi Hay junioris de Muldaviot, *patris*,—in terris jacentibus in terris dominicalibus de Frendraught in parochia de Forgue.—E. 1*d*.　xxxix. 397.

(468)　　　　Dec. 8. 1686.

ALEXANDER PATTON de Kinnaldie, *hæres* Magistri Alexandri Patton de Kinnaldie, *patris*,—in villa et terris de Kineller in parochia de Kinneller, cum parte glebarii de orientali Kinmundy, in parochia de Skein, cum potestate fodiendi focalia in glebario istius aratri terrarum de Tartowie vocati the Backhill et ward ejusdem nuncupato the Willings, in parochia de Kinneller:—A. E. .... N. E. 40*s*.—terris de Meikle et Litle Kinaldies et molendino

de Kinnaldie, cum salmonum piscariis super aqua de Don, infra thanagium de Kintor.—E. 8*l*. *feudifirmæ*.　xl. 158.

(469)　　　　Jan. 25. 1687.

HENRICUS GORDON de Avachie, *hæres* Joannis Gordoun de Avachie, *patris*,—in terris de Avachie et Kinminitie cum molendino de Avachie, Milnehaughe et villa moléndinaria, infra Marchionatum de Huntlie (ôlim Strathbogie) et nunc regalitatem ejusdem:—E. 20*l*. 6*s*. 8*d*.—villa et terris de Harthill;—villa et terris de Nethercarden cum molendino;—advocatione parochiæ et ecclesiæ parochialis de Oyne:—A. E. 3*l*. N. E. 12*l*.—terris de Kirktoun de Oyne et Alehouse Croft, infra parochiam de Oyne et regalitatem de Garrioch;—E. 24*l*. *feudifirmæ*:—villa et terris de Torreis cum silvis et boges;—terris de Ardryn (vel Ardoyne) cum molendinis;—terris de Newlands infra parochiam de Oyne et regalitatem de Garrioch:—E. 20*l*. *feudifirmæ*:—2 aratris de Ryhill et Buchanstoun cum molendino de Buchanstoun, infra parochiam et regalitatem prædictas, cum decimis garbalibus;—E. ....—terris de Oldrayne comprehendentibus villam et terras de Oldrayne et Newlands ejusdem cum molendino, viz. binâ parte molendini de Rayne, et bina parte croftarum dicti molendini cum bruerio lie Alehouse, infra villam de Oldrayne et servitiis;—tertia parte dicti molendini;—dimidia parte villæ et terrarum de Newrayne et Barrelldyke;—terris de Lentask (Lentush), Leusk, Kirktoune de Rayne;—villa et terris de Threefields et Bonitoun;—molendino de Bonitoun, omnibus infra parochiam de Rayne;—tertia parte villarum et terrarum de Bruxtoun, infra parochiam de Tillinessle:—E. .... *feudifirmæ*:—decimis garbalibus dictarum terrarum.—A. E. 3*s*. 4*d*. N. E. 13*s*. 4*d*.　xxxix. 357.

(470)　　　　Mar. 21. 1688.

ALEXANDER IRVINE de Drufñ, *hæres masculus* Alexandri Irvine de Drum, *patris*,—in terris et baronia de Drum comprehendente terras et baroniam de Drum;—parcam lie park de Drum, cum piscationibus salmonum super aqua de Die, et alias terras et baronias dictæ baroniæ de Drum annexatas, viz. Parkland de Drum, cum 2 celdris firmarum victualium lie Ferm Victual;—terras de Lonmay, Largnes, Auchindoir, Tullyemonth, et Tarlaw;—advocationem ecclesiæ de Lonmay, et portum lie haven de Lonmay;—annuum redditum 5*l*. de paratioribus burgi de Abérdein feodis burgalibus, unitas in baroniam et liberam forrestam de Drum;—terras et baroniam de Fedderat cum molendino granario de Fedderat;—villas et terras de Schivado, Artamfoord, Punlercroft, Culsh, Stevinsburh, Whitbrig, Taxhill cum molendino granario ejusdem, Allathem, Pictillim, Muttonbraé, Corsebricht, Whitestaine, Auldwhat, Meikle Bomakellies, Broomhill, Whitecairns, Whitehill, Ironsyde, cum molendino fullonis ejusdem, Auquhoth, Wittenshill, Bruiklay, Meikle Aucheoch, Grishawhill, Litle Aucheoch, Meikle Crichie, Burntbrae, Clochan, Anachie cum molendino granario, infra baroniam de Fedderat;—dimidietatem solarem terrarum de Kindrocht et Denend, infra parochiam de Rethun, unitas in baroniam de Fedderat:—A. E. 40*l*. N. E. 160*l*.—villam et terras de Over et Nether Ruthvens, Belnasbrand, cum pendiculo vocato Leyes, Balgrannie et Graystane, cum lacu et boig ejusdem, infra dominium de Cromar et parochiam de Logiemarr:—E. 40*s*. *feudifirmæ*:—advocationem ecclesiæ de Drummaock infra diocesim de Aberdeen, unitas in tenandriam de Ruthvens:—A. E. 6*d*. N. E. 2*s*.—villam et terras de Coull cum molendino de Coull, comprehendentes croftam de Coull, Lochmans subtus silva, Woodfeild et Tilliludges, infra baroniam de Oneill:—E. 6*l*. 13*s*. 4*d*. &c. *feudifirmæ*:—terras de Kinmucks, Peithill;—molendinum de Kinmucks, infra parochiam de Kingkell et regalitatem de Lindoires:—E. 21*l*. 9*s*. 2*d*. *feudifirmæ*:—villam et terras de Eister et Wester Cullairlies cum Mylntoun et molendino granario de Cullarlies;—silvas et forrestas de Bank de Fair cum pendiculis, viz. Woodsyde, Tilliornie, Damnis, infra parochiam de Huntley:—A. E. 9*l*. 7*s*. N. E. 37*l*. 8*s*.—terras et baroniam de Kinnerties, viz. Meikle Kinnertie, Midle Kinnertie, Moortoun, Cairntoun;—villam et terras de Auldtoun de Kinnertie cum crofta pastoris vocata Shepheerds croft, 2 croftis de Burnsyde et crofta de Watersyde, passagio sive cymba portatoria eo spectante:—E. ....*feudifirmæ*:—tertiam partem terrarum de Finersies et Monecht olim infra dominium de Mart, et molendini de Finersies:—A. E. 30*s*. N. E. ....—terras et baroniam de Auchtercoull comprehendentes villas et terras de Strathmore, Strathvellie, Tenewie, Tenemie, Adnemoyne cum Hiltoun ejusdem, infra parochiam de Coull, unitas in baroniam de Auchtercoull;—villam et terras de Eister Culsh, Meikle Culsh, Pelt, Tillichordon, Coldholme, et Brewcroft, infra parochiam de Tarlein;—villam et terras de Mondavain, infra parochiam de Aboyne, cum moris de Hahead:—A. E. 20*s*. N. E. 4*l*.—villam et terras de Eastoun cum pendiculis vocatis Knowhead et Indego, parte baroniæ de Aberzeldie, infra dictam parochiam de Tarlan in Cromar:—A. E. 15*s*. N. E. 3*l*.—villam et terras de Lenturk cum pomariis ejusdem, Drumdarg, Claymilne, Newtoun, Brigend, cum molendino de Lenturk, infra parochiam de Lochall, et unitas in baroniam de Lenturk:—A. E. 4*l*. N. E. 16*l*.—burgum baroniæ de

H

Reidfuird cum nundinis:—A. E. 6d. N. E. 2s.—burgum baroniæ de Tarlan cum nundinis:—A. E. 6d. N. E. 2s.—omnibus unitis in baroniam de Drum.—(Vide Kincardine.) xl. 101.

(471) Apr. 24. 1688.
JACOBUS PETRIE filius natu maximus Roberti Petri mercatoris Edinburgensis, *hæres* Magistri Roberti Petrie de Portlethan, filii Gulielmi Petri mercatoris Aberdonensis, fratris Jacobi Petri mercatoris ibidem, fratris Roberti Petri mercatoris Edinburgi, patris dicti Jacobi, *filii fratris avi*,—in dimidietate unius retis piscationis salmonum de lie rack et stells super aqua de Dee, cum decimis salmonum piscium unius lie cavell dictæ piscariæ de lie raick et stells super eadem aqua de Dee:—E. ....*feudifirmæ:*—tenementis terræ infra burgum de Aberdein.—E. 2s. pro unoquoque tenemento.—(Vide Kincardine.) xl. 152.

(472) Maii 8. 1688.
CAROLUS COMES DE SOUTHESK, Dominus Carnegie de Lewcharis, &c. *hæres masculus* Roberti Comitis de Southesk, Domini Carnegie de Kinnaird et Lewcharis, *patris*,—in terris ecclesiasticis seu gleba ecclesiastica de Aboyn in parochia de Aboyn.—E. 4l. 13s. 4d.—(Vide Fife, Forfar, Kincardine, Peebles, Selkirk, Dumfreis, Kirkcudbright.) xl. 178.

(473) Sep. 26. 1688.
GULIELMUS PANTOUNE scriba Signeto Regio, *hæres* Jacobi Pantoun de Blackhouse, *patris*,—in villa et terris de Blackhouse, tam solari quam umbrali dimidietatibus, cum crofta terræ vocata Ladyescroft infra parochiam de Bourtie:—E. ....*feudifirmæ:*—decimis garbalibus dictarum terrarum et croftæ.—E. 50s. xli. 242.

(474) Dec. 7. 1688.
JEANNA FORBES sponsa Alexandri Craufoord de Rethin, MAGDALENA FORBES sponsa Willielmi Ogstoun de Auchmacludie, et ELIZABETHA FORBES filia Alexandri Forbes de Pitblae, fratris germani immediate senioris Willielmi Forbes de Thombeg, *hæredes portionariæ conquestus* dicti Willielmi Forbes de Thombeg, *patrui*,—in annuo redditu 200l. correspondente 5000m. de villa et terris terrarum dominicalium de Aberdour, infra parochiam de Aberdour. xl. 332.

(475) Feb. 27. 1689.
ALEXANDER CALDER in Edingerack, JACOBUS CALDER in Coull et ALEXANDER (*alias* ALASTER) CALDER ibidem, *cohæredes portionarii et provisionis* Duncani Calder in Coull, *patris*,—in 6 bovatis terrarum cum communi pastura, in parochia de Tullich.—E. .... xlii. 52.

(476) Mar. 1. 1689.
JOANNES UDNIE *alias* FOWLERTOUN filius secundo genitus Roberti Udnie de Auchterellon, *hæres talliæ et provisionis* Colonelli Joannis Foulertoun de Dudwick, *avi*,—in terris et baronia de Birnes comprehendente villas et terras de Dudwick, cum Bomewyfe's croft et Shepherds croft, et cæteris croftis super Blackhill de Dudwick;—villam et terras de Whyteburn;—villam et terras de Artrach;—villam et terras de Ardargo;—villam et terras de Overtoun de Birnes;—villam et terras de Burnend;—villam et terras vocatas terras dominicales de Birnes, cum crofta brueria vocata Homecruik, et aliis croftis super terras de Birnes in parochia de Ellon:—E. 38l. 17s. 4d. *feudifirmæ:*—terris et terris dominicalibus de Parcock comprehendentibus 4 aratra terrarum nuncupata How de Skelmuir, Windfauld, Stodfauld, et Stoniekill, cum illa crofta vocata Wardhead;—villam et terras de Craighead infra baroniam de Kellie pro principali:—E. ....—terris et terris dominicalibus de Techmuire;—terris de Marnoch et Burntack, in warrantizatione.—E. .... xl. 314.

(477) Feb. 28. 1690.
ALEXANDER BLACK in Kintoir, *hæres* Gulielmi Black in Whytwall, *patris*,—in villa et terris de Whytwall pendiculo terrarum de Bricklay, infra parochiam de Logidurnoch.—A. E. 4s. N. E. 16s. xli. 201.

(478) Jul. 9. 1690.
ALEXANDER CUMING de Cremond, *hæres* Magistri Alexandri Cuming aliquando de Brunthills, postea de Birnes, *patris*,—in terris de Cormucks, villa et terris de Kirkhill, villis et terris de Borrowley, cum terris dominicalibus de Carmuthes, molendino de Carmuthes;—villa et terris de Waittieshill;—villis et terris de Clayhill et novo molendino earundem;—riggis, rudis, tenementis, acris et hortis intra et circa villam de Ellon;—terris nuncupatis Fywie lands de Ellon vocatis Clayhills, cum turre et fortalicio de Ardgyht;—terris de Kinkcathie et pastura, infra parochiam de Ellon et regalitatem de Saint Andrews.—E. 8s. &c. *feudifirmæ.* xli. 213.

(479) Sep. 12. 1690.
JOANNES ANDERSONE, *hæres* Joannis Andersone incolæ in

Veteri Abredonia, *patris*,—in 12 rudis seu particatis terrarum, ex occidentali parte civitatis Veteris Abredoniæ;—pecia terræ vastæ contigue adjacente prædictas 12 rudas terrarum ex parte australi. —E. 12s. *feudifirmæ.* xli. 268.

(480) Apr. 15. 1691.
MAGISTER ALEXANDER ROSS, *hæres* Doctoris Joannis Ross de Insh aliquando ministri apud Foverain, *patris*,—in terris de Insh;—burgo baroniæ de Insh;—molendino de Insh, cum astrictis multuris et sequelis terrarum de Flinders, Chrystskirk, Insch, et Hedderlick, et de Templecroft, quæ est pars et pendiculum dictarum terrarum de Chrystskirk, infra regalitatem de Lindoirs;—E. 18l. *feudifirmæ:*—glebariis villæ et terrarum de Boddom super apicem montis de Foodland, in parochia de Insh ad dictas terras de Bodam spectantibus.—E. ....*feudifirmæ.* xlii. 112.

(481) Jun. 17. 1691.
JOANNES URQUHART de Meldrum, *hæres masculus* Adami Urquhart de Meldrum, *patris*,—in terris baroniæ de Meldrum comprehendentibus terras et terras dominicales de Meldrum;—villas et terras de Ardfork, Kilblaine, Auldmeldrum, molendinum de Cromlet, Gouner, Frosterhill cum molendino, Ardcenan, Balcairne cum molendino, Bethelnies, Auldmilne, Kirktoun de Bethelnie, Corhill, Baybush, Ardmeddan, Over et Nether Tullrilis, Roundhihnet, Craighead, Chaipelhouse, Cardrum, et Catie;—jus patronatus ecclesiæ de Bethelnie;—superioritates villarum et terrarum de Auchneive, Pickiltillim, et Auchinhuiff, cum decimis:—in villa et terris de Saphock cum molendino;—terris de Muires de Fyvie inibi comprehendentibus Blachrie, Mackterrie cum molendino, South et North Badichell, Swanfoords, Over et Nether Muirfundlands;—superioritate terrarum de Auchintoull et Crombie, et burgo baroniæ de Auldmeldrum:—A. E. 8l. N. E. 200m. *taxatæ wardæ:*—terris de Creichie;—prædio seu terris dominicalibus vulgo Maynes et molendino;—Bowiehillock, Burngairn et fortalicio de Rowfoord, Cheynscreichie, Mackieshillock, Midsumercairne, Cromlet, Lambhill, Starbridge, Over et Nether Crichnaleids:—A. E. 2s. N. E. 8s.—omnibus unitis in baroniam de Meldrum. xlii. 236.

(482) Oct. 7. 1691.
DAVID FORBES de Leslie, *hæres masculus* Joannis Forbes de Leslie, *fratris*,—in terris, villis, molendinis, aliisque infra specificatis quæ sunt propriæ partes et pertinentes terrarum et baroniæ de Leslie, viz. terris dominicalibus de Leslie;—terris de Auld-Leslie, Chapeltoun, Touleyes, cum molendinis granorum et fullonum de Leslie;—villa et terris de Edingarrack tam proprietate quam tenendria;—communitate et communi pastura spectante ad dictam villam et terras de Edingarrack in baronia de Leslie:—decimis garbalibus, rectoriis et vicariis dictæ villæ et terrarum de Edingarrack;—crofta seu pecia terræ jacente contigue dictis terris de Edingarrock in parochia de Premnay, omnibus unitis in baroniam nuncupatam baroniam de Leslie-Forbes:—A. E. 2s. N. E. 8s.—terris de Auld et Neu Flinders cum crofta et molendino fullonum earundem, in parochia de Kinnethmont:—E. 4l.—decimis garbalibus, rectoriis et vicariis terrarum et villarum de Auchlevin, Kirktoun de Premnay, villæ et terrarum de Lickliehead cum terris dominicalibus de Lickliehead;—villæ et terrarum de Broadfuird;—villæ et terrarum de Neubigging communiter vocatæ Milnbigging;—villæ et terrarum de Pilmyre, in dicta parochia de Premnay:—E. 1d.—burgo baroniæ de Auld-Leslie; omnibus unitis in baroniam de Leslie-Forbes. xlii. 282.

(483) Nov. 27. 1691.
WILLIELMUS MELDRUM de Hattoun, *hæres* Jacobi Meldrum de Hattoun, *patris*,—in terris et baronia de Auchterless-Meldrum comprehendente terras terrasque dominicales de Auchterless;—terras de Præcinct, Smallburne, et Flures quæ sunt partes et pendicula dictarum terrarum dominicalium de Auchterless;—terras de Cusney, Knockleith cum molendino de Knockleith, terras de Lenshawbrae, Hallswells, Leggaltoun cum molendino;—terras de Badinscoth cum molendino;—Brinkhilles, Bakiehill, Reidhill, Fisherfoord, orientales et occidentales mediatas lie Midle terras de Blackfoord cum molendinis;—terras de Thomastoun, Ordley, et Corriedoun cum annuo foro de Donaldfair, infra baroniam de Auchterless.—A. E. 20l. N. E. 80l. xlii. 375.

(484) Apr. 15. 1692.
DAVID RICKART de Arnadge, *hæres masculus et talliæ* Georgii Rickart filii natu maximi Magistri Georgii Rickart de Arnadge, *fratris germani immediate senioris*,—in terris dominicalibus vulgo Maynes de Arnadge nuncupatis;—antiquis terris dominicalibus, Cardonenhill, Old Cottercrofts et Adamhill;—villa et terris de Towie;—villa et terris de Cairntysie, Cairndaillzie et brueria earundem;—villis et terris de superiore et inferiore Ardquhardllisch, cum superiore molendino granorum lie Over corne Milne de Arnadge;—terris de Milnetoune ab antiquo vocatis molendinum

fullonum de Arnadge ;—terris de Lamurmure ;—superiore molendino de Lammermuir, infra parochiam de Ellon.—E. 16*l. taxatæ wardæ.*   xlii. 398.

(485)   Jul. 8. 1692.
JOANNES ROSS de Rosshill, *hæres masculus* Joannis Ross de Rosshill, *patris,*—in terris et baroniæ de Hiltoun nunc vocatis Rosehill, comprehendentibus villam et terras de Hiltoun cum terris dominicalibus et maneriei loco ;—villam et terras de Kinnarachie et molendinum de Kinnarachie ;—salmonum piscationem super aquam de Ythan ad terras de Kinnarachie pertinentem, cum decimis prædictarum terrarum, omnes infra parochiam de Ellan ;—reliquas terras baroniæ de Hiltoun, viz. villam et terras de Blinburn et Kirkhill, cum privilegio glebarum infra moras de Tulliedaske ;—villam et terras de Milntoun de Arnadge et inferius molendinum granarium ejusdem vulgo Doupmilne nuncupatum, cum multuris terrarum de Blinburn et Kirkhill, Tulliedask et Elphin :—A. E. 20*l.* N. E. 19*l. taxatæ wardæ :*—villam et terras de Litle Arnadge, Corshill, Whythillock, Alehouse croft et Procurators croft cum molendino fullonio ;—molendino granario de Litle Arnage, infra parochiam de Ellan ;—erectis in baroniam de Hiltoun, cum decimis reliquarum terrarum et baroniæ de Hiltoun, et prædictæ villæ et terrarum de Tilliedask, et pendiculorum ejusdem nuncupatorum Toddilhills et Elphine, infra parochiam de Ellon :—omnibus prædictis terris, &c. erectis in baroniam de Rosehill.—A. E. 2*s.* N. E. 8*s.*   xliii. 84.

(486)   Aug. 26. 1692.
ALEXANDER IRVINE de Murthill, *hæres masculus* Magistri Alexandri Irvine de Murthill, *patris,*—in villis et terris dominicalibus vocatis Maynes de Murthill :—E. 4*l.* &c. *firmæ*;—prato de Murthill :—E. 6*s.* 8*d.*—crofta :—E. 6*s.* 8*d.* &c. et 3*s.* 4*d.* in augmentationem pro prædictis terris :—villis et terris de Auldfaulds :—E. 4*l.* 2*s.* &c. *firmæ* et 3*s.* 4*d.* in augmentationem :—2 croftis adjacentibus :—E. 16*s.* &c. et 2*s.* in augmentationem :—brasina vulgo Brewhouse de Murthill cum croftis :—E. 24*s.* et 2*s.* in augmentationem :—terris de Newseat, seu villa et terris de Beinzeft et Eilstoun :—E. 3*l.* 8*s.* &c. et 3*s.* 4*d.* in augmentationem :—omnibus infra baroniam de Murthill et parochiam de Peterculter. xliii. 92.

(487)   Oct. 5. 1692.
ALEXANDER GORDON de Pitlurg, *hæres* Roberti Gordon de Pitlurg, *avi,*—in villis et terris de Over Kinmundy et terris dominicalibus ;—villa et terris de Dourie ;—villa et terris de Milnbreck, cum molendino ;—villa et terris de Milnhill, villa et terras de Pettiemarkhouse ;—villa et terris de Smallburne ;—villa et terris de Kinknockie, in se comprehendente villam et terras de Auldtoun ejusdem ;—Nethertoun *alias* Welstrype, et *alias* Pettindreichseat, Backhill *alias* Barackseat, in baronia de Kinmundy et parochia de Deer, erectis in baroniam de Kinmundy,—A. E. 5*l.* N. E. 20*l.*—xliii. 95.

(488)   Jun. 9. 1693.
JOANNES RAMSAY de Melross, *hæres talliæ* Magistri Georgii Meldrum de Crombie, *fratris avi ex parte matris,*—in terris et terris dominicalibus de Lethars, salmonum piscationibus super aquam de Diveran, et molendino de Lethars ;—terris de Dorelethars, Glaslaws cum molendino de Glaslaw ;—terris de Ruchloch (vel Bachloch), Woodhead, Brunthall, Darriecorrie, Barriecorrie, Kingfuird, Dracklaw, cum molendino et terris molendinariis de Dracklaw, villis et terris de Ardmidle, Boigs, Cairnories, Cliftboig, Over et Nether Etimidle, Portglasses, cum molendino et terris molendinariis de Dracklaw ;—villis et terris de Carlincraigie et Fortrie, cum privilegio tenentibus et possessoribus villæ et terrarum de Ardmidle et Boigs effodiendi glebas et focalia e glebariis de Muiresk vulgo nuncupatis Breadmoss ;—omnibus jacentibus infra baroniam de Craigfintrie per annexationem, parochias de Turreff, Auchterles, et Innerkethne, et vicecomitatus de Bamf et Aberdeen ;—superioritate villarum et terrarum de Logie-Buchan, Creichie et aliorum quæ ad baroniam de Lethars pertinuere.—A. E. 66*l.* N. E. 144*l.*—(Vide Bamf.)   xliii. 847.

(489)   Feb. 20. 1693.
JOANNES LEITCH pistor burgensis de Aberdeen, *hæres* Joannis Leitch pistoris ac incolæ in civitate Veteris Aberdoniæ, *patris,*—in tenemento ex orientali parte civitatis Veteris Aberdoniæ.—E. 6*s.* et 12*d.* in novam augmentationem.   xliii. 294.

(490)   Feb. 24. 1693.
ANNA IRVINE sponsa Henrici Pantoune de Hiltoune, *hæres* Francisci Irvine de Hiltoune, *patris,*—in dimidio retis salmonum piscationis super aqua de Don, super utroque latere pontis de Don pontem de Balgownie vocati, prope civitatem Veteris Aberdoniæ :—E. 56*l.* et 10*s.* in augmentationem :—villis et terris de Clubsgovell cum molendino de Clubsgovell, et Outsetts vocatis Arieburne et Halkhillock, cum salmonum piscaria super aqua de Don ;—villa et terris de Lochhills cum lacu vocato The Bishop'sloch,

infra parochiam de St. Macher :—E. 14*l.* 10*s.* &c.—villa et terris de Perwinnes infra parochiam de St. Machar, cum communi pastura, feall et divot in monte de Corshill.—E. 5*m.* 3*s.* 4*d.* &c.   xliii. 186.

(491)   Feb. 24. 1693.
ANNA IRVINE sola filia Francisci Irvine de Hiltoun, sponsa Henrici Pantoun de Hiltoun, *hæres* Magistri Alexandri Irvine de Hiltoun, *avi,*—in villis et terris de Litle Govell et salmonum piscaria super aqua de Don, cum molendino fullonum et crofta, et multuris dictarum terrarum, et privilegio glebarum et focalium, &c.—E. 10*l. feudifirmæ.*   xliii. 191.

(492)   Apr. 19. 1693.
ROBERTUS BISSET de Lessendrum, *hæres masculus* Alexandri Bisset de Lessendrum, *patris,*—in terris et davata terrarum de Lessendrum continentibus villam et terras dominicales lie Maynes de Lessendrum ;—villam et terras de Overtoun de Lessendrum, cum Loane descendente ad aquam de Dibbies ;—terris vocatis the Leyes de Lessendrum ;—villa et terris de Creichie ;—villa et terris de Knightsmilne et molendino, infra baroniam de Drumblet et unitis in tenendriam de Lessendrum :—A. E. 5*l.* N. E. 20*l.*—villa et terris villæ ecclesiasticæ lie Kirktoun de Drumblet cum molendino, et privilegio glebariæ lie peat-moss, infra bondas mediæ tertiæ partis terrarum de Camalegie :—A. E. 40*s.* N. E. 8*l.*—superioritate binæ partis terrarum de Begeshill cum molendino, binæ partis terrarum de Stoniefeild, tertiæ partis terrarum de Wedderburne, et tertiæ partis terrarum de Thomastoun, quarum proprietas ad Gulielmum Troupt de Balnacraig hæreditarie pertinuit, jacentibus infra dictam baroniam de Drumblet.—A. E. 1*l.* 6*s.* 8*d.* N. E. 5*l.* 6*s.* 8*d.*   xliii. 240.

(493)   Jan. 12. 1694.
PATRICIUS REID de Haughtoune, *hæres* Gulielmi Reid de Haughtoune, *patris,*—in villis, terris, et terris dominicalibus de Haughtoune, Overhaughtoune, Smiddiehill, Cobleseat, et Perslick, cum maneriei loco et molendino, infra parochiam de Alfoord.—E. 9*m. feudifirmæ.*   xliii. 430.

(494)   Jun. 29. 1694.
FRANCISCUS GORDON de Kirkhill, *hæres* Hugonis Gordon de Kirkhill, *patris,*—in villa et terris de Kirkhill et Mostoun, cum toloniis et custumis nundinarum vocatarum Trewall faire, infra regalitatem de Lindoirs et parochiam de Kinethmont.—E. 6*l.* 6*s.* 8*d. feudifirmæ.*   xliv. 79.

(495)   Oct. 3. 1694.
CHRISTIANA ET BESSETA TALYEORS, *hæredes portionariæ* Jacobi Tayleor vestiarii burgensis in civitate Veteris Aberdoniæ, *patris,*—in tenemento boreali terræ in occidentali parte civitatis Veteris Aberdoniæ.—E. 3*s.* 4*d. feudifirmæ.*   xliv. 287.

(496)   Mar. 27. 1695.
GEORGIUS MORTIMUIR de Glencat, *hæres* Capitani Joannis Mortimuir de Glencat, *patris,*—in villa et terris de Glencat cum glen earundem, et glebario super capite montis supra Lamochrie, infra parochiam de Birse, cum communitate et communi pastura.—E. 3*l.* 5*s. feudifirmæ.*   xlv. 535.

(497)   Oct. 29. 1695.
JOANNES COMES DE STRATHMORE ET KINGHORNE, &c. *hæres* Patricii Comitis de Strathmore et Kinghorne, Vicecomitis Lyon, Domini Glamiss, Tannadyce, Sydlaw, et Stradichtie, &c. *patris,*—in terris de Courtlestoune (vel Courtiestoune) et Drumgovan, cum molendino hujusmodi :—A. E. 13*l.* 6*s.* 8*d.* N. E. 53*l.* 6*s.* 8*d.*—reliquo comitatus et prædii de Buchan, comprehendente terras de Buchan ;—terras, baroniam, et thanagium de Glendovachie ;—salmonum piscarias super aqua de Doveran vocatas Thainsnett ;—salmonum piscarias in mari vulgo nuncupatas Craigshott apud Doun, per omnes partes et in utroque latere ejusdem :—A. E. 28*l.* N. E. 140*l.*—terras de Mountblairie ;—terras de Rylands ;—terras de Culburne et Inchdrouat ;—terras de Tullochie ;—terras de Todlaw ;—terras de Whytfeild ;—terras de Boigsmiddietounes et Broadmyre ;—terras de Blacktoune ;—Harwoodhill, Over Deuchries et Petgarie ;—terras de Auchinbadie ;—terris de Stainhead, Balgray, et Knockin ;—terras de Fortrey et Glenhouse ;—terras de Minimoine (vel Munnenies) et Broadland ;—terras de Kinbean ;—terras de Scotstoune, Neather Deuchries et Burnsyd ;—terras de Auchmeddan, Glencaithell, Lenros (vel Glenmitchell) et Towie ;—terras de Pitnacoldan et Inchbreak ;—terras de Litleblythis, Clairiefeilds (vel Clairiefaulds) et Balmagellie ;—terras de Gilligill et Gillmull (vel Geldmilne) ;—terras de Tarlair et Gillimore (vel Gellimure) ;—terras de Bullon (vel Collane) et Silverwood (vel Foord) ;—terras de Jackstoune, Hungriehill, Monbletoune, Bruntyairds, Myrehouses, Old Alehouses, et Barnhill ;—villam et terras de Doun ;—terras de Newtoune de Mountblairie :—A. E. 20*l.* N. E. 100*l.*—terras de Glencuthell ;—terras de Bal-

makellie ;—terras de Fetterletter et Lethintie ;—terras de Salt-coats ;—terras de Globein (vel Glovenie), Inchbreck, Little Methick (vel Methlick) ;—terras de Balmeddie, Earleshillock;—terras de Cairnculzeon ;—terras de Beildistoune (vel Bidlistoune), cum piscariis earundem super aqua de Don ;—terras de Aluthnie (vel Allathine) et Neather Auldmuir :—A. E. 10l. N. E. 40l.—terras de Grandone:—A. E. 10m. N. E. 40m.—terras de Presley;—terras de Auchmull et Crabstoune, cum terris et baronia de Ketins et Pitdounie :—A. E. 16l. N. E. 64l.—terras de Cantres vulgo vocatas Fintries :—A. E. 10l. N. E. 40l.—terras de Glasgow-Forrest et Glasgoego :—E. ....annuum redditum 3l. de terris de Kintore ;—cum ecclesiarum et capellaniarum advocationibus, decimis et proficuis ad easdem spectantibus :—E. ....burgo baroniæ de Doune :—A. E. 40d. N. E. 13s. 4d.—cum terris in Forfar, Aberdeen, Banff, Kincardine, erectis in dominium et baroniam de Glamis, et omnibus erectis cum terris in Fife et Perth in comitatum de Kinghorne, dominium de Lyon et Glamis.—(Vide Forfar, Kincardine, Perth, Fife, Banff.)   xlv. 219.

(498)   Maii 1. 1696.

ALEXANDER IRVING de Murthill filius natu maximus Magistri Alexandri Irving de Murthill, *hæres talliæ* Alexandri Irving junioris de Drum,—in terris et baronia de Drum comprehendente terras baronias aliaque subscripta, viz. terras et baroniam de Drum ; —parcam lie park de Drum, cum piscationibus salmonum super aquam de Dee, et alias terras et baronias dictæ baroniæ de Drum annexatas;—terras de Lonmay, Largnes, Auchindore, Fulyemonth (vel Tulyemonth), et Tarlan, cum maneriei loco et piscationibus earundem, et advocatione parochiæ et ecclesiæ parochialis de Lonmay;—portum de Lonmay;—annuum redditum 5l. de paratioribus feodis burgalibus burgi de Aberdein, omnes unitas cum aliis terris in Kincardine in baroniam et forestam de Drum ;—terras et baroniam de Feddritt, terras dominicales ejusmodi, cum molendino granario de Feddret et terris molendinariis ;—villas et terras de Schivaddo, Artamfoord, Punlercroft, Culsh, Steivinsburne, Whytboig, Touxhill cum molendino granario ejusdem ;—Allathnie, Picktillim, Muttonbrae, Corsgight, Whytstaine, Auldwhat, Meikle-Boniakellies, Broomhill, Whytcairns, Whythill, Ironsyd cum molendino fullonis ejusdem, Auquhork, Wittinshill, Brucklay, Meikle Aucheoch, Grishawhill, Little Aucheoch, Meikle Creichie, Bruntbrae, Clochian, Annachie cum molendino granario ejusdem, infra baroniam de Feddret ;—dimidietatem solarem terrarum de Kindrocht et Dennend infra parochiam de Rethin, omnes uuitas et annexatas cum terris in Kincardine in baroniam de Feddret :—A. E. 40l. N. E. 160l.—villam et terras de Over et Nether Ruthvens, Belnasfraud cum pendiculo ejusdem vocato Lyes, Balgrannie, et Graystaine, cum lacu et boig et maneriei loco ejusdem, et communitate infra dominium de Cromarr et parochiam de Logiemar :—E. 40s. *feudifirmæ* :—advocationem parochiæ et ecclesiæ parochialis de Drumaock tam rectoriam quam vicariam ejusmodi, infra diocesin de Aberdein :—A. E. 6d. N. E. 2s.—omnes unitas in tenendriam de Ruthvens :—villam et terras de Coull comprehendentes croftam de Coull, Lochmanis subtus silva, Woodfeild et Tilliludges, infra baroniam de Oneill :—E. 6l. 13s. 4d. &c. *feudifirmæ*: —terras de Kinmuicks, Peithill, molendinum de Kinmucks et terras molendinarias, infra parochiam de Kinkell et regalitatem de Lindores:—E. 21l. 9s. 2d. *feudifirmæ*:—villam et terras de Easter et Wester Cullairlies, cum Milntoune ;—molendino granario de Cullairlies et molendino fullonis ejusmodi ;—silvas et forrestas de lie Bank de Faire cum pendiculis, viz. Woodsyde, Tilliorne, et Damms, olim infra marchionatum de Huntly:—A. E. 9l. 7s. N. E. 37l. 8s.—terras et baroniam de Kinnerties, viz. Meikle Kinnertie, Muretoune, Cairntoune ;—villam et terras de Auldtoune de Kinnertie cum crofta pastoris vocata Shipherd's croft, 2 croftis de Burnsyde, crofta de Watersyde, cum passagio sive cymba portatoria eo spectante et piscationibus :—E. .... *feudifirmæ* :—tertiam partem terrarum de Finnersies et Monecht, cum tertia parte molendini de Finnersies et terrarum molendinariarum, olim infra dominium de Marr :—A. E. 30s. N. E. 6l.—terras et baroniam de Auchtercoull comprehendentem villas et terras de Strathmoir, Strathveltie, Tenewie, Tenemie, Adnemoyne et Hiltoune ejusdem, cum terris dominicalibus, molendino et maneriei loco de Auchtercoull, infra parochiam de Coull:—A. E. 6l. N. E. 24l.—quæ terræ unitæ sunt in baroniam de Auchtercoull :—villam et terras de Easter-Culsh (vel Cults) Meikle-Culsh (Cults) Pett, Tilliechordon, et Coldholme cum molendino, terris molendinariis et lie Brew-croft earundem, infra parochiam de Tarlan ;—villam et terras de Mondaven infra parochiam de Aboyne, cum jure glebas et focalia ex mossis et mæresiis de Hahead effodiendi, infra parochias de Logie, Tarlan, Couil, et Colstoune, quæ terræ aliaque immediate suprascripta dictæ baroniæ de Auchtercoull unitæ sunt :—A. E. 20s. N. E. 4l.—villam et terras de Eastoune, cum pendiculis ejusdem vocatis Knowhead et Indego, quæ fuere partes baroniæ de Aberzeldie, infra dictam parochiam de Tarlan in Cromarr :—A. E. 15s. N. E. 3l.—villam et terras de Lenturk cum maneriei loco ejusdem, Drumdarge, Claymilne, Newtoune, Bridgend, molendino de Len-

turk et terris molendinariis et communitate earundem, infra parochiam de Lochall, unitas in baroniam de Lenturk :—A. E. 4l. N. E. 16l.—burgum baroniæ de Reidfoord :—A. E. 6d. N. E. 2s. —burgum baroniæ de Tarlan :—E. ....quæ terræ, baroniæ, burga baroniæ, &c. erecta sunt in baroniam de Drum.—(Vide Kincardine.)   xlv. 546.

(499)   Jun. 19. 1696.

GULIELMUS BAIRD de Auchmedden, *hæres* Jacobi Baird junioris de Auchmeddan, filii Jacobi Baird junloris, et nepotis Domini Jacobi Baird de Auchmedden, *fratris germani*,—in terris et baronia de Auchmedden comprehendente villam et terras de Auchmedden cum pendiculo ejusdem vocato Lennrehouse, Glencuithill molendinum ejusdem;—villas et terras de Glenhouse, Kinbeinie, Litle-Byth cum pendiculo ejusdem vocato Easter Straquhaple, Claveriefaulds, et Towie ;—villas et terras de Pitmacaddell et Inshbrek, villas et terras de Pennan et Clintertie, cum lapicidiaria et lapicidia lie quarries et quarric heughs ejusdem, et cum portubus, cymbis, piscariis et piscationibus earundem, omnes in parochia de Aberdour et baronia de Auchmedden, unitis cum aliis terris in Banff in baroniam de Auchmedden.—A. E. .... N. E. 15l. 5s. *taxatæ wardæ*.—(Vide Banff.)   xlv. 845.

(500)   Oct. 7. 1696.

ALEXANDER FRAZER de Innerallachie, *hæres masculus* Simonis Frazer de Innerallachie, *patris*,—in terris de Innerallachie, cum molendino et piscatione alborum piscium, wrack et wair, et piscium esca in litore marino, infra parochiam de Rathen ;—villa et terris de Armabedie, cum pastura in et per terras et bondas de Carneglass, infra parochiam de Lemney, pro principali ;—villa et terris de Bonnzeattoum cum fullonum molendino, infra parochiam de Lemney, in warrantum terrarum de Innerallachie et Armabeddie, et villarum et terrarum de Carneglass, cum piscariis, villa piscatoria lie Fishertoune, portu et navium statione, infra parochiam de Lemney :—A. E. 3l. N. E. 12l.—omnibus unitis in baroniam de Innerallachie.   xlvi. 380.

(501)   Nov. 10. 1696.

JACOBUS COMES DE LINLITHGOW ET CALLANDER, *hæres* Georgii Comitis de Linlithgow, Domini Livingstoun, fratris natu maximi Alexandri Comitis de Callander, patris dicti Jacobi, *patrui*,—in tenemento terræ et hortis ejusdem infra burgum de Aberdeen :—E. ....turre, fortalicio, et maneriei loco baroniæ de Fyvie *alias* Fortmartine ;—tertia parte terrarum, dominii, regalitatis, et baroniæ de Fyvie *alias* Fortmartine, cum decimis ejusdem, viz. terris et terris dominicalibus de Fyvie ;—terris ab antiquo Burrowlands de Fyvie nuncupatis ;—molendino de Fyvie, Parkandiskie, Darnabo, Meikle et Litle Gourds (vel Gounds), molendino de Gourds, Stainmanhill cum molendino, Camelton et croftis ejusdem, Haddo de Fyvie ;—villa, monte et molendino de Pettie ;—molendino fullonio de Pettie ;—terris de Easterton, Westertoune, Jackstoun, Boighed, Cowhill ;—villa et terris de Rothiebisbane cum molendino, et jure patronatuum beneficiorum et capellaniarum, et nominatim altaris Sancti Niniani fundatæ infra ecclesiam Sancti Nicolai in Nova Aberdonia :—A. E. .... N. E. .... decimis garbalibus terrarum subscriptarum, viz. terrarum dominicalium de Fyvie, molendini, villæ et terrarum de Haddo ;—terrarum de Camelton, Burndeall, Woodend, Camellans, Meikle et Litle Gourds (vel Gounds), Ravenshill, molendini de Gourds (vel Gounds) ;—terrarum de Stainmanhill, et Darnabo ;—villæ et terrarum de Eastertone ;—villæ et terrarum de Pettie ;—Hill de Pettie, molendini granarii et molendini fullonis et terrarum molendinariarum ;—villæ et terrarum de Rothiebisbane, molendini et terrarum molendinariarum ejusdem ;—terrarum de Park et Tiftie, et Nordlands ;—villarum et terrarum de Waterstone *alias* Fyvielands, Jackstoun, Boighead, et Cowhill ;—villæ et terrarum de Machtrie et molendinorum ;—terrarum de Blacktrie et Badiesheills ;—Over et Nether Muirfudlands, Over et Nether Swanfoord ;—villæ et terrarum de Sapaich cum decimis garbalibus tertiæ partis terrarum molendinariarum ejusdem ;—terrarum de Kirktoune de Fyvie et molendini nuncupati Priorsmylne ;—croftarum et terrarum de Myriedykes et Bridgend, estimatarum ad 3 bovatas terrarum ;—molendini et 2 croftarum cum decimis garbalibus earundem ;—terrarum et baroniæ de Minnes comprehendentis villam et terras de Minnes, Coobridanoch cum molendino de Minnes ;—villæ molendini, terrarum molendinariarum cum astrictis multuris dictæ villæ et terrarum de Minnes, Coobridanoch, villæ molendini, terrarum molendinariarum ejusdem ;—astrictarum multurarum villæ et terrarum de Auchinloun et Tillivie, infra baroniam de Minnes per annexationem, cum jure patronatus ecclesiæ parochialis de Fyvie, decimis rectoriis et vicariis earundem : —A. E. 20s. N. E. 3l.—tenemento terræ in Veteri Aberdonia vulgo vocato the Chancellors lodging cum hortis, &c.—E. .... —(Vide Linlithgow, Edinburgh, Elgin et Forres, Fife.)   xlv. 926.

(502)   Nov. 24. 1696.

GULIELMUS JOHNSTOUNE, *hæres* Thomæ Johnstoune de

Craig, *fratris*,—in villa et terris de Litle Clintertie communiter vocatis Bishops Clintertie, infra shyram seu baroniam de Aberdeen et parochiam Sancti Macharii.—E. 20 *bollæ victualis*, &c. *feudifirmæ*.—(Vide Banff.)　　　xliv. 411.

(503)　　　Oct. 22. 1697.

THOMAS SHAND de Craig, *hæres* Gulielmi Shand de Craig, *fratris germani*,—in villis aliisque subscriptis, quæ sunt partes occidentalis umbralici dimidii liè Wester Sheddowhalf Forrestriæ aut baroniæ de Cordyce, viz. villis et terris de Bandindach (vel Badindach) et Begslies, cum molendinis granariis et Walkmilnes earundem ;—terris de Damgreen et Tilliriack (vel Tillicriach), cum terris de Pedemontis lie Foot of the Hill, partibus et pendiculis terrarum de Begueslies ;—villa et terris de Craigpleyhaugh et Woodland, cum pendiculis earundem vocatis Bognyoss (vel Boginjoss) ;—cum multuris omnium dictarum terrarum, astrictis multuris omnium terrarum Forrestriæ seu baroniæ de Cordyce, tam solaris quam umbralis dimidii, et speciatim cum multuris villarum et terrarum de Corsshills, Brighthills, Standingstones, Sleepiehillocks, et Overtoune de Dyce, infra parochiam de Dyce, et baroniam de Johnstone per annexationem ;—cum privilegio habere fewel et foggage ex occidentali dimidio mossæ de Badanire :—N. E. 75*l. taxatæ wardæ* :—villa et terris de Standingstones infra dictam parochiam de Dyce cum decimis :—N. E. 25*l. taxatæ wardæ* :—omnibus erectis in baroniam de Craig :—A. E. 5*l.* N. E. 100*l. taxatæ wardæ in integro* :—2 tenementis terræ, clausura, horto, et horreo in Veteri Aberdonia :—E. 18*s. firmæ* :—2 rigis ex orientali parte dictorum tenementorum et horti, cum communi pastura et focalibus super bondis maresii de Pervines.—E. 20*s. pro qualibet bolla* 2 *bollarum* 2 *firlotarum*, &c. *firmæ*.　　　xlvi. 869.

(504)　　　Dec. 24. 1697.

MAGISTER JACOBUS IRVING clericus vicecomitatus de Kincardine, filius natu maximus Roberti Irving in Seattoun, *hæres* Joannis Irving aliquando in Seattoun, *avi*,—in tenemento et horto in civitate Veteris Aberdoniæ et infra lie Chanrie ejusdem.—E. 26*s.* 8*d.* &c. *feudifirmæ*.　　　xlvi. 803.

(505)　　　Jan. 7. 1698.

ROBERTUS DUGUID de Auchinhoore (Auchinhoofe), *hæres masculus* Francisci Duguid de Auchinhoore (Auchinhoofe), *patris*,—in terris et baronia de Auchinhoore comprehendente villas, terras, et terras dominicales de Auchinhoof cum lacubus de Over Auchinhoof ;—villam et terras de Warthill, Tulloch, Whythouse, Blelack et Boigs ejusdem, Cairntoune et Boigs ejusdem, Greencoats, Badinle, et Marywells, infra parochiam de Lumphannan, unitas in baroniam de Auchinhoof :—A. E. 9*l.* N. E. 200*m. taxatæ wardæ* :—parte villæ et terrarum de Coull vocata Greencoats et Tillielair, infra parochias de Coull et Aboyne respective :—E. 5*m.* 5*s. feudifirmæ* :—villis et terris de Easter et Wester Kincraigies ordinarie vocatis Meikle et Litle Kincraigies, cum istis partibus vocatis Knowhead, Hillock et Boigloch, in parochia de Lumphanan et baronia de Aneill :—E. 5*l.* 13*s.* 4*d. feudifirmæ* :—unitis in baroniam de Auchinhoof.　　　xlvii. 21.

(506)　　　Feb. 4. 1698.

GULIELMUS LINDSAY de Culsh, *hæres* Gulielmi Lindsay de Culsh, *patris*,—in villis et terris de Culsh et Outsetts earundem vocatis Whytboig, cum pendiculo nuncupato Standingstaines, et molendino de Culsh, decimis garbalibus et rectoriis earundem, infra baroniam de Fedderat et parochiam de Newdeir *alias* vocatam Achteredie.—A. E. 40*s.* N. E. 9*l. taxatæ wardæ*.　　　xlvi. 808.

(507)　　　Feb. 23. 1698.

GULIELMUS SOUPER mercator de Aberdeen, *hæres* Joannis Souper mercatoris de Aberdeen, *patris*,—in riga terræ continente 12 ulnas in latitudine in orientali parte civitatis Veteris Aberdoniæ, cum privilegio effodiendi glebas ex Moss de Pervinnies, infra parochiam Sancti Macharis.—E. 40*s. feudifirmæ*.　　　xlvi. 891.

(508)　　　Apr. 27. 1698.

JOANNES TURNER de Kinminitie, *hæres* Joannis Turner mercatoris in Gedano seu Dantisco, filii .... Turner in ...., qui fuit frater .... Turner in ...., qui fuit pater Andreæ Turner patris dicti Joannis Turner de Kinminitie, *filii fratris avi*,—in binis 4 partibus villæ et terrarum de Kinminitie, cum pastura in forrestis de Birss, Glenaven, et Glencatt, infra parochiam de Birss.—E. 20*l. feudifirmæ*.　　　xlvii. 240.

(509)　　　Apr. 27. 1698.

ARTHURUS ROSS de Birsbeg, *hæres* Alexandri Ross de Birsbeg, *patris*,—in villa et terris de Birsbegg, cum pasturagiis infra forrestas de Birss, Glenaven et Glencatt, infra parochiam de Birss.—E. 12*l.* 18*s. feudifirmæ*.　　　xlvii. 257.

(510)　　　Jun. 22. 1698.

ALEXANDER GORDONE in civitate Veteris Aberdoniæ, filius

Magistri Thomæ Gordone in Kethocksmilne, *hæres* Georgii Gordone de Nether Bodome, *fratris germani*,—in villa et terris de Neather Boddome cum parte vocata the Bass ;—villa et terris de Over Boddom, infra parochiam de Insh, cum decimis.—A. E. 2*l.* N. E. 8*l.*　　　xlvii. 281.

(511)　　　Jul. 29. 1698.

JOANNA ROSS filia unica Georgii Ross mercatoris Aberdoniensis, *hæres* Joannis Ross nuper thesaurarii burgensis de Aberdein, *avi*,—in villa et terris de Litle Colp, infra baroniam de Balquhollie et parochiam de Tureff, redimendis per solutionem 2000*m.*—A. E. 1*m.* N. E. 4*m.*　　　xlvii. 590.

(512)　　　Oct. 5. 1698.

PATRICIUS BARCLAY *alias* GORDONE de Rothemay, et Toure, *hæres* Joannis Gordone de Rothemay, *patris*,—in annuo redditu 104*l.* correspondente 2600*m.* de villa et terris de Overtoune de Glenbucket et Fairntoull, infra parochiam de Glenbucket.—E. 1*d. albæ firmæ*.　　　xlvii. 657.

(513)　　　Nov. 23. 1698.

GULIELMUS FRAZER de Inverallachie, *hæres* Alexandri Fraser de Inverallachie, *fratris germani*,—in terris et baronia de Inverallachie cum molendino et astrictis multuris et piscariis, infra parochiam de Rothne ;—villa et terris de Armbodie infra parochiam de Loanmay, cum pastura per terras de Cairnglass, pro principali ;—villa et terris de Bonzatoune, infra dictam parochiam de Lonmay, in warrantum terrarum et baroniæ de Inverallachie et Armabedie, et in warrantum villarum et terrarum de Carnglass, omnibus unitis in baroniam de Inverallachie.—A. E. 3*l.* N. E. 12*l.*　　　xlvii. 884.

(514)　　　Feb. 1. 1699.

ROBERTUS SMITH, *hæres masculus* Roberti Smith in Knockhall, *patris*,—in annuo redditu 40*l.* correspondente 1000*m.* de villa et terris de Smiddieburne cum decimis, infra parochiam de Fyvie pro principali ;—et in warrantum earundem de villa, terris, et molendino de Midapties, infra dictam parochiam.—E. 1*d. albæ firmæ*.　　　xlvii. 751.

(515)　　　Feb. 24. 1699.

MAGISTER ROBERTUS BURNET de Sauchline (vel Sauchine) nuper minister verbi Dei apud ecclesiam de Banchrie-ternan, et nunc verbi Dei præco apud ecclesiam de Fintrie, *hæres* Thomæ Burnet de Sauchine, *patris*,—in villis et terris de Meikle Sauchine cum maneriei loco earundem, Over Sauchine, Muirtoune, et Dockewall, novo molendino, terris molendinariis, cum communi pastura dictarum terrarum infra forrestam de Corcecrynnie, infra parochiam et baroniam de Clunie.—E. 10*m. feudifirmæ*.　　　xlviii. 636.

(516)　　　Aug. 1. 1699.

THEODORUS MORISONE de Bognie, *hæres* Georgii Morisone de Bognie, *patris*,—in villis et terris de Bognies, Pennieburne, Comzies, et Pitfaucie, cum molendino et decimis dictarum terrarum ;—tertia parte illius glebarii vocati the Foggie moss, omnibus in parochia de Frendrought et parochia de Forgue ;—terris dominicalibus de Frendraught, maneriei loco earundem ;—molendino de Frendraught ;—villis et terris de Hisles, Halkhills, Backbogs, Cullyne, et Woodhead ;—villis et terris de Raich, Cramloch, glebario de Cramloch, Wolfholls, et Maltmansmyres ;—2 templi croftis de Forgue ;—burgo baroniæ ejusdem, cum patronatibus ecclesiarum de Forgue et Innerkeithney ;—decimis garbalibus et rectoriis omnium prædictarum terrarum in parochia de Forgue ;—superioritate et jure reversionis dictarum villarum et terrarum de Bognies, Coinzie, et Pitfawcie, molendini, et terrarum molendinariarum, et annui redditus 160*l.* de dictis terris ;—jure superioritatis et reversionis terrarum de Auchintinder, Boigfultoune, inferioris Comistrie, Corinehaugh, Litle Forgue, molendini de Forgue, Auchaber, Aucharnies, Templeland, Templefoord, Couland, Garrisburne, molendini de Couland et terrarum molendinariarum ejusdem, Bamshoill, Pardarge, Glenmelling, Balgavney, Garrisfoord et molendini ejusdem, cum decimis garbalibus dictarum terrarum ;—in villis et terris de Over et Midle Comisties ;—Over et Neather Allshallochs ;—molendino de Auchintinder ;—villa et terris de Muirtoune ;—molendino fullonis et crofta terræ ad idem spectante ;—terris ecclesiasticis de Forgue vulgo the Kirkland, cum decimis garbalibus, in parochia de Forgue, cum aliis terris in vicecomitatu de Banff.—A. E. 40*l.* N. E. 200*l. taxatæ wardæ*.—(Vide Banff.)　　　xlviii. 181.

(517)　　　Feb. 2. 1700.

GULIELMUS (vel ALEXANDER) MELDRUM de Hattoune, *hæres masculus* Gulielmi Meldrum de Hattoun, *unici fratris germani*,—in terris et baronia de Auchterless-Meldrum, particulares terras aliaque subscripta comprehendente, viz. terras dominicales de Auchterles ;—terras de Persinct, Smallburne, et Fluires, quæ sunt partes et pendicula terrarum dominicalium de Auchterles ;—terras de Cushnie et Knockleith cum molendino de Knockleith ;—Bruikhills, Backihills, Reidhill, Fisherfoord, Easter, Wester, et

I

Midle Lands de Blackfoord cum molendino ;—terras de Thomastoune, Oldlay, et Carridoune :—A. E. 20*l.* N. E. 80*m.*—annuo foro seu mercato vulgo vocato Donaldfair annuatim super dictas terras de Hattoun, cum custumis et proficuis eidem spectantibus ;—hepdomadario mercato super dictam dominicalem de Hattoun cum custumis :—A. E. 2 *asses* N. E. 8 *asses* :—infra baroniam de Auchterles. xlviii. 520.

(518) Feb. 7. 1700.
GEORGIUS LEITH de Overhall, *hæres* Roberti Leith de Overhall, *patris*,—in villa et terris de Hedderleick cum communitate, infra parochiam de Premnay :—E. 3*l. feudifirmæ* :—8 bovatis terrarum de Kirktoune de Premnay, infra baroniam de Culsamond et regalitatem de Lindores :—E. 7*m. firmæ* :—terris ecclesiasticis vocatis Kirkpleugh de Premnay infra parochiam de Premnay.—E. 5*m. feudifirmæ.* xlviii. 482.

(519) Mar. 14. 1700.
JACOBUS COMES DE SOUTHESK, Dominus Carnagie de Kinnaird et Leuchars, *hæres masculus et lineæ* Caroli Comitis de Southesk, Domini Carnagie de Kinnaird et Leuchars, *patris*,—in terris ecclesiasticis seu gleba ecclesiastica de Aboyn in parochia de Aboyn :—E. 4*l.* 13*s.* 4*d. feudifirmæ* :—in comitatu de Southesk et dominio de Carnagie.—(Vide Fife, Forfar, Kincardine.) xlviii. 679.

(520) Maii 10. 1700.
MAGISTER ALEXANDER DUMBAR, *hæres* Roberti Dumbar de Milne of Balcairn, *patris*,—in molendino et terris molendinariis de Balcairn, infra parochiam de Bethely, pro principali ;—villa et terris de Machterry, infra parochiam de Fyvie, in warrantum dicti molendini :—E. 6*s.* 8*d. feudifirmæ* :—villa et terris de Munkshill cum decimis, infra baroniam de Tarves et dominium de Aberbrothock.—E. 1*d. albæ firmæ.* xlix. 18.

OMISSA.

(521) Nov. 17. 1630.
JOANNES ANDERSOUN, *hæres* Gulielmi Andersone portionarii de Ardoyne, *patris*,—in terris 8 bovatarum villæ et terrarum de Ardoyne, infra parochiam de Oyne.—E. 13*s.* 4*d.* xii. 78.

(522) Ret. Oct. 12. 1642.
GILBERTUS MORTIMER, *hæres* Archibaldi Mortimer, *patris*, —in aratro terræ extendente ad 8 bovatas terrarum et villæ de Fintray *alias* vocato Stuckadaill.—A. E. 13*s.* 4*d.* N. E. 4*m.* xvii. 17.

(523) Apr. 25. 1643.
JACOBUS VICECOMES DE DUDOPE, Dominus Scrymgeour, *hæres masculus* Joannis Vicecomitis de Dudope, Domini Scrymgeour, *patris*,—in terris et baronia de Dundie continente inter alia terras de Sonahard et molendinum, cum advocatione ecclesiarum, &c.—A. E. 5*l.* N. E. 20*l.*—unitis cum aliis terris in Forfar, Fife, Perth, et Argyle in baroniam de Dundie.—(Vide Forfar, Fife, Perth, Argyle.) xvii. 160.

(524) Jun. 3. 1664.
ANNA FARQUHARSONE sponsa Davidis Farquharsone filii Magistri Jacobi Farquharsone de Whythous, *hæres* Roberti Farquarsone in Blair, *patris*,—in villa et terris de Muire, communi pastura et crofta de Ballater, infra parochias de Glenmuck et Tullich respective.—E. 1*d. albæ firmæ.* xliii. 415.

(525) Jun. 4. 1673.
ALEXANDER BRODIE de Lethin, *hæres* Alexandri Brodie de Lethin, *patris*,—in feudifirmis et aliis firmis de terris de Abbotishall et Candielands, de terris de Lichnott, et de mansione vulgo Mans de Allan, in villa de Allan in parochia de Allan, partibus dominii de Kinloss.—E. *totius baroniæ de Kinloss*, 200*l.*—(Vide Elgin et Forres, Nairn, Inverness, Ross, Bamf.) xxxi. 256.

(526) Oct. 7. 1675.
ROBERTUS COMES DE ROXBURGH, *hæres masculus et talliæ* Gulielmi Comitis de Roxburgh, Domini Ker de Cessfuird et Cavertoune, *patris*,—in terris, dominio, et baronia de Halyden, comprehendente inter alia terras ecclesiasticas ecclesiæ de Peterculter :—E. 10*l.*—decimas ecclesiæ de Peterculter cum aliis decimis.—E. 40*m.*—(Vide Roxburgh, Stirling, Linlithgow, Edinburgh, Selkirk, Berwick, Peebles, Dumfries, Lanark, Ayr, Haddington.) xxxii. 218.

SUPPLEMENTA

INQUISITIONES SPECIALES.

ABERDEEN.

(527)   Jan. 12. 1579.

JOHANNES GORDOUN, filius quondam Georgii Gordoun in Knokleyth, *hæres* Alexandri Gordoun burgensis de Abirdeen, *patrui,*—in octo bovatarum terrarum de Creichnalaid infra parochiam de Fyvie:—A. E. 10s. N. E. 40s.—terris de Rodgerseitt jacentibus ad umbram :—A. E. 20s. N. E. 4l.—dimidietate terrarum de Creichnalaid vocata the Overseitt of Creichnalaid, infra parochiam prædictam.—A. E. 20s. N. E. 4l.   A. 86.

(528)   Jan. (vel Feb.) 12. 1579.

ROBERTUS INNES de Innermarkie, *hæres* Alexandri Inness de Ardgrange, *patrui,*—in terris de Ardgrayne, Caldwallis et Peltaquhy, cum molendino granorum.—A. E ...... N. E. 12l. A. 95.

(529)   Oct. 4. 1580.

GEORGIUS KEYTH filius senior Willielmi Magistri Mariscalli, *hæres masculus* dicti Willelmi Keyth Magistri Mariscalli, *patris,*—in terris de Auchquhirtin, Strevy, Mylboy, villa ecclesiastica de Skeyne, cum crofto fabrili, et domo brasinæ vulgo Brewhous ejusdem, terris de Ledaucht, cum croftis pastoris Edwardi Mylfurd croftis vocatis ;—terris de Cardnie, Orde et monte de Kynmondy ;—terris de Wardes, in parochiis de Kyntor, Kynnellar, et Skeyne respective.—A. E. 9l. N. E. 36l.   A. 116.

(530)   Oct. 31. 1580.

ALEXANDER FORBES, *hæres* Patricii (vel Alexandri) Forbes de Carnehill, *patris,*—in solari dimidietate villæ et terrarum de Carnehill, (excepta pendicula nuncupata Badentuy), infra baroniam de Fintrayis.—A. E. 30d. N. E. 10s.   A. 120.

(531)   Mar. 18. 1580.

PATRICIUS CON, *hæres* Magistri Wilhelmi Con de Auchry, *patris,*—in tertia parte villæ et terrarum de Rothibirsbane infra parochiam de Fyvie, et tertia parte molendini ejusdem.—A. E. 6s. 8d. N. E. 26s. 8d.   A. 138.

(532)   Maii 13. 1581.

GEORGIUS MYDDILTOUN, *hæres* Henrici Myddiltoun in Clarkhill, *patris,*—in terris de Reidhill dominio de Fyvie hæreditarie incumbentibus, viz. de dualitate parte villæ et terrarum de Reidhill, in baronia de Auchterless, pro principali :—A. E. 20s. N. E. 3l.—terris de Pettie in baronia de Fyvie, in warrantum.—A. E. 40s. N. E. 6l.   A. 146.

(533)   Maii 13. 1581.

ALEXANDER SETOUN de Meldrum, *hæres* Wilhelmi Setoun de Meldrum, *patris,*—in solari dimidietate terrarum de Sauchok infra baroniam de Fyvie.—A. E. 40s. N. E. 8l.   A. 148.

Supp.

(534)   Maii 13. 1581.

ALEXANDER BURNET, *hæres* Thomæ Burnet de Gask, *patris,*—in terris de Gask ;—annuo redditu 13s. 4d. de terris de Balmalie.—A. E. 6l. 13s. 4d. N. E. 10l.   A. 149.

(535)   Aug. 19. 1581.

GEORGIUS BANERMAN, *hæres* Patricii Banerman filii quondam Alexandri Banerman de Wattirtoun, *fratris germani,*—in quarta parte terrarum de Litill Auchmacoy in parochia de Logy.—A. E. 6s. 8d. N. E. 26s. 8d.   A. 166.

(536)   Nov. 21. 1581.

JOANNES GORDOUN de Adiell, *hæres masculus* Georgii Gordoun de Geycht, *filii fratris,*—in terris et baronia de Schives cum superioritate.—A. E. 10l. 12s. 4d. N. E. 46l.   A. 182.

(537)   Nov. 29. 1581.

ALEXANDER BUCHAN, *hæres* Alexandri Buchan de Auchmacoy, *patris,*—in terris de Meikle Auchmacoy et Ockorne :—A. E. 4l. N. E. 20l.—Superioritate annui redditus 2 mercarum de bina parte terrarum de Saichlie, infra baroniam de Kynedwart.—E. 2m.   A. 185.

(538)   Nov. 29. 1581.

ALEXANDER BUCHAN, *hæres* Alexandri Buchan de Auchmacoy, *patris,*—in terris de Innertheirnie infra baroniam de Auchterless.—A. E. 3l. N. E. 12l.   A. 187.

(539)   Jun. 8. 1583.

JOANNES LUMSDEN, *hæres* Joannis Lumsden de Cuschney, *patris,*—in terris de Maidlairis, infra baroniam de Oneill ;—annuo redditu 6 mercarum de dictis terris nomine feudifirmæ.—E. 6 m.   A. 256.

(540)   Jul. 31. 1583.

GILBERTUS LEYTH, *hæres* Vilhelmi Leyth portionarii de Barnis, *patris,*—in dimidiatis terrarum de Barnis vocatarum manerie de Barnis ;—dimidiatis villæ et terrarum de Waistfeild ;—dimidiatis de Davakis ;—dimidiatis de Mylntoun ;—dimidiatis molendini ejusdem cum terris molendinariis ;—dimidietate terrarum de Bogis cum pertinentiis, viz. Blakboig, Hairboig, Mylnbog et Verdbog, infra regalitatem de Garzeaucht.—A. E. 3l. N. E. 12l.   A. 265.

(541)   Apr. 6. 1585.

ALEXANDER INNES de Cokistoun, *hæres talliæ seu provisionis* Roberti Innes filii naturalis Alexandri Innes de Ardgrane, *nepotis patrui,*—in terris de Tullymad, cum terris, rupibus et portis vocatis lie Bulrosbuquhan, cum piscationibus alborum piscium.—A. E. 3l. N. E. 10l.   B. 26.

(542) Oct. 5. 1585.
JOANNES LEYTHE, *hæres* Gilberti Leyth, *patris*,—in umbrali dimidietate villæ et terrarum de Newtoun, in parochia de Premnay infra baroniam de Barnis.—A. E. 8s. N. E. 32s. B. 35.

(543) Feb. 21. 1585.
WILLIELMUS FORBES, *hæres* Magistri Duncani Forbes de Monymusk, *patris*,—in terris seu loco de Monymusk :—E. 26l. 13s. 4d. *feudifirmæ:*—terris de Aberfurthak (vel Abersnethak) cum molendino, astrictis multuris et Knaifschip;—terris de Tombege;—terris de Dullab et Tulloquhery, in baronia de Monymusk, et regalitate ejusdem :—E. 43l. 15s.—terris seu tribus quarteriis villæ et terrarum de Inver, infra baroniam et parochiam de Monymusk :—E. 18l.—terris de Arduile (vel Ardinly) et Petmowine infra dominium et parochiam de Monymusk :—E. 24l.—molendino de Monymusk, cum terris molendinariis viz. seminatione 4 bollarum ordei de predictis terris de Ardnely (vel Arduile) cum astrictis multuris.—E. 5l. 6s. 8d. *feudifirmæ.*—(Vide Kincardine.) B. 39.

(544) Apr. 12. 1586.
ALEXANDER SPENS, *hæres* Joannis Spens de Boddum, *patris*,—in terris de Overboddum, Netherboddum et Carnestoun cum molendino, infra regalitatem de Garzeauche.—A. E. 40s. N. E. 8l. B. 63.

(545) Maii 12. 1586.
GEORGIUS COMES MARISCALLI, *hæres* Gulielmi Comitis Mariscalli, *avi*,—in terris de Eister Ardoch cum molendino, infra baroniam de Balhelvie.—A. E. 20s. N. E. 4l. B. 68.

(546) Jul. 30. 1586.
MAGISTER WALTERUS OGILVY, *hæres* Michaelis Ogilvy, *patris*,—in terris de Cultis cum molendino.—A. E. 20s. N. E. 6l. 13s. 4d. B. 82.

(547) Oct. 31. 1586.
JOANNES GORDOUN, *hæres* Patricii Gordoun de Brakay, *patris*,—in terris de Myditoun de Knokinblewis, Brakay, Glaschaw cum molendino et silva;—terris de Drumcrutten, infra dominium de Garzeauch.—A. E. 10s. N. E. 40s. B. 88.

(548) Feb. 16. 1586.
JOANNES LUMMISDEN de Tullecarne, *hæres masculus* Magistri Roberti Lummisden de Clovaych, *patrui*,—in superioritate villarum et terrarum de Auchinlek:—E. 6l. 13s. 8d. &c. *feudifirmæ:*—superioritate terrarum de Craigmiln, terrarum molendinariarum cum multuris et sequelis earundem, infra dominium de Deir.—E. 53s. 4d. &c. *feudifirmæ.* B. 91.

(549) Apr. 25. 1587.
PATRICIUS BARCLAY, *hæres* Walteri Barclay de Tolly, *patris*,—in terris . . . . Seggett cum molendino ;—terris maneriei de Tolly, cum turre, fortalicio et loco maneriei, molendino et multuris ;— . . . . terris de Tollyturnay, Poldoulsie, Wodtoun, Auldmylne ;—14 bovatis terrarum de Meikle Drumquhendle cum molendino ;—terris borealis dimidietatis terrarum . . . . .terrisque vocatis lie outsettis earundem ;—terris de Ardlean ;—terris de Auchroddie.—A. E. 20l. .... N. E. 80l. B. 99.

(550) Dec. 20. 1587.
GEORGIUS FORBES in Melgun, *hæres* Georgii Forbes in Melgun, *patris*,—in quarta et octava partibus villæ et terrarum de Glencarvie ad orientem, extendentibus ad duodecim bovatas terrarum, infra parochiam de Innernochtie et baroniam de Brux.—E. 5l. *feudifirmæ.* B. 125.

(551) Mar. 30. 1588.
ALEXANDER STRAQUHEN, *hæres* Joannis Straquhen, *patris*,—in terris et baronia de Lenturkis cum molendino, fortalicio, manerie, et palatio.—A. E. 4l. N. E. 16l. B. 140.

(552) Jun. 30. 1588.
JOANNES LEYTH, *hæres* Wilhelmi Leyth de Engerrak, *proavi*,—in crofto lie vocato the Tennent croft in Auld Lesley, infra regalitatem de Gariauch.—A. E. 5s. N. E. 20s. B. 151.

(553) Jul. 31. 1588.
PATRICIUS BARCLAY, *hæres* Walteri Barclay de Tolly, *patris*,—in terris de Craigismiln et Milnseitt, cum molendino, terris molendinariis et astrictis multuris, infra baroniam de Craigisfintray.—A. E. 20s. N. E. 4l. B. 153.

(554) Nov. 29. 1588.
PATRICIUS CHEYNE, *hæres* Patricii Cheyne de Essilmount, *patris*,—in piscaria quæ vocatur lie nynt fische piscationis de Ythan :—A. E. 4l. N. E. 16l.—piscaria super aqua de Ythan incipiente apud Macharfuird.—E. 30l. B. 165.

(555) Feb. 1. 1590.
DAVID KNOLLIS, *hæres* Alexandri Knollis junioris burgensis de Abirdene, *patris*,—in terris de Auldfauldis :—E. 4l. 2s. &c. *feudifirmæ:*—2 croftis lie Brewhous of Murthill :—E. 16s. &c. *feudifirmæ:*—terris de Newseitt, seu villa et terris de Bunzeall (vel Bingzeall) et Elystoun:—E. 3l. 8s. *feudifirmæ:*—infra schyram et baroniam de Murthill. B. 274.

(556) . . . . 1591.
. . . . *hæres* Willielmi Blakhall de Eodem, *filii patrui*,—in terris de . . . . infra regalitatem de Garzeauch ;—officio Coronatorls et Forestarii de Garzeoch.—A. E. 40s. N. E. 8l. C. 65.

(557) Jul. 31. 1592.
DAVID WRICHT, *hæres* Willielmi Wricht alias Torrie, *fratris germani*,—in 2 tenementis terrarum, hortis et caudis, jacentibus cohtigue in civitate Veteris Abirdoniæ :—E. 10s.—3 peciis terrarum seu croftis extendentibus ad 17 ulnas in latitudine, *in territoriis* occidentalibus Veteris Abirdoniæ, infra Episcopatum Abirdonensem.—E. 20s. 12nummi. C. 89.

(558) Jan. 9. 1592.
ROBERTUS HUNTER, *hæres* Alexandri Hunter de Tullihackie, *patris*,—in solari dimidietate villæ et terrarum de Tullihakeis, infra baroniam de Oneill.—E. 10s. *feudifirmæ.* C. 119.

(559) Mar. 15. 1592.
GEORGIUS MORTYMER, *hæres* Joannis Mortymer de Scheilfeild, *patris*,—in terris de Scheilfeild, infra baroniam de Craigiver.—A. E. 6s. 8d. N. E. 26s. 8d. C. 134.

(560) Maii 18. 1594.
ROBERTUS MAITLAND de Mouletie, *hæres* Jacobi Maitland de Mouletie . . . . . . terris de Mekill Auchorthie, infra baroniam de Fed . . . . A. E. 10s. N. E. 40s.—dimidietate dimidietatis solaris villæ et terrarum de . . . . Taartie, infra baroniam de Slains :—A. E. 5s. N. E. 20s.—tertia parte villæ et terrarum de Auchincruiff (vel Auchincreif) nuncupata Moulatie, infra baroniam de Schewis :—A. E. 5s. N. E. . . . . :—solari dimidietate villæ et terrarum de Netherhill de Savak, infra baroniam de Kellie.—A. E. 5s. N. E. 20s. C. 242.

(561) . . . . 10. 1594.
ROBERTUS . . . . *hæres provisionis et talliæ* Elizabethæ Lumisden . . . . . .—in terris de Auchinleck et Craigmilne . . . . . .
. . . . C. 269.

(562) Oct. 17. 1595.
GEORGIUS BANERMAN de Wattertoun, *hæres* Patricii Banerman, *fratris*,—in terris quarteriæ de Litill Auchmacoy in parochia de Logy.—A. E. 2m. N. E. 4m. D. 6.

(563) Jan. 3. 1595.
ALEXANDER LESLIE, *hæres* Wilhelmi Leslie burgensis olim de Innerourie, *fratris germani*,—in dimidietate umbrali dimedietatis umbralis villæ et terrarum de Barrauche, in parochia de Bourtie :—A. E. 10s. N. E. 40s.—1½ ruda terrarum jacentium in orientali territorio burgi de Innerourie ;—2 rudis terrarum in dicto orientali territorio dicti burgi ;—terris nuncupatis Castelhill et Castelzardis ex orientali parte dicti burgi de Innerourie.—A. E. 10s. N. E. 40s. D. 20.

(564) Jan. 13. 1595.
ALEXANDER TULLIDAFF de Raneistoun, *hæres* Alexandri Tullidaff de Raneiston, *avi*,—in terris de Raneistoun, in baronia de Tullidaff.—A. E. 40s. N. E. 8l. D. 21.

(565) Feb. 3. 1595.
. . . . CALDER, *hæres* Roberti Calder, *patris*,—in terris de Ower Petfoddellis et . . . . mogat (vel Carnagat), Nether Assuanlie, Eister Kinpark, cum dimidietate . . . . in baronia de Huntlie.—E. 10m. . . . . D. 26.

(566) Feb. 3. 1595.
METILDA *alias* MEAT IRVING, *hæres portionaria* Alexandri Irving, *avi*,—in terris de Lastis infra baroniam de Culter :—A. E. 9l. 10s. N. E. 12l. et 40s.—terris de Over et Nether Coutlauis et Robertstoun alienatis in warrantizationem terrarum de Lastis.—A. E. 9l. N. E. 36l. D. 27.

(567) Feb. 3. 1595.
MAGISTER WILHELMUS QUHYIT, *hæres* Joannis Quhyit in Ardlahie, *patris*,—in umbrali bina parte villæ et terrarum de Cowburtie, infra baroniam de Phillorthe.—E. 5l. 6s. 8d. *feudifirmæ.* D. 28.

(568) Mar. 22. 1595.
WILLIELMUS FORBES de Tolquhone, *hæres* Wilhelmi Forbes de Tolquhone, *patris*,—in terris et baronia de Tolquhone;—annuo redditu 20*s.* de molendino de Tiftus in baronia de Tolquhone.—A. E. 20*l.* N. E. 80*l.* D. 36.

(569) Nov. .... 1596.
PATRICIUS DOMINUS GLAMMISS, *hæres* Joannis Domini Glammiss, *patris*,—in terris et baronia de Belhelveis, cum tenandriis de Ardendracht et Collistoun :—A. E. 50*l.* N. E. 200*l.*—terris de Courtistoun et Drumgowane.—A. E. 13*l. 6s. 8d.* N. E. 53*l. 6s. 8d.*—(Vide Forfar, Perth.) D. 110.

(570) Jan. 23. 1597.
THOMAS MENGZEIS de Durne, *hæres* Magistri Thomæ Mengzeis de Durne, *patris*,—in piscaria dimidii retis de lie Raik et Stellis infra libertatem burgi de Aberdene, super aquam de Dee.—A. E. 5*s.* N. E. 20*s.* D. 176.

(571) Feb. 20. 1597.
DANIEL LESLIE, *hæres* Joannis Leslie, *patris*,—in 2 aratris terrarum de lie Mains de Drumbrek, in baronia de Drumbrek.—A. E. 20*s.* N. E. 4*l.* D. 179.

(572) Aug. 29. 1598.
PATRICIUS FORBES de Corss, *hæres* Wilhelmi Forbes de Corss, *patris*,—in terris de Oneill, viz. Cross, Kincraigie, Muirtoune, cum molendino et brasina, unitis in baroniam de Oneill :—E. 12*l.* cum 2 martis et 26*s. 8d. pro decimis secundis* :—terris ecclesiasticis de Kinkell, infra parochiam de Kinkell, et regalitatem Sancti Andreæ :—E. 7*l. 5s. 3d. feudifirmæ* :—terris medii aratri maneriei de Thainestoun, cum molendino et terris molendinariis dicto molendino incumbentibus.—A. E. 30*s.* N. E. 6*l.* D. 196.

(573) Aug. 29. 1598.
ROBERTUS RAMSAY, *hæres* Joannis Ramsay apud Templum de Abirdour, *patris*,—in terris ecclesiasticis et lie Gleib et Manso vicarii de Abirdour, et aliis terris eidem manso circumvicinis, ex boreali parte dictæ ecclesiæ juxta molendinum de Abirdour, infra diocesim de Aberdein.—E. 30*s.* D. 199.

(574) Oct. 3. 1598.
PATRICIUS LEITHE, *hæres masculus* Wilhelmi Leithe de Liklieheid, *patris*,—in quarta parte terrarum de Auchlevin ad umbram, cum quarta parte brasinæ, molendini, toftæ et croftæ ;—4 bovatis terrarum de Ardoyne et Buchanstoun, et crofta earundem apud molendinum de Buchanstoun ;—una bovata terrarum in Harlaw, in dominio de Gareoche :—A. E. 40*s.* N. E. 8*l.*—dualitate unius carucatæ, vulgariter the twa pairt of ane pleuche de lie Northtoune de Ardoyne, in regalitate de Gareoche.—A. E. 13*s. 4d.* N. E. 53*s. 4d.* D. 201.

(575) Mar. 31. 1599.
JOANNES FORBES *hæres* Joannis Forbes de Brux, *patris*,—in terris et baronia de Brux, molendino et multuris :—A. E. 14*l. 8s.* N. E. 57*l. 8s.*—dimidietate terrarum de Udoche ;—integris terris de Meikill Bythe ;—dimidietate terrarum de Litill Auchrye.—A. E. 3*l. 12s.* N. E. 14*l. 8s.* D. 215.

(576) Apr. 17. 1599.
THOMAS URQUHART, *hæres* Walteri Urquhart vicecomitis de Cromartie, *avi*,—in terris de Fischerie cum molendino earundem ;—terris de Faichfaulds, Clochcorbie ;—terris de Brae, Tillibo, Walk . . . . . ., infra baroniam de Fischerie.—A. E. 9*l.* N. E. 36*l.* D. 220.

(577) Maii 20. 1606.
JOANNES DOMINUS ABERNETHIE in Rothemay de Saltoun, *hæres* Alexandri Domini Abernethie in Rothemay de Saltoun, *avi*,—in terris et baronia de Lessindrum.—A. E. 7*l.* N. E. 28*l.*—(Vide Berwick, Haddingtoun.) E. 12.

(578) Apr. 10. 1610.
MAGISTER ROBERTUS GARDYNE de Blairtoun, *hæres* Magistri Thomæ Gardyne de Blairtoune, *patris*,—in terris seu crofta vocata Lochellis, cum lacu et maresio ejusdem eidem contigue adjacentibus, ex occidentali parte villæ civitatis Veteris Abirdoniæ.—E. 10*s. 6d. feudifirmæ* :—manso, loco et hospitio de Murthlak, cum clausura, domibus et horto, cauda seu crofta, infra Canoniam dictæ civitatis Veteris Abirdoniæ.—E. 6*s. 4d. feudifirmæ.* E. 22.

(579) Apr. 10. 1610.
MAGISTER ROBERTUS GAIRDYNE de Blairtoune, *hæres* Magistri Thomæ Gairdyne de Blairtoune, *patris*,—in terris villæ et terrarum ecclesiæ de Balhelvie vocatis Blairtoune, et molendino ejusdem cum terris molendinariis, infra parochiam de Balhelvie :—Supp.

E. 20*l. 6s. 8d. &c. feudifirmæ* :—domo habitationis seu manso quondam Rectoriæ de Balhelvie, cum area, horto et domibus, infra civitatem et Canoniam Veteris Abredoniæ.—E. 3*s. 4d. feudifirmæ.* E. 24.

(580) Maii 27. 1612.
ALEXANDER FORBES de Tollies, *hæres masculus* Alexandri Forbes feoditarii de Tollies, *patrui*,—in terris solaris dimidietatis villæ et terrarum de Fechlie et Sunabothe ;—terris de Sonnahard, cum molendino et multuris, infra dominium de Mar.—A. E. 40*s.* N. E. 8*l.* E. 170.

(581) Oct. 6. 1612.
WILHELMUS SETOUNE de Blair, *hæres* Wilhelmi Setoune de Blair, *patris*,—in terris dimidietatis terrarum de Kinguiddie ;—dimidietate molendini, terrarum molendinariarum et astrictarum multurarum, cum advocatione alternis vicibus capellaniarum fundatarum per quondam Wilhelmum et Henricum Leythis, apud altare Sancti Laurentii infra ecclesiam parochialem Beati Nicolai de Aberdeen.—A. E. 3*l.* N. E. 12*l.* E. 214.

(582) Oct. 31. 1612.
THOMAS FRASER de Strechin, *hæres masculus* Thomæ Fraser de Strechin, *patris*,—in terris et baronia de Strechin, præsertim in terris dominicalibus de Strechin, cum turre, fortalicio, hortis ejusdem ;—molendino granorum de Strechin, cum terris molendinariis et multuris ;—molendino fullonum de Strechin ;—terris et villis de Burrahill, Humleiskarne, Farniebray, Auchnary, Quhythill, Torquhat, Halkhill, Newhill, Broure ;—villis et terris de Newtoun de Strechin ;—novo molendino granario de Strechin noviter erecto ;—infra parochiam de Rethin, unitis et incorporatis in baroniam de Strechin.—A. E. 3*l.* N. E. 12*l.* E. 216.

(583) Apr. 9. 1613.
JOANNES COMES DE ROTHES, Dominus Leslie, &c. *hæres* Jacobi Magistri de Rothes, *fratris*,—in terris de Guisney, cum manerie, fortalicio, molendino, piscariis, advocatione ecclesiæ parochialis de Quisney et aliarum ecclesiarum earundem ;—terris de Carintulloch et Drumaquhalie cum molendino ;—terris de Tormel . . . . Hardbalinche ; . . . . terris de Balmatelzie (vel Balmacailzie) ;—terris de Knokthy ;—terris de Balchuny ;—terris de Thricbmidland (vel Crichquhidiland), cum molendinis :—A. E. 10*m.* N. E. 40*m.*—terris de Fulfuirt (vel Foulsmot) :—A. E. 20*s.* N. E. 50*s.*—terris de Rothonorman, Informantine, cum manerie, molendino, piscariis, advocatione ecclesiarum et capellaniarum :—A. E. . . . . N. E. . . . . . .—unitis cum aliis terris in baroniam de Ballinbreich.—(Vide Fife, Perth, Forfar, Kincardin, Elgin et Forres, Inverness.) F. 3.

(584) Apr. 30. 1613.
PATRICIUS DOMINUS SINCLAIR, *hæres* Jacobi Magistri de Sinclair, *patris*,—in terris et baronia de Newburgh, turre, maneriei loco, molendinis, terris molendinariis et multuris, advocatione capellæ de Newburgh, et piscationibus super aqua de Ythane tam per terram quam per mare :—A. E. 10*m.* N. E. 20*m.*—burgo de Newburgh, cum toftis, croftis et burrow ruiddis.—A. E. 5*m.* N. E. 10*m.* F. 20.

(585) Maii 18. 1613.
GULIELMUS TURING de Foverane, *hæres* Domini Gulielmi Turing de Foverane militis, *patris*,—in terris et baronia de Foverane, cum molendinis, piscationibus salmonum et alborum piscium infra dulces et salsas aquas dictæ baroniæ, et advocatione altaris Sancti Jacobi situati infra parochialem ecclesiam de Aberdeen ;—terris de Tillifour ;—terris de Tippertie de Watrischmure, pendiculis et pertinentiis præfatæ baroniæ de Foverane quamvis discontigue jaceant.—A. E. 20*l.* N. E. 80*l.* F. 48.

(586) Jun. 29. 1613.
JACOBUS LESLYE, *hæres* Walteri Leslie de Drumdolo, *patris*,—in tertia parte davatæ de Comalegye, viz. in media tertia parte terrarum et villarum de Comalegye, Begishill, Stanxfeild, Wadderburn, Brumhill, Cheppiltoun, Thomastoune ;—media tertia parte unius croftæ ubi quondam molendinum vocatum Lyonismill stetit, infra parochiam de Drumblait.—E. 40*s. feudifirmæ.* F. 64.

(587) Jul. 31. 1613.
WILLIELMUS GORDONE de Abirzeldie, *hæres* Alexandri Gordone de Abirzeldie, *patris*,—in terris de Stering cum pendiculis, viz. Lymnoe, Auldschillauche, Torrinschill, ceterisque pertinentiis earundem, extendentibus ad unam davatam terræ, infra dominium de Huntlie per annexationem :—A. E. 13*s. 4d.* N. E. 4*m.*—terris vocatis ly Lurgis tam in proprietate quam communitate, in baronia de Oneill infra parochiam de Migmar.—E. 41*s. feudifirmæ.* F. 82.

B

(588)   Sep. 15. 1613.

PATRICIUS FORBES, *hæres* Margaretæ Forbes sponsæ Jacobi Forbes de Lethintie, *matris*,—in superioritate terrarum de Lethintie cum molendino, infra parochiam de Logie-Durnoch.—A. E. 5*l*. N. E. 20*l*.   F. 94.

(589)   Oct. 5. 1613.

GILBERTUS HERVIE, *hæres* Jacobi Hervie advocati, *patris*,—in terris dominicalibus de Innerelloquhy ex australi parte torrentis de Ellachie, cum molendino, terris molendinariis et astrictis multuris integrarum terrarum de Innerelloquhy, infra baroniam ejusdem.—E. 10*m*. *feudifirmæ*.   F. 101.

(590)   Nov. 6. 1613.

JOANNES LESLIE, *hæres* Joannis Leslie portionarii de Buchanstoune, *avi*,—in terris de Buchanstoun et Ardoyne, extendentibus ad unum aratrum terrarum et villæ de Buchanstoun, et tertiam partem aratri villæ et terrarum de Ardoyne, infra regalitatem de Gareoche.—A. E. 6*s*. N. E. 24*s*.   F. 109.

(591)   Dec. 21. 1613.

ANDREAS HERVIE de Elrick, *hæres* Magistri Jacobi Hervie de Elrick, *patris*,—in terris de Tillimaid, Suailend, et Auld Gorbill, infra baroniam de Monycaback.—A. E. 45*s*. N. E. 9*l*.   F. 151.

(592)   Jul. 1. 1614.

GUILIELMUS DUIGUID de Auchinhuiff, *hæres masculus* Roberti Duguid de Auchinhuiff, *patris*,—in villis et terris de Ruthvenis Ower et Nether, Balnastraid, cum particula earundem vocata Levis ;—lacu et lie Boigis earundem :—manerie et loco habitationis de Ruthven ubi aliquando erat castrum seu turris ;—cum multuris et sequelis dictarum terrarum, infra dominium de Cromar.—E. 40*s*. *feudifirmæ*.   F. 224.

(593)   Jul. 24. 1650.

PATRICIUS GORDON, *hæres* Patricii Gordon de Gordonismyln, *avi*,—in villa et terris de Cottoun, cum novo molendino vulgo nuncupato Gordonsmylne, et crofta sub monte et crofta supra montem, vocatis lie Fold, lie Netherhauch et Inch, inter aquas de Don et lie Brayes ;—astrictis multuris villarum et terrarum de Cottoun, Capinstone alias Cabrastone, et croftarum seu riggarum

Veteris Aberdoniæ et territorii ejusdem, infra baroniam Veteris Aberdoniæ lie Schire nuncupatam, et parochiam Divi Macharii.—E. 12*l*. &c. *feudifirmæ*.   H. 148.

(594)   Feb. 7. 1651.

MAGISTER THOMAS LILIE, *hæres* Alexandri Lilie incolæ civitatis Veteris Aberdoniæ, *patris*,—in turre coronata vulgo nuncupata the South eist tour loci sive mansionis lie Chaplains Chambers ;—cum cubiculo et lie cellar ejusdem ;—lie toofall ex orientali ;—passagio ad hortum dictorum capellanorum, et clausura dicti loci;—cum horto lie Chaplains yaird vocato, in civitate Veteris Aberdoniæ ;—2 cubiculis dicti loci de lie Chaplains Chambers.—E. 6*s*. 8*d*. *feudifirmæ*.   H. 165.

(595)   Apr. 30. 1651.

GUILIELMUS JOHNSTONE burgensis de Aberdein, *hæres* Georgii Johnstone burgensis ibidem, *patris*,—in villis et terris de Midledisblair, Suittitoune (vel Soultitoune), Toup de Disblair, infra baroniam de Fintray et regalitatem de Lindoirs, cum decimis garbalibus inclusis :—E. 24*l*. 6*s*. *feudifirmæ* :—piscationibus salmonum piscium ad quondam Episcopos Aberdonenses, tam ratione decimarum quam temporalium jurium aut aliter spectantibus, infra piscationem de lie Cruiffis super aquam de Done, extendentium in numero ad sextum salmonum piscem, et septimum salmonum piscem cujuscunque generis piscium, viz. lie laxis, grilses et troutes, et aliorum piscium quorumcunque.—E. ....   H. 175.

(596)   Aug. 9. 1661.

PATRICIUS ANDERSON, *hæres* Roberti Anderson olim ballivi burgensis burgi de Kintor, *patris*,—in dimidietate villarum et terrarum de Calzeachie et Blairindinnie ;—dimidietate borealis dimidietatis terrarum de Towie ;—equali dimidietate alterius partis dictarum terrarum, infra parochiam de Clatt, et Episcopatum Aberdonensem.—A. E. ½*d*. N. E. 2*d*.   I. 2.

(597)   Feb. 25. 1676.

HELENA ET JOANNA SETONIS, *hæredes portionariæ* Georgii Setone in Aquhorsk, *patris*,—in uno aratro villæ et terrarum de Kinkell, in parochia de Kinkell :—E. quarta pars 7*l*. 5*s*. 3*d*. *feudifirmæ* :—quarta parte villæ et terrarum de Terriewaill, infra parochiam et baroniam de Skene.—E. 2*s*.   I. 72.

ARGYLL.

INDEX NOMINUM.

a

ARGYLL.

INDEX LOCORUM.

c

INQUISITIONES SPECIALES.

ARGYLL.

(1) Nov. 14. 1555.

GILBERTUS M'KELLAR, *hæres* Duncani M'Kellar de Ardare, *patris*,—in 2 mercatis terrarum de Ardare antiqui extentus, in balliatu de Glasso.—A. E. 2 *m*. N. E. 4 *m*. i. 161.

(2) Mar. 29. 1574.

DUNCANUS CAMPBELL, *hæres* Colini Campbell de Ormadell, *patris*,—in 20 libratis 6 solidatis et 8 denariatis terrarum de Stronkynknock, viz. terris de Ormadell ;—terris de Innerneilmoir ;—terris de Ardgaltybag et Balloch ;—terris de Ardintrayfe ;—terris de Larachbey ;—terris de Auchinteam ;—terris de Fornochie ;—terris de Cogache, et terris de Forlingmoir, cum insula de Ellengreig, et molendino, in dominio de Cowall :—A. E. 20*l*. 6*s*. 8*d*. N. E. 40*l*. 13*s*. 4*d*.—10 mercatis terrarum antiqui extentus de Auchatydirreif, et terris de Ardephuble.—A. E. 10 *m*. N. E. 20 *m*. i. 106.

(3) Apr. 30. 1589.

DUNCANUS M'ARTHOR, *hæres* Joannis M'Arthor, *patris*,—in 2 mercatis terrarum antiqui extentus de Auchanatryff, in baronia de Phantelane.—A. E. 2 *m*. N. E. 4 *m*. i. 75.

(4) Mar. 10. 1597.

JACOBUS LAWMOUND, *hæres talliæ* Roberti Lawmound de Inwiryn, *filii primogeniti*,—in terris et baronia de Inwiryn continente certas alias particulares terras, viz. 8 mercatas terrarum de Inwiryn ;—6 mercatas terrarum de Drummaglasne ;—5 mercatas terrarum de Achnasky ;—2 mercatas et dimidiam mercatam terrarum de Melloloche ;—2 mercatas et dimidiam mercatam terrarum de Achnaselloche et Dowglennan ;—3 mercatas terrarum de Craignavioche ;—6 mercatas terrarum de Stellage ;—8 mercatas terrarum de Ardlawmound ;—4 mercatas terrarum de Glennan ;—20 solidatas terrarum de Achnacorkbag ;—2 mercatas et dimidiam mercatam terrarum de Achnacorkmoir ;—6 mercatas terrarum de Dergbruch ;—4 mercatas terrarum de Askoge ;—4 mercatas terrarum de Achadalmorie ;—6 mercatas terrarum de Kilbryd ;—5 libratas terrarum de Corrow ;—8 mercatas terrarum de Kilmichaell ;—2 mercatas terrarum de duabus Brakleyis ;—2 mercatas terrarum de Kilmernok ;—2 mercatas terrarum de Knokdow ;—4 mercatas terrarum de Inwirkellan ;—4 mercatas terrarum de Strongerreg ;—2 mercatas terrarum de Gertinloish ;—5 mercatas terrarum de Trowster ;—5 mercatas terrarum de Colstoun et Strone ;—ac in terris de Ardcalmassoige, viz. 5 mercatis et dimidia mercata terrarum de duabus Carrikes ;—23 solidatis et 4 denariatis terrarum de Achnaba ;—50 solidatis terrarum de Ardnaherrere ;—3 mercatis terrarum de Kilmichellbeg ;—3 mercatis terrarum de Ballimoir ;—3 mercatis terrarum de Lyngartan ;—4 mercatis terrarum de Duncolgyn ;—4 mercatis terrarum de Blairbwy ;—3 mercatis et dimidia mercata terrarum de Dowpeny ;—4 mercatis terrarum de Monydrayne ;—3 mercatis terrarum de Druntycormig ;—2 mercatis terrarum de Fernoche ;—3 mercatis terrarum de Achachois ;—

6 mercatis terrarum de duabus Collards ;—8 mercatis terrarum de Achaphony ;—4 mercatis terrarum de Ardeyne ;—3 mercatis terrarum de Killynann ;—3 mercatis terrarum de Collaird-houstoun ;—4 mercatis terrarum de Achagyle, cum advocatione capellæ de Achagyle et molendino, in dominio et balliatu de Cowall, unitis et annexatis ex antiquo in baroniam de Inwiryne ;—5 mercatis terrarum de Eynachan antiqui extentus, in baronia de Strathlauchlan et dominio de Cowall.—A. E. 100*l*. et 37 *m*. N. E. 364 *m*. ii. 2.

(5) Dec. 3. 1599.

ALEXANDER CAMPBELL, *hæres* Caroli Campbell de Kylbryd, *patris*,—in annuo redditu 8 bollarum farinæ avenaticæ de terris de Ellerigmoir, extendentibus ad 6 mercatas terrarum in baronia de Glensero ;—annuo redditu 28 mercarum de dictis terris de Ellerigmoir ;—annuo redditu 24 librarum de dimidietate terrarum de Strondavane in Glendarowell ;—annuo redditu 24 bollarum farinæ avenaticæ de 6 mercatis 6 solidatis 8 denariatis terrarum de Killeane, in comitatu de Ergyle ;—annuo redditu 24 mercarum de 40 solidatis terrarum antiqui extentus de Innerchappell in Cowell ;—3 mercatis terrarum antiqui extentus de Cregane, in baronia de Straquhir :—A. E. 3 *m*. N. E. 12 *m*.—annuo redditu 12 mercarum de 4 mercatis terrarum de Ardnadam, jacentibus in Cowell. ii. 38.

(6) Dec. 3. 1599.

ARCHIBALDUS CAMPBELL, *hæres* Duncani Campbell de Ennathane, *patris*,—in pecia terræ vocata Aiker-Indeor extendente ad dimidiam mercatam terræ, jacente in terris de Ballemoir, dominio de Otter et balliatu de Cowell, cum pasturagio 10 vaccarum, 10 ovium et unius equæ cum suo pullo equino, in dictis terris de Ballemoir de Otter.—A. E. 6*s*. 8*d*. N. E. 26*s*. 8*d*.—Annuo redditu 10 librarum de 40 solidatis terrarum de Slelag, in Cowell. ii. 39.

(7) Apr. 1. 1603.

HECTOR M'CLAYNE de Dowart, *hæres* Hectoris M'Clayne, *avi*,—in terris de Torosay cum castro et molendino ;—terris de Brolos ;—8 mercatis terrarum in Ardinamachburg, Glenkynnuir, Gomodra, Tresins, jacentibus in Mule ;—Galgray (vel Collogray), Inewry, Colleochlag, Sonepoil, Kilchreis, Pennomoir, Ardorenis, jacentibus in Morevis ;—Mandulon, Crossipoill, et Heren jacentibus in Terrigh, cum officio balliatus de Terrigh ;—Kearnburgh cum insulis ejusdem ;—Dunchonill cum insulis ejusdem, et Molway, jacentibus in Skarby ;—Troig, Ruangell, Glehamuk, Ardskalenis, Caunis, Egistill, Ardvegnis, jacentibus in Iuray ;—Downanultache, Ranachan, (vel Ranaquhan,) Achytymolen, jacentibus in Knapdaill ;—Torrislay (vel Torrisay) jacentibus in Illay, infra vicecomitatum de Tarbirt, cum quibusdam aliis terris in vicecomitatu de Inverness.—A. E. 228 *m*. N. E. 114 *m*.—(Vide Inverness.) iii. 18.

(8) Feb. 9. 1605.

MARGARETA REID, *hæres portionaria* Adami Reid de Bar-

A

skymming, *patris*,—in 4 mercatis terrarum de Arcarden ;—20 mercatis terrarum de Glencarden, Auchinsoule ;...............Ranedoch, Auchinbreik, Kerrenassie, Auchinreoch, Corremaktoun, et Cardoll, jacentibus proxime dictis 4 mercatis terrarum de Arcraden, omnibus antiqui extentus, cum insula de Rauchrie, castro et piscatione ejusdem, in dominio de North Kintyre, et vicecomitatu de Tarbert.—A. E. 9*l.* N. E. 27*l.* iii. 119.

(9) Feb. 9. 1605.
JONETA REID, *hæres portionaria* ejusdem Adami Reid, *patris*, —in terris predictis. iii. 120.

(10) Feb. 9. 1605.
HUGO WALLACE de Auchinveit, *hæres portionarius* ejusdem Adami Reid, *avi ex parte matris*,—in terris prædictis. iii. 120.

(11) Feb. 9. 1605.
JOANNES SPOTTISWODE de Foular, *hæres portionarius* Adami Reid de Barskymming, *avi ex parte matris*,—in terris prædictis. iii. 120.

(12) Sep. 5. 1609.
COLINUS CAMPBELL de Ormadill, *hæres* Duncani Campbell de Ormadill, *patris*,—in 20 libratis 6 solidatis et 8 denariatis terrarum antiqui extentus de Stronkinknok, viz. terris de Ormadill;— terris de Innerneillmoir ;—terris de Ardgalcraig (Ardgaltibag), et Balloch ;—terris de Ardintray ;—terris de Larochbwoy ;—terris de Auchintean ;—terris de Fernoche ;—terris de Nogache ;—terris de Feorlingmoir, cum insula de Illangrig, et ceteris insulis ad prefatas terras pertinentibus, in Cowell :—A. E. 20*l.* 6*s.* 8*d.* N. E. 40*l.* 13*s.* 4*d.*—10 mercatis terrarum antiqui extentus de Auchtyderryf et Ardephubill, jacentibus ut præscribitur.—A. E. 10 *m.* N. E. 20 *m.* iv. 293.

(13) Sep. 5. 1609.
MAGISTER JOANNES CAMPBELL, *hæres* Nigelli Campbell rectoris de Cregins, *patrui* ;—in 20 solidatis terrarum de Largalagane, in baronia de Cregins :—A. E. 20*s.* N. E. 40*s.*—Annuo redditu 9 bollarum farinæ de 40 solidatis terrarum de Stronesker, in baronia de Glasrie. iv. 298.

(14) Oct. 21. 1613.
HECTOR M^cNEILL, *hæres* Nigelli McNeill de Thaynis, *patris*, —in 20 solidatis terrarum antiqui extentus nuncupatis insula de Gyghay, cum decimis, in vicecomitatu de Tarbert.—A. E. 20*l.* N. E. 60*l.* vi. 9.

(15) Jul. 1. 1615.
HECTOR M^cCLEANE de Lochbowie, *hæres* Murdochi McCleane de Lochbowie, *proavi*,—in terris de Molorowis subscriptis, viz. 1 denariata terræ de Moy, cum lacu de Lochbowie;—denariata terræ de Ardnesaldyne ;—denariata terræ de Drumnachym ;—denariata terræ de Kowillay ;—obulata terræ de Garmowin ;—obulata terræ de Barchancroman ;—denariata terræ de Chanlochspelow ;—obulata terræ de Inredill ;—denariata terræ de Debedill, et Deisgaig ; —2 denariatis terrarum de Lagane ;—denariata terræ de Camroyne, (vel Camioune) ;—obulata terræ de Croft ;—denariata terræ de Glenbair ;—obulata terræ de Ennegarg ;—denariata terræ de Rossell, et obulata terræ de Darnakowlane ;—in terris de Ardmanauch, continentibus denariatam terræ de Cayoboll ;—terras de Kilcherne ; —denariatam terræ de Kaylemore ;—denariatam terræ de Scrabow ; —denariatam et obulatam terræ de Cayrorand ;—obulatam terræ de Breache ;—2 denariatas terrarum de Knockroy ;—denariatam et obulatam terræ de Sondconnell ;—denariatam terræ de Camys ; —in terris de Glensossy, continentibus 2 denariatas terrarum de Gronding ;—denariatam terræ de Calchele ;—denariatam terræ de Kelbeg ;—denariatam terræ de Geddiel ;—obulatam terræ de Chowonre ;—denariatam terræ de Bryadillis ;—fardingland terrarum de Conslebeg ;—denariatam terræ de Rousillis ;—denariatam terræ de Corauche ;—denariatam terræ de Pengowne ;—denariatam terræ de Lettirardnacreill ;—denariatam terræ de Fynschenis ;—denariatam terræ de Laythrikill ;—denariatam terræ de Garmoun ;—denariatam terræ de Skalestilmoir ;—denariatam terræ de Skalestilbeg, · in insula de Mowyll, infra vicecomitatum de Tarbet ;—in 2 mercatis et dimidia mercata terrarum de Ardlysay et Knokinsawill, in insula de Juray ;—denariata terræ de Kylymoir in Scarba extendente ad 2 mercatas terrarum ;—denariata terræ de Longa, in dicto vicecomitatu de Tarbet, cum quibusdam aliis terris in vicecomitatu de Inverness unitis in baroniam de Moy.—A. E. 80 *m.* N. E. 160 *m.*— (Vide Inverness.) vi. 79.

(16) Jul. 1. 1615.
HECTOR MAKCLEANE de Dowart, *hæres masculus* Hectoris Makcleane de Dowart, *avi*,—in terris et baronia de Dowart continente terras de Torresay, cum castro de Dowart et molendino ;— terras de Brolos ;—8 mercatis terrarum jacentibus in Ardmannach-

burg ;—Glenkynneir, Gomadra, Creseins, jacentes in Mull ;— Collogray, Ineway, Caliochlag, Sonepoile, Gilchrist, Penemore, Arderenis, jacentes in Moreins ;—Mandalon, Crossipoill et Heren, jacentes in Tierig, cum officio balliatus de Tierig ;—Kearnaburgh cum insula ejusdem ;—Dunchonaill cum insula ejusdem et Molvay (Molbuy), jacentes in Skarbay ;—Troaig, Owanagell, Glennamuk, Ardskaleins, Cammus, Egistill, Andnagenil, jacentes in Dowray ;— Downamultich, Ranaquhan, Aithtay et molendino, jacentes in Knapdale ;—Torlissay in Ilay, infra vicecomitatum de Tarbet :—in 20 libratis terrarum antiqui extentus subscriptis, viz. terris de Oistwmull, Cortomoir, Kilmichael, Ardnaleig ;—terris de duobus Fannemoreis, Torlosk, Cascair, Ardesgany, Burgbeg, Burgmoir, Rewdill, Glekewgary, Ewinsay, Crossopolle, Langavill, Knokawy, Kildavy, Drumgiga, Duchoren, Dromolkyn (vel Aroniokyn), Tunadill cum molendino et piscatione, jacentibus in insula de Mull et infra vicecomitatum de Tarbet :—20 libratis 6 solidatis et 8 denariatis terrarum antiqui extentus subsequentibus, viz. quarteria terrarum de Schynnerl ;—quarteria terrarum de Coull ;—quarteria terrarum de Archalich et Foirland ;—quarteria terrarum de Corspellan ;— quarteria terrarum de Garrinsay et Kilvallan ;—quarteria terrarum de Garbols, et Duach ;—quarteria terrarum de Dall ;—quarteria terrarum de Robols et Kepols ;—quarteria terrarum de Skanlastill ; —quarteria terrarum de Killilegan et Skanlastill ;—dimidietate octavæ partis terrarum de Megiene ;—dimidietate octavæ partis terrarum de Owo, et octavæ partis terrarum de Bow (vel Bols) et 6 solidatarum et 8 denariatarum terrarum de Skanlastill cum molendino, in insula de Ilay et vicecomitatu de Tarbert, annexatis ad baroniam de Dowart.—Terris de Ulway, Lagan, Walsagaray, infra vicecomitatum de Tarbert, extendentibus per se ad 20 mercatas terrarum antiqui extentus, cum quibusdam aliis terris in vicecomitatu de Inverness.—A. E. 194 *m.* 6*s.* 8*d.* N. E. 389 *m.*—(Vide Inverness.) vi. 114.

(17) Oct. 31. 1615.
MAGISTER PATRICIUS M^cLAUCHLANE, *hæres* Magistri Nigelli McLauchlane, *patris*,—in terris de Kilbrydbeg, in parochia de Kilbrandan in Sele.—E. 6*s.* vi. 231.

(18) Apr. 19. 1617.
JOHANNES M^cDOUGALL de Ragray, *hæres* Allani McDougall de Ragray, *patris*,—in annuo redditu 300 mercarum de 8 mercatis terrarum de Ballegown, in dominio de Lorne ;—annuo redditu 100 librarum de 4 mercatis terrarum de Knepoche, in dicto dominio. vii. 65.

(19) Apr. 19. 1617.
JOANNES M^cDOUGALL de Ragra, *hæres* Alexandri McDougall, *fratris*,—in annuo redditu 100 mercarum de 6 mercatis terrarum antiqui extentus de Dowacha, in dominio de Lorne ;—annuo redditu 100 mercarum de prænominatis 6 mercatis terrarum de Dowacha ;—annuo redditu 70 mercarum de dictis 6 mercatis terrarum de Dowacha ;—annuo redditu 83*l.* 6*s.* 8*d.* de antedictis 6 mercatis terrarum de Dowacha. vii. 65.

(20) Mar. 30. 1619.
JOANNES M^cCONNELL, *hæres* Archibaldi McConnell qui fuit filius naturalis quondam Angusii McConnell de Dunavaig, *patris*,— in 20 libratis terrarum de Geya, viz. Cammeraroch, Tarbert, Ardclachhay, Ardeglommies, Chancereoch, Laynie, Kilchatehen, Ardewegenis, Drumgounmor, Drumgounbeg, Saule et Drumcro :— A. E. 20*l.* N. E. 60*l.*—16 mercatis terrarum in Kyntyre, viz. Mancharrechamis, Clachkeill, Craiglilligellie, Darrarichane et Lesmerk : —A. E. 16 *m.* N. E. 48 *m.*—5 mercatis terrarum in Ila nuncupatis Knokrainsalle, Ardararicht, Ardalysyne et Argarey :—A. E. 5 *m.* N. E. 15 *m.*—8 mercatis terrarum in Knapdaill vocatis Kilcammak, Gartnagreanauch, Muchtre, cum Tossochdoir totius Kintyre et Mulle, usque ad Altasynnoche, infra vicecomitatum de Tarbet : —A. E. 8 *m.* N. E. 24 *m.*—Unitis in baroniam de Geya. vii. 117.

(21) Dec. 16. 1619.
ARCHIBALDUS OIG M^cCONNELL, *hæres* Archibaldi McConnell alias Angusii Elochsoun de Macrereache, *avi*,—in terris Sancti Niniani de Kyntyre, viz. 6 mercatis terrarum de Macrereache cum tuguriis ;—5 mercatis terrarum de Blasteill et Edoun ; —20 solidatis terrarum de Knokmorill ;—20 solidatis terrarum de Kilmoseuchan ;—mercata terrarum de Pendlachna ;—mercata terrarum de Pendunserak ;—20 solidatis terrarum de Auchroy ;—20 solidatis terrarum insulæ de Sanda ;—3 mercatis terrarum de Ballenagregan, et 2 mercatis terrarum de Drummoir, extendentibus insimul ad 16 libratas terrarum antiqui extentus in Kyntyre.—E. 20*l.* vii. 213.

(22) Maii 10. 1620.
ARCHIBALDUS CAMPBELL de Kilmun, *hæres* Archibaldi Campbell præpositi de Kilmun, *patris*,—in terris de Kilchammag et Gartnagranich extendentibus ad 8 mercatas terrarum antiqui

extentus, in dominio de Knapdaill, infra vicecomitatum de Tarbert :—A. E. 8 *m.* N. E. 24 *m.*—Terris de Cwir et Suynnadill extendentibus ad 4 mercatas terrarum antiqui extentus, in parochia de Killean :—E. 3*l.*—2 mercatis terrarum antiqui extentus de Gartavaich :—E. 10*l.* 13s. 4*d.* &c.—4 mercatis terrarum antiqui extentus de Arievoir et Kamcraig, in parochia de Skippeneische.—E. 20 *m.* &c. viii. 59.

(23) Jul. 22. 1620.
DOMINUS DOWGALDUS CAMPBELL de Auchinbrek miles, *hæres* Dowgaldi Campbell de Kilmichael, *patrui,*—in terris de Auchinbrek cum molendino ;—terris de Camquhort ;—terris de Stronfyane ;—terris nuncupatis Halfpennyhill ;—terris de Knokmeling et Stelag, in dominio de Cowell.—A. E. 17*l.* N. E. 34*l.* vii. 216.

(24) Feb. 26. 1621.
DUNCANUS CAMPBELL de Innerliver, *hæres* Duncani Campbell de Inverliver, *avi,*—in terris de Inverlivermoir, Innerliverbeg, Arevekanereich, Corredowlachane, Arechames, Arenachtoun, extendentibus ad 16 mercatas terrarum antiqui extentus ;—molendino de Inverliver :—E. 16 *m.*—Terris de Torranbeg, in dominio de Lochaw :—E. 40s.—Terris de Tulloche, Glenmoir, Aryloisk, Doweg, Glenbag et Barbey extendentibus ad 12 mercatas terrarum antiqui extentus in dominio de Melphort, cum officiis ballivatus seu senescallatus et mauriatus terrarum de Melphort, inter merchias et metas de Lorne et Cregins.—E. 12 *m.* viii. 234.

(25) Maii 3. 1621.
JACOBUS COMES DE ABIRCORNE, Dominus Payslay et Kilpatrick &c. *hæres* Claudii Domini Paislay, *avi,*—in dominio et baronia de Paislay comprehendente annuum redditum 40 solidorum de terris de Kirklandis de Killenane ;—annuum redditum 40 solidorum de terris de Stralachlane, in Argyle ;—decimas garbales ecclesiarum parochialium et parochiarum de Kilculmannell et Kilkerane in Kintyre, in vicecomitatu de Tarbert, Killenan in Argyle, cum advocatione predictarum ecclesiarum, et quibusdam terris in vicecomitatibus de Renfrew, Ayr, Dunbarton, Peebles, Roxburgh, Lanark, Haddington, Berwick et Bute.—E. 133*l.* 6s. 8*d.*—(Vide Renfrew, Ayr, Dumbarton, Peebles, Roxburgh, Lanark, Haddington, Berwick, Bute.) vii. 325.

(26) Nov. 22. 1626.
MAGISTRA ELIZABETHA CAMPBELL, *hæres portionaria* Domini Duncani Campbell militis, proavi quondam Domini Hugonis Campbell militis, proavi quondam Domini Georgii Campbell de Lowdon militis, proavi quondam Domini Mathei Campbell de Loudon militis, *proavi* dictæ Elizabethæ, qui obiit ad fidem Davidis Bruce Scotorum Regis,—in dimidietate terrarum de Bendirdalloch, cum tenandria de Gilcalme et Gilleavin, extendente ad 46 libratas 16 solidatas 3 denariatas terrarum antiqui extentus.—A. E. 23*l.* 8s. 2*d.* N. E. 93*l.* 13s. ix. 287.

(27) Nov. 22. 1626.
DOMINA MARGARETA CAMBBELL sponsa Joannis Domini Loudon, *hæres portionaria* Domini Duncani Campbell militis, proavi quondam Domini Hugonis Campbell militis, proavi quondam Domini Georgii Campbell de Loudon militis, proavi quondam Domini Mathei Campbell de Loudon militis, *proavi* dictæ Margaretæ ;—in dimidietate terrarum prædictarum.—A. E. 23*l.* 8s. 2*d.* N. E. 93*l.* 13s. ix. 287.

(28) Mar. 21. 1627.
THOMAS M'CAWIS, *hæres* Joannis M'Cawis, *filii fratris avi,*—in 2 mercatis et dimidia mercata terrarum de Leanach, in baronia de Straithlaffin ;—molendino de Straithlaffin, in dominio de Cowall ;—dimidietate siccæ multuræ ejusdem ac domo et gleba terræ, cum pastura 2 vaccarum in terris de Garvalt dicto molendino spectantibus :—E. 10 *m.* &c.—Officio balliatus seu senescallatus 40 mercatarum terrarum de Strathlaffin, in Cowall.—A. E. 6s. 8*d.* N. E. 13s. 4*d.* ix. 298.

(29) Jul. 3. 1627.
ALEXANDER M'CONNEL, *hæres* Archibaldi Mak-Connell de Largie, *patris,*—in 3 mercatis terrarum de Carnbeg et Litil Corschelach ;—4 mercatis terrarum de Carnemoir et Mekil Corschaloch ;—4 mercatis terrarum de Bramchein ;—4 mercatis terrarum de Kilmichaell ;—4 mercatis terrarum de Shedrall ;—3 mercatis terrarum de Leranhuncheoun, (vel Lorgnahuncheoun) ;—6 mercatis terrarum de Rownahevin ;—2 mercatis terrarum de Schelag et Narrachan ;—3 mercatis terrarum de Dunnaschery ;—4 mercatis terrarum de Ullodil ;—2 mercatis terrarum dc Ballachgarin ;—2 mercatis terrarum de Beanchar ;—4 mercatis terrarum de Beanchinenach ;—2 mercatis terrarum de Clachag ;—1 mercata terræ de Blarie ;—4 mercatis terrarum de Rannochan ;—3 mercatis terrarum de Kallepuill ;—E. 285 *m.*—4 mercatis terrarum de Gortynnevaill,

in dominio de boreali Kintyre et infra vicecomitatum de Tarbet ; unitis in tenandriam de Largie.—E. 4*l.* &c. et 6 *m.* in augmentationem. x. 1.

(30) Jul. 21. 1627.
ALEXANDER CAMPBELL, *hæres* Joannis Episcopi Lesmorensis seu Ergadiæ, *patris,*—in 2 mercatis terrarum antiqui extentus de Ardari, in dominio de Glasrie :—A. E. 2 *m.* N. E. 8 *m.*—3 mercatis et dimidia mercata terrarum antiqui extentus de Lergineddir nuncupato Lergi M'Kessaig, jacentibus in Ardskeonis :—E. 3*l.* &c.—3 mercatis et dimidia mercata terrarum de Lergie Over, jacentibus in Ardskeonis :—E. 20s. &c.—3 denariatis terrarum de Kilmwne, Downynveran et Narrachan, jacentibus in Glendoan ad Lochawichsyd.—E. 9*l.* 6s. 8*d.* &c. ix. 295.

(31) Jul. 21. 1627.
ALEXANDER CAMPBELL, *hæres* Magistri Nigelli Campbell, *avi,*—in 3 mercatis terrarum antiqui extentus de Aucheynd, in baronia de Ardskeonis, cum officio ballivatus prædictarum terrarum :—E. 8*l.* 3s. 4*d.*—5 libratis terrarum antiqui extentus de Kilmartein, in Ardskeonis, viz. 3 mercatis terrarum de Glencairnan ;—3 mercatis terrarum de Fernach ;—20 solidatis terrarum de Laggan ;—officio balliatus prædictarum terrarum ;—gleba terræ vocata The Clerks Aiker ;—omnibus tenementis villæ nuncupatæ Clachan de Kilmartein tam domibus quam hortis, jacentibus in Ardskeonis :—E. 24 Bollæ victualium :—4 mercatis terrarum antiqui extentus de Ormag, jacentibus ut prædicitur.—E. 4 *m.* ix. 297.

(32) Oct. 2. 1627.
DUNCANUS CAMPBELL, *hæres* Angusii Campbell de Innerliver, *patris,*—in terris de Duchray extendentibus ad 20 solidatas terrarum, infra dominium de Ardskeonis.—A. E. 20s. N. E. 40s. ix. 299.

(33) Mar. 25. 1628.
JOANNES M'BEATH, *hæres* Fergusii M'Beath de Ballinab, *patris,*—in 2 mercatis et 10 solidatis terrarum de Ballenab ;—6 solidatis et 8 denariatis terrarum de Areset :—E. 12s. 10 oboli argenti, &c.—16 solidatis 8 denariatis terrarum de Howe :—E. 8s. &c.—Dimidia mercata terrarum de Saligo, in insula de Yla et vicecomitatu de Tarbet.—E. 2s. 10*d.* &c. x. 88.

(34) Dec. 5. 1628.
ARCHIBALDUS CAMPBELL de Croachan, *hæres* Archibaldi Campbell de Lochinnell, *avi,*—in 5 denariatis terrarum antiqui extentus de Auchincloche, cum insula in mari et lacubus, in terris olim ad monasterium de Inchechaffray pertinentibus.—E. 40s. et 3s. 4*d.* in augmentationem. x. 264.

(35) Mar. 31. 1629.
ARCHIBALDUS M'NIELL, *hæres* Nigelli Oig M'Neill, *patris,*—in 2 mercatis terrarum antiqui extentus de Stwkkis ;—molendino de Inneronych, in balliatu de Ower Cowell.—E. 8*l.* &c. xi. 93.

(36) Jan. 29. 1630.
DONALDUS MAKQUOYRIE in Ulway, *hæres* Hectoris Makquoyre in Ulway, *avi,*—in denariata et dimidia denariata terræ de Carnacallich ;—denariata terræ de Noyak ;—dimidia denariata terræ de Ormakbeig ;—denariata terræ de Ormakmoir ;—denariata terræ de Craigaik ;—denariata terræ de Kilvcewyn ;—denariata terræ de Golisarimoir ;—denariata terræ de Glakingradin ;—denariata terræ de Ballegartney ;—quarta parte denariatæ terræ de Callecharran ;—dimidia denariata terræ de Bearins ;—denariata terræ de Cowll ;—denariata terræ de Abos ;—tribus quartis partibus denariatæ terræ de Soribie ;—tribus quartis partibus de Ferrineynardo ;—denariata terræ de Ardali, in insula de Ulway ;—insula de Staffa extendente ad quartam partem denariatæ terræ ;—tribus quartis partibus denariatæ terræ de Drissak ;—tribus quartis partibus denariatæ terræ de Kowlmwllyn ;—dimidia denariata terræ de Pemnisauych ;—denariata terræ de Rowaik ;—denariata terræ de Glenmakquhoyrie, in insula de Mwll, infra vicecomitatum de Tarbert.—A. E. 23 *m.* 1s. 8*d.* N. E. 46 *m.* 3s. 4*d.* xi. 122.

(37) Mar. 5. 1630.
DOMINUS DUNCANUS CAMPBELL de Glenurquhay miles, *hæres* Duncani Campbell de Glenurquhay, *proavi,*—in 4 mercatis terrarum de Inwerneil, infra dominium de Knapdaill.—E. 4 *m.* xi. 82.

(38) Sep. 15. 1630.
ARCHIBALDUS CAMPBELL, *hæres* Jacobi Campbell de Croachane, *patris,*—in 4 mercatis terrarum antiqui extentus de Frakkersyde (Frakersaig), in insula de Lesmoir et dominio de Lorne :—E. 4 *m.* &c.—11 mercatis et dimidia mercata terrarum antiqui extentus de Crochan-Lochaw, vocatis Crochan-Middill, et Derrimoldonych, Ardquhilkechan, Barmaddie et Corribowis, in baronia de Lochaw :—E. 4*l.* &c.—Terris de Ardloyng extendentibus ad 8 mercatas

terrarum antiqui extentus, infra Comitatum Argadiæ cum officio balliatus, serjandiæ, et coronariæ dictis terris ex antiquo spectante.—E. 8 *m.* xi. 196.

(39) Jul. 12. 1631.
ARCHIBALDUS CAMPBELL de Kilmorie, *hæres* Donaldi Campbell de Kilmorie, *patris,*—in 4 mercatis terrarum ecclesiasticarum de Kilmorie antiqui extentus, in parochia de Kilmorie, et dominio de Glastrie.—E. 4 *m.* xiii. 2.

(40) Sep. 16. 1631.
JOANNES CAMPBELL, *hæres* Alexandri Campbell de Ardchattan, *patris,*—in manerie seu loco de Ardchattan, monasterio seu prioratu de Ardchattan cum domibus, &c.—E. 13*s.* 4*d.* et 3*s.* 4*d.* in augmentationem:—Ecclesiis et parochiis de Ballebadin et Bendraloche, Kilninvar, in Nether Lorne;—parochiis de Kilbranden, Inseill et Kilmanavag in Lochaber;—ecclesia de Kirkcapoll in Teiri;—ecclesia de Kilmaro in Kintyr, cum decimis et jure patronatus earundem, et piscatione salmonum et halecum in aquis de Lochetive et Aw:—E. 4*l.*—Piscatione vocata The Steil Net of the Pryoreshottis on the Water Mouth of Aw;—piscatione vocata Steillnet de Keanlocheteive vocata Port Verran, unitis in tenandriam de Ardchattan.—E. 13*s.* 4*d.* et 3*s.* 4*d.* in augmentationem. xi. 226.

(41) Dec. 11. 1632.
ARCHIBALDUS M'ALLESTER, *hæres* Hectoris M'Allester de Ballenakeill, *fratris germani,*—in 2 mercatis terrarum antiqui extentus de Kilcalmannell nuncupatis Ballenakeill cum molendino;—acra terræ vocata Dallenaschenkill, et acra terræ jacente circa capellam de Skibnische, in dominio de Knapdaill.—E. 16 bollæ farinæ vel 8*l.* cum 3*s.* 4*d.* in augmentationem. xiii. 53.

(42) Apr. 12. 1633.
MARIA STEWART filia legitima secundo genita Joannis Stewart de Lettirschewnay ac sponsa Dougaldi M'Dougall de Dounhauch, *hæres portionaria* Joannis Stewart de Lettirschewnay, *patris,*—in sexta parte 2 mercatarum terrarum antiqui extentus de Achachosragane, in baronia de Appin et dominio de Lorne.—A. E. 4*s.* 11*d.* N. E. 8*s.* 10⅔*d.* xiii. 111.

(43) Apr. 12. 1633.
CATHARINA STEWART filia legitima primo genita Joannis Stewart ac sponsa Archibaldi Campbell de Croachane, *hæres portionaria* dicti Joannis Stewart de Lettirschewnay, *patris,*—in sexta parte terrarum prædictarum.—A. E. 4*s.* 11*d.* N. E. 8*s.* 10⅔*d.* xiii. 112.

(44) Apr. 12. 1633.
MARGARETA STEWART filia legitima tertio genita, *hæres portionaria* Joannis Stewart de Lettirschewnay, *patris,*—in sexta parte terrarum prædictarum.—A. E. 4*s.* 11*d.* N. E. 8*s.* 10⅔*d.* xiii. 112.

(45) Apr. 12. 1633.
ISSOBELLA STEWART filia legitima quarto genita, *hæres portionaria* Joannis Stewart de Lettirschewnay, *patris,*—in sexta parte terrarum prædictarum.—A. E. 4*s.* 11*d.* N. E. 8*s.* 10⅔*d.* xiii. 112.

(46) Apr. 12. 1633.
JONETA STEWART filia legitima quinto genita, *hæres portionaria* dicti Joannis Stewart de Lettirschewnay, *patris,*—in sexta parte terrarum prædictarum.—A. E. 4*s.* 11*d.* N. E. 8*s.* 10⅔*d.* xiii. 112.

(47) Apr. 12. 1633.
AGNETA STEWART filia legitima sexto genita ac minor, *hæres portionaria* Joannis Stewart de Lettirschewnay, *patris,*—in sexta parte terrarum prædictarum.—A. E. 4*s.* 11*d.* N. E. 8*s.* 10⅔*d.* xiii. 112.

(48) Apr. 12. 1633.
JONETA STEWART filia legitima quinto genita Joannis Stewart de Lettirschewnay, *hæres portionaria* Magistri Donaldi Stewart filii legitimi predicti Joannis Stewart, *fratris germani,*—in sexta parte 4 mercatarum terrarum de Lettirschewnay vocatarum Lettirmoir:—A. E. 8*s.* 10⅔*d.* N. E. 17*s.* 9⅓*d.*—Sexta parte mercatæ terræ de Garrochorane, in baronia de Appyne et dominio de Lorne:—E. 2*s.* 2⅔*d.*—Sexta parte 3 mercatarum terrarum de Ballechellis, in Durrour et dominio de Illes.—E. 13*s.* 4*d.* xiii. 112.

(49) Apr. 12. 1633.
CATHARINA STEWART filia legitima primo genita ejusdem, Joannis Stewart ac sponsa Archibaldi Campbell de Croachane, *hæres portionaria* predicti Magistri Donaldi Stewart, *fratris germani,*—in sexta parte terrarum prædictarum. xiii. 113.

(50) Apr. 12. 1633.
MARIA STEWART filia legitima secundo genita ejusdem Joannis Stewart ac sponsa Dougald M'Dougald de Dunhaache, *hæres portionaria* Magistri Donaldi predicti, *fratris germani,*—in sexta parte prædictarum terrarum. xiii. 113.

(51) Apr. 12. 1633.
MARGARETA STEWART filia legitima tertio genita ejusdem Joannis Stewart, *hæres portionaria* predicti Magistri Donaldi Stewart, *fratris germani,*—in sexta parte terrarum prædictarum. xiii. 113.

(52) Apr. 12. 1633.
ISSOBELLA STEWART filia legitima quarto genita ejusdem Joannis Stewart, *hæres portionaria* predicti Donaldi Stewart, *fratris germani,*—in sexta parte terrarum prædictarum. xiii. 113.

(53) Apr. 12. 1633.
AGNETA STEWART filia legitima sexto genita ac junior ejusdem Joannis Stewart, *hæres portionaria* predicti Magistri Donaldi Stewart, *fratris germani,*—in sexta parte terrarum prædictarum. xiii. 113.

(54) Nov. 21. 1634.
DUNCANUS CAMPBELL de Ormadail, *hæres* Colini Campbell de Ormadail, *patris,*—in 10 mercatis terrarum antiqui extentus de Auchataderreyiff, et Ardaphubbill in Cowall:—A. E. 6*l.* 13*s.* 4*d.* N. E. 13*l.* 6*s.* 8*d.*—20 libratis 6 solidatis et 8 denariatis terrarum antiqui extentus de Stronekinknock, viz. terris de Ormadill;—terris de Innerneilmoir, Ardgalcraig et Belloche de Ardintraiff, Larichbowie, Auchinteane, Fernoche, Cowgache, Feorlingmoir, cum insula de Ilangerig, et ceteris insulis ad prefatas terras pertinentibus, unitis in baroniam de Ormadill, in Cowall.—A. E. 20*l.* 6*s.* 8*d.* N. E. 40*l.* 13*s.* 4*d.* xiv. 13.

(55) Jun. 23. 1635.
JACOBUS LAMOND de Inneryne, *hæres masculus* Domini Coill Lamond de Innerryne militis, *patris,*—in terris de Auchincrossanemore, et Auchencrossanebeg extendentibus ad 5 mercatas terrarum antiqui extentus in dominio de Cowall:—A. E. 5 *m.* N. E. 10 *m.*—6 mercatis terrarum de Auchtekeuns:—A. E. 6 *m.* N. E. 12 *m.*—4 mercatis terrarum de Cames antiqui extentus, in dominio de Cowall et parochia de Killinan.—A. E. 4 *m.* N. E. 8 *m.* xv. 116.

(56) Nov. 13. 1635.
JOANNES M'CLEANE, *hæres* Angusii M'Cleane rectoris de Morwarne, *patris,*—in 16 solidatis terrarum de Knok;—20 solidatis terrarum de Ulline in Morwarne, ab antiquo in vicecomitatu de Innernes;—16 solidatis terrarum de Killean in Torresay, infra insulam lie ile of Muile, ab antiquo infra vicecomitatum de Tarbert, antea unitis in tenandriam de Knok:—A. E. 52*s.* N. E. 5*l.* 4*s.*—3 mercatis terrarum de Skervenis in insula de Tyrie, ab antiquo infra vicecomitatum de Tarbert.—E. 11*s.* 8*d.* xvi. 17.

(57) Maii 20. 1636.
DONALDUS EWING, *hæres* Willielmi Ewing in Barindroman, *patris,*—in 6 mercatis terrarum antiqui extentus de Laganmoir, in parochia de Kilninware et dominio de Argyle;—4 mercatis terrarum de Barindroman jacentibus ut supra;—salmonum piscaria lie Salmond-draught super equor terrarum de Kilninwar vehata, et super equor de Barnacarrie vehata, cum piscatione super aqua de Ewchir, in dicta parochia de Kilninware et dominio predicto:—A. E. 14 *m.* N. E. 28 *m.*—Dimidietate 8 mercatarum terrarum de Auchnasaull in warrantum dictæ piscariæ, in parochia et dominio predicto:—A. E.........N. E.........—Terris de Kilmachronage et Auchalemonie extendentibus ad 15 denariatas terrarum in baronia de Kilmachronage et parochia de Killespickerrill.—A. E. 5*l.* N. E. 15 *m.* xvi. 81.

(58) Oct. 27. 1640.
DOMINUS ROBERTUS CAMPBELL de Glenurquhy miles baronettus, *hæres masculus* Domini Colini Campbell de Glenurquhy militis baronetti, *fratris,*—in terris de Stronnieloquhane;—terris de Edindoniche cum molendino;—terris de Larachfulzie, Craige, Candroquhat, Castell, Tulloche, Dulleter et Mayne.—A. E. 13*l.* 6*s.* 8*d.* N. E. 26*l.* 13*s.* 4*d.*—(Vide Perth, Nova Scotia.) xvi. 70.

(59) Apr. 22. 1642.
JOANNES M'CLEANE, *hæres masculus* Lauchlani M'Cleane de Coil, *patris,*—in 20 libratis terrarum antiqui extentus de Coil subscriptis, viz. 3 mercatis terrarum de Brakauche;—3 mercatis terrarum de Fealda;—20 solidatis terrarum de Grotpoldo;—20 solidatis terrarum de Wig;—20 solidatis terrarum de Clayd;—20 solidatis terrarum de Totorunnald;—20 solidatis terrarum de Ballehow;—20 solidatis terrarum de Cardnaha;—20 solidatis terrarum de Gremysare;—20 solidatis terrarum de Crocepoldo;—40 solidatis terrarum de Galdanache;—20 solidatis terrarum de Arnapoldo;—20 solidatis terrarum de Gar, et Knok;—20 solidatis, terrarum de Treellaw;—20 solidatis terrarum de Kirktoun;—20 solidatis terrarum de Corressa;—10 solidatis terrarum de Gartane et 10 solidatis terrarum de Mebois, cum castro de Coill;—bina parte 18

mercatarum terrarum de Suyenis subscriptis, viz. 18 solidatis terrarum de Pennymollochbeg;—18 solidatis terrarum de Pennymollochmoir;—18 solidatis terrarum de Auchaquhare;—36 solidatis terrarum de Megare;—18 solidatis terrarum de Kirkland;—18 solidatis terrarum de Drumnacrosche;—27 solidatis terrarum de Auchnasaull;—18 solidatis terrarum de Towng, in insula de Mule;—omnibus ab antiquo in vicecomitatu de Tarbert, et cum diversis aliis terris unitis in baroniam de Coill.—A. E. 42 m. N. E. 84 m.
xvi. 306:

(60)   Sep. 22. 1642.
DOMINUS ROBERTUS CAMPBELL de Glenurquhey miles barronettus, *hæres masculus* Domini Colini Campbell de Glenurquhy militis baronetti, *fratris*,—in 4 mercatis terrarum antiqui extentus de Auchanachroische, aliquando annexatis ad cancellariam de Lesmoir, in insula de Lesmoir :—E. 4 m. et 6s. 8d. in augmentationem :—2 mercatis terrarum de Killen ;—mercata terræ de Teirewin ;—mercata terræ de Pennyfurt, in dicta insula de Lesmoir.—E. 4 m. et 6s. 8d. in augmentationem.—(Vide Perth.)
xvi. 270.

(61)   Oct. 7. 1642.
DONALDUS CAMPBELL, *hæres masculus* Colini Campbell feoditarii de Thriska, *fratris germani*,—in 2 mercatis terrarum antiqui extentus de Thriska et Dyrievanech, in dominio de Lorne. E. 4l. &c.
xvii. 32:

(62)   Oct. 7. 1642:
COLINUS CAMPBELL, *hæres* Colini Campbell de Straquhir, *patris*,—in 3 mercatis terrarum de Soccochcur;—4 mercatis terrarum de Soccochlewnane ;—4 mercatis terrarum de Kinneg ;—3 mercatis terrarum de Dewirling ;—4 mercatis terrarum de Ballemenoche;—2 mercatis terrarum de Garobie;—3 mercatis terrarum de Straquhirmoir;—3 mercatis terrarum de Straquhirbeg;—3 mercatis terrarum de Innerglen ;—3 mercatis terrarum de Craigend, extendentibus ad 32 mercatas terrarum antiqui extentus, in baronia de Straquhir.—A. E. 32 m. N. E. 64 m.
xvii. 102:

(63)   Nov. 4, 1644.
JOANNES VICECOMES DE DUDOPE, Dominus Scrymgeour, *hæres masculus* Jacobi Vicecomitis de Dudope, Domini Scrymgeour, *patris*,—in terris et barönia de Glastrie, cum advocatione ecclesiarum, unitis ad baroniam de Dundie.—A. E. 33 m. N. E. 66 m.—(Vide Forfar, Fife, Perth, Aberdeen.)
xviii. 157:

(64)   Jul. 11. 1651.
ELSPETHA CAMPBELL, *hæres* Donaldi Campbell de Stronesker, *patris*,—in 3 mercatis et dimidia mercata terrarum de Stronesker, infra baroniam de Glaistrie :—E. 20 m.—Cum privilegio construendi molendina super fundum dictarum terrarum.—E. 3s. 4d.
xx. 200.

(65)   Apr. 8. 1659.
NEILL CAMPBELL of Killmairtein, *heir* of Alexander Campbell of Killmairtein, *his father*,—in the 2 merk land of Old Extent of Ardarie, within the lordschipe of Glastrie.—O. E. 2 merks N. E. 8 merks.
xxv. 194.

(66)   Jan. 22. 1662.
DOMINUS ALLANUS M'LEANE de Dowart miles, *hæres masculus* Lauchlani M'Clean de Dowart, alias Lauchlani Moir, *proavi*,—in terris de Loyng, viz. 4 mercatis terrarum de Thorisay ;—4 mercatis terrarum de Ardinnamoir;—4 mercatis terrarum de Lockymoir;—4 mercatis terrarum de Lockanboyes;—6 mercatis terrarum de Killohallan ;—8 mercatis terrarum de Ardloing ;—4 mercatis terrarum de Ardlarach inferiori ;—4 mercatis terrarum de Ardlarach superiori ;—4 mercatis terrarum de Bardrysseach ;—4 mercatis terrarum de Balequhane ;—7 mercatis et dimidia mercata terrarum de Sewnay antiqui extentus, in dominio de Argadia.—A. E. 59½ m. N. E. 107 m.
xxvi. 128.

(67)   Jan. 22. 1662.
DOMINUS GEORGIUS M'KENZIE de Tarbet miles Baronetus, *hæres masculus* Domini Roderici M'Kenzie de Cogeauch, *avi*,—in terris de Torriesay cum castro de Dowart ;—terris de Brolos ;—8 mercatis terrarum in Ardmannachburg, Glenkynneir, Gomodra, Cresenis, in Mull ;—Collogray, Ineway, Caleochlag, Senepoil, Gilchryst, Pennymoir, Ardorenis, in Morenis ;—Mandalon, Crossiepoll, et Heren in Tierig, cum officio balliatus de Tierig;—Kearnaburg, Dunchonnall, cum insulis earundem, et Molway in Scarbay ;—Troag, Ovangell, Glennickmuck, Ardskalenis, Counis, Egistill, Ardvegins, in Dowray ;—Dounamiltich, Rannaquhane, Aicutay, Molen, in Knapdaill ; Torristlay, in Islay ;—26 libratis 6 solidatis et 8 denariatis terrarum subsequentium, viz. quarteria terrarum de Skunneill ;—quarteria terrarum de Coull ;—quarteria terrarum de Archiclich et Foireland ;—quarteria terrarum de Corspellan ;—quarteria terrarum de Garrowsay et Kiltallen ;—quarteria terrarum de Garbolss et Duache ;—quarteria terrarum de Dall ;—quarteria terrarum de Robols et Kippols ;—quarteria terrarum

de Skoncastill ;—quarteria terrarum de Killelegan et Skanlistill ;—dimidietate octavæ partis terrarum de Megglen ;—dimidietate octavæ partis terrarum de Olbo (Owo) ;—octava parte terrarum de Bols ;—6 solidatis 8 denariatis terrarum de Skiculistill in insula de Islay ;—terris de Ulway, Lagan, et Walfagane ;—20 libratis terrarum antiqui extentus subscriptis, viz. terris de Oistwymull ;—terris de Corcomoir, Kilmichaell, Ardnaleig, duobus Fannemories, Corslosk, Cascair, Ardisgenie, Burbeg, Burgmoir, Rewdill, Elirgewgairie, Einsan, Crossopoll, Langritvaill, Knockowy, Kildavie, Drumgiga, Duchiten, Aromolkun, Tunadill, omnibus in insula de Mull ;—terris subtus mentionatis, viz. 4 denariatis terrarum de Schirbar ;—denariata et dimidia denariata terrarum de Scur ;—4 denariatis terrarum de Kilmakellen ;—2 denariatis terrarum de Sierpew ;—obulata terræ de Ediraloche ;—denariata terræ de Uskane ;—dimidietate denariatæ terræ de Ardkeboig ;—denariata terræ de Lorakhin ;—denariata terræ de Ardachig ;—obulata terræ de Lewone ;—denariata terræ de Knoknesmeg ;—denariata terræ de Knoktentarlat ;—2 denariatis terrarum de Transan ;—2 denariatis terrarum de Ardvellenis ;—denariata terræ de Bernis ;—2 denariatis terrarum de Tiergargane ;—denariata terræ de Tierkill ;—2 quadrantibus terræ de Kilmoire ;—obulata terræ de Elirlelalmen ;—2 denariatis terrarum de Scocadill ;—4 denariatis terrarum de Balliemoir ;—denariata terræ de Saliquhur ;—denariata et dimidia denariata terrarum de Poty ;—denariata terræ de Tirchladane ;—obulata terræ de Crewich inferiore ;—obulata terræ de Crewich superiore ;—2 denariatis terrarum de Arthenaig ;—2 denariatis et dimidia denariata terrarum de Tiergill vocatis Callegownan ;—3 denariatis et dimidia denariata terrarum de Boessane ;—2 denariatis terrarum de Cronygerd ;—2 denariatis terrarum de Ley ;—denariata terræ de Assabold ;—5 denariatis terrarum de Ardtun in Rossy, in insula de Mull ;—denariata terræ de Kelpoble ;—denariata terræ de Kellin ;—denariata terræ de Calzeamoir ;—denariata terræ de Kilwrannyn ;—denariata terræ de Kilnyn ;—denariata terræ de Keangargera ;—3 quadrantibus terrarum de Kilmoir ;—2 denariatis terrarum de Beith ;—denariata terræ de Thorrin ;—denariata terræ de Carsaig ;—denariata terræ de Skindan, et Ards ;—denariata terræ de Glaswidder et Lyald in Contochworrely de Nether Mull ;—insula None (Iona), monasterio de Icolmekell olim spectante ;—quarteria terræ de Scariols, et quarteria terræ de Kinnacloss;—octava terræ de Allabolss, et octava terræ de Nakill ;—7 unciatis et dimidia unciata terræ de Sorne ;—2 unciatis et dimidia unciata terrarum de Skerig et Lewres ;—2 quarteriis terrarum de Ardnew, extendentibus ad 5 mercatas terrarum, vocatis octavam terræ de Mee, et villa media quæ nuncupata est Ballevanuch, et insula de Ardnew, in insula de Islay ;—6 mercatis terrarum de Balliefuilzie ;—6 mercatis terrarum de Kirkbold ;—mercata terræ de Woull, olim ad monasterium de Arderenis (Derenis) spectante ;—6 mercatis terrarum de Keylis, olim spectantibus ad episcopatum insularum Yone, in insula de Turrey ;—5 mercatis terrarum de Nerraboltfadvi, in insula de Islay, finibus ejusdem vocatis lie rindis, ad dictum monasterium pertinentibus ;—terris infra scriptis, viz. denariata terræ de Enigschyer;—denariata terræ de Balleimanoche ;—dimidia denariata terrarum de Teyanga ;—denariata terræ de Balmochaibue ;—denariata terræ de Kilmamoyer;—2 denariatis terrarum de Ard ;—denariata terræ de Tiergaltaig ;—denariata terræ de Gilfand ;—denariata terræ de Eggarasdull ;—2 denariatis terrarum de Knock ;—2 denariatis terrarum de Clachaig ;—dimidia denariata terrarum de Torsay ;—2 denariatis terrarum et insula Sancti Kennethi vocata Inchkenneth, cum cuniculario et piscariis ;—dimidia denariata terrarum de Glenlegdewell ;—dimidia denariata terrarum de Ennigart cum decimis, &c. infra et prope insulam de Mull ;—3 mercatis terrarum de Skarbeins in insula de Terrie ;—terris et insula de Gumay;—terris de Tanuga de Keylas;—terris de Ardneich superiori ;—terris de Ardneish inferiori, et terris de Fresland, in insula de Colla ;—86 mercatis 10 solidatis terrarum de Terrie, et 24 mercatis 5 solidatis terrarum de Arroise in Mull ;—cum quibusdam aliis terris in vicecomitatu de Inverness, unitis in baroniam de Dowart :—A. E. 94 m. 6s. 8d. N. E. 389 m.—Prædictæ 4 mercatæ terrarum de Sclierbay, denariata terræ de Scur, et reliquæ aliæ terræ in insula de Islay, olim ad monasterium de Derinis spectantes, denariata terræ de Enigskyer, denariata terræ de Balliemannoche, et reliquæ terræ suprascriptæ in insula de Colla, 86 mercatæ 10 solidatæ terrarum de Terrie, et 24 mercatæ 5 solidatæ terrarum de Arroiss in Mull, cum quibusdam aliis terris in vicecomitatu de Inverness, unitæ sunt in tenandriam de Arroiss.—E. 1666l. 13s. 4d.—(Vide Inverness.)
xxvi. 129.

(68)   Feb. 6. 1662.
DOMINUS HUGO CAMPBELL miles, *hæres masculus* Joannis Campbell de Calder, *patrui*,—in terris baroniæ de Ilay, comprehendentibus insulam et terras de Ilay et Rynnies, ac Midlevard de Ilay et Ilantassin, comprehendente 2 mercatas et dimidiam mercatam terrarum de Bullaneill ;—2 mercatas et dimidiam mercatæ terrarum de Torrodill ;—16 solidatas et 8 denariatas terrarum de Bra et Tydrum ;—10 solidatas terrarum de Branabollis ;—16 soli-

B

datas et 10 denariatas terrarum de duabus Kilbreyds ;—8 solidatas terrarum de Ilantussin ;—8 solidatas et 4 denariatas terrarum de Kilbreidovir;—2 mercatas et dimidiam mercatæ terrarum de Groustill et Kintray ;—8 solidatas et 4 denariatas terrarum de Trowmill ;—10 solidatas terrarum de Cornepolis ;—2 mercatas et dimidiam mercatæ terræ de Strounismoir;—2 mercatas et dimidiam mercatæ terræ de Belliequhitviken ;—2 mercatas et dimidiam mercatæ terrarum de Wester Bellienachtan ;—2 mercatas et dimidiam mercatæ terrarum de Eister Bellienachtan ;—41 solidatas 4 denariatas terrarum de Kilarenie ;—16 solidatas et 8 denariatas terrarum de Stronnisbeg ;—16 solidatas et 8 denariatas terrarum de Gragapolis ;—13 solidatas et 4 denariatas terrarum de Glenestill-Ochtorack ;—25 solidatas terrarum de Gill ;—2 mercatas et dimidiam mercatæ terrarum de Lerepollis ;—10 solidatas terrarum de Glenestell-Strach ;—2 mercatas et dimidiam mercatæ terrarum de Kenkure ;—8 solidatas 4 denariatas terrarum de Takverant ;—16 solidatas et 8 denariatas terrarum de Ardmonnach ;—16 solidatas et 8 denariatas terrarum de Ardmoir ;—16 solidatas et 8 denariatas terrarum de Olagewnach ;—8 solidatas et 4 denariatas terrarum de Craggin ;—2 mercatas et dimidiam mercatæ terrarum de Ardtalloch ;—2 mercatas et dimidiam mercatæ terræ alterius partis seu dimidietatis de Ardtalloch ;—2 mercatas et dimidiam mercatæ terræ de Ardbrudeins ;—2 mercatas et dimidiam mercatæ terrarum de Donoyick ;—2 mercatas et dimidiam mercatæ terrarum de Kilcallumkill, et Largobraik ;—6 solidatas 8 denariatas terrarum de Ileton ;—8 solidatas et 4 denariatas terrarum de Dounicurray ;—40 denariatas terrarum de Estiak;—2 mercatas et dimidiam mercatæ terræ de Glenagadell ;—2 mercatas et dimidiam mercatæ terrarum alterius dimidietatis de Glenegadell ;—2 mercatas et dimidiam mercatæ terrarum de Delelay ;—2 mercatas et dimidiam mercatæ terræ de Kinegarie ;—2 mercatas et dimidiam mercatæ terrarum de Laggan ;—2 mercatas et dimidiam mercatæ terrarum de Dawauch ;—2 mercatas et dimidiam mercatæ terrarum de Ardtarach ;—2 mercatas et dimidiam mercatam terræ de Corarie et Ilanamusk ;—16 solidatas et 8 denariatas terrarum de Kilcullumkill ; 6 solidatas et 8 denariatas terrarum de Torra;—2 mercatas et dimidiam mercatam terræ de Crowbosell ;—16 solidatas 8 denariatas terrarum de Gartlosk;—2 mercatas et dimidiam mercatæ terrarum de Poulint ;—2 mercatas et dimidiam mercatæ terrarum de Bellieclevan, Ardnahau ;—16 solidatas 8 denariatas terrarum de Belliegelin ;—50 solidatas terrarum de Ellienyngall ;—2 mercatas et dimidiam mercatæ terrarum de Schinsoll ;—2 mercatas et dimidiam mercatæ terrarum de Bellola ;—2 mercatas et dimidiam mercatæ terrarum de Barr ;—16 solidatas 8 denariatas terrarum de Thirmagan ;—2 mercatas et dimidiam mercatæ terrarum de Ardoch ;—16 solidatas 8 denariatas terrarum de Arrivorarie ;—16 solidatas 8 denariatas terrarum de Proas ;—16 solidatas 8 denariatas terrarum de Belliecrauch ;—16 solidatas 8 denariatas terrarum de Cragapolis ;—2 mercatas et dimidiam mercatam terrarum de Stalbols ;—2 mercatas et dimidiam mercatæ terrarum de Bellietassin ;—25 solidatas terrarum de Ochtevelan ;—25 solidatas terrarum de Stanepoll ;—16 solidatas et 8 denariatas terrarum de Drumchalden ;—2 mercatas et dimidiam mercatam terræ de Gartechossen ;—2 mercatas et dimidiam mercatæ terrarum de Killesalan et Karesay ;—8 solidatas 4 denariatas terrarum de Legan ;—8 solidatas 4 denariatas terrarum de Galtak ;—16 solidatas 8 denariatas terrarum de Kilveranay ;—8 solidatas 4 denariatas terrarum de Delevauch ;—2 mercatas et dimidiam mercatæ terrarum de Keppolsmoir ;—16 solidatas et 4 denariatas terrarum de Keppolisbeg ;—16 solidatas 8 denariatas terrarum de Bellieharvey ;—8 solidatas 4 denariatas terrarum de Lick ;—2 mercatas et dimidiam mercatæ terrarum de Corpolang ;—2 mercatas et dimidiam mercatæ terrarum de Noispork ;—16 solidatas 8 denariatas terrarum de Roisbar ;—50 solidatas terrarum de Dalbeg, Dalmoir, et Gorth ;—16 solidatas 8 denariatas terrarum de Belliechlachen ;—25 solidatas terrarum de Carapelles ;—16 solidatas 8 denariatas terrarum de Killegan ;—8 solidatas 4 denariatas terrarum de Garthmean ;—25 solidatas terrarum de Bolsay et Ovirmag ;—8 solidatas 4 denariatas terrarum de Lennebuy ;—2 mercatas et dimidiam mercatæ terrarum de Crepelles ;—8 solidatas et 4 denariatas terrarum de Dowdilmoir ;—2 mercatas et dimidiam mercatæ terrarum de Millerenyne ;—2 mercatas et dimidiam mercatæ terrarum de Belliechlaven ;—16 solidatas 8 denariatas terrarum de Caltadell ;—16 solidatas 8 denariatas terrarum de Storgag ;—8 solidatas 4 denariatas terrarum de Skellieneoch ;—16 solidatas 8 denariatas terrarum de Kelpolsmuckean ;—3 mercatas 1 solidatam et 4 denariatas terrarum de Dall ;—16 solidatas et 4 denariatas terrarum de Altganestell ;—2 mercatas et dimidiam mercatæ terrarum de Killenollay et Crassmoir ;—10 mercatas terrarum de Glenquhinan ;—2 mercatas et dimidiam mercatæ terrarum de Tochtmoir ;—16 solidatas et 8 denariatas terrarum de Garremoir ;—16 solidatas et 8 denariatas terrarum de Garrobeg ;—16 solidatas et 8 denariatas terrarum de Tochtemoirmossay ;—16 solidatas et 8 denariatas terrarum de Gremissay ;—16 solidatas 8 denariatas terrarum de Clegamruch ;—2 mercatas et dimidiam mercatæ terrarum de Kilrabenemoir ;—50 solidatas terrarum de Cladefill ;—2 mercatas

et dimidiam mercatæ terrarum de Glensansay ;—2 mercatas et dimidiam mercatæ terrarum de Alestereltroch ;—2 mercatas et dimidiam mercatæ terræ de Illestickaremuch ;—2 mercatas et dimidiam mercatæ terræ de Belliegoule ;—16 solidatas et 8 denariatas terrarum de Tochtofad ;—16 solidatas et 8 denariatas terrarum de Cultoun ;—16 solidatas et 8 denariatas terrarum de Clomissarie ;—2 mercatas et dimidiam mercatæ terrarum de Darnostiff ;—16 solidatas et 8 denariatas terrarum de Clostiff ;—23 solidatas et 4 denariatas terrarum de Kindraheid ;—25 solidatas terrarum de Bray ;—dimidiam mercatæ terrarum de Crossobell ;—mercatam terræ de Saligo ;—2 mercatas et dimidiam mercatæ terræ de Sinavill ;—16 solidatas et 8 denariatas terrarum de Kincalzean ;—25 solidatas terrarum de Crowmend ;—2 mercatas et dimidiam mercatæ terrarum de Kilcaven et Killsay ;—16 solidatas et 8 denariatas terrarum de How;—16 solidatas et 8 denariatas terrarum de Lergebeg ;—16 solidatas et 8 denariatas terrarum de Cultorsay;—2 mercatas et dimidiam mercatæ terrarum de Losset et Ordmillan ;—16 solidatas et 8 denariatas terrarum de Carne;—16 solidatas et 8 denariatas terrarum de Arefeild ;—2 mercatas et 10 solidatas terrarum de Bellienab;—6 solidatas et 8 denariatas terrarum de Areset ;—2 mercatas et dimidiam mercatæ terrarum de Kintrow ;—2 mercatas et dimidiam mercatæ terrarum de Campsey ;—16 solidatas et 8 denariatas terrarum de Amolt ;—2 mercatas et dimidiam mercatæ terrarum de Summerland ;—2 mercatas et dimidiam mercatæ terrarum de Croll ;—8 solidatas et 4 denariatas terrarum de Mealand ;—16 solidatas et 8 denariatas terrarum de Ardalloch ;—16 solidatas et 8 denariatas terrarum de Forrelay ;—2 mercatas et dimidiam mercatæ terrarum de Leck ;—16 solidatas et 8 denariatas terrarum de Sandak et Nerringan;—16 solidatas et 8 denariatas terrarum de Gartequhair ;—5 mercatas terrarum de Nereboth et Coramichtie;—4 mercatas 3 solidatas et 4 denariatas terrarum de Scanlascur ;—16 solidatas et 8 denariatas terrarum de Robose ;—25 solidatas terrarum de Kilnauchtan, Beldesertoun et Beldeviccar;—8 solidatas et 4 denariatas terrarum de Kilbreid ;—8 solidatas et 4 denariatas terrarum de Kildaltoun, cum castro de Dournivaig (Dounivaig), et burgum baroniæ de Laggan;—omnes unitas in baroniam de Ilay.—E. 9000 m. —(Vide Inverness.)   xxvi. 156.

(69)   Feb. 6. 1662.
DOMINUS HUGO CAMPELL de Calder miles, *hæres masculus* Colini Campbell filii quondam Joannis Campbell de Calder *consanguinei germani,*—in 5 mercatis terrarum in Ilay nuncupatis Knockcamsald, Ardarricht, Ardalysyne et Ardgarth, olim in vicecomitatu de Tarbert.—A. E. 5 m. N. E. 20 m.—(Vide Nairn, Inverness.)   xxvi. 152.

(70)   Jul. 29. 1662.
NIGELLUS M'NEILL, *hæres masculus* Nigelli Oig M'Neill, *avi,* —in 20 solidatis terrarum antiqui extentus de Glentarsen :—A. E. 20s. N. E. 4l.—Acra terræ in Capite de Lochsyd, cum pastura ; officio de lie ferrieboat, in dominio de Strathochie :—E. 20s. &c. —2 mercatis et dimidia mercatæ terrarum antiqui extentus de Auchinclach, in dicto dominio :—E. 5 m.—5 mercatis terrarum de Dallolongart :—E. 48 Bollæ Victualium, &c—Molendino de Dallolongart:—E. 4 Bollæ Farinæ, &c.—20 solidatis terrarum antiqui extentus de Currischaw ;—officio serjandiæ dicti dominii de Strathochie sive Mair of fie ejusdem :—E. 40s.—40 denariatis terrarum antiqui extentus de Stronlonag, jacentibus ut supra.—E. 40d.   xxvi. 242.

(71)   Aug. 20. 1662.
DANIEL M'CAY, *hæres* Iveri M'Cay de Arnagiæ, *patris,*—in coronatoris officio insulæ et limitum de North Kintyre ;—4 mercatis terrarum de Arnagiæ et Ughaddell in Mid-Kintyre, ad idem officium pertinentibus, olim in vicecomitatu de Tarbet.—A. E. 53s. 4d. N. E. 8l.   xxvi. 254.

(72)   Jun. 6. 1663.
ALEXANDER CAMPBELL, *hæres* Hugonis Campbell commissarii de Kintyre, *patris,*—in tenemento terræ cum horto contigue adjacente super terras de Lochheid-Kilkerrane, cum privilegiis, infra dominium de Kintyre et vicecomitatum de Tarbet.—E. 6l. xxvii. 88.

(73)   Jan. 8. 1663.
LAUCHLANUS M'LEANE de Lochbuy, *hæres* Murdochi M'Leane de Lochbuy, *fratris,*—in terris de Moravis comprehendentibus terras subscriptas, viz. denariatam terræ de Moy, cum lacu de Lochbuy;—denariatam terrarum de Ardnasalyne;—denariatam terrarum de Drumnachyne;—denariatam terrarum de Covillan ;—obulatam terrarum de Garmonum ;—obulatam terrarum de Barchantroman;—denariatam terrarum de Phanlochspelloch ;—obulatam terrarum de Juredill (Inredill);—denariatam terrarum de Dabedill et Desgag;— 2 denariatas terrarum de Lagall ;—denariatam terrarum de Camroun; —obulatam terrarum de Croft ;—denariatam terrarum de Glenbar ; —obulatam terrarum de Kynnegrag ;—denariatam terrarum de Roischill ;—obulatam terrarum de Derutulane ;—in terris de Ardmanache

continentibus denariatam terrarum de Tayabill;—obulatam terrarum de Cralchoirne;—denariatam terrarum de Kabzemoir;—denariatam terrarum de Stráboill;—denariatam et obulatam terrarum de Tayroran;—obulatam terrarum de Brycach;—2 denariatas terrarum de Knockroy;—denariatam et obulatam terrarum de Fewconnell;—denariatam terrarum de Camys;—in terris de Glensossay comprehendentibus 2 denariatas terrarum de Gruigling;—denariatam terrarum de Calchill;—denariatam terrarum de Kilbeg;—denariatam terrarum de Gydiell;—obulatam terrarum de Chebur;—denariatam terrarum de Brayadillie lie Fardingland de Conskebeg;—denariatam terrarum de Rowfillis;—denariatam terrarum de Corrauch;—denariatam terrarum de Pennigowne;—denariatam terrarum de Letter-Ardnachreill;—denariatam terrarum de Symsheinis;—denariatam terrarum de Leythercle;—denariatam terrarum de Garmonum;—denariatam terrarum de Scallastlemoir;—denariatam terrarum de Scallastlebeg, infra insulam de Mowall et vicecomitatum de Tarbet;—2 mercatis et dimidia mercatæ terræ de Ardlissay et Knokinfawall, infra insulam de Jura;—denariata terrarum de Kilmoir in Scarba; extendentibus ad 2 mercatas terrarum;—denariata terrarum de Longa, infra vicecomitatum de Tarbet, cum quibusdam aliis terris in vicecomitatibus de Inverness et Perth.—A. E. 113 m. N. E. 339 m.—(Vide Inverness, Perth.)   xxvii. 20.

(74)   Jan. 16. 1663.
ARCHIBALDUS M'LAUCHLANE de Eodem, *hæres* Lachlani M'Lauchlane de Eodem, *patris*,—in terris de Kilbryde;—terris de Kilmoir, cum jure patronatus ecclesiæ parochialis ejusdem;—terris de Portindryne;—Letterkechany, Leanichie, Strone et Forling, Leffenmoir, Leffenerioche, Garbalt, Leffenkyboill, Leffendrysich, Barnacarie, Enochane, Auchinlochani, Melduning, Cupingmoir, Callow, Ovir Chirvan, Midle Chirvan, Kylyeneuchane, Strancoirthor, Donnad, Barnakill, Dummuck, (Dunumuck) Kilchoane, Auchnasillicht, Nether Camyes, Ovir Camyes, Dirielocht, Doukernan, Drynlie, Gortangour, Nether Barnacalzie, et Ovir Barnacalzie, cum castris, &c. in dominio de Cowoill et Glasrie.—A. E. 51l. 30d. N. E. 102l. 5s.   xxvi. 354.

(75)   Aug. 6. 1663.
JOANNES CAMPBELL capitanus castri de Carrick, *hæres* Colini Campbell capitani castri de Carrick, *avi*,—in 20 solidatis terrarum antiqui extentus de Killesen in dominio de Cowall in warrantum, cum quibusdam aliis terris in vicecomitatu de Dumbarton pro principali.—A. E. 53s. 4d. N. E. 5l. 6s. 8d.—(Vide Dumbarton.)   xxvii. 282.

(76)   Jan. 6. 1664.
LAUCHLANUS M'FINGON de Strathordaill, *hæres masculus* Joannis M'Fingon de Strathordaill, *patris*,—in terris et baronia de Strathordaill comprehendentibus terras de Moysines, infra insulam de Mull, et olim infra vicecomitatum de Innernes., cum quibusdam aliis terris, &c. in vicecomitatu de Inverness :—A. E. 40 m. N. E. 50 m.—Terris de Sonypoill, Kilchreiss, Caleochlag;—dimidietate terrarum de Dunbey, et parte terrarum de Gallgrey Arrien nuncupata, jacente in Morines, infra vicecomitatum de Tarbet, in speciale warrantum quarundam terrarum in vicecomitatu de Inverness.—A. E. 5 m. N. E. 20 m.—(Vide Inverness.)   xxvii. 148.

(77)   Jan. 18. 1666.
ARCHIBALDUS M'NEILL, *hæres masculus* Nigelli Oig M'Neill, *avi*,—in 20 solidatis terrarum antiqui extentus de Glencarsen :—A. E. 20s. N. E. 4l.—Acra terræ in capite de Lochsyd cum pastura certarum vaccarum eidem spectante, et officio lie Ferrieboat in dominio de Strathachie :—E. 20s.—20 solidatis terrarum de Currieschaw cum officio serjandriæ :—E 40s.—40 denariatis terrarum antiqui extentus de Stronlonag :—E. 40d.—2 mercatis et dimidia mercata terrarum antiqui extentus de Auchinlauch :—E. 5 m.—5 mercatis terrarum de Dalilongart :—E. 48 bollæ victualium :—Molendino de Dalilongart.—E. 4 bollæ farinæ avenaticæ, &c.   xxviii. 98.

(78)   Maii 19. 1669.
ANGUSIUS M'DONALD de Largy, *hæres* Alexandri M'Donald de Largy, *patris*,—in 3 mercatis terrarum de Carnbeig, et Litle Corshellach;—4 mercatis terrarum de Carnmoir, et Meikle Corshellach;—4 mercatis terrarum de Brantheim;—4 mercatis terrarum de Kilmichael;—4 mercatis terrarum de Shedrall;—3 mercatis terrarum de Largnehunsheoun;—6 mercatis terrarum de Rownahevin;—2 mercatis terrarum de Shellag, et Narrachane;—3 mercatis terrarum de Downasherry;—4 mercatis terrarum de Ullodill;—4 mercatis terrarum de Ballachgarin;—2 mercatis terrarum de Beawther;—4 mercatis terrarum de Beauthmenach;—2 mercatis terrarum de Clachag;—mercata terræ de Blarie;—4 mercatis terrarum de Rannochan;—3 mercatis terrrarum de Kalepuill, et 4 mercatis terrarum de Cortynnevaill, in dominio de Boreali Kintyre.—A. E. 40l. 13s. 4d. N. E. 31l. 6s. 8d.   xxix. 207.

(79)   Oct. 7. 1669.
ALEXANDER HOME, *hæres* Willielmi Home servitoris Domini Alexandri Comitis de Eglintoune, *patris*,—in terris et baronia de Innerryne, viz. 8 mercatis terrarum de Innerryne;—6 mercatis terrarum de Drumnaglasve;—5 mercatis terrarum de Auchneskie;—2 mercatis et dimidia mercatæ terrarum de Meleloche;—2 mercatis et dimidia mercatæ terrarum de Auchneschellache et Duglinan;—3 mercatis terrarum de Craigveoche;—6 mercatis terrarum de Stelog;—8 mercatis terrarum de Airdlamount;—4 mercatis terrarum de Glenan;—20 solidatis terrarum de Auchichorkbeg;—2 mercatis et dimidia mercatæ terrarum de Auchichorkmore;—6 mercatis terrarum de Derkbreuche;—4 mercatis terrarum de Askog;—4 mercatis terrarum de Achedalmoir;—6 mercatis terrarum de Kilbryde;—5 libratis terrarum de Corrow;—8 mercatis terrarum de Kilmichall;—2 mercatis terrarum de duabus Bracklies;—2 mercatis terrarum de Kilmernog;—2 mercatis terrarum de Knokdow;—4 mercatis terrarum de Innerchellan;—4 mercatis terrarum de Strongerricke;—2 mercatis terrarum de Gortenleisk;—5 mercatis terrarum de Trouster;—5 mercatis terrarum de Cowstoun et Strone;—terris de Ardcalmessag et aliis subscriptis, viz. 5 mercatis et dimidia mercatæ terrarum de duabus Carrickes;—23 solidatis et 4 denariatis terrarum de Auchnebay;—50 solidatis terrarum de Ardnahelare;—3 mercatis terrarum de Kilmichaelbeg;—3 mercatis terrarum de Lingartene;—4 mercatis terrarum de Dounclogan;—3 mercatis terrarum de Ballimore;—4 mercatis terrarum de Blarbuie;—3 mercatis et dimidia mercata terrarum de Dupeny;—4 mercatis terrarum de Monydryane;—3 mercatis terrarum de Drumtecormig;—2 mercatis terrarum de Fernoche;—3 mercatis terrarum de Auchincoesh;—6 mercatis terrarum de duabus Tolleriches;—8 mercatis terrarum de Auchinfour;—4 mercatis terrarum de Ardyne;—3 mercatis terrarum de Killellan;—3 mercatis terrarum de Towart-Howstoun;—4 mercatis terrarum de Auchingevill cum molendino;—5 mercatis terrarum de Eynochan antiqui extentus, ab antiquo unitis in baroniam de Innerryne, in dominio de Cowall;—in terris de Auchincroskanmore et Auchincroskanbeg, cum advocatione ecclesiæ de Killellan et decimis, in dicto dominio de Cowall.—A. E. 189½ m. N. E. 379 m.   xxx. 83.

(80)   Mar. 25. 1670.
JACOBUS COMES DE FINDLATER, *hæres* Patricii Comitis de Findlater, *patris*,—in terris de Stronloquhan, Kinrinche, Terrache, Tulzie, Craig, Candroquhat, Castelltulloche, (vel Easter Tulloche) Dualletter et Monay, in comitatu Argadiæ.—A. E. 13l. 6s. 8d. N. E. 26l. 13s. 4d.—(Vide Perth.)   xxx. 65.

(81)   Maii 6. 1674.
COLINUS CAMPBELL, *hæres* Georgii Campbell de Kinnochtrie, *patris*,—in terris et baronia de Coill, comprehendente 20 libratas terrarum antiqui extentus de Coill, viz. 3 mercatas terrarum de Brackauch;—3 mercatas terrarum de Foolda;—20 solidatas terrarum de Gortpoldo;—20 solidatas terrarum de Wig;—20 solidatas terrarum de Clyde;—20 solidatas terrarum de Totoranald;—20 solidatas terrarum de Ballehow;—20 solidatas terrarum de Cardnaha;—20 solidatas terrarum de Gremisare;—20 solidatas terrarum de Corsepoldo;—20 solidatas terrarum de Ardnepoldo;—40 solidatas terrarum de Galdanach;—20 solidatas terrarum de Garr et Knock;—20 solidatas terrarum de Trella;—20 solidatas terrarum de Kirktoun;—20 solidatas terrarum de Corressa;—10 solidatas terrarum de Gorten;—10 solidatas terrarum de Mebois cum castro de Coill;—in bina parte de 18 mercatis terrarum de Queyneis, viz. 18 solidatis terrarum de Pennymollachbeg ex australi;—18 solidatis terrarum de Auchaquare;—36 solidatis terrarum de Megare;—18 solidatis terrarum de Kirkland;—18 solidatis terrarum de Drumnacroishe;—27 solidatis terrarum de Auchnasawill;—18 solidatis terrarum de Towng, in insula de Mull, unitis in baroniam de Coill:—A. E. 28l. N. E. 56l.—Terris et insula de Muck extendente ad 6 mercatas terrarum antiqui extentus.—E. 72l.   xxxii. 30.

(82)   Maii 6. 1674.
COLINUS CAMPBELL, *hæres* Georgii Campbell de Kinnochtrie, *patris*,—in baronia de Dowart comprehendente terras de Torresay, continentes terras de Dowart et molendinum;—terras de Barnabrian of the Castle;—terras de Barnabrian-Nagoyane;—terras de Auchnacraige;—terras de duabus Glenans;—terras de Auchtebeg;—terras de duabus Tornaskiaches;—terras de Torgormaig;—terras de Auchacroish;—terras de Ardcheyll;—terras de Coulchelis, et terras de Ardnadrocheitt, in insula de Mull;—in terris de Glencanoir et Gortenbuy;—terris de Gometra;—terris de Tresseneis comprehendentibus terras de Kilmalowag;—terras de Skomoir;—terras de Hawne;—terras de Glaskyne, et terras de Cragart;—in terris de Moreinsh comprehendentibus terras de Callogarie;—terras de Innevey;—terras de Calloch;—terras de Sunniboill;—terras de Cilliechreist;—terras de Pennymoir;—terras de Erderdrimes;—terras de Areyne;—terras de Lag et terras de Fracka-

dill, in dicta insula de Mull ;—in terris de Ulva ;—terris de Laggan, et terris de Ballsagarie ;—terris de Carneburg et insulis eisdem spectantibus ;—terris subscriptis jacentibus in insula de Terie, viz. terris de Manuel vel Mandalon;—terris de Crossiboill, et terris de Kylline, cum officio balliatus insulæ de Terie ;—terris subscriptis jacentibus in Morvarne, viz. terris de Ullodill ;—terris de Auchacha ;—terris de Aucħareniche;—terris de Strone ;—terris de Kendloch ;—terris de Auchitegan ;—terris de Tougarie ;—terris de Straclash, et Clashbreck;—terris de Auchidonill et Auchitesvierousland, unitis in baroniam de Dowart ;—in tenandria de Arois in Mull comprehendente 5 mercatas terrarum de Newbolsidie in insula de Ila, in fine de Ryndes ejusdem, ab antiquo ad abbaciam de Derrie pertinentes ;—2 denariatis terrarum de Clachaige ;—denariata terræ de Eingishar;—denariata terræ de Ballemeanach; —dimidia denariata terræ de Tangzie ;—denariata terræ de Bellenachyne ;—denariata terræ de Killemore ;—2 denariatis terrarum de Aire ;—2 denariatis terrarum de Darrivovaig ;—denariata terræ de Gilsac ;—denariata terræ de Skarrashill ;—2 denariatis terrarum de Knock ;—dimidia denariata terræ de Eorsa ;—2 denariatis terrarum de Insula de Sanct Kenethis vulgariter nuncupata Inchkeneth ;—dimidia denariata terræ de Glenligeill, et dimidia denariata terræ de Ennigart, cum decimis garbalibus terrarum et insulæ predictæ, jacentium infra et prope dictam insulam de Mull ;—3 mercatis terrarum de Skarvenies, infra insulam de Terie ;—terris et insula de Gunna;—terris de Terivug de Keylss;—terris de Ardneish Ovir ;—terris de Ardneish Nether, et terris de Freisland, infra insulam de Coill ;—86 mercatis et 10 solidatis terrarum de Terie, comprehendentibus terras de Rowbeig, Belliepetlis, Kineway, Cornegbeg, Cornegmore, Birster, Ballemulling, Houff, Murtosk, Waill, Barrepoill, Bennary, Haynis, Covelsh, Hurnepolff, Kylline et terras de Bee, infra dictam insulam de Terie;—53 mercatis et 10 solidatis terrarum de Morvarne, comprehendentibus terras de Ardtorneisch, Heggabald, Mungashill, Glengribashill, Cansalloch, Rachnoy, Kenlochtagois, Innimore, Ardnabbir, Barr, Tangumley, Delat, Tangzeir, Hawlishill, Killintock, Glencubastill, Drumcraiging, Ferinis, Carnecalloch, Killentien, Laggan, Sallachan, Finnimore, Savarie, Darrigrantan, Auchitarran, Newlein et terris de Finnarye, in dominio insularum, unitis in tenandriam de Arois :—A. E.........N. E. 504 m.—In terris ecclesiasticis infra scriptis, viz. terris nuncupatis 20 libratis terrarum de Rossie in insula de Mull, viz. 4 denariatis terrarum de Shebba ;—denariata et dimidia denariata terræ de Skurr ;—4 denariatis terrarum de Kilmakewine ;—2 denariatis terrarum de Seirphene ;—obolata terræ de Edernacalloch ;—denariata terræ de Usken ;—dimidia denariata terræ de Ardravaig ;—denariata terræ de Tarakhin ;—denariata terræ de Ardahow ;—obulata terræ de Lewnon ;—denariata terræ de Knockafuege ;—denariata terræ de Knoktaytarloch ;—2 denariatis terrarum de Traysen ;— 2 denariatis terrarum de Ardewines ;—denariata terræ de Berins ; —2 denariatis terrarum de Teirgarogan ;—denariata terræ de Teirkeyll ;—3 obulatis terrarum de Kilmorie ;—obulata terræ de Pancalmer ;—2 denariatis terrarum de Scakadill ;—4 denariatis terrarum de Balemoir ;—denariata terræ de Salquhirr ;—denariata et dimidia denariata terræ de Potty ;—dimidia denariata terræ de Teirchalden ;—obulata terræ de Creuch ;—inferiori obulata terræ superioris ;—2 denariatis terrarum de Ardchonaig ;—2 denariatis et dimidia denariata terrarum de Teirgill nuncupatis Callegunane ;—3 denariatis et dimidia denariata terrarum de Bonessan ;—2 denariatis terrarum de Croningare ;—2 denariatis terrarum de Lay ;—denariata terræ de Assobull, et 5 denariatis terrarum de Ardtunis jacentibus in Rossie, et insula de Mull ;—denariata terræ de Kirkfubill ; —denariata terræ de Killine ;—denariata terræ de Callimoire ;— denariata terræ de Kilvraynine ;—denariata terræ de Kilninyne ;— denariata terræ de Kingarora ;—3 obulatis terrarum de Kilmorie ; —2 denariatis terrarum de Beith ;—denariata terræ de Thornie ; —denariata terræ de Carsaig ;—denariata terræ de Striden et Aird; —denariata terræ de Glasvillar et Lyald in dicta insula de Mull;— insula de Iona, alias Icolmn-kill, ab antiquo ad monasterium de Icolmn-kill pertinente ;—terris subscriptis jacentibus in insula de Terie, viz. 6 mercatis terrarum de Bullefulzie ;—6 mercatis terrarum de Kirkapeill ;—mercata terræ de Waill ;—6 mercatis terrarum de Kylis ;—terris de Kilcannech ;—terris de Kilmalewag ;— terris de Reiff ;—terris de Baw ;—terris de Godd ;—terris de Ballemartein in dicta insula de Terie, et terris de Swye, in dicta insula de Mull, et terris de Portboat in Morvarne.—A. E.........N. E. ....   xxxii. 89.

(89)   Maii 6. 1674.

COLINUS CAMPBELL, *hæres* Georgii Campbell de Kinochtrie, *patris*,—in terris et tenandria de Largy, continentibus 3 mercatas terrarum de Cairnebeg, et Litle Corsheilloc ;—4 mercatas terrarum de Cairnemoir, et Meikle Corshilloch ;—4 mercatas terrarum de Brainthein ;—4 mercatas terrarum de Kilmichaell ;—4 mercatas terrarum de Shedrall ;—3 mercatas terrarum de Largnahunsheon; —6 mercatas terrarum de Rownaheinig ;—2 mercatas terrarum de Shallag et Narachan ;—3 mercatas terrarum de Dounaserie ;—4 mercatas terrarum de Uladill ;—4 mercatas terrarum de Ballach-

garran ;—2 mercatas terrarum de Beachar ;—4 mercatas terrarum de Beuchmeanoch ;—2 mercatas terrarum de Clachag ;—mercatam terræ de Blairie ;—4 mercatas terrarum de Ranachan ;—3 mercatas terrarum de Kellepull, et 4 mercatas terrarum de Gortunvaillie, unitas in tenandriam de Largy, infra dominium de North Kintyre, olim infra vicecomitatum de Tarbet, et nunc infra vicecomitatum de Argyle, cum officio balliatus dictarum terrarum.—A. E. 40l. 13s. 4d. N. E. 81l. 6s. 8d.   xxxii. 176.

(84)   Mar. 24. 1675.

COLINUS CAMPBELL de Ormadill, *hæres* Domini Duncani Campbell de Ormadill, *patris*,—in 10 mercatis terrarum antiqui extentus de Auchataderryif et Ardaphubills, in Cowell :—A. E. 6l. 13s. 4d. N. E. 13l. 6s. 8d.—20 libratis 6 solidatis et 8 denariatis terrarum antiqui extentus de Stronkinknock, viz. terris de Ormadill, Innerneilmoir, Ardgalcraig et Belloch, Ardintraiff, Larichbowie, Auchintean, Fernoch, Cowgache, Feorlingmoir, cum insula de Ilangerig, et ceteris insulis ad prefatas terras pertinentibus, unitis in baroniam de Ormadill.—A. E. 20l. 6s. 8d, N. E. 40l. 18s. 4d.   xxxii. 116.

(85)   Sep. 9. 1675.

DONALDUS M'CLEANE de Kingarloch, *hæres* Hectoris M'Clean de Kingarloch, *avi paterni*,—in 6 denariatis terrarum de Blaach ;—2 denariatis terrarum de Kelmalenie ;—denariata terræ de Dunella ;—denariata terræ de Inshgarren ;—denariata terræ de Grenan ;—obulata terrarum de Strone ;—denariata terrarum de Kilboyden ;—denariata terrarum de Shenloch, alias Kingarloch ;— magna denariata terrarum de Conich;—denariata terrarum de Nyndiask ;—denariata terrarum de Torbreck ;—denariata terrarum de Keankeillie ;—denariata terrarum de Lochinskmoore ;—denariata terrarum de Lochinskbeg ;—denariata terrarum de Sallachbaskorrie; —2 magnis denariatis terrarum de Corrie ;—denariata terrarum de Ardnacarran;—denariata terrarum Craigann ;—obulata terrarum de Reisngaiom ;—magna denariata terrarum de Aricharie ;—denariata terrarum de Toer ;—magna denariata terrarum de Arimean ;—denariata terrarum de Behald ;—denariata terrarum de Cronock ;— 2 denariatis et obulata terrarum de Auld Conich ;—4 denariatis terrarum de Yttorie ;—denariata terrarum de Deirnamart, et obulata terrarum de Carna, in dominio de Morverne et vicecomitatu de Inverness, nunc infra vicecomitatum de Argyle.—E. 17l. 13s. 4d.   xxxii. 157.

(86)   Feb. 1. 1683.

LAUCHLANUS M'QUOURIE de Ulva, *hæres masculus* Hectoris M'Quourie de Ulva, *abavi*,—in denariata et dimidia denariata terræ de Carnicallach ;—denariata terræ de Noya ;—dimidietate denariatæ terræ de Ormaigbeg ;—denariata terræ de Ormaigmore ;—denariata terræ de Craigag ;—denariata terræ de Killvic-Ewen ;—denariata terrarum de Eolisarymore ;—denariata terræ de Glackbunigallan ; —denariata terræ de Abose ;—tribus quarternis partibus denariatæ terrarum de Soribie ;—denariata terræ de Baleghartnay ;— quarta parte denariatæ terræ de Kelliecharran ;—dimidietate denariatæ terræ de Bearnes ;—denariata terræ de Cuillinish ;—tribus quaternis partibus denariatæ terræ de Ferrynnynardor ;—denariata terræ de Ardealie, jacentibus in insula de Ulva ;—terris de Staffa extendentibus ad quaternam partem unius denariatæ terræ ;—tribus quaternis partibus denariatæ terræ de Drysseig ;—tribus quaternis partibus denariatæ terræ de Cuill-vulline ;—dimidietate denariatæ terræ de Pennimianich ;—denariata terræ de Rowaig ;—denariata terræ de Glen M'Quorie, jacentibus in insula de Mul, olim infra vicecomitatum de Tarbet.—A. E. '23 m. 1s. 8d. N. E. 46 m. 3s. 4d.   xxxix. 671.

(87)   Sep. 13. 1683.

FINVELLA BOYLE, *hæres* Joannis Boyle de Eskannelbeg, *avi*, —in 3 mercatis terrarum antiqui extentus de Eskannellbeg ;—2 mercatis terrarum ejusdem extentus de Nagill, in dominio de Kintyre et vicecomitatu de Tarbert :—A. E. 7l. N. E. 10 m.—4 acris terrarum infra burgum de Campbeltoune, cum pastura 6 equorum, &c. infra vicecomitatum prædictum.—A. E. 1 marta N. E. 2 martæ, &c.   xxxvii. 184.

(88)   Aug. 22. 1683.

JOANNES M'NEILL de Thaynish, *hæres* Hectoris M'Neill de Thaynish, *patrui*,—in 10 solidatis terrarum antiqui extentus de Knockintarrie tanquam parte 8 mercatarum terrarum de Kendlochkells-poirt, infra balliatum de Knapdell et vicecomitatum de Tarbert.—A. E. 10s. N. E. 20s.   xxxvii. 262.

(89)   Feb. 3. 1685.

DOMINUS JACOBUS MONTGOMERIE de Skelmorlie miles barronettus, *hæres* Domini Roberti Montgomerie de Skelmorly militis barronetti, *patris*,—in annuo redditu 160 librarum de 3 mercatis terrarum de Loggane, et 3 mercatis terrarum de Daugaine, in boreali parte dominii de Kintyre et parochia de............E......... (Vide Renfrew, Ayr, Bute.)   xxxvii. 356.

(90)   Mar. 2. 1686.

MAGISTER ARCHIBALDUS M'CORQUDILL de Phanti-
lans, *hæres masculus et talliæ* Duncani M'Corqudill de Phantilans,
fratris germani immediate senioris, in terris et baronia de Phantilans comprehendente 5 mercatas terrarum de Phantilans cum piscatione super aquam de Auch ;—3 mercatas terrarum de Bar-
rachanmore ;—4 mercatas terrarum de Auchnacreiff ;—mercatam
terræ de Kilchrenan cum molendino;—mercatam terræ de Auchin-
drean ;—5 mercatas terrarum de Phanill ;—20 solidatas terrarum
de Shelichan ;—10 solidatas terrarum de Auchinteriff;—dimidium
mercatæ terræ de Coribranderan, extendentes in integro ad 21 mercatas et 10 solidatas terrarum antiqui extentus, omnes unitas in baroniam de Phantilans, in dominio de Lochow.—A. E. 14*l.* 10*s.*
N. E. 29*l.*   xxxix. 407.

(91)   Jun. 1. 1687.

MAGISTER ALEXANDER CAMPBELL minister verbi Dei
apud ecclesiam de Kilmore, nunc de Auchincloich, *hæres* Archibaldi
Campbell de Auchincloich, *patris,*—in 5 denariatis terrarum antiqui extentus de Auchincloich, olim ad monasterium de Inchaffray
spectantibus, in baronia de Muickairne.—E. 40*s.* et 3*s.* 4*d.* in augmentationem.   xxxix. 584.

(92)   Nov. 23. 1687.

LAUCHLANUS M'LAUCHLAN de Eodem, *hæres* Archibaldi
M'Lauchlan de Eodem, *patris,*—in terris de Kilbryd ;—terris de
Killmoire cum advocatione ecclesiæ ejusdem ;—terris de Portin-
dryan ;—terris de Letterkehan ;—terris de Lianoch ;—terris de
Lesenrioch ;—terris de Garvalt, Lesenkyboll, Lesendrisch, Barnacarie, Enochan, Auchinlochan, Midle Eunings, Euningmoir, Callow, Overshyrvan, Midleshirvan, Killzenochanoch, Stranarthur,
Dounat, Barnakill, Killchoan, Nether Kanns, Over Kanns, Dir-
locht, Doukernan, Dryenlia, Gortanagour, Netherbraincalzie, Over-
braincalzie, unitis in baroniam de Stralachlan :—A. E. 51*l.* 30*d.*
N. E. 102*l.* 5*s.*—terris de Dunamuik et Auchnasheiloch, in dominiis de Cowall et Glastrie.—E. 20*m.* &c.   xl. 49.

(93)   Dec. 9. 1695.

ARCHIBALDUS COMES DE ARGYLE, Dominus Kintyre,
Campbell, Lorn, &c. *hæres* Archibaldi Comitis de Argyle, Domini
Kintyre, Campbell, et Lorn, &c. *patris,*—in terris, dominio, et baronia de Lorn ;—terris de Loyng, Torsay, Shewna, Seill, Corsora,
et Lesmoir in terris dictum dominium ;—terris et baronia de Kilmun;
—terris de Bordland (vel Boirland) ;—custodia castri de Dunoon ;
—terris et baronia de Kilmichell cum custodia castri de Swyn ;—
terris et baronia de Skipneis, jacentibus ab antiquo infra vicece-
mitatum de Tarbert, et nunc infra vicecomitatum de Argyle :—E.
1128*m.* 3*s.* 4*d.*—terris et baronia de Ardnamurchan comprehendente terras et insulam de Collonsay, viz. 2½ mercatas terrarum de
Bellinhard ;—5 mercatas terrarum de 2 Killedramisses ;—2½ mercatas terræ de 2 Kilchattans ;—2½ mercatas terræ de Machirna-
cleiff ;—2½ mercatas terrarum de 2 Ergkymishes ;—16 solidatas
8 denariatas terrarum de Skallifane :—E. 34 *martæ,* &c. *feudi firmæ:*
—2½ mercatas terrarum de 2 Bellerymishes (vel Bellerynsches) :—
E. 8 *bollæ polenti* :—2½ mercatas terrarum de Mauchribeg et Kil-
breve :—E. 8 *bollæ polenti* :—terras de Balleveroy (vel Ballvery) :
—E. 4 *bollæ polenti* :—in terris de Ardnamurchan continentibus
20 solidatas terrarum de Letterlochsheill :—E. 7*s.* 6*d.* &c. *feudifirmæ* :—2½ mercatas terrarum de AuCherkeill :—E. 25 *petræ casei,*
&c. *feudifirmæ* :—2½ mercatas terrarum de Longa :—E. 25 *petræ
casei,* &c. *feudifirmæ* :—2 mercatas terrarum de Glenbervickdaill :
—E. 5*s.* *firmæ* :—2 mercatas terrarum de Glenbeg :—E. 20 *petræ
casei,* &c. *firmæ* :—2½ mercatas terrarum de Glenmoir :—E. 25 *petræ casei,* &c. *firmæ* :—2½ mercatas terrarum de Ardsliggnish :—
E. 25 *petræ casei,* &c. *firmæ* :—2½ mercatas terrarum de Cambus-
nagale (vel Camusnagoull) :—E. 12*s.* 6*d.* &c. *firmæ* :—2½ mercatas
terrarum de Tornamount :—E. 25 *petræ casei,* &c. *firmæ* :—
2½ mercatas terrarum de Borbledge :—E. 2 *martæ,* &c. *firmæ* :—
2½ mercatas terræ de Correwillane :—E. 12*s.* 6*d.* &c. *firmæ* :—
2½ mercatas terrarum de Skenith (vel Skenish) :—E. 25 *petræ
casei,* &c. *firmæ* :—3½ mercatas terrarum de Mingarie :—E. 17*s.*
6*d.* &c. *firmæ* :—2 mercatas terrarum de Kilechnane :—E. 10*s.* &c.
firmæ :—2½ mercatas terræ de Ormsaigmore :—E. 2 *martæ,* &c.
firmæ :—2 mercatas terrarum de Auchnaquhishnish (vel Aucha-
quhinich) :—E. 10*s.* &c. *firmæ* :—20 solidatas terrarum de Orms-
saigbeg :—E. 7*s.* 6*d.* &c. *firmæ* :—2 mercatas terrarum de Udyne :
—E. 10*s.* &c. *firmæ* :—2½ mercatas terrarum de Auchinhaw (vel
Auchinhave) :—E. 12*s.* 6*d.* &c. *firmæ* :—2½ mercatas terrarum de
Glennyndryane (vel Glenyndraane) :—E. 12*s.* 6*d.* &c. *firmæ* :—
1 mercatam terræ de Pinquhonich :—E. 5*s.* &c. *firmæ* :—20 solidatas terrarum de Tastkistill :—E. 1 *marta,* &c. *firmæ* :—3 mercatas terrarum de Auchate (vel Auchetere) :—E. 2 *martæ,* &c. *firmæ:*
—2 mercatas terrarum de Brawalt (vel Branalt).—E. 10*s.* &c.
firmæ :—2½ mercatas terræ de Kilzemore :—E. 2 *martæ,* &c.
firmæ :—2½ mercatas terrarum de Swardillcorrock :—E. 2 *martæ,*
&c. *firmæ* :—2½ mercatas terræ de Swardillemoir :—E. 2 *martæ,*

&c. *firmæ* :—2½ mercatas terrarum de Swardilbeg :—E. 12*s.* 6*d.*
&c. *firmæ* :—2½ mercatas terrarum de Orkill :—E. 12*s.* 6*d.* &c.
firmæ :—1 mercatam terræ de Kynanoch (vel Regnanoch) :—E.
10 *petræ casei,* &c. *firmæ* :—6 solidatas 8 denariatas terrarum de
Classe :—E. 5 *petræ casei,* &c. *firmæ* :—6 solidatas 8 denariatas terrarum de Ardynes :—E. 2*s.* 6*d.* &c. *firmæ* :—2½ mercatas terræ de
Alidore (vel Aldore) :—E. 12*s.* 6*d.* &c. *firmæ* :—6 solidatas 8 denariatas terrarum de Lock :—E. 12*s.* 6*d.* &c. *firmæ* :—6 solidatas
8 denariatas terrarum de Langarie :—E. 2*s.* 6*d.* &c. *firmæ* :—6 solidatas 8 denariatas terrarum de Craigow (vel Craig) :—E. 2*s.* 6*d.*
&c. *firmæ* :—2 mercatas terrarum de Ardto :—E. 10*s.* &c. *firmæ :*
—terris et insula de Sweinart continente 2½ mercatas terrarum de
2 Rannoquhans :—E. 25 *petræ casei,* &c. *firmæ* :—2½ mercatas terrarum de Cammusseane :—E. 16 *bollæ polenti,* &c. *firmæ* :—3 mercatas terrarum de Reischappill (vel Rosechappel) :—E. 18 *bollæ*
2 *firlotæ polenti,* &c. *firmæ* :—1 mercatam terræ de Tarbert :—E.
6 *bollæ* 1 *firlota* 1 *pecca polenti,* &c. *firmæ* :—10 solidatas terrarum
de Camuskenish (vel Cambusnish) et Camustorsay :—E. 4½ *bollæ*
½ *firlotæ* ½ *peccæ polenti,* &c. *firmæ* :—2½ mercatas terræ de Pol-
loch :—E. 2 *martæ,* &c. *firmæ* :—2½ mercatas terræ de Ronnald-
moir :—E. 2 *martæ,* &c. *firmæ* :—2½ mercatas terræ de Ardna-
stanik :—E. 2 *martæ,* &c. *firmæ* :—2½ mercatas terrarum de Auch-
nahilt :—E. 2 *martæ,* &c. *firmæ* :—2½ mercatas terræ de Ormadill :
—E. 2 *martæ,* &c. *firmæ* :—2½ mercatas terræ de Drumtorrens (vel
Drumuran) :—E. 2 *martæ,* &c. *firmæ* :—2½ mercatas terrarum de
Stonevean (vel Stronteane) :—E. 2 *martæ,* &c. *firmæ* :—2½ mercatas terrarum de Auchinlea :—E. 2 *martæ,* &c. *firmæ* :—cum advocationibus ecclesiarum parochialium et parochiarum de Kilchoan et
Ilanfinan ;—omnes jacentes ab antiquo infra vicecomitatu de Inverness et Tarbert respective, et nunc per annexationem infra vicecomitatum de Argyle ;—in terris et baronia de Ballwill comprehendente insulam de Uronsay (vel Oronsay) extendentem ad
5 mercatas terrarum :—E. 3*l.* *feudifirmæ* :—16 solidatas denariatas terrarum de Garvert (vel Garvalt) in Collensay :—E. 13*s.* 4*d.*
feudifirmæ :—8 solidatas terrarum in Stronan (vel Stronaw) in Jura:
—E. 15*s.* *feudifirmæ* :—ab antiquo in vicecomitatu de Tarbert :—
decimis garbalibus aliisque decimis dictarum terrarum et insulæ :—
E. 6*s.* 8*d.* *feudifirmæ* :—in 24 mercatis 5 solidatis terrarum de Ar-
ios in insula de Mull ;—terris de Oscamull :—terris de Corkamer;
—terris de Fannan-over in Leirwelleneill ;—terris de Brolos ;—
8 mercatis terrarum in Ardineanach, omnibus in dicta insula de
Mull :—E. 230*l.* 1*s.* *feudifirmæ* :—decimis garbalibus aliisque decimis tam rectoriis quam vicariis vocatis lie Brocks ecclesiæ parochialis et parochiæ de Kilcalmannell, infra vicecomitatum de Tarbert :
—E. 5*m.* *feudifirmæ* :—in dominio et baronia de Kintyre comprehendente specialiter in se terras et alia infra scripta de North Kintyre, viz. terras de Rannochan et Dunanultich, extendentes ad
20 solidatas terrarum :—E. 30*s.* &c. *firmæ* :—terras de Auchincors
(vel Auchnacros) extendentes ad 10 mercatas terrarum :—E. 166
petræ farinæ, &c. *firmæ* :—terras de Barr extendentes ad 9 mercatarum :—E. 94½ *petræ farinæ,* &c. *firmæ* :—terras de Easter
et Wester Balliwillings extendentes ad 4 mercatas terrarum :—E.
4*l.* &c. *firmæ* :—terras de Drummoir extendentes ad 4 mercatas
terrarum :—E. 4*l.* &c. *firmæ* :—terras de Eskamulmoir extendentes
ad 3 mercatas terrarum :—E. 3*l.* &c. *firmæ* :—terras de Eskamul-
beg extendentes ad 3 mercatas terrarum :—E. 3*l.* &c. *firmæ* :—
terras de Corsbeg extendentes ad 2 mercatas terrarum :—E. 40*s.*
&c. *firmæ* :—terras de Baraskamull extendentes ad 3 mercatas terrarum :—E. 3*l.* &c. *firmæ* :—terras de Balleameanoch superiores et
inferiores extendentes ad 5 mercatas terrarum :—E. 4*l.* &c. *firmæ :*
—terras de Semerbie (vel Semerobie) et Clachfin, extendentes ad
8 mercatas terrarum :—E. 8*l.* &c. *firmæ* :—terras de Peninver (vel
Peniniver) et Altintreiff (vel Altintereiff) extendentes ad 4 mercatas terrarum :—E. 4*l.* &c. *firmæ* :—terras de Laggan extendentes
ad 3 mercatas terrarum :—E. 3*l.* &c. *firmæ* :—terras de Drum-
garve, extendentes ad 4 mercatas terrarum :—E. 4*l.* &c. *firmæ* :—
terras de Carpentiochin extendentes ad 4 mercatas terrarum :—E.
4*l.* &c. *firmæ* :—terras de Clunigart extendentes ad 4 mercatas terrarum :—E. 4*l.* &c. *firmæ* :—terras de Meragmonagach (vel Mer-
ganonagach) extendentes ad 4 mercatas terrarum :—E. 4*l.* &c.
firmæ :—terras de Auchatadoun (vel Auchtadounie) extendentes
ad 2 mercatas terrarum :—E. 40*s.* &c. *firmæ* :—terras de Glencair-
doch, (vel Glentardoch) extendentes ad 2 mercatas terrarum :—E.
40*s.* &c. *firmæ* :—terras de Belloch (vel Balloch) extendentes ad
3 mercatas terrarum :—E. 3*l.* &c. *firmæ* :—terras de Kilmaluag extendentes ad 2 mercatas terrarum :—E. 40*s.* &c. *firmæ* :—terras de
Annot extendentes ad 3½ mercatas terrarum :—E. 3*l.* 10*s.* &c.
firmæ :—terras de Garvalt extendentes ad 2 mercatas terrarum :—
E. 20*s.* &c. *firmæ* ;—terras de Stuckadill extendentes ad 2 mercatas
terrarum :—E. 40*s.* &c. *firmæ* :—terras de Moyastill extendentes
ad 5 mercatas terrarum :—E. 5*l.* &c. *firmæ* :—terras de Crubastill
(vel Cruibisdaill) extendentes ad 4 mercatas terrarum :—E. 4*l.* &c.
firmæ :—terras de Brottis extendentes ad 5 mercatas terrarum :—
E. 5*l.* *firmæ* :—terras de Gortinvaill (vel Gornevaill) extendentes
ad 4 mercatas terrarum :—E. 4*l.* &c. *firmæ* :—terras de Griennan
extendentes ad 2 mercatas terrarum :—E. 40*s.* &c. *firmæ* :—terras

C

de Sperissaig extendentes ad 2 mercatas terrarum :—E. 40*s.* &c. *firmæ* :—terras de Crossaig extendentes ad 4 mercatas terrarum :—E. 4*l.* &c. *firmæ* :—terras de Ballegregan et Mainfreoch, extendentes ad 3 mercatas terrarum :—E. 3*l.* &c. *firmæ* :—terras de Blairie extendentes ad 1 mercatam terræ :—E. 20*s.* &c. *firmæ* :—terras de Dunonafyne (vel Dunophyne) extendentes ad 2 mercatas terrarum :—E. 40*s.* *firmæ* :—terras de Kildonan extendentes ad 2 mercatas terrarum :—E. 40*s.* &c. *firmæ* :—terras de Duppin, extendentes ad 3 mercatas terrarum :—E. 3*l.* &c. *firmæ* :—terras de Ardcarradill extendentes ad 4 mercatas terrarum :—E. 3*l.* &c. *firmæ* :—terras de Auchnasaill (vel Auchnansaill) extendentes ad 2 mercatas terrarum :—E. 40*s.* &c. *firmæ* :—terras de Raunadaill extendentes ad 4 mercatas terrarum :—E. 4*l.* &c. *firmæ* :—terras de Barwacraig et Kirkmaske (vel Kerinask) extendentes ad 2 mercatas terrarum :—E. 40*s.* &c. *firmæ* :—terras de Kilmichell extendentes ad 2 mercatas terrarum :—E. 40*s.* &c. *firmæ* :—terras de Stronoven, extendentes ad 2 mercatas terrarum :—E. 40*s.* &c. *firmæ* :—terras de Auchinraich (vel Auchinroich) extendentes ad 2 mercatas terrarum :—E. 40*s.* &c. *firmæ* :—terras de 2 Deuchrans extendentes ad 2 mercatas terrarum :—E. 40*s.* &c. *firmæ* :—omnes jacentes in North Kintyre :—et similiter terras aliaque subscripta de South Kintyre, viz. terras de Ballegregan et Craigoig (vel Craigaig) extendentes ad 4 mercatas terrarum :—E. 4*l.* 6*s.* 8*d.* &c. *firmæ* :—terras de Losset et Glenhantie extendentes ad 5 mercatas terrarum :—E. 5*l.* &c. *firmæ* :—terras de Knockantimoir extendentes ad 4 mercatas 8 solidatas 4 denariatas terrarum :—E. 4*l.* 12*s.* 6*d.* &c. *firmæ* :—terras de Kilchivan extendentes ad 4 mercatas 8 solidatas 4 denariatas terrarum :—E. 3*l.* 12*s.* 6*d.* &c. *firmæ* :—terras de Drumbemill (vel Drumlemill) et Lochoridaill, extendentes ad 4 mercatas terrarum :—E. 40*s.* &c. *firmæ* :—terras alterius dimidietatis dictarum terrarum extendentes ad 2 mercatas terrarum :—E. 40*s.* &c. *firmæ* :—terras de Turarow (vel Toirrarois) et Largivan extendentes ad 5 mercatas terrarum :—E. 5*l.* &c. *firmæ* :—terras de Glatascheill (vel Glataheill) extendentes ad 1 mercatam terræ :—E. 20*s.* &c. *firmæ* :—terras de Machrichamiss extendentes ad 1 mercatam terræ :—E. 20*s.* &c. *firmæ* :—terras de Darinachin extendentes ad 1 mercatam terræ :—E. 20*s.* &c. *firmæ* :—terras de Leistrachan et Traligane extendentes ad 10 solidatas terrarum :—E. 20*s.* &c. *firmæ* :—terras de Powbill et Innangowie extendentes ad 5 solidatas 10 denariatas terrarum :—E. 8*s.* 9*d.* &c. *firmæ* :—terras de Kilquhilmich extendentes ad 2 mercatas terrarum :—E. 40*s.* &c. *firmæ* :—terras de Glacknahavill (vel Blacknahavill) extendentes ad 3 mercatas terrarum :—E. 3*l.* &c. *firmæ* :—terras de Killowane (vel Killounan) extendentes ad 17 mercatas terrarum :—E. 62 *petræ casei*, &c. *firmæ* :—terras de Wigull, Auchachurich (vel Auchacherinish), Kilbreid (vel Kilbrode), Kynnachan, Auchinleshain, et Ochterain (vel Auchteranie) extendentes ad 7½ mercatas terrarum :—E. 7*l.* 10*s.* &c. *firmæ* :—terras de Knockriochmoir, Glenadull, et Auchreroune (vel Ochterarne) extendentes ad 5½ mercatas terrarum :—E. 7*l.* 10*s.* &c. *firmæ* :—terras de Knockriochbeg, Arinaskavich, et Altavodowie (vel Altabedowie) extendentes ad 4 mercatas terrarum :—E. 4*l.* 10*s.* &c. *firmæ* :—terras de Kinloch nunc vocatas Campbletoune, extendentes ad 12 mercatas terrarum :—E. 62 *petræ casei*, &c. *firmæ* :—terras de Kildallog, Knockquherte (vel Knockquhick) et Achachoan extendentes ad 4 mercatas terrarum :—E. 4*l.* &c. *firmæ* :—terras de Baillinatoan, Auchincorrie, et Baillinabraid extendentes ad 6 mercatas terrarum :—E. 6*l.* &c. *firmæ* :—terras de Machirmoir extendentes ad 12 mercatas terrarum :—E. 166 *petræ farinæ*, &c. *firmæ* :—terras de Kildair et Glenamucklock extendentes ad 7 mercatas terrarum :—E. 90 *petræ farinæ*, &c. *firmæ* :—terras de Poulliwillin extendentes ad 5½ mercatas terrarum :—E. 82½ *petræ farinæ*, &c. *firmæ* :—terras de Glenhervie extendentes ad 3 mercatas terrarum :—E. 3*l.* &c. *firmæ* :—terras de Gournagowreoch extendentes ad mercatam terræ :—E. 20*s.* &c. *firmæ* :—terras de Arradill extendentes ad mercatam terræ :—E. ....—terras de Sokach extendentes ad mercatam terræ :—E. 20*s.* &c. *firmæ* :—terras de Corfyne et Blairferne extendentes ad 2 mercatas terrarum :—E. 40*s.* *firmæ* :—terras de Craig extendentes ad 4 mercatas terrarum :—E. 4*l.* &c. *firmæ* :—terras de Cullilongart extendentes ad 4 mercatas terrarum :—E. 4*l.* 6*s.* 8*d.* &c. *firmæ* :—terras de Kilmichell et Auchaleik extendentes ad 4 mercatas terrarum :—E. 4*l.* &c. *firmæ* :—terras de Carske (vel Carskey) extendentes ad 12 mercatas terrarum :—E. 62 *petræ casei*, &c. *firmæ* :—terras de Mule de Kintyre extendentes ad 4 mercatas terrarum :—E. 4*l.* &c. *firmæ* :—terras de Keremainoch et Muckblock (vel Muckloch) extendentes ad 2 mercatas terrarum :—E. 40*s.* &c. *firmæ* :—terras de Colisonfort, Balevenan, et Dalernacht (vel Dalerunacht) extendentes ad 4 mercatas 8 solidatas 4 denariatas terrarum :—E. 4*l.* 12*s.* 6*d.* &c. *firmæ* :—terras de Gartaveigh extendentes ad mercatam terræ :—E. 20*s.* &c. *firmæ* :—terras de Machribeg extendentes ad 2 mercatas terrarum :—E. 40*s.* &c. *firmæ* :—terras de Leppinbeg extendentes ad 8 solidatas 4 denariatas terrarum :—E. 12*s.* 6*d.* &c. *firmæ* :—terras de Machribaistell extendentes ad 8 solidatas 4 denariatas terrarum :—E. 12*s.* 6*d.* &c. *firmæ* :—terras de Kerenmoir extendentes ad 20 solidatas terrarum :—E. 30*s.* &c. *firmæ* :—terras de Glaik et Leffincarore (vel Lessincarar) extendentes ad 2 mercatas terrarum :—E. 40*s.* &c. *firmæ* :—dimidium terrarum de Laekt et Leppinstrae extendens ad 26 solidatas 8 denariatas terrarum :—E. 40*s.* &c. *firmæ* :—terras de Cattadaill (vel Cattadull), Laburgan (vel Caburgan), Garvanie (vel Cartvain), Brackleid, Gartloskin, extendentes ad 8 mercatas terrarum :—E. 8*l.* &c. *firmæ* :—terras de Brunerikin, Brunmarenoch (vel Drimmarenoch), Balsemerill (vel Dalsemerill), Lynadouliff (vel Lagnadaniff) et Innerotaledch (vel Innerocalloch), extendentes ad 4 mercatas 5 solidatas 10 denariatas terrarum :—E. 4*l.* 8*s.* 9*d.* &c. *firmæ* :—terras de Killeallan, Pennigoune, Gartloskin (vel Gortleskane), Eldrick, et Arrinaskavich (vel Ardnaskavish) extendentes ad 8 mercatas terrarum :—E. 8*l.* &c. *firmæ* :—terras de Auchnaglaik, Lagnacraig, Kerimeanoch, Kerifour, Keirdonald, Dunglass, et Glenraniskilmoir, Strone, et Glenadull, extendentes ad 12 mercatas terrarum :—E. 12*l.* &c. *firmæ* :—terras de Kilblaan extendentes ad 2 mercatas terrarum :—E. 40*s.* &c. *firmæ* :—terras de Coulrachan, Daulnancleis (vel Dalnancleish), et Cristalloch, extendentes ad 4 mercatas terrarum :—E. 4*l.* &c. *firmæ* :—terras de Killorowan (vel Killicrowan), Knockstaple, et Lenochane, extendentes ad 3½ mercatas terrarum :—E. 3*l.* 10*s.* *firmæ* :—terras de Gourtungaureach extendentes ad 8 solidatas 4 denariatas terrarum :—E. 12*s.* 6*d.* &c. *firmæ* :—in terris et insula de Jura comprehendente particulares terras aliaque subscripta, viz. terras de Ardyne extendentes ad 16 solidatas 8 denariatas terrarum ;—terras de Broastill extendentes ad 16 solidatas 8 denariatas terrarum ;—terras de Stronyne extendentes ad 16 solidatas 8 denariatas terrarum ;—terras de Sandack extendentes ad 16 solidatas 8 denariatas terrarum ;—terras de Craigig extendentes ad 16 solidatas 8 denariatas terrarum ;—terras de Knocknafolland extendentes ad 16 solidatas 8 denariatas terrarum ;—terras de Auchahois extendentes ad 16 solidatas 8 denariatas terrarum ;—terras de Nyryne extendentes ad 16 solidatas 8 denariatas terrarum ;—terras de Knokrouaine (vel Knockrawine) extendentes ad 16 solidatas 8 denariatas terrarum ;—terras de Ardornock (vel Ardernoll) extendentes ad 16 solidatas 8 denariatas terrarum ;—terras de Knockbreck extendentes ad 8 solidatas terrarum cum molendino et advocationibus ecclesiarum :—E. 20 *martæ*, 8*l.* 8*s.* 4*d.* &c. *feudifirmæ* :—omnes infra vicecomitatum de Tarbert ab antiquo, et nunc infra vicecomitatum de Argyle :—feudifirmæ divoriis subscriptis, viz. 66 petris farinæ et 12 bollis polenti pro 12 mercatis terrarum de Auchincross ;—94 petris farinæ pro terris de Barr ;—126 petris farinæ et 64 bollis polenti pro 17 mercatis terrarum de Kildonan ;—6 petris farinæ pro 4 mercatis terrarum de Craigs ;—184 petris farinæ 64 bollis polenti pro 12 mercatis terrarum de Carskeay ;—82 petris farinæ pro 5½ mercatis terræ de Pouliwillen ;—90 petris farinæ et 10 bollis polenti pro 7 mercatis terrarum de Kildair et Glenmuckloch ;—186 petris farinæ et 64 bollis polenti pro 12 mercatis terrarum de Machrimoir, omnibus infra dictum dominium de Kintyre ; dictis feudifirmæ divoriis extendentibus in integro ad 20 celdras frumenti, quarum 6 celdræ 10 bollæ farinæ et 13 celdræ 6 bollæ polenti :—E. 1*d.* *albæ firmæ* :—terris de Glendaruell :—E. 13*l.* 6*s.* 8*d.* &c. *firmæ* :—terris de Dunoon :—E. 18*l.* et 3*s.* 4*d.* in augmentationem, *firmæ* :—terris et baronia de Auchnagarran, viz. 5 libratis terrarum antiqui extentus de Craig, Furmnauchlan (vel Furlynachtan), Raith, Ballichindryne, Lesse-M'Kennouy ;—terris de Conchray, Canache (vel Cannachoe), Stelage, Kildalvan, infra balliatum de Cowall ;—16 solidatis 8 denariatis terrarum de Kaimes in Jura cum piscationibus et pasturagiis, et privilegio liberæ forestæ et officiis balliatus, coronatoris et officiarii infra bondas dictarum terrarum, infra vicecomitatum de Tarbert ab antiquo ;—4 mercatis terrarum de Kereniven ;—4 mercatis terrarum de Keremoran ;—4 mercatis terrarum de Midleskowlack :—E. 100*m.*—omnibus antiqui extentus infra dominium de Bute ;—2 mercatis 10 solidatis terrarum de Ballenab ;—6 solidatis 8 denariatis terrarum de Arisett :—E. 13*l.* 2*s.* 11*d.* *firmæ* :—6 solidatis 8 denariatis terrarum de How :—E. 5*l.* 3*s.* 4*d.*—dimidio mercatæ terræ de Saligo :—E. 33*s.* 3½*d.* et 3*s.* 4*d.* in augmentationem, infra insulam de Ilay et vicecomitatum de Tarbert, unitis cum terris in Clackmannan et Fife in baroniam de Auchnagarran :—hæreditario officio Justiciarii Generalis infra omnes bondas subscriptas, viz. infra bondas dicti uniti vicecomitatus de Argyle, et infra bondas omnium insularum regni Scotiæ (exceptis Orkney et Zetland et comitatu de Arran, in quantum idem comitatus ad demortuum Jacobum Hamiltonii Ducem pertinuit), ac infra bondas terrarum de Morvern quæ nunc unitæ sunt ad vicecomitatum de Argyle, et terrarum de Knoydarmoydart, Moror, Arrasack, et omnium aliarum terrarum infra regnum Scotiæ, vel de familia de Argyle tentarum, vel ad eandem pertinentium, cum dimidio omnium multarum, &c.—E. 1*d.* *albæ firmæ, et dimidium multarum et amerciamentorum* :—omnibus prædictis terris unitis in dominium, comitatum, et baroniam de Argyle :—in reliquis terris comitatus de Argyle, viz. in terris et baronia de Lochow, cum advocatione ecclesiarum parochialium et parochiarum Sancti Petri, Diaconiæ de Lochow et Inshaell, rectoriarum et vicariarum earundem ;—terris de Ardskeodnis, Glenira, Glenshirah, et Letter ;—burgo de Inveraray infra dictam baroniam ;—terris et baronia de Glenurchy;—terris et dominio de Cowall, cum Foresta de Beinmore ad idem petinente;—terris et baronia de Over Cowall;—terris de Straquhir extendentibus ad 51½ mercatas terrarum antiqui extentus;—terris de Stratheathie, Glenmassen, Glenlean, Lochstraven, Scheild (Lochstravenhead), Ardinflat, Towart-Fleeming, Innerneill et Glack, Camiss, Auchatachevan;—terris de Ardmernock, Lynsaig, Darinagirrochmore, Glentair, et Darinagirochbeg;—terris et baronia de Otterinveran;—terris de Glasserie et Ederline infra scriptis, viz. terris de Menard, Killmichellbeg, Gortinrenach, Knock, 2 Archastills, Gallganich, Auchinbreck, Ballimore, Kilmehell, Rosenaw, Monemermach, Knockalloway, Foorling, Toongue, Garvalt, Craignewir, Thangaimalich, Barquheill, Torblairane, Lagg, Auchathearlich, Craigmurthill;—terris de Craignish et Melfort, cum advocationibus ecclesiarum parochialium et parochiarum de Kilmartine, Kilmalew, Inneraray, Kilmorich, Dysart, Lochgoylshead, Kilmelphort, et Kilmalrew, rectoriarum et vicariarum earundem, et omnium aliarum ecclesiarum, beneficiorum et capellaniarum;—terris et baronia de Tarbert cum custodia castri de Tarbert, et advocatione ecclesiæ de Kilberrie, et aliarum ecclesiarum dictarum terrarum, infra vicecomitatum de Tarbert ab antiquo, et nunc infra vicecomitatum de Argyle:—5 mercatis terrarum antiqui extentus de Phanan cum piscationibus earundem super aquam de Aw;—mercata terræ antiqui extentus de Auchandryan infra baroniam de Lochow;—advocationibus ecclesiarum parochialium et parochiarum de Kilmour, Kilmaluag, et Kilchattan, rectoriarum et vicariarum, et ecclesiæ collegiatæ de Kilmun, prebendariarum et capellaniarum ejusdem, et aliarum ecclesiarum:—terris de Innerquhappill in Glenfinfoord;—terris de Taylet;—terris de 2 Ardinblaithes et 2 Craigquholds;—dimidia mercata terræ infra territorium de Innerquhappill, et mercata terræ ab antiquo per Iver M'Canrie possessa;—terris de Stuck et Blairbeg;—terris de Ferrie;—terris de Strone;—20 libratis terrarum de Durror, viz. 7 mercatis terrarum de Coull et Glensalackan;—7 mercatis terrarum de Ardseall et Lugnahall;—3 mercatis terrarum de Bellecheils;—5 mercatis terrarum de Auchnadaroch;—3 mercatis terrarum de Auchacharne;—5 mercatis terrarum de Aucheychar et Auchinblan;—20 mercatis terrarum de Glentoan;—tertia parte 18 mercatarum terrarum de Quemeis, viz. 18 solidatis terrarum de Torresay;—18 solidatis terrarum de Arriganachan;—18 solidatis terrarum de Auchindreish;—8 solidatis terrarum de Weyath;—9 solidatis terrarum de Drewaig;—18 solidatis terrarum de Awyntoune, jacentibus in insula de Mull et infra vicecomitatum de Tarbert ab antiquo;—insula de Ronnie extendente ad 6 mercatas terrarum, viz. 4 mercatas terrarum de Killimorie, et 2 mercatas terrarum de Narathage, infra dictum vicecomitatum de Tarbert ab antiquo;—3 mercatis terrarum antiqui extentus de Drummyne et Auchalniane infra dominium de Morverne;—terris de Kilhamaich, Gartnagrenach, et Muchtrie extendentibus ad 8 mercatas terrarum antiqui extentus, infra dominium de Knapdaill et ab antiquo infra dictum vicecomitatum de Tarbert;—16 solidatis 8 denariatis terrarum de Ardvoynish;—16 solidatis 8 denariatis terrarum de Camvochris;—16 solidatis 8 denariatis terrarum de Kames;—16 solidatis 8 denariatis terrarum de Tarbert, omnibus infra insulam de Jura;—16 solidatis 8 denariatis terrarum de Mulbouy, infra insulam de Scarrava;—8 solidatis 4 denariatis terrarum de Barvillane et Downechannell cum insulis de Ylachunver et Coulbrandin;—6 mercatis terrarum de Dunanaltach et Rannachan in parochia de Kilcallummannell;—4 mercatis terrarum de Auchtinellans infra parochiam de Kilberrie, omnibus infra dictum vicecomitatum de Tarbert ab antiquo;—terris et baronia de Gyga comprehendente terras et baroniam de Lochzeild, viz. terras de Banvy, Mukeanich, Ayelin, Craiglong, Torpith, Annott, Achido, Kilmailzie, Auchmoleag, Drumfoyer, M'Kache, Aoyne, Worwaillie, Fassafarna, Stronesuleak, Correbeag, Auchwilloune, Keanloch, Drumnasailzie, Coullie-Knape, Machiache, Clairicothak, Musheroloch, Creive, Salachane, et dimidium de Lindalie, in Lochzeld et dominio de Lochaber, et ab antiquo infra vicecomitatum de Inverness, et nunc infra vicecomitatum de Argyle;—terris et baronia de Ardgour infra scriptis, viz. 1 mercata terræ de Calpe et Garvan;—20 solidatis terrarum de Dustie;—1 mercata terræ de Auchinpobill et Tranisack;—1 mercata terræ de Strongragaran et Clavelzelk;—1 mercata terræ de Blairbowie et Correbeg;—mercata terræ de 2 Inniscaliviltills;—mercata terræ de Coulphin et Grandelich;—mercata terræ de Arechaulan et Auchnanes;—mercata terræ de Landuavais et Craigbartane;—mercata terræ de Nairachan et Lakith;—20 solidatis terrarum de Dundoche et Altezewes;—mercata terræ de Kilboden;—2 mercatis 10 solidatis terrarum de Cullie;—23 solidatis 4 denariatis terrarum de Salachanbeg;—2 mercatis terrarum de Salachanmoir;—2 mercatis terrarum de Innersanda et Innerbrokatill;—dimidia mercata terræ de 2 Breverkiddes et Clashainick;—extendentibus in integro ad 22 mercatas terrarum, infra dominium insularum et dictum vicecomitatum de Innerness ab antiquo;—terris et baronia de Gyga extendente ad 20 libratas terrarum infra scriptas, viz. terras de Camerarot, Tarbet, Ardhay, Ardglamis, Chanterioch, Laynie, Kilchattan, Ardveigneis, Drumgenmoir, Drumgenbeg, Stoull et Duntro, infra dictum vicecomitatum de Tarbert ab antiquo;—16 mercatis terrarum in Kintyre infra scriptis, viz. Machrihamich, Clatchkill et Tradigill, Barlochan, et Lesvrachan, cum officio de Tossochdorish in tota Kintyre, infra dictum vicecomitatum de Tarbert ab antiquo;—terris de Mulbowie in insula de Scarabay;—terris de Troagquannagall, Glennaunrik, Ardscalnineish;—terris de Ardveigneis in insula de Jura, ab antiquo infra dictum vicecomitatum de Tarbert;—6 mercatis terrarum de Aucheybeg et Yrues;—2 denariatis terrarum de Coulkeilie;—4 denariatis terrarum de Auchiforsis;—3 libratis terrarum de Auchnagoun;—1 denariata terræ de Areangus;—1 denariata terræ de Corosemidale;—2½ denariatis terræ de Cleland;—2½ denariatis terrarum de Corwaine, extendentibus ad 12 mercatas terrarum, omnibus in Morvairne, ab antiquo infra dictum vicecomitatum de Inverness et nunc infra vicecomitatum de Argyle;—terris de Dounamuik et Auchnashiloch in Glastrie;—terris et villis de Glenloy et Lockarkaig comprehendentibus terras de Moy, Arrachlie, Strone;—terras de Barr, Inverlitten, Invermust, Vullen, Auchnarie, Auchnanellan, Lochmalvyie, Glenmaltzie, Deurach, Invermaltzie, Balward, Kellerose, Auchnacarrie, Clunes, Invertoybolg, Auchnasoull, Taelk, Salachan, Mucke, Kenmoar, Kennacht, Murvalgane, Rylacht, Glendesroght, Glashbeagach, Glenpeane, Glenloch, Glenkinkie, Muristockich, et Arkowie, infra dominium de Lochaber et vicecomitatum de Inverness:—hæreditario officio vicecomitis vicecomitatus de Argyle;—officio locum tenentis infra integras dicti vicecomitatus bondas;—hæreditario officio camerarii infra dictum integrum vicecomitatum;—hæreditario officio coronatoris infra bondas dicti vicecomitatus;—hæreditario officio Magni Magistri Hospitii S. D. N. Regis, cum omnibus privilegiis, emolumentis et pertinentiis ad dicta hæreditaria officia spectantibus, cum dimidietate omnium wardarum, releviorum, maritagiorum, &c. infra bondas vicecomitatus de Argyle;—burgo baroniæ de Campbeltoune in Kintyre, et burgo baroniæ de Porthill (Portkill?) in Roseneath, omnibus unitis in dominium, comitatum et baroniam de Argyle:—E. 500*m. taxatæ wardæ*:—terris et baronia de Dowart comprehendente terras de Torresay;—terras de Dowart cum molendino;—terras et molendinum de Ardenenachburgh in insula de Mull;—terras de Glenkynan;—terras de Gamadrach;—terras de Cressins (vel Creline);—terras de Morenis continentes terras aliaque subscripta, viz. terras de Collogray;—terras de Invay;—terras de Calliochlag;—terras de Donipillie (vel Dompillis);—terras de Gilchryst;—terras de Penniemoir;—terras de Adonis;—terras de Ulvay;—terras de Laggan;—terras de Valsugarie;—terras de Carnburg et insulas eisdem pertinentes;—terras de Mandalon;—terras de Traffiboill;—terras de Torren (vel Horon) cum officio balliatus totius insulæ de Terie;—terris jacentibus in Morvain, viz. terris de Ulladill;—terris de Auchnahag;—terris de Auchranick;—terris de Kinloch;—terris de Dongerie;—terris de Straclaish (vel Skraclash) et Clashbrake (vel Glasbrake);—terris de Auchittadonill, et Auchittannock, et Rouseland;—omnibus unitis in baroniam de Dowart:—A. E. 300*m. taxatæ wardæ*:—tenendria de Arrois in Mull comprehendente 5 mercatas terrarum de Morabulfadtie in insula de Ilay, cum finibus lie ruids earundem, olim ad abbaciam de Derrie spectantes:—E. 60 *ulnæ panni albi, nigri et crocei coloris, vel 8d. pro qualibet ulna*, &c.—2 denariatas terrarum de Clauchaig:—E. 18 *pondera casei*, &c. *feudifirmæ*:—1 denariatam terræ de Kingshyre:—E. 10 *pondera casei*, &c. *feudifirmæ*:—1 denariatam terræ de Ballimainoch:—E. 10 *pondera casei*, &c. *feudifirmæ*:—dimidiam denariatæ terræ de Tyringa:—E. 20*s. feudifirmæ*:—1 denariatam terræ de Balmahuvie, et 1 denariatam terræ de Kilmavoytie (vel Kilmavoyter):—E. 20 *pondera casei*, &c. *feudifirmæ*:—2 denariatis terrarum de Aird.—E. 20 *pondera casei*, &c. *feudifirmæ*:—2 denariatas terrarum de Dariegallbeg:—E. 20 *pondera casei*, &c. *feudifirmæ*:—1 denariatam terræ de Gilsland:—E. 10 *pondera casei*, &c. *feudifirmæ*:—1 denariatam terræ de Sgarasdull:—E. 6 *pondera farinæ*, &c. *feudifirmæ*:—2 denariatas terrarum de Knock:—E. 18 *pondera casei*, &c. *feudifirmæ*:—dimidium denariatæ terræ de Dorsay (vel Dorosay):—E. 5 *pondera casei*, &c. *feudifirmæ*:—2 denariatas terrarum insulæ Sancti Kennethi vulgo nuncupatæ Inshkenneth, cum cunicularis et piscariis earundem:—E. 18 *pondera casei*, &c. *feudifirmæ*:—dimidium denariatæ terræ de Glenligduill:—E. 6 *pondera farinæ*, &c. *feudifirmæ*:—dimidium denariatæ terræ de Cunnygart:—E. 6 *pondera casei*, &c. *feudifirmæ*:—cum decimis garbalibus omnium præfatarum terrarum et insulæ:—3 mercatas terrarum de Skawerneish jacentes in dicta insula de Terie:—E. 40 *maliæ farinæ*, &c. *feudifirmæ*:—terras et insulam de Gunay:—E. 8 *maliæ farinæ*, &c. *feudifirmæ*:—terras de Teringa de Killis:—E. 48 *maliæ farinæ*, &c. *feudifirmæ*:—terras de Ardnash-over:—E. 12 *maliæ farinæ, grani et hordei*, &c. *feudifirmæ*:—terras de Ardnash-nather:—E. 12 *maliæ farinæ, grani et hordei*, &c. *feudifirmæ*:—terras de Freisland jacentes in insula de Cala:—E. 4 *bollæ mancetiæ, media pars hordei et media pars avenarum*, &c. *feudifirmæ*:—extendentes in integro ad 57*l.* 15*s.* 4*d.*—86 mercatas 10 solidatas terrarum de Terie:—E. 875*l.* 10*s. feudifirmæ*:—cum omnibus aliis terris infra dictam tenendriam jacentibus:—53 mercatas 10 solidatas terrarum de Morvern in dominio insularum:—E. 450*l.* 10*s. feudifirmæ*:—omnes unitas in tenendriam de Arrois;—quæ feudifirmæ et augmentationes extendunt in integro ad 1436*l.* 13*s.* 4*d.*—annuo redditu 80 librarum de terris et tenendria de Lergie in dominio de Kintyre boreali, et ab antiquo infra vicecomitatum de Tarbert:—E. 1*d.* &c. *albæ firmæ :*—4 mercatis terrarum de Saddell vulgo nuncupatis terris dominicalibus de Saddell ;—3 mercatis terrarum de Tortastill ;—20 solidatis terrarum de Lephencoraught ;—20 solidatis terrarum de Lephinbeg ;—1 mercata terræ de Ulladill ;—1 mercata terræ de Kilmichell ;—2 mercatis terrarum de Lephinmoir ;—2 mercatis terrarum de Guistill (vel Guiltill) ;—20 solidatis terrarum de Iffernan ;—20 solidatis terrarum de Braidiffernan ;—20 solidatis terrarum de Monyquhill ;—2 mercatis terrarum de Ugadill ;—2 mercatis terrarum de Kildonan ;—1 mercata terræ de Ormissarie ;—8 solidatis terrarum de Kinllabill ;—2 mercatis terrarum de Knockhantibeg ;—2 mercatis terrarum de Sefragan (vel Kephragan) ;—dimidia mercata terræ de Ellendunvar (vel Eleandaver) ;—2 mercatis terrarum de Baillivachan ;—2½ mercatis terrarum de Knocknagour ;—2½ mercatis terrarum de Drumnaley ;—1 mercata terræ de Bordadow ;—4 mercatis terrarum de Kilmoirie ;—3 mercatis terrarum de Auchinleskin ;—20 solidatis terrarum de Drumnamuskloch ;—integris dictis terris extendentibus ad 48 mercatas terrarum antiqui extentus infra bondas de Kintyre :—E. 50*m.* et 3*s.* 4*d. in augmentationem, feudifirmæ :*—hæreditario officio constabulariæ et custodiæ maneriei loci et fortalicii de Saddell :—E. 1*d. albæ firmæ :*—terris nuncupatis terris Sancti Niniani in Kintyre, comprehendentis 6 mercatas terrarum de Machriria et Garnacapbeck cum Sheillings earundem ;—5 mercatas terrarum de Basteill et Edem (vel Edoune) ;—20 solidatas terrarum de Knockmoreill ;—20 solidatas terrarum de Kilmoseuchan ;—20 solidatas terrarum de Pendlachue (vel Plendlachrie) ;—20 solidatas terrarum de Pennisolurack ;—20 solidatas terrarum de Auchroy ;—20 solidatas terrarum insulæ de Sanda ;—3 mercatas terrarum de Ballinagregan ;—2 mercatas terrarum de Drummoir, unitas in tenendriam de Machririoch :—E. 21*l. feudifirmæ :*—terris de Annot, cum decimis garbalibus, rectoriis et vicariis :—E. 13*s.* 4*d.*—decimis terrarum de Skcirchenzie, decimis garbalibus tam rectoriis quam vicariis dictarum terrarum de Skeirchenzie et Killorow, extendentibus ad 3 quartas partes dictæ ecclesiæ cum insulis, omnibus in regalitate de Icollumkill, dominio de Kintyre et vicecomitatu de Tarbert ab antiquo :—E. 13*s. feudifirmæ* et 12*d. in augmentationem* : —20 libratis terrarum de Rossie comprehendentibus 4 denariatas terrarum de Sheva ;—1½ denariatam terrarum de Skurr ;—4 denariatas terrarum de Kilmakewine ;—2 denariatas terrarum de Seirphine ;—obulatam terræ de Edercalloch ;—denariatam terræ de Uskine ;—dimidium denariatæ terrarum de Ardiabaig ;—denariatam terræ de Ardachow ;—obulatam terræ de Lenow ;—1 denariatam terræ de Tarackhim (vel Taracklin) ;—1 denariatam terræ de Knokasneg ;—1 denariatam terræ de Knockteytarloch ;—2 denariatas terrarum de Traisan ;—2 denariatas terrarum de Ardelleneis ;—1 denariatam terræ de Berins (vel Bernis) ;—1 denariatam terræ de Teirgarragan ;—1 denariatam terræ de Teirgill (vel Teirkill) ;—3 obulatam terrarum de Kilmoirie ;—1 obulatam terræ de Pencalmer ;—2 denariatas terrarum de Staikadill ;—4 mercatas terrarum de Ballinoir ;—1 denariatam terræ de Sallquhro (vel Sallaquhir) ;—1½ denariatam terræ de Pettey ;—1 denariatam terræ de Teircladen ;—1 obulatam terræ de Creuch inferiore ;—1 obulatam terræ de Creuch superiore ;—2 denariatas terrarum de Ardchanaig (vel Ardchannage) ;—2½ denariatas terrarum de Teirgill vocatas Calligounane ;—3½ denariatas terrarum de Bonessan ;—2 denariatas terrarum de Cumugard (vel Cunnigart) ;—2 denariatas terrarum de Lay ;—1 denariatam terræ de Assobill ;—5 denariatas terrarum de Ardtunis ;—omnes jacentes in Rossie in insula de Mull ;—1 denariatam terræ de Kilpubill ;—1 denariatam terræ de Killein ;—1 denariatam terræ de Callimoir ;—1 denariatam terræ de Kilvarragum ;—1 denariatam terræ de Kilmynan ;—1 denariatam terræ de Kingarura ;—3 obulatas terrarum de Kilmorie ;—2 denariatas terrarum de Beith ;—1 denariatam terræ de Thorine ;—1 denariatam terræ de Corsaig ;—1 denariatam terræ de Skirdam et Aird ;—1 denariatam terræ de Glassvillar et Lyald ;—etiam jacentes in insula de Mull ;—insulam de Jona *alias* Icollumbkill ;—6 mercatas terrarum de Balifulzie ;—6 mercatas terrarum de Kirkapoill ;—1 mercatam terræ de Waill ;—6 mercatas terrarum de Kylles ;—terras de Kilchanneth ;—terras de Kilmaluag ;—terras de Ryff ;—terras de Baw ;—terras de Ged ;—terras de Ballimartine, omnes jacentes in insula de Terie ;—terras de Suy in dicta insula de Mull ;—terras de Portboat (vel Portbeat) in insula de Morvern.—E. 165*l. feudifirmæ.*—(Vide Inverness, Dumbarton, Perth, Fife, Clackmannan, Stirling, Bute, Forfar.)   xlv. 629.

: (94)   Jul. 23. 1696.
JOANNES COMES DE LAUDERDALE, Vicecomes Maitland, Dominus Thirlestaine et Boltoune, *hæres masculus* Caroli Comitis de Lauderdale fratris germani et hæredis masculi deserviti et retornati quondam Joanni Duci de Lauderdale, *patris,*—in terris et baronia de Glaseries et advocatione ecclesiarum.—A. E. ....
N. E. ....*(66m. taxatæ wardæ.)*—(Vide Haddington, Peebles, Berwick, Edinburgh.)   xlvi. 201.

(95)   Dec. 16. 1696.
DOMINUS ROBERTUS MONTGOMRIE de Skellmorlie miles baronettus, *hæres* Domini Jacobi Montgomrie de Skellmorlie militis baronetti, *patris,*—in annuo redditu 160*l.* correspondente 4000*m.* de 3 mercatis terrarum de Loggan et 3 mercatis terrarum de Dangayne in boreali parte dominii de Kintyre et parochia de ....
—E. 1*d. albæ firmæ.*—(Vide Renfrew, Bute, Ayr.)   xliv. 417.

(96)   Maii 19. 1697.
JOANNES CAMPBELL de Ardchattan, *hæres* Archibaldi Campbell feoditarii de Ardchattan, *patris,*—in proprietate integræ liberæ et temporalis tenendriæ de Ardchattan, comprehendentis maneriem seu locum de Ardchattan, monasterium seu priorarum de Ardchattan ab antiquo nuncupatum, cum ædificiis, viridariis, officiorum domibus, hortis et pomariis ejusdem, tam infra interius præcinctum vel sepem lapidalem dicti quondam loci monasterialis, quam in illis aliis hortis infra exterius præcinctum et sepem, vulgo Thornedykes et Hedges dicti monasterii de Ardchattan :—E. 13*s.* 4*d.* et 3*s.* 4*d.* in augmentationem :—proprietate ecclesiarum et parochiarum de Ballibodan (vel Kilbodan) in Bendaraloch, Killiniver (vel Killininver) in Netherlorne ;—parochiarum de Killbrandan in Seil, et Kilmanivag in Lochaber ;—ecclesiæ de Kirkapoll in Tirie ;—ecclesiæ de Kilmarow in Kintyre, cum decimis garbalibus, aliisque decimis ad dictas ecclesias, rectorias et vicarias earundem spectantibus, cum advocationibus earundem, et decimis ;—piscationibus salmonum et halecum in aquis de Lochetive et Aw, ab illa parte vocata The Connell to the head of Lochetive :—E. 4*l.*—piscationibus seu piscariis subsequentibus, olim ab antiquo ad dictum prioratum de Archattan et beneficium ejusdem tanquam parte temporalitatis patrimonii proprietatis pertinentibus, viz. piscatione vocata vulgo The Stellnetts of the Priors Shoots in the water mouth of Aw ex boreali parte ;—piscatione vocata The Stellnets of Kenlochitive vocata Portverran :—E. 13*s.* 4*d.* &c. *feudifirmæ :*—omnibus unitis in tenandriam de Ardchattan.   l. 70.

(97)   Jan. 13. 1698.
GULIELMUS VICECOMES DE STRATHALLAND, Dominus Madertie et Drummond de Cromlix, *hæres masculus et lineæ* Gulielmi Vicecomitis de Strathalland, Domini Drummond de Cromlix, *patris,*—in terris ecclesiasticis et decimis ecclesiarum de Inchaill et Kilmerich, cum advocatione dictarum ecclesiarum, unitis cum aliis terris in vicecomitatibus de Perth et Stirling in baroniam de Cardenie.—A. E. 10*l.* N. E. 40*l.*—(Vide Perth, Stirling.)   xlvii. 525.

(98)   Nov. 23. 1698.
JOANNES M'DONALD de Largie, *hæres* Angusii M'Donald de Largie, *patris,*—in 3 mercatis terrarum de Carnbeig et Litle Corshellough ;—4 mercatis terrarum de Carnmore et Meckle Corshellough ;—4 mercatis terrarum de Branthein ;—4 mercatis terrarum de Kilmichaell ;—4 mercatis terrarum de Shedrall ;—3 mercatis terrarum de Lariginhushain (vel Laragnihushine) ;—6 mercatis terrarum de Ronnaherin :—2 mercatis terrarum de Shellag et Narrachin (vel Warrachan) ;—3 mercatis terrarum de Dounasherie ;—4 mercatis terrarum de Ullodill ;—4 mercatis terrarum de Ballachgarran (vel Beallacharran) ;—4 mercatis terrarum de Beauchar ;—4 mercatis terrarum de Beauchmanoch ;—2 mercatis terrarum de Clachag ;—1 mercata terræ de Blarie ;—4 mercatis terrarum de Rannachan ;—3 mercatis terrarum de Kallepuill :—E. 190*l. feudifirmæ :*—4 mercatis terrarum de Gortonbauch (vel Gortenvaill) :—E. 4*l.* &c. *feudifirmæ :*—jacentibus in dominio boreali de Kintyre, omnibus unitis in tenandriam de Largie.   xlviii. 654.

(99)   Oct. 11. 1700.
ARCHIBALDUS CAMPBELL, *hæres* Duncani Campbell fratris germani Archibaldi Campbell de Inveraw, *patris,*—in annuo redditu 216*m.* de 5 libratis terrarum antiqui extentus de Cattanis et Laerg in Glenurchay :—E. 1*d. albæ firmæ.*   xlviii. 853.

(100)   Oct. 11. 1700.
BARBARA CAMPBELL sponsa Dugaldi Campbell de Killberry, *hæres* Magistri Dugaldi Campbell de Lagg, *patris,*—in 4 mercatis terrarum de Neather Rindaill, et mercata terræ de Knocknahilt infra baroniam de Glasrie :—E. 20*m.* 10*s.* 8*d.* &c. *feudifirmæ :*—2 mercatis terrarum antiqui extentus de Auchnabreck, infra dictam baroniam :—E. 3*m.* &c. *feudifirmæ :*—5 mercatis terrarum de Auchinashelloch, in parochia de Kilmichaell de Glasrie.—E. 20*m. feudifirmæ.*   xlix. 209.

OMISSA.

(101) Oct. 17. 1503.

COLINUS CAMPBELL, *hæres* Archibaldi Comitis de Ergile, &c. *patris,*—in dominio et terris de Lorn :—E. 600*m.*—baronia et terris de Lochhow et terris de Glenwrchay :—A. E. 200*m.* N. E. 300*m.*—baronia et terris de Uver Cowell :—E. 200*m.*—baronia et terris de Strathache :—A. E. 100*m.* N. E. 100*l.*—terris de Bordland cum custodia castri de Donon :—A. E. 26*m.* N. E. 40*m.*—terris de Edderlyn :—A. E. 5*l.* N. E. 8*l.*—42 mercatis terrarum de Loyng ;—4 mercatis terrarum de Torsa ;—7 mercatis terrarum de Swna :—E. 58*m.*—terris de Auchingraine (vel Auchgarn) :—E. 10*l.*—terris de Conachra et Kildalwa (vel Kildawa) :—E. 10*m.*—officio vicecomitatus de Ergile.—E. 10*l.* xcix. 132.

(102) Apr. 25. 1643.

JACOBUS VICECOMES DE DUDHOPE, Dominus Scrymgeour, *hæres masculus* Joannis Vicecomitis de Dudope, Domini Scrymgeour, *patris,*—in terris et baronia de Dundie, continentibus inter alia, terras et baroniam de Glastrie, cum advocatione ecclesiarum :—A. E. 33*m.* N. E. 66*m.*—unitis cum aliis terris in Forfar, Perth, Fife, et Aberdeen, in baroniam de Dundie.—(Vide Forfar, Perth, Fife, Aberdeen.) xvii. 160.

(103) Apr. 30. 1673.

HECTOR McCLEAN, *hæres* Magistri Hectoris McCleane de Ilandmuck, *patris,*—in 6 mercatis terrarum antiqui extentus vocatis insula de Mwke, cum piscationibus, tunc infra vicecomitatum de Tarbert, sed nunc infra vicecomitatum de Argyle.—A. E. 6*m.* N. E. 8*l.* xxxi. 192,

D

SUPPLEMENTA

A R G Y L E.

(104) Dec. 29. 1589.

ARCHIBALDUS McWALTER VIC DONCHE VIC PERSOUN, *hæres talliæ* Donaldi McWalter vic Donche vic Persoun de Carrik, *fratris,*—in 16 solidatis 8 denariatis terrarum de Carrikbeg cum sua insula vocata Glachillane ;—3 mercatis terrarum de Carrikmoir;—3 mercatis 10 solidatis terrarum de Ardnaherer, cum insulis suis vocatis lie Illane Beg et lie Illanemoir ;—3 mercatis terrarum de Achinaba ;—extendentibus in integro ad 11 mercatas terrarum antiqui extentus in Glasrie.—A. E. 11*m.* N. E. 22*m.* B. 205.

(105) Mar. 26. 1599.

ANGUSIUS CAMPBELL VIC ANGUS VIC CONCHE, *hæres masculus* Johannis Campbell McAngus vic Conche, *patris,*—in 6½ mercatis terrarum de duabus Kandtrais Uffir et Neddir, cum molendino et aquæductu ;—20 solidatis terrarum de Leacha, extendentibus in integro ad 8 mercatas terrarum antiqui extentus, in balliatu de Ardskeodneis.—E. 5*l.* 6*s.* 8*d.* &c. *feudifirmæ.* D. 214.

(106) Jun. 20. 1614.

ELIZABETHA CAMPBELL, *hæres* Dougalli Campbell de Kilmorie, *patris,*—in 9 mercatis 10 solidatis terrarum antiqui extentus de Ardnaherrir ;—3 mercatis terrarum ejusdem extentus de Auchnaba, cum insulis earundem vocatis lie Ellanbeg et lie Ellanmoir;—extendentibus in toto ad 6 mercatas et 10 solidatas terrarum antiqui extentus, jacentibus in Ardcalmassage in Glastrie.—E. 7*l.* F. 212.

(107) Feb. 21. 1651.

DOMINUS DUGALLUS CAMPBELL de Achnabrek miles baronettus, *hæres masculus* Domini Duncani Campbell de Achnabrek militis, *patris,*—in terris de Achnabrek cum molendino;—terris de Camquhort ;—terris de Stronefiand ;—terris nuncupatis Halfpennykill;—terris de Knokmeling et Stelage, in balliatu et dominio de Cowell.—A. E. 25*m.* 6*s.* 8*d.* N. E. 51*m.*—(Vide Bute.) H. 170.

AYR.

INDEX NOMINUM.

a

86

Patricius, de Blackhous, 258, 493.
Robertus, de Hessilheid, 54, 55, 225, 420, 585.
———— de Macbiehill, 658.
———— de Skelmurlie, miles, 462, 636, 673, 674, 693.
Thomas, 180.
———— de Sevenaikeris, 582.
William, of Macbiehill, 478, 658.
MOREIS ;
Jacobus, 344.
Joannes, 291.
———— portionarius de Corshill-Kilwyning, 344.
Margaret, 488, 489.
Willielmus, portionarius de Longfuird, 291, 488, 489.
MORTOUN ;
Alexander, 466.
Jonet, 466, 467.
Isobell, 466, 467.
Margaret, 466, 467.
Thomas, of Dalquhairne, 466, 467.
MOWAT ;
Carolus, de Bustie, 241.
Jacobus, ——— 241.
MURCHLANDS ;
Agneta, 574.
Joannes, 574.
Joneta, 574.
MURDOCH ;
Joannes, 543.
Patricius, 543.
MURE, MUIR ;
Andreas, 754.
Archibaldus, 67.
Bernardus, de Park, 6.
Edwardus, 222.
Gulielmus, de Rowallane, miles, 192, 500.
Hector, 301.
Hugo, 370.
Jacobus, 286, 337.
———— portionarius de Auchinmaid, 337.
———— de Caldwall, 170, 406, 461.
Joannes, 6, 370, 664, 687, 754.
———— de Auchindrain, 508.
———— de Munkwood, 677.
———— de Spittalsyid, 105.
Joneta, 231, 409.
Mariota, 229.
Martinus, de Bogend, 105.
Patricius, 67.
———— de Cloncard, 89, 763.
Quintinus, 286, 381.
Robertus, 640.
———— de Caldwell, 170, 365.
———— de Cloncard, 89, 231, 409.
———— de Monkwood, 677.
Thomas, 687.
———— de Cloncard, 763, 764.
Walterus, 381.
———— de Cloncard, 764.
Willielmus, 222, 229, 301.
———— de Caldwell, 461.
———— de Rowallane, 192.
MYLNE ;
David, 181.

NEILSON ;
Alexander, 458.
———— de Craigcaffie, 182.
Gilbertus, de Craigcaffie, 182.
James, 474.
John, 458, 474.
NEMO ;
Alexander, 136.
Georgius, 139.
Joannes, de Myddilmount, 136, 139.
NEVIN ;
Jacobus, 297.
Joannes, de Kirkwood, 297.
Thomas, 617.

Thomas, de Monkridding, 617, 675.
Willielmus, 675.
NISBET ;
Alexander, 567, 703.
Hugo, 217.
———— de Hage, 217.
Jacobus, 567.
———— de Greinholme, 703.
Margareta, 703.

OLIPHANT ;
David, de Coilteuchar, 695.

PAISLAY, DOMINUS ;
Claudius, 201.
PARK ;
Alexander, de Dubbs, 588.
Joannes, 586.
———— de Dubbs, 588.
PATERSONE ;
Alexander, 477, 540.
Antonius, 690.
Cristiana, 690.
Fergusius, 690.
Jacobus, 690.
Janeta, 690.
Jeanna, 540.
Joannes, 690.
Margareta, 690.
Samuel, 690.
Sara, 690.
PATOUN, PAUTOUN ;
Joannes, 149.
———— de Eschezeard, 149.
Joneta, 81.
Thomas, 142.
———— de Strayth, 142.
PATRICK ;
Hew, of Thornedyke, 501.
James, 501.
PEEBLES, PEIBLIS ;
Jacobus, de Knadgerhill, 299, 300.
Joannes, de Broomlands, 226, 293, 296, 299.
———— de Crawfield, 683.
———— de Knodgerhill, 296, 300.
———— de Penderland, 482.
Margaret, 482.
Mariota, 226, 293.
Patrick, 427.
Patricius, de Broomlandis, 293.
Robert, 427.
PERTH, COMES DE— ;
Joannes, 792.
PETHEIN, PETHIN ;
Alexander, 418, 776.
Hugo, 776.
PORTERFEILD ;
Alexander, 453.
———— de Eodem, 659.
———— de Hapland, 454, 465.
Gabriel, 116.
———— de Hapland, 425, 431, 453.
Joannes, de Eodem, 659.
———— de Hapland, 425, 431, 454, 465.
Willielmus, de Eodem, 116.
POWER ;
Gilbertus, 740.
Hugo, 533.
Joannes, 740.
Margareta, 533.

QUEENISBERRIE, COMES DE— ;
Jacobus, 350.
Willielmus, 350.
QUHYTEFURDE ;
David, 73, 196.
Joannes, 196.
———— de Balloch, 534.

RANKINE ;
Gulielmus, 605.
Joannes, 605.

REID ;
Adamus, de Barskyming, 45.
Agneta, 360, 367, 408, 532.
Andreas, 333, 531.
———— portionarius de Barquhoyis, 359, 360.
———— portionarius de Kerleith, 531.
Besseta, 368.
Chrystina, 360, 403.
David, 309, 514.
Georgius, 367, 368, 679.
———— de Auchincloich, 607, 608.
———— de Daldilling, 449.
Gulielmus, de Bruntsheil, 524.
———— de Daldilling, 679.
Helena, 368, 524, 594.
Jacobus, 66, 333, 523, 548.
———— de Willoxhill, 66.
Joannes, 302, 514.
———— de Auchincleich, 532.
———— de Daldilling, 532.
———— de Merkland, 470, 550, 594.
———— de Wallis in Greenock, 302.
Margareta, 360, 403, 524, 595.
———— portionaria de Craigheid, 309.
———— de Merkland, 594.
Matheus, 388, 523.
———— portionarius de Auchmilling, 388.
Mathildis, 359.
Mungo, of Merkland, 470.
Quintigernus, 313, 550.
———— de Drumfork, 313.
———— de Merkland, 595.
Robertus, 310.
Willielmus, 548.
———— de Daldilling, 665, 679.
REX MAGNÆ BRITANNIÆ ;
Carolus Secundus, 618.
RICHARD, RITCHART ;
Jacobus, de Barskimming, 650.
Mariota, 667.
Robertus, 369.
———— de Clonnay, 369.
RICHMOND, RICHMONT ;
Andreas, 530.
———— de Auchincleuch, 672.
Jacobus, 672.
Joannes, 143.
———— portionarius de Auchincloich, 530.
———— de Peirisland, 143.
ROBERTSONE, ROBIESONE ;
Katharina, 521.
Thomas, de Ardalis, 521.
ROGER ;
Georgius, 148.
Joannes, 287.
Ralph, 499.
Willielmus, 148, 287.
RONALD ;
Jeanc, 472.
John, portioner of Blackburne, 472.
Willielmus, 357.
ROSS, DOMINUS ;
Jacobus, 29.
ROSS DOMINUS, DE HALKHEID ET MELVILE ;
Jacobus, 131, 295, 314.
Robertus, 359, 437.
Willielmus, 314, 358, 436, 437.
ROSS, ROIS ;
Catharina, 551.
Euphemia, 551.
Georgius, 371.
Gilbertus, 173.
Jeanna, 551.
Joannes, de Dreghorne, 551.
Joneta, 551.
Margareta, 551.
Maria, 551.
Matheus, 371.
———— de Hayning, 187.
Ninianus, 667.
Oliverus, de Ballaird, 173.

b

90

AYR.

INDEX LOCORUM.

c

d

e

INQUISITIONES SPECIALES.

A Y R.

(1) Oct. 25. 1547.

PATRICIUS M'ILVAYNE, *hæres* Gilberti M'Ilvayne de Grumett, (qui obiit sub majestatis vexillo in bello dé Fawsyde), *patris,*—in 3 mercatis terrarum de Nather Grumet;—3 mercatis terrarum de Ovir Grumett ;—6 mercatis 6 solidatis et 8 denariatis terrarum de Attyquyne, in comitatu de Carrik.—A. E. 8*l.* 6*s.* 8*d.* N. E. 62*l.* 13*s.* 4*d.*   i. 136.

(2) Oct. 25. 1547.

GEORGIUS CORRY, *hæres* Thomæ Corry de Kelwode, (qui obiit sub majestatis vexillo in bello de Fawsyde), *patris,*—in tertia parte molendini de Auchincreif cum tertia parte multurarum et Sukin ejusdem.—E. 23 bollæ estimatæ ad 23*l.*   i. 138.

(3) Nov. 29. 1547.

JOANNES MONTFOYD, *hæres* Jacobi Montfoyd, *patris,*—(qui obiit in bello de Fawsyde),—in 10 mercatis terrarum antiqui extentus de Montfoyd;—5 mercatis terrarum antiqui extentus de Langhirst, in balliatu de Cunynghame.—A. E. 10*l.* N. E. 40*l.*   i. 129.

(4) Dec. 10. 1547.

ANDREAS SCHAW de Sornebeg, *hæres* Willielmi Schaw de Sornebeg, *avi,*—in 5 libratis terrarum de Maines de Helenetoun cum molendino;—5 libratis terrarum de Knokindaill:—A. E. 5*l.* N. E. 20*l.*—50 solidatis terrarum de Galdunig antiqui extentus ;—terris de Langsydis, terris de Sundauhirst, terris de Sornebeg, terris de Drumdrychtbane cum turre de Sornebeg, in balliatu de Kylestewart.—A. E. 15*l.* 3*s.* 4*d.* N. E. 75*l.* 16*s.* 8*d.*   i. 148.

(5) Jan. 17. 1547.

ADAMUS DOUGLAS, *hæres* Georgii Douglas de Pennyland, *patris,*—in 2 mercatis terrarum antiqui extentus de Pennyland in proprietate et tenandria, in parochia de Auchinleck.—A. E. 26*s.* 8*d.* N. E. 10*l.*   i. 134.

(6) Maii 8. 1548.

JOANNES MURE, *hæres* Bernardi Mure de Park, *patris,* (qui obiit sub majestatis vexillo in bello de Fawsyd,—in 40 solidatis terrarum antiqui extentus de Park cum molendino et pertinentiis, viz. Sheipcoitleis, Parkhill, Barhill, in baronia de Torboltoun.—A. E. 40*s.* N. E. 20*l.*   i. 131.

(7) Jul. 31. 1548.

ISOBELLA CRAWFURD, *hæres portionaria* Joannis Crawford de Giffertland, *patris* (qui obiit apud Fawsyde),—in 17 mercatis terrarum antiqui extentus de Giffertland, in balliatu de Cunynghame.—A. E. 5*l.* 13*s.* 4*d.* N. E. 28*l.* 6*s.* 8*d.*   i. 130.

(8) Oct. 2. 1548.

ROBERTUS HUNTAR, *hæres* Quintigerni Huntar de Huntarstoun, (qui obiit in bello de Fawsyde), *patris,*—in 5 mercatis terrarum antiqui extentus de Cambeltoun in proprietate, in balliatu de Cunynghame.—A. E. 3*l.* 6*s.* 8*d.* N. E. 10*l.*   i. 135.

(9) Oct. 26. 1553.

WILLIELMUS STEWART, *hæres* Joannis Stewart de Halrig, *patris,*—in 12 libratis terrarum antiqui extentus de Halrig, Ratis, et Burnehouss cum molendino, in baronia de Torbolton, et balliatu de Kylestewart.—A. E. 12*l.* N. E. 60*l.*   i. 154.

(10) Jan. 23. 1572.

THOMAS DAVIDSONE de Grenane, *hæres* Thomæ Davidsone de Grenane, *proavi,*—in 2 mercatis terrarum antiqui extentus de Garfour vocatis Balmokyssog, in comitatu de Carrik.—A. E. 26*s.* 8*d.* N. E. 8 *m.*   i. 143.

(11) Oct. 16. 1572.

JOANNES WALLACE, *hæres* Joannis Wallace de Dundonald, *patris,*—in 20 libratis terrarum antiqui extentus de Dwndonald, in balliatu de Kylestewart.—E. 22*l.*   i. 143.

(12) Dec. 19. 1573.

JOANNES DUNLOPE, *hæres* Henrici Dunlope, *patris,*—in septima parte 9 mercatarum terrarum antiqui extentus de Waterlandis et Halcattis, in parochia de Dunlope et balliatu de Cunynghame.—A. E. 16*s.* 1¼*d.* N. E. 5*l.* 6*s.* 6*d.*   i. 145.

(13) Maii 10. 1575.

JOANNES LOCKHART de Bar, *hæres* Joannis Lockhart de Bar, *patris,*—in 5 libratis terrarum antiqui extentus de Lenfene, in balliatu de Kylestewart.—A. E. 5*l.* N. E. 25*l.*   i. 142.

(14) Apr. 12. 1576.

ROBERTUS LOGANE, *hæres* Roberti Logane de Restalrig, *patris,*—in terris et baronia de Grogar, infra balliatum de Cunynghame.—A. E. 40*l.* N. E. 240*l.*   i. 107.

(15) Dec. 18. 1576.

WILLIELMUS DUNLOP, *hæres* Allani Dunlop, *avi,*—in terris de Craig in Robertoun, in dominio de Robertoun, et balliatu de Cunynghame.—A. E. 5 *m.* N. E. 20*l.*   i. 189.

(16) Sep. 22. 1592.

BARBARA LAWSOUN, *hæres* Joannis Lawsoun carbonum magistri quondam Jacobi quinti Regis, *patris,*—in terris de Bowanschaw et Dryriggis, in dominio de Stewartoun.—E. 7*l.* et 6*s.* 8*d.* pro augmentatione.   i. 144.

(17) Mar. 17. 1595.

WILLIELMUS TUNO, *hæres masculus* Joannis Tuno, *avi,*—in mercata terræ de Mylnburne :—E. 13*s.* 4*d.*—17 solidatis et 9 de-

A

105

nariatis terrarum de Reidwray (vel Reidmyre) in Barnmure, in dominio de Kylismure.—E. 32s. 8d.   i. 102.

(18)   Mar. 25. 1595.
THOMAS BOYD, *hæres* Alexandri Boyd in Craighous, *patris,*—
in 2½ mercatis terrarum de Tytwode, in baronia de Kilmauris et
balliatu de Cunynghame.—A. E. 33s. 4d. N. E. 10l.   ii. 60.

(19)   Maii 22. 1598.
ROBERTUS KENNEDY, *hæres* Thomæ Kennedy filii quondam
Roberti Kennedy de Auchleffin, *fratris,*—in 20 solidatis terrarum
de terris de Sanctmorray ;—dimidia mercata terræ de Park de
Kilkerrane, et 10 solidatis terrarum de Knokbrek antiqui extentus,
in comitatu de Carrick.—A. E. 36s. 8d. N. E. 7l. 6s. 8d.   ii. 140.

(20)   Maii 16. 1599.
JEANNA EASET, *hæres portionaria* Thomæ Easet nuncii in Kilwynning, *patris,*—in 10 solidatis terrarum novi extentus de Corshill, et domibus et hortis in Kilwynning, in parochia de Kilwynning,
regalitate ejusdem et balliatu de Cunynghame.—E. 23s. 2d.   ii. 130.

(21)   Maii 16. 1599.
MARGARETA, ELYZABETHA, ET KATHARINA EASETS,
hæredes portionariæ Thomæ Easet nuncii in Kilwynning, *patris,*—
in terris predictis.   ii. 131.

(22)   Jul. 3. 1599.
JACOBUS SOMERVELL, *hæres* Joannis Somervell de Cambus-
nethaine militis, *proavi,*—in 10 libratis terrarum de Prestwik-
schawis antiqui extentus, in balliatu de Kylestewart.—A. E. 10l.
N. E. 40l.   ii. 39.

(23)   Jul. 17. 1599.
JACOBUS WODE, *hæres* Lanceloti Wode in Semorray, *patris,*—
in superioritate 20 solidatarum terrarum de Garryhorne, in comitatu de Carrik.—E. 22s.   ii. 70.

(24)   Jul. 31. 1599.
WILLIELMUS GEMMILL, *hæres* Joannis Gemmill, *fratris,*—
in 4 acris terrarum arabilium, cum pastura 2 vaccarum et 1 equi in
parochia de Cumnok, Kyle-Regis.—E. 55s. 4d.   ii. 37.

(25)   Jan. 23. 1600.
WILLIELMUS SPOTTISWODE, *hæres masculus* Joannis Spottiswode de Foullar, *patris,*—in 40 solidatis terrarum de Auchinrugland antiqui extentus, in balliatu de Kylestewart.—A. E. 40s.
N. E. 8l.   ii. 14.

(26)   Feb. 2. 1600.
JOANNES TAITT de Adamhill, *hæres* Thomæ Tait de Adamhill,
patris,—in 5 libratis terrarum de Adamhill antiqui extentus, in
baronia de Craigie et balliatu de Kylestewart.—A. E. 5l. N. E. 25l.   ii. 20.

(27)   Feb. 8. 1600.
ALEXANDER CRAWFURDE de Kers, *hæres masculus et
talliæ* Willielmi Crawfurde fratris germani quondam Davidis
Crawfurde de Kers, *nepotis fratris abavi,*—in 2 mercatis terrarum
de Overpenny-Arthor ;—20 solidatis terrarum de Glenmuck antiqui extentus, in baronia de Dalmellingtoun, Kyle-regis;—2 mercatis terrarum de Trenemax ;—2 mercatis terrarum de Stobbinoch ;
—2 mercatis terrarum de Dalmacaw ;—2 mercatis terrarum de
Drumfairne, cum molendino vocata The Litil-mylne, in dicta baronia de Dalmellingtoun, Kyle-regis.—A. E. 7l. 13s. 4d. N. E.
38l. 6s. 8d.   ii. 173.

(28)   Feb. 13. 1600.
JEANNA CRAWFURDE, *hæres* Jacobi Crawfurde de Auchin-
nemis, *patris,*—in 5 mercatis terrarum de Auldmure antiqui extentus, in balliatu de Cunynghame.—A. E. 3l. 6s. 8d. N. E. 20l.   ii. 56.

(29)   Feb. 13. 1600.
JACOBUS DOMINUS ROSS, *hæres* Jacobi Domini Ross, *avi,*
—in terris de Brumlandis, et Roisholme, in balliatu de Cunynghame.—A. E. 4l. 6s. 8d. N. E. 26l.   ii. 181.

(30)   Feb. 19. 1600.
JOANNES KENNEDY de Smythstoun, *hæres* Alexandri Kennedy
de Smythstoun, *patris,*—in 4 mercatis terrarum de Ardmyllane
vocatis Beingrange ;—40 solidatis terrarum de Ardmyllane vocatis
Drumfarne antiqui extentus, in comitatu de Carrik.—E. 14l.   ii. 30.

(31)   Feb. 23. 1600.
ISOBELLA MERCHAND, *hæres* Alexandri Merchand burgensis de Kilmareis, *patris,*—in tenementis, &c. extendentibus ad
quadragesimam partem 5 libratarum terrarum villæ et territorii de
Kilmareis, infra balliatum de Cunynghame.—E. 2 m.   ii. 19.

(32)   Mar. 4. 1600.
ISOBELLA KENNEDY, *hæres* Jacobi Kennedy de Crochba, *avi,*
—in 5 mercatis terrarum de Crochba et Drumba;—50 solidatis terrarum de Lettirpyn ;—40 denariatis terrarum de Carfyn antiqui
extentus, in comitatu de Carrik.—N. E. 24l.   ii. 30.

(33)   Mar. 22. 1600.
DAVID FAIRLIE, *hæres* Joannis Fairlie de Overmynok, *patris,*
—in terris de Gill extendentibus ad 40 solidatas terrarum antiqui
extentus ;—2 mercatis terrarum de Overmynnok, cum mora de
Ladysyd antiqui extentus, in balliatu de Cunynghame.—A. E. 3l.
6s. 8d. N. E. 20l.   ii. 29.

(34)   Apr. 11. 1600.
JOANNES TAIT, *hæres* Thomæ Taitt de Adamhill, *patris,*—in
2¼ mercatis terrarum antiqui extentus de Knokindaill, cum particata terræ nuncupata Newlandis extendente ad 14 acras, in
dominio de Barneweill et Symontoun, et balliatu de Kylestewart.—
A. E. 33s. 4d. N. E. 8l. 6s. 8d.   ii. 26.

(35)   Maii 15. 1600.
WILLIELMUS HAMMILTOUN, *hæres* Willielmi Hammiltoun
de Sanchair, *patris,*—in 40 solidatis terrarum antiqui extentus de
Auchinrugland, in balliatu de Kylestewart.—A. E. 40s. N. E. 10l.   ii. 63.

(36)   Maii 31. 1600.
ALEXANDER BAR, *hæres* Jacobi Bar in Kylesmure, *patris,*—
in 3 solidatis et 4 denariatis terrarum de Nether Hoihous antiqui
extentus, in dominio et regalitate de Kylesmure.—E. 5s. 1d.   ii. 50.

(37)   Maii 31. 1600.
HUGO MONTFOID de Eodem, *hæres* Joannis Montfoid de Eodem, *avi,*—in 10 mercatis terrarum antiqui extentus de Montfoid :
—A. E. 6l. 13s. 4d. N. E. 26l. 13s. 4d.—5 mercatis terrarum antiqui
extentus de Langhirst, cum communitate in communi de Lairges, in
balliatu de Cunynghame.—A. E. 3l. 6s. 8d. N. E. 13l. 6s. 8d.   ii. 59.

(38)   Sep. 30. 1600.
ROBERTUS MITCHELL, *hæres* Andreæ Mitchell de Braheid,
patris,—in 40 solidatis terrarum de Braeheid in Nether Mekilwode ;—8 solidatis et 4 denariatis terrarum de Munteinishill ;—
4 solidatis terrarum de McClanochanstoun in Over Mekilwode ;—
8 solidatis et 4 denariatis terrarum de Syik in Over Mekilwode,
extendentibus in integro ad 3 libratas 8 denariatas terrarum antiqui
extentus ;—5 solidatis terrarum de Mekilwode vocatis The Hill ;
—3 solidatis terrarum de Hauche vocatis The Damheid ;—4 solidatis et 2 denariatis terrarum de Mekilwode, et 40 denariatis terrarum de Dalsangane antiqui extentus, in dominio de Kylesmure :—
E. 5l. 10s. 9½d.—Annuo redditu 20 librarum de 50 solidatis terrarum de Kingencleuche, et 8 solidatis terrarum de Gresmaleyis, in
dicto dominio de Kylesmure.   .   ii. 175.

(39)   Oct. 21. 1600.
ADAMUS CUNYNGHAME, *hæres* Adami Cunynghame de
Clolynand, *patris,*—in annuo redditu 101½ mercarum de terris dominicalibus vulgo Maynis de Dregarne, extendentibus ad 40 solidatas terrarum antiqui extentus, in parochia de Dundonald, et balliatu de Kylestewart;—annuo redditu 40 librarum de terris de Hilhous, extendentibus ad 40 solidatas terrarum jacentes ut præfer-
tur :—Annuo redditu 40 librarum de predictis 40 solidatis terrarum
de Hilhous.   ii. 64.

(40)   Jan. 9. 1601.
JACOBUS CUNYNGHAME de Glengarnok, *hæres* Willielmi
Cunynghame de Glengarnok, *patris,*—in terris de Crawfeild ex-
tendentibus ad 44 solidatas terrarum antiqui extentus, in parochia
de Beiyth, regalitate de Kilwynning, et balliatu de Cunynghame.
—E. 4l. 8s. &c.   ii. 128.

(41)   Jan. 13. 1601.
ALEXANDER DUMBAR, *hæres* Jacobi Dumbar de Cumnok,
patris,—in terris et baronia de Cumnok, cum jure patronatus ecclesiæ et officii clericatus parochiæ de Cumnok, in Kyle-regis.—
A. E. 117l. N. E. 585l.   ii. 71.

(42)   Jan. 31. 1601.
THOMAS BOYDE, *hæres* Adami Boyde de Penkill, *patris,*—in
5 libratis terrarum antiqui extentus de Wester Sanquhar vocatis
Sanquhar Lyndsay, in balliatu de Kylestewart.—A. E. 5l. N. E.
25l.   ii. 76.

(43)   Feb. 14. 1601.
MAGISTER JOANNES CHALMER, *hæres* Joannis Chalmer de
Sandyfurde, *patris,*—in 5 libratis terrarum de Fentoun ;—5 libratis
6 solidatis 8 denariatis terrarum de Sandyfurde, Stokhill, et Jok-
androis maling :—A. E. 10l. 13s. 4d. N. E. 51l. 13s. 4d.—5 libratis
terrarum de Wester Sanquhar, et 5 libratis terrarum de Clun :—

A. E. 10*l.* N. E. 50*l.*—6 solidatis 8 denariatis terrarum de Tempilland antiqui extentus, in balliatu de Kylestewart:—E. 6*s.* 8*d.*—40 solidatis terrarum de Powclewan, et 4 libratis terrarum de Balsarroch, antiqui extentus in Kyle-regis :—A. E. 6*l.* N. E. 24*l.*—20 mercatis terrarum de Monkland antiqui extentus, in comitatu de Carrik:—E. 20*l.*—13 solidatis et 4 denariatis terrarum de Monkhill alias Moit, in territorio burgi de Air.—A. E. 13*s.* 4*d.* N. E. 53*s.* 4*d.*   ii. 79.

(44)   Mar. 7. 1601.
ALEXANDER CRAWFURDE de Burne, *hæres* Jonetæ Crawfurde, *aviæ ex parte patris,*—in 20 solidatis terrarum de Barnegor, antiqui extentus, in baronia de Sundrum.—A. E. 20*s.* N. E. 5*l.*
        ii. 121.

(45)   Maii 23. 1601.
JOANNES SPOTTISWODE de Fowlair, *hæres portionarius* Adami Reid de Barskyming, *avi ex parte matris,*—in quarta parte 6 libratarum terrarum antiqui extentus de Stairquhyte alias Barskyming, in Kyle-regis.—A. E. 30*s.* N. E. 4*l.*   ii. 127.

(46)   Jun. 20. 1601.
WILLIELMUS BROWN, *hæres* Jacobi Browne de Auchmynoch, *patris,*—in 10 solidatis terrarum de Auchmynoch antiqui extentus, in dominio et regalitate de Kylismure.—E. 11*s.*   ii. 111.

(47)   Jun. 20. 1601.
ARTHURUS CAMPBELL, *hæres* Georgii Campbell in Auchmynoch, *patris,*—in 40 solidatis terrarum de Auchmynoch ;—22 solidatis et 6 denariatis terrarum de Logane antiqui extentus, in dominio et regalitate de Kylismure.—E. 3*l.* 16*s.* 10*d.*   ii. 104.

(48)   Jun. 20. 1601.
HUGO WALKER, *hæres* Georgii Walker in Bargour, *patris,*—in 8 solidatis et 8 denariatis terrarum de Nether Bargour antiqui extentus, in dominio et regalitate de Kylismure.—E. 12*s.* 11½*d.*   iii. 123.

(49)   Jul. 11. 1601.
WILLIELMUS CREYCHTOUN, *hæres* Jacobi Creychtoun de Carcow, *patris,*—in 2 mercatis terrarum de Ovirkairne antiqui extentus, in baronia de Cumnok, Kyle-regis.—A. E. 26*s.* 8*d.* N. E. 6*l.* 13*s.* 4*d.*   ii. 118.

(50)   Sep. 5. 1601.
JACOBUS CUNYNGHAME, *hæres* Alexandri Cunynghame de Aikheid, *patris,*—in 33 solidatis et 4 denariatis terrarum antiqui extentus inferioris finis villæ de Bustoun, in baronia de Kilmaris, et balliatu de Cunynghame.—A. E. 33*s.* 4*d.* N. E. 10*l.*—Tenemento in burgo de Kilmaris in Nethertoun ejusdem, infra dictum balliatum.—E. 26*s.* 8*d.*   ii. 116.

(51)   Dec. 15. 1601.
ROBERTUS WALLACE, *hæres* Willielmi Wallace in Garrix, *fratris germani,*—in 20 solidatis terrarum antiqui extentus in Townheid de Barnweill-Hereis, in balliatu de Kylestewart pro principali ;—4 libratis terrarum de Barnweill-Hereis jacentibus ut supra in warrantum.—A. E. 5*l.* N. E. 25*l.*   ii. 159.

(52)   Maii 15. 1602.
PATRICIUS MONTGOMERY, *hæres* Joannis Montgomery de Blakhous, *patris,*—in annuo redditu 8 bollarum farinæ de 46 solidatis et 8 denariatis terrarum de Drummure, in parochiæ de Peirstoun et balliatu de Cunynghame.   ii. 148.

(53)   Maii 18. 1602.
HUGO CRAWFURDE, *hæres* Joannis Crawfurde in Schaw, *patris,*—in 4 mercatis terrarum de Nethergelt ;—2 mercatis terrarum de Over-Garreiffis, et dimidia mercatæ terrarum de Wollis of Gelt, in baronia de Cumnok, Kyleregis.—A. E. 4*l.* 6*s.* 8*d.* N. E. 21*l.* 13*s.* 4*d.*   ii. 172.

(54)   Sep. 25. 1602.
ROBERTUS MONTGOMERIE de Hessilheid, *hæres* Domini Joannis Montgomerie de Corscraigis militis, *abavi,*—in terris de Hessilheids ;—terris de Mekilheicheid et Littilheicheid;—terris de Balgray;—2 mercatis terrarum de Drumbowie, in dominio de Giffeine, et balliatu de Kylestewart ratione annexationis.—A. E. 17*l.* 5*s.* 4*d.* N. E. 86*l.* 6*s.* 8*d.*   ii. 177.

(55)   Sep. 25. 1602.
ROBERTUS MONTGOMERIE de Hessilheid, *hæres* Joannis Montgomerie de Hessilheid, *avi,*—in 20 solidatis terrarum antiqui extentus de Williezairds, in baronia de Beythe, regalitate de Kilwynning et balliatu de Cunynghame.—E. 26*s.* 8*d.* &c.—(Vide Renfrew.)   ii. 177.

(56)   Oct. 12. 1602.
DAVID KELSO, *hæres* Archibaldi Kelso de Kelsoland, *patris,*—

in 10 mercatis terrarum antiqui extentus de Over Kelsoland, in parochia de Larges, et balliatu de Cunynghame:—A. E. 6*l.* 13*s.* 4*d.* N. E. 26*l.* 13*s.* 4*d.*—5 mercatis terrarum antiqui extentus de Swynleis, in parochia de Dalry et balliatu antedicto.—A. E. 3*l.* 6*s.* 8*d.* N. E. 13*l.* 6*s.* 8*d.*   ii. 171.

(57)   Nov. 20. 1602.
HECTOR BANNATYNE de Kamis, *hæres* Niniani Bannatyne de Camis, *patris,*—in duabus Bannatyne Zairdis;—duabus Torreochis, Crumdarie et Bogheid, extendentibus ad 40 solidatas terrarum antiqui extentus, in Kylismure.—A. E. 40*s.* N. E. 8*l.*   iii. 23.

(58)   Mar. 19. 1603.
THOMAS KENNEDY, *hæres masculus* Gilberti Kennedy de Bargany, *patris,*—in 40 solidatis terrarum ecclesiasticarum de Mayboll, cum advocatione rectoriæ ecclesiæ parochialis de Mayboll, cum decimis, in parochia de Mayboll et balliatu de Carrik.—E. 8*l.*   iii. 10.

(59)   Maii 11. 1603.
JOANNES CUNNYNGHAME de Cunynghameheid, *hæres* Joannis Cunynghame de Cunynghameheid, *patris,*—in 5 mercatis terrarum de Maynes de Cunynghameheid antiqui extentus, in baronia de Kilmaweris et balliatu de Cunynghame.—A. E. 5 *m.* N. E. 30 *m.*—(Vide Edinburgh. Lanark.)   iii. 18.

(60)   Maii 24. 1603.
THOMAS STEWART de Galstoun, *hæres* Willielmi Stewart feodatarii de Galstoun, *patris,*—in terris de Galstoun, molendino de Straith, et brasina apud ecclesiam parochialem de Galstoun, cum 3 acris terræ eisdem spectantibus, in baronia de Tarboltoun, et balliatu de Kylestewart.—A. E. 16*l.* 13*s.* 4*d.* N. E. 83*l.* 6*s.* 8*d.*   iii. 21.

(61)   Aug. 30. 1603.
WALTERUS KENNEDY de Knokdone, *hæres* Walteri Kennedy de Knokdone, *avi,*—in 5 mercatis terrarum de Tiburmurrie alias Kylestoun, in dominio de Monkland, et comitatu de Carrik.—E. 8 *m.*   iii. 37.

(62)   Aug. 31. 1603.
HUGO CAMPBELL, *hæres* Hugonis Campbell in Garrallane, *patris,*—in 2 mercatis terrarum de Nether Kayrne;—2 mercatis terrarum de Parkis;—mercata terræ de Mylnmark;—2 mercatis terrarum de Bogcurrochis, et mercata terræ de Laynmark antiqui extentus, in baronia de Cumnok, Kyleregis.—A. E. 7*l.* 6*s.* 8*d.* N. E. 44*l.*   iii. 74.

(63)   Nov. 3. 1603.
JOANNES HAMILTOUN de Cambuskeyth, *hæres* Joannis Hamiltoun de Cambuskeyth, *proavi,*—in terris de Ovirmure et Carlingcraigs, in baronia de Lowdoun et balliatu de Cunynghame.—A. E. 33*s.* 4*d.* N. E. 10*l.*   iii. 45.

(64)   Dec. 20. 1603.
GEORGIUS M'ALEXANDER de Corsclayis, *hæres* Thomæ M'Alexander de Corsclayis, *patris,*—in 40 solidatis terrarum de Pynmoir et Laganseroch, cum molendino granario et fullonum :—A. E. 40*s.* N. E. 10*l.*—2 mercatis terrarum de Ballug :—E. 10 *m.*—30 solidatis terrarum de Dawyne:—A. E. 30*s.* N. E. 6*l.*—40 solidatis terrarum de Drummellachryne cum molendino ;—3 libratis terrarum de Kirkdin et Balbeg;—40 solidatis terrarum de Auchinblane, omnibus antiqui extentus, in comitatu de Carrik.—A. E. 7*l.* N. E. 28*l.*—Ruda terræ de Tempilland ab occidentali parte ecclesiæ de Girwen;—alia pecia terræ templariæ ad tergum semiterii ;—alia pecia terræ templariæ extendente ad dimidiam acram terræ.—E. 2*s.*   iii. 85.

(65)   Dec. 20. 1603.
GEORGIUS M'ALEXANDER de Corsclayis, *hæres masculus* Thomæ M'Alexander de Corsclayis, *patris,*—in 40 solidatis terrarum de Counochy antiqui extentus ;—mercata terræ de Laggangill;—mercata terræ de Drummulling ;—2 mercatis terrarum de Corsclayis, cum wrak et warr infra bondas earundem ;—40 solidatis terrarum de Drummor, cum maris wrak et wair.—A. E. 6*l.* 13*s.* 4*d.* N. E. 40 *m.*   iii. 86.

(66)   Mar. 1. 1604.
JACOBUS REID, *hæres* Jacobi Reid de Willoxhill, *patris,*—in 22 solidatis terrarum de Nether Mekilwode vulgo Willoxhill, et 4 solidatis et 8 denariatis terrarum vulgo Roddingheid, in dominio et regalitate de Kylismure.—E. 37*s.* 6*d.*   iii. 72.

(67)   Apr. 29. 1604.
ARCHIBALDUS MURE in Arenlane (vel Areulane), *hæres* Magistri Patricii Mure rectoris de Ferrie, *fratris,*—in 40 solidatis terrarum vocatis Maynis de Enterkin, in baronia de Torbolton et balliatu de Kylestewart :—A. E. 40*s.* N. E. 10*l.*—Annuo redditu 36 mercarum de 40 solidatis terrarum de Chyrrelandis, in parochia

de Irwing;—4 mercatis terrarum in Busbie;—4 mercatis terrarum in Knokintiber et Moit, et mercata terræ vocata The Hali-thornis, omnibus antiqui extentus, in balliatu de Cunyngame:—Annuo redditu 20 mercarum de terris de Utherwode (vel Underwode) de Kilwynning, in regalitate de Kilwynning, et balliatu de Cunynghame:—Annuo redditu 10 mercarum de 2 mercatis terrarum vocatis Hunterstoun-Mowat, alias Stokbrig (vel Stokbrigis), in parochia de Kylmaris, et balliatu de Cunynghame:—Annuo redditu 50 mercarum de terris dominicalibus de Capringtoun, in balliatu de Kylestewart. iii. 87.

(68) Jun. 16. 1604.
HUGO COMES DE EGLINTOUN, *hæres masculus* Hugonis Comitis de Eglintoun, *avi*,—in dominio et baronia de Eglischame, extendente ad 100 mercatas terrarum antiqui extentus, cum castro et fortallicio de Pownone, molendino, et jure patronatus ecclesiæ de Eglischame, *capellaniarum et officii clericatus ejusdem, in baronia* de Eglintoun, et vicecomitatu de Air per annexationem.—A. E. 66*l.* 13*s.* 4*d.* N. E. 266*l.* 13*s.* 4*d.* iii. 91.

(69) Jun. 16. 1604.
HUGO COMES DE EGLINTOUN, Dominus Montgomerie et Kilwynning, *hæres* Hugonis Comitis de Eglintoun, &c. *patris*,—in 10 libratis terrarum antiqui extentus de Staire, in balliatu de Cunynghame.—A. E. 10*l.* N. E. 60*l.* iii. 92.

(70) Jun. 16. 1604.
DOMINA MARGARETA MONTGOMERIE, *hæres* Roberti Magistri de Eglintoun, *patris*,—in terris et dominio de Giffeine, cum molendino de Hessilheid, in balliatu de Kylestewart:—A. E. 25*l.* N. E. 129*l.* 13*s.* 4*d.*—4 mercatis terrarum antiqui extentus vocatis Wrychthill:—A. E. 4 *m.* N. E. 16 *m.*—Annuo redditu 50 solidorum de terris de Drumdow, in parochia de Uchiltrie, Kyleregis.—40 solidatis terrarum antiqui extentus de Montgomeries-Mynnok, alias Blakstoun, in baronia de Ardrossane et balliatu de Cunyngham:—A. E. 40*s.* N. E. 12*l.*—Terris ecclesiasticis vicariæ de Ardrossane:—E. 13*s.* 4*d.*—Terris ecclesiasticis et gleba vicariatus de Dregarne, in territorio villæ de Dregarne, in balliatu de Cunyngham.—E. 13*s.* 4*d.* iii. 92.

(71) Apr. 4. 1605.
GEORGIUS CAMPBELL, *hæres* Hugonis Campbell junioris de Killoche, *patris*,—in 4 mercatis 3 solidatis 4 denariatis terrarum antiqui extentus de Lochlie;—3 mercatis 4 solidatis terrarum de Auchinbrane;—3 mercatis terrarum de Killauches;—mercata terræ de Barnauchthill;—7 solidatis et 6 denariatis terrarum de Hoilhous Over, omnibus antiqui extentus, in dominio et regalitate de Kylismure et Barmure.—E. 11*l.* 1*s.* 1*d.* iii. 151.

(72) Apr. 25. 1605.
JACOBUS FULLARTOUN, *hæres* Davidis Fullartoun de Eodem, *patris*,—in 40 solidatis terrarum de Fullartoun, cum piscaria et molendino fullonario de Fullartoun;—20 solidatis terrarum de Trwn, cum piscatione ejusdem et piscatione super aqua de Irwing;—40 solidatis terrarum de Harperland;—3 libratis terrarum de Gaillis;—20 libratis terrarum de Crosbie;—5 libratis terrarum de Craikisland;—dimidia mercata terræ de Sandiehillis;—10 solidatis terrarum de Cruikisland, et 9 acris terrarum, omnibus antiqui extentus;—advocatione et jure patronatus clericatus de Corsbie, beneficiorum et capellaniarum ejusdem, in balliatu de Kylestewart:—A. E. 33*l.* 16*s.* 8*d.* N. E. 135*l.* 6*s.* 8*d.*—Terris de Rouhill:—E. 13*s.* 4*d.*—Terris de Brounley.—E. 3*d.* iii. 141.

(73) Apr. 30. 1605.
DAVID QUHYTFURDE, *hæres* Davidis Quhytfurde in Ballach, *patris*,—in 20 solidatis terrarum de Dwochty, et 20 solidatis terrarum de Garleffin antiqui extentus, in comitatu de Carrik.—A. E. 40*s.* N. E. 8*l.* iv. 18.

(74) Jun. 22. 1605.
MARGARETA CAMPBELL, *hæres* Margaretæ Dumbar, *matris*,—in annuo redditu 12 librarum de 20 solidatis terrarum de Knokschynnoch antiqui extentus, in baronia de Cumnok. iv. 67.

(75) Jul. 30. 1605.
OLIVERUS KENNYDY de Glenmuk, *hæres masculus* Georgii Kennedy de Glenmuk, *patris*,—in 5 libratis terrarum de Glenmuk et Balleballach, in comitatu de Carrik.—A. E. 5*l.* N. E. 20*l.* iii. 151.

(76) Sep. 26. 1605.
JOANNES SYMONTOUN de Eodem, *hæres* Joannis Symontoun de Eodem, *patris*,—in 10 libratis terrarum antiqui extentus subscriptis, viz. 40 solidatis terrarum vulgariter nuncupatis Auchinbay;—5 mercatis terrarum vocatis Cargoun et Lethinbegis;—2 mercatis terrarum vocatis Auchinlin;—5 mercatis terrarum vocatis Glenconnar et Barlosche antiqui extentus, in dominio de Wchiltre, Kyle-Regis.—A. E. 10*l.* N. E. 50*l.* iv. 47.

(77) Nov. 2. 1605.
JOHANNES CUNNYNGHAME de Cunynghameheid, *hæres* Johannis Cunnynghame de Cunynghameheid, *patris*,—in 2½ mercatis terrarum de Knokindaill antiqui extentus, in baronia de Symmontoun et ballia de Kylestewart.—A. E. 33*s.* 4*d.* N. E. 6*l.* 13*s.* 4*d.* iii. 173.

(78) Nov. 2. 1605.
JOHANNES CUNYNGHAME de Cunyngameheid, *hæres* Johannis Cunynghame, *patris*,—in 2½ mercatis terrarum de Knokindaill antiqui extentus, in baronia de Symontoun et ballia de Kylestewart.—A. E. 33*s.* 4*d.* N. E. 6*l.* 13*s.* 4*d.* iii. 203.

(79) Nov. 2. 1605.
JOHANNES JAMESOUN, *hæres* Georgii Jamesoun burgensis de Air, *patris*,—in 2 mercatis terrarum de Park, et 20 solidatis terrarum de Knoktibbert antiqui extentus, in baronia de Bargany et comitatu de Carrik.—A. E. 46*s.* 8*d.* N. E. 9*l.* 6*s.* 8*d.* iii. 203.

(80) Nov. 6. 1605.
JOHANNES DAVIDSOUN de Pennyglen, *hæres* Jacobi Davidsoun nautæ in Air, *filii fratris avi*,—in 10 solidatis terrarum antiqui extentus de Quhytestaines, in territorio lie Borrowfeild burgi de Air.—E. 3*s.* iii. 165.

(81) Feb. 4. 1606.
JONETA PAUTOUN, *hæres* Jonetæ Sym in Galstoun, *matris*,—in domibus et hortis in villa de Galstoun, in balliatu de Kylestewart.—E. 4*s.* iii. 213.

(82) Mar. 27. 1606.
DAVID BARCLAY de Ladyland, *hæres* Davidis Barclay de Ladyland, *patris*,—in 20 mercatis terrarum antiqui extentus de Ladyland et Auchinhuiff, unitis in dominium de Ladyland, infra balliam de Cuningham.—A. E. 13*l.* 6*s.* 8*d.* N. E. 80*l.* iii. 194.

(83) Mar. 27. 1606.
ROBERTUS CUNYNGHAME de Auchinhervie, *hæres* Adami Cunynghame de Auchinhervie, *avi*,—in 5 mercatis terrarum antiqui extentus de Chapeltoun, infra dominium de Stewartoun, et balliatum de Cunynghame.—E. 6*l.* 13*s.* 4*d.* iii. 235.

(84) Apr. 16. 1606.
ROBERTUS GRAHAME de Growgar, *hæres masculus et talliæ* Roberti Grahame de Knokdoliane, *patris*,—in terris de Glentig nuncupatis Wallace-landis, in comitatu de Carrik.—A. E. 22*l.* 10*s.* N. E. 112*l.* 13*s.* 4*d.* iv. 37.

(85) Apr. 16. 1606.
ROBERTUS GRAHAME de Growgar, *hæres masculus et talliæ* Domini Joannis Grahame de Knokdoliane militis *fratris*,—in terris et baronia de Growgar antiqui extentus cum molendino, infra balliatum de Cunynghame.—A. E. 40*l.* N. E. 240*l.* iv. 38.

(86) Apr. 16. 1606.
ROBERTUS GRAHAME de Growgar, *hæres masculus et talliæ* Domini Joannis Grahame de Knokdoliane militis *fratris*,—in 10 libratis terrarum de Craig;—5 libratis terrarum de Millanerdaill;—40 solidatis terrarum vocatis Ballaird et Altekene;—dimidia mercatæ terrarum de Drumwachtie cum molendino;—10 libratis terrarum de Auchindrane cum molendino;—10 libratis terrarum de Ballochtoule et Corven;—5 mercatis 10 solidatis terrarum de Tomluchrie, Monunsioun et Balluig:—A. E. 41*l.* 3*s.* 4*d.* N. E. 205*l.* 16*s.* 8*d.*—Annuo redditu 100 mercarum de 20 libratis terrarum antiqui extentus de Knokdoliane:—Halecum assisa occidentalis maris inter insulam de Quhithorne et aquam de Dwne:—E. 13 *m.*—Annuo redditu 13 mercarum de dicta halecum assisa;—5 mercatis terrarum de Kilfin et Auchquharne:—E. Feudifirmæ:—2½ denariatis terrarum vocatis 5 libratis terrarum de Strayed et Nether Currie:—A. E. 2*d.* N. E. 10*d.*—Omnibus jacentibus in comitatu et balliatu de Carrik. iv. 38.

(87) Oct. 21. 1606.
JOANNES KENNEDY, *hæres masculus* Issobellæ Kennedie de Crochba, *nepotis patrui*,—in 5 mercatis terrarum de Crochba et Drumba;—40 mercatis terrarum de Carfyn in proprietate et tenandria, in comitatu de Carrik.—A. E. 3*l.* 10*s.* N. E. 14*l.* iv. 106.

(88) Nov. 4. 1606.
WILLELMUS DUNBAR de Enterkyn, *hæres* Willielmi Dunbar de Enterkyn, *patris*,—in 10 libratis terrarum de Eister Sanquhar vocatis Sanquharmure antiqui extentus, in ballia de Kyle Stewart.—A. E. 10*l.* N. E. 50*l.* iv. 62.

(89) Maii 1. 1607.
ROBERTUS MURE de Cloncard, *hæres* Patricii Mure de Cloncard, *patris*,—in 5 mercatis terrarum antiqui extentus de Cloncard et Barneill, cum salmonum piscationibus:—A. E. 3*l.* 6*s.* 8*d.* N. E. 20*l.*—40 solidatis terrarum ejusdem extentus de Drumfad:—A. E. 40*s.* N. E. 12*l.*—5 libratis terrarum de 10 libratis terrarum antiqui extentus de Girvanmaines, in balliatu de Carrik.—A. E. 5*l.* N. E. 30*l.* iii. 262.

(90) Maii 16. 1607.
DAVID BLAIR, *hæres* Davidis Blair de Adametoun, *avi*,—in 3 libratis terrarum antiqui extentus de Hilhous, in balliatu de Kylestewart.—E. 3*l.* 3*s.* 4*d.* iv. 70.

(91) Jun. 6. 1607.
ROBERTUS CAMPBELL, *hæres* Joannis Campbell in Auchmilling, *fratris*,—in 13 solidatis et 4 denariatis terrarum antiqui extentus de Auchmilling, in dominio et regalitate de Kylesmure.—E. 15*s.* 3*d.* iv. 78.

(92) Jul. 29. 1607.
OLIVERUS BAIRD de Kilquhenzie, *hæres* Joannis Baird de Kilquheinze, *patris*,—in 20 solidatis terrarum de Dalgerverie antiqui extentus, in parochia de Daylie et comitatu de Carrik.—A. E. 20*s.* N. E. 4*l.* iv. 371.

(93) Aug. 22. 1607.
PATRICIUS CAMPBELL in Balskalloch, *hæres* Joannis Campbell in Balskalloch, *patris*,—in 30 solidatis terrarum antiqui extentus de Ballibroik, in parochia de Calmonell, ballia de Carrik;—mercata terræ de Auchinweitin antiqui extentus, in Kyle-Regis.—A. E. 43*s.* 4*d.* N. E. 10*l.* 16*s.* 8*d.* iv. 103.

(94) Oct. 24. 1607.
DAVID CUNYNGHAME de Robertland, *hæres* Davidis Cunynghame de Robertland, *avi*,—in terris vocatis Kirkland de Kilmaris extendentibus ad 40 solidos antiqui extentus, in ballia de Cunynghame.—E. 6*l.* 6*s.* 8*d.* iv. 105.

(95) Oct. 24. 1607.
DAVID CUNYNGHAME de Robertland, *hæres* Domini Davidis Cunynghame de Robertland militis, *patris*,—in 2½ mercatis terrarum de Robertland;—3 mercatis terrarum de Ovir Lochrig;—6 mercatis terrarum de Cassiltoun Ovir et Nethir, cum molendino ejusdem;—14 solidatis terrarum de Horsmure;—4 solidatis terrarum de Lochsyde, cum molendino vocato Lochmylne, et astrictis multuris de 11 mercatis terrarum de Lochrig;—4 mercatis terrarum de Braidieland;—20 solidatis terrarum de Spittell;—3 mercatis 5 solidatis et 9 denariatis terrarum de Waterland, Halket et Hassilbank, cum molendino ejusdem, antiqui extentus:—A. E. 14*l.* 10*s.* 5*d.* N. E. 87*l.* 2*s.* 6*d.*—6 mercatis terrarum de Foulschaw cum molendino:—E. 4*l.*—2½ mercatis terrarum de Hoilhous, in balliatu de Cunynghame.—E. 3*l.* 6*s.* 8*d.* iv. 106.

(96) Dec. 15. 1607.
WALTERUS KENNEDY de Knokdone, *hæres* Walteri Kennedy de Knokdone, *avi*,—in 40 solidatis terrarum de Mekill Knokdone:—E. 3*l.* —24 solidatis terrarum de Littil Knokdone:—E. 26*s.* 8*d.* —5 mercatis terrarum de Tyburmurie alias Kylistoun:—E. 8 *m.* —Omnibus jacentibus in parochia de Meyboill et comitatu de Carrik. iv. 151.

(97) Jan. 16. 1608.
ARCHIBALDUS LYNDESAY de Crevoche, *hæres masculus* Archibaldi Lindesay de Crevoche, *patris*,—in 5 mercatis terrarum de Crevoch antiqui extentus, in dominio de Stewartoun et balliatu de Cunninghame.—A. E. 5 *m.* N. E. 10 *m.* iv. 135.

(98) Jan. 26. 1608.
WILLIELMUS CWNNINGHAME de Caprington, *hæres* Joannis Cwnninghame de Capringtoun, *avi*,—in molendino de Torboltoun, in baronia de Torboltoun.—E. 20*s.* iv. 135.

(99) Feb. 16. 1608.
MAGISTER ROBERTUS BOYD de Trochrig, *hæres* Magistri Jacobi Boyd de Trochrig, *patris*,—in 10 libratis terrarum de Trochrig cum molendino;—5 mercatis terrarum de Barneill, M'Cryndill et Snaid antiqui extentus, in comitatu de Carrik.—A. E. 13*l.* 6*s.* 8*d.* N. E. 53*l.* 6*s.* 8*d.* iv. 151.

(100) Feb. 20. 1608.
CAROLUS CAMPBELL de Glasnok, *hæres* Willielmi Campbell de Glasnok, *patris*,—in 4 mercatis terrarum de Nather Glasnok:—A. E. 53*s.* 4*d.* N. E. 16*l.*—2 mercatis terrarum de Skillingtoun:—A. E. 26*s.* 8*d.* N. E. 8*l.*—2 mercatis terrarum de Nether Garclauch, et dimidia mercata terræ de Ovir Garclauch antiqui extentus, in parochia de Cumnok, Kyle-regis.—A. E. 33*s.* 4 *nummi* N. E. 10*l.* iv. 141.

(101) Apr. 19. 1608.
JOANNES SCHAW de Keiris, *hæres* Davidis Schaw de Keiris, *patris*,—in 5 libratis terrarum de Dawyne, et 10 libratis terrarum antiqui extentus de Keiris, in comitatu de Carrik.—A. E. 15*l.* N. E. 60*l.* iv. 195.

(102) Apr. 23. 1608.
THOMAS BOYD de Pitcon, *hæres masculus* Thomæ Boyd de Pitcon, *patris*,—in 2 mercatis terrarum de Pitcon vocatis Lingetrig;—2 mercatis terrarum vocatis Ovir Mainis de Pitcon antiqui extentus:—A. E. 53*s.* 4*d.* N. E. 16*l.*—3 mercatis terrarum antiqui extentus vocatis Nether Mainis de Pitcon, extendentibus in integro ad 7 mercatas terrarum antiqui extentus, in parochia de Dalry et balliatu de Cunninghame:—A. E. 40*s.* N. E. 12*l.*—Annuo redditu 8 librarum de 40 denariatis terrarum de Chappelland in Fairlie-Crivoche, in parochia de Stewartoun et balliatu predicto. iv. 152.

(103) Apr. 26. 1608.
JACOBUS CHALMER de Gaitgirth, *hæres* Jacobi Chalmer de Gaitgirth, *avi*,—in terris et baronia de Gaitgirth cum molendino et piscariis salmonum, extendentibus ad 16 mercatas terrarum antiqui extentus in Kyleregis:—A. E. 10*l.* 13*s.* 4*d.* N. E. 42*l.* 13*s.* 4*d.*—4 mercatis terrarum antiqui extentus de Auldhousburne et Crosflat in dominio de Kylismure:—E. 4 *m.* 5*s.* 5*d.*—20 solidatis terrarum de Thornelibank, alias Chalmerhouses in proprietate et tenandria, apud finem orientalem burgi de Irwyne, in balliatu de Cunnynghame:—A. E. 20*s.* N. E. 5*l.*—5 libratis terrarum antiqui extentus de Culraith, in ballia de Kylestewart:—A. E. 5*l.* N. E. 20*l.*—40 solidatis terrarum antiqui extentus de Duchray vocatis Newlandis, Croshill et Hariestoun, in dominio de Duchra, Kyleregis:—A. E. 40*s.* N. E. 6*l.*—4 mercatis terrarum de Clonstauch (vel Clonstang) et M'Wilkingstoun in Kyleregis:—A. E. 53*s.* 4*d.* N. E. 10*l.* 13*s.* 4*d.*—4 mercatis et 40 denariatis terrarum de Maxland et Hoilhous, et communia, in ballia de Kylestewart.—A. E. 56*s.* 8*d.* N. E. 8*l.* 10*s.* iv. 148.

(104) Maii 11. 1608.
JOANNES SCHAW de Keiris, *hæres* Davidis Schaw de Keiris, *patris*,—in 10 libratis terrarum de Halie et Hieleis cum molendino:—A. E. 10*l.* N. E. 30*l.*—5 libratis terrarum de Scalflour:—A. E. 5*l.* N. E. 25*l.*—Omnibus antiqui extentus, in balliatu de Kylestewart. iv. 178.

(105) Jun. 9. 1608.
JOANNES MURE de Spittalsyid, *hæres* Martini Mure de Bogend, *avi*,—in 40 solidatis terrarum antiqui extentus de Raguelhill et Boigend, cum terris communiæ adjacentibus, in baronia de Torboltoun et infra balliatum de Kylestewart.—A. E. 40*s.* N. E. 10*l.* iv. 161.

(106) Aug. 27. 1608.
HUGO CAMPBELL de Auchinruglen, *hæres* Mathei Campbell de Baltreochhill, *patris*,—in 40 solidatis terrarum de Auchinruglen antiqui extentus, cum privilegio pasturæ, &c. in mora de Galstoun, in ballia de Kylestewart.—A. E. 40*s.* N. E. 10*l.* iv. 194.

(107) Aug. 31. 1608.
MAGISTER JACOBUS CUNNYNGHAME, *hæres* Alexandri Cunnynghame commendatarii de Kilwynning, *patris*,—in 10 mercatis terrarum antiqui extentus de Montgrenane, in balliatu de Cunynghame.—A. E. 10 *m.* N. E. 50 *m.* iv. 203.

(108) Nov. 18. 1608.
JEANNA CUNYNGHAME, *hæres* Davidis Cunynghame in Perstoun burgensis de Irvine, *patris*,—in 2 tenementis in Irwyne.—E. 4½*d.* iv. 205.

(109) Jan. 24. 1609.
WILLIELMUS STEWART alias Dunduff de Eodem, *hæres* Mathei Stewart alias Dunduff de Eodem, *patris*,—in 12 mercatis terrarum de Dunduff;—10 mercatis terrarum de Glentig;—5½ mercatis terrarum de Meikill Schallacane;—4 mercatis terrarum de Litill Schallacane, omnibus antiqui extentus, in comitatu de Carrik.—A. E. 21*l.* N. E. 84*l.* iv. 237.

(110) Mar. 15. 1609.
WILLIELMUS STEWART, *hæres* Joannis Stewart de Halrig, *patris*,—in 2 mercatis terrarum de Knokindaill antiqui extentus, in baronia vocata Sanquhar-Hammiltoun.—A. E. 26*s.* 8*d.* N. E. 6*l.* 13*s.* 4*d.* iv. 245.

(111) Mar. 23. 1609.
ROBERTUS LANGMURE, *hæres* Issobellæ Langmure, *sororis*,—in annuo redditu 4 bollarum farinæ avenaticæ de 40 solidatis terrarum antiqui extentus de Kirkland, 4 mercatis et 20 denariatis terrarum de Binstoun (vel Buistoun), et 5 mercatis terrarum de Lambrochtoun, in baronia de Kilmauris et balliatu de Cunynghame. iv. 245.

(112) Maii 9. 1609.
THOMAS KENNEDY de Ardmillane, *hæres masculus* Thomæ

B

Kennedy de Ardmillane, *patris*,—in 3 mercatis terrarum de Ballachdowan;—mercata terræ ex orientali terrarum de Balmanoch;—3 mercatis terrarum de Craigannis;—3 mercatis terrarum de Kilaniniane;—2 mercatis terrarum de Ballachdowane antiqui extentus, in comitatu de Carrik.—A. E. 8*l.* N. E. 32*l.* iv. 260.

(113) Jul. 4. 1609.
JACOBUS HAMMILTOUN de Stanehous, *hæres masculus* Joannis Hammiltoun, *avi*,—in 40 solidatis terrarum antiqui extentus de Threipuod, in parochia de Beyth, regalitate de Kilwynning et balliatu de Cuninghame.—E. 16 *m.* iv. 261.

(114) Aug. 22. 1609.
DOMINUS JOANNES KENNEDY de Grenane miles, *hæres masculus* Joannis Kennedy de Balterssane, *patris*,—in terris et baronia de Grenane continentibus 40 solidatas terrarum dominicalium de Grenane;—40 solidatas terrarum de Ballug-M'Illepistoun; mercatam terræ de Mylntoun de Grenane cum molendino;—40 solidatas terrarum de M'Ileristoun;—40 solidatas terrarum de Ovir et Nethir Burtounis;—2 mercatas terrarum de Stane, Ballerok et Kylestoun, extendentes ad 10 libratas terrarum de Grenane, cum piscationibus, Zairis et cruiffis super aquam de Done, in comitatu de Carrik:—E. 20*l.* 6*s.* 8*d.*—20 solidatis terrarum de Dalnegunner in parochia de Girven, et comitatu de Carrik.—A. E. 20*s.* N. E. 4*l.* iv. 298.

(115) Oct. 3. 1609.
JOANNES M'CADAME, *hæres* Duncani M'Caddame burgensis de Air, *patris*,—in 20 solidatis terrarum de Lunnochtie antiqui extentus, in comitatu de Carrik.—A. E. 20*s.* N. E. 5*l.* iv. 264.

(116) Jan. 18. 1610.
WILLIELMUS PORTERFEILD de Eodem, *hæres* Gabriellis Porterfeild, *fratris germani*,—in terris ecclesiasticis vicariatus de Ardrossane vocatis Stanelie, infra balliatum de Cunnynghame.—E. 18*s.* et 2*s.* in augmentationem. iv. 360.

(117) Jan. 30. 1610.
JACOBUS BLAIR de Middil Auchindrane, *hæres masculus* Jacobi Blair de Middil Auchindrane, *patris*,—in 5 mercatis terrarum de Midel Auchindrane, cum salmonum piscaria super aquam de Done, in comitatu de Carrik.—A. E. 3*l.* 6*s.* 8*d.* N. E. 13*l.* 6*s.* 8*d.* iv. 270.

(118) Feb. 1. 1610.
HUGO KENNEDIE, *hæres* Patricii Hamiltoun de Boigsyd, *avi*,—in annuo redditu 20 mercarum de 10 tenementis, infra burgum baroniæ de Kilmawris et balliatum de Cunyngham;—annuo redditu 20 librarum de 10 mercatis terrarum dominicalium antiqui extentus de Manis de Lambrochtoun, terris etiam burgalibus et tenementis dicti burgi de Kilmauris, in baronia ejusdem. iv. 292.

(119) Mar. 30. 1610.
GEORGIUS CORRIE de Kelwode, *hæres masculus* Joannis Corrie de Kelwode, *patris*,—in 10 libratis terrarum de Thomastoun cum molendino, Craigincalze, Muntoch, Auldcragoch, Andane, Dalmacarne, et Litle Schallach:—E. 4 bollæ frumenti.—5½ mercatis terrarum de Fischartoun, in comitatu de Carrik.—E. 4*l.* iv. 338.

(120) Apr. 10. 1610.
BRYCIUS BLAIR de Eodem, *hæres masculus* Joannis Blair de Eodem, *patris*,—in terris et baronia de Blair subsequentibus, viz. terris de Blair:—A. E. 80 *m.* N. E. 480 *m.*—2½ mercatis terrarum de Over Birket:—A. E. 33*s.* 4*d.* N. E. 15 *m.*—5 mercatis terrarum de Auldmure antiqui extentus:—A. E. 3*l.* 6*s.* 8*d.* N. E. 20*l.*—2 mercatis terrarum de Uttermure antiqui extentus, infra balliatum de Cunynghame:—A. E. 26*s.* 8*d.* N. E. 8*l.*—Unitis cum terris de Cathcart in Renfrew, in baroniam de Blair:—Tenandria de Groitholme comprehendente terras subscriptas, viz. terras dominicales de Ryisholme, et pendiculum nuncupatum Toftis;—terras de Flaskwode, North Blaiss, et South Blaiss, infra balliatum de Cunynghame;—jus patronatus ecclesiæ de Dalry:—A. E. 11 *m.* N. E. 66 *m.*—5 mercatas terrarum de Makbiehill antiqui extentus, infra dominium de Kylestewart:—A. E. 5 *m.* N. E. 30 *m.*—Terras de Groitholme:—E. 10 *m.*—Terras de Nether Maynes extendentes ad 30 solidatas terrarum antiqui extentus:—E. 4 *m.* 3*s.* 4*d.*—32 denariatas terrarum antiqui extentus, quæ sunt partes terrarum de Rogeris-Mailing:—E. 3*s.* 4*d.*—Piscationem salmonum in aqua de Garnok, in regalitate de Kilwyning et balliatu de Cunynghame:—E. 3*s.* 4*d.*—10 solidatas terrarum antiqui extentus de Corshill;—domus et hortos de Pethfute, in parochia et regalitate de Kilwyning et balliatu de Cuninghame:—E. 11*s.* 8*d.*—Omnes unitas in tenandriam de Grotholmes:—In terris de Lochwode cum carbonaria, infra baroniam de Ardrossan et balliatum de Cunynghame:—A. E. 8*l.* N. E. 48*l.*—In pecia terræ de Balhill, infra balliatum de Cunynghame:—A. E. 12*d.* N. E. 6*s.*—Terris de Bartounsholme extendentibus ad 40 solidatas terrarum antiqui extentus, cum piscatione aquæ de Garnok:—A. E. 40*s.* N. E. 12*l.*—26 solidatis 8 denariatis de custumis burgi de Irwin:—E. 26*s.* 8*d.*—Terris de Snodgers, et Seven Aikerhill, extendentibus ad 26 solidatas et 8 denariatas terrarum antiqui extentus, in parochia de Irwing et balliatu de Cunynghame:—A. E. 26*s.* 8*d.* N. E. 12 *m.*—Molendino de Craigmylne et decimis, infra parochiam et regalitatem de Kilwyning et balliatum de Cunynghame:—A. E. 6*s.* 8*d.* N. E. 40*s.*—(Vide Renfrew.) iv. 372.

(121) Maii 8. 1610.
JOANNES BIRSBANE apparens de Bischoptoun, *hæres masculus* Roberti Birsbane de Bischoptoun, *patris*,—in 13 solidatis et 4 denariatis terrarum de Hanganheuche ac communi pastura in mora de Larges:—A. E. 13*s.* 4*d.* N. E. 3*l.* 6*s.* 8*d.*—6 solidatis 8 denariatis terrarum antiqui extentus de Braidsorrow, alias Kempisland, ac communi pastura in dicta mora, in balliatu de Cunynghame.—A. E. 6*s.* 8*d.* N. E. 33*s.* 4*d.*—(Vide Renfrew, Stirling.) iv. 360.

(122) Sep. 20. 1610.
ADAMUS FAIRLIE de Boig, *hæres masculus* Davidis Farlie de Overmynnok, *filii patrui*,—in annuo redditu 45 bollarum farinæ avenaticæ de 33 solidatis et 4 denariatis terrarum antiqui extentus de Grotholme, in parochia et regalitate de Kilwyning, balliatu de Cunynghame. iv. 368.

(123) Jan. 26. 1611.
GEORGIUS DUNBAR, *hæres* Joannis Dunbar de Knokschynnoch, *patris*,—in 20 solidatis terrarum de Knokschynnoch antiqui extentus, in baronia de Cumnok.—A. E. 20*s.* N. E. 6*l.* iv. 395.

(124) Jan. 26. 1611.
WILLIELMUS HAMYLTOUN, *hæres* Patricii Hamyltoun de Borland, *patris*,—in 10 mercatis terrarum de Borland et Towlach;—2 mercatis terrarum de Garleffen;—dimidia mercata terrarum de Sandokhill antiqui extentus, in baronia de Cumnok.—A. E. 8*l.* 6*s.* 8*d.* N. E. 50*l.* iv. 404.

(125) Jul. 17. 1611.
JACOBUS HAMMILTOUN de Stanehous, *hæres* Jacobi Hammiltoun de Stanehouse, *patris*,—in 40 solidatis terrarum antiqui extentus de Threipwode, in parochia de Beythe, regalitate de Kilwyning et balliatu de Cunynghame.—E. 16 *m.* iv. 460.

(126) Aug. 17. 1611.
JACOBUS HUNTER, *hæres* Jacobi Hunter in Cortoun, *patris*,—in 40 denariatis terrarum de Abbotischill antiqui extentus, in regalitate de Croceraguell, Kyle regis.—E. 7*s.* iv. 433.

(127) Oct. 12. 1614.
ROBERTUS DOMINUS BOYD, *hæres masculus* Roberti Magistri de Boyd, *patris*,—in terris, dominio, et baronia de Kilmarnock cum molendino et jure patronatus ecclesiarum;—terris et baronia de Dalry cum molendino et jure patronatus;—terris et baronia de Kilbryde cum molendino;—terris de Flat cum molendino;—terris de Montfoyde;—terris de Ryvisdaillmure;—terris de Woodisdail cum molendino extendentibus in integro ad 100 libratas terrarum antiqui extentus;—10 mercatis terrarum de Portincros et Ardnill;—3 libratis terrarum de Giffertland nuncupatis Nathertoun cum molendino;—6 mercatis terrarum de Braidschaw;—2 mercatis terrarum de Knockindone, omnibus antiqui extentus in balliatu de Cunyngham.—A. E. 172 *m.* 6*s.* 8*d.* N. E. 1035 *m.* vi. 18.

(128) Maii 23. 1615.
WILLIELMUS SCHERAR, *hæres* Johannis Scherar nuntii burgensis de Air, *patris*,—in 30 solidatis terrarum de Dalmoir antiqui extentus, in baronia de Gaitgirth, Kyle-regis.—A. E. 30*s.* N. E. 7*l.* 10*s.* vii. 74.

(129) Aug. 8. 1615.
GEORGIUS LOKHART, *hæres* Willielmi Lokhart, *patris*,—in annuo redditu 100 bollarum ordei de terris dominicalibus et fortalicio de Rowallane extendentibus ad 2 mercatas terrarum, nec non de terris de Dalsalloch, Newhall Maynis vocatis, extendentibus ad 5 mercatas terrarum;—alio annuo redditu 33 bollarum 1 firlotæ et 1½ peccæ ordei de terris de Dalsalloch, jacentibus in parochia de Kilmarnok, balliatu de Cunnynghame. vi. 87.

(130) Aug. 19. 1615.
BARBARA JAMESOUN, *hæres* Georgii Jamesoun burgensis de Air, *avi*,—in 2 mercatis terrarum de Park, et 20 solidatis terrarum de Knoktibbert antiqui extentus, in baronia de Bargany et comitatu de Carrik.—A. E. 46*s.* 8*d.* N. E. 11*l.* 13*s.* 4*d.* vi. 68.

(131) Sep. 13. 1615.
JACOBUS DOMINUS ROS de Halkheid et Melvile, *hæres* Jacobi Domini Ros de Halkheid et Melvile, *avi*,—in terris de Brwmelandis et Rosholme, infra balliatum de Cunynghame:—A. E.

26l. N. E. *78l.*—Terris de Tarbert cum molendino et seywrakis earundem ;—terris de Dunlophill ;—terris de Duchrasyde et molendino fullonum earundem, infra balliatum de Cunynghame.—A. E. *15l.* 13s. 4d. N. E. *94l.*—(Vide Renfrew.)   vi. 132.

(132)   Oct. 31. 1615.
JOANNES FERGUSSON de Dalduff, *hæres* Gilberti Fergussoun de Dalduff, *patris,*—in 2 mercatis terrarum de Knokbrax ;—mercata terræ de Craigfyn ;—5 mercatis terrarum de Dalquhouand, Corshill, Drumquhill ;—5 mercatis terrarum de Crochba, Drumba, Calpanoche, Knockmoill et Littil Auchingarine antiqui extentus, in comitatu de Carrik :—A. E. *8l.* 13s. 4d. N. E. *34l.* 13s. 4d.—Mercata terræ de Dalduff antiqui extentus, in parochià de Mayboill et comitatu præscripto :—E. *3l.*—Dimidia mercata terrarum de Dalcur, in comitatu prædicto.—E. 30s.   vi. 63.

(133)   Jan. 10. 1616.
ALEXANDER HAMMILTON de Ladietoun, *hæres* Davidis Hammiltoun de Ladietoun, *patris,*—in 5 mercatis terrarum de Grange ;—5 mercatis terrarum de Monkland ;—6 mercatis terrarum de Skirlinglands ;—40 solidatis terrarum ecclesiasticarum de Kilmernok ;—5 solidatis terrarum vocatis the Tempiland of Dreghorne ;—dimidia mercata terræ vocata the Glebland of Kilmernok, et terris de Monkburnehill, infra regalitatem de Kilwyning et balliatum de Cunynghame.—E. 40 m.   viii. 18.

(134)   Feb. 15. 1616.
DOMINUS JOANNES KENNEDY de Barneolin miles, *hæres* Joannis Kennedy de Balterssane, *patris,*—in 4 mercatis terrarum de Balterssane et Knockrinnellis, cum prato ejusdem vocato Hoillmedow, et prato vocato Lady-Rowis-medow :—E. *5l.*—6s. 8d. in augmentationem :—40 solidatis terrarum de Glenluy in regalitate de Corsraguell et comitatu de Carrik.—E. *3l.*—4s. in augmentationem.   vi. 95.

(135)   Mar. 9. 1616.
JACOBUS DUMBAR, *hæres* Willielmi Dumbar de Enterkyn, *patris,*—in 10 libratis terrarum antiqui extentus de Eister Sanquhair vocatis Sanquhairmure, et sylva vocata Fowlschaw-wood, in balliatu de Kylestewart.—A. E. *10l.* N. E. *50l.*   vi. 91.

(136)   Apr. 27. 1616.
ALEXANDER NEMO, *hæres* Joannis Nemo de Mydilmount, *patris,*—in 4 solidatis 5 denariatis et tertia parte denariatæ terrarum antiqui extentus, in dominio et parochia de Galstoun et balliatu de Kylestewart.—E. 26s. 8d.   vi. 220.

(137)   Apr. 27. 1616.
JONETA MILLER, *hæres portionaria* Thomæ Miller de Peirisland, *avi,*—in 12 denariatis terrarum de Clokisland, et 6 solidatis et 8 denariatis terrarum de Preistland, in dominio et parochia de Galstoun et balliatu de Kylestewart.—E. 26s. 8d.   vi. 221.

(138)   Apr. 27. 1616.
AGNES MILLER, *hæres portionaria* Thomæ Miller de Peirisland, *avi,*—in terris prædictis.   vi. 222.

(139)   Apr. 27. 1616.
GEORGIUS NEMO, *hæres* Joannis Nemo de Midillthrid, *avi,*—in 8 solidatis 10 denariatis terrarum de Midillmount antiqui extentus, in dominio et parochia de Galstoun et ballia de Kylestewart.—E. 4 m.   vi. 221.

(140)   Apr. 27. 1616.
JOANNES ADAME, *hæres* Alexandri Adame de Brewlands in Galston, *avi,*—in 40 denariatis terrarum de Brewlands, in villa de Galstoun ;—pecia terræ vocata Lynnsaiker, inter terras de Bar vocatas Brayheid, in ballia de Kylestewart.—E. 30s.   vi. 221.

(141)   Apr. 27. 1616.
WILLIELMUS MEIKILL, *hæres* Thomæ Meikill de Clokisland, *patris,*—in 11 solidatis et 4 denariatis terrarum de Clokisland antiqui extentus, in dominio et parochia de Galstoun et ballia de Kylestewart.—E. 9 m.   vi. 222.

(142)   Apr. 27. 1616.
THOMAS PATOUN, *hæres* Thomæ Patoun de Strayth, *avi,*—in 2 mercatis terrarum de Strayth antiqui extentus, in dominio et parochia de Galstoun et ballia de Kylestewart.—E. 6 m.   vi. 222.

(143)   Apr. 27. 1616.
JOANNES RICHMOND, *hæres* Joannis Richmond de Peirisland, *avi,*—in 8 denariatis terrarum de Clokisland antiqui extentus :—E. 3s. 4d.—12 denariatis terrarum de Peirisland, in dominio et parochia de Galstoun et ballia de Kylestewart.—E. 23s. 4d.   vi. 222.

(144)   Apr. 27. 1616.
ALEXANDER MITCHELL, *hæres* Alexandri Mitchell, *avi,*—in 20 solidatis terrarum de Eschezairdis antiqui extentus, in dominio et parochia de Galstoun et ballia de Kylestewart.—E. 40s.   vi. 223.

(145)   Apr. 27. 1616.
JOANNES MITCHELL, *hæres* Joannis Mitchell in Auchinbert, *patris,*—in 6 solidatis 8 denariatis terrarum de Wester Auchinbert antiqui extentus, in dominio et parochia de Galstoun et balliatu de Kylestewart.—E. 26s. 8d.   vi. 221.

(146)   Apr. 27. 1616.
WILLIELMUS MITCHELL in Knokheid, *hæres* Willielmi Mitchell de Auchinbert, *avi,*—in 6 solidatis 8 denariatis terrarum de Wester Auchinbert, in ballia de Kylestewart.—E. 26s. 8d.   vi. 223.

(147)   Apr. 27. 1616.
JOANNES MITCHELL, *hæres* Joannis Mitchell de Lytillmomont, *patris,*—in 10 solidatis terrarum de Lytillmomont antiqui extentus, in dominio et parochia de Galstoun et ballia de Kylestewart.—E. 26s. 8d.   vi. 223.

(148)   Apr. 27. 1616.
WILLIELMUS ROGER in Mauchlein, *hæres* Georgii Roger in Cesnok, *avi,*—in 6 solidatis 8 denariatis terrarum de 4 mercatis terrarum de Eschzard antiqui extentus, in dominio et parochia de Galstoun et ballia de Kylestewart.—E. 10s.   vi. 223.

(149)   Apr. 27. 1616.
JOANNES PATOUN sartor in Cesnok, *hæres* Joannis Patoun de Eschezeard, *patris,*—in 6 solidatis 8 denariatis terrarum de Eschezeard, in dominio et parochia de Galstoun et ballia de Kylestewart.—E. 10s.   vi. 224.

(150)   Apr. 30. 1616.
DAVID KENNEDY de Kirkhill, *hæres masculus* Davidis Kennedy de Polgarnook, *patris,*—in 40 solidatis terrarum de Polgarnok ;—20 solidatis terrarum de Ovir Preistoun ;—10 solidatis terrarum de Quhytfardane, in parochia de Calmonell et comitatu de Carrik ;—20 solidatis terrarum de Schallakmuke, in parochia de Girven et comitatu prædicto :—A. E. *4l.* 10s. N. E. *22l.* 10s.—50 solidatis terrarum de Bwgang de Knokdoliane, in parochia de Calmonell in comitatu antedicto.—A. E. 50s. N. E. *12l.* 10s.   vi. 109.

(151)   Apr. 30. 1616.
DAVID KENNEDY de Kirkhill, *hæres masculus* Thomæ Kennedy de Kirkhill, *patrui,*—in 50 solidatis terrarum de Pinbraid et Blakfardene, quæ sunt partes 10 libratarum terrarum de Craig, in baronia de Calmonell et comitatu de Carrik :—A. E. 50s. N. E. *12l.* 10s.—2 mercatis terrarum de Over Bardochat, in parochia et comitatu antedicto :—A. E. 26s. 8d. N. E. 10 m.—34 solidatis et 4 denariatis terrarum de Kirkhill vocatis Gleibland de Calmonell, in parochia et comitatu antedictis:—E. 37s. 8d.—2 mercatis terrarum de Schallochtig, in parochia et comitatu antedictis.—E.........   vi. 110.

(152)   Jul. 11. 1616.
PATRICIUS HUNTAR, *hæres talliæ et provisionis* Roberti Huntar de Huntarstoun, *consanguinei,*—in 5 libratis terrarum antiqui extentus de Arneill-Huntarstoun :—A. E. *5l.* N. E. *30l.*—5 mercatis terrarum de Campbeltoun, infra balliatu de Cunynghame.—A. E. 5 m. N. E. *20l.*   vi. 104.

(153)   Jul. 25. 1616.
JOANNES COMES DE CASSILLIS, *hæres* Joannis Comitis de Cassillis Domini Kennedye, *patrui,*—in terris et baroniis subscriptis, viz. terris et baronia de Dwnnure extendentibus ad 40 mercatas terrarum antiqui extentus, cum castro contigue adjacente;—terris de Glennop continentibus terras subsequentes, viz. Carnlok, Altemegay, Stancraig, Aiscendunnoul, Mulgewand, Mulkerroch, Mulbane, Dowpein, Awchnamy, Burnvenak, Schannayis, et Drumquhirn, extendentes ad 10 libratas terrarum antiqui extentus, cum advocatione ecclesiæ collegiatæ de Mayboill, unitis in baroniam de Dunnure, in comitatu de Carrik :—A. E. 55 m. N. E. *146l.* 13s. 4d.—Terris et baronia de Turneberrie et Traboyak ;—terris de Girvenheid cum molendino, alias vocatis baronia de Straitoun, infra balliatum de Carrik.—E. *29l.* 6s. 8d.—(Vide Kirkcudbright, Wigton.)   vi. 107.

(154)   Aug. 1. 1616.
HUGO KENNEDY de Drummellane, *hæres* Alexandri Kennedy de Drummellane, *patris,*—in 40 solidatis terrarum de Drummellane ;—20 solidatis terrarum de Baldrynane ;—5 libratis terrarum de Bog vocatis Attiquyn ;—40 solidatis terrarum de Carnlae ;—2 mercatis terrarum de Glengowland ;—20 solidatis terrarum de Drumbane, omnibus antiqui extentus, in comitatu de Carrik.—A. E. *12l.* 6s. 8d. N. E. *49l.* 6s. 8d.   vi. 144.

(155)   Sep. 5. 1616.

THOMAS GEMMILL, *hæres* Jacobi Gemmill portionarii de Dalisraith, *patris*,—in 8 solidatis et 4 denariatis terrarum antiqui extentus 33 solidatarum et 4 denariatarum terrarum de Raith;—terris de Raith extendentibus ad 25 solidatas terrarum antiqui extentus, in warrantum dictarum 8 solidatarum 4 denariatarum terrarum:—A. E. 5*l*. 10*s*. N. E. 11*l*.—33 solidatis et 4 denariatis terrarum de Dalisraith, in parochia de Kilmernok et balliatu de Cunynghame.—A. E. 33*s*. 4*d*. N. E. 10*l*.   vi. 205.

(156)   Sep. 19. 1616.

MARGARETA MONTGOMERIE, *hæres portionaria* Joannis Montgomerie de Auchinbothie, *patris*,—in tertia parte septimæ partis terrarum de Waterland, et molendini granorum earundem;—tertia parte septimæ partis terrarum de Halkettis, in balliatu de Cunynghame.—A. E. 5*s*. 9*d*. N. E. 34*s*. 6*d*.   vi. 235.

(157)   Oct. 16. 1616.

JONETA DALRIMPILL filia quondam Caroli Dalrympill burgensis de Air, *hæres* Willielmi Fallusdaill burgensis dicti burgi, *fratris aviæ*,—in tenemento in burgo de Air.—E. firmæ burgales.   vi. 253.

(158)   Nov. 16. 1616.

JOANNES STEWART, *hæres* Adami Stewart burgensis de Air, *patris*,—in 20 solidatis terrarum antiqui extentus de Law, cum 7 acris et terris nuncupatis Luntflattis, jacentibus ex boreali parte de Byire et Failfurd;—prato nuncupato Blackfauld-medow;—domo nuncupato Weltowre, cum 8 acris terrarum in Fauldin-croft, infra parochiam de Barneweill, dominium de Failfuird, et balliatum de Kylestewart:—E. 4*l*.—3 libratis terrarum de 10 libratis terrarum antiqui extentus de Prestuikschawes, in baronia de Newtone et balliatu predicto.—E. 15*l*. 3*s*. 4*d*.   vi. 156.

(159)   Nov. 23. 1616.

THOMAS BOYD de Penkill, *hæres* Adami Boyd, *patris*,—in 4 mercatis terrarum de Pymont alias Coulsoul;—20 solidatis terrarum de Pene antiqui extentus, in comitatu de Carrik;—20 solidatis terrarum de Pynannot;—16 solidatis et 8 denariatis terrarum de Fardeinreoch et Lytill Farden;—30 solidatis terrarum de Kilpatrik, cum molendino granorum ejusdem;—20 solidatis terrarum de Glenassil;—10 solidatis terrarum de M'Lauchriestoun, et 13 solidatis et 4 denariatis terrarum de Carne, extendentibus ad 8 mercatas et 40 denariatas terrarum in baronia de Galgergorow, Glenstinschald, M'Cumein, in dominio de Glenassill;—40 solidatis terrarum de Trolorg, cum 40 solidatis terrarum de Shallochwrak, omnibus antiqui extentus, in balliatu de Carrik:—A. E. 13*l*. 13*s*. 4*d*. N. E. 54*l*. 13*s*. 4*d*.—In 3 libratis terrarum antiqui extentus de Knokgerane in comitatu predicto:—A. E. 3*l*. N. E. 12*l*.—6 solidatis 8 denariatis terrarum de 20 solidatis terrarum de Creachdow, in parochia de Garvane et balliatu predicto:—A. E. 6*s*. 8*d*. N. E. 26*s*. 8*d*.—Mercata terræ de Claschevalloch antiqui extentus jacente ut prædicitur.—A. E. 13*s*. 4*d*. N. E. 4 *m*.   vi. 201.

(160)   Mar. 20. 1617.

ROBERTUS DOMINUS DE BOYDE, *hæres* Thomæ Domini de Boyde, *avi*,—in 2 mercatis 6 solidatis et 8 denariatis terrarum de Busbie antiqui extentus, infra terras de Busbie-Knokinaber, in parochia de Kilmawers et balliatu de Cunynghame:—A. E. 2 *m*. 6*s*. 8*d*. N. E. 10*l*.—40 solidatis terrarum antiqui extentus vocatis Nether Mainis de Kilburnie, in parochia de Kilburnie et balliatu predicto;—aliis 40 solidatis terrarum antiqui extentus de dictis terris de Nether Mains de Kilburnie:—A. E. 4*l*. N. E. 24*l*.—8 solidatis terrarum antiqui extentus de Judishall, infra 5 mercatas terrarum de Asslois, parochiam de Kilmarnok et balliatum predictum:—A. E. 8*s*. N. E. 48*s*.—Annuo redditu 40 mercarum de 6 mercatis 6 solidatis et 8 denariatis terrarum antiqui extentus de Campellis, in parochia de Dalry et balliatu predicto.—(Vide Dumbarton, Stirling, Lanark.)   vi. 195.

(161)   Mar. 29. 1617.

HUGO KENNEDY, *hæres* Hugonis Kennedy de Bennen, *patris*,—in terris de Bennen continentibus 2 mercatas terrarum de Bennen cum caverna earundem ;—4 mercatas terrarum de Balcreuquhan et Trowag;—dimidiam mercatam terrarum de Lessinclery, cum officio Sarjandi et Majoris feodi, lie Serjand and Mair of Fey Office balliatus de Carrik, antiqui extentus, in balliatu de Carrik.—A. E. 4*l*. 6*s*. 8*d*. N. E. 21*l*. 13*s*. 4*d*.   vi. 244.

(162)   Apr. 22. 1617.

WILLIELMUS WALLACE, *hæres* Willielmi Wallace ministri de Failfurd, *patris*,—in maneriei loco monasterii de Failfurd et hortis ejusdem nuncupatis West Zaird, Neltour Zaird, Gairdine, Zeister Zaird, et Kirk Zaird;—pecia terræ ex parte australi dicti loci, in parochia de Barneweill et balliatu de Kylestewart:—E. 40*s*. —5 libratis terrarum antiqui extentus de Auldtoun de Corsbie, in balliatu de Kylestewart :—E. 25*l*. 13*s*. 4*d*.—16 solidatis et 9 dena-

riatis terrarum de Reidbray in Barmure, in dominio et balliatu de Kylestewart:—E. 33*s*. 2*d*.—Molendino de Faill, et annuo redditu 6 firlotarum hordei et 2 firlotaram farinæ avenaticæ de acris terrarum in Croftheid de Fail, in dominio de Failfurd et balliatu de Kylestewart.—E. 2*d*.   vi. 212.

(163)   Maii 27. 1617.

JACOBUS DUNLOP de Eodem, *hæres* Jacobi Dunlop de Eodem, *patris*,—in terris de Dunlop nuncupatis Hunthall et Over Auldhall, extendentibus ad 20 mercatas terrarum antiqui extentus, cum advocatione ecclesiæ parochialis de Dunlop ;—18 solidatis et 4 denariatis terrarum antiqui extentus de Nether Auldhall;—7 mercatis terrarum de Blook, cum molendinis granorum et fullonum, in balliatu de Cunynghame:—A. E. 18*l*. 18*s*. 4*d*. N. E. 113*l*. 10*s*.—5 mercatis terrarum antiqui extentus de Crevoche-Lindsay :—E. 6*l*. 13*s*. 4*d*.—Molendino granorum de Crevoche, in dominio de Stewartoun et balliatu de Cunynghame :—E. 55*s*.—annuo redditu 40 bollarum farinæ avenaticæ de 10 libratis terrarum antiqui extentus de Wodehill et Unthank, in baronia de Robertoun et balliatu de Cunyngham.   vi. 227.

(164)   Jul. 12. 1617.

ANNA MONTGOMERIE, *hæres portionaria* Joannis Montgomerie de Auchinbothie, *patris*,—in tertia parte septimæ partis terrarum de Waterland et molendini granorum earundem ;—tertia parte septimæ partis terrarum de Halkettis, in balliatu de Cunynghame.—A. E. 5*s*. 9*d*. N. E. 34*s*. 6*d*.   vi. 236.

(165)   Aug. 14. 1617.

MARGARETA KENNEDY, *hæres portionaria* Hugonis Kennedie de Garryhorne, *patris*,—in 4 libratis terrarum de Wester Dunnein antiqui extentus, in regalitate de Corsraguell et comitatu de Carrik.—E. 6*l*. 2*d*.   vii. 5.

(166)   Aug. 14. 1617.

JONETA KENNEDIE, *hæres portionaria* Hugonis Kennedy de Garriehorne, *patris*,—in terris prædictis de Dunnein.   vii. 6.

(167)   Aug. 14. 1617.

MARGARETA KENNEDY, *hæres portionaria* Hugonis Kennedy de Garriehorne, *patris*,—in 20 solidatis terrarum de Garriehorne, in parochia de Mayboill et comitatu de Carrik:—A. E. 20*s*. N. E. 4*l*.—Aliis 20 solidatis terrarum de Garriehorne jacentibus ut supra :—A. E. 20*s*. N. E. 4*l*.—24 solidatis terrarum de Littill Knokdon jacentibus ut supra.—A. E. 24*s*. N. E. 4*l*. 16*s*.   vii. 33.

(168)   Aug. 14. 1617.

JONETA KENNEDY, *hæres portionaria* Hugonis Kennedy de Garriehorne, *patris*,—in terris prædictis.   vii. 33.

(169)   Oct. 7. 1617.

THOMAS KENNEDY in Corss, *hæres* Roberti Kennedy, *fratris*, —in 50 solidatis terrarum de Dalhoun antiqui extentus, in comitatu de Carrik.—A. E. 50*s*. N. E. 10*l*.   vii. 151.

(170)   Oct. 16. 1617.

ROBERTUS MURE apparens de Caldwall, *hæres* Jacobi Mure hæreditarii feoditarii de Caldwall, *patris*,—in 5 libratis terrarum antiqui extentus de Knokewart, in balliatu de Cunynghame :—A. E. 5*l*. N. E. 25*l*.—5 mercatis terrarum de Dunyflatt antiqui extentus, in dicto balliatu:—A. E. 3*l*. 13*s*. 4*d*. N. E. 16*l*. 13*s*. 4*d*.—5 libratis terrarum de Eister et Wester Cawdames :—A. E. 5*l*. N. E. 25*l*. —6 libratis 13 solidatis et 4 denariatis terrarum de Ramsheid, Bigert, et Lytill Hiegaittis cum molendino, in balliatu de Kylestewart ;—10 mercatis terrarum de Thornetoune in dicto balliatu. —A. E. 13*l*. 6*s*. 4*d*. N. E. 66*l*. 13*s*. 4*d*.—(Vide Renfrew, Lanark.)   vii. 125.

(171)   Oct. 18. 1617.

THOMAS DAVIDSOUN de Pennyglen, *hæres* Joannis Davidsoune de Pennyglen, *patris*,—in 40 solidatis terrarum de Meikilsmeithstoun :—E. 4 *m*.—20 solidatis terrarum de Aird et Clonschalat :—A. E. 20*s*. N. E. 4*l*.—20 solidatis terrarum de Balmakmertein :—A. E. 20*s*. N. E. 4*l*.—10 libratis terrarum de Schankistoun cum molendino vocato Carnoquhen-Mylne:—A. E. 10*l*. N. E. 40*l*. —5 libratis terrarum de Sklyntoche, cum molendino vocato Daquhan-Mylne :—A. E. 5*l*. N. E. 20*l*.—30 solidatis terrarum de Auldcressok ;—2 mercatis terrarum de Balgregan:—A. E. 56*s*. 8*d*. N. E. 11*l*. 6*s*. 8*d*.—Omnibus antiqui extentus, cum tenementis in Mayboill.—E. 13*s*. 4*d*.   vii. 8.

(172)   Nov. 1. 1617.

JACOBUS ASLOIS de Eodem, *hæres* Adami Aslois de Eodem, *patris*,—in 5 mercatis terrarum de Aslois, antiqui extentus in dominio et baronia de Kilmarnok, balliatu de Cunynghame.—A. E. 5 *m*. N. E. 20*l*.   vii. 31.

(173)   Maii 2. 1618.

MAGISTER GILBERTUS ROSS, *hæres* Oliveri Ross de Ballaird, *patris*,—in 20 solidatis terrarum de Ballaird ;—20 solidatis terrarum de Nether Altekayne, in comitatu de Carrik, cum salmonum piscatione in aqua de Duisk.—A. E. 40s. N. E. 10l. vii. 35.

(174) Jun. 19. 1618.
MARGARETA CUNNYNGHAME, *hæres provisionis* Jonetæ Holmes, *filiæ*,—in tenemento infra burgum de Irwing.—E. 4d. vii. 48.

(175) Jul. 17. 1618.
JONETA CAMPBELL, *hæres provisionis* Joannis Young bedelli ecclesiæ burgi de Irwing, *mariti*,—in tenemento in burgo de Irwing.—E. 4d. vii. 60.

(176) Sep. 1. 1618.
QUINTINUS KENNEDY, *hæres* Joannis Kennedy notarii in Mayboll, *patris*,—in 20 solidatis terrarum de Dowchray antiqui extentus, in parochia de Kirkcudbrycht-Innertig, infra comitatum de Carrik.—E. 4l. 3s. 4d. vii. 66.

(177) Oct. 1. 1618.
ROBERTUS DOMINUS BOYD, *hæres* Jacobi Domini Boyd filii patrui quondam Roberti Domini Boyde, *abavi*,—in terris de Ormesheuch, Dollywraa, Pottartoun, Dryrig, Bollynschaw, Chapeltoun, Myltoun, Crewathe, Cuttiswra, Corshill, Clerkland, Blaklawis, Harschaw, et Cokilby, et 2¼ mercatis terrarum de Robertland, in dominio de Stewartoun, balliatu de Cunnynghame;—2¼ mercatis terrarum de Nether Robertland, in dicto dominio de Stewartoun.—A. E. 26l. 13s. 4d. N. E. 106l. 13s. 4d.—(Vide Lanark, Forfar, Perth.) vii. 68.

(178) Oct. 27. 1618.
HUGO KER de Kerrisland, *hæres* Daniellis Ker de Kerrisland, *patris*,—in terris vocatis Fulwodheidis, Bogsydes, Beithishill, et Hindiszairdis extendentibus ad 5 mercatas terrarum antiqui extentus, in parochia de Beith, regalitate de Kilwynning et balliatu de Cunynghame:—E. 3l. 4s. 4d.—Terris vulgo vocatis 12 solidatis terrarum de Hindiszairdis in Bogsyd ;—6 solidatis et 8 denariatis terrarum de Fulwodheidis alias Bogsyd, in ballia prædicta.—E. 29s. vii. 100.

(179) Nov. 5. 1618.
HUGO KER de Kerrisland, *hæres* Thomæ Crawfurde de Jordanehill, *avi*,—in 6 mercatis 6 solidatis 8 denariatis terrarum antiqui extentus de Campellis ;—20 solidatas terrarum antiqui extentus de Howraitt, in parochia de Dalry et balliatu de Cunynghame.—A. E. 8 m. N. E. 32l. vii. 100.

(180) Nov. 5. 1618.
THOMAS MONTGOMERIE in Lairgis, *hæres* Mathei Montgomerie in Lairgis, *avi*,—in annuo redditu 28 mercarum de terris de Drummuling extendentibus ad 5 mercatas terrarum antiqui extentus, in parochia de Kilbryed et balliatu de Cunynghame. viii. 34.

(181) Nov. 14. 1618.
DAVID MYLNE aurifaber burgensis de Edinburgh, *hæres* Magistri Davidis Mylne ministri apud ecclesiam de Dundonnald, *fratris*,—in 33 solidatis 4 denariatis terrarum, vulgo Kirkland de Dundonnald antiqui extentus, in parochia de Dundonnald et ballia de Kylestewart:—A. E. 33s. 4d. N. E. 8l. 6s. 8d.—Annuo redditu 10 mercarum de duabus partibus 5 mercatarum terrarum de Craig, in parochia de Kilmaris, baronia de Robertoun, et balliatu de Cunynghame. vii. 134.

(182) Dec. 31. 1618.
GILBERTUS NEILSOUN de Craigcaffie advocatus, *hæres masculus et talliæ* Alexandri Neilsoun de Craigcaffie, *fratris*,—in 3 mercatis terrarum de Smyretoun, in balliatu de Carrik:—A. E. 2l. N. E. 8l.—Cum quibusdam aliis terris in vicecomitatu de Wigton, unitis in baroniam de Craigcaffie.—(Vide Wigton.) vii. 144.

(183) Jan. 21. 1619.
MARGARETA STEWART filia legitima quondam Georgii Stewart in Stewartis-raiss, *hæres* Georgii Stewart de Ovir-raiss, *proavi*,—in 14 mercatis et 40 denariatis terrarum antiqui extentus de Caprintoun, infra balliatum de Kyll.—A. E. 14 m. 3s. 4d. N. E. 26s. 8d. vii. 111.

(184) Feb. 23. 1619.
ALEXANDER HAMMILTOUN de Ladytoun, *hæres* Thomæ Hammiltoun de Monktounhill, *patrui*,—in 30 solidatis 8 denariatis terrarum de Monktounhill, in baronia de Monktoun:—E. 32s. &c.—27 solidatis 4 denariatis terrarum antiqui extentus de Monktounhill, et 24 solidatis terrarum antiqui extentus de Monktounhill, infra dictam baroniam de Monktoun.—E. 58s. &c. vii. 114.

(185) Apr. 6. 1619.
DAVID CRAWFURDE de Kers, *hæres masculus et talliæ* Davidis Crawfurde de Kers, *nepotis fratris abavi*,—in terris de Anean (f. Achnean);—dimidietate terrarum de Schalloche;—terris de Auchinreoche, Glenheid, cum molendino de Carrikmure ;—terris de Balthomas, Kilbryid, Hoigistoun, et dimidietate mercatæ terrarum de Byir de Thomastoun, extendentibus ad 10 libratas terrarum antiqui extentus, cum dimidietate molendini earundem, in comitatu de Carrik.—A. E. 10l. N. E. 50l. vii. 310.

(186) Apr. 6. 1619.
DAVID CRAWFURD de Kers, *hæres masculus et talliæ* Davidis Crawfurd de Kers, *nepotis fratris abavi*,—in terris de Acnon (f. Auchinean) ;—dimidietate terrarum de Schalloche ;—terris de Auchinreoche, Glenheid, cum molendino de Carrikmure ;—terris de Balthomas, Kilbryd, Hoigistoun et dimidia mercata terrarum de Byir de Thomastoun extendentibus ad 10 libratas terrarum antiqui extentus, cum dimidietate molendini ejusdem, in comitatu de Carrik.—A. E. 10l. N. E. 30l. (Vide supra 50l.) vii. 368.

(187) Apr. 15. 1619.
MATHEUS ROS de Hayning, *hæres masculus* Magistri Mathei Ros de Hayning, *patris*,—in terris de Hayning paroche, (Hayning-Ross) Overton, Nethertoun, Rance, Roddingis, et Wraithis, cum octava parte communitatis moræ de Galstoun, et quarta parte communitatis de Cesnok vocatæ Cesnok-commoun, extendentibus ad 20 libratis terrarum antiqui extentus, unitis in baronia de Hayning-Ross, in baronia de Galstoun, et balliatu de Kylestewart.—A. E. 20l. N. E. 100l. vii. 176.

(188) Maii 8. 1619.
ALLANUS DOMINUS CATHCART, *hæres* Alani Domini Cathcart, *avi*,—in parte terrarum et baroniæ de Sundrum vocata Stobynoch, Dalmacaw, Drumfairne, cum molendino vocato Littell Mylne, et Trevinax, extendentibus ad 8 mercatas terrarum, in dicta baronia de Sundrum, Kyle-regis.—A. E. 5l. 6s. 8d. N. E. 26l. 13s. 4d. vii. 161.

(189) Nov. 13. 1619.
ANNA KENNEDY, *hæres portionaria* Davidis Kennedy de Auchleffyne, *patris*,—in 20 solidatis terrarum de Leffynane antiqui extentus, in regalitate de Corsraguell et comitatu de Carrik.—E. 4l. et 20d. in augmentationem. vii. 319.

(190) Nov. 13. 1619.
ISSOBELLA KENNEDY, *hæres portionaria* Davidis Kennedy de Auchleffyn, *patris*,—in terris prædictis. vii. 320.

(191) Mar. 2. 1620.
JACOBUS CHALMER de Gaitgirthe, *hæres* Jacobi Chalmer de Gaitgirthe, *avi*,—in 2 mercatis terrarum de Ovirlauchter antiqui extentus;—2 mercatis terrarum de Netherlauchter ejusdem extentus, infra baroniam de Dalmellingtoun et balliatum de Kyle-regis.—A. E. 4 m. N. E. 20 m. vii. 287.

(192) Mar. 10. 1620.
DOMINUS GULIELMUS MURE de Rowallane miles, *hæres* Willielmi Mure de Rowallane, *patris*,—in 5 mercatis terrarum de Grange ;—40 solidatis terrarum vocatis Tounend-Kilmarnok ;—5 mercatis terrarum de Munckland ;—6 mercatis terrarum de Skireleland extendentibus ad 19 mercatas terrarum antiqui extentus in regalitate de Kilwynning, parochia de Kilmarnok et balliatu de Cunninghame, unitis in tenandriam de Skirleland :—E. 40 m.—2 mercatis terrarum de Fynnickhill, cum petia terræ in Machernokmure, in baronia de Rowallane, parochia et balliatu prædicto :—A. E. 2 m. N. E. 12 m.—Annuo redditu 44 librarum de terris et baronia de Powkelly, infra dictum balliatum de Cunnynghame. vii. 267.

(193) Apr. 25. 1620.
DAVID CRAWFURDE de Kers, *hæres* Alexandri Crawfurde de Kers, *patris*,—in 2 mercatis terrarum de Stobynoch ;—4 mercatis terrarum de Drum-M'Caull et Drumefarne, cum molendino vocato le Littill Mylne ;—2 mercatis terrarum de Trevemax (Trevenox) antiqui extentus in baronia de Sundrum, Kyle-Regis ;—2 mercatis terrarum de Overpennyarthour ;—20 solidatis terrarum de Glenmuk, in baronia de Dalmelingtoun, Kyle-Regis.—A. E. 7l. 13s. 4d. N. E. 38l. 6s. 8d. vii. 209.

(194) Apr. 25. 1620.
MATHEUS CAMPBELL, *hæres* Mathei Campbell de Baltreochill, *avi*,—in 40 solidatis terrarum de Auchinruglen, in parochia de Galstoun et ballia de Kylestewart.—A. E. 40s. N. E. 10l. vii. 290.

C

(195) Jul. 25. 1620.
CRISTINA MONTGOMERIE, *hæres portionaria* Joannis Montgomerie de Auchinbothie, *patris*,—in tertia parte septimæ partis terrarum de Watterland, cum septima parte molendini;—tertia parte septimæ partis terrarum de Halkettis, in balliatu de Cunninghame.—A. 5s. 9d. N. E. 34s. 6d. vii. 259.

(196) Jul. 29. 1620.
JOANNES QUHYTFURDE in Balloche, *hæres* Davidis Quhytefuirde in Balloche, *fratris*,—in 3¼ mercatis terrarum de Dallamfuird (vel Dallongfurd), in comitatu de Carrik.—A. E. 46s. 8d. N. E. 9l. 6s. 8d. vii. 322.

(197) Sep. 7. 1620.
JOANNES KENNEDIE de Blairquhan, *hæres* Joannis Kennedie de Blairquhan, *avi*,—in 4 mercatis terrarum antiqui extentus de Blairquhan;—2 mercatis terrarum antiqui extentus de Dallelathan;—5 libratis terrarum antiqui extentus de Barscub;—12 mercatis terrarum antiqui extentus de Trownaw;—annuo redditu 6 mercarum de terris de Dalquhowane;—5 libratis terrarum de Sklyntauch;—5 mercatis terrarum antiqui extentus de Auchlosk et Drummylling;—4 mercatis terrarum de Carnequhin antiqui extentus;—mercata terræ antiqui extentus de Laggangill;—3 mercatis terrarum antiqui extentus de Knokbrekis;—3 mercatis terrarum antiqui extentus de Blairmakmurreyis;—5 mercatis terrarum antiqui extentus de Roddelstoun;—20 solidatis terrarum antiqui extentus de Ballochveteis;—mercata terræ antiqui extentus de Lochbrandholme, et Coriglure;—10 libratis terrarum antiqui extentus de Schankistoun;—3 mercatis terrarum antiqui extentus de Lonnochtyne;—2 mercatis terrarum antiqui extentus de Kilgrame;—5 mercatis terrarum antiqui extentus de Aucharne, et Kewlfyn;—20 solidatis terrarum de Knokgarnoch, et Auchingminnoch;—3 mercatis terrarum de Knokbrek, et Craigfyn etiam antiqui extentus;—mercata terræ de Lochspallender;—officio coronatoris comitatus de Carrik;—2½ mercatis terrarum vocatarum Riddilstoun, infra præfatum comitatum de Carrik; unitis in baroniam de Blairquhan.—A. E. 59l. 13s. 4d. N. E. 238l. 13s. 4d.—(Vide Wigton.) viii. 37.

(198) Sep. 7. 1620.
JOANNES KENNEDY de Blairquhan, *hæres* Joannis Kennedy de Blairquhane, *patris*,—in terris et baronia de Blairquhane comprehendente terras aliaque subscripta, viz. 4 mercatas terrarum antiqui extentus de Blairquhan;—2 mercatas terrarum antiqui extentus terrarum de Dallelatham;—5 libratas terrarum de Barscub;—12 mercatas terrarum de Traunaw cum molendino;—annuum redditum 6 mercarum de terris de Dalquhowane;—5 libratas terrarum de Sklintauch cum molendino;—5 mercatas terrarum de Auchlosk et Drumyllyn cum molendino;—4 mercatas terrarum de Carnquhin;—mercatam terræ de Laggingill;—3 mercatas terrarum de Ruddelstoun;—3 mercatas terrarum de Connochtyne (Lonnochtyne);—3 mercatas terrarum de Knokbrekis;—3 mercatas terrarum de Blairmakmirreis;—20 solidatas terrarum de Ballachveteis;—mercatam terræ de Lochbrandholme et Coriglure;—10 mercatas terrarum de Shankistoun;—2 mercatas terrarum de Kilgrame;—5 mercatas terrarum de Kewlfyn et Aucharne;—20 solidatas terrarum de Knokgarnoch et Auchingeminnoch;—3 mercatas terrarum de Knokbrek et Craigfyn;—mercatam terræ de Lochspallender, cum officio coronatoris comitatus de Carrik;—2½ mercatas terrarum de Roddilstoun antiqui extentus, infra dictum comitatum de Carrik, unitas in baroniam de Blairquhan:—A. E. 59l. 18s. 4d. N. E. 238l. 13s. 4d.—In 10 solidatis terrarum de Clongart;—6 solidatis et 8 denariatis terrarum de Lochinssie (vel Lochinguissie);—6 solidatis et 8 denariatis terrarum de Ammand, in baronia de Cairltoun et comitatu de Carrik:—A. E. 23s. 4d. N. E. 5l. 16s. 8d.—4½ mercatis terrarum de Schanven;—2½ mercatis terrarum de Clonnachie;—3 mercatis terrarum de Meikill Schallach;—3 mercatis terrarum de Crostane et Knoklay;—32 solidatis terrarum de Clongill;—5½ mercatis terrarum de Lieffanefairne;—mercata terræ de Knokcommer;—2 mercatis terrarum de Knokskae;—2 mercatis terrarum de Risk;—32 solidatis terrarum de Dalmortoun;—16 solidatis terrarum de Balbeg;—16 solidatis terrarum de Lintow;—3 mercatis terrarum de Dalreoche;—3 mercatis terrarum de Kilchrenie, et mercata terræ de Rowquhill in proprietate et tenandria antiqui extentus, in baronia de Cassillis et comitatu de Carrik.—A. E. 20l. N. E. 80l. viii. 149.

(199) Jan. 30. 1621.
MARGARETA M'RANKEIN in Knokskaith, *hæres* Joannis M'Rankein in Pynblaid, *patris*,—in 20 solidatis terrarum de Auldony in comitatu de Carrik.—A. E. 20s. N. E. 4l. vii. 339.

(200) Feb. 8. 1621.
HUGO MONTFOID de Eodem, *hæres* Hugonis Montfoid de Eodem, *patris*,—in 10 mercatis terrarum antiqui extentus de Montfoid:—A. E. 10m. N. E. 40m.—5 mercatis terrarum antiqui extentus de Langhirst, in balliatu de Cunynghame.—A. E. 5m. N. E. 20m. vii. 317.

(201) Maii 3. 1621.
JACOBUS COMES DE ABIRCORNE, Dominus Payslay et Kilpatrik, &c. *hæres* Claudii Domini de Paislay, *avi*,—in dominio et baronia de Paislay comprehendente terras subscriptas, viz. terras de Monktounhill, Overmaynes de Monktoun, villam de Monktoun, Brousterland, Wairdhous, Brokat, Tewchatmure, Nether Maynes de Monktoun, cum fortalicio de Monktoune;—terras de Kirklandholme, Kirkhill, Dalmilling cum molendino, Milquarter, Graystak, Mayneholme, Taitisquarter, Wodisquarter, Blakhous et Chappelland, cum maresiis seu glebario vocato Paislayis Mosse, infra glebarium vocatum Prestike Moss, cum piscariis de Wolquhair, Welschot, et Langcraigis;—terras ecclesiasticas de Auchinleck, omnes infra balliatum de Kylestewart;—terras ecclesiasticas de Largis, et Kirkhous in Stewartoun, infra balliatum de Cunynghame, omnes infra regalitatem de Paislay, balliatum de Kylestewart et Cunynghame respective;—annuum redditum 40 solidorum de terris de Adametoun;—annuum redditum 8 solidorum de terris de Corsbie;—annuum redditum 20 solidorum sterlinæ monetæ de terris de Auchinlek, infra balliatum de Kylestewart;—annuum redditum 6 librarum 13 solidorum 4 denariorum de monasterio de Corsragwell ac terris ejusdem, infra balliatum de Carrik;—annuum redditum 4 solidorum 2 denariorum de Sergandaiker jacente apud Dalskeach;—3 libras ceræ de terris de Ryisholme;—3 libras ceræ de terris de Kelsoland, infra dictum balliatum de Cunynghame;—decimas garbales ecclesiarum parochialium et parochiarum de Largis infra balliatum de Cunningham, Dundonald, Riccartoun, Craigie, Monktoun, Prestike, Sanct Kevoks, et Afflek, infra dictum balliatum de Kylestewart, et omnium aliarum parochiarum ad Monasterium de Paislay pertinentium, et Capellaniarum, altaragiorum, &c. ad dictum monasterium pertinentium, cum advocatione predictarum ecclesiarum, cum quibusdam aliis terris in vicecomitatibus de Renfrew, Dunbarton, Peebles, Roxburgh, Lanark, Haddington, Argyll, Berwick, et Bute:—E. 133l. 6s. 8d.—Terris de Monkcastell extendentibus ad 8 mercatas terrarum antiqui extentus;—terris de Dalgarven extendentibus ad 5 libratas terrarum antiqui extentus;—40 solidatis terrarum ejusdem extentus de Auchinkiste;—40 solidatis terrarum ejusdem extentus de Birklandis, infra regalitatem de Kilwynning et balliatum de Cunynghame.—E. 38l. 7s. 8d.—(Vide Renfrew, Dumbarton, Peebles, Roxburgh, Argyll, Haddington, Berwick, Bute, Lanark.) vii. 325.

(202) Jun. 19. 1621.
JONETA SYMPSON, *hæres portionaria* Willielmi Sympsoun de Carrarie, *patris*,—in 2 mercatis terrarum de Carrarie, infra terras de Cunrie et comitatum de Carrik.—A. E. 26s. 8d. N. E. 8m. vii. 336.

(203) Jun. 19. 1621.
MARGARETA SYMPSOUN, *hæres portionaria* Willielmi Sympsoun de Carrarie, *patris*,—in 2 mercatis terrarum de Carrarie, infra terras de Cunry et comitatum de Carrik.—A. E. 26s. 8d. N. E. 8m. vii. 336.

(204) Aug. 10. 1621.
PATRICIUS SPARK textor burgensis de Irwing, *hæres* Thomæ Spark, *patris*,—in domo et horto in dicto burgo.—E. 2d. vii. 337.

(205) Aug. 16. 1621.
WILLIELMUS CUNYNGHAME de Cunynghameheid, *hæres* Joannis Cunynghame de Cunynghameheid, *patris*,—in terris et baronia de Powkellie comprehendente terras de Powkellie alias Powkell, Darelavok, Clonherk, Cleuche, cum molendino de Powkellie;—terras de Grie, Drumboy, Balgroy, cum communi mora in Machirnochemure, in balliatu de Cunynghame:—A. E. 17l. 6s. 8d. N. E. 104l. Cum aliis terris in vicecomitatu de Lanark, unitis in baroniam de Powkellie:—In 9 bollis farinæ avenaticæ de terris de Bowtriehill;—annuo redditu tertiæ partis unius libræ piperis de terris de Barranholme, quæ terræ et annui redditus unitæ sunt in tenandriam de Wodheid;—20 solidatis terrarum de Drummure Cathis et terris de Braidmoss extendentibus ad 40 solidatas terrarum antiqui extentus in balliatu de Cunynghame:—A. E. 3l. N. E. 18l.—Tenandria de Wodheid comprehendente 4 mercatas terrarum de Middiltoun;—4 mercatas 6 solidatas 8 denariatas terrarum de Capringstane;—20 solidatas terrarum de Dreghorne;—22 solidatas terrarum de Warrix;—6 solidatas 8 denariatas terrarum de Drumgreislaw;—mercatam terræ de Wodheid;—4 mercatas terrarum de Warrikhill omnes antiqui extentus, in dicto balliatu de Cunynghame, cum quibusdam aliis terris in vicecomitatu de Lanark:—A. E. 11l. 2s. N. E. 66l. 12s.—5 mercatis terrarum vocatarum Maynes de Cunynghameheid antiqui extentus, in baronia de Kilmauris, et balliatu antedicto.—E.......... —(Vide Edinburgh, Lanark.) viii. 26.

(206) Aug. 16. 1621.
WILLIELMUS CUNYNGHAME de Cunynghameheid, *hæres* Joannis Cunynghame de Cunynghámeheid, *avi,*—in 2¼ mercatis terrarum de Knokindail, in baronia de Symintoun et balliatu de Kylestewart.—A. E. 33s. 4d. N. E. 10m. viii. 28.

(207) Sep. 4. 1621.
HUGO MONTGOMERIE, *hæres masculus* Joannis Montgomerie de Auchinbothie, *fratris,*—in 2 mercatis terrarum de Dreghorne vocatis Loche, in balliatu de Cunynghame.—A. E. 2m. N. E. 8l. viii. 105.

(208) Nov. 17. 1621.
HUGO WALLACE de Auchinweit, *hæres* Willielmi Wallace de Tounend de Barnweill, *filii patrui,*—in 20 solidatis terrarum de Barnweill-Herreis antiqui extentus, in balliatu de Kyill-Stewart.— A. E. 20s. N. E. 4l. vii. 374.

(209) Nov. 24. 1621.
ELIZABETHA SMYTHE, *hæres portionaria* Alexandri Smythe in Greinholme, *patris,*—in 40 denariatis terrarum de Greinholme antiqui extentus, in parochia de Gollstoun et balliatu de Kyill-stewart.—E. 23s. 4d. cum 3 maillfoullis. viii. 18.

(210) Nov. 24. 1621.
MARGARETA SMYTHE, *hæres portionaria* Alexandri Smythe in Greinholme, *patris,*—in 40 denariatis terrarum de Greinholme antiqui extentus, in parochia de Galstoun et balliatu de Kyill-stewart.—E. 23s. 4d. cum 3 maillfoullis. viii. 19.

(211) Nov. 24. 1621.
JONETA SMYTHE, *hæres portionaria* Alexandri Smythe in Greinholme, *patris,*—in 40 denariatis terrarum de Greinholme antiqui extentus, in parochia de Galstoun et balliatu de Kyillstewart. —E. 23s. 4d. cum 3 maillfoullis. viii. 19.

(212) Feb. 1. 1622.
JOANNES COMES DE CASSILLIS, Dominus Kennedy, &c. *hæres* Joannis Comitis de Cassillis, Domini Kennedy, &c. *patrui,* —in terris et baronia de Cassillis comprehendente terras dominicales de Cassillis, Miltoun park, et Silva de Cassilles, Kylestoun ; —terras de Blairboyis, Crawfurdstoun, Pynnireis, Gyltrie M'Grene, Barnscheine, Corsanstoun, Hoilhous, Dunscheistoun, Barnefurde, Troquhane, Burnemowthe, extendentes ad 43 mercatas terrarum antiqui extentus ;—6 mercatas terrarum de Over-Kilmoir cum molendino ;—6 mercatas terrarum de Nether-Kilmoir ;—12 mercatas terrarum de. Giltrie ;—20 libratas terrarum de Dalmortoun continentes terras subscriptas, viz. Crostane, Knoklay, Mekilschalloche, Schenven, Clonauchie, Clongill, Dalmortoun, Leffinfairne, Glovinegorne, Lwchindischar, Raiss, Lentow, et Balbeg ;—7 mercatas terrarum de Dalreoche, Kilchrene et Rouchill ;—12 libratas terrarum de Row continentes terras subscriptas, viz. Over-Row, Nether-Row, Schalloche, Torrifassok, Altidane, M'Allanestoun, Meldinoch, Pynwallie, Laglany, Balloche, M'Ewinstoun et Balbeg ;— 10 libratas terrarum de Traboyok, de quibus duæ Glengynnettis et Bennen sunt partes ;—4 mercatas terrarum de M'Ilwareiston ;— 40 solidatas terrarum de Coof ;—5 mercatas terrarum de Killichie, Balquhyne, et Balzeamuk ;—3 mercatas terrarum de M'Mertinestoun ;—3 mercatas terrarum de Sarpyne (Garpyne), et Dalduff ;— 2 mercatas terrarum de Drumwling ;—20 solidatas terrarum de Auchnrosche ;—mercatam terræ de Dalduff ;—6 solidatas 8 denariatas terrarum de Dalcur ;—3 mercatas terrarum de Cloynclauche ;—2 mercatas terrarum de Kirkbryd ;—mercatam terræ de Bardonane ;—6 solidatas 8 denariatas terrarum de Crago ;— 6 solidatas 8 denariatas terrarum de Ardauchie ;—10 libratas terrarum de Kilkerrane ;—40 solidatas terrarum de Knokinscheoche et Dallongfurde ;—5 mercatas terrarum de Dalquharne ;—mercatam terræ de Claschwalloche ;—20 solidatas terrarum de Glengaip ; —10 solidatas terrarum de Craiginra, et terras de Arneschene, Tirmarro, Laggage, Arrewne, Darmarrawche, Gillegrossane, Knokovet, Craigame, Craigfyne, Bogradirriquharrill, Fardene, et Dalthanzeane, extendentes ad 18 mercatas terrarum antiqui extentus ; —5 mercatas terrarum de Over et Nether Ellerkinnoche, cum Lochland alias Lowdewische ;—in 2½ mercatis terrarum de Balmecavill ;—50 solidatis terrarum de Letterpyn ;—3 mercatis terrarum de Drummusken ;—2 mercatis terrarum de Fardincracker ;—20 solidatis terrarum de Knokgardner ;—40 denariatis terrarum de Craigschinnoche, infra balliatu de Carrik, cum officio balliatus de Carrik, omnibus unitis in baroniam de Cassillis :—A. E. 226m. 3s. 4d. N. E. 905m.—In terris et baronia de Culzean comprehendentibus 6 mercatas terrarum de Glenalloway et Ahalten ;—5 mercatas terrarum nuncupatas Riddelstoun antiqui extentus, in parochia de Kirkoswell, infra comitatum seu balliatum de Carrik, unitas in baroniam de Culzeane :—A. E. 41m. N. E. 164m.—6 mercatis terrarum subscriptis, viz. mercata terræ de Carslo et 2 mercatis terrarum de Craigfyn in proprietate, et 40 solidatis terrarum de Drumfad in tenandria, in dicto comitatu de Carrik :—A. E. 4l.

N. E. 16l.—Terris et baronia de Dalrympill extendentibus ad 48 mercatas terrarum antiqui extentus, in Kyle-regis.—A. E. 48m. N. E. 144m. viii. 24.

(213) Feb. 16. 1622.
DOMINUS WILLIELMUS CUNYNGHAME de Capringtoun, *hæres masculus et talliæ* Willielmi Cunynghame de Capringtoun, *patris,*—in terris templariis et tenementis tam proprietatè quam tenandria, infra balliatum de Kyilstewart et Kingis-kyill, cum officio balliatus et regalitatis predictarum terrarum.—E. 26s. 8d. viii. 16.

(214) Feb. 26. 1622.
HUGO KENNEDY, *hæres* Patricii Kennedy de Auchincrosche, *avi,*—in mercata terræ de Auchincrosthe, in baronia de Cassillis et comitatu de Carrik.—A. E. 13s. 4d. N. E. 4m. viii. 43.

(215) Maii 8. 1622.
ADAMUS CATHCART, *hæres* Thomæ Cathcart in Mylneholme de Auchincreif, *patris,*—in annuo redditu 9 librarum de tenemento in burgo de Air. viii. 63.

(216) Maii 8. 1622.
JOANNES CRAWFURDE de Kilbirnie, *hæres* Joannis Crawfurde de Kilbirnie, *patris,*—in terris de Kilbirnie in proprietate et tenandria, cum lacu et piscatione earundem, in balliatu de Cunynghame, unitis cum Eister Greinock in Renfrew in baroniam de Kilbirnie :—A. E. 46l. 13s. 4d. N. E. 280l.—10 mercatis terrarum de Fairlie-Crevoch in balliatu prædicto :—A. E. 6l. 13s. 4d. N. E. 40l.—9 mercatis terrarum antiqui extentus de Mynnok et Gill, infra dictum balliatum.—A. E. 6l. N. E. 36l.—(Vide Renfrew.) viii. 65.

(217) Jun. 28. 1622.
HUGO NISBET in Knevoklaw, *hæres talliæ* Hugonis Nisbet de Hage, *avi,*—in 5 libratis terrarum antiqui extentus de Tempilland alias nuncupatis Tempilland-Auchinlek, infra parochiam de Auchinlek et balliatum de Kylestewart.—A. E. 5l. N. E. 25l. viii. 72.

(218) Aug. 17. 1622.
QUINTINUS SCHAW de Grymmet, *hæres* Joannis Schaw de Grymmet, *avi,*—in 2 mercatis terrarum de Nether Penny-Arthour antiqui extentus, in baronia de Dalmellingtoun, Kyle-regis.— A. E. 26s. 8d. N. E. 10m. viii. 70.

(219) Aug. 17. 1622.
QUINTINUS SCHAW, *hæres* Quintini Schaw de Grymmet, *proavi,*—in mercata terræ de Over-Pennyvenze antiqui extentus, in baronia de Dalmellingtoun, Kyle-regis.—A. E. 13s. 4d. N. E. 5m. viii. 70.

(220) Jan. 25. 1623.
JOANNES COMES DE CASSILLIS, Dominus Kennedy, &c. *hæres masculus* Gilberti Comitis de Cassillis, &c. *avi,*—in hereditaria custodia castri de Lochdoun, et terris vocatis Pennyland custodiæ dicti castri pertinentibus extendentibus ad 5 libratas terrarum antiqui extentus, in parochia de Straitoun, et comitatu de Carrik.— A. E. 5l. N. E. 20l. ix. 42.

(221) Feb. 1. 1623.
JOANNES SCHAW de Keiris, *hæres* Joannis Schaw de Keiris, *proavi,*—in mercata terræ de Castelmilk ;—2 mercatis terrarum de Camlarg, et 3 mercatis terrarum de Mosdaill antiqui extentus, in parochia de Dalmellingtoun, Kyle-regis.—A. E. 4l. N. E. 20l. viii. 114.

(222) Apr. 26. 1623.
WILLIELMUS MURE, *hæres* Edwardi Mure, *patris,*—in terris de Park, Scheipcoitleyes et Parkhill, extendentibus ad 40 solidatas terrarum antiqui extentus, in baronia de Torboltoun, et balliatu de Kylestewart :—A. E. 40s. N. E. 10l.—20 solidatis terrarum de Mosbougar antiqui extentus, in dominio de Kylismure :—E. 29s. —5 libratis terrarum de Knokmarleoch.—A. E. 5l. N. E. 25l. viii. 186.

(223) Maii. 3. 1623.
ALEXANDER ARNOT de Lochrig, *hæres* Andreæ Arnot de Lochrig, *patris,*—in 5 libratis terrarum antiqui extentus de Lochrig, in parochia de Stewartoun, et balliatu de Conynghame :— A. E. 5l. N. E. 30l.—Terris de Fynnykross extendentibus ad 5 mercatas terrarum antiqui extentus, in dominio de Rowallane et balliatu prædicto.—A. E. 5m. N. E. 20l. viii. 196.

(224) Oct. 9. 1623.
ADAMUS CUNYNGHAME de Clolynane, *hæres* Adami Cunynghame de Clolynane, *patris,*—in annuo redditu 101½ mercarum de terris dominicalibus de Dreghorne extendentibus ad 40 solidatas terrarum antiqui extentus, in parochia de Dundonald et balliatu de Kylestewart. viii. 282.

(225) Oct. 28. 1623.
ROBERTUS MONTGOMERE de Hessilheid, *hæres* Roberti Montgomere de Hessilheid, *patris*,—in terris de Craiglie extendentibus ad 2½ mercatas terræ antiqui extentus;—2½ mercatis terræ antiqui extentus de Dunlophill-Montgomerie extendentibus in integro ad 5 mercatas terrarum antiqui extentus, in balliatu de Cunynghame, unitis in tenandriam de Dunlophill-Montgomere:—A. E. 5m. N. E. 20l.—Terris templariis infra bondas dicti balliatus de Cunynghame, regalitatis de Kilwynning, et balliatus de Kylestewart, cum officio balliatus prædictarum terrarum templariarum, unitis in tenendriam de Temple-Conyngham.—A. E. 10d. N. E. 3s. 4d. viii. 231.

(226) Nov. 4. 1623.
MARIOTA PEIBLES, *hæres* Joannis Peibles de Brumlands, *patris*,—in 5 libratis terrarum de Rosholme, Over et Nether Brumlands cum molendino et terris de Dokraysyde, nuncupatis 5 libratis terrarum de Brumlands, infra balliatum de Cunynghame.—A. E. 5l. N. E. 30l. viii. 283.

(227) Jan. 22. 1624.
ROBERTUS WILSOUN, *hæres conquestus* Joannis Wilsoun in Trestrumhill, *patrui*,—in 40 solidatis terrarum antiqui extentus de Silverwodsyd, in parochia de Kilmarnok et balliatu de Cunynghame.—A. E. 40s. N. E. 12l. viii. 270.

(228) Mar. 25. 1624.
EDUARDUS WALLACE de Sewaltoun, *hæres* Eduardi Wallace de Sewaltoun, *proavi*,—in dimidietate 40 solidatarum terrarum antiqui extentus de Mares, in balliatu de Kylestewart;—dimidietate piscariæ infra aquam Oris vulgo Wattermouth de Irwing, in balliis de Kylestewart et Cunynghame.—A. E. 26s. 8d. N. E. 6l. 13s. 4d. viii. 315.

(229) Aug. 12. 1624.
MARIOTA MUIR, *hæres* Willielmi Muir burgensis de Irwing, *avi*,—in dimidietate 5 mercatarum terrarum antiqui extentus de Erochill, in balliatu de Kylestewart.—A. E. 33s. 4d. N. E. 8l. 6s. 8d. viii. 287.

(230) Oct. 21. 1624.
MAGISTER ROBERTUS ROSS Doctor Medicinæ, *hæres* Thomæ Ross, *fratris*,—in dimidietate 40 solidatarum terrarum de Gallousholmes vocata Stewartis Gallisholmes, in balliatu de Kylestewart:—E. 24l.—20 solidatis terrarum extentus prædicti terrarum de Gallisholmes:—E. 25l.—40 solidatis terrarum antiqui extentus de Killoch:—A. E. 40s. N. E. 10l.—2 solidatis terrarum de Hauchholme;—4 solidatis 6 denariatis terrarum de Nethir Mekilwode antiqui extentus, omnibus jacentibus ut supra.—A. E. 6s. 6d. N. E. 32s. 6d. viii. 333.

(231) Jan. 20. 1625.
JONETA MURE sponsa Jacobi Wallace de Dullaris, *hæres* Roberti Mure de Cloncard, *fratris*,—in 5 mercatis terrarum antiqui extentus de Cloncard et Barneill:—A. E. 3l. 6s. 8d. N. E. 13l. 6s. 8d.—40 solidatis terrarum de Drumfad extentus predicti, in comitatu de Carrik.—E. 2 m. ix. 48.

(232) Feb. 1. 1625.
JOANNES SCHAW de Dawyne, *hæres* Quintini Schaw mercatoris in Straitoun, *patris*,—in terris de Lochdone vulgo vocatis Pennyland de Lochdone extendentibus ad 5 libratas terrarum antiqui extentus;—2 mercatis terrarum antiqui extentus de Pinmirrie;—molendino de Straitoun;—5 libratis terrarum de Craignell in warrantum prefati molendini, in comitatu de Carrik.—A. E. 11l. 6s. 8d. N. E. 45l. 6s. 8d. ix. 32.

(233) Mar. 19. 1625.
JOANNES CAMPBELL de Schankstoun, *hæres* Joannis Campbell de Schankstoun, *avi*,—in 4 mercatis terrarum de Duchray;—mercata terræ de Ruchill antiqui extentus, in baronia de Mertname, Kyle-regis;—mercata terræ vocatæ Ruchill in dominio de Duchray.—A. E. 4l. N. E. 20l. ix. 33.

(234) Maii 5. 1625.
JACOBUS MARCHIO DE HAMMILTON, Comes Arraniæ et Cambridge, Dominus Even et Innerdaill, *hæres* Jacobi Marchionis de Hammiltoun, &c. *patris*,—in 2 mercatis terrarum de Bruntwode, infra balliatum de Kylestewart;—cum aliis terris, &c. infra vicecomitatus de Lanark et Linlithgow:—A. E. 50 m. N. E. 160 m.—(Vide Lanark, Linlithgow, Bute, Stirling, Forfar, Kincardin, Edinburgh, Fife, Aberdeen, Banf, Perth, Elgin et Forres, Inverness.) ix. 13.

(235) Jul. 29. 1625.
JACOBUS LENOCIÆ DUX, Comes Darnlie et Marchiæ, Dominus Tarbolton, Methven, Sanctandrois, et Obignie, Magnus Admirallus et Camerarius Scotiæ, *hæres* Lodovici Lenociæ et Richmondiæ Ducis, &c. *patrui*,—in terris et baronia de Tarbolton cum jure patronatus earundem;—terris de Galstoun cum jure patronatus;—terris de Dreghorne extendentibus ad 100 libratas terrarum antiqui extentus, unitis in comitatum et regalitatem de Darnlie, cum quibusdam aliis terris in vicecomitatu de Renfrew:—A. E. 200 m. N. E. 800l.—(Vide Dumbarton, Stirling, Perth, Renfrew, Fife, Forfar, Kincardin, Aberdeen, Edinburgh, Haddington, Berwick, Linlithgow, Lanark.) ix. 249.

(236) Aug. 18. 1625.
ROBERTUS FERGUSHILL, *hæres* Roberti Fergushill de Eodem, *patris*,—in 7 mercatis 6 solidatis 8 denariatis terrarum antiqui extentus de Fergushill, in dominio de Eglintoun et balliatu de Cunnynghame.—A. E. 5l. N. E. 30l. ix. 106.

(237) Oct. 12. 1625.
ROBERTUS SEMPELL de Beltries, *hæres masculus et lineæ* Domini Jacobi Sempill militis, *patris*,—in terris de Stewartoun cum pendiculis subscriptis, viz. terris de Ormesheuche, Hilhous, Reiddinghill, Downeurys, Pottertoun, Bowbeaneshaw (vel Bowdeanshaw), Dryrigis, Milntoun de Creache et molendino, Chappeltoun, Cuttisurae, Robertland, Cokkilbrae (vel Cokilbie) Clerkland et molendino, Corshillis, Hairshaw, Blacklaw, et Foulshawes, in balliatu de Cunnynghame.—A. E. 26l. 13s. 4d. N. E. 106l. 13s. 4d.—(Vide Bute, Renfrew). ix. 170.

(238) Nov. 1. 1625.
HUGO KER de Kersland, *hæres* Danielis Ker de Kersland, *patris*,—in 20 mercatis terrarum antiqui extentus de Kersland, cum domibus, hortis et terris apud ecclesiam de Dalry, in baronia de Ardrossane et balliatu de Cunynghame;—13 solidatis 4 denariatis terrarum antiqui extentus vocatis Bradlie, in parochia de Dalry et balliatu predicto.—A. E. 14l. N. E. 84l. ix. 105.

(239) Feb. 2. 1626.
JOANNES GRAY de Braidhirst, *hæres* Joannis Gray de Braidhirst, *avi*,—in pecia terræ templariæ nuncupatæ Tempil-Braidhirst extendente ad mercatam terræ, in parochia de Dundonald et balliatu de Kylestewart.—A. E. 13s. 4d. N. E. 3l. 6s. 8d. ix. 137.

(240) Feb. 21. 1626.
PATRICIUS CRAWFUIRDE de Auchnames, *hæres* Patricii Crawfuirde de Auchnames, *avi*,—in 20 libratis terrarum antiqui extentus de Corsbiecrawfuirde et Monok, in baronia de Steinstoun et balliatu de Cunynghame.—A. E. 20l. N. E. 120l. ix. 123.

(241) Apr. 4. 1626.
JACOBUS MOWAT de Bustie, *hæres* Caroli Mowat de Bustie, *avi*,—in 8 mercatis terrarum antiqui extentus de Bustiemowat quæ sunt partes terrarum de Bustiemowat, Knokintibert, Corshousmoitt et Murehous, apud molendinum de Robertoun, in baronia de Robertoun et balliatu de Cunnynghame.—A. E. 5l. 6s. 8d. N. E. 22l. ix. 163.

(242) Jul. 27. 1626.
WILLIELMUS SCHAW de Glenmure, *hæres* Georgii Schaw de Glenmure, *patris*,—in quarta parte 20 libratarum terrarum de Glenmure antiqui extentus continente 4 mercatas terrarum de Quhatstaineburne, 2 mercatas terrarum de Quhytholms, et 16 solidatas 8 denariatas terrarum de 40 solidatis terrarum de Dornell, extendentibus ad 4 libratas 16 solidatas 8 denariatas terrarum antiqui extentus, in balliatu de Kylestewart.—A. E....... N. E....... x. 94.

(243) Mar. 30. 1627.
JONETA WEIR, *hæres* Issobellæ Cunnynghame, *materteræ*,—in dimidietate 3½ acrarum terrarum infra territorium burgi de Irving;—dimidietate unius rodæ terræ, et dimidietate 2 tenementorum terræ infra dictum burgum.—E. 3s. 4d. x. 9.

(244) Mar. 30. 1627.
JONETA WEIR, *hæres* Grissillidis Cunnynghame, *matris*,—in dimidietate terrarum prædictarum.—E. 3s. 4d. x. 9.

(245) Maii 3. 1627.
WILLIELMUS WALLACE de Elderslie, *hæres* Willielmi Wallace de Elderslie, *patris*, (vel *avi*),—in 30 solidatis terrarum dominicalium de Holingtoun, cum dimidietate terrarum molendinariarum;—mercata terræ vocata Langlandis alias Fourtie Aikeres extendente ad 43 solidatas 4 denariatas terrarum antiqui extentus, in balliatu de Kylestewart.—A. E. 43s. 4d. N. E. 10l. 16s. 4d. ix. 235.

(246)   Jul. 6. 1627;

RICHARDUS CUNYNGHAME de Rathillet, *hæres* Willielmi Cunynghame de Rathillet scribæ signeti regii, *patris,*—in ecclesia parochiali de Stevinstoun cum manso, gleba, decimis garbalibus aliisque decimis, in balliatu de Cunynghame:—A. E. 4*d.* N. E. 16*d.*—Advocatione et jure patronatus ejusdem ecclesiæ unita ad terras de Rathillet.—A. E. .... N. E. ....(Vide Fife, Edinburgh.)   ix. 311.

(247)   Jul. 28. 1627.

JACOBUS CUNYNGHAME de Escenzeardes, *hæres* Jacobi Cunynghame de Eiscenzeardes, *patris,*—in 8 solidatis et 4 denariatis terrarum antiqui extentus de Nather Boigside in Beith:—E. 10*s.*—21 solidatis et 8 denariatis terrarum antiqui extentus de Eschenzairdis in dominio et regalitate de Kilwining:—E. 28*s.* 8*d.* &c.—4 solidatis et 2 denariatis terrarum novi extentus de Nather Maynes de Kilwining, vulgo vocato Richiesfauld:—E. 5*s.*—2 acris terrarum de Byreflat domo et horto;—6 rodis in terra vulgo vocata The Oxen Wairds;—domo et horto in australi latere communis viæ villæ de Kilwining:—E. 2*s.* pro qualibet acra, et 2*s.* pro qualibet domo et horto;—15 denariatis terrarum antiqui extentus nuncupatis Smithes Bank:—E. 5*s.*—Acra terræ nuncupata Ladie Aiker cum domo et horto ejusdem, in terris de Corshill;—domo et horto;—alia domo et horto:—E. 2*s.* pro qualibet acra, et 2*s.* pro domo et horto: omnibus in dominio et regalitate de Kilwining et balliatu de Cunynghame.   xiii. 24.

(248)   Aug. 25. 1627.

DAVID CHALMER, *hæres* Joannis Chalmer in Ballachneill, *patris,*—in 4 mercatis terrarum de Wester Polquharne vocatis Bonnytoun-Polquharne, viz. 2 mercatis terrarum de Bonnytoun;—mercata terræ de Dumby;—mercata terræ de Auchingie antiqui extentus, in Kyle-Regis.—A. E. 4 *m.* N. E. 20 *m.*   ix. 301.

(249)   Oct. 20. 1627.

JOANNES CAMPBELL, *hæres* Elizabethæ Campbell, *matris,*—in 31 solidatis terrarum de Ovirhauch vocatis Kingancleuch;—5 solidatis terrarum de M'Nachtiscroft;—30 denariatis terrarum de Scheill;—12 solidatis terrarum de Nathirhauch jacentibus inter terras de Kingancleuch;—6 solidatis terrarum de Nathirhauch;—½ mercata terræ de Willokistoun;—4 solidatis terrarum de Brigend cum prato de M'Clannochanstoun, extendentibus ad 12 denariatas terrarum, cum piscaria aquæ de Air;—21 solidatis et 9 denariatis terrarum de Bruntscheillis, cum salmonum piscaria super dictam aquam de Air, cum sede molendini fullonum in Hauch; in dominio de Kilsmure:—E. 5*l.* 6*s.* 3*d.*—Dimidietate 8 mercatarum terrarum de Auchinweittin, viz. 2 mercatis terrarum de Maines;—2 mercatis terrarum de Knokmorrane;—2 mercatis terrarum de Deschillach;—2 mercatis terrarum de Drumsoyis antiqui extentus, in baronia de Sundrum, Kingis-Kyle.—A. E. 53*s.* 4*d.* N. E. 13*l.* 6*s.* 8*d.*   ix. 310.

(250)   Maii 2. 1628.

ROBERTUS GRAHAME de Auchinhowi, *hæres* Roberti Grahame de Knokdolian, *patris,*—in terris de Knockdolian extendentibus ad 20 libratas terrarum antiqui extentus, in comitatu de Carik et balliatu ejusdem.—A. E. 20*l.* N. E. 80*l.*   x. 66.

(251)   Jul. 29. 1628.

ADAMUS STEWART, *hæres* Davidis Stewart de Creivochemylnes, *patris,*—in 2 molendinis de Fairliecreivoche, in balliatu de Cunynghame:—A. E.......... N. E. 50 *m.*—26 acris terrarum de Bollingschaw vocatis Newlands, Over et Nather Annokholmes, et Annokbank, in parochia de Stewartoun et balliatu prædicto.—A. E.......... N. E. 16*d.*   xi. 158.

(252)   Sep. 12. 1628.

JOANNES COUPAR, *hæres* Joannis Coupar senioris de Westbrigend-Kilwyning, *avi,*—in 20 solidatis terrarum novi extentus de terris de Corshill-Kilwyning, in parochia et regalitate de Kilwyning et balliatu de Cunynghame.—E. 23*s.* 4*d.* &c.   x. 118.

(253).   Oct. 15. 1628.

DAVID CUNYNGHAME de Robertland, *hæres* Davidis Cunynghame de Robertland, *patris,*—in 2¼ mercatis terrarum de Robertland;—3 mercatis terrarum de Ovir Lochrig;—6 mercatis terrarum de Cassiltounes Ovir et Nathir;—14 solidatis terrarum de Horsmure;—4 solidatis terrarum de Lochsyde, cum molendino vocato Lochmyln et astrictis multuris de 11 mercatis terrarum de Lochrig;—4 mercatis terrarum de Braidieland;—20 solidatis terrarum de Spittill;—3 mercatis 5 solidatis et 9 denariatis terrarum de Waterland, Halket, et Hessilbank antiqui extentus, extendentibus ad 14 libratas 10 solidatas et 5 denariatas terrarum in balliatu de Cunynghame:—A. E. 14*l.* 10*s.* 5*d.* N. E. 87*l.* 2*s.* 6*d.*—6 mercatis terrarum de Foulschaw jacentibus ut supra:—E. 4*l.*—Terris et baronia de Glengarnock et lacu de Lochthankart continentibus terras

---

subscriptas, viz. Burnes, Barhill, Dalmochland (vel Danochland), Pleulandis, Auchinhuiff, Unthank, Denholme, Brigend, Lochrig, Staniholm, Lochend, Boggis, et Watteris alias Paddokholme;—¼ mercatam terrarum de Croce:—A. E. 20*l.* 6*s.* 8*d.* N. E. 81*l.* 6*s.* 8*d.*—Terras ecclesiasticas de Kilbirny:—E. 10 *m.* 40*d.*—40 solidatas terrarum de Chirrieland, infra dictum balliatum de Cunynghame, unitas in baroniam de Glengarnock.—A. E. 40*s.* N. E. 8*l.* x. 163.

(254)   Dec. 17. 1628.

ELIZABETHA alias BESSIE LYN, *hæres* Davidis Lyn calcearii in Eister Brigend-Kilwyning, *patris,*—in quarta parte dimidietatis 28 solidatarum et 8 denariatarum terrarum antiqui extentus de Pottertoun et Tye-croft, in parochia et regalitate de Kilwyning et balliatu de Cunynghame.—E. 4*s.* 2*d.*   x. 173.

(255)   Feb. 14. 1629.

JACOBUS COMES DE ABIRCORNE, *hæres* Jacobi Comitis de Abircorne, *patris,*—in 8 mercatis terrarum de Monyhaqane et Keirmyn antiqui extentus, in Kyle-Regis.—A. E. 5*l.* 6*s.* 8*d.* N. E. 21*l.* 6*s.* 8*d.*   x. 199.

(256)   Maii 9. 1629.

ROBERTUS DOMINUS BOYD, *hæres* Roberti Domini Boyd, *patris,*—in advocatione ecclesiæ de Kilmarnock cum decimis, infra balliatum de Cunynghame:—A. E. 2*s.* N. E. 4*s.*—Terris canonicalibus Glasguensibus subscriptis, viz. terris vocatis Baillielandis, Harplair, Rylies, Kilburne, Tuirgyld, Hourat, Ryisdaillmure, extendentibus ad 40 mercatas terrarum vulgariter nuncupatas The fourtie Merkland, callit The Channounland antiqui extentus, in parochiis de Largis et Dalry, et balliatu de Cunynghame;—6000 halecum rubrarum et uno bove altili, ane Fed Ox nuncupato, cum 40 mercis singulis tribus annis pro gressumma dictarum terrarum:—E. 40 *m.* —(Vide Lanark, Dumbarton.)   x. 226:

(257)   Maii 16. 1629.

GEORGIUS CAMPBELL, *hæres* Caroli Campbell de Horscleuche, *patris,*—in 3 libratis 13 solidatis et 2 denariatis terrarum de Ovirbargour, in dominio de Kylesmure:—E. 3*l.* 10*s.*—4 mercatis terrarum de Skillingtoun;—9 solidatis terrarum de Dalmolloche et Dalcrune;—mercata terræ de Hoilhous;—terris de Horscleuche, extendentibus ad 2 mercatas terrarum antiqui extentus, in baronia de Cumnok.—A. E. 7 *m.* 9*s.* N. E. 38 *m.*   xi. 127.

(258)   Jul. 16. 1629.

HUGO MONTGOMRIE, *hæres* Patricii Montgomrie de Blakhous, *patris,*—in terris de Dykis;—terris de Michaelstoun;—terris de Mylnrig;—terris de Blakhous;—terris de Saintfillainswell, extendentibus ad 10 mercatas terrarum antiqui extentus, infra terras de Skermorlie-Cunynghame, parochiam de Largis et balliatum de Cunynghame.—A. E. 6*l.* 13*s.* 4*d.* N. E. 40*l.*   x. 314.

(259)   Jul. 29. 1629.

JOANNES DUNLOP Advocatus, *hæres* Archibaldi Dunlop de Auchinskeych, *proavi,*—in 20 solidatis terrarum antiqui extentus de terris de Smythstoun, olim vocatis Smythstoun-Garven, nunc vocatis Smythstoun-Dunlop, in parochia et regalitate de Kilwyning et balliatu de Cunynghame.—E. 26*s.* 8*d.*   x. 315.

(260)   Sep. 11. 1629.

NINIANUS GARVAN, *hæres* Hugonis Garvan clerici, burgensis de Irwing, *patris,*—in 10 solidatis novi extentus terrarum de Nather Maynes-Kilwyning:—E. 11*s.* 4*d.* &c.—8 solidatis novi extentus terrarum de Nather Maynes-Kilwyning:—E. 9*s.* 4*d.* &c.—13 solidatis et 4 denariatis terrarum novi extentus de prædictis terris de Nether Maynes-Kilwynning, in parochia et regalitate de Kilwynning et balliatu de Cunynghame.—E. 16*s.* 9*d.*   xi. 129.

(261)   Oct. 15. 1629.

DAVID BARCLAY de Ladyland, *hæres masculus* Domini Davidis Barclay de Ladyland militis, *patris,*—in 20 mercatis terrarum antiqui extentus de Ladyland et Auchinhuiff, unitis in dominium lie lairdschip de Ladyland, infra balliatum de Cunynghame.—A. E. 20 *m.* N. E. 80*l.*   xi. 113.

(262)   Oct. 24. 1629.

JOANNES DOTCHITOUN (vel Dotchieltoun), *hæres* Gilberti Dotchitoun de Dowray, *patris,*—in 20 solidatis terrarum de Dowray, infra parochiam et regalitatem de Kilwynning et balliatum de Cunynghame.—E. 26*s.* 8*d.*   xi. 94;

(263)   Oct. 31. 1629.

WILLIELMUS CAMPBELL de Underwelwode, *hæres* Caroli Campbell de Glaisnok, *patrui,*—in 4 mercatis terrarum de Nather Glaisnok, antiqui extentus, infra parochiam de Cumnok, Kyle-Regis:—A. E. 4 *m.* N. E. 16*l.*—2 mercatis terrarum de Nether Gar-

D

clawch;—2 mercatis terrarum de Nether Waistland;—20 solidatis terrarum de Ovirgarclauche:—A. E. 5 m. 6s. 8d. N. E. 22l.—Mercata terræ de Crocelair;—½ mercata terræ de Boillistoun et Greirstoune;—½ mercata terræ de Blaklandis, et petia terræ de terris de Logan nuncupata Braidmeddow:—A. E. 30s. N. E. 8l.—Mercata terræ de Unerskillingtoun;—2 petiis terrarum arrabilium et prato nuncupato Lonehill et Braidmedow, extendentibus ad 4 acras terræ, et 7 day wark medow:—A. E. 16s. 8d. N. E. 4l.—4 denariatis terrarum de Clwne nuncupatis Loganhill, cum petia terræ de terris de Horsclewchheid nuncupata Darneleyis:—A. E. 3s. 4d. N. E. 20s.—½ mercata terræ de Cloclochir et Tubis;—omnibus antiqui extentus, infra baroniam de Cumnok, Kyle-regis.—A. E. 6s. 8d. N. E. 40s. xi. 56.

(264) Mar. 6. 1630.
MAGISTER WILLIELMUS M'KERRELL, *hæres* Willielmi M'Kerrell de Hilhous, *patris*,—in 40 solidatis terrarum de Hilhous et 15 lie sowmes gerss ad easdem spectantibus antiqui extentus, in parochia de Dundonald:—A. E. 40s. N. E. 12l.—Mercata terrarum de terris de Knokgal, nuncupata Heidmerk antiqui extentus, infra parochiam de Ochiltrie, Kyle-Regis.—A. E. 13s. 4d. N. E. 4l. xii. 161.

(265) Mar. 13. 1630.
CAROLUS CAMPBELL, *hæres* Caroli Campbell de Auchintauche, *patris*,—in 2 mercatis terrarum de Nather Garclauch antiqui extentus, in parochia de Cumnok, Kyle-Regis:—A. E. 26s. 8d. N. E. 8l.—Mercata terrarum de Auchintauche antiqui extentus, infra parochiam de Auchinlek.—A. E. 13s. 4d. N. E. 3l. 6s. 8d. xi. 29.

(266) Mar. 27. 1630.
HUGO CAMPBELL, *hæres* Georgii Campbell de Cesnok, *patris*,—in terris et baronia de Hanyngros comprehendentibus terras de Hayneing-Paroche, Uverlone, Netherlone, Bruceroddings et Wraytis (Braythis), cum molendino de Hayneing nuncupato Craigmylne, extendentibus ad 20 libratas terrarum antiqui extentus, cum octava parte communitatis mori de Galstoun, et quarta parte communitatis de Cesnok, infra balliatum de Kylestewart:—A. E. 20l. N. E. 100l.—10 solidatis terrarum de Barquhoyis;—½ mercata terrarum nuncupata Lochend antiqui extentus, infra baroniam de Sundrone, Kyle-regis.—A. E. 16s. 8d. N. E. 5l. xi. 104.

(267) Jun. 24. 1630.
JOANNES LOCKHART de Bar, *hæres* Alexandri Lockhart de Boghall, *avi*,—in 16 solidatis et 8 denariatis terrarum de Taitis-quarter, in dominio de Dalmelling et regalitate de Pasleto:—E. 16s. 8d. &c.—3 mercatis terrarum de Dalmailling antiqui extentus, vocatis etiam Taitis-quarter;—16 solidatis et 8 denariatis terrarum de Dalmailling ejusdem extentus, vocatis Jasperslewmstead, jacentibus ut supra:—E. 6 m. 5s. &c.—5 rodis terræ vocatis Smediecroft cum fabrili de mercata terræ nuncupata Chappelland.—E. 6s. 8d. xi. 35.

(268) Aug. 28. 1630.
JOANNES SCHAW de Nether Grumet, *hæres* Quintini Schaw in Stratoun, *patris*,—in 5 mercatis terrarum de Dalquhawand, in balliatu de Carrik et comitatu ejusdem.—A. E. 5 m. N. E. 20 m. xi. 20.

(269) Oct. 21. 1630.
GEORGIUS LAW, *hæres* Joannis Law, *fratris germani*,—in 15 solidatis terrarum antiqui extentus de Dalsangane vocatis Rouchdyik, in dominio de Kylesmure et balliatu de Kyle-Stewart.—E. 22s. &c. xii. 32.

(270) Dec. 22. 1630.
HUGO BANKHEID, *hæres* Jacobi Bankheid in Eistir Brigend de Kilwining, *patris*,—in 10 solidatis terrarum novi extentus de terris de Corshill-Kilwining:—E. 11s. 8d.—40 denariatis terrarum antiqui extentus de Eister Brigend-Kilwining, cum domo, et domo et horto ab antiquo vocato prætorium vulgo Tolbuithe:—E. 41s. 8d.—35 denariatis terrarum antiqui extentus de Pethfut:—E. 37s. 11d.—Omnibus in villa, parochia et regalitate de Kilwining, et ballia de Cunynghame. xiii. 58.

(271) Dec. 23. 1630.
WILLIELMUS WALLACE de Failfurde, *hæres* Willielmi Wallace de Failfuirde, *patris*,—in terris de Smythistoun, Ladyzairde, Adamecroft, et Litell Auchinwet, extendentibus ad 10 mercatas terrarum antiqui extentus, cum salmonum piscariis in aqua seu rivolo de Air, infra balliatum de Kyle-stewart.—A. E. 10 m. N. E. 50 m. xi. 235.

(272) Mar. 1. 1631.
WILLIELMUS HENRYSOUN, *hæres* Willielmi Henrysoun in Grange, *patris*,—in tenemento terræ cum domibus, &c. in villa de Mayboill et comitatu de Carrik.—E. 35 m. xii. 104.

(273) Mar. 12. 1631.
JOANNES BRYAN, *hæres* Andreæ Bryan de Natherpark, *patris*,—in 20 solidatis terrarum antiqui extentus de Natherpark, in baronia de Sundrum, Kyle-Regis.—A. E. 20s. N. E. 3l. 6s. 8d. xii. 195.

(274) Apr. 9. 1631.
WILLIELMUS CATHCART, *hæres* Alani Cathcart de Wattirheid, *patris*,—in 2 mercatis terrarum de Monyway;—mercata terræ de Craiguidie;—20 solidatis terrarum de Wester Chalmerstoun;—2 mercatis terrarum de Eister Chalmerstoun;—mercata terræ de Pennywenze;—2 mercatis terrarum de Benbeuche et Benbane;—2½ mercatis terrarum de Cloffyn;—3 mercatis terrarum de Mosdaill;—mercata terræ de Clauchanemerk;—2 mercatis terrarum de Manes;—mercata terræ de Boigtoun;—20 solidatis terrarum de Burnetoun et Silliehoill antiqui extentus, infra baroniam de Dalmellingtoun, Kyle-Regis:—A. E. 13l. 6s. 8d. N. E. 82l.—9 mercatis terrarum antiqui extentus de Wattirheid comprehendentibus mercatam terræ de Dalwey;—mercatam terræ de Lathanes;—mercatam terræ de Merchelmerk;—2 mercatas terrarum de Knokbirnies;—mercatam terræ de Blakferding;—2 mercatas terrarum de Over et Nether Og;—mercatam terræ de Monaycht, infra dictam baroniam de Dalmellingtoun:—A. E. 6l. N. E. 36l.—in 12 mercatis terrarum de Trowair et Killoub antiqui extentus, infra comitatum de Carrik:—A. E. 8l. N. E. ....—4 mercatis terrarum de Bardaroch, in baronia de Sundrone:—A. E. 53s. 4d. N. E. 16l.—40 solidatis terrarum de Mosblowane antiqui extentus, infra baroniam de Auchincruiff.—A. E. 40s. N. E. 10l. xi. 190.

(275) Jun. 25. 1631.
ALLANUS DOMINUS CATHCART, *hæres* Allani Domini Cathcart, *patris*,—in illa parte terrarum et baroniæ de Sundrum vocata Stobenoche, Dal M'Kaw et Drumfairne, cum molendino vocato Litle Mylne, extendentibus ad 6 mercatas terrarum in dicta baronia de Sundrume, Kyle-Regis:—A. E. 4l. N. E. 20l.—4 mercatis terrarum de Duchray, in parochia de Quiltoune, Kyle-Regis.—A. E. 53s. 4d. N. E. 13l. 6s. 8d. xii. 26.

(276) Aug. 25. 1631.
PATRICIUS SCHAWE de Sornebeg, *hæres* Joannis Schawe de Sornebeg, *patris*,—in 50 solidatis terrarum de Goldring in balliatu de Kylestewart;—40 solidatis terrarum antiqui extentus de Sornebeg;—4 mercatis terrarum antiqui extentus de Smiddenhirst;—2 mercatis terrarum de Ovir-Langsyd antiqui extentus;—mercata terræ de Middill Langsyid alias Barnehill antiqui extentus;—mercata terræ de Nather Langsyd;—mercata terræ antiqui extentus de Drumdraban, cum libertate de Gastoun Mure, unitis in tenandriam de Sornebeg:—A. E. 10l. 10s. N. E. 52l. 10s.—mercata terræ de Natherlangsyid antiqui extentus:—A. E. 13s. 4d. N. E. 20s.—Omnibus in balliatu de Kylestewart.—(Vide Lanark, Linlithgow.) xiii. 3.

(277) Mar. 24. 1632.
JOANNES CAMPBELL de Skeldoun, *hæres masculus* Davidis Campbell, *fratris*,—in terris de Over Skeldoun extendentibus ad 20 mercatas 6 solidatas et 8 denariatas terrarum antiqui extentus, cum pastura in mora de Mertnam, in baronia de Mertnam, Kyle-Regis.—A. E. 20 m. 6s. 8d. N. E. 82l. xii. 30.

(278) Mar. 30. 1632.
ALEXANDER CUNYNGHAME de Montgrennane, *hæres* Jeannæ Blair Dominæ de Montgrennane, *aviæ*,—in 8 acris terrarum nuncupatis Byreflat cum Warda nuncupata Meikill-Ward alias Boigwaird;—prato nuncupato Pryoures-medow et Persounes Fauld;—prato nuncupato Meikill-medow alias Bread-medowe;—9 acris terrarum nuncupatis Kilrig alias Oxinwaird;—molendino de Synatre-mylne, cum 4 acris terrarum adjacentibus et decimis;—2 solidatis et 8 denariatis terrarum deBoigsyid antiqui extentus in parochia de Beithe;—8 solidatis 4 denariatis terrarum de Boigsyid novi extentus in Beithe, in regalitate de Kilwining et balliatu de Cunynghame:—E. 22l. 12s. 8d.—40 solidatis terrarum antiqui extentus de Hullerhill, in parochia et regalitate de Kilwyning et balliatu de Cunynghame:—E. 40s.—Anteriori sylva vulgo Innerwood et New Park de Kilwinning, cum decimis, in parochia et regalitate de Kilwinning et balliatu de Cunynghame:—E. 53s. 4d.—17 acris in boreali parte terrarum vulgo North Quarter, de exteriore silva vulgo Utterwood de Kilwinning cum decimis, in regalitate de Kilwining et balliatu de Cunynghame:—E. 3l. 10s.—20 solidatis terrarum novi extentus de Corshill;—15 solidatis terrarum novi extentus de Corshill, extendentibus ad 35 solidatas novi extentus;—terris vulgo vocatis Brumbut et Butmedow, cum piscatione aquæ de Garnok et piscinis lie Crwes in dicta aqua, in parochia et regalitate de Kilwining et balliatu de Cunynghame:—E. 11l. 10d.—20 solidatis terrarum antiqui extentus de Middill Smeithstoun;—13 solidatis et 4 denariatis terrarum ejusdem extentus de Ovir Smeithstoun, in parochia et regalitate de Kilwinning et balliatu ejusdem:—E. 33s. 4d.—6 solidatis et

8 denariatis terrarum antiqui extentus de Smeithstoun, in parochia et regalitate de Kilwining:—E. 6s. 8d.—Dimidietate unius mercatæ terræ novi extentus nuncupatæ Boig;—horto nuncupato Bärnezeard dictis terris annexato, in parochia et regalitate de Kilwining et balliatu de Cunynghame.—E. 1d. xiii. 10.

(279) Jun. 23. 1632.
HENRICUS STEWART, hæres Henrici Stewart de Barskyming, avi,—in 6 libratis terrarum antiqui extentus de Stairquhyt alias Barskyming :—A. E. 6l. N. E. 36l.—40 solidatis terrarum vulgo Monkurde (vel Monkarde), in Kyle-regis :—E. 4l. 7s. 9d. et 30d. in augmentationem :—26 solidatis et 8 denariatis terrarum de Chipperlagane antiqui extentus, infra baroniam de Trabboche, Kyle-Regis.—E. 26s. 8d. xiii. 8.

(280) Jul. 28. 1632.
ANDREAS GEMMILL, hæres masculus Joannis Gemmill portionarii de Auchinmaid, avi,—in 13 solidatis et 4 denariatis terrarum antiqui extentus de Auchinmaid, in parochia et regalitate de Kilwining et balliatu de Cunynghame.—E. 4s .... xiii. 20.

(281) Jul. 28. 1632.
ANDREAS GEMMILL, hæres masculus Joannis Gemmill portionarii de Auchinmaid, avi,—in 13 solidatis et 4 denariatis terrarum antiqui extentus de Auchinmaid, in parochia et regalitate de Kilwining et balliatu de Cunynghame.—E. 4s .... xiii. 32.

(282) Oct. 9. 1632.
GEORGIUS KENNEDY de Ballymoir, hæres Oliveri Kennedy de Ballymoir, patris,—in 5 libratis terrarum de Glenmuck, viz. 10 solidatis terrarum de Knockmacke ;—10 solidatis terrarum de Kirkbryd ;—20 solidatis terrarum de Gawancrubeth ;—20 solidatis terrarum de Garleffin ;—20 solidatis terrarum de Ballymoir, in parochia de Girvane et balliatu de Carrick.—A. E. 5l. N. E. 20l. xiii. 296.

(283) Nov. 29. 1632.
EDWARDUS KELSO, hæres Willielmi Kelso de Nather Kelsoland, patris,—in 5 mercatis terrarum antiqui extentus de Nather Kelsoland, in dominio de Largs et balliatu de Cunynghame.—E. 5 m. N. E. 20l. xiii. 49.

(284) Dec. 11. 1632.
KATHARINA KENNEDY, hæres Jonetæ Kennedie unius neptium quondam Davidis Kennedy de Knockdaw, sororis,—in dimidietate superioritatis 10 libratarum terrarum de Cunrey, in balliatu de Carrik.—A. E. 5l. N. E. 20l. xiii. 49.

(285) Dec. 11. 1632.
CATHARINA KENNEDY, hæres Jonetæ Kennedy unius neptium quondam Davidis Kennedy de Knokdaw, sororis,—in dimidietate 10 libratarum terrarum de Cunray, in balliatu de Carrick.—A. E. 5l. N. E. 20l. xiii. 132.

(286) Mar. 5. 1633.
JACOBUS MUIR, hæres Margaretæ Stewart sponsæ Quintini Muir in Binberriezaird, matris,—in annuo redditu 20 librarum de 20 solidatis terrarum antiqui extentus de Bollistoun, infra terras de Dunduff et comitatum de Carrik. xv. 41.

(287) Oct. 5. 1633.
JOANNES ROGER, hæres Willielmi Roger mercatoris burgensis de Air, patris,—in 5 mercatis 10 solidatis terrarum de Vasfuird, in balliatu de Kylestewart :—E. 5 m. 10s.—8 mercatis terrarum antiqui extentus de Nathir Sheild vocatis Scheilrankene, in parochia de Ucheltrie, Kyle-Regis.—A. E. 8 m. N. E. 32l. xiii. 124.

(288) Oct. 9. 1633.
JOANNES RUSSALL, hæres Joannis Russall in Ashinezeardes, patris,—in 11 solidatis et 8 denariatis terrarum antiqui extentus de Ashinezeardes, vulgo Ashinezeardes-Russall :—E. 15s. 4d.—5 solidatis terrarum novi extentus de terris de Quhythirst-Ewing ;—5 solidatis terrarum novi extentus terrarum de Quhythirst olim Quhythirst-Henrysoun, et nunc vocatis Quhythirst-Russall, in parochia et regalitate de Kilwyning et balliatu de Cunynghame.—E. 11s. 8d. &c. xiv. 112.

(289) Nov. 13. 1633.
MAGISTER GAVINUS HAMILTOUN, hæres Jacobi Hamiltoun de Ardoch, patris,—in 18 solidatis terrarum antiqui extentus de Rouchbank ;—16 solidatis terrarum antiqui extentus de Crummok, in parochia de Beyth, regalitate de Kilwyning et balliatu de Cunynghame ;—5 mercatis terrarum antiqui extentus de Ovir et Nathir Ardochis ;—12 mercatis terrarum antiqui extentus de Cassilland cum messuagio, &c. de Ardoch contigue adjacente ;—terris de Stokward et Woodmedowes ;—terris de Woodland ;—10 rudis terrarum nuncupatis Newparksyd, cum decimis præfata-

rum terrarum ;—mercata terræ novi extentus nuncupata Guydiscroft ;—10 solidatis terrarum novi extentus vocatis Daswray ;—6 solidatis et 8 denariatis terrarum novi extentus vocatis Carlimyrbrig, et acra terræ jacente in Ovir Byreflat, cum ustrino polentario lie Malt-kill ;—domo et horto ac fornace lie Une cum pistrina ejusdem, omnibus contigue adjacentibus, in villa de Kilwyning ;—acra terræ jacente in Wtter Byreflatt, cum domibus et hortis in dicta villa de Kilwyning, et uno aggere lie rig, domo et horto inter terras vocatas Stabill-croft, &c. omnibus in parochia et regalitate de Kilwyning et balliatu de Cunynghame.—E. 14l. 14s. xiii. 187.

(290) Dec. 5. 1633.
ROBERTUS BOYD de Pitcone, hæres masculus Thomæ Boyd de Pitcone, patris,—in 7 mercatis terrarum antiqui extentus de Pitcone, in balliatu de Cunynghame.—A. E. 7 m. N. E. 42 m. xiv. 111.

(291) Dec. 11. 1633.
JOANNES MOREIS filius legitimus Willielmi Moreis portionarii de Longfuird, hæres Joannis Dotchoun portionarii de Corshill, avi materni,—in 10 solidatis terrarum novi extentus de terris de Corshill-Kilwyning, in parochia et regalitate de Kilwyning et balliatu de Cunynghame.—E. 11s. 8d. xiii. 147.

(292) Jan. 9. 1634.
HUGO CAMPBELL de Killoch, hæres masculus Hugonis Domini de Lowdown pronepotis fratris abavi,—in hereditario officio justiciariæ et balliatus terrarum dominii et baroniæ de Kylestmuire et regalitatis earundem, in Kylestewart.—A. E. 3s. 4d. N. E. 13s. 4d. xiii. 189.

(293) Jan. 10. 1634.
MARIOTA PEIBLIS filia legitima quondam Joannis Peiblis de Broomelandis, hæres Patricii Peiblis de Broomelandis, avi,—in 33 solidatis et 4 denariatis terrarum antiqui extentus de Mainshill :—E. 33s. 4d. et 6s. 8d. &c. in augmentationem :—26 solidatis et 8 denariatis terrarum ejusdem extentus de Morishill et Breckinhill, in parochia de Beyth, regalitate de Kilwyning et balliatu de Cunynghame.—E. 30s. &c. xiii. 170.

(294) Mar. 30. 1634.
MAGISTER ROBERTUS TRAN, hæres Hugonis Tran burgensis de Irwing, avi,—in 5 rodis terrarum infra territorium dicti burgi :—A. E. 10s. (forte denarii) N. E. 20d.—3¼ rodis terrarum jacentibus ut supra.—A. E. 6d. N. E. 12d. xiii. 230.

(295) Sep. 18. 1634.
JACOBUS DOMINUS ROSS de Halkheid et Melvill, hæres Jacobi Domini Ros, &c. patris,—in terris de Broomelandis et Roisholme, infra balliatum de Cunynghame :—A. E. 26l. N. E. 78l.—Terris de Tarbert ;—terris de Dunlophill ;—terris de Duchrasyde cum molendino fullonum.—A. E. 15l. 13s. 4d. N. E. 94l.—(Vide Edinburgh, Linlithgow, Stirling, Renfrew, Haddington.) xiii. 174.

(296) Nov. 26. 1634.
MAGISTER JOANNES PEIBLES de Knodgerhill, hæres masculus Joannis Peibles de Brumelandis filii patrui,—in 33 solidatis et 4 denariatis terrarum antiqui extentus de Mayneshill, infra parochiam de Beyth, regalitatem de Kilwinning et balliatu de Cunynghame.—E. 40s. xiv. 17.

(297) Jan. 22. 1635.
JACOBUS NEVEIN, hæres masculus Joannis Nevein de Kirkwood, avi,—in 2½ mercatis terrarum antiqui extentus de Kirkwood, in balliatu de Cunynghame.—A. E. 33s. 4d. N. E. 10l. xiii. 282.

(298) Apr. 28. 1635.
JACOBUS CRAUFUIRD de Flattirtoune, hæres Jacobi Craufuird de Flattirtoune, avi,—in 40 solidatis terrarum ecclesiasticarum de Largis antiqui extentus, cum luco seu nemore vulgo Kirkbank, et communi pastura super mora de Largis, in parochia de Largis, dominio, baronia et regalitate de Pasleto et ballia de Cunynghame.—E. 43s. 4d. xiv. 48.

(299) Apr. 29. 1635.
JACOBUS PEIBLES de Knadgerhill, hæres masculus Joannis Peibles de Brumelandes, filii patrui,—in 33 solidatis et 4 denariatis terrarum antiqui extentus de Mainshill, infra parochiam de Beth, regalitatem de Kilwyning et balliatum de Cunynghame.—E. 40s. &c. xiii. 282.

(300) Oct. 29. 1635.
JACOBUS PEIBLES de Knodgerhill, hæres masculus Joannis Peibles de Knodgerhill, patris,—in 5 mercatis terrarum novi extentus, et 12 mercatis terrarum de Bloik cum granorum et fullonum molendinis, infra dominium de Stewartoun et balliatum de Cunynghame.—A. E. 9l. 6s. 8d. N. E. 20l. xiv. 104.

(301) Mar. 23. 1636.
WILLIELMUS MURE, *hæres masculus* Hectoris Mure apud ecclesiam de Beyth, *avi*,—in armitagio terrarum de Beyth, in baronia et parochia de Beyth et regalitate de Kilwyning.—E. 4*d.* &c. xiv. 177.

(302) Mar. 24. 1636.
JOANNES REID de Wallis in Greenok, *hæres* Joannis Reid in Welwood, *avi*,—in 34 denariatis terrarum antiqui extentus de Gerszairdes, in dominio de Kylesmure et balliatu de Kylestewart. —E. 7*s.* 9½*d.* xv. 228.

(303) Mar. 24. 1636.
THOMAS UDDART, *hæres* Jacobi Uddart in Greinoktoun, *patris*,—in 20 denariatis terrarum antiqui extentus de Weltoun: —E. 14*s.* 2*d.*—10 solidatis terrarum antiqui extentus de Greinoktoun, in dominio de Kylesmure, et balliatu de Kylestewart.—E. 14*s.* 10½*d.* xv. 239.

(304) Mar. 31. 1636.
JOANNES CAMPBELL de Kinganecleuch, *hæres* Roberti Campbell de Kinganecleuch, *avi ex parte matris*,—in 3 libratis terrarum de Ballochebroik, Drumlongfuird, et Cornardow (vel Corwardow), in comitatu et balliatu de Carrick.—A. E. 3*l.* N. E. 15*l.* xv. 158.

(305) Apr. 14. 1636.
JOANNES CUNYNGHAME, *hæres* Magistri Joannis Cunynghame ministri verbi Dei apud ecclesiam de Dalry, *patris*,—in terris de Baidland et Brothoklie extendentibus ad 40 solidatas terrarum antiqui extentus, in balliatu de Cunynghame.—A. E. 40*s.* N. E. 12*l.* xiv. 113.

(306) Apr. 26. 1636.
HUGO BLAIR de Blairstoun, *hæres* Jacobi Blair de Blairstoun alias Midle Auchindrain, *patris*,—in 5 mercatis terrarum de Blairstoun alias Midle Auchindrain, cum molendinis fullonum et granorum, et salmonum piscatione super aqua de Done, in comitatu de Carrick:—A. E. 5 *m.* N. E. 20 *m.*—5 mercatis terrarum de Fischertoun antiqui extentus, in dicto comitatu de Carrick.—A. E. 5 *m.* N. E. 20 *m.* xv. 111.

(307) Maii 5. 1636.
JONETA BLAIR, *hæres portionaria* Jacobi Blair burgensis de Air, *patris*,—in 5 libratis terrarum de Hielies in parochia de Dundonald, et balliatu de Kylestewart.—A. E. 5*l.* N. E. 25*l.* xv. 48.

(308) Maii 5. 1636.
MARGARETA BLAIR, *hæres portionaria* Jacobi Blair burgensis de Air, *patris*,—in terris prædictis.—A. E. 5*l.* N. E. 25*l.* xv. 48.

(309) Jun. 16. 1636.
DAVID REID, *hæres* Margaretæ Reid portionariæ de Craigheid, *matris*,—in dimidietate 13 solidatarum 4 denariatarum terrarum antiqui extentus de Dalsangan nuncupata Craigheid, in balliatu de Kylestewart.—E. 9*s.* 9½*d.* xv. 195.

(310) Jun. 16. 1636.
WILLIELMUS REID, *hæres* Roberti Reid in Barquhoyes, *patris*,—in dimidietate 18 solidatarum 9 denariatarum terrarum de Barquhoyes extendente ad 9 solidatas et 4½ denariatas terrarum, in dominio de Kylesmure et balliatu de Kylestewart.—E. 13*s.* 8*d.* xv. 195.

(311) Jul. 16. 1636.
JOANNES CAMPBELL, *hæres masculus* Davidis Campbell de Nethir-Skeldoun, *fratris*,—in terris de Aird alias Nethir Skeldoun extendentibus ad 8 mercatas 6 solidatas 8 denariatas terrarum antiqui extentus in baronia de Mairtname, Kingis-Kyle.—A. E. 8 *m.* 6*s.* 8*d.* N. E. 34*l.* xv. 102.

(312) Aug. 18. 1636.
JOANNES MITCHELL, *hæres* Patricii Mitchell de Burneheid, *patris*,—in terris de Burnheid extendentibus ad 28 solidatas et 10 denariatas terrarum antiqui extentus, in dominio et baronia de Kylsmuir.—E. 42*s.* 8*d.* xiv. 159.

(313) Aug. 18. 1636.
QUINTIGERNUS REID, *hæres* Quintigerni Reid de Drumfork, *avi*,—in terris de Drumfork, Brakanhill et Ballingaip, extendentibus ad 3 libratas 6 solidatas et 9 denariatas terrarum antiqui extentus:—E. 4*l.* 15*s.* 2*d.*—17 solidatis et 4 denariatis terrarum antiqui extentus de Overlogane, in dominio de Kylesmure.—E. 25*s.* 4*d.* xv. 200.

(314) Sep. 8. 1636.
WILLIELMUS DOMINUS ROS de Halkheid et Melvill, *hæres* Jacobi Domini Ros de Halkheid et Melvill, *fratris*,—in terris de Bromelands et Roisholme, infra balliatum de Cunynghame:—A. E. 26*l.* N. E. 78*l.*—Terris de Tarbert cum molendino;—terris de Dunlopehill;—terris de Duchrasyde et molendinis fullonum earundem, infra balliatum de Cunynghame.—A. E. 15*l.* 13*s.* 4*d.* N. E. 94*l.*—(Vide Edinburgh, Linlithgow, Renfrew, Stirling, Haddington.) xv. 210.

(315) Oct. 20. 1636.
JOANNES GLASFUIRD in Maxwood, *hæres* Joannis Duncane in Barnaycht, *avi materni*,—in 6 solidatis 8 denariatis terrarum de Barnayt (vel Barnaycht), antiqui extentus, in dominio de Kylesmure et balliatu de Kylestewart.—E. 10*s.* 2*d.* xv. 229.

(316) Oct. 25. 1636.
MARIA M'DOWELL sponsa Joannis M'Culloche in regno Hiberniæ habitantis, *hæres* Wthredi M'Dowell de Barjarge, *avi*,—in 10 solidatis terrarum antiqui extentus de Barjarge, et 10 denariatis terrarum de Anneman antiqui extentus, in comitatu de Carrick.—A. E. 10*s.* 10*d.* N. E. 54*s.* 2*d.* xvi. 194.

(317) Oct. 26. 1636.
ROBERTUS CUNYNGHAME, *hæres* Roberti Cunynghame de Quhythirst, *patris*,—in 19 solidatis et 3 denariatis terrarum novi extentus de Quhythirst;—3 solidatis 4 denariatis terrarum novi extentus de Quhythirst-Hilheid:—E. 24*s.* 7*d.*—13 solidatis 4 denariatis terrarum ejusdem extentus de dictis terris de Quhythirst:—E. 15*s.*—in quibusdam domibus et horto:—E. 5*s.*—omnibus jacentibus in parochia et regalitate de Kilwyning et balliatu de Cunynghame. xv. 242.

(318) Nov. 24. 1636.
MAGISTER WILLIELMUS M'KERRELL, *hæres* Willielmi M'Kerrell de Hilhous, *patris*,—in 50 solidatis terrarum de Goldring et pecia terræ vocata The Kemnokland antiqui extentus, in balliatu de Kylestewart.—A. E. 50*s.* N. E. 12*l.* 10*s.* xv. 160.

(319) Jan. 10. 1637.
WILLIELMUS BRYANE in Barquhy, *hæres* Willielmi Bryane, *patris*,—in mercata terrarum de Barquhay antiqui extentus in baronia de Sundrum, Kyle-Regis:—A. E. 13*s.* 4*d.* N. E. 4*l.* xv. 165.

(320) Mar. 23. 1637.
JACOBUS WILSOUN, *hæres* Joannis Wilsoun in Nethir Quhytflat, *patris*,—in 5 solidatis et 6 denariatis terrarum de Nethir Quhytflat antiqui extentus, in dominio et baronia de Kylesmure et balliatu de Kylestewart.—E. 8*s.* 5½*d.* xv. 181.

(321) Mar. 25. 1637.
WILLIELMUS CAMPBELL de Glesnoke, *hæres* Caroli Campbell de Glesnoke, *patrui*,—in 45 solidatis terrarum antiqui extentus de Over Welwood, in dominio de Kylesmure:—E. 52*s.*—44 solidatis 5 denariatis terrarum de Midle Welwood, in dominio de Kylesmure.—E. 44*s.* 5*d.* xv. 188.

(322) Maii 11. 1637.
HUGO WALLACE, *hæres* Willielmi Wallace de Ellerslie, *patris*, —in 30 solidatis terrarum dominicalium de Ellingtoun et Boigend, cum dimidietate molendini de Ellingtoun et terrarum molendinariarum;—mercata terræ vocata Langlandis alias Fourtie Akers, extendentibus ad 43 solidatas et 4 denariatas terrarum antiqui extentus, in balliatu de Kylestewart.—A. E. 43*s.* 4*d.* N. E. 10*l.* 16*s.* 8*d.* xv. 240.

(323) Jun. 22. 1637.
GEORGIUS JAMESOUN, *hæres* Andreæ Jamesoun in Broklardyk, *patris*,—in 6 solidatis et bina tertia parte denariatarum terrarum de Auchincloiche:—E. 6*s.* 9½*d.*—6 solidatis terrarum de Oxinschaw antiqui extentus, in baronia de Kyllmure, et balliatu de Kylestewart.—E. 9*s.* 1*d.* xv. 159.

(324) Aug. 4. 1637.
JACOBUS HAMILTOUN, *hæres* Magistri Gavini Hamiltoun de Ardoche, *patris*,—in 18 solidatis terrarum de Roughbank antiqui extentus;—16 solidatis terrarum antiqui extentus de Crummock, in parochia de Beith, regalitate de Kilwyning et balliatu de Cunynghame;—5 mercatis terrarum antiqui extentus de Ovir et Nethir Ardoches, et 12 solidatis terrarum antiqui extentus de Cassiland;—terris de Stokwaird et Woodmedows;—terris de Woodland;—10 rodis terrarum nuncupatis Newparksyd, cum decimis præfatarum terrarum de Stokwaird, &c.—mercata terræ novi extentus nuncupata Smiddiecroft, et 10 solidatis terrarum Eistwray vocatis;—6 solidatis et 8 denariatis terrarum novi extentus vocatis Carlinmyrebrige;—acra terræ jacente in Overbyreflat, cum ustrino, domo et horto, ac fornace et pistrino;—acra terræ in Over Byrflat;—uno aggere lie rig, &c. in terris vocatis Stabillcroft, cum aliis domibus et hortis in villa de Kylwyning, in parochia et regalitate de Kilwyning et balliatu de Cunynghame.—E. 14*l.* 14*s.* xv. 192.

(325)   Aug. 10. 1637.
ALEXANDER ARNOT de Lochrig, *hæres* Alexandri Arnot de Lochrig, *patris,*—in 5 libratis terrarum antiqui extentus de Lochrig, in parochia de Stewartoun et balliatu de Cunynghame.—A. E. 5*l.* N. E. 30*l.*   xiv. 151.

(326)   Aug. 10. 1637.
HUGO WALLACE, *hæres* Magistri Willielmi Wallace filii Willielmi Wallace de Brighous, *fratris germani,*—in 40 solidatis terrarum antiqui extentus de Brighous ;—5 libratis terrarum de Burnbank et Mosend antiqui extentus ;—3 acris terræ de Bogmedow ;—5 mercatis terrarum antiqui extentus de Dullaris ;—40 solidatis terrarum de Mos-syde antiqui extentus ;—2¼ mercatis terræ antiqui extentus de Quhytrigis;—20 solidatis terrarum de Richeartoun-holmes cum carbonibus, extendentibus ad 15 libratas terrarum antiqui extentus in integro, infra balliatum de Kylestewart.—A. E. 15*l.* N. E. 75*l.*   xiv. 186.

(327)   Aug. 24. 1637.
MARGARETA CUNYNGHAME, *hæres portionaria* Joannis Cunynghame de Cambuskeythe, *fratris germani,*—in 10 libratis terrarum antiqui extentus de Cambuskeythe, in balliatu de Cunynghame.—E. 10*l.* et 13*s.* 4*d.* in augmentationem.   xv. 200.

(328)   Oct. 12. 1637.
JACOBUS KENNEDIE de Blairquhen, *hæres* Jacobi Kennedie, *patris,*—in terris et baronia de Blairquhen continentibus 4 mercatas terrarum antiqui extentus de Blairquhen ;—2 mercatas terrarum antiqui extentus de Dallelachane ;—5 libratas terrarum antiqui extentus de Barscob ;—12 mercatas terrarum antiqui extentus de Tranew ;—annuum reditum 6 mercarum de terris de Dalquhowane ;—5 libratas terrarum antiqui extentus de Sklintoch ;—5 mercatas terrarum antiqui extentus de Auchlosk et Drumullein ;—4 mercatas terrarum antiqui extentus de Carnequhein ;—mercatam terræ antiqui extentus de Laggangill ;—3 mercatas terrarum antiqui extentus de Blairmacmurreis ;—20 solidatas terræ antiqui extentus de Ballachveteis ;—dimidiam mercatam terræ antiqui extentus de Lochbraidinholme et Corriglure ;—11 mercatas terrarum antiqui extentus de Shankstoun et carbonaria ejusdem ;—3 mercatas terrarum antiqui extentus de Lonachtein ;—2 mercatas terrarum de Kilgramie antiqui extentus ;—20 solidatas terrarum antiqui extentus de Knokgairnoch et Auchingunzeoche, cum officio coronatoris comitatus de Carrik, feodis et divoriis ad idem pertinentibus ;—2¼ mercatas terrarum antiqui extentus de Riddilston, in comitatu de Carrick, unitas in baroniam de Blairquhen.—A. E. 45*l.* 6*s.* 8*d.* N. E. 180*l.* 26*s.* 8*d.*   xiv. 156.

(329)   Nov. 14. 1637.
JOANNES CATHCART, *hæres* Jacobi Cathcart de Ganoche, *patris,*—in 5 mercatis terrarum de Eister Barneill aut Clwne, in comitatu de Carrik.—A. E. 5 *m.* N. E. 20 *m.*   xiv. 224.

(330)   Jan. 11. 1638.
THOMAS FERGUSONE, *hæres* Jacobi Fergusson in Hearne, *patris,*—in 5 solidatis terrarum antiqui extentus in Over Mekilwood vocatis Herne, in dominio et baronia de Kylsmuir.—E. 6*s.* 4¼*d.*   xiv. 202.

(331)   Mar. 30. 1638.
GILBERTUS KELSO de Moite, *hæres* Archibaldi Kelso, *fratris germani,*—in domo cum cubiculo et horto in villa de Kilwyning, infra parochiam et regalitatem ejusdem et balliatum de Cunynghame.—E. 2*s.*   xiv. 185.

(332)   Jun. 20. 1638.
HUGO VICECOMES DE AIRDS, *hæres* Hugonis Vicecomitis de Airds, *patris,*—in 33 solidatis et 4 denariatis terrarum de Boghall :—E. 33*s.* 4*d.*—16 solidatis terrarum de Netherhill in Beith :—E. 16*s.*—40 solidatis terrarum de Bigholme :—E. 40*s.*—54 solidatis terrarum de Overbogsyde et Fulwoodheid antiqui extentus :—E. 54*s.* et 6*s.* 8*d.* in augmentationem :—4 mercatis terrarum antiqui extentus de Merschelland:—E. 3*l.* &c.—omnibus in parochia de Beith, regalitate de Kilwynning et balliatu de Cunynghame.   xiv. 192.

(333)   Jul. 12. 1638.
JACOBUS REID, *hæres* Andreæ Reid in Auchincloych, *fratris germani,*—in 4 solidatis et 9 denariatis terrarum antiqui extentus de Carleith, in dominio et baronia de Kylsmuir et balliatu de Kylestewart.—E. 5*s.* 2*d.*   xiv. 202.

(334)   Jul. 12. 1638.
JONETA LAW, *hæres portionaria* Georgii Law portionarii de Lawisbrig, *patris,*—in 15 solidatis terrarum de Lawisbrig ;—3 solidatis et 4 denariatis terrarum de Torbetsyd, in dominio et baronia de Kylsmuir et balliatu de Kylstewart.—E. 26*s.* 8*d.*   xiv. 203.

(335)   Jul. 12. 1638.
MARGARETA LAW, *hæres portionaria* Georgii Law portionarii de Lawisbrig, *patris,*—in terris prædictis.—E. 26*s.* 8*d.*   xiv. 203.

(336)   Jul. 12. 1638.
ALEXANDER SAWER, *hæres* Alexandri Sawer in Nethirhoilhous, *avi,*—in 7 solidatis et 6 denariatis terrarum antiqui extentus de Nethirhoilhous, in dominio et baronia de Kylsmuire et balliatu de Kylstewart.—E. 11*s.* 3¼*d.*   xiv. 286.

(337)   Nov. 28. 1638.
JACOBUS MURE, *hæres* Jacobi Mure portionarii de Auchinmaid, *patris,*—in 5 solidatis terrarum antiqui extentus vulgariter vocatis Uttermure de Auchinmaid, in parochia et regalitate de Kilwyning et balliatu de Cunynghame.—E. 20*s.* 10*d.* &c.   xvi. 131.

(338)   Apr. 25. 1639.
DOMINUS BRICIUS BLAIR de Eodem miles, *hæres masculus* Bricii Blair de Eodem, *patris,*—in terris et baronia de Blair:—A. E. 80 *m.* N. E. 480 *m.*—In 2¼ mercatis terrarum antiqui extentus de Ovirbirkett ;—5 mercatis terrarum antiqui extentus de Auldmure ;—2 mercatis terrarum antiqui extentus de Uttirmure, infra balliatum de Cunynghame, unitis cum aliis terris in Renfrew in baroniam de Blair :—A. E. 26*s.* 8*d.* N. E. 8*l.*—Terris vocatis Bartansholme extendentibus ad 40 solidatas terrarum antiqui extentus, cum piscatione aquæ de Garnok :—A. E. 40*s.* N. E. 12*l.*—26 solidatis et 8 denariatis de communibus custumis burgi de Irwin :—E. 26*s.* 8*d.*—Terris de Snodgrass et Sevin-Aikerhill extendentibus ad 26 solidatas et 8 denariatas terrarum antiqui extentus, cum pastura super communiam de Irwin, in parochia ejusdem et balliatu de Cunynghame:—A. E. 2 *m.* N. E. 12 *m.*—Tenandria de Grotholme comprehendente terras et terras dominicales de Rysholme et pendiculum earundem nuncupatum Tofts;—terras de Flaskwoode, Northblaise, et Southblaise ;—advocatione ecclesiæ de Dalry cum manso, gleba, decimis, &c.—infra balliatum de Cunynghame :—A. E. 11 *m.* N. E. 66 *m.*—Terris de Magbiehill :—A. E. 5 *m.* N. E. 30 *m.*—Terris de Grotholme:—E. 10*m.* &c.—Terris de Neddirmaynis extendentibus ad 30 solidatas terrarum antiqui extentus :—E. 4 *m.* 3*s.* 4*d.* &c.—32 denariatis terrarum antiqui extentus terrarum nuncupatarum Rogers's Mailing :—E. 3*s.* 4*d.*—Piscatione salmonum, &c. in aqua de Garnok cum cruvis ejusdem, infra regalitatem de Kilwyning et balliatu de Cunynghame :—E. 3*s.* 4*d.*—10 solidatis terrarum antiqui extentus de Corshill ;—domo et horto de Pethfutt, infra dictam regalitatem et balliatum, unitis in tenandriam de Grotholme :—E. 11*s.* 8*d.*—Molendino vulgo vocato Walkmylne de Kilwynning super aqua de Garnock, cum molendino avenatico vulgo Cornemylne contigue adjacente et privilegio de Mossemoloch alias Smythstounes Moss, in parochia et regalitate de Kilwyning et balliatu de Cunynghame :—E. 4*l.* 3*s.* 4*d.*—Terris de Lochwood cum carbonario ;—pecia terræ nuncupata Ballhill dictis terris de Lochwood adjacente, in baronia de Ardrossan et balliatu de Cunynghame :—A. E. 8*l.* N. E. 48*l.*—6 solidatis et 8 denariatis terrarum antiqui extentus de Braidsorrow alias Kempsland cum pastura, in dicto balliatu de Cunynghame :—A. E. 6*s.* 8*d.* N. E. 40*s.*—Annuo reditu 5 mercarum de 10 solidatis terrarum antiqui extentus de Langford vocatis Langford-Moreis, infra parochiam et regalitatem de Kilwyning et balliatum de Cunynghame.—(Vide Renfrew, Lanark.)   xiv. 295.

(339)   Maii 14. 1639.
JACOBUS KENNEDIE filius legitimus Walteri Kennedie de Knokdone, *hæres* Joannis Kennedie de Monuncheon, *avi materni,*—in 4 mercatis terrarum de Monuncheon, Altegermane et McIlhaffistoun antiqui extentus, in parochia de Girvane et comitatu de Carrik.—A. E. 53*s.* 4*d.* N. E. 10*l.* 13*s.* 4*d.*   xvii. 24.

(340)   Oct. 26. 1639.
JEANNA MITCHELL, *hæres portionaria et provisionis* Danielis Mitchell de Craigman, *patris,*—in 2 mercatis terrarum de Craigman, in parochia de Cumnok, Kyle-regis.—A. E. 1*d.* N. E. 8*l.*   xiv. 247.

(341)   Oct. 26. 1639.
MARIOTA MITCHELL, *hæres portionaria et provisionis* Danielis Mitchell de Craigman, *patris,*—in terris prædictis.—A. E. 1*d.* N. E. 8*l.*   xiv. 248.

(342)   Jan. 29. 1640.
ELSPETHA KELSO, *hæres* Gilberti Kelso de Moitt, *fratris germani,*—in domibus, &c. in villa de Kilwyning, in parochia et regalitate de Kilwyning et balliatu de Cunynghame.—E. 2*s.*   xvi. 45.

(343)   Mar. 25. 1640.
JOANNES ANDERSONE, *hæres* Alexandri Andersoun sartoris in Kilwyning, *patris,*—in domo et tenemento in Kilwyning, in balliatu de Cunynghame.—E. 16*s.*   xvi. 69.

E

(344)   Apr: 15. 1640.

JACOBUS MOREIS, *hæres* Joannis Moreis portionarii de Corshill-Kilwyning, *patris*,—in 10 solidatis terrarum novi extentus de terris de Corshill-Kilwyning, in parochia et regalitate de Kilwyning et balliatu de Cunynghame.—E. 11s. 8d: xvi. 41.

(345)   Apr. 21. 1640.

MAGISTER JOANNES BOYD de Trochrig, *hæres* Magistri Roberti Boyd de Trochrig, *patris*,—in 10 libratis terrarum de Trochrig;—5 mercatis terrarum de Barneill, M'Crindle et Snaid antiqui extentus, in comitatu de Carrik:—A. E. 20 m. N. E. 80 m.   xvi. 19.

(346)   Apr. 25. 1640.

REBECCA HENDERSONE sponsa Magistri Joannis Charter ministri verbi Dei apud Currie, *hæres portionaria* Caroli Hamiltoun mercatoris burgensis de Edinburgh, *avunculi*,—in 2 mercatis terrarum de Craigdaroche antiqui extentus, in parochia de Cumnloke, baronia ejusdem, Kyle-Regis:—A. E. 2 m. N. E. 8l.—8 mercatis terrarum de 10 mercatis terrarum de Lowis olim Pennieland, Cullclach-molyne et Maldonich-hill, et nunc denominatis 2 mercatis terrarum antiqui extentus de Nethir Lowis;—2 mercatis terrarum de Mid Lowis;—2 mercatis terrarum de Lochsyd et Hillheid, et 2 mercatis terrarum de Cloklannie antiqui extentus:—A. E. 8 m. N. E. 32l.—Dimidia mercata terræ de Over Garclauche jacente ut supra.—A. E. 6s. 8d. N. E. 40s.—Annuo redditu 100 mercarum de 10 mercatis terrarum antiqui extentus de Bairland et Conlache, et de dimidia mercata terræ de Sandochill, et 2 mercatis terrarum de Garliffen antiqui extentus, jacentibus ut supra.   xvi. 28.

(347)   Apr. 25. 1640.

MAUSIA HENRYSONE sponsa Magistri Henrici Charter scribæ signeto regio, *hæres portionaria* Caroli Hamiltoun mercatoris burgensis de Edinburgh, *avunculi*,—in terris et annuo redditu prædictis.   xvi. 29.

(348)   Maii 6. 1640.

JACOBUS BROWN, *hæres* Roberti Broun de Burowland, *patris*,—in 13 solidatis et 4 denariatis terrarum novi extentus de Nethermaynis-Kilwyning:—E. 15s. 5d. &c.—20 solidatis terrarum novi extentus de dictis terris de Nethermaynes-Kilwining;—E. 24s. &c.—13 solidatis et 4 denariatis terrarum novi extentus de dictis terris de Nethermaynes-Kilwyning:—E. 16s. &c.—13 solidatis et 4 denariatis terrarum novi extentus de dictis terris de Nethermaynes-Kilwyning:—E. 16s. &c.—omnibus jacentibus infra parochiam et regalitatem de Kilwyning et balliatum de Cunynghame.   xvi. 48.

(349)   Maii 16. 1640.

ELIZABETHA alias BESSIE GAW, *hæres* Andreæ Gaw, *fratris*,—in 6 solidatis 8 denariatis terrarum de 13 solidatis et 4 denariatis terrarum de Glenbuk, in dominio de Kylsmur et balliatu de Kylstewart.—E. 9s. 10d.   xvi. 86.

(350)   Maii 20. 1640.

JACOBUS COMES DE QUEENISBERRIE, vicecomes de Drumlanrig, Dominus Dowglas de Hawick et Tibberis, *hæres* Willielmi Comitis de Queenisberrie, &c. *patris*,—in terris et baronia de Cumnok, cum advocatione ecclesiæ parochialis et officii Clerici parochiæ de Cumnok, et burgo baroniæ de Cumnok, comprehendentibus 2 mercatas terrarum de Dalhannay;—2 mercatas terrarum de Nether Garreif;—6 solidatas et 8 denariatas terrarum de Garcleuch antiqui extentus, unitas ad baroniam de Cumnok, jacentes in Kings-kyle:—A. E. 109l. 13s. 4d. N. E. 658l.—Peciam terræ templariæ;—in terris ecclesiæ parochialis de Cumnok extendentibus ad 2 mercatas terrarum antiqui extentus cum lie Wynd Kirktoun desuper edificato vocato Clauchen de Cumnok, in liberum burgum erecto, cum privilegiis, infra baroniam de Cumnok:—E. 12d.—Tribus quartis partibus et 40 denariatis terrarum de Glenmuire continentibus 2 mercatas terrarum de Painbrek;—40 solidatas terrarum de Papperthill;—4 mercatas terrarum de Schaw;—6 mercatas terrarum de Dalwaires et Constabillmark;—5 mercatas terrarum de Castelcavil;—23 solidatas 4 denariatas terrarum de Dornel;—mercatam terræ Auchtietauche, in balliatu de Kylstewart, unitas in baroniam de Sanquhair:—A. E. 16l. 6s. N. E. 97l. 16s.—(Vide Dumfreis, Lanerk, Kirkcudbright.)   xvi. 99.

(351)   Maii 22. 1640.

JOANNES INGLIS senior mercator burgensis de Edinburgh, *hæres* Magistri Jacobi Inglis ministri verbi Dei apud ecclesiam de Daylie, *fratris*,—in 11 mercatis terrarum de Montgomriestoun, M'Ilvanstoun, M'Roriestoun et Ferdingwilliam, cum piscatione salmonum super aquam de Done, infra comitatum de Carrik, et parochiam de Kirkmichaell:—A. E. 11 m. N. E. 44 m.—20 solidatis terrarum de Kilub, in parochia de Girvan et comitatu de Carrik:—A. E. 20s. N. E. 4l.—2 mercatis terrarum de Corfine:—A. E. 2 m.

N. E. 8 m.—Annuo redditu 10 mercarum de mercata terræ de Auchley in comitatu de Carrik.   xvi. 25.

(352)   Sep. 10. 1640.

HUGO KENNEDY de Ardmillan, *hæres* Thomæ Kennedy de Ardmillan, *patris*,—in 23 mercatis terrarum antiqui extentus de Ardmillan:—E. 46l.—10 solidatis terrarum vocatis Kilsanctniniane, et 10 solidatis terrarum de Kilbryd in comitatu de Carrik:—E. 3l.—4 mercatis terrarum de Beyndgrange;—40 solidatis terrarum de Drumfairne, in parochia de Colmonell, et comitatu de Carrik:—E. 14l. 6s. 8d. et 6s. 8d. in augmentationem, extendentibus in integro ad 63l. 13s. 4d.—20 solidatis terrarum antiqui extentus de Barjarge, in dicta parochia et comitatu.—A. E. 20s. N. E. 4l.—5¼ mercatis terrarum de Ovir et Nether Aldeans, et 40 solidatis terrarum de Knokcormill antiqui extentus, in baronia de Carltoun, et comitatu de Carrick:—A. E. 8 m. 6s. 8d. N. E. 34 m.—7 rudis terrarum templariarum prope ecclesiam parochialem de Girven, in comitatu de Carrick:—E. 2s.—20 solidatis terrarum antiqui extentus de Drumbayne, in comitatu de Carrik:—A. E. 20s. N. E. 4l.—20 solidatis terrarum de Archannoche, in comitatu de Carrik:—A. E. 20s. N. E. 4l.—3 mercatis terrarum antiqui extentus de Ellerkinnoch, in parochia de Colmonell et comitatu de Carrick:—A. E. 3 m. N. E. 12 m.—40 solidatis terrarum de Letterpyne antiqui extentus, in parochia de Girven et comitatu de Carrick:—E. 10l.—9 mercatis terrarum de Ballochdowane;—mercata terrarum ex orientali latere terrarum de Balmanoche;—8 mercatis terrarum de Craigans;—3 mercatis terrarum de Kilanniniane, et 2 mercatis terrarum de Ballochdowane antiqui extentus, in comitatu de Carrik:—A. E. 8l. N. E. 32l.—40 solidatis terrarum de Creachdow antiqui extentus, viz. 10 solidatis terrarum de Kilbryd;—10 solidatis terrarum de Beynhill;—10 solidatis terrarum de Killefyne;—10 solidatis terrarum de Drumclorkan antiqui extentus, in dominio de Daltippan et comitatu de Carrick:—A. E. 2l. N. E. 8l.—2 mercatis terrarum de Mulbayne et Laganische, in parochia de Kirkcudbrycht-Innertig et comitatu de Carrick:—A. E. 2 m. N. E. 8 m.—Annuo redditu 7 librarum 10 solidorum de 40 solidatis terrarum de Rancothe, in baronia de Dunure et balliatu de Carrick.—(Vide Wigton, Kirkcudbright.)   xvi. 115.

(353)   Dec. 12. 1640.

JOANNES HAY, *hæres* Jacobi Hay de Tourlandis, *patris*,—in 40 solidatis terrarum antiqui extentus de Tourlands, infra baroniam de Kilmawers et balliatum de Cunynghame:—A. E. 40s. N. E. 12l.—50 solidatis terrarum antiqui extentus de Langcraig, infra baroniam de Craigie et balliatum de Kylstewart.—A. E. 50s. N. E. 12l. 10s.   xvi. 57.

(354)   Mar. 25. 1641.

THOMAS M'ILWRAITH, *hæres* Joannis M'Ilwraithe notarii in Mayboill, *patris*,—in 2 mercatis terrarum de Jamestoun, in baronia de Turnberrie et comitatu de Carrick:—A. E. 2 m. N. E. 8 m.—40 solidatis terrarum de Blair, in parochia de Daylie et dicto comitatu:—A. E. 40s. N. E. 8l.—Peciis terræ et domibus in Mayboill in comitatu antedicto.—E. 3s. 4d.   xvi. 207.

(355)   Apr. 10. 1641.

JACOBUS DOMINUS BOYDE, *hæres masculus* Roberti Domini Boyde, *fratris filii*,—in terris, dominio et baronia de Kilmarnok;—terris et baronia de Dalry;—terris et baronia de Kilbryd;—terris de Flatt;—terris de Monfoyde;—terris de Ryvisdaillmoore;—terris de Woodisdaill;—terris de Portinerose, et Ardneil;—3 libratis terrarum de Giffartland alias vocatis Neathertoun;—6 mercatis terrarum de Braidshaw;—2 mercatis terrarum de Knokindone, omnibus antiqui extentus, in balliatu de Cunynghame;—5 mercatis terrarum de Aslos;—5 mercatis terrarum de Meinfurde;—6 mercatis terrarum de Line vocatis Croftisfitt;—3 mercatis terrarum de Line vocatis Croftisheid;—villa et burgo baroniæ vocato The Kirktoun of Kilmarnok et terris earundem, erectis in liberum burgum, unitis in dominium et baroniam de Kilmarnok:—A. E. 115l. N. E. 690l.—40 libratis terrarum antiqui extentus et baronia de Grougar, in balliatu de Cunynghame, unitis ad dominium et baroniam de Kilmarnok:—A. E. 38l. N. E. 198l.—Advocatione ecclesiæ de Kilmarnok cum decimis, infra balliatum de Cunynghame, cum advocationibus in Lanerk.—A. E. 2s. N. E. 4s.—(Vide Lanerk, Dumbarton.)   xvi. 181.

(356)   Maii 1. 1641.

JACOBUS CUNYNGHAME de Newhous, *hæres* Colonelli Domini Georgii Cunynghame, *patrui immediate junioris*,—in terris vocatis The Maynes of Cumnok extendentibus ad 40 solidatas terrarum;—40 solidatis terrarum de Polquhoyis;—2 mercatis terrarum de Ovir Polquhirtour;—4 mercatis terrarum de Parkie;—mercata terræ de Milnmerk;—mercata terræ de Mosmark, cum molendino granorum de Cumnok vocato The Castell Milne, infra baroniam de Cumnok, Kyle-regis;—terris de Pennyfodzeoche cum molendino, extendentibus ad 4 mercatas et 40 denariatas terrarum;—terris de Barschaires extendentibus ad 40 solidatas terrarum;—mercata terrarum de Ovir Auchingebart;—terris vocatis The Kirkland of Cumnok and Clauchantoun therof, extendentibus ad 2 mercatas terrarum, infra dictam baroniam de Cumnok:—A. E. 16*l.* 3*s.* 4*d.* N. E. 87*l.*—8. mercatis terrarum de terris et baronia de Uchiltrie, viz. 16 solidatis terrarum de Gargowne;—2 mercatis terrarum de Auchinbay;—mercata terræ de Ploittok ;—10 solidatis terrarum de Nether Cragoche ;—mercata terræ de Seall (vel Steall);—2 mercatis terrarum de Ovirglen cum decimis, infra baroniam de Uchiltrie :—E. 32*l.*—40 solidatis terrarum de Skeoche, infra parochiam de Tarboltoun ;—2 mercatis terrarum de Coilsfeild nuncupatis The Maynes of Coilsfeild, in balliatu de Kylstewart.—A. E. 3*l.* 6*s.* 8*d.* N. E. 19*l.* 6*s.* 8*d.*   xvi. 147.

(357)   Maii 27. 1641.
AGNETA WALKER, *hæres* Willielmi Ronald in Weltoun, *avi ex parte matris,*—in 30 denariatis terrarum de Weltoun antiqui extentus ;—2 denariatis terrarum de Weltoun antiqui extentus vulgo vocatis Haltounbank, in dominio et baronia de Kylsmuir.—E. 22*s.* 10*d.*   xvi. 176.

(358)   Jun. 3. 1641.
ROBERTUS DOMINUS ROS de Halkheid et Melvill, *hæres* Willielmi Domini Ros de Halkheid et Melvill, *fratris,*—in terris de Broomlandis et Rosholme in balliatu de Cunynghame.—A. E. 26*l.* N. E. 78*l.*—(Vide Edinburgh, Renfrew, Linlithgow.)   xvi. 151.

(359)   Feb. 6. 1642.
MATHILDIS REID, *hæres portionaria* Andreæ Reid portionarii de Barquhoyis, *patris,*—in 18 solidatis 9 denariatis terrarum antiqui extentus de Barquhois, in dominio et baronia de Kylsmure.—E. 27*s.* 6¼*d.*   xvi. 214.

(360)   Feb. 6. 1642.
AGNETA, CHRYSTINA, ET MARGARETA REIDS, *hæredes portionariæ* Andreæ Reid portionarii de Barwhois, *patris,*—in terris prædictis.—E. 27*s.* 6¼*d.*   xvi. 215.

(361)   Mar. 5. 1642.
JOANNES CHALMER, *hæres* Jacobi Chalmer junioris de Polquharne, *fratris,*—in 8 mercatis terrarum antiqui extentus de Eister Polquharne cum molendino granario, in parochia de Uchiltrie, Kyle-Regis.—A. E. 8*m.* N. E. 32*l.*   xvi. 288.

(362)   Mar. 26. 1642.
JACOBUS CHALMERS, *hæres* Jacobi Chalmers notarii publici burgensis de Air, *patris,*—in 40 solidatis terrarum de Wattertoune ;—18 solidatis et 4 denariatis terrarum de Greensyd, et terris vocatis Richartoun, quæ sunt partes 8 mercatarum terrarum de Wester Polquharne alias Bonytoune-Polquharne, in parochia de Uchiltrie, Kyle-regis.—A. E. 4*m.* N. E. 16*l.*   xvi. 196.

(363)   Apr. 23. 1642.
WILLIELMUS HUNTAR, *hæres* Willielmi Huntar burgensis de Air, *patris,*—in 4 mercatis terrarum de Drumdow, in parochia de Uchiltrie, Kyle-regis.—A. E. 4 *m.* N. E. 16*l.*   xvi. 191.

(364)   Maii 12. 1642.
DOMINUS WILLIELMUS CUNYNGHAME de Cunynghameheid miles baronettus, *hæres* Domini Willielmi Cunynghame de Cunynghamheid militis baronetti, *patris,*—in baronia de Pokellie comprehendente terras de Pokellie alias Pokell, Darclavock, Clonharb, Cleuch, cum molendino de Pokellie;—terras de Grie, Drumboy, Balgray, cum communi pastura in Macharnochemure, unitas in baroniam de Powkellie, in balliatu de Cunynghame :—A. E. 17*l.* 6*s.* 8*d.* N. E. 104*l.*—Tenandria de Woodheid comprehendente 4 mercatas terrarum de Middiltoun ;—4 mercatas 6 solidatas 8 denariatas terrarum de Capringstane ;—20 solidatas terrarum de Dreghorne ;—22 solidatas terrarum de Warrix ;—6 solidatas et 8 denariatas terrarum de Drumgreislaw, et mercatam terræ de Woodheid ;—4 mercatas terrarum de Warrikhill omnes antiqui extentus, infra balliatum de Cunynghame :—A. E. 11*l.* 2*s.* N. E. 66*l.* 12*s.*—Annuo redditu tertiæ partis libræ piperis de terris de Bartanholme, in predicto balliatu de Cunynghame, unitis in tenandriam de Woodheid ;—20 solidatis terrarum de Drummure, Taithes et terris de Braidmos, extendentibus ad 40 solidatas terrarum antiqui extentus, infra dictum balliatum de Cunynghame :—A. E. 3*l.* N. E. 18*l.*—Terris et baronia de Stevinstoun cum salmonum piscatione, sale, salinis ac lacu de Stevinstoun, extendentibus ad 20 libratas terrarum antiqui extentus in proprietate, infra parochiam de Stevinstoun et dictum balliatum de Cunynghame, unitis in baroniam de Stevinstoun :—A. E. 20*l.* N. E. 120*l.*—Superioritate terrarum de Crosbie, Mynnok et Gyll, in baronia de Stevinstoun et dicto balliatu de Cunynghame :—A. E. 14*l.* N. E. 84*l.*—20 libratis terrarum antiqui extentus de Caprintoun, infra balliatum de Kylestewart :—A. E. 20*l.* N. E. 100*l.*—5 mercatis terrarum nun-

cupatis terris dominicalibus de Cunynghamheid, vulgo Byris de Cunynghamheid :—A. E. 3*l.* 6*s.* 8*d.* N. E. 20*l.*—5 mercatis terrarum vocatis Newtoun de Cunynghamheid, infra baroniam de Kilmares et balliatum de Cunynghame.—A. E. 3*l.* 6*s.* 8*d.* N. E. 20*l.*   xvi. 307.

(365)   Maii 12. 1642.
ROBERTUS MURE de Caldwell, *hæres* Roberti Mure de Caldwell, *patris,*—in 5 libratis terrarum antiqui extentus de Knokewart, in balliatu de Cunynghame :—A. E. 5*l.* N. E. 25*l.*—5 mercatis terrarum de Donyflat antiqui extentus, infra balliatum de Cunynghame.—A. E. 3*l.* 6*s.* 8*d.* N. E. 16*l.* 13*s.* 4*d.*—(Vide Renfrew, Lanerk.)   xvi. 200.

(366)   Jul. 6. 1642.
ROBERTUS GALT, *hæres* Roberti Galt in Corshill-Kilwyning, *patris,*—in 5 solidatis terrarum novi extentus de Corshill-Kilwyning, in parochia et regalitate de Kilwyning et balliatu de Cunynghame.—E. 5*s.*   xvi. 235.

(367)   Jul. 14. 1642.
AGNETA REID, *hæres portionaria* Georgii Reid in Tounheid de Barquhois, *patris,*—in 9 solidatis 4½ denariatis terrarum antiqui extentus de Barquhois, in parochia de Mauchlein et balliatu de Kylestewart.—E. ....   xvii. 7.

(368)   Jul. 14. 1642.
HELENA ET BESSETA REID, *hæredes portionariæ* Georgii Reid in Tounheid de Barquhois, *patris,*—in 9 solidatis 4½ denariatis terrarum de Barquhois in parochia de Mauchlein, balliatu de Kylestewart.—E. ....   xvii. 7.

(369)   Jul. 28. 1642.
ROBERTUS RICHART, *hæres* Roberti Richart de Clonnay, *avi,*—in 40 solidatis terrarum de Clonnay :—E. 40*s.* et 40*d.* in augmentationem :—33 solidatis et 4 denariatis terrarum de Knokwhynseit :—E. 33*s.* 4*d.* et 40*d.* in augmentationem, omnibus infra dominium de Monkland de Melros et balliatum de Carrick.   xvi. 250.

(370)   Nov. 16. 1642.
HUGO MURE, *hæres* Joannis Mure in Wttermure de Auchinmaide, *avi,*—in 5 solidatis terrarum antiqui extentus vocatis Uttermure de Auchinmaide cum decimis, &c. in parochia et regalitate de Kilwyning et balliatu de Cunynghame.—E. 20*s.* 10*d.*   xvii. 153.

(371)   16....
GEORGIUS ROIS, *hæres* Mathei Rois, *fratris,*—in terris de Hayning-paroche, Overtoun, Nethertoun, Roddingis, et Braiths, extendentibus ad 20 libratas terrarum antiqui extentus, in baronia de Galstoun, et balliatu de Kylestewart.—A. E. 20*l.* N. E. 100*l.*   xvii. 5.

(372)   Jan. 4. 1643.
CAPITANEUS BRYCIUS BLAIR, *hæres* Magistri Hugonis Blair de Boigsyd, *patris,*—in terris de Boigsyd et Culterland, prope burgum de Irwing, extendentibus ad 56 solidatas 8 denariatas terrarum antiqui extentus, in parochia de Irwing, regalitate de Kylesmure et balliatu de Cunynghame.—E. 3*l.* 14*s.* 8*d.* &c.   xvii. 116.

(373)   Jan. 11. 1643.
GEORGIUS ESDAILL, *hæres* Joannis Esdaill in Muresyd, *patris,*—in 10 solidatis terrarum antiqui extentus de Muresyd, in regalitate et parochia de Kilwyning :—E. 13*s.* 4*d.*—Dimidietate 8 acrarum terrarum vulgariter vocatarum Byreflatt ;—dimidietate wardæ nuncupatæ Meikleward alias Boigward ;—dimidietate terrarum de Brumbutt et Butemedow, infra regalitatem et parochiam de Kilwyning.—E. 3*l.*   xviii. 9.

(374)   Jan. 24. 1643.
ROBERTUS INGLIS mercator in Londino, *hæres* Joannis Inglis mercatoris burgensis de Edinburgh, *patris,*—in 11 mercatis terrarum de Montgomriestoun, M°Ilvanestoun, M°Roriestoun et Ferdingwilliam, cum piscatione super aquam de Done, in comitatu de Carrik et parochia de Kirkmichael.—A. E. 11 *m.* N. E. 44 *m.*—(Vide Wigton.)   xvii. 56.

(375)   Jan. 24. 1643.
ROBERTUS INGLIS mercator in Londino, *hæres* Magistri Jacobi Inglis ministri apud Daylie, *patrui,*—in 20 solidatis terrarum de Killub :—A. E. 20*s.* N. E. 4*l.*—2 mercatis terrarum de Corfin :—A. E. 2 *m.* N. E. 8 *m.*—Annuo redditu 10 mercarum de mercata terræ de Auchley, in comitatu de Carrik.   xvii. 57.

(376)   Mar. 21. 1643.
ANDREAS CUNYNGHAME, *hæres* Hugonis Cunynghame de Laglan, *avi,*—in æquali dimidietate terrarum de Laglen-James extendente ad 5 libratas terrarum antiqui extentus, cum dimidietate terrarum de Knokgulran, in Kyle-Regis.—A. E. 5*l.* N. E. 20*l.*   xvii. 131.

(377) Apr. 6. 1643.
JOANNES CAMPBELL, *hæres* Joannis Campbell portionarii de Clevis, *patris*,—in 22 solidatis 6 denariatis terrarum antiqui extentus de Cleivis:—E. 30*s*. 6*d*.—2 solidatis terrarum antiqui extentus de Overmeklewod vulgo Mossyd nuncupata, infra dominium de Kylsmure.—E. 3*s*. 7*d*. xviii. 8.

(378) Apr. 6. 1643.
JACOBUS MITCHELL de Braheid, *hæres* Roberti Mitchell junioris de Braheid, *fratris germani*,—in 40 solidatis terrarum de Braheid antiqui extentus in Nether Meklewood;—8 solidatis et 4 denariatis terrarum antiqui extentus de Marteinshill;—4 solidatis terrarum de M'Clannochenstoun in Over Mekilwood;—8 solidatis 4 denariatis terrarum de Syk;—5 solidatis terrarum in Mekilwood nuncupatis Hill ejusdem;—3 solidatis terrarum de Hauch vocatis Damheid;—4 solidatis et 2 denariatis terrarum de Mekilwood;—40 denariatis terrarum de Dalsangan ejusdem extentus, extendentibus *in toto* ad 3 libratas 16 solidatas et 2 denariatas terrarum antiqui extentus, in dominio et baronia de Kylesmure et balliatu de Kylestewart.—E. 5*l*. 11*s*. 3*d*. xvii. 67.

(379) Apr. 6. 1643.
JACOBUS MITCHELL, *hæres* Roberti Mitchell de Braheid, *patris*,—in 22 solidatis terrarum antiqui extentus in Mekilwood nuncupatis Willokshill;—4 solidatis et 8 denariatis terrarum antiqui extentus ibidem vocatis Roddeinheid, in dominio et baronia de Kylesmure.—E. 38*s*. 6*d*. xvii. 68.

(380) May 3. 1643.
JOHN MONTGOMERIE, *heir* of John Montgomerie of Sevenaikeris, *his father*;—in the lands commonlie called Seven-aikeris extending to ane 3*l*. 2*s*. 8*d*. land of auld extent;—the lands of the Byres of Kilwyning, called Garlands Land and Barsland, viz. the 20*s*. land of New Extent in Nether Maynis of Kilwyning, with the Meidow.—(Incomplete.) xxi. 175.

(381) Maii 13. 1643.
WALTERUS MURE, *hæres* Margaretæ Stewart sponsæ quondam Quintini Mure in Bromeberrieyairds, *matris*,—in annuo redditu 20 librarum de 20 solidatis terrarum antiqui extentus de Boilstoun, infra terras de Dunduff et comitatum de Carrik. xvii. 173.

(382) Aug. 3. 1643.
WILLIELMUS MAKERRELL de Hilhous, *hæres* Magistri Willielmi Makerrell de Hillhous, *patris*,—in 40 solidatis terrarum de Hilhous, et 15 lie soumes grass in mora de Barassie antiqui extentus, infra parochiam de Dundonald, et balliatum de Kylestewart.—A. E. 40*s*. N. E. 12*l*. xvii. 90.

(383) Dec. 21. 1643.
JOANNES GIBSONE, *hæres* Joannis Gibsone in Netherwod, *patris*,—in 22 solidatis 6 denariatis terrarum de Nethirwode;—5 solidatis terrarum de Nethirwode antiqui extentus, in dominio de Kylesmure.—E. 41*s*. 4*d*. xvii. 255.

(384) Dec. 22. 1643.
JOANNES CAMPBELL de Horscleuche, *hæres* Georgii Campbell de Horscleughe, *patris*,—in 2 mercatis terrarum de Horscleuche;—4 mercatis terrarum de Skillingtoun;—mercata terræ de Hoilhous;—9 solidatis terrarum de Dalmalloch omnibus antiqui extentus, in baronia de Cumnok, Kyle-regis.—A. E. 7*l*. 9*s*. N. E. 39 *m*. 8*d*. xviii. 21.

(385) Jan. 11. 1644.
JOANNES CAMPBELL, *hæres* Joannis Campbell de Auldhousburne, *patris*,—in mercata terræ de Lieschaw antiqui extentus, in dominio de Kylsmure, et balliatu de Kylstewart.—E. 28*s*. 0½*d*. xvii. 257.

(386) Mar. 15. 1644.
HUGO KENNEDIE de Ardmillane, *hæres* Thomæ Kennedie de Ardmillane, *patris*,—in 3 libratis 13 solidatis et 6 denariatis terrarum antiqui extentus de Plat-Coroway, in comitatu de Carrik:—E. 7*l*. 7*s*.—5 libratis terrarum antiqui extentus de Grange;—4 libratis terrarum antiqui extentus nuncupatis Monckwood, cum molendino super dictis terris;—2 libratis terrarum antiqui extentus de Semorway;—½ mercata terræ antiqui extentus vocata Beyond the Mure, cum molendino de Corroway terris molendinariis, &c. terrarum et dominii de Monkland in Carrik, cum salmonum piscatione super aqua de Done:—E. 67 *m*.—5 libratis 9 solidatis et 4 denariatis terrarum antiqui extentus subscriptis, viz. 40 solidatis terrarum de Beauches;—20 solidatis terrarum de Litle Smeithstoun;—36 solidatis terrarum de Perristoun, et 13 solidatis et 4 denariatis terrarum de Knokfayntoun, in balliatu de Carrik:—E. 8*l*. 4*s*.—5½ mercatis terrarum de Culnane antiqui extentus, in dominio de Monkland de Melros et comitatu antedicto:—E. 6 *m*.—Officio hereditario balliatus 100 mercatarum terrarum antiqui extentus de Monkland de Melros, in Carrik.—A. E. 12*d*. N. E. 4*s*. xviii. 193.

(387) Mar. 21. 1644.
WILLIELMUS CUNYNGHAME de Aiket, *hæres* Willielmi Cunynghame de Aiket, *abavi*,—in terris de Over Aiket extendentibus ad 2 mercatas 6 solidatas et 8 denariatas terrarum antiqui extentus, infra balliatum de Cunynghame:—A. E. 33*s*. 4*d*. N. E. 10*l*.—Quarta parte terrarum de Netherauldhall extendente ad 18 solidatas 4 denariatas terrarum antiqui extentus, infra dictum balliatum de Cunynghame:—A. E. 18*s*. 4*d*. N. E. 5*l*. 10*s*.—18 solidatis et 4 denariatis terrarum antiqui extentus de Netherauldhall jacentibus ut supra:—A. E. 18*s*. 4*d*. N. E. 5*l*. 10*s*.—Terris ecclesiasticis nuncupatis gleba vicariæ de Dunlop, prope ecclesiam parochialem de Dunlop, infra balliatum predictum, cum decimis earundem.—E. 8 *m*. 10*s*. &c. xviii. 121.

(388) Apr. 25. 1644.
MATHEUS REID portionarius de Auchmilling, *hæres* Mathei Reid in Blaksyde, *avi*,—in 10 solidatis terrarum antiqui extentus, de Barquhoyis in dominio de Kylismure:—E. 15*s*.—15 solidatis et 8 denariatis terrarum antiqui extentus de Auchmilling, in dicto dominio de Kylismure.—E. 22*s*. 10*d*. xviii. 128.

(389) Apr. 25. 1644.
ALEXANDER GIBSONE, *hæres* Willielmi Gibsone in Roddingheid in Bargour, *fratris*,—in 4 solidatis et 4 denariatis terrarum de Roddingheid in Bargour, in dominio de Kylismure.—E. 6*s*. 10½*d*. xviii. 129.

(390) Aug. 14. 1644.
JONETA CUNYNGHAME sponsa Joannis Glespie in Kilmernok, *hæres* Thomæ Cunynghame incolæ de Air, *fratris germani*,—in tenemento et roda terræ in burgo de Air.—E. 3*s*. 4*d*. xviii. 163.

(391) Sep. 5. 1644.
ROBERTUS BARCLAY de Pearstoun, *hæres* Willielmi Barclay de Pearstoun, *patris*,—in 20 solidatis terrarum antiqui extentus de 10 libratis terrarum de Pearstoun vulgariter vocatis Righous, infra balliatum de Cunynghame.—A. E. 20*s*. N. E. 6*l*. xviii. 146.

(392) Oct. 31. 1644.
GEORGIUS UDDERT, *hæres* Thomæ Uddert in Auchmilling, *patris*,—in 6 solidatis et 8 denariatis terrarum in Auchmilling, in dominio de Kylsmure et balliatu de Kylistewart.—E. 8*s*. 2*d*. xviii. 172.

(393) Maii 1. 1645.
JOANNES BLAIR de Eodem, *hæres masculus* Bricii Blair de Eodem, *avi*,—in terris et baronia de Blair in proprietate et tenandria:—A. E. 80 *m*. N. E. 480 *m*.—2½ mercatis terrarum antiqui extentus de Ovirbirket:—A. E. 33*s*. 4*d*. N. E. 10*l*.—5 mercatis terrarum antiqui extentus de Auldmure:—A. E. 3*l*. 6*s*. 8*d*. N. E. 20*l*.—2 mercatis terrarum antiqui extentus de Uttirmure, infra balliatum de Cunynghame, unitis cum aliis terris in Renfrew in baroniam de Blair:—A. E. 26*s*. 8*d*. N. E. 8*l*.—Terris vocatis Bartansholme extendentibus ad 40 solidatas terrarum antiqui extentus, cum piscaria aquæ de Garnok:—A. E. 40*s*. N. E. 12*l*.—26 solidatis et 8 denariatis de custumis burgi de Irwing:—Terris de Snodgras et Sevinaikerhill, extendentibus ad 26 solidatas et 8 denariatas terrarum antiqui extentus, cum communi pastura super communiam de Irwing, infra parochiam ejusdem et balliatum de Cunynghame:—A. E. 26*s*. 8*d*. N. E. 12 *m*.—Tenandria de Grottholme comprehendente terras dominicales de Rysholme cum pendiculo nuncupato Tofts;—terras de Flaskwode, Northblais, Southblais, infra balliatum præscriptum, cum advocatione ecclesiæ de Dalry, manso, gleba, decimis, &c.—A. E. 11 *m*. N. E. 66 *m*.—5 mercatas terrarum antiqui extentus de Macbiehill, infra balliatum prædictum:—A. E. 3*l*. 6*s*. 8*d*. N. E. 20*l*.—Terras de Grotholme:—E. 10 *m*. &c.—Terras de Nether Maynes extendentes ad 30 solidatas terrarum antiqui extentus:—E. 4 *m*. 3*s*. 4*d*. &c.—32 denariatas terrarum antiqui extentus nuncupatis Roger's Mailing:—E. 3*s*. 4*d*.—Piscationem salmonum, &c. super aqua de Garnok, cum Cruives ejusdem;—10 solidatas terrarum antiqui extentus de Corshill, cum domibus &c. de Pethfutt, infra regalitatem de Kilwyning et balliatum de Cunynghame:—E. 11*s*. 8*d*. &c. et 13*s*. 4*d*. in augmentationem, quæ terræ sunt unitæ in tenandriam de Groitholme:—Molendino vulgo vocato Walkmylne de Kilwyning situato super dictam aquam de Garnok, cum molendino avenatico lie Corn Mylne super dictam aquam, cum libertate vulgo Mosrowme in glebario de Mosmolloche alias Smythstounmos, infra regalitatem et parochiam de Kilwyning et balliatum de Cunynghame:—E. 4*l*. 3*s*. 4*d*.—Terris de Lochwode:—A. E. 8*l*. N. E. 48*l*.—Pecia terræ nuncupata Balhill dictis terris de Lochwode contigue adjacente, in baronia de Ardrossan et balliatu de Cunynghame:—A. E. 12*d*. N. E. 6*s*.—6 solidatis 8 denariatis terrarum de Braidsorrow alias Kempsland antiqui extentus, cum communi pastura in mora de Largis, in dicto balliatu de Cunynghame:—A. E. 6*s*. 10*d*. N. E. 41*s*.—Mercata terræ de Auchincrosch antiqui extentus, in baronia de Cassills et balliatu de Carrik.—A. E. 13*s*. 4*d*. N. E. 4 *m*.—(Vide Renfrew.) xviii. 223.

(394) Maii 6. 1645.
ANNA CUNYNGHAME, *hæres portionaria* Joannis Cunynghame de Camskieth, *fratris*,—in 10 libratis terrarum antiqui extentus de Cambskieth ex boreali parte aquæ de Irwing, infra balliatum de Cunynghame.—E. 10*l.* et 13*s.* 4*d.* in augmentationem. xviii. 88.

(395) Maii 29. 1645.
WILLIELMUS MICHELL, *hæres* Willielmi Michell in Blacsyde, *patris*,—in 8 solidatis et 10 denariatis terrarum de Boigwoode antiqui extentus, in dominio de Kylismure.—E. 23*s.* 4*d.* xviii. 236.

(396) Jun. 13. 1645.
THOMAS CUNINGHAME de Montgrenand, *hæres* Alexandri Cuninghame de Montgrenand, *patris*,—in 8 acris terrarum nuncupatis Byrflat;—warda nuncupata Meikleward alias Boigward;—prato nuncupato Pryours-meidow et Persons-fauld;—prato nuncupato Meiklemedow alias Bredmedow;—9 acris terrarum nuncupatis Kilrig alias Oxin-Ward;—molendino de Sevinaikermiln et 4 acris terrarum eidem adjacentibus, cum decimis præscriptarum terrarum:—E. 22*l.* 20*d.*—40 solidatis terrarum antiqui extentus de Hullerhill:—E. 46*s.* 4*d.* &c.—Terris vocatis Innerwood et Newpark de Kilwyning, cum decimis earundem:—E. 53*s.* 4*d.*—17 acris terrarum in boreali parte terrarum vulgo vocatarum Northquarter exterioris silvæ, vulgo Uttirwood de Kilwyning, cum decimis earundem:—E. 3*l.* 10*s.*—15 solidatis terrarum novi extentus de terris de Corshill-Kilwyning:—E. 17*s.* 6*d.*—Terris de Brumbutt et Butmedow, infra parochiam et regalitatem de Kilwinning et balliatum de Cunynghame:—E. 46*s.* 8*d.*—Piscatione aquæ de Garnok cum piscinis lie Cruivis in dicta aqua infixis, jacentibus in prædicta regalitate et parochia.—E. 6*l.* 16*s.* 8*d.* xviii. 287.

(397) Jun. 13. 1645.
THOMAS CUNINGHAME de Montgrynane, *hæres* Magistri Jacobi Cuninghame de Montgrynane, *avi*,—in molendino avenatico nuncupato Corne Miln de Kilwyning apud finem occidentalem pontis ejusdem, cum astrictis multuris et terris molendinariis nuncupatis Millnholme et Stricthirst dicto molendino annexatis;—terris nuncupatis Litillward;—domibus super montem molendinarium dicti molendini situatis;—hortulo vocato Litill Yard;—horto nuncupato Barnyaird, infra parochiam et regalitatem de Kilwyning et balliatum de Cunynghame:—E. 16*l.* 6*s.* 8*d.*—10 solidatis terrarum novi extentus de terris de Corshill de Kilwyning:—E. 11*s.* 8*d.*—6 solidatis 8 denariatis terrarum novi extentus de Nethermaynes de Kilwyning vulgariter vocatis Almonswall, infra dictam parochiam et regalitatem de Kilwyning et balliatum de Cunynghame.—E. 7*s.* 9½*d.* &c. xviii. 290.

(398) Jul. 18. 1645.
MARGARETA SCOTT, *hæres portionaria* Jacobi Scott de Clonbeithe, *patris*,—in tertia parte 6 mercatarum terrarum de Clonbeithe et Darmule, in parochia et regalitate de Kilwyning et balliatu de Cunynghame:—E. 4*m.* &c.—Tertia parte dimidietatis tertiæ partis terrarum de Milngarholme:—E. 2*s.* 6*d.*—Tertia parte duarum partium tertiæ partis prædictarum terrarum de Milngarholme, jacentium ut supra.—A. E. 19*d.* N. E. 9*s.* 6*d.* xviii. 74.

(399) Jul. 18. 1645.
AGNES SCOTT, *hæres portionaria* Jacobi Scott de Clonbeithe, *patris*,—in tertia parte terrarum prædictarum. xviii. 75.

(400) Jul. 18. 1645.
LILIAS SCOTT, *hæres portionaria* Jacobi Scott de Clonbeithe, *patris*,—in tertia parte terrarum prædictarum. xviii. 76.

(401) Apr. 16. 1646.
ROBERTUS FARQUHAR, *hæres* Roberti Farquhar feodatarii de Gilmulscroft, *patris*,—in terris de Gilmulscroft, cum molendinis granorum et fullonum et piscatione salmonum in aqua de Air;—terris de Glenshanreoch et Kames;—26 solidatis et 8 denariatis terrarum de Schaw antiqui extentus;—mercata terræ de Schaw antiqui extentus;—20 solidatis terrarum de Reidwray in Barmure antiqui extentus;—17 solidatis terrarum de Fielar antiqui extentus, cum piscaria salmonum in aqua de Air;—molendino de Dalsangan, cum astrictis multuris terrarum de Bargour-Over, Bargour-Nethir, villæ de Dalsangnan, Hoilhous, Barnaycht, Barquhoyis, Newtoun, Kilhauche, Carleith, Auchmonoche, Auchinbrane et 40 solidatarum terrarum de Blairkip, et aliarum terrarum ad dictum molendinum astrictarum, cum lacu de Lochbroun et aquæ statione ejusdem;—2 solidatis et 4 denariatis terrarum de Clonhall antiqui extentus;—17 solidatis et 4 denariatis terrarum de Bargour antiqui extentus, vulgo nuncupatis Fischeris-Mailling;—10 solidatis terrarum de Over Bargour antiqui extentus;—5 solidatis et 2 denariatis terrarum de Over Bargour nuncupatis Dunley, cum 3 peciis terrarum de Bargour nuncupatis Blair, Brigend, et Pawtunstoun, extendentibus ad 3 denariatas terrarum antiqui extentus, infra dominium de Kylsmuir et balliatum de Kylestewart;—40 solidatis et 4 denariatis terrarum de Nether Blaksyde;—7 solidatis et 6 denariatis terrarum de Hoilhous de Dalsangnan antiqui extentus, infra prædictum dominium et baroniam de Kylsmure et balliatum de Kylestewart, cum decimis garbalibus aliisque decimis terrarum præscriptarum:—E. 37*l.* 13*s.* 8*d.*—Terris ecclesiasticis vicariæ ecclesiæ parochialis de Cragy in Kyle, extendentibus ad 33 solidatas et 4 denariatas terrarum antiqui extentus, infra parochiam de Cragy et balliatum de Kylestewart:—E. 33*s.* 8*d.*—5 mercatis terrarum de M'Clellanstoun antiqui extentus, in parochia de Auchinleck:—E. 5*m.* et 6*s.* 8*d.* in augmentationem:—17 solidatis et 4 denariatis terrarum de Overlogan antiqui extentus, in dominio de Kylsmure et balliatu de Kylistewart, cum decimis inclusis:—E. 25*s.* 4*d.* xviii. 97.

(402) Apr. 16. 1646.
JOANNES CHALMER de Gaitgirth, *hæres* Jacobi Chalmer de Gaitgirthe, *patris*,—in terris et baronia de Gaitgirthe, carbonibus et piscatione salmonum, extendentibus ad 16 mercatas terrarum antiqui extentus, in Kyll-regis:—A. E. 10*l.* 13*s.* 4*d.* N. E. 42*l.* 13*s.* 4*d.*—4 mercatis terrarum antiqui extentus vocatis Burne;—terris dominicalibus de Trabbuche, infra baroniam de Trabuche, Kyle-regis:—E. 20*m.*—20 solidatis terrarum antiqui extentus de Thornybank alias Chalmerhous, in proprietate et tenandria, apud orientalem finem burgi de Irwing, infra balliatum de Cunynghame:—A. E. 20*s.* N. E. 5*l.*—4 mercatis terrarum antiqui extentus de Auldhousburn et Corsflatt, in dominio de Kyllsmure:—E. 4*m.* 5*s.* 5*d.*—Decimis rectoriis et vicariis in eisdem inclusis:—E. 35*m.*—40 solidatis terrarum antiqui extentus de Duchray vocatis Newland, Corshill et Haristoun, infra baroniam de Duchray, Kingis-Kyll:—A. E. 40*s.* N. E. 6*l.*—4 mercatis terrarum de Clonstang et M'Millingstoun, in Kyll-regis:—A. E. 53*s.* 4*d.* N. E. 10*l.* 13*s.* 4*d.*—4 mercatis et 40 denariatis terrarum de Maxelland et Holhous et communia terris eisdem pertinente antiqui extentus, infra balliatum de Kyllstewart:—A. E. 56*s.* 8*d.* N. E. 8*l.* 10*s.*—8 mercatis terrarum antiqui extentus de Eister Pulquhairne, infra parochiam de Uchiltrie, Kingis-Kyll:—A. E. 8*m.* N. E. 32*l.*—2 mercatis terrarum antiqui extentus de Over Laichtis unitis ad baroniam de Fintillache:—A. E. 2*m.* N. E. 8*m.*—2 mercatis terrarum de Nederlaichtis, cum salmonum piscariis super aqua de Doane, infra parochiam de Dammelingtoun, unitis ad baroniam de Fintilloche in Kirkcudbright:—A. E. 2*m.* N. E. 8*m.*—(Vide Kirkcudbright.) xviii. 111.

(403) Maii 21. 1646.
JOANNES SAWER, *hæres* Margaretæ Reid, *matris*,—in quarta parte 18 solidatarum et 4 denariatarum terrarum antiqui extentus de Barquhoyis, in dominio de Kylsmure et balliatu de Kylestewart.—E. 6*s.* 10½*d.* et ¼ *ob.* xix. 87.

(404) Aug. 6. 1646.
JOANNES CAMPBELL de Corsflatt, *hæres* Willielmi Campbell de Hoilhous, *fratris*,—in 12 solidatis 3½ denariatis terrarum de Hoilhous, Broklardyk et Sandis, in dominio de Kylismur et balliatu de Kylistewart.—E. 18*s.* 6½*d.* xviii. 298.

(405) Sep. 17. 1646.
ALEXANDER CUNYNGHAME de Corshill, *hæres* Alexandri Cunynghame de Corshill, *patris*,—in 6 mercatis terrarum de Cuttiswrey;—6 mercatis terrarum de Clerkland et Hilhous cum molendino;—2½ mercatis terrarum de Litle Robertland;—6 mercatis terrarum de tua Corshillis;—10 mercatis terrarum de Blacklaw;—6 mercatis terrarum de Hairshaw;—10 mercatis terrarum de Dowray et Pottertoun, in dominio de Stewartoun et balliatu de Cunynghame:—E. 40*l.*—Terris templariis vocatis Templehous, infra dictum dominium de Stewartoun et balliatum de Cunynghame, cum pastura super præfatas terras de Over Corshill et Nether Corshill.—E. 32*s.* 8*d.* xix. 10.

(406) Feb. 17. 1647.
JACOBUS MURE de Cauldwalle, *hæres* Roberti Mure de Caldwall, *fratris germani*,—in 5 libratis terrarum antiqui extentus de Knokewart, infra balliatum de Cunynghame.—A. E. 5*l.* N. E. 25*l.*—5 mercatis terrarum de Donyflate antiqui extentus, infra balliatum de Cunynghame.—A. E. 3*l.* 6*s.* 8*d.* N. E. 16*l.* 13*s.* 4*d.*—(Vide Renfrew, Lanark.) xix. 31.

(407) Jul. 15. 1647.
GEORGIUS DOWGLAS senior de Nether Pennieland, *hæres* Georgii Dowglas de Nether Pennieland, *patris*,—in 4 mercatis terrarum de Bublian-Woodhall antiqui extentus, in dominio de Kylsmure et balliatu de Kylstewart.—E. 3*l.* xix. 104.

(408) Jul. 22. 1647.
JOANNES M'ALEXANDER de Dalreoche, *hæres* Andreæ M'Alexander de Dalreoche, *patris*,—in 3 mercatis terrarum de Dalreoch cum piscatione infra aquam de Ardstinchar;—3 mercatis terrarum de Kilchrinnie cum crofta vocata Chapelcroft;—mercata

F

terræ de Ruchill antiqui extentus, infra parochiam de Calmonell et balliatum de Carrick.—A. E. 7 *m.* N. E. 28 *m.* xix. 173.

(409) Aug. 10. 1647.
ROBERTUS M'CLUNE, *hæres* Roberti M'Clune de Holmes, *patris*,—in 3 libratis terrarum de Holmes de Doundonnell antiqui extentus, infra balliatum de Kylestewart:—A. E. 3*l.* N. E. 15*l.*—10 solidatis terrarum novi extentus de Corshill-Kilwyning:—E. 10*s.* 8*d.*—5 solidatis terrarum novi extentus de dictis terris de Corshill-Kilwyning, infra regalitatem de Kilwyning et balliatum de Cunynghame:—E. 5*s.* 10*d.*—Particata terræ vulgo vocata Spittell-flatt cum horto, quæ sunt partes 10 libratarum terrarum de Fairlie, infra balliatum de Cunynghame.—E. 3*s.* 4*d.* xix. 124.

(410) Aug. 26. 1647.
AGNETA CAMPBELL, *hæres* Jacobi Campbell in Glenbucke, *patris*,—in 13 solidatis et 4 denariatis terrarum antiqui extentus de Glenbucke, in dominio de Kylsmure et balliatu de Kylstewart.—E. 19*s.* 7*d.* xix. 85.

(411) Sep. 16. 1647.
JONETA MURE, *hæres* Roberti Mure de Cloncaird, *fratris*,—in 5 mercatis terrarum antiqui extentus de Cloncaird et Barneill, infra balliatum de Carrik.—A. E. 5 *m.* N. E. 20 *m.*—(Vide Wigton.) xix. 338.

(412) Sep. 17. 1647.
GILBERTUS KENNEDY de Leffinnone, *hæres* Quintini Kennedy de Leffennone, *patris*,—in 20 solidatis terrarum de Leffinnone antiqui extentus, in regalitate de Corsregall et baronia de Carrik.—A. E. 20*s.* N. E. 4*l.* xix. 213.

(413) Oct. 7. 1647.
WILLIELMUS CUNYNGHAME, *hæres* Magistri Adami Cunynghame de Privick, *patris*,—in 12 libratis terrarum antiqui extentus de Privick, cum piscatione in aqua de Air, in balliatu de Kylestewart:—A. E. 12*l.* N. E. 36*l.*—2 mercatis terrarum de Hoill, et petia terræ earundem domo adjacente extendentibus ad 5 rudas;—40 solidatis terrarum de Schawkilhill et Nether School Yairdis;—6 acris terrarum vocatis Medhopes;—3 acris terrarum olim communitatis de Torboltoun;—5 acris terrarum vocatis Pymonthill, extendentibus dictis acris terrarum ad 5 solidatas et 4 denariatas terrarum, in dicto balliatu de Kylstewart pro principale;—40 solidatis terrarum dominicalium de Enterkyne, in balliatu de Kylstewart, in warrantum prædictarum terrarum:—A. E......... N. E.........—40 solidatis terrarum de Goldringes, et petia terræ vocata Camokland antiqui extentus ut supra jacentibus:—A. E. .... N. E. ....—5 mercatis terrarum de Eister et Wester Dowrayis;—dimidia mercata terræ de Reidwrey jacente apud molendinum de Mylneburne, in baronia de Kylsmure;—molendino granario de Barmure vocato Mylneburnemylne;—decimis garbalibus tam rectoriis quam vicariis prædictarum terrarum de Dowreyis et Reidwrey.—A. E......... N. E......... xix. 118.

(414) Nov. 10. 1647.
ROBERTUS CONNALL, *hæres masculus* Patricii Connall de Greynghill, *patris*,—in 22 solidatis terrarum antiqui extentus de Greynghill in Beyth, infra parochiam de Beyth, regalitatem de Kilwyning et balliatum de Cunynghame.—E. 28*s.* 8*d.* xix. 217.

(415) Dec. 7. 1647.
HUGO MONTGOMERIE, *hæres* Joannis Montgomerie de Brigend, *patris*,—in petiis terræ de lie Comoune de Crawfuirdstone alias Terringzeane, nuncupatis Knokdone in Browanstoune, in parochia de Cumnok.—A. E. 1 *m.* N. E. 6 *m.* xix. 240.

(416) Feb. 16. 1648.
ROBERTUS DOMINUS SEMPILL DE GLASFUIRD, *hæres* Francisci Domini Sempill de Glasfuird, *fratris germani*,—in terris de Southenane, infra balliatum de Cunynghame:—A. E. 10*l.* N. E. 60*l.* cum aliis terris in vicecomitatibus de Renfrew et Lanark, unitis in baroniam de Sempill:—12 mercatis terrarum antiqui extentus de Previck:—A. E. 12*l.* N. E. 48*l.*—Terris de Padzeokroddene et Haly, cum communi in communia de Lairgis:—A. E. 3*l.* N. E. 12*l.*—Advocatione ecclesiarum et capellaniarum prædictarum terrarum.—A. E. 4*d.* N. E. 12*d.* cum aliis terris in vicecomitatu de Renfrew, unitis in baroniam de Craigenfeoche.—(Vide Lanark, Renfrew.) xix. 317.

(417) Feb. 16. 1648.
ROBERTUS DOMINUS SEMPILL DE GLASFUIRD, *hæres masculus* Roberti Domini Sempill de Glasfuird, *avi*,—in officio justiciarii et balliatus regalitatis de Paislay, et possessionum monasterii de Pasleto ubilibet existentium, præter dominium de Kyill et terras infra vicecomitatum de Air, et pro mercede et Stipendio dicti officii de tribus celdris farinæ avenaticæ:—E. 3 celdræ farinæ avenaticæ:—43*s.* 4*d.* de terris de Glen nuncupatis Lochheid.—E. 46*s.* 8*d.*—(Vide Renfrew.) xix. 320.

(418) Mar. 16. 1648.
ALEXANDER PETHEIN, *hæres* Alexandri Pethein in Hilheid de Sorne, *avi*,—in dimidia mercata terræ antiqui extentus de Auchinlonfuird, in terris de Bruntishiell et dominio de Kyilsmuir.—A. E. $\frac{1}{4}$ *m.* N. E. 10*s.* xix. 308.

(419) Mar. 29. 1648.
ROBERTUS M'CLUNE, *hæres* Roberti M'Clune de Holmes, *patris*,—in 5 mercatis terrarum antiqui extentus de Swynlies, infra parochiam de Darley et balliatum de Cunynghame.—A. E. 5 *m.* N. E. 20*l.* xix. 257.

(420) Apr. 6. 1648.
ROBERTUS MONTGOMERIE de Hessillheid, *hæres* Roberti Montgomerie de Hessilheid, *patris*,—in terris templariis et tenementis quondam Jacobo Sandiland de Calder Domino Torphichen, in proprietate et tenandria spectantibus, infra bondas et balliatum de Cunynghame et regalitatem de Kilwyning, ad balliatum de Kylstewart annexatis;—hæreditario officio balliatus prædictarum terrarum templariarum, omnibus unitis in tenandriam de Temple-Cunynghame.—A. E. 10*d.* N. E. 3*s.* 4*d.* xix. 269.

(421) Maii 11. 1648.
ELIZABETHA CUNYNGHAME, *hæres portionaria* Joannis Cunynghame de Cambuskeith, *fratris germani*,—in 10 libratis terrarum de Cambuskeith antiqui extentus ex boreali parte aquæ de Irwing, infra balliatum de Cunynghame.—E. 10*l.* et 13*s.* 4*d.* in augmentationem. xx. 197.

(422) Maii 13. 1648.
MARIOTA CORRIE filia quondam Davidis Corrie fratris germani quondam Georgii Corrie de Kelwoode, *hæres* Capitanei Jacobi Corrie, *patrui immediate junioris*,—in 20 solidatis terrarum de Darincomer antiqui extentus, infra parochiam de Girvan et comitatum de Carrik.—A. E. 20*s.* N. E. 6 *m.* xix. 301.

(423) Maii 18. 1648.
WILLIELMUS MONTFOID de Eodem, *hæres* Hugonis Montfoid de Eodem, *patris*,—in 10 mercatis terrarum antiqui extentus de Montfoid;—5 mercatis terrarum ejusdem extentus de Langhirst, cum communitate in communia de Largis, infra balliatum de Cunynghame.—A. E. 10*l.* N. E. 60*l.* xix. 293.

(424) Aug. 23. 1648.
ROBERTUS M'CLUNE de Holme, *hæres* Roberti M'Clune de Holms, *patris*,—in 19 solidatis et 3 denariatis terrarum novi extentus de Quhithirst vocatis Quhithirst-Cunynghame;—3 solidatis et 4 denariatis terrarum de Quhythirst-Hilheid:—E. 24*s.* 7*d.*—13 solidatis et 4 denariatis terrarum de Quhithirst vocatis Barristoun sive Barris-Quhithirst, in parochia et regalitate de Kilwyning et balliatu de Cunynghame.—E. 15*s.* xix. 272.

(425) Oct. 19. 1648.
JOANNES PORTERFEILD de Halpland, *hæres masculus* Gabriellis Porterfeild de Halpland, *patris*,—in 4 libratis terrarum antiqui extentus de Brockwelmure, partibus terrarum et baroniæ de Caprintoun, infra parochiam de Dunlop et balliatum de Cunynghame:—A. E. 4*l.* N. E. 24*l.*—5 mercatis terrarum antiqui extentus de Aikit-Wallace nuncupatis Nether Aikhead, infra parochiam et balliatum prædictum:—A. E. 5 *m.* N. E. 20*l.*—2$\frac{1}{2}$ mercatis terrarum antiqui extentus de Dunlop vocatis Dunlophill-Montgomerie, infra parochiam et balliatum prædictum:—A. E. 33*s.* 4*d.* N. E. 10*l.*—Septima parte terrarum de Watirlandes, cum septima parte molendini granorum earundem;—septima parte terrarum de Halkheid et lacu de Halkett vocato Halketis Loche, infra dictam parochiam et balliatum.—A. E. 17*s.* 2*d.* N. E. 5*l.* 2*s.* 10*d.* xix. 285.

(426) Oct. 25. 1648.
JOANNES MAIRSCHAELL, *hæres* Willielmi Mairschaell portionarii de Mainesmairischaell, *avi*,—in terris de Nether Maynes extendentibus ad 16 solidatas et 8 denariatas terrarum antiqui extentus, infra parochiam de Beyth, regalitatem de Kilwyning et balliatum de Cunynghame.—E. 21*s.* 0$\frac{1}{2}$*d.* &c. xix. 290.

(427) Nov. 1. 1648.
PATRICK PEIBLIS, *heir* of Mr. Robert Peiblis minister of God's word at the Kirk of Kirkmichaell, *his father*,—in 3 ruidis of the landis of Eister Brigend-Kilwyning:—E. 5*s.* 2*d.* 1 denier, &c.—The 10 shilling land of new extent of the lands of Corshill-Kilwyning:—E. 11*s.* 4*d.* &c.—The 15 shilling land of new extent within the parochin and regality of Kilwyning and baliary of Cunynghame.—E. 17*s.* 6*d.* &c. xxi. 174.

(428) Nov. 18. 1648.
JACOBUS KENNEDY de Knokdone, *hæres* Walteri Kennedy de Knokdone, *patris*,—in 40 solidatis terrarum de Meikill Knokdone:

—A. E. 3 m. N. E. 12 m.—24 solidatis terrarum de Litle Knokdone:—A. E. 24s. N. E. 4l. 16s.—5 mercatis terrarum de Tybermorie alias Lylestoune nuncupatis, in dominio de Munkland, parochia de Mayboll et balliatu de Carrik:—A. E. 5 m. N. E. 20 m.—2 mercatis terrarum de Dularg, in parochia de Girvan et balliatu de Carrik.—A. E. 2 m. N. E. 8 m. xx. 63.

(429) Nov. 29. 1648.
JACOBUS DUX HAMILTONIÆ, COMES ARRANIÆ ET CANTABRIGIÆ, *hæres* Jacobi Ducis Castellerotii, Comitis Arraniæ, Domini Hamiltoun, *proavi*,—in terris de Monkcastell superioribus:—E. 16l. 18s. 2d.—Terris de Monkcastell inferioribus:—E. 6l. 8s. 4d. extendentibus in integro ad 8 mercatas terrarum antiqui extentus:—Terris de Dalgarven extendentibus ad 5 libratas terrarum antiqui extentus:—E. 6l. 3s.—40 solidatis terrarum antiqui extentus de Auchinkist tam superioribus quam inferioribus:—E. 55s.—40 solidatis terrarum antiqui extentus de Birkland, infra regalitatem de Kilwyning et balliatum de Cunynghame:—E. 36s. 6d.—4l. 6s. 8d. in augmentationem, extendentibus in toto ad 38l. 7s. 8d. xix. 309.

(430) Jan. 4. 1649.
JOANNES PORTERFEILD de Halpland, *hæres* Gabriellis Porterfield de Halpland, *patris*,—in 4 mercatis terrarum de Lefnoreis, et pendiculo nuncupato the Waire;—10 solidatis terrarum de Blakwodhill, in Kingiskyl.—A. E. 3l. 3s. 4d. N. E. 15l. 16s. 8d. xix. 320.

(431) Jan. 4. 1649.
JOANNES PORTERFEILD de Halpland, *hæres* Gabriellis Porterfeild de Halpland, *patris*,—in 2 mercatis terrarum de Swaidis (vel Snaidis), infra baroniam de Auchinlek et balliatum de Kyilstewart.—A. E. 2 m. N. E. 6l. 13s. 4d. xix. 321.

(432) Jan. 24. 1649.
HUGO WHYT, *hæres* Stephani Whyt olim præpositi burgi de Irwing, *patris*,—in tertia parte terrarum de Milnegarholme;—tertia parte alterius tertiæ partis dictarum terrarum de Milngarholme, in parochia de Irwing et regalitate de Kilwyning.—A. E. 7s. 9d. N. E. 46s. 6d. xx. 59.

(433) Jan. 31. 1649.
ELIZABETHA GARVEINE, *hæres* Patricii Garveine in Dykeheid-Eglintoun, *proavi*,—in 3 solidatis et 4 denariatis terrarum novi extentus de Nether Maynes-Kilwyning, infra parochiam et regalitatem de Kilwyning et balliatum de Cunynghame.—E. 4s. xix. 324.

(434) Mar. 1. 1649.
MARGARETA BROUNE, *hæres portionaria* Joannis Broune in Auchmannoch, *patris*,—in 10 solidatis terrarum antiqui extentus de Auchmannoch, in dominio de Kylsmoore et balliatu de Kilstuart:—E. 11s.—10 solidatis terrarum ejusdem extentus de mercata terræ de Westir Auchinbart vocata Slakis, in parochia de Galstoun et balliatu de Kilstuart.—A. E. 10s. N. E. 50s. xx. 115.

(435) Mar. 1. 1649.
JANETA BROUNE, *hæres portionaria* Joannis Broune in Auchmannoch, *patris*,—in terris prædictis. xx. 116.

(436) Mar. 20. 1649.
WILLIELMUS DOMINUS ROS de Halkheid et Melvill, *hæres masculus* Willielmi Domini Ross de Halkheid et Melvill, *fratris nepotis*,—in terris de Tarbert et Dunlophill;—terris de Dewchrasyde, infra balliatum de Cunynghame:—A. E. 15l. 13s. 4d. N. E. 94l.—(Vide Edinburgh, Linlithgow, Stirling, Renfrew.) xix. 335.

(437) Mar. 20. 1649.
WILLIELMUS DOMINUS ROSS de Halkheid et Melvill, *hæres masculus* Roberti Domini Ross de Halkheid et Melvill, *fratris nepotis*,—in terris de Broomlandis et Roisholme, in balliatu de Cunynghame.—A. E. 26l. N. E. 78l.—(Vide Renfrew.) xix. 336.

(438) Apr. 19. 1649.
WILLIELMUS CRAWFUIRD de Auchnames, *hæres* Patricii Crawfuird de Auchnames, *patris*,—in 20 libratis terrarum antiqui extentus de Corsbie-Crawfoord et Monok, quarum 14 libratæ terrarum vocatarum Corsbie-Crawfuird in proprietate, in baronia de Steinstoune et balliatu de Cunynghame.—A. E. 20l. N. E. 120l. xx. 53.

(439) Jun. 27. 1649.
JACOBUS LOVE, *hæres* Roberti Love portionarii de Threipwoode, *patris*,—in 40 solidatis terrarum antiqui extentus de Threipwood, infra parochiam de Beith, regalitatem de Kilwyning et balliatum de Cunynghame.—E. 16 m. xx. 58.

(440) Jul. 19. 1649.
ALEXANDER SMITH, *hæres* Joannis Smith carbonarii in Salcoith, *patris*,—in tenemento terræ in burgo de Killmawris.—E........ xx. 67.

(441) Aug. 3. 1649.
FLORENTIA CATHCAIRT, *hæres portionaria* Thomæ Cathcairt in Ruamholm, *avi*,—in 40 solidatis terrarum antiqui extentus de Overpark, in baronia de Sundrom, Kyl-regis.—A. E. 40s. N. E. 10l. xix. 375.

(442) Aug. 3. 1649.
AGNETA CATHCAIRT, *hæres portionaria* Thomæ Cathcairt in Ruamholm, *avi*,—in 40 solidatis terrarum antiqui extentus de Ovirpark, in baronia de Sundrom, Kyle-regis.—A. E. 40s. N. E. 10l. xix. 376.

(443) Aug. 23. 1649.
JACOBUS HAMILTOUN, *hæres provisionis* Magistri Roberti Hamiltoune ministri verbi Dei apud ecclesiam de Monktounc, *patris*,—in 40 solidatis terrarum antiqui extentus de Ladiekirk;—40 solidatis terrarum extentus prædicti de Ladyland;—49 solidatis et 8 denariatis terrarum antiqui extentus de .... in balliatu de Kylstuart.—A. E. 6l. 9s. 8d. N. E. 9l. 19s. xx. 76.

(444) Jan. 10. 1650.
WILLIELMUS KELSO, *hæres* Edwardi Kelso de Nether Kelsoland, *patris*,—in 5 mercatis terrarum antiqui extentus de Neddirkelsoland, in dominio de Largs et balliatu de Cuninghame.—A. E. 3l. 6s. 8d. N. E. 20l. xx. 129.

(445) Mar. 22. 1650.
DAVID KENNEDIE of Knokdaw, *heir* of Johne Kennedie of Knokdaw, *his father*,—in the 10 pund land of Conery, propertie, superioritie and tenandrie, with the milne and 2½ penny lands of Nether Cunray called Straid, within the erledome of Carrik:—A. E. 10l. N. E. 40l.—The 26 shilling land of Knokdaw;—the 20 shilling land of Dalvardene;—the 10 shilling land of Blakfardine;—the 4 merk land of Fardintronnand and Auchinvey, in the parochin of Calmonell and erledom of Carrik.—A. E. 8 m. 32d. N. E. 41 m. xxi. 281.

(446) Apr. 11. 1650.
ALEXANDER FERGUSSONE de Kilkerrane, *hæres* Domini Joannis Fergussone de Kilkerrane militis, *patris*,—in terris de Knokrocher, Ferding, Machrinkill, Chappelland, Clonreoch, Kennediestoun, Cladoich, Cubbiestoun-Holme, Balbeg et Park nuncupatis 4 mercatis terrarum, juxta locum de Kilkerrane, antiqui extentus, in comitatu de Carrik;—reliquis terris de Kilkerrane extendentibus ad 11 mercatas terrarum, continentibus terras subscriptas, viz. Balcamie, Dobbingstoun, Meldinoch, Carnistoun alias Dalfarsand, Pinblawat, Rostoun, Glengie, Murastoun, Daltangan, Pelzeoche nuncupatas, in integro 10 libratas terrarum antiqui extentus de Kilkerrane:—A. E. 10l. N. E. 40l.—Terris de Dalmortoun, comprehendentibus 4½ mercatas terrarum de Schaven;—2½ mercatas terrarum de Glenachie;—3 mercatas terrarum de Meikle Shalloche;—3 mercatas terrarum de Trostan et Knoclay;—32 solidatas terrarum de Clongill;—mercatam terrarum de Knokonner;—2 mercatas terrarum de Knockska;—2 mercatas terrarum de Risk;—32 solidatas terrarum de Dalmortoun;—16 solidatas terrarum de Balbeg;—16 solidatas terrarum de Lentow, in parochia de Straittoun;—5 mercatas terrarum de Laynferne, in balliatu de Carrik:—A. E. 20l. N. E. 80l.—10 solidatis terrarum de Daltowne;—2 mercatis terrarum de Dalcoppock;—10 solidatis terrarum de Auchlewane;—20 solidatis terrarum de Auchaltatie et Aultaketh;—4 mercatis terrarum de Maynes de Kilchinze;—dimidia mercata terræ de Dalcur;—20 solidatis terrarum de Auchinvyne;—20 solidatis terrarum de Thornebrock, antiqui extentus, in parochia de Mayboll, et comitatu de Carrick:—A. E. 12½ m. N. E. 50 m.—3 libratis terrarum de Nether Auchinsoull;—terris de Machremore et Barmerloche (vel Balmerloche), cum molendino de Barmerloch;—2 mercatis terrarum de Lochspallender, et 2 mercatis terrarum de Burnefute antiqui extentus, in dicto comitatu de Carrick:—A. E. 10l. N. E. 40l.—5 mercatis terrarum de Crochbae, comprehendentibus Drumbae, Knockmule, Burnecruik, Chappeltoun et Litle Auchingairne:—A. E. 5 m. N. E. 20 m.—Terris de Capenoche;—2 mercatis terrarum de Knockbreck;—mercata terræ de Craigfin, infra dictum balliatum de Carrik.—A. E. 3½ m. N. E. 14 m. xx. 199.

(447) Jun. 4. 1650.
HEW VISCOUNT OF AIRDIS, *heir* of Hew Viscount of Airdis, *his father*,—in the 33 shilling and 4 penny land of Boghall:—E. 33s. 4d.—The 16 shilling land of Nedderhill in Beith:—E. 16s.—The 40 shilling land of Bigholme:—E. 40s.—The 54 shilling and 4 penny land of Over Bogsyde and Fulwoodheid of old extent:—E. 54s—6s. 8d. in augmentation.—The 4 merkland of auld ex-

tent of Mairshelland:—E. 3l. &c. all lyand in the parochin of Beith, regality of Kilwyning, and Balliarie of Cunynghame. xxi. 215.

(448) Sep. 11. 1650.
JOHN BLAIR of that Ilk, *heir* of Johne Blair of that Ilk, *his grandsir*,—in the milne commonlie called Craigmilne, with milne-lands, astricted multuris and teyndis therof, within the parochin and regality of Kilwyning and balliary of Cunynghame.—E. 16 bollis of ait-meill, &c. or 6s. 8d. Scots for each boll. xxi. 305.

(449) Dec. 15. 1651.
JOHNE REID of Daldilling, *heir* of George Reid of Daldilling, *his father*,—in the 4 pund 5 shilling 1 pennie land of Daldilling of auld extent, with fishingis of salmound, &c. in the water of Ayr;—the 16 shilling and 4 penny land of Hoilhous and Netherbruntsheill, with fishingis of salmound, &c. in the water of Ayr;—the 22 shilling and 6 penny land of Newtoun;—the 2 merkland of Foulermaynes and Smallgilles;—the 13 shilling and 4 penny land of Foulerhillheid;—the 9 shilling land of Smallgillis in Boigwood;—the 2 shilling land of Crawsland;—ane half of the Milne of Kathrine milne, with tua soumes grass within the landis and toun of Kathrine, and half of the astricked multuris of the toun and landis of Bruntsheillis, Hielar, Over and Nether-Hoill of Bruntsheillis, Daldelling, Hoilhous, Burneheid, Dalganie, Gilmerscroft, Logan, Hietach, Brakenhill, Drumfork, Glenhamroch, Lindsayhill, Clewis, Whytflat, Kathrine, Mongarswood, Ballochmyll, Blaksyde, Smiddieshaw, Daldork, Blindburne, and Runshaw, extending to the half of the thretteinth grayne of all graynes growing upon the said landis;—the 29 shilling land of Darnhinch, and the 6 shilling land of Craigheid, all of old extent, in the lordship and barony of Kylismure, and baliary of Kylstewart:—E. 26l.—2s. in augmentatioun.—The Teynd-shaves and other Teyndis of all the saidis landis, half-milne and others:—E. 26s. 8d.—all these landis and Teyndis unite into the tenendry of Daldilling:—The 4 shilling and 2 penny land of auld extent of Over Meiklewood commounlie called Dickstoun with the teynds, in the lordship of Kylsmure.—E. 6s. 8d. xxi. 81.

(450) Jul. 5. 1653.
THOMAS KENNIDIE of Kirkmichaell, *heir male* of David Kennidie of Kirkmichaell, *his father*,—in the 5 merke land of Cairnlwgie utherwayis callit Barbowir, within the baronie of Kirkmichaell, parochine of Colmonell and erledome of Carrik;—the 10 pound land of the barronie of Kirkmichaell of old extent with the corne and walkmylne, within the erledome of Carrik;—the 10 merke land of Glentig;—the 4 merke land of Litle Shallocht;—the 5½ merke-land of Meikell Shallocht of old extent comprehending the lands of Glenour, Polcardoch, and Knokdow, in the Parochine of Kirkcubry-Innertige and bailliarie of Carrick;—the 20 shilling land of Knokbrek;—uther 20 shilling land of said lands of Knokbrek, within the parochine of Colmonell and baillzarie of Carrick;—the 4 pound land of Ballochbreik, Drumlongfuird, Corverdow, Corverbane, and Ammadane, with the pendicle theirof callit Drumwaird, within the parochin of Colmonell and erledome of Carrick;—the 20 pund land of Knokdolian of old extent, with the corne-mylne and salmound-fishing upon the water of Stincher, within the baillzarie of Carrick;—the lands of Auchinflour, Claschlochane, and Ballarassie, extending to 4 pund land of old extent, within the erledome of Carrick;—the 5 merke land of Attiqwin, within the parochine of Mayboill and erledome of Carrick, for the principal;—and in special warrand thairof, the 11 merkeland of Balmaclanoquhan, within the parochine of Daylie and erledom of Carrick, united with the lands of Auchinflour into the tennendrie of Attiqwin.—A. E. 60l. 6s. 8d. N. E. 241l. 6s. 8d. xxi. 160.

(451) Aug. 1. 1653.
JENET AND AGNES JOHNSTOUNES, *heirs portioners* of James Johnstoune of Dalloway, *their father*,—in 3 tenements of land, with 18 aikers annexit therto, with 3 moor tenements, &c.—E. 40s.—An half tenement of land in Asteinpople, and 3 aikers annexit thereto;—an half tenement in the mour of Lowdowne:—E. 1 m.—All within the burgh of Newmylnes and Asteinphophell, barony of Lowdowne and baylierie of Cunynghame. xxi. 209.

(452) Sep. 7. 1653.
GRISSELL BOYLLE, *heir* of Jon Boyle of Kelburne, *her father*, in the 11 merkland of old extent of Royscholme, to wit, the 2 merkland of Tofts;—the 1 merkland of Southblythes;—the 1 merkland of Northblythes of old extent;—the 40 shilling land of old extent of Flaskwood, within the parochin of Dalry and bailiarie of Cuninghame.—A. E. 11 m. N. E. 66 m. xxi. 186.

(453) Oct. 5. 1653.
ALEXANDER PORTERFIELD, *heir* of Gabriell Porterfeild of Hapland, *his father*,—in the 4 merkland of Leifnories and pendicill callit the Ward:—A. E. 4 m. N. E. 16l.—The 10 shilling land of Blakwoodhill in Kingis-kyll:—A. E. 10s. N. E. 3l.—The 2 merkland of Snaidis, within the baronie of Auchinleck.—A. E. 2 m. N. E. 8l. xxi. 238.

(454) Oct. 5. 1653.
ALEXANDER PORTERFEILD of Hapland, *heir* of John Porterfeild of Hapland, *his brother*,—in the 4 pound land of old extent of Brockwellmour, which are pertinantis of the landis of Caprintoune be annexatioun, within the parochin of Dunlop and baylzerie of Cunynghame:—A. E. 4l. N. E. 24l.—The 5 merkland of Akittwallace alias Nethir Aikheid, within the baylzerie of Cunynghame:—A. E. 5 m. N. E. 20l.—The 2½ merkland of auld extent of Dunlop, callit Dunlophill-Montgumerie, within the parochine of Dunlop and baylzerie of Cunynghame:—A. E. 2 m. 6s. 8d. N. E. 10l.—The sevent pairt of the landis of Watterlandis, and the seventh pairt of the corne-milne;—the seventh pairt of the lands of Halkheid and loch of Halkheid callid Hacketloch, within the parochin and baylzerie forsaids:—A. E. 17s. 2⅐d. N. E. 5l. 2s.—The 2 merkland of the Tempill-land of old extent of Ryburne callit Tempill-Ryburne:—E. 10 m.—The Tempill-lands of Hapland lyand as aforsaid:—E. 12d.—The lands of Granfeild, within the parochin, baylierie, and regality of Kilwining, and baylzerie of Cunynghame.—E. 4l. 8s. 8d. &c. xxi. 236.

(455) Nov. 8. 1653.
PEITTER CUNYNGHAM of Milnequarter, *heir* of Johne Cunynghame of Milnequarter lait baillie in Air, *his father*,—in 3 tenements in the burgh of Air:—A. E. 3d. N. E. 20d. for evrie ane of the saids tenements:—An aiker of land lyand in the Sands of the said burgh:—A. E. 5d. N. E. 30d.—An annwall-rent of 13 shillings and 4 pennies furth of 2 tenements in the burgh of Air;—an anwallrent of 15 shillings furth of a tenement in the said burgh;—an anwallrent of 30 shillings furth of a tenement in the burgh of Air;—an anwallrent of 7 shillings and 6 pennies furth of a tenement in the said burgh. xxi. 256.

(456) Dec. 27. 1653.
ISSOBAL STEWART, *heir* of John Stewart sumtym servitor to William Cunyngham of Caprintoun, *her father*,—in the 20 shilling land of Birks;—the 15 shilling land of Carngullone;—the 9 shilling land of Carngullon callit Strand, all of auld extent, within the parochin of Tarboultoun and baylzerie of Kyllstewart.—A. E. 44s. N. E. 11l. xxi. 244.

(457) Dec. 27. 1653.
ISOBELL STEWART, *heir* of John Stewart sumetyme servitor to Sir William Cunynghame of Capringtoun, *her father*,—in the 20 shilling land of Birks;—the 15 shilling land of Carngullin, and 9 shilling land of Carngullen callit Streind, all of auld extent, within the parochin of Tarbolfoun and baillierie of Kyllstewart.—A. E. 44s. N. E. 11l. xxi. 331.

(458) Jan. 31. 1654.
ALEXANDER NEILSONE, *heir* of John Neilsone indwellire in Irveing, *his brother son*,—in 3 rudes of land within the territorie of the burghe of Irving:—E. 6d.—3½ rudes of land in Chappell-hill called the Chapplandarie:—E. 6d.—6 tenements within the said burghe.—A. E. 4d. each, N. E. 2s. each. xxiii. 9.

(459) Feb. 22. 1654.
JAMES CREICHTOUN of Castellmaynes, *heir mail* of James Creichtoun somtyme of Abercrombie, *his father*,—in the landis and barony of Cumnock, as well propertie as tennandrie, with right of patronage of the Kirk and Clerkship of the paroch of Cumnock;—the 2 merkland of Dalhanna;—the 2 merkland of Nether Garreiff, and 6 shilling and 8 pennie land of Garlauch of old extent, unite into the said lands and barony of Cumnok, lyand in Kings-Kyll;—a peece of Temple-land betwixt the Kirk-lands of Cumnock and the water of Lugar, with the burgh of barony of Cumnock, united into the barony of Cumnock:—A. E. 109l. 13s. 4d. N. E. 658l.—The 4 merk-land of Leffnoreis;—the 4 merk-land called the Waird;—the 10 shilling land of Blakwodhill in Kings Kyll:—A. E. 10l. N. E. 60l.—The lands and barony of Glenmure comprehending three fourth pairts and a 40 pennie land of the lands of Glenmure, containing the extents following, viz. the 2 merkland of Panbreck;—the 40 shilling land of Paperthill;—the 4 merkland of Shaw;—the 6 merkland of Dalblaires and Constable-merk;—the 4 merkland of Castellcavill;—the 23 shilling and 4 pennie land of Dornall, and merk-land of Auchtitauch, in the bailiarie of Kylistewart.—A. E. 20l. N. E. 120l. xxi. 301.

(460) June 20. 1654.
ELIZABETH THOMSONE, *heir* of Hew Thomsone of Garskaddin, *her guidsir*,—in the 4 pund land of old extent of the

towne and lands of Symentoune and Craigis :—O. E. 10*l.* N. E. 20*l.*—The 40 shilling land of the kirk lands of Symontoune :—E. 2*l.*—The 20 shilling land of the said towne and landis of Symontoun callit Herries-Theynes, lyand within the bailliarie of Kyl-Stewart :—O. E. 20*s.* N. E. ....—A tenement within the burghe of Irveing :—O. E. 6*d.* N. E. 2*s.*—2 aikers of land ;—1 aiker of land :—O. E. 4*d.* N. E. 2*s.* each.—1 rigg of land ;—a piece of a rigg of land :—O. E. 1*d.* each N. E. 6*d.* each.—9 ruids of land ;—1 ruid of land :—O. E. 1*d.* each N. E. 6*d.* each.—2 ruids of land called of old St. James land :—E. 6*s.* 8*d.*—all in the territory of the burg of Irvine :—2¼ merk land of old extent of Bourtrehill.—E. 10*l.*   xxiii. 25.

(461)   Jul. 14. 1654.
WILLIAM MURE of Caldwell, *heir* of James Mure of Caldwell, *his elder brother german,*—in the 5 pund land of auld extent of Knokewart :—O. E. 5*l.* N. E. 25*l.*—The 5 pund land of auld extent of Donyflatt, within the baliary of Cuninghame :—A. E. 3*l.* 6*s.* 8*d.* N. E. 16*l.* 13*s.* 4*d.*—(See Renfrew, Lanark.)   xxi. 318.

(462)   July 26. 1654.
SIR ROBERT MONTGOMERIE of Skelmurlie knight baronet, *heir* of Sir Robert Montgomery elder of Skeldmurlie knight, *his gudsir,*—in the lands of Ormsheuche extending to about a 5 merk land of old extent, in the bailliarie of Cunynghame.—O. E. 5 *m.* N. E. 10*l.*—(Vide Bute.)   xxiii. 50.

(463)   Aug. 8. 1654.
WILLIAME CUNYNGHAME of Capringtoun, *heir* of John Cunynghame of Capringtoun, *his foir grand shyre,*—in the milne of Tarbolton, within the barony of Tarbolton.—E. 20*s.*   xxii. 7.

(464)   Aug. 22. 1654.
JAMES DOCK in the parochin of .... in Ireland, *heir* of John Dock Smith burgis of Air, *his gudsir brother son,*—in the 10 shilling land of auld extent of Whytstanes, in the territorie of the burghe of Aire.—E. 44*s.* 6*d.*   xxiii. 118.

(465)   Nov. 3. 1654.
ALEXANDER PORTERFEILD of Halpland, *heir* of John Porterfeild of Halpland, *his brother german,*—in the 4 mark land of Lefnoreis with the tour therof callit ye Ward ;—the 10 schilling land of Blackwoodhills, within Kingis-Kyle.—O. E. 3*l.* 3*s.* 4*d.* N. E 15*l.* 16*s.* 8*d.*   xxiii. 45.

(466)   Nov. 24. 1654.
JONET, ISSOBELL, AND MARGARET MORTOUNES, *heirs portioners* of Alexander Mortoun lawfull sonne to the deceist Thomas Mortoun of Dalquhairne, *their brather german,*—in the 5 merk land of Dalquhairne, lyand within the parochin of Daly and erldome of Carrik.—O. E. 3*l.* 6*s.* 8*d.* N. E. 20*l.*   xxiii. 198.

(467)   Nov. 24. 1654.
JONET, ISSOBELL, AND MARGARET MORTOUNS, *heirs portioners* of Thomas Mortoun in Dalquhairne, *their father,*—in the 30 shilling land of Dalwyne part of the 5 pund land of Dalwyne, lyand in the parochin of Daly and erldome of Carrick :—O. E. 30*s.* N. E. 9*l.*—An annualrent of 60 pund Scots out of the merk land of Garswalloch (or Glaswallocih), in the said parochin of Daly and erldome of Carrick.   xxiii. 199.

(468)   Dec. 19. 1654.
JOHNE CAMPBELL of Kingancleuch, *heir* of Johne Campbell of Kingancleuch, *his father,*—in half of the 8 merk land of Auchinwitton (or Auchinwillan), to wit, the 2 merk land of Maines ;—the 2 merk land of Knokmorran ;—the 2 merk land of Deschillach ;—the 2 merk land of Drumfeyis of auld extent, within the barony Sundrum.—O. E. 53*s.* 4*d.* N. E. 13*l.* 6*s.* 8*d.*   xxii. 6.

(469)   Dec. 19. 1654.
THOMAS BROUNE of Neitherwood, *heir* of Andrew Broun in Waterheid, *his father,*—in the 22 shilling and 6 pennie lands of Midlethrid in Neitherwood of auld extent ;—the 5 shilling land of Nethirwood of extent forsaid :—E. 46*s.* 4*d.*—The 44 shilling 6½ pennie land of Netherwallwood :—E. 66*l.* 13*s.* 4*d.*—The 16 shilling and 4 pennie land of extent forsaid of Neither Preistgills :—E. 25*s.*—The teinds of the lands of Netherwallwood and Neither Preistgills :—E. 33*s.* 4*d.* all within the lordshipe of Kylsmure.   xxi. 165.

(470)   Dec. 19. 1654.
MUNGO REID of Merkland, *heir* of Johne Reid of Merkland, *his father,*—in the 14 shilling and 6 pennie land of auld extent of Bruntscheill commonlie called Merkland :—E. 20*s.*—The 10 shilling land of Bruntscheill callit Grein in Bruntillscheill of extent forsaid :—E. 14*s.* 6*d.* all lyand within the lordshipe of Kylsmure.   xxi. 166.

(471)   Dec. 19. 1654.
THOMAS GEMMILL of Dalisraith, *heir* of Thomas Gemmill of Dalisraith, *his father,*—in the 33 shilling and 4 pennie land of auld extent of Dalisraith, within the parochine of Kilmarnok and baillzrie of Cunynghame.—A. E. 34*s.* 4*d.* N. E. 12½ *m.* xxi. 166.

(472)   Feb. 2. 1655.
JEANE RONALD, *heir* of John Ronald portioner of Blaikburne, *her father,*—in the 7 shilling land of Blaikburne, within the lordshipe and barronie of Kylsmure.—A. E. 7*s.* N. E. 35*s.* xxi. 167.

(473)   Feb. 28. 1655.
WILLIAM LORD BOYDE, *heir male* of James Lord Boyde, *his father,*—in the lands, lordship, and barony of Kilmarnok, with patronage of kirks ;—the lands and barony of Dalry and patronage therof ;—the lands and barony of Kilbryde, with patronage therof ;—the lands of Flat ;—the lands of Monfoid ;—the lands of Portincorse and Ardneill ;—the 3 pund land of Gifferland alias Nethertoun ;—the 6 merk land of Braidshaw ;—the 2 merkland of Knokindon of old extent ; all in the balliarie of Cunynghame ;—the 5 merkland of Aslos ;—the 5 merkland of Meinfurd, parts of the barony of Kilmarnock ;—the 6 merkland of Line called Croftisfitt ;—the 3 merkland of Line called Croftishead, parts of the barony of Dalry ;—the toun and burgh of barony callit the Kirktoun of Kilmarnock erected into a burgh of barony :—O. E. 105*l.* N. E. 136*l.*—The 40 pund land of old extent and barony of Grougar lyand as forsaid, unite into the lordship and barony of Kilmarnock :—O. E. 33*l.* N. E. 198*l.*—The patronage of the Kirk of Kilmarnock, with teynds perteyning therto, within the bailliarie of Cunynghame, with other patronages in the county of Lanark.—O. E. 2*s.* N. E. 4*s.*—(See Lanark, Dumbarton, Renfrew.)   xxii. 54.

(474)   Mar. 13. 1655.
JAMES NEILSONE, *heir* of John Neilsone, *his brother german,*—in 3 roods of land within the territorie of the burghe of Irwing :—E.........—3 roods of land in Chappellhill :—E. 6*s.* 8*d.*—6 tenements within the said burghe of Irwing.   xxiii. 78.

(475)   Apr. 17. 1655.
CHRISTIAN AND JEANE SHAWS, *heirs portioners* of William Shaw of Glenmure, *their father,*—in the 4th part of the 20 pund land of Glenmure containing the 4 merk land of Whitstainbarne ;—the 2 merkland of Quhitholmes, and 16 shilling and 8 pennie land of the 40 shilling land of Dornell, extending to a 4 pund 16 shilling and 8 pennie land of old extent, lying in the parochin of Auchinleck :—O. E. 4*l.* 16*s.* 8*d.* N. E. 29*l.*—The teynds of the said lands.—O. E. 3*s.* 4*d.* N. E. 20*s.*   xxii. 99.

(476)   July 3. 1655.
JOHN HUNTER, *heir* of John Hunter in Nethertoun, *his father,*—in the 8 shilling land in Monktoun with the teynds, lyand in the barrony of Monktoun.—O. E. 8*s.* N. E. 40*s.* xxiii. 197.

(477)   July 27. 1655.
ALEXANDER PATERSONE at Burne of Neid, *heir* of Alexander Patersone sometyme in Burne of Neid, *his father,*—in the 3 schilling land of Montgarswood called Cultirstone, alias Burne of Neid of auld extent, within the lordship and barrony of Kylsmure.—E. 14*s.* xxiii. 122.

(478)   July 27. 1655.
WILLIAM MONTGOMRIE of Macbiehill, *heir* of Adam Montgomrie of Macbiehill, *his gudsir,*—in the 5 markland of Macbiehill of auld extent, within the pareoche of Stewartoune and bailliary of Cunynghame.—O. E. 3*l.* 8*s.* 8*d.* N. E. 20*l.* xxiii. 147.

(479)   July 27. 1655.
ROBERT FAIRLIE of that Ilk, *heir male* of Robert Crawfuird alias Fairlie of that Ilk, *his father,*—in the lands of Fairlie.—O. E. 10*l.* N. E. 60*l.* xxiii. 141.

(480)   Aug. 8. 1655.
ESME DUKE OF LENNOX AND RICHMOND, Erle of Darnelie, and March, Lord Torboltoune, Methven and Obignie, &c. *heir male* of James Duke of Lennox, &c. &c. great Admirall and Chamberlane of Scotland, *his father,*—in the lands and barony of Torbolton, with advocation of Kirks, &c.—the lands of Galstoune ;—the lands of Dreghorne, extending to one 100*l.* land of old extent, with lands in Renfrew unit into the Erldome of Darnlie, with Chapel and Chancery of the whole :—O. E. 200 *m.* N. E. 800*l.*—The lands of Niddri-forrest, callet the Halfpenny-land in Carrick, with other lands in Lanark, Peebles, and Roxburgh, unite into the lordship and regalitie of Glasgow.—E. 500 *m.*—(See Dumbarton, Stirling, Perth, Renfrew, Lanark, Peebles, Roxburgh.)   xxii. 84.

G

(481) Aug. 21. 1655.
JOHN GRAHAME of Laglavertrie, *heir* of Johne Grahame of Laglavertrie, *his father*,—in the 20 shilling land of Laglavertrie:—A. E. 20s. N. E. 5l.—The half merk-land of Auchingregan, within the bailzearie of Carrick.—O. E. 6s. 8d. N. E. 33s. 4d.
xxii. 128.

(482) Dec. 21. 1655.
MARGARET PEIBLES, *heir* of John Peibles of Pederland, *her father*,—in the 20 schilling land of auld extent of Moreisheills and Pedderland, within the pareoche of Beithe and regalitie of Kelwining.—O. E. 20s. N. E. 6l. xxiii. 144.

(483) Feb. 8. 1656.
JOHNE KENNEDY of Culzeone, *heir* of Sir Alexander Kennedy of Culyeane Knight, *his father*,—in the 4 merkland of Beltersone and Knokronald, with the meadows callit Hoill-meadow and the Lady Rowes meadow;—the 40 shilling land of Glenlowie alias Glenlowight, within the regalitie of Corsragwell and erldome of Carrik;—the 40 shilling land of the Kirk-maynes of Greinond, with the lands and Yle of Cunyngpark;—the 40 shilling land of Balbog and Mackrillipstoune;—the merkland of the Mylntoune of Greinand;—the 40 shilling land of Mackcleristoune;—the 40 shilling land of Over and Nether Burtouns, and 2 merkland of Staneballerock and Kylstoune, extending to ane 10 pund land of Greinand, with fishings and boates on the water of Doone, erected into the barony of Greinand, within the said erldome of Carrik:—O. E. 10l. N. E. 50l.—The 4 merkland of the Abacie of Corseragwell, with the Abbay-mylne of Corsragwell;—the ward and meadow of the said monastery callit Abbay-meadow, with the teynd sheaves and other teynds, lying within the regalitie and erldome forsaid.—O. E. 2l. 13s. 4d. N. E. 13l. 6s. 8d. xxii. 162.

(484) May 15. 1656.
THOMAS CUNYNGHAME of Montgreinand, *heir* of Alexander Cunynghame of Montgreinand, *his father*,—in the 10 mark land of auld extent of Montgreinand, within the bailliarie of Cunynghame.—O. E. 6l. 13s. 4d. N. E. 40l. xxiii. 150.

(485) Oct. 7. 1656.
MARGARET AND CHRISTIAN WILSONES, *heirs portioners* of Andro Wilsone in the Maynes of Cumnok, *their father*,—in the 2 merk-land of old extent of Nether-Polquhirtor, in the baronie of Cumnock, Kingskyll.—O. E. 26s. 8d. N. E. 6l. 13s. 4d.
xxiv. 39.

(486) Nov. 4. 1656.
ROBERT CUNYNGHAME, *heir of conquest* of Alexander Cunynghame son of the deceist Robert Cunynghame merchand burgis of Irving, *his brother*,—in an anuelrent of 24 punds furth of the lands callit Dalrumpill-Wardes, and quarter part of the meadow, within the friedome and territorie of the said burghe.
xxiii. 183.

(487) Nov. 12. 1656.
JOHN LESLIE, merchand burges of Aire, *heir* of William Leslie son to Andro Leslie merchand burges of Aire, *his younger brother*,—in tenements in Aire.—E......... xxiv. 66.

(488) Nov. 18. 1656.
MARGARET MOREIS, *heir* of William Moreis portioner of Langfurd, *her gudser*,—in the half of the 20 shilling land of Langfurd, extending to ane 10 shilling land of old extent, within the lordship, parochin, and regalitie of Kilwining, and bailyeiray of Cunynghame.—E. 12s. 4d. &c. xxiv. 71.

(489) Nov. 18. 1656.
MARGARET MOREIS, *heir* of John Morreis portioner of Corshill-Kilwining, *her father*,—in the 10 shilling land of new extent of Corshill-Kilwining, within the parochin of Kilwining and bailliarie of Cunynghame.—E. 11s. 8d. xxiv. 72.

(490) Feb. 10. 1657.
JOHN KENNEDY of Kirkmichaell, *heir male* of David Kennedy of Kirkmichaell, *his grandfather*,—in the 5 merk-land of Arrlogie, otherwayes callit Barboure, within the baronie of Kirkmichaell, parochin of Calmonell and erldome of Carrik, for principall;—and in warrandice thereof, in the 10 pund land of the lands and baronie of Kirkmichaell of old extent, with Corn and Walk-mylnes, within the erldom forsaid;—in the lands of Auchinfloure, Clascrochin, and Ballarasie, extending in hail to ane foure pound land of old extent;—the 5 merkland of Attiquin, within the parochin of Maybol and erldom forsaid, for principall;—and in speciall warrandice therof, in the 11 merkland of Balmoclannoquhan, in the parochin of Dailie and erldom forsaid;—in the 4 pund land of Ballochbrock, Drumlongfuird, Caverdou, Cawerbane and Ammindane, with the pendicles of the samen callit Drumward in propertie and tennendrie, within the parochin of Colmonell and erldome forsaid;—the 5 pund land of old extent of Glenmouck, to

wit, the 20 shilling land of Ballimore;—20 shilling land of Gawaneruboth;—20 shilling land of Balmalloch and Half-merk;—20 shilling land of Glasleffin;—20 shilling land of Kirkbryde and Knocknemaik, within the parochin of Girvand and erldom forsaid;—the 20 pund land of old extent of Knockdollian, with the corne-mylne and salmond-fishing upon the water of Stincher, within the bailzarie forsaid;—the 10 merkland of Glentig;—4 merkland of Little Schallachan;—5½ merkland of Meikle Schallachan of old extent, comprehending the lands of Glenmure, Polcardach, and Knockdow, within the parochin of Kirkcudbright-Innertig, and balziarie of Carrick;—the 20 shilling land of Knokbrak;—the other 20 shilling land of Knokbrak, within the parochin of Calmonell and erldom forsaid.—O. E. 71l. N. E. 284l. xxiv. 158.

(491) Feb. 27. 1657.
HUGH WALLACE, *heir* of William Wallace second son to William Wallace of Dallares, *his father*,—in the lands with the meadow called Brighous, within the territorie of the burgh of Aire.—E. 47s. xxiv. 110.

(492) Jun. 16. 1657.
ALEXANDER ARNOT of Lochrig, *heir* of Alexander Arnot of Lochrig, *his father*,—in the 5 pund land of old extent of Lochrig, in the parochin of Stewartoun and bailyarie of Cunyhghame :—O. E. 5l. N. E. 30l.—The 5 merk-land of old extent of Funkros, in the barony of Rowaland and baillyarie forsaid.—O. E. 3l. 6s. 8d. N. E. 20l. xxiv. 165.

(493) July 7. 1657.
PATRICK MONTGOMERIE of Blackhouse, *heir* of John Montgomerie of Blackhouse, *his father*,—in the lands of Dykes, Michaelstoun, Milverig, Blackhouse, and Saint-fillanswell, extending to ane 10 merk-land of old extent, within the lands of Skelmorlie-Cunynghame and parish of Largs;—O. E. 6l. 13s. 4d. N. E. 40l.—The 46 shilling and 8 pennie land of Taitsquarter, in the lordship of Dalmeling and regalitie of Paisley.—O. E. 46s. 8d. N. E. 11l. 13s. 4d. xxiv. 156.

(494) July 14. 1657.
MR. ROBERT BROWN minister at Cothquirn, *heir* of Richard Brown of Knockmerloch, *his father*,—in the 5 pund land of Knockmarloche of old extent, in the bailliarie of Kylestewart.—O. E. 5l. N. E. 25l. xxiv. 195.

(495) Aug. 27. 1657.
PATRICK TURNER of Tullinauciht, *heir of conquest* of Alexander Turner of Kindroght, *his imediat younger brother germane*,—in the lands of Montgomriestoun, Maynes, Upper Makilvaneistoun, Nether Makilvanestoun, Makroreistoun, and lands of Fardinwilliam, within the parish of Kirkmichaell.—O. E. 11 m. N. E. 66 m.—The lands of Kiloup in the parochin of Daylie :—O. E. 1l. N. E. 4l.—The lands of Corphine in the parochin forsaid :—O. E. 1l. 6s. 8d. N. E. 5l. 6s. 8d.—The teynds both personage and vicarage of the above lands.—O. E. 1s. N. E. 4s.—(See Edinburgh.) xxiv. 172.

(496) Dec. 15. 1657.
THOMAS FERGUSONE of Thrave, *heir* of George Fergusone of Thrave, *his father*,—in the 6 markeland of Thrave :—E. 6l. and 6s. in augmentation.—The half markland of Dallielung, within the parochine of Kirkoswall, earldome of Carrike, and regalitie of Corseraiguell.—E. 15s. and 8d. in augmentation. xxv. 56.

(497) Feb. 18. 1658.
ALEXANDER CUNYNGHAME of Carlunge and Watterstoune, *heir* of Alexander Cunynghame of Carlunge and Watterstoune, *his father*,—in the corne milne of Drummillinge, with the priviledge of laid and wattergang usit and wont, with the miln lands and astrictit multures of the 10 pund land of Carlung, and 5 merkland of Drummillinge, within the parochin of Kilbryd and bailyiarie of Cunynghame.—O. E. 3s. 4d. N. E. 20s. xxv. 97.

(498) Mar. 4. 1658.
ANNA DUTCHES OF HAMILTOUNE, Marquise of Cliddisdaill, Countesse of Arrane, Lady Aven and Innerdaill, and LADY SUSANNA HAMILTOUNE her sister, *heirs portioners* of James Duke of Hamiltoune, &c.—in the 8 merkland of Tulloche, and 2 merkland of Bruntwood, within the bailliarie of Kylstewart.—O. E.........N. E.........(See Lanark, Stirling, Linlithgow.) xxiv. 268.

(499) Mar. 12. 1658.
MARGARET WRYTTOUNE spous to Maister Ralph Rodger minister at Ardrossane, *heir* of Mr. Alexander Wryttoun in Kilwining, *her father*,—in a tenement in Kilwining.—E. 20d.
xxiv. 260.

(500) Apr. 13. 1658.
SIR WILLIAM MURE of Rowalane knight barronet, *heir* of Sir William Mure of Rowallane knight barronet, *his father*,—in the lands and barronie of Rowallane, extending to ane 100 mark land of old extent, within the bailliarie of Cunynghame, unite into the barronie of Rowallane:—O. E. 66*l.* 13*s.* 4*d.* N. E. 400*l.*—5 merke land of Graing;—40 shilling land callit the Toun-end of Kilmarnock;—5 marke land of Monkeland;—6 mark land of Skirleland, extending in the haill to ane 19 merk land of old extent.—O. E. 12*l.* 13*s.* 4*d.* N. E. 76*l.* xxv. 7.

(501) Apr. 13. 1658.
JAMES PATRICK, *heir* of Hew Patrick of Thornedyke, *his father*,—in 6 shilling 8 penny land of new extent of Overmayns now called Thornedyke, within the pareochin and regalitie of Killwyning, and bailliarie of Cunynghame.—E. 7*s.* 9*d.* &c. xxv. 17.

(502) Apr. 13. 1658.
JOHN DOTCHEOUN, *heir* of John Dotcheoun of Dowray, *his father*,—in 20 shilling land of old extent of Dowray, within the parochine and regalitie of Killwyning and bailliary of Cunynghame.—E. 24*s.* &c. xxv. 17.

(503) Jul. 13. 1658.
JONET WOODSYD daughter to the deceist John Woodsyd procreat betwix him and Katharen Holmes, *heir* of the said Katharen Holmes, *her mother*,—in 2 tenements in the burghe of Irving, and ane rigg of land adjoining to the said burghe.—E. services usit and wont. xxv. 109.

(504) Jul. 20. 1658.
JOHN WILSOUN, *heir* of Thomas Wilsoun merchand burges of Irving, *his father*,—in the half of the 28 shilling 8 penny land of old extent of Pottertounreid and Tyecroft, extending to ane 14 shilling 4 penny land of old extent, within the parochine and regalitie of Killwining and bailiarie of Cunynghame.—E. 16*s.* 8*d.* &c. xxv. 84.

(505) Jul. 29. 1658.
ROBERT BOYD of Portincross, *heir* of Robert Boyd of Portincross, *his guidsir*,—in the 5 merkland of Ardneill, within the parochin of Kilbryd and bailyiarie of Cunynghame:—O. E. 3*l.* 6*s.* 8*d.* N. E. 20*l.*—The 30 shilling land of the Maynes of Hellingtoune;—the half of the myln of Hellingtoune;—the 2 merk land of the Muir of Hellingtoune;—the 46 shilling 8 penny land of Knockindaill;—the 4 merk land of Harrickhill of old extent, within the bailyiarie of Kyllstewart.—O. E. 7*l.* 16*s.* 8*d.* N. E. 39*l.* 3*s.* 4*d.* xxv. 128.

(506) Oct. 21. 1658.
ROBERT M'ALEXANDER of Corseclayes, *heir* of Robert M'Alexander of Corseclayes, *his father*,—in the 3 pund land of Kirkdominie and Ballibeg, with the teynds includit, and fisching upon the watter of Stincher commonlie called the fisching of the weills:—E. 10*l.*—The 2 merk land commonlie called Viccartoun of Girvan, within the bailyiarie of Carrike:—E. 30*s.* &c.—The 40 shilling land of Lommochie of old extent;—the merk land of Laggangill;—the merk land of Drummolong;—the 2 merk land of Corsecleyes, with the wrack and wair of the sea;—the 40 shilling land of Drummoir, with wrack and wair of the sea, within the said bailyiarie:—O. E. 6*l.* 13*s.* 4*d.* N. E. 26*l.* 13*s.* 4*d.*—The 40 shilling land of Pinmoir and Lagansaroch of old extent, within the barronie of Cairletoun, bailziarie of Carrick and parochin of Colmonnell;—the 2 merkland of old extent of Cairnquhin otherwayes called M'Clogstoune;—the corne milne of Barquhan (vel Blarquhan) callit the myln of Pennieclontie, togidder with the salmond-fishing on the watter of Stincher, within the parochin of Girvan and earledome of Carrik;—the merkland of Pennieclontie, within the said parochin;—the 16 shilling 8 penny land called Nether Milntoun of Assil, and milnstead of the samen, within the earldome of Carrick and parochin of Girvan;—pairt of the 5 merk 10 shilling land of M'Murriestoune or Balligmorie callit Ballig, extending to ane 16 shilling 8 penneye land of old extent in Glenstincher, within the earledome of Carrick;—pairt of the Maynes of Daljarvock commonlie callit the Yle of Daljarvock, upon the south-side of the watter of Stincher, within the parochin of Colmonnell, and earledome forsaid.—O. E. 5*l.* 16*s.* 4*d.* N. E. 23*l.* 5*s.* 4*d.* xxv. 99.

(507) Nov. 11. 1658.
JOHN SCHAW younger of Greenok, *heir* of Hew Schaw of Kelso-land, *his brother german*,—in the 10 merkland of auld extent of Kelsoeland, within the bailzearie of Cunynghame.—O. E. 6*l.* 13*s.* 4*d.* N. E. 40*l.* xxv. 125.

(508) Dec. 3. 1658.
JOHNE MUIR of Auchindraine, *heir* of Sir John Muir of Auchindraine, *his father*,—in the 8 merk land of Minnihagan and

Keyrmoyne of old extent within Kingskyle:—O. E. 5*l.* 6*s.* 8*d.* N. E. 26*l.* 13*s.* 4*d.*—The 10 pund land of Auchindrane of old extent and mylne thereof, within the earledome of Carrick:—O. E. 10*l.* N. E. 40*l.*—The 5 merk land of Cloncaird and Barneill, to wit, the 40 shilling land of the Maynes of Cloncaird;—merk land of Barneill, and merk land of Glensyde, extending in the haill to a 5 merk land of old extent, within the bailyiarie of Carrick.—O. E. 3*l.* 6*s.* 8*d.* N. E. 13*l.* 6*s.* 8*d.* xxv. 127.

(509) Mar. 16. 1659.
JOHNE M'KIRRELL of Hilhouse, *heir* of William M'Kirrell of Hilhous, *his brother germane*,—in the 40 shilling land of Hilhous, and 15 soumesgerss in the muir of Barrassie of auld extent, within the parochine of Dundonald, and baillyrie of Kylstewart.—O. E. 40*s.* N. E. 12*l.* xxv. 182.

(510) Maii 7. 1661.
HUGO COMES DE EGGLINTOUN, Dominus Montgomrie et Kilwynning, *hæres* Alexandri Comitis de Egglintoune, Domini Montgomrie et Kilwynning, *patris*,—in terris, dominii et comitatus de Egglintoun, extendentibus ad 40 mercatas terrarum antiqui extentus, cum jure patronatus capellaniæ de Sanct Wissan in dicto comitatu situatæ, et infra balliatum de Cunninghame;—officiis hæreditariis balliatus de Cunninghame, et camerariæ de Irving, ac officio coronatoris omnium terrarum infra bondas de Cunninghame, tam infra quam extra burgum;—terris et dominio de Ardrossan, cum piscationibus de Saltcraiges;—una petra albæ ceræ de terris de Monfod;—terris de Eistercraiges cum piscationibus super Eister et Wester Saltcoates, cum jure patronatus capellaniarum de Saltcoates et Buslie;—annuo redditu 5 librarum de terris de Mertinem dictæ capellaniæ, cum jure patronatus altaris Beatæ Mariæ Virginis infra ecclesiam de Ardrossan, et donatione annui redditus 5 mercarum de terris de Barr altari Sancti Petri, infra parochiam de Ardrossan, cum officio clericatus dictæ ecclesiæ parochialis, extendentibus in integro ad 120 libratas terrarum antiqui extentus, infra balliatum de Cunninghame;—terris et dominio de Robertoun extendentibus ad 40 libratas terrarum antiqui extentus, infra dictum balliatum de Cunninghame;—terris de Langschaw extendentibus ad 10 mercatas terrarum antiqui extentus, infra dictum balliatum, cum advocatione capellaniæ Beatæ Mariæ infra dictas terras;—5 mercatis terrarum antiqui extentus de Gallowberries;—5 mercatis terrarum ejusdem extentus de Crevoch-Montgomrie;—terris de Dreghorne extendentibus ad 21 mercatas terrarum antiqui extentus, cum jure patronatus officii clericatus ecclesiæ parochialis de Dreghorne infra balliatum antedictum;—20 solidatis terrarum antiqui extentus de Snodgers-Montgomrie et Bartanholme, infra dictum balliatum;—terris et dominio de Giffan extendentibus ad 100 mercatas terrarum antiqui extentus, cum Hessilheid mylne et aqueductu ejusdem, et jure patronatus officii clericatus ecclesiæ parochialis de Beith, infra parochiam de Kylstewart;—terris et baronia de Torboltoun subscriptis, viz. terris de Drumley extendentibus ad 20 mercatas terrarum antiqui extentus;—terris dominicalibus de Torboltoun;—terris de Auldtounburne extendentibus ad 10 mercatas terrarum;—terris de Ragwolhill extendentibus ad 40 solidatas terrarum antiqui extentus;—terris de Newmaynes de Torboltoun et Knightiscrose;—terris et dominicalibus terris de Gaulstoun, et terris proprietatis de Gaulstoun, extendentibus ad 10 mercatas terrarum antiqui extentus;—advocatione rectoriæ de Torboltoun et officii clericatus ecclesiæ parochialis ejusdem, infra balliatum de Kylstewart;—terris de Auchindrain-Nedder extendentibus ad 5 mercatas terrarum antiqui extentus, prope finem pontis de Doun, cum piscationibus super aqua de Doine, infra comitatum de Carrict;—terris de Horscraig alias insula de Silcraiges, infra balliatum de Cunningham, cum quibusdam aliis terris in vicecomitatibus de Bute, Renfrew, Edinburgh, et Linlithgow, unitis in comitatum de Eglintoun:—A. E. 986*l.* N. E. 1955*l.* 6*s.* 8*d.*—4 mercatis terrarum de Wrighthill:—A. E. 4 *m.* N. E. 24 *m.*—Annuo redditu 50*s.* de terris de Drumdow (vel Drumlaw), in parochia de Uchiltrie et Kingiskyle:—E. 50*s.*—Annuo redditu 4 celdrarum farinæ avenaticæ, et petræ piperis de terris de Stane et Bourtriehill, infra dictum balliatum de Cunninghame;—terris, dominio et baronia de Kilwynning comprehendentibus terras de Achincaber-Over, Achincaber-Midle, et Achincaber-Nether;—terras de Clonbeith, Sevin aikers, Guislones, Monkridding, Hullerhill, Gallowcraiges, Gaitmuirland, Bannacht-Ardoches, Over et Nether Cassillanes, Moscolheugh, Peterlands et Tyo-croft, Brigend de Kilwynning Eister et Wester, Corshills, Smeithstoun Over, Nether, et Midle, Moncastle Over et Nether, Auchinsawie, Dalgarven, Kirklandes, Achinkist, Over et Nether Aishinyeardes, Whythirse Over et Nether, Dalloway, Docheon, Meirsyd, Dubs, Todhills, Dalgallo, Walterstoune, Longfoord, Over et Nether Maynes, Darnbog, Bog, Blacklandes, Robertlandes, Faules, Groatholme, Byrhill, Achinmaids, Uttermuir de Achinmaid, cum molendino granario de Kilwynning, molendino nuncupato Craigmylne, Broombut, Butmeadow;—terras et baroniam de Beith continentes terras de Threipwood et Uttermuir, Barcraiges, Brounmuir, cum

molendino granario de Beith, molendino nuncupato Craigmilne, Maynes under the kirk, Brigholm, Rughbank, Grangehills, Bogsydes, Boghall, Halcrofts, Hudsyeard, Gramok, Woodsyd et Turnerland, Maynsmuir, Maynsneill, Maynshill, Morishill, Pedderland, Breckauchills, Belliscasey, Kirkhous, Merchland, Crawfield, Netherhill de Beith, Overhill de Beith ;—terras capellaniæ de Kilbryd, Williewaird, terras ecclesiasticas de Dalrye ;—terras de Strandes, Braidlie, Monkisdaillis ;—terras de Bogsyd juxta Irving ;—terras de Prestick ;—terras ecclesiasticas de Dreghorne, Southheuk et Lambrouchtoun, Templand, Stevin, Croftoun de Egglintoun alias Prisselhill ;—terras ecclesiasticas de Kilmarnock ;—terras de Grange, Monklandes, Skirlands, terras de Lyandscrose ;—terras ecclesiasticas de Kilbryd, Ardrossan, Stevinstoun, Dreghorne, Pearstoun, Stewartoun, Dunlop, Kilbirnie, Loudoun, infra balliatum de Cunninghame ;—manerie de Kilwynning monasterio seu abbacia de Kilwynning antiquitus nuncupata, cum jure patronatus ecclesiarum de Kilwynning, Perstoun, Irving, Ardrossan, Kilbryd, Kilbirnie, Beith, et Dunlap, omnes unitas in dominium et baroniam de Kilwynning :—E. 40l. 3s. 4d.—Officio justiciariæ, camerariæ et balliatus dicti Monasterii de Kilwynning, et præsertim terrarum et baroniarum de Kilwynning, Beith, Kilmarnock, Lyandscrose et Dalry, infra balliatum de Cunninghame, vicecomitatus de Air et Renfrew respective :—A. E. 12d. N. E. 6s. —13 mercatis 6 solidatis 8 denariatis terrarum de Busbie subscriptis, viz. 5 mercatis terrarum de Busbie ;—3 libratis terrarum de Knokintiber et Corshous, cum molendino de Knokintiber ;—26 solidatis 8 denariatis terrarum de Bogsyd ;—2 mercatis terrarum de Muirhous, et piscaria super aqua de Irving, cum terris jacentibus prope molendinum de Robertoun, omnibus perprius partibus 17½ mercatarum terrarum de Busbie :—A. E. 13 m. 6s. 8d. N. E. 81 m.— 7 mercatis 10 solidatis terrarum de Busbie, viz. 4 mercatis terrarum de Busbie nuncupatis Busbieheid, et 10 solidatis terrarum 20 solidatarum 8 denariatarum terrarum de Moit ;—2 mercatis terrarum de Knockintiber, et mercata terræ de Hallithornes ;—2 mercatis terrarum de Knockentiber, et dimidio mercate terræ de Holme ;— 16 solidatis 8 denariatis terrarum de Stobbridge, propriis partibus terrarum de Busbie-Fergushill, in parochia de Kilmares et balliatu de Cunninghame :—A. E. 7 m. 10s. N. E. 46 m. 6s. 8d.—40 solidatis terrarum vicariæ de Dreghorne nuncupatis Kirklands de Dreghorne, cum communia in mora eisdem adjacente, in parochia de Dreghorne et balliatu prædicto :—E. 4l. 8d.—5 mercatis terrarum antiqui extentus de Busbie-Fergushill ;—40 solidatis terrarum antiqui extentus de Midtoun de Busbie, infra parochiam de Kilmares et balliatum præscriptum.—A. E. 8 m. N. E. 48 m.—(Vide Renfrew, Edinburgh, Bute, Linlithgow.)   xxvi. 1.

(511)   Jun. 20. 1661.

ADAMUS FAIRLIE de Eodem, hæres masculus Roberti Fairlie de Eodem, patris,—in terris de Fairlie, infra balliatum de Cunninghame.—A. E. 10l. N. E. 60l.   xxvi. 10.

(512)   Jul. 4. 1661.

ROBERTUS BARCLAY de Pearstoun, hæres masculus Willielmi Barclay de Pearstoun, fratris germani,—in 9 libratis terrarum antiqui extentus de Pearstoun :—A. E. 9l. N. E. 54l.—46 solidatis 8 denariatis terrarum antiqui extentus de Over et Nether Drumfuires, infra balliatum de Cunninghame.—A. E. 46s. 8d. N. E. 14l.   xxvi. 20.

(513)   Aug. 30. 1661.

QUINTIGERNUS GIBB, hæres Jacobi Gibb in Achmilling, avi, —in 6 solidatis 8 denariatis terrarum antiqui extentus de Achmilling, in dominio et baronia de Kylsmuir, et balliatu de Kylstewart.—A. E. 6s. 4d. N. E. 33s. 4d.   xxvi. 46.

(514)   Aug. 30. 1661.

DAVID REID, hæres Joannis Reid in Darnlaw, patris,—in 20 solidatis terrarum de Greinhill, in parochia de Uchiltrie, pro principali :—A. E. 20s. N. E. 5l.—20 solidatis terrarum de Shankstoun-Maynes, in parochia de Cumnock, in warrantum.—A. E. 20s. N. E. 5l.   xxvi. 94.

(515)   Oct. 8. 1661.

GEORGIUS FLEIMING, hæres Willielmi Fleiming filii legitimi quondam Alexandri Fleiming de Barrouchan, patrui,—in 4 libratis terrarum antiqui extentus de Foulschaw, infra parochiam de Stewartoun et balliatum de Cunynghame.—A. E. 4l. N. E. 24l.   xxvi. 82.

(516)   Dec. 19. 1661.

MAGISTER ROBERTUS HAMILTOUN, hæres provisionis Alexandri Hamiltoun de Grange, patris,—in 27 solidatis 4 denariatis terrarum antiqui extentus de Monktounhill ;—24 solidatis terrarum antiqui extentus de Monktounhill :—E. 38s. &c.—30 solidatis 8 denariatis terrarum de Monktounhill, infra baroniam de Monktoun et balliatum de Kylestewart.—E. 2s.   xxvi. 118.

(517)   Feb. 25. 1662.

HUGO CATHCART de Carletoun, hæres Joannis Cathcart de Carletoun, avi,—in 40 solidatis terrarum de Hallow-chappell ;— 2 mercatis terrarum de Barsaloche ;—terris de Maynes de Carletoun ;—2 mercatis terrarum de Enoche ;—4 mercatis terrarum de Killub, Trovier, Troloddan, Drumranie, et cruives de Garvane ;—40 solidatis terrarum de Nether Pinmoir ;—40 solidatis terrarum de Knockbean, et 13 solidatis 4 denariatis terrarum de Knocklean ;—dimidietate terrarum et baroniæ de Carletoun, viz. terris de Pinmoir et Lagansarrache ;—terris de Trovier, Killub, et Dornall ;— terris de Kildonan, Blair, Lagganfie, et Thomastoun alias Balhamische ;—terris de Trogart, Lochguissie, et Nether Barjarge ;— terris de Glendusk ;—terris de Moak, Craigekaer, Barbeith, et Auchincloiche, cum principali mansione earundem, in comitatu de Carrick, extendente dicta dimidietate terrarum et baroniæ de Carletoun ad 41l. 6s. 8d. terrarum antiqui extentus :—A. E. 41l. 6s. 8d. N. E. 206l. 13s. 4d.—5 libratis terrarum antiqui extentus de Camragane, in comitatu de Carrick.—A. E. 5l. N. E. 20l.   xxvi. 143.

(518)   Apr. 24. 1662.

CAROLUS LENNOCIÆ ET RICHMONDIÆ DUX, Comes de Darnlie, March, et Leitchfeild, Dominus Tarboltoun, Methven et Obigniæ, Magnus Admiralus et Camerarius Regni Scotiæ, &c. hæres masculus et talliæ Esmi Lennociæ et Richmondiæ Ducis, &c. filii patrui,—in terris et baronia de Torboltoun ;— terris de Galstoune ;—terris de Dreghorne extendentibus ad 100 libratas terrarum antiqui extentus, cum quibusdam aliis terris in vicecomitatu de Renfrew unitis in comitatum de Darnlie.—A. E. 200 m. N. E. 800l.—(Vide Dumbarton, Stirling, Perth, Renfrew, Lanark.)   xxvi. 267.

(519)   Maii 7. 1662.

GILBERTUS KENNEDY de Girvane-maynes, hæres Hugonis Kennedy de Girvane-maynes, patris,—in 9 mercatis terrarum de Dalquharrane ;—40 solidatis terrarum de Change, cum molendino de Dalierbrie ;—20 solidatis terrarum de Dalchorneill ;—mercata terræ de Glaik ;—molendino de Girvan-maynes ;—annuo reditu 4 bollarum victualium de terris de Girvane-maynes, in comitatu de Carrick.—A. E. 9l. 13s. 4d. N. E. 38l. 13s. 4d.   xxvi. 243.

(520)   Maii 7. 1662.

GILBERTUS KENNEDY quondam ballivus de Mayboill, hæres Patricii Kennedy de Schalloch, patris,—in 20 solidatis terrarum antiqui extentus vocatis Little Schallamuck, in comitatu de Carrick. —A. E. 20s. N. E. 4l.   xxvi. 244.

(521)   Jul. 23. 1662.

KATHARINA ROBERTSONE, hæres Thomæ Robiesone de Ardalis, patris,—in 13 solidatis 4 denariatis terrarum novi extentus de Nether-Whitterst vulgariter vocatis Whitterstgall, infra parochiam et regalitatem de Kilwining et balliatum de Cunynghame :—A. E. 4s. 6d. N. E. 27s.—40 denariatis terrarum antiqui extentus de Eister Brigend de Kilwining, cum domibus et domo vulgariter vocata olim The Tolbuith ;—33 denariatis terrarum vocatis Pethfutt, infra dictam parochiam, regalitatem et balliatum : —A. E. 5s. ...d. N. E. 7s. 6d.—17 acris terrarum in boreali quarteria de Utterwood de Kilwining cum decimis earundem, infra dictam parochiam, regalitatem et balliatum.—A. E. 10s. N. E. 9l.   xxvii. 221.

(522)   Sep. 18. 1662.

JACOBUS FULLERTOUN mercator ac burgensis de Irwing, hæres Adami Fullertoun mercatoris ac burgensis dicti burgi, patris, —in terris de Bartenholme extendentibus ad 40 solidatas terrarum antiqui extentus, cum piscatione aquæ de Garnock ad dictas terras spectante.—A. E. 42s. N. E. 12l. 12s.—26s. 8d. de communibus custumis burgi de Irwing :—E. 26s. 8d.—20 solidatis terrarum antiqui extentus de Snodgrasse, quæ sunt partes 26 solidatarum 8 denariatarum terrarum antiqui extentus de Sevinaikerhill, infra parochiam de Irving et balliatum de Cunynghame.—A. E. 20s. 4d. N. E. 6l. 2s.   xxvi. 291.

(523)   Oct. 7. 1662.

JACOBUS REID in Tannockhill, hæres Mathei Reid notarii ibidem, patris,—in 8 solidatis 9 denariatis terrarum antiqui extentus de Dalquhrain, cum piscatione salmonum super aquam de Air, in dominio et baronia de Kylesmure, et balliatu de Kylestewart, cum decimis.—A. E. 8s. 9d. N. E. 15s. 2d.   xxvi. 292.

(524)   Oct. 7. 1662.

HELENA ET MARGARETA REIDS, hæredes portionariæ Gulielmi Reid de Bruntsheill, patris,—in 28 solidatis 10½ denariatis terrarum antiqui extentus de Bruntsheill, in dominio de Kylesmure et balliatu de Kylestewart.—A. E. 28s. 10½d. N. E. 2l. 1s. 6d.   xxvi. 293.

(525) Oct. 17. 1662.
JOANNES DOMINUS DE BARGANIE, *hæres* Joannis Domini de Barganie, *patris*,—in terris et baronia de Barganie extendentibus ad 40 mercatas terrarum aut eo circa;—3 libratis terrarum de M'Clarchistoun;—6 libratis terrarum de Newarke;—12 libratis terrarum de Gallochneill (vel Ballochneill;)—40 mercatis terrarum de Glenassill;—10 libratis terrarum de Daltippen et Challoche;—50 libratis terrarum de Ardstincher, infra comitatum de Carrick:—A. E. 134*l.* 6*s.* 8*d.* N. E. 537*l.* 6*s.* 8*d.*—Terris de Monktounhill et Over Maynes de Monktoun;—villa de Monktoun, Brousterlands, Wairdhous, Brockatt, Teuchatmuir, Nether Maynes de Monktoun, cum decimis, &c.;—terris de Blacklandholme (vel Kirklandholme,) Kirkhill, et Dalmilling;—terris de Milnequarter, Graystack, Mayneholme, Taittisquarter, Woodquarter, Blackhous, Chappelland, cum maresio vocato Paislemoss in glebario vocato Prestwickmoss, cum piscationibus de Wolwhair, Walschot, et Langcraiges, in parochiis de Monktoun et Sanct Keevox respective, regalitate de Paisley et balliatu de Kylestewart, unitis in baroniam de Monktoun:—E. 40*s.*—7 libratis terrarum 10 libratarum terrarum de Carlock, comprehendentibus 40 solidatas terrarum de Dowppen et Merkdew antiqui extentus;—26 solidatas 8 denariatas terrarum de Sannage;—terras de Barnevannock et Astedonane extendentes ad 26 solidatas terrarum;—in terris de Craiginawische et Poldownie extendentibus ad 26 solidatas 8 denariatas terrarum, et terras de Mowanie extendentes ad 26 solidatas 8 denariatas terrarum;—20 solidatis terrarum de Carleffyn;—26 solidatis 8 denariatis terrarum de Barhallane;—20 solidatis terrarum de Glarkleye;—terris de Bardrochwood, extendentibus ad mercatam terræ;—terris de Strowarrane et Arrecloyoche extendentibus ad 26 solidatas 8 denariatas terrarum antiqui extentus;—20 solidatis terrarum de Arnemuill:—A. E. 6*l.* 6*s.* 8*d.* N. E. 25*l.* 6*s.* 8*d.*—26 solidatis 8 denariatis terrarum antiqui extentus de Fardincracher, in balliatu de Carrick:—A. E. 26*s.* 8*d.* N. E. 5*l.* 6*s.* 8*d.*—20 solidatis terrarum de Sunley (vel Sanley,) et Craigley, in parochia de Kirkcudbright-Innertig, et balliatu de Carrick:—E. 6*l.* 6*s.* 10*d.*—3 mercatis terrarum de Auchmadie et Auchronochie:—E. 6*m.* 5*s.*—Mercata terræ de Dunmurchie:—E. 30*s.*—Terris glebariis de Kirkcudbright-Innertig:—E. 25*s.*—Rudis terrarum in Garven;—particata terræ vocata Grahamesknow extendente ad acram terræ, cum domo et 2 rudis terræ, &c. in comitatu de Carrick.—E. 10*s.*—(Vide Haddington, Linlithgow.) xxvi. 332.

(526) Nov. 19. 1662.
JOANNES CAMPBELL de Skeldoune, *hæres* Davidis Campbell de Skeldoune, *fratris germani*,—in terris de Aird vocatis Nether Skeldoun, extendentibus ad 8 mercatas 6 solidatas 8 denariatas terrarum antiqui extentus, cum pastura in mora de Mertnahame, Kyle-regis.—A. E. 5*l.* 13*s.* 8*d.* N. E. 28*l.* 6*s.* 8*d.* xxvi. 356.

(527) Dec. 17. 1662.
JOANNES MILLER de Westersmythstoune, *hæres* Joannis Miller de Wester Smythstoun, *patris*,—in 40 solidatis terrarum de Smeithstoune, quarum 20 solidatæ terrarum nuncupatæ sunt Midle Smythstoun, et 13 solidatæ 4 denariatæ terrarum nuncupatæ Ovir Smythstoun:—E. 33*s.* 4*d.* &c.—Et quarum 6 solidatæ 8 denariatæ terrarum vocatæ Nethir Smythstoun:—E. 8*s.* 11*d.* &c.—13 solidatis 4 denariatis terrarum antiqui extentus de Wester Smythstoun, infra regalitatem de Kilwinyng et balliatum de Cunynghame.—A. E. 13*s.* 4*d.* N. E. 6*m.* xxix. 214.

(528) Feb. 12. 1663.
JOANNES TUNNOCK de Milneburne, *hæres* Willielmi Tunnock portionarii de Milneburne, *patris*,—in 2 mercatis terrarum de Milneburne, Gilheid et Strandsyde cum decimis, in dominio de Kylesmuir, baronia et balliatu de Kylestewart.—A. E. 26*s.* 8*d.* N. E. 6*l.* 13*s.* 8*d.* xxvii. 11.

(529) Mar. 26. 1663.
MAGISTER JOANNES WAT, *hæres* Adami Wat scribæ signeto regio, *patris*,—in dimidietate annui redditus 2560*l.* de 40 libratis terrarum antiqui extentus de Auchinhervie, infra baroniam de Kilmaweris et balliatum de Cunynghame;—5 mercatis terrarum antiqui extentus de Chappeltoun, infra dominium de Stewartoun et balliatum prædictum;—5 mercatis terrarum de Crivoch-Lyndsay cum molendino de Crivoch;—20 mercatis terrarum de Ladyland et 5 mercatis terrarum de Drummillin, infra balliatum antedictum;—5 mercatis terrarum antiqui extentus de Bollinschaw et Dryriggis, infra parochiam de Stewartoun et balliatum antedictum;—terris de Balgray infra balliatum antedictum. xxvii. 32.

(530) Jul. 9. 1663.
ANDREAS RICHMONT, *hæres* Joannis Richmont portionarii de Auchincloich, *fratris germani*,—in 40 denariatis terrarum de Carleith vocatis Bogend;—3 solidatis terrarum de Auchincloch, cum portiuncula terræ inarabilis vocata the Gutter ad predictas terras adjacentibus;—6 solidatis ½ denariatis terrarum antiqui extentus de Auchinclach, in dominio et regalitate de Kylsmuir et balliatu de Kylstewart, cum decimis prefatarum 6 solidatarum ½ denariatarum terrarum de Auchinclach.—A. E. 12*s.* 4½*d.* N. E. 3*l.* 1*s.* 9½*d.* xxvii. 116.

(531) Aug. 27. 1663.
ANDREAS REID in Kerleith, *hæres* Andreæ Reid portionarii de Kerleith, *patris*,—in 4 solidatis 9 denariatis terrarum antiqui extentus de Kerleith cum decimis, in dominio de Kylsmur et balliatu de Kylstewart.—A. E. 4*s.* 9*d.* N. E. 23*s.* 9*d.* xxvii. 125.

(532) Jan. 7. 1664.
AGNETA REID, *hæres* Joannis Reid de Auchincleich, *patris*,—in 12 solidatis 3 denariatis terrarum de Auchincleich, cum dimidietate 6 solidatarum 1½ denariatarum terrarum ibidem, extendentibus ad 15 solidatas 3½ et ½ denariatas terrarum antiqui extentus, cum 3 lie rudes terræ in Newland eisdem adjacentibus, existentibus propria parte 4 solidatarum 9 denariatarum terrarum de Carleith, in dominio et regalitate de Kylesmuir.—A. E. 15*s.* 3½*d.* N. E. 37*s.* 7½*d.* xxvii. 172.

(533) Feb. 4. 1664.
MARGARETA POWER, *hæres* Annæ Cunynghame sponsæ Hugonis Power mercatoris burgensis de Glasgow, *matris*,—in 20 solidatis terrarum antiqui extentus de terris de Walstoune;—alteris 20 solidatis terrarum antiqui extentus de dictis terris de Walstoun vulgariter vocatis Walstounschaw cum decimis, quæ terræ sunt proprie partes 15 libratarum terrarum antiqui extentus de Carnegullan, infra parochiam et baroniam de Tarbouttoun et balliatum de Kylestewart.—A. E. 40*s.* N. E. 10*l.* xxviii. 67.

(534) Feb. 4. 1664.
JOANNES WHYTEFUIRD de Balloch, *hæres* Joannis Whytefuird de Balloch, *patrui*,—in terris et baronia de Blarquhan comprehendente 4 mercatas terrarum antiqui extentus de Blairquhan;—2 mercatas terrarum de Dallielachan, et 2 mercatas terrarum de Craigance antiqui extentus;—5 libratas terrarum de Barscob antiqui extentus;—12 mercatas terrarum de Tranew cum molendino;—5 libratas terrarum de Slintoch cum molendino;—3 mercatas terrarum de Blairmacmurries;—20 solidatas terrarum de Ballochveties;—dimidiam mercatæ terrarum de Lochbrandholme et Craigluir;—2 mercatas terrarum de Kilgramie;—11 mercatas terrarum 10 libratarum terrarum de Shankistoun, comprehendentes 2 mercatas terrarum de Carskeoch;—dimidiam mercatæ terræ de Chapeltoun;—2 mercatas terrarum de Eister et Wester Carnshalloch;—2 mercatas terrarum de Keirhill;—4 mercatas terrarum de Carnoquhan et Whythill;—dimidietatem mercatæ terræ de Coulstoun;—20 solidatas terrarum de Knockgarner et Auchingoinich;—mercatam terræ de Lochspallander, cum officio coronatoris comitatus de Carrick, omnes ab antiquo unitas in baroniam de Blairquhan:—A. E. 37*l.* N. E. 148*l.*—in 50 solidatis terrarum de Bischoplands, infra dictum comitatum de Carrick.—E. 6*l.* 13*s.* 4*d.*—Annuo redditu 60 librarum de 8 solidatis terrarum de Holmeheid, infra parochiam de Kirkmichaell et balliatum de Carrick. xxvii. 154.

(535) Feb. 5. 1664.
WILLIELMUS BLAIR de Eodem, *hæres masculus* Joannis Blair de Eodem, *patris*,—in terris et baronia de Blair in proprietate et tenandria:—A. E. 53*l.* 6*s.* 8*d.* N. E. 320*l.*—2 mercatis et dimidia mercata terrarum de Ovir Kirkheid:—A. E. 33*s.* 4*d.* N. E. 10*l.*—5 mercatis terrarum antiqui extentus de Aldmuir:—A. E. 3*l.* 6*s.* 8*d.* N. E. 20*l.*—2 mercatis terrarum antiqui extentus de Uttermuir:—A. E. 26*s.* 8*d.* N. E. 8*l.*—omnibus infra balliatum de Cunynghame:—6 solidatis et 8 denariatis terrarum de Snodgrasse vulgariter vocatis Sevinaiker-hill, cum communi pastura in communia burgi de Irwing, infra parochiam de Irwing et balliatum de Cunynghame:—A. E. 6*s.* 10*d.* N. E. 41*s.*—Terris de Lochwood cum carbonaria earundem;—pecia terræ vocata Balhill, infra baroniam de Ardrossan et balliatum de Cunynghame:—A. E. 8*l.* N. E. 48*l.*—6 solidatis et 8 denariatis terrarum antiqui extentus de Braidsorrow alias Kempsland, cum communi pastura super communiam de Largs, infra dictum balliatum.—A. E. 6*s.* 8*d.* N. E. 40*s.*—(Vide Renfrew.) xxvii. 235.

(536) Mar. 18. 1664.
JOSEPHUS CUNYNGHAME de Carlung, *hæres* Alexandri Cunynghame de Carlung, *fratris germani*,—in molendino granario de Drumilling cum 2 ustrinis, et astrictis multuris 10 libratarum terrarum de Carlung et 5 mercatarum de Drummilling, cum pastura super dictas terras de Carlung, in parochia de Kilbryde et balliatu de Cunynghame.—A. E. 3*s.* 4*d.* N. E. 20*s.* xxvii. 182.

(537) Mar. 18. 1664.
MAGISTER JOANNES CUNYNGHAME de Baidland, *hæres* Joannis Cunynghame de Baidland, *patris*,—in terris de Baidland et Brockmerklie extendentibus ad 40 solidatas terrarum antiqui extentus, in balliatu de Cunynghame.—A. E. 40*s.* N. E. 12*l.* xxvii. 182.

(538) Jul. 7. 1664.
EUPHAMIA WILSONE sponsa Jacobi Chalmers in Chappellagane, *hæres* Hugonis Wilsone in Beat, *patris*,—in 9 solidatis ter-

H

rarum antiqui extentus de Nether Bargrure, in dominio de Kylesmure et balliatu de Kylestewart.—A. E. 9s. N. E. 45s. xxvii. 262.

(539) Jul. 8. 1664.

DAVID CUNYNGHAME filius legitimus Alexandri Cunynghame, *hæres* Margaretæ Cunynghame sororis germanæ natu maximæ quondam Joannis Cunynghame de Cambuskeith, *matris,*—in tertia parte 10 libratarum terrarum antiqui extentus de Cambuskeith ex boreali parte aquæ de Irwing, infra balliatum de Cunynghame.—E. 3l. 6s. 8d. et 4s. 5¼d. in augmentationem. xxvii. 223.

(540) Jul. 21. 1664.

JEANNA PATERSONE, *hæres* Alexandri Patersone in Blarkip, *avi,*—in 8 solidatis terrarum antiqui extentus de Montgarswood vocato Culterland, in dominio et regalitate de Kylismuire et balliatu de Kylestewart.—A. E. 8s. N. E. 40s.—Annuo redditu principalis summæ 2000 m. de dimidietate 28 solidatarum et 10 denariatarum terrarum de Burnheid, cum dimidietate decimarum, in parochia de Mauchleine.—E. 80l. xxviii. 32.

(541) Oct. 26. 1664.

WILLIELMUS BLAIR de Eodem, *hæres masculus* Joannis Blair de Eodem, *patris,*—in tenandria de Grotholme comprehendente terras et terras dominicales de Rysholme et pendiculum vocatum the Toftis;—terras de Flaskwood, Northblais et Southblais, in balliatu de Cunynghame, cum jure patronatus ecclesiæ de Dalry:—A. E. 7l. 6s. 8d. N. E. 44l.—5 mercatas terrarum antiqui extentus de Macbie-hill, in balliatu de Cunynghame:—A. E. 3l. 6s. 8d. N. E. 20l.—Terras de Grotholme:—E. 10 m. &c.—Terras de Nethermaynes extendentes ad 30 solidatas terrarum antiqui extentus:—E. 4 m. 3s. 4d. &c.—32 denariatas terrarum antiqui extentus de Rogers-mailing:—E. 3s. 4d.—Piscationem salmonum in aqua de Garnock, infra regalitatem de Kilwining et balliatum de Cunynghame:—E. 3s. 4d.—10 solidatas terrarum antiqui extentus de Corshill, et domos et hortos de Pethfut, infra dictam regalitatem et balliatum:—E. 11s. 8d. &c. et 13s. 4d. in augmentationem;—quæ omnes terræ de Grotholme præscriptæ unitæ sunt in baroniam de Grotholme:—Molendino vocato Walkmylne de Kilwining super aquam de Garnock;—molendino avenatico lie Corne-mylne super dictas terras, cum privilegio lie mossrowme in glebario de Mossmolloch alias Smeistoun-moss, infra parochiam et regalitatem de Kilwining et balliatum prædictum.—E. 4l. 3s. 4d. xxvii. 264.

(542) Dec. 20. 1664.

JOANNES CRAWFORD de Innerkirkheid, *hæres* Willielmi Crawford de Innerkirkheid, *patris,*—in 2 mercatis terrarum de Innerkirkheid antiqui extentus, ac una mercata terræ (lie common) ejusdem extentus nuncupata Wardlawis, infra dominium de Gifford et balliatum de Cunynghame.—A. E. 40s. N. E. 12l. xxviii. 59.

(543) Mar. 22. 1665.

JOANNES MURDOCH filius legitimus quondam Patricii Murdoch in Duchray, *hæres* Jacobi Murdoch, *filii patrui,*—in tenementis in Air.—E. 40d. xxviii. 103.

(544) Aug. 24. 1665.

GEORGIUS TURNER, *hæres* Samuelis Turner scribæ Edinburgi, *fratris,*—in terris de Montgomeriestoun; terris vocatis Maynes;—terris de Upper M'Ilvainstoun;—terris de M'Roriestoun et terris de Fardingwilliam, cum decimis earundem, infra parochiam de Kirkmichaell et balliatum de Carrick.—A. E. 11 m. N. E. 66 m. xxviii. 60.

(545) Aug. 29. 1665.

GULIELMUS CAMPBELL, *hæres* Joannis Lowthiane in Newmylnes, *abavi ex parte matris,*—in 2 tenementis in burgo de Newmylnes, baronia de Loudoun et balliatu de Cunynghame, cum 12 acris terrarum infra territorium dicti burgi, et libertate in mora et communi de Loudoun.—E. 4 m. xxviii. 57.

(546) Feb. 8. 1666.

ALEXANDER COMES DE GLENCAIRNE, Dominus Kilmawers, *hæres* Gulielmi Comitis de Glencairne, &c. *patris,*—in terris et baronia de Kilmaweris, cum jure patronatus ecclesiæ ejusdem, et terris de Lamburghtoun, quæ sunt partes baroniæ de Kilmaweris, in balliatu de Cunynghame:—A. E. 60l. N. E. 360l.—Advocatione et jure patronatus ecclesiæ de Dreghorne cum manso, gleba, decimis, &c. in balliatu de Cunynghame, unitis ad terras de Duncryne.—A. E. 2d. N. E. 10d.—(Vide Renfrew, Dumbarton, Stirling.) xxviii. 154.

(547) Feb. 9. 1666.

GEORGIUS DUMBAR in Cumnockmaynes, *hæres* Hugonis Dumbar in Pollosch, *filii fratris avi,*—in 40 solidatis terrarum de Lochingirroch et Glenley ac terris vulgariter vocatis Newhous, in baronia de Cumnock, Kyll-regis.—A. E. 40s. N. E. 10l. xxviii. 111.

(548) Mar. 15. 1666.

MAGISTER JACOBUS REID, *hæres* Willielmi Reid mercatoris burgensis de Edinburgh, *patris,*—in terris de Martinham infra Kingskyle:—A. E. 80l. N. E. 320l.—Terris de Eister et Westir Loudouns;—10 libratis terrarum antiqui extentus de Stevinstone;—5 libratis terrarum antiqui extentus de Raith;—5 libratis terrarum de Darriesraith et Darqhillan, et manerie loco nuncupato Broommylne, cum terris de Newmylne, et libero foro hepdomadatim apud Newmurndir, cum tribus liberis nundinis annuatim;—terris de Bruntwood, infra balliatum de Cunynghame:—A. E. 100l. N. E. 400l.—40 solidatis terrarum de Auchinrugland;—20 solidatis terrarum de Sorn antiqui extentus;—10 solidatis terrarum antiqui extentus de Sornhill cum molendino, infra balliatum de Kylistewart:—A. E. 80l. N. E. 120l.—5 libratis terrarum de Castellhill et Hietrie;—40 solidatis terrarum de Mylntoun de Greugar, in baronia de Greugar et balliatu de Cunynghame:—A. E. 5l. N. E. 20l.—Terris de Over et Nether Sorns cum piscatione et molendino;—terris de Blairkipp et Blairmalloch;—terris de Overmuir alias Muirmill cum terris molendinariis;—terris de Mangerswood et terris de Cultisland:—E. 25l. 11s. 3d.—Decimis predictarum terrarum:—E. 10l.—Terris de Barr comprehendentibus terras de Barrs, Stewarts-Calesholmes, et communem pasturam in terris dominicalibus de Colstoun et Cesnock, infra balliatum de Kylestewart;—dimidio mercatæ terræ de Dallingforme, infra dictum balliatum de Cunynghame;—terris et tenandriis de Maxwood comprehendentibus 4 mercatas terrarum de Overnewtoun;—16 solidatas et 8 denariatas terrarum de Dyk in Ricartoun;—2 mercatas terrarum de Lockharts-Dalhoy;—20 solidatas terrarum de Maxwood et Millanties;—13 solidatas et 4 denariatas terrarum de Rughill, et pratum nuncupatum Douglas-medow, infra dictas terras de Stewarts-Calisholmes, olim annexatas terris de Maxwood et Rughill et terris adjacentibus, in australi parte aquæ de Air;—in mercata terræ de Lynschoet et Bowland;—mercata terræ de Potterhill;—dimidia mercata terræ de Kirkyards;—40 denariatis terrarum de Walliswairdwork et prato nuncupato Allershaw-medow, infra dictas terras de Stewarts-Calisholmes;—dimidia mercatæ terræ de Ninodub;—40 denariatis terrarum de Berryhill antiqui extentus, cum pastura animalium super moram de Darranschalloch, moram de Colstoun et communem de Cesnock, infra balliatum de Kylestewart, extendentibus dictis terris et tenandria de Maxwood in toto ad 13 libratas et 10 solidatas terrarum aut eo circa;—terris de Terriochies infra parochiam de Auchinleck, cum decimis ecclesiæ de Auchinleck, infra balliatum de Kylestewart;—terris de Hauchmilne;—terris de Mossgarron;—terris de Dykefeild;—terris de Greenok-maynes;—terris de Linburn;—terris de Glenbuck;—terris de Grashills;—terris de Waterhous;—terris de Blackside;—terris de Hairwood et Netherwood;—terris de Over Whythauah;—10 libratis terrarum de Mauchlin;—villa de Mauchlin cum foro hebdomadario et tribus nundinis;—Mauchlin-maynes;—Mackmichaelbuiges;—Cowshalschaw et mora adjacente nuncupata Cowfauldschew-muir;—terris de Dowbarr, Crawsland, Gresenalges, Walton alias Litle Fordell, Netherplace et Knockschaird;—tenemento et horto in Mauchlin;—terris de Moriesward, Netherwalwood, Over et Nether Preist-gills, Scottamcleuch, Lamberstoun, Splyseyleck, Netherwood nuncupatis Buru ejusdem;—terris de Middlefeild et Waterhead;—terris et terris dominicalibus de Bargour, comprehendentibus terras de Roddinges, Bargour nuncupatas Garroch et Southbrae, Smythistoun, Overhauch, Kingzeancleuch, M'Naught, Corscrofts, Sheill, Nethirhauch infra Kingzeancletich, Wilkiestoun, Brigend et pratum de Mackcormeith, Mestoun, Nethirhauch et salmonum piscariæ aliorumque piscium super aqua de Air;—terras de Bruntsheill lie Walkmylnfeild de Hauch;—terras de Hill lie Meikilwood, Barmuir, Hills de Barmuir, Reidwrais;—terras de Eister et Wester Dowrayes;—terras de Corsflatt et Mylnstounburn;—terras de Kilhauch et Auchinbran;—terras de Bornenachthill;—terras de Hilhous;—terras de Lochrie et Loch-hill;—terras de Auchinweitt et Invermuir;—20 solidatas terrarum de Mosburgerie;—9 solidatas terrarum in Lochill;—terras de Barmuir nuncupatas Bilsyd;—terras de Sundishaw et Daldorich;—terras de Hilhauch;—terras de Reidwray in Barmuir alias nuncupatas Clarksheills;—terras de Carpell;—terras de Holehomes, Daldilling;—terras de Blaccandyck;—terras de Sands;—terras de Schappellhous;—terras de Midle Greinock;—terras de Tardaise;—terras de Burntfitt in Natherwood;—terras de Dalquharran;—terras de Mekilwood;—terras de Hillock;—terras de Renslie;—terras de Oxinshaw;—terras de .... et Unhauche;—terras de Lourisland;—terras de Hoill in Nethir Meikilwood, cum pertinentiis nuncupatis Rodrighead, et terras de Nethirwood et Corshill;—terras de Bogwood;—terras de Hauchhoom;—terras de Grasshill et Newtoun;—terras de Longwoodhead, infra baronias de Kylismuir et Barmuir, cum privilegiis piscationum et decimis;—terris de Lochbrow et Blakcraig, infra parochiam de Cumnok;—terris de Terrinzeane comprehendentibus terras de Dalgreg, Serrinreoch;—terras de Knockcarran;—terras de Millyeoch;—terras de Garlose in Kingis-Kyle;—terris de Martinholme in Kingiskyle;—tenemento terræ infra burgum de Air:—E. 173l.

7s. 7d.—Decimis garbalibus aliisque decimis prædictarum terrarum. —E. 20l.—(Vide Aberdeen, Fife.) xxviii. 147.

(549) Jun. 7. 1666.
WILLIELMUS LAW, *hæres* Joannis Law de Hollhous, *avi*,—in 10 solidatis terrarum antiqui extentus de Hoilhous, in dominio de Kylismuir et balliatu de Kylistewart.—A. E. 10s. N. E. 50s. xxviii. 181.

(550) Jun. 7. 1666.
MAGISTER JOANNES REID de Merkland, *hæres* Quintigerni Reid, *patris*,—in 14 solidatis et 6 denariatis terrarum antiqui extentus de Bruntsheill vocatis Merkland:—E. 20s.—10 solidatis terrarum de Bruntsheill vocatis Grein de Bruntsheill extentus prædicti: —E. 14s. 6d.—extendentibus in integro ad 34s. 6d.—15 solidatis et denariata terrarum de Bruntsheill, in dominio et baronia de Kylismure ;—annuo redditu 4l. et 12d. cum 24 pondo butyri de 15 solidatis et denariata terrarum de Bruntsheill.—E. 20s. xxviii. 182.

(551) Jul. 19. 1666.
CATHARINA, MARGARETA, JEANNA, MARIA, JONETA, ET EUPHAMIA ROSSES, *hæredes portionariæ* Joannis Ross de Dreghorne, *patris*,—in 4 libratis terrarum antiqui extentus de Dreghorne ;—tertia parte piscariæ de Outcraig :—A. E. 4l. N. E. 20l.—6 libratis terrarum extentus predicti de Newhill et Lethis cum molendino :—A. E. 6l. N. E. 20l.—2½ mercatis terrarum de Arrothill antiqui extentus :—A. E. 33s. N. E. 8l. 6s. 8d.— Terris de Eister Tempiltoun extendentibus ad 5 mercatas terrarum extentus predicti:—A. E. 3l. 6s. 8d. N. E. 16l. 13s. 4d.—omnibus jacentibus in parochia de Dundonald et balliatu de Kylistewart. xxviii. 185.

(552) Jul. 19. 1666.
JOANNES WALLACE de Bridghous, *hæres* Roberti Wallace de Bridghous, *patris*,—in 42 solidatis et 2 denariatis terrarum de Nethirbargour ;—3 solidatis et 10 denariatis earundem terrarum ;— 5 solidatis hujusmodi terrarum ;—4 solidatis et 4 denariatis terrarum earundem, in dominio de Kylismuir et balliatu de Kylistewart. —E. 3l. 19s. 6d. xxviii. 224.

(553) Jan. 10. 1667.
JACOBUS HAMILTOUN de Woodsyde, *hæres* Magistri Claudii Hamiltoun in Kilwyning, *patrui*,—in tribus quartis partibus exterioris sylvæ de Kilwinning, lie three fourt parts of the Underwood of Kilwinning cum decimis, in dominio, parochia et regalitate de Kilwinning, et balliatu de Cunynghame.—E. 10l.—Domo et horto in villa de Kilwinning, in parochia de Kilwinning :—E. 5s. 8d. xxviii. 266.

(554) Jan. 24. 1667.
MAGISTER JOANNES WATT, *hæres* Adami Watt scribæ signeto regio, *patris*,—in dimidietate 40 solidatarum terrarum antiqui extentus de Auchinharvie :—A. E. 20s. N. E. 6l.—Dimidietate 10 mercatarum terrarum de Farlie-Crivoch :—A. E. 5 m. N. E. 20l. —Dimidietate 5 mercatarum terrarum de Drummilling :—A. E. 33s. 4d. N. E. 10l.—Dimidietate 5 mercatarum terrarum de Chappeltoun :—E. 4l.—Dimidietate 5 mercatarum terrarum de Crivoch-Lindsay :—E. 4l.—Dimidietate molendini vulgo nuncupato Crivoch-mylne :—E. 27s. 6d.—Dimidietate 5 mercatarum terrarum de Bollingshaw et Dryrigs :—E. 3l. 13s. 4d.—omnibus jacentibus infra balliatum de Cunynghame :—Dimidietate 2½ mercatarum terrarum de Robertland :—A. E. 16s. 8d. N. E. 5l.—Dimidietate 14 solidatarum terrarum de Horsmoor :—A. E. 7s. N. E. 42s.—Dimidietate 4 solidatarum terrarum de Lochsyde :—A. E. 2s. N. E. 12s. —Dimidietate 3 mercatarum terrarum de Lochrig :—A. E. 20s. N. E. 6l.—Dimidietate 6 mercatarum terrarum de Cassiltoune Over et Nethir :—A. E. 40s. N. E. 12l.—Dimidietate 10 mercatarum terrarum de Lochrig :—A. E. 3l. 13s. 4d. N. E. 22l.—Dimidietate 4 mercatarum terrarum de Braidielands :—A. E. 26s. 8d. N. E. 8l. —Dimidietate 20 solidatarum terrarum de Spittell :—A. E. 10s. N. E. 3l.—Dimidietate 6 mercatarum terrarum de Fulschaw, Halket, et Wattirlandis :—A. E. 40s. N. E. 12l.—Dimidietate terrarum et baroniæ de Glengarnock ac lacus nuncupati Lochtankert, comprehendente terras de Barnes, Beirhill, Dalmoylands, Plewlandis, Auchinhuiff, Unthank, Deniholme, Brigend, Lochrig, Stanieholme, Lochend, Boiges, et Waters alias Padokholme ;—dimidietate mercatæ terræ de Croslands de Kilbirnie, ac 40 solidatis terrarum de Cherrilands, extendentibus in integro ad 20 libratas terrarum antiqui extentus, infra dictum balliatum de Cunynghame.—A. E. 10l. N. E. 60l. xxviii. 345.

(555) Sep. 26. 1667.
MAGISTER WILLIELMUS FULLERTOUNE de Eodem, *hæres* Jacobi Fullertoune de Eodem, *patris*,—in 10 mercatis terrarum de 20 libratis terrarum de Crosbie vocatis Crosbie-Fullartoun, cum piscatione salmonum ;—5 libratis terrarum de Cruikisland ;—dimidia mercata terræ de Sandhills ;—10 solidatis terrarum de Cruikislands, cum 9 acris terrarum eisdem adjacentibus,

omnibus antiqui extentus ;—10 libratis terrarum de prefatis 20 libratis terrarum de Crosbie vocatis Crosbie-Bannatyne ;—20 solidatis terrarum antiqui extentus de Trune, cum piscatione super aqua de Irving, et jure patronatus ecclesiæ de Crosbie, cum quibusdam aliis terris in quibus Willielmus Fullartoune hactenus infeodatus fuit, unitis in baroniam de Crosbie-Fullartoun, in balliatu de Kylestewart.—A. E. 28l. 10s. N. E. 94l. xxviii. 343.

(556) Feb. 20. 1668.
MAGISTER WILLIELMUS ECCLES de Kildonan, *hæres* Joannis Eccles de Kildonan, *patris*,—in 2 mercatis terrarum de Nether Benan, infra balliatum de Carrick.—A. E. 26s. 8d. N. E. 5l. 6s. 8d. xxix. 34.

(557) Aug. 22. 1668.
GEORGIUS FERGUSON, *hæres masculus* Thomæ Fergusone de Thraiff, *fratris germani*,—in 6 mercatis terrarum de Thraiff :— E. 6l. et 6s. 8d. in augmentationem :—Dimidia mercata terræ de Dalilung antiqui extentus, infra parochiam de Kirkoswald, comitatum de Carrick et regalitatem de Corsraguell.—E. 15s. et 8d. in augmentationem, &c. xxix. 211.

(558) Sept. 22. 1668.
JOANNES COMES DE CASSILLS, Dominus Kennedy, &c. *hæres masculus et lineæ respective* Joannis Comitis de Cassills, &c. *patris*,—in 4 mercatis terrarum de Barlauch ;—mercata terræ de Herbetstoune ;—2 mercatis terrarum de Auchnairnie ;—40 solidatis terrarum de Wartley ;—9 solidatis terrarum de Rowatstoune; —8 mercatis terrarum de M'Murchiestoune ;—8 solidatis terrarum de Knockinheid ;—8 solidatis terrarum de Holmheid ;—16 solidatis terrarum de Ballicullie ;—8 solidatis terrarum de Clintoch ;—26 solidatis terrarum de Burnetoune ;—2 mercatis terrarum de Gilbertstoune ;—2 mercatis terrarum de Ballsaggat, infra balliatum de Carrick :—E. 87l. 9s. 4d.—3 mercatis (vel 3 libratis) terrarum vocatis Knockigarrane et Altichappell, cum insula de Ailsay, in balliatu de Carrick et regalitate de Croseraguell :—E. 4l. 12s.—9 mercatis terrarum de Brunstourie, in balliatu et regalitate prædictis, cum piscaria aquæ de Girvane :—E. 9l. 3 duodenæ salmonum, &c.—Terris de Aird alias Nether Skeldoune, extendentibus ad 8 mertatas 6 solidatas 8 denariatas terrarum, in Kyle-Regis.—A. E. 8 m. 6s. 4d. N. E. 51 m.—(Vide Wigton.) xxix. 102.

(559) Sep. 22. 1668.
JOANNES COMES DE CASSILLS, Dominus Kennedy, &c. *hæres talliæ et provisionis* Jacobi Domini Kennedy, *fratris germani*, —in 10 libratis terrarum antiqui extentus de Drumgarloche :—E. 124 bollæ farinæ, &c.—8 mercatis terrarum de Balchrystie :—E. 56 bollæ farinæ, &c.—6 mercatis terrarum de Eister Denyne, cum decimis, &c.—E. 22 bollæ farinæ, &c.—6 mercatis terrarum de Wester Dinyne :—E. 6l.—6 mercatis terrarum de Auchnacht :—E. 6l.—4 mercatis terrarum de Barkenny :—E. 4l.—50 solidatis terrarum de Craigoch, Carmestoune, et Knockdine, cum carbonario ejusdem, vocato Carbonario Allhallowlie :—E. 12l.—Mercata terræ de Knockbreck apud ecclesiam de Straittoune :—E. 3l. 6s. 8d. &c.— 40 solidatis terrarum de M'Gounstoune :—E. 4l. &c.—10 solidatis terrarum de Maltmanstoune antiqui extentus cum piscationibus, infra regalitatem de Croceregwell et balliatum de Carrick :—E. 3l. &c.—50 solidatis terrarum antiqui extentus de Craigneills, Beauche, Craigneilloune et Holme :—E. 10s.—25 solidatis terrarum de Beauche alias Carnoquhowat, et 25 solidatis terrarum vocatis Grumettland, cum piscatione, &c. in comitatu de Carrick :—E. 30s.— 40 solidatis terrarum de Bar, infra balliatum de Carrick :—E. 46s. 8d.—9 mercatis terrarum de Largs ;—5 mercatis 6 solidatis 8 denariatis terrarum de Knockrawer ;—5 mercatis terrarum de Lagdalilduff, et dimidia mercata terræ de Largs, extendentibus in integro ad 20 mercatas terrarum antiqui extentus :—E. 20l.—Terris et baronia de Dalrympill extendentibus ad 40 mercatas terrarum antiqui extentus, infra baroniam de Dalrympill, Kyle-regis :—A. E. 40 m. N. E. 240 m.—cum quibusdam aliis terris in vicecomitatu de Wigton et Senescallatu de Kirkcudbright, unitis in baroniam de Leswart :—Terris de Monkland de Melrose, infra balliatum de Carrick ;—terris et baronia de Dinure cum castro earundem, extendentibus ad 40 mercatas terrarum antiqui extentus adjacentibus dicto castro :—terris de Glenop continentibus terras subscriptas, viz. Carlock, Altingay, Stanocraig, Assendonoull, Mullgowand, Mukeroch, Mullbayne, Dowpeine, Auchnanny, Barnevannock, Schannes, Aird, Drumrocheirre, extendentibus ad 10 libratas terrarum antiqui extentus, cum jure patronatus preposituræ et prebendariæ ecclesiæ Collegiatæ de Mayboill, infra dictum comitatum de Carrick :—A. E. 55 m. N. E. 220 m.—unitis in baroniam de Dinure :—Terris et baronia de Turnberrie et Traboiack, alias baronia de Straittoune nuncupatis :—E. 61l.—Terris de Girvaneheid infra balliatum de Carrick ;—terris et baronia de Cassills comprehendentibus terras dominicales de Cassills, cum castro, parca et silva de Cassills :—terras de Kylestoune, Blairboyes, Crawfurdstoune, Pinmurries, Kyletrie, Mackgrend, Barnesheine, Corsanstoune, Hoillhouse, Dunherstoune, Barnefurde, Troquhane, Burnemouth,

cum piscationibus, &c. extendentes ad 43 mercatas terrarum antiqui extentus;—6 mercatas terrarum de Ovir Killmoir;—6 mercatis terrarum de Nether Killimoir;—12 mercatas terrarum de Gyletrie, cum silva ejusdem;—20 libratas terrarum de Dalmortoune, continentes Croftane, Knocklay, Meikle Shalloch, Schewben, Clonanchie, Clongill, Leffenfairne, Dalmortoun, Glovingorne, Couthinvesheris, Reais, Lentow, Balbeg, et 7 mercatis terrarum de Dalcerclickinshirres et Ruthill;—10 mercatis terrarum de Row continentibus Over Row, Nether Row, Schalloch, Corrissachoche, Liltredame, M'Ellanstoune, Melldonoche, Pinvalie, Laglany, Balloch, Mackeronistoune et Balbeg;—10 libratis terrarum de Traboiack, quarum duæ Glenginnetts et Benane sunt partes;—4 mercatis terrarum de Meikle Wairiestoun;—40 solidatis terrarum de Caff;—5 mercatis terrarum de Killekie, Ballwhillie et Ballemuck;—3 mercatis terrarum de M'Marteinstoune;—3 mercatis terrarum de Garpine et Dalduff;—2 mercatis terrarum de Drumulling;—20 solidatis terrarum de Auchinrois;—mercata terræ de Dalduff;—6 solidatis 8 denariatis terrarum de Dalecult;—3 mercatis terrarum de Clonauchie;—2 mercatis terrarum de Kirkbryde;—mercata terrarum de Bardonane;—6 solidatis 8 denariatis terrarum de Craigo;—6 solidatis 8 denariatis terrarum de Ardachs;—10 libratis terrarum de Kilkerrane;—40 solidatis terrarum de Knockinskeoch et Dalongfurde;—5 mercatis terrarum de Glenquhairne;—mercata terræ de Glaswalloch;—20 solidatis terrarum de Glengaip;—10 solidatis terrarum de Craiginraw;—terris de Arniesheine, Tirmarto, Lagagarran, Darmarroche, Killigrossane, Knockevett, Craigans, Craigfyn, Boigra, Durrie, Quhorrell, Fardein, et Dalechangand, extendentibus ad 18 mercatas terrarum antiqui extentus;—5 mercatis terrarum de Ovir et Nethir Clerkinochis et Lochland alias Lindrowisle;—2½ mercatis terræ de Balmacrovell;—50 solidatis terrarum de Letterpin;—3 mercatis terrarum de Drumskeine;—2 mercatis terrarum de Fardingeraches;—20 solidatis terrarum de Knockgairdner;—40 denariatis terrarum de Craigshinniche, infra balliatu de Carrick;—hæreditario officio balliatus de Carrick cum feodis, &c.—omnibus ab antiquo unitis in baroniam de Cassills;—terris et baronia de Culzeane, viz. 6 mercatis terrarum de Glenalloway et Auchaltane;—5 mercatis terrarum de Riddelstoune antiqui extentus, infra parochiam de Kirkoswald et balliatum de Carrick, unitis in baroniam de Culzeane;—6 mercatis terrarum subscriptis, viz. mercata terræ de Carso;—2 mercatis terrarum de Craigfyn;—40 solidatis terrarum de Drumfad in balliatu de Carrick;—hæreditario officio custodis castri de Lochdohe, et terris vocatis Pennylands ad custodiam dicti castri spectantibus, extendentibus ad 5 libratas terrarum antiqui extentus, cum lacubus de Lochdoone et Finlachis, et piscatione, &c. infra parochiam de Strattoune et balliatum de Carrick;—terris vocatis Wallacelands, viz. Leffindinoull, Lanylane, Auchlochie, Barchallane, Glaiklae, Over Altekyne, Schallochtig, Strawarrane, Gerleffine, Pinquhirrie, Drumwachtie, Arnemuill, MacColmstoune, Over et Nether Dangers, Balboig, Straebrekane, et mercata terræ de Bardrockat antiqui extentus, infra parochiam de Callmonnell et Innertig respective, et comitatum de Carrick.—E.........—(Vide Wigton, Kirkcudbright.) xxix. 95.

(560) Nov. 17. 1668.
ARTHURUS CAMPBELL, *hæres* Georgii Campbell de Achmonoch, *patris*,—in 45 solidatis terrarum antiqui extentus de Achmonoch, in domitio de Kylismure:—E. 49s. 10d.—22 solidatis 6 denariatis terrarum antiqui extentus de Logan, infra dictum dominium de Kylesmure.—E. 32s. 6d. xxix. 168.

(561) Jan. 7. 1669.
RICARDUS WALKER in Bargour, *hæres* Ricardi Walker in Bargour, *avi*,—in 6 solidatis 4 denariatas terrarum antiqui extentus de Nether Bargour, in dominio de Kylesmure et balliatu de Kylstewart.—E. 9s. 8¼d. xxix. 152.

(562) Jan. 28. 1669.
MATTHEUS BAIRD, *hæres* Adami Baird in Sandbed de Kilmarnock, *patris*,—in terris de Cairtley extendentibus ad 2½ acras:—A. E. 1s. N. E. 5s.—Domibus, &c. in Machlein.—E. 3s. 4d. xxix. 206.

(563) Mar. 11. 1669.
JOANNES TAILYEOR, *hæres* Magistri Jacobi Tailyeor nuper ministri apud Greenock, *patris*,—in annuo redditu 148l. de 33 solidatis et 4 denariatis terrarum antiqui extentus de Overlyne, in baronia de Dalrye et balliatu de Cunynghame. xxx. 129.

(564) Mar. 11. 1669.
WILLIELMUS MITCHELL, *hæres* Thomæ Mitchell de Milnburn, *avi*,—in 2 mercatis terrarum antiqui extentus de Milneburne, in balliatu de Kylestewart.—E. 38s. 5d. xxix. 178.

(565) Sep. 2. 1669.
ROBERTUS CUNYNGHAME de Collenan, *hæres* Alexandri Cunynghame de Collennan, *patris*,—in 5 libratis terrarum antiqui

extentus de Clavens, in parochia de Dundonald et balliatu de Kylstewart:—A. E. 5l. N. E. 25l.—5 libratis terrarum de Heillheis, in parochia et balliatu antedicto.—A. E. 4l. 16s. 8d. N. E. 24l. 3s. 4d. xxix. 232.

(566) Oct. 8. 1669.
QUINTINUS M'ILVANE de Grimet, *hæres* Joannis M'Ilvane de Grimat, *patris*,—in terris de Thomastoun;—terris de Craigincalzie;—terris de Moinloche;—terris de Auldcraigoch, Aneane, Dalmacairny alias Dounance, et Litell Shalloche, extendentibus in integro ad 10 libratas terrarum antiqui extentus, infra comitatum de Carrick;—4 libratis 6 solidatis 8 denariatis terrarum de Nethir Grimett vocatis Attiquin, infra dictum comitatum:—A. E. 14l. 6s. 8d. N. E. 57l. 6s. 8d.—Annuo redditu 240l. de 8 mercatis terrarum de Balchrysteins, in parochia de Kirkoswall, regalitate de Croceraguell et comitatu de Carrick predicto;—annuo redditu 80 librarum de 30 solidatis terrarum de Meikildrumschange in Loganstoune, infra parochiam de Mayboill et comitatum antedictum. xxix. 239.

(567) Nov. 4. 1669.
JACOBUS NISBETT, *hæres* Magistri Alexandri Nisbett ministri verbi Dei apud ecclesiam parochialem de Irving, *patris*,—in 10 libratis terrarum antiqui extentus de Knock, infra balliatum de Cunynghame, comprehendentibus villam et terras de Over et Nether Graszeardes, Quarter, Rottenburne, Glenheid, Hill, Outerwairds, et Palmerboig cum decimis.—A. E. 10l. N. E. 60l. xxix. 258.

(568) Feb. 17. 1670.
GULIELMUS WALLACE de Sewaltoun, *hæres masculus* Edwardi Wallace de Sewaltoun, *patris*,—in 5 libratis terrarum antiqui extentus de Sewaltoun, cum duobus molendinis earundem, unum vocatum Milnmos milne super aquam de Irving, et alterum vocatum Sewaltoune mylne supra torrentem de Sewaltoune, cum piscatione salmonum in aqua de Irving:—A. E. 5l. N. E. 25l.—Terris de Marres cum piscatione salmonum in aqua de Irving, extendentibus ad 40 solidatas terrarum antiqui extentus, in parochia de Dundonald, et balliatu de Kyllstewart.—A. E. 2l. N. E. 10l. xxix. 302.

(569) Sep. 29. 1670.
JOANNES COMES DE GLENCAIRNE, Dominus de Kilmaures, *hæres masculus* Alexandri Comitis de Glencairne, &c. *fratris germani*,—in terris et baronia de Kilmaures cum advocatione collegiatæ ecclesiæ earundem;—terris de Lamburghtoune, quæ sunt partes dictæ baroniæ de Kilmaures, in balliatu de Cunynghame.—A. E. 60l. N. E. 360l.—(Vide Renfrew, Stirling.) xxx. 103.

(570) Dec. 30. 1670.
JOANNES KENNEDIE de Knockdaw, *hæres* Davidis Kennedie de Knockdaw, *patris*,—in 10 libratis terrarum de Conray cum molendino antiqui extentus, quarum 2¼ denariatæ terrarum de Nathir Conray vocatarum Straid sunt propriæ partes, infra comitatum de Carrick.—A. E. 10l. N. E. 40l. xxx. 157.

(571) Jan. 25. 1671.
WILLIELMUS CUNYNGHAME de Ashinyairdes, *hæres* Jacobi Cunynghame de Ashinyairds, *patris*,—in 21 solidatis et 8 denariatis terrarum antiqui extentus de Ashinyairdis, vulgariter nuncupatis Aschinyairdis-Cunynghame:—E. 33s. 6d.—11 solidatis et 8 denariatis terrarum antiqui extentus de Aischinyairdis vulgariter nuncupatis Aischinyairdis-Russell:—E. 15s. 4d. &c.—5 solidatis terrarum novi extentus de Whythirst nuncupatis Whythirst-Ewing;—E. 5s. 10d.—5 solidatis terrarum novi extentus de Whithirst olim nuncupatis Whithirst-Henrysones:—E. 6s. &c.—jacentibus infra parochiam et regalitatem de Kilwyning et balliatum de Cunynghame:—8 solidatis et 4 denariatis terrarum antiqui extentus de Nather Bogsyid in Beithe:—E. 10s. &c.—4 solidatis et 2 denariatis terrarum novi extentus de Nathir Maynes nuncupatis Ritchiefauld:—E. 5s.—2 acris terrarum de Byreflett domo et horto;—6 rudis terrarum jacentibus in terris vulgariter nuncupatis Oxenyairdes cum domo et horto, ex australi latere communis viæ villæ de Kilwyning;—15 denariatis terrarum antiqui extentus nuncupatis Smethisbank;—acra terræ nuncupata the Lady acre in terris de Corshill;—domo et horto ex boreali latere communis viæ dictæ villæ de Kilwyning;—domo et horto ex boreali latere dictæ villæ;—domo et horto ex australi latere dictæ villæ, infra regalitatem de Kilwinning et balliatum de Cunynghame, unitis in tenandriam de Aschinyairdis.—E. 27s. 4d. xxx. 153.

(572) Jun. 13. 1671.
JACOBUS M'NEILLIE de Auchairne, *hæres* Adami M'Neillie de Auchairne, *patris*,—in 2 mercatis terrarum de Kilphine, et 40 solidatis terrarum de Auchairne, in comitatu de Carrick.—A. E. 3l. 6s. 8d. N. E. 13l. 6s. 8d. xxx. 227.

(573) Aug. 15. 1671.
WILLIELMUS SHAW de Keires, *hæres* Joannis Schaw de Keires, *avi*,—in 20 solidatis terrarum de Maynes de Keires;—

40 solidatis terrarum de Ovir et Nethir Bowganges, et dimidia mercata terræ de Mos, quæ sunt partes 10 libratarum terrarum antiqui extentus de Keires, in comitatu de Carrick.—A. E. 3l. 6s. 8d. N. E. 13l. 6s. 8d.   xxx. 231.

(574)   Oct. 4. 1671.

JONETA ET AGNETA MURCHLANDS, *hæredes portionariæ* Joannis Murchland in Caven Milne, *avi*,—in parte 40 solidatarum terrarum antiqui extentus de Nathir Auchintibber, estimatâ ad 10 solidatas terrarum, infra parochiam et regalitatem de Kilwynning et balliatum de Cunyngham, cum parte glebarii dictarum terrarum ;—terris vulgo vocatis Butterhoill, cum 4 rigis terrarum, vulgo four rigs of land ex orientali latere earundem, quæ sunt partes 40 solidatarum terrarum de Nathir Auchintibber, cum dimidietate horti, et parva pecia fundi quæ est pars terrarum de Midle Auchintiber, cum glebario terrarum de Nathir Auchintiber, extendentibus in integro ad 6 solidatas terrarum antiqui extentus, in dicta parochia, regalitate et balliatu.—E. 18s. 4d.   xxxi. 146.

(575)   Jan. 30. 1672.

GILBERTUS M'CULLIE in Whitrow, *hæres* Joannis M'Cullie in Whitrow, *patris*,—in 40 solidatis terrarum de Shaug ;—20 solidatis terrarum de Cairne, infra parochiam de Dailie, nunc per dismembrationem infra parochiam de Barr et balliatum de Carrick. —A. E. 3l. N. E. 12l.   xxx. 265.

(576)   Feb. 15. 1672.

WILLIELMUS FULTOUN ET ANDREAS SMITH, *hæredes portionarii* Willielmi Burns in Barcosh, *avi*,—in annuo redditu correspondente principali summæ 1600 mercarum de 25 solidatis et 4 denariatis terrarum de Drumbuie in parochia de Beith, quæ est pars baroniæ de Giffon, infra balliatum de Kylestewart.— E. 96 m.   xxxi. 40.

(577)   Feb. 28. 1672.

JOANNES GLASFUIRD, *hæres* Magistri Joannis Glasfuird ministri apud Kilwynning, *patris*,—in terris de Jameswaird et 5 rodis terrarum de Kilrig :—E. 4 bollæ 6 peccæ hordei.—3 acris terrarum in villa de Kilwynning cum decimis inclusis :—E. 3 bollæ polenti 6s. &c.—15 denariatis terrarum antiqui extentus de Smeithsbank (vel Smeithstoun.)—E. 1d. &c.—Terris de Litlewaird.—E. 4s. omnibus jacentibus infra parochiam et regalitatem de Kilwynning et balliatum de Cunynghame.   xxxi. 21.

(578)   Feb. 28. 1672.

JOANNES WALLACE, *hæres talliæ et provisionis* Edwardi Wallace de Schewaltoun, *patris*,—in 2 mercatis terrarum antiqui extentus de Whythill, in territorio et libertate lie Burrowfeild burgi de Air et parochia ejusdem :—E. 8s.—Tenemento in Air.—E. 30s.   xxxi. 28.

(580)   Mar. 19. 1672.

JOANNES BINNING de Dalvenan, *hæres* Joannis Binning de Dalvenan, *avi*,—in 10 mercatis terrarum de 10 libratis terrarum de Keirs comprehendentibus 2 mercatas terrarum de Dalvennan ;— 2 mercatas terrarum de Yondertoun et Burntoun ;—2 mercatas terrarum de Dalluy ;—mercatam terræ de Boydstoun et Kiletoun ;—mercatam terræ de Milntoun ;—dimidium mercatæ terræ nuncupatæ The Fence ;—dimidium mercatæ terræ de Drumoir ;—dimidium mercatæ terræ de Hilheid ;—dimidium mercatæ terræ de Raschiefauld, cum molendino granorum de Keirs, et astrictis multuris predictarum terrarum, et 40 solidatarum terrarum de Bougang et de Keirs, 2 mercatarum terrarum de Burnefoot, et 2 mercatarum terrarum de Maynes de Keires et Mosse, infra parochiam de Straitoun et comitatum de Carrick.—A. E. 6l. 13s. 4d. N. E. 26l. 13s. 4d.   xxxi. 14.

(581)   Apr. 17. 1672.

ARCHIBALDUS KENNEDIE de Culzeane, *hæres masculus* Joannis Kennedie de Culzeane, *patris*,—in 40 solidatis terrarum dominicalium de Grenane, cum terris et Ila de Cunyngpark ;—40 solidatis terrarum de Balbeg et M'Killipstoune, cum mercata terræ de Mylnetoune de Grenane et molendino ;—40 solidatis terrarum de M'Cleirstoune ;—40 solidatis terrarum de Ovir et Nethir Burtounes ;—2 mercatis terrarum de Staine, Ballerock et Kylestoun extendentibus ad 10 libratas terrarum de Grenane, cum piscatione lie Yaires et Cruives et cymbis in mari, et cymbis piscatoriis salmonum, unitis in baroniam de Grenane, in comitatu de Carrick ;— 4 mercatis terrarum de Baltersane et Knockronnall, cum prato nuncupato Hoillmeidow, ac prato vocato Ladie Rowes-meidow ;—40 solidatis terrarum de Glenluy alias Glenluycht, in regalitate Crucis regalis et comitatu de Carrick ;—terris et baronia de Culyeane comprehendentibus 20 libratas terrarum de Culzeane cum molendino ;—4 libratas terrarum de Glenalloway et Auchaltan, et 5 mercatas terrarum de Riddilstoun antiqui extentus, unitis in baroniam de Culzeane ;—in 40 solidatis terrarum de Coiffe, in comitatu de

Carrick, unitis in tenandriam et dominium de Coiffe ;—10 libratis terrarum antiqui extentus de Drumgarloch et Drumbane, cum decimis, in dominio de Corseragwell et comitatu de Carrick :— A. E. 54l. N. E. 216l.—Annuo redditu 120l. de terris et baronia de Girvanheid vocatis Straitoun, in dicto comitatu de Carrik.   xxxi. 44.

(582)   Jun. 26. 1672.

THOMAS MONTGOMERIE de Sevinaikeris, *hæres* Joannis Montgomerie de Sevinaikeris, *patris*,—in terris de Sevinaikeris extendentibus ad 3 libratas 2 solidatas et 8 denariatas terrarum antiqui extentus :—E. 3l. 9s. 4d.—Terris de Byres de Kilwynning vocatis Garlandsland et Barsland subscriptis, viz. 20 solidatis terrarum novi extentus de Nathir Maynes Kilwynning, cum prato eidem adjacente :—E. 23s. 4d.—5 solidatis terrarum novi extentus de Ovir Maynes Kilwynning nuncupatis Barsland :—E. 5s. 10d. &c.— Molendino vulgo vocato Sevinaikeris-miln cum 4 acris terrarum adjacentibus et multuris :—A. E. 1d. N. E. 8d.—omnibus infra parochiam et regalitatem de Kilwynning et balliatum de Cunynghame.   xxxi. 65.

(583)   Jul. 24. 1672.

ROBERTUS SMYTHE, *hæres* Roberti Smythe in Ovir Smeithstoun, *patris*,—in 20 solidatis terrarum antiqui extentus de Smeithstoun olim nuncupatis Smeithstoun-Garven, postea Smeithstoun-Dunlop, et nunc Smeithstoun-Smythe, infra parochiam et regalitatem de Kilwynning et balliatum de Cunynghame.—E. 26s. 8d. &c.   xxxi. 69.

(584)   Aug. 29. 1672.

DOMINUS WILLIELMUS CUNYNGHAME de Cunynghamheid miles baronetus, *hæres* Domini Willielmi Cunyngham de Cunynghamheid militis, *patris*,—in terris et baroniis subscriptis, viz. baronia de Pockellie, comprehendente terras de Pockellie alias Pockell, Darclavock, Clonharb et Cleuch, cum molendino de Pockellie ;—terras de Grie, Drumbowie et Balgray, cum communi pastura in mora de Machrinoch-mure, in balliatu de Cunynghame, unitas in baroniam de Pockellie :—A. E. 17l. 6s. 8d. N. E. 104l.— Tenandria de Woodheid comprehendente 4 mercatas terrarum de Midletoun, 4 mercatas 6 solidatas et 8 denariatas terrarum de Capringtoun ;—20 solidatas terrarum de Dreghorne ;—22 solidatas terrarum de Warrix, 6 solidatas et 8 denariatas terrarum de Drumgreislaw ;—mercatam terræ de Woodheid ;—annuum redditum tertiæ partis unius libræ piperis de terris de Bartanholme ;—4 mercatas terrarum de Warrickhill, omnes antiqui extentus, unitas in tenandriam de Woodheid :—A. E. 8l. 15s. 4d. N. E. 54l. 2s.—in 20 solidatis terrarum de Drummuir, Taithes et terris de Broadmos, extendentibus ad 40 solidatas terrarum antiqui extentus :—A. E. 9l. N. E. 18l.—Terris et baronia de Stinstoun, cum salmonum piscatione, sale, salinis et lacu de Stinstoun, extendentibus ad 20 libratas terrarum antiqui extentus, infra parochiam de Stinstoun et balliatum prædictum, unitas in baroniam de Stinstoun :—A. E. 20l. N. E. 120l.—In superioritate terrarum de Crosbie, Minnock et Gill, in baronia de Stinstoun et balliatu predicto :—A. E. 14l. N. E. 84l.— 5 mercatis terrarum dominicalium de Cunynghamheid vulgo vocatis Byres de Cunynghamheid :—A. E. 3l. 6s. 8d. N. E. 20l.— 5 mercatis terrarum vocatis Newtoun de Cunynghamheid, in baronia de Kilmaurs.—A. E. 1d. N. E. ......   xxxi. 89.

(585)   Nov. 19. 1672.

MAGISTER HUGO MONTGOMERIE de Silverwood, *hæres masculus* Roberti Montgomerie de Heisilheid, *filii fratris*,—in omnibus terris templariis et tenementis ubicunque jacentibus, infra bondas balliatus de Cunynghame, et bondas regalitatis de Kilwynning, et infra quascunque alias terras, infra dictum balliatum ;—hereditario officio balliatus, &c. terrarum prædictarum, unitis in tenandriam Temple-Cunynghame nuncupatam.—A. E. 8d. N. E. 3s. 4d.   xxxi. 116.

(586)   Nov. 27. 1672.

JOANNES PARK, *hæres* Joannis Park in Byrelon de Kilwynning, *patris*,—in 13 solidatis et 4 denariatis terrarum antiqui extentus de Mostulloch, infra parochiam et regalitatem de Kilwynning et balliatum de Cunynghame.—E. 17s. 10d. &c.   xxxi. 120.

(587)   Nov. 27. 1672.

EUPHEMIA GEMMILL, *hæres* Andreæ Gemmill portionarii de Auchinmaid, *patris*,—in 13 solidatis et 4 denariatis terrarum antiqui extentus de Auchinmaid, infra parochiam et baroniam de Kilwynning et balliatum de Cunynghame.—E. 44 petræ casei, &c.   xxxi. 121.

(588)   Jan. 22. 1673.

JOANNES PARK de Dubbs, *hæres* Alexandri Park de Dubbs, *avi*,—in 26 solidatis et 8 denariatis terrarum antiqui extentus de Dubbs, et 11 solidatis terrarum antiqui extentus de Dalgaw, extendentibus in integro ad 37 solidatas et 8 denariatas terrarum an-

I

tiqui extentus, infra parochiam et regalitatem de Kilwynning et balliatum de Cunynghame ;—E. 50s. 4d. &c.—20 solidatis terrarum novi extentus de Corshill-Kilwynning, cum parvula domo adjacente.—E. 11s. 8d.　　　　　　xxxi. 216.

(589)　　　　　　Jun. 4. 1673.
ANNA DUCISSA DE HAMMILTOUN, ET SUSANNA HAMILTOUNE COMITISSA DE CASSILLES, *hæredes portionariæ* Jacobi Ducis de Hammiltoun, *patris*,—in terris de Monkcastell tam superioribus quam inferioribus, extendentibus ad 8 mercatas terrarum antiqui extentus ;—terris de Dalgarven extendentibus ad 5 libratas terrarum antiqui extentus ;—40 solidatis terrarum antiqui extentus de Auchinkist tam superioribus quam inferioribus ;—40 solidatis terrarum antiqui extentus de Birklands, infra abbaciam et regalitatem de Kilwynning et balliatum de Cunynghame.—E. 38l. 7s. 8d.　　　　　　xxxi. 222.

(590)　　　　　　Jul. 31. 1673.
DAVID M'CLEAN de Holmes, *hæres* Roberti M'Cleane de Holmes, *patris*,—in 3 libratis terrarum antiqui extentus de Holmes de Dundonald, infra balliatum de Kylestewart :—A. E. 3l. N. E. 15l.—10 solidatis terrarum novi extentus de Corshill-Kilwining ;—E. 10s. 8d.—5 solidatis terrarum novi extentus de Corshill-Kilwining, in regalitate de Kilwining et balliatu de Cunynghame.—E. 5s. 10d.　　　　　　xxxii. 323.

(591)　　　　　　Aug. 8. 1673.
JOANNES WILSONE de Lindsayhill, *hæres* Joannis Wilsone de Lindsayhill, *avi*,—in 8 solidatis 4 denariatis terrarum antiqui extentus de Nether Logane vulgo Lindsayhill, in baronia de Kylesmure.—E. 12s. 6d.　　　　　　xxxi. 275.

(592)　　　　　　Aug. 8. 1673.
JOANNES WILSONE de Lindsayhill, *hæres* Joannis Smith de Logan, *proavi*,—in 11 solidatis 9 denariatis terrarum antiqui extentus de Logan, in balliatu de Kylestewart.—E. 17s. 4d.　　　　　　xxxi. 276.

(593)　　　　　　Aug. 27. 1673.
SUSSANNA CUMING, *hæres* Sussannæ Cochran conjugis Roberti Cuming mercatoris in Irwing, *matris*,—in annuo redditu 33l. de 8 solidatis terrarum de Dalgarven, in parochia de Kilwyning et balliatu de Cunynghame.　　　　　　xxxi. 279.

(594)　　　　　　Jan. 1. 1674.
MARGARETA REID de Merkland, *hæres* Magistri Joannis Reid de Merkland, *fratris germani*,—in 14 solidatis et 6 denariatis terrarum antiqui extentus de Bruntsheill vulgo vocatis Merkland ;—10 solidatis terrarum de Bruntsheill vocatis Grein de Bruntsheill extentus predicti :—E. 34s. 6d.—15 solidatis et denariata terrarum de Bruntsheill ;—annuo redditu 4l. et 12d. cum 24 pondo butiri de dictis 15 solidatis et denariata terrarum de Bruntsheill.—E. 20l.—omnibus jacentibus in dominio et baronia de Kyilsmuir.　　xxxii. 13.

(595)　　　　　　Jan. 1. 1674.
MARGARETA REID, *hæres* Quintigerni Reid de Merkland, *patris*,—in 10 solidatis terrarum antiqui extentus de Eister Auchinlangfoord, cum decimis rectoriis et vicariis earundem, in dominio et baronia de Kyilsmuir.—E. 14s. 6d.　　　　　　xxxii. 14.

(596)　　　　　　Feb. 19. 1674.
JEANNA, GRISSILLIDA, AGNETA, ET JONETA FRAZERIS, *hæredes portionariæ* Alexandri Frazer de Knock, *patris*,—in 10 libratis terrarum antiqui extentus de Knock ;—villa et terris de Ovir et Nethir Gress-Zairdes, Quarter, Rontanburne, Glenheid, et Hill, quæ sunt partes 10 libratarum terrarum de Knock, in dominio de Lairgs et balliatu de Cunynghame.—A. E. 10l. N. E. 60l.　　xxxi. 303.

(597)　　　　　　Apr. 23. 1674.
ALEXANDER CRAWFURD de Kerse, *hæres* Alexandri Crawfurd de Kerse, *patris*,—in terris de Anniand (vel Amand) ;—dimidietate terrarum de Shalloch ;—terris de Auchinreoch ;—terris de Glenheid cum molendino granario de Carrickmure, terris molendinariis comprehendentibus terras nuncupatas Dalkairnie, extendentibus ad 8 mercatas terrarum antiqui extentus, in parochia de Straiton et comitatu de Carrick.—A. E. 8m. N. E. 32m.　　xxxii. 319.

(598)　　　　　　Jun. 8. 1674.
ANNA CAMPBELL, *hæres portionaria* Willielmi Hammiltoun de Dalcerf, *avi ex parte matris*,—in tribus quartis partibus de Usterwood-Kilwynning ;—10 solidatis terrarum antiqui extentus de Litle Auchinmaid alias Ustermuir, cum decimis prædictarum terrarum ;—18 solidatis et 4 denariatis terrarum antiqui extentus de Walkerstoun alias Frowstoun ;—10 solidatis terrarum novi extentus de Corshill ;—13 solidatis et 4 denariatis terrarum novi extentus de Ovir Maynes, nuncupatis Hammiltoun ;—13 solidatis et

4 denariatas terrarum novi extentus de Nethir Maynes ;—40 denariatis terrarum novi extentus de Lauchlenstoun ;—6 solidatis et 8 denariatis terrarum novi extentus de Ovir Maynes ;—6 solidatis et 8 denariatis terrarum novi extentus de Ovir Maynes ;—domo ex australi latere viæ regiæ de Kilwynning, infra dominium, abbaciam et regalitatem de Kilwynning et balliatum de Cunynghame.—E. 5l.　　xxxii. 27.

(599)　　　　　　Aug. 21. 1674.
GEORGIUS JAMESONE, *hæres* Georgii Jamesone in Oxinshaw, *patris*,—in 6 solidatis terrarum antiqui extentus de Oxinshaw, in baronia de Kyilsmure.—E. 10s. 2d.　　　　　　xxxii. 67.

(600)　　　　　　Sep. 16. 1674.
THOMAS CUNYNGHAME de Montgreinan, *hæres* Thomæ Cunynghame de Montgreinan, *patris*,—in terris de Innerwood et Newpark cum decimis ;—E. 53s. 4d.—17 acris terrarum in boreali parte terrarum de North Quarter cum decimis :—E. 3l. 6s. 8d. et 20s. in augmentationem.—Molendino avenatico nuncupato The Cornemilne of Kilwining, apud occidentalem finem pontis ejusdem, cum terris molendinariis nuncupatis Milne-holme et Strickhirst, et domibus super montem molendinarium :—E. 16l. 6s. 8d.—Molendino de Sevinakermill :—E. 5l. 18s.—omnibus infra parochiam et regalitatem de Kilwining et balliatum de Cuninghame. xxxii. 237.

(601)　　　　　　Mar. 22. 1676.
JONETA TEMPILTOUN, *hæres* Hugonis Tempiltoun fabriferrarii et portionarii de Corshill-Kilwining, *avi*,—in 10 solidatis terrarum novi extentus de Corshill-Kilwining :—E. 11s. 8d.—Aliis 10 solidatis terrarum novi extentus de Corshill-Kilwining :—E. 11s. 8d.—omnibus infra parochiam et regalitatem de Kilwining et balliatum de Cunynghame.　　　　　　xxxii. 407.

(602)　　　　　　Aug. 2. 1676.
JOANNES HARVIE, *hæres* Joannis Harvie de Braidlie, *patris*,—in 4 mercatis terrarum novi extentus de Braidlie, viz. octava parte terrarum vocatarum the Innerlands de Brodocklie ;—duodecima parte terrarum de Greensyd, et 2 acris terrarum de Nether Meidow, infra parochiam de Dalry, regalitatem de Kilwining, et balliatum de Cunynghame.—E. 3l.　　　　　　xxxiii. 21.

(603)　　　　　　Jan. 31. 1677.
JOANNES HAMILTOUN de Grange, *hæres* Joannis Hamilton de Grange, *patris*,—in 5 mercatis terrarum de Grange ;—5 mercatis terrarum de Monkland ;—6 mercatis terrarum de Skirnieland ;—40 solidatis terrarum ecclesiasticarum de Kilmarnock ;—5 solidatis terrarum nuncupatarum the Templeland de Dreghorne ;—dimidia mercata terræ vocatæ Gleibland de Kilmarnock ;—terris vocatis Munkburnhill, infra regalitatem de Kilwining et balliatum de Cunynghame.—E. 40m. et 8d. in augmentationem, &c.　　　　　　xxxiii. 142.

(604)　　　　　　Mar. 15. 1677.
ARCHIBALDUS CRAWFOORD de Auchnames, *hæres* Wilielmi Craufurd de Auchnames, *patris*,—in 14 libratis terrarum antiqui extentus de Corsbie-Craufurd ;—6 libratis terrarum antiqui extentus de Monock, extendentibus in integrum ad 20 libratas terrarum antiqui extentus, infra baroniam de Stinstoun et balliatum de Cunynghame.—A. E. 20l. N. E. 120l.　　xxxiii. 146.

(605)　　　　　　Apr. 25. 1677.
JOANNES RANKINE in Kildrum infra vicecomitatum de Antrum et regnum Hiberniæ, filius quondam Gulielmi Rankine in Auldmur, *hæres* Roberti Gibsone in Balgray de Beith, *avunculi*,—in 14 solidatis terrarum quæ sunt pertinentia 4 mercatarum terrarum antiqui extentus de Marshelland, infra parochiam de Beith, regalitatem de Kilwining et balliatum de Cunynghame.—E. 22l. &c.　　xxxiii. 180.

(606)　　　　　　Maii 10. 1677.
JACOBUS FERGUSONE de Millenderdaill, *hæres* Joannis Fergusone de Millenderdaill, *patris*,—in 5 libratis terrarum de Millenderdaill et Pinjorie, infra parochiam de Calmonell, et comitatum de Carrick.—A. E. 5l. N. E. 20l.　　xxxiii. 134.

(607)　　　　　　Aug. 8. 1677.
GEORGIUS REID de Auchincloich, *hæres* Jonetæ Law, *materteræ*,—in dimidietate 15 solidatarum terrarum de Lawisbrig, et 3 solidatarum et 4 denariatarum terrarum de Corbetsyde, in dominio et baronia de Kyismuir et balliatu de Kylstewart.—E. 13s. 4d.　　xxxiii. 261.

(608)　　　　　　Aug. 8. 1677.
GEORGIUS REID de Auchincloich, *hæres* Margaretæ Law, *matris*,—in dimidietate 15 solidatarum terrarum de Lawisbrig, et 3 solidatarum 4 denariatarum terrarum de Corbetsyd, in dominio et baronia de Kyismuir, et balliatu de Kylstewart.—E. 13s. 4d.　　xxxiii. 267.

(609)   Aug. 29. 1677.

MAGISTER WILLIELMUS CATHCART de Gainoch, *hæres* Joannis Cathcart de Gainoch, *patris*,—in 5 mercatis terrarum vocatis Eister Barneill-Makclun, in comitatu de Carrick.—A. E. 9l. 6s. 8d. N. E. 13l. 6s. 8d.   xxxiii. 232.

(610)   Aug. 29. 1677.

JOANNES CATHCART de Cairletoune, *hæres* Hugonis Cathcart de Cairletoun, *patris*,—in 40 solidatis terrarum de Hallowchappell;—2 mercatis terrarum de Barsalloch;—terris de Maynes de Cairletoun;—2 mercatis terrarum de Enoch;—4 libratis terrarum de Killub, Trower, Troloddan, Drumrany, et cruives de Girvane;—40 solidatis terrarum de Neather Pinmoir;—40 solidatis terrarum de Knockbean;—13 solidatis 4 denariatis terrarum de Knocklean;—dimidietate terrarum et baronie de Cairletoune, viz.—terris de Pinmoir, Lagganshalloch;—terris de Troweir, Killub, et Dornall;—terris de Kildonnane, Blair, Lagganfie, et Thomastoune alias Balhamish;—terris de Crongart, Lochguisie et Neather Barjarg;—terris de Glenduisk;—terris de Meak, Craigkair, Barbeth et Auchinloch, in comitatu de Carrick, extendentibus in integro ad 41 libratas 6 solidatas 8 denariatas terrarum antiqui extentus;—5 libratis terrarum antiqui extentus de Camregane in dicto comitatu de Carrick;—13 mercatis terrarum antiqui extentus de Killoquhen, in dicto balliatu de Carrick, viz. 2 mercatis et 10 solidatis terrarum de Maines de Killoquhen;—20 solidatis terrarum de Dobeinstoune vocatis Hamiltounstoune;—2 mercatis terrarum de Kairnshill;—40 solidatis terrarum de Drumulling, et 2 mercatis terrarum de Dalquhur;—mercata terræ de Loup, et 10 solidatis terrarum de Halkhill.—A. E. 55l. N. E. 220l.   xxxiii. 237.

(611)   Aug. 29. 1677.

FERGUSIUS M'CUBEIN filius legitimus Fergusii M'Cubein de Knockdolliane, *hæres masculus* Fergusii M'Cubein junioris de Knockdollian, *filii fratris*,—in 20 libratis terrarum de Knockdolliane cum piscatione in aqua de Stincher, in parochia de Calmonell et balliatu de Carrick;—40 solidatis terrarum de Auchinsfoull, in parochia de Ballentray;—4 mercatis terrarum de Litle Shallochane, in parochia de Kirkcudbright-Innertig, et balliatu de Carrick prædicto;—unitis in baroniam de Knockdolliane.—A. E. 24l. 18s. 4d. N. E. 98l, 13s. 4d.   xxxiii. 253.

(612)   Nov. 27. 1677.

MAGISTER ALEXANDER CUNNYNGHAME de Blook, *hæres* Magistri Joannis Cunynghame de Blook nuper ministri verbi dei apud ecclesiam de Cumnock, *patris*,—in 5 mercatis terrarum antiqui extentus de Blook, infra dominium de Stewartoun et balliatum de Cunnynghame.—A. E. 3l. 6s. 8d. N. E. 20l.   xxxiii. 292.

(613)   Dec. 19. 1677.

HUGO BANKHEID, *hæres* Hugonis Bankheid in Eister Bridgeend de Kilwineing, *patris*,—in 40 denariatis terrarum novi extentus de Eisterbridge-end de Kilwineing;—domo et horto olim vocato pretorium vulgo the Tolbuith, et 35 denariatis terrarum novi extentus de Pethfoot, infra villam, parochiam et regalitatem de Kilwining, et balliatum de Cunyngbame.—E. 3l. 15s. 10d. &c.   xxxiii. 388.

(614)   Jan. 10. 1678.

ROBERTUS CUNNYNGHAME pharmacopola burgensis de Edinburgh, *hæres talliæ* Annæ Cunnynghame filiæ legitimæ quondam Domini Roberti Cunnynghame de Auchinhervie militis baronetti, doctoris medicinæ, *consobrinæ*,—in 40 solidatis terrarum antiqui extentus de Auchenhervie, infra baroniam de Kilmarres et balliatum de Cunnynghame:—A. E. 3l. 6s. 8d. N. E. 32l.—5 mercatis terrarum dominicalium de Cunnynghameid, vocatis Byres de Cunnynghameheid;—5 mercatis terrarum de Newtoun de Cunnynghameheid, infra baroniam de Kilmarres et balliatum antedictum, in warrantum terrarum ecclesiasticarum de Stevinstoun;—10 libratis terrarum de Doucathall comprehendentibus 5 mercatas terrarum de Boigend et Ardeirs, et 2½ mercatarum terrarum de Hullerhirst;—20 solidatas terrarum de Saltcoatts-Campbell, et dimidium molendini de Stevinstoun, ad dictas terras de Doucathall pertinentes, infra parochiam de Stevinstoune et balliatum prædictum;—A. E. 6l. 13s. 4d. N. E. 40l.—Terris ecclesiasticis de Steinstoun cum jure patronatus ecclesiæ parochialis et parochiæ de Steinstoune, cum decimis, &c.—E. 54s. 4d.—5 mercatis terrarum de Chappeltoune, infra dominium de Stewartoun:—E. 8l.—5 mercatis terrarum de Crivoch alias Crivoch-Lindsay antiqui extentus:—E. 8l.—Molendino granario vocato Crivoch Mylne:—E. 55s.—5 mercatis terrarum de Bollinshaw et Dryrigg antiqui extentus, infra parochiam de Stewartoun et balliatum prædictum:—E. 7l, 6s, 8d.—Annuo redditu 41l. de terris et baronia de Rowallane, infra balliatum de Cunnynghame prædictum;—10 mercatis terrarum de Balgray antiqui extentus, quæ sunt partes terrarum et baroniæ de Peacockbank, olim vocatæ baronia de Balgray, infra parochiam de Irving et balliatum antedictum;—10 mercatis terrarum de Fairlie-Crivoch, cum terra cappellania lie Chappell-land et Glebariis de

Fairlie-Crivoch, infra balliatum prædictum, unitis in baroniam de Bollinshaw;—8 mercatis terrarum de Over Lochrig, infra parochiam de Stewartoun;—14 solidatis terrarum de Horsemuire, et 40 solidatis terrarum de Neather Cassiltoun, infra dictam parochiam de Stewartoun et balliatum prædictum:—A. E. 18l. 8d. N. E. 108l. 4s.—Terris et baronia de Stevinstoun, cum lacu et piscatione ejusdem, extendentibus ad 20 libratas terrarum antiqui extentus, infra parochiam de Stevenstoune, et balliatum antedictum, unitis in baroniam de Stevinston:—A. E. 20l. N. E. 120l.—Terris de Corsbie, Minock, et Gill:—A. E. 14l. N. E. 84l.—Tenandria de Woodheid, comprehendente mercatam terrarum de Midletoune;—4 mercatas 6 solidatas 8 denariatas terrarum de Capringstoune;—20 solidatas terrarum de Dreghorne;—22 solidatas terrarum de Warrix;—6 solidatas 8 denariatas terrarum de Drumgrierslaw, et mercatam terrarum de Woodheid;—A. E. 8l. 15s. 4d. N. E. 52l. 12s.—5 mercatis terrarum antiqui extentus de Drummilling, cum molendino earundem et multuris, infra parochiam de Kilbryde, baroniam de Kilmarres, et balliatum de Cunynghame antedictum :—E.........—Terris templariis de Chappeltoun cum decimis :—E. 2d.—unitis in tenandriam de Auchinhervie.   xxxiii. 415.

(615)   Jun. 20. 1678.

JEANA ET MARGARETA BROUNES, *hæredes portionariæ* Mariæ Broune filiæ natu maximæ quondam Roberti Broune de Moit, *sororis*,—in terris de Moitt, cum Mossroom ad easdem pertinente, et terris de Moitsward et Brown Meadow, infra parochiam de Kilmares et balliatum de Cunynghame, extendentibus in integro ad 20 solidatas terrarum antiqui extentus.—A. E. 30s. N. E. 9l.   xxxiii. 433.

(616)   Jan. 19. 1680.

PATRICIUS HUNTAR, *hæres* Roberti Huntar de Huntarstoun, *patris*,—in 5 libratis terrarum antiqui extentus de Ardneill-Huntarstoun cum piscaria:—A. E. 5l. N. E. 30l.—5 mercatis terrarum antiqui extentus de Campbeltoun cum piscatione :—A. E. 3l. 6s. 8d. N. E. 20l.—46 solidatis et 8 denariatis terrarum de Annanhill vocatis Annanhill-Huntar:—A. E. 46s. 8d. N. E. 14l. omnibus infra balliatum de Cunynghame :—20 solidatis terrarum antiqui extentus de Hielies, infra balliatum de Dalry.—A. E. 20s. N. E. 6l.   xxxv. 1.

(617)   Apr. 28. 1680.

THOMAS NEVIN, *hæres* Thomæ Nevin de Monkridding, *patris*,—in 2 mercatis terrarum antiqui extentus de Quistone;—16 solidatis 8 denariatis terrarum antiqui extentus de Bannoch:—E. 57s. 8d. &c.—20 solidatis terrarum antiqui extentus de Eister Monkridding :—E. 26s. 8d. &c.—20 solidatis terrarum antiqui extentus de Westermonkridding;—10 solidatis terrarum antiqui extentus de Gaitmuirland;—10 solidatis terrarum de Corshill;—maneriei loco de Monkridding, infra parochiam et regalitatem de Kilwining, et balliatum de Cunynghame;—E. 48s. &c.—40 solidatis terrarum antiqui extentus de Hullerhill et Lylletoune:—E. 56s. 8d.—16 solidatis 8 denariatis terrarum antiqui extentus de Goleraig, in parochia, regalitate et balliatu antedicto:—E. 22s, 2d. &c.—Decimis garbalibus lie Teind sheaves, et decimis bollis lie Teind bolls terrarum antedictarum.—A. E. 2s. N. E. 12s.   xxxiii. 475.

(618)   Jul. 6. 1680.

CAROLUS SECUNDUS DEI GRATIA MAGNÆ BRITANNIÆ, FRANCIÆ ET HIBERNIÆ REX, &c. *hæres masculus et talliæ* Caroli Lenociæ et Richmondiæ Ducis, comitis de Darnlie, March et Litchfeild, domini Tarboltoune, Methven et Aubigney, &c. *adnepotis attavi*, in terris et baronia de Tarboltoune ;—terris de Galstoune;—terris de Dreghorne, extendentibus ad 100 libratas terrarum antiqui extentus, unitis ad comitatum de Darnlie.—(Vide Dumbarton, Stirling, Perth, Renfrew.)   xxxvii. 211.

(619)   Aug. 27. 1680.

DOMINUS GULIELMUS WALLACE de Craigie miles baronettus, *hæres* Domini Thomæ Wallace de Craigie militis baronetti, Domini Justiciarii Clerici, et unius ex Senatoribus Collegii Justiciæ, *patris*,—in duabus villis et terris de Prestick et Newtoune de Air, cum salinarum patellis, extendentibus ad 16 solidatas et 4 denariatas terrarum antiqui extentus :—E. 22s.—Castro, &c. de Newtoune, cum pomario et stagnis ;—terris de Beildykes, Cuningaires, Gintrudes (vel Lintrudes), Steinhousegreen et Toshockhill, cum piscatione de Woolquhaire, Out-Craigruff, Sandelshot, et Woolshott, et officio balliatus de Kincaise et Robertoun, in balliatu de Kilestewart:—A. E. 18s. 4d. N. E. 6 m.—Terris de Spitleshoill et Sheillcroce, in balliatu de Kylestewart ;—A. E. 18s. 4d. N. E. 3l. 6s. 4d.—16 libratis terrarum de Caruhill, Auchindunan et Hunthall, in balliatu de Kilestewart ;—4 mercatis terrarum de Inchgotterick ;—2 mercatis terrarum de Holme ;—acra terræ de Blair ;—acra terræ ex boreali parte aquæ de Irwine;—terris de Walhill et Over-Hilhouse, quæ sunt partes 109 mercatarum terrarum de Ricartoune ;—40 mercatis terrarum antiqui extentus de Craigie, comprehendentibus 10 mercatas terrarum nuncupatas Craigie-Maynes ; —40 solidatas terrarum de Langcraig, cum molendino nuncupato Heughmilne;—in 3 libratis 3 solidatis et 4 denariatis terrarum antiqui extentus de Privick, et salmonum piscationibus infra aquam de Aire ;—in mercata terræ antiqui extentus vocata Donald Mott ; —3 acris terrarum vocatis Rough Aikers ;—10 acris terrarum vocatis The Two Staincroce ;—terris nuncupatis Jackfeild ;—mercata terræ antiqui extentus nuncupata Abbotshall, jacente in Kingskyll ; —40 solidatis terrarum antiqui extentus vocatis Auchrutherglen, infra balliatum de Kilestewart ;—terris et baronia de Newtowne, nuncupatis baronia de Sanquhar-Hamiltoune, continentibus terras de Sanquhar-Lindsay, cum advocatione et jure patronatus ecclesiarum infra dictas terras;—terras de Stockhill et Sandyfoord;—terras nuncupatas John Andrews Mailling;—terras de Craigiewaird, Sheilboig et Boigmeadow nuncupatas Sanquharboig;—terras de Foulstoune ;—terras de Sanquharmuire ;—terras de Cloane ;—terras de Prestick-shawes ;—terras de Symontoune et Helingtoune ;—terras de Goldring, Instalsyde et Cruicksyde, infra balliatum de Kylestewart, cum annuo redditu 9 m. ex terris de Newtoune de Air ; terris et baronia de Colvill et Symontoune continentibus 5 libratas terrarum antiqui extentus super silvam de Barnweill ;—5 libratas terrarum ejusdem extentus nuncupatas Underwood de Barnweill ;—5 libratas terrarum de Stafflure de Symontoune ;—2 mercatas et dimidium mercatæ terræ antiqui extentus de Knockindaill; —2 mercatas et dimidium mercatæ terræ de Byrehills;—40 denariatas terrarum de Hoillhouse in Symontoune ;—40 denariatas terrarum de Hoilhouse extendentes ad 20 libratas terrarum antiqui extentus nuncupatas baronia de Colvill-Barnhill et Symontoune ; —in terris et baronia de Herreis-Barnweill et Symontoune, continentibus 10 libratas terrarum infra parochiam de Barnweill ;—molendinum granarium ejusdem ;—20 solidatas terrarum infra parochiam de Symontoune, extendentes in integro ad 11 libratas terrarum antiqui extentus ;—5 libratas terrarum de Fultoune de Barnweill-Herries ;—40 solidatas terrarum vocatis Whitehill in Cowdames in Symontoune ;—5 libratas terrarum de Over et Nather Cowdames jacentes in Symon-Herreis;—3 libratas 6 solidatas et 8 denariatas terrarum de Waffuird in Symontoun-Herreis ; 2 mercatas et dimidium mercatæ terræ de Knockindaill-Cuninghame, in Symontoun-Herreis, quæ extendunt in integro ad 30l. 6s. 8d. et prædictæ duæ baroniæ et terræ earundem respective extendunt in integro ad 50l. 6s. 8d. extentus antedicti, infra balliatum de Kilestewart et baroniam de Newtoune respective :—A. E. .... N. E.........—omnibus unitis in baroniam de Craigie :— In 5 libratis terrarum antiqui extentus de Templand, cum salmonum piscatione in aqua de Lugar, et privilegio regalitatis in parochia de Auchinleck;—4 acris terrarum vocatis The Fauld et Bank contigue adjacentibus, vocatis The Vicars Bank et Dykerone ;—acra terræ vocata The writing-aiker jacente contigue ad Fauld et Bank ;— particula terræ vocata The hundreth merk-land contigue ad Writing-aiker, ex australi latere aquæ de Lugar, in parochia de Cumnock, Kingskyle, cum decimis :—A. E. 5l. N. E. 25l.—2 mercatis terrarum antiqui extentus de Garive, in baronia de Cumnock :—A. E. 2 m. N. E. 10 m.—15 solidatis terrarum antiqui extentus de Dalsanguane vulgo nuncupatis Rouchdyke, cum decimis, infra dominium de Kylesmuire.—E. 3l. 15s.   xxxv. 211.

(620)   Sep. 9. 1680.
FRANCISCUS DOMINUS SEMPLE, hæres Roberti Domini Semple de Glasfuird, patris,—in terris de Southennan infra balliatum de Cunynghame :—A. E. .... N. E. ....—Cum quibusdam aliis terris, &c. in Lanark et Renfrew, unitis in baroniam de Semple.—(Vide Lanark, Renfrew.)   xxxv. 151.

(621)   Sep. 9. 1680.
FRANCISCUS DOMINUS SEMPLE, hæres Roberti Magistri de Semple, fratris,—in terris de Haly, infra balliatum de Cunynghame.—A. E. ...... N. E. ......—(Vide Renfrew.)   xxxv. 153.

(622)   Oct. 6. 1680.
GULIELMUS ECCLES filius legitimus Magistri Hugonis Eccles ministri apud Stratoun, hæres Andreæ Eccles in Bennen, patrui,— in 10 solidatis terrarum de Dalquhan (vel Dalquhouan), jacentibus in Drumquhill, in parochia de Kirkmichaell et comitatu de Carrick.—A. E. 10s. N. E. 40s.   xxxvi. 45.

(623)   Oct. 6. 1680.
HUGO KENNEDIE de Bennen, hæres Hugonis Kennedie de Bennen, proavi,—in terris de Bennen continentibus duas mercatas terrarum de Bennan et cavernam ejusdem ;—quatuor mercatas terrarum de Balcreuquhan et Trougge ;—dimidiam mercatam terrarum de Leffinclerie, cum officio Serjandi et majoris feodi lie Serjand et Mair of fee office balliatus de Carrick, infra balliatum de Carrick.—A. E. 4l. 6s. 8d. N. E. 21l. 13s. 4d.   xxxvi. 64.

(624)   Jan. 27. 1681.
JOANNES CAMPBELL de Clows, hæres Joannis Campbell por-

tionarii de Clows, patris,—in 22 solidatis et 6 denariatis terrarum antiqui extentus de Clows ;—2 solidatis terrarum antiqui extentus de Over Meiklewood vocatis Mossyde, in dominio et baronia de Kylesmoore et balliatu de Kylestewart.—E. 5l. 2s. 4d. xxxv. 243.

(625)   Apr. 19. 1681.
HUGO CATHCART de Carletoune, hæres Joannis Cathcart de Carletoun, fratris germani,—in 40 solidatis terrarum de Hallowchappell ;—2 mercatis terrarum de Barsaloch ;—terris de Maines de Cairletoune cum capella ;—2 mercatis terrarum de Enoch ;— 4 libratis terrarum de Killowb, Troweir, Trolodane, Drumranie et Cruives de Girvane ;—40 solidatis terrarum de Nathir Pinmoir ;— 40 solidatis terrarum de Knockbeane ;—13 solidatis et 4 denariatis terrarum de Knokleane ;—dimidietate terrarum et baroniæ de Cairletoune, viz. terris de Pinmoir, Loggansalloch, Troweir, Killub et Dornall;—terris de Kildonnane, Blair, Loganfie et Thomastoune alias Balhamish ;—terris de Crongairt, Lochingusie et Nather Barjarge ;—terris de Glenduisk ;—terris de Moak, Craigkear, Barbeth et Auchincloich cum multuris, in comitatu de Carrick, extendentibus ad 41l. 6s. 8d. terrarum antiqui extentus;—5 libratis terrarum antiqui extentus de Camregane cum molendino, in dicto comitatu de Carrick ;—13 mercatis terrarum antiqui extentus de Killoquhen, in dicto balliatu de Carrick, viz. 2 mercatis 10 solidatis terrarum de Maines de Killoquhen ;—20 solidatis terrarum de Dobinstoune, nuncupatis Hamiltounstoune ;—2 mercatis terrarum de Kairnhill ; —40 solidatis terrarum de Drumulling ;—2 mercatis terrarum de Dalquhir ;—mercata terræ de Loup, et 10 solidatis terrarum de Halkhill.—A. E. 45l. N. E. 220l.   xxxv. 254.

(626)   Maii 17. 1681.
HUGO KENNEDIE de Shalloch, hæres Gilberti Kennedie de Shalloch, fratris germani,—in 20 solidatis terrarum vocatis Litleshallochmuck antiqui extentus, infra balliatum de Carrick.—A. E. 20s. N. E. 4l.   xxxvi. 13.

(627)   Jul. 8. 1681.
ROBERTUS FARQUHAR, hæres Georgii Farquhar portionarii de Catherine, avi,—in 21 solidatis et 6 denariatis terrarum antiqui extentus de Over Catharine, cum piscariis salmonum in aqua de Air, infra dominium et baroniam de Kylesmure et balliatum de Kyle :—E. 31s. 4d. et 12d. in augmentationem :—Decimis garbalibus aliisque decimis dictarum terrarum.—A. E. .... N. E. 3s.
                    xxxvii. 23,

(628)   Apr. 14. 1682.
JONETA ET ESTHERA HUNTARS, hæredes portionariæ Willielmi Huntar de Drumdow, patris,—in 4 mercatis terrarum de Drumdow, in parochia de Uchiltrie, Kyle-regis.—A. E. 4 m. N. E. 16l.   xxxvi. 157.

(629)   Apr. 18. 1682.
WILLIELMUS CAMPBELL, hæres Roberti Campbell de Auchinmulling, patris,—in 13 solidatis et 4 denariatis terrarum antiqui extentus de Auchinmulling, infra dominium et regalitatem de Kilsmure.—A. E......... N. E. ....   xxxvi. 181.

(630)   Apr. 18. 1682.
JANETA WILSONE, hæres Jacobi Wilsone de Nether Whiteflett, patris,—in 5 solidatis et 6 denariatis terrarum de Nether Whiteflett antiqui extentus ;—3 solidatis et 4 denariatis terrarum de Nether Whiteflett antiqui extentus, in dominio et baronia de Kylsmure.—A. E. ....N. E.........   xxxvi. 184.

(631)   Apr. 18. 1682.
JOANNES JAMIESONE de Garphall, hæres Joannis Jamiesone de Garphall, patris,—in 9 solidatis terrarum antiqui extentus de Garphall, infra dominium et regalitatem de Kylsmure.—A. E....... N. E. ......   xxxvi. 186.

(632)   Nov. 21. 1682.
ESTHERA HUNTAR filia Willielmi Huntar de Drumdoue, hæres Janetæ Huntar, sororis,—in dimidio 4 mercatarum terrarum de Drumdou, in parochia de Ochiltrie, Kyle-regis.—A. E. 2 m. N. E. 8l.   xxxvii. 51.

(633)   Jun. 5. 1683.
JOANNES GIBB, hæres Joannis Gibb de Auchmulling, patris,— in 6 solidatis et 8 denariatis terrarum antiqui extentus de Auchmulling, infra dominium et regalitatem de Kylesmure.—A. E....... N. E. ......   xxxvii. 232,

(634)   Dec. 7. 1683.
SARA CAMPBELL uxor Georgii Campbell de Garclauch, hæres Willielmi Campbell de Glesnock, filii fratris avi,—in 45 solidatis terrarum antiqui extentus de Overwalwood, in dominio de Kyles-

mure :—E. 2*l.* 5*s.* *feudifirmæ* :—44 solidatis 5 denariatis terrarum de Midlewalwood, in dicto dominio :—E. 2*l.* 4*s.* 5*d.* *feudifirmæ* :—terris de Nether Glesnock antiqui extentus, in parochia de Cumnock.—A. E. 4*m.* N. E. 16*m.* xxxvii. 230.

(635) Jun. 5. 1684.
ROBERTUS COMES DE ROXBURGH, *hæres masculus et talliæ* Roberti Comitis de Roxburgh, Domini Ker, Cesfoord, et Caverton, *patris*,—in terris, dominio, et baronia de Holydean comprehendentibus terras ecclesiasticas de Kilmavers in balliatu de Cunynghame, cum aliis terris, &c. in Selkirk, Peebles, Dumfreis, Lanark, Edinburgh, Kincardine, et Roxburgh :—E. 10*l.* &c.—omnibus unitis in dominium et baroniam de Holyden.—(Vide Roxburgh, Edinburgh, Berwick, Selkirk, Peebles, Dumfreis, Lanark, Kincardine, Stirling, Linlithgow, Haddington.) xxxvi. 287.

(636) Feb. 3. 1685.
DOMINUS JACOBUS MONTGOMERIE de Skelmorlie miles baronetus, *hæres* Domini Roberti Montgomerie de Skelmorly militis baronetti, *patris*,—in decimis vicariis 10 libratarum terrarum antiqui extentus de Skelmorly-Montgomery, infra parochiam de Larges et balliatum de Cunynghame ;—advocatione ecclesiæ parochialis de Larges, infra balliatum de Cunynghame cum decimis ejusdem :—E. ....—terris de Ormesheugh proprietate et tenandria, extendentibus ad 5 mercatas terrarum antiqui extentus, infra baroniam de Stewartoun :—A. E. 5*m.* N. E. 30*s.* *taxatæ wardæ* :—10 libratis terrarum antiqui extentus de Knock ;—villis et terris de Over et Nether Grassyeards, Quarter, Routanburne, Glenheid, et Hill, infra dominium de Largis et balliatum de Cunynghame, partibus terrarum de Knock :—A. E. 10*l.* N. E. 60*l.*—10 libratis terrarum antiqui extentus de Skelmorly, in balliatu de Cunynghame ;—2½ mercatis terrarum antiqui extentus de Burtrieshill, cum 2 partibus communis moræ, et 3 lie faulds et dimidia parte moræ, infra terras de Stane et Stonanrig, in dominio de Stane et balliatu de Cunynghame, unitis in tenendriam de Skelmorlie.—E. 128*l.* *taxatæ wardæ*.—(Vide Renfrew, Bute, Argyll.) xxxvii. 356.

(637) Mar. 25. 1685.
DOMINUS ALEXANDER CUNINGHAM de Corshill miles baronettus, *hæres* Domini Alexandri Cuninghame de Corshill militis baronetti, *patris*,—in 4 mercatis terrarum de Meikle Corshill ;—2 mercatis terrarum de Litle Corshill ;—6 mercatis terrarum de Cuttiswray ;—6 mercatis terrarum de Clerksland et Hillhouse ;—2½ mercatis terrarum de Litle Robertland ;—10 mercatis terrarum de Blacklaw ;—6 mercatis terrarum de Hairshaw, et 10 mercatis terrarum de Dourie et Pottertoune, in dominio de Stewartoune et balliatu de Cunynghame :—E. 40*l.* *feudifirmæ* :—terris templariis de Stewartoune vocatis Templehouse cum pastura :—E. 2*s.* 8*d.* *feudifirmæ* :—40 solidatis terrarum antiqui extentus de Cockilbie, in parochia et baronia de Stewartoune et balliatu de Cunynghame :—A. E. 40*s.* N. E. 12*l.*—40 solidatis terrarum antiqui extentus vocatis Kirktoun de Stewartoune cum decimis, infra regalitatem de Kilwinning et balliatum de Cuninghame, pro principali :—A. E. 40*s.* N. E. 12*l.*—5 mercatis terrarum antiqui extentus de Balgray in dicto balliatu, in warrantum terrarum de Kirktoun de Stewartoun :—A. E. 5*m.* N. E. 30*m.*—2½ mercatis terrarum de Robertland ;—4 mercatis terrarum de Braidieland ;—3 mercatis 5 solidatis 9 denariatis terrarum de Waterland, Halkett, et Hesselbank cum molendino, in balliatu de Cuninghame ;—septima parte 8 mercatarum terrarum de Waterland et Halket cum molendino et lacu, in parochia de Dunlop et balliatu de Cuninghame :—A. E. 11*m.* 1*s.* 2*d.* N. E. 200*m.* *taxatæ wardæ* :—6 mercatis terrarum de Foulshaw in dicto balliatu :—E. 4*l.* *feudifirmæ* :—omnibus unitis in baroniam de Robertland. xxxviii. 40.

(638) Mar. 25. 1685.
DOMINUS WILLIELMUS CUNNINGHAME de Caprintoun miles et baronettus, *hæres* Domini Joannis Cunninghame de Caprintoun militis et baronetti, *patris*,—in terris et baronia de Capringtoun comprehendentibus 20 libratas terrarum antiqui extentus de Caprintoun ;—44 solidatas et 6 denariatas terrarum antiqui extentus de Dankeith, et Haggs de Dankeith, in balliatu de Kylestewart ;—2½ mercatas terrarum de Dunlophill et Hollhouse in balliatu de Cunninghame, omnibus unitis in baroniam de Caprintoune ;—officio coronatoris intra bondas balliatus de Kylestewart, erectis in baroniam de Caprintoun :—A. E. 23*l.* 19*s.* 10*d.* N. E. 121*l.* 5*s.* *taxatæ wardæ* :—decimis dictarum 20 libratarum terrarum de Caprintoun antiquitus in parochia de Dundonald, nunc per unionem in parochia de Rickartoune :—A. E. 2*s.* N. E. 4*s.*—terris templariis et tenementis tam proprietate quam tenandria earundem, ubicunque jacent infra bondas balliatus de Kyllstewart et Kingskyll, quæ dignoscuntur pertinuisse dominio de Torphichen ;—terris de Temple-Bogwood, et mercata terræ de Westerinschegotrig, cum privilegio regalitatis infra dictas terras templarias :—E. 26*s.* 8*d.*—advocatione ecclesiæ parochialis et parochiæ de Rickartoune :—A. E. 2*s.* N. E. 4*s.*—decimis terrarum in parochia de Rickartoune :—A. E. 2*s.* N. E. 4*s.*—unitis in tenandriam de Temple ;—5 libratis terrarum antiqui extentus villæ et terrarum de Kyllmairs, comprehendentibus burgum baroniæ de Killmairs ;—domum et manerei locum de Killmairs, cum 20 acris terrarum inter aquam de Carmell et ecclesiam de Killmairs, cum molendino de Killmairs ;—in 40 solidatis terrarum de Hill ;—33 solidatis 4 denariatis terrarum de Buisstoune ;—6 libratis 13 solidatis 4 denariatis terrarum de Carlung *alias* Kilbryd-Cunninghame ;—5 libratis terrarum de Dripps ;—8 libratis terrarum de Southheuck ;—20 libratis terrarum in parochia de Largs comprehendentibus 10 mercatas terrarum de Skelmorlie-Cuninghame ;—20 mercatas terrarum de Thridpart et Mott ;—4 acris de Russelsbraeheid, extendentibus ad 2 solidatas et 8 denariatas terrarum ;—3 libratis 6 solidatis 8 denariatis terrarum antiqui extentus de Langland ;—3 libratis 6 solidatis 8 denariatis terrarum antiqui extentus de Aiketts-Langmuir, cum decimis parochiæ de Draighorn ;—advocatione ecclesiæ ejusdem ;—advocatione ecclesiæ collegiatæ de Killmars, omnibus unitis in baroniam de Killmairs :—A. E. 55*l.* 2*s.* 8*d.* N. E. 330*l.* 16*s.*—6 libratis terrarum de Lochsyd, cum molendino vocato Lochmilne et astrictis multuris 11 mercatarum terrarum de Lochrig, in parochia de Stewartoune et balliatu de Cunninghame :—A. E. 6*s.* N. E 33*s.* 4*d.* *taxatæ divoriæ* :—terris de Lambrughtone extendentibus ad 10 mercatas terrarum ;—5 mercatis terrarum de Tittwood ;—4 mercatis terrarum de Whiterig et Lochend ;—molendino vocato Cranshawmilne ;—3½ mercatis terrarum de Auldtoun ;—10 mercatis terrarum de Mayns ;—7½ mercatis terrarum de Binstoun (vel Burstoune, vel Buistoun) ;—8½ mercatis terrarum de Shalo et Shalocorshill ;—15 solidatis terrarum de Newlands ;—4 mercatis terrarum de Langmuir, Burnsyd, et Ridetts ;—4½ mercatis terrarum de Carmellwood, et 4 mercatis terrarum de Cocknes et Grasmilnesyd, in parochiis de Killmairs et Draighorne respective, partibus antiquæ baroniæ de Kilmars ;—officio balliatus terrarum, &c. suprascriptarum.—A. E. 76*m.* N. E. 456*m.* xxxviii. 46.

(639) Sep. 25. 1685.
JOANNES MARTINE de Dalquhairne, *hæres* Gilberti Martine de Dalquhairne, *patris*,—in 30 solidatis terrarum de Dallwynd parte 5 libratarum terrarum ejusdem, in parochia de Daily et balliatu de Carrick, sub reversione.—A. E. 30*s.* N. E. 6*l.* xxxviii. 285.

(640) Nov. 3. 1685.
AGNETA SYMPSONE sponsa Roberti Muir mercatoris de Air, *hæres* Alexandri Sympson mercatoris burgensis de Air, *patris*,—in 4 mercatis terrarum antiqui extentus de Tounhead de Munstoune, in parochia de Munstoune (Munktoun?) et balliatu de Kylestewart.—A. E. ...... N. E. ...... xxxviii. 247.

(641) Nov. 5. 1685.
HUGO M'ALEXANDER de Dalreach, *hæres* Joannis M'Alexander de Dalreoch, *patris*,—in 3 libratis 16 solidatis 8 denariatis terrarum de Tomluthie et Monunshean vocatis M'Moristoune, infra baroniam de Glenstinchor et comitatum de Carrick :—A. E. 3*l.* 16*s.* 8*d.* N. E. 19*l.* 3*s.* 4*d.*—3 mercatis terrarum de Dalreoch cum piscationibus in aqua de Ardstincher ;—3 mercatis terrarum de Killchrinzie, cum crofta vocata Chappelcroft, et 1 mercata terræ de Rouchill, in parochia de Callmonell et comitatu de Carrick.—A. E. 4*l.* 13*s.* 4*d.* N. E. 23*l.* 6*s.* 8*d.* xxxviii. 269.

(642) Nov. 5. 1685.
HUGO M'ALEXANDER de Dalreoch, *hæres* Joannis M'Alexander de Dalreoch, *patris*,—in 3 libratis 16 solidatis 8 denariatis terrarum de Tomluthie et Monunscheon vocatis M'Moriestoune antiqui extentus, infra baroniam de Glenstinchar et comitatum de Carrick :—A. E. 4*l.* 13*s.* 4*d.* N. E. 19*l.* 3*s.* 4*d.*—3 mercatis terrarum de Dalreoch cum piscationibus in aqua de Ardstinsher ;—3 mercatis terrarum de Kilchrinzie cum crofta vocata Chappell croft ;—1 mercata terræ de Pouchill (Rouchill), in parochia de Callmonell et comitatu de Carrick.—E. ...... xxxix. 29.

(643) Jan. 12. 1686.
ROBERTUS KENNEDIE de Barclannochen, *hæres* Davidis Kennedie de Barclannochen, *patris*,—in 11 mercatis terrarum antiqui extentus de Balmaclanochan, Blair, et Knackingilloch, unitis in tenandriam de Balmaclanochen ;—5 libratis terrarum de Dallvyne antiqui extentus, comprehendentibus 30 solidatas terrarum de Dalwyne ;—30 solidatis terrarum de Achingairn ;—20 solidatas terrarum de Douchtie, et 20 solidatas terrarum de Garleffin, infra parochiam de Daylie et comitatum de Carrick.—A. E. 12*l.* 6*s.* 8*d.* N. E. 61*l.* 13*s.* 4*d.* xxxviii. 209.

(644) Jul. 6. 1686.
JOANNES LOCKHART filius Jacobi Lockhart mercatoris burgensis de Air, *hæres* Roberti Lockhart notarii publici in Cumnock, *avi*,—in 1 mercata terræ de Under Blackwood vocata Burntoune cum decimis, in parochia de Cumnock, Kyllregis.—A. E. .... N. E. .... xxxix. 34.

K

(645)   Jan. 28. 1687.

MARGARETA FERGUSSON filia Joannis Fergusson portionarii de Milnburn, *hæres* Jacobi Ferguson portionarii de Milne-burne, *avi*,—in 1 mercata terræ antiqui extentus de Milburne, infra dominium de Kylesmuir et Barnmuir.—A. E. ..... N. E. .....
                            xl. 313.

(646)   Feb. 25. 1687.

DAVID BOYLL de Kelburne, *hæres masculus* Joannis Boyll de Kelburne, *patris*,— in 5 libratis terrarum antiqui extentus de Kel-burne, et communi pastura super mora de Largs, cum anchoragiis, custumis, &c. infra parochiam de Largs et balliatum de Cuning-hame :—E. ....—portione terræ nuncupata Kirkland de Largs, et communiter designata Downies croft, extendente ad 40 nummos terræ antiqui extentus, et communi pastura super mora et viridario de Largs ;—tenemento in Largs, in balliatu de Cuning-hame :—A. E. 40d. N. E. ....—11 mercatis terrarum antiqui extentus de Ryseholme, infra baroniam de Blair, parochiam de Dalrye et balliatum de Cuninghame, cum decimis garbalibus :—E. ....—dimidio 6 mercatarum terrarum antiqui extentus de Broadshaw ;—dimidio ejusdem extentus de Knockendone ;—dimidio 2 mercatarum terrarum de Uttermuire ;—20 solidatis terrarum de Maynes de Giffartland cum dimidio molendini ejusdem, et decimis, infra parochiam de Dalrye et balliatum de Cuninghame :—E. ....—..... terrarum de Dalgarvan, quæ sunt partes 5 libratarum terrarum de Dalgarvan, infra regalitatem de Kilwinning :—E. ....—terris de Craiglie extendentibus ad 2½ mercatas terræ antiqui extentus, infra parochiam de Largs et balliatum de Cuning-hame ;—10 libratis terrarum antiqui extentus de Fairlie, comprehendentibus terras vulgariter nuncupatas Spittleflatt ;—40 solidatas terrarum de Watersyde, et 40 solidatas terrarum de Blackettlee, quæ sunt partes dictarum 10 libratarum terrarum de Fairlie, cum castro et maneriei loco de Fairlie, et cum burgo baroniæ de Fairlie, foris et nundinis, infra balliatum de Cuninghame ;—2 mercatis terrarum de Halkshill cum communi pastura in communitate et mora de Largs ;—dimidia mercatæ terræ vulgariter nuncupata Flatkelso, cum communi pastura in dicta communitate et mora de Largs ;—dimidia mercatæ terræ supra urbem de Largs nuncupata Thrid-part-Cuninghame et Hangingheugh, Reidheugh, et Broad-croft, infra parochiam de Largs et balliatum de Cuninghame :—A. E. ...... N. E. 80l. *taxatæ wardæ* :—20 libratis terrarum antiqui extentus de Hairschawmuires, quæ sunt partes dominii de Kilmarnock, infra parochiam de Finwick et balliatum de Cuninghame, cum advocatione ecclesiæ parochialis de Finwick et decimis, cum insula dictæ ecclesiæ parochialis de Finwick.—A. E. ...... N. E. 20l. *taxatæ wardæ.*—(Vide Bute.)   xxxix. 697.

(647)   Jul. 19. 1687.

GULIELMUS AIRD, *hæres* Gulielmi Aird de Holl de Neitherburntscheills, *avi*,—in 16 solidatis 8 denariatis terrarum antiqui extentus de Holl de Neitherburntscheill, in dominio et regalitate de Killsmure.—E. 24s. 4d. *feudifirmæ.*   xxxix. 667.

(648)   Nov. 11. 1687.

HUGO WALLACE, *hæres* Agnetæ Walker relictæ ....
Wallace in Burgour, *matris*,—in 30 denariatis terrarum antiqui extentus de Waltoun ;—2 denariatis terrarum antiqui extentus de Waltoun vocatis Hathornbank, in dominio de Kelsomure et ballivatu de Kylstewart.—A. E. ...... N. E. ......   xl. 70.

(649)   Nov. 11. 1687.

HUGO WALLACE filius .... Wallace de Bargour, *hæres* Hugonis Walker in Bargour, *avi*,—in 8 solidatis 8 denariatis terrarum antiqui extentus de Nether Bargour, in dominio de Kylesmuire et ballivatu de Kylestewart.—A. E. .... N. E. ....
                            xl. 242.

(650)   Dec. 20. 1687.

JACOBUS RITCHART de Barskiming, *hæres* Jacobi Ritchart de Barskiming, *patris*,—in 6 librata terra antiqui extentus de Stair-whyte *alias* Barskiming, infra Kingskyle :—A. E. 6l. N. E. 100m. *taxatæ wardæ* :—40 solidata terra antiqui extentus de Monkaird, infra dominium de Kylesmoor :—E. 45s. 2d. et 12d. in augmentationem, *feudifirmæ* :—decimis garbalibus dictarum terrarum :—E. ....—2 mercata terra antiqui extentus de Foulermaynes et Smellgills ;—13 solidata 4 denariata terra de Foulerhilhead ;—9 solidata terra de Smellgills-Boigwood ;—2 solidata terra de Crumsland ;—22 solidata 6 denariata terra de Newtoun ;—6 solidata 8 denariata terra de Auchmilling ;—40 denariata terra de Grass-yeards, cum libertate moræ de Blairhop, infra ballivatum de Kylestewart :—E. 4l. 5s. et 2d. in augmentationem, *feudifirmæ* :—decimis dictarum terrarum.—A. E. ...... N. E. ....   xl. 96.

(651)   Aug. 14. 1688.

CHRISTIANA WILLOCH filia Georgii Willoch, *hæres* Joannis Willoch de Carleith, *avi*,—in 6 solidatis 8 denariatis terrarum antiqui extentus de Carleith, in dominio de Kylesmure et balliatu de Kylestewart.—E. 17s. 8d. *feudifirmæ.*   xl. 275.

(652)   Oct. 2. 1688.

MAGISTER JOANNES BELL minister verbi Dei, *hæres* Magistri Roberti Bell ministri verbi Dei apud Dalry, *patris*,—in 4 mercatis terrarum de Beoch, in parochia de Cumnock, Kyle regis lie Kingskyle.—A. E. .... N. E. 4m.   xl. 264.

(653)   Oct. 2. 1688.

MARGARETA DALRYMPLE sponsa Adami Aird junioris de Katrine, *hæres* Magistri Andreæ Dalrymple de Drumfork ministri verbi Dei apud Auchinleck, *patris*,—in 34 solidatis 5 denariatis terrarum antiqui extentus de Drumfork et Ballingape cum decimis, in parochia de Mauchlin et dominio de Kylesmuir.—E. 3l. 9s. 10d. *feudifirmæ.*   xl. 286.

(654)   Dec. 11. 1688.

BARBARETA ET MARGARETA GILMOURS, filiæ Joannis Gilmour de Nether-Kirktoun de Neilstoun, filii natu máximi Roberti Gilmour in Grains, *hæredes portionariæ* dicti Roberti Gilmour, *avi*,—in annuo redditu 120m. ex 9 solidatis terrarum de Muirsheilds, in parochia de Dunlope et balliatu de Cuningham.   xlii. 290.

(655)   Aug. 6. 1690.

ROBERTUS WALLACE de Cairnhill, *hæres* Roberti Wallace de Cairnhill, *patrui*,—in 10 mercatis terrarum de Cairnhill *alias* Craigo et Poknaiff, cum maneriei loco de Cairnhill ;—6 libratis terrarum de Auchindowan (vel Auchindonan) ;—5 mercatis terrarum de Hunthall, in baronia de Riccarton, balliatu de Kylestewart ;—annuo redditu 80l. de terris et baroniis de Riccarton et Craigie :—E. 80l.—20 solidatis terrarum vocatis Mossyde, et 2 mercatis terrarum vocatis Hilhead, extendentibus in integro ad 46 solidatas et 8 denariatas terrarum antiqui extentus, quæ sunt partes 10 mercatarum terrarum de Cambusciscan, in balliatu prædicto :—E. 11l. 13s. 4d.—dimidia mercata terræ antiqui extentus terrarum de Cambusciscan vocata Sydeheid et Sawers mailling :—A. E. 6s. 8d. N. E. 33s. 4d.—terris de Barleithhill extendentibus ad 4 mercatas terrarum antiqui extentus :—A. E. 4m. N. E. 20m.—3 solidatis 4 denariatis terrarum vocatarum Bairdsmailling, in balliatu de Kylestewart :—A. E. 3s. 4d. N. E. 16s. 8d.—20 solidatis terrarum de Blair, quæ est dimidia 40 solidatarum terrarum de Blair, in baronia de Riccartoune et balliatu antedicto ;—40 denariatis terrarum de Bairdsbarleith ;—6 solidatis et 8 denariatis terrarum de Barleith, et 5 solidatis terrarum de Barleithflass ;—10 solidatis terrarum de Barleithtoun antiqui extentus ;—2 domibus in villa de Riccartoun, et balliatu antedicto :—E. ....—8 libratis et 10 solidatis terrarum antiqui extentus de Netherbarnweill :—A. E. 8l. 10s. N. E. 42l. 10s.—18 solidatis terrarum de Overbarnweill :—A. E. 18s. N. E. 4l. 10s.—6 solidatis 8 denariatis terrarum de Netherbarnweill, vocatis Half merkland, in parochia de Barnweill :—A. E. 6s. 8d. N. E. 33s. 4d.—molendino granorum vocato Heugh Milne adjacente dictis terris :—A. E. .... N. E. ....—5 libratis terrarum de Foultoun in balliatu antedicto.—A. E. 5l. N. E. 25l.—(Vide Kirkcudbright.)   xli. 249.

(656)   Sep. 3. 1690.

JOANNES HAMILTONE de Ladyland, *hæres* Capitanei Gulielmi Hamilton de Ladyland, *patris*,—in 5 mercatis terrarum de Over et Nether Airdochs ;—12 solidatis terrarum antiqui extentus de Cassiltoun cum messuagio, infra parochiam et regalitatem de Kilwining et balliatum de Cuningham ;—acra terræ in Over Byirflatt ;—domo et horto cum fornace et pistrino ejusdem lie Oven et Bakehouse thereof, omnibus jacentibus contigue, ex australi latere communis viæ regis villæ de Kilwining ;—acra terræ in dictis terris de Over Byirflatt, ex australi latere communis viæ dictæ villæ de Kilwining ;—domibus et hortis jacentibus contigue ex australi latere dictæ villæ de Kilwining, cum lyra terræ lie ridge of land, infra parochiam et regalitatem de Kilwining et balliatum de Cuningham ;—terris de Stockiewaird, Yeadmeadow, Woodmeadow, et Woodland, extendentibus ad 6 acras terrarum ;—terris vocatis Newparksyde extendentibus ad 10 rudas terrarum, cum decimis de Stockiewaird, Yeadmeadow, Woodmeadow, Woodland, et Newparksyde ;—13 solidatis 4 denariatis terrarum antiqui extentus de Guiddiescroft ;—10 solidatis terrarum novi extentus de Eisterwray, et 6 solidatis 8 denariatis terrarum antiqui extentus de Carlingmyrebridge ;—domo vocata Woodsyde, infra parochiam et regalitatem de Kilwining et balliatum de Cuninghame.—E. 9l. 5s. *feudifirmæ.*   xli. 276.

(657)   Oct. 28. 1690.

GULIELMUS COMES DE DUNDONNALD, Dominus Cochran de Paislay, *hæres masculus linealis* Joannis comitis de Dundonald, Domini Cochran et Paislay, &c. *patris*,—in beneficio de Failfuird tam temporalitate quam spiritualitate, comprehendente præcinctum de Failfuird, Broomehill, Spittlesydelaw, Tarshaw, Trinitieland in Symontoun, Easter Westfurd ;—terris dominicalibus de Symontoun, Hillhouse et Crooksyde, Altoun de Corsbie, Slaphouse cum Trinitiehouse in Air, Spitlehill, et Whytehill :—

A. E. 40s. N. E. 8l.—5 libratis terrarum de Hillingtoun ;—10 libratis terrarum de Symontoun ;—5 libratis terrarum de Stafflower ; —5 libratis terrarum de Knockindale ;—2⅔ mercatis terrarum de Byrehill ;—terris de Goldring, Instalsyde, et Cruicksyde ;—40 solidatis terrarum de Whytehill vocatis Whytehill-Coudam ;—5 libratis terrarum de Over et Nether Coudam ;—5 mercatis terrarum de Westfuird ;—40 denariatis terrarum vocatis The Hoilhouse, infra parochiam de Symonton et balliatum de Kylestewart :—A. E. .... N. E. 100l. taxatæ wardæ :—20 solidatis (vel libratis) terrarum de Dundonald, quarum 40 solidatæ terrarum de Burnsyde, et terræ de Gaitrig et Plewlands sunt partes, infra balliatum de Watersdyk :—A. E. 20l. N. E. 30l. et 40s. &c. in augmentationem, feudifirmæ :—5 libratis terrarum antiqui extentus de Clavens, infra parochiam de Dundonald et balliatum de Kylestewart ; —30 solidatis terrarum de Mayns de Hillingtoun cum molendino de Hillingtoun ;—2 mercatis terrarum de Muir de Hillingtoun vocatis Stanycalsey ;—40 solidatis et 8 denariatis terrarum de Knockindale ;—4 mercatis terrarum de Warrockhill antiqui extentus, infra balliatum de Kylestewart :—A. E. ...... N. E. 40m. taxatæ wardæ : —terris de Shitterflatt ;—terris de Halywardlaw, Drumlaber (vel Drumcaber), et Hoppercroft, extendentibus ad 5 libratas terrarum antiqui extentus :—A. E. 500l. (5l.) N. E. 25l.—decimis earundem terrarum infra parochiam de Dundonald et balliatum de Kylestewart :—E. 11s. 8d.—dimidietate 5 mercatarum terrarum antiqui extentus de Arrotshill, infra balliatum de Kylestewart.—A. E. 2⅓m. N. E. 8l. 6s. 8d.—(Vide Renfrew, Dumbarton, Lanark, Clackmanan, Haddington.)   xli. 319.

(658)   Nov. 4. 1690.
GULIELMUS MONTGOMERIE scriba in Edinburgo filius natu maximus Willielmi Montgomerie, filii natu maximi Magistri Roberti Montgomerie, hæres masculus dicti Roberti Montgomerie de Mackiehill (Macbiehill ?) avi,—in 5 mercatis terrarum de Mackiehill (Macbiehill ?) in parochia de Stewartoun et balliatu de Cuninghame.—A. E. 5m. N. E. 30m.   xlii. 128.

(659)   Nov. 20. 1690.
ALEXANDER PORTERFEILD de Eodem, hæres Joannis Porterfeild de Eodem, avi,—in 4 libratis terrarum antiqui extentus de Halpland, infra balliatum de Cuningham, unitis cum terris de Porterfield in Renfrew in tenendriam de Porterfeild.—A. E. 4l. N. E. ......—(Vide Renfrew, Lanark.)   xli. 358.

(660)   Dec. 4. 1690.
JOANNES CRAUFURD de Kilbirnie, hæres masculus et talliæ Margaretæ Craufurd Dominæ de Kilbirnie, matris,—in terris et baronia de Kilbirnie, lacu et piscatione, infra balliatum de Cuninghame, erectis cum terris in Renfrew in baroniam de Kilbirnie ; —terris de Minnock et Gill, unitis ad dictam baroniam de Kilbirnie, infra parochiam de Dalray et balliatum de Cuninghame ;—parte prædictarum terrarum et baroniæ vocata .... et burgo baroniæ, nundinis, et piscationibus, cum aliis terris in vicecomitatu de Renfrew.—A. E. .... N. E. 51l. 6s. 8d. taxatæ wardæ.—(Vide Renfrew.)   xli. 434.

(661)   Dec. 4. 1690.
JOANNES CRAUFURD de Kilbirnie, hæres masculus Magistri Patricii Lindsay de Kilbirnie, patris,—in terris et baronia de Glengarnock, comprehendentibus turrim, fortalicium et manerei locum de Glengarnock ;—terras dominicales de Glengarnock ;—terras de Blackbarn, Blackhill, et Birkhill ;—terras de Barkhill, Boogs, et Waters, aliquando vocatas Podockholme ;—terras de Bridgend, Stanieholme, Pleulands vulgo Burnsyde, Borshaw, Baylistoune, et Dummachlen ;—molendinum de Glengarnock, et multuras ejusdem, et lacum vocatum Lochtanckard ;—terras de Bowie, Auchinhoof, Unthank, Denholme, et Lochend ;—dimidium mercatæ terrarum de Corss, et 40 solidatas terrarum de Chirieland, in baronia de Glengarnock, parochia de Kilbirnie, et balliatu de Cuninghame, pro principali ;—et in 2½ mercatis terrarum de Robertland ;— 11 mercatis terrarum de Lochridge ;—4 mercatis terrarum de Bredieland ;—3 mercatis 5 solidatis 9 denariatis terrarum de Watterland, Helkett, Heselbank ;—septima parte 8 mercatarum terrarum de Watterland et Helkett, cum molendino et lacu, in parochia de Dunlop et balliatu de Cuningham, in warrantizationem prædictarum principalium terrarum :—A. E. .... N. E. 200m. taxatæ wardæ :—terras ecclesiasticas de Kilbirnie, etiam pro principali :— E. 40m. feudifirmæ et 3s. 4d. in augmentationem :—6 mercatis terrarum de Fulshaw in warrantizationem prædictarum terrarum principalium.—E. 4l. feudifirmæ.   xli. 424.

(662)   Feb. 13. 1691.
JOANNES CUMING, filius Mathei Cuming junioris mercatoris in burgo de Glasgow, procreatus inter illum et Helenam Howatt ejus sponsam, hæres Jacobi Howatt mercatoris burgensis dicti burgi, avi ex parte matris,—in annuo redditu 78l. 16s. 5d. correspondente summæ 1330l. 4s. de 3 libratis terrarum antiqui ex-

tentus de Silverwood, infra antiquam parochiam de Kilmarnock et regalitatem de Torphichen, nunc Temple-Cuninghame vocatarum, et balliatum de Cunynghame ;—annuo redditu 48l. correspondente summæ 1200m. de prædictis 3 libris terrarum antiqui extentus de Silverwood.   xlii. 19.

(663)   Mar. 5. 1691.
DOMINUS GEORGIUS CAMPBELL de Cesnock miles, Dominus Justiciarius Clericus, hæres Domini Hugonis Campbell de Cesnock militis, patris,—in 109 mercatis terrarum antiqui extentus de Riccartoun comprehendentibus terras de Bellisland, Camesland, Gaite, Tounheid, Durbets-mailling, Roxburghs-mailling, Martinesmarkland, Smith-mailling, Riccartoun-muire, Shortlies, Maxholme, Blairs, Mosses, Whyterigs, Bridgehouse, Burnbank, Mongarslandburne, Dick, Tries, Dullochhill, Gateheid, Dullars, Dullarshaw, Meikland, Boighouse, Braeheid, Hoill, Balgrays, Inchbean, Comonend, Braesyde, Sauerdyke, Winderhillis, Hairlawburne, Comonhead, Martinestoun, Yeardsyde, Litle Cesnock, Hudstaines, Barleith, Drumshogle, Windiehill, Over et Nether Hillhouses, Merkmyeaid, Gatesyde, Newcomon, et Knockmarleoch, cum molendinis granorum de Riccartoun et Shawes milne, et carbonariis de Riccartoun, infra balliatum de Kylestewart, unitis in baroniam de Riccartoun :—A. E. .... N. E. 478m. 11s. 6d. taxatæ wardæ : —terris et baronia de Easter et Wester Loudons ;—terris de Stevinstoun ;—terris de Darriscaith (vel Darrisraith) et Darquhillan, cum molendino vocato Broommiln, et villa et burgo baroniæ de Neumilnes, et nundinis infra balliatum de Air ;—terris de Auchin Euglin (Auchinruglen ?) ;—terris de Horne et Hornehill cum molendino, infra balliatum de Kylestewart ;—terris de Castlehill et Hietrie ;—terris de Milntoun de Grugar, infra baroniam de Grugar et balliatum de Cuningham ;—terris et baronia de Barr comprehendente terras de Barr ;—terras de Stewarts-Gallisholmes, cum communi pastura in moris de Galstoun et Lifnock, infra balliatum de Kylestewart ;—terris et tenendria de Maxwood comprehendentibus terras infrascriptas quæ sunt partes baroniæ de Barr et Stewart-Gallesholme, viz. terras de Overtoun, terras de Dyke in Riccartoune, terras de Locharts-Dalhoy, terras de Maxwood et Millantis, terras de Ruchill, pratum vocatum Douglas Meadow, ab antiquo annexatum ad dictas terras de Maxwood et Ruchills, et terras adjacentes ad dictas terras, quæ ab antiquo fuerunt partes terrarum de Burnhouses ex australi latere aquæ de Air ;—terras de Clinshart Boulands ;—terras de Potterhill ;—terras de Kirkyeards ; —terras de Wylies-Wardneuck, et pratum earundem vocatum Allarshau meadow, ab antiquo ad dictas terras annexatum ;—terras de Monedub ;—terras de Berriehill, cum pastura bestiarum super moram de Carnsalloch, moram de Galstoun et communitatem de Lefnock, omnes unitas in baroniam de Loudon :—E. ....—terris ecclesiasticis et ecclesia de Loudoun :—E. ....,—advocatione dictæ ecclesiæ cum decimis :—E. ....—decimis ecclesiæ et parochiæ de Auchinleck, infra balliatum de Kylestewart :—E. ....—terris de Over et Nether Hornes, cum salmonum piscationibus, et molendino granario et molendino fullonum :—terris de Blairkip ;—terris de Blairmalloch ;—molendino de Overmuire alias vocato Muirmilne ; —terris de Mungarswood ;—terris de Cultersland ;—molendino vocato Haughmilne ;—terris de Mossgavill ;—terris de Dyckfeild ;— terris de Greenackmayne ;—terris de Linburne ;—terris de Glenbuck ;—terris de Gersheills ;—terris de Waterhouse ;—terris de Blacksyde ;—terris de Harwood et Netherwood ;—10 libratis terrarum de Mauchline cum manerei loco de Mauchline ;—villa et burgo de Mauchline, cum foris et nundinis ;—terris de Mauchline Maynes ;—terris de McMichellis Boigs ;—terris de Coufauld et mora ejusdem vocata Coufauldshaw-muire ;—terris de Foullar ;— terris de Crauisland ;—terris de Grassmalleyes ;—terris de Weltoune alias Litlefardill ;—terris de Netherplace et Knocksherie ;— tenemento in Mauchline cum horto ;—terris vocatis Mossward ;— terris de Over et Nether Preistgills ;—terris de Sottincleugh ;— terris de Lambertoun ;—terris de Spylack ;—terris de Netherwood et Burne earundem ;—terris de Midlefeild et Waterheid ;—terris de Maynes de Bargour comprehendentibus terras de Roddings et Faulds ;—terras de Bargour vocatas Garrioch et Solithbrae ;—terras vocatas Smithstoun ;—in terris de Overhaugh vocatis Kingyeaincleuch ;—terris de McNochtiscrofts ;—terris de Sheills ;—terris de Netherhaugh infra Kingomcleuch ;—terris de Willockstouns ;— terris de Brigend et prato de McClonachstoune ;—terris de Netherhaugh et salmonum piscationibus super aqua de Air ;—terris de Bruntsheill et salmonum piscationibus super aqua de Air ;—Walkmilnestead de Haugh ;—terris de Hill in Meicklewood ;—terris de Barmuire ;—terris de Hills de Barmuire ;—terris de Reidwrayes ;— terris de Easter et Wester Dourayes apud molendinum de Milnburne, et molendino granorum de Barmuire alias vocato Milnburn ;—terris de Corsflat et Auldhouseburn ;—terris de Killauch et Auchinbrain ;— terris de Bernachtoll ;—terris de Hollhouse ;—terris de Lochlie et Lochill ;—terris de Auchinweit in Barmuire ;—20 solidatis terrarum in Mossbugar ;—9 solidatis terrarum in Lochliehill ;—terris de Barmuire nuncupatis Hylsyde ;—terris de Smidieshaw et Daldorch ;— terris de Hietach ;—terris de Redouray in Barnmuire alias Clerks-

sheills ;—terris de Garpell ;—terris de Holhouse-Daldilling ;—
terris de Blocklardyk ;—terris de Sands;—terris de Chappelhouse;
—terris de Midle Greinock ;—terris de Tardose ;—terris de
Burnefoot in Netherwood ;—terris de Dalquhirran ;—terris de
Meiklewood ;—terris de Hietack ;—terris de Kenstie ;—terris de
Oxenshaw ;—terris de .... Haugh ;—terris de Lourieland ;—
terris de Hoil in Nether Meiklewood ;—terris de Hoil in Netherwood ;—terris de Nether Meiklewood vulgo vocatis Rodinhead ;—
terris de Netherwood et Corshill ;—terris de Bogwood ;—terris de
Hungholme ;—terris de Garfell et Neutoun;—terris de Langwood-
heid, cum advocationibus ecclesiarum de Mauchline et Muirkirk,
omnibus in baroniis de Kylesmuire et Barmuire:—E. 198l. 18s. 10d.
cum 40s. in augmentationem donationibus ecclesiarum de
Mauchline et Muirkirk, cum decimis terrarum suprascriptarum in
dictas parochias de Mauchline et Muirkirk et in Barmuire :—E.
..............terris de Tirrinzean comprehendentibus terras de Dalgerg et Fardinreoch ;—terras de Knockterrow ;—terras de Mil-
leoch ;—terras de Garleff in Kingskill ;—E. 21l. &c. feudifirmæ :
—terris et baronia de Martinehame in Kingskill.—E. ....
          xlii. 58.

(664)   Jun. 8. 1691.
AGNETA ET DORATHIA KENNEDIES, hæredes portionariæ
Joannis Kennedie de Auchinblain, patris,—in 40 solidatis terrarum de Easter Auchinblaines ;—10 solidatis terrarum de Maltmanstoune ;—33 solidatis 4 denariatis terrarum de Rottenmoss et
Mossyde, perprius designatis in antiquis cartis prædictarum terrarum, 10 solidatis terrarum de Chamberstoun ;—10 solidatis terrarum de Lockstoun ;—8 solidatis 4 denariatis terrarum aliquando
per Thomam M'Keachrie occupatis;—5 solidatis terrarum aliquando
per Joannem Muir occupatis, omnibus infra parochiam de Kirkoswall, regalitatem de Crossregwall et ballivatum de Carrick.—E. 60l.
         xlviii. 840.

(665)   Sep. 8. 1691.
WILLIELMUS REID de Daldilling, hæres Magistri Willielmi
Reid de Daldilling ministri Evangelii in Regno Hiberniæ, patris,
—in 4 libratis 5 solidatis et 1 denariata terrarum de Daldilling antiqui extentus, cum piscariis salmonum aliorumque piscium in aqua
de Air;—10 solidatis terrarum de Barquheyes;—18 solidatis et ......
denariatis terrarum de Midle Barquheyes;—16 solidatis 4 denariatis
terrarum de Hoill et Neather Brunsheild, cum piscariis salmonum
in aqua de Air ;—2 mercatis terrarum de Foullermayne et Smeil-
gills ;—13 solidatis 4 denariatis terrarum de Fouller-Hilhead ;—
9 solidatis terrarum de Smeilgill in Brigwood, et 2 solidatis terrarum
de Crawsland, cum libertate effodiendi glebas in glebario de Blairkip ;—dimidio molendini de Catherin-milne cum dimidietate terrarum molendinariarum ejusdem, et 2 lie soumes grass infra villam
et terras de Catherin ;—dimidietate astrictarum multurarum et terrarum de Bruntsheild, Heillar, Over et Neather Hoill de Bruntsheild, Daldilling, Hoillhouses, Burnhead, Dalgane, Gillmulles-
croft, Logan, Heittach, Brackenhill, Drumfork, Glenshonnirock,
Lindseyshill, Clewis, Whytfleet, Catherin, Monkgarswood, Bal-
lochwyll, Blacksyd, Smiddieshaw, Daldarch, Blindburne, et Roun-
schaw, extendentium ad dimidietatem decimi tertii grani omnium
granorum super iisdem terris crescentium ;—29 solidatis terrarum
de Darnhunch ;—6 solidatis 8 denariatis terrarum de Craighead ;
—4 solidatis 2 denariatis terrarum de Over Meiklewood vulgo
nuncupatis Dickstoune ;—15 solidatis 8 denariatis terrarum de
Auchmilling, omnibus antiqui extentus, infra dominium et baroniam de Kylesmuir et Kylestuart :—E. 28l. et 2s. in
augmentationem, feudifirmæ :—decimis garbalibus aliisque decimis
tam rectoriis quam vicariis omnium prædictarum terrarum, dimidietatis molendini, &c.—E. 26s. 8d. albæ firmæ :—omnibus unitis
in tenandriam de Daldilling :—9 solidatis 6 denariatis terrarum de
Hoilhouse-Daldilling, et 7 denariatis terrarum de Sands :—E. 18s.
6d, feudifirmæ :—alteris 9 solidatis 6 denariatis terrarum de Hoilhouse-Daldilling, et 7 denariatis terrarum de Sands, in parochia de
Dalgae (Dalgane ?) et balliatu prædicto.—E. 19s. 4d. feudifirmæ.
         xlii. 483.

(666)   Sep. 29. 1691.
JOANNES CRAUFOORD, hæres Joannis Craufurd de Camlarg,
avi,—in 4 mercatis terrarum de Camlarg et Penieveinzies (vel Pe-
niezies) ;—molendino granario de Dallmelingtoune ;—astrictis multuris et lie sucken baroniæ de Dalmelingtoun ;—2 mercatis terrarum de Knocksaith, omnibus in parochia de Dalmelingtoun,
Kyllregis.—A. E. 6m. N. E. 24m.   xlii. 223.

(667)   Oct. 6. 1691.
MARIOTA RICHARD uxor Niniani Ross in Mauchlane, hæres
talliæ et provisionis Jacobi Richard de Barskiming, fratris germani,
—in 40 solidatis terrarum antiqui extentus de Munkaird, infra dominium de Kylesmure :—E. 2l. 5s. 2d. &c. feudifirmæ :—decimis
garbalibus aliisque decimis dictarum terrarum de Munkaird :—E.
15s. firmæ :—2 mercatis terræ antiqui extentus de Fouler-Maynes
et Smeilgield ;—13 solidatis 4 denariatis terrarum de Foulerhead ;
9 solidatis terrarum de Smeilgills-Boigwood ;—2 solidatis terrarum de Cransland (vel Cromsland, vel Crawsland) ;—22 solidatis

6 denariatis terrarum de Neutoun ;—6 solidatis 8 denariatis terrarum de Auchmilling ;—40 denariatis terrarum de Grassyairds, cum
libertate glebas in mossa de Blairkipp effodere :—E. 4l. 5s. feudifirmæ :—decimis terrarum prædictarum et decimis terrarum de
Daldilling :—E. 6s. 8d. feudifirmæ :—omnibus infra balliatum de
Kyllstewart :—6 libratis terrarum antiqui extentus de Stair-whyt
alias Barskiming, infra Kyle regis, cum decimis rectoriis et vicariis.
—E. 100m. ratione wardæ.   xlii. 383.

(668)   Jan. 18. 1692.
JACOBUS SMITH, hæres Roberti Smith pelionis apud Kilmarnock, patris,—in ordinario annuo redditu. principalis summæ
1800m. de terris de Tounend de Rossfinick, infra baroniam de
Rowallan et balliatum de Cuninghame :—E. 1d. albæ firmæ :—
altero annuo redditu 80l. correspondente 2000m. de 40 solidatis
terrarum de Cocklebie, et 40 solidatis terrarum de Kirktoun de
Stewartoun, infra parochiam de Stewartoune, balliatum de Cuningham et regalitatem de Kilwining.—E. 1d. albæ firmæ. xlii. 319.

(669)   Apr. 7. 1692.
THOMAS M'JORROW de Barr, hæres Thomæ M'Jorrow de
Barr, patris,—in 2 mercatis terrarum de Claickmalloche, infra parochiam de Barr et comitatum de Carrick.—A. E. 1l. 6s. 4d. N. E.
6l. 13s. 4d.   xlii. 366.

(670)   Apr. 12. 1692.
DOMINUS JACOBUS CARMICHAELL de Boningtoun baronettus, hæres masculus Domini Jacobi Carmichaell de Boningtoun
militis, avi,—in terris et baronia de Eister et Wester Loudouns;—
terris de Steivenstoune ;—terris de Raith ;—terris de Darisraith et
Darquhillan, et molendino nuncupato Broom-milne, et aliis molendinis granorum et fullonum, cum villa et burgo baroniæ de Newmilnes et foro hebdomadario die Jovis, et tribus liberis nundinis
annuatim :—A. E. .... N. E. ....—terris templariis et templo
de Loudoun :—E. 20s. et 4d. in augmentationem :—advocatione
ecclesiæ et decimis :—A. E. ...... N. E. ......:—omnibus infra balliam de Cuninghame ;—terris de Auchinrugglen, Sorn, et Sornhill, molendino et terris molendinariis, infra balliam de Kyle-
Stewart ;—terris de Castlehill et Hietric ;—terris de Milntoun de
Grugar, infra baroniam de Grugar et balliam de Cuninghame ;—
terris et baronia de Barr comprehendente terras de Barr, Stewarts-
galisholmes, et cum communi pastura infra moram de Gallistoun et
Liffnock, infra baroniam de Kyle Stewart ;—terris de Dalling-
holme infra balliam de Cuninghame ;—terris et tenandria de Maxwood comprehendente terras aliaque infra scripta, quæ sunt partes
et pertinentia baroniæ de Barr et Stewarts-galisholme, viz. terras
de Overtoun, Dyck in Riccartoun, Lockhartsdalhoy, Maxwood, et
Millants, Rouchhills, et terras adjacentes dictis terris, olim partes
terrarum de Burnhouse, ex australi parte amnis de Air;—terras de
Clinshart et Boulands, Potterhill, Ballizeards, Wylieswardnuck, et
pratum ejusdem vocatum Allarshawmeadow, Monodub, Brierhill,
cum pastura animalium infra moram de Carnshalloch, moram de
Gallistoun et Commoniam de Liffnock, omnibus cum aliis terris
unitis in baroniam de Loudoun ;—terris de Forrwche et decimis,
infra balliam de Kyle-Stewart ;—terris de Over et Neither Sornes
et salmonum piscationibus earundem, molendinis granorum et fullonum ;—terris de Blairkipp et Blairmalloch ;—molendino de
Overmuir vocato Muirmiln ;—terris de Mungarswood, Cultersland,
molendino vocato Hauchmilne ;—terris de Mossgavill, Dyckfeild,
Greenockmaynes, Linburn, Glenbuck, Grasshill, Waterhouse,
Solacksyde, Harwood, Netherwood, et Overwhythauch ;—10 libratis terrarum de Machlan, cum villa et burgo de Mauchlan et
hebdomadario foro die Saturni et tribus nundinis ;—terris de
Mauchlan mayns, M'Michaells boigs, Cowfauldshaw, et mora vocata
Cowfauldshawmuir ;—terris de Foullar, Crauislands, Garsmalegs,
Waltoun alias Litle Fardell, Netherplace et Nocksharie ;—tenemento in Mauchlane et horto ;—terris de Mosswaird, Netherwalwood, Over et Nether Preistgills, Stottingcleuche, Lambertoun,
Spyslack, Neitherwood vocatis Burne de Netherwood, Midlefeild,
et Waterhead ;—terris de Maynes de Bargour comprehendentibus
terras de Roddings et Faulds, Bargour, nuncupatas Garrioch et
Southbrae, terras vocatas Smithstoun ;—terris de Overhauch Kinzeancleuch nuncupatis, M'Nauchtiescrofts, Sheills, Neitherhauch
infra Kinzeancleuch, Willokstoun, Bridgend, et prato de M'Clo-
nachanstoun ;—terris de Netherhauch et salmonum piscatione
aliisque piscationibus in amne de Air ;—terris de Bruntsheill et salmonum piscatione in aqua de Air ;—Feild molendini fullonum de
Hauch ;—terris de Hill in Magna Sylva, et terris de Barmuir ;—
terris de Hills de Barmuir, Reddurays, Eister et Wester Durays,
jacentibus apud molendinum de Milnburne, et molendino granorum de Barmuir alias vocato Milnburne ;—terris de Crossflatt et
Auldhouseburne, Killhauch, et Auchingrain ;—Bernachthill, Hall-
house, Lochlie, et Lochgill ;—Auchmuitt in Barmuir ;—20 solidatis
terrarum in Mossbugar, et 9 solidatis terrarum in Lochliehill ;—
terris de Barmuir vocatis Hillsyde;—terris de Smiddieshaw et Dal-
doick ;—terris de Hietack, Redduray in Barmuir, alias Clerksheills,

—terris de Garspool, terris de Hillhouse-Daldilling, Blacklardyk, Sandes, Chapelhouse, Midlegreenock, Tardois, Burnfoot in Netherwood, Meiklewood, Hiltnock, Newslie, Openshaw, ...haugh, Lourieland, Holl in Nethermeiklewood, Holl in Netherwood, Nether Meiklewood vulgo Roddinghead, Netherwood, et Crocehill ;—terris de Boigwood, Hauchholme, Grasshill, et Newtoun, Langwoodhead ;—advocatione ecclesiarum de Mauchlane et Muirkirk, cum decimis magnis et parvis, et privilegio tenendi curias infra dictas terras et baronias de Kylsmuir et Barmuir ;—omnibus jacentibus infra baronias de Kylsmuir et Barmuir :—E. 198l. 18s. 10d. et 40s. in augmentationem :—decimis prædictarum terrarum quæ jacent infra parochias de Mauchlane et Muirkirk, cum advocatione dictarum ecclesiarum ;—decimis prædictarum terrarum in Barmuir :—A. E. .... N. E. ....—terris de Lochbrouen et Blackrig et decimis, infra parochiam de Cumnock ;—terris et baronia de Terrinzean comprehendente terras de Dalgarg et Fardinreoch de Knocktarrow, terras de Milleoche et terras de Garleiff :—E. 21l. et 12d. in augmentationem :—terris et baronia de Martineham infra Kingskyle :—A. E. .... N. E. ....—tenemento in burgo de Air aliquando pertinente Joanni Comiti de Loudoun :—decimis, terris ecclesiasticis, et advocatione ecclesiæ de Auchinleck.—E. ....(Vide Lanark, Berwick, Dumfries.)
xliii. 2.

(671)　　　　　　Jul. 21. 1692.
DOMINUS ALEXANDER CUNINGHAM, hæres Domini Davidis Cuninghame de Robertland baronetti, fratris germani,—in 2¼ mercatis terrarum de Robertland ;—4 mercatis terrarum de Bradyland ;—20 solidatis terrarum de Spitell ;—3 mercatis 5 solidatis 9 denariatis terrarum de Wattirland, Halket, et Hessilbank cum molendino, extendentibus in integro ad 11 mercatas 5 solidatas et 9 denariatas terrarum antiqui extentus :—A. E. 11m. 5s. 9d. N. E. 45l. 14s. 6d.—6 mercatis terrarum de Fulshaw cum molendino :—E. 4l. feudifirmæ :—omnibus in balliatu de Cuninghame.
xliii. 35.

(672)　　　　　　Jul. 22. 1692.
JACOBUS RICHMONT, hæres Andreæ Richmont portionarii de Auchincleuch, patris,—in 40 denariatis terrarum de Kerleith vocatis Bridgend ;—3 solidatis terrarum de Auchincleuch, cum portione terræ inarabilis vocatæ the Gutter ;—6 solidatis ⅔ denariatas terrarum antiqui extentus de Auchincleuch, in dominio et regalitate de Kyle Stewart ;—decimis rectoriis et vicariis terrarum de Auchincleuch.—E. ....
xliii. 195.

(673)　　　　　　Oct. 20. 1692.
JOANNES MONTGOMERIE sextus et junior filius Domini Roberti Montgomerie de Skelmorlie baronetti, hæres portionarius talliæ et provisionis Henrici Montgomery quarti filii dicti Domini Roberti, fratris germani,—in annuo redditu 200l. correspondente 5000m. de 10 libratis terrarum de Meikle Cumrae in insula ejusdem ;—10 libratis terrarum de Skelmorly in parochia de Lairges ;—40 solidatis terrarum de Bourtriehill in parochia de Irving, partibus terrarum et tenendriæ de Skelmorlie ;—10 libratis terrarum de Knock, in parochia de Largies ;—5 mercatis terrarum de Ormsheugh in parochia de Irving, in balliatu de Cuningham.—E. 1d. albæ firmæ.
xliii. 253.

(674)　　　　　　Oct. 20. 1692.
JOANNES MONTGOMERY sextus et junior filius Domini Roberti Montgomrie de Skelmorlie baronetti, hæres portionarius talliæ et provisionis Alexandri Montgomrie quinti filii dicti Domini Roberti Montgomrie, fratris germani,—in annuo redditu 200l. correspondente 5000m. de terris præscriptis.—E. 1d. albæ firmæ.
xliii. 255.

(675)　　　　　　Nov. 30. 1692.
WILLIELMUS NEVIN, hæres Thomæ Nevin de Monkryding, fratris germani,—in 2 mercatis terrarum antiqui extentus de Guisloan ;—16 solidatis 8 denariatis terrarum antiqui extentus de Bannock :—E. 47s. 8d. &c. feudifirmæ :—20 solidatis terrarum antiqui extentus de Eister Monkryding :—E. 26s. 8d. &c. feudifirmæ :—10 solidatis terrarum antiqui extentus de Gaitmureland ;—20 solidatis terrarum antiqui extentus de Wester Monkryding, et 10 solidatis terrarum de Corsehill :—E. 48s. feudifirmæ :—40 solidatis terrarum antiqui extentus de Hullerhill et Lylstoune, et decimis :—E. 46s. 8d. feudifirmæ :—16 solidatis 8 denariatis terrarum antiqui extentus de Goalcraig et decimis :—E. 22s. 2d. &c. feudifirmæ :—omnibus infra parochiam et regalitatem de Kilwinning, et balliatum de Cunningham.
xliii. 135.

(676)　　　　　　Jan. 17. 1693.
HUGO KENNEDIE de Shalloch, hæres Hugonis Kennedie de Shalloch, patris,—in 20 solidatis terrarum de Litle Shallochmuck antiqui extentus, infra balliatum de Carrick.—A. E. 20s. N. E. 4l.
xliii. 224.

(677)　　　　　　Jan. 17. 1693.
ROBERTUS MUIR de Munkwood, hæres Joannis Muir de Munkwood, patris,—in 4 libratis terrarum antiqui extentus de Munkwood, cum novo molendino, et piscatione salmonum et aliorum piscium super aqua de Dune ;—terris de Mossend et mercata terræ de M'Keounstoune, quæ sunt partes 5 libratarum terrarum antiqui extentus de Grainge ;—40 solidatis terrarum de Nether Culzean, in regalitate de Mellross et balliatu de Carrick.—A. E. 33l. 6s. 8d. N. E. 6l. 13s. 4d. (A. E. 6l. 13s. 4d. N. E. 33l. 6s. 8d. ?)
xliii. 225.

(678)　　　　　　Jan. 17. 1693.
DAVID KENNEDIE de Kirkmichaell, hæres Joannis Kennedie de Kirkmichaell, patrui,—in 5 mercatis terrarum de Arnlig alias nuncupatis Barbour, infra baroniam de Kirkmichaell, parochiam de Colomnell et comitatum de Carrick, tanquam pro principalibus ;—ac in speciale warrantum earundem, in 10 libratis terrarum et baroniæ de Kirkmichell antiqui extentus, cum molendinis fullonum et granorum et terris molendinariis, infra comitatum prædictum ;—5 mercatis terrarum de Attiquin, in parochia de Mayboill et comitatu prædicto, pro principalibus ;—et in speciale warrantum earundem, in 11 mercatis terrarum de Balmaclonachen, in parochia de Daillie et comitatu prædicto ;—4 libratis terrarum de Ballarbroik, Drumlangfoord, Caverdoue, Caverbane, et Annimanem, cum pendiculis earundem vocatis Drumnàird in proprietate et tenandria, infra parochiam de Culmonell et comitatum prædictum ;—5 libratis terrarum antiqui extentus de Glenmuck, viz. 20 solidatis terrarum de Balliemoir cum maneriei loco ;—20 solidatis terrarum de Canancruboch ;—20 solidatis terrarum de Ballmalloch et Halfemerk ;—20 solidatis terrarum de Quarlefoin ;—20 solidatis terrarum de Kirkbryd et Knocknemack, infra parochiam de Girvan et comitatum prædictum ;—5½ mercatis terrarum de Mikiell Sallachan antiqui extentus, comprehendentibus terras de Glenower, Polcairdoch, et Knockdow in proprietate, infra parochiam de Kirkcudbright-Innertigg et comitatum prædictum ;—20 solidatis terrarum de Knockbraick ;—alteris 20 solidatis terrarum de Knockbraik, infra dictam parochiam de Colomnell et comitatum prædictum.—A. E. 38l. 13s. 4d. N. E. 154l. 13s. 4d.
xlv. 42.

(679)　　　　　　Aug. 31. 1693.
GEORGIUS REID, hæres Gulielmi Reid de Daldilling, fratris immediate senioris,—in 4 libratis 5 solidatis 1 denariata terrarum antiqui extentus de Daldilling, cum salmonum piscariis aliorumque piscium in aqua de Air ;—10 solidatis terrarum de Barquheyes ;—18 solidatis ..... denariatis terrarum de Midle Barquheyes ;—16 solidatis 4 denariatis terrarum de Hoill et Nether Bruntsheild, et piscariis salmonum aliorumque piscium in aqua de Air ;—2 mercatis terrarum de Foulercrynes (Foulermaynes ?) et Smelgills ;—13 solidatis 4 denariatis terrarum de Foulcrhillhead ;—9 solidatis terrarum de Smelgills in Boigwood, et 2 solidatis terrarum de Crawland, cum privilegio effodiendi glebas in glebaria lie moss de Blairkipp ;—dimidio molendini de Cathrinmilne et terrarum molendinariarum, cum 2 lie somes grass infra villam et terras de Cathrine, et dimidietate multurarum astrictarum terrarum de Bruntsheild, Heilar, Over et Nether Hoill de Bruntsheild, Daldilling, Hoillhouse, Burnhead, Dalgusie, Gilmurescroft, Lograe, Heltath, Brackenhill, Drumfork, Glenshamroch, Lindsayhill, Clewes, Whytflett, Cathrine, Monkgarswood, Bullochmilne, Blacksyde, Smiddieschaw, Daldorch, Blindburne, et Ronshaw, extendentium ad dimidietatem decimi tertii grani omnium granorum super eisdem terris crescentium, et dimidietate aliarum multurarum ;—29 solidatis terrarum de Darnhunsh ;—6 solidatis 8 denariatis terrarum de Craighead ;—4 solidatis 2 denariatis terrarum de Over Meiklewood vulgo nuncupatis Dickstoune ;—15 solidatis 8 denariatis terrarum de Auchmilling, omnibus antiqui extentus, infra dominium et baroniam de Kylsmuir, et balliatum de Kyl-Stewart ;—decimis garbalibus aliisque decimis terrarum et molendini prescriptarum, unitis in tenendriam de Daldilling ;—9 solidatis 6 denariatis terrarum de Hoilhouse-Daldilling et 7 denariatis terrarum de Sands, in parochia de Dallgane et balliatu de Kylstewart.—A. E. .... N. E. ....
xliii. 352.

(680)　　　　　　Oct. 19. 1693.
WILLIELMUS DOMINUS DE BARGANY, hæres masculus Joannis Domini de Bargeny, patris,—in terris et baronia de Bargany extendente ad 40 mercatas terrarum aut eocirca ;—3 libratis terrarum de M'Clarchistoune ;—40 mercatis terrarum de Glenassil ;—10 libratis terrarum de Daltippen et Shalloch ;—50 libratis terrarum de Ardstincher, infra comitatum de Carrick:—A. E. 116l. 6s. 8d. N. E. 465l. 6s. 8d.—7 libratis terrarum 10 libratarum terrarum de Carlock, comprehendentibus 40 solidatas terrarum de Douppin et Mortdow antiqui extentus ;—26 solidatas 8 denariatas terrarum de Sanage ;—terras de Barnvannock et Ashdonan extendentes ad 20 solidatas terrarum ;—terras de Craigmavish et Paldoune extendentes ad 26 solidatas 8 denariatas terrarum ;—terras de Mulblane extendentes ad 26 solidatas 8 denariatas terrarum ;—20 solidatis terrarum de Garleffin ;—26 solidatis 8 denariatis terrarum de Barchallan ;—20 solidatis terrarum de Claiklie (vel Claiklae) ;—terris de Bardrokwood extendentibus ad 1 mercatam terræ ;

L

—terris de Stranarran (vel Stravarran) et Areclyoch extendentibus ad 26 solidatas 8 denariatas terrarum antiqui extentus ;—20 solidatis terrarum de Arnemuille:—A. E. 6*l.* 6*s.* 8*d.* N. E. 25*l.* 6*s.* 8*d.* —26 solidatis 8 denariatis terrarum antiqui extentus de Fardincreacher, in balliatu de Carrick :—A. E. 26*s.* 8*d.* N. E. 5*l.* 6*s.* 8*d.* —20 solidatis terrarum de Sanley (vel Sauley) et Craigluey, in parochia de Kirkcudbright-Innertig et balliatu de Carrick :—E. 6*l.* 6*s.* 10*d.*—3 mercatis terrarum de Auchenmadie et Auchronock:— E. 6*m.* 5*s.*—mercata terræ terrarum de Dunmurchie (vel Dunmurehill) :—E. 26*s.* 8*d.* et 9*s.* 4*d.* in augmentationem :—terris glebariis de Kirkcudbright-Innertig :—E. 25*s.*—rudis terrarum in Girvan :—E. 10*s.* et 3*s.* 4*d.* in augmentationem :—6 libratis 5 solidatis terrarum de Bruntstoun et Quarrelhill, jacentibus infra abbaciam de Corsreguall et comitatum de Carrick.—E. 9*l.* xliii. 355.

(681) Dec. 6. 1693.
ROBERTUS LOVE portionarius de Threipwood, *hæres* Jacobi Love portionarii de Threipwood, *patris,*—in 40 solidatis terrarum antiqui extentus de Threipwood, infra parochiam de Beith, regalitatem de Kilwinning, et balliatum de Cuninghame.—E. 10*l.* 13*s.* 4*d. feudifirmæ.* xliii. 423.

(682) Apr. 3. 1694.
DOMINUS JOANNES SCHAW de Greenock eques baronettus, *hæres* Domini Joannis Schaw de Greenock equitis baronetti, *patris,* —in 33 solidatis 4 denariatis terrarum de Boighall :—E. 33*s.* 4*d. feudifirmæ :*—16 solidatis terrarum de Neitherhill of Beith :— E. 16*s. feudifirmæ :*—40 solidatis terrarum de Boigholme:—E. 40*s. feudifirmæ :*—54 solidatis terrarum de Over Boigsyde et Fullwoodhead :—E. 54*s. feudifirmæ :*—4 mercatis terrarum de Marshalland, infra baroniam de Beith, balliam de Cunningham et regalitatem de Kilwinning.—E. 3*l.* &c. *feudifirmæ.*—(Vide Lanark.) xliv. 5.

(683) Oct. 3. 1694.
JOANNES PEEBLES de Crawfield, *hæres* Joannis Peebles de Crawfield, *patris,*—in 44 solidatis terrarum antiqui extentus de Crawfield, infra parochiam de Beath, regalitatem de Kilwinning et balliatum de Cunninghame.—E. 4*l.* 8*s.* &c. *feudifirmæ.* xliv. 150.

(684) ...... 27. 1694.
WALTERUS SCOT, *hæres talliæ et provisionis* Magistri Gulielmi Scot de Clanbeth, *fratris germani,*—in 6 mercatis terrarum antiqui extentus de Claubeith (Clonbeith ?) et Darnmule, infra parochiam et regalitatem de Kilwinning et balliatum de Cuninghame.—E. 12*m.* &c. *feudifirmæ.* xliv. 165.

(685) Feb. 26. 1695.
JACOBUS BLAIR de Blairstoune, *hæres* Hugonis Blair de Blairstoune, *patris,*—in 5 mercatis terrarum de Blairstoun *alias* Middle Auchendrain, cum salmonum piscationibus super aqua de Doune, in parochia de Mayboill et comitatu de Carrick.—A. E. 3*l.* 6*s.* 8*d.* N. E. 16*l.* 13*s.* 4*d.* xliv. 383.

(686) Maii 18. 1695.
THOMAS DAULING filius Joannis Dauling incolæ in Leith, *hæres in speciali* Thomæ Dauling incolæ in Edinburgo, *patrui,*— in terris et baronia de Cumnock, cum advocatione ecclesiæ parochialis, et officii clerici parochiæ de Cumnock ;—2 mercatis terrarum de Dalliamay (vel Dalhannay);—2 mercatis terrarum de Neather Garloff, et 6 solidatis 8 denariatis terrarum de Garshalloch antiqui extentus, unitis ad terras et baroniam de Cumnock tanquam partibus ejusdem, jacentibus in Kingskyll ;—pecia terræ de Templand jacente inter terras ecclesiasticas de Cumnock et aquam de Lugar ;—burgo baroniæ de Cumnock, hepdomadariis foris et annuatis liberis nundinis ejusdem, omnibus unitis in baroniam de Cumnock :—A. E. 109*l.* 13*s.* 4*d.* N. E. 658*l.*—4 mercatis terrarum de Leffnoris cum fortalicio ejusdem, et pendiculo dictarum 4 mercatarum terrarum vocato Waird ;—10 solidatis terrarum de Backwoodhill (vel Blackwoodhill), jacentibus in Kingiskyle :—A. E. 10*l.* N. E. 60*l.*—terris et baronia de Glenmuir comprehendentibus 3 quarterias partes et 40 denariatas terrarum de Glenmure tam proprietate quam tenandria, continentes extentus particulares subsequentes, viz. 2 mercatas terrarum de Powbrock (vel Powbreck);—40 solidatas terrarum de Paperthill;—4 mercatas terrarum de Shaw ;—6 mercatas terrarum de Daularies *et* Constablemark ;—4 mercatas terrarum de Castellcavell ;—23 solidatas 4 denariatas terrarum de Dornell, et mercatam terræ de Auchtetauch, in balliatu de Kylestewart.—A. E. 20*l.* N. E. 120*l.* xlv. 48.

(687) Jun. 4. 1695.
THOMAS MURE scriba in Edinburgo, *hæres* Joannis Mure scribæ Signeto regio, *patris,*—in 8 mercatis terrarum de Neather Scheills *alias* Schiells-Rankine, infra parochiam de Ochiltrie, Kingskyle.—A. E. ...... N. E. ...... xlv. 16.

(688) Jul. 4. 1695.
ARCHIBALDUS CRAUFOORD de Auchinames, *hæres masculus* Wilielmi Crauford de Auchinamis junioris, *filii,*—in 26 mercatis terrarum de Corsbie, infra parochiam de Kilbryde et balliatum de Cuninghame.—E. ......—(Vide Renfrew.) xlv. 897.

(689) Jul. 29. 1695.
CAPITANUS JACOBUS CUNINGHAME de Aiket, *hæres* Jacobi Cuninghame de Aiket, *patris,*—in 33 solidatis et 4 denariatis terrarum antiqui extentus de Over Aicket :—A. E. 23*s.* 4*d.* N. E. 10*l.*—2 libratis 15 solidatis terrarum antiqui extentus de Auldhalls vocatis Auldhall-Murray, Auldhall-Clerk, et Auldhall-Collenan :—A. E. 2*l.* 15*s.* N. E. 16*l.* 10*s.*—2 libratis 13 solidatis 4 denariatis terrarum antiqui extentus de Neather Bordland :—A. E. 2*l.* 13*s.* 4*d.* N. E. 14*l.*—terris ecclesiasticis de Dunlop extendentibus ad 2 mercatas terrarum antiqui extentus, cum decimis :—E. 8*m.* et 10*s.* in augmentationem, *feudifirmæ :*—omnibus in parochia de Dunlop et balliatu de Cuninghame. xlv. 68.

(690) Nov. 1. 1695.
FERGUSIUS, ANTONIUS, SAMUEL, MARGARETA, CRISTIANA, JANETA, SARA, ET JACOBUS PATERSONES, *hæredes portionarii provisionis* Joannis Patersone notarii in Craigantoune, *patris,*—in 40 solidatis terrarum de Knockbaine, et 40 solidatis terrarum de Moak, in parochia de Collomnell ;—annuo redditu principalis summæ 2300*m.* de iisdem terris.—E. 1*d. albæ firmæ.* xlv. 171.

(691) Jun. 9. 1696.
PENELOPE COMITISSA DE DRUMFREIS, *hæres talliæ et provisionis* Gulielmi Magistri de Crichtoune, postea Comitis de Dumfreis, *fratris germani,*—in terris et baronia de Cumnock, advocatione parochialis ecclesiæ et officii clericatus parochiæ de Cumnock ;—2 mercatis terris de Dalhannay ;—2 mercatis terris de inferiore lie Neather Garrive ;—6 solidatis 8 denariatis terris antiqui extentus de Garlauch, annexatis ad terras et baroniam de Cumnock, omnibus jacentibus in Kingskyle ;—parte terræ templariæ jacente inter terras templarias de Cumnock et aquam de Lugar ;— burgo baroniæ de Cumnock, mercatibus hepdomadariis et liberis annuis nundinis ;—4 mercatis terrarum de Leifnories, et pendiculo vocato Waird ;—10 solidatis terris de Blackwoodhill in Kingskyle, omnibus unitis in baroniam de Cumnock :—A. E. 90*l.* 10*s.* N. E. 374*l.*—baronia de Glenmuir inibi comprehendente 3 quartas partes et 40 denariatas terrarum de Glenmuir, continentes particulares extentus subsequentes, viz. 2 mercatas terrarum de Panbreck ;— 40 solidatas terrarum de Paperthill ;—4 mercatas terrarum de Shaw ;—5 mercatas terrarum de Castelcavell ;—23 solidatas et 4 denariatas terrarum de Dornall ;—1 mercatam terrarum de Auchtintanich ;—superioritate 6 mercatarum terrarum de Dalblair, Constablemark et Cruicks, infra balliatum de Kyle Stewart, sub reservatione quarundem terrarum :—A. E. 15*l.* 3*s.* 4*d.* N. E. 75*l.* 16*s.* 8*d. taxatæ wardæ :*—titulo et officio domini regalitatis de Cumnock, cum privilegio capellæ et cancellariæ, et burgo regalitatis de Cumnock, cum mercato hepdomadario et tribus liberis annuis nundinis.—A. E. 2*d.* N. E. 8*d.* xlvi. 231.

(692) Oct. 22. 1696.
JOANNES COMES DE ROXBURGH, *hæres masculus et talliæ* Roberti Comitis de Roxburgh, Domini Ker, Cessfoord, et Cavertoune, *fratris germani,*—in dominio et baronia de Halydean comprehendente inter alia, terras ecclesiasticas ecclesiæ de Kilmanners (Kilmauers) infra balliatum de Cuningham, cum aliis terris in Edinburgh, Selkirk, Peebles, Dumfries, Lanark, Kincardine, et Roxburgh :—E. 10*l.* &c. *firmæ :*—decimas rectorias et vicarias dictæ ecclesiæ de Kilmaures, cum aliis decimis in Roxburgh, Berwick, Selkirk, Peebles, Dumfries, Lanerk, Edinburgh, et Kincardine.— E. 40*m. albæ firmæ.*—(Vide Roxburgh, Stirling, Linlithgow, Edinburgh, Selkirk, Berwick, Haddington, Peebles, Dumfries, Lanark, Kincardine.) xlvi. 243.

(693) Dec. 16. 1696.
DOMINUS ROBERTUS MONTGOMRIE de Skellmorlie miles baronettus, *hæres* Domini Jacobi Montgomrie de Skellmorlie militis baronetti, *patris,*—in decimis vicariis 10 libratarum terrarum antiqui extentus de Skelmorlie-Montgomrie, infra parochiam de Largs et balliatum de Cunninghame ;—advocatione ecclesiæ de Largis cum decimis, et cum aliis terris, &c. in vicecomitatu de Renfrew :—E. 32*l.* &c.—terris de Ormsheugh proprietate et tenandria earundem, extendentibus ad 5 mercatas terrarum antiqui extentus, infra baroniam de Stuartoune et balliatum de Cunninghame :— A. E. 5*m.* N. E. 30*s. taxatæ wardæ :*—10 libratis terrarum antiqui extentus de Knock ;—villis et terris de Over and Nether Grasyeards, Quarter, Rottenburne, Glenheid, et Hill, quæ sunt partes dictarum terrarum de Knock, infra dominium de Largis et balliatum de Cunninghame :—A. E. 10*l.* N. E. 60*l.*—10 libratis terrarum antiqui extentus de Skelmorlie, in balliatu de Cunning-

hame;—2¼ mercatis terræ antiqui extentus de Burtrishill, cum 2 partibus communis moræ inter moram et terras vocatas Blakitbank, in dominio de Stane et balliatu de Cunninghame, omnibus unitis in tenandriam de Skellmorlie.—E. 128*l.* *taxatæ wardæ.*—(Vide Renfrew, Bute, Argyle.) xliv. 417.

(694) Oct. 5. 1697.
JOANNES DAULING, *hæres* Thomæ Dauling incolæ in Edinburgo, fratris immediate junioris quondam Joannis Dauling incolæ in Leith, *patrui*,—in terris et baronia de Cumnock, cum advocatione ecclesiæ parochialis et officii clerici parochialis de Cumnock;—2 mercatis terrarum de Dalmahoy (vel Dalhannay);—2 mercatis terrarum de Nether Garleff;—6 solidatis 8 denariatis terrarum de Garshalloch antiqui extentus, annexatis ad terras et baroniam de Cumnock, jacentibus in Kylregis;—pecia de Templand jacente infra terras ecclesiasticas de Cumnock et aquam de Lugar;—burgo baroniæ de Cumnock, hebdomadariis foris et liberis nundinis, omnibus unitis in baroniam de Cumnock:—A. E. 109*l.* 13*s.* 4*d.* N. E. 658*l.*—4 mercatis terrarum de Leffnories;—4 mercatis terrarum vocatis Waird;—10 solidatis terrarum de Blackwoodhill, jacentibus in Kyle-regis:—A. E. 10*l.* N. E. 60*l.*—terris et baronia de Glenmuir comprehendente tres quarterias partes et 40 denariatas terrarum de Glenmuir, continentes particulares extentus infra scriptas, viz. 2 mercatas terrarum de Penbreck;—40 solidatas terrarum de Parparthill (vel Paperthill);—4 mercatas terrarum de Shaw;—6 mercatas terrarum de Dawlares (vel Dallaries) et Constablemark;—4 mercatas terrarum de Castlecavell;—23 solidatas 4 denariatas terrarum de Dornell, et 1 mercatam terræ de Auchtitauch, jacentes infra Kingskyle.—A. E. 20*l.* N. E. 120*l.* xlvi. 695.

(695) Apr. 26. 1698.
ISOBELLA CRICHTONE sponsa Magistri Davidis Meldrum ministri verbi Dei apud Tippermuir, MARIA CRICHTONE sponsa Davidis Oliphant de Colteuchar, et ELIZABETHA CHRICHTONE sponsa Roberti Wallace de Holmstoune, *hæredes portionariæ* Helenæ Crichtone sororis germanæ Jacobi Crichtone de Castellmains, sponsæ Gulielmi Crichton vicecomitis deputati de Ayr, *matris*,—in annuo redditu 540*m.* correspondente summæ 9000*m* de 3 libratis terrarum de Brockloch;—2 mercatis terrarum de Blairin;—2 mercatis terrarum de Straid;—mercata terrarum de Litle Mark;—2 mercatis terrarum de Whythill, Chanis, et Lochmaharg;—2 mercatis terrarum de Carcow, et 1 mercata terrarum de Aishmark, infra baroniam de Cumnock, novam parochiam ejusdem, Kyll-regis.—E. 1*d.* *albæ firmæ.* xlvii. 18.

(696) Dec. 1. 1698.
JOANNES VICECOMES DE STAIR, *hæres* Jacobi Vicecomitis de Stair, *patris*,—in 14 libratis terrarum antiqui extentus de Stair, comprehendentibus 40 solidatas terrarum dominicalium de Stair, cum turre et maneriei loco de Stair;—40 solidatas terrarum de Davidstoun;—40 solidatas terrarum de Mackiestoun;—40 solidatas terrarum de Stairaird;—40 solidatas terrarum de Dunningstoun;—40 solidatas terrarum de Lochhill;—40 solidatas terrarum de Chalmerstoun et Burn, cum molendino granario de Stair, et salmonum piscatione super aqua de Ayr:—A. E. 14*l.* N. E. 56*l.*—4 mercatis terrarum de Clonstrang et Mackwillochstown, comprehendentibus terras de Hollbyrs (vel Oldbyre), Burnbrae, et Thorn:—A. E. 4*m.* N. E. 16*m.*—4 mercatis terrarum de Burne et Trabbothmaynes comprehendentibus terras de Lawhill (vel Lochhill), Beigstoun, Hannastoun, et Keyshill:—A. E. 4*m.* N. E. 16*m.*—20 solidatis terrarum antiqui extentus de Carbowie, infra parochiam de Ochiltree, et Kingshill (Kingskyle?), cum decimis prædictarum terrarum:—A. E. 20*s.* N. E 4*l.*—unitis in baroniam de Stair:—terris et baronia de Dalmelingtoun infra parochiam de Kingskyle tam proprietate quam superioritate ejusdem, cum burgo baroniæ de Dalmellingtoun, comprehendente 2 mercatas terrarum de Ern:—A. E. 2*m.* N. E. 8*m.*—20 solidatas terrarum de Glenmuck:—A. E. 20*s.* N. E. 4*l*—40 solidatas terrarum de Dalforsan:—A. E. 40*s.* N. E. 8*l.*—40 solidatas terrarum de Mossdale:—A. E. 40*s.* N. E. 8*l.*—2 mercatas terrarum de Over Penny-Arthur:—A. E. 2*m.* N E. 8*m.*—1 mercatam terræ de Bogtoun:—A. E. 1*m.* N. E. 4*m.*—1 mercatam terræ de Clachan:—A. E. 1*m.* N. E. 4*m.*—2 mercatas terrarum de Maynes:—A. E. 2*m.* N. E. 8*m.*—2 mercatas terrarum de Knockseach (vel Knockskoch):—A. E. 2*m.* N. E. 8*m.*—2 mercatas terrarum de Nether Penny-Arthur:—A. E. 2*m.* N. E. 8*m.*—1 mercatam terrarum de Benben:—A. E. 1*m.* N. E. 4*m.*—5 mercatas terrarum de Benbeugh:—A. E. 1*m.* N. E. 4*m.*—2½ mercatas terrarum de Claussin:—A. E. ..... N. E. .....—1 mercatam terrarum de Pennyvenie:—A. E. 1*m.* N. E. 4*m.*—2 mercatas terrarum de Chalmerstoun:—A. E. 2*m.* N. E. 8*m.*—20 solidatas terrarum de Nether Chalmerstoun:—A. E. 20*s.* N. E. 4*l.*—1 mercatam terrarum de Sillieholl:—A. E. 1*m.* N. E. 4*m.*—dimidium mercatæ terrarum de Bruntown:—A. E. ½*m.* N. E. 2*m.*—1 mercatam terrarum de Craigmark:—A. E. 1*m.* N. E. 4*m.*—2 mercatas terrarum de Minnieveniss:—A. E. 2*m.* N. E. 8*m.*—4 mercatas terrarum de Leught:—A. E. 4*m.* N. E. 16*m.*—9 mercatas terrarum de Waterheid:—A. E. 9*m.* N. E. 36*m.*—3 mercatas terrarum de Carbistoun Easter et Wester, cum decimis:—A. E. 3*m.* N. E. 12*m.*—et omnes alias terras baroniæ de Dalmellingtoun, omnibus unitis in baroniam de Dalmellingtown:—acra terræ vocata Provostaicker Collegii ecclesiæ de Maybole;—terris nuncupatis Meadowlands extendentibus ad 6 rudas terrarum:—A. E 40*d.* N. E. 1*m.*—pecia terræ vocata Longyeard extendente ad 3 rudas terrarum, infra parochiam de Maybole:—A. E 20*d.* N. E. ½*m.*—terris et baronia de Gaitgirth tam proprietate quam superioritate ejusdem, comprehendente terras dominicales de Gatgirth;—terras de Knocksogle (vel Knockshogle);—terras de Dalmoir;—terras de Raithill (vel Raishill);—terras de Watterside;—terras de Mossyde;—terras de Windneuck (vel Woodneuck);—terras de Milnhead;—terras de Whitehill;—terras de Gilliesland;—terras de Braesyde;—terras de Breidgend;—terras de Auldhall,—terras de Raithill;—terras de Boymastoun;—terras de Milntoun;—terras de Hutchistoun;—terras de Windihill;—terras de Reddinghead, Corshill, Loanfoot de Corsehill, Midlerig, et Duchray, infra parochiam de Coylstoun, Kingskyll:—A. E. 16*m.* N. E. 42*l.* 13*s.* 4*d.*—terris et baronia de Martnaham (vel Bartnaham) comprehendente terras de Lochhead;—terras de Barnhill;—terras de Ralthill;—terras de Bowbogside;—terras de Sandihill;—terras de Northbrae;—terras de Whytehill;—terras de Breidge;—terras de Craigs et Gillistown, infra parochiam de Coylstoun, Kingskyle:—A. E. 20*m.* N. E. 80*m.*—terris et baronia de Terrinzean tam bene proprietate ac superioritate ejusdem, comprehendente terras dominicales de Terrinzean;—terras de Woodheid et Burn;—terras de Woodside;—terras de Garloff;—terras de Milloch;—terras de Knocktilloch (vel Knocktirrow);—terras de Wairstead;—terras de magnis et parvis lie Meikle et Litle Cairns;—terras de Craighouse;—terras de Bardimilne;—terras de Corsgilloch;—terras de Dalgerg (vel Dalgreg);—terras de Fardincroch (vel Fardinrioch);—terras de Carinven;—terras de Greenlus;—terras de Garryland;—terras de Germanholme et Burn, infra parochiam de Cumnock, Kingsyle;—cum remanentibus terris baroniarum de Gatgirth, Martinham, et Terrinzean, comprehendentibus terras de Barnmuck, Martinhamknow, et Craigstown, infra parochiam de Dalrymple, Kingskill;—terras de Doomestoun;—terras de Drumgrang;—terras de Dalharrow;—terras de Mackolmistoun et Burnfoot;—terras de Kirkwoodstoun, infra parochiam de Dalmelingtoun;—terras de Crofthead et Croftfoot et alias terras pertinentes ad Johannem Chalmers de Gartgirth, infra baroniam de Sorn;—terras de Carrith infra ballivatum de Kylestewart;—terras de Chalmerhouss, infra parochiam de Irving, et ballivatum de Cuninghame, cum decimis prædictarum baroniarum et ecclesiæ de Auchenleck:—A. E. 15*m.* N. E. 60*m.*—terras de Over et Nether Laughts:—A. E. 4*m.* N. E. 20*m.*—terras et baroniam de Easter et Wester Lowdouns;—terras de Stivanstoun (vel Steinstounrath);—terras de Durriesraith (vel Darriesrath) et Darquhillen, cum molendino vocato Broommiln;—cum villa et burgo baroniæ de Newmilnes;—cum terris ecclesiasticis et ecclesia de Loudoun, et advocatione dictæ ecclesiæ, et decimis ejusdem, infra balivatum de Cuninghame;—cum terris de Auchrugland;—terris de Sorn et Sornhill, infra ballivatum de Kylestewart;—terris de Castlehill et Hietree;—terris de Milntown de Grugar, infra baroniam de Grugar et ballivatum de Cuninghame;—terris et baronia de Barr, et terris et tenandria de Maxwood, infra ballivatum de Kylestewart:—A. E. 50*l.* N. E. 200*l.*—terris de Over et Nether Sorns:—A. E. 8*m.* N. E. 32*m.*—terris de Blairkip (vel Blairkye):—A. E. 4*m.* N. E. 16*m.*—terris de Blairmalloch (vel Blairilloch) et molendino de Overmoore aliter vocato Mooremiln:—A. E. 4*m.* N. E. 16*m.*—terris de Montgarswood:—A. E. 44*s.* 7½*d.* N. E. 8*l.* 18*s.* 4*d.*—terris de Culterland cum molendino vocato Haughmill:—A. E. 8*s.* N. E. 32*s.*—terris de Mossgavell:—A. E. 6*m.* 40*d.* N. E. 25*m.*—terris de Dykfield:—A. E. 3*m.* 11*s.* N. E. 10*l.* 4*s.*—terris de Greenockmaynes (vel Grayneuckmaynes):—A. E. 2*l.* N. E. 8*l.*—terris de Lyneburn (vel Limburn):—A. E. 4*m.* N. E. 16*m.*—terris de Glenbuck (vel Glenmuck):—A. E. 2*m.* N. E. 8*m.*—terris de Grasshills (vel Grassheills):—A. E. 4*m* N. E. 16*m.*—terris de Watterhouse:—A. E. 1*m.* N. E. 4*m.*—terris de Blackside:—A. E. 4*m.* N. E. 16*m*—terris de Harwood et Netherwood:—A. E. 27*s.* 4*d.* N. E. 5*l.* 9*s.* 4*d.*—10 mercatis terrarum de Machlen, cum maneriei loco de Machlan;—villa et burgo de Machlan;—terris de Machlan Maines, Mackmichaellsboggs, Cowfauldshaw, et Moore eidem adjacente vocato Cowfoldhaughmoor;—terris de Fuller, Crawslands, Grassmalk (vel Grassmellis), Weyltoun (vel Welltoun), Netherplace, et Knocksharris, tenemento in Mauchlane, et terris de Mosswaird et Over et Nether Preistgeills (vel Preistgills):—A. E. 10*l.* N. E. 40*l.*—terris de Stottingcleuch:—A. E. 1*l.* N. E. 4*l.*—terris de Lambertoun, Speylock:—A. E. 1*m.* N. E. 4*m.*—terris de Netherwood:—A. E. 5*s.* N. E. 20*s.*—terris de Midlefield et Waterheid:—A. E. 4*m.* N. E. 16*m.*—terris et terris dominicalibus de Bargour, comprehendentibus terras de Reddingfeild, Garrack, et Southbrae, et terras nuncupatas Smithstowns:—A. E. 3*l.* 40*d.* N. E. 12*l.* 1*m.*—terras de Overhaugh nuncupatas Kingzeancleugh:—A. E. 31*s.* N. E. 6*l.* 4*s.*—terras de Macknochties crofts:—A. E. 5*s.* N. E.

20s.—terras de Sheills:—A. E. 30d. N. E. 10s.—terras de Netherhaugh:—A. E. 12s. 6d. N. E. 50s.—terras de Willockstoun (vel Willextoun):—A. E. ⅓m. N. E. 2m.—terras de Breidgend et pratum de Macklanachhanstown, et terris de Netherhaugh cum piscatione in aqua de Air:—A. E. 4s. N. E. 16s.—terras de Bengheills (vel Brownsheills) et salmonum piscationes in aqua de Air, Waulkmillstead et Haugh:—A. E. 21s. 9d. N. E. 4l. 7s.—terras de Meiklewood (vel Hill in Meeklewood):—A. E. 4s. N. E. 16s.—terras de Barmoor:—A. E. ...... N. E. ......—terras de Hills (vel Hills de Moore):—A. E. 4m. N. E. 20m.—terras de Barmoore:—A. E. 4m. 2s. 4d. N. E. 16m. 9s. 4d.—terras de Reidgrays (vel Rudgrays):—A. E. 2m. N. E. 8m.—terras de Easter et Wester Dinrays (vel Durrayes) et molendinum granarium de Barmoore vocatum Milnburn:—A. E. 5m. N. E. 20m.—terras de Corslet et Auldhousburn:—A. E. 4m. N. E. 16m.—terras de Killoch et Auchinbranny (vel Auchinbrein):—A. E. 4l. 4s. N. E. 16l. 16s.—terras de Bernaughtiehill (vel Berneighthill):—A. E. 1m. N. E. 4m.—terras de Hollhouse:—A. E. 7s. 6d. N. E. 30s.—terras de Lochlee et Lochill:—A. E. 56s. 8d. N. E. 11l. 6s. 8d.—terras de Auchinmott:—A. E. 31s. N. E. 6l. 4d.—terras de Moss Beugar:—A. E. 1l. N. E. 4l.—terras de Hillsyde:—A. E. 26s. N. E. 5l. 4s.—terras de Smiddieshaw et Daldaraugh:—A. E. 25s. 4d. N. E. 5l. 16d.—terras de Hietack:—A. E. 46s. N. E. 9l. 4s.—terras de Reidwrae:—A. E. 28s. N. E. 5l. 12s.—terras de Garpell (vel Garpills):—A. E. 2l. N. E. 8l.—terras de Hollhouse et Daldilling:—A. E. 9s. 6d. N. E. 38s.—terras de Blockardicklands (vel Brocklairdyke):—A. E. 30d. N. E. 10s.—terras de Chappelhouse:—A. E. 40s. N. E. 8l.—terras de Midle Greenock:—A. E. 20s. N. E. 4l.—terras de Tardas (vel Cardrouse):—A. E. 4m. N. E. 16m.—terras de Burnfoot:—A. E. 15s. N. E. 3l.—terras de Dalquharn (vel Barquhillen):—A. E. 8s. 9d. N. E. 35s.—terras de Meiklewood:—A. E. 1m. N. E. 4m.—terras de Hillknock:—A. E. 9s. 2d. N. E. 36s. 8d.—terras de Kemstee (vel Rinslie):—A. E. 3s. N. E. 12s.—terras de Oxenshaw:—A. E. 6s. N. E. 24s.—terras de Haugh:—A. E. 1s. N. E. 4s.—terras de Lowrsland:—A. E. 15s. N. E. 3l.—terras de Holl in Meeklewood et Netherwood;—terras de Meikle Netherwood vocatas Reddinghead:—A. E. 10s. N. E. 40s.—terras de Netherwood et Corshill:—A. E. 40s. N. E. 8l.—terras de Bogwood:—A. E. 17s. 8d. N. E. 3l. 10s. 8d.—terras de Haughholme (vel Heughholm):—A. E. 2s. N. E. 8s.—terras de Newtoun:—A. E. 18s. 10d. N. E. 3l. 15s. 4d.—terras de Longwoodheid, cum advocatione ecclesiarum de Machlen et Moorkirk, et decimis:—A. E. 18s. N. E. 40s.—terris de Sheills vocatis Steillrankine, infra parochiam de Ochiltree cum decimis:—A. E. ...... N. E. ......—terris de Polquhairn, Sinclairstoun, Kill, Pypertoun, 2 Lochholls, Gledside, Ladyhill, Keynians, et Moorestoun:—A. E. .... N. E. ....—3 mercatis terrarum de Deuchrys et Corshill, infra parochiam de Crailtoun (Coilstoun?);—A. E. 3m. N. E. 12m.—4 mercatis terrarum antiqui extentus de Wrighthill, comprehendentibus Braehead et Gateside, infra parochiam de Ochiltree:—A. E. 4m. N. E. 16m.—4 libratis terrarum de Bogsides, Bowboggsides, et Peltock, infra baroniam de Sundrum et parochiam de Coyltoun.—A. E. 4l. N. E. 16l.—(Vide Wigton.) li. 49.

(697) Apr. 4. 1699.
ROBERTUS CATHCART de Gainoch, *hæres* Roberti Cathcart de Barneell, *patrui*,—in 2 mercatis terrarum de Balbeg alias Litletoune vocatis Carnoquhenstoune, in parochia de Kirkoswall et comitatu de Carrick:—E. 4m. &c. *feudifirmæ*:—2 mercatis terrarum de Drumballander-Rig, et Laucheid antiqui extentus, in parochia de Cumnock, Kyll-Regis;—4 mercatis terrarum de Bardarroch, in parochia de Ochiltree, Kyll-Regis, pro annuo reddtu 300m.—E. ...... xlvii. 845.

(698) Jul. 20. 1699.
GULIELMUS COMES DE KILMARNOCK, *hæres masculus et lineæ* Gulielmi Comitis de Kilmarnock, *patris*,—in terris, dominio, et baronia de Kilmarnock ;—terris de Monfod ;—terris de Partincross et Ardneile ;—5 mercatis terrarum de Meinfoord, quæ sunt propriæ partes dominii et baroniæ de Kilmarnock ;—villa et burgo baroniæ de Kirktoun de Kilmarnock cum foris et nundinis, omnibus unitis cum aliis terris in vicecomitatu de Renfrew, in baroniam de Kilmarnock:—A. E. 115l. N. E. 690l.—40 mercatis terrarum antiqui extentus terrarum et baroniæ de Grugar, infra balliatum de Cuninghame:—A. E. 33l. N. E. 198l.—omnibus unitis in dominium et baroniam de Kilmarnock :—40 solidatis terrarum antiqui extentus terrarum ecclesiasticarum de Kilmarnock ;—dimidia mercata terrarum de Gleibland de Kilmarnock, infra parochiam de Kilmarnock et balliatum de Cuninghame, quæ erant propriæ partes tenendriæ de Grange, existentibus 20 mercatis terrarum antiqui extentus:—E. 7m. *feudifirmæ*:—advocatione ecclesiæ de Kilmarnock cum decimis, unitis ad baroniam de Medrox in Lanerk.— (Vide Renfrew, Lanark.) xlviii. 158.

(699) Jan. 29. 1700.
MARGARETA ET AGNETA WALKERS, *hæredes portionariæ* Ricardi Walker in Bargour, *patris*,—in 6 solidatis 8 denariatis terrarum antiqui extentus de Neather Bargour, in dominio de Kylesmuir et balliatu de Ayr ;—4 solidatis 4 denariatis terrarum de Sauerstoune, cum pecia moræ tanquam parte terrarum de Bridgehouse, extendente ad .... acras terrarum, in baronia de Kyll-muir et balliatu de Kyll-Stewart :—E. ....annuo redditu principali summæ 600m. correspondente, de eisdem terris. xlviii. 460.

(700) Maii 2. 1700.
JACOBUS FARQUHAR de Gillmylescroft, *hæres* Roberti Farquhar de Gillmylescroft, *patris*,—in terris de Gillmylescroft cum molendinis granorum et fullonum, et salmonum piscariis in aqua de Air ;—terris de Glenshameroch et Kaimes ;—4 mercatis terrarum de Lightshare, in parochia de Muirkirk ;—20 solidatis terrarum de Reidway in Barmuir antiqui extentus ;—molendino de Balsangan (vel Dalsangan), cum astrictis multuris terrarum de Neather Bargour, Over Bargour, villæ de Balsangan, Hoillhouse, Barnaught, Barquhayes, Newtounes, Killhaugh, Carleith, Auchmanoch, Auchinbrain, 40 solidatarum terrarum de Blairkipp, et terrarum de Oxinshaw ;—lacu de Lochbrowen, et potestate effodiendi cespites et lucrandi lapides in quacunque parte terrarum de Kylesmuir, et lucrandi lapides in quacunque parte 9 solidatarum terrarum de Bargour, in usum dicti molendini, cum servitiis ;—17 solidatis terrarum de Over Heillar antiqui extentus, cum piscationibus salmonum in aqua de Air ;—2 solidatis 4 denariatis terrarum de Clonhald antiqui extentus ;—17 solidatis 6 denariatis terrarum antiqui extentus de Over Bargour vocatis Fishers mailling ;—10 solidatis terrarum de Over Bargour antiqui extentus ;—5 solidatis 8 denariatis terrarum de Over Bargour vocatis Dunley, cum 3 peciis terrarum de Over Bargour vocatis Blairs Bridgend, vocatis Patenstoune, extendentibus ad 3 denariatas terrarum antiqui extentus, in dominio et baronia de Kylesmuir et Barmuir, et balliatu de Kylestewart ;—40 solidatis terrarum antiqui extentus de Neather Blacksyde ;—7 solidatis 6 denariatis terrarum de Heillhouse de Dalsangan (vel Balsangan) antiqui extentus, in dicto dominio et baronia de Kylsmuir et balliatu de Kylestewart, cum decimis omnium prædictarum terrarum, et annuitatibus earundem :—E. 37l. 13s. 4d. &c. *feudifirmæ*:—terris ecclesiasticis ecclesiæ de Craigie in Kyll, extendentibus ad 33 solidatas 4 denariatas terrarum antiqui extentus, cum decimis et annuitatibus, in parochia de Craigie et balliatu de Kylestewart :—E. 33s. 4d. *feudifirmæ*:—omnibus prædictis terris unitis in tenandriam vocatam Gillmylescroft :—17 solidatis terrarum de Meiklewood in Over Logan, in parochia de Dalgain :—E. 25s. 4d. *feudifirmæ*:—mercata terræ ex 10 mercatis terrarum de Cambuseskan vocata Fairwalls :—E. 24s. *feudifirmæ*:—terris de Sydhead et Sawers mailling, in parochia de Riccartoune :—E. 3s. 4d. *feudifirmæ*:—6 solidatis 8 denariatis terrarum de Robscraighead, in parochia de Mauchline :—E. 3s. *feudifirmæ*:—pecia prati et croftæ terræ de Bargowrie, in parochia de Mauchline :—E. 12d. *feudifirmæ*:—3 solidatis 2 denariatis terrarum de Crofthead (vel Crosshead), in parochia de Dalgain :—E. 13s. 8d. *feudifirmæ*:—29 solidatis terrarum de Dernhunch, in parochia de Muirkirk et balliatu de Kylestewart, cum decimis, in dicto balliatu jacentibus :—E. 25s. *feudifirmæ*:—12 solidatis 6 denariatis terrarum de Meiklewood in Logan, in parochia de Dalgain et balliatu de Kylestewart, cum decimis :—E. 6s. 6d. *feudifirmæ*:—3 solidatis terrarum de Meiklewood de Logan, in parochia de Dalgain, cum decimis :—E. 14s. 4d. *feudifirmæ*:—10 solidatis 6 denariatis terrarum de Meiklewood nuncupatis Logan, in parochia de Dalgain, cum decimis :—E. ....—16 solidatis 8 denariatis terrarum de Hyllar, et 6 solidatis 8 denariatis terrarum de Corseboig, cum piscationibus in aqua de Air, in parochia de Dalgain, cum decimis :—E. 32s. 4d. *feudifirmæ*:—10 solidatis terrarum de Greenock vocatis Cruickedbanks, in parochia de Muirkirk, cum decimis :—E. 21s. 4d. *feudifirmæ*, et 33s. 4d. *albæ firmæ pro decimis*:—8 solidatis 9 denariatis terrarum de Dallwhram (vel Dallquheam), in parochia de Muirkirk :—E. 14s. 7d. *feudifirmæ*:—terris de Craighead extendentibus ad 6 solidatas 8 denariatas terrarum antiqui extentus, in parochia de Mauchline et balliatu de Kylestewart :—E. 12s. 6d. *feudifirmæ*:—6 solidatis 8 denariatis terrarum de West Glenbuck :—E. 9s. 10d. *feudifirmæ*:—4 mercatis terrarum de Bublionwoodhall antiqui extentus ;—mercata terra de West Glenbuck vocata Airsgreen antiqui extentus, in parochia de Muirkirk et balliatu antedicto :—E. 3l. *feudifirmæ*:—omnibus unitis in tenandriam de Gillmylescroft. xlix. 1.

(701) Nov. 13. 1700.
JOANNES KENNEDIE de Shalloch, *hæres* Hugonis Kennedie de Shalloch, *fratris germani*,—in 20 solidatis terrarum de Litle Shalloch antiqui extentus, infra ballivatum de Carrick.—A. E. 20s. N. E. 4l. xlviii. 796.

OMISSA.

(702)   Mar. 14. 1548.

ALLANUS CATHCART, *hæres* Allani Domini Cathcart, *patris*, —in terris et baronia de Sundrum, extendentibus ad 40 libratas terrarum antiqui extentus, in Kyle-Regis :—A. E. 40*l*. N. E. 240*l*.—terris et baronia de Dalmellingtoun jacentibus ut supra, (exceptis 4 mercatis terrarum antiqui extentus de Camlarg et Pe . . . . veis, cum molendinis et multuris de Dalmellingtoun) :—A. E. 30*l*. 13*s*. 4*d*. N. E. 183*l*.—terris et baronia de Auchincruif :—A. E. 17*l*. N. E. 85*l*.—terris de Clavenis :—A. E. 5*l*. N. E. 20*l*.—dimidietate terrarum de Clolynan, Hillhous, et Holmes, in tenandria et proprietate, in balliatu de Kyle-Stewart :—A. E. 5*l*. N. E. 30*l*.—terris de Kilnquhan in comitatu de Carrick.—A. E. 8*l*. 12*s*. 4*d*. N. E. 43*l*. 6*s*. 8*d*.   xc. 400.

(703)   Nov. 25. 1578.

ALEXANDER NISBITT, *hæres* Margaretæ Nisbitt senioris, sororis et alterius de hæredibus portionariis quondam Jacobi Nisbitt de Greinholme, *matris*,—in 40 solidatis terrarum de Greinholme cum molendino granario et fullonario ;—40 solidatis terrarum de Mylnerig ;—20 solidatis terrarum de Sorne ;—30 solidatis terrarum de Sornehill antiqui extentus, in balliatu de Kylestewart.—A. E. 6*l*. 10*s*. N. E. 16*l*. 5*s*.   lxxxviii. 214.

(704)   Apr. 4. 1631.

JACOBUS CAMPBELL scriba Signeto Regio, *hæres* Hugonis Campbell de Hullerhirst, *patris*,—in terris ecclesiasticis vicariæ de Dalry ;—1 acra terræ nuncupata Kirk-Orchard ;—10 rodis terrarum de Quhythirst nuncupatis Katherine Blackis landis ;—horto et cubiculo ;—alio cubiculo infra monasterium de Kylwining ;—terris de Kirkland-Dalry, extendentibus ad 40 solidatas terrarum antiqui extentus ;—2 mercatis terrarum de Strandis-Dalry antiqui extentus ;—10 solidatis terrarum antiqui extentus de Woodend alias Quhytholme ;—acra terræ nuncupata Weddelland, infra regalitatem de Kilwining et balliatum de Cunyngham :—E. 6*l*. 15*s*. 10*d*.—40 solidatis terrarum de Haly, infra parochiam de Largis et balliatum de Cunyngham :—A. E. 40*s*. N. E. 10*l*.—33 solidatis

4 denariatis terrarum antiqui extentus de Hullerhirst, infra parochiam de Largis et balliatum de Cunynghame :—E. 10*l*.—terris ecclesiasticis de Stevinestoun, viz. 5 acris terrarum vocatis Kirkland-fence ;—3 acris prati vocatis Boigiemark ;—1½ acra terrarum vocata Kilaiker ;—6 rodis terrarum nuncupatis Holm ;—6 rodis terrarum nuncupatis Preistishill ;—3 acris terrarum ;—pecia terræ ex parte australi ecclesiæ de Stevinestoune ;—6 acris terrarum in Westerdubbis ;—acra terræ vocata Preistisfauld, in parochia de Stevinstoune et balliatu de Cunynghame.—E. 54*s*. 4*d*.   xii. 73.

(705)   Feb. 29. 1672.

DOMINUS ALEXANDER CUNYNGHAME de Robertland miles, *hæres* Domini Davidis Cunynghame de Robertland, *filii fratris*,—in 40 solidatis terrarum antiqui extentus vulgo vocatis Kirkland-Killmares, comprehendentibus illam portionem terrarum apud ecclesiam de Killmares vocatam Garnell Croft, cum decimis, infra parochiam de Killmares et balliatum de Cunynghame.— A. E. 40*s*. N. E. 12*l*.   xxxi. 162.

(706)   Jun. 11. 1674.

HENRICUS CUNINGHAME de Carlung, *hæres* Josephi Cuninghame de Carlung, *fratris germani*,—in molendino granario vocato molendino de Drummilling, cum ustrinis et privilegiis, et astrictis multuris 10 libratarum terrarum de Carlung, et 5 mercatarum terrarum de Drummilling, in parochia de Killbryd et balliatu de Cuninghame.—A. E. 3*s*. 4*d*. N. E. 20*s*.   xliv. 352.

(707)   Oct. 7. 1675.

ROBERTUS COMES DE ROXBURGH, *hæres masculus et tallia* Gulielmi Comitis de Roxbrugh, Domini Ker de Cesfuird et Cavertoun, *patris*,—in terris, dominio, et baronia de Halydean, comprehendentibus inter alia, terras ecclesiasticas ecclesiæ de Kilmawers in balliatu de Cuninghame, cum aliis terris, &c. in Selkirk, Peebles, Dumfreis, Lanark, Edinburgh, Roxburgh, et Aberdeen. —E. 10*l*. &c.—(Vide Roxburgh, Stirling, Linlithgow, Edinburgh, Selkirk, Berwick, Peebles, Dumfries, Lanark, Aberdeen, Haddington.)   xxxii. 218.

M

- A Y R.

(708) Mar. 20. 1571.

ROBERTUS KYD, *hæres* Roberti Kyd portionarii de Nether-mains, *patris*,—in annuo redditu 4 bollarum farinæ de 26 solidatis 8 denariatis terrarum de Pottertoune et Tyancroft, in regalitate de Kylwynnynge et balliatu de Cunynghame. A. 2.,

(709) Maii ... 1572.

JOHANNES HAMILTOUN, *hæres* Joannis Hamiltoun de Camiskeyth, *avi*,—in quibusdam acris terrarum sparsim jacentibus circa terras ecclesiasticas de . . . . nuncupatas Hirdis-acker juxta Crawfurdland, in tofta juxta castellum de Kilmarnock ;—terris Templariis in hospitalitate Divi Sancti Johannis, et Pophill ;—terris de Burnhill, extendentibus ad dimidietatem terræ merca-tam, in parochia de Kilmarnock et balliatu de Cunynghame.—E. 13s. 4d. A. 8.

(710) Dec. 20. 1572.

ROBERTUS STEWART, *hæres* Margaretæ Cathcart unius de duabus legitimis hæredibus de Carbistoun, *matris*,—in 10 solidatis terrarum antiqui extentus de 3 mercatis et 10 solidatis terrarum ejusdem extentus de . . . . . stoune, in baronia de Cumnok, Kyle-regis.—A. E. 10s. N. E. 3l. A. 11.

(711) . . . . . . 1572.

DAVID BARCLAY, *hæres conquestus* Richardi Barclay filii quondam Willielmi Barclay de Perstoun patris dicti Davidis, *fratris*,—in 40 solidatis terrarum ecclesiasticarum antiqui extentus vulgo nuncupatarum Gleib Kirkland, in parochia de Kilmaurs et balliatu de Cunynghame.—A. E. 18m. N. E. 40s. A. 17.

(712) Jan. 26. 1573.

JOANNES DUNLOP, *hæres masculus sive talliæ* Adami Dunlop, *patrui*,—in 6 mercatis terrarum de Halpland in proprietate et tenendria antiqui extentus, in parochia de Dunlop, et balliatu de Cunynghame.—A. E. 4l. N. E. 24l. A. 34.

(713) . . . . 19. 1574.

ANDREAS ARNOTE, *hæres* Roberti Arnote de Lochrige, *patris*,—in terris de Rosfynnik et Wattisfynnik antiqui extentus in proprietate et tenendria, cum libertate in communi mora de Reuallin, in baronia de Reuallin et balliatu de Cunyngham.—A. E. 10m. N. E. 40l. A. 47.

(714) Mar. . . . 1575.

HUGO WALLACE de Monyfurde, *hæres* Bartholomei Wallace, *fratris patris*,—in 3 mercatis 9 solidatis et 8 denariatis terrarum de Corshaw (vel Corshall), jacentibus in terris de Brumehill, et balliatu de Kyle-Stewart.—A. E. 3m. 9s. 8d. N. E. 4m. 9s. 8d. A. 55.

(715) Aug. 21. 1576.

JACOBUS DUNBAR, *hæres* Patricii Dunbar de Cumnok, *patris*,—in terris et baronia de Cumnok, cum advocatione ecclesiæ de Cumnok, (demptis et exceptis 2 mercatis terrarum de Dalhan-nay, 2 mercatis terrarum de Nether Garreif, et dimidia mercata terrarum de Gerclauche), in baronia de Cumnok, Kyle-regis.—A. E. 117l. N. E. 702l. A. 59.

(716) Jun. 30. 1578.

DAVID BLAIR, *hæres* Davidis Blair de Adamtoun, *patris*,—in 40 solidatis terrarum de Pynmoir proprietate et tenendria, antiqui extentus, in comitatu de Carrik.—A. E. 40s. N. E. 10l. A. 69.

(717) Jul. 26. 1578.

THOMAS KENNEDY de Ardmyllane, *hæres* Joannis Kennedy de Knokreoch, *proavi*,—in 20 solidatis terrarum de Bergarg antiqui extentus, in comitatu de Carrik.—A. E. 20s. N. E. 5l. A. 70.

(718) Jul. 30. 1578.

JOANNES CRAUFURD de Camlarg, *hæres* Duncani Craufurd de Camlarg, *patris*,—in 30 solidatis terrarum de Balmerlioch et Findauch antiqui extentus, cum molendino granario de Balmerlioch, in proprietate et tenendria.—A. E. 30s. N. E. 7l. 10s. A. 72.

(719) Oct. 16. 1578.

GEORGIUS CAMPBELL, *hæres* Georgii Campbell de Cesnock, *patris*,—in 40 libratis terrarum antiqui extentus de Cessnock, in balliatu de Kyle-Stewart ;—40 solidatis terrarum extentus prædicti de Galstoun, cum jure patronatus capellæ de Galstoun, in pro-prietate et tenandria, ac cum privilegio equitationis in mora de Galstoun, ad visitandum cattella et bestias super eandem pascentes, et ad levandum et recipiendum singulas eschaetas de dictis cattellis et bestiis, ad proficuum et utilitatem dicti quondam Georgii et heredum suorum, sicut antea ex antiquo usitatum fuit, in balliatu prædicto.—A. E. 42l. N. E. 210l. A. 74.

(720) Feb. 29. 1580.

MATHEUS DUNDUFFE, *hæres* Willelmi Dunduffe de Eodem, *patris*,—in 12 mercatis terrarum de Dunduffe cum molendino gra-nario ejusdem ;—10 mercatis terrarum de Glentig cum molendino granario ejusdem ;—5½ mercatis terrarum de Mekill Sallachan ;—4 mercatis terrarum de Lytill Sallachan, omnibus antiqui extentus in proprietate et tenendria, in comitatu de Carrik.—A. E. 21l. N. E. 84l. A. 137.

(721) Maii 10. 1581.

ROBERTUS STEWART, *hæres* Magistri Archibaldi Stewart, *patris*,—in 5 mercatis terrarum de Gars antiqui extentus, in comi-tatu de Carrik.—A. E. 5m. N. E. 13l. 6s. 8d. A. 145.

(722) Jul. 10. 1583.

ADAMUS BOYD, *hæres* Adami Boyd de Penkill, *avi*,—in 20 solidatis terrarum de Pennanok ;—16 solidatis 8 denariatis terra-rum de Fardinreoche et Lytill Fardeine ;—30 solidatis terrarum de Kilpatrik, cum molendino granario ejusdem ;—20 solidatis terrarum de Glenassill ;—10 solidatis terrarum de M'Clachres-toun;—13 solidatis 4 denariatis terrarum de Carne, extendentibus in integro ad 8 mercatas et 40 denariatas terrarum, in baronia de Dalgerprow, Glenstincheald, M'Cameyne, dominio de Glenassill, et balliatu de Carrik ;—50 solidatis terrarum de Trolorg, cum 40 solidatis de principali mansione terrarum de Challochwrak, omnibus antiqui extentus, in balliatu prædicto.—A. E. 10l. N. E. 40l. A. 260.

(723) Jul. 15. 1583.

JOANNES BOYLL de Kelburne, *hæres* Joannis Boyll de Kel-burne, *proavi*,—in officio Majoris de lie Mairschip of fie, infra limites dominii de Largis, a torrente de Polgare ad australem partem de Kelliburne, ad partem borealem, infra balliatum de Cunynghame.—E. 3s. 4d. A. 263.

(724) Oct. 8. 1583.

WILLELMUS CUNYNGHAME, *hæres* Joannis Cunynghame de Caprintoun, *patris*,—in 2½ mercatis terrarum de Mylnestane-flattis antiqui extentus, in balliatu de Cunynghame.—A. E. 33s. 4d. N. E. 10l. A. 268.

(725) Apr. 10. 1584.

BARTHOLOMEUS CRAUFURD, *hæres* Jonetæ Craufurd, *matris*,—in 20 solidatis terrarum de Barnegor antiqui extentus, in baronia de Sundrum, Kyle-regis.—A. E. 20s. N. E. 6l. A. 280.

(726) Apr. 10. 1584.

THOMAS KELSO in Leitcheland, *hæres* Donaldi Kelso quondam capitani insulæ de Rachrie, *filii patrui*,—in annuo redditu 12m. de 5 marcatis terrarum de Nether Kelsoland, aut de 20 solidatis terrarum earundem antiqui extentus, in balliatu de Cunynghame. A. 281.

(727) Jun. 2. 1584.

AGNES MITCHELL, *hæres* Roberti Mitchell de Burnheid, *patris*,—in 6 solidatis 8 denariatis terrarum de Gersmalleis antiqui extentus, in dominio de Kylismure.—E. 6s. 8d. A. 286.

(728) Jul. 31. 1584.

JOANNES CRAUFURD de Balgregane, *hæres* Alexandri Crau-furd de Balgregane, *patris*,—in 10 solidatis terrarum de Knok-gour ;—4 mercatis terrarum de Over et Nether Drongane-mains antiqui extentus, in Kyle-regis :—A. E. 3l. 40d. N. E. 15l. 16s. 8d.—20 solidatis terrarum vocatis Hannaystoun, et 6 solidatis 8 denariatis

terrarum per quondam Joannem Allan inhabitatis, contigue adjacentibus dictis 20 solidatis terrarum de Hannaystoun, inter terras de Dalvennan, in comitatu de Carrik.—A. E. 26s. 8d. N. E. 8m.
B. 4.

(729)   Aug. 17. 1584.
KATHERINA DUNBAR, *hæres portionaria* Jacobi Dunbar de Auchincors, *patris,*—in dimidietate 2 mercatarum terrarum de Polquhirtour antiqui extentus in proprietate et tenendria, in baronia de Cumnok, Kyle-regis.—A. E. 13s. 4d. N. E. 4l.   B. 6.

(730)   Oct. 23. 1584.
DAVID CRAUFURD de Kers, *hæres* Bartholomei Craufurd de Kers, *avi,*—in 2 mercatis terrarum de Enoche antiqui extentus, in balliatu de Carrik.—A. E. 26s. 8d. N. E. 8l.   B. 11.

(731)   Jan. 30. 1584.
KATHARINA BOWIE, *hæres* Ricardi Bowie in Crocebie-Wodheid, *patris,*—in 17 solidatis 8 denariatis terrarum de Lynlie et Kirksted antiqui extentus, in dominio de Crocebie et balliatu de Cunynghame.—A. E. 17s. 8d. N. E. 5l.   B. 15.

(732)   Feb. 22. 1584.
KATHERINA DUNBAR, *hæres portionaria* Jacobi Dunbar de Auchincors, *patris,*—in dimidietate 12 mercatarum terrarum de Corsintoun et Auchincors cum mansione et molendino;—dimidietate mercatæ terræ de Over Lagloss;—omnibus antiqui extentus, in proprietate et tenendria, in baronia de Cumnok, Kyle-regis.—A E. 4l. 6s. 8d. N. E. 26l.   B. 17.

(733)   Feb. 22. 1584.
AGNES DUNBAR, *hæres portionaria* Jacobi Dunbar de Auchincors, *patris,*—in terris predictis.   B. 19.

(734)   Mar. 1. 1584.
JEANNA KENNEDY, *hæres* Gilberti Kennedy de Dunene, *patris,*—in 4 libratis terrarum de Auchnaucht;—4 mercatis terrarum de Balkynna;—4 libratis terrarum de Wester Dunene antiqui extentus, in proprietate et tenendria, in regalitate de Corsraguel et comitatu de Carrik.—E. 16l.   B. 21.

(735)   Maii 13. 1585.
MARGARETA LOWDOUN, *hæres* Joannis Lowdoun in Newmilns, *avi,*—in 3 solidatis 4 denariatis terrarum antiqui extentus nuncupatis Auldcornis maling, in baronia de Lowdoun et balliatu de Cuninghame.—A. E. 3s. 4d. N. E. 20s.   B. 27.

(736)   Mar. 19. 1585.
ELIZABETH McCLANNOCHANE, *hæres portionaria* Joannis McClannochane in Keremanoche, *patris,*—in 12 solidatis terrarum antiqui extentus de Mukkeroche, in balliatu de Carrik.—A. E. 12s. N. E. 48s.   B. 48.

(737)   Mar. 19. 1585.
WILELMUS HOME de Aytoun, *hæres* Georgii Home de Aytoun, *fratris germani,*—in 20 libratis terrarum antiqui extentus de Blook, Kilbryid, et Mylnestaneflattis :—A. E. 20l. N. E. 90l.—annuo redditu 6 solidorum 8 denariorum de terris de Brokwellmure, in dominio de Stewartoun et balliatu de Cuninghame.
B. 49.

(738)   Apr. 12. 1586.
ARCHIBALDUS MYLLARE, *hæres* Roberti Myllare burgensis de Air, *patris,*—in 1 mercata terræ de Nather Drumsoy antiqui extentus, in Kyle-regis.—A. E. 13s. 4d. N. E. 53s. 4d.   B. 62.

(739)   Maii 11. 1586.
ELIZABETH CAMPBELL, *hæres* Roberti Campbell de Kingzeancluych, *patris,*—in 20 solidatis terrarum de Barlauchane antiqui extentus, in balliatu de Kyle-Stewart.—A.E. 20s. N. E. 5l.   B. 66.

(740)   Maii 17. 1586.
JOANNES POWER, *hæres* Gilberti Power burgensis de Air, *patris,*—in 49 solidatis et 8 denariatis terrarum de Torschaw antiqui extentus, in balliatu de Kyle-Stewart.—E. 3l. 3s.   B. 71.

(741)   Maii 21. 1586.
JOANNES WILSOUN de Quhitflat, *hæres* Joannis Wilsoun, *filii fratris,*—in terris burgalibus seu crofta terrarum, cum horreis et hortis olim Willielmi Nichole in venella vocata Foul Vennell in burgo de Air.—E. *firmæ burgales et regiæ.*   B. 72.

(742)   Maii 21. 1586.
ANDREAS CRAUFURD, *hæres* Niniani Craufurd de Birkheid, *patris,*—in . . . . . . mercatis terrarum antiqui extentus de Innerbirkheid, et 1 mercata terræ ejusdem extentus de . . . . in proprietate et tenandria, in balliatu de Cunynghame.—A. E. 40s. N. E. 12l.   B. 73.

(743)   Jun. 28. 1586.
ARCHIBALDUS WALLACE, *hæres* Hugonis Wallace de Strabrakane, *avi,*—in 13 solidatis et 4 denariatis terrarum . . . . de Nether Altikane, in parochia de Commonell et comitatu de Carrik.—A. E. 13. . . . . . N. E. . . . . 4d.   B. 79.

(744)   Jun. 28. 1586.
ARCHIBALDUS WALLACE, *hæres* Joannis Wallace de Glentig, *proavi,*—in 2 mercatis terrarum de Leffinnen-Dunwell;—2 mercatis terrarum de Schellache-Glentig;—20 solidatis terrarum de Knokmurhauche;—40 denariatis terrarum de Drumwauche;—16 solidatis et 8 denariatis terrarum de Balmartoun;—16 solidatis et 8 denariatis terrarum de Fyrling-Connachtoun;—16 solidatis et 8 denariatis terrarum de Dalgarvie;—6 solidatis 8 denariatis terrarum de Lawfyne;—omnibus antiqui extentus, in dominio de Knokdoleane, et comitatu de Carrik.—A. E. *uniuscujusque mercatæ terræ,* 13s. 4d. N. E. 53s. 4d.   B. 18.

(745)   Oct. 29. 1586.
WILLIELMUS CUNYNGHAME de Caprintoun, *hæres* Joannis Cunynghame de Caprintoun, *patris,*—in 5 mercatis terrarum de Quhytriggis, Drumschogillhill et Brumezairds antiqui extentus, in dominio de Rikkartoun et balliatu de Kyle-Stewart.—A. E. 3l. 6s. 8d. N. E. 16l. 13s. 4d.   B. 86.

(746)   . . . . 22. 1586.
JOANNES STEWART, *hæres* Joannis Stewart burgensis burgi de Air, *patris,*—in annuo redditu 9 bollarum farinæ avenaticæ de 8 mercatis terrarum dominicalium de Uchiltrie in Kyle-Regis.
B. 97.

(747)   Jan. 17. 1587.
JOANNES SYM, *hæres* Alexandri Sym, *patrui,*—in 6 solidatis et 2 denariatis terrarum de Logane, in dominio de Kylismuir.—E. 9s. 7d. *feudifirmæ.*   B. 126.

(748)   Jan. 30. 1587.
THOMAS KENNEDY, *hæres* Roberti Kennedy in Auchleffein, *patris,*—in 10 solidatis terrarum de Knokbrek et dimidia mercata terræ de Park antiqui extentus, in dominio de Kilkerrane et comitatu de Carrik.—A. E. 16s. 8d. N. E. 3l. 6s. 8d.   B. 131.

(749)   Feb. 20. 1587.
GEORGIUS MONTGOMERIE, *hæres* Mathei Montgomerie in Largis, *patris,*—in domo et horto contigue adjacente, cum pastura bestiarum et animalium de mora communi de Largis dictæ domui spectante, in balliatu de Cunynghame.—E. 6s. 8d. B. 134.

(750)   Nov. 1. 1588.
WILLELMUS CUNINGHAME de Caprintoun, *hæres* Willelmi Cuninghame de Caprintoun, *patris,*—in 40 solidatis terrarum de Colisfeild cum turre fortalicio et manerie ejusdem ;—5 libratis terrarum de Carnegulan vocatis Dalzellsthrid ;—terris de Coilzeam, Corslynnen et Macquholisfauld, extendentibus ad 4 mercatas terrarum :—A. E. 9l. 13s. 4d. N. E. 48l. 6s. 8d.—40 solidatis terrarum de Skeoch ;—terris de Carnegulan, Velstoun, Welstounschaw, Birks, Mosbog, Reidfauld, et Wallacebank, cum molendino granario de Enterkin, extendentibus ad 15 libratas terrarum antiqui extentus :—A. E. 17l. N. E. 85l.—in baronia de Terboltoun et balliatu de Kyle-Stewart.   B. 159.

(751)   Feb. 27. 1588.
MARGARETA HAMILTOUN, *hæres portionaria* Alexandri Hamiltoun in Rutherglen, *patris,*—in mercata terræ antiqui extentus de Boge, in regalitate de Killwynning et balliatu de Cunynghame.—E. 16s. 8d. &c. *feudifirmæ.*   B. 171.

(752)   Feb. 27. 1588.
ELIZABETHA HAMILTOUN, *hæres portionaria* Alexandri Hamiltoun in Rutherglen, *patris,*—in mercata terræ antiqui extentus de Boig, in regalitate de Killwynning et balliatu de Cunynghame.—E. 16s. 8d. &c. *feudifirmæ.*   B. 173.

(753)   Apr. 29. 1589.
GEORGIUS DUNBAR, *hæres* Joannis Dunbar de Barmure, *patris,*—in 4 mercatis 2 solidatis et 4 denariatis terrarum de Barmuir antiqui extentus, in dominio de Kylismuir et balliatu de Kyle-Stewart :—E. 3l. 18s. 8½d.—molendino granario de Mylneburne, terris molendinariis et astrictis multuris de Barmuir et servitiis, infra balliatum de Kyle-Stewart ;—dimidia mercata terræ de Reidwray antiqui extentus jacente ut supra.—E. 10l. 10s. *feudifirmæ.*   B. 176.

(754)   Jun. 2. 1590.
ANDREAS MURE, *hæres* Joannis Mure, *patris,*—in 10 solidatis terrarum antiqui extentus de Ovir-Auchintiber in regalitate et parochia de Killwynning et balliatu de Cunynghame.—E. 10 *firlotæ* 2 *peccæ farinæ avenaticæ,* &c. *feudifirmæ.*   B. 223.

(755)   Jun. 2. 1590.

JOANNES DENE, *hæres* Joannis Dene, *patris*,—in 20 solidatis antiqui extentus terrarum de Ovir-Auchintiber, in regalitate et parochia de Kilwynning et balliatu de Cunynghame.—E. 41 *petræ casei*, &c. *feudifirmæ.*   B. 227.

(756)   ....

JOANNES DEIN, *hæres* Andreæ Dein, *avi*,—in 20 solidatis terrarum antiqui extentus de Ovir-Auchintiber, in parochia et regalitate de Kilwynning et balliatu de Cunynghame.—E. 5 *bollæ* 1 *firlota* 1 *baca*, viz. *ane peck et una mensura vocata duodena vulgo ane twelf part, farinæ avenaticæ*, &c. *feudifirmæ.*   B. 229.

(757)   Jul. 30. 1590.

JOANNES DUNCANE, *hæres* Joannis Duncane in Mekilwod, *patris*,—in 5 solidatis terrarum de lie Hoil in Nether Mekilwod antiqui extentus, in dominio de Kylesmure, balliatu de Kyle-Stewart.—E. 6s. 10d.   B. 236.

(758)   .... 1590.

JOANNES GRAY, *hæres masculus* Joannis Gray in Byris Kilwynning, *avi*,—in 3¼ acris terrarum cum domibus, hortis, edificiis constructis seu construendis, in parochia et regalitate de Killwynninge et balliatu de Cunynghame.—E. 23s. &c. *feudifirmæ.*   B. 299.

(759)   Maii 14. 1591.

ALLANUS CATHCART, *hæres* Willielmi Cathcart de Wodend, *patris*,—in .... mercata terrarum de Marschelmark ;— 2 mercatis terrarum de Knokburnis antiqui extentus, jacentibus in Kyle-regis.—A. E. 40s. N. E. .... *l.*   C. 10.

(760)   Jul. 8. 1591.

.... LYELL in Maybole, *hæres* Joannis Lyell in Maybole, *patris*,—in una roda terræ .... vocata Vasthous Roum, in territorio de Maybole et comitatu de Carrik.—E. *antiqua feudifirma prebendariis de Maybole solita et consueta.*   C. 17.

(761)   Dec. 20. 1591.

JOANNES GRAHAME de Knokdoliane, *hæres* Roberti Grahame de Knokdoliane, *patris*,—in assisa halecum maris occidentalis ab insula de Quhitehorne usque ad aquam de Dwne, cum omnibus suis proficuis et pertinentiis debitis et consuetis, infra vicecomitatus de Wigtoun et Ayr.—E. 13m.—(Vide Wigton.)   C. 46.

(762)   Mar. 16. 1591.

HUGO KENNEDY de Wchtre .... *hæres* Joannis Kennedy de Brokloich, *avi*,—in 5 mercatis terrarum de Brokloich :—E. 5m. 6s. 8d.—40 solidatis terrarum de Fynnartis;—2 mercatis terrarum de M^cirquhat ;—40 solidatis terrarum de Manis de Knokdolyane : —A. E. 8m. N. E. 40m.—terris et tenemento, cum domibus, hortis et moro supra montem ad dictum tenementum spectante, in burgo de Maybole :—E. 34s.—officio balliatus burgi de Maybole :—E. *valet seipsum :*—omnibus in comitatu de Carrik.   C. 60.

(763)   Mar. 16. 1591.

THOMAS MURE de Cloncard, *hæres* Patricii Mure de Cloncard, *patris*,—in 43 solidatis 4 denariatis terrarum de Craigskeane, in comitatu de Carrik.—E. 46s. 8d. &c.   C. 63.

(764)   Feb. 15. 1592.

VALTERUS MURE de Cloncard, *hæres* Thomæ Mure de Cloncard, *fratris*,—in terris de Mokerroch extendentibus ad 10 solidatas terrarum antiqui extentus, in comitatu de Carrik.—A.E. 10s. N. E. 40s.   C. 129.

(765)   Mar. 23. 1593.

ROBERTUS HUNTAR, *hæres* Roberti Huntar de Huntaristoun, *patris*,—in 5 mercatis terrarum antiqui extentus de Campbeltoun in proprietate, infra balliatum de Conynghame ;—46 solidatis 8 denariatis terrarum ejusdem extentus de Annanhill, infra baroniam de Robertoun et balliatum prædictum :—A. E. 5l. 13s. 4d. N. E. 34l.—20 solidatis terrarum antiqui extentus de Heilleis, infra parochiam de Dalry.—A. E. 20s. N. E. 6l.   C. 221.

(766)   Dec. 19. 1594.

JONETA KENNEDY, *hæres portionaria* Joannis Kennedy de Kirkmichaell, *avi*,—in dimidietate superioritatis 1 mercatæ terræ de Ballug, et 1 mercatæ terræ de McKillipistoun antiqui extentus, in dominio de Grenane et comitatu de Carrik.—A. E. 13s. 4d. N. E. 4m.   C. 259.

(767)   Dec. 19. 1594.

SUSANNA KENNEDY, *hæres portionaria* Joannis Kennedy de Kirkmichell, *avi*,—in dimidietate superioritatis 1 mercatæ terrarum de Ballug, et 1 mercatæ terræ de M^ckillipistoun antiqui extentus, in dominio de Grenane et comitatu de Carrik.—A. E. 13s. 4d. N. E. 4m.   C. 260.

SUPP.

(768)   Mar. 19. 1595.

JOANNES FULLARTOUN de Dregarne, *hæres* Joannis Fullartoun de Dregarne, *avi*,—in 3 mercatis 6 solidatis 8 denariatis terrarum antiqui extentus de Carnegullane vocatis Hereisthrid, in baronia de Terboltoun et balliatu de Kyle-Stewart.—A. E. 3m. 6s. 8d. N. E. 17m. 6s. 8d.   D. 35.

(769)   Maii 12. 1596.

JOANNES WALLACE, *hæres* Roberti Wallace junioris de Carnell, *patris*,—in 5 libratis terrarum de Bordland in baronia de Richartoun ;—5 mercatis terrarum de Hunthall ;—5 mercatis terrarum de Carbello nuncupatis McClellanstoun,—omnibus antiqui extentus, in balliatu de Kyle-Stewart.—A. E. 11l. 13s. 4d. N. E. 58l. 6s. 8d.   D. 46.

(770)   Maii 12. 1596.

JOANNES WALLACE, *hæres* Willielmi Wallace de Carnell, (qui interfectus erat sub vexillo regis in bello de Floudoun,) *abavi*, —in 1 mercata terræ antiqui extentus de Auchintensche in proprietate et tenendria, in dominio de Glenmuir et balliatu de Kyle-Stewart.—A. E. ... N. E. ...   D. 47.

(771)   Aug. 13. 1596.

ROBERTUS CRAUFURD nunc vocatus Fairlie de Eodem ratione provisionis, *hæres* Willielmi Craufurd de Drumsoy, *patris*, —in dimidietate terrarum de Auchinweitting extendente in integro ad 4 mercatas terrarum antiqui extentus, in baronia de Sundroune, Kyle-regis, viz. 2 mercatis terrarum de Knokmorane ;—1 mercata terræ de Over Drumsoy ;—dimidia mercata terræ de 10 solidatis terrarum antedictis, et dimedia mercatæ terræ de Nether Drumsoy.—A. E. 53s. 4d. N. E. ... l. 6s. 8d.   D. 70.

(772)   Oct. 5. 1596.

JACOBUS DUNLOPE de Eodem, *hæres* Jacobi Dunlope de Eodem, *patris*,—in terris de Dunlope nuncupatis Hunthall et Ovir Auldhall, extendentibus ad 20 mercatas terrarum antiqui extentus, in proprietate et tenendria, et jure patronatus clericatus parochialis de Dunlope, in balliatu de Cuninghame ;—18 solidatis terrarum antiqui extentus de ..... Auldhall in balliatu prædicto.—A. E. 14l. 4s. 8d. N. E. 85l. 8s. ....   D. 80.

(773)   Oct. 12. 1596.

ROBERTUS FERGUSHILL, *hæres* Joannis Fergushill de Eodem, *patris*,—in 8¼ mercatis terræ terrarum de Busbie-Fergushill, et 1 mercata terræ terrarum de Hangandheuch antiqui extentus, in balliatu de Conynghame :—A. E. 9m. 6s. 8d. N. E. 57m.—7 mercatis 6 solidatis 8 denariatis terrarum de Fergushill ejusdem extentus, in dominio de Eglintoun et balliatu prædicto.— A. E. 7m. 6s. 8d. N. E. 30l.   D. 81.

(774)   Aug. 30. 1597.

JACOBUS STEWART, *hæres* Joannis Stewart de Ardgowane, *patris*,—in 5 mercatis terrarum ..... extentus de Gass, infra balliam de Carrik.—A. E. ... l. 6s. 8d. N. E. 13l. 6s. 8d.—(Vide Bute.)   D. 164.

(775)   Jul. 7. ....

FERGUSIUS M^cALEXANDER, *hæres* Andreæ McAlexander de Dalrewoch, *patris*,—in 7 mercatis terrarum de Dalrewoch, Rouchame, et Kilchreme antiqui extentus, in comitatu de Carrik.— A. E. 7m. N. E. 23l. 6s. 8d.   D. 246.

(776)   Apr. 29. 1611.

HUGO PETHIN, *hæres* Alexandri Pethin in Sorne, *patris*,—in dimidia mercata terræ antiqui extentus de Auchinlonfuird, infra terras de Bruntsheillis, dominium et regalitatem de Kylesmuir.— A. E. 6s. 8d. N. E. 20s.   E. 56.

(777)   Oct. 2. 1611.

ROBERTUS KELSO, *hæres masculus* Archibaldi Kelso de Kelsoland, *fratris*,—in 5 mercatis terrarum de Swynleis, molendino, terris molendinariis et astrictis multuris, in balliatu de Cuningham ;— 10 mercatis terrarum antiqui extentus de Oversoland, (Over-Kelsoland ?) cum molendinis granorum et fullonum, et parte mori de Knokincorshill dictis 10 mercatis terrarum spectante, in parochia de Largis et balliatu de Cuningham.—A. E. 10l. N. E. 40l.   E. 91.

(778)   Mar. 25. 1613.

ARCHIBALDUS STEWART apparens de Ardgowane, *hæres* Jacobi Stewart apparentis de Ardgowane, *senioris fratris germani*, —in 5 mercatis terrarum antiqui extentus de Gass in balliatu de Carrik.—A. E. 3l. 6s. 8d. N. E. 13l. 6s. 8d.—(Vide Bute.)   E. 258.

(779)   Maii 12. 1613.

WILLIELMUS CUNINGHAME de Caprintoun, *hæres* Willielmi Cuninghame de Caprintoun, *patris*,—in 5 libratis terrarum antiqui extentus de Halie, cum molendino granario et manerie

C

ejusdem, terris molendinariis, multuris, carbonibus, carbonariis, silvis, ac piscationibus, in balliatu de Kyle-Stewart.—A. E. 5l. N. E. 25l.   F. 29.

(780)   Maii 12. 1613.

WILLELMUS CUNIGHAM de Caprintoun, *hæres* Willelmi Cunigham de Caprintoun, *patris*,—in terris et baronia de Cumnok, cum castro, silvis, molendinis, piscariis, carbonibus, carbonariis, tam proprietatis quam tenandriæ, cum advocatione ecclesiæ parochialis, ac officii clerici parochiæ de Cumnok ;—2 mercatis terrarum de Dalhannay ;—2 mercatis terrarum de Nether Garreif ;—6 solidatis 8 denariatis terrarum de Garclauch antiqui extentus, unitis ad præfatas terras et baroniam de Cumnock,—omnibus jacentibus in Kyleregis.—A. E. 109l. 13s. 4d. N. E. 658l.   F. 31.

(781)   Maii 12. 1613.

WILLIELMUS CUNIGHAME de Caprintoun, *hæres* Willielmus Cunighame de Caprintoun, *patris*,—in 40 solidatis terrarum de Coillisfeild ;—5 libratis terrarum de Carnegullen vocatis Dalziellis Thrid ;—terris de Coilzeane, Corslunane, et Makquhowlisfauld, extendentibus ad 4 mercatas terrarum antiqui extentus, cum silva vocata Coilzeanewod ;—40 solidatis terrarum de Skeoche ;—terris de Carngulane, Welstoune, Welstounschaw, Birkis, Mosboge, Reidfauld, et Wallacebank, cum molendino granario de Enterkin, terris molendinariis, lie Sucken ejusdem, extendentibus ad 15 libratas terrarum antiqui extentus, cum silvis, piscationibus, carbonibus, carbonariis, in baronia de Terboltoun, et balliatu de Kyle-Stewart :—A. E. 26l. 13s. 4d. N. E. 133l. 6s. 8d.—40 solidatis terrarum antiqui extentus de Clwne, molendino vocato Clwne miln, solo et statione ejusdem, terris molendinariis cum aggere lie dam et aquæductu, domibus hortis et multuris terrarum de Clwne, et piscatione aquæ de Air, silvis, piscationibus, carbonibus, carbonariis, in prefata baronia de Terboltoun et balliatu de Kyle-Stewart.—A. E. 40s. N. E. 10l.   F. 34.

(782)   Maii 12. 1613.

WILLELMUS CUNIGHAME de Caprintoun, *hæres* Wilhelmi Cunighame de Caprintoun, *patris*,—in terris ecclesiasticis respective subscriptis, viz. Gleba vicariæ de Symontoun, extendente ad 40 solidatas terrarum antiqui extentus, in parochia de Symontoun contigue parti occidentali oppiduli de Symontoun nuncupati The Clauchen ;—parte prædictæ glebæ ecclesiasticæ nuncupata Craggorie, cum silvis, piscationibus, carbonibus, carbonariis, in balliatu de Kyle-Stewart :—E. 46s. 8d. *feudifirmæ :*—terris ecclesiasticis seu gleba vicariæ de Dundonald subscriptis, viz. 5 mercatis terrarum ecclesiasticarum vicariæ ecclesiæ parochialis de Dundonald nuncupatis Ronehill, infra parochiam de Dundonald ;—6 acris terrarum ecclesiasticarum spectantium dictæ vicariæ de Dundonald, infra eandem parochiam de Dundonald, et in villa nuncupata Corraith ;—18 acris terrarum ecclesiasticarum dictæ vicariæ de Dundonald, in parochia de Corsbie ;—40 solidatis terrarum ecclesiasticarum prædictæ vicariæ de Dundonald spectantium, in parochia de Ricartoun,—extendentibus in toto ad 10 mercatas, 7 solidatas, et 4 denariatas terrarum antiqui extentus, cum silvis, piscationibus, carbonibus, carbonariis, infra balliatum de Kyle-Stewart :—E. 10l. 6s. 8d. *feudifirmæ :*—terris ecclesiasticis de Terboltoun subscriptis, viz. 9 acris terrarum ecclesiasticarum nuncupatis Torcors ;—8 acris earundem terrarum ecclesiasticarum de Terboltoun, nuncupatis vulgariter The Persounis Hall ;—11 acris earundem terrarum ecclesiasticarum de Terboltoun, apud ecclesiam parochialem de Terboltoun,—extendentibus in integro ad 28 acras terrarum, cum domibus, hortis, silvis, piscationibus, carbonibus, carbonariis, in dicta parochia de Terboltoun et balliatu de Kyle-Stewart.—E. 5m. 3s. 4d. *feudifirmæ.*   F. 38.

(783)   Maii 13. 1613.

GULIELMUS CUNYNGHAME de Cunynghamheid, *hæres* Joannis Cunynghame de Cunynghamheid, *patris*,—in 5 mercatis terrarum antiqui extentus de Cunynghamheid subscriptis, viz. Newtoun Cunynghamheid, Meilmontsyd, Corslet, Cunynghamesyd, Cunynghamehill, Cunynghamehillfaulds, Braidaiker, Trindillmeidow, et cum capite de lie Braidmeidow ;—2 acris terrarum ex orientali parte de Hairhuik, in dominio de Kilmawris et balliatu de Cunynghame.—A. E. 5m. N. E. 20l.   F. 43.

(784)   Maii 18. 1613.

GULIELMUS CUNIGHAME de Cunighameheid, *hæres* Joannis Cunighame de Cunighameheid, *patris*,—in terris vocatis Allantoun, in dominio olim vocato Galstoun nunc Sesnok, et balliatu de Kyle-Stewart.—A. E. 5. . . . . N. E. 20l.   F. 45.

(785)   Maii . . . 1613.

DOMINA MARGARETA MONTGOMERIE, *hæres* Hugonis Comitis de Eglintoun, *avi*,—in terris nuncupatis The Hanyng alias Litillwaird majoris horti nuncupati The Staneflat Beinzard, cum minore horto adjacente horto quondam Domini Jacobi Broun Monachi ;—domo, turre, ædificiis ex occidentali latere terrarum de Beinzard, cum particula horti,—in parochia et regalitate de Kilwynning, et balliatu de Cuninghame :—E. 4l. *feudifirmæ :*—11 solidatis terrarum antiqui extentus de Dalgall, in parochia et regalitate de Kilwynning :—E. 14s. 8d. &c. *feudifirmæ :*—tenementis terræ infra burgum de Irwin.—E. 10m.   F. 52.

(786)   Jan. 13. 1614.

ROBERTUS CUNYNGHAME de Quhytehirst, *hæres* Mariotæ Cuninghame Dominæ Lie, *matris*,—in terris subscriptis de Skelmorlie-Cunynghame, viz. 32 solidatis terrarum antiqui extentus de Sanct Fillanswell ;—40 solidatis terrarum antiqui extentus nuncupatis Blakhous ;—16 solidatis terrarum antiqui extentus de Mott ;—2 mercatis terrarum antiqui extentus de Mylnerig, cum molendino situato super dictas terras nuncupato the Mylne of Skermorlie-Cunynghame et astrictis multuris ;—40 solidatis terrarum antiqui extentus de Auchingart ;—40 solidatis terrarum de Dykeis et Mitchelstoun,—extendentibus in toto ad 10 libratas terrarum antiqui extentus nuncupatas Skelmorlie-Cunynghame, in balliatu de Cunynghame.—A. E. 10l. N. E. 40l.   F. 166.

(787)   Nov. 3. 1631.

JOANNES MONTGOMERY, *hæres* Hugonis Montgomery de Blakhous, *fratris*,—in terris de Dykis, terris de Michaelstoun, terris de Mylnerig, terris de Blakhous, terris de Saint Fillaniswell,—extendentibus in integro ad 10 mercatas terrarum antiqui extentus, jacentes infra terras de Skelmurlie-Conynghame, parochiam de Largis, et balliatum de Cunynghame.—A. E. 6l. 13s. 4d. N. E. 40l.   G. 171.

(788)   Mar. 30. 1632.

MAGISTER ROBERTUS TRAN, *hæres* Hugonis Tran burgensis de Irving, *avi*,—in 5 rodis terrarum infra territorium burgi de Irving :—A. E. 10s. (10d ?) N. E. 20d.—3½ rodis terræ infra territorium dicti burgi.—A. E. 6d. N. E. 12d.   G. 180.

(789)   Mar. 24. 1636.

ADAMUS BOWSTOUNE, *hæres* Adami Bowstoune in Mauchlin, *patris*,—in 6 solidatis terrarum antiqui extentus de Nethirhauch, in dominio et baronia de Kylsmuir, et balliatu de Kyle-Stewart.—E. 9s. 3d. *feudifirmæ.*   H. 22.

(790)   Maii 3. 1643.

JOANNES MONTGOMERIE, *hæres* Joannis Montgomerie de Sevinaikeris, *patris*,—in terris vulgariter vocatis Sevinaikeris, extendentibus ad 3 libratas, 2 solidatas, 8 denariatas terrarum antiqui extentus :—E. 3l. 9s. 4d. *feudifirmæ :*—terris de Byres de Kilwyning vulgariter vocatis Garlandsland et Barsland subscriptis, viz. 20 solidatis novi extentus terrarum in Nether Maynis Kilwyning cum prato :—E. 23s. 4d. *feudifirmæ :*—5 solidatis terrarum novi extentus terrarum de Over Maynis Kilwyning :—E. 5s. 10d. *feudifirmæ :*—omnibus infra parochiam et regalitatem de Kilwyning et balliatum de Cunyngham.   H. 50.

(791)   Apr. 8. 1647.

JOANNES CRAUFURD de Camlarg, *hæres* Alexandri Craufurd in Burne, *patris*,—in 4 mercatis terrarum antiqui extentus de Wrighthill, in baronia de Giffeine per annexationem, Kyle-regis, sub reversione 4000m.—A. E. 1d. N. E. 16l.   H. 60.

(792)   Maii 2. 1650.

DOMINUS WILLIELMUS DRUMMOND filius legitimus natu minimus Joannis Comitis de Perth, nunc WILLIELMUS COMES DE ROXBURGHE, Dominus Ker de Cessfurd et Cavertoun, *hæres tailiæ et provisionis* Roberti Comitis de Roxburghe, Domini Ker de Cessfurd et Cavertoun, *avi*,—in terris, dominio et baronia de Halyden, comprehendente terras ecclesiasticas ecclesiæ de Kilmaweris in balliatu de Cuninghame, cum aliis terris ecclesiasticis in Roxburgh, Selkirk, Berwick, Edinburgh, Peebles, Dumfries, Lanerk, et Kincardin, manerie et aliis terris abbaciæ de Kelso.—E. 10l. &c. *feudifirmæ.*—(Vide Roxburgh, Berwick, Edinburgh, Stirling, Linlithgow, Selkirk, Peebles, Dumfries, Lanark, et Kincardin.)   H. 111.

(793)   Dec. 20. 1653.

JAMES BELL in Glasgow, *heir* of Patrick Bell sometime Proveist of Glasgow, *his father*,—in a tenement of land within the burgh of Air neir the Fish croce thereof :—E. 20d.—3 aikers of land, part of the lands of Over Duphoill besyd the land of Twa Stain croce, within the Burrowfeild of Air.—O. E. *of ilk ane of the said aikers,* 12 pennies, N. E. 5s.   H. 185.

(794)   . . . . 27. 1655.

GEORGE CAMPBELL of Whythauch, *ayre* of John Campbell of Whythauche, *his father*,—in the 4 shilling 6 penny land of auld extent of Garfell, with teyndis personage and vicarage, in the Lordship of Kylsmure ;—the other 4 shilling 6 penny land of auld extent of Garfell, and teyndis includit, lying in the said Lordship ;

O. E. 9s. 4d. N. E. . . . . s. 8d.—the 20 shilling land of auld extent of Mosbougar, lying in the Lordship of Kylsmure and Barmure.—O. E. 20s. N. E. . . . .   H. 209.

(795)   Jul. 9. 1673.

JOANNES CRAWFURD, *hæres* Roberti Crawfurd filii legitimi quondam Joannis Crawfurd de Cartsburne, *fratris germani*,—in annuo redditu 560m. de 33 solidatis 4 denariatis terrarum de Boighall ;—16 solidatis terrarum de Netherhill de Beith ;—40 solidatis terrarum de Boigholme;—54 solidatis terrarum de Ovirboigsyde et Fullwodheid ;—4 mercatis terrarum antiqui extentus de Merschelland,—infra parochiam de Beith, regalitatem de Kilwining et balliatum de Cunynghame.   I. 48.

(796)   Maii 20. 1674.

ALEXANDER LOCKHART senior scriba Edinburgi, *hæres*

Hugonis Lockhart de Duphald, *patris*,—in jure proprietatis 3 solidatarum et 4 denariatarum terrarum de Nether Duphall, et 40 denariatarum terrarum dominicalium de lie Maines de Nether Duphald Watterhead, extendentium ad 2 mercatas terrarum antiqui extentus in territorio lie Burrowfeild burgi de Air.   I. 57.

(797)   Aug. 22. 1678.

DOMINUS JOANNES KENNEDY de Girvainmaines miles baronetus, *hæres conquestus* Joannis Kennedy de Dalmortoune, *patrui*,—in terris de Dalmortoun, Lenfairne, Risk, Lentow, Balleg, Knokskeith, et Knokconner, partibus terrarum et baroniæ de Dalmortoune, in comitatu de Carrick ;—terris de Glenachie, Meikle Shalloch, Knokloy, Trostane, Bayn et Clongill, etiam partibus terrarum et baroniæ de Dalmortoun,—extendentibus in integro ad 20 libratas terrarum nuncupatas 20 libratas terrarum et baroniæ de Dalmortoune.—A. E. 20l. N. E. 80l.   I. 88.

BANFF.

INDEX NOMINUM.

a

155

Henricus, de Glassauch, 81, 88.
Jacobus, de Arradoul, 114.
———— de Craigcullie, 61.
———— de Techmurie, 158.
———— de Zeochrie, 158.
Joannes, de Auchinhannok, 101.
———— de Balmade, 136, 137.
———— de Carneburrow, 56.
———— de Carnefeild, 68.
———— de Innermarkie, 56.
Issobella, 136, 137.
Patricius, de Auchindoun, miles, 14.
Robertus, de Pitlurg, 168.
Willielmus, de Carnefeild, 68.
———— de Tarpersie, 102.
———— de Thornbank, 124.
———— de Tulloch, 76.
GRAHAME;
Jacobus, (Dominus), 126, 127.
———— de Gartur, 160.
Mariona, 126, 127, 160.
Walterus, de Gartur, 160.
GRANT;
Jacobus, de Freuchie, 73.
Joannes, de Carroune, 105.
———— de Fruquhie, 70.
———— ———— miles, 70, 73.
Patricius, de Balnadalloch, 190.
———— de Easter Elchies, 157.
———— de Edenvillie, 157.
GREGORIE;
Alexander, 90.
———— de Netherdaill, 117.
David, de Netherdaill, 117.
John, 90.

HACKAT;
Chrystina, 130.
Elizabetha, 130.
Issobella, 130.
Walterus, de Meyen, 130.
HAMMILTOUN, MARCHIO DE—;
Jacobus, 45.
HAY;
Alexander, 84.
———————— Director Cancellariæ, 84.
———————— de Ardenbath, 166.
———————— de Forresterseit, miles, 71.
———————— de Munkton, 84, 144.
———————— de Quhytburgh, miles, 84.
———————— de Warestoun, 71.
Georgius, de Rannas, 95.
Jacobus, de Muldawatt, 196.
———— de Rannas, 94, 95.
Willielmus, de Muldvatt, 196.
HENDERSONE, HENRYSOUN;
Andreas, 63, 132.
———— de Peilfauld, 62.
Jeanna, 132.
Joannes, 63, 64.
———— de Peilfauld, 62.
Joneta, 132.
Robertus, 64.
HUNTLIE, MARCHIO DE—;
Georgius, 14, 51, 78.
HUNTLIE, COMES DE—;
Georgius, 4, 5, 6, 10, 11, 51.

JAFFRAY;
Alexander, de Kingiswallis, 85.
INNES;
Alexander, de Crommy, 178.
———— de Pethnik, 195.
Georgius, 164.
Jacobus, de Eodem, miles baronettus, 169.
———— de Fowchis, 185.
———— de Mynnanie, 18.
———— de Oathillack, 164.
Janet, 107.
Jeanna, 18.
Joannes, 149.
———— de Edingeight, 107.
———— de Fergustoun, 182.
———— de Knockbeith, (Knokorth), 149.
Issobell, 107.

Margaret, 107.
Robertus, de Eodem, 50, 178,
Walterus, 182, 185.
———————— de Auchintowle, 50.
———————— de Pethnik, vel Pethink, vel Pethuik, 195.
JOHNSTOUN;
Georgius, de Eodem, 12.
Gulielmus, 163.
Joannes, 12.
Thomas, de Craig, 163.
IRWING;
Alexander, de Drum, 17.

KEITH, KEYTH;
Gedion, de Garlogie, 23.
Gulielmus, de Northfeild, 56.
Joannes, ———— 56.
Domina Margareta, Comitissa Mariscalli, 177.
KINGHORNE, COMES DE—;
Joannes, 86.
Patricius, 86.
Vide STRATHMORE ET KINGHORNE.
KINLOSS, DOMINUS BRUCE DE—;
vide BRUCE DE KINLOSS.

LAW;
Gulielmus, de Newtoun, 156.
Thomas, ———— 156.
LESLIE;
Alexander, of Pitcaple, 92, 93.
Elizabeth, 92, 93.
Georgius, de Tullich, 152.
Hector, 181.
Jacobus, 179.
Joannes, 181.
———— de Hauchis, 193.
———— de Edinvillie, 179.
Leonardus, 193.
———————— de Hauches, 92, 93.
Walterus, de Tullich, 152.
LYON;
Joannes, de Craigstoune, 123.
———— de Muresk, 123.

McKENZIE;
Colinus, de Pluscardin, 150.
Thomas, ———— 150.
MARISCALLI, COMES;
Georgius, 177.
Gulielmus, 74, 177.
MARISCALLI, COMITISSA;
Domina Margareta Keyth, 177.
MARTINE;
Joannes, 151.
Robertus, de Moriestoune, 151.
MELDRUM;
Elizabetha, 174.
Georgius, de Crombie, 155.
Joannes, 173, 174, 175, 176.
Isobella, 173.
Margareta, 176.
MENZIES;
Thomas de Cultis, 21.
MORAVIA, COMES DE—;
Jacobus, 16, 184.
MORISONE;
Georgius, de Bognie, 170.
Theodorus, de Bognie, 170.
MORTIMER;
Georgius, de Auchinbedie, 172.
MURRAY, COMITISSA DE—;
Domina Elizabetha Stewart, 16, 184.
MURRAY;
Georgius, de Blairfuide, 87.
Willielmus, 87.

NICOLSOUN;
Jeanna, 19.
Robertus, 19.
NORIE;
Willielmus, 35.
———————— portionarius de Inchdrour, 35.

OGILVIE;
Alexander, 7.
———————— of Knock, 106.
Georgius, de Banff, miles baronettus, 58.
———————— de Carnowsies, 47, 54.
———————— ———— miles, 54.
———————— de Dunluggas, miles, 49.
Gulielmus, de Baldavie, 25, 34.
———————— de Stratherne, miles, 21, 22, 23.
Jacobus, de Baldavie, 145.
———————— de Boyne, 42.
———————— de Knoke, 106.
John, of Mylltoun, 104.
Walterus, 34, 42.
———————— de Balldavie, 25, 80, 145.
———————— de Banff, 49.
———————— de Boyne, 7, 75.
———————— de Innerichnie, 58.
———————— de Mylltoun, 104.

PANMURE, COMES DE—;
Georgius, 110, 113, 133, 147.
Jacobus, 147.
Patricius, 110, 113.
PENDREYCH, PETTINDREICH;
Joannes, 1, 20.
———————— de Eodem, 20.
Robertus, de Eodem, 1.

RAMSAY;
Joannes, de Melross, 155.
READ;
Alexander, of Midltoun, 97.
Johne, 97.
RICHARDSONE;
Adamus, 122.
Andreas, 122.
Jacobus, 122.
RIDDOCH, RIDDAUCH, RUDDAUCH;
Andreas, 55.
David, 99.
———— portioner of Fortrie, 99.
Jacobus, 55, 65, 66.
Jeanna, 65.
Joneta, 55.
Issobella, 66.
RUNSIMAN;
David, 96.
John, 96.

SALTOUN, DOMINUS;
Alexander, 3, 183.
Georgius, 15, 183.
Joannes, 15.
Willielmus, 191.
SANDERIS;
Robertus, 109.
SHARPE;
Robertus, de Castlehill, 141.
Willielmus (Dominus), de Stainiehill, 141.
STEWART;
Alexander, de Ardbreck, 27.
Arthurus, 2.
Domina Anna, 28.
Domina Christina, Comitissa de Buchane, 36.
———— Dorathia, 29.
———— Elizabetha, Comitissa de Murray, 16.
———— Jeanna, 29.
———— Maria, Comitissa Atholiæ, 29.
Ferquardus, de Kilmeakill, 2.
Jacobus, de Pitger, 189.
Joannes, 89.
———— de Kinmachlein, 67.
Patricius, de Kinmachlein, 67, 89.
Robertus, de Ardbreck, 27.
Willielmus, Magister de Tullibardin, 29.
STRAQUHANE, STRAQUHYNE;
Alexander, de Lesmurdy, 116.
Elizabetha, 116.
Helena, 116.
Jacobus, de Lesmoirde, 8.
Jeanna, 116.

BANFF.

INDEX LOCORUM.

161

INQUISITIONES SPECIALES.

BANFF.

(1) Nov. 16. 1547.
JOANNES PENDREYCH, *hæres* Roberti Pendreych de Eodem, *patris*,—in Maynes de Pendryech ;—Overtoun de Pendreych et Cragindertie (Cragmadertie) cum molendino et piscaria in aqua de Doverne.—A. E. 20 *m.* N. E. 16*l.* i. 71.

(2) Sep. 30. 1554.
ARTHURUS STEWART, *hæres* Ferquardi Stewart de Kilmeakill, *patris*,—in terris villæ de Kilmeakill cum molendino.—A. E. 3*l.* N. E. 10*l.* i. 20.

(3) Apr. 15. 1575.
ALEXANDER DOMINUS SALTOUN, *hæres* Alexandri Domini Saltoun, *avi*,—in terris de Maislie et Eddintow.—A. E. 4*l.* 6*s.* 8*d.* N. E. 17*l.* 6*s.* 8*d.* i. 31.

(4) Oct. 31. 1575.
GEORGIUS COMES DE HUNTLIE, Dominus Gordoun et Badzenoch, &c. *hæres* Georgii Comitis de Huntlie, *patris*,—in terris de Inverrowries, Inverlochie, et Fortarlettir.—A. E. 4*l.* 3*s.* 4*d.* N. E. 16*l.* 13*s.* 4*d.* i. 32.

(5) Oct. 31. 1575.
GEORGIUS COMES DE HUNTLIE, &c. *hæres* Georgii Comitis de Huntlie, *patris*,—in terris et dominio de Strayththoun, et jure patronatus capellaniarum earundem.—A. E. 40*l.* N. E. 200*l.* i. 32.

(6) Oct. 31. 1575.
GEORGIUS COMES DE HUNTLIE, &c. *hæres* Georgii Comitis de Huntlie, *patris*,—in terris et dominio de Culsaivertlie, Engzie, et superioritate Forrestæ de Boyne:—A. E. 100*l.* 2*s.* N. E. 500*l.* 6*s.* 8*d.*—Superioritate terrarum de Culfin, Auchamoquhy, et Auchamasse.—A. E. 11*l.* N. E. 44*l.* i. 32.

(7) Jan. 30. 1575.
ALEXANDER OGILVIE, *hæres* Walteri Ogilvie de Boyne, *patris*,—in terris, baronia et thanagio de Boyne.—A. E. 46*l.* 13*s.* 4*d.* N. E. 186*l.* 13*s.* 4*d.* i. 36.

(8) Jan. 31. 1578.
PATRICIUS STRAQUHYNE, *hæres* Jacobi Straquhyne de Lesmoirde, *patris*,—in terris de Eistertoun de Lesmordie ;—tertia parte terrarum de Innerc¹ uch, Achnastank, et Balcherie, infra parochiam de Morthelik ... dominium de Lesmordie.—A. E. 3*l.* 10*s.* N. E. 14*l.* i. 34.

(9) Maii 5. 1579.
JOANNES STEWART COMES ATHOLIÆ, Dominus de Balvany, *hæres* Joannis Atholiæ Comitis, Domini de Balvany, ac cancellarii regni Scotiæ, *patris*,—in dominio de Balvany ;—terris baroniarum de Botrophin, Bocharnie, et Aberdour, cum advocatione ecclesiæ de Aberdour et capellaniarum de Bocharnie ;—terris de Balquhornie et Kynninveir.—A. E. 50*l.* N. E. 333*l.* 6*s.* 8*d.* i. 41.

(10) Sep. 18. 1581.
GEORGIUS COMES DE HUNTLIE, *hæres* Georgii Comitis de Huntlie, Domini Gordoun et Badzenocht, *patris*,—in terris de Culsavertlie et Enzie et dominio ejusdem, cum superioritate Forestæ de Boyne ;—superioritate terrarum de Culphyn, Auchannochie, et Auchanaschie.—A. E. 100*l.* 2*s.* N. E. 500*l.* 6*s.* 8*d.* i. 1.

(11) Sep. 18. 1581.
GEORGIUS COMES DE HUNTLIE, *hæres* Georgii Comitis de Huntlie, Domini Gordoun et Badzenoch, *patris*,—in terris et dominio de Strathowne, et advocatione et donatione capellaniarum earundem.—A. E. 40*l.* N. E. 200*l.* i. 1.

(12) Feb. 19. 1593.
JOANNES JOHNSTOUN, *hæres* Georgii Johnstoun de Eodem, *patris*,—in annuo redditu 40*l.* de villis et terris de Sandlaw, in parochia de Strathavauch.—(Vide Aberdeen, Kincardine.) i. 183.

(13) Apr. 19. 1600.
JOANNES SYMPSOUN burgensis de Bruntyland, *hæres* Roberti Sympsoun lanionis burgensis de Edinburgh, *patris*,—in 4 bovatis et dimidietate bovatæ terrarum umbralis lateris terrarum de Cluniebeg, in baronia de Keythmoir.—E. 36*s.* ii. 32.

(14) Maii 6. 1600.
GEORGIUS MARCHIO DE HUNTLIE, Comes de Enzie, Dominus Gordoun et Badzenoch, *hæres masculus et talliæ* Domini Patricii Gordoun de Auchindoun militis, *patrui*,—in terris et baronia de Gartullie, viz.—terris dominicalibus de Gartullie, vulgo vocatis The Hiltoun ;—terris de Wylie-wray, Westseat, Faichhill, Kirkhill, Mylnehill, Overkirkhill, Corne-Cothrache, Schancher, Bordelseat, Fidlerseat, Gimpistoun, Cokistoun, Duncanstoun, Stoidfaulde, molendino de Gartullie ;—terris de Pyperis-croft, Douppis-croft, et Fetteis-croft, infra baroniam de Gartullie.—A. E. 12*l.* N. E. 48*l.* ii. 44.

(15) Jun. 29. 1601.
JOANNES DOMINUS DE SALTOUN, *hæres* Georgii Domini de Saltoun, *patris*,—in terris de Torax in baronia de Abirchirdour.—A. E. 16*s.* 8*d.* N. E. 3*l.* 6*s.* 8*d.*—(Vide Forfar, Fife.) ii. 111.

(16) Jul. 22. 1602.
JACOBUS COMES MORAVIÆ, Dominus Abirnethy et Doune, &c. *hæres* Dominæ Elizabethæ Stewart Comitissæ de Murray, *matris*,—in terris et baronia lie Thanedome de Glendowachie, conti-

A

nente particulares terras subscriptas, viz. binam partem terrarum de Melreis, cum bina parte molendini ;—binam partem terrarum de Jakstoun ;—binam partem terrarum de Hungrachill ;—binam partem terrarum de Sylverfurde ;—villam et terras de Fortrie :—A. E. 10*l.* N. E. 30*l.*—Salmonum piscaria nuncupata The Kingis Fisching de Doverne, vocata Thanisnet, cum lie Assys laxis salmonum.—A. E. 40*s.* N. E. 6*l.*   iii. 83.

(17)   Mar. 4. 1603.
ALEXANDER IRWING de Drum, *hæres* Alexandri Irwing de Drum, *patris,*—in terris de Forglein, cum piscaria salmonum super aqua de Doverne, cum molendino de Forglein, villa ecclesiastica de Forglein, Milntoun, Rubrayis, Cottoun, cum advocatione ecclesiæ de Forglein, infra regalitatem de Abirbrothok.—E. 40*s.*—(Vide Aberdeen, Kincardin.)   iii. 16.

(18)   Mar. 10. 1603.
JEANNA INNES, *hæres* Jacobi Innes de Mynnanie, *patris,*—in villis et terris de Auldtoun de Monedy, Newtoun de Monedy, Quhytmure, cum crofta nuncupata Thomesones croft :—E. 10*l.* 7*s.* 8*d.*—Terris de Midculvie :—E. 6*l.* 13*s.* 4*d.*—Terris de Reidfurd, omnibus in baronia de Abirchirder.—E. 4*l.*—(Vide Elgin et Forres.   iii. 15.

(19)   Feb. 1. 1604.
JEANNA NICOLSOUN, *hæres* Roberti Nicolsoun apud ecclesiam de Gartulie, *patris,*—in duabus croftis sive portionibus terrarum apud templum et semiterium ecclesiæ de Gartulie, in baronia de Gartulie :—Et in terris de Feittiescroft in warrantum.—A. E. 3*s.* 4*d.* N. E. 13*s.* 4*d.*   iii. 65.

(20)   Apr. 20. 1604.
JOANNES PETTINDREICH, *hæres* Joannis Pettindreich de Eodem, *avi,*—in terris de Over et Nether Pettindreich et Craigmuddertie, cum molendino de Pettindreich, et piscaria in aqua de Doverne.—A. E. 8*l.* N. E. 32*l.*   iii. 84.

(21)   Maii 15. 1606.
THOMAS MENZIES de Cultis, *hæres portionarius* Domini Gullielmi Ogilvy de Stratherne militis, *proavi,*—in tertia parte molendini de Baldaivie, in baronia de Baldaivie.—A. E. 10*d.* N. E. 3*s.* 4*d.*   iv. 51.

(22)   Maii 15. 1606.
WALTERUS DUMBAR burgensis de Banff, *hæres portionarius* Domini Willielmi Ogilvy de Stratherne militis, *proavi,*—in tertia parte molendini de Baldavie.—A. E. 10*d.* N. E. 3*s.* 4*d.*   iv. 51.

(23)   Maii 15. 1606.
GEDION KEYTH de Garlogie, *hæres portionarius* Domini Gullielmi Ogilvie de Stratherne militis, *proavi,*—in tertia parte molendini de Baldavie.—A. E. 10*d.* N. E. 3*s.* 4*d.*   iv. 51.

(24)   Oct. 31. 1606.
ADAMUS ABERCROMBIE, *hæres* Gullielmi Abircrombie de Overskeith, *patris,*—in villis et terris de Ovir et Nethir Pitglasseis, infra episcopatum Abirdonensem ;—terris et villa de Auchnandauche jacentibus ut supra :—A. E. 6*s.* 8*d.* N. E. 26*s.* 8*d.*—Terris de Overskeith in baronia de Deskfurde :—A. E. 5*s.* N. E. 20*s.*—Dimidietate villæ et terrarum de Enoch, infra baroniam de Coronassie ;—alia dimidietate terrarum de Enoch.—A. E. 4*s.* N. E. 16*s.*   iii. 236.

(25)   Jan. 9. 1607.
GULIELMUS OGILVY de Baldavie, *hæres* Walteri Ogilvy de Balldavie, *patris,*—in villa et terris de Baldavie in baronia de Moubrey.—A. E. 4*l.* N. E. 16*l.*   iii. 244.

(26)   Apr. 17. 1607.
ALEXANDER STRAUTHAUCHIN de Lesmurdy, *hæres* Jacobi Strathauchin de Lesmurdy, *avi,*—in terris de Eistertoun de Lesmurdy ;—tertia parte terrarum de Inverquherache ;—tertia parte terrarum de Auchnastank ;—tertia parte terrarum de Balcherie.—A. E. 3*l.* 10*s.* N. E. 14*l.*   iv. 58.

(27)   Maii 2. 1607.
ROBERTUS STEWART quondam de Ardbreck, *hæres* Alexandri Stewart de Ardbreck, *patris,*—in crofta terræ de Petruthny, *alias* de Lettauch nuncupata, infra regalitatem de Spynie.—A. E. 30*d.* N. E. 5*s.*   iii. 250.

(28)   Apr. 12. 1608.
DOMINA ANNA STEWART, *hæres portionaria* Joannis Atholiæ Comitis, Domini Balveny, &c. *patris,*—in dominio de Balvany ;—terris baroniarum de Botrophin, Bocharnie, et Abirlour, cum advocatione ecclesiæ parochialis de Abirlour, et capellæ de Bocharnie ;—terris de Bukquhorinie et Kinnynvie.—A. E. 50*l.* N. E. 333*l.* 6*s.* 8*d.*—(Vide Perth.)   iv. 253.

(29)   Apr. 12. 1608.
DOMINA JEANNA STEWART sponsa Henrici commendatarii de Sanct Colms-inch, DOMINA MARIA STEWART Atholiæ Comitissa, sponsa Jacobi Atholiæ Comitis, Domini Invermay et Balvany, et DOMINA DORATHIA STEWART sponsa Willielmi Magistri de Tullibardin, *hæredes portionariæ* prædicti Joannis Atholiæ Comitis, &c. *patris,*—in terris præscriptis.—(Vide Perth.)   iv. 254.

(30)   Mar. 30. 1609.
ALEXANDER FORBES, *hæres* Alexandri Forbes de Gellen, *patris,*—in tertia parte terrarum de Prattistoun et Crovie, lie Hennishill, cum piscaria in baronia de Troupe.—E. 10*l.*   iv. 281.

(31)   Apr. 28. 1609.
PATRICIUS ABIRNETHIE, *hæres* Alexandri Abirnethie de Netherdwill, *fratris,*—in terris et baronia de Nethirduill, cum piscaria salmonum super aqua de Doverne.—A. E. 8*l.* N. E. 32*l.*   iv. 229.

(32)   Jan. 9. 1610.
ROBERTUS FORBES de Phynnersie, *hæres masculus* Joannis Forbes de Echt, *filii patrui,*—in 40 solidatis terrarum villæ et terrarum de Corronasie, cum pendiculis vocatis Thomanavin, Glascorie et Dalreauche ;—terris de Enoche, Auchmoir, et Balmarreoune (vel Balmaroden.)—A. E. 40*s.* N. E. 8*l.*—(Vide Aberdeen, Kincardine.)   iv. 279.

(33)   Mar. 19. 1611.
EDVARDUS DOMINUS BRUCE de Kinloss, *hæres masculus* Edvardi Domini Bruce de Kinloss, *patris,*—in terris, dominio et baronia de Kinlos, continente inter alia terras de Fergyhauches, Killesmore, Kilmendeis, Ovir et Nather Grange, Clerksait, Murefauld, Baglogie, Thornetounhauchis, Auchindyven, cum New Mylne ;—terras de Over Mylne, Montgrevis, Over et Nather Glengarrik, Auchinhuiffis, Cantilie, Garretwode, Blakcoth, Craiglethie, Carnehill, Nather Mylnetoun, Millegyne ;—terras de Nather Mylne et Ailhous Tak, Jonetscheill, Knok, Knoklogie, Paythink, Fluris, Rachtoun, Ballamon, Eithness, Windehillis, Crolettis, Crammetheis Eister et Wester ;—terras de Fortrie, marresium vulgo moss de Edingeicht, Clochmerchie, nuncupatas The Ladies landis, infra baroniam de Straithhaylay, cum aliis terris in vicecomitatibus de Elgin et Forres, Aberdeen, et Inverness.—A. E. 100*m.* N. E. 300*m.*—(Vide Elgin et Forres, Aberdeen, Inverness.) iv. 424.

(34)   Oct. 31. 1614.
WALTERUS OGILVIE, *hæres* Willielmi Ogilvie de Baldawie, *patris,*—in villa et terris de Baldawie, in baronia de Moubrie.—A. E. 4*l.* N. E. 16*l.*   vi. 93.

(35)   Mar. 8. 1615.
WILLIELMUS NORIE, *hæres* Willielmi Norie portionarii de Inchdrour, *patris,*—in quarta parte villæ et terrarum de Indrour, Locheagin, Kilbirneis, et Kilpoteis in baronia de Montbrie.—A. E. 30*s.* N. E. 6*l.*   vi. 28.

(36)   Sep. 7. 1615.
DOMINA MARIA DOUGLAS comitissa de Buchan, *hæres* Dominæ Cristinæ Stewart comitissæ de Buchane, *aviæ,*—in terris et baronia de Montblarye, viz. terris vocatis Waistryn ;—terris de Newtoun cum molendino ;—terris de Todlaw cum parca ;—terris de Quhitfeild ;—terris de Smedytoun de Montblarye ;—terris de Haltoun de Montblarye ;—terris dominicalibus de Auchinbadye, cum molendino ;—terris de Staneley ;—terris de Auchinbadye ;—terris de Ryland cum molendino ;—terris de Tollo cum molendino.—A. E. 20*l.* N. E. 100*l.*—Terris et baronia de Glendawachye, *alias* Doun, viz. terris dominicalibus de Doun, cum molendino et terris brasinariis ;—terris de Melros ;—terris de Fortie ;—terris de Montblatoun, cum salmonum piscariis de Thaynisnet, assys laxum in aqua de Doverne, Craigsbot in mare ;—castro de Bamff, cum Castlehill ;—officiis coronatoris et vicecomitis de Bamff ;—terris de Pitgare, cum molendino ;—terris de Mynone et Cartrylzear (vel Carthylzear ;)—terris de Colan, cum advocatione ecclesiarum.—A. E. 28*l.* N. E. 140*l.*   vi. 61.

(37)   Maii 30. 1617.
JOANNES TURING de Foverane, *hæres* Domini Willielmi Turing de Foverane militis, *patris,*—in terris vocatis Manis de Inverugie in baronia de Innerugie.—E. 4*s.*   vi. 246.

(38)   Jul. 24. 1617.
THOMAS DOMINUS BRUCE de Kinloss, *hæres* Eduardi Domini Bruce de Kinloss, *fratris,*—in terris dominio et baronia de Kinloss, comprehendentibus inter alia terras subscriptas, viz. terras de Fergyhauchis, Kilqunnond, Kilmendeis, Over et Nether Grange, Clerksait, Murefauld, Baglogie, Thorntounhauchis, Auchindyven, cum New Mylne ;—terras de Overmylne, Montgrevis, Over et Nethir Glengarrik, Auchinhuiffis, Cantillie, Garretwode, Blakcoith, Craiglethis, Carnehill, Nethir Mylntoun, Mellegyn ;—

terras de Nethir Mylne et Ailhous Tak, Jonetscheill, Knok, Knoklogy, Paythink, Fluiris, Rochtoun, Ballamone, Eithnes Windiehillis, Crowlettis, Cranmotheis Eister et Wester;—terras de Fortrie, maresium vulgo The Moss de Edingeicht, Cloichmerchie, nuncupatas The Ladyis landis, infra baroniam de Straithlay, cum quibusdam aliis terris in vicecomitatibus de Elgin et Forres, Aberdeen et Inverness.—A. E. 100 m. N. E. 300 m.—(Vide Elgin et Forres, Aberdeen, Inverness.) vii. 8.

(39) Aug. 22. 1618.
DOMINUS PATRICIUS BARCLAY de Tollie miles, *hæres* Walteri Barclay de Tollie, *patris*,—in terris de Collane, cum molendino fullonum et granorum, infra dominium de Glendowachie. —A. E. 10s. N. E. 40s. vii. 80.

(40) Apr. 21. 1619.
JACOBUS MORRAVIÆ COMES, Dominus de Doun, &c. *hæres* Jacobi Moraviæ Comitis, Domini Abirnethie, &c. *avi*,— in terris et comitatu de Buchane ;—terris et baronia de thanagio de Glendowachie ;—castro sive castello de Banff, cum monte ejusdem, et officio vicecomitatus et coronatoris de Banf ;—salmonum piscaria super aqua de Doverne Theynis net nuncupata, cum assyss lax, et salmonum piscaria in mare prope Doverne Craigschot nuncupata ;—terris et baronia et Montblerie et salmonum piscaria in aqua de Doverne ;—terris de Rylandis, Culbirnie, Inschdrevat, et Tullochroy.—A. E. 48l. N. E. 240l.—(Vide Aberdeen, Forfar.) vii. 142.

(41) Apr. 21. 1620.
GEORGIUS BAIRD, *hæres* Gilberti Baird de Auchmedden, *patris*,—in villa et terris de Logie, infra parochiam de Gainrie et baroniam de Troupe, in warrantum villæ et terrarum de Auchmunzall, in dominio de Deir, nunc Altrie, et vicecomitatu de Abirdene.—E. 4l. &c. vii. 228.

(42) Jul. 12. 1620.
WALTERUS OGILVIE, *hæres masculus et provisionis* Jacobi Ogilvie de Boyne, *patris*,—in terris, baronia et thanagio de Boyne, cum advocatione ecclesiarum, et annuo redditu 6 m. de burgo de Bamff ;—portu et burgo de Portsoy, ab antiquo in burgum baroniæ erecto, comprehendente villas et terras de Boigtounes, nuncupatas Ovir et Nather Boigtounes ;—terras de Reidhyith et cymbas piscarias earundem ;—terras de Aodinbothe ;— villam et terras de Portsoy, portum et cymbas piscarias ejusdem, terras de Sculhenrie, Aird et Dammis ;—terras de Auchmoir, Boquhollie, Smiddie-boyne, Kyndroicht ;—terras de Cowhyith, et Scottismylne ;—terras de Ardbranganes, Cairnetoun, Quhentie, et Greinefauld ;—terras de Threapland, et Greincoatis ;—terras de Dalloquheis nuncupatas Ovir et Nather Dalloquheis, cum novis terris earundem ;—terras de Warrielipp et Quhytehillis, cum piscariis ;—terras et mansionem de Bothragie, Kilbuchlees, Denheid, Quhytntie, Fischekeillie, et Hillandis de Bothragie ;—terras de Mylne de Boyne, Paddoklawis, Cullienortis, et Garrislott.—A. E. 46l. 13s. 4d. N. E. 186l. 13s. 4d. vii. 263.

(43) Oct. 28. 1620.
ROBERTUS DUNE, *hæres* Walteri Dune de Raittie, *patris*,— in terris et villis de Meikill-Raittie, Littill-Raittie, terris et molendino de Raittie, in parochia de Innerboyndie.—A. E. 10 m. N. E. 40 m. vii. 340.

(44) Maii 25. 1622.
JOANNES DUFF, *hæres* Magistri Joannis Duff de Maldavat, *patris*,—in terris de Tarbrinche et Newfostersait, ex parte orientali silvæ de Bynwode ;—officio forestariæ præfatæ silvæ de Bynwode, in baronia seu dominio de Culsawertlie.—A. E. 15s. N. E. 3l. viii. 73.

(45) Dec. 17. 1624.
ALEXANDER FRASER de Philorth, *hæres masculus* Domini Alexandri Fraser de Fraserburgh militis, *patris*,—in terris de Tibbertie ;—villa et terris de Outlaw ;—terris de Forefauldis ;—villa et terris de Bremlaw ;—villa et terris de Feiltieheid, cum Newtoun de Outlaw, nuncupato Brokeistoun ;—terris de Skaltertie, cum Holme *alias* Ailhous croft, et salmonum piscaria super aquam de Doverane ;—cum quibusdam aliis terris infra vicecomitatum de Aberdeen.—A. E. 75l. N. E. 300l.—(Vide Aberdeen.) ix. 34.

(46) Maii 5. 1625.
JACOBUS MARCHIO DE HAMMILTOUN, Comes Arraniæ et Cambridge, Dominus Even et Innerdaill, *hæres* Jacobi Marchionis de Hammiltoun, &c. *patris*,—in terris ecclesiæ de Innerbondie, infra parochiam de Abirchirdoir ;—terris de Auchorsk, infra parochiam de Gemry ;—terris de Rigall, infra parochiam de Innerbondie ;—terris de Foirglen, infra parochiam de Avache ;—piscaria

salmonum aquæ de Banff nuncupata The Water of Doverne, prope rupem de Banff, cum portu ejusdem, cum quibusdam aliis terris, infra vicecomitatus de Forfar, Kincardin, Edinburgh, Aberdeen, Perth, Murray, Stirling, et Inverness.—A. E. 200l. N. E. 600l.—(Vide Lanark, Linlithgow, Bute, Stirling, Forfar, Kincardin, Edinburgh, Aberdeen, Perth, Elgin et Forres, Inverness, Ayr.) ix. 19.

(47) Maii 10. 1625.
GEORGIUS OGILVIE de Carnowsies, *hæres masculus* Georgii Ogilvie de Carnowsies, *patris*,—in terris et baronia de Carnowsies ; —terris de Crannoch, Crannochboig, Crannochmylne, et Blaklaw, unitis in baroniam de Carnowsies.—A. E. 10l. N. E. 40l. ix. 42.

(48) Maii 10. 1625.
ISSOBELLA BRAIBNAR, *hæres* Georgii Braibnar portionarii de Knock de Strylay, *patris*,—in 2 bovatis terrarum de Knock in baronia de Strylay, infra regalitatem de Kynloss.—E. 2l. 4s. ix. 127.

(49) Oct. 7. 1625.
WALTERUS OGILVIE de Banff, *hæres* Domini Georgii Ogilvie de Dunluggas militis, *patris*,—in terris de Outlaw et Tippertie, comprehendentibus terras dominicales vulgo Maynes de Tippertie ; —villas et terras de Forefauldis, Outlawis, Greenlawis, Faltieheid, Brokiestoun, Kiltrie, Knok, Briggishielock, Barbethill, Rosieburn, cum molendino ;—villas et terras de Scaltertie et Holmes, cum salmonum piscaria super aqua de Doverne, infra baroniam de Philorth per annexationem, et parochiam de Strathava.—A. E. 5l. N. E. 20l. ix. 27.

(50) Oct. 4. 1626.
ROBERTUS INNES de Eodem, *hæres talliæ* Walteri Innes de Auchintowle, *consanguinei*,—in terris de Auchintoule, cum pendiculis nuncupatis Balricley et Boigfauld, Auldtoun et Newtoun de Monedyes, Quhytemure, Reidfurd et Midculvie, cum bina parte de Myresyid ;—villa et terris de Wodeislanes (vel Wodisland,) cum parte terrarum eisdem adjacente quæ olim ad Drumfeirie pertinebat ;—terris de Mureailhous, cum salmonum piscaria et tertia parte terrarum de Myresyid :—A. E. 10l. N. E. 40l.—Terris ecclesiasticis villæ ecclesiæ de Abirchurdour, Cairnehill, et domo de Zochrie, cum decimis garbalibus, quæ sunt partes terrarum et baroniæ de Abirchirdour, infra baroniam de Abirchirdour :—E. 19l.—Privilegio tenendi annuam nundinam nuncupatam Marnanfair apud villam ecclesiæ de Abirchirdour :—E. 1d.—Superioritate, censibus et devoriis terrarum de Auchyrosck (vel Auchorsk,) infra parochiam de Gamerie ;—unitis cum aliis terris in Aberdeen in baroniam de Auchintoule.—E. 3s. 4d.—(Vide Aberdeen.) ix. 255.

(51) Feb. 9. 1627.
GEORGIUS MARCHIO DE HUNTLIE, Comes de Eignzie, Dominus Gordoun et Baidzenoche, *hæres* Georgii Comitis de Huntlie, &c. *patris*,—in officio hæreditario balliatus baroniæ et annuorum reddituum et terrarum ad episcopatum Abirdonensem spectantium in patrimonio, infra diocesin Abirdonensem, in vicecomitatibus de Banf et Aberdeen respective.—(Vide Aberdeen.) ix. 172.

(52) Feb. 20. 1627.
GEORGIUS GORDOUN, *hæres* Alexandri Gordoun de Beldorney, *patris*,—in villa et terris de Beldorney cum terris dominicalibus ;—villa et terris de Lynbanis cum molendinis ejusdem ;— villa et terris de Eister et Wester Genllis (vel Goullis,) cum piscatione salmonum super aqua de Doverne, in baronia de Kethmore *alias* Auchindoune :—A. E. 26s. 8d. N. E. 5l. 6s. 8d.—Tertia parte villæ et terrarum de Balcheirie, in dominio de Inneitheratuch et parochia de Morthlie.—A. E. 10s. N. E. 40s. ix. 217.

(53) Sep. 4. 1627.
JOANNES DUFF, *hæres* Joannis Duff de Maldavat, *patris*,—in 20 solidatis terrarum antiqui extentus de Maldavatt :—A. E. 20s. N. E. 4l.—Terris de Tarbrinche et New Forsterseat ex orientali parte sylvæ de Bynwode, cum officio forrestariæ prefatæ sylvæ de Bynwode, in baronia seu dominio de Culsawertlie.—A. E. 15s. N. E. 3l. x. 22.

(54) Jan. 11. 1628.
DOMINUS GEORGIUS OGILVIE de Carnowsies miles baronetus, *hæres* Georgii Ogilvie de Carnowsies, *patris*,—in terris de Todlaw, et salmonum piscaria in aqua de Doverne ;—terris de Nethir Dachries, infra baroniam de Strathalvach :—A. E. 30s. N. E. 6l.—Terris de Craigheid de Alva, et terris vocatis Keaw in parochia de Alva, cum piscaria salmonum aquæ de Alva super aquam de Deverne.—E. 4l. x. 241.

(55) Apr. 18. 1628.
JONETA RUDDAUCH filia Andreæ Ruddauch, *hæres portionaria* Jacobi Ruddauch portionarii in Millegin, *avi*,—in 3 bovatis terrarum de Fortrie :—E. 47s. 6¼d.—2 bovatis terræ

6 bovatarum terrarum de Millegin :—E. 46s. 2d.—Omnibus in parochia de Strathyla et regalitate de Kinloss. x. 249.

(56) Sep. 16. 1628.
JOANNES KEITH de Northfeild, *hæres* Gulielmi Keith de Northfield, *patris*,—in 10 mercatis terrarum et baroniæ de Troupt vocatis terras de Northfeild, cum parte terrarum de Quytfeild pertinente aliquando ad Maynes de Troupt :—A. E. 10 m. N. E. 40m.—Annuo redditu 40 bollarum victualium de villa et terris de Glashauche, in parochia de Fordyce. x. 359.

(57) Oct. 4. 1628.
JOANNES GORDOUN de Innermarkie, *hæres provisionis* Joannis Gordoun de Carneborrow, *patris*,—in villa et terris de Edinglassie cum molendino fullonum ;—villa et terris de Ovir Glenmarkie, cum Bowplaces, et privilegio liberæ baroniæ, infra dominium de Balveny :—A. E. 35s. N. E. 7l.—Villa et terris de Tumethis, cum brasina et pendiculo Letachoirne nuncupato, infra diocesim Aberdonensem.—E. 22l. x. 297.

(58) Mar. 14. 1629.
DOMINUS GEORGIUS OGILVIE de Banff miles baronettus, *hæres* Walteri Ogilvie de Innerrichnie, *fratris germani*,—in superioritate, firmis et divoriis terrarum de Auchorsk, in parochia de Gomrie ;—decimis garbalibus ecclesiæ et parochiæ de Gomrie, cum decimis piscium de Gamrie tam salmonum quam alborum piscium, ac decimis salmonum de Banff, in baronia de Abirbrothok.—A. E. 20s. N. E. 4l. x. 327.

(59) Mar. 24. 1629.
WILLIELMUS FORBES de Craigievar, *hæres masculus* Willielmi Forbes de Craigievar, *patris*,—in terris et baronia de Saltoun, comprehendentibus inter alia jus patronatus ecclesiæ de Touch ;—jus patronatus ecclesiæ de Keith, et pendiculum ejusdem vocatum ecclesiæ Grange, in diocesi de Aberdein.—A. E. 3s. 4d. N. E. 13s. 4d.—(Vide Aberdeen, Haddington, Edinburgh, Fife.) xi. 8.

(60) Apr. 10. 1629.
ALEXANDER CRAIG, *hæres* Jacobi Craig in Croylett, *patris*,—in 4 bovatis terrarum de Croylattis in baronia de Strathyla, infra regalitatem de Kinloss.—E. 3l. 15s. 2d. xiii. 119.

(61) Maii 2. 1629.
JACOBUS CALDER de Aslowne, *hæres* Jacobi Gordoun de Craigcullie, *avi materni*,—in terris de Glengarrok, cum Outsett earundem Alrecardoch nuncupato, in baronia de Strathyla.—E. 20 m. et 6s. 8d. in augmentationem. x. 240.

(62) Jul. 4. 1629.
ANDREAS HENDERSOUN de Peilfauld, *hæres* Joannis Hendersoun de Peilfauld de Knock de Strathyla, *fratris germani*,—in 4 bovatis terrarum de Knok, in baronia de Strathyla et regalitate de Kinloss.—E. 4l. 6d. x. 239.

(63) Nov. 27. 1629.
ANDREAS HENDERSOUN in Knok de Stryley, *hæres* Joannis Hendersoun junioris in Knok, *fratris germani*,—in bovata terrarum in the half land of Garrow-wod in rinrig, infra baroniam de Strayley.—E. 28s. 9d. x. 344.

(64) Jun. 1. 1630.
JOHANNES HENDIRSOUN, *hæres* Roberti Henrysoun portionarii de Knock de Strathylay, *patris*,—in 3 bovatis terrarum de terris et villa de Knok :—E. 3l. 5s. 6d.—2 bovatis dictarum terrarum de Knock vocatis Boigsyd, infra baroniam de Strathyla et regalitatem de Kinloss.—E. 43s. 8d. xi. 203.

(65) Feb. 29. 1632.
JEANNA RIDDAUCH, *hæres portionaria* Jacobi Riddauch in Lymhillok, *avi*,—in 3 bovatis terrarum de Fortrie :—E. 47s. 6¼d. 2 bovatis 6 bovatarum terrarum de Mullegin :—E. 46s. 2d.—Omnibus infra baroniam de Strathyla et regalitatem de Kinloss. xiii. 17.

(66) Feb. 29. 1632.
ISSOBELLA RIDDAUCHE, *hæres portionaria* Jacobi Riddauch in Lymhilloke, *avi*,—in terris prædictis. xiii. 18.

(67) Nov. 1. 1632.
PATRICIUS STEWART de Kinmachlein, *hæres* Joannis Stewart de Kinmachlein, *patris*,—in villis et terris de Eister Kinmachlein, Wester Kinmachlein, Chappeltoun et terris de Dalkathye cum molendino, infra dominium de Strathdoun.—A. E. 3l. N. E. 12l. xiii. 48.

(68) Maii 7. 1633.
JOANNES GORDOUN de Carnefeild, *hæres* Magistri Gulielmi Gordoun de Carnefeild, *patris*,—in terris et baronia de Rothiemay.—A. E. 20l. N. E. 80l. xiii. 81.

(69) Mar. 11. 1634.
JACOBUS WILSOUN, *hæres* Davidis Wilsoun in Boiglogie, *avi*,—in bovata terrarum de Fortrie :—E. 15s. 10d.—4 bovatis terrarum de Outseatt de Fortrie :—E. 3l. 9¼d.—Omnibus infra baroniam de Strathylay et regalitatem de Kinlos. xiii. 150.

(70) Jul. 22. 1634.
DOMINUS JOANNES GRANT de Fruquhie, *hæres* Joannis Grant de Fruquhie, *patris*,—in villa et terris de Killeismondis Over et Nathir, ac Hauchis ejusdem, cum brasina ac Craigies-croft :—E. 15l. 6s. 8d. &c.—Villa et terris de Over et Nather Tarmores :—E. 8l.—Villa et terris de Nathir Kilminitie :—E. 38l. 18s.—2 bovatis terrarum de Newmylne de Strathylay :—E. 35s. 6d.—Terris de Over Kilmyneties :—E. 9l. 5s.—Omnibus infra baroniam de Strathylay et regalitatem de Kinlos. xiii. 219.

(71) Maii 19. 1635.
ALEXANDER HAY de Warestoun, *hæres* Domini Alexandri Hay de Forresterseitt militis, unius senatorum supremi senatus, *patris*,—in 2 occidentalibus carrucatis terrarum, lie tua west pleuchis of land de Middlesries (vel Middlessies,) cum decimis garbalibus infra parochiam de Longley.—E. 5 m. xiv. 269.

(72) Feb. 1. 1637.
GEORGIUS FORSYTHE senior in Milligen, *hæres* Davidis Forsythe junioris in Millegin, *patris*,—in quarta parte 6 bovatarum terrarum de Millegin :—E. 34s. 7d.—2 bovatis terrarum de Eister pleuch de Millegin ;—omnibus in baronia de Strathylay et infra regalitatem de Kinloss.—E. 30s. 22d. &c. xiv. 155.

(73) Jun. 7. 1637.
JACOBUS GRANT de Freuchie, *hæres masculus* Domini Joannis Grant de Freuchie militis, *patris*,—in villa et terris de Nethir Kilminnettie :—E. 38l. 18s.—Villa et terris de Ovir et Nather Tormoires :—E. 8l.—Villa et terris de Kelleismondis ;—Over et Nather Hauches, cum brasina et Craigis croft :—E. 15l. 6s. 8d. &c.—Terris de Over Kinminnetties :—E. 9l. 5s. 4d.—Terris de Auchindouren, omnibus infra baroniam de Straithylay et regalitatem de Kinloss.—E. 5l.—(Vide Elgin et Forres, Inverness.) xv. 271.

(74) Oct. 10. 1637.
GULIELMUS MARISCALLI COMES, Dominus Keith et Altrie, &c. *hæres masculus* Willielmi Mariscalli Comitis, Domini Keith et Altrie, &c. *patris*,—in terris et baronia de Innerugie, viz. molendino de Innerugie lie Inglis-Mylne nuncupato Smithescroft, cum piscatione salmonum ac lie Croves super aqua de Ugie, Lewsyd-hillok, Quhyt boates fischeing earundem, Ovir Kinloch, West Ailhous, Eist Ailhous, Netherkloch, Scottistoun, Williscroft, Blakwater, Quhytfischeing ejusdem, Pittinhaich, North Essie, Middle Essie, South Essie, Newseat, Turhill, Cairnehill, Beirhill, Wobsterscroft, Keny, molendino de Airthlie, Gallowhill, molendino fullonum de Hothie, Hythie, molendino de Gavell, Mylnetoun de Gavell, Auchreny ;—terris et baronia de Straloch, Newseat et Ailhous, advocatione de Fetterangus ac Longley, et advocatione omnium prædictarum terrarum, cum quibusdam aliis terris in Haddington, Kincardine, Aberdeen, Aberdeen et Banf respective, Banf et Linlithgow, perprius unitis in dominium et baroniam de Innerugie :—A. E. 100l. N. E. 400l.—Terris de Barrie, cum quibusdam aliis terris in Aberdeen, perprius unitis in dominium et baroniam de Altrie.—E. 140l.—(Vide Haddington, Kincardine, Aberdeen, Linlithgow.) xv. 253.

(75) Dec. 5. 1637.
WALTERUS OGILVIE de Boyne, *hæres masculus* Walteri Ogilvie de Boyne, *patris*,—in terris, baronia et thanagio de Boyne, cum molendino, piscatione et advocatione ejusdem ;—annuo redditu 6 m. de burgo et portu de Portsoy ab antiquo in burgum baroniæ erecto, cum privilegiis comprehendente villam et terras subscriptas, viz. villam et terras de Boigtounes nuncupatas Over et Nether Boigtounis ;—terras de Reidhythe et cymbas piscarias earundem ;—villam et terras de Arnebothe ;—terras de Portsoy et portum ejusdem ;—terras de Skulhendrie, Aird, et Dammis ;—terras de Auchmeire, Roquhillie, Smeddieboyne, Kindrocht ;—terras de Cowhythe et Scottismylne ;—terras de Ardbrangen, Cairntoun, Quhyntie, et Greinfauld, terras de Thripland et Greincoitt ;—terras de Dollaqueis nuncupatas Ovir et Nather Dollaqueis ;—terras de Warielip et Quhythill, cum piscariis earundem ;—terras et mansionem de Buchraigie, Kilbuchleyis, Denheid, Quhyntie, Fiskillie et Hilland de Buchraigie ;—terras de Mylne de Boyndee, Paddoklawis, Cullennoch et Garrocheflatt, cum molendino et piscatione ;—terras de Raggald in dominio de Aberbrothok :—A. E. 47l. 13s. 4d. N. E. 190l. 13s. 4d.—Decimis garbalibus villæ et terrarum de Quhyntie, Ardbrangen, et Dollaquhyeis.—A. E. 13s. 4d. N. E. 53s. 4d. xiv. 206.

(76) Dec. 7. 1637.

WILLIELMUS GORDOUN de Tulloch, *hæres* Magistri Alexandri Gordoun de Tulloche, *avi*,—in terris de Auchinhovis, viz. Over et Nether Auchinhovis, Berrieleyes, cum Ailhouse, et Ailhouse croft, et communi pastura ;—terris vocatis Grenis de Kinbade, Balnameine, et Ardmoire ;—1 aratro terrarum vulgo nuncupato The Vest Pleuch terrarum de Midseat de Auchinhovis, extendente ad 8 bovatas terrarum ;—terris de Corbiecraig et Restrypis :—E. 25*l*. &c. *feudifirmæ* :—terris de Glengairock cum Outseat Alrecardoche nuncupato, in baronia de Strathila et regalitate de Kinloss.—E. 20*m*. &c. *firmæ*. xiv. 261.

(77) Jul. 19. 1638.

GEORGIUS GORDOUNE de Beldornye, *hæres* Georgii Gordoune de Beldornye, *patris*,—in villa et terris de Beldornye;—villis et terris de Lymbanes cum molendinis earundem ;—villis et terris de Easter et Wester Goulis, cum salmonum piscatione super aquam de Doverne, in baronia de Keythmoir alias Auchindowne ;—tertia parte villæ et terrarum de Belchirie, in dominio de Invercherauche et parochia de Mortliche.—A. E. 16*m*. N. E. 42*l*. 13*s*. 4*d*. xiv. 192.

(78) Aug. 2. 1638.

GEORGIUS MARCHIO DE HUNTLIE, Comes de Enzie, Dominus Gordoun de Badzenoch, *hæres masculus* Georgii Marchionis de Huntlie, &c. *patris*,—in terris de Culsavertie et Enzie ac dominio ejusdem, cum superioritate Forrestæ de Boyne, unitis in dominium, et comprehendentibus superioritatem terrarum de Culphin, Auchannochie, et Auchannassie, cum maneriei loco de Bogiegicht, et advocatione ecclesiarum ;—terras de Ordinhuiffs, Burnesyde, et Bogmuchellis;—terras de Inchdask, Kilbirnies, et Kilpottie :—A. E. 125*l*. 1*s*. 8*d*. N. E. 500*l*. 6*s*. 8*d*.—terris et baronia de Auchindown et Keithmoir comprehendentibus terras, maneriem, et terras dominicales de Auchindean ;—croftas de Auchbelrowie et Lagan ;—terras de Keithmoir, Clunybeg ;—dimidietatem de Clunymoir ;—terras de Milhntoun cum molendino ;—terras de Tullochalhane, Over et Nether Thowmanonis, Smythstoun, Boigfuird, Badcheir ;—binam partem terrarum de Inverchinache et Schanvell ;—tertiam partem terrarum de Balloherye, cum forrestis de Glenfiddiche et Blakwatter, et advocationibus capellaniarum :—A. E. 10*l*. N. E. 40*l*.—in terris et baronia de Gartullie continente Maynes de Gartullie vulgo vocatas Hiltoune ;—terras de Wyliewræ, Wastseatt, Sauchinhill, Kirkhill, Fechill, Milnhill, Over-Kirkhill, Cornetochrache, Sounker, Bordelseat, Fidlerseat, Gumpstoun, Cokstoun, Duncanstoun, Stodfauld, molendinum de Gartullie, croftas vocatas Pyperis-croft, Fettescroft, Doupescroft, infra baroniam de Gartullie :—A. E. 12*l*. N. E. 48*l*.—terris de Pitglassie ;—terris de Auchinhundauch (vel Auchnahandach) infra baroniam de Murthlak, cum multuris de Keithbeig :—E. 16*l*. 12*s*. 8*d*. *feudifirmæ* :—terris de Keithbeig jacentibus ut supra :—E. 4*l*. 6*d*. *feudifirmæ* :—terris et baronia de Strathaven, cum turre de Drimmin (vel Drimannie) ;—terris de Fotterletter, Inveruries, et Inverlochtie, cum advocatione capellaniæ de Petcashe, infra ecclesiam cathedralem de Murray, et jurisdictione balliatus dictarum terrarum, dominii et baroniæ, quæ baronia comprehendit villas et terras de Over et Nether Drimminis, Dalmoir, Downens Over et Nether, Litill Inverchebat, Eister et Wester Inveruries, Inverlochie, Dalivrogat, Fetterletter, Thomebreak et 2 Torrens, Auchlony, Dalmabie et molendinum, Balliebeag, Dallienorache, Knawlerge, Auchnaheill, Keppache, Eister et Wester Campbell, Ruthven et molendinum, Thornach-lagan, Crewthlie, Glenconiglass, Auchruchane et molendinum, Minnimoir, Auchorochan, Thombae, Auchdregine, Auchmarrou, molendinum vocatum Rufreische, Baddienochall, et Suiarthour ;—forrestas de Glenaven, Glenbuilg, et Glenlivet ;—salmonum piscationibus super aquis de Aven et Livet dictis terris adjacentibus, cum advocatione ecclesiarum ;—terras de Blairfuidie cum molendino, Ledauche, Tombrecach ;—villis et terris de Nevay, Auchnastrae, Auchnaveiche, Auldweiche, et Tomalman, infra dominium de Strathaven :—A. E. 40*l*. N. E. 160*l*.—turre, fortalicio, et Maynis de Balvenie, Davach, et Letiche (vel Letauch), Milntoun de Balvenie, et Tulloche, davach de Buchorme, davach de Belliehaukis, et Argarthnie ;—villis et terris de Nether Clunie et Parkmoir, infra dominium de Balvenie, extendentibus per annum ad 40 celdras victualium, in speciale warrantum terrarum de Ogstoun in Elgin et Forres :—A. E. 4*l*. N. E. 16*l*.—villa et terris de Keithbeg in parochia de Murthlak :—E. ....—terris de Over et Nether Ardwellis, cum forresta de Blackwatter in dominio de Balvenie :—A. E. 3*l*. N. E. 12*l*.—balliatus officio baroniarum, shyrarum, &c. ad episcopatum Aberdonensem spectantium, jacentium in vicecomitatibus de Aberdeen et Banf respective :—E. *valet defensionem dicti Episcopi et capituli*, &c.—(Vide Aberdeen, Elgin et Forres, Berwick.) xiv. 300.

(79) Maii 17. 1642.

JACOBUS BAIRD de Auchmedden, *hæres* Georgii Baird de Auchmedden, *patris*,—in terris et villa de Lytill Byith et Clea-

veriefaulds, in dominio eu baronia de Glendowachie, et infra vicecomitatus de Bamf et Aberdein respective :—E. 6*l*. 6*s*. 8*d*. *feudifirmæ* :—4 bovatis terrarum vocatis The Jonetscheill et Knowiscraib, in baronia de Strathilaiy :—E. 5*l*. et 20*d*. in augmentationem :—terris de Litlegooshauch apud burgum de Bamf :—E. 6*s*. 8*d*. *feudifirmæ* :—tenemento in burgo de Bamf :—A. E. 12 *nummi*, N. E. 3*s*.—pecia terræ in dicto burgo vocata The Stephensbray :—A. E. 10 *nummi*, N. E. 20 *nummi* :—tenemento in dicto burgo :—A. E. 12 *nummi*, N. E. 3*s*.—tenemento in dicto burgo :—A. E. 12 *nummi*, N. E. 3*s*.—terris de Gooshauch infra libertatem dicti burgi.—E. 40*s*. *feudifirmæ*.—(Vide Aberdeen.) xvii. 46.

(80) Jan. 19. 1643.

WALTERUS OGILVY de Baldavye, *hæres* Walteri Ogilvye de Baldavye, *patris*,—in terris et villa de Baldavye, in baronia de Monbrie.—A. E. 4*l*. N. E. 16*l*. xvii. 133.

(81) Maii 12. 1643.

HENRICUS GORDOUN de Glassauch, *hæres* Henrici Gordoun de Glassauch, *patris*,—in terris de Glassauch et Craigmylnes earundem et multuris, in dominio de Fordyce :—E. 9*l*. &c. et 5*m*. in augmentationem, *feudifirmæ* :—terris de Pethadelies vulgo nuncupatis Over et Nether Pethadelies, et tertia parte mori de Pethadelie, cum communi pastura super binam partem præfati mori de Pethadelie, et super montem de Fordyce jacentibus ut supra, cum piscationibus alborum piscium.—E. 10 *bollæ frumenti*. xvii. 188.

(82) Jul. 5. 1643.

PATRICIUS WILSONE, *hæres* Patricii Wilsone portionarii de Fortrie, *patris*,—in 2 bovatis terrarum de Newfortrie, in baronia de Straithilay et regalitate de Kinloss.—E. 3*l*. 11*s*. 8*d*. xviii. 135.

(83) Nov. 17. 1646.

THOMAS COMES DE ELGIN, *hæres masculus* Edwardi Domini Bruce de Kinloss, *fratris germani*,—in terris et baronia de Kinloss comprehendentibus inter alia terras de Fergyhauches, Kilmesmounthe, Kilmenedies, Over et Nether Grange, Clerkflatt, Medowfauld, Boglogie, Thornetoun, Hauches, Auchindeyren, cum Newmylne ;—terras de Overmylne, Mowntgreives, Over et Nether Glengarick, Auchinhtiffs, Contillie, Garretwoid, Blakcoithe, Craiglothie, Cairnehill, Nether Mylnetoun ;—terras de Nethermylne et Ailhoustak, Jonetscheill, Knok, Knoklogy, Paithnick, Fluires, Routhlount, Balnamownt, Eithrew, Windiehillis, Croyiettis, Cramnotheis Easter et Wester ;—terras de Forthie, Marlistoun vulgo Moss de Edingeight, Cloichindaiche nuncupata The Ladies land, infra baroniam de Straithlay, omnes unitas in baroniam de Kinloss, cum quibusdam aliis terris in vicecomitatibus de Elgin et Forres, Aberdeen, et Inverness.—A. E. 100*m*. N. E. 300*m*.—(Vide Elgin et Forres, Aberdeen, Inverness.) xix. 17.

(84) Nov. 26. 1646.

ALEXANDER HAY de Munktoun, *hæres* Domini Alexandri Hay de Quhytburgh militis, aliquando designati Alexandri Hay filii legitimi Alexandri Hay directoris cancellariæ, *patris*,—in manso cum acris terrarum nuncupatis Clerks croft, et ruid terræ vocato Ruidrig, cum decimis, in dominio de Fordyce.—A. E. 10*s*. 8*d*. N. E. 32*s*. xviii. 302.

(85) Oct. 19. 1647.

ALEXANDER JAFFRAY de Kingswallis, *hæres* Magistri Alexandri Jaffray de Kingswallis burgensis de Aberdeen, *patris*,—in terris de Edinglassie, cum terris dominicalibus ejusdem, Bonsaill, Over Glenmarkie, Midle Glenmarkie, et Glenbeig, infra parochiam de Mortulich :—A. E. 3*l*. N. E. 12*l*.—terris de Park de Corrinkairne, et terris dominicalibus earundem ;—terris et villis de Inchtomak, Mylntoun de Coirnkairne, cum molendino de Coirnkairne ;—Oldtoun de Coirnkairne, Boigtoun, Scatterlie, Radwatter, Swailboig, Kirktoun de Ordequhill, Fairniebray, Culphin, Greindykis, Fynnazaird (vel Fynnagaird), Claymyses, et Tillyernoche, infra parochiam de Ordequhill.—A. E. 10*l*. N. E. 40*l*.—(Vide Aberdeen.) xix. 210.

(86) Jun. 15. 1648.

PATRICIUS COMES DE KINGHORNE, Dominus Lyon et Glames, *hæres masculus* Joannis Comitis de Kinghorne, Domini Lyon et Glames, *patris*,—in dimidietate terrarum et comitatus de Buchan comprehendente dimidietatem terrarum et baroniæ thanagii de Glendavaichie cum silvis ;—dimidietatem castri de Banff, et dimidietatem montis et hortorum ejusdem, cum dimidietate salmonum piscariæ super aqua de Dovrane vocatæ Thaynes nett, et dimidietate assissæ lax et salmonum piscium in mare, vocatæ Craigslope apud Downe, una cum dimidietate aliorum salmonum piscium, tam in dulcibus quam in salsis aquis, super dicta aqua de Doverane :—A. F. 14*l*. N. E. 70*l*.—dimidietate terrarum et baroniæ de Montblairie et salmonum piscariæ in dicta aqua de Doverne ;—dimidietate terrarum de Rylands ;—dimidietate terrarum

B

de Culburne et Inschrowat ;—dimidietate terrarum de Tullochie, cum pendiculis dictarum terrarum vocatis Over Tullochie, Haggischeill, et Schireley ;—dimidietate terrarum de Todlaw et salmonum piscariæ ejusdem ;—dimidietate terrarum de Quhyitfeild ;—dimidietate terrarum et villæ de Bogsmeddietoun et Bredmyre, cum salmonum piscatione super dicta aqua de Doverane ;—dimidietate terrarum de Blaktoun, Hairwoodhill, Over Deuchiris, et Petgaries ;—dimidietate terrarum de Auchinbadie cum piscatione ;—dimidietate terrarum et villæ de Stanieley, Balgray, et Knokin, dimidietate terrarum de Fortrie et Glenhous ;—dimidietate terrarum de Monmonay de Dredland ;—dimidietate terrarum de Kinbene ;—dimidietate terrarum de Scottistoun, Nethir Deuchiris, et Brumesyid ;—dimidietate terrarum et villæ de Auchmeddan, Glencuthill, Lenies, et Towie ;—dimidietate terrarum de Petmacadder et Inchbrek ;—dimidietate terrarum et villæ de Litle Blythe, Claveriefaulds, et Balmagellie ;—dimidietate terrarum de Gelliehill cum molendino vocato Gelliemylne ;—dimidietate terrarum de Todlaw et Gellimuir ;—dimidietate terrarum et villæ de Cowane et Silverfurd ;—dimidietate villæ et terrarum de Jackistoun, Hungriehill, Monie-Bleatoun, Bruntharie, Meikle et Litle ...., Muirhous, Auld-Ailhous, et Barnehill :—A. E. 10l. N. E. 50l.—dimidietate villæ et terrarum de Downe :—A. E. 40d. N. E. 13s. 4d.—dimidietate terrarum de Newtoun et Montblairie ;—dimidietate terrarum et baroniæ de Glencuthill :—A. E. 5l. N. E. 20l.—dimidietate terrarum de Balmahekills, terrarum de Fetterletter, et Lethintie, terrarum de Saltcotts, Glovenie, Inchbreke, et Litle Methlick ;—dimidietate terrarum de Balmadie, cum monte vocato Erlischillok et terris de Carntradlydane ;—dimidietate terrarum de Beildlistoun, cum salmonum piscatione super aqua de Don ;—dimidietate terrarum de Allath et Nether Ardmoir ;—dimidietate terrarum et baroniæ de Grandoun :—A. E. 5m. N. E. 20m.—dimidietate terrarum de Presley ;—dimidietate terrarum de Auchinull et Crabstoun :—A. E. 5m. N. E. 20m.—dimidietate terrarum et baroniæ de Cantries vocata Paterfintries, infra parochiam de Kingdowart (vel Kinedwart) ;—dimidietate terrarum de Glassa-forrest et Glasgoego ;—dimidietate annui redditus 3l. de terris de Kintor :—A. E. 5l. N. E. 20l.—dimidietate terrarum et baroniæ de Auchterhous cum pendiculis earundem, viz. Haltoun de Auchterhous cum lacu, terris de Deskfurd, terris de Cottoun, molendino de Auchterhous, terris de Burnheid, terris dominicalibus de Auchterhous, et terris de Bonnytoun ;—dimidietate terrarum de Wester Keythe :—A. E. 6l. N. E. 40l.—dimidietate juris patronatus ecclesiæ de Auchterhouse :—A. E. 3s. 4d. N. E. 13s. 4d.—dimidietate terrarum et baroniæ de Eissie, terrarum de Glenquharie et Halkertoun, terrarum de Castletoun, Inglistoun, Deirlands, et Brewlands de Eissie, terrarum de Baldenge et Newmylne de Eissie :—A. E. 6l. N. E. 36l.—dimidietate terrarum et baroniæ de Nevay :—A. E. 50s. N. E. 10l.—dimidietate terrarum et baroniæ de Kettinis et Petdonie, et terrarum vocatarum Brodlands et Eister Kittoun :—A. E. 8l. N. E. 32l.—dimidietate terrarum et baroniæ de Kingzaltie, et maneriei loco de Queich, cum pendiculis earundem, viz. terris de Neather Kingzaltie, molendino de Kingzaltie, terris de Cossackis, Shiresbank, Auleis, Turfawich, terris de Torrelands et Inchvennet, et terris de Scherihill.—A. E. 8l. N. E. 32l.—(Vide Forfar, Aberdeen, Perth, Kinross, Fife.)   xix. 273.

(87)   Jun. 29. 1649.
WILLIELMUS MURRAY, *hæres* Georgii Murray de Blairfuidie, *patris*,—in 4 bovatis terrarum de Blairfuidie ;—villa et terris de Correis ;—villa et terris de Auchnaris (vel Auchnarrow), Clashinmoir ;—villa et terris de Refresh cum molendino, infra parochiam de Innercarrun, et dominium de Strathawine (Strathdowne ?).—E. 50l. &c. *feudifirmæ*.   xx. 80.

(88)   Aug. 24. 1649.
HENDRICUS GORDOUNE de Glassanch, *hæres* Hendrici Gordoune de Glassauch, *patris*,—in villis et terris de Forskan, in baronia de Ruthven.—E. 5l. 5s. 10d. *feudifirmæ*.   xx. 105.

(89)   Sep. 27. 1649.
JOANNES STEWART, *hæres* Patricii Stewart de Kinmachlon, *patris*,—in terris de Eister et Wester Kinmachlones, Chappletoune, et terris de Dealrethie cum molendino, in dominio de Strauchdowne.—A. E. 3l. N. E. 12l.   xx. 12.

(90)   Mar. 31. 1651.
MASTER ALEXANDER GREGORIE, *heir* of Master Johne Gregorie somtyme minister at Dilmaik, *his father*,—in the touns, lands, and barony of Conwaith otherwayes called Innerkethnie, with the salmound fisching therof on the water of Dowerane, and advocatione of Kirks and right of patronage of the parich Kirk of Innerkethnie;—the lands of Ardfloure (or Ardfourde), Auchinloch (or Auchnich), and Loggcroft, with the salmound fisching upon the water of Doweran, within the parochin of Innerkethnie:—A. E. 8l. 13s. 4d. N. E. 34l. 13s. 4d.—the toun, lands, and barony of Kinnardie comprehending the toun, lands, and maynes of

Kinnardie with the milne therof ;—the toun and lands of Fergustoun, Torrieriauch, Auchlinhauch, Eister and Wester Knokorthies, Muirfeild, Stubhill (or Scubhill), Over and Nether Auchinhuidies (or Auchindurdies), Litlefeild, Quhorskie, Tullidoun, and Ardmellie, with the salmond fishing upon the water of Dowerane, within the parochine of Abhirhirdour ;—the touns, lands, and barony of Pettendreich, viz. the touns and lands of Over and Nether Pettindreich, Craignethertie, and Brekinfauld, with the mill and salmound fisching upon the water of Dewerane;—the teynd-sheves of the lands abone designit within the parochin of Aberchirder :—A. E. 10l. N. E. 40l.—the tounes, lands, and barony of Netherdaill with the milne, comprehending the toun and lands of Husbandtoun, Chappeltoun, Netherdaill, Craignethertie, Mylnehill, and Windiedge, with the coble-croft, fish-coble, and salmound fisching upon the water of Dowerane, and the croft called Logiescroft in the parochine of Abercherdir :—A. E. 8l. N. E. 32l.—the tounes and lands of Tortries (or Tortouries) comprehending the tounes and lands of Broomhill, Craigheid, Greengarthheid, and Weitfoot, with the milne, the Coblecroft, ferrie boat, and salmound fisching upon the water of Dowerane, within the parish of Rothiemay.—A. E. 3l. N. E. 12l.—(Vide Aberdeen.)   xxi. 120.

(91)   Aug. 12. 1652.
JOHN WATT at the milne of Forgue, *heir* of David Watt sometyme in Auchingowle, *his father*,—in the toun and lands of Rattannach, within the parrochin of Rothiemay.—A. E. 16s. N. E. 3l. 4d.   xxi. 60.

(92)   Oct. 1. 1652.
ELIZABETH LESLIE doughter lawfull to umquhill Leonard Leslie of Hauches, and spouse to Alexander Leslie of Pitcaple, *heir* of John Leslie of Hauches, *her guidseyre*,—in the touns and lands of Maislie, Edintore, and Coldham, within the parochin of Keith.—A. E. 20s. N. E. 4l.   xxi. 35.

(93)   Oct. 1. 1652.
ELIZABETH LESLIE spouse to Alexander Leslie of Pitcaple, *heir* of Leonard Leslie of Hauches, *her father*,—in the lands of Hauches of Killiesmount, within the baronie of Strathlay (Strathilay ?) and regalitie of Kinlose :—E. 5m. 6s. 8d. *of feu farm* :—the Hauch of Killeismount utherwayes Forgie, in the barronie of Strathlay (Strathilay) and regalitie of Kinlos.—E. 4l. 20d. &c. *of feu farm*.   xxi. 36.

(94)   Apr. 12. 1654.
JAMES HAY of Rannas, *heir* of James Hay of Rannas, *his grandfather*,—in the 20 shilling-land of old extent of Maldavit.—A. E. 1l. N. E. 4l.—the lands of Auchingalls, within the territorie of the burghe of Cullen.—E. 12s. *of feu duty*.   xxiii. 16.

(95)   Apr. 12. 1654.
JAMES HAY of Rannas, *heir* of George Hay of Rannas, *his father*,—in the Kirklands of Rannas ;—the lands of Gonage, Wester Freuchnye, Nether Freuchnye, with 24 aikers of land of Rathven ;—the Kirklands and Loanhead of Rathven :—E. 36l.—the mylne, mylne lands, multurs, &c. of Ruthven :—E. 6 bolls *victuall* :—the advocatioun of the kirk of the parochin of Rathven ;—the office, care, and administratione of preceptorie, conservatorie and visitatione of the hospitalitie and hospitall institut and foundit besyds the said kirk, with nominatione and admissione of the poore and beidmen ther ;—the office of balliarie of the saids lands :—E. *due administratione of the said offices* :—all within the baroney of Rothven and diocie of Aberdeine.   xxiii. 83.

(96)   Apr. 15. 1653.
DAVID RUNSIMAN in Croylet, *heir* of John Runsiman in Croylet, *his grandfather alias guidsir*,—in 2 oxgaitt lands of Eister Croylets, within the barronie of Straithilie and regallitie of Kinlose.—E. 35s. 9d. *of feu duty*.   xxi. 219.

(97)   Aug. 31. 1654.
JOHNE READ in the Maynes of Troupt latlie shouldier, *heir* of Alexander Read of Midltoun, *his father*,—in the toun and lands of Midletoun within the parochine of Giamrie.—A. E. 2m. N. E. 8m.   xxii. 58.

(98)   Oct. 6. 1654.
THOMAS FORSYTH in Seggiecruik, *heir* of Adam Forsyth in Seggiecruik, *his gudser*,—in 2 oxegate of lands of Millegue, within the barony of Strathilay aud regalitie of Kinlos :—E. 47s. *of feu duty* :—the fourth pairt of 6 oxgaite of the landis of Milleygue, within the said barony and regality.—E. 34s. 7d. *of feu duty*.   xxiii. 200.

(99)   Oct. 6. 1654.
DAVID RIDDOCH portioner of Fortrie, *heir* of David Riddoch, somtyme in Auchincreive, *his father*,—in 4 oxegate landis of

Fortrie, within the barony of Strathilay and regalitie of Kinlos.—E. 3l. 2s. of *feu duty.* xxiii. 201.

(100) Oct. 6. 1654.
JOHNE COW in Drumakeris of Knoke, *heir* of James Cow, in Boigtoun of Cornecarne, *his father,*—in 4 oxgate landis of Croylett both sunnie and shadow halffis, within the barony of Strathilay and regalitie of Kinlos.—E. 3l. 15s. 2d. of *feu farm.* xxiii. 204.

(101) Jan. 25. 1655.
JOHN GORDOUN of Auchinhannok, *heir* of Johne Gordoun of Auchinhannock, *his father,*—in the lands of Meikle Dumeth, within the barony of Mortlich.—E. 9l. 12s. &c. of *feu farm.* xxii. 32.

(102) Aug. 29. 1655.
WILLIAM GORDOUN of Tarpersie, *heir* of George Gordoun of Tarpersie, *his father,*—in the towne and lands of Culbuithlyes, with the halfe therof, Donhead and Quhittuties;—the shadowhalfe of the toune and lands of Maynes of Buithraigie, within the Chaymberie of Boyne and parochin of Innerboyndie, for principal:—A. E. 4l. N. E. 16l.—the toune and lands of Auchyndachie, Eistertoun, Westertoun, Hilhead, with the mylne of Auchindachie, within the parochin of Keithe, in warrandice of the foresaid lands.—A. E. 40s. N. E. 8l. xxii. 123.

(103) Sep. 28. 1655.
GEORGE ERLE OF WINTOUN, &c. *heir* of George Erle of Wintoun, Lord Seattoun, Winsburgh, and Tranent, &c. *his guidsir,*—in the tounes and lands of Letterfuire and Cuquharrak, within the parochin of Raffen.—E. 60l. of *feu duty.*—(See Elgin and Forres.) xxiii. 205.

(104) Nov. 20. 1655.
JOHN OGILVIE of Milntoun, *heir* of Walter Ogilvie of Mylltoun, *his goodser,*—in the toun and lands of Auchoynanie, Litle Cantlie, with the Ailhous of Keith and croft of the samin, called Craigduffiscroft, within the barony of Keith and regallitie of Spynnie.—E. 27l. 6s. 8d. of *feu duty.* xxiii. 202.

(105) Jul. 9. 1656.
JOHNE GRANT of Carroune, *heir* of Johne Grant of Carroune, *his father,*—in the lands of Carrone, with fishings upon the water of Spey, and dry multors of the samene, in the baroney of Strathspey and regalitie of Spynie:—E. 9l. 3s. 4d. of *feu farm* :—the toune and lands of Glenconaglass and Thomauchlagan, within the lordship of Strathawine:—E. 10æ. of *feu farm* :—the lands and davach of Innerchebitmoir, and sheillings callit Altingellie, Michaell, (or Altir Gellimichaell), Craigbean (or Craigbran), Strone, and Glenmealzie, and Strome of Breaklead (or Breakhead), with the thrid of the fishing of Elinazean (or Glenawine), and thrid of the fishing in the lyne of Awen, within the lordship of Strathawine :—E. 3s. 4d. of *feu farm* :—the lands of Culquheich, and salmond fishing upon the water of Spey, within the lordship and barony of Strathawine:—E. 7l. of *feu farm* :—the half davach (or dalhauch), or two pleughs of land of Innerlochie and Belmerodine (or Belmudine) with that pendicle callit Dellewrogot ;—the halfe davach or tuo pleughs of land of Wester Innerowrie, and salmond fishing upon the water of Awen, within the lordship and barony of Strathawen :—E. 103l. 6s. 8d. of *feu farm* :—the toune and lands of Eister Innerchebit callit the Dell and Over Drumme, and salmond fishing upon the water of Awen, within the lordship and barony of Strathawen, in warrandice of the lands of Wester Innerourie.—E. 3l. of *feu farm.* xxiv. 105.

(106) Nov. 25. 1658.
JAMES OGILVIE of Knoke, *heir* of Alexander Ogilvie of Knock, *his father,*—in 22 oxingait of land of the Knock of Strathylay called Eister Knock, Wester Knock, and Knock-boge :—E. 24l. 14s. of *feu farm* :—2 oxingait of land of the Knok of Strathylay, within the barronie of Strathylay and regalitie of Kinlose.—E. 2l. 4d. of *feu farm.* xxv. 165.

(107) Apr. 7. 1659.
ISSOBELL, MARGARET, AND JANET INNESSES, *heirs portioners* of Mr. Johne Innes of Edingeight, *their brother german,*—in the toune and lands of Wester Croylet :—E. 3l. 9s. 10½d. of *feu farm* :—the lands of Keanoch-strype (or Cranoch-strype) alias the Mossatoun and Boghead (or Brigend) of Edingeight :—E. 3l. 11s. 8d. of *feu farm* :—the lands and maines of Edingeight, viz. Wastertoun, Riddiestoun, Boigend, Boigfolds, Graystoun-crofts, with the Longley to the Strype :—E. 21l. 6s. 8d.—within the baronie of Strathlaw (Strathila ?) and regalitie of Kinlose. xxv. 204.

(108) Oct. 24. 1661.
MAGISTER JACOBUS CUNYNGHAME, *hæres* Magistri Jacobi Cunynghame in Alloway fratris germani quondam Joannis Cunynghame de Drumquhasill, *patris,*—in annuo redditu 330m. de villis et terris de Edneis, Beirhill, Over Kinloch, Nether Kinloch, Scotistoun, South Effeir, Middel Effeir, Nether Effeir, Newseat in Effeir, Currichill ;—terris dominicalibus de Eurugie et Inglis-mylne, infra parochiam de Sanct Fergus ;—et de terris de Over, Nether, et Midle Pettindrainnis, infra parochiam de Fraserburgh, et de aliis terris in Perth, Forfar, et Aberdeen.—(Vide Stirling, Perth, Forfar, Aberdeen.) xxiv. 98.

(109) Mar. 7. 1662.
ROBERTUS SANDERIS, *hæres* Alexandri Winchester burgensis de Banff, *avi ex parte matris,*—in 4 aratris villæ et terrarum de Clunie, cum Dubbis croft :—A. E. 40s. N. E. 8l.—crofta seu pecia terræ in Brounhill, infra baroniam de Carnoussies et parochiam de Overcharder :—E. ....—3 aratris villæ et terrarum de Stennieley, cum bina parte pendiculi vocati Knockin :—A. E. 30s. N. E. 6l.—4 aratris terrarum de Stennieley, cum quarta parte pendiculi vocati Knockin, infra parochiam de Alvache.—A. E. 10s. N. E. 40s. xxvi. 230.

(110) Apr. 1. 1662.
GEORGIUS COMES DE PANMURE, Dominus Breichen et Navar, *hæres* Patricii Comitis de Panmure, Domini Breichen et Navar, &c. *patris,*—in terris, &c. erecti dominii et baroniæ de Aberbrothock, et olim abbaciæ ejusdem, tam spiritualitate quam temporalitate, inter alia comprehendente terras templarias de Bamffe infra parochiam ejusdem, cum salmonum piscaria super aqua de Bamffe apud aquam de Deveron apud rupem de Bamffe;—piscatione salmonum et alborum piscium cum portu ejusdem;—decimis rectoriis et vicariis ecclesiarum de Aberkedour (Aberkerdour ?) et Bamfe, et advocationibus prædictarum terrarum ;—jus liberæ regalitatis cum capella et cancellaria;—erectis cum aliis terris in temporale dominium, baroniam et regalitatem de Aberbrothock.—E. 200l. *feudifirmæ.*—(Vide Forfar, Kincardine, Edinburgh, Aberdeen, Lanerk, Nairn, Perth.) xxvi. 164.

(111) Apr. 15. 1662.
JACOBUS COMES DE FINDLATOR, Dominus Deskfuird, *hæres* Patricii Comitis de Findlator, Domini Deskfuird, *patris,*—in terris et baronia de Ogilvie comprehendentibus terras de Findlator, cum cymba piscaria super terras dominicales ejusmodi et Bingpark ;—terras de Dytache et terras de Logie quæ sunt partes dictarum terrarum dominicalium de Findlator, et Castelfeild, Castelzaird, et officio constabulariæ de Cullen ;—terras constabulariæ vocatas Pettenbrigenis, cum advocatione rectoriæ et vicariæ ecclesiæ de Fordyce et ejus pendiculorum, viz. ecclesiarum de Cullen, Deskfuird, et Ordiquhill, et cappellaniarum de Cullen et Deskfuird, unitis in baroniam de Ogilvie ;—terris et baronia de Deskfuird :—A. E. 25l. N. E. 100l.—terris de Clochmacreiche et Tulliebraidleyes vocatis Our-Ladyes-lands :—E. 5m. *feudifirmæ* :—omnibus unitis in baroniam de Ogilvie :—terris de Durne ;—villis et terris de Auchmullie et Raddinweath (vel Radintreath), cum molendino granario de Durne, et molendino ventoso ejusdem, et pendiculis terrarum vulgo nuncupatis Muirehilloch, Bogpark, et Craigains, infra parochiam de Fordyce :—A. E. 10l. N. E. 40l.—villis et terris de Over et Nether Knockdurnes ;—duobus molendinis granariis Forrestæ de Boynd, quorum unum vocatur novum molendinum, et alterum vocatur molendinum de Brakenhilles ;—novo molendino de Baddinspuik (vel Badinspink), infra dominium Forrestæ de Boynd :—A. E. 40s. N. E. 8l.—terris de Langmure, Eisterdracheadlyes, dimidia terrarum de Dykheid, Eister Tillinauchtes, Wester Badinspink, infra dominium Forrestæ de Boynd :—A. E. 40s. N. E. 8l.—terris ecclesiasticis de Fordyce, cum libero burgo dictæ villæ de Fordyce, infra dominium de Fordice :—E. 16 *bollæ frumenti,* &c. *feudifirmæ* :—terris, baronia et thanagio de Boynd et advocatione ecclesiarum ;—annuo redditu 6m. de burgo de Banff, et de burgo et portu de Portsoy erecto in portum et burgum baroniæ, comprehendentibus villas et terras de Boigtoun vocatis Ovir et Nether Boigtounes ;—terras de Reidhyty et cymbas piscarias ;—terras de Ardinboth ;—villam et terras de Portsay ;—terras de Skulhendrie, Aird, et Dames ;—terras de Auchmoir, Roquhillie, et Smyddieland, Kindroyt, cum maresiis et comunitatibus earundem ;—terras de Cowhyth et molendinum fullonum et Scottismylne ;—terras de Ardbrangane, Dairnetoun, Quhyntie, et Greinfauld ;—terras de Threipland et Greincott ;—terras de Dolloquhies vocatis Over et Nether Dolloquhies cum Newlands earundem ;—terras de Barilip et Quhythillis ;—terras de Craighoto et earum piscationes, cum terris de Raggall :—A. E. 47l. 13s. 4d. N. E. 190l. 13s. 4d.—decimis garbalibus prædictarum villarum et terrarum de Quhyntie, Ardbrangane, et Dolloquhies, cum decimis piscium alborum portus de Knocknahair, in parochia de Innerboyndie ;—decimis omnium terrarum aliarumque supra mentionatarum, omnibus unitis in unam baroniam et Thanagium, vocatum baroniam et Thanagium de Boynd.—A. E. 13s. 4d. N. E. 53s. 4d.—(Vide Perth, Fife, Forfar.) xxvi. 145.

(112) Aug. 28. 1662.

ANNA FORRESTER, *hæres* Willielmi Forrester sartoris burgensis burgi Vicicanonicorum, *patris*,—in terris templariis et terris dominicalibus de Garfullie (vel Gartullie) vocatis Hiltoun, Ristus, Halkhall, Cottoun ejusdem, Fauchill, Westseat, Kirkhill, Birkhill, Mylnehill, Corntatrach, Sanquhar, Bordelseat, Gimpstoun, Cookistoun, Duncanstoun, Stodfauld, molendino de Gartullie, et croftis called Fidler-seat, Glenistoun (vel Glensysetoun), Doubscroft (vel Doabscroft), infra parochiam et baroniam de Gartullie et Vicecomitatus de Bamff et Aberdeine respective :—A. E. 12*l.* N. E. 48*l.*—villa et terris de Ovir et Nether Logie-Auldtounes, Bushknockleithe et Bilbo :—A. E. 10*m.* N. E. 10*l.*—terris, dominio, et baronia de Balvenie, viz. terris dominicalibus de Balvenie, Davach de Letachie cum molendino, &c. de Balvenie, Davach de Tulloch, Davoch de Bellihack et Ardgathin ;—terris de Nathir Clunie et Parkmore :—A. E. 4*l.* N. E. 16*l.*—maneriei loco de Auchindoun et terris templariis ejusdem ;—croftis de Auchtercrowie et Lagan, Keithmore, Clunbeg, dimidio de Clundemore ;—terris de Milnetoun ;—terris de Tullochallane, Ovir et Nether Taitnouns (vel Tantounnois), Smithstoun, Brigfoord, Badchett (vel Badcheir) ;—dimidietate terrarum de Innercharrache (vel Innerchannachie) ;—tertia parte terrarum de Bellicherrie cum juribus patronatuum:—A. E. 10*l.* N. E. 40*l.*—in terris de Keithbeg in baronia de Mortlich :—E. 4*l.* 6*d. feudifirmæ* :—terris de Pitglassie cum molendino ejusdem ;—terris de Auchnahandanich jacentibus ut supra :—E. 16*l.* 11*s. feudifirmæ* :—castro de Drumond et Blairfoord in Strathdoune ;—villa et terris de Tombrackachie, Thinwoll (vel Chinwoll), Deskie, Ovir et Nathir Drumond et molendino ejusdem, Dalmar, Ovir et Nathir Drums, Mynemore, Blairsands (vel Blairfoords), Corries, Aucborachane, Nevie, Aucheregin, Rufries et molendino, Tonavilen, Lettachie, Baddivochill, Auchnestra (vel Auchnestin) Auchnaveach, Thurchtie, Glentoungla, Ariachan (vel Auchriachan), Findren (vel Finden), Lathigoun (vel Lagigoun), Auchnascheill, Caularg (vel Gularg), Kepach, Dallivorare, Dalivograt, Delnabo et molendino, Auchloine, Forletrie, Innerlochie, Ballaverne, Inveruries Eister et Westir, Campdell, Eistir et Westir Ruthvenes, Tomnalanganier (vel Tomnalaganes), Achlethin, Innerchebett et molendino, Dell de Innerchebetts, Thombreck, Bellebeg, Thombe ;—salmonum piscatione super aquam de Aven et Livat dictis terris adjacentibus, cum advocatione et jure patronatus capellæ de Pitglas (vel Pitchas) apud aram Sancti Petri infra templum cathedrale de Murray, et libera jurisdictione balliatus ejusdem, infra parochias de Kirkmichaell et Inneraven, et dominium de Strathaven ;—terris de Boig of Geight ;—villa et terris ejusdem subsequentibus, viz. Kirktoun de Bellie, Ovir et Nathir Dowachies, Ovir et Nathir Auchinraithes, Tannachies, Culquhorroch, et molendino ejusdem, Oxhill, Walheades, Braes, Gollochie et molendino, Cairnefeild, Fornauchtie, Arradoull, Ovir et Nathir Buckies et molendino, et molendino de Culraith, Corridoun, Lettirfurie, Leichestoun, Kirktoun de Raffin, et molendino ejusdem :—A. E. 40*l.* N. E. 160*l.*—in terris de Culphin, Auchannachie, Auchindrum, Auchanassie ;—terris de Culsavertie et Engzie, dominio ejusdem et forresta de Boyne, dicto dominio unitis ;—villa et terris ejusdem in proprietate eidem spectantibus ;—terris de Ordinhuiffes, Burnesyid, Boiginscheill, Kilburnes, Kilpottes, &c.—A. E. 195*l.* 1*s.* 8*d.* N. E. 500*l.* 6*s.* 8*d.*—(Vide Aberdeen, Elgin et Forres, Inverness.) xxxi. 123.

(113) Maii 12. 1663.

GEORGIUS COMES DE PANMUIR, Dominus Brechin et Navar, &c. *hæres* Patricii Comitis de Panmuire, Domini Brechin et Navar, &c. *patris*,—in dimidietate Thanagii de Glendovachie ;—dimidietate castri de Bamff, cum dimidietate montis et hortorum ejusdem ;—dimidietate salmonum piscariæ super aquam de Deveran vocatæ Thaynes-net ;—dimidietate assisæ lax et salmonum piscariæ in mare vocatæ Craigslop apud Doune, ac aliarum salmonum piscariarum super aqua de Doverane :—A. E. 14*l.* N. E. 70*l.* —dimidietate terrarum de Montblairie ;—dimidietate terrarum de Culbirnies, Inschrowit ;—dimidietate terrarum de Ryland ;—dimidietate terrarum de Tullochie, cum pendiculis earundem vocatis Over Tullochie, Haggishill, et Shirre ;—dimidietate terrarum de Todlaw ;—dimidietate terrarum de Whytfeild ;—dimidietate villæ et terrarum de Borg, Smiddiestoun, et Braidmyre ;—dimidietate terrarum de Blacktoune, Halwoodhall, Ovir Deuchries, et Pitgarries ;—dimidietate terrarum de Auchinbadie ;—dimidietate villarum et terrarum de Stanieley, Balgray, et Knokin ;—dimidietate terrarum de Fortrie et Glenhouse ;—dimidietate terrarum de Monmony et Brodland ;—dimidietate terrarum de Kinbeane ;—dimidietate villarum et terrarum de Scotstoun, Nether Deuchries, et Broomsyde ;—dimidietate terrarum de Pitnacadder et Inschbreck ;—dimidietate villarum et terrarum de Auchmedin, Glencuthill, Lennis, et Towie, cum molendino et 2 cimbis piscatoriis ejusdem ;—dimidietate terrarum de Litlebyith, Claveryfauldis, et Balmagellie ;—dimidietate terrarum de Gelliehill ;—dimidietate terrarum de Todlaw et Gelliemure ;—dimidietate terrarum de Colban (vel Cowan) et Silverfuird ;—dimidietate villarum et terrarum de Jackstoun, Hungriehill, Montblaitoun, Bruntwards, Meikle et Litle

Murehousses, Auldailhouse, et Barnehill ;—dimidietate villæ et terrarum de Doune ;—dimidietate terrarum de Newtoune et Montblairie :—A. E. 10*l.* N. E. 50*l.*—dimidietate terrarum de Glencuthill :—A. E. 5*l.* N. E. 20*l.*—dimidietate terrarum de Helmaherkillis ;—dimidietate terrarum de Fetterletter et Lethindie ;—dimidietate terrarum de Saltcoits ;—dimidietate terrarum de Glovenny, Inschbreck, et Litle Methlick ;—dimidietate terrarum de Balmadie, monte vocato Ecclishillock ;—dimidietate terrarum de Carritralegan ;—dimidietate terrarum de Becklistoun ;—dimidietate terrarum de Allochie et Nether Ardmaw ;—dimidietate terrarum de Grandoun perprius in baroniam erectis :—A. E. 5*m.* N. E. 20*l.*—dimidietate terrarum de Presley perprius in baroniam erecta :—A. E. ...... N. E. ......—dimidietate terrarum de Auchmull et Craibstoun :—A. E. ...... N. E. ......—dimidietate terrarum de Camtries vulgo vocata Waterfintries, perprius in baroniam erecta :—A. E. 5*l.* N. E. 20*l.*—dimidietate terrarum de Glasgoforrest et Glasgoego :—A. E. ...... N. E. ......—dimidietate annui redditus 3*l.* de terris de Kintoir, cum dimidietate villæ de Doune :—A. E. 40*d.* N. E. 13*s.* 4*d.*—quæ terræ dimidietatis thanagii de Glendovachie, &c. jacentes in vicecomitatibus de Bamf et Aberdeen, cum quibusdam aliis terris in vicecomitatu de Forfar, perprius unitæ fuerunt in comitatum de Brichen.—(Vide Fife, Kinros, Perth, Aberdeen, Kincardine, Forfar.) xxvii. 62.

(114) Jul. 23. 1663.

ALEXANDER GORDOUNE de Arradoull, *hæres* Jacobi Gordoun de Arradoull, *fratris germani*,—in villis et terris de Arradoull extendentibus ad 8 bovatas terrarum, infra dominium de Einzie et parochiam de Raphane.—E. 20*l.* &c. *feudifirmæ.* xxvii. 165.

(115) Oct. 29. 1663.

GEORGIUS DOMINUS DE BAMFF, *hæres* Georgii Domini de Bamff, *patris*,—in 3 quartis partibus terrarum et villæ de Inschdrewer, Lochagens, Culbirnies, et Kilpottis ;—terris de Sandlaw, cum salmonum piscationibus in aqua de Doverne ;—terris de Bauchlaw, Cairnelfoies cum piscatione salmonum ;—piscatione unius retis salmonum vocata the Thaynisnett in illa parte aquæ de Doverne vocata aqua regia lie King's water, prope burgum de Bamff ;—terris de Outlaw et Tippertie comprehendentibus terras dominicales de Tippertie ;—in terris de Outlaw, viz. Auldtoun de Outlaw, Foirfauldis cum novis terris lie Newlands ;—villis et terris de Greinlaw, Brigishillock, Brockiestoun, Kiltrieknok, Barbothill, Falteheid, et Rosieburne cum molendino, omnibus unitis in baroniam de Inschdrwre :—A. E. 13*l.* N. E. 52*l.*—terris de Blairshinnoch, Hiltoun de Blairshinnoch, cum pasturis in communitatibus de Inschdruer, Lochagens, et Culbirnies, infra baroniam de Montbray et parochiam de Inverboyndie ;—terris de Meikle Routtie (vel Roattie), Little Routtie, Boaris de Routtie, cum parte dictarum terrarum vocata the Newlands, infra parochiam de Inverboyndie, unitis in tenandriam de Blairschinnoch et Roattie :—A. E. 11*l.* 13*s.* 4*d.* N. E. 46*l.* 13*s.* 4*d.*—terris de Forglen cum salmonum piscatione super aqua de Doverne, comprehendentibus terras maneriei loci de Ferglen (Forglen ?) ;—Kirktoun de Forglen, Ribraes, et Cottoun, cum advocatione ecclesiæ parochialis de Forglen, infra regalitatem de Aberbrothock ;—pendiculo vocato the hauch of Muiresk ;—villis et terris de Whytfield, infra baroniam de Montbray, omnibus unitis in baroniam de Forglen :—A. E. 5*l.* N. E. 20*l.*—terris de Ord, viz. Newtoun de Ord, Auldtoun de Ord ;—terris de Chanveltoun ;—terris de Hilragowne, Bogheid, Bredboge de Ord, Ailhousburne ;—molendino de Ord, in dicta baronia de Montbray, unitis in tenandriam de Ord.—A. E. 4*l.* N. E. 16*l.* xxvii. 145.

(116) Dec. 10. 1663.

ELIZABETHA, MARGARETA, JEANNA, ISSOBELLA ET HELENA STRAQUHANES, *hæredes portionariæ* Alexandri Straquhane de Lesmurdie, *avi*,—in villis et terris de Eistertoun de Lesmurdie ;—tertia parte terrarum de Inverquherache ;—tertia parte terrarum de Auchnastank, et tertia parte terrarum de Belchirie, infra parochiam de Mortliche.—A. E. 3*l.* 10*s.* N. E. 14*l.* xxvii. 218.

(117) Mar. 11. 1664.

DAVID GREGORIE de Netherdaill, *hæres* Magistri Alexandri Gregorie de Netherdaill, *fratris germani*,—in villa et burgo baroniæ de Forge apud ecclesiam de Forge, cum foris hebdomadariis et nundinis, jure patronatus ecclesiæ de Forge, et decimis, cum quibusdam aliis terris in vicecomitatu de Aberdeen comprehensis in baronia de Frendraught :—A. E. 40*l.* N. E. 160*l.*—villa et baronia de Conveth alias Innerkeithnie, cum salmonum piscariâ super aqua de Doverane, communi pastura et advocatione ecclesiæ de Innerkethnie in parochia de Innerkethnie ;—terris de Ardfour, Auchinoche, et Lagcroft, cum molendino et salmonum piscariis super dictam aquam de Doverane, infra parochiam de Innerkethnie :—A. E. 8*l.* 13*s.* 4*d.* N. E. 34*l.* 13*s.* 8*d.*—villa et terris de Kinnardie comprehendente terras et terras dominicales de Kinnardie ;—villas et terras de Fergustoun, Torrarie, Auchlanghauche, Eister et

We ter Knockorthies, Muirfeild, Stabhill (vel Scubhill), Over et N t ier Auchindurdies, Littlefeild, Quhorskie, Tilliedoun, et Ard- mellie, et salmonum piscaria super dictam aquam de Doverane, infra parochiam de Aberhirdour ;—in villis, terris, et tenandria de Pettendreich, viz. Over et Nether Pittendreich, Craignethertie, et Brakinfauld, cum salmonum piscaria super dictam aquam de Do- verane, jacentibus ut supra :—A. E. 10l. N. E. 40l.—in villis, terris, et baronia de Netherdaill comprehendente villas et terras de Hus- bandtoun, Netherdaill, Craignethertie, Chappeltoun, Mylnehill, et Windiedge, cum Coble-croft et cymba piscatoria, et salmonum pis- caria super dicta. aqua de Deverane, cum crofta vocata Logies- croft, infra parochiam de Aberchirdour :—A. E. 8l. N. E. 32l.— cum decimis prædictarum terrarum :—villis et terris de Turrories (vel Tortories) comprehendentibus terras de Broomhill, Craigheid, Greingarthheid, et Weelfoot (vel Wettfoot), cum molendino, coble-croft, cymba portatoria vulgo ane Ferie-boat, et salmonum piscaria super aquam de Doverane, in parochia de Rothemay.— A. E. 9l. N. E. 12l.—(Vide Aberdeen.)   xxvii. 184.

(118)   Sep. 22. 1664.
GEORGIUS DOMINUS DE BAMFF, hæres Georgii Domini de Bamff, patris,—in villis et terris de Deyhill, Auldailhouse, Bairnhill, Gelliehill, et Gelliemylne ;—decimis garbalibus dictarum terrarum, cum privilegio glebarum in glebariis de Bruntzairdis et Hairemoiss, et algæ marinæ, omnibus in dominio et baronia de Doun, et parochia de Gemrie ;—annuo redditu 4¼ bollarum hordei, 6½ bollarum farinæ, et in summa 22l. de villis et terris de Auld et New Melross et molendino ;—villis et terris de Tarlaire et Hard- hillock, partibus villæ et terrarum de Doune, jacentibus in dominio et baronia de Doune :—A. E. 7l. N. E. 35l.—villis et terris de Ry- land ;—villis et terris de Eister et Wester Blacktounes, Muiriehill, Lierodhill (Herodhill ?), Over et Nether Deuchries, omnibus infra parochiam de Alvach.—A. E. ...... N. E. ......   xxvii. 278.

(119)   Nov. 30. 1665.
GEORGIUS FORSYTH in Millegue, hæres Georgi Forthsyth aliquando portionarii de Millegue, avi,—in quarta parte 6 bovata- rum terrarum de Millegue ;—2 bovatis terrarum de Eister Pleughe de Millegue, infra baroniam de Strathylla, parochiam de Grange, et regalitatem de Kinloss.—E. 3l. 10s.   xxviii. 260.

(120)   Jan. 4. 1666.
DOMINUS JOANNES FORBES de Watertoune miles, hæres Thomæ Forbes de Watertoune, patris,—in terris et baronia de Carnowsies comprehendente terras et terras dominicales lie maynes de Carnowsies, et salmonum piscationes super aqua de Doverne ; —villam et terras de Burnend cum molendino ;—villam et terras de Auldtoune de Carnowsies, Boigtoune et molendinum ;—villas et terras de Bogenhilt, Brounhills, Callounes, Cranok, et molendi- num ;—villas et terras de Blacklawes et Cranokboig, infra baro- niam de Carnowsies et parochiam de Abirchirder.—A. E. 10l. N. E. 50l.   xxx. 85.

(121)   Jul. 27. 1666.
ALEXANDER CHRYSTIE portionarius de Midel Crannoch, hæres Joannis Chrystie aliquando portionarii de Midle Crannoch, proavi,—in 2 bovatis terrarum de Crannoch, infra baroniam de Strathyla, regalitatem de Kinloss et parochiam de Grange.—E. 2l. 8s. 11d.   xxviii. 264.

(122)   Jul. 27. 1666.
ADAMUS RICHARDSONE in Haughes de Grange, hæres Jacobi Richardsone filii natu maximi Andreæ Ritchardsone ali- quando in Haughes de Grange, patrui,—in 4 bovatis terrarum de Eister Crannoch, infra baroniam de Strathylae, regalitatem de Kin- loss et parochiam de Grange.—E. 4l. 13s. 3d.   xxviii. 264.

(123)   Jun. 4. 1667.
JOANNES LYON de Muresk, hæres Joannis Lyon de Craigs- toune, patris,—in villis et terris de Beldornie ;—villis et terris de Belchirie, Lynbaines ;—terris de Brighstoune, Over et Nether Goules, Litle Leatoche, Auchnashanke, Auchlochie, Auchbrek (vel Auchbreiche), Lagan, molendino de Lagan ;—villa et terris de Belmarnan (vel Belmareon), Auchnahandock, Ovir et Nether Pit- glessies, infra parochiam de Mortlich, Glàs, et Abirlour respective : —A. E. 25s. N. E. 5l.—villis et terris de Enoch, Balmareott, et Auchmore, infra parochiam de Mortlich :—E. 28m. feudifirmæ :— villis et terris de Balmareott, Auchmores, Leilwreis (vel Leilwreid), Enoches, Thombellies, et Bellandies, infra parochiam de Mortlich. —A. E. 9s. N. E. 1l. 15s.—(Vide Aberdeen.)   xxviii. 365.

(124)   Oct. 21. 1667.
GEORGIUS GORDOUN de Thornbank, hæres Willielmi Gor- doun de Thornebank, patris,—in villis et terris de Newmylne vulgo nuncupatis the Lonne ;—villis et terris de Nethir Kinmi- nitys ;—molendino de Strathylae nuncupato the Ovirmylne, infra

baroniam de Strathylae, regalitatem de Kinloss et parochiam de Keith.—E. 27l. 11s. feudifirmæ.   xxix. 4.

(125)   Sep. 10. 1668.
GEORGIUS DOMINUS DE BANFF, hæres Georgii Domini de Banff, patris,—in 3 quarteriis seu quartis partibus terrarum et villæ de Inschdrower, Lochagens, Culbirnies, et Kilpitties ;—terris de Sandlaw cum salmonum piscationibus in aqua de Doverne ;— terris de Bachlaw, Cairnelpies, cum salmonum piscationibus et Cruives earundem in aqua de Dovern ;—piscatione unius retis sal- monum vocata Thaynsnett in illa parte aquæ de Dovern vocata aqua regia lie Kings water, prope burgum de Bamff ;—terris de Outlaw et Tippertie comprehendentibus terras dominicales lie Maynes de Outlaw et villis ejusdem, viz. Auldtoun de Outlaw, Forefauldis, cum novis terris lie Newlands et croftis earundem ;—villis et terris de Greinlaw, Brigshillock, Brockystoune, Kiltrieknock, Berbithill, Fattiehead, et Roseburne, unitis in baroniam de Inchdrower :—A. E. 13l. N. E. 52l.—terris de Blairshinoch, Hiltoun de Blairshinoch, cum pasturis et commu- nitatibus in glebariis de Inchdrower, Lochagens, et Culbirnies, in- fra baroniam de Montbrae et parochiam de Bamff ;—villis et terris de Meikle Reattie, Litle Reattie, Boares de Reattie ;—pendiculo dictarum terrarum de Reattie nuncupato the Newlands, infra pa- rochiam de Inverboyndie, unitis in tenandriam de Blairshinoch et Reattie :—A. E. 11l. 13s. 4d. N. E. 46l. 13s. 4d.—terris de For- glen cum piscatione super aqua de Dovern, comprehendentibus terras et manerei locum de Forglen, Kirktoun de Forglen, Rib- rays et Cottoune, cum advocatione ecclesiæ parochialis de Forglen, infra regalitatem de Abirbrothock ;—pendiculo terræ vocato the Haughe of Muiresk ;—terris de Whytfeild, infra baroniam de Montbrae, unitis in baroniam de Forglen :—A. E. 5l. N. E. 20l. —terris de Ord, viz. terris de Newtoun de Ord ;—terris de Auld- toun de Ord ;—terris de Chanveltone ;—terris de Hilragown ;— terris de Boighead ;—terris de Bredboig de Ord ;—terris de Ail- housburne, et molendino de Ord, in dicta baronia de Mountbrae, unitis in tenandriam de Ord :—A. E. 4l. N. E. 16l.—terris de Deyhill, Auldailehouse, Bairnehill, Gelliehill, et Gelliemilne ;— decimis garbalibus dictarum terrarum, cum privilegio glebarum et focalium de glebariis de Bruntzairds et Hairmoss, et algæ marinæ, in dominio et baronia de Downe et parochia de Gamrie ;—annuo redditu et quantitate 4¼ bollarum hordei, 6½ bollarum farinæ, et 22l. de villis et terris de Auld et New Meilross ;—in terris de Tar- lair et Hardhillock, partibus villæ et terrarum de Doune, jacenti- bus ut supra :—A. E. 7l. N. E. 35l.—villis et terris de Ryland ;— villis et terris de Easter et Wester Blacktounes, Murehill, Herod- hill, Over et Nethir Deuchries, infra parochiam de Alvach :— A. E. 2l. 10s. N. E. 12l. 10s.—villis et terris de Crombye ;—villis et terris de Old Crombye, Burne de Whomie, Reidfoord, New- crombie, molendino de Crombye, Braes de Crombie, Ramoir, Drumfirie, et Tillefaff, et terris vocatis Crocefaulds et Wodes- lands ;—decimis garbalibus dictarum terrarum, in parochia de Abir- chirder.—A. E. 10l. N. E. 40l.   xxix. 259.

(126)   Jan. 26. 1669.
MARIONA GRAHAME filia natu maxima Dominæ Margaretæ Erskine, secundæ filiæ Jacobi Comitis de Buchan, procreata inter illam et Dominum Jacobum Grahame filium secundo genitum Gu- lielmi Comitis de Airth, hæres Dominæ Elizabethæ Erskine tertiæ filiæ Jacobi Comitis de Buchan, Domini Auchterhous et Glen- duachie, procreatæ inter illum et Dominam Mariam Douglas Comi- tissam de Buchan ejus conjugem, amitæ,—in tertia parte annui redditus 3000m. nunc ad 600m. restrictæ, de terris de Monblairie ; —terris de Boig ;—terris de Smiddetoun et Bredmyre, cum pisca- tione in aqua de Doveren ;—terris de Montbletoune, Bruntyards, magno et parvo Badies vulgo Litle et Meikle Badies, et Myrehous ; —terris de Fortrie cum molendino ;—terris de Silverfoord, Jacks- toune, et Hungriehill, infra parochias de Alvach et Gamrie, sub re- versione 10,000m.   xxix. 292.

(127)   Jan. 26. 1669.
MARIONA GRAHAME filia natu maxima procreata inter Do- minam Margaretam Erskine et Dominum Jacobum Grahame, filium secundo genitum Gulielmi Comitis de Airth, hæres Dominæ Mar- garetæ Erskine secundæ filiæ Jacobi Comitis de Buchan, Domini Auchterhous et Glendovachie, procreatæ inter illum et Dominam Mariam Douglas Comitissam de Buchan, matris,—in tertia parte annui redditus 3000m. de terris de Montblairie ;—terris de Boig ; —terris de Smiddietoune et Bredmyre, cum piscatione in aqua de Dovern ;—terris de Montbletoun, Bruntzairds, Magno et Parvo Badies lie Meikle Badies, et Myrehous ;—terris de Fortrie cum molendino ;—terris de Silverfoord, Jackstoune, et Hungriehill, infra parochias de Alvach et Gamrie, sub reversione 10,000m. xxix. 292.

(128)   Feb. 2. 1669.
WILLIELMUS BARCLAY de Ardley, hæres masculus Walteri Barclay de Towie, filii fratris,—in terris dominicalibus vulgo

C

Maynés de Collen, comprehendentibus terras de Outseatt de Collen, Whytstaines, Burnsyde, Bloodiemyres, Mosesyde, Lonhead, Boigwell, et Cornhill, cum molendino de Collen, et albis piscationibus et cymbis piscariis earundem ad dictas terras de Collen pertinentibus, infra parochiam de Gamrie.—A. E. 2l. N. E. 8l.
xxix. 157.

(129) Feb. 26. 1669.
GEORGIUS COW in Auldtoune de Carnowsies, *hæres* Joannis Cow in Auldtoune de Carnowsies, *patris*,—in 4 bovatis terrarum de Croylett tam solaribus quam umbralibus dimidietatibus earundem, infra baroniam de Strathyllae, regalitatem de Kinloss et parochiam de Grange.—E. 3l. 15s. 2d. *feudifirmæ.* xxix. 187.

(130) Aug. 5. 1669.
CHRYSTINA, ISSOBELLA, ET ELIZABETHA HACKATS, *hæredes portionariæ* Walteri Hackat de Meyen, *patris*,—in 3 aratris terrarum baroniæ de Outlaw, viz. 8 bovatis terræ de Outlaw et 4 bovatis terræ villæ et terrarum de Brockestoune, 8 bovatis terræ villæ et terrarum de Outlaw, et 4 bovatis terræ de Outlaw, apud molendinum de Rosseburrie, extendentibus in toto ad 3 aratra terrarum, infra parochiam de Alwach.—E. .... *feudifirmæ.*
xxxiii. 144.

(131) Jul. 19. 1670.
MARGARETA, ANNA, ET MARIA FORBESS, *hæredes portionariæ* Abrami Forbes rectoris ecclesiæ de Stralley in comitatu de Nottingham infra regnum Angliæ, *patris*,—in tertia parte 2 aratrorum terræ solaris lateris de Northessie, et tertia parte aratri terræ de Midlessie infra parochiam de Longley, in warrantum terrarum in Aberdeen.—A. E. .... N. E. ....—(Vide Aberdeen.) xxx. 92.

(132) Aug. 9. 1670.
JEANNA HENDERSONE in Banf, *hæres portionaria* Andreæ Hendersone in Knock de Strathyllae, *patris*,—et JOANNES SUTHERLAND in Keithe filius Jonetæ Hendersone, filiæ Andreæ Hendersone, *hæres portionarius* dicti Andreæ Hendersone, *avi*,—in 2 bovatis terrarum de Knock, infra baroniam de Strath-Illae, regalitatem de Kinloss et parochiam de Grange.—E. 2l. 5d.
xxx. 95.

(133) Maii 16. 1671.
GEORGIUS COMES DE PANMURE, Dominus Maule de Breichin et Navarr, &c. *hæres masculus* Georgii Comitis de Panmure, Domini Maule de Breichin et Navar, &c. *patris*,—in terris erecti dominii de Aberbrothock et olim abbaciæ ejusdem, viz. terris et baronia de Aberbrothock comprehendente inter alia terras templarias de Bamff infra parochiam ejusdem, cum salmonum piscaria super aquam de Bamff, apud aquam de Doverane, apud rupem de Bamff, cum piscatione salmonum et alborum piscium cum portu ejusdem, et decimis ecclesiarum de Aberkedour (Aberkerdour), et Bamf, cum advocationibus prædictarum ecclesiarum ; —jus liberæ regalitatis cum capella et cancellaria, cum aliis terris in Kincardine, Edinburgh, Forfar, Perth, Nairn, Aberdeen, et Lanark, unitis in temporale dominium et baroniam de Aberbrothock. —E. 200l.—(Vide Kincardine, Edinburgh, Forfar, Perth, Nairn, Aberdeen, Lanark.) xxx. 197.

(134) Oct. 22. 1672.
JOANNES WATT portionarius de Lesmurdie, *hæres* Joannis Watt portionarii de Lesmurdie, *patris*,—in villis et terris de Eistir et Westir Lesmurdies, ac terris dominicalibus earundem ;—villis et terris de Tonkean, Tombellie, et Coalstrypes, infra parochiam de Mortleich.—A. E. 3l. 10s. N. E. 14l. xxxi. 155.

(135) Jun. 4. 1673.
ALEXANDER BRODIE de Lethin, *hæres* Alexandri Brodie de Lethin, *patris*,—in feudifirmis et divoriis baroniæ et dominii de Kinloss, et inter alia in feudifirmis et aliis firmis de terris de Fergy, Hauches, Killsannies, Ovir et Nethir Kilminities ;—terris de Graynge, Clerkseatt, Muriefauld, Boiglogie, Thornetoun, Hauches, Auchindaren, et Newmilne ejusdem ;—de terris de Overmylne, Over et Nether Mongrewes, Glengarrocks, Auchinhuiffs, Cantillie, Garrewood, Bracco, Craiglethie, Cairnehill, Mothermylne, et Newmilne in Mulgin, Ailhoustack, Jonetsheill, Knock, Knockbogie, Paitinch, Slunces, Rochtoune, Berlamein, Echries, Windiehilles, Corthlettis, Crauchies Eister et Wester ;—de terris de Fortrie, et de Mos de Edingerth ;—in bovatis terrarum de Clochnacreich nuncupatis Our-Ladyland, partibus dominii de Kinlos, infra baroniam de Strathillay.—E. *totius dominii de Kinloss* 200l.—(Vide Aberdeen, Elgin et Forres, Nairn, Inverness, Ross.) xxxi. 256.

(136) Dec. 4. 1673.
ISSOBELLA GORDONE sponsa Willielmi Cuming de Auchry, *hæres* Joannis Gordone de Balmade præpositi burgi de Bamf, *patris*,—in 2 bovatis terrarum de Eister Croylett :—E. 1l. 15s. 9d.— 2 bovatis terrarum de Newfortrie in baronia de Strathillay et regalitate de Kinlos.—E. 3l. 11s. 8d. xxxi. 299.

(137) Jun. 18. 1674.
ISSOBELLA GORDOUNE, *hæres* Joannis Gordoune de Balmade nuper præpositi burgi de Bamff, *patris*,—in annuo redditu 100m. de terris de Bruntzairdis in dominio de Glendouachie.— (Vide Aberdeen.) xxxii. 41.

(138) Jun. 23. 1676.
JACOBUS DUMBAR de Inchbroock, *hæres* Magistri Georgii Dumbar de Castlefeild, *fratris germani*,—in villis et terris de Castlefeild cum decimis, infra parochiam de Rathven ;—villis et terris de Ramoir cum decimis, infra dominium et parochiam de Deskfoord.—E. ...... xxxii. 431.

(139) Jun. 12. 1677.
ALEXANDER ABERNETHIE de Tarrap, *hæres* Joannis Abernethie de Torrap, *patris*,—in villis et terris de Tarrap cum decimis garbalibus, infra parochiam de Abercharder.—E. 3l. *feudifirmæ.* xxxiii. 205.

(140) Aug. 9. 1678.
JACOBUS ADAMSONE de Fluires, *hæres* Jacobi Adamsone de Fluires, *avi*,—in villa et terris de Fluires, infra baroniam de Strathallie, regalitatem de Kinlois et parochiam de Grange.—E. 6m. &c. *feudifirmæ.* xxxiv. 106.

(141) Nov. 1. 1678.
DOMINUS WILLIELMUS SHARPE de Stainiehill, *hæres* Roberti Sharpe de Castlehill, *fratris germani*,—in castro de Banff, infra comitatum de Buchane et parochiam de Banff, cum libertate effodiendi focalia et cespites in et extra moras vocatas Bruntyeards, infra dictum comitatum, et parochiam de Gamrie :—E. 12 *nummi,* &c. *feudifirmæ* :—villis et terris de Ordinges, infra dominium et parochiam de Deskfoord :—E. ....—terris vocatis Carieflet (vel Garislot), et terris vocatis the Newlands, infra parochiam de Banff. —E. ...... xxxiv. 83.

(142) Mar. 23. 1681.
THOMAS FORBES de Echt, *hæres masculus* Thomæ Forbes feoditarii, *nepotis ex fratre germano seniore*,—in baronia de Echt-Forbes comprehendente 40 solidatas terrarum de Correnassies, cum pendiculis vocatis Hillock, Thomanavin, Oldtoun, Newtoune, Glascorie, Dalreoch vocato Bank ;—terras de Enoch, Auchmoire, Balmeran cum terris in Aberdeen et Kincardine :—A. E. 10l. 10s. N. E. 42l.—cum terris, &c. in Aberdeen et Kincardine unitis in baroniam de Echt-Forbes.—(Vide Aberdeen, Kincardine.) xxxv. 219.

(143) Jul. 28. 1682.
JACOBUS BAIRD de Auchmedden, *hæres* Jacobi Baird junioris de Auchmedden, *patris*,—in villis, terris, et baronia de Auchmedden comprehendentibus villas et terras de Pittgair et Arbales, cum molendino de Pittgair et libertatibus ejusdem ;—castrum et castri montem de Pittgair, comprehendentem pendiculum hujusmodi vocatum Headtoune de Pittgair, Sauchenbush, et Cairneandrew, infra parochiam de Gamrie, cum aliis terris in vicecomitatu de Aberdeen unitis in baroniam de Auchmedden per annexationem.—E. 15l. 5s. *taxatæ wardæ.*—(Vide Aberdeen.) xxxvii. 279.

(144) Jan. 9. 1683.
ALEXANDER HAY de Monktoune, *hæres* Alexandri Hay de Monktoune, *patris*,—in mansione cum torrili quæ ad Clericos parochiales de Fordyce pertinuerunt ;—acris terrarum nuncupatis Clerks croft, et ruda terræ vocata Ruid-rigg, cum decimis garbalibus, pastura et libertate focalium in villa de Fordyce, in dominio de Fordyce et parochia ejusdem.—E. 32 *asses, feudifirmæ.*
xxxvii. 101.

(145) Jan. 16. 1683.
JACOBUS OGILVIE de Baldavie, *hæres* Walteri Ogilvie de Baldavie, *patris*,—in terris et villa de Baldavie, in baronia de Monbray et parochia de Boyndie.—A. E. 4l. N. E. 16l. xxxvii. 93.

(146) Jan. 16. 1685.
JOANNES ABERNETHIE de Moyane, *hæres* Alexandri Abernethie de Moyane, *patris*,—in villa et terris de Auchinloch, et umbrali aratro terrarum de Ternemine ;—villa et terris de Moyane et Quoir, et pendiculis de Meyane nuncupatis Glenriehouss et Forresters croft de Meyane ;—2 bovatis terræ villæ et terrarum de Corskellie, infra parochiam et baroniam de Rothiemay alias Abernethie ;—salmonum piscaria in aqua de Devron.—A. E. .... N. E. 100l. *taxatæ wardæ.* xxxvii. 345.

(147) Apr. 27. 1686.
JACOBUS COMES DE PANMURE, &c. *hæres* Georgii Comitis de Panmure, Domini Maule, Brechin, et Navarr, *fratris senioris germani*,—in terris et baronia de Aberbrothock comprehendente terras templarias de Bamff infra parochiam de Bamff, cum piscatione salmonum super aqua de Bamff apud aquam de Diveron

ad ripam de Bamff, cum piscatione de Poldoune ad pontem de Dee ;—unitis cum aliis terris in Forfar, Kincardine, Edinburgh, Aberdeen, Lanark, Perth, et Nairn in dominium, baroniam, et regalitatem de Aberbrothock.—E 200*l.*—(Vide Forfar, Edinburgh, Aberdeen, Kincardine, Lanark, Perth, Nairn.)   xxxviii. 374.

(148)   Oct. 1. 1686.

GULIELMUS FORBES de Ludquharne, *hæres* Roberti Forbes de Ludquharn, *patris,*—in annuo redditu 600*m.* correspondente 10,000*m.* ex firmis et divoriis terrarum, dominii et superioritatum de Balvenie, et ex aliis terris et heretagiis, in vicecomitatu de Bamf ;—annuo redditu 160*l.* correspondente 4000*m.* ex præfatis firmis et divoriis de Balvenie.   xxxix. 269.

(149)   Mar. 2. 1687.

JOANNES INNES, *hæres* Joannis Innes junioris de Knockbeith (Knockorth ?) scribæ Aberdoniensis, *patris,*—in villa et terris de Knockorth nuncupatis Newtoun alias Westertoun ;—bina parte et tertia parte dictarum villæ et terrarum de Eister Knockorth cum decimis, infra parochiam de Aberchardor et baroniam de Kynardie. —E. 8*l. feudifirmæ.*   xl. 85.

(150)   Maii 13. 1687.

COLINUS McKENZIE de Pluscardin, *hæres* Thomæ McKenzie de Pluscarden, *patris,*—in davata terræ de Auchmadies comprehendente Maynes de Auchmadies, cum maneriei loco vocato Wester Auchmadies ;—villas et terras de Easter Auchmadies ;—villas et terras de Beauagario, Tombain, Domzarne et Knockandow, infra dominium de Balvenie.—A. E. 2*l.* N. E. 6*l.*   xxxix. 675.

(151)   Dec. 1. 1691.

JOANNES MARTINE, *hæres* Magistri Roberti Martine de Moriestoune nuper clerici curiæ Justiciariæ, *patris,*—in villa et terris de Aikenway, cum molendino et salmonum piscationibus super aquam de Spey, infra parochiam de Dundurcase.—E. 8*l.* 5*s. feudifirmæ.*—(Vide Elgin et Forres.)   xlii. 355.

(152)   Sep. 13. 1692.

GEORGIUS LESSLIE de Tullich, *hæres* Walteri Lesslie de Tullich, *patris,*—in terris de Meikle Tullich et pendiculis ejusdem nuncupatis Bracklochfold, quæ sunt propriæ partes davatæ terræ de Balvenie, infra parochiam de Mortlich, cum privilegio effodiendi lie lymestone a terris de Parkbegg et Parkmore, et glebas in mossis de Tullich.—A. E. ...... N. E. 10*s.*   xlii. 460.

(153)   Oct. 18. 1692.

GEORGIUS GORDON de Arradoull, *hæres* Alexandri Gordon de Arradoull, *patris,*—in terris et villa de Haughes de Killesmont : —E. 5*m.* 6*s.* 8*d.* &c. *feudifirmæ :*—villa et terris de Haughes de Killesmont vulgo vocatis Forgie :—E. 4*l.* 20*d.* &c. *feudifirmæ :*— villa et terris de Mossley (vel Meslie) :—A. E. 12*s.* 6*d.* N. E. 50*s.* —omnibus infra baroniam de Grainge, parochiam de Keith et regalitatem de Kinlos.   xliii. 408.

(154)   Nov. 29. 1692.

CAROLUS GORDON de Glengerrack, *hæres masculus* Alexandri Gordon de Glengerrack, *patris,*—in terris de Over et Nether Auchinhuives et Berrielies cum Alehouse et Alehousecrofts ; —terris et villa de Glengerack, Alriecardock, et Corbiescraig, cum communi pastura in terris de Greenes de Kinbaldie, Balnamein, et Altmore, et potestate ædificandi molendinum super easdem terras, in baronia de Strathila et regalitate de Kinlose ;—2 bovatis terræ de Newmilne de Strathila ;—terris de Nether Kinminitie vocatis Overseat de Nether Kinminitie ;—molendino de Strathila vocato Newmylne vel Overmylne de Strathila, cum crofta terræ adjacente, in baronia de Strathila et regalitate de Kinlose ;—burgo baroniæ de Newmill, cum privilegio fori hepdomadarii et 4 nundinarum annuatim ;—omnibus unitis et erectis in baroniam de Glengerack.— —A. E. ...... N. E. 77*l.* 14*s.* 6*d.*   xliii. 112.

(155)   Jun. 9. 1693.

JOANNES RAMSAY de Melross, *hæres talliæ* Magistri Georgii Meldrum de Crombie, *fratris avi ex parte matris,*—in terris et terris dominicalibus de Lethars, salmonum piscationibus super aquam de Diveran, et molendino de Lethars ;—terris de Dorelethars, Glaslaws et molendino de Glaslaw ;—terris de Ruchloch (vel Bachloch), Woodhead, Brunthall, Darriecorrie, Barriecorrie, Kingfuird, Dracklaw, cum molendino et terris molendinariis de Dracklaw, villis et terris de Ardmidle, Boigs, Cairnories, Cliftboig, Over et Nether Etimedle, Portglasses, cum molendino et terris molendinariis de Dracklaw, villis et terris de Carlincraigie et Fortrie ;—privilegio tenentibus et possessoribus villæ et terrarum de Ardmidle et Boigs, effodiendi glebas et focalia e glebariis de Muiresk vulgo nuncupatis Breadmoss, omnibus jacentibus infra baroniam de Craigfintrie per annexationem, parochias de Turreff, Auchterles et Innerkethnie, et vicecomitatus de Bamf et Aber-

deen ;—superioritate villarum et terrarum de Logie-Buchane, Creichie et aliorum quæ ad baroniam de Lethars pertinuere.— A. E. 66*l.* N. E. 144*l.*—(Vide Aberdeen.)   xliii. 347.

(156)   Jul. 27. 1693.

MAGISTER GULIELMUS LAW de Newtoun, *hæres* Magistri Thomæ Law de Newtoun, *fratris germani,*—in villis et terris de Litle et Meikle Newtounes cum terris dominicalibus ;—villis et terris de Balmellane, Brachbackhead, Blackfauld, et Litle Steillbow, in parochia de Bocharnie.—A. E. ...... N. E. 20*m.* xliii. 330.

(157)   Jul. 27. 1693.

PATRICIUS GRANT de Easter Elchies, *hæres masculus* Patricii Grant de Edinvillie, *patrui,*—in villis et terris totius davatæ terrarum de Edinvillie et Keithack cum molendino de Edinvillie, infra parochiam de Aberlour alias nuncupatam Skeirdustan, et dominium de Balvenie.—A. E. ...... N. E. ...... xlvi. 668.

(158)   Feb. 21. 1694.

JACOBUS GORDON de Techmurie, *hæres* Magistri Jacobi Gordon de Zeochrie ministri verbi Dei apud ecclesiam de Rothiemay, *patris,*—in terris et baronia de Zeochrie comprehendente villas et terras de Myresyde ;—binam et tertiam partem vulgo nuncupatas North et Southmyresydes ;—villam et terras de Whytmyre ;—villam et terras de Muiralehouse, cum salmonum piscaria in aqua de Dovern ;—terras de Kirktoun de Aberchirder, Kairnehill, et Zeochrie, cum maneriei loco et decimis garbalibus, et privilegio liberi nundini apud ecclesiam de Aberchirder vocati Marnoch fair, et glebarum et focalium vulgo Leitt peats in mossis baroniæ de Auchintoule ;—multuris dictarum terrarum et baroniæ ;—omnes olim in baronia de Auchintoule, nunc in baronia de Zeochrie et parochia de Aberchirder, et unitas in baroniam de Zeochrie.— A. E. 3*l.* 10*s.* N. E. 10*l.*   xliii. 439.

(159)   Apr. 19. 1695.

ALEXANDER BRAND de Balbertoune, *hæres* Magistri Jacobi Brand de Balbertoune, *patris,*—in annuo redditu 642*m.* correspondente 10,700*m.* de villis et terris de Kilhilack, Brankanentim, Thomaswell, tanquam partibus dominii de Findlator ;—villis et terris de Overblarock et Feichiehill, tanquam partibus dominii de Deskfoord, et de terris et baronia de Ogilvie comprehendente dominia de Findlator et Deskfoord.—E. 1*d.*   xliv. 355.

(160)   Oct. 3. 1695.

JACOBUS GRAHAME junior de Gartur, *hæres* Marionæ Grahame sponsæ Walteri Grahame de Gartur, filiæ et hæredis Dominæ Margaretæ Erskine, filiæ secundo genitæ procreatæ inter Jacobum Comitem de Buchan dominum de Auchterhouse et Glendowachie, et Marionam Comitissam de Buchan, necnon neptis et hæredis Dominæ Elizabethæ Erskine filiæ tertio genitæ procreatæ inter dictos Jacobum Comitem et Marionam Comitissam de Buchan, *matris,*—in annuis redditibus subscriptis, viz. annuo redditu 600*m.* correspondente 10,000*m.*—alio annuo redditu 300*m.* correspondente 5000*m.* de terris et villis de Montbleatton, Bruntyairds, Fortrie et molendino de Fortrie et terris molendinariis, infra parochiam de Gemrie.—E. 2*d. albæ firmæ.*   xlv. 109.

(161)   Oct. 29. 1695.

JOANNES COMES DE STRATHMORE ET KINGHORNE, &c. *hæres* Patricii Comitis de Strathmore et Kinghorne, Vicecomitis Lyon, Domini Glamis, Tannadyce, Sydlaw, et Stradichtie, &c. *patris,*—in reliquo comitatus et prædii de Buchan, comprehendente terras, baronias aliaque subscripta, viz. terras de Buchan ; —terras, baroniam et thanagium de Glendovachie ;—salmonum piscarias super aqua de Doveran vocatas Thainsett ;—salmonum piscarias in mari vulgo nuncupatas Craigshott apud Doun, per omnes partes et in utroque latere ejusdem :—A. E. 28*l.* N. E. 140*l.*— terras de Mountblairie ;—terras de Rylands ;—terras de Culburne et Inchdrouat ;—terras de Tullochie ;—terras de Todlaw ;—terras de Whytfeild ;—terras de Boigsmiddietounes et Broadmyre ;— terras de Blacktoune, Harwoodhill, Over Deuchries et Pitgarie ;— terras de Auchinbadie ;—terras de Stainhead, Balgray, et Knockin ; —terras de Fortrey et Glenhouse ;—terras de Minimoine (vel Munnenies) et Broadland ;—terras de Kinbean ;—terras de Scotstoune, Neather Deuchries, et Burnsyd ;—terras de Auchmeddan, Glencaithull, Lenros (vel Glenmitchell) et Towie ;—terras de Pitnacolden, et Inchbreak ;—terras de Litleblyths, Clairiefeilds (vel Clairiefaulds) et Balmagellie ;—terras de Gilligill et Gillmull (vel Geldmilne) ;—terras de Tarlair et Gillimore (vel Gellimure ;)— terras de Bullon (vel Collane), et Silverwood (vel Foord) ;—terras de Jackstoune, Hungriehill, Monbletoune, Bruntyairds, Myrehouses, Old Alehouses et Barnhill ;—villam et terras de Doun ;—terras de Newtoune de Mountblairie ;—A. E. 20*l.* N. E. 100*l.*—terras de Glencuthell ;—terras de Balmakellie ;—terras de Fetterletter et Lethintie ;—terras de Saltcoats ;—terras de Globein (vel Glovenie), Inchbreck, Litle Methick (vel Methlick) ;—terras de Balmeddie,

Earleshillock;—terras de Cairnculzeon;—terras de Beildlistoune (vel Bidlistoune) cum piscariis earundem super aqua de Don;—terras de Aluthnie (vel Alathine) et Neather Auldmuir :—A. E. 10*l.* N. E. 40*l.*—terras de Grandone :—A. E. 10*m.* N. E. 40*m.*—terras de Presley ;—terras de Auchinull et Crabstoune, cum terris et baronia de Ketins et Pitdounie :—A. E. 16*l.* N. E. 64*l.*—terras de Cantres vulgo vocatas Fintries :—A. E. 10*l.* N. E. 40*l.*—terras de Glasgow-Forrest et Glasgoego :—E. ....annuum redditum 3*l.* de terris de Kintore ;—ecclesiarum et capellaniarum advocationibus, decimis et proficuis ad easdem spectantibus :—E. ....—burgo baroniæ de Doune :—A. E. 40*d.* N. E. 13*s.* 4*d.*—omnibus infra vicecomitatus de Bamff et Aberdein :—cum terris in Forfar, Aberdeen, Banff, Kincardine, erectis in dominium et baroniam de Glamis, et omnibus erectis cum terris in Fife et Perth in comitatum de Kinghorne, dominium de Lyon et Glamis.—(Vide Forfar, Kincardine, Aberdeen, Perth, Fife.)   xlv. 219.

(162)   Jun. 19. 1696.
GULIELMUS BAIRD de Auchmedden, *hæres* Jacobi Baird junioris de Auchmedden, filii Jacobi Baird junioris, et nepotis Dominii Jacobi Baird de Auchmedden, *fratris germani,*—in villis et terris de Pitgair et Avalds cum castro et castri monte ;—molendino de Pitgair et terris molendinariis, comprehendentibus pendicula earundem vocata Headietoune dè Pitgair, Sachinbuse, et Cairne-Andrew cum mossis earundem, in parochia de Gemrie et baronia de Achmedden, unitis cum aliis terris in Aberdeen in baroniam de Achmedden.—A. E. .... N. E. 15*l.* 5*s.* *taxatæ wardæ.*—(Vide Aberdeen.)   xlv. 845.

(163)   Nov. 24. 1696.
GULIELMUS JOHNSTOUN, *hæres* Thomæ Johnstoune de Craig, *fratris,*—in terris de Over et Nether Tullochs et molendino, cum proprietate villæ et terrarum de Haggs et decimis, infra parochiam de Inverskeithnie :—E. 6*l.* *feudifirmæ :*—villis et terris de Cromlett, Eithill et Culliekaw, infra dictam parochiam de Inverkeithnie.—A. E. 13*s.* 4*d.* N. E. 50*s.*—(Vide Aberdeen.) xliv. 411.

(164)   Aug. 19. 1697.
GEORGIUS INNES, *hæres* Jacobi Innes de Oathillack, *patris,*—in annuo redditu 40*l.* de 4 bovatis terræ de Oatthillack, infra parochiam de Deskfoord.—E. 1*d.*   xlvii. 406.

(165)   Mar. 17. 1698.
HELENA ET CHRISTIANA BURNETS, *hæredes portionariæ* Magistri Jacobi Burnet ludimagistri apud Rathven, *fratris germani,*—in annuo redditu 72*l.* correspondente principali summæ 1200*l.* de terris de Baxters-croft :—E. 1*d.*—alio annuo redditu 36*l.* correspondente principali summæ 900*m.* de terris de Whirlehead in Ardgathine, infra baroniam et parochiam de Botrichie.—E. 1*d.*   l. 171.

(166)   Jun. 16. 1698.
ALEXANDER HAY de Ardinbath, *hæres* Alexandri Hay de Ardinbath, *patris,*—in villis et terris de Overskeith et pendiculo ejusdem vocato Bognageith ;—villis et terris de Litle Skeithe ;—18 acris terræ terrarum de Squairdoch, cum privilegio abducendi lie lymestones a terris de Kerstoune, infra dominium et parochiam de Desktoord.—A. E. .... N. E. 10*l.* 13*s.* 4*d.* *taxatæ wardæ.*   xlvii. 410.

(167)   Jun. 16. 1698.
ALEXANDER ABERCROMBIE de Glassauch, *hæres* Alexandri Abercrombie de Glassauch, *patris,*—in terris de Glassauch cum molendinis vocatis Craigmylnes, et maneriei loco de Glassauch ;—terris de Paithedlies (vel Perchadlies) vulgo vocatis Over et Nether Paithedlies, cum tertia parte lie muir de Paithedlie, et pastura super montem de Fordyce, infra episcopatum de Aberdein et parochiam de Fordyce :—A. E. ...... N. E. 16*l.*—parte villæ et terrarum de Culten (vel Cultaine) extendente ad 4 bollas, infra baroniam de Ogilvie et parochiam de Deskfoord :—A. E. .... N. E. 10*s.* *taxatæ wardæ :*—parte villæ et terrarum de Ardicow, jacente

in dicta baronia et parochia :—A. E. .... N. E. 20*s.* *taxatæ wardæ :*—villa et terris de Ordines, in dictis baronia et parochia, cum privilegio abducendi lie lymestones a terris de Crabstoune :—A. E. .... N. E. 15*s.* *taxatæ wardæ :*—villis et terris de Drachadlies et pendiculis vocatis Badintoule, et villis et terris de Hilsydes, quæ sunt propriæ partes terrarum de Knockdurne ;—3½ bovatis terrarum de Knockdurne, in dominio de Forrestboynd et parochia de Fordyce.—E. ....   xlvii. 420.

(168)   Oct. 11. 1698.
ALEXANDER GORDONE de Pitlurg, *hæres masculus* Roberti Gordone de Pitlurg, *patris,*—in terris de Pitlurges, et terris de Auquhorties superiore et inferiore vulgo Over et Nether, cum molendino de Auquhorties vocato Turnash, et crofta terræ de Pittinfure vocata Letochie, extendente ad 1½ davatam terræ, infra baroniam de Keith et parochiam de ....—E. 22*l.* 6*s.* 8*d.* *feudifirmæ.*   xlvii. 493.

(169)   Feb. 28. 1699.
DOMINUS JACOBUS INNES de Eodem miles baronettus, *hæres* Domini Roberti Innes senioris de Eodem militis baronetti, *avi,*—in terris et villis particulariter subscriptis, quæ sunt propriæ partes dominii et baroniæ de Enzie et baroniæ de Fochabers, viz. villis et terris de Over et Neather Dallachie ;—villa et terris de Neather Auchinreath ;—villa et terris de Tannachie ;—villa et terris de Tynnet cum molendino ejusdem, et superioritatibus et aliis divoriis ad dictas terras pertinentibus, in dicto dominio et baroniis de Enzie et Fochabers, infra parochias de Belly et Rathven.—A. E. 2*l.* 4*s.* 5½*d.* N. E. 8*l.* 16*s.* 10*d.*   xlviii. 144.

(170)   Aug. 1. 1699.
THEODORUS MORISONE de Bognie, *hæres* Georgii Morisone de Bognie, *patris,*—in villis et terris de Auchingoull, cum omni privilegio proprietatis et communitatis, et decimis garbalibus ad easdem spectantibus ;—2 aratris terræ villæ et terrarum de Haddo, cum decimis garbalibus earundem, jacentibus in parochia de Innerkeithney ;—jure superioritatis et reversionis terrarum de Turteries in parochia de Rothemay ;—jure reversionis terrarum de Draicksmyre ac superioritate terrarum de Eathill et Crumlocroft, in dicta parochia de Innerkeithney, cum decimis garbalibus dictarum terrarum ;—jure superioritatis et reversionis molendini de Haddo et terrarum molendinariarum ;—isto impignorato aratro terræ dictæ villæ et terrarum de Haddo, cum decimis garbalibus ejusdem, quæ sunt partes et pendicula baroniæ de Conveth in parochia de Innerkeithney, unitis cum aliis terris in vicecomitatu de Aberdeen.—A. E. 40*l.* N. E. 200*l.*—(Vide Aberdeen.)   xlviii. 181.

(171)   Apr. 5. 1700.
DOMINUS JACOBUS BAIRD de Saughtonhall, *hæres* Domini Roberti Baird de Sauchtonhall militis baronetti, *patris,*—in annuo redditu 281*l.* 8*s.* correspondente 4691*l.* 14*s.* de terris de Thayndone de Boynd, cum maynes ejusdem nuncupatis Cohyth ;—terris de Portsoy et Aird, cum piscationibus de Portsoy;—molendino de Boynd nuncupato Scotts milne ;—terris de Brangan ;—terris de Whynties et Dallachies ;—terris de Buchragie, Craigeros, et Warielips ;—terris de Whythills et piscationibus ;—terris de Inverboyndie cum Upper et Neather molendinis ;—villa et terris de Rettie ;—terris et villa de Bores nuncupatis Meikle Rettie et maneriei loco ejusdem ;—villa de Little Rettie, et molendino de Rettie ;—terris de Culphyne, maneriei loco ejusdem, omnibus jacentibus infra parochias de Bamff, Fordyce, et Boynde.—E. 1*d.* *albæ firmæ.*   xlviii. 441.

(172)   Maii 7. 1700.
GEORGIUS MORTIMER de Auchinbedie, *hæres* Georgii Mortimer de Auchinbedie, *patris,*—in villis et terris de Auchinbedie ;—villis et terris de Stonely, Balgray, cum piscariis salmonum in aqua de Doverne, infra baroniam de Strathalvach et parochiam ejusdem.—A. E. ...... N. E. ......   xlix. 28.

BANFF.

(173)   Dec. .... 1579.

ISOBELLA MELDRUM, *hæres portionaria* Joannis Meldrum, *patris*,—in terris de .... cum piscaria salmonum in aqua de .... infra diocesim Moraviæ.—A. E. 5*l.* N. E. 20*l.*
A. 78.

(174)   Dec. .... 1579.

ELIZABETH MELDRUM, *hæres portionaria* Johannis Meldrum portionarii de .... *patris*,—in terris de Phoynes et Petcasche, cum piscaria salmonum, ... infra diocesim Moraviæ.—A. E. 5*l.* N. E. ......   A. 79.

(175)   Dec. .... 1579.

.... *hæres portionaria* Johannis Meldrum portionarii de .... *patris*,—in terris de Phoynes et Petcasche, cum piscaria salmonum .... infra parochiam de Innerawin, et diocesim Moraviæ.—A. E. 5*l.* N. E. 20*l.*   A. 80.

(176)   Dec. .... 1579.

MARGARETA MELDRUM, *hæres portionaria* Johann Meldrum .... *patris*,—in terris de Phoynes et Petcasche, cum salmonum piscaria in aqua de Spey, infra parochiam de Innerawin et diocesim Moraviæ.—A. E. 5*l.* N. E. 20*l.*   A. 81.

(177)   Oct. 31. 1581.

GEORGIUS COMES MARISCALLI, *hæres* Dominæ Margaretæ Keyth Comitissæ Mariscalli, *amitæ* (vel *aviæ*),—in terris dimidietatis baroniæ de Innerugie, cum molendinis, piscationibus, et advocationibus ecclesiarum dictæ baroniæ.—A. E. 20*l.* N. E. 80*l.*
GEORGIUS COMES MARISCALLI, *hæres* Vilhelmi Comitis Mariscalli, Domini Keyth, *avi*,—in terris alterius dimidietatis antedictæ baroniæ de Innerugie, cum molendinis, piscationibus, et advocationibus ecclesiarum dictæ baroniæ.—A. E. 20*l.* N. E. 80*l.*
A. 172.

(178)   Maii 2. 1583.

ROBERTUS INNES de Eodem, *hæres* Alexandri Innes de Crommy, *patris*,—in terris de Crommy, infra baroniam de Abirchirdour.—A. E. 6*l.* N. E. 24*l.*   A. 252.

(179)   Oct. 31. 1583.

JACOBUS LESLIE, *hæres talliæ* Johannis Leslie de Edinvillie, *fratris germani*,—in terris de Edinvillie et Keithak, extendentibus ad unam davatam terræ, infra dominium de Balvenie et baroniam de Aberlour.—E. 13*l.* 12*s.* &c.   A. 270.

(180)   ...... 1583.

MAGISTER GEORGIUS ABERNATHIE, *hæres* Alexandri Abernathie de Netherduill, *patris*,—in terris et baronia de Netherduill, cum manerio et molendino.—A. E. 8*l.* N. E. 40*l.*   A. 278.

(181)   Oct. 20. 1584.

JOANNES LESLIE, *hæres* Hectoris Leslie in Portmoir, *patris*,—in terris vocatis the Cottoun de Ardbrek, infra davatam de Ardbrek, et dominium de Balvein.—A. E. 10*s.* N. E. 40*s.*   B. 8.

(182)   Jun. 20. 1586.

WALTERUS INNES, *hæres masculus* Joannis Innes de Fergustoun, *patrui*,—in terris de Fergustoun infra baroniam de Abercherder.—E. 13*l.* 10*s. feudifirmæ.*   B. 77.

(183)   Maii 10. 1587.

GEORGIUS DOMINUS SALTOUN, *hæres* Alexandri Domini Saltoun, *patris*,—in terris baroniæ de Abernathie in Rothiemay:—A. E. 40*l.* N. E. 100*m.*—terris baroniæ de Corncarne:—A. E. 20*l.* N. E. 50*m.*—terris de Quorskie;—tertia parte terrarum de Knokcorthe;—lie outseit earundem vocata Subhill;—terris de Torax, Ramoir et Auchindaveris, infra baroniam de Abercherder:—A. E. 6*l.* N. E. 24*l.*—terris et villa de Tullidoch (vel Tullidoven, vel Tullidoun), cum pendicula vocata Frosterseit, infra baroniam de Abercherdar.—E. 20*m. feudifirmæ.*—(Vide Forfar, Fife, Stirling, Haddington, Berwick, Edinburgh, Roxburgh.)   B. 103.

(184)   Mar. 26. 1588.

DOMINA ELIZABETHA STEWART COMITISSA DE MURRAY, *hæres* Jacobi Comitis de Murray, Domini Abernethie, &c. *patris*,—in baronia de lie Thanedome de Glendowachie, continente particulares villas, terras, molendina et cætera infra scripta, viz. binam partem terrarum de Melreis, cum bina parte molendini earundem;—binam partem terrarum de Jokstoun;—binam partem terrarum de Hungriehill;—binam partem terrarum de Silverfuird;—villam et terras de Fortrie, cum molendino earundem, ex eo quod residuum dictæ baroniæ post decessum dicti quondam Jacobi Moraviæ Comitis evictum fuerat :—A. E. 10*l.* N. E. 30*l.*—salmonum piscaria nuncupata the Kinges fisching de Doverne vocata Thanisnet, cum lie Assyis lakis salmond.—A. E. 40*s.* N. E. 6*l.*
B. 138.

(185)   Apr. 11. 1590.

VALTERUS INNES, *hæres masculus* Jacobi Innes de Fowchis, *avi*,—in terris ecclesiasticis villæ ecclesiasticæ de Abercherder, Carnhill, et domo de Zochrie, cum decimis garbalibus, infra parochiam de Abercherder et regalitatem de Spynie.—E. 19*l. feudifirmæ.*   B. 216.

(186)   Jul. 3. 1591.

JOANNES CRABE, *hæres* Andreæ Crabe portionarii de Knoke, *patris*,—in 3 bovatis terrarum de Knoke, in baronia de Strathylay, infra regalitatem de Kinloss.—E. 3*l.* 5*s.* 6*d. feudifirmæ.*   C. 15.

(187)   Apr. 12. 1594.

ELIZABETH CUMING, *hæres portionaria* Willelmi Cuming in Melross, *patris*,—in terris tertiæ partis .... partis molendini de Melross, tertiæ partis solaris terrarum molendini ejusdem, cum piscatione alborum piscium præfatarum terrarum infra mare, infra dominium de Glendouachie.—A. E. ....N. E. ...
C. 231.

(188)   Apr. 12. 1594.

AGNES CUMING, *hæres portionaria* Willelmi Cuming in Melross, *patris*,—in terris tertiæ partis solaris terrarum et villæ de Melross, et tertiæ partis molendini de Melross ;—tertiæ partis solaris terrarum molendini ejusdem, cùm piscatione alborum piscium præfatarum terrarum infra mare, infra dominium de Glendouachie.—A. E. 13s. 4d. N. E. 53s. 4d.   C. 238.

(189)   Apr. 12. 1594.

JACOBUS STEWART apparens de Petger, *hæres* Jacobi Stewart de Petger, *patris*,—in terris de Petger et Awaldie cum molendino de Petger, et castro et monte castri.—A. E. 3l. N. E. 12l.   C. 238.

(190)   Maii 2. 1594.

PATRICIUS GRANT de Balnadalloch, *hæres* Patricii Grant de Balnadalloch, *patris*,—in terris de . . . . will, Drumna-grain, et Awin, cum salmonum piscariis super aquis de Spey et Awin.—A. E. . . . . . . N. E. 12l.   C. 239.

(191)   Maii 20. 1606.

JOANNES DOMINUS ABERNETHIE in Rothemay de Saltoun, *hæres*, Willielmi Domini Saltoun, *proavi*,—in tertia parte . . . . . cromby, in baronia de Abirchirdour.—A. E. 3l. N. E. 12l.   E. 10.

(192)   Feb. 27. 1613.

ALEXANDER CALDER de Aslown, *hæres* Joannis Calder de Aslown, *avi*,—in tertia parte terrarum de Prattistoun, Heawining-hill, et Crowie, in baronia de Trowp.—A. E. 20s. N. E. 4l.   E. 245.

(193)   Oct. 2. 1629.

LEONARDUS LESLIE, *hæres* Joannis Leslie de Hauchis, *patris*, —in villis et terris de Maislie, Edintore et Cauldhame, infra parochiam de Keith :—E. 4l. *feudifirmæ* :—terris de Hauchis de Killeis-

mound, in baronia de Strathylay et regalitate de Kinlose :—E. 5m. 6s. 8d. &c. *feudifirmæ* :—lie Hauche de Killeismont alias Forgye, in baronia de Strathylay et regalitate de Kinloss.—E. 4l. 20d. &c. *feudifirmæ*.   G. 100.

(194)   Jun. 7. 1631.

. . . . *hæres* Domini Adami Gordon de Park militis, *patris*,—in terris . . . . excipiendo villam et terras de Torakis ;—villa de lie . . . . burgum de Kirktoun de Ordiquhill nuncupatum . . . . baroniam de Park nuncupatam . . . . G. 152.

(195)   Jul. 8. 1650.

WALTERUS INNES de Pethnik (Pethink vel Pethuik), *hæres* Alexandri Innes de Pethnik, *avi*,—in villis et terris de Pethnik, cum molendino granorum, in baronia de Strathillay et regalitate de Kinloss :—E. 8l. 11s. *feudifirmæ* :—8 bovatis terrarum de Myrie-toun de Echres (vel Ethres) :—E. 5l. 6s. 8d. &c. *feudifirmæ* :— 6 bovatis terrarum de Nethertoun de Milligan :—E. 4l. &c. *feudifirmæ* :—2 bovatis terrarum de Neithermylne :—E. 43s. 7d. &c. *feudifirmæ* :—brasina et crofta :—E. 40s. &c. *feudifirmæ* :—bovata terrarum de Carrolwood (vel Garrolwood).—E. 20s. &c. *feudifirmæ*.   H. 142.

(196)   Feb. 8. 1666.

WILLIELMUS HAY de Muldvatt, *hæres* Magistri Jacobi Hay de Muldawatt, *patris*,—in terris de Muldawatt :—E. 4l.—villis et terris de Tarbreiche vel Torbreich :—E. 4l.—infra parochiam de Rathven.   I. 28.

BERWICK.

INDEX NOMINUM.

a

BERWICK.

INDEX LOCORUM.

b

c

d

189

INQUISITIONES SPECIALES.

BERWICK.

(1)   Jan. 18. 1546.
JOANNES BOG, *hæres* Joannis Bog, *patris*,—in terris dominicalibus de Burnhouss et Auchterstoun :—A. E. 8 *m*. N. E. 8*l*.—Terris de Oxendein :—A. E. 6 *m*. N. E. 8 *m*.—Terris de Harkers :—A. E. 8 *m*. N. E. 10 *m*.—Terris de Rysyebriggis.—A. E. 6 *m*. N. E. 8 *m*.   i. 118.

(2)   Apr. 10. 1549.
PATRICIUS HEPBURNE, *hæres* Patricii Hepburne de Wauchtoun militis, *patris*,—in terris et baronia de Wauchtoun, continente inter alia terras de Quynterfeild ;—dimidietatem carrucatæ terræ in villa et territorio de Colbrandispeth, cum quibusdam aliis terris in Haddington et Fife :—A. E. 40*l*. N. E. 120*l*.—Terris de Quhyncarstanes, in baronia de Hailles :—A. E. 10 *m*. N. E. 20*l*. —Terris husbandiis in territorio de Little Newtoun, et dominio de Lauderdaill.—A. E. 5*l*. N. E. 15*l*.—(Vide Hadington, Fife, Peebles.   i. 173.

(3)   Oct. 6. 1573.
ANDREAS PRINGILL, *hæres* Joannis Pringill de Gallowscheillis, *patris*,—in terris de Pilmure et Blakchester, in balliatu de Lauderdaill.—A. E. 5*l*. 10s. N. E. 6*l*.   i. 122.

(4)   Oct. 9. 1573.
JACOBUS BORTHUIK, *hæres* Willielmi Magistri de Borthuik, *fratris germani*,—in terris de Nanethorne, Legertwode, Glengelt, Collelawe et Burnhouss, cum jure patronatus ecclesiarum et capellaniarum, cum quibusdam aliis terris in Edinburgh, Selkirk, Peebles, et Lanark, unitis in baroniam de Borthuik.—A. E. 85 *m*. N. E. 420 *m*.—(Vide Edinburgh, Selkirk, Peebles, Lanark, Aberdeen.)   i. 165.

(5)   Feb. 17. 1574.
JEANNA SLEITH, *hæres* Patricii Sleith de Cumlege, *avi*,—in terris de Cumlege, cum molendinis granorum et fullonum.—E. 8*l*.   i. 122.

(6)   Apr. 8. 1578.
JOANNES NEWTOUN, *hæres* Georgii Newtoun, *patris*,—in 5 terris husbandiis infra villam et territorium de Graden.—E. 5*l*.   i. 99.

(7)   Jun. 30. 1579.
ANDREAS GALBRAITH, *hæres* Alexandri Galbraith de Eister Winscheillis, *patris*,—in terris de Eister Winscheillis.—E. 6 *m*.   i. 99.

(8)   Mar. 15. 1580.
JOANNES RAMSAY, *hæres* Georgii Ramsay de Dalhousie, *patris*,—in terris et baronia de Foulden, cum advocatione ecclesiæ de Foulden.—A. E. 16*l*. 13s. 4*d*. N. E. 66*l*. 13s. 4*d*.—(Vide Edinburgh.)   i. 108.

(9)   Nov. 17. 1580.
ALEXANDER DOMINUS HOME, *hæres masculus* Alexandri Domini Home, *patris*,—in officio vicecomitatus de Berwick, et balliatus de Lauderdaill.—E. 40s.   i. 172.

(10)   Maii 26. 1584.
THOMAS KER de Schaw, *hæres* Jonetæ Newtoun Dominæ de Dalcoiff, *matris*,—in 2 partibus villæ ac Maynis de Dalcoiff ;—annuo redditu 26s. 8*d*. de terris de Brotherstains, infra balliam de Lauderdaill.—A. E. 10*l*. N. E. 40*l*.   i. 153.

(11)   Dec. 16. 1584.
HENRICUS HALIBURTON, *hæres* Marci Haliburton de Mertoun, *patris*,—in 20 libratis terrarum in villa et territorio de Mertoun, in regalitate de Lauderdaill :—E. 20*l*.—10 libratis terrarum de Lochflat, Madinflat et Precandaillis, cum piscationibus in aquis de Tweed et lacu de Mertoun :—E. 10*l*.—Annuo redditu 13s. 4*d*. de terris de Dalcoiff.   i. 158.

(12)   Apr. 7. 1585.
ROBERTUS LAUDER de Eodem, *hæres* Roberti Lauder de Eodem, *avi*,—in 5 libratis terrarum infra balliatum de Lauderdail nuncupatis Forrest de Lauder, viz. Cauldscheils, Overwodheid, Netherwodheid, Barnes nuncupatis Lauder barnes, cum molendino granorum et fullonum :—E. 5*l*.—Dimidietate unius molendini et multurarum de 5 libratis terrarum in villa et territorio de Dalcoiff : —E. 5*l*.—Annuo redditu 13s. 4*d*. de terris de Dalcoiff.   i. 156.

(13)   Apr. 20. 1585.
DOMINUS PATRICIUS HEPBURN de Lufnes miles, *hæres* Patricii Hepburn de Wauchtoun, *patris*,—in terris et baronia de Wauchton, continente inter alia terras de Quynterfeild ;—dimidietatem carrucatæ terræ in villa de Cockbrandispeth, cum aliis terris in Hadingtoun :—A. E. 40*l*. N. E. 120*l*.—9 terris husbandiis in territorio de Little Newtoun et dominio de Lauderdaill.—A. E. 5*l*. —N. E. 15*l*.—(Vide Forfar, Aberdeen, Perth, Haddington, Fife, Peebles.)   1. 176.

(14)   Maii 17. 1597.
JOANNES ELLEM, *hæres* Willielmi Ellem, *patris*,—in annuo reditu 10*l*. de terris de Slichthouss infra baroniam de Bonkle.   ii. 87.

(15)   Feb. 26. 1598.
WILLIELMUS COKBURNE de Chowslie, *hæres* Willielmi Cokburne de Chowslie, *avi*,—in terris de Goitrig ;—terris nuncupatis Vicaris-Croft, Hauchis, Langlands, et Comounflat, Vicariæ de Sanct Cudbert in Langtoun spectantibus, in baronia de Langtoun. —E. 9 *m*. 13s. 9*d*.   ii. 64.

(16)   Oct. 24. 1599.
PATRICIUS HOME de Polwart, *hæres* Patricii Home de Polwart, *patris*,—in terris de Channobank, prebendiæ de Strafontanes infra ecclesiam collegiatam de Dunglass fundatæ spectantibus.— E. 4*l*. 3s. 4*d*.   iii. 76.

A

(17) Jun. 10. 1600.
HENRICUS CARMICHAELL de Edram, *hæres* Archibaldi Carmichaell de Edram, *patris*,—in terris de Edram ;—molendino de Edram, infra baroniam de Coldinghame.—E. 16*l.* viii. 285.

(18) Jun. 12. 1600.
ANDREAS BRUNTFIELD, *hæres* Jacobi Brounfield de Pittilis-heuch, *patris*,—in 5 libratis terrarum de Pittilisheuch.—E. 6*l.* 12*s.* 6*d.* ii. 45.

(19) Jul. 10. 1600.
JOANNES ELLEM, *hæres* Petri Ellem, *avi*,—in terris de Butter-dane ;—terris de West Borthuik et Dunsceillis ;—2 terris husbandiis in villa et territorio de Mordingtoun ;—dimidietate terræ husbandiæ in Cokbrandispeth.—A. E. 10*l.* N. E. 20 *m.* ii. 69.

(20) Nov. 20. 1600.
JOANNES BOWMAKER, *hæres* Joannis Bowmaker de Prentonen, *patris*,—in dimidieta teterrarum de Eister Prentonen extendente ad 18 mercatas terrarum :—E. 12*l.*—2 terris husbandiis in villa et territorio de Rentoun et baronia de Coldinghame.—E. 40*s.* ii. 67.

(21) Apr. 29. 1601.
JOANNES HALLYBURTOUN, *hæres* Henrici Halyburtoun de Martoun, *patris*,—in 20 libratis terrarum in villa et territorio de Martoun, in balliatu de Lauderdaill :—E. 20*l.*—10 libratis terrarum nuncupatis Louchflait, Maiddinflait et Prekkendailleis, cum piscationibus in aquis de Tueid et lacu de Mertoun :—E. 10*l.*—Annuo redditu 13*s.* 4*d.* de terris de Dalcoiff ;—3 libratis 16 solidatis 8 denariatis ecclesiasticarum terrarum Vicariæ de Martoun, et gleba earundem, cum decimis garbalibus : E. 4*l.*—Terris de Buchatot, infra balliatum de Lauderdaill.—E. 53*s.* 8*d.* ii. 93.

(22) Maii 15. 1601.
GEORGIUS HERRIOTT de Collelaw, *hæres* Petri Heriott in Leyth, *fratris germani*,—in annuo reditu 20 *m.* de crofta terræ vocata Channonis croft, prope ecclesiam burgi de Lawder, infra burgagium dicti burgi et balliatum de Lauderdaill. ii. 90.

(23) Jun. 11. 1601.
PATRICIUS DIKSOUN, *hæres* Joannis Diksoun de Belchester, *patris*,—in 2 terris husbandiis in Littlethank ;—2 terris husbandiis cum dimidietate terræ husbandiæ in Newtoun ;—3 terris husbandiis cum cottagio in Birgheme, et terra husbandia in Ersiltoun vocata Quheitlawis :—A. E. 40*s.* N. E. 8*l.* 15*s.*—6 terris husbandiis terrarum de Belchester infra comitatum Marchiæ.—E. 6*l.* et 6*s.* 8*d.* in augmentationem. ii. 100.

(24) Jun. 11. 1601.
ALEXANDER TROTTER, *hæres* Alexandri Trotter in Chesteris, *patris*,—in terris vocatis Sandehoilles, Eister Thornendis cum prato ejusdem, Cruik et Bruntrig, cum decimis, in parochia de Fogo :—A. E. 10*s.* N. E. 20*s.*—Annuo redditu 40*l.* de terris de Netherhall et Sisterpath, in parochia prædicta. ii. 112.

(25) Jul. 9. 1601.
PHILLIPPUS NESBIT, *hæres* Georgii Nesbit de Eodem, *patris*,—in terris villæ et territorii de West Nesbit :—A. E. 20 *m.* N. E. 20*l.*—Dimidietate terrarum de Ottirburne :—A. E. 40*s.* N. E. 3*l.*—Terris de Nether Recleuch :—A. E. 5 *m.* N. E. 5*l.*—Terris dominicalibus de Mordingtoun.—A. E. 2 *m.* N. E. 40*s.* ii. 108.

(26) Jul. 9. 1601.
PATRICIUS COKBURNE de Cadra,, *hæres* Alexandri Cokburn de Cadra, *patris*,—in terris de Cadra in parochia de Fogo.—E. 6 *m.* ii. 152.

(27) Oct. 31. 1601.
PATRICIUS HOME, *hæres* Davidis Home de Coldinghamelaw, *patris*,—in 4 terris husbandiis terrarum de Law ;—4 terris husbandiis cum 3 quarteriis aliæ terræ husbandiæ de Hilhend ;—14 terris husbandiis terrarum de Law extendentibus ad 14 mercatas terrarum ;—3 greslandis jacentibus contigue cum dictis terris de Law extendentibus ad 30 solidatas terrarum ;—40 solidatis terrarum vulgo Halcroft nuncupatis ;—20 solidatis terrarum vulgo Armestrangis park vocatis ;—terra cottagia cum 2 acris terrarum præfatis terris de Law contigue adjacentibus, extendente ad 10 solidatas terrarum ;—3 terris husbandiis et dimidietate terræ husbandiæ villæ de Coldinghame, extendentibus ad 46 solidatas et 8 denariatas terrarum ;—terra cottagia in villa de Coldinghame vocata Clinkskaillis, extendentè ad 10 solidatas terrarum et dimidietatem unius cottagiæ in hujusmodi villa, in baronia de Coldinghame.—E. 26*l.* 5*s.* 8*d.* ii. 141.

(28) Mar. 18. 1602.
THOMAS REIDPETH de Eodem, *hæres* Willielmi Reidpeth de Eodem, *patris*,—in terris de Middel Winscheill :—A. E. 5*l.* N. E. 10 *m.*—Terris de Wrounklie cum molendino.—E. 40*d.* ii. 147.

(29) Apr. 6. 1602.
JOANNES CALDCLEUCH, *hæres* Joannis Caldcleuch in Ugstoun, *patris*,—in 43 solidatis 8 denariatis terrarum in villa et territorio de Ugstoun, et balliatu de Lauderdaill.—E. 43*s.* 8*d.* ii. 144.

(30) Maii 13. 1602.
GEORGIUS LYLE de Stanypeth, *hæres* Roberti Lyle, *patris*,—in officio custodiæ silvarum et nemorum de Cokburnspeth, in villa et territorio de Cokburnspeth ;—pasturagio 24 gerssowmes, cum lie wodehennis, et introitu et exitu inter Glenfin et mare.—E. 6*s.* 8*d.* iv. 356.

(31) Aug. 4. 1602.
MARGARETA LYCHTBODIE, *hæres* Alexandri Lychtbodie burgensis de Lauder, *avi*,—in tenemento in burgo de Lawder.—E. 3 *nummi.* ii. 183.

(32) Aug. 5. 1602.
ROBERTUS SMYTH burgensis de Lawder, *hæres* Roberti Bathcat, *filii sororis matris*,—in tenemento in burgo de Lawder.—E. 3 *nummi.* iii. 6.

(33) Aug. 11. 1602.
GEORGIUS HEREOT de Colelaw, *hæres* Petri Hereot incolæ villæ de Leyth, *fratris*,—in annuo redditu 24 *m.* de terris ecclesiasticis de Legertwode.—A. E. 5*s.* N. E. 40 *nummi.* ii. 171.

(34) Oct. 21. 1602.
WILLIELMUS LAWSOUN in Fogo, *hæres* Joannis Lawsoun burgensis de Edinburgh, *fratris germani*,—in 4 mercatis terrarum de Beinrig in baronia de Coldinghame.—E. 6 *m.* ii. 171.

(35) Nov. 24. 1602.
DAVID TULLOCH, *hæres* Johannis Tulloch fabri lignarii ac burgensis Vici canonicorum, *patris*,—in 2 tenementis infra burgum de Lawder.—E. 6 *nummi.* iii. 13.

(36) Mar. 10. 1603.
WILLIELMUS AUCHINCRAW, *hæres* Georgii Auchincraw de Netherbyre, *patris*,—in 2 bovatis terrarum vulgo Oxingait of land jacentibus in Flemingtoun, *alias* Netherbyretoun, Reidhall, Flemingtoun-Flures, *alias* Netherbyre, cum una lie Langrig et columbario, infra baroniam de Coldinghame :—E. 40 *nummi* vel *denarii.*—4 terris husbandiis in villa et territorio de Nether Aitoun infra baroniam prædictam ;—4 terris husbandiis de Flemingtoun-Fleures, *alias* Netherbyre ;—4 terris husbandiis de Reidhall in baronia de Flemingtoun, *alias* Nether Aitoun.—E. 5*s.* iii. 21.

(37) Jul. 28. 1603.
JOANNES HOME de Blacader, *hæres* Beatricis Blacader, *aviæ*,—in dimidietate terrarum et baroniæ de Blacader.—A. E. 50*l.* N. E. 70*l.* iii. 33.

(38) Jul. 28. 1603.
ROBERTUS HOME in Skaitbieburne, *hæres masculus et talliæ* Alexandri Home in Corsgait de Coldingbame, *filii fratris*,—in 3 terris husbandiis et dimidietate terræ husbandiæ cum 2 cottagiis, in villa et territorio de Coldinghame.—E. 46*s.* 8*d.* iii. 35.

(39) Jul. 28. 1603.
JEANNA HOME, *hæres* Alexandri Home in Corsgait de Coldingham, *patris*,—in una cottagia terræ in Rykilside de Coldingham, cum 2 acris terræ ad dictam cottagiam spectantibus, in territorio de Coldingham ;—altera cottagia, cum ruda terræ quæ est cauda ejusdem, jacente in Boganegreen de Coldingham ;—4 rigis jacentibus in Halbank :—E. 8*s.* 4*d.*—Terris Hairbank vulgo vocatis cum horreo et torrili in villa de Coldingham :—E. 21*s.* 4*d.*—Cottagia in dicta villa de Coldingham.—E. ...... iii. 35

(40) Mar. 15. 1604.
JOANNES GRAY, *hæres* Thomæ Gray in Eyemouth, *patris*,—in 2 terris husbandiis, et 2 terris cottagiis, cum dimidietate terræ cottagiæ in villa et territorio de Eyemouth, baronia de Coldingham et balliatu de Berwik.—E. 30*s.* 1*d.* &c. iii. 96.

(41) Mar. 15. 1604.
JOHANNES HOME de Blacader senior, *hæres* Johannis Home de Blacader, *avi*,—in terris de Fischwik, lacubus et piscationibus in aqua et fluvio de Tweda ;—promontorio Sanctæ Ebbæ vulgo Sanct Ebbisburgh, in baronia de Coldingham.—E. 95*l.* 13*s.* 4*d.* iii. 143.

(42) Jun. 20. 1604.
ANDREAS ROBSONE, *hæres* Joannis Robsone de Glediswode, *patris*,—in 40 solidatis terrarum de Glediswodè, in villa et territorio de Glediswode et balliatu de Lauderdaill.—E. 40*s.* &c. iii. 91.

(43) Aug. 2. 1604.
ALEXANDER HAMILTOUN de Innerweik, *hæres* Alexandri Hamiltoun de Ihnerweik, *patris,*—in terris et villa de Ecklis extendentibus ad 16 terras husbandias;—terris dominicalibus de Ecclis extendentibus ad 16 terras husbandias cum molendino infra dominium de Ecclis.—E. 42*l*. 6*s*. 8*d*. iii. 96.

(44) Oct. 25. 1604.
JACOBUS HOME filius quondam Willielmi Home in Eyemouth; *alias* Blak William, *hæres masculus et talliæ* Alexandri Home in Coldingham *filii patrui,*—in 3½ terris husbandiis et 2 cottagiis, quarum 2 terræ husbandiæ et 2 cottagiæ in Skaitbeburne, et 1½ husbandia terra in Rikilside, in villa et territorio de Coldingham.—E. 46*s*. 8*d*. et 3*s*. 9*d*. et 8*s*. 8*d*. in augmentationem. iii. 97.

(45) Jan. 10. 1605.
WILLIELMUS SPENS, *hæres* Ricardi Spens de Chirnesyde Mains, *patris,*—in 5 libratis terrarum de Chyrneside Mains, in villa et territorio de Chirnesyde:—E. 5*l*.—4 libratis terrarum et octava parte dimidiæ octavæ partis dimidiæ libratæ terrarum de Hardens.—E. 4*l*. iii. 123.

(46) Mar. 28. 1605.
RICARDUS EDZER, *hæres* Oliveri Edzer, *patris,*—in duabus terris husbandiis in Bassendane vocatis Duncelands, in villa et territorio de Bassendane:—A. E. 40*s*. N. E. 5*m*.—Dimidietate mercatæ terræ antiqui extentus in villa et territorio de Wowstruther.—A. E. 40 *nummi*. N. E. 6*s*. 8 *nummi*. iii. 125.

(47) Mar. 28. 1605.
RICHARDUS EDZER filius legitimus quondam Oliveri Edzer in Flas, *hæres* Ricardi Edzer, *avi,*—in terris de Hountrodlandis.—E. 30*s*. 8 *nummi*. iii. 125.

(48) Apr. 3. 1605.
PATRICIUS HEPBURNE de Wauchtoun, *hæres* Patricii Hepburne de Lufnes militis, domini de Wauchtoun, *patris,*—in dimidietate carrucatæ terræ in villa et territorio de Cockbrandispeth, cum aliis terris in vicecomitatibus de Haddington et Fife.—A. E. 40*l*. N. E. 120*l*.—Terris de Quhinkerstanes in baronia de Haillis.—A. E. 30*s*. N. E. 6*l*.—(Vide Haddington, Fife, Perth, Kincardine, Aberdeen.) iii. 160.

(49) Apr. 11. 1605.
ALEXANDER WODE, *hæres* Willielmi Wode portionarii de Hutoun, *patris,*—in tertia parte 4 libratarum terrarum in dominio de Hutoun.—E. 26*s*. 8 *nummi*. iii. 133.

(50) Apr. 19. 1605.
JOHANNES SPOTISWODE, *hæres* Willielmi Spotiswode de Eodem, *fratris germani,*—in 9 terris husbandiis in villa de Raufburn.—A. E. 4*l*. N. E. 12*l*. iv. 125.

(51) Apr. 19. 1605.
JOHANNES SPOTTISWODE de Eodem, *hæres* Willielmi Spotiswode de Eodem, *fratris germani,*—in 5 libratis terrarum antiqui extentus de Spottiswode, in dominio de Thirlstane, regalitate ejusdem et balliatu de Lauderdaill per annexationem.—A. E. 5*l*. N. E. 15*l*. iii. 158.

(52) Maii 10. 1605.
MARGARETA HAMILTOUN, *hæres portionaria* Joannis Hamiltoun de Sanct Johnis Chapell, *patris,*—in terris de Sanct Johnis Chapell :—E. 8*l*.—Quarta parte villæ et terrarum de Caidislie et Haggis, in balliatu de Lauderdaill :—E. 6*l*.—Molendino granario de Birkinsyde, cum terris molendinariis et multuris villæ et terrarum de Birkinsyde.—A. E. 3*s*. 4*d*. N. E. 13*s*. 4*d*. iii. 135.

(53) Maii 10. 1605.
MARIA HAMILTOUN, *hæres portionaria* Johannis Hammiltoun de Saint Johnis Chapell, *patris*—in prædictis terris et molendino. iii. 136.

(54) Maii 10. 1605.
JEANNA HAMILTOUN, *hæres portionaria* dicti Joannis Hammiltoun, *patris,*—in prædictis terris et molendino. iii. 136.

(55) Maii 14. 1605.
DOMINUS GEORGIUS TOURIS de Garmeltoun miles, *hæres* Joannis Touris de Innerleyth, *patris,*—in annuo redditu 40*l*. de villa et terris de Fischevik ;—annuo redditu 86*l*. 13*s*. 4*d*. de terris de Quhitchester, in baronia de Caldstreime ;—annuo redditu 20*l*. de prefatis terris de Quhitchester.—(Vide Edinburgh, Haddington, Fife.) iv. 10.

(56) Maii 16. 1605.
MAGISTER THOMAS CRANSTOUN de Moreistoun, *hæres* Johannis Cranstoun de Moreistoun, *patris,*—in 20 solidatis terrarum de Wester Moriestoun in parochia de Ligertwod et infra vicecomitatum de Renfrew per annexationem :—E. 43*s*. 4*d*.—Terris de Moreistoun :—E. 4 *m*. 10*s*.—Terris de Todrik extendentibus ad 10 terras husbandias, cum terra husbandia vocata Boswall's Land, in orientale parte villæ de Home super lie Burrig, in baronia de Home :—E. 12*l*.—Terris de Rummilton-law extendentibus ad 8 terras husbandias in dominio de Gordoun :—E. 17 *m*.—Terris ecclesiasticis de Legertwode cum decimis.—E. 33*s*. 4*d*. iii. 133.

(57) Maii 30. 1605.
BARTOLOMEUS HOME, *hæres* Georgii Home in Horneden, *patris,*—in dimidietate 3 terrarum husbandiarum, in villa et territorio de Hornden, et privilegio fodiendi lie dayiswark truffes super morum de Hutoun annuatim.—E. 40*s*. iii. 142.

(58) Aug. 29. 1605.
JOHANNES ELLIM de Butterdene, *hæres* Petri Ellem de Butterdene; *avi,*—in 3 terris husbandiis in villa et territorio de West Restoun et baronia de Coldingham ;—2 tenementis in Crocegait de Coldingham :—E. 40*s*. &c.—Tenemento in dicto Crocegait :—E. 3*s*. &c.—Terra husbandia cum diversis cottagiis et una cottagia terræ in West Restoun, in baronia de Coldinghame :—E. 26*s*. 8*d*.—Tenemento vocato Ladyhous cum horto, in Coldingham.—E. 2*s*. iii. 148.

(59) Apr. 3. 1606.
JOANNES RENTOUN de Billie, *hæres* Davidis Rentoun de Billie, *patris,*—in terris de Billie cum molendino, in baronia de Boncle et Prestoun.—A. E. 10*l*. N. E. 20*l*. iii. 177.

(60) Jun. 5. 1606.
WILLELMUS BROWN de Flemyngtoun, *hæres* Willelmi Broun de Flemyngtoun, *patris,*—in 4 terris husbandiis de Flemyngtoun vulgo nuncupatis Brounslandis, in baronia de Coldinghame.—A. E. 4 *m*. N. E. 8 *m*. iii. 191.

(61) Jul. 17. 1606.
JOANNES BROUNFEILD, *hæres* Katherinæ Cokburne, *matris,*—in annuo redditu 20 *m*. de duabus terris husbandiis in villa et territorio de Chirnsyde, in warrantum terrarum de Nynwellis.— iii. 224.

(62) Jul. 29. 1606.
MAGISTER THOMAS CRANSTOUN, *hæres* Johannis Cranstoun de Morestoun, *patris,*—in terris de Burnecastell in dominio de Lauderdaill :—E. 3*l*. 6*s*. 8*d*.—Quarta parte terrarum de Cadislie et Hagis in balliatu de Lauderdaill :—E. 6*l*. &c.—Terris de Ernescleuche, cum terris et domo vulgariter nuncupatis Fosterisheuche, cum nemore vocato Bellybus aut Haininghauche, et illa parte terrarum de Egrope contigue adjacente cum terris de Ernescleuche, in dominio de Thirlstane et regalitate ejusdem.—E. 9*l*. 10*s*. iv. 68.

(63) Nov. 4. 1606.
WILLIELMUS COMES DE MORTOUN, dominus de Dalkeith, &c. *hæres* Willielmi comitis de Mortoun, domini de Dalkeith, *avi,*—in terris et baronia de Mordingtoun, cum advocatione ecclesiarum de Mordingtoun et Longformacus.—A. E. 3*l*. N. E. 12*l*.—(Vide Edinburgh, Linlithgow, Haddington, Fife, Peebles, Lanark, Perth, Kirkcudbright, Dumfreis.) iv. 308.

(64) Mar. 4. 1607.
JACOBUS LAWSOUN de Humby, *hæres* Jacobi Lawsoun de Humby, *patris,*—in terris de Over Hertsyde in balliatu de Lawderdaill.—A. E. 40*s*. N. E. 8*l*.—(Vide Haddington.) iv. 89.

(65) Mar. 4. 1607.
JACOBUS LAWSOUN de Humby, *hæres* Richardi Lawsoune de Humby, *abavi,*—in annuo redditu 5 *m*. de quarta parte villæ et terrarum de Nether Heartsyde, in dominio de Lauderdaill. iv. 92.

(66) Apr. 21. 1607.
ROBERTUS COMES DE WINTOUN, *hæres* Georgii domini Setoun, *avi,*—in terris de Hartisheid et Clintis.—A. E. 5*l*. N. E. 20*l*.—(Vide Hadington.) iii. 256.

(67) Jul. 23. 1607.
JOANNES AITOUNE, *hæres* Joannis Aitoune burgensis de Hadingtoun, *patris,*—in annuo redditu 24 *m*. de terris de Spottiswod. iv. 460.

(68) Aug. 18. 1607.
PATRICIUS MONYPENNY de Pilrig, *hæres* Magistri Archibaldi Monypennie feodatarii de Pilrig, *patris,*—in terris de Nether Edmersdane :—A. E. 5*l*. N. E. 10*l*.—Terris de Over Edmersdane.—A. E. 10 *m*. N. E. 20 *m*.—(Vide Haddington, Edinburgh.) iv. 93.

(69)   Aug. 25. 1607.

DAVID MAKGILL, *hæres* Magistri Davidis Makgill de Cranstounriddell, unius ordinariorum senatorum Collegii Justiciæ, *patris*,—in terris de Raufburne, et superioritate earundem :—A. E. 5*l.* N. E. 15*l.*—Terris de Nisbetscheillis, et illa speciali parte earundem vulgo appellata Quhinrig.—A. E. 33*s.* 4*d.* N. E. 5*l.* (Vide Haddington, Linlithgow, Edinburgh.)   iv. 99.

(70)   Aug. 27. 1607.

ALEXANDER CRANSTOUN de Moreistoun, *hæres* Magistri Thomæ Cranstoun de Moreistoun, *patris*,—in 20 solidatis terrarum de Wester Moreistoun, in parochia de Legertwode et vicecomitatu de Renfrew per annexationem :—E. 43*s.* 4*d.*—Terris de Moreistoun : —E. 4 *m.* 10*s.*—Terris de Todrig extendentibus ad 10 terras husbandias, cum terra husbandia vocata Boswellisland in orientali parte villæ de Home, in baronia de Home :—E. 12*l.*—Terris de Rummiltounlaw extendentibus ad 8 terras husbandias in dominio de Gordoun.—E. 17 *m.*   iv. 94.

(71)   Sep. 4. 1607.

ALEXANDER CRANSTOUN de Moreistoun, *hæres* Joannis Cranstoun de Morestoun, *avi*,—in terris de Ernescleuch ;—terris et domo vulgariter nuncupatis Foisters-hauche, cum nemore vocato Bellibus aut Haininghauche, et illa parte terrarum de Egrope contigue adjacente cum terra de Erniscleuche, in dominio de Thirlestane.—E. 9*l.* 10*s.*   iv. 95.

(72)   Sep. 4. 1607.

ALEXANDER CRANSTOUN de Moreistoun, *hæres* Magistri Thomæ Cranstoun de Moreistoun, *patris*,—in terris de Burnecastell in dominio de Lauderdaill :—E. 3*l.* 6*s.*—Quarteria terrarum de Kaidislie et Haggis, in balliatu de Lauderdaill.—E. 6*l.* &c.   iv. 96.

(73)   Oct. 13. 1607.

JACOBUS HEREOT, *hæres* Jacobi Hereot de Trabroun, *patris*, —in terris de Trabroun, in balliatu de Lauderdaill.—A. E. 10*l.* N. E. 30*l.*   iv. 107.

(74)   Dec. 30. 1607.

JOANNES CARNECROCE, *hæres* Caroli Carncroce in Reidpeth, *patris*,—in 3 terris husbandiis cum tenementis et pastura in communia de Erslingtoun, in dominio et regalitate de Melross.— E. 3*l.* 6*s.* 8*d.*   iv. 126.

(75)   Mar. 31. 1608.

PATRICIUS CRANSTOUN, *hæres* Thomæ Cranstoun de Corsbie, *patris*,—in terris baroniæ de Bownne :—E. 26*l.* 10*s.*—Terris de Adinstoun.—E. 30*s.*   iv. 153.

(76)   Maii 5. 1608.

DOMINUS PATRICIUS HOME de Aytoun miles, *hæres* Georgii Home de Aytoun, *patrui*,—in terris et villa de Aytoun subscriptis, viz. 4 carrucatis terrarum in villa et territorio de Aytoun superiore;— bovata terræ in Quheitfeild ;—terra husbandia in dicta villa superiore de Aytoun :—A. E. 33*s.* 4*d.* N. E. 3*l.* 6*s.* 8*d.*—Terris de Hunwode extendentibus ad 6 mercatas terrarum ;—14½ terris husbandiis in dicta villa de Aytoun :—E. 22 *m.*—Terris dominicalibus de Aytoun, extendentibus ad 12 mercatas terrarum :—E. 13 *m.*— Terris ecclesiasticis de Blakhill :—E. 3*l.* 12*s.*—Dimidietate quintæ partis 4 terrarum husbandiarum de Blakhill, omnibus in baronia de Coldynghame :—E. 10*s.*—2 terris husbandiis de Duns vocatis Cheiklaw :—E. 53*s.* 4*d.*—12 terris husbandiis in villa et territorio de Hassingtoun.—A. E. 6*l.* N. E. 12*l.*   iv. 163.

(77)   Jul. 14. 1608.

DOMINUS JOANNES HOME de Blacader, *hæres* Joannis Home de Blacader, *patris*,—in dimidietate terrarum et baroniæ de Blacader :—E. 10*l.*—5½ terris husbandiis villæ et terrarum de Adincraw vocatis Hetland, Cauldland, Pleland, Orchardland et Marieland, in baronia de Coldynghame.—E. 5*s.* 10*d.*   iv. 191.

(78)   Jul. 14. 1608.

DOMINUS JOANNES HOME de Blacader miles, *hæres* Joannis Home de Blacader, *proavi*,—in terris de Fischuik, cum lacubus et piscationibus earundem super aquam et flumen de Tueda, cum promontorio de Sanct Ab, vulgo nuncupato Sanct Ebbisburgh, in baronia de Coldynghame.—E. 95*l.* 13*s.* 4*d.*   iv. 239.

(79)   Nov. 3. 1608.

WILLIELMUS COKBURNE, *hæres* Gulielmi Cokburne de Eodem, *patris*,—in terris de Mayscheill.—E. 10 *m.*   iv. 200.

(80)   Apr. 13. 1609.

ALEXANDER CRANSTOUN de Moreistoun, *hæres* Cuthberti Cranstoun de Thirlestane manis, *proavi*,—in terris de Birkensyde vocatis Cranstounlands.—E. 26*s.* 8*d.*   iv. 226.

(81)   Maii 4. 1609.

ROBERTUS SINCLAIR de Langformacus, *hæres* Matthei Sinclair de Langformacus, *patris*,—in terris de Langformacus.—A. E. 6*l.* N. E. 27*l.* 6*s.* 8*d.*   iv. 323.

(82)   Maii 18. 1609.

GEORGIUS EDZER, *hæres* Roberti Edzer, *patris*,—in terra husbandia in villa de Grueldykis, in parochia de Duns.—A. E. 13*s.* 4*d.* N. E. 20*s.*   iv. 235.

(83)   Maii 31. 1609.

JACOBUS HAIG, *hæres* Andreæ Haig de Bemoursyde, *avi*,—in terris de Bemoursyd extendentibus ad 10 libratas terrarum antiqui extentus, cum piscatione super aquam de Tweed, infra balliatum de Lauderdaill.—E. 10*l.*   iv. 272.

(84)   Jul. 19. 1609.

MARGARETA BOWMAKER sponsa Jacobi Scoular in Huttoun, *hæres portionaria* Georgii Bowmaker in Huttoun, *patris*,—in dimidietate 2 terrarum husbandiarum trium terrarum husbandiarum nuncupatarum Heretadge, ex occidentali latere villæ de Huttoun.— A. E. 16*s.* N. E. 24*s.*   xix. 363.

(85)   Aug. 10. 1609.

ROBERTUS HOME de Corsrig, *hæres* Thomæ Home de Corsrig, *patris*,—in 2 terris husbandiis vicariæ de Fischuik spectantibus, in villa et territorio de Fischwik, cum decimis salmonum piscariæ 6 cimbarum lie cobillis super aqua de Tweid, in baronia de Coldinghame.—E. 12*l.*   iv. 259.

(86)   Oct. 11. 1609.

MAGISTER RICARDUS KENE, *hæres* Magistri Joannis Kene scribæ signeto regio, *patris*,—in terris ecclesiasticis de Littil Newtoun :—E. 36*s.*—Terris ecclesiasticis de Nanthorne :—E. 48*s.*— Terris ecclesiasticis de Gordoun :—E. 4*l.* 16*s.*—Terris ecclesiasticis de Grenelaw :—E. 3*l.* 4*s.*—Terris ecclesiasticis de Simprene :—E. 48*s.*—Terris ecclesiasticis de Home :—E. 4*l.* 16*s.*—Terris de Bellishill :—E. 48*s.*—Terris de Gyrig :—E. 24*s.*—Terris de Brigend :— E. 3*l.*—Molendino de Fogo :—E. 4*l.* 16*s.*—(Vide Roxburgh, Selkirk, Dumfreis, Peebles, Lanark.)   iv. 286.

(87)   Dec. 7. 1609.

JOANNES NESBIT de Swannsfeild, *hæres* Philippi Nesbit de Swanisfeild, *patris*,—in 16 mercatis terrarum in villa et territorio de Paxtoun ;—20 mercatis piscationum super aquam de Tweda ;— 5 mercatis terrarum et terra cottagia in villa et territorio de Adincraw (vel Auchincraw) ;—3 mercatis terrarum in villa et territorio de Lethem.—E. 44 *m.* 4*s.*   iv. 266.

(88)   Maii 10. 1610.

ROBERTUS SINCLAIR de Langformacus, *hæres ex conquestu* Jacobi Sinclair, *fratris germani immediate junioris*,—in terris de West Borthuik et Dunscheillis.—E. 4*l.*   iv. 324.

(89)   Maii 10. 1610.

GEORGIUS HEPBURNE, *hæres* Magistri Patricii Hepburne olim in Cranschawis, *patris*,—in terris de Newtoun de Quhytsum cum cottagia earundem, extendentibus ad 10 terras husbandias.— E. 11*l.*   iv. 338.

(90)   Maii 17. 1610.

PATRICIUS CRAW, *hæres* Willelmi Craw portionarii de Swounwod, *patris*,—in 4 terris husbandiis villæ et terrarum de WestRestoune in villa et territorio de West-Restoune, et baronia de Coldinghame :—E. 4 *m.* et 2*s.* 8*d.* pro castri wardis, &c.—Dimidietate 4 terrarum husbandiarum in villa et territorio de Swounwod et baronia predicta :—E. 43*s.*—Dimidia parte 4 terrarum husbandiarum in villa et territorio de Swinwode :—E. 40*s.*—2 terris husbandiis 5 terrarum husbandiarum, et dimidietatis terræ husbandiæ in dicta villa et territorio :—E. 26*s.* 8*d.*—2 terris husbandiis 16 terrarum husbandiarum in Swounwod :—E. 26*s.* 8*d.*—Terra husbandia cum dimidietate terræ husbandiæ nuncupata de Wodland, in villa et territorio de West-Restoun.—E. 20*s.*   iv. 322.

(91)   Jun. 7. 1610.

DOMINUS PATRICIUS HOME miles, *hæres* Georgii Home de Aytoun, *patrui*,—in terris ecclesiasticis ecclesiæ parochialis de Ellem, viz. terris de Birkensyde, Kydcleuche, et Peilheuche.—E. 27 *m.* 6*s.* 8*d.*   iv. 440.

(92)   Jul. 19. 1610.

GEORGIUS HOPPRINGLE de Blindlie, *hæres* Roberti Hoppringle, *patrui*,—in terris de Doddis in baronia de Bowne.—E. 30*s.*   iv. 364.

(93)   Sep. 11. 1610.

JONETA HERIOT de Aras, *hæres* Thomæ Heriot de Aras, *avi*,—in 2 mercatis terrarum de Ugstoun vulgo Pikkilraw, in villa et territorio de Ugstoun et balliatio de Lauderdaill.—E. 2 m.   iv. 387.

(94)   Sep. 11. 1610.

JONETA HERIOT de Aras, *hæres* Thomæ Heriot de Aras, *avi*, —in 2 mercatis terrarum de Ugstoun vulgo Pikkelraw, in villa et territorio de Ugstoun et balliatu de Lauderdaill.—E. 2 m.   iv. 436.

(95)   Oct. 4. 1610.

JOANNES ELLEM de Butterdane, *hæres* Joannis Ellem, *patrui*,—in terris et baronia de Butterdane ;—terris de West Borthwik in baronia de Butterdane.—E. 18 m.   iv. 382.

(96)   Nov. 8. 1610.

PATRICIUS AUCHINCRAW de Heucheid, *hæres* Willelmi Auchincraw, *avi*,—in tenemento terræ seu cottagio vocato Heucheid, in villa et territorio de Swounwod.—E. 3s.   iv. 414.

(97)   Feb. 1. 1611.

PATRICIUS HOME de Polwart, *hæres* Domini Patricii Home de Polwart militis, *patris*,—in dimidietate terrarum de Polwart ; —dimidietate villæ de Polwart et molendini ejusdem vocati Reidbrayis mylne, continente occidentales terras dominicales de Polwart vocatas Reidbrayis, cum jure patronatus ecclesiæ parochialis de Polwart alternis vicibus, unitis in baroniam de Reidbrayis :— A. E. 5l. N. E. 20l.—Terris de Hardenis ;—terris de Birgemscheillis extendentibus ad 30 mercatas terrarum ;—2 terris husbandiis in villa de Graden nuncupatis Bankheid ;—dimidietate terrarum de Haitschaw infra balliatum de Lauderdaill, cum aliis terris in Roxburgh, unitis in tenendriam de Hardens :—A. E. 13l. 13s. 4d. N. E. 46l. 13s. 4d.—4 terris husbandii de Eisterlawis de Quhitsum :— A. E. 20s. N. E. 4l.—Dimidietate terrarum de Kimmerghame cum dimidietate molendini, infra dominium et regalitatem de Bonclle et Prestoun :—A. E. 5l. N. E. 20l.—Terris de Channonbank ad præbendam de Strafontane, infra ecclesiam collegiatam de Dunglas fundatam, spectantibus :—E. 4l. 3s. 4d.—Terris de Carculanrig *alias* Kingisrig, infra balliatum de Lauderdaill.—E. 40s.—(Vide Roxburgh.)   iv. 417.

(98)   Jul. 14. 1614.

ROBERTUS LAUDER de Eodem, *hæres* Roberti Lauder de Eodem, *patris*,—in terris forestæ de Lauder, cum dimidietate molendini grandarii et integro molendino fullonum, in dominio de Lauderdaill, extendentibus ad 5 libratas terrarum antiqui extentus : —E. 5l.—5 libratis terrarum in villa de Dalcoiff :—E. 5l.—Annuo redditu 13s. 4d. de terris de Dalcoif in balliatu de Lauderdaill.   vi. 20.

(99)   Sep. 21. 1615.

JOANNES RENTOUN de Billie, *hæres* Davidis Rentoun de Billie, *patris*,—in terris et baronia subscriptis, viz. terris dominicalibus de Lamertoun ;—terris et villa de Lamertoun ;—terris de Scheillis cum molendino ;—terris de Cranslaid ;—terris de Ros ;— terris de Hungorhous ;—terris de Abchester vocatis baronia de Lammertoun, extendentibus ad 10 terras husbandias in baronia de Coldinghame :—E. 36l.—4 terris husbandiis in villa et territorio de Rentoun infra baroniam prædictam :—E. 4l.—3½ terris husbandiis in villa et territorio de West Restoun infra baroniam prædictam :—E. 3l. 10s.—3 terris husbandiis in villa et territorio de Auchincraw :—E. 3l.—6 terris husbandiis, cum 2 lie Coitlandis in villa et territorio de Auchincraw, et baronia præscripta.—E. 6l.   vi. 88.

(100)   Sep. 21. 1615.

JOANNES RENTOUN de Billie, *hæres* Joannis Rentoun de Billie, *avi*,—in terris subscriptis, viz.—10 terris husbandiis terrarum de Billie et molendino, in baronia et regalitate de Bonclle :—E. 10l. —5 terris ecclesiasticis de Dunglas, prebendæ de Barnesyde spectantibus, in villa de Auchincraw et baronia de Coldinghame :—E. 5l. 6s. 8d.—1½ terra husbandia ac pecia terræ vocata Braidaker, jacente ut supra :—E. 31s.—Terra husbandia vocata Killaid jacente ut prædictum est.—E. 20s.   vi. 89.

(101)   Nov. 7. 1615.

ROBERTUS LAWDER de Murcleuch, *hæres* Jacobi Lawder de Murcleuch, *patris*,—in terris de Murcleuch in balliatu de Lawderdaill.—A. E. 20s. N. E. 3l.   vi. 122.

(102)   Jul. 11. 1616.

JOANNES NISBITE de Suanisfeild, *hæres* Philippi Nisbite de Swanisfeild, *patris*,—in dimidietate quarteriæ seu quartæ partis tertiæ partis terrarum de Paxtoun, infra villam et territorium de Paxton.—E. 26s. 8d.   vi. 106.

(103)   Jul. 24. 1616.

ROBERTUS COMES DE LOWTHIANE, *hæres* Marci Comitis de Lowthiane, domini Newbottle, *patris*,—in 4 terris husbandiis

---

et 2 terris cottagiis villæ et terrarum de Nenthorne, extendentibus ad dimidietatem quartæ partis prædictarum terrarum in balliatu de Lauderdaill.—E. 25s.   vi. 119.

(104)   Nov. 28. 1616.

GEORGIUS JHONSTOUN in Prestoun, *hæres* Niniani Jhonstoun in Prestoun, *patris*,—in quinta parte terræ husbandiæ in villa et territorio de Aitoun et baronia de Coldingham.—E. 4s.   vi. 164.

(105)   Apr. 10. 1617.

DAVID HOME de Wedderburne, *hæres* domini Georgii Home de Wedderburne militis, *patris*,—in terris de Wedderburne :— A. E. 4l. N. E. 12l.—Terris et baronia de Hiltoun cum advocatione ecclesiæ de Hiltoun :—A. E. 8l. N. E. 32l.—Dimidietate terrarum de Kimmerghame et molendini ejusdem, in baronia de Bonkle :—A. E. 10l. N. E. 20l.—Villa et terris de Qubitsum :— A. E. 5l. N. E. 10l.—Terris ecclesiasticis de Quhitsum extendentibus ad 4 terras husbandias :—E. 8 m.—Piscatione super aquam de Tweid :—E. 20l. 3s. 4d.—Terris de Handaxwode in foresta de Dy : —E. 48s.—Terris de Ketlescheill et Drowscheill :—A. E. 40s. N. E. 4l.—2 terris husbandiis in Darnchester.—E. 43s. 4d. vi. 246.

(106)   Maii 1. 1617.

MARGARETA NISBET, *hæres* Joannis Nisbet de Swanisfeild, *fratris germani*,—in 16 mercatis terrarum in villa et territorio de Paxtoun ;—20 mercatis piscationum super aqam de Tweid ;—5 mercatis terrarum et una terra cottagia, in villa et territorio de Auchincraw ;—3 mercatis terrarum in villa de Lethim ;—E. 44 m. 4s.—16 mercatis terrarum in Auchincraw.—E. 16 m.   vi. 241.

(107)   Maii 20. 1617.

JEANNA, ALISONA, ET MARGARETA FRENCHES, *hæredes portionariæ* Roberti Frenche de Thorne-Dykis, *patris*,—in terris de Thorne-Dykis.—A. E. 20 m. N. E. 25 m.—(Vide Haddington.)   vi. 239.

(108)   Maii 22. 1617.

ADAMUS TUNNO de Hairheuch, *hæres* Alexandri Tunno de Hairheuch, *patris*,—in terris de Hairheuch in baronia de Home. —A. E. 50s. N. E. 53s. 4d.   xiii. 193.

(109)   Aug. 14. 1617.

JACOBUS DICKSONE de Herdrig, *hæres* Alexandri Dicksone de Herdrig, *patris*,—in 10 mercatis terrarum vocatis Herdrig in dominio de Mersingtoun ;—5 mercatis terrarum in dominio de Birghame.—A. E. 15 m. N. E. 18 m.   vii. 6.

(110)   Nov. 27. 1617.

PATRICIUS COKBURNE de Eist Borthuik, *hæres* Patricii Cokburne de Eist Borthuik tutoris de Langtoun, *patris*,—in 40 solidatis terrarum de Eist Borthuik in parochia de Duns.—E. 40s.   vii. 2.

(111)   Dec. 17. 1617.

JACOBUS HAIG de Bemersyde, *hæres* Roberti Haig de Bemersyde, *patris*,—in terris de Hissildans in baronia de Hermestoune, dominio de Carfra et balliatu de Lawderdaill.—A. E. 10s. N. E. 40s.   vii. 12.

(112)   Jul. 23. 1618.

JACOBUS SINCLAIR de Langfurmagus, *hæres* Jacobi Sinclair fratris germani Roberti Sinclair de Langfurmagus, *patrui*,—in umbrali dimidietate terrarum vocatarum Ros, infra baroniam de Coldinghame.—E. 26s. 8d.   vii. 96.

(113)   Aug. 13. 1618.

DOMINUS DAVID HOME de Wedderburne miles, *hæres* Domini Georgii Home de Wedderburne, militis, *patris*,—in terris de Ramrig et Greinsyde, in baronia de Upsetlingtoun.—A. E. 5l. N. E. 10l.   vii. 84.

(114)   Nov. 5. 1618.

ELIZABETHA SPENS, *hæres* Willielmi Spens de Chirnesydemaynis, *fratris germani*,—in 5 libratis terrarum vocatis Chyrnesydmaynis, in villa et territorio de Chyrnesyde :—E. 5l.—4 libratis terrarum et octava parte dimidiæ octavæ partis dimidiæ libratæ terrarum de terris de Hardens.—E. 4l.   vii. 173.

(115)   Dec. 10. 1618.

JOHANNES AUCHINCRAW, *hæres* Johannis Auchincraw portionarii de Eodem, *patris*,—in 6 terris husbandiis vocatis Caldlandis :—E. 6 m.—Terris vocatis Killandis in villa et territorio de Auchincraw et baronia de Coldinghame.—E. 20s.   vii. 127.

(116)   Jul. 10. 1619.

MAGISTER JACOBUS M'GILL, *hæres* Davidis M'Gill de Cranstoun-riddell, *fratris germani*,—in villa et terris de Rawfburne ;—A. E. 5l. N. E. 15l.—terris de Nisbetschilles cum mo-

B

lendino, et parte earundem appellata Quhinrig.—A. E. 33s. 4d.
N. E. 5l.—(Vide Edinburgh, Hadington, Linlithgow.)   vii. 146.

(117)   Jan. 13. 1620.
JACOBUS RUCHEAD, *hæres* Thomæ Rucheid mercatoris ac burgensis de Edinburgh, *patris*,—in terris dominicalibus orientalibus de Hassingtoun vocatis Hardaikeris, infra comitatum Marchiæ.
—E. 5l.   viii. 221.

(118)   Apr. 6. 1620.
JEANNA HOME sponsa Magistri Alexandri Home ministri verbi Dei apud Aittoun, *hæres* Alexandri Home in Coldinghame, *patris*,—in terris arabilibus in Coldinghame subscriptis, viz. acra nuncupata Langlands-aiker;—3 perticatis vulgo nuncupatis Lady-rig;—2 partibus earundem nuncupatis Milnesyid;—acra nuncupata Fluirdensyde;—3 perticatis terræ nuncupatis Steill;—acra terræ in Eymouth vocata Mylneland;—2 partibus earundem cum domo nuncupata Ladiehous, et horto in villa de Coldinghame;—altera domo in dicta villa; omnibus jacentibus in villa, territorio et baronia de Coldinghame, cum decimis; quæquidem terræ, &c. capellano altaris beatæ Mariæ Virginis olim pertinuerunt.—E. 13s.   vii. 220.

(119)   Jul. 20. 1620.
JOANNES HARDIE de Kaidislie, *hæres* Allani Hardie portionarii de Kaidislie, *patris*,—in quarta parte terrarum de Caidislie et Haggis, in balliatu de Lauderdaill.—E. 58s. &c.   vii. 308.

(120)   Jul. 20. 1620.
JOANNES DAVIDSOUN, *hæres* Davidis Davidsoun portionarii de Caidslie, *patris*,—in 3 mercatis terrarum de Caidslie et Haggis, in villa et territorio de Caidslie et Haggis et balliatu de Lawderdaill.—E. 48s. &c.   viii. 74.

(121)   Sep. 28. 1620.
JACOBUS COMES DE HOME, *hæres* Alexandri Comitis de Home, Domini Coldinghame et Dumglas, *patris*,—in dominio et baronia de Coldinghame, comprehendente terras, baronias, &c. subscriptas, viz. locum et maneriem de Coldinghame, claustrum, &c.—villam et terras de Coldinghame;—terras vocatas Halbank;—terras de Northfeild cum lacubus et decimis;—terras de Fewllis et St. Abbis;—terras de Steill;—terras vocatas Capounland, et Salcristanscroft;—croftam terræ vocatam Greivesstyle;—terras nuncupatas Hawcroft, Armestrangis-park, et Brokpark;—terras de Press;—terras de Beinrig, Flowris, Halidoun, Howlawis, Mawisbalk et Mawisaiker;—terras de Blakhill;—terras de Quhitfeild, Eister et Wester;—villam et terras de Eyemouth;—villam et terras de Swynewode;—terras de Hillend;—terras de Houndwod, Howlaw, et Lamendene;—terras de Rentoun;—villam et terras de Auldcamus;—villam et terras de Eister Lumsden;—villam et terras de Auchincraw;—terras de Swanisfeild et Scheilhoupdykis;—villam et terras de West-Restoun;—terras et villam de Eist-Restoun;—terras et villam de Aitoun;—terras dominicales de Aitoun;—portus de Eyemouth et Coldinghame;—terras de Paxtoun;—terras de Fischuik cum piscariis supra aqua de Tueid;—terras et dominium de Swyntoun;—terras de Eist-Nisbet comprehendentes terras vocatas Eist-Quarter;—terras de Brumdykis;—terras de Craigiswallis;—terras de Quhytmur;—terras vocatas The Wol-Quarter et Mayne-Quarter de Eist-Nisbet;—terras et villam de Edreme;—terras de Brumhous;—omnes alias terras, &c. quæ prius ad prioratum de Coldinghame pertinuerunt;—decimas garbales aliasque decimas, &c. ecclesiarum ad dictam abbaciam de Coldinghame spectantes, viz. ecclesiarum de Coldinghame, Aitoun, Fischuik, Swyntoun, Edrem, Ednem, Stitchell, Erslitoun, Auldcamus;—decimas garbales aliasque decimas terrarum de Edringtoun, quæ sunt ecclesiæ et spiritualitatis dictæ abbaciæ de Coldingham, omnes unitas in dominium et baroniam de Coldingham.—E. 200m. vii. 273.

(122)   Jan. 18. 1621.
JOANNES HOME de Rentoun, *hæres* Alexandri Home de Rentoun, *patris*,—in terris subtus specificatis, viz. 16 terris husbandiis et 3 terris cottagiis, in villa et territorio de Rentoun, cum molendino de Rentoun et terris molendinariis nuncupatis Mylnerige et Mylnehauch, cum pendiculis Myrehauch et Waschinghauche appellatis, infra baroniam de Coldinghame;—4 terris husbandiis nuncupatis Wallacelands, in villa et territorio de Coldinghame et Law;—4 terris husbandiis in West Restoun;—3 partibus carucatæ terræ in dicta villa et territorio de Coldinghame, cum officio forrestariæ dictæ baroniæ de Coldinghame, cum terris eidem pertinentibus, viz. terra husbandia et 10 acris vocatis Forresterlands, in Swtoun de Coldingham, et terra husbandia in Auldcamus;—terra husbandia in Howburne;—3 terris husbandiis et 3 quartériis terræ husbandiæ in Eyemouth, cum annuo redditu 5s. de terris de Scheilupdyiks, omnibus in baronia prædicta :—E. 25l.—Terris de Horsley, cum decimis garbalibus aliisque decimis :—E. 22l.—Terris de Greinwod cum decimis :—E. 50s.—4 terris husbandiis in villa et territorio de Rentoun.—E. 4l.—Omnibus jacentibus in baronia de Coldinghame.   vii. 271.

(123)   Apr. 25. 1621.
JACOBUS COMES DE HOME, Dominus Dunglas, &c. *hæres* Alexandri Comitis de Home, &c. *patris*,—in terris et baronia de Dunglas cum advocatione ecclesiæ de Dunglas :—A. E. 10l. N. E. 40l.—Terris et baronia de Home comprehendente terras de Sisterpath, Kello, Chyrnesyde;—20 terras husbandiæ de Lethame, vocatas Volt contigue jacentes;—4 mercatas terrarum in villa de Lethame;—terras de Howlawis;—terras de Manderstoun;—6 mercatas terrarum de Mersingtoun vulgo Plewlandis nuncupatas;—6 mercatas terrarum de Hassingtoun;—terras et baroniam de Eister Upsettlingtoun, cum piscatione de Halywell super aqua de Tweid, et advocatione rectoriarum de Chyrnesyde et Upsetlingtoun;—terras de Baittscheill;—2 terras husbandias in villa et territorio de Duns vocatas Panlawrig;—terras de Foulschottlawis;—terras de Glenlaw vocatas Tenandrie :—E. 50l.—Cum aliis terris in baroniam de Home erectis :—Terris de Eister-Gordoun cum orientalibus et occidentalibus terris dominicalibus earundem;—terris de Rummiltounlaw, Lillerig, Middilthrid, Bellitaw, Huntliewoddes, Forrestersaittis, cum advocatione capellæ de Huntlie, et Chanterland ejusdem;—terris de Fogo :—A. E. 25 m. N. E. 100 m.—Terris et villa de Upsatlingtoun cum molendino granorum.—E. 25l.—(Vide Roxburgh, Stirling, Haddington, Selkirk.)   vii. 301.

(124)   Apr. 26. 1621.
JOHANNES BROUN in Aitoun, *hæres* Davidis Broun in Aittoun, *patris*,—in 1¼ husbandia terra in villa et territorio de Aytoun.—E. 16s. 8d. &c.   viii. 14.

(125)   Maii 3. 1621.
JACOBUS COMES DE ABIRCORNE, Dominus Payslay et Kilpatrik, &c. *hæres* Claudii Domini de Paislay, *avi*,—in dominio et baronia de Paislay, comprehendente inter alia decimas garbales ecclesiæ parochialis et parochiæ de Leigertwode, et advocatione prædictæ ecclesiæ, cum quibusdam terris in vicecomitatibus de Renfrew, Ayr, Dunbarton, Peebles, Roxburgh, Lanark, Haddington, Argyll, et Bute.—E. 133l. 6s. 8d.—(Vide Renfrew, Ayr, Dumbarton, Peebles, Roxburgh, Lanark, Haddington, Argyle, Bute.)   vii. 325.

(126)   Aug. 16. 1621.
GULIELMUS DOUGLAS de Toftis, *hæres* Archibaldi Douglas de Toftis, *patris*,—in terris de Over et Nethir Toftis, infra parochiam de Eccles.—A. E. 5l. N. E. 22 m. 6s. 8d.   vii. 350.

(127)   Aug. 16. 1621.
ISOBELLA PURVES, *hæres* Nicolai Purves burgensis de Edinburgh, *patris*,—in terra husbandia et dimidietate terræ husbandiæ infra villam de Erciltoun.—E. 1d.   viii. 96.

(128)   Jun. 27. 1622.
PATRICIUS DICKSOUN de Lonheid, *hæres* Joannis Dicksoun de Lonheid, *patris*,—in terris de Birgim, Newtoun de Birgim et Langbirgim.—A. E. 53s. 8d. N. E. 5l.   viii. 117.

(129)   Mar. 14. 1623.
MAGISTER ADAMUS HEPBURNE, *hæres* Adami Hepburne fratris germani Patricii Hepburne de Kirklandhill, *patris*,—in annuo redditu 100 m. de terris de Overhartsyde, in balliatu de Lauderdaill.   viii. 137.

(130)   Jul. 17. 1623.
THOMAS NISBET, *hæres* Georgii Nisbet, *fratris germani*,—in annuo redditu 24 m. de 3 terris husbandiis, infra villam et territorium de Hornden.   x. 335.

(131)   Sept. 4. 1623.
ROBERTUS LAUDER de Eodem, *hæres* Roberti Lauder de Eodem, *patris*,—in terris vocatis Forrest de Lauder, viz. Cauldscheills, Overwodheid, Netherwodheid-barnes, vocatis Lauder-barnes, cum molendino granario;—molendino fullonum et dimidietate alterius molendini extendentibus ad 5 libratas terrarum antiqui extentus in balliatu de Lauderdaill :—E. 5l.—5 libratis terrarum antiqui extentus in villa et territorio de Dalcoiff, et balliatu prædicto :—E. 5l.—Annuo redditu 13s. 4d. de terris de Dalcoiff.   viii. 215.

(132)   Oct. 16. 1623.
MARCUS HOME de Morestoun, *hæres* Henrici Home de Moreistoun, *patris*,—in terris de Eist Moreistoun in balliatu de Lauderdaill.—E. 40s.   viii. 257.

(133)   Feb. 19. 1624.
ALEXANDER HOME de Hundwoid, *hæres* Magistri Alexandri Home de Hundwod, *patris*,—in terris de Hundwoid extendentibus ad 6 mercatas terrarum :—E. 4l.—Terris de Fairniesyid extendentibus ad 14 terras husbandias pro principali :—E. 10l.—Terris dominicalibus de Aytoun extendentibus ad 26 terras husbandias, in warrantum dictarum terrarum de Hundwod et Fairniesyd, in parochia de Coldingham.—E. 26 m.   viii. 269.

(134) Mar. 25. 1624.

ROBERTUS HOME, *hæres* Davidis Home filii natu maximi et apparentis hæredis Petri Home de Harcass, *fratris germani*,—in terris et villa de Ecclis et terris dominicalibus earundem :—E. 42*l.* 6*s.* 8*d.*—Terris de Elwoodlaw :—E. 53*s.*—Terris de Wester Mersingtoun.—E. 8*l.* viii. 314.

(135) Jul. 1. 1624.

GEORGIUS LAWDER, *hæres* Willielmi Lawder burgensis de Dumbar, *patris*,—in terris de Deringtoun.—E. 5*s.* et 20 *nummi* in augmentationem. viii. 248.

(136) Aug. 5. 1624.

JACOBUS SINCLAIR de Langformacus, *hæres* Roberti Sinclair de Langformacus, *patris*,—in terris de Langformacus :—A. E. 6*l.* N. E. 27*l.* 6*s.* 8*d.*—Terris de Wast-Borthuik et Dunssceilles.—E. 4*l.* viii. 263.

(137) Oct. 14. 1624.

JOANNES RENTOUN, *hæres* Roberti Rentoun filii legitimi Joannis Rentoun de Scheill, *fratris germani*,—in dimidietate terrarum de Lambertoun et Lambertoun-scheills cum decimis.—E. 50*l.* ix. 59.

(138) Nov. 18. 1624.

THOMAS RIDPETH de Drumrig, *hæres* Georgii Ridpeth de Drumrig, *patris*,—in 3 mercatis terrarum de Drumrig, et 2½ mercatis terrarum ex occidentali latere de Angellraw, in comitatu Marchiæ.—E. 9*l.* 13*s.* 4*d.* et 3*s.* 4*d.* in augmentationem. ix. 60.

(139) Maii. 18. 1625.

ROBERTUS PRESTOUN de Eodem et Craigmyllar, *hæres talliæ et provisionis* Georgii Prestoun de Eodem et Craigmyllar, *filii fratris*,—in terris de Auldingstoun, Langhald, et Swynehoupe, in dominio de Lawderdaill, per prius unitis ad baroniam de Prestoun.—A. E. 10*l.* N. E. 20*l.*—(Vide Edinburgh.) ix. 49.

(140) Jul. 7. 1625.

JACOBUS LIDDERDAILL in Caidslie, *hæres* Johannis Lidderdaill in Kaidslie, *patris*,—in 3 mercatis terrarum in Kaidslie extendentibus ad quarteriam villæ et terrarum de Kaidslie et Haggis.—E. 3 *m.* ix. 26.

(141) Jul. 7. 1625.

PETRUS HOME portionarius de Harcas, *hæres* Roberti Home, *filii*,—in terris et villa de Ecclis et terris dominicalibus earundem :—E. 42*l.* 6*s.* 8*d.*—Terris de Elwoodlaw :—E. 53*s.*—Terris de Wester Mersingtoun.—E. 8*l.* ix. 97.

(142) Jul. 29. 1625.

JACOBUS LENOCIÆ DUX, COMES DARNLIE ET MARCH, Dominus de Tarbolton, Methven, Sanctandrois et Obignie, Magnus Admirallus et Camerarius Scotiæ, *hæres* Lodovici Lenociæ et Richmundiæ Ducis, &c. *patrui*,—in terris de Greigstoun cum decimis garbalibus ;—terris de Moriestoun cum decimis garbalibus infra balliatum de Lauderdaill, cum quibusdam aliis terris in vicecomitatibus de Fife, Perth, Forfar, Kincardin, Aberdeen, Edinburgh, Haddington, et Linlithgow, unitis in temporale dominium et baroniam de Sanctandrois.—E. 500 *m.*—(Vide Dumbarton, Stirling, Perth, Renfrew, Ayr, Fife, Forfar, Kincardin, Aberdeen, Edinburgh, Haddington, Linlithgow, Lanark.) ix. 249.

(143) Aug. 4. 1625.

PATRICIUS HOME de Coldinghamelaw, *hæres* Patricii Home de Coldinghamelaw, *patris*,—in 4 terris husbandiis de Law :—E. 4 *m.* &c.—4 terris husbandiis et 3 quarteriis alterius terræ husbandiæ vocatæ Hillend :—E. 9*l.* 4*s.* et 3*s.* 4*d.* in augmentationem.—14 terris husbandiis nuncupatis Law ;—3 terris lie gerssland jacentibus contigue ;—40 solidatis terrarum vocatarum Hallcroft ;—20 solidatis terrarum vocatarum Armstrang-park ;—terra cottagia et 2 acris terrarum adjacente dictis terris de Law ;—3 terris husbandiis et dimidietate terræ husbandiæ terrarum de Coldinghame ;—terra cottagia in villa de Coldinghame nuncupata Clinkscaillis extendente ad 10 solidatas terrarum ;—dimidietate unius terræ cottagiæ in dicta villa de Coldinghame.—E. 16*l.* 4*s.* 1*d.* &c. ix. 75.

(144) Aug. 4. 1625.

ALEXANDER HOME de Houndwode, *hæres* Magistri Alexandri Home rectoris de Finkertoun, *patris*,—in terris de Kimmerghame et dimidio molendini de Kymmerghame, infra regalitatem de Boncle et Prestoun.—A. E. 10*l.* N. E. 20*l.* ix. 119.

(145) Oct. 7. 1625.

MAGISTER JACOBUS NICOLSONE de Cokbrandispeth, *hæres* Magistri Thomæ Nicolsone advocati commissarii Abirdonensis, *patris*,—in terris, dominio et baronia de Cokbrandispeth, cum villa et terris dominicalibus lie Maynes ;—terris de Bowscheill, Paddockcleuch, Rauchansyde, Towrlie :—E. 12*l.* 6*s.* 8*d.*—Terris ecclesiasticis de Auldhampstokis jacentibus in Maynes et infra villam de Cokbrandispeth vocatam lie Hospitell, cum decimis garbalibus.—E. 4*l.* 20*d.* ix. 131.

(146) Oct. 7. 1625.

JACOBUS HAITLIE de Millerstanis, *hæres* Joannis Haitlie de Millerstanis, *patris*,—in terris et villa de Maynis de Mellerstanis cum molendinis ;—dimidietate orientalis partis villæ et terrarum de Fawnis.—E. 45*l.* ix. 203.

(147) Nov. 17. 1625.

ELIZABETHA ALLANE, *hæres* Willielmi Allane portionarii de Thrieburnfuird, *patris*,—in dimidietate terrarum de Thrieburnfuird, cum pastura in communia de Ugstone, infra balliatum de Lawderdaill.—E. 4*l.* ix. 204.

(148) Jan. 19. 1626.

THOMAS ALLANE, *hæres* Hugonis Allane portionarii de Thrieburne, *patris*,—in dimidietate terrarum de Thrieburnefuird infra balliatum de Lawderdaill, cum pastura in communia de Ugstone.—E. 4*l.* ix. 201.

(149) Jun. 15. 1626.

JASPERUS HOME, *hæres* Bartholomei Home portionarii de Symprene, *patris*,—in 4 terris husbandiis in Symprene et 10 husbandiis terrarum ecclesiasticarum de Symprene, infra villam et territorium de Symprene.—E. 4*l.* 6*s.* 8*d.* ix. 112.

(150) Jul. 27. 1626.

WILLIELMUS CARNECROCE de Comislie, *hæres* Willielmi Carnecroce de Comislie, *avi*,—in 2 mercatis terrarum antiqui extentus quartæ partis terrarum de Fawnis, infra dominium de Gordoun.—E. 30*s.* ix. 203.

(151) Dec. 21. 1626.

ROBERTUS DICKSOUN de Heardrig, *hæres* Georgii Dicksoun de Heardrig, *fratris*,—in 10 mercatis terrarum de Heardrig infra dominium de Mersingtoun ;—5 mercatis terrarum infra dominium de Birgem.—A. E. 15 *m.* N. E. 18 *m.* ix. 218.

(152) Apr. 19. 1627.

WILLIELMUS TAIT in Cokbrandspeth, *hæres* Joannis Tait de Cokbrandispeth, *patris*,—in terra husbandia in villa de Cokbrandspeth infra baroniam ejusdem, cum pastura super villam et terras de Cokbrandspeth.—E. 20*s.* et 6*d.* in augmentationem. ix. 239.

(153) Apr. 26. 1627.

JACOBUS SEYTOUN de Touche, *hæres* Jacobi Seytoun de Touche, *patris*,—in terris de Wast Gordoun cum manerie vocata Greinknow, et molendino vocato Gordoun-myln ;—terris de Ovir et Nather Huntliewoidis ;—5 terris husbandiis in villa de West Gordoun ;—terris de Fawnis et Millerstanes, infra dominium de Gordoun :—E. 20*l.*—Terris de Hardeismyln et terris templariis vulgo Kirkland de Mellerstanes ;—2 molendinis granariis vocatis Home-mylne et Hardeismylne, in baronia de Home.—E. 40*s.* x. 5.

(154) Maii 3. 1627.

ROBERTUS COKBURNE de Butterdeane, *hæres* Magistri Roberti Cokburne de Butterdeane, *patris*,—in terris et baronia de Butterdeane cum lie Tounrig ;—terris de Wester Borthuik et Dunsceillis cum communi pastura supra communitatem de Chirnesyde, in parochia de Auldhamstokis.—A. E. 8*l.* 6*s.* 8*d.* N. E. 11*l.* 9*s.* 2*d.* x. 4.

(155) Oct. 31. 1627.

WILLIELMUS LEVINGSTOUN de Kilsyith, *hæres masculus* Domini Willielmi Levingstoun de Kilsyth militis, *avi*,—in tertia parte terrarum de Greddane, cum salmonum piscatione earundem super aqua de Tueid nuncupata Damfurde, et terris de Darnechester.—A. E. 5*l.* N. E. 16*l.* 2*s.* 7*d.*—(Vide Stirling.) ix. 282.

(156) Nov. 10. 1627.

JOANNES DOMINUS CRANSTOUN, *hæres* Willielmi Domini Cranston, *patris*,—in villa et terris de Legirtwod, cum molendino et piscationibus, in parochia de Legertwod :—E. 5*l.*—Terris de Harlaw, in baronia de Halyburtoun.—E. 3*l.*—(Vide Roxburgh, Edinburgh, Selkirk.) ix. 303.

(157) Mar. 20. 1628.

JOANNES SWONTOUN, *hæres masculus* Roberti Swontoun de Eodem, *patris*,—in dominio et terris de Swontoun, viz. terris de Swontoun-magna :—E. 20 *m. Strivilingorum* :—Terris de Swontoun-parva, in baronia de Coldinghame :—E. 1 *m. argenti.*—Terris ecclesiasticis de Swontoun, in dominio de Swontoun :—E. 45*s.*—Terris de Cranschawis ;—terris de Thornieburne ;—terris de Howboig, et terris de Doighous, cum molendinis et piscationibus earundem, et jure patronatus ecclesiæ de Cranschawis, unitis in baroniam de Cranschawis.—E. 31 *m.* 6*s.* 8*d.* x. 57.

(158)   Apr. 3. 1628.

THOMAS KER de Mersingtoun, *hæres* Jacobi de Mersingtoun, *patris*,—in terris de Mersington in parochia de Ecclis :—E. 20*l.*—et tempore guerræ *nihil*, quia jacent super limites versus veteres Anglicorum inimicos.   x .103.

(159)   Jul. 24. 1628.

WILLIELMUS LYLL, *hæres* Georgii Lyll de Staniepeth, *patris*,—in terris orientalibus et occidentalibus de Bassenden :—E. 10*l.*—Mercata terræ de Chirnsyd :—E. 13*s.* 4*d.*—Molendino vocato Dunsmilne.—E. 20*s.*   x. 154.

(160)   Oct. 17. 1628.

LILIAS SOMERVAILL sponsa Alexandri Crawfuird, *hæres* Jonetæ Somervaill filiæ Jacobi Somervaill mercatoris burgensis de Edinburgh, *sororis*,—in dimidietate terrarum de Manderstoun, viz. Ovir et Nather Manderstounes, Pannelrig et Spratishauch.—E. 5*l.* —(Vide Edinburgh.)   x. 115.

(161)   Oct. 30. 1628.

DAVID HOME, *hæres* Alexandri Home de Fischueik, *patris*,—in annuo redditu 1100 *m.* de terris dominicalibus de Aytoun, infra baroniam de Coldinghame :—Portione terrarum de Eister-Stainrig vulgo vocata Caldsydshot, infra parochiam de Eccles, senescallatum et comitatum Merchiæ :—E. 39*s.*—Annuo redditu 600 *m.* de terris et baronia de Grinlaw-ridpeth, comprehendentibus terras et baroniam de Grinlaw ;—terras de Broomhous, Blasinbred, Grinladen, Polkishauch de Blasinbred *alias* Blassinberrie ;—terras tenandriæ de Eistfeild, Wheitsyde, Markisworth, et Claydub ;—terras ecclesiasticas de Grinla ;—villam et burgum de Grinlaw cum decimis.   x. 272.

(162)   Jan. 16. 1629.

THOMAS KER de Caveris, *hæres* Thomæ Ker de Caveris, *avi*,—in terris de Nether Howden et Hairlaw ac molendino de Nether Howden, in dominio de Lauderdaill.—E. 15*l.*—(Vide Roxburgh, Stirling.)   x. 230.

(163)   Jan. 16. 1629.

PATRICIUS CRANSTOUN de Corsbie, *hæres* Domini Petri Cranstoun, *fratris proavi*,—in 6 terris husbandiis nuncupatis Uttermaynis de Dalcoif, cum 3 terris cottagiis nuncupatis Byrecroft in dominio de Dalcoif, infra balliatum de Lauderdaill.—A. E. 40*s.* N. E. 6*l.*   x. 300.

(164)   Feb. 4. 1629.

GEORGIUS COCKBURNE de Ormestoun, *hæres masculus* Domini Joannis Cockburne de Ormestoun militis, clerici justiciariæ S. D. N. Regis, ac unius senatorum collegii justiciæ S. D. N. Regis, *avi*,—in terris de Wester Winscheilles, cum molendino granorum et fullonum in baronia de Ellem ;—E. ......—Terris de Rysiebriggis, infra comitatum de Marche.—A. E. 5*m.* N. E. 8*m.* —(Vide Haddington.)   x. 338.

(165)   Maii 7. 1629.

PATRICIUS HOME de Law, *hæres* Patricii Home, *patris*,—in 4 terris husbandiis de Law :—E. 4*m.* 6*s.* 8*d.* &c.—4 terris husbandiis, cum 3 quarteriis alius terræ husbandiæ terrarum de Hilend infra baroniam de Coldingham :—E. 5*m.* 8*d.*—14 terris husbandiis de Law extendentibus ad 14 mercatas terrarum, cum 3 lie graslandis jacentibus contigue in Coldingham-law extendentibus ad 30 solidatas terrarum ;—40 solidatis terrarum de Halcroft ;—20 solidatis terrarum Armestrangis-park vulgariter vocatis, cum uno cottagio terræ, et 2 acris terrarum de Law contigue adjacentibus, extendentibus ad 10 solidatas terrarum ;—3¼ terris husbandiis in villa de Coldinghame extendentibus ad 46 solidatas 8 denariatas terrarum ;—cottagio in dicta villa de Coldinghame vocato Clinkskailles extendente ad 10 solidatas terrarum ;—dimidio cottagii in dicta villa cum toftis earundem, in dicta baronia de Coldinghame. —E.19*l.* 18*s.* 8*d.* &c.   x. 220.

(166)   Maii 21. 1629.

DOMINUS GULIELMUS COCKBURNE de Langtoun miles baronettus, *hæres* Domini Gulielmi Cockburne de Langtoun militis, *patris*,—in terris et baronia de Langtoun, cum officio Ostiarii principalis S. D. N. Regis, et jure patronatus ecclesiæ de Langtoun, cum privilegio burgi baroniæ burgum de Langtoun nuncupandum, unitis in baroniam de Langtoun :—E. 20*l.*—10 terris husbandiis in Sympring vocatis The Kirklands.—E. 10*l.* et 20*s.* in augmentationem.   x. 306.

(167)   Oct. 29. 1629.

GEORGIUS HOME, *hæres* Thomæ Home de Carmicruik, *patris*, —in terris de Carmicruik et Bromicruik extendentibus ad 20 solidatas terrarum in parochia de Duns.—E. 20*s.*   xiii. 292.

(168)   Feb. 23. 1630.

JACOBUS NASMITH de Coldounknowis Armiger lie Esquyre

S. D. N. Regis, *hæres* Henrici Nasmith, *fratris*,—in 5 libratis terrarum de Mairtoun vocatis Mundowall's Landis :—E. 5*l.*—10 libratis terrarum de Todrig :—E. 10*l.*—Terris dominicalibus de Coldounknowis ;—terris et baronia de Ersiltoun, et terris de Brotherstanes et Quhitrig ;—villa de Ersiltoun ab antiquo in burgum baroniæ erecta, unitis in baroniam de Ersiltoun :—E. 10*l.*—Annuo redditu 3000*l.* de terris et baronia de Ersiltoun continentibus terras suprascriptas.   xi. 66.

(169)   Apr. 15. 1630.

PATRICIUS LUMBSDENE de Blanarne, *hæres masculus* Davidis Lumbsdene de Blanarne, *patris*,—in 12 terris husbandiis de Blanarne cum fortalicio et molendino :—E. 10*l.*—6 terris husbandiis vocatis Nuik of Blanarne :—E. 6 *m.*—6 terris husbandiis orientalis partis de Blanarne in baronia et regalitate de Boncle :—E. 6*m.*—Terris templariis de Blanarne, infra territorium ejusdem et regalitatem de Torphichen.—E. 12*d.*   xi. 220.

(170)   Aug. 19. 1630.

THOMAS HOME, *hæres* Roberti Home in Fisweik, *patris*,—in 2 terris husbandiis vicariæ de Fisweik, cum lie sowmes grass eidem vicariæ spectantibus, in villa et territorio de Fisweik ;—decimis salmonum piscariæ 6 cymbarum lie cobles super aquam de Tueid, in baronia de Coldynghame.—E. 12*l.* et 20*s.* in augmentationem.   xi. 202.

(171)   Jan. 6. 1631.

ROBERTUS TROTTER de Rewchester, *hæres* Roberti Trotter de Rewchester, *patris*,—in terris de Rewchester et Cowrig vocatis Lambdeanrig, in dominio de Lambdeane, et comitatu de Merche : —E. 8*l.*—Annuo redditu 12 *m.* de terris de Eister Prentonnane.   xiv. 108.

(172)   Mar. 25. 1631.

PETRUS TROTTER, *hæres* Petri Trotter in Home, *avi*,—in annuo redditu 20 bollarum farinæ avenaticæ de 2 terris husbandiis cum tenementis et hortis, in villa et territorio de Redpeth et dominio de Melros.   xi. 38.

(173)   Jul. 14. 1631.

ALEXANDER SEYTOUN feoditarius de Kilcreuch, *hæres* Magistri Willielmi Seytoun, *fratris*,—in annuo redditu 300 *m.* de tertia parte terrarum de Graden, cum piscationibus super aquam de Tweid, et terris de Darnechester vocatis Halkislaw :—Terris de Graden.—E. 3*l.*   xii. 6.

(174)   Feb. 2. 1632.

GRISSILLIS DOUGLAS, *hæres portionaria* Elizabethæ Douglas sponsæ Roberti Douglas de Blakerstoun, *matris*,—in tertia parte terrarum et baroniæ de Coldynghame comprehendente locum et maneriem de Coldynghame ;—villam et terras de Coldinghame —terras nuncupatas Halbank ;—terras de Northfeild cum lacubus et decimis earundem ;—terras de Fewlis et Sanctabis ;—terras de Steill ;—terras nuncupatas Caponlands et Balcristancroft ;—croftam terræ vocatam Greivestyll ;—terras nuncupatas Hallcroft, Armestronges-park et Beepark ;—terras de Press ;—terras de Beinrig, Flures, Halleden, Hielawis, Mawisbalk et Mawisaiker ;—terras de Blakhill ;—terras de Quheitfeild Eister et Wester ;—villam et terras de Eymouth ;—villam et terras de Swynwode ;—terras de Hilend cum silvis ;—terras de Hundwod, Howlaw, et Lameden, (Lamenden) ;—villam et terras de Rentoun ;—villam et terras de Auldcambus ;—villam et terras de Eister Lumsden cum manerie ; —villam et terras de Auchincraw ;—terras de Swanisfeild et Schilopdykes ;—villam et terras de Wast Restoun ;—villam et terras de Eist Restoun ;—villam et terras de Aytoun ;—terras dominicales de Aittoun ;—portus, sinus, seu æstuaria de Eymouth et Coldinghame ;—terras de Paxtoun ;—terras de Fischweik cum piscatione super aquam de Tweid ;—terras et dominium de Swintone ;— terras de Eist Nisbet comprehendentes terras nuncupatas Eister Quarter ;—terras de Broomdykes ;—terras de Craigiswalles ;—terras de Quhytmyre ;—terras nuncupatas Walquharter et Mainquarter de Eist Nisbet ;—villam et terras de Edrom ;—terras de Broomhouss ;—terras de Horsley et Greinwode cum decimis ;—terras dominicales de Fascastell seu Wester Lumisdene, Dowlaw, Duddoholme *alias* Cauldsyde, Auldtoun, Newtoun, cum molendino et decimis inclusis, unacum castro de Fascastell ;—terras de Fleymingtoun nuncupatas Nather Aitoun, Reidhall, Natherbyre, Brounisland et Gunisgreine, cum molendinis granorum et fullonum et decimis ;—terras de Fairnysyde cum decimis ;—terras de Lamertone cum decimis ;—cum aliis terris quibuscunque quæ prius pertinuerunt ad prioratum de Coldinghame ;—decimis garbalibus et fructibus ecclesiarum parochialium subscriptarum ad dictum prioratum pertinentibus, viz. decimis ecclesiarum de Coldinghame, Aytoun, Fischweek, Swontone, Edrome, Ednem, Stitchell, Ersiltoun, Auldcambus, Lamertoun, et decimis terrarum de Edringtoun pertinentibus ad dictum prioratum et abbacam de Coldinghame, unitis in baroniam de Coldinghame :—E. ......—Terris de Yvilie.—E. 6*l.*   xii. 16.

(175)   Feb. 2. 1632.

ELIZABETHA DOUGLAS, *hæres portionaria* Elizabethæ Douglas sponsæ Roberti Douglas de Blaikerstoun, *matris,*—in terris aliisque suprascriptis.   xii. 18.

(176)   Feb. 2. 1632.

GRISSILLIS DOUGLAS, *hæres portionaria* Willielmi Douglas de Blakerstoun, *avi,*—in terra husbandia cum decimis, in villa et territorio de Lintlawis, infra dominium et regalitatem de Boncle et Prestoun:—E. 26s. 8d.—Terris de Blackerstoun.—E. 20l. 3s. 8d.   xii. 19.

(177)   Feb. 2. 1632.

ELIZABETHA DOUGLAS, *hæres portionaria* Willielmi Douglas de Blaikerstoun, *avi,*—in terris aliisque prædictis.   xii. 19.

(178)   Feb. 16. 1632.

JOANNES SWENTOUN de Eodem, *hæres* Roberti Swentoun de Eodem, *patris,*—in terris dominii de Swintoun-magna, tam in terris dominicalibus quam husbandiorum et cotagiorum, in baronia de Coldynghame :—E. 20m.—Terris de Swentoun-parva, infra baroniam prædictam.—E. 1m. argenti.   xii. 29.

(179)   Feb. 21. 1632.

JACOBUS DICKSOUN, *hæres* Joannis Dicksoun de Belchester, *proavi,*—in 6 terris husbandiis de Belchester et pastura in communia de Grynlaw, infra comitatum Marchiæ.—E. 6l.   xi. 274.

(180)   Feb. 21. 1632.

JACOBUS DICKSOUN, *hæres* Joannis Dicksoun de Belchester, *patris,*—in 2¼ terris husbandiis in Newtoun ;—2 terris husbandiis in Littilthank ;—3 terris husbandiis cum cottagia in Birghame ;—terra husbandia in Ersiltoun vocata Quheitlawes.—E. 6l. 8d.   xi. 275.

(181)   Mar. 8. 1632.

JOANNES CRANSTOUN de Corsbie, *hæres* Patricii Cranstoun de Corsbie, *patris,*—in terris et baronia de Boun.—E. 26l. 10s.   xii. 55

(182)   Maii 10. 1632.

MAGISTER ALEXANDER BELSCHES de Toftis, *hæres* Joannis Belsches de Toftis advocati, *patris,*—in 5 libratis terrarum de Pittilseuche.—E. 6l. 12s. 8d.   xi. 258.

(183)   Aug. 9. 1632.

JOANNES BOIG, *hæres* Joannis Boig in Adincraw, (vel Auchincraw), *avi,*—in terra husbandia vocata Parkland, et 1½ terra husbandia in villa et territorio de Adincraw :—E. 22 nummi—1½ terra husbandia in villa et territorio de Westrestoun, in baronia de Coldynghame.—E. 22 nummi.   xii. 62.

(184)   Aug. 16. 1632.

JOANNES CRANSTOUN de Corsbie, *hæres* Patricii Cranstoun, *patris,*—in terris de Adinstoun, in baronia de Boune.—E. 30s.   xiii. 60.

(185)   Aug. 30. 1632.

JOANNES BANNATYNE filius natu maximus Magistri Walteri Bannatyne, *hæres portionarius* Joannis Hammiltoune de Sanct Johnes-Chappel, *avi ex parte matris,*—in dimidietate trium quarteriarum terrarum de Birkensyde, in parochia de Ligertwood.—E. 2d.   xiii. 118.

(186)   Nov. 27. 1632.

ANNA NASMYTH, *hæres* Jacobi Nasmyth de Coldounknowes, *fratris germani,*—in terris dominicalibus de Coldounknows ;—terris et baronia de Ersiltoun ;—terris de Brotherstanes, Quhitrig cum molendino ;—villa de Ersiltoun ab antiquo in burgum baroniæ erecta :—E. 10l.—5 libratis terrarum de Mertoun vocatis Mundowallislandis :—E. 5l.—10 libratis terrarum de Todrig :—E. 10l. omnibus unitis in baroniam de Erssiltoun.   xiii. 74.

(187)   Jan. 8. 1633.

LANCELOTUS PRINGILL de Leyes, *hæres* Alexandri Pringill de Leyes, *patris,*—in terris de Braidhauche et Leyis, cum lie Onsteid vulgariter vocato Henhouswallis, Byrewallis, et Dowcathill, in dominio de Cauldstreame.—E. 18m.   xiii. 57.

(188)   Maii 2. 1633.

MAGISTER ALEXANDER SWYNTOUNE de Eodem, *hæres masculus* Joannis Swyntoune de Eodem, *fratris germani,*—in dominio et terris de Swyntoune et Swyntoune-magna:—E. 20m. *strivilingorum* :—Terris de Swyntoun-parva, olim in baronia de Coldinghame nunc in baronia de Cranschawis :—E. 1m. argenti :—Terris ecclesiasticis ecclesiæ de Swyntoun, in dicto dominio de Swyntoun :—E. 45s.—Terris de Cranschawis ;—terris de Thorneburne ;—terris de Howboig ;—terris de Doghous, cum molendinis et advocatione ecclesiæ de Cranschawis :—E. 31m. 6s. 8d.—Omnibus unitis in baroniam de Cranschawis.   xii. 83.

(189)   Maii 2. 1633.

DOMINA CATHARINA SWYNTOUN sponsa Domini Alexandri Nisbet de Eodem militis, *hæres* Joannis Swyntoun de Eodem, *fratris germani,*—in terris templaris nuncupatis lie Tempilhous in Whitsom cum horto et crofta ;—terris templariis vocatis lie Stridlinges extendentibus ad 2 terras husbandias, in orientali quarteria de Swyntoun, omnibus in parochia de Quhitstoun, et regalitate de Torphicine.—E. 12d.   xii. 119.

(190)   Jul. 11. 1633.

JACOBUS BRUNTFEILD de Hardaikers, *hæres* Alexandri Bruntfeild de Hardaikers, *patris,*—in terris de Eist-maynes de Hassingtoun vocatis Hardaikers, infra comitatum Marchiæ.—E. 9d.   xii. 124.

(191)   Aug. 2. 1633.

DOMINA MARGARETA HOME DOMINA DOUNE, *hæres provisionis* Jacobi Comitis de Home, Domini Dunglas, *fratris,*—in terris et baronia de Dunglas, et advocatione præposituræ et præbendarii ecclesiæ de Dunglas :—E. 10l.—Terris et baronia de Home continente terras de Sisterpeth, Kello, Chirnsyd ;—20 terras husbandias in Lethame vulgo vocatas Volt, invicem contigue jacentes ;—4 mercatas terrarum in villa de Lethame ;—terras de Howlawis ;—terras de Manderstoun ;—6 mercatas terrarum in Mersingtoun vulgo Plewlands nuncupatas ;—6 mercatas terrarum de Hassingtoun ;—terras et baroniam de Eister Upeatlingtoun, cum piscatione de Halywell super aquam de Tweid, et aliis piscationibus ;—advocationem rectoriarum de Chirnsyd et Upsatlingtoun respective ;—terras de Baitscheill ;—2 terras husbandias in villa et territorio de Duns vocatas Panlawrig ;—terras de Foulschottlawis ;—terras de Glenlaw vocatas Tenandrie :—E. 50l.—Terris de Eister Gordoun cum orientalibus et occidentalibus terris dominicalibus earundem ;—terris vocatis Rummiltounlaw, Lillerig, Middilthrid, Bellitaw, Huntliewod, Forrestersaittis, cum jure patronatus capellæ de Huntlie et Chanterlandis ejusdem ;—terris de Fogo cum molendino, &c. :—A. E. 25m. N. E. 100m.—Terris de Greinlaw, viz. Slegden, Eistfeild, Tennandrie, Quhytsyd, Polkhauche, Tueid-croft, Henlawes, Angelraw, Crumrig, Parkswallis, Greinlaw et Cames :—E. 49m. 13s.—Terris de Lethame cum pendiculis vocatis Ernislaw, Langrig, Buchtrig, Belchester, Stanirig, Newbiging, Wrangholmehill, cum molendino de Lethame et Mersingtoun :—E. 56l. 7s. 5d.—Terris de Mekill Bargeame vulgo nuncupatis Lang Birgeame et terris dominicalibus earundem, cum pendiculis vocatis Fairnyrig, Quhytrig, et piscatione super aquam de Tueid, infra comitatum Marchiæ :—E. 18l. &c.—Terris de Greinlaw-deane, cum molendino de Greinlaw :—E. 16l.—Terris de Compstoun-lawis :—E. 40s.—Terris de Compstoun :—E. 13s. 4d.—Terris de Bus :—E. 2s.—Terris vocatis Officers-landis in Greinlaw :—E. 3s. 4d.—Terris de Greystainrig :—E. 59s. 4d.—Terris de Peill de Lethame :—E. 5l.—Terris de Anthonishill :—E. 30s.—Terris de Morestoun :—E. 4m.—Terris de Newmylne :—E. 4l.—Terris de Graden :—E. 10l.—Terris olim per Magistrum Georgium Spotiswood occupatis :—E. 40s. et 9s. 4d. in augmentationem :—Officio senescallatus dicti comitatus Marchiæ :—E. 3s. 4d.—Terris de Hirsell, cum terris dominicalibus, molendinis et piscariis super aquam de Tueid :—E. 60l.—Terris de Auldhirsell ;—carucata terræ in villa et territorio de Hirsell nuncupata lie Countes-croft ;—Cauldstream-flatt ;—quadam terra juxta torrentem de Leitt ex australi parte pontis ejusdem in dicto territorio de Hirsell ;—Puttamshauche ;—12 acris terrarum in dicto territorio de Hirsel ;—Rounds, Braid et Braidspottis ;—terris de Braidhauche de Erich et Leyis ex australi latere dicti torrentis de Leitt, versus monasterium de Caldstreame, cum piscatione prædictarum terrarum de Braidhauche, Erich et Leyis, super dictam aquam de Tueid, cum decimis garbalibus :—E. 7m. et 6s. 8d. in augmentationem.—4 terris husbandiis de Hatchetnes cum decimis garbalibus :—E. 8l.—Molendino de Fyreburnmylne :—E. 6l. 6s. 8d.—Molendinis de Cauldstreame, tempore guerræ vastatis et destructis, cum multuris :—E. 10l. et in augmentationem 6s. 8d.—Binis partibus terrarum et baroniæ de Halyburtoun et Lambden *alias* Hassingtoun, et advocatione capellaniæ de Halyburtoun :—A. E. 5l. N. E. 20l.—Binis partibus et tertia parte terrarum de Lambden *alias* Hassingtoun :—E. 10l.—Decimis garbalibus rectoriarum et vicariarum ecclesiarum de Home, Gordoun et Fogo;—omnibus unitis in baroniam de Home.—(Vide Roxburgh, Stirling, Haddington, Selkirk.)   xiii. 136.

(192)   Oct. ... 1633.

ANNA HERIOT filia quondam Roberti Heriot de Trabroune, *hæres* Jacobi Heriot de Trabroune, *proavi,*—in tertia parte terrarum de Collilaw, infra balliatum de Lauderdaill.—A. E. 13s. 4d. N. E. 40s.   xii. 136.

(193)   ....

MAGISTER JACOBUS LYNDSAY, *hæres masculus* Davidis Lyndsay, *fratris,*—in terris et baronia de Blaikerstoun, cum decimis.—E. 40s.   xii. 168.

C

(194)   Oct. 17. 1633.

WILLIELMUS TROTTER, *hæres* Davidis Trotter portionarii de Whitsumlawes, *patris*,—in annuo redditu 290 *m.* de 5 terris husbandiis in Whitsumlawes ;—2 terris husbandiis, in villa et territorio de Whitsumlawis.—E. ......   xiv. 139.

(195)   Jan. 30. 1634.

ROBERTUS BLAIKIE, *hæres* Beatricis Aitchisoun relictæ Joannis Blaikie in Edrum, *matris*,—in dimidietate cottagiæ seu lie Onsteid terræ cum horto, in villa et territorio de Coldinghame apud Courtbrig ;—dimidietate cum 3 sulcis predictæ croftæ terræ arabilis, infra baroniam de Coldinghame.—E. 2*s.* 8*d.*   xiii. 286.

(196)   Feb. 27. 1634.

FRANCISCUS COMES DE BUCKCLEUCH, Dominus Scott de Quhytchester et Eskdaille, *hæres* Walteri Comitis de Buckcleuch, &c. *patris*,—in dominio et baronia de Hailles comprehendente terras de Quhytsum cum advocatione ecclesiæ de Quhitsum ;—terras de Prandergaist, Quhitrig, Obchester, Schirrefbigging et Shireflandis, cum quibusdam aliis terris in vicecomitatibus de Haddington, Edinburgh, Roxburgh, Selkirk, Dumfries et Lanark, unitis in dominium et baroniam de Hailles.—A. E. 608*l.* 3*s.* 4*d.* N. E. 2000*l.*—(Vide Haddington, Edinburgh, Roxburgh, Selkirk, Dumfries, Lanark.)   xii. 184.

(197)   Feb. 27. 1634.

ROBERTUS ORKNAY, *hæres* Joannis Orknay incolæ villæ de Aytoun, *avi*,—in acra terræ in territorio de Aytoun apud lie Wichtesbalk ;—alia acra terræ ;—alia acra terræ in Reidhall in loco vocato Pranderwyndes ;—riga terræ inter terras de Reidhall super lie Braeheid apud aquam de Ey ;—acra terræ inter terras vocatas Aytoun-maynes vocata Symis-aiker, in dominio de Aytoun et Reidhall.—E. 3*s.* 4*d.*   xiii. 268.

(198)   Apr. 3. 1634.

DAVID HOME, *hæres* Davidis Home feoditarii de Harcas, *patris*,—in tertia parte terrarum vocatarum Purveslandis, extendente ad 3 terras husbandias, 1 terram cottagiam et 16 solidatas terrarum, in villis et territoriis de Huittoun, Huittounbell et Crocerig.—E. 3*l.* 4*s.* 9*d.*   xiv. 105.

(199)   Apr. 17. 1634.

DOMINA MARIA KER Domina Carnegy, *hæres portionaria* Willielmi Magistri de Roxburgh, *fratris*,—in tertia parte terrarum de Litill Newtoun :—E. 12*s.*—Tertia parte terrarum ecclesiasticarum de Nenthorne :—E. 16*s.*—Tertia parte terrarum ecclesiasticarum de Gordoun :—E. 32*s.*—Tertia parte terrarum ecclesiasticarum de Greinlaw :—E. 21*s.* 4*d.*—Tertia parte terrarum ecclesiasticarum de Symperene :—E. 16*s.*—Tertia parte terrarum ecclesiasticarum de Home :—E. 32*s.*—Tertia parte terrarum de Bellishill :—E 16*s.*—Tertia parte terrarum de Gyrig :—E. 8*s.*—Tertia parte terrarum de Boigend :—E. 20*s.*—Tertia parte molendini de Fogo.—E. 32*s.*—(Vide Roxburgh, Dumfries, Peebles, Lanark.)   xiii. 162.

(200)   Apr. 17. 1634.

DOMINA ISOBELLA KER Domina Dudddope, *hæres portionaria* Willielmi Magistri de Roxburgh, *fratris*,—in tertia parte terrarum prædictarum.   xiii. 166.

(201)   Apr. 17. 1634.

JACOBUS DOMINUS DRUMMOND, filius legitimus natu maximus Dominæ Jeannæ comitissæ de Perth, *hæres portionarius* Willielmi Magistri de Roxburgh, *avunculi ex parte matris*,—in tertia parte terrarum prædictarum.   xiii. 166.

(202)   Apr. 18. 1634.

DOMINUS PATRICIUS HOME de Aytoun miles, *hæres* Georgii Home, *patrui*,—in terris de Duns cum villa et molendino earundem, et terris de Kaidscheill.—A. E. 35*l.* 4*s.* N. E. 100 *m.*   xiii. 185.

(203)   Apr. 19. 1634.

WILLIELMUS LIVINGSTOUN de Kilsayth, *hæres masculus* Willielmi Livingstoun de Kilsyth, *patris*,—in tertia parte terrarum de Gredane, cum salmonum piscaria super aquam de Tueid nuncupata Damfuird ;—terris de Darnechester.—A. E. 5*l.* N. E. 16*l.* 2*s.* 7*d.*—(Vide Stirling.)   xiii. 242.

(204)   Maii 23. 1634.

MAGISTER WILLIELMUS NAPIER de Wrichthouses, *hæres* Willielmi Naper de Wrichthouses, *patris*,—in terris, villa, et terris dominicalibus de Mellerstanes, et dimidietate orientali terrarum et villæ de Fawnes.—E. 45*l.*   xvii. 79.

(205)   Maii 27. 1634.

MARGARETA DOUGLAS, *hæres* Archibaldi Douglas de Grina, *servi nobilis et potentis comitis* Willielmi comitis de Mortoun, *patris*,—in 4 acris terrarum prope capellam Mariæ Magdalenæ :—E.

18*s.*—4 terris husbandiis de Birkinsyde, in parochia de Duns.—E. 3*l.*—(Vide Roxburgh.)   xiv. 74.

(206)   Jun. 5. 1634.

WILLIELMUS IDINGTOUN in Coldinghame, *hæres portionarius* Joannis Polwart in Coldinghame, *avi ex parte matris*,—in dimidietate cottagiæ terræ in capite villæ de Coldinghame ;—dimitate dimidietatis cottagiæ terrarum in dicta villa de Coldinghame, et baronia de Coldinghame ;—dimidietate cottagiæ terræ ex boreali parte dictæ villæ de Coldinghame ;—dimidietate croftæ terræ in territorio dictæ villæ de Coldinghame, infra dictam baroniam de Coldinghame.—E. 3*s.* 4*d.*   xiii. 294.

(207)   Jun. 5. 1634.

ALISONA POLWART in Coldinghame, *hæres portionaria* Joannis Polwart in Coldinghame, *patris*,—in dimidietate prædictarum terrarum.   xiii. 295.

(208)   Jul. 3. 1634.

WILLIELMUS MEIKLE, *hæres* Willielmi Meikle in Duns, *avi*,—in tenemento in burgo baroniæ de Dunss.—E. 4*l.* 6*s.* 8*d.* &c.   xiv. 231.

(209)   Aug. 22. 1634.

JOANNES CRANSTOUN de Corsbie, *hæres* Patricii Cranstoun de Corsbie, *patris*,—in terris et villa de Eccles comprehendentibus terras de Cotschoirtrig, Southbank et Bankheid, extendentibus ad 16 terras husbandias ;—terris dominicalibus de Eccles comprehendentibus Maynes de Wormetlaw, extendentes ad 16 terras husbandias, cum molendino vocato Horsrigmylne, infra dominium de Eccles :—E. 42*l.* 6*s.* 8*d.*—Terris nuncupatis Gleibland in Eister-Mersingtoun :—E. 5*s.* et 6*d.* in augmentationem.—Terras nuncupatis Gleibland in Wester-Mersingtoun :—E. 20*s.* et 2*s* in augmentationem. —Terras de Ellotlaw.—E. 50*s.* et 3*s* in augmentationem.   xiii. 276.

(210)   Sep. 11. 1634.

MAGISTER JACOBUS HOME, *hæres* Jeannæ Home filiæ legitimæ quondam Alexandri Home in Coldinghame, *matris*,—in cottagia terræ in Ricklesyd de Coldinghame, ex boreali parte torrentis vocatis Skaitbie, cum 2 acris terrarum ad dictam cottagiam spectantibus in territorio de Coldinghame ;—terra cottagia cum ruda terræ in Boganegrein de Coldinghame ;—4 rigis vulgo riggis jacentibus in lie Hawbank ;—cottagia terræ in dicta villa de Coldinghame, infra villam et territorium de Coldinghame :—E. 8*s.* 4*d.* &c.—Terris lie Hawbank vulgo vocatis ex parte septentrionali dictæ villæ de Coldinghame cum horreo.—E. 21*s.* 4*d.* &c.   xiii. 269.

(211)   Oct. 2. 1634.

NICOLAUS GRADEN filius legitimus Patricii Graden portionarii de Ernslaw, *hæres* Joannis Graden, *avi*,—in 56 solidatis 8 denariatis terrarum de Ernslaw.—E. 3*l.*   xiii. 291.

(212)   Jan. 8. 1635.

JOANNES HOME de Westrestoun, *hæres* Patricii Home de Westrestoun, *patris*,—in 8 terris husbandiis lie maynes de Westrestoun, cum molendinis granorum et fullonum earundem, et molendino de Howburne, infra baroniam de Coldinghame.—E. 10*l.* &c.   xiv. 65.

(213)   Jan. 8. 1635.

ROBERTUS SCHORSWOOD de Baitscheill, *hæres* Magistri Jacobi Schoirswood de Baitscheill, *patris*,—in terris de Baitscheill cum molendinis, infra dominium de Home.—E. 5*l.* 6*s.* 8*d.* xiii. 264.

(214)   Maii 14. 1635.

HENRICUS CARMICHAELL, *hæres* Archibaldi Carmichaell de Edrem, *patris*,—in terris de Edrem cum piscatione et molendino, infra baroniam de Coldinghame.—E. 16*l.*   xv. 8.

(215)   Nov. 12. 1635.

JOANNES COMES DE MAR, *hæres* Joannis comitis de Mar, domini Erskine et Gareach, *patris*,—in terris de Elleinfuird et Winscheill ;—terris de Elleinsyde cum molendino earundem ;—terris de Ellinfuird, Fewcleuch, Dyeshauche, Eister et Wester Skaireshillis, infra parochiam de Ellinfuird.—A. E. 10*l.* N. E. 30*l.*   xv. 19.

(216)   Jan. 21. 1636.

THOMAS FALCONER in Eymouth, *hæres* Joannis Falconer, *patris*,—in 9 acris et 2 rudis terræ arabilis, in villa et territorio de Coldinghame.—E. 10*s*.   xv. 220.

(217)   Mar. 10. 1636.

GULIELMUS BELL, *hæres* Hugonis Bell, *patris*,—in tertia parte 5 libratarum terrarum antiqui extentus de Spotiswood et Brethirfeild, cum molendino vocato Spotiswoodmylne.—A. E. 33*s.* 4*d.* N. E. 5*l.*   xv. 105.

(218) Mar. 2. 1637.

PATRICIUS HOME de Coldinghamelaw, *hæres* Georgii Home *fratris immediate junioris*,—in 3¼ acris terræ arabilis et dimidietate prati ad easdem pertinente, infra baroniam de Hornden per annexationem.—E. 12s. 4d. &c. xiv. 150.

(219) Mar. 16. 1637.

THOMAS WOOD, *hæres portionarius* Alexandri Achisoun de Sleichhouss, *avunculi*,—in tertia parte 4 libratarum terrarum villæ et terrarum de Huittoun.—E. 26s. 8d. xv. 172.

(220) Mar. 16. 1637.

BEATRIX ET JEANNA ACHISONIS, *hæredes portionariæ* prædicti Alexandri Achesoun, *fratris*,—in terris prædictis.—E. 26s. 8d. xv. 173.

(221) Mar. 17. 1637.

DAVID ERSKINE, *hæres masculus* Henrici Erskine de Cardrois, *patris*,—in terris et baronia aliisque subscriptis quæ perprius ad abbaciam de Dryburgh pertinuerunt, viz. loco et mansione de Drybrugh;—villa et terris de Drybrugh cum molendino;—terris de Glediswood, et terris ecclesiasticis de Smailhame, et terris de Smailhamespittell;—terris de Broderstanes;—terris ecclesiasticis de Ersiltoun;—terris de Doggeflate;—terris de Sanct Johnes Chappell, Cadislie et Haggis;—terris ecclesiasticis de Lauder;—terris de Ovir et Nather Scheilfeildis;—terris de Ugistoun;—terris de Banglaw;—terris de Barnes;—terris de Elbotill;—terris de Ivelie;—terris de Foulden;—terris de Bagiswallis;—terris de Bannacharvik;—terris ecclesiasticis de Saltoun et Pincaitland;—terris de Sanct Leonardis;—terris de Snawdone;—terris de Tryorne, Canomunt crofta;—terris de Pitcorthie Innergellie;—terris de Anstruther;—terris ecclesiasticis de Mertoun, Maxtoun, et Lessudene;—terris ecclesiasticis de Chingilkirk;—terris ecclesiasticis de Pitinane;—terris ecclesiasticis de Lanerk;—terris ecclesiasticis de Kilruny;—terris de Carsmyre, et terris de Kingstoun;—annuo redditu 30s. de burgo de Edinbrugh;—40s. de prioratu de Quhithorne;—40s. per dominium de Craigmillar solvendorum;—30s. de burgo de Dumbar;—20s. per dominium de Blakbarony;—30s. 4d. de Sanct Johnes Chaipell pro Birkinsyde;—20s. de Ednem;—13s. 4d. de Dalcoif;—6s. 8d. de Bothanes;—3s. 4d. de Lessuddine;—6s. 8d. de Lyntredane, et 6s. 8d. de Fleymingtoun; salmonum piscatione, &c. infra aquam de Tweid;—et in omnibus aliis molendinis, piscationibus, &c. ad dictum monasterium de Drybrugh spectantibus, cum decimis, &c ecclesiarum subscriptarum, viz. ecclesiæ parochialis de Porte de Kalmadock, ecclesiæ parochialis de Kippine, cum quibusdam aliis terris in vicecomitatibus de Roxburgh, Lanark, Edinburgh, Haddington et Fife respective, et cum aliis terris in vicecomitatu de Perth:—E. 100l.—Terris ecclesiasticis ecclesiarum parochialium de Mertoun, Maxtoun, Lessudden, Smailhame, Chingilkirk et Lany;—decimis garbalibus prædictarum terrarum, viz. Mertoun, &c. infra balliatum de Lauderdaill, &c.:—E. 10 m.—Terris ecclesiasticis de Lauder;—decimis, &c. ecclesiæ de Lauder, cum advocatione &c. ejusdem.—A. E. 3s. 4d. N. E. 10s.—(Vide Perth, Roxburgh, Lanark, Edinburgh, Haddington, Fife.) xv. 133.

(222) Apr. 6. 1637.

ABRAHAMUS HOME in Kennetsydheid, *hæres* Laurentii Home, *fratris*,—in 5 terris husbandiis in villa et territorio de Hassingtoun, et baronia ejusdem:—E. 5l. 5s.—Tertia parte 4¼ terrarum husbandiarum de Hassingtoun, in territorio de Hassingtoun:—E. 33s. 4d.—Crofta terræ vulgo Clerkcroft nuncupata in dominio de Mroesland:—E. 2s. 3d.—Unica parte terrarum de Wormerlaw, infra parochiam de Eccles.—E. .... xiv. 148.

(223) Apr. 6. 1637.

ABRAHAMUS HOME in Kennetsydheid, *hæres* Niniani Home, *patris*,—in tertia parte 5 mercatarum terrarum in baronia de Halyburtoun.—E. 23s. xiv. 149.

(224) Jun. 1. 1637.

DAVID HOME, *hæres* Davidis Home feoditarii de Hercass, *patris*,—in terris de Wester Mersingtoun.—E. 8l. xiv. 219.

(225) Jun. 30. 1637.

THOMAS COMES DE HADINGTOUN, Dominus Byning et Byres, *hæres masculus* Thomæ comitis de Hadingtoun, &c. *patris*,—in terris et baronia de Coldounknowes comprehendentibus terras et terras dominicales de Coldenknowes, cum molendinis et piscatione;—terras et baroniam de Ersiltoun, viz. villam et terras de Ersiltoun, cum molendinis granorum et molendino fullonum de Ersiltoun;—terras de Hauchheid, Broderstanes et Quhitrig, cum molendino de Quhitrig:—E. 10l.—5 libratas terrarum de Mertoun, vocatas lie Mundowls-landis:—E. 5l.—10 libratas terrarum de Todrig;—villam et burgum baroniæ de Ersiltoun, cum molendinis et piscatione; omnes unitas in baroniam de Coldounknowes.—E. 10l. —(Vide Haddington, Edinburgh, Linlithgow, Fife.) xv. 140.

(226) Sep. 21. 1637.

ALEXANDER HOME de Rellandstoune, *hæres* Davidis Home de Rellandstoune, *patris*,—in villa et terris de Rollandstoune, (vel Rowandstoune,) infra baroniam de Hailles.—E. 5l. xiv. 169.

(227) Feb. 1. 1638.

JOANNES HOME mercator de Edinburgh, *hæres* Joannis Home mercatoris burgensis de Edinburgh, *patris*,—in 4 mercatis terrarum ecclesiasticarum de Lawder vocatis Overscheilfield prope burgum de Lauder, et infra balliatum de Lauderdaill.—E. 4 m. xiv. 163.

(228) Apr. 5. 1638.

AGNES LOGANE, *hæres portionaria* Gulielmi Logane, *fratris*,—in 3¼ terris husbandiis, cum 2 cottagiis jacentibus in Sclaitburne, in villa et territorio de Coldinghame.—E. 59s. 1d. xvi. 20.

(229) Apr. 5. 1638.

BARBARA ET ALISONA LOGANES, *hæredes portoniariæ* Gulielmi Logane, *fratris*,—in terris prædictis. xvi. 21.

(230) Aug. 2. 1638.

GEORGIUS MARCHIO DE HUNTLIE, Comes de Enzie, Dominus Gordoun et Badzenoch, &c. *hæres masculus* Georgii Marchionis de Huntlie, &c. *patris*,—in terris dominii de Gordoun, Huntlie, et Fogo;—terris de Rumiltoun;—terris de Reidpeth, Nether Redcletch, Wolstruther, Quikiswood, Spottiswood, Fawsyd, Hekispeth, Malerstanes et Fawnis, propriis partibus dictarum terrarum de Huntlie, Gordoun et Fogo, cum jure patronatus capellaniæ de Huntlie vocatæ Chantorie, infra dominium de Gordoun.—A. E. 50l. N. E. 200l.—(Vide Aberdeen, Banf, Elgin et Forres.) xiv. 300.

(231) Nov. 23. 1639.

MAGISTER JOANNES LESLIE, *hæres* Colonelli Georgii Leslie, *fratris*,—in terris de Edrem cum molendino, infra baroniam de Coldinghame.—E. 16l. xvi. 108.

(232) Apr. 9. 1640.

MAGISTER JOANNES BANNATYNE filius legitimus quondam Jeannæ Hamiltoun, *hæres portionarius* Joannis Hamiltoun de Sanct Jons Chappell, *avi ex parte matris*,—in terris de Birkinsyde.—E. 5l. xvi. 37.

(233) Maii 14. 1640.

ALEXANDER LEVINGTOUN de Saltcoittis, *hæres* Magistri Patricii Levingtoun de Saltcoittis, *patris*,—in terris de Kelphop, in dominio de Carfrae et balliatu de Lauderdaill.—E. 12 m.—(Vide Haddington.) xvi. 95.

(234) Oct. 23. 1640.

THOMAS COMES DE HADINGTOUN Dominus Byning et Byris, &c. *hæres masculus* Thomæ Comitis de Hadingtoun, *patris*,—in terris et baronia de Coldounknowis, comprehendentibus terras et terras dominicales de Coldownknowis;—terras et baroniam de Ersiltoun;—duo molendina granaria et molendinum fullonum de Ersiltoun;—terras de Hauchheid, Brotherstanes, et Whitrig, cum molendino de Whitrig;—villam et burgum baroniæ de Ersiltoun cum libertatibus:—E. 10l.—5 libratis terrarum de Mertoun, nuncupatis Mundoallis-land:—E. 5l.—10 libratis terrarum de Todrig:—E. 10l.—Omnes perprius unitas in baroniam de Coldounknowis.—(Vide Haddington, Edinburgh, Linlithgow, Fife.) xvi. 1.

(235) Oct. 23. 1640.

THOMAS COMES DE HADINGTOUN Dominus Byning et Byris, *hæres masculus* Thomæ Comitis de Hadingtoun, &c. *patris*,—in dominio et baronia de Melros, comprehendente terras de Clerkleyis, in baronia de Melros:—E. 1l. 3d.—Terras et baroniam de Caldstream, comprehendentes monasterium et precinctum de Caldstream et parvam croftam nuncupatam Pomarium, ex orientali parte earundem, infra dictum precinctum:—E. 3l.—Terras et terras dominicales de Caldstream, cum decimis et piscatione super aqua de Tweid;—16 terras husbandias in Sath-mure cum decimis:—E. 55l.—20 terras husbandias de Lennell, cum piscationibus:—E. 24l.—4 terras husbandias de Litill Todrig:—E. 4l. et 6s. 8d. in augmentationem.—Terras de Snewk, cum decimis, molendino et salmonum piscationibus de Tilmonthauch et Litillhauch, super aqua de Tweid:—E. 73l. 4s.—Omnes unitas in baroniam de Caldstream.—(Vide Roxburgh, Haddington, Peebles, Lanark, Linlithgow.) xvi. 7.

(236) Jul. 1. 1641.

JACOBUS COMES DE HOME, Dominus Dunglas, *hæres masculus* Alexandri comitis de Home pronepotis quondam Alexandri domini Home, fratris Joannis Home de Quhytrig, proavi quondam Jacobi Home de Coldenknowis, *proavi*,—in terris, villa, et terris dominicalibus de Auldcambes, cum molendino et pendiculis earundem, viz. Windielawis, Pyperden, Reidclewis, in baronia de Coldinghame, cum officio balliatus monasterii de Coldinghame ac baroniarum et terrarum earundem.—E. 20l. xvi. 189.

(237) Jul. 1. 1641.

JACOBUS COMES DE HOME, Dominus Dunglas, &c *hæres masculus* Alexandri domini Home nepotis quondam Alexandri domini Home, fratris quondam Joannis Home de Quhytrig, proavi quondam Jacobi Home de Coldenknowis, *proavi*,—in terris de Sanct Bothannis extendentibus ad 2 terras husbandias:—E. 40*s.* —15 acris terrarum arabilium dictis terris de Sanct Bothannis adjacentibus:—E. 3*l.* 15*s.*—Terris de Franpacht:—E. 3*l.*—Terris de Hardasellis:—E. 3*l.*—Molendino granario et molendino fullonum prædictarum terrarum de Hardasellis:—E. 3*l.*—Terris de Blaikerstoun:—E. 20*l.*—4 terris husbandiis in Quykkiswood:—E. 4*l.*— 2 terris husbandiis in Stentoun:—E. 40*s.*—2 terris husbandiis in terris dominicalibus de Cumergem.—E. 40*s.*   xvi. 189.

(238)   Jul. 1. 1641.
JACOBUS COMES DE HOME Dominus Dunglass, *hæres masculus* Jacobi comitis de Home domini Dunglas, &c. abnepotis quondam Alexandri domini Home sui, abavi, fratris quondam Joannis Home de Quhytrig, proavi quondam Jacobi Home de Coldenknowis, *proavi*,—in terris et terris dominicalibus de Fastcastell, nuncupatis Wester Lumsden, Dowlaw, Dudoholme *alias* Cauldsyde, Auldtoun, Newtoun cum molendino de Fastcastell, piscariis et decimis earundem, infra baroniam de Coldinghame.—E. 13*l.*   xvi. 190.

(239)   Jul. 1. 1641.
MARGARETA HOME COMITISSA DE MORRAY sponsa Jacobi comitis de Morray, &c. *hæres portionaria* Jacobi comitis de Home domini Dunglas, &c. *fratris*,—in terris de Nenthorne, in balliatu de Lauderdaill.—E. 7*l.* 6*s.* 8*d.*   xix. 11.

(240)   Jul. 1. 1641.
ANNA HOME DOMINA MAITLAND sponsa Joannis domini Maitland, *hæres portionaria* Jacobi comitis de Home, domini Dunglas, &c. *fratris*,—in terris prædictis.   xix. 12.

(241)   Feb. 17. 1642.
JOANNES LINDSAY de Dunkeny, *hæres* Magistri Davidis Lindsay de Dunkeny, *patris*,—in annuo redditu 500*m.* de terris de Rumultoun et Ridpethe, in parochia de Gordoun.   xvi. 238.

(242)   Mar. 24. 1642.
JOANNES HOME de Blacadder, *hæres* domini Joannis Home de Blacadder, *patris*,—in dimidietate terrarum et baroniæ de Blacadder, cum dimidietate molendinorum ejusdem:—E. 10*l.*—5 terris husbandiis ac dimidio terræ husbandiæ in villa et territorio de Auchincraw vulgo nuncupatis Heatland, Caudland, Parkland, Orchardland et Marieland:—E. 5*s.* 10*d.*—Duabus tertiis partibus alterius dimidietatis terrarum et baroniæ de Blacadder, infra baroniam prædictam:—E. 6*l.* 13*s.* 4*d.*—Tertia parte dimidietatis terrarum et baroniæ de Blacadder:—E. 3*l.* 6*s.* 8*d.*—Terris de Fishweik cum portu, lacu et piscatione ejusdem super aquam de Tweid, ac promontorio de Sanct Abesburghe, infra baroniam de Coldinghame:—E. 20*m.*—Terris templariis apud lie Head villæ et territorii de Quhitsum, ac quinque lie Buttis cum terris templariis de Blacadder.—E. 3*s.* 4*d.*   xvi. 241.

(243)   Jun. 9. 1642.
ANDREAS *alias* DAND PLUMBAR filius Joannis Plumbar in in Kelso, *hæres* Andreæ *alias* Dand Plumbar scribæ in Edinburgh, *patrui*,—in tertia parte terrarum de Litill-Newtoun, et tertia parte molendini earundem et terrarum dominicalium hujusmodi, cum 2 carucatis terrarum in eadem villa vulgo Boswal-lands, et una terra nuncupata Suttaris-land infra balliatum de Lauderdaill.—E. 5*m.*   xvi. 314.

(244)   Jul. 28. 1642.
GILBERTUS MURE mercator burgensis de Edinburgh, *hæres* Jacobi Mure mercatoris burgensis de Edinburgh, *fratris*,—in terris et baronia de West Nisbet, comprehendente terras de Mungaswall, Reishill, Fluiris, Glourovirhim, Wildinkhall, Nisbett, Nisbethill, Cruiklie, et Weittie-wallis, omnibus in parochia de Edrem.—A. E. 20 *m.* N. E. 20*l.*   xvi. 278.

(245)   Aug. 11. 1642.
JACOBUS RAMSAY, *hæres* Georgii Ramsay de Nunlandis, *patris*,—in terris ecclesiasticis rectoriæ et vicariæ ecclesiæ parochialis de Fulden, extendentibus ad 3 terras husbandias jacentes lie Rinrig infra villam de Fulden, cum mercata terræ vocata The Park, et pastura dictis terris ecclesiasticis spectante, infra bondas dictæ villæ in baronia de Foulden:—E. 5*l.*—Pecia terræ vocata Nunland, in villa et territorio de Foulden.—E. 43*s.* 4*d.*   xvi. 273.

(246)   Oct. 6. 1642.
ROBERTUS KER de Shaw, *hæres* Andreæ Ker de Shaw, *patris*, —in bina parte villæ et terrarum de Dalcoiff:—E. 6*l.*—Bina parte terrarum de Litill-Newtoun-Maynes cum molendino et Cruik ejusdem:—E. 3*l.* 6*s.* 8*d.*—infra balliatum de Lauderdaill.   xvii. 104.

(247)   Dec. 29. 1642.
GEORGIUS TROTTER de Prentonon, *hæres* Georgii Trotter

de Prentonon, *patris*,—in terris de Eister Prentonon extendentibus ad 9 mercatas terrarum ;—terris de Wester Prentonon extendentibus ad alias 9 mercatas terrarum:—E. 12*l.*—4 terris husbandiis terrarum de Clinkiswode.—E. 4*l.* 13*s.* 4*d.*—Omnibus infra parochias de Ecclis et Sanct Bothanes.   xvii. 120.

(248)   Jul. 6. 1643.
WILLIELMUS COCKBURNE de Cadra, *hæres* Patricii Cockburne de Cadra, *patris*,—in terris de Cadra infra parochiam de Fogo.—E. 6 *m.*   xvii. 86.

(249)   Jul. 27. 1643.
STEPHANUS BRUNTFEILD, *hæres* Stephani Bruntfeild de Greinsyde, *avi*,—in 30 denariatis terrarum de Greinsyde Wester *alias* Buss, cum communi pastura in Kame-moss, in parochia de Greinlaw et comitatu Marchiæ.—E. 36*d.*   xvii. 92.

(250)   Dec. 21. 1643.
ALEXANDER HOME filius legitimus Magistri Roberti Home de Carrowsyd, *hæres portionarius* Joannis Hamiltoun de Sanct Jons Chappell, *avi ex parte matris*,—in terris de Birkensyd.— E. 5*l.*   xviii. 16.

(251)   Dec. 21. 1643.
ISOBELLA LINDSAY, *hæres portionaria* Magistri Davidis Lindsay de Dunkeny, *patris*,—in annuo redditu 500 *m.* de terris de Rumiltoun et Hekspethe in parochia de Gordoun.   xix. 94.

(252)   Dec. 21. 1643.
CATHERINA, HELENA, ET JEANNA LINDSAYIS, *hæredes portionariæ* Magistri Davidis Lindsay de Dunkenie, *patris*,—in annuo redditu prædicto.   xix. 94.

(253)   Dec. 21. 1643.
JEANNA LINDSAY filia legitima Magistri Laurentii Lindsay, *hæres portionaria* Magistri Davidis Lindsay de Dunkennie, *avi ex parte matris*,—in annuo redditu prædicto.   xix. 94.

(254)   Jan. 3. 1644.
FRANCISCUS DURHAME de Duntarvie, *hæres* Domini Jacobi Durhame de Duntarvie, *patris*,—in annuo redditu 200*m.* de terris de Northfield cum decimis et de aliis terris in Haddington ;—annuo redditu 100*m.* de terris de Northfield cum decimis, et de aliis terris in Haddington.—(Vide Stirling, Lanark, Haddington.) xviii. 163.

(255)   Jan. 4. 1644.
JACOBUS COMES DE HOME, *hæres masculus* Jacobi Comitis de Home Domini Dunglas, abnepotis quondam Alexandri domini de Home sui abavi, fratris quondam Joannis Home de Whytrig, proavi quondam domini Jacobi Home de Coldingknowis militis, *proavi* dicti Jacobi nunc comitis de Home,—in terris de Northfeild cum lacubus et decimis inclusis ;—terris de Fewlis infra baroniam de Coldingham.—E. 6*l.* 13*s.* 4*d.*   xvii. 260.

(256)   Jan. 2. 1645.
MAGISTER JACOBUS HUNTAR, *hæres* Thomæ Hunter de Hagburne, *patris*,—in 2 quartis partibus terrarum de Kaidislie et Haggis, in balliatu de Lauderdaill, et ratione unionis infra dominium de Caldros.—E. 12*l.* &c.   xviii. 250.

(257)   Feb. 27. 1645.
GEORGIUS EDGAR de Newtoune de Birgem, *hæres* Ricardi Edgar de Newtoune de Birgem, *patris*,—in 2 terris husbandiis et 12 acris terrarum infra dominium de Birgem :—A. E. 36*s.* 8*d.* N. E. 4 *m.*—Dimidietate 5 mercatarum terrarum extendente ad 2¼ terras husbandias in Newtoun de Birgem, et infra dominium prædictum :—E. 33*s.* 4*d.*—5 terris husbandiis de Newtoun de Birgem ;—dimidietate terræ husbandiæ nuncupata Punschounbrige infra dominium prædictum :—A. E. 3*l.* 13*s.* 4*d.* N. E. 5*l.* 11*s.*— 2⅓ mercatis terrarum antiqui extentus :—E. 33*s.* 4*d.*—Terris vocatis Wallace-cruikis extendentibus ad terram husbandiam.—A. E. 13*s.* 4*d.* N. E. 22*s.*   xviii. 178.

(258)   Apr. 3. 1645.
ALEXANDER HOME de Huttounhall, *hæres* Alexandri Home de Huttounhall, *avi*,—in terris de Huntliewood Over et Nather *alias* Park vocatis.—E. 23*s.* 4*d.*   xviii. 48.

(259)   Apr. 10. 1645.
JOANNES COMES DE HADINGTOUN, Dominus Bynning et Byres, *hæres masculus* Thomæ comitis de Hadingtoun domini Bynning et Byres, *fratris germani*,—in terris et baronia de Couldounknowes comprehendentibus terras et terras dominicales de Coldounknowes cum molendinis et piscationibus ;—terras et baroniam de Ersiltoun, nimirum villam et terras de Ersiltoun ;—2 molendina granaria et molendinum fullonum de Ersiltoun ;—terras de Hauchheid, Brotherstaines et Quhitrig cum molendino de Quhitrig ;—

villam et burgum baroniæ de Ersiltoun cum molendinis et piscationibus, omnibus unitis in baroniam de Coldounknowes:—E. 10*l*. —5 libratas terrarum de Mertoun nuncupatas Munduallslands:— E. 5*l*.—10 libratas terrarum de Todrig:—E. 10*l*.—omnes perprius unitas in baroniam de Coldonknows.—(Vide Haddington, Edinburgh, Linlithgow, Fife.) xviii. 202.

(260) Apr. 10. 1645.
JOANNES COMES DE HADINGTOUN, Dominus Byning et Byres, *hæres masculus* Thomæ Comitis de Haddingtoun, *fratris germani*,—in terris, dominio, et baronia de Melros, comprehendente inter alia terras de Clarkleyis:—E. 1*l*. 3*d*. *feudifirmæ*:— terris et baronia de Caldstreame comprehendentibus ædes, monasterium, et præcinctum de Caldstreame, et parvam croftam terræ nuncupatam pomarium infra præcinctum ejusdem:—E. 3*l*. *feudifirmæ*:—terras et terras dominicales de Caldstreame cum decimis;— piscationes super aqua de Tueid;—16 terras husbandias in Skaithmure cum decimis:—E. 45*l*. *feudifirmæ*:—20 terras husbandias de Lennell cum piscationibus:—E. 24*l*. *feudifirmæ*:—4 terras husbandias de Littill Todrig:—E. 4*l*. *feudifirmæ* et 6*s*. 8*d*. in augmentationem:—terras de Snewk cum molendinis, decimis, et salmonum piscationibus in Tilmouthauche et Littilhauche super aqua de Tueid, omnes unitas in baroniam de Caldstreame.—E. 79*l*. 4*s*. *feudifirmæ*. —(Vide Roxburgh, Lanark, Haddington, Peebles, Linlithgow.) xviii. 210.

(261) Apr. 2. 1646.
ALEXANDER LAMB, *hæres* Joannis Lamb in Litlenewtoun, *patris*,—in dimidia mercata terræ templariæ arabilis, infra villam et territorium de Littlenewtoun et balliatum de Lauderdaill.— E. 7*s*. xviii. 103.

(262) Maii 14. 1646.
ROBERTUS BLYTH, *hæres* Alexandri Blyth, *avi*,—in 2 terris cottagiis in villa de Coldinghame in Futtounraw, in dominio de Coldinghame:—E. 4*s*. &c. *feudifirmæ*:—acra terræ arabilis in Brounslope.—E. 3*s*. &c. *feudifirmæ*. xviii. 278.

(263) Jun. 25. 1646.
GEORGIUS BOWMAKER filius legitimus Joannis Bowmaker de Prentonane, *hæres* Georgii Home in Aytoun, *avi ex parte matris*,—in 2 terris husbandiis cum 2 cottagiis earundem, in villa et territorio de Eymouthe;—portione fundi communii de Eymouthe, ex parte orientali capellæ ejusdem, in baronia de Coldingham.— E. 38*s*. 4*d*. &c. *feudifirmæ*. xix. 41.

(264) Aug. 6. 1646.
THOMAS HUNTER, *hæres* Thomæ Hunter de Halkburne, *patris*,—in dimidia parte terrarum de Caidslie et Haggs, in balliatu de Lawderdaill, et ratione unionis infra dominium de Cardross:— E. 12*l*. &c. *feudifirmæ*:—decimis garbalibus dictarum terrarum.— E. 3*s*. 4*d*.—(Vide Roxburgh.) xviii. 271.

(265) Aug. 27. 1646.
JEANNA MAIRTENE, *hæres portionaria* Georgii Mairtene, *patris*,—in molendino fullonum in Westrestoun, et terris molendini in villa et territorio de Westrestoun et baronia de Coldingham.— E. 3*l*. 12*s*. *feudifirmæ*. xviii. 279.

(266) Aug. 27. 1646.
ISSOBELLA MAIRTENE, *hæres portionaria* Georgii Mairtene, *patris*,—in molendino prædicto.—E. 3*l*. 12*s*. *feudifirmæ*. xviii. 280.

(267) Aug. 27. 1646.
JOANNES RAMSAY, *hæres* Jacobi Ramsay de Nunlandis, *patris*,—in terris ecclesiasticis rectoriæ et vicariæ ecclesiæ parochialis de Foulden, extendentibus ad 3 terras husbandias jacentes in runrig, infra villam de Foulden;—1 mercata terræ vocata The Park jacente contigue, et pastura 42 sumarum animalium, &c. supra communia villæ de Foulden, in baronia de Foulden:—E. 5*l*. *feudifirmæ*:—pecia terræ vocata Nunlandis, in villa et territorio de Foulden.—E. ...... *feudifirmæ*. xix. 14.

(268) Aug. 27. 1646.
JOANNES RAMSAY de Nunlandis, *hæres* Georgii Ramsay de Nunlandis, *avi*,—in quarta parte unius tertiæ partis terrarum de Paxtoune cum piscationibus.—E. 5*s*. *feudifirmæ*. xix. 14.

(269) Aug. 27. 1646.
JACOBUS SYMSONE filius legitimus Willielmi Symsone in Westrestoun, *hæres portionarius* Georgii Martyne, *avi*,—in molendino fullonum in villa et territorio de Westrestoune et baronia de Coldinghame.—E. 3*l*. 12*s*. *feudifirmæ*. xx. 125.

(270) Apr. 23. 1647.
DOMINUS JACOBUS LIVINGSTOUN de Kilsayth miles, *hæres masculus* Willielmi Livingstoun de Kilsayth, *nepotis fratris*,

—in terris et baronia de Wester Kilsayth comprehendente inter alia, tertiam partem terrarum de Greddane; cum salmonum piscaria super aquam de Tweid nuncupata Damfuird; et terris de Darnchester:—A. E. 5*l*. N. E. 16*l*. 2*s*. 7*d*.—cum quibusdam aliis terris in vicecomitatu de Stirling unitis in baroniam de Kilsayth.—(Vide Stirling, Dumbarton.) xix. 95.

(271) Apr. 29. 1647.
ALEXANDER HOME de Aytoun, *hæres* Domini Willielmi Home de Aytoun, *patris*,—in 4 carrucatis terræ in villa et territorio de Aytoun;—bovata terræ in Quhitfeild;—una terra husbandia in dicta villa de Aytoun:—E. 33*s*. argenti, *albæ firmæ*:— tenemento dimidietatis terræ husbandiæ nuncupato Hogisland, in villa et territorio de Aytoun:—E. 1*d*. argenti, *albæ firmæ*:— 14 terris husbandiis de Fairnesyd:—E. 10*l*. *feudifirmæ*:—terris dominicalibus de Aytoun extendentibus ad 12 mercatas terrarum:— E. 13*m*. *feudifirmæ*:—terris de Houndwood extendentibus ad 6 mercatas terrarum;—14½ terris husbandiis villæ et terrarum de Aytoun:—E. 22*m*. et 20*s*. in augmentationem, *feudifirmæ*:—terris ecclesiasticis de Blakhill in baronia de Coldinghame.—E. 3*l*. 12*s*. *feudifirmæ*. xix. 51.

(272) Maii 27. 1647.
DOMINUS JACOBUS FOULIS de Colingtoun miles baronettus, *hæres* Domini Alexandri Foulis de Colingtoun militis baronetti, *patris*,—in terris de Trabroun infra balliatum de Lauderdaill.— E. 20*l*. xix. 168.

(273) Aug. 10. 1647.
DOMINUS JACOBUS FOULIS de Colingtoun miles baronettus, *hæres* Domini Alexandri Foulis de Colingtoun militis baronetti, *patris*,—in villa et terris de Westerscheillis de Colbrandspeth:—A. E. 13*s*. 4*d*. N. E. 26*s*. 8*d*.—villa et terris de Eisterscheillis de Colbrandspeth, Hoprig, Whytlawclewis, et Foulfuirdleyis de Colbrandspeth, pro principalibus.—A. E. 4*l*. 6*s*. 8*d*. N. E. 8*l*. 13*s*. 4*d*.—(Vide Haddington.) xix. 171.

(274) Nov. 4. 1647.
MAGISTER ROBERTUS SINCLAIR de Langformacus, *hæres* Jacobi Sinclair de Langformacus, *patris*,—in terris de Langformacus.—A. E. 6*l*. N. E. 27*l*. 6*s*. 8*d*. xix. 138.

(275) Nov. 25. 1647.
ROBERTUS DICKSONE de Bughtrige, *hæres* Roberti Dicksone de Bughtrige, *patris*,—in 6 terris husbandiis in villa et territorio de Bughtrig, et dimidio terræ husbandiæ in villa et territorio de Lethame cum molendino.—E. 8*l*. 10*s*. et 10*s*. in augmentationem, *feudifirmæ*. xix. 195.

(276) Feb. 3. 1648.
MAGISTER THOMAS SUDDANE, *hæres* Joannis Suddane in Dryburghe, *patris*,—in domibus, horreo, horto et acra terræ villæ et terrarum de Dryburghe, cum pastura 2 animalium et unius equi: —E. 20*s*. &c. *feudifirmæ*:—2 acris terrarum infra villam et terras de Dryburghe, cum decimis garbalibus.—E. 6 *firlotæ hordei*, &c. *feudifirmæ*. xix. 236.

(277) Feb. 3. 1648.
THOMAS WILSOUN, *hæres* Thomæ Wilsoune in Dryburghe, *avi*,—in sexta parte cum quarta parte unius sextæ partis terrarum feudifirmariarum villæ de Dryburghe, cum decimis garbalibus;— 2 acris terrarum dictæ villæ de Dryburghe cum 2 hortis, in parochia de Mertoun et balliatu de Lauderdaill.—E. 12*l*. 10*s*. *feudifirmæ*. xix. 239.

(278) Mar. 4. 1648.
WILLIELMUS ACHESONE filius legitimus Willielmi Achesone olim residentis apud Londoun, *hæres* Gilberti Achesone mercatoris burgensis de Edinburgh, *patrui*,—in terris et terris dominicalibus de Ecclis comprehendentibus terras de Wormeworlaw;—terras de Cotschotrig;—terras de Horsrigmylne, et terras de Wranghimhill, partes dictarum terrarum de Ecclis.—E. 42*l*. 6*s*. 8*d*. xix. 183.

(279) Mar. 29. 1649.
HELENA WRICHT sponsa Willielmi Lauder de Glediswood, *hæres portionaria* Jacobi Wricht de Glediswood, *patris*,—in terris de Glediswood cum piscatione salmonum, infra balliatum de Lauderdaill.—E. 40*s*. &c. *feudifirmæ*. xx. 106.

(280) Mar. 29. 1649.
ELIZABETHA ET MARGARETA WRICHTIS, *hæredes portionariæ* prædicti Jacobi Wright, *patris*,—in terris prædictis. xx. 107.

(281) Sep. 5. 1649.
JOANNES COMES DE LAUDERDAILL, &c. *hæres masculus* Joannis Comitis de Lauderdaill, vicecomitis Maitland, Domini Thirlstaine et Boltoune, *patris*,—in terris de Castlehill:—A. E. 4....

D

N. E. 4*l*.—terris de Eistmaynis ;—terris de Westmaynis, Woodencleuch et Wantonwalles cum pastura in communia de Thirlstain, in dominio de Thirlstain :—E. ......—terris, dominio, baronia, et regalitate de Thirlestaine cum suis pertinentiis, unitis in baroniam de Thirlestaine, viz. terris et baronia de Blyth in baronia et dominio de Lauderdaill ;—terris de Quhitsland et Brighauch infra dictum dominium, et vicecomitatum de Renfrew per annexationem ; —terris de Castlehill ;—5 libratis terrarum de Spottiswood antiqui extentus ;—... libratis terrarum de Raecleuch ;—... libratis terrarum de Reidpeth ;—... libratis terrarum de Quikiswode antiqui extentus ;—officio hæreditario balliatus dicti dominii de Lauderdaill ;—patronata vicariarum de Bolton, Garvett (Garvell), Ecclestandfuird et St. Martein, unitis ad terras et baroniam de Lethingtoune et Ugstoun, et ecclesiæ de Lauder ad dominium et regalitatem de Thirlstaine, erectis in dominium, baroniam et regalitatem de Thirlestaine :—A. E. 22*l*. N. E. 33*l*.—terris de Rogerlaw, Blaksydes (Blythsydis), Newbigings ;—dimidia parte molendini de Lawder ;—terris de Burnegraynes et Quitlaw in balliatu de Lauderdaill :—E. 33*l*. 6s. 8*d*.—terris de Snawdoune infra balliatum de Lawderdaill :—E. 4*m*.—terris de Auldingstaine, Langhauld, et Swynehope ;—terris de Lylestoune cum molendino de Lylstoune ; —terris de Whelplaw continentibus terras vocatas Heuchheid, Outsett, Langcroft, Innercullenrig ;—domum et croftam in villa et territorio de Auldingstaine, infra balliatum de Lawderdaill :—E. 33*l*. 6s. 8*d*.—terris de Pilmuire et Blakchester, cum pendiculis earundem nuncupatis Muirehouse, Halkerland, House in the Muire alias vocata Netherfeild de Pilmuire, Litle Laurencelands, cum terris nuncupatis Scottiscroft infra balliatum de Lauderdaill : —E. ......—terris de Ladypark alias Ladypairt infra balliatum de Lawderdaill :—A. E. 4*m*. N. E. 4*l*.—advocatione ecclesiæ parochialis de Lauder et decimis rectoriis ejusdem ;—vicaria et decimis vicariis magnis et minutis propriarum terrarum dicti quondam Joannis Comitis de Lauderdaill infra parochiam de Lawder, de terris de Blyth Ile Buss, Gairmureheuch, Braidshawrig, Snawdoune, Stewinrig, Hedderweik, Eister Igrop, Thirlstain, Milnehauch, Eist-Maynis, West-Maynes, Woodencleuch, Castlehill, Wantonwallis, Newbiggings, Blacksydes, Lylstoune, molendino de Lylstoun, Heuchheids, Whelplaw, Innercullenrig, Swynecroft, Langcroft, Outsett, Auldingstoune, Langhauld, Dodhouse, Ovir et Nethir Cullenhill, Whytlaw, Burnegraines, Ladypairt, Pilmure, Blakchester, Hollerland, Muirhouse, House in the Muir, et Litle Laurencelands :—E. 5*m*.—annuo redditu 300*m*. de terris de Barnes, Ovir et Nethir Woodheids et Caldsheilles, infra balliatum de Lauderdaill.—(Vide Edinburgh, Peebles, Haddington, Lanark.)

xx. 150.

(282) Oct. 18. 1649.
JACOBUS COKBURNE mercator burgensis de Edinburgh, *hæres masculus* Willielmi Cokburne de Blackismilne, *fratris*,—in 3 terris husbandiis in territorio de Eist-Restoune, et dimidietate terræ husbandiæ in territorio de Eymouth, infra baroniam de Coldinghame.—E. 6s. 8*d*. *feudifirma*. xx. 116.

(283) Nov. 9. 1649.
JOANNES HEPBURNE de Wauchtoune, *hæres masculus* Domini Patricii Hepburne de Wauchtoune militis, *patris*,—in terris et baronia de Wauchtoune comprehendente dimidietatem carucatæ seu bovatæ terræ in villa et territorio de Cockburnespeth, unitam cum aliis terris in vicecomitatibus de Hadingtoun et Fife in baroniam de Wauchtoune :—A. E. 40*l*. N. E. 120*l*.—terris de Edringtoune cum piscationibus de Edermouth et Colsteill et molendinis : —A. E. 100*m*. N. E. 500*m*.—terris de Mersingtoune cum molendinis :—A. E. 5*l*. N. E. 22*m*. 6s. 8*d*.—communia in Lammermuir. —E. 40s. *feudifirma*.—(Vide Haddington, Fife.) xx. 94.

(284) ...... 19. 1649.
GEORGIUS KING filius legitimus Georgii King in Quhitsum, *hæres portionarius* Georgii Bowmaker in Huttoun, *avi ex parte matris*,—in 2 terris husbandiis nuncupatis Heretage, infra villam et territorium de Hutton.—A. E. 16s. N. E. 24s. xx. 17.

(285) Apr. 25. 1650.
ROBERTUS REULL de Peillwallis, *hæres* Roberti Reull de Peillwallis, *patris*,—in terris dominicalibus orientalibus de Pranderguise cum Peillwallis, in dominio de Haills.—A. E. 20s. N. E. 24s. xx. 27.

(286) Maii 17. 1650.
DOMINUS PATRICIUS HOME de Polwarth miles baronettus, *hæres masculus et talliæ* Patricii Home de Polwarth militis baronetti, *patris*,—in dimidietate terrarum de Polwarth ;—dimidietate villæ de Polwarth et molendini ejusdem nuncupati Reidbraismylne, continente occidentales terras dominicales de Polwarth vocatas Reidbrayis, cum advocatione ecclesiæ parochialis de Polwarth, unitis in baroniam de Reidbrayis :—A. E. 5*l*. N. E. 20*l*. —terris de Hardeins ;—terris de Birgenscheills extendentibus ad 30 mercatas terrarum ;—2 terris husbandiis in villa et territorio de

Graden vulgo nuncupatis Bankheid ;—dimidietate terrarum de Haitschaw, infra balliatum de Lauderdaill, unitis cum aliis terris in vicecomitatum de Roxburgh in tenandriam de Hardeais :—A. E. 13*l*. 13s. 4*d*. N. E. 46*l*. 13s. 4*d*.—4 terris husbandiis de Eisterlawis de Whitsume :—A. E. 20s. N. E. 4*l*.—terris de Carcularig (vel Cartanlarig) alias Kingisrig nuncupatis, infra balliatum prædictum :—E. 40s.—alia dimidietate terrarum de Polwarth, cum molendino granario et advocatione ecclesiæ parochialis de Polwarth, pro principali :—A. E. 5*l*. N. E. 20*l*.—terris de Wedderburne in parochia de Duns, in warrantum dimidietatis terrarum de Polwarth :—A. E. .... N. E. ....—terris de Eistfield in parochia de Greinlaw.—A. E. .... N. E. ....—(Vide Roxburgh, Haddington.) xx. 21.

(287) Maii 24. 1650.
DOMINA MARGARETA BAILIE Domina Luss, sponsa Domini Joannis Colquhoun de Luss militis, *hæres* Domini Gideonis Bailie de Lochend militis baronetti, *patris*,—in terris de Ellem et Wyneshellis cum pertinentiis, viz. terris de Ellemsyide, Felcleuche, Dishauche (vel Dyishauche), Eister Skairshill, Wester Skairshill cum molendino de Ellem.—A. E. 5*l*. N. E. 20*l*.—(Vide Haddington.) xx. 187.

(288) Sep. 18. 1652.
DAVID CHYRNSYDE, *heir* of Alexander Chirnsyde of Eister Nisbit, *his father*,—in 18 husband lands of the 20 pound lands of Wester Whitsumlawis, within the erledome of Bothwell, barronie of Haills and constabularie of Haddingtoun be annexation.— E. 13*l*. xxii. 106.

(289) May 12. 1653.
GEORGE ERLE OF WINTOUN, Lord Seattoun of Winshburgh and Tranent, *heir maill* of George Erle of Wintoun, Lord Seatoun of Winshburgh and Tranent, *his gudsir*,—in the lands of Hartisheid and Cluiks (or Clintis) :—A. E. 5*l*. N. E. 20*l*.—unite with other lands in Linlithgow into the barony of West Niddrie. —(See Haddington, Linlithgow, Stirling, Edinburgh.) xxi. 144.

(290) May 12. 1653.
GEORGE EARLE OF WINTOUNE, Lord Seatoun of Winchbrugh and Tranent, *heir mail* of George Erle of Wintoun, &c. *his gudser*,—in the lands of Easter and Wester Quhitsume, with other lands in Haddington, Roxburgh, Dumfries, Edinburgh, and Kirkcudbright, unite into the barony of Hailes.—A. E. 20*l*. N. E. 80*l*.—(See Haddington, Roxburgh, Dumfries, Edinburgh, Kirkcudbright.) xxi. 177.

(291) Jun. 24. 1653.
THOMAS RAMSAY minister at Mordingtoun, *heir* of Maister Thomas Ramsay minister at Feildoune, *his father*,—in 2 husband lands, in the territorie of Nether Mordingtoun :—E. 33s. 4*d*.— the toune and lands of Nether Mordingtoune, with the milne.— A. E. 8s. 10*d*. N. E. 13s. 4*d*. xxiii. 47.

(292) Feb. 10. 1654.
GEORGE READPETH of Crumrig, *heir* of Thomas Readpeth of Crumrig, *his father*,—in the 3 merkland of Crumrig, and 2½ merkland on the eist syd of Angilraw with the mylne, within the earldome of March.—E. 3*l*. 13s. 4*d*. and 3s. 4*d*. in augmentatioun, *of feu farm*. xxiii. 30.

(293) April 21. 1654.
JOHNE DICKSONE of Newbigging, *heir* of Johne Dicksone of Newbigging, *his gudser*,—in 6 husband landis of the lands of Newbigging, with the comouns used and wont in the muir of Grinlaw, Grinlawrig, and moss of Grinlaw, within the erledome of March. —E. 6*l*. xxi. 314.

(294) Jun. 23. 1654.
ALEXANDER HOME, *heir* of Johne Home portioner of the Newtoune of Whitsume, *his father*,—in 7 husband lands of the toun and lands of the Newtoune of Whytsume, within the barony of Whytsume.—A. E. 35s. N. E. 7*l*. xxi. 324.

(295) Oct. 20. 1654.
SIR JOHNE HOME of Crumstane knight, *heir male* of Dame Helene Arnot relict of Sir George Home of Manderstoun knight, *his mother*,—in a cottage and tenement of land within the towne and territory of Eymouth.—E. 3s. 4*d*. xxii. 12.

(296) Jan. 3. 1655.
MR. ROBERT BAILIE, *heir* of Johne Baillie eldest sone of umquhill George Baillie of Jerveswood, *his immediat elder brother*, —in the lands, toun, and maynes of Mellerstanes, and haill husband land within the said toun and territory of Mellerstanes ;— that pairt of the towne of Mellerstanes callit Cantcruik (or Caut-

cruik);—halfe of the Eist part of the towne and lands of Fawnes, as principall, unit into the barony of Mellerstanes.—E. 45l.—(See Roxburgh.)   xxii. 4.

(297)   Mar. 30. 1655.
ROBERT HOME, *heir* of William Home brother-in-law to umquhill Thomas Home lawful sone to umquhill Robert Home portioner of Fishwick, *his father*,—in 2 husband lands callit the Vicar lands of Fishwick, and soumes of grass pertaining thereto, also the Tyne salmon fishings of 6 cables upon the water of Tweed.—E. 12l. *of feu farm*, &c.   xxii. 38.

(298)   Aug. 7. 1655.
PATRICK LINDSAY in Linthaws, *heir* of William (or Malcome) Lindsay portioner of Linthaws, *his father brother*,—in ane half husband land, in the towne and territorie of Eymouth and barroney of Coldinghame;—ane cottage with the yaird in the said toune;—ane other tenement in the commontie of Eymouth.—E. 12s. 4d.   xxiii. 111.

(299)   Aug. 17. 1655.
EWPHAME LIDDELL daughter of William Liddill in Eymouth, *heir portioner* of William Pringill in Eymouth, *her grandsir on the mother's syde*,—in ane husband land in Eymouth, in the towne and territorie of Eymouth.—E. 15s. 6d.   xxii. 100.

(300)   Aug. 31. 1655.
ANTHONIE HAIG, *heir* of David Haig of Bimersyde, *his father*,—in the toune and lands of Bimersyd, extending to ane 10 merk land of old extent, with fischings upon the water of Tweed, within the bailliarie of Lauderdaill.—E. 10m.   xxiii. 135.

(301)   Nov. 29. 1655.
AGNES PRINGILL spous to James Robisone in Eymouth, *heir portioner* of William Pringill in Eymouth, *her guidsher*,—in ane husband land in Eymouth, in the said toun and territorie of Eymouth and baronie of Coldinghame.—E. 15s.   xxii. 105.

(302)   Jan. 22. 1656.
ISSOBELL KER, *heir* of Mr. John Ker comon clark of Selkirk, *her father*,—in ane annuelrent of 240m. furth of the lands of Hirsle.   xxiv. 216.

(303)   Feb. 21. 1656.
ANDREW PURVES, *heir* of Hector Purves merchand burges of Edinburgh, *his father*,—in 4 carrucats of land, extending to 16 husband lands, in the towne and territorie of Ersiltoun:—A. E. 4l. N. E. 16l.—a messuage with ane husband land in the said village of Ersiltoun:—E. 20s.—a templland in the toune foresaid:—E. 2s.—the lands in Ersiltoun callit Ogil's lands lyand as above.—E. 3s. 4d.   xxii. 138.

(304)   Feb. 28. 1656.
ROBERT MAKGILL, *heir of tailyie and provision* of Patrick Mackgill second sone of Sir James Mackgill of Cranstoun-M'Gill knight baronet, *his brother*,—in the lands of Nisbit-Shielley with the wood, &c. callit Whinrig.—A. E. 33s. 4d. N. E. 5l.—(See Edinburgh, Hadington, Linlithgow.)   xxii. 150.

(305)   Sep. 11. 1656.
ALEXANDER WILKISONE, *heir of conquais* of Alexander Wilkiesone burges and comon clerk of the burgh of Lauder, imediat younger brother to umquhill Francis Wilkisone burges there, father to the said Alexander Wilkiesone, *his uncle*,—in the lands callit Netherfeild alias Hous in the muire, within the balliarie of Lauderdaill.—A. E. 20s. 4d. N. E. 30s.   xxiv. 38.

(306)   Sep. 11. 1656.
MARGARET HOME spous to Harie Ker of Lintoun, *heir* of David Home of Haircarse, *her father*,—in the lands of Haircarse extending to 6 husband-lands, within the erlidome of March:—E. 6l.—ane pairt of the lands callit Haircarse extending to ane 2 merkland, within the parochin of Fogoe.—E. 27s.   xxiv. 45.

(307)   Nov. 13. 1656.
WILLIAM COCKBURNE of that Ilk, *heir* of Johne Cockburne of that Ilk, *his father*,—in the lands and barony of Cockburne.—E. 20l.   xxiv. 74.

(308)   Dec. 10. 1657.
SIR ARCHIBALD COKBURNE of Langtoun knight barronet, *heir* of Sir William Cokburne of Langtoune knight, *his father*,—in the lands and barroney of Langtoune, with the office of ushere principall to the king, advocatione of the paroch kirk and parochin of Langtoune, and priviledge of ane frie burghe of barroney to be called the burghe of Langtoune, united into the barroney of Lang-

toune:—E. 20l.—10 husband lands in Simpren called the Kirklands.—E. 10l. *of feu farm* and 20s. in augmentatione. xxiv. 250.

(309)   Aug. 26. 1658.
ISSOBELL LAUDER of that Ilk, *heir* of Robert Lawder of that Ilk, *her father*,—in the landis called the Forrest of Lawder, viz. Caldscheill, Overwoodheid, Netherwoodheid, Barnes called Lawder-barnes, with the corns and walkmilnes, and halff of ane other corne milne, extending to ane 5 pund land of old extent, in the bailziarie of Lawderdaill:—E. 5l.—the 5 pund land of old extent in the toune and territorie of Dalcoiffe and bailzearie abone written:—E. 5l.—ane annuelrent of 13s. 4d. furthe of the forsaidis landis of Dalcoiffe lyand as said is.   xxv. 134.

(310)   Mar. 29. 1659.
CAPTAINE JOHNE KELLIE, *heir* of Margaret Nisbitt relict of James Kellie portioner of Coldinghame, *his mother*,—in 16 mark land within the toune and territorie of Paxtoun;—20 merk fishing on the watter of Tueid;—5 (or 3) mark land and ane cottage land within the toune and territorie of Lethim;—16 mark land in Auchincraw.—E. 44m. 4s.   xxv. 166.

(311)   Aug. 9. 1661.
WILLIELMUS RUTHVEN de Garven, *hæres conquestus* Domini Francisci Ruthven de Carse militis, *fratris immediate junioris*,—in terris et baronia de Home comprehendentibus villam et terras de Home, cum terris dominicalibus de Maynes, et molendinis de Hoom;—terras de Oxmuir et Harieheuch;—terras de Eister, Wester, et Midle Howlawes;—terras de Falsethill;—terras de Todrig;—terras de Sisterpath, baroniæ de Home contigue jacentes:—E. 10l.—terris de Meikilbirgean vocatis Langbirgean;—terris dominicalibus earundem, cum pertinenciis vocatis Fernierig, Whytrig, et piscaria hujusmodi super aqua de Tweid, in comitatu de March.—E. 18l. &c. et 3l. &c. in augmentationem, *feudifirmæ*.   xxvi. 27.

(312)   Sep. 5. 1661.
WILLIELMUS HOME, *hæres* Joannis Home apud Kirkstyle de Coldinghame, *patris*,—in illo cottagio terræ cum horto eidem contigue adjacente, in villa de Coldinghame:—E. 16s. 8d.—dimidia acræ terræ in parte nuncupata Cranbus, et alia dimidia acræ terræ arabilis in Reidlawsyde:—E. 2s. 8d.—tenemento cum pecia horti apud Courtzet:—E. 12 nummi, &c.—tenemento apud pontem vocatam Courtbridge, infra dictam villam et teritorium de Coldinghame.—E. 8d. &c.   xxvi. 119.

(313)   Sep. 5. 1661.
IOANNES WILKIESONE de Eist Moriestoun, *hæres* Joannis Wilkiesone de Eist Moriestoun, *patris*,—in terris de Eist Moriestoun, infra balliatum de Lauderdaill.—E. 40s.   xxvi. 219.

(314)   Oct. 3. 1661.
KATHERINA HOME sponsa Georgii Brown mercatoris burgensis de Edinburgh, *hæres* Willielmi Home incolæ in Manderstoun, *avi*,—in terris de Whitsum nuncupatis Volt de Whitsum.—E. ......   xxvi. 220.

(315)   Oct. 17. 1661.
ALISONA THOMESONE, *hæres* Alexandri Tod in Coldinghame, *avi ex parte matris*,—in terra cottagia in villa de Coldinghame in Bitchill, cum una riga in Cruikis vocata Burnrig, infra baroniam de Coldinghame.—E. 2s. 6d. &c. *feudifirmæ*.   xxvi. 104.

(316)   Dec. 5. 1661.
IOANNES HOGE portionarius de Dryburgh, *hæres* Willielmi Hoge portionarii ejusdem, *patris*,—in tenemento terræ cum 2 acris terræ in dicta villa et territorio de Dryburgh;—crofta terræ vocata Sacristanedaill;—2 hortis arabilibus cum acra terræ vocata Ryzaird, cum decimis garbalibus;—horto, et alio pomario;—tenemento terræ, et acra terræ sub silva;—quarta parte unius sextæ partis terrarum firmariarum de Dryburgh, cum decimis garbalibus dictæ quartæ partis sextæ partis terrarum firmariarum, in dominio de Dryburgh et balliatu de Lauderdaill.—E. 4l. 6s. *feudifirmæ*.   xxvi. 239.

(317)   Jan. 16. 1662.
FRANCISCUS KINLOCH, *hæres* Henrici Kinloch mercatoris burgensis de Edinburgh, *patris*,—in terris de Tounheid de Old Cambes;—terris de Greinbank;—acris de Old Cambes, in parochia de Colbrandspeth.—E. ......   xxvii. 135.

(318)   Jan. 16. 1662.
BEATRIX DICKSONE sponsa Roberti Brown in Coldinghame, *hæres* Willielmi Peattie ibidem, *fratris avi ex parte matris*,—in 8 cottagiis in villa et territorio de Coldingham et baronia ejusdem.—E. 14s. &c. et 12d. in augmentationem, *feudifirmæ*.   xxvi. 138.

(319)   Feb. 27. 1662.

ELIZABETHA ET JONETA WOODES, *hæredes portionariæ* Thomæ Wood de Granquhaich, *patris,*—in terris de Redcleuch, cum communi pastura et libero introitu et exitu in et ad communem de Duns, infra parochiam de Duns.—E. 4*m. feudifirmæ.*   xxvi. 137.

(320)   Mar. 6. 1662.

ALEXANDER HOME de Linthill, *hæres* Willielmi Home de Linthill, *patris,*—in 8 terris husbandiis de Bastellrige alias Abchester, infra baroniam de Prandergaist et parochiam de Aytoun ;—terris de manerie de Prandergaist extendentibus ad 16 terras husbandias;—molendino granario de Prandergaist;—5 terris husbandiis in Whytrige, infra dictam baroniam de Prandergaist et parochiam de Aytoun :—E. 10*l.*—4 terris husbandiis de Whitsome nuncupatis Langrige, infra villam, territorium et parochiam de Whitsome:—E. 40*s.*—molendino granario de Ayton nuncupato antiquo molendino, infra baroniam de Prandergaist et parochiam de Aytoun :—E. 40*d. feudifirmæ :*—3½ terris husbandiis in Swynwood : —E. 15*s. pro unaquaque terra husbandia feudifirmæ :*—tenemento terræ in Eymouth et dimidio terræ cum dimidio cottagii ibidem :— E. 10*s. feudifirmæ :*—domo antiqua nuncupata Magdalen Chappell et 4 acris terrarum circa eandem, infra parochiam de Duns :—E. 18*s. feudifirmæ :*—7 terris husbandiis in Eymouth, et molendino granario de Eymouth, infra parochiam de Eymouth, et baroniam de Coldinghame;—decimis garbalibus et aliis decimis tam rectoriis quam vicariis dictarum 7 terrarum husbandiarum.—E. 10*l. feudifirmæ.*   xxvi. 257.

(321)   Mar. 20. 1662.

JOANNES HOME sartor in burgo de Duns, *hæres* Willielmi Home, *patris,*—in domo vocata alta domus in communia villæ de Eymouth, infra baroniam de Coldingham.—E. 10*d. feudifirmæ.*   xxvi. 143.

(322)   Jul. 3. 1662.

HELENA ET AGNETA ANDERSONES, *hæredes portionariæ* Christopheri Andersone in Old Hamstockis, *patris,*—in terra husbandia in villa de Colbrandspeth infra baroniam ejusdem, cum pastura 5 sumarum animalium super villam et terras de Colbrandspeth.—E. 20*s.* et 6*d.* in augmentationem, *feudifirmæ.*   xxvi. 235.

(323)   Sep. 18. 1662.

GEORGIUS HOME in Aytoun, *hæres* Elizabethæ Home filiæ unigenitæ Alexandri Home ballivi de Duns, *filiæ fratris avi,*—in terris nuncupatis Ladylands infra parochiam de Duns.—E. 38*s.* et 16*d.* in augmentationem, *feudifirmæ.*   xxvi. 312.

(324)   Jan. 22. 1663.

MAGISTER JOANNES HAY de Aberlady, *hæres* Magistri Wilielmi Hay de Aberlady, *patris,*—in terris et baronia de Butterdaine cum manerici loco de Tounrig ;—terris de Wester Borthwick et Dunsteill in parochia de Auldhamstockis.—A. E. 8*l.* 6*s.* 8*d.* N. E. 11*l.* 9*s.* 2*d.*—(Vide Haddington, Dumfries.)   xxvii. 3.

(325)   Feb. 5. 1663.

JOANNES HOME de Blacader, *hæres* Joannis Home de Blacader, *patris,*—in terris et baronia de Blacader :—E. 20*l.*—5½ terris husbandiis in villa et territorio de Auchincraw vocatis Heatlands, Claudland, Parkland, Orchardland, et Maliland :—E. 5*s.* 10*d.*—terris de Fishweik cum hortu, lacu, et piscatione super aquam de Tweid ;—promontorio de St. Abesburgh, infra baroniam de Coldinghame :—E. 20*m.*—terris templariis apud lie heid villæ et territorii de Whitsume, ac 5 buttis cum terris templariis de Blacader : —E. 3*s.* 4*d.*—terris et baronia de Grinlaw-Reidpeth comprehendentibus terras et baroniam de Greinlaw, cum terris de Bromhill et Blassinbraid ;—terris de Grinlawdean, Polkshauche, et Blassenbraid alias Blassenberrie ;—terris de Eistfeild, Whytesyde, Tennandrie, Marksworth, Claydub ;—terris dominicalibus de Grinlaw ;—villa et burgo de Greinlaw, cum decimis ;—advocatione ecclesiæ parochialis de Grinlaw, omnibus unitis in baroniam de Grinlaw-Ridpeth ;—2 terris husbandiis in Elwotlaw, et 2 terris cottagiis in Grinlaw in parochia de Grinlaw, dictæ baroniæ unitis.— E. 20*l.*   xxvii. 169.

(326)   Maii 19. 1663.

JOSEPHUS JOHNSTOUN de Hiltoun, *hæres* Archibaldi Johnestoune de Hiltoun, *patris,*—in terris et baronia de Hiltoun pro principalibus :—A. E. 8*l.* N. E. 30*l.*—terris de Wedderburne :—A. E. 4*l.* N. E. 12*l.*—2 terris husbandiis villæ et terrarum de Quhitsome, in warrantum baroniæ de Hiltoun :—A. E. 10*s.* N. E. 20*s.*—terris de Hiltounhaw (vel Huttonhaw).—E. 20*l. feudifirmæ.*—(Vide Peebles.)   xxvii. 71.

(327)   Maii 28. 1663.

JOANNES EDGAR de Woderlie, *hæres* Joannis Edgar de Woderlie, *patris,*—in terris dominicalibus et villa de Woderlie ;— terris de Eister Woodheids et Maynewallis ;—terris de Wester

Woodheids, Reidhall, et Camerlaws ;—terris de Dredenlawis et Fairnyknowis :—A. E. 8*l.* N. E. 24*l.*—terris de Litle Halyburtoun :—A. E. 10*s.* N. E. 30*s.*—infra parochiam de Wolstruther.   xxvii. 61.

(328)   Jul. 9. 1663.

GULIELMUS DOMINUS DE MORDINGTOUN, *hæres* Jacobi Domini de Mordingtoun, *patris,*—in terris et villa de Over Mordingtoun in baronia de Mordingtoun et regalitate de Dalkeith ; —terris vocatis Weetlands in dicta baronia et regalitate ;—mercata terræ in villa de Mordingtoun cum tofta ejusdem vocata Rosbutts ; —pecia terræ in fine orientali villæ de Mordingtoun cum pastura et pabulo animalium ;—advocatione ecclesiarum de Mordingtoun et Langformacus, cum jure regalitatis, capellæ, et cancellariæ :—E. 20*l.*—terris et villa de Chirnsyde, et terris dominicalibus de Chirnsyde nuncupatis Nether Maynis, extendentibus ad 37 terras husbandias cum decimis.—A. E. ...... N. E. ......   xxvii. 108.

(329)   Nov. 5. 1663.

GRATIA GRADEN de Erneslaw, *hæres* Joannis Graden de Erneslaw, *patris,*—in 56 solidatis 8 denariatas terrarum de Erneslaw :—E. 3*l. feudifirmæ :*—38 solidatis 4 denariatis terrarum in villa de Erneslaw extendentibus ad 3 terras husbandias :—E. 40*s. feudifirmæ :*—3 terris husbandiis in Langrig :—E. 3*l. feudifirmæ :* terris husbandiis de Graystainrig Wester :—E. 21*s. feudifirmæ :*— 2 terris husbandiis dictæ villæ de Ernslaw.—E. 40*s. feudifirmæ.*   xxvii. 137.

(330)   Feb. 2. 1664.

JACOBUS JOHNSTOUN de Scheynis, *hæres* Magistri Samuelis Johnestoun de Scheynes, *patris,*—in villa et terris de Wester Scheills de Colbrandspeth :—A. E. 13*s.* 4*d.* N. E. 26*s.* 8*d.*— villa et terris de Eister Scheills de Colbrandspeth, Hoprig, Whytlaw, Clewis, et Foulfuirdleyis de Colbrandspeth, pro principalibus. —A. E. 4*l.* 6*s.* 8*d.* N. E. 8*l.* 13*s.* 4*d.*—(Vide Haddington.)   xxvii. 171.

(331)   Mar. 22. 1664.

DOMINA JONETA EDMONSTOUN Domina de Lugtoun, *hæres portionaria* Mariæ Edmonstoun Dominæ de Rayslaw, *sororis,*—in terris et baronia de Greinlaw-Reidpath comprehendentibus terras et baroniam de Greinlaw ;—terras de Broomehill et Blaisenbraid ;—terras de Greinlaw-dean ;—terras de Polkshauch et Blaisenbread alias Blaissenberrie ;—terras de Eistfeild, Whytsyde, Tennandrie, Markesworthe, et Claydube ;—terras dominicales de Greinlaw ;—villam et burgum de Greinlaw ;—advocationem ecclesiæ parochialis de Greinlaw, omnes unitas in baroniam de Greinlaw-Reidpath.—E. *tertia pars* 10*m.*   xxvii. 242.

(332)   Apr. 28. 1664.

MAGISTER JOANNES KING portionarius de Coldinghame, *hæres* Herculis King portionarii de Coldinghame, *avi,*—in cottagia in Coldinghame in baronia de Coldinghame.—E. 5*s. feudifirmæ.*   xxvii. 243.

(333)   Maii 3. 1664.

JOANNES WOOD, *hæres* Joannis Wood burgensis de Lawder, *avi,*—in parte terrarum ecclesiasticarum de Lawder extendente ad 3 acras terrarum, prope burgum de Lawder et infra balliatum de Lawderdaill :—E. 17*s.* &c. *feudifirmæ :*—crofta terræ in dicto burgo de Lawder.—A. E. 6*d.* N. E. 2*s.*—(Vide Haddington.) xxvii. 206.

(334)   Maii 5. 1664.

DOMINUS THOMAS HOPE de Craighall miles baronetus, *hæres* Domini Thomæ Hope de Craighall militis baroneti, *patris,* —in terris de Winscheils, cum mineriis auri, argenti, cupri, plumbi, stanni aliorumque metallorum et mineralium.—E. 7*l.* 10*s.*   xxvii. 181.

(335)   Sep. 20. 1664.

WILLIELMUS RUTHVEN de Gardine, *hæres masculus* Wilielmi Ruthven de Gairdine, *avi,*—in terris et baronia de Hoome comprehendentibus villam et terras de Hoome, cum terris dominicalibus et molendinis de Hoome ;—terras de Oxmure, Harieheuch ;—terras de Eister, Wester, et Midle Howlawes ;—terras de Falsithill et Todrig ;—terras de Sisterpeth :—E. 10*l.*—terris de Meikle Birgeam communiter vocatis Long Birgeam, et terris dominicalibus earundem, cum pendiculis vocatis Fernierig et Whytrig, et piscaria super aqua de Tueid, in comitatu de March.—E. 18*l.* &c. *feudifirmæ.*—(Vide Forfar, Perth.)   xxvii. 255.

(336)   Maii 3. 1665.

JACOBUS VICECOMES DE KILSYITH, *hæres* Jacobi Vicecomitis de Kilsyith, *patris,*—in terris et baronia de Wester Kilsyith comprehendente tertiam partem terrarum de Greddan, cum salmonum piscaria super aquam de Tweid nuncupata Damfoord, et terras de Darnchester :—A. E. 5*l.* N. E. 16*l.* 2*s.* 7*d.*—unitis cum terris in Stirling in baroniam de Kilsyith.—(Vide Stirling, Dumbarton.)   xxviii. 132.

(337)   Jul. 28. 1665.

MAGISTER PATRICIUS LINDSAY, *hæres masculus* Magistri

Jacobi Lyndsay de Leckaway, *patris,*—in terris et baronia de Blaikerstoun comprehendente terras nuncupatas St. Bothanes cum haughs, viridariis, et croftis ad monasterium de St. Bothanes pertinentibus;—terras de Frankoot (vel Frankpot), Hardhessils, molendino granorum et fullonum;—terras de Blaikerstoun;—dimidietatem terrarum de Quixwode;—terras in Stentoun ex antiquo estimatas ad unam terram husbandiam;—terras in Kymmerghame estimatas ad 2 terras husbandias;—terras in Nanevar estimatas ad terram husbandiam;—terras in Cockburnspeth estimatas ad unam terram husbandiam;—terras in Duns estimatas ad 2 acras terrarum;—terras nuncupatas Nunmeadow in Billie;—terras in Poppill estimatas ad acram terræ, cum uno outset ad easdem pertinente, et terras in Butterdein estimatas ad dimidietatem terræ husbandiæ;—domum in Belheavin;—peciam terræ ibidem estimatam ad dimidium acræ terræ;—annuum redditum 30s. de burgo de Edinburgh;—ac alias terras, tenementa, &c. ab antiquo concessa beneficio, prioratui vel monasterio ubicunque jacent infra regnum Scotiæ, et quæ ad dictum prioratum de St. Bothanes tanquam partem patrimonii ex antiquo pertinuerunt;—abbaciæ locum infra præcinctum dicti prioratus;—decimas, &c. quascunque ad dictum prioratum pertinentes ubicunque infra regnum prædictum, et præsertim decimas terrarum de Quixwode, Hardhessellis, Frankpott ac aliarum terrarum supramentionatarum, quæ pertinuerunt ad prioratum de St. Bothanes;—decimas villarum et terrarum dominicalium de Cockburnspeth, ac de lie Steidings subscriptis ad easdem pertinentibus, viz. Foulfuirdleyes, duarum Hopprigis, duarum Scheills, Rauchansyde et Clowes, infra parochiam de Cockbrandspeth, et alias decimas in vicecomitatu de Edinburgh, omnes unitas in baroniam de Blaikerstoun.—E. 40s.—(Vide Edinburgh.) xxviii. 86.

(338) Apr. 20. 1666.
JACOBUS COCKBURNE de Ryslaw, *hæres* Domini Jacobi Cockburne de Ryslaw, *patris,*—in terris et baronia de Ryslaw:—A. E. 10l. N. E. 40l.—terris de Lochtoun:—A. E. 5l. N. E. 20l.—dimidietate terrarum de Printonan extendente ad 18 mercatas terrarum:—A. E. 12l. N. E. 48l.—4 acris terrarum vocatis Lylisknow, infra villam et territorium de Lochtoun.—A. E. 6s. 8d. N. E. 26s. 8d.—(Vide Edinburgh.) xxviii. 140.

(339) Maii 24. 1666.
JOANNES HALL, *hæres* Joannis Hall calcearii et burgensis de Westrestoun, *avi,*—in terra cottagia vulgo vocata Girsland, infra villam et territorium de Westrestoun, baroniam et abbaciam de Coldinghame.—E. 5s. *feudifirmæ.* xxviii. 184.

(340) Jun. 14. 1666.
MAJOR JOANNES REIDPETH, *hæres conquestus* Magistri Thomæ Reidpeth de Foulfuirdleyes, *fratris immediate junioris,*—in terris de Fowlfuirdleyis et Whytlawclovis, infra parochiam de Cockburnspeth.—A. E. ...... N. E. ...... xxviii. 173.

(341) Aug. 23. 1666.
JACOBUS REIDPETH de Angilraw, *hæres* Simeonis Reidpeth de Angilraw, *patris,*—in 6 mercatis terrarum de Angilraw, cum toftis vocatis Kennedies croft, ac mercata terræ vocata Merkisworth, in dominio de March.—E. 7m. 40d. xxviii. 203.

(342) Nov. 6. 1666.
MAGDALENA ET RACHAEL RULES, *hæredes portionariæ* Roberti Rule de Pildwalls, *fratris,*—in 2 tertiis partibus de Easter Maines de Prandergaist vulgo vocatis Pildwalls, infra dominium de Hailles.—A. E. ...... N. E. ...... xxix. 149.

(343) Mar. 7. 1667.
PATRICIUS WARDLAW, *hæres* Jacobi Wardlaw portionarii de West Restoun, *patris,*—in 4 terris husbandiis in West Restoun infra parochiam de Coldinghame;—2 terris husbandiis in West Restoun.—E. 35s. xxviii. 268.

(344) Mar. 14. 1667.
MARIA REULL, *hæres portionaria* Roberti Reull de Peillwallis, *fratris,*—in terris de Peillwalls infra parochiam de Ayttoun.—E. 24s. xxviii. 294.

(345) Aug. 8. 1667.
JACOBUS RENTOUN de Billie, *hæres* Jacobi Rentoune de Billie, *patris,*—in 4 terris husbandiis in villa et territorio de Rentoun et baronia de Coldinghame;—3½ terris husbandiis in villa et territorio de West Restoun et baronia prædicta;—terris nuncupatis Nunmeadow, et terris vocatis Nunbuttis in villa de Auchincraw, et infra baroniam prædictam;—terris nuncupatis Nunflat infra terras dominicales de Billie situatas, in baronia de Bonkill.—E. 18s. xxviii. 326.

(346) Aug. 8. 1667.
WILLIELMUS BLACK portionarius de Coldinghame, *hæres*

Joannis Black portionarii de Coldinghame, *patris,*—in tenemento seu cottagio terræ in villa et infra baroniam de Coldinghame.—E. 16d. xxviii. 332.

(347) Nov. 29. 1667.
DOMINUS FRANCISCUS SCOTT de Thirlstane Eques Auratus, *hæres* Patricii Scott de Thirlestane, *patris,*—in annuo redditu 112l. de terris de Nenthorne.—(Vide Roxburgh, Selkirk.) xxxi. 181.

(348) Jan. 16. 1668.
THOMAS ROCHEID, *hæres* Patricii Rocheid de Whitsomehill, *patris,*—in 4 terris husbandiis et Infeild unius husbandiæ terræ extendente ad 6 acras terræ arabilis;—4 terris husbandiis cum dimidia terræ husbandiæ et dimidia dimidiæ terræ husbandiæ;—9 liris lie rigs terrarum in isto lie Shott vocato Greatrigends;—11 liris lie rigs terrarum in lie Shott vocato Rundabutts;—5 metis terrarum lie butts of land vocatis Brunsbutts, cum capitali lira lie Headrig in Whitsum infra parochiam de Whitsome:—E. 22l. 3s. 4d. &c. *feudifirmæ:*—3 acris terrarum ecclesiasticarum in Duns in crofta vocata Preistsyde, infra parochiam de Dunse:—E. 2s. *monetæ sterlinæ:*—terris de Ramrig infra baroniam de Upsatlingtoun;—terris de Dedrig cum pertinentiis particulariter spectantibus ad terras et baroniam de Whitsum:—A. E. ...... N. E. ......—2 acris terrarum templariarum vocatis Smiths acre et Blackacre in parochia de Whitsum:—E. 3s. 4d. *feudifirmæ:*—terris communiter vocatis Greinsyde;—terra nuncupata Treipeard;—piscaria in aqua de Tweid communiter vocata piscaria de Upsatlingtoun:—E. 20m. &c. *feudifirmæ:*—4 tenementis terrarum infra burgum baroniæ de Dunse:—E. 18l, 13s. 4d. &c. *feudifirmæ:*—annuo redditu 200m. de terris de Buchtrig, infra parochiam de Eccles. xxix. 51.

(349) Mar. 12. 1668.
JOANNES HOWIESON, *hæres* Davidis Howiesoun mercatoris in Tranent, *patris,*—in terris de Greweldykes extendentibus ad 3 terras husbandias, infra parochiam de Duns.—A. E. 3m. N. E. 3l. xxix. 58.

(350) Apr. 16. 1668.
ELIZABETHA HOME sponsa Magistri Francisci Pringill fratris germani Roberti Pringill de Stichell, *hæres provisionis* Alexandri Home filii legitimi Alexandri Home de Rollingstoune, *fratris germani,*—in terris de Rollingstoune infra parochiam de Greinlaw.—E. 5l. xxix. 295.

(351) Jul. 23. 1668.
THOMAS GRAY portionarius de Eymouth, *hæres* Joannis Gray portionarii ibidem, *patris,*—in 2 terris husbandiis et 2½ terris cottagiis cum hortis, in villa de Eymouth et baronia de Coldinghame.—E. 32s. 1d. &c. xxix. 66.

(352) Sep. 8. 1668.
JACOBUS MARCHIO DE DOWGLAS, Comes Angusiæ, Dominus Abernethie, Ettrick, et Jedburgh Forrest, *hæres masculus* Archibaldi Comitis Angusiæ, Domini Dowglas et Abernethie, *patris,*—in comitatu Angusiæ comprehendente inter alia terras, &c. subscriptas, viz. in terris, dominiis, baroniis, et regalitate de Bonkle et Prestoun, comprehendentibus terras dominicales, Eister, Midle, et Wester Maynes de Boncle;—terras de Blackhouse;—terras de Fosterland;—terras de Easter Brokhoills;—terras de Wester Brockhoills;—terras de Berriehill;—villam et terras de Prestoun cum molendino ejusdem;—terras de Cruiksfeild;—villam et terras de Lintlaws cum molendino ejusdem;—terras de Sparishouss;—terras de Sleichishouss;—terras de Billie;—terras de Blanarne;—terras de Kymmerghame et Kymerghame Maynes cum molendino, et advocatione ecclesiarum;—burgo baroniæ de Prestoun:—A. E. 100m. N. E. 120m.—terris, dominio, et baronia de Colbrandspeth cum terris dominicalibus;—terris de Bowsheill, Paddokcleuch, Rouchinsyde, et Torlie, cum aliis terris, &c. dominii et baroniæ de Crawfurd-Dowglas alias Crawfurde-Lindsay:—E. 8 celdris tritici, &c.—Fodinis auri, argenti, et aliorum mettallorum et minerallis infra prædictas terras, dominia, baronias, et regalitates.—E. *decima pars totius auri,* &c.—(Vide Forfar, Perth, Roxburgh, Lanark, Haddington, Selkirk.) xxix. 73.

(353) Oct. 22. 1668.
JOANNES HAY de Abirladie, *hæres* Magistri Joannis Hay de Aberlady, *patris,*—in terris et baronia de Butterdane, cum turre, fortalicio, et manerici loco de Tounrig;—terris de Westir Borthwick et Dunsteill, in parochia de Auldhamstocks.—A. E. 8l. 6s. 8d. N. E. 11l. 9s. 2d.—(Vide Haddington.) xxix. 141.

(354) Feb. 19. 1669.
MAGISTER GEORGIUS EDINGTOUNE de Balbartoune, *hæres* Davidis Edingtoune de Eodem, *fratris avi,*—in terris de Ridheuche infra baroniam de Blacater.—A. E. ...... N. E. ...... xxix. 162.

E

(355) Feb. 25. 1669.

MARCUS PRINGLE, *hæres* Andreæ Pringle in Nenthorne militis, *patrui*,—in villa de Nenthorne et terris dictæ villæ de Nenthorne, cum decimis garbalibus et decimis vicariis, infra parochiam de Nenthorn, et ballivatum de Lauderdale :—A. E. ...... N. E. ......—annuo redditu 126*l*. 30*s*. 4*d*. de terris, decimis, aliisque suprascriptis.   xxix. 202.

(356) Apr. 22. 1669.

JACOBUS JONSTOUNE de Sheins, *hæres* Magistri Samuelis Jonstoun de Sheins advocati, *patris*,—in terris et baronia de Dunglas cum salinis, carbonibus, &c.—A. E. 10*l*. N. E. 40*l*.—(Vide Haddington.)   xxix. 181.

(357) Apr. 22. 1669.

GULIELMUS HASTIE, *hæres* Gulielmi Hastie polentarii burgensis de Edinburgh, *patris*,—in terris dominicalibus Maynes de Wormetlaw nuncupatis, existentibus parte terrarum et baroniæ de Eccles, extendentibus ad .... husbandias terras pro principalibus ;—terris de Coitshatrig, Bankheid et fine orientali villæ de Eccles, in speciale warrantum dictarum principalium terrarum.— E. 22*l*. &c.—(Vide Edinburgh.)   xxix. 189.

(358) Aug. 20. 1669.

ALEXANDER UDNEY, *hæres* Joannis Udney de Eodem, *patris*,—in annuo redditu 1080*m*. de terris de Northfeild et pendiculo vocato Eister et Wester Lochs, et terris de Feweles cum decimis, in baronia et dominio de Coldinghame ;—terris vocatis Ricalsyde in Coldinghame, viz. 4 husbandiis et 2 cotlands in Coldinghame ;—2 husbandiis terris et 3 terris cottagiis, cum Grasseland et domo ;—6 husbandiis terris et 2 husbandiis terris in villa et territorio de Coldynghame, dominio et baronia ejusdem.—(Vide Aberdeen.)   xxxiii. 264.

(359) Feb. 24. 1670.

CAROLUS COMES DE HADINGTOUN, Dominus Binning et Byres, *hæres masculus* Joannis Comitis de Haddingtoun, Domini Binning et Byres, *patris*,—in terris, dominio et baronia de Melros comprehendente inter alia, terras de Clerkleyis :—E. 1*l*. 3*d*. *feudifirmæ*:—terris et baronia de Caldstreame comprehendente ædes, monasterium et præcinctum de Caldstreame cum domibus, &c. prioratus de Caldstreame;—parvam croftam nuncupatam Pomarium infra præcinctum ejusdem :—E. 3*l*. *feudifirmæ*:—terras et terras dominicales de Caldstreame cum decimis ;—piscationes super aqua de Tueid ;—16 terras husbandias in Skaithmuir cum decimis: —E. 55*l*. *feudifirmæ*:—20 terras husbandias de Lennell :—E. 24*l*. *feudifirmæ*:—4 terras husbandias de Litle Todrig :—E. 4*l*. et 6*s*. 8*d*. in augmentationem, *feudifirmæ*:—terras de Sneuk cum decimis et piscationibus salmonum in Tilmouth-haugh et Litle-haugh super aqua de Tueid :—E. 73*l*. 4*s*. *feudifirmæ* :—omnes unitas in baroniam de Caldstreame.—(Vide Roxburgh, Haddington, Linlithgow, Lanark, Peebles.)   xxx. 4.

(360) Feb. 24. 1670.

CAROLUS COMES DE HADINGTOUN, Dominus Bynning et Byres, *hæres masculus* Joannis Comitis de Hadington, Domini Bynning et Byres, *patris*,—in terris et baronia de Coldounknowes, comprehendente terras et dominicales terras de Coldounknowes cum molendinis;—terras et baroniam de Ersiltoun, moram et villam et terras de Ersiltoun ;—2 molendina granaria et molendinum fullonum de Ersiltoun ;—terras de Haughheid ;—villam et burgum baroniæ de Ersiltoun cum foris et nundinis, omnes unitas in baroniam de Coldounknowis.—E. 10*l*.—(Vide Haddington, Edinburgh, Fife, Linlithgow.)   xxx. 12.

(361) Feb. 24. 1670.

CAROLUS COMES DE HADINGTOUN, Dominus Bynning et Byres, *hæres masculus* Thomæ Comitis de Hadingtoun, Domini Bynning et Byres, *proavi*,—in terris de Reidpeth et Portcraig :— E. 6*s*. 8*d*.—terris de Sorrockfeild et Moreistoun :—E. 6*s*. 8*d*.— 4 terris husbandiis de Hassingtoune Maynes, cum terris de Deidriges :—E. 11*l*.—terris de Harlaw :—E. 3*l*. 2*s*.—terris de Pitlesouch :—E. 7*l*. 5*s*. *feudifirmarum* :—infra regalitatem de Melrois, et unitis cum aliis terris in dominium de Melros.—(Vide Roxburgh, Edinburgh, Selkirk, Peebles, Haddington.)   xxx. 19.

(362) Apr. 6. 1670.

JOANNES LOGANE de Burnecastle, *hæres* Georgii Logane de Burnecastle, *patris*,—in terris de Burnecastle in balliatu de Lauderdaill.—A. E. 40*s*. N. E. 3*l*.—(Vide Haddington, Edinburgh.)   xxx. 20.

(363) Apr. 7. 1670.

JOANNIS SMITH, *hæres* Euphamiæ Bour sponsæ Georgii Smith, *matris*,—in terra vocata Killand extendente ad 4 solidatas et 2 denariatas terrarum in villa et territorio de Edincraw, infra parochiam de Coldinghame.—E. 4*s*. 2*d*.   xxx. 62.

(364) Aug. 11. 1670.

JONETA ALLANE, sponsa Georgii Andersone in Northfeild, *hæres* Willielmi Allane portionarii de Chirnsyid, *patris*.—in 2 mercatis terrarum et tertia parte mercatæ terræ in Chirnsyid, infra parochiam de Chirnsyid.—E. 35*s*.   xxx. 95.

(365) Nov. 3. 1670.

JOANNES LOCKIE, *hæres* Joannis Lockie in Martoune, *avi*,— in 3 mercatis terrarum villæ et terrarum de Martoun, in villa et territorio de Martoun et balliatu de Lauderdaill.—E. 40*s*. &c. *feudifirmæ*.   xxx. 136.

(366) Nov. 3. 1670.

THOMAS LOCKIE, *hæres* Alexandri Lockie in Martoun, *avi*,— in 2 mercatis terrarum villæ et terrarum de Martoun, in villa et territorio de Martoun et balliatu de Lauderdaill :—E. 26*s*. 8*d*. &c. *feudifirmæ*.   xxx. 137.

(367) Nov. 3. 1670.

HELENA ET AGNETA MILNES, *hæredes portionariæ* Roberti Milne, *avi*,—in 2 mercatis terrarum villæ et terrarum de Martoun, in villa et territorio de Martoun et balliatu de Lauderdaill.—E. 26*s*. 8*d*. &c. *feudifirmæ*.   xxx. 138.

(368) Feb. 9. 1671.

JOANNES RUCHEAD de Craigleith, *hæres* Thomæ Ruchead mercatoris in Dunce, *avi*,—in 4 acris terrarum arabilium et prato vocato Earlsmeadow, quæ sunt propriæ partes terrarum dominicalium de Dunce, infra territorium et baroniam ejusdem.—A. E. ...... N. E. ......   xxxi. 152.

(369) Nov. 30. 1671.

ELIZABETHA ET AGNETA RENTOUNES, *hæredes portionariæ* Gavini Rentoun in Ricklesyd, *patris*,—in 2 terris husbandiis in villa et territorio de Coldinghame, infra baroniam ejusdem.—E. 2*m*. 10*d*. &c.   xxx. 249.

(370) Nov. 30. 1671.

HENRICUS HOME filius Davidis Home in Law, *hæres portionarius* Gavini Rentoun de Ricklesyd, *avi*,—in 2 terris husbandiis in villa et territorio de Coldinghame, et infra baroniam ejusdem.—E. 2*m*. 10*d*.   xxx. 253.

(371) Dec. 7. 1671.

GEORGIUS DICKSONE filius Helenæ Rentoun, *hæres portionarius* Gavini Rentoune in Rickelsyid, *avi ex parte matris*,— in 2 terris husbandiis, in villa et territorio de Coldingham, et infra baroniam ejusdem.—E. 2*m*. 10*d*.   xxx. 253.

(372) Feb. 22. 1672.

ARCHIBALDUS DOUGLAS, *hæres* Archibaldi Douglas de Lumsdean, *patris*,—in terris de Whitehestir cum molendino.—E. 15*l*. 3*s*. 4*d*. *feudifirmæ*.   xxx. 271.

(373) Maii 8. 1672.

BARBARA, MARGARETA, ANNA, ET ISSOBELLA HEPBURNES, *hæredes portionariæ provisionis* Patricii Hepburne filii natu maximi Magistri Thomæ Hepburne rectoris de Oldhamstockis, *fratris germani*,—in pecia terræ vocata the Kirklane de Oldhamstockis cum decimis, in terris de Hoprig, et in baronia de Cockburnespethe, cum aliis terris in vicecomitatu de Haddington. —E. 4*l*. *feudifirmæ*.—(Vide Haddington.)   xxxi. 140.

(374) Aug. 10. 1672.

DOMINUS ALEXANDER HOME de Rentoun miles, *hæres* Domini Joannis Home de Rentoun militis, Domini Justiciariæ Clerici et unius Dominorum Concilii et Sessionis, *patris*,—in terris de Northfeild cum pendiculis vocatis Eister et Wester Loches ;— terris de Fewlls cum decimis, infra baroniam de Coldinghame, cum privilegio focalium in mora de Coldinghame.—E. 28*l*. 13*s*. 4*d*. et 13*s*. 4*d*. in augmentationem, *feudifirmæ*.   xxxi. 75.

(375) Aug. 15. 1672.

JACOBUS DOWGLAS, *hæres* Magistri Gulielmi Douglas advocati, *patris*,—in annuo redditu 120*l*. de terris et baronia de Chirnsyd et de decimis garbalibus, infra parochiam de Chirnsyide. —(Vide Haddington, Perth, Dumbarton, Roxburgh.)   xxxi. 190.

(376) Oct. 10. 1672.

JEANNA ET ANNA WATSONES, *hæredes portionariæ* Thomæ Watsone mercatoris burgensis de Edinburgh, *patris*,—in annuo redditu 160*l*. correspondente 4000*m*. de terris de Chirnesyid, infra parochiam de Chirnesyid.   xxxi. 91.

(377) Jan. 22. 1673.

JONETA HOME, *hæres* Majoris Joannis Home de Carollsyde,

patris,—in terris de Carrolsyde ;—parte terrarum de Hassindean-
rig :—E, 30s.—terris de Durringtoun.—E, 30s.—(Vide Roxburgh.) xxxii. 107.

(378) Maii 15. 1673.
ALEXANDER HOME filius Alexandri Home de Sklaithous,
hæres Georgii Home de Sklaithous in Aytoune, *fratris consanguinei,*—in husbandia terræ, dimidietate justæ et equalis tertiæ
partis 4 libratarum terrarum villæ et terrarum de Huttoun, infra
parochiam de Huttoun :—A. E. 26 *asses* 8d.—terris nuncupatis
Ladylands in Cheiklaw et alibi, cum decimis, infra parochiam de
Dunce.—E. 38s. et 16d. in augmentationem. xxxi. 228.

(379) Maii 30. 1673.
MAGISTER JACOBUS LOWES de Merchistoune, *hæres* Ma-
gistri Niniani Lowes de Merchistoune, *patris,*—in terris de Wedderburne cum maneriei loco de Wedderburne, infra baroniam de
Duns :—E. 4l.—9 terris husbandiis in Coldinghame nuncupatis
Steillislawes, Edwardsones lands et Lumsdeans lands ;—bina parte
quintæ partis 4 terrarum husbandiarum nuncupatarum Airslands et
Aytoun's lands ;—terris de Beochepark ;—12 cottagiis in villa de
Coldinghame ;—7 terris husbandiis in Eymouth et cottagio ;—
4 terris husbandiis et 2 cottagiis in villa de Westrestoune, et decimis garbalibus prædictarum terrarum, cum decimis piscationum in
mari et aqua de Ei :—E. 7l. 16s. 6d. &c. *feudifirmæ :*—terris et baronia de Eymouth comprehendentibus particulares terras husbandias, terras ecclesiasticas, cottagia, et burgum de Eymouth cum
portu navali ejusdem.—E. 2s. xxxi. 232.

(380) Sep. 4. 1673.
GRACIA GRAIDIN de Erneslaw, *hæres* Joannis Gradin de
Ernslaw, *patris,*—in terra husbandia in Ernslaw infra parochiam
de Eccles.—E. 20s. et 2s. in augmentationem, *feudifirmæ.*
xxxi. 245.

(381) Apr. 2. 1674.
MAGISTER JACOBUS HOME filius Magistri Jacobi Home
ministri verbi Dei apud ecclesiam de Lendall, *hæres* Jeannæ Home,
aviæ,—in cottagia terrarum in Ricklesyid de Coldinghame ;—
2 acris terræ in territorio de Coldinghame ;—alia terra cottagia
cum ruda terræ in Bogingrein de Coldinghame ;—4 rigis in Halbank :—E. 7s. 11d. &c. *feudifirmæ :*—terris de Hilbank (vel Halbank), cum horreo et torrili et cottagia terræ in villa de Coldinghame ;—acra terræ vocata Binnie-croft, omnibus in parochia de Coldinghame :—E. 6s. 8d. &c. *feudifirmæ :*—diversis terris arabilibus in
Coldinghame cum decimis.—E. 10s. &c. *feudifirmæ.* xxxi. 55.

(382) Apr. 14. 1674.
DAVID HOME de Corsrig, *hæres* Joannis Home de Corsrig,
fratris,—in terris cottagiis cum pastura 20 sumarum bestialium in
Hiltoun, in villa et territorio de Hiltoun et baronia de Hornden per
annexationem.—E. 3s. *feudifirmæ.* xxxii. 44.

(383) Apr. 14. 1674.
DAVID HOME de Crosrig, *hæres* Roberti Home de Corsrigg,
patris,—in 2 terris husbandiis de Hiltoun.—A. E. 17s. 7d. N. E.
26s. 8d. xxxii. 378.

(384) Maii 28. 1674.
JACOBUS COMES DE HOME, *hæres masculus* Alexandri Comitis de Home, promepotis quondam Alexandri Domini de Home,
et fratris Joannis Home de Whitrig, *proavi* quondam Domini Jacobi Home de Coldinknowes militis, *abavi* dicti Jacobi nunc
Comitis de Home,—in officio vicecomitatus de Berwick.—A. E.
20s. N. E. 30s. xxxii. 58.

(385) Maii 28. 1674.
MAGISTER GEORGIUS DICKSONE advocatus, *hæres* Magistri Roberti Dicksone de Buchtrige, *fratris germani,*—in terris
de Buchtrigg cum pertinentiis nuncupatis Lochrigs et Halfland seu
Brewlands in Leitham, cum molendino de Leitham, infra dominium
de Leitham, comitatum de March et parochiam de Eccles :—E.
8l. 10s. et 10s. in augmentationem :—annuo redditu 80l. correspondente 2000m. de acris terrarum nuncupatis George Trotter's
aikers, infra parochiam de Greinlaw. xxxii. 330.

(386) Maii 27. 1675.
KATHARINA COMITISSA DE LEVIN, *hæres tallie* et *provisionis* Margaretæ Comitissæ de Levin, *sororis,*—in comitatu de
Levin ;—dominio et baronia de Balgony comprehendente terras,
dominium, et baroniam de Balgonie, comprehendentem terras et
baroniam de Eistnisbet, viz. terras de Eastnisbet, cum molendino, comprehendentes terras vocatas Eistquarter :—terras de
Bromedykes, Craigwallace (vel Craigwallis) et Whytemure, et
terras nuncupatas Weliquarter et Mainquarter de Eist Nisbet.—
A. E. 7l. 3s. 4d. N. E. 11l. 10s.—(Vide Perth, Fife.) xxxii. 137.

(387) Jul. 22. 1675.
MARGARETA SMITH, *hæres* Euphamiæ Boure, *matris,*—in
terra vocata Killand extendente ad 4 solidatas et 2 denariatas terrarum, in villa et territorio de Edincraw et parochia de Coldinghame.—E. 4s. 2d. xxxii. 393.

(388) Oct. 7. 1675.
ROBERTUS COMES DE ROXBURGH, *hæres masculus et
talliæ* Gulielmi Comitis de Roxbrugh, Domini Ker de Cesfuird
et Cavertoun, *patris,*—in terris, dominio, et baronia de Halyden
comprehendentibus terras ecclesiasticas de Chappellhill:—E. 14l. 8s.
—terras ecclesiasticas de Litle Newtoun :—E. 36s.—terras de Nether Howdoune infra balliatum de Ladderdaill :—E. 13l. 6s. 8d.—
terras de Belsheill (vel Belshill) :—E. 48s.—terras ecclesiasticas de
Sympren :—E. 48s.—terras de Laughtoune :—E. ......,.....—terras
ecclesiasticas de Nenthorne :—E. 48s.—terras ecclesiasticas de Gordone :—E. 4l. 16s.—terras ecclesiasticas de Greinlaw :—E. 3l. 4s.
—terras ecclesiasticas de Home :—E. 4l. 16s.—terras de Cadra :—
E. 4l.—terras de Gyrig (vel Jyrig) :—E. 4s.—terras de Boigend :
—E. 3l.—molendinum de Fogo :—E. 4l. 16s.—decimas ecclesiarum de Nenthorne, Langtoun et Sympren, cum aliis decimis in Roxburgh, Selkirk, Peebles, Dumfreis, Lanark, Edinburgh, et Aberdeen :—E. 40m.—officia justiciariæ terrarum de Wystoun, Home,
Gordone, Bothwell, et Hairheid, et aliarum terrarum in Roxburgh
et Edinburgh :—E. *administratio justiciæ*—unitas in dominium et
baroniam de Halyden.—(Vide Roxburgh, Stirling, Linlithgow,
Edinburgh, Selkirk, Peebles, Dumfreis, Lanark, Ayr, Aberdeen,
Haddington.) xxxii. 218.

(389) Mar. 4. 1676.
DOMINUS JOANNES HOME de Blackadder miles baronettus,
hæres Joannis Home de Blackadder militis baronetti, *patris,*—in
terris et baronia de Blackadder cum multuris et molendinio :—E.
20l.—terris de Fishweik cum portu, lacu et piscatione super aquam
de Tueid ;—promontorio de St. Absburgh infra baroniam de
Coldinghame :—E. 20m.—terris nuncupatis terris templariis de
Blaccadder et Whitsom :—E. 3s. 4d.—parte terrarum nuncupatarum Dyketheadmaynes ;—parte terrarum nuncupatarum Wedder-
lawes (vel Netherlaich) infra territorium de Hiltoun.—E. ....—
(Vide Haddington.) xxxii. 371.

(390) Jun. 22. 1676.
JACOBUS TAILFAIR de Haircleugh, *hæres* Jacobi Tailfair de
Haircleugh, *patrui,*—in annuo redditu 360m. de terris et tenendria
de Crumstane, comprehendente terras de Rewell's Maynes, Samson's
wells, et Crumstane, cum molendino ;—terris et acris terrarum in
et circiter Dunce infra parochiam de Dunce, olim ad comitem de
Dumbar pertinentibus.—(Vide Lanark, Dumfries, Kirkcudbright.)
xxxiii. 77.

(391) Aug. 8. 1676.
ANDREAS KER de Moriestoune, *hæres* Magistri Marci Ker de
Moriestoune, *patris,*—in terris de Colliilaw et Bourliouss, infra parochiam de Berwick, cum decimis :—E. 41s.—terris de Westmorie-
stoune :—E. 43s. 4d. *feudifirmæ :*—terris de Moriestoun :—E. 3l.
3s. 4d. *feudifirmæ :*—terris de Aldinstoun et Dods, infra parochiam
de Lidgerwood, cum decimis :—E. 6l. 12s. 6d.—terris de Hairlaws, majus et minus, infra parochiam de Bassindeane ;—2 terris
husbandiis de Ugstoun, infra parochiam de Ginglekirk, in speciale
warrantum dictarum terrarum de Adinstoun (vel Aldinstoun) et
Dods, cum decimis garbalibus dictarum terrarum de Moriestoune,
Adinstoun, et Dods ;—4 terris husbandiis terrarum de Law ;—
4 terris husbandiis et 3 quarteriis terræ husbandiæ terrarum de
Hilend, infra baroniam de Coldingham ;—14 terris husbandiis de
Law extendentibus ad 14 mercatas terrarum ;—3 grasselands jacentibus contigue dictis terris de Law extendentibus ad 30 solidatas
terrarum ;—40 solidatis terrarum nuncupatis Halcroft ;—20 solidatis terrarum nuncupatis Armistrangspark ;—cottagia terræ cum
2 acris terræ jacentibus contigue dictis terris de Law extendentibus
ad 10 solidatas terrarum ;—8½ terris husbandiis in dicta villa de
Coldinghame, extendentibus ad 46 solidatas et 8 denariatas terrarum ;—cottagia terræ in dicta villa de Coldinghame vocata Clink-
skaills, extendente ad 10 solidatas terrarum ;—dimidio terræ cottagiæ in dicta villa de Coldinghame, infra baroniam de Coldingham :—E. 26l. 6s.—terris de Houndwood ;—terris de Fairniesyde,
infra baroniam de Coldinghame et parochias de Coldinghame et
Aytoun respective, pro principali :—E. 14l. 6s. 8d.—villa et terris
dominicalibus de Aytoune jacentibus ut supra, in speciali warrantum dictarum terrarum de Houndwood et Fairniesyde ;—dimidio
decimarum rectoriarum et valuatarum decimarum dictarum et decimarum vicariarum terrarum de Carfrae et Midlie, Fairnielies,
Hilhous, Hermiecleuch, villæ nuncupatæ Carfrae, Ridalschaw, Ugstoun, Neatherhouden, Bourhouss, Colliilaw, Thrieburnefoord,
Kirktounhill, Overheartsyde, Belhope, 2 terrarum husbandiarum in
Ugstoun, terrarum de Neatherheartsyde, Clints, Friermosse, infra
parochiam de Ginglekirk et balliatum de Lauderdaill ;—dimidio decimarum ad Davidem dominum de Cardros infra dictam parochiam

pertinentium;—terris et villa de Ledgertwood infra parochiam de Lidgertwood:—E. 5l.—decimis dictarum terrarum et terrarum molendinariarum, cum terris ecclesiasticis et advocatione dictæ ecclesiæ parochialis;—decimis terrarum de Easter et .... Moriestouns;—terris de Kirkhill cum decimis;—decimis terrarum de Birkinsyde et Whytsland;—terris de Kirkhill et decimis ejusdem;—decimis terrarum aliorumque præscriptorum, pro principali:—E. 10m.—3 tertiis partibus seu 30 terris husbandiis de Graden, cum piscationibus super flumine de Twid, infra parochiam de Caldstream, in speciale warrantum dictarum terrarum de Lidgertwood aliarumque suprascriptarum et decimarum:—A. E. .... N. E. ....—terris de Kidslie (vel Kaidslie):—E. 6l. &c.—terris de Runneltounlaw (vel Rumeltounlaw):—E. 17m.—terris de Todrig:—E. 12l.—terris ecclesiasticis et advocatione ecclesiæ de Lidgertwood, cum decimis;—altero dimidio decimarum dictæ parochiæ de Ginglekirk, viz. terrarum et baroniæ de Carfrae, Heatschaw, Ugstoun, Over et Neather Houdons, cum 2 Bourhouss et Colilaw, Neather Heartsyds, Aruts, Arids, Greingelt, Thrieburnefoord, Kelphope, Friernoss, et Kirktounhill, infra balliatum de Lauderdaill.—E. 10m.—(Vide Haddington, Edinburgh.) xxxiii. 44.

(392) Oct. 31. 1676.
ARCHIBALDUS FLETCHER, *hæres* Domini Andreæ Fletcher de Aberladie, *patris*,—in terris et baronia de Butterdein cum maneriei loco de Tounrig;—terris de Wester Borthwick et Dunstill, infra parochiam de Oldhamstocks.—A. E. 8l. 6s. 8d. N. E. 100m. *taxatæ wardæ*.—(Vide Haddington.) xxxiii. 42.

(393) Apr. 5. 1677.
JOANNES HOME de Nynewells, *hæres* Joannis Home de Nanenarre (Nynewalls?) *fratris avi*,—in 4 terris husbandiis de Nanewarre (Nynewalls?) cum pastura, infra parochiam de Dunss.—E. 53s. 4d. xxxiii. 116.

(394) Nov. 2. 1677.
JOANNES DICKSONE de Antonshill, *hæres* Joannis Dicksone de Antonshill, *avi*,—in husbandia terra cum dimidio terræ husbandiæ de Antonshill:—E. 30s. &c.—2 acris terrarum vocatis Punshione Bridgges, cum communia in mora de Greinla, Greinlarig et in maresia vulgo Moss de Greinlaw Kimbie, infra comitatum de Marchia.—E. 2s. &c. xxxiii. 121.

(395) Nov. 8. 1677.
THOMAS TROTTER, *hæres* Georgii Trotter de Prentonen, *avi*,—in terris de Eister Prentonen extendentibus ad 9 mercatas terrarum;—terris de Wester Prentonen extendentibus ad 9 mercatas terrarum, infra parochiam de Eckles.—E. 12l. xxxiii. 360.

(396) Dec. 10. 1677.
PATRICIUS ROSS in Formastoun, *hæres* Capitanei Willielmi Ross de Rossisle, *nepotis fratris proavi*,—in 1½ husbandia terra villæ et terrarum de Fosterland, infra villam et territorium de Fosterland et baroniam de Bountkell:—A. E. ...... N. E. ......—terris de Reuchester alias Spensrigg;—terris vocatis Eister Howlaws, in parochia de Greinlaw.—A. E. ...... N. E. ......—(Vide Dumfries, Wigton, Lanark, Kirkcudbright.) xxxiii. 439.

(397) Jun. 6. 1678.
JACOBUS BREDFOOT, *hæres* Jacobi Bredfoot mercatoris burgensis de Edinburgh, *patris*,—in terris et tenandria de Crumstaine comprehendente terras nuncupatas Rewalsmaynes, Samsonswalls, et Crumstaine;—terris et acris prope villam de Dunss in parochia de Dunss.—E. 12l. xxxviii. 121.

(398) Aug. 8. 1678.
ALEXANDER HOME de Sklaithous de Aytoune, *hæres* Alexandri Hoome de Sklaithouse de Aytoune, *avi*,—in terris vocatis Bairdislands in territorio villæ de Swintoune.—E. 6s. 8d. xxxiii. 462.

(399) Aug. 8. 1678.
JOANNES FALCONER portionarius de Exmouth (Eymouth?) *hæres* Thomæ Bonnar, *proavi ex parte matris*,—in tenemento terræ in communia villæ de Exmouth (Eymouth?)—E. 18d. xxxiii. 463.

(400) Apr. 3. 1679.
MAGISTER PATRICIUS CRAW de Heuchheid, *hæres* Gulielmi Craw de Heuchheid, *avi*,—in 4 terris husbandiis in villa et territorio de Orchestoun, infra baroniam de Coldinghame:—E. 53s. 4d. &c. *feudifirmæ*:—4 terris husbandiis in villa et territorio de Swynewoode et infra dictam baroniam:—E. 26s. 8d. &c. *feudifirmæ*:—cottagio vocato Heuchheid infra villam, territorium et baroniam prædictas.—E. 3s. &c. *feudifirmæ*. xxxiv. 101.

(401) Apr. 8. 1680.
DOMINUS JOANNES SINCLARE de Longformacus miles baronettus, *hæres* Domini Roberti Sinclare de Longformacus advocati, militis baronetti, *patris*,—in terris et baronia de Ellem et Winsheill cum partibus et pendiculis, viz. Ellemsyde, Felcleuch, Dyishaugh, Easterskairhill, Wester Skairhill, Wester Winsheilles, cum molendinis tam fullonum quam granorum, et molendino de Ellem:—A. E. 10l. N. E. 40l.—unitis cum aliis terris in vicecomitatu de Haddingtoun in baroniam de Ellem:—annuo redditu 600m. correspondente 10,000m de terris de Burnehouse cum molendino, et de terris de Boigishill et Oxenden.—(Vide Haddington.) xxxv. 70.

(402) Maii 19. 1680.
DOMINUS ANDREAS RAMSAY de Waughtoune miles baronettus, *hæres masculus* Domini Andreæ Ramsay de Waughtoune, militis baronetti, *patris*,—in 3 carucatis vel 3 bovatis terræ infra villam et territorium de Cockburnespeth, cum aliis terris in vicecomitatu de Haddington:—A. E. 20l. N. E. 60l.—terris terrisque dominicalibus de Auldcambus, viz. Windielawes, Pyperden, et Reidclowes, in baronia de Coldingham:—E. 20l.—villa et terris dominicalibus de Fastcastle, Wester Lumsden, Dowhill, Didoholme alias Cauldsyde, Auldtoune, et Newtoune, molendino de Fastcastle, cum manerie loco de Fastcastle;—decimis tam rectoriis quam viccariis et decimis garbalibus.—E. 30l.—(Vide Haddington, Fife.) xxxv. 82.

(403) Aug. 13. 1680.
PATRICIUS HOME de Westrestoune, *hæres* Joannis Home de Westrestoune, *patris*,—in 8 terris husbandiis Maynes de Westrestoune nuncupatis, cum molendinis granorum et fullonum de Westrestoune et molendino de Howburne, infra ballivatum de Coldinghame.—E. 10l. et 13s. 4d. in augmentationem. xxxv. 271.

(404) Oct. 7. 1680.
MAGISTER JACOBUS LOWES de Merchistoun, *hæres* Magistri Niniani Lowes de Merchistoune, *patris*,—in terris et baronia de Hornden, infra parochiam de Ladiekirk:—E. 4l.—terris et baronia de Whitsume cum terris ecclesiasticis, extendentibus ad 4 terras husbandias, infra dictam parochiam.—E. 5l. xxxvii. 308.

(405) Sep. 21. 1681.
DOMINUS GULIELMUS NICOLSONE miles baronettus, *hæres masculus* Domini Joannis Nicolsoun militis baronetti, *fratris*,—in terra husbandia in Cockburnespath Forrester's seat nuncupata, pro principali:—E. 10l.—dimidio terræ husbandiæ de Cockburnspath, cum custodia parcæ de Cockburnspath et pastura, cum terris in Haddington;—burgo baroniæ de Cockburnspath, cum foro hebdomadario et nundinis:—E. 2s. *albæ firmæ*:—unitis in tenendriam de Over Edmonsdeans;—terra husbandia in territorio de Cockburnspath, olim ad monasterium de St. Bathans spectante:—E. 3s. 4d.—terris, dominio, et baronia de Cockburnspeth cum terris dominicalibus, et terris de Cowerlie:—E. 12l. 6s. 8d.—terris ecclesiasticis terrarum de Old Hampstocks in lie maynis, infra villam de Cockburnspeth, vocatis lie Hospitall, cum pastura 8 Soums infra terras dominicales inferiores lie Nether Maynes de Cockburnspath et decimis:—E. ....—terra husbandia in Cockburnspeth infra villam et parochiam de Cockburnspath.—E. ....—(Vide Edinburgh, Haddington.) xxxvi. 107.

(406) Oct. 27. 1681.
JOANNES BROUN de Park, *hæres* Gulielmi Broun de Park, *avi*,—in terris de Park extendentibus ad 40 solidatas terras antiqui extentus;—octava parte terrarum de Craighouse infra dominium et regalitatem de Melros:—E. 40s. &c. *feudifirmæ*:—terra husbandia vocata Fogoes land, infra villam et territorium de Redpeth.—E. 22s. 4d. &c. *feudifirmæ*. xxxvi. 60.

(407) Oct. 27. 1681.
JOANNES HOME de Halyburtoune, *hæres provisionis* Gulielmi Home de Linthill, *patris*,—in 3½ terris husbandiis in Swynewood, infra parochiam de Coldinghame:—E. 15s. *feudifirmæ*:—domo vocata Capella Magdalenæ (lie Magdalen's Chappell);—4 acris terræ circa eandem, infra parochiam de Duns:—E. 18s. *feudifirmæ*:—4 terris husbandiis de Breickensyde infra dictam parochiam:—E. 40s. *feudifirmæ*:—7½ acris terræ arabilis cum gramine, infra dictam parochiam.—E. .... xxxvii. 304.

(408) Apr. 26. 1682.
DAVID COMES DE LEVIN, filius secundo genitus Georgii Domini Melvill, procreatus inter eum et Dominam Catherinam Leslie ejus sponsam, *hæres talliæ et provisionis* Catherinæ Comitissæ de Levin, *consanguineæ*,—in comitatu de Levin, dominio et baronia de Balgony comprehendentibus terras, dominium, et baroniam de Balgonie, comprehendentes terras, et baroniam de Eistnisbet, viz. terras de Eistnisbit, comprehendentes terras vocatas Eastquarter;—terras de Broomdyks;—terras de Craigiewalls;—terras de Whytemuire;—terras nuncupatas Wellquarter et Mainquarter de Eistnisbit, omnibus unitis in comitatum de Levin et dominium et baroniam de Balgonie.—A. E. 7l. 3s. 4d. N. E. 11l. 10s.—(Vide Fife, Perth.) xxxvi. 195.

(409)　　　　Sep. 7. 1682.

GEORGIUS KER portionarius de Nenthorne, *hæres* Rodolphi Ker portionarii de Nenthorne, *proavi,*—in 1 mercata et duodecima parte mercatæ terrarum de Nenthorne, in villa et territorio de Nenthorne, infra ballivatum de Lauderdaill.—E. 14s. 6¼d. 　　　　　　　　　　　　　　　　　　　　xxxvii. 52.

(410)　　　　Oct. 12. 1682.

HENRICUS KINLOCH scriba in burgo de Edinburgh, *hæres* Henrici Kinloch mercatoris burgensis dicti burgi, *patris,*—in terris de Tounhead de Auld Cambus;—terris de Greinbank;—acris terræ de Auldcambus, infra parochiam de Colbrandspeth, redimabilibus per solutionem 6100m.—E. 40s.　　　xxxvii. 69.

(411)　　　　Jan. 25. 1683.

ALEXANDER LIVINGTOUNE de Saltcoats, *hæres* Georgii Livingtoune de Saltcotts, *patris,*—in terris de Kelphop, in dominio de Carfrae et balliatu de Lauderdaill.—E. 12m.—(Vide Haddington.)　　　　　　　　　　　　　　xxxvii. 195.

(412)　　　　Feb. 7. 1683.

CAROLUS HOPE de Hoptoune, *hæres masculus et lineæ* Joannis Hope de Hoptoune, *patris,*—in terris de Hartsyde et Clints, unitis cum aliis terris in Linlithgow in baroniam de West Niddrie :—A. E. 5l. N. E. 20l.—(Vide Lanark, Stirling, Linlithgow, Edinburgh, Haddington.)　　　　　　　　　　xxxvii. 143.

(413)　　　　Aug. 17. 1683.

JACOBUS LUNDIE de Huttonspittle, *hæres* Magistri Allani Lundie ministri verbi Dei apud Hutton, *avi,*—in terris de Spitle nuncupatis Huttonspittle extendentibus ad 4 terras husbandias, cum pastura et libertate effodiendi petas et turbas in mora de Hutton :—E. 4l. *feudifirmæ* :—decimis dictarum terrarum de Huttonspittle.—E. 8l. &c. *feudifirmæ.*　　　　　xxxviii. 132.

(414)　　　　Nov. 1. 1683.

MARGARETA, ANNA, CHRISTINA, ET ISSOBELLA HOMES, *hæredes portionariæ* Issobellæ Lauder sponsæ Alexandri Home unius ballivorum burgi de Lawder, *matris,*—in 5 librata terra in villa de Dalcove et balliatu de Lauderdaill.—E. .... 　　　　　　　　　　　　　　　　　　　　xxxvi. 342.

(415)　　　　Maii 6. 1684.

JOSEPHUS JOHNSTOUN de Hiltoun, *hæres* Josephi Johnstoun de Hiltoun, *patris,*—in baronia de Hiltoun pro principali :—A. E. 8l. N. E. 30l.—terris de Wedderburne :—A. E. 4l. N. E. 12l.—2 terris husbandiis villæ et terrarum de Whytsume, in warrantum baroniæ de Hiltoun :—A. E. 10s. N. E. 20s.—erectis in baroniam de Hiltoun :—terris de Barnyside extendentibus ad 6 terras husbandias cum decimis, infra parochiam de St. Bathans (St. Bothans ?).—A. E........ N. E. ....　　　　xxxvi. 215.

(416)　　　　Maii 6. 1684.

GEORGIUS HUME de Kimerghame, *hæres* Magistri Georgii Hume de Kimerghame, *avi,*—in terris de Kimerghame, cum dimidietate molendini granarii occidentalis de Kimerghame, infra baroniam et regalitatem de Buncell et Prestoun :—A. E. .... N. E. ....—terris de Ridheuch extendentibus ad octavam partem baroniæ de Blacader, in baronia de Blacadder :—A. E. .... N. E. ....—terris de Beedsheill in dominio de Hume.—A. E. .... N. E. ....　　　　　　　　　　xxxvi. 226.

(417)　　　　Jun. 5. 1684.

ROBERTUS COMES DE ROXBURGH, *hæres masculus et talliæ* Roberti Comitis de Roxburgh, Domini Ker, Cesfoord, et Caverton, *patris,*—in terris, dominio, et baronia de Holydean comprehendentibus terras de Chappellhill :—E. 14l. 8s.—terras ecclesiasticas de Little Newton :—E. 36s.—terras de Nether Howden infra balliatum de Lawderdaill :—E. 13l. 6s. 8d.—terras de Beilsheill (vel Bellshall) :—E. 48s.—terras ecclesiasticas de Sympren :—E. 48s.—terras de Langtoun :—E. ....—terras ecclesiasticas de Nenthorne :—E. 48s.—terras ecclesiasticas de Gordone :—E. 4l. 16s.—terras ecclesiasticas de Greinlaw :—E. 3l. 4s.—terras ecclesiasticas de Home :—E. 4l. 16s.—terras de Cadra :—E. 4l.—terras de Gyrig :—E. 4s.—terras de Boigend :—E. 3l.—molendinum de Fogo :—E. 4l. 16s.—decimas ecclesiarum de Nenthorne, Langtone, et Sympren, cum aliis decimis in Roxburgh, Selkirk, Peebles, Dumfreis, Lanark, Edinburgh, et Kincardine :—E. 40m.—officia justiciariæ terrarum de Ougston, Home, Gordon, Bothell, et Hourheid, et aliarum terrarum in Roxburgh et Edinburgh :—E. *administratio justiciæ* :—omnibus unitis in dominium et baroniam de Holyden.—(Vide Roxburgh, Edinburgh, Selkirk, Peebles, Dumfreis, Lanark, Ayr, Kincardine, Stirling, Linlithgow, Haddington.) 　　　　　　　　　　　　　　　　　　　　xxxvi. 287.

(418)　　　　Jul. 5. 1684.

JOANNES KERR de Cavers, *hæres* Joannis Kerr de West Nisbet, *patris,*—in terris de Over et Neither Reacleughs cum decimis. —E. 3s. 4d. *feudifirmæ.*—(Vide Edinburgh, Roxburgh.) xxxix. 66.

(419)　　　　Mar. 12. 1685.

MAGISTER CAROLUS HOME frater germanus Comitis de Home, *hæres talliæ et provisionis* Joannæ Home Dominæ de Aytoune, filiæ Alexandri Home de Aytoune, *neptis ex sorore,*—in baronia de Aytoune comprehendente 4 carrucatas terræ infra villam et territorium de Aytoune :—bovata terræ lie oxengate of land, in Whitfeild ;—terra husbandia in dicta villa :—E. 33s. *argenti* :—tenemento dimidii terræ husbandiæ vocato Hogsland, infra dictam villam et territorium de Aytoune :—E. 1d. *argenti* :—terris dominicalibus de Aytoune ad 12 mercatas terræ extendentibus :—E. 13m. *feudifirmæ* :—14 terris husbandiis cum dimidio villæ et terrarum de Aytoune, omnibus jacentibus infra parochiam de Aytoune, unitis in baroniam ejusdem.—E. 20m. 6s. 8d. &c. *feudifirmæ.* 　　　　　　　　　　　　　　　　　　　　xxxvii. 322.

(420)　　　　Apr. 2. 1685.

JACOBUS JOHNSTOUNE, *hæres* Magistri Gulielmi Johnstoune de Laverocklaw, nuper ministri Evangelii apud parochiam de Lawder, *patris,*—in terris de Caldsheills quæ sunt pars 5 libratarum terrarum vocatarum Forrestria de Lawder cum decimis ;—terris vocatis Woodheids quæ sunt pars dictarum terrarum, infra parochiam de Lawder et balliatum de Lawderdaill.—E. 2l. xxxviii. 72.

(421)　　　　Feb. 12. 1686.

JACOBUS PRINGLE de Greenknow, *hæres* Gualteri Pringle de Greenknow, *patris,*—in terris de Rommultenlaw extendentibus ad 8 terras husbandias :—E. 17m. *feudifirmæ* :—4 libratis terrarum de West Gordone, infra villam et territorium de West Gordoune pro principali ;—terris dominicalibus lie Hombyres nuncupatis, infra baroniam de Home; in warrantum dictarum terrarum de West Gordone :—E. 30s. 4d. *feudifirmæ* :—annuo redditu 132m. correspondente 2200m. de terris et baronia de Eccles, infra parochiam de Eccles.　　　　　　　　　　　　　　xxxviii. 249.

(422)　　　　Maii 18. 1686.

JOANNES FLETCHER, *hæres* Archibaldi Fletcher de Aberledie, *fratris germani,*—in terris et baronia de Butterdeane, cum turre fortalicio et maneriei loco de Tounrig ;—terris de Wester Borthick et Dunstill, infra parochiam de Aldhamstocks.—A. E. 8l. 6s. 8d. N. E. 100m. *taxatæ wardæ.*—(Vide Haddington.) 　　　　　　　　　　　　　　　　　　　　xxxviii. 402.

(423)　　　　Jul. 6. 1686.

JACOBUS DEANS de Woodhouslie, *hæres* Magistri Jacobi Deans de Woodhouslie, *patris,*—in annuo redditu 48l. correspondente 800l. de terris de Whitrig, in parochia de Aytounde ;—annuo redditu 72l. correspondente 1200l. de terris de Whitrig.—(Vide Edinburgh.)　　　　　　　　　　　　　　xxxix. 652.

(424)　　　　Aug. 5. 1686.

GEORGIUS HOOD, *hæres* Margaretæ Smith sponsæ Joannis Hood in Auchincraw, *matris,*—in terra vocata Killand ad 4 solidatas et 2 denariatas terrarum extendente, in villa et territorio de Auchincraw.—E. 4s. 2d.　　　　　　　　　　xxxix. 178.

(425)　　　　Nov. 6. 1686.

ALEXANDER DOWGLAS, *hæres* Gulielmi Dowglas fratris germani immediate junioris Alexandri Dowglas, *patrui,*—in equali dimidietate 6 terrarum husbandiarum in villa de Prestoun in medio quarterio ejusdem, in baronia de Bunkell.—E. 40s.　xl. 244.

(426)　　　　Jan. 13. 1687.

JOANNES KER de Moristoun, *hæres* Andreæ Ker de Moristoun, *fratris germani,*—in terris de Collielaw et Bourhousses, infra parochiam de Ginglekirk, cum decimis :—E. 4l.—terris de Moristoun :—E. 3l. 3s. 4d.—terris de West Moristoun :—E. 43s. 4d. *feudifirmæ* :—terris de Adinstoun et Dods infra parochiam de Ligertwood cum decimis :—E. 6l. 12s. 6d.—terris de Harlawes majori et minore, infra parochiam de Bassendane ;—2 terris husbandiis in Ugstoun infra parochiam de Ginglekirk, in warrantum terrarum de Adingstoun et Dods :—E. ....—dimidio decimarum et valuatarum decimarum bollarum terrarum de Carfrae, Midlie, Fairniliey, et Hilhouse, Hermicleugh et villæ nuncupatæ Carfrae; —terrarum de Heatshaw, Ugstoun, Nether Kowdoun, Bourhousses, Collilaw, Thrieburnfoord, Kirktounhill, Aerhartsyde, Kelhope, et 2 terrarum husbandiarum in Ugstoun, et terrarum de Netherheartsyde ;—terrarum de Clints et terrarum de Freirsone, infra parochiam de Ginglekirk et balliatum de Lauderdaile ;—decimarum infra dictam parochiam ad Davidem Dominum Cardros pertinentium :—E. 6l.—terris et villa de Lidgertwode infra parochiam de Lidgertwood, cum decimis, terris ecclesiasticis, et advocatione dictæ parochiæ, et decimis terrarum de Easter et .... Moristounes :—E. 5l.—terris de Kirkhill et decimis ;—decimis de Birkensyde ;—decimis de Whytslaid ;—annuitatibus decimarum prædictarum terrarum, pro principali :—E. ....—3 tertiis partibus seu 30 terris husbandiis de Graiden infra parochiam de Coldstream, in warrantum terrarum de Lidgertwood aliarumque supra scriptarum :—E. ....—terris ecclesiasticis parochiæ de Lidgert-

F

wood cum jure patronatus dictæ ecclesiæ, et decimis :—E. 10m.—
5 libratis terrarum de Pilmuire nuncupatis dominium de Pilmure,
comprehendentibus terras de Pilmuire, Blackchester, et Muirhouse
de Halkerland et Litle Laurenceland, cum terris vocatis Scotscroft :
—E. 100l. *taxatæ wardæ* :—decimis dictarum terrarum et terrarum lic House of the mure alias nuncupatarum Netherfeild de Pilmuire, et terrarum de Overscheillfeild, in balliatu de Lauderdale :
—E. 6s. 8d. *feudifirmæ* :—annuo redditu 296l. 8s. correspondente
4940l. de terris de Hundwood infra baroniam et parochiam de
Coldinghame pro principali ;—et de villa et terris dominicalibus de
Aitoun infra dictam baroniam, in warrantum ejusdem ;—annuo
redditu 120l. correspondente 3000m. de 5 libratis terrarum de
Chirnsyde ;—terris dominicalibus occidentalibus lie West Mayns, et
terra husbandia infra villam et parochiam de Chirnsyde ;—annuo
redditu 40l. correspondente 2000m. de terris de Overcrofts alias
nuncupatis Clerkeriscleugh, infra parochiam de Eckles :—annuo
redditu 1544m. 8s. 4d. correspondente 17,163l. de terris de
Grayden, viz. 10 husbandiis terrarum in villa vocata lie Fuilzie
de Grayden, extendentibus ad tertiam partem ejusdem, vulgo
nuncupatis Manderstanes tertia parte de Grayden ;—aliis 10 terris husbandiis de Grayden vocatis Netherburne, existente alia
tertia parte de Grayden cum piscationibus, extendentibus ad 2 tertias partes piscationum de Damfoord ;—tertia parte terrarum de
Grayden nuncupata Kelsyeths tertia parte de Grayden cum piscatione super flumine Twedæ ;—9 mercatis terrarum de Brotherstains in balliatu de Lauderdaill.—E. 10m. 6s. 8d. *feudifirmæ.*—
(Vide Edinburgh.)   xl. 1.

(427)   Apr. 1. 1687.

MAGISTER ANDREAS MEIN de East Moristoun, *hæres* Roberti Mein de East Moristoune, *patris,*—in terris de East Moristoun infra parochiam de Ligertwood.—E. 40s.   xxxix. 731.

(428)   Apr. 5. 1688.

CAROLUS COMES DE LAUDERDALE, Vicecomes Mait-
land, Dominus Thirlstaine et Bolton, &c. *hæres masculus* Joannis
Lauderderiæ Ducis, *fratris germani,*—in terris, dominio, baronia,
et regalitate de Thirlstaine, unitis in dominium, baroniam, et regalitatem de Thirlstaine comprehendentibus terras et baroniam
antiquitus baroniam de Blyth vocatam, infra baroniam et dominium de Lauderdale ;—terras de Whitsland et Brighaugh, infra
dominium et ballivatum de Lauderdaill et vicecomitatum de Renfrew per annexationem ;—5 libratas terrarum de Spotswood ;—
.... libratas terrarum de Raecleugh;—.... libratas terrarum de Reidpeth ;—.... libratas terrarum de Quikiswood, omnibus antiqui extentus ;—hæreditarium officium ballivatus dominii de Lauderdale ;
—patronatum rectoriarum et ecclesiarum de Athelstounfuird et
St. Martine, omnibus unitis in dominium, baroniam, et regalitatem
de Thirlstaine :—A. E. 22l. N. E. 23l.—terras de Castlehill. et
castrum de Thirlstane :—A. E. 4m. N. E. 4l.—terras de Snawdoun
infra balliatum de Lauderdaill :—E. 4m. &c. *feudifirmæ* :—terras
de Ladypark alias Ladyparte infra dictum ballivatum :—A. E. 4m.
N. E. 4l.—cum advocatione ecclesiæ de Lauder ;—decimas dictæ
ecclesiæ ad dictas terras de Ladypark unitas ;—decimas terrarum
quæ pertinerunt ad Joannem Comitem de Lauderdale patrem dicti
Caroli Comitis de Lauderdale, infra parochiam de Lauder ex particularibus terris subscriptis, viz. de terris de Blyth, Bush, Gairmuir, Heuch, Breadshawrig, Shawdoun (Snawdoun?) Stevinsrig,
Hedderweick, Easter Egrop, Thirlstaine, Milnehaugh, East Mayns,
West Mayns, Woodenclengh, Castlehill, Wantonwalls, Park, Lemiledge, Newbigging, Rodgerlaw, Blacksyds, Lylestoun, molendinis de Lylestoun, Hauchheids, Whelplaw, Tortullanrig, Swynhop,
Longcroft, Outsetts, Auldingstoun, Longhauld, Dodhouse, Over
et Nether Tullouscheall, Whytlaw, Burngraynes, Ladyparte, Pil-
moir, Blackchester, Haulkerlands, Muirhouse, House in the Muire
et Litle Laurenceslands, infra parochiam de Lauder, unitis cum
terris de Ladyparte :—E. 20s.—terras de Symprin :—A. E. 40s.
N. E. 3l.—omnes unitas in dominium, baroniam, et regalitatem de
Thirlstaine ;—in terris de Rodgerlaw et Blacksyds ;—terris de
Newbigging ;—dimidia parte molendini de Lauder :—A. E. 5l.
N. E. 7l. 10s.—terris de Burngraynes et Whytlaw in balliatu de
Lauderdale :—A. E. 40s. N. E. 3l.—terris de Auldingstoun, Langhauld, et Swynhop in dominio de Lauderdale :—A. E. 10l. N. E.
15l.—terris de Lylestoun cum molendino de Lylestoun :—A. E. 4l.
N. E. 6l.—terris de Whytlaw (vel Wholplaw) continentibus terras
vocatas Hauchheads, Outsett, Longcroft, Tortullanrig ;—domum et
et croftam terræ in villa de Auldingstoun, infra dictum ballivatum :
—A. E. 5l. N. E. 7l. 10s.—terris de Forrest de Lauder extendentibus ad 3 libratas terrarum, comprehendentibus terras de Caldsheills, Over et Nether Woodheads, et terras de Barnes, cum molendino fullonum in balliatu de Lauderdale, cum decimis dictarum
terrarum :—A. E. 5l. N. E. 7l. 10s.—terris de baronia de Cranshawes, comprehendentibus terras, dominium, et baroniam de Swyn-
toun-Meikle :—E. 20m. *Sterling*—terras de Swyntoun-Litle et
pendiculum ejusdem vocatum Toucroce, Fadoun, et Burntrig vulgo
vocatum Thripground :—E. 1m. *argenti* :—terras ecclesiasticas de

Swynton extendentes ad 120 terras husbandias :—E. 45s.—decimas
parochiæ de Swyntoun :—E. 32s. 6d.—terras de Cranshawes,
Thornburn, Howboig, et Doighouse, cum decimis et advocatione
ecclesiæ de Cranshawes, unitas in baroniam de Cranshaws.—E.
13m. 6s. 8d.—(Vide Haddington, Peebles, Edinburgh.)   xl. 118.

(429)   Apr. 30. 1690.

JEANNA NICOLSONE, sponsa Magistri Gavini Elliot *fratris
germani* Domini de Stobs, *hæres* Domini Jacobi Nicolsone de
Cockburnspeth, *patris,*—in terris, dominio, et baronia de Cockburnspeth ;—villa, terris dominicalibus, cum terris de Bowsheill,
Paddockcleugh, Rachansyde, Touerlie :—E. 12l. 6s. 8d.—terris ecclesiasticis terrarum de Auldhamstocks in Maynes, et infra villam de
Cockburnspeth vocatis Hospitall, cum gleba, toftis, croftis, et pastura 8 soummes infra Nather Maynes de Cockburnspeth, cum decimis garbalibus.—E. 4l. 20d.   xli. 127.

(430)   Maii 28. 1690.

JOANNES BUTTLER, filius Georgii Buttler de Kirkland, *hæres*
Magistri Joannis Buttler de Kirkland, *avi,*—in terris de Thornidycks, Jordanlau, Whytburn, et Langrigs :—A. E. 20m. N. E.
25m.—unitis in baroniam de Thornidycks, cum aliis terris in Haddington.—(Vide Haddington.)   xli. 210.

(431)   Jun. 2. 1690.

DOMINUS ALEXANDER HOME de Rentoun, *hæres* Domini
Joannis Home de Rentoun, Domini Clerici Justiciariæ, et unius
Senatorum Collegii Justiciæ, *patris,*—in terris et baronia de Rentoun, comprehendentibus 16 terras husbandias et 2 cottagias terrarum infra villam et territorium de Rentoun, cum molendino de
Rentoun, terris molendinariis earundem vocatis Milnerig et Milnehaugh, et pertinentiis vocatis Murriehaugh et Weshinghaugh, infra baroniam de Coldinghame ;—4 terras husbandias vocatas War-
dinstands (vel Wardinslands), infra villam et territorium de Coldinghame et Coldinghamelaw ;—4 terras husbandias de Westrestoun ;—3 partes carrucatæ terræ in dicta villa et territorio de Coldinghame ;—officium Forrestarii dictæ baroniæ et terras ad idem
pertinentes, viz. terram husbandiam cum decimis, et acris vocatis
Forrester's lands in Southtoun de Coldinghame ;—terram husbandiam in Auldcambus, cum custodia de Wrack et Wair, infra dominium de Coldinghame ;—terram husbandiam in Houburne ;—
3½ terras husbandias in Eymouth, cum piscariis aquæ de Eye, et
cum annuo redditu 6s. de terris de Schillapdycks, omnes jacentes in
baronia prædicta ;—decimas villæ et terrarum de Rentoun et terrarum molendinariarum earundem, terrarum de Wardinslands,
trium partium carrucatæ terræ in dicta villa et territorio de Coldinghame, terrarum vocatarum Forrester's lands in Southtoun de
Coldinghame, terræ husbandiæ in Houburne, 3 husbandiarum terrarum et 3 quarteriarum terræ husbandiæ in Eymouth, et terrarum
de Swansfeild :—E. 25l.—2 terras husbandias terrarum de Rentoun
ad ...... Bowmaker pertinentes :—E. 2l.—terras de Horslie cum decimis garbalibus :—E. 23l.—terras de Greenwood cum decimis,
infra baroniam de Coldingham :—E. 2l.—terras et baroniam de
Fleemingtoun vocatas Netheraitoun, Bellieland, Reidhall, Netherbyre, Fairnisyde, Brounsland et Gunsgreene, cum decimis garbalibus et decimis piscium in mare et aqua de Eye, infra baroniam de
Coldingham :—E. 30l.—terras de Easter et Wester Presses vocatas 6 mercatas terrarum de Press :—E. 4l.—4 mercatas terrarum de
Hielands (vel Hielaws) :—E. 2l. 13s. 4d.—5 solidatas terrarum vocatas Maisbalk, contigue ad dictas terras de Hielands :—E. 4s.—
4 solidatas terrarum vocatas Maisbaickers (vel Maisaikers), cum
tofta ejusdem vocata Outsett in territorio villæ de Eymouth :—E.
4s.—4 mercatas terrarum de Beanrig, cum molendino ejusdem alias
nuncupato Millmiline :—E. 2l. 13s. 4d.—4 mercatas terrarum de
Floors :—E. 2l. 13s. 4d.—8 acras terrarum vocatas Greivestyle et
Halbank in villa de Coldinghame, extendentes ad 10 solidatas terrarum :—E. 10s.—10 solidatas terrarum vocatas Sachristains croft
prope dictam villam de Coldinghame :—E. 10s.—28 solidatas 4 denariatas terrarum vocatas Caponelands prope dictam villam :—E.
1l. 3s. 4d.—1 cottagiam in dicta villa extendentem ad 6 solidatas
8 denariatas terrarum :—E. 6s. 8d.—tenementum terræ in dicta
villa de Eymouth :—E. 3s. 4d.—petiam terræ cottagiæ in dicta
villa et territorio de Eymouth :—E. 1s.—cottagiam et Outset cum
tofta ejusdem, et acra terræ ex occidentali parte petiæ terræ vocatæ Porterscroft, cum pastura in communi mora de Coldingham :
—E. 6s. 8d.—decimis garbalibus terrarum de Presses, Hielawes,
Maisbalk, Maisaikers, Beanrig, Floors, Greivestyle, Hallbank, Sachristains croft, Caponland, et dictæ acræ terræ prope Potterscroft,
infra baroniam de Coldinghame :—E. 1l.—omnibus unitis in baroniam de Rentoun ;—5 terris husbandiis in Rentoun :—E. 4l. 12s.
8d.—2 husbandiis terris in Rentoun :—E. 2l. 11s. 8d.—Coatland
in Rentoun :—E. 1l. 16s. 8d.—4 terris husbandiis de Swans et
Swansfeild (vel Snousfield) :—E. 5l. 6s. 8d.—4 terris husbandiis in
villa de Rentoun vocatis Billieland :—E. 4l.—4 husbandiis terris in
dicta villa de Renton vocatis Manderstounes lands.—E. 4l.
    xli. 233.

(432)   Aug. 28. 1690.

GEORGIUS COCKBURN, scriba in Edinburgo, *hæres* Magistri Jacobi Cockburne, præpositi de Haddingtoun, *avi*,—in terris de Ridhall comprehendentibus terras de Whytknowes, infra parochiam de Gordoune.—A. E. 20s. N. E. 40s.   xlii. 21.

(433)   Sep. 5. 1690.

JOANNES SWINTOUN de Eodem, *hæres masculus* Joannis Swintoun de Eodem, *patris*,—in terris et dominio de Swintoune-Meikle :—E. 20m. *Strivelingorum extendentium ad summam* 13l. 6s. 8d. *monetæ Scotiæ* :—terris de Swintoun-Little :—E. 1m. *argenti* :—terris ecclesiasticis de Swintoun, comprehendentibus 120 terras husbandias ;—decimis garbalibus aliisque decimis terrarum prædictarum et parochiæ de Swintoun :—E. 3l. 6s. 4d. —terris et baronia de Cranshawes ;—terris de Thornèburne, Howboig, Doghouses cum molendino, et cum advocatione et decimis rectoriis et vicariis parochiæ de Cranshawes :—E. 13m. 6s. 8d.—omnibus unitis in dominium et baroniam de Swintoun.   xlii. 344.

(434)   Oct. 16. 1690.

JACOBUS GRAIDEN de Graistenrig, *hæres* Roberti Graiden de Graistenrig, *avi*,—in 38 solidatis et 4 denariatis terris terrarum de Graistenrig, infra parochiam de Eccles.—E. 40s.   xli. 280.

(435)   Dec. 20. 1690.

GEORGIUS BAILIE, *hæres masculus et lineæ* Magistri Roberti Bailie, *patris*,—in terris, villa, et terris dominicalibus de Mellerstanes, et terris husbandiis infra dictam villam et territorium de Mellerstanes ;—parte villæ de Mellerstanes vocata Coultcraik (vel Coltcrook) ;—dimidietate orientalis partis villæ et terrarum de Faunes pro principali, unitis in baroniam de Mellerstains ;—3 quartis partibus terrarum de Coltcrooks, cum 50 lie soumes of grass extra lie crofts, in communi pastura de Melerstanes ;—quarta parte terrarum de Coltcrooks ;—terris et prædio de Roughill existentibus parte terrarum ecclesiasticarum de Mellerstanes infra territorium de Mellerstanes :—E. 45l.—quarta parte villæ et terrarum de Mellerstanes infra baroniam de Gordoun :—E. ....—annuo redditu 240l. correspondente 6000m. de terris de Hoppringle, Langmuir, Burnhouse, Kettoflatbow, Cairthrow, et Tarquhen ;—terris de Forsones, Crinzean, Cordlaw, et Plemplock, et molendino de Stow ; —quarta parte terrarum de Faunes ;—terris de Spenserland et Errellsyde, infra parochiam de Ersletoune.—(Vide Roxburgh, Lanark, Edinburgh.)   xlii. 97.

(436)   Feb. 27. 1691.

GEORGIUS LOGAN de Burncastle, *hæres* Joannis Logan de Burncastle, *patris*,—in terris de Burncastle infra balliatum de Lauderdaill.—A. E. 40s. N. E. 8l.—(Vide Edinburgh.)   xlii. 92.

(437)   Jun. 11. 1691.

JOANNES KER de Moristoun, *hæres* Andreæ Ker de Moristoun, *fratris germani*,—in 1....... terræ vulgo vocata Cranstoun croft, juxta prætorium burgi de Lauder ;—terris inter Crookburne et Alterburn et super utroque latere aquæ de Lauder vulgo vocatis Brouns vel Brounstounes lands ;—terris vocatis Irelands lands (vel Serjeantslands), cum prato ;—3 rigis terræ lie three rigs of land vulgo vocatis ....—portione terræ super boreali latere aquæ de Leider quæ vulgo Brunstanes know vocatur, cum lie haugh apud latus ejusdem ;—but terræ vocata Borthwicks butt, in illa parte terrarum vocata Polemthorem ;—croftam terræ apud tergum domus ministri ;—annuo redditu 10s.—annuo redditu 23s. 4d.—tenementis apud lie Summertree vocatam lie Cunzie nook ;—alteris tenementis ;—annuo redditu 12s.—annuo redditu 6s. 8d.—annuo redditu 18s. 4d.—annuo redditu 18s. 4d.—annuo redditu 12s.— annuo redditu 9s.—annuo redditu 7s.—annuo redditu 6s. 8d.— annuo redditu 10s.—annuo redditu 8s.—annuo redditu 20s.—annuo redditu 30s.—annuo redditu 23s. 4d.—annuo redditu 16s.— annuo redditu 17s.—annuo redditu 12s.—annuo redditu 7s.— annuo redditu 6s. 8d.—annuo redditu 6s. 8d.—annuo redditu 13s. 4d.—annuo redditu 13s. 4d.—annuo redditu 18s.—annuo redditu 10s.—annuo redditu 10s.—annuo redditu 6s. 8d.—annuo redditu 10s.—annuo redditu 20s.—annuo redditu 13s. 4d.—annuo redditu 13s. 4d.—annuo redditu 13s. 4d.—annuo redditu 13s. 8d.—annuo redditu 5m. &c.—annuo redditu 18s. 4d.—annuo redditu 13s. 4d. —annuo redditu 19s. &c.—annuo redditu 13s. 4d.—annuo redditu 13s. 4d.—annuo redditu 10s. 8d.—annuo redditu 13s. 4d.—annuo redditu 4l. 9s.—omnibus de terris et tenementis in burgo et territorio de Lauder.—E. ....   xlii. 192.

(438)   Sep. 1. 1691.

ANDREAS FLETCHER de Aberlady, *hæres* Joannis Fletcher de Aberlady, *patris*,—in terris et baronia de Butterdaen cum manerici loco de Tounrige ;—terris de Wester Borthwick et Dunstell, infra parochiam de Auldhamstocks.—A. E. 8l. 6s. 8d. N. E. 100m. *taxatæ wardæ*.—(Vide Haddington.)   xlii. 212.

(439)   Oct. 22. 1691.

GEORGIUS M'KENZIE de Roshaugh, *hæres lineæ, hæres masculus talliæ et provisionis* Domini Georgii M'Kenzie de Rosehaugh, *patris*,—in annuo redditu 2100m. correspondente 35000m. de terris et baronia de Langtoun ;—annuo redditu 1000l. correspondente 25000m. de terris et baronia de Dunce cum burgo baroniæ ;—terris et baronia de Cockburn ;—terris et baronia de Crumstaine.—(Vide Edinburgh, Forfar, Perth, Inverness, Ross.)   xlii. 250.

(440)   Mar. 17. 1692.

ADAMUS WATT de Rosshill, *hæres* Patricii Watt fratris germani Joannis Watt de Rosshill, *patrui*,—in annuo redditu 180l. correspondente 9000l. ex terris et baronia de Ryslaw, et ex 18 mercatis terrarum antiqui extentus de Prentonan, vel 20 terris de Lochtoun.—E. 1d. *albæ firmæ*.   xlii. 397.

(441)   Mar. 24. 1692.

MAGISTER JOANNES HAMILTONE mercator de Dumbar, *hæres lineæ* Jacobi Hamiltone mercatoris et nuper unius balivorum burgi de Dumbar, *patris*,—in 3 terris husbandiis cum dimidio unius terræ husbandiæ, et 2 cottagiis infra villam, territorium, et baroniam de Coldinghame ;—alteris terris husbandiis infra villam, territorium, et baroniam de Coldingham ;—jure impignorationis dimidii terræ husbandiæ et 3 cottagiorum, infra villam et territorium de Coldingham.—E. 59s. 1d. *feudifirmæ.*   xlii. 401.

(442)   Mar. 24. 1692.

MAGISTER JACOBUS ATCHESONE de Nether Howden, *hæres conquestus* Joannis Atchisone incolæ Edinburgi, *fratris germani immediate junioris*,—in dimidio terrarum de Nether Howden, cum communi privilegio in communi mora de Ugstoun, infra parochiam de Ginglekirk, dominium et balliatum de Lauderdaill :— E. 7l. 10s. *feudifirmæ* :—molendino de Netherhowden alias nuncupato Vyslaw (vel Ryslaw) milne, infra parochiam de Chinglekirk et balliatum prædictum, pro principali :—E. 1d.—et in warrantum ejusdem in dimidietate villæ et terrarum de Nether Howden.   xlii. 415.

(443)   Apr. 12. 1692.

DOMINUS JACOBUS CARMICHAELL de Boningtoun baronettus, *hæres masculus* Domini Jacobi Carmichaell de Boningtoun, militis, *avi*,—in annuo redditu 238l. correspondente summæ 5950m. de terris de Birgem infra parochiam de Eccles.—E. 1d.— (Vide Lanark, Ayr, Dumfries.)   xliii. 2.

(444)   Aug. 25. 1692.

MARGARETA CASTLELAW, *hæres* Roberti Castlelaw in Westrestoun, *proavi*,—in terra cottagia in villa de Westrestoun, cum 2 rigis ejusdem cottagiæ in Dycklands, infra baroniam de Coldinhame.—E. 5s. 4d. &c. *feudifirmæ.*   xliii. 39.

(445)   Aug. 30. 1692.

ANDREAS KER de Morestoun, *hæres lineæ et talliæ* Joannis Ker de Moristoun, *patris*,—in terris de Colzielaw et Bouchhous (Bourhouse?), infra parochiam de Ginglekirk et ballivatum de Lauderdale, cum decimis et annuitatibus :—E. 4l.—terris de Moristoun :—E. 48s. 4d. &c, *feudifirma* :—terris de Westmoristoun :— E. 3l. 9s. 4d.—terris de Auldingstoune et Dods cum molendinis, decimis et annuitatibus infra parochiam de Lidgertwood :—E. 6l. 12s. 6d.—terris de Harlawes majoribus et minoribus infra parochiam de Bassenden ;—4 (vel 2) husbandiis terris in Ugstoun infra parochiam de Ginglekirk, in warrantum terrarum de Auldingstone et Dods, molendinorum et decimarum :—E. ....— terris et urbe de Lidgertwood cum molendino, infra parochiam de Lidgertwood :—E. 5l.—decimis et terris ecclesiasticis et advocatione ecclesiæ parochialis de Lidgertwood :—E. 10m.—decimis de Eister et .... Moristouns et Kirkhill ;—decimis rectoriis et vicariis terrarum de Birkensyde, et terris molendinariis ;—decimis rectoriis et vicariis terrarum de Whytsland, et annuitatibus decimarum terrarum supra scriptarum, pro principali :—E. 4m.—3 tertiis partibus seu 90 husbandiis terris de Grayden, et piscationibus super flumen de Tweed, infra parochiam de Caldstream, in warrantum terrarum de Lidgertwood aliarumque suprascriptarum et decimarum :—A. E. N. E. ....—annuo redditu 1544m. 8s. 4d. correspondente 17,168l. de terris de Grayden, viz. 10 terris husbandiis jacentibus in urbe vulgo nuncupata the Foilrie of Grayden, extendentibus ad tertiam partem earundem, omnibus vulgo Manderston's croft de Grayden nuncupatis ;—10 terris husbandiis de Grayden vulgo vocatis Wedderburn's tertia pars de Grayden, cum piscationibus dictarum duarum tertiarum partium de Grayden, extendentibus ad duas tertias partes piscationum de Damford ;—tribus partibus terrarum de Grayden vulgo vocatis Kilsyth's tertia pars de Grayden, cum piscatione super fluvium de Tweed, infra parochiam de Lendill :—E. 1d. *albæ firmæ* :—dimidietate decimarum rectoriarum, valuatarum decimarum bollarum, cum moneta et decimis vicariis terrarum subscriptarum, jacentium infra parochiam de Ginglekirk et balliatum de Lauderdale, viz. terrarum de Carfrae et Midlie, Fernilies, Hillhouse, et Pornicleugh ;—terræ vocatæ Carfrae cum terris molendinariis ;—terrarum de Heatshaw, Ugstoun, Bourhouse, Colzielaw, Theidbienfoord, Kirktounhill, Overheartsyde, Kilhope, 2 terrarum husbandiarum in Ugstoun ;—terrarum de Netherhereitsyde, Clinks (vel Cluiks), Friecross ;—et in dimidietate decimarum rectoriarum et valuatarum decimarum bollarum cum decimis rectoriis ad quondam Davidem Dominum Cardross pertinentium, infra dictam parochiam, non prius per eum ad Dominum Adamum Hepburn de Humbie dispositarum :—E. 6l. albæ firmæ : —5 libratis terrarum de Pilmure, Blackchester, Murehouse de Halkerland, Litle Laurenceland, cum terris vocatis Scotscroft :— E. 100l. taxatæ wardæ :—decimis garbalibus et aliis decimis et annuitatibus decimarum, cum decimis vicariis terrarum de House of the Muire alias vocatarum Netherfield de Pilmure, et terrarum de Oversheildfield, in balliatu de Lauderdale :—E. 6s. 8d. feudifirmæ :—9 mercatis terrarum de Braydicstones (Brotherstones), infra ballivatum de Lauderdale :—E. 10m. 6s. 8d. feudifirmæ :—4 terris husbandiis de Lunkswood (Quickswood),infra parochiam de St. Bathen's (St. Bothan's?) :—E. ....—terris et baronia de Eccles comprehendentibus terras de Catchrigg, Bankhead, Harmerlaw, Horsope milne, villam et terram de Eccles ;—terris de Callsyde et quibusdam acris circa villam et territorium de Fauns infra parochiam de Earlestoun ;—molendino de Birkensyde et terris molendinariis infra parochiam de Ledgertwood ;—villa et terris de Birringtoune (Dirringtoune), infra parochiam de Longformacus, cum decimis rectoriis terrarum suprascriptarum :—E. 44l. 6s. 8d. feudifirmæ :—annuo redditu 1328l. correspondente 33,200m. de terris et tenendria de Crumbstane (vel Cruikstans), inibi comprehendente terras de Roulimaynes, Sanson-walls, Crumbstane (vel Cruikstane), cum molendino ;—terris et acris in et circa territorium de Dunce, infra parochiam de Dunce :—E. 1d.—annuo redditu 232l. 1s. correspondente 3898l. 12s. de Jacobi Spence de Spencermaynes ejus 5 libratis terrarum de Chirnsyde-Westmaynes, in villa et territorio de Chirnsyde, et de ejus terra husbandia.—E. 1d.—(Vide Edinburgh.)   xliii. 142.

(446)   Aug. 30. 1692.

ANDREAS KER de Moriestoune, hæres Andreæ Ker de Moriestoun, patrui,—in 4 terris husbandiis terrarum de Law cum molendinis :—E. 4m. 6s. 8d. &c. feudifirmæ :—4 husbandiis et 3 quarteriis husbandiæ terræ de Hillend, infra baroniam de Coldingham : —E. 5m. 8d. feudifirmæ :—14 husbandiis terrarum de Law extendentibus ad 14 mercatas terrarum, et 3 Grasslands jacentibus contigue dictis terris de Law, extendentibus ad 30 solidatas terrarum ; —40 solidatis terrarum vocatis Halcroft ;—20 solidatis terrarum vocatis Armstrong's-park ;—1 cottagio et 2 acris terræ jacentibus contigue dictis terris de Law, extendentibus ad 10 solidatas terrarum ;—3½ husbandiis terrarum jacentibus in dicta villa de Coldingham, extendentibus ad 46 solidatas 8 denariatas terrarum ;—1 cottagio terræ in dicta villa de Coldingham vocato Clinksbak, extendente ad 10 solidatas terrarum ;—dimidio terræ cottagiæ in villa de Coldingham cum croftis, infra baroniam de Coldingham :—E. 19l. 18s. 8d. feudifirmæ :—annuo redditu 120l. correspondente 3000m. de terris de Auchincraw (terris de Waird exceptis), infra villam et territorium de Auchincraw :—E. 1d.—terris, tenementis, domibus, ædificiis, hortis, annuis redditibus, lie Ground Annuals, aliisque subscriptis, viz. crofta terræ vocata Cranstoun's croft juxta prætorium burgi de Lauder ;—terris inter Crookburne et Alterburne, et terris super utroque latere aquæ de Leider, vulgo vocatis Broun's vel Brounstoun lands ;—terris vocatis Irelands lands (vel Serjeand's lands) cum prato, et quibusdam aliis lie Butts terræ et gramine ad dictas Serjeandslands pertinentibus, cum 3 rigis terræ ; —butt terræ vocata Borthwick's butt jacente in Poleinthorne ;— crofta terræ vocata apud tergum domus ministri continente 5 rigas terræ ;—annuo redditu 10s. ex tenemento quondam pertinente ad Comitem de Lauderdale, nunc ad Quintigernum Thomsone ;—annuo redditu 23s. 4d. ex terris et tenemento pertinente ad Joannem Brotherstones in Rattounraw ;—tenemento duarum domuum jacente apud Summertree vocato Cuinzienuick ;—annuo redditu 12s. de tenemento contigue et apud tenementum Georgii Waderit ;— annuo redditu 6s. 8d. de tenemento Jacobi Pringle ;—annuo redditu 13s. 4d. de terris et tenemento aliquando pertinente ad Joannem Wood seniorem in Rottounraw ;—annuo redditu 19s. 4d. de terris et tenemento aliquando pertinente ad Jacobum Lauder et Carolum Anderson ;—annuo redditu 12s. de tenemento quondam pertinente ad Carolum Brysson ;—annuo redditu 9s. de tenemento aliquando pertinente ad Thomam Riddell ;—annuo redditu 6s. 8d. de tenemento aliquando pertinente ad Andream Moffat ;—annuo redditu 10s. de tenemento Caroli Raith ;—annuo redditu 8s. de terris et tenemento ad Jacobum Waderston pertinentibus ;—annuo redditu 20s. de terris et tenementis pertinentibus ad hæredes Alexandri Hodge ;—annuo redditu 30s. de terris et tenemento pertinentibus ad Alexandrum Lauder ;—annuo redditu 23s. 4d. de tenemento Roberti Hendersone Clerici de Lauder ;—annuo redditu 16s. de tenemento quondam pertinente ad Gulielmum Henderson ; —annuo redditu 17s. de tenemento pertinente ad Gulielmum

Pringle ;—annuo redditu 12s. de tenemento pertinente ad Ricardum Allan ;—annuo redditu 17s. de tenemento quondam pertinente ad Joannem Allan ;—annuo redditu 10s. de tenemento ad quondam Joannem Thomson aliquando pertinente ;—annuo redditu 6s. 8d. de tenemento aliquando pertinente ad Georgium Riddell ;—annuo redditu 13s. 4d. de tenemento et terris aliquando pertinentibus ad Robertum Romance ;—annuo redditu 13s. 4d. de tenemento aliquando pertinente ad Elizabetham Fleck ;—annuo redditu 18s. de tenemento et butt aliquando pertinentibus ad Alexandrum Wilkieson seniorem ;—annuo redditu 10s. de tenemento aliquando pertinente ad .... et nunc ad Jacobum Raith ;—annuo redditu 10s. de tenemento hæredis Thomæ Blaikie ; —annuo redditu 6s. 8d. de tenemento aliquando ad lie Land Currie, nunc ad hæredes Thomæ Tait mercatoris ;—annuo redditu 10s. de tenemento aliquando pertinente ad Gulielmum Sheill et Georgium Lauder ;—annuo redditu 20s. de duobus tenementis domuum et hortorum quondam Joannis Brotherstones ;—annuo redditu 13s. 4d. de tenemento in Midraw aliquando pertinente ad Gulielmum Robertsone ;—annuo redditu 13s. 4d. de tenemento quondam Thomæ Bell in Rottonrow ;—annuo redditu 13s. 4d. de tenemento in Rottonrow aliquando pertinente ad Carolum Bryson ; —annuo redditu 5m. 4 caponum et 4 sheardargs de tenemento Joannis Sumar in Rottonrow ;—annuo redditu 13s. 4d. de tenemento aliquando pertinente ad Joannem Brotherstones ;—annuo redditu 13s. 4d. de terris et tenemento pertinentibus ad Thomam Frank ;—annuo redditu 19s. cum 2 lie foulis et 2 sheardargs de terris et tenemento possessis per Elizabetham Wood, quod pertinebat ad hæredes quondam Gulielmum Burnet ;—annuo redditu 13s. 4d. de tenemento pertinente ad Georgium Walker juniorem ;—annuo redditu 13s. 4d. de tenemento pertinente ad quondam Robertum Jamiesone vocato olim Borthwicksbutt ;—annuo redditu 4s. de tenemento pertinente ad Nicolaum Watsone ;—annuo redditu 10s. 8d. de tenemento quondam Thomæ Mitchell ;—annuo redditu 13s. 4d. de crofta a tergo tenementi quondam Thomæ Bell ;—annuo redditu 4l. 9s. de 2 croftis terræ pertinentibus ad Joannem Wood ;— omnibus jacentibus in burgo de Lauder et territorium ejusdem burgi. —E. servitium burgi.   xliii. 154.

(447)   Oct. 6. 1692.

GEORGIUS HOME de Kaymes, hæres Magistri Henrici Home de Kaymes, patris,—in terris de Kaymes infra parochiam de Eckles ;—terris de Wester Kaymes, cum lie Cruiks trium rudarum infra parochiam prædictam, cum decimis :—A. E. 40s. N. E. 4l.— annuo redditu 100l. correspondente 2500m. de terris et baronia de Langtoun et molendino, vel de terris et baronia de Simprim, seu de terris de Oxenden, Burnhouse vel molendino eisdem spectante, Eister Winscheill, vel de terris de Borthwick Eister et Wester, Woolferlands, Grueldyks, Chouseley, Longhopkirks, et Whytsyd : —E. 1d.—annuo redditu 136l. correspondente 3400m. de terris de Broomhouse, prædio de Bankhead vel Hillend, infra parochiam de Edrum et Sant Bathan's :—E. 1d.—annuo redditu 120m. correspondente 2000m. de terris de Lochleg infra parochiam de Eccles, et de terris de Bughtrig et Litholm, vel molendino :—E. 1d.—annuo redditu 80l. correspondente 2000m. de terris de Rutchester et Cowrig alias Lambdenrig, infra parochiam de Greenlaw :—E. 1d. —6 terris husbandiis in Litholm infra parochiam de Eccles :—E. 1d.—terris et baronia de Litle Hallawes (vel Harlawes), infra baroniam de Halyburton et parochiam de Greenlaw :—E. 1d.—terris de Eastmaynes de Hassingtoun vocatis Hardaickers, infra parochiam de Eccles.—E. ......   xliii. 51.

(448)   Jan. 28. 1693.

JACOBUS ARSKINE de Sheilfeild, hæres Magistri Gulielmi Arskine ministri Evangelii apud Edinburgum, fratris germani,— in terris de Netherhuntlywood, infra parochiam de Gordoun sub reversione, cum aliis terris in Roxburgh.—A. E. .... N. E. ......(Vide Roxburgh.)   xliii. 183.

(449)   Maii 8. 1693.

JACOBUS DICKSON filius quondam Joannis Dicksoun de Westerhall, procreatus inter eum et Mariam Home ejus sponsam ;— JOANNES SHOARSWOOD filius Joannis Shoarswood, procreatus inter eum et .... Home ejus sponsam ;—ALEXANDER MORISONE filius Roberti Morisone pistoris in Edinburgo, procreatus inter eum et .... Home ejus sponsam,—hæredes portionarii Jeannæ Home filiæ Joannis Home nuper servitoris Comitis de Home, filiæ avunculi,—in baronia de Home comprehendente terras de Sisterpath, Kello, Chirnsyde ;—20 terras husbandias in Littem vocatas Voult ;—4 mercatas terrarum jacentes in villa de Littem ;—terras de Hairlaws ;—terras de Manderstone ;—6 mercatas terrarum de Hassingtoune ;—terras et baroniam de Eister Upsatlingtone et Ladiekirk, cum piscatione de Holywell super aquam de Tweed, et omnibus aliis piscationibus infra baroniam de Home ;—terras de Botsheill ;—2 terras husbandias in villa et territorio de Dunse vocatas Planlawrig ;—terras de Foulshotlawes ;— terras de Glenlaw :—E. 50l.—terris de Over Chatto, Over Crailling et Lyne :—E. 10*l.*—terris de Innerallon :—A. E. 5*l.* N. E. 20*l.*—terris de Leyhouse in territorio de Stainypath, dòminio de Duinbar, constabularia de Hadingtoun, et vicecomitàtu de Berwick :—A. E. 5*s.* N. E. 20*s.*—omnibus erectis in baroniam de Home :—terris de Eister Gordon vocatis Rumletounlaw, Lilyrig, Midlethrid, Bellita, Huntlywood, Forresterraw, et capellania de Huntlywood et terris eidem pertinentibus :—A. E. 25*m.* N. E. 100*m.*—terris de Greenlaw cum pertinentiis, viz. terris de Sleyden, Eisterfeild, Whytefeild, Polthaugh, Tweedscroft, Hyndlaws, Parkewalles, et Greenlaw :—E. 40*m.* 13*s. feudifirmæ :*—terris de Lethem et pendiculis ejusdem nuncupatis Earnslaw, Lanrig, Buchtrig, Belchester, Stainierig, Newbigging, cum molendino de Lethem nuncupato Peill de Lethem :—E. 56*l.* 7*s.* 5*d. feudifirmæ :*—terris de Meiklebrigholm vulgo vocatis Longbridgholme et terris dominicalibus ejusdem, cum pertinentiis earundem nuncupatis Fairnierig, Whytrig, cum piscatione super aquam de Tweed, jacentibus in comitatu de March :—E. 18*l.* 6*s. salmones* et 3*l. in augmentationem* :—terris de Greenlawden cum molendino de Greenlaw :—E. 16*l. feudifirmæ* :—terris de Comstonlaws :—E. 40*s. feudifirmæ* :—terris de Comstone :—E. 13*s.* 4*d. feudifirmæ :*—terris de Buss :—E. 2*s. feudifirmæ* :—terris serjandiis de Greenlaw :—E. 3*s.* 4*d. feudifirmæ* :—terris de Graystainrig :—E. 59*s.* 4*d. feudifirmæ :*—terris de Peill de Lethem :—E. 5*l. feudifirmæ* :—terris de Cluttonsheill :—E. 30*s. feudifirmæ :*—terris de Moristone :—E. 4*m. feudifirmæ* :—terris de Newmilne :—E. 4*l. feudifirmæ* :—terris de Graden :—E. 10*l. feudifirmæ* :—terris per Georgium Spotswood occupatis :—E. 40*s. feudifirmæ,* et 6*s. in augmentationem* :—terris de Hirsell et terris dominicalibus de Hirsell, molendinis et piscationibus super aquam de Tweed :—E. 60*l. feudifirmæ* :—terris de Oldhirsell et jugero terræ in villa et territorio nuncupato Countess croft :—Caldstreamflatt ;—terris juxta aquam de Leitt :—Puttonshaugh ;—12 acris terrarum in dicto territorio de Hirsell :—Ronds et Braidspott ;—terris de Braidhaugh, Dedrick, et Leyes, super australe latus aquæ de Leitt juxta monasterium de Coldstream, cum piscationibus super dictam aquam de Tweed :—E. 7*m. feudifirmæ* et 6*s.* 8*d.* in augmentationem :—4 terris husbandiis in Hatchetness cum decimis garbalibus :—E. 8*l. feudifirmæ* :—molendino vocato Fyreburnmiln :—E. 6*l.* 6*s.* 8*d. feudifirmæ* :—terris molendinariis de Coldstreame :—E. 10*l. feudifirmæ,* et 6*s.* 8*d.* in augmentationem :—terris de Nenthorn cum molendinis, in balliatu de Lauderdale :—E. 7*l.* 6*s.* 8*d.*—2 partibus terræ et baroniæ de Halyburtone et capella de Halyburtone cum patronagio, venditis per Thomam Comitem de Kellie ad Alexandrum Comitem de Home :—tertia parte dictarum terrarum et baroniæ de Halyburton olim pertinente ad Alexandrum Comitem de Home :—A. E. 5*l.* N. E. 20*l.*—terris templariis de Ellem comprehendentibus terras templarias de Birkensyde, Pleughland, et Reidcleugh :—E. ....—terris de Bridgehame :—A. E. .... N. E. ......—decimis rectoriis et vicariis parochiarum de Coldingham, Aytone, Fisherrick (Fishweek), Edrem, Ednem, Eccles, Earlestoune, Oldcambus ;—decimis rectoriis et vicariis terrarum de Edringtoune, omnibus in baronia de Coldinghame ;—decimis de Hutton et Huttonhall ;—decimis de Eckles, ac etiam decimis garbalibus rectoriis et vicariis terrarum, baroniarum aliorumque antedictorum :—E. ....—terris et baronia de Home aliisque supra mentionatis, cum decimis ejusdem super expressis ;—terris de Woolstruther, et Warlyke, cum terris de Clairielaw, Hyndhope, et Hassingtone ad Davidem Home de Woolstruther pertinentibus ;—dicta baronia de Home comprehendente ut prædicitur, aliisque particulariter supra mentionatis jacentibus et designatis ut supra, cum decimis earundem suprascriptis, etiam ad Joannem Home de Halyburtone pertinentibus.—E. ....—(Vide Roxburgh, Selkirk.)   xliii. 322.

(450)   Maii 19. 1693.
THOMAS KINCAID, *hæres* Thomæ Kincaid de Auchinreoch Chirurgo-pharmacopeus burgi de Edinburgh, *patris,*—in annuo redditu 472*l.* correspondente summæ 11,800*m.* de terris et baronia de Dunse infra parochiam de Dunse ;—terris et baronia de Cockburne et decimis infra parochiam de Dunse ;—terris de Rulesmains et Samsonswalls infra parochiam prædictam ;—terris et baronia de Crumstaine cum decimis, etiam in parochia prædicta ;—molendino de Crumstain alias Kymergham Eistermiln vocato, infra parochiam de Edrum ;—terris de Kydclugh infra parochiam de Dunse ;—terris et baronia de Langtoun, Eister et Wester Borthwicks, infra parochiam de Langtoun ;—terris de Chappell, Caldsyde, et Linthill, infra parochiam de Dunse ;—terris de Bogsheill, Burnhouse, et molendino ejusdem, Eister Winsheill, Ansenden, et Cumledge, cum molendino fullonio ejusdem et decimis, infra parochiam de Dunse ;—terris et baronia de Simpren infra parochiam de Simpren, cum decimis ;—terris de Whytsyde infra parochiam de Greenlaw ;—terris de Grueldyks infra parochiam de Dunse et decimis.—E. 1*d. albæ firmæ.*   xliii. 301.

(451.)   Sep. 7. 1693.
DOMINUS JOANNES GIBSONE de Paintland, *hæres* Domini Alexandri Gibsone de Paintland, *patris,*—in terris et baronia de

Lammertoune, comprehendente terras dominicales de Lammertoune ;—villam et terras de Lammertoune ;—terras de Sheills cum molendino ;—terras de Crawsland ;—terras de Ross, cum piscatione earundem ;—terras de Hungriehouse ;—terras de Abyester, vocatas baroniam de Lammertoune, inibi continentem integram parochiam de Lammertoune, in dominio et baronia de Coldinghame, olim unitas in baroniam de Lammertoune :—E. 36*l.*—terris et baronia de Northfeild comprehendente 4 terras husbandias :—E. 13*s.* 4*d. pro unaquaque terra husbandia,* et 10*d. pro castri wardis :*—2 terras cottagias in Coldinghame :—E. 2*s.* 5*d. pro unaquaque terra cottagia :*—2 terras husbandias et 3 terras cottagias cum terra graminea lie Grassland et domo :—E. 49*s.* 4*d.* &c.—6 terras husbandias a Gulielmo Home de Swinwood acquisitas :—E. 6*m.* 12*s. feudifirmæ* :—2 terras husbandias in Coldinghame :—E. 2*m.* 4*s. feudifirmæ* :—omnes in villa et territorio de Coldinghame, dominio et baronia ejusdem ;—terras de Northfeild cum pendiculis vocatis Easter et Wester Leyes ;—terras de Fewlls, et decimas prædictarum integrarum terrarum inclusas, cum libertate pasturandi, et jactandi lie fewell, füill, et divot, infra communem moram de Coldingham :—E. 28*l.* 13*s.* 4*d.* &c. *feudifirmæ* :—omnes unitas in baroniam de Northfeild.   xlvi. 188.

(452)   Maii 4. 1694.
JACOBUS LOCKHART de Castlehill, *hæres* Domini Joannis Lockhart de Castlehill militis, *patris,*—in annuo redditu 186*l.* de terris et baronia de Cockburnspeth infra baroniam de Cockburnspeth, et de aliis terris in vicecomitatu de Edinburgh :—E. 1*d. albæ firmæ* :—annuo redditu 233*l.* correspondente 3883*l.* de terris et baronia de Langtoun infra parochiam ejusdem ;—terris de Oxendean, Easter Winsheills, Burnhouses, et molendino de Burnhouses ;—terris de Cumledge et molendinis fullonum ejusdem ;—terris et baronia de Simprein infra parochiam ejusdem ;—terris de Gruelldykis, Borthwick, Easter et Wester Woolferland, Knowhead, Chapiecleuch, Harden, Kiddicleugh, Salburnrigg, Otterburn, Whytsyde, Langokirks, et Tokwood cum decimis.—E. 1*d. albæ firmæ.*—(Vide Lanark, Edinburgh.)   xliv. 82.

(453)   Jun. 5. 1694.
HELENA, SUSANNA, ET LILIAS DICKSONS, *hæredes portionariæ* Roberti Dicksone de Overmaynes, *fratris germani,*—in terris orientalibus et occidentalibus de Tofts ;—terris de Clennetscleugh, Newmaynis et Clerkinscleugh, cum superioritate terrarum de Puddingtoune alias Wester Pleughlands, quæ sunt propriæ partes terrarum de Tofts, cum decimis et feudifirmis, in parochia de Eccles.—A. E. 5*l.* N. E. 22*m.* 6*s.* 8*d.*   xliv. 392.

(454)   Aug. 11. 1694.
MAGISTER RICARDUS SIMPSONE filius Magistri Jacobi Simsone verbi Dei ministri apud ecclesiam de Airth, *hæres portionarius* Jeannæ Home filiæ Alexandri Home de Aytone, filii Domini Gulielmi Home, qui fuit filius Domini Joannis Home de Aytoun, fratris immediate senioris Andreæ Home de Plendergeist, *propatrui proneptis,*—et ANNA HOME sponsa Georgii Home feudifirmarii in Dunss ac filia ejusdem Andreæ Home de Plenderguest, *hæres portionaria* dictæ Jeannæ Home, *patrui proneptis,*—in baronia de Aytone comprehendente 4 lie caircats terræ infra villam et territorium de Aytoune ;—1 bovata terræ lie Oxgate of land in Whitefield infra dictam villam :—E. 33*s. argenti* :—tenemento dimidii terræ husbandiæ vocatæ Hogsland infra dictam villam :—E. 1*d. argenti albæ firmæ* :—terris dominicalibus de Aytone extendentibus ad 12 mercatas terræ :—E. 13*m. feudifirmæ* :—14 terris husbandiis cum dimidio villæ et terrarum de Aytone, et terra husbandia in dicta villa, omnibus infra parochiam de Aytoune et unitis in baroniam de Aytoune.—E. 20*m.* 6*s.* 8*d.*   xliv. 107.

(455)   Feb. 21. 1695.
WALTERUS MOFFAT portionarius de Bassenden, *hæres* Georgii Moffat portionarii de Bassinden, *avi,*—in 5 mercatis terræ in villa et territorio de Bassenden.—A. E. 3*l.* 6*s.* 8*d.* N. E. 10*l.*   xliv. 398.

(456)   Mar. 27. 1695.
GULIELMUS COCKBURN filius Magistri Henrici Cockburn præpositi burgi de Hadington, *hæres portionarius* Magistri Joannis Sleich de Glengelt, *avunculi,*—in proprietate terrarum de Glengelt et molendini, decimarum, et acrarum de Over Howden, infra balliatum de Lauderdaill.—A. E. 2*l.* N. E. 4*l.* 13*s.* 4*d.*   xliv. 302.

(457)   Mar. 27. 1695.
GULIELMUS COCKBURN prædictus, *hæres portionarius* Joannis Sleich præpositi burgi de Hadingtoune, *avi,*—in terris de Glengelt, molendino, decimis, et acris de Over Howden, infra balliatum de Lauderdaill.—A. E. 2*l.* N. E. 4*l.* 13*s.* 4*d.*   xliv. 305.

(458)   Mar. 28. 1695.
JANETA HUME filia Alexandri Hume de Bellita, *hæres* Magistri Joannis Hume de Bellita, *avi,*—in terris de Midle Third,

G

cum libertate effodiendi glebas infra mossam dictarum terrarum, infra parochiam de Gordoun.—E. 6s. 8d. feudifirmæ. xliv. 321.

(459) Mar. 28. 1695.
JANETA HUME, hæres Alexandri Hume de Bellita, patris,—in terris de Bellita cum molendino de East Gordoun, infra dominium de Gordoun.—A. E. ...... N. E. ...... xliv. 323.

(460) Maii 2. 1695.
ROBERTUS JOHNSTOUN de Hiltoun, hæres Josephi Johnstoune de Hiltoune, fratris germani immediate senioris,—in baronia de Hiltoune pro principali:—A. E. 8l. N. E. 30l.—terris de Wedderburne, cum 2 terris husbandiis villæ et terrarum de Whitsome, in warrantum terrarum et baroniæ de Hiltone;—omnibus unitis in baroniam de Hiltone.—A. E. 4l. N. E. 12l. xliv. 394.

(461) Jul. 23. 1696.
JOANNES COMES DE LAUDERDALE, Vicecomes Maitland, Dominus Thirlestane et Boltoune, hæres masculus Caroli Comitis de Lauderdale fratris germani et hæredis masculi deserviti et retornati quondam Joanni Duci de Lauderdale, patris,—in dominio, baronia, et regalitate de Thirlestane inibi comprehendente inter alia villas et terras subscriptas, viz. villam et terras de Blyth et Hedderwick;—terras de Garmuir;—terras de Trottingshaw;—dimidiam partem terrarum de Byrecleugh;—terras de Castlehill cum castro;—terras de Eastmaynes;—terras de Westmaynes, Woodencleugh, et Wantonwalls, Wyndpark, Lemiledge, Egrop, Breadshawrige, Heugh, Earnescleugh, Stevinsrige, villam et terras de Thirlestane cum molendino, Milnehaugh, Tortulanrige, Dodhouse, Over et Neather Tullows, cum communi pastura in communia de Thirlestane, infra dominium et regalitatem de Thirlestane eidem annexatas;—terras, dominium, baroniam, et regalitatem de Thirlestane, per prius annexatas in unum dominium, baroniam et regalitatem de Thirlestane;—terras et baroniam antiquitus baroniam de Blyth, infra dominium et baroniam de Lauderdale;—terras de Whitslaid et Bridgehaugh, cum granorum et fullonum molendinis, infra dictum dominium et balliatum, et vicecomitatum de Renfrew per annexationem;—5 libratas terrarum de Spotswood antiqui extentus;—.... libratas terrarum de Deidpeth antiqui extentus;—.... libratas terrarum de Quickswood antiqui extentus;—hæreditarium officium balliatus dominii de Lauderdale;—patronatum rectoriarum et vicariarum ecclesiarum parochialium de Telistounefoord (vel Edlestounefoord) et St. Martine:—A. E. 22l. N. E. 33l.—terras de Castlehill ex orientali parte ecclesiæ parochialis de Lauder, cum castro, &c. ædificato pro quondam Joannem dominum de Thirlestane super dictis terris de Castlehill, anquitus in balliatu de Lauderdale nunc in dicta regalitate de Thirlestane:—A. E. 4m. N. E. 4l.—terras de Snadoune infra balliatum de Lauderdale:—E. 4m. feudifirmæ:—terras de Ladypark alias Ladyparte infra balliatum de Lauderdale:—A. E. 4m. N. E. 4l.—advocationem rectoriæ et vicariæ ecclesiæ parochialis de Lauder;—decimas garbales et rectorias dictæ parochiæ, unitas ad dictas terras de Ladypark vel Ladyparte:—E. 20s.—advocationem vicariæ ecclesiæ parochialis de Lauder;—decimas garbales et decimas rectorias dictæ ecclesiæ et parochiæ de Lauder;—decimas vicarias magnas et minutas propriarum terrarum quæ pertinuerunt ad quondam Joannem comitem de Lauderdale, avum dicti Joannis comitis de Lauderdale, infra parochiam de Lauder, ex particularibus terris, pagis, et possessionibus subtus specificatis, viz. de terris de Blyth, Busse, Gairmuir, Heugh, Breadshawrige, Snadoun, Stevensrige, Hedderwick, Easter Egrope, Thirlestane-milne-haugh, Eastmaynes, Westmaynes, Woodencleugh, Castlehill, Wantonwalls, Park, Lemiledge, Newbigging, Rodgerlaw, Blacksydes, Lylestoune, molendino de Lylstoune, et terris molendinariis;—Heughheads, Whelplaw, Footulanrige (Tortulanrig?) Swynhope, Longcroft, Outsettis, Auldingstoune, Langhald, Dodhouse, et Nether Tullousheill, Whytlaw, Burngraynes, Ladyparte, Pilmure, Blackchester, Halkerlands, Murehouse, lie House in the Muir, et Little Laurence lands;—quæ advocatio parochiæ de Lauder rectoriæ et vicariæ, dictæ decimæ garbales, vicariæ et decimæ vicariæ prædictarum terrarum, per prius ad terras de Ladypark alias Ladyparte unitæ fuerunt:—E. 5m. feudifirmæ:—terras de Simprim:—A. E. 40s. N. E. 3l.—quæ terræ, dominia, baroniæ, aliaque, cum quibusdam aliis terris in Haddington et Pæbles unitæ sunt in dominium, baroniam et regalitatem de Thirlestane;—in terris de Rogerlaw, Blacksydes, Newbigging, et dimidietate molendini de Lauder:—A. E. 5l. N. E. 7l. 10s.—terris de Burngraynes et Whytlaw in balliatu de Lauderdale:—A. E. 40s. N. E. 3l.—terris de Auldingstoune, Langhaulde, et Swynhope in dominio de Lauderdale:—A. E. 10l. N. E. 15l.—terris de Lylestoune cum molendino de Lylestoune:—A. E. 4l. N. E. 6l.—terris de Whytlaw (vel Wholplaw) comprehendentibus terras de Haughhead, Outsett, Longcroft, Thorterlanrige, et domum et croftam in villa et territorio de Auldingstoune, partes terrarum de Wholplaw infra balliatum de Lauderdale:—A. E. 5l. N. E. 7l. 10s.—terris de Forrest de Lauder extendentibus ad 5 libratas terrarum comprehendentibus terras de Cauldsheills, Over et Neather Wood-

heads, Barnes, cum molendino fullonio, in balliatu de Lauderdale, cum decimis garbalibus et rectoriis.—A. E. 5l. N. E. 7l. 10s.—(Vide Haddington, Peebles, Edinburgh, Argyle.) xlvi. 201.

(462) Aug. 3. 1696.
GEORGIUS PRINGLE de Greenknow, hæres Walteri Pringle de Greenknow, avi,—in 4 libratis terrarum de West Gordone, comprehendentibus partem dictarum terrarum Luckencroft nuncupatam, in villa et territorio de West Gordone, pro principali:—E. 30s. 4d. feudifirmæ:—terris et terris dominicalibus Homebyers nuncupatis, in parochia de Home, in warrantum terrarum de West Gordone:—E. ......—terris de Rumbletounelaw extendentibus ad 8 husbandias terras:—E. 17m. feudifirmæ:—annuo redditu 132m. correspondente 2200m. de terris et baronia de Eccles, infra parochiam de Eccles.—E. 1d. albæ firmæ. xlvi. 82.

(463) Aug. 20. 1696.
MAGISTER JOANNES KING de Bogendgrein, hæres Herculis King de Bogendgrein, patris,—in 2 terris husbandiis in territorio villæ de Coldinghame, infra baroniam de Holendean per annexationem.—E. .... xlvi. 119.

(464) Sep. 3. 1696.
JOSEPHUS HOME de Nynwalls, hæres Joannis Home de Nynwalls, patris,—in terris de Horenden infra baroniam de Horenden, cum focali ejusdem super mora de Hutton;—dimidia 3 terrarum husbandiarum, in villa et territorio de Horenden in baronia prædicta, cum libertate cespitum in mora de Hutton;—dimidia 3 terrarum husbandiarum, et dimidia unius dimidiæ terræ husbandiæ, in dicta villa, baronia, et territorio de Horenden, cum libertate cespitum in mora de Hutton;—12 mercatis terrarum de Paxtoune et piscariis earundem;—3 mercatis terrarum de Paxtoune;—1 lie Kingnetstand et piscaria de Paxtoune super aquam de Tweed vocata Finshhaugh;—dimidia terrarum piscariarum in villa et territorio de Eymouth;—dimidiis terrarum, et generaliter in omnibus et singulis terris quondam Georgii Home feodatarii de Wedderburne, infra villam et territorium de Eymouth;—dimidia cymbæ piscariæ in Eymouth;—dimidia 8 acrarum terræ;—dimidia 5 domuum cum hortis lie Onsteeds earundem, in villa et territorio de Eymouth;—terris de Hutton infra dictam baroniam de Horenden;—2 terris husbandiis in villa de Hutton;—dimidietatè terrarum de Beopark;—dimidia 3 terrarum cottagiarum in villa de Coldinghame, infra dictam baroniam de Horenden;—1¼ terra husbandia cum mansione, in villa et territorio de Aytoune in baronia de Horenden;—dimidia 2 terrarum husbandiarum, in villa et territorio de Rentoune et dicta baronia de Horenden:—E. 92l. 13s. 4d.—annuo redditu 120l. parte annui redditus 292l. ex terris de Cleriebald et molendino ejusdem, infra parochiam de Hutton.—E. 1d. albæ firmæ. xlvi. 612.

(465) Sep. 3. 1696.
JOSEPHUS HOME de Nynwells, hæres Joannis Home de Nynwells, avi,—in terris de Nynwells extendentibus ad 4 terras husbandias;—terris vocatis Dumbarshaugh alias Ranaldshaugh;—6 terris husbandiis in fine orientali villæ de Chirnsyde, in baronia et dominio de Chirnsyde.—E. 1d. argenti, albæ firmæ. xlvi. 619.

(466) Sep. 3. 1696.
JOSEPHUS HOME de Nynewalls, hæres Davidis Home de Nynewalls, proavi,—in 2 terris husbandiis ecclesiasticis villæ de Chirnsyde, in villa et territorio de Chirnsyde:—E. 46s. 8d. firmæ:—terra templaria in villa et territorio de Hiltoune, cum 8 sumis animalium pasturandis in moris adjacentibus.—E. 16d. albæ firmæ. xlvi. 621.

(467) Sep. 3. 1696.
JOSEPHUS HOME de Nynewalls, hæres Joannis Home de Nynewalls, fratris proavi,—in acra terræ templariæ in villa et territorio de Greenlaw:—E. 3s. 4d. firmæ:—terris de Kaesmuir alias vocatis Govanscrook, infra parochiam de Dunss, et per annexationem infra baroniam de Horenden.—E. 1d. albæ firmæ. xlvi. 625.

(468) Oct. 22. 1696.
JOANNES COMES DE KOXBURGH, hæres masculus et talliæ Roberti Comitis de Roxburgh, Domini Ker, Cesfoord, et Cavertoune, fratris germani,—in dominio et baronia de Halydean comprehendente inter alia terras de Chaplehill:—E. 14l. 8s.—terras ecclesiasticas de Litle Newtoune:—E. 36s.—terras de Neather Houdon:—E. 13l. 6s. 8d.—infra balliatum de Lauderdale:—terras de Belsheill vel Belshill:—E. 48s.—terras ecclesiasticas de Symprem:—E. 48s.—terras de Langtoune:—E. ....—terras ecclesiasticas de Nenthorne:—E. 48s.—terras ecclesiasticas de Gorden (vel Gordoun):—E. 4l. 13s.—terras ecclesiasticas de Greinlaw:—E. 3l. 4s.—terras ecclesiasticas de Home:—E. 4l. 16s.—terras de Caldra:—E. 4l.—terras de Gyrig:—E. 4s.—terras de Boigend:—E. 3l.—molendinum de Fogo:—E. 4l. 16s.—decimas rectorias et vicariaš ecclesiarum parochialium et parochiarum de Nenthorne,

Langtoune et Symprem, cum aliis decimis in Selkirk, Roxburgh, Peebles, Dumfries, Lanark, Ayr, Edinburgh, et Kincardine.—E. 40m. *albæ firmæ*.—(Vide Roxburgh, Stirling, Linlithgow, Edinburgh, Selkirk, Haddington, Peebles, Dumfries, Lanark, Ayr, Kincardine.) xlvi. 243.

(469) Jun. 24. 1697.
DOMINA JOANNA NISBET, Domina Harden, *hæres lineæ et talliæ* Domini Joannis Nisbet de Dirletoune, *patris*,—in terris et baronia de Dunglas infra constabulariam de Hadingtoun et vicecomitatum de Berwick respective;—terris de Threiplandhill et Branksholme, et omnibus aliis terris, &c. pertinentibus ad collegiatam ecclesiam de Dunglass infra bondas dictæ baroniæ de Dunglass.—E. . . . . . .—(Vide Haddington, Stirling, Forfar, Clackmannan.) xlvii. 155.

(470) Aug. 31. 1697.
JOANNA SCOTT sponsa Patricii Ridpath junioris de Byarcleugh, *hæres* Majoris Walteri Scott de Glaadswood, *patris*,—in terris de Glaadswood in balliatu de Lauderdale.—E. 40s. &c. *feudifirmæ*. lii. 405.

(471) Feb. 10. 1698.
ALEXANDER HOME de Blackburne, *hæres* Alexandri Home de Blackburne, *patris*,—in terris de Blaikburne extendentibus ad 8 terras husbandias, infra baroniam de Plenderguest et parochiam de Chirnsyde.—A. E. 5*l*. 6*s*. 8*d*. N. E. 8*l*. xlvi. 942.

(472) Feb. 10. 1698.
MAGDALENA WARDLAW sponsa Roberti Hamiltone mercatoris Edinburgensis;—JOANNA WARDLAW, *hæredes portionariæ* Patricii Wardlaw in Moorburn, *patris*,—et MARIA BURNET filia Magistri Andreæ Burnet advocati, *hæres portionaria* dicti Patricii Wardlaw, *avi*,—in 1½ terra husbandia in villa et territorio de Coldinghame;—4 acris terrarum arabilium in illa crofta nuncupata Skatewellflat, infra territorium de Northfeild de Coldinghame.—E. 21*s*. 3*d*. &c. *feudifirmæ*. xlvii. 508.

(473) Oct. 31. 1698.
DOMINUS ROBERTUS SINCLAIR de Longformacus miles baronettus, *hæres masculus et lineæ* Domini Joannis Sinclair de Lonformacus militis baronetti, *patris*,—in terris et baronia de Longformacus comprehendente inibi terras de Longformacus et Tounhead earundem;—terras de Peithill;—terras de Muretoune;—terras de Caldraw cum molendino de Longformacus et maneriei loco de Longformacus:—A. E. 6*l*. N. E. 27*l*. 6*s*. 8*d*.—terras de Nunbank:—E. 20*s*. *feudifirmæ*:—omnes infra parochiam de Longformacus:—advocationem ecclesiæ parochialis et parochiæ de Longformacus, rectoriæ et vicariæ ejusdem:—E. 1*d*.—20 terras husbandias de Whitesomlawes 20 libratas terrarum antiqui extentus existentes, infra parochiam de Whitsom:—A. E. 5*l*. N. E. 20*l*.—omnes in baroniam de Longformacus unitas:—terris de Wrinkley (vel Winkley) et molendino de Wrinkley:—A. E. 3*s*. 4*d*. N. E. 13*s*. 4*d*.—terris de Ivelie infra parochiam de Westruther:—E. 6*l*. *feudifirmæ*:—terris et baronia de Ellem et Winsheill, viz. Ellemsyde, Felcleugh, Dyishaugh, Easter Scarhill, Wester Scarhill, molendinis tam fullonum quam granorum, cum molendino de Ellem:—A. E. 7*l*. 10*s*. N. E. 30*l*.—advocatione ecclesiæ parochialis et parochiæ de Ellem:—E. 1*d*.—unitis in baroniam de Ellem:—terris de Reidpath et Comforthie (vel Comfortlie), infra dominium et regalitatem de Thirlestane:—E. . . . . . .—terris de Horsehopcleugh jacentibus in forresta de Dy, et baronia de Bothwell per annexationem:—E. . . . . . .—10 terris husbandiis de Raeburne in villa et territorio de Raeburn.—E. . . . .—(Vide Haddington.) xlviii. 582.

(474) Dec. 8. 1698.
JACOBUS ROCHHEAD de Innerleith, *hæres* Domini Jacobi Rochhead de Innerleith, *patris*,—in annuo redditu 2,660*m*. correspondente principali summæ 44,333*m*. 6*s*. 8*d*. ex villis, terris, et baronia de Duns subtus specificatis, viz. 20 libratis terris antiqui extentus vocatis Duns-Mains, Cheeklaw, Meikle-Dunslaw, Litle Dunslaw, Kendsheill, et Kendsheillbank;—4 mercatis terris novi extentus vocatis Leiknock et Kirkendsyde, jacentibus ad australe latus terrarum de Kendsheillwood;—terris vocatis Patton:—12 libratis terris antiqui extentus vocatis Coatlands, jacentibus in dicta villa et territorio de Duns;—terris vocatis Knoxes lands;—terris vocatis Nisbets lands cum maneriei loco de Dunse;—terris vocatis Dunse, infra comitatum de March;—terris cum pendiculis et acris earundem, jacentibus infra villam et territorium de Cheeklaw et Duns, ad terram husbandiam aut eo circa extendentibus, infra dominium de Duns et constabulariam de Lauder;—dimidio 2 terrarum husbandiarum in Duns;—terris ecclesiasticis ecclesiæ parochialis de Ellem, cum terris de Kirkensyde et Pontheugh;—terris et tenendria de Crumbstane inibi comprehendentibus terras de Rulesmains, Sanisones, Coalls, (Samsonswalls?) Crumbstane, cum molendinis earundem;—terris et acris jacentibus in et apud villam de Dunse, per prius ad Georgium Comitem de Dumbar pertinentibus, cum decimis, omnibus infra parochiam de Duns.—E. 1*d*. *albæ firmæ*. l. 124.

(475) Apr. 27. 1699.
DAVID SPENCE de Spences-Mains, *hæres* Magistri Davidis Spence de Spences-Maines, *avi*,—in 5 libratis terrarum de Chirnsyde-Maines vocatis Spences-Maines, in villa et territorio de Chirnsyde.—E. 5*l*. xlviii. 7.

(476) Sep. 9. 1699.
MAGISTER JACOBUS HOME filius natu secundus Caroli Comitis de Home, Domini Dunglass, &c. *hæres talliæ et provisionis* Joannæ Home Dominæ de Aytoune, filiæ Alexandri Home de Aytoune,—in baronia de Aytoune inibi comprehendente 4 lie cucats of land, infra villam et territorium de Aytoune;—bovata terræ, oxengate of land in Whitfeild;—terra husbandia dictæ villæ, quæ ad quondam Alexandrum Chirnsyde pertinuerunt:—E. 33*s*.—illo tenemento dimidiæ terræ husbandiæ vocatæ Hogsland (vel Hopland) infra dictam villam et territorium de Aytoune:—E. 1*d*. *argenti*:—terris dominicalibus vocatis Maynes de Aytoune ad 12 mercatas terræ extendentibus:—E. 13*m*. *firmæ*:—14½ terris husbandiis villæ et territorii de Aytoune:—E. 22*m*. *firmæ*:—omnibus infra parochiam de Aytoune et vicecomitatum de Berwick, et unitis in baroniam de Aytoun. xlviii. 273.

(477) Nov. 8. 1699.
DOMINUS FRANCISCUS KINLOCH de Gilmertoune miles baronettus, *hæres* Domini Francisci Kinloch de Gilmertoune militis baronetti, *patris*,—in terris et baronia de Duns comprehendente molendinum et terras vocatas molendinum de Dunse;—terras husbandias in villa;—terras dominicales de Dunse;—terras et baroniam de Cockburne, cum molendinis granariis et fulloniis ejusdem;—terras de Crumstane;—terras de Cruelsmains (Rulesmains,) Samsoneswells alias Englishwells, et Dumbars aikers prope villam de Dunse;—terras de occidentalibus Winsheils;—terras de Billie, parvam Billie alias orientales et occidentales Billies nuncupatas, et terras dominicales ejusdem;—molendina et terras molendinarias ejusdem;—terras de Plenderguest, Hiltoune, Myersyde, Thorntoune, occidentale molendinum et terras molendinarias;—terras de Kimmerham;—decimas integrarum prædictarum terrarum, baroniarum, molendinorum, &c.—A. E. . . . . . N. E. . . . . . .—(Vide Haddington, Edinburgh, Perth, Fife, Linlithgow.) xlviii. 291.

(478) Nov. 16. 1699.
MARGARETA RAMSAY, *hæres* Joannis Ramsay de Nunlands, *patris*,—in terris ecclesiasticis, rectoriis et vicariis ecclesiæ parochialis de Fouldon, extendentibus ad 3 terras husbandias jacentes in lie Runrigg infra villam de Fouldon;—1 mercata terræ vocata the Park, quæ jacet simul et contigue, cum pastura 43 summarum animalium et 7 equorum dictis terris ecclesiasticis spectante, super communia et infra bondas antedictæ villæ et territorii de Fouldoun, jacentibus in baronia de Fouldoun:—E. 5*l*. *feudifirmæ*:—pecia terræ vocata Nunland in villa et territorio de Fouldoun.—E. 40*s*. 4*d*. *feudifirmæ*. xlviii. 555.

OMISSA.

(479) Oct. 26. 1486.
WILLIELMUS LEVYNGSTON, *hæres* Edwardi Levynston, *patris*,—in tertia parte terrarum de Graden, infra comitatum Marchiæ.—E. 10*l*. xci. 151.

(480) Oct. 6. 1574.
GEORGIUS HUME de Wedderburne, *hæres* Davidis Hume de Wedderburne militis, *patris*,—in terris de Wedderburne:—A. E. 4*l*. N. E. 12*l*.—15 acris terrarum de Peilrigg, extendentibus ad dimidietatem unius terræ husbandiæ:—A. E. 5*s*. N. E. 10*s*.—terra husbandia vulgariter vocata Gowanecruke:—A. E. 10*s*. N. E. 20*s*.—1½ terra husbandia in dominio de Hutoun:—A. E. 15*s*. N. E. 30*s*.—terris de Jardanefield:—A. E. 40*s*. N. E. 4*l*.—terris de Hirsell:—A. E. 3*s*. N. E. 6*s*.—10 terris husbandiis et 1 terra cottagia in Aytown:—A. E. 5*m*. N. E. 10*m*.—2 terris husbandiis in Coldinghame:—A. E. 13*s*. 4*d*. N. E. 26*s*. 8*d*.—1 terra husbandia in Eymouth cum piscatione ejusdem:—A. E. 10*s*. N. E. 20*s*.—3 terris husbandiis in villa de Rentoun.—A. E. 20*s*. N. E. 40*s*. xcii. 531.

*G 2

(481) Apr. 24. 1606.
ROBERTUS DOMINUS ROXBURGH, *hæres* Willielmi Ker de Cessfurde, *patris*,—in terris de Ugstoun, Home, Gordoun, Bothanis, et Hardheid.—E. . . . . . .—(Vide Roxburgh, Selkirk, Haddington.) iii. 226.

(482) Nov. 16. 1643.
JEANNA WILKIESONE, *hæres* Jacobi Wilkiesone portionarii de Nenthorne, *avi*,—in terra husbandia, in villa et territorio de Nenthorne et balliatu de Lawderdaill.—E. 6s. 4d. xxix. 245.

(483) Maii 1. 1694.
MARGARETA, ANNA et ISSOBELLA HOMES, *hæredes portionariæ* Issobellæ Lauder filiæ Roberti Lauder de Eodem, et sponsæ Alexandri Home burgensis de Lauder, *matris*,—in molendino granario forestriæ lie forest de Lauder, cum terris molendinariis, infra parochiam de Lauder et balliatum de Lauderdale, una cum privilegio pasturandi super terris de Lauderbarns, quæ sunt partes dictæ forestriæ, et effodiendi lie faill and divott in dictis terris de Lauder Barns.—E. 5s. xliv. 16.

SUPPLEMENTA

BERWICK.

(484) Dec. 13. 1580.
JACOBUS HOPPRINGILL de Eodem, *hæres* Adami Hoppringill, *abavi*,—in quarta parte terrarum de Fawnis, vocata Spencerlands et Zerelside, in comitatu Marchiæ.—E. 10l. A. 130.

(485) Maii 10. 1587.
GEORGIUS DOMINUS SALTOUN, *hæres* Alexandri Domini Saltoun, *patris*,—in terris de Lyelstoun et Agstoun (vel Ogstoun), infra balliatum de Lauderdaill, unitis baroniæ de Abernathie in Rothemay ad faciendum servitia in curia vicecomitatus de Bamff.—A. E. 10l. N. E. 20m.—(Vide Haddington, Bamf, Forfar, Fife, Stirling, Edinburgh, Roxburgh.) B. 103.

(486) Apr. 7. 1590.
GEORGIUS HOME, *hæres* Davidis Home de Watherburne militis, *patris*,—in terris de Moricetoun (vel Moretoun) :—A. E. 40s. N. E. 10m.—dimedia parte terrarum de Haitschaw.—A. E. 5m. N. E. 10m.—in balliatu de Lauderdaill. B. 214.

(487) Maii 12. 1590.
DAVID RENTOUN de Billie, *hæres* Joannis Rentoun de Billie, *patris*,—in terris de Billie, in baronia de Boncle.—A. E. 10l. N. E. 20l. B. 220.

(488) Aug. 11. 1590.
JACOBUS TROTTER in Fogo, *hæres* Joannis Trotter, *fratris germani*,—in terris de Fluriswallis (excepta crofta vocata Craikiscroft) in parochia de Grenelaw.—E. 40s. B. 243.

(489) Dec. 29. 1590.
ELIZABETHA BIRGEN, *hæres* Adami Birgen, *patris*,—in 2 terris husbandiis cum 12 acris terrarum, in dominio de Birgen.—A. E. 40s. N. E. 4l. B. 266.

(490) Feb. 2. 1590.
JONETA SKOWGALL, *hæres portionaria* Jacobi Skowgall in Selcleuch, *patris*,—in dimedia parte terrarum de Selcleuche in baronia de Ellem.—E. 5l. B. 276.

(491) Feb. 2. 1590.
ALISONA SKUGGALL, *hæres portionaria* Jacobi Skuggall in Selcleuche, *patris*,—in terris prædictis. B. 279.

(492) Feb. 2. 1590.
CATHARINA SCOUGGALL, *hæres portionaria* Jacobi Scouggall in Selcleuch, *patris*,—in terris predictis. B. 281.

(493) Feb. 2. 1590.
JOHANNES ELLEM, *hæres* Edwardi Ellem, *patris*,—in 2 mercatis 4 solidatis et 5 denariatis terrarum jacentibus in villa et territorio de Chirnesyd :—E. 35s.—2 terris husbandiis in villa et territorio de Grueldykis, in dominio de Duns :—E. 40s.—44 solidatis 5 denariatis terrarum in villa et territorio de Bassindyne.—E. 44s. 5d. B. 285.

(494) Feb. 23. 1590.
GEORGIUS NISBET de Eodem, *hæres* Phillippi Nisbet de Eodem, *patris*,—in dimedia parte terrarum de Over Recleuche in Lammermuir.—A. E. 2m. N. E. 40s. B. 288.

(495) Maii 25. 1591.
JOHANNES DIKSONE, *hæres* Johannis Diksone de Belchester, *proavi*,—in 2 terris husbandiis de Littillthank, in dominio de Mersingtoun ;—5 terris husbandiis et 3 cotlandis terræ, infra dominium de Birgeam.—E. 7l. 6s. C. 11.

(496) Aug. 24. 1591.
ROBERTUS SWINTOUN de Eodem, *hæres* Johannis Swintoun de Eodem, *patris*,—in terris de Swintoun-parva, infra baroniam de Coldinghame :—A. E. 16m. N. E. 32m.—terris dominii de Swintoun-magna, tam terris dominicalibus quam husbandiis cottagiarum, infra baroniam prædictam :—A. E. 84m. N. E. 168m.—terris ecclesiasticis ecclesiæ de Swintoun vicario ejusdem ecclesiæ spectantibus, cum gleba, mansione et domibus, in dominio de Swintoun :—A. E. 40s. N. E. 4m.—terris de Crumschawis, cum turre, fortalicio de Crumschawis, terris de Thorneburne, terris de Howboig, et terris de Doghous, cum molendinis earundem.—A. E. 20m. N. E. 20l. C. 25.

(497) Oct. 5. 1591.
THOMAS EDINGTOUN de Eodem, *hæres* Davidis Edingtoun de Eodem, *fratris germani,*—in terris et urbe de Edingtoun, cum turre, fortalicio, et molendinis;—terra husbandia in urbe et territorio de Hutoun;—terra husbandia in urbe de Dunce;—piscatione super aquam de Quhititer, infra vicecomitatum de Berwick;—terris de Clarebald, infra dictum vicecomitatum.—E. 5*l.* C. 32.

(498) Feb. 8. 1591.
ALEXANDER HAITLIE de Lambden, *hæres* Alexandri Haitlie de Lambden, *patrui,*—in orientali quarta parte versus austrum terrarum de Lambden, cum molendino :—E. 10*m. feudifirmæ :*—terris de Eister Plewlandis:—E. 7*m.*—terris de Wester Plewlandis. —E. 6*m.* C. 55.

(499) Jun. 28. 1592.
GEORGIUS HAMMILIOUN in Prestoun, *hæres* Patricii Hepburne de Rollandstoun, *avunculi,*—in terris de Rollandstoun.— A. E. 5*l.* N. E. *tantum, quia jacent prope orientales limites hujus regni.* C. 81.

(500) Nov. 21. 1592.
JOHANNES PURVES in Eistbarnes.*hæres* Johannis King in Scarhill, *avunculi,*—in 8 acris terrarum arabilium, cum domibus, toftis et croftis, in villa et territorio de Coldinghame ex parte australi de Corsgait ejusdem.—A. E. 5*s.* N. E. 10*s.* C. 112.

(501) Feb. 6 1592.
MAGISTER WILLIELMUS NEISBIT, *hæres* Elizabethæ Neisbit, *sororis germanæ,*—in annuo redditu 100*l.* de terris et villa de West Neisbit. C. 126.

(502) Feb. 20. 1592.
WILLELMUS COKBURNE, *hæres* Willelmi Cokburne, *patris,* —in terris dominii de Cokburne, cum molendinis granorum et fullonum et piscariis :—E. 20*l.*—3¼ terris husbandiis terrarum de Quhitsumlawes :—E. 3*l.* 10*s.*—terris de Lochbirgeame alias Lochtoun cum molendino.—A. E. 5*l.* N. E. 20*l.* C. 130.

(503) Jul. 2. 1593.
GEORGIUS AUCHINLEK, filius legitime procreatus inter Archibaldum Auchinlek de Cumlege, et Jeannam Sleych ejus sponsam. *hæres* dicti Archibaldi Auchenlek de Cumlege, *patris,* —in terris de Cumlege, cum molendinis granorum et fullonum :— E. 8*l* —terris de Stanyflatte :—A. E. 6*s.* 8*d* N. E. 20*s.*—terra husbandia in Orwelldykis —A. E. 6*s.* 8*d.* N. E. 20*s.*—6 terris husbandiis orientalis partis de Blanerne, in baronia et regalitate de Bonkhill :—E. 6*m.*—terris de Blakerstoun.—E. 20*l.*—(Vide Perth.) C. 180.

(504) Aug. 21. 1593.
ROBERTUS BROUN de Blaikburne, *hæres* Jacobi Brown de Blakburne, *patris,*—in terris de Blaikburne :—E. 10*l.*—molendino de Blaikburne et terris molendinariis.—E. 40*s.* C. 196.

(505) Aug. 22. 1593.
JACOBUS PRINGILL de Smalhame, *hæres* Andreæ Pringill, *patris,*—in annuis redditibus in Lauderdaill et infra balliam ejusdem, viz. annuo redditu 26*s.* 8*d.* de terris de Trabroun :—annuo redditu 26*s.* 8*d.* de terris de Pylmure :—annuo redditu 30*s.* de terris de Quhytlaw :—annuo redditu 6*s.* 8*d.* de terris de Bourhouses :—annuo redditu 6*s.* 8*d.* de terris de Coklaw :—annuo redditu 6*s.* 8*d.* de terris de Arhouse :—annuo redditu 13*s.* 4*d.* de terris de Addinston :—annuo redditu 10*s.* de terris de Quholplaw :— annuo redditu 40*s.* de terris de Glaiddiswod :—annuo redditu 13*s.* 4*d.* de terris de Mertoun :—annuo redditu 13*s.* 4*d.* de terris de Dalcoif. C. 197.

(506) Aug. 22. 1593.
JACOBUS PRINGILL de Smalhame, *hæres* Andreæ Pringill, *patris,*—in annuis redditibus in villa de Lauder, et regalitate de Lauderdaill, viz. annuo redditu 13*s.* 4*d.* de tenemento Johannis Gib in dicto burgo :—annuo redditu 13*s.* 4*d.* de terra Willelmi Broun:—annuo redditu 13*s.* 4*d.* de terra Willelmi Broun:—annuo redditu 13*s.* 4*d.* de terra Caroli Murray :—annuo redditu 13*s.* 4*d.* de terra Willelmi Hopprugill:—annuo redditu 13*s.* 4*d.* de terra Willelmi Gill :—annuo redditu 13*s.* 4*d.* de terra Johannis Merser : —annuo redditu 13*s.* 4*d.* de terra Willelmi Frank :—annuo redditu 10*s.* de terra Caroli Joly. C. 199.

(507) Dec. 18 1593.
JOHANNES DIKSOUN de Loneheid, *hæres* Patricii Diksoun de Loneheid, *patris,*—in annuo redditu 20*l.* de terris de Pundenraw. C. 209.

(508) Feb. 21. 1593.
MAGISTER JACOBUS BORTHUIK de Aldistoun, *hæres* Magistri Davidis Borthuik de Lochhill advocati regii tempore
SUPP.

suo, *patris,*—in terris ecclesiasticis subscriptis, viz. 53 solidatis, 4 denariatis terrarum de Bogend ;—20 solidatis terrarum de Fogorig ;—4 libratis terrarum in Gordoun ;—40 solidatis terrarum in Mellerstanis ;—40 solidatis terrarum in Nanethorne ;— 30 solidatis terrarum in villa de Newtoun, extendentibus in integro ad 13 libratas 3 solidatas et 4 denariatas terrarum.—E. 18*l.* 9*s.* 4*d. feudifirmæ et augmentationis.* C. 217.

(509) Mar. 28. 1594.
PATRICIUS HEPBURNE de Kirklandhill, *hæres* Patricii Hepburne de Kirklandhill *patris,*—in 14 terris husbandiis, cum terra cottagia terrarum de Quhitsum olim comitibus de Boithwell pertinentibus, in villa et territorio de Quhitsum.—A. E. 46*s.* N. E. 9*l.* C. 227.

(510) Maii 8. 1594.
WILLIELMUS LAUDER, *hæres* Gilberti Lauder de Balbairdies, *patris,*—in quarta parte terrarum de Caidislie et Haggis, infra balliatum de Lauderdaill.—E. 6*l.* &c. *feudifirmæ.* C. 240.

(511) Apr. 16 1595.
JONETA HAMILTOUN, *hæres portionaria* Manie . . . . . . *aviæ,* —in terris de Sanct Johnes Chapell, in dominio de Lauder.—E. . . . C. 277.

(512) Apr. 16. 1595.
MARGARETA HAMILTOUN, *hæres portionaria* . . . . *aviæ,*—in terris de Sanct Johnes Chappell, in dominio de Lauderdaill.—E. . . . C. 278.

(513) Maii 27. 1595.
JACOBUS COKBURNE, *hæres* Jacobi Cokburne burgensis de Haddingtoun, *patris,*—in annuo redditu 80*l.* de 20 libratis terrarum de terris dominicalibus de Dunce et acris earundem. C. 290.

(514) Jun. 10. 1595.
JOANNES BROUNTFEILD de Gordounmains, *hæres* Willelmi Brountfeild, *fratris,*—in 3 mercatis terrarum de terris de Rowchester.—A. E. 40*s.* N. E. 6*l.* C. 293.

(515) Nov. 15. 1595.
THOMAS ANDERSOUN, *hæres* Willelmi Curress (vel Chorruss), in Eymouth, *avunculi,*—in tenemento in villa et territorio de Eymouth.—E. 18*d.* &c. *feudifirmæ.* D. 14.

(516) . . . . . . 1595.
ROBERTUS EDZER de Wadderlie, *hæres* Joannis Edzer, *patris,* —in terris de Wadderlie :—E. . . . . . .— terris de Grinlaw vulgo nuncupatis Quhiteside :—A. E. . . . . . . N. E. 9*l.*—tertia parte 10 mercatarum terrarum in Bassindean. . . . . . :—A. E. . . . . . N. E. 9*l.* 4*s.* 5*d.*—terris de Auld Halyburtoun alias nuncupatis Litill Haliburtoun.—A. E. 10*s.* N. E. . . . . D. 38.

(517) Nov. 23. 1596.
JOHANNES BOIG, *hæres* Willelmi Boig, *patris,*—in 2 terris husbandiis cum dimidia terræ husbandiæ in villa de Adincraw :— E. 22*d.*—terra husbandia cum dimidia terræ husbandiæ in villa et territorio de West Restoun.—E. 22*d.* D. 105.

(518) Oct. 6. 1597.
NICOLAUS PAXTOUN, *hæres* Willielmi Paxtoun in Westertoun, *patris,*—in terra husbandia in villa et territorio de Auchincraw-Howburn (vel Adincraw-Howburn), nuncupata Priorisland :—E. 16*s.*—3¼ terris husbandiis in eadem villa et territorio de Auchincraw ;—2 terris husbandiis et 1 terra cottagia in villa et territorio de Paxtoun, cum piscaria ejusdem super aqua de Tweid, infra baroniam de Coldinghame.—E. 3*l.* 16*s.* 8*d.* D. 170.

(519) Oct. 24. 1599.
GEORGIUS KER, *hæres* Andreæ Ker de Faudounsyd, ...— in tertia parte terrarum, baroniæ et dominii de Haliburtoun.— A. E. 33*s.* 4*d.* N. E. 10*m.*—(Vide Haddington, Kinross.) D. 237.

(520) Oct. 25. 1599.
PATRICIUS HOME de Polwart, *hæres* Patricii Home de Polwarth, *patris,*—in dimidietate terrarum de Polwart ;—dimidietate villæ de Polwart, et molendino nuncupato Redbrayes-myln, continente occidentales terras dominicales de Polwart vocatas Redbrayes, cum advocatione ecclesiæ parochialis de Polwart alternatis vicibus, unitis in baroniam de Redbrayes :—A. E. 5*l.* N. E. 20*l* — terris de Hardenis super aquam ejusdem ;—terris de Birgeamscheillis, extendentibus ad 30 mercatas terrarum ;—2 terris husbandiis in villa et territorio de Graden, cum suis pertinentiis, vulgo nuncupatis Bankheid ;—dimidietate terrarum de Haitschaw, in balliatu de Lauderdaill,—unitis cum terris in Roxburgh in tenandriam de Hardenis.—A. E. 16*l.* 13*s.* 4*d.* N. E. 46*l.* 13*s.* 4*d.*—(Vide Roxburgh.) D. 239.

D

(521) Oct. 25. 1599.

GULIELMUS LYNDSAY in Lintlawes, *hæres* Gulielmi Lyndsay in Lintlawes, *patris*,—in dimidia terræ husbandiæ in villa et territorio de Eymouth et baronia de Coldingham ;—una cottagia, cum orto in eadem villa, infra baroniam prædictam.—E. 10s. 7d. &c. *feudifirmæ*. D. 243.

(522) Maii 20. 1606.

JOANNES DOMINUS ABERNETHIE in Rothemay de Saltoun, *hæres* Alexandri Domini Abernethie in Rothemay de Saltoun, *avi*,—in terris de Quhelplaw in dominio de Lauderdaill.— A. E. 5l. N. E. 26l. 13s. 4d.—(Vide Aberdeen, Haddington.) E. 12.

(523) Maii 9. 1610.

JACOBUS HAYIG, *hæres* Roberti Hayig de Bemersyde, *patris*, —in terris de Bemersyde extendentibus ad 10 libratas terrarum antiqui extentus, cum manerie, pomeriis, hortis et piscationibus super aquam de Tueid, infra balliatum de Lauderdaill.—E. 10l. E. 26.

(524) Aug. 9. 1610.

ALEXANDER BROUNFEILD, *hæres talliæ* Alexandri Brounfeild de Nethirmanis, *patris*,—in 2 terris husbandiis de Banguswallis.—E. 46s. 8d. &c. *feudifirmæ*. E. 34.

(525) Apr. 2. 1612.

JONETA RAMSAY, *hæres portionaria* Roberti Ramsay de Wylicleuch, *patris*,—in 12 terris husbandiis de Wylicleuch ;— 4 terris husbandiis vulgo nuncupatis lie Manis de Wylicleuch, in occidentali latere de Darnchester, cum molendino de Wylicleuch, terris molendinariis et multuris;—terra husbandia in orientali latere villæ de Darnchester,—extendentibus in integro ad 4 libratas et 5 solidatas terrarum.—A. E. 4l. 5s. N. E. 6l. 10s. E. 143.

(526) Apr. 2. 1612.

MARGARETA RAMSAY, *hæres portionaria* Roberti Ramsay de Wylicleuch, *patris*,—in terris præscriptis. E. 144.

(527) Apr. 2. 1612.

ISABELLA RAMSAY, *hæres portionaria* Roberti Ramsay de Wylicleuch, *patris*,—in terris prædictis. E. 146.

(528) Nov. 19. 1612.

JOHANNES PURVES, *hæres* Thomæ Purves de Purveshauch, *patris*,—in 4 carrucatis terrarum extendentibus ad 16 terras husbandias in villa et territorio de Ersiltoun.—E. 16l. E. 224.

(529) Jul. 27. 1613.

JACOBUS SPENS, *hæres* Wilelmi Spens de Chirnsyde-Manis, *fratris*,—in 5 libratis terrarum vocatis Chirnsyde-Manis :—E. 5l.— 4 libratis terrarum, et octava parte dimidiæ octavæ partis dimidiæ libratæ terrarum de terris de Hardenis.—E. 4l. F. 76.

(530) .... 1613.

PATRICIUS LEVINGTOUN de Saltcoittis, *hæres* Patricii Levingtoun........, *patris*,—in terris de Kelphoip, in dominio de Carfra et balliatu de Lauderdaill.—E. 12m.—(Vide Haddington.) F. 150.

(531) Jan. 11. 1614.

JOHANNES FISCHE, *hæres* Alexandri Fische in Aytoun, *patris*, —in terra husbandia cum quinta parte alterius terræ husbandiæ, in villa et territorio de Aytoun et baronia de Coldingham.—E. 2s. 6d. F. 159.

(532) Maii 22. 1623.

JACOBUS DIKSOUN de Heardrig, *hæres* Alexandri Diksoun de Heardrig, *patris*,—in 2 terris husbandiis et 12 acris terrarum, in dominio de Birghame.—E. 40s. G. 19.

(533) Apr. 26. 1632.

ELIZABETHA DOUGLAS, *hæres* Grissilidis Douglas .... legitimæ Roberti Douglas de Blakerstoun, legitime procreatæ inter ipsum et quondam Elizabetham Douglas ejus sponsam, *sororis*,— in equali dimidietate tertiæ partis terrarum et baroniæ de Coldingham, comprehendentis locum et manerlem de Coldingham, domos, ædificia, hortos, pomaria, claustra et commoditates ejusdem; —terras et villam de Coldingham, cum mansionibus, cottagiis, tenementis, domibus, ædificiis, hortis, toftis, croftis, et molendinis ;— terras nuncupatas Hallbank ;—terras de Northfeild, cum lacubus et decimis earundem inclusis ;—terras .... Sanct-tabbis ;— terras de Steill ;—terras nuncupatas Caponland et Betrixstanecroft ;—croftam terræ nuncupatam Greirstyle ;—terras nuncupatas Hawcroft, Armestrangis park et ...... park ;—terras de Press ; —terras de Benerig, Fluiris, Harleden, Hielawis, Mawisbank, et Ma........;—terras de Hill ;—terras de Quheitfeild Eister et Wester ;—terras et villam de Eymouth ...... hortis, cottagiis,

tenementis, molendinis ;—terras et villam de Swynewode ;—terras de Hillend cum silvis ;—terras de Hundewode, Howlaw, Honnydane (vel Hamydane), cum manerie, silvis, molendinis ;—villam et terras de Rentoun cum manerie, domibus, silvis, molendinis ;— villam et terras de Auld Campbus;—terras et villam de Lumsdane; —terras et villam de Auchincraw ;—terras de Swansfeild et Schillopdykes ;—villam et terras de Westrestoun ;—villam et terras de Eistrestoun ;—villas et terras de Aytoun ;—terras dominicales de Aytoun ;—portus, sinus, sea æstuaria de Eymouth et Coldingham, et omnes alios portus et æstuaria infra bondas terrarum supra mentionatarum, cum anchoragiis, custumis, proficuis et devoriis eorundem;—terras de Paxtoun;—terras de Fischeik, cum piscariis super aquam de Tweid ;—terras et dominium de Swyntoun cum manerie ;—terras de Eistnesbit, comprehendentes terras aliaque subscripta, viz. terras nuncupatas Eist quarter ;—terras nuncupatas Bromedykes ;—terras de Craigiswallis ;—terras de Quhytmyre ;— terras nuncupatas Well quarter et Mane quarter de Eistnesbit, cum turre, fortalicio et manerie præfatarum terrarum ;—villam et terras de Edrem ;—terras de Bromehous ;—terras de Horseley et Grenewode, et decimas earundem inclusas ;—terras dominicales de Fastcastell, Few, Wester Lumisdane, Dowlaw, Duddoholme, alias Caldsyde, Aldtoun, Newtoun, cum molendinis, multuris, piscationibus et omnibus decimis earundem inclusis, cum castro et manerie de Fastcastell ;—terras de Flemyngtoun nuncupatas Nether Aytoun, Reidhall, Nethirbyre, Brounesland, et Gwnesgrene, cum molendinis granorum et fullonum, et terris molendinariis, et decimis inclusis ;—terras de Fairnysyde, cum decimis inclusis ;—terras de Lamertoun, cum decimis inclusis ;—cum omnibus aliis terris, croftis, tenementis, acris, molendinis, silvis, piscationibus, annuis redditibus et aliis quibuscunque, quæ perprius pertinuerunt ad prioratum de Coldinghame et temporalitatem ejusdem, ubicunque eadem jacent infra regnum Scotiæ ;—garbales aliasque decimas, fructus, redditus, proventus, emolumenta, et devoria tam rectoriarum quam vicariarum, ecclesiarum parochialium subscriptarum ad dictam abbaciam et prioratum de Coldingham pertinentium, viz. garbales aliasque decimas tam rectoriarum quam vicariarum ecclesiæ de Coldinghame, ecclesiæ de Ayttoun, ecclesiæ de Fisheik, ecclesiæ de Swentoun, ecclesiæ de Eddrem, ecclesiæ de ...... num, ecclesiæ de Stitchill, ecclesiæ de Ersiltoun, ecclesiæ de Auldcampbus, ecclesiæ de Lamertoun ;—decimas garbales aliasque decimas tam rectoriarum quam vicariarum terrarum de Edringtoun, cum omnibus aliis ecclesiis et decimis perprius pertinentibus ad dictum prioratum et Abbaciam de Coldingham, tanquam spiritualitatem ejusdem, et patrimonium dictæ Abbaciæ, de quibus priores et commendatarii dictæ Abbaciæ et eorum conventus in possessione fuerunt, ubicunque jacent infra regnum Scotiæ, nunc erectis in baroniam de Coldinghame :—A. E. ..... N. E. ......:—dimidietate terrarum de Ivellie, cum manerie :— E. 3l. *feudifirmæ*:—dimidietate terrarum de Blakerstoun, cum manerie :—E. 10l. 20 *nummi feudifirmæ*:—dimidietate terræ husbandiæ cum decimis inclusis, in villa et territorio de Lyntlawis.—E. 13s. 4d. *feudifirmæ*. G. 222.

(534) Maii 2. 1650.

DOMINUS WILLIELMUS DRUMMOND, filius legitimus natu minimus Joannis Comitis de Perth, nunc WILLIELMUS COMES DE ROXBURGHE, Dominus Ker de Cessfurd et Cavertoun, *hæres talliæ et provisionis* Roberti Comitis de Roxburghe, Domini Ker de Cessfurd et Cavertoun, *avi*,—in terris, dominio, et baronia de Halyden, comprehendente terras de Chappelhill :—E. 14l. 8s. *feudifirmæ*:—terras ecclesiasticas de Litill Newtoun (vel Caldnewtoun):—E. 36s. *feudifirmæ* :—terras de Nether Howdoun :—E. 13l. 6s. 8d *feudifirmæ* :—infra balliatum de Lauderdaill ;—terras de Bellishill :—E. 48s. *feudifirmæ* :—terras ecclesiasticas de Sympren :—E. 48s. *feudifirmæ* :—terras ecclesiasticas de Langtoun :—E. ..... :—terras ecclesiasticas de Nenthorne: —E. 48s. *feudifirmæ* :—terras ecclesiasticas de Gordoun :—E. 4l. 16s. *feudifirmæ* :—terras ecclesiasticas de Greinlaw :—E. 3l. 4s. *feudifirmæ* :—terras ecclesiasticas de Home :—E. 4l. 16s. *feudifirmæ* :—terras de Cadra :—E. 4l. *feudifirmæ* :—terras de Hyrig (vel Gyrig) :—E. 4s. *feudifirmæ* :—terras de Boigend :—E. 3l. *feudifirmæ* :—molendinum cum terris molendinariis et multuris :— E. 4l. 16s. *feudifirmæ* :—decimas garbales aliasque decimas ecclesiarum parochialium et parochiarum beneficii de Kelso, et inter alia, decimas rectorias et vicarias ecclesiarum de .... Langtoun et .... infra vicecomitatum de Berwick ; cum decimis aliarum ecclesiarum in Roxburgh, Selkirk, Peebles, Dumfries, Lanerk, Edinburgh, et Kincardine :—E. 400m. *albæ firmæ* : —officio Justiciariæ et balliatus terrarum baroniæ de Kelso, ac terrarum de Uggistoun, Home, Gordon, Bothell, et Hairheid, et omnium aliarum terrarum dictæ abbaciæ, jacentium infra vicecomitatum de Berwick :—E. *administratio Justiciæ* :—omnibus cum aliis terris erectis in dominium et baroniam de Halyden.—(Vide Roxburgh, Stirling, Linlithgow, Selkirk, Edinburgh, Peebles, Dumfries, Lanerk, Ayr, Kincardine.) H. 111.

BUTE.

INDEX NOMINUM.

a

222

BUTE.

INDEX LOCORUM.

INQUISITIONES SPECIALES.

BUTE.

(1)   Dec. 13. 1554.
WILLIELMUS CUNNYBURGH, *hæres* Archibaldi Cunnyburgh de Skethok, *patris*,—in 4 mercatis terrarum de Kerenevin ;—4 mercatis terrarum de Keremorane ;—4 mercatis terrarum de Mydscowlok ;—4 mercatis terrarum de Nediskowlok antiqui extentus, jacentibus in insula de Bute.—A. E. 10*l.* 13*s. 4d.* N. E. 21*l. 6s. 8d.*   i. 118.

(2)   Dec. 13. 1554.
ROBERTUS M'ALLANE, *hæres* Allani M'Allane de Langilwinox, *patris*,—in 20 solidatis terrarum de Langilwunnan antiqui extentus, in insula de Bute.—E. 6 *firlotæ ordei,* &c.   i. 120.

(3)   Nov. 23. 1557.
JOANNES M'CAME (vel M'CAINE), *hæres* Nigelli M'Came, *patris*,—in 23 solidatis 4 denariatis terrarum de Barnald antiqui extentus, in dominio insulæ de Bute.—E. 23*s. 4d.* &c.   i. 118.

(4)   Apr. 2. 1558.
JOANNES STEWART, *hæres* Roberti Stewart de Terrecroy, *patris*,—in 5 libratis terrarum de Kilspokkis antiqui extentus, in dominio de Bute.—E. 5*l. argenti,* &c.   i. 120.

(5)   Nov. 24. 1562.
JOANNES MONTGOMRIE, *hæres* Joannis Montgomrie de Uvercames, *patris*,—in 5 mercatis terrarum antiqui extentus de Over Cames, in insula de Meikle Cumbray.—E. 4*l.* &c.   i. 119.

(6)   Jun. 20. 1564.
ARCHIBALDUS M'LAUCHLANE, *hæres* Lauchlani M'Lauchlane de Eodem, *patris*,—in 3 libratis terrarum antiqui extentus de Ascoks, in insula de Buit.—A. E. 3*l.* N. E. 9*l.*   i. 119.

(7)   Mar. 8. 1575.
JOANNES M'KAILL, *hæres* Gilnow M'Kaill, *filii fratris avi*,—in 13 solidatis 4 denariatis terrarum tertiæ partis de Ballecaule antiqui extentus, in insula de Buit.—E. 13*s. 4d.* &c.   i. 105.

(8)   Feb. 27. 1587.
GEORGIUS MONTGOMRIE, *hæres* Mathei Montgomrie de Over Kames, *patris*,—in 5 mercatis terrarum antiqui extentus de Ovir Kames, in insula de Cumbray.—E. 4*l. 6s.* &c.   i. 77.

(9)   Jan. 15. 1600.
JOANNES M'VERRACHIE, *hæres* Gilchristi M'Verrachie, *avi*,—in 20 solidatis terrarum antiqui extentus australis dimidietatis de Bruchok ;—20 solidatis terrarum antiqui extentus australis dimidietatis de Kiremanoche, in insula de Bute.—E. 3 *bollæ ordei,* &c.   ii. 14.

(10)   Feb. 3. 1601.
JACOBUS GLAS, *hæres* Roberti Glass de Askoge, *patrui*,—in 3 mercatis 6 solidatis 8 denariatis terrarum antiqui extentus de Kerechrisok, in insula de Bute.—E. 3*l*m. &c.   ii. 108.

(11)   Feb. 3. 1601.
ANDREAS M'KAINE (vel M'KAME), *hæres* Joannis M'Kaine de Barnale, *fratris*,—in 23 solidatis 4 denariatis terrarum antiqui extentus de Barnale, in insula de Bute.—E. 23*s. 4d.* &c.   ii. 108.

(12)   Maii 15. 1602.
JOANNES M'CONOCHE, *hæres* Allani M'Conoche de Dunnezeill, *patris*,—in 13 solidatis 4 denariatis terrarum antiqui extentus de Dunnezeill, in insula de Bute.—E. 1 *bolla ordei,* &c.   ii. 151.

(13)   Nov. 27. 1602.
JOANNES BANNATYNE, *hæres* Joannis Bannatyne de Dunawlunt, *avi*,—in 40 solidatis terrarum antiqui extentus de Dunawlunt, in insula de Bute.—E. 3 *bollæ ordei,* &c.   iii. 5.

(14)   Jul. 18. 1605.
JOANNES BANNATYNE, *hæres* Willielmi Bannatyne de Drummalunt, *proavi*,—in 40 solidatis terrarum antiqui extentus de Skarrell, in insula de Bute.—E. 3 *bollæ ordei,* &c.   iv. 35.

(15)   Jan. 31. 1607.
DAVID CREYCHTOUN de Lugtoun, *hæres* Patricii Creychtoun de Lugtoun, *patris*,—in 18 mercatis terrarum de Sascan in insula de Arrane, in warrantum terrarum de Lethame, Lethamdole, et Middelrig in Stirling.—A. E. 18m. N. E. 54m.—(Vide Edinburgh.)   iii. 261.

(16)   Jul. 19. 1608.
FINLAUS M'ILMUNE, *hæres* Finlai M'Ilmune de Keremanoche, *avi*,—in 20 solidatis terrarum antiqui extentus de Keremanoche, in insula de Bute.—E. 20*s.* &c.   iv. 212.

(17)   Maii 23. 1609.
JACOBUS MARCHIO DE HAMMILTOUN, Comes Arraniæ, Dominus Evan et Aberbrothok, *hæres* Jacobi Araniæ Comitis, *patrui*,—in terris et comitatu de Arrane et advocatione ecclesiarum, annexatis in baroniam de Hammiltoun.—A. E. 60*l.* N. E. 120*l.*— (Vide Lanark, Linlithgow.)   iv. 248.

(18)   Maii 23. 1609.
JACOBUS MARCHIO DE HAMMILTOUN, Dominus Aven et Aberbrothok, &c. *hæres* Jacobi Araniæ Comitis, *patrui*,— in 40 libratis terrarum antiqui extentus nuncupatis 10 pennyland, Kildonen, Twa-Furlings, Dupenny-landis, cum 3 Larges, 2 Keskedaillis (vel Reskedaillis), Glenasdasdaill, et Clanachan ;—

A

9 mercatis terrarum antiqui extentus de Touredder alias Knichtslandis, cum insula de Pladow, et advocatione ecclesiarum earundem, in insula de Arrane.—A. E. 46*l.* N. E. 92*l.*—(Vide Lanark.) iv. 249.

(19) Nov. 14. 1609.
FARQUHARDUS M'KYMMIE, *hæres* Archibaldi M'Kimmie de Levinchulling, *patris,*—in 40 solidatis terrarum antiqui extentus de Levinchulling, in insula de Buitt.—E. 40*s.* &c. iv. 306.

(20) Aug. 2. 1615.
THOMAS MONTGOMRIE de Overkames, *hæres* Georgii Montgumrie de Over-Kames, *patris,*—in 5 mercatis terrarum antiqui extentus de Over-Kames, in insula de Meikle Cumray.—E. 4*l.* 6*s.* &c. vi. 76.

(21) Aug. 3. 1615.
GILBERTUS MACTYRE portionarius de Ballitail, *hæres portionarius* Gilberti M'Tyre portionarii de Ballitail, *patris,*—in 1 mercata terræ antiqui extentus de Ballitail, in insula de Bute.—E. 13*s.* 4*d.* &c. vi. 49.

(22) Dec. 26. 1615.
ARCHIBALDUS BOYLL, *hæres* Davidis Boyll de Portry, *patris,*—in 2½ mercatis terrarum de Figgidoche, in insula de Meikill Cumray.—E. 33*s.* 4*d.* &c. vi. 68.

(23) Feb. 8. 1616.
NINIANUS SPENCE de Wester-Camys, *hæres* Donaldi Spens de Wester-Camys, *abavi,*—in 2 mercatis terrarum antiqui extentus de Iskcragan, in insula de Buitt.—E. 26*s.* 8*d.* &c. vi. 80.

(24) Nov. 4. 1617.
PATRICIUS HUNTAR de Hunterstoun, *hæres talliæ et provisionis* Roberti Huntar de Hunterstoun, *consanguinei,*—in 5 libratis terrarum antiqui extentus de South-Keames, in insula de Mekle Cumray.—E. 5*l.* &c. vii. 2.

(25) Feb. 5. 1618.
FRANCISCUS JAMESOUN coronellus de Bute, *hæres* Jacobi Jamesoun, *patris,*—in 5 mercatis terrarum de Kilmorie-moir:—E. 2¼ *bollæ ordei,* &c.—2¼ mercatis terrarum de Kerfairne:—E. 33*s.* 4*d.*—2½ mercatis terrarum de Kilmorie-Chappeltoun:—E. 2½ *bollæ ordei,* &c.—20 solidatis terrarum antiqui extentus de Dunnaluntballicurrie:—E. 2¼ *bollæ ordei,* &c.—omnibus in insula de Bute. vii. 26.

(26) Feb. 5. 1618.
FRANCISCUS JAMESOUNE Coronellus de Buitt, *hæres* Roberti Jamesoune Coronelli de Buitt, *abavi,*—in officio coronarii insulæ, terrarum et vicecomitatus de Buitt.—E. 2*s.* vii. 103.

(27) Jul. 28. 1618.
ARCHIBALDUS STEWART de Ardgowane, *hæres* Jacobi Stewart apparentis de Ardgowane, *senioris fratris germani,*—in 40 solidatis terrarum de Kildonane, in insula de Arrane.—A. E. 40*s.* N. E. 4*l.* vii. 56.

(28) Maii 3. 1621.
JACOBUS COMES DE ABERCORNE, Dominus Payslay et Kilpatrik, &c. *hæres* Claudii Domini Paislay, *avi,*—in dominio et baronia de Paislay comprehendente inter alia decimas garbales ecclesiæ parochialis et parochiæ de Meikle Cumray, et advocationem prædictæ ecclesiæ, cum terris in vicecomitatibus de Renfrew, Ayr, Dunbarton, Peebles, Roxburgh, Lanark, Haddington, Argyll, Berwick.—E. 133*l.* 6*s.* 8*d.*—(Vide Renfrew, Ayr, Dumbarton, Peebles, Roxburgh, Argyle, Haddington, Berwick, Lanark.) vii. 325.

(29) Apr. 30. 1622.
PATRICIUS M'VARTHIE portionarius de Stravanan, *hæres* Joannis M'Varthie, *patris,*—in 20 solidatis terrarum antiqui extentus de Stravanan in insula de Buit.—E. 1 *bolla* 2 *firlotæ hordei,* &c. viii. 29.

(30) Dec. 12. 1622.
ROBERTUS STEWART de Killecroy, *hæres* Archibaldi Stewart de Killecroy, *avi,*—in 5 mercatis terrarum antiqui extentus de Killecroy, in insula de Buit.—E. 3*l.* 6*s.* 8*d.* &c. viii. 246.

(31) Dec. 17. 1622.
ALEXANDER STEWART de Kelspoks, *hæres* Alexandri Stewart de Kelspoks, *avi,*—in 5 libratis terrarum antiqui extentus de Kelspoks, in insula de Buitt.—E. 1*d.* viii. 191.

(32) Mar. 4. 1623.
JOANNES M'WRATHIE de Langillcuiltclachlane, *hæres* Joannis M'Vrathie de Langillcuiltclachlane, *avi,*—in 40 solidatis terrarum antiqui extentus de Langillcuilclachlane, in insula de Buit.—E. 3 *bollæ ordei,* &c. viii. 197.

(33) Mar. 25. 1623.
HECTOR BANNATYNE, *hæres* Niniani Bannatyne feoditarii de Cames, *patris,*—in 12 mercatis terrarum de Ardroskitillis;—8 mercatis terrarum de Atrix;—5 mercatis terrarum de Glenmoiris;—6 mercatis terrarum de Kilbryd;—7½ mercatis terrarum de Kilmacolmak;—3 mercatis terrarum de Kames, in insula de Bute.—E. 55*l.* 6*s.* 8*d.* viii. 117.

(34) Nov. 12. 1624.
ALEXANDER STEWART, *hæres* Jacobi Stewart de Kelspoks, *patris,*—in 20 solidatis terrarum antiqui extentus de Langilcuilgay, in insula de Buit.—E. *servitia usitata et consueta.* viii. 325.

(35) Maii 5. 1625.
JACOBUS MARCHIO DE HAMMILTOUN, Comes Arraniæ et Cambridge, Dominus Even et Innerdaill, *hæres* Jacobi Marchionis de Hammiltoun, &c. *patris,*—in terris et comitatu de Arrane, cum advocatione ecclesiarum, et cum terris de Bothuilemure, unitis ad baroniam de Hammiltoun.—A. E. 60*l.* N. E. 120*l.*—(Vide Lanark, Linlithgow, Stirling, Forfar, Kincardin, Edinburgh, Aberdeen, Banf, Perth, Elgin et Forres, Inverness, Ayr.) ix. 13.

(36) Jul. 21. 1625.
ALEXANDER STEWART, *hæres* Jacobi Stewart de Kelspokis, *patris,*—in 2½ mercatis terrarum de North Ballochmertene, in insula de Mekill Cumray.—E. 3*m.* 3*s.* &c. ix. 68.

(37) Oct. 12. 1625.
ROBERTUS SEMPELL de Beltries, *hæres lineæ et masculus* Domini Jacobi Sempell de Beltries militis, *patris,*—in insula de Litle Cumray:—A. E. 5*m.* N. E. 20*m.*—unita ad baroniam de Stewartoun.—(Vide Ayr, Renfrew.) ix. 170.

(38) Nov. 15. 1625.
JOANNES M'FERSOUN de Kerecomley, *hæres* Joannis M'Fersoun de Kerecomley, *patris,*—in 40 solidatis terrarum antiqui extentus de Kerecomley, in insula de Buit.—E. 40*s.* &c. ix. 85.

(39) Dec. 11. 1628.
JACOBUS STEWART de Ardinho, *hæres talliæ et provisionis* Joannis Stewart Vicecomitis de Bute, *patris,*—in 20 solidatis terrarum antiqui extentus de Nedderaskog:—E. 40*s.*—2 mercatis terrarum antiqui extentus de Keremenoche, in insula de Bute.—E. 2 *bollæ ordei,* &c. xi. 151.

(40) Jul. 6. 1630.
JACOBUS STEWART de Ardmoleis, *hæres* Joannis Stewart de Ardmoleis Vicecomitis de Bute, *avi,*—in 40 solidatis terrarum antiqui extentus de Ardinho, in insula de Bute.—E. 40*s.* &c. xii. 153.

(41) Jun. 12. 1632.
JOANNES BANNATYNE, *hæres* Davidis Bannatyne, *avi,*—in 23 solidatis 4 denariatis terrarum antiqui extentus borealis partis de Glakinbey, in insula de Bute.—E. ... *firlotæ ordei,* &c. xi. 278.

(42) Aug. 24. 1632.
ALEXANDER M'RONACHIE (vel M'CONACHIE) de Ambrisbeg, *hæres* Eugenii M'Cronachie de Ambrisbeg, *avi,*—in 33 solidatis 4 denariatis terrarum antiqui extentus de Ambrisbeg, in insula de Bute.—E. 2 *bollæ* 2 *firlotæ hordei,* &c. xii. 120.

(43) Aug. 24. 1632.
ARCHIBALDUS STEWART de Kilquhinlick, *hæres* Joannis Stewart de Kilquhinlick, *patris,*—in 5 mercatis 6 solidatis 8 denariatis terrarum antiqui extentus de Kilquhinlick, in insula de Bute.—E. 3*l.* 13*s.* 4*d.* &c. xiii. 46.

(44) Jul. 30. 1633.
MAGISTER ROBERTUS M'NEILL de Lenichaill minister apud ecclesiam de Killelauch in Ireland, *hæres* Roberti M'Neill de Lenichaill, *avi,*—in 20 solidatis terrarum antiqui extentus de Leinchaill, in insula de Bute.—E. 6 *firlotæ ordei,* &c. xiii. 254.

(45) Aug. 22. 1633.
JOANNES M'ILCHERANE, *hæres* Joannis M'Ilcherane de Ardscapsie, *patris,*—in 23 (vel 33) solidatis 4 denariatis terrarum antiqui extentus australis dimidii de Ardscapsie, in insula de Bute.—E. 2 *bollæ hordei,* &c. xii. 154.

(46) Oct. 4. 1636.
NIGELLUS M'NEIL, *hæres* Joannis M'Neill de Kilmorie, *patris,*—in 2½ mercatis terrarum de Inferiore Kilmorie;—13 solidatis 4 denariatis terrarum de Auchintirie:—E. 3½ *bollæ hordei,* &c.—20 solidatis terrarum de Ballicurie in insula de Bute.—E. 1 *bolla* 2 *firlotæ hordei,* &c. xv. 102.

(47)   Oct. 4. 1636.
JOANNES M‘CAWE, *hæres* Joannis Garrow M‘Caw portionarii de North Garrochtie, *avi,*—in 20 solidatis terrarum de Garrochtie-moir in insula de Bute.—E. 2 *bollæ hordei,* &c.   xv. 103.

(48)   Nov. 1. 1637.
JACOBUS LAMOUNT de Innerynn, *hæres* Domini Joannis La-mount de Innerynn militis, *abavi,*—in 25 solidatis terrarum anti-qui extentus de Row, in insula de Bute.—E. 25s. &c.   xvi. 165.

(49)   Nov. 7. 1637.
NINIANUS STEWART de Ascog, *hæres* Joannis Stewart de Ascog, *patris,*—in 40 solidatis terrarum de Over Ascog ;—20 so-lidatis terrarum de Nether Ascog antiqui extentus, cum molendino et lacu nuncupato The Loch of Ascog :—E. 6l.—4 mercatis ter-rarum antiqui extentus de Largibrechtan :—E. 4m. &c.—25 soli-datis terrarum de Birgadilknok :—E. 25s. &c.—dimidio 5 librata-rum terrarum de Ballinkaillie et Blakhous olim nuncupatarum 5 libratarum terrarum de Forrest in Bute, in insula de Bute.—E. 2l. 10s.   xiv. 217.

(50)   Jul. 19. 1642.
EDMONDUS STEWART de Macknoche, *hæres* Roberti Stewart de Macknoche, *patris,*—in 2 mercatis cum tertia parte unius mer-catæ terrarum antiqui extentus de Macknoche :—E. 31s. 1½d. &c.—3 mercatis terrarum antiqui extentus de Achiwillig (vel Achiwig), in insula de Bute.—E. 3 *bollæ hordei,* &c.   xvi. 210.

(51)   Jul. 19. 1642.
ALEXANDER M‘CAWE, *hæres* Alexandri M‘Cawe portionarii de South Garrochtie, *avi,*—in 25 solidatis terrarum australis dimi-dii de South Garrochtie, in insula de Bute.—E. 23s. 4d. &c.   xvi. 211.

(52)   Jul. 19. 1642.
JOANNES M‘WRARTHIE, *hæres* Joannis M‘Wrarthie por-tionarii de Kilemenoche, *avi,*—in 20 solidatis terrarum antiqui ex-tentus borealis dimidii de Bruchak ;—20 solidatis terrarum antiqui extentus australis dimidii de Keremenoche, in insula de Bute.—E. 3 *bollæ hordei,* &c.   xvi. 211.

(53)   Mar. 12. 1644.
MATHEUS M‘KAINIE (vel M‘KAME), *hæres* Andreæ M‘Kainie portionarii de Barneauld, *patris,*—in 23 solidatis et 4 denariatis ter-rarum antiqui extentus de Barneauld in insula de Bute.—E. 23s. 4d. &c.   xviii. 169.

(54)   Jan. 25. 1648.
JACOBUS BOILL de Portry, *hæres* Davidis Boill de Figidoche, *proavi,*—in 2 mercatis et dimidio mercatæ terræ de Figidoche, in insula de Meikle Cumray.—E. 3m. 4s. 8d. &c. et 12d. in augmen-tationem.   xix. 218.

(55)   Jan. 25. 1648.
JACOBUS BOILL de Portry, *hæres* Roberti Boill de Portry, *avi,*—in 5 libratis terrarum de Portry antiqui extentus in insula de Meikle Cumray.—E. 9m. 7s. 4d. &c. et 3s. in augmentationem.   xix. 219.

(56)   Mar. 27. 1649.
PATRICIUS BOILL de Ballochmertine, *hæres* Joannis Boill de Ballochmertine, *patris,*—in 5 mercatis terrarum antiqui extentus de South Ballochmertine, in insula de Meikle Cumray.—E. 6m. 6s. &c. et 2s. in augmentationem.   xix. 328.

(57)   Mar. 27. 1649.
JOANNES M‘CAW portionarius de Southe Garochtie, *hæres* Alexandri alias Allaster M‘Caw portionarii de Southe Garochtie, *nepotis fratris avi,*—in 25 solidatis terrarum antiqui extentus au-stralis dimidii de Southe Garochtie, in insula de Bute.—E. 23s. 4d. &c.   xix. 341.

(58)   Nov. 2. 1649.
GULIELMUS DUX HAMILTOUNE, Marchio Clidsdaill, Comes Araniæ, Lanarcæ, et Cantabrigiæ, Dominus Polmond, Aven, et Innerdaill, *hæres masculus et talliæ* Jacobi Ducis Hamil-toune, *fratris germani,*—in terris et comitatu de Arrane cum ad-vocatione ecclesiarum, molendinis et piscariis, unitis in baroniam de Hamiltoun cum terris de Bothuillmure :—A. E. 60l. N. E. 120l.—hæreditario officio Justiciarii, infra bondas comitatus de Arrane:—A. E. .... N. E. ....—(Vide Lanark, Linlithgow, Stirling, Edinburgh.)   xx. 85.

(59)   July 26. 1654.
SIR ROBERT MONTGOMERIE of Skelmurlie knight barro-net, *heir* of Sir Robert Montgomery elder of Skeldmurlie knight, *his guidsir,*—in the 5 pund land of old extent of Southkames, lyand in the ile of Meikle Cumray :—E. 5l. &c.—5 mark land of old extent of Ovircames *alias* Balliekellit, lyand in the said ile of

Meikle Cumray :—E. 6m. 6s. 8d. &c.—a peice of kirkland, and pareoch kirk off Cumray, with advocatione of the said pareoche kirk.—O. E. 3s. 4d. N. E. 10s.—(Vide Ayr.)   xxiii. 50.

(60)   Oct. 26. 1658.
SIR JAMES STEWART of Kirktoun knight, *heir* of Johne Stewart of Ardmoleis, shereff of Bute, *his guidser,*—in the 10 pund land of Three Kirktounes, Pammathrie, and Braikothe, with mylne and muire commonlie callit the Mose of Monymoir, and 3 aikers of land within the said 10 pund land, with the astrikit multoris of the 5 pund land of Keames, 5 merk land of Ballikelliat, and lands of Figgittoche, in the yle of Meikill Cumray :—E. 12l. &c.—the 50 shilling land of Auchinmon (or Auchinmoir), Ballilone, and Clauchramack :—E. 3 *bolls* 3 *firlotis bear,* &c.—the 3 merk land of Barmoir :—E. 3 *bolls of bear,* &c.—the 2 merk land of Balli-taill :—E. 2 *bolls bear,* &c.—the 2 merk land of Auchinterie :—E. 2 *bolls bear,* &c.—the 20 shilling land of the lands of Drum-clay :—E. 6 *firlotis bear,* &c.—the 5 pund land of Kelspokis.—E. 7 *bolls* 1 *furlott bear,* &c.   xxv. 161.

(61)   Oct. 26. 1658.
SIR JAMES STEWART of Kirktoun knight, shereff of Buit, *heir* of Sir Johne Stewart of Kirkton knight, shirreff of Buit, *his father,*—in the mylne of Rothesay in the burghe of Rothesay, with multoris of the burghe of Rothesay :—E. 24 *bollis oatmeill,* and 3s. 4d. in augmentatioun :—the 40 shilling land of Dunalunt :—E. 3 *bollis beir,* &c.—the 40 shilling land of Kneslagurarthie :—E. 3 *bollis bear,* &c.—the 30 shilling 4 penny land of Cogache :—E. 2 *bollis* 2 *furlottis bear,* &c.—the 46 shilling 8 penny land of Kirricoosache (or Kinacrosachie.)—E. 3 *bollis* 2 *furlottis bear,* &c. all in the isle of Buit.   xxv. 162.

(62)   Maii 7. 1661.
HUGO COMES DE EGLINTOUN, Dominus Montgomrie et Kilwynning, *hæres* Alexandri Comitis de Egglintoun, Domini Montgomrie et Kilwinning, *patris,*—in 5 mercatis terrarum anti-qui extentus in insula de Little Cumbra :—E. 3l. 6s. 8d.—cum quibusdam aliis terris in vicecomitatibus de Ayr, Renfrew, Edin-burgh, et Linlithgow, unitis in comitatum de Eglintoun :—terris de Lochransay et Sannox extendentibus ad 22 mercatas terrarum antiqui extentus, infra insulam de Arran ;—E. ....—cum qui-busdam aliis terris in vicecomitatibus de Ayr et Renfrew, unitis in baroniam de Kilwynning.—(Vide Ayr, Renfrew, Edinburgh, Lin-lithgow.)   xxvi. 1.

(63)   Feb. 25. 1662.
FERQUHARDUS M‘KYNNIE de Levinchullein, *hæres* Fer-quhardi M‘Kynnie de Levinchullein, *avi,*—in 40 solidatis terrarum antiqui extentus de Levinchullein in insula de Bute.—E. ....   xxvi. 140.

(64)   Jul. 22. 1662.
AUGUSTINUS M‘DONALD, *hæres provisionis* Archibaldi M‘Donald de Sanda, *patris,*—in 40 solidatis terrarum antiqui ex-tentus de Kildonnan, in insula de Arran.—A. E. 40s. N. E. 4l.   xxvi. 245.

(65)   Maii 20. 1664.
MAGISTER JACOBUS STEWART filius Joannis Stewart de Ballinstraide apud Antrum in Hibernia, *hæres masculus* Niniani Stewart de Kilcatten, *patrui,*—in 3 mercatis terrarum de Dunallid-M‘Gilmicheall :—E. 3 *bollæ hordei,* &c.—25 solidatis terrarum antiqui extentus dimidietatis de Brigadillonock (vel Brigadillknock), in insula de Bute.—E. 7½ *firlotæ hordei,* &c.   xxvii. 209.

(66)   Maii 20. 1664.
MAGISTER JACOBUS STEWART prædictus, *hæres masculus* Niniani Stewart de Kilcatten, *filii patrui,*—in 5 mercatis terrarum de Meikle Kilkatten :—E. 5 *bollæ hordei,* &c.—3 mercatis terrarum de Litle Kilkatten :—E. 3 *bollæ hordei,* &c.—3 mercatis terrarum de Culevin :—E. 3 *bollæ hordei,* &c.—3 mercatis terrarum de Langlelorid :—E. 3 *bollæ hordei,* &c.—20 solidatis terrarum dimi-dietatis de Langilkechag (vel Langlekechag) :—E. 6 *firlotæ hordei,* &c.—2 mercatis terrarum de Dungdill :—E. 2 *bollæ hordei,* &c.—3 mercatis terrarum de Keritonlea :—E. 3 *bollæ hordei,* &c.—50 solidatis terrarum dimidietatis de Ballinkaillie et Blackhous alias The Forrest nuncupatis :—E. 50s.—3 mercatis terrarum de Kilda-vanan :—E. 40s.—mercata terræ ecclesiæ rectoris de Kingarth, cum principali mansione de Kilcatten, omnibus in insula de Bute.—E. 13s. 4d.   xxvii. 209.

(67)   Feb. 13. 1666.
THOMAS JACKSONE, *hæres* Jacobi Jacksone chyrurgi in Bal-lantyre in Hibernia, *patris,*—in annuo redditu 3000m. de terris de Litle Barrone in territorio burgi de Rothesay.   xxviii. 112.

(68)   Dec. 12. 1668.
JACOBUS STEWART de Ambusmoire, *hæres* Willielmi Stewart,

patris,—in 4 libratis terrarum de Quien et Scalpsie :—E. 6 *bollæ hordei*, &c.—40 solidatis terrarum de Ambrismoire :—E. 3 *bollæ hordei*, &c.—50 solidatis terrarum de Birgaldilcrais (vel Birgadilcraib) :—E. 4 *bollæ hordei*, &c.—23 solidatis terrarum de Barnauld :—E. 7 *firlotæ hordei*, &c.—25 solidatis terrarum de Birgadillknock :—E. 2 *bolla hordei*, &c.—omnibus in insula de Bute.   xxix. 160.

(69)   Mar. 25. 1669.
ROBERTUS ALLANE burgensis de Rothesay, *hæres masculus et talliæ* Joannis Allane de Eskachragan, *fratris germani immediate senioris*,—in 2 mercatis terrarum antiqui extentus de Eskichragan et Glenbuy in insula de Bute.—E. 22s. 8d.   xxix. 174.

(70)   Sep. 6. 1670.
MARGARETA GRAHAME, *hæres* Margaretæ Carnegie sponsæ Guliclui Grahame burgensis de Edinburgh, *matris*, et Jonetæ Carnegie, *materteræ*,—in terris de Over et Nather Ascogs ;—12 mercatis terrarum de 2 Ardros-Kittallis ;—8 mercatis terrarum de 2 Aitricks cum molendino ;—5 mercatis terrarum de Kilmahalmag ;—6 mercatis terrarum de Kilbryid ;—5 mercatis terrarum de Glenmoires ;—3 mercatis terrarum de Kames ;—12 libratis terrarum de Kneslages (vel Kewaslages), Edinmoir, Auchiltir (vel Auchortie), et Wester Kames cum molendino, quæ pertinuerunt ad Hectorem Bellenden de Kames :—A. E. 42*l*. 13s. 4*d*. N. E. 85*l*. 6s. 8*d*.—terris de Rosland :—E. 40*d*.—terris de Largievretan :—E. 2*l*. 10s.—terris de Balnakellie (vel Ballikillie), et Blakhouse :—E. 9*d*.—40 solidatis terrarum de Kilnavannan (vel Kildevannan) :—E. 40s.—8 mercatis terrarum de 2 Kilcattans ;—40 solidatis terrarum de Langalcor ;—20 solidatis terrarum de Culevin ;—20 solidatis terrarum de Langalkethag (vel Langli-Kuhag) ;—20 solidatis terrarum de Kirremenoch ;—20 solidatis terrarum de Tonnagyll ;—40 solidatis terrarum de Kirre.nlay ;—13 solidatis 4 denariatis terrarum de Ballinlay, quæ pertinuerunt ad Ninianum Stewart de Killcattan ;—46 solidatis terrarum de Clegneb ;—3 libratis terrarum de Drumachlay ;—40 solidatis terrarum de Dunlaunt-William ;—16 solidatis 8 denariatis terrarum de Conach (vel Couach) ;—5 mercatis 3 solidatis 4 denariatis terrarum de Lonbasbeg et Lonbasmoir ;—25 solidatis terrarum de North Garthtie (Garochtie ?) ;—20 solidatis terrarum de Bruchage ;—terris de Birgadillknock ;—Drumichly, cum lacu et molendino de Ascog, et decimis garbalibus olim vocatis Bischope quarteris parochiarum de Rothsay et Kingarthe, quæ pertinuerunt ad Joannem Stewart de Barshegray ;—5 mercatis terrarum de Stravannan et Keremenoche ;—3 mercatis terrar: m de Gallachan :—E. .... *feudifirmæ* :—40 solidatis terrarum de Ardinho, cum molendino de Scalpsie ;—5 libratis terrarum de Inchmernoche ;—20 solidatis terrarum de Langal-Keighage (vel Cuhag), quæ pertinuerunt ad Joannem Stewart de Ardinho, jacentibus in insulis de Bute et Inchemerinoghe.—E. ....   xxx. 139.

(71)   Aug. 15. 1672.
HECTOR BALLANTYNE de Kames, *hæres* Hectoris Ballantyne de Kames, *avi*,—in 18 mercatis terrarum antiqui extentus de Westir Kames, Deinmoir, Idinbeg, Acholter, Oneslaglone (Kneslaglon ?) et Oneslagmorie, cum molendino de Westir Kames, in insula de Bute.—A. E. 12*l*. N. E. 24*l*.   xxxi. 261.

(72)   Aug. 15. 1672.
HECTOR BALLANTYNE de Kames, *hæres* Niniani Ballantyne de Kames, *patris*,—in 5 libratis terrarum antiqui extentus de Kilmacholmoge ;—5 mercatis terrarum antiqui extentus de Uper et Nathir Glenmores ;—3 mercatis terrarum antiqui extentus de Kames ;—3 mercatis terrarum antiqui extentus de Uper Ardroskitall ;—6 mercatis terrarum antiqui extentus de Nether Ardroskitall ;—8 mercatis terrarum antiqui extentus de 2 Aitrickes, cum molendino earundem ;—6 mercatis terrarum de Kilbryid.—A. E. 27*l*. 13s. N. E. 55*l*. 6s. 8*d*.   xxxi. 261.

(73)   Jan. 7. 1673.
JOANNES KERR de Barnald, *hæres* Niniani Kerr de Barnald, *patris*,—in 25 solidatis et 4 denariatis terrarum de Barnald, dimidio terrarum de Barnald.—E. 1 bolla et 3 *firlotæ hordei*, &c. *feudifirmæ*.   xxxi. 293.

(74)   Jan. 17. 1673.
JOANNES M'NEILL de Levanchaill, *hæres* Magistri Roberti M'Neill, *patris*,—in 20 solidatis terrarum de Levinchaill in insula de Bute.—E. 6 *firlotæ hordei*, &c. *feudifirmæ*.   xxxi. 156.

(75)   Feb. 29. 1673.
NINIANUS STEWART de Lergyean, *hæres* Joannis Stewart de Lergyean, *patris*,—in 46 solidatis 4 denariatis terrarum de Lergyean :—E. 3½ *bollæ hordei*, &c.—2 mercatis terrarum de Bransyre (vel Bransye) :—E. 2 *bollæ hordei*, &c.—20 solidatis terrarum de Kenegatein, omnibus jacentibus in insula de Bute.—E. 6 *firlotæ hordei*, &c. *feudifirmæ*.   xxxi. 231.

(76)   Feb. 29. 1673.
DUGALDUS CAMPBELL de Kilmichael, *hæres* Donaldi Campbell de Kilmichaell, *patris*,—in 5 mercatis terrarum de Kilmichaell in insula de Bute.—E. 5 *bollæ avenarum*, &c. *feudifirmæ*.   xxxii. 352.

(77)   Maii 1. 1675.
DONALDUS M'AW, *hæres* Donaldi M'Aw portionarii de North Garrochtie, *patris*,—in 25 solidatis terrarum de North Garrochtie, dimidio terrarum de North Garrochtie in insula de Bute.—E. 2 *bollæ hordei*, &c.   xxxii. 165.

(78)   Maii 1. 1675.
ARCHIBALDUS STEWART de Kilwhinlyke, *hæres* Jacobi Stewart de Kilwhinlyke, *patris*,—in 5 mercatis 6 solidatis 4 denariatis terrarum de Kilwhinlyke ;—molendino de Grinan in insula de Bute :—E. 3 *bollæ hordei*, &c. *feudifirmæ* :—2 mercatis terrarum de Penmachrie, domo et horto, in insula de Meikle Comrey.—E. 2 *bollæ hordei*, &c. *feudifirmæ*.   xxxii. 155.

(79)   Jun. 1. 1677.
PATRICIUS M'COW (vel M'CAW) portionarius de Garrachty, *hæres* Joannis M'Cow portionarii de South Garrachty, *patris*,—in 25 solidatis terrarum de australi dimidio de South Garrachty, in insula de Bute.—E. 2 *bollæ hordei*, &c. *feudifirmæ*.   xxxiii. 197.

(80)   Jun. 1. 1677.
JACOBUS M'CONACHIE de Ambersbege, *hæres* Alexandri M'Conachie, *avi*,—in 2½ mercatis terrarum de Ambersbeg.—E. 2½ *bolla hordei*, &c. *feudifirmæ*.   xxxiii. 200.

(81)   Aug. 17. 1677.
NINIANUS SPENCE de Westerkanes (Kames ?), *hæres* Roberti Spence, *patris*,—in 3 mercat: i terrarum de Kneslaglone in insula de Bute.—A. E. ...... N. E. ......   xxxiii. 225.

(82)   Apr. 26. 1678.
NINIANUS BALLANTYNE in Killilamount, *hæres* Niniani Ballantyne, *patris*,—in 5 mercatis terrarum de Killilamount in insula de Bute.—E. 5 *bollæ hordei*, &c. *feudifirmæ*.   xxxiv. 63.

(83)   Jun. 2. 1682.
PATRICIUS ALLANE portionarius de Iskechragan et Glenbui, *hæres* Roberti Allan portionarii de Iskechragan et Glenbui, *patris*,—in 1 mercata terræ de dimidio Iskechragan et Glenbui, in insula de Bute.—E. *quinta pars lie Laidner Mairt*, &c. *feudifirmæ*.   xxxvii. 106.

(84)   Sep. 25. 1683.
JOANNES CAMPBELL Capitaneus de Dunoone, *hæres* Archibaldi Campbell, lie *grand uncle oye*,—in merca terrarum de Ballicaull, in insula de Bute.—E. 1 bolla hordei, &c. *feudifirmæ*.   xxxvii. 254.

(85)   Maii 19. 1684.
WILLIELMUS STEWART de Ambrismore, *hæres* Jacobi Stewart, *patris*,—in 4 libratis terrarum de Quien et Scalpsie :—E. 6 *bollæ hordei*, &c.—40 solidatis terrarum de Ambrismore :—E. 3 *bollæ hordei*, &c.—50 solidatis terrarum de Birgedalcraife :—E. 4 *bollæ hordei*, &c.—23 solidatis 4 denariatis terrarum de Barnald :—E. 7 *firlotæ hordei*, &c.—25 solidatis terrarum de Birgidellknock, in insula de Bute.—E. 2 *bollæ hordei*, &c. *feudifirmarum*.   xxxvi. 249.

(86)   Feb. 3. 1685.
DOMINUS JACOBUS MONTGOMERIE de Skelmorlie miles baronetus, *hæres* Domini Roberti Montgomerie de Skelmorly, militis baroneti, *patris*,—in 33 solidatis 4 denariatis terrarum de Northballochmartine alias vocatis Litle Ballochmartin, infra insulam de Meikle Cumbray :—E. 3m. 3s. &c. *feudifirmæ* :—5 libratis terrarum antiqui extentus de Southkaimes, infra insulam de Meikle Cumbray :—E. 5*l*. &c. *feudifirmæ* :—5 mercatis terrarum antiqui extentus de Overkaimes alias Bellikelliot, infra dictam insulam de Meikle Cumbray :—E. 6m. 6s. 8d. &c. *feudifirmæ* :—petia terræ ecclesiasticæ, cum advocatione rectoriæ et vicariæ ecclesiæ parochialis et parochiæ de Cumbray et decimis garbalibus :—A. E. 3s. 4d. N. E. 13s. 4d.—21 libratis 6 solidatis et 8 denariatis terrarum antiqui extentus de Lochransay et Sannocks, infra insulam de Arrane.—E. 128*l*. *taxatæ wardæ*.—(Vide Renfrew, Ayr, Argyle.)   xxxvii. 356.

(87)   Oct. 20. 1686.
ARCHIBALDUS M'CAW portionarius de North Garachty, *hæres* Donaldi M'Caw portionarii de North Garachty, *patris*,—in 25 solidatis terrarum antiqui extentus de North Garrachty existentibus dimidio dictarum terrarum, infra insulam de Bute.—E. 2 *bollæ hordei*, &c. *feudifirmæ*.   xxxix. 274.

(88)   Oct. 28. 1686.
JOANNES M'NEILL de Kilmorie, *hæres* Nigelli M'Neill, *avi* :—in 2½ mercatis terræ antiqui extentus de Neither Kilmorie :—

E. 2¼ *bollæ hordei*, &c.—20 solidatis terrarum de dimidio Balli-carry :—E. 1 *bolla* 2 *firlotæ hordei*, &c.—1 mercata terræ antiqui extentus de Achintyrie, in insula de Bute.—E. 1 *bolla hordei*, &c.
xxxix. 281.

(89)   Feb. 25. 1687.
DAVID BOYLL de Kelburne, *hæres masculus* Joannis Boyll de Kelburne, *patris,*—in 5 mercatis terrarum antiqui extentus de South Balloch-Martine ;—2¼ mercatis terrarum de Figgedoch ;—5 libratis terrarum de Portrye, infra insulam de Meikle Cumray :—A. E. 10*l.* N. E. . . . . .—5 libratis terrarum de Inchmenog ;—3 mercatis terrarum de Ardinhoe ;—3 mercatis terrarum de Gal-lachin ;—3 mercatis terrarum de Stravanen ;—2 mercatis terrarum de Kirriemenoch ;—20 solidatis terrarum de Reghag cum molen-dino de Scalpsie, omnibus infra insulam de Bute :—E. . . . . . .—annuo redditu correspondente principali summæ 865*l.* 16*s.* 8*d.* de 5 mercatis terrarum de Kerrie-Lamont spectantibus Niniano Ban-natyne, infra insulam de Bute.—(Vide Air.)   xxxix. 697.

(90)   Feb. 19. 1688.
ROBERTUS STEWART de Mecknock, *hæres* Edmondi Stewart, *patris,*—in 2 mercatis cum tertia parte mercatæ terræ antiqui ex-tentus de Mecknock:—E. 2 *bollæ hordei*, &c. *feudifirmæ:*—3 mer-catis terrarum antiqui extentus de Achawillig, in insula de Bute.—E. 3 *bollæ hordei*, &c. *feudifirmæ.*   xl. 909.

(91)   Dec. 9. 1695.
ARCHIBALDUS COMES DE ARGYLE, Dominus Kintyre, Campbell, et Lorn, &c. *hæres* Archibaldi Comitis de Argyle, Do-mini Kintyre, Campbell, et Lorn, &c. *patris,*—in 4 mercatis ter-rarum de Kerenivin ;—4 mercatis terrarum de Keremoran ;—4 mercatis terrarum de Midleskowlack ;—4 mercatis terrarum de Neatherskowlack, omnibus antiqui extentus, cum terris de Kaims in Jura, &c. unitis in baroniam de Auchingarran.—E. 100*m.*—(Vide Argyle, Inverness, Dumbarton, Perth, Fife, Clackmannan, Stirling, Forfar.)   xlv. 629.

(92)   Dec. 16. 1696.
DOMINUS ROBERTUS MONTGOMRIE de Skellmorlie miles baronettus, *hæres* Domini Jacobi Montgomrie de Skellmorlie militis baronetti, *patris,*—in 33 solidatis 4 denariatis terrarum de North Balloch-Martine alias Litle Balloch-Martine, infra insulam de Meikle Cumray :—E. 3*m.* 3*s.* &c. *feudifirmæ :*—5 libratis terrarum de South Kames :—E. 5*l.* &c. *feudifirmæ :*—5 mercatis terrarum antiqui extentus de Over Keams alias Bellikelliot, infra dictam in-sulam de Meikle Cumbray:—E. 6*m.* 6*s.* 8*d.* *feudifirmæ :*—pecia terræ ecclesiasticæ ecclesiæ de Cumbray, cum advocatione dictæ ecclesiæ et decimis earundem :—A. E. 3*s.* 4*d.* N. E. 13*s.* 4*d.*—21 libratis 6 solidatis 8 denariatis terrarum antiqui extentus de Lochransay et Sannocks infra insulam de Arran.—E. 128*l.*—(Vide Renfrew, Ayr, Argyle.)   xliv. 417.

(93)   Jan. 2. 1700.
JOANNES BANNATINE de Scalrew, *hæres* Gulielmi Bannatine de Scalrew, *patrui,*—in 3 mercatis terrarum de Scalrew jacentibus in insula de Bute.—E. 3 *bollæ hordei*, &c. *feudifirmæ.*   xlviii. 453.

OMISSUM.

(94)   Aug. 15. 1672.
HECTOR BALLANTYNE de Kames, *hæres* Niniani Ballantyne de Kames, *patris,*—in 5 libratis terrarum antiqui extentus de Kil-macholmage ;—5 mercatis terrarum antiqui extentus de Upper et Nether Glenmores ;—3 mercatis terrarum antiqui extentus de Kames ;—6 mercatis terrarum antiqui extentus de Upper Ardros-kitall ;—6 mercatis terrarum antiqui extentus de Nether Ardros-kitall ;—8 mercatis terrarum antiqui extentus de 2 Aitriks, cum molendino ;—6 mercatis terrarum de Kilbryid, in insula de Bute.—A. E. 27*l.* 13*s.* N. E. 55*l.* 6*s.* 8*d.*   c. 71.
B

SUPPLEMENTA
BUTE.

(95)   Apr. 27. 1574.
ROBERTUS MᶜNEILL, *hæres* Farquhardi Makneill de Len-caule, *patris,*—in 20 solidatis terrarum de Lencæull antiqui extentus, in insula et dominio de Buitt.—E. 20*s.* &c.   A. 35.

(96)   Oct. 7. 1590.
JOANNES SPENS, *hæres* Donaldi Spens de Wester Chames, *patris,*—in 18 mercatis terrarum antiqui extentus de Knaslaik, Edin, et Wester Chames, in insula de Bute.—E. 24*l.*   B. 251.

(97)   Aug. 30. 1597.
JACOBUS STEWART, *hæres* Joannis Stewart de Ardgowane, *patris,*—in 40 solidatis terrarum antiqui extentus de Kildonane infra insulam de Arran.—A. E. 40*s.* N. E. 4*l.*—(Vide Ayr.) D. 164.

(98)   Mar. 23. 1613.
JOHANNES STEWART, *hæres* Johannis Stewart de Ardmo-leische, vicecomitis de Buitt, *patris,*—in 5 libratis terrarum de Ardmoleische ;—3 mercatis . . . . molendinariis, multuris et lie Knaifschip ;—5 mercatis terrarum de Barone, ac . . . . Kilcattan in insula de Buitt :—. . . . . terrarum de 2 Corrigillis in insula de Arran . . . . jure patronatus ecclesiæ parochialis de Rothsay . . . . officio hereditario custodiæ et constabulariæ castri S. D. N. regis de Rothsay . . . . 40 mercarum de firmis S. D. N. regis de Buitt. . . . . A. E. 20*m.* 6*s.* 8*d.* N. E. . . . . . E. 254.

(99)   Mar. 25. 1613.
ARCHIBALDUS STEWART apparens de Ardgowane, *hæres* Jacobi Stewart apparentis de Ardgowane, *senioris fratris germani,*

—in 40 solidatis terrarum de Kildonane in insula de Arrane.—A. E. 40*s.* N. E. 4*l.*—(Vide Ayr.)   E. 258.

(100)   Jan. 25. 1615.
NINIANUS STEWART de Largazean, *hæres* Archibaldi Stewart de Largazean, *patris,*—in 3 mercatis, 6 solidatis, 8 denariatis ter-rarum antiqui extentus de Largazean in insula de Buitt.—E. 46*s.* 8*d.* &c. *feudifirmæ.*   F. 237.

(101)   Jul. 30. 1616.
DONALDUS MAKNEILL, *hæres* Finlai Makneill de Kilmichell, *patris,*—in 2 mercatis terrarum 5 mercatarum terrarum antiqui extentus de Kilmichell in insula de Buitt.—E. 26*s.* 8*d.* &c. *feudi-firmæ.*   F. 243.

(102)   Feb. 21. 1651.
DOMINUS DUGALLUS CAMPBELL de Achnabrek miles baronettus, *hæres masculus* Domini Duncani Campbell de Achna-brek militis baronetti, *patris,*—in 4 mercatis terrarum de Schallunt ;—2 mercatis terrarum de Halstouk ;—2 mercatis terrarum de Clanschamrok, et 25 solidatis terrarum de Belliecraig, extendenti-bus ad 9 mercatas, 11 solidatas, et 8 denariatas terrarum infra insulam de Bute.—E. 9 *bollæ* 3 *firlotæ* 2 *peccæ avenarum,* &c. *feudifirmæ.*—(Vide Argyle.)   H. 170.

(103)   Apr. 11. 1676.
ROBERTUS MᶜILCHERAN portionarius de Ardscalpsy, *hæres* Joannis Mᶜllcheran, *patris,*—in 23 solidatis, 4 denariatis terrarum antiqui extentus de Ardscalpsy in insula de Bute.—E. 2 *bollæ hordei,* &c. *feudifirmæ.*   I. 78.

CAITHNESS.

INDEX NOMINUM.

α

CAITHNESS.

INDEX LOCORUM.

INQUISITIONES SPECIALES.

CAITHNESS.

(1) Feb. 12. 1563.
JOANNES MURRAY, *hæres masculus* Alexandri Murray, *filii fratris*,—in pecia seu particata terræ nuncupata Akchin-Thesaurar in Episcopatu Cathaniæ.—E. 5m. et 3s. 4d. in augmentationem. i. 19.

(2) Mar. 30. 1565.
PATRICIUS MOWAT de Balchollie, *hæres* Patricii Mowat de Balchollie, *patris*,—in terris de Freschewik et Hawpistell (vel Howpistell), in comitatu Cathaniæ, infra vicecomitatum de Inverness.—A. E. 10l. N. E. 50m. i. 21.

(3) Sep. 7. 1574.
GEORGIUS SINCLAIR, *hæres talliæ* Willielmi Sinclair filii legitimi Georgii Cathaniæ Comitis, *fratris*,—in terris de Cannasbie, Scittæ, Qwys, Hwnaye, Stronaye (vel Stromaye), et superioritate de Warris, Smyddeis, Dwnat et Murkill cum molendinis, infra vicecomitatum de Innernes.—A. E. 23l. 8s. 10½d. N. E. 93l. 15s. 5d. i. 27.

(4) Mar. 1. 1602.
ALEXANDER SUDERLAND, *hæres masculus et talliæ* Willielmi Suderland de Fors, *fratris avi*,—in terris de Drummoy, Bakkeis, et Torreis, cum communi pastura de Glen de Bakkeis, in comitatu Suderlandiæ et vicecomitatu de Caithness.—A. E. 6l. N. E. 15l. ii. 143.

(5) Jun. 14. 1604.
LAURENTIUS DOMINUS OLIPHANT, *hæres* Laurentii Domini Oliphant, *avi*,—in terris de Berrydaill, aqua et salmonum piscaria ejusdem ;—terris de Auldweik, et 2 molendinis earundem ;—terris de Cambuster, Saucleith (Saircleith?) Ulbuster, Thrumbuster, Scambuster, Hesbuster, Thuresetter, Nether-Bulbuster, Over Bulbuster, Claredem, Borland, Murkle, Stangirgill et molendino earundem ;—terris de Dun ;—Tusbister et molendino earundem ;—terris de Subisterbraule, Sewra, Skaillye, Askary, Borrowstoun, Lybuster et molendino ;—terris de Soirdaill, Ormelie, aqua et salmonum piscaria de Thursoch ;—terris de Thurdestaff, Subamister, Dwmmatie, Westbuster, Baroke, Raltare, Corsbak ;—1 denariata terrarum de Bassetter, Grenland, Haland, Dandasky, Latheroun, Rosbuster, Ambuster, et 6 denariatis terrarum, infra comitatum de Caithnes et vicecomitatum de Inverness.—A. E. 30l. N. E. 120l.—(Vide Perth, Fife, Kincardine, Edinburgh, Haddington.) iii. 89.

(6) Jul. 22. 1605.
JOHANNES SUTHERLANDIÆ COMES, *hæres* Alexandri Comitis Sutherlandiæ, *patris*,—in terris et villis de Galdvell, Caldell, Corranaige (vel Crannaige), Borrolieslains, Asterlairmoir (vel Astirmoir), Asterlairbege (vel Asterbege), Sandwatt, Carranagaweis, Carranamannache, Carranagarrowe, cum molendinis, multuris et Ailhous earundem, ac salmonum piscaria in aquis de Awinnaggarrow (vel Awingarrow) et Sandwatt, et dimidietate salmonum piscariæ de Laxfuird ;—salmonum piscaria aquæ de Ardurnes, et piscaria salmonum de lie cruves, cum molendinis et multuris ejusdem ;—insula de Hoare (vel Hoaa), et aliis insulis ibidem, cum portubus et lie Heawin places omnium terrarum et insularum præscriptarum, cum omnibus piscariis tam in aquis salsis quam dulcibus ;—terris de Culmylie-Kirktoun cum pendiculis ejusdem nuncupatis Achodonacailzie (vel Achownacailzie), ailhouse et croftis earundem ;—terris de Stambester ;—terris de Half-Brymnis ;—terris de Fors cum molendino, terris molendinariis ac multuris, et salmonum piscaria ejusdem ;—terris de Baillie ;—bina parte terrarum de Lythmoir, cum 2 denariatis terrarum tertiæ partis de Lythmoir ;—bina parte terrarum de Owist ;—terris de Darrarie et Meirmichaelis ;—9½ denariatis terrarum de Scrabister, cum castro, fortalicio, et croftis, domibus, ædificiis, lie Wairdis, et Langrige de Scrabister ;—statione lie Raid de Scrabister, anchoragiis et piscariis earundem ;—una cum Sklaitheuche et Halkis in Howburnheid ;—10 denariatis terrarum de Weik et Papigo, cum croftis vocatis Bishopsquoyes, et Kennochesquoyes, cum aliis croftis ibidem, et tenementis villæ de Weik et superioritate ejusdem ;—terris de South Kilmister, North Kilmister, et molendino de Vindles, multuris, terris molendinariis et croftis earundem ;—3 Octouns (vel Octavis) terrarum de Myrelandnorne, cum decimis garbalibus terrarum, &c. parti ulariter suprascriptarum :—E. 331l. 16s. 6½d.—terris de Meikill Ullagorhame (vel Vulgrahine), Litil Ullagorhame (vel Vulgrahune), Halkirk, cum molendinis, terris molendinariis, et salmonum piscariis lie cruves ejusdem ;—terris de Westerdaill, Eisterdaill, Thornisdaill ;—quarta parte salmonum piscariæ in aqua de Thurso ;—denariata terræ in Subanister ;—terris de Diren, Akervell cum lacu earundem ;—3 denariatis cum obulato terrarum de Stamstell (vel Scamstell) ;—molendino cum terris molendinariis de Lythmoir, ailhous, superioritate de Skibomainis, cum castro et fortalicio earundem, et suis pendiculis vocatis Breymoirt et Eister-pairt de Skibo ;—Doucatland cum columbario, lie Ailhous ejusdem ;—terris de Wester Skibo ;—terris de Ullistrie, Ardailleis, Achowache, cum pendiculis vocatis Achowingormlea (vel Achowgormlie) et Achowincolas ;—terris de Sydray ;—terris de Dowachfynd ;—Drumdewan, Ferritoun de Portnaculter, cum cymba et passagio ejusdem, (exceptis et reservatis Gilberto Gray de Suordell proprietate dictarum terrarum de Skibomains, cum castro seu fortalicio, et officio constabulariatus ejusdem, cum pendiculo vocato Breymoirt et Eisterpairt de Skibo, Dowcatland, columbario et ailhous ejusdem, ac cum proprietate et impignoratione præfatarum terrarum de Ullestrie, Ardailleis, Achowaiche, Ferrytoune de Portnaculter, cum cymba et passagio ejusdem, nec non exceptis dicto Gilberto Gray pendiculis de Sydray, Ullestrie, et Ardailleis nuncupatis Cuthill, Cuthildaill, et Standfuird) ;—molendino de Skibo cum multuris, terris molendinariis et Ailhous

A

ejusdem, cum palatio, croftis et tenementis infra civitatem de Dornoche, et lie assyis aill et thoill ejusdem solitis et consuetis, cum superioritate ejusdem, (reservata dicto Gilberto Gray proprietate ejusdem assyis aill et thoill) ;—terris de Ragardmoir cum molendinis, multuris, terris molendinariis, lie ailhous ;—terris de Skaill et Ragaboill cum custumis et privilegiis dictarum terrarum ;—officiis hæreditariis ballivatus omnium terrarum, bondarum, locorum, et possessionum infra diocesim Cathenensem dicto episcopatui spectantium ;—nec non hæreditario officio constabulariæ castrorum et palaciorum de Strabister, Skibo, et Dornoche, ac cum omnibus juribus, privilegiis, servitiis et feodis dictis officiis quovismodo pertinentibus, omnibus infra vicecomitatum de Innerness.—E. 198l. 17s. 7¼d.—(Vide Sutherland.)   iii. 214.

(7)   Nov. 20. 1605.
LAURENTIUS DOMINUS OLIPHANT, *hæres* Laurentii Domini Oliphant, *avi*,—in terris de Berrydell, aqua et salmonum piscaria ejusdem ;—terris de Auldwick et 2 molendinis earundem ;—terris de Cambuster ;—terris de Sarcleith ;—terris de Ulbuster ;—terris de Thrumbuster ;—terris de Stambuster ;—terris de Hasbuster ;—terris de Thurissetter ;—terris de Nether Bulbuster ;—terris de Over Bulbuster ;—terris de Clarden ;—terris de Brodland ;—terris de Murkill ;—terris de Stangirgill et molendinis earundem ;—terris de Dwn ;—terris de Thusbuster et molendino earundem ;—terris de Brabusterdoran et molendino earundem ;—terris de Subusterbrawle ;—terris de Sowr ;—terris de Griston ;—terris de Brawilbyn ;—terris de Skaill ;—terris de Askary ;—terris de Burrowstoun ;—terris de Lybuster et molendino earundem ;—terris de Swordall ;—terris de Ormelie ;—aqua et salmonum piscaria de Thursocht ;—terris de Thurdestoft ;—terris de Subanister ;—terris de Dunat ;—terris de Westbuster ;—terris de Barrok ;—terris de Rateir ;—terris de Corsbak ;—terris de Ressatarie ;—terris de Greneland ;—terris de Halland ;—terris de Duncasbie ;—terris de Latheron ;—terris de Rosbuster ;—terris de Ainbuster ;—6 denariatis terrarum cum castris, &c. olim jacentibus infra vicecomitatum de Innerness et nunc vicecomitatum de Caithnes.—A. E. 30l. N. E. 120l.   iii. 166.

(8)   Jul. 15. 1614.
JACOBUS WILLIAMSOUN alias JOHNESOUNE, *hæres* Jacobi Johnesone, *avi*,—in terris 3 quadrantarum terrarum de Ulbuster, in baronia de Hasbuster in Cathania, ab antiquo in Innerness.—A. E. 3s. 4d. N. E. 6s. 8d.   vi. 6.

(9)   Jan. 14. 1617.
DOMINUS WILLIELMUS SINCLAIR de Catbol miles, *hæres* Georgii Sinclair de May, *patris*,—in terris de Cannasbie, Sechter, Quoyes, Hunnay, Stromey, et superioritate de Warres (vel Wardes), et Smyddeis, et terrarum de Dunnat et Murkill ;—terris de Nos et Queystaine, in vicecomitatibus de Caithnes et Innerness.—A. E. 23l. 8s. 10¼d. N. E. 93l. 15s. 5¼d.   vi. 189.

(10)   Apr. 20. 1620.
RICARDUS SINCLER de Browmes, *hæres* Davidis Sincler, *fratris*,—in terris de Thuray et Boirlwne, et crofta de Haistiero, in dominio de Cathanes, parochia de Bowar, et regalitate Orcadensi :—E. 8l.—2 denariatis terrarum de Spittell ;—1 denariata terrarum vocatarum Boltcoyand ex orientali latere ejusdem ;—crofta terræ vocata Gilbertscroft cum decimis garbalibus, infra parochiam de Halkrig et Skynand.—E. 8l.   vii. 247.

(11)   Apr. 20. 1620.
RICARDUS SINCLAIR de Brumes, *hæres* Henrici Sinclair de Brumes, *fratris*,—in villa et terris de Brouster, Toftmichie, et Tofthorso cum molendino, in dominio de Cathanes.—E. 4l.   vii. 248.

(12)   Jul. 6. 1624.
GULIELMUS SUTHERLAND filius legitimus Christinæ Alistersoun alias Alexandersoun, *hæres portionarius* Gulielmi Alistersoun alias Alexandersoun, *avi*,—in terris de Lybuster vulgo nuncupatis Four penny land and Half penny land of Lybuster, extendentibus ad dimidietatem terrarum de Lybuster, cum dimidio molendini de Lybuster ;—terris de Borrowstoun vulgo nuncupatis Four penny land and half penny land of Borrowstoun, cum piscaria tam in mare quam in terra, perprius infra vicecomitatum de Innernes nunc in vicecomitatu de Caithnes.—E. 1d.   ix. 8.

(13)   Jul. 6. 1624.
ROBERTUS JOHN ROBSOUN filius legitimus Annæ Allistersoun alias Alexandersoun, *hæres portionarius* Willielmi Allistersoun alias Alexandersoun, *avi*,—in terris prædictis.   ix. 9.

(14)   Aug. 25. 1624.
JOANNES HUTCHESONE, *hæres* Hugonis alias Hutcheoun Alistersoun, filii Alexandri Hutchesone in Bowerstoun, *filii fratris*,—in 7 denariatis terrarum in villa de Bowerstoun, ac terris de Oc-

korne vocatis Outseat, per prius infra vicecomitatum de Innerness.—E. 1d.   ix. 169.

(15)   Nov. 2. 1624.
JOANNES M'MORANE, *hæres* Jacobi M'Morane mercatoris burgensis de Edinburgh, *patris*,—in annuo redditu 411l. 6s. de terris, baroniis, et annuis redditibus comitatus de Caithnes, ac de terris et baroniis de Clyth et Greenland.   ix. 91.

(16)   Jan. 24. 1626.
ANGUSIUS M'KIE, *hæres* Willielmi M'Kie de Beghous, *patris*,—in terris de Beghous et 2 Brontaillis, viz. Brontaillmoir et Brontailbeg ;—terris de 2 Forseyis, viz. Forsienaine et Forseynaird in Strahaladill, infra diocesin Cathanensem et vicecomitatum de Innerness.—A. E. 6l. 13s. 8d. N. E. 9l. 15s.   ix. 243.

(17)   Feb. 24. 1630.
DONALDUS RANY in Stronsay, filius legitimus procreatus inter quondam Davidem Rany et Issobellam Groit sororem quondam Hugonis Groit de Brabusterdoran, *hæres* dicti Hugonis Groit, *avunculi*,—in 6 denariatis terrarum de Brabusterdoran cum molendino, infra parochiam de Caithnes.—E. 1 *collare canum cum habena, vulgo ane doggis collar with ane leische.*   xi. 154.

(18)   Jul. 27. 1630.
JACOBUS FORBES, *hæres* Arthuri Forbes portionarii de Lybuster, *patris*,—in dimidietate villæ et terrarum de Lybuster, cum quarta parte molendini de Lybuster ;—villis de Holme extendentibus ad 7 denariatas terrarum ;—terris de Dallachlaggie extendentibus ad 2 denariatas terrarum, in parochia de Far.—E. 1d.   xii. 71.

(19)   Feb. 28. 1632.
MAGISTER WILLIELMUS DAVIDSOUN filius legitimus quondam Joannis Davidsoun commissarii de Caithness, *hæres* Samuelis Davidsoun in Francia commorantis, filii quondam Magistri Archibaldi Davidsoun in Caithnes, *filii patrui*,—in pecia terræ nuncupata The Fischill in Thurso, continente in longitudine 44 ulnas in villa de Thurso, olim in vicecomitatu de Inverness.—E. 1¼ *petra sevi.*   xii. 91.

(20)   Apr. 28. 1640.
PATRICIUS SINCLAIR, *hæres* Magistri Joannis Sinclair de Wolbuster, *patris*,—in villa et terris de Ulbuster ab antiquo ad 6 denariatas terrarum extendentibus, cum pendiculis, viz. campis de Watnen, Borroustoun, Quhalogw, cum piscatione portus et lie Corshous (Corfhous?) ejusdem, lacu de Watnen, Milnloch et piscationibus earundem, et molendino de Ulbuster ;—tenemento in Weik nuncupato Swansones tenement ;—tenemento in Weik nuncupato Greives-tenement, olim in vicecomitatu de Invernes ;—E. 18s.—villa et terris de Rospuster extendentibus ad 4 denariatas terrarum, cum pendiculis et sheilling-places earundem nuncupatis Polybwyak, Tornessan, Tornreoch, Auchincule, Craiginharie, et Dorinlie, in parochia de Latheroun ;—E. 9s.—villa et terris de Harland jacentibus ut supra.—E. 9s.   xvi. 289.

(21)   Jul. 7. 1640.
MAGISTER JACOBUS INNES, *hæres* Willielmi Innes de Sandsyde, *patris*,—in terris et villa de Rhae de novo in liberum burgum in baronia erectis ;—terris de Sandsyde, Dathow, Borlum, Mylntoun de Rae, cum molendinis et cunicularis ;—terris de Atheraster (vel Atherasker), Schurarie, cum molendinis, et piscationibus in aquis dulcibus et salsis tam salmonum quam aliorum piscium, infra bondas terrarum antedictarum, cum cymbis piscatoriis, portubus, anchoragiis, forrestis, &c. infra bondas prædictarum terrarum, in parochia et baronia de Rhae, olim infra vicecomitatum de Inverness.—E. 20s.   xvi. 174.

(22)   Mar. 21. 1644.
GEORGIUS COMES DE CAITHNES, Dominus Sinclair de Berriedaill, &c. *hæres masculus* Joannis Magistri de Berriedaill, *patris*,—in terris, baroniis et annuis redditibus comitatus Cathaniæ, cum piscationibus et molendinis, et advocatione hospitalis seu hospitii Sancti Magni in Cathania, cum advocatione aliorum beneficiorum, ecclesiarum, capellaniarum, et alteragiorum ad dictum comitatum Cathaniæ spectantium, ac etiam Archidiaconatus de Caithnes, et ecclesiarum de Bowar et Wattin ad dictum Archidiaconatum pertinentium, et ecclesiæ de Dunett ;—terris et baroniis de Clyith et Greinland :—A. E. 354m. N. E. 681m.—terris de Berriedaill, aqua et salmonum piscaria earundem, cum nisis et nidis nisorum, lie halks et halknestis ;—monte de Ord et forrestis ejusdem ;—terris de Auldweik ;—2 molendinis earundem ;—terris de Cambuster ;—terris de Sarclaithe ;—terris de Ulbester ;—terris de Thurisetter ;—terris de Thumbuster ;—terris de Stambuster ;—terris de Halbester ;—terris de Nether Balbester ;—terris de Clarden ;—terris de Brodlands ;—terris de Murkle ;—terris de Staingergill cum molendinis ;—terris de Doune ;—terris de Thusbuster

et molendino earundem ;—terris de Brabusterdorane cum molendino ;—terris de Sabusterbrand ;—terris de Sour ;—terris de Gliestoun (vel Griestoun) ;—terris de Brakand (vel Bralbeynd) ;—terris de Skalie ;—terris de Askarie ;—terris de Borrowstoune ;—terris de Lybuster et molendino ;—terris de Swardaill ;—terris de Ormlie ;—aqua et salmonum piscaria de Thursett ;—terris de Thurdistoft ;—terris de Subamister ;—terris de Dunatt ;—terris de Wastbuster ;—terris de Bariak (vel Barrake) ;—terris de Ratter ;—terris de Corsback ;—terris de Ressetterle ;—terris de Greinland ;—terris de Salland (Halland?) ;—terris de Dumgasbie ;—terris de Lathroune ;—terris de Rosbuster ;—terris de Cambuster, et 6 denariatis terrarum de Knappo, viz. halfe de Aikergill, half de Reis, half Wester (vel Water), half Harland, cum 2 denariatis terrarum in Weik ;—quarteriæ aquæ salmonum piscariæ earundem, molendino de Gillak, et 2 denariatis terrarum in Myrkonunnorne (vel Myrelandnorne), cum molendinis et piscariis, olim infra vicecomitatum de Inverness :—A. E. 30l. N. E. 120l.—equali dimidietate terrarum de Aikergill, cum advocatione ecclesiæ parochialis de Dunatt ;—dimidietate terrarum de Reis ;—terris de Subuster ;—quarta parte terrarum de Myrelandnorne, cum dimidietate terrarum de Wastbuster ;—dimidietate terrarum de Harland et molendini de Auldweick ;—2 denariatis terrarum in villa de Weick, cum parte aquæ de Weick et piscariæ ejusdem ;—terris de Lynaiker ;—terris de Congillfoot ;—quarta parte terrarum de Taine ;—dimidietate terrarum de Stangergill, cum quarta parte molendini ;—bina parte terrarum de Nethirsydolrik (vel Sydolrik) ;—dimidietate terrarum de Sordaill ;—quarta parte terrarum de Clairden ;—solari quarta parte terrarum de Murkle ;—2 denariatis terrarum de Ratter ;—quarta parte terrarum de Thurso, cum quarta parte aquæ et piscariæ ejusdem, molendinis et piscationibus, jacentibus antiquitus infra vicecomitatum de Inverness, et per annexationem infra vicecomitatum de Bamf ;—terris de Burrestoune ;—dimidietate terrarum de Lybuster cum dimidietate molendini earundem ;—terris de Lowrarie ;—5 denariatis terrarum de Fasequhair ;—dimidietate et 2 denariatis terrarum de Grestaine, cum crofta terræ vocata Bolcalie (vel Boilcaike) ;—terris de Scottiscalder cum molendino ;—terris de Northincalder, cum 32 denariatis terrarum in villa de Skaill ;—dimidietate terrarum de Scambuster ;—7 denariatis terrarum in villa de Doune ;—tertia parte terrarum de Brabisterdurhane ;—quarta parte terrarum de Ormlie ;—quarta parte terrarum de Burlanmurkle (vel Borlandmurkle), cum quarta parte terrarum de Subanister ;—7 denariatis terrarum de Dunitt, et 2 denariatis terrarum in Halland ;—dimidietate terrarum de Hallandmake (vel Hallandmark), cum obulata terræ lie Fardingland in villa de Ratter ;—sexta parte terrarum de Corsbank, cum quarta parte molendini ;—dimidietate terrarum de Holme ;—terris de Suinzie cum molendino ;—terris de Brobisterne ;—terris de Skiklie (vel Slieklie) ;—dimidietate terrarum de Ulbuster ;—terris de Fors cum molendinis ;—tenementis, hortis, et aliis prædiis et possessionibus, infra villas de Thurso, Weick et Dunett, et infra bondas diocesis de Caithnes :—E. 100m.—burgo de Thurso erecto in burgum baroniæ :—E. 10m. feudifirmæ :—omnibus erectis in comitatum de Caithness. xviii. 179.

(23) Jun. 8. 1653.
SIR GEORGE MOWAT of Bolquhollie knight, *heir maill* of Master Roger Mowat of Bolquhollie advocat, *his father*,—in the lands and maynes of Freshweik ;—the manor-place of Burnesyde, with milne of the samyn ;—the lands of Harlie, Midletoun of Freshweik, Skersarie, Sownsaquoy and Toftis ;—the lands of Overly, Astrowell, Blay, Berinquoyes ;—the lands of Ockingill ;—the Milntoun of Okingill, and the lands of Stronbister, with the richt of patronage of the Kirk of Cannesbie, somtyme lyand within the Shirrefdome of Inuernes, all unite with other lands in the County of Aberdeen into the barony of Bolquhollie.—O. E. 10l. N. E. 40l. —(See Aberdeen.) xxi. 158.

(24) Nov. 9. 1654.
THOMAS ROBSOUN, *heir* of Thomas Robsoun, *his gudser*,—in tenements in Thurso.—E. 1 *stane of tallow.* xxiii. 197.

(25) Apr. 15. 1657.
SIR WILLIAM SINCLAIR of Canesbie knight baronet, *heir maill and of conques* of Sir John Sinclar of Dunbeath knight, imediat younger brother to Sir William Sinclar of Canesbie knight, *his gudser brother*,—in the lands and barony of Dunbeath comprehending the Maynes of Dunbeath ;—the toune and lands of Ramscraigis, Ballinbroach with the mylne, Auchachorne, Winackise, Auchinnachley, Brackathie, Lodubist, Houstre, Ballintanick, Auchabraill, Ballachcly, and Innvrie, with fishings, within the sheriffdome of Inverness, and now within the late erected sheriffdom of Caithness ;—the toune of Innurie with lands, tenements, &c. erected into ane burghe of baroney to be callit the burgh of Magnus-burghe, with libertie of weeklie mercat and faires, all erected into the barroney of Dunbeath.—O. E. 10l. N. E. 40l.— (See Ross and Cromarty.) xxiv. 193.

(26) Oct. 10. 1661.
ROBERTUS LIES, *hæres* Jacobi Lies in Thurso, *patris*,—in tenemento in Thurso.—E. 1 *stane tallow.* xxvi. 83.

(27) Jul. 30. 1667.
DONALDUS REID mercator burgi de Thurso, *hæres* Roberti Reid in Thurso, *patris*,—in duobus tenementis in burgo de Thurso. —E. 1 *petra sevi feudifirmæ pro unoquoque tenemento.* xxix. 12.

(28) Jun. 8. 1671.
EUPHAMIA, AGNETA, ET MARGARETA KERS, filiæ Willielmi Ker de Newtoun, *hæredes portionariæ* Agnetæ Abernethie filiæ Joannis Episcopi de Caithnes, *matris* ;—ADAMUS MURRAY filius Jacobi Murray de Overtoun, feoditarius de Overtoune, *hæres portionarius* Annæ Abernethie filiæ dicti Joannis Episcopi de Caithnes, *matris*,—et JOANNES KER filius Willielmi Ker de Thankles, *hæres portionarius* Elizabethæ Abernethie filiæ dicti Joannis Episcopi de Caithnes, *matris*,—in 3 quarteriis terrarum de Thursoe, villarum et terrarum de Ormlie et Thurdiscroft, Geismeikle, Skinen, Broadwell, Geistaine, Halkirk, Substerbraill, Quoymikes (vel Quoynukes), Baneskirk, Sardell, Carscro, Wydaill, Staniland, Thurso in oriente, Geistlitle, Bunurey, Murkle, et Strand de Murkle, Sibbanister, Reyster, Clairden, Olrick, Murckle in oriente, et Murkle in occidente, Braidland de Murkle, Dirichen, Greinland, Stangirgill, Dunwat, Canesbie, Holland, Dungasbie, Latheran, Holland ab occidente, Chamsbrie, Tayne, Holland-Make, Brobustermyre, et South et North Kilainsters, Girhngo (Girnigo?), et Castle Sinclare, Keis et Aikergill, Hownossie, Saxigo, Papingo ;—villarum et terrarum de Weik et tenementorum, Substerweik, Windles, Gillock, Auld Crook, Wattoune et Strath ejusdem, Lyth, Lynager, Bowervoure, Ouckorne, Bowrethoura, Bowermachan, Charitie, Kirkfeild, Hadderclatt, Over et Nethir Bawister, Ovir et Nethir Worbister, Myrelandkeis, Myrelandnorne, Tuspaster, Brabstermyre, et Brabsterdoran, Gillock, Auldweik, Borrendale, Barrack, Eister, Westir, et Mid Clythes, Achahaskill, Achasaynegar, Auchahow, Brahungrie, Latharon, et Latherone-Fulzie, Achingaw, Balbuster, et Strath de Balbuster, Cambuster, Scambuster, Skaill, Bailbunie, Borrowstoune, Wlgrowmore, Wlgrumbeg, Thornisdaill, Eister Daile, Wester Daile, Breulzie, Knockingaw, Hallowdale, Dirane, Alterwall, Haisturo, et Halcro cum pertinentiis, viz. Siter, Whitinger, et Crossquoy, cum salmonum piscariis in aquis de Weik, Thursoe, Berroudale, Keis, et Latherane, cum advocationibus et decimis dictarum terrarum.— A. E. *terrarum de Thurso*, &c. 30l. N. E. 120l.—A. E. *terrarum de Borrowdaile*, &c. 20l. N. E. 80l. xxxii. 96.

(29) Sep. 17. 1672.
JACOBUS SCHEILTHOMAS, *hæres* Jacobi Scheilthomas de Howburnheid, *patris*,—in terris de Hawburnheid, Sandiquoy, et Utersquoye, in parochia de Thurso :—E. 17l. 7s.—terris de Achalon in parochia de Halkirk :—E. 5l. 6s. 8d.—tenemento in Thurso nuncupato The Fishgill, in dicta parochia de Thurso.—E. 1½ *petra sevi*, &c. xxxi. 281.

(30) Nov. 10. 1674.
JACOBUS DOMINUS DE DUFFUS, *hæres* Alexandri Domini de Duffus, *patris*,—in villa et terris de Reisgill extendentibus ad 15 denariatas terrarum ;—.............. terrarum lie Fifteen penny halfpenny land, cum 3 denariatis terrarum de Auchahow ;—villa et terris de Auchachassell, extendentibus ad 2 denariatas et obulum terræ ;—1 denariata et obulo terræ de Auchasunager ;—davata terræ de Langwall et molendino, cum multuris, Craignaboyth et spelunca lie coves et dens ad eandem davatam terræ pertinentibus, cum piscationibus ;—obulata terræ davatæ terræ de Millarie vocatæ Over Borge, cum decimis prædictarum terrarum.—A. E. ...... N. E. ......—(Vide Elgin et Forres, Nairn.) xxxii. 92.

(31) Feb. 15. 1676.
GULIELMUS DUNBAR de Hempricks, *hæres* Joannis Dunbar de Hempricks, *patris*,—in 21½ denariatis terrarum de Lanhallow ; —6 denariatis terrarum de Smirrell cum crofta vocata Galdach croft ;—7 denariatis terrarum de Knockinin ;—2 denariatis terrarum de Lapat ;—24½ denariatis terrarum de Latheron-fulzie, cum molendino de Latheron-fulzie ;—terris de Auchingald, in parochia de Latheron, et baroniis de Berriedaill, Clyth, aut Latheron ;—decimis garbalibus omnium dictarum terrarum.—E. ...... xxv. 179.

(32) Aug. 9. 1676.
JACOBUS BRUCE portionarius de Lyth, *hæres* Gavini Bruce portionarii de Lyth, *avi*,—in tertia parte villæ et terrarum de Lyth infra parochiam de Bobar.—E. 52s. *feudifirmæ.* xxxvii. 253.

(33) Dec. 22. 1680.
JOANNES SINCLARE de Ulbster, *hæres* Patricii Sinclare de Ulbster, *patris*,—de villis et terris de Dilrett, Cattack, Dalmore,

Rhiffert, Knockdow, Carmuck, Dalvochrach, infra parochiam de Halkirk:—E. ......2 tenementis in Wick;—villa de Ulbster, infra parochiam prædictam :—F. *4l. feudifirmæ* :—decimis terrarum de Ulbster.—E. *4l. feudifirmæ.*   **xxxv. 260.**

(34)   Oct. 18. 1684.
ISSOBELLA SUTHERLAND, *hæres talliæ* Gulielmi Sutherland junioris portionarii de Baneskirk, *patris*,—in dimidietate villæ et terrarum de Baneskirk extendente ad 6 denariatas terrarum ;—dimidietate villæ et terrarum de Achorlie extendente ad 1 denariatam terræ, in parochia de Calkirk.—E. ......   **xxxviii. 146.**

(35)   Sep. 14. 1693.
JACOBUS INNES in Stainland filius natu maximus quondam Joannis Innes in Broynach, procreatus inter dictum Joannem Innes et Euphamiam Cogill ejus sponsam filiam Gulielmi Cogill, *hæres*

dicti Gulielmi Cogill aliquando chirurgi in Thurso, *avi*,—in pecia seu tenemento terræ in superiore parte villæ de Thurso, olim pertinente ad villam et terras de Ormlie, jacente in dicta villa de Thurso et parochia ejusdem.—E. *8l.*   **xliii. 404.**

(36)   Nov. 11. 1696.
DAVID SINCLAIR de Freswick, *hæres masculus et talliæ* Jacobi Sinclair de Freswick, *fratris germani senioris*,—in terris dominicalibus de Freswick, cum castro et maneriei loco de Burnsyde, et molendinis ;—terris de Hairlie, Midletoune de Freswick, Skirzarie, Sawsaguay, Tofts, cum maneriei loco de Tofts ;—terris de Otterley, Astrowall, Bly, Barnquayts ;—terris de Ockingile, Milnetoune de Ockingile, et terris de Strekister, cum Haulknests et Selkenes pertinentibus ad dictas terras et infra earundem bondas ;—advocatione ecclesiæ parochialis de Candshie (Canisbie ?) ;—quondam jacentibus infra vicecomitatum de Inuerness, et nunc infra vicecomitatum de Caithness.—E. 200m. *taxatæ wardæ.*   **xlvi. 355.**

SUPPLEMENTA

CAITHNESS.

(37)   Jul. 3. 1655.
JOHN MURRAY of Clairden, *air* of William Murray of Clarden, *his father*,—in a tenement and buith in Thurso callit William Ronaldsones tenement :—E. *ane pund of whyt wax*

or 13s. 4d :—John Orknaye's tenement, Babie's tenement, and John Breyme's tenement, within the said town of Thurso.—E. *1d.*   **H. 202.**

CLACKMANNAN.

INDEX NOMINUM.

a

CLACKMANNAN.—INDEX NOMINUM.

Joannes, portionarius de Elistoune de Tulliecultrie, 49.
PORTERFEILD ;
  Chrystophorus, in Balgonye de Culross, 63, 64.
  Joneta, 64.
  Margareta, 63.

REID ;
  Alexander, 56.
  ——— de Muirsyde de Schanbody, 17.
  Besseta, 56.
  Gulielmus, de Breulands, 56.
  Willielmus, de Craigheid, 33.
  Janeta, 56.
  Joannes, 17, 43

Margareta, 33, 56.
  Robertus, 43.
RICHARDSONE ;
  Barbara, 60.
  Elizabetha, 60.

SCHAW, SHAW ;
  Alexander, 10.
  ——— de Sawquhy, 4, 61.
  Georgius, de Ridheugh, 52.
  Jacobus, 52.
  ——— de Sauquhy, 61.
  ——— de Sawquhy, miles, 4, 10.
  Joannes, de Arnecrumbie, miles, 5.
  Willielmus, 5.
SCOTLAND ;
  Joannes, 42.
  Thomas, 42.

STEVIN, STEWIN ;
  Jacobus, 6, 7.
  Nicolaus, 6, 7, 14.
  Patricius, 14.
STEWART ;
  Alexander, 36.
  Georgius, 60.
  Gulielmus, de Rosyth, 51.
  Jacobus, 36, 51.
  ——— de Rossythe, 19.
STIRLING ;
  Archibaldus, 18.

WATT ;
  Anna, 35.
  Joannes, 35.
  Margareta, 35.

CLACKMANNAN.

INDEX LOCORUM.

ABERDONIE, 28, 58.
Aikenhead, 28, 58.
Airth, 15.
Alloa, Alloway, 15, 29, 37, 38, 46, 55.
——— baronia — 15, 28, 29, 37, 46, 55.
——— burgum — 15.
——— burgum baroniæ — 15, 29.
——— ——— regalitatis — 29.
——— dominium — 15, 29, 37, 55, 63.
——— forresta — 15.
——— parochia — 34.
——— portus — 15, 29.
——— regalitas — 15, 28, 29, 38, 55, 63.
Alva, baronia — 58.
——— regalitas, 58.
Alway, v. Alloa.
Aqua, v. Dovane,—Forth.
Argyle, baronia — 57.
——— comitatus — 57
——— dominium — 57.
Arnmeadow, 47.
Askintrule, 15.

Balhartie, Balheartie, 47, 54.
Balliatus, v. Stirling.
Balquhairne, 52.
Banchrie, 41, 61.
Bandeath, 39, 58.
Bankis de Doller, 43, 57.
Baronia, v. Alloa,—Alva,—Argyle,—Bothkenner,—Cambuskenneth,—Clackmannan,—Coalsnauchtane,—Corntoune,—Eist-Weymis,—Logyblair,—Menstrie,—Rossythe,—Sauchy,—Shambodie,—Skeoch,—Tullibody,—Tullicultrie.
Baxterland, 41, 52.
Bernaig, Bernagie, 28, 58.
Birkhill, 41.
Blackbutts, 47.
Blakgrainges, 29.
Blair, 15.
Bothkenner, 15.

Bothkenner, baronia — 15.
Bowis, Bowlandis, de Sauchie, 8, 52.
Brechin, dominium — 15.
Breulands de Dollar, 56.
Brewhauch, 15.
Burgum, v. Alloa,—Clackmannan.
Burgum baroniæ, v. Alloa,—Clackmannan,—Tulliecoultrie.
Burgum regalitatis, v. Alloa.
Buttis, 15.

Cairntoun, Cairnstoun, 47, 54.
Cambus, 39, 58.
Cambuskenneth, 39, 58, 60.
——— baronia — 39. 58.
Capella Sanctæ Brigidæ, 26.
Cardrois, dominium — 39, 58.
Carloquhie, 52.
Carshill, v. Corshill.
Castrum, v. Stirling.
Clackmannan, Clakmeinein, 1, 2, 3, 13, 15, 16, 21, 22, 23, 26, 29, 30, 40, 41, 44, 50, 52.
——— baronia — 8, 13, 26, 27, 30, 31, 41, 52.
——— burgum — 26, 41, 52.
——— ——— baroniæ — 41, 52.
——— forresta — 15, 29, 52.
——— insula — 15, 29.
——— officium vicecomitatus et forrestarii de — 41, 52.
——— parochia — 14, 40, 41, 44, 48, 52.
——— regalitas — 29.
——— territorium — 3, 21, 50.
——— urbs — 1.
Cluniesland, 38.
Coallgate, 40.
Coalsnaughtan, 35, 47, 54.
——— baronia — 35.
Coalstoun, 47.
Colingtonhill, 47.

Colinstoun, 4.
Colmenauchtane, v. Coalsnauchtane.
Columsdennack, 54.
Comitatus, v. Argyle,—Mar.
Cookspew, Cuikspow, 39, 58.
Corntoune, 15, 59.
——— baronia — 59.
Corshill, 41, 52.
Cortoquoy, 41.
Craig, 39, 58.
Craigheid, 33, 53.
Craighill, 41, 52.
Craigie, 41.
Craigmae, 40.
Craigorie, 41.
Craigrie, 8, 52.
Craigtoun, 40, 48.
Croft (Litle), 29.
Crookedcrooft, Cruiket crofts, 41, 52.
Cuikspow, v. Cookspew.
Cuthill, 26.

Damsyd, 39, 58.
Dealfoots, 47.
Dirletoun, 59.
Dollar, Doller, 43, 56, 57.
——— dominium — 36, 51.
——— ecclesia — 57.
——— parochia — 36, 42, 43, 51, 53, 56, 57.
Dollarbeg, 57.
Dollorschyr, 33, 53.
——— dominium — 33.
Dominium, v. Alloa,—Argyle,—Brechin,—Cardrois,—Dollar,—Dollorschyr,—Navar,—Stirling.
Dovane, aqua — 24, 36, 47, 51.
Dovan (Littil), 24.
Drummie, 47, 54.
Dunfermline, regalitas — 33, 36, 41, 42, 51, 52, 53, 56, 57.

238

INQUISITIONES SPECIALES.

─────────

CLACKMANNAN.

(1)   Jun. 5. 1604.
THOMAS BRUCE, *hæres* Jacobi Bruce in Linmylne, *fratris germani*,—in annuo redditu 4 bollarum et 2 modiorum ordei de crofta terræ in boreali parte urbis de Clackmannane :—E. 10*l.*—portiuncula terræ jacente apud Lynmylne de Clackmannane.—E. 3*s.* 4*d.*   iii. 123.

(2)   Apr. 11. 1605.
GILBERTUS COUSTOUN in Ferrietoun, *hæres* Gilberti Coustoun in Clackmannan, *proavi*,—in tertia parte tenementi, horti, et croftæ terræ, ex boreali parte viæ regiæ de Clackmannan, cum pastura in communia dictæ villæ.—E. 3*s.* 4*d.*   iii. 149.

(3)   Jul. 30. 1605.
GILBERTUS COUSTOUN, *hæres* Willielmi Coustoun in Ferritoun, *patris*,—in terris sive croftis subscriptis, jacentibus apud et in villam de Clakmannan, viz. crofta terræ vulgo nuncupata Stewartsbank, in territorio dictæ villæ ;—altera crofta terræ jacente infra territorium prædictum.—E. 6*s.* 8*d.*   iv. 20.

(4)   Jul. 5. 1608.
DOMINUS JACOBUS SCHAW de Sawquhy miles, *hæres* Alexandri Schaw de Sawquhy, *avi*,—in terris villæ occidentalis vulgariter The Westertoun de Tullycultrie alias Colinstoun nuncupatæ, et molendinis.—E. 12*l.* 12*s.* &c.   iv. 182.

(5)   Jun. 30. 1609.
DOMINUS JOANNES SCHAW de Arnecumbrie miles, *hæres* Willielmi Schaw operum præfecti, *patrui*,—in terris et baronia de Sauchey :—A. E. 20*l.* N. E. 80*l.*—terris de Wester Tulliecultrie.—E. 12*l.* 2*s.* &c.   iv. 369.

(6)   Jul. 27. 1610.
JACOBUS STEVIN in Alway, *hæres* Nicolai Stewin, *patris*,—in annuo redditu 24*l.* de tertia parte terrarum de Orchzeard de Tullebodye, in baronia de Tullibodye.   iv. 432.

(7)   Nov. 4. 1612.
JACOBUS STEVYN, *hæres* Nicolai Stevyn in Alway, *patris*,—in annuo redditu 24*l.* de tertia parte terrarum de Orchard de Tullibodye, in baronia de Tullibodye.   vi. 55.

(8)   Feb. 18. 1618.
DOMINUS JOANNES BLACADER de Tulliallane miles, *hæres* Patricii Blacader rectoris de Tulliallane, *fratris avi*,—in annuo redditu 9 bollarum hordei de terris vulgo The Bowlandis de Sauchie, in baronia de Sauchie :—E. 20*l.*—annuo redditu 10*l.* de terris de Craigrie in baronia de Clackmannane ;—annuo redditu 20*l.* de terris de Craigrie, jacentibus ut supra.   vii. 184.

(9)   Mar. 25. 1618.
ROBERTUS MERSSAR burgensis de Dumfermling, *hæres* Margaretæ Messar filiæ Andreæ Messar in Drumkapie, *sororis germanæ*,—in annuo redditu 16*l.* de parte terrarum de Sauchye vulgo The Righead nuncupata, in baronia de Sauchie.   vii. 47.

(10)   Aug. 27. 1623.
ALEXANDER SCHAW, *hæres* Domini Jacobi Schaw de Sauchie militis, *patris*,—in terris et baronia de Sauchie, cum quibusdam aliis terris in vicecomitatu de Kinross, unitis in baroniam de Sauchie.—A. E. 24*l.* N. E. 92*l.*—(Vide Kinross.)   viii. 264.

(11)   Maii 10. 1626.
MAGISTER WALTERUS HIRD, Doctor Medicinæ in Renies in Britany in Francia, *hæres* Willielmi Hird, *patris*,—in annuo redditu 346*m.* de terris et baronia de Eistweymis et Tylliecultrie.—(Vide Fife.)   ix. 155.

(12)   Jan. 14. 1629.
ALEXANDER MOREIS, *hæres* Roberti Moreis textoris in Culros, *patris*,—in annuo redditu 40*m.* de terris de Hartschaw in baronia de Shambodie.   x. 155.

(13)   Sep. 17. 1629.
DOMINUS JOANNES BLACADER de Tullealoun miles baronettus, *hæres* Patricii Blacader rectoris de Tullialoun, *fratris avi*,—in annuo redditu 10*m.* de parte terrarum et domorum, hortis et crofta terræ contigue jacentibus, in baronia et villa de Clakmannane.   xi. 216.

(14)   Jun. 26. 1633.
PATRICIUS STEVINE in Tullgairt, *hæres* Nicolai Stevine, *patris*,—in villa et terris de Tulligairt, infra parochiam de Clakmannane.—E. 40 *bollæ avenæ.*   xiv. 81.

(15)   Mar. 25. 1635.
JOANNES COMES DE MAR, Dominus Erskine et Gareoch, *hæres* Joannis Comitis de Mar, &c. *patris*,—in comitatu de Mar comprehendente terras, dominium, baroniam, et regalitatem de Alway ;—terras de Galberstoun cum insula de Clackmannan dictis terris adjacente ;—terras vocatas Brewhauch, infra forrestam de Clackmannan, nunc vocatam forrestam de Alway ;—terras de Ferritoun cum Ferritoun Greins ;—pratum de Clackmannan et parvam croftam ejusdem :—A. E. 40*l.* N. E. 600*m.*—burgum, portum marinum de Alway et Pow ejusdem, cum privilegio littoris et anchoragii, cimbis portatoriis et lie ferries super aquam de Forth, infra bondas dominii de Alway, cum carbonibus, et privilegio liberi burgi baroniæ et regalitatis infra villam de Alway, et privilegiis ad liberum burgum spectantibus, cum foro hepdomadali et publicis nundinis :—A. E. 13*s.* N. E. 10*m.*—officio capitanei et custodiæ castri de Stirling, cum parca et prato lie Gardyne, lie Buttis et Gallohills, cum pastura 6 equarum, et feudifirmariis vulgo few-

A

240

mailles dominii de Sterling, senescallatus de Monteith et dominii de Brechin et Navar ;—officio balliatus et camerariæ terrarum et dominii de Stirling, viz. terrarum de Tullicultrie ;—terrarum et baroniæ de Logyblair continentium terras de Lipnoche, Ashintrule, Fossoquhye-maner, Logy, et Blair ;—terrarum et baroniæ de Skeoch continentium terras de Easter et Wester Greinzeardis, Mossyde, cum granorum et fullonum molendinis earundem ;—terrarum et baroniæ de Bothkenner, et terrarum de Hallis de Airth ; —terrarum de Larbertsheills ;—terrarum de Torwoodheid ;—terrarum de Corntoun ;—terrarum de Inneralloun, ac omnium aliarum terrarum dicti dominii de Stirling, in vicecomitatibus de Stirling, Clackmannan, Perth, et senescallatu de Stratherne respective :— E. 100l.—omnibus unitis ad comitatum de Mar.—(Vide Aberdeen, Stirling, Perth, Dumbarton, Selkirk.)   xiii. 307.

(16)   Feb. 24. 1636.
JACOBUS M'ILROY, hæres Walteri M'Ilroy in Kincardine, patris,—in annuo redditu 20m. de tenemento, domo, horto, et crofta in Clackmannan.—A. E. 4l. 8s. 11d. N. E. 1d.   xv. 241.

(17)   Jul. 26. 1636.
JOANNES REID, hæres Alexandri Reid de Muirsyde de Schanbody, fratris,—in terris de Eister et Wester Muirsydes, infra baroniam de Schanbody.—E. 10m.   xv. 99.

(18)   Dec. 9. 1640.
ARCHIBALDUS STIRLING, hæres Archibaldi Stirling burgensis de Stirling, patris,—in annuo redditu 640m. de terris dominicalibus de Menstrie ;—terris de Westertoun et Middiltoun de Menstrie, in parochia de Logie ;—et de terris de Westertoun de Tullieculfrie, infra parochiam de Tulliecultrie :—E. 512m.—annuo redditu 508m. de prænominatis terris et baronia de Menstrie, extendentibus ad 20 libratas terrarum antiqui extentus, in parochia de Logie, et de firmis, &c. dictarum terrarum et baroniæ de Menstrie.—E. 406m. 5s. 4d.   xvi. 135.

(19)   Mar. 11. 1641.
JACOBUS STEWART de Rossythe, hæres masculus et talliæ Jacobi Stewart de Rossythe, patris,—in terris et baronia de Schanbodie :—A. E. 20l. N. E. 120l.—cum quibusdam aliis terris in Fife, Dumfries, et Perth, unitis in baroniam de Rossythe.—(Vide Fife, Dumfries, Perth.)   xvi. 102.

(20)   Jun. 2. 1641.
DOMINUS WILLIELMUS MURRAY de Dunerne miles, hæres Willielmi Murray de Dunerne, patris,—in annuo redditu 500m. de terris et baronia de Menstrie in parochia de Logie :—annuo redditu 500m. de terris de Wester Tullicultrie cum monte earundem, infra baroniam de Tulliecultrie.   xvi. 177.

(21)   Jul. 18. 1641.
WILLIELMUS COUSTOUN, hæres Gilberti Coustoun in Ferritoun, patris,—in crofta terræ vulgo Stewarts-bank, in territorio villæ de Clackmanane ;—altera crofta terræ infra territorium prædictum.—E. 6s. 8d.   xvi. 170.

(22)   Aug. 3. 1643.
JONETA BRUCE, hæres portionaria Margaretæ Bruce in Clakmanan, sororis,—in annuo redditu 50m. de tenemento in Clakmanan, et de acra terræ in Nether Hallhill.   xvii. 91.

(23)   Aug. 3. 1643.
BESSETA BRUCE, hæres portionaria dictæ Margaretæ Bruce, sororis,—in annuo redditu prædicto.   xvii. 92.

(24)   Apr. 26. 1648.
DOMINA MARGARETA ERSKYNE sponsa Domini Joannis M'Kenzie de Tarbett militis, hæres portionaria Domini Georgii Erskyne de Innerteill militis, unius Senatorum Collegii Justiciæ, patris,—in annuo redditu 1250m. de terris et baronia de Tullybodie, et de salmonum piscatione super aqua de Dovane, infra bondas ante et versus prædictas terras.   xix. 294.

(25)   Apr. 26. 1648.
GEORGIUS DOMINUS MELVILL DE MONYMAILL, hæres portionarius Domini Georgii Erskyne de Innerteill militis unius Senatorum Collegii Justiciæ, avi ex parte matris,—in annuo redditu prædicto.   xix. 295.

(26)   Nov. 14. 1649.
DOMINUS WILLIELMUS MURRAY de Newtoun miles, hæres Domini Willielmi Murray de Newtoun, avi,—in terris capellaniarum Sanctæ Brigidæ cum capella ;—terris de Westerhauch; —terris de Cuthill ;—7 acris terrarum in baronia de Clackmanan ;—tenemento terræ ex australi latere publicæ viæ burgi de Clakmannan, cum suis partibus tertiæ partis communiæ in communia de Palmure.—E. 48s.   xix. 372.

(27)   Jul. 14. 1652.
MARIE COWANE, heir of Maister John Cowane of Tailzertoune, her father,—in an annuelrent of 20l. furth of the lands of Karishell, within the barony of Clakmanan.   xxi. 321.

(28)   Oct. 5. 1652.
JOHN ERSKEIN, heir of Erthor Erskine of Scotscraig, his father,—in the lands of Bernaig and Aikenheid, and the lands of Aberdonie, within the regallitie of Alloway and barronie theirof. —E. 15m. 6s. 8d.—(See Fife.)   xxi. 82.

(29)   Feb. 22. 1654.
JAMES CREICHTOUNE of Castell-maynes, heir of John Crichtoune, his brother germane,—in the lands, lordshipe, barronie, and regalitie of Alloway comprehending the lands of Galberstoune, Ile callit the Ile of Clackmeinein, land of Haltoune and Powhous, and forrest of Clackmanein, with the milne, grainges, Blakgrainges, Ferrietoun, and meidow of Clakmanan, and Litle Croft above the North syd of the watter of Litill Dovan, Langkers, Newhous, and Pow of Alloway :—O. E. 40l. N. E. 600m.—the burgh of barronie and regalitie of Alloway and crofts, with weiklie mercat and yearlie fair ;—the sea port and harbour of Alloway, and ferrie boatts upon the watter of Forth :—O. E. 1m. N. E. 10m.—the teynd sheaves and uther teynds of the samyen :—O. E. 2m. N. E. 30m.—all within the regalitie and sherefdomes of Stirling and Clackmanan respectively.—(See Stirling.)   xxi. 332.

(30)   Oct. 6. 1654.
ALEXANDER BRUCE, heir of Hendrie Bruce son to Sir Robert Bruce of Clackmanan knight, his father,—in ane annuelrent of 200m. furth of the barroney and lands of Clackmanan ;—ane uther annuelrent of 200m. furth of the said lands.   xxiii. 72.

(31)   Oct. 6. 1654.
ALEXANDER BRUCE, heir of Hendrie Bruce son to Sir Robert Bruce of Clackmanan knight, his father,—in ane tenement of houses, yaird, and croft of land on the south pairt of the toune of Clackmanan ;—ane croft callit tua riggis of land with yaird, within the barroney of Clackmanan.—O. E. 16s. N. E. 32s.   xxiii. 73.

(32)   Dec. 16. 1657.
JOHN JUSTICE, heir of Mr. John Justice late comissarie of Linlithgow, his father,—in ane annualrent of 400l. furth of the lands and barroney of Tullicultrie, within the parochin of Tulliecultrie, and furth of other lands in Perth.—(See Perth.)   xxiv. 224.

(33)   Apr. 24. 1662.
MARGARETA REID, hæres Willielmi Reid de Craigheid, proavi, —in quarta parte villæ et terrarum de Scheardaill vulgo Craigheid nuncupata, cum dimidietate molendini granarii de Dollorschyr vulgo vocata Rackmilne, in dominio de Dollorschyre, et regalitate de Dumfermeling.—E. 13m. &c.   xxvi. 199.

(34)   Maii 13. 1663.
GULIELMUS KYD, hæres conquestus Roberti Kyd filii Magistri Jacobi Kyd de Craigie, fratris immediate junioris,—in annuo redditu 126l. de terris et villa de Tilliebody, infra parochiam de Alloway.—E. ......—(Vide Forfar.)   xxvii. 104.

(35)   Jan. 8. 1668.
MARGARETA ET ANNA WATTIS, hæredes portionariæ Joannis Watt senioris molitoris apud molendinum de Tullicultrie, avi,—in annuo redditu 40m. de octava parte villæ et terrarum de Colsnauchtane, in baronia de Tullicultrie.   xxix. 40.

(36)   Jan. 1. 1669.
JACOBUS STEWART, hæres Alexandri Stewart, patris,—in quarteria seu quarta parte terrarum de Sheardaill, cum terris Forresterland nuncupatis et piscatione salmonum, &c. in aqua de Dovan, in dominio de Dollar, parochia ejusdem et regalitate de Dumfermline.—E. 5l. 5s. 4d.—(Vide Fife.)   xxix. 147.

(37)   Aug. 4. 1670.
MAGISTER JOANNES MUIRHEID de Linhous, hæres Joannis Muirheid de Linhous, patris,—in annuo redditu 100l. de annuo redditu 2000m. de terris, dominio, et baronia de Alloway.   xxx. 116.

(38)   Feb. 15. 1671.
AGNETA GIBSONE sponsa Alexandri Cusing textoris in Alloway, hæres Margaretæ Gibsone incolæ in Alloway, sororis,—in dimidietate tenementi domorum, cum horreo et horto vocato Cluniesland, infra urbem et regalitatem de Alloway.—E. 1 as.   xxx. 164.

(39)   Apr. 3. 1672.
DOMINUS CAROLUS ERSKINE de Alva miles baronettus, hæres Thomæ Erskine filii primogeniti Domini Caroli Erskine de

Cambuskenneth militis, inter eum et Dominam Mariam Hope ejus conjugem procreati, *fratris germani natu senioris*,—in terris et baronia de Cambuskenneth comprehendentibus maneriei locum et habitationem de Cambuskennethe :—E. 10*m.*, *feudifirmæ* :—acras, villas, terras et lie Hude de Cambuskenneth, cum lie Waird, Damsyd, et Nabetlandis (vel Nakedlands);—terras de Craig;—terras de Cambus;—terras de Bandeath, Cuikspow, et Muirtoune, cum piscationibus salmonum super aqua de Forth;—decimis rectoriis et vicariis dictarum terrarum, per annexationem infra dominium de Cardrois :—E. 222*m.* &c. *feudifirmæ* :—unitis cum aliis terris in Fife et Perth, in baroniam de Cambuskinneth.—(Vide Perth, Fife.)
                                               xxxi. 158.

(40)   Mar. 19. 1673.

DAVID BRUICE de Kennett, *hæres* Davidis Bruice de Kennet, *patris*,—in terris et baronia de Schanbodie, comprehendentibus villam et terras de Schanbodie ;—terras de Hartshaw ;—terras de Craigmæ, Tarbetfoord, Slackbræ, Startoun et Gartsinnan, et terras de 2 Muirsyds, in parochia de Clackmannan ;—villam et terras de Craigtoun et decimas, cum lie Coallgate et Schoirdewties, potestate piscationis salmonum super aqua de Forth, et cum decimis garbalibus, omnibus unitis in baroniam de Schanbodie, cum privilegio de lie Moss de Shanbody :—A. E. 20*l.* N. E. 120*l.*—terris de Eister Kennett cum decimis :—A. E. 2*l.* N. E. 12*l.*—terris de Westir Kennett cum decimis, in parochia de Clackmannan :—A. E. 4*l.* N. E. 24*l.*—2 tenementis in villa de Clackmannan ;—2 acris in Over Hallhill :—E. 26*s.* 8*d.* *feudifirmæ* :—3 acris terrarum in Nathir Hallhill :—E. 16*s.* 8*d.* *feudifirmæ* :—4 acris terrarum vocatis Neuck :—E. 8*s.* 4*d.* *feudifirmæ* :—acra terræ apud Mariebrig.—E. 6 *firlotæ hordei*, *feudifirmæ*.   xxxi. 294.

(41)   Apr. 14. 1674.

DAVID BRUCE de Clackmannan, *hæres* Domini Henrici Bruce de Clackmannane, *patris*,—in terris et baronia de Clackmannan, viz. terris dominicalibus et antiqua baronia de Clackmannan, villa et burgo baroniæ de Clackmannan ;—molendino de Clackmannan et communia vocata Pilmore et .... ;—quæquidem villa erecta fuit in burgum baroniæ ;—terris de Hallhill, Over et Nether Killend, Corshill (Kershill), Cortoquoy, Grasmanstoun, Garthallow, Birkhill, Linmilne ;—terris molendinariis et multuris earundem ;—Tulligarth, Pitensken, Mortimersyde, Craigorie, Kemling, East Park et Wester Kennett, infra baroniam de Clackmannan, cum advocationibus omnium prædictarum terrarum :—A. E. 20*l.* N. E. 90*l.*—terris et tenandria de Eister Kennett cum crofta vocata Greives aiker ;—tenemento terræ vocato Baxtersland ;—2 croftis vocatis Cruiket crofts, cum pastura in communia de Clackmannan ;—terris de Craighill et Hiltouncroft ;—superioritate terrarum Gilberti Coustoun ex boreali parte burgi baroniæ de Clackmannan, ac 9 acrarum terrarum de Wester Kennett, in parochia de Clackmannan :—A. E 40*s.* *feudifirmæ* ; N. E. 12*l.*—decimis garbalibus terrarum et tenandriæ de Eister Kennett, ac diversarum croftarum suprascriptarum, unitis in tenandriam de Eister Kennett, infra baroniam de Clackmannan :—E. ......—40 acris terrarum ecclesiasticarum infra terras dominicales de Craigie infra baroniam prædictam, cum liberis nundinis infra burgum de Clackmannan :—E. 4*l.* et 3*s.* 4*d.* in augmentationem, *feudifirmæ* :—terris et baronia de Sauchie cum molendinis et decimis garbalibus earundem :—A. E. 20*l.* N. E. 92*l.*—terris de Gairden-Keir infra regalitatem de Dumfermling :—E. 4*l.* *feudifirmæ* :—officiis vicecomitatus et forrestarii dicti vicecomitatus de Clackmannan, cum custumis liberi fori vocati St. Bartholomew fair apud Clackmannan, omnibus unitis in baroniam, burgum baroniæ, et vicecomitatum de Clackmannan :—E. .... *et administratio justiciæ* :—terris de Banchrie et illa portione terrarum de Tilliebodie vocata Newbigging, infra parochiam de Tilliebody.—E. 40*l.* *feudifirmæ*.   xxxii. 1.

(42)   Jan. 27. 1675.

JOANNES SCOTLAND, *hæres* Thomæ Scotland in Dollerbeg, *patris*,—in quarta parte terrarum de Sheardells, infra parochiam de Doller et regalitatem de Dumfermline.—E. 5*l.* 5*s.* 4*d.* *feudifirmæ*.   xxxii. 87.

(43)   Aug. 18. 1675.

JOANNES REID, *hæres* Margaretæ Blackburne sponsæ Roberti Reid nautæ in Bruntisland, *matris*,—in annuo redditu 40*l.* de binis bovatis vel octava parte terrarum de Maines de Doller, vel duodecima parte de terris de Bankis de Dollar, vel lie tuo parte sextæ partis terrarum de Bankis de Dollar, in parochia de Doller.   xxxii. 317.

(44)   Nov. 28. 1677.

THOMAS BRUCE, *hæres* Roberti Bruce incolæ in Leith, *patris*,—in tenemento in villa de Clackmanan ;—5 acris terrarum arabilium infra parochiam de Clackmanan ;—crofta terræ in lie Lechies, cum gramine de Wellmyre, et portione communitatis de Pilmore ad dictum tenementum terræ et dictas acras pertinente.—E. 4*m.*   xxxiii. 301.

(45)   Jan. 23. 1678.

JOANNES DUNCANSONE, *hæres* Willielmi Duncansone apud Woodsyde de Alveth, secundi filii Patricii Duncansone apud Woodsyde, *patris*,—in octava parte terrarum de Eister Tilliecultrie nuncupata Eliestoun, in baronia de Tilliecultrie.—E. 3 *bollæ brasei*, &c. *feudifirmæ*.   xxxiv. 78.

(46)   Maii 13. 1679.

DOMINA MARGARETA BOYD sponsa Domini Jacobi Foulis de Reidfoord unius Senatorum Collegii Justiciæ, *hæres* Joannis Boyd mercatoris burgensis de Edinburgh, et nuper ædilis ejusdem, *patris*,—in annuo redditu 44*m.* 10*s.* de terris et baronia de Alloway, Ferrietoune, et Forrest.—(Vide Edinburgh, Stirling.)
                                        xxxiv. 128.

(47)   Mar. 31. 1680.

PATRICIUS CRAIGENGELT in Alloway, *hæres* Magistri Davidis Craigengelt apud molendinum de Tullicoultrie, *fratris*,—in molendino de Tullicoultrie, cum multuris de terris et baronia de Tullicoultrie, comprehendentibus terras de Balheartie, Drummie, Stannochill, Coalsnaughtan, Wester Tullicoultrie alias Coalstoun, Cairnstoun, Maines, Hiltoun, et Headdyks, Easter Tillicoultrie alias Eleistone, Harviestoun, et Farnichall ;—domibus et hortis cum terris de Wester Tillicoultrie nuncupatis Coalstoune, comprehendentibus terras vocatas Plettins et Hillockland extendentes ad 1½ acram terræ, cum dimidietate acræ terræ in Langcroft, et 2 acris terræ in Dealfoots ;—2 interliriis in Hollow-meadow ;—sulco graminis in Sunniesyde ;—4 lie butts terrarum de Blackbutts ;—aliis rigis et peciis terræ, cum tertia parte de Whytehaugh-holles, ex boreali latere aquæ de Dovan, Piperrig, et Naketlands ;—peciis terræ de Netherbank, et peciis terræ in Tathfold cum gramine, parte de Arnmeadow, cum partibus tertiæ partis de Overbank de Colingtonhill ;—decimis præfatarum terrarum infra vicecomitatum de Clackmannan, dominium de Stirling, baroniam et parochiam de Tilliecoultrie, pro principali ;—et in warrantum prædicti molendini et terrarum, in reliquis terris et baronia de Tilliecoultrie cum decimis, redimabilibus pro 10,428*m.*—E. 6 *bollæ* 3 *firlotæ polenti*, &c. *feudifirmæ*.   xxxvi. 66.

(48)   Jun. 23. 1680.

HENRICUS BELFRAGE portionarius de Neather Baith, *hæres* Jacobi Belfrage portionarii de Neather Baith, *patris*,—in annuo redditu 80*l.* de terris de Craigtoune, infra baroniam de Shanbodie et parochiam de Clackmannan.   xxxv. 111.

(49)   Jun. 21. 1682.

JACOBUS PATOUNE, *hæres* Joannis Patoun portionarii de Elistoune de Tulliecultrie, *patris*,—in octava et decima sexta parte terrarum de Eistertoun de Tullicultrie nuncupata Elistoun, cum pastura infra bondas de Hill de Tilliecultrie :—E. 4 *bollæ* et 2 *firlotæ brasei*, &c. *feudifirmæ* :—binis octavis partibus prædictarum terrarum in baronia de Tulliecultrie, cum pastura :—E. 6 *bollæ brasei*, &c. *feudifirmæ* :—annua feudifirma 15*l.* de prædictis octava et decima sexta parte terrarum de Elistoune de Tulliecultrie ;—annua feudifirma 20*l.* de prædictis binis octavis partibus terrarum de Elistoun de Tulliecultrie.   xxxvi. 208.

(50)   Jun. 21. 1682.

JACOBUS COUSTOUNE, *hæres* Gulielmi Coustoune in Friertoune, *patris*,—in crofta terræ nuncupata Stewarts bank in territorio villæ de Clackmannane ;—altera crofta terræ infra territorium prædictum.—E. 6*s.* 8*d.*   xxxvii. 40.

(51)   Dec. 8. 1682.

GULIELMUS STEWART de Rosyth, *hæres* Jacobi Stewart, *consanguinei germani ex parte patris*,—in quarta parte terrarum de Sheardaill cum terris nuncupatis Forresterland, carbonibus et piscatione in aqua de Dovan, in dominio et parochia de Doller et regalitate de Dumfermline.—E. 5*l.* 5*s.* 4*d.* &c.—(Vide Fife.)
                                       xxxvii. 53.

(52)   Jan. 29. 1684.

GEORGIUS SHAW de Ridheugh, *hæres* Magistri Jacobi Shaw scribæ Edinburgi, *fratris germani*,—in terris et baronia de Clackmannan, viz. terris dominicalibus et antiqua baronia de Clackmannan ;—villa et burgo baroniæ de Clackmannan ;—molendino de Clackmannan cum communitate ejusdem vocata Pilmore, quæquidem villa de Clackmannan in liberum burgum baroniæ creata fuit ;—terris de Hallhill superiore et inferiore ;—Hilend, Carshill, Carloquhie, Grassuntoune, Gartclove, Kirkbill et ejusdem silva, Lynemilne, Tilligart, Pittensheen, Mortymersyde, Craigrie, Kinglings, East Park et Wester Kennit, infra baroniam de Clackmannan ;—advocationibus ecclesiarum prædictarum terrarum, baroniæ et burgi baroniæ, cum libera forresta earundem :—A. E. 20*l.* N. E. 90*l.*—terris et tenandria de Easter Kennit cum crofta nuncupata Greersacker (vel Grievesaiker) ;—tenemento terræ vocato Baxterland cum Westland croft et horto, Crookedcroft, et pastura in communitate de Clackmannan ;—terris de Craighill et Hiltouncroft, cum superioritate terrarum Gilberti Couston, et 9 acrarum terræ in Westir Kennit, infra parochiam de Clackmannan :—A. E. 40s. N. E. 12l.—decimis garbalibus terrarum et tenandriæ prædictæ de Eister Kennitt, &c.—E. ....—40 acris terrarum ecclesiasticarum infra terras dominicales de Craigrie, infra dictam baroniam de Clackmannan ;—liberis nundinis infra dictum burgum de Clackmannan ;—carbonariis et patellis salinariis ad prædictas terras spectantibus :—E. 4l. et 4d. in augmentationem, *feudifirmæ* : —terris et baronia de Sauchie cum decimis:—A. E. 20l. N. E. 92l. —terris de Gardenkeer infra regalitatem de Dumfermling :—E. 4l. *feudifirmæ* :—officiis vicecomitatus et forrestæ prædicti vicecomitatus de Clackmannan, omnibus unitis in baroniam, burgum baroniæ, et vicecomitatum de Clackmannan :—E. ....—terris de Balquhairne in parochia de Logie, et Bowes de Sauchie cum Houtoun ejusdem :—E. 40l. *feudifirmæ* :—terris de Garlett cum decimis.—A. E. 2m. N. E. 6m.—(Vide Perth, Stirling.)   xxxvi. 320.

(53)   Mar. 6. 1685.
ALEXANDER DRUMOND de Balhadies, *hæres* Duncani Drumond de Balhadies, *patris*,—in quarta parte villæ et terrarum de Sterdaill vocata Craigheid, cum dimidio molendini granarii de Dollorshyre vulgo vocati Rackmilne, in parochia de Dollar et regalitate de Dumfermling.—E. 8l. 13s. 4d. &c.   xxxvii. 321.

(54)   Nov. 23. 1686.
DOMINUS THOMAS NICOLSONE de Tulliecultrie, *hæres masculus* Joannis Nicolsone de Tullicultrie, fratris germani Domini Thomæ Nicolsone de Carnock militis baronetti, *patris*,—in terris et baronia de Tulliecultrie comprehendente terras de Balhartie, Drummie, Shannach, Colmenauchtane, Columsdannack, cum molendino granario de Cairntoun, et molendino fullonum de Elockdavauch et Hauchdavauch :—E. 55l. &c. et 13l. 6s. 8d. in augmentationem :—terras de Hiltoun et montem de Tulliecultrie :— E. 3l. 18s. 4d. &c. *feudifirmæ* :—terras de Wester Tulliecultrie cum monte earundem :—E. 12l. 12s. &c. *feudifirmæ* :—ecclesiam de Tulliecultrie cum decimis ;—10 acris terrarum et gleba terræ ecclesiæ de Tulliecultrie, cum burgo baroniæ de Tulliecultrie ;—decimis prædictarum terrarum, cum mineralibus auri, argenti, plumbi, stanni, cupri, &c.—omnibus unitis in baroniam de Tulliecultrie, pro principalibus.—E. 53l. 4s. *albæ firmæ*.—(Vide Perth.)   xl. 17.

(55)   Oct. 28. 1690.
GULIELMUS COMES DE DUNDONALD, Dominus Cochran de Paislay, *hæres masculus linealis* Joannis Comitis de Dundonald, Domini Cochran et Paislay, &c. *patris*,—in annuo reditu 600l. correspondente summæ 10,000l. de dominio, terris, baronia et regalitate de Alloway et decimis.—E. 1d. *albæ firmæ*.—(Vide Renfrew, Dumbaron, Ayr, Lanark, Haddington.)   xli. 319.

(56)   Nov. 25. 1692.
MARGARETA REID, *hæres portionaria* Gulielmi Reid de Breulands, *proavi*,—......... CAMPBELL, procreata inter .... Campbell et Bessetam Reid sororem dictæ Margaretæ, *hæres portionaria* dicti Gulielmi Reid, *abavi ;*—et JACOBUS BURN procreatus inter Gulielmum Burne et Janetam Reid ejus sponsam, sororem dictæ Margaretæ, *hæres portionarius* dicti Gulielmi Reid, *abavi*,—in superioritate terrarum subscriptarum:—MARGARETA

REID prædicta, *hæres portionaria* Alexandri Reid, *avi*,—......... CAMPBELL et JACOBUS BURN, *hæredes portionarii* dicti Alexandri Reid, *proavi*,—in proprietate terrarum de Breulands de Doller, extendentium ad 4 acras aut eocirca, infra parochiam de Dollar et regalitatem de Dunfermline.—E. 46s. 2½d. &c. *feudifirmæ*.   xliii. 71.

(57)   Dec. 9. 1695.
ARCHIBALDUS COMES DE ARGYLE, Dominus Kintyre, Campbell, et Lorn, &c. *hæres* Archibaldi Comitis de Argyle, Domini Kintyre, Campbell, et Lorn, &c. *patris*,—in terris et baronia de Menstrie cum aliis terris comitatus de Argyle:—E. 500m. *taxatæ wardæ* :—advocatione ecclesiæ parochialis et parochiæ de Dollor rectoriæ et vicariæ ejusdem :—E. 1d. *albæ firmæ* :—terris vocatis Over et Neather Mains de Dollar:—E. 1 *celdra hordei*, &c. *firmæ* :— terris de Glencairnie jacentibus a tergo ripæ lie Bank de Dollar : —E. 40s. &c. *firmæ* :—terris de Bank de Dollar :—E. 40l.—pomario :—E. 37s. 4d.—dimidio molendini de Dollarbeg :—E. 3l. 5s. 4d.—2 quarteriis de Shiredaill :—E. 9l. 6s. 8d. &c. *firmæ* :—infra regalitatem de Dumfermline ;—omnibus unitis cum aliis terris in dominium, comitatum et baroniam de Argyle.—(Vide Argyle, Inverness, Perth, Fife, Stirling, Bute, Forfar, Dumbarton.) xlv. 629.

(58)   Feb. 24. 1696.
DOMINUS JOANNES ARSKINE de Alva, *hæres* Domini Caroli Arskine de Alva, *patris*,—in terris et baronia de Cambuskenneth comprehendente maneriei locum et habitationem de Cambuskenneth, cum villis et terris vocatis Hud de Cambuskenneth, et Ward, Damsyd, et Maickettland (Naicketland ?);—terras de Craig cum molendinis et terris molendinariis ;—terras de Cambus cum molendino et terris molendinariis ;—terras de Bandeath, Cookspew et Muirtoune, cum piscationibus salmonum super aqua de Forth, et decimis garbalibus, rectoriis et vicariis omnium terrarum prædictarum, infra dominium de Cardross et vicecomitatus de Stirling et Clackmannan :—E. 222m. *feudifirmæ* :—terras de Bernagie, Aikenhead, et Aberdonie, infra regalitatem et baroniam de Alva et vicecomitatum de Clackmannan :—E. 15m. 6s. 8d.—unitas cum aliis terris in Perth, et Fife in baroniam de Cambuskenneth.— (Vide Stirling, Fife, Perth.)   xlv. 491.

(59)   Jun. 24. 1697.
DOMINA JOANNA NISBET, Domina Harden, *hæres lineæ et talliæ* Domini Joannis Nisbet de Dirltoune, *patris*,—in terris et baronia de Corntoune comprehendente terras de Tilliecultrie, cum aliis terris in vicecomitatu de Stirling unitis in baroniam de Corntoune :—A. E. 20l. N. E. 80l.—in warrantum terrarum de Dirletoun.—(Vide Haddington, Stirling, Forfar, Berwick.) xlvii. 155.

(60)   Oct. 24. 1698.
GEORGIUS CUMING filius Andreæ Cuming scribæ Edinburgi, procreatus inter illum et Barbaram Richardsone ejus sponsam, quæ erat soror germana Elizabethæ Richardsone aliquando sponsæ Alexandri Barclay scribæ in Stirling, et deinceps Magistri Georgii Stewart incolæ ibidem, *hæres* dictæ Elizabethæ Richardsone, *materteræ*,—in annuo redditu 82l. correspondente principali summæ 2050m. de terris de Wester Grange de Cambuskenneth, infra parochiam de Logie.—E. 1d. *albæ firmæ*.—(Vide Stirling.)   xlviii. 618.

SUPPLEMENTA
CLACKMANNAN.

(61)   Jan. 11. 1591.
JACOBUS SCHAW de Sauquhy, *hæres* Alexandri Schaw de Sauquhy, *avi*,—in 40 solidatis terrarum de Banchrie.—A. E. 40s. N. E. .....   C. 50.

(62)   Jul. 21. 1612.
JOANNES HAISTIE sartor burgensis vici Canonicorum, *hæres* Duncani Ker, *fratris proavi*,—in annuo redditu 12 bollarum farinæ avenaticæ de illa parte terrarum de Tillibodie nuncupta Newbiggings :—10 libratis terræ terrarum de Tullibodie in warrantum dicti annui redditus.—E. 10l.   E. 188.

(63)   Nov. 4. 1612.
MARGARETA PORTERFEILD, *hæres portionaria* Christopheri Porterfeild in Balgonye de Culross, *patris*,—in annuo redditu 24l. de terris de Hiltoun, in dominio et regalitate de Alway.   E. 220.

(64)   Nov. 4. 1612.
JONETA PORTERFEILD, *hæres portionaria* Christopheri Porterfeild in Balgonye de Culross, *patris*,—in annuo redditu prædicto.   E. 222.

DUMBARTON.

INDEX NOMINUM.

a

244

DUMBARTON.

INDEX LOCORUM.

b

DUMBARTON.

(1)   Jun. 5. 1549.
JOANNES CAMPBELL, *hæres* Duncani Campbell de Carryk, *patris,*—in terris de Douchlass, extendentibus ad 5 mercatas terrarum antiqui extentus, jacentibus in insula de Rosneth.—A. E. 5m. N. E. 10m.   i. 149.

(2)   Oct. 19. 1596.
ELIZABETHA DOUCHALL, *hæres portionaria provisionis* Alexandri Douchall de Ardochbeg, *patris,*—in terris de Ardochbeg, jacentibus in comitatu de Levenqx.—A. E. 4l. 3s. 4d. N. E. 4l. 5s.   i. 155.

(3)   Nov. 28. 1599.
WILLIELMUS DENNESTOUN, *hæres* Caroli Dennestoun, *fratris,*—in annuo redditu 10m. de terris dominicalibus de Kilmaronnok.   ii. 165.

(4)   Mar. 15. 1600.
THOMAS HALDEN, *hæres* Roberti Halden de Balwill, *avi,*—in terris de Abbir extendentibus ad 3 libratas terrarum antiqui extentus cum molendino, in baronia de Kilmarnok (Kilmaronok).—A. E. 3l. N. E. 9l.   ii. 25.

(5)   Oct. 8. 1600.
JOANNES HOUSTOUN apparens de Eodem, *hæres* Domini Patricii Houstoun de Eodem militis, *patris,*—in 10 libratis terrarum antiqui extentus de Auchinclinche (vel Auchincluiche).—A. E. 10l. N. E. 30l.—(Vide Renfrew, Stirling, Linlithgow, Edinburgh.)   ii. 57.

(6)   Jan. 5. 1602.
THOMAS DOMINUS BOYDE, *hæres* Roberti Domini Boyde, *patris,*—in 10 libratis terrarum antiqui extentus de Auchinturlie, Dunnerbuk, et Spittell, cum molendinis et piscariis lie Cobilldrauchtis, Cruikit-schottis et Spittel-schottis, super aqua de Clyde.—A. E. 10l. N. E. 40l.—(Vide Stirling.)   ii. 195.

(7)   Jun. 1. 1604.
PATRICIUS MAXWELL de Newark, *hæres* Patricii Maxwell de Newark, *abavi,*—in terris de Fasland et Bardisland extendentibus ad 100 solidatas terrarum antiqui extentus, in regalitate de Levenax.—A. E. 5l. N. E. 20l.   iii. 88.

(8)   Apr. 30. 1605.
JOANNES BUNTENE, *hæres* Willielmi Buntene de Ardoch, *avi,*—in terris de Ardoche-Buntene, Netherlie, Overlie, Craigend, piscaria de Zair de Ardoche, extendentibus ad 6 libratas terrarum antiqui extentus.—A. E. 6l. N. E. 18l.   iii. 145.

(9)   Feb. 11. 1607.
ALEXANDER COLQUHOUN de Luss, *hæres* Joannis Col-

quhoun, *fratris,*—in annuo redditu 20m. de terris de Kirkmichaell-Semple.   iv. 166.

(10)   Jun. 23. 1607.
JACOBUS DENNESTOUN in Boghouse de Wodheid, *hæres* Patricii Dennestoun in Dalnair, *proavi,*—in terris de Tullichewnes-Dennestoun, et Sempill, extendentibus ad 9 mercatas terrarum antiqui extentus, jacentibus in ducatu et comitatu de Lennox.—A. E. 9m. N. E. 36m.   iv. 76.

(11)   Mar. 22. 1608.
UMPHREDUS NOBILL de Ardardane-Nobill, *hæres* Gulielmi Nobill de Ardardane-Nobill, *patris,*—in terris de Ardardane-Nobill :—A. E. 4l. N. E. 12l.—terris de Stukkedow-Nobill, infra ducatum et regalitatem de Lennox :—A. E. 13s. 4d. N. E. 40s.—6 mercatis terrarum antiqui extentus de Wester Ardardane, infra ducatum et regalitatem antedictas :—A. E. 4l. N. E. 12l.—3 acris terrarum de Ballimenoch, jacentibus ut prædicitur.—A. E. 1d. N. E. 12d.   iv. 142.

(12)   Oct. 25. 1608.
WILLIELMUS SEMPLE, *hæres* Roberti Semple de Fulwod, *patris,*—in terris de Kirkmichaell et Kilmalid, infra parochiam de Dunbartane.—A. E. 10l. N. E. 30l.   iv. 189.

(13)   Apr. 4. 1609.
ALEXANDER M'KINNIE, *hæres* Normandi M'Kinnie de Knokdorie, *patris,*—in 5 libratis terrarum de Knokdorie-M'Kynnie, in insula de Rosneyth.—A. E. 5l. N. E. 15l.   iv. 244.

(14)   Maii 15. 1610.
LUDOVICUS HOUSTOUN apparens de Eodem, *hæres* Joannis Houstoun de Eodem, *patris,*—in 10 libratis terrarum antiqui extentus de Auchincleuche.—A. E. 10l. N. E. 20l.—(Vide Renfrew, Stirling, Linlithgow, Edinburgh.)   iv. 447.

(15)   Nov. 9. 1613.
JOANNES CWNNYNGHAME de Drumquhassill, *hæres masculus* Joannis Cwnnynghame de Drumquhassill, *patris,*—in 5 libratis terrarum antiqui extentus de Portnellan-Galbraith, et Tullochan, cum insulis in Lochlomont eisdem adjacentibus, infra comitatum sive ducatum de Lenox :—A. E. 5l. N. E. 15l.—loco sive manerie in qua præpositi ecclesiæ collegiatæ de Dumbartane habitabant, cum hortis et pomariis ;—longa roda terræ in dicto burgo de Dumbartane ;—5 curtis rodis terrarum in dicto burgo ;—5 curtis rodis terrarum in dicto burgo ;—4 curtis rodis terrarum vocatis Buchanans Zard in dicto burgo ;—1 curta roda terræ in dicto burgo;—2 curtis rodis terrarum in viridario dicti burgi ;—2 acris in viridario dicti burgi ;—dimidietate acræ apud terras de Hill ;—altera dimidietate acræ in Murnoch ;—terris de Merrielands, infra libertatem et territorium dicti burgi.—E. 6l. 13s. 4d.   vi. 17.

(16) Maii 11. 1616.

JOANNES M‘FARLAND de Arroquhare, *hæres* Georgii M‘Farland filii legitimi secundo nati quondam Andreæ M‘Farlane de Arroquhare, *fratris germani*,—in annuo redditu 53*l*. 6*s*. 8*d*. de terris dominicalibus vulgo Maynes de Kilmaronock, in baronia de Kilmaronock. vi. 93.

(17) Mar. 20. 1617.

ROBERTUS DOMINUS DE BOYDE, *hæres* Thomæ Domini de Boyde, *avi*,—in 10 libratis terrarum antiqui extentus de Auchintoirlie, Dunerbuk, et Spitell, cum molendino et piscatia lie Coil-Drabglits, Crookotshot, et Spittleshotts super aqua de Clyd—A. E. 10*l*. N. E. 40*l*.—(Vide Stirling, Lanark, Ayr.) vi. 195.

(18) Mar. 20. 1617.

ROBERTUS DOMINUS DE BOYD, *hæres* Roberti Boyd de Badinhath, *fratris avi*,—in 5 libratis terrarum antiqui extentus de Badinhath, in baronia de Linzie :—A. E. 5*l*. N. E. 10*l*.—dimidietate acræ terrarum infra territorium burgi de Kirkintulloch ;—3½ acris terrarum ibidem :—E. 5*s*.—vasta terra cum horto contigue adjacente.—E. 2*d*.—(Vide Lanark, Renfrew.) vi. 198.

(19) Jun. 3. 1617.

DOMINUS ARCHIBALDUS NAPER de Merchingstoun miles, *hæres* Joannis Naper de Merchingstoun, *patris*,—in terris et baronia de Edinbellie-Naper continente terras de Edinbellie-Ballacherne ;—2 bovatas terras de Gartnes, Dalnair, Blair, Over Gartherne, Duchlas, Badyrew, Thomedarrach ;—quarta parte piscariæ de Lochlawmond (excepta piscaria ingressus dicti lacus), cum piscariis aquarum de Enrick et Auldcher, et molendino de Gartnes, cum aliis terris in Perth.—A. E. 104*m*. 6*s*. 8*d*. N. E. 315*m*.—(Vide Perth, Edinburgh.) vi. 255.

(20) Jul. 17. 1617.

PATRICIUS DENNISTOUN filius Patricii Roy Dennistoun de Auchindonanrie, *hæres masculus* Jacobi Dennistoun de Auchindonanrie, filii quondam Andreæ Dennistoun de Auchindonanrie, *fratris avi*,—in terris de Ferryland de Caldros, cum officio ejusdem, viz. Ferrieboit de Caldros, et pastura in terris de Kirktoun de Caldros, in dominio de Cardros.—A. E. 3*s*. 4*d*. N. E. 6*s*. 8*d*. vii. 1.

(21) Apr. 22. 1618.

ALEXANDER M‘AWLAY de Ardingapill, *hæres talliæ et provisionis* Domini Aulai M‘Awlay de Ardingapill militis, *filii patrui*,—in terris de Ardingapillis, Eister, Westir, et Middill, extendentibus ad 12 mercatas terrarum antiqui extentus ;—terris de Blairvarden, ad 2 mercatas terrarum antiqui extentus extendentibus ;—terris de Ardardans-Ardingapill alias vocatis Blairhinrane, Balimanoch, et Gelistoun, ad 12 mercatas terrarum antiqui extentus extendentibus, in regalitate Lennociæ:—A. E. 26*m*. N. E. 78*m*.—6 mercatis terrarum de Letterowalbeg, cum 1 mercata terrarum de Stuckaheuch (vel Stuckaheich), et astrictis multuris, in regalitate prædicta.—E. 15*m*. et 6*s*. 8*d*. in augmentationem. vii. 34.

(22) Apr. 25. 1620.

HUGO CRAWFOURD de Clobarhill, *hæres* Hugonis Crawfourd de Clobarhill, *avi*,—in terris de Clobarhill, extendentibus ad 40 solidatas terrarum antiqui extentus, in baronia de Drumry et ducatu de Lennox.—A. E. 40*s*. N. E. 6*l*. vii. 241.

(23) Jul. 6. 1620.

DUNCANUS M‘FARLANE filius Humphredi M‘Farlane de Brachquhaurne, *hæres* Roberti M‘Farlane filii Andreæ M‘Farlane de Arriquhair, *patrui*,—in annuo redditu 20*l*. de terris dominicalibus vulgo Maynes de Kilmaronnok, in baronia de Kilmaronok. vii. 329.

(24) Maii 3. 1621.

JACOBUS COMES DE ABIRCORNE, Dominus Payslay et Kilpatrik, &c. *hæres* Claudii Domini Paislay, *avi*,—in dominio et baronia de Paislay comprehendente inter alia terras subscriptas, viz. terras de Eister et Wester Kilpatrikis, Moreisland, Kirktoun de Kilpatrik, Gavanburne, Auchintoschen, Dunterclunane, Belwarthill, Eister et Wester Cochnochis, Duntocher, cum molendino ;—terras de Mylnecroft, Edinbarnet, Craigbannoche, Auchinleek, Fairclay (vel Faisley), Braidfeild, Moquhanrane (vel Boquhanrane), Auchingrie, Chappelland, Eister et Wester Culboyis, Bornes, ac prata, cum piscariis in aqua de Clyde, vocatis Cruikitschot et Limbrane, ac moris de Kilpatrik, Cochnoches, Auchingrie, Edinbarnan, et Craigbannoche, omnes infra regalitatem de Paislay ;—decimis garbalibus ecclesiarum parochialium et parochiarum de Kilpatrik et Roseneath ;—annuo redditu 6*s*. 8*d*. de terris ecclesiasticis de Roseneath, et advocatione prædictarum ecclesiarum, cum quibusdam aliis terris in vicecomitatibus de Renfrew, Ayr, Peebles, Roxburgh, Lanark, Haddington, Argyll, Berwick, et Bute.—E. 133*l*. 6*s*. 8*d*.—(Vide Renfrew, Ayr, Peebles, Roxburgh, Argyle, Haddington, Berwick, Bute, Lanark.) vii. 325.

(25) Jul. 29. 1625.

JACOBUS LENOCIÆ DUX, Comes Darnlie et Marchiæ, Dominus Tarbolton, Methven, Sanct Androis, et Obignie, Magnus Admirallus et Camerarius Scotiæ, *hæres* Lodovici Lenociæ et Richmundiæ Ducis, &c. *patrui*,—in ducatu, comitatu, dominio, baronia, et regalitate de Lenox, cum capella et cancellaria, comprehendente 10 libratas terrarum de Kilmahew ;—53 solidatas 4 denariatas terrarum de Blairhynnachra ;—53 solidatas 4 denariatas terrarum de Balhimanoch ;—53 solidatas 4 denariatas terrarum de Geilstoun, alias vocatas Ardardanis-Mackawlay ;—8 libratas terrarum de Ardardins-Noble et Lylle ;—5 libratas terrarum de Keppoch ;—5 libratas terrarum de Kowgraine ;—7 libratas terrarum de Camseskanis ;—40 solidatas terrarum de Kirkmichaell-Striveling ;—40 solidatas terrarum de Kirkmichael-Buchanan ;—26 solidatas 8 denariatas terrarum de Stuklekkie ;—8 libratas terrarum de Milliges ;—8 libratas terrarum de Ardingaples ;—4 mercatas terrarum de Laggane ;—5 libratas 6 solidatas 8 denariatas terrarum de Ardinconnel ;—4 libratas terrarum de Letter-rowalbeg et Stukkieheich ;—5 libratas 6 solidatas 8 denariatas terrarum de Blairvaddoich et Stukadnell ;—4 libratas 13 solidatas 4 denariatas terrarum de Blairuikmoir ;—5 libratas 6 solidatas 8 denariatas terrarum de Letterrowalmoir ;—5 libratas terrarum de Fauslaine ;—9 libratas terrarum de Garlocheid, Mamoir, Mabeg, et Forlincarie, cum piscatione salmonum, &c. in aqua et lacu de Garloch ;—6 libratas 13 solidatas 4 denariatas terrarum de Alterpitoun et Letter ;—40 solidatas terrarum de Dowarling ;—3 libratas 6 solidatas 8 denariatas terrarum de Stronratan ;—5 libratas 6 solidatas 8 denariatas terrarum de Fynnart, Portchappell, et Forlinbaik ;—6 libratas 13 solidatas 4 denariatas terrarum de Stukkiedow, Auchinvennalmoir, et Auchingach ;—3 libratas 6 solidatas 8 denariatas terrarum de Auchinvennal-mouling ;—6 libratas terrarum de tribus Kilbrydis ;—5 libratas terrarum de Bannachrawis ;—3 libratas terrarum de Blairnairne ;—33 solidatas 4 denariatas terrarum de Blairderdan ;—5 mercatas terrarum de Meikil Drumfad ;—2 mercatas terrarum de Littil Drumfad ;—5 libratas terrarum de Darleith ;—5 libratas terrarum de Auchindonan-Dennistoun ;—5 libratas terrarum de Camron-Dennistoun ;—10 libratas terrarum de tribus Tullylquhellonis ;—8 libratas terrarum de Bonyll-Lindsay ;—5 libratas terrarum de Dalquhirne ;—40 libratas terrarum de Arroquhare ;—10 libratas terrarum de Craigeroscane ;—50 solidatas terrarum de Bonyll-Noble alias Nobylstoun ;—10 mercatas terrarum de Bonyll-Napeir ;—5 libratas terrarum de Ballocher, cum piscatione in aqua de Levin et lacu de Lochlomond, cum insulis de Inchmerine, Inchvarnok, et Creinchte in Lochlomound, cum jure patronatus ecclesiæ collegiatæ de Dumbartane, et omnium ecclesiarum earundem ;—officium vicecomitis de Dumbartane ;—5 libratas terrarum de Portnellan-Galbraith ;—50 solidatas terrarum de Portnellan-Halliday ;—50 solidatas terrarum de Ardoch-Campbell ;—50 solidatas terrarum de Fynuickblair alias Fynuick-Malice ;—40 solidatas terrarum de Ballintone ;—4 libratas terrarum de Drumnabill (Drumnakill ?) ;—5 libratas terrarum de Letter-Stryveling ;—50 solidatas terrarum de Gartfoirine ;—25 libratas terrarum de Drumquhassill, Bowquhynning, Blairfad, Laddinrew, Craigievairne, Killairnane, Easter-Mugdock-Michell, Blairquhoyis, Middillnebog ;—20 mercatas terrarum de Fynvick-Drummound, Cashleyis, Offringis, et Gartinstarrie ;—5 mercatas terrarum de Callingads ;—5 libratas terrarum de Blairivadis, cum insulis de Inchmoir et Blaron in lacu de Lochlomond ;—20 mercatas terrarum de Renroyis, Asquemoir, Drumteans, et Drumquhairnis ;—5 libratas terrarum de Auchintroig ;—10 mercatas terrarum de Cubbogis alias Glenboggis-Canyngham et Mackewin ;—5 mercatas terrarum de Gartchew ;—5 libratas terrarum de Blairnshoggill ;—5 libratas terrarum de Ballikinraine ;—15 libratas terrarum de Kilcruche et Dollingonochane ;—5 libratas terrarum de Balzion alias Ballewins-Buchanan et Lenox ;—20 mercatas terrarum de Balvey, Ferguston, Gartconnel, Ledcamroch, Bannachtane, Camrone, Camquhill, et Balquhinningis-Loganes ;—12 libratas terrarum de Maynis, Littil Balvey, Leddannroch, Camrone, Camquhill, Balquhinning, et Harlehewin-Douglas ;—20 libratas terrarum de Drummy ;—25 libratas terrarum de Dalmure ;—5 libratas terrarum de Kilmardnnie ;—40 solidatas terrarum de Ballagane, omnes jacentes in vicecomitatibus de Dumbarton et Stirling respective ;—officio Admiralitatis et Camerariæ Regni Scotiæ ;—castro de Dumbartane, cum integris decimis, annuis redditibus, &c. omnibus unitis in ducatum, comitatum, dominium, baroniam, et regalitatem de Lenox, cum quibusdam aliis terris in vicecomitatu de Perth.—A. E. 517*l*. 3*s*. 4*d*. N. E. 1551*l*. 10*s*.—(Vide Stirling, Perth, Renfrew, Ayr, Fife, Forfar, Kincardin, Aberdeen, Edinburgh, Haddington, Berwick, Linlithgow, Lanark.) ix. 249.

(26) Oct. 2. 1627.

JOANNIS SEMPILL, *hæres masculus* Willielmi Sempill de Dalmook, *patris*,—in terris de Dalmook extendentibus ad 40 solidatas terrarum antiqui extentus.—E. 5*l*. 3*s*. 4*d*. x. 34.

(27) Oct. 31. 1627.

WILLIELMUS LEVINGSTOUN de Kilsyith, *hæres masculus*

Domini Willielmi Levingstoun de Kilsyith militis, *avi*,—in terris et baronia de 'Campsie comprehendentibus superioritatem et jus omnium terrarum subscriptarum, viz. terrarum de Auchinhowie cum molendino earundem :—A. E. 9*l.* N. E. 36*l.*—terrarum de Dowane, Blairskeiche, Branzet, Bankeir;—Eister, Wester, et Midle Bandoranes, Eister et Wester Glorattis, terrarum dominicalium earundem ;—terrarum de Blak-Glen, Eshamell, Murend, cum molendino de Glorattis :—A. E. 11*l.* N. E. 44*l.*—terrarum de Kirkmitchell et Blairnerne :—A. E. 5*l.* N. E. 20*l.*—terrarum de Eister, Wester, et Midle Kylvinnetis, Baluggis, Corshouse, Eister et Wester Craigend, Blairtomache, Eister et Wester Hoill, cum molendino lie Glenmylne de Craigbarnet, Eister Wingdok (vel Mukdok), et Quylt, Parkistoun, Thrie Calpistounis, Balgrochanes, Balglass, Lecket, et Culphatrik :—A. E. 16*l.* N. E. 64*l.*—terrarum de Indertethie comprehendentium terras de Clochtet (vel Clocher), Boghous, et Litle Baldone ;—terrarum de Balcrocher, Corshous (vel Corehouse), Thampinestoun, Burbenistounis, Eister et Wester, alias Bancloch Wester, cum molendino nuncupato Lennox-mylln :—A. E. 19*l.* 6*s.* 8*d.* N. E. 58*l.* 6*s.* 8*d.*—terrarum de Bancloche, et terrarum dominicalium lie Maynes earundem ;—terrarum de Eister, Wester, et Litle Mukcroft, Comfyn (vel Tomfyti), Baldon, Corror, Combuy (vel Tombuy), cum molendino de Bancloche :—A. E. 10*l.* N. E. 40*l.*—cum jure liberæ regalitatis;—omnibus prædictis terris jacentibus infra ducatum et regalitatem Lenociæ, et in vicecomitibus de Stirling et Dumbarton respective; et unitis in baroniam de Campsie.—(Vide Stirling). ix. 276.

(28)   Maii 9. 1629.
ROBERTUS DOMINUS BOYD, *hæres* Roberti Domini Boyd, *patris*,—in 5 libratis terrarum antiqui extentus in Badinhauch in baronia de Linzie :—A. E. 5*l.* N. E. 10*l.*—(Vide Ayr, Lanark.)
                                              x. 226.

(29)   Dec. 8. 1629.
DAVID WATSOUN Clericus burgi de Dunbarton, *hæres* Walteri Watsoun burgensis dicti burgi, *abavi*,—in terris communibus burgi de Dumbartan nuncupatis terris de Leiches-glen ;—terris de Skairis-glen ;—terris de Peltbogis, et terris communibus prope Balrydyne :—E. 10*s.*—terris communibus dicti burgi vocatis Sanct-Maries-Wolstryip, infra libertatem dicti burgi.—E. 4*s.*   xi. 99.

(30)   Apr. 19. 1634.
WILLIELMUS LEVINGSTOUN de Kilsayth, *hæres masculus* Willielmi Levingstoun de Kilsayth, *patris*,—in terris et baronia de Campsie comprehendentibus superioritatem et jus terrarum subscriptarum, viz. terrarum de Auchinhowie cum molendino:—A. E. 9*l.* N. E. 36*l.*—terrarum de Dowane, Blairskeich, Birinzet (vel Branzet), Bankeir, Eister, Wester, et Midle Baldorans, Eister et Wester Glorattis;—terrarum dominicalium earundem ;—terrarum de Blakglen, Eshimell, Muirend, cum molendino de Glorat :—A. E. 11*l.* N. E. 44*l.*—terrarum de Eister, Wester et Midle Kilvynnettis, Balugis, Corshous, Eister et Wester Craigend, Blairtomache, Eister et Wester Hoill, cum molendino vocato Glenmylne de Craigbarnet ;—terrarum de Eister Mugdok et Quhylt-Parkistoun, Thre Calpistounes, Balgrochanes, Balglas, Leckit, et Culphatrik :—A. E. 16*l.* N. E. 64*l.*—terrarum de Indertethie comprehendentium terras de Clochtor, Boghous, et Litle Baldone ;—terrarum de Balcrocher, Corshous, Thampnestoun, Burnbenstounis Eister et Wester, alias Bancloche-Wester, cum molendino nuncupato Lennox-mylne :—A. E. 19*l.* 6*s.* 8*d.* N. E. 58*l.* 6*s.* 8*d.*—terrarum de Bancloiche et terrarum dominicalium lie maynes earundem supra et subtus lie Calsay, cum cottagiis ;—terrarum de Eister, Wester, et Litle Mugcroft, Tomfyn, Baldon, Corror, Tombuy, cum molendino de Bancloich :—A. E. 10*l.* N. E. 40*l.*—terrarum de Kirkmitchell et Blairnerne :—A. E. 5*l.* N. E. 20*l.*—cum jure et privilegio liberæ regalitatis;—omnibus infra ducatum et regalitatem Lenociæ et vicecomitatus de Stirling et Dumbartane respective, et unitis in baroniam de Campsie.—(Vide Stirling.)
                                              xiii. 246.

(31)   Dec. 17. 1634.
MAGISTER JACOBUS HAMMILTOUNE de Barnes, *hæres* Claudii Hammiltoune de Barnes, *patris*,—in 4 libratis terrarum de Barnes :—E. 4*l.* 3*s.* 4*d.*—6 libratis 10 solidatis terrarum de Cwlbie (vel Culbowie)-Wester cum piscaria :—E. 7*l.*—5 libratis terrarum de Eister Culbowie, in dominio et baronia de Kirkpatrick et regalitate de Paisley.—E. 5*l.* 16*s.* 8*d.* *feudifirmæ.*   xiv. 14.

(32)   Mar. 25. 1635.
JOANNES COMES DE MAR, Dominus Erskine et Gareoche, *hæres* Joannis Comitis de Mar, *patris*,—in comitatu de Mar comprehendente piscariam salmonum super aquam de Clyde, infra bondas de lie Cruikitshote, extendentem ad piscariam unius cymbæ :—A. E. 2*m.* N. E. 10*l.*—et comprehendente alia terras et baroniam de Dalnotteris Ovir et Nather ;—terras de Gartscadden cum molendino earundem :—A. E. 10*l.* N. E. 50*l.*—omnes unitas ad comitatum de Mar.—(Vide Clackmannan, Aberdeen, Stirling, Perth, Selkirk.)   xii. 307.

(33)   Jan. 25. 1637.
JACOBUS JOHNSTOUN, *hæres* Patricii Johnstoun portionarii de Auchinleck, *patris*,—in 25 solidatis terrarum de Auchinleck :—E. 25*s.* &c. *feudifirmæ* :—12 solidatis et 6 denariatis terrarum de Auchinleck, in dominio de Kilpatrik et regalitate de Paisley.—E. 12*s.* 6*d.* &c. *feudifirmæ.*   xv. 260.

(34)   Jan. 25. 1637.
PATRICIUS BRYSSOUN, *hæres* Joannis Bryssoun portionarii de Auchinleck, *patris*,—in 12 solidatis et 6 denariatis terrarum de Auchinleck, in dominio de Kilpatrik et regalitate de Paisley.—E. 12*s.* 6*d.* &c. *feudifirmæ.*   xv. 261.

(35)   Mar. 17. 1637.
DAVID ERSKINE, *hæres masculus* Henrici Erskine de Cardrois, *patris*,—in dominio et baronia de Cardrois comprehendente inter alia, domum et hortum cum lie ruides terrarum de Dumbartane, et terras in Row, cum aliis terris in Roxburgh, Berwick, Lanark, Edinburgh, Haddington, Fife, Stirling, Perth.—E. 100*l.*—(Vide Perth, Roxburgh, Berwick, Lanark, Edinburgh, Haddington, Fife, Stirling.)   xv. 133.

(36)   Mar. 2. 1641.
GULIELMUS SEMPILL de Fulwood, *hæres* Gulielmi Sempill de Fulwood, *patris*,—in terris de Bullull (Bonill) Nobill, alias Nobilstoun extendentibus ad 5 mercatas terrarum antiqui extentus, in ducatu et regalitate de Lennox :—A. E. 9*l.* 6*s.* 8*d.* N. E. 10*l.*—5 mercatis terrarum antiqui extentus de Laditoun cum decimis garbalibus, in dicto ducatu et regalitate, et parochia de Bonill.—E. 11*l.*   xvi. 144.

(37)   Mar. 2. 1641.
GULIELMUS SEMPILL de Fulwode, *hæres* Gulielmi Sempill de Fulwode, *patris*,—in terris de Kirkmichell ;—terris de Kilmalid, in parochia burgi de Dumbartane :—A. E. 10*l.* N. E. 30*l.*—terris de Muldoving (vel Muldwing) extendentibus ad 5 libratas terrarum antiqui extentus, cum advocatione capellaniæ beatæ virginis Mariæ fundatæ in ecclesia parochiali de Dumbartane, jacentibus in ducatu de Lenox et parochia de Cardrose.—A. E. 5*l.* N. E. 15*l.* xvi. 146.

(38)   Mar. 24. 1641.
GULIELMUS CAMPBELL burgensis de Dumbartane, *hæres* Roberti Campbell burgensis dicti burgi, *patris*,—in terris de Sockoth extendentibus ad 2 mercatas terrarum antiqui extentus, infra baroniam et parochiam de Cardrose.—A. E. 2*m.* N. E. 5*m.* &c.   xvi. 163.

(39)   Apr. 10. 1641.
JACOBUS DOMINUS BOYDE, *hæres masculus* Roberti Domini Boyde, *fratris filii*,—in decimis garbalibus et aliis decimis, &c. 5 libratarum terrarum de Badinhaith in parochia de Leinzie.—A. E. 2*s.* N. E. 4*s.*—(Vide Ayr, Lanark.)   xvi. 181.

(40)   Mar. 19. 1642.
ROBERTUS HAMILTOUN de Barnes, *hæres* Magistri Jacobi Hamiltoun de Barnes, *fratris germani*,—in 4 libratis terrarum de Barnes :—E. 4*l.*—6 libratis et 10 solidatis terrarum de Culbowie-Wester :—E. 6*l.* 10*s.*—5 libratis terrarum de Culbowie-Eister :—E. 5*l.*—in dominio et baronia de Kilpatrik et regalitate de Paisley.   xvi. 191.

(41)   Dec. 20. 1642.
WALTERUS LOGANE, *hæres* Joannis Logane olim feodatarii de Balvey, *fratris*,—in 1 mercata terræ templariæ vulgo vocata The Spittel of Tombuy, in comitatu de Lennox.—A. E. 1*m.* N. E. 3*m.*   xvii. 27.

(42)   Oct. 17. 1643.
JACOBUS STARK de Achinvoill, *hæres* Thomæ Stark filii legitimi natu maximi quondam Joannis Stark de Achinvoill, *fratris*,—in 4 acris terrarum infra territorium burgi de Kirkintilloch.—E. 3*s.* 4*d.*   xvii. 227.

(43)   Jun. 20. 1644.
JACOBUS FLEMING, *hæres* Jacobi Flelming de Oxgaing, *patris*,—in gleba vel bovata terræ de Linzie in baronia de Linzie :—E. 23*s.* &c.—terris ecclesiasticis vicarii ecclesiæ parochialis de Kirkintulloche alias Leinzie, cum gleba ejusdem, infra parochiam de Kirkintulloche alias Leinzie in dicta baronia de Lenzie, cum 2 acris dictæ vicariæ infra territorium de Kirkintilloch.—E. 10*m.* 3*s.* 4*d.*   xviii. 145.

(44)   Jun. 4. 1645.
ARCHIBALDUS BONTEIN, *hæres* Jacobi Bontein olim de Sokkoche deinde de Kirktoun, *patris*,—in terris de Kirktoun de Cardros et Clerkhill, extendentibus ad 5 libratas terrarum antiqui extentus, in parochia de Cardros et ducatu Lennociæ.—E. 14*m.* 6*s.* 8*d.* &c.   xix. 44.

(45)   Nov. 18. 1646.

ARCHIBALDUS DOMINUS NAPER DE MERCHING-STOUN, *hæres* Archibaldi Domini Naper de Merchingstoun, *patris*,—in terris et baronia de Edinbellie-Naper continentibus terras de Edinbellie-Ballacherne ;—duas Ballates ;—terras de Gartnes, Dalnair, Blairovir, Garcharne, Duchlas, Badyrow, Thomdarroche, cum liberis forrestis, et quarta parte piscariæ de Lochlomond, et piscariis aquarum de Enrik et Auldhor, cum molendino de Gartnes et piscariis earundem, cum quibusdam aliis terris in vicecomitatu de Perth, quæ omnes sunt unitæ in baroniam de Edinbellie :—A. E. 104*l*. 6*s*. 8*d*. N. E. 315*m*.—5 mercatis terrarum antiqui extentus de Drumteane ;—5 mercatis terrarum de Asquomoir cum molendino et piscatione earundem ;—5 mercatis terrarum de Rinroy ;—5 mercatis terrarum antiqui extentus de Drumquharne, cum molendino et piscatione earundem, in regalitate Lenociæ.—A. E. 5*m*. N. E. 15*m*.—(Vide Perth, Edinburgh, Stirling.)   xix. 18.

(46)   Apr. 23. 1647.

DOMINUS JACOBUS LEVINGSTOUN de Kilsayth miles, *hæres masculus* Willielmi Levingstoun de Kilsayth, *nepotis fratris*,—in terris et baronia de Campsie comprehendente superioritatem et jus terrarum de Auchinhowie cum molendino :—A. E. 9*l*. N. E. 36*l*.—superioritatem terrarum de Dowane, Blairskeiche, Branzet, et Bankeir ;—Eister, Wester, et Midle Baldoranes ;—terrarum de Eister et Wester Glorat, Blackglen, Eschinnell, Murend, molendini de Glorat, cum jurisdictione liberæ regalitatis infra bondas baroniæ de Campsie :—A. E. 11*l*. N. E. 44*l*.—superioritatem terrarum de Eister, Wester, et Midle Kilvynnettis, Balugis, Corshous, Eister et Wester Craigends, Blairconnoch (vel Blairtomoch), Eister et Wester Hoill, cum molendino vocato Glenmylne de Craigbarnett, Easter Mugdock et Quhylt, Parkistoun, Thrie Calpistounes, Balgrochanes, Balglas, Leckett, et Culphatrick :—A. E. 16*l*. N. E. 64*l*.—superioritatem terrarum de Indertethie comprehendentium terras de Clochtour, Boghous, et Litle Baldon ;—terrarum de Balgrocher (vel Balcroch), Corshous, Thampestoun (vel Campnestoun), Burvenstoun Eister et Wester, alias Balncloiche (vel Barncloiche) Wester, cum molendino nuncupato Lennox-mylne :—A. E. 19*l*. 6*s*. 8*d*. N. E. 53*l*. 6*s*. 8*d*.—superioritatem terrarum de Bancloiche, et terrarum dominicalium supra et subtus lie Calsay ;—terrarum de Eister, Wester, et Litle Muckcroft, Tomfyne, Baldon, Corrour, Tombuy, cum molendino de Bancloiche :—A. E. 10*l*. N. E. 40*l*.—superioritatem terrarum de Kirkmichaell et Blairnerne :—A. E. 5*l*. N. E. 20*l*.—omnes terræ prædictæ, infra ducatum et regalitatem Lenociæ et vicecomitatus de Stirling et Dumbartane respective, unitæ sunt in baroniam de Campsie.—(Vide Berwick, Stirling.)   xix. 35.

(47)   Oct. 13. 1647.

WILLIELMUS STIRLING, *hæres* Andreæ Stirling de Law, *patris*,—in 3 libratis et 5 solidatis terrarum de Enbarnen antiqui extentus, et 10 solidatis terrarum de Craigbainzeoche ejusdem extentus, extendentibus simul ad 3 libratas 15 solidatas terrarum, infra dominium de Kilpatrick et regalitatem de Pasleto.—E. 3*l*. 15*s*. et 3*s*. in augmentationem.   xix. 140.

(48)   Oct. 21. 1647.

GULIELMUS BONTEIN, *hæres* Joannis Bontein de Ardoche, *patris*,—in terris de Ardoche-Bonteine, Netherlie, Overlie, Craigend et piscaria de lie Zair de Ardoche, extendentibus ad 6 libratas terrarum antiqui extentus, in parochia de Cardros :—A. E. 6*l*. N. E. 18*l*.—20 solidatis terrarum antiqui extentus de Harthornhill, in dicta parochia de Cardros.—E. 4*m*. 12*s*. &c.   xix. 135.

(49)   Jun. 23. 1653.

WALTER DOUGLAS of Hayistoun, *heir* of Malcolme Douglas of Hayistoun, *his father*,—in the 5 pund land of Baljalfray, within the parochine of Kilpatrik.—E. 5*l*.   xxi. 164.

(50)   Jul. 26. 1653.

JOHNE SEMPILL of Nobilstoun, *heir* of John Sempill of Stanieflet, *his father*,—in the commone mylne of Dumbartoun and mylne lands thairof, at the end of the toune.—E. 10*l*. &c. *of feu ferme*.   xxi. 171.

(51)   Nov. 14. 1654.

JOHN BONTEIN of Myldoving Toun Clerk of Dumbartane, *heir* of William Bontein of Myledoving, *his father*,—in the lands of Myldoving extending to ane 5 pound land of old extent, within the parœche of Cardrois, with the advocatioun of the chaiplainrie of the Blessed Virgin Marie, foundit within the pareoch kirk of Dumbartane.—O. E. 5*l*. N. E. 15*l*.   xxii. 44.

(52)   Feb. 28. 1655.

WILLIAM LORD BOYDE, *heir male* of James Lord Boyde, *his father*,—in the 5*l*. land of old extent of Badinhaith in the barrony of Lenzie :—O. E. 5*l*. N. E. 25*l*.—the teynd-sheaves and other teynds of the said 5*l*. land of Badinhaith.—O. E. 2*s*. N. E. 4*s*.—(See Ayr, Lanark, Renfrew.)   xxii. 54.

(53)   Aug. 8. 1655.

ESME DUKE OF LENNOX AND RICHMOND, Erle of Darnelie and March, Lord Torboltoune, Methven, and Obignie, &c. *heir male* of the Noble Prince James Duke of Lennox, &c. great Admirall and Chamberlane of Scotland, *his father*,—in the dukedom, earldom, lordship, baronie, and regality of Lennox, with free chapel and chancery and priviledge of a free regality, containing specially the 10*l*. land of Kilmahew ;—the 54*s*. 4*d*. land of Blairhunachra ;—the 53*s*. 4*d*. land of Ballimaneoch ;—53*s*. 4*d*. land of Geilstoune alias Ardardans-Mackawley ;—8*l*. land of Ardardans-Noble and Lyll ;—5*l*. land of Keppock ;—5*l*. land of Gograine or Colgraine ;—7*l*. land of Camseskaines ;—40*s*. land of Kirkmichaell-Stirling ;—40*s*. land of Kirkmichaell-Buchannan ;—26*s*. 8*d*. land of Stucklekie ;—8*l*. land of Milligis ;—8*l*. land of Ardingaples ;—4 merkland of Laggirie ;—5*l*. 6*s*. 8*d*. land of Ardinconnell ;—4*l*. land of Letorrowalbeg and Stuckheich ;—5*l*. 6*s*. 8*d*. land of Blairvadoch and Stukendow ;—4*l*. 13*s*. 4*d*. land of Ballernickmoir ;—5*l*. 6*s*. 8*d*. land of Letterrowallmoir ;—5*l*. land of Fawslaine ;—9*l*. land of Garloch-heid, Mamor, Mabeg, and Forlincarrie with fishing of salmond in the water and loch of Garloch ;—6*l*. 13*s*. 4*d*. land of Alterpitoune and Letter ;—40*s*. land of Duarling ;—3*l*. 6*s*. 8*d*. land of Stronrattan ;—5*l*. 6*s*. 8*d*. land of Fynnart, Portchappell, and Forlinbreck ;—6*l*. 13*s*. 4*d*. land of Stukkidow, Auchinvennalmoir, and Auchingach ;—3*l*. 6*s*. 8*d*. land of Auchinvenalmouling ;—6*l*. land of thrie Kilbrydes ;—5*l*. land of Bannochrais ;—3*l*. land of Blairnairne ;—33*s*. 4*d*. land of Blairvardane ;—5 merk-land of Meikill Drumfade ;—2 merk-land of Litle Drumfade ;—5*l*. land of Darleith ;—5*l*. land of Auchindonane-Dennistone ;—5*l*. land of Camron-Dennistone ;—10*l*. land of thrie Tullichquhewins ;—8*l*. land of Bonyll-Lyndsay ;—5*l*. land of Dalquhirns ;—40*l*. land of Arroquhaire ;—10*l*. land of Craigcroscane ;—50*s*. land of Bonyll-Nobill alias Nobillstoune ;—10 merkland of Bonyll-Napeir ;—5*l*. land of Balloch with the fishing of salmond, &c. in the water of Levin and Lochlomond, with the iles of Inshmirrone, Inshvannack, and Creinsh in Lochlomond, and right of patronage of provestrie and prebendries of the Colledge-kirk of Dumbartane, and other kirks and chaplainries, with the office of Shereffship of Dumbartane ;—the 5*l*. land of Portnellan-Galbraith ;—the 50*s*. land of Portnellan-Halyday ;—50*s*. land of Ardoch-Campbell ;—the 50*s*. land of Fynwick-Blair alias Fynwick-Malice ;—the 40*s*. land of Ballintone ;—the 4 merk-land of Drummakill ;—the 5*l*. land of Letter-Stryveling ;—the 50*s*. land of Gartforane ;—25*l*. land of Drumquhassell, Bowquhining, Blarfad, Ladinrew, Craigievairne, Balernane, Easter Muckdoke, Meikill Blairquhois, and Middlinboge ;—20 merkland of Fynwick, Drowmond, Cashleys, Offringis, and Gartinstarrie ;—5 merkland of Collingadies ;—5*l*. land of Blairinvadies, with the iles of Inshmoir and Blaron within the Loch of Lochlomond ;—20 merkland of Renroys, Alsquemoir, Drumteans, and Drumquhairnis ;—5*l*. land of Auchintroig ;—10 merkland of Enboggis alias Glenboggis-Cuninghame, and Mackewin ;—5 merkland of Gartchell ;—5*l*. land of Blairneschoggill ;—5*l*. land of Ballikinraine ;—15*l*. land of Kilcreuch and Dalingonachane ;—5*l*. land of Balzeoun alias Ballewins-Buchanan, and Lennox ;—20 merkland of Balvey, Fergustone, Gartconnell, Ledcamroch, Bannachtane, Camron, Camquhill, and Balquhinings-Logines ;—12*l*. land of Maynis, Litle Balvey, Ledcamroch, Camron, Camquhill, Balquhyning and Harlchewin-Dowglas ;—20*l*. land of Drumry ;—5*l*. land of Dalmure ;—5*l*. lands of Kilmardinnie ;—40*s*. land of Ballagane, all lying within the counties of Dumbarton and Stirling respectively ;—the Offices of Admiralitie and Chamberlanrie of Scotland ;—the castell of Dumbartane with the lands, teynds, &c. belonging thereto, extending to ane 53*l*. 6*s*. 8*d*. land of old extent :—all these lands, &c. with others in the county of Perth unit into the dukedom, erledom, lordship, barony, and regality of Lennox :—O. E. 517*l*. 3*s*. 4*d*. N. E. 1551*l*. 10*s*.—the lands and barony of Kilmarnok (Kilmaronock), viz. the 3*l*. land of the maynes of Kilmarnock (Kilmaronock) ;—the 3*l*. land of Boirdland of old extent ;—the 3*l*. land of old extent of Aber ;—40*s*. land of Gartquhairne of old extent ;—40*s*. land of old extent of Duncryne, with the Iles of Inchcalyeoche, Inchcroan, and Inchfade, with fishings in the loch of Loghlowmond, within the barony of Kilmaronok, within the shereffdom of Dumbartane and Sterling respectively, and now be annexation within the shereffdome of Dumbartane, unit into the barony of Kilmarnock (Kilmaronock) :—O. E. 18*l*. N. E. 39*l*.—the 40*s*. land of Barquhannane ;—40*s*. land of Caldarven ;—40*s*. land of Cambusmure (or Cambusmoon) ;—the 4 merkland of Merkinsh ;—15*s*. land of Wester Fynnery ;—the 15*s*. land of Eister Fennorie ;—3*l*. land of Blairwhomrie ;—the corne mylne of Mews, with astricted moulters of the 3*l*. land of Boirdland, 3*l*. land of the maynes of Kilmarnock (Kilmaronock), and 40*s*. land of Duncryne, and other astricted multures within the barony of Kilmarnock (Kilmaronock) :—O. E. 13*l*. 3*s*. 4*d*.

N. E. 39*l.* 10*s.*—the advocation and right of patronage of the kirk of Kilmarnock (Kilmaronock) with the teynds great and small.—O. E. 3*s.* 4*d.* N. E. 13*s.* 4*d.*—(See Stirling, Perth, Renfrew, Ayr, Lanark, Peebles, Roxburgh.) xxii. 84.

(54) Dec. 25. 1655.
JANET AND ISSOBELL BUCHANANS, *heirs portioners* of Robert Buchanane of Blayrhynnochra, *their father,*—in the lands of Blairhynnochra-Ardarane extending to a 4 markland of auld extent, with thrie pairt of the fisching of the yair of Ardarane, within the duikrie of Letnox, and parochin of Cardros.—E. 12*m.* and 13*d.* in augmentation. xxiii. 138.

(55) Apr. 16. 1657.
WILLIAM SEMPELL, *heir male* of Johne Sempill of Dalmoack, *his father,*—in the lands of Dalmaock extending to ane 40 shiling land of old extent.—E. 5*l.* 3*s.* 4*d.* xxiv. 133.

(56) Dec. 11. 1657.
JOHN DOUGLAS of Maynes, *heir* of Walter Douglas of Kaytoune, *his father,*—in the 5 pound land of Baljaffray, within the parochin of Kilpatrick.—O. E. 5*l.* N. E. 15*l.* xxiv. 297.

(57) Apr. 24. 1662.
CAROLUS LENNOCIÆ ET RICHMONDIÆ DUX, Comes de Darnlie, March, et Leitchfeild, Dominus Torboltoun, Methven, et Obignie, Magnus Admiralus et Camerarius Regni Scotiæ, &c. *hæres masculus et talliæ* Esmi Lennociæ et Richmondiæ Ducis, Comitis de Darnlie et March, Domini Tarboltoun, Methven, et Obignie, Magni Admiralli et Camerarii Regni Scotiæ, &c. *filii patrui,*—in ducatu, comitatu, dominio, baronia, et regalitate de Lennox, cum libera capella et cancellaria, comprehendentibus 10 libratas terrarum de Kilmahew;—43 solidatas 4 denariatas terrarum de Blairhynnachra;—53 solidatas 4 denariatas terrarum de Ballimanoch;—53 solidatas 4 denariatas terrarum de Geilstoun vocatas Ardardanis-M'Kawlay;—8 libratas terrarum de Ardardanis-Nobill et Lyll;—5 libratas terrarum de Keppoche;—5 libratas terrarum de Cowgrain;—7 libratas terrarum de Camseskaines;—40 solidatas terrarum de Kirkmichaell-Striviling;—40 solidatas terrarum de Kirkmichaell-Buchanane;—26 solidatas 8 denariatas terrarum de Stuckleckie;—8 libratas terrarum de Milliggis;—8 libratas terrarum de Ardingaplis;—4 mercatas terrarum de Laggarie;—5 libratas 6 solidatas 8 denariatas terrarum de Ardinconnell;—4 libratas terrarum de Letterrowalbeg et Stuckiehigh;—5 libratas 6 solidatas 8 denariatas terrarum de Blairvaddoiche et Stucknadow;—4 libratas 13 solidatas 4 denariatas terrarum de Balernikmoir;—5 libratas 6 solidatas 8 denariatas terrarum de Lettirowalmoir;—5 libratas terrarum de Fauslane;—9 libratas terrarum de Garlocheid, Mamoir, Mabeg, et Forlincarrie;—piscationem salmonum aliorumque piscium in aqua et lacu de Garloch;—6 libratas 13 solidatas 4 denariatas terrarum de Alterpitoun et Letter;—40 solidatas terrarum de Dowarlang;—3 libratas 6 solidatas 8 denariatas terrarum de Stronrattan;—5 libratas 6 solidatas 8 denariatas terrarum de Fynnart, Portchappell, et Forlinbreck;—6 libratas 13 solidatas 4 denariatas terrarum de Stuckidow, Auchinvenalmoir et Auchingach;—3 libratas 6 solidatas 8 denariatas terrarum de Auchinvennalmouling;—6 libratas terrarum de 3 Kilbrydes;—5 libratas terrarum de Binnachrais;—5 libratas terrarum de Blairnairn;—33 solidatas 4 denariatas terrarum de Blairvarden;—5 mercatas terrarum de Meikle Drumfad;—2 mercatas terrarum de Litle Drumfad;—5 libratas terrarum de Darleith;—5 libratas terrarum de Auchindonane-Denystoun;—5 libratas terrarum de Camerone-Dennystoun;—10 libratas terrarum de 3 Tullichquhewines;—8 libratas terrarum de Bonyll-Lindsay;—5 libratas terrarum de Dalquhairne;—40 libratas terrarum de Arroquhair;—10 libratas terrarum de Craigcrostane;—50 solidatas terrarum de Bonyll-Nobill alias Noblestoun;—10 mercatas terrarum de Bonyll-Napier;—5 libratas terrarum de Balloch;—cum piscatione salmonum et aliorum piscium in aqua de Levin, et lacu de Lochlomound, insulis de Inschmirrine, Inchvannock et Crevinch in Lochlomond, et jure patronatus præposituræ et præbendariorum ecclesiæ collegiatæ de Dumbartane et aliarum ecclesiarum, cum officio vicecomitis vicecomitatus de Dumbartane;—5 libratas terrarum de Portnellan-Galbraith;—50 solidatas terrarum de Portnellan-Halyday;—50 solidatas terrarum de Airdoch-Campbell;—50 solidatas terrarum de Finvickblair alias Finvick-malice;—40 solidatas terrarum de Ballinton;—4 mercatas terrarum de Drumakill;—5 libratas terrarum de Letter-Striveling;—50 solidatas terrarum de Gartforrane;—25 libratas terrarum de Drumquhassell, Bowwhyning, Blairfad, Ladinrew, Craigivalrne, Balernane, Easter Muckdock-Michell, Blairquhoyis, et Middillinbog;—20 mercatas terrarum de Fynvick-Drummond, Caschleyis, Offringis, et Gartinstarie;—5 mercatis terrarum de Callingadis;—5 libratis terrarum de Blairinvadis, cum insulis de Inchmoir et Blaron in lacu de Lochlomound;—20 mercatis terrarum de Renroyis et Asquemoir, Drumteans, et Drumquhairnes;—5 libratas terrarum de Auchin-

troig;—10 mercatas terrarum de Enboggis alias Glenboigis-Cunynghame et M'Kewin;—5 mercatas terrarum de Gartscheill;—5 libratas terrarum de Blairnshogle;—5 libratas terrarum de Ballikinraine;—15 libratas terrarum de Kilcruch et Dallinagonachan;—5 libratas terrarum de Balzeowne alias Ballewins-Buchannan et Lennox;—20 mercatas terrarum de Balvey, Fergustoune, Gartconnell, Ledcamroch, Bannachtane, Camrone, Camquhill, et Balquhynnings-Loganes;—12 libratas terrarum de Maynes, Litle Balvey, et Ledcamroch-Camrone, Camquhill, Balquhannings et Harlehevin-Douglas;—20 libratas terrarum de Drumry;—5 libratas terrarum de Dalmure;—5 libratas terrarum de Kilmardynnie, et 40 solidatas terrarum de Ballagane, in vicecomitatibus de Striveling et Dumbartane respective;—officia Admiralitatis et Camerariæ Regni Scotiæ;—castrum de Dumbartane, cum terris, decimis et annuis redditibus eidem spectantibus, extendentibus ad 53 libratas 6 solidatas 8 denariatas terrarum antiqui extentus, cum aliis terris in Perth, unitis in ducatum, comitatum, dominium, baroniam, et regalitatem de Lennox:—A. E. 517*l.* 3*s.* 4*d.* N. E. 1551*l.* 10*s.*—terris et baronia de Kilmarnock, viz.—3 libratis terrarum dominicalium de Kilmarnock;—3 libratis terrarum antiqui extentus de Boirdland;—3 libratis terrarum antiqui extentus de Aber;—40 solidatis terrarum antiqui extentus de Gartoquhairne;—40 solidatis terrarum antiqui extentus de Duncryne;—insulis de Inchcalzeoch, Inchcroane, et Inchfade, cum piscationibus in lacu de Lochlomond, jacentibus in Dunbartoun et Stirling respective, unitis in baroniam de Kilmarnock:—A. E. 18*l.* N. E. 39*l.*—40 solidatis terrarum de Barquhannane;—40 solidatis terrarum de Caldarvan;—40 solidatis terrarum de Cambusmure;—4 mercatis terrarum de Merkinche;—15 solidatis terrarum de Wester Finnarie;—15 solidatis terrarum de Eister Finnarie;—3 libratis terrarum de Blairquhomerie, cum molendino granorum de Mewes, et astrictis multuris 3 libratarum terrarum de Bordland, 3 libratarum terrarum dominicalium de Kilmarnock, et 40 solidatarum terrarum de Duncryne:—A. E. 18*l.* 3*s.* 4*d.* N. E. 39*l.* 10*s.*—jure patronatus ecclesiæ de Kilmaronock cum decimis, &c.—A. E. 3*s.* 4*d.* N. E. 13*s.* 4*d.*—(Vide Stirling, Perth, Renfrew, Ayr, Lanark.) xxvi. 267.

(58) Aug. 6. 1663.
JOANNES CAMPBELL capitanus castri de Carrick, *hæres* Colini Campbell olim capitani castri de Carrick, *avi,*—in 5 mercatis terrarum antiqui extentus de Douchlas, in dominio de Rosnethie:—A. E. 5*m.* N. E. 10*m.*—50 solidatis terrarum antiqui extentus de Cursnoch (vel Curnoch):—A. E. 50*s.* N. E. 5*l.*—40 solidatis terrarum de Blairnachrane:—A. E. 40*s.* N. E. 4*l.*—annuo redditu 4 bollarum farinæ avenaticæ de molendino de Rachane, omnibus in parochia et insula de Rosnethie pro principali;—33 solidatis 4 denariatis terrarum antiqui extentus de Over Rachane in dicta insula et parochia, cum quibusdam aliis terris in vicecomitatu de Argyll, in warrantum prædictarum terrarum et annui redditus.—A. E. 53*s.* 4*d.* N. E. 5*l.* 6*s.* 8*d.*—(Vide Argyll.) xxvii. 282.

(59) Nov. 20. 1663.
JACOBUS COLQUHOUNE, *hæres* Patricii Colquhoune in Milnetoune de Colquhoune, *patris,*—in annuo redditu 12*m.* de terris de Fergustoune-Logane in ducatu de Lennox. xxx. 88.

(60) Apr. 7. 1665.
JOANNES CAMPBELL scriba in Edinburgo, *hæres* Gulielmi Campbell de Sockoch, *patris,*—in terris de Sockoch extendentibus ad 2 mercatas terrarum antiqui extentus, infra baroniam de Cardrois et parochiam ejusdem.—A. E. 2*m.* N. E. 5*m.* &c. xxix. 313.

(61) Maii 9. 1665.
JACOBUS VICECOMES DE KILSYITH, *hæres* Jacobi vicecomitis de Kilsyith, *patris,*—in terris et baronia de Campsie comprehendente superioritatem terrarum de Auchinhowie:—A. E. 9*l.* N. E. 36*l.*—superioritatem terrarum de Dowan, Blairskeithe, Brainzet et Bankeir, Eister, Wester, et Midle Baldorans;—terrarum de Eister et Wester Glorat, Blackglen, Eshinwell, Murend, et molendini de Glorat, cum jure liberæ regalitatis prædictarum terrarum:—A. E. 11*l.* N. E. 44*l.*—superioritatem terrarum de Eister, Wester, et Midle Kilwinnetts, Bailugs, Corshous, Eister et Wester Craigend, Blairconnoch, Eister et Wester Hoill cum molendino de Craigbarnett, Eister Mugdok et Whytparkstoun, thrie Calpestounis, Balgrochanes, Balglass, Lecket, et Culphatrick:—A. E. 16*l.* N. E. 64*l.*—superioritatem terrarum de Innerlethie comprehendentium terras de Clochtor, Boighous, et Little Baldon;—terrarum de Balgrocher, Croshous, Champestounes, Birbenstouns Eister et Wester, alias Bancloich Wester, cum molendino nuncupato Lennoxmylne:—A. E. 19*l.* 6*s.* 8*d.* N. E. 53*l.* 6*s.* 8*d.*—superioritatem terrarum de Bancloich et terrarum dominicalium earundem;—terrarum de Eister, Wester, et Litle Mucroftis, Tamfin, Baldon, Corton, Tambuy, cum molendino de Bancloich:—A. E. 10*l.* N. E. 40*l.*—superioritatem terrarum de Kirkmichaell et Blairnairn:—A. E. 5*l.* N. E. 20*l.*—omnes prædictæ terræ jacent infra ducatum et regalitatem Lennociæ, et vicecomitatus de Stirling et Dumbarton respec-

B

tive, et unitæ sunt in baroniam de Campsie.—(Vide Stirling, Berwick.)
xxviii. 132.

(62) Aug. 18. 1665.
GULIELMUS BONTEIN, *hæres* Joannis Bontein de Mildowein, *patris*,—in terris de Mildowein extendentibus ad 5 libratas terrarum antiqui extentus, infra parochiam de Cardrois, cum advocatione capellaniæ beatæ Mariæ Virginis infra ecclesiam parochialem de Dumbartane.—A. E. 5*l.* N. E. 15*l.*
xxx. 1.

(63) Aug. 24. 1665.
AGNETA MORIESONE sponsa Jacobi Cunynghame portionarii de Kilpatrick, et MARTHA MORIESON sponsa Joannis Bogle portionarii de Sandiehill, *hæredes portionariæ* Roberti Morieson portionarii de Eister et Wester Culbowies, *patris*,—in 32 solidatis 6 denariatis terrarum antiqui extentus in Wester Culbowie, cum proportionali parte istius lie ylle vel portionis terræ in aqua de Clyde vocatæ Horse Ylle, et cum parte istius terræ vocatæ The Sandbeds in aqua de Clyd, cum decimis, omnibus in parochia de Kilpatrick et regalitate de Pasleto :—E. 32*s.* 6*d.*—dimidio 5 libratarum terrarum antiqui extentus de Eister Culbouie, extendente ad 50 solidatas terrarum cum decimis, jacente ut supra, cum libertate glebarum in mora de Cochnay.—E. 5*m.* xxviii. 58.

(64) Feb. 8. 1666.
ALEXANDER COMES DE GLENCAIRNE, Dominus Kilmawers, *hæres* Gulielmi Comitis de Glencairne, Domini Kilmawers, Summi Regni Scotiæ Cancellarii, *patris*,—in terris de Duncryne in baronia de Kilmaronock :—A. E. 6*s.* 8*d.* N. E. 2*m.*—advocatione ecclesiæ de Dreghorn in Ayr annexata dictis terris de Duncryne :—A. E. 2*d.* N. E. 10*d.*—terris templariis vocatis Spittellands de M'Kinno cum decimis, et quibusdam aliis terris in Stirling.—A. E. 20*m.* N. E. 40*l.*—(Vide Ayr, Renfrew, Stirling.)
xxviii. 154.

(65) Aug. 5. 1668.
WILLIELMUS COMES DE WIGTOUN, Dominus Fleyming et Cumbernauld, *hæres masculus* Joannis Comitis de Wigtoun, Domini Flemyng et Cumbernald, *fratris germani*,—in terris subscriptis erectis in comitatam, dominium, et baroniam, viz. terris et baronia de Leinzie, cum villa et burgo de Kirkintillo:—A. E. 100*l.* 13*s.* 4*d.* N. E. 300*l.*—5 libratis terrarum de Cumbernauld cum terris dominicalibus ;—decimis garbalibus aliisque decimis et emolumentis ecclesiæ parochialis de Lenzie, unitis cum aliis terris in Peebles, Selkirk, Perth, et Haddington in baroniam de Cumbernauld :—A. E. 16*l.* N. E. 68*l.*—burgis baroniæ de Kirkintillo et Biggar ;—advocatione ecclesiarum de Leinzie :—A. E. 1*s.* N. E. 3*s.*—omnibus erectis in comitatum de Wigtoun.—(Vide Lanark, Stirling, Peebles, Selkirk, Perth, Haddington.) xxix. 85.

(66) Jun. 24. 1669.
JACOBUS MARCHIO MONTISROSARUM, Comes de Kincardine, Dominus Grahame et Mugdock, &c. *hæres masculus* Jacobi Marchionis Montisrosarum, *patris*,—in decimis garbalibus terrarum de Summerstoune, Mallichain, Boclair, Dowgalstoun, Baystoune, Mylngavie, Barrachane, Barloche (vel Balloche), Clobares Eister et Westir, Raussantoun, Auchincloch, Hiltoun, et Aldmarock, infra parochiam de Kilpatrik orientali ;—alba firma 3*l.* et 9*s.* tanquam proportionali parte albæ firmæ divoriæ erecti dominii de Paslay, pro decimis dictarum terrarum de Summerstoun, &c. et alba firma 20*s.* pro decimis de Auchincloch, Hiltoun, et Aldmarock.—A. E. 4*l.* 10*s.* N. E. 18*l.*—(Vide Forfar, Stirling, Perth, Linlithgow.) xxix. 220.

(67) Sep. 11. 1672.
JACOBUS MUIRHEID, *hæres masculus* Jacobi Muirheid de Craigtoune, *patris*,—in terris de Craigtoune, Thombuy, et Carndeane, cum molendino de Craigtoun, infra parochiam de Eistir Kilpatrick, extendentibus ad 10 libratas terrarum antiqui extentus.—A. E. 10*l.* N. E. 30*l.* xxxi. 86.

(68) Aug. 15. 1672.
JACOBUS DOUGLAS, *hæres* Magistri Gulielmi Douglas advocati, *patris*,—in terris de Westir Kilpatrick et Gavenburne extendentibus ad 10 mercatas terrarum antiqui extentus, infra regalitatem de Kilpatrick.—A. E. 10*m.* N. E. 40*m.*—(Vide Haddington, Perth, Berwick, Roxburgh.) xxxi. 190.

(69) Aug. 11. 1676.
DOMINUS JACOBUS COLQUHOUNE de Luss miles baronettus, *hæres* Domini Joannis Colquhoun de Luss militis baronetti, *patris*,—in terris et baronia de Luss, cum turre, fortalicio, et maneriei loco de Rosdoe, et insulis in Lochlomond nuncupatis Inschlonochie, Inschchonogan, et Inschtreichland vocata insula de Rosdoe, cum liberis forrestis, ac piscationibus in lacu de Lochlomond ;—advocatione ecclesiæ de Luss et rectoriæ ejusdem, et aliarum ecclesiarum ;—terris de Colquhoun, cum maneriei loco de Dunglas ;

—piscationibus de lie Zaires in aqua de Clyde et lacubus ;—terris de Garscoob, cum aliis terris in Stirling :—A. E. .... N. E. 270*m. taxatæ wardæ* :—officio coronatoris infra bondas vicecomitatus de Dumbritane, tam infra ecclesias et parochias quæ nunc jacent infra jurisdictionem vicecomitatus de Stirling, quam infra antiquas bondas vicecomitatus de Dunbrittane :—E. 1*d. albæ firmæ* :—unitis cum aliis terris in Stirling in baroniam de Luss ;—terris de Waltoune infra parochiam de Cardrois :—E. 6*m.* 4*d.* et 5*s.* in augmentationem :—5 libratis terrarum de Wallacetoune :—A. E. 5*l.* N. E. 15*l.*—terris de Dunnerboock et Auchintorlie, cum molendino de Auchintorlie, et piscationibus salmonum in aqua de Clyde nuncupatis Crooketshoot et Spittellshoot :—A. E. 10*m.* N. E. 20*l.*—terris de Ardoch (vel Ardochbeg) :—E. 4*l.* 4*s.*—omnibus unitis in baroniam de Luss ;—10 libratis terrarum de Craigrostan (vel Craigroskan) :—A. E. 10*l.* N. E. 40*l.*—4 mercatis terrarum dominicalium de Balvie-Logan ;—5 libratis terrarum de Garconnell ;—33 solidatis 4 denariatis terrarum de Ferguistoun-Logan ;—50 solidatis terrarum de Balnachtane ;—50 solidatis terrarum de Litle Ledcamroch ;—terris de Kilmardeny extendentibus ad 100 solidatas terrarum antiqui extentus ;—8 mercatis terrarum antiqui extentus de Ardconnell ;—terris de Ballernickmore ;—2 mercatis terrarum de Tullichintoull ;—4 acris terrarum prati de Auchinhewie ;—terris de Camroune extendentibus ad 5 libratas terrarum antiqui extentus, infra regalitatem de Lennox ;—terris de Finnart, Portincapill, et Feorlinbreck ;—terris de Over, Midle, et Neather Kilboyes, capella et terris capellanariis ejusdem ;—terris de Litle Drumfad ;—insula de Inschvannock in lacu de Lochlomond ;—terris de Stuckintibert extendentibus ad 1 mercatam terræ ;—terris de Glenloyne extendentibus ad 2 mercatas terrarum antiqui extentus ;—terris de Stuckincloich ;—terris de Lurg et Blairnachtan ;—5 libratis 6 solidatis 8 denariatis terrarum de Lettrowallmor, cum molendino de Aulddonald ;—5 libratis terrarum de Fauslaine ;—9 libratis terrarum de Gairlocheid, Mamoir, Mambeg, et Feorlincarie, cum piscationibus salmonum aliisque piscationibus in aqua et lacu de Gerloch ;—40 solidatis terrarum de Duirling ;—3 libratis 6 solidatis 8 denariatis terrarum de Stronrattan ;—6 libratis 13 solidatis 4 denariatis terrarum de Stuckidow, Auchennelmoir, et Auchingarth ;—10 libratis terrarum de 3 Tullichewins ;—5 libratis terrarum de Balloch, cum molendino de Balloch, et piscationibus salmonum aliisque piscationibus in aqua de Levin et lacu de Lochlomond ;—cymba vectoria de Balloch ;—5 libratis terrarum de Blairwadick ;—decimis terrarum de Craigrostan et Balloch, infra regalitatem de Lennox et vicecomitatus de Dumbritane et Stirling respective.—A. E. *unius cujusque libratæ reliquarum terrarum in regalitate de Lennox et vicecomitatu de Stirling*, 20*s.*—N. E. 100*l.*—(Vide Stirling.) xxxiii. 86.

(70) Sep. 29. 1676.
GULIELMUS NOBLE de Kipperhunscheoch, *hæres* Majoris Georgii Noble de Kipperhunscheoch, *patris*,—in terris nuncupatis South et North Kipperhunsheoch (vel Kippermasheochs) extendentibus ad 4 libratas 6 solidatas 8 denariatas terrarum antiqui extentus, infra baroniam et parochiam de Cardrois.—A. E. 4*l.* 6*s.* 8*d.* N. E. 10*l.* 13*s.* 8*d.* &c. xxxiii. 57.

(71) Jul. 6. 1680.
CAROLUS SECUNDUS DEI GRATIA, MAGNÆ BRITANNIÆ, FRANCIÆ ET HIBERNIÆ REX, &c. *hæres masculus et talliæ* Caroli Lennociæ et Richmondiæ Ducis, Comitis de Darnlie, March, et Leitchfeild, Domini Torboltoune, Methven, et Aubigney, *atnepotis attavi*,—in ducatu, comitatu, dominio, baronia, et regalitate de Lennox, cum libera capella et cancellaria, comprehendentibus 10 libratas terrarum de Killmahew ;—53 solidatas 4 denariatas terrarum de Blairchynnachra ;—53 solidatas et 4 denariatas terrarum de Balimannoch ;—53 solidatas et 4 denariatas terrarum de Gielstoune alias vocatas Ardardanes-M'Aulay ;—8 libratas terrarum de Ardardanes-Noble et Lyll ;—5 libratas terrarum de Keppoch ;—5 libratas terrarum de Cowgraine ;—7 libratas terrarum de Camsekaines ;—40 solidatas terrarum de Kirkmichall-Stirling ;—40 solidatas terrarum de Kirkmichaell-Buchanane ;—26 solidatas et 8 denariatas terrarum de Stucklecki e ;—8 libratas terrarum de Milligis ;—8 libratas terrarum de Ardingaples ;—4 mercatas terrarum de Laggarie ;—5 libratas 6 solidatas 8 denariatas terrarum de Ardinchonnell ;—4 libratas terrarum de Letterrowallbeg et Stuckieheich ;—5 libratas 6 solidatas 8 denariatas terrarum de Blairvaddich et Stucknadow ;—4 libratas 13 solidatas 4 denariatas terrarum de Ballernickmoir ;—5 libratas 6 solidatas 8 denariatas terrarum de Letterrowallmure ;—5 libratas terrarum de Fauslaine ;—9 libratas terrarum de Garlocheid, Mamore, Mabeg, et Forlincarie, cum piscatione salmonum aliorumque piscium in aqua et lacu de Garloch ;—5 libratas 6 solidatas 8 denariatas terrarum de Alterpittoune et Lettir ;—40 solidatas terrarum de Duarling ;—9 libratas 6 solidatas 8 denariatas terrarum de Strowrattine ;—5 libratas 6 solidatas 8 denariatas terrarum de Fynnart, Portchappell, et Forlinbreck ;—6 libratas 13 solidatas 4 denariatas terrarum de Stuckidow, Auchenvernallmoir, et Auchengach ;—3 libratas 6 solidatas

8 denariatas terrarum de Auchenventiall-Mouling ;—6 libratas terrarum de Thrie Kilbridis ;—5 libratas terrarum de Bannachraes ;—3 libratas terrarum de Blairnairne ;—33 solidatas 4 denariatas terrarum de Blairvairden ;—5 mercatas terrarum de Meikle-Drumfadd ;—2 mercatas terrarum de Litle Drumfadd ;—5 libratas terrarum de Darleith ;—5 libratas terrarum de Auchindonnan-Demnystoune ;—5 libratas terrarum de Camroun-Dennystoune ;—10 libratas terrarum de 3 Tilliguliems (Tilliheuns ?) ;—8 libratas terrarum de Bonyle-Lindsay ;—5 libratas terrarum de Dalquhirne ;—40 libratas terrarum de Arroquhar ;—10 libratas terrarum de Craigcrostan ;—50 solidatas terrarum de Bonyle-Noble alias Noblestoune ;—10 mercatas terrarum de Bonyle-Naiper ;—5 libratas terrarum de Balloch cum piscatione salmonum in aqua de Levin et lacu de Lochlomond, cum insulis de Inchmirrine, Inchvannoch, et Crevish in Lochlomond, cum advocatione præposituræ et prebendariorum ecclesiæ de Dumbartoune et aliarum ecclesiarum ;—officium vicecomitatus de Dumbartane ;—5 libratas terrarum de Portnellan-Galbraith ;—50 solidatas terrarum de Portnellane-Halliday ;—50 solidatas terrarum de Ardoch-Campbell ;—50 solidatas terrarum de Finwickblair alias Finwickmalice ;—40 solidatas terrarum de Ballantoune ;—4 mercatas terrarum de Drumakill ;—5 libratas terrarum de Letter-Stryveling ;—50 solidatas terrarum de Gartforrane ;—25 libratas terrarum de Drumquhassill, Bowquhinning, Blairfadd, Ladinrew, Craigievairne, Ballarnane, Eister Mugdock, Meikle Blairquhois, et Midlemboig ;—20 mercatas terrarum de Finoick-Drumond, Cashleyes, Offrings, et Gartinstarie ;—5 mercatas terrarum de Collingadies ;—5 libratas terrarum de Blairinvadies, cum insulis de Inchmoir et Blaron in lacu de Lochlomond ;—20 mercatas terrarum de Renroyes, Asquemoir, Drumvans, et Drumquhairnes ;—5 libratas terrarum de Auchintroig ;—10 mercatas terrarum de Enboige alias Glenboigs-Cunynghame et M'Ewin ;—5 mercatas terrarum de Gartchell ;—5 libratas terrarum de Blairnshogle ;—5 libratas terrarum de Ballikinraine ;—15 libratas terrarum de Ailcreuch (Kilcreuch ?) et Dallingonnachane ;—5 libratas terrarum de Balzeoun alias Balewins-Buchanan et Lenox ;—20 mercatas terrarum de Balvey-Fergustoune, Gartconnell, Ledcamroch, Bannochtoune, Camron, Camquhill, et Balquhinnings-Loganes ;—12 libratas terrarum de Maynes, Litle Balvey, Ledcamroch, Camron, Camquhill, Balquhinning, et Harleheaven-Douglas ;—20 libratas terrarum de Drumry ;—5 libratas terrarum de Dalmuire ;—5 libratas terrarum de Kilmardinny ;—40 solidatas terrarum de Ballagan, infra vicecomitatu de Dumbarton et Stirling respective ;—officium admiralitatis Regni Scotiæ et insularum ejusdem, comprehendentis insulas de Orknay et Zetland æt alias insulas ;—officium Camerarii Regni Scotiæ ;—càstrum de Dumbartoune, cum decimis, annuis redditibus, piscariis, extendentibus ad 53 libratas 6 solidatas 8 denariatas terrarum antiqui extentus ;—unitas cum aliis terris in Perth, in ducatum, comitatum, dominium, baroniam, et regalitatem de Lennox, cum privilegio capellæ et cancellariæ.—(Vide Perth, Stirling, Renfrew, Ayr.) xxxvii. 211.

(72)   Sep. 25. 1682.
JOANNES COLQUHOUNE de Kilmardinnie, *hæres* Joannis Colquhoune de Kilmardinnie, *patris*,—in terris de Kilmardinnie extendentibus ad 5 libratas terrarum antiqui extentus cum lacu ejusdem, infra parochiam de Easter Kilpatrik et regalitatem de Lennox.—A. E. 5l. N. E. 15l. xxxvii. 24.

(73)   Jul. 20. 1683.
JEANNA MAIN filia Gulielmi Main, *hæres* Elizabethæ Allane relictæ dicti Gulielmi Main mercatoris burgensis de Glasgow, *matris*,—in 2 mercatis terrarum de Bedcow, infra parochiam de Leinzie, in securitate 2000m.—A. E. 2m. N. E. 6m. xxxvii. 295.

(74)   Maii 27. 1684.
GEORGIUS DOMINUS MAULE, *hæres* Dominæ Jeannæ Fleyming Comitissæ de Panmure, *matris*,—in annuo redditu 300m. de terris de Easter et Wester Maines de Kirkintilloch ;—5 mercatis terrarum de Gouderait (Condorait ?) ;—5 mercatis terrarum de Auchinkill ;—10 solidatis et 8 denariatis terrarum de Bellockshall cum decimis, infra baroniam de Lenzie, cum aliis terris in vicecomitatu de Lanark ;—annuo redditu 434l. 11s. 8d. de decimis de villa et terris burgalibus, et acra terræ villæ et burgi baroniæ de Kirkintilloch, infra dictam baroniam de Leinzie.—(Vide Lanark.) xxxvii. 288.

(75)   Jul. 9. 1684.
DOMINUS THOMAS NICOLLSONE de Carnock, nunc DOMINUS NAPIER, *hæres talliæ* Archibaldi Domini Napier, *avunculi ex parte matris*,—in terris et baronia de Edinbellie-Napier continente terras de Edinbellie-Ballacharne ;—2 bovatas terras de Gartnesse, Dallmoire, Blairbeg, Gartacherne, Douchlass, Badibou, et Thomdaroch cum libera Forresta ;—quarta parte piscationis de Lochlomond, cum molendino de Gartnesse, per annexationem in vicecomitatu de Stirling, unitis cum aliis terris in Perth in baroniam de Edinbellie-Napier.—A. E. . . . . N. E. 350m. taxatæ wardæ.—(Vide Perth, Edinburgh.) xxxvi. 279.

(76)   Oct. 8. 1684.
JEANNA, HELENA, ET MARIA FLEMINGS, *hæredes portionariæ* Vice Colonelli Joannis Fleming in Dumblain, *fratris germani*,—in annuo redditu 1380m. correspondente 23,000m. de terris et baronia de Cómernàld, extendentibus ad 5 libratas terrarum antiqui extentus, et de terris et baronia de Leingzie in parochia de Eister Leingzie. xxxvi. 253.

(77)   Feb. 18. 1685.
JACOBUS MONTIS-ROSARUM MARCHIO, Comes de Kincardine, Dominus Grahamè et Mugdock, *hæres masculus* Jacobi Montis-Rosarum Marchionis, *patris*,—in decimis garbalibus terrarum de Summerstoune, Mallichan, Boclair, Dougalstoune, Baystoune, Milnegavie, Barochan, Barloch, Clobars Easter et Wester, Ransantoun, Auchincloich, Hiltoun, et Aldmarrock, in parochia de Kilpatrick-Easter, et vicecomitatibus de Stirling et Dumbarton respective, cum albæfirmarum firmis 3l. 9s. et 20s. pro decimis dictarum terrarum :—A. E. 4l. 10s. N. E. 18l.—omnibus unitis in dominium, baroniam, et regalitatem de Montrose.—(Vide Stirling, Perth, Linlithgow.) xxxviii. 1.

(78)   Mar. 18. 1685.
DOMINUS JACOBUS COLQUHONE de Luss, *hæres masculus* Domini Jacobi Colquhone de Luss, *nepotis ex fratre*,—in terris et baronia de Luss cum maneriei loco de Rosdoe ;—insulis in Lochloumond vocatis Inchlonochie, Inchonachan, et Inchfrithillan, insula de Rosdoe cum silvis, liberis forrestis, et piscationibus in lacu de Lochlowmond ;—advocatione ecclesiæ de Luss et rectoriæ dictæ ecclesiæ parochialis et aliarum ecclesiarum ;—terris de Colquhon cum maneriei loco de Dunglass et lie Zaires in fluvio de Clyd ;—terris de Garscoob :—E. 280m. taxatæ wardæ:—officio coronatoris in vicecomitatibus de Dumbarton et Stirling :—E. 1d.—unitis cum plurimis aliis terris in baronium de Luss ;—terris de Ardochbeg in parochia de Cardrose :—E. 4l. . . . .—terris de Dunatbeg (vel Dunarbuek) et Auchintorlie ;—molendino de Auchincloich, cum salmonum piscationibus in aqua de Clyde, Crookedshot, et Spittleshot nuncupatis :—A. E. 10m. N. E. 20l.—omnibus de novo unitis in baroniam de Luss ;—4 mercatis terrarum dominicalium de Balvielogan ;—5 libratis terrarum de Garconnell ;—23 solidatis 4 denariatis terrarum de Ferguston-Logan ;—50 solidatis terrarum de Balnachtan ;—50 solidatis terrarum de Litle Ledcamroch ;—terris de Kilmardinnie, extendentibus ad 100 solidatas terrarum antiqui extentus ;—8 mercatis terrarum antiqui extentus de Ardconnell ;—terris de Ballernickmore ;—2 mercatis terrarum de Tullichintaule ;—4 acris terrarum de prato de Auchinhowie ;—terris de Cameroune extendentibus ad 5 libratas terrarum antiqui extentus, in regalitate de Lennox et vicecomitatu de Dumbartan ;—terris de Finart, Portincaple, et Feorlingbeg ;—terris de Over, Midle, et Neither Kilbrydes cum capella et terris capellaniariis ;—terris de Litle Drumfad ;—insula de Inshvannock in lacu de Lochloumond ;—terris de Stuckintibber extendentibus ad mercatam terrarum ;—terris de Glenboyne extendentibus ad 2 mercatas terrarum antiqui extentus ;—terris de Stuckincloich ;—terris de Lurg et Blairnachtan ;—5 libratis 6 solidatis . . . denariatis terrarum de Lettervalmore cum molendino de Aulddonald ;—5 libratis terrarum de Fauslaine ;—9 libratis terrarum de Garlochhead, Maimore, Maimbeg, et Feorlantarie, cum piscationibus salmonum aliorumque piscium in aqua de Garloch ;—40 solidatis terrarum de Lurling ;—3 libratis 6 solidatis 8 denariatis terrarum de Stronartan ;—6 libratis 13 solidatis 8 denariatis terrarum de Stuckidow, Auchtenilmore, et Auchingaith ;—10 libratis terrarum de Three Tillichevans ;—5 libratis terrarum de Balloch cum molendino de Balloch ;—piscatione salmonum aliorumque piscium in fluvio de Levin et lacu de Lochloumond ;—cymba vectoria de Balloch ;—5 libratis terrarum de Blairivadick ;—decimis 10 libratarum terrarum de Craigrostan, et decimis rectoriis 5 libratarum terrarum de Balloch ;—omnibus in regalitate de Lennox et vicecomitatibus de Dumbarton et Stirling respective :—*unius cujusque libratæ terræ* A. E. 20s. N. E. 3l.—10 libratis terrarum de Craigrostan.—A. E. 10l. N. E. 40l.—(Vide Stirling.) xxxix. 53.

(79)   Maii 9. 1685.
GEORGIUS COMES DE PANMURE, *hæres* Georgii Domini Maule, *filii*,—in annuo redditu 3000m. correspondente 50,000m. de terris de Easter et Wester Mayns de Kirkintulloch, et de 5 mercatis terrarum de Gondorat ;—5 mercatis terrarum de Achinkill, et 10 solidatis 8 denariatis terrarum de Bellochshall cum decimis, infra baroniam de Lenzie ;—annuo redditu 434l. 11s. 8d. de decimis de villa et terris burgalibus, et acris terræ villæ et burgi baroniæ de Kirkintulloch, infra baroniam de Lenzie.—(Vide Lanark.) xxxviii. 95.

(80)   Oct. 13. 1685.
GULIELMUS MURRAY de Cardon, *hæres* Jeanæ Fleemyng unius ex tribus sororibus germanis et hæredibus portionariis Vice Colonelli Joannis Fleyming in Dumblaine, *matris*,—in tertia parte annui redditus 1380m. de terris et baronia de Cumbernald, exten-

*B 2

254

dentibus ad 5 libratas terrarum antiqui extentus, et de terris et baronia de Lenzie in parochia de Easter Lenzie. xxxviii. 148.

(81) Nov. 6. 1685.
ADAMUS COLQUHOUNE, *hæres* Andreæ Colquhoune aliquando in Overtowne de Colquhoune, *patris*,—in binis partibus 25 (vel 35) solidatarum 6 denariatarum terrarum antiqui extentus de Barnhill, infra baroniam de Colquhoune et parochiam de Kilpatrick.—A. E. 23s. 8d. N. E. 3l. 11s. xxxix. 18.

(82) Apr. 27. 1686.
JACOBUS COMES DE PANMURE, *hæres* Georgii Comitis de Panmure, Domini Maule, Brechin, et Navarr, &c. *fratris senioris germani*,—in annuo redditu 5000m. correspondente 50,000m. de terris de Easter et Wester Mayns de Kirkintulloch ;—5 mercatis terrarum de Gonderat ;—5 mercatis terrarum de Auchinkill ;—10 solidatis et 8 denariatis terrarum de Ballochshall, cum decimis earundem, infra baroniam de Lenzie, et de aliis terris in vicecomitatu de Lanark ;—annuo redditu 434l. 11s. 8d. de decimis rectoriis seu decimis assedationum divoriis de villa et terris burgalibus, et acris terræ et earum pertinentium villæ et burgi baroniæ de Kirkintulloch, infra baroniam de Lenie.—(Vide Lanark.)
xxxviii. 383.

(83) Maii 13. 1687.
ADAMUS MURRAY de Cordon, *hæres* Gulielmi Murray de Cordon, *patris*,—in tertia parte annui redditus 1380m. de terris et baronia de Cumbernald, extendentibus ad 5 libratas terrarum antiqui extentus, et de terris et baronia de Lenzie in parochia de Eister Lenzie, sub reversione pro solutione 23,000m. xl. 14.

(84) Feb. 21. 1688.
ADAMUS MURRAY de Cardon, *hæres portionarius* Helenæ Fleming sororis germanæ Jeannæ Fleming, *sororis aviæ ex parte patris*,—et MARIA FLEMING sponsa Joannis Grahame Clerici Cancellarii S. D. N. Regis, *hæres portionaria* dictæ Helenæ Fleming, *sororis germanæ*,—in tertia parte annui redditus 1380m. de terris et baronia de Cumbernald, extendentibus ad 5 libratas terrarum antiqui extentus, et de terris et baronia de Lenzie in parochia de Eister Lenzie, sub reversione pro solutione 23,000m. xl. 92.

(85) Oct. 28. 1690.
GULIELMUS COMES DE DUNDONALD, Dominus Cochran de Paislay, *hæres masculus linealis* Joannis Comitis de Dundonald, Domini Cochran et Paislay, &c. *patris*,—in terris de Kirkmichell-Sempill ;—terris de Kilmalid cum piscationibus in aqua de Levin, extendentibus ad 10 libratas terrarum antiqui extentus ;—illis partibus terrarum vocatis The Cordaillis adjacentibus dictis terris de Kirkmichell-Sempill, unitis in dominium, baroniam, et regalitatem de Paislay:—E. 100m. *taxatæ wardæ:*—terris de Ardoch vocatis Ardoch-Campbell, infra parochiam de Kilmaronock et regalitatem de Lenox, cum officio balliatus regalitatis de Lenox in quantum extendi poterit ad 50 solidatas terrarum de Ardoch ;—5 libratis terrarum antiqui extentus de Dalmochrie (vel Dalmore), infra parochiam de Kilpatrick et regalitatem de Lennox ;—terris de Bonnyle-Noble alias Noblestoun, infra regalitatem de Lenox ;—officio balliatus Ducissæ de Lenox et regalitatis de Darnlie, cum aliis terris in vicecomitatu de Renfrew :—A. E. ...... N. E. ...... —parvo molendino vocato The Little Milne burgi de Dumbartan, cum lie Miln-dam, inlair et aquæductu ;—dimidiata acra terræ ex boreali parte dicti molendini versus orientem ;—particata terræ vocata Blackbatt, extendente ad 2 acras terræ :—E. 26s. 8d.—communibus terris de Kilmalid extendentibus ad dimidium dictarum terrarum :—E. 26s.—piscationibus dicti burgi ;—terris de Loninghead cum pertinentiis, viz. terris nuncupatis Overbroadbanks,

Netherbroadbanks, Langlands, Woodcockhill, Molens, et Sandiefauld :—E. 24s.—terris de Maryland, Runridding, et Hedryuaird :—E. 16s. 8d.—terris de Achenreoch :—E. 40s.—terris nuncupatis Lockarts brae, ex occidentali parte viæ Regis :—E. 3s.—dimidiata parte terrarum de Glen :—E. 23s. 4d.—acra terræ in Nether Milross meadow :—E. 20s. 4d.—alia acra terræ in Nether Milross meadow :—E. 30s. 4d.—acra terræ in Over vel occidentali Melross meadow nuncupata Ratland Aiker :—E. 11s. 4d.—acra terræ in Over vel occidentali Milross meadow vel meadow de Kilmalid :—E. 8s. *feudifirmæ:*—annuo reditu 24l. de acra terræ nuncupata Milaiker, infra territorium et libertatem dicti burgi de Dumbartan :—E. 20s.—13 rudis terræ cum vasto horreo super fronte earundem, infra territorium dicti burgi ;—terris vocatis Arthur's croft alias Briglands ;—terris de Broomfauld ;—5 rodis terræ in fine villæ dicti burgi ;—aliis 5 rodis terræ in fine villæ dicti burgi ;—8½ rodis terræ jacentibus ibidem ;—3 rudis terræ jacentibus ibidem ;—petia terræ vocata Barnland, extendente ad 6 rodas terræ in fine villæ dicti burgi ;—pecia terræ vocata Killand contigue dictis 6 rodis ;—2 riggis seu rodis terræ in fine villæ dicti burgi :—A. E. ...... N. E. ......—annuo redditu 212l. correspondente summæ 5800m. de terris de Elengzie (vel Lenzie), infra parochiam de Easter et Wester Elengzie (vel Lenzie).—E. 1d. *albæ firmæ.*—(Vide Renfrew, Ayr, Lanark, Clackmannan, Haddington.) xli. 319.

(86) Dec. 27. 1692.
PATRICIUS BELL mercator in Glasgow, *hæres* Magistri Patricii Bell unius ballivorum burgi de Glasgow, *patris*,—in terris templariis vocatis Spittell de Thombuy, extendentibus ad 1 mercatam terræ, infra ducatum de Lennox.—A. E. 13s. 4d. N. E. 2l.—(Vide Lanark.) xliii. 180.

(87) Dec. 9. 1695.
ARCHIBALDUS COMES DE ARGYLE, Dominus Kintyre, Campbell, et Lorn, &c. *hæres* Archibaldi Comitis de Argyle, Domini Kintyre, Campbell, et Lorn, &c. *patris*,—in terris et baronia de Roseneath ;—et burgo baroniæ de Portkill in Roseneath :—E. 41l. *feudifirmæ:*—terris de Ferrieland de Cardross extendentibus ad 4 acras terrarum, cum officio transvehendi in cymba vectoria lie Ferrieboat de Cardross ;—pasturagio 6 summarum cum unius equi gramine in terris de Kirktoune de Cardross, infra dominium de Cardross, unitis cum aliis terris in comitatum de Argyle:—E. 500m. *taxatæ wardæ:*—advocatione ecclesiarum de Roseneath et Row cum decimis:—E. 1d. *albæ firmæ.*—(Vide Argyle, Inverness, Perth, Fife, Clackmannan, Stirling, Bute, Forfar.) xlv. 629.

(88) Apr. 6. 1697.
ROBERTUS BONTEIN de Milnedovan, *hæres* Gulielmi Bontein de Milnedovan nuper clerici burgi de Dumbarton, *patris*,—in terris de Milldovane extendentibus ad 5 libratas terrarum antiqui extentus, infra parochiam de Cardross, cum advocatione capellaniæ beatæ Mariæ Virginis infra ecclesiam parochialem de Dumbarton situatæ.—A. E. 5l. N. E. 15l. xlix. 289.

OMISSUM.

(89) Oct. 3. 1531.
WILLIELMUS FLEMING, *hæres* Jacobi Fleming de Borde, *patris*,—in terris de Borde in baronia de Lainzie.—A. E. 40m. N. E. 106l. 13s. 4d. lxxxiv. 117.

DUMBARTON.

(90) Mar. 14. 1572.

ISSABELLA FLEMYNG, *hæres* Jacobi Flemyng, *patris*,—in annuo redditu 16 bollarum farinæ avenaticæ de 40 solidatis terrarum de Schennaglische, in dominio de Haldane. A. 16.

(91) Maii 26. 1573.

CLAUDIUS HAMMILTOUN, *hæres* Joannis Hammiltoun, *fratris*,—in terris de Eister Cochnoch, extendentibus ad 10 mercatas terrarum antiqui extentus, cum castro, in comitatu de Levinax.—A. E. 10m. N. E. 13m. 5s. A. 21.

(92) Maii 26. 1573.

CLAUDIUS HAMILTOUN, *hæres* Andreæ Hammiltoun de Cochnoch, *patris*,—in terris de Hutchestoun et lie Hoill, cum carbonario et terra carbonaria earundem, extendentibus in integro ad 5 mercatas terrarum antiqui extentus, in dominio de Drumrye.—E. 5m. A. 23.

(93) Oct. 6. 1573.

JOHANNES MAKGREGAR, *hæres* Patricii Makgregar de Airdinconnall, *patris*,—in terris de Ardinconnall in comitatu de Levinox.—A. E. 8m. N. E. 24m. A. 25.

(94) Nov. 12. 1573.

DORMUNDUS M'KYNNIE, *hæres* Gilberti M'Kynnie de Knokdorie, *patris*,—in terris de Knokdorie-M'Kynnie.—A. E. 5l. N. E. 15l. A. 31.

(95) Maii 20. 1574.

CLAUDIUS HAMILTOUN de Cochno, *hæres conquestus* Duncani Hamiltoun, *fratris proxime junioris*,—in officio et servitio Teloniæ et parvarum custumarum burgi de Dumbartane, et officio parvæ custumæ ejusdem.—A. E. 10m. N. E. 20l. A. 37.

(96) Jun. 13. 1581.

ALEXANDER PORTERFEILD de Eodem, *hæres* Joannis Porterfeild de Eodem, *avi*,—in annuo redditu 40 solidorum de terris de Ardinconnell in comitatu de Levinax. A. 154.

(97) Oct. 3. 1581.

DAVID LYNDSAY de Ferrie, *hæres* Jacobi Lyndsaye de Tullichewin, *fratris*,—in terris de Tullichewin-Wester, extendentibus ad 2 mercatas terrarum antiqui extentus, in comitatu de Levinox.—A. E. 2m. N. E. 4l. A. 167.

(98) Maii 15. 1582.

JOANNES WOID, *hæres* Magistri Joannis Woid de Geillistoun, *patrui*,—in terris de Myldoven, extendentibus ad 5 libratas terrarum antiqui extentus, cum advocatione capellaniæ beatæ Mariæ Virginis in ecclesia parochiali de Dumbertane.—A. E. 5l. N. E. 15l. A. 208.

(99) Oct. 30. 1582.

THOMAS BUCHQUHANNAN de Drumykill, *hæres* Valteri Buchquhannan de Drummikill, *patris*,—in 50 solidatis terrarum antiqui extentus de Eister Blairnavaddis ;—50 solidatis terrarum ejusdem extentus de Vester Blairnavaddis, (excepta insula de Inchemiryne et piscatione ejusdem), in ducatu de Levinax.—A. E. 5l. N. E. 15l. A. 220.

(100) Nov. 13. 1582.

JOANNES WOID, *hæres* Magistri Joannis Woid de Geillistoun, *patrui*,—in 4 mercatis terrarum antiqui extentus de Nether Ardardane-M'Caulay alias Geillistoun, cum lie Spittal vocata Ostellarie de Brigend, ac pasturagia et herbagia sex vaccarum, unius equæ cum pullo, in communitate 12 mercatarum terrarum de Ardardane-M'Caulay, et piscatione de lie zair de Nether Ardardane in aqua de Clyde :—A. E. 4m. N. E. 8l.—3 libratis terrarum de Blairnarne, et 40 solidatis terrarum de Kirkmichaell-Streveling etiam antiqui extentus, in ducatu de Levinnox.—A. E. 5l. N. E. 15l. A. 223.

(101) Oct. ... 1583.

WILLIELMUS BUQUHANNANE, *hæres* Roberti Buquhannane de Balhannochrie, *patris*,—in terris de Balhannachrie-Ardardane, cum tertia parte piscariæ de lie zairis de Ardardane, in ducatu de Levinax.—E. 8l. 13d. A. 266.

(102) Maii 16. 1586.

JOANNES WOID, *hæres* Joannis Woid de Geillistoun, *patris*,—in terris de Mildonyng (Mildovan ?) extendentibus ad 5 libratas terrarum antiqui extentus, cum advocatione capellaniæ beatæ Mariæ Virginis fundatæ in ecclesia parochiali de Dumbertane, in ducatu de Levinnax.—A. E. 5l. N. E. 15l. B. 69.

(103) Dec. 20. 1592.

GEORGIUS NAPER, *hæres* Joannis Naper de Rossrovan, *fratris*,—in 40 solidatis terrarum antiqui extentus de Eister Finnarie, in comitatu de Levenox :—A. E. 40s. N. E. 6l.—dimidietate molendini de Mewie.—E. 9 *bollæ farinæ avenaticæ*. C. 118.

(104) Oct. 25. 1594.

CLAUDIUS HAMMILTOUN de Cochno, *hæres* Joannis Hammiltoun, *fratris germani*,—in dimidietate terrarum de Kirkmichael et Blairnarne, extendentium annuatim ad 7 libratas terrarum antiqui extentus supra rivulum de Levine, infra comitatum de Levinax.—A. E. 3l. 10s. N. E. 14l.—(Vide Stirling.) C. 256.

(105) Oct. 2. 1595.

THOMAS HALDEN filius legitimus maximus natu quondam Joannis Halden, *hæres* Roberti Halden de Balquhill, *avi*,—in pecia terræ vocata Greinbar de Hiltoun ;—pecia terræ vocata the Landis Iyane at the Bridgend of Craigalzeane, quæ terræ sunt partes terrarum de Hiltoun, in baronia seu 10 libratis terrarum de Auchincloch, et parochia de Kirkpatrick.—A. E. 40s. N. E. 8l. D. 1.

(106) Nov. 9. 1613.

GUILIELMUS SEMPILL de Fulwod, *hæres* Roberti Sempill de Fulwod, *patris*,—in 5 mercatis terrarum antiqui extentus de Ladietoun, cum decimis garbalibus earundem a solo prius nunquam separatis, in comitatu de Lennox, parochia de Bonyll.—E. 11l. *feudifirmæ et augmentationis*. F. 115.

(107) Jul. 6. 1620.

DUNCANUS M'FARLANE, *hæres* Umfridi M'Farlane de Brachairne, *patris*,—in annuo redditu 20l. de terris dominicalibus vulgo Maynis de Kilmaronnok. F. 253.

(108) Oct. 19. 1681.

JOANNES COMES DE WIGTON, Dominus Fleming et Cumbernauld, *hæres masculus* Gulielmi Comitis de Wigtoune, Domini Fleming et Cumbernauld, *patris*,—in terris et baronia de Lenzie, cum villa et burgo de Kirkintillo, et integris carbonibus, carbonariis, lapicidiis, lie lymestaine earundem :—A. E. 100l. 13s. 4d. N. E. 300l.—5 libratis terrarum de Cumbernauld, cum terris dominicalibus, castris, et libera foresta, (excipiendo 8 mercatas terrarum antiqui extentus de Wester Gartshoare), cum terris in Peebles, Selkirk, Perth, et Haddington, unitis in dominium et baroniam de Cumbernauld :—A. E. 16l. N. E. 68l.—advocatione novæ orientalis ecclesiæ, et novæ parochiæ terrarum et baroniæ de Lenzie, et alterius veteris occidentalis ecclesiæ et veteris parochiæ earundem terrarum et baroniæ de Lenzie, situatæ infra villam et burgum de Kirkintillo :—A. E. 1s. N. E. 3s.—decimis garbalibus aliisque decimis tam rectoriis quam vicariis ecclesiæ parochialis de Lenzie :—A. E. 6s. 8d. N. E. 20s.—liberis burgis baroniarum de Kirkintillo et Cumbernauld, cum foris et nundinis ;—omnibus erectis in comitatum de Wigtoune, dominium et baroniam de Cumbernauld, cum aliis terris in diversis vicecomitatibus.—(Vide Stirling, Lanerk, Peebles, Selkirk, Perth, Haddingtoun.) I. 108.

DUMFRIES.

INDEX NOMINUM.

a

DUMFRIES.—INDEX NOMINUM.

Joannes, de Dargavells, 345.
———— de Kirkschaw, 82.
Mariota, 270.

DALZELL;
Joanna, 295.
Joannes, de Glenae, miles baronettus, 316.
Robertus, ———— ———— ———— ———— 316.
Thomas, portionarius de Durisclear, 295.
DEMPSTER;
Margareta, 243.
Thomas, portionarius de Barsevalla, 243.
DICKSOUN;
Joannes, 146.
DINWODDIE;
Oliverus, in Glennie, 386.
DIRLETOUN, ERLE OF—;
James, 211.
DOUGLAS;
David, de Baitfuird, 361.
Georgius, de Durisdeire, 292.
Hugo, de Dalvene, 38.
Jacobus, 361.
———— miles, 62.
———— de Baitfurde, 127.
———— de Mouswall, 286.
Joannes, 161.
———— de Artland, 124.
———— de Drumlanrig, miles, 62, 89, 90.
———— de Killinaran, 299.
———— de Mouswall, 286.
———— de Stainhous, 162, 299.
Robertus, portionarius de Durisdeire, 292.
Willielmus, de Artland, 124.
———— de Baitfurde, 127.
———— de Drumlanrig, 89, 90.
DRUMMOND, DOMINUS;
Jacobus, 155.
DRUMMOND;
Dominus Willielmus, 396.
DUDDOPE, DOMINA;
Domina Isobella Ker, 154.

EDZER, EDZARE;
Andreas, 379.
———— de Guliehill, 389.
Cristina, 14.
David, 14, 389.
Herbertus, 28.
Joannes, 14, 168, 379.
Joneta, 168.
Richardus, 28.
Robertus, 10.
———— de Bromerig, 10.
Thomas, 83.
Willielmus, 83.
EWART;
Joannes, de Bodisbeg, 43, 390.
Nigellus, ———— ———— 43, 390.

FAREIS;
Alexander, 191.
Joannes, 191.
FENDE;
Jacobus, 367.
Joannes, 367.
FERGUSSONE;
Jacobus, de Chapelmark, 387.
———— de Fourmerkland, 389.
Joannes, 387.
FLEYMING;
Jeanett, 219.
Margaret, 220.
FRENSCHE, FRENCHE, FRANSCHE;
David, 157.
Robertus, 75, 76.
———— de Frenscheland, 75, 76.
Willielmus, 157.

GIBSONE;
Joannes, 262.
GILLESONE, GILLISONE;
Homerus, de Burnefute, 147.
Joannes, 147, 343.
Robertus, 343.
GLEDSTANIS;
Joannes, de Craigis, 36.
Walterus, ———— 36.
GLENCORSS;
Alexander, de Eodem, 65, 66.
Issobella, 66.
Ketherina, 66.
Margareta, 65.
GORDOUN;
Agneta, 247.
Besseta, 247.
Joannes, 128.
———— de Lochinvar, 130.
———— ———— miles, 27.
Robertus, de Glen, miles, 27.
———— de Lochinvar, miles, 130.
Willielmus, 128.
———— de Munibuy, 239.
GRAHAME, GRAHME;
Arthurus, 382.
———— de Blaetwod, 382.
Fergusius, de Blaetwode, 92.
Georg, 207.
———— of Reidkirk, 207.
Joannes, 46, 73.
———— de Reidkirk, 207.
Nicolaus, 73.
———— de Cumstoun, 46.
Willielmus, de Blaetwode, 92.
GREIR;
Robertus, de Lag, miles, 163.
Willielmus, de Dalgoner, 95.
GREIRSOUNE;
Agneta, 141.
Alexander, de Lochur, 245.
Cuthbertus, de Halydayhill, 18.
Gilbertus, de Shappell, 287.
Jacobus, de Braecoche, 140, 141.
———— de Capinoch, 321.
———— de Daugonnar, 274.
Jeanna, 141.
Joannes, 18.
———— de Barjarge, 202.
———— de Cappinoche, 208, 225, 321.
———— de Killileoche, 159.
———— de Lag, 131.
———— ———— miles, 216, 238.
———— de Nether Keir, 202.
Marie, 208.
Nicola, 140.
Robertus, de Killielego, 274.
———— de Lag, 238, 264.
———— ———— miles, 133, 134, 163, 216.
Rogerus, de Lag, 47, 134.
Susanna, 159.
Willielmus, 150, 181.
———— miles, 47.
———— de Braecoch, 150, 225.
———— de Kirkbryde, 181.
———— de Lag, miles, 131, 133.
———— de Lochur, 245.

HAIRSTANIS, HARSTANES;
Gulielmus, de Craigs, 355.
Joannes, 139.
———— de Craigs, 314.
Matheus, ———— 139, 314, 355.
HANYNG;
Alexander, 142.
George, 223.
Jean, 231.
Jeneta, 142.
John, 231.
———— portioner of Glengeber, 223.
Willielmus, 142.
HARRON;
Joannes, 273.

HARTFEILD, HARTFALL, ERLE OF—;
James, 213, 217.
HAY, DE ZESTER, DOMINUS;
Jacobus, 74.
HAY;
Joannes, de Aberlady, 248, 260, 282.
Willielmus, 282.
———— de Aberlady, 248, 260.
HERES, HERREIS, HEREIS, DOMINUS;
Joannes, 23, 69, 350.
Willielmus, 23.
HIDDELSTOUN;
Agneta, 323.
Jeanna, 323.
Joneta, 323.
Margareta, 323.
Nicola, 323.
Rogerus, de M'Ubinstoun, 323.
HUNTER, HUNTAR;
Andreas, de Tounhead de Auchinbainzie, 354.
Duncanus, 77.
———— de Ballagane, 109, 176, 195.
Jacobus, 176.
———— de Ballagene, 77, 195, 244.
Robertus, de Baitfuirde, 64.
Thomas, 64.
Willielmus, 109, 353, 354.
———— de Tounhead de Auchenbenzie, 353.

JACKSONE;
Joannes, 311.
———— de Newtounfude, 311.
JARDANE, JARDEIN, JORDAN;
Alexander, de Appilgirthe, 175.
———— ———— ———— (Dominus), 330.
———— ———— ———— miles, 50, 330, 391.
Joannes, de Appilgirth, 175, 391.
JOHNSTOUN, JHONESTOUN, JONSTOUN;
Adamus, 383.
Alexander, de Elshiesheillis, 324.
Andreas, de Milnebank, 171.
———— de Rutonsyde, 230.
———— de Turmour, 388.
Archibaldus, de Elshescheillis, 132, 143, 198, 397.
Gavinus, 51, 80.
Georgius, 384.
———— de Girtheid, 206.
Gilbertus, de Wamfra, 71.
Gulielmus, 301.
———— de Elshescheilles, 132, 143, 199, 226, 363.
———— de Newbie, 34.
Harbertus, 383, 386.
Jacobus, 55, 79, 120, 122, 132, 144, 230, 268, 336.
———— de Beirholme, 51, 52.
———— de Braikensyde, 268, 338.
———— de Darshag, (vel Earshag), 395.
———— de Dunskellie, miles, 33, 55, 56, 119.
———— de Eodem, 33, 56, 119, 393.
———— de Midilgill, 52, 80.
———— (Dominus), de Westerhall, 359.
———— de Westraw, 156, 201, 362.
Joannes, 9, 59, 94, 144, 251, 255, 268, 301, 327, 345, 363, 383.
———— (Doctor), 345.
———— de Brackensyde, 338.
———— de Clauchrie, 327.
———— de Elschiescheillis, 198, 199, 226, 324, 397.
———— de Eodem, 120, 393, 394.
———— de Newbie, 16.
———— de Quawis, 384.
———— de Turmour, 388.
———— de Wamphray, 234.
———— de Westerhall, 359.

258

DUMFRIES.

INDEX LOCORUM.

INQUISITIONES SPECIALES.

DUMFRIES.

(1)   Aug. 5. 1550.

ROBERTUS DOMINUS MAXWELL, *hæres* Roberti Domini Maxwell, *patris*,—in 20 libratis terrarum de Dunkow.—E. 82*l*. 13*s*. 4*d*.—(Vide Kircudbright.) i. 152.

(2)   Aug. 5. 1550.

ROBERTUS DOMINUS MAXWELL, *hæres* Roberti Domini Maxwell, *patris*,—in terris de Wauchopdaill et advocatione ecclesiarum, in dominio de Eskdaill.—E. 120*m*. i. 166.

(3)   Aug. 5. 1550.

ROBERTUS DOMINUS MAXWELL, *hæres* Roberti Domini Maxwell, *patris*,—in baronia de Carlaverok comprehendente inter alia terras et baroniam de Carlaverok et Locherwode, cum molendino et piscariis earundem:—E. 285*m*.—terris de Springkell, Naetoun, et Logane, infra senescallatum vallis Annandiæ, cum officiis senescallatuum de Annandaill et Kirkcudbright:—E. 55*l*.—terris de Carnsalloch, Durisquhen, et superioritate 5 libratarum terrarum antiqui extentus in territorio de Dumfries:—E. 75*l*.—unitis ad baroniam de Carlaverok.—(Vide Roxburgh, Kirkcudbright, Perth, Renfrew.) i. 167.

(4)   Aug. 5. 1550.

ROBERTUS DOMINUS MAXWELL, *hæres* Roberti Domini Maxwell, *patris*,—in terra de Tynwald et jure patronatus ecclesiæ de Tynwald.—E. 60*l*.—(Vide Wigton.) i. 167.

(5)   Aug. 5. 1550.

ROBERTUS DOMINUS MAXWELL, *hæres* Roberti Domini Maxwell, *patris*,—in 20 mercatis terrarum antiqui extentus de Bruneholme, Kinholme, et Quhitscheills ;—5 mercatis terrarum de Teronan ;—10 mercatis terrarum de Flaskhowgill et Glendowane ;—10 mercatis terrarum de Arkiltoun ;—20 libratis terrarum de Mekilldaill ;—5 mercatis terrarum de Burngranes ;—7 mercatis terrarum de Ovir Arkin ;—20 mercatis terrarum de Park et Wra ;—5 libratis terrarum de Langholme ;—12 mercatis terrarum de Bracanwra ;—10 mercatis terrarum de Stabilgortoun ;—10 mercatis terrarum de Craig ;—14 mercatis terrarum de Schaw de Dablane ;—6 mercatis terrarum de Rig ;—20 solidatis terrarum de Bonyes ;—6 mercatis terrarum de Renzie ;—20 solidatis terrarum de Lynholme ;—3 mercatis terrarum de Eiswode ;—5 mercatis terrarum de Harperquhat et Apilquhat ;—14 mercatis terrarum antiqui extentus vulgo Tua Crwnzentounis ;—20 mercatis terrarum de Balgray ;—8 acris terrarum vulgo Hoggislands nuncupatis ;—20 solidatis terrarum integræ villæ de Stabilgortoun ;—20 libratis terrarum de Megott et Pegott, extendentibus ad 245 mercatas terrarum antiqui extentus, infra bondas de Eskdaill.—E. 245*m*. i. 167.

(6)   Jul. 10. 1563.

THOMAS RORIESOUN de Bardannoch, *hæres* Andreæ Roriesoun de Bardannoch, *patris*,—in 5 mercatis terrarum de Duhrogane ;—2¼ mercatis terrarum de Barboway antiqui extentus, infra baroniam de Glencarne.—A. E. 5*l*. N. E. 20*l*. i. 189.

(7)   Maii 24. 1569.

JOANNES DOMINUS MAXWELL, *hæres* Roberti Domini Maxwell, *patris*,—in 20 libratis terrarum de Duncow, in parochia de Kirkmaquho.—E. 82*l*. 13*s*. 4*d*.—(Vide Kirkcudbright.) i. 64.

(8)   Dec. 19. 1573.

ARCHIBALDUS M‘BRAYRE præpositus de Drumfreis, *hæres* Willielmi M‘Brayre de Almagill, *proavi*,—in 3 terris husbandiis in villa de Littill Daltoun ;—terris de Almagill in parochia de Daltoun-magna, extendentibus ad 100 solidatas terrarum antiqui extentus, infra senescallatum Vallis Annandiæ.—E. 5*l*. i. 94.

(9)   Maii 22. 1574.

JOANNES JOHNSTOUN, *hæres* Joannis Johnstoun de Wodhouss-Johnstoun, *patris*,—in dimidietatibus terrarum de Wodhouss nuncupatis Wodhous-Johnstoun, extendentibus ad 33 solidatas 4 denariatas terrarum antiqui extentus, infra senescallatum Vallis Annandiæ.—E. 33*s*. 4*d*. i. 91.

(10)   Jan. 30. 1594.

ROBERTUS EDZER, *hæres* Robert Edzer de Bromerig, *patris*,—in 1 mercata terra de Bromerig, et 5 solidatis terrarum de Kingmyirsyde antiqui extentus, cum piscatione aquæ de Nyth, infra baroniam de Halywode.—E. 45*s*. 2*d*. iii. 121.

(11)   Aug. 4. 1601.

THOMAS NEWALL, *hæres* Archibaldi Newall burgensis de Drumfreis, *patris*,—in parte seu portione terrarum de Conhaithrig in terris de Conhaithrig, infra parochiam de Drumfries.—E. 9*s*. ii. 121.

(12)   Oct. 20. 1601.

JOANNES M‘MAYTH, *hæres* Rogeri M‘Mayth, *patris*,—in 5 mercatis terrarum de Clenrye antiqui extentus, in baronia de Sanquhar.—A. E. 3*l*. 6*s*. 8*d*. N. E. 10*l*. ii. 119.

(13)   Jun. 17. 1602.

ELIZABETHA *alias* BESSETA MAXWELL, *hæres portionaria* Magistri Thomæ Maxwell vicarii de Drumfries, *patris*,—in terris ecclesiasticis vicariæ burgi de Drumfries, et decimis tam garbalibus quam minutis inclusis, vulgo vocatis ye teynd scheavis and small teyndis, in parochia de Drumfries.—E. 10*l*. 6*s*. 8*d*. ii. 154.

(14)   Jul. 20. 1602.

DAVID EDZARE, *hæres* Cristinæ Edzare in Wode, filiæ legitimæ quondam Joannis Edzare in Wode de Halywode, *sororis*,—in annuo redditu 10*m*. de 5 solidatis terrarum antiqui extentus, ex terris de Croceleyes in parochia de Halywode. iii. 25.

A

(15) Oct. 27. 1602.

ROBERTUS MAKMURDIE, *hæres* Joannis Makmurdie in Dunscoir, *patris*,—in 6 solidatis 3 denariatis terrarum de Cubbentoun et Ferdene-Makcrerie, nunc vulgo vocatis Makmurdestoun, antiqui extentus, infra parochiam de Dunscoir.—E. 11s. 4d.
ii. 172.

(16) Feb. 3. 1603.

JOANNES JOHNSTOUN apparens de Newbie, *hæres* Joannis Johnstoun de Newbie, *avi*,—in terris et baronia de Newbie continente terras subscriptas, unitas in integram baroniam, viz. terras dominii de Newbie cum piscariis de Newby, et piscariis de New Skarris, cum Sabulo de Eodem ;—terras de Barnkirk, Croftheidis, Howis, Milbie, Milbiefield, et Hawmeadow :—E. 20l.—10 libratis terrarum antiqui extentus de Stabiltoun, cum piscariis :—E. 10l.—40 solidatis terrarum de Robgill antiqui extentus :—E. 40s.—2 mercatis 6 solidatis 8 denariatis terrarum antiqui extentus de Cummertrees :—E. 33s. 4d.—2 mercatis 6 solidatis 8 denariatis terrarum antiqui extentus de Allirbeck:—E. 33s. 4d.—10 mercatis terrarum antiqui extentus de Middlebye :—E. 6l. 13s. 4d.—3 mercatis terrarum antiqui extentus de Galzaneleyes :—E. 40s.—13 solidatis 4 denariatis terrarum antiqui extentus de Hydewode :—E. 13s. 4d.—5 libratis terrarum antiqui extentus de Preistwodeside, cum Saltcottis et piscariis earundem :—E. 5l.—13 solidatis 4 denariatis terrarum antiqui extentus de Rubell :—E. 13s. 4d.—cum molendinis omnium prædictarum terrarum, infra senescallatum Vallis Annandiæ.
iii. 27.

(17) Feb. 17. 1603.

JACOBUS LAWSOUN, *hæres* Joannis Lawsoun junioris in Rowcane, *patris*,—in 1 mercata terra de Rowcane antiqui extentus, in baronia de Torthorwald.—A. E. 1m. N. E. 3m.
iii. 11.

(18) Jun. 9. 1603.

JOANNES GREIRSOUN, *hæres* Cuthberti Greirsoun de Halydayhill, *patris*,—in 40 solidatis terrarum de Halydayhill *alias* Bardonanhill antiqui extentus, in parochia de Dunscoir :—A. E. 40s. N. E. 8l.—tertia parte terrarum de Granen (vel Grenan) *alias* Messingeris Lands nuncupata, extendente ad 20 solidatas terrarum earundem, infra baroniam de Lag et parochiam de Penpont.—A. E. 20s. N. E. 3l.
iii. 32.

(19) Jul. 30. 1603.

ALEXANDER STEWART de Gairlies, *hæres* Domini Alexandri Stewart de Gairlies, *patris*,—in terris et baronia de Dalswontoun et Conharth (vel Conhayth,) cum advocatione rectoriæ de Kirkmahoo:—A. E. 51l. N. E. 153l.—erectis cum aliis terris in baroniam de Dalswontoun.—(Vide Wigton, Peebles, Roxburgh.)
iii. 36.

(20) Sep. 13. 1603.

JOANNES DOMINUS MAXWELL, *hæres masculus* Joannis Domini Maxwell, *patris*,—in hæreditaria custodia castri de Lochmaben, et in omnibus terris, piscariis, feodifirmis, feodis, proficuis, casualitatibus et divoriis, viz. in terris dominicalibus et lacu vocato Lowis de Lochmaben cum piscariis ;—terris de Hieta et Smaillholme, cum custodia aquæ de Sulua ;—piscaria vocata Fischgarthis aquæ de Annan, et piscaria vocata Coupis, et custodia sylvæ de Wodkoker, et graminibus vulgo foggage, cum devoriis et redditibus regiis infra villas de Lochmaben et Annan, cum lie Laidner martis ;—nec non in omnibus aliis regis propriis terris, aquis, et piscariis quibuscunque infra dominium de Annandardaill, cum omnibus earundem proficuis et commoditatibus quibuscunque.—E. *custodia et observatio dicti castri in congruo statu, cum omnibus necessariis.*
iii. 44.

(21) Dec. 2. 1603.

JOANNES KENNADIE de Hallaiths, *hæres* Herberti Kennadie de Hallaiths, *avi*,—in 10 acris jacentibus in Noirholme, et quo deficiente in Braidholme, ex tertia parte 5 mercatarum terrarum de Hallaiths, in parochia de Lochmaben et senescallatu Vallis Annandiæ.—E. 6s. 8d.
iii. 52.

(22) Dec. 2. 1603.

JOANNES KENNADIE de Hallaithis, *hæres* Joannis Kennadie junioris de Hallaithis, *fratris avi*,—in tertia parte 5 mercatarum terrarum de Hallaithis antiqui extentus, in senescallatu Vallis Annandiæ.—E. 22s. 3d.
iii. 52.

(23) Jan. 26. 1604.

JOANNES DOMINUS HEREIS, *hæres* Willielmi Domini Hereis, *patris*,—in terris et dominiis de Terreglis et aliis subscriptis, viz. terris et baronia de Terreglis et tenandriis de Larglanglie et Glasteris, cum advocatione ecclesiæ de Kirkpatrik-Irnegray et capellæ de Chapelzaird ;—terris et baronia de Kirkgunzeane, cum advocatione ecclesiæ de Kirkgunzeane ;—dimidietate baroniæ de Ur, infra senescallatum de Kirkcudbright et vicecomitatum de Dumfries ;—quæ terræ ab antiquo creatæ et incorporatæ fuerunt

in liberam regalitatem :—E. 240m.—terris et baronia de Moffetdaill et Annandaill (vel Avandaill) exceptis 20 mercatis terrarum per dominum de Maxwell acclamatis :—E. 66l. 13s. 4d.—20 libratis terrarum de Lochirby antiqui extentus :—E. 20l.—20 libratis terrarum de Huttone :—E. 20l.—20 libratis terrarum de Tunnergarth, cum advocatione de Tunnergarth :—E. 20l.—20 libratis terrarum antiqui extentus de Hoddome, cum advocatione de Hoddome :—E. 20l.—5 libratis terrarum de Eggilsfechen :—E. 5l.—5 libratis terrarum de Wormanbie antiqui extentus :—E. 5l.—5 libratis terrarum de Skaills :—E. 5l.—terris et baronia de Moirtoune-Woddis, cum piscationibus et advocatione ecclesiarum et capellaniarum omnium præfatarum terrarum :—E. 20l.—piscaria vocata Hereis-skar super aquam de Suluay, in senescallatu de Annandaill:—E. 6s. 8d.—cum aliis terris erectis in baroniam de Hereis.—(Vide Wigton, Roxburgh.)
iii. 62.

(24) Feb. 14. 1604.

ROBERTUS McBRAIR de Almagill, *hæres* Nicolai McBrair de Almegill, *abavi*,—in terris de Fourtene Aikeris in parochia de Daltoun-parva, infra senescallatum Vallis Annandiæ.—E. 40s.
iii. 64.

(25) Sep. 19. 1604.

JOANNES DOMINUS MAXWELL, *hæres* Joannis Domini Maxwell, *patris*,—in 20 libratis terrarum de Dunkow antiqui extentus :—E. 82l. 13s. 4d.—16 libratis terrarum antiqui extentus de Keir ;—4 libratis terrarum de Bardannochis ;—4 libratis terrarum de Kirkbrydis ;—3 libratis terrarum de Parkjarg, Ferding-James, et Barboy ;—40 solidatis terrarum de Blaikwode et Ronnaldstoun ;—40 solidatis terrarum de Barscotland ;—4 libratis terrarum de Allanetoun, et 20 solidatis terrarum de Swyir, infra baroniam de Haliewode :—E. 88l.—officio ballivatus terrarum, baroniæ et dominii de Haliewode ;—et in 6 mercatis terrarum de Baltarsune antiqui extentus ;—3 mercatis terrarum de Glenesland prædicti extentus, pro feodo et laboribus in usu dicti officii ballivatus de Haliewode, in baronia ejusdem :—E. 27m.—molendino de Keir et Allanetoun :—E. 22l. *et* 24 *bollæ farinæ*:—terris de Tinwald extendentibus ad 20 libratas terrarum antiqui extentus, cum advocatione parochialis ecclesiæ de Tinwald, cum aliis terris in vicecomitatu de Wigton unitis in baroniam de Tinwald :—A. E. 40l. N. E. 120l.—20 mercatis terrarum antiqui extentus de Bromeholme, et Arkinholme, et Quhytescheillis ;—5 mercatis terrarum de Torronane ;—10 libratis terrarum de Flaskhowgill et Glendonen ;—10 mercatis terrarum de Arkiltoun ;—20 libratis terrarum de Mekilldaill ;—5 mercatis terrarum de Burnegranes ;—7 mercatis terrarum de Ovir Airkin ;—20 mercatis terrarum de Park et Wra ;—5 libratis terrarum de Langholme ;—12 mercatis terrarum de Brekanwra ;—10 mercatis terrarum de Stabillgortoun ;—10 mercatis terrarum de Craig ;—14 mercatis terrarum de Scheill et Dalblane ;—6 mercatis terrarum de Rig ;—20 solidatis terrarum de Bownes ;—6 mercatis terrarum de Enzie ;—20 solidatis terrarum de Lyneholme ;—3 mercatis terrarum de Erswode ;—5 mercatis terrarum de Harperwhat et Apilwhat ;—5 mercatis terrarum de Balgray ;—8 acris terrarum vulgariter Hoggislands vocatis ;—14 mercatis terrarum antiqui extentus vulgo Tua Crunzeanetounis nuncupatis ;—20 solidatis terrarum integræ villæ de Stabilgortoun ;—20 libratis terrarum de Megott et Pegott ;—extendentibus in integro ad 245 mercatas terrarum antiqui extentus infra bondas de Eskdaill :—E. 245m.—terris de Wauchopdaill cum advocatione et donatione ecclesiarum et capellaniarum, extendentibus in integro ad 120 mercatas terrarum antiqui extentus, jacentibus in dominio de Eskdaill.—E. 120m.—(Vide Wigton.)
iii. 111.

(26) Sep. 19. 1604.

JOANNES DOMINUS MAXWELL, *hæres* Joannis Domini Maxwel, *patris*,—in 10 terris husbandiis de Trailtrow, cum piscatione aquæ de Annand vulgo Quartertyde nuncupata, reservando Domino Hereis 40 solidatas terrarum de Hoddumstanis, infra senescallatum Vallis Annandiæ :—E. 8l. 13s. 4d.—20 libratis terrarum de Turmor, Mantarig, Roberthill et Tuikisholme, infra baroniam de Dryvisdaill et senescallatum Vallis Annandiæ :—E. 20l.—terris de Dryvisdaill ;—terris de Pengaw ;—terris de Carrutheris, infra senescallatum Vallis Annandiæ :—E. 50l.—20 libratis terrarum de Kirkconnell et Scolilandis, in dominio Vallis Annandiæ et senescallatu ejusdem.—E. 20l.
iii. 114.

(27) Nov. 5. 1604.

DOMINUS ROBERTUS GORDOUN de Glen miles, *hæres* Domini Joannis Gordoun de Lochinvar militis, *patris*,—in 6 mercatis terrarum de Ovir Kirktoun ;—6 mercatis terrarum de Nethertoun de Kirktoun, cum 40 solidatis terrarum de Quhitwolling in tenemento de Dryisdaill, et senescallatu Annandiæ :—A. E. 10l. N. E. 30l.—annuo redditu 20l. de terris de Dalfabill et Garvald, ac molendinis, in comitatu de Bothuell ;—dimidia parte terrarum de Drumragane extendente ad 2¼ mercatas terrarum antiqui extentus :—A. E. 33s. 4d. N. E. 5l.—8 libratis terrarum nuncupatis Gillagapoch et Belliboycht antiqui extentus, in baronia de Glencarne et parochia ejusdem :—A. E. 8*l.* N. E. 24*l.*—2 mercatis terrarum antiqui extentus de Conraith *alias* Castelphairne in dicta baronia de Glencarne :—A. E. 26*s.* 8*d.* N. E. 4*l.*—2 mercatis terrarum de Corsbank in Robertmure, in baronia de Sanquhar :—A. E. 26*s.* 8*d.* N. E. 4*l.*—2 mercatis terrarum de Corcas, et 2 mercatis terrarum de Glengep antiqui extentus, in dicta baronia de Sanquhar.—A. E. 53*s.* 8*d.* N. E. 8*l.* iii. 126.

(28) Feb. 12. 1605.
HERBERTUS EDZARE in Crysteinhill, *hæres* Richardi Edzare in Crysteinhill, *avi,*—in 1 librata terrarum monasterii Sacri Nemoris de lie Manis ejusdem, in baronia de Halywode ;—una cum prato, et tribus diebus glebarum annuatim in nigra labena, cum domo et hortis :—E. 43*s.* 4*d.*—10 solidatis terrarum antiqui extentus de Carlynning, in baronia de Halywode et parochia de Kirkmahoo.—E. 11*s.* iii. 114.

(29) Aug. 5. 1605.
EDWARDUS IRWING, *hæres* Christopheri Irwing de Bonschaw, *patris,*—in terris de Stabiltoun infra senescallatum Annandriæ ;—piscaria de Basnet dictis terris de Stabiltoun pertinente.—E. 10*l.* iv. 6.

(30) Sep. 11. 1605.
ROGERUS PAIDZEANE de Newtoun, *hæres* Thomæ Paidzeane de Newtoun, *patris,*—in terris de Huik infra senescallatum Vallis Annandiæ.—E. 40*s.* iv. 34.

(31) Sep. 19. 1605.
ROBERTUS MAITLAND de Ekkelis, *hæres* Roberti Maitland de Ekkelis, *patris,*—in 2 mercatis terrarum de Ferding antiqui extentus, in baronia de Sanquhare.—A. E. 26*s.* 8*d.* N. E. 4*l.* iii. 165.

(32) Sep. 19. 1605.
JACOBUS MURRAY de Cokpule, *hæres masculus* Caroli Murray de Cokpule, *patris,*—in terris de Cokpule, Ruthwell-tennent, turre et fortalicio de Cumlungane, Coklaikis, Pyhillis, Schæhwat (vel Slaikwaittis,) Howalsyde, infra senescallatum Vallis Annandiæ, cum molendinis et advocatione ecclesiarum :—E. 40*l.*—terris de Ranepatrick :—E. 20*l.*—terris de Brydchapell et Preistdykis :—E. 10*l.*—unitis cum aliis terris in Kirkcudbright in baroniam de Cokpule, cum burgo baroniæ in villa de Ruthwell.—(Vide Kirkcudbright.) iii. 185.

(33) Sep. 20. 1605.
DOMINUS JACOBUS JOHNESTOUN de Dunskellie miles, *hæres* Jacobi Johnestoun de Eodem, *abavi,*—in terris et tenementis de Corrie subscriptis, viz. 4 mercatis terrarum de Quhytriggis et Mekillhous, cum molendino ejusdem ;—40 solidatis terrarum de Lund ;—18 solidatis terrarum de Dempilholme ;—38 solidatis terrarum de Pyotschawis ;—18 solidatis terrarum nuncupatis Wynholm ;—40 solidatis terrarum de Dormontrig de Corrie ;—40 solidatis terrarum nuncupatis Craighous ;—20 solidatis terrarum nuncupatis Trindeldyk ;—18 solidatis terrarum nuncupatis Taithbank ;—18 solidatis 4 denariatis terrarum nuncupatis Johnehill ;—2 mercatis terrarum nuncupatis Merynhill ;—13 mercatis terrarum de Birskow et Quhytcastell ;—1 mercata terræ de Ershills ;—1 mercata terræ de Lodriehuik ;—40 solidatis terrarum de Park ;—4 solidatis terrarum de Kirstlichas, et 20 solidatis terrarum de Bowhouss, cum advocatione ecclesiæ de Corrie, infra senescallatum Vallis Annandiæ.—E. 31*l.* 4*s.* 4*d.* iv. 36.

(34) Jan. 30. 1606.
WILLIELMUS JOHNESTOUN de Newbie, *hæres* Roberti Johnestoun de Newbie, *patris,*—in terris, tenementis, toftis, et croftis, cum pertinentiis infra territorium burgi de Annand, extendentibus ad 10 libratas terrarum, infra senescallatum Vallis Annandiæ.—A. E. 5*l.* N. E. 10*l.* iv. 81.

(35) Maii 6. 1606.
DAVID MURRAY pellio burgensis de Edinburgh, *hæres* Cuthberti Murray mercatoris burgensis de Edinburgh, *patris,*—in 20 solidatis terrarum antiqui extentus de Gilfuit, in baronia de Moffat et infra Vallem Annandiæ.—E. 20*s.* iii. 176.

(36) Maii 9. 1606.
JOANNES GLEDSTANIS de Craigis, *hæres* Walteri Gledstanis de Craigis, *patris,*—in terris de Overkelwode, cum donatione officii Heremitagii Capellæ Sancti Lawrencii Martyris super prædictis terris, et Capellaniæ Sancti Gregorii infra ecclesiam parochialem de Drumfreis fundatæ.—A. E. 10*l.* N. E. 30*l.* iii. 197.

(37) Jun. 4. 1606.
JACOBUS PORTARE, *hæres* Jacobi Portare in Portarstoun in Keir, *patris,*—in annuo redditu 50*m.* de 2 mercatis terrarum de Penmurtie vocatis Midkeir antiqui extentus, infra baroniam et parochiam de Halywode. iii. 197.

(38) Jul. 15. 1606.
HUGO DOUGLAS de Dalvene, *hæres* Hugonis Douglas de Dalvene, *patris,*—in 2 decimis sextis partibus terrarum ecclesiasticarum de Durisdeir in parochia de Durrisdeir :—E. 20*s.*—6 mercatis terrarum de Nather Davene ;—5 libratis terrarum de Over Davene ;—6 mercatis terrarum de Gayst Slakkis ;—terris de Halfpennyland extendentibus ad 40 solidatas terrarum antiqui extentus ;—1 mercata terræ de Murehouse et molendinis de Durisdeir, infra baroniam de Durisdeir.—A. E. 15*l.* 13*s.* 4*d.* N. E. 47*l.* iii. 219.

(39) Nov. 4. 1606.
WILLIELMUS COMES DE MORTOUN, Dominus de Dalkeith, &c. *hæres* Willielmi Comitis de Mortoun, Domini de Dalkeith, *avi,*—in terris et tenemento de Huttoun sub mora, cum advocatione ecclesiarum :—E. 160*l.*—terris de Moffetdaill cum advocatione ecclesiarum, infra senescallatum Vallis Annandiæ :—E. 40*l.*—omnibus erectis in dominium, baroniam, et regalitatem de Dalkeith.—(Vide Edinburgh, Linlithgow, Haddington, Fife, Berwick, Peebles, Lanark, Perth, Kirkcudbright.) iv. 308.

(40) Nov. 4. 1606.
WILLIELMUS COMES DE MORTOUN, Dominus de Dalkeith, &c. *hæres* Willielmi Comitis de Mortoun, Domini de Dalkeith, *avi,*—in terris aliisque subscriptis, viz.—terris de Colquhair *alias* Comloquhair :—E. 6*l.* 13*s.* 4*d.*—terris de Cowrie :—E. 6*l.* 6*s.* 8*d.*—terris de Zetbyre :—E. 6*l.* 13*s.* 4*d.*—terris de Kirkfald :—E. 3*l.* 6*s.* 8*d.*—terris de Cristelschaw :—E. 3*l.* 6*s.* 8*d.*—terris de Blaksmill (vel Blakswill :)—E. 6*l.* 13*s.* 4*d.*—terris de Powdono :—E. 3*l.* 6*s.* 8*d.*—terris de Powmonk :—E. 4*l.* 10*s.*—terris de Powcleiff (vel Powcreiff) :—E. 3*l.* 6*s.* 8*d.*—terris de Glendargie :—E. 6*l.* 13*s.* 4*d.*—terris de Cassope :—E. 5*l.*—terris de Fingland (vel Finglen :—E. 5*l.*—terris de Abirbosk :—E. 5*l.*—terris de Middill Lawheid :—E. 5*l.*—terris de Reburne :—E. 10*l.*—terris de Herwode :—E. 10*l.*—terris de Middelburne :—E. 3*l.* 6*s.* 8*d.*—terris de Tynninghill :—E. 5*l.*—terris de Johnestoun :—E. 5*l.*—terris de Vaccariote :—E. 6*l.* 13*s.* 4*d.*—terris de Todschawhill :—E. 3*l.* 6*s.* 8*d.*—terris de Watirokgrange :—E. 10*l.*—terris de Gairnaldhouss :—E. 6*l.* 13*s.* 8*d.*—terris de Cruikitheuch :—E. 5*l.*—terris de Dumfedling :—E. 3*l.* 6*s.* 8*d.*—terris de Cubinburne :—E. 3*l.* 6*s.* 8*d.*—terris de Kirkland :—E. 3*l.* 6*s.* 8*d.*—cum decimis garbalibus terrarum præscriptarum, in regalitate de Melroiss et senescallatu Vallis Annandiæ, unitis in tenandriam de Dumfedling.—(Vide Fife.) iv. 311.

(41) Jan. 20. 1607.
JACOBUS LINDSAY, *hæres* Jacobi Lindsay de Barcloy, *patris,*—in 20 libratis terrarum antiqui extentus de Mekildaltoun, tam proprietate quam tenandria, viz. terris et villa de Mekildaltoun et villa de Kirkwode ;—terris et villa de Mekildormount et Littill-Dormount ;—molendino de Mekildaltoun, et advocatione ecclesiæ parochialis de Mekildaltoun, infra senescallatum Vallis Annandiæ :—E. 20*l.*—100 solidatis terrarum antiqui extentus de Hoddome ;—100 solidatis terrarum de Langriggs :—E. 10*l.*—4 mercatis terrarum de Danbie ;—1 mercata terræ de Studriggis ;—et tertia parte mercatæ terræ in Moffet antiqui extentus, infra senescallatum prædictum.—E. 5*m.* 4*s.* 5½*d.* iii. 275.

(42) Jan. 31. 1607.
ADAMUS MURRAY, *hæres* Adami Murray de Drumcleiche, *patris,*—in 10 libratis terrarum de Drumcleiche antiqui extentus, infra senescallatum Vallis Annandiæ.—E. 10*l.* iii. 269.

(43) Feb. 5. 1607.
NIGELLUS EWART de Bodisbeg, *hæres* Joannis Ewart de Bodisbeg, *avi,*—in 100 solidatis terrarum antiqui extentus de Bodisbeg, infra senescallatum Vallis Annandiæ :—A. E. 100*s.* N. E. 10*m.*—terris de Skiftingholme infra senescallatum antedictum.—A. E. 5*l.* N. E. 10*m.* iii. 242.

(44) Feb. 10. 1607.
MARGARETA MOFFET, relicta Willielmi Moffet in Arikstane, *hæres* Thomæ Moffat de Knok, *avi,*—in terris de Knock :—E. 5*l.*—40 solidatis terrarum de Crukeis antiqui extentus.—E. 40*s.* vi. 187.

(45) Feb. 17. 1607.
JOANNES CARRUTHERIS in Wodefute, *hæres* Joannis Carrutheris in Logane-Wodefutte, *avi,*—in terris de Houthquhat, in parochia de Mouswald, infra senescallatum Vallis Annandiæ.—E. 40*s.* iv. 56.

(46) Feb. 28. 1607.
JOANNES GRAHAME, *hæres* Nicolai Grahame de Cumstoun, *patris,*—in tertia parte 5 mercatarum terrarum de Cumstoun antiqui extentus, extendente ad 22 solidatas 2 denariatas et tertiam partem 2 denariatarum terrarum extentus antedicti, infra dominium et baroniam de Meskesso, parochiam de Hutoun et senescallatum Vallis Annandiæ.—E. 22*s.* 2⅓*d.* iv. 241.

(47) Apr. 15. 1607.
DOMINUS WILLIELMUS GREIRSONE miles, *hæres* Rogeri Greirsone de Lag, *patris*,—in 5 libratis terrarum antiqui extentus de Windiehillis.—A. E. *5l.* N. E. *15l.* iv. 230.

(48) Dec. 17. 1607.
ROBERTUS DOMINUS CREICHTOUN DE SANQUHAR, *hæres* Margaretæ Creichtoun, *sororis germamæ*,—in 40 solidatis terrarum antiqui extentus de Blackadie lie Kirkland de Sanquhar, in baronia de Sanquhar.—E. *46s. 8d.* iii. 189.

(49) Jan. 25. 1608.
ARCHIBALDUS MAXWELL de Cowhill, *hæres* Domini Roberti Maxwell de Dunwoddie militis, *patrui*,—in 6 mercatis terrarum de Holme *alias* Dalskarthholme, in baronia de Drumsleit et dominio de Linclouden.—E. *6m. feudifirmæ.*—(Vide Kirkcudbright.) iv. 351.

(50) Apr. 26. 1608.
DOMINUS ALEXANDER JARDANE de Apilgirth miles, *hæres* Domini Alexandri Jardane de Apilgirth militis, *abavi*,—in terris de Apilgirth et Sibbalbie :—E. *120l.*—5 mercatis terrarum de Gillambie antiqui extentus ;—40 solidatis terrarum de Drimbie antiqui extentus, in senescallatu Vallis Annandiæ.—E. *5l. 6s. 8d.* —(Vide Kirkcudbright.) iv. 150.

(51) Apr. 28. 1608.
JACOBUS JOHNESTOUN de Beirholme, *hæres* Gavini Johnestoun in Kirktoun de Kirkpatrik-juxta, *avi*,—in 5 solidatis terrarum nuncupatis Clerk-Orchart, in dominio de Thoirnik infra senescallatum Vallis Annandiæ :—E. *5s.*—10 solidatis terrarum de Skaligalholm, in speciale warrantum dictarum terrarum de Clerk-Orchart :—E. *10s.*—6 mercatis terrarum de Ershag antiqui extentus, infra senescallatum antedictum.—E. *6m.* iv. 264.

(52) Apr. 28. 1608.
JACOBUS JOHNESTOUN de Beirholme, *hæres* Jacobi Johnestoun de Midilgill, *patris*,—in terris de Milnetoun et Milnetounholme,—30 solidatis terrarum de Murthwat ;—dimidia mercata terræ de Tassiholme, infra senescallatum Vallis Annandiæ.—E. *7l. 16s. 8d.* iv. 265.

(53) Jun. 22. 1608.
MARGARETA MOFFET, *hæres* Thomæ Moffet de Knok, *avi*, —in terris de Hennelland et Ersbank cum molendino :—E. *4l.*— terris de Croisdykis et Croisdykbrig :—E. *5l.*—2½ mercatis terrarum de Peirsbiehallis antiqui extentus :—E. *33s. 4d.*—3½ mercatis terrarum de Egilfechane antiqui extentus, infra senescallatum Vallis Annandiæ.—E. *46s. 8d.* iv. 187.

(54) Jul. 7. 1608.
GEORGIUS IRVING de Dronnokwood, *hæres* Gulielmi Irving de Dronnokwod, *patris*,—in tenemento terræ in burgo de Annand ;—altero tenemento infra dictum burgum ;—tertio tenemento in dicto burgo :—E. *30m.*—5 mercatis terrarum infra territorium de Annand antiqui extentus.—A. E. *5m.* N. E. *15m.* iv. 178.

(55) Aug. 30. 1608.
JACOBUS JOHNNESTOUN, *hæres* Domini Jacobi Johnnestounne de Dunskellie militis, *patris*,—in terris de Johnnestoun cum advocatione ecclesiæ parochialis de Johnnestoun :—E. *80m.*— 20 libratis terrarum antiqui extentus de Kirkpatrik subscriptis, viz. —10 libratis terrarum de Dunskellie cum molendino ;—10 libratis terrarum de Cawartsholme :—E. *20l.*—10 mercatis terrarum antiqui extentus de Wamfra :—E. *10m.*—18 mercatis terrarum antiqui extentus de Powbudie :—E. *18m.*—5 libratis terrarum antiqui extentus de Hardgraiff, infra senescallatum Vallis Annandiæ :—E. *5l.*—annuo redditu *4m.* de terris de Thoirnquhat infra prædictum senescallatum :—E. *4m.*—officio coronatoris dicti senescallatus :— E. ......—omnibus unitis in baroniam de Johnnestoun. iv. 190.

(56) Sep. 16. 1608.
JACOBUS JOHNESTOUN de Eodem, *hæres* Domini Jacobi Johnestoun de Dunskellie militis, *patris*,—in terris, baronia, et tenemento de Huttoun sub moro, Moskesso, Fentoun, Bordland, Cumpstoun, Androgillis, Howleyis, Croftendis, Cairtartoun, Wolslakkis, Badocholm, et Nethir Dryiff, cum advocatione ecclesiarum et capellaniarum, infra regalitatem de Dalkeith et senescallatum Vallis Annandiæ.—E. *36l.* iv. 199.

(57) Sep. 17. 1608.
JOANNES IRVING in Hoddome, *hæres* Elizabethæ Carrutheris in Hoddome, *matris*,—in sexta parte 20 mercatarum terrarum de Middilschaw vocatarum The thrid of Castelmilk :—E. *sexta pars 20m.*—sexta parte 9 mercatarum terrarum de Ginnenbie (vel Gumenbie) :—E. *sexta pars 9m.*—sexta parte 40 solidatarum terrarum de Quhytstanes :—E. *sexta pars 40s.*—sexta parte 40 solidatarum terrarum de Tunnorgairthe :—E. ....—sexta parte 40 solidatarum terrarum de Burnisworkleyes antiqui extentus, in dominio Vallis Annandiæ.—E. *sexta pars 40s.* iv. 184.

(58) Sep. 17. 1608.
WILLIELMUS BELL in Holmheid, *hæres* Jonetæ Carrutheris in Holmheid, *aviæ*,—in sexta parte 20 mercatarum terrarum de Middilschaw, vocatarum The thrid of Castelmilk :—E. *sexta pars 20m.* —sexta parte 9 mercatarum terrarum de Ginnenbie (vel Gumenbie) :—E. *sexta pars 9m.*—sexta parte 40 solidatarum terrarum de Quhytstanes :—E. *sexta pars 40s.*—sexta parte 40 solidatarum terrarum de Tunnorgairthe :—E. *sexta pars 40s.*—sexta parte 40 solidatarum terrarum de Burnisworkleyes antiqui extentus, in dominio Vallis Annandiæ.—E. *sexta pars 40s.* iv. 184.

(59) Sep. 17. 1608.
JOANNES JOHNSTOUN in Torwode, *hæres* Mariotæ Carrutheris in Torwode, *matris*,—in sexta parte 20 mercatarum terrarum de Middillschaw vocatarum The thrid of Castelmilk :—E. *sexta pars 20m.*—sexta parte 9 mercatarum terrarum de Gumenbie (vel Gynnenbie) :—E. *sexta pars 9m.*—sexta parte 40 solidatarum terrarum de Quhytstanes :—E. *sexta pars 40s.*—sexta parte 40 solidatarum terrarum de Tunnourgairth :—E. *sexta pars 40s.*—sexta parte 40 solidatarum terrarum de Burnisworkleyis antiqui extentus, in dominio Vallis Annandiæ.—E. *sexta pars 40s.* iv. 184.

(60) Sep. 17. 1608.
JOANNES BELL, *hæres* Sibillæ Carrutheris, *aviæ*,—in sexta parte 20 mercatarum terrarum de Middilschaw vocatarum The thrid of Castelmilk :—E. *sexta pars 20m.*—sexta parte 9 mercatarum terrarum de Gumenbie (vel Ginnenbie) :—E. *sexta pars 9m.* —sexta parte 40 solidatarum terrarum de Quhytstanes :—E. *sexta pars 40s.*—sexta parte 40 solidatarum terrarum de Tunnorgairthe : —E. *sexta pars 40s.*—sexta parte 40 solidatarum terrarum de Burnisworkleyes antiqui extentus, in dominio Vallis Annandiæ.— E. *sexta pars 40s.* iv. 185.

(61) Sep. 17. 1608.
CAROLUS CARRUTHERIS nunc de Wormanbie, *hæres* Thomæ Carrutheris de Wormanbie, *avi*,—in 6 mercatis terrarum de Flemyngraw antiqui extentus, in senescallatu Vallis Annandiæ. —E. *6m.* iv. 185.

(62) Nov. 2. 1608.
DOMINUS JACOBUS DOUGLAS miles, *hæres* Domini Jacobi Douglas de Drumlangrig militis, *avi*,—in 40 solidatis terrarum de Glennaid antiqui extentus, in baronia de Dalswintoun.—A. E. *40s.* N. E. *6l.*—(Vide Kirkcudbright.) iv. 375.

(63) Nov. 5. 1608.
ROBERTUS JOHNESTOUN de Corheid, *hæres* Thomæ Johnestoun de Corheid, *patris*,—in terris et villa de Moffet, Grantoun, Newtoun, et Corheid, in senescallatu Vallis Annandiæ, extendentibus ad 40 libratas terrarum antiqui extentus.—E. *40l.* iv. 192.

(64) Nov. 30. 1608.
THOMAS HUNTER in Burne, *hæres* Roberti Hunter feoditarii de Baitfuirde, *fratris germani*,—in 14 solidatis terrarum de Baitfuirde antiqui extentus, infra baroniam de Ekkillis.—A. E. *14s.* N. E. *42s.* iv. 210.

(65) Jan. 21. 1609.
MARGARETA GLENCORSS, *hæres portionaria* Alexandri Glencorss de Eodem, *avi*,—in tertia parte terrarum de Wodhous, extendentium ad 4½ mercatas terrarum antiqui extentus, infra senescallatum Vallis Annandiæ.—E. *20s.* iv. 211.

(66) Jan. 21. 1609.
ISSOBELLA ET KETHERINA GLENCORSSES, *hæredes portionariæ* Alexandri Glencorss de Eodem, *avi*,—in tertiis partibus terrarum de Woodhous, extendentium ad 4½ mercatas terrarum antiqui extentus, infra senescallatum Vallis Annandiæ.—E. *20s.* iv. 211.

(67) Jan. 25. 1609.
ARCHIBALDUS MAXWELL de Cowhill, *hæres* Domini Roberti Maxwell de Dunwiddie militis, *patrui*,—in 3 mercatis terrarum de Cowhill cum piscaria super aqua de Nith, in baronia de Halywode.—E. *4l. 6s. 8d.* iv. 212.

(68) Jan. 25. 1609.
ARCHIBALDUS MAXWELL, *hæres* Domini Roberti Maxwell de Dunwoddie militis, *patrui*,—in 1 mercata terræ de Meiklefeild ;—1 mercata terræ de Muirsyde ;—1 mercata terræ de Glengour ; —10 solidatis terrarum de Tourheid ;—terris de Fischerholme :— E. *4l. 3s. 4d.*—piscaria super aqua de Nyth infra Cloudenmouth et

superiorem partem de Portrak, in dominio de Halywode:—E. 32 *salmones aut* 12*d. pro qualibet salmone*:—20 solidatis terrarum de Hoiltoun;—2½ mercatis terrarum de Over Tullilung (vel Cullilung);—3 mercatis terrarum de Nether Tullilung (vel Cullilung), in dicto dominio de Halywode:—E. 14*m.*—23 solidatis 4 denariatis terrarum de Mossyd;—7 solidatis 6 denariatis terrarum de Newtoun;—dimidia mercata terræ contigue dictis terris de Newtoun;—14 solidatis terrarum nuncupatis Lochfute, cum communi pastura de Litlemure;—terris de Straid (vel Strond), in dicto dominio de Halywode:—E. 5*l.* 17*s.*—20 solidatis terrarum antiqui extentus de Guliehill:—E. 44*s.* 8*d.*—5 solidatis terrarum de Newtoun antiqui extentus in dicta baronia de Halywode:—E. 7*s.* 6*d.*—20 libratis terrarum antiqui extentus de Dunkow, infra parochias de Kirkmahoo et Cloisburne:—A. E. 20*l.* N. E. 60*l.*—40 solidatis (vel 6 mercatis) terrarum de Baltersane antiqui extentus in parochia de Halywode:—A. E. 40*s.* N. E. 6*l.*—40 solidatis terrarum de Nether Bardannoch in terris de Keirsyd infra baroniam de Halywode:—A. E. 40*s.* N. E. 6*l.*—100 solidatis terrarum de Windiehillis antiqui extentus in parochia de Cloisburne:—A. E. 5*l.* N. E. 15*l.*—ballivatus officio 10 libratarum terrarum ecclesiasticarum de Kerezeild et Kirkmahoo, ac aliarum terrarum et possessionum ad rectoriam de Kirkmahoo quovismodo spectantium:—E. *administratio justiciæ*:—ac pro officii balliatus executione, in quarta parte mercatæ terrarum de Collevait (vel Tullivat);—tertia parte mercatæ terrarum in villa de Kirkmahoo;—domo et horto in dicta villa;—altera domo et horto Barnezaird nuncupatis;—tertia domo et hortis Clerkland nuncupatis;—prato Porsonis waird nuncupato;—prato vocato Little Medow;—prato de Rysgall, Persones medow nuncupato;—horto, horreo, et horrei loco lie Barnesteid in villa de Keryzeild, cum servitio tenentium dictarum 10 libratarum terrarum, et aliarum terrarum, prædiorum et possessionum ad dictam rectoriam spectantium, tam in guerris regiis quam in guardanatus exercitibus et equitatibus, &c. pro feodo et salario in dicto officio:—A. E. 11*s.* 2*d.* N. E. 33*s.* 6*d.*—terris de Mekle Sandome, Litle Sandome, Granynnis (vel Granthunis), et Raschiholme, extendentibus ad 30 acras terrarum vulgo Aikersbarris terrarum de Maynis de Dalsuyntoun:—A. E. 10*s.* N. E. 30*s.*—3 bovatis vulgo oxingangis terrarum de Leyes et prato de Sandholme;—1 mercata terræ de Auchingeich antiqui extentus, in dominio de Dalswyntoun:—A. E. 26*s.* 8*d.* N. E. 4*l.*—officio balliatus dictarum terrarum et dominii de Dalswyntoun:—E. *administratio justiciæ*:—annuo redditu 10*l.* de dimidietate 40 solidatarum terrarum antiqui extentus de Templand de Dalgarnok, in baronia de Tybberis;—10 solidatis terrarum antiqui extentus de Demstertoun in parochia de Dunscoir.—A. E. 10*s.* N. E. 30*s.* iv. 352.

(69) Jan. 25. 1609.
JOHANNES DOMINUS HERES, *hæres* Johannis Domini Heres, *avi*,—in 3½ mercatis terrarum de Craiginputtok, Craigley, et Reichmark;—3 mercatis terrarum de Nathir Quhytesyde antiqui extentus, in baronia de Halywod.—E. 13*m.* iv. 439.

(70) Feb. 15. 1609.
DAVID WELCHE, *hæres* Joannis Welche de Collustoun, *patris*,—in 10 solidatis terrarum de Collustoun;—dimidia mercata terrarum de Larg:—E. 27*s.* 9½*d.*—20 solidatis terrarum de Barquhreggane;—Makcalucstoun (vel Makcalmestoun):—E. 30*s.* 4*d.*—dimidia mercata terrarum de Stallintrie antiqui extentus in baronia Sacri Nemoris.—E. 11*s.* 1½*d.* iv. 245.

(71) Feb. 28. 1609.
ROBERTUS JOHNSTOUN, *hæres* Gilberti Johnstoun de Wamfra, *patris*,—in terris et dominio de Wamfray;—advocatione rectoriæ de Wamfray, &c. infra senescallatum Vallis Annandiæ, extendentibus ad 53 libratas 6 solidatas 8 denariatas terrarum antiqui extentus.—E. 53*l.* 6*s.* 8*d.* iv. 230.

(72) Oct. 11. 1609.
MAGISTER RICARDUS KENE, *hæres* Magistri Joannis Kene scribæ Signeti Regii, *patris*,—in terris de Dowglen.—E. 5*l.*—(Vide Roxburgh, Selkirk, Peebles, Berwick, Lanark.) iv. 286.

(73) Feb. 17. 1610.
JOANNES GRAHME, *hæres* Nicolai Grahame, *patris*,—in tertia parte 5 mercatarum terrarum de Cumpstoun antiqui extentus, extendente ad 22 solidatas 3 denariatas terrarum in dominio de Moskeswa, regalitate de Dalkeith et senescallatu Vallis Annandiæ.—E. 22*s.* 3*d.* iv. 438.

(74) Mar. 2. 1610.
JOANNES DOMINUS ZESTER, *hæres* Jacobi Domini Hay de Zester, *patris*,—in terris et baronia de Sned, cum advocatione ecclesiarum.—A. E. 20*l.* N. E. 40*l.*—(Vide Haddington, Edinburgh, Peebles, Selkirk, Perth.) iv. 361.

(75) Mar. 20. 1610.
ROBERTUS FRENSCHE, *hæres* Roberti Frenche de Frenscheland, *patris*,—in 5 libratis terrarum de Frenscheland antiqui extentus, in senescallatu Vallis Annandiæ.—E. 5*l.* iv. 281.

(76) Mar. 20. 1610.
ROBERTUS FRANSCHE, *hæres* Roberti Fransche de Franscheland, *patris*,—in 5 libratis terrarum de Frenscheland antiqui extentus, in senescallatu Vallis Annandiæ.—E. 5*l.* iv. 331.

(77) Maii 12. 1610.
DUNCANUS HUNTER, *hæres* Jacobi Hunter de Ballagene, *patris*,—in superioritate 5 mercatarum terrarum de Penpunt vocatarum Kirkland;—14 solidatarum terrarum nuncupatarum Baitfurd, cum prato appellato Lochnair-medow;—mercatæ terrarum de Glenquhippenoch, in baronia de Ekkillis et parochia de Penpunt:—A. E. 5*l.* 8*d.* N. E. 15*l.* 2*s.*—terris ecclesiasticis et gleba de Penpunt, extendentibus ad 4 mercatas terrarum antiqui extentus, cum manso et acris terrarum in Holme earundem, ac clivo *alias* bank ejusdem, in dicta parochia de Penpunt.—E. 10*l.* 6*s.* 8*d.* iv. 333.

(78) Jul. 24. 1610.
JOANNES IRWING, *hæres* Walteri Irwing in Gretnohill, *proavi*,—in 40 solidatis terrarum de Beltenement antiqui extentus, infra parochiam de Kirkpatrik-Fleming et senescallatum Vallis Annandiæ.—E. 40*s.* iv. 443.

(79) Oct. 31. 1610.
JACOBUS JOHNESTOUNE, *hæres* Symonis Johnestoune de Smaillgillis, *patris*,—in 4 mercatis terrarum de Smaillgillis infra senescallatum Vallis Annandiæ.—E. 4*m.* iv. 443.

(80) Maii 4. 1611.
JACOBUS JOHNESTOUNE de Middillgill, *hæres* Gavini Johnestoune in Kirktoun de Kirkpatrik-juxta, *avi*,—in 20 solidatis terrarum de Loganwodheid antiqui extentus nuncupatis Ker et Thirslehome;—officio forestariæ silvæ et nemoris de Loganewodheid, ac communi pastura in dominio de Loganewodheid, senescallatu Vallis Annandiæ et regalitate de Hawik.—E. 20*s.* iv. 427.

(81) Jul. 31. 1611.
HOMERUS MAXWELL de Speddoche, *hæres* Magistri Homeri Maxwell commissarii de Drumfreis, *patris*,—in dimidia mercata terrarum ecclesiasticarum et glebæ de Kirkmahoo, in villa ejusdem;—tenemento cum horto in dicta villa.—E. 18*s.* iv. 450.

(82) Nov. 17. 1614.
ANDREAS CUNYNGHAME, *hæres* Joannis Cunynghame de Kirkschaw, *patris*,—in terris de Kirkschaw extendentibus ad 2 mercatas terrarum antiqui extentus;—terris de Sleuchlarg extendentibus ad 3 mercatas terrarum antiqui extentus, in baronia de Snaid.—A. E. 3*l.* 6*s.* 8*d.* N. E. 10*l.* vi. 158.

(83) Apr. 6. 1615.
WILLIELMUS EDZER, *hæres* Thomæ Edzer in Holme, *patris*,—in 6 solidatis 8 denariatis terrarum de Barnhill et Makwatter, cum prato vocato Bredmedow et decimis, in baronia de Haliewood:—E. 9*m.* 12*d.*—10 solidatis terrarum de Mosend in dicta baronia:—A. E. ...... N. E. ......—2 croftis terrarum de Maynis de Haliewood vulgo vocatis Dowblochills:—E. 28*s.* 4*d.*—5 rudis terrarum glebæ vicariæ de Haliewood et Braidmedow in dicta baronia:—E. 10*s.*—10 solidatis terrarum de Dowblochill antiqui extentus in dicta baronia.—A. E. 10*s.* N. E. 20*s.* vi. 38.

(84) Apr. 6. 1615.
WILLIELMUS MAXWELL, *hæres* Joannis Maxwell de Steillstoun, *patris*,—in 20 solidatis terrarum antiqui extentus de Steillstoun;—10 solidatis terrarum antiqui extentus de Kilnes, extendentibus ad 30 solidatas terrarum antiqui extentus, in baronia de Halywood.—E. 3*l.* 13*s.* 4*d.* vi. 75.

(85) Aug. 12. 1615.
JACOBUS MURRAY de Cokpuill miles, *hæres* Cuthberti Murray filii et hæredis apparentis quondam Caroli Murray de Cokpuil, *fratris germani*,—in terris et annuis redditibus capellaniæ de Cumlongane, in parochia de Ruthvell et senescallatu Vallis Annandiæ.—E. 10*l.* 2*s.* vi. 172.

(86) Oct. 3. 1615.
ELIZABETHA KIRKO, *hæres portionaria* Joannis Kirko de Chapell *alias* de Glennisland, *patris*,—in astrictis multuris et knaifschip 27 mercatarum terrarum de Glennesland, extendentibus ad 13 granum cujuscunque generis granorum super dictis terris crescentium, in baronia de Haliewode, viz. terrarum de Craiginputtokes, Ruchmark, Ovir Quhyitsyd, Nethir Quhytsyid, Collustoun, Ferdingrusche, Ovir Straquhen, Nethir Straquhen, Skynfurde, Speddoche, Maxwell *alias* Kilbenis-Speddoche, Speddoch-Chartouris *alias* Muliganetoune, et Mekle-Speddoche *alias* The Com-

B

misseris Speddoch, ad molendinum de Glennesland spectantibus, in baronia de Glencarne et parochia de Dunscore.—E. 16m. 10s.   vi. 168.

(87)   Oct. 3. 1615.
ROSINA KIRKO, *hæres portionaria* Joannis Kirko de Chappell *alias* de Glenesland, *patris*,—in multuris ad molendinum prædictum spectantibus.—E. 16m. 10s.   vi. 169.

(88)   Oct. 3. 1615.
MARGARETA KIRKO, *hæres portionaria* Joannis Kirko de Chappell *alias* de Glenestoun, *patris*,—in astrictis multuris ad molendinum prædictum spectantibus.—E. 16m. 10s.   vi. 169.

(89)   Oct. 17. 1615.
WILLIELMUS DOUGLAS de Drumlangrig, *hæres* Domini Jacobi Douglas de Drumlangrig militis, *patris*,—in terris, baronia, et regalitate de Drumlangrig, comprehendentibus terras et baroniam de Drumlangrig, cum advocationibus ecclesiarum de Penpont, Mortoun, Kirkmichael, Durisdeir, Kirkbryd, et Glencairne:—A. E. 120l. N. E. 480l.—terras et baroniam de Tibberis cum castro et Castellmoit, comprehendentes 13½ mercatas terrarum de Brandrig;—13½ mercatas terræ de Michelslakis;—8 mercatas terrarum de Tibberis;—2 mercatas terrarum de Mollochfurde;—4 mercatas terrarum de Balgrayis cum molendino;—2 mercatas terrarum de Balgrayhillis;—3 mercatas terrarum de Auchinknacht;—6 mercatas terrarum de Auchingassil;—6 mercatas terrarum de Auchinbandzie;—6 mercatas terrarum de Glenfreuchoch;—40 solidatas terrarum de Quhythill;—40 solidatas terrarum de Clonegar;—20 solidatas terrarum de Ferdingallane;—20 solidatas terrarum de Auchtcross;—40 solidatas terrarum de Clauchaneholme, cum molendino;—5 mercatas terrarum de Auchinbrek;—6 mercatas terrarum de Mid-Schynnell et Schynnellheid, omnes antiqui extentus;—terras de Craigintwne, Pennirie, Bennane, Killivarren, et Coserding;—terras de Lochirben, Garrok, Gubhill, Knokinschang, et Kirkhill, infra baroniam de Tibberis:—A. E. 93l. 6s. 8d. N. E. 280l.—10 mercatas terrarum antiqui extentus villæ et terrarum de Dalgarnok *alias* Langcroft :—E. 26l. 13s. 4d.—50 solidatas terrarum antiqui extentus de Glencros *alias* Corsburne et Dounifadzen (vel Drumfadzean):—A. E. 50s. N. E. 10l.—terras de Knock;—terras de Auchinskeoch, Mekillholme, Cumrew, cum pendiculis nuncupatis The Thrid ;—Dalphibbill, et 2 Garweillis, cum pendiculis nuncupatis Skailrig, Turanis, Burvenis, extendentes ad 48 libratas terrarum antiqui extentus, cum manerie nuncupata The Ros, et terris dominicalibus vulgo The Maynes, cum molendinis :—A. E. 48l. N. E. 144l.—10 libratas terrarum antiqui extentus de Carutheris, Downanbie, et Kirtilcloscher *alias* Kirtilhous, infra senescallatum Vallis Annandiæ:—E. 10l.—20 libratas terrarum antiqui extentus de Mouswald, Houthquhat, et Haitlandhill, cum advocatione ecclesiæ de Mouswald :—E. 20l.—20 libratas terrarum antiqui extentus de Logane-tenement, cum molendino:—E. 20l.—10 libratas terrarum de Dronnock, cum dimidietate piscariarum de Dronnock :—E. 10l.—40 solidatas terrarum antiqui extentus de Cummertries:—E. 40s.—1 mercatam terrarum de Stanereis:—E. 13s. 4d.—20 libratas terrarum de Pennersax cum advocatione ecclesiæ ejusdem:—E. 20l.—10 libratas terrarum antiqui extentus de Middilbie, cum advocatione ecclesiæ ejusdem :—E. 10l.—5 mercatas terrarum de West-Skaillis:—E. 8l. 6s. 8d.—2 mercatas terrarum antiqui extentus in Hoddome:—E. 26s. 8d.—1 mercatam terrarum antiqui extentus de Holmes de Annand nuncupatam Blewberrielandis :—E. 13s. 4d.—dimidietatem mercatæ terræ de Westwood :—E. 6s. 8d.—20 solidatas terrarum de Raffelgill :—E. 20s.—20 solidatas terrarum antiqui extentus de Reidhall cum molendino, infra senescallatum Vallis Annandiæ :—E. 20s.—terras ecclesiasticas de Garwell extendentes ad 5 libratas terrarum antiqui extentus cum advocatione ecclesiæ de Garwell :—E. 7l. *feudifirmæ :*—omnes unitas cum terris in Roxburgh et Dumfries, in baroniam et regalitatem de Drumlangrig, cum libera capella et cancellaria.—(Vide Roxburgh, Kirkcudbright.)   vi. 64.

(90)   Oct. 17. 1615.
WILLIELMUS DOUGLAS de Drumlangrig, *hæres* Domini Jacobi Douglas de Drumlangrig militis, *proavi*,—in 40 solidatis terrarum antiqui extentus de Glenmaid, infra baroniam de Dalswyntoun :—A. E. 40s. N. E. 6l.—1 mercata terrarum antiqui extentus de Polvadoch, infra baroniam de Grenane, senescallatum de Kirkcudbright et vicecomitatum de Dumfries.—A. E. 13s. 4d. N. E. 40s.   vii. 22.

(91)   Mar. 8. 1616.
GEORGIUS MAXWELL de Carnsalloche, *hæres* Homeri Maxwell de Carnesalloche, *patris*,—in terris de Carnesalloche et Dursquhen extendentibus ad 15 libratas terrarum antiqui extentus.—A. E. 15l. N. E. 45l.   vi. 111.

(92)   Maii 4. 1616.
FERGUSIUS GRAHAME de Blaetwode, *hæres* Willielmi Gra-

hame de Blaetwode, *patris*,—in 10 libratis terrarum de Blaett antiqui extentus, et piscaria de Skairis et Cowpis earundem, infra senescallatum Vallis Annandiæ.—E. 10l.   vi. 196.

(93)   Oct. 16. 1616.
HARBERTUS MAXWELL de Kirkonnell, *hæres* Joannis Maxwell de Kirkonnell, *patris*,—in 12 mercatis terrarum de Keltoun-Maxwell antiqui extentus, infra parochiam de Dumfries.—A. E. 8l. N. E. 24l.   vi. 159.

(94)   Dec. 10. 1616.
MARIOTA JHONSTOUN sponsa Danielis Kilpatrik ephippiarii burgensis de Dumfries, *hæres* Joannis Jhonstoun in Collegio de Lincluden burgensis de Dumfreis, *fratris germani*,—in custuma seu tola nuncupata Brigcustume, in omnibus locis infra territorium de Dumfreis.—E. 10m. 3s. 4d.—(Vide Kirkcudbright.)   vi. 157.

(95)   Apr. 12. 1617.
WILLIELMUS GREIR de Dalgoner, *hæres* Willielmi Greir de Dalgoner, *patris*,—in 40 solidatis terrarum de Dalgoner, et 20 solidatis terrarum de Poundland antiqui extentus, in baronia de Monkland.—E. 5l. 4s.   vi. 186.

(96)   Jul. 30. 1617.
JOANNES MAXWELL in Keltoun, *hæres* Roberti Maxwell in Keltoun, *avi*,—in 2 mercatis terrarum de Craiginvey, infra baroniam de Glencarne.—A. E. 26s. 8d. N. E. 8l.   vii. 44.

(97)   Oct. 22. 1617.
DAVID MAKGHIE filius naturalis Joannis Makghie, *hæres talliæ* dicti Joannis Makghie notarii clerici commisiariatus de Dumfreis, burgensis dicti burgi, *patris*,—de tenemento in Dumfries.—E. 8s.   vii. 62.

(98)   Nov. 1. 1617.
FRANCISCUS CARRUTHERIS de Dormont, *hæres masculus* Willielmi Carrutheris de Dormont, *avi*,—in 5 mercatis terrarum antiqui extentus de Carshoppislandis, infra territorium villæ de Cummertreis et senescallatum Vallis Annandiæ.—E. 5m.   vii. 51.

(99)   Mar. 19. 1618.
WILLIELMUS MAXWELL, *hæres* Eduardi Maxwell de Killilung, *patris*,—in 50 solidatis terrarum antiqui extentus de Auchincarne ;—40 solidatis terrarum de Quhytstanes ejusdem extentus, in baronia de Dalswintoun.—A. E. 4l. 10s. N. E. 13l. 10s.   vii. 99.

(100)   Apr. 13. 1619.
ELIZABETHA *alias* BESSIE RORESOUN, *hæres portionaria* Andreæ Roresoun, *avi*,—in annuo redditu 20l. de 2 mercatis terrarum de Ovir Kirkcudbryght, infra baroniam de Glencarne.   vii. 231.

(101)   Apr. 13. 1619.
KATHERINA RORESOUN, *hæres portionaria* Andreæ Roresoun, *avi*,—in annuo redditu 20l. de 2 mercatis terrarum de Ovir Kirkcudbryght infra baroniam de Glencarne.   vii. 231.

(102)   Jul. 13. 1619.
ROBERTUS DOMINUS MAXWELL, *hæres* Joannis Domini Maxwell, *fratris*,—in terris de Carlaverok et Locherwood :—E. 190l.—terris de Springkell, Natoun, et Logane, infra senescallatum de Annandaill, cum officiis senescallatuum Vallis Annandiæ et Kirkcudbright :—E. 45l.—terris de Carnesalloche, Durisquhen, et superioritate 5 libratarum terrarum antiqui extentus infra territorium burgi de Dumfreis :—E. 75l.—unitis cum aliis terris in baronia de Maxwell :—terris de Tynwald extendentibus ad 20 libratas terrarum antiqui extentus, cum advocatione ecclesiæ de Tynwald, et terris de Monreith in vicecomitatu de Wigton, unitis in baroniam de Tynwald :—A. E. 40l. N. E. 120l.—20 libratis terrarum de Dunkow antiqui extentus :—E. 82l. 13s. 4d.—16 libratis terrarum antiqui extentus de Keir ;—4 libratis terrarum de Bardonnoches ;—4 libratis terrarum de Kirkbryides ;—3 libratis terrarum de Park-Jarg (Barjarg), Farding-James, et Barley ;—40 solidatis terrarum de Blakwod et Rannaistoun ;—40 solidatis terrarum de Barscotland ;—4 libratis (vel solidatis) terrarum de Allantoun, et 20 solidatis terrarum de Swyer, infra baroniam de Halywood :—E. 88l.—officio balliatus terrarum et baroniæ de Halywood, et 6 mercatis terrarum de Baltarsane antiqui extentus, et 3 mercatis terrarum de Glensland (vel Gennetland) ejusdem extentus, pro suo feodo et laboribus in usu dicti officii balliatus de Halywood, infra baroniam ejusdem :—E. 27m.—molendinis de Keir et Allantoun et 2 molendinis de Cluden :—E. 22l. &c.—20 mercatis terrarum antiqui extentus de Broomeholme (vel Broomhill), Akinholme, et Quhytscheillis ;—5 mercatis terrarum de Torrenan (vel Tornonar) ;—10 libratis terrarum de Flask-Howgill et Glendoven ;—10 mercatis terrarum de Arkiltoun ;—20 libratis terrarum de Meckilldaill ;—5 mercatis terrarum de Burnegraynes ;—7 mercatis terrarum de Ovir Airkin ;—5 mercatis terrarum de Park et Ura ;—

5 libratis terrarum de Langholme ;—12 mercatis terrarum de Blekinura (vel Brekinwra) ;—10 mercatis terrarum de Stablegortoun ;—10 mercatis terrarum de Craig ;—14 mercatis terrarum de Scheill et Dawlane (vel Dalblane) ;—6 mercatis terrarum de Rig ; —20 solidatis terrarum de Bowndis (Bowneis) ;—6 mercatis terrarum de Kuzie (Enzie ?)—20 solidatis terrarum de Lynholme ; 3 (vel 6) mercatis terrarum de Erswood ;—5 mercatis terrarum de Harperscheill (Harperquhat) et Apilquhat ;—5 mercatis terrarum de Balgray ;—8 acris terrarum vulgo Hoggislands ;—14 mercatis terrarum antiqui extentus vulgo Tua Crunzeantounes ;—20 solidatis terrarum villæ de Stablegortoun ;—20 libratis terrarum de Megget et Pegget, extendentibus in integro ad 245 mercatas terrarum antiqui extentus, infra bondas de Eskdaill :—E. 245m.— terris de Wauchopedaill extendentibus ad 120 mercatas terrarum antiqui extentus, in dominio de Eskdaill :—E. 120m.—10 terris husbandiis de Trailtrowe cum piscatione aquæ de Annand vulgo nuncupata Quartertyd, infra senescallatum Vallis Annandiæ :—E. 8l. 13s. 4d.—20 libratis terrarum de Turmour (vel Turnour), Montarig, Roberthill et Tuikisholme, infra baroniam de Dryvisdaill et senescallatum Vallis Annandiæ :—E. 20l.—terris de Dryvisdaill cum molendinis :—terris de Pengaw ;—terris de Carrutheres, infra senescallatum Vallis Annandiæ :—E. 40l.—20 libratis terrarum de Kirkconnell et Stoklandes, in dominio Vallis Annandiæ.—E. 20l. —(Vide Roxburgh, Perth, Kirkcudbright, Wigton.) xii. 47. 170.

(103)   Jul. 15. 1619.
WILLIELMUS CREICHTOUN filius naturalis Roberti Domini Creichtoun de Sanquhar, *hæres talliæ* dicti Roberti Domini Creichtoun de Sanquhar, *patris*,—in terris et baronia de Sanquhar antiqui extentus, cum advocatione ecclesiæ de Sanquhar ;—8 mercatis terrarum de Glenmuclukis ;—2 mercatis terrarum de Guffokland ;—6 mercatis terrarum de Knokingreg ;—3 mercatis terrarum de Oversyd de Corsneuck antiqui extentus ;—terris et baroniæ de Crawfurdtoun antiqui extentus ;—terris de Kirkpatrik de lie Gaitt in parochia de Dalgerno ;—terris de Howchwattis, Stannareis, Knokkis, Twach-Wattis, et 1 mercata terræ in Moffet ;—5 mercatis terrarum antiqui extentus de Wamfray ;—tenemento terræ in Dumfries, infra senescallatum de Annandaill, cum officio vicecomitis ejusdem, coronatoris vicecomitatus ejusdem, et quibusdam aliis terris in Kirkcudbright, Haddington, Perth, et Forfar, unitis in dominium de Sanquhar.—A. E. 200l. N. E. 800l.—(Vide Kirkcudbright, Haddington, Perth, Forfar.)   vii. 145.

(104)   Mar. 28. 1621.
MAGISTER RICARDUS MURRAY de Cokpuill, *hæres masculus* Domini Jacobi Murray de Cokpuill militis, *fratris germani*, —in terris de Cokpuill, Ruald-tenement, turre et fortalicio de Cumlangane, Coklaikis, Phillis, Slaithwod, et Howaldsyd :—E. 40l. —terris de Ranepatrik :—E. 20l.—terris de Brydechapells et Priestdykes, infra senescallatum Vallis Annandiæ :—E. 10l.—cum quibusdam aliis terris in senescallatu de Kirkcudbright, unitis in baroniam de Cokpuill ;—burgo in baronia de Ruale ;—piscaria salmonum aliorumque piscium in aqua de Annand, infra senescallatum Vallis Annandiæ ;—piscaria salmonum aliorumque piscium de lie Skarris et Cowpis de Cumertries in aqua de Sulway, in parochia de Cummertries, infra dictum senescallatum Vallis Annandiæ.—E. 6m. 3s. 4d.—(Vide Kirkcudbright.)   viii. 146.

(105)   Apr. 13. 1621.
WILLIELMUS KIRKPATRIK de Kirkmichaell, *hæres* Domini Alexandri Kirkpatrik de Kirkmichaell militis, *patris*,—in 10 libratis terrarum et villæ de Kirkmichaell, et Pleulandis earundem, in parochia de Kirkmichaell :—A. E. 10l. N. E. 30l.—22 libratis terrarum de Dryffisholme, Bekhous villæ de Dryisdaill, Torwode, Belhill, Bektoun, et Quais, in parochia de Dryisdaill, et infra senescallatum Vallis Annandiæ.—E. 22l.   vii. 338.

(106)   Maii 12. 1621.
JOANNES PADZEANE de Neutoun, *hæres* Rogeri Padzeane de Neutoun, *patris*,—in terris de Huik infra senescallatum Vallis Annandiæ.—E. 40s.   viii. 54.

(107)   Oct. 18. 1621.
ROBERTUS JOHNSTOUN de Over Howcleuche, *hæres* Quintigerni Johnston de Over Howcleuche, *patris*,—in terris et baronia de Newbie comprehendente terras de Newbie, cum molendino et salmonum piscaria de Newbie ;—piscarias de Newskaires, et arenas de Edyne ;—in terris de Barmokirk, Croftheidis, Howis, Milbie, Mylnefeild, et Hawmedow ;—terris de Stabiltoun cum piscationibus ;—terris de Robgill ;—terris de Cummertries cum piscationibus ;—terris de Ellerbek ;—terris de Middilbie ;—terris de Galzeanleyis ;—terris de Brydewode ;—terris de Preistwodesyde, cum Saltcoittis et piscationibus earundem ;—terris de Ruthwell, infra senescallatum Vallis Annandiæ ;—unitis in baroniam de Newbie.—E. 60l.—(Vide Lanark.)   vii. 359.

(108)   Jan. 14. 1622.
ANDREAS PORTAR, *hæres* Oswaldi Portar, *avi*,—in una portione terrarum ecclesiasticarum vicariæ de Dunskoir continente 10 acras terrarum, in parochia de Dunskore.—E. 40s. 9d. viii. 106.

(109)   Mar. 12. 1622.
DUNCANUS HUNTER de Ballagane, *hæres* Willielmi Hunter in Lincluden fratris germani quondam Duncani Hunter de Ballagane, *avi*,—in terris et horto intra villam de Lincluden.—E. 3s. 4d.   viii. 74.

(110)   Mar. 12. 1622.
JACOBUS CREICHTOUN de Carco, *hæres* Magistri Roberti Creichtoun de Carco, *patris*,—in terris ecclesiasticis de Kirkconnell, extendentibus ad 40 solidatas terrarum cum decimis, in baronia de Sanquhar.—E. 8m.   viii. 106.

(111)   Maii 8. 1622.
NINIANUS ARMESTRANG, *hæres* Niniani Armestrang de Arkiltoun, *proavi*,—in terris de Arkiltoune extendentibus ad 10 libratas terrarum antiqui extentus in dominio de Eskdaill et bondis de Ewisdaill.—A. E. 10l. N. E. 30l.   viii. 74.

(112)   Sep. 21. 1622.
WILLIELMUS IRVING de Coiff, *hæres* Eduardi Irving filii Japhradi Irving de Robgill et quondam Issobellæ Armestrang ejus sponsæ, *fratris germani*,—in 20 solidatis terrarum de Hirdhillis, et 13 solidatis 4 denariatis terrarum de Raeburneheid antiqui extentus, infra parochiam de Kirkpatrik-Flemyng, et senescallatum Vallis Annandiæ.—E. 33s. 4d.   viii. 104.

(113)   Sep. 21. 1622.
WILLIELMUS MAXWELL de Kirkhous, *hæres* Caroli Maxwell, *fratris germani*,—in 20 mercatis terrarum de Middilschaw nuncupatis The Thrid of Castelmilk antiqui extentus :—E. 20m.— tertia parte molendini ejusdem :—E. 6s. 8d.—9 mercatis terrarum de Gymmonbie antiqui extentus :—E. 9m.—40 solidatis terrarum de Quhytstanes :—E. 40s.—40 solidatis terrarum de Tonnyrgairthi :—E. 40s.—40 solidatis terrarum de Burniswarkleyis, in dominio Vallis Annandiæ, et senescallatu ejusdem :—E. 40s.—terris de Halaithes in dicto dominio et senescallatu :—E. 10l.—omnibus unitis in tenandriam de Middilschaw.   viii. 126.

(114)   Oct. 30. 1622.
HELENA MERSCHELL, *hæres portionaria* Joannis Merschall burgensis de Drumfries, *filii fratris attavi*,—in portiuncula terræ in burgo de Drumfreis.—E. 14s.   viii. 132.

(115)   Oct. 30. 1622.
MARGARETA MARSCHELL, *hæres portionaria* Joannis Merschell burgensis de Drumfreis, *filii fratris attavi*,—in portiuncula terræ in burgo de Drumfries.—E. 14s.   viii. 132.

(116)   Dec. 10. 1623.
AGNES RANYNG sponsa Joannis Williamsoun mercatoris burgensis de Drumfries, *hæres* Harberti alias Roberti Ranyng burgensis dicti burgi, *proavi*,—in tenemento cum horto in burgo de Drumfries :—E. 4s.—portione vastæ terræ in dicto burgo :—E. 16d.—horto in dicto burgo :—E. 2s. 4d.—dimidietate acræ terræ in Braidmyre prope dictum burgum :—E. 2s. 4d.—acra terræ in Gallowrig, prope dictum burgum.—E. 2s. 4d.   viii. 279.

(117)   Dec. 10. 1623.
AGNES RANYNG, *hæres* Harberti Ranyng burgensis de Drumfreis, *avi*,—in tenemento et horto in burgo de Drumfreis.—E. 4s.   viii. 280.

(118)   Dec. 10. 1623.
AGNES RANYNG, *hæres* Thomæ Ranyng burgensis de Drumfreis, *patris*,—in 3 acris terrarum de Gallowrig, in territorio burgi de Drumfreis.—E. 6s. 4d.   viii. 280.

(119)   Oct. 9. 1624.
JACOBUS JOHNSTOUN de Eodem, *hæres* Domini Jacobi Johnstoun de Dunskellie militis, *patris*,—in 40 solidatis terrarum antiqui extentus vocatis Morriequhaitland, infra territorium burgi de Annand, et senescallatum Vallis Annandiæ.—E. 40s. viii. 326.

(120)   Oct. 9. 1624.
JACOBUS JOHNSTOUN, *hæres* Joannis Johnstoun de Eodem, *avi*,—in terris de Boigsyde et Houslope, extendentibus ad 10 libratas terrarum antiqui extentus, infra parochiam de Egilfeichen et senescallatum Vallis Annandiæ.—E. 10l.   viii. 326.

(121)   Oct. 12. 1624.
ANDREAS CHALMER, *hæres* Gulielmi Chalmer in Dryvisdaill, *patris*,—in 20 solidatis terrarum antiqui extentus de Pantoun-

Aikinland ;—1 mercata terræ ejusdem extentus vocata Loudokland, in parochia de Dryvisdaill, et senescallatu Vallis Annandiæ :—E. 33s. 4d.—terris templariis vocatis Chapelland, in dicta parochia de Dryvisdaill, et senescallatu antedicto.—E. 4s.   viii. 317.

(122) Jan. 29. 1625.
JACOBUS JOHNSTOUN, *hæres* Jacobi Johnstoun in Blacklaw, *avi*,—in 2 mercatis terrarum antiqui extentus de Blaikburne *alias* vocatis Craikis-Craigis, cum pastura in communia de Kilbryderig, in dominio de Kirkbryderig, parochia de Kirkpatrik et senescallatu Vallis Annandiæ.—E. 2m.   viii. 337.

(123) Maii 25. 1626.
JOANNES GORDOUN, *hæres* Willielmi Gordoun in Monyboye, *patris*,—in 2 mercatis terrarum de Cortas, et 2 mercatis terrarum de Glengep, in baronia de Sanquhair.—A. E. 4m. N. E. 12m.   ix. 131.

(124) Sep. 26. 1626.
WILLIELMUS DOUGLAS de Artland, *hæres* Magistri Joannis Douglas de Artland, *patris*,—in 23 solidatis 4 denariatis terrarum de Ecclis et Croft-Jeane antiqui extentus, in baronia de Eccles :—E. 3l. 10s.—tenemento terræ in villa de Penpunt, cum dimidietate terrarum de Clauchanholme, in baronia de Drumlangrig per annexationem :—E. 46s. 8d.—14 solidatis terrarum antiqui extentus de Stevinstoun, in baronia de Eccles.—E. 42s.   ix. 287.

(125) Jan. 24. 1627.
JACOBUS MENZIES de Enoch, *hæres masculus* Adami Menzies de Balcroquhen, *patris*,—in terris et baronia de Enoch, cum advocatione altaris Beatæ Mariæ Virginis infra ecclesiam de Durisdeir.—A. E. 20l. N. E. 60l.—(Vide Lanark.)   ix. 176.

(126) Jul. 4. 1627.
ROBERTUS MAITLAND de Ekkillis, *hæres* Roberti Maitland de Ekkillis, *patris*,—in 28 solidatis terrarum de Clonheid (vel Clonheis) ;—28 solidatis terrarum de Over-Hattak ;—20 solidatis terrarum de Welstoun (vel Wolstoun), et Macquherstoun;—23 solidatis 4 denariatis terrarum de Croft-Jeane et Ekkillis ;—21 solidatis terrarum de Hattok ;—16 solidatis terrarum de Ekkilis ;—1 mercata terræ de Courthill ;—dimidia mercata terræ de Mylntoun cum molendino ;—3 mercatis terrarum de Fluiris, Baneistoun, et Cannestoun (vel Camiestoun), in parochia de Penpont et baronia de Ecclis :—A. E. 9l. 7s. 4d. N. E. 28l. 2s.—19 solidatis terrarum de M'Quhirrestoun ;—14 solidatis terrarum de Tippit, et 40 denariatis terrarum de Clonkirkis (vel Clonkirkie), infra parochiam prædictam.—A. E. 36s. 4d. N. E. 5l. 9s.   x. 1.

(127) Jan. 19. 1628.
WILLIELMUS DOUGLAS de Baitfurde, *hæres* Jacobi Douglas de Baitfurde, *patris*,—in terris ecclesiasticis de Tynroun infra parochiam de Tynroun :—E. 6l. 3s. 4d.—12 mercatis terrarum de Auchniesnane, infra parochiam prædictam :—E. 12m. 3s. 4d.—4 mercatis terrarum de Baitfuird antiqui extentus, infra baroniam de Eccles.—E. 40s.   x. 35.

(128) Feb. 21. 1628.
WALTERUS SCOTT de Glenraith, *hæres* Jacobi Scott, *patris*,—in terris de Boykin extendentibus ad 8 libratas terrarum antiqui extentus, in parochia de Watstirkar et senescallatu Vallis Annandiæ.—E. 8l. 13s. 4d.—(Vide Peebles.)   x. 36.

(129) Mar. 8. 1628.
JOANNES CARRUTHERES de Raffallis, *hæres* Joannis Carrutheres de Raffallis, *patris*,—in 5¼ mercatis terrarum de Raffallis, Robiquhat, Greinsfeild, et Houthquhat, infra parochiam de Mowswall et Ruvell, et senescallatum Vallis Annandiæ.—E. 5¼m. et 40d. in augmentationem.   x. 70.

(130) Mar. 20. 1628.
JOANNES GORDOUN de Lochinvar, *hæres* Domini Roberti Gordoun de Lochinvar militis, *patris*,—in 2 mercatis terrarum antiqui extentus de Conreath (vel Correath) *alias* Castelphairne, in baronia de Glencairne :—A. E. 2m. N. E. 6m.—6 mercatis terrarum de Ovir Kirktoun ;—6 mercatis terrarum de Nathirtpun de Kirktoun ;—40 solidatis terrarum de Quhytwilling in tenandria de Dryisdaill, et infra senescallatum Vallis Annandiæ :—A. E. 10l. N. E. 30l.—annuo redditu 20l. de terris de Dalfibbill et Garrell.—(Vide Roxburgh, Kirkcudbright.)   x. 49.

(131) Apr. 8. 1628.
DOMINUS WILLIELMUS GREIRSOUN de Lag miles, *hæres* Joannis Greirsoun de Lag, *avi*,—in 27 mercatis terrarum de Kirkbrydrig antiqui extentus, in senescallatu Vallis Annandiæ.—E. 27m.   x. 91.

(132) Apr. 11. 1629.
ARCHIBALDUS JOHNSTOUN de Elshescheillis, *hæres* Jacobi Johnstoun filii Willielmi Johnstoun de Elschescheillis, *fratris*,—in terris de Esby extendentibus ad 12 mercatas terrarum antiqui extentus ;—1 mercata terræ de Elschscheillis antiqui extentus, infra senescallatum Vallis Annandiæ.—E. 13m.   x. 277.

(133) Apr. 21. 1629.
DOMINUS ROBERTUS GREIRSOUN de Lag miles, *hæres* Domini Willielmi Greirsoun de Lag militis, *patris*,—in 7 mercatis terrarum antiqui extentus de Lag et Makcrauchshill;—12 mercatis terrarum de Dalgarnokholmes ;—14 mercatis terrarum de Airdis et molendino, cum superioritate 10 mercatarum terrarum de Grennane et Blakmyre, *alias* Messingeris-land, et 5 libratis terrarum de Schawis *alias* Fisherlandis ;—37 mercatis terrarum de Rokkell, et 12 mercatis terrarum de Collyn antiqui extentus, cum molendino, infra senescallatum de Annandaill ;—cum quibusdam aliis terris in vicecomitatu de Kirkcudbright unitis in baroniam de Lag :—A. E. 145m. 6s. 8d. N. E. 338m. 6s. 8d.—terris et baronia de Cokpule cum fortalicio earundem vocato Cumlungane, et advocatione ecclesiarum infra senescallatum de Annandaill :—E. 40l.—27 mercatis terrarum de Kirkbrydrig antiqui extentus, infra parochiam de Kirkpatrik-juxta, et senescallatum de Annandaill :—E. 27m.—4 libratis terrarum de Allantoun ;—40 solidatis terrarum de Kirkbryd ;—20 solidatis terrarum de Hillend ;—20 solidatis terrarum de Swrye (vel Swyre) ;—20 solidatis terrarum de Glenbath :—E. 22l. 12d.—molendino de Allantoun cum terris molendinariis :—E. 8 *bollæ farinæ* :—6 mercatis terrarum de Capinoch antiqui extentus cum communi pastura, in baronia de Halliewod et parochia ejusdem :—E. 10l. 4s.—5 mercatis terrarum antiqui extentus de Terrerran ;—5 mercatis terrarum de Cormullingan, Corrochdow, et Mosmulzeoch ;—2½ mercatis terrarum antiqui extentus de Margannadie, extendentibus in integro ad 12½ mercatas terrarum infra baroniam de Glencarne :—A. E. 12m. 6s. 8d. N. E. 50m.—terris ecclesiasticis de Rokkell partibus terrarum ecclesiasticarum parochiæ de Lochmaben, in terris de Rokkell, parochia de Lochmaben, et senescallatu de Annandaill :—E. 14s. 8d.—2 mercatis terrarum ecclesiasticarum de Tynroun infra parochiam de Tynroun.—A. E. 2m. N. E. 6m.—(Vide Kirkcudbright.)   x. 143.

(134) Apr. 21. 1629.
DOMINUS ROBERTUS GREIRSOUN de Lag miles, *hæres* Rogeri Greirsoun de Lag, *avi*,—in 5 libratis terrarum antiqui extentus de Windiehillis.—A. E. 5l. N. E. 15l.   x. 148.

(135) Jun. 24. 1629.
JOANNES WELSCHE, *hæres* Cuthberti Welsche de Burnefitt, *patris*,—in 1 mercata terræ antiqui extentus 40 solidatarum terrarum de Barquhreggane vocatarum Under the Wode, infra parochiam de Helliwod.—E. 23s. 5d.   x. 282.

(136) Jun. 24. 1629.
JOANNES WELSCHE apparens de Burnefute, *hæres* Thomæ Welsche, *fratris*,—in 10 solidatis terrarum antiqui extentus de Kilnes ;—dimidia mercata terræ nuncupata Sanct Michaellscroft, in baronia de Halywode.—E. 33s.   x. 303.

(137) Sep. 9. 1629.
JOANNES MAXWELL de Gribtoun, *hæres* Domini Gulielmi Maxwell de Gribtoun militis, *patris*,—in 6 mercatis terrarum antiqui extentus de Ovir et Nether Gribtounes infra baroniam et parochiam de Haleywood :—E. 14m. et 6s. 8d. in augmentationem ;—3 croftis terrarum subscriptis, viz. 1 crofta vocata Kilcroft cum prato ;—crofta vocata Crosanescroft ;—crofta vocata The Corsflet ;—horto sive pomario apud monasterium Sacri Nemoris lie Halywood jacente, vocata Sir Thomas Roxburghes zaird, infra baroniam et parochiam antedictam :—E. 15s. 4d.—26 acris terrarum et prato vocatis Cars of Killiling, extendentibus ad 40 solidatas terrarum in dicta baronia et parochia :—E. 10l.—molendino polentario in ripa apud orientalem finem pontis de Drumfreis vocato Sandbedmilne de Drumfreis, infra territorium de Drumfreis.—E. 5m.   x. 285.

(138) Oct. 3. 1629.
JOANNES M'CALL, *hæres* Patricii M'Call de Guffokland, *patris*,—in 20 solidatis 2 denariatis terrarum de Guffokland, infra baroniam de Sanquhar.—E. 3l. 6d.   xi. 155.

(139) Dec. 9. 1629.
JOANNES HAIRSTANIS senior burgensis de Drumfreis, *hæres* Mathei Hairstanis de Craigs, *fratris*,—in annuo redditu 400m. de 20 libratis terrarum de Dumkow antiqui extentus, infra parochiam de Kirkmaho.—(Vide Kirkcudbright.)   xi. 95.

(140) Jan. 9. 1630.
NICOLA GREIRSONE, *hæres portionaria* Jacobi Greirsone de Braecoche, *patris*,—in 6 mercatis terrarum antiqui extentus de Braecoche, infra baroniam de Halywode.—E. 10l. &c.   xi. 76.

(141) Jan. 9. 1630.
JEANNA ET AGNETA GREIRSONES, *hæredes portionariæ* Jacobi Greirsone de Braecoch, *patris,*—in terris supramentionatis. xi. 77.

(142) Feb. 13. 1630.
WILLIELMUS HANYNG clericus commissariatus de Drumfreis, *hæres* Jenetæ Hanyng filiæ legitimæ quondam Alexandri Hanyng, *filiæ patrui,*—in 5 solidatis terrarum cum 1½ ruda terræ coadjacente de Corsleyes antiqui extentus, in baronia et parochia de Halywode.—E. 12*s.* 6*d.* xi. 117.

(143) Apr. 17. 1630.
ARCHIBALDUS JOHNSTOUN de Elseschellis, *hæres* Willielmi Johnstoun de Elsescheills, *patris,*—in dimidia mercata terræ vocata de Howis, infra parochiam de Annand et senescallatum Vallis Annandiæ.—E. 6*s.* 8*d.* xi. 48.

(144) Maii 18. 1630.
JACOBUS JOHNSTOUN, *hæres* Joannis Johnstoune vocati Lochhous, *patris,*—in 40 solidatis terrarum ecclesiasticarum de Kirkpatrik-juxta, infra parochiam ejusdem et senescallatum Vallis Annandiæ.—E. 5*m.* xi. 87.

(145) Jul. 31. 1631.
JOANNES CARLEILL de Seyriges, *hæres* Alexandri Carleill de Roriequhat (vel Robiequhat) *alias* Seyriges, *avi,*—in 40 solidatis terrarum de Seyriges *alias* Robiequhat, infra parochiam de Muswall et senescallatum Vallis Annandiæ.—E. 40*s.* xiii. 54.

(146) Aug. 10. 1631.
JOANNES DICKSOUN, *hæres* Joannis Dicksoun mercatoris burgensis de Drumfries, *patris,*—in 2 tenementis in Drumfreis;—ustrina in Drumfreis;—alia domo in dicto burgo:—E. 12 *nummi:* —annuo redditu 150*m.* de tenemento in Drumfreis, et de cubiculo et officina lie buith et croploft in eodem burgo;—5 rudis terrarum in territorio burgi de Drumfreis.—E. 12 *nummi.* xiv. 109.

(147) Nov. 30. 1631.
JOANNES GILLESONE, *hæres* Homeri Gillisone de Burnefute, *avi,*—in 5 solidatis terrarum in Burnefute antiqui extentus, in baronia de Halywode.—E. 12*s.* 6*d.* xiv. 77.

(148) Feb. 22. 1632.
ANDREAS MURRAY de Morequhat, *hæres* Joannis Murray de Morequhat, *proavi,*—in 40 solidatis terrarum vocatis Ednemland infra territorium burgi de Annand.—E. 40*s.* xiii. 35.

(149) Maii 12. 1632.
ADAMUS MURRAY de Drumcreich, *hæres* Adami Murray de Drumcreich, *patris,*—in 10 libratis terrarum antiqui extentus de Drumcreich, in parochia de Moffat et senescallatu Vallis Annandiæ. —E. 10*l.* xii. 117.

(150) Mar. 27. 1633.
WILLIELMUS GREIRSONE, *hæres* Willielmi Greirsone de Braecoch, *patris,*—in 6 mercatis terrarum antiqui extentus de Braecoche, infra baroniam de Halywode et parochiam ejusdem.—E. 10*l.* et 2*s.* in augmentationem. xiii. 81.

(151) Jul. 17. 1633.
GEORGIUS ROBESOUN in Largbreak, *hæres* Jonetæ Wricht, *matris,*—in annuo redditu 40*l.* de terris de Halmyre, extendentibus ad 10 acras terrarum et acram prati, partibus terrarum ecclesiasticarum de Tereglis;—terris de Chairterlandis, partibus terrarum dominicalium de Lincluidane, infra parochiam de Terreglis. xiv. 73.

(152) Feb. 27. 1634.
FRANCISCUS COMES DE BUCKCLEUCH, Dominus Scott de Whytchester et Eskdaille, *hæres* Walteri Comitis de Buckcleuch, &c. *patris,*—in dominio et baronia de Hailles, comprehendente terras et baroniam de Dryisdaille et Carrutheris, cum advocatione ecclesiæ de Carrutheris, in senescallatu de Annandaill;—terras et baroniam de Kirkmichaell, et terras de Terrauchtie, Drumlarg-Makie, et Cruikes;—cum quibusdam aliis terris in vicecomitatibus de Haddington, Edinburgh, Berwick, Roxburgh, Selkirk, et Lanark, unitis in dominium et baroniam de Hailles:—A. E. 608*l.* 3*s.* 4*d.* N. E. 2000*l.*—(Vide Haddington, Edinburgh, Berwick, Roxburgh, Selkirk, Lanark.) xii. 184.

(153) Apr. 17. 1634.
DOMINA MARIA KER, Domina Carnegy, *hæres portionaria* Willielmi Magistri de Roxburgh, *fratris,*—in tertia parte terrarum de Dowglen.—E. 33*s.* 4*d.*—(Vide Roxburgh, Peebles, Berwick, Lanark, Selkirk.) xiii. 162.

(154) Apr. 17. 1634.
DOMINA ISOBELLA KER, Domina Duddope, *hæres portionaria* Willielmi Magistri de Roxburgh, *fratris,*—in tertia parte terrarum prædictarum.—(Vide Roxburgh, Peebles, Berwick, Lanark, Selkirk.) xiii. 166.

(155) Apr. 17. 1634.
JACOBUS DOMINUS DRUMMOND, filius legitimus natu maximus Dominæ Jeannæ Comitissæ de Perth, *hæres portionarius* Willielmi Magistri de Roxburgh, *avunculi ex parte matris,*—in tertia parte terrarum prædictarum.—(Vide Roxburgh, Peebles, Berwick, Lanark, Selkirk. xiii. 166.

(156) Sep. 19. 1634.
JACOBUS JOHNESTOUN de Westraw, *hæres* Jacobi Johnestoun de Westraw, *patris,*—in 7½ mercatis terrarum de Glendoning;—9 mercatis terrarum de Curcleuch;—7 mercatis terrarum de Glencrosche;—5 mercatis terrarum de Glenschynnell;—40 solidatis terrarum de Isgill (vel Ifgill);—40 solidatis terrarum de Woodend;—5 mercatis terrarum de Westerker;—12 mercatis terrarum de Daldurane;—20 solidatis terrarum de Cannotscheilles, et terris de Felholme, extendentibus ad 5½ mercatas terrarum omnibus antiqui extentus, in dominio de Eskdaill.—E. 39*l.*—(Vide Lanark.) xiii. 231.

(157) Jan. 10. 1635.
WILLIELMUS FRENCHE, *hæres* Margaretæ Johnestoun sponsæ Davidis Frensche in Frenchelaud, *matris,*—in 1 mercata terræ in villa et territorio de Moffet:—E. 13*s.* 4*d.*—domo in villa de Moffet, infra 10 libratas terrarum de Moffet, parochiam ejusdem et senescallatum Vallis Annandiæ.—E. 3*s.* 4*d.* xiv. 64.

(158) Jun. 18. 1635.
JACOBUS CAIRLELL de Boytatche, *hæres* Joannis Cairlell de Boytatche, *avi,*—in 2 mercatis terrarum de Loganbank antiqui extentus;—2 mercatis terrarum de Boytatche antiqui extentus;—terris de Woodland vulgo nuncupatis Meiklewood, infra dominium de Torthorwald.—E. 10*m.* xiv. 98.

(159) Jul. 15. 1635.
SUSANNA GREIRSOUN, *hæres* Joannis Greirsoun de Killileoche, *patris,*—in 30 solidatis terrarum antiqui extentus, quarum 20 solidatæ terrarum nuncupatæ Pundland, et 10 solidatæ terrarum ex 15 solidatis terrarum jacentibus in Killieleoche, in parochia de Dunscoir.—E. 50*s.* xiv. 97.

(160) Jul. 15. 1635.
JOANNES PORTER, *hæres* Andreæ Porter de Kirkstyle, *patris,* —in parte terrarum ecclesiasticarum vicariæ de Dunskoir, continente 10 acras terrarum in parochia de Dunskoir.—E. 40*s.* et 9*d.* in augmentationem. xiv. 98.

(161) Apr. 18. 1637.
JOANNES DOWGLAS, *hæres* Joannis Dowglas de Stainehous, *patris,*—in terris de Wintropheid, infra dominium et senescallatum de Annandaill.—E. 43*s.* 4*d.* &c. *feudifirmæ.* xv. 131.

(162) Aug. 29. 1637.
JOANNES COMES DE ANNANDAILL, Vicecomes de Annand, Dominus Murray de Lochmabene, *hæres masculus provisionis et talliæ* Domini Ricardi Murray de Cokpuill militis baronetti, *fratris,*—in terris de Cokpuill, Ruthwell-tenement, turre et fortalicio de Cumlunghame, Cocklaikes, Pyhillis, Slaichwattis, et Howalsyde:—E. 40*l.*—terris de Ranpatrik:—E. 20*l.*—terris de Breadchappell et Preistisdykes:—E. 10*l.*—omnibus infra senescallatum Vallis Annandiæ, et unitis in baroniam de Cokpuill, cum burgo in baronia de Ruthwell:—piscaria salmonum in aqua de Annand, comprehendente lie Gairthes et pools subscriptis, viz. Kingsgairth, Blakpuill, Puill under Gallabank, Brigpuill, et Motpuill, infra senescallatum prædictum;—cum piscaria salmonum et aliorum piscium de lie Skarres et Coups de Cummertries, et Brewing Skar, comprehendentibus Halgarth-Skar, Poweskar, Newskar, et Waterskars, in parochia de Cumertries.—E. 6*m.* 3*s.* 4*d.*—(Vide Kirkcudbright.) xv. 148.

(163) Sep. 5. 1637.
DOMINA MARGARETA MURRAY sponsa Domini Roberti Greir de Lag militis, filia natu maxima Domini Jacobi Murray de Cokpuill militis, *hæres portionaria ratione conquestus* Domini Ricardi Murray de Cokpuill militis baronetti, fratris germani dicti Domini Jacobi Murray, *patrui,*—in 20 libratis terrarum de Lockerbie antiqui extentus:—E. 20*l.*—20 libratis terrarum de Huittoun: —E. 20*l.*—20 libratis terrarum de Tunergarth, cum advocatione ecclesiæ ejusdem:—E. 20*l.*—20 libratis terrarum antiqui extentus de Hoddome cum advocatione ecclesiæ ejusdem:—E. 20*l.*—5 libratis terrarum de Ekilfechane:—E. 5*l.*—piscatione vocata Herreis-

C

Skar in Cumertries super aqua de Sulvay, infra senescallatum Vallis Annandiæ :—E. 6s. 8d.—partibus baroniæ de Herreis :—40 solidatis terrarum vocatis terras de Hodomstaines, cum pecia terræ vocata Warda de Hodomstaines, et piscationibus salmonum aliorumque piscium in aqua de Annand vocatis Quartertyde, infra parochiam de Trailtrow et senescallatum prædictum.—E. 3l.—erectis in baroniam de Huittoun. xv. 114.

(164) Sep. 5. 1637.
ELIZABETHA ET MARIOTA MURRAYS filiæ Domini Jacobi Murray, *hæredes portionariæ ratione conquestus* Domini Ricardi Murray de Cokpuill militis baronetti, fratris germani Domini Jacobi Murray de Cokpuill militis, *patrui*,—in terris prædictis. xv. 116.

(165) Mar. 7. 1638.
JOANNES LAURIE de Maxwelltoune, *hæres* Stephani Laurie de Maxwelltoune, *patris*,—in dimidietate terrarum de Dunreggane extendente ad 2¼ mercatas terrarum antiqui extentus infra parochiam de Glencarne:—A. E. 33s. 4d. N. E. 5l.—bina parte 40 denariatarum terrarum templariarum de Inglistone in Glencairne nuncupata Templand medow, extendente ad 4 acras terrarum in Cars de Inglistoun;—terris de Mekill et Littill Lagganes æstimatis ad 3 libratas terrarum ;—terris de Ovir et Midill Straithes, et terris de Nathir Straithe *alias* Wallaletone (vel Wallaldtoune) æstimatis ad 40 solidatas terrarum ;—terris de Over et Nather Auchinsedrikes æstimatis ad 40 solidatas terrarum ;—terris de Dardarroche et Woodheid æstimatis ad 40 solidatas terrarum ;—terris de Clairmestoune æstimatis ad 10 solidatas terrarum ;—partibus baroniæ de Snaid ;—officio ballivatus terrarum suprascriptarum :—E. 20l.—30 solidatis terrarum de 40 solidatis terris 3 libratarum terrarum de Brekansyde, infra baroniam de Snaid :—A. E. 30s. N. E. 4l. 10s.—dimidietate 20 solidatarum terrarum de 3 libratis terrarum de Brakansyde, nuncupata Halfmerkland of Muirheid, Halfmerkland of Dykeheid, et Halfmerkland of Chapelmark, infra baroniam de Snaid.—E. .... xiv. 170.

(166) Jul. 31. 1638.
JOANNES ROME, *hæres* Joannis Rome de Dalswyntoune-Rome, *patris*,—in terris et baronia de Dalswyntoun-Rome comprehendente terras nuncupatas Maynis de Dalswyntoun, cum terris nuncupatis Ferme aikeris in Holme de Dalswyntoun ;—terras nuncupatas Mekill Sandholme, Litill Sandholme, Granyngis, et Raschholme ;—terras nuncupatas Aikeris-Skaires de Maynes, et terras nuncupatas Reidholme ;—terras nuncupatas Toune de Dalswyntoun ;—molendinum granorum de Dalswyntoun, cum thirle et astrictis multuris baroniæ de Dalswyntoun, et 10 libratarum terrarum ecclesiasticarum de Kirkmaho, (exceptis multuris 5 libratarum terrarum de Conhaythe), terrarum de Newlands ;—terrarum de Auchinkairne, Quhytstane, et Binkrig ;—terrarum de Glenmaid, Auchingeith, Braidflate, Relicthillis, et Gleddenholme, cum mercata terræ in parochia de Drumfreis ;—terras vocatas Drumbank ;—terras nuncupatas Forrest de Dalswyntoun ;—terras nuncupatas The Leyis, et terras nuncupatas Quhytleyes ;—cum salmonum piscaria super aqua de Nyth, extendentes ad 21 libratas 6 solidatas 8 denariatas terrarum, omnes infra baroniam de Dalswyntoun ;—cum advocatione rectoriæ ecclesiæ de Kirkmaho, infra diocesin de Glasgow ;—omnibus unitis in baroniam de Dalswyntoun-Rome, in warrantum decimarum prædiorum prædictorum:—A. E. 21l. 6s. 8d. N. E. 64l.—dimidietate 4 libratarum terrarum antiqui extentus de Friercarss, cum piscationibus, et molendino vocato Graingmylne, et astrictis multuris, &c. 36 libratarum terrarum de Dalgoner, Killielego, Beschewalley, Poundland, Netherberdwoll, Dempstertoun, Over et Nather Laggane, Over et Nather Dunscoir, Riddine, Egertoun, Meliganetoune, Gilroy, Ferdingwollhill, et terrarum de Auchincreich, Bruntskairth, et Dargavell ;—cum servitio tenentium et incolarum præscriptarum terrarum, et hæreditario officio ballivatus earundem, et 40 solidatarum terrarum de Aleisland, infra parochiam de Dunscoir:—A. E. 3l. 10s. N. E. 10l. 10s.—5 acris terrarum ecclesiasticarum vicariæ de Drumfreis.—E. 9s. 4d. xv. 296.

(167) Jul. 31. 1638.
ROBERTUS McKYNNELL, *hæres* Roberti McKynnell in Auchincreiche, *patris*,—in 40 denariatis terrarum antiqui extentus de Auchincreich, infra parochiam de Drumfreis.—E. 5s. 6d. xvii. 71.

(168) Sep. 5. 1638.
JONETA EDZER, *hæres* Joannis Edzer in Littill Dempstertoun, *fratris*,—in 7 solidatis 6 denariatis terrarum de terris de Littill Dempstertoune antiqui extentus, in parochia de Dunscoir.—E. 12s. 9d. xvi. 166.

(169) Dec. 19. 1638.
JOANNES MAXWELL de Kirkconnell, *hæres* Harberti Maxwell de Kirkconnell, *patris*,—in 12 mercatis terrarum de Kelton-Max-

well antiqui extentus cum piscatione, infra parochiam de Drumfreis.—A. E. 8l. N. E. 24l.—(Vide Kirkcudbright.) xiv. 235.

(170) Maii 20. 1640.
JACOBUS COMES DE QUEINSBERRIE, Vicecomes de Drumlangrig, Dominus Dowglas de Hawick et Tibberis, *hæres* Willielmi Comitis de Queenisberrie, &c. *patris*,—in terris et baronia de Sanquhar antiqui extentus, cum advocatione ecclesiæ de Sanquhair:—A. E. 180m. N. E. 540m.—6 mercatis terrarum de Nather Dalvene ;—5 libratis terrarum de Over Dalvene ;—6 mercatis terrarum de Gaitslakks, et terris de dimidia denariata terræ, extendentibus ad 40 solidatas terrarum antiqui extentus ;—1 mercata terra de Muirhous et molendino de Durisdeir, infra baroniam de Durisdeir :—A. E. 15l. 13s. 4d. N. E. 62l. 13s. 4d.—2 decimis sextis partibus terrarum ecclesiasticarum de Durisdeir jacentibus in Rindaill, in baronia de Durisdeir :—E. 20l.—40 solidatis terrarum de Glenmaid in baronia de Dalswintoun.—A. E. 40s. N. E. 6l.—(Vide Ayr, Lanark, Kirkcudbright.) xvi. 99.

(171) Sep. 15. 1640.
SARA JOHNSTOUN, *hæres* Andreæ Johnstoun de Milnebank, *patris*,—in 6 mercatis terrarum de Over Kirktoun :—E. 6m.—6 mercatis terrarum de Nether Kirktoun :—E. 6m.—40 solidatis terrarum de Quhytwolling in tenemento de Drysdaill et senescallatu Vallis Annandiæ :—E. 40s.—10 mercatis terrarum de Drysdaill nuncupatis Hiefeild of Bengaw, infra parochiam de Drysdaill et senescallatum de Annandaill.—E. 10m. xvi. 157.

(172) Mar. 11. 1641.
JACOBUS STEWART de Rossythe, *hæres masculus et talliæ* Jacobi Stewart de Rossythe, *patris*,—in terris et baronia de Durisdeir :—A. E. 31l. 13s. 4d. N. E. 95l. cum quibusdam aliis terris in Fife, Perth, et Clackmannan, unitis in baroniam de Rossythe.—(Vide Fife, Perth, Clackmannan.) xvi. 102.

(173) Mar. 30. 1641.
JACOBUS COMES DE ANNANDAILL, Vicecomes de Annand, Dominus Murray de Lochmaben, *hæres* Joannis Comitis de Annandaill, &c. *patris*,—in terris et baronia de Lochmaben, comprehendente villam et terras de Lochmaben, cum molendinis de Lochmaben ;—terras, acras, et croftas circa villam de Lochmaben, cum Stainhouse de Lochmaben, et molendino nuncupato Lady milne, et reliquis molendinis, et piscariis in omnibus lacubus de Annand ;—piscarias tam salmonum quam aliorum piscium in aquis Annandiæ, Garth, et Garthheid, tam altis quam sublimibus ;—terras de Smalholme et Hytera, cum piscariis et duabus cottagiis earundem ;—terras de Amountrie, Cunynghills, Heck, et Greinhill ;—terras de Bailie et Mortlands de Annand ;—terras de Lochmabenstane ;—terras piscarias de Cumartries ;—terras de Smallgillis ;—terras de Staillis, Birkmyre, Gallowbank, Blewmyre, Flemyngraw, Skeftounholme ;—terras de Meikle-Datoun ;—terras de Dambies ;—terras de Litill-Datoun comprehendentes terras de Kirkhill, Butterquhat, et Almagill ;—terras de Rammorskaillis, Harthwatt, et Cokharthill, comprehendentes terras de Greinlands ;—terras de Ryhill ;—terras de Netherkeld ;—terras de Betok et Betokpark ;—terras de Langboddum, Keddiehollis, Preisbuttis, Preisbrae, Preisbreyhillis, Newlands, et Creiff *alias* Duncreiff, Corrie, Oldcoitts, Abbeyleyes, Hairgillis, Clynt, et Clynthill, Couthat, Langrigis, Egilfechane, Over et Nether Wormanbies, Cleuchheids, Garth, et Garthheid, Drumbitanrig, Bonschaw, et Bonschawsyd ;—terras villæ de Annand, comprehendentes terras vocatas Stankislandis de Annand, ac omnes acras, terras et croftas jacentes circa villam de Annand ;—communem moram de Annand nuncupatam Australem moram ;—terras de Brottis, Over et Nether Wodhous, Barkscheillis, Langschaw, Ferrielands, Coklaik, et Pitchillis, Brigholme, Ballieaiker, et Prickitaiker, Northfeild, Heidriggis, Guillielandis et Hoillis ;—terras et moram de Annand vocatas Communiam Regis, cum 32 mairtis de 32 parochiis Vallis Annandiæ, 39 anseribus lie medow-geis, et gallinis lie Fasting-even-henis :—E. 300l. &c.—hereditario officio custodiæ castri de Lochmaben :—E. 2s.—advocatione ecclesiæ parochialis de Lochmaben :—E. 10s.—omnes terræ prædictæ unitæ sunt in baroniam de Lochmaben :—terris et baronia de Erikstane comprehendente terras de Lervechay, Powdeane, Hilhous, Wamfray, Boydland, Staywod, Stainerieshill, Greitheid, Langsyd, Milkams, Glengeich et dimidietatem mercatæ terræ de Howis ;—terras de Moriquhat, Nathir Dambies, et mercatam terræ de Dykes ;—mercatam terræ de Preisbuttis ;—2 mercatas terræ de Halhill ;—mercatam terræ de Preisbrae ;—mercatam terræ de Creiff ;—mercatam terræ de Moffet ;—terras de Revox et Mesope, Middillkill, Blaklaw, Greinhill, Coittis, Arikstane, Meikle Holmeheid, Glasteris, Kingsland, omnes unitas in baroniam de Arikstane, et jacentes infra dominium et senescallatum de Annandaill :—E. 117l. 14s. 2d.—in advocatione ecclesiæ de Wamfray :—E. 6d.—advocatione ecclesiæ de Annand :—E. 6d.—terris de Blackwood, cum maneriei loco et salmonum piscationibus, in parochia de Rampatrik *alias* Redkirk, infra do-

minium et senescallatum de Annandaill :—E. 10 minæ:—terris de Langschaw cum molendino, in parochia de Kirkpatrik-Fleyming, dominio et senescallatu prædictis :—E. 3l. 6s. 8d.—terris de Frenchland, in parochia de Moffet, dominio et senescallatu prædictis :—E. 5l.—terris de Elschescheills et Esbie, in parochia de Lochmaben, dominio et senescallatu prædicto :—E. 8l.—terris de Graitnay :—E. 20l.—terris de Starkbrigis (vel Sarkbrigis), Graitnayhill, et Lonwaith, infra dominium de Annandaill et senescallatum ejusdem :—E. 5l. 2s.—decimis garbalibus aliisque decimis ecclesiarum et parochiarum de Redkirk et Graitnay :—E. 6s. 8d.—decimis magnis et minutis terrarum subscriptarum, infra parochiam de Halywood, viz. 6 mercatarum terrarum de Capnoch, 40 solidatarum terrarum de Kilbryd, 20 solidatarum terrarum de Hillends, 6 mercatarum terrarum de Allangtoun ;—decimis garbalibus aliisque decimis omnium aliarum terrarum infra parochiam de Halywood, ad Dominum Willielmum Greirsone de Lag pertinentium ;—decimis magnis et minutis ecclesiarum et parochiarum de Tinrom et Kirkconnell, cum advocatione dictarum ecclesiarum :—E. 10s.—terris nuncupatis Ladylands de Lochmaben ;—3 mercatis terrarum ecclesiasticarum de Kirkmichell, infra parochiam de Kirkmichell ;—5 mercatis terrarum ecclesiasticarum de Westerker ;—terris ecclesiasticis de Reidkirk alias Rampatrik ;—terris ecclesiasticis nuncupatis Ladylands et Saltcoitts eisdem spectantibus, nuncupatis Ladysaltcoitts, infra parochiam de Ruthvell, cum 5 libratis terrarum de Chaplands de Carlangrig, in vicecomitatu de Roxburgh :—E. 38l. 6s. 8d.—advocatione vicariæ de Culven :—E. 6d.—20 mercatis terrarum de Drysdaill ;—terris de Caruthers, viz. 4 mercatis terrarum de Park ;—terris nuncupatis Caruthers-croft ;—terris vocatis Dunklands ;—terris nuncupatis Croftlands ;—terris nuncupatis Lynbrig, cum molendino granario ;—terris de Tenna ;—terris de .... ;—terris de Craigis ;—terris nuncupatis Betwixt the Watteris ;—terris de Bagthropill ;—terris de Weythleyis, Patrikholme, et Chappell, cum omnibus aliis terris de Carutheris, et præsertim illis terris de Caruthers nuncupatis Corhes, Auchinlawbrig, et Apinok, infra dictum senescallatum de Annandaill, cum jure patronatus ecclesiæ parochialis de Caruthers :—E. 20l. 13s. 4d. —10 mercatis terrarum de Drysdaill nuncupatis Hiefeild de Benga, infra parochiam de Drysdaill et senescallatum de Annandaill :—E. 10m. 6s. 8d.—20 mercatis terrarum de Middilschaw nuncupatis Thrid de Castelmilk antiqui extentus, et tertia parte molendini ejusdem ;—9 mercatis terrarum de Gymondbie ejusdem extentus ; —terris de Hallethis ;—40 solidatis terrarum de Burneswarkleyis, infra dictum dominium et senescallatum de Annandaill :—E. 18l. —secunda parte lie tua pairt terrarum de Castelmilk :—terris de Brumer (vel Brumil) infra senescallatum de Annandaill :—E. 38l. —8 mercatis terrarum de Holmaines, cum molendino et jure patronatus ecclesiæ parochialis de Littill-Daltoun ;—40 solidatis terrarum de Fourtein Aikerisbankes ;—3 mercatis terrarum de Auld-Daltoun, comprehendentibus 40 solidatas terrarum de Erischbank tanquam portionem earundem, in parochia de Moffet ;—2 mercatis 6 solidatis 8 denariatis terrarum in villa de Ruthvill, cum lie Saltcoitts ;—terris de Kirkstyle ;—terris de Ruffals, Rubiequhat, et Howthattis ;—molendino de Meikle-Datoun, cum jure patronatus ecclesiæ parochialis de Meikill-Datoun ;—40 solidatis terrarum de Copewode ;—4 solidatis terrarum de Bengathill, infra senescallatum de Annandaill ;—tenementis, domibus, et hortis juxta finem pontis de Dumfries, quæ ad Canones de Lincluden pertinuerunt ; —5 mercatis terrarum de Troquair :—E. 40s.—terris de Bodisbeck infra parochiam de Moffet :—E. 5l.—terris de Henniland (vel Hannaland), infra parochiam de Moffet :—E. 6m.—terris de Hilhead infra parochiam de Drysdaill :—E. 5m.—terris de Bischopcleuch, infra parochiam de Drysdaill :—E. 5m.—terris de Datounheuk :—E. 3m.—terris de Bengaw alias Clokberriewaird (vel Blakberriewaird) :—40 solidatis terrarum de Hèwk, infra parochiam de Sibbelbie :—E. 3m.—forresta nuncupata Datounforest : —E. 10m.—terris de Rampatrik et Baruch, et salmonum piscationibus earundem :—E. 22l.—advocatione ecclesiarum de Egilsfechane, Castelmilk, Kirkpatrik-juxta, Huttoun, et Corrie ;—advocatione vicariæ de Drysdaill :—E. 6d.—terris de Cokpooll et Ruthvell ;—tenemento, turre, et fortalicio de Cumlanghame, Coklekis, Pyhillis, Slaichwats, et Howalsyd :—E. 40l.—terris de Rampatrik :—E. 20l. —terris de Braidchapell, Preisdykis, et Howalsyd, infra senescallatum de Annandaill :—E. 10l.—piscaria salmonum et aliorum piscium in aqua de Annand, inter limitem de Brydkirk, et pedem aquæ de Annand, currentem in aquam de Sullway subtus Barnkirk, comprehendente lie Garths et paludes subscriptas, viz. Kingis-Garthis, Blakpoole, Pool under Gallowbank, Brigpoole, et Motpoole, cum omnibus aliis gairthes, puiles, &c. infra bondas supraspecificatas, infra senescallatum Vallis Annandiæ ;—piscaria salmonum et aliorum piscium de lie Skarris et Coopis de Cumertries, inter torrentem vocatum The Newberk de Newbie, currentem in dictam aquam de Sulway, et lie Skar vocatum Brewing Skar, ad dominium de Torthorwald pertinentes, comprehendente Halgirth-Skar, Littill Halskar, Dechallskar, Powes-skar, New-skar, et Wester-skar, cum omnibus aliis lie drauchtis, hauldis, laikes, et nettis infra bondas suprascriptas, in parochia de Cumertries et senescal-

latu Vallis Annandiæ.—E. 6m. 3s. 4d.—(Vide Roxburgh, Kirkcudbright, Fife.) xvi. 118.

(174)   Mar. 26. 1642.

MAGISTER WILLIELMUS RAMSAY Clericus Commissariatus de Drumfreis, hæres Magistri Thomæ Ramsay ministri verbi Dei apud ecclesiam de Drumfreis, patris,—in 5 mercatis terrarum ecclesiasticarum de Kirkbryde antiqui extentus cum molendino, in parochia de Kirkbryde.—E. 6l. 13s. 4d. xvii. 297.

(175)   Maii 9. 1643.

ALEXANDER JARDEIN de Appilgirthe, hæres Joannis Jardein de Appilgirth, patris,—in terris de Apilgirthe et Sibelbie :—E. 120l.—5 mercatis terrarum de Gillenbie antiqui extentus ;—40 solidatis terrarum de Dombie (vel Danbie) antiqui extentus, infra senescallatum Vallis Annandiæ.—E. 5l. 6s. 8d. xvii. 148.

(176)   Maii 13. 1643.

JACOBUS HUNTAR, hæres Duncani Huntar de Ballagane, patris,—in superioritate 5 mercatarum terrarum de Penpunt vocatarum Kirkland, et 14 solidatarum terrarum de Baitfurd, cum prato appelato Lochnair medow, et 1 mercatæ terrarum de Glenquhippinoch, in baronia de Ekles et parochia de Penpunt :—A. E. 7m. 8d. N. E. 21m. 2s.—terris ecclesiasticis et gleba de Penpunt extendentibus ad 4 mercatas terrarum antiqui extentus, cum manso et acris in lie Holme, ac clivo lie bank ejusdem, in parochia de Penpunt.—E. 7l. xvii. 151.

(177)   Maii 13. 1643.

JACOBUS CRAIK de Stewartoune, hæres Joannis Craik nuper ballivi et mercatoris de Dumfreis, patris,—in 2 mercatis terrarum antiqui extentus de Minor-Speddoche :—E. 4m. 3s. 4d. &c.—10 solidatis terrarum de Skynfuird :—E. 20s.—aliis 10 solidatis terrarum de Skynefuird :—E. 18s. 4d. et 20d. in augmentationem: —20 solidatis terrarum antiqui extentus de Straquhen :—E. 40s. et 12d. in augmentationem ;—1 mercata terræ de Brumerig ;—1 mercata terræ de Kischerholme (Fisherholme ?) et 5 solidatis terrarum de Langmuresyde :—E. 42s. et 3s. in augmentationem : —omnibus infra baroniam de Halywoode :—2 mercatis terrarum de Swaid (Snaid ?)—2 mercatis terrarum nuncupatis .... ;—1 mercata terræ de Moffetstoune ;—1 mercata terræ de Gaitsyde ; —2 mercatis terrarum de Kewlistoun (vel Knowlistoun) ;—2 mercatis terrarum de Gitstoune (vel Coitstoune) ;—30 solidatis terrarum de Comestoune ;—molendino granario de Swaid ; (Snaid ?)—cum 40 solidatis (vel denariatis) terrarum, et aliis terris molendinariis, et multuris granorum super terras et baroniam de Swaid crescentium ;—officio ballivatus dictarum terrarum et molendini, infra eandem baroniam :—E. 21l. 3s. 4d.—5 mercatis terrarum antiqui extentus de Stewartoune vocatis 2 inferiores mercatas terrarum de Stewartoun ;—20 solidatis terrarum de Larmore ;—dimidia mercata terræ de Glenschyde, et mercata terræ de Nether Clawoke (vel Clewoke), cum astrictis multuris dictarum 5 mercatarum terrarum ad molendinum de Crawfuirdstoune perprius solvi usitatis, nunc ad molendinum de Swaid solvendis, infra baroniam de Crawfuirdstoun alias Balmacane.—A. E. 4s. 5d. N. E. 13s. 4d. xix. 344.

(178)   Aug. 10. 1643.

JACOBUS MAXWELL de Innerweek unus S. D. N. Regis Cubiculi dormitorii, hæres Willielmi Maxwell de Kirkhous, fratris, —in 12 mercatis terrarum de Trailtrow in senescallatu Vallis Annandiæ :—E. 8l.—tenendria de Almernes comprehendente 6 mercatas terrarum de Fleymingraw, in parochia de Kirkpatrik-Fleyming et senescallatu Vallis Annandiæ :—E. 4l.—40 solidatas terrarum de Tonnergarth :—E. 40s.—40 solidatas terrarum de Quhytstanes :—E. 40s.—montem et terras nuncupatas Burnswarkhill, extendentes ad 40 solidatas terrarum aut eo circa :—E. 40s.— terras de Barkhill (vel Barnhill) extendentes ad 20 solidatas terrarum aut eo circa :—E. 20s.—omnes in senescallatu Vallis Annandiæ ; et unitis cum aliis terris in Kirkcudbright in tenandriam de Almernes :—terris ecclesiasticis de Kirkpatrik-Fleyming extendentibus ad 20 solidatas terrarum aut eo circa antiqui extentus, viz. 4 acris terrarum ecclesiasticarum de Kirkpatrik-Fleyming, Mylnholme alias Jacksholme nuncupatis ;—6 acris aut eo circa dictarum terrarum ecclesiasticarum, cum three day wark of meadow, in prato prope Broitcleuch, cum crofta vocata Kirkcroft, et alia crofta vocata Kirkhill, infra parochiam de Kirkpatrik-Fleyming et senescallatum de Annandaill :—E. 22s.—molendino granorum de Keir nuncupato Keirmylne, et terris molendinariis, in baronia de Keir, et parochia de Halyewood :—E. 13 bollæ farinæ et 13l.—tenendria de Bankend comprehendente terras, piscarias, aliaque subscripta, viz. 2 mercatas terrarum de Locherwood nuncupatas 2 superiores mercatas terrarum de Locherwood, in parochia de Ruthwell et senescallatu Vallis Annandiæ :—E. 26s. 8d.—40 solidatas terrarum de Bankend, in parochia de Carlaverok :—E. 44s. —unitas in tenandriam de Bankend :—terris ecclesiasticis de Nether Ewis extendentibus ad 20 solidatas terrarum:—E. 22s.—terris ecclesiasticis de Stabilgortoun, extendentibus ad 1 mercatam terræ:—E. 15s.—terris de Blacktarres:—A. E. 20l. N. E. 60l.—terris de Justingleyis, cum terris circumjacentibus vulgo vocatis The Kingis commoune seu Kingis Forrest, infra senescallatum Vallis Annandiæ, cum advocatione rectoriæ ecclesiæ parochialis de Kirkbene, et decimis rectoriis, et advocatione vicariæ de Kirkbene, cum decimis farinæ, &c.—E. 8m. 4s.—terris ecclesiasticis de Cummertries extendentibus ad 14 acras terrarum, infra senescallatum Vallis Annandiæ:—E. 23s.—4 libratis terrarum de Blakwode, Ronnaldstoun, et Barscotland antiqui extentus, in parochia de Halywode.—E. 10l. feudifirmæ.—(Vide Kirkcudbright.) xvii. 215.

(179) Aug. 24. 1643.
JOANNES BROUNE, hæres Jacobi Broune portionarii de Durisdeir, patris,—in decima sexta parte terrarum ecclesiasticarum et villæ de Durisdeir jacente in Rindaill.—E. 6s. 4d. xvii. 206.

(180) Aug. 24. 1643.
JOANNES M'KEWNE, hæres Joannis M'Kewne portionarii de Durisdeir, avi,—in decima sexta parte terrarum ecclesiasticarum et villæ de Durisdeir jacente in Rindaill, infra baroniam de Durisdeir.—E. 10s. xvii. 211.

(181) Nov. 10. 1643.
WILLIELMUS GREIRSONE, hæres Willielmi Greirsone de Kirkbryde, patris,—in 40 solidatis terrarum de Kirkbryde antiqui extentus, infra baroniam de Halywood et parochiam ejusdem.—E. 4l. 18s. xvii. 234.

(182) Nov. 24. 1643.
ROBERTUS M'CUBBINE in Maccubbintone, hæres Joannis M'Cubbine ibidem, patris,—in 6 solidatis et 3 denariatis terrarum ex terris de M'Cubbinstone antiqui extentus, infra parochiam de Dunscoir.—E. 10s. 4d. xviii. 232.

(183) Nov. 24. 1643.
WILLIELMUS MAKFADZANE in Lyneburne, hæres Willielmi Makfadzane olim in Berdwoll deinde in Bersvalley, patris,—in 10 solidatis terrarum antiqui extentus de Zonder Bersvalley infra parochiam de Dunscoir.—E. 16s. 6d. xviii. 262.

(184) Apr. 29. 1645.
ROBERTUS AMULIGANE in Meikle Dempstertoune, hæres Fergusii Amuligane ibidem, patris,—in 10 solidatis terrarum ex terris de Meikle Dempstertoun antiqui extentus, in parochia de Dunscoir.—E. 16s. 4d. xviii. 231.

(185) Jul. 14. 1645.
THOMAS SMITH de Ferding-Kilroy, hæres Joannis Smith de Ferding-Kilroy, avi,—in 1 mercata terræ de Ferding-Kilroy, infra parochiam de Dunscore.—E. 24s. xviii. 262.

(186) Aug. 18. 1645.
ROBERTUS M'KYNELL apud messuagium de Kirkmichaell commorans, hæres Roberti M'Kynnell in Auchincreich, patris,—in dimidia mercatæ terræ de Auchincreich antiqui extentus, infra parochiam de Drumfreis.—E. 11s. xviii. 90.

(187) Dec. 9. 1645.
DAVID WILLIAMSONE de Castelrobert, hæres Jacobi Williamsoun in Castelrobert, patris,—in 4 mercatis terrarum antiqui extentus de Castelrobert, infra baroniam de Sanquhar.—E. 60m. xviii. 261.

(188) Mar. 6. 1646.
ROBERTUS MAXWELL de Carnsalloche, hæres Georgii Maxwell in Carnsalloch, patris,—in terris de Carnsalloche et Durisquhen, extendentibus ad 15 libratas terrarum antiqui extentus.—A. E. 15l. N. E. 45l. xviii. 249.

(189) Maii 29. 1646.
JOANNES STEWART de Shambellie, hæres Joannis Stewart de Allance (vel Allanle), patris,—in terris vocatis Cars of Killiling, extendentibus ad 26 acras terrarum, et pratum, æstimatis ad 40 solidatas terrarum, infra parochiam de Halywode.—E. 10l. &c. xviii. 257.

(190) Jun. 19. 1646.
ROBERTUS KIRKPATRIK de Cloisburne, hæres Magistri Joannis Kirkpatrik feoditarii de Cloisburne, fratris germani,—in terris et baronia de Cloisburne comprehendente terras et baroniam de Cloisburne:—A. E. 40l. N. E. 120l.—terras et baroniam de Brigburghe;—terras et liberam tenandriam de Auchinlek, Sandrum, Lene, et Newtoun:—A. E. 28l. N. E. 84l.—40 solidatas terrarum de Heliestoun:—A. E. 40s. N. E. 6l.—40 solidatas terrarum vocatas terras templarias lie Kirkland de Dalgarnok.—E. 40s.—omnes unitas in baroniam de Cloisburne. xviii. 255.

(191) Aug. 31. 1646.
JOANNES FAREIS, hæres Alexandri Fareis in Sibbelbiesyd, patris,—in inferioribus 20 solidatis terrarum de inferiori Sibbelbiesyd, cum decimis garbalibus lie personage teind sheaves earundem:—E. 20s.—30 solidatis terrarum de Nather Cleuche cum decimis garbalibus lie personage teind sheaves earundem:—E. 30s.—omnibus infra parochias de Apilgerthe et Sibbelbie et senescallatum de Annandaill. xix. 29.

(192) Sep. 4. 1646.
GEORGIUS MAKCALL in Drondeilles, hæres Joannis Makcall in Auchinheane, filii fratris,—in 3 libratis terrarum de Auchincheane antiqui extentus, infra baroniam de Glencairne.—E. 18l. xviii. 285.

(193) Apr. 6. 1647.
MAGISTER ADAMUS CUNYNGHAME de Wodhall, hæres Domini Adami Cunynghame de Wodhall militis, patris,—in 40 solidatis terrarum antiqui extentus de Dargarvell, infra parochiam de Drumfreis.—E. 43s. 4d. xix. 99.

(194) Maii 18. 1647.
GEORGIUS M'CALL in Drumdellis, hæres Joannis M'Call de Auchincheane, fratris,—in 2¼ mercatis terrarum de Mekle Dibben, in baronia de Crawfurdstoun.—E. 6l. 13s. 4d. xix. 60.

(195) Maii 18. 1647.
JACOBUS HUNTER de Ballagane, hæres Duncani Hunter de Ballagane, avi,—in terris de Drumcrube (vel Drumcrule) extendentibus ad 8 mercatas terrarum antiqui extentus, cum granorum molendino et fullonum molendino de Drumcrube, in baronia de Enoch, et nunc per annexationem in baronia de Menzas.—A. E. 8m. N. E. 24m. xix. 97.

(196) Jul. 2. 1647.
JACOBUS KIRKO de Sundaywell, hæres Joannis Kirko de Sundaywell, patris,—in 7 mercatis terrarum antiqui extentus de Sundaywell, in comitatu et baronia de Glencairne.—A. E. 7m. N. E. 28m. xix. 71.

(197) Oct. 19. 1647.
JOANNES MOFFET, hæres Roberti Moffet de Auldtoun, patris,—in 5 mercatis terrarum de Auldtoun antiqui extentus, infra baroniam de Holmendis per annexationem, parochiam de Moffet et senescallatum Vallis Annandiæ.—E. 5m. xix. 159.

(198) Nov. 23. 1647.
JOANNES JOHNSTOUN de Elschiescheillis, hæres Archibaldi Johnstoun de Elschiescheillis, patris,—in terris de Esbie quæ extendunt ad 12 mercatas terrarum antiqui extentus;—1 mercata terræ de Elschiescheillis antiqui extentus, infra senescallatum Vallis Annandiæ.—E. 13m. xix. 199.

(199) Nov. 23. 1647.
JOANNES JOHNSTOUN de Elschiescheilles, hæres Willielmi alias Wilkine Johnstoun de Elschiescheillis, avi,—in dimidia mercata terræ de Howes antiqui extentus, infra senescallatum Vallis Annandiæ.—E. ½m. xix. 200.

(200) Nov. 26. 1647.
ROBERTUS MAXWELL de Tinwald, hæres Jacobi Maxwell de Tinwald, patris,—in 20 libratis terrarum de Tinwald antiqui extentus, cum advocatione ecclesiæ de Tinwald et capellaniarum, ac terris ecclesiasticis dictæ ecclesiæ, in parochia de Tinwald:—A. E. 20l. N. E. 60l.—5 libratis terrarum antiqui extentus de Schawes de Dalgarnok et Fisherland, infra baroniam de Lag et parochiam de Dalgarnok:—A. E. 5l. N. E. 15l.—3 separatis mercatis terrarum ex 10 mercatis terrarum de Erkinholme, infra parochiam de Stablegordoun et dominium de Eskdaill.—E. 75m. xix. 216.

(201) Apr. 8. 1648.
JACOBUS JOHNSTOUNE de Westraw, hæres Jacobi Johnstoune de Westraw, patris,—in 7¼ mercatis terrarum de Glendonens;—9 mercatis terrarum de Curtillwche;—7 mercatis terrarum de Glencroshe;—5 mercatis terrarum de Glenschenell;—40 solidatis terrarum de Ishgill;—40 solidatis terrarum de Woodend;—5 mercatis terrarum de Watstirker;—12 mercatis terrarum de Dalduran;—20 solidatis terrarum de Cannotsheillis, et terris de Feltbame, extendentibus ad 5¼ mercatas terrarum antiqui extentus, in dominio de Eskdaill.—E. 58m. 6s. 8d. xx. 79.

(202) Jun. 20. 1648.
JOANNES GREIRSONE de Barjarge, hæres Joannis Greirsone de Nether Keir, avi ex parte patris,—in 10 libratis terrarum de Trailflatt antiqui extentus cum molendino, infra parochiam de Trailflatt et baroniam de Annfeild.—A. E. 10l. N. E. 30l. xix. 300.

(203) Sep. 25. 1649.

JACOBUS SOMERVAILL de Smailholmes, *hæres* Roberti Somervaill de Smailholmes, *patris*,—in terris templariis de Smailholmes extendentibus ad 20 solidatas terrarum :—E. 20s.—terra templariá de Chappell de Logane, extendente ad dimidiam mercatam terrarum templariarum, in parochia de Kirkpatrik-Fleyming et senescallatu Vallis Annandiæ.—E. 6s. 8d. xx. 113.

(204) Oct. 26. 1649.

PETRUS BROUN portionarius de Durisdeir, *hæres* Petri Broun in Dursdeir, *patris*,—in quarta parte terrarum ecclesiasticarum villæ de Dursdeir, infra baroniam de Dursdeir.—E. 40s. xix. 374.

(205) Aug. 20. 1652.

JOHN ERLE OF WIGTOUN, *heir* of John Erle of Wigtoun, Lord Fleyming, *his father*,—in the lands of Drumgrein comprehending tua Bartoun peices, Inglistoun and Gusdub ;—tua stuidrigges-banks;—tua Plewlands, and Hie-Haglie Park;—the lang (or laig) Marganflatt, Kirkbrig, Borland, and Hill, Rowantrie Knowes, Kininmulheid, Locherheid, and Threipmures :—A. E. 20l. N. E. 60l.—the 20 pound land of old extent of Moling, Raehill (or Ridhill), Cruinzeartoune, Megoppes, Brydingholme, Annotgills (or Annolgills), in the parochin of Garvell.—A. E. 20l. N. E. 60l. xxi. 18.

(206) Nov. 16. 1652.

MARGREAT JOHNSTOUN, *heir* of Georg Johnstoun of Girtheid, *her guidser*,—in the 40 shilling land of Girtheid ;—20 shilling land of Liverhag called Milne, and 20 shilling land of Rammalhill, lyand within the parrochin of Vamfray and stewartrie of Annandaill.—E. 4l. xxi. 51.

(207) Apr. 12. 1653.

GEORG GRAHAM soun to Johne Grahame callit of Reidkirk, *heir* of Georg Graham of Reidkirk, *his father brother*,—in the landis callit the Hoill-closse ;—and peice of land callit the Baylie-Annand with the mote tharof ;—the lands of Brigholme, within the parochin of Annand and lordship and stewartrie tharof.—E. 43s. 4d. xxi. 248.

(208) May 7. 1653.

MARIE GREIRSONE, *heir* of Elizabeth Murray relict of Mr. John Greirsone of Cappinoch, *her mother*,—in ane annuelrent of 160l. furth of the 10 pound land of Kirkmichaell, in the parochin of Kirkmichall. xxi. 338.

(209) May 12. 1653.

GEORGE EARLE OF WINTOUN, Lord Seattoun of Winschbrughe and Tranent, *heir* of George Earle of Wintoun, &c. *his guidser*,—in ane annuelrent of 800m. furth of the landis underwritten pertaining to John Lord Hereis, viz. the landis and barony of Tarreglis, with tennandries of Larglanley and Glasteris ;—the landis and barony of Kirkganzean ;—the landis of the half of the barony of Ur, within the stewartry of Kirkcudbricht, under reversion of 10,000 merks.—E. 1d.—(See Kirkcudbright.) xxi. 172.

(210) May 12. 1653.

GEORGE ERLE OF WINTOUNE, Lord Seatoun of Winchbrugh and Tranent, *heir mail* of George Erle of Wintoun, &c. *his guidser*,—in the lands and barronie of Drysdail and Carrutheris, with the advocatione of the Church of Carrutheris, within the stewartrie of Annandaill ;—with other lands in Haddington, Berwick, Roxburgh, Edinburgh, and Kirkcudbright, unite into the barony of Hailes.—A. E. 20l. N. E. 80l.—(See Haddington, Berwick, Roxburgh, Edinburgh, Kirkcudbright.) xxi. 177.

(211) May 17. 1653.

WILLIAM MAXWELL of Kirkhous, *heir maill and of tailzie* of James Erle of Dirletoun, &c. *his guidser brotheris sone*,—in the 6 merkland of Fleemingraw, within the parochin of Kirkpatrik-Fleeming and stewartrie of Annándaill :—E. 40s. *of feufarm :*—the 40 shilling land of Tunnergarth :—E. 40s. *of feufarm :*—the 40 shilling land of Whytstanes :—E. 40s. *of feufarm :*—the mount or hill called Burneswarkhill, extending to ane 40 shilling land :—E. 40s. *of feufarm :*—the landis of Barhill extending to ane 20 shilling land, within the stewartrie of Annandaill :—E. 40s. *of feufarm :*—all with other lands in Kirkcudbright unite into the tennandrie of Almernes.—(See Kirkcudbright.) xxi. 285.

(212) Oct. 6. 1653.

DAM MARRIE SCOT COUNTES OF BUCCLEUCH, *heir of taylzie and proveisioune* of Frances Earrle of Buccleugh, Lord Scot of Whitchister and Eskdaill, *her father*,—in the grund quhair the clouster-housses, &c. of Cannabie war sitwat of auld ;—the toun and lands of Cannabie ;—the lands of Toddiscluch, and Lamets-cleuch (or Lamiecleuch) ;—the wast syd of the landis of Rowenburne ;—the landis of Newtoune of Baitbank ;—the landis

of Nottieholme ;—the lands of Orchardlie (or Archerlie) ;—the lands of Lochkirshell (or Lochbirsell) ;—the lands of Wodhousleyes ;—the lands of Cristaill ;—the maines of Cannabie called Bowholme ;—the lands of Hollhouse ;—the lands of Wilbellyeholme (or Wolbiholme) ;—the lands of Brokitlyes (or Brokilyes) ;—the lands of Ruthorne ;—the lands of Ballmanask-nowe ;—the lands of Torquin (or Torqune) ;—and all uther lands, &c. quhilk belonged of befor to the priory of Cannabie ;—the teynd sheaves, &c. of the Kirk of Cannabie :—E. 6l. 13s. 4d.—the baronyes of Mortounwoods, with fishings, within the stewartrie of Annandaill ;—the lands and baronies of Tarras comprehending the lands of Tarrasfute, Munibyhirst (or Munckblachrist), Brunilshillhill *alias* Bruntshillhill ;—Quhythesyd, and Bankheid ;—the lands of Murburne, Hairlaw, and Hairlaw-wood ;—the lands of Rowenburne, Woodheid, Thornequhat, and Wabritshill (or Wabraithhill) ;—the lands of Barrisknowes, Woodhouslyes, Hollhouse, Torcum, Bronsheillburne, Auchinriffock, within the parochin of Cannabie ;—the lands of Clunyeard, Mortoun, and Barngleis (or Burnaglies), within the parisone of Mortoune, with the teinds personadge and vickeradge of the parisone of Mortoune, and alteradges, &c. within the Kirk of Mortoune, extending to ane 10 pound land of auld extent, unit into the barounie of Tarrase :—E. 10l.—whilk lands generally and particularly above written are unite into the barony of Syntoun ;—the tennendrie of Dumfedling comprehending the lands of Colquhair *alias* Toun-Loachquhair ;—the lands of Currie (or Crurie) ;—the lands of Yetbyre ;—the lands of Birkfauld ;—the lands of Chrystlawschaw ;—the lands of Blackmylne ;—the lands of Pondodo ;—the lands of Powmonke ;—the lands of Powcleiff ;—the lands of Glandalgie ;—the lands of Cassope ;—the lands of Fingland ;—the lands of Aberlusk ;—the lands of Middill-Lawheid ;—the lands of Reaburne ;—the lands of Herwood ;—the lands of Middillburne ;—the lands of Tyninghill ;—the lands of Johnestrand ;—the lands of Watter-cairt ;—the lands of Todshawhill ;—the lands of Watt-Carrickgrainge ;—the lands of Garwaldhouse ;—the lands of Quickithouse ;—the lands of Dumfedlinge ;—the lands of Cunyngburne ;—the lands callit the Kirklands, with the teind sheaves of the forsaid lands, within the regallitie of Melros and stewartrie of Annandaill, with the teind sheaves and uther teinds of the parishe-kirk of Watstirker, within the regallitie of Melros, all unite into the tennendrie of Dumfedling :—E. 26l. 13s. 4d.—the lands and barronies of Carlaverock and Locherwood :—E. 190l.—the lands of Trailltrowe, within the stewartrie of Annandaill :—E. 8l.—the great house or palece at Dumfreis, with the barnes and barne yeards upon the eist syd of the burghe of Dumfreis, and twa back houses and yeards neir the water of Nith, in the said burgh of Dumfries :—E. 3s. 4d.—the lands of Flask and Flaskholme ;—the lands of Hougill and Glendovan (or Glendoran) ;—the lands of Burnegraynes ;—the lands of Wolfhop and pendicills tharof callit Belstainerige ;—the lands of Park *alias* Blass (or Blisse) ;—the 53 shilling 4 pennie land of Morthume ;—the 5 pound land of Gallasyd, with the pendicell callit Meikle Holme-walles ;—the 40 shilling land of Neise ;—the 26 shilling 8 pennie land of Watergraynes ;—the 40 shillen land of Brigholmes *alias* Bigholmes ;—the 53 shillen 4 pennie land of Glencorse of auld extent, quhilks ar pairts of the lands of Wauchopdaill ;—the lands of Tarrona extending to ane 3 pound 6 shillene 8 penny land of auld extent :—E. 37l. 13s. 4d.—the lands of Deviscoir, Willieholme, and Cruieholme ;—the lands of Tounsteds ;—the lands of Hallyshawe ;—the lands of St. Brydhill ;—the lands of Putingstane and Reaknowes, and pendicell therof callit Westwatter ;—the lands of Glentenmontheid (or Glentaurmontheid) ;—the lands of Tannalye ;—the lands of Watterholmes and Birslands ;—the lands of Blakie (or Block) ;—the lands of Brokinheidshoill ;—the lands of Blackburnfitt and Corsmungo ;—the lands of Irishauch ;—the lands of Thomshaw (or Thomthoyll) ;—the lands of Newlands ;—the lands of Becks ;—the lands of Burnelie (or Birnetie) ;—the lands of Calffeild ;—the lands of Meidowholme (or Middillholme) ;—the lands of Nockholme (or Stockholme) ;—the lands of Staikheuch, Ruantrielie *alias* Rountrieford (or Rouantriefauld), and Muclirieland (or Monkrieland) withe the pendicelles therof callit Irvin, and the personadge and vicrage of the parich Kirk and patisoune of Wauchope, and the salmond fishing in the watters of Esk and Wauchope, in Wauchopedaill ;—the lands of Blise in Ewisdaill :—E. 40s.—the lands of Langholme with the pendicills callit Holmheid, and burgh of barronie of Langholme with weiklie market and frie fairs ;—the lands of Brianholme (or Brumholme) ;—the lands of Aikenholme and pendicell therof callit Türnerholme ;—the lands of Teviotsheills ;—the lands of Whytscheills ;—the lands of Balgray ;—the lands of Arkine ;—the lands of Brackinwrae and pendicill callit Taillend, Over and Nether Milneholmes and Tympen ;—the lands of Staiplegortoune ;—the lands of Burnefutt, Stankgaitt, and Fingland ;—the lands of Carnesgill *alias* Cairelsgill, with the pendicill tharof callit Nettill-Birshill (or Butshill) ;—the lands of Bumbie ;—the lands of Glenbartan ;—the lands of Cautherland *alias* Cauthergien (*alias* Cantergland) ;—the lands of Forganheid (or Longanheid), and pen-

D

dicile tharof callit Longan (or Lowgane);—the lands of Baneis (or Burneis);—the lands of Enzieholme and Mylgillheid;—the lands of Apltriewhat;—the lands of Harperwhate;—the lands of Lynholme (or Lonholme);—the lands of Dalbaith (or Dalkeath);—the lands of Monksyd;—the lands of Gaillekill (or Kailiehill), and pendicile tharof callit Dunaholme and Courthouse;—the lands of Gerswood (or Erswood);—the lands of Crunzertoune (or Crunseltoune), callit Bankheid, Burnefutte, and Willholme;—the lands of Sheill with the Millne;—the lands of Littill Megdaill;—the lands of Meikil Megdaill callet Trothop, and pendicill therof callit Mairtfauld (or Merkfauld);—the lands of Breadheid, Giankell, Mossiseat *alias* Mossfute, Windileyes, and Standries;—the lands of Auchingavill;—the lands and maines of Logane;—the lands of Knock with the milne;—the lands of Bogkin (or Boykin) and pendicills callid Cauldkyne;—the lands of Rige;—the lands of Craig, for principall:—E. 169l. 10s.—all the above lands are unite to the earldome of Buccleuch.—(See Roxburgh, Selkirk, Peebles, Haddington, Edinburgh, Linlithgow, Kirkcudbright.) xxi. 193.

(213) Oct. 25. 1653.
JAMES ERLE OF HARTFEILD, *heir mal* of James Erle of Hartfeild, *his father*,—in the lands of Johnstoune, with advocatione of the paroch Kirk of Johnstoune;—the 20 pound land of Kirkpatrick of auld extent, to wit, the 10 pound land of Dunskellie;—the 10 pound land of Covertisholme;—the 10 merkland of old pairt of Wamphra;—the 18 merkland of old extent of Powboudill;—the 5 pound land of old extent of Hairdgraif, within the stewartrie of Annandaill;—ane annuelrent of 4m. furth of the lands of Thorniquhat within the forsaid stewartrie, unite into the barronie of Johnstoune:—E. 66l. 13s. 4d.—the tenement of Corrie comprehending the 4 merkland of of Kirkriggs (or Quhytriggs), and Mikill-house with the milne;—the 3 merkland of Lindie (or Lundie);—the 18 shilling land of Dempilholme;—the 38 shilling land of Pyotshawes;—the 18 shillingland callit Wynholme;—the 9 merkland of Dromontrig of Corrie;—the 3 merkland callit Craigyner (or Craighouse);—the 20 shilling laud of Crindildyk (or Trindildyk);—the 18 shilling land of Taithbank;—the 1 merkland of Johnhill;—the 2 merkland called the Marionhill;—the 18 merkland of Birslaw (or Birshaw) and Whytcastel;—the 1 merkland of Ersgillis;—the 1 merkland of Tudriehuik (or Lodriehuik);—the 40 shillingland of Park;—the 40 shilling land of Kirkshiltie (or Kirthiltid);—the 20 shilling land of Newhous (or Bowhouse), with advocatione of the Kirk of Corrie, within the stewartrie of Annandaill:—E. 31l. 4s. 4d.—the lands and tennandrie of Knock comprehending the lands of Hennaland and Rasbank with the milne;—the lands of Corsdykis and Crosdykrig;—the 2½ merkland of Pereishbehaills of old extent, within the parochin of Lochmaben;—the 10 merkland of Drysdaill;—the lands of Nowschow (Bonschaw) and Drumbretan, within the stewartrie of Annandaill, all unite into the tennandrie of Knock:—E. 50l. 6s. 8d.—the lands and barronie of Newbie, with the fisching of Newbie and Newscaris one the sands of Eiden;—the lands of Nowmokirk, Croftheads, Howes, Milnefeild, and Howmeadow;—the 10 pound land of old extent of Stabiltoun, with the fischings;—the 40 shilling land of old extent of Robgill;—the 2½ merkland of Cummertries, with the fischings;—the 2¼ merkland of old extent of Ellerbeck;—the 10 merkland of old extent of Midlebie;—the 3 merkland of old extent of Galldanries;—the 13 shilling 4 pennie land of old extent of Hydwood;—the 5 pound land of old extent of Preistwood with the Saltcoatts, &c.;—the 13 shilling 4 pennie land of old extent of Ruvel, all unite into the barronie of Newbie:—E. 60l.—the lands of Moffetdaill and Evindaill comprehending the 12 merkland of Revex;—the 2 merkland of Rowlandsyde;—the 6 merkland of Gresking and Malkingshaw;—the 40 shilling land of Anerehesies;—the 30 shilling land of Townheid of Arrickstaine;—the 5 merkland of Clairfute;—the 4 merkland of Foulschaws;—the 5 merkland of Greinhill;—the 5 merkland of Nether Mossop;—the 4 merkland of Over Mossop;—the 5 merkland of Meikle Holmsyd;—the 12 merkland of Capilgil;—the 2 merkland of Midlequarter;—the 3 merkland of Selcouth;—the 40 shilling land of Over Langwoodend;—the 50 shilling land of Arrickstane;—the 6 merkland of Blacklawes;—the 3 pound land of Little Corryfholme;—the 5 pennie land of Neis, and 5 markland of Midlegill, within the stewartrie of Annandail, as for principal:—E. 66l. 13s. 4d.—the 20 pound land of Locharbie of old extent;—the 20 pound land of Huttone;—the 20 pound land of Tunnergarth, with advocatione of the Kirk of Tunnergarth;—the 20 pound land of old extent of Hoddome;—the 5 pound land of Egglefachane and fisching callit Herriescarth one the water of Sulloway;—the 40 shilling land of Triltrow called Hoddinstoanes, within the stewartrie of Annandail, in warrandice of the lands of Moffetdail and Evendail:—E. 87l.—the 20 merkland of Kirkbrydrig of old extent, within the stewartrie of Annandaill:—E. 18l.—the 5 pound land of Corrusen (or Corryffane) of old extent:—E. 5l.—ane husband-land in Moffet,

within the stewartrie of Annandail:—E. 3s. 4d.—the 5 merkland of Thorniequhat, and merkland of Rochsyd, within the stewartrie of Annandail:—E. .... the lands of Ryell extending to ane 5 merkland of Cumertries, within the said stewartrie.—E. .... xxi. 190.

(214) Oct. 25. 1653.
JAMES IRVING of Eastrigs, *heir of provisione* of George Irving of Eastrigis, *his father*,—in the 40 shilling land of Eastrigs, within the lordschip of Cairlell, parochin of Dornok and stewartrie of Annandaill.—E. 40s. xxi. 224.

(215) Oct. 25. 1653.
FRANCES IRVING of Braes, *heir of provisione* of George Irving of Eastrigis, *his father*,—in the 33 shilling 4 pennie land callit the Braes of Kittilbrige, Whythill, and Preistsclose, lyand within the barronie of Drumlangrig be annexatione.—E. 33s. 4d. xxi. 223.

(216) Feb. 21. 1654.
SIR JOHNE GREIRSOUNE of Lag knight, *heir* of Sir Robert Greirsoune of Lag, *his father*,—in the 7 merkland of auld extent of Lag and Macrawschill;—the 12 merkland of Dalgairnockholmes;—the 14 merkland of Airdis and mylne therof, with the superiority of the 10 merkland of Grenane and Blackmyre *alias* Messengersland;—the propertie of the thrid pairt of the 5 merkland and 20 pennie land of Messengersland *alias* Grennane of auld extent, within the barrony of Tibberis and parochin of Penpont;—the 5 pund land of Shawis *alias* Fisherslandis, with other lands in Kirkcudbright unite into the barony of Lag:—A. E. 47m. 6s. 8d. N. E. 142m. 6s. 8d.—the 4 pound land of Allantoun;—the 40 shilling land of Kirkbryd;—the 20 shilling land of Hillend;—the 20 shilling land of Swyre, and 20 shilling land of Glenlach:—E. 22l. 12d.—the milne of Allantoune, with milnelands and multures:—E. 8 *bollis meill*:—the 6 merkland of Capinock of auld extent, within the baronie of Halwood, and parochin therof:—E. 10l. 4s.—the 40 shilling land of Halydayhill called Burdounanhill of auld extent, within the parochin of Dunscoir:—A. E. 40s. N. E. 6l.—the 5 pund land of Windiehillis of auld extent, with the burgh of barony of the village called Tantaloch-holme:—A. E. 5l. N. E. 15l.—the lands of Graitna:—E. 20l.—the lands of Farbrig (or Sarkrig), Graitnahill, and Loanwath, within the lordship and stewartrie of Annandaill:—E. 5l.—the lands of Ranpatrick and Baroch called Reidkirk:—E. 20l.—the kirklandis of Reidkirk, within the stewartrie of Annandaill, with teind shaves and otheris of the lands of Gretna, Farbrigs (or Sarkrigs), Graitnahill, Loanwath, Ranpatrik, and Baroch now called Reidkirk.—E. 6s. 8d.—(See Kirkcudbright.) xxi. 299.

(217) May 4. 1654.
JAMES EARLE OF HARTFALL, *heir* of James Earle of Hartfall, *his father*,—in the halfe of the lands of Glendonying comprehending halfe of the lands of Corlaw;—the halfe of the lands of Westerker, Felholme, and Fellbrae, within the lordshipe of Eskdaill, for principall:—A. E. 20l. N. E. 40l.—the halfe of the other halfe of the said lands of Corlaw;—the lands of Culcreuche, Glencrasche, Glenshynnall, Iffig, Watterend, Dalgurrane, and Canytsheels, within the lordshipe forsaid, in warrandice of the above lands.—E. .... xxiii. 24.

(218) Oct. 6. 1654.
JOHNE MAITLAND of Ekklis, *heir* of Robert Maitland of Ekklis, *his father*,—in the 28 shilling land of Clonheis;—the 28 shilling land of Over Hattok;—the 20 shilling land of Wodstoun and Makqherstoun;—the 23 shilling 4 penny land of Croft-Jeane and Ekkills;—the 21 shilling land of Hattok;—the 16 shilling land of Ekklis;—the 1 merkland of Courthill;—the halfe merkland of Milntoun;—the 3 merkland of Flwris, Bannastoun, and Cannastoun, within the parochin of Penpunt and barronie of Ekklis;—the 19 shilling land of Macquhiristoun;—the 14 shilling land of Tippet, and 40 penny land of Glonekirkie.—A. E. 11l. 12s. 8d. N. E. 34l. 18s. xxii. 53.

(219) Oct. 6. 1654.
CHRISTIAN CRICHTOUNE indwellar in Sanquhair, *heir* of Jeanett Fleyming, *her mother sister*,—in the halffe of ane annuelrent of 200m. furth of the 4 merkland of auld extent of Auchingart, within the barony of Sanquhair. xxiii. 61.

(220) Oct. 6. 1654.
CHRISTIAN CREICHTOUNE indweller in Sanquhair, *heir* of Margaret Fleyming, *her mother*,—in the halffe of ane annuelrent of 200m. furth of the 4 merkland of auld extent of Auchintagart, within the barroney of Sanquhair. xxiii. 61.

(221) Nov. 11. 1654.
GEORGE CARUTHERS, *heir* of John Caruthers of Butterquhat, *his guidser*,—in the 30 shilling land of Butterquhat of

auld extent, within the parioche of Litle Daletoun, and stewartrie of Annandaill.—E. 30s.　　　　　　　　　xxiii. 115.

(222)　　　　　Feb. 3. 1655.
JOHNE BAITTIE in Kirkcothill, eldest sone to Halbert Baittie, *heir* of Johne Baittie burges of Dumfries, father to the said Halbert, *his guidshere*,—in ane tenement of land in Dumfries;—ane tenement of land and yaird in Dumfries.—E. ....　　xxii. 34.

(223)　　　　　Apr. 6. 1655.
JOHN HAYNING portioner of Glengeber, *heir* of George Hayning in Glengeber, *his guidser*,—in the 18 shilling and 4 penny lands of the lands of Glengeber, within the pareoche of Holywood:—E. 18s. 4d.—ane 10 shilling land of the Heigher Barsewalla, of the 12 shilling 6 penny land of the Heigher Barsewalla, within the pareochin of Dunscore.—E. 14s. 4d.　　xxiii. 97.

(224)　　　　　May 25. 1655.
JAMES IRVING of Bondshaw, *heir* of Edward Irving of Bondshaw, *his guidshir's guidshir*,—in the 3 pund land of old extent of Egilfechane within the stewartrie of Annandaill.—E. 3l. xxii. 69.

(225)　　　　　June 22. 1655.
JOHNE GREIRSONE of Cappinoch, *heir* of William Greirsone of Braecoch, *his cousigne german*,—in the 6 merkland of Braecoch of auld extent, within the barony and parochin of Holywood.—E. 10l. 2s.　　　　　　　　　　　　xxii. 75.

(226)　　　　　Nov. 29. 1655.
JOHNE JOHNESTOUN of Eschesheills, *heir* of William *alias* Wilkine Johnestoune of Eschesheills, *his guidshir*,—in the milne of Lochmaben and milnlands, within the territorie of Lochmaben.—A. E. 12d. N. E. 4s.　　　　　　　　　xxii. 132.

(227)　　　　　Jun. 3. 1656.
AGNES MAXWELL relict of James Maxwell of Dinwald, and BARBARA MAXWELL spous to Robert Charters of Duchray, *heirs portioners* of Robert Maxwell of Dunwodie, *their father*;—and JOHNE CORSANE son to Mr. John Corsane of Knocks, procreate betwixt him and Margaret Maxwell daughter of the said Robert Maxwell, *heir portioner* of the said Robert Maxwell, *his guidser*,—in the lands of Dunwodie reput ane 40 merkland of old extent, with the salmond fisching upon the water of Annand, within the lordship and stewartrie of Annandaill.—E. 40m. xxiv. 89.

(228)　　　　　Jul. 2. 1656.
JOHNE BROUN of Inglistoun, *heir* of Mr. William Broun minister of Glencarne, *his father*,—in the kirklands of the vicarage pensionarie of Glencarne, within the parochin of Glencarne:—E. 56s. 8d.—the lands of Inglistoun extending to ane 5 pound land of old extent, within the baronie of Glencarne:—A E. 5l. N. E. 20l.—the 2 merkland of Glencarne with the corn mylne, within the parochin of Glencarne.—E. 50l.　　　　　xxiv. 144.

(229)　　　　　Aug. 2. 1656.
JOHNE SCHARPE, *heir* of Johne Scharpe merchand baillie of Dumfreis, *his father*,—in a tenement and vaird in Dumfries;—ane portione of land within the said burgh, part of the lands of Barkerland, extending to 4¼ acres of land;—ane aiker of land within the territorie of the said burghe;—4 aikers of land also within the said burghe;—3 aikers of land within the territorie of the said burghe;—1 aiker of the lands of Corsbieclose;—halfe ane aiker of the lands of Corsbiesclose:—E. 40d.—2 aikers of land within the territorie of the said burghe;—1 aiker of land lying near the Lord burne.—E. 9d.　　　　　xxiii. 175.

(230)　　　　　Aug. 26. 1656.
JAMES JOHNSTOUN, *heir* of Andrew Johnstoun of Rutonsyde, *his father*,—in the 2 merkland of Ruton-syde of old extent, within the parochin of Moffit and stewartrie of Annandaill.—E. 2m.　　　　　　　　　　xxiv. 81.

(231)　　　　　Dec. 29. 1656.
JEAN HAYNING, *heir* of John Hayning in Glengaber, *her guidser*,—in ane 20 shilling land in Glengaber of old extent:—E. 43s. 4d.—ane 10 shilling land of the lands of Glengaber of old extent:—E. 21s. 9d.—all within the barronie and parochine of Holywood.　　　　　　　　　　　　　　xxv. 117.

(232)　　　　　Oct. 2. 1657.
JOHNE YOUNG of Guliehill, *heir* of Johne Young of Guliehill, *his father*,—in ane 20 shilling land of ane 40 shilling land of Guliehill of old extent:—E. 20s.—ane uther 20 shilling land of the said 40 shilling land:—E. 20s.—the 20 shilling land of Dardrine of old extent:—E. 40s.—the 10 shilling land of the 20 shilling land of Eschieholme:—E. 15s.—the 6 shilling 8 penny land of

Stellingtrie *alias* Napertoune of old extent:—E. 10s.—the half merkland of Bromrig and Spaird, with fishing on the water of Nith comonly callit Cairneskar:—E. 33s. 4d.—the merkland of Marteintin of old extent:—E. 5m.—ane annualrent of 100m. furth of the 5 shilling land of Eschieholm, the merkland of Nether Broomrig, and halfe of the Isle callit Kentsyle.—E. 1l. 13s. 4d.—all within the parochin of Halywood.　　　　xxiv. 183.

(233)　　　　　Nov. 3. 1657.
ELIZABETH MURRAY spous to Mr. Robert Bell nottar, and AGNES MURRAY spous to James Chalmers son to Mr. Thomas Chalmers sometyme minister at Kirkpatrik, *heirs portioners* of John Murray called of Aikett, of the late king his guard, *their father*,—in the 40 shilling land of auld extent of Northfeild and place called Annands Aiker, within the stewartrie of Annandaill:—E. 40s.—the 40 shilling land of Gulieland, within the stewartrie forsaid.—E. 4l.　　　　　　　　　xxiv. 226.

(234)　　　　　Nov. 25. 1657.
JONETT JOHNSTOUNE, *heir* of Johne Johnstoune of Wamphray, *her father*,—in the lands of Wamphray wherever lyand, and speciallie in the 40 shilling land of Leverhay;—the 2 merkland of Staywood;—the 6 markland of Greatheid and Langsyd:—E. 53l. 6s. 8d.—the advocatione of the pareoch kirk and parochin of Wamphray:—E. 1d.—the 40 penny land of Moffat within the parochin of Moffat:—E. 40d.—the lands of Langschaw wtherwayes called the 5 markland of Kirtlebrig, within the parochin of Kirkpatrik-Fleyming:—E. 5m.—the 20 shilling land of Brydgill:—E. 20s.—parts of the lands of Denby:—the halfe markland of Dyke within the parochin of Meikle Daltoun.—E. 6s. 8d.—all within the stewartrie of Annandaill.　　xxiv. 220.

(235)　　　　　Feb. 23. 1658.
AGNES, MARGARET, AND JONETT CARLILES, *heirs portioners* of William Carlile late bailly burgis of Dumfreis, *their father*,—in the 20 shilling land of Houthat, and half markland called Irishfauld, within the stewartrie of Annandaill.—E. 5m.—ane markland of the lands of Rowcane, within the barroney of Torthorwald:—A. E. 13s. 4d. N. E. 40s.—the 40 shilling land of the Kirklands of Torthorwald of old extent, within the parochin of Torthorwald:—E. 4m. and 3s. 4d. in augmentation:—a tenement of land in Dumfreis besyd the Midport:—A. E. 2s. N. E. 6s.—a back tenement with yaird and barne, within the said burghe:—A. E. 2s. N. E. 6s.—ane orchyeard and portione of yaird for the enterie thairof, within the territorie of the burghe of Dumfreis in the Friers-vennall:—A. E. 20d. N. E. 5s.—ane aiker in the Kirklands of the vicarag of Dumfreise, within the parochine of Dumfreis:—E. 13s. 4d.—ane annuelrent of 160m. furth of the 40 shilling land of Drumcoltrane.—(See Kirkcudbright.)　　　　　　　　　　　　xxiv. 256.

(236)　　　　　May 11. 1658.
JAMES ERLE OF SOUTHESK, Lord Carnegy of Kinnaird and Leuchars, *heir maill* of David Erle of Southesk, Lord Carnegy of Kinnaird and Leuchars, *his father*,—in the 20 pund land of Lokerbie of auld extent:—A. E. 5l. N. E. 20l.—the 20 pund land of the lands of Hoddome;—the 40 shilling land of Hoddomstaines, with the waird of Hodomstaines, within the stewartrie of Annandaill:—A. E. 5l. N. E. 20l.—the 5 pund land of Egilsfeichane, within the said stewartrie:—E. 5l.—the lands of Smallgills;—the lands of Beatocke and Beatock-parke, within the barroney of Lochmaben and stewartrie of Annandaill:—E. 6l.—the lands of Stannerishill and Newbigging within the barronie of Arrickstanes and stewartrie forsaid:—E. 3l.—the lands of Carruthers with pertinents underwritten, to wit, the 4 markland of the lands of Parke;—the lands called Carruthers-croft, Craigs-lands, Croft-lands, Lymebrig with the corne mylne;—the lands of Tanna;—the lands of Middingtoune, Knowis, and Holcroft;—the lands of Craigs;—the lands callit betwixt the watters;—the lands of Bagthropill;—the lands of Brytleyes (or Brockleyes), Patrickholme, Chappell, and uther lands of Carruthers, within the stewartrie of Annandaill:—E. 8l.—The 40 shilling land of Burnswarkleyes within the stewartrie forsaid.—E. 18l.—(See Peebles, Selkirk, Kirkcudbright.)　　　　　　　　　　　　xxv. 43.

(237)　　　　　Jun. 11. 1658.
WILLIAM IRVING of Skailles, *heir* of Richard *alias* Dick Irving of Skailles, *his goodser*,—in the 5 pund land of old extent of Skailles, within the parochine of Rampatrick and stewartrie of Annandaill.—E. 5l.　　　　　　　　　xxv. 75.

(238)　　　　　Feb. 11. 1659.
ROBERT GREIRSONE of Lag, *heir* of Sir Johne Greirsone of Lag knight, *his father*,—in the 7 merkland of auld extent of Lag and Makcraushill;—the 12 markland of Dalgarnock-holmes;—the 14 merkland of Airds, with the superiority of the 10 merkland

of Grennward and Blackmyre *alias* Messinger-lands ;—the superioritie of the thrid pairt of the 5 merkland, and 20 penny land of the said lands of Messengerlands *alias* Grenane of auld extent, within the barronie of Tibberis and parochine of Penpunt ;—the 5 pund land of Shawis *alias* Fischerislands;—the lands and maynes of Rochell comprehending the lands of Woodsyd, Over and Nether Mylneholmes, Over and Nether Buckerhollis, with 4 aikers of the Kirklands of Rochell, and the manor place of Rochell, within the stewartrie of Annandaill ;—the lands of Collyne ;—the lands of Over and Neither Drummures with the mill, comprehending the lands of Blontfeild, within the stewartrie of Annandaill ;—with other lands in Kirkcudbright unite into the barronie of Lag : —A. E. 154*m.* 9*s.* 4*d.* N. E. 366*m.* 4*d.*—the 4 pund land of Allanetoune ;—the 40 shilling land of Kirkbryd ;—the 20 shilling land of Hillend ;—the 20 shilling land of Swyre ;—the 20 shilling land of Glenlaughe (or Bleulache) :—E. 22*l.* 12*d.*—the mylne of Allantoun :—E. 8 *bollis meall* :—the 6 markland of Capinoche of auld extent, within the barronie of Halliewood, and parochin thereof :—E. 10*l.* 4*s.*—the 40 shilling land of Halidayhills callit Bandomachill (or Barandonanhill) of auld extent, within the parochine of Dunscore :—A. E. 40*s.* N. E. 6*l.*—the 5 pund land of Wyndiehills of auld extent, with the burghe of barronie of the village callit Dalcalloche-holme :—A. E. 5*l.* N. E. 15*l.*—the lands of Graittney :—E. 20*l.*—the lands of Sarkriges, Breatneyhill (or Graitnayhill) and Loanewath, within the lordshipe and stewartrie of Annandaill :—E. 5*l.*—the lands of Rampatrick and Barruick callit Reidkirk :—E. 20*l.*—the Kirklands of Reidkirk, within the stewartrie of Annandaill, with the teind sheavis of the lands of Graitney, Sarkrigs, Graitneyhill, Loanwath, Rampatrik, and Baruick :—E. 6*s.* 8*d.*—the lands and barronie of Rose comprehending the 40 shilling land of the Maynis ;—the 20 shilling land of the Knock ;—the 30 shilling land of Skillrige ;—the 4 pund land of Ureas ;—the 20 shilling land of Reidhill ;—the 23 shilling 4 penny land of Cowerance ;—the 23 shilling 4 penny land of Sanbarnes and Fagill ;—the 20 shilling land of Braidholme ;—the 5 pund 6 shilling 8 penny land of Nerdalswell ;—the 14 shilling 4 penny land of Leanholme ;—the 53 shilling 8 penny land of Bigis ;—the 53 shilling 4 penny land of Nether Dalswell ;—the 13 shilling 4 penny land of Cumlies ;—the 13 shilling 4 penny land of Rigfuttis ;—the 53 shilling 4 penny land of Thrid ;—the 56 shilling land of Over Gairie ;—the 20 shilling land of Camhous ;—the 4 pund land of Neither Garrell ;—the 4 pund land of Mikland ;—the 13 shilling 4 penny land of Pilmor ;—the 13 shilling 4 penny land of Haughhead ;—the 13 shilling 4 penny land of Lochrighead ;—the 13 shilling 4 penny land of Winterfeild ;—the 13 shilling 4 penny land of Cockrig ;—the 20 shilling land of Samrik ;—the 40 shilling land of Kirkland, with the gleib ;—the 8 pund land of Cumrew in warrandice of cautionrie for James Erle of Queinsberrie :—E. 55*l.*—the lands and barronie of Cairlee (or Cairlell), in warrandice of cawtionrie for the said Erle :—A. E. ...... N. E. ......—the 5 merkland of Tereran of auld extent ;—the 5 merkland of the same extent of Calmuligane. (or Cormuligan), Corruchdow (or Barruchdow), and Mossmilldochie extending to ane 10 merkland of auld extent, within the barronie of Glencairne.—A. E. 6*l.* 13*s.* N. E. 20*l.*—(See Kirkcudbright.) xxv. 195.

(239)   Feb. 20. 1659.
MARIE WALSHE spous to William Gordoune of Munibuy, *heir* of Johne Walshe younger of Collistoun, *her brother german*, —in the 4 pund land of Gribtoune within the parochine of Halywood and barronie of Gribbistoun :—A. E. 4*l.* N. E. 12*l.*—the 20 shilling land of Neithersyde (or Nether Whytside) ;—the 20 shilling land of Gibbistoun, within the pareoch of Dunscoir and barronie forsaid.—A. E. 40*s.* N. E. 6*l.*—(See Kirkcudbright.)
xxv. 180.

(240)   Sep. 10. 1661.
JOANNES LINDSAY de Wauchope, *hæres* Jacobi Lindsay de Barclay et Wauchope, *avi*,—in 20 libratis terrarum antiqui extentus de Meikle Daltoun, viz. terris et villa de Meikle Daltoun ;—villa et terris de Kirkwood ;—villa et terris de Meikle Dormount et Litle Dormount ;—molendino de Meikle Daltoun, cum advocatione ecclesiæ parochialis de Meikle Daltoun :—E. 20*l.*—100 solidatis terrarum antiqui extentus de Hoddum ;—100 solidatis terrarum de Langriges :—E. 10*l.*—4 mercatis terrarum de Danbie ;—1 mercata terræ de Studriges ;—tertia parte mercatæ terræ antiqui extentus in Moffat, infra senescallatum de Annandaile.—E. 3*l.* 11*s.* 1½*d.*—(Vide Kirkcudbright.)   xxvi. 33.

(241)   Oct. 8. 1661.
JOANNES CHALMER, *hæres* Andreæ Chalmer de Drinie, *patris,*—in 20 solidatis terrarum antiqui extentus de Patonarkland, et 1 mercata terræ vocata Ludockland, in parochia de Drysdaill et infra senescallatum Vallis Annandiæ.—E. 33*s.* 4*d.*   xxvii. 10.

(242)   Oct. 17. 1661.
ANNA COMITISSA DE BUCCLEUGH, *hæres talliæ et pro-*

visionis Mariæ Comitissæ de Buccleugh, *sororis,*—in baronia de Syntoun comprehendente fundum ubi claustrum domus, &c. de Canabie olim situata fuerunt ;—villam et terras de Canabie ;—terras de Toddiecleuch, et Lamiecleuch ;—occidentale latus terrarum de Rowanburne ;—terras de Newtoun de Baitbank ;—terras de Nettieholme ;—terras de Archerley ;—terras de Lochbirkishill (vel Hochbieshall);—terras de Woodhouseleyes;—terras de Chrystall ;—terras dominicales de Canabie nuncupatas Bowholme ;—terras de Neilhouse (vel Hoilhouse) ;—terris de Wilbellieholme ; —terras de Brockitleyes ;—terras de Enthorne ;—terras de Bilmannisknow (vel Balmannasknow) ;—terras de Torquin, et omnes alias terras, &c. quæ ad prioratum de Canabie spectabant ;—decimas garbales et alias decimas rectoriæ et vicariæ ecclesiæ de Canabie :—E. 6*l.* 13*s.* 4*d.*—terras et baroniam de Mortounwoodes in senescallatu Vallis Annandiæ ;—terras et baroniam de Tarras, comprehendentem terras de Tarrefate (vel Tarrasfute), Munktiherst (vel Munibieherst), Brydsheillhill *alias* Bruntsheilhill, Whytliesyd, et Bankheid ;—terras de Muirburne, Harlaw, et Harlawood ;—terras de Rowingburne, Woodheid, Thorniesquatts (vel Thorniequhatts), et Wobrethills ;—terras de Barrasknowes, Wodhousleyes, Hoilhous, Torcune (vel Tornan), Brounsheilburne, Auchinriffock, infra parochiam de Canabie ;—terras de Clunzeard, Mortoun, et Barnegleis, infra parochiam de Mortoun, cum decimis rectoriis et vicariis parochiæ de Mortoun, unitas in baroniam de Tarras :—unitis cum terris in Roxburgh et Selkirk in baroniam de Syntoun: —E. 10*l.*—tenandria de Dumfedling comprehendente terras de Colquhair *alias* Temploquhair ;—villam et terras de Cowrie ;—terras de Zetbyre ;—terras de Kirkfauld ;—terras de Chrystelschaw ;—terras de Blackismilne ;—terras de Powdoun ;—terras de Powmunck ;—terras de Powcleiff ;—terras de Glendargie ;—terras de Cassope ;—terras de Fingland ;—terras de Abirlosik ;—terras de Midle Lawhead ;—terras de Raeburne ;—terras de Herwood ;—terras de Midleburne ;—terras de Tininghill (vel Cuminghill) ;—terras de Johnestoune ;—terras de Vaccariot ;—terras de Todshawhill ;—terras de Wattcarrickgrainge ;—terras de Garwaldhouse ;—terras de Quhykitheuch ;—terras de Dumfedling ;—terras de Cilinburne (Sittingburne ?) ;—terras nuncupatas The Kirklands, cum decimis garbalibus prædictarum terrarum, in regalitate de Melros, senescallatu Vallis Annandiæ, et cum decimis garbalibus aliisque decimis rectoriis et vicariis ecclesiæ parochialis de Watstirkir, infra regalitatem de Melros, erectis in tenandriam de Dumfedling :—E. 26*l.* 13*s.* 4*d.*—terris et baronia de Carlaverock et Lochwood (vel Locherwood) :—E. 190*l.*—terris de Trailtrow in senescallatu Vallis Annandiæ extendentibus ad 10 terras husbandias :—E. 8*l.*—magno edificio seu palacio in Dumfreis ;—horreo et horreorum hortis ex orientali latere burgi de Dumfreis ;—2 pistrinis et hortis prope aquam de Nith :—E. 3*s.* 4*d.*—terris de Flask et Flaskholme ;—terris de Howgill et Glendovan ;—terris de Burngrange ;—terris de Wolfehopes et pendiculo ejusdem vocato Belstenrig ;—terris de Park *alias* Blisse ;—53 solidatis 4 denariatis terrarum de Morthum ;—5 libratis terrarum de Gallasyd cum pendiculo ejusdem vocato Mickilholmewelles ;—40 solidatis terrarum de Niss ;—26 solidatis 8 denariatis terrarum de Watergrange ;—40 solidatis terrarum de Brigholme *alias* Brogholmes ;—53 solidatis 4 denariatis terrarum de Glensersie (vel Glencors) antiqui extentus, quæ sunt propriæ partes terrarum de Wauchopdaill ;—terris de Torrona extendentibus ad 3 libratas 6 solidatas 8 denariatas terrarum antiqui extentus :—E. 37*l.* 13*s.* 4*d.*—terris de Dewiscoir (forte Dunscore), Willieholme, et Crieholme ;—terris de Crumsters (vel Tounsteids) ;—terris de Hellyschaw ;—terris de Sanctbrydhill ;—terris de Puttingstanholme et Braeknowes (vel Raeknowes), et pendiculo earundem vocato Westwater ;—terris de Glentenmontheid ;—terris de Tannalie ;—terris de Waterholmes et Barslands (vel Berslands) ;—terris de Block (vel Bloick) ;—terris de Brockinheidsholl (vel Breckinheidsheill) ;—terris de Blackburnefoot et Corsmungo ;—terris de Irrishauch ;—terris de Thomsheill ;—terris de Newlands ;—terris de Berhes (vel Beckes) ;—terris de Birnlie (vel Barniely) ;—terris de Caldfeild cum molendino ;—terras de Midleholmes ;—terris de Stockholmes ;—terris de Staikheuch (vel Stockheuch), Rowantrielie *alias* Rowantriefuird et Muncreling (vel Monkrelland), cum pendiculis vocatis Irving, et cum rectoria et vicaria ecclesiæ parochialis et parochiæ de Wauchope, et salmonum piscariis aliisque piscariis in aquis de Esk et Wauchope in Wauchopedaill ;—terris de Blisse in Eusdail :—E. 40*s.*—terris de Langholme cum pendiculo vocato Holmeheid, et burgo baroniæ de Langholme, cum hepdomalibus foris et liberis nundinis ;—terris de Broomholme ;—terris de Arkenholme et pendiculo vocato Turnerholme ;—terris de Teviotsheiles ;—terris de Whytscheills ;—terris de Balgray ;—terris de Arkin ;—terris de Bruikimorae (vel Breckantrae), et pendiculo nuncupato Tailend ;—Over et Nether Milneholmes et Tympen ;—terris de Staplegortoun ;—terris de Burnfoot, Stankgait, et Fingland ;—terris de Carnisgill *alias* Carlesgill, cum pendiculo ejusdem vocato Netlebutsheill ;—terris de Bombie ;—terris de Glenbertan ;—terris de Coutherland *alias* Coutherglen ;—terris de Loganeheid et pendiculo vocato Logane ;—terris de Bownies ;—terris de Enzieholme ;

et Milngillheid ;—terris de Apiltriequhyt (vel Appiltriequhat) ;—terris de Harperquhat (vel Harpertriequhat) ;—terris de Unholme (vel Linholme) ;—terris de Dalbeth (vel Dalkeath) ;—terris de Monkside ;—terris de Bailziehill, et pendiculo nuncupato Danna-holme et Cowarthous ;—terris de Erswoods ;—terris de Crunzeartoun (vel Cunzeartoun) Bankheid appellatis ;—Burnfoot et Weel-holme (Willieholme) ;—terris de Sheill cum molendino ;—terris de Litle Megdaill ;—terris de Meikle-Megdaill vulgo nuncupatis Tro-thop (vel Treuchop), et pendiculo vocato Mairtfauld ;—terris de Braidheid, Glenkeill, Massifait *alias* Moffat, Windielies, et Standies (vel Standries) ;—terris de Auchingavill ;—terris et terris domini-calibus de Logan ;—terris de Knock cum molendino ;—terris de Boykin et pendiculo vocato Cauldkyne ;—terris de Rig ;—terris de Craigs, pro principali ; cum terris in Kirkcudbright erectis in baroniam de Langholme :—E. 189*l.* 16*s.*—cum aliis terris erectis in comitatum de Buccleuch.—(Vide Selkirk, Roxburgh, Peebles, Haddington, Edinburgh, Linlithgow, Kirkcudbright.)   xxvi. 48.

(243)   Nov. 8. 1661.
MARGARETA DEMPSTER, *hæres* Thomæ Dempstar por-tionarii de Barsevalla, *patris*,—in 10 solidatis terrarum de Barse-valla antiqui extentus, in parochia de Dinscoir.—E. 10*s.*   xxvi. 88.

(244)   Dec. 31. 1661.
JACOBUS HUNTER de Ballaggane, *hæres* Jacobi Hunter de Ballaggane, *patris*,—in superioritate 5 mercatarum terrarum de Penpont vocatarum Kirkland, et 14 solidatarum terrarum vocata-rum Baitfuird, cum prato appellato Lochnair medow ;—mercatæ terrarum de Glenquhippinoch, in baronia de Eccles et parochia de Penpont :—A. E. 7*m.* 8*d.* N. E. 21*m.* 2*s.*—terris ecclesiasticis et gleba de Penpont extendentibus ad 4 mercatas terrarum antiqui extentus, cum manso et acris terrarum in lie Holme earundem, et Clivo lie bank ejusdem, in parochia de Penpont.—E. 7*l.* xxvi. 346.

(245)   Feb. 21. 1662.
GULIELMUS GREIRSONE de Lochur, *hæres* Alexandri Greir-sone de Lochur, *avi*,—in dimidia parte 40 solidatarum terrarum de Lochur antiqui extentus, infra baroniam et parochiam de Glen-murkie ;—alia dimidia parte dictarum 40 solidatarum terrarum.—E. 6*l.*   xxvii. 159.

(246)   Apr. 11. 1662.
JOANNES SLEWNANE portionarius de Auchincreich, *hæres* Joannis Slewnane portionarii de Auchincreich, *avi*,—in 10 solidatis terrarum, quarum dimidium mercatæ terræ jacet in Auchincreich, et 40 denariatæ terrarum jacent in Bruntslith infra parochiam de Dumfreis :—E. 16*s.* 6*d.*—40 denariatis terrarum in Auchincreich, in parochia prædicta.—E. 5*s.* 6*d.*—40 denariatis terrarum cum tenemento in Auchincreich, in parochia de Dumfreis.—E. 5*s.* 8*d.* —extendentibus in integro ad summam 27*s.* 8*d.*   xxvi. 160.

(247)   Maii 23. 1662.
ELIZABETHA KIRKO, *hæres* Agnetæ Gordoun, *matris*, et Bessetæ Gordoun, *materteræ*,—in 20 solidatis terrarum antiqui extentus de Over Whytsyde, infra baroniam de Haliwood.—E. 2¼*m.*   xxvi. 230.

(248)   Jan. 22. 1663.
MAGISTER JOANNES HAY de Aberlady, *hæres* Magistri Willielmi Hay de Aberlady, *patris*,—in 4 libratis terrarum antiqui extentus de Friercarse, cum molendino Grange mylne nuncupato in parochia de Dunscoir, cum astrictis multuris 36 libratarum ter-rarum antiqui extentus de Dalgonar, Killelargo (vel Killelaigo), Breschewry, Poundland, Nether Berwall, Dempstertoun, Over et Nether Lagane, Over et Nether Dunscoir, Reddjunes, Edgarstoun, Muniganstoun (vel Mulliganstoun), Culroy (vel Culreg), Ferdin, Nobillhill, ac terrarum de Auchincreich, Brounskroth (vel Broun-skreith) et Dargavell, in parochia de Dumfreis, omnibus ab antiquo ad abbaciam de Melros spectantibus :—E. 120*l.*—officio balliatus prædictarum terrarum, in parochia de Dumfreis.—A. E. 3*s.* 4*d.* N. E. 10*s.*—(Vide Berwick, Haddington.)   xxvii. 3.

(249).   Sep. 15. 1663.
ROBERTUS MAXWELL, *hæres* Willielmi Maxwell de Kirk-hous, *patris*,—in 6 mercatis terrarum de Fleemingraw, in parochia de Kirkpatrick-Fleyming et infra senescallatum de Annandaill :—E. 4*l.*—40 solidatis terrarum de Tonnergairth et communi pastura: —E. 40*s.*—40 solidatis terrarum de Whitstaine :—E. 40*s.*—monte et terris nuncupatis Burnesworkhill extendentibus ad 40 solidatas terrarum :—E. 40*s.*—terris de Barhill (vel Bargill), extendentibus ad 20 solidatas terrarum infra bondas de Hoddame ;—terris de Castlemilk :—E. 20*s.*—omnibus infra senescallatum de Annandaill. —(Vide Kirkcudbright.)   xxvii. 252.

(250)   Mar. 24. 1664.
ROBERTUS M'BRAIR, *hæres* Roberti M'Brair de Netherwood,

proavi,—in terris de Nether et Over Woods et Langholme ;—terris vocatis The Maynes besyde William Gabriel in Rigsyde ;—pecia terræ vocata Oxgang ;—17 acris terræ vocatis Chappellands ; —3 rudis terræ cum columbario vocato Cruiked Aiker ;—dimidia parte piscariæ aquæ de Nith, omnibus infra parochiam de Dum-freis :—E. ...... *feudifirmæ :*—terris de Almagill extendentibus ad 100 solidatas terræ antiqui extentus ;—3 terris husbandiis vocatis Litle Daltoun aliter Hallidayhill, in dominio et senescallatu Vallis Annandiæ :—E. 7*l.* &c. *feudifirmæ :*—terris de Conhithrig exten-dentibus ad 5 mercatas terrarum antiqui extentus, in parochia de Dumfreis :—E. 3*l.* 10*s.* *feudifirmæ :*—52 acris terrarum antiqui ex-tentus de Spitlefeild in parochia de Dumfreis.—E. 5*l.* *feudifirmæ.* —(Vide Kirkcudbright.)   xxvii. 200.

(251)   Apr. 4. 1665.
JOANNES JOHNSTOUN scriba in Dumfreis, *hæres* Joannis Johnstoun nuper præpositi de Annand, *avi*,—in 20 denariatis ter-rarum de Gallowbank, infra parochiam et senescallatum de An-nand.—E. 20*d.*   xxviii. 17.

(252)   Jul. 28. 1665.
JOANNES CORSAN servitor Magistri Willielmi Maxwell de Spinkell advocati, *hæres* Adami Corsan mercatoris burgensis de Drumfreis, *avi*,—in diversis tenementis, acris et rudis terrarum in-fra territorium burgi de Drumfreis :—E. 3*s.* 4*d.*—12 acris terra-rum ecclesiasticarum vicariæ de Drumfreis M'Crysteins close nun-cupatis, in parochia de Drumfreis ;—9 rudis terrarum in terris ec-clesiasticis de Drumfreis, infra parochiam de Drumfreis, ac diversis rudis terrarum in dictis terris ecclesiasticis de Drumfreis.—E. 14*s.*   xxviii. 46.

(253)   Jan. 11. 1666.
JOANNES IRVING filius legitimus quondam Joannis Irving de Whythill, procreatus inter eum et Jonetam Irving ejus sponsam, *hæres portionarius* Ricardi Irving de Knockhill, *abavi*,—et BAR-BARA et JANETA IRVINGS filiæ legitimæ quondam Ricardi Irving, *hæredes portionariæ* dicti Ricardi Irving, *proavi*,—in tertia parte 20 libratarum terrarum de Hoddom extendente ad 10 mer-catas terrarum antiqui extentus, infra parochiam de Hoddom et senescallatum Vallis Annandiæ.—E. 10*m.*   xxviii. 129.

(254)   Jan. 12. 1666.
CAROLUS NEILSONE, *hæres* Roberti Neilsone in Litle Bersh-walla servi Domini Roberti Greirsone de Lag militis, *patrui*,—in 2¼ mercatis terrarum de Auldgirth, et 40 denariatis terrarum de Dunduff :—A. E. 34*s.* 6*d.* N. E. 5*l.* 10*s.*—terris de Nether Clauchrie, Mid Clauchrie, Over Clauchrie, et Knowheid, infra pa-rochiam de Dalgairnok :—A. E. 5*m.* N. E. 15*m.*   xxviii. 109.

(255)   Apr. 27. 1666.
JOANNES JOHNSTOUN, *hæres* Simonis Johnstoun de Logan-woodheid, *avi*,—in 20 solidatis terrarum antiqui extentus de Lo-ganwoodheid in Logan-tenement, infra parochiam de Moffet et senescallatum de Annandaill.—E. 20*s.*   xxix. 9.

(256)   Dec. 27. 1666.
MATHEUS WILSONE filius primogenitus Joannis Wilsoune de Buss, *hæres* Mathei Wilsoune in Greinhill, *proavi*,—in dimidia parte 20 mercatarum terrarum de Bengall vocata Netherfeild de Bengall, cum dimidio molendini extendente ad 10 mercatas terra-rum, infra parochiam de Drysdaill et senescallatum Vallis An-nandiæ.—E. 10*m.*   xxviii. 242.

(257)   Jul. 19. 1667.
JACOBUS MEINZEIS de Enoch, *hæres* Jacobi Meinzeis de Enoch, *patris*,—in terris et baronia de Enoch, cum advocatione altaris Beatæ Mariæ Virginis, infra ecclesiam parochialem de Duris-deir.—A. E. 20*l.* N. E. 60*l.*   xxix. 54.

(258)   Sep. 15. 1668.
WILLIELMUS BROUNE, *hæres* Joannis Broune de Inglishtoun, *patris*,—in terra vulgo vocata 1 mercata terrarum de Gilmerstoun ; —terris de Snaid vulgo vocatis The Hall of Snaid ;—terris de Schaw ;—terris de Garrochstoun, Kidstoun, et Borland ;—terris de Comstoun, Coitstoune, Kewlstoune, Gaitsyde, Moffatstoune ;— terris vulgariter the Twa merklands, omnibus æstimatis ad tertiam partem terrarum et baroniæ de Snaid, unitis in baroniam de Gil-merstoun :—A. E. 6*l.* 13*s.* 4*d.* N. E. 20*l.*—terris ecclesiasticis vicariæ pensionariæ de Glencairne, in parochia de Glencairne.— E. 56*s.* 8*d.*   xxix. 81.

(259)   Oct. 7. 1668.
DAVID VICECOMES DE STORMONTH, Dominus de Bal-vaird, Cockpoole, et Lochmaben, *hæres masculus* Davidis Vice-comitis de Stormonth, Domini de Balvaird, Cockpoole, et Loch-maben, *patris*,—in terris et baronia de Lochmaben, viz. villa et terris de Lochmaben ;—molendinis de Lochmaben ;—piscariis in

E

omnibus lacubus in Valle Annandiæ ;—piscariis salmonum et alborum piscium in aqua Annandiæ, Gairth, et Gairthheid ;—terris de Smailholme et Hietae ;—terris de Amentuia (Amontrie ?) Cuninghills, Heck, et Greinhill, cum foggagio earundem in terris de Baillie et Mortounes de Annand et Lochmabenstane, et piscariis de Cumertries ;—terris de Skailles, Dirtmyre (Birkmyre ?) Gallobank, Glenmyre, Fleymingraw, Skeftingholme ;—terris de Meikle Datoun et Danbies, Litle Datoun, Ramerskeilles, Hartwart, et Cockarthill, Ryell, Netherfeild, Beatokpark, Langboddome, Kediehous, Preistsbutts, Preisbrae, Preisbraehills, Plewlands de Creiffe, Duncreiff alias Duncreich, Corrie, Auld Coitts, Abeyleyes, Hairgill, Clint, Clinthills, Couthart, Langrigs, Eglisfechane, Over et Nether Wormerleyes (Wormanbies ?) Cleuch, et Cleuchheads, Gairth, et Gairthhead, Drumletanrig, Bonshaw, et Bonshawsyde, cum terris villæ de Annand, et communi pastura ejusdem ;—terris de Groitts, Over et Nether Woodhous, Sarksheills, Langshaw, Turrie-lands, Cock-laicks, et Pithilles, Burgholmes, Baillie-aiker, et Prickit-aiker, Northfeild, Hardrigs, Guillielands, et Hoill ;—herbagio et foggagio de Woodcocklair :—E. 300l. &c.—hæreditario officio custodiæ castri et fortalicii de Lochmaben, cum 32 Laidner-mairts de 32 parochiis Vallis Annandiæ, 39 anseribus lie Meadowgeese, et gallinis lie Fastings-evens-hens, pro custodia dicti castri :—E. 2s.—hæreditario officio senescallatus Vallis Annandiæ cum divoriis :—E. ....advocatione ecclesiæ Annandiæ :—E. 6s.—advocatione et decimis garbalibus parochiæ de Lochmaben :—E. 10s.—omnibus unitis in baroniam de Lochmaben, infra senescallatum Vallis Annandiæ :—terris de Wamphrey :—E. ....advocatione ecclesiæ de Wamphrey :—E. 6d.—terris de Langshaw, infra parochiam de Kirkpatrick-Fleyming :—E. 9l. 6s. 8d.—terris de Blaetwood, infra senescallatum de Annandale :—E. 10l. feudifirmæ :—terris de Sarkbrigs, Graitneyhill, et Lonwith, infra dictum dominium de Annandale :—E. 5l.—terris de Graitnie :—E. 20l.—terris ecclesiasticis de Rampatrick alias Reidkirk ;—terris ecclesiasticis vocatis Ladylands et Saltcoitts ad easdem spectantibus nuncupatis Ladysaltcoitts, in parochia de Ruthvell :—E. 24l.—20 mercatis terrarum de Drysdaill nuncupatis Bengall et Netherfeild de Bengall, infra parochiam de Drysdale :—E. 10m.—20 mercatis terrarum de Middleshaw nuncupatis Thrid de Castelmilk antiqui extentus ;—9 mercatis terrarum de Gynombie ejusdem extentus ;—terris de Halliethies et Sannock :—E. 18l.—2 mercatis 6 solidatis 8 denariatis terrarum et villæ de Ruthvell, cum Saltcoitts earundem ;—terris de Kirkstyll ;—terris de Russells (vel Ruffells), Robiequhat, et Howhatts ;—molendino de Meikle Datoun, cum advocatione ecclesiæ parochialis et parochiæ de Meikle Dattoun :—E. 20s.—20 libratis terrarum antiqui extentus de Huittoun :—E. 20l.—20 libratis terrarum de Tundergairth, cum advocatione ecclesiæ de Tundergairth ;—piscaria vocata Herriescare in Cumertries, super aquam de Sulway, infra senescallatum Vallis Annandiæ ;—quæ terræ, &c. sunt partes et pendicula baroniæ de Herres eidem ab antiquo annexatæ :—E. 20l.—piscariis salmonum et piscaria in aqua de Annand vocata Quartertyd infra senescallatum prædictum ;—E. 13s. 4d.—terris de Cockepoole-Ruthvell, cum burgo baroniæ, tenemento, turre, et fortalicio de Camlonghaine, Cockleick, Pyhills, et Slocket :—E. 20l.—terris de Rampatrick cum molendino :—E. 20l.—terris de Bredchappele, Preistdykes, et Howwhatsyde, cum molendino dictarum terrarum :—E. 10l.—omnibus prædictis terris cum aliis in Perth, Forfar, Fife, et Kirkcudbright, erectis in vicecomitatum de Stormonth, dominium de Balvaird, Cockpoole, et Lochmaben.—(Vide Fife, Forfar, Perth, Kirkcudbright.) - **xxix. 108.**

(260) Oct. 22. 1668.
JOANNES HAY de Aberlady, *hæres* Magistri Willielmi Hay de Aberlady, *avi*,—in 4 libratis terrarum antiqui extentus de Freircars, cum piscaria et molendino ejusmodi lie Grange milne nuncupato, in parochia de Dunscoire, cum astrictis multuris 36 libratarum terrarum antiqui extentus de Dalgonar, Killielargo, Breschewry, Poundland, Nether Berwall, Demperstoune, Over et Nether Laggane ;—Over et Nether Dunscoire ;—Over et Nether Reddines, Edgarstoun, Mulliganstoune, Culreg, Ferdin, Nobilhill, in dicta parochia, et terrarum de Auchincreich, Brounskeath, et Dargavell in parochia de Dumfreis, omnibus ab antiquo ad abbaciam de Melros spectantibus :—E. 120l.—officio hereditario balliatus dictarum terrarum de Dalgonar, Killielargo, &c.—A. E. 9s. 4d. N. E. 10s. **xxix. 140.**

(261) Dec. 1. 1668.
GULIELMUS CARLEILL de Brekinquhat, *hæres* Blantiæ Carleill de Brydkirk, *aviæ*,—in 4 mercatis terrarum de Brydkirk et Turneshaw ;—3 mercatis terrarum de Dailbank ;—40 solidatis terrarum antiqui extentus de Lymekilles ;—terris vocatis Peterlands et Mylnesyde extendentibus ad 1 mercatam terræ, infra dominium de Kynmount, parochiam de Annan et senescallatum Vallis Annandiæ ;—2 mercatis terrarum de Brackenquhat et Coitland earundem, infra parochiam de Cumertries ;—1 mercata terræ de Rutherfurde, vocato The Bull ;—1 mercata terræ vocata Gibeons-

feild ;—1 mercata terræ vocata The Stra, omnibus infra senescallatum Vallis Annandiæ :—E. 16m.—terris de Guidlieholme infra parochiam de Luce et senescallatum prædictum.—A. E. .... N. E. .... **xxix. 146.**

(262) Feb. 3. 1669.
JOANNES GIBSONE filius Joannis Gibsone in Crawfurde, *hæres* Jonetæ Andersone relictæ Mathei Reull in Dumfreis, *materteræ*, —in tenemento terræ in vico de Lochmabingait, infra burgum de Drumfreis.—E. 3s. 4d. **xxix. 156.**

(263) Apr. 15. 1669.
WALTERUS SCOTT, *hæres* Roberti Scott de Harwood, *patris*, —in $7\frac{1}{4}$ mercatis terrarum de Glendoning ;—9 mercatis terrarum de Coircleuch ;—7 mercatis terrarum de Glencrosch ;—5 mercatis terrarum de Glenshinnell ;—$5\frac{1}{4}$ mercatis terrarum de Felholme et Fellbrae, comprehendentibus dimidiam mercatam terræ de Windielies ;—40 mercatis terrarum de Dornegilles ;—molendino de Fellholme, infra parochiam de Westirker, baroniam de Glendoning et dominium de Eskdaill.—A. E. ...... N. E. ...... **xxix. 201.**

(264) Apr. 29. 1669.
ROBERTUS GREIRSONE de Lag, *hæres masculus* Roberti Greirsone de Lag, *filii patrui*,—in 7 mercatis terrarum antiqui extentus de Lag et Macrausheill ;—12 mercatis terrarum de Dalgarnokholmes ;—14 mercatis terrarum de Airds et molendino ejusdem, cum superioritate 10 mercatarum terrarum de Grennan et Blackmyre alias Messingers lands ;—superioritate tertiæ partis 5 mercatarum et 20 denariatarum terrarum de Messengirslands alias Grennan antiqui extentus, infra baroniam de Tibberis et parochiam de Penpount ;—5 mercatis terrarum de Shawes alias Fisherslands ;—terris de Rockhill, ac terris dominicalibus ejusdem, comprehendentibus terras de Woodsyde, Over et Nether Mylneholmes ;—Over et Nether Bucklarhills ;—4 acras terrarum ecclesiasticarum de Rockhill ad vicarios de Lochmaben pertinentes ;—maneriei locum de Rockhill, infra senescallatum de Annandaill ;—terras de Clynie ;—terras de Ovir et Nethir Drummoores comprehendentes terras de Bruntfeild, infra senescallatum de Annandaile, partes baroniæ de Lag ;—villula nuncupata Tentallochholme adjacente ecclesiæ parochiali nuncupata Scarfairneholme, erecta in burgum baroniæ de Kirktoun, cum aliis terris in Kirkcudbright unitis in baroniam de Lag :—A. E. 144m. 9s. 4d. N. E. 366m. 4d. —4 libratis terrarum de Allantrune (vel Allantoune) ;—40 solidatis terrarum de Kirkbryde ;—20 solidatis terrarum de Hillend ;—20 solidatis terrarum de Swyre, et 20 solidatis terrarum de Glenloch (vel Glenlauch) :—E. 22l. 12d.—molendino de Allantrum :—E. 8 bollæ farinæ :—6 mercatis terrarum de Cappinoch antiqui extentus, infra baroniam de Haliewood et parochiam ejusdem :—E. 10l. 4s.—3 mercatis terrarum de Haliedaybill vocatis Bardonanhill antiqui extentus, infra parochiam de Dunscoire :—A. E. 40s. N. E. 6l.—5 libratis terrarum de Windiehills antiqui extentus ;—A. E. 5l. N. E. 15l.—terris de Graitney :—E. 15l.—terris de Sarkrigs, Graitneyhill, et Loanwhat, infra dominium et senescallatum de Annandaill :—E. 5l.—terris de Rampatrick et Barruch vocatis Reidkirk :—E. 20l.—terris templariis de Reidkirk, infra senescallatum de Annandaill ;—decimis garbalibus dictarum terrarum de Graitney, Sarkrigs, Graitneyhill, Loanquhat, Rampatrick, et Barruch : —E. 6s. 8d.—5 mercatis terrarum de Terrorane antiqui extentus ; —5 mercatis terrarum ejusdem extentus de Carmillinghame, Corredow, et Quosmalloch (Mossmalloch), extendentibus ad 10 mercatas terrarum antiqui extentus infra baroniam de Glencairne :—A. E. 6l. 13s. 4d. N. E. 20l.—terris et baronia de Ross, comprehendente 40 solidatas terrarum de Maynes ;—20 solidatas terrarum de Mayknock ;—40 solidatas terrarum de Skelrig ;—40 libratas terrarum de Bines et ....—20 solidatas terrarum de Reidhall ;—23 solidatas 4 denariatas terrarum de Currance ;—23 solidatas 4 denariatas terrarum de Sunbairnes et Fagill ;—20 solidatas terrarum de Braidholme ;—5 libratas 6 solidatas 8 denariatas terrarum de Over Dalfibbell ;—13 solidatas 4 denariatas terrarum de Lamehorne ;—53 solidatas 8 denariatas terrarum de Brigs ;—53 solidatas 4 denariatas terrarum de Nether Dalfibbell ;—13 solidatas 4 denariatas terrarum de Cumlyes ;—13 solidatas terrarum de Rigfutts ;—53 solidatas 4 denariatas terrarum de Thrid ;—56 solidatas 8 denariatas terrarum de Over Garrell ;—20 solidatas terrarum de Lamhouse ;—4 libratas terrarum de Nethir Garrel ;—4 libratas terrarum de Miklam ;—13 solidatas 4 denariatas terrarum de Pilmoir ;—13 solidatas 4 denariatas terrarum de Hauchheid ;—13 solidatas 4 denariatas terrarum de Lochrigheid ;—13 solidatas 4 denariatas terrarum de Winterfeild et Wastmailling ;—13 solidatas 4 denariatas terrarum de Lochrig ;—20 solidatas terrarum de Garnrig ;—40 solidatas terrarum de Kirkland cum gleba ejusdem ; —8 libratas terrarum de Cumrew, in warrantum fidejussionum pro Jacobo Comite de Queensberrie :—E. 55l. feudifirmæ :—terris nuncupatis baronia de Carleill, in warrantum ut prædicitur.— A. E. .... N. E. ....(Vide Kirkcudbright.) **xxix. 194.**

(265) Maii 5. 1669.
ROBERTUS COMES DE SOWTHESK, Dominus Carnegy de Kynaird et Lewchars, *hæres* Jacobi Comitis de Sowthesk, Domini Carnegy de Kynnaird et Leuchars, *patris*,—in 20 libratis terris veteris extentus de Lockerbie:—A. E. 5*l*. N. E. 20*l*.—20 libratis terris de Hoddome, et 40 solidatis terrarum de Hoddamestanes, cum pecia terræ vocata lie Waird de Hoddamestones contigue adjacente, infra senescallatum de Annandaile:—A. E. 5*l*. N. E. 20*l*.—5 libratis terris de Egglisfechane, infra dictum senescallatum:—E. 5*l*.—quæ terræ sunt partes baroniæ de Herreis:—terris de Smallgills, Beatock et Beattock park, infra baroniam de Lochmabane et senescallatum de Annandaile:—E. 6*l*.—terris de Stanrishill et Newbiging, infra baroniam de Arrickstanes et senescallatum prædictum:—E. 3*l*.—terris de Carrutheris subscriptis, viz. 4 mercatis terrarum de Park;—terris vocatis Carrutheris croft;—terris vocatis Craigslands;—terris vocatis Croftlands;—terris vocatis Lymbrig;—terris de Tanna;—terris de Middingtoune, Knowes, Hotcroft;—terris de Craigs;—terris Betwixt the Watters;—terris vocatis Bagthropill;—terris de Bryceleyes, Parkinholme, et Chappell, aliisque terris de Carrutheris, infra senescallatum antedictum:—E. 8*l*.—40 solidatis terris de Burnsworkleyes, infra dictum senescallatum de Annandaile.—E. 18*l*.—(Vide Peebles, Selkirk, Kirkcudbright, Inverness, Aberdeen.) xxix. 182.

(266) Apr. 6. 1670.
JOANNES COMES DE NITHISDAILL, Dominus Maxwell et Herries, *hæres masculus et talliæ* Roberti Comitis de Nithisdaill, Domini Maxwell, Eskdaill, et Carleill, *proavi fratris immediate senioris*,—in terris et baronia de Carlaverocke et Locherwood, cum advocatione ecclesiæ parochialis et parochiæ de Carlaverock:—E. 190*l*.—terris de Springkell, Naetoun, et Logane, infra senescallatum Vallis Annandiæ, cum officio senescallatus de Kirkcudbright:—E. 45*l*.—terris de Cairnesalloche, Durrisquhen, et superioritate 5 libratarum terrarum antiqui extentus infra territorium burgi de Drumfreis:—E. 75*l*.—omnibus unitis cum aliis terris in vicecomitatibus de Roxburgh, Perth, et Kirkcudbright, in dominium et baroniam de Maxwell:—terris et baronia de Tinwald extendente ad 20 libratas terrarum antiqui extentus, cum advocatione ecclesiæ de Tynewald, et terris de Munreith in Wigton:—A. E. 40*l*. N. E. 120*l*.—20 libratis terrarum de Dunkow antiqui extentus:—E. 82*l*. 13*s*. 4*d*.—16 libratis terrarum antiqui extentus de Beir (vel Keir), cum salmonum piscaria in aqua de Nith;—4 libratis terrarum de Bardannoches;—4 libratis terrarum de Kirkbryid;—3 libratis terrarum de Bargarg (vel Barjarge), Farding-James, et Barboy;—40 solidatis terrarum de Blackwood et Ronaldstoune;—40 solidatis terrarum de Barscotland;—4 libratis terrarum de Allanetoune;—20 solidatis terrarum de Swyre, cum salmonum piscaria in aqua de Nith, infra baroniam de Halywood:—E. 88*l*.—6 mercatis terrarum de Baltersane antiqui extentus;—3 mercatis terrarum de Gleneisland ejusdem extentus, pro feodo in usu officii balliatus de Halywood, infra baroniam de Halywood:—E. 27*m*.—molendinis de Beir (vel Keir) et Allanetoune, cum 2 molendinis de Cluden:—E. 22*l*. &c.—10 mercatis terrarum de Arkletoune;—20 libratis terrarum de Meikledaill, infra bondas de Eskdaill;—12 mercatis terrarum de Wraithes vocatis Ovir et Nathir Wraithes infra parochiam de Nathir Yeues:—E. 34*l*. 13*s*. 4*d*.—piscatione super aquam de Annane vulgo vocata The Quartertyde:—E. 13*s*. 4*d*.—20 libratis terrarum de Turmore, Mantarig, Roberthill, et Tuickisholme, infra parochiam de Dryvisdaill et senescallatum Vallis Annandiæ:—E. 20*l*.—terris de Dryvisdaill cum molendino;—terris de Pengaw;—terris de Carrutheris, infra senescallatum Vallis Annandiæ:—E. 40*l*.—advocatione ecclesiæ parochialis de Nathir Yewes, cum decimis garbalibus et terris ecclesiasticis dictæ ecclesiæ parochialis;—advocationibus ecclesiarum et parochiarum de Wauchope et Sybelbie, cum decimis rectoriis et vicariis:—E. 20*s*.—magna domo seu palatio in Drumfreis, cum domibus, hortis, et horreis;—2 ustrinis;—30 mercatis terrarum de Kirkconnell antiqui extentus, infra parochiam de Kirkconnell et senescallatum Vallis Annandiæ;—advocatione ecclesiæ parochialis de Kirkconnell et rectoriæ et vicariæ;—3 mercatis terrarum de Aldirmanseat;—1½ mercata terræ de Buss;—3 mercatis terrarum de Falholmeflattis (vel Fairholmflatts);—3 mercatis terrarum de Southwood;—2 mercatis terrarum de Firth et Forresteris croft;—1½ mercata terræ de Smetholme (vel Smelholm);—3 mercatis terrarum de Hewelsyid (vel Shewelsyde);—3 mercatis terrarum de Old Logane;—1 mercata terræ de Greenmure (vel Greenwrae);—5 mercatis terrarum de Crueholme et Hieleyis, et mercata terræ de Sarkcruikes;—3 mercatis terrarum de Bowgraw;—1½ mercata terræ de Tympenbrecksyid;—3 mercatis terrarum de Weikriggis (vel Kirkriggis);—dimidia mercata terræ de Watt (vel Wattslie);—loco dominicali vulgo The Mansione steides (vel Mansionhous steides);—1 mercata terræ de Charteroustirrane;—3 mercatis terrarum de Blacksark;—terris de Trailtrow, cum hospitali et terris hospitalibus eidem spectantibus, infra senescallatum Vallis Annandiæ:—E. 45*l*.—terris de Flask *alias* Flaskholme;—terris de Howgill et Glendovane;—terris de Burnegraines;—terris de Woolfhope;—terris de Park *alias* Buss;—53 solidatis 4 denariatis terrarum de Murthrum;—5 libratis terrarum de Gallowsyid;—40 solidatis terrarum de Neiss;—26 solidatis 8 denariatis terrarum de Watergrayhes;—40 solidatis terrarum de Bridgholme (vel Bigholmes);—53 solidatis 4 denariatis terrarum de Glencors antiqui extentus, quæ sunt propriæ partes terrarum de Wauchopdaill;—terris de Turronane extendentibus ad 3 libratas 6 solidatas 8 denariatas terrarum antiqui extentus:—E. 37*l*. 13*s*. 4*d*.—terris de Dewscoir, Willieholme, et Crueholme;—terris de Tounsteids;—terris de Halyshaw;—terris de Sanctbryidshill;—terris de Puttingstaneholme;—terris de Raeknowes;—terris de Glentenmontheid;—terris de Tannalie;—terris de Waterholmes et Birslands;—terris de Clooch;—terris de Brokinheidshole;—terris de Blosburnefoot et Corsmangow (vel Corsmungow);—terris de Irishauche;—terris de Thomscheilles (vel Thomsholme);—terris de Newlands;—terris de Beatlowes;—terris de Birnie (vel Birnlie);—terris de Caulfeild, cum molendino;—terris de Litleholme (vel Mylneholme);—terris de Staikheughe;—terris de Stockholme;—terris de Wintrolie (vel Rentrolie), et Monshland (vel Moncreland);—cum advocatione ecclesiæ parochialis de Wauchope;—omnibus jacentibus in Wauchopdaill, cum salmonum piscationibus in aquis de Esk et Wauchope in Wauchopdaill;—terris de Blisses in Ewesdaill (vel Rewisdaill);—terris de Park;—terris de Craiglands;—terris de Carrutheris-croft;—terris de Crossie;—terris de Craigie;—terris de Hotcrofts, et Middingknowes;—terris vocatis Inter aquas lie Between the Wateris;—terris de Tannansyid (vel Tanasyd);—terris de Whitlies;—terris de Bagthrople;—terris vocatis The Chapell;—terris vocatis Patrickholme, omnibus jacentibus in Carrutheris;—advocatione ecclesiæ parochialis de Carrutheris;—terris de Dryvisdaill et Pengaw:—E. 40*s*. *feudifirmæ*:—terris de Langholme et burgo baroniæ ejusdem;—terris de Broomholme;—terris de Arkinholme;—terris de Teviotscheillis;—terris de Whytscheills;—terris de Balgray;—terris de Arkine;—terris de Breckinwray;—Ovir et Nathir Milnholme et Tympend;—terris de Stapilgortoune;—terris de Burnfoot, Strangair (vel Stankgaitt), et Fingland;—terris de Carrinsgill;—terris de Bombie;—terris de Glenbertane;—terris de Conquherland;—terris de Loganheid;—terris de Boweneis;—terris de Enzieholme et Milngillheid;—terris de Apiltriequhatt;—terris de Harperwhatt;—terris de Lyneholme;—terris de Dalbethe;—terris de Monksyid;—terris de Bailliehill (vel Bailliehall);—terris de Ersken (vel Erskine);—terris de Crunzeartoune;—terris de Scheil cum molendino;—terris de Litle Megdaill;—terris de Meikle Megdaill;—terris de Breidheid, Glenkell, Mossieseatt, Windieleyes, et Stanries;—terris de Auchingattill (vel Auchingavill);—terris dominicalibus de Logane;—terris de Buocke (vel Knock), cum molendino;—terris de Boikine;—terris de Rigg (vel Boikinrigg);—terris de Craig:—E. 69*l*. 10*s*.—terris de Midlebie extendentibus ad 23 mercatas terrarum antiqui extentus, cum advocatione ecclesiæ parochialis et parochiæ de Midlebie, infra parochiam de Midlebie et senescallatum Vallis Annandiæ:—E. 15*l*. 6*s*. 8*d*.—5 libratis terrarum de Wormandie (vel Wormanbie;—5 libratis terrarum de Berkertoune (vel Kertertoune), infra senescallatum Vallis Annandiæ;—hereditario officio balliatus terrarum et possessionum ad Abbaciam de Halywood spectantium;—terris vocatis The Burages lie Burrow-aikiris de Stapilgortoune;—terris de Absterlandis et Dornockisgill, infra parochiam de Watstirker;—5 libratis terrarum de Langriges, infra senescallatum Vallis Annandiæ, cum terris de Little Kilquhannadie et aliis terris, infra senescallatum de Kirkcudbright:—E. 25*l*.—omnibus terris prædictis unitis cum aliis terris in vicecomitatibus de Roxburgh, Perth, Wigton, et Kirkcudbright, in comitatum de Nithisdaill.—(Vide Roxburgh, Perth, Wigton, Kirkcudbright.) xxx. 22.

(267) Aug. 5. 1670.
MAGISTER THOMAS KIRKPATRIK de Auldgirthe, *hæres* Jonetæ Kirkpatrik, *aviæ*,—in dimidia parte terrarum de Auldgirthe extendente ad 3 mercatas terrarum antiqui extentus, viz. 1 mercata terrarum de Auldgirthe;—1 mercata terrarum de Blackcraige, et 1 mercata terrarum de Fethirhaugh, infra parochiam de Dalgairnoche et vicecomitatum de Nithisdaill.—A. E. 20*s*. N. E. 3*l*. xxx. 111.

(268) Sep. 15. 1671.
JACOBUS (vel JOANNES) JOHNSTOUN, *hæres* Jacobi Johnstoune de Braikensyde, *patris*,—in 5 mercatis terrarum de Braickensyde et Cocketts antiqui extentus, infra parochiam de Moffet et senescallatum Vallis Annandiæ.—E. 5*m*. xxx. 225.

(269) Maii 7. 1672.
ALEXANDER MURRAY, *hæres* Domini Roberti Murray de Preistfeild militis, *patris*,—in annuo redditu 459*m*. de 5 mercatis terrarum de Altowne antiqui extentus, infra parochiam de Moffat et senescallatum Annandiæ.—(Vide Edinburgh, Forfar, Roxburgh.) xxxi. 32.

(270) Sep. 3. 1672.
ALEXANDER M'GOWNE, *hæres* Mariotæ Cunynghame sponsæ

Thomæ M'Gowne mercatoris burgensis de ...., *matris*,—in 3¼ acris terrarum vocatis Langlandes de Lochanes, in territorio de Drumfreis, partibus 5 libratarum terrarum de Moat.—E. 11*l*. 13*s*. 4*d*.　　　　　　　　　　　　　　xxxi. 91.

(271)　　　　　　Sep. 3. 1672.
WILLIELMUS IRWING de Luce, *hæres* Jaffridi Irwing de Luce, *proavi*,—in 3 mercatis terrarum dominicalium de Luce antiqui extentus, infra senescallatum Vallis Annandiæ et regalitatem de New Dalgarno.—A. E. .... N. E. ....　　xxxi. 155.

(272)　　　　　　Oct. 24. 1672.
ROBERTUS LOWRIE de Maxweltoun, *hæres* Joannis Lowrie de Maxweltoun, *patris*,—in dimidietate terrarum de Dunreggan (vel Dungrennan) extendente ad 2¼ mercatas terrarum antiqui extentus, infra parochiam de Glencairne:—A. E. 33*s*. 4*d*. N. E. 5*l*.—bina parte 40 denariatarum terrarum templariarum de Inglistoune in Glencairne nuncupata Templeland-meadow, extendente ad 4 acras terrarum in Carse de Inglestoun, infra parochiam ante dictam.—E. 3*s*. 4*d*.　　　　　　　　　　xxxi. 142.

(273)　　　　　　Maii 15. 1673.
JONETA SMITH sponsa Joannis Harron in Kirkbryde, *hæres* Jacobi Smith de Killroy, *fratris germani*,—in 1 mercata terræ de Farden-Killroy antiqui extentus, infra parochiam de Dinscoir.—E. 24*s*. *feudifirmæ*.　　　　　　　　　xxxi. 220.

(274)　　　　　　Aug. 29. 1673.
JACOBUS GREIRSONE de Daugonnar, *hæres* Roberti Greirsone de Killielego, *fratris germani*,—in 30 solidatis terrarum antiqui extentus de Killelego vocatis Nethir Killelego, infra parochiam de Dinscoir.—E. 50*s*. 9*d*.　　　　　　　　xxxi. 275.

(275)　　　　　　Dec. 4. 1673.
JOANNES YOUNG de Guiliehill, *hæres* Joannis Young de Guilihill, *patris*,—in 1 mercata terræ de Stepsword (vel Stepfuird) antiqui extentus infra parochiam de Halywood.—A. E. 1*m*. N. E. 5*m*.　　　　　　　　　　　　　xxxii. 276.

(276)　　　　　　Maii 25. 1675.
BESSETA M'MURDIE filiæ Roberti M'Murdie in Killilego, *hæres* Thomæ M'Murdie de Killilego-craig, *avi*,—in 6 solidatis terrarum de Killilego-craig antiqui extentus, infra parochiam de Dunskoir.—E. 11*s*.　　　　　　　　xxxv. 125.

(277)　　　　　　Maii 26. 1675.
ROBERTUS MAXWELL de Tynewald, *hæres* Roberti Maxwell de Tynewald, *patris*,—in 20 libratis terrarum de Tynewald antiqui extentus, cum advocatione ecclesiæ de Tynewald et terris ecclesiasticis dictæ ecclesiæ, in parochia de Tynewald:—A. E. 20*l*. N. E. 60*l*.—5 libratis terrarum antiqui extentus de Shawes de Dalgairnock et Fisherland, infra baroniam de Lagg et parochiam de Dalgairnock:—A. E. 5*l*. N. E. 15*l*.—3 separatis mercatis terrarum ex 10 mercatis terrarum de Erkinholme, infra parochiam de Stablegordoune et dominium de Eskdale.—E. 75*m*.　　xxxii. 345.

(278)　　　　　　Sep. 1. 1675.
JACOBUS STEWART de Rossythe, *hæres masculus* Jacobi Stewart de Rossythe, *patris*,—in terris et baronia de Durisdeir unitis in baroniam de Rossyth.—A. E. 31*l*. 13*s*. 4*d*. N. E. 95*l*.—(Vide Fife, Perth.)　　　　　　　　　　xxxii. 177.

(279)　　　　　　Oct. 7. 1675.
ROBERTUS COMES DE ROXBURGH, *hæres masculus et talliæ* Gulielmi Comitis de Roxburgh, Domini Ker de Cesfuird et Cavertoun, *patris*,—in terris, dominio, et baronia de Halyden, comprehendentibus terras ecclesiasticas ecclesiarum de Dumfreis, Staplegortone, Trailflat, Dungrie, Mortoun, et Closburne, cum aliis terris in Selkirk, Peebles, Lanark, Ayr, Edinburgh, Roxburgh, et Aberdeen—E. 10*l*. &c.—terras de Dowglen:—E. 5*l*.—decimas ecclesiarum de Dumfreis, Staplegortoune, Trailflat, Dungrie, Mortoune, et Closburne, cum aliis decimis in Roxburgh, Berwick, Selkirk, Peebles, Lanark, Edinburgh, et Aberdeen:—E. 40*m*.—omnibus unitis in dominium et baroniam de Halyden.—(Vide Roxburgh, Stirling, Linlithgow, Edinburgh, Selkirk, Berwick, Peebles, Lanark, Ayr, Aberdeen, Haddington.)　　xxxii. 218.

(280)　　　　　　Feb. 24. 1676.
DOMINUS FRANCISCUS SCOTT de Thirlstoun, miles baronettus, *hæres* Patricii Scott de Thirlestoune, *patris*,—in 5 libratis terrarum de Fingland;—50 solidatis terrarum ex occidentali latere terrarum de Tamluthar;—50 solidatis terrarum de Dumfedling;—5 libratis terrarum de Davingtoun;—3 libratis 6 solidatis terrarum de Nether Cassacke, infra Eskdailmore, tenandriam de Dumfedling, regalitatem de Melros, et nunc infra regalitatem de Langholme.—E. 10*l*.　　　　　　　　　　xxxii. 427.

(281)　　　　　　Apr. 11. 1676.
JOANNES ACHISOUNE de Bodisbek, *hæres* Jacobi Achisone de Bodisbek, *patris*,—in 100 solidatis terrarum antiqui extentus de Bodisbek;—terris de Skiftingholme extendentibus ad 5 libratas terrarum antiqui extentus, in parochia de Moffatt et infra senescallatum Vallis Annandiæ.—E. 20*l*.　　　　xxxii. 418.

(282)　　　　　　Apr. 26. 1676.
WILLIELMUS HAY, *hæres* Joannis Hay de Aberladie filii natu maximi Magistri Joannis Hay de Aberladie, *fratris germani*,—in 4 libratis terrarum antiqui extentus de Friercarse, cum piscaria et molendino Grangemylne nuncupato, in parochia de Dunscoir, cum astrictis multuris 36 libratarum terrarum antiqui extentus de Dalgonar, Killelargo, Breschewry, Poundland, Nether Bervall, Demperstoun, Over et Nether Logane, Over et Nether Gedunnes (vel Dunscore), Edgarstoun, Munganstoune (vel Muliganstoune), Culreg, Ferdin, et Nobillhill;—terrarum de Auchincreich, Brounskeath, et Dargavell, infra parochiam de Dumfreis:—E. 120*l*.—hæreditario officio balliatus dictarum terrarum de Dalgonar, Killelargo, &c. in parochia de Dumfreis.—A. E. 1*s*. N. E. 3*s*.　　　　　　　　　　　　　　xxxii. 442.

(283)　　　　　　Maii 30. 1676.
JACOBUS COMES DE CARNWATH, *hæres masculus* Gavini Comitis de Carnwath, *patris*,—in terris de Elliock extendentibus ad 26 mercatas terrarum antiqui extentus, infra baroniam de Drumlangrig:—A. E. 17*l*. 6*s*. 8*d*. N. E. 52*l*.—40 denariatis terrarum de Elliock, et 40 solidatis terrarum antiqui extentus de Enquham (vel Euquham), infra baroniam de Sanquhar.—E. 4*l*. 3*s*. 4*d*.—(Vide Lanark, Forfar.)　　　　　　　xxxii. 436.

(284)　　　　　　Jun. 22. 1676.
JACOBUS TAILFAIR de Haircleugh, *hæres* Jacobi Tailfair de Haircleugh, *patrui*,—in 7 tenementis cum hortis et dimidio australis horrei, infra burgum de Dumfreis;—tenemento in dicto burgo in lie Rottanraw;—botha inferiori in lie Flesh-mercat;—acra terræ prope templum de Dumfreis;—dimidia acra terræ infra territorium dicti burgi;—5 rudis terrarum in Aldermanhill;—longa acra;—3 rudis terrarum in Watslaikes;—1 ruda terræ in Over Watslaikes;—5 acris terrarum in Over Barkerland:—E. 4*m*.—annuo redditu 192*m*. de terris et prædiis Gilberti Greir de Chappel, viz. terris de Chappelltoune et Kenmure, infra parochiam de Dunscore.—(Vide Lanark, Berwick, Kirkcudbright.)　　xxxiii. 77.

(285)　　　　　　Oct. 26. 1676.
ROBERTUS NEILSONE, *hæres* Caroli Neilsone vocati Beyond the Sand, *patris*,—in 10 solidatis terrarum de Bershewalla antiqui extentus, infra parochiam de Dunskoir.—E. 31*s*. 5*d*. *feudifirmæ*.　　　　　　　　　　　　　　xxxiii. 124.

(286)　　　　　　Nov. 21. 1676.
JOANNES DOUGLAS de Mouswall, *hæres masculus* Jacobi Douglas de Mouswall, *patris*,—in 20 libratis terrarum antiqui extentus de Mouswall, Houthquhat, et Haitlandhill, cum turre, fortalicio, Edgarstoun, et manerie de Mouswall;—20 solidatis terrarum de Raffallis, in senescallatu Vallis Annandiæ, et in baronia et regalitate de Drumlangrig per annexationem.—A. E. 20*l*. N. E. 80*l*.　　　　　　　　　　　　　　　xxxiii. 226.

(287)　　　　　　Apr. 6. 1677.
GILBERTUS GREIRSONE de Shappell, *hæres* Joannis Kirkhauch de Glenesland, *proavi*,—in multura, sequelis, et knaveship 27 mercatarum terrarum de Glenesland, extendente ad decimum tertium granum cujuscunque generis granorum super dictis terris crescentium, infra baroniam de Hallywood, viz. terrarum de Craiginputtock, Vouchmark, Over Whytsyde, Neather Whytsyde, Collostoune, Ferdingrusche, Over Straquhane, Neather Straquhane, Skinfoord, Speddoch-Maxwell *alias* Kilbounes-Speiddoche, Speiddoch-Charters *alias* Mulligantoune, et Meikle Speiddoch *alias* Comysars Speiddoch, ad molendinum de Glenesland spectante, in baronia de Glencairne et parochia de Dunscoir.—E. 16*m*. 10*s*.　　　　　　　　　　　　　　xxxiii. 152.

(288)　　　　　　Aug. 7. 1677.
ROBERTUS MAXWELL de Polcart (vel Portract), *hæres* Roberti Maxwell de Polcairt, *patris*,—in 40 solidatis terrarum de Portract antiqui extentus:—E. 6*m*. 6*s*. 8 *nummi*;—40 solidatis terrarum de Meikle Makquhenrick;—dimidia mercata terræ de Litle Makquhanrick;—20 solidatis terrarum de Glengober antiqui extentus, infra baroniam de Halywood:—E. 10*l*.—20 solidatis terrarum de Hill *alias* Glengunoch antiqui extentus, infra parochiam de Dunscore.　　　　　　　　　　xxxiii. 351.

(289)　　　　　　Nov. 6. 1677.
GULIELMUS MENZIES de Castilhill, *hæres* Edwardi Menzies de Dalvayne, *abavi*,—in terris de Castelhill in Duirsdeirre, infra parochiam de Duirsdeire et baroniam de Rossythe.—E. 1 *nummus*.　　　　　　　　　　　　　　　xxxiii. 300.

(290)　　　　　　Nov. 6. 1677.
GULIELMUS MEINZIES de Castelhill, *hæres* Willielmi Meinzies

de Castelhill, *avi*,—in terris de Castelhill ;—*5* libratis terrarum de Muircleugh ;—dimidietate 5 librarum terrarum de Over Dalvyne, extendente ad 5 solidatas terrarum ;—molendino de Duiresdear, infra baroniam de Duirsdeire, et per annexationem infra baroniam de Rosyth.—E. 10*l.* xxxiii. 303.

(291) Dec. 20. 1677.

PATRICIUS ROSS in Formastoun, *hæres* Capitanei Willielmi Ross de Rossisle, *nepotis fratris proavi*,—in terris et baronia de Rosisle comprehendentibus terras templarias, &c. quæ sunt partes baroniæ de Drem, viz. terras templarias de Elshiesheills ;—terras templarias de Meikle Bulredding in parochia de Ruthwell ;—40 solidatam terram templariam vocatam Kirkland de Kirkpatrick, infra parochiam de Kirkpatrick-Fleeming ;—terram templariam de Drysdaill ad 1 mercatam terram extendentem, infra parochiam de Drysdaill ;—terram templariam de Midlegill, Blaybank, et Chappelrig, infra parochiam de Moffat ;—40 solidatam terram templariam vocatam Kirkland de Kirkpatrik ;—terras templarias in parochia de Inchester ;—portiones terrarum templariarum de Drysdaill, ad mercatam terrarum templariarum de Midlegill, Bleybank, et Chappelrig extendentes, infra parochiam de Westerkirk-paroch; —3 libratas terrarum de Dornagills ;—3 libratas terras de Absterland ;—20 solidatas terras de Kirkhills, infra parochiam de .... ; —terras templarias de Langhorne, ad mercatam terram extendentes, infra parochiam de Drysdaill;—dimidiam mercatam terram de Preistbutts, infra parochiam de Tundergirth ;—terras templarias de Castilhills, in dicta parochia de Tundergerth ;—terras templarias vocatas Betwixt-the-gates ;—terras templarias infra terras de Shallbank, in parochia de Tundergirth ;—terras templarias de Tundergirth ;—terras templarias de Lederhuch ;—terras templarias vocatas ...., in parochia de Drysdaill ;—10 solidatam terram vocatam Woodland terram templariam existentem, infra parochiam de .... ;—7 acras terræ templariæ prope lie Butteriehouse, infra parochiam de .... ;—6 rigas terræ vocatas The Closs, in parochia de .... ;—2 acras terræ templariæ in Auchinfichell, infra parochiam de Haddam ;—acram terræ templariæ, quæ lie Stocks adjacet, infra dictam parochiam de Haddam ;— aliam acram terræ templariæ apud exitum villæ de Auchinfeichell vocatam Temple-land-aicker *alias* Woodland, infra parochiam de .... ;—20 solidatam terram templariam vocatam Toure-crofts terrarum templariarum de Buckriggs, infra parochiam de .... ; —dimidiam mercatam terram de Seidhilles et Shaw, infra parochiam de .... ;—terram templariam vocatam Blacklands, extendentem ad dimidiatam mercatam terram cum Crocerig, infra parochiam de Midlebie ;—20 solidatam terram de Hallhills, infra parochiam de .... ;—terras templarias de Moffat infra parochiam de Moffat ;—terras templarias de Blanderbush, infra parochiam de .... ;—terras templarias de Smealholme ;—terras templarias vocatas .... ;—capellam de Laggan, infra parochiam de Kirkpatrick-Fleeming ;—terras templarias capellam de Dinnwoodie nuncupatas, extendentes ad 16 acras terrarum templariarum in parochia de Annand ;—tenementum et hortum vocatum Chapelcroft, in parochia de Huttoun ;—terras templarias vocatas Yairdlands, infra parochiam de Dornock ;—terras templarias vocatas Broomhylls-meadow, et terram arabilem, infra dictam parochiam de Huttoune ;—terras templarias Chappell-lands nuncupatas, infra parochiam de Drysdaills ;—terras templarias infra parochiam de Moffat, extendentes ad 1 mercatam terram, cum prato nuncupato Cristen-meadow, et St. Johns-daill ;—terras templarias de Reidhall, in parochia de Kirkpatrick-Fleeming ; omnes infra senescallatum de Annandaill ;—terras templarias vocatas capellam de Carlaverock ;—portiones terræ infra villam de Sanquhair et apud dictam villam, infra parochiam de Sanquhair ;—terras templarias de Dalgardno cum molendino, infra parochiam de .... dimidietatem terrarum templariarum de Cairnsallo, in parochia de ...., ;—terras templarias de Gibbies-closs continentes 6 acras terræ cum decimis garbalibus, infra parochiam de Dumfreis ;— terras templarias de Inglistoun vocatas Templeland-meadow ad 4 acras terrarum extendentes ;—terras templarias de Inglistoune, infra parochiam de Glencairne ;—terras templarias ibidem, in parochia de Glencairne ;—6 solidatam 8 denariatam terram templariam vocatam terram templariam in parochia de Traillflatt ;—terras templarias de Kirklands de Wauchop ;—terras nuncupatas Butrigs de Stablegordoun, infra parochiam de Stablegordoun ;—terras templarias vocatas capellam de Watcarrick, infra parochiam de Writkirk ;—templarias terras de Nunholme, infra parochiam de Dumfreis ;—terras de Dunraggan, infra parochiam de Dunscoire ; —terras templarias et templaria tenementa, et feudifirmæ divorias, quæ ad quondam Joannem Comitem de Hadingtoun pertinuerunt, viz. summam 40*s.* feudifirmæ divoriæ de 3 mercatis terris de Dargavill ;—summam 6*l.* 11*s.* 8*d.* de 5½ mercatis terræ terrarum Comitis de Nidsdeall in Bruntscorth ;—summam 12 feudorum solidorum 6 denariorum de 10 solidatis terræ de Bruntscorth ;—summam 4*s.* 8*d.* de 40 denariata terra de Bruntscorth ;—summam 8*s.* 4*d.* de dimidiata mercata terra de Bruntscorth ;—summam 8*s.* 4*d.* de alia dimidiata mercata terra ibidem ;—summam 4*s.* 2*d.* de

40 denariata terra in Bruntscorth ;—summam 16*s.* 8*d.* de mercata terra terrarum de Auchnacreif ;—summam 16*s.* 8*d.* de mercata terra de Auchnacreif ;—summam 12*s.* 6*d.* de 10 solidata terra in Auchnacreif ;—summam 4*s.* 2*d.* de 40 denariata terra de Auchnacreiff ; —summam 8*s.* 4*d.* de dimidiata mercata terra de Auchnacreif ;— summam 8*s.* 4*d.* de alia dimidiata mercata terra de Atichnacreif ; —omnibus jacentibus infra parochiam de Dumfreis ;—summam 26*s.* de mercata terra de Laggan, et 30 denariata terra de Dempstertoune ;—summam 1*l.* 16*s.* 4*d.* de 20 solidatis terræ de Neather Laggan ;—summam 1*l.* 4*s.* de mercata terra de Kilroy ;—summam 1*l.* 4*s.* de mercata terra de Over Laggan ;—summam 13*s.* 4*d.* de 6 solidata 8 denariata terra in Millegantoun ;—summam 13*s.* 4*d.* de 12 solidata 6 denariata terra in Edgertoun ;—summam 26*s.* 8*d.* de 15 solidata terra de Litle Kersualla (Bersualla?) ;—summam 26*s.* 8*d.* de mercata terra de Millegantoun ;—summam 10*s.* 4*d.* de 6 solidatis 3 denariatis terris de M'Cubbintoun ;—summam 5*l.* 4*s.* de 40 solidata terra de Dalgonar, et 20 solidata terra librata terra nuncupata ;—summam 20*s.* 6*d.* de 7 solidata 6 denariata terra de Bersualla ;—summam 14*s.* de 10 solidata terra de Litle Barsualla ;— summam 11*s.* 4*d.* de 6 solidatis 3 denariatis terris de M'Cubbintoun ;—summam 11*s.* 6*d.* de 6 solidatis 3 denariatis terris in M'Cubbintoun ;—summam 10*s.* 4*d.* de 6 solidatis 3 denariatis terris in M'Cubbintoun ;—summam 50*s.* de 30 solidata terra de M'Hynstoun ;—summam 11*s.* de 6 solidatis .... de Killieleoch ;—summam 13*s.* 4*d.* de 7 solidatis 6 denariatis terræ de Neutoun ;—summam 16*s.* 4*d.* de 10 solidata terra de Dempstertoun ;—summam 5*s.* de 30 denariata terra de Dempstertoun ;—summam 12*s.* 9*d.* de 7 solidata 6 denariata terra de Neutoun ;—summam 28*s.* 4*d.* de mercata terra de Over Laggan ;—summam 27*s.* 6*d.* de 17 solidata 8 denariata terra de Fardinwell ;—summam 4*s.* de 28 denariata terra de Fardinwell ;—summam 48*s.* de 32 solidatis 4 denariatis terris de Barsualla ;—summam 13*s.* 4*d.* de 7 solidata 6 denariata terra de Newtoun ;—summam 13*s.* 4*d.* de 7 solidata 6 denariata terra de .... ;—summam 50*s.* de 30 solidata terra de Neather Killieleach ;—summam 40*s.* de 20 solidata terra de Hill vocata Glenganeoch ;—summam 11*s.* de 6 solidata terra de Killieleach ;— summam 26*s.* 8*d.* de 15 solidata terra de Litle Barsualla ;—summam 43*s.* 4*d.* de 26 solidata terra de Dempstertoun ;—summam 22*s.* de 12 solidata terra de Killieleach ;—summam 10*s.* de 6 solidata terra de Over Killieleach ;—summam 21*s.* de 8 solidata terra de Dempstertoune ;—summam 40*s.* de 20 solidata terra de Neather Laggan ;—summam 30*s.* 4*d.* de 6 solidata 8 denariata terra de Kilroy ;—summam 6*s.* 8*d.* de 6 solidata 3 denariata terra de Edgartoun ;—summam 6*s.* 8*d.* de alia 6 solidata 3 denariata terra de Edgartoun, omnes infra dominium de Melros et parochiam de Dunscoir ;—summam 120*l.* de 4 librata terra de Friercars, cum molendino in dicta parochia de Dunscoir, unitis cum aliis terris in Kirkcudbright, Lanark, et Wigton in baroniam de Rosile ;—A. E. 13*s.* 4*d.* N. E. 40*s.*—portione terræ infra muros de Woodland de Holliwood, infra præcinctum de Holliewood et parochiam ejusdem, cum decimis :—A. E. ...... N. E. ......—mansionis domo in burgo de Dumfreis vocata castrum de Dumfreis, cum hortis et pertinentiis, cum fundo ante castrum, et horto vocato Freiryard, cum brewhouse et bakehouse, &c.—E. 40*d.*—(Vide Kirkcudbright, Wigton, Lanark, Berwick.) xxxiii. 439.

(292) Jan. 3. 1678.

GEORGIUS DOUGLAS de Durisdeire, *hæres* Roberti Douglas portionarii de Durisdeire, *patris*,—in 3 decimis sextis partibus terrarum ecclesiasticarum de Dunsdeire (vel Durisdeire), cum 6 acris terrarum vocatis Vicar-lands, et pastura 6 summarum dictis terris vicariis pertinentibus, infra parochiam de Durisdeire.—E. 46*s.* 8*d.* xxxiii. 362.

(293) Jan. 3. 1678.

ARCHIBALDUS ROXBURGH portionarius de Durisdeire, *hæres* Willielmi Roxburgh portionarii de Durisdear, *avi*,—in octava parte terrarum ecclesiasticarum de Duirsdear jacente in rundaille, infra parochiam de Durisdear.—E. 16*s.* 8*d.* et 3*s.* 4*d.* in augmentationem. xxxiii. 371.

(294) Jan. 3. 1678.

JOANNES BROUNE junior in Duirsdear, *hæres* Petri Broune portionarii de Duirsdear, *avi*,—in decima sexta parte terrarum ecclesiasticarum de Duirsdear, jacente in rundaill, infra parochiam de Duirsdear.—E. 8*s.* 4*d.* xxxiii. 374.

(295) Jan. 3. 1678.

JOANNA DALZELL in Duirsdear, *hæres* Thomæ Dalzell portionarii de Duirsdear, *patris*,—in octava parte terrarum ecclesiasticarum de Duirsdear jacente in rundaill, in parochia de Duirsdear. —E. .... xxxiii. 379.

(296) Jan. 3. 1678.

JOANNES BROUNE in Duirsdear, *hæres* Jacobi Broune portionarii de Duirsdear, *patris*,—in decima sexta parte terrarum ec-

F

clesiasticarum de Duirsdear jacente in rundaill, infra parochiam de Duirsdear.—E. 5s. 8d. xxxiii. 381.

(297) Jan. 3. 1678.

JOANNES CLERK in Duirsdear, *hæres* Andreæ Clerk portionarii de Duirsdear, *fratris germani*,—in decima sexta parte terrarum ecclesiasticarum de Duirsdear jacente in rundaill, infra parochiam de Durisdear.—E. 8s. 4d. xxxiii. 382.

(298) Oct. 1. 1678.

GEORGIUS MAITLAND de Eccles, *hæres* Joannis Maitland de Eccles, *patris*,—in 28 solidatis terrarum de Clonlie ;—28 solidatis terrarum de Over Hattock ;—21 solidatis terrarum de Hattock ;—7 solidatis terrarum de Eccles ;—20 solidatis terrarum de Nakastoune et Makquiristoune ;—23 solidatis 4 denariatis terrarum de Croft-Jeane et Eccles ;—1 mercata terræ de Courthill ;—dimidia mercata terræ de Milntoune cum molendino ;—3 mercatis terrarum de Flores, Benustoune, et Comstoune ;—18 solidatis terrarum de Makquiristoune ;—14 solidatis terrarum de Tippet ;—40 denariatis terrarum de Clentack ;—5 mercatis terrarum de Penpount terram templariam nuncupatis :—E. 195l. *taxatæ wardæ* ;—4 mercatis terrarum nuncupatis terras templarias et glebam de Penpount antiqui extentus, cum acris terrarum in Holme ejusdem, infra parochiam de Penpount et baroniam de Eccles.—E. 7l.—omnibus unitis in baroniam de Eccles. xxxiv. 184.

(299) Nov. 28. 1678.

JOANNES DOUGLAS de Stainhous, *hæres* Joannis Douglas de Killinaran, *avi*,—in 1 mercata terræ nuncupata Over Merkland terrarum ecclesiasticarum de Glencairne, infra parochiam de Glencairne.—E. 13s. 4d. &c. xxxiv. 75.

(300) Jan. 16. 1679.

WILLIELMUS IRVEING de Cove, *hæres* Jaffrei Irving de Robgow, *avi*,—in terris de Todtheth extendentibus ad 3 libratas terrarum antiqui extentus, infra parochiam de Decknock et senescallatum de Annandaill.—E. 1d. *argenti albæfirmæ*. xxxiv. 90.

(301) Nov. 27. 1679.

GULIELMUS JOHNSTOUN, *hæres* Joannis Johnstone mercatoris in Carrickfergus in Hibernia, *patris*,—in 20 mercatis terrarum antiqui extentus de Benga vocatis Netherfeild de Benga, in parochia de Drysdaill et senescallatu de Annandaill.—E. 20m. xxxvi. 87.

(302) Jan. 30. 1680.

JOANNES M'BURNIE de Row, *hæres* Joannis M'Burnie de Row, *patris*,—in 1 mercata terræ de Row antiqui extentus, infra parochiam de Halywood.—E. 32s. *feudifirmæ*. xxxvi. 98.

(303) Jul. 1. 1680.

JOANNES KENNEDIE portionarius de Halethis filius Halberti Kennedie, *hæres* Joannis Kennedie de Halethis, *avi ex parte patris*,—in 5 mercatis terrarum de 10 libratis terrarum antiqui extentus de Halethis, in parochia, dominio, et senescallatu de Annandale.—E. 20m. xxxv. 119.

(304) Jul. 29. 1680.

WILLIELMUS COMES DE ANNANDALE ET HARTFEILD, *hæres masculus* Jacobi Comitis de Annandale et Hartfeild, &c. *patris*,—in terris de Johnstone, viz. terris de Cleugheids, Midlegill, Woodend, Milntounknow, Achindining, Barganbush, Dykeheid (vel Dyksyde), Reinds, Milnhills, Blackburne, Skenrig (vel Skeurig), Kirkbank, Chapefuird, Johnstounhill, Johnstouncleugh, Chappelzet, Robgaird, Chews, Pleughlands, Bennetkow (vel Bennetlaw), Rivehills, Corswaid (vel Earswood), Corsuay (vel Ersway), M'Brae, Kerse, Over et Nether Kindlehalls, Howfuird (vel Corsfuird), Newsheills, Hirselbands (vel Archbanks), Righeads, Litle Lochwood, Theiffgills, Rickettrigs, Cogries Over et Neather vocatis Holme, Kindleheid, Biggarts, Kirkbrig (vel Kirkrig), Swynfoot, et Tathill, cum advocatione ecclesiæ parochialis de Johnstoune ;—20 libratis terrarum antiqui extentus de Kirkpatrik-Fleming, viz. 10 libratis terrarum de Dunskellie, cum molendino ;—10 libratis terrarum de Cavetholme et Reidhall, cum jure patronatus ecclesiæ de Kirkpatrick-Fleeming, cum decimis tam rectoriis quam vicariis ;—terris de Wamphray, et jure patronatus ecclesiæ parochialis ejusmodi, cum decimis ;—18 (vel 10) mercatis terrarum antiqui extentus de Polmoodie (vel Polmadie) ;—5 libratis terrarum antiqui extentus de Hardgruf, cum officio coronariæ lie Collonellship, infra senescallatum Annandiæ, omnibus unitis in baroniam de Johnston ;—10 libratis terrarum de Staplebank ;—terris de Weysbie ;—terris de Rockleheid, et Carthwat ;—terris de Cockethill et Harthwet ;—terris de Earshag (vel Earsewatrig) ;—20 solidatis terrarum de Bishopcleugh ;—terris de Drumcreiff, Wells, et Moorfoot ;—4 libratis terrarum de Northfeild ;—terris de Kirkgill ;—terris de Beattock et Beatockpark ;—terris de Stenrieshill (vel Stewrieshill) ;—Milkiemoss, Willies, et Newbigging,

quæ sunt partes et pendiculá dictæ baroniæ de Johnstoun, cum decimis garbalibus aliisque decimis :—E. 66l. 13s. 4d.—terris et dominio de Newbie comprehendente terras de Newbie, cum piscationibus de Newbie et piscationibus de Newscarrs ;—terras de Barnkirk, Croftheid, Knowis, Howis, Milbie (vel Mill), Millfeild, et Howmeadow ;—10 mercatas (vel libratas) terrarum antiqui extentus de Stapletoune ;—40 solidatas terrarum antiqui extentus de Robgill, cum piscationibus de Stapletoune ;—2½ mercatas terrarum de Cromartries (Cummertries ?) cum piscationibus ;—2½ mercatas terrarum de Allerbeck ;—10 mercatas terrarum antiqui extentus de Midlebie ;—3 mercatas terrarum antiqui extentus de Gallowlies ;—13 solidatas 4 denariatas terrarum antiqui extentus de Hydwood ;—5 libratas terrarum antiqui extentus de Preistwoodsyde, cum Saltcoatts et piscationibus ;—13 solidatas 4 denariatas terrarum antiqui extentus de Ribell (vel Rivell) ;—terras de Brottiscleugh et Brotishall (vel Brotishill) ;—omnes infra dominium et senescallatum de Annandale, cum decimis garbalibus et aliis decimis :—E. 53l. 6s. 8d. &c. *feudifirmæ* :—10 libratis terrarum de Moffat, cum molendinis ;—10 libratis terrarum de Grantoune, cum advocatione ecclesiæ et capellarum earundem, infra dominium et regalitatem de Dalkeith ;—acra terræ ad finem urbis de Moffat vocata Douglasaiker, cum privilegio regalitatis :—E. 20l. 9s.—terris de Milntoune et Milntounholme, cum molendino ;—terris de Moorfat (vel Marthwat), Tarsholme (vel Carsieholme) ;—7 mercatis terrarum antiqui extentus de Craigielands ;—acra terræ in Blackdubholme ;—5 solidatis terrarum de Clerkorchyeard, infra parochiam de Kirkpatrick :—E. 20l. et 6s. 8d. in augmentationem ;—5 mercatis terrarum de Cragaburne (vel Craighopburne), et Craigmyre, Carellbeck (vel Tennellbeck), Dalligair (vel Delawgair), et Sleights ;—dimidio mercatæ terræ de Galdshaw (vel Baldshaw) ;—2 mercatis terrarum vocatis Craigiehill ;—dimidia mercata terræ de Boddam, et silva ejusdem vocata Aikrig, infra parochiam de Moffat :—E. 8m. et 3m. in augmentationem ;—5 mercatis terrarum de Thornwhat ;—mercata terræ vocata Lochsyde, infra baroniam de Lochmaben et senescallatum de Annandale.—E. 6m. 40d. *feudifirmæ* :—terris et tenemento de Huttone sub mora, cum advocatione ecclesiarum et capellarum earundem, et jurisdictione liberæ regalitatis, capellæ et cancellariæ infra bondas dictarum terrarum et tenementi de Huttoune, infra regalitatem de Dalkeith per annexationem, et infra senescallatum de Annandaile.—E. 43l. 6s. 8d.—decimis prædictarum terrarum :—E. 18s. 4d.—terris et tenemento de Corrie comprehendentibus 4 mercatas terrarum de Whiterigs et Mecklehouse (vel Meiklehall), cum molendino ;—3 mercatas terrarum de Lindsetter ;—10 solidatas terrarum de Dumpleholme ;—38 solidatas terrarum de Pyotshawes ;—terras de Weynholme (vel Windieholme) ;—3 mercatas terrarum de Dormontrig et Corrie ;—3 mercatas terrarum nunc vocatas Craighouse ;—40 solidatas terrarum de Watskaills ;—5 mercatas terrarum de Muikshaw (vel Minscaw), et Risphill ;—20 solidatas terrarum nunc vocatas Trindledykrig ;—18 solidatas terrarum nunc vocatas Baithbank ;—mercatam terræ vocatam Johnshill ;—2 mercatas terrarum vocatas Mirranhill (vel Milnehills) ;—3 mercatas (et 18 solidatas) terrarum vocatas Birkshaw (vel Blackshaw), et Whytecastle ;—1 mercatam terræ de Earsgill ;—1 mercatam terræ de Lodriehuick (vel Rodriehuick) ;—40 solidatas terrarum de Park ;—40 solidatas terrarum de Kerflytes (vel Carslie) ;—20 solidatas terrarum de Bowhouse ;—advocatione ecclesiæ de Corrie, infra senescallatum de Annandale, cum decimis garbalibus aliisque decimis ;—terris et tenandria de Knock comprehendente terras de Hennielands et Irsebank (vel Archbank), cum molendino ;—terras de Crossedyke et Crossdyckrigs, cum 2¼ mercatis terrarum de Pirsbiehalls antiqui extentus ;—3¼ mercatas terrarum de Ecclefechan, omnes infra dictum senescallatum de Annandale ;—terras de Knock ;—40 solidatas terrarum antiqui extentus de Crooks ;—12 mercatas terrarum de Libberhay (vel Laverhay), infra parochiam de Wamphray ;—terras de Broomell et Bridgemoore, infra parochiam de Lochmaben ;—10 mercatas terrarum de Drysdaill ;—terras de Bonshaw et Dumbartanrig, omnes infra senescallatum prædictum, et unitas in tenandriam de Knock, cum decimis garbalibus et aliis decimis ;—42 solidatis terrarum antiqui extentus de Auldhoushill, infra baroniam de Moffatdale et senescallatum de Annandale ;—5 mercatis terrarum de Clarefoot antiqui extentus, infra baroniam de Moffatdale ;—2 mercatis terrarum antiqui extentus de Blackburne *alias* Craikscraigs, cum pasturagio 26 summarum in communitate de Kirkbryderig, infra parochiam de Kirkpatrick ;—2 mercatis terrarum antiqui extentus super caput aquæ de Wamfray vocatis Garrogills ;—10 libratis terrarum de Kirkgills, Abisterland, et Bowriges de Staplegorthan, infra senescallatum de Annandale ;—27 mercatis terrarum dominii de Kirkbriderig antiqui extentus, infra senescallatum prædictum ;—5 libratis terrarum antiqui extentus de Carreiffrin, et husbandia terra in Moffat ;—5 mercatis terrarum de Marjoribanks antiqui extentus in .... de Kirkpatrick ;—40 solidatis terrarum ecclesiasticarum de Kirktoun de Kirkpatrick-juxta, infra senescallatum prædictum et parochiam de Kirkpatrick-juxta, cum advocatione ecclesiæ de Kirkpatrick-juxta ;—12 mercatis terrarum de Rivox antiqui extentus, infra parochiam de Moffat, baroniam de Moffatdale et Evandale et senescallatum de Annandale ; —terris de Moffatdale et Evandale comprehendentibus 12 mercatas terrarum de Rivox ;—12 (vel 2) mercatas terrarum de Rowtounsyde ;—6 mercatas terrarum de Glaskine (vel Graskine) et Mailingshaw ;—42 solidatas terrarum de Auldhoushill ;—30 solidatas terrarum in Tounheid de Arikstane ;—5 mercatas terrarum de Clairfoot ;—4 mercatas terrarum de Foulboig et Foulshaws ;—5 mercatas terrarum de Greinhill ;—9 mercatas terrarum de Over et Neather Meshopes (vel Messocks) ;—5 mercatas terrarum de Meikle Holmsyde ;—12 mercatas terrarum de Caplegill (vel Chapelgill) ;—............ terrarum de Rownstanefoot ;—2 mercatas terrarum de Midtequarter (vel Meiklequarter) ;—3 mercatas terrarum de Selketh ;—40 solidatas terrarum de Over Longwoodend ; —40 solidatas terras de Arickstane ;—6 mercatas terrarum de Blacklawes ;—3 libratas terrarum de Litle Carrifen ;—5 mercatas terrarum de Neiss (vel Leis) ;—5 mercatas terrarum de Midlegill, infra senescallatum prædictum, pro principali ;—et in 20 libratis terrarum de Lockerbie antiqui extentus ;—20 libratis terrarum de Huttoune ;—20 libratis terrarum de Tundergairth, cum advocatione ecclesiæ de Tundergairth ;—20 libratis terrarum antiqui extentus de Hoddam ;—5 libratis terrarum antiqui extentus de Ecclefechan ;—piscatione vocata Harriskar super aqua de Solway ;— 40 solidatis terrarum de Trailtrow vocatis Hoddomstanes, cum maneriei loco de Hoddom, infra senescallatum prædictum, et hoc in speciali warrantizatione terrarum de Moffetdale et Evandale ;— terris de Castlemilk, tam proprietate quam tenandria, infra senescallatum prædictum ;—terris de Dryfholme, Beckhouse, villa de Drysdaill, Torwood, Belhill, Beltoune, et Quaise, infra senescallatum de Annandale ;—terris de Sibbelbie, viz. 40 solidatis terrarum de Cleucheids ;—40 solidatis terrarum de Sibbelbie side ;—20 solidatis terrarum de Dalwathill ;—dimidio mercatæ terræ de Huickmill ; —1 mercata terræ de Goosland et Goosgran ;—5 mercatis terrarum de Newbigging ;—5 mercatis terrarum de Ravencleuche et Banloups ;—6 mercatis terrarum de Blindliebush ;—40 solidatis terrarum de Huick ;—8 mercatis terrarum de Hallhills ;—4 mercatis terrarum de Rockleflake ;—6½ mercatis terrarum de Balgraywood ;—32 solidatis terrarum de Neather Cleughhead ;—5 mercatis terrarum de Sillingbie et Happieknow, cum advocatione ecclesiæ de Sibbelbie, et decimis earundem ;—omnibus infra parochiam de Sibbelbie et senescallatum de Annandale ;—terris de Dumgries (vel Drumyrie) comprehendentibus 2 Bartounpanns, Inglistoune, Goosdub, 2 Studringbanks, Highhagpark, Barganflat, Kirkland, Borland, et Hill, Rowantrieknow, Kindleheid, Lochenheid, et Threipmoore ;—20 libratis terrarum antiqui extentus de Mollem (vel Mollin), Raegills (vel Raehills), Crunzeartoune, Minigaps, Breadingholme, et Woolgills, cum decimis terrarum de Dumgrie et Mollein ;—terris de Annand, cum communi pastura seu mora ejusdem, et cum piscatione super aquis de Annand et Iden ;—advocatione parochialis ecclesiæ de Annand cum decimis ejusdem :—E. 600m. taxatæ wardæ :—decimis garbalibus aliisque decimis tam rectoriis quam vicariis prædictarum terrarum et parochiarum de Moffat, Kirkpatrick-juxta, et Wamfray, cum advocatione ecclesiæ parochialis et parochiæ de Wamfray :—E. .... albæ firmæ :—hæreditario officio custodiendi castrum de Lochmaben, cum 32 bobus vel vaccis vocatis Laidner kyne de 32 parochiis de Annandale, cum 39 anseribus lie Middengeese et gallinis vocatis Fastinsevenhens ;—advocatione ecclesiæ parochialis de Lochmaben, cum decimis, infra senescallatum prædictum :—E. administratio justiciæ :—omnibus unitis, cum aliis terris in Lanark, in baroniam, dominium, comitatum, regalitatem, et justiciarium, cum capella et cancellaria infra bondas earundem, nuncupatas comitatum de Annandale et Hartfeild, et dominium de Johnstoun :—in hæretitario officio principalis senescalli senescallatus de Annandale.—E. .... —(Vide Lanark.) xxxv. 133.

(305) Mar. 10. 1681.
JONETA, JOANNA, ET MARGARETA M'FADZEANS, hæredes portionariæ Joannis M'Fadzeane de Over Killelego, avi, —in 12 solidatis terrarum de Over Killelego antiqui extentus, infra parochiam de Dunscoire.—E. 28s. xxxv. 243.

(306) Jul. 28. 1681.
ROBERTUS MAXWELL de Steilstoune, hæres Gulielmi Maxwell de Steilstoune, avi,—in 20 solidatis terrarum de Steilstoun et 10 solidatis terrarum de Killness antiqui extentus, in parochia de Halywood.—E. 3l. 13s. 4d.—10 solidatis terrarum de aliter Kilnes, et dimidio mercatæ terræ nuncupatæ St. Michaels-croft (vel Stinchells-croft), in dicta parochia :—E. 32s. 8d.—1 mercata terræ ex 40 solidatis terrarum de Barrfregan vocata Underwood :—A. E. 1m. N. E. 40s.—dimidio mercatæ terræ de Loufberrie, in prædicta baronia de Halywood.—A. E. ½m. N. E. 20s.—7 solidatis 3 (vel 6) denariatis terrarum de Newtoune alias Little Dempstertoune, in parochia de Dunscore.—A. E. 7s. 6d. N. E. 22s. 6d. xxxvi. 153.

(307) Jul. 28. 1681.
EDWARDUS MAXWELL de Millingtoune, hæres Gilberti

Maxwell de Millingtoune, patris,—in 2 mercatis terrarum de Millingtoune, et 1 mercata terræ de Kilcroft in parochia de Holywood.—A. E. 3m. N. E. 6l. xxxvi. 156.

(308) Nov. 4. 1681.
JOANNES CARMICHAELL de Bonnintoun, hæres Domini Jacobi Carmichaell de Bonnintoun militis, patris,—in terris de Gratney, infra senescallatum Vallis Annandiæ :—E. 15l.—terris de Sarkrigs, Gretneyhill, et Loanquhatt :—E. 15l.—terris de Rampatrick et Baroch vocatis Reidkirk :—E. 20l.—terris ecclesiasticis de Reidkirk, cum decimis omnium prædictarum terrarum.—E. 6s. 8d.—(Vide Lanark.) xxxvi. 162.

(309) Nov. 10. 1681.
ROBERTUS LAURIE de Maxweltoune, hæres Gulielmi Laurie filii secundo geniti Joannis Laurie de Maxweltoune, fratris germani,—in terris de Fleughlarge et pendiculis vocatis Cauldstreame, extendentibus ad 3 mercatas terrarum antiqui extentus, infra baroniam de Snaid et parochiam de Glencairne.—E. 9m.—(Vide Kirkcudbright.) xxxvi. 159.

(310) Mar. 7. 1682.
JOANNES CARLYLL, hæres provisionis Adami Carlyll de Lymkills, avi,—in 1½ acra terrarum vocatarum Over Houses et Potterlands.—E. 13s. 8d. &c. feudifirmæ. xxxvi. 211.

(311) Mar. 17. 1682.
JOANNES JACKSONE unus militum cohortis regiæ, hæres Joannis Jacksone de Newtounfute, patris,—in 6 solidatis 8 denariatis terris antiqui extentus de Over Killielong, infra baroniam et parochiam de Holywoode :—A. E. 6s. 8d. N. E. ....—10 solidatis terris antiqui extentus de Newtoune, infra parochiam et baroniam de Holywood.—A. E. 10s. N. E. .... xxxvi. 136.

(312) Mar. 10. 1684.
JOANNES IRVING junior de Baltenmont filius quondam Agnetæ Charters unicæ filiæ legitimæ quondam Roberti Charteris, qui fuit frater germanus Hugonis Charteris de Glencorse, hæres dicti Hugonis Charters, fratris avi,—in 40 solidatis terrarum de Glencorse antiqui extentus, infra parochiam de Closeburne.—A. E. 40s. N. E. 6l. xliii. 42.

(313) Jun. 5. 1684.
ROBERTUS COMES DE ROXBURGH, hæres masculus et talliæ Roberti Comitis de Roxburgh, Domini Ker, Cesfoord, et Cavertoun, patris,—in terris, dominio, et baronia de Holydean comprehendentibus terras ecclesiasticas de Dumfreis, Staplegortoune, Trailflat, Dundgrie, Morton, et Closeburne, cum aliis terris, &c. in Selkirk, Peebles, Lanark, Ayr, Edinburgh, Kincardine, et Roxburgh :—E. 10l. &c.—terras de Dowglen :—E. 5l.—decimas ecclesiarum de Dumfreis, Staplegorton, Trailflat, Dungrie, Morton, et Closeburne, cum aliis decimis in Roxburgh, Berwick, Selkirk, Peebles, Lanark, Edinburgh, et Kincardine.—E. 40m. albæ firmæ :—omnes unitas in dominium et baroniam de Holyden.— (Vide Roxburgh, Edinburgh, Berwick, Selkirk, Peebles, Lanark, Ayr, Kincardine, Stirling, Linlithgow, Haddington.) xxxvi. 287.

(314) Jan. 5. 1686.
MATHEUS HARSTANES de Craigs, hæres Joannis Harstanes de Craigs, patris,—in 10 libratis terrarum de Over Kelwood, infra parochiam de Dumfreis ;—terris de Neather Kelwood infra parochiam prædictam ;—terris de Bourlands, in parochia de Carlaverock.—A. E. 20l. N. E. 60l. xxxix. 93.

(315) Jan. 5. 1686.
BESSETA M'FADYEAN, hæres Joannis M'Fadyean portionarii de Berswall, avi,—in 7 solidatis 8 denariatis terrarum de Berswalla antiqui extentus, cum pertinentiis vocatis The Gatesyde, et prato de Crariewood nuncupato The Round-meadow, in parochia de Dunscoir.—E. 14s. 4d. xl. 82.

(316) Sep. 2. 1686.
JOANNES DALZELL de Glenae miles baronettus, hæres masculus et talliæ Domini Roberti Dalzell de Glenae militis baronetti, patris,—in terris et baronia de Amisfeild comprehendente terras dominicales de Amisfeild ;—villam de Amisfeild in liberum burgum baroniæ erectam, cum foris et nundinis ;—molendino de Amisfeild ;—terris de Smeidholme, Woodsyde, Robertland, Hailles, Hartbuss, 2 Cotimpanes, Crumisland, Neilsonsland, Netherland, Leikuthill ;—terris de Dalruscan comprehendentibus terras de Parkhill, Fowltoun, Smithtoun, Achinflowers, The Hill, The Atk of Dalruscan, The two Carses of Ae, The two Overlands, the lands called The Broomlaw ;—in terris de Auchnairne comprehendentibus the Overtoun of Auchnairne, and the Neathertown alias the Burne of Auchnane ;—the three Cowshawes ;—in terris de Sheilhill ;—terris de Trailflet of Auchnane, cum lie Skypmyre,

Hunterhouse et maresiis earundem, cum Regia et maresiis;—Spittle et maresiis;—terris de Trailflett comprehendentibus terras de Damhead, Milntoune, Houltoune cum molendino, Lochsyde, Templelands, Waterlaiks, Braide, Cornhill, Braidensland and Illeisland, Bankhead, Whytbank, Hunterhouse, maresiam et regiam ejusdem, Skipmyre;—terras de Drumgrenie comprehendentes the two Barne-Timpans, Englistowne, and Goosdub, the Studriges, the Banks, the two Plewlands, the Hiehaugh-park, the Lang-margown-flatt, Kirkrigg, Bordland, et Hill, Rowntreebush, Kindellhead, Locherhead, et Threepmure;—terris de Glencrose;—terris de Duchray comprehendentibus terras de Corumoroch et Drumglass, the two Duchrays, Clonybarbath, Orioth, Ulioth, the Maines, the two Craigs, Drumbeeks, cum molendino de Duchrays, et piscationibus de Dey, infra baroniam de Amisfeild;—in 20 libratis terrarum antiqui extentus de Mollings, Raehills, Crunzeartowne, Maygaps, Bredingholme, Wellgills cum molendino, in parochia de Garrell;—10 mercatis terrarum de Kirkmichaell cum molendino, et terris arabilibus lie Plewlands;—40 solidatis terrarum de Craigshield et Dalcrum;—terris de Over et Nether Glenkills extendentibus ad 6 mercatas terrarum;—40 solidatis terrarum de Hoilhouse et Deer;—terris de Glenae extendentibus ad mercatam terræ, infra parochiam de Kirkmichaell, cum officio balliatus de Kirkmichaell;—20 libratis terrarum de Drysdaill comprehendentibus terras de Dryffholme, Beckhouse, villam de Drysdaill, Torwood, Bellhill, Belltowne, et Qua, infra senescallatum de Annandaill;—omnibus prædictis terris unitis in baroniam de Glenae.—E. 306*l. taxatæ wardæ.* xxxix. 97.

(317) Dec. 2. 1686.
ROBERTUS MAXWELL de Portract, *hæres* Roberti Maxwell de Portract, *patris,*—in 40 solidatis terrarum de Portract antiqui extentus:—E. 5*m.* et 20*s.* in augmentationem, in integro 6*m.* 6*s.* 8*d.*—40 solidatis terrarum de Meikle M'Whanrick, et dimidia mercata terræ de Litle M'Whanrick, et 20 solidatis terrarum de Glengaber antiqui extentus, in baronia et parochia de Holywood:—E. 10*l.*—20 solidatis terrarum de Hill *alias* Glengumock antiqui extentus, in parochia de Dunscore.—E. 3*l.* xliv. 238.

(318) Maii 20. 1687.
WILLIELMUS COPLAND, *hæres* Joannis Copland nuper præfecti burgi de Dumfreis, *patris,*—in 40 solidatis terrarum de Gullihill:—E. 3*l.* 6*s.* 8*d.* *feudifirmæ*:—20 solidatis terrarum de Dardryne:—E. 2*l.* *feudifirmæ*:—2 mercatis terrarum de Marteinton:—E. 3*l.* 6*s.* 8*d.* *feudifirmæ*:—1 mercata terra de Fuird:—E. 1*l.* 6*s.* 8*d.* *feudifirmæ*:—1 mercata terra de Over Broomrige et Spreard:—E. 1*l.* 13*s.* 8*d.* *feudifirmæ*:—10 solidatis terrarum de Mid Broomrige:—E. 1*l.* 18*s.* *feudifirmæ*:—6 solidatis 8 denariatis terrarum de Stewarton, in parochia de Halywood.—E. 1*l.* 10*s.* *feudifirmæ.* xli. 199.

(319) Nov. 1. 1687.
SAMUEL KILPATRICK in Boag de Deempstertoun, *hæres* Joannis Kirkpatrick de Deempstertoun, *avi,*—in terris de Deempstertoun extendentibus ad 26 solidatas terrarum antiqui extentus, infra parochiam de Dinscore.—E. 43*s.* 8*d.* *feudifirmæ.* xl. 78.

(320) Nov. 25. 1687.
THOMAS BLACK, *hæres* Magistri Gulielmi Black ministri verbi Dei apud Closeburn, *patris,*—in illa parte lie Gleib et terra ecclesiastica garbalium de Dinscoire vocata Maynesland;—alia parte lie gleib et terra ecclesiastica nuncupata Burnsyde continente 6 acras terrarum, infra parochiam de Dinscoire;—portione fossæ terrarum de Glengour, infra parochiam de Hollwood:—E. 40*s.*—10 acris terrarum nuncupatis garbales terras ecclesiasticas de Kirkstyle ad templum de Dinscoire pertinentibus, infra parochiam de Dinscoir.—E. 20*s.* xl. 252.

(321) Dec. 2. 1687.
JACOBUS GREIRSON de Capinoch, *hæres* Joannis Greirsone de Capinoch, *patris,*—in 6 mercatis terrarum de Braecoch antiqui extentus, aliquando infra parochiam de Holiwood et nunc de Keir:—E. 10*l.* 2*s.*—5 libratis terrarum de Shawes de Dalgarnoe et Fisherland, cum turre de Shawes, infra baroniam de Lag et parochiam de Dalgarnoe:—A. E. ...... N. E. ....—terris de Clonrae, Dounfoord, Craighitt, Camling, Craiginnie, et Lag, quæ sunt partes baroniæ de Lag, aliquando baroniæ de Aird, infra parochiam de Tinran.—A. E. ...... N. E. ...... xl. 263.

(322) Dec. 3. 1687.
JANETA ET AGNETA MAXWELLS, *hæredes portionariæ* Jacobi Maxwell de Killblean, *patris,*—in 40 solidatis terrarum de Killblean, infra parochiam de Carlaverock.—E. 1*d.* xl. 226.

(323) Feb. 28. 1688.
MARGARETA, JONETA, NICOLA, AGNETA, ET JEANNA HIDDELSTOUNS, *hæredes portionariæ* Rogeri Hiddelstoun de M'Ubinstoun, *avi,*—in 6 solidatis 3 denariatis terris de Farding-M'Crurie vocatis M'Ubinstoun antiqui extentus, infra baroniam de Dinscoire.—E. 10*s.* xl. 274.

(324) Mar. 2. 1688.
ALEXANDER JOHNSTOUN de Elshiesheillis, *hæres masculus* Joannis Johnstoun de Elshieshiells, *patris,*—in 12 mercatis terrarum antiqui extentus de Esbie, et 1 mercata terræ de Elshiesheills, infra senescallatum de Anandale:—A. E. .... N. E. ....—40 solidatis terrarum de Templand:—A. E. .... N. E. ....—20 solidatis terrarum de Reidhall, infra parochiam de Lochmaben et senescallatum de Anandale:—A. E. .... N. E. ....—dimidia mercatæ terræ de Hows antiqui extentus, infra dictum senescallatum:—E. 6*s.* 8*d.*—annuo redditu 120*m.* de quarta parte 5 mercatarum terrarum de Thorniquhat, infra parochiam de Lochmaben:—annuo redditu 780*m.* de 20 libratis terrarum de Kirkmichaell, infra parochiam de Kirkmichaell, et de 10 libratis terrarum de Dalruskan, infra parochiam de Tindwall:—molendino de Lochmaben, infra territorium burgi de Lochmaben:—E. 40*s.*—5 rudis terrarum infra Crofta de Lochmaben et parochiam ejusdem;—dimidio mercatæ terræ de Aickrig;—terris de Lochfoot;—5 rudis terrarum super crofta dicti burgi;—domo lapicidina de Lochmaben, cum tenemento adjacente;—terris de Spitle-rig, Spitle-mosse, Broomrig, Hawhill, et Heddriehill;—terris de Galloberrie;—2 acris terræ vocatis Skelpielands;—10 acris terrarum super lie Lochbanks;—6 acris terrarum de Boarflat;—2 acris terrarum vocatis Edwards-croft;—dimidia acra et alia dimidia acra terræ inter Laverockhill et Braidchappelgate;—6 rudis terrarum vocatis terris Joannis Locharbie;—10 rudis terrarum vocatis Laverockhill, et 3 acris terrarum vocatis Clubbiesdyks;—11½ rudis terrarum in Stengrennell;—acra terræ vocata Shorelands;—dimidia acra terræ supra molendinum lie Lochsyde;—acra terræ apud Sootiehorne;—rudis terræ inter terras Joannis Hendersone ex boreali, &c.—dimidia acra terræ apud domum Margaretæ Smith;—3 rudis terrarum;—5 rudis terrarum in lie Smiddiecroft, et 10 acris terrarum vocatis Hairdcheiks;—3 dimidiis rudis terræ et 6 rudis terrarum inter communem viam et maresias;—dimidia acra terræ inter terras Andreæ Dods;—6 rudis, aliis 6 rudis, et aliis 3 rudis terrarum inter communem viam ex occidentali;—5 rudis terrarum vocatis Blackhill;—6 rudis terrarum in Blackhill, et 10 rudis terrarum vocatis Symiesclose;—2 acris terræ vocatis Bernardheugh et Langtailed-aicker;—10 rudis terrarum vocatis Constablehill, et illa acra terræ nuncupata William Byer's Aiker;—3 acris terræ vocatis Hackthornsbank, et 10 rudis terrarum vocatis Sandielands;—2 acris terræ vocatis Innerfeild;—3 acris terrarum inter Broomhilloch ex orientali et Craicks-closs ex boreali;—acra terræ vocata Laverockhill;—2 rudis terrarum in Dykelands;—2 acris terræ inter terras Thomæ Kennedy et Wataiker;—acra terræ vocata Wataiker;—10 rudis terrarum vocatis Craickcloss;—terris de Meikle et Litle Whythills, cum diversis domibus, hortis, tenementis, &c. omnibus, infra burgum et territorium burgi de Lochmaben, parochiam ejusdem et senescallatum de Annandale.—E. .... xl. 142.

(325) Maii 8. 1688.
CAROLUS COMES DE SOUTHESK, Dominus Carnegie de Lewchars, &c. *hæres masculus* Roberti Comitis de Southesk, Domini Carnegie de Kinnaird et Leucharis, *patris,*—in 20 libratis terrarum de Hoddam;—40 solidatis terris de Hoddamstanes, cum illa pecia terræ Waird de Hoddamstanes vocata:—A. E. 5*l.* N. E. 20*l.*—5 libratis terrarum de Eaglesfecham, infra senescallatum de Annandaill, olim annexatis baroniæ de Herreis:—E. 5*l.*—terris de Smallgills;—terris de Beatock, et Beatock-park, in baronia de Lochmaben, et senescallatu de Annandale:—E. 6*l.*—terris de Slenriesheill et Newbigging, infra baroniam de Arrickstanes et prædictum senescallatum.—E. 3*l.*—(Vide Fife, Forfar, Kincardine, Peebles, Selkirk, Kirkcudbright, Aberdeen.) xl. 178.

(326) Feb. 14. 1689.
RABECCA KILPATRICK, *hæres* Samuelis Kilpatrick in Boig de Deempsterton, *nepotis,*—in terris de Deempstertoun extendentibus ad 26 solidatas terrarum antiqui extentus, infra parochiam de Dinscoir.—E. 43*s.* 8*d.* xl. 304.

(327) Mar. 25. 1690.
JOANNES JOHNSTOUN, *hæres* Joannis Johnstoun de Clauchrie, *patris,*—in terris de Neather Clauchrie et Knowhead extendentibus ad 22 solidatas terrarum antiqui extentus, cum pasturagio circiter montem nuncupatam Blackcraig, &c.—2½ mercatis et 10½ denariatis terrarum antiqui extentus de 5 mercatis terrarum de Auldgirth;—40 denariatis terrarum de Dunduff, cum pasturagio circiter montem de Fairoch, infra parochiam de Dalgairnoe:—E. 8*l.* 18*s.* 7*d.*—40 solidatis terrarum de Over et Mid Clauchries, infra dictam parochiam de Dalgarnoe.—E. 10*m.* xli. 91.

(328) Maii 24. 1690.
GEORGIUS LOCKART de Carnwath, *hæres masculus* Domini

Georgii Lockart de Carnwath, Domini Præsidis Sessionis, patris,—in terris de Ellioch extendentibus ad 26 mercatas terrarum antiqui extentus, infra baroniam et regalitatem de Drumlanerk :—A. E. 17*l.* 6*s.* 8*d.* N. E. 52*l.*—40 solidatis et 40 denariatis terrarum de Ellioch ;—40 solidatis terrarum antiqui extentus de Euquhan, infra baroniam de Sanquhair, et per annexationem infra baroniam et regalitatem de Drumlenerk *alias* New-Dalgarno, in speciale warrantum terrarum et baroniæ de Carnwath.—E. 4*l.* 3*s.* 4*d. feudifirmæ.*—(Vide Lanark, Edinburgh, Haddington, Roxburgh.) xlii. 145.

(329) Jan. 22. 1691.

WILLIELMUS IRVING de Auchinbedrig filius Georgii Irving de Auchinbedrig, *hæres* Willielmi Irving de Auchinbedrig, *avi,*—in terris de Auchinbedrig ;—terris de Alfornocht, Rispettedge, Stanieries, et Pockeskine, extendentibus ad 10 mercatas terrarum antiqui extentus, infra regnum Scotiæ, comitatum de Nithisdaill, dominium de Maxuelle per annexationem, et senescallatum Vallis Annandiæ.—A. E. 10*m.* N. E. ...... xli. 444.

(330) Apr. 20. 1691.

DOMINUS ALEXANDER GORDOUN (vel JORDAN) de Aplegirth miles, *hæres* Domini Alexandri Jordan de Aplegirth, *patris,*—in terris et baronia de Aplegirth cum advocatione ecclesiæ parochialis de Aplegirth ;—terris de Poldean et Melkimoss ;—40 solidatis terrarum antiqui extentus de Danbie, omnibus infra senescallatum de Annandale.—E. 550*m. taxatæ wardæ.* xlii. 117.

(331) Nov. 10. 1691.

WILLIELMUS BELL de Crowdiknow filius Joannis Bell de Crowdiknow, *hæres masculus* Thomæ Bell de Crowdiknow, *fratris germani,*—in terris de Carruthers, viz. 4 mercatis terris de Park ;—terris vocatis Carruther's croft ;—20 solidatis terris de Crowdiknow ;—terris vocatis Croftlands ;—terris vocatis Craigslands ;—terris vocatis Limbridge, cum molendino granario ;—terris de Tanna ;—terris de Middingtoun, Knowes, et Hotcroft ;—terris de Craige ;—terris vocatis Betwixt the Waters ;—terris de Bagthrople ;—terris de Britleyes ;—terris de Patrickholme ;—terris de Chappell, cum omnibus aliis terris de Carruthers, infra senescallatum Vallis Annandiæ.—E. 8*l. feudifirmæ.* xlii. 303.

(332) Jan. 28. 1692.

AGNETA, JOANNA, ET EUPHAMIA MURRAYS, *hæredes portionariæ provisionis* Domini Roberti Murray de Prestonfeild, *patris,*—in annuo redditu 459*m.* correspondente summæ principali 7650*m.* de 5 mercatis terrarum antiqui extentus de Altoune, infra parochiam de Moffat, baroniam de Poumeis per annexationem, et infra senescallatum Vallis de Annandale.—E. 1*d. albæfirmæ.* xlv. 841.

(333) Apr. 12. 1692.

DOMINUS JACOBUS CARMICHAELL de Boningtoun baronettus, *hæres masculus* Domini Jacobi Carmichaell de Boningtoun militis, *avi,*—in annuo reditu 480*m.* correspondente 8000*m.* de 6 mercatis terrarum de Blacklaw, et 5 mercatis terrarum de Greinhill et decimis, infra parochiam de Moffet et senescallatum de Annandale, pro principali ;—et de terris villæ de Moffatt et terris eisdem spectantibus, feudifirmis, decimis, allisque divoriis earundem in warrantum.—E. 1*d.*—(Vide Lanark, Ayr, Berwick.) xliii. 2.

(334) Jun. 2. 1692.

ISABELLA, MARIA, ET ELIZABETHA CRIGHTOUNES, *hæredes portionariæ* Gulielmi Crightoune nuper vicecomitis deputati vicecomitatus de Air, *patris,*—in annuo redditu 120*l.* tertia parte annui redditus 360*l.* correspondente 9000*m.* de 20 libratis terrarum antiqui extentus de Duncow cum molendino, infra parochiam de Traquair. xliii. 474.

(335) Jun. 27. 1692.

JOANNES KIRKOE, *hæres* Joannis Kirkoe portionarii de Glengaber, *patris,*—in 20 solidatis terrarum in Glengaber antiqui extentus :—E. 43*s.* 4*d.*—10 solidatis terrarum antiqui extentus de dictis terris de Glengaber :—E. 21*s.* 9*d.*—infra baroniam et parochiam de Holywood. xliii. 20.

(336) Aug. 23. 1692.

JACOBUS JOHNSTOUNE, *hæres* Roberti Johnstoune mercatoris burgensis de Edinburgh, *patris,*—in 5 libratis terrarum de Meikle Carriffan, et 3 libratis terrarum de Litle Carifan, infra parochiam de Moffat et senescallatum Annandiæ ;—5 mercatis terrarum de Gillenbeirigg, et 20 solidatis terrarum de Hopnaw, infra parochiam de Sibblebie et senescallatum Annandiæ ;—4 libratis terrarum de Selcoth, infra parochiam et regalitatem de Moffat et senescallatum Annandiæ.—A. E. ...... N. E. .... xliii. 37.

(337) Mar. 22. 1694.

JOANNES COMES DE CARNWATH, *hæres masculus* Jacobi

Comitis de Carnwath, *fratris germani,*—in terris de Ellioch extendentibus ad 36 mercatas terrarum antiqui extentus, infra baroniam et regalitatem de Drumlangrig :—A. E. 17*l.* 16*s.* 8*d.* N. E. 52*l.*—40 solidatis et 40 denariatis terrarum de Ellioch, et 40 solidatis terrarum de Euchan antiqui extentus, infra baroniam de Sanquhar, et per annexationem infra dictam regalitatem de Drumlangrig *alias* vocatam New-Dalgarno.—E. 4*l.* 3*s.* 4*d.* xliv. 21.

(338) Apr. 20. 1694.

JOANNES JOHNSTOUNE de Brackensyde, *hæres* Jacobi Johnstoune de Brackensyde, *fratris germani senioris,*—in 5 mercatis terrarum antiqui extentus de Braickensyde et Cocketts, cum parte et pendiculo proprie ad easdem pertinente, vocata 1 mercata terræ de Coume, infra parochiam de Moffet et senescallatum de Annandale :—E. 5*m.*—5 mercatis terris de Hillhead antiqui extentus, infra parochiam de Drysdale et senescallatum de Annandale.—A. E. .... N. E. .... xlv. 888.

(339) Maii 11. 1694.

AGNETA MAXWELL sponsa Jacobi Fergussone de Fourmerkland, *hæres* Quintigerni Maxwell de Fourmerkland, *avi,*—in 3 mercatis terrarum de Fourmerkland antiqui extentus :—E. 4*l.* 6*s.* 4*d. feudifirmæ* :—10 solidatis terrarum de Newtoune :—E. 23*s.* 8*d. feudifirmæ* :—10 solidatis terrarum in Newtoune lie Skeochthorne nuncupatis antiqui extentus :—E. 24*s.* 8*d. feudifirmæ* :—40 denariatis terrarum de Langlands :—E. 10*s. feudifirmæ* :—molendino fullonario lie Walkmilne nuncupato, in parochia et baronia de Holywood.—E. 30*s. feudifirmæ.* xliv. 41.

(340) Sep. 27. 1694.

GULIELMUS BELL de Godsbridge, *hæres* Georgii Bell de Godsbridge, *patris,*—in 4 libratis terrarum antiqui extentus de Dunnandbie, infra parochiam de Carrutheris, regalitatem de Drumlangrig et senescallatum de Annandale :—E. 4*l.* &c. *feudifirmæ* :—2 mercatis terris de Godsbridge vocatis Grahamshall, Darglahills, Langlands, et Innerstainbairk, et Halfcroft in Moralrighead, infra parochiam de Midlebie, senescallatum de Annandale et regalitatem de Moffat.—E. .... xliv. 186.

(341) Jan. 1. 1695.

JOANNES CRAICK de Stewartoune, *hæres* Jacobi Craick de Stewartoune, *patris,*—in 20 solidatis terrarum de Skinfoord :—E. 23*s.* 6*d.*—20 solidatis terrarum de Straquhan :—E. 41*s.* 1*d.*—infra parochiam de Holywood. xlv. 37.

(342) Jan. 1. 1695.

JOANNES CRAIK de Stewartoune, *hæres* Joannis Craick mercatoris burgensis de Drumfreis, *avi,*—in 2 mercatis terrarum de Snaid ;—2 mercatis terrarum de .... ;—1 mercata terrarum de Moffatstoune ;—1 mercata terrarum de Gatesyde ;—2 mercatis terrarum de Kelliestoune ;—2 mercatis terrarum de Coitstoune ;—30 solidatis terrarum de Compstoune, cum molendino granario de Snaid, et 40 denariatis terrarum eidem pertinentibus, cum aliis privilegiis dicto molendino pertinentibus, viz. multuris omnium granorum in terris dictæ baroniæ crescentium cum omnibus pendiculis, quæ sunt propriæ partes terrarum et baroniæ de Snaid, cum officio ballivatus in ulla parte dictarum terrarum.—E. 21*l.* 3*s.* 4*d.* xlv. 39.

(343) Oct. 5. 1695.

ROBERTUS GILLISONE, *hæres* Joannis Gillisone in Burnfoot, *patris,*—in 5 solidatis terrarum in Burnfoot antiqui extentus, in baronia de Holiewood.—E. 12*s.* 6*d.* xlv. 91.

(344) Oct. 22. 1695.

JACOBUS DUX DE QUEINSBERY, *hæres masculus et lineæ et talliæ* Gulielmi Ducis de Queinsbery, *patris,*—in terris et baronia de Drumlangrig comprehendente terras et baroniam de Drumlangrig, cum piscationibus in aqua de Nith ;—terras et baroniam de Tibbers, cum castro et castle-moat ejusdem et molendinis granariis et fulloniis, comprehendentes 13¼ mercatas terrarum de Brandrie ;—13¼ mercatas terrarum de Mitchell-slacks ;—8 mercatas terrarum de Tibbers cum piscationibus earundem, comprehendentes 4 mercatas terrarum de Mollochfoord ;—4 mercatas terrarum de Balgray cum molendino ;—2 mercatas terrarum de Balgrayhills ;—......... mercatas terrarum de Birks ;—2 mercatas terrarum de Cleughhead ;—2 mercatas terrarum de Cleughfote ;—2 mercatas terrarum de Know ;—3 mercatas terrarum de Auchinknaight ;—6 mercatas terrarum de Auchingassell cum manerieí loco ;—6 mercatas terrarum de Auchinbainzie ;—6 mercatas terrarum de Glenfreuchoch ;—40 solidatas terrarum de Whythill ;—40 solidatas terrarum de Glengar ;—3 libratas terrarum de Fardingattan et Clachanholme cum molendino ejusdem ;—20 solidatas terrarum de Eight-crosses ;—5 mercatas terrarum de Auchinbreck ;—6 mercatas terrarum de Mid Shinnell, et Shinnellhead, omnes antiqui extentus ;—terras de Craigencoons, Pinzearie, Bennens, Killiewar-

G

ran, et Corsferdin;—terras de Locherben, Garroch, Gubhill, Knockenshang, et Birkhill, omnes in baronia de Tibbers, cum omnibus aliis terris et pertinentiis dictarum terrarum et baroniæ de Tibbers ubicunque jacent;—10 mercatas terrarum antiqui extentus villæ et terrarum de Dalgarno *alias* Longcroft;—50 solidatas terrarum de Glencorse *alias* Corsburne et Drumfadzean;—terras de Knock;—terras de Auchinskeoch, Meikleholme, Comerew, cum pendiculis nuncupatis tertiam partem de Dalfeable, cum 2 Garbells, et pendiculis nuncupatis Shilrig, Courans, et Boarans, extendentes in integro ad 48 libratas terrarum antiqui extentus, cum maneriei loco nuncupato Ross, et terris dominicalibus, molendinis et terris molendinariis earundem;—10 libratas terrarum de Carrutheris, Dunnabie, et Kettleclose *alias* Kirkhillhouse, omnes antiqui extentus, in senescallatu Vallis Annandiæ;—20 libratas terrarum de Mouswall, Houthwat, et Heleinhill, cum advocatione ecclesiæ de Mouswall;—20 libratas terrarum antiqui extentus de Logan-tenement *alias* Portiornell, cum molendinis earundem;—10 libratas terrarum de Dornock cum dimidio piscationis terrarum de Dornock;—40 solidatas terrarum antiqui extentus de Crumertries;—........ mercatas terrarum de Stanneries;—20 libratas terrarum de Pendersauchs, cum advocatione ecclesiæ ejusdem;—5 mercatas terrarum de Westkills;—2 mercatas terrarum antiqui extentus de Hoddam;—10 mercatas terrarum de Midlebie, cum advocatione ecclesiæ ejusdem;—1 mercatam terræ antiqui extentus de Holmes de Annand nuncupatis Blewberrielands;—dimidiam mercatam terræ de Westwood;—20 solidatas terrarum de Rockhillgill;—20 solidatas terrarum de Reidhall, infra senescallatum Vallis Annandiæ;—omnes unitas cum aliis terris in vicecomitatu de Kirkcudbright, in baroniam et regalitatem de Drumlangrig:—A. E. 328*l.* N. E. 984*l.*—in terris, baroniis, et dominio de Torthorwall, inibi comprehendentibus terras et baroniam de Carlisle ad 80 mercatas terrarum extendentes;—terras de Kinmount, Cummertries, Breadkirk, Palbank, Muirhouse, ad 40 libratas terrarum antiqui extentus extendentes, cum turre et fortalicio de Kilhead, salmonum piscationibus, et aliis pertinentiis;—terras de Lockerwood ad 10 libratas terrarum extendentes;—terras de Dornock ad 8 libratas terrarum extendentes, cum molendinis et piscationibus earundem;—terras de Todholls, Stank, Butterdaills, Foulsyck et Eastrigs, cum advocatione ecclesiæ de Dornock;—10 mercatas terrarum de Forduff;—23 mercatas terrarum de Midlebie, cum advocatione ecclesiæ de Midlebie;—10 mercatas terrarum de Luce, cum advocatione ecclesiæ de Luce;—20 libratas terrarum de Kirkconnell;—42 libratas terrarum de Rocklehead, Kindlehead, Holmshaw, et Cogries;—5 mercatas terrarum de Bridgmoir, Todellmure, et Righead;—5 mercatas terrarum infra burgum de Annand;—25 mercatas terrarum de Thornick;—5 mercatas terrarum de Marjoribanks;—20 libratas terrarum de Auldcoats et Ballochard;—5 mercatas terrarum jacentes in burgo de Lochmaben, infra senescallatum de Annandale:—E. 800*m.*—in terris de Neither Dalvein extendentibus ad 6 mercatas terrarum;—$6\frac{1}{2}$ mercatis terrarum ambarum partium de Over Dalvein, cum molendinis ejusdem;—7 mercatis terrarum de Gaitslacks et Murrays;—3 mercatis terrarum de Halfpennyland;—5 mercatis terrarum de Dursdear;—terris de Castlehill, cum terris dominicalibus ejusdem, et Cottonhouse;—terris de Burngrains et Stairbeet;—terris de Muirloch et Cloch;—terris de Sourlands;—terris dominicalibus de Whytfauld et Galloflatt ad $7\frac{1}{2}$ mercatas terrarum antiqui extentus extendentibus;—2 mercatis terrarum de Mortounholme;—$7\frac{1}{2}$ mercatis terrarum de Earsmortoune;—3 mercatis terrarum de Broomrig;—8 mercatis terrarum de Dobtoune;—12 mercatis terrarum de Thornhill;—4 mercatis terrarum de Carronhill;—9 mercatis terrarum de Drumcork;—3 mercatis terrarum de Laight, omnibus jacentibus infra parochias de Mortoune et Dursdeir:—E. ....—in terris de Bellibught:—E. ....—terris de lie Messrs-lands (Messenger's-lands ?) et Grachnen (Grennan ?) ad 26 solidatas terrarum nuncupatas Ashtries antiqui extentus extendentibus, jacentibus in Tibbers in baronia de Lag, una cum piscationibus tam salmonum quam aliorum piscium in aquis de Nith, Solway, et Annand, aliisque aquis:—E. ....—terris de Drumshinnock;—mora vocata Mortoune-muire in baronia de Mortoun, cum privilegio regalitatis:—A. E. 2*m.* N. E. 6*m.*—privilegio liberi burgi baroniæ et regalitatis vocati Dalgarno:—E. 1*d.*—omnibus erectis in comitatum de Queinsberrie et dominium de Drumlangrig:—in terris, baronia, et dominio de Sanquhar, comprehendentibus castrum et maneriei loco de Sanquhar;—terras nuncupatas Barpark;—terras nuncupatas Maines;—terras de Over et Neather Hills;—terras de Kilnliesyd;—Over et Neather Drumbanzeans, Glenaldie, Glenhead, Glenbarrie, Tireuchoch, Glengarb, Glengassie, Craufurd, Carkass, Burnfote, Over et Neather Connelbuss, Kilsyd, Drumbillie, Glenlie, Clarkleith, Duntercleugh, et Coig nuncupata Kings-Coig;—terras de Neather-Coig nuncupatas Aicker-Coig;—terras de Cagshead;—terras de Marchdyk, Glengaber, Wanlocksyd, Kinkaner, Courig-boig, Bronlies, Burnhead, Lochlie, Auchintaggart, et terras nuncupatas Quarter;—terras de Lochburne, Ryhill, Kirkland, Tounhead, Litle et Meikle Carkaes, omnes intra baroniam de Sanquhar jacentes, cum capellanariis ejusdem;—in 8 mercatis terrarum de Glenmucklock;—6 mercatis terrarum de Fardein;—3 mercatis terrarum de Guffockland;—6 mercatis terrarum de Kirkengreg;—3 mercatis terrarum de Warsyd de Corsbeck antiqui extentus, in parochiis de Sanquhar et Kirkconnel;—terris de Craufurdtoune antiqui extentus;—terris et baronia de Glencairne, cum advocatione ecclesiarum et capellaniarum earundem, et cum omnibus aliis partibus et pendiculis dictarum terrarum et baroniæ de Sanquhar, Craufurdtoune, et Glencarn, cum salmonum piscationibus aliisque piscationibus, et decimis dictarum terrarum et baroniæ:—A. E. 132*l.* 17*s.* N. E. 396*l.* 11*s.*—terris de Wintrophead, cum decimis rectoriis et vicariis earundem, intra senescallatum Vallis Annandiæ:—E. 40*l.*—quæquidem terræ, dominium, et baroniæ de Sanquhar, Craufurdtoune, et Glencairne, aliaque respective suprascripta, sunt erectæ in liberam regalitatem, cum libera capella et cancellaria, et unitæ sunt in dictum comitatum de Queinsberrie, et regalitatem de Drumlangrig, tanquam propriam partem dictorum comitatus et regalitatis:—in 10 libratis terrarum de Kirkmichell, cum molendinis, terris molendinariis, et Plewlands ejusdem;—terris de Cashogle et Trosten, Chappell, Inglistone, et Collin, in parochiis de Kirkbryd et Durisdeir respective;—5 mercatis terrarum de Kirkland de Kirkbryd, cum molendinis et terris molendinariis in parochia de Kirkbryd;—quæquidem terræ sunt propriæ partes dictarum terrarum, dominii, comitatus, et regalitatis de Drumlangrig;—Glyblands et Kirklands de Mortoune in parochia de Mortoune, quæ sunt etiam partes dictorum dominii, comitatus, et regalitatis;—advocationibus ecclesiarum et parochiarum de Kirkconnell in Nithsdale, Kirkmichell, Kirkbryd, Glencairne, Durisdeir, Mortoun, Tinron, Garrell, et Cummertries, Echelfechan, Terregles, Lochruton, Kirkeane (Kirkbeane ?) Cowend, Carlaverock, aliarumque ecclesiarum suprascriptarum, jacentium intra vicecomitatus, dominia, baronias, et regalitates respective suprascriptas:—E. ....;—quæquidem integræ terræ, comitatus, dominia, baroniæ, regalitates, aliaque particulariter suprascripta, de novo unita et incorporata sunt in libero comitatu, dominio, baronia, regalitate, et justiciario, cum libera capella et cancellaria intra bondas ejusdem, vocatis comitatum de Queinsberrie et dominium de Drumlangrig:—in terris et baronia de Durisdeir:—E. 100*l.*—12 mercatis terrarum de Thornhill;—8 mercatis terrarum de Dobtounes;—4 mercatis terrarum de Carronhill;—7 mercatis terrarum de Earsmortoune;—9 mercatis terrarum de Drumcork;—2 mercatis terrarum de Mortounholme;—terris vocatis Oldcastle de Mortoune;—terris de Buss et Burne;—terris de Mortoun-maynes;—terris de Over et Neather Laights;—terris de Whytfauld et Gallowflat;—terris de Blairfoot et Reddings;—terris de Drumshornoch (vel Drumshinnoch);—terris de Broomrig;—terris de Hutgill (vel Hallgill);—molendino de Mortoune, cum terris molendinariis et multuris ejusdem;—terris de Gaitlawbridge;—terris de Over Kirkland;—terris de Longmyre, cum silvis, et salmonum piscationibus aliisque piscationibus in aqua de Nith;—communitate et mora vocata communi de Mortoune, correspondente terris aliisque suprascriptis in baronia de Mortoune jacentibus, cum annexatione in regalitate de Drumlangrig;—officio balliatus baroniæ et regalitatis intra limites terrarum aliarumque suprascriptarum, et decimis tam rectoriis quam vicariis:—E. ......—terris et baronia de Dalswinton et Conheath, unitis in baroniam de Dalswinton;—terris de Glemead (Glenmead ?) ad 3 mercatas terrarum antiqui extentus extendentibus, in parochia de Dalswintone:—E. 46*l.*—advocatione ecclesiæ parochialis de Kirkmahoe:—E. 1*d.*—7 mercatis terrarum de Parzeill (vel Jarrell);—5 mercatis terrarum de Kirktoune de Kirkmahoe;—8 solidatis terrarum de Millhead;—10 solidatis 4 denariatis terrarum de Holme;—5 solidatis terrarum de Crystockhall;—6 solidatis 8 denariatis terrarum de Cutle-aicker;—6 solidatis 8 denariatis terrarum de Auldhill (vel Auleghill);—40 denariatis terrarum de Pousland (vel Cousland);—extendentibus in integro ad 10 libratas terrarum antiqui extentus, in parochia de Kirkmahoe:—E. 22*l.*—terris de Drumcruell;—terris de Auchensell;—terris de Muirhill, quæ sunt partes baroniæ de Enoch, in parochia de Durisdeir:—E. 32*l.*—terris de Blackmyre:—E. 3*l.*—20 mercatis terrarum antiqui extentus de Midlebie, in senescallatu Vallis Annandiæ, cum privilegio liberæ regalitatis intra bondas dictarum terrarum:—E. ....—plumbea fodina hactenus inventa intra terras et baroniam de Sanquhar, ac etiam in omnibus aliis fodinis, aureis, argenteis, stanneis, plumbeis, cupris, omniumque aliorum mineralium et metallorum intra bondas terrarum, dominiorum, baroniarum, aliarumque respective suprascriptarum, cum decima parte earundem:—E. 20*m.* *feudifirmæ*:—quæquidem terræ et baronia de Durisdeir, terræ de Thornhill, Dobtouns, Carronhill, Carsmourtoune, Drumcork, Mortounholme, Old-castle de Mortoune, Buss, et Burne, et terræ de Mortoun-maynes, Over et Neither Laights, Whytfauld, Galloflat, Blairfoot, et Reddings;—terræ de Drumshinnoch, Broomrig, Hallgill, et molendinum de Mortoun, cum terris molendinariis;—terræ de Gaitlawbridge, Over Kirkland, et Longmyre;—piscationes in aqua de Nith, et communitas in mora de Mortoune et pertinentia, in baronia de Mortoune jacentes;—dictæ terræ et baronia de Dalswintone et Glenmead, et 10 libratæ terrarum in parochia de Kirkmahoe ;—dictæ terræ de Drumcruill, Auchinsell, et Muirhill ;—terræ de Blackmyre, et 20 mercatæ terrarum de Midlebie cum piscationibus ;—et fodinæ plumbi aliæque fodinæ, mineralia et metalla suprascripta, et decima pars earundem ;—omnes unitæ, annexatæ et incorporatæ erant cum aliis terris ad terras, dominia, baronias, et regalitatem de Drumlangrig antedictas :—in hæreditario officio vicecomitis vicecomitatus de Drumfreis, et hæreditario officio Coronatoris dicti vicecomitatus :—E. 1d. albæ firmæ :—40 solidatis terrarum antiqui extentus de Glencorse in parochia de Closeburne :—E. 10m.—20 solidatis terrarum antiqui extentus vocatis Templand, in senescallatu Vallis Annandiæ et parochia de Lochmaben :—E. 40d.—20 lie faulds de Croftingland pro horto in burgo de Santquhar jacentibus, ab orientali latere ejusdem, omnibus intra lie Barron-rudes de Sanquhar ;—dimidio dimidii terrarum vocatarum Waltrees, in burgo de Sanquhar et territoriis ejusdem ;—tofta et dimidio toftæ terrarum in burgo de Sanquhar et territoriis ejusdem ;—tofta et dimidio toftæ terrarum in septentrionali latere dicti burgi ;—tenemento terræ et horto eidem adjacente ex septentrionali latere ejusdem, jacente in lie Milneraw ducente ad molendinum de Cranick ;—tenemento terræ et terris de Polvernock et Neathercrofts, cum lie soumes grass in communi mora dicti burgi ;—pecia terræ nuncupata Davidsale.—E. servitium burgale.—(Vide Lanark, Kirkcudbright.) xlv. 175.

(345) Dec. 31. 1695.
JOANNES JOHNSTOUNE unicus legitimus filius inter Elizabetham Cuninghame filiam legitimam quondam Magistri Joannis Cuningham de Dargavells, et Joannem Johnstone Doctorem Medicinæ in Paisley, hæres dictæ Elizabethæ Cuninghame, matris,—in 40 solidatis terrarum de Dargavells alias Lochermos, in parochia de Drumfreis.—A. E. .... N. E. .... xlvi. 409.

(346) Maii 26. 1696.
GULIELMUS COMES DE NITHSDALE, Dominus Maxwell, Herreis, Eskdale, et Carlyll, hæres masculus et linealis et talliæ Roberti Comitis de Nithsdale, Domini Maxwell, Herries, Eskdale, et Carlyell, patris,—in terris et baronia de Carlaverock et Locherwood, cum castro, et advocatione ecclesiæ de Carlaverock :—E. 190l.—terris de Sprinkell, Nætoune, et Logane, infra senescallatum de Annandale :—officio senescallatus de Kirkcudbright :—E. 45l.—terris de Garnsalloch, Durisquhen, et superioritate 5 libratarum terrarum antiqui extentus infra territorium burgi de Dumfries :—E. 75l.—terris et baronia de Tinwall extendentibus ad 20 libratas terrarum antiqui extentus :—advocatione ecclesiæ de Tinwall, cum terris de Monreith in Wigtoun :—A. E. 40l. N. E. 120l.—unitis in baroniam de Tinwall :—20 libratis terrarum de Duncow antiqui extentus :—E. 82l. 13s. 4d.—16 libratis terrarum de Keir antiqui extentus, cum salmonum piscaria in aqua de Nith ; —4 libratis terrarum de Bardannochs ;—4 libratis terrarum de Kilbryde (vel Kirkbryde) ;—3 libratis terrarum de Barjarg, Ferding-James, et Barbuy ;—40 solidatis terrarum de Blackwood et Ronalstoune ;—40 solidatis terrarum de Barscotland ;—4 libratis terrarum de Allantoune ;—20 solidatis terrarum de Suire cum piscaria salmonum in aqua de Nith in baronia de Holywood :—E. 88l. —6 mercatis terrarum de Baltersan antiqui extentus :—officio balliatus de Holywood ;—3 mercatis terrarum de Glenesland antiqui extentus, pro feodo et laboribus in usu officii balliatus de Halywood infra baroniam ejusdem :—E. 27l.—molendino de Keir et Allantoune, cum 2 molendinis de Cloudon :—E. 22l. &c. firmæ :— 10 mercatis terrarum de Arkletoune ;—20 libratis terrarum de Meikledale, infra bondas de Eskdale ;—12 mercatis terrarum de Wrathes lie Over et Neather Wrathes nuncupatis, infra parochiam de Neatheresnes (Nether Ewes ?) :—E. 34l. 13s. 4d.—piscatione super aqua de Annan vulgo vocata the Quarter tyde :—E. 13s. 4d. firmæ :—20 libratis terrarum de Turmore, Montarig, Roberthill, Tuckiesholme, infra baroniam de Dryvisdale et senescallatum de Annandale :—E. 20l.—terris de Drivisdale ;—terris de Bengaw ;— terris de Carruthers, infra senescallatum de Annandale :—E. 40l. —49 mercatis 2 solidatis terrarum de Kirkpatrick-Durham subscriptis, viz. 40 solidatis terrarum de Culshangan ;—40 solidatis terrarum de Turbraroch (vel Tarbraoch) ;—20 solidatis terrarum de Kirkland ;—40 solidatis terrarum de Moniedew ;—38 solidatis 8 denariatis terrarum de Nether Marketnae (vel M'Cartnay) ;— 40 solidatis 40 denariatis terrarum de Bardarroch ;—40 solidatis terrarum de Margley ;—40 solidatis terrarum de Trallhay (vel Traglehay) ;—40 solidatis terrarum de Arkland ;—40 solidatis terrarum de Armyng (vel Auldmyng) ;—40 solidatis terrarum de Culfade ;—40 solidatis terrarum de Barmofatis (vel Barmofatie) ;— 40 solidatis terrarum de Drumconchra (vel Drumtochra) ;—5 mercatis terrarum de Auchinley (vel Argley) ;—mercata terrarum de Darngarroch ;—40 solidatis terrarum de Knockwalloch ;—2 mercatis terrarum de Over Barr ;—2 mercatis terrarum de Neather Barr, et molendino earundem, infra senescallatum de Kirkcudbright, et vicecomitatum de Dumfries :—E. 130m. 8s. 8d. firmæ : —terris et baronia de Prestoun et advocatione ecclesiarum, cum jure liberæ regalitatis infra bondas dictæ baroniæ, disunitis a comi-

tatu de Mortoun et Dominio de Dalkeith, et erectis in baroniam : —E. 60l.—advocatione ecclesiæ de Neather Ewes, terris ecclesiasticis, et decimis ;—advocatione ecclesiarum de Wauchope et Sibbalbie, et decimis :—E. 20s.—magna domo seu palatio in Drumfreis, cum hortis et horreis, ex orientali latere burgi de Drumfreis, et 2 ustrinis et hortis apud aquam de Nith, infra burgum de Drumfreis :—E. servitium burgi :—30 mercatis terrarum de Kirkconnell antiqui extentus, infra parochiam de Kirkconnell et senescallatum de Annandale ;—advocatione ecclesiæ de Kirkconnell ;— 3 mercatis terrarum de Auldermanseat ;—1½ mercata terrarum de Buss ;—3 mercatis terrarum de Fairholmflatts ;—3 mercatis terrarum de Southwood ;—2 mercatis terrarum de Firth et Forresterscroft ;—1¼ mercata terrarum de Smelholme ;—3 mercatis terrarum de Henelsyde ;—3 mercatis terrarum de Auld-Logane ;—1 mercata terrarum de Greinwrae ;—5 mercatis terrarum de Cowholme (vel Trueholme, vel Crueholme), et Hielayes ;—1 mercata terræ de Garcruiks ;—3 mercatis terrarum de Pengaw (vel Burgray) ;— 1½ mercata terræ de Tynpenbreiksydes ;—3 mercatis terrarum de Kirkriggs ;—dimidia mercata terræ de Watt (vel Wattslie) ;—terris vocatis Mansehousesteids (vel Mansionhouse-steids) ;—terris de Chartrustirren ;—3 mercatis terrarum de Blackfork ;—3 mercatis terrarum de Trailtrow, cum hospitali et terris hospitalibus eidem spectantibus, infra senescallatum de Annandail :—E. 45l.—terris de Flask alias Flaskholme ;—terris de Glendovan et Howgill ;—terris de Burngreins ;—terris de Wolfhope (vel Woulphope) ;—terris de Park alias Buss ;—53 solidatis 4 denariatis terrarum de Murthrum ; —5 libratis terrarum de Gallowsyde ;—40 solidatis terrarum de Neis ;—26 solidatis 8 denariatis terrarum in Watergrange (vel Watergrains) ;—40 solidatis terrarum in Bridgeholmes (vel Bigholme) ;—43 solidatis 4 denariatis terrarum de Glencorse (vel Glencoffe) antiqui extentus, partibus et pendiculis terrarum de Wauchopdale ;—terris de Turronow (vel Tuirannan) ad 3 libratas 6 solidatas 8 denariatas terrarum extendentibus antiqui extentus : —E. 37l. 13s. 4d.—terris de Dunscore, Willieholme et Trueholme ;—terris de Tounsteads (vel Trunsteids) ;—terris de Halieshaw ;—terris de Saint Brydeshill ;—terris de Wittingstounholme (vel Puttingstunholme) ;—terris de Raeknowes ;—terris de Glentenmonthead ;—terris de Tannalie ;—terris de Waterholmes et Birslands ;—terris de Bloak (vel Blisses) ;—terris de Brockenhirdshole (vel Brockenhirdsheill) ;—terris de Blosburnfoot et Corsmangan (vel Corsmongaw) ;—terris de Irishaugh ;—terris de Thomashill (vel Thomasholme) ;—terris de Newlands ;—terris de Baitloy (vel Baitlois) ;—terris de Birnlie ;—terris de Callfeild cum molendino ;—terris de Midleholme (vel Milnholme) ;—terris de Stackheugh (vel Stackhaugh) ;—terris de Stockholme (vel Stobholme) ; —terris de Rointrielie et Monkireland (vel Moncreland), cum advocatione ecclesiæ de Wauchope ;—salmonum piscationibus in aquis de Esk et Wauchope, omnibus in Wauchopdaill ;—terris de Blisses in Ewisdale (vel Eskdale) ;—terris de Park ;—terris de Craigielands ;—terris de Carruther'scroft ;—terris de Cross (vel Crossie) ; —terris de Craigie ;—terris de Hottcrofts et Middingknowes ;— terris vocatis Between-the-Waters ;—terris de Tannowsyde (vel Tannasyde) ;—terris de Whytleyes ;—terris de Bagthrople ;—terris nuncupatis The Chappell ;—terris nuncupatis Patrickholme ; omnibus jacentibus in Carrutheris, cum advocatione ecclesiæ de Carruthers ;—terris de Dryvisdaill et Bengaw :—E. 40s. feudifirmæ :— terris de Langholme et burgo baroniæ ejusdem ;—terris de Broomholme ;—terris de Arkholme (vel Arkinholme) ;—terris de Tiviotsheills ;—terris de Whytehills (vel Whytsheills) ;—terris de Balgray ;—terris de Aiken (vel Arkin) ;—terris de Dork-murray (vel Brockenwrae), Over et Neither Milneholmes et Tympen ;—terris de Staplegordone ;—terris de Burnfoot, Strangate (vel Stankgait) et Fingland ;—terris de Cairnisgill ;—terris de Bombie ;—terris de Glenbertone ;—terris de Conquharland ;—terris de Loganhead ;— terris de Bottoun-eys (vel Bounes) ;—terris de Eurieholme (vel Ensieholme), et Millgillhead ;—terris de Apletreequhat ;—terris de Harperwhat ;—terris de Lyneholme ;—terris de Dalbeath ;—terris de Monksyde ;—terris de Bailliehill ;—terris de Tarshuid (vel Ershew) ;—terris de Crinzartoune (vel Crunzeartoune) ;—terris de Sheill ;—terris de Litle Megdale ;—terris de Meikle Megdale ;— terris de Bredheid, Glenkell, Mossiseat, Windilies, et Starneries (vel Stainries) ;—terris de Auchingavill ;—terris seu dominicalibus de Logan ;—terris de Knock cum molendino ;—terris de Boikin, Rig, et Craig (vel Baykinrig et Craig) :—E. 69l. 10s.—terris de Midlebie extendentibus ad 23 mercatas terrarum antiqui extentus ; —advocatione ecclesiæ de Midlebie, infra parochiam de Midlebie et senescallatum de Annandale :—E. 15l. 6s. 8d.—5 libratis terrarum de Wormanbie ;—5 libratis terrarum de Kerbertoune (vel Kirkertoune), infra senescallatum de Annandale ;—terris vocatis Borages seu Burnaickers de Staplegordoun, (vel Burrages sive acris burgalibus de Staplegordoun) ;—terris de Absterlands (vel Obsterlands), et Dornogill (vel Dornockgill), infra parochiam de Westerker ;— 5 libratis terrarum de Langrigs, infra senescallatum de Annandale ; —cum terris in Kirkcudbright :—E. 25l.—omnibus prædictis terris, et aliis terris in Roxburgh, Kirkcudbright, Perth, et Wigton, erectis in comitatum de Nithsdale :—terris et dominiis de Terreglis infrascriptis, viz. terris et baronia de Terregles cum tenendriis de Laglanlie (vel Larglanglie), et Glaisters;—advocatione ecclesiæ de Kirkpatrick-Irongray et capellæ de Chappelyaird;—terris et baronia de Kirkgunzean;—advocatione ecclesiæ de Kirkgunzean;—terris et dimidia baronia de Urr, infra senescallatum de Kirkcudbright et vicecomitatum de Dumfreis;—cum privilegio regalitatis dictarum terrarum et baroniarum.—E. 240m.—(Vide Roxburgh, Kirkcudbright, Perth, Wigton.) xlvi. 21.

(347) Oct. 22. 1696.
JOANNES COMES DE ROXBURGH, *hæres masculus et talliæ* Roberti Comitis de Roxburgh, Domini Ker, Cessfoord, et Cavertoune, *fratris germani*,—in baronia et dominio de Halydean, comprehendente inter alia terras ecclesiasticas ecclesiarum de Drumfreis, Staplegortoune, Traillflatt, Dungrie, Mortoune, et Cloissburne, cum aliis terris in Edinburgh, Selkirk, Peebles, Lanark, Ayr, Kincardine, et Roxburgh:—E. 10*l*. &c. *firmæ*:—terras de Douglen:—E. 5*l*.—decimas rectorias et vicarias ecclesiarum parochialium prædictarum, cum aliis decimis in Roxburgh, Berwick, Selkirk, Peebles, Lanark, Ayr, Edinburgh, et Kincardine.—E. 40m. *albæ firmæ*.—(Vide Roxburgh, Stirling, Linlithgow, Edinburgh, Selkirk, Berwick, Haddington, Peebles, Lanark, Ayr, Kincardine.) xlvi. 243.

(348) Jan. 22. 1697.
GULIELMUS BELL de Scottisbridge, *hæres provisionis* Joannis Bell filii legitimi quondam Georgii Bell de Scottsbridge, *fratris*,—in annuo redditu 180*l*. correspondente summæ 4500m. de 10 libratis terrarum de Woolcoats, et 5 libratis terrarum de Eclefechan, infra parochiam de Eclefechan, et senescallatum de Annandale.—E. 1*d*. *albæ firmæ*. xlvi. 534.

(349) Mar. 11. 1698.
ALEXANDER BURNET de Carlops, *hæres* Magistri Alexandri Burnet de Carlops advocati, *patris*,—in 20 libratis terrarum de Tounergarth, et in terris de Wyllies, jacentibus infra parochias de Tounergarth et .... :—E. 10*l*. *taxatæ wardæ*:—terris de Hightae comprehendentibus terras de Bush;—terris de Hecks;—terris de Greenhill;—terris de Longbodom;—jacentibus infra parochiam de Lochmaben:—E. 20*l*.—tertia parte terrarum de Castlemilk, infra senescallatum de Annandale.—E. 4*l*. xlvi. 927.

(350) Maii 19. 1698.
GULIELMUS COMES DE NITHSDALE, *hæres masculus et talliæ* Roberti Comitis de Nithsdale vulgo nuncupati lie Philosopher, pronepotis quondam Roberti Domini Maxwell, fratris immediate senioris quondam Joannis Domini Herreis, proavi quondam Joannis Domini Herreis postea Comitis de Nithsdale, qui fuit pater nuper demortui Roberti Comitis de Nithsdale, patris dicti Gulielmi nunc Comitis de Nithsdale, *pronepotis fratris tritavi*,—in terris de Flask *alias* Flaskholme;—terris de Howgill et Glendovan;—terris de Burngraines;—terris de Woolfholp, et terris de Park *alias* Busses;—43 solidatis 4 denariatis terrarum de Murthum;—5 libratis terrarum de Gallowsyde;—40 solidatis terrarum de Bigholme;—43 solidatis 4 denariatis terrarum de Glencoff;—40 solidatis terrarum de Neis;—26 solidatis 8 denariatis terrarum de Watergrange antiqui extentus, quæ sunt propriæ partes terrarum de Wauchopdaill;—terris de Taronnan, extendentibus ad 3 libratas 6 solidatas 8 denariatas terrarum antiqui extentus, cum piscationibus:—E. 37*l*. 13*s*. 8*d*.—terris de Dewscore, Willieholme, et Crewholme;—terris de Tounsteid;—terris de Halyhall (vel Halyshaw);—terris de St. Brydeshill, Puttingstouneholme, Raeknowes, Glentenmontheid, Tannalie, Waterholmes, Birslands, Block, Brockenheadsheill, Bloseburnfoot, Carsmongaw, Irishaugh, Thomashill, Newlands, Baitlois, Birnlie, Caldfeild, Midleholme, Staickheugh, Stockholme, Rountreelie, et Moncrieland, cum advocatione ecclesiæ de Wauchop, et salmonum piscationibus in aquis de Esk et Wauchop, omnibus in Wauchopdaill, cum terris de Blisses in Ewesdale:—E. 40*s*.—terris de Langholme, terris de Broomholme, Arkinholme, Whytesheills, Balgray, Arkine, Brokenwrae, Over et Nether Milnholmes, et Tympen;—terris de Staplegordon, Burnfoot, Staingate, et Fingland;—terris de Cairnsgill, Bombie, Glenbertoune, Concherland, Loganhead, Bounes, Enzieholme, Milgillhead, Apletrequhat, Harperwhat, Lynholme, Dalbeath, Monksyde, Bailliehill, Erskquid;—terris de Crunzartoune, Sheill, Litle Lenriedaill (vel Megdaill), Meikle Megdaill, Breadhead, Glenkell, Mossieseat, Windielies, Stainiries, et Auchingavell;—terris dominicalibus de Logan;—terris de Knock, Boiker, Rig (vel Boikenrig), et terris de Craig;—urbe et villa de Langholme, erectis in burgum baroniæ de Langholme;—propriis partibus comitatus de Nithsdale:—E. 69*l*. 10*s*.—40 mercatis terrarum de Castlemilk apud aquam de Milk, infra senescallatum de Annandale:—E. 30*l*. 13*s*. 4*d*.—5 libratis terrarum ecclesiasticarum de Drumfreis et Moat cum decimis.—E. 15*l*. xlvii. 301.

(351) Jun. 28. 1698.
DOMINUS ROBERTUS LOURIE de Maxweltoune miles baronettus, *hæres* Domini Roberti Laurie de Maxweltoune, militis baronetti, *patris*,—in dimidietate terrarum de Dunreggan extendente ad 2½ mercatas terrarum antiqui extentus, infra parochiam de Glencairne:—A. E. 1*l*. 13*s*. 4*d*. N. E. 5*l*.—bina parte 40 denariatæ terrarum templariarum de Inglestoune in Glencairne lie Tempel-land-meadow, extendente ad 4 acras terrarum, in Carse de Inglistoun et parochia prædicta:—E. 3*s*. 4*d*.—terris de Fleughlorg;—terris de Meikle et Litle Lagans;—terris de Brackensyde, Straith, Willistoune, Bankhead, Dardarroch, Clairustoun (vel Claimriestoune), Buckshaw (vel Birkshaw), Gordorstoune, et molendino de Snaid, æstimatis ad binam partem terrarum et baroniæ de Snaid, unitis in baroniam de Lauristoune:—A. E. 20*l*. N. E. 40*l*.—terris de Auchinstrowan, Shankcastle, et Stranshallocks, quæ sunt partes 10 libratarum terrarum de Auchinstrowan, infra parochiam et baroniam de Glencairne, et regalitatem de New Dalgarnok:—E. 7m. 6*s*. 4*d*.—3 libratis terris de Bellieboughts et Corsefoord;—5 mercatis terris de Maxueltoune;—50 denariatis terris de Peiltoune;—3½ mercatis terris de Gilligapoch;—2½ mercatis terræ de Drumloss;—2½ mercatis terræ de Mairtoun et Litle Dubbin;—2½ mercatis terræ de Craigliren;—2 mercatis terris de Neise;—1 mercata terræ de Ballimure;—2 mercatis terris de Castlefairne;—2½ mercatis terræ de Meikle Dibbin;—2½ mercatis terræ de Knokauchlie, cum maneriei loco de Maxueltoune, infra parochiam, baroniam et regalitatem prædictas.—A. E. 30m. 10*s*. 10*d*. N. E. 61m. 8*s*. 8*d*. xlvii. 516.

(352) Oct. 27. 1698.
JOANNES BELL de Croudiknowes, *hæres masculus et lineæ* Gulielmi Bell de Croudiknowes, *patris*,—in terris de Carruthers, viz. 4 mercatis terris de Park;—terris vocatis Carruthers-croft;—20 solidatis terris de Croudiknowes;—terris vocatis Crocelands et Craigslands;—terris vocatis Limbrigs;—terris de Tanna;—terris de Middingtoune-knowes et Hotcroft;—terris de Craigs;—terris vocatis Betwixt-the-Waters;—terris de Bagthraple, Britleyes, Patrickholme, et terris de Chapell, cum aliis terris de Carruthers, infra senescallatum Vallis Annandiæ.—E. 8*l*. xlvii. 504.

(353) Dec. 9. 1698.
GULIELMUS HUNTER, *hæres* Gulielmi Hunter de Tounhead de Auchenbenzie, *avi*,—in terris de Tounhead de Auchinbenzie, infra parochiam de Penpont et regalitatem de New Dalgarnok;—terris de Shinnellhead et Margenuitie, infra parochiam de Tynron et regalitatem prædictam.—A. E. .... N. E. .... xlvii. 639.

(354) Dec. 9. 1698.
GULIELMUS HUNTER, *hæres* Andreæ Hunter de Tounhead de Auchinbainzie, *patris*,—in 20 solidatis terrarum de Grennan *alias* Messingers-lands, infra parochiam de Penpont.—A. E. 20*s*. N. E. 40*s*. xlvii. 644.

(355) Jan. 10. 1699.
GULIELMUS HAIRSTANES de Craigs, *hæres* Mathei Hairstanes de Craigs, *patris*,—in 10 libratis terrarum de Over Kellwood, infra parochiam de Dumfreis;—terris de Neather Kellwood infra dictam parochiam;—terris de Bonerlands infra parochiam de Carlavrock.—A. E. 20*l*. N. E. 60*l*. xlvii. 899.

(356) Mar. 8. 1699.
HELENA KIRKPATRICK, *hæres portionaria* Magistri Thomæ Kirkpatrick de Auldgarth, *patris*,—et JOANNES PAISLAY filius Mariæ Kirkpatrick filiæ dicti Magistri Thomæ Kirkpatrick, *hæres portionarius* dicti Magistri Thomæ Kirkpatrick, *avi*,—in dimidia parte terrarum de Auldgarth, extendente ad 3 mercatas terrarum antiqui extentus, viz. 1 mercata terræ de Auldgarth;—1 mercata terræ de Blackcraig;—1 mercata terræ de Fetherhaugh, infra parochiam de Dalgarnock et vicecomitatum de Nithsdale.—A. E. 20*s*. N. E. 3*l*. xlvii. 782.

(357) Maii 31. 1699.
ADAMUS CRAIK de Arbigland, *hæres* Gulielmi Craik de Arbigland nuper præpositi burgi de Drumfries, *patris*,—in binis tribus partibus 10 mercatarum terrarum de Kilpatrick, nuncupatis The Gate antiqui extentus, infra parochiam de Dalgarno, redimabilibus per Joannem Young de Guilihill.—A. E. ...... N. E. ......—(Vide Kirkcudbright.) xlviii. 135.

(358) Jul. 31. 1699.
EDMONDUS MAXWELL filius Georgii Maxwell de Isle, *hæres* Janetæ Maxwell sponsæ dicti Georgii, *matris*,—in dimidio annui redditus 120m. correspondente 2000m. de 20 solidatis terrarum de Hielaw, et 50 solidatis terrarum de Blackfoord, tanquam propriis partibus 40 mercatarum terrarum de Castlemilk, infra parochiam de St. Mungo et senescallatum de Annandale.—E. 1*d*. *albæ firmæ*. xlviii. 174.

(359) Apr. 25. 1700.
JOANNES JOHNSTON de Westerhall, *hæres masculus* Domini Jacobi Johnstoune de Westerhall, *patris*,—in 12 mercatis terrarum

de Daldurham (vel Saldurham), jacentibus infra parochiam de Westerkirk et dominium de Eskdaill :—A. E. 12m. N. E. 36m.—7½ mercatis terræ de Glendoning ;—9 mercatis terris de Carheugh ;—7 mercatis terris de Glencash (vel Glencrash) ;—5 mercatis terris de Glenshark (vel Glenshank) ;—20 solidatis terris de Cannotsheills (Cannochsheills) ;—terris de Salholme (vel Sheillholme), extendentibus ad 5½ mercatas terræ aut eo circa antiqui extentus ;—terris de Rig, partibus dictarum terrarum de Daldurham, omnibus infra dominium de Eskdaill ;—unitis in baroniam de Westerhall.—A. E. 35m. 6s. 4d. N. E. 106m. 6s. 4d. xlviii. 550.

(360) Maii 4. 1700.
BETHIA MAXWELL sponsa Roberti Broun de Bishoptoun, *hæres* Homeri Maxwell de Kilbean, *patris*,—in terra husbandia lie husband land de Kilbean extendente ad 18 solidatas terrarum, cum decimis :—A. E. 18s. N. E. 54s.—terris de Broomdycks, et Collivait cum decimis, in parochia de Kirkmahoe:—E. . . . . . .—partibus 4 solidatarum terrarum de Milnhead, cum 2 acris terrarum de Dinmow (vel Duncow), viz. 5 solidatis terrarum de Carlinen et Christianhill ;—dimidia mercata terræ vocata Kitleair (vel Killear) ;—8 solidatis terrarum de Milnehead et Kilhill ;—dimidia mercata terrarum de Auldhill ;—2 mercatis terrarum vocatis Longcaibles, infra 20 libratas terrarum de Duncow, et infra prædictam parochiam :—A. E. 1l. 6s. 4d. N. E. 3l. 19s.—40 denariatis terrarum de Guiseland, et prato ejusdem ad 4 lie dark prati extendente, quæ est pars 40 solidatarum terrarum de Milnehead, infra parochiam prædictam :—A. E. 3s. 4d. N. E. 10s.—5 libratis terrarum de Over et Nethir Relicthills, comprehendentibus terras de Burnside, Gledingholme, Lakehead, et Relicthills, cum 2 mercatis ter-

rarum de Auchingeath et Broadflett, infra dictam parochiam :—A. E. 6l. 6s. 8d. N. E. 19l.—40 denariatis terrarum de Burntskerth ;—dimidia mercata terræ de Burntskerth ;—horreo nuper vocato Peill, et 6 lie falls terrarum eidem adjacentibus, in villa de Auchincreach.—A. E. 10s. N. E. 30s. xlix. 290.

OMISSA.

(361) Oct. 4. 1575.
JACOBUS DOUGLAS, *hæres* Davidis Douglas de Baitfuird, *patris*,—in 4 mercatis terrarum de Baitfuird antiqui extentus, in baronia de Eklis.—A. E. 8m. N. E. 12m. lxxxix. 334.

(362) Apr. 28. 1648.
JACOBUS JOHNSTOUN de Westraw, *hæres* Jacobi Johnstoun de Westraw, *patris*,—in 7½ mercatis terrarum de Glendoneing ;—9 mercatis terrarum de Curcleugh ;—7 mercatis terrarum de Glencrosch ;—5 mercatis terrarum de Glenschinnell ;—40 solidatis terrarum de Ifgill ;—40 solidatis terrarum de Woodend ;—5 mercatis terrarum de Daldurramo (Daldurran ?) ;—20 solidatis terrarum de Cannocscheillis ;—terris de Selhome, extendentibus ad 5½ mercatas terrarum aut eocirca, omnibus antiqui extentus, in dominio de Eskdaill.—E. 58m. 6s. 8d. c. 26.

H

DUMFRIES.

(363)   Oct. 9. 1574.

JOANNES JONSTOUN, *hæres* Willielmi Jonstoun de Elscheschelis, *patris,*—in 12 mercatis terrarum antiqui extentus de Esbye ;—1 mercata terræ de Elscheschelis antiqui extentus, infra parochiam de Lochmaben et senescallatum Vallis Annandiæ.—E. 8*l.* 13*s.* 4*d.*   A. 42.

(364)   Maii 15. 1577.

ALEXANDER MWIRHEID, *hæres* Johannis Mwirheid olim burgensis de Drumfreis, *fratris,*—in dimidia parte anterioris tenementi infra prædictum burgum ;—...... parte tofti, crofti et tenementi, infra prædictum burgum ;—annuo redditu 5 solidorum, 6 denariorum de tenemento infra dictum burgum.—E. *servitium burgale.*   A. 63.

(365)   Nov. 11. 1581.

JOANNES WILLIAMSOUN, *hæres* Joannis Williamsoun in Watterheid, *patris,*—in 10 libratis terrarum de Brigburch antiqui extentus, in parochia de Dalgarnok :—E. 30*l.*—4 mercatis terrarum de Castelrobert antiqui extentus, in baronia de Sanquhar.— E. 60*m. feudifirmæ.*   A. 178.

(366)   Jun. 7. 1587.

GRISSILLIS MAXWELL, *hæres* Willielmi Maxwell de Carnsalloch, *patris,*—in terris de Carnsalloch et Durisquhen extendentibus ad 15 libratas terrarum.—A. E. 15*l.* N. E. 100*m.*   B. 106.

(367)   Nov. 5. 1588.

JACOBUS FENDE, *hæres* Magistri Joannis Fende advocati, *patris,*—in anteriore tenemento et terra posteriore, cum posteriore aula jacente ad dorsum anterioris tenementi, infra burgum de Dumfreis, excepta una botha seu opella Davidi Rawlyne pertinente. —E. *servitium burgi.*—(Vide Stirling, Edinburgh.)   B. 162.

(368)   Aug. 29. 1589.

ARCHIBALDUS MAXWELL........ *hæres* Roberti Maxwell de Dinwiddie militis, *fratris,*—in 20 libratis terrarum de Dunkow antiqui extentus, infra parochias de Kirkmahoo et Cloisbourne :—E. 82*l.* 13*s.* 4*d.*—6 mercatis terrarum de Baltarsane antiqui extentus, infra parochiam de Haliewood :—A. E. 6*m.* N. E. 18*m.*—40 solidatis terrarum de Nather Bardannoch jacentibus in terris de Keirsyid, infra baroniam de Haliewod.—E. 4*l.*   B. 189.

(369)   Dec. 2. 1589.

JOANNES MAKMURDIE, *hæres* Guilielmi Makmurdie in Cubingtoun, *patris,*—in 6 solidatis, 3 denariatis terrarum de Cubingtoun et Ferdingmakrerie antiqui extentus, in parochia de Dunskoir.—E. 11*s.* 4*d. feudifirmæ.*   B. 199.

(370)   Dec. 2. 1589.

JOANNES MAKCHEYN, *hæres* Davidis Makcheyn in Ferdingriddings, *patris,*—in 10 solidatis terrarum de Ferdingriddings antiqui extentus, infra parochiam de Dunskoir.—E. 16*s.* 8*d. feudifirmæ.*   B. 201.

(371)   Apr. 11. 1590.

THOMAS M'CAULL, *hæres* Mariotæ M'Caull filiæ et unius trium hæredum quondam Gilberti M'Caull de Eodem, *aviæ,*—in tertia parte 4 bovatarum terrarum antiqui extentus de .... in baronia de Tibberis.—A. E. ..... N. E. 3*l.* 6*s.* 8*d.*   B. 218.

(372)   Oct. 15. 1590.

JOANNES MAKYNNELL, *hæres* Jacobi Makynnell in Auchincreych, *patris,*—in 1 mercata terræ pro tempore per dictum Joannem occupata, in parochia de Drumfreis:—E. 22*s. feudifirmæ:* —40 denariatis terrarum de Auchincreich in dicta parochia.— E. 5*s.* 6*d. feudifirmæ.*   B. 252.

(373)   Oct. 15. 1590.

ROBERTUS CHARTOURIS de Kelwood, *hæres* Joannis Chartouris de Nather Kelwood, *patris,*—in terris de Nather Kelwood cum mansione et lie Overtoun ejusdem ;—terris de Bourlandis cum piscationibus ejusdem.—A. E. 10*l.* N. E. 30*l.* B. 254.

(374)   Nov. 5. 1590.

ARCHIBALDUS MAXWELL de Cowhill, *hæres* Domini Roberti Maxwell de Dinwiddie militis, *fratris,*—in 3 mercatis terrarum de Cowhill antiqui extentus, cum turre, fortalicio et piscaria ejusdem super aqua de Nyth, in dominio et baronia de Haliewod :—E. 4*l.* 6*s.* 8*d. feudifirmæ :*—20 solidatis terrarum de Hoiltoun ;—2½ mercatis terrarum vulgo Over Killieloung vocatis ; —3 marcatis terrarum Nather Killieloung nuncupatis,—in dominio de Haliewod :—E. 14*m. feudifirmæ :*—1 marcata terræ vulgo Mekilfeild nuncupata ;—1 mercata terræ Muirsyid vocata ;—1 mercata terræ de Glengowir quam Adam Tait pro tempore occupavit ;—10 solidatis terrarum de Tounheid quas Gulielmus Maxwell pro tempore occupavit ;—terris vulgo Fischearholme nuncupatis :—E. 5*m.* 5*s. feudifirmæ :*—piscatione super aqua de Nyth infra Clowdenmouth et superiorem partem de Porterrak, in dominio de Haliewod :—E. 32 *salmones, aut* 12*d. pro qualibet salmone, feudifirmæ :*—23 solidatis, 4 denariatis terrarum de Mossyde ;— 7 solidatis, 6 denariatis terrarum de Newtoun ;—dimidia marcata terræ jacente juxta et contigue ad prædictas terras de Newtoun ;— 14 solidatis terrarum nuncupatis Lochfut, cum pastura de lie Lytillmuir apud lie Wodheid, et terris de lie Stred occupatis per Dominum Quintinum Makghie, infra prefatum dominium de Haliewod :—E. 5*l.* 17*s. feudifirmæ :*—5 solidatis terrarum de Newtoun antiqui extentus, contigue coadjacentibus terris de Townheid, in baronia de Haliewod :—E. 7*s.* 6*d. feudifirmæ :*—20 solidatis terrarum antiqui extentus de Guliehill in antedicta baronia : —E. 44*s.* 8*d. feudifirmæ :*—dimidia parte 20 solidatarum terrarum de Glengunzeoch antiqui extentus, in parochia de Dunscoir :— E. 20*s. feudifirmæ :*—10 solidatis terrarum de Dempstertoun antiqui extentus, in parochia de Dunscoir :—E. ....—annuo redditu 10*l.* de dimidietate 40 solidatarum terrarum de Templand de Dalgarnok antiqui extentus, infra baroniam de Tibberis :— 100 solidatis terrarum de Windiehillis antiqui extentus, in parochia de Cloisburne.—E. .....   B. 257.

(375)   .... 8. 1590.

ROBERTUS KYLE, *hæres* Roberti Kyle burgensis burgi de Sanquhar, *patris,*—in ..... antiqui extentus de Corsnewk, in baronia de Sanquhar.—A. E. 30*s.* N. E. 4 .... *s.*   B. 302.

(376)   ..... 3. 1591.

HERBERTUS RANYNG, *hæres* Herberti Ranyng senioris burgensis de Drumfreis, *patris,*—in acra terræ lie Hoill acre.—A. E. ...... N. E. 12*s.*   C. 64.

(377)   Apr. 29. 1592.

JOANNES CARLELE, *hæres masculus* Michaelis Carlele de Torthorwald, *patris,*—in terris et baronia de Carlele, cum castro et fortalicio de Torthorwald.—E. 240*m.*   C. 71.

(378)   Mar. 17. 1595.

WILLELMUS MAKKEINE, *hæres* Jonetæ Makkeine, *filiæ patrui,*—in 3 rudis terrarum in Watslakkis infra territorium burgi de Drumfreis ;—3 acris terrarum apud passagium tendens a dicto burgo versus Milndamheid, infra territorium prædictum ;—tenemento terræ infra dictum burgum, cum horto et horreo ;—posteriori tenemento et terra continente 12 ulnas in longitudine ;— tenemento terræ ante et retro, prope crucem foralem de Drumfres, in warrantum 3 acrarum apud Milndamheid.—E. 30*l.*   D. 33.

(379)   Maii 11. 1596.

JOANNES EDZARE, *hæres* Andreæ Edzare burgensis de Drumfreis, *patris,*—in 6 solidatis, 8 denariatis terrarum de Stepfurd in parochia de Haliewod ;—6 solidatis, 8 denariatis terrarum de Clauchmalloch alias Byrneiscroft nuncupatis, in dicta parochia.— E. 32*s. feudifirmæ et augmentationis.*   D. 43.

(380)   Maii 12. 1596.

JOANNES WALLACE, *hæres* Hugonis Wallace de Carnell, *avi,* —in 10 mercatis terrarum de Coschogill in proprietate et tenendria antiqui extentus, in baronia de Drumlanerik.—A. E. 6*l.* 13*s.* 4*d.* N. E. 33*l.* 6*s.* 8*d.*   D. 49.

(381)   Mar. 3. 1596.

JOANNES CARRUTHERIS de Holmendis, *hæres* Joannis Carrutheris de Holmendis, *avi,*—in 3 mercatis 10 solidatis terrarum de Murthieswat ;—10 solidatis terrarum de Hennelland, infra senescallatum Vallis Annandiæ :—E. 3*l.*—20 solidatis terrarum de Pennersex antiqui extentus, infra senescallatum prædictum :—E. 20*s.*—2 mercatis terrarum de Aigilfechane (vel. Aikilfechane) antiqui extentus, infra senescallatum prædictum :—E. 2*m.*—40 solidatis terrarum de Litill Dormount antiqui extentus, in parochia de Mekill Daltoun, infra senescallatum antedictum :—E. 40*s.*— 1 mercata terrarum de Studriggis antiqui extentus, in dominio de Drumgie, et baronia de Amisfeild :—E. 13*s.* 4*d.*—terris de Knokkis et Twaithwattis (vel Twaithwallis), in regalitate Vallis Annandiæ. —E. 5*m. ratione quod jacent infra senescallatum Vallis Annandiæ prope limites regni.*   D. 134.

(382)   Mar. 3. 1611.

ARTHURUS GRAHME, *hæres* Arthuri Grahme de Blaetwod, *avi,*—in terris de Torduff extendentibus ad 10 libratas terrarum antiqui extentus, infra senescallatum Vallis Annandiæ.—E. 10*l.*   E. 51.

(383)   Aug. 31. 1611.

JOANNES JOHNESTOUN, *hæres* Harberti Johnestoun filii quondam Adami Johnestoun in Betok, *matrui,*—in 4 mercatis terrarum de Baetok ;—2 mercatis terrarum ejusdem extentus de Newpark, in parochia de Kirkpatrik-juxta in senescallatu Vallis Annandiæ.—E. 4*l.*   E. 82.

(384)   Maii 26. 1612.

GEORGIUS JOHNSTOUN, *hæres* Joannis Johnstoun de Quawis, *patris,*—in 1 mercata terra terrarum de Quawis antiqui extentus, infra parochiam de Drywisdaill et senescallatum Vallis Annandiæ.—E. 13*s.* 4*d.*   E. 169.

(385)   Jul. 29. 1612.

WILLELMUS CREICHTON de Tounheid, ˙ *hæres* Andreæ Creichtoun, *patrui,*—in terris et baronia de Sanquhar antiqui extentus, cum advocatione ecclesiæ parochialis de Sanquhar et capellaniarum ejusdem.—A. E. 120*l.* N. E. 360*l.*   E. 192.

(386)   Aug. 19. 1612.

OLIVERUS DINWODDIE in Glennie, *hæres* Harberti Johnnestoun qui fuit filius et hæres quondam Herberti Johnnestoun, *proavi,*—in terris de Nese de Glenneybank extendentibus ad 3 mercatas terrarum ;—terris de Dalcronie et Craigschelis extendentibus ad 3 mercatas terrarum ;—terris de duobus Glenkellis extendentibus ad 6 mercatas terrarum ;—terris de Hoilhous et lie Dene, extendentibus ad 3 mercatas terrarum, jacentibus in baronia de Kirkmichaell ;—molendino et officio balliatus ejusdem baroniæ.—A. E. 10*l.* 13*s.* 4*d.* N. E. 32*l.*   E. 204.

(387)   Oct. 6. 1612.

JOANNES FERGUSSOUN, *hæres* Jacobi Fergussoun de Chapelmark, *patris,*—in 1 mercata terræ de Nether Myingryle antiqui extentus, in baronia et parochia de Glencarne :—A. E. 13*s.* 4*d.* N. E. 4*l.*—1 mercata terræ antiqui extentus de Chapelmark, in baronia de Craufurdstoun :—E. 13*l.* 8*s.* 4*d. feudifirmæ* :—2½ mercatis terrarum antiqui extentus de Corrochdow, in baronia de Glencarne.—E. 13*l.* 8*s.* 4*d. feudifirmæ.*   E. 212.

(388)   Dec. 12. 1612.

JOANNES JOHNESTOUN de Turmour, *hæres* Andreæ Johnestoun de Turmour, *patris,*—in terris de . . . . . . (Turmour?), in parochia de Dryvisdaill et senescallatu Vallis Annandiæ.—E. . . . .   E. 229.

(389)   . . . . . . 1612.

DAVID EDZER, *hæres* Andreæ Edzer de Guliehill, *patris,*—in terris de Guliehill . . . . . . antiqui extentus, et 10 solidatis terrarum de Escheholme :—E. 3*l.* 22*d. feudifirmæ* :—6 solidatis 8 denariatis terrarum de Stellingtrie, in baronia et parochia de Halywood.—E. 12*s. feudifirmæ.*   E. 232.

(390)   Jan. 23. 1613.

JOANNES EWART de Bodisbeg, *hæres* Nigelli Ewart de Bodisbeg, *patris,*—in terris . . . . . . antiqui extentus de Bodisbeg, infra senescallatum Vallis Annandiæ :—A. E. 100*s.* N. E. 10*m.*— terris de Skiftingholm infra dictum senescallatum :—A. E. 5*l.* N. E. 10*m.*—4 mercatis terrarum de Foulschawis et Foulboigis alias Fowldoiris antiqui extentus, cum prato earundem lie Fairdaill

Medow nuncupato ;—5 mercatis terrarum de Clairfute antiqui extentus, in baronia de Moffetdaill et Annandaill, infra senescallatum Vallis Annandiæ.—E. 10*m. feudifirmæ.*   E. 239.

(391)   Mar. 9. 1613.

JOHANNES JARDANE de Apilgirth, *hæres* Domini Alexandri Jardane de Apilgirth militis, *patris,*—in terris de Apilgrith et Sibbalbie cum molendinis :—E. 120*l.*—5 mercatis terrarum de Gillambie antiqui extentus, et 40 solidatis terrarum de Dambie antiqui extentus :—E. 5*l.* 6*s.* 8*d.*—in senescallatu Vallis Annandiæ.— (Vide Kirkcudbright, Lanerk.)   E. 250.

(392)   Jan. . . . . 1624.

JACOBUS CARLEILL, *hæres* Joannis Carleill de Boytack, *patris,*—in 2 mercatis terrarum de Loganebank antiqui extentus ;— 2 mercatis de Boytack ejusdem extentus ;—terris de Heywoodland, vulgariter nuncupatis Mekillwod, infra dominium de Torthorwald.—E. 10*m. feudifirmæ.*   G. 43.

(393)   Oct. 11. 1631.

JACOBUS JOHNESTOUN de Eodem, *hæres* Joannis Johnestoun de Eodem, *abavi,*—in terris de Castelmilk, tam proprietate quam tenandriis, cum turre et fortalicio earundem, infra senescallatum Vallis Annandiæ.—E. 40*l.*   G. 169.

(394)   Maii 10. 1634.

JACOBUS DOMINUS JONSTOUN, *hæres* Joannis Jonstoun de Eodem, *abavi,*—in terris de Boigsyde et Houslop, extendentibus ad 10 libratas terrarum antiqui extentus, in parochia de Ecclefechan et senescallatu Vallis Annandiæ.—E. 10*l. feudifirma.* H. 15.

(395)   Maii 24. 1634.

JACOBUS JONSTOUN de Darshag, *hæres* Jacobi Jonstoun de Darshag (vel Earshag), *patris,*—in 40 solidatis terrarum de Darshag, existentibus dimidietate 6 mercatarum terrarum de Darshag, vocata orientali parte earundem, in parochia de Kirkpatrik-juxta, et senescallatu Vallis Annandiæ.—E. 40*s.*   H. 16.

(396)   Maii 2. 1650.

DOMINUS WILLIELMUS DRUMMOND, filius legitimus natu minimus Joannis Comitis de Perth, nunc WILLIELMUS COMES DE ROXBURGHE, Dominus Ker de Cessfurd et Cavertoun, *hæres talliæ et provisionis* Roberti Comitis de Roxburghe, Domini Ker de Cessfurd et Cavertoun, *avi,*—in terris, dominio et baronia de Halyden, comprehendente terras ecclesiasticas ecclesiarum de Drumfreis, Stapilgortoun, Trailflat, Dungrie (vel Drumgrie), Mortoun et Closeburne, cum aliis terris ecclesiasticis in Roxburgh, Selkirk, Peebles, Lanark, Ayr, Edinburgh, et Kincardine : —E. 10*l.* &c. *feudifirmæ* :—terras de Dowglen :—E. 5*l. feudifirmæ* :—decimas garbales aliasque decimas ecclesiarum parochialium beneficii de Kelso, et inter alia ecclesiarum de Drumfreis, Stapilgortoun, Trailflat, Drumgie . . . . Closeburne, cum aliis decimis in Roxburgh, Berwick, Selkirk, Peebles, Lanerk, Edinburgh, et Kincardine.—E. 400*m. albæ firmæ.*—(Vide Roxburgh, Stirling, Linlithgow, Selkirk, Peebles, Berwick, Lanerk, Ayr, Kincardine, Edinburgh.)   H. 111.

(397)   Feb. 23. 1655.

JOHNE JOHNESTOUNE of Elshisheillis, *air* of Archbald Johnestoune of Elshesheillis, *his father,*—in the Mylne of Lochmabane, Mylnelands pertaneand thereto, with the Walkmylne steid and Walkmylneburne, and fyve ruidies of land lyand on the croftes of the said burghe.—E. 40*s. and service of burgh usit and wont.*   H. 198.

(398)   Dec. 20. 1675.

JOANNES KERR in Shumelheid, *hæres* Roberti Kerr junioris filii legitimi quondam Roberti Kerr lanionis burgensis Edinburgi, *fratris filii,*—in terris de Quhytfauld infra parochiam de Mortoun. —A. E. 40*s.* N. E. 6*l.*   I. 68.

(399)   Jan. 7. 1679.

ROBERTUS SMITH de Kilroy, *hæres* Joannis Smith de Kilroy, *patris,*—in dimidia mercata terræ terrarum de Kilroy, infra parochiam de Dinscoire.—E. 13*s.* 4*d.*   I. 94.

(400)   Maii 27. 1686.

GEORGIUS IRVING de Eastrigs, *hæres* Jacobi Irving de Eastrigs, *patris,*—in 3 mercatis terrarum antiqui extentus de Eastrigs, in parochia de Dornock et senescallatu de Anandale.—E. . . . . . .   I. 135.

EDINBURGH.

INDEX NOMINUM.

a

304

Robertus, 1173.
Thomas, 184, 1411.
Willielmus, 779, 1366.
DAWLING;
Helena, 1160.
James, 1037, 1160.
Jeanna, 1160.
Johannes, advocatus, 557, 558, 565.
Joneta, 558.
Robertus, 557, 558.
Thomas, 565.
Violeta, 557.
DEANS;
Jacobus, de Woodhouslie, 1301.
DENHOLME;
Andreas, 576, 577, 578.
Isobella, 577.
Margareta, 578.
Sibilla, 576.
DENNISTOUN;
Agneta, 1186.
Catherina, 1186.
Cristina, 1186.
DEWAR;
Abrahamus, 54.
Georgius, 191.
Sibella, 20.
Willielmus, de Eodem, 102.
DICK;
Alexander, 822.
Andreas, 1420.
Archibaldus, 822.
Gilbertus, 1417, 1419, 1420.
Walterus, 149.
Willielmus, 1417.
—————— de Grange, 1251, 1348.
DIKSONE, DICKESOUN;
Alexander, 1102.
Carolus, 866, 874, 875.
David, 806, 807, 866.
Elizabetha, 824.
Helena, 86.
Jacobus, 924, 1102.
Joannes, 681, 806, 824.
Joneta, 824.
Richardus, minister, 249, 250.
Robertus, 421, 806, 807.
Thomas, 86.
Walterus, 807.
Willielmus, 421.
DISCHINGTOUN;
Margareta, 985.
Paulus, feoditarius de Ardrois, 985.
DOBBIE;
Richardus, de Stanyehill, 408.
Robertus, de Stannyhill, 529, 670, 794.
—————————————— miles, 408, 529, 670, 794.
Willielmus, 768.
DONE;
Alexander, 1249.
Elizabetha, 1249.
Maria, 1249.
DOUGALL;
Jacobus, 583, 1476.
Joannes, 75, 111, 112, 667, 1476.
Joneta, 667.
Michael, 851.
Robertus, 75.
Thomas, 851.
Willielmus, 586.
DOWGLAS;
Alexander, 1160.
Archibaldus, 952.
Besseta, 952.
Henricus, de Muckhartmyln, 1392.
Jacobus, 1217, 1218.
—————— de Knychtisrig, 1437.
—————— portionarius de Overgogar, 961.
—————— de Stanypeth, 751.
Jeanna, 1289.
Joannes, 840.
Josephus (capitanus), 1217, 1218.
Margareta, 1289.
Petrus (capitanus), 1392.
Robertus, 792.

Robertus, portionarius de Inveresk, 792, 1026.
—————— feoditarius de Lochlevin, 165.
Thomas, 1026.
—————— de Stanypeth, 751.
Walterus, 1180.
Willielmus, advocatus, 1289.
—————— de Knichtisrig, 1437.
—————— de Lochlevin, 165.
—————— Magister de Mortoun, 165.
—————— portionarius de Overgogar, 961.
DOWIE;
Umphredus, 652.
DOWNIE;
Alexander, 1092.
Thomas, 1092.
DREW;
Jeremias, 284.
Robertus, 284.
DRUMMOND;
Henricus, de Ricartoun, 89.
Joannes, de Hawthornedene, miles, 1455.
Patricius (dominus), 1278.
Willielmus, 1455.
—————— (dominus), 1504.
—————— de Ricartoune, 89.
DUDHOP;
Catharina, 1228.
Joannes, 1228.
DUFF;
Adamus, 692, 714.
Alexander, 442, 786.
David, 351, 442.
Helena, 786.
Joannes, 692, 714.
Mariota, 786.
DUGUID;
Joannes, 1111.
Willielmus, de Apletrieleives, 1111.
DUMBAR;
Alexander, 922.
Elizabetha, 737.
Jeanna, 737.
Issobella, 737.
Margareta, 736.
Robertus, de Burgie, 736, 737.
DUNCAN;
Georgius, 1149.
Gilbertus, 864, 1505.
Jacobus, 864, 1019, 1505.
—————— de Ratho, 1019, 1020.
Joannes, 695.
Petrus, 864, 1020, 1149, 1505.
Robertus, 864, 1020, 1149, 1505.
DUNDAS;
Jacobus, de Arnetstoun, 630.
—————————————— miles, 630, 1259.
Joannes, 1223.
—————— de Harviestoun, 1270.
Robertus, de Arnetstoun, 1259.
—————— de Hervistoune, 1223.
DUNING, DINYNG;
David, 174.
Elizabetha, alias Besseta, 339.
Jacobus, 174, 339, 1017.
Joneta, 1018.
Isobella, 174.
DUNLOP;
Anna, 1103.
Catherina, 1103.
Georgius, 475.
Joneta, 1103.
Joannes, 847, 1103.
Robertus, 475, 1404.
Sibilla, 1404.
Thomas, 847.
DURIE;
Alexander, 1402.
Issobella, 1402.

EDGAR, EDZEAR;
Alexander, de Paper-mylne, 117.
Edwardus, 1250.

Jacobus (capitaneus), 26, 27.
Joannes, 759.
Margareta, 1250.
Nicolaus, 26, 27, 759.
Patricius, 26, 117, 1250.
EDMESTOUN, EDMONDSTOUN;
Agneta, 924.
Andreas, de Eodem, 1499.
Gilbertus, de Wolmett, 62.
Jacobus, 923, 924.
Jeanna, 923.
Joannes, de Eodem, miles, 1499.
Margareta, 924.
Patricius, de Wolmett, 62.
EDWARD;
Rebecca, 1466.
EGLINTOUN, COMES DE—;
Alexander, 1380.
Hugo, 1380.
EGLINTOUN, COUNTES OF—;
Dam Margaret Scot, 1040, 1041.
EISTOUN;
Cuthbertus, 627, 628.
Jacobus, 879.
Joannes, 778.
Joneta, 628.
Mariota, 627.
ELEIS, ELLEIS;
Christina, 1510.
Elizabetha, 1510.
Jacobus, 678, 1059.
—————— of Southsyd, 1031, 1033.
Joannes, 261, 1031, 1510.
—————— advocatus, 1510.
Patricius, 678.
—————— of Southsyd, 1031, 1033.
ELIBANK, DOMINUS;
Patricius, 1024, 1081.
ELIOT;
Margareta, 1365.
ELPHINGSTON;
Henricus, 826.
Thomas, 826.
ERSKINE;
Arthurus, de Scottiscraig, 901.
David, 805.
Henricus, de Cardrois, 805.
EWING;
Jacobus, 35, 545.
Thomas, 35.

FAIRLIE;
Agnes, 208, 224.
Alexander, 170.
—————— de Braid, 525.
Euphamia, 622, 623.
Joannes, 170, 312, 314, 323, 325, 438, 622, 623.
—————— de Browmiteild, 212.
Quintigernus, 438.
Robertus (dominus), 525.
Susanna, 208, 224.
Willielmus, 212, 1352.
—————— de Brounisfield vel Bruntfeild, 564, 1352.
FAIRUM;
Georgius, 316.
Joannes, 316, 317.
Umphredus, 317.
FARQUHAR;
Alexander, 294.
Mariota, 882, 883.
FATHERINGHAME;
David, minister de Moffet, 1021.
Sara, 1021.
FAWSYDE;
Georgius, 21.
Thomas, 21.
—————— de Eodem, 21.
FERGUSONE;
David, 955.
Joannes, 163.
Joneta, 172.
Issabella, 172.

c

Willielmus, de Dean, 831.
———— —— —— miles, 831, 1117.
NOBLE;
Adamus, 978.
Alexander, 589.
Jacobus, 978.
Joannes, 702.
Thomas, 702.
NORIE;
David, 971.
Georgius, 971.

OGILVY;
Euphamia, 330.
Jeanna, 331.
OGRIE;
Thomas, 620.
OLIPHANT, DOMINUS;
Laurentius, 134.
OLIPHANT;
Jacobus, 1201.
—————— de Newtoun, 635.
Joannes, 1001, 1201, 1278.
Willielmus, 1001, 1278.
—————— de Newtoun, miles, 635.
ORMISTOUN;
Joannes, 1147, 1148.
Mariota, 1147, 1148.
OSBURNE;
David, 1093.
Henricus, 1093, 1094.
OSTIANE, v. AUSTIN.
OSUALD;
Andreas, 577.

PAISLAY;
Henricus, 193.
PALMER;
David, 484.
PANMURE, COMES DE—;
Georgius, 1098, 1192, 1300.
Jacobus, 1300.
Patricius, 1098.
PARK;
Thomas, 964.
Willielmus, 964.
PATERSONE;
Agnes, 684.
Jacobus, 15, 238.
Joannes, 432, 888.
Joneta, 828, 1448.
Isacus, 337.
Issobella, 432.
Patricius, 801.
Robertus, 986.
Rollandus, 63.
Thomas, 15, 337, 828, 888, 1413.
Walterus, 986.
Willielmus, 15, 63, 238, 684, 1413.
PATOUN;
Jacobus, 938, 942.
Joannes, 638.
PEBLIS;
Christina, 1452.
Johannes, 1452.
PEIRIE;
Henricus, 944.
Jeronimus, 944.
Joannes, 213.
PENMAN;
Andreas, 336.
Joannes, 604.
PENNYCUIK;
Alexander, 108, 120.
Andreas, de Eodem, 108.
Joannes, 120.
PENSTOUN;
Alexander, 357.
Joneta, 357.
Nicolaus, 357.
PENTLAND;
Domina Margareta, 994.

Isobella, 903, 904.
Sara, 903.
PHINN, PHYNNIE, v. FYNNIE;
PIERSOUN;
Alexander, advocatus, 665.
Jacobus, 135.
Thomas, 665.
POOK;
Joannes, 523.
Katharina, 695.
Mariota, 694.
PORTEOUS;
Beatrix, 285.
Jacobus, 1385.
Joannes, 285.
Leonardus, 152, 240.
Lillias, 1028.
Margaret, 1028.
Mary, 1028.
Patricius, 46, 240.
—————— de Halkshaw, 1332.
Robertus, 46.
—————— portionarius de Dalkeith, 1028.
Stanislaus, 1052.
PORTERFEID;
Margareta, 1278.
—————— (domina), 1278.
Patricius, de Commistoune, 1370.
Walterus, ——————— 1370.
POWER;
Gilbertus, 1126.
Joannes, 1126.
PRESTOUN;
Archibaldus, 1459.
David, de Craigmiller, 660.
—— de Eodem et Craigmillar, 1087.
—— de Quhythill, 852, 853.
Elizabetha, 660.
Georgius, 496.
—————— de Eodem et Craigmyllar, 540, 660, 1087.
Joannes, de Pennycuik, 344, 426.
Michael, miles, 496.
—————— de Fentounbarnes, 426.
Robertus, 1459.
—————— de Eodem et Craigmyllar, 540, 852, 853.
PRIMROSE;
Archibaldus, 1235.
David, portionarius de Crawmond-regis, advocatus, 1025.
Jacobus, 1025, 1235.
—————— miles, 1307.
Willielmus, de Caringtoun, miles, 1307.
PRINGLE;
Anna, 1039.
David, 295.
Georgius, 939.
Jacobus, 466, 468, 1461.
—————— de Haltrie, 939.
Jean, Lady Gallasheillis, 1039.
Joannes, 466, 1299.
—————— de Colmeslie, 1095.
—————— de Cortilferrie, 1116.
—————— de Williamlaw, 1116.
Joneta, 295.
Isobella, 1095.
Isobel (Dame), Lady Philiphaugh, 1039.
Katherina, 1462.
Margaret, 1039, 1217, 1218.
Mariota, 1095.
Robert, of Houlatstoun, 1039.
Walterus, de Craigcruik, advocatus, 1299.
Willielmus, 1461.
Vide HOPPRINGILL.
PURSELL;
Elizabetha, 73, 74.
Katherina, 474.
Robertus, 73, 74, 474.
PURVES;
Andreas, 627.
David, 1101.
Georgius, 1101.
Hector, 627, 653.

QUHEYT, v. WHYTE.
QUHYTHEID, v. WHYTHEAD.
QUINTINE;
Hesthera, 1446.
Joannes, 1446.

RAE;
Adamus, 318.
Hector, 318.
Joannes, 568.
Willielmus, 453.
RALSTOUN;
Elizebath, 1060.
Jacobus, 518, 1060.
Maria, 518.
RAMSAY;
Agnes, 307.
David, de Torbaine, 798.
Georgius, 1178.
—————— de Dalhoussie, 8.
—————— de Winlands, 849.
Jacobus, 485, 763, 764, 848, 909.
—————— de Torbaine, 798.
—————— de Winlands, 849.
Joannes, 8, 307, 909.
Katharina, 763.
Nicolaus, de Cokpen, 485.
RANKEIN;
Gabriel, 487.
RAWSOUNE;
Joannes, 951.
REID;
Alexander, portionarius de Southsyd, 603.
Elizabetha, 603.
Jacobus, 215.
Joneta, 833.
Rachael, 833.
Robertus, 833.
Willielmus, 215, 1208.
RICHARDSONE, RICHESOUN;
Agnes, 52.
Alexander, 447, 456.
Andreas, 494, 495, 504, 505.
Catharina, 504.
David, 447, 456.
Jacobus, 300.
Joannes, 52.
Joneta, 494, 495.
Margareta, 53, 505, 759.
RIDDELL;
Andrew, of Hayning, 1072, 1359.
John, of Hayning, 1072, 1359.
RIG;
Gulielmus, de Athernie, 920.
Jacobus, de Carbarry, 30.
Quintigernus, 30.
Thomas, de Athernie, 920.
RITCHIE;
Alexander, 1161.
Jacobus, 1161.
ROB;
Joannes, 950.
ROBERTSONE;
Andreas, 516.
Elizabetha alias Bessie, 787.
Jacobus, 361, 973, 1051.
Joannes, 789, 1051, 1078, 1154, 1477.
Rachael, 361.
Willielmus, 703, 1477.
ROBIESONE;
Alexander, 225.
Elizabetha, 154, 477.
Georgius, 225, 477.
Jacobus, 171, 172, 173.
Stephanus, 154.
ROGER;
David, 1125.
Jacobus, 1125, 1388, 1469.
Joannes, 237, 315, 1469.
Joneta, 237.
Thomas, 1125, 1388.
ROLLOK;
Cristina, 862.
Petrus, de Piltoun, 862.

EDINBURGH.

INDEX LOCORUM.

d

e

Staniehope, 409, 480.
——— baronia — 480.
Stanlayhill, 277, 1010.
Stanydaill, 1454.
Stennopismylne, 218.
Stewartoun, 541.
Stobiebank, 1307.
Stobis, 1381.
Stoniehill, v. Staniehill.
Stow, baronia — 1302.
——— dominium — 1072, 1302, 1329, 1345, 1359.
——— parochia — 1274.
Stow in Weddell, 1287.
——— dominium — 141, 205, 889, 1039, 1042, 1095, 1116, 1274.
Straittoune, Stratoun, 687, 1150, 1373.
——————— baronia — 1183, 1372.
——————— villa — 1150.
Straittounhall, 1373.
Swanstoun, Suainstoun, 281, 936, 1176.

Tailzeoris-croft, 1010, 1308, 1358.
Tailzeor-pendicle, 630, 1259.
Temple, Tempillis, 1181, 1195.
——— baronia — 194, 911, 1195.
——— parochia — 1223, 1314.
Templehill, 1181.
Templehouses, 1181, 1313.
Tenandrie, 77, 666, 1449.
Tenementa, v. Edinburgh,—Leith,—Vicicanonicorum.
Tenendria, v. Cramond,—Duddingstoun,—Fordell,—Lasswade,—Sauchtounhall,—Torsonse.
Terra, v. Fallaw.
Territorium, v. Barnetoun,——Bristo,——Cambo,——Carington,——Clarberstoun,——Cramond,——Cramond-Nether,—Cramond-Regis,——Cranstoun-Riddell,——Dalkeith,——Dean,——Eister-Duddingstoun,——Eistfeild,——Eisthouses,——Gilmertoun,——Glaberstoun,——Gogar (Over et Nether),——Harperrig,——Hillhousfeild,——Lasswade,——Melville,——Midletoun,——Munktounhall,—Newbottle,—New-Heavin,—Over-Libbertoun,—Rathobyres,——Restalrig,——Sauchtoun,——Tortravine,——Utterstoun,——Wester Duddingstoun.
Thomæ Apostoli (Divi), alteragium — 1318.
Thomas-Aiker, 660.
Thomsounes-Aikers, 770.
Thornieaiker, 1330.
Thorniedykes, 1224.
Tinnynghame, 1287.
Todhoillis, Todhillis, 277, 769, 776, 968, 1152, 1367.
Todishauche, 860.
Toksyde (Nether), 257, 277.
Toksydhill, 257, 277, 291, 1296.
Tolcroce, 2, 76, 153, 286, 993, 1029, 1174, 1258.

Torphechin, Torphiching, 409, 1096.
——————— baronia — 409, 480.
——————— dominium — 409, 480, 1176.
——————— ecclesia — 409.
——————— officium balliatus de — 1096.
——————— regalitas — 409, 480, 911, 918, 1044, 1096, 1181, 1195, 1198, 1333.
Torquhen, 1302.
Torsonse, 1302.
——— tenendria — 1302.
Tortraik, 293, 443, 916, 939, 1223.
Tortravine, Tortreven, territorium — 81, 809, 858, 937, 1175.
Toun, 1314.
Toungues, 1310.
Towcros, v. Tolcroce.
Toxisydhill, Toxcyidhill, Tokisydhoill, v. Toksydhill.
Tranent, ecclesia — 1453.
——— parochia — 1453.
Traquha, 1130.
Trinitatis, ecclesia — 1227.
Tullis, 351, 378.
Turniedykis, 1080, 1307.
Turnehowhill, 1220.
Turnhouse, 1301.

Utterishill, 540, 852, 853, 1087.
Utterstoun, 1074, 1195.
——— territorium — 1074.
——— villa — 1074, 1195.

Viccaris-Aiker, 1097.
Vicicanonicorum, burgum regalitatis — 218, 1335.
——————— officium balliatus — 218.
——————— justiciarii — 218.
——————— tenementa — communis mora, &c. — 140, 213, 329, 659, 676, 715, 736, 737, 766, 832, 1035, 1097, 1168, 1173, 1222, 1290, 1302, 1362, 1372, 1440, 1504.
Villa, v. Arnistoun,——Auldistoun, Auldlistoun,——Bonningtoun,——Bristo,——Cambo,——Caringtoun,——Carkettle,——Coittis,——Corstorphin,——Cousland,—Cramond,——Cramond-Nether,—Cramond-Regis,——Cranstoun-Riddell,—Dalkeith,—Dalry,—Dean,—Duddingstoun,—Easthouses,—Gilmertoun,——Gogar,——Hereot,—Inveresk,——Kirklistoun,——Langherdmistoun,—Langtoun,—Lasswade,—Loanheid,—Melville,——Midletoun,—Mortoune,—Muirhouse,—Munktounhall,——Newbigging,——Newbottle,—Newhaven,——Nortoun,—Penycuik,—Ratho,—Rathobyres,—Restalrig,—Rosslyn,—Sauchtoun,—Sauchtounhall,—Smetoun,——Southous,—Straitoun,—Utterstoun,—Wester Duddingstoun,—Yorkstoun.

Waddell, Weddell, 141, 205, 889, 1039, 1042, 1095, 1116, 1274, 1287.
Waird, Wairdie, 153, 226, 993, 1135.
Wairdiebrow, Wairdie-braw, 153, 993, 1135.
Wairdmuir, Wairdie-mure, 153, 993, 1135.
Walkers 3 merk land, 1511.
Walkmilnelandis, 218, 277, 800.
Walkmylne, 277.
Walstoune, v. Welstoune.
Warestoun, 4, 218, 227.
Wauchtoun, 1190.
Welstoune, Welchstoun, 132, 283, 1040, 1041, 1220.
Werschmaline, 1030.
West-Calder, parochia — 1188, 1244, 1294, 1364, 1509.
Wester Bavillaw, 460.
Wester Bridges, Westerbrigis, 860, 1245, 1246, 1247, 1286, 1297, 1344.
Wester Cairnes, 1293.
Wester Crichton, 1307.
Wester Duddingstoun, 103, 211, 386, 654, 661, 1273, 1514.
——————— territorium — 661.
——————— villa — 661.
Westend, 373, 1096.
Westfeild, 860, 1044, 1286.
Westhall, 541.
Westerhauch, 849, 1252.
Westhouses, 277, 1339.
West-Kirk, v. Sanct Cuthberts.
Westpans, West-Paynis, 1010, 1308, 1358.
Westport, 1029, 1423.
Westwoodquarter, Westerwoodquarter, 1307.
Wheitlet, 1307.
Whelpsyde, 1336.
Whinnieknow, 1029, 1174, 1258.
Whinneymyre, 1029.
Whistlehill, 1216, 1282, 1283.
Whytcleuchburne, 1282, 1283.
Whytcleuchneis, 1216, 1282, 1283, 1387.
Whytfield, 1010, 1231, 1302.
Whythill, 1307.
Whytsyde, 1308, 1358.
Williamstoun, 777.
Woddel, v. Waddell.
Wodhall, 101, 465.
——— baronia — 1370.
Woodhouslie, 218, 1301.
——— baronia — 1301.
——— burgum baroniæ — 1301.
Woolmet, Wowmet, 650, 710, 1010, 1308, 1315, 1322, 1358.
Woolmetbank, 1010, 1308, 1315, 1322, 1358.
Wooderaik, 1096.
Wormestoun, 541.
Wrighthous, 1269, 1295.
Wrichtislandis, 218, 259.

Yairds, 1029.
Yester, dominium — 1177.
Yorkstoun, 1195, 1332.
——— villa — 1195.

INQUISITIONES SPECIALES.

EDINBURGH.

(1)   Jan. 15. 1554.
JOANNES SOMERVAILL, *hæres* Joannis Somervaill de Cambusnethen militis, (qui obiit in conflictu de Flodoun) *avi,*—in parte terrarum de Gilmertoun.—A. E. 10*l.* N. E. 46*m.* 6*s.* 8*d.*
                                                    i. 147.

(2)   Feb. 18. 1554.
GEORGIUS TOURIS, *hæres* Georgii Touris de Birsto, *patris,*—in terris de Birsto, prope ecclesiam beatæ Mariæ Virginis de Campo in baronia de Dalry ;—10 acris terrarum de Dundriane ;—10 acris terrarum prope Toleroce, infra dictam baroniam.—A. E. 20*l.* N. E. 40*l.*
                                                    i. 147.

(3)   Oct. 9. 1573.
JACOBUS BORTHUIK, *hæres* Willielmi Magistri de Borthuik, *fratris germani,*—in terris, dominio et baronia de Borthuik, continentibus terras de Moit de Lochequorewod et castrum earundem, castrum de Borthuik inde appellatum ;—dimidietatem terrarum de Middeltoun ;—terras de Bruitland et villam ejusdem ;—terras de Hereot et Hereotmure, cum aliis terris in vicecomitatibus de Selkirk, Peebles, Lanark, et Berwick.—A. E. 85*m.* N. E. 420*m.*—(Vide Selkirk, Peebles, Lanark, Berwick, Aberdeen.)   i. 165.

(4)   Feb. 9. 1573.
WILLIELMUS WARLAW, *hæres* Alexandri Warlaw de Warestoun, *patris,*—in terris de Warestoun, in baronia de Renfrew per annexationem.—A. E. 5*l.* N. E. 20*m.*   i. 106.

(5)   Aug. 18. 1579.
JACOBUS CANT, *hæres* Joannis Cant, *fratris germani,*—in terris de Sanctgilligrange.—A. E. 40*s.* N. E. 20*l.*   i. 109.

(6)   Jun. 1. 1580.
JOANNES MOWBRAY, *hæres* Willielmi Mowbray, *avi,*—in quadam terra in villa et territorio de Crammond-Regis ;—crofta vocata Croft-angrie in dicta villa.—A. E. 10*s.* N. E. 20*s.*   i. 121.

(7)   Aug. 19. 1580.
WILLIELMUS LITLE burgensis de Edinburgh, *hæres* Magistri Clementis Litle advocati, *fratris germani,*—in dimidietate terrarum ab antiquo vocatarum Serjandlandis tam orientalium quam occidentalium, jacentium ex boreali parte villæ et territorio de Ovir Libbertoun.—A. E. 20*s.* N. E. 12*m.* 10*s.* 2*d.*   i. 121.

(8)   Mar. 15. 1580.
JOANNES RAMSAY, *hæres* Georgii Ramsay de Dalhoussie, *patris,*—in terris et baronia de Dalhoussie, et jure patronatus capellæ et hospitalis Sancti Leonardi infra dictam baroniam :—A. E. 12*l.* 10*s.* N. E. 50*l.*—Terris et baronia de Keringtoun.—A. E. 6*l.* 13*s.* 4*d.* N. E. 26*l.* 13*s.* 4*d.*—(Vide Berwick.)   i. 108.

(9)   Dec. 15. 1582.
THOMAS MAUCHANE filius tertio genitus Edwardi Mauchane burgensis de Edinburgh, *hæres talliæ* Magistri Georgii Mauchane filii et hæredis apparentis Magistri Alexandri Mauchane advocati, *nepotis fratris avi,*—in terris de Overbarnetoun in baronia de Overbarnetoun.—A. E. 8*l.* N. E. 12*l.*   i. 166.

(10)   Dec. 14. 1588.
ROBERTUS KINCAID, *hæres* Jacobi Kincaid apud portam occidentalem de Edinburgh, *patris,*—in novo loco lie Rowme et terra vocata stabulo Regis, apud dictam portam occidentalem, inter communes vias regias ex australi et boreali partibus, et hastiludium lie Barrowes vocatum ex occidentali, cum officio observationis dicti hastiludii ;—pecia terræ viridis abhinc transeundo versus occidentem ad fontem Dominæ Margaretæ.—E. 44*s.*   i. 171.

(11)   Aug. 14. 1588.
ROBERTUS MELVILL, *hæres* Davidis Melvill burgensis de Edinburgh, *proavi,*—in 10 acris terrarum de Restalrig, prope ecclesiam de Restalrig, infra baroniam ejusdem.—A. E. 4*l.* N. E. 30*s.*
                                                    i. 178.

(12)   Apr. 1. 1589.
DAVID GILBERT, *hæres* Joannis Gilbert aurifabri burgensis de Edinburgh, *patris,*—in crofta et terra quæ olim fratribus prædicatoribus dicti burgi de Edinburgh pertinuit, extendente ad 3 acras terrarum.—A. E. 12*d.* N. E. 4*s.*   i. 172.

(13)   Apr. 15. 1589.
MARGARETA FRASER, *hæres* Helenæ Achesone, *matris,*—in tenemento in villa de Leith, infra baroniam de Restalrig.—E. 5*s.*   i. 171.

(14)   Aug. 20. 1589.
HENRICUS FORRESTER, *hæres* Domini Jacobi Forrester de Corstorphing militis, *fratris,*—in terris et baronia de Corstorphing et villa ejusdem, et advocatione præposituræ præbendarum et capellaniarum ecclesiæ collegiatæ de Corstorphing :—A. E. 40*l.* N. E. 200*m.*—Terris de Nether Barnetoun :—E. 47*m.*—2 bovatis terrarum arabilium, viz. 30 acris, et 1 acra prati, et quarta parte unius acræ, in territorio de Glarberstoun, cum communia et communi pastura :—E. 40*s.* 6*d.*—Annuo redditu 20*m.* de annuo redditu 8 bollarum hordei de 4 acris terrarum de Restalrig ;—Annuo redditu 12*m.* de tenemento Joannis Flemyng incolæ villæ de Leith, et de quibusdam acris terræ infra bondas terrarum de New Heavin.—(Vide Linlithgow, Haddington, Perth.)   i. 169.

(15)   Dec. 19. 1590.
THOMAS PATERSONE mercator, *hæres* Jacobi Patersone filii legitimi Willielmi Patersone mercatoris ac burgensis de Edinburgh, *fratris,*—in annuo redditu 20*m.* de tenemento in dicto burgo. iv. 437.

A

(16) Dec. 3. 1595.
GEORGIUS THOMESOUN, *hæres* Joannis Thomesoun *alias* Smyth incolæ villæ de Leyth, *patris*,—in terris in burgo de Kirkcrawmond, et baronia de Abirlady ;—crofta terræ prope mare ex parte orientali dicti burgi :—E. 3*s*.—2 acris ex orientali parte de Eister Querrelhoillis, in baronia de Restalrig.—A. E. 2*s*. N. E. 4*s*. ii. 141.

(17) Dec. 16. 1595.
AGNES MAWCHAN sponsa Georgii Carkettill mercatoris burgensis burgi de Edinburgh, *hæres* Magistri Alexandri Mawchan advocáti coram Dominis Sessionis, *patris*,—in tenementis et terris in Edinburgh :—E. 20*m*.—Annuo redditu 4*m*. de terris quondam Ricardi Nicolsoun. ii. 107.

(18) Jul. 30. 1597.
ISSABELLA LYLE sponsa Joannis Boyd, *hæres* Jonetæ Lyle sponsæ Willielmi Stevensoun, *sororis*,—in dimidia parte terræ in Edinburgh.—E. 10*l*. iii. 17.

(19) Jul. 24. 1598.
WILLIELMUS LYNDSAY in Lintlawis, *hæres* Willielmi Lyndsay burgensis de Edinburgh, *nepotis fratris avi*,—in annuo redditu 10*m*. de terris de Bristo, in baronia de Innerleyth et dominio de Dalry.—E. 10*m*. ii. 122.

(20) Jan. 9. 1598.
EUFAMIA BAWTIE sponsa Archibaldi Wilsoun, *hæres* Joannis Bawtie filii Joannis Bawtie et Sibillæ Dewar ejus sponsæ, *fratris*,—in 4 bothis in burgo de Edinburgh.—E. 20*m*. ii. 22.

(21) Mar. 16. 1598.
GEORGIUS FAWSYD, *hæres conquestus* Thomæ Fawsyde filii legitimi quondam Thomæ Fawsyd de Eodem, *fratris immediate senioris*,—in annuo redditu 12*l*. de terris de Esperstoun, in baronia de Ballintrodo ;—annuo redditu 10*l*. de prænominatis terris de Esperstoun. ii. 5.

(22) Sep. 4. 1599.
DAVID WODE, *hæres* Joannis Wode filii legitimi quondam Thomæ Wode fabri lignarii ac burgensis de Edinburgh, *fratris*,—in annuo redditu 10*m*. de terris in burgo de Edinburgh. ii. 104.

(23) Oct. 16. 1599.
WILLIELMUS MELROSS faber lignarius, *hæres* Joannis Melross, *fratris*,—in tenemento in burgo de Edinburgh.—E. 20*m*. ii. 7.

(24) Oct. 16. 1599.
WILLIELMUS MELROSS, *hæres* Joannis Melross fabri lignarii ac burgensis de Edinburgh, *patris*,—in annuo redditu 30*s*. de dimidietate tenementi in dicto burgo ;—annuo redditu 2*m*. de tenemento in Edinburgh ;—stabulis tenementi in dicto burgo ;—terra seu tenemento in dicto burgo.—E. 20*l*. ii. 8.

(25) Nov. 21. 1599.
JOANNES HAISTIE, *hæres* Joannis Haistie in Nether Gogar, *patris*,—in 4 acris terrarum ecclesiasticarum de Gogar, cum Burnecruik.—E. 3*l*. 16*s*. 8*d*. iii. 48.

(26) Dec. 6. 1599.
NICOLAUS EDGER, *hæres* Capitanei Jacobi Edger, *patris*,—in terris Patricii Edger mercatoris in burgo de Edinburgh.—E. 20*m*. ii. 5.

(27) Dec. 7. 1599.
NICOLAUS EDZER, *hæres* Capitanei Jacobi Edzer, *patris*,—in terris occidentalis dimidietatis terrarum de Lymphoy cum prato :—A. E. 3*l*. 10*s*. N. E. 14*l*.—Annuo redditu 350*m*. de parte villæ et terrarum de Restalrig, extendénte ad 60 acras terrarum arabilium in baronia de Restalrig ;—annuo redditu 350*m*. de 22 acris et 3 ruidis terrarum arabilium de Hilhousfeild, ex boreali parte villæ et aquæ de Leyth, in baronia et regalitate de Brochtoun, et duabus acris et dimidietate acræ terrarum arabilium præfatarum terrarum de Hillhousefield, in baronia de Restalrig. ii. 52.

(28) Jan. 10. 1600.
MAGISTER WILLIELMUS STRANG, *hæres conquestus* Edwardi Strang mercatoris, filii secundo geniti quondam Willielmi Strang mercatoris ac burgensis de Edinburgh, *fratris*,—in tenementis in dicto burgo.—E. 20*m*. ii. 109.

(29) Jan. 10. 1600.
MAGISTER WILLIELMUS STRANG, *hæres* Willielmi Strang mercatoris ac burgensis de Edinburgh, *patris*,—in tenemento in dicto burgo.—E. 20*m*. ii. 109.

(30) Jan. 29. 1600.
MAGISTER QUINTIGERNUS RIG, *hæres* Jacobi Rig de Carbarry, *patris*,—in tenemento in burgo de Edinburgh.—E. 20*l*. ii. 17.

(31) Feb. 7. 1600.
WILLIELMUS COWPAR sartor, *hæres* Andreæ Cowper sartoris et burgensis de Edinburgh, *patris*,—in tenemento in dicto burgo.—E. 10*m*. ii. 2*l*.

(32) Feb. 17. 1600.
HENRICUS JOWSIE, *hæres* Willielmi Jowsie filii legitimi quondam Andreæ Jowsie, *fratris*,—in tenemento in Edinburgh.—E. 10*l*. ii. 168.

(33) Feb. 17. 1600.
HENRICUS JOWSIE, *hæres* Jonetæ Jowsie filiæ legitimæ quondam Andreæ Jowsie mercatoris ac burgensis de Edinburgh, *sororis*,—in tenementis in Edinburgh.—E. 10*l*. ii. 168.

(34) Feb. 28. 1600.
ROBERTUS FOULIS, *hæres* Joannis Foullis notarii, *patris*,—in tenemento in Edinburgh.—E. 20*l*. ii. 19.

(35) Apr. 5. 1600.
THOMAS EWING, *hæres* Jacobi Ewing aurifabri in Edinburgh, *fratris*,—in annuo redditu 34*s*. et annuo redditu 20*s*. de tenementis in Edinburgh. ii. 26.

(36) Apr. 26. 1600.
WILLIELMUS GUTHRIE, *hæres* Joannis Guthrie clerici communis villæ de Leyth, *patris*,—in 3¼ acris croftæ orientalis de Bristo, in dominio de Dalry et baronia de Innerleyth ;—crofta occidentali de Bristo ;—orientali crofta de Bristo, cum heidrigis ejusdem.—E. 2*d*. *argenti*. ii. 33.

(37) Apr. 26. 1600.
MAGISTER ROBERTUS YOUNG scriba, *hæres* Joannis Young scribæ signeto ac burgensis de Edinburgh, *patris*,—in tenemento et botha in Edinburgh.—E. 20*l*. ii. 48.

(38) Maii 30. 1600.
FLORENTINUS LEVINGSTOUN, *hæres* Jacobi Levingstoun portionarii de Camno, *patris*,—in quarta parte terrarum de Camno in regalitate de Dunkeld.—E. 12*l*. ii. 41.

(39) Maii 31. 1600.
JACOBUS ARBUTHNET, *hæres* Alexandri Arbuthnet mercatoris et burgensis de Edinburgh, *patris*,—in bothis et tenementis in Edinburgh.—E. 20*m*. ii. 41.

(40) Jun. 5. 1600.
JOANNES TARBERT, *hæres* Jacobi Tarbert scribæ in Edinburgh, *patris*,—in annuo redditu 100*m*. de terris de Over Gogar nuncupatis Skeldies landis. ii. 41.

(41) Jun. 21. 1600.
ALEXANDER MUDIE mercator, *hæres* Margaretæ Mudie, *sororis*,—in annuo redditu 25*m*. de tenemento in Edinburgh. ii. 44.

(42) Jun. 24. 1600.
JACOBUS HOPPRINGILL apparens de Quhytbank, *hæres* Mariotæ Murray sponsæ Jacobi Hoppringill de Quhytbank, *matris*,—in bothis et tenemento in Edinburgh.—E. 20*m*. ii. 43.

(43) Jun. 24. 1600.
JACOBUS HOPPRINGILL de Quhytebank, *hæres* Jacobi Hoppringill de Wodhous, *patris*,—in tenemento in Edinburgh.—E. 10*l*. ii. 43.

(44) Jul. 3. 1600.
AGNES MASOUN, *hæres* Alexandri Masoun mercatoris ac burgensis de Edinburgh, *patris*,—in tenementis in Edinburgh :—E. 20*l*.—Annuo redditu 50*m*. de tenemento in dicto burgo. ii. 46.

(45) Aug. 2. 1600.
DAVID LYNDSAY, *hæres talliæ* Joannis Wod filii quondam Marjoriæ Aikenheid inter illam et quondam Jacobum Wod ejus sponsam procreati, *fratris*,—in tenemento in Edinburgh.—E. 20*m*. ii. 52.

(46) Aug. 12. 1600.
ROBERTUS PORTEOUS, *hæres* Patricii Porteous in Newbottill, *patrui*,—in 8 acris terrarum prope villam de Newbottill, et pecia terræ vocata Brewhousbank in baronia de Newbottill.—E. 57*s*. 8*d*. ii. 53.

(47) Sep. 23. 1600.
NICOLAUS YOUNG, *hæres* Joannis Young scissoris ac burgensis de Edinburgh, *patris*,—in illa parte terrarum vastarum occidentalis communis moræ dicti burgi vocata Bagtop, continente 14 acras largioris mensuræ.—E. 20 *bollæ ordei*. ii. 123.

(48) Oct. 8. 1600.
JOANNES HOUSTOUN apparens de Eodem, *hæres* Domini Patricii Houstoun de Eodem militis, *patris*,—in dimidietate terrarum de Leny extendente ad 5*l.* 6*s.* 8*d.* terrarum antiqui extentis :—A. E. 5*l.* 6*s.* 8*d.* N. E. 26*l.* 13*s.* 4*d.*—Dimidietate terrarum de Ovir Alderstoun, in baronia de Calder-Comitis :—E. 100*s.*—Terris de Wester Karnes in prædicta baronia :—A. E. 5*l.* N. E. 19*l.* 6*s.* 8*d.*—(Vide Renfrew, Dumbarton, Stirling, Linlithgow.) ii. 57.

(49) Oct. 11. 1600.
GILBERTUS LAWDER, *hæres provisionis* Margaretæ Lawder filiæ legitimæ quondam Gilberti Lawder mercatoris et burgensis de Edinburgh, *sororis*,—in tertia parte quartæ partis annui redditus 40*l.* de tenemento in dicto burgo.—E. 5*m.* ii. 55.

(50) Oct. 11. 1600.
GILBERTUS LAWDER, *hæres* Jacobi Lauder filii quondam Gilberti Lauder mercatoris ac burgensis de Edinburgh, *fratris*,—in bothis et terris in Edinburgh.—E. 20*l.* ii. 56.

(51) Oct. 18. 1600.
WILLIELMUS TAIT, *hæres* Thomæ Tait mercatoris et burgensis de Edinburgh, *patris*,—in terris et tenementis in burgo de Edinburgh :—E. 20*m.*—Annuis redditibus 20*m.* et 10*m.* de tenementis in Edinburgh. ii. 65.

(52) Nov. 1. 1600.
AGNES RICHESOUN, *hæres portionaria* Joannis Richesoun ephippiarii ac burgensis de Edinburgh, *avi*,—in tenementis in Edinburgh.—E. 10*m.* ii. 63.

(53) Nov. 1. 1600.
MARGARETA RICHESOUN, *hæres portionaria* Joannis Richesoun ephippiarii burgensis de Edinburgh, *avi*,—in tenementis in Edinburgh.—E. 10*m.* ii. 63.

(54) Nov. 12. 1600.
JACOBUS LOGANE, *hæres* Abrahami Dewar, *avi ex parte matris*,—in tenementis et terris in villa de Leyth, et baronia de Restalrig.—E. 3*s.* 6*d.* ii. 66.

(55) Nov. 26. 1600.
WILLIELMUS FORRESTER, *hæres* Willielmi Forrester incolæ villæ de Leyth, *patris*,—in 24 acris terrarum de Restalrig, in baronia de Restalrig :—A. E. 10*s.* N. E. 40*s.*—Tenementis terræ in villa de Leyth, infra baroniam antedictam :—E. 6*l.* 14*s.* 4*d.*—Annuis redditibus 18*s.* et 13*s.* 4*d.* et 6*m.* de terris in villa de Leyth. ii. 129.

(56) Dec. 16. 1600.
ROBERTUS NEWTOUN mercator, *hæres* Willielmi Newtoun pistoris ac burgensis de Edinburgh, *patris*,—in terris in burgo de Edinburgh :—E. 10*m.*—Annuo redditu 10*m.* de terris in Edinburgh. ii. 69.

(57) Dec. 23. 1600.
JONETA HOME sponsa Roberti Trotter mercatoris burgensis de Edinburgh, *hæres* Archibaldi Home mercatoris et burgensis dicti burgi, *patris*,—in terris et tenementis in Edinburgh.—E. 20*l.* ii. 68.

(58) Jan. 13. 1601.
NINIANUS M'MORAIN, *hæres* Joannis M'Morain filii legitimi natu maximi quondam Joannis M'Morain mercatoris et olim ballivi de Edinburgh, *fratris immediate senioris*,—in terris et tenementis in Edinburgh :—E. 40*l.*—Annuo redditu 20*l.* de tenemento in dicto burgo. ii. 73.

(59) Jan. 13. 1601.
MAGISTER JOANNES HUTCHESOUN, *hæres* Edwardi Hutchesoun filii legitimi quondam Willielmi Hutchesoun allutarii burgensis de Edinburgh, *fratris*,—in botha et domo in burgo de Edinburgh.—E. 10*l.* ii. 121.

(60) Jan. 31. 1601.
MAGISTER JACOBUS HARLAW scriba in Edinburgh, *hæres* Jacobi Harlaw scribæ signeti regii, *patris*,—in tenemento in Edinburgh :—E. 20*l.*—Annuo redditu 23*s.* 4*d.* de tenemento in Edinburgh. ii. 78.

(61) Feb. 10. 1601.
JOANNES TARBETT, *hæres* Jacobi Tarbett scribæ in Edinburgh, *patris*,—in annuo redditu 100*m.* de terris de Over Gogar nuncupatis Skaildeis-landis. ii. 80.

(62) Feb. 10. 1601.
PATRICIUS EDMESTOUN de Wolmett, *hæres* Gilberti Edmestoun de Wolmett, *avi*,—in duobus tenementis in villæ de Leyth, et baronia de Restalrig.—A. E. 6 *nummi* N. E. 2*s.* ii. 87.

(63) Feb. 28. 1601.
WILLIELMUS PATERSONE mercator, *hæres ex conquestu* Rollandi Patersoun mercatoris ac burgensis de Edinburgh, *fratris immediate junioris*,—in pecia terræ vastæ vocata Lymehoill in dicto burgo.—E. 10*m.* ii. 163.

(64) Mar. 5. 1601.
DAVID DALZELL filius legitimus et natu maximus Jacobi Dalzell in Waterleyth, *hæres* Issobellæ Creichtoun, *matris*,—in tertia parte terrarum de Coittis et Hurwod in baronia de Pennycuik.—A. E. 10*s.* N. E. 40*s.* ii. 84.

(65) Mar. 11. 1601.
DOMINUS HUGO CARMICHAELL de Witstoun miles, *hæres* Domini Joannis Carmichaell de Eodem, *patris*,—in terris de Langherdmestoun et Currie, infra baroniam de Currie.—A. E. 50*s.* N. E. 10*l.* ii. 86.

(66) Mar. 19. 1601.
MAGISTER JOANNES CRAIG medicinæ doctor, *hæres* Jacobi Craig mercatoris in Burdeaux, *fratris immediate junioris*,—in terris in burgo de Edinburgh.—E. 10*l.* ii. 84.

(67) Mar. 31. 1601.
JOANNES WILKIE, *hæres* Joannis Wilkie candelarum fabri ac burgensis de Edinburgh, *patris*,—in tenemento in Edinburgh. —E. 10*l.* ii. 98.

(68) Maii 19. 1601.
JOANNES MURRAY de Fallowhill, *hæres* Patricii Murray de Fallowhill, *patris*,—in terris de Cranstounriddell :—A. E. 5*l.* N. E. 10*l.*—Terris de Fallowhill infra dominium de Heriote.—A. E. 40*s.* N. E. 4*l.*——(Vide Selkirk, Peebles.) ii. 164.

(69) Jun. 16. 1601.
PATRICIUS CARKETTILL de Over Libertoun, *hæres* Davidis Carkettill de Over Libertoun, *fratris immediate senioris*,—in tenemento in burgo de Edinburgh.—E. 20*l.* ii. 102.

(70) Jun. 16. 1601.
GEORGIUS CARKETTILL mercator, *hæres* Adami Carkettill, *fratris immediate junioris*,—in tenemento in burgo de Edinburgh. —E. 20*l.* ii. 103.

(71) Jun. 18. 1601.
JOANNES DAVIDSOUN, *hæres* Joannis Davidsoun mercatoris ac burgensis de Edinburgh, *patris*,—in tenementis in Edinburgh. —E. 20*m.* ii. 105.

(72) Jun. 18. 1601.
JOANNES BRUCE de Airth, *hæres* Domini Alexandri Bruce de Airth militis, *avi*,—in 26 bovatis terrarum de Wester Bengour et Quhytelaw, in baronia de Calder per annexationem.—A. E. 7*l.* N. E. 28*l.*—(Vide Stirling, Linlithgow, Lanark, Perth.) ii. 137.

(73) Jul. 2. 1601.
ELIZABETHA PURSELL sponsa Jacobi Wode pistoris, *hæres* Roberti Pursell filii quondam Roberti Pursell, *fratris*,—in dimidia parte tenementi in Edinburgh.—E. 20*m.* ii. 110.

(74) Jul. 2. 1601.
ELIZABETHA PURSELL sponsa Jacobi Wode pistoris, *hæres* Roberti Pursell lanionis ac burgensis de Edinburgh, *patris*,—in dimidia parte tenementi in Edinburgh.—E. 20*m.* ii. 110.

(75) Jul. 4. 1601.
ROBERTUS DOWGALL mercator, *hæres* Joannis Dowgall mercatoris ac burgensis de Edinburgh, *patris*,—in tenemento in Edinburgh :—E. 20*m.*—Annuo redditu 12*l.* et alio annuo redditu 12*s.* de tenemento in dicto burgo. ii. 155.

(76) Jul. 8. 1601.
BARBARA SCOTT, *hæres* Willielmi Scott burgensis de Edinburgh, *patris*,—in superioritate terrarum de Tolcross in dominio de Dalry infra baroniam de Innerleyth, extendente ad 10 acras.—A. E. 4*s.* N. E. 16*s.* ii. 109.

(77)   Jul. 21. 1601.
JACOBUS THOMESOUN, *hæres* Joannis Thomsoun in Leith, *patris*,—in tenemento in villa de Leyth :—E. 12*d*.—Annuo redditu 20*m*. de terris de Over Crawmound vocatis Tenandrie in dominio de Over Barnetoun.   ii. 118.

(78)   Oct. 24. 1601.
THOMAS ROS mercator, *hæres tallie et provisionis* Jacobi Ros mercatoris filii quondam Jacobi Ros burgensis de Edinburgh, *fratris*,—in tenemento in burgo de Edinburgh.—E. 20*m*.   ii. 119.

(79)   Nov. 12. 1601.
GEORGIUS AIKMAN burgensis de Edinburgh, *hæres* Niniani Aikman filii legitimi natu minimi quondam Jacobi Aikman mercatoris, *fratris*,—in botha et camera in burgo de Edinburgh.—E. 20*m*.   ii. 122.

(80)   Dec. 18. 1601.
ROBERTUS HAMMILTOUN mercator ac burgensis de Edinburgh, *hæres* Magistri Joannis Hammiltoun de Bankell, *avunculi*, —in dimidietate terrarum de Craiglokhart.—A. E. 30*s*. N. E. 6*l*.   ii. 127.

(81)   Dec. 30. 1601.
ROBERTUS BRUCE olim de West Bynnie et nunc vocatus de Dummany, *hæres* Roberti Bruce de Bynnie, *avi*,—in pecia terræ cum pecia prati eidem contigue adjacente juxta lapidem vocatam Fouraikeris-stane in territorio de Tortreven, infra baroniam de Melville.—A. E. 10*s*. N. E. 40*s*.   ii. 125.

(82)   Feb. 2. 1602.
THOMAS ROSS mercator burgensis de Edinburgh, *hæres* Jacobi Ross, *fratris*,—in molendino occidentali de Melvill in baronia de Melvill :—A. E. 10*s*. N. E. 40*s*.—Terris et acris terrarum de Coittis in baronia et regalitate de Brochtoun.—A. E. 5*s*. N. E. 20*s*.   ii. 145.

(83)   Feb. 20. 1602.
NATHANIEL JOHNSTOUN junior, *hæres* Jonetæ Johnstoun filiæ legitimæ Nathanielis Johnstoun mercatoris burgensis de Edinburgh, *sororis*,—in dimidietate tenementorum in Edinburgh.—E. 20*m*.   ii. 136.

(84)   Feb. 20. 1602.
NATHANIEL JOHNSTOUN junior, *hæres* Jacobi Johnstoun filii legitimi Nathanielis Johnstoun mercatoris burgensis de Edinburgh, *fratris*,—in dimidietate prædictorum tenementorum.— E. 20*m*.   ii. 136.

(85)   Maii 15. 1602.
HUGO WESTOUN, *hæres* Joannis Westoun, *fratris*,—in cellario in villa de Leyth, in baronia de Restalrig.—E. 12 *nummi*.   ii. 165.

(86)   Maii 18. 1602.
HELENA DIKSOUN, *hæres* Magistri Thomæ Diksoun burgensis de Edinburgh, *patris*,—in tenemento in burgo de Edinburgh.—E. 20*m*.   ii. 151.

(87)   Maii 29. 1602.
EDWARDUS LOCH mercator, *hæres* Thomæ Loch, *fratris immediate junioris*,—in annuo redditu 10*l*. de tenemento in burgo de Edinburgh.   ii. 156.

(88)   Jun. 5. 1602.
WILLIELMUS FISCHER mercator ac burgensis de Edinburgh, *hæres* Lanceloti Fischer, *patrui*,—in tenemento in burgo de Edinburgh.—E. 20*l*.   ii. 152.

(89)   Jun. 15. 1602.
WILLIELMUS DRUMMOND de Ricartoune, *hæres* Henrici Drummound de Ricartoun, *patris*,—in annuo redditu 30*m*. de tenemento in Edinburgh.   ii. 154.

(90)   Jun. 20. 1602.
THOMAS KER, *hæres* Jacobi Ker in Crawmond, *patris*,—in tenemento in villa et territorio de Nether Crawmond.—A. E. 10*s*. N. E. 15*s*. ultra 10*s*. debitos Domino Episcopo Dunkeldensi.   iii. 86.

(91)   Jul. 1. 1602.
JACOBUS JAMESOUN incola villæ de Leyth, *hæres* Jonetæ Hendrysoun apud portam occidentalem burgi de Edinburgh comorantis, *aviæ*,—in dimidietate domus et peciæ terræ in dominio de Dalry.—E. 9*s*.   ii. 158.

(92)   Sep. 28. 1602.
JOANNES Commendatarius monasterii Sanctæ Crucis prope Edin-

burgh, ac unus Senatorum Collegii Justiciæ, *hæres* Adami Episcopi Orchadensis commendatarii dicti monasterii, *patris*,—in tenemento in burgo de Edinburgh.—E. 20*l*.   ii. 171.

(93)   Nov. 16. 1602.
JOANNES ROS in Cumnok, *hæres* Gavini Ros scribæ, servi Danielis Hay scribæ secreti sigilli, *fratris*,—in terra in burgo de Edinburgh.—E. 20*l*.   ii. 175.

(94)   Dec. 7. 1602.
JOANNES HAMILTOUN pupillus, *hæres* Willielmi Hammiltoun mercatoris burgensis de Edinburgh, filii et hæredis quondam Joannis Hammiltoun, *patris*,—in terris et tenementis in Edinburgh.—E. 10*l*.   ii. 180.

(95)   Dec. 7. 1602.
THOMAS GALBRAITH, *hæres* Roberti Galbraith, *patris*,—in dimidietate tenementi in burgo de Edinburgh :—E. 10*m*.—Dimidietate annui redditus 5*m*. de magno hospitio in eodem burgo.   ii. 182.

(96)   Dec. 8. 1602.
THOMAS GALBRAITH, *hæres* Roberti Galbraith, *filii fratris*, —in annuo redditu 40*m*. de terris de Langhirdmestoun pertinentibus Alexandro Miller burgensi de Edinburgh.   iii. 90.

(97)   Dec. 28. 1602.
PATRICIUS MOSCROPE, *hæres* Magistri Joannis Moscrope de Cassiltoun, *patris*,—in terris et tenementis in Leyth et baronia de Restalrig :—E. 2*d*.—Annuo reditu 12*m*. de 12 bovatis terrarum ac molendini de Nether Libbertoun in baronia de Corstorphin.   iii. 4.

(98)   Jan. 6. 1603.
DAVID CREICHTOUN de Lugton, *hæres* Patricii Creichtoun de Lugtoun, *patris*,—in tenemento in burgo de Edinburgh.—E. 20*l*.   iii. 7.

(99)   Feb. 26. 1603.
THOMAS SINCLAIR, *hæres* Henrici Sinclair scribæ, *patris*,— in tenemento in burgo de Edinburgh.—E. 20*m*.   iii. 10.

(100)   Mar. 17. 1603.
LAURENTIUS SYMSONE, *hæres* Alexandri Symsone de Craighous, *patris*,—in terris de Craighous.—E. 6*m*.   iv. 259.

(101)   Maii 11. 1603.
JOANNES CUNYNGHAME de Cunynghameheid, *hæres* Joannis Cunynghame de Cunynghameheid, *patris*,—in 32 bovatis terrarum antiqui extentus de Wodhall et Bonalay, infra baroniam de Reidhall.—A. E. 8*l*. N. E. 32*l*.—(Vide Ayr, Lanark.)   iii. 18.

(102)   Maii 11. 1603.
WILLIELMUS DEWAR de Eodem, *hæres* Willielmi Dewar de Eodem, *patris*,—in terris de Dewar in baronia de Heriot.—A. E. 40*s*. N. E. 8*l*.   iii. 19.

(103)   Maii 17. 1603.
JOANNES THOMESOUN, *hæres* Magistri Alexandri Thomesoun de Duddingstoun advocati, *patris*,—in villis et terris de Wester et Eister Duddingstoun.—E. 74*l*. 13*s*. 4*d*. et 6*s*. 8*d*. in augmentationem.   iii. 24.

(104)   Jun. 18. 1603.
WILLIELMUS NAPER mercator, *hæres* Roberti Naper burgensis de Edinburgh, *avi*,—in tenemento in dicto burgo.—E. 10*m*.   iii. 26.

(105)   Jun. 21. 1603.
WILLIELMUS VEITCH, *hæres* Katherinæ Todhuntar sponsæ Willielmi Veitch de Kingside, *matris*,—in tertia parte terræ in burgo de Edinburgh :—E. 10*m*.—Tertia parte terræ sive domorum in warrantum.   iii. 37.

(106)   Jul. 6. 1603.
MAGISTER WILLIELMUS LITTILL, *hæres* Clementis Littill, *fratris*,—in dimidietate terrarum ab antiquo Sergandlandis nuncupatarum tam orientalium quam occidentalium, in territorio de Libberton.—A. E. 20*s*. N. E. 4*l*.   iii. 29.

(107)   Jul. 19. 1603.
MAGISTER JOANNES WARDLAW, *hæres* Joannis Wardlaw mercatoris burgensis de Edinburgh, *patris*,—in terra cum horto in Cowgait :—E. 10*m*.—Tribus acris communis mori burgi de Edinburgh olim Thomæ Cant de Sanct Gelygrange pertinentibus.— E. 15*s*.   iii. 30.

(108)   Aug. 16. 1603.
ALEXANDER PENNYCUIK, *hæres* Andreæ Pennycuik de Eodem, *fratris*,—in terris et baronia de Pennycuik et suis dependentiis et pertinentiis, viz. terris de Newbigging, cum jure patronatus ecclesiæ parochialis de Pennycuik.—A. E. 5m. N. E. 20m.
     iii. 36.

(109)   Sep. 1. 1603.
ANDREAS SYMPSOUN mercator, *hæres* Nicolai Sympsoun mercatoris burgensis de Edinburgh, *patrui*,—in tenemento cum horto sub muro castri de Edinburgh.—E. 10l.   iii. 41.

(110)   Sep. 8. 1603.
GEORGIUS HAY, *hæres* Joannis Hay burgensis burgi de Edinburgh, *proavi*,—in terris seu tenementis in Edinburgh.—E. 20m.
     iii. 39.

(111)   Nov. 19. 1603.
JOANNES DOWGALL mercator burgensis de Edinburgh, *hæres* Jonetæ Hutoun, *matris*,—in dimidia parte bothæ in Edinburgh.—E. 10m.—Annuo redditu 40m. de tenemento in Edinburgh. iii. 51.

(112)   Nov. 19. 1603.
JOANNES DOWGALL mercator, *hæres* Jacobi Huttoun burgensis de Edinburgh, *avi*,—in dimidia parte bothæ in Edinburgh.—E. 10m.   iii. 52.

(113)   Dec. 23. 1603.
PATRICIUS CARKETTIL de Over Libbertoun, *hæres* Davidis Carkettil de Over Libertoun, *fratris*,—in 10 libratis terrarum de Ovir Libertoun in baronia de Ovir Libertoun :—A. E. 40s. N. E. 5l.—Mansione, turre et fortalicio de Over Libertoun, et dimidietate terrarum de Ovir Libertoun vocatarum Serjandlandis in villa et territorio de Over Libertoun.—A. E. 20s. N. E. 4l.   iii. 66.

(114)   Dec. 29. 1603.
CRISTINA TAITT, *hæres portionaria* Davidis Tait burgensis de Edinburgh, *avi*,—in botha in Edinburgh.—E. 6m.   iii. 52.

(115)   Dec. 29. 1603.
ELIZABETHA *alias* BESSIE TAITT, *hæres portionaria* Davidis Tait burgensis de Edinburgh, *avi*,—in prædicta botha.—E. 6m.
     iii. 52.

(116)   Dec. 29. 1603.
AGNES TAITT, *hæres portionaria* dicti Davidis Tait, *avi*,—in prædicta botha.—E. 6m.   iii. 52.

(117)   Jan. 3. 1604.
PATRICIUS EDZER burgensis de Edinburgh, *hæres* Alexandri Edzer de Paper-mylne prope Edinburgh, *patrui*,—in 10 acris terrarum arabilium, cum molendino vocato lie Paper-mylne, et astrictis multuris baroniæ de Craigmillour, terris molendinariis cum ustrina, horreo lie Cobill, infra baroniam de Craigmiller.—E. 41½m.   iii. 53.

(118)   Jan. 10. 1604.
KATHERINA HOG sponsa Mathei Smyth fabri ferrarii et burgensis de Edinburgh, *hæres portionaria provisionis* Joannis Hog Stabularii ac burgensis dicti burgi, *fratris*,—in tenementis in dicto burgo.—E. 20l.   iii. 61.

(119)   Jan. 10. 1604.
JONETA HOG sponsa Joannis Logan Stabularii ac burgensis de Edinburgh, *hæres portionaria provisionis* Joannis Hog Stabularii ac burgensis dicti burgi, *fratris*,—in tenementis prædictis.—E. 20l.
     iii. 61.

(120)   Jan. 19. 1604.
JOANNES PENNYCUIK pellio ac burgensis burgi de Edinburgh, *hæres* Alexandri Pennycuik pellionis ac burgensis dicti burgi, *patris*,—in botha in Edinburgh.—E. 40s.   iv. 276.

(121)   Jan. 20. 1604.
WILLIELMUS LOWRIE, *hæres* Joannis Lowrie naucleri incolæ villæ de Leyth, *patris*,—in tenemento cum gabello lapideo orientali, in villa de Leyth, in baronia de Restalrig.—E. 40s.   iii. 57.

(122)   Feb. 3. 1604.
THOMAS KINCAID, *hæres* Roberti Kincaid, *patrui*,—in annuo redditu 20l. de terris de Craglokart.   iv. 7.

(123)   Feb. 9. 1604.
MAGISTER ALEXANDER GREG, *hæres* Thomæ Greg ministri evangelii apud North Berwick, *patris*,—in tenemento in burgo de Edinburgh.—E. 10l.   iv. 238.

(124)   Feb. 25. 1604.
ROGERUS HEREIS burgensis de Drumfreis, *hæres* Roberti Hereis mercatoris ac burgensis de Edinburgh, *fratris*,—in dimi-

dia parte tenementi in burgo de Edinburgh.—E. 10m.—Annuo redditu 32m. de dimidia parte dicti tenementi.   iii. 66.

(125)   Feb. 25. 1604.
MARGARETA LAYNG sponsa Andreæ Scott Chirurgi et burgensis de Edinburgh, *hæres portionaria* Archibaldi Layng mercatoris ac burgensis dicti burgi, *patris*,—in tenementis in Edinburgh. —E. 40l.   iii. 68.

(126)   Feb. 25. 1604.
AGNES LAYNG sponsa Magistri Roberti Scot scribæ, *hæres portionaria* dicti Archibaldi, *patris*,—in prædictis terris.   iii. 68.

(127)   Feb. 27. 1604.
DAVID GLEN servitor Domini .... Mertoun de Cambo, *hæres* Joannis Glen mercatoris burgensis de Edinburgh, *patris*,—in tenemento in Edinburgh.—E. 3s. 4d.   xviii. 15.

(128)   Apr. 19. 1604.
MARIOTA GRYNLAW, *hæres* Joannis Grynlaw scissoris ac burgensis de Edinburgh, *patris*,—in tenemento in Edinburgh.—E. 20l.   iii. 76.

(129)   Maii 11. 1604.
JONETA FERRIE, *hæres* Georgii Ferrie portionarii de Restalrig, *fratris germani*,—in 4 bovatis terrarum de Restalrig in baronia de Restalrig.—E. 10m. 4s. &c.   iii. 84.

(130)   Maii 15. 1604.
ROBERTUS STRANG, *hæres portionarius* Jacobi Wigholme incolæ villæ de Leyth, *avunculi*,—in dimidietate terrarum et tenementorum in villa de Leyth, infra baroniam de Restalrig.—E. 3 *nummi*.   iii. 251.

(131)   Maii 15. 1604.
AGNES HENDERSOUN, *hæres portionaria* Jacobi Wigholme incolæ villæ de Leyth, *avunculi*,—in dimidietate terrarum et tenementorum prædictorum.—E. 3d.   iii. 251.

(132)   Mali 30. 1604.
JACOBUS CRICHTOUN junior de Brounstoun, *hæres* Joannis Crichtoun, *fratris*,—in terris de Welchstoun, Braidwode, Ravinshauch, et occidentali dimidietate terrarum de Brounstoun in baronia de Pennycuik.—E. 10m.   iv. 262.

(133)   Jun. 5. 1604.
LUCAS WILSOUN pelliparius ac burgensis de Edinburgh, *hæres* Agnetis Wilsoun, *filiæ fratris*,—in tenemento in Edinburgh.—E. 20l.   iii. 88.

(134)   Jun. 14. 1604.
LAWRENTIUS DOMINUS OLIPHANT, *hæres* Lawrentii Domini Oliphant, *avi*,—in terris et baronia de Murehous et Naikiters.—A. E. 9m. N. E. 40m.—(Vide Perth, Fife, Kincardine, Haddington, Caithness.)   iii. 89.

(135)   Jan. 15. 1605.
MARGARETA HAMILTOUN, *hæres portionaria* Jacobi Peirsoun scissoris ac burgensis de Edinburgh, *avunculi*,—in tenemento in Edinburgh.—E. 20m.   iii. 107.

(136)   Jan. 24. 1605.
DOMINUS JOANNES DE THIRLESTANE, *hæres* Domini Joannis de Thirlestane militis, olim magni hujus regni cancellarii, *patris*,—in tenemento infra burgum de Edinburgh sub muro castri, et in petia terræ in Cowgait :—A. E. 20l.—Annuo redditu 17m. de tenemento in Edinburgh.   iii. 110.

(137)   Feb. 14. 1605.
EDWARDUS LOCH, *hæres* Willielmi Loch burgensis de Edinburgh, *fratris*,—in tenemento :—E. 10l.—Annuo redditu fundali 6m. de domibus sub muro Castri dicti burgi ;—annuo redditu 10m. de tenemento in dicto burgo.   iii. 115.

(138)   Feb. 19. 1605.
TOBIAS BRODERSTANIS, *hæres portionarius* Agnetis Broderstanis, *sororis germanæ*,—in 19 ulnis terrarum in longitudine, et 5 ulnis in latitudine terræ, vulgo vocatæ Kingis Stablis, sub muro Castri de Edinburgh.—E. 4s.   iii. 121.

(139)   Feb. 21. 1605.
JACOBUS TURNETT in Colmokill, *hæres ex conquestu* Leonis Turnett, *patrui*,—in dimidia parte terræ vastæ, infra libertatem burgi de Edinburgh.—E. 10m.   iii. 116.

B

(140)   Feb. 26. 1605.

JOHANNES HOWESOUN, *hæres* Johannis Howesoun mercatoris burgensis de Edinburgh, *patris*,—in tenemento terræ vocato Craigmowtie vel Cokmoutie, in villa de Kirkcrawmonde, cum crofta et communia :—E. 5*d.*—Terris tenementis et bothis sub muro castri de Edinburgh :—E. 500*m.*—Dimidietate terræ et tenementorum in burgo vici canonicorum :—E. 200*m.*—Annuo redditu 40*l.* de tenemento in Edinburgh.—(Vide Linlithgow.)   iii. 146.

(141)   Mar. 1. 1605.

JOHANNES HOPPRINGILL, *hæres masculus* Johannis Hoppringill de Murhous, *patrui*,—in terris de Murhous et Cadrope extendentibus ad 10 libratas terrarum antiqui extentus :—E. 10*l.* &c. —6 libratis terrarum ejusdem extentus de Pyrne in dominio de Stow in Woddell.—E. 6*l.* &c.   iii. 120.

(142)   Mar. 2. 1605.

WILLIELMUS HERVIE, *hæres* Magistri Thomæ Hervie advocati, *avi*,—in annuo redditu 40*m.* de terris in burgo de Edinburgh.   iii. 120.

(143)   Mar. 9. 1605.

AGNES KNOWIS, *hæres portionaria* Joannis Knowis pistoris ac burgensis de Edinburgh, *patris*,—in tenementis in Edinburgh :— 20*l.*—Annuo redditu 40*m.* de tenemento in Edinburgh.   iv. 4.

(144)   Mar. 9. 1605.

ELIZABETHA KNOWIS sponsa Thomæ Inglis mercatoris, *hæres portionaria* Joannis Knowis pistoris ac burgensis de Edinburgh, *patris*,—in dictis tenementis et annuis redditibus.   iv. 4.

(145)   Mar. 12. 1605.

ELIZABETHA MONCRIEFF sponsa Willielmi Murray de Aberlednoch, *hæres provisionis* Mariæ Moncrieff filiæ legitimæ quondam Magistri Gilberti Moncrieff medicinæ doctoris, *sororis*, —in tenemento in Edinburgh.—E. 10*l.*   iii. 122.

(146)   Apr. 10. 1605.

ALEXANDER HOME rector de Pinkartoun, *hæres* Elizabethæ Home, *sororis*,—in annuo redditu 50*m.* de terris dominicalibus vulgo Maynes de Melvill, infra baroniam de Melvill.   iii. 140.

(147)   Apr. 15. 1605.

MAGISTER JOHANNES SANDIELANDIS, *hæres* Jacobi Sandielandis sartoris ac burgensis de Edinburgh, *patris*,—in terris et tenementis in Edinburgh.—E. 40*l.*   iii. 136.

(148)   Apr. 18. 1605.

JACOBUS SOMERVELL mercator burgensis de Edinburgh, *hæres* Thomæ Somervell polentarii ac burgensis dicti burgi, *patris*, —in hospitio, &c. in Edinburgh.—E. 20*l.*   iii. 132.

(149)   Apr. 20. 1605.

WALTERUS DICK scriba signeti, *hæres* Thomæ Couper polentarii ac burgensis de Edinburgh, *filii avunculi*,—in tenementis in Edinburgh :—E. 10*l.*—Annuo redditu 11*m.* de tenemento in dicto burgo.   iv. 16.

(150)   Maii 2. 1605.

JOHANNIS MAKFARLANE, *hæres* Margaretæ Wilsoun junioris sponsæ Roberti Watsoun, *materteræ*,—in tenementis in Edinburgh.—E. 10*m.*   iii. 144.

(151)   Maii 9. 1605.

WILLIELMUS BOWAR, *hæres* Jacobi Bowar mercatoris ac burgensis de Edinburgh, *patrui*,—in camera, botha et tenemento in Edinburgh.—E. 20*m.*   iii. 143.

(152)   Maii 14. 1605.

DOMINUS ROBERTUS HAMILTOUN de Greenleis miles, *hæres* Jacobi Hamiltoun de Schawfeild, *proavi*,—in dimidietate terrarum de Gorgy, et molendini ejusdem in baronia de Renfrew et vicecomitatum ejusdem super annexationem.—A. E. 36*s.* 8*d.* N. E. 7*l.* 6*s.* 8*d.*   iii. 142.

(153)   Maii 14. 1605.

DOMINUS GEORGIUS TOURIS de Garmeltoun miles, *hæres* Joannis Touris de Innerleyth, *patris*,—in terris et baronia de Innerleyth continente in speciale, terras subscriptas, viz.—terras dominicales de Innerleyth ;—molendinum granorum de Innerleyth ; —terras vocatas Craig de Innerleyth ;—terras vocatas Wairdie, Wairdie-braw, et Wairdie-mure cum turre et fortalicio de Wairdie ;—terras vocatas Bellisland *alias* Ladyisland de Innerleithe ;— terras vocatas Brunthauche ;—terras vocatas Dalry, comprehendentibus villam et terras de Dalry, terras vocatas Hauchis de Dalry, cum molendinis granorum et molendino paperio de Dalry ;— terras de Hierigis ;—terras de Dundryane ;—terras de Tolcrow ;— terras de Elvaldsyde *alias* Pocket Sleif, prope occidentalem portam burgi de Edinburgh ;—terras vocatas orientales et occidentales croftas de Bristo *alias* Potteraw, cum advocatione beneficiorum capellaniarum et altaragiarum earundem, cum aliis terris in vicecomitatu de Haddinton :—A. E. 50*l.* N. E. 200*m.*—Terris de Baxterslands juxta terras de Innerleythe.—A. E. 5*m.* N. E. 10*m.*— (Vide Haddington, Fife, Berwick.)   iv. 13.

(154)   Maii 14. 1605.

STEPHANUS ROBESOUN burgensis de Irwing, *hæres* Elizabethæ *alias* Bessie Robesoun sponsæ Cuthberti Mathesoun textoris burgensis de Edinburgh, *sororis*,—in dimidietate tenementi in burgo de Edinburgh.—E. 20*m.*   iv. 13.

(155)   Maii 10. 1605.

HUGO BROUN burgensis de Edinburgh, *hæres* Johannis Broun burgensis dicti burgi, *proavi*,—in annuo redditu 10*m.* de tenemento in dicto burgo ;—annuo redditu 10*m.* de terra in dicto burgo ; —annuo redditu 13*s.* 4*d.* de terra in dicto burgo.   iii. 151.

(156)   Maii 10. 1605.

HUGO BROUN mercator, *hæres* Mariotæ Broun, *sororis avi*,— in annuo redditu fundali 6*m.* de terra in burgo de Edinburgh.   iii. 152.

(157)   Maii 17. 1605.

MAGISTER ALEXANDER ANDRO, *hæres* Joannis Andro, *patris*,—in terris de Harlaw, ac terris nuncupatis Harbouris Landis, in regalitate et baronia de Brochtoun :—E. 21*m.*—Edificio et domo habitationis in burgo de Edinburgh.—A. E. 30*l.* N. E. 40*l.*— (Vide Fife.)   iii. 231.

(158)   Maii 31. 1605.

AGNES MACHANE, *hæres* Magistri Georgii Machane filii et hæredis quondam Magistri Alexandri Machane de Barnetoun advocati, *fratris*,—in terris de Overbarnetoun, infra baroniam de Barnetoun.—A. E. 3*l.* N. E. 12*l.*   iv. 15.

(159)   Jun. 15. 1605.

ROBERTUS WARDLAW, *hæres* Jacobi Wardlaw de Dubhous advocati, *patris*,—in tenementis in burgo de Edinburgh.—E. 20*m.*   iii. 153.

(160)   Jun. 20. 1605.

ROBERTUS LOCH, *hæres ex conquestu* Willielmi Loch burgensis de Edinburgh, *patrui*,—in tenemento sub muro castri de Edinburgh :—E. 20*m.*—Annuo redditu fundali 6*m.* de terris et domibus sub muro castri dicti burgi ;—annuo redditu 10*m.* de tenemento prope montem castri ;—annuo redditu 8*l.* de tenemento sub muro castri.   iii. 138.

(161)   Jun. 21. 1605.

EDWARDUS CALDER, *hæres* Jacobi Calder mercatoris ac burgensis de Edinburgh, *patris*,—in dimidietate petiæ terræ croftæ orientalis de Birsto :—E. 5*s.*—Dimidietate annui redditus 10*s.* de eadem petia terræ in villa de Birsto, in dominio de Dalry, et baronia de Innerleith.   iv. 144.

(162)   Jun. 21. 1605.

MAGDALANE CALDER, *hæres portionaria* Willielmi Calder, *fratris*,—in dimidietate petiæ terræ croftæ orientalis de Birsto :— E. 5*s.*—Dimidietate annui redditus 10*s.* de eadem petia terræ in villa de Birsto, dominio de Dalry, et baronia de Innerleithe.   iv. 145.

(163)   Jun. 21. 1605.

JONETA CALDER sponsa Joannis Fergussone nautæ in Leith, *hæres portionaria* Willielmi Calder, *fratris*,—in dimidietate dictæ peciæ terræ et annui redditus.   iv. 145.

(164)   Jul. 2. 1605.

DOMINUS ROBERTUS HAMMILTOUN de Eister Greinleis miles, *hæres* Jacobi Hamiltoun de Schawfeild, *proavi ex parte matris*,—in dimidietate terrarum de Gorgy et molendini, in baronia de Renfrew et vicecomitatu ejusdem per annexationem.—A. E. 36*s.* 8*d.* N. E. 7*l.* 6*s.* 8*d.*   iii. 170.

(165)   Jul. 3. 1605.

WILLIELMUS DOUGLAS MAGISTER DE MORTOUN, *hæres* Roberti Douglas feodatarii de Lochlevin hæredis apparentis Willielmi Douglas de Lochlevin, comitis de Mortoun, domini de Dalkeith, *patris*,—in terris et baronia de Lugton unitis in baroniam de Kelour, &c.—A. E. 10*l.* N. E. 20*l.*—(Vide Perth, Roxburgh, Kinross.)   iii. 210.

(166) Jul. 4. 1605.
JACOBUS CHALMERIS, *hæres* Joannis Chalmeris mercatoris ac burgensis de Edinburgh, *patris*,—in tenementis in Edinburgh :—E. 20*l.*—Annuo redditu 66*m.* de tenemento sub muro castri ;—annuo redditu 20*m.* de dicto tenemento.   iii. 138.

(167) Aug. 7. 1605.
DOMINUS JACOBUS HAMILTOUN de Greneleyes miles, *hæres* Jacobi Hamiltoun de Schawfeild, *proavi ex parte matris,*—in dimidietate terrarum de Georgy et molendini, infra baroniam et vicecomitatum de Renfrew per annexationem.—A. E. 36*s.* 8*d.* N. E. 7*l.* 6*s.* 8*d.*   iii. 169.

(168) Oct. 17. 1605.
FRANCISCUS NICOLSOUN, *hæres* Willielmi Nicolsoun filii legitimi quondam Johannis Nicolsoun candelarum confectoris burgensis de Edinburgh, *fratris,*—in terra sive tenemento in dicto burgo.—E. 10*l.*   iii. 167.

(169) Oct. 17. 1605.
FRANCISCUS NICOLSOUN, *hæres* Henrici Nicolsoun filii legitimi quondam Johannis Nicolsoun candelarum confectoris ac burgensis de Edinburgh, *fratris,*—in dimidietate duorum tenementorum in dicto burgo.—E. 10*l.*   iii. 167.

(170) Oct. 25. 1605.
MAGISTER ALEXANDER FAIRLIE, *hæres* Joannis Fairlie, *fratris,*—in tenemento in villa de Leith, infra baroniam de Restalrig.—E. 18*s.*   iii. 193.

(171) Nov. 22. 1605.
JACOBUS LENNOX, *hæres portionarius* Jacobi Robesoun machinarum fabri burgensis de Edinburgh, *avunculi,*—in domibus horreis et hortis eisdem adjacentibus, infra dominium de Dalry, baroniam de Innerleith.—E. 26*s.*   iii. 174.

(172) Nov. 22. 1605.
JONETA FRRGUSSOUN, *hæres portionaria* Jacobi Robesoun machinarum fabri burgensis de Edinburgh, *avunculi,*—in domibus edificiis horreis et hortis eisdem adjacentibus infra dominium de Dalry et baroniam de Innerleyth.—E. 13*s.*   iii. 175.

(173) Nov. 22. 1605.
ISSABELLA FERGUSSOUN, *hæres portionaria* dicti Jacobi Robesoun, *avunculi,*—in dictis domibus, &c.—E. 13*s.*   iii. 175.

(174) Jan. 9. 1606.
ISOBELLA DWNNING sponsa Gulielmi Cuninghame, *hæres portionaria* Jacobi Dwnning filii legitimi Davidis Dwnning ephipiarii burgensis de Edinburgh, *fratris,*—in tenemento in Edinburgh.—E. 20*m.*   iii. 186.

(175) Jan. 17. 1606.
PATRICIUS CARKETTILL, *hæres* Joannis Carkettill de Finglone, *avi,*—in annuo redditu 40*m.* de baroniis de Dalhoussie et Karingtoun.   iv. 196.

(176) Feb. 6. 1606.
WILLIELMUS STODDART, *hæres* Joannis Stoddart burgensis de Edinburgh, *patrui,*—in diversis tenementis et bothis in burgo de Edinburgh :—E. 40*l.*—Diversis annuis redditibus de tenementis in Edinburgh.   iv. 51.

(177) Feb. 15. 1606.
JACOBUS WOD, *hæres* Johannis Wod senioris filii legitimi quondam Thomæ Wod fabri lignarii burgensis de Edinburgh, *fratris,*—in annuo redditu 10*m.* de terris in dicto burgo.   iii. 204.

(178) Feb. 15. 1606.
JACOBUS WODD, *hæres* Joannis Wodd junioris filii legitimi quondam Thomæ Wodd fabri lignarii et burgensis de Edinburgh, *fratris germani,*—in dimidietate terrarum in eodem burgo.—E. 10*l.*   iii. 207.

(179) Feb. 15. 1606.
JACOBUS WOD, *hæres* Davidis Wod filii legitimi Thomæ Wod fabri lignarii burgensis de Edinburgh, *fratris germani,*—in dimidietate tenementi in dicto burgo.—E. 10*l.*   iii. 210.

(180) Mar. 6. 1606.
KATHERINA WILSOUN sponsa Richardi Baillie in Hillend, *hæres* Johannis Wilsoun brassiatoris ac burgensis de Edinburgh, *patris,*—in terris in Edinburgh :—E. 20*m.*—Annuo redditu 10*m.* de tenemento in dicto burgo.   iii. 198.

(181) Mar. 11. 1606.
SAMUEL CATHCART, *hæres portionarius* Archibaldi Senzeour mercatoris ac burgensis de Edinburgh, *avi ex parte matris,*—in dimidia parte tenementi in dicto burgo.—E. 20*m.*   iii. 198.

(182) Apr. 1. 1606.
PATRICIUS SPITTILL de Litill Curry, *hæres* Andreæ Spittill de Litill Curry, *patris,*—in 4 mercatis terrarum de Litill Curry, infra dominium de Malcomestoun et regalitatem de Ratho.—A. E. 1*m.* N. E. 4*m.*   iii. 192.

(183) Apr. 8. 1606.
EDWARDUS CALDAR, *hæres* Jacobi Caldar mercatoris et burgensis de Edinburgh, *patris,*—in dimidietate terræ in dicto burgo.—E. 10*m.*   iii. 197.

(184) Apr. 12. 1606.
THOMAS DAVIDSOUN, *hæres* Johannis Davidsoun filii legitimi quondam Johannis Davidsoun mercatoris ac burgensis de Edinburgh, *fratris,*—in terris in dicto burgo.—E. 20*m.*   iii. 241.

(185) Apr. 19. 1606.
JACOBUS CHALMERIS, *hæres* Issobellæ Hamiltoun sponsæ quondam Joannis Chalmeris mercatoris et burgensis de Edinburgh, *matris,*—in dimidietate tenementi in dicto burgo.—E. 10*m.*   iii. 194.

(186) Maii 22. 1606.
JACOBUS KINCAID, *hæres* Jacobi Kincaid de Eodem, *patris,*—in terris de Craiklokhart.—A. E. 9*l.* N. E. 12*l.*—(Vide Stirling.)   iv. 41.

(187) Maii 22. 1606.
MARIOTA ACHMOWTIE, *hæres* Katherinæ Achmowtie filiæ legitimæ quondam Thomæ Achmowtie mercatoris burgensis burgi de Edinburgh, *sororis,*—in tertia parte duorum tenementorum in burgo de Edinburgh.—E. 20*m.*   iv. 50.

(188) Maii 22. 1606.
ELIZABETHA ACHMOWTIE, *hæres* predictæ Katherinæ Achmowtie, *sororis,*—in tertia parte tenementorum prædictorum.—E. 20*m.*   iv. 50.

(189) Jun. 4. 1606.
JACOBUS BORTHUIK, *hæres* Jacobi Borthuik scribæ, *patris,*—in 5 mercatis terrarum in Nethirtoun de Butland :—E. 5*m.*—Terris templariis de Butland cum pastura tredecem summarum bestiarum et unius equi in communi pastura terrarum de Butland.—A. E. 20*s.* N. E. 4*m.*   iii. 240.

(190) Jun. 7. 1606.
JACOBUS SOMERWELL mercator burgensis burgi de Edinburgh, *hæres* Jacobi Somerwell mercatoris burgensis dicti burgi, *patris,*—in diversis annuis redditibus de terra sive magno edificio in dicto burgo.   iv. 44.

(191) Jun. 14. 1606.
GEORGIUS DEWAR, *hæres* Georgii Dewar brasiatoris ac burgensis de Edinburgh, *patris,*—in tenemento in Edinburgh :—E. 10*m.*—Parte terrarum communis mori dicti burgi continente 8 acras infra libertatem dicti burgi :—E. 14 *bollæ hordei :*—Parte dicti communis mori continente 3 acras.—E. 15*s.*   iv. 225.

(192) Jun. 24. 1606.
JOANNES JAKSOUN, *hæres* Joannis Jacksoun thesaurarii ac burgensis de Edinburgh, *patris,*—in diversis tenementis in dicto burgo.—E. 100*m.*   iv. 46.

(193) Jul. 2. 1606.
GULIELMUS SCOT filius legitimus Thomæ Scot nuncii, *hæres* Henrici Paislay, *avi ex parte matris,*—in terris in burgo de Edinburgh.—E. 10*l.*   iii. 195.

(194) Jul. 9. 1606.
JACOBUS MALISONE, *hæres* Jonetæ Blyth, *matris,*—in terra husbandia terrarum de Outherstoun, infra baroniam de Balintredo *alias* Tempill.—E. 13*s.* 4*d.*   iii. 212.

(195) Aug. 16. 1606.
BARBARA LINDESAY sponsa Petri Henrisoun, *hæres portionaria* Alexandri Lindesay mercatoris burgensis de Edinburgh, *patrui,*—in tenemento in dicto burgo.—E. 5*m.*   iv. 160.

(196) Aug. 16. 1606.
MARGARETA LINDESAY, *hæres portionaria* Alexandri Lindesay mercatoris burgensis de Edinburgh, *patrui,*—in tenemento in dicto burgo.—E. 5*m.*   iv. 160.

(197) Aug. 27. 1606.
ROBERTUS WARDLAW, *hæres* Magistri Jacobi Wardlaw portionarii de Brochtoun, *patris*,—in annuo redditu 40*m.* de terris de Mailvellis, et orientali molendino cum terris molendinariis infra baroniam de Melvel.—E. 40*m.* iii. 219.

(198) Sep. 25. 1606.
DANIEL BROUN faber ferrarius burgensis de Edinburgh, *hæres* Agnetis Hunter, *matris*,—in tenemento in dicto burgo.—E. 10*m.* iii. 216.

(199) Oct. 4. 1606.
JACOBUS BORTHUIK fusor, *hæres* Jacobi Borthuick scribæ signeti, *patris*,—in tenemento in burgo de Edinburgh.—E. 20*m.* iii. 217.

(200) Nov. 4. 1606.
WILLIELMUS ROS, *hæres ex conquestu* Joannis Ross, *fratris immediate junioris*,—in terris in burgo de Edinburgh.—E. 10*m.* iii. 221.

(201) Nov. 4. 1606.
WILLIELMUS ROS, *hæres talliæ et provisionis* Thomæ Ross filii legitimi quarto geniti quondam Thomæ Ross mercatoris ac burgensis de Edinburgh, *fratris*,—in tenemento in dicto burgo.—E. 10*m.* iii. 221.

(202) Nov. 4. 1606.
WILLIELMUS COMES DE MORTOUN dominus de Dalkeith, &c. *hæres* Willielmi Comitis de Mortoun domini de Dalkeith, *avi*,—in comitatu de Mortoun, terras, dominia, baronias, et regalitates subscriptas continente, viz. terras, dominium, regalitatem, villam, burgum, et baroniam de Dalkeith, cum advocatione ecclesiæ de Dalkeith ;—terras et baroniam de Garmyltoun;—Dunyng, cum advocatione earundem;—terras de Elvingstoun;—terris et baronia de Caldercleir, cum advocatione ecclesiarum :—A. E. 40*l.* N. E. 160*l.*—Terris, comitatu et baronia de Mortoun, cum advocatione ecclesiarum;—et jure presentandi quatuor pauperes studentes quos bursarios vocant in academia Glasguensi.—E. 60*l.*—(Vide Linlithgow, Haddington, Fife, Berwick, Peebles, Lanark, Perth, Kirkcudbright, Dumfries.) iv. 308.

(203) Nov. 6. 1606.
THOMAS M'QUHARRAY mercator, *hæres* Johannis M'Quharray mercatoris ac burgensis burgi de Edinburgh, *patris*,—in tenementis in Edinburgh.—E. 10. iv. 79.

(204) Nov. 7. 1606.
MAGISTER JOHANNES WARDLAW, *hæres* Jacobi Wardlaw, *patris*,—in terris de Nether Cury extendentibus ad quartam partem dictarum terrarum de Nethir Cury.—E. 5*m.* et 6*s.* 8*d.* in augmentationem, &c. iii. 224.

(205) Nov. 19. 1606.
WALTERUS CARNECORS, *hæres* Walteri Carnecorss, *patris*, in terris de Overscheillis et Cheslie, cum pastura et libero introitu ad comuniam de Lugat in dominio de Stow in Weddill, et regalitate Sancti Andreæ.—E. 20*l.* 3*s.*—Terris de Cribbilaw et Cathauch cum vallibus lie Hauchis, domibus mansionibus decimis, &c. turre et manerie de Lugat, in regalitate Sancti Andreæ, dominio de Stow in Weddill.—E. 15*l.* 4*s.*—Terris de Haltrie.—E. 40*s.* iii. 239.

(206) Jan. 1. 1607.
THOMAS GILBERT in Dunkeld, *hæres* Georgii Gilbert nuncii, *fratris*,—in annuo redditu 10*l.* de tenementis in burgo de Edinburgh. iv. 72.

(207) Jan. 3. 1607.
JONETA SPOTTISWODE, *hæres* Johannis Spottiswode mercatoris ac burgensis de Edinburgh, *patris*,—in tenementis sive terris in Edinburgh :—E. 20*m.*—Annuo redditu 4*m.* de terra in dicto burgo. iii. 276.

(208) Jan. 13. 1607.
SUSANNA FAIRLIE sponsa Magistri Joannis Bennet ministri apud ecclesiam de Hereot, *hæres* Agnetis Farelie sponsæ quondam Gavini Hereott pollentarii burgensis de Edinburgh, *sororis patris*,—in tenementis et terris in Edinburgh.—E. 20*m.* iii. 251.

(209) Jan. 31. 1607.
DAVID CREYCHTOUN nunc de Lugtoun, *hæres* Patricii Creychtoun de Lugtoun, *patris*,—in terris ecclesiasticis de Lugtoun ad ecclesiam de Melvill spectantibus, extendentibus ad 3½ acras terrarum aut eo circa, cum decimis garbalibus inclusis, infra baroniam de Lugtoun.—A. E. 10*s.* N. E. 90*s.*—(Vide Bute, Stirling.) iii. 261.

(210) Feb. 12. 1607.
THOMAS WILLIAMSONE, *hæres* Willielmi Williamsone Pel-
liparii ac burgensis de Edinburgh, *patris*,—in terris edificatis et vastis in burgo de Edinburgh :—E. 20*l.*—Annuo redditu 18*s.* de terris in dicto burgo ;—annuo redditu 2*m.* de Botha in dicto burgo ;—annuo redditu 5*m.* de terra vasta in dicto burgo ;—annuo redditu 33*s.* de terra in dicto burgo. iii. 266.

(211) Feb. 24. 1607.
THOMAS THOMSOUN, *hæres* Joannis Thomsoun filii legitimi quondam Magistri Alexandri Thomsoun advocati, *fratris*,—in terris et villis de Wester et Eister Dudingstounes, cum molendino carbonibus carbonariis, quæ annexantur et incorporantur in liberam tenendriam de Dudingstoun.—E. 74*l.* 13*s.* 4*d.* iii. 264.

(212) Feb. 24. 1607.
WILLIELMUS FAIRLIE, *hæres* Johannis Fairlie de Browmifeild, *patris*,—in tenemento in burgo de Edinburgh.—E. 20*m.* iv. 114.

(213) Mar. 3. 1607.
JOANNES PEIRRIE incola villæ de Leyth, *hæres* Joannis Myllar incolæ de Brochtoun, *avi ex parte matris*,—in tenemento in burgo Vicicanonicorum.—E. 10*s.* iv. 57.

(214) Mar. 14. 1607.
JOANNES CANT, *hæres* Walteri Cant de Sanct Jeliegrange, *patris*,—in terris de Sanct Jeliegrange.—A. E. 40*s.* N. E. 20*l.* iv. 59.

(215) Mar. 19. 1607.
JACOBUS REID in Kilpount, *hæres* Willielmi Reid in Kilpount, *patris*,—in annuo redditu 34*m.* de tenemento in Edinburgh.— vii. 155.

(216) Mar. 26. 1607.
JOANNES HILL de eodem, *hæres* Joannis Hill de eodem, *avi*,—in mansione domibus hortis et 2 acris terrarum jacentibus in tertia parte villæ et territorii de Nudriemerschell ad dominium de Edmestoun spectantibus cum pastura duarum vaccarum cum earum sequelis et unius equi in terris dominicalibus dictæ tertiæ partis de Nudriemerschell.—A. E. 6*s.* 8*d.* N. E. 20*s.* iii. 270.

(217) Mar. 26. 1607.
EDWARDUS MEKILJOHNNE junior, *hæres* Edwardi Mekiljohne senioris mercatoris ac burgensis de Edinburgh, *patris*,—in parte tenementi in dicto burgo.—E. 20*m.* iii. 274.

(218) Apr. 16. 1607.
GULIELMUS BALLENDEN, *hæres* Domini Jacobi Ballenden de Brochtoun militis, *patris*,—in terris et baronia de Brochtoun, burgo regalitatis villa et terris ac aliis infra scriptis, viz. burgo regalitatis vici cannonicorum lie Cannogait nuncupato jacente inter burgum de Edinburgh et monasterium Sanctæ Crucis ;—illa parte villæ de Leith quæ jacet ex boreali latere aquæ et portus de Leith, cum hac parte ejusdem villæ jacente ex australi latere dictæ aquæ, quæ ad commendatarium et conventum Sanctæ Crucis perprius pertinuit ;—ceteris terris præfatæ baroniæ de Brochtoun, et signanter de villa et terris de Brochtoun, cum terris vocatis Walkmilnelandis, et Battelhambis ;—terris de Wrichtislandis ;—terris de Godbairniscroft ;—terris de Harlaw et Barbourland ;—villa et terris de Sauchtoun ;—villa et terris de Sauchtounhall ;—cum molendino de Sauchtoun ;—terris molendinis vocatis Stennopismylne ;—terris de Plewlandis de Sauchtoun, et terris quæ vocantur lie Secretur landis, jacentibus infra territorium de Sauchtoun ;—terris de Pendreich, Freirtoun, Bakspittill, Foirspittell, Lochflatt, Meldrumesheuche, Coittis, Lochbank *alias* Halkerstounes croft, Quhytcroft, Fergusounes croft, Warrestoun, Bonytoun, Hilhousfeild, Pilrig, Fluris, Ernesyde, Sanct Leonardis lands ;—terris de Deiraneuche *alias* Plesantis ;—terris de Dischiflat, Medowflat, et molendinis lie Cannonmylnes nuncupatis cum aliis terris in Haddington, Peebles, et Linlithgow :—A. E. 90*l.* N. E. 360*l.*—Officiis justiciariæ et ballivatus baroniæ et regalitatis de Brochtoun, tam burgi et villæ vicecannonicorum et terrarum de Leyth, quam terrarum infra constabulariam de Haddingtoun, ac infra vicecomitatum de Peebles, Lanark, Striveling, et Linlithgow, et senescallatum Kirkcudbrycht :—A. E. seipsa :—Terris de Castellaw, Eistraw, Skathintie hoill, lie Milnetoun, cum molendino earundem ac terris de Wodhouslie :—E. 93*l.* 6*s.* 8*d.*—Terris de Brynthauche, infra baroniam de Innerleithe.—E. 50*s.*—(Vide Haddington, Peebles, Linlithgow, Stirling.) iv. 72.

(219) Apr. 16. 1607.
KATHERINA CLERK, *hæres* Joannis Clerk pelliparii ac burgensis de Edinburgh, *patris*,—in tenemento in Edinburgh.—E. 20*m.* iv. 256.

(220) Maii 1. 1607.
HELENA LEYIS sponsa Magistri Jacobi Thomsoun ministri verbi Dei apud Colingtoune, *hæres portionaria* Thomæ Leyis, *fratris*,—in dimidietate tenementi in villa de Leith, infra baroniam de Restalrig.—E. 16*s.* 1*d.* iv. 80.

(221)   Maii 1. 1607.

HELENA LEYIS sponsa Magistri Jacobi Thomesoun ministri verbi Dei apud Colyngtoun, *hæres portionaria* Jacobi Leyis, *fratris,* —in dimidietate dicti tenementi.   iv. 80.

(222)   Maii 26. 1607.

AGNES LAWDER sponsa Davidis Lyndsay commentariensis burgi de Edinburgh, *hæres portionaria* Margaretæ Lawder, *sororis,* —in annuo redditu 10*l.* parte annui redditus 40*l.* de tenementis in dicto burgo.   iv. 109.

(223)   Maii 26. 1607.

ELIZABETHA LAWDER sponsa Hugonis Somervell in Lochend, *hæres* Margaretæ Lawder, *sororis,* —in annuo redditu 10*l.* parte annui redditus 40*l.* de tenementis in dicto burgo.   iv. 112.

(224)   Jun. 2. 1607.

SUSANNA FAIRLIE, *hæres provisionis* Agnetis Fairlie sponsæ quondam Gavini Hereut pollentarii burgensis de Edinburgh, *sororis patris,* —in dimidietate annui redditus 100*m.* de terris de Grota.   iii. 275.

(225)   Jul. 9. 1607.

ALEXANDER ROBESOUN cultellarius ac burgensis de Edinburgh, *hæres* Georgii Robesoun, *fratris,* —in annuo redditu 20*m.* de terris et domibus in dicto burgo.   iv. 81.

(226)   Jul. 14. 1607.

GEORGIUS HERYNG filius legitimus Domini Davidis Heryng de Glasclune militis, *hæres* Jacobi Heryng, *fratris,* —in duabus tertiis partibus 10 libratarum terrarum dominicalium vulgo Maynes de Gilmertoun, viz. Grenefeild Park, Ald Orchard, Ladies Landis, cum prato et cottagio, Waird *alias* Closs, cum principali mansione seu manerie; —duabus tertiis partibus 5 mercatarum terrarum ex parte boreali villæ de Gilmertoun cum carbonariis, infra territorium et villam de Gilmertoun.—A. E. 8*l.* 18*s.* N. E. 26*l.* 12*s.*   iv. 84.

(227)   Jul. 21. 1607.

AGNES WARDLAW, *hæres* Ricardi Wardlaw de Wariestoun, *patris,* —in terris de Wareistoun, infra baroniam de Renfrew per annexationem.—A. E. 8*l.* N. E. 20*m.*   iv. 85.

(228)   Aug. 18. 1607.

PATRICIUS MONIEPENNY de Pilrig, *hæres* Patricii Monypenny filii secundo geniti quondam Patricii Moniepenny de Pilrig, *patrui,* —in terra husbandia ad vicariam ecclesiæ parochialis de Libbertoun spectante, in villa et territorio de Gilmertoun.— E. 4*m.*   iv. 93.

(229)   Aug. 18. 1607.

PATRICIUS MONYPENNY de Pilrig, *hæres* Magistri Archibaldi Monypennie feoditarii de Pilrig, *patris,* —in terris de Pilrig in regalitate et baronia de Brochtoun :—E. 10*l.* —Communi mora burgi Vicicannonicorum.—E. 12*m.* —(Vide Haddington et Berwick.)   iv. 93.

(230)   Aug. 25. 1607.

DAVID MAKGILL, *hæres* Magistri Davidis Makgill de Cranstounriddill, unius Ordinariorum Senatorum Collegii Justiciæ, *patris,* —in terris de Wester et Eister Drylawis, in baronia de Corstorphine:—A. E. 40*s.* N. E. 6*l.* —16 mercatis 8 solidatas 8 denariatis terrarum de Murehouse in parochia de Crawmond :—E. 16*m.* 8*s.* 8*d.* —Peciis terrarum de Prestoun vocatis Hauchis :—E. 6*s.* 8*d.* — Tenemento in Edinburgh, et jure patronatus cappellaniæ altaris divi Egidii Confessoris infra ecclesiam parochialem Sancti Egidii.— E. 36*m.* —(Vide Haddington, Berwick, Linlithgow.)   iv. 99.

(231)   Nov. 11. 1607.

WILLIELMUS TOD, *hæres* Patricii Tod, *fratris,* —in tenemento in villa de Leithe et baronia de Restalrig.—E. 6*l.*   iv. 108.

(232)   Nov. 24. 1607.

ANDREAS CRAIG mercator, *hæres* Andreæ Craig mercatoris burgensis de Edinburgh, *patris,* —in tenementis in Edinburgh.— E. 20*l.*   iv. 109.

(233)   Dec. 10. 1607.

JONETA JOHNESTOUN sponsa Roberti Hammiltoun, *hæres portionaria* Joannis Johnestoun de Elphingstoun, *patris,* —in tenemento in burgo de Edinburgh.—E. 59*l.* 13*s.* 4*d.*   iv. 137.

(234)   Dec. 10. 1607.

BARBARA JOHNESTOUN sponsa Magistri Joannis Ker ministri evangelii apud Prestoun, et RACHAELL JOHNESTOUN, *hæredes portionariæ* Joannis Johnestoun de Elphingstoun, *patris,* —in tenemento præscripto.   iv. 138.

(235)   Dec. 26. 1607.

MAGISTER THOMAS COUPLAND, *hæres* Thomæ Coupland mercatoris ac burgensis de Edinburgh, *patris,* —in duobus tenementis in dicto burgo :—E. 20*l.* —Annuo redditu 24*m.* de tenemento in dicto burgo ; —annuo redditu 40*m.* de tenemento in dicto burgo.   iv. 116.

(236)   Dec. 29. 1607.

JOANNES FIDDES pistor, *hæres* Wilielmi Fiddes junioris pistoris ac burgensis de Edinburgh, *patris,* —in botha et parte tenementi in Edinburgh.—E. 20*m.*   iv. 297.

(237)   Jan. 24. 1607.

JONETA RODGER sponsa Georgii Johnstoun burgensis de Jedburgh, *hæres* Joannis Rodger Gladiatoris burgensis de Edinburgh, *fratris,* —in tenemento in burgo de Edinburgh.—E. 10*m.*   iii. 234.

(238)   Jan. 16. 1608.

WILLIELMUS PATERSOUN, *hæres* Jacobi Patersoun pistoris ac burgensis burgi de Edinburgh, *patris,* —in duobus tenementis in dicto burgo :—E. 20*m.* —Annuo redditu 100*m.* de tenemento in dicto burgo.   iv. 120.

(239)   Jan. 21. 1608.

GEORGIUS FISCHAR mercator, *hæres* Andreæ Fischar mercatoris ac burgensis de Edinburgh, *patris,* —in tenemento in dicto burgo.—E. 20*m.*   iv. 122.

(240)   Feb. 9. 1608.

PATRICIUS PORTEOUS, *hæres* Leonardi Porteous mercatoris ac burgensis de Edinburgh, *patrui,* —in tenemento in Edinburgh. —E. 20*m.*   iv. 144.

(241)   Mar. 22. 1608.

JACOBUS BOYD, *hæres* Leonardi Stevinsoun mercatoris ac burgensis de Edinburgh, *proavi ex parte matris,* —in tenemento in Edinburgh.—E. 20*m.*   iv. 140.

(242)   Mar. 25. 1608.

WILLIELMUS STEVIN, *hæres* Georgii Stevin pistoris in Vicocanonicorum, *patrui,* —in annuo redditu 40*s.* de pecia terræ croftæ orientalis de Birsto, infra dominium de Dalry.   iv. 140.

(243)   Apr. 16. 1608.

WILLIELMUS BARTANE, *hæres* Jacobi Bartane mercatoris ac burgensis de Edinburgh, *patris,* —in dimidietate tenementi in dicto burgo.—E. 10*l.*   iv. 145.

(244)   Maii 3. 1608.

MAGISTER WALTERUS MAWER, *hæres* Gulielmi Mawer filii legitimi quondam Walteri Mawer de Mawerstoun, *fratris germani,* —in 12 acris terræ quartæ partis terrarum de Bonyngtoun, in baronia et regalitate de Brochtoun.—A. E. 20*s.* N. E. 4*l.*   iv. 173.

(245)   Maii 5. 1608.

JACOBUS CRAIG, *hæres* Andreæ Craig mercatoris ac burgensis de Edinburgh, *patris,* —in tenemento in dicto burgo :—E. 20*m.* — Annuo redditu 48*l.* de tenemento in dicto burgo.   iv. 175.

(246)   Maii 5. 1608.

JACOBUS CRAIG, *hæres* Cristinæ Craig filiæ legitimæ quondam Andreæ Craig mercatoris ac burgensis de Edinburgh, *sororis,* —in annuo redditu 132*m.* de tenemento in Edinburgh.   iv. 176.

(247)   Maii 12. 1608.

BARBARA HAMMILTOUN sponsa Johannis Mene burgensis de Edinburgh, *hæres portionaria* Roberti Hammiltoun mercatoris ac burgensis dicti burgi, *patris,* —in duobus tenementis in dicto burgo.—E. 20*m.*   iv. 240.

(248)   Maii 12. 1608.

BARBARA HAMILTOUN sponsa Joannis Mene burgensis de Edinburgh, *hæres portionaria* Roberti Hamiltoun pupilli, filii legitimi quondam Roberti Hamiltoun mercatoris ac burgensis præfati burgi, *fratris,* —in tenemento in dicto burgo.—E. 20*m.*   iv. 240.

(249)   Maii 12. 1608.

ELIZABETHA HAMMILTOUN sponsa Magistri Richardi Diksoun ministri evangelii, *hæres portionaria* Roberti Hammiltoun mercatoris ac burgensis de Edinburgh, *patris,* —in tenementis in dicto burgo.—E. 20*m.*   iv. 251.

(250)   Maii 12. 1608.

ELIZABETHA *alias* BESSIE HAMMILTOUN sponsa Magistri Richardi Diksoun ministri evangelii, *hæres portionaria* Roberti Hammiltoun pupilli, filii legitimi quondam Roberti Hammiltoun burgensis de Edinburgh, *fratris,* —in tenemento in Edinburgh.— E. 20*m.*   iv. 251.

C

(251) Maii 12. 1608.
MARIOTA HAMMILTOUNE, *hæres portionaria* Roberti Hammiltoune pupilli, filii legitimi quondam Roberti Hammiltoune mercatoris burgensis de Edinburgh, *fratris,*—in tenemento in dicto burgo.—E. 10*l.* iv. 380.

(252) Maii 12. 1608.
MARGARETA HAMMILTOUNE, *hæres portionaria* dicti Roberti Hammiltoune pupilli, *fratris,*—in tenemento prædicto. iv. 380.

(253) Maii 12. 1608.
BEATRIX HAMMILTOUNE, *hæres portionaria* dicti Roberti Hamiltoune pupilli, *fratris,*—in tenemento prædicto. iv. 381.

(254) Maii 12. 1608.
MARIOTA HAMMILTOUNE, *hæres portionaria* Roberti Hammiltoune mercatoris ac burgensis de Edinburgh, *patris,*—in duobus tenementis in dicto burgo.—E. 20*m.* iv. 381.

(255) Maii 12. 1608.
MARGARETA ET BEATRIX HAMMILTOUNES, *hæredes portionariæ* dicti Roberti Hammiltoune, *patris,*—in dictis tenementis. iv. 381.

(256) Maii 17. 1608.
JACOBUS CREICHTOUN, *hæres* Joannis Creichtoun de Brunstoun, *patris,*—in orientali dimidietate terrarum de Brunstoun :—E. 26*s.* 8*d.*—Orientali dimidietate terrarum de Auchincorthe :—E. 26*s.* 8*d.*—Occidentali dimidietate terrarum de Auchincorthe :—E. 26*s.* 8*d.*—Villa et terris de Newbigging in warrantum occidentalis dimidietatis de Auchincorthe, in baronia de Pennycuik.—E. 40*s.* iv. 288.

(257) Maii 27. 1608.
LAURENTIUS LIDDELL, *hæres* Nicolai Liddell de Nether Toksyd, *patris,*—in terris de Nether Toksyde, cum quarta parte terrarum de Toksydhill, infra dominium de Newbottell.—E. 4*l.* 13*s.* iv. 165.

(258) Jun. 30. 1608.
JACOBUS SCHAW mercator ac burgensis de Edinburgh, *hæres* Roberti Schaw stabularii ac burgensis dicti burgi, *patris,*—in tenemento in dicto burgo.—E. 10*l.* iv. 176.

(259) Jul. 5. 1608.
DOMINUS LUDOVICUS CRAIGE de Wrichtislands miles, unus Senatorum Collegii Justiciæ, *hæres* Magistri Thomæ Craige de Wrichtislandis advocati, *patris,*—in terris et tenementis in Edinburgh :—E. 20*s.*—Annuo redditu 16*s.*—annuo redditu 13*s.* 4*d.* et annuo redditu 6*m.* de tenementis in Edinburgh :—Terris nuncupatis Wrichtislandis, in regalitate et baronia de Brochtoun :—E. 10*l.* 13*s.* 4*d.* &c.—Quarta parte terrarum de Bonyngtoun et molendini, in regalitate et baronia prædictis :—E. 6*l.* 6*s.* 8*d.* &c.—Terris vocatis Maynis de Richartoun, in baronia de Ratho et vicecomitatu de Renfrew per annexationem.—E. 40*l.*—(Vide Haddington). iv. 196.

(260) Aug. 11. 1608.
ROBERTUS LOKHART, *hæres* Georgii Lokhart senioris, *patris,*—in annuo redditu 23*m.* 6*s.* 8*d.* et annuo redditu 6*m.* de tenemento in Edinburgh. iv. 258.

(261) Nov. 10. 1608.
MARGARETA CAIRNIE sponsa Joannis Eleis mercatoris, *hæres portionaria* Jacobi Cairnie pistoris ac burgensis de Edinburgh, *patris,*—in annuo redditu 30*m.* de tenemento in dicto burgo. iv. 236.

(262) Nov. 10. 1608.
ALISONA CARNY, *hæres portionaria* Jacobi Cairnie pistoris ac burgensis de Edinburgh, *patris,*—in annuo redditu 30*m.* de tenemento in dicto burgo. iv. 287.

(263) Dec. 2. 1608.
MARIOTA OSTIANE sponsa Jacobi Inglis burgensis de Edinburgh, *hæres portionaria* Agnetis Moscrope, *matris,*—in tenemento in Leithe infra baroniam de Restalrig.—A. E. 10*s.* N. E. 40*s.* iv. 215.

(264) Dec. 2. 1608.
KATHERINA OSTIANE sponsa Magistri Johannis Nisbit, *hæres portionaria* Agnetis Moscrop, *matris,*—in tenemento in Leith infra baroniam de Restalrig.—A. E. 10*s.* N. E. 40*s.* iv. 215.

(265) Dec. 30. 1608.
ARCHIBALDUS HENDERSOUN, *hæres* Walteri Hendersoun, *fratris,*—in quarta parte vel portione annui redditus 50*m.* de domo sive tenemento terræ cum horto, et dimidietate domus vel vasta pecia terræ de Polcatsleve *alius* Elvanesyde, in dominio de Dalry. iv. 216.

(266) Dec. 30. 1608.
ARCHIBALDUS HENDERSOUN, *hæres* Alisonæ Hendersoun, *sororis,*—in quarta parte annui redditus 50*m.* de terris prædictis. iv. 217.

(267) Jan. 27. 1609.
JONETA LOVE, *hæres* Joannis Love incolæ villæ de Leith, *patris,*—in acra terræ :—E. 2*s.*—Pecia terræ continente 3 particatas terræ arabilis, infra bondas et metas de Newhevin.—E. 18*d.* iv. 227.

(268) Feb. 9. 1609.
AGNES GREIR sponsa quondam Roberti Dalrumpill mercatoris, *hæres* Issobellæ Greir, *sororis,*—in tertia parte duorum tenementorum in Edinburgh.—E. 10*l.* iv. 202.

(269) Feb. 9. 1609.
AGNES GREIR sponsa quondam Roberti Dalrumpill mercatoris, *hæres* Nicolai Greir, *sororis,*—in tertia parte prædictorum tenementorum. iv. 202.

(270) Feb. 15. 1609.
WALTERUS STEWART frater Domini de Cragyhall, *hæres talliæ et provisionis* Jacobi Stewart, *fratris,*—in molendino de Crawmond.—E. 53*s.* 4*d.* iv. 218.

(271) Feb. 21. 1609.
JOANNES COWPER, *hæres* Adami Cowper de Gogar unius Ordinariorum Clericorum Collegii Justiciæ, *patris,*—in terris et villa de Nethir Gogar, ab antiquo jacentibus in baronia de Restalrig per annexationem :—A. E. 10*l.* N. E. 40*l.*—9 acris terrarum et villæ de Brochtoun ;—12¼ acris et 20 lie fallis dictæ villæ et terrarum de Brochtoun, et 2 acris terræ de Brouchtoun, contigue adjacentibus in capite de Drumisheuche, extendentibus ad 23¼ acras, et 20 fallis dictæ villæ et terrarum de Brochtoun ;—16 acris villæ et terrarum de Brochtoun quæ quondam ad Georgium Touris de Birsto pertinuerunt ;—2 interliriis vulgo rigis dictæ villæ et terrarum de Brochtoun jacentibus in Ovirschot, in regalitate et baronia de Brochtoun :—E. 16*l.* 11*s.* 5*d.*—Terris de Lochbank *alias* Halkerstounescroftis cum prato, in regalitate et baronia prædictis :—A. E. 13*s.* 4*d.* N. E. 53*s.* 4*d.*—Tenemento cum horto in villa de Leithe, in dicta regalitate et baronia :—A. E. 3*s.* N. E. 12*s.*—Terra olim quondam Jasperi Mayne in burgo de Edinburgh.—A. E. 2*s.* N. E. 6*s.* iv. 232.

(272) Mar. 23. 1609.
GULIELMUS BARTILMO, *hæres* Alexandri Bartilmo burgensis de Edinburgh, *patris,*—in tenemento in eodem burgo.—E. *servitium burgi consuetum.* iv. 262.

(273) Apr. 5. 1609.
JACOBUS BOYDE filius legitimus Joannis Boyde burgensis de Edinburgh, *hæres* Issobellæ Lyle, *matris,*—in dimidietate tenementi in dicto burgo.—E. 10*m.* iv. 239.

(274) Apr. 5. 1609.
JACOBUS BOYDE filius legitimus Johannis Boyde burgensis de Edinburgh, *hæres* Jonetæ Lyle, *sororis matris,*—in dimidietate tenementi in dicto burgo.—E. 10*m.* iv. 240.

(275) Apr. 8. 1609.
JACOBUS YOUNG in Bewlie, *hæres* Alexandri Mar burgensis de Edinburgh, *avunculi,*—in habitationis domo in dicto burgo.—E. 5*m.* iv. 252.

(276) Maii 17. 1609.
ELEAZERUS GILBERT, *hæres* Magistri Nicolai Gilbert burgensis de Edinburgh, *patris,*—in annuo redditu 250*m.* de terris et baronia de Balerno et Kirknewtoun. iv. 244.

(277) Maii 24. 1609.
ROBERTUS LOTHEANÆ COMES, Dominus Newbottill, *hæres* Marci Lotheanæ Comitis, Domini Newbottill, &c. *patris,*—in dominio de Newbottill comprehendente terras, baronias, &c. subscriptas, viz. in messuagio maneriei de Newbottill, cum pecia terræ vocata Anna in villa de Newbottill ;—terris de Bryane-chappell ;—terris de Maistertoun et Newbyris ;—acris terrarum arabilium in villa de Newbottill ;—terris de Southsyde et Coittis Eister et Wester cum carbonibus, in dominio de Newbottill ;—Manis de Dalhossy ;—terris de Todhoillis, Gilmertounegrange, Craighous, Nether-Curry, Heringdane, Mawldisley, Tokisydhoill, et Nethir Tokisyde ;—quarteria terrarum de Tokisydhoill ;—terris de Spurelands et Kirklandhill, omnibus in vicecomitatu de Edinburgh-principali ;—tenemento in Edinburgh ;—2 tenementis in Leythe ;—annuo redditu 46*s.* 8*d.* de terris de Pendreiche ;—annuo redditu 3*l.* 6*s.* 8*d.* de molendino de Clerkingtoun ad domum de Corstorphin spectante ;—annuo redditu 13*s.* 4*d.* de domo et terra in Edinburgh ;—annuo redditu 40*s.* de terris in Carlinglippis ;—annuo redditu 12*s.* de terra in villa de Leythe :—Baronia de Prestoun-

grange comprehendente terras de Esthouses et Westhouses, 2 granorum molendina Eister et Wester, cum molendino vocato Walkmylne, in villa et territorio de Newbottill ;—terras et Manis de Newtoun-Grange, cum sylvis de Eisterhouses et nemore, cum carbonibus et carbonariis in baronia de Newbottill ;—4 acras terrarum in Leyschott vocatas Craigishill, in dicta baronia ;—terras de Morpheltoun ;—terras de Huntlawcoit, Toxisydhill, Glenhous, Coitlaw, cum molendino vocato Gledhousmylne, cum aliis terris in Haddingtoun, Stirling, Peebles, Lanark, Linlithgow, et Fife, unitis in dominium de Newbottill :—A. E. 100l. N. E. 300l.—Terris de Hereot et Hereotmure, comprehendentibus superioritatem terrarum de Dewar, et Stanlayhill ;—terrarum de Garwald, Ladyside, Raaschaw, Carcant, Over et Nethir Ruthswyrs;—villam de Hereot; —terras de Hereothous et Schestans;—superioritatem terrarum de Corshop et Halhereot ;—superioritatem molendini de Hereot ; —terras de Mote et Lochquherret, et castrum ejusdem vocatum castrum de Borthuik, cum villa ejusdem ;—superioritatem dimidietatis terrarum de Middiltoun, vocatæ orientalem partem ejusdem, infra baroniam de Hereotmure :—A. E. 32l. N. E. 128l.— Terris de Blakhoip in baronia de Hereotmure et dominio de Borthuik per unionem :—A. E. 8l. N. E. 32l.—Terris de Cokpen cum carbonibus, infra baroniam de Dalhoussy.—A. E. 3l. 2s. 6d. N. E. 10l:—(Vide Haddington, Stirling, Peebles, Lanark, Linlithgow, Fife.) iv. 299.

(278) Jun. 2. 1609.
JACOBUS MOWBRAY de Cummok, hæres Joannis Mowbray de Cummok, patris,—in dimidietate terrarum de Southfeild et Hunterland, in villa et territorio de Crawmond-regis :—A. E. 26s. 8d. N. E. 10m.—10 mercatis terrarum apud orientalem finem villæ de Crawmond, cum molendino vocato Nudrie Milne :—A. E. 26s. 8d. N. E. 10m.—Dimidietate terrarum de Cammo, cum communi pastura in communi mora de Crawmond.—A. E. 40s. N. E. 20m. iv. 248.

(279) Jul. 12. 1609.
JACOBUS CRAWFUIRD, hæres Joannis Crawfuird in Nethirgogar, fratris,—in tertia parte croftæ terræ in villa et territorio de Nethergogar et baronia de Restalrig, cum tertia parte mansionis et pasturæ.—E. 4s. 8d. iv. 251.

(280) Jul. 12. 1609.
THOMAS YOUNG, hæres Jacobi Young in Nethir Gogar, fratris,—in orientali tertia parte croftæ terræ, in villa et territorio de Nethir Gogar et baronia de Restalrig ;—orientali tertia parte mansionis seu loci habitationis, cum horto et tertia parte pasturæ.—E. 4s. 8d. iv. 277.

(281) Jul. 25. 1609.
DOMINUS JACOBUS FOULLIS de Colintoun miles, hæres Jacobi Foullis de Colintoun, patris,—in terris et baronia de Colintoun, comprehendente terras de Brewland de Colintoun, cum molendinis granorum et fullonum ;—terras de Swanstoun ;—terras de Dreghorne ;—terras de Bonalay ;—terras vocatas Baddis et Pilmure;—terras de Oxingangis;—annuum redditum 5m. de terris de Comestoun infra baroniam de Reidhall, omnes unitas in baroniam de Colintoun :—A. E. 17l. N. E. 85l.—Terris de Eister Lumphoy : —E. 14l.—Terris ecclesiasticis ac gleba ecclesiæ parochialis de Curry alias Kildleithe, cum communi pastura in terris et mora de Kildleithe, infra parochiam de Curry et diocesin Sancti Andreæ : —E. 5l.—Terris de Bonayla vocatis Bonaylawallace in baronia de Reidhall :—A. E. 10s. N. E. 40s.—Terris de Dreghorne, Auchingane, Littill Fordell, et Kirkslop, in dicta baronia, cum communia super monte de Paintland.—A. E. 20s. N. E. 4l.—(Vide Stirling.) iv. 282.

(282) Jul. 27. 1609.
ROBERTUS SMART, hæres Roberti Smart burgensis de Edinburgh, patris,—in tenemento in dicto burgo:—E. 9l.—Dimidietate annui redditus 10l.;—dimidietate annui redditus 5m.;—dimidietate annui redditus 10l.;—dimidietate annui redditus 5m.;—annuo redditu 9l.;—annuo redditu 5m.;—annuo redditu 40l.;—annuo redditu 10l. 10s. de annuo redditu 20m. de terris et tenementis in burgo de Edinburgh. iv. 252.

(283) Aug. 31. 1609.
JOANNES DOMINUS THIRLESTANE, hæres Dominæ Jeannæ Flemyng relictæ quondam Joannis Domini Thirlestane cancellarii regni Scotiæ, pro tempore comitissæ de Cassillis, matris,—in terris de Gilbertoun :—A. E. 5l. N. E. 10l.—Terris de Bruntstoun, Braidwode, Welchtoun, et Ravinnishauche, in warranto terrarum de Gilbertoun.—A. E. 5m. N. E. 20m. iv. 272.

(284) Aug. 31. 1609.
JEREMIAS DREW, hæres Roberti Drew mercatoris ac burgensis de Edinburgh, patrui,—in botha in dicto burgo.—E. 10m. iv. 327.

(285) Nov. 10. 1609.
BEATRIX PORTEOUS nunc sponsa Magistri Willielmi Stewart clavigeri, hæres Joannis Porteous Ludimagistri in Edinburghe, fratris avi,—in annuo redditu 12l. de 2½ terris husbandiis, in villa et territorio de Cranstoun-riddell, et de terris vocatis Barony landis. iv. 676.

(286) Dec. 13. 1609.
DOMINUS JACOBUS KINCAID de Eodem miles, hæres masculus Jacobi Kincaid de Craiglokhart, avi,—in terra cum domibus apud Towcros ultra arcum occidentalem de Edinburgh.—E. 20s. iv. 364.

(287) Dec. 21. 1609.
JOANNES HOLME mercator, hæres Jacobi Holme mercatoris ac burgensis de Edinburgh, patris,—in botha in Edinburgh.—E. 10m. iv. 388.

(288) Feb. 15. 1610.
WILLIELMUS FISCHER, hæres Willielmi Fischer mercatoris burgensis de Edinburgh, patris,—in tenemento in dicto burgo :— E. 20l.—Annuo redditu 4l. de tenemento in dicto burgo. iv. 296.

(289) Feb. 16. 1610.
JACOBUS SOMERVELL de Humbie, hæres Jacobi Somervell de Humbie, patris,—in terris de Humbie, cum animalium pastura in mora de Kirknewtoune, in baronia de Balerno et Kirknewtoune. —E. 10l. iv. 317.

(290) Feb. 22. 1610.
HENRICUS WILSOUN scriba signeto, hæres Roberti Wilsoun civis Deipensis in Gallia, postea vero mercatoris ac burgensis de Edinburghe, patris,—in tenemento in dicto burgo.—E. 20l. iv. 318.

(291) Mar. 2. 1610.
JOANNES DOMINUS ZESTER, hæres Jacobi Domini Hay de Zester, patris,—in terris et baronia de Lochquharrat cum advocatione ecclesiarum :—A. E. 10l. N. E. 40l.—(Vide Haddington, Peebles, Selkirk, Dumfreis, Perth.) iv. 361.

(292) Mar. 20. 1610.
GEORGIUS SCOTT, hæres Martini Scott mercatoris ac burgensis de Edinburgh, patris,—in tenemento in dicto burgo.—E. 20m. iv. 295.

(293) Mar. 23. 1610.
ROBERTUS LOTHIANÆ COMES, Dominus Newbotle, hæres Marci Lothianæ Comitis, domini Newbotle, patris,—in terris ecclesiasticis de Locherwoode alias vocatis Torcraik.—E. 40s. iv. 315.

(294) Apr. 3. 1610.
ELIZABETHA BRUCE sponsa Alexandri Farquhar sartoris ac burgensis de Edinburgh, hæres Joannis Nicolsoune, avunculi,—in tertia parte et dimidietate tertiæ partis tenementi in dicto burgo.— E. 20s. iv. 306.

(295) Apr. 3. 1610.
JONETA PRINGILL, hæres Davidis Pringill mercatoris ac burgensis de Edinburgh, patris,—in 2 cameris tenementi in dicto burgo.—E. 10m. iv. 359.

(296) Apr. 17. 1610.
MAGISTER WILLIELMUS LITTILL, hæres Clementis Littill, fratris,—in dimidietate terrarum ab antiquo Serjandis landis nuncupatarum in territorio de Over Libbertoun.—A. E. 20s. N. E. 3l. iv. 358.

(297) Apr. 19. 1610.
JOANNES MOREIS, hæres Patricii Moreis, fratris,—in annuo redditu 24l. et annuo redditu 20l. de tenemento in burgo de Edinburgh. iv. 316.

(298) Maii 15. 1610.
LUDOVICUS HOUSTOUN apparens de Eodem, hæres Joannis Houstoun de Eodem, patris,—in dimidietate terrarum de Leny.— A. E. 5l. 6s. 8d. N. E. 26l. 13s. 4d.—(Vide Renfrew, Dumbarton, Stirling, Linlithgow.) iv. 447.

(299) Maii 24. 1610.
KATHERINA TARBET sponsa Jacobi Quhytheid portionarii de Airry, hæres Thomæ Tarbet, avi,—in annuo redditu 30s.—annuo redditu 8s.—annuo redditu 28s.—annuo redditu 2m. de tenementis in burgo de Edinburgh. iv. 334.

(300) Jun. 6. 1610.
JACOBUS RICHARTSONE, hæres portionarius Jonetæ Chalmeris, avi ex parte matris,—in dimidietate tenementi in Leyth infra baroniam de Restalrig :—E. 12d.—Dimidietate annui redditus 20s. de terra in dicta villa et baronia. iv. 340.

(301) Jun. 6. 1610.
ELISONA TRENCHE, hæres portionaria Jonetæ Chalmer, matris,—in dimidietate tenementi in villa de Leythe, infra baroniam

de Restalrig :—E. 12*d*.—Dimidietate annui redditus 20*s.* de terra in dicta villa.   iv. 340.

(302)   Jun. 6. 1610.
DAVID CORSER filius legitimus Joannis Corser burgensis de Edinburgh, *hæres* Capitani Nicolai Corser, *fratris,*—in tenemento in dicto burgo.—E. 10*m.*   iv. 364.

(303)   Jun. 13. 1610.
GEORGIUS WINRAHAME, *hæres* Magistri Roberti Winrahame, *patrui,*—in 4 mercatis terrarum de Overgoger vocatis Tenandrie, ex parte boreali villæ de Ovirgoger :—A. E. 4*m.* N. E. 16*m.* —8 acris terræ extendentibus ad 3 mercatas terrarum in villa et territorio de Overgogar.—A. E. 3*m.* N. E. 12*m.*   iv. 331.

(304)   Jun. 23. 1610.
ROBERTUS SMART filius legitimus quondam Roberti Smart mercatoris ac burgensis de Edinburgh, *hæres* Roberti Smart, *fratris,*—in tenemento in Edinburgh.—E. 20*s.*   iv. 336.

(305)   Jul. 3. 1610.
MAGISTER ROBERTUS ABERCRUMBIE, *hæres* Roberti Abircrumbie ephippiarii ac burgensis de Edinburgh, *patris,*—in 2 tenementis in dicto burgo.—E. 10*l.*   iv. 337.

(306)   Jul. 3. 1610.
JOANNES HENRYSOUN burgensis de Edinburgh, *hæres* Joannis Henrysoun lanionis burgensis dicti burgi, *patris,*—in tenemento in dicto burgo.—E. 20*m.*   iv. 408.

(307)   Jul. 12. 1610.
AGNES RAMSAY sponsa Duncani Campbell, *hæres* Joannis Ramsay, *fratris,*—in diversis tenementis in Edinburgh.—E. 24*s.*   iv. 365.

(308)   Jul. 17. 1610.
JOANNES KINCAID incola villæ de Leythe, *hæres* Alexandri Kincaid de Over Gogar, *patrui,*—in molendino de Gogar :—E. 5*l.* —Terris dominicalibus vulgo Manis de Gogar, cum communia in mora.—E. 40 *bollæ hordei,* &c.   iv. 327.

(309)   Jul. 17. 1610.
JOANNES HAMMYLTON, *hæres* Joannis Hammiltoun mercatoris ac burgensisis de Edinburgh, *patris,*—in tenementis in dicto burgo.—E. 24*s.*   iv. 337.

(310)   Jul. 21. 1610.
JACOBUS LYNDSAY, *hæres* Patricii Lyndsay scissoris ac burgensis de Edinburgh, *patris,*—in domibus in dicto burgo.—E. 10*l.*   iv. 344.

(311)   Jul. 26. 1610.
PATRICIUS CRANSTOUN de Corsbie, *hæres* Thomæ Cranstoun de Corsbie, *patris,*—in terris de Harlaw, Leithesheid et Ballerno, in baronia de Ballerno.—A. E. 4*m.* 6*s.* 8*d.* N. E. 14*m.*   iv. 343.

(312)   Jul. 26. 1610.
ISSOBELLA BARROUN sponsa Joannis Fairlie junioris, *hæres portionaria* Jacob Barroun mercatoris ac burgensis de Edinburgh, *patris,*—in diversis tenementis in dicto burgo.—E. 20*l.*   iv. 366.

(313)   Jul. 26. 1610.
ELIZABETHA BARROUN sponsa Jacobi M'Morran mercatoris, *hæres* Jacob Barroun mercatoris ac burgensis de Edinburgh, *patris,*—in tenementis præscriptis.—E. 20*l.*   iv. 366.

(314)   Aug. 7. 1610.
ISSOBELLA BARROUN sponsa Joannis Fairlie mercatoris et ELIZABETHA BARROUN sponsa Jacobi M'Morrane mercatoris, *hæredes portionariæ* Jacob Barroun mercatoris burgensis de Edinburgh, *patris,*—in tenemento in villa de Leyth infra baroniam de Restalrig.—E. 30*s.*—(Vide Haddington.)   iv. 366.

(315)   Sep. 1. 1610.
WILLIELMUS MENTEYTH incola villæ de Leyth, *hæres* Willielmi Menteith arcuarii, *patris,*—in annuo redditu 19*m.* de terra Joannis Roger gladiatoris in burgo de Edinburgh.   iv. 368.

(316)   Sep. 11. 1610.
JOHANNES FAIRUM, *hæres* Georgii Fairrum polentarii ac burgensis de Edinburgh, *avi,*—in tenemento in dicto burgo.—E. 10*l.*   iv. 415.

(317)   Sep. 11. 1610.
JOHANNES FAIRRUM, *hæres* Umphredi Fairrum pollentarii ac burgensis de Edinburgh, *patris,*—in diversis tenementis in Edinburgh.—E. 10*l.*   iv. 415.

(318)   Nov. 6. 1610.
ADAMUS RAE, *hæres* Hectoris Rae mercatoris ac burgensis de Edinburgh, *patris,*—in diversis tenementis in dicto burgo.—E. 20*l.*   iv. 378.

(319)   Nov. 23. 1610.
LUCAS COKBURNE, *hæres* Thomæ Cokburne incolæ villæ de Leyth, *patris,*—in terra in dicta villa infra baroniam de Restalrig : —E. 18*d.*—Annuo redditu 11*m.* de tenemento in dicta villa :— Mansione et tenemento in dicta villa.—E. 2*d.*   iv. 391.

(320)   Dec. 18. 1610.
JONETA SOMMERVELL, *hæres portionaria* Jacobi Sommervell mercatoris ac burgensis de Edinburgh, *patris,*—in duobus tenementis in Edinburgh :—E. 10*l.*—Annuo redditu 24*l.*—annuo redditu 20*l.*—annuo redditu 8*m.*—annuo redditu 40*s.* de tenementis in dicto burgo.   iv. 392.

(321)   Dec. 18. 1610.
LILIAS SOMERVELL, *hæres portionaria* Jacobi Sommervell mercatoris ac burgensis de Edinburgh, *patris,*—in 2 tenementis in Edinburgh, et annuis reddibus præscriptis.   iv. 392.

(322)   Jan. 19. 1611.
ROBERTUS TROTTER filius legitimus Thomæ Trotter fabri ferrarii burgensis de Edinburgh, *hæres* Petri Trotter, *fratris germani,*—in 2 tenementis terræ olim vastis et per Anglos combustis, in dicto burgo.—E. 20*l.*   iv. 454.

(323)   Feb. 26. 1611.
ISSOBELLA BARROUN sponsa Joannis Fairlie junioris, *hæres portionaria* Davidis Barroun filii Jacobi Barroun mercatoris ac burgensis de Edinburgh, *fratris,*—in tenemento in Edinburgh.— E. 20*l.*   iv. 442.

(324)   Feb. 26. 1611.
ELIZABETHA *alias* BESSIE BARROUN sponsa Jacobi M'Morane, *hæres portionaria* Joannis Barroun filii legitimi Jacobi Barroun mercatoris ac burgensis de Edinburgh, *fratris,*—in tenemento in Edinburgh.—E. 20*l.*   iv. 442.

(325)   Feb. 26. 1611.
ISSOBELLA BARROUN sponsa Joannis Fairlie junioris, *hæres portionaria* Joannis Barroun filii legitimi Jacobi Barroun mercatoris ac burgensis de Edinburgh, *fratris,*—in tenemento in Edinburgh. —E. 20*l.*   iv. 443.

(326)   Feb. 26. 1611.
ELIZABETHA *alias* BESSIE BARROUN sponsa Jacobi M'Morane, *hæres portionaria* Davidis Barroun filii Jacobi Barroun mercatoris ac burgensis de Edinburgh, *fratris,*—in tenemento in Edinburgh.—E. 20*l.*   iv. 441.

(327)   Apr. 6. 1611.
JACOBUS LAURIE, *hæres* Jacobi Laurie, *avi,*—in terra in Edinburgh.—E. 10*m.*   iv. 409.

(328)   Maii 2. 1611.
JOANNES SCHARP de Ballindoch filius et hæres apparens quondam Domini Willielmi Scharp de Ballindoche militis, filii et hæredis apparentis quondam Domini Joannis Scharp de Howstoun militis, *hæres* dicti Domini Joannis, *avi,*—in tenemento in Leith. —E. 30*s.*   iv. 429.

(329)   Maii 2. 1611.
JOANNES SCHARP de Ballindoche, *hæres* Domini Willielmi Scharpe de Ballindoche militis, *patris,*—in magno tenemento terræ infra burgum vicicannonicorum in regalitate et baronia de Brughtoun.—A. E. 13*s.* 4*d.* N. E. 40*s.*—(Vide Perth et Forfar.) iv. 429.

(330)   Maii 7. 1611.
EUPHAMIA OGILVYE, *hæres portionaria* Marthæ M'Calzean, *matris,*—in dimidietate annui redditus 2*m.* ;—dimidietate annui redditus 20*l.* ;—dimidietate annui redditus 20*l.* de tenementis in Edinburgh.   iv. 434.

(331)   Maii 7. 1611.
JEANNA OGILVY, *hæres portionaria* dictæ Marthæ M'Calzeane, *matris,*—in prædictis annuis redditibus.   iv. 434.

(332)   Maii 11. 1611.
ROBERTUS WILKIE, *hæres* Josephi Wilkie fabri lignarii vulgo Couper in Leith, *patris,*—in annuo redditu 45*m.* de tenemento in Leith.   iv. 424.

(333) ....
JOANNES ACHESONE portionarius de Inneresk, *hæres* Joannis Achesone Magistri Numismatis S. D. N. Regis, *patris*,—in 10 acris terrarum prope monasterium Sanctæ Crucis prope Edinburgum.—E. 11m. iv. 385.

(334) Jun. 15. 1611.
MAGISTER JOANNES HAMILTOUN, *hæres* Davidis Hamiltoun commissarii de Lanerk, *patris*,—in tenemento in villa de Leyth et infra baroniam de Restalrig.—E. 6d. vi. 100.

(335) Jun. 29. 1611.
ALESONA TENNENT, *hæres* Georgii Tennent burgensis de Edinburgh, *patris*,—in 2 bothis, in dicto burgo.—E. 20m. xi. 184.

(336) Aug. 10. 1611.
GILBERTUS MILLER, *hæres portionarius* Andreæ Penman stabularii ac burgensis de Edinburgh, *fratris avi ex parte matris*,—in tenemento in Edinburgh.—E. 20m. iv. 423.

(337) Aug. 29. 1611.
THOMAS PATERSONE mercator burgensis de Edinburgh, *hæres* Isaci Patersone, *fratris*,—in annuo redditu 11m. de tenementis in Edinburgh. vi. 23.

(338) Nov. 9. 1611.
AGNES BISCHOP *alias* HUNTRODDIS, *hæres* Roberti Huntrod *alias* Bischop burgensis de Edinburgh, *patris*,—in pecia terræ continente 1¼ particatas terræ in dicto burgo.—E. 20s. iv. 457.

(339) Feb. 18. 1612.
ELIZABETHA *alias* BESSETA DINYNG, *hæres portionaria* Jacobi Dinyng, *fratris germani*,—in tenemento in Edinburgh.—E. 10m. vii. 285.

(340) Apr. 6. 1613.
JOHANNES CROSBIE, *hæres* Davidis Crosbie mercatoris burgensis de Edinburgh, *patris*,—in annuo redditu 30l. de tenemento in Edinburgh. vii. 175.

(341) Apr. 28. 1614.
JOANNES MOWBRAY, *hæres* Jacobi Mowbray de Cocmo, *fratris*,—in dimidietate terrarum de Southfield et Hunterland in villa et territorio de Crawmond-regis:—A. E. 26s. 8d. N. E. 10m.—10 mercatis terrarum apud finem orientalem dictæ villæ, cum molendino vocato Nuddrie mylne, communi pastura, &c. in mora de Cramond.—A. E. 26s. 8d. N. E. 10m. vi. 8.

(342) Jun. 25. 1614.
JOANNES GILLESPIE, *hæres* Roberti Gillespie mercatoris burgensis de Edinburgh, *patris*,—in tenemento in Edinburgh.—E. 10m. vi. 2.

(343) Jul. 9. 1614.
AGNES YOUNG, *hæres* Susannæ Hunter sponsæ Nicolai Young sartoris burgensis de Edinburgh, *matris*,—in dimidietate annui redditus 10m. de tenemento in Edinburgh;—dimidietate bothæ in Edinburgh. vi. 7.

(344) Aug. 9. 1614.
DOMINA ELIZABETHA TURNBULL domina de Airdrie, ac sponsa Domini Joannis Prestoun de Pennycuick militis, *hæres* Willielmi Turnbull de Airdrie, *patris*,—in tenemento in Edinburgh.—E. 12d.—(Vide Fife.) vi. 11.

(345) Nov. 12. 1614.
JONETA WEIR, *hæres* Jacobi Weir in Torrence de Kilbryde, *patris*,—in annuo redditu 50m. de pecia terræ de Polcafftend infra dominium de Dalry, et baroniam de Innerleyth. vi. 210.

(346) Mar. 7. 1615.
ANDREAS KINLOCH mercator burgensis de Edinburgh, *hæres talliæ* Archibaldi Kinloch sartoris, *fratris*,—in tenemento in Edinburgh.—E. 40s. vi. 37.

(347) Mar. 11. 1615.
HENRICUS NASMITH, *hæres* Joannis Nasmith chirurgi S. D. N. Regis, *patris*,—in tenementis in Edinburgh.—E. 10l.—Annuo redditu 2m.—annuo redditu 40s.—annuo redditu 550m. de tenementis in Edinburgh. vi. 27.

(348) Mar. 14. 1615.
BETHIA GUTHRIE, *hæres* Magistri Davidis Guthrie advocati, *patris*,—in tenemento in Edinburgh.—E. 40s. vi. 29.

(349) Apr. 1. 1615.
MALCOLMUS DALRYMPILL, *hæres* Andreæ Dalrympill, *patris*,—in tenementis in Edinburgh.—E. 10m. vi. 51.

(350) Apr. 4. 1615.
ANNA FOWLIS, *hæres* Roberti Fowlis portionarii de Bonytoun, *patris*,—in tenemento in Edinburgh.—E. 10m. vi. 53.

(351) Apr. 26. 1615.
DAVID DUFF polentarius in Leith, *hæres* Davidis Duff polentarii in Leith, *patris*,—in 16 acris terrarum arabilium cum parte de Nather Querell-hoillis, in baronia de Restalrig:—E. 4m.—Australi parte terrarum nuncupatarum Tullis apud villam de Leith, et in baronia prædicta:—E. 20s. 8d.—Tenemento in villa de Leith.—E. 18d. vi. 89.

(352) Jun. 3. 1615.
MARIA HERIOT sponsa Joannis Davidsoun chirurgi, *hæres portionaria* Jacobi Heriot brasiatoris burgensis de Edinburgh, *patris*,—in tenemento in burgo de Edinburgh.—E. 10m. vi. 42.

(353) Jul. 12. 1615.
JOANNES BALFOUR, *hæres* Willielmi Balfour ministri verbi Dei apud Kelso, *patris*,—in annuo redditu 130m. de 6 bovatis terrarum in villa de Nortoun et baronia de Renfrew. vi. 46.

(354) Sep. 13. 1615.
JACOBUS DOMINUS ROS DE HALKHEID ET MELVILL, *hæres* Roberti Domini Ros, *patris*,—in terris, dominio, et baronia de Melvill, comprehendentibus villam et terras de Melvill;—terras de Stanehous;—terras de Moshous, cum aliis terris in Linlithgow et Stirling.—A. E. 49l. N. E. 196l.—(Vide Linlithgow, Stirling.) vi. 131.

(355) Nov. 28. 1615.
JOANNES MITCHELSOUN de Currie, *hæres* Joannis Mitchelsoun in Currie, *patris*,—in dimidietate terrarum de Middiltoun in baronia de Lochquherret:—A. E. 20s. N. E. 4l.—Dimidietate terrarum de Corshoip in dominio de Hereotmure:—A. E. 30s. N. E. 6l.—Altera dimidietate dictarum terrarum de Corshoip.—A. E. 30s. N. E. 6l. vi. 85.

(356) Feb. 6. 1616.
JACOBUS HUNTER, *hæres* Adami Huntar burgensis de Edinburgh, *patris*,—in tenementis in Edinburgh:—E. 20l.—Annuo redditu 12m. de tenemento in Edinburgh. vi. 180.

(357) Feb. 27. 1616.
JONETA PENSTOUN, *hæres* Alexandri Penstoun filii legitimi Nicolai Penstoun sartoris ac burgensis de Edinburgh, *fratris*,—in botha in Edinburgh.—E. 10m. vi. 73.

(358) Feb. 29. 1616.
DAVID MITCHELSOUN mercator, *hæres* Jacobi Mitchelsoun mercatoris burgensis de Edinburgh, *fratris*,—in tenementis in Edinburgh.—E. 20l. vi. 82.

(359) Mar. 15. 1616.
JACOBUS LERMONTH, *hæres* Joannis Lermonth nuntii, *patris*,—in boreali dimidietate terrarum et tenementorum in villa de Leith, et baronia de Restalrig.—E. 6d. vi. 101.

(360) Mar. 19. 1616.
ALEXANDER TOD, *hæres* Magistri Georgii Tod scribæ burgensis de Edinburgh, *patris*,—in terris in Edinburgh.—E. 10m. vi. 101.

(361) Mar. 30. 1616.
RACHAEL ROBERTSONE, *hæres* Jacobi Robertsoun cultellarii, *patris*,—in tenemento in Edinburgh.—E. 10m. vi. 172.

(362) Apr. 6. 1616.
ALEXANDER HAY, *hæres* Domini Alexandri Hay de Quhitburgh militis, Clerici Rotulorum S. D. N. Regis, *patris*,—in tenemento in Edinburgh.—E. 20m. vi. 117.

(363) Maii 1. 1616.
PATRICIUS CARKETTILL de Markill, *hæres* Patricii Carkettill de Markill, *patris*,—in mansione, &c. de Over Libbertoun;—dimidietate terrarum de Over Libbertoun vocata Serjandis Lands, in villa et territorio de Over Libbertoun:—A. E. 20s. N. E. 4l.—Annuo redditu 4m. de tenemento in Edinburgh;—annuo redditu 8m. de tenemento in Edinburgh;—annuo redditu 30s. de tenemento in Edinburgh.—(Vide Linlithgow, Haddington.) vi. 237.

(364) Maii 1. 1616.
PATRICIUS CARKETTILL de Markill, *hæres* Davidis Carket-

D

till de Markill, *patrui*,—in 10 libratis terrarum de Over Libbertoun in baronia de Over Libbertoun.—A. E. 40s. N. E. 5l. vi. 239.

(365)　　　　Maii 30. 1616.
SARA MYLLER, *hæres* Alexandri Myller sartoris S. D. N. Regis, *patris*,—in terris de Langhirdmæstoun et Curry, extendentibus ad 50 solidatas terrarum antiqui extentus, in baronia de Curry.—A. E. 50s. N. E. 10l.　　　　　vi. 97.

(366)　　　　Jun. 6. 1616.
JOANNES BURRALL, *hæres* Henrici Burrall lanionis, *avi*,—in tribus partibus annui redditus 50m. extendentibus ad 80m. de tenemento in Edinburgh.　　　　　vi. 134.

(367)　　　　Jun. 13. 1616.
PAULUS RONNALD, *hæres* Petri Ronnald vestiarii serenissimæ conjugis S. D. N. Regis, *patris*,—in tenemento in Edinburgh.—E. 10l.　　　　　vi. 96.

(368)　　　　Jul. 11. 1616.
ROBERTUS WARDLAW, *hæres* Joannis Wardlaw scribæ signeto S. D. N. Regis, *patris*,—in terris et tenemento in Edinburgh.—E. 10m.　　　　　vi. 103.

(369)　　　　Jul. 11. 1616.
JOANNES JAKSOUN junior, *hæres* Joannis Jaksoun mercatoris burgensis de Edinburgh, *patris*,—in tenementis in Edinburgh.—E. 10m.—Annuis redditibus 40s. et 40l. de tenementis in Edinburgh.　　　　　vi. 123.

(370)　　　　Aug. 2. 1616.
MICHAEL GILBERT, *hæres* Magistri Thomæ Gilbert advocati, *patris*,—in annuo redditu 110l. de terris de Drum et Gutheris.　　　　　vi. 133.

(371)　　　　Sep. 19. 1616.
CORNELIUS MERSCHELL, *hæres* Issobellæ Brocas sponsæ quondam Joannis Merschell, *matris*,—in tenementis in Edinburgh.—E. 10l.　　　　　vi. 115.

(372)　　　　Oct. 10. 1616.
SUSANNA ALEXANDER, *hæres* Joannis Black sartoris burgensis de Edinburgh, *fratris aviæ*,—in tenemento in Edinburgh.—E. 10m.—in annuo redditu 4m. de tenemento in Edinburgh.　　　　　vi. 207.

(373)　　　　Oct. 22. 1616.
MATHEUS LOCKIE, *hæres* Quintini Lockie, *patris*,—in annuo redditu 20m. de tenemento in Edinburgh.　　vi. 165.

(374)　　　　Nov. 14. 1616.
THOMAS SPEIR mercator, *hæres* Willielmi Speir ballivi burgensis de Edinburgh, *patris*,—in tenemento in Edinburgh.—E. 20m.—Annuo redditu 50m. de tenemento in Edinburgh. vi. 204.

(375)　　　　Dec. 7. 1616.
RACHAEL SPEIR, *hæres portionaria* Thomæ Speir mercatoris burgensis de Edinburgh, *patris*,—in tenementis in Edinburgh.—E. 10m.　　　　　vi. 138.

(376)　　　　Dec. 7. 1616.
SARA SPEIR, *hæres portionaria* Thomæ Speir mercatoris burgensis de Edinburgh, *patris*,—in tenementis prædictis.—E. 10m.　　　　　vi. 139.

(377)　　　　Dec. 7. 1616.
KATHERINA SPEIR, *hæres portionaria* Thomæ Speir, *patris*,—in dictis tenementis.—E. 10m.　　　　vi. 139.

(378)　　　　Dec. 19. 1616.
JACOBUS LOGANE de Cowstoun, *hæres* Joannis Logane de Cowstoun, *patris*,—in terris de Howmedow lie Baikis (vel Baukis);—terris de Wastend villæ de Crawmond-regis;—terris de Craighous, cum communi pastura in mora de Cramond:—A. E. 40s. N. E. 12l.—5 acris terrarum de Bonyngtoun in regalitate et baronia de Brochtoun;—4 acris terrarum de Hillhousfeild in territorio de Hillhousfeild, regalitate et baronia de Brochtoun;—quarta parte unius acræ terræ cum dimidietate in Hillhousfeild;—quarta parte terrarum de Darnecruik;—annuo redditu 20s. de terris in villa de Leith;—alia quarta parte terrarum de Darncruik;—2 peciis terræ quartæ partis terrarum de Hauch vocatis Darncruik, in regalitate et baronia de Brochtoun;—quarta parte communiæ lie Commoun de Bonyngtoun:—E. 3l. 17s. 6d.—2 acris terrarum de Newhavin;—aliis 2 acris terrarum de Newhavin:—E. 8s.—Terris nuncupatis Tullis;—terris vocatis Hauch;—et in aliis terris et tenementis in et prope villam de Leith et baroniam de Restalrig.—E. 3l. 18s. 2d.—(Vide Fife.)　　　　　vi. 216.

(379)　　　　Jan. 4. 1617.
MARGARETA HAMILTOUN, *hæres* Issobellæ Nicolsoun sponsæ Patricii Hamiltoun fabri ferrarii burgensis de Edinburgh, *matris*,—in dimidietate dimidiæ partis tenementi in Edinburgh.—E. 10m.　　　　　vi. 161.

(380)　　　　Jan. 4. 1617.
ROBERTUS VANS incola in Leith, *hæres* Davidis Vans burgensis de Edinburgh, *filii patrui*,—in tenemento in Edinburgh.—E. 10m.　　　　　vi. 173.

(381)　　　　Jan. 14. 1617.
WILLIELMUS MOWBRAY, *hæres* Joannis Mowbray portionarii de Cramond-regis, *patris*,—in terris in villa et territorio de Cramond-regis;—crofta terræ vocata Croftangrie, in villa prædicta.—A. E. 10s. N. E. 20s.　　　　vi. 208.

(382)　　　　Jan. 25. 1617.
MARGARETA HENRYSONE, *hæres portionaria* Jonathane Henrysone, *patrui*,—in tenementis in villa de Leythe.—E. 5s.　　　　　vii. 275.

(383)　　　　Jan. 25. 1617.
KATHARINA HENRYSONE, *hæres portionaria* Jonathane Henrysone, *patrui*,—in tenementis in villa de Leythe.—E. 5s.　　　　　vii. 276.

(384)　　　　Feb. 4. 1617.
JOANNES HAMILTOUN mercator, *hæres* Davidis Hamiltoun lanionis ac burgensis de Edinburgh, *patris*,—in annuo redditu 17m. 7s. 2d. de tenemento in Edinburgh.　　　vi. 248.

(385)　　　　Apr. 2. 1617.
ALEXANDER LEVEISTOUN de Belstane, *hæres* Joannis Leviestoun de Belstane, *patris*,—in terris de Malleny.—A. E. 20s. N. E. 9l.　　　　　vi. 208.

(386)　　　　Maii 3. 1617.
PATRICIUS WALKER, *hæres* Agnetis Andersoun sponsæ quondam Joannis Mathesoun senioris portionarii de Brochton, *filiæ fratris aviæ*,—in annuo redditu 100m. de dimidietate terrarum de Westir Dudingstoun.　　　　　vi. 215.

(387)　　　　Maii 13. 1617.
DOMINUS ALEXANDER NAPER de Laureistoun miles, *hæres* Domini Archibaldi Naper de Edinbellie militis, *patris*,—in annuo redditu 5 celdrarum victualium de terris et baronia de Corstorphin.　　　　　viii. 48.

(388)　　　　Jun. 3. 1617.
DOMINUS ARCHIBALDUS NAPER de Merchingstoun miles, *hæres* Joannis Naper de Merchingstoun, *patris*,—in terris et baronia de Merchingstoun:—A. E. 10l. N. E. 100l.—Terris de Over Merchingstoun.—E. 20m.—(Vide Dumbarton, Perth.)　　　　　vi. 255.

(389)　　　　Jun. 21. 1617.
MAGISTER JOANNES HAMMILTOUN, *hæres* Davidis Hammiltoun commissarii de Lanerk, *patris*,—in tenemento in villa de Leith et baronia de Restalrig:—E. 6d.—12 acris terrarum in baronia de Restalrig.—E. 12l. 12s.　　　vi. 215.

(390)　　　　Jul. 24. 1617.
JOANNES TOUCHE, *hæres* Joannis Touche fabri burgensis de Edinburgh, in tenemento in Edinburgh.—E. 10m.　vi. 211.

(391)　　　　Aug. 14. 1617.
ROBERTUS YOUNG burgensis de Edinburgh, *hæres* Roberti Young polentarii in Hierigis, *patris*,—in annuo redditu 24m. de tenemento in Edinburgh.　　　　　viii. 43.

(392)　　　　Oct. 21. 1617.
JOANNES BARTANE, *hæres* Joannis Bartane aurifabri burgensis de Edinburgh, *patris*,—in tenemento in Edinburgh.—E. 10m.　　　　　vii. 6.

(393)　　　　Nov. 22. 1617.
AGNES BROUN, *hæres* Thomæ Broun calcearii burgensis de Edinburgh, *patris*,—in annuo redditu 30m. de tenemento in Edinburgh.　　　　　vii. 7.

(394)　　　　Dec. 4. 1617.
WILLIELMUS BORTHUIK de Cruikistoun, *hæres* Willielmi Borthuik de Cruikistoun, *patris*,—in terris de Netlingflett in baronia de Roslyng.—A. E. 10s. N. E. 30s.　　vii. 76.

(395)　　　　Feb. 12. 1618.
WILLIELMUS SPROTTIE, *hæres* Willielmi Sprottie burgensis de Edinburgh, *patris*,—in terris in Edinburgh.—E. 10m.　　　　　vii. 39.

(396)   Feb. 21. 1618.
ROBERTUS LOCHE, *hæres* Edwardi Loche burgensis de Edinburgh, *patrui*,—in annuo redditu 6*m*.;—annuo redditu 10*m*.;—annuo redditu 8*l*. de tenementis in Edinburgh.   vii. 12.

(397)   Mar. 17. 1618.
MAGISTER ADAMUS KING de Dreden, unus commissariorum de Edinburgh, *hæres* Magistri Alexandri King de Dredden advocati, *fratris*,—in tenemento in Edinburgh.—E. 10*m*.   vii. 39.

(398)   Apr. 4. 1618.
ROBERTUS SCOTT, *hæres* Willielmi Scott, *fratris*,—in Stabulo Regis sub muro castri, cum officio observationis Hastaludii, et pecia terræ viridis ad occidentem dicti Hastiludii, apud portam occidentalem de Edinburgh.—E. 44*s*.   vii. 37.

(399)   Apr. 24. 1618.
ELIZABETHA BAXTER, *hæres* Willielmi Baxter pistoris burgensis Vicicanonicorum, *patris*,—in 3½ acris terrarum baroniæ de Restalrig:—E. 3*l*. 10*s*.—Domibus et terris in villa et territorio de Restalrig, et baronia ejusdem.—E. 24 *pultriæ*.   vii. 39.

(400)   Apr. 28. 1618.
MARGARETA HARLAW, *hæres portionaria* Magistri Jacobi Harlaw scribæ signeto S. D. N. Regis, *fratris*,—in tenementis in Edinburgh.—E. 20*l*.   vii. 87.

(401)   Apr. 28. 1618.
EUPHAMIA HARLAW, *hæres portionaria* Magistri Jacobi Harlaw scribæ signeto S. D. N. Regis, *fratris*,—in tenementis prædictis.—E. 20*l*.   vii. 89.

(402)   Apr. 28. 1618.
AGNES HARLAW, *hæres portionaria* Magistri Jacobi Harlaw scribæ signeto S. D. N. Regis, *fratris*,—in tenementis prædictis.—E. 20*l*.   vii. 89.

(403)   Apr. 28. 1618.
BARBARA HARLAW, *hæres portionaria* Magistri Jacobi Harlaw scribæ signeto S. D. N. Regis, *fratris*,—in tenementis prædictis.—E. 20*l*.   vii. 89.

(404)   Maii 7. 1618.
ROBERTUS JOWSIE, *hæres* Jacobi Jowsie mercatoris burgensis de Edinburgh, *patris*,—in annuo redditu 4*m*. de tenemento in Edinburgh.   vii. 115.

(405)   Sep. 5. 1618.
SIMON HENRYSOUNE in Nether Libbertoun, *hæres* Jacobi Henrysoune in Nether Libbertoun, *patris*,—in tenemento in Edinburgh.—E. 10*m*.   vii. 81.

(406)   Sep. 5. 1618.
SIMON HENRYSOUNE in Nether Libertoun, *hæres* Joannis Henrysoune, *fratris*.—in tenementis in Edinburgh.—E. 10*l*.   vii. 82.

(407)   Sep. 22. 1618.
KATHARINA WALKINSCHAW sponsa Joannis Watsoun sartoris burgensis Canonici, *hæres* Isaaci Walkinschaw sartoris ac burgensis Canonici, *patris*,—in tenemento in Edinburgh.—E. 10*m*.   vii. 63.

(408)   Nov. 10. 1618.
DOMINUS ROBERTUS DOBBIE de Stanyehill miles, *hæres talliæ et provisionis* Richardi Dobbie de Stanyehill mercatoris burgensis de Edinburgh, *patrui*,—in tenementis in Edinburgh.—E. 10*l*.   vii. 109.

(409)   Dec. 15. 1618.
JACOBUS DOMINUS DE TORPHICHING, *hæres* Jacobi Domini de Torphiching, *patris*,—in dominio et baronia de Torphiching, viz. terris et baronia de Torphiching, cum advocatione ecclesiarum, et libera capella et cancellaria, annuis redditibus et terris templariis:—E. 100*m*.—Baronia de Listoun:—E. 100*m*.—Baronia de Ballintrodo:—E. 100*m*.—Terris de Staniehope:—E. 40*m*.—Omnibus unitis in baroniam de Torphiching, infra regalitatem de Torphiching, et vicecomitatus de Lynlythgow, Edinburghe, et Peiblis respective.—(Vide Linlythgow, Peebles.)   vii. 108.

(410)   Dec. 16. 1618.
MAGISTER JOANNES FOWLLER, *hæres* Willielmi Fowler mercatoris burgensis de Edinburgh, *patris*,—in terris in burgo de Edinburgh:—E. 10*m*.—Annuo redditu 26*s*. 8*d*.—annuo redditu 13*s*. 4*d*. de terris in Edinburgh.   vii. 93.

(411)   .... 1618.
MARGARETA HUTCHESOUN, *hæres portionaria* Andreæ Hutchesoun mercatoris burgensis de Edinburgh, *patris*,—in terris in Edinburgh.—E. 10*m*.   vii. 27.

(412)   .... 1618.
AGNES HUTCHESOUN, *hæres portionaria* Andreæ Hutchesoun mercatoris burgensis de Edinburgh, *patris*,—in terris in Edinburgh.—E. 10*m*.   vii. 27.

(413)   Jan. 8. 1619.
JACOBUS DOMINUS DE TORPHECHIN, *hæres* Jacobi Domini de Torphechin, *patris*,—in terris et baronia de Listoun;—terris dominicalibus de Listoun *alias* Halbarnes, in baronia de Listoun.—E. 100*m*.   vii. 154.

(414)   Jan. 23. 1619.
ROBERTUS SMITH, *hæres* Roberti Smith mercatoris burgensis de Edinburgh, *patris*,—in tenemento in Edinburgh.—E. 10*m*.   vii. 153.

(415)   Feb. 2. 1619.
MAGISTER ROBERTUS SMYTHE, *hæres* Roberti Smythe librarii burgensis de Edinburgh, *patris*,—in annuo redditu 100*m*.—annuo redditu 40*m*. de tenementis in Edinburgh:—Tenementis in Edinburgh.—E. 10*l*.   vii. 112.

(416)   Feb. 4. 1619.
WILLIELMUS FINDLAYSOUN, *hæres* Willielmi Findlaysoun mercatoris burgensis de Edinburgh, *patris*,—in tenemento in Edinburgh.—E. 10*m*.—Annuo redditu 40*m*. de tenementis in Edinburgh.   vii. 113.

(417)   Feb. 11. 1619.
THOMAS KYNCAID de Wareistoun, *hæres* Patricii Kyncaid de Wareistoun, *fratris*,—in tenemento in Edinburgh.—E. 10*m*.   vii. 156.

(418)   Mar. 16. 1619.
KATHERINA M'CUR sponsa Magistri Dougalli Campbell decani de Brichen, *hæres portionaria* Joannis Makcure scissoris burgensis de Edinburgh, *patris*,—in tenementis in Edinburgh.—E. 20*m*.   vii. 149.

(419)   Mar. 23. 1619.
NINIANUS MARJORIBANKS, *hæres* Symonis Marjoribanks mercatoris burgensis de Edinburgh, *avi*,—in annuo redditu 6*m*.—annuo redditu 10*m*. de tenemento in Edinburgh.   vii. 128.

(420)   Maii 6. 1619.
ANDREAS CAIRNIE, *hæres* Jacobi Hereot polleritarii burgensis de Edinburgh, *avi*,—in dimidia parte duorum tenementorum in Edinburgh.—E. 10*m*.   viii. 243.

(421)   Maii. 7. 1619.
WILLIELMUS DICKSOUNE, *hæres* Roberti Diksoune in Caltwne Maltbarnis, *patris*,—in terris de Haucheid in dominio de Borthuik et baronia de Ballintrodo.—A. E. 20*s*. N. E. 3*l*. vii. 132.

(422)   Jul. 10. 1619.
MAGISTER JACOBUS M'GILL, *hæres* Davidis M'Gill de Cranstoun-riddell, *fratris germani*,—in terris et baronia de Cranstoun-riddell, cum advocatione ecclesiæ de Cranstoun:—A. E. 5*l*. N. E. 20*l*.—Terris de Wester et Eister Drylawis, in baronia de Corstorphing:—A. E. 40*s*. N. E. 6*l*.—Peciis terrarum de Prestoun vocatis Hauchis:—E. 6*s*. 8*d*.—Magno hospitio et tenemento in Edinburgh, cum jure patronatus capellaniæ altaris divi Egidii.—E. 36*m*.—(Vide Hadington, Berwick, Linlithgow.)   vii. 146.

(423)   Jul. 20. 1619.
MARGARETA BROUN, *hæres* Joannis Broun ephippiarii burgensis de Edinburgh, *patris*,—in annuo redditu 52*m*. de tenemento in Edinburgh.   vii. 139.

(424)   Jul. 31. 1619.
THOMAS VEICHE filius quondam Alexandri Veiche in Gilmoirtoun, *hæres* Cristinæ Fuirde, *proaviæ*,—in tenemento in Edinburgh.—E. 3*l*.   vii. 187.

(425)   Aug. 19. 1619.
MAGISTER JOANNES UDDERT, *hæres* Willielmi Uddert burgensis de Edinburgh, *avi*,—in annuo redditu 6*m*. de tenemento in Edinburgh.   vii. 181.

(426)   Sep. 11. 1619.
MICHAEL PRESTOUN de Fentounbarnes, *hæres* Magistri Joannis Prestoun de Pennycuik, Præsidis Collegii Justiciæ, *patris*,—in terris de Gutteris pro principalibus;—terris de Gilmertoun et Drum, in warrantum.—E. 5*l*.   vii. 169.

(427)   Dec. 11. 1619.
PATRICIUS JUSTICE, *hæres* Thomæ Justice, *fratris*,—in dimidietate annui redditus 90*m*. de tenemento in Edinburgh. vii. 253.

(428) Dec. 11. 1619.
PATRICIUS JUSTICE, *hæres* Willielmi Justice mercatoris burgensis de Edinburgh, *patris*,—in bothis in Edinburgh.—E. 10*m.* vii. 253.

(429) Feb. 3. 1620.
WILLIELMUS MUDIE, *hæres* Archibaldi Mudie ypothecarii burgensis de Edinburgh, *patris*,—in tenementis in Edinburgh:—E. 10*l.*—Annuo redditu 5*l.* de tenementis in Edinburgh. vii. 224.

(430) Feb. 5. 1620.
ADAMUS VEICHE, *hæres portionarius* Adami Finlasone mercatoris burgensis de Edinburgh, *avi*,—in bothis in Edinburgh:—E. 5*l.*—Annuo redditu 50*l.* de tenementis in Edinburgh, in warrantum. vii. 193.

(431) Feb. 10. 1620.
KATHERINA FINLAWSOUN, *hæres portionaria* Adami Finlasoun mercatoris ac burgensis de Edinburgh, *patris*,—in bothis in Edinburgh:—E. 5*l.*—Annuo redditu 50*l.* de tenemento in Edinburgh in warrantum. vii. 225.

(432) Mar. 14. 1620.
JOANNES PATERSOUN, *hæres* Isobellæ Patersoun, *sororis*,—in dimidietate tenementi in Edinburgh in warrantum.—E. 10*m.* ix. 229.

(433) Mar. 15. 1620.
GEORGIUS HEREIS, *hæres conquestus* Domini Hugonis Hereis, *patrui*,—in villa, terris et baronia de Cousland.—A. E. 10*l.* N. E. 40*l.* viii. 21.

(434) Mar. 21. 1620.
JOANNES TWEDYE, *hæres* Henrici Twedye candellarii burgensis de Edinburgh, *patris*,—in tenementis in Edinburgh pro principali et in warrantum.—E. 10*l.* vii. 236.

(435) Maii 6. 1620.
MARIOTA CWNNYNGHAME, *hæres portionaria* Joannis Cwnnynghame mercatoris burgensis de Edinburgh, *patrui*,—in dimidietate tenementi in Edinburgh.—E. 10*l.* vii. 228.

(436) Maii 6. 1620.
AGNES CUNNYNGHAME, *hæres portionaria* Joannis Cunnynghame mercatoris burgensis de Edinburgh, *patrui*,—in dimidietate tenementi in Edinburgh.—E. 10*l.* vii. 229.

(437) Maii 18. 1620.
JEANNA SOMERVELL, *hæres* Samuelis Somervell mercatoris burgensis de Edinburgh, *patris*,—in tenemento in Edinburgh.—E. 10*l.* vii. 210.

(438) Jul. 20. 1620.
JOANNES FAIRLIE, *hæres* Quintigerni Fairlie mercatoris burgensis de Edinburgh, *patris*.—E. 10*m.* vii. 211.

(439) Aug. 26. 1620.
JEANNA MUREHEID, *hæres portionaria* Georgii Mureheid burgensis de Edinburgh, *patris*,—in tenemento in Edinburgh.—E. 10*m.* vii. 306.

(440) Aug. 26. 1620.
REBECCA MUREHEID, *hæres portionaria* Georgii Mureheid burgensis de Edinburgh, *patris*,—in tenemento in Edinburgh.—E. 10*m.* vii. 306.

(441) Oct. 4. 1620.
JOANNES WYLIE, *hæres* Davidis Wylie sartoris in Potterraw, *patris*,—in annuo redditu 40*m.* de pecia terræ occidentalis croftæ de Birsto cum domibus, infra baroniam de Innerleith. vii. 258.

(442) Dec. 5. 1620.
ALEXANDER DUFF, *hæres masculus* Davidis Duff junioris in Leyth, *filii patrui*,—in 16 acris terrarum arabilium cum parte de Nether Querrellhoillis contigue jacente, in baronia de Restalrig.—E. 59*s.* 4*d.* vii. 269.

(443) Jan. 17. 1621.
JACOBUS BORTHUIK de Newbyris, *hæres* Joannis Borthuik de Newbyris, *patris*,—in annuo redditu 170*m.* de terris de Caltoun infra dominium de Borthuik, et de terris de Torcraik in warrantum terrarum de Caltwne;—Annuo redditu 50*m.* de terris de Caltoun et de Torcraik, in warrantum. vii. 289.

(444) Jan. 24. 1621.
MAGISTER JOANNES ACHIESOUN portionarius de New-

tounleis, *hæres* Margaretæ Fraser, *matris*,—in tenemento in villa de Leith, ex australi parte aquæ ejusdem, infra baroniam de Restalrig.—E. 5*s.* vii. 276.

(445) Feb. 2. 1621.
CRISTINA LIDDELL, *hæres* Joannis Liddell in Gledhousmylne, *patris*,—in annuo redditu 100*m.* de terris de Schoestanes, infra baroniam de Heriotmure. vii. 312.

(446) Feb. 3. 1621.
MAGISTER JACOBUS BROUN, *hæres* Jacobi Broun chirurgi burgensis de Edinburgh, *patris*,—in tenementis in Edinburgh.—E. 10*m.* vii. 278.

(447) Feb. 8. 1621.
ALEXANDER RICHARDSONE, *hæres* Davidis Richardsone pellionis burgensis de Edinburgh, *patris*,—in tenementis in Edinburgh.—E. 10*m.* vii. 321.

(448) Mar. 15. 1621.
KATHERINA WEIR sponsa Jacobi Murray de Babertoun architectoris S. D. N. Regis, *hæres* Joannis Weir mercatoris burgensis de Edinburgh, *filii patrui*,—in tenemento in Edinburgh.—E. 10*l.* vii. 323.

(449) Mar. 31. 1621.
MARIOTA SYM, *hæres portionaria* Jacobi Sym mercatoris burgensis de Edinburgh, *fratris*,—in tenementis in Edinburgh.—E. 10*m.* vii. 298.

(450) Mar. 31. 1621.
NICOLAUS YOUNG, *hæres* Joannis Young burgensis de Edinburgh, *fratris*,—in tenemento in Edinburgh.—E. 10*m.* vii. 324.

(451) Apr. 5. 1621.
AGNES WODDEL sponsa Johannis Willsone in Quhytflat, *hæres portionaria* Jacobi Sym, *avunculi*,—in tenemento in Edinburgh.—E. 10*m.* vii. 296.

(452) Apr. 5. 1621.
ELIZABETHA WODDELL sponsa Georgii Johnestoun in Cleuchheid, *hæres portionaria* Jacobi Sym, *avunculi*,—in tenementis in Edinburgh.—E. 10*m.* vii. 296.

(453) Apr. 5. 1621.
WILLIELMUS RAE, *hæres* Willielmi Rae mercatoris burgensis de Edinburgh, *patris*,—in tenemento in Edinburgh.—E. 10*l.* vii. 297.

(454) Apr. 5. 1621.
JOANNES ANDERSOUN in Tardwis, *hæres portionarius* Jacobi Sym mercatoris burgensis de Edinburgh, *avunculi*,—in tenementis in Edinburgh.—E. 10*m.* vii. 298.

(455) Maii 8. 1621.
ALEXANDER DALZELL, *hæres* Magistri Joannis Dalzell incolæ de Edinburgh, *patris*,—in tenemento in Edinburgh.—E. 10*m.* vii. 307.

(456) Jun. 2. 1621.
ALEXANDER RICHARDSOUN, *hæres* Davidis Richardsoun burgensis de Edinburgh, *patris*,—in tenementis in Edinburgh;—annuo redditu 5*m.* de tenementis in Edinburgh.—E. 10*l.* vii. 333.

(457) Jun. 7. 1621.
MAGISTER JACOBUS MITCHELSOUN minister apud Bothanes, *hæres* Andreæ Mitchelsoun, *fratris immediate junioris*,—in terris vocatis Megattis-croft de Midiltoun, extendentibus ad 3 libratas terrarum antiqui extentus cum pastura, infra villam et territorium de Middeltoun, et baroniam de Lochquharret.—E. 3*l.* vii. 342.

(458) Jun. 7. 1621.
WALTERUS HENDERSONE de Eister Grantoun, *hæres* Walteri Hendersone, *patris*,—in diversis tenementis in Edinburgh, et annuis redditibus 6*m.*—2*s.*—20*s.*—48*s.*—50*m.*—6*m.* de tenementis in Edinburgh.—E. 10*m.* vii. 357.

(459) Jun. 7. 1621.
WALTERUS HENRYSOUN de Eister-Grantoun, *hæres* Walteri Henrysoun de Eister Grantoun, *patris*,—in diversis tenementis in Edinburgh, cum annuis redditibus 6*m.*—2*s.*—20*s.*—48*s.*—50*m.*—6*m.* de tenementis in Edinburgh.—E. 10*m.* vii. 362.

(460) Jun. 12. 1621.
WILLIELMUS DOMINUS DE BLANTYRE, *hæres* Walteri Domini de Blantyre, *patris*,—in terris de Westir Bavillaw.—E. 24*m.* vii. 341.

(461) Jun. 16. 1621.
ANDREAS JONSTOUN in Tranent, *hæres* Simeonis Jonstoun pistoris burgensis de Edinburgh, *avi,*—in annuo redditu 20*m.* de tenemento in Edinburgh. vii. 330.

(462) Jun. 20. 1621.
ISSOBELLA DALZELL, *hæres* Alisonæ Dalzell filiæ legitimæ quondam Jacobi Dalzell, *sororis,*—in dimidietate terrarum ecclesiasticarum et glebæ parochialis Sancti Cuthberti sub muro castri de Edinburgo, infra regalitatem Sanctæ Crucis.—E. 34*s. 4d.* viii. 22.

(463) Aug. 9. 1621.
MAGISTER JOANNES ADAMESOUNE, *hæres* Joannis Adamesoun mercatoris ac burgensis de Edinburgh, *patris,*—in tenemento in dicto burgo ;—annuo redditu 4*m.* de tenemento in dicto burgo ;—annuo redditu 2*m.* de tenemento in dicto burgo.—E. 12*m.* viii. 32.

(464) Aug. 14. 1621.
JACOBUS MURRAY de Kirkhous, *hæres* Patricii Murray de Kirkhouse, *patris,*—in terris de Leitheid extendentibus ad tertiam partem earundem.—A. E. 3*s. 4d.* N. E. 13*s. 4d.* vii. 342.

(465) Aug. 16. 1621.
WILLIELMUS CUNYNGHAME de Cunynghameheid, *hæres* Joannis Cunynghame de Cunynghameheid, *patris,*—in 32 bovatis terrarum antiqui extentus de Wodhall et Bonally in baronia de Reidhall.—A. E. 8*l.* N. E. 32*l.*—(Vide Ayr, Lanark.) viii. 26.

(466) Sep. 11. 1621.
JOANNES PRINGILL in Kittoflat, *hæres* Jacobi Pringill senioris burgensis de Edinburgh, *fratris,*—in annuo redditu 130*m.* de tenemento in Edinburgh.—E. 5*m.* vii. 366.

(467) Sep. 15. 1621.
MAGISTER WILLIELMUS ADAMESOUN de Craigcruik, *hæres* Willielmi Adamesoun de Craigcruik, *patris,*—in terris de Crawmound vocatis Crawmound-Regis et Clarberstoun cum pastura, infra bondas moræ de Crawmound.—A. E. 40*s.* N. E. 8*l.* viii. 31.

(468) Oct. 2. 1621.
JACOBUS PRINGILL, *hæres* Jacobi Pringill in Hereot mylne, *patris,*—in terris de Over et Nether Ruchswyres, infra baroniam de Borthwick ;—terris de Hauchheid, infra baroniam de Ballintrodo :—E. 50*m.*—Dimidietate terrarum de Halhereot, cum pastura in communia de Hereotmure, infra baroniam de Heriotmure.—E. 50*l.* viii. 31.

(469) Dec. 6. 1621.
MAGISTER PATRICIUS KINLOCHE de Aulderstoun, *hæres* Magistri Petri Kinloche de Aulderstoun scribæ, *patris,*—in tenemento in burgo de Edinburgh.—E. 12*d.* viii. 116.

(470) Dec. 19. 1621.
EDWARDUS WATTERSTOUN cultellarius apud portam occidentalem burgi de Edinburgh, *hæres* Thomæ Watterstoun, *filii,*—in pecia terræ in burgo de Edinburgh.—E. 40*s.* viii. 22.

(471) Jan. 19. 1622.
BETHEA BURNET, *hæres portionaria* Willielmi Mauld mercatoris burgensis de Edinburgh, *avi,*—in diversis tenementis pro principalibus et in warrantum in Edinburgh.—E. 10*m.* vii. 360.

(472) Jan. 29. 1622.
GULIELMUS ADAMSONE, *hæres* Gulielmi Adamsone scribæ, *patris,*—in tenemento in Edinburgh.—E. 10*m.* vii. 367.

(473) Jan. 29. 1622.
GEORGIUS MOFFETT, *hæres* Eleazari Moffett ludimagistri, *patris,*—in tenemento in burgo de Edinburgh.—E.......... viii. 12.

(474) Jan. 29. 1622.
KATHERINA PURSELL sponsa Gulielmi Mure mercatoris ac burgensis de Edinburgh, *hæres* Roberti Pursell mercatoris ac burgensis de Edinburgh, *patris,*—in botha mercatoriali in dicto burgo pro principali :—E. 5*m.*—Annuo redditu 12*m.* de tenemento in dicto burgo, in warrantum. viii. 33.

(475) Jan. 30. 1622.
GEORGIUS DUNLOIP, *hæres* Roberti Dunloip, *filii fratris avi,*—in pecia terræ occidentalis croftæ de Birsto, cum Barkhoillis, Lymehoillis et Pourhoillis, in dominio de Dalry et baronia de Innerleyth.—A. E. 3*s.* N. E. 9*s.* viii. 45.

(476) Feb. 2. 1622.
MAGISTER DAVID NEISCH, *hæres* Duncani Neisch olim bal-

livi Canonicorum, *patris,*—in annuo redditu 10*l.* de tenementis in Edinburgh. vii. 374.

(477) Feb. 5. 1622.
ELIZABETHA ROBIESOUN, *hæres* Magistri Georgii Robiesone, *patris,*—in tenemento in burgo de Edinburgh.—E. 5*m.* viii. 15.

(478) Mar. 8. 1622.
EGIDIA *alias* GEILLIS WILSOUN, *hæres* Thomæ Wilsoun ollarei in Birsto, *patrui,*—in pecia terræ villæ de Birsto.—E. 4*s.* viii. 69.

(479) Maii 17. 1622.
DOMINUS GEORGIUS FORESTER de Corstorphin miles, *hæres* Domini Jacobi Forrester de Corstorphin militis, *patrui,*—in tenemento in burgo de Edinburgh.—E. 20*s.*—(Vide Haddington.) viii. 102.

(480) Maii 30. 1622.
JOANNES DOMINUS DE TORPHECHIN, *hæres* Jacobi Domini de Torphechin, *fratris,*—in dominio et baronia de Torphechin :—E. 100*m.*—Terris et baronia de Listoun :—E. 100*m.*—Terris et baronia de Ballintrodo :—E. 100*m.*—Terris et baronia de Stanehoip cum annuis redditibus, terris templariis, et decimis :—E. 40*m.*—infra baroniam et regalitatem de Torphechin et. vicecomitatus de Linlythgow, Edinburgh, et Peibles respective :—Terris et baronia de Calder.—E. 40*l.*—(Vide Linlithgow, Peebles.) viii. 67.

(481) Jun. 8. 1622.
ANDREAS BROUN, *hæres* Magistri Jacobi Broun filii quondam Jacobi Broun chyrurgi, *fratris,*—in diversis tenementis in burgo de Edinburgh.—E. 10*m.* viii. 62.

(482) Jun. 22. 1622.
JOANNES INGLIS mercator ac burgensis de Edinburgh, *hæres conquestus* Thomæ Inglis filii tertio geniti quondam Cornelii Inglis, *filii fratris,*—in 2 tenementis in dicto burgo.—E. 40*s.* viii. 63.

(483) Jun. 27. 1622.
JOANNES WYLIE mercator, *hæres* Willielmi Wylie scribæ, *patris,*—in terra in burgo de Edinburgh.—E. 40*s.* viii. 48.

(484) Jun. 27. 1622.
DAVID PALMER, *hæres* Davidis Palmer aurifabri ac burgensis de Edinburgh, *patris,*—in tenementis in burgo de Edinburgh.—E. 5*m.* viii. 63.

(485) Aug. 14. 1622.
JACOBUS RAMSAY, *hæres* Nicolai Ramsay de Cokpen, *patris,*—in bina parte terrarum de Southsyde, infra dominium de Newbotle.—E. 19*m.* viii. 96.

(486) Sep. 19. 1622.
DOMINUS ALEXANDER NAPER de Lawrestoun miles, *hæres* Domini Archibaldi Naper de Edinbellie militis, *patris,*—in parte terrarum de Laurestoun.—A. E. 50*s.* N. E. 10*l.* viii. 55.

(487) Sep. 21. 1622.
GABRIEL RANKEIN, *hæres* Gabriellis Rankein mercatoris ac burgensis de Edinburgh, *patris,*—in tenemento in dicto burgo.—E. 10*m.* viii. 53.

(488) Sep. 24. 1622.
DAVID WILSOUN, *hæres* Roberti Wilsoun coqui burgensis de Edinburgh, *patris,*—in tenemento in Edinburgh.—E. 40*s.* ix. 34.

(489) Nov. 12. 1622.
GEORGIUS STRIVILING, *hæres* Issobellæ Moffet, *matris,*—in tribus tenementis in burgo de Edinburgh.—E. 5*m.* viii. 98.

(490) Nov. 20. 1622.
THOMAS CRAIG de Richartoun, *hæres* Domini Ludovici Craig de Richartoun militis, unius Senatorum Collegii Justiciæ S. D. N. Regis, *patris,*—in terris de Nether Currie, infra parochiam de Currie et dominium de Newbotle per annexionem :—E. 5*m.*—Quatuor bovatis villæ et terrarum de Currie tanquam principalibus, cum tribus cottagiis vocatis The Brewlandis of Currie, in speciale warrantum earundem.—E. 8*m.* viii. 100.

(491) Jan. 21. 1623.
MAGISTER ELEAZERUS GILBERT, *hæres* Magistri Nicolai Gilbert advocati, *patris,*—in duobus tenementis in burgo de Edinburgh.—E. 10*m.* viii. 193.

(492) Feb. 4. 1623.
EUPHAMIA HARPER, *hæres* Willielmi Harper stabularii ac burgensis de Edinburgh, *patris,*—in habitationis domo in dicto burgo.—E. 40*s.* viii. 115.

E

(493)   Feb. 4. 1623.

MAGISTER JACOBUS AIKENHEID advocatus, *hæres masculus* Thomæ Aikinheid mercatoris ac burgensis de Edinburgh, *avi*, —in pecia terrarum vastarum communis occidentalis moræ burgi de Edinburgh, continente octo acras largioris mensuræ, et aliis duabus peciis terrarum vastarum communis moræ, infra libertatem dicti burgi.—E. 10*m*.   viii. 122.

(494)   Feb. 4. 1623.

JONETA RITCHARDSONE sponsa Patricii Govan mercatoris ac burgensis de Edinburgh, *hæres portionaria* Andreæ Ritchartsone mercatoris ac burgensis dicti burgi, *patris*,—in tenemento in dicto burgo ;—annuo redditu 2*m*. de duobus tenementis in dicto burgo ;—annuo redditu 300*m*. de duobus tenementis in dicto burgo, et de alio tenemento in dicto burgo.—E. 10*m*.   viii. 124.

(495)   Feb. 4. 1623.

JONETA RITCHARDSONE sponsa Patricii Govan mercatoris, *hæres portionaria* Margaretæ Stark relictæ quondam Andreæ Ritchardsone mercatoris ac burgensis, *matris*,—in duobus tenementis in burgo de Edinburgh.—E. 10*m*.   viii. 125.

(496)   Feb. 11. 1623.

DOMINUS MICHAEL PRESTOUN miles, *hæres conquestus* Magistri Georgii Prestoun, *fratris immediate junioris*,—in tenemento in burgo de Edinburgh, olim per Anglos combusto.—E. 40*s*.   viii. 190.

(497)   Feb. 20. 1623.

MARGARETA NEMOCK, *hæres portionaria* Thomæ Nemock burgensis de Edinburgh, *patris*,—in tenemento terræ in dicto burgo ;—annuo redditu 20*m*. de tenemento in dicto burgo.—E. 40*s*.   viii. 123.

(498)   Feb. 23. 1623.

THOMAS LOWIS, *hæres* Willielmi Lowis polentarii burgensis de Edinburgh, *patris*,—in Magno Spheristerio et tenementis in Edinburgh.—E. 20*s*.   ix. 149.

(499)   Mar. 8. 1623.

MAGISTER ALEXANDER MURE, *hæres* Alexandri Mure sartoris ac burgensis de Edinburgh, *patris*,—in duabus domibus in dicto burgo.—E. 40*s*.   viii. 192.

(500)   Mar. 22. 1623.

JACOBUS FLEYMING, *hæres* Bartolomei Fleyming mercatoris ac burgensis de Edinburgh, *patris*,—in parte tenementi in burgo de Edinburgh.—E. 20*s*.   viii. 190.

(501)   Mar. 28. 1623.

MARGARETA HISLOP sponsa Joannis Watsoun pistoris ac burgensis de Edinburgh, *hæres* Joannis Hislope in Nudrie, *patrui*, —in pecia terræ occidentalis croftæ de Birsto, in territorio de Birsto, baronia de Innerleyth et dominio de Dalry.—E. 20*s*.   viii. 127.

(502)   Mar. 29. 1623.

GEORGIUS FISHER mercator ac burgensis de Edinburgh, *hæres* Willielmi Fisher incolæ dicti burgi, *filii patrui*,—in duobus annuis redditibus, uno viz. 14*m*. altero vero 10*m*. de tenemento in dicto burgo.   viii. 138.

(503)   Apr. 26. 1623.

PATRICIUS BURNE, *hæres* Davidis Burne burgensis de Edinburgh, *patris*,—in botha et domo pelliparia in burgo de Edinburgh.—E. 10*m*.   viii. 134.

(504)   Maii 24. 1623.

CATHARINA RICHARDSOUN sponsa Joannis Menteith mercatoris ac burgensis de Edinburgh, *hæres portionaria* Andreæ Richardsoun mercatoris ac burgensis dicti burgi, *patris*,—in tenemento in dicto burgo ;—annuo redditu 2*m*. et annuo redditu 300*m*. de tenementis in dicto burgo.—E. 10*m*.   viii. 214.

(505)   Maii 24. 1623.

MARGARETA RICHARDSOUN, *hæres portionaria* Andreæ Richardsoune mercatoris ac burgensis de Edinburgh, *patris*,—in tenemento in dicto burgo ;—annuo redditu 2*m*. et annuo redditu 300*m*. de tenementis in dicto burgo.—E. 10*m*.   viii. 218.

(506)   Jul. 11. 1623.

MARGARETA GIBSOUN, *hæres* Willielmi Gibsoun nautæ in Leyth, *patris*,—in terra cum domo in villa de Leyth, infra baroniam de Restalrig.—E. 12*d*.   viii. 182.

(507)   Sep. 18. 1623.

PATRICIUS HAMMILTOUN filius legitimus quondam Georgii

Hammiltoun in Westland, *hæres* Patricii Hammiltoun, *patrui*,—in tenemento in burgo de Edinburgh.—E. 5*m*.   viii. 198.

(508)   Sep. 30. 1623.

JACOBUS SCHAW burgensis de Edinburgh, *hæres* Katharinæ Schaw relictæ Joannis Young burgensis de Edinburgh, *sororis*,—in duobus tenementis in dicto burgo.—E. 3*l*.   viii. 285.

(509)   Oct. 4. 1623.

MAGISTER JOANNES ADAMSOUN filius quondam Joannis Adamsoun mercatoris ac burgensis de Edinburgh, *hæres* Cristinæ Lamb, *abaviæ*,—in tenementis in burgo de Edinburgh.—E. 40*s*.   viii. 225.

(510)   Dec. 9. 1623.

JOANNES FYNNIE, *hæres* Thomæ Fynnie sartoris ac burgensis de Edinburgh, *patris*,—in tenemento in dicto burgo.—E. 5*m*.   viii. 225.

(511)   Dec. 20. 1623.

ADAMUS MITCHELSOUN, *hæres ex conquestu* Jacobi Mitchelsoun filii Davidis Mitchelsoun ballivi ac burgensis de Edinburgh, *fratris immediate junioris*,—in duobus tenementis et parvo tenemento in burgo de Edinburgh.—E. 10*m*.   viii. 272.

(512)   Feb. 10. 1624.

MAGISTER SAMUEL GRAY, *hæres* Magistri Thomæ Gray advocati, *patris*,—in annuo redditu 19*m*. 17*d*. et oboli de tenemento in burgo de Edinburgh :—Diversis tenementis in dicto burgo. —E. 10*m*.   viii. 227.

(513)   Feb. 10. 1624.

BARBARA, ELIZABETHA, ET MARIOTA BROUNIS, *hæredes portionariæ* Georgii Broun pistoris ac burgensis de Edinburgh, *patris*,—in tenementis in dicto burgo.—E. 3*l*.   viii. 270—271.

(514)   Feb. 12. 1624.

JACOBUS MUREHEID de Lachoipe, *hæres* Jacobi Murheid de Lachoipe, *patris*,—in terris de Nether Alderstoun, infra baroniam de Calder-Comitis.—A. E. 40*s*. N. E. 8*l*.—(Vide Lanark, Kirkcudbright, Renfrew, Linlithgow.)   viii. 262.

(515)   Mar. 6. 1624.

JOANNES AMULLIKIN, *hæres* Jonetæ Amullikin sponsæ Thomæ Amullikin mercatoris ac burgensis de Edinburgh, *matris*, —in annuo redditu 100*m*. de volta et domo in burgo de Edinburgh.—E. 10*s*.   viii. 230.

(516)   Mar. 9. 1624.

ANDREAS ROBERTSOUN mercator ac burgensis de Edinburgh, *hæres* Jonetæ Chalmeris, *aviæ ex parte matris*,—in dimidiis partibus tenementorum in dicto burgo.—E. 40*s*.   viii. 273.

(517)   Mar. 23. 1624.

RACHAEL SPEIR, *hæres portionaria* Katharinæ Speir, *sororis*,—in tenementis in Edinburgh, et dimidietate annui redditus 300*m*. de tenemento in dicto burgo.—E. 40*s*.   x. 6.

(518)   Apr. 15. 1624.

JACOBUS RALSTOUN, *hæres* Mariæ Ralstoun, *sororis*,—in annuo redditu 100*m*. de diversis tenementis in burgo de Edinburgh.   viii. 271.

(519)   Jun. 12. 1624.

KATHERINA FISCHER, *hæres* Agnetis Fischer, *sororis*,—in duobus tenementis in burgo de Edinburgh.—E. 10*m*.   viii. 313.

(520)   Jul. 1. 1624.

EUPHAMIA LEIRMONTH sponsa Alexandri Haygie scribæ, *hæres portionaria* Joannis Leirmonth filii natu maximi et hæredis Magistri Joannis Leirmonth, *fratris*,—in duobus tenementis in burgo de Edinburgh.—E. 3*l*.   viii. 262.

(521)   Jul. 1. 1624.

GRISSILLIS LERMONTH relicta quondam Alexandri Anna, *hæres portionaria* Joannis Leirmonth filii natu maximi et hæredis quondam Magistri Joannis Leirmonth advocati, *fratris*,—in duobus tenementis in burgo de Edinburgh.—E. 3*l*.   viii. 262.

(522)   Jul. 1. 1624.

JOANNES ANDERSOUN, *hæres* Roberti Andersoun burgensis de Perth, *patris*,—in annuo redditu 5*m*. de tenemento in burgo de Edinburgh ;—annuo redditu 4*m*. de tenemento in dicto burgo ; —duobus tenementis in dicto burgo.—E. 10*m*.   viii. 308.

(523)   Jul. 24. 1624.

JOANNES POOK, *hæres* Joannis Pook calcearii ac burgensis de

Edinburgh, *patris,*—in diversis tenementis in burgo de Edinburgh.
—E. 3*l.*   viii. 276.

(524)   Aug. 7. 1624.
GEORGIUS MITCHELSOUN, *hæres* Georgii Mitchelsone personæ de Middiltoune, *patris,*—in duobus tenementis in burgo de Edinburgh.—E. 40s.   viii. 325.

(525)   Aug. 14. 1624.
DOMINUS ROBERTUS FAIRLIE, *hæres* Alexandri Fairlie de Braid, *patris,*—in terris et baronia de Braid.—A. E. 10*l.* N. E. 40*l.*   viii. 323.

(526)   Dec. 11. 1624.
AGNES HUNTAR relicta Thomæ Cranstoun sartoris burgensis de Edinburgh, *hæres* Jonetæ Hunter, *materteræ,*—in dimidietate annui redditus 10*m.* de tenemento in Edinburgh.   ix. 44.

(527)   Dec. 30. 1624.
FRANCISCETA HERIOT sponsa Joannis Ceraris ac filia legitima Patricii Heriot fratris germani Georgii Herriot gemmarii S. D. N. Regis, *hæres* Georgii Heriot senioris aurifabri burgensis de Edinburgh, *avi,*—in annuo redditu 100*m.* de tenemento in Edinburgh :—Tenementis in Edinburgh.—E. 40s.   ix. 70.

(528)   Feb. 1. 1625.
MAGISTER CORNELIUS AINISLIE, *hæres* Jacobi Ainislie mercatoris ac burgensis de Edinburgh, *patris,*—in duobus tenementis in dicto burgo.—E. 3*m.*   viii. 332.

(529)   Feb. 2. 1625.
ROBERTUS DOBIE de Stannyhill, *hæres* Domini Roberti Dobie de Stannyhill militis, *patris,*—in terris de Stannyhill in regalitate de Dunfermling et dominio de Musselburghshyre :—E. 12*l.* 13*s.* 3½*d.*—16 bovatis terrarum de Munktounhall jacentibus ut supra. —E. 21*l.* 9*s.* 8*d.* &c.   ix. 159.

(530)   Feb. 7. 1625.
JOANNES HAMILTOUN filius legitimus Willielmi Hamiltoun burgensis de Edinburgh, *hæres* Joannis Lytill sartoris burgensis de Edinburgh, *avunculi,*—in tenementis in Edinburgh.—E. 40s.   ix. 119.

(531)   Feb. 8. 1625.
AGNES BROUN, *hæres* Jacobi Broun mercatoris ac burgensis de Edinburgh, *patris,*—in tenemento in Edinburgh.—E. 40s.   ix. 1.

(532)   Feb. 12. 1625.
JOANNES WYLIE, *hæres* Davidis Wylie scribæ, *patris,*—in tenemento in Edinburgh.—E. 40s.   ix. 124.

(533)   Mar. 11. 1625.
GULIELMUS GICHEN junior, *hæres* Elizabethæ Jaksone, *matris,*—in annuo redditu 200*m.* de 20½ acris terrarum de Brochtoun ; et de 11¼ acris dictarum terrarum de Brochtoun, in regalitate et baronia de Brochtoun.   ix. 7.

(534)   Apr. 7. 1625.
ROBERTUS KER mercator burgensis de Edinburgh, *hæres* Edwardi Ker sartoris burgensis de Edinburgh, *patris,*—in tenementis et bothis in Edinburgh ;—annuo redditu 2*m.* de tenemento in Edinburgh ;—annuo redditu 5*m.* de tenemento in Edinburgh, et annuo redditu 40s. de tenemento in Edinburgh.—E. 10*m.* ix. 50.

(535)   Apr. 7. 1625.
THOMAS CWNYNGHAME, *hæres* Michaelis Cwnynghame in Cog, *patris,*—in tenementis in Edinburgh.—E. 40s.   ix. 61.

(536)   Apr. 9. 1625.
JEANNA KINCAID sponsa Joannis Bisset mercatoris burgensis de Edinburgh, *hæres* Joannis Kincaid filii legitimi Jacobi Kincaid burgensis Vicicannonicorum, *fratris,*—in tenemento in Edinburgh. —E. 20s.   ix. 121.

(537)   Apr. 28. 1625.
MAGISTER ROBERTUS BURNETT advocatus, *hæres* Bethiæ Burnett, *filiæ,*—in septima parte tenementorum in Edinburgh.— E. 20s.   ix. 82.

(538)   Maii 2. 1625.
JACOBUS NICOLL, *hæres* Jacobi Nicoll mercatoris burgensis de Edinburgh, *patris,*—in tenemento in Edinburgh :—E. 20s.—Dimidietate annui redditus 50*m.* de tenemento in Edinburgh. x. 64.

(539)   Maii 5. 1625.
JACOBUS MARCHIO DE HAMMILTOUN, Comes Arraniæ et Cambridge, Dominus Even et Innerdaill, *hæres* Jacobi Marchionis de Hammiltoun, &c. *patris,*—in tenemento in Leith nuncupato Girnhous, cum quibusdam aliis terris infra vicecomitatus de For-

far, Kincardin, Aberdeen, Banf, Perth, Elgin et Forres, Stirling, et Inverness.—A. E. 200*l.* N. E. 600*l.*—(Vide Lanark, Stirling, Linlithgow, Bute, Forfar, Kincardine, Aberdeen, Banff, Perth, Elgin et Forres, Inverness, Ayr.)   ix. 13.

(540)   Maii 18. 1625.
ROBERTUS PRESTOUN de Eodem et Craigmyllar, *hæres talliæ et provisionis* Georgii Prestoun de Eodem et Craigmyllar, *filii fratris,*—in terris et baronia de Craigmyllar, cum advocatione ecclesiarum :—A. E. 10*l.* N. E. 20*l.*—Terris et baronia de Prestoun cum manerie de Utterishill :—A. E. 10*l.* N. E. 20*l.*—(Vide Berwick.)   ix. 49.

(541)   Maii 18. 1625.
MAGISTER RICHARDUS LAUDER, *hæres* Alexandri Lauder feoditarii de Haltoun, *fratris germani,*—in terris de Haltoun et terris dominicalibus earundem :—A. E. 5*l.* N. E. 20*l.*—Terris de Nortoun, in vicecomitatu de Renfrew per annexationem :— A. E. 3*l.* N. E. 12*l.*—Terris de Westhall et Northraw de Ratho, cum molendino lie Kirkmylne de Ratho, et terris de Priestislandis : —A. E. 3*l.* N. E. 9*l.*—Terris de Plat, in baronia de Ratho et vicecomitatu de Renfrew per annexationem :—A. E. 4*l.* N. E. 12*l.*— Terris de Wester Wormestoun nunc vocatis Cringletie ;—terris de Easter Wormestoun ;—terris de Ovir et Nether Kidstounes :— A. E. 10*l.* N. E. 47*l.* 13s. 4*d.*—Terris de Stewartoun.—A. E. 5*l.* N. E. 10*l.*—(Vide Peebles.)   ix. 52.

(542)   Maii 21. 1625.
MAGISTER JACOBUS SCOTT, *hæres* Andreæ Scott mercatoris burgensis de Edinburgh, *patris,*—in tenementis in Edinburgh. —E. 20*m.*   ix. 5.

(543)   Jun. 7. 1625.
JOANNES HAIRT, *hæres masculus provisionis* Andreæ Hart burgensis de Edinburgh, *patris,*—in tenementis in Edinburgh.— E. 2s.   ix. 48.

(544)   Jun. 11. 1625.
JACOBUS NASMYTH, *hæres* Henrici Nasmyth, *fratris germani,* —in tenementis in Edinburgh :—E. 10*m.*—Annuo redditu 2*m.* de tenemento in Edinburgh ;—annuo redditu 40s. de tenemento in Edinburgh ;—annuo redditu 500*m.* de tenemento in Edinburgh.   ix. 29.

(545)   Jun. 28. 1625.
MARIOTA HODGE sponsa Jacobi Ewing mercatoris burgensis de Edinburgh, *hæres portionaria* Roberti Hodge, *fratris,*—in tenementis in Edinburgh.—E. 40s.   ix. 87.

(546)   Jun. 28. 1625.
CRISTINA HODGE sponsa Magistri Joannis Adamesoun scribæ, *hæres portionaria* Roberti Hodge, *fratris,*—in tenementis in Edinburgh.—E. 40s.   ix. 269.

(547)   Jul. 12. 1625.
JACOBUS HOG, *hæres* Michaelis Hog pistoris burgensis de Edinburgh, *patris,*—in botha in Edinburgh.—E. 20s.   ix. 123.

(548)   Jul. 16. 1625.
JACOBUS TRAQUIAIR, *hæres conquestus* Thomæ Traquiair apothecarii burgensis de Edinburgh, *fratris,*—in dimidietate tenementi in Edinburgh :—E. 40s.—annuo redditu 27*l.* 10s. de prædicto tenemento ;—annuo redditu 27s. de prædicto tenemento.   ix. 30.

(549)   Jul. 23. 1625.
JOHANNES MITCHELHILL, *hæres* Johannis Mitchelhill mercatoris burgensis de Edinburgh, *patris,*—in tenemento in Edinburgh.—E. 2s.   ix. 10.

(550)   Jul. 29. 1625.
JACOBUS LENOCIÆ DUX, Comes Darnlie et March, Dominus Tarbolton, Methven, Sanctandrois et Obignie, Magnus Admirallus, et Camerarius Scotiæ, *hæres* Lodovici Lenociæ et Richmundiæ Ducis, &c. *patrui,*—in dominio et baronia de St. Androis comprehendente lie Gyrnalis nuncupatas The Pryor of Sanct-Androis Gyrnalis in villa de Leith, cum quibusdam terris in vicecomitatibus de Fife, Perth, Forfar, Kincardin, Aberdeen, Haddington, Berwick, et Linlithgow, unitis in temporale dominium et baroniam de Sanct Androis.—E. 500*m.*—(Vide Dumbartoun, Stirling, Perth, Renfrew, Ayr, Fife, Forfar, Kincardin, Aberdeen, Haddington, Berwick, Linlithgow, Lanark.)   ix. 249.

(551)   Aug. 16. 1625.
AGNES WATSONE, *hæres* Thomæ Layng textoris in Bakraw, *fratris aviæ,*—in pecia terræ de orientali crofta de Bristo, infra dominium de Dalry et baroniam de Innerleyth.—E. 6s. 8*d.* ix. 96.

(552)   Sep. 20. 1625.
JONETA LOWIS, *hæres* Willielmi Lowis polentarii burgensis

de Edinburgh, *patris*,—in sphæristerio et tenementis in Edinburgh.—E. 20s.　　　　　　　　　　　　　　ix. 73.

(553)　　　　　　Oct. 6. 1625.
JOANNES GRAHAME pellio, *hæres* Jacobi Grahame pellionis ac burgensis de Edinburgh, *patris*,—in tenemento in Edinburgh.—E. 3s.　　　　　　　　　　　　　　ix. 25.

(554)　　　　　　Oct. 6. 1625.
THOMAS INGLIS de Eister Scheill, *hæres* Jacobi Inglis mercatoris burgensis de Edinburgh, *patrui*,—in tenemento in Edinburgh.—E. 40s.　　　　　　　　　　　　　　ix. 86.

(555)　　　　　　Nov. 10. 1625.
THOMAS HOME, *hæres* Alexandri Home mercatoris burgensis de Edinburgh, *patris*,—in tenementis in Edinburgh.—E. 40s.　　　　　　　　　　　　　　ix. 78.

(556)　　　　　　Nov. 29. 1625.
JOANNES ARCHIBALD, *hæres* Joannis Archibald mercatoris burgensis de Edinburgh, *patris*,—in botha mercatoriali, &c. in Edinburgh.—E. 40s.　　　　　　　　　　　　　　ix. 45.

(557)　　　　　　Dec. 1. 1625.
VIOLETA DAWLING, *hæres portionaria* Roberti Dawling fratris germani Magistri Johannis Dawling advocati, *patris*,—in tenemento in Edinburgh.—E. 20 *nummi*.　　　　　　ix. 114.

(558)　　　　　　Dec. 1. 1625.
JONETA DAWLING, *hæres portionaria* Roberti Dawling fratris germani Magistri Joannis Dawling advocati, *patris*,—in tenemento in Edinburgh.—E. 20 *nummi*.　　　　　　ix. 143.

(559)　　　　　　Jan. 11. 1626.
JACOBUS CLEGHORNE in Corstorphin, *hæres* Willielmi Cleghorne in Hieriggis, *filii fratris avi*,—in annuo redditu 100m. de terris et baronia de Corstorphin ;—tenemento in Newbiging, infra libertatem de Mussilburghe.—E.........　　　　　ix. 165.

(560)　　　　　　Jan. 17. 1626.
GEORGIUS MACK, *hæres* Georgii Mack scribæ, *patrui*,—in tenementis in Edinburgh.—E. 40s.—Annuo redditu 16s.—annuo redditu 13s. 4d.—annuo redditu 20m.—annuo redditu 6s. 8d.—annuo redditu 53s. 4d.—annuo redditu 10s. de tenementis in Edinburgh.　　　　　　　　　　　　　　ix. 260.

(561)　　　　　　Jan. 19. 1626.
MARGARETA COLTHIRD, *hæres* Joannis Colthird sartoris burgensis de Edinburgh, *fratris*,—in tenementis in Edinburgh.—E. 40s.　　　　　　　　　　　　　　ix. 99.

(562)　　　　　　Feb. 3. 1626.
MAUSIA CHALMER, *hæres* Thomæ Chalmers polentarii in Leith, *patris*,—in tenemento in Leith :—E. 6d.—Tenemento in Leith :—E. 6d.—Tenemento in Leith in warrantum :—E. 12d.—omnibus in baronia de Restalrig.　　　　ix. 95.

(563)　　　　　　Mar. 11. 1626.
FRANCISCUS KINLOCHE filius legitimus Andreæ Kinloche mercatoris burgensis de Edinburgh, *hæres conquestus* Archibaldi Kinloche, *fratris*,—in tenemento in Edinburgh.—E. 20s.　ix. 164.

(564)　　　　　　Mar. 31. 1626.
WILLIELMUS FAIRLIE de Brounisfield, *hæres* Domini Willielmi Fairlie de Brounisfield militis, *patris*,—in terris de Brounisfield pro principali :—E. 17m.—Terris dominicalibus de Haltoun in warrantum :—E. 17m.—Annuo redditu 17m. de terris de Haltoun :—Decimis garbalibus dictarum terrarum de Brounisfield, infra parochiam de Sanct Cuthberts :—E. 50s.—4 bovatis terrarum de Restalrig :—E. 10m.—2 croftis dictæ villæ et terrarum de Restalrig, in villa et baronia de Restalrig.—E. 13s. 4d.　　ix. 116.

(565)　　　　　　Maii 20. 1626.
THOMAS DAWLING, *hæres* Magistri Johannis Dawling advocati, *patris*,—in tenemento in Edinburgh.—E. 20m.　ix. 114.

(566)　　　　　　Jun. 6. 1626.
BESSETA HAMILTOUN, *hæres portionaria* Roberti Hamiltoun junioris mercatoris burgensis de Edinburgh, *patris*,—in terra templaria in Edinburgh :—E. 2s. 6d.—Tenemento in Edinburgh.—E. 12 *nummi*.　　　　　　　　　　　　ix. 205.

(567)　　　　　　Jun. 6. 1626.
BARBARA, BEATRIX, ET MARIOTA HAMILTOUNS, *hæredes portionariæ* prædicti Roberti Hamiltoun, *patris*,—in prædictis tenementis.　　　　　　　　　　　ix. 206.

(568)　　　　　　Jun. 6. 1626.
BARBARA HAMILTOUN, *hæres portionaria* Roberti Hamiltoun pupilli, filii prædicti Roberti Hamiltoun, *fratris*,—in tenemento in Edinburgh.—E. 12 *nummi*.　　ix. 206.

(569)　　　　　　Jun. 6. 1626.
BESSETA, BEATRIX, ET MARIOTA HAMILTOUN, *hæredes portionariæ* prædicti Roberti Hamiltoun pupilli, *fratris*,—in prædicto tenemento.　　　　　　　　ix. 206.

(570)　　　　　　Jul. 11. 1626.
JOANNES HUNTER in Tarbrax, *hæres* Jacobi Hunter mercatoris burgensis de Edinburgh, *filii fratris*,—in tenementis in Edinburgh :—E. 40s.—Annuo redditu 12m. de tenemento in Edinburgh.　　　　　　　　　　　　ix. 227.

(571)　　　　　　Jul. 15. 1626.
MAGISTER GEORGIUS YOUNG de Wilkinstoun, *hæres* Magistri Georgii Young de Wilkestoun, *patris*,—in tenemento in Edinburgh.—E. 20m.　　　　　　　　　ix. 165.

(572)　　　　　　Jul. 21. 1626.
GEORGIUS HEREOT, *hæres conquestus* Helenæ Hereot, *sororis*,—in quarta parte annui redditus 900m. extendentis ad 255m. de terris de Quhythous de Corstorphing cum prato, infra baroniam de Corstorphing pro principali ;—terris de Hill de Corstorphing, et terris de Bromehous jacentibus ut supra, in warrantum. ix. 133.

(573)　　　　　　Oct. 13. 1626.
JOANNES BAXTER, *hæres* Joannis Baxter in Restalrig, *patris*,—in 3 acris terrarum et baroniæ de Restalrig :—E. 30s.—1 acra terrarum dictæ villæ de Restalrig.—E. 10s.　　ix. 314.

(574)　　　　　　Oct. 21. 1626.
WILLIELMUS MIKILJOHN, *hæres* Joannis Mikeljohn, *fratris germani*,—in tenemento in Edinburgh.—E. 40s.　ix. 134.

(575)　　　　　　Nov. 9. 1626.
JOANNES ANDRO, *hæres* Magistri Alexandri Andro de Barbourland, *patris*,—in tenementis in Edinburgh.—E. 20m. ix. 190.

(576)　　　　　　Dec. 23. 1626.
SIBILLA DENHOLME sponsa Georgii Ross mercatoris, *hæres portionaria* Andreæ Denholme mercatoris burgensis de Edinburgh, *patris*,—in tenemento in Edinburgh :—E. 40s.—Annuo redditu 20m. de botha in Edinburgh.　　　　　　ix. 151.

(577)　　　　　　Dec. 23. 1626.
ISOBELLA DENHOLME sponsa Andreæ Osuald mercatoris burgensis de Edinburgh, *hæres portionaria* Andreæ Denholme, *patris*,—in tenemento in Edinburgh :—E. 40s.—Annuo redditu 20m. de botha in Edinburgh.　　　　　　ix. 194.

(578)　　　　　　Dec. 23. 1626.
MARGARETA DENHOLME, *hæres portionaria* Andreæ Denholme mercatoris burgensis de Edinburgh, *patris*,—in tenemento et annuo redditu prædictis.　　　　　　　　ix. 194.

(579)　　　　　　Jan. 12. 1627.
WILLIELMUS SYMPSOUN, *hæres* Georgii Symsoun sartoris burgensis de Edinburgh, *fratris*,—in annuo redditu 1000m. de terris et villis de Eisthouss infra parochiam de Newbottill.　ix. 246.

(580)　　　　　　Jan. 16. 1627.
KATHARINA KINZEAN, *hæres portionaria* Willielmi Kinzean mercatoris burgensis de Edinburgh, *patris*,—in tenementis in Edinburgh.—E. 40s.　　　　　　ix. 208.

(581)　　　　　　Jan. 16. 1627.
JONETA ET ELIZABETHA KINZEANS, *hæredes portionariæ* prædicti Willielmi Kinzean, *patris*,—in prædicto tenemento.　　　　　　　　　　　　　　ix. 209.

(582)　　　　　　Mar. 3. 1627.
DAVID KINLOCH, *hæres* Joannis Kinloch pellionis burgensis de Edinburgh, *patris*,—in tenementis in Edinburgh.—E. 40s.　　　　　　　　　　　　　　ix. 214.

(583)　　　　　　Mar. 24. 1627.
JACOBUS DOWGALL polentarius, *hæres* Florentiæ Watsoun, *matris*,—in tenemento in Edinburgh.—E. 40s.　　ix. 203.

(584)　　　　　　Apr. 4. 1627.
JOANNES MITCHELSONE, *hæres* Magistri Jacobi Mitchelsone ministri verbi Dei apud ecclesiam de Sanct Bothane, *patris*,—in dimidietate terrarum de Midletoun vocata 18 mercatas terrarum infra baroniam de Lochquharrat :—A. E. 6m. N. E. 18m.—Terris

vocatis Megatiscroft *alias* Clois de Midletoun, extendentibus ad 8 libratas terrarum antiqui extentus cum pastura, in villa et territorio de Midletoun et baronia de Lochquharrat :—A. E. 3*l.* N. E. 9*l.*—Terris de Currie infra prædictam baroniam.—E. 20*s.* x. 16.

(585)   Apr. 7. 1627.
MAGISTER JOANNES KELLO, *hæres* Joannis Kello mercatoris burgensis de Edinburgh, *patris,*—in annuo redditu 100*l.* de tenemento in Edinburgh.   ix. 198.

(586)   Apr. 12. 1627.
WILLIELMUS DOUGALL, *hæres portionarius* Roberti Galbraith mercatoris burgensis de Edinburgh, *avi ex parte matris,*—in dimidietate tenementi in Edinburgh :—E. 20*s.*—Dimidietate annui redditus 5*m.* de tenemento in Edinburgh.   ix. 232.

(587)   Apr. 12. 1627.
MAGISTER WILLIELMUS HOUP, *hæres portionarius* Roberti Galbraith mercatoris burgensis de Edinburgh, *avi ex parte matris,*—in dimidietate tenementi in Edinburgh :—E. 40*s.*—Dimidietate annui redditus 5*m.* de tenemento in Edinburgh.   ix. 269.

(588)   Maii 19. 1627.
ROBERTUS LAUTHEAN, *hæres* Joannis Lauthean, *patris,*—in tenemento in Edinburgh.—E. 40*s.*   ix. 215.

(589)   Jul. 3. 1627.
ALEXANDER NOBLE, *hæres* Alexandri Nobill mercatoris burgensis de Edinburgh, *patris,*—in tenemento in Edinburgh.—E. 12*d.*—(Vide Peebles.)   x. 10.

(590)   Jul. 6. 1627.
RICHARDUS CUNYNGHAME de Rathillet, *hæres* Willielmi Cunynghame de Rathillet scribæ signeti Regii, *patris,*—in dimidietate 2 acrarum terræ nuncupata Fergussons-croft, apud finem occidentalem rupis vocatæ Cragingalt, in regalitate et baronia de Brochtoun :—E. 10*s.*—Terris et tenementis in Edinburgh.—E. *servitium burgi consuetum.*—(Vide Fife, Ayr.)   ix. 311.

(591)   Oct. 23. 1627.
WILLIELMUS WATSOUN, *hæres* Thomæ Watsoun Lichnopei burgensis de Edinburgh, *patris,*—in tenemento in Edinburgh.—E. 40*s.*   ix. 302.

(592)   Nov. 10. 1627.
JOANNES DOMINUS CRANSTOUN, *hæres* Willielmi Domini Cranstoun, *patris,*—in terris de Cranstoundaw Nova Cranstoun vocatis.—A. E. 5*l.* N. E. 20*l.*—(Vide Roxburgh, Berwick, Selkirk.)   ix. 303.

(593)   Nov. 20. 1627.
MAGISTER NATHANAEL UDUARD, *hæres* Thomæ Uduard mercatoris burgensis de Edinburgh, *avi,*—in annuo redditu 40*m.* de tenementis in Edinburgh :—Botha in Edinburgh.—E. 3*s.*   ix. 288.

(594)   Jan. 17. 1628.
JACOBUS GEDDES incola de Edinburgh, *hæres conquestus* Gulielmi Geddes mercatoris burgensis dicti burgi, *fratris immediate junioris,*—in annuo redditu 180*m.* de tenemento in Edinburgh.   x. 28.

(595)   Feb. 9. 1628.
WILLIELMUS MAR, *hæres* Willielmi Mar de Pitvar, *patris,*—in annuo redditu 44*l.* de tenemento in Edinburgh.   x. 33.

(596)   Mar. 4. 1628.
ELIZABETHA WATSOUN sponsa Georgii Jardane mercatoris burgensis de Edinburgh, *hæres* Joannis Watsoun pellionis burgensis de Edinburgh, *patris,*—in tenemento in Edinburgh :—E. 40*s.*—Annuo redditu 40*s.* de tenemento in Edinburgh.   x. 81.

(597)   Mar. 18. 1628.
KATHARINA MARJORIBANKIS, *hæres* Elspethæ Marjoribankis, *filiæ fratris,*—in annuo redditu 6*m.* de tenemento in Edinburgh :—Annuo redditu 10*m.* de tenemento in Edinburgh.   x. 86.

(598)   Mar. 18. 1628.
KATHARINA MARJORIBANKIS, *hæres* Willielmi Marjoribankis, *fratris,*—in annuo redditu 24*m.* de tenemento in Edinburgh.   x. 86.

(599)   Mar. 27. 1628.
JOANNES KELLO, *hæres* Magistri Joannis Kello, *patris,*—in annuo redditu 100*l.* de tenemento in Edinburgh.   x. 42.

(600)   Apr. 1. 1628.
MAGISTER JACOBUS AIKINHEID advocatus, *hæres* Magistri

Georgii Aikinheid, *patrui,*—in dimidietate annui redditus 100*m.* de tenemento in Edinburgh.   x. 62.

(601)   Maii 3. 1628.
THOMAS GLEN mercator burgensis de Edinburgh, *hæres* Margaretæ Allane, *matris,*—in tenemento in Edinburgh.—E. 20*s.*   x. 95.

(602)   Maii 16. 1628.
MAGISTER JOANNES HAIRT Doctor Medicinæ, *hæres* Magistri Joannis Hairt burgensis Vicicanonicorum prope Edinburgh, *patris,*—in 5 acris 2 particatis vocatis Buttis terrarum et baroniæ de Restalrig, in baronia de Restalrig pro principalibus :—E. 4*l.* 8*s.* 8*d.*—Terris rupis vulgo vocatis Craigingalt in dicta baronia in warrantum.—E.........   x. 67.

(603)   Jun. 11. 1628.
ELIZABETHA REID sponsa Alexandri Lawsoun in Southsyd, *hæres* Alexandri Reid portionarii de Southsyd, *patrui,*—in orientali tertia parte terrarum de Southsyd in dominio de Newbotle.—E. 10*m.*   x. 76.

(604)   Jun. 14. 1628.
JOANNES PENMAN, *hæres* Joannis Penman mercatoris burgensis de Edinburgh, *patris,*—in bothis et terris in Edinburgh :—E. 40*s.*—Annuo redditu 8*l.* 2*s.* 8*d.* de botha in Edinburgh.   x. 107.

(605)   Jun. 19. 1628.
JOANNES WEATCHE, *hæres* Adami Weatche, *fratris,*—in dimidietate botharum et domorum in Edinburgh :—E. 40*s.*—Dimidietate annui redditus 50*l.* de tenementis in Edinburgh. x. 74.

(606)   Jul. 22. 1628.
JACOBUS CHALMER claviger ac burgensis de Edinburgh, *hæres provisionis* Roberti Chalmer clavigeri, *filii,*—in tenementis in Edinburgh.—E. 20*m.*   x. 71.

(607)   Jul. 30. 1628.
PATRICIUS CARKETTILL de Over Libbertoun, *hæres* Patricii Carkettill de Over Libbertoun, *patris,*—in terris de Foulfurd. —A. E. 40*s.* N. E. 20*m.*   x. 170.

(608)   Aug. 26. 1628.
JACOBUS SCOTT, *hæres* Quintigerni Scott mercatoris burgensis de Edinburgh, *patris,*—in tenementis in Edinburgh.—E. 40*s.*   x. 103.

(609)   Sep. 11. 1628.
JACOBUS KAY, *hæres* Oliveri Kay mercatoris burgensis de Edinburgh, *patris,*—in tenementis in Edinburgh pro principali et in warrantum.—E. 40*s.*   x. 106.

(610)   Sep. 11. 1628.
JACOBUS KAY, *hæres* Jonetæ Moubray, *aviæ ex parte matris,*—in tenementis in Edinburgh.—E. 40*s.*   x. 107.

(611)   Sep. 18. 1628.
WALTERUS SYMSOUN, *hæres conquestus* Georgii Symsoun sartoris burgensis de Edinburgh, *fratris immediate junioris,*—in tenementis in Edinburgh pro principali et in warrantum.—E. 40*s.*   x. 110.

(612)   Oct. 2. 1628.
CATHARINA OUSTIANE sponsa Nicolai Bruntfeild in Oxmure, *hæres* Mariotæ Oustiane sponsæ Jacobi Inglis cerarii burgensis de Edinburgh, *sororis,*—in tenemento in Edinburgh.—E. 40*s.*   x. 125.

(613)   Oct. 11. 1628.
HELENA GORGIE, *hæres* Joannis Gorgie polentarii burgensis de Edinburgh, *fratris,*—in tenemento in Edinburgh.—E. 40*s.*   x. 153.

(614)   Oct. 17. 1628.
LILIAS SOMERVAILL sponsa Alexandri Craufuird, *hæres* Jonetæ Somervaill filiæ Jacobi Somervaill mercatoris burgensis de Edinburgh, *sororis,*—in dimidietate tenementorum in Edinburgh :—E. 10*s.*—Dimidietate annui redditus 24*l.*—dimidietate annui redditus 20*l.*—dimidietate annui redditus 8*m.*—dimidietate annui redditus 40*s.* de tenementis in Edinburgh.—(Vide Berwick.)   x. 115.

(615)   Oct. 28. 1628.
GRISILLIS LERMONTH, *hæres portionaria* Joannis Lermonth, *fratris germani,*—in tenemento in Edinburgh.—E. 40*s.*   x. 207.

(616)   Oct. 28. 1628.
EUPHAMIA LERMONTH, *hæres portionaria* Joannis Lermonth, *fratris germani.*—in tenemento prædicto.—E. 40*s.* x. 209.

F

(617) Oct. 28. 1628.
MARGARETA LERMONTH, *hæres portionaria* Joannis Lermonth, *fratris germani*,—in tenemento prædicto.—E. 40s. x. 208.

(618) Nov. 8. 1628.
OLIVERUS THOMSOUNE aurificus burgensis de Edinburgh, *hæres* Susannæ Fergussoun, *matris*,—in tenemento in Edinburgh. —E. 40s. x. 354.

(619) Dec. 3. 1628.
WILLIELMUS HODGE vietor burgensis de Edinburgh, *hæres* Barbaræ Hodge sponsæ quondam Jacobi King in Hieriges, *filiæ*, —in tenemento terrarum de Hieriges in dominio de Dalry, et baronia de Innerleith.—E. 3s. x. 180.

(620) Dec. 11. 1628.
THOMAS OGRIE, *hæres* Thomæ Hodge mercatoris burgensis de Edinburgh, *avi ex parte matris*,—in tenemento in Edinburgh. —E. 20s. x. 117.

(621) Jan. 10. 1629.
THOMAS CRAWMOUND, *hæres* Herculis Crawmound pupilli, *filii*,—in tenementis in Edinburgh.—E. 20m. x. 246.

(622) Jan. 17. 1629.
EUPHAMIA FAIRLIE sponsa Ricardi Maxwell ephippiarii burgensis de Edinburgh, *hæres* Joannis Fairlie mercatoris burgensis dicti burgi, *patris*,—in tenemento in Edinburgh.—E. 40s. x. 141.

(623) Jan. 17. 1629.
EUPHAMIA FAIRLIE, *hæres conquestus* Jacobi Fairlie mercatoris burgensis de Edinburgh, *patrui*,—in tenemento in Edinburgh.—E. 40s. x. 142.

(624) Jan. 17. 1629.
ISSOBELLA SANDILANDIS, *hæres* Issobellæ Burne, *matris*,— in tenemento in Edinburgh.—E. 40s. xiv. 79.

(625) Feb. 13. 1629.
HUGO SOMERVELL, *hæres* Hugonis Somervell de Owratis, *patris*,—in annuo redditu 7 bollarum hordei de terris de Gilmertoun, Gutters, et Drum.—E. 20m.—(Vide Lanark.) x. 293.

(626) Feb. 20. 1629.
JOANNES KING in Craiglockhart, *hæres* Jacobi King pollentarii burgensis de Edinburgh, *fratris*,—in vasto tenemento terrarum de Hieriggis, infra dominium de Dalry et baroniam de Innerleith. —E. 3s. x. 172.

(627) Mar. 5. 1629.
HECTOR PURVES filius legitimus Andreæ Purves mercatoris, *hæres* Elizabethæ Broun relictæ quondam Magistri Joannis Crawmond advocati, *aviæ ex parte matris*,—in tenemento in Edinburgh. —E. 40s. x. 139.

(628) Mar. 17. 1629.
MAGISTER JOANNES CHAIRTERES studens divinitatis, *hæres* Henrici Chairteres theologiæ professoris in academia de Edinburgh vocata King James Colledge, *patris*,—in tenementis in Edinburgh:—E. 40s.—Annuo redditu 20l. de tenemento in Edinburgh. x. 142.

(629) Mar. 24. 1629.
WILLIELMUS FORBES de Craigievar, *hæres masculus* Willielmi Forbes de Craigievar, *patris*,—in terris et baronia de Glencorce.—A. E. 20l. N. E. 40l.—(Vide Aberdeen, Haddington, Fife, Banf.) xi. 8.

❋ (630) Mar. 25. 1629.
JACOBUS DUNDAS de Arnetstoun, *hæres* Domini Jacobi Dundas de Arnetstoun militis, *patris*,—in villa et terris de Arnetstoun et Maynes de Arnetstoun, cum decimis ;—pecia terrarum de Arnetstoun vocata Rylawknow ;—terris de Hudespeth, et terris vocatis .... ad easdem pertinentibus ;—7 buttis terræ infra bondas terrarum de Hudespeth ;—pendiculis nuncupatis Birkinsyd, Tailzeor pendicle, et Burne *alias* Rogeris pendicle vocato park de Halkerstoun, cum decimis ;—pendiculo vocato .... *alias* Littill Johneschott ;—terris et pendiculis de .... et Cokhillis ;—terris de Halkerstoun et Esperstoun cum messuagio ;— —privilegio regalitatis dictarum terrarum ;—unitis in baroniam de Arnetstoun.—E. 40l. xi. 147.

(631) Apr. 3. 1629.
THOMAS HENRIE in Newbotle, *hæres* Patricii Henrie olim in Westhouss postea in Newbotle, *patris*,—in 3¼ acris terrarum in territorio de Newbotle.—E. 23s. 4d. x. 150.

(632) Apr. 8. 1629.
DOMINUS JOANNES MURRAY de Touchadam miles, *hæres* Willielmi Murray de Touchadam, *abavi*,—in terris de Eister Haillis in dominio de Mussilburgh.—E. 3m. 6s. 8d. x. 313.

(633) Apr. 18. 1629.
JOANNES LAWSOUN de Boghall, *hæres* Domini Gulielmi Lawsoun de Boghall militis, *fratris*,—in quarta parte terrarum de Cambo infra villam et territorium de Cambo :—E. 25s.—Tenementis in Edinburgh.—E. 13s. 4d.—(Vide Linlithgow, Peebles.) x. 291.

(634) Apr. 21. 1629.
ARCHIBALDUS DAVIDSONE in Fordaill, *hæres conquestus* Magistri Georgii Davidsone scribæ, *fratris immediate junioris*,— —in tenementis in Edinburgh.—E. 40s. x. 206.

(635) Maii 9. 1629.
MAGISTER JACOBUS OLIPHANT de Newtoun advocatus, *hæres* Domini Willielmi Oliphant de Newtoun militis, advocati S. D. N. Regis, *patris*,—in tenementis in Edinburgh.—E. 40s. x. 308.

(636) Maii 20. 1629.
THOMAS LYELL, *hæres* Hugonis Lyell in Carpow, *patris*,—in annuo redditu 50m. de tenemento in Leith, in regalitate et baronia de Bruchtoun. xii. 11.

(637) Maii 22. 1629.
PATRICIUS CARKETTILL olim de Markill, *hæres* Joannis Carkettill de Over Libbertoun, *avi*,—in dimidietate terrarum de Over Libbertoun vocata Serjandlands, tam orientalium quam occidentalium cum mansione de Over Libbertoun, et clausura vulgo clois :—A. E. 20s. N. E. 4l.—Dimidietate terrarum de Braidiscroft ;—dimidietate occidentalis partis terrarum et villæ de Over Libbertoun ;—10 libratis terrarum de Over Libbertoun in orientali parte ejusdem :—A. E. 50s. N. E. 5l.—omnibus in villa et territorio de Over Libbertoun :—Acra terræ vicariæ de Libbertoun cum decimis, prope cœmiterium ecclesiæ de Libbertoun.—E. 5s. x. 301.

(638) Jun. 13. 1629.
JOANNES PATTOUN, *hæres* Joannis Pattoun mercatoris burgensis de Edinburgh, *patris*,—in tenementis in Edinburgh.— E. 20s. x. 211.

(639) Sep. 8. 1629.
MAGISTER JACOBUS LAUTIE advocatus, *hæres* Adami Lautie scribæ in Edinburgh, *patris*,—in dimidietate quartæ partis terrarum de Sauchtounhall ;—4 acris dimidietatis quartæ partis de Sauchtounhall cum horreo ;—20 acris terrarum de Sauchtounhall ; —portione terrarum de lie Quhins, moræ et communis prati de Sauchtounhall ;—3 acris terrarum de Sauchtounhall ;—3 acris prædictarum terrarum ;—molendino de Sauchtounhall ;—quarta parte et dimidietate octavæ partis terrarum de Sauchtounhall, unitis in tenandriam de Sauchtounhall, infra baroniam de Bruchtoun.—A. E. 3s. 4d. N. E. 13s. 4d. x. 295.

(640) Sep. 8. 1629.
MAGISTER JACOBUS LAWTIE advocatus, *hæres* Adami Lautie scribæ signeti regii, *patris*,—in tenementis in Edinburgh: —E. 40s.—Annuo redditu 10m. de bothis in Edinburgh. x. 297.

(641) Sep. 9. 1629.
JOANNES MERSCHELL mercator burgensis de Edinburgh, *hæres* Thomæ Merschell fabri lignarii burgensis de Edinburgh, *filii patrui immediate senioris*,—in tenemento in Edinburgh.— E. 40s. x. 250.

(642) Nov. 4. 1629.
MARGARETA SOMERVELL, *hæres* Hugonis Somervell de Spittell, *avi*,—in annuo redditu 10 bollarum ordei de terris de Gilmertoun, Gutteris, et Drum :—Tenemento in villa de Gilmertoun.—E. 1d. xi. 112.

(643) Nov. 18. 1629.
JACOBUS JOHNSTOUN polentarius incola villæ de Leith, *hæres* Thomæ Johnstoun pollentarii ac incolæ ibidem, *patris*,—in tenemento in villa de Leith, in baronia de Restalrig.—E. 5s. xi. 102.

(644) Nov. 19. 1629.
JACOBUS WYNRAHAME junior, *hæres* Magistri Roberti Wynrahame scribæ, *patris*,—in tenementis in Edinburgh.— E. 40s. xi. 205.

(645) Dec. 10. 1629.
JOANNES MURRAY, *hæres* Joannis Murray mercatoris burgensis de Edinburgh, *patris*,—in tenementis in Edinburgh.— E. 40s. xiii. 20.

(646) Dec. 15. 1629.
ISSOBELLA YOUNG, *hæres* Joannis Young scribæ clerici vice-comitatus de Edinburgh, *fratris*,—in botha in Edinburgh.—E. 40d. xi. 195.

(647) Jan. 12. 1630.
DAVID HAY, *hæres* Gilberti Hay mercatoris ac burgensis de Edinburgh, *patris*,—in tenementis in dicto burgo.—E. 40s. xi. 62.

(648) Jan. 16. 1630.
ALEXANDER LEYIS mercator, *hæres* Willielmi Leyis mercatoris ac burgensis de Edinburgh, *patris*,—in tenementis in dicto burgo:—E. 40s.—Annuo redditu 8l. 2s. 8d. et annuo redditu 10m. et alio annuo redditu 40l. de tenementis in dicto burgo. xii. 33.

(649) Feb. 20. 1630.
WILLIELMUS THOMESOUN, *hæres* Willielmi Thomesoun, *patris*,—in tenemento in burgo de Edinburgh.—E. 40s. xi. 6.

(650) Mar. 10. 1630.
ALEXANDER HOME de Rowiestoun, *hæres* Davidis Home de Rowiestoun, *patris*,—in annuo redditu 30 bollarum hordei de terris de Wowmet, in dominio de Musselbrughschyre, et regalitate de Dumfermling. xii. 7.

(651) Mar. 24. 1630.
EGIDIA HODGE, *hæres* Willielmi Hodge incolæ apud portam occidentalem de Edinburgh, *fratris*,—in dimidia parte domorum, ædificiorum, horreorum, et hortorum eisdem adjacentium, in dominio de Dalry et baronia de Innerleyth.—E. 13s. xi. 144.

(652) Mar. 30. 1630.
ALIESONA ADAIR sponsa Umphredi Dowie scribæ, *hæres portionaria* Willielmi Adair calcearii ac burgensis de Edinburgh, *patris*,—in tenemento in dicto burgo.—E. 40 *nummi*. xi. 68.

(653) Mar. 30. 1630.
ISSOBELLA ADAIR sponsa Hectoris Purves mercatoris, *hæres portionaria* Willielmi Adair calcearii ac burgensis de Edinburgh, *patris*,—in tenemento in dicto burgo.—E. 40 *nummi*. xi. 68.

(654) Mar. 31. 1630.
CATHERINA WILSONE, *hæres* Joannis Wilsone pollentarii ac burgensis de Edinburgh, *patris*,—in annuo redditu 20m. de dimidietate quartæ partis terrarum de Sauchtounhall, in regalitate et baronia de Bruchtoun;—2 terris cottagiis in Wester Dudingstoun, continentibus 22 buttis terrarum:—E. 18s.—Annuo redditu 8m. 10s. 8d. de 7 communibus molendinis præposito, ballivis, consulibus, et communitati de Edinburgh pertinentibus de utraque parte aquæ de Leith. xi. 30.

(655) Apr. 6. 1630.
AGNES ET MARIOTA STEWINSOUNS, *hæredes portionariæ* Jacobi Stevinsone, *filii patrui*,—in annuo redditu 8l. de tenemento in Edinburgh. xi. 264.

(656) Apr. 17. 1630.
JOANNES MAISSOUN, *hæres* Willielmi Maissoun mercatoris ac burgensis de Edinburgh, *patris*,—in tenementis in dicto burgo:—E. 40s.—Annuo redditu 3m. de tenemento in dicto burgo. xii. 92.

(657) Apr. 21. 1630.
CAPITANEUS LUDOVICUS FOULLAR portionarius de Restalrig, *hæres* Magistri Willielmi Foullar rectoris de Hawick, secretarii quondam Annæ Reginæ Magnæ Britanniæ, matris S. D. N. Regis, *patris*,—in magna mansione seu domo nuncupata The Deanehous, cum pomariis et hortis, et cameris et domibus vocatis lie Preistis Chalmeris eidem adjacentibus, in territorio de Restalrig prope ecclesiam ejusdem.—E. 8m. xi. 153.

(658) Maii 6. 1630.
JOANNES RAE, *hæres* Magistri Joannis Rae ludimagistri scholæ Edinburgensis, *patris*,—in tenementis in dicto burgo.—E. 40s. xii. 158.

(659) Maii 26. 1630.
MAGISTER JOANNES HAIRT Doctor Medicinæ in burgo Vicicanonicorum, *hæres* Magistri Joannis Hairt burgensis dicti burgi, *patris*,—in tenementis in burgo Vicicanonicorum:—E. 7m.—Annuo redditu 13s. 4d. de tenemento in dicto burgo. xii. 14.

(660) Jun. 9. 1630.
ELIZABETHA PRESTOUN unica filia legitima Domini Georgii Prestoun de Craigmiller militis, ac sponsa Georgii Buchannan feoditarii de Eodem, *hæres lineæ* Davidis Prestoun de Craigmiller, *avi*,—in crofta terræ vocata Halliswallis, in villa de Newbigging infra libertatem burgi de Mussilbrugh;—crofta terræ ex parte orientali vici de Mussilbrugh;—mansione cum horto et columbario;—crofta terræ in fine australi dictæ villæ de Newbigging;—tertia parte terrarum de Loganraw, Hucheounis, Bankcroft, Buttisbank, et Thomas-Aiker, cum interliriis vocatis Eisterholmes, ex occidentali parte aquæ ejusdem;—crofta terræ vocata Claypule in fine orientali dicti burgi de Mussilbrugh;—locis rupibus pro salinis construendis prope mare:—E. 20s.—Annuo redditu 2s. de tenemento in dicto burgo;—annuo redditu 3s. 4d. de terra cum horto et cauda in dicta villa de Newbigging;—annuo redditu 2s. 6d.—annuo redditu 3s. 4d.—annuo redditu 2s.—annuo redditu 2s. 6d.—annuo redditu 18d. de terris in dicta villa de Newbigging;—annuo redditu 2s. 6d. de duobus interliriis terrarum, lie riggis, infra libertatem dicti burgi de Mussilbrugh. xi. 90.

(661) Jun. 12. 1630.
JOANNES LAWSOUN de Humbie, *hæres* Jacobi Lawsoune de Humbie, *avi*,—in terris de Wester Dudingstoun et Sigat subscriptis, viz. 1½ bovata terræ ;—1¼ bovata terræ de Wester Dudingstoun, in villa et territorio de Wester Dudingstoun :—.........—Cetera desunt. xii. 82.

(662) Jun. 19. 1630.
JOANNES YOUNG, *hæres* Georgii Young in ...., *patris*,—in annuo redditu 20m.—annuo redditu 6s. 16d. et annuo redditu 18s. de tenementis in burgo de Edinburgh. xi. 159.

(663) Jun. 22. 1630.
ROBERTUS LOGYE portionarius de Crawmound, *hæres* Joannis Logye portionarii ibidem, *patris*,—in annuo redditu 20l. de tertia parte tenementi in burgo de Edinburgh. xi. 151.

(664) Jun. 22. 1630.
JOANNES MAISSOUN, *hæres* Joannis Maissoun mercatoris ac burgensis de Edinburgh, *avi*,—in tenemento in dicto burgo :—E. 40s.—Annuo redditu 20m. et annuo redditu 10m. de terris in dicto burgo. xii. 94.

(665) Jun. 27. 1630.
MAGISTER ALEXANDER PEIRSOUN advocatus, *hæres provisionis* Thomæ Peirsoun, *fratris*,—in tenemento in burgo de Edinburgh.—E. 40s. xi. 156.

(666) Jul. 2. 1630.
WILLIELMUS SKELDIE, *hæres* Davidis Skeldie in Lintlawes, *fratris avi*,—in annuo redditu 10m. de 4 mercatis terrarum de Ovirgogar vocatis Tenandrie. i. 180.

(667) Jul. 2. 1630.
JONETA DOUGALL, *hæres* Joannis Dougall senioris burgensis de Edinburgh, *avi*,—in annuo redditu 10m. de 4 mercatis terrarum de Ovirgogar. i. 180.

(668) Jul. 10. 1630.
THOMAS CLARKSOUN mercator burgensis de Edinburgh, *hæres* Thomæ Clarksoun junioris, *filii*,—in tenemento in dicto burgo.—E. 10l. xii. 63.

(669) Jul. 13. 1630.
MARIOTA MOIR sponsa Patricii Forbes, *hæres portionaria* Joannis Moir, *fratris*,—in annuo redditu 300m. de tenemento in Edinburgh. iii. 277.

(670) Jul. 14. 1630.
ROBERTUS DOBIE, *hæres* Domini Roberti Dobie de Stannehill militis, *patris*,—in terris de Blaikhope.—A. E. 10s. N. E. 30s. xi. 168.

(671) Sep. 14. 1630.
MAGISTER EDWARDUS HENRYSOUN minister, *hæres* Richardi Henrysoun mercatoris ac burgensis de Edinburgh, *patris*,—in dimidietate tenementi in dicto burgo.—E. 20m. xi. 173.

(672) Oct. 2. 1630.
WILLIELMUS NICOLSOUN mercator, *hæres* Jacobi Nicolsoun sartoris burgensis de Edinburgh, *avi*,—in botha in dicto burgo.—E. 20s. xi. 197.

(673) Oct. 29. 1630.
WILLIELMUS LITTILL, *hæres* Magistri Gulielmi Littill portionarii de Over Libertoune, *patris*,—in dimidietate terrarum ab antiquo vocatarum Serjandlandis, in territorio de Over Libertoune:—A. E. 20s. N. E. 9l.—Mercata terræ de 2 mercatis terrarum vocatarum Rinzeanslandis, infra baroniam de Libertoun :—A. E. 3s. 4d. N. E. 13s. 4d.—Terris extendentibus ad 10l. terrarum novi extentus infra villam et territorium de Over Libertoun.—A. E. 50s. N. E. 10l. xi. 189.

(674)   Nov. 18. 1630.

WILLIELMUS LITTILL, *hæres* Magistri Gulielmi Littill burgensis de Edinburgh, *patris,*—in tenementis in Edinburgh :—E. 3s. 4d.—Annuo redditu 4m.—annuo redditu 45s.—annuo redditu 40s.—annuo redditu 8s. de tenementis in dicto burgo.   xi. 184.

(675)   Nov. 27. 1630.

JACOBUS FORTOUN, *hæres* Roberti Fortoun scribæ, *patris,*—in tenementis in Edinburgh.—E.........   xii. 200.

(676)   Dec. 17. 1630.

JONETA QUHYT, *hæres* Nicolæ Quheyt commorantis in burgo Vicicanonicorum, *sororis,*—in domo in dicto burgo.—E. 4d.   xi. 200.

(677)   Jan. 20. 1631.

MAGISTER JOANNES SKOWGALL, *hæres* Joannis Skowgall scribæ, *patris,*—in duabus dimidietatibus terræ in burgo de Edinburgh :—E. 20s.—Dimidietate annui redditus 12m. de tenemento in dicto burgo.   xi. 243.

(678)   Jan. 26. 1631.

JACOBUS ELEIS, *hæres* Patricii Eleis mercatoris ac burgensis de Edinburgh, *patris,*—in molendinis granorum et fullonum de Sauchtoun.—E. 30m. &c.   xi. 219.

(679)   Mar. 5. 1631.

MARIOTA WATSOUN, *hæres portionaria* Thomæ Watsoun lichnopei, *patrui,*—in tenemento in Edinburgh.—E. 20s. xii. 191.

(680)   Mar. 5. 1631.

JEANNA WATSOUN, *hæres portionaria* Thomæ Watsoun lichnopei, *patrui,*—in tenemento in Edinburgh.—E. 20s.   xii. 192.

(681)   Apr. 16. 1631.

JOANNES DIKSOUN junior mercator, *hæres* Joannis Diksone lanionis ac burgensis de Edinburgh, *patris,*—in duobus tenementis in dicto burgo.—E. 40s.   xii. 113.

(682)   Jun. 4. 1631.

AGNES WAUCHOPE, *hæres* Thomæ Wauchope burgensis de Edinburgh, *patris,*—in annuo redditu 20m. de tenemento in dicto burgo.   xii. 103.

(683)   Jun. 7. 1631.

SAMUEL BURRELL, *hæres* Alexandri Burrell lie Lorymer, *patris,*—in duobus tenementis in burgo de Edinburgh.—E.........   xii. 179.

(684)   Jun. 21. 1631.

GULIELMUS PATERSOUN, *hæres* Agnetis Patersoun, *sororis,*—in camera in Edinburgh.—E. 3s. 4d.   xii. 193.

(685)   Jul. 1. 1631.

JOANNES HALL in Newbottle, *hæres* Jacobi Hall in Newbottle, *patris,*—in mansione cum domo, horto, &c. in villa de Newbottle :—E. 18s. 4d.—1 acra terræ in campis vocatis Belliboucht ;—1 acra terræ in campis nuncupatis Gallowdenehill :—E. 3s. 4d. pro qualibet acra :—Altera acra terræ in dicto campo vocato Bellibucht.—E. 4s. 6d.—omnibus in villa et territorio de Newbottle.   xiii. 30.

(686)   Aug. 11. 1631.

ROBERTUS SCOTT, *hæres* Joannis Scot burgensis de Edinburgh, *avi,*—in parte tenementi in dicto burgo.—E. 3s. 4d. xi. 262.

(687)   Oct. 18. 1631.

ALEXANDER STRATOUN feoditarius de Eodem, *hæres* Joannis Stratoun feoditarii de Eodem, *patris,*—in villis et terris de Stratoun et Southhous, cum clausura vocata Cloaslan de Peibles, infra vicecomitatus de Edinburgh et Peibles respective :—A. E. 4l. N. E. 20l.—Cum quibusdam aliis terris in vicecomitatu de Kincardine, unitis in baroniam de Lawrestoun.—(Vide Kincardin, Peebles.)   xi. 245.

(688)   Oct. 27. 1631.

JONETA MURE sponsa Roberti Thomsone commorantis in Leith, *hæres* Lodovici Mure tinctoris burgensis Vicicanonicorum, *patris,*—in peciis terræ in Edinburgh pro principali, et in warrantum.—E. 5m.   xii. 4.

(689)   Nov. 2. 1631.

WILLIELMUS BROUN, *hæres* Hugonis Broun mercatoris ac burgensis de Edinburgh, *patris,*—in 13 acris 5¼ particatis terræ cum 3 buttis terrarum, et domibus, infra portum et limites de Newhaven ;—officio balliatus portus de Newheaven ;—occidentali dimidietate terrarum de Lumphoy cum prato, in warrantum ;—duabus dimidietatibus 4, 5, et 4 acrarum terrarum de Newheaven extendentibus ad 13 acras infra limites dicti portus de Newheaven ;—E. 26s.—2¼ acris terrarum infra bondas prædictas :—E. 5s.—14 acris terrarum cum domo infra bondas antedictas :—E. 10l. 3s. 4d.—Terris vocatis Terres Croft apud occidentalem partem oppidi de Innerask ;—pecia terræ cum mansione, columbario, &c. apud occidentalem partem dicti oppidi de Innerask, infra regalitatem de Mussilbrughschyre.—E..........,   xii. 19.

(690)   Dec. 16. 1631.

CAPITANUS THOMAS LYNDSAY, *hæres* Bernardi Lyndsay unius generosorum S. D. N. Regis cubiculi, *patris,*—in peciis terræ, ædificiis, &c. in Leith, Regium opus de Leith vocatis, cum officio balliatu dicti Regii operis, et lie Impost seu custuma 4l. de quolibet lie tun vini vendito infra bondas dicti Regii operis.—E. 6l. 3s. 4d.   xii. 2.

(691)   Jan. 3. 1632.

ALEXANDER MORISOUN de Prestoungrange, *hæres* Magistri Alexandri Morisoun unius Senatorum Supremi Senatus, *patris,*—in terris et baronia de Newbottill in warrantum terrarum et baroniæ de Prestoungrange :—A. E. 22l. 5s. N. E. 66l. 13s. 4d.—Terris de Morphaltoun ;—terris de Toxsyidhill, Coitlawe, Gledhous, et molendino vocato Gledhousmylne pro principalibus, et in dictis terris et baronia de Newbottill in warrantum.—A. E. 8m. 4s. 5d. N. E. 25m.—(Vide Haddington, Peebles.)   xii. 48.

(692)   Feb. 9. 1632.

ADAMUS DUFF filius legitimus Joannis Duff nautæ, *hæres portionarius* Georgii Thomsoun pollentarii incolæ villæ de Leith, *avunculi,*—in tenementis in villa de Leithe et baronia de Restalrig.—E. 40s.   xi. 258.

(693)   Feb. 10. 1632.

JOANNES M'KEAN mercator ac burgensis de Edinburgh, *hæres* Jonetæ Bartane, *matris,*—in tenemento in dicto burgo.—E. 5m.   xii. 41.

(694)   Mar. 2. 1632.

MARIOTA POOK sponsa Joannis Watsoun vestiarii burgensis de Cannogait, *hæres portionaria* Roberti Hallyday incolæ apud portam occidentalem burgi de Edinburgh, *filii avunculi,*—in peciis terræ in Kingistabilles apud portam occidentalem de Edinburgh :—E. 9s. 4d.—Domo et horto in Hieriges, in dominio de Dalry et baronia de Innerleith.—E. 7s.   xi. 248.

(695)   Mar. 2. 1632.

KATHARINA POOK sponsa Joannis Duncan lanionis burgensis de Edinburgh, *hæres portionaria* dicti Roberti Hallyday, *filii avunculi,*—in peciis terræ aliisque antedictis.   xi. 249.

(696)   Mar. 10. 1632.

JONETA COURTAS, *hæres* Joannis Courtas pellionis ac burgensis de Edinburgh, *patris,*—in duobus tenementis in dicto burgo.—E. 40s.   xii. 59.

(697)   Apr. 4. 1632.

JACOBUS NISBET, *hæres conquestus* Magistri Georgii Nisbet de Osualdene olim ludimagistri in Mussilbrugh, *patris,*—in 4 bovatis villæ et terrarum de Inneresk antiquæ mensuræ, cum pastura in parte mori de Inneresk ;—4 tenementis lie onsteides in dicta villa de Inneresk, et dominio de Mussilbrugh.—E. 6l. 12s. &c.   xii. 85.

(698)   Apr. 25. 1632.

WALTERUS SMAIRT, *hæres conquestus* Walteri Smairt senioris burgensis de Mussilbrugh, *patris,*—in bovata terræ de Inneresk antiquæ mensuræ, cum pastura in valle lie hauche de Inneresk ;—parte mori de Inneresk extendente ad 1½ acras ;—domibus et ædificiis in villa de Inneresk, omnibus in dominio de Mussilbrughschyre.—E. 33s. &c.   xii. 22.

(699)   Apr. 27. 1632.

ELIZABETHA MELVILL in Leith, *hæres portionaria* Roberti Melvill nautæ burgensis de Kinghorne, *patrui,*—in 10 acris terrarum de Restalrig, cum pecia prati prope ecclesiam de Restalrig, in baronia de Restalrig.—A. E. 10s. N. E. 40s.   xiii. 44.

(700)   Apr. 27. 1632.

EUPHAMIA MELVILL sponsa Magistri Eduardi Aikin in Coldinghame, *hæres portionaria* prædicti Roberti Melvill, *patrui,*—in terris prædictis.   xiii. 45.

(701)   Mail 26. 1632.

GEORGIUS BOWIE, *hæres* Alexandri Bowie stabularii burgensis de Edinburgh, *patris,*—in tenementis in Edinburgh.—E. 40s.   xiv. 51.

(702) Jun. 10. 1632.
THOMAS NOBILL, *hæres* Joannis Nobill mercatoris ac burgensis de Edinburgh, *patris*,—in duobus tenementis in dicto burgo.—E. 10m. xii. 90.

(703) Jun. 30. 1632.
WILLIELMUS ROBERTSOUN pupillus, *hæres* Willielmi Robertsoun mercatoris burgensis de Edinburgh, *patris*,—in botha in Edinburgh.—E. 40s. xiii. 213.

(704) Jul. 10. 1632.
MAGISTER JACOBUS FISCHEAR, *hæres* Jacobi Fischear mercatoris burgensis de Edinburgh, *patris*,—in tenementis in Edinburgh pro principali et in warrantum.—E. 20s. xiii. 71.

(705) Jul. 10. 1632.
ROBERTUS HODDOME mercator, *hæres* Georgii Hoddome mercatoris burgensis de Edinburgh, *patris*,—in tenementis in Edinburgh.—E. 20s. xiii. 73.

(706) Jul. 14. 1632.
DAVID MELROIS, *hæres* Willielmi Melrois fabri lignarii burgensis de Edinburgh, *patris*,—in tenementis in Edinburgh.—E. 40s. xiv. 84.

(707) Aug. 16. 1632.
WILLIELMUS HALYDAY de Tullieboll, *hæres* Domini Joannis Halyday de Tullieboll militis advocati, *patris*,—in tenemento in Edinburgh.—E. 40s. xiii. 277.

(708) Oct. 27. 1632.
JOANNES WATSONE pupillus, filius Joannis Watsone sartoris incolæ Vicicanonicorum, *hæres* Isaci Walkinschawe sartoris burgensis de Edinburgh, *avi*,—in tenemento in Edinburgh.—E. 3s. 4d. xiii. 15.

(709) Oct. 31. 1632.
WILLIELMUS ALLANE, *hæres* Ricardi Allane burgensis de Mussilburghe, *patris*,—in 1 bovata terrarum de Inneresk antiquæ mensuræ ejusdem villæ, cum gramine, &c. in valle lie Hauch de Inneresk, et pastura in Langmyre, cum portione mori de Inneresk;—media parte tenementi et outsteid, omnibus in dominio de Mussilburghshchyre.—E. 33s. &c. xiii. 68.

(710) Nov. 14. 1632.
WALTERUS HOUISOUN calcearius in Fischerraw, *hæres* Jacobi Hog calcearii in Maldisfurde, *fratris uterini*,—in a peice and portioun of land of the lands of Wolmet, extending to half aiker of land or thairby, within the lordship of Dumfermling, with the grase and pasturage zeirlie of ane Kow with her follower throwe the lands of Wolmet.—E. 2s. &c. xiii. 70.

(711) .... 16....
JONETA MOIR sponsa Roberti Murray, *hæres portionaria* Joannis Moir, *fratris*,—in annuo redditu 300m. de tenemento in burgo de Edinburgh. xi. 14.

(712) Jan. 8. 1633.
ANNA FOULLES, *hæres portionaria* Magistri Roberti Foulles advocati, *patris*,—in orientali tertia parte terrarum de Southsyid, infra dominium de Newbottill.—E. 10m, &c.—(Vide Lanark.) xiii. 40.

(713) Jan. 8. 1633.
ELIZABETHA FOULLES, *hæres portionaria* Roberti Foulles advocati, *patris*,—in terris prædictis.—(Vide Lanark.) xiii. 42.

(714) Jan. 22. 1633.
JOANNES DUFF nauclerus incola de Leithe, *hæres* Adami Duff, *filii*,—in dimidietate tenementorum in villa de Leith et baronia de Restalrig.—E. 10s. xiii. 45.

(715) Feb. 20. 1633.
ROBERTUS VANNANE mercator burgensis de Edinburgh, *hæres* Henrici Vannane, *patris*,—in annuo redditu 20m. de tenemento in burgo Vicicanonicorum. xiii. 65.

(716) Mar. 5. 1633.
PATRICIUS COUPLAND, *hæres* Magistri Thomæ Coupland ministri, *patris*,—in terris in Edinburgh.—E. 3s. 4d. xiv. 103.

(717) Mar. 23. 1633.
MAGISTER ADAMUS LAWTY portionarius de Sauchtounhall, *hæres* Magistri Jacobi Lawtie advocati, *patris*,—in tenemento in Edinburgh.—E. 10s. xiii. 67.

(718) Mar. 26. 1633.
MAGISTER DAVID MERCHIESTOUN, *hæres* Magistri Ricardi Merchiestoun archidecani Cathanensis, *patris*,—in tenementis in Edinburgh.—E. 40s. xiii. 66.

(719) Mar. 26. 1633.
MARIOTA THOMSOUN, *hæres portionaria* Andreæ Neilsoun nautæ incolæ de Leithe, *avi*,—in tenemento in Leithe.—E. 18d. xiii. 73.

(720) Mar. 26. 1633.
MARGARETA NEILSOUN, *hæres portionaria* Andreæ Neilsoun nautæ incolæ de Leithe, *avi*,—in tenemento in Leithe prædicto. xiii. 74.

(721) Apr. 5. 1633.
MAGISTER ADAMUS LAWTIE, *hæres* Magistri Jacobi Lawtie advocati, *patris*,—in dimidietate quartæ partis terrarum de Sauchtounhall cum pasturagiis ;—4 acris terrarum dimidietatis quartæ partis terrarum de Sauchtounhall, ex occidentali parte de lie Lone villæ de Sauchtounhall ;—20 acris terrarum de Sauchtounhall ;—parte de lie Quhines, moræ, et communis prati de Sauchtounhall ; 3 acris terrarum de Sauchtounhall ;—terris et acris dictæ villæ et terrarum de Sauchtounhall ;—molendino de Sauchtounhall, et quarta parte, et dimidietate octavæ partis dictæ villæ et terrarum de Sauchtounhall cum pasturagiis, omnibus in baronia de Brochtoune, unitis in tenendriam de Sauchtounhall.—A. E. 3s. 4d. N. E. 13s. 4d. xii. 127.

(722) Apr. 23. 1633.
JACOBUS M'MATH, *hæres* Willielmi M'Mathe mercatoris burgensis de Edinburgh, *patris*,—in tenemento in Edinburgh.—E. 3s. 4d. xiii. 134.

(723) Apr. 25. 1633.
WILLIELMUS THOMSONE, *hæres* Willielmi Thomesone polentarii burgensis de Edinburgh, *patris*,—in tenementis in dicto burgo.—E. 3s. 4d. xii. 112.

(724) Maii 11. 1633.
JOANNES TENNENT de Cairnes, *hæres* Josephi Tennent ministri verbi Dei apud Badreull, *fratris*,—in tenemento in Edinburgh.—E. 3s. 4d. xiii. 91.

(725) Jun. 7. 1633.
MAGISTER ALEXANDER LOCKHART de Braidschaw, *hæres* Quintigerni Lockhart de Nether Hawden, *fratris*,—in terris de Nathir Hawden.—E. 6l. 13s. 4d. xiii. 128.

(726) Jul. 9. 1633.
JOANNES CARKETTILL, *hæres* Magistri Patricii Carkettill ministri verbi Dei apud ecclesiam de Humby, *patris*,—in tenemento in Edinburgh.—E. servitium burgi. xiii. 114.

(727) Jul. 13. 1633.
MARIOTA EISTOUNE, *hæres portionaria* Mariotæ Wilsoune relictæ Cuthberti Eistoune, *matris*,—in dimidietate tenementi in Edinburgh.—E. servitium burgi. xiv. 47.

(728) Jul. 13. 1633.
JONETA EISTOUN, *hæres portionaria* Mariotæ Wilsoun relictæ Cuthberti Eistoun, *matris*,—in dimidietate tenementi in Edinburgh.—E. servitium burgi. xiv. 118.

(729) Jul. 20. 1633.
GEORGIUS CUNNYNGHAME pupillus, *hæres* Alexandri Cunnynghame mercatoris ac burgensis de Edinburgh, *patris*,—in tenemento in dicto burgo.—E. 3s. 4d. xii. 143.

(730) Aug. 7. 1633.
GILBERTUS MOUBRAY, *hæres* Elizabethæ Mowbray, *filiæ patrui*,—in terris vocatis Barres cum cauda adjacente, sub castro Edinburgi.—E. 42s. xii. 140.

(731) Aug. 15. 1633.
ROBERTUS BURRELL, *hæres* Joannis Burrell burgensis de Edinburgh, *patris*,—in tenemento in Edinburgh.—E. 3s. 4d. xiii. 115.

(732) Aug. 29. 1633.
WILLIELMUS STIRLING pupillus, filius legitimus Georgii Stirling mercatoris, *hæres* Margaretæ Hoddine, *matris*,—in annuo redditu 400m. de tenementis in Edinburgh. xiii. 171.

(733) Sep. 7. 1633.
JACOBUS JACK *hæres* Joannis Jack mercatoris burgensis de Edinburgh, *patris*,—in tenemento in Edinburgh.—E. 3s. 4d. xv. 93.

(734) Oct. 18. 1633.
BERNARDUS SMAILLOME in Leythe, *hæres* Georgii Smaillome in Leyth, *patris*,—in 30 acris 3 particatis et 6 pedibus terrarum jacentium infra bondas territorii de Newhavin.—E. 2s. pro qualibet acra, et 5d. pro qualibet particata. xiii. 126.

G

(735)   Dec. 10. 1633.

ALEXANDER GREIVE, *hæres* Georgii Greive mercatoris ac burgensis de Edinburgh, *patris*,—in tenementis in dicto burgo.—E. ......   xii. 146.

(736) ....

MARGARETA DUMBAR filia natu maxima Issobellæ Scharpe sponsæ Roberti Dumbar de Burgie sororis germanæ Joannis Scharpe de Ballindoche, *hæres portionaria* dicti Joannis Scharpe de Ballindoche, *filii fratris matris*,—in octava parte tenementi in burgo Vicicanonicorum, in regalitate et baronia de Bruchtoun.—A. E. 1s. 8d. N. E. 5s.—(Vide Perth, Forfar.)   xii. 107.

(737) ....

JEANNA, ISSOBELLA, ET ELIZABETHA DUMBARS filiæ Issobellæ Scharpe sponsæ Roberti Dumbar de Burgie sororis germanæ Joannis Scharpe de Ballindoche, *hæredes portionariæ* dicti Joannis Scharpe de Ballindoche, *filii fratris matris*,—in tenemento suprascripto.—(Vide Perth, Forfar.)   xii. 109.

(738)   Feb. 1. 1634.

GEORGIUS ABERNETHIE, *hæres* Thomæ Abernethie burgensis de Edinburgh, *avi*,—in annuo redditu 6m. de tenemento in Edinburgh.   xv. 60.

(739)   Feb. 5. 1634.

GEORGIUS ANDERSOUN, *hæres* Georgii Andersoun senioris burgensis de Mussilburgh ac portionarii de Monktounhall, *avi*,—in 3 bovatis villæ et terrarum de Monktounhall, in villa et territorio de Monktounhall, dominio de Mussilbrughschyre, et regalitate de Dumfermeling.—E. 5l. 5s. &c.   xiii. 222.

(740)   Feb. 20. 1634.

WILLIELMUS MULLIKIN, *hæres* Thomæ Mullikin mercatoris burgensis de Edinburgh, *patris*,—in tenementis in Edinburgh pro principali et in warrantum ;—annuo redditu 100m. de tenemento in Edinburgh.—E. 3s. 4d.   xiii. 197.

(741)   Feb. 26. 1634.

ELSPETHA CUTHBERSOUN sponsa Jacobi Libbertoun in Leydoun, *hæres* Willielmi Cuthbertsoun portionarii de Leydoun, *patris*,—in 2 mercatis terrarum et villæ de Leydoun.—A. E. 6s. 8d. N. E. 2m.   xiii. 212.

(742)   Feb. 27. 1634.

FRANCISCUS COMES DE BUCKLEUCH, Dominus Scott de Quhytchester et Eskdaille, *hæres* Walteri Comitis de Buckleuch, &c. *patris*,—in dominio et baronia de Hailles, comprehendente terras et baroniam de Creychtoun, cum advocatione preposituræ de Creichtoun, præbendariorum et capellaniarum ejusdem ;—terras de Muirhous, cum quibusdam aliis terris in vicecomitatibus de Haddingtón, Berwick, Roxburgh, Selkirk, Dumfries, et Lanark, unitis in dominium et baroniam de Hailles.—A. E. 608l. 3s. 4d. N. E. 2000l.—(Vide Haddington, Berwick, Roxburgh, Selkirk, Dumfries, Lanark.)   xii. 184.

(743)   Jun. 7. 1634.

ALEXANDER THOMSOUNE cultellarius burgensis de Edinburgh, *hæres* Duncani Thomsoune sartoris, *filii fratris senioris*,—in tenementis in Edinburgh.—E. 3s. 4d.   xiv. 80.

(744)   Jul. 19. 1634.

ANDREAS CLERK, *hæres* Andreæ Clerk vitrearii burgensis de Edinburgh, *patris*,—in tenementis in Edinburgh.—E. 3s. xiii. 215.

(745)   Jul. 24. 1634.

JOANNES SMAIRT in Ballino in Hibernia, *hæres* Roberti Smairt mercatoris burgensis de Edinburgh, *filii fratris avi*,—in tenemento in Edinburgh :—E. 3s.—Dimidietate annui redditus 10m. de tenementis in Edinburgh.   xiv. 6.

(746)   Jul. 24. 1634.

JACOBUS TAM, *hæres portionarius* Joannis Schaw senioris mercatoris burgensis de Edinburgh, *avi ex parte matris*,—in tenemento in Edinburgh.—E. 3s.   xiii. 210.

(747)   Jul. 24. 1634.

JACOBUS ROXBRUGH pupillus, *hæres portionarius* prædicti Joannis Schaw, *avi ex parte matris*,—in tenemento prædicto.—E. 3s.   xiii. 211.

(748)   Jul. 31. 1634.

ROBERTUS HENDERSOUN chyrurgus, *hæres* Jacobi Hendersoun chyrurgi, *patris*,—in tenemento in Edinburgh :—E. 3s. 4d.—Dimidietate annui redditus 21m. de tenemento in Edinburgh.   xiv. 57.

(749)   Aug. 1. 1634.

JACOBUS BLAIR filius legitimus Magistri Roberti Blair ministri verbi Dei apud Bangor in Hibernia, *hæres* Roberti Hamiltoune, *avi ex parte matris*,—in tenemento in Edinburgh.—E. 2s. 6d.   xiv. 22.

(750)   Aug. 6. 1634.

JOANNES ANDERSOUN burgensis de Mussilburgh, *hæres* Georgii Andersoun junioris portionarii de Monktounhall, *filii fratris*,—in 3 bovatis villæ et terrarum de Monktounhall, in villa et territorio de Monktounhall, dominio de Mussilburghschyr et regalitate de Dumfermeling.—E. 5l. 5s. &c. et 10s. *monetæ pittantiæ*.   xiii. 196.

(751)   Aug. 14. 1634.

JACOBUS DOWGLAS de Stanypeth, *hæres masculus* Magistri Thomæ Dowglas de Stanypeth, *patris*,—in 8 bovatis villæ et terrarum de Langtoun et Dubend, infra baroniam de Caldercleir et regalitatem de Dalkeith :—A. E. 17s. N. E. 3l. 8s.—Tenemento in Edinburgh.—A. E. 3s. 4d. N. E. 10s.—(Vide Peebles, Fife, Haddington.)   xv. 125.

(752)   Aug. 19. 1634.

ALEXANDER BOTHWELL, *hæres* Joannis Bothwell filii legitimi Adami Bothwell de Quhelpsyde, *fratris immediate junioris*,—in tenementis in Edinburgh.—E. 10m.   xv. 84.

(753)   Sep. 18. 1634.

JACOBUS DOMINUS ROS DE HALKHEID ET MELVILL, *hæres* Jacobi Domini Ros de Halkheid et Melvill, &c. *patris*,—in terris, dominio et baronia de Melvill, comprehendente villam et terras de Melvill cum molendino ;—terras de Stanehous ;—terras de Mosshous cum advocatione ecclesiarum, et quibusdam aliis terris in vicecomitatibus de Linlithgow et Stirling, unitis in baroniam de Melvill.—A. E. 49l. N. E. 196l.—(Vide Linlithgow, Stirling, Renfrew, Ayr, Haddington.)   xiii. 174.

(754)   Sep. 18. 1634.

JACOBUS DOMINUS ROS DE HALKHEID ET MELVIL, *hæres* Dominæ Jeannæ Hamiltoun Dominæ Ros, *aviæ*,—in terris de Pendrech cum molendino, in baronia et regalitate de Broughtoun :—A. E. 4l. N. E. 12l.—Terris ecclesiasticis et gleba rectoriæ ecclesiæ parochialis de Melvill, cum decimis garbalibus et pastura, infra territorium villæ de Wester Melvill ;—pecia terræ ubi vetus horreum cum horto ejusdem prius situabatur.—E. 14l. 12s.   xiii. 179.

(755)   Nov. 5. 1634.

JOANNES FROG, *hæres* Alexandri Frog in Inveresk, *patris*,—in tenemento ex occidentali latere villæ de Inveresk.—E. ....   xiv. 60.

(756)   Nov. 29. 1634.

JACOBUS HOLME filius legitimus Joannis Holme, *hæres* Agnetis Hutchesoun, *aviæ*,—in tenementis in Edinburgh.—E. 3s. 4d.   xiv. 118.

(757) ....

JACOBUS FORTOUN, *hæres* Roberti Fortoun scribæ, *patris*,—in tenementis in Edinburgh.—E. 40s.   xii. 190.

(758)   Feb. 17. 1635.

MARGARETA RITCHARDSOUN, *hæres provisionis* Willielmi Zuill, *filii*,—in tenementis in Edinburgh.—E. 40s. xiv. 115.

(759)   Mar. 14. 1635.

JOANNES EDZEAR, *hæres* Nicolai Edzear mercatoris burgensis de Edinburgh, *patris*,—in tenemento in Edinburgh.—E. 40s.   xiii. 295.

(760)   Apr. 14. 1635.

JACOBUS LAMB, *hæres* Andreæ Candidæ Casæ episcopi, *patris*,—in tenemento in villa de Leith et baronia de Restalrig.—E. 18d. &c.—(Vide Forfar.)   xiii. 262.

(761)   Apr. 28. 1635.

MARCUS CAIRNECORCE, *hæres* Roberti Cairnecorce mercatoris burgensis de Edinburgh, *patris*,—in tenementis in Edinburgh: —E. 10s.—Annuo redditu 5m. et annuo redditu 50m. de tenementis in Edinburgh.   xiii. 273.

(762)   Maii 5. 1635.

GEORGIUS COMES DE KINNOUL, vicecomes de Dupline, Dominus Hay de Kinfawnis, *hæres* Georgii Comitis de Kinnoul, &c. *patris*,—in terris, villa et baronia de Cousland, cum molendino, et jure patronatus earundem.—A. E. 10l. N. E. 40l.—(Vide Perth, Fife.)   xiv. 33.

(763)   Maii 9. 1635.

KATHARINA RAMSAY sponsa Jacobi Chaipland, *hæres portionaria* Jacobi Ramsay burgensis de Edinburgh, *patris*,—in tenemento in Edinburgh.—E. 3s. 4d.   xiv. 104.

(764)   Maii 9. 1635.

JOANNES CHAIRTERIS filius legitimus Hugonis Chairteris, *hæres portionarius* Jacobi Ramsay burgensis de Edinburgh, *avi materni,*—in tenemento in Edinburgh.—E. 3s. 4d.   xiv. 117.

(765)   Jun. 3. 1635.

MAGISTER JOANNES YOUNG de Reidhewis, *hæres* Thomæ Young scribæ signeto regio, *patris,*—in quarteria terrarum et villæ de Overgogar in territorio de Overgogar, et parochia de Ratho.— A. E. 6s. 8d. N. E. 20s.   xiii. 253.

(766)   Jun. 4. 1635.

DOMINUS PATRICIUS ACHIESOUN de Glencairne miles baronettus, *hæres* Domini Archibaldi Achiesoun de Glencairne militis baronetti, aliquando unius Senatorum S. D. N. Regis, *patris,* —in tenemento in burgo vicicanonicorum.—E..........—(Vide Haddintoun.)   xv. 62.

(767)   Jun. 10. 1635.

RICHARDUS CAS de Fordell, *hæres* Magistri Roberti Cas, *patris,*—in tenandria de Fordell comprehendente terras de Coittes vocatas Eister Coittes *alias* Fordell;—dimidietate moræ de Coittes cum 8 acris terrarum arabilium eidem moræ contigue adjacentibus;—terris et villa de Westir Coittes, omnibus infra dominium et baroniam de Newbotle, unitis in tenandriam de Fordell.—E. 40l.   xiii. 301.

(768)   Jul. 8. 1635.

WILLIELMUS DOBIE in Newbotle, *hæres* Willielmi Dobie apud Powtoun-mylne olim in Roisling, *patris,*—in mansione cum domibus, &c. in villa de Newbotle ;—2 acris terræ arabilis vocatæ Courthillcroft jacentibus contigue, infra villam, territorium et baroniam de Newbotle.—E. 23s. 8d.   xiii. 299.

(769)   Jul. 15. 1635.

JACOBUS BORTHUIK, *hæres* Georgii Borthuik de Todhillis, *fratris,*—in terris de Todhillis infra dominium de Newbotle cum decimis.—E. 3l.   xiv. 68.

(770)   Jul. 17. 1635.

BESSIE *alias* ELIZABETHA THOMSOUN sponsa Ricardi Steinsoun in Mussilbrugh, *hæres* Joannis Thomsoun in Goursnout, *avi,*—in 2 acris terræ arabilis jacentibus infra bondas vocatas Bellibucht, Thomsounes Aikers nuncupatis, in dominio de Newbottle.—E. 9s.   xiii. 252.

(771)   Jul. 17. 1635.

JACOBUS TAIT in Newbottle, *hæres* Joannis Tait in Newbothill, *avi,*—in 2 acris terræ arabilis jacentibus in Bellibucht, ac 2 tenementis in villa de Newbothill :—E. 40s.—1 acra terræ in campo vocato Bellibucht, in dominio de Newbotle.—E. 4s. 8d. xiii. 252.

(772)   Jul. 29. 1635.

JACOBUS LICHTOUN filius Magistri Mathei Lichtoun ministri verbi Dei apud Currie, *hæres conquestus* Willielmi Lichtoun, *fratris immediate junioris,*—in terris brueriis de Currie et Outset in Overcurrie, cum 2 hortis et 2 acris eidem adjacentibus et pastura, in parochia de Currie.—E. 40d.   xiii. 302.

(773)   Sep. 17. 1635.

ELIZABETHA MURE sponsa Jacobi Loche mercatoris burgensis de Edinburgh, *hæres portionaria* Niniani Mure mercatoris burgensis de Edinburgh, *patris,*—in tenementis in Edinburgh.— E. 3s. 4d.   xiv. 70.

(774)   Sep. 17. 1635.

SUSANNA MURE, *hæres portionaria* prædicti Niniani Mure, *patris,*—in prædicto tenemento.   xiv. 71.

(775)   Sep. 17. 1635.

BARBARA MURE sponsa Roberti Carnegie mercatoris, *hæres portionaria* prædicti Niniani Mure, *patris,*—in prædicto tenemento.   xiv. 71.

(776)   Oct. 13. 1635.

JOANNES GIFFART filius Thomæ Giffart de Schirref-hill, *hæres* Jacobi Giffart de Schirref-hill, *avi,*—in terris de Todhillis in dominio de Newbottill.—E. 56s. et 6s. 8d. in augmentationem.   xiv. 72.

(777)   Nov. 4. 1635.

JACOBUS WILLIAMSOUN de Eodem, *hæres* Jacobi Williamsoun de Eodem, *patris,*—in quarta parte terrarum de Nather Williamstoun ;—dimidietate terrarum de Nether Williamstoun;—terris de Nathir *alias* Eister Murestoun in baronia de Calder :—E......... —Tertia parte terrarum de Ovir Williamstoun vocata Bentis.— E. 6l.   xv. 37.

(778)   Nov. 14. 1635.

JOANNES EISTOUN, *hæres* Joannis Eistoun scribæ signeti regii, *avi,*—in tenemento in Edinburgh.—E. 3s. 4d.   xv. 8.

(779)   Dec. 5. 1635.

WILLIELMUS DAVIDSOUN, *hæres* Magistri Patricii Davidsoun, *filii fratris avi,*—in annuo redditu 20m. de tenementis in Edinburgh.   xv. 24.

(780)   Dec. 19. 1635.

DAVID SYMMER, *hæres* Jeannæ Symmer sponsæ Jacobi Mowbray portionarii de Dymmenie, *sororis,*—in annuo redditu 200m. de tenemento in Edinburgh.   xv. 21.

(781)   Jan. 14. 1636.

WILLIELMUS STIRLING, *hæres* Jacobi Stirling mercatoris burgensis de Edinburgh, *patris,*—in tenementis in Edinburgh.— E. 3s. 4d.   xv. 78.

(782)   Jan. 19. 1636.

THOMAS CLERKSOUN burgensis de Edinburgh, *hæres conquestus* Willielmi Clerksoun fabri ferrarii burgensis de Edinburgh, *fratris immediate junioris,*—in tenementis in Edinburgh.—E. 3s. 4d.   xv. 7.

(783)   Jan. 28. 1636.

ALISONA GREIVE, *hæres* Alexandri Greive, *fratris,*—in tenementis in Edinburgh.—E. 3s. 4d.   xv. 60.

(784)   Feb. 10. 1636.

BARBARA WALDIE sponsa Alexandri Gray fabri lignarii lie Tymmerman in Leith, *hæres portionaria* Joannis Waldie incolæ villæ de Leith, *patris,*—in tenemento in Leith in baronia de Restalrig.—E. 5s.   xv. 42.

(785)   Apr. 14. 1636.

GEDION BAILLIE de Lochend, *hæres* Domini Jacobi Baillie de Lochend militis, *patris,*—in botha et tenemento in Edinburgh.— E. 3s. 4d.   xv. 61.

(786)   Apr. 14. 1636.

MARIOTA ET HELENA DUFF, *hæredes portionariæ* Alexandri Duff scribæ, *fratris,*—in tenemento in Edinburgh.—E. 3s. 4d.   xv. 64.

(787)   Apr. 26. 1636.

ELIZABETHA *alias* BESSIE ROBERTSOUN, *hæres* Elizabethæ *alias* Bessie Hill, sponsæ Joannis Robertsoun fabri lignarii burgensis de Edinburgh, *matris,*—in tenementis in Edinburgh.— E. 3s. 4d.   xv. 72.

(788)   Maii. 10. 1636.

JOANNES SCOTT, *hæres* Andreæ Scott chirurgi burgensis de Edinburgh, *patris,*—in dimidietate tenementorum in Edinburgh.— E.........—(Vide Selkirk.)   xv. 97.

(789)   Jun. 14. 1636.

JACOBUS JOHNESTOUN, *hæres* Gilberti Johnestoun mercatoris burgensis de Edinburgh, *patris,*—in tenemento in Edinburgh. —E. 3s. 4d.   xv. 236.

(790)   Jun. 18. 1636.

ANDREAS GIBSOUN, *hæres* Andreæ Forsyth incolæ villæ de Dalkeith, *avi,*—in tenemento in Edinburgh.—E. 3s. 4d.   xv. 80.

(791)   Jun. 24. 1636.

MAGISTER THOMAS BANNATYNE minister evangelii apud Dowglas, *hæres* Jacobi Bannatyne, *filii fratris,*—in pecia terræ vocata Standandflat in dominio de Newbotle.—E. 30s.   xv. 119.

(792)   Jun. 29. 1636.

ROBERTUS DOWGLAS, *hæres* Roberti Dowglas senioris portionarii de Inveresk, *patris,*—in 4 bovatis villæ et terrarum de Inveresk :—E. 8l. 18s. 8d. &c.—2 bovatis dictarum terrarum ;—tenemento vocato Corshous ex occidentali latere dictæ villæ de Inveresk :—E. 3l. 6s. &c.—Crofta terræ apud finem orientalem de Inveresk.—E. 3s. 4d.   xv. 67.

(793)   Jun. 29. 1636.

THOMAS SMYTH, *hæres* Thomæ Smyth senioris in Newbigging ac burgensis de Mussilbrugh, *patris,*—in 2 bovatis terrarum de Inveresk ;—parte mori de Inveresk extendente ad 2 acras ;— dimidietate tenementi ex occidentali latere dictæ villæ de Inveresk in dominio de Mussilbrughchyre :—E. 3l. 6s. &c.—Officiis hæreditariis molitorum molendini vocati Schyremylne, infra bondas terrarum de Inveresk ;—acra molendinaria vulgo Mylne-Aiker nuncupata :—E. 12d.—Sexta parte 4 molendinorum granariorum de Mussilbrughschyre ;—sexta parte peciæ vallis lie Hauch prope prædictum molendinum Schyre mylne nuncupatum.—E. 16*l.* 13*s.* 4*d.* &c.   xv. 69.

(794)   Aug. 24. 1636.
ROBERTUS DOBIE de Stanyhill, *hæres* Domini Roberti Dobie de Stanyhill militis, *patris,*—in annuo redditu 400*m.* de villa et terris de Smetoun, in dominio et regalitate de Mussilbrughschyre.
        xv. 90.

(795)   Aug. 27. 1636.
JACOBUS CARNEGIE, *hæres* Barbatæ Muir spónsæ Roberti Carnegie mercatoris, *matris,*—in tenemento in Edinburgh.—E. 3*s.* 4*d.*   xv. 91.

(796)   Aug. 27. 1636.
ROBERTUS CARNEGIE mercator burgensis de Edinburgh, *hæres* Davidis Carnegie mercatoris burgensis de Edinburgh, *patris,* —in tenemento in Edinburgh.—E. 3*s.* 4*d.*   xv. 92.

(797)   Sep. 8. 1636.
WILLIELMUS DOMINUS ROS DE HALKHEID ET MEL-VILL, *hæres* Jacobi Domini Ros de Halkheid et Melvill, *fratris,* —in terris, dominio, et baronia de Melvill comprehendente villam et terras de Melvill ;—terras de Stanehous ;—terras de Moshous, cum advocatione ecclesiarum, unitas in baroniam de Melvill cum quibusdam aliis terris in vicecomitatibus de Linlithgow et Stirling : —A. E. 49*l.* N. E. 196*l.*—Terris de Pendreich cum carbonibus, in baronia et regalitate de Brughtoun :—A. E. 4*l.* N. E. 12*l.*—Terris ecclesiasticis et gleba rectoriæ ecclesiæ de Melvill cum decimis garbalibus, infra parochiam de Melvill et diocesin Sancti Andreæ ;— pecia terræ ubi vetus horreum cum hortis ejusdem prius situabantur. —E. 14*l.* 12*s.*—(Vide Linlithgow, Stirling, Renfrew, Ayr, Haddington.)   xv. 210.

(798)   Dec. 14. 1636.
JACOBUS RAMSAY de Torbaine, *hæres* Davidis Ramsay de Torbaine, *patris,*—in tenemento in Edinburgh.—E. 30*s.*—(Vide Wigton, Kirkcudbright, Haddington.)   xv. 175.

(799)   Dec. 16. 1636.
DOMINUS JOANNES SKENE de Curriehill miles, *hæres* Domini Jacobi Skene de Curriehill militis, præsidis Collegii Justitiæ Regni Scotiæ, *patris,*—in terris de Hill vulgo nuncupatis Curriehill, infra baroniam de Balernoche.—A. E. 40*s.* N. E. 10*l.* xv. 104.

(800)   Dec. 28. 1636.
GEORGIUS FOULLES de Ravelstoun, *hæres* Jonetæ Bannatyne spónsæ Georgii Foulles de Ravelstoun, *matris,*—in annuo redditu 50*m.* de terris vocatis Walkmylne cum molendino fullonum, in baronia et regalitate de Bruchtoun.   xv. 82.

(801)   Jan. 5. 1637.
PATRICIUS PATERSOUN, *hæres portionarius* Roberti Galbraith mercatoris burgensis de Edinburgh, *avi ex parte matris,*— in tenemento in Edinburgh, cum dimidia parte annui redditus 5*m.* de tenemento in Edinburgh.—E. 3*s.* 4*d.*   xv. 174.

(802)   Jan. 5. 1637.
WILLIELMUS INGLIS de Eistscheill, *hæres* Thomæ Inglis de Eistscheill, *patris,*—in tenemento in Edinburgh.—E. 3*s.* 4*d.*
        xv. 185.

(803)   Feb. 4. 1637.
WILLIELMUS HAMILTOUN, *hæres* Joannis Hamiltoun filii legitimi Willielmi Hamiltoun stannarii burgensis de Edinburgh, *fratris,*—in botha et tenementis in Edinburgh.—E. 3*s.* 4*d.* xv. 87.

(804)   Feb. 15. 1637.
GEORGIUS BARCLAY, *hæres* Niniani Barclay mercatoris burgensis de Edinburgh, *patris,*—in tenemento in Leith infra baroniam de Restalrig.—E. 12*d.*   xv. 167.

(805)   Mar. 17. 1637.
DAVID ERSKINE, *hæres masculus* Henrici Erskine de Cardrois, *patris,*—in dominio et baronia de Cardrois, comprehendente terras quæ olim ad abbaciam de Inchmahomo et abbaciam de Drybrugh pertinuerunt, et specialiter, in annuo redditu 30*s.* de burgo de Edinburgh, et 40*s.* per dominum de Craigmillar solvendorum, et in aliis terris, &c. per prius ad monasterium de Drybrugh spectantibus, et jacentibus infra vicecomitatus de Berwick, Roxburgh, Lanerk, Edinburgh, Haddington, et Fife respective, et erectis cum terris prioratus de Inschmahomo, et integris fructibus abbaciæ de Cambuskenneth, in temporale dominium de Cardrois.—E. 100*l.*— (Vide Perth, Roxburgh, Berwick, Haddington, Fife, Lanark, Stirling, Dumbarton, Wigton.)   xv. 133.

(806)   Jun. 27. 1637.
ROBERTUS DICKESOUN filius legitimus sexto genitus Davidis

Dickesoun principalis guardiani Domus cusoriæ S. D. N. Regis, *hæres provisionis* Joannis Dickesoun filii legitimi quinto geniti prædicti Davidis, *fratris,*—in tenemento in Edinburgh.—E. 3*s.* 4*d.*
        xv. 122.

(807)   Jun. 27. 1637.
ROBERTUS DICKESOUN prædictus, *hæres provisionis* Walteri Dickesoun filii legitimi quarto geniti prædicti Davidis, *fratris,*—in tenemento prædicto.   xv. 123.

(808)   Jun. 27. 1637.
JOANNES JUSTICE, *hæres* Patricii Justice mercatoris burgensis de Edinburgh, *patris,*—in duabus bothis in Edinburgh.—E. 3*s.* 4*d.*
        xv. 132.

(809)   Jun. 30. 1637.
THOMAS COMES DE HADINGTOUN, Dominus Byning et Byres, *hæres masculus* Thomæ comitis de Hadingtoun, &c. *patris,* —in dominio et baronia de Byning, comprehendente terras de Preistfeild cum lacu et piscariis ad dictas terras adjacente :—A. E. 40*s.* N. E. 6*l.*—Decimas garbales de Preistfeild :—E. 20*s.*—Terras de West Byning cum molendinis ;—bovatam terræ in Eister Byning : —A. E. 7*l.* N. E. 10*l.*—Peciam terræ et prati nuncupatam Damflat et Locheheides, in territorio de Tortrevin et infra baroniam de Melvill :—A. E. 10*s.* N. E. 20*s.*—Terras de Orchyairdfeild :—E........ —Terras capellanias et altaria Sancti Columbi et Mariæ Virginis vulgo Our Lady, infra ecclesiam parochialem de Crawmond.—E. ....—Terras ecclesiasticas de Eister Byning, et Wester Byning. —E...............—(Vide Haddington, Linlithgow, Fife, Berwick.)
        xv. 140.

(810)   Jul. 15. 1637.
DOMINUS FRANCISCUS HAMILTOUN de Killache miles baronettus, *hæres* Claudii Hamiltoun de Creichnes, *patris,*—in botha et tenementis in Edinburgh.—E. 3*s.* 4*d.*   xv. 191.

(811)   Aug. 1. 1637.
ARCHIBALDUS HAY ostiarius generosus S. D. N. Reginæ, *hæres masculus talliæ et provisionis* Willielmi Hay de Strowie, *filii patrui,*—in tenemento in Edinburgh.—E. 3*s.* 4*d.*   xiv. 176.

(812)   Aug. 18. 1637.
ALEXANDER HENRIE, *hæres masculus* Patricii Henrie in Newbotle, *patris,*—in 1¼ acra terræ arabilis in territorio de Newbotle in campo vocato The Mylnehill :—E. 6*s.* 9*d.*—Tenemento cum pecia vastæ terræ et ripa vulgo vocata Maiden Castell, in villa de Newbotle et dominio ejusdem.—E. 4*s.*   xv. 137.

(813)   Aug. 30. 1637.
ALEXANDER NIMBILL, *hæres* Jacobi Nimbill filii legitimi Magistri Joannis Nimbill ministri verbi Dei apud ecclesiam de Cranstoun, *fratris,*—in tenementis in Dalkeith ;—2 terris husbandiis in burgo et territorio de Dalkeith.—E. 4*l.* 10*s.*   xv. 147.

(814)   Aug. 31. 1637.
ISSOBELLA SCROGYE, *hæres* Issobellæ Stirling, *matris,*—in botha in Edinburgh.—E. 3*s.* 4*d.*   xv. 146.

(815)   Oct. 18. 1637.
DAVID CREICHTOUN commorans in Regno Hyberniæ, *hæres* Thomæ Creichtoun filii legitimi natu maximi Jacobi Creichtoun olim de Brountstoun, *patris,*—in annuo redditu 500*m.* de tribus molendinis granariis de Mussilburgh vocatis Eist et West Mylnes, in dominio et regalitate de Mussilbrughshyre.   xiv. 147.

(816)   Nov. 7. 1637.
JOANNES DOMINUS DE TORPHICHEN, *hæres* Joannis Domini de Torphichen, *patris,*—in terris et baronia de Calder et jure patronatus ecclesiæ parochialis de Calder.—E. 40*l.*—(Vide Linlithgow.)   xiv. 174.

(817)   Dec. 1. 1637.
JOANNES TENNENT de Cairnes, *hæres* Magistri Josephi Tennent ministri verbi Dei apud ecclesiam de Abatisreull, *fratris,*—in terris de Listounscheilis, extendentibus ad 5 mercatas terrarum in baronia de Auldlistoun.—E. 9*m.*   xiv. 161.

(818)   Dec. 7. 1637.
THOMAS MURRAY pupillus, *hæres masculus* Dominæ Agnetis Nicolsone spónsæ Domini Patricii Murray de Eliebank militis baronetti, *matris,*—in tenementis in Edinburgh.—E. 3*s.* 4*d.* xiv. 151.

(819)   Dec. 9. 1637.
JOANNES SCHROGIE mercator burgensis de Edinburgh, *hæres* Issobellæ Schrogye, *filiæ,*—in botha in Edinburgh.—E. 3*s.* 4*d.*
        xv. 292.

(820)   Dec. 30. 1637.
ANNA FOULLES, *hæres* Elizabethæ Foulles filiæ Magistri Roberti Foulles advocati, *sororis,*—in dimidietate orientalis tertiæ partis terrarum de Southsyde, infra dominium de Newbotle.—E. 5*m.* &c.—(Vide Lanark.)   xv. 277.

(821)   Jan. 6. 1638.

FRANCISCUS GALLOWAY, *hæres* Magistri Joannis Galloway scribæ burgensis de Edinburgh, *patris*,—in tenementis in Edinburgh.—E. 3*s.* 4*d.*   xiv. 318.

(822)   Jan. 10. 1638.

MAGISTER ALEXANDER DICK, *hæres conquestus* Archibaldi Dick filii legitimi Alexandri Dick scribæ in Edinburgh, *fratris immediate junioris*,—in equali dimidietate terrarum de lie Back et Foirspittillis in ·baronia et regalitate de Bruchtoun.—E. 10*l.*   xiv. 167.

(823)   Jan. 16. 1638.

JACOBUS CARNEGIE filius legitimus Roberti Carnegie mercatoris burgensis de Edinburgh, *hæres* Sussanæ Mure filiæ legitimæ quondam Niniani Mure mercatoris burgensis de Edinburgh, *materteræ*,—in tenementis in Edinburgh.—E. 3*s.*   xiv. 193.

(824)   Feb. 9. 1638.

JONETA DICKSOUN sponsa Magistri Hugonis Ker personæ de Lyne, et ELIZABETHA alias BESSIE DICKSONE, *hæredes portionariæ* Joannis Dicksoun mercatoris burgensis de Edinburgh, *patris*,—in tenementis in Edinburgh.—E. 3*s.* 4*d.*   xiv. 255.

(825)   Mar. 8. 1638.

JOANNES WILSOUN servitor Domini Joannis Hay de Barro militis, Clerici Registri et Rotulorum S. D. N. Regis, *hæres conquestus* Joannis Wilsoun mercatoris burgensis de Edinburgh, *fratris avi*,—in tenemento in Edinbrugh.—E. 3*s.* 4*d.*   xv. 269.

(826)   Maii 29. 1638.

THOMAS ELPHINGSTOUN filius legitimus natu maximus Henrici Elphingston de Calderhall, *hæres* Domini Thomæ Henrysone de Chesteris militis unius Senatorum Collegii Justiciæ, *avi*,—in 6 bovatis terrarum de Bengourlaw infra baroniam de Calder:—E.......Tenemento infra burgum de Edinburgh :—A. E. 12*d.* N. E. 3*s.* 4*d.*—Annuo redditu 6*l.* de prædicto tenemento ;—annuo redditu 17*m.* de prædicto tenemento ;—camera in dicto burgo de Edinburgh:—A. E. 13*s.* 4*d.* N. E. 40*s.*—Tenementis in Edinburgh.—A. E. 12*d.* N. E. 4*s.*—Annuis redditibus 33*s.* 4*d.* et 30*s.* de tenementis in Edinburgh.—(Vide·Haddington.)   xiv. 243.

(827)   Jun. 28. 1638.

GEORGIUS BRUCE de Carnok, *hæres conquestus* Alexandri Bruce de Alveth, *fratris immediate junioris*,—in dimidietate tenementi in Edinburgh.—A. E. 12*d.* N. E. 4*s.*—(Vide Stirling, Fife.)   xiv. 195.

(828)   Jul. 5. 1638.

JONETA PATERSONE sponsa Roberti M‘Kean pellionis burgensis de Edinburgh, *hæres* Thomæ Patersone mercatoris, filii legitimi natu maximi Willielmi Patersone mercatoris, *fratris*,—in tenementis in Edinburgh.—E. 3*s.* 4*d.*   xiv. 201.

(829)   Sep. 20. 1638.

THOMAS MAKCAULEY mercator, *hæres* Katharinæ Wallace sponsæ Thomæ Makcauley scribæ signeti regii, *matris*,—in tenementis et bothis in Edinburgh.—E. 6*s.* 8*d.*   xv. 295.

(830)   Sep. 26. 1638.

CATHARINA HAIRT sponsa Joannis Mowat de Burwick, *hæres* Jacobi Hairt aurifabri burgensis Vicicanonicorum, *patris*,—in 2 acris terræ in vico Sancti Leonardi, in regalitate et baronia de Bruchtoun.—E. 25*s.*   xiv. 315.

(831)   Oct. 17. 1638.

WILLIELMUS NISBIT de Dean, *hæres masculus* Domini Willielmi Nisbit de Dean militis, *patris*,—in terris et baronia de Dean, cum mora nuncupata Hielandmure, et molendino granorum et fullonum, unitis in baroniam de Dean :—A. E. 4*l.* N. E. 8*l.*—Terris de Pulterlandis juxta villam de Dean cum officio Pultreæ S. D. N. Regis :—A. E. 20*d.* N. E. 5*s.*—Decimis garbalibus terrarum de Dean, infra diocesim Sancti Andreæ.—A. E. 13*s.* 4*d.* N. E. 40*s.*   xiv. 211.

(832)   Oct. 18. 1638.

JOANNES SCHARPE, *hæres* Magistri Joannis Scharpe feoditarii de Houstoun advocati, *patris*,—in tenementis in Edinburgh :—E. 6*s.* 8*d.*—Magno tenemento in Vicocanonicorum :—A. E. 12*s.* N. E. 40*s.*—Annuo redditu 120*l.*—annuo redditu 140*l.*—annuo redditu 130*m.* 6*s.* 8*d.* de tenementis in Edinburgh.—(Vide Linlithgow, Forfar.)   xiv. 251.

(833)   Dec. 1. 1638.

JONETA ET RACHAEL REID, *hæredes portionariæ* Roberti Reid burgensis de Edinburgh, *patris*,—in tenementis in Edinburgh.—E. 3*s.*   xiv. 234.

(834)   Dec. 20. 1638.

JOANNES TRENT in Newbottill, *hæres* Jacobi Trent in Newbottill, *patris*,—in duabus mansionibus in villa de Newbotle ;—crofta terræ in territorio seu campo vocato Belliboucht ;—3 acris terrarum jacentibus ut supra ;—crofta ex australi parte aquæ de Southesk.—E. 3*l.* 11*s.* 4*d.*   xiv. 262.

(835)   Jan. 2. 1639.

JOANNES MAISSONE, *hæres* Roberti Maissone mercatoris burgensis de Edinburgh ac portionarii villæ de Inveresk, *patris*,—in 4 bovatis villæ et terrarum de Inveresk, et tenemento in villa de Inveresk, jacentibus in dominio de Mussilbrughshyre, nunc infra senescallatum de Dalkeith.—E. 6*l.* 12*s.* &c.   xiv. 237.

(836)   Feb. 19. 1639.

EUPHAMIA WICKEDSHAW, *hæres* Joannis Wickedshaw mercatoris burgensis de Edinburgh, *patris*,—in tenementis in Edinburgh.—E. 3*s.* 4*d.*   xiv. 283.

(837)   Apr. 6. 1639.

JACOBUS LAUTHIAN, *hæres* Magistri Joannis Lawthean professoris Theologiæ, *fratris*,—in tenementis in Edinburgh.—E. 3*s.* 4*d.*   xiv. 229.

(838)   Maii 15. 1639.

ISSOBELLA MARTEIN, *hæres* Joannis Martein naucleri in Leith, *patris*,—in tenemento in Leith in baronia de Restalrig :—E. 3*d.*—Tenemento in Leith in regalitate et baronia de Bruchtoun.—E. 40*s.*—(Vide Linlithgow.)   xiv. 282.

(839)   Jul. 30. 1639.

JONETA HAIRT sponsa Magistri Thomæ Crawfurd ludimagistri Scolæ grammaticalis de Edinburgh, *hæres portionaria* Joannis Hairt bibliopolæ burgensis de Edinburgh, *fratris*,—in tenementis in Edinburgh.—E. 3*s.* 4*d.*   xvi. 82.

(840)   Jul. 30. 1639.

ELIZABETHA HAIRT sponsa Joannis Douglas clavigeri coram Dominis secreti consilii S. D. N. Regis, *hæres portionaria* prædicti Joannis Hairt, *fratris germani*,—in tenementis prædictis.   xvi. 83.

(841)   Aug. 1. 1639.

CAPITANEUS JOANNES HENRYSONE de Tunnygask, *hæres conquestus* Domini Jacobi Henrysone Locum tenentis Collonelli in Hollandia, *patrui*,—in dimidietate tenementi in Edinburgh.—E. 3*s.* 4*d.*   xiv. 223.

(842)   Aug. 17. 1639.

THOMAS MARJORIBANKIS, *hæres* Joannis Marjoribankis filii legitimi quondam Thomæ Marjoribankis de Ratho, *patris*,—in tenemento in Edinburgh.—E. 3*s.* 4*d.*   xiv. 227.

(843)   Sep. 13. 1639.

JOHNE STIRLING comisser of Wigton, *heir* of Patrick Stirling of Townehead, *his father*,—in 16 merk lands of the toune and lands of Balerno ;—the thrid pairt lands of the Townhead of Balerno, and thrid pairt of the lands of Harlaw, within the barony of Balerno and parochin of Currie :—E. 16*m.*—8 aikers of arrable land with the bog, and ane peace of the meadow of Restalrig, with 4 rigs of the lands upon the North syde of the said boig, within the barony of Restalrig :—E. 13*m.*—The third pairt of the Tounhead of Balerno :—A. E. 10*s.* N. E. 30*s.*—The third pairt of the lands of Harlaw :—A. E. 10*s.* N. E. 30*s.*—The lands of Orcherfeild lyand neare the castle of Edinburgh.—E. 5*l.*   xxiv. 78.

(844)   Nov. 20. 1639.

DOMINUS WILLIELMUS MURRAY de Dennerne miles baronettus, *hæres* Willielmi Murray de Dennerne, *patris*,—in dimidietate villæ et terrarum de Naetoun in dominio et regalitate de Mussilbrughshyre.—E. 20*m.* 6*s.* 8*d.* &c.   xiv. 246.

(845)   Dec. 24. 1639.

JOANNES SPENCE, *hæres* Joannis Spence mercatoris burgensis de Edinburgh, *patris*,—in tenementis et annuo redditu 300*m.* de iisdem tenementis in Edinburgh.—E. 3*s.* 4*d.*   xvi. 93.

(846)   Dec. 28. 1639.

QUINTIGERNUS ROSS mercator, *hæres* Isaaci Ross pistoris burgensis de Edinburgh, *fratris immediate senioris*,—in tenementis in Edinburgh.—E. 3*s.* 4*d.*   xiv. 312.

(847)   Jan. 7. 1640.

JOANNES DUNLOP mercator burgensis de Irwing, *hæres* Thomæ Dunlop scribæ, *fratris*,—in tenementis in Edinburgh.—E. 3*s.* 4*d.*   xvi. 56.

(848)   Feb. 5. 1640.

ELIZABETHA AMBROSE sponsa Jacobi Ramsay scribæ incolæ in Newbotle, *hæres* Magistri Alexandri Ambrose ministri verbi

H

Dei in Newbotle, *patris*,—in pecia terræ in Newbotle vocata Pethheid ;—residuo acræ terræ ad novum cemeterium non dispositæ, cum novo horto ejusdem in Courthill de Newbotle, infra baroniam et dominium de Newbotle.—E. 2s. xvi. 155.

(849) Feb. 5. 1640.
JACOBUS RAMSAY de Winlands, *hæres* Georgii Ramsay de Winlands, *patris*,—in domibus, acris, aliisque subscriptis, viz. mansione cum domibus in villa et territorio de Newbottle ;—acra terræ in campo vocato Belliebucht ;—alia acra terræ in Belliebucht ;—2 acris terrarum in Ackhornhauch et 2 acris terrarum in Westerhauch jacentibus contigue ;—dimidio acræ terræ in lie Mylehill ;—alia dimidia acra terræ in Mylnhill ;—alia dimidia acra terræ in Milnhill ;—particata terræ in Milnhill ;—alia particata terræ in Milnhill ;—dimidia acræ terræ in Jarveshauch ;—acra terræ in Craigishill ;—2 acris terræ in Medowflatt ;—alia acra terræ in Medowflat ;—acra terræ arabilis in campo vocato Baliebucht ;—acra terræ in Jarveshauch ;—alia acra terræ in campo vocato Balliebucht ;—2 lie daills of land subscriptis, viz. acra terræ a tergo dictæ mansionis in Newbotle, et acra terræ in campo vocato Belliebucht ;—terris vocatis Matheis-lands, et crofta inter torrentem vocatum Bryanburne ex occidentali.—E. 5l. 18s. 8d.—Omnibus in territorio, dominio, et baronia de Newbotle. xvi. 158.

(850) Feb. 11. 1640.
JACOBUS BAYNE in Kinneskwood, *hæres conquestus* Davidis Baynê nautæ incolæ villæ de Leith, *filii fratris*,—in tenementis in villa de Leith.—E. 3s. 4d. xvi. 80.

(851) Mar. 4. 1640.
THOMAS DOWGALL mercator burgensis de Edinburgh, *hæres* Michaellis Dowgall vestiarii in Newbotle, *patris*,—in domo cum horto in villa de Newbotle, infra dominium de Newbotle:—E. 13s. 4d.—Mansione in dicta villa cum horto.—E. 8s. xvii. 273.

(852) Apr. 8. 1640.
DAVID PRESTOUN de Quhythill, *hæres masculus et talliæ* Roberti Prestoun de Eodem et Craigmiller, *pronepotis trinepotis tritavi*,—in terris et baronia de Craigmiller, cum molendino et jure patronatus ecclesiarum:—A. E. 10l. N. E. 20l.—Terris et baronia de Prestoun *alias* Gourtoun, cum manerie de Utterishill :—A. E. 10l. N. E. 20l.—Decimis garbalibus præfatarum terrarum et baroniæ de Craigmiller, comprehendentis terras dominicales de Craigmiller, Cairntows, Brigend, et Camrone.—A. E. 40s. N. E. 4l. xvi. 324.

(853) Apr. 8. 1640.
DAVID PRESTOUN de Quhythill, *hæres masculus et talliæ* Roberti Prestoun de Eodem et Craigmiller, *pronepotis trinepotis tritavi*,—in terris et baronia de Craigmiller:—A. E. 10l. N. E. 20l.—Terris et baronia de Prestoun *alias* Gourtoun cum manerie de Uttirshill :—A. E. 10l. N. E. 20l.—Decimis garbalibus baroniæ de Craigmiller comprehendentis terras dominicales de Craigmiller, terras de Cairntowis, Bridgend, et Camron.—A. E. 40s. N. E. 4l. xvii. 195.

(854) Maii 13. 1640.
JEANNA CHALMERS sponsa Edwardi Chalmerstoun senioris portionarii de Chalmerstoun, *hæres* Magistri Willielmi Chalmeris clerici Thesaurariæ regni Scotiæ, *filii patrui*,—in tenementis apud Holyruidhouse in baronia et regalitate de Brughton.—E. 6s. 8d. xviii. 1.

(855) Jul. 23. 1640.
JEANNA CHALMERIS sponsa Edwardi Chalmeris senioris de Chalmerstoun, *hæres* Magistri Willielmi Chalmeris olim Thesaurariæ S. D. N. Regis clerici, *filii patrui*,—in tenementis in Edinburgh.—E. 3s. 4d. xvi. 27.

(856) Aug. 18. 1640.
SIBILLA UDDERT, *hæres portionaria* Willielmi Uddert, *fratris germani*,—in tenementis in Edinburgh.—E. 3s. 4d. xvi. 164.

(857) Oct. 2. 1640.
JOANNES SPEIR, *hæres* Thomæ Speir mercatoris burgensis de Edinburgh, *patris*,—in tenemento in Edinburgh, et annuo redditu 50m. de prædicto tenemento.—E. 3s. 4d. xvi. 179.

(858) Oct. 23. 1640.
THOMAS COMES DE HADINGTOUN, dominus Byning et Byres, &c. *hæres masculus* Thomæ Comitis de Hadingtoun, &c. *patris*,—in dominio et baronia de Byning, comprehendente terras de Preistfeild, cum lacu jacente contigue et piscatione dicti lacus, cum quibusdam annuis redditibus de tenementis, &c. in vicecomitatu de Haddington:—A. E. 40s. N. E. 6l.—Decimas garbales prædictarum terrarum de Preistfeild:—E. 20s.—Terras de West Byning cum molendinis, &c.—A. E. 7l. N. E. 10l.—Bovatam terræ in Eister Byning, et peciam terræ et prati adjacente contigue nuncupatam Damflat et Lochheid, in territorio de Tortrevin et ba-

ronia de Melvill:—A. E. 10s. N. E. 20s.—Terras de Orchardfeild, cum quibusdam aliis terris in vicecomitatu de Linlithgow:—A. E. 4m.—Capellanias et altaria Sancti Columbi, et Mariæ Virginis vulgo Our Ladie, situata infra ecclesiam parochialem de Crawmound, omnes unitas ad baroniam de Byning:—E.........Terris sive maresia nuncupata Comune-myre, infra libertatem burgi de Edinburgh :—E. 6l. 6s. 8d.—Annuo redditu 10m. de feudifirmæ divoria 13l. debito ballivis, consulibus et communitati burgi de Edinburgh, pro feudifirma prædictarum terrarum de Comun-myre.—(Vide Haddington, Linlithgow, Fife, Berwick.) xvi. 1.

(859) Oct. 27. 1640.
JOANNES COUPER de Nethergogar, *hæres* Joannis Couper de Nethirgogar, *patris*,—in terris et villa de Nethergogar, ab antiquo in baronia de Restalrig per annexationem:—A. E. 10l. N. E. 40l.—4 acris terrarum ecclesiasticarum de Gogar, cum Burnecruik et pastura trium vaccarum, &c.—E. 9l. 16s. 8d.—Aliis 4 acris terrarum ecclesiasticarum de Gogar olim Jacobo Crawfurd in Nether-Gogar pertinentibus cum pastura :—E. 5m.—9 acris villæ et terrarum de Bruchtoun cum mansione ;—12½ acris et 20 lie fallis dictæ villæ et terrarum de Bruchtoun ;—2 acris terrarum de Brughton in Head de Drumsheuch ;—16 acris dictæ villæ et terrarum de Bruchtoun ;—2 interliriis lie Rinrigis dictarum terrarum et villæ de Bruchtoun in Over Shot, in regalitate de Brughtoun :—E. 16l. 11s. 5d.—Dimidia parte dimidietatis terrarum de Abden de Ratho vulgariter nuncupatis Rathobyris, in baronia de Kirklistoun et regalitate de Sanct Andros.—A. E. 13s. 4d. N. E. 40s. xvi. 61.

(860) Nov. 3. 1640.
ALEXANDER INGLIS de Inglistoun, *hæres masculus* Jacobi Inglis de Inglistoun olim designati de Eastfeild, *patris*,—in terris subscriptis, viz. 7½ bovatis terrarum de Rottenraw ;—3 bovatis terrarum de Eastfeild *alias* Rottenraw ;—4 bovatis terrarum de Rottenraw nuncupatis Wastfeild de Rottenraw ;—parte terrarum de Brigis vulgo nuncupata Eister Brigis ;—6 bovatis terrarum et 3 cottagiis villæ et terrarum de Auldlistoun ;—2 bovatis terrarum in Auldlistoun, et quarta parte et tertia parte quartæ partis unius bovatæ terrarum in Auldlistoun, et pendiculo nuncupato Cottagium ;—terris de Todishauche ;—terris de Westerbrigis ;—terris de Carlaw et Ridhauche ;—terris de Listounscheils, omnibus infra baroniam de Listoun, cum libera capella et cancellaria, unitis in baroniam de Inglistoun, et jacentibus infra vicecomitatus de Edinburgh et Linlithgow respective :—E. 10l. 6s. 8d.—Molendino de Gogar cum terris molendinariis, et libertate communitatis in mora de Gogar.—E. 5l. &c.—(Vide Linlithgow.) xvi. 52.

(861) Nov. 3. 1640.
ALEXANDER INGLIS de Inglistoun, *hæres* Alexandri Inglis de Rottenraw, *avi*,—in terris de Wester Coilzeame in baronia de Calder.—A. E. 13s. 4d. N. E. 40s. xvi. 54.

(862) Apr. 2. 1641.
CRISTINA ROLLOK, *hæres* Elizabethæ Halyburtoun olim sponsæ Petri Rollok de Piltoun, *matris*,—in tenemento in villa de Leith, et baronia de Restalrig.—E. 40s. xvi. 178.

(863) Jun. 3. 1641.
ROBERTUS DOMINUS ROS DE HALKHEID ET MELVILL, *hæres* Willielmi Domini Ros de Halkheid et Melvill, *fratris*,—in terris ecclesiasticis et gleba rectoriæ ecclesiæ de Melvill, cum decimis garbalibus et pastura infra territorium de Wester Melvill, parochiam de Melvill et diocesin Sancti Andreæ ;—pecia terræ ubi vetus horreum cum horto prius situabatur.—E. 14l. 12s.—(Vide Ayr, Renfrew, Linlithgow.) xvi. 151.

(864) Aug. 10. 1641.
ROBERTUS DUNCANE quondam in Moitt de Arroll, filius quondam Petri Duncane in Gourdhill, *hæres talliæ et provisionis* Jacobi Duncane filii quondam Gilberti Duncane in Colpnay, *consanguinei*,—in 36 bovatis villæ et terrarum de Ratho, lacu et prato ejusdem ab antiquo Rathomyre nuncupatis, infra vicecomitatum de Edinburgh et baroniam de Renfrew per annexationem ;—terris de Gorgie infra dictum vicecomitatum et baroniam de Renfrew per annexationem, unitis in baroniam de Ratho.—A. E. 8l. N. E. 24l.—Decimis garbalibus terrarum de Gorgie in parochia de Sanct Cuthberts.—E. 20s. xvii. 193.

(865) Aug. 24. 1641.
JACOBUS RYND, *hæres* Nicolai Rynd vestiarii burgensis de Edinburgh, *patris*,—in tenementis in Edinburgh.—E. 3s. 4d. xvi. 197.

(866) Sep. 25. 1641.
CAROLUS DICKSOUN principalis sculptor in officina monetaria S. D. N. Regis, *hæres* Davidis Dicksoun principalis .... lie Warden domus cusoriæ S. D. N. Regis, burgensis de Edinburgh, *patris*,—in tenemento in Edinburgh.—E. 3s. 4d. xvi. 113.

(867) Sep. 30. 1641.

ALEXANDER YOUNG filius legitimus Alexandri Young mercatoris burgensis de Edinburgh, *hæres* Alexandri Aytoun coqui burgensis dicti burgi, *avi ex parte matris,*—in tenementis in Edinburgh.—E. 3s. 4d. xvi. 110.

(868) Oct. 9. 1641.

THOMAS MELROS filius legitimus Joannis Melros in Gremaltoun, *hæres* Susannæ Melros sponsæ Joannis Makcairny incolæ de Edinburgh, *neptis fratris avi ex parte patris,*—in tenemento in Edinbrugh.—E. 3s. 4d. xvi. 164.

(869) Nov. 2. 1641.

JOANNES MENZIES mercator, *hæres* Willielmi Menzies mercatoris burgensis de Edinburghe, *fratris germani,*—in tenementis in Edinburgh.—E. 3s. 4d. xvi. 168.

(870) Nov. 23. 1641.

MARGARETA YOUNG filia legitima Magistri Joannis Young, *hæres portionaria* Thomæ Young feoditarii de Reidhewis filii dicti Magistri Joannis Young usufructuarii de Reidhewis, *fratris,*—in terris de Reidhewis infra parochiam de Currie tanquam principalibus :—A. E. 40s. N. E. 6l.—Dimidietate terrarum de Gorgie nuncupata orientalem dimidietatem de Gorgie, infra vicecomitatum de Edinburgh, et per annexationem infra baroniam et vicecomitatum de Renfrew, in speciale warrantum terrarum de Reidhewis.— A. E. 40s. N. E. 6l. xvi. 136.

(871) Nov. 23. 1641.

ISSOBELLA YOUNG filia Magistri Joannis Young, *hæres portionaria* Thomæ Young feoditarii de Reidhewis, filii dicti Magistri Joannis Young usufructuarii dictarum terrarum, *fratris,*—in terris prædictis, principalibus et in warrantum. xvi. 137.

(872) Dec. 9. 1641.

MAGISTER ROBERTUS COLT, *hæres* Magistri Willielmi Colt filii legitimi Magistri Oliveri Colt, *fratris,*—in tenemento in Edinburgh.—E. 3s. 4d. xvi. 248.

(873) Dec. 25. 1641.

MAGISTER JOANNES SKOUGALL filius legitimus Joannis Skougall scribæ, *hæres* Alexandri Skougall scribæ, *fratris,*—in tenemento in Edinburgh.—E. 3s. 4d. xvi. 284.

(874) Jan. 29. 1642.

CAROLUS DICKSOUN aurifex, *hæres* Agnetæ Harlaw unius sororum Magistri Jacobi Harlaw scribæ signeti S. D. N. Regis, *materteræ,*—in tenementis in Edinburgh.—E. 3s. 4d. xvi. 317.

(875) Jan. 29. 1642.

CAROLUS DICKSOUN aurifex, *hæres* Margaretæ Harlaw sororis Magistri Jacobi Harlaw scribæ signeti S. D. N. Regis, *matris,*—in tenementis in Edinburgh.—E. 3s. 4d. xvi. 318.

(876) Feb. 8. 1642.

WILLIELMUS KIRKWOOD, *hæres* Roberti Kirkwood scribæ signeti S. D. N. Regis, *patris,*—in tenementis in Edinburgh, pro principalibus et in warrantum.—E. 3s. xvi. 199.

(877) Feb. 19. 1642.

MAGISTER ARCHIBALDUS WILLIAMSOUN, *hæres* Davidis Williamson filii Gilberti Williamsoun mercatoris burgensis de Edinbrugh, *fratris immediate junioris,*—in tenementis in Edinbrugh.—E. 3s. 4d. xvi. 288.

(878) Mar. 3. 1642.

ELIZABETHA *alias* BESSIE SOMERVELL sponsa Joannis Cunynghame mercatoris burgensis de Edinburgh, *hæres portionaria* Magistri Bartholomei Somervill portionarii de Sauchtounhall, *fratris germani,*—in tenementis in Edinburgh.—E. 3s. 4d. xvi. 290.

(879) Mar. 3. 1642.

MARGARETA SOMERVELL sponsa Magistri Jacobi Eistoun, *hæres portionaria* Magistri Bartholomei Somervell portionarii de Sauchtounhall, *fratris germani,*—in tenementis prædictis. xvi. 291.

(880) Mar. 4. 1642.

MARGARETA SOMERVELL, *hæres portionaria* Petri Somervell junioris filii legitimi Magistri Bartholomei Somervell portionarii de Sauchtounhall, *filii fratris,*—in quarta parte terrarum de Sauchtounhall, cum libera capella et cancellaria, in regalitate de Bruchtoun et baronia ejusdem :—A. E. 24s. N. E. 3l. 12s.—Decimis garbalibus dictæ quartæ partis terrarum de Sauchtounhall.—A. E. 10s. N. E. 30s. xvi. 295.

(881) Mar. 4. 1642.

ELIZABETHA *alias* BESSIE SOMERVELL, *hæres portionaria*

Petri Somervell filii legitimi Magistri Bartholomei Somervell portionarii de Sauchtounhall, *filii fratris,*—in terris et decimis garbalibus prædictis. xvi. 296.

(882) Apr. 14. 1642.

CATHARINA CRYSTIESONE sponsa Jacobi Lennox scribæ, *hæres portionaria* Mariotæ Ferquhar sponsæ Roberti Crystiesone mercatoris burgensis de Edinburgh, *matris,*—in tenemento in Edinburgh.—E. 3s. 4d. xvi. 305.

(883) Apr. 14. 1642.

ABIGAEL CRYSTIESONE sponsa Willielmi Crawfurd aurificis burgensis de Edinburgh, *hæres portionaria* prædictæ Mariotæ Ferquhar, *matris,*—in tenemento prædicto.—E. 3s. 4d. xvi. 305.

(884) Apr. 21. 1642.

PATRICIUS M'CAULAY typographus incola burgi de Edinbrugh, *hæres* Jacobi M'Caulay stabularii incolæ dicti burgi, *fratris germani,*—in tenementis in Edinburgh.—E. 3s. 4d. xvi. 302.

(885) Maii 13. 1642.

WILLIELMUS COMES DE MORTOUN, dominus Dalkeith et Aberdour, &c. *hæres* Willielmi Comitis de Mortoun, &c. olim Willielmi Douglas de Lochlevin designati, *avi,*—in terris et baronia de Lugtoun, ab antiquo per annexationem in baronia de Killour.—A. E. 6l. N. E. 12l. xvi. 288.

(886) Maii 14. 1642.

CAROLUS FONCANETT, *hæres* Nicolai Foncanett burgensis de Edinburgh, *patris,*—in tenementis in Edinburgh.—E. 3s. 4d. xvi. 315.

(887) Jun. 4. 1642.

MAGISTER ALEXANDER SOMERVILL minister ecclesiæ de Stronsay in Orknay, *hæres* Alexandri Somervell mercatoris burgensis de Edinbrugh, *patrui,*—in tenementis in Edinburgh.— E. 3s. 4d. xvi. 230.

(888) Jun. 28. 1642.

JOANNES PATERSONE in Murheid, *hæres* Thomæ Patersone burgensis de Edinburgh, *fratris immediate junioris,*—in tenementis in Edinburgh.—E. 3s. 4d. xvi. 237.

(889) Aug. 30. 1642.

DOMINUS WILLIELMUS SCOTT de Hardin miles, *hæres* Walteri Scott de Harden, *patris,*—in terris de Pincadocis, viz. Eistertoun, Middiltoun, et Nethertoun de Pincadocis, infra dominium de Stow in Woddell, et regalitatem de Sanct Androis.—A. E. 30s. N. E. 3l. 10s.—(Vide Roxburgh, Peebles.) xvi. 277.

(890) Sep. 21. 1642.

RONALDUS LICHTOUN, *hæres* Adami Lichtoun filii quondam Magistri Matthei Lichtoun ministri apud Currie, *fratris germani,*—in terris de Litill Currie, in baronia de Ratho:—E. 3l.— Terra vocata Brewlandis et Onstead in Over Currie, cum duabus acris eidem adjacentibus, et trium summarum animalium pastura. —E. 3s. 4d. xvii. 6.

(891) Sep. 21. 1642.

WILLIELMUS LAWSON, *hæres* Joannis Lawsoun de Boghall, *patris,*—in tenementis in Edinburgh.—E. 3s. 4d. xvii. 16.

(892) Oct. 7. 1642.

JACOBUS GRAY tinctor in Edinburgh, *hæres* Jacobi Gray portionarii de Leithisheid, *patris,*—in 5 mercatis terrarum de Leithisheid, in parochia de Kirknewtoun et baronia de Balerno.—A. E. 22s. 4d. N. E. 5m. xviii. 4.

(893) Oct. 27. 1642.

DAVID GRAHAM mercator, *hæres* Jacobi Grahame mercatoris burgensis de Edinburgh, *patrui,*—in terris templariis in dicto burgo.—E. 5d. xvii. 18.

(894) Oct. 27. 1642.

JACOBUS DOMINUS de Sanct Colme, *hæres masculus* Henrici Domini de Sanct Colme, *patris,*—in dominio de Sanct Colme comprehendente molendinum de Crawmond ;—terras de Chalmerstoun ;—terras de Caldsyde infra baroniam de Lochquarrell (Lochquarrett) ;—terras de Cotfeild infra territorium de Restalrig ;— tenementum infra villam de Leith ;—toftam in burgo de Edinburgh ;—annuum redditum 20s. de ecclesia de Crawmond ;—annuum redditum 23s. 4d. de molendinis de Crawmond ;—quæ omnes terræ, &c. perprius ad abbaciam de Sanct Colmesinche pertinuerunt, et erectæ fuerunt cum aliis terris in dominium de Sanct Colme cujus integri dominii,—E. 100m.—(Vide Fife, Perth, Linlithgow, Haddington.) xvii. 94.

(895) Nov. 23. 1642.

ISABELLA BARRON sponsa Roberti Balganquhill ministri verbi

Dei apud .... *hæres portionaria* Jacobi Barron mercatoris burgensis de Edinburgh, *patris*,—in tenemento in villa de Leyth et baronia de Restalrig.—E. 30s.   xvii. 22.

(896)   Nov. 23. 1642.
ELIZABETHA BARRON sponsa Roberti Nicolsoun commissarii Edinburgensis, *hæres portionaria* Jacobi Barron mercatoris burgensis de Edinburgh, *patris*,—in terris prædictis.   xvii. 23.

(897)   Dec. 3. 1642.
AGNETA FYNNIE sponsa Roberti Crystie tonsoris burgensis de Edinburgh, et MARIA FYNNIE sponsa Francisci Weir sartoris burgensis dicti burgi, *hæredes portionariæ* Joannis Fynnie sartoris burgensis de Edinburgh, *fratris*,—in tenemento in Edinburgh.— E. 3s. 4d.   xvii. 106.

(898)   Dec. 3. 1642.
CATHARINA PHYNNIE, *hæres portionaria* Joannis Phynnie sartoris burgensis de Edinburgh, *fratris*,—in tenemento in Edinburgh.—E. 3s. 4d.   xvii. 106.

(899)   Jan. 12. 1643.
GILBERTUS BROUN mercator, *hæres* Magistri Nicolai Brown advocati, *fratris*,—in tenementis in Edinburgh.—E. 3s. 4d.   xvii. 29.

(900)   Feb. 27. 1643.
CATHARINA BUCHANANE sponsa Willielmi Forbes junioris de Rires, *hæres portionaria* Domini Joannis Buchanane de Scottiscraig militis, *patris*,—in pecia terræ ædificatæ prope palatium de Haliruidhous.—E. 3s. 4d.   xvii. 53.

(901)   Feb. 27. 1643.
MARGARETA BUCHANANE sponsa Arthuri Erskene de Scottiscraige, *hæres portionaria* Domini Joannis Buchanane de Scottiscraige militis, *patris*,—in pecia terræ prædicta.—E. 3s. 4d.   xvii. 53.

(902)   Feb. 28. 1643.
HERCULES JONKEIN, *hæres* Davidis Jonkein mercatoris burgensis de Edinburgh, *patris*,—in tenementis, terris et domibus in Edinburgh.—E. 3s. 4d.   xvii. 51.

(903)   Mar. 10. 1643.
STEPHANUS LORIMER in Crichtoun, filius quondam Saræ Pentland in Crichtoun, *hæres portionarius provisionis* Isobellæ Pentland sponsæ Jacobi Wauchope in Tempilhous, *materteræ*,—in dimidietate terræ templariæ in Crichtoun, continente 5 acras et 7 soumas graminis in communia de Crichtoun.—A. E. 10d. N. E. 18d.   xvii. 144.

(904)   Mar. 10. 1643.
DOMINA MARGARETA PENTLAND relicta quondam Domini Gideonis Murray de Eliebank militis, *hæres portionaria provisionis* Isobellæ Pentland sponsæ Jacobi Wauchope in Tempillhous, *sororis*,—in terris prædictis.—A. E. 10d. N. E. 18d.   xvii. 144.

(905)   Apr. 8. 1643.
HENRICUS MORIESONE, *hæres* Joannis Moresone mercatoris burgensis de Edinburgh, *patris*,—in terra, habitationis domo, &c. in Edinburgh.—E. 3s. 4d.   xvii. 65.

(906)   Apr. 8. 1643.
AGNETA FINNIE sponsa Roberti Crystie Chirurgi burgensis de Edinburgh, *hæres portionaria* Thomæ Finnie sartoris burgensis de Edinburgh, *patris*,—in tenementis in Edinburgh.—E. 3s. 4d.   xvii. 153.

(907)   Apr. 8. 1643.
MARIA FINNIE sponsa Francisci Weir sartoris burgensis de Edinburgh, et CATHARINA FINNIE, *hæredes portionariæ* dicti Thomæ Finnie, *patris*,—in tenementis prædictis.—E. 3s. 4d.   xvii. 153.

(908)   Maii 6. 1643.
JACOBUS BOYD de Temple, *hæres* Stephani Boyd de Temple mercatoris burgensis de Edinburgh, *patris*,—in tenemento in Edinburgh.—E. 3s. 4d.   xvii. 148.

(909)   Maii 9. 1643.
JOANNES RAMSAY in Alloway, *hæres* Jacobi Ramsay pistoris burgensis de Edinburgh, *fratris germani*,—in tenemento in Edinburgh.—E. 3s. 4d.   xvii. 63.

(910)   Maii 23. 1643.
PATRICIUS LOWRY, *hæres* Patricii Lowry mercatoris burgensis de Edinburgh, *patris*,—in tenemento in Edinburgh.—E. 3s. 4d.   xvii. 277.

(911)   Maii 30. 1643.
JACOBUS BOYD de Temple, *hæres* Stephani Boyd de Temple, *patris*,—in terris et villa de Esperstoun cum decimis, infra baroniam de Ballintrodo ex antiquo, et nunc infra baroniam de Temple, et regalitatem de Torphichen.—E. 10l.   xvii. 166.

(912)   Jul. 13. 1643.
ALEXANDER YOUNG mercator burgensis de Edinburgh, *hæres* Alexandri Young, *filii*,—in 2 bothis in Edinburgh.—E. 3s. 4d.   xvii. 184.

(913)   Jul. 22. 1643.
GILBERTUS MURE mercator, *hæres* Thomæ Mure mercatoris burgensis de Edinburgh, *patris*,—in tenemento in Edinburgh.— E. 3s. 4d.   xvii. 208.

(914)   Aug. 19. 1643.
DAVID SWEINTEIN, *hæres* Margaretæ Thomsoun sponsæ quondam Joannis Sweintein mercatoris burgensis de Edinburgh, *matris*,—in tenemento in Edinburgh.—E. 3s. 4d.   xvii. 198.

(915)   Sep. 2. 1643.
JACOBUS BRUCE sartor burgensis de Edinburgh, *hæres* Alexandri Thomson cultellarii burgensis dicti burgi, *avunculi*,—in tenementis in Edinburgh.—E. 3s. 4d.   xvii. 214.

(916)   Sep. 15. 1643.
MAGISTER ROBERTUS HAY advocatus, *hæres* Walteri Hay advocati coram Dominis Concilii et Sessionis, *patris*,—in terris et baronia de Hereotmure, comprehendente terras de Hereot et Hereotmure ;—terras de Garvald ;—terras de Ladysyde ;—terras de Raeshall (Raeshaw) ;—terras de Carcane ;—terras de Over et Nether Rouchswyres, et villam de Hereot, extendentes ad undecim terras husbandias cum molendino ;—terras de Hereot-toun ;—terras de Schostanes ;—terras de Corshope ;—terras de Halhereote ;—terras de Mot de Lochquarrat, et castrum ejusdem, nunc Castrum de Borthuik nuncupatum, cum villa hujusmodi :—A. E. 32l. N. E. 128l.—Terris ecclesiasticis de Lochquharret vocatis Tortraik :—E. 40s.—Omnibus unitis in baroniam de Hereotmure.—Terris de Caltun (Cotcun vel Cattun) in parochia de Borthuik.—E. 21l.   xvii. 245.

(617)   Dec. 20. 1643.
JOANNES SMYTH *alias* BROUN in Dalhoussie, *hæres* Willielmi Smyth *alias* Broune in Dalhoussie, *avi*,—in 4 acris terrarum in campo vocato Gallowdaillhill in baronia de Newbotle.—E. 18s.   xviii. 7.

(918)   Jan. 3. 1644.
JACOBUS MONTEITHE de Harvestoun, *hæres* Joannis Monteithe de Harvestoun, *patris*,—in terris de Harvestoun et Bogend, in regalitate de Torphichen et baronia de Ballintrodo.—E. 5s.   xix. 262.

(919)   Jan. 18. 1644.
MAGISTER WILLIELMUS HENRYSONE scriba signeti regii, *hæres* Joannis Henrysoun servi Magistri Willielmi Hay unius Clericorum Sessionis S. D. N. Regis, *patris*,—in tenemento in Edinburgh.—E. 3s. 4d.   xviii. 12.

(920)   Apr. 18. 1644.
MAGISTER THOMAS RIG de Athernie, *hæres* Gulielmi Rig de Athernie, *patris*,—in tenementis et terris in Edinburgh re-ædificatis per dictum Gulielmum Rig in unum magnum tenementum in Forrester's Wynd.—E. 6s. 8d.—Dimidietate terræ in Edinburgh :—E. 20d.—Tenemento in Edinburgh :—E. 20s.—Annuo redditu 4m. 6s. 8d. de terra seu tenemento in Edinburgh.—(Vide Stirling, Ross vel Inverness, Cromartie, Fife, Elgin et Forres.)   xvii. 265.

(921)   ....
JACOBUS WYNRAHAME, *hæres* Magistri Thomæ Wynrahame, *patris*,—in tenementis, &c. in Edinburgh.   xvii. 12.

(922)   Apr. 20. 1644.
ALEXANDER DUMBAR, *hæres* Alexandri Dumbar incolæ villæ de Leith, *patris*,—in dimidietate tenementi in Edinburgh.— E. 3s. 4d.   xxviii. 112.

(923)   Apr. 30. 1644.
JEANNA EDMONDSTOUN sponsa Joannis Measoune mercatoris burgensis de Edinburgh, *hæres portionaria* Jacobi Edmondston sartoris burgensis de Edinburgh, *patris*,—in tenementis in Edinburgh.—E. *servitium burgi*.   xviii. 26.

(924)   Apr. 30. 1644.
MARGARETA EDMONDSTOUNE sponsa Jacobi Dicksoun scribæ, et AGNETA EDMONSTOUN sponsa Davidis Ackinheid scribæ, *hæredes portionariæ* prædicti Jacobi Edmondstoun, *patris*,— in tenementis in Edinburgh prædictis.   xviii. 27.

(925)   Maii 7. 1644.

OLIVERUS WATSOUN mercator, *hæres portionarius* Gavini Carmichaell mercatoris burgensis de Edinburgh, *avi ex parte matris*,—in 2 bothis in Edinburgh.—E. 3s. 4d.   xviii. 24.

(926)   Maii 18. 1644.

JOANNES CARNEGIE mercator, *hæres* Davidis Carnegie, filii legitimi natu maximi Willielmi Carnegy pellionis burgensis de Edinburgh, *fratris*,—in tenemento in Edinburgh.—E. 3s. 4d.   xviii. 125.

(927)   Jun. 18. 1644.

DAVID MAXWELL, *hæres* Roberti Maxwell burgensis de Edinburgh, *patris*,—in tenementis in Edinburgh.—E. 3s. 4d, xviii. 133.

(928)   Jun. 29. 1644.

JOANNES MURRAY mercator burgensis de Edinburgh, *hæres* Davidis Murray senioris mercatoris burgensis de Edinburgh, *patris*, —in tenementis in Edinburgh.—E. 3s. 4d.   xviii. 134.

(929)   Jul. 4. 1644.

MAGISTER ALEXANDER CLERK de Pettincreiff, *hæres* Domini Alexandri Clerk de Pettincreiff militis, *patris*,—in decimis garbalibus terrarum de Quhythous infra parochiam de Sanct Cuthbert, unitis ad baroniam de Pettincreiff in Fife :—E. 8s.—Terris de Quhythous :—E. 12m.—Tenemento in Edinburgh.—E. 3s. 4d.— (Vide Fife.)   xviii. 137.

(930)   Aug. 17. 1644.

WILLIELMUS SALMOND junior filius legitimus Willielmi Salmond senioris mercatoris burgensis de Edinburgh, *hæres* Joannis Salmond mercatoris, *fratris germani*,—in tenementis in Edinburgh. —E. 7d.   xviii. 31.

(931)   Sep. 12. 1644.

MAGISTER JOANNES CRANSTOUN, *hæres* Magistri Joannis Cranstoun ministri verbi Dei ecclesiæ villæ de Leith, *patris*,—in tenementis et bothis in Edinburgh.—E. 3s. 4d.   xviii. 148.

(932)   Oct. 22. 1644.

DAVID BRYSSOUN textor burgensis de Edinburgh, *hæres* Roberti Bryssoun textoris burgensis de Edinburgh, *patris*,—in tenemento in Edinburgh.—E. 3s. 4d.   xviii. 147.

(933)   Nov. 30. 1644.

FRANCISCUS HEPBURNE de Beinstoun, *hæres* Majoris Roberti Hepburne, *fratris immediate junioris*,—in tenementis in Edinburgh.—E. 3s. 4d.   xviii. 152.

(934)   Mar. 4. 1645.

JACOBUS HENDIRSOUN incola in Nether Libbertoun, *hæres* Symeonis Hendersoun incolæ ibidem, *patris*,—in tenementis in Edinburgh.—E. 3s. 4d.   xviii. 44.

(935)   Mar. 11. 1645.

JACOBUS MAXWELL pupillus, *hæres* Margaretæ Foncanet sponsæ Jacobi Maxwell filii legitimi Edwardi Maxwell de Drumcolteran, *matris*,—in tenementis in Edinburgh.—E. 3s. 4d.   xviii. 185.

(936)   Apr. 10. 1645.

JOANNES COMES DE HADINGTOUN, Dominus Bynning et Byres, *hæres masculus* Thomæ comitis de Hadingtoun, Domini Bynning et Byres, *avi*,—in terris, baronia, et regalitate de Drem comprehendente 37 tenementa templaria infra burgum de Edinburgh ;—2 tenementa in Leith ;—terras templarias de Murehous ; —terram templariam in Crawmond, et aliam in Clermestoun ;— terras templarias in Crawmond vocatas Dubhouse, et alias terras templarias in Crawmond ;—terras templarias in Overgogar ;— terras templarias de Keirringtoun ;—terras templarias de Goursnout ;—terras templarias de Auchindinnie nuncupatas Loustane ; —terras templarias de Suainstoun ;—terras templarias de Coitfeild, et terras templarias de Hewgait, omnes unitas in baroniam et regalitatem de Drem, cum aliis terris in Haddington et Fife.—E. 9l.— (Vide Haddington, Fife.)   xviii. 198.

(937)   Apr. 10. 1645.

JOANNES COMES DE HADINGTOUN, &c. *hæres masculus* Thomæ comitis de Hadingtoun, Domini Byning et Byres, *fratris germani*,—in dominio et baronia de Bynning comprehendente terras de West Byning cum molendinis ;—bovatam terræ in Eister Byning :—A. E. 7l. N. E. 10l.—Peciam terræ et peciam prati contigue nuncupatas Damflat et Locheheids, in territorio de Tortrevin, et infra baroniam de Melvill :—A. E. 10s. N. E. 20s.—Terras de Orchzairdfield :—E.........—Capellanias Sancti Columbi, et Mariæ Virginis vulgo Our Lady, situatas infra ecclesiam parochialem de Crawmond.—E.............—(Vide Haddington, Linlithgow, Fife, Berwick.)   xviii. 202.

(938)   Apr. 12. 1645.

SUSANNA ALEXANDER sponsa Jacobi Patoun pellionis burgensis de Perth, *hæres* Joannis Alexander mercatoris burgensis de Edinburgh, *patris*,—in tenemento in Edinburgh.—E. 3s. 4d.   xviii. 195.

(939)   Maii 9. 1645.

JACOBUS PRINGLE de Haltrie, *hæres* Georgii Pringill olim in Hoppringill postea in Haltrie, *patris*,—in terris et baronia de Hereotmuir, viz. terris de Ladysyd, Raeshaw, Over et Nathir Ruchswyres, Carcant ;—terris et villa de Hereot, extendentibus ad 11 terras husbandias ;—terris de Hereothous et molendino de Hereot ;—superioritate de Corshoup ;—terras de Mòt de Lochquharrat, et castro earundem castrum de Borthuik nuncupato :— A. E. 32l. N. E. 128l.—Terris ecclesiasticis de Lochquharrat vocatis Tortraik, cum molendinis et piscationibus, in baronia de Hereotmuir.—E. 40s.   xviii. 51.

(940)   Dec. 11. 1645.

MAGISTER JACOBUS LAUTIE advocatus, *hæres* Magistri Jacobi Lawtie filii legitimi natu maximi Joannis Lawtie apothecarii burgensis de Edinburgh, *fratris avi*,—in tenemento in Edinburgh. —E. 3s. 4d.   xviii. 77.

(941)   Dec. 27. 1645.

HELENA HENRIE, *hæres portionaria* Alexandri Henrie in Newbotle, filii legitimi Patricii Henrie in Newbotle, *fratris*,—in 1¼ acra terræ arabilis in territorio de Newbotle in campo vocato Mylnehill in dominio de Newbotle.—E. 6s. 9d.—Tenemento cum pecia vastæ terræ et ripa, vulgo nuncupata The Madin-castle :— E. 4s.—2 acris terrarum arabilium in territorio et villa de Newbotle in campo vocato Meidowflat.—E. 6s. 8d.   xviii. 50.

(942)   Jan. 8. 1646.

GULIELMUS ALEXANDER mercator burgensis de Pearth, *hæres* Susanæ Alexander relictæ Jacobi Pattoune pellionis burgensis de Pearth, *filiæ patrui*,—in tenemento in Edinburgh.—E. 3s. 4d.   xviii. 70.

(943)   Jan. 30. 1646.

DAVID KINLOCH pellio burgensis de Edinburgh, *hæres* Roberti Crawfurd filii legitimi secundo geniti Alexandri Crawfurd calcearii burgensis de Edinburgh, *avunculi*,—in pecia terræ occidentalis croftæ de Bristo, in dominio de Dalry et baronia de Innerleyth.—E. 12d.   xviii. 72.

(944)   Feb. 10. 1646.

JONETA ZUILL filia legitima Alexandri Zuill pollentarii apud Westport, *hæres* Henrici Peirie filii et hæredis Jeronimi Peirie incolæ in Quarrell-holls, *nepotis fratris aviæ*,—in dimidietate tenementi in Leith.—E. 3s. 4d.   xix. 209.

(945)   Feb. 20. 1646.

JONETA BELL sponsa Joannis Scheill in Nortoun, *hæres portionaria* Thomæ Bell fabri lignarii in Leith, *fratris*,—in tenementis in Leith in baronia de Restalrig.—E. 13s. 4d.   xviii. 94.

(946)   Feb. 25. 1646.

HELENA LYLL sponsa Roberti Auchinlek in Leith, *hæres portionaria* Thomæ Bell fabri lignarii in Leith, *avunculi*,—in tenementis in Leith in baronia de Restalrig.—E. 13s. 4d.   xviii. 78.

(947)   Feb. 27. 1646.

JONETA WILSONE sponsa Andreæ Broune pistoris in Edinburgh, *hæres* Gilberti Wilsone filii legitimi Edwardi Wilsone brasiatoris incolæ in Kingstables prope occidentalem portam de Edinburgh, *filii fratris*,—in pecia terrarum de Hiereigs pro principali, et parte dictæ peciæ terræ in baronia de Innerleyth in warrantum. —E. 20s.   xviii. 106.

(948)   Mar. 31. 1646.

SARA MᶜNAUCHT sponsa Samuelis Lokhart mercatoris burgensis de Edinburgh, *hæres* Joannis MᶜNaucht de Kilquhannadie mercatoris dicti burgi, *patris*,—in tenementis in Edinburgh.—E. 3s. 4d.—(Vide Kirkcudbright.)   xviii. 246.

(949)   Apr. 7. 1646.

MAGISTER ARTHURUS FORBAS, *hæres* Patricii Forbas mercatoris burgensis de Edinburgh, *patris*,—in tenementis in Edinburgh.—E. 3s. 4d.   xviii. 89.

(950)   Apr. 10. 1646.

JOANNES ROB vestiarius in Eister Dudingstoun, *hæres* Joannis Rob vestiarii incolæ apud occidentalem portam de Edinburgh, in Polcatslive ibidem, *filii patrui*,—in pecia terræ de Polcatslive continente dimidium 4 particarum terrarum, in dominio de Dalry et baronia de Innerleith.—E. 8s.   xviii. 254.

(951)   Apr. 18. 1646.
MAGDALENA WYLLIE sponsa Joannis Rawsoune scribæ, *hæres* Thomæ Wylie scribæ, *fratris germani*,—in tenemento in Edinburgh,—E. 3s. 4d.   xviii. 328.

(952)   Apr. 25. 1646.
BESSETA DOUGLAS, *hæres* Archibaldi Douglas filii legitimi Georgii Douglas burgensis de Edinburgh, *patrui*,—in tenementis in Edinburgh.—E. 3s. 4d.   xviii. 95.

(953)   Apr. 29. 1646.
MARGARETA M'GILL sponsa Magistri Davidis Heriott advocati, *hæres* Joannis M'Gill in Cannongaitt, *patrui*,—in quarta parte tenementi in Leithe, in baronia de Restalrig ;—annuo redditu 20s. de terra in Leithe.—E. 12d.   xix. 359.

(954)   Maii. 19. 1646.
SYMON JONSTOUN de Pudein, *hæres* Niniani Jonstoun de Pudein, *avi*,—in tenemento in Edinburgh.—E. 3s. 4d.   xviii. 102.

(955)   Maii 22. 1646.
WILLIELMUS FERGUSONE vestiarius burgensis de Edinburgh, *hæres* Davidis Fergusone vestiarii burgensis de Edinburgh, *fratris*,—in dimidietate peciæ terræ in villa et territorio de Dean prope aquam de Leith, et in parochia de Sanct Cuthbert.—A. E. 1s. N. E. 3s.   xviii. 258.

(956)   Maii 28. 1646.
ANDREAS FRASER mercator Cracoviensis, *hæres* Gilberti Fraser mercatoris burgensis de Edinburgh, *fratris germani*,—in tenementis in Edinburgh :—E. 3s. 4d.—Annuo redditu 40s. de tenemento in Edinburgh :—Annuo redditu 13s. 4d. de tenemento in Edinburgh.   xviii. 104.

(957)   Jun. 13. 1646.
ISOBELLA NEWLANDIS, *hæres portionaria* Willielmi Newlandis ephippiarii burgensis Vicicanonicorum, *fratris germani*,—in tenemento in Edinbrugh.—E. 3s. 4d.   xix. 3.

(958)   Jun. 17. 1646.
HELENA HENRIE, *hæres* Alexandri Hendrie in Newbotle filii legitimi Patricii Henrie in Newbotle, *fratris*,—in acra et dimidio acræ terræ arabilis in territorio de Newbotle in campo vocato Milnehill :—E. 6s. 9d.—Tenemento terræ cum pecia terræ vastæ et ripæ nuncupatæ The Maidine-Castell, in villa de Newbotle :—E. 4s.—2 acris terrarum arabilium in territorio et villa de Newbotle, in campo vocato Medowflatt.—E. 6s. 8d.   xix. 101.

(959)   Jun. 30. 1646.
CAROLUS CHARTERS, *hæres* Magistri Henrici Charters scribæ signeto regio, *patris*,—in tenemento in Edinburgh.—E. 3s. 4d.   xix. 73.

(960)   Jul. 2. 1646.
WILLIELMUS SOMERVELL, *hæres* Magistri Alexandri Somervell ministri apud ecclesiam de Stronsay in Orknay, *patris*,—in tenementis in Edinburgh.—E. 3s. 4d.   xviii. 308.

(961)   Jul. 3. 1646.
WILLIELMUS DOWGLAS portionarius de Overgogar, *hæres* Jacobi Dowglas portionarii de Overgogar, *patris*,—in dimidietate terrarum de Corstoun ;—dimidietate villæ et terrarum de Langtoun in baronia de Caldercleir, cum privilegio liberæ regalitatis, capellæ et cancellariæ :—A. E. 50s. N. E. 5l.—Terris templariis de Overgogar.—E. 5l. 4s.   xix. 182.

(962)   Jul. 11. 1646.
GEORGIUS HALDIN, *hæres* Isobellæ Stirling, *matris*,—in annuo redditu 56m. de tenemento in Edinburgh.—E. 3s. 4d.—Annuo redditu 4m. et annuo redditu 4m. de tenemento in Edinburgh.   xix. 85.

(963)   Jul. 11. 1646.
BESSETA HUNTER, *hæres* Joannis Baxter sartoris burgensis de Edinburgh, *avunculi*,—in tenementis in Edinburgh.—E. 3s. 4d.   xviii. 108.

(964)   Jul. 14. 1646.
THOMAS PARK, *hæres* Willielmi Park mercatoris burgensis de Edinburgh, *patris*,—in tenemento in Edinburgh.—E. 3s. 4d.   xviii. 279.

(965)   Jul. 21. 1646.
CORNELIUS HARDIE, *hæres* Andreæ Hardie lichnopei burgensis de Edinburgh, *filii fratris avi*,—in tenementis in Edinburgh.—E. 3s. 4d.   xviii. 109.

(966)   Jul. 21. 1646.
MAGDALENA SINCLAIR filia legitima Alexandri Sinclair scribæ, *hæres* Jonetæ Sinclair, *nepotis (neptis) fratris avi*,—in tenemento in Edinburgh.—E. 3s. 4d.   xviii. 274.

(967)   Jul. 24. 1646.
WILLIELMUS SALMOND mercator, *hæres* Willielmi Salmond mercatoris burgensis de Edinburgh, *patris*,—in terra templaria in Edinburgh :—A. E. 3s. N. E. 12s.—Tenemento terræ templariæ in Edinburgh.—E. 6d.   xviii. 317.

(968)   Aug. 28. 1646.
GEORGIUS FLETCHER, *hæres* Jacobi Fletcher burgensis ac præpositi de Dundie, *patris*,—in terris de Todhillis.—E. 3l.—cum decimis garbalibus :—E. 6s.—in dominio de Newbotle et parochia de Libbertoun.   xix. 179.

(969)   Sep. 1. 1646.
ELIZABETH JOLLIE, *heir* of Mr. Johne Jollie doctor of medicyne, *her father*,—in tenements in Edinburgh :—E. 3s. 4d.—Ane annuelrent of 40l. furth of a tenement in Edinburgh.   xxiv. 24.

(970)   Sep. 24. 1646.
JOANNES SCOTT, *hæres* Adami Scott mercatoris burgensis de Edinburgh, *fratris germani*,—in tenementis in Edinburgh.—E. 3s. 4d.   xviii. 292.

(971)   Oct. 23. 1646.
GEORGIUS NORIE burgensis de Edinburgh, *hæres* Davidis Norie mercatoris burgensis de Edinburgh, *patris*,—in 3½ acris terrarum arabilium orientalis croftæ de Bristo, et ceteris terris de orientali crofta de Bristo, cum lie Heidrigis in villa et territorio de Bristo ;—occidentali crofta de Bristo cum domibus.—E. 30s.   xix. 47.

(972)   Nov. 17. 1646.
ANDREAS GRAHAME, *hæres* Davidis Grahame mercatoris burgensis de Edinburgh, *filii patrui*,—in tenementis in Edinburgh.—E. 3s. 4d.   xviii. 321.

(973)   Nov. 18. 1646.
JACOBUS ROBERTSONE pistor in Inneresk, *hæres* Thomæ Nicolsone incolæ in Leith, *fratris avi ex parte matris*,—in tenemento in Leith.—E. 2s.   xix. 1.

(974)   Nov. 18. 1646.
ARCHIBALDUS DOMINUS NAPER DE MERCHINGSTOUNE, *hæres* Archibaldi Domini Naper de Merchingstoune, *patris*,—in terris et baronia de Merchingstoun, quæ ab antiquo unitæ erant in baroniam de Merchingstoun :—A. E. 10l. N. E. 100l.—Terris de Over Merchingstoun :—E. 20m.—Pecia vastæ terræ in occidentali communi mora de Edinburgh, cum horto et crofta terrarum de Merchingstoun vocata Ladys-acres :—E. 12d.—Domibus exteriori areæ palatii de Halyruidhous adjacentibus.—E. 20s.—(Vide Dumbarton, Perth, Stirling.)   xix. 18.

(975)   Dec. 12. 1646.
MAGISTER JOANNES SANDILANDIS advocatus, *hæres* Agnetis Young relictæ Thomæ Cranstoun sartoris burgensis de Edinburgh, *filiæ avunculi*,—in tenemento in Edinburgh.—E. 3s. 4d.   xviii. 330.

(976)   Jan. 2. 1647.
MARGARETA HAY, *hæres portionaria* Danielis Hay fidicinis burgensis de Edinburgh, *patris*,—in tenementis in Edinburgh.—E. 3s. 4d.   xix. 153.

(977)   Jan. 8. 1647.
SAMUEL MITCHELSONE in Currie, *hæres* Joannis Mitchelsone filii legitimi Magistri Jacobi Mitchelsone de Wester Midletoun, *filii fratris*,—in dimidietate terrarum de Midletoun vocata 18 mercatis terrarum de Midletoun nunc Wester Midletoun appellata, in baronia de Lochquharrat :—A. E. 6m. N. E. 18m.—Terra vocata Megatiscroft *alias* Clos de Midletoun, extendente ad 3 mercatas terrarum antiqui extentus, cum pastura infra communiam de Midletoun, in villa et territorio de Midletoun.—A. E. 3l. N. E. 9l.   xix. 12.

(978)   Mar. 24. 1647.
ADAMUS NOBLE mercator burgensis de Edinburgh, *hæres* Jacobi Noble mercatoris burgensis de Edinburgh, et incolæ in Restalrig, *fratris*,—in 3½ acris terrarum in villa, territorio, et baronia de Restalrig ;—domibus et pecia terræ in baronia de Restalrig.—E. 3l. 10s.   xix. 46.

(979)   Mar. 30. 1647.
ELIZABETHA KIRKWOOD, *hæres* Magistri Georgii Kirkwood, *patris*,—in tenemento in Edinburgh.—E. 3s. 8d.   xix. 338.

(980) Jun. 5. 1647.

WILLIELMUS BAXTER, *hæres* Patricii Baxter mercatoris burgensis de Edinburgh, *patris*,—in tenementis in Edinburgh.—E. 3s. 4d. xix. 172.

(981) Jun. 26. 1647.

ELSPETA ZUILL sponsa Jacobi Chyne vietoris in Leith, *hæres portionaria* Davidis Zuill fabri lignarii burgensis de Edinburgh, *fratris germani*,—in tenementis in Edinburgh.—E. 3s. 4d. xix. 79.

(982) Jun. 26. 1647.

CRISTINA CRYSTIE, *hæres portionaria* Davidis Zuill fabri lignarii burgensis de Edinburgh, *avunculi*,—in tenementis in Edinburgh prædictis. xix. 80.

(983) Jul. 26. 1647.

MAJOR ARCHIBALDUS WADDELL, *hæres* Archibaldi Waddell portionarii de Turnerdykes, *patris*,—in illis terris de lie Outfeildlands in the Langsyd, jacentibus in illis partibus communiter vocatis Buttis, Middleschottis, Nathir et Over Ladysydes, jacentibus contigue :—E. 7l. 3s. 4d.—10 rigis terrarum arabilium in mora de Langsyde, in dominio et regalitate de Dalkeith :—E. 10s.—Tenemento in burgo de Dalkeith.—E. 13s. 4d. xix. 169.

(984) Jul. 28. 1647.

MAGISTER HENRICUS CHARTERIS, *hæres* Thomæ Charteris mercatoris burgensis de Edinburgh, *patris*,—in tenementis in Edinburgh.—E. 3s. 4d. xix. 74.

(985) Aug. 20. 1647.

GEORGIUS HAMILTOUN de Kinbrekmonthe, *hæres* Margaretæ Dischingtoun filiæ legitimæ Pauli Dischingtoun feoditarii de Ardrois, *aviæ*,—in dimidietate terrarum et baroniæ de Currie et dominii de Langhirdmistoun ;—altera dimidietate prædictarum terrarum, baroniæ et dominii, omnibus in parochia de Currie.—A. E. 6l. N. E. 24l. xix. 128.

(986) Aug. 28. 1647.

WALTERUS PATERSONE, *hæres* Roberti Patersone apothecarii burgensis de Edinburgh, *fratris germani*,—in tenementis in Edinburgh.—E. 3s. 4d. xix. 86.

(987) Nov. 16. 1647.

ALISONA M'CAULAY, *hæres* Thomæ M'Caulay mercatoris burgensis de Edinburgh, *fratris germani*,—in bothis et tenementis in Edinburgh.—E. 3s. 4d. xix. 113.

(988) Nov. 16. 1647.

ALISONA M'CALLAW, *hæres* Thomæ M'Callaw scribæ, *patris*,—in tenementis in Edinburgh.—E. 3s. 4d. xix. 174.

(989) Dec. 3. 1647.

ELIZABETHA THORBRAND, *hæres* Willielmi Thorbrand fabri murarii burgensis de Edinburgh, *patris*,—in tenemento in Edinburgh.—E. 6s. 8d. xix. 155.

(990) Dec. 9. 1647.

WILLIELMUS ACHIESOUN, *hæres* Gilberti Achiesoun burgensis de Edinburgh, *patrui*,—in tenementis in Edinburgh.—E. 3s. 4d. xix. 122.

(991) Dec. 25. 1647.

ALEXANDER KEYTH mercator in Dagrichein in Polonia, *hæres* Joannis Keyth filii legitimi Roberti Keyth mercatoris burgensis de Edinburgh, *filii patrui*,—in tenemento in Edinburgh.—E. 3s. 4d. xix. 199.

(992) Jan. 7. 1648.

JACOBUS SOMERVAILL, *hæres* Elizabethæ *alias* Bessie Somervaill sponsæ Hugonis Somervaill mercatoris burgensis de Edinburgh, *matris*,—in dimidietate quartæ partis de Sauchtounhall cum libertate capellæ et cancellariæ, in regalitate et baronia de Brughtoun :—A. E. 12s. N. E. 36s.—Decimis garbalibus et rectoriis dictæ dimidietatis quartæ partis villæ et terrarum de Sauchtounhall.—A. E. 10s. N. E. 30s. xix. 257.

(993) Jan. 12. 1648.

JOANNES TOURIS, *hæres* Domini Alexandri Touris de Innerleith militis, *patris*,—in terris et baronia de Innerleithe comprehendente, terras dominicales de Innerleithe et molendinum granorum ejusdem ;—terras molendinarias earundem ;—terras vocatas Weirdie, Waindie-brow et Wairdmuir ;—terras vocatas Bellislandis *alias* Ladyislandis de Innerleithe ;—terras vocatas Brunthauch ;—terras de Hieriggis ;—terras de Dundryane et Tolcros ;—terras de Elwandsyd *alias* Polcatslive prope portam occidentalem de Edinburgh ;—terras vocatas Eister et Wester-croftas de Brysto, cum advocatione ecclesiarum, omnes cum aliis terris unitas in baroniam de Innerleith, cum 9 patellis salinariis super dictas terras de Innerleith :—A. E. 8l. N. E. 24l.—Decimis garbalibus dictarum terrarum de Innerleith, et de Weirdie, Hieriggis, Dundryane, et Tolcroce.—A. E. 3l. 10s. N. E. 7l. xix. 249.

(994) Jan. 13. 1648.

JOANNES HOG incola in Dalkeith, *hæres lineæ* Jacobi Hog mercatoris burgensis de Edinburgh, *filii patrui immediate senioris*,—in tenementis in Edinburgh.—E. 3s. 4d. xix. 191.

(995) Jan. 13. 1648.

JACOBUS HOG in Dalkeith filius quondam Joannis Hog, *hæres conquestus* Jacobi Hog mercatoris burgensis de Edinburgh, *filii patrui immediate junioris*,—in tenementis in Edinburgh.—E. 3s. 4d. xix. 196.

(996) Feb. 10. 1648.

JOANNES MURRAY de Falahill, *hæres masculus* Domini Jacobi Murray de Falahill militis, *patris*,—in terris de Cranstounriddell :—A. E. 5l. N. E. 10l.—cum terris in vicecomitatu de Selkirk unitis in baroniam de Phillophauch.—(Vide Selkirk, Linlithgow.) xix. 224.

(997) Mar. 17. 1648.

JOANNES MITCHELSOUN, *hæres* Joannis Mitchelsone de Nether Lugett, *patris*,—in terris de Nethir Lugatt et Meckle-Hoperig.—A. 30s. N. E. 9l. xix. 241.

(998) Apr. 8. 1648.

JONETA NEWLANDIS sponsa Jacobi Hopkirk chirurgi, *hæres portionaria* Willielmi Newlandis ephippiarii burgensis Vicicanonicorum, *fratris germani*,—in tenemento in Edinburgh.—E. 3s. 4d. xix. 181.

(999) Apr. 14. 1648.

DOMINA BARBARA YOUNG sponsa Domini Michaelis Naismith de Posso, *hæres* Magistri Andreæ Young unius regentium in academia de Edinburgh, *patris*,—in pecia terrarum de Polcatslive continente domum cum dimidietate horti, &c. in dominio de Dalry et baronia de Innerleith :—E. 4s.—Altera pecia terrarum de Polcatslive cum domibus, in dicto dominio et baronia.—E. 6s. xix. 237.

(1000) Maii 4. 1648.

MARIA M'CALLAY, *hæres* Thomæ M'Callay mercatoris burgensis de Edinburgh, *patris*.—in tenementis in Edinburgh.—E. 3s. 4d. xix. 185.

(1001) Jun. 13. 1648.

MAGISTER WILLIELMUS OLYPHANT, *hæres* Magistri Joannis Olyphant clerici vicecomitatus burgi de Edinburgh, *patris*,—in tenementis in Edinburgh.—E. 3s. 4d. xix. 295.

(1002) Jun. 13. 1648.

JACOBUS LOGANE senior de Coustoune, *hæres* Willielmi Logan nautæ in Leith, *filii patrui*,—in tenemento in Leith.—E. 3s. 4d. xx. 51.

(1003) Dec. 29. 1648.

HUGO SOMERVAILL mercator burgensis de Edinburgh, *hæres* Jacobi Somervaill, *filii*,—in dimidietate quartæ partis terrarum de Sauchtounhall, cum privilegio liberæ capellæ et cancellariæ, in regalitate et baronia de Brughtoun :—A. E. 12s. N. E. 36s.—Decimis garbalibus et rectoriis dictarum terrarum.—A. E. 10s. N. E. 30s. xix. 303.

(1004) Jan. 17. 1649.

MAGISTER WILLIELMUS BANNATYNE, *hæres* Magistri Thomæ Bannatyne olim ministri verbi Dei apud ecclesiam de Dowglas, *patris*,—in pecia terræ vocata Standaneflatt, in dominio de Newbottle.—E. 30s. xix. 308.

(1005) Feb. 6. 1649.

MAGISTRA MARIA ROS Domina Wauchtoun, sponsa Joannis Hepburne de Wauchtoun, *hæres portionaria lineæ* Roberti Domini Ros, *fratris germani*,—in dimidietate terrarum ecclesiasticarum et glebæ rectoriæ ecclesiæ parochialis de Melvill, cum decimis garbalibus et pastura, infra territorium villæ de Wester Melvill, parochiam de Melvill et diocesin Sancti Andreæ ;—dimidietate peciæ terræ ubi vetus horreum cum horto prius situabatur :—E. 7l. 5s.—Dimidietate terrarum de Pendreiche in baronia et regalitate de Broughtoun.—E. 24l. 10s. 8d.—(Vide Renfrew, Linlithgow.) xix. 311.

(1006) Feb. 6. 1649.

DOMINA JEANNA ROS Domina Innes, sponsa Domini Roberti Innes junioris de Eodem militis, *hæres portionaria* Roberti Domini Ros, *fratris germani*,—in dimidietate prædictarum terrarum. xix. 314.

(1007) Mar. 20. 1649.
WILLIELMUS DOMINUS ROSS de Halkheid et Melvill, *hæres masculus* Willielmi Domini Ross de Halkheid et Melvill, *fratris nepotis*,—in terris, dominio et baronia de Melvill comprehendente inter alia villam et terras de Melvill ;—terras de Stanehous ;—terras de Moshousses, cum aliis terris in vicecomitatibus de Linlithgow et Stirling.—A. E. 49*l*. N. E. 196*l*.—(Vide Renfrew, Linlithgow, Stirling, Ayr.) xix. 335.

(1008) Jul. 14. 1649.
JACOBUS KEITH, *hæres* Alexandri Keith scribæ, *patris*,—in tenemento in Edinburgh.—E. 3*s*. 4*d*. xx. 75.

(1009) Aug. 8. 1649.
PATRICIUS SCOT, *hæres* Magistri Willielmi Scot medici, *patris*,—in terris et lie Steiding de Herring-deane in dominio et baronia de Newbotle.—E. 17*m*. xx. 93.

(1010) Sep. 5. 1649.
JOANNES COMES DE LAUDERDAILL, &c. *hæres masculus* Joannis Comitis de Lawderdaill, vicecomitis Maitland, Domini Thirlstaine et Boltoune, *patris*,—in dominio, baronia et regalitate de Mussilbrugh, continente terras et villas de Smeitoune, Inerask, Munktounehall, molendinum de Mussilbrugh, Shirreffmilne, Carberrie, West Paynis ;—terras nuncupatas Eister et Wester Croftis, Tailzeoris Croft, et Claymilles, Wolmet, Staniehill, Litle Munktone, Edmonktoune, Naetoune, Cauldcoatis ;—carbones et carbonaria de Wolmet Bankis ;—terras de Kerse, Hill, Whytefeild, Eisthailes, Westhaillis, Cesterstoune, Mussilbrugh, Newbiging, Fisheraw, cum jure superioritatis vassalorum dominii de Mussilbrugh, et jure regalitatis ejusdem, et jure patronatus præceptoriæ capellæ vocatæ Magdalen-Chappell, et in aliis terris tenementis et annuis redditibus quibuscunque, quæ per prius ad monasterium de Dumfermline spectabant ex parte australi de Forth, cum libera regalitate, et advocatione ecclesiarum subscriptarum, et vicaria, decimis et fructibus earundem, viz. ecclesiarum de Innerask, Hailles, Naetoune, et lie Magdalen Chapel :—E. 40*l*.—Annuo redditu 53*l*. 6*s*. 8*d*. de terris de Cairnetowis, infra baroniam de Craigmillar et parochiam de Libertoune.—(Vide Peebles, Haddington, Lanark, Berwick.) xx. 150.

(1011) Oct. 19. 1649.
JACOBUS HALDEN, *hæres* Jacobi Halden portionarii de Sauchton, *avi*,—in 4 bovatis terrarum et villæ de Sauchtoun, in regalitate et baronia de Bruchtoun :—E. 10*m*. 1*d*.—2 bovatis terrarum et villæ prædictæ.—E. 59*s*. 4*d*. xx. 7.

(1012) Nov. 2. 1649.
GULIELMUS DUX HAMILTOUNE, Marchio de Clidsdaill, Comes Araniæ, Lanarcæ, et Cantabrigiæ, Dominus Polmond, Aven, et Innerdaill, *hæres masculus et talliæ* Jacobi Ducis Hamiltoune, &c. *fratris germani*,—in hereditario officio et custodia palatii de Haliruidhous.—A. E. 12*d*. N. E. 4*s*.—(Vide Lanark, Linlithgow, Stirling, Bute.) xx. 85.

(1013) Nov. 6. 1649.
WALTERUS DOMINUS DE TORPHICHEN, *hæres* Joannis Domini de Torphichen, *fratris*,—in terris et baronia de Calder cum molendinis et piscationibus, et advocatione ecclesiarum ejusdem baroniæ.—E. 40*l*.—(Vide Linlithgow.) xx. 93.

(1014) Nov. 21. 1649.
JACOBUS WYNRAM de Curriehill, *hæres talliæ et provisionis* Georgii Wynram feoditarii de Curriehill, *filii natu maximi*,—in terris de Hill communiter vocatis Curriehill, infra baroniam de Balernoch.—A. E. 40*s*. N. E. 10*l*. xx. 45.

(1015) Nov. 22. 1649.
DAVID CREICHTOUNE de Lugtoune-Creichtoune. *hæres* Domini Davidis Creichtoune de Lugtoune-Creichtoune in Fyiff, militis, *patris*,—in terris vocatis Sanct Leonards prope burgum de Edinburgh, in regalitate et baronia de Bruchtoune :—E. 20*l*.—Decimis garbalibus dictarum terrarum de Sanct Leonards in parochia de Sanct Cuthbert, regalitate et baronia prædicta.—A. E. 20*s*. N. E. 3*l*.—(Vide Roxburgh, Haddington.) xx. 103.

(1016) Dec. 29. 1649.
KATHRINE WALKER, *heir* of Johne Walker glaswricht burges of Edinburgh, *her father*,—in a tenement in Edinburgh.—E. 3*s*. 4*d*. xxi. 313.

(1017) Jan. 8. 1650.
ROBERT TRAILL merchand burges of Edinburgh, *heir* of James Duning burges of Edinburgh, *his mothers brother*,—in tenements of land in Edinburgh.—E. 3*s*. 4*d*. xxii. 144.

(1018) Jan. 8. 1650.
ROBERT TRAILL, *heir* of Jonet Duning spous to Robert Traill burges of Edinburgh, *his mother*,—in ane annuell rent of 20*m*. furth of ane tenement in Edinburgh.—E. 3*s*. 4*d*. xxii. 145.

(1019) Feb. 5. 1650.
JACOBUS DUNCANE incola villæ de Leith, *hæres talliæ et provisionis* Jacobi Duncane de Ratho, *consanguinei*,—in 36 bovatis terrarum villæ et terrarum de Ratho, cum lacu et prato ejusdem ab antiquo vocato Rathomyre, per annexationem infra baroniam de Renfrew ;—terris de Gorgie infra parochiam de Sanct Cuthbertis et baroniam prædictam, unitis in baroniam de Ratho:—A. E. 8*l*. N. E. 24*l*.—Decimis garbalibus prædictarum terrarum de Gorgie. —E. 20*s*. xx. 142.

(1020) Feb. 5. 1650.
ROBERTUS DUNCANE in Moit de Errol, filius legitimus Petri Duncane in Gourdhill, *hæres talliæ et provisionis* Jacobi Duncane de Ratho, *consanguinei*,—in quarta parte villæ et terrarum de Bonnitoune cum manerie loco ejusdem, infra baroniam et regalitatem de Brochtoune ;—13 acris et 2 particatis lie fallis terræ cum pastura prædictarum terrarum :—E. 9*l*. 13*s*. 4*d*.—Quarta parte prædictæ villæ et terrarum de Bonnytoune:—E. ...*l*. 6*s*. 8*d*.—10$\frac{1}{T}$ acris terræ arabilis de Bonnytoune et Hillhousefield;—acris et interliriis infra baroniam et regalitatem prædictam:—E. 21*l*. 6*s*. 6*d*. in integro.—Decimis garbalibus prædictarum terrarum de Bonnytoune et aliarum, in parochia de Sanct Cuthberts, et infra regalitatem et baroniam prædictam.—E. 20*s*. xx. 144.

(1021) Feb. 9. 1650.
SARA FATHERINGHAME, *hæres* Magistri Davidis Fatheringhame ministri apud ecclesiam de Moffet, *avi*,—in annuo redditu 80*m*. de tenemento in Edinburgh.—E. 3*s*. 4*d*. xx. 11.

(1022) Mar. 13. 1650.
ALEXANDER HAMILTOUN, *hæres* Alexandri Hamiltoun Rei Tormentariæ Scotiæ præfecti, *patris*,—in terris et baronia de Priestfield cum lacu et piscariis dicti lacus :—A. E. 40*s*. N. E. 6*l*.—Decimis garbalibus prædictarum terrarum :—E. 20*s*.—unitis in baroniam de Priestfield. xx. 31.

(1023) Apr. 18. 1650.
WILLIELMUS HUMBILL sartor, *hæres* Jeannæ Humbill relictæ Gulielmi M‘Connell mercatoris, *sororis immediate junioris*,—in dimidietate tenementi in Edinburgh.—E. 3*s*. 4*d*. xx. 30.

(1024) Maii 27. 1650.
PATRICIUS DOMINUS ELIBANK, *hæres masculus* Patricii Domini Elibank, *patris*,—in 2 tenementis in villa de Leith :—E. 53*s*. 4*d*.—Parte terrarum nuncupata Regium opus de Leith, in warrantum quartæ partis terrarum de Ballincrieff nuncupata Lochhill :—E. 6*l*.—Terris ecclesiasticis ecclesiæ collegiatæ de Creichtoun cum decimis, in dominio de Creichtoun.—E. 17*l*.—(Vide Selkirk, Haddington, Roxburgh.) xx. 202.

(1025) Jun. 11. 1651.
JACOBUS PRYMROSE, *hæres* Magistri Davidis Prymrose portionarii de Crawmond-regis advocati, *patris*,—in terra cum domibus in villa et territorio de Crawmond nuncupata Ovir Crawmond ; —crofta terræ vocata Croft-Angrie in dicta villa et territorio :— A. E. 10*s*. N. E. 20*s*.—Terris templariis in villa et territorio de Crawmond-regis :—A. E. 10*s*. N. E. 20*s*.—Officio hæreditarii balliatus dictarum terrarum templariarum de Crawmond-regis :—A. E. 1*d*. N. E. 2*d*.—Terris molendinariis molendini de Crawmond.— E. 26*s*. 8*d*. xx. 192.

(1026) Oct. 15. 1651.
THOMAS DOWGLAS, *hæres* Roberti Dowglas junioris portionarii de Inneresk, *fratris immediate senioris*,—in 4 bovatis villæ et terrarum de Inneresk, in dominio et regalitate de Mussilburghshyre :—E. 8*l*. 18*s*. 8*d*. &c.—2 bovatis earundem terrarum de Inneresk, cum parte mori de Inneresk extendente ad 2¼ acras, et tenemento terræ vocato Croshous :—E. 3*l*. 6*s*. &c.—Crofta terræ apud finem occidentalem dictæ villæ de Inneresk.—A. E. 10*d*. N. E. 3*s*. 4*d*. xx. 194.

(1027) Jul. 7. 1652.
MR. JOHN SINCKLER of Rosling, *heir* of Sir William Sincler of Rosling, *his father*,—in the lands and barronie of Rosling, viz. the castell, manerplace, maynes, village, and burgh of Rosling ;— the lands of Lie and Park, and Parkersland of Rosling, with the walk and corne milnes therof ;—the lands of Ockslie with the corne milne therof ;—the lands of Dreddan-wester ;—the lands of Caitmure, Netlflatt, Cowbriehill with the miln therof ;—the lands of Cattun (or Catcum) and Cattun-milne ;—the lands called Baxterland of Innerleith, and in ane annualrent of 20 merks furth of the lands of Lany ;—the lands of Easter-Ravensnuk, Wester Ravensnuk and Cairnhill, with advocation of the colledge kirk of Rosling, provestrie and prebenders therof, and chaplanrie and chappell of Saint Mathies in Rosling, all unit into the barronie of Rosling.— A. E. 10*l*. N. E. 200*m*. xxi. 19.

(1028) Jul. 14. 1652.
LILLIAS, MARY, AND MARGARET PORTEOUSES, *heirs*

portioners of Robert Porteous portioner of Dalkeith, *their grand-father,*—in 2 husbandlands :—E. 3*l.*—a husband land without a mansion, called Jaffrey's land :—E. 16*s.*—a husband land with pertinents called Glasfuirdis lands :—E. 30*s.*—the sext pairt of a husband land called Burnet's-land :—E. 5*s.*—a cott tenement and half cott tenement ;—another cott tenement :—E. 13*s.* 4*d. for ilk tenement, of feu farms* :—a husband and field land :—E. ....—all within the toun, territory, and burgh of Dalkeith. xxi. 190.

(1029) Jul. 15. 1652.
JONAT MUDDIE spouse to Alexander Maxwell merchant, *heir* of Thomas Muddie of Dalry, *her father,*—in the lands of Dalry comprehending the toun and lands of Dalry ;—the lands called the hauchis and boigs of Dalry ;—thrie corne-milnes of Dalry ;—2 crofts of arable land of the lands of Toucross, lyand outwith the West Port of Edinburgh ;—that peice of the lands of Coits called Whinnie-Know ;—7 aikers of arrable land of the lands of Coats, called Langlands, in warrandyce of the lands called Whinnie-Know ;—7 aikers of arrable land of the said lands of Coats, called the Langlands, for principall ;—9 aikers of the lands of Coats in warrandyce of the said 7 aikers of land ;—8 aikers of the lands of Coats called Langlands ;—the teynd sheaves of the two crofts of Toucrois, of the lands called Whinie-Know, the 7 aikers of the lands of Coats called Langlands, and the 8 aikers of the lands of Coats called Langlands ;—the teynd shaves of the Milnelands of the thrie milnes of Dalry, all in the barronie and regalitie of Brughtoun ;—a corne barne with the zairds belonging thereto, lyand outwith the West-Port of the burgh of Edinburgh :—O. E. 10*l.* N. E. 30*l.*—the lands and tennendrie of the Sauchtounhall, comprehending the Milne of Sauchtounhall with the milne lands, &c. within the barronie and regalitie of Burghtoun :—E. 3*l.* 4*d.*—that merkland in Sauchtounhall called Smithland, within the barronie and regalitie forsaid :—E. 26*s.* 8*d.*—58 aikers of land commonlie called Infeild mukit land aikers, of the fourt pairt, and halfe and eight pairt of the toun and lands of Sauchtounhall ;—the fourt pairt of Midowmyre in Whinieymyre, sykes, panes, stanks, and half of the fourt pairt of the commune gres ;—the south barne with pairt of the zaird, and that house called the Cowbyres and Baikhouss, and three Coithouss and Yairds of the samen ;—that peice of land or rig comonlie called a but of land, within the toun and territorie of Sauchtounhall, regalitie and baronie of Brughtoun ;—20 aikers of land of the toun and lands of Sauchtounhall, with the peice of land commonlie called the Standcroft on the West syd of the toun of Sauchtounhall, lyand within the toun and territorie of Sauchtounhall ;—4 aikers of land of the eight, and half eight pairt of the said toun and lands of Sauchtounhall ;—ane aiker of land of the eight pairt and half eight pairt of the said toun and lands of Sauchtounhall, containing two daills of land ;—half of the fourt pairt of the said toun and lands of Sauchtounhall ;—the maner place or mansione of the eight pairt and halfe eight pairt of the lands of Sauchtounhall :—E. 26*s.* 8*d.*—the half of the fourt pairt of the toun and lands of Sauchtounhall, with frie libertie of a chepell and chancellorie within the said baronie and regalitie, with half of the fourt pairt of the teynd sheaves of the saids lands :—E. 12*s.*—the other half of the fourt pairt of the toun and lands of Sauchtounhall, with priveledge of a frie chapell and chancellarie :—E. 12*s.*—the teynd sheaves and personage teynds of the said half of the fourt pairt of the lands of Sauchtounhall and tyend sheaves of the saids lands, rigs, aikers, butts, &c. of Sauchtonhall.—E. 3*l.* 4*d.* xxi. 7.

(1030) Sep. 22. 1652.
JOHNE ROUCHHEID of Craigleith, *heir* of James Rouchheid of Craigleith mairchand burges of Edinburgh, *his father,*—in the lands callit the Craig of Innerleith :—O. E. 40*s.* N. E. 6*l.*—the teind sheaves and uther teinds of the forsaids lands :—O. E. 12*s.* N. E. 24*s.*—within the parish of Innerleith ;—pairt of the maines of Innerleith, viz. the lands callit the Werschmaline ;—the milne lands ;—the ackers callit Guilestnow and Meidowlandis ;—the ackers of land called the Meidowlands ;—the aikers of land callit the Bellislandis ;—the aikers of land callit the Wester Langsyd, with the north butts of land be North the hie streat, near the lands of Wester Langsyde, with priviladge of ane way, extending to thriescoir ane ackeris :—O. E. 30*s.* N. E. 4*l.* 10*s.*—the teind sheaves of the saids aickers.—O. E. 12*s.* N. E. 24*s.* xxi. 230.

(1031) Dec. 11. 1652.
JAMES ELLEIS of Southsyd, *heir* of John Elleis second lawfull sone to Patrick Elleis of Southsyd, *his imediat younger brother,*—in pairts of tenements in Edinburgh.—E. 3*s.* 4*d.* xxi. 111.

(1032) Dec. 24. 1652.
JOHNE CRANSTOUN indweller in Dalkeith, *heir* of John Cranstoun portioner of Monktounhall, *his gudser,*—in ane tenement of husband land with the feild-land therof, in the village and territory of Dalkeith ;—2 aikers of land, in the said toun and village of Dalkeith, viz. the Croft aiker and Easter aiker.—E. 30*s. of feu duty.* xxi. 140.

(1033) Dec. 29. 1652.
JAMES ELEIS of Southsyde, *heir male* of Patrick Eleis designit of Plewlands, therefter of Southsyde, *his father,*—in the Easter thrid part of the lands of Southsyde, within the lordship of Newbottill :—E. 10*m. of feu duty* :—the tua part of the lands of Southsyde lyand as above :—E. 19*m.* &c. and 2*s.* in augmentatioun, *of feu duty* :—unit into the barony of Southsyde ;—the lands of Nether Plewlands, with 14 aikers of arrable land, in the barony of Braid, as principall ;—the maynes of Braid in the said barony, in warrandice of Nether Plewlands :—E. 10*l. of feu duty* :—ane annualrent of 10 pounds furth of the lands and baronie of Braid.—E. 1*d. blench ferm.* xxiv. 182.

(1034) Apr. 8. 1653.
JAMES SANDELANDES tailyeor burges of Edinburgh, *heir* of William Sandelandis baxter burges of the said burgh, *his brother,*—in a tenement of land with houses, &c. within the lordship and baronie of Newbottle.—E. 4*s.* &c. *of feu duty.* xxi. 308.

(1035) May 12. 1653.
GEORGE ERLE OF WINTOUN, Lord Seattoun of Winshburgh and Tranent, *heir maill* of George Erle of Wintoun, Lord Seattoun of Winshburgh and Tranent, *his guidser,*—in the toun and maynes of Kirklistoun ;—the Kirklands of Kirklistoun ;—the milne of Kirklistoun ;—toun and landis of Leswade ;—the Kirklands of Leswade, and landis of Eglismachan, within the regality of St. Androes and barony of Kirklistoun, and sherefdomes of Linlithgow and Edinburgh respectively :—E. 110*l.*—the Office of Justiciarie or Justice Generall of the Justice-Ayr Courts, and Crownership of the regality of St. Androes upon the South syd of the water of Forth, with the office of heretable bailierie of the said lands, within the sherrefdoms of Linlithgow, Edinburgh, Stirling, and Haddingtoun :—E. 1*d.*—2 tenements of land in the Cannongate of Edinburgh :—E. 40*d.*—4 houses in the Cannongate of Edinburgh.—E. 20*d.*—(See Haddingtoun, Linlithgow, Berwick, Stirling.) xxi. 144.

(1036) May 12. 1653.
GEORGE EARLE OF WINTOUNE, Lord Seatoun of Winchbrugh and Tranent, *heir mail* of George Earle of Wintoun, &c. *his guidser,*—in the lands of Morhouse, with other lands in Haddingtoun, Berwick, Roxburgh, Dumfries, and Kirkcudbright unite into the barrony of Hailes :—O. E. 20*l.* N. E. 80*l.*—(See Haddingtoun, Berwick, Roxburgh, Dumfries, Kirkcudbright.) xxi. 177.

(1037) Sep. 28. 1653.
JAMES DALING, *heir* of James Daling younger skipper burges of Queinsferrie, *his father,*—in an annualrent of 100*m.* foorth of the lands, lordship, and barronie of Corstorphin, in the parochin of Corstorphin.—E. 1*d. of blench ferme.* xxi. 185.

(1038) Oct. 6. 1653.
DAM MARRIE SCOT COUNTES OF BUCCLEUCH, *heir of taylze and provisioune* of Frances Earrle of Buccleugh, Lord Scot of Whitchester, and Eskdaill, *her father,*—in the lands, lordship, regallitie, toune, burgh, and burgh of barronie and regalitie of Dalkeith, with faires and markets, within the parisoune of Dalkeith ;—the wood and park of Dalkeith, with corne and walkmylnes ;—the right of proveistrie and prebendaris of the Colledge-kirk of Dalkeith, and teinds great and small of the lands and lordship of Dalkeith, with priviladg of chaple and chancellrie, unit into the lordshipe, barronie, and regalitie of Dalkeith ;—the lands of Garmiltoun-Duning ;—the lands and barronie of Caldercleir ;—the lands of Elvingstoun :—O. E. 40*l.* N. E. 160*l.*—the lands and barronie of Lugtoun, with the teinds great and small, kirklands, templelands, and others thereof :—O. E. 6*l.* N. E. 12*l.*—all with other lands in Linlithgow unit into the lordshipe, barronie, and regallitie of Dalkeith ;—the barronie of Sherrefhall :—O. E. 10*l.* N. E. 21*l.*—the teinds great and small of the lands and barronie of Sherrefhall :—O. E. 3*s.* 4*d.* N. E. 13*s.* 4*d.*—all the above lands, &c. are unite into the earldome of Buccleuch.—(See Roxburgh, Selkirk, Peebles, Dumfries, Haddington, Linlithgow, Kirkcudbright.) xxi. 193.

(1039) Oct. 28. 1653.
JEAN PRINGLE Lady Gallasheillis, MARGARET PRINGLE spous to Mr. Thomas Campbell minister at .... in Ingland, ANNA PRINGLE spous to Master James Hamiltoun minister at Edinburgh, *heirs portioners* of Robert Pringle *alias* Hoppringle of Houlatstoun, *their uncle,*—JOHN MURRAY eldest son to Dame Isobel Pringle Lady Philiphaugh, *heir portioner* of the said Robert Pringle *alias* Hoppringle, *his grand uncle on the mother's side,*

K

—in the lands of Houlastoun, within the lordship of Stow in Weddell, and regality of St. Androes.—O. E. 20s. N. E. 3l. xxi. 307.

(1040) Oct. 19. 1653.

DAME JEANE ROS Lady Innes, spous to Sir Robert Innes younger, fiar of that Ilk, *heir portioner* of Dam Margaret Scot Countes of Eglintoun, *her mother,*—in the lands and barony of Pennycook, viz. the village and lands of Pennycook, with the milne and Maynes of Pennycook with the tower callit Eglis;—the village and landis of Newbigging;—the landis of Luchnes and Silverburne;—the landis of Dyknuk;—the landis of Brunstoun;—the landis of Ravinsheugh-Eister;—the landis of Braidwood;—the landis of Welstoune;—the landis of Auchincreoch with the comuntie of Pennycook, and advocatioun of the paroch kirk of Pennycook, and kirklandis if any be:—O. E. 10l. N. E. 30l.—the landis of Hallhous and Leckbernard, within the parochin of Pennycook:—O. E. 20s. N. E. 3l.—the landis of Cooking which wer pairts of the barony of Glencros:—O. E. 13s. 4d. N. E. 40s.—all unit into the barony of Pennycook;—the lands of Cairnhill and Wester Ravensneuk (or Ravensheuch), in the barony of Rosling be annexatioun.—O. E. 20s. N. E. 3l. xxi. 276.

(1041) Oct. 19. 1653.

MARGARET HEPBURN only daughter procreate betwixt John Hepburn of Waughtoun and Mistres Mary Ros his spouse, *heir portioner* of Dam Margaret Scot Countes of Eglingtoun, *her goodam,*—in the forsaid landis. xxi. 278.

(1042) Oct. 28. 1653.

JAMES CHISHOLME, *heir* of Walter Chilsholme of Parkhill, *his father,*—in the landis and prebendarie of Cumnorig, in the lordship of Stow in Weddell.—O. E. 13s. 4d. N. E. 40s. xxi. 308.

(1043) Jan. 7. 1654.

ISBALL GRAHAME, *heir* of James Grahame messinger in Edinburgh, *her father,*—in tenements in Edinburgh.—E. 3s. 4d. xxi. 257.

(1044) Feb. 17. 1654.

SIR ALEXANDER INGLIS of Inglistoun knicht, *heir* of Alexander Inglis of Rottounraw, *his grandfather,*—in the propertie of 7¼ oxengate of land of the landis of Rottounraw, within the territorie of Eistfeild and barony of Auld-Listoun:—E. 12l.—the propertie of 3 oxgate of land of the landis of Eistfeild *alias* called Rottounraw:—E. 3l. 15s.—the propertie of 4 oxgate of land of the land of Rottounrawes called Westfeild:—E. .... *of feu duty:*—the property of pairt of the landis of Briggis called Eister Briggis, in the barony of Auld-Listoun and regality of Torphichen be annexatioun.—E. 50s. xxi. 282.

(1045) Mar. 17. 1654.

JOHN WINRAHAME of Libertoun, *heir* of Mr. George Winrahame of Nether Libbertoun, *his father,*—in the lands and barony of Nether Libbertoun comprehending the landis of Nether Libbertoun, whilkis wer unite with the lands of Over Libbertoun into the barony of Libbertoun, for principall:—O. E. 10l. N. E. 30l.—the landis and barony of Carstorphing in warrandice of the foirsaids lands of Nether Libbertoun.—O. E. 10l. N. E. 30l. xxi. 317.

(1046) Jul. 1. 1654.

SIR JAMES MURRAY of Kilbabertoun knicht, *heir of tailyie and provisioun* of William Murray soune to Sir James Murray of Kilbabertoun knicht, *his brother german,*—in a tenement in Edinburgh.—E. 3s. 4d. xxi. 319.

(1047) Sep. 23. 1654.

MR. CORNELIUS AINSLIE, *heir of provisioun* of Mr. James Ainslie doctor of phisick, *his brother,*—in tenements in Leith.—E. 3s. 4d. xxiv. 167.

(1048) Dec. 26. 1654.

ROBERT BAXTER cordiner citiner in London, *heir* of Johne Baxter tailzeor burges of Edinburgh, *his guidshire's brothir's sone,*—in parts of tenements in Edinburgh;—an annuel rent of 4 merks from a tenemente in Edinburgh.—O. E. 10d. N. E. 3s. 4d. xxii. 37.

(1049) Jun. 14. 1655.

BEATRIX TINTO, *heir* of James Tinto wrytter to the signett, *her brother german,*—in a tenement in Edinburgh.—E. 3s. 4d. xxiii. 92.

(1050) Jun. 16. 1655.

PATRICK ANDRO of Barbourland, *heir* of Johne Andro of Barbourland, *his father,*—in the lands callit Harlaw and Barbourland, within the regalitie and baronie of Brughtoun.—E. 20m. &c. *of feu duty.*—(See Selkirk.) xxiv. 42.

(1051) Jun. 30. 1655.

JOHNE ROBERTSONE, *heir* of James Robertsone sone to James Robertsone in Foulfoord, *his brother consanguineane,*—in tenements in Edinburgh:—E. 3s. 4d.—in several annuel rents forth of tenements in Edinburgh.—E. .... xxii. 60.

(1052) Aug. 11. 1655.

STANISLAUUS PORTOUS in Slanomo in Poland, *heir of conqueis* to Leonard Portous merchand in Polland, *his guidshires brother sone,*—in a tenement in Edinburgh.—E. 3s. 4d. xxii. 61.

(1053) Aug. 18. 1655.

JAMES KENNEDY, *heir* of Johne Kennedye fishmonger burges of Edinburgh, *his father,*—in tenements in Edinburgh.—E. 3s. 4d. xxii. 62.

(1054) Sep. 19. 1655.

ELIZABETH MACKGILL spous to Patrik Murray fiar of Killane, *heir portioner* of David Mackgill merchand burges of Edinburgh, *her father,*—in ane Eister Tempilland in Edinburgh.—O. E. 4s. N. E. 12s. xxii. 107.

(1055) Oct. 16. 1655.

WILLIAM STEWART, *heir portioner of provision* of Harie Stewart sone to Johne Stewart merchand burges of Edinburgh, *his brother german,*—in tenements in Edinburgh:—E. 3s. 4d.—ane annuell rent of 4 merks furth of a tenement in Edinburgh. xxii. 103.

(1056) Nov. 13. 1655.

MARGARET GUTHRIE spous to William Rutherfuird merchand, *heir* of Alexander Guthrie merchand burges of Edinburghe, *her father,*—in 2 buiths in Edinburgh.—E. 3s. 4d. xxiii. 116.

(1057) Feb. 28. 1656.

ROBERT MAKGILL, *heir of tailyie and provisioun* of Patrick Mackgill second sone of Sir James Mackgill of Cranstoun-M'Gill knight baronit, *his brother,*—in the lands and barony of Cranstoun-Riddell, with the patronage and teynd sheaves of the paroch kirk and parochin of Cranstoun:—O. E. 5l. N. E. 20l.—these peaces of land of Prestoun callit the Hauchs:—E. 6s. 8d.—the toune, lands, and baronie of Cousland in the parochin of Innerask:—O. E. 10l. N. E. 40l.—the teynd sheaves of the said toun and lands of Cousland as for the principle:—E. 66l. 10s.—the lands of Eister and Wester Drylawis within the baronie of Corstorphin:—O. E. 40s. N. E. 6l.—all these lands are united into the baronie of Cranstoun-Mackgill, along with other lands in Haddington, Fife, Berwick, and Linlithgow.—(See Haddington, Fife, Berwick, Linlithgow.) xxii. 150.

(1058) May 16. 1656.

MR. ROBERT ADAMSONE of Craigcruike, *heir* of Master William Adamsone of Craigcruike, *his father,*—in the lands callit Clarbarstoune quhilk is a pairt of Crawmond-regis, with comon pasturage and priviledge of fewall throw all the mures of Crawmond.—O. E. 10s. N. E. 30s. xxiv. 115.

(1059) May 16. 1656.

MR. JAMES ELEIS, *heir* of James Eleis merchand burgis of Edinburgh, *his father,*—in the corne-milnes and walk-milnes of Sauchtoun, with the milne lands and multuris of the lands of Sauchtoun:—E. 30m. &c. *of feu duty:*—6 oxgate of land of the lands of Sauchtoun called Sighthill, within the barony of Brughtoun.—E. 15m. &c. *of feu duty.* xxiii. 194.

(1060) Jun. 28. 1656.

ELIZEBATH RALSTOUNE, *heir* of James Ralstoun wrytter burges of Edinburghe, *her father,*—in a tenement in Edinburgh.—E. 3s. 4d. xxiii. 160.

(1061) Nov. 15. 1656.

JONET CHRYSTIE, *heir* of Catherin Chrystie, *her sister consanguinean on the father syde,*—in the half of two tenements in Edinburgh.—E. 3s. 4d. xxiv. 41.

(1062) Feb. 25. 1657.

JAMES FLEMING, *heir* of Malcolme Fleming merchand burges of Edinburgh, *his father,*—in the halfe of the lands of Ratho-Byres callit the Abthen of Ratho, in the barony of Kirklistoun and regalitie of Saint Androis.—O. E. 40s. N. E. 6l. xxiv. 115.

(1063) Mar. 25. 1657.

WILLIAM BORTHICK of Cruikstoune, *heir* of William Borthick of Cruikstoune, *his foirgrandser,*—in the lands of Couberriehill, in the baronie of Roislane.—O. E. 10s. N. E. 30s. xxiv. 134.

(1064) Apr. 29. 1657.

WILLIELMUS HAMILTOUN filius Joannis Hamiltoun de

Muirhous, *hæres talliæ et provisionis* Magistri Joannis Hamiltoun filii natu maximi dicti Joannis Hamiltoun de Muirhous apothecarii burgensis de Edinburgh, *fratris consanguinei*,—in terris et baronia de Muirhous et Naikiters cum viridariis, ripis marinis lie Links, piscariis salmonum in mari seu aqua de Forth, unitis in baroniam de Muirhous, cum portu.—A. E. 3*l.* N. E. 9*l.*   xxvi. 204.

(1065)   Jun. 30. 1657.
HARIE HOPPER of Bourhouss, *heir* of James Hopper of Bourhouss, *his father*,—in a tenement in Edinburgh.—E. 3*s.* 4*d.*   xxiv. 163.

(1066)   Jul. 8. 1657.
ARTHUR CALDERWOOD in Bevella, *heir* of Laurence Lockie, *his guidames brother*,—in two Temple tenements in Edinburgh.—E. 6*d. of feu duty.*   xxiv. 152.

(1067)   Jul. 23. 1657.
MR. NICOLL UDWARD, *heir* of Nicoll Udward merchand burges of Edinburghe, *his father*,—in tenements in Edinburgh.—E. 3*s.* 4*d.*   xxiv. 155.

(1068)   Aug. 18. 1657.
ANNA HAMILTOUNE, *heir* of Alexander Hamiltoune son to Alexander Hamiltoune generall of the Artylzearie, *her brother*,—in the lands and barroney of Preistfeild, with the haill loch lyand contigue, and fischings of the samin, within the balliarie of Edinburghe :—O. E. 40*s.* N. E. 6*l.*—the teynds and teind sheaves of the forsaids lands of Preistfeild.—E. 20*s.*—all unite into the baronie of Preistfield.   xxiv. 196.

(1069)   Aug. 22. 1657.
ALISONE AND MARGARET SYMES, *heirs portioners* of Alexander Syme sone to Mr. Alexander Syme advocat, *their father*,—in a tenement in Edinburgh.—E. 3*s.* 4*d.*   xxiv. 185.

(1070)   Aug. 27. 1657.
PATRICK TURNER of Tillinaucht, *heir of conquest* of Alexander Turner of Kindroght, *his imediat younger brother germane*,—in tenements in Edinburgh.—E. 3*s.* 4*d.*—(See Ayr.)   xxiv. 172.

(1071)   Sep. 5. 1657.
JAMES STEWART merchand burges of Edinburgh, *heir* of Harie Stewart youngest sone to Johne Stewart merchand, *his imediat younger brother*,—in tenements in Edinburgh, and ane portion of ane annualrent of 4 merks.—E. 3*s.* 4*d.*   xxiv. 170.

(1072)   Nov. 27. 1657.
JOHN RIDDELL of Hayning, *heir* of Andrew Riddell of Hayning, *his father*,—in the lands of Bowlands within the lordschipe of Stow and regalittie of St. Androus ;—the lands of Bowshank ; —the lands of Crumsyd quhilks are pairts of the lands of Bowshank, with the mylne of Bowshank, within the lordschipe and regallittie forsaid.—E. 22*l.* 13*s. of feu duty.*   xxiv. 275.

(1073)   Feb. 9. 1658.
JONETT AND MARJORIE LAWSONS, *heirs portioners* of John Lawsone merchand burges of Edinburghe, *their father*,—in tenements in Edinburgh.—E. 3*s.* 4*d.*   xxiv. 225.

(1074)   Apr. 7. 1658.
WILLIAM MEGGAT of Maistertoune, *heir* of Thomas Meggat of Maistertoune, *his father*,—in the lands of Maistertoune in the lordship of Newbotle :—E. 5*l. of feu ferme :*—these houses and mansiones with a croft in the village of Newbottle and territory thereof ;—another croft or piece of arable land on the south side of the highway from the village of Newbotle to the Newbridge, with a little Meidow adjacent thereto, and a piece of arable ground upon the hill immediately above the samine ;—two aikers of land lying contigue in Bellibught in the said village of Newbottle and territory thereof :—E. 56*s. of feu ferme :*—6 husband temple lands of the lands of Utterstoune, in the village and territory of Utterstoun and barony of Ballintrodo.—E. 10*s.* &c. *of feu ferme :*—2 merk lands in the said village and territory of Utterstoun in the said barony of Ballintrodo.—E. 8*s.* &c. *of feu ferme.*   xxv. 4.

(1075)   Jun. 25. 1658.
LAURENCE SCOT of Clarkingtoune, *heir* of Sir William Scot of Clarkingtoune knyht, sometyme ane of the Lords of Sessione, *his father*,—in the lands of Clarkingtoune and that pairt therof called Braidwood, with the corne milne called Clarkingtoun-mylne, which were proper pairts of the barronie of Corstorphine :—O. E. 10*l.* N. E. 30*l.*—the lands of Freirtoune with priviledg of ane frie regalitie, within the regalitie and barroney of Burghtoune.—E. 12*m. of feu duty.*   xxv. 73.

(1076)   Jul. 9. 1658.
JOHN BELL in Edinburgh, *heir* of Johne Bell receiding at the watter of Leith, *his guidser*,—in ane peace of land with houses, &c. within the barronie of Abercorne.—E. 10*s. of feu ferme.*   xxv. 147.

(1077)   Oct. 2. 1658.
PATRIK MONTEITH of Eaglischaw, *heir* of Robert Monteith of Egilschaw, *his father*,—in ane annuelrent of 1000*m.* furth of tenements in Edinburgh.—E. 3*s.* 4*d.*   xxv. 108.

(1078)   Dec. 9. 1658.
BEATRIX SALMOND spous to James Tailyifer merchand burges of Edinburgh, and JANET SALMOND spous to John Robertsone merchand ther, *heirs portioners* of William Salmond son to Robert Salmond merchand burges of Edinburgh, *their brother*,—in tenements in Edinburgh.—E. 3*s.* 4*d.*   xxv. 129.

(1079)   Jan. 25. 1659.
HELEN HEPBURNE, *heir* of Thomas Hepburne of Humbie, *her father*,—in 2 chambers in Edinburgh.—E. 2*s.*—(See Lanark, Renfrew, Haddington.)   xxv. 140.

(1080)   Jan. 25. 1659.
HELEN HEPBURNE, *heir of provisione* of Thomas Hepburne of Humbie, *her father*,—in pairts of the lands, lordship, and barronie of Creichtoun, viz. the lands of Wester Creichtoun and Castelmaynes of Creichtoun ;—the lands of Turniedykis ;—the landis of Eister Crichtoun, Blackcastellfuird, and milne therof ;—the landis of Sauchwell, within the parochin and lordship of Creichtoun ;—the landis of Lochquharrett and Hagbray, within the parochin of Borthwick, with advocatioun of the provestrie of Creichtoun, prebandaries and chaplanries therof, and all tenements, houses, ruids, aikers of lands, &c. within the boundis of the landis of Wester Creichtoune, all unitt into the barronie of Creichtoune-Hepburne.—A. E. 30*l.* N. E. 90*l.*—(See Haddington.)   xxv. 142.

(1081)   Feb. 15. 1659.
PATRICK LORD ELIBANK, *heir of provisioun* of Thomas Murray sone to Patrick Lord Elibank, *his brother*,—in tenements in Edinburgh.—E. 3*s.* 4*d.*   xxv. 152.

(1082)   Apr. 21. 1659.
PATRICK HEPBURNE of Smeitoun, *heir* of Mr. John Hepburne of Smeittoune, *his father*,—in the lands of Eister Crightoun within the lordship of Crightoun, for releiff of cautionrie.—O. E. .... N. E. ....—(See Haddington.)   xxv. 206.

(1083)   May 14. 1659.
MR. JAMES WINRAHAME of Wistoun, *heir* of James Winrahame of Wistoun, *his father*,—in ane fourt pairt of the lands of Ratho-byres, within the parochine of Ratho.—O. E. 46*s.* 8*d.* N. E. 7*l.*—(See Lanerk.)   xxv. 201.

(1084)   Apr. 13. 1661.
ALEXANDER BRYSSOUN, *hæres talliæ et provisionis* Roberti Bryssoun filii Andreæ Bryssoun mercatoris ac burgensis de Edinburgh, *fratris*,—in tenementis in Edinburgh.—E. 3*s.* 4*d.*   xxvi. 1.

(1085)   Maii 9. 1661.
THOMAS GUDLET, *hæres* Magistri Davidis Gudlet apud Inchmauchan, *fratris avi*,—in tenemento in Edinburgh.—E. 3*s.* 4*d.*   xxvi. 8.

(1086)   Jun. 29. 1661.
JACOBUS BANNATIN, *hæres masculus et talliæ* Patricii Bannatine Clerici deputati Justitiæ, *patris*,—in tenemento in Edinburgh.—E. 3*s.* 4*d.*   xxvi. 11.

(1087)   Jul. 10. 1661.
GEORGIUS PRESTOUN de Eodem et Craigmillar, *hæres masculus et talliæ* Davidis Prestoun de Eodem et Craigmillar, *patris*, —in terris et baronia de Craigmillar :—A. E. 10*l.* N. E. 20*l.*—terris et baronia de Prestoun alias Gourtoun (vel Cantoun), cum manerie de Uttershill :—A. E. 10*l.* N. E. 20*l.*—decimis garbalibus terrarum et baroniæ de Craigmillar comprehendentium terras dominicales de Craigmillar ;—terras de Cairnetowes ;—terras de Brigend, et terras de Camron.—A. E. 40*s.* N. E. 4*l.*   xxvi. 25.

(1088)   Oct. 25. 1661.
MARGARETA CRAIG sponsa .... Freir, *hæres* Roberti Craig coqui burgensis de Edinburgh, *patris*,—in tenementis in Edinburgh.—E. 3*s.* 4*d.*   xxvi. 15.

(1089)   Jul. 31. 1661.
GULIELMUS TRENT in Newbottle, *hæres* Joannis Trent in Newbotle, *patris*,—in crofta terræ vocata Jardans croft in territorio villæ de Newbotle :—A. E. 20*s.* N. E. 21*s.* 8*d.*—mansionibus, croftis, et acris terrarum, in territorio dictæ villæ de Newbotle.—E. 3*l.* 11*s.* 4*d.*   xxvi. 24.

(1090)   Oct. 17. 1661.

ANNA COMITISSA DE BUCCLEUGH, *hæres talliæ et provisionis* Mariæ Comitissæ de Buccleugh, *sororis*,—in terris, dominio, regalitate, et villa et burgo baroniæ et regalitatis de Dalkeith, infra parochiam de Dalkeith, cum castro et fortalicio, silva, et parca de Dalkeith, molendinis granorum et fullonum, et jure advocationis præposituræ et prebendariorum ecclesiæ collegiatæ de Dalkeith, cum decimis rectoriis et viccariis dictarum terrarum infra dictam parochiam de Dalkeith ;—terris et baronia de Caldercleir, cum aliis terris in vicecomitatibus de Haddington et Linlithgow :—A. E. 40*l*. N. E. 160*l*.—terris et baronia de Lugtoun, cum decimis rectoriis dictarum terrarum et baroniæ de Lugtoun, infra dictam parochiam de Dalkeith ;—terris ecclesiasticis et terris templariis, cum jure regalitatis et capellæ et cancellariæ :— A. E. 6*l*. N. E. 12*l*.—unitis cum aliis terris in dominium, baroniam, et regalitatem de Dalkeith ;—baronia de Shirreffhall comprehendente terras et baroniam de Shirreffhall :—A. E. 10*l*. N. E. 21*l*.—decimis rectoriis et vicariis dictarum terrarum, unitis in baroniam de Shirreffhall :—A. E. 3*s*. 4*d*. N. E. 13*s*. 4*d*.— cum aliis terris erectis in comitatum de Buccleuch.—(Vide Selkirk, Roxburgh, Peebles, Dumfries, Haddington, Linlithgow, Kirkcudbright.)   xxvi. 48.

(1091)   Oct. 17. 1661.

ANNA COMITISSA DE BUCCLEUGH, *hæres talliæ et provisionis* Mariæ Comitissæ de Buccleugh, *sororis germanæ*,—in terris de Clerkingtoun et illa parte vocata Braidwood, cum molendino granario, decimis, et advocatione ecclesiæ de Clerkingtoun.— A. E. 10*l*. N. E. 30*l*.—(Vide Renfrew, Fife, Peebles, Selkirk.)   xxvi. 68.

(1092)   Dec. 21. 1661.

THOMAS DOWNIE, *hæres* Alexandri Downie mercatoris et burgensis de Edinburgh, *avi ex parte patris*,—in annuo redditu 300*m*. de terris et tenemento in Edinburgh vocatis Crocehous ; —prædictis terris et tenemento in Edinburgh vocatis Crocehous. —E. 3*s*. 4*d*.   xxvi. 186.

(1093)   Dec. 24. 1661.

HENDRICUS OSBURNE mercator burgensis de Edinburgh, *hæres provisionis* Davidis Osburne filii Henrici Osburne scribæ signeto S. D. N. Regis, *fratris immediate junioris*,—in equali dimidio annui redditus 120*m*. correspondente 2000*m*. de orientali dimidietate 45 acrarum terræ arabilis villæ et terrarum de Sauchtounhall, cum decimis, infra parochiam Sancti Cuthberti. xxvi. 100.

(1094)   Dec. 24. 1661.

HENRICUS OSBURNE mercator burgensis de Edinburgh, *hæres* Joannis Osburne filii legitimi quarto geniti Henrici Osburne scribæ signeto S. D. N. Regis, *fratris immediate junioris*,—in equali dimidio annui redditus 120*m*. correspondente 2000*m*. de orientali dimidietate 45 acrarum terræ arabilis villæ et terrarum de Sauchtounhall, cum decimis, infra parochiam Sancti Cuthberti. xxvi. 101.

(1095)   Jan. 17. 1662.

JOANNES INGLIS junior de Manerheid, filius legitimus Isobellæ Pringle sponsæ Malcolmi Inglis senioris de Manerheid, *hæres portionarius* Joannis Pringle de Colmeslie, *avunculi*,—MARIOTA PRINGLE sponsa Joannis Hunter in Cousland, *hæres portionaria* dicti Joannis Pringle de Colmslie, *fratris*,—in dimidietate terrarum de Cortilferrie, in dominio de Stow in Waddell et regalitate de Sanctandrois :—E. 5*l*. 10*s*. 4*d*. *feudifirmæ*:—dimidietate dictæ villæ et terrarum de Cortilferrie in dominio de Stow in Weddell, et regalitate Sancti Andreæ :—E. 7*m*. 3*s*. 4*d*. *feudifirmæ* :—dimidietate terrarum et prædii lie steiding de Carshop, in dominio et baronia de Heriotmure.—E. ......\....—(Vide Roxburgh.)   xxvi. 222.

(1096)   Feb. 20. 1662.

PATRICIUS HAMILTOUN de Litle Prestoun, *hæres* Domini Patricii Hamiltoun de Litle Prestoun militis, *patris*,—in terris de Litle Prestoun infra regalitatem de Sanct Androis ;—40 solidatis terrarum antiqui extentus de Everland in villa et territorio de Crawmond-regis, cum communia in communi mora de Crawmond :—A. E. 40*s*. N. E. 6*l*.—molendino de Crawmond :—E. 26*s*. 8*d*. &c. *feudifirmæ* :—2 quarteriis seu quartis partibus villæ et terrarum de Chammo (vel Cammo), infra parochiam de Crawmond : —E. ....—unitis in baroniam de Litle Prestoun ;—terris templariis in villa et territorio de Crawmond-regis, et 2 parcis vel rigis ;—terris templariis de Southfeild cum pasturis ;—officio hæreditarii balliatus prædictarum terrarum templariarum et regalitatis de Torphichen in hac parte :—E. ....—acra terræ templariæ in dicta villa et territorio de Crawmond-regis:—E. 13*s*. *feudifirmæ*: —terris de Crawmond extendentibus ad 10 acras :—E. 33*s*. 4*d*. *feudifirmæ* :—terris de Howmeadowbankis cum novo molendino; —terris de Westend villæ de Crawmond-regis cum communi pastura in mora de Crawmond :—E. 3*l*. 6*s*. 8*d*. *feudifirmæ* :—tene-

mento terræ ac crofta contiguo adjacente ex parte boreali ejusdem, continente 5 acras terrarum in villa et territorio de Crawmond-regis, in dominio de Ovir Barntoun :—E. ....—magna inferiore volta sive sellario super lie schoir de Leith, in baronia de Restalrig :—E. 8*d*. *feudifirmæ* :—terris de Fala, Falahall, Brotherscheill, et Wooderaick, et decimis garbalibus earundem, cum aliis terris in vicecomitatu de Roxburgh.—E. 20*l*. et 13*s*. 8*d*. in augmentationem, *feudifirmæ*.—(Vide Roxburgh.)   xxvi. 179.

(1097)   Mar. 28. 1662.

WILLIELMUS LITLE de Ovirlibbertoun, *hæres* Magistri Wilielmi Litle de Overlibbertoun, *patris*,—in terris et baronia de Over Libbertoun comprehendentibus 10 libratas terrarum de Ovirlibbertoun et 1 mercatam terræ vocatam Smitterlands, extendentibus in integro ad 16 mercatas terrarum ;—10 libratis terrarum de Ovirlibbertoun in baronia de Overlibbertoun ;—dimidietate de Braidcroft ;—dimidietate occidentalis partis villæ et terrarum de Ovirlibbertoun :—E. 24*l*.—mansione, turre, et fortalicio de Over Libbertoun, in villa et territorio de Ovirlibbertoun ;—dimidietate terrarum de Ovirlibbertoun vocata Serjandlands, in dicta villa et territorio de Ovirlibbertoun, et decimis garbalibus earundem :—A. E. 20*s*. N. E. 4*l*.—altera dimidietate terrarum de Ovirlibbertoun vocata Serjandslands :—A. E. 20*s*. N. E. 4*l*. —acra terræ vocata Victaris aiker :—E. 5*s*.—tenementis, hortis et domibus in burgo de Edinburgh :—E. 3*s*. 4*d*.—annuo redditu 205*l*. de tenementis in burgo Vicicanonicorum ;—annuo redditu 5*m*. de septem communibus molendinis burgi de Edinburgh ;— decimis garbalibus dictarum terrarum de Overlibbertoun et Serjeandlands, terrarum de Ninians lands, et Braidcroft :—A. E. 3*s*. 4*d*. N. E. 13*s*. 4*d*.—annuo redditu 4*m*. de annuo redditu 10*m*. de tenemento in Edinburgh ;—annuo redditu 45*s*. de terris in Edinburgh ;—annuo redditu 40*s*. de terris et tenementis in Edinburgh ;—annuo redditu 8*s*. de tenemento in Edinburgh.   xxvi. 184.

(1098)   Apr. 1. 1662.

GEORGIUS COMES DE PANMURE, Dominus Breichen et Navar, *hæres* Patricii Comitis de Panmure, Domini Breichen et Navar, &c. *patris*,—in terris, &c. erecti dominii et baroniæ de Aberbrothock et olim abbaciæ ejusdem tam spiritualitate quam temporalitate, viz. terris et baronia de Aberbrothock comprehendente inter alia tenementum in villa de Leith lie Girnelhouse nuncupatum, ad abbaciam de Aberbrothock pertinens, cum annuo redditu 2*s*. de burgo de Edinburgh, et aliis annuis redditibus, et jure liberæ regalitatis cum capella et cancellaria, omnibus cum aliis terris, &c. erectis in temporale dominium, baroniam, et regalitatem de Aberbrothock.—E. 200*l*. *feudifirmæ*.—(Vide Forfar, Kincardine, Aberdeen, Bamf, Lanerk, Perth, Nairn.)   xxvi. 164.

(1099)   Maii 23. 1662.

ISSOBELLA MOW, *hæres* Wilielmi Mow incolæ de Dalkeith, *proavi*,—in 2 tenementis husbandiis in villa et territorio de Dalkeith :—E. ....—2 terris cottagiis jacentibus ut supra.—E. ....   xxvi. 205.

(1100)   Jun. 5. 1662.

JOANNES ANDERSON vietor incola burgi de Hadingtoun, *hæres* Joannis Andersone senioris mercatoris burgensis de Edinburgh, *patris*,—in tenementis in Edinburgh.—E. 3*s*, 4*d*.   xxviii. 101.

(1101)   Jul. 8. 1662.

DAVID PURVES, *hæres* Doctoris Georgii Purves, *patris*,—in magno tenemento seu mansione vocata mansionem abbatis de Melros cum horto, infra burgum de Edinburgh ;—domo stramine tecta lie Thackhous, et pecia vastæ terræ ex boreali parte, et alia pecia ex orientali parte dictæ Thackhous.—E. 40*s*.—(Vide Hadingtoun.)   xxvi. 255.

(1102)   Jul. 31. 1662.

ALEXANDER DICKSONE, *hæres* Jacobi Dicksone filii Jacobi Dicksone scribæ, *fratris*,—in tertia parte tenementi in Edinburgh. —E. 3*s*. 4*d*.   xxvii. 230.

(1103)   Sep. 20. 1662.

JONETA, ANNA, ET CATHERINA DUNLOP, *hæredes portionariæ* Joannis Dunlop advocati, *patris*,—in tenementis in Edinburgh.—E. 3*s*. 4*d*.   xxvi. 275.

(1104)   Dec. 11. 1662.

THOMAS BEG mercator, *hæres provisionis* Margaretæ Beg, *filiæ*,—in inferiore mercatoriali botha in Edinburgh.—E. 3*s*. 4*d*.   xxvi. 341.

(1105)   Maii 22. 1663.

JOANNES THOMESONE, *hæres* Abrahami Thomsone mercatoris burgensis de Edinburgh, *patris*,—in tenemento in villa de

Leith infra baroniam de Restalrig, et per annexationem infra baroniam et dominium de Newbottill.—E. 5s.   xxvii. 78.

(1106)   Maii 22. 1663.
JONETA HAY Domina de Reidhall, *hæres* Alexandri Hay de Ravelrig, *patris*,—in proprietate terrarum vocatarum Brewlands et lie onsteid in Over Currie, cum 2 acris terrarum eisdem adjacentibus, et 3 summarum animalium pastura infra moram de Killeith, infra parochiam de Currie :—E. 3s. 4d.—proprietate domorum ex occidentali et orientali partibus australis finis pontis de Currie, infra prædictam parochiam, cum privilegio cespitum in mora de Killeith.—E. 2s.   xxvii. 110.

(1107)   Maii 30. 1663.
JOANNES WILSONE, *hæres* Wilielmi Wilsone mercatoris burgensis de Edinburgh, *patris*,—in tenementis in Edinburgh.—E. 3s. 4d.   xxvii. 76.

(1108)   Jun. 2. 1663.
ROBERTUS AICHIESONE de Sydserff, *hæres* Gilberti Achiesone, *fratris germani*,—in tenementis in Edinburgh.—E. 3s. 4d.   xxvii. 77.

(1109)   Jun. 2. 1663.
DAVID CALLANDAR, *hæres* Davidis Callander fabri lignarii, *patris*,—in tenemento in Edinburgh.—E. 3s. 4d.   xxxii. 146.

(1110)   Jun. 10. 1663.
ROBERTUS HILL, *hæres* Roberti Hill in Edmistoun, *patris*,—in tenemento husbandio in Dalkeith, infra dominium et regalitatem ejusdem.—E. 3l.   xxvii. 92.

(1111)   Sep. 8. 1663.
MAGISTER WILIELMUS DUGUID de Apletrieleives, *hæres* Joannis Duguid calcearii burgensis de Edinburgh, *fratris germani*, —in tenementis in Edinburgh.—E. 3s. 4d.   xxvii. 115.

(1112)   Nov. 28. 1663.
THOMAS WILSONE calcearius apud aquam de Leith, *hæres* Jacobi Wilsone, *filii patrui*,—in parte tenementi in Edinburgh.—E. 3s. 4d.   xxvii. 133.

(1113)   Maii 10. 1664.
GEORGIUS BANNATYNE, *hæres* Henrici Bannatyne burgensis Vicicanonicorum, *patris*,—in tenementis in Edinburgh.—E. 3s. 4d.   xxvii. 214.

(1114)   Maii 28. 1664.
JEANNA MILLER, *hæres* Magistri Jacobi Miller, *filii fratris avi*, —in tenemento in Edinburgh.—E. 3s. 4d.   xxviii. 66.

(1115)   Maii 28. 1664.
THOMAS THOMSONE filius Thomæ Thomsone mercatoris, *hæres portionarius* Allani Brynton mercatoris burgensis de Edinburgh, *avi ex parte matris*,—AGNES BRYNTOUN sponsa Capitani Jacobi Hammiltoun, *hæres portionaria* Allani Bryntoun mercatoris burgensis de Edinburgh, *patris*,—in tenemento in Edinburgh :—E. 3s. 4d.—annuo redditu 30s. et alio 26s. 8d. de tenementis in Edinburgh.   xxvii. 203.

(1116)   Jul. 6. 1664.
JOANNES PRINGLE de Williamlaw, *hæres masculus* Joannis Pringle de Cortilferrie, *nepotis proavi fratris*,—in dimidietate terrarum de Cortilferrie, infra dominium de Stow in Weddell et regalitatem Sancti Andreæ.—E. 5l. 10s. 4d. *feudifirmæ*. xxvii. 217.

(1117)   Jul. 27. 1664.
ALEXANDER NISBET de Dean, *hæres masculus* Domini Wilielmi Nisbit de Deane, *patris*,—in terris et baronia de Dean cum molendinis granorum et fullonum ;—mora nuncupata Highland mure prope burgum de Edinburgh, unitis in baroniam de Deane :—A. E. 4l. N. E. 8l.—terris de Pulterlandis juxta villam de Deane, cum officio pultriæ S. D. N. Regi :—A. E. 20d. N. E. 5s.—decimis dictarum terrarum de Deane, infra diocesin Sancti Andreæ.—A. E. 13s. 4d. N. E. 40s.   xxvii. 226.

(1118)   Oct. 18. 1664.
ROBERTUS JOHNESTOUN, *hæres* Joannis Johnestoun mercatoris burgensis de Edinburgh, *patris*,—in 2 tenementis in Edinburgh.—E. 3s. 4d.   xxvii. 270.

(1119)   Nov. 15. 1664.
DAVID JACK, *hæres* Joannis Clerk, *avunculi*,—in tenementis in Edinburgh.—E. 3s. 4d.   xxvii. 271.

(1120)   Jan. 14. 1665.
ANNA MITCHELSONE sponsa Roberti Home incolæ villæ de Leith, *hæres* Margaretæ Mitchelsone, *filiæ fratris*,—in tenementis

in Edinburgh :—E. 3s. 4d.—annuo redditu 50l. de tenemento in Edinburgh.   xxvii. 289.

(1121)   Mar. 30. 1665.
JOANNES LOCKHART, *hæres* Roberti Lockhart mercatoris burgensis de Edinburgh, *patris*,—in annuo redditu 120l. de terris de Murehouse et Nakedarse, cum piscationibus in mari seu aqua de Forth.—(Vide Lanark.)   xxvii. 315.

(1122)   Mar. 30. 1665.
JOANNES LOCKHART, *hæres* Roberti Lockhart mercatoris burgensis de Edinburgh, *patris*,—in prædicto annuo redditu.— (Vide Lanark.)   xxvii. 315.

(1123)   Mar. 30. 1665.
JOANNES LOCKHART, *hæres* Jacobi Lockhart filii legitimi quondam Roberti Lockhart mercatoris burgensis Edinburgi, *fratris germani*,—in prædicto annuo redditu.—(Vide Lanark.) xxvii. 316.

(1124)   Apr. 26. 1665.
MAGISTER JACOBUS LOGANE de Shirreffbrae, *hæres* Joannis Logane de Cowstoun, *patris*,—in 26 acris terrarum, infra portum et metas de Newhaven :—E. 2s. *pro qualibet acra, feudifirmæ* : —5¼ particatis terrarum jacentibus ut supra :—E. 5d. *pro qualibet particata, feudifirmæ* :—3 buttis terrarum jacentibus ut supra :— E. 4d. *pro qualibet butta, feudifirmæ*:—libertate lucrandi et fodiendi carbones infra prædictas terras :—E. 6s. 8d. *feudifirmæ*:— officio ballivatus portus de Newhaven et terrarum infra bondas et jurisdictionem ejusdem ;—proprietate 4 acrarum consolidata cum superioritate in Claypotts, infra dictas limites de Newhaven.— E. 8s.   xxix. 67.

(1125)   Maii 2. 1665.
JACOBUS RODGER in Lochgill, *hæres* Davidis Roger filii legitimi Thomæ Rodger mercatoris burgensis de Edinburgh, *filii patrui*,—in botha in Edinburgh.—E. 3s. 4d.   xxix. 34.

(1126)   Jun. 24. 1665.
GILBERTUS POWER mercator de Edinburgh, *hæres* Magistri Joannis Power filii Joannis Power mercatoris burgensis de Edinburgh, *fratris germani*,—in tenementis in Edinburgh :—E. 3s. 4d. —annuo redditu 23m. 6s. 8d.—annuo redditu 6m. de tenemento in Edinburgh.   xxviii. 29.

(1127)   Jul. 22. 1665.
DAVID HATHOWIE, *hæres* Cuthberti Hawthowie coqui, burgensis de Edinburgh, *patris*,—in tenementis in Edinburgh.—E. 3s. 4d.   xxix. 50.

(1128)   Jul. 22. 1665.
DAVID HATHOWIE, *hæres* Jacobi Wilsoun, *avunculi*,—in tenemento terræ cum horto in burgo de Edinburgh in Vennella vocata Niddries Wynd.—E. 3s. 4d.   xxix. 51.

(1129)   Jul. 22. 1665.
DAVID HATHOWIE, *hæres* Alexandri Wilsoun, *avunculi ex parte matris*,—in tenemento terræ cum horto, in burgo de Edinburgh, in Venella vocata Niddries Wynd.—E. 3s. 4d.   xxix. 51.

(1130)   Jul. 28. 1665.
MAGISTER PATRICIUS LINDSEY, *hæres masculus* Magistri Jacobi Lyndsay de Leckaway, *patris*,—in terris et baronia de Blaikerstoun comprehendente annuum redditum 30s. de villa et burgo de Edinburgh ;—decimas de Wauchtoun et Traquha infra parochiam de Prestounkirk, quæ ex antiquo ad prioratum de St. Bothanes pertinuerunt, et decimas aliarum terrarum ubicunque infra regnum Scotiæ, et alias terras, decimas, &c. in vicecomitatu de Berwick, unitas in baroniam de Blaikerstoun.—E. 40s.—(Vide Berwick.)   xxviii. 86.

(1131)   Aug. 22. 1665.
DONALDUS MONTEITH faber ferrarius in Branker, *hæres* Duncani Monteith fabri ferrarii in Kettle, *fratris*,—in tenemento infra burgum de Edinburgh.—A. E. 6d. N. E. 2 asses.—(Vide Fife.)   xxviii. 61.

(1132)   Sep. 16. 1665.
HELENA YOUNG, *hæres provisionis* Georgii Young tinctoris burgensis de Edinburgh, *patris*,—in dimidia parte tenementi in Edinburgh.—E. 3s. 4d.   xxviii. 64.

(1133)   Oct. 18. 1665.
JACOBUS LOWIS de Merchingstoun, *hæres* Magistri Niniani Lowis de Merchingstoun, *patris*,—in terris et baronia de Merchingstoun olim unitis in baroniam de Merchingstoun :—A. E. 10l.

L

N. E. 30l.—terris de Craighous ab antiquo per unionem in baronia de Newbotle.—E. 6m.   xxviii. 69.

(1134)   Oct. 19. 1665.
ELIZABETHA HALYBURTON, *hæres* Jonetæ Halyburton sponsæ Jacobi Halyburton apothecarii, *matris*,—in tenemento in Edinburgh.—E. 3s. 4d.   xxviii. 70.

(1135)   Oct. 25. 1665.
JACOBUS HALYBURTON de Innerleith, *hæres* Alexandri Halyburtoun de Innerleith, *patris*,—in terris et baronia de Innerleith comprehendente terras dominicales de Innerleith lie maynes ejusdem;—molendinum granarium ejusdem;—terras vocatas Wairdie, Wairdiebrow, et Wardiemure, cum turre de Wairdie, et advocatione beneficiorum, infra parochiam de St. Cuthberts, unitis in baroniam de Innerleith:—A. E. 6l. 13s. 4d. N. E. 20l.—decimis garbalibus prædictarum terrarum:—E. 3l. 10s.—9 salinarum patellis edificatis super dictas terras et baroniam, infra prædictam parochiam de St. Cuthberts.—A. E. 1s. N. E. 3s.   xxviii. 74.

(1136)   Dec. 7. 1665.
JACOBUS HALYBURTON apothecarius burgensis de Edinburgh, *hæres* Elizabethæ Halyburton, *filiæ*,—in tenemento in Edinburgh.—E. 3s. 4d.   xxviii. 80.

(1137)   Jan. 5. 1666.
DOMINUS JACOBUS HAMMILTOUN, *hæres masculus* Domini Jacobi Hamiltoun de Preistfeild militis, *patris*,—in hæreditario officio custodiæ Roborarii lie park de Halyrudehous, cum feodis, &c. ad idem pertinentibus.—A. Er 20s. N. E. 3l.   xxviii. 100.

(1138)   Jan. 18. 1666.
WILLIELMUS HALYBURTOUN mercator, *hæres* Jacobi Halyburtoun scribæ, *patris*,—in tenemento in Edinburgh.—E, 3s. 4d.   xxviii. 97.

(1139)   Feb. 14. 1666.
JOANNES HAMMILTOUN de Grange filius Joannis Hammilton, *hæres* Joannis Hamiltoun de Grange de Breich, *avi*,—in terris de Grainge de Breich in parochia de Calder, et per unionem et annexationem infra baroniam de North Berwick.—A. E. 2m. N. E. 4l.   xxviii. 105.

(1140)   Mar. 15. 1666.
DAVID WILSOUN, *hæres* Joannis Wilsone filii Willielmi Wilsone mercatoris burgensis de Edinburgh, *fratris germani*,—in tenementis in Edinburgh.—E. 3s. 4d.   xxviii. 175.

(1141)   Mar. 23. 1666.
ALEXANDER BARNIS mercator de Edinburgh, *hæres* Jacobi Barnes mercatoris burgensis de Edinburgh, *fratris immediate senioris*,—in dimidietate tenementi in Edinburgh.—E. 3l. 7s. 8d.   xxviii. 119.

(1142)   Mar. 23. 1666.
DOMINUS PATRICIUS THOMSONE de Duddingstoune, *hæres* Domini Thomæ Thomsone de Duddingstoun militis baronetti, *patris*,—in terris et villis de Eister et Wester Duddingstouns, unitis in tenandriam de Duddingstoun:—A. E. 16l. N. E. 48l.—decimis garbalibus dictarum terrarum infra parochiam de Duddingstoune.—A. E. 13s. 4d. N. E. 40s.   xxviii. 124.

(1143)   Mar. 29. 1666.
MAGISTER GEORGIUS LOWIS, *hæres* Jacobi Lowis, *filii*,—in tenemento in Edinburgh.—E. 3s. 4d.   xxviii. 117.

(1144)   Apr. 20, 1666.
JACOBUS COCKBURNE de Ryslaw, *hæres* Domini Jacobi Cockburne, *patris*,—in tenemento in Edinburgh.—E. 3s. 4d.— (Vide Berwick.)   xxviii. 140.

(1145)   Jun. 1. 1666.
HELENA HEPBURNE, *hæres* Domini Adami Hepburne de Humbie militis, *avi*,—in tenemento et 3 peciis terrarum in Edinburgh, infra dominium de Dalry et baroniam de Innerleyth.—E. 8m. *feudifirmæ*.   xxviii. 190.

(1146)   Jun. 8. 1666.
JOANNES MEIKLE filius Jacobi Meikill incolæ in Waterstoun, *hæres portionarius* Elizabethæ Bell filiæ Joannis Bell fermorarii in Humbie, *materteræ*,—AGNETA BELL sponsa Davidis Samuel in Murelandmuir,—MARGARETA BELL sponsa Jacobi Leslie farmorarii in Humbie,—et JEANNA BELL sponsa Davidis Lindsay in Scheilhauldis, *hæredes portionariæ* prædictæ Elizabethæ Bell, *avitis*,—in tenemento in Edinburgh.—E. 3s. 4d.   xxviii. 168.

(1147)   Jul. 10. 1666.
MARIOTA ORMISTOUN relicta Roberti Broun mercatoris, *hæres portionaria lineæ* Joannis Ormistoun fabri ferrarii, *patris*,—JOANNES SCOTT filius Joannis Scot chirurgi, *hæres portionarius lineæ* dicti Joannis Ormistoun fabri ferrarii, *avi*,—in dimidia terra in Edinburgh.—E. 3s. 4d.   xxviii. 178.

(1148)   Jul. 10. 1666.
MARIOTA ORMIESTOUN relicta Roberti Broun mercatoris, *hæres portionarius provisionis* Joannis Ormiestoun, *patris*,—JOANNES SCOT filius Joannis Scot chirurgi, *hæres portionarius provisionis* dicti Joannis Ormistoun, *avi*,—in terra vasta in Edinburgh, et annuo redditu 6s. 8d. de prædicta terra vasta.—E. 3s. 4d.   xxviii. 179.

(1149)   Sep. 5. 1666.
GEORGIUS DUNCAN in Mott de Arroll, *hæres* Roberti Duncan filii Petri Duncan in Gourdhill, *patris*,—in quarteria villæ et terrarum de Bonytoun;—18 acris et 2 particatis terræ lie fallis, cum pastura quarteriæ dictæ villæ et terrarum de Bonytoun, infra baroniam et regalitatem de Bruchtoun:—E. 9l. 13s. 4d. *feudifirmæ*:—alia quarteria dictæ villæ et terrarum de Bonytoun:—E. 6l. 8d. *feudifirmæ*:—10½ acris terræ arabilis de Bonytoune et Hilhousfeild respective;—diversis acris et interliriis terrarum quartæ partis dictarum terrarum de Bonytoun:—E. 21l. 6s. 6d. *in integro, feudifirmæ*:—decimis garbalibus prædictarum terrarum in parochia de St. Cuthberts et infra dominium et regalitatem de Bruchtoun.—E. 20s.   xxviii. 198.

(1150)   Nov. 6. 1666.
ALEXANDER STRATOUN de Eodem, *hæres* Alexandri Stratoun de Eodem, *patris*,—in villis et terris de Stratoun et Southhouse, cum clausura vocata Cloaslandis, infra vicecomitatus de Edinburgh et Peibles respective, unitis cum aliis terris in vicecomitatibus de Kincardine et Peibles in baroniam de Lawrenstoun.—A. E. 5l. N. E. 20l.—(Vide Kincardine, Peebles.)   xxviii. 235.

(1151)   Dec. 8. 1666.
MAGDALENA SHOIRSWOOD, *hæres* Thomæ Shoiriswood sartoris incolæ in Bristo, *fratris germani*,—in tenementis in Edinburgh.—E. 3s. 4d.   xxviii. 222.

(1152)   Dec. 27. 1666.
ANDREAS FLETCHER de Saltoune, *hæres* Domini Roberti Fletcher de Saltoun, *patris*,—in lie husband terra villæ et terrarum de Gilmortoun nuncupata Bogisland;—10 libratis terrarum dictæ villæ et terrarum de Gilmortoun, et 10 mercatis terrarum dominicalium de Gilmortoun;—terris dominicalibus de Gilmortoun et molendino de Gilmortoun:—A. E. 6l. N. E. 18l.—terris de Gilmortoun-Grange infra dominium de Newbotle.—E. 8m.—terris de Todhillis infra dictum dominium:—E. 4l.—decimis garbalibus prædictarum terrarum, cum advocationibus hospitalis de St. Androw et Katharine prope Halyrudhous, apud burgum de Edinburgh.—E. 20s.—(Vide Fife.)   xxviii. 244.

(1153)   Mar. 7. 1667.
JACOBUS BRAND, *hæres conquestus* Thomæ Brand calcearii, *patruelis*,—in tenementis in Edinburgh.—E. 3s. 4d.   xxviii. 253.

(1154)   Mar. 18. 1667.
BEATRIX SALMOND sponsa Jacobi Taliefer mercatoris burgensis de Edinburgh, *hæres portionaria* Roberti Salmond mercatoris burgensis de Edinburgh, *patris*,—JOANNES ROBERTSONE filius Joannis Robertsone mercatoris, *hæres portionarius* dicti Roberti Salmond, *avi*,—in tenemento in Edinburgh.—E. 3s. 4d.   xxviii. 267.

(1155)   Maii 8. 1667.
PATRICIUS NISBET, *hæres* Domini Henrici Nisbet de Craiginnie militis, *patris*,—in terris et villis de Eister et Wester Duddingstounes, unitis in tenandriam de Duddingstoun:—A. E. 16l. N. E. 48l.—decimis garbalibus prædictarum terrarum, infra parochiam de Duddingstoun.—A. E. 13s. 4d. N. E. 40s.   xxviii. 273.

(1156)   Maii 22. 1667.
HUGO CAMPBELL, *hæres* Jacobi Campbell portionarii de Newbotle, *patris*,—in diversis acris et butts terrarum cum crofta vocata Hancroft, infra dominium de Newbotle.—E. 3m. 3s. 4d.   xxviii. 295.

(1157)   Jan. 28. 1668.
MARGARETA SMITH filia Joannis Smith vestiarii burgensis de Edinburgh, *hæres* Patricii Tailziefer mercatoris burgensis de Edinburgh, *fratris aviæ*,—in tenementis in Edinburgh.—E. 3s. 4d.   xxix. 12.

(1158)   Jan. 28. 1668.
MARGARETA SMYTH filia Joannis Smyth vestiarii burgensis de Edinburgh, *hæres* Magistri Samuelis Tailzefer advocati, *fratris*

aviæ,—in pomario cum columbario in eodem, et 12 riggis terrarum arabilium extendentibus ad 4 acras terrarum, infra regalitatem de Dalkeith.—E. 33s. 4d.   xxix. 14.

(1159)   Jan. 28. 1668.
MARGARETA SMYTH filia Joannis Smyth vestiarii burgensis de Edinburgh, *hæres* Magistri Alexandri Tailziefer filii Patricii Tailzefer mercatoris burgensis de Edinburgh, *fratris aviæ,*—in annuo redditu 600m. correspondente 10,000m. de parte terrarum et baroniæ de Restalrig, infra parochiam de Sowth Leith, et baroniam ejusdem.—(Vide Haddington.)   xxix. 14.

(1160)   Jan. 31. 1668.
JEANNA ET HELENA DAWLINGS, *hæredes portionariæ* Jacobi Dawling nautæ burgensis de Sowth Queensferrie, *fratris,*—in annuo redditu 100m. de terris et dominio de Corstorphine, infra parochiam de Corstorphine.   xxix. 23.

(1161)   Feb. 4. 1668.
ALEXANDER RITCHIE, *hæres* Magistri Jacobi Ritchie, *patris,*—in 7¼ acris terrarum infra bondas et limites de Newhaven :—E. 2s. pro unaquaque acra, *feudifirmæ* :—13 particatis terræ jacentibus ut supra.—E. 5d. pro unaquaque particata, *feudifirmæ.*—(Vide Haddington.)   xxix. 41.

(1162)   Mar. 9. 1668.
JACOBUS SMITH pistor in Dalkeithe, *hæres* Hectoris Smithe, *proavi,*—in tenemento in Dalkeith.—E. 14s.   xxx. 244.

(1163)   Apr. 7. 1668.
ALEXANDER COMES MORAVIÆ, *hæres masculus* Jacobi Comitis Moraviæ, Domini Down et Abernethie, *patris,*—in terris de Claremestoune et molendino de Crawmond, unitis cum aliis terris in Fife et Linlithgow in dominium de St. Colme.—A. E. 20l. N. E. 60l.—(Vide Fife, Linlithgow.)   xxix. 92.

(1164)   Apr. 7. 1668.
ALEXANDER COMES MORAVIÆ, *hæres masculus* Jacobi Comitis Moraviæ, Domini Down et Abernethie, *avi,*—in partibus dominii de Saint Colme, viz. terris de Cauldsyde infra baroniam de Lochquharret ;—terris nuncupatis Coitfield infra territorium de Restalrig ;—tenemento terræ infra villam de Leith ;—tofta in burgo de Edinburgh ;—annuo redditu 20s. de ecclesia de Crawmond ;—annuo redditu 58s. 4d. de molendinis de Crawmond ;—annuo redditu 3s. de terris de Craigin ;—cum aliis terris in Fife, Linlithgow, Perth, et Haddington, unitis in dominium de St. Colme.—A. E. 2m. N. E. 10m.—(Vide Fife, Linlithgow, Perth, Haddington.)   xxix. 91.

(1165)   Apr. 24. 1668.
WILLIELMUS GILCRYST, *hæres* Joannis Gilcryst mercatoris burgensis de Edinburgh, *patris,*—in 4 bothis in Edinburgh.—E. 3s. 4d.   xxix. 69.

(1166)   Dec. 8. 1668.
ELIZABETHA LEVINGSTOUN, *hæres* Margaretæ Cunynghame sponsæ Magistri Willielmi Levingstoune scribæ, *matris,*—in equali dimidietate domorum, camerarum, &c. in Edinburgh.—E. 6s. 4d.   xxix. 155.

(1167)   Apr. 22. 1669.
GULIELMUS HASTIE, *hæres* Gulielmi Hastie potentarii burgensis de Edinburgh, *patris,*—in tenemento et pecia vastæ terræ in Edinburgh, pro principali ;—terra in dicto burgo de Edinburgh in boreali latere de Cowgate, in speciale warrantum dicti tenementi.—A. E. 10d. N. E. 20d.—(Vide Berwick.)   xxix. 189.

(1168)   Apr. 27. 1669.
CAROLUS HAMILTOUN, *hæres* Hugenis Hamiltoun mercatoris burgensis de Edinburgh et unius ballivorum ejusdem, *patris,*—in tenemento terræ et horto in burgo Vicicanonicorum :—E. 4l. *feudifirmæ* :—tenementis in clausura vocata King's close ;—tenemento in clausura vocata Keithes close (vel Leithes close) :—A. E. 10d. N. E. 20d.—pecia vastæ terræ ex orientali parte publicæ viæ quæ ducit ad communia molendina dicti burgi, cum pecia vastæ terræ contigue jacente :—E. 20s. *feudifirmæ* :—terris nuncupatis Meldrumsheugh, cum mansione et pecia terræ, lie Gushat infra regalitatem et baroniam de Brughtoune :—E. 26s. 6d. *feudifirmæ* :—18 acris 2 rudis 3 falls et 4 ulnis terræ, jacentibus ut supra,—E. 4l. 16s. 8d. *feudifirmæ.*—(Vide Fife, Forfar, Stirling.)   xxix. 296.

(1169)   Maii 1. 1669.
SAMUEL MEIKLE aurifaber, *hæres* Jacobi Meikle, *fratris germani immediate junioris,*—in terris et tenementis in Edinburgh.—E. 3s. 4d.   xxix. 179.

(1170)   Maii 26. 1669.
MAGISTER PATRICIUS MEIN advocatus, *hæres* Magistri Joannis Mein medicinæ doctoris, *fratris germani,*—in terris de Clarbarstoune cum pastura, &c. infra moram de Cramond :—A. E. 10s. N. E. 30s.—bovata templariæ terræ in proprietate seu tenemento de Crawmond et Clarbarstoune :—E. 3s. 6d.—terris de Craigcrook.—E. 28l.   xxix. 204.

(1171)   Jul. 13. 1669.
MAGISTER JOANNES INGLIS, *hæres* Alexandri Inglis tinctoris burgensis de Edinburgh, *patris,*—in tenementis et terris in Edinburgh.—E. 3s. 4d.   xxix. 212.

(1172)   Oct. 14. 1669.
LUDOVICUS CRAIG de Rickartoun, *hæres* Thomæ Craige de Rickartoune, *patris,*—in terris de Rickartoune ;—terris de Keirhill, in baronia de Renfrew per annexationem ;—terris de Malcolmstoune infra baroniam de Ratho et regalitatem de Renfrew :—A. E. 5l. N. E. 15l.—terris de Nathir Currie in parochia de Currie, et per annexationem infra dominium et baroniam de Newbottle.—E. 5m. et 6s. 8d. in augmentationem, &c.—(Vide Kirkcudbright.)   xxx. 48.

(1173)   Jan. 11. 1670.
JONETA DAVIDSON sponsa Walteri Glaidstaines in Merchcleuch,—MARGARETA DAVIDSONE sponsa Roberti Davidsone in Howname,—ELIZABETHA ET CHRISTIANA DAVIDSONES, *hæredes portionariæ* Jacobi Davidsone de Samiestoun Ergastularii burgi Vicicanonicorum, fratris Johannis Davidsone in Merchcleuch, *patrui,*—in parte tenementi infra burgum de Edinburgh ;—terra in dicto burgo in Vico lie Kowgait :—E. 40d.—posteriore terra infra burgum Vicicanonicorum :—E. 4l. *feudifirmæ* :—posteriore domo, clausura et horto in dicto burgo Vicicanonicorum :—E. 6s. 8d. *feudifirmæ* :—anteriore terra cum posterioribus tenementis et terris lie Cobill, Kill et horto, infra dictum burgum Vicicanonicorum :—E. 40s. *feudifirmæ* :—annuo redditu 120m. de prædicta posteriore domo cum clausura et horto, &c.—(Vide Roxburgh.)   xxix. 284.

(1174)   Feb. 4. 1670.
GABRIELL WEIR, *hæres* Gabriellis Weir mercatoris burgensis de Edinburgh, *patris,*—in 3 molendinis granariis super aqua de Leith vocatis Dalry-milnes ;—pecia terræ vocata Whinniknow cum decimis, infra parochiam de Saint Cuthberts, cum astrictis multuris de Dalry et Tolcroce :—A. E. 1l. 13s. 4d. N. E. 4l. 13s. 4d.—8 acris terræ arabilis nuncupatis Coatts nuncupatis Langlands, in regalitate de Brughtoun :—E. 6s. 8d.—7 acris terrarum de Coatts nuncupatis Langlands, pro principali ;—9 acris terrarum de Coatts vocatis Boughsteids et Gallowdykes, in warrantum terrarum de Langlands, infra baroniam de Broughtoun :—A. E. 2s. N. E. 6s.—cum decimis prædictarum terrarum.   xxix. 305.

(1175)   Feb. 24. 1670.
CAROLUS COMES DE HADINGTOUN, Dominus Bynning et Byres, *hæres masculus* Joannis Comitis de Haddington, Domini Bynning et Byres, *patris,*—in baronia de Byres comprehendente terras de Westir Binning ;—1 bovatam terræ in Eister Bynning :—A. E. 7l. N. E. 10l.—petiam terræ et petiam prati vel horti jacentes contigue nuncupatas Damflatt et Lochheids, in territorio de Tortravine, infra baroniam de Melvill :—A. E. 10s. N. E. 20s.—terras de Orcharfield :—E. ....—unitas cum aliis terris in baroniam de Binning.—(Vide Haddington, Linlithgow, Fife, Berwick.)   xxx. 12.

(1176)   Feb. 24. 1670.
CAROLUS COMES DE HADINGTOUN, Dominus Byning et Byres, *hæres masculus* Joannis Comitis de Hadingtoun, Domini Bynning et Byres, *patris,*—in terris, baronia et regalitate de Drem comprehendente 25 tenemata in Edinburghe ;—2 tenemata in Leith ;—terras templarias de Muirhous ;—terram templariam in Crammond et aliam in Clermistoun ;—terram templariam in Crawmond ;—terras templarias in Crawmond vocatas Dukhous ;—terras templarias in Crawmond ;—terras templarias in Overgogar ;—terras templarias de Caringtoune ;—terras templarias in Goursnout ;—terras templarias de Auchindinnie nuncupatas Loustan ;—terras templarias de Swainstoun ;—terras templarias de Coitfeild ;—terras templarias de Howgait, cum aliis terris templariis et tenementis in vicecomitatibus de Haddington et Fife, cum jure regalitatis ;—et omnes alias terras templarias olim ad dominum de Torphichen et ad Magistrum Robertum Williamson pertinentes, ubicunque jacentes infra regnum Scotiæ, cum decimis ;—omnes unitas in baroniam et regalitatem de Drem.—E. 9l.—(Vide Haddington, Fife.)   xxx. 15.

(1177)   Feb. 24. 1670.
CAROLUS COMES DE HADINGTOUN, Dominus Bynning et Byres, *hæres masculus* Thomæ Comitis de Hadingtoun, Domini Bynning et Byres, *proavi,*—in terris de Munkland infra dominium

de Yester :—E. 6s. 8d. *feudifirmæ* :—unitis cum aliis terris in dominium de Melros.—(Vide Roxburgh, Berwick, Selkirk, Peebles, Haddington.) **xxx. 19.**

(1178) Mar. 22. 1670.

ISSOBELLA ET LILIAS GEMMILLS, *hæredes portionariæ* Catherinæ Andersone relictæ Joannis Gemmill mercatoris Edinburgi, deinde sponsæ Georgii Ramsay fabri ferrarii apud portam occidentalem dicti burgi, *matris*,—in tertia parte 3½ acrarum et 20 falls terræ terrarum de Hierigs in baronia de Innerleith, cum decimis inclusis :—E. 8s.—tenementis in Edinburgh.—E. *servitium burgi.* **xxix. 306.**

(1179) Apr. 6. 1670.

JOANNES LOGANE de Burnecastle, *hæres* Georgii Logane de Burnecastle, *patris*,—in terris de Figgat in territorio de Eister Duddingstoun et baronia de Duddingstoun, cum decimis garbalibus, et cum aliis terris in vicecomitatu de Haddington.—E. 4l. *feudifirmæ.*—(Vide Berwick, Haddington.) **xxx. 20.**

(1180) Apr. 16. 1670.

WALTERUS DOUGLAS, *hæres* Alexandri Douglas galliarii burgensis Edinburgi, *patris*,—in tenementis templariis in Edinburghe :—E. 2s.—dimidietate horti in Edinburghe :—E. 3l.—alia dimidietate dicti horti :—E. 3l.—annuo redditu 120l. de tenemento in Edinburgh. **xxx. 3.**

(1181) Maii 13. 1670.

MAGISTER LAURENTIUS SCOTT de Bavillaw, *hæres masculus* Magistri Laurentii Scott de Bavillaw, *patris*,—in terris de Buitlandis et Buitlandhill comprehendentibus terras de Overtoune de Buitland ;—terras de Nathirtoune de Buitland ;—terras de Buitlandhill ;—terras de Loanheid ;—terras templarias nuncupatas Tempillis et Tempillhouses infra parochiam de Currie :—A. E. 40s. N. E. 6l.—terris de ambabus Bavillawis alias Bettsawes (Bewlawes) vulgo vocatis Eistir et Westir Bavillawis, cum libertate communi pasturæ in mora de Ballerno :—A. E. 40s. N. E. 6l. *taxatæ divoriæ* :—terris de Leithshead extendentibus ad tertiam partem earundem :—A. E. 3s. 4d. N. E. 10s.—terris de Harperrig in baronia de Calder :—A. E. 13s. 4d. N. E. 40s.—terris templariis de Harperrige nuncupatis Tempillhill, in territorio de Harperrig et regalitate de Torphichen.—E. 3s. 4d. **xxx. 51.**

(1182) Maii 14. 1670.

ELIZABETHA *alias* BESSIE BURNE, *hæres* Willielmi Burne mercatoris burgensis Edinburgi, *patris*,—in tenementis in Edinburghe.—E. 5m. **xxx. 98.**

(1183) Jun. 22. 1670.

THOMAS BOWMAN de Southhouse, *hæres* Davidis Bowman de Southhouse, *patris*,—in decimis garbalibus terrarum de Southhouse, in baronia de Straitone et parochia de Libbertoune.—A. E. .... N. E. 6s. 8d. **xxx. 81.**

(1184) Jun. 25. 1670.

ALEXANDER SWINTOUN, *hæres* Saræ Andersone sponsæ Davidis Swintoune mercatoris burgensis Edinburgi, *matris*,—in tenementis in Edinburgh.—E. 3s. 4d. **xxx. 83.**

(1185) Jul. 5. 1670.

GEORGIUS SCOTT, *hæres* Willielmi Scott mercatoris burgensis de Edinburghe, *patris*,—in tenementis in Edinburghe.—E. 3s. 4d. **xxx. 86.**

(1186) Aug. 6. 1670.

CRISTINA, AGNETA, ET CATHERINA DENNISTOUNIS, *hæredes portionariæ* Davidis Rhynd filii Joannis Rhynd mercatoris burgensis Edinburgi, *filii sororis aviæ*,—in tenemento terræ in Edinburghe.—E. 3s. 4d. **xxx. 93.**

(1187) Sep. 15. 1670.

PATRICIUS AITKINE, *hæres* Patricii Aitkine calcearii burgensis Edinburgi, *patris*,—in tenementis in Edinburghe.—E. 3s. 4d. **xxx. 161.**

(1188) Oct. 23. 1670.

GULIELMUS STREET, *hæres* Gulielmi Street lie Haberdascher civis civitatis de London, *patris*,—in annuo redditu 30l. Sterlingorum correspondente 500l. de terris de Easter et Wester Pewbeaths in parochia de West Calder ;—de villis, domibus, et bothis infra burgum de Edinburgh ;—terris de Houdoune, Gavinsyde, et Murehill. **xxxiv. 61.**

(1189) Dec. 22. 1670.

JACOBUS BARRIE, *hæres* Jacobi Barrie fabri murarii burgensis Edinburgi, *patris*,—in tenemento terræ in Edinburghe.—E. 3s. 4d. **xxx. 192.**

(1190) Jan. 20. 1671.

MARIOTA MILNE sponsa Gulielmi Thomsone filii Domini Gulielmi Thomsone militis, *hæres portionaria* Joannis Milne fabri murarii burgensis de Edinburghe, *patris*;—et JOANNES SCOTT filius Jacobi Scot fabri lignarii burgensis de Edinburghe, *hæres portionarius* dicti Joannis Milne, *avi*,—in annuo redditu 240m. correspondente 4000m. de terris et baronia de Colingtoune et molendino earundem. **xxx. 262.**

(1191) Apr. 25. 1671.

MAGISTER JACOBUS CHRYSTIE de Whythous, *hæres* Jacobi Chrystie de Whythous scribæ signeto Regio, *patris*,—in terris de Whythous :—E. 12m.—decimis terrarum de Whythous infra parochiam de Sanct Cuthberts :—E. ....—pro principali ;—annuo redditu 96l. 13s. de anterioribus et posterioribus terris Magistri Jacobi Winrahame advocati in Edinburghe.—(Vide Fife, Perth, Stirling.) **xxx. 178.**

(1192) Maii 16. 1671.

GEORGIUS COMES DE PANMURE, Dominus Maule, Breichin, et Navar, &c. *hæres masculus* Georgii Comitis de Panmure, Domini Maule de Breichin et Navar, *patris*,—in terris erecti dominii de Aberbrothock et olim abbaciæ ejusdem, viz. terris et baronia de Aberbrothock, comprehendente inter alia tenementum in villa de Leith lie Girnelhouse nuncupatum, ad abbaciam de Aberbrothock pertinens, cum annuo redditu 2s. de burgo de Edinburgh, et aliis annuis redditibus, et jure liberæ regalitatis, cum capella et cancellaria, omnibus cum aliis terris, &c. erectis in temporale dominium, baroniam, et regalitatem de Aberbrothock.—E. 200l. *feudifirmæ.*—(Vide Forfar, Kincardine, Aberdeen, Lanerk, Nairn, Perth.) **xxx. 197.**

(1193) Aug. 10. 1671.

MARIA FRANCK, *hæres* Alexandri Franck fabri lignarii burgensis Edinburgi, *patris*,—in tenemento in Edinburghe.—E. 3s. 4d. **xxx. 250.**

(1194) Jan. 6. 1672.

MAGISTER JACOBUS CATHCART, *hæres* Francisci Cathcart de Carbiestoune, *patris*,—in tenementis in Edinburgh.—E. 3s. 4d. **xxx. 263.**

(1195) Jan. 26. 1672.

GULIELMUS, CAROLUS, CATHARINA, BARBARA, CHRISTIANA, JONETA, ET AGNETA SCOTTIS, *hæredes portionariæ provisionis* Magistri Laurentii Scott de Bavilaw, *patris*,—in annuo redditu correspondente principali summæ 3914l. 14s. de terris et baronia de Temple comprehendentibus terras dominicales de Temple ;—villam et terras de Utterstoune ;—terras de Caldwallis ;—villam et terras de Yorkstoun, infra baroniam de Ballantrodo et regalitatem de Torphichen. **xxxi. 134.**

(1196) Maii 7. 1672.

ALEXANDER MURRAY, *hæres* Domini Roberti Murray de Preistfeild militis, *patris*,—in terris et baronia de Preistfeild ;—lacu jacente contigue ad dictas terras de Preistfeild, cum piscariis dicti lacus, et decimis dictarum terrarum, unitis in baroniam de Priestfejld :—A. E. 40s. N. E. 6l.—terris de Cameron tam proprietate quam superioritate, cum principali mansione, prope communem moram de Edinburgh, cum decimis garbalibus et jure patronatus capellaniæ sive Sacelli beatæ Virginis Mariæ, infra ecclesiam parochialem de Mussilburghe :—A. E. 40s. N. E. 6l.—terris sive maresio communi vulgo Comownemyre nuncupato, infra libertatem burgi de Edinburgo, extendentibus in toto ad 52 acras terræ :—E. 13l. *feudifirmæ* :—annuo redditu 10m. de feudifirma 13l. debita præposito, ballivis, consulibus, et communitati burgi de Edinburgo de prædictis terris vocatis Comownemyre.—(Vide Forfar, Dumfries, Roxburgh.) **xxxi. 32.**

(1197) Maii 24. 1672.

JOANNES WILSONE nauta in Bruntilland, *hæres* Joannis Wilsone in Newhaven, *patrui (vel patris)*,—in pecia terræ extendente ad 5 acras terrarum prope Newhaven ;—quarta parte horti capellaniæ St. Jacobi cum horreo et alia pecia terræ, parte terrarum de Newhaven.—E. 5l. 3s. 4d. **xxxi. 39.**

(1198) Sep. 18. 1672.

WALTERUS SCOTT, *hæres masculus talliæ seu provisionis* Domini Joannis Scott de Scottistarveit Directoris cancellariæ S. D. N. Regis, *patris*,—in terris et baronia de Schank, viz. terris de Shank inter terras dominicales de Arnistoune tanquam partes et pendicula earundem, infra baroniam de Ballintrodo ;—pendiculis terrarum dominicalium de Arnistoun nuncupatis terris de Bullion et Cockhill ;—81 acris terrarum dominicalium de Arnistoune cum decimis earundem, prope dictum pendiculum de Schank, et pendiculum de Bullion et pendiculum de Cockhill, infra dictam baroniam de Ballintrodo et regalitatem de Torphichen, erectis in baroniam :—A. E. 40s. N. E. 6l.—terris de Rottinraw, Milnehauch, Fidlaw, et terris vocatis Balnoodysbrae, cum antiquis domibus lie Voltis et hortis de Catkune nuncupatis terris de Haucheid, infra baroniam de Ballintrodo.—A. E. 13s. 4d. N. E. 40s.   xxxi. 104.

(1199)   Jan. 3. 1673.
JOANNES MURRAY in Drumdryane, hæres Roberti Murray polentarii in Leith, patrui (vel patris),—in tenementis in Leith.—A. E. .... N. E. ....   xxxi. 148.

(1200)   Jan. 17. 1673.
WILLIELMUS BORTHWICK de Cruikstoune, hæres Willielmi Borthwick de Cruikstoun, patris,—in terris de Kirklandhill de Heriot, infra dominium de Newbottle.—E. 46s. 8d.   xxxi. 157.

(1201)   Feb. 13. 1673.
JACOBUS OLYPHANT, hæres Joannis Olyphant mercatoris burgensis Edinburgi, patris,—in tenemento in Edinburgh ex parte australi viæ regiæ :—E. 40m.—tenemento in dicto burgo in Libbertons Wynd.—E. 3s. 4d.   xxxi. 153.

(1202)   Feb. 20. 1673.
GRISSILLIDA BEATOUN sponsa Gulielmi Macdowell de Garthland, hæres Alexandri Beatoun de Langhermistoun scribæ signeto Regio, patris,—in terris et baronia de Currie :—dominio, villa, et terris de Langhermistoun, cum molendino de Currie, in parochia de Currie, erectis in baroniam de Currie:—A. E. 6l. N. E. 24l.—quartis partibus diversorum tenementorum in Edinburgh.—E. 3s. 4d.—(Vide Fife.)   xxxi. 199.

(1203)   Feb. 20. 1673.
GRISSILLIDA BEATOUN sponsa Gulielmi Macdouell de Garthland, hæres Magistri Alexandri Beatoun filii Alexandri Beatoun de Langhermistoun scribæ signeto Regio, fratris,—in terris de Little Currie, in baronia de Ratho et parochia de Currie :—A. E. ...... N. E. ......—terris brueriis vocatis Brewlandis et Onsteid in Ovir Currie, cum 2 acris terrarum adjacentibus, et pasttira 3 summarum animalium infra moram de Currie, infra parochiam de Currie:—E. 3s. 4d.—tenementis in Edinburgh.—E. 3s. 4d.   xxxi. 202.

(1204)   Apr. 5. 1673.
ANNABELLA, CATHARINA, ALISONA, BESSETA, ET JEANNA LOTHEANES, filiæ Caroli Lotheane in Walls, hæredes portionariæ Georgii Jollie mercatoris burgensis Edinburgi, fratris aviæ,—in tenemento terræ, inferiori habitationis domo, sellario, et mercatoriali botha vocata The Stane Chope :—E. 3s. 4d. —templariis tenementis in Edinburgh.—A. E. .... N. E. ....   xxxi. 284.

(1205)   Maii 1. 1673.
JOANNES THOME, hæres Patricii Thome mercatoris burgensis de Edinburgh, avi,—in dimidietate habitationis in Edinburgh.—E. 3s. 4d.   xxxi. 189.

(1206)   Jun. 9. 1673.
GEORGIUS HAIRE, hæres Roberti Haire filii Joannis Haire hortulani Comitis de Mortoun, patris,—in annuo redditu 46m. de 2 acris terrarum in Noltraiks, et de tenemento husbandio in territorio, dominio, et regalitate de Dalkeith.   xxxii. 247.

(1207)   Sep. 3. 1673.
MAGISTER LAURENTIUS SCOTT de Bavillaw, hæres Magistri Laurentii Scott de Bavillaw, patris,—in terris, dominio, et baronia de Corstorphine, cum decimis garbalibus et advocatione ecclesiæ collegiatæ de Costorphine, et decimis garbalibus ecclesiæ parochialis et parochiæ de Ratho:—A. E. 40l. N. E. 200m.—terris de Clerkingtoun cum molendino granario nuncupato Clerkingtoun-mylne, et advocatione ecclesiæ de Clerkingtoun:—A. E. 10l. N. E. 30l.—terris de Ferritoun infra regalitatem et baroniam de Burghtoun, cum decimis.—E. 12m.—(Vide Linlithgow, Stirling.)   xxxiii. 1.

(1208)   Apr. 16. 1674.
JACOBUS TENNENT mercator in Edinburgh;—et RACHAEL HORNER sponsa Adami Bell typographi burgensis dicti burgi, hæredes portionariæ Gulielmi Reid mercatoris burgensis dicti burgi, filii fratris avi materni,—in tenementis in Edinburgh.—E. 3s. 4d.   xxxi. 317.

(1209)   Maii 8. 1674.
WILLIELMUS COMES DE DALHOUSSIE, Dominus Ramsay, hæres Georgii Comitis de Dalhoussie, Domini Ramsay, patris,—in terris et baronia de Dalhoussie, cum jure patronatus capellaniæ et hospitalis Sancti Leonardi.—A. E. 12l. 10s. N. E. 50l.   xxxi. 323.

(1210)   Jun. 2. 1674.
JOANNES BOWIE burgensis de Kirkcaldie, hæres Gulielmi Man filii Roberti Man vestiarii burgensis de Edinburgh, filii avunculi,—in tenemento in Edinburgh.—E. 3s. 4d.   xxxii. 12.

(1211)   Jul. 31. 1674.
JONETA ROCHEID, hæres Joannis Rocheid de Craigleith, patris,—in terris vocatis Craig de Innerleith :—A. E. 2l. N. E. 6l.—decimis dictarum terrarum infra parochiam de St. Cuthberts :—A. E. 12s. N. E. 24s.—partibus terrarum dominicalium de Innerleith, viz. terris vocatis Morsmelling et terris molendinariis ;—acris vocatis Guilsknow et Medowlands, acris terrarum vocatis Ladylands, Belslanes, Wester Langsyid, cum boreali meta terræ, extendentibus ad 61 acras terrarum :—A. E. 30s. N. E. 4l. 10s.—decimis 61 acrarum de Innerleith :—A. E. 12s. N. E. 24s.—omnibus unitis in baroniam de Craigleith.   xxxii. 35.

(1212)   Aug. 8. 1674.
JONETA HOME, Domina de Eccles, hæres Majoris Joannis Home et Correlsyde, patris,—in tenemento in Edinburgh.—E. 3s. 4d.   xxxii. 42.

(1213)   Nov. 11. 1674.
PATRICIUS EPISCOPUS ABREDONENSIS, hæres Domini Joannis Scougall de Whytkirk militis, unius Senatorum Collegii Justiciæ, fratris germani,—in 13 acris et 5¼ particatis cum 3 metis lie buttis terrarum in portu de Newheavin ;—officio ballivatus portus de Newheavin ;—aliis 13 acris terrarum infra bondas portus de Newheaven:—E. 2s. pro unaquaque acra, 5d. pro unaquaque particata, 4d. pro unaquaque meta, feudifirmæ ;—libertate effodiendi carbones de prædictis acris terrarum.—E. 6s. 8d. albæ firmæ.   xxxii. 449.

(1214)   Nov. 24. 1674.
CHRISTINA MORIESONE sponsa Georgii Stewart advocati, hæres Henrici Moriesone, fratris germani,—in tenementis in Edinburgh.—E. 3s. 4d.   xxxii. 119.

(1215)   Dec. 15. 1674.
MAGISTER JOANNES WILKIE, hæres Magistri Thomæ Wilkie ministri evangelii apud ecclesiam de Crawlin, patris,—in tenemento in Edinburgh.—E. 3s. 4d.   xxxii. 68.

(1216)   Jan. 22. 1675.
GILBERTUS SCOTT de Bonytoune, hæres masculus talliæ et provisionis Magistri Jacobi Scott de Bonytoune, patris,—in terris de Bonytoune extendentibus ad 10 libratas terrarum antiqui extentus, per annexationem infra baroniam et vicecomitatum de Renfrew:—A. E. 10l. N. E. 46l. 13s. 4d. taxatæ divoriæ :—terris dimidietatis occidentalis de Ormestoun ;—terris de Whistlehill ;—dimidietate occidentali terrarum de Mortoun, et pendiculo vocato Foroch, infra baroniam de Caldercleir et regalitatem de Dalkeith ;—mercatis terris de Whytcleughneis parte dictarum terrarum de Mortoune jacentibus ut supra ;—dimidietate orientali terrarum de Ormestoun cum appendentiis, viz. terris de Burnehous, Bentene, et lie two Latches :—A. E. .... N. E. ....—decimis terrarum dominicalium et molendinariarum de Bonytoune.—A. E. .... N. E. ....—(Vide Linlithgow.)   xxxii. 83.

(1217)   Jan. 22. 1675.
JACOBUS DOUGLAS, hæres Margaretæ Pringle sponsæ locum tenentis Capitani Josephi Douglas, matris,—in terris et domibus de Soutray cum pendiculis.—E. 4l. 6s. 8d.—(Vide Haddington.)   xxxii. 446.

(1218)   Jan. 22. 1675.
JACOBUS DOUGLAS, hæres Margaretæ Pringle sponsæ locum tenentis Capitani Josephi Douglas, matris,—in tertia parte terrarum de Sautry, Soutryhill, et Reidhall.—E. 11l. 13s. 10d.—(Vide Haddington.)   xxxii. 447.

(1219)   Mar. 26. 1675.
GEORGIUS MITCHELSONE, hæres Roberti Mitchelsone ballivi burgi de Dalkeith, patris,—in 10 acris terrarum arabilium in territorio, dominio, et regalitate de Dalkeith.—E. 3s. 8d. pro unaquaque acra, firmæ.   xxxii. 315.

(1220)   Jul. 9. 1675.
MAGISTER JOANNES CLERK de Penniecook, hæres Joannis Clerk de Pennicook, patris,—in terris et baronia de Penniecook, nempe, villa et terris de Penniecook, cum terris dominicalibus de Penniecook, et cum turre et fortalicio vocato Regills;—villa et terris de Newbigging ;—terris de Lufnes et Silverburne;—terris de Dyknewke, Bruntstoune, Ravenshauch, Braidwood, Walstoune, Auchincroich, Coats, Hurliehall, et Nynemylburne;—communitate de Penniecook, et advocatione ecclesiæ de Penniecook:—A. E. 10l. N. E. 30l.—terris de Halhouse et Leckbernerd in parochia de Penniecook:—A. E. 20s. N. E. 3l.—terris de Cooking cum pastura in mora de Glencorse et Turnehowhill:—A. E. 13s. 4d. N. E. 40s.—omnibus unitis in baroniam de Penniecook ;—decimis garbalibus omnium prædictarum terrarum, et terrarum de Cairniehill et Wester Ravensnewk.—A. E. 40d. N. E. 10s.   xxxii. 173.

M

(1221) Aug. 3. 1675.

DEBORA, ISSOBELLA, MARGARETA, ET MARIOTA RYNDS, *hæredes portionariæ* Jacobi Rynd filii Nicolai Rynd sartoris burgensis de Edinburgh, *fratris*,—WILLIELMUS WALKER filius Catharinæ Rynd, *hæres portionarius* dicti Jacobi Rynd, *avunculi*,—in tenemento in Edinburgh.—E. 3s. 4d. xxxii. 167.

(1222) Oct. 7. 1675.

ROBERTUS COMES DE ROXBURGH, *hæres masculus et talliæ* Gulielmi Conitis de Roxburgh, Domini Ker de Cesfuird et Cavertoun, *patris*,—in comitatu de Roxbrugh comprehendente terras de Dishflatt et Medowflat;—6 tenementa infra burgum vici-cannonicorum lie Cannongait, cum terris in Stirling et Linlithgow, unitis in comitatum de Roxburgh:—E. 70l. 13s. 4d.—terris, dominio, et baronia de Halyden comprehendentibus terras, &c. olim ad abbaciam de Kelso pertinentes, viz. terras de Easter et Wester Dudingstouns:—E. 82l. 12s.—tenementum terræ in burgo de Edinburgh:—E. ....terras ecclesiasticas ecclesiæ de Caldercleir, cum aliis terris, &c. in Selkirk, Peebles, Dumfreis, Lanark, Ayr, Roxburgh, et Aberdeen:—E. 10l. &c.—decimas ecclesiæ de Caldercleir cum aliis decimis in Roxburgh, Berwick, Selkirk, Peebles, Dumfreis, Lanark, et Aberdeen:—E. 40m.—officia justiciariæ terrarum de Dudingstoune et aliarum terrarum in Roxburgh et Berwick:—E. *administratio justiciæ:*—omnibus unitis in dominium et baroniam de Halyden;—boreali crofta terræ in Pleasans alias Diraneugh, infra baroniam de Brughtoun.—E. 3l.—(Vide Roxburgh, Stirling, Linlithgow, Selkirk, Berwick, Peebles, Dumfreis, Lanark, Ayr, Aberdeen, Haddington.) xxxii. 218.

(1223) Jan. 28. 1676.

JOANNES DUNDAS filius natu maximus Roberti Dundas de Hervistoune, *hæres* Joannis Domini Borthwick, *avunculi*,—in terris et baronia de Heriotmure, comprehendentibus terras de Hereot et Hereotmure;—terras de Garwald, Ladysyde, Raeshaw, Carcant;—terras de Over et Nether Rochsuyres;—villam de Hereot extendentem ad 11 terras husbandias;—terras de Heriot, Shestaines, Corshope, et Halheriot;—terras de Mott de Lochquharret, et castrum ejusdem vocatum castrum de Borthwick:—A. E. 32l. N. E. 128l.—in terris ecclesiasticis de Lochwharret vocatis Toircraik:—E. 40s.—unitis in baroniam de Heriotmure;—terris de Catcume infra parochiam de Borthwick:—E. 21l.—terris et baronia de Mausley;—terris de Huntliecoat, in parochia de Temple.—E. 31l. xxxii. 292.

(1224) Feb. 23. 1676.

ARCHIBALDUS WADDELL scriba in Edinburgh, filius Majoris Archibaldi Waddell portionarii de Dalkeith, et nepos Archibaldi Waddell portionarii de Thorniedykes, et pronepos Gulielmi Waddell, *hæres* Capitanei Willielmi Waddell portionarii de Thorniedykes, *proavi*,—in 7 partibus octavæ partis terrarum de Thorniedykes, in baronia et dominio de Crightoune.—E. 10s. xxxii. 351.

(1225) Apr. 1. 1676.

THOMAS LITLEJOHN, *hæres* Thomæ Litlejohn vestiarii burgensis Edinburgi, *patris*,—in tenementis in Edinburgh.—E. 3s. 4d. xxxii. 385.

(1226) Apr. 5. 1676.

JACOBUS FLETCHER de Newcranstoune, *hæres* Domini Joannis Fletcher de Newcranstoun militis, *patris*,—in terris de Cranstoune-Daw vocatis Over vel New Cranstoun, in parochia de Cranstoun.—A. E. 12m. N. E. 16m. xxxii. 381.

(1227) Apr. 25. 1676.

JACOBUS HODGE filius Jacobi Hodge mercatoris burgensis de Edinburgh, *hæres* Joannis Hunter mercatoris burgensis Edinburgi, *fratris aviæ ex parte matris*,—in terris et domibus infra territorium ecclesiæ collegiatæ Trinitatis prope dictum burgum.—E. 32s. xxxii. 406.

(1228) Apr. 29. 1676.

CATHARINA DUDHOP, *hæres* Joannis Dudhop crepidarii burgensis Vicicannonicorum, *patris*,—in tenementis in Edinburgh.—E. 3s. 4d. xxxii. 409.

(1229) Jun. 22. 1676.

ROBERTUS WHITE junior filius Roberti White fabri ferrarii burgensis de Edinburgh, *hæres* Roberti Bruce ephippiarii burgensis dicti burgi, *avi ex parte matris*,—in tenemento in Edinburgh.—E. 3s. 4d. xxxiii. 82.

(1230) Aug. 8. 1676.

ANDREAS KER de Moriestoun, *hæres* Magistri Marci Ker de Moriestoune, *patris*,—in terris de Mauldslie et Huntliepeat (vel Huntliecoat vel Hinchcoat):—E. 31l. *feudifirmæ*:—tenementis in Edinburgh.—E. ....(Vide Berwick, Haddington.) xxxiii. 44.

(1231) Aug. 9. 1676.

JOANNES WATSONE de Damhead, *hæres* Joannis Watsone de Damhead, *patris*,—in terris et prædio vocatis Haughes de Dalry et nunc nuncupandis Whytfeild:—A. E. 5m. N. E. 10l.—terris et prædio vocatis Damhead, quæ est mercata terrarum de Sauchtounhall perprius nuncupata Smithsland.—E. 26s. 8d. xxxiii. 444.

(1232) Oct. 7. 1676.

GULIELMUS GRAHAME in Greinlaw, *hæres conquestus* Roberti Grahame potificis burgensis Edinburgi, *fratris germani immediate junioris*,—in tenemento in Edinburgh cum vasta terra, horreo et horto;—annuo redditu 6s. 8d. de prædictis terris.—E. 3s. 4d. xxxiii. 27.

(1233) Nov. 11. 1676.

ELIZABETHA CRAUFURD, *hæres* Joannis Craufurd filii Joannis Craufurd lanionis burgensis de Edinburgh, *fratris germani*,—in botha et 4 habitationibus in Edinburgh:—E. 3s. 4d.—tenemento in Venella vocata Blackfrier Wynd.—E. 10m. xxxiii. 62.

(1234) Nov. 14. 1676.

MARGARETA ET CATHARINA WALLACES filiæ Margaretæ Smyth sponsæ Alexandri Broune, *hæredes portionariæ talliæ et provisionis* dicti Alexandri Broun filii Andreæ Broun mercatoris burgensis de Edinburgh, *cognati*,—in tenementis in Edinburgh.—E. 3s. 4d. xxxiii. 118.

(1235) Jan. 16. 1677.

JACOBUS CHRYSTIE filius Magistri Jacobi Chrystie de Stentoun, *hæres* Magistri Jacobi Primrose filii Archibaldi Primrose clerici taxationum S. D. N. Regis, *fratris aviæ*,—in annuo redditu 78m. de tenemento terræ in burgo de Edinburgh.—E. 3s. 4d. xxxiii. 80.

(1236) Feb. 17. 1677.

SAMUEL HAY filius Alexandri Hay arcuarii S. D. N. Regis, *hæres* Jonetæ Geddes, *materteræ*,—in tenementis in Edinburgh.—E. 3s. 4d. xxxiii. 98.

(1237) Feb. 17. 1677.

SAMUEL HAY filius Alexandri Hay arcuarii S. D. N. Regis, *hæres talliæ et provisionis* Sarach Moriesone, *filiæ materteræ*,—in dimidietate tenementi in Edinburgh.—E. 3s. 4d. xxxiii. 100.

(1238) Feb. 17. 1677.

SAMUEL HAY faber lignarius burgensis de Edinburgh, *hæres* Alexandri Hay arcuarii S. D. N. Regis, *patris*,—in tenementis in Edinburgh.—E. 3s. 4d. xxxiii. 101.

(1239) Feb. 17. 1677.

SAMUEL HAY, faber lignarius burgensis de Edinburgh, *hæres* Alexandri Hay arcuarii S. D. N. Regis, *patris*,—in tenementis in Edinburgh.—E. 3s. 4d. xxxiii. 470.

(1240) Apr. 24. 1677.

MAGISTER HENRICUS MORISONE advocatus, *hæres* Christianæ Morisone sponsæ Georgii Stewart advocati, *filiæ fratris*,—in tenementis in Edinburgh.—E. 3s. 4d. xlix. 14.

(1241) Aug. 15. 1677.

JOANNES LUTFUTT scriba signeto Regio, *hæres* Joannis Lutfutt sartoris burgensis de Edinburgh, *patris*,—in dimidietate templarii tenementi in burgo de Edinburgh.—A. E. 2s. N. E. 6s. xxxiii. 358.

(1242) Oct. 10. 1677.

GEORGIUS GIRDWOOD incola in Sauchtoune, *hæres* Thomæ Girdwood incolæ ibidem, *avi ex parte patris*,—in 2 bovatis terris villæ et terrarum de Sauchtoune, infra regalitatem et baroniam de Brughtoune.—E. 5m. et 1 obulus, &c. xxxiii. 331.

(1243) Oct. 11. 1677.

GEORGIUS JOLLIE, *hæres* Roberti Jollie mercatoris burgensis de Edinburgh, *fratris*,—in tenementis in Edinburgh.—E. 3s. 4d. xxxiii. 244.

(1244) Feb. 6. 1678.

THOMAS STREET socius Collegii Sacrosanctæ Trinitatis in Academia Cantabrigiensi, *hæres* Gulielmi Street lie Haberdasher civis civitatis Londini, *patris*,—in annuo redditu 30l. Sterlingorum, correspondente 500l. Sterlingorum de terris de Easter et Wester Powbathes in parochia de Wester Calder;—domibus et bothis infra burgum de Edinburgh in occidentali Archu ejusdem;—terris de Houdoune, Havensyd, et Muirhill. xxxiii. 344.

(1245) Apr. 10. 1678.

JACOBUS VICECOMES DE KILSYTH, *hæres* Jacobi Vicecomitis de Kilsyth, antea vocati Domini Jacobi Livingstoune de Kilsyth, *patris*,—in terris et baronia de Braid, viz. terris dominicalibus de Braid vocatis Egipt et Eastbridges;—terris de Overbraid cum 2 molendinis granariis de Braid ;—terris de Blackfuird alias vocatis Hampang ;—terris de Eisthill de Braid cum terris de Greenhous, alias vocatis Overpleughlands ;—terris de Neather Pleughlands cum 14 acris terrarum arabilium jacentibus ex occidentali latere viæ foralis, et pendiculis nuncupatis Wester Bridges et Smiddie Grein, spectantibus dictis terris et baroniæ de Braid.—A. E. 10*l*. N. E. 40*l*.   xxxiii. 373.

(1246)   Apr. 10. 1678.
PATRICIUS HAMILTOUNE de Litle Prestoune, *hæres* Domini Patricii Hamiltoune de Little Prestoune, *patris*,—in terris et baronia de Braid, viz. terris dominicalibus de Braid, cum pertinentiis vocatis Egipt et Eistbridges ;—terris de Overbraid cum 2 molendinis granariis de Braid ;—terris de Blackfuird alias vocatis Hampany ;—terris de Eisthill de Braid cum terris de Greenbank alias Over Pleughlands ;—terris de Neather Pleughlands cum 14 acris terrarum arabilium ex occidentali latere viæ foralis, et pendiculis nuncupatis Westerbridges et Smidiegreen.—A. E. 10*l*, N. E. 40*l*.   xxxiii. 375.

(1247)   Apr. 10. 1678.
MAGISTER JOANNES HAY de Woodcookdaill, *hæres* Magistri Davidis Hay de Woodcookedaill, *patris*,—in terris et baronia de Braid, viz. terris dominicalibus de Braid cum pertinentiis vocatis Egipt et Eastbridges ;—terris de Overbraid cum 2 molendinis granariis de Braid ;—terris de Blackfuird alias Hampany ;—terris de Easthill de Braid cum terris de Greenbank alias vocatis Overpleughlands ;—terris de Neather Pleughlands cum 14 acris terrarum arabilium ex occidentali latere viæ foralis, et pendiculis nuncupatis Wester Bridges et Smiddiegreen, dictis terris et baroniæ de Braid spectantibus.—A. E. 10*l*. N. E. 40*l*.   xxxiii. 377.

(1248)   Maii 25. 1678.
JACOBUS MUIR, *hæres* Gulielmi Muir mercatoris burgensis Edinburgi, *avi*,—in tenemento in Edinburgh.—E. 3*s*. 4*d*.   xxxiii. 471.

(1249)   Jul. 13. 1678.
ELIZABETHA ET MARIA DONES, *hæredes portionariæ* Alexandri Done sartoris in Edinburgh, *avi*,—in tenemento in Edinburgh.—E. 3*s*. 4*d*.   xxxiv. 37.

(1250)   Nov. 13. 1678.
MARGARETA EDGAR relicta Thomæ Rome de Chiden, *hæres* Patricii Edgar filii Edwardi Edgar mercatoris burgensis de Edinburgh, *fratris germani*,—in tenemento terræ in villa de Leith et baronia de Restalrig.—E. 5*s*.   xxxiv. 53.

(1251)   Apr. 9. 1679.
WILLIELMUS DICK de Grange, *hæres* Jonetæ M'Math relictæ Willielmi Dick de Grainge, *matris*,—in terris vocatis Over Sanct Gelie-Grange cum manerie loco de Grange :—A. E. 40*s*. N. E. 20*l*.—18 acris terrarum arabilium de Sheines ab antiquo nuncupatis Sanct Geile-Grange cum horto de Sheines.—A. E. 20*s*. N. E. 40*s*.   xxxiv. 125.

(1252)   Apr. 9. 1679.
JACOBUS HAMILTOUN, *hæres conquestus* Roberti Hamiltoune mercatoris burgensis de Edinburgh et portionarii de Newbottle, *fratris*,—in mansione in villa et territorio de Newbottle, cum diversis acris terrarum in Bellibught, Westerhauch, Mylnhill, Medowflat, omnibus in territorio et ballia de Newbotle.—E. 5*l*. 18*s*. 8*d*.   xxxiv. 154.

(1253)   Apr. 12. 1679.
HELENA MURDOCH filia Nigelli Murdoch apothecarii burgensis de Edinburgh, *hæres provisionis* Nigelli Murdoch filii natu minimi dicti Nigelli Murdoch apothecarii, *fratris germani*,—in dimidietate annui redditus 130*m*. de tenemento in Edinburgh.—E. 8*s*. 4*d*.   xxxiv. 99.

(1254)   Maii 13. 1679.
DOMINA MARGARETA BOYD sponsa Domini Jacobi Foulls de Reidfoord unius Senatorum Collegii Justiciæ, *hæres* Joannis Boyd mercatoris burgensis de Edinburgh et nuper ædilis ejusdem, *patris*,—in terris et baronia de Corstorphine, cum decimis ;—advocatione ecclesiæ collegiatæ de Corstorphine, et cum decimis ecclesiæ parochialis de Ratho, et in dictis terris in securitate 10,162*l*. 4*s*. 8*d*.—A. E. 40*l*. N. E. 200*m*.—(Vide Stirling, Clackmannan.)   xxxiv. 128.

(1255)   Aug. 13. 1679.
ALEXANDER HENRYSONE scriba in Edinburgo, *hæres* Gulielmi Henrysone portionarii de Newheavin, *fratris germani*,—in 40 acris terrarum infra bondas et limites terrarum et portus maris S. D. N. Regis vocati Newheaven, et infra villam et territorium ejusdem ;—E. 2*s*. pro unaquaque acra, et 5*d*. pro unaquaque parti-

cata, feudifirmæ :—dimidio annui redditus 1000*m*. de dictis acris terrarum.   xxxiv. 186.

(1256)   Oct. 21. 1679.
THOMAS BROUNE, *hæres* Thomæ Broune polentarii burgensis de Edinburgh, *patris*,—in tenementis in Edinburgh ;—annuo redditu 20*s*. de tenemento in Edinburgh.—E. 3*s*. 4*d*.   xxxiv. 191.

(1257)   Dec. 3. 1679.
WALTERUS WEIR, *hæres* Gabriellis Weir de Dalrymilnes, *patris*,—in 7 acris terrarum arabilium de Coatts vulgo nuncupatis Langlands pro principali ;—9 acris terrarum de Coatts nuncupatis Boughtsteids et Gallowdykes, infra baroniam et regalitatem de Brughtoun in warrantum.—A. E. 2*s*, N. E. 6*s*.   xxxiv. 201.

(1258)   Dec. 3. 1679.
GUALTERUS WEIR, *hæres* Magistri Gabriellis Weir de Dalraymilnes, *fratris germani*,—in 3 molendinis granariis super aqua de Leith vocatis Dalrymilnes ;—pecia terræ nuncupata Whinniknow, infra parochiam de St. Cuthberts, cum decimis et astrictis multuris villæ de Dalry et Tolcroce.—A. E. 1*l*. 13*s*. 4*d*. N. E. 4*l*. 13*s*. 4*d*.   xxxiv. 204.

(1259)   Jan. 13. 1680.
ROBERTUS DUNDAS de Arnetstoune, *hæres* Domini Jacobi Dundas de Arnetstoune, *patris*,—in villa de Arnetstoune cum decimis ;—parte terræ de Arnestoune vocata Rylawknow ;—terris de Hudspeth ;—terris vocatis Michelslands ;—Butts terrarum de Hudspeth ;—pendiculis nuncupatis Birkensyde, Tailzeours pendicule et Burne alias Rogers pendicle ;—terris vocatis Park de Halkerstoune cum decimis ;—pendiculo vocato Castletoune alias Litle John Shott ;—terris et pendiculis de Shank, Bulzeon, et Cockhills ;—terris de Halkerstoune et Espertoune cum principali messuagio et jure regalitatis, omnibus unitis in baroniam de Arnetstoune :—E. 40*l*. *feudifirmæ* :—terris de Newbyres cum carbonario et molendino, in baronia de Newbottle :—E. 9*m*. *feudifirmæ* :—terris templariis de Howbyrne in Ballintrodo, cum privilegio regalitatis.—E. 40*s*. *feudifirmæ*.   xxxv. 101.

(1260)   Feb. 24. 1680.
GULIELMUS JOHNSTOUNE filius Gulielmi Johnstoune incolæ in Leith, *hæres* Thomæ Johnstoune mercatoris burgensis de Edinburgh, *filii fratris avi*,—in tenemento in Edinburgh.—E. 3*s*. 4*d*.   xxxv. 265.

(1261)   Apr. 8. 1680.
JOANNES WEDDERBURNE de Gosfoord, *hæres* Domini Petri Wedderburne de Gosfoord militis, nuper unius Senatorum Collegii Justiciæ, *patris*,—in tenementis in Leith in warrantum terrarum de Ballincrieff in vicecomitatu de Haddingtoune.—E. 53*s*. 4*d*. *feudifirmæ*.—(Vide Haddington.)   xxxv. 43.

(1262)   Apr. 16. 1680.
WILLIELMUS LITLE de Over Libbertoun, *hæres* Euphamiæ Litle filiæ Magistri Willielmi Little de Over Libbertoun, *sororis*,—in tertia parte annui redditus 1800*m*. correspondente 20,000*l*. de terris et terris dominicalibus de Over Libbertoun, infra parochiam de Libbertoun.   xxxvi. 53.

(1263)   Apr. 16. 1680.
WILLIELMUS LITLE de Over Libbertoun, *hæres* Joannis Litle, *fratris*,—in tertia parte annui redditus 1800*m*. correspondente 20,000*l*. de terris et terris dominicalibus de Over Liberton, infra parochiam de Libbertone.   xxxvi. 55.

(1264)   Apr. 16. 1680.
WILLIELMUS LITTLE de Over Libbertoun, *hæres* Walteri Little, *fratris*,—in tertia parte annui redditus 1800*m*. correspondente 20,000*l*. de terris et terris dominicalibus de Over Libberton, infra parochiam de Libberton.   xxxvi. 56.

(1265)   Maii 13. 1680.
GULIELMUS RUTHVEN de Gairden, *hæres* Patricii Ruthven de Gairden, *patris*,—in dimidietate 2 tenementorum in Edinburgh :—A. E. 3*s*. 4*d*. N. E. 10*s*.—5 bovatis terrarum vocatis Litle Maillingis ex boreali occidentali parte villæ de Corstorphen, infra baroniam et parochiam de Corstorphin.—A. E. 13*s*. 4*d*. N. E. 3*m*.   xxxv. 208.

(1266)   Maii 13. 1680.
GULIELMUS RUTHVEN de Gairden, *hæres* Margaretæ M'Gill filiæ Davidis M'Gill mercatoris burgensis de Edinburgh, ac sponsæ Patricii Ruthven de Gairden, *matris*,—in superioritate dimidiæ partis 5 bovatarum terrarum vocatarum Litle Maillingis, infra baroniam et parochiam de Corstorphen.—A. E. 13*s*. 4*d*. N. E. 3*m*.   xxxv. 210.

(1267)   Jun. 9. 1680.

JOANNES LIBBERTOUN de Leydoun, *hæres* Jacobi Libbertoun de Leydoun, *patris*,—in superioritate terrarum de Nether Barntoun.—A. E. 10d. N. E. 3s. 8d.   xxxvi. 46.

(1268)   Aug. 9. 1680.

JOANNES MASONE de Rosebank, *hæres* Joannis Masone portionarii de Inneresk, *patris*,—in 4 bovatis villæ et terrarum de Inneresk antiquæ mensuræ ejusdem villæ, cum horto, pasturis et moro, extendentibus ad 6 acras graminis ;—portione mori de Inneresk extendente ad 4 acras et tres quarterias acræ mori :—E. 6l. 12s. &c. *feudifirmæ* :—decimis garbalibus dictarum terrarum :—E. 7 bolla avenarum, &c. *feudifirmæ* :—tenemento in occidentali latere villæ de Inneresk in dominio de Mussleburghshyre ;—domibus et ædificiis cum hortis et ustrina jacentibus ad occidentalem finem villæ de Inneresk ;—pecia terræ arabilis seu croftæ contigue adjacente dictis domibus, cum lie head rige et pecia mori de Inneresk, infra dominium et regalitatem de Mussellburghshyre, cum decimis garbalibus.—E. ......   xxxix. 603.

(1269)   Dec. 22. 1680.

MARGARETA NAPIER relicta Thomæ Forman scribæ in Edinburgo, *hæres portionaria* Gulielmi Napier de Wrighthouss nepotis Gulielmi Napier de Wrighthouss, *fratris avi*,—et JOANNES THOMSONE filius Catherinæ Napier sororis germanæ dictæ Margaretæ Napier ex parte patris, *hæres portionarius* dicti Gulielmi Napier, *fratris proavi*,—in terris de Wrighthouss.—A. E. 4l. N. E. 12l.   xxxv. 181.

(1270)   Jan. 26. 1681.

JOANNES DUNDAS de Harviestoune, *hæres* Joannis Domini Borthuick, *avunculi*,—in terris de Harviestoune et Bogend.—E. 5s.   xxxv. 266.

(1271)   Jan. 28. 1681.

ELIZABETHA BOYD sponsa Magistri Jacobi Scot clerici principalis vicecomitatus de Edinburgh ;—et ANNA BOYD sponsa Alexandri Simpsone mercatoris burgensis de Edinburgh, *hæredes portionariæ* Annæ Hendersone relictæ Jacobi Boyd de Tempill, *matris*,—in dimidietate annui redditus 1000m. de terris de Eister Grantoune extendentibus in integro ad 40 acras terrarum, infra villam et territorium de Newhaven.   xxxv. 244.

(1272)   Mar. 2. 1681.

MARGARETA BRYSSON sponsa Joannis Fouls feoditarii de Ratho, *hæres* Henrici Brysson filii Andreæ Bryssone mercatoris burgensis de Edinburgh, *fratris germani*,—in mansionibus, domibus, &c. infra villam et dominium de Newbottle, et particata terræ vocata Lammertounleys.—E. 4l. 3s. 10d.   xxxvi. 98.

(1273)   Apr. 15. 1681.

JOANNES SUITTIE, *hæres* Gulielmi Suittie mercatoris burgensis de Edinburgh, *patris*,—in tenementis in Edinburgh :—E. 40s.—tenemento cum clausura in dicto burgo :—E. 10m.—2 tenementis in dicto burgo de Edinburgh :—A. E. .... N. E. ....—villis et terris de Easter et Wester Dudingstoun unitis in baroniam de Dudingstoun, cum decimis.—A. E. ...... N. E. ....—(Vide Peebles, Fife.)   xxxvi. 274.

(1274)   Apr. 20. 1681.

JOANNES BORTHUICK de Cruikston, *hæres* Gulielmi Borthuick de Cruikston, *patris*,—in terris de Cruickston infra dominium de Waddell et baroniam de Dalhoussie :—A. E. ...... N. E. ......—terris de Netlingflet infra parochiam de Stow :—A. E. .... N. E. ....—terris de Caikemure alias Caikmurehill infra baroniam de Rosline :—A. E. ...... N. E. ......—terris de Couberriehill infra baroniam de Rosline.—A. E. .... N. E. ......   xxxvi. 33.

(1275)   Jul. 19. 1681.

ISSOBELLA SYMSON sponsa Donaldi Urquhart in Birkes, *hæres portionaria lineæ et conquestus* Magistri Joannis Bayne de Pitcairlie scribæ signeto Regio, filii Donaldi Bayne fratris germani Helenæ Bayne, proavi dictæ Issobellæ Symson, *nepotis proaviæ*,—ISSOBELLA ROSS sponsa Donaldi M'Neill in Contane, nepotis Margaretæ Bayne sororis germanæ prædicti Donaldi Bayne, *hæres portionaria lineæ et conquestus* dicti Magistri Joannis Bayne de Pittcairlie, *nepotis aviæ*,—et ALEXANDER BAYNE nuper ballivus de Dinniguall filius Agnetæ Bayne sororis germanæ dicti Donaldi Bayne, *hæres portionarius lineæ et conquestus* dicti Magistri Joannis Bayne de Pitcairlie, *filii avunculi*,—in tenementis in Edinburgh.—E. census burgales.—(Vide Fife, Perth, Haddington.)   xxxvi. 81.

(1276)   Aug. 23. 1681.

THOMAS CRAWFURD, *hæres* Thomæ Craufuird junioris mercatoris burgensis de Edinburgh, *patris*,—in diversis tenementis in Edinburgh.—A. E. .... N. E. ....—(Vide Roxburgh, Forfar.)   xxxvi. 49.

(1277)   Sep. 21. 1681.

DOMINUS GULIELMUS NICOLSOUN miles baronettus, *hæres masculus* Domini Joannis Nicolsoun militis baronetti, *fratris*,—in terris de Nicolsoune prius Clerkingtoun nuncupatis, cum illa parte vocata Bridwood, cum advocatione parochiæ de Nicollsoune et molendino granario de Nicolsoun mill ;—burgo baroniæ de Nicolsoune :—A. E. 10l. N. E. 30l.—terris de Foulerstoun, cum privilegio regalitatis, capellæ et cancellariæ infra bondas dictarum terrarum de Fullerstoun, unitis in baroniam de Nicollsone :—E. 13s. 4d.—terris et villa de Laswaid infra baroniam de Kirklistoun et regalitatem de Sanct Androis, et vicecomitatus de Edinburgh et Linlithgow respective :—E. 16l. *feudifirmæ* :—parte seu tenandria de Laswaide extendente ad sextam partem terrarum de Lasswaid cum cottagio :—E. 17½d. &c. *feudifirmæ* :—18 partibus quartæ partis dictarum terrarum de Lasswaid :—E. 6s. 8d. *feudifirmæ* :—3 partibus alterius quartæ partis dictarum terrarum :—E. 2s. *feudifirmæ* :—40 solidatis terrarum de Laswaid infra territorium de Lasswaide, baroniam de Listoun et regalitatem de St. Androis, unitis in tenandriam de Lasswaid :—E. 20l. *taxatæ divoriæ pro terris de Laswaid* :—potestate habendi crucem foralem et forum hebdomadarium, apud villam de Loanheid de Lasswaid :—E. 1d.—pecia terræ extendente ad 40 pedes in latitudine terrarum et lie roume de Ancrilaw, infra baroniam de Prestoun et parochiam de Lasswaid :—A. E. .... N. E. ....—advocatione parochiæ de Lasswaide cum decimis ecclesiæ et parochiæ.—E. ....—(Vide Haddington, Berwick.)   xxxvi. 107.

(1278)   Oct. 4. 1681.

MARGARETA PORTERFEILD sponsa Magistri Joannis Oliphant filii Magistri Gulielmi Oliphant Clerici Wardæ seu Scrinii S. D. N. Regis Caroli Secundi, *hæres* Dominæ Margaretæ Porterfeild relictæ Dominii Patricii Drummond, Domini Conservatoris Privilegiorum S. D. N. Regis Regni Scotiæ in Batavia, et septem provinciis lie Low Countryes, *amitæ*,—in villa et terris de Mortoune, in parochia de Libbertoun et baronia de Pentland.—A. E. .... N. E. 10m.   xxxvi. 120.

(1279)   Mar. 10. 1682.

ELIZABETHA WILSONE sponsa Jacobi Murrey de Pennieland, *hæres provisionis* Magistri Archibaldi Calderwood verbi Dei ministri apud ecclesiam de Halyrudehouse, filii Elizabethæ Mortimer, *fratris uterini*,—in annuo redditu 600m. correspondente 10,000m. de 4 bovatis et 2 croftis terrarum et villæ de Restalrig, et de reliquis partibus dictarum terrarum et baroniæ de Restalrig, cum decimis.   xxxvi. 131.

(1280)   Mar. 30. 1682.

ROBERTUS BAINE, *hæres conquestus* Willielmi Baine filii Andreæ Baine burgensis de Edinburgh, fratris junioris Joannis Baine, *patris*,—in tenemento in villa de Leith infra baroniam de Restalrig.—E. 40s.   xxxvi. 158.

(1281)   Maii 25. 1682.

CAROLUS SCOTT de Bonnintoune, *hæres masculus talliæ et provisionis* Gilberti Scott de Boningtoune, *fratris germani*,—in terris de Bonytoune extendentibus ad 10 libratas terrarum antiqui extentus, per annexationem in baronia et vicecomitatu de Renfrew.—A. E. 10l. N. E. 46l. 13s. 4d. *taxatæ divoriæ*.   xxxvi. 33s.

(1282)   Maii 25. 1682.

CAROLUS SCOT de Bonyntoun, *hæres masculus talliæ et provisionis* Magistri Jacobi Scot de Boningtoune, *patris*,—in terris dimidiatis occidentalibus de Ormistoun ;—terris de Whytehill ;—terris dimidiatis occidentalibus de Mortoun, et pendiculo vocato Forrock, in baronia de Caldercleir et regalitate de Dalkeith ;—... mercatis terrarum de Whytclentneise, et parte dictarum terrarum de Mortoun, in prædicta baronia et regalitate ;—terris occidentalibus dimidiatis de Ormestoun, viz. terris de Burnhouse, Bentend, et two Latchets jacentibus ut supra :—A. E. .... N. E. ....—decimis terrarum et villæ de Bonyntoun et terrarum dominicalium earundem.—A. E. 12d. N. E. 3s.—(Vide Linlithgow.)   xxxvi. 336.

(1283)   Maii 25. 1682.

CAROLUS SCOT de Bonyngtoune, *hæres masculus talliæ et provisionis* Magistri Jacobi Scot de Bonyngtoune, *patris*,—in terris dimidiatis occidentalibus de Ormestoune cum mansione ;—terris de Whytehill ;—dimidiatis occidentalibus terris de Mortoune et pendiculo vocato Forrock, in baronia de Caldercleir et regalitate de Dalkeith ;—... mercatis terrarum de Whytecleuchburne (vel Whytecleneise) parte dictarum terrarum de Mortoune ;—occidentalibus dimidiatis terris de Ormestoune cum pertinentiis, viz. terris de Burnehouse, Benten et Tuo Hatchets jacentibus ut supra ;—A. E. .... N. E........—decimis garbalibus villæ et terrarum de de Bonyntoun et terrarum dominicalium.—A. E. 12d. N. E. 3s.—(Vide Linlithgow.)   xxxvii. 178.

(1284) Maii 25. 1682.
CAROLUS SCOTT de Bonyntoune, *hæres masculus talliæ et provisionis* Gilberti Scott de Bonyntoune, *fratris germani*,—in terris de Bonyntoune extendentibus ad 10 libratas terrarum antiqui extentus, per annexationem in baronia et vicecomitatu de Renfrew. —A. E. 10*l*. N. E. 40*l*. 13*s*. 4*d*. *taxatæ divoriæ*. xxxvii. 180.

(1285) Maii 26. 1682.
THOMAS CRAIG de Rickartoun, *hæres* Ludovici Craig de Riccartoune, *patris*,—in terris de Riccartoune ;—terris de Keirhill (vel Reirhill), in baronia de Renfrew per annexationem ;—terris de Malcolmstoun in baronia de Ratho et regalitate de Renfrew :— A. E. 5*l*. N. E. 15*l*.—terris de Nether Currie, in parochia de Currie, et per annexationem in dominio de Newbottle.—E. 5*m*. xxxvi. 204.

(1286) Feb. 7. 1683.
DOMINUS GULIELMUS MOUAT de Inglistoune, miles baronettus, *hæres masculus et talliæ* Domini Rogeri Mouat de Inglistoune, militis baroneti, *fratris germani*,—in terris et baronia de Inglistoune, comprehendentibus 7 bovatas et quartam partem bovatæ terræ terrarum de Rottinraw ;—4 bovatas terræ de Rottinraw vocatas Westfeild de Rottinraw ;—6 bovatas terræ et 3 cottagia terrarum villæ et terrarum de Auldlystoune ;—2 bovatas terræ de Auldlystoune et quartam partem et tertiam partem quartæ partis bovatæ terræ in Auldlystoune, et pendiculum ejusdem vocatum cottagia, et .... bovatæ terræ dictæ villæ et terrarum de Auldlistoun, partes et portiones dictæ villæ et terrarum de Auldlistoune ;—terras de Wester Brigs ;—terras de Listonscheill infra baroniam de Listoun ;—yle et sepulchrum, sedes, et loftis in templo de Kirklystoune, unitis in baronia de Inglistoune.—E. 9*l*. 2*s*. 8*d*. xxxvii. 128.

(1287) Feb. 7. 1683.
CAROLUS HOPE de Hopetoune, *hæres masculus et lineæ* Joannis Hope de Hopetoune, *patris*,—in baronia de Kirklistoune comprehendente villam et terras dominicales de Kirklistoune ;—terras ecclesiasticas de Kirklystoune ;—molendinum de Kirklystoune, cum terris ad tergum ecclesiæ de Cattelbow ;—terras ecclesiasticas de Leswade ;—terras de Eglismachane, infra regalitatem Sancti Andreæ, vicecomitatu de Edinburgh et Linlithgow respective :— E. 93*l*. 2*s*. 4*d*.—hæreditario officio Justiciarii Generalis curiarum Itineris Justiciariæ et Coronatoris regalitatis Sancti Andreæ, ex australi parte aquæ de Forth, viz. terrarum et baroniæ de Kirklystoune ;—villæ et terrarum dominicalium de Kirklystoune ;—terrarum ecclesiasticarum de Kirklystoune cum molendino ;—villæ et terrarum de Leswade ;—terrarum ecclesiasticarum de Leswade ; —terrarum de Eglismachane ;—terrarum de Killeith alias Kindleith vel Kyndleith ;—terrarum de Rathobyres ;—terrarum de Listoun-Sheills ;—terrarum de Stow et Weddell ;—terrarum de Litle Prestoune ;—terrarum de Tinnynghame ;—terrarum de Livielands prope Stirling ;—et aliarum terrarum et baroniarum infra regalitatem prædictam, ex australi parte aquæ de Forth, infra vicecomitatus de Linlithgow, Edinburgh, et Haddingtoune respective, unitis in baroniam de Kirklystoune ;—officio hæreditario balliatus, baroniæ, et terrarum de Kirklistoun, infra vicecomitatus prædictos, unitis in baroniam de Kirklistoun, cum summa 80*m*. de feudifirmis de Kirkliston, pro feodo officiorum :—E. 1*d*.—burgo regalitatis de Kirklistoun ;—omnibus unitis in baroniam de Kirkliston.—(Vide Lanark, Stirling, Linlithgow, Berwick.) xxxvii. 143.

(1288) Maii 4. 1683.
THOMAS CRAUFOORD mercator burgensis de Edinburgh, *hæres* Thomæ Crauford filii Thomæ Crawford junioris mercatoris burgensis dicti burgi, *nepotis*,—in tenementis in Edinburgh.—E. ......(Vide Roxburgh, Forfar.) xxxvii. 121.

(1289) Apr. 11. 1684.
MARGARETA ET JEANNA DOUGLASSES, *hæredes portionariæ* Magistri Gulielmi Douglas advocati, *patris*,—in tenemento terræ infra villam de Leith et baroniam de Restalrig.—E. 24*s*.—(Vide Roxburgh.) xxxvii. 348.

(1290) Jun. 5. 1684.
ROBERTUS COMES DE ROXBURGH, *hæres masculus et talliæ* Roberti Comitis de Roxburgh, Domini Ker, Cesfoord, et Caverton, *patris*,—in comitatu de Roxburgh comprehendente terras de Dishflatt et Meadowflat, cum 6 tenementis infra burgum Vicicannonicorum lie Cannongaite, cum aliis terris in vicecomitatibus de Stirling et Linlithgow respective.—E. 70*l*. 13*s*. 4*d*. *feudifirmæ*: —terris, dominio, et baronia de Holydean comprehendentibus terras de Easter et Wester Dudingstouns :—E. 82*l*. 12*s*.—tenementum terræ infra burgum de Edinburgh ;—terras ecclesiasticas de Caldercleir, cum aliis terris, &c. in Selkirk, Peebles, Dumfreis, Lanark, Ayr, Kincardine, et Roxburgh :—E. 10*l*. &c.—decimas ecclesiæ de Caldercleir, cum aliis decimis in Roxburgh, Berwick, Selkirk, Peebles, Dumfreis, Lanark, et Kincardine :—E. 40*m*. *albæ firmæ*:—officia justiciariæ terrarum de Duddingstoun et aliarum

terrarum in Roxburgh et Berwick :—E. *administratio justiciæ* :— omnibus unitis in baroniam et dominium de Holyden ;—boreali crofta terræ terrarum in Pleasans alias Deiraneugh, infra baroniam de Brughton.—E. 3*l*. *feudifirmæ*.—(Vide Roxburgh, Berwick, Selkirk, Peebles, Dumfreis, Lanark, Ayr, Kincardine, Stirling, Linlithgow, Haddington.) xxxvi. 287.

(1291) Jul. 5. 1684.
JOANNES KERR de Cavers, *hæres* Joannis Kerr de West Nisbet, *patris*,—in terris ecclesiasticis vicariæ de Dudingstone, viz. 11 rigis terrarum in Longlands de Wester Dudingstone ;—15 rigis terrarum prope villam de Dudingstone ;—6 rigis terrarum in lie Clayes, et 1¾ acra inter croftas dictæ villæ nuncupatas Carnbucks, extendentibus in integro ad 14 acras terrarum ;—peciis terrarum nuncupatis lie Ortchart in dicto territorio.—E. 16*m*. &c. *feudifirmæ*.—(Vide Roxburgh, Berwick.) xxxix. 66.

(1292) Jul. 9. 1684.
DOMINUS THOMAS NICOLLSONE de Carnock, nunc DOMINUS NAPIER, *hæres talliæ* Archibaldi Domini Napier, *avunculi ex parte matris*,—in domibus olim ruinatis et vastis, et nunc ædificatis, adjacentibus exteriori areæ palatii de Halyrudehouse, unitis in baroniam de Edinbellie-Napier.—E. 20*s*. *feudifirmæ*.— (Vide Dumbarton, Perth.) xxxvi. 279.

(1293) Aug. 27. 1684.
ANDREAS AITKENE mercator de Edinburgh, *hæres* Thomæ Aitkene in Mitchellhill, *patris*,—in annuo redditu 40*l*. correspondente 1000*m*. de lie roumé et terris de Wester Cairnes, infra parochiam de Midcalder et baroniam de Calder. xxxvi. 270.

(1294) Oct. 1. 1684.
NATHANIEL JACKSONE, *hæres* Nicolæ Jacksone mercatoris et civis civitatis Londini, *patris*,—in annuo redditu 30*l*. Sterlingarum correspondente 500*l*. Sterlingorum de terris de Easter et Wester Powbethes in parochia de Wester Calder ;—domibus et bothis infra burgum de Edinburgo ;—necnon de terris de Houdoun, Gavinsyde et Muirhaw. xl. 115.

(1295) Dec. 12. 1684.
DOMINUS JOANNES CLERK de Pennycook miles baronettus, *hæres* Joannis Clerk de Pennycook, *patris*,—in terris de Wrightshouss cum decimis.—A. E. 4*l*. N. E. 12*l*. xxxviii. 193.

(1296) Dec. 31. 1684.
WILLIELMUS MORISONE de Prestounegrange, *hæres* Domini Alexandri Morisone de Prestounegrainge, *patris*,—in terris et baronia de Newbottle, in speciale warrantum terrarum et baroniæ de Prestoungrainge :—E. ....—terris de Morphattoune ;—terris de Toxesydehill, Coittlaw, Gledhouse ac molendino vocato Gledhousemilne, pro principalibus :—A. E. 8*m*. 4*s*. 5*d*. N. E. 25*m*.— terris, dominio, et baronia de Newbotle in speciale warrantum terrarum de Lethinhopes et terrarum de Morphattoune, Toxsydehill, Coitlaw, Gledhous, &c.—A. E. 22*l*. 5*s*. N. E. 66*l*. 13*s*. 4*d*.—(Vide Haddington, Peebles.) xxxvii. 333.

(1297) Maii. 9. 1685.
ANDREAS BROUN de Braid, *hæres* Joannis Broun de Braid, *patris*,—in terris de Gorgiemilne ;—2 molendinis granariis de Gorgie ;—10 acris terrarum ex orientali latere de Gorgie in parochia de St. Cuthberts, et per annexationem in vicecomitatu de Renfrew ;—decimis prædictarum terrarum ;—13 cotagiis super limitem terrarum molendinariarum de Gorgie, cum 6 cotagiis super terras de Gorgie ædificatis, pro principali :—A. E. ...... N. E. ...... terris de Redhall in parochia de Hailles, in warrantum prædictarum terrarum de Gorgie :—A. E. 20*s*. N. E. 3*l*.—terris et baronia de Braid continentibus terras dominicales de Braid nuncupatas Nether Braid, cum pendiculis nuncupatis Egypt et Easter Brigs ;— terras de Over Braid cum molendinis de Braid ;—terras de Blackfoord alias nuncupatas Champayne ;—terras de Easthill de Braid, cum terris de Greenbanks alias vocatis Over Plewlands, et terris de Nether Plewlands, cum 14 acris terræ arabilis, et pendiculis nuncupatis Wester Bridges et Smiddiegreen, in parochia de St. Cuthberts.—A. E. 10*l*. N. E. 30*l*. xxxviii. 27.

(1298) Sep. 7. 1685.
ANNA MONCRIEFF, *hæres* Elizabethæ Thomas sponsæ Magistri Mathei Moncrieff de Culforgie, *matris*,—in botha et tenementis in Edinburgh.—E. 3*s*. 4*d*. xxxviii. 118.

(1299) Sep. 23. 1685.
JOANNES PRINGLE, *hæres* Magistri Walteri Pringle de Craigcruik advocati, *patris*,—in terris de Craigcruik :—E. 28*l*. *feudifirmæ*:—terris de Clarbarstoune cum libertate pasturandi, &c. infra moram de Cramond :—A. E. 10*s*. N. E. 30*s*.—bovata terræ templariæ in territorio de Clarbarstoun.—E. 3*s*. 6*d*. *feudifirmæ*. xxxviii. 178.

N

(1300)   Apr. 27. 1686.

JACOBUS COMES DE PANMURE, &c. *hæres* Georgii Comitis de Panmure, Domini Maule, Brechin, et Navarr, *fratris senioris germani,*—in terris : baronia de Aberbrothock comprehendente inter alia tenementum in villa de Leith lie Girnelhouse nuncupatum ad abbaciam de Aberbrothock pertinens, cum aliis terris unitis in dominium, baroniam et regalitatem de Aberbrothock.—E. 200*l.* —(Vide Forfar, Aberdeen, Bamf, Lanark, Perth, Nairn.)

xxxviii. 374.

(1301)   Jul. 6. 1686.

JACOBUS DEANS de Woodhouslie, *hæres* Magistri Jacobi Deans de Woodhouslie, *patris,*—in terris et baronia de Woodhouslie comprehendente terras de Foulfoord cum decimis :—E. 6*l.* &c. *taxatæ wardæ* :—terras de Castlelaw, Eastraw, Skaithinchicoll cum molendino ;—terras de Woodhouslie, cum decimis, et advocatione ecclesiæ parochialis de Glencors :—E. 93*l.* 6*s.* 8*d. feudifirmæ* :—omnes unitas in baroniam de Woodhouslie ;—villa de Foulfoord nunc de Woodhouselie vocata, in burgum baroniæ erecta :—E. ....—annuo redditu 420*m.* correspondente 7000*m.* de terris et baronia de Glencors comprehendente terras et prædium de Glencors cum novo prædio de Kirklands ;—domum de Muire, Turnhouse, et montem ejusdem lie Rulliangreen, Dalmoirmilne ; —terras de Pathhead cum mora de Glencors ;—terras de Greenlaw orientales et occidentales ;—Lawhead ;—annuo redditu 80*l.* correspondente 2000*m.* de terris et baronia de Glencors :—alio annuo redditu 60*l.* correspondente 1000*l.* de terris vocatis Hillend, infra baroniam de Pentland.—(Vide Berwick.)   xxxix. 652.

(1302)   Sep. 1. 1686.

JACOBUS WATSONE de Saughtone, *hæres lineæ* Magistri Davidis Watsone de Saughton scribæ signeto Regio, *patris,*—in 1¼ acra terrarum infra villam de Corstorphine cum decimis :—A. E. .... N. E. ....—domibus posterioribus et anterioribus cum hortis, caudis et rigis, lie tales et riges, adjacentibus duobus cottagiis et horto in dicta villa de Corstorphine, ex australi parte ejusdem :—A. E. .... N. E. ....—annuo redditu 140*l.* correspondente 3500*m.* de terris Georgii Huppringle de Eodem, viz. terris de Huppringle, Langmuire, Burnhouse, Rittæflate, Bow, Carthrow, et Torquhen, in dominio de Stow et regalitate Sancti Andreæ ;—de terris de Torsonse, Crumlian, Cordland, et Plamploch, cum pastura tam in communia de Stow quam in communia de Langate, et de terris molendinariis et multuris infra baroniam de Stow, et regalitatem prædictam, unitis in tenandriam de Torsonse ; —annuo redditu 40*l.* correspondente 1000*m.* de quondam Joannis Measone portionarii de Inneruskie 4 bovatis terris villæ et terrarum de Inneruskie, infra parochiam de Inneruskie, cum decimis ; —in Joannis Watsone de Damhead terris et prædio nuncupato lie Hous de Dalray nunc nuncupato Whytfeild cum decimis ;—prædio et terris de Damheid quæ est mercata terræ de Saughtonhall perprius nuncupata Smithlands, cum decimis, in parochia de St. Cuthberts nuncupata Westkirk :—A. E. .... N. E. ....—tenemento terræ pertinente ad Gulielmum Temple chirurgum burgensem de Edinburgh, in burgo Vicicannonicorum et baronia de Brughtone. —A. E. .... N. E. ....   xliv. 443.

(1303)   Oct. 29. 1686.

ALEXANDER CHANCELLOR, *hæres* Gulielmi Chancellor mercatoris burgensis de Edinburgh, *patris,*—in dimidietate tenementi in Edinburgh.—E. 3*l.* 7*s.* 8*d.*   xxxix. 276.

(1304)   Nov. 8. 1686.

DOMINA MARGARETA NAPIER nunc DOMINA NAPIER relicta Joannis Brisban armigeri, secretarii classis regiæ in Anglia, ac sororis demortui Archibaldi Domini Napier, *hæres talliæ* Thomæ Domini Napier, *nepotis ex fratre* (vel *sorore*)—in tenementis adjacentibus exteriori ureæ de Holyrodehouse :—E. 20*s. feudifirmæ* ; —unitis cum aliis terris in vicecomitatibus de Perth et Stirling in baroniam de Edinbellie-Napier.—(Vide Perth, Stirling.)

xxxix. 296.

(1305)   Jan. 13. 1687.

JOANNES KER de Moristoun, *hæres* Andreæ Ker de Moristoun, *fratris germani,*—in terris de Mauldslie et Huntlawcoat :—E. 31*l. feudifirmæ* :—domicilio lie lodging infra burgum de Edinburgh.— E. *servitium burgi.*—(Vide Berwick.)   xl. 1.

(1306)   Feb. 10. 1687.

RACHAEL CRAWFOORD sponsa Georgii Wilsone calcearii, *hæres* Thomæ Crawfoord calcearii burgensis Edinburgi, *patrui,*— in tenementis in Edinburgh.—E. 3*s.* 8*d.*   xxxix. 243.

(1307)   Nov. 4. 1687.

DOMINUS JACOBUS PRYMROSE miles, *hæres lineæ et provisionis* Domini Willielmi Prymrose de Caringtoun militis, *patris,* —in terris et baronia de Crichtoun comprehendente partes terrarum dominicalium de Crichtoun, viz. terras de Wester Crichtoun ; —Castlemains de Crichtoun ;—terras de Turniedyks ;—terras de

Eister Chrichtoun, Blackfoord et molendinum ejusdem, et terras de Sauchnell, infra parochiam et dominium de Crichtoun, cum advocatione præposituræ de Crichtoune ;—omnes alias terras, tenementa, et rudas, &c. infra præposituram de Crichtoun, omnes unitas in baroniam de Crichtoun:—A. E. 30*l.* N. E. 90*l.*—terris et baronia de Caringtoun comprehendente villam de Caringtoun ;— 4 quartas partes lie Aicker, Quarterfaunds, Westerwoodquarter et Staniefoldquarter ;—terras vocatas Smithslands, Stobiebank ;— terras de Arnieflatt, Grahameslands, Maines, Croft, et Caringtounbarnes ;—terras de Wheitlet, Cockdean, Aikendean, Edgelaw, Coldhall alias Coldwoodhall, Ancilaw, Fatlips, Capitlaw, et terras de Whytehill, in parochia de Caringtoun, cum burgo baroniæ de Caringtoun ;—terras ecclesiasticas de Caringtoun cum terra husbandia in villa de Caringtoun, extendente ad vigesimam quartam partem dictæ villæ de Caringtoun, in Westwood Quarter ;—decimas dictarum terrarum et baroniæ de Caringtoun, et terræ husbandiæ, cum advocatione ecclesiæ de Caringtoun, et cum illo prædio lie the Sheills quæ est pars baroniæ de Dalhousie, in parochia de Cockpen ;—terras et prædium de Blackhope infra parochiam de Herriot ;—terras templarias in villa et territorio de Caringtoun, omnibus unitis in baroniam de Caringtoun:—E. 26*l.* 13*s.* 4*d*—terris et baronia de Dallhousie cum advocatione capellaniæ Sancti Leonardi in dicta baronia, in parochia de Cockpen, in warrantum terrarum vocatarum Caldhall alias Caldwoodhall, et terrarum templariarum in villa de Caringtoun et decimarum, et aliarum terrarum suprascriptarum.—A. E. 12*l.* 10*s.* N. E. 50*l.*—(Vide Haddington.)

xl. 30.

(1308)   Apr. 5. 1688.

CAROLUS COMES DE LAUDERDALE, Vicecomes de Maitland, Dominus Thirlstane et Boltoun, &c. *hæres masculus* Joannis Lauderderiæ Ducis, *fratris germani,*—in dominio, baronia, et regalitate de Mussillburgh comprehendentibus villas et terras de Smeitoun, Innereske, Monktounhall ;—molendinum de Mussilburgh vocatum Shirreffmilne, Carberrie, Westpanes ;—terras vocatas Eister et Wester Crofts, Tailzeorcroafts, et Claypots, Woolmet, Stoniehill, Litle Monktoun, Edmondstoun, Naetoun, Caldcoats ;—carbones et carbonaria de Woolmetbank ;—terras de Kerse ; —terras de Hill, Whytsyde, Easter Hailles, Wester Hailles, Costertoun, Mussilburgh ;—molendinum de Mussilburgh cum astrictis multuris earundem, Newbiging, Fisherraw, cum jure superioritatis vassalorum dicti dominii de Mussilburgh, jure regalitatis ejusdem, et jure patronatus præceptoriæ capellæ vocatæ Magdalen Chappell ;—alias terras et annuos redditus, &c. quæ ad monasterium de Dumfermling spectabant, ex australi parte aquæ de Forth, cum jure patronatus et decimis ecclesiarum de Innereesk, Hailles, Naetoun, et Magdaline Chapline, omniumque aliarum ad dictum monasterium spectantium, ex australi parte dictæ aquæ de Forth, cum officio hæreditario ballivatus dictarum terrarum et dominii de Mussilburgh, infra omnes bondas ejusdem, omnibus unitis in dominium, baroniam et regalitatem de Mussilburgh.—E. 40*l.*—(Vide Haddingtoun, Peebles, Berwick.)   xl. 118.

(1309)   Oct. 11. 1688.

PETRUS WEDDERBURN de Gosfoord; *hæres* Joannis Wedderburn de Gosfoord, *fratris germani senioris,*—in tenementis terræ in villa de Leith infra structuram vocatam opus seu structuram regiam lie Kings Work, in warrantum terrarum de Lochill.— E. 55*s.* 4*d. feudifirmæ.*—(Vide Haddington.)   xl. 316.

(1310)   Oct. 18. 1688.

MAGISTER JACOBUS M'CULLOCH filius natu maximus Angusii M'Culloch de Ballacuith, fratris germani Domini Hugonis M'Culloch nuper de Piltoun, *hæres* dicti Domini Hugonis M'Culloch, *patrui,*—in terris de Easter et Wester Piltouns extendentibus ad 5 libratas terrarum antiqui extentus infra parochiam de Cramond:—A. E. 5*l.* N. E. 22*l.* 4*s.* 6*d. taxatæ wardæ* :—2 partibus terrarum et baroniæ de Muirhouse nuncupatis the Toungues et Fourtie aickers, infra baroniam de Muirhouse et parochiam de Cramond. —A. E. 3*l.* N. E. 9*l.*—(Vide Ross.)   xl. 337.

(1311)   Nov. 21. 1689.

ANNA KEITH, *hæres* Annæ Stewart sponsæ Willielmi Keith mercatoris burgensis Edinburgi, *matris,*—in tenementis in Edinburgh.—E. 3*s.* 4*d.*   xl. 358.

(1312)   Mar. 25. 1690.

THOMAS MURRAY de Woodend, *hæres* Magistri Anthonii Murray de Woodend, *patris,*—in annuo reditu 300*m.* correspondente 5000*m.* de terris de Pepermilne et Kingsmeadow alias Sharniehall, infra parochiam de Libbertoun.—(Vide Perth.)   xli. 86.

(1313)   Apr. 15. 1690.

CAROLUS SCOTT filius Magistri Laurentii Scott de Bavillaw, *hæres* Gulielmi Scott de Bavillaw advocati, *fratris germani,*—in terris et baronia de Bavillaw comprehendente terras de Butelands et Butelandhills, comprehendentes in se terras de Overtoune de

Buteland, et terras de Butelandhill ;—terras de Loanhead ;—terras nuncupatas Templehouses, infra parochiam de Currie :—A. E. 40s. N. E. 6l.—terras de ambabus Bavillaws vulgo nuncupatas Easter et Wester Bavillaues, cum libertate communis pasturæ in mora de Ballerow (vel Ballerno), infra parochiam de Pennicook :— E. 6l. taxatæ wardæ :—omnes unitas in baroniam de Bavillaw.
xlii. 142.

(1314)   Maii 24. 1690.
GEORGIUS LOCKART de Carnwath, hæres masculus Domini Georgii Lockart de Carnwath, Domini Præsidis Sessionis, patris, —in terris de Dryden, infra baroniam de Rossland ;—pecia terrarum existente ripa lie Brae terrarum et Toun vulgo the Heuan nuncupata, infra baroniam de Rosslean ;—pecia terrarum existente ripa quæ fuit pars et pendiculum terrarum de Loanhead et Leswaid, infra parochiam de Leswaid ;—acra et ruda ac 16 falls terrarum ex .... partibus limitum dictarum terrarum de Dryden ;—portione terræ ex orientali latere de Bilsdenburne : —A. E. 6s. 8d. N. E. 20s.—annuo redditu 2400m. correspondente 40,000m. de terris et baronia de Nicolsone infra parochiam de Temple ;—annuo redditu 1440m. correspondente 24,000m. ex prædictis terris et baronia de Niccolsone, et portione dictarum terrarum de Braidwood nuncupata, cum molendino de Nicolsone, et terris de Fullertoun olim de Friarstoun nuncupatis ;—annuo redditu 420m. correspondente summæ 7000m. de parte et tenandria de Leswaid, extendente ad sextam partem de Leswaid, cum portione terræ vel cottagii dictæ sextæ partis ;—in 18¹ partibus dictarum terrarum de Leswaid ;—3 partibus alteræ quartæ partis suprascriptarum terrarum de Leswaid ;—40 solidatis terrarum de Leswaid ;—annuo redditu 42 m. correspondente 7000m. de terris et baronia de Craigmiller, infra parochiam de Libbertoun ;—in terris de Craiglockart infra parochiam de Sanct Cuthberts, nunc infra parochiam de Haills, et decimis garbalibus dictarum terrarum de Craiglockart ;—annuo redditu 200l. correspondente 5000m. de terris et baronia de Restalrig, cum advocatione ecclesiæ de Restalrig et decimis ;—annuo redditu 1200m. correspondente 20,000m. de terris et tenandria de Fordell, comprehendentibus terras de Coatts nuncupatas Eastercoatts alias Fordell, infra dominium et baroniam de Neubottle ;—terris de Cockpen infra baroniam de Dalhousie cum decimis.—(Vide Lanark, Dumfries, Haddington, Roxburgh.)   xli. 145.

(1315)   Maii 26. 1690.
THOMAS BIGGAR ludimagister in Auchadowie in Hibernia, hæres Majoris Joannis Biggar de Wolmet, patruelis,—in terris de Wolmet et Bank terris ejusdem spectantibus ;—terris de Mauldisfoord :—E. 44l. 16s. &c. feudifirmæ :—decimis prædictarum terrarum :—E. 40l. &c.—carbonibus et carbonariis de Wolmett :—E. 9l. 6s. 8d. feudifirmæ :—in dominio et regalitate de Musselburgh.
xli. 121.

(1316)   Maii 27. 1690.
FRANCISCUS WAUCHOPE de Keickmuir, hæres Joannis Wauchope de Keickmuir, unius ordinariorum Clavigerorum coram Concilii et Sessionis Dominis, patris,—in terris de Hill et decimis garbalibus, infra parochiam de Neatoun et dominium et regalitatem de Musselburghshyre.—E. 20s. et 3s. 4d. in augmentationem, feudifirmæ.   xli. 137.

(1317)   Jun. 3. 1690.
DOMINUS JOANNES INGLIS de Cramond miles baronetus, hæres lineæ Magistri Joannis Inglis de Cramond, avi,—in superioritate terrarum de Grange de Breich, infra parochiam de Calder.— E. 1d. albæ firmæ.—(Vide Haddington, Fife.)   xlii. 3.

(1318)   Jun. 3. 1690.
DOMINUS JOANNES INGLES de Cramond, miles baronettus, hæres masculus et lineæ Domini Jacobi Inglis de Cramond militis baronetti, patris,—in 10 mercatis terris villæ et terrarum de Kings Cramond apud orientalem partem ejusdem, cum dimidio molendini nuncupati Niddrie Milne et communi pastura, &c. super moram de Cramond ;—dimidio terrarum de Southfeild et integris terris de Hunterland, cum pendiculo nuncupato Greinrig quod est pars dictarum terrarum de Southfeild, cum simili libertate pasturæ, in villa et territorio de Kings Cramond :—A. E. ...... N. E. 100l. taxatæ divoriæ :—advocatione Altaris vel Altaragii Divi Thomæ Apostoli et Apollinæ Virginis intra Collegii templum Divi Ægidii in Edinburgo ;—terris ecclesiasticis de King's Cramond olim estimatis ad 32 acras, cum quarta parte molendini nuncupati Niddrie Milne, in villa et territorio de King's Cramond :—A. E. 21s. N. E. 3l. 3s.— quarta parte molendini nuncupati Niddrie Milne apud orientalem partem de Cramond in baronia de Cramond :—A. E. .... N. E. 5s. taxatæ divoriæ :—terris et tenandria de Nether Cramond comprehendentibus terras dominicales de Cramond cum decimis garbalibus ;—officio ballivatus terrarum et villæ de Cramond, et de dictis terris de Nether Cramond, cum communiis et port et haven villæ de Nether Cramond, unitis in tenendriam de Nether Cra-

mond :—E. 100l. feudifirmæ :—terris de Grange de Breich, infra parochiam de Calder.—E. ....—(Vide Lanark, Haddington, Linlithgow, Fife.)   xli. 174.

(1319)   Aug. 14. 1690.
ARCHIBALDUS YOUNG, hæres Domini Joannis Young de Leny, patris,—in dimidietate terrarum de Over et Nether Lenyies ;—altera dimidietate terrarum de Over et Nether Lenyes, unitis in baroniam de Leny:—A. E. 10l. 13s. 4d. N. E. 53l. 6s. 8d. —terris de Cramond-regis cum pastura in mora de Cramond, in dominio de Kings-Cramond:—A. E. 40s. N. E. 6l —terris de Dubhouse, viz. 3 acris terrarum in territorio de Kings-Cramond, cum dimidio acræ terrarum prope terras de Corstorphine vocatis Riggs; —2⅓ acris terræ in Borland extendentibus ad moram vocatam Cruickes ex australi et boreali partibus, in territorio de Kings-Cramond :—A. E. 20s. N. E. 3l.—quarta parte tenandriæ de Cramond, in orientali fine villæ de Kings-Cramond :—A. E. 40s. N. E. 6l.—terris templariis subscriptis, viz. terra templaria continente mansionem, domum et 2 acras terrarum in dicta villa et territorio de Kings-Cramond, ex australi latere ejusdem :—E. 8s. 4d. feudifirmæ :—tenandria terrarum de Cramond-Regis, in orientali fine villæ et territorio de Cramond-Regis, et in territorio de Over Barnton :—E. 10s. feudifirmæ :—quarta parte villæ et terrarum de Over Gogar, in parochia et baronia de Ratho :—E. 21l. feudifirmæ :—annuo reditu 44l. correspondente 733l. 6s. 8d. de domo et horto in villa et territorio de Nether Cramond et parochia ejusdem, et de pecia terræ vastæ cum horto in dicta villa et territorio.
xli. 287.

(1320)   Oct. 21. 1690.
GEORGIUS COMES DE LINLITHGOW, hæres Georgii Comitis de Linlithgow, patris,—in terris et baronia de Cranstoun-Makgill, cum decimis rectoriis et vicariis ecclesiæ de Cranstoun et parochiæ ejusdem ;—terris de Cranstoun-Riddell.—A. E. 10l. N. E. 40l.—(Vide Linlithgow.)   xli. 306.

(1321)   Dec. 20. 1690.
GEORGIUS BAILIE, hæres masculus et lineæ Magistri Roberti Bailie, patris,—in tenemento et cellario et granario in Edinburgo. —E. ....(Vide Lanark, Berwick, Roxburgh.)   xlii. 97.

(1322)   Feb. 21. 1691.
JOANNES BIGGAR in Mearns Muir, hæres Majoris Joannis Biggar de Wolmett, filii Joannis Biggar in Cruickestoun Mayns, fratris germani Gabrielis Biggar in Wairdhill de Darnlie, patruelis, —in terris de Wolmett et Bank terris ejusdem, et terris de Mauldisfoord :—E. 44l. 16s. &c. feudifirmæ :—carbonibus et carbonariis de Wolmett in dominio et regalitate de Museleburghshyre :—E. 9l. 6s. 8d. et 3s. 4d. in augmentationem :—decimis garbalibus dictarum terrarum.—E. 40l. &c.   xli. 456.

(1323)   Feb. 27. 1691.
GEORGIUS LOGAN de Burncastle, hæres Georgii Logan de Burncastle, avi,—in terris de Figat infra territorium de Eastir Duddingstoun et baroniam de Dudingstoune, cum decimis garbalibus, et decimis garbalibus 4½ bovatarum terrarum, infra territorium de Wester Duddingstoun.—E. .... feudifirmæ.   xlii. 80.

(1324)   Feb. 27. 1691.
GEORGIUS LOGAN de Burncastell, hæres Joannis Logan de Burncastle, patris,—in 4½ bovatis terrarum infra villam et territorium de Wester Duddingstoun.—A. E. .... N. E. 12l.—(Vide Berwick.)   xlii. 92.

(1325)   Apr. 10. 1691.
MARGARETA SCOUGALL, hæres Magistri Joannis Scougall nuper commissarii de Aberdeen, patris,—in terris de Dreghorne infra parochiam de Haills.—E. 40l. taxatæ wardæ.   xlii. 163.

(1326)   Apr. 17. 1691.
CAPITANUS GULIELMUS HAY, hæres Magistri Joannis Hay de Aberlady, patris,—in villa et terris de Easter et Wester Duddingstounes, unitis in tenandriam de Duddingstoune :—A. E. 16l. N. E. 48l.—decimis garbalibus terrarum de Easter et Wester Duddingstone.—A. E. 13s. 4d. N. E. 40s.   xlii. 123.

(1327)   Maii 7. 1691.
ROBERTUS CRAIG de Riccartoune, hæres masculus et provisionis Thomæ Craig de Riccartoun, fratris germani natu maximi, —in terris de Riccartoune ;—terris de Keirhill localiter in vicecomitatu de Edinburgh, et in baronia de Renfrew, et per annexationem infra vicecomitatum de Kenfrew ;—terris de Malcomestone in baronia de Rathoe et regalitate de Renfrew :—A. E. 5l. N. E. 15l.— terris de Nether Currie in parochia de Currie, et dominio et baronia de Newbottle per unionem et annexationem :—E. 5m. 6s. 8d. &c.— terris et baronia de Currie, et dominio, villa, et terris de Langherdmanstoune, cum molendino de Currie, in parochia de Currie,

unitis in baroniam de Currie ;—et in omnibus aliis terris quæ ad Griselidam Beatone sponsam Gulielmi M'Dougald de Garthland, et ad eundem Gulielmum pertinuerunt in dicta parochia de Currie:—A. E. 6l. N. E. 24l.—terris de Langherdmanstoun et Currie cum molendino, extendentibus ad 50 solidatas terrarum antiqui extentus, viz. 4 bovatis terrarum villæ et terrarum de Langherdmanstone ;—5 bovatis terrarum dictarum villæ et terrarum de Langherdmanstoune ;—parte dictarum terrarum de Currie cum molendino ;—omnibus jacentibus in baronia de Currie:—A. E. 50s. N. E. 7l. 10s.—unitis cum aliis terris in vicecomitatu de Wigton in baroniam de Riccartoune-Craig.—(Vide Wigton.)   xlii. 421.

(1328)   Jul. 1. 1691.

THOMAS BORLANDS filius ungenitus et *hæres* Thomæ Borlands polentarii in Portsburgh, *patris*,—in prædio terræ vocato Kingstable, cum barris et cauda ejusdem, seu pecia viridis fundi ;—terris ecclesiasticis olim fundatis ad capellam Beatæ Virginis Mariæ sub arce Edinburgi, viz. præfatis terris nuncupatis barris et capella et cauda ejusdem.—E. 4l. 8s. *feudifirmæ.*   xlii. 173.

(1329)   Jul. 9. 1691.

ISOBELLA ET ESTHER SMITHS filiæ Joannis Smith mercatoris burgensis de Edinburgh, *hæredes portionariæ* Magistri Alexandri Heriot ludimagistri scolæ grammaticalis Edinburgensis, *avunculi*,—in terris de Brockas infra dominium de Stow et regalitatem de Kirklistoun.—E. 20s. *feudifirmæ.*   xlii. 162.

(1330)   Aug. 10. 1691.

JOANNES CORSS scriba in Edinburgh, *hæres* Gulielmi Corss de Whytehouse, *patris*,—in acra terræ vulgo nuncupata Thornie-Aiker in villa et territorio de Cramond regio, vulgo nuncupato superiorem Craumond lie Over Craumond ;—crofta terræ nuncupata Croftangrie in dicta villa et territorio de Craumond-regis :—A. E. 10s. N. E. 20s.—terris templariis in dicta villa de Cramond-regis, cum privilegiis et pascuis eisdem adjacentibus :—A. E. 10s. N. E. 20s.—officio hæreditario balivatus dictarum terrarum templariarum de Cramond-regis :—A. E. 1d. N. E. 2d.—terris molendinariis de Cramond.—E. 26s. 8d.   xlii. 453.

(1331)   Aug. 17. 1691.

ANDREAS BROUN de Braid, *hæres* Joannis Broun de Gorgie Milne, *patris*,—in annuo redditu 52l. correspondente 866l. 13s. 4d. de terris de Dreghorne in parochia de Hailles.—E. 2d. *albæ firmæ.*   xlii. 374.

(1332)   Oct. 2. 1691.

MARIA SCOTT sponsa Patricii Porteous de Halkshaw, *hæres* Joannis Scott de Headshaw, *fratris germani*,—in terris templariis de Yorkstoun infra dominium de Ballintrado.—E. 25s. &c. *feudifirmæ.*—(Vide Roxburgh.)   xlii. 229.

(1333)   Oct. 22. 1691.

GEORGIUS M'KENZIE de Roshauch, *hæres lineæ* et etiam *hæres masculus talliæ et provisionis* Domini Georgii M'Kenzie de Rosehaugh, *patris*,—in terris et baronia de Shanks, viz. terris de Shank, cum manerie de Shank, infra baroniam de Ballintrodo ;—pendiculo terrarum dominicalium de Arnistoun terris de Bultione (vel Bullione) et Cockhills nuncupato :—A. E. 40s. N. E. 6l.—81 acris terrarum de Arnistoune cum decimis, infra baroniam de Ballintrodo et regalitatem de Torphichen.—E. 6m. *feudifirmæ.*—(Vide Forfar, Perth, Inverness, Ross, Berwick.)   xlii. 250.

(1334)   Jan. 7. 1692.

GULIELMUS COCKBURNE de Standandflat, *hæres* Vicecollonelli Gulielmi Cockburne de Standanflatt, *patris*,—in terris de Standanflatt et Peilflat, et acris terris eisdem pertinentibus, infra parochiam de Newbottle et regalitatem de Dalkeith.—E. 30s. *feudifirmæ.*—(Vide Lanark.)   xlii. 428.

(1335)   Feb. 5. 1692.

DOMINUS FRANCISCUS KINLOCH de Gilmortoun, *hæres* Domini Francisci Kinloch de Gilmortoun militis baroneti, *patris*,—in annuo redditu 720m. correspondente 12,000m. de terris de Bonnietoun ad 10 libratas terrarum antiqui extentus extendentibus, infra vicecomitatum de Edinburgh, et per annexationem infra baroniam et vicecomitatum de Renfrew :—E. 1d. *albæ firmæ :*—annuo redditu 1182m. de prædictis terris de Bonietoun :—E. 1d. *albæ firmæ :*—2 magnis mansionibus vel tenementis terrarum, cum brueriis, horreis, aliisque pertinentiis infra burgum Vicecanonicorum, ex boreali parte plateæ Regis ;—tenementis in South Leith, infra baroniam de Restalrig ;—magna domo cum horto in South Leith ;—tenementis cum cymba portatoria in Lies-quarter in South Leith, infra baroniam de Restalrig, in securitate 14,283l.—E. ......   xlii. 327.

(1336)   Mar. 28. 1692.

DOMINUS JOANNES DALMAHOY de Eodem miles baronettus, *hæres* Domini Joannis Dalmahoy de Eodem, *avi*,—in terris de Whelpsyde olim infra baroniam de Listoune et vicecomitatum de Linlithgow, et nunc infra parochiam de Currie et vicecomitatum de Edinburgh.—E. 13s. 4d. *feudifirmæ.*   xlii. 365.

(1337)   Aug. 30. 1692.

ANDREAS KER de Morestoun, *hæres lineæ et talliæ* Joannis Ker de Moristoun, *patris*,—in terris de Mauslay et Huntliecoat.—E. 31l. (vel 21l.)—(Vide Berwick.)   xliii. 142.

(1338)   Mar. 15. 1693.

MARCUS CARSS de Cockpen, *hæres* Domini Marci Carss de Cockpen, *patris*,—in terris et tenandria de Fordell, comprehendente terras de Coates nuncupatas Eister Coates alias Fordell ;—dimidietate niori de Coates, et 8 acris terræ arabilis ;—villa et terris de Wester Coates alias vocata Fordell, unitis in tenandriam de Fordell, infra dominium et baroniam de Newbattell ;—2 husbandiis terrarum inter terras de Coates :—A. E. 10l. N. E. 40l.—decimis magnis et parvis dictarum terrarum de Fordell :—E. ....—crofta terræ extendente ad 2 acras terrarum arabilium infra territorium villæ de Easthouses cum horto, infra baroniam et dominium de Newbattell :—A. E. ...... N. E. ......—terris de Cockpen infra baroniam de Dalhoussie.—A. E. ...... N. E. ......   xliii. 233.

(1339)   Apr. 5. 1693.

MARCUS CARSS de Cockpen, *hæres* Marci Carss de Cockpen, *avi*,—in terris de Cockpen in baronia de Dalhoussie, cum carbonariis :—A. E. ...... N. E. ....—advocatione ecclesiæ de Cockpen :—E. 10l. *feudifirmæ :*—servitute effodiendi calcem in terris de Westhouse ad colendum dictas terras de Cockpen ;—servitute jactandi lie sinks, eyes, air holes, et water passages in terris de Newtoun-Grange, Langellwood, et Mastertoun :—A. E. ...... N. E. ......—2 husbandiis terrarum in Coates, partibus terrarum de Fordell et Coates :—A. E. 40s. N. E. 6l.—annuo redditu 320m. correspondente 4000m. de terris de Pilrigg et Common Mure, pertinentibus Gilberto Kirkwood de Pilrigg :—E. 1d. *albæ firmæ :*—annuo redditu 48m. de tenementis cum pomario Jacobo Gemmel pertinentibus, infra villam et parochiam de Newbottell et dominium ejusdem.—E. 1d. *albæ firmæ.*   xliii. 230.

(1340)   Sep. 20. 1693.

ALEXANDER HOME de Muirhouse, *hæres* Alexandri Hume de Muirhouse, *patris*,—in villa et terris de Muirhouse, infra parochiam de Libbertoun, cum decimis garbalibus nuper a quondam domino de Holyroodhouse acquisitis, pro principali :—A. E. 3l. N. E. 6l.—et in terris de Boighall cum maneriei loco et outsetts Craigshaw nuncupatis, infra parochiam de Bathgate et vicecomitatum ejusdem, et per prius infra vicecomitatum de Renfrew, in warrantum dictarum terrarum de Muirhouse et decimarum.—A. E. .... N. E. ......   xliii. 382.

(1341)   Apr. 20. 1694.

THOMAS YOUNG de Lenny, *hæres* Domini Joannis Young de Lenny, *patris*,—in tenandria terræ de Cramond-Regis in villa et territorio de Cramond-Regis, in orientali fine ejusdem, infra territorium de Over Barntoun, cum decimis :—E. 10s. *feudifirmæ :*—annuo redditu 44l. correspondente 733l. 6s. 8d. de domo et horto in villa et territorio de Nether Cramond et parochia ejusdem, et pecia terræ vastæ in dicta villa.—E. 1d. *albæ firmæ.*   xliv. 45.

(1342)   Apr. 20. 1694.

THOMAS YOUNG de Leny, *hæres* Archibaldi Young de Leny, *fratris germani*,—in 2 dimidietatibus terrarum de Over et Nether Lenys, unitis in baroniam de Leny :—A. E. 10l. 13s. 4d. N. E. 20l. *taxatæ wardæ :*—terris de Cramond-Regis cum pastura infra bondas moræ de Cramond, in dominio de Kings-Cramond :—A. E. 40s. N. E. 6l.—terris de Dubhouse, viz. 3 acris terrarum in territorio de Kings-Cramond ;—dimidio acræ terræ prope terras de Corstorphine vocatas Riggs, et 2½ acris in Borland, in territorio de Kings-Cramond :—A. E. 20s. N. E. 3l.—quarta parte tenandriæ de Cramond in orientali fine de Kings-Cramond :—A. E. 40s. N. E. 6l.—terris templariis continentibus domum et 2 acras terrarum, in dicta villa et territorio de Kings-Cramond.—E. 8s. 4d. *feudifirmæ.*   xliv. 47.

(1343)   Maii 4. 1694.

JACOBUS LOCKHART de Castlehill, *hæres* Domini Joannis Lockhart de Castlehill militis, *patris*,—in annuo redditu 196l. correspondente 3400m. de terris et baronia de Nicolsone ;—terris et baronia de Leswade et libera tenandria earundem, et de aliis terris in vicecomitatu de Berwick.—E. 1d. *albæ firmæ.*—(Vide Lanark, Berwick.)   xliv. 82.

(1344)   Maii 11. 1694.

ANDREAS BROUN de Braid, *hæres masculus et lineæ* Andreæ Broun de Braid, *patris*,—in terris de Gorgiemylne cum 2 molendinis granariis de Gorgie ;—10 acris terrarum ex orientali latere de Gorgie in parochia de St. Cuthberts, et per annexationem in vicecomitatu de Renfrew, cum decimis earundem ;—13 cottagiis super limitem terrarum molendinariarum de Gorgie ædificatis, cum aliis 6 cottagiis ex australi latere dictorum 13 cottagiorum, pro principali :—A. E. .... N. E. ....—et in warrantum dictarum terrarum de Gorgiemylne, in terris de Reidhall in parochia de Haills :—A. E. 20s. N. E. 3l.—terris et baronia de Braid continente terras dominicales de Braid nuncupatas Nether Braid, cum pendiculis nuncupatis Egypt et Eister Brigs, et terris de Over Braid ;—terras de Blackfuird alias nuncupatas Champanye ;—terras de Eisthill de Braid, cum terris de Greenbank alias vocatis Over Plewlands ;—terras de Nether Plewlands, cum 14 acris arabilis terræ, et pendiculis nuncupatis Wester Brigs et Smiddiegreen, et omnibus pendiculis ad dictas terras et baroniam de Braid spectantibus, in parochia de St. Cuthberts.—A. E. 10l. N. E. 30l.   xliv. 92.

(1345)   Sep. 7. 1694.
GIDEON SCOT de Haychester, *hæres masculus* Walteri Comitis de Tarras, *patris*,—in villis et terris de Princadoes, viz. Eastertoun, Midletoun, et Nethertoun de Princadoes, infra regalitatem Sancti Andreæ et dominium de Stow.—A. E. .... N. E. ....—(Vide Roxburgh, Selkirk.)   xliv. 176.

(1346)   Mar. 22. 1695.
JACOBUS SOMERVAILL de Drum, *hæres* Jacobi Somervaill de Drum, *patris*,—in terris de Drum ;—terris de Gilmertoune, et husbandia terræ, cum pendiculis vocatis Pillings mailling.—A. E. .... N. E. 200m. *taxatæ wardæ*.   xliv. 340.

(1347)   Mar. 23. 1695.
ROBERTUS CRAIG alias HERRIOT de Ramorney, filius legitimus natu maximus quondam Magistri Joannis Craig advocati, filii legitimi natu maximi quondam Magistri Roberti Craig advocati, procreati inter illum et quondam Jonetam Livingstone filiam legitimam natu maximam quondam Magistri Alexandri Livingstone senioris advocati, *hæres* Katherinæ Livingstone unius ex tribus filiabus et hæredibus portionariis dicti Magistri Alexandri Livingstone, *sororis aviæ ex parte patris*,—in tertia parte annuorum reddituum infra scriptorum, viz. annui redditus 40m. de terra extra arcum inferiorem burgi de Edinburgh :—E. 1d.—annui redditus 9m. de tenemento in Edinburgh ex australi parte vici regii extra arcum inferiorem :—E. 1d.—annui redditus 26s. 8d. de terra in dicto burgo extra arcum inferiorem in Venella vocata St. Mary Wynd :—E. 1d.—annui redditus 12m. de parte tenementi extra arcum inferiorem in St. Mary Wynd :—E. 1d.—annui redditus 18s. de terra in St. Mary-Wynd :—E. 1d.—annui redditus 12s. de terra in St. Mary Wynd :—E. 1d.—annui redditus 36s. 8d. de terra in Venella vocata Peebles Wynd :—E. 1d.—annui redditus 6s. 8d. de dicta terra in Peebles Wynd :—E. 1d.—annui redditus 2m. de terris et mansione in dicto burgo ex australi parte vici regii ejusdem :—E. 1d.—tertia parte terræ sive habitationis domus ex australi parte vici regii de Edinburgh in Con's Closs.—E. 3s. 4d.   xlvi. 413.

(1348)   Maii 6. 1695.
GULIELMUS DICK de Grange, *hæres* Gulielmi Dick de Grange, *patris*,—in terris vocatis Over St. Geiligrange :—A. E. 40s. N. E. 20l.—18 acris terrarum arabilium de Sheyns ab antiquo nuncupatis St. Gilligrange, cum horto pomario.—A. E. 20s. N. E. 40s.   xliv. 403.

(1349)   Dec. 6. 1695.
ALEXANDER FOULES de Ratho, *hæres* Joannis Foules de Ratho, *patris*,—in terris et baronia de Ratho comprehendente 36 bovatas terrarum villæ et terrarum de Ratho, cum lacu et prato ejusdem ab antiquo Rathomire nuncupatis, infra parochiam de Ratho, et per annexationem infra baroniam et vicecomitatum de Renfrew, unitis in baroniam de Ratho.—A. E. 4l. 8s. N. E. 13l. 4s.   xlv. 367.

(1350)   Dec. 27. 1695.
MARGARETA LOCKHART filia Quintigerni Lockhart de Harwood, *hæres* Quintigerni Lockhart de Harwood, *avi*,—in terris de Litle Harwood ;—pecia terræ extendente ad 2 mercatas terrarum in vulgari vocata The Commone Brae, infra baroniam de Calder.—E. 10m. *feudifirmæ*.   xlv. 758.

(1351)   Jan. 1. 1696.
WALTERUS CHEISLIE, *hæres* Joannis Cheislie de Dalry, *patris*,—in orientali dimidietate parte terrarum de Dalry vocata villa de Dalry, cum maneriei loco et pendiculis earundem, continente 147 acras terrarum arabilium aut eo circa, præter lie Boigs dictarum terrarum, infra parochiam de St. Cuthberts :—A. E. 5l. N. E. 15l.—terris de Gorgie infra parochiam de St. Cuthberts, et per annexationem infra baroniam et vicecomitatum de Renfrew, tanquam pro principali :—E. 80l. *taxatæ wardæ*.—terris de Reidhall cum molendinis fullonum, infra baroniam de Reidhall, in warrantum dictarum terrarum de Gorgie :—A. E. ...... N. E. ......—

decimis garbalibus seu decimis rectoriis prædictarum terrarum de Gorgie.—A. E. 4s. N. E. 12s.   xlv. 393.

(1352)   Maii 22. 1696.
GULIELMUS FAIRLIE, *hæres* Gulielmi Fairlie de Bruntsfeild, *patris*,—in decimis garbalibus terrarum de Bruntsfeild infra parochiam de St. Cuthberts.—E. 50s. *albæ firmæ*.   xlv. 540.

(1353)   Jul. 13. 1696.
GEORGIUS WINRAHAM de Eymouth, *hæres* Jonetæ Winraham filiæ legitimæ quondam Vice Colonelli .... Winraham, *sororis germanæ*,—in annuo redditu 102m. 1s. 9d. parte annui redditus 1327m. 10s. 4d. correspondentis summæ 22,130m. de terris de Nicolsone, et nominatim in illa parte vulgo vocata Breadwood, cum molendino frumentario nunc vocato Nicolsone Milne ;—terris de Fullertoune cum privilegio regalitatis, capellæ, et cancellariæ, et advocatione ecclesiæ de Nicolsone et decimis, omnibus unitis in baroniam de Nicolsone.—E. 1d. *albæ firmæ*.   xlvi. 166.

(1354)   Jul. 13. 1696.
JOANNES WINRAHAM, *hæres conquestus* Thomæ Winraham filii legitimi quondam Vice Colonelli .... Winraham, *fratris germani*,—in annuo redditu 102m. 1s. 9d. parte annui redditus 1327m. 10s. 4d. correspondentis principali summæ 22,130m. de terris de Nicolsone, et nominatim de illa parte earundem vocata Braidwood, cum molendino frumentario earundem vocato Nicolsone Milne ;—terris de Fullertoune, cum privilegio regalitatis capellæ et cancellariæ infra bondas terrarum de Fullertoune, et advocatione ecclesiæ de Nicolsone et decimis garbalibus, omnibus unitis in baroniam de Nicolsone.—E. 1d. *albæ firmæ*.   xlvi. 170.

(1355)   Jul. 13. 1696.
JOANNES WINRAHAM, *hæres conquestus* Gulielmi Winraham filii legitimi quondam Vice Colonelli .... Winraham, *fratris germani*,—in annuo redditu 102m. 1s. 9d. parte annui redditus 1327m. 10s. 4d. correspondentis principali summæ 22,130m. de terris de Nicolsone, et nominatim de illa parte earundem vulgo vocata Braidwood, cum molendino frumentario vocato Nicolsone Milne ;—terris de Fullertoune cum privilegio regalitatis, capellæ et cancellariæ infra bondas terrarum de Fullertoune, et advocatione ecclesiæ de Nicolsone cum decimis, unitis in baroniam de Nicolsone.—E. 1d. *albæ firmæ*.   xlvi. 174.

(1356)   Jul. 13. 1696.
JOANNES WINRAHAM, *hæres conquestus* Josephi Winraham filii legitimi quondam Vice Colonelli .... Winraham, *fratris germani*,—in annuo redditu 102m. 1s. 9d. parte annui redditus 1327m. 10s. 4d. correspondentis principali summæ 22,130m. de terris de Nicolsone, et nominatim illa parte earundem vulgo vocata Braidwood, cum molendino frumentario vocato Nicolsone Milne ; —terris de Fullertoune cum privilegio regalitatis, capellæ et cancellariæ infra bondas terrarum de Fullertoune, et advocatione ecclesiæ de Nicolsone.—E. 1d. *albæ firmæ*.   xlvi. 178.

(1357)   Jul. 13. 1696.
JOANNES WINRAHAM, *hæres* Sophiæ Winraham filiæ legitimæ quondam Vice Colonelli .... Winraham, *sororis germanæ*,—in annuo redditu 102m. 1s. 9d. parte annui redditus 1327m. 10s. 4d. correspondentis principali summæ 22,130m. de terris de Nicolsone, et nominatim illa parte earundem vocata Braidwood, cum molendino frumentario vocato Nicolsone Milne ;—terris de Fullertoune cum privilegio regalitatis, capellæ et cancellariæ infra bondas terrarum de Fullertoune, et advocatione ecclesiæ de Nicolsone et decimis, omnibus unitis in baroniam de Nicolsone.—E. 1d. *albæ firmæ*.   xlvi. 182.

(1358)   Jul. 23. 1696.
JOANNES COMES DE LAUDERDALE, Vicecomes Maitland, Dominus Thirlestane et Boltoune, *hæres masculus* Caroli Comitis de Lauderdale fratris germani, et hæredis masculi deserviti et retornati quondam Joanni Duci de Lauderdale, *patris*,—in dominio, baronia, et regalitate de Mussleburgh, comprehendente terras, molendina, ecclesias, decimas aliaque subscripta, viz. villas et terras de Smeatoune, Innerask, Mountonhall, molendinum de Mussleburgh vocatum Shirrifs Milne, Carberrie, West Panns, Easter et Westercrofts, Taylor'scroft, et Claypots, Wolmett, Staniehill, Litle Monktoune, Edmistoune, Newtoune, Caldcoats, carbones et carbonaria de Wolmetbank ;—terras de Kerss, Hill, Whytsyde, East Haills, Wester Haills, Eastirtoune, Mussleburgh, molendina de Mussleburgh, Newbigging, Fisherraw, cum jure superioritatis vassalorum dicti dominii de Mussleburgh, jure regalitatis ejusdem, et jure patronatus preceptoriæ capellæ vocatæ Magdallen's Chapell, et omnes alias terras, tenementa, annuos redditus aliaque quæcunque, quæ perprius ad monasterium de Dumfermling spectabant, jacentia ex parte australi aquæ de Forth ;—jure patronatus ecclesiarum et beneficiorum subscriptorum cum decimis, viz. ecclesiarum de In-

O

neresk, Haills, Newtoune, et Magdalenæ capellæ, omniumque aliarum ecclesiarum ad dictum monasterium spectantium ex australi parte aquæ de Forth, cum officio hæreditarii balliatus dictarum terrarum et dominii de Musselburgh infra bondas ejusdem :—E. 40l.—unitis in dominium, baroniam, et regalitatem de Mussleburgh.—(Vide Haddington, Peebles, Berwick, Argyle.) xlvi. 201.

(1359) Aug. 8. 1696.
ANDREAS RIDDELL de Hayning, *hæres* Joannis Riddell de Hayning, *patris*,—in terris de Boirland (vel Bowland), infra dominium de Stow et regalitatem de St. Androus ;—terris de Bowshank cum molendino ;—terris de Crumsyde, partibus terræ de Bowshank, infra dominium et regalitatem prædictam.—E. 22l. 11s. *feudifirmæ*.—(Vide Selkirk, Roxburgh.) xlvi. 110.

(1360) Aug. 18. 1696.
HENRETA PHINN, *hæres* Magistri Georgii Phinn ministri apud ecclesiam de St. Laurence, *patris*,—in annuo redditu 40l. correspondente 1000m. de tenemento terræ infra burgum de Edinburgh.—E. 1d. *albæ firmæ*.—(Vide Fife, Lanark, Stirling, Linlithgow.) xlvii. 260.

(1361) Aug. 26. 1696.
ALEXANDER BRAND de Babertoune, *hæres* Magistri Jacobi Brand de Babertoune, *patris*,—in terris de Reidhall in parochia de Haills :—E. 40l. *taxatæ wardæ :*—terris de Kilbabertoune ;—terris de Whytlaw infra parochiam de Currie :—E. 10l. *taxatæ wardæ :*—terris de Wester Haillis cum molendino frumentario quod ab antiquo fuerat molendinum fullonis, infra regalitatem et dominium de Dunfermling.—E. 4l. *firmæ*. xlvi. 128.

(1362) Oct. 22. 1696.
JOANNES COMES DE ROXBURGH, *hæres masculus et talliæ* Roberti Comitis de Roxburgh, Domini Ker, Cesfoord, et Cavertoune, *fratris germani*,—in comitatu de Roxburgh, comprehendente inter alia terras, acras, tenementa aliaque subscripta, viz. terras de Barnshill ;—terras de Liversaiker (vel Loversaiker) ;—terras de Grainge vocatas Abbotsgrange ;—terras de Bouishouses (vel Bouhouses) ;—terras de Newbiggings et decimas earundem inclusas, infra vicecomitatus de Stirling et Linlithgow respective ;—terras de Dishflatt et Meadowflatt ;—6 tenementa terrarum cum domibus infra burgum Vicicannonicorum lie Canongate, ex australi latere viæ regiæ :—E. 70l. 13s. 4d. *firmæ:*—erectas cum aliis terris in Roxburgh in comitatu de Roxburgh ;—in baronia et dominio de Halydean comprehendente inter alia, terras de Easter et Wester Dudingstounes, cum terris de Humbie in Hadington :—E. 82l. 12s.—tenementum infra burgum de Edinburgh ex boreali latere viæ regiæ ejusdem ;—terras ecclesiasticas ecclesiæ de Calderclear, cum aliis terris ecclesiasticis in Selkirk, Peebles, Dumfries, Lanark, Ayr, Kincardine, et Roxburgh :—E. 10l. &c. *firmæ :*—decimas rectorias et vicarias ecclesiæ parochialis et parochiæ de Calderclear, cum aliis decimis in vicecomitatibus suprascriptis :—E. 40m. *albæ firmæ :*—officia justiciariæ et balliatus terrarum et baroniæ de Kelsoe, comprehendentis terras de Dudingstoune et Humbie :—E. administratio justiciæ :—in boreali crofta terrarum in Pleasance alias Deareneugh, infra baroniam de Broughtoun.—E. 3l. *firmæ*.—(Vide Roxburgh, Stirling, Linlithgow, Selkirk, Berwick, Haddington, Peebles, Dumfries, Lanark, Ayr, Kincardine.) xlvi. 243.

(1363) Nov. 10. 1696.
JACOBUS COMES DE LINLITHGOW ET CALLANDER, *hæres* Georgii Comitis de Linlithgow, Domini Livingston, fratris natu maximi Alexandri Comitis de Callander, patris dicti Jacobi, *patrui*,—in terris et baronia de Cranston-Negill (M‘Gill ?) cum decimis garbalibus tam rectoriis quam vicariis ecclesiæ de Cranstoun et parochiæ ejusdem ;—terris de Cranstone-Riddell, in speciale warrantum decimarum, &c. terrarum in Linlithgow.——A. E. 10l. N. E. 40l.—(Vide Linlithgow, Elgin et Forres, Fife, Aberdeen.) xlv. 926.

(1364) Dec. 4. 1696.
RICCARDUS STREET, *hæres* Gulielmi Street mercatoris et civis Londinensis, *patris*,—in annuo redditu 30l. Sterlinarum correspondente principali summæ 500l. Sterlinarum, de terris de Easter et Wester Powbeaths in parochia de Wester Calder ;—domibus et bothis infra burgum de Edinburgh ;—terris de Houdoune, Gavinsyde, et Murishill.—E. 2d. *albæ firmæ*. xlvi. 360.

(1365) Jan. 8. 1698.
DAVID, JACOBUS, WALTERUS, GULIELMUS, JOANNES, ET ROBERTUS STEWARTS, *hæredes provisionis* Margaretæ Eliot primæ sponsæ Thomæ Stewart de Cultness nunc Domini Thomæ Stewart de Cultness, *matris*,—et GULIELMUS COCKBURNE filius procreatus inter dominum Archibaldum Cockburne de Lantoune et Dominam Annam Stewart ejus sponsam, quæ Domina Anna Stewart erat filia procreata inter dictum Dominum Thomam Stewart et Margaretam Eliot, *hæres provisionis*

dictæ Margaretæ Elliot, *aviæ*,—in terris de Goodtrees alias Guthers pro principali ;—terris de Drum et Gilmertoune, in speciale warrantum dictarum terrarum de Goodtrees :—E. 5l.—decimis garbalibus et rectoriis terrarum de Goodtrees :—A. E. 3s. 4d. N. E. 6s.—12 acris terrarum vocatis Preisthill ;—9 acris terrarum arabilium jacentibus apud finem pontis de Craigmiller, extendentibus in integrum ad quantitatem 21 acrarum, cum decimis garbalibus, jacentibus infra parochiam de Libertoune.—E. 14m. *feudifirmæ*. xlviii. 494.

(1366) Feb. 16. 1698.
DOMINA ANNA DAVIDSONE relicta Mynheer Francisci Vanderburgh Rotulatoris civitatis de Dort in Hollandia, *hæres lineæ* Petri Davidsone filii legitimi natu maximi quondam Domini Gulielmi Davidsone nuper Conservatoris privilegiorum Scoticorum in Belgio, *fratris germani*,—in terris de Hill vocatis Currichill infra parochiam de Currie.—A. E. 40s. N. E. 10l. xlvi. 859.

(1367) Jun. 3. 1698.
DOMINUS GULIELMUS BAIRD miles baronettus nunc de Newbyth, *hæres* Domini Joannis Baird de Newbyth, unius ex senatoribus Collegii Justiciæ, *patris*,—in 10 libratis terrarum et villæ de Gilmertoune, et 10 mercatis terrarum dominicalium de Gilmertoune ;—terra husbandia villæ et terrarum de Gilmertoune vocata Lumsland ;—dimidietate terrarum dominicalium de Gilmertoune, et alia terra husbandia nuncupata Boigsland :—E. 30l. *taxatæ divoriæ :*—terris de Gilmertoune-Grange infra dominium de Newbottle :—E. 5l. 6s. 8d. &c. *feudifirmæ :*—terris de Todhills infra dictum dominium :—E. 4l.—decimis prædictarum terrarum :—A. E. 20s. N. E. 1l. 10s.—omnibus unitis in baroniam de Gilmertoune. xlvii. 285.

(1368) Dec. 31. 1698.
JOANNES YORKSTOUNE, *hæres conquestus* Helenæ Yorkstoune filiæ Thomæ Yorkstoune fabri aurarii burgensis Edinburghgensis, fratris immediate junioris Jacobi Yorkstoune in Hill de Corstorphine patris dicti Joannis, *filiæ patrui*,—in tenementis in Edinburgh.—E. 3s. 8d. xlviii. 265.

(1369) Apr. 5. 1699.
ALEXANDER SINCLAIR de Rosline, *hæres* Jacobi Sinclair de Rossline, *patris*,—in terris et baronia de Rosslyne, viz. castro, terris dominicalibus, villa et burgo de Rossline ;—terris de Park et Parkslands ;—terris de Oatslie ;—terris de Graiden, Wester Baikmuir, Neatherflatt, et Cubriehill, Baxterland de Innerleith ;—annuo redditu 20m. de terris de Leny, Easter Ravensnuick, Wester Ravensnuck, et Cairnhill, cum advocatione ecclesiæ collegiatæ de Rossline, et capellaniæ Sancti Mathei in Rossline, unitis in baroniam de Rosslyn.—A. E. 40l. N. E. 120l. xlvii. 836.

(1370) Maii 5. 1699.
WALTERUS PORTERFEILD de Commistoune, *hæres* Patricii Porterfeild de Commistoune, *patris*,—in terris de Commistoune cum mansione et maneriei loco, infra baroniam de Redhall nunc vocatam Woodhall ;—villa et terris de Mortoune infra baroniam de Paintland ;—terris de Hillend infra dictam baroniam ;—lie run riggs terrarum in Hillend vocatis Breulands, infra parochiam de Laswade, unitis in baroniam de Comistoun.—E. 18l. *taxatæ divoriæ*. xlviii. 31.

(1371) Jun. 23. 1699.
ALEXANDER CHAMBERS, *hæres* Magistri Alexandri Chambers doctoris medicinæ, *patris*,—in annuo redditu 900m. correspondente 15,000m. de illis partibus et portionibus subscriptis terrarum de Gogar, viz. terris vocatis Marshall ;—terris vocatis Kershall ;—occidentalibus terris dominicalibus de Gogar, terris de Goyll vocatis, jacentibus infra parochiam de Corstorphine.—E. 1d. *albæ firmæ*. xlviii. 76.

(1372) Nov. 8. 1699.
DOMINUS FRANCISCUS KINLOCH de Gilmertoune miles baronettus, *hæres* Domini Francisci Kinloch de Gilmertoune militis baronetti, *patris*,—in terris de Boningtoune ad 10 libratas terrarum antiqui extentus extendentibus, cum mansione et decimis, infra vicecomitatum de Edinburgh, et per annexationem infra vicecomitatum et baroniam de Renfrew :—A. E. 10l. N. E. 46l. 13s. 4d. *taxatæ wardæ :*—2 mansionibus vel tenementis terræ cum brueriis, horreis, fornacibus aliisque officiorum domibus et pertinentiis earundem, aliquando ad Janetam Gray relictam Georgii Campbell nuper ballivi burgi Vicicanonicorum et Gulielmum Campbell filium dictæ Janetæ pertinentibus, jacentibus in dicto burgo Vicicanonicorum et regalitate de Broughtoune :—E. ....*feudifirmæ :*—tenementis terræ in australi Letha, jacentibus in villa de Leith in baronia de Restalrig ;—magno lapideo tenemento terræ cum horto eidem adjacente ;—tenemento terræ cum cerevisiario, habitationum domibus, et ustrino lie coble jacente in Leyes quarter de Leith, infra baroniam de Restalrig :—E. ....*feudifirmæ :*—

annuo redditu 600*l.* correspondente summæ 10,000*l.* de terris et baronia de Cranstoune-M'Gill, cum advocatione ecclesiæ de Cranstoune, et decimis ejusdem ;—et ex decimis garbalibus aliisque decimis rectoriis et vicariis dictæ ecclesiæ de Cranstoune et parochiæ ejusdem ;—de terris de Cranston-Riddell ;—et de terris et baronia de Cousland, cum advocatione capellæ ejusdem, per annexationem infra parochiam de Cranstoune, cum decimis garbalibus aliisque decimis rectoriis et vicariis prædictarum terrarum et ba-

roniæ de Cousland.—E. 1*d. albæ firmæ.*—(Vide Haddington, Berwick, Perth, Fife, Linlithgow.)   xlviii. 291.

(1373)   Mar. 13. 1700.
DOMINUS GULIELMUS HENDERSONE de Fordall, *hæres* Joannis Hendersone de Fordall, *avi,*—in decimis terrarum dominicalium de Straittoune vulgo nuncupatarum Straittounhall, et terrarum vocatarum the Holl of Strattoune, infra baroniam de Strattoune.—A. E. 6*s.* 8*d.* N. E. 12*s.*   xlix. 85.

OMISSA.

(1374)   Oct. 12. 1506.
ALEXANDER MOUBRAY, *hæres* Thomæ Moubray, *patris,*—in dimidia parte terrarum de Southfeld et Hunterland, in villa et territorio de Cramond.—A. E. 40*s.* N. E. 10*m.*   lxxxiv. 237.

(1375)   Oct. 6. 1576.
WILLIELMUS DOMINUS HAY DE YESTER, *hæres* Willielmi Domini Hay de Yester, *patris,*—in terris et baronia de Locherworth, cum advocatione ecclesiæ et capellaniarum.—A. E. 10*l.* N. E. 40*l.*—(Vide Haddington, Peebles.)   i. 111.

(1376)   Jul. 21. 1595.
AGNES WARDLAW, *hæres* Ricardi Wardlaw de Warreston, *patris,*—in terris de Spittletown, infra vicecomitatum de Edinburgh.—A. E. 40*s.* N. E. 8*l.*   xcii. 172.

(1377)   Dec. 10. 1633.
DAVID SYMMER, *hæres* Magistri David Sommer portionarii de Ancrum, *patris,*—in .tenemento in Edinburgh.—E. 3*s.* 4*d.*   xii. 163.

(1378)   Apr. 6. 1639.
JONETA SYMSOUNE, *hæres portionaria* Magistri Joannis Symsoune filii legitimi quondam Joannis Symsone fabri murarii, *filii fratris,*—in terra anteriore in vico Sancti Leonardi ;—terris posterioribus dimidietatis unius dimidiæ acræ cum horreo, &c.—E. 5*s.*—annuo redditu 40*s.* de dimidia acra terræ in dicto vico ; —tenemento terræ cum horto, &c. in dicto vico :—E. 5*s.*—in regalitate et baronia de Broughtoun.   xvi. 32.

(1379)   Apr. 6. 1639.
JEANNA SYMPSONE, *hæres portionaria* prædicti Magistri Joannis Symsone, *filii fratris,*—in terris prædictis.   xvi. 33.

(1380)   Maii 7. 1661.
HUGO COMES DE EGLINTOUN, Dominus Montgomrie et Kilwynning, *hæres* Alexandri Comitis de Egglintoun, Domini Montgomrie et Kilwinning, *patris,*—in 10 libratis terrarum antiqui extentus de Bonnietoun ;—5 libratis terrarum antiqui extentus de Peiltoun ;—infra vicecomitatum de Edinburgh, et per annexationem infra vicecomitatum de Renfrew ;—unitis cum aliis terris in comitatu de Eglintoun.—A. E. 386*l.* N. E. 1955*l.* 6*s.* 8*d.*— (Vide Ayr, Bute, Linlithgow, Renfrew.)   xxvi. 1.

(1381)   Maii 22. 1662.
MAGISTER THOMAS BURNET medicinæ doctor, *hæres* Magistri Roberti Burnet de Crimond unius Senatorum Collegii Justiciæ, *patris,*—in terris de Stobis :—A. E. 5*l.* N. E. 15*l.*—septima parte diversorum tenementorum in burgo de Edinburgh.—E. 2*s.* 4*d.*—(Vide Aberdeen, Kincardine, Peebles.)   xxvi. 259.

(1382)   Feb. 26. 1663.
JOANNES LITHGOW mercator burgensis de Edinburgh, *hæres* Gideonis Lithgow tipographi burgensis de Edinburgh, *fratris immediate junioris,*—in tenementis in Edinburgh.—E. 3*s.* 4*d.*   xxvii. 18.

(1383)   Mar. 3. 1663.
WILLIELMUS ROWAN de Gask, *hæres* Joannis Rowane scribæ signeto regio, *nepotis fratris avi,*—in 2 tenementis in Edinburgh. —E. 3*s.* 4*d.*   xxvii. 9.

(1384)   Mar. 28. 1663.
JOANNES ARMOR, *hæres* Mathei Armor sartoris, *patris,*—in botha et cameris in Edinburgh.—E. 3*s.* 4*d.*   xxvii. 28.

(1385)   Mar. 31. 1663.
JACOBUS PORTEOUS latonius burgensis de Selkirk, *hæres* Jacobi Porteous mercatoris burgensis de Edinburgh, *filii fratris senioris,*—in tenementis in Edinburgh.—E. 3*s.* 4*d.*   xxvii. 32.

(1386)   Apr. 22. 1663.
JANETA HAY filia legitima Alexandri Hay de Ravelrig, procreata inter eum et Martham Lichtoun ejus sponsam, sororem germanam Ronaldi Lichtoun, filii quondam Magistri Mathei Lichtoun ministri verbi Dei apud ecclesiam de Currie, *hæres* Ronaldi Lichtoun, *avunculi,*—in terris vocatis Brewlands et Onsteid in Overcurrie, cum 2 acris terrarum et pastura, in parochia de Currie :—E. 3*s.* 4*d.*—domibus et hortis ex orientali et occidentali partibus australis finis pontis de Currie prope aquam de Leith, cum libertate cespitum infra moram de Killeith, infra parochiam de Currie.—E. 2*s.*   xxvii. 39.

(1387)   Maii 13. 1663.
MARGARETA DALGLEISCHE, *hæres* Magistri Roberti Dalgleishe de Lawriestoun, *patris,*—in terris de Lawriestoun et Randelstoun, infra parochiam de Crawmond :—A. E. 5*l.* N. E. 20*l.*— annuo redditu 5 celdrarum frumenti de terris et baronia de Corstorphine, in warrantum dictarum terrarum de Lawriestoun ;— terris de Humbie :—E. 10*l.*—terris ecclesiasticis parochiæ de Kirknewtoun, infra baroniam de Kirknewtoun, cum privilegio de Kirknewton muir :—E. 9*l.* 13*s.* 4*d.* &c. *feudifirmæ et augmentationis :*—occidentali dimidietate terrarum de Ormistoun :—E. . . . . —occidentali dimidietate terrarum de Mortoun vocata Farroch, infra baroniam de Caldercleir et regalitatem de Dalkeith:—E. . . . . —mercata terræ de Whytcleughnes, parte terrarum de Morton :— E. . . . . . —orientali dimidietate prædictarum terrarum de Ormistoun cum pertinentiis, viz. terris de Benten et 2 Latches, infra baroniam et regalitatem prædictam, cum quarta parte communitatis de Caldercleir contigue dictis terris.—E. . . . . . .   xxvii. 73.

(1388)   Maii 19. 1663.
JACOBUS RODGER, *hæres* Thomæ Rodger mercatoris burgensis de Edinburgh, *patris,*—in 2 tenementis in Edinburgh.—E. 3*s.* 4*d.*   xxvii. 48.

* O 2

SUPPLEMENTA

EDINBURGH.

(1389) Apr. 28. 1575.
JOANNES KENNEDY de Blairquhen, *hæres* Domini Gavini Kennedy, *fratris avi*,—in tenemento in Edinburgh.—E. 10m.
A. 49.

(1390) Nov. 3. 1575.
JONETA ADAMSONE, *hæres* Willelmi Adamsone burgensis de Edinburgh, *patris*,—in tenemento in Edinburgh :—E. 10m.—botha in Edinburgh.—E. 4m.
A. 51.

(1391) Feb. .... 1581.
JOANNES MOSMAN, *hæres* Jacobi Mosman ...., *patris*,—in terris de Langhirdmanstoun et Curry cum molendinis, quæ ad quondam Jacobum Edmondstoun de Eodem pertinebant, extendentibus ad 50 mercatas terrarum.—A. E. 10m. N. E. 50m.
A. 191.

(1392) Mar. 22. 1581.
HENRICUS DOWGLAS de Muckhartmyln, *hæres* Petri Dowglas Capitani, *fratris*,—in annuo redditu 100 mercarum de tenemento in Edinburgh.
A. 198.

(1393) Dec. 20. 1582.
CRISTINA BLAK, *hæres portionaria* Nicolai Blak, *fratris avi*,—in tertia parte trium peciarum terrarum contigue adjacentium in villa de Restalrig, infra baroniam ejusdem.—A. E. 6s. 8d. N. E. 2m.
A. 231.

(1394) Feb. 8. 1582.
HERCULES ARNOT pistor burgensis de Edinburgh, *hæres* Jacobi Arnot pistoris burgensis de Edinburgh, *patris*,—in annuo redditu 24 mercarum de terra in villa de Leith, ex parte australi aquæ ejusdem, in baronia de Restalrig.
A. 240.

(1395) Dec. 7. 1583.
ANDREAS BARROUN, *hæres* Henrici Barroun, *patris*,—in tenemento in Edinburgh.—A. E. ..... N. E. .....
A. 274.

(1396) Jan. 18. 1583.
MARIOTA STEWINSOUNE, *hæres portionaria* Jacobi Stewinsoune, *avi*,—in botha in Edinburgh.—A. E. ..... N. E. .....
A. 275.

(1397) Feb. 15. 1583.
THOMAS TOURIS, *hæres* Francisci Touris, ...,—in annuo redditu 13s. 4d. de botha mercatoriali in Edinburgh.
A. 276.

(1398) Jun. 13. 1584.
JOANNES CARKETTLE de Ovir Libbertoun, *hæres* Joannis Carkettle de Markle, *patris*,—in annuo redditu 4m. de terra Martini Cuningham filii et hæredis quondam Joannis Cuningham burgensis de Edinburgh in dicto burgo;—annuo redditu 8m. de alio tenemento in dicto burgo.
B. 1.

(1399) Dec. 4. 1584.
MAGISTER HENRICUS MAKCALZEANE advocatus, *hæres* Willelmi Makcalzeane, *fratris*,—in 10 mercatis terris villæ et terrarum de Carkettle, in baronia de Prestoun.—E. 10m. B. 14.

(1400) Feb. 5. 1585.
AGNES COWTS *hæres portionaria* Jacobi Cowts, *patris*,—in tenemento in Edinburgh.—E. 20s.
B. 37.

(1401) Mar. 24. 1585.
HELENA CRAIG, *hæres* Thomæ Craig, *patris*,—in annuo redditu 7m. de tenemento in Edinburgh.
B. 52.

1402) Mar. 30. 1586.
ALEXANDER DURIE, *hæres* Issobellæ Durie, *sororis*,—in dimidia parte annui redditus 20m. de tenemento in Edinburgh.
B. 60.

(1403) Apr. 30. 1586.
KATHERINA MACNEICHE, *hæres* Edwardi MacNeiche, *fratris*,—in tenemento in Edinburgh.—E. 20m.
B. 65.

(1404) Feb. 14. 1586.
SIBILLA DUNLOP, *hæres portionaria* Roberti Dunlop, *patris*,—in tenemento in Edinburgh.—E. 10l.
B. 90.

(1405) Mar. 25. 1587.
ALEXANDER HILL, *hæres* Jacobi Hill, *fratris*,—in tenemento in Edinburgh.—E. 20m.
B. 98.

(1406) Apr. 25. 1587.
JACOBUS LIBERTOUN, *hæres* Willelmi Libertoun pistoris, *patris*,—in tenemento in Edinburgh.—E. 10m.
B. 102.

(1407) Maii 10. 1587.
GEORGIUS DOMINUS SALTOUN, *hæres* Alexandri Domini Saltoun, *patris*,—in terris baroniæ de Glencross.—A. E. 20l. N. E. 40l.—(Vide Haddington, Bamf, Forfar, Fife, Berwick, Stirling, Roxburgh.)
B. 103.

(1408) Jul. 3. 1588.
MARIOTA SOMERWELL, *hæres portionaria* Willelmi Somerwell, *fratris*,—in annuo redditu 40l. de tenemento in Edinburgh.
B. 152.

(1409) Oct. 2. 1588.
WILLIELMUS LIDDELL faber ferrarius, *hæres* Thomæ Laverok, *avi ex parte matris*,—in tenementis in Edinburgh.—E. 100m.
B. 157.

(1410) Nov. 5. 1588.
JACOBUS FENDE, *hæres* Magistri Joannis Fende advocati, *patris*,—in tenemento in Edinburgh.—E. *servitium burgi*.—(Vide Stirling, Dumfries.)
B. 162.

(1411) Jan. 7. 1590.
THOMAS DAVIDSOUN, *hæres* Patricii Davidsoun nuncii seu Heraldi de Ros, *patris*,—in tenemento in Edinburgh.—E. 10l.
B. 268.

(1412) Feb. 17. 1590.
JACOBUS HART, *hæres* Jacobi Hart burgensis ac incolæ burgi de Cannogait, *patris*,—in annuo redditu 16l. de ..... ginta acris terrarum ecclesiasticarum ecclesiæ parochialis de Restalrig:—altero annuo redditu 16l. de .... acris terrarum ecclesiasticarum ecclesiæ parochialis de Restalrig;—tenemento in villa de Leith in baronia de Restalrig.—A. E. 20d. N. E. 6s. 8d.
B. 286.

(1413) Jul. 31. 1591.
THOMAS PATERSOUN, *hæres* Willelmi Patersoun, *patris*,—in aula superiore cum camera et sellario in Edinburgh.—E. 20m.
C. 23.

(1414) Mar. 10. 1591.
MAGISTER THOMAS HENRYSOUN advocatus, *hæres* Magistri Edwardi Henrysoun advocati, ac unius Commissariorum Edinburgi, *patris*,—in 6 bovatis terrarum de Bengourlaw in baronia de Calder :—E. 2d. *argenti*:—annuo redditu 6s. 8d. de terris de Blakcraig et Bengour, in baronia prædicta ;—quarta parte terrarum de Rathobyres in baronia de Kirklistoun.—E. 1d. *argenti*.
C. 58.

(1415) Mar. 22. 1592.
ROBERTUS WATSOUN, *hæres* Andreæ Watsoun, *fratris*,—in terris vocatis Cald .... aillands, pertinentibus quondam Magistro Archibaldo Barry capellano capellaniæ infra ecclesiam .... Mariæ Virginis, in Kirk of Field wynd de Edinburgh.—E. 10m.
C. 135.

(1416) Mar. 22. 1592.
ROBERTUS WATSONE, *hæres* Elizabeth Watsone, *sororis*,—in annuo redditu 10m. de tenemento in Edinburgh ;—alio annuo redditu 10m. de tenemento in Edinburgh.
C. 136.

(1417) Mar. 27. 1593.
GILBERTUS DIK, *hæres* Willelmi Dik filii quondam Gilberti Dik mercatoris et burgensis Edinburgi, *fratris immediate junioris*,—in duabus bothis in Edinburgo.—E. 10m.
C. 147.

(1418) Apr. 18. 1593.
ARCHEBALDUS JARDANE, *hæres talliæ*, Alexandri Jardane, *patris*,—in annuo redditu 50l. de terris de Cowsland.
C. 152.

(1419)   Maii 10. 1593.
GILBERTUS DIK, *hæres* Gilberti Dik burgensis Edinburgi, *patris*,—in 2 acris terrarum arabilium de Fluris, in regalitate et baronia de Brochtoun, pro principali;—et in warrantum earundem, in tenemento in villa de Leith, in baronia de Restalrig.—A. E. 3*s.* 4*d.* N. E. 13*s.* 4*d.*   C. 158.

(1420)   Maii 10. 1593.
GILBERTUS DIK, *hæres* Andreæ Dik, *fratris germani*,—in sellario in Leith :—A. E. 20*d.* N. E. 6*s.* 8*d.*—annuo redditu 20*m.* de tenemento in Leith.   C. 160.

(1421)   Maii 17. 1593.
JOHANNES MOSMAN, *hæres* Johannis Arres, *avi*,—in annuo redditu 13*s.* 4*d.* de terra in Edinburgh.   C. 165.

(1422)   Maii 31. 1593.
WILLELMUS WEIR, *hæres* Willelmi Weir burgensis Edinburgi, *patris*,—in tenemento in Edinburgh.—E. . . . . .   C. 164.

(1423)   Jun. 2. 1593.
VILLIELMUS BAXTER, *hæres* Katherinæ Baxter, *sororis*,—in annuo redditu 20*m.* de terris de Hieriggis, ultra portam occidentalem burgi de Edinburgh, infra dominium de Dalry.   C. 166.

(1424)   Jun. 15. 1593.
HENRICUS WARDLAW, *hæres* Alexandri Wardlaw de Kilbabertoun, *avi*,—in terris de Kilbabertone :—A. E. 4*m.* N. E. 12*m.* —12 bovatis terrarum de Nether Libertoun ex occidentali parte ejusdem, cum molendinis de Nether Libertoun, et multuris terrarum de Nether Libertoun, et pastura 54 summarum catallorum super præfatis terris, infra baroniam de Corstorphin.—E. 22*l.* 14*d.* &c. *feudifirmæ.*   C. 167.

(1425)   Jun. 26. 1593.
MAGISTER GEDION RUSSELL, *hæres* Quintigerni Russell mercatoris ac burgensis Edinburgi, *patris*,—in tenemento in Edinburgh:—E. 20*m.*—annuo redditu 2*m.* de tenemento in Edinburgh.   C. 176.

(1426)   Aug. 17. 1593.
ISOBELLA CREICHE, *hæres portionaria* Jonetæ Schort sponsæ Roberti Creiche in Leyth, *matris*,—in terra anteriori in Leyth, in baronia de Restalrig.—E. 5*l.*   C. 194.

(1427)   . . . . 1593.
JONETA CREICHE, *hæres portionaria* Jonetæ Schort sponsæ Roberti Creiche in Leyth, *matris*,—in terra anteriori in Leyth, prædicta.—E. 5*l.*   C. 195.

(1428)   Feb. 2. 1593.
MARGARETA WILSOUN senior, sponsa Arthuri Macfarlane, *hæres portionaria* Willelmi Wilsoun mercatoris burgensis Edinburgi, *patris*,—in tenemento in Edinburgh.—E. 10*m.*   C. 212.

(1429)   Mar. 2. 1593.
JOHANNES MAKESOUN, *hæres* Magistri Georgii Makesoun, *patris*,—in tenemento in Edinburgh.—E. 5*m.*   C. 219.

(1430)   Mar. 31. 1596.
JACOBUS WILKIE, *hæres* Jacobi Wilkie portionarii de Rathobyris, *patris*,—in quarta parte terrarum et villæ de Abthane de Ratho vocata Rathobyris, in villa et territorio de Rathobyris, et baronia de Kirklistoun, infra regalitatem Sancti Andreæ.—E. *dimidium libræ ceræ*, &c. *firmæ.*   D. 39.

(1431)   Apr. 19. 1596.
GEORGIUS CREICHTOUN, *hæres* Martini Creichtoun de Cranstoun-Riddell, *fratris*,—in annuo redditu 10*l.* de terris de . . . . infra vicecomitatum de Edinburgh.   D. 41.

(1432)   Sep. 25. 1596.
EUFAMIA MAKCALZEAN sponsa Henrici Sincler de Quhytkirk, *hæres portionaria* Magistri Thomæ Makcalzean de . . . . hall, *avi*,—in annuo redditu 2*m.* de botha in Edinburgh ;—annuo redditu 20*l.* de tenemento in Edinburgh ;—annuo redditu 20*l.* de tenemento in Edinburgh ;—tenemento in Edinburgh in warrantum dicti annui redditus 20*l.*—E. 10*m.*   D. 73.

(1433)   Mar. 1. 1596.
MARIOTA WATT sponsa Jacobi Lochry, *hæres portionaria* Davidis Watt scribæ, *patris*,—in terra seu tenemento in Edinburgh.—E. 20*m.*   D. 133.

(1434)   Jun. 16. 1597.
JONETA MAINE, *hæres portionaria* Johannis Maine mercatoris ac burgensis Edinburgi, *patris*,—in annuo redditu 3*m.* de tenemento in Ediaburgh :—annuo redditu 12*m.* de tenemento in Edinburgh :—annuo redditu 10*m.* de tenemento in Edinburgh.   D. 150.

(1435)   Jun. 16. 1597.
AGNES MAINE sponsa Richardi Lawsoun mercatoris, *hæres portionaria* Johannis Maine mercatoris ac burgensis Edinburgi, *patris*,—in prædictis annuis redditibus.   D. 152.

(1436)   Jun. 21. 1597.
JONETA STEVENSOUN, *hæres portionaria* Jacobi Stevensoun, *avi*,—in tenemento in Edinburgh.—E. 10*m.*   D. 154.

(1437)   Aug. 9. 1597.
MAGISTER WILLELMUS DOWGLAS de Knychtisrig, *hæres* Jacobi Dowglas de Knychtisrig, *patris*,—in parte terrarum de Abthane de Ratho alias vocata Rathobyris, extendente ad dimidietatem quartæ partis terrarum de Rathobyris, infra dominium de Kirklistoun et regalitatem Sancti Andreæ.—A. E. 12*s.* 6*d.* N. E. 33*s.* 4*d.*   D. 161.

(1438)   Jun. 1. 1598.
WILLELMUS LAWSOUN, *hæres* Johannis Lawsoun de Lochtulloch, *patris*,—in tenementis in Edinburgh.—E. 20*m.*   D. 188.

(1439)   Oct. 31. 1598.
JONETA GALBREATH sponsa Joannis Wilkyne mercatoris, *hæres* Edwardi Galbreath pelliparii ac burgensis Edinburgi, *patris*,—in tenemento in Edinburgh.—E. 20*m.*   D. 205.

(1440)   Mar. 8. 1598.
JOHANNES STEVINSOUN in Innerbarvie, *hæres* Willelmi Stevinsoun naucleri incolæ villæ de Leyth, *fratris*,—in tenemento in Edinburgh, in warrantum tenementi in oppido vici Canonicorum monasterii Sanctæ Crucis prope Edinburgh.—E. 10*m.*   D. 209.

(1441)   . . . . 1598.
CATHERINA GIFFERT, *hæres portionaria provisionis* Joannis Giffert, *patris*,—in annuo redditu 40*l.* de terris de . . . . in baronia de Newbottill, pro principali;—annuo redditu . . . . de terris de Sheriffhall, in warrantum prædicti annui redditus.   D. 212.

(1442)   Apr. 26. 1599.
MAGISTER RICARDUS KENE, *hæres* Magistri Joannis Kene scribæ signeti, *patris*,—in tenementis in Edinburgh, prope capellam Sanctæ Crucis infra inferiorem partem cimiterii ecclesiæ collegiatæ Beati Egidii.—A. E. 10*m.* N. E. 10*m.* 40*d.*   D. 221.

(1443)   Jul. 3. 1599.
MARIOTA MAKDULLANE, *hæres portionaria* Donaldi Makdullane textoris ac burgensis Edinburgi, ... ,—in tenemento et subterranea taberna.—E. 20*l.*   D. 236.

(1444)   Mar. 4. 1603.
GILBERTUS LAUDER, *hæres* Jacobi Lawder, *fratris germani*, —in pecia terræ vastæ in Edinburgh.—E. 10*m.*   E. 4.

(1445)   Oct. 1. 1603.
GEORGIUS MAISTERTOUN, *hæres* Jacobi Maistertoun junioris mercatoris, *fratris*,—in tenemento et horto in Edinburgh.— E. 20*m.*   E. 5.

(1446)   Jul. 9. 1605.
HESTHERA QUINTINE sponsa Magistri Willielmi Bollie, *hæres* Joannis Quintine pellionis ac burgensis de Hadingtoun, *filii patrui*,—in annuo redditu 10*m.* de tenemento in Edinburgh.   E. 8.

(1447)   Dec. 30. 1608.
ARCHIBALDUS HENDERSONE, *hæres* Walteri Hendersone, *fratris*,—in quarta parte annui redditus 50*m.* de tenemento et horto, et de dimidietate domus, vel vasta pecia terræ et horto contigue, pro principali ;—et in pecia terræ de Polcatsleve alias Elvansyde, in warrantum terrarum de quibus præfatus annuus redditus est levandus, infra dominium de Dalry.   E. 19.

(1448)   Jan. 4. 1611.
WILLIELMUS GUTHRIE, *hæres* Jonetæ Patersone, *matris*,— in terra in villa de Leyth ex australi parte aquæ ejusdem, in baronia de Restalrig ;—altera terra in dicta villa de Leyth ex dicta australi parte aquæ ejusdem, infra baroniam prædictam ;—pecia vastæ terræ, in præfata villa ex dicta australi parte aquæ ejusdem, et in baronia prædicta ;—tenemento cum horto in dicta villa, ex australi parte aquæ ejusdem, et in baronia prædicta.—E. *uniuscujusque* 12*d.*   E. 37.

(1449)   Jan. 23. 1611.
ANDREAS CRAIG, *hæres* Andreæ Craig burgensis de Edin-

burgh, *avi*,—in annuo redditu 10*m*. de 8 acris terrarum extendentibus ad 3 mercatas terrarum, in villa et territorio de Over Gogar, pro principali;—et in 4 mercatis terrarum in dicta villa de Over Gogar vocatis lie Tenandrie, in warrantum prædicti annui redditus. E. 39.

(1450) Jan. 26. 1611.
THOMAS FORRESTER, *hæres* Joannis Forrester pistoris ac burgensis de Edinburgh, *patris*,—in annuo redditu 200*m*.—annuo redditu 50*m*.—annuo redditu 200*m*. de tenemento in Edinburgh. E. 41.

(1451) Feb. 5. 1611.
MAGISTER WILLIELMUS LITTILL, *hæres* Willielmi Littill mercatoris ac burgensis de Edinburgh, *patris*,—in tenementis in Edinburgh, in warrantum dimidietatis terrarum vocatarum Serjeantslands tam orientalis quam occidentalis, ac dimidietatis terrarum vocatarum Southfeild et Braidscroft, in villa et territorio de Over Libbertoun;—orientali botha in prædicto burgo sub muro castri ;—annuo redditu 4*m*. et annuo redditu 10*m*. de tenemento in Edinburgh ;—annuo redditu 45*s*. de tenemento in Edinburgh ; —annuo redditu 40*s*. de tenemento in Edinburgh ;—occidentali dimidietate terræ in Edinburgh sub muro castri ;—annuo redditu 8*s*. de botha in Edinburgh ;—annuo redditu 24*m*. de tenemento in Edinburgh.—E. 30*l*. E. 42.

(1452) Feb. 7. 1611.
CHRISTINA PEBLIS sponsa Patricii Gevan, *hæres portionaria* Joannis Peblis mercatoris ac burgensis Edinburgi, *patris*,—in tenementis in Edinburgh.—E. 10*m*. E. 45.

(1453) Mar. 14. 1611.
JOANNES DOMINUS DE HALYRUDHOUSE, *hæres* Joannis Domini de Halyrudhouse, *patris*,—in feudifirmarum augmentationibus, annuis redditibus, caponibus, pittanciis, lie Pittansilver et lie Pittie commonis, ab antiquo ad conventum et conventuales fratres monasterii et abbaciæ de Halyrudhous pro tempore solvi solitis et consuetis ;—monasterio et abbaciæ loco de Halyrudhous, cum domibus, ædificiis, hortis, pomariis, columbariis, parcis, pratis, viridariis, infra præcinctum dictæ abbaciæ et bondas ejusdem ;— decimis garbalibus aliisque decimis, et fructibus, redditibus, emolumentis et devoriis quibuscunque, tam rectoriarum quam vicariarum ecclesiarum et parochiarum de Quhytkirk, Libertoun, Tranent, Craufurd-Lindsay, Sanct-Cuthbert, et Halyrudhous;—erectis cum terris in Kirkcudbright et Haddington in temporale dominium et baroniam de Halyrudhouse.—A. E. 100*m*. N. E. 300*m*.—(Vide Kirkcudbright, Haddington.) E. 46.

(1454) Jul. 24. 1611.
ANDREAS LOGANE de Coitfeild, *hæres* Joannis Logane de Coitfeild, *patris*,—in terris de Stanydaill prope villam de Leyth, in baronia de Restalrig :—E. 18*s*.—pecia terræ continente 6 particatas terrarum de Stanydaill in dicta villa de Leyth, ex parte australi aquæ ejusdem, infra baroniam de Restalrig :—E. 12*s*.— una terra in dicta villa de Leyth :—E. 6*d*.—alia terra in dicta villa de Leyth :—E. 9*d*.—tenemento ante et retro in dicta villa de Leyth :—E. 9*d*.—terris vastis extendentibus ad sex particatas terrarum, in dicta villa de Leyth, omnibus ex parte australi aquæ ejusdem, infra baroniam prædictam :—E. 12*d*.—annuo redditu 6*m*. de tenemento infra villam et baroniam prædictam ;—annuo redditu ... *m*. de pomario sive horto cum domibus, columbario, et lie Hawch in fine occidentali villæ de Leyth, infra baroniam prædictam ;—annuo redditu 12*s*. de terra Jacobi Schankis, infra villam et baroniam prædictam ;—annuo redditu 6*s*. de terra Georgii Fawla, infra villam et baroniam prædictam. E. 62.

(1455) Aug. 24. 1611.
MAGISTER WILLIELMUS DRUMMOND, *hæres* Domini Joannis Drummond de Hawthornedene militis, *patris*,—in terris de Hawthornedene, in baronia de Prestoune :—E. 100*s*.—terris de Lufness, Dykenuke et Silverburne, in baronia de Penycuik, in warrantum terrarum de Zowthrid in vicecomitatu de Peblis, cum aliis terris in Peblis.—A. E. 5*m*. N. E. 20*m*.—(Vide Peebles, Stirling.) E. 77.

(1456) Aug. 31. 1611.
DAVID JOHNSTOUN, *hæres* Magistri Jacobi Johnstoun clerici Commissariatus de Edinburgh, *patris*,—in annuo redditu 10*m*. de botha in Edinburgh ;—terra in Edinburgh.—E. 10*m*. E. 81.

(1457) Dec. 24. 1611.
THOMAS ANDERSOUN, *hæres* Willielmi Andersone mercatoris ac burgensis Edinburgi, *patris*,—in terra edificata et vasta, cum horto in Edinburgh.—E. 10*m*. E. 103.

Supp.

(1458) Jan. 28. 1612.
MAGISTER JACOBUS CRICHTOUN filius maximus natu quondam Davidis Crichtoun, *hæres provisionis* Mariotæ Crichtoun, relictæ quondam Magistri Georgii Crichtoun de Clunie, *avunculæ*, —in tenemento in Edinburgh.—E. 10*m*. E. 109.

(1459) Feb. 29. 1612.
MAGISTER ARCHIBALDUS PRESTOUN, *hæres* Roberti Prestoun burgensis Edinburgi, *patris*,—in tenementis et terris in Edinburgh.—E. 3*l*. E. 116.

(1460) Apr. 10. 1612.
JOANNES WEIR, *hæres* Joannis Weir fabri stannarii burgensis Edinburgi, *avi*,—in annuo redditu 20*m*. de 6 bovatis terrarum de Nether Libbertoun, cum dimidietate molendini et terris molendinariis, in baronia de Corstorphin. E. 152.

(1461) Maii 7. 1612.
JACOBUS PRINGILL mercator burgensis Edinburgi, *hæres* Willelmi Pringill tinctoris ac burgensis ejusdem burgi, *patris*,—in tenementis in Edinburgh.—E. 20*m*. E. 161.

(1462) Maii 9. 1612.
WILLIELMUS SOMERVELL, *hæres* Katherinæ Pringill sponsæ Patricii Somervell mercatoris ac burgensis Edinburgi, *matris*,—in tenementis in Edinburgh :—E. 10*m*.—tertia parte annui redditus 40*l*. de terra in Edinburgh. E. 162.

(1463) Maii 28. 1612.
JOANNES WAUCHE lanio, *hæres* Joannis Wauche lanionis burgensis Edinburgi, *patris*,—in tenemento in Edinburgh;—terra ibidem in warrantum ejusdem.—E. 10*m*. E. 172.

(1464) Jun. 19. 1612.
LAURENTIUS NEILSOUN, *hæres* Andreæ Neilsoun incolæ villæ de Leyth, *patris*,—in tenemento in villa de Leyth ex australi parte aquæ ejusdem, in baronia de Restalrig.—E. 18*d*. E. 181.

(1465) Jul. 14. 1612.
JOANNES JOHNSTOUN, *hæres* Gilberti Johnstoun mercatoris burgensis Edinburgi, *patris*,—in tenementis in Edinburgh.— E. 10*m*. E. 185.

(1466) Aug. 4. 1612.
EDWARDUS CALDER, *hæres* Rebeccæ Edward sponsæ quondam Jacobi Calder burgensis Edinburgi, *matris*,—in dimidietate terræ in Edinburgh.—E. 10*m*. E. 196.

(1467) Dec. 12. 1612.
MAUSIA FORRESTER, *hæres* Thomæ Forrester pistoris ac burgensis de Edinburgh, *patris*,—in annuo redditu 200*m*;—annuo redditu 50*m*;—annuo redditu 200*m*. de tenemento in Edinburgh. E. 228.

(1468) Jan. 26. 1613.
MAGISTER JACOBUS CRICHTOUN, *hæres* Davidis Crichtoun burgensis Edinburgi, *patris*,—in tenemento in Edinburgh.— E. 10*m*. E. 241.

(1469) Jan. 26. 1613.
JOANNES RODGER, *hæres* Jacobi Rodger sartoris ac burgensis Edinburgi, *patris*,—in tenemento in Edinburgh.—E. 10*m*. E. 242.

(1470) Mar. 6. 1613.
KATHERINA BROWN, *hæres* Elizabethæ Campbell, *proneptis fratris avi*,—in tenemento in Edinburgh.—E. 10*m*. E. 249.

(1471) Jun. 9. 1613.
JOANNES NAPER de Merchanstoun, *hæres* Domini Archibaldi Naper de Edinbellie militis, *patris*,—in terris de Over Merchanstoun.—A. E. 20*s*. N. E. 20*m*. F. 55.

(1472) Aug. 24. 1613.
JACOBUS KINCAID hortulanus, *hæres* Roberti Kincaid nuncii, *fratris*,—in loco lie rowme et terra vocata Stabula Regis, cum domibus desuper ædificatis, jacente sub muro castri burgi de Edinburgh, apud portam occidentalem ejusdem, inter communes vias regias ex australi et boreali partibus, et hastiludium lie Barres vocatum ex occidentali ;—observatione dicti hastiludii et peciæ viridis terræ ad hinc transeundo versus occidentem ad fontem divæ Margaretæ.—E. 44*s*. *feudifirmæ*. F. 91.

(1473) Nov. 17. 1613.
ALEXANDER SOMERVELL, *hæres* Jacobi Somervell de Humbie, *patris*,—in terris ecclesiasticis ecclesiæ parochialis de Kirknewtoun, cum decimis garbalibus et parvis decimis quæ nunquam stipite separari solebant ;—communia in mora vocata lie

F

Newtoun mure, infra baroniam de Kirknewtoun :—E. 9*l.* 6*s.* 8*d.* &c. *feudifirmæ* :—vicarii manso de Kirknewtoun, cum domibus, tofta et crofta, extendente ad 2 acras terrarum, in baronia prædicta. —E. 20*s.* &c. *feudifirmæ.* F. 118.

(1474) Nov. 20. 1613.
ALEXANDER MILLAR in Lyntoun, *hæres* Thomæ Nicoll incolæ burgi de Edinburgh, *fratris avi ex parte matris,*—in tenemento in Edinburgh.—E. 10*m.* F. 121.

(1475) Nov. .... 1613.
WILLIELMUS GRAY, *hæres* Gilberti Gray, *patris,*—in tenementis in Edinburgh.—E. .... F. 125.

(1476) Dec. 23. 1613.
JACOBUS DOUGALL vietor burgensis Edinburgi, *hæres* Joannis Dougall mercatoris burgensis dicti burgi, *fratris,*—in tenemento in Edinburgh.—E. 10*m.* F. 140.

(1477) Feb. 5. 1614.
MAGISTER WILIELMUS ROBERTSOUN, *hæres* Joannis Robertsoun polentarii burgensis Edinburgi, *patris,*—in terris posterioribus, horreo, horto, et clausura, et terra interiore in warrantum.—E. 20*m.* F. 173.

(1478) Feb. 8. 1614.
ARTHURUS MURHEID, *hæres* Magistri Davidis Murheid scribæ signeto S. D. N. regis, *patris,*—in tenemento in Edinburgh.—E. 10*m.* F. 175.

(1479) Feb. 18. 1614.
JONETA MURE, *hæres* Quintigerni Mure in Langtoun, *patrui,* —in acra terræ de Longtoun vocata lie Kirk Aiker, infra parochiam de Caldercleir.—E. 14*s. feudifirmæ.* F. 176.

(1480) Apr. 5. 1614.
EUPHAMIA BLINSELE sponsa Thomæ Traquair hypotucarii, *hæres portionaria* Joannis Blinsele, unius heraldorum regis, *patris,* —in dimidietate tenementi in Edinburgh.—E. 6*m.* F. 191.

(1481) ...... 1614.
WILLIELMUS HAPPER, *hæres* Agnetis Lillie, *matris,*—in tenemento in Edinburgh.—E. 10*m.* F. 192.

(1482) Apr. 5. 1614.
MARGARETA BLINSELE, *hæres portionaria* Joannis Blinsele unius heraldorum regis, *patris,*—in dimidietate tenementi in Edinburgh.—E. 6*m.* F. 193.

(1483) Jun. 4. 1614.
ALEXANDER BLAK mercator Edinburgi, *hæres* Joannis Blak pistoris burgensis dicti burgi, *avi,*—in tenemento in Edinburgh.— E. 10*m.* F. 211.

(1484) Jun. 25. 1614.
WILIELMUS MACKARTNAY clericus coqueti Edinburgi, *hæres* Willielmi Mackairtnay scribæ signeto S. D. N. regis, *patris,* —in tenemento et pecia terræ in Edinburgo :—E. 10*m.*—annuo redditu 17*m.* de hospitio et tenemento in Edinburgh. F. 218.

(1485) Jun. 28. 1614.
JONETA MACKURE sponsa Nicolai Forsythe mercatoris, *hæres portionaria* Joannis Mackure scissoris ac burgensis Edinburgi, *patris,*—in terris et tenementis in Edinburgh, principalibus et in warrantum.—E. 40*s.* F. 220.

(1486) Jul. 14. 1614.
ROBERTUS HODGE, *hæres* Davidis Hodge polentarii burgensis Edinburgi, *patris,*—in tenementis in Edinburgh.—E. 10*m.* F. 226.

(1487) Aug. 11. 1614.
LODOVICUS GUTHRIE, *hæres* Christinæ Somer, *matris,*—in annuo redditu 10*m.* de tenemento in Edinburgh. F. 228.

(1488) ...... 1614.
MOYSES BUCHANAN, *hæres* Joannis Buchanan, *patris,*—in tenemento in Edinburgh :—E. 10*m.*—annuo redditu 80*m.* de tenemento in Edinburgh. F. 234.

(1489) Mar. 3. 1621.
JACOBUS WYLIE, *hæres* Gulielmi Wylie scribæ signeto regio, *patris,*—in tenemento in Edinburgh.—E. 10*m.* F. 257.

(1490) Feb. 28. 1622.
ALEXANDER SCHAW, *hæres* Henrici Schaw, *patris,*—in tenementis in Edinburgh.—E. 40*s.* G. 1.

(1491) Jul. 13. 1630.
JONNETA MOIR sponsa Roberti Murray, *hæres portionaria* Joannis Moir, *fratris,*—in annuo redditu 300*m.* de tenemento in Edinburgh. G. 129.

(1492) .... 15. 1630.
.... CARKETTILL, *hæres* Patricii Carkettill de Markle, *patris,*—in annuo redditu 4*m.*—annuo redditu 8*m.*—annuo redditu 30*s.* de tenementis in Edinburgh .... G. 139.

(1493) Jul. 22. 1631.
CAPITANUS ROBERTUS RUTHERFUIRD, *hæres* Willelmi Rutherfuird mercatoris burgensis de Edinburgh, *patris,*—in 35 acris et 74 lie fallis terrarum, cum 2 peciis terræ graminosæ nuncupatis Eister et Wester Quarrelhoillis, in baronia de Restalrig :—A. E. 26*s.* 8*d.* N. E. 4*l.*—10 acris terrarum.—E. 11*m. feudifirmæ.* G. 161.

(1494) Nov. 3. 1631.
MAGISTER JOANNES VANS minister, *hæres* Hugonis Vans armorarii ac burgensis de Edinburgh, *patris,*—in tenemento in Edinburgh.—E. 20*s.* G. 172.

(1495) ...... 1631.
MAGISTER JACOBUS LINDSAY, *hæres masculus* Davidis Lindsay filii legitimi reverendi in Christo patris Patricii Rossensis Episcopi, *fratris,*—in .... terris et baronia de Blaikerstoun .... G. 175.

(1496) Jan. 2... 1632.
MAGISTER JOANNES SKOUGALL, *hæres* Joannis Skougall ....,—in tenementis et annuis redditibus in Edinburgh. .... G. 177.

(1497) Jul. 12. 1632.
JONETA MOUBRAY, *hæres portionaria* Jacobi Moubray pellionis ac burgensis Edinburgi, *patris,*—in tenementis in Edinburgh. —E. 40*s.* G. 229.

(1498) Jul. 12. 1632.
MARIOTA MOUBRAY, *hæres portionaria* Jacobi Moubray pellionis ac burgensis Edinburgi, *patris,*—in tenementis in Edinburgh.—E. 40*s.* G. 231.

(1499) Nov. 8. 1633.
ANDREAS EDMONDSTOUN de Eodem, *hæres* Domini Joannis Edmondstoun de Eodem, militis, *patris,*—in officio Coronariæ Lowdoniæ infra omnes bondas metas et jurisdictiones ejusdem, viz. a ponte nuncupata Avensbrig usque ad Colbrandspeth. —E..... —(Vide Roxburgh.) G. 241.

(1500) ...... 1634.
.... *hæres* Jacobi Aikman, *fratris junioris,* —in tenemento in Edinburgh.—E. 2*s.* H. 20.

(1501) Feb. 27. 1644.
DAVID GLEN servitor Domini .... Mortoun de Cambo, *hæres* Joannis Glen mercatoris burgensis Edinburgi, *patris,*—in tenemento cum horto in Edinburgh.—E. 3*s.* 4*d.* H. 56.

(1502) Feb. 1. 1649.
BEATRIX HUNTER, *hæres portionaria* Margaretæ Hunter filiæ legitimæ quondam Joannis Hunter sartoris, *sororis,*—in tenementis, &c. in Edinburgh.—E. 3*s.* 4*d.* H. 86.

(1503) Feb. 1. 1649.
ELIZABETHA alias BESSIE HUNTER, *hæres portionaria* Margaretæ Hunter filiæ legitimæ quondam Joannis Hunter, *sororis,*—in tenementis, &c. in Edinburgh.—E. 3*s.* 4*d.* H. 88.

(1504) Maii 2. 1650.
DOMINUS WILLIELMUS DRUMMOND, filius legitimus natu minimus Joannis Comitis de Perth, nunc WILLIELMUS COMES DE ROXBURGHE, Dominus Ker de Cessfurd et Cavertoun, *hæres talliæ et provisionis* Roberti Comitis de Roxburghe, Domini Ker de Cessfurd et Cavertoun, *avi,*—in comitatu de Roxburghe, comprehendente terras de Dischflatt et Meidowflatt ;—6 tenementa cum domibus infra burgum vici Canonicorum lie Canongait, cum terris in Stirling et Linlithgow :—E. 70*l.* 13*s.* 4*d. feudifirmæ* :—erectas in comitatum de Roxburghe ;—terris, dominio, et baronia de Halyden comprehendente terras de Eister et Wester Dudingstouns :—E. 82*l.* 12*s. feudifirmæ* :—tenementum cum horto infra burgum de Edinburgh ;—terras ecclesiasticas de Caldercleir,

cum aliis terris ecclesiasticis in Selkirk, Peebles, Dumfries, Lanerk, Ayr, Kincardin et Roxburgh :—E. 10*l*. &c. *feudifirmæ* :—decimas rectorias et vicarias ecclesiæ parochialis de Caldercleir, cum aliis decimis in dictis vicecomitatibus :—E. 400*m. feudifirmæ* :—Officio Justiciariæ et ·balliatus terrarum de Dudingstoun et aliarum terrarum abbaciæ de Kelso.—E. *administratio Justiciæ.*—(Vide Roxburgh, Stirling, Linlithgow, Selkirk, Berwick, Peebles, Dumfries, Lanerk, Ayr, Kincardine.) H. 111.

(1505) Apr. 5. 1655.
ROBERT DUNCANE son to Peitter Duncane . . . . *air of taillie and provisioune* of James Duncane sone to Gilbert Duncane in Calpnay, ...—in the lands of Reidhall, and Walkmylne thairof, lying in the barony of Reidhall, in warrandice of the lands of Gorgie, and mylne and teynds thairof, in the barony and sheriffdom of Renfrew be annexatione.—O. E. 20*s*. N. E. 3*l*. H. 200.

(1506) Maii 22. 1658.
DAVID MᶜGILL *air* of Mr Thomas MᶜGill some tyme preacher of Chrystis Evangill, *his father*,—in tenements in Edinburgh.—E. 3*s*. 4*d*. H. 223.

(1507) Jan. 3. 1665.
THOMAS THOMSON, *hæres* Walteri Thomson mercatoris ac burgensis Edinburgi, *patris*,—in tenementis in Edinburgh.—E. 3*s*. 4*d*. I. 22.

(1508) Aug. 8. 1666.
MARGARETA ET MARIA COCHRANS, *hæredes portionariæ* Jacobi Cochrane aliquando servi quondam Joannis Comitis de Lowdoun, *patris*,—in inferiori aula et 2 cameris ad quondam Archibaldum Dominum Naper pertinentibus, tanquam parte ejus domorum in abbacia de Halyrudhous.—E. 6*s*. 8*d*. I. 32.

(1509) Oct. 23. 1678.
GULIELMUS STREET, *hæres* Gulielmi Street lie haberdasher, civis civitatis de London, *patris*,—in annuo redditu 30*l*. sterlingarum correspondente principali summæ 500*l*. de terris de Easter et Wester Powbathes, in parochia de West Calder ;—domibus et bothis infra burgum de Edinburgh in occidentali arcu ejusdem ;—terris de Howdowne, Gavinsyde, et Murehill. I. 92.

(1510) Feb. 6. 1685.
ELIZABETHA ET CHRISTINA ELEISS, *hæredes portionariæ* Joannis Eleiss, filii quondam Magistri Joannis Eleiss advocati, *fratris germani*,—in annuo redditu 400*l*. correspondente principali summæ 10,000*m*. de terris et dominio de Ballmerinach ;—terris et dominio de Cowper ;—terris et baronia de Restalrig, hæreditarie pertinentibus ad Joannem Magistrum de Balmerinoch, jacentibus in vicecomitatibus de Fyfe, Angus, et Edinburgh respective, vel ad aliquibus aliis terris ad dictum Johannem Magistrum de Balmerinoch spectantibus, infra regnum Scotiæ.—(Vide Fife, Forfar.) I. 126.

(1511) Aug. 4. 1693.
ROBERTUS WAUGH in Quodquan, *hæres conquestus* Magistri Jacobi Waugh nuper rectoris de Restalrig, et portionarii baroniæ de Kirknewton, *fratris immediate junioris*,—in partibus et portionibus terrarum et baroniæ de Kirknewtoun subscriptis, viz. 7 mercatis terrarum cum 2 acris et 3 particatis seu portionibus villitatis lie Tounschip et Overtoun de Kirknewtoun, viz. 1 mercata terræ aliquando occupata per Johannem Allan ;—altera mercata terræ laborata per Andream Moffat ;—3 mercatis vulgo the Walkers 3 merkland nuncupatis, cum particula fundi perprius communis, ex boreali latere cemiterii ;—altera mercata terræ et 2 acris cum horto vocato the Barn Yeard ;—altera mercata terræ cum dimidietate acræ extra communitatem ;—pecia terræ de terris dominicalibus de Kirknewtoun sumpta ;—omnibus infra villitatem lie Tounschip et Overtoun de Kirknewtoun, baroniam et parochiam ejusdem ;—decimis rectoriis et vicariis, magnis et minutis dictarum terrarum aliarumque (excepta particula Burnemouth nuncupata, et particula Millrig nuncupata) ;—10 mercatis terrarum de Easter Newtoune, infra baroniam et parochiam de Kirknewtoune, cum decimis rectoriis et vicariis, magnis et minutis ;—7 mercatis terrarum de Easter Newtoun et Overtoun, et particula moræ.—E. 21*m*. &c. *feudifirmæ*. I. 170.

ELGIN ET FORRES.

INDEX NOMINUM.

a

ELGIN ET FORRES.

INDEX LOCORUM.

b

INQUISITIONES SPECIALES.

ELGIN ET FORRES.

(1)   Jul. 8. 1573.

ARCHIBALDUS COMES ANGUSIÆ, Dominus Dowglas et Abernethie, &c. *hæres* Georgii Dowglas de Pittendreich militis, *avi*,—in tertia parte terrarum de Duffous ;—terris de Pittendreich, Caldcoittis, Darklie, Levingishaugh, dimidietate de Surestoun, infra vicecomitatum de Elgyne.—E. 39*l.* 13*s.* 1*d.* &c.
i. 33.

(2)   Jul. 20. 1573.

GEORGIUS COMES DE HUNTLIE, *hæres* Georgii Comitis de Huntlie, *patris*,—in tenemento, messuagio, &c. infra burgum de Elgyne.—A. E. 3*l.* N. E. 12*l.*
i. 34.

(3)   Jul. 12. 1574.

MARGARETA WILLIAMSOUN filia Domini Donaldi Williamsoun capellani, *hæres* Joannis Williamsoun, *fratris*,—in 2 peciis terrarum jacentibus ex australi parte burgi de Elgyne :—A. E. 10*s.* N. E. 13*s.*—annuo redditu 11*s.* de terris hæredum Willielmi Lochehillis.
i. 35.

(4)   Nov. 19. 1599.

THOMAS URQUHART de Burriszairdis, *hæres* Willielmi Urquhart de Burriszairdis, *patris*,—in terris de Burriszairdis, Halfhillbank, Litle-Cruik, Mekill-Cruik, et Wyismannis-aikers.—A. E. 20*s.* N. E. 4*l.*
ii. 3.

(5)   Oct. 10. 1600.

JACOBUS INNES de Dranye, *hæres* Jacobi Innes de Dranye, *avi*,—in parte villæ et terrarum de Westfeild extendente ad 6 acras, infra parochiam de Spynie.—A. E. 25*s.* N. E. 5*l.*
ii. 101.

(6)   Mar. 3. 1601.

ALEXANDER DUMBAR de Tarbet, *hæres* Jacobi Dumbar de Tarbet, *patris*,—in villis et terris de Sanquhar, Chapeltoun, Quhytraw, Newtoun, Wester et Eister Boigis ;—forresta de Drummyne, et officio forrestriæ :—A. E. 25*s.* N. E. 5*l.*—baronia de Tulliglenis :—A. E. 10*s.* N. E. 40*s.*—terris de Glenmoir, Seykirk, Edenkelzies, Newtoun de Edinkelzies, Beachin de Edinkelzies, Dalnaglasche de Edinkelzies, Toberbein de Edinkelzies, Kirktoun de Edinkelzies cum brasina et crofta ejusdem, et piscaria salmonum ejusdem nuncupata Tornaclache, domo et fortalicio de Dumphaill et Hauchis de Dumphaill ;—villa et terris de Balnablair, infra regalitatem de Spynie.—E. 12*l.*
ii. 169.

(7)   Jul. 22. 1602.

JACOBUS COMES MORAVIÆ, Dominus Abirnethy et Down, &c. *hæres* Dominæ Elizabethæ Stewart Comitissæ de Murray, *matris*,—in terris, dominio, et comitatu de Murray continente terras infrascriptas, viz. terras de Eister Byn, Brewland earundem, Kyncornie, Little Tarrie, Forrestoun de Darnway, Kyntessok, Mekill Tarrie, Barley, piscariam de Slewpule, Wester Dunduff,

Eister Dunduff, Cairnycroft, Carmanniscroft, Mondoill, Bannageich, Balnaferry, Knok, Altenoch, Auchindoir, Logyhauch et terras brewlandis earundem, Mekill et Litill Brumequheillis, Craigtoun, cum molendino, multuris, brewlandis et croftis earundem;—Logy, Urwall, Presley, et Drummane ;—terras de Monachtie ;—Brewhouse de Eister Alves, et Brewhouse de Wester Alves ;—Brewhouse de Argy ;—Brewhous de Kintra ;—Greiffchip de Forres ;—9 croftas de Elgin ;—Greiffchip de Elgin ;—terras de Pedderfeild ;—Kirktoun de Langnorgound ;—Eister Quitteray, et Brewland earundem ;—Wester Quhitteray ;—molendinum de Langmorgound, Clackmarres, Thornyhill cum brewland et crofta earundem, Darnway nuncupatam lie Maines, cum Quhytmyre, Gardneris croft et crofta post pomarium, Comtacavill, Smithisland, Newtoun, Rawtray-Fuirde, Stalkeriscroft, Cowperis-croft, Ruiffis, Inchtellie, Monachtie, Wester Alves, Eister Alves, Ardgy, Kyntra, Brewlandis, Blakhillis, Redhall, Stynie, Coittis, Trowis, Cokstoun, Haltoun de Langbryde, Orblestoun, molendinum de Langbryde, Cars, Haltoun, Grewistoun, Newtoun juxta Spey, Hannacroull, Hauchti, Westertoun juxta Spey, Myltoun juxta Spey, croftas juxta Spey, Incheneill juxta Spey, Fluiris, cum salmonum piscariis in aquis de Spey, Findorne, Slewpule, et Lossy, cum custumis earundem lie Burrowmailles, et custumis de Elgin et Forres, cum castro de Darnway et forresta lie Park et Schawis earundem ;—terras de Pittindreich ;—A. E. 160*l.* N. E. 480*l.*—tertia parte terrarum de Duffous, et advocatione ecclesiarum et capellaniarum dictarum terrarum, dominii et comitatús.—A. E. 20*l.* N. E. 60*l.*
iii. 81.

(8)   Jul. 22. 1602.

JACOBUS COMES MORAVIÆ, Dominus Abernethy et Down, &c. *hæres* Dominæ Elizabethæ Stewart Comitissæ de Murray, *matris*,—in terris et dominio de Abernethy.—A. E. 10*l.* N. E. 30*l.*
iii. 83.

(9)   Mar. 10. 1603.

JEANNA INNES, *hæres* Jacobi Innes de Mynnanie, *patris*,—in terris de Ordiquhische, Ellie, Inchebarry, Dundurcous, et Croftis de Straybuckie, infra baroniam de Bannikartie, et parochias de Dundurcous et Elgin respective.—E. 4*l. feudifirmæ.*—(Vide Banff.)
iii. 15.

(10)   Maii 1. 1604.

DARROTHEA DUMBAR, *hæres portionaria* Alexandri Dumbar de Westfeild Vicecomitis de Múrray, *fratris*,—in tertia parte villarum et terrarum de Spynie :—E. 3*l.* 6*s.* 8*d.* &c. *feudifirmæ :*—tertia parte terrarum de Brewlandis de Spynie, cum crofta earundem :—E. 13*s.* 4*d.* &c. *feudifirmæ :*—tertia parte villæ et terrarum vocatæ Bischopismyln alias Mylnetoum de Bischopismyln :—E. 40*s.* &c. *feudifirmæ :*—tertia parte molendini granorum vocati Bischopismyln :—E. 26*s.* 8*d.* &c. *feudifirmæ :*—tertia parte terrarum vocatarum Aikeris in dicta villa de Bischopismylne :—E. 8*s.* 4*d.* &c. *feudifirmæ :*—tertia parte 4 domorum vocatarum The Foure

A

Cot Housses in dicta villa :—E. 4s. &c.—tertia parte brasinæ et villæ de Mylnetoun, infra regalitatem de Spynie :—E. 4s. 6d. &c. —tertia parte castri, turris et fortalicii de Spynie, cum viridario ejusdem lie Grene, domibus jacentibus in dicta regalitate, silva et lacu de Spynie.—E. 13s. 4d.　　　　　　　　iv. 18.

(11)　　　　Maii 1. 1604.
JONETA DUMBAR, hæres portionaria prædicti Alexandri Dumbar de Westfield. fratris,—in terris prædictis.　　　iv. 19.

(12)　　　　Maii 1. 1604.
MARJORIA DUMBAR, hæres portionaria prædicti Alexandri Dumbar de Westfeild, fratris,—in terris aliisque prædictis. iv. 20.

(13)　　　　Maii 1. 1604.
DARROTHIA DUMBAR, hæres portionaria Domini Alexandri Dumbar de Cumnok militis Vicecomitis de Murray, proavi,—in tertia parte terrarum de Robertfeild, Lingetstoun, Inchecainny.—E. 20s.—(Vide Nairn.)　　　　　　　　iv. 20.

(14)　　　　Maii 1. 1604.
JONETA DUMBAR, hæres portionaria prædicti Domini Alexandri Dumbar de Cumnok, proavi,—in terris prædictis.　iv. 20.

(15)　　　　Maii 1. 1604.
MARJORIA DUMBAR, hæres portionaria prædicti Domini Alexandri Dumbar de Cumnok, proavi,—in terris prædictis.
　　　　　　　　　　　　　iv. 20.

(16)　　　　Maii 1. 1604.
DARROTHIA DUMBAR, hæres portionaria Jacobi Dumbar de Cumnok, patris,—in tertia parte villæ et terrarum de Westfeild.— A. E. 44s. 6d. N. E. 6l. 13s. 4d.　　　　　iv. 20.

(17)　　　　Maii 1. 1604.
JONETA DUMBAR, hæres portionaria prædicti Domini Jacobi Dumbar de Cumnok, patris,—in terris prædictis.　iv. 20.

(18)　　　　Maii 1. 1604.
MARJORIA DUMBAR, hæres portionaria prædicti Domini Jacobi Dumbar de Cumnok, patris,—in terris prædictis.　iv. 20.

(19)　　　　Maii 22. 1604.
MAGISTER PETRUS ZOUNG de Seytoun, Elimozinarius S. D. N. Regis, hæres Alexandri Zoung de Eistfeild unius ostiariorum cubiculi dicti S. D. N. Regis, fratris,—in crofta terræ vocata Doucat-croft inter terras hospitalis mansionis divinæ, vocatæ Masondew, fundatæ prope burgum de Elgin :—E. 4 bollæ ordei :— altera crofta terræ crofta de Grene vocata ad ollam ordinis vulgo The Ordour Pot, et nunc destructa :—E. 4 bollæ ordei :—terrarum tenementis et mansione Egidii, et terrarum tenementis inter publicam viam regiam quæ tendit ad molendinum vocatum Bishopsmylne ;—croftis terrarum vocatis St. Katherines croftis quæ perprius ad Capellanos ecclesiæ Cathedralis de Elgin pertinuerunt, infra territorium burgi de Elgin :—E. 26s. 8d.—pecia terræ et tenemento ex australi latere Collegii Cathedralis ecclesiæ de Murray : —E. 13s. 4d.—tenemento terræ ædificato infra immunitatem et bondas Collegii de Murray :—E. 13s. 4d.—una pecia sive ruda terræ vastæ mansionis capellani Sancti Egidii :—E. 3s. 4d.—terris mansionis rectoriæ de Douchall cum horto, infra collegiam prædictæ cathedralis ecclesiæ de Murray :—E. 13s. 4d.—tenemento et pecia terræ vocato Rynie Manse :—E. 13s. 4d.—tenemento et pecia terræ vocato St. Annis-Manse tam ædificato quam vasto cum hortis, infra libertatem burgi de Elgyne :—E. 10s.—tenementis et terris vocatis Moy-Manse, infra mansiones Collegii de Elgyn :—E. 13s. 4d.—crofta terræ vocata Abdie-croft :—E. 40s.—croftis terræ vocatis St. Peters-crofts infra territorium burgi de Elgyn, et vicecomitatum de Murray.—E. 30s. et 10s. in augmentationem.—(Vide Fife, Perth.)　　　　　　　　iii. 155.

(20)　　　　Dec. 28. 1604.
ALEXANDER DUMBAR de Westfield, hæres masculus Patricii Dumbar de Cumnok, avi,—in officio vicecomitatus de Elgin et Forres :—E. valet seipsum :—fortalicio, turre, manerieique loco de Forres cum domibus et hortis vocatis Castellhill de Forres.—A. E. 6s. 8d. N. E. 30s.　　　　　　　　iii. 150.

(21)　　　　Jun. 11. 1605.
MAGISTER JACOBUS DUMBAR, hæres Alexandri Dumbar de Tarbet, fratris,—in villis et terris de Sanquhar, Chapeltone, Quhytraw, Newtoun, Waster et Easter Bogill ;—forresta de Drummynd, cum officio forrestriæ ejusdem :—A. E. 25s. N. E. 5l.— baronia de Tullyglenis :—A. E. 10s. N. E. 40s.—terris de Glenmoir, Seykirk, Edinkeilzeis, Beathin de Edinkeilzeis, Dalnaglasche de Edinkeilzeis, Toberbeane de Edinkeilzeis, Kirktoun de Edinkeilzeis cum brasina et crofta, et salmonum piscariis earundem nuncupatis Tornaclache ;—domibus et fortalicio de Drumphaill et

Hauchis de Dumphaill ;—villa et terris de Balnablair infra regalitatem de Spynie.—E. 12l.　　　　　　iv. 17.

(22)　　　　Oct. 7. 1606.
ROBERTUS DUMBAR, hæres Georgii Dumbar in Litle Tarie, patris,—in officio mari vulgo vocato the Office of Mairschip of the erledome of Murray and Westschyre of the samin, that is to say, the haill mair cornes, reik hens and uther casualties and feis quhatsumevir of the tounis and lands of Tarress, Balnaferrie, Balnageithe, Moinvill, and remanent tounis and lands of the erledome of Murray and Westschyre of the samin, lyand on bayth the sydis of the water of Findhorne ; that is to say, furth of everie parocche ane stouk of beir, ane stouk of aittis, with the cottaris reik henis of everie pleuche yeirlie ; togidder with the aiker of land, houses, and biggings, lyand within the toun of Darnway and baronie thereof, belanging to the said Office of Mairschip.—A. E. 8d. N. E. 2s.
　　　　　　　　　　　　iv. 350.

(23)　　　　Mar. 6. 1607.
MAGISTER THOMAS MAWER advocatus coram Dominis Concilii et Sessionis, hæres Walteri Mawer de Mawerstoun, patris, —in villa et terris de Bogsyde.—E. 6l.　　　iii. 250.

(24)　　　　Maii 3. 1608.
MAGISTER WALTERUS MAWER, hæres Gulielmi Mawer filii legitimi quondam Walteri Mawer de Mawerstoun, fratris germani,—in quarta parte molendinorum de Elgine, cum astrictis multuris.—A. E. 3s. 4d. N. E. 13s. 4d.　　　　iv. 173.

(25)　　　　Sep. 30. 1608.
ALEXANDER DUMBAR, hæres Georgii Dumbar de Askleisk, avi,—in villa et terris de Askleisk, cum communi pastura in terris de Drum de Pluscardin, infra baroniam de Stanquhair :—A. E. 13s. 6d. N. E. 27s. 6d.—terris de Drum de Pluscardin, cum lie foggage earundem, infra dictam baroniam :—A. E. 13s. 6d. N. E. 27s. 6d.—officio Marisfeodi terrarum comitatus de Murray, viz. thanagii de Murray ;—rupis lie Bray de Langmorne et Speysyd : —E, executio officii :—dimidietate davatæ terræ terrarum de Pittinseir :—E. 10m. feudifirmæ :—villa et terris de Inchbrok, infra baroniam de Spynie et regalitatem ejusdem.—E. 3l. 17s. 10d. &c. feudifirmæ.　　　　　　　　iv. 209.

(26)　　　　Mar. 11. 1609.
JACOBUS REID in Kingloss, hæres Jacobi Reid fabri ferrarii in Kingloss, patris,—in domo in Kingloss ;—crofta terræ vocata the Hen-Cruike, cum domo et horto eidem adjacente ;—acra terræ nuncupata Andersonis aiker, in baronia de Kinglos.—A. E. 13s. 4d.　　　　　　　　iv. 263.

(27)　　　　Jul. 28. 1609.
ALEXANDER SINCLAIR, hæres Alexandri Sinclair incolæ collegii ecclesiæ Cathedralis Moraviensis, patris,—in manso vulgo nuncupato Sanct Jeillis manss, infra collegium de Elgin.—A. E. 7s. 6d.　　　　　　　　iv. 273.

(28)　　　　Mar. 19. 1611.
EDWARDUS DOMINUS BRUCE DE KINLOSS, hæres masculus Edwardi Domini Bruce de Kinloss, patris,—in terris, dominio, et baronia de Kinloss, comprehendente terras, baronias, &c. quæ perprius ad abbaciam de Kinloss spectabant ubicunque infra regnum Scotiæ jacent, viz. villam de Kinloss et terras occupatas per inhabitantes ejusdem, viz. Silvercruik, Mylnecruik, Freircruike, Wodland, Sclaitland, Evingiscruike, Langaiker, Potcrukie, Smithland, Watercruik ;—acras terrarum circumjacentes ;—Eistwode ;— acras de Killand ;—terras dominicales vulgo Maynes de Kinloss ;— terras de Muretoun et acras earundem ;—villam et terras de Cotfauld, Hempriggis, Haltoun, Langcoit, Eister et Wester Windiehill, Eist Grainge cum molendino, Litle Ernsyde, Newtoun, Windielaw, Strutheris, Kilborghauch, Nether Ruiffis, Kilflat, Burgie, Borgharvie, Lowrantoun, Culliescruik et acras earundem, Newland-scheddis, Westchdwny, Westgrange cum molendino, Tannacheis, Aillhouse-tak, Wardis, Mylne Medow, Lytle Medow, Blakstob, et Newlandis ;—3 acris in Killand, lie Park, et Parkland ; —villam de Funbue (Findorne) cum salmonum piscariis super aquam de Frumbue (Findorne), Ordeis, Freland ;—terras de Narne ;—terras de Elgin ;—annuos redditus de Dundernes ;—villas de Innernes et Forres, infra baroniam de Kinloss ;—monasterio et abbaciæ loco de Kinloss ;—decimis ecclesiæ et parochiarum de Allone et Avach, et capellaniarum de Castletoun, Benneschefeild, Haddinche, et Killen, &c. omnibus unitis in temporale dominium et baroniam de Kinloss, cum aliis terris in Banff, Aberdeen, et Ross.—A. E. 100m. N. E. 300m.—(Vide Banff, Aberdeen, Ross.)　　　iv. 424.

(29)　　　　Oct. 6. 1615.
ANDREAS COWIE, hæres Andreæ Cowie mercatoris burgensis de Dundie, patris,—in 4. quinque partibus villæ et terrarum de Nather Lynkwoode, infra baroniam de Barmuckatie.—E. 12s. vi. 87.

(30)   Apr. 12. 1616.

WILLIELMUS WATSONE, *hæres* Nicolai Watsone portionarii de Coutfauld, *patris*,—in 2 octavis partibus villæ et terrarum de Coutfauld, infra baroniam de Kinlos.—E. 8*l*. 17*s*. 1*d*.   vi. 129.

(31)   Apr. 23. 1616.

WILLIELMUS SUTHERLAND de Duffus, *hæres* Willielmi Sutherland de Duffus, *patris*,—in terris et baronia de Duffus;—advocatione ecclesiæ parochialis de Duffus et capellaniæ de Unthank;—terris de Querrelwoid, cum aliis terris in Nairn unitis in baroniam de Duffus, cum burgo baroniæ in illa parte de Kinstarie nuncupata Aulderne:—A. E. 42*l*. 13*s*. 4*d*. N. E. 200*m*. *taxatæ wardæ* :—villa et terris de Mayns de Pittindreche, et duobus locis nuncupatis Drumhillis, et duobus Kilcruikis, cum molendino de Pittindreche :—E. 4*l*.—villa et terris tertiæ partis terrarum de Saltcoittis et Holmis :—E. 6*l*.—terris tertiæ partis villæ et terrarum de Unthank :—E. 40*s*. &c.—villa et terris de Nather Manbenis et Hauche ejusdem.—E. 14*l*. 13*s*. 4*d*.—(Vide Nairn.)   vi. 152.

(32)   Jul. 24. 1617.

THOMAS DOMINUS BRUCE DE KINLOSS, *hæres* Edwardi Domini Bruce de Kinloss, *fratris*,—in terris, dominio, et baronia de Kinloss, comprehendentibus inter alia terras subscriptas perprius ad abbaciam de Kinloss spectantes, viz. terras et baroniam de Kinloss, viz. villam de Kinloss et terras occupatas per inhabitantes ejusdem, viz. Silvercruik, Milnecruik, Friercruik, Woodland, Sklaitland, Ewingscruik, Langaiker, Portcruik, Smythland, Watcruik, acras terrarum circa jacentes;—lie Eistwode;—acras de Killand ;—terras dominicales vulgo Maynes de Kinloss ;—terras de Muretoun et acras earundem ;—villam et terras de Cotfauld, Hemprigs, Haltoun, Langcoit, Eister et Wester Windiehill, Eist Grange cum molendino, Littill Ernesyd, Newtoun, Winderlaw, Strutheris, Kilborghauche, Nether Ruiffis, Kilflat, Burgie, Borgharvie, Lowrentoun, Culferscruik, et acras earundem, Newlandisheidis, Inchedwny, West-Grange cum molendino, Tannacheis, Ailhoustak, Wairdis, Mylne Meidow, Littil-meadow, Blackstob, et Newlandis, ac 3 acras in Killand, Park, et Parkland;—villam de Findorne cum piscaria super aqua de Findorne, Ordeis, Frieland ;—terras de Narne;—terras de Elgin;—annuos redditus de Dundurnes ;—villas de Innerness et Forres, infra baroniam de Kinloss ;—monasterio et abbaciæ loco de Kinloss;—decimis, &c. parochiarum de Eilland et Avach, ac capellaniarum de Castletoun, Beaneschefeild, Haddinche, et Killan, cum terris spectantibus ad dictum monasterium et abbaciam de Kinloss, unitis in dominium et baroniam de Kinloss, cum quibusdam aliis terris in Bamf, Aberdeen, et Ross.—A. E. 100*m*. N. E. 300*m*.—(Vide Aberdeen, Bamf, Ross.)   vii. 8.

(33)   Jan. 27. 1618.

DOMINUS ALEXANDER HAY de Forrestersait miles, senator supremi senatus Regni Scotiæ, *hæres* Davidis Hay de Foynefeild fratris germani quondam Joannis Hay de Lochloy, *patrui*,—in terris de Moy jacentibus naturaliter infra vicecomitatum de Elgin et Forres, et per annexationem infra baroniam de Calder et vicecomitatum de Nairn, in warrantum terrarum de Raitt in Nairn.—A. E. 30*s*. N. E. 40*s*.   vii. 69.

(34)   Aug. 16. 1619.

WILLIELMUS RIG, mercator burgensis de Edinburgh, *hæres* Willielmi Rig mercatoris burgensis de Edinburgh, *patris*,—in tenemento terræ infra burgum de Elgyne.—E. 6*s*. 4*d*.—(Vide Ross, Fife.)   vii. 163.

(35)   Jan. 14. 1620.

GEORGIUS McKENEZIE, *hæres masculus* Kennethi Domini McKeinezie de Kintaill, *patris*,—in terris, baronia, &c. subtus specificatis, viz. manerie de Pluscarden;—terris dominicalibus de Pluscarden ;—terris et baronia de Pluscarden ;—villa occidentali de Westertoun, Quheitruff, Barnehill, Overtoun, Inchellan, Druikinghill, Inchearnoch, Corsleyis, Croy, Ouchtertyre, Forresterseat, Natherbyre, Hillis, Eister et Wester Rudvie, Bellilone, Apilward, molendino de Pluscardene, cum decimis garbalibus, in valle lie Glen de Pluscarden, cum molendinis de Elgin, et libera regalitate, capella et cancellaria, et advocatione et jure patronatus ecclesiæ de Dingwell.—E. 100*l*.   vii. 219.

(36)   Maii 26. 1620.

MAGISTER ALEXANDER BONNYMAN minister verbi Dei apud ecclesiam de Bensted, in patria Angliæ, *hæres* Joannis Bonnyman mercatoris burgensis de Elgyne, *patris*,—in 3 croftis terrarum jacentibus ex australi parte burgi de Elgyne ;—1 acra terræ vocata Our Lady-Aker, infra terras vocatas the Graifsheipe dicti burgi.—E. 4 *bollæ ordei*.   vii. 256.

(37)   Feb. 21. 1623.

DOMINUS JOANNES GRANT de Mulven miles, *hæres masculus* Joannis Grant de Frewqhye, *patris*,—in terris de Glencairnes

et Balnadalloch, cum piscationibus :—E. 71*l*.—terris de Knockandoche et Glencumrie spectantibus capellaniæ Sti. Andreæ, alias Knockandoche nuncupatæ, fundatæ in cathedrali ecclesia Moraviæ, cum piscationibus earundem super aqua de Spey, infra baroniam de Straithspey et regalitatem de Spynie :—E. 14*m*.—terris de Bordland spectantibus capellaniæ Sancti Andreæ, fundatæ in dicta ecclesia cathedrali Moraviæ, et piscationibus earundem super aqua de Spey, infra dictam baroniam de Straythspey et regalitatem de Spynie.—E. 14*m*.   viii. 183.

(38)   Mar. 4. 1623.

ARTHURUS FORBES burgensis de Forres, *hæres* Francisci Forbes burgensis de Forres, *patris*,—in villa et terris de Thornehill et Mylnefield.—A. E. 6*s*. 8*d*. N. E. 20*s*.   ix. 197.

(39)   Aug. 26. 1623.

ALEXANDER DUMBAR de Kilboyock, *hæres* Patricii Dumbar de Blerie, *patris*,—in hæreditariis officiis Justiciariæ et balliatu terrarum, baroniæ et regalitatis de Kinlos, infra bondas Moraviæ, monasterio de Kinloss incumbentibus et pertinentibus :—E. 3*s*. 4*d*.—summa 100*l*. annuatim de promptioribus firmis, &c. 2 steillis de Cruikis, lie Durstell, lie Stell aquæ exterioris, et lie Steill Monachorum, cum 3 lie Zairis vocatis Mekill Zair, Middill Zair, et Cult Zair ;—lie Fischerhousses, Corfhouses ;—silvarum de Eistwode, Damwode, et Westwode, et silvarum de Colleiscruikis et Wairdis, cum piscaria salmonum in mari, in dicta baronia et regalitate de Kinloss.   viii. 319.

(40)   Maii 17. 1625.

JACOBUS DOWGLAS, *hæres* Jacobi Dowglas de Bogsyd, *patris*,—in villa et terris lie Maynis de Petindreich ;—pendiculis lie Seattis vocatis Brounhillis et 2 Kilcruikis, cum molendino de Petindreich, infra parochiam de Elgyne:—E. 4*l*.—villa et terris de Boigsyd cum molendino, infra parochiam de Elgyne.—E. 6*l*.   ix. 155.

(41)   Apr. 4. 1626.

ALEXANDER KYNNAIRD de Culbyn, *hæres* Walteri Kynnaird de Culbyn, *patris*,—in terris de Culbyn, viz. terris de Culbyn alias vocatis Middlebyn-McRodder, alias vocatis Muretoun et Dollachie, alias vocatis Dilpottie ;—monte de Findorne;—terris de Aikenheid, Rochcarss, cum molendinis et piscationibus, infra baroniam de Culbyn.—A. E. 10*l*. N. E. 40*l*.   ix. 234.

(42)   Oct. 26. 1626.

DAVID BRODIE de Eodem, *hæres* Davidis Brodie de Eodem, *patris*,—in terris et baronia de Brodie, comprehendentibus terras dominicales de Brodie, cum villis et terris de Quhytmyre et Dyke;—villis et terris de Fedden, Murehall, Galtis, Cruik, Newlandis ;—molendinum fullonum de Brodie, et terras de Darkles, unitas in baroniam de Brodie:—A. E. 10*l*. N. E. 40*l*.—villa et terris de Greschip et Brouniscruik, infra parochiam de Forres.—A. E. 4*l*. N. E. 16*l*.   ix. 226.

(43)   Jan. 11. 1627.

ALEXANDER SUTHERLAND de Duffus, *hæres* Willielmi Sutherland, *patris*,—in terris et baronia de Duffus, cum piscatione ;—jure patronatus ecclesiæ parochialis de Duffus et capellaniæ de Wnthank ;—terris de Brichmonie et Kynstaries, cum molendino nuncupato Aulderne;—terris de Querrelwood, cum brueriis earundem et bruerio de Brichmonie, omnibus unitis in baroniam de Duffus:—A. E. 42*l*. 13*s*. 4*d*. N. E. 200*m*. *taxatæ wardæ* :—villis et terris tertiæ partis terrarum de Saltcoittis et Holmis.—E. 6*l*.   ix. 237.

(44)   Feb. 7. 1627.

JOANNES DUNBREK de Urtane, *hæres* Willielmi Dunbrek de Urtane, *patris*,—in quinta parte terrarum et baroniæ de Barmuckkattie cum piscariis :—A. E. 16*l*. N. E. 5*l*.—villa et terris de Inche de Cardanny, cum salmonum piscaria ejusdem super aqua de Spey, infra baroniam de Barmuckattie et Mulven.—E. 1*d*. *albæ firmæ*.   xii. 41.

(45)   Sep. 4. 1627.

JACOBUS GRANT, *hæres* Joannis Grant de Ballindalloche, *avi*,—in terris de Ballindalloche cum molendino et castro, in dominio de Glencarinche.—E. 4*l*.   x. 17.

(46)   Jan. 9. 1629.

ROBERTUS INNES, *hæres* Joannis Innes senioris burgensis de Elgyne, *patris*,—in roda terræ et manso Divi Duichati capellaniæ fundatæ infra ecclesiam parochialem de Elgyn.—E. 4*l*. 13*s*. 4*d*. &c.   xi. 273.

(47)   Mar. 10. 1629.

ROBERTUS CUMYNG de Alter, *hæres masculus* Jacobi Cumyng de Alter, *patris*,—in terris de Meikle et Lytle Bruncheilles, Craigtoun, cum molendino :—E. 7*l*. 6*s*. 8*d*.—terris de Logie-Wrwell, Ardoche, Presley, et Drummynd, cum communi pastura in forresta de **Drummynd**, ab antiquo in comitatu Moraviæ.—E. 6*l.* 13*s.* 8*d.* &c. et 13*s.* 4*d.* in augmentationem. xiii. 270.

(48) Nov. 13. 1629.
JOANNES HAY de Knokandie, *hæres* Alexandri Hay de Kynnowdy, *patris,*—in tertia parte villæ et terrarum de Unthank cum pastura, infra baroniam de Duffus.—E. 40*s.* xi. 169.

(49) Mar. 25. 1630.
PATRICIUS DUNBAR de Kilboyak, *hæres* Alexandri Dunbar de Kilboyak, *patris,*—in officio justiciariæ et balliatus terrarum, baroniæ et regalitatis de Kinloss, infra bondas Moraviæ, monasterio de Kinloss incumbentibus, et pro usu et exercitione dictorum officiorum, in summa 100*l.* annuatim de firmis terrarum et piscariarum subscriptarum, viz. 2 Steillis de Cruikis, lie Dursteill, lie Steill aquæ exterioris, et Steill monachorum, cum 3 Zearis vocatis Meklezear, Middilzear, et Cultyr, lie Fischarehouse, Corfhous, silvis de Eistwood et Damwod ;—sylvarum de Collescruikis et Wardis cum piscaria in mari, in baronia et regalitate de Kinloss.—E. 3*s.* 4*d.* x. 360.

(50) Mar. 25. 1630.
PATRICIUS DUNBAR de Kilboyak, *hæres* Alexandri Dunbar de Kilboyak, *patris,*—in terris de Kilboyak, Nether-Ruiffis, cum molendino de Kilboyak, in baronia et regalitate de Kinloss.—E. 10*m.* 6*s.* 8*d.* &c. x. 362.

(51) Mar. 25. 1630.
PATRICIUS DUNBAR de Kilboyak, *hæres* Alexandri Dunbar de Kilboyak, *patris,*—in terris de Eistgrange et Littill Earnesyd, cum molendino de East Grange, in baronia de Kinloss.—E. 24*l.* 13*s.* 6*d.* et 3*s.* 4*d.* in augmentationem. x. 363.

(52) Mar. 3. 1631.
GULIELMUS HAY, *hæres* Joannis Hay olim de Urknay postea de Strutheris, *patris,*—in villa et terris de Strutheris, cum pecia terræ de novo culta eidem adjacente :—E. 4*l.* 13*s.* 3½*d.* &c.—villa et terris de Vinderlaw ac Cruikis earundem, infra baroniam et regalitatem de Kinloss.—E. 40 *bollæ hordei,* &c. xi. 222.

(53) Feb. 3. 1631.
JACOBUS FALCONER, *hæres* Archibaldi Falconer portionarii de Coutfauld, *patris,*—in 2 octavis partibus villæ et terrarum de Coutfauld, infra baroniam et regalitatem de Kinlos.—E. 8*l.* 16*s.* 8*d.* xiii. 238.

(54) Jul. 15. 1631.
GEORGIUS GREIG, *hæres* Joannis Greig in Kynlos, *patris,*—in 1 acrâ terræ jacente in Killand.—E. 16*s.* 8*d.* xiii. 237.

(55) Dec. 20. 1631.
ALEXANDER DUMBAR de Grange, *hæres* Magistri Thomæ Dunbar de Grange, *patris,*—in terris de Inchdennie et terris et acris vocatis Ailhoustak, in baronia de Kinlos.—E. 4*l.* 5*s.* &c. *feudifirmæ.* xiii. 47.

(56) Dec. 20. 1631.
ALEXANDER DUMBAR de West Grange, *hæres* Katherinæ Reid sponsæ Alexandri Dunbar de Burgie, *aviæ,*—in terris de West Grange cum molendino, in baronia de Kinlos.—E. 52*m.* et 2*m.* in augmentationem, *feudifirmæ.* xiii. 48.

(57) Jan. 17. 1633.
JOANNES GILZEANE, *hæres* Joannis Gilzeane portionarii de Cotfauld, *avi,*—in octava parte villæ et terrarum de Coltfauld, in regalitate de Kinlos.—E. 4*l.* 8*s.* 6½*d.* xiii. 166.

(58) Feb. 7. 1633.
JACOBUS DUNDAS, *hæres* Magistri Jacobi Dundas præcentoris Moraviensis, *patris,*—in villis et terris de Colliskruikis, cum acris earundem et Newlandheides, infra regalitatem de Kinlos.—E. 7*l.* 10*s.* 4*d.* xiii. 238.

(59) Mar. 6. 1634.
MARJORIA DUMBAR, *hæres portionaria* Agnetæ Dumbar filiæ legitimæ Magistri Jacobi Dumbar de Newtoun, *sororis,*—in dimidietate quarteriæ terrarum de Newtoun, cum pecia terræ vocata Gradoch, infra regalitatem de Kinlos.—E. 22*s.* 6*d.* &c. xiii. 217.

(60) Mar. 6. 1634.
MAGDALENA DUMBAR, *hæres portionaria* prædictæ Agnetæ Dumbar, *sororis,*—in dimidio quarteriæ prædictarum terrarum. xiii. 217.

(61) Mar. 6. 1634.
MARJORIA DUMBAR, *hæres portionaria* Issobellæ Dumbar filiæ prædicti Jacobi Dumbar, *sororis,*—in dimidio quarteriæ prædictarum terrarum. xiii. 218.

(62) Mar. 6. 1634.
MAGDALENA DUMBAR, *hæres portionaria* Issobellæ Dumbar prædictæ, *sororis,*—in dimidio quarteriæ terrarum prædictarum. xiii. 218.

(63) Mar. 6. 1634.
MARJORIA DUMBAR, *hæres portionaria* Jonetæ Dumbar filiæ prædicti Jacobi Dumbar, *sororis,*—in dimidio quarteriæ prædictarum terrarum. xiii. 218.

(64) Mar. 6. 1634.
MAGDALENA DUMBAR, *hæres portionaria* Jonetæ Dumbar prædictæ, *sororis,*—in dimidio quarteriæ prædictarum terrarum. xiii. 219.

(65) Oct. 30. 1634.
JOANNES DUMBAR de Hempriges, *hæres* Willielmi Dumbar de Hemprigis, *patris,*—in villa et terris de Hempriges extendentibus ad 6 arata terrarum antiqui extentus, infra dominium de Kinloss.—E. 23*l.* 15*s.* xiii. 285.

(66) Maii 19. 1636.
ALEXANDER BRODIE de Eodem, *hæres masculus* Davidis Brodie de Eodem, *patris,*—in terris et baronia de Brodie comprehendente terras dominicales de Brodie ;—villas et terras de Whytmyre et Dyke cum croftis earundem ;—villas et terras de Ferden, Mewrihall, Gaitiscruik, Newlandis, cum molendino fullonio de Brodie ;—terras de Dorkles, ab antiquo unitas in baroniam de Brodie, infra parochiam de Dyk :—A. E. 10*l.* N. E. 40*l.*—villa et terris de Greifschipe et Brouneiscruik, in parochia de Forres.—A. E. 4*l.* N. E. 16*l. taxatæ wardæ.* xv. 96.

(67) Jul. 1. 1636.
ALEXANDER HAY de Wariestoun, *hæres* Domini Alexandri Hay de Fosterseat militis, unius Senatorum Collegii Justiciæ, *patris,*—in villa et terris de Scottistounhill infra baroniam de Kilmaknok.—A. E. 20*s.* N. E. 4*l.* xiv. 120.

(68) Dec. 9. 1636.
GEORGIUS COMES DE SEAFORT, *hæres* Alexandri M'Kenzie, *fratris germani,*—in terris de Loganeshauche in parochia de Elgin.—E. 40*s.* xv. 105.

(69) Jun. 7. 1637.
JACOBUS GRANT de Freuchie, *hæres masculus* Domini Joannis Grant de Freuchie militis, *patris,*—in terris de Mulben ;—terris de Meikle Balnabruich cum piscariis et molendinis :—A. E. 10*m.* N. E. 40*m.*—terris de Cardeine, Auldchaish, et Forgie :—A. E. 6*m.* N. E. 24*m.*—omnibus unitis in baroniam de Mulben ;—terris de Glencairne et Balnadalloch cum molendinis :—E. 71*l.*—terris de Knokandoche et Glencumrie pertinentibus ad capellaniam Sancti Andreæ alias Knockandoch infra ecclesiam Cathedralem de Murray, cum piscationibus super aqua de Spey, &c. in baronia de Strathspey, et regalitate de Spynie :—E. 9*l.* 6*s.* 8*d.*—terris de Brodland pertinentibus ad capellaniam Sancti Andreæ alias vocatam Brodland fundatam intra ecclesiam Cathedralem Moraviensem, cum piscationibus :—E. 9*l.* 6*s.* 8*d.*—advocatione et jure patronatus Cancellariæ de Murray comprehendentis ecclesias de Kirkmichaell, Inveralem (vel Inverawein), Knokanoch, Urquhart, et Glenmorestoun ;—ecclesiarum de Cromdaill, Adwie, Abernethie, Kincardyne, et Duthell, infra diocesim de Murray, vicecomitatus de Inverness et Elgin et Forres respective, unitis ad terras de Eistertounleod, infra baroniam de Urquhart.—E. 40*s.* 6*d.*—(Vide Banff, Inverness.) xv. 271.

(70) Aug. 2. 1638.
GEORGIUS MARCHIO DE HUNTLIE, Comes de Enzie, Dominus Gordoun et Badzenoch, &c. *hæres masculus* Georgii Marchionis de Huntlie, &c. *patris,*—in terris de Ogstoun et Plewlandis cum molendino ventoso, et privilegio nundinarum et fororum de Ogstoun ecclesiæ, unitis in baroniam de Ogstoun, pro principali :—A. E. 8*l.* N. E. 32*l.*—villa et terris de Ballormie :—E. 16*l.*—villa et terris de Dunkintie, cum libertate effodiendi focalia lie fewall, faill, et divot in communitate de Caldcot et Greinis, in baronia de Kilmaldmake :—A. E. 40*s.* N. E. 8*l.*—terris et baronia de Fochabirs, viz. Eister et Wester Fochabirs et burgo de Fochabirs ;—terris de Ardedarauche ;—molendino de Fochabirs, infra baroniam et regalitatem de Urquhart, cum privilegio liberi burgi, et foro publico hepdomadatim die Sabbathi, et 4 liberis nundinis :—E. 13*l.* 16*s.* 8*d. feudifirmæ.*—tenemento infra burgum de Elgin cum horto :—A. E. 3*s.* N. E. 12*s.*—villa et terris de Sanct Andrewis-Kirkhill, infra regalitatem de Spynie et baroniam de Kilmalemak, cum pastura et privilegiis :—E. 4*l.* 10*s. feudifirmæ.*—villa et terris de Caldcoittis infra parochiam de Elgyn :—E. 4*l. feudifirmæ.*—bina parte villæ et terrarum de St. Androis-Kirktoun, infra baroniam de Kilmalemak :—E. 8*l. feudifirmæ.*—sexta parte villæ et terrarum de St. Androes-Kirktoun, cum feudifirma

6*l.* de sexta parte villæ et terrarum de Sanct Androes-Kirktoun vocata Gilmersyd, cum superioritate ejusdem, in baronia de Kil-malemake :—A. E. 4*l.* N. E. 16*l.*—cymba superioris passagii super aqua de Spey, cum terris de Baithill et crofta ejusmodi, infra parochiam de Essill:—A. E. 5*s.* N. E. 20*s.*—parte terrarum de Reidhall vocata Craigheid et Hardleyis, infra parochiam de Essill.—A. E. 5*s.* N. E. 20*s.*—(Vide Aberdeen, Bamff, Berwick.) xiv. 300.

(71)   Nov. 15. 1638.
JACOBUS MORAVIÆ COMES, Dominus Doun et Abernethie, *hæres* Jacobi Moraviæ Comitis, Domini Doun et Abernethie, *patris,*—in terris, dominio et comitatu de Morray comprehendentibus terras de Easter Byn et terras bruerias earundem, Kingorthe, Little Tearye, Forrestoun de Darneway, Kinteasok, Meikle Tearye, Barkly, piscariam de Slewpuile, Wester Dunduff, Eister Dunduff, Cairnecroft, Mundoill, Bennageich, Balnaferne, Knokeatnoche, Logyhauch, Auchindair, Tarress, terras bruerias earundem, Meikle et Little Brunquheillis, Craigtoun cum molendino, Logy Urvell, Presley, Drumyn, Newlandis de Monachtie, terras bruerias de Eister Alwes, Brewhouse de Wester Alwes, Brewhous de Argye, Brewhous de Kintraye, Greivshippe de Forres ;—9 croftas terrarum de Elgin, Greivshippe de Elgin ;—terras de Peddisfeild Darneway nuncupatas ;—Maynis cum Whytmyre, Gairdneriscroft, et croftam post Pomarium, Cannokewle, Smythisland, Newton, Rantrafuird, Stalketiscroft, Cowperis-croft, Rives, Inchetelle, Monachtie, Eister Alwes, Wester Alwes, Argye, Kintraye, Brewland, Blakhillis, Reidhall, Styme, Flewris, cum salmonum piscariis de Findorne, Spye, Slewpule, et Lossie, cum crofta de Darneway, Forrest, Park, et Shawis earundem ;—terras de Pittendreiche, et tertiam partem terrarum de Duffus, cum advocatione ecclesiarum ;—terras et dominium de Abernethie, cum burgis in baronia de Darneway, et Fischertoun de Pettie, unitas in comitatum de Murray, cum quibusdam aliis terris in Inverness et Fife.—A. E. 170*l.* 13*s.* 4*d.* N. E. 213*l.* 6*s.* 8*d.*—(Vide Inverness, Fife.) xiv. 263.

(72)   Oct. 10. 1639.
FRANCISCUS FORBES, *hæres* Arthuri Forbes de Erlismylne, *patris,*—in villa et terris de Thornhill et Milnfeild.—A. E. 20*s.* N. E. 4*l. taxatæ wardæ.*   xvi. 42.

(73)   Sep. 8. 1640.
MARGARETA DOUGLAS sponsa Magistri Joannis Ros de Leyis, *hæres* Jacobi Douglas de Pittindreiche, *fratris,*—in villa et terris vocatis The Maynis of Pittindreiche cum pendiculis, et specialiter tua seattis callit The Broomhillis, and tua Teill Cruikis, cum molendinis de Pittindreich, infra parochiam de Elgin.—E. 4*l. feudifirmæ.*   xvi. 43.

(74)   Sep. 8. 1640.
JOANNES HAY, *hæres* Davidis Hay de Lochloy, *avi,*—in tertia parte villæ et terrarum de Keame, infra baroniam de Duffus.—E. 40*s.*   xvii. 201.

(75)   Nov. 20. 1640.
ROBERTUS DUNBAR de Burgie, *hæres* Roberti Dunbar de Burgie, *patris,*—in villa et terris de Kilflet, infra dominium de Kinlos :—solari dimidietate villarum et terrarum de Burgie, Boigharberie, et Laurancestoun ;—umbrali dimidietate villarum et terrarum de Burgie, Boigharberie, et Laurentstoun, unitis in tenandriam de Burgie.—E. 42*l.* 6*d. feudifirmæ.*   xvi. 171.

(76)   Jan. 29. 1641.
MAGISTER GULIELMUS LESLIE de Akinway, *hæres* Joannis Leslie de Akinway, *patris,*—in villa et terris de Wester Quhytwray cum molendino de Langmorgane, infra comitatum Moraviæ :—E. 3*l. taxatæ wardæ* :—terris de Friefeild cum salmonum piscariis super aqua de Spey et molendino desuper constructo, infra parochiam de Dundurcus et regalitatem de Kinlos.—E. 7*l.*   xvii. 249.

(77)   Mar. 25. 1641.
MAGISTER ALEXANDER DUMBAR, *hæres* Magistri Gavini Dumbar cantoris Moraviæ, *patris,*—in villa et terris de Windyhillis, infra dominium de Kinlos et parochiam de Alves.—E. 14*l.* 16*s.*   xvi. 132.

(78)   Feb. 25. 1642.
GEORGIUS HATMAKER, *hæres* Jacobi Hatmaker portionarii de Coutfauld, *patris,*—in octava parte terrarum de Coutfauld, infra baroniam de Kinlos et regalitatem ejusdem.—E. 6 *firlotæ farinæ,* &c. *feudifirmæ.*   xvii. 120.

(79)   Apr. 27. 1642.
JOANNES COMES DE ROTHES, Dominus Leslie, &c. *hæres* Joannis Comitis de Rothes, Domini Lesslie, &c. *patris,*—in terris de Dandaleith Eister et Wester cum salmonum piscariis, infra parochiam de Rothes et regalitatem de Spynie.—E. 23*m.*—(Vide Aberdeen, Forfar.)   xvi. 252.

(80)   Apr. 27. 1642.
JOANNES COMES DE ROTHES, Dominus Leslie, &c. *hæres* Joannis Comitis de Rothes, Domini Leslie, &c. *patris,*—in terris et baronia de Rothes, cum advocatione ecclesiæ de Rothes et capellaniæ infra castrum de Rothes, cum piscariis super aqua de Spey ;—terris dominicalibus de Rothes, molendino et croftis ejusdem ;—terris de Blakburne et Smyddie croft ;—terris de Cassilhill ;—terris de Forrest de Torrakie (vel Torbakie) ;—terris de Pittagartie Ovir et Nathir ;—terris de Auchinhortie, et dimidietate de Glen Eister et Wester ;—terris de Ballinbrothie ;—terris de Mildaries Easter et Wester, cum castro et Ailhouse ;—terris de Agnye ;—terris de Eschebullok ;—terris de Fishertoun ;—terris de Eleis ;—terris de Ardochie ;—terris de Robsillie ;—terris de Burnetaks ;—terris de Braichanay ;—terris de Arcany ;—terris de Kindillie ;—terris de Blairlochie ;—terris de Lenthillie Eister et Wester ;—terris de Urtane Eister et Wester ;—terris de Pitoragie (vel Pitragie) ;—terris de Brig ;—terris de Newtoun ;—terris de Blakhall ;—terris de Quhytclais, cum quibusdam aliis terris in Aberdeen et Inverness, unitis in baroniam de Ballinbreich.—A. E. 14*l.* N. E. 42*l.*—(Vide Perth, Forfar, Kincardine, Fife, Aberdeen, Inverness.) xvi. 258.

(81)   Jun. 1. 1643.
PATRICIUS DUNBAR, *hæres* Patricii Dunbar de Wastertoun, *patris,*—in villa et terris de Wastertoun, infra dominium de Pluscarden et regalitatem ejusdem.—E. 4*l.* 12*s.* 8½*d.* &c. *feudifirmæ.*   xvii. 199.

(82)   Jun. 1. 1643.
ROBERTUS DUNBAR, *hæres* Roberti Dunbar de Burgie, *patris,*—in villa et terris vocatis the Bischope Mylne alias the Mylntoun of Bischopmylne:—E. 6*s.* &c. *feudifirmæ* :—4 domibus vocatis the Four Coit Houses in dicta villa jacentibus :—E. 12*s.* &c. *feudifirmæ* :—brasina :—E. 13*s.* 4*d.* &c. *feudifirmæ* :—terris vocatis the Aikeris alias Brewlands :—E. 20*s.* &c.—terris de Pettinkirk :—E. 10*s.*—molendino granario de Bischopmylne :—E. 4*l.* &c. *feudifirmæ* :—infra baroniam de Spynie et regalitatem ejusdem ;—terris de Colliscruikis et Newlandheads et acris earundem, infra baroniam de Kinloss, et regalitatem ejusdem.—E. 33*l.* 4*d.* &c. *feudifirmæ.*   xvii. 202.

(83)   Apr. 18. 1644.
MAGISTER THOMAS RIG de Athernie, *hæres* Gulielmi Rig de Athernie, *patris,*—in tenemento infra burgum de Elgin.—E. 6*s.* 4*d.*—(Vide Stirling, Ross et Cromartie, Fife, Edinburgh.)   xvii. 265.

(84)   Jul. 25. 1644.
NINIANUS DUMBAR, *hæres* Marci Dumbar de Granghill, *patris,*—in terris de Friercroft de Kinteseke, infra parochiam de Dyke.—E. 10*s.* &c. *feudifirmæ.*   xviii. 150.

(85)   Jun. 12. 1646.
GEORGIUS DOMINUS SPYNIE, *hæres masculus* Alexandri Domini Spynie, *patris,*—in jure patronatus ecclesiarum parochialium de Aulderne et Nairne ;—ecclesiarum de Alves et Langbryd ad precentoriam de Murray perprius pertinentium ;—ecclesiarum de Kinedwart et Essill (vel Essie) perprius ad Thesaurariam de Murray pertinentium ;—ecclesiarum de Kirkmichaell, Innerawin, Knokando, Urquhart, et Glenmoriestoun perprius ad Cancellariam de Murray pertinentium ;—ecclesiarum de Forres et Edinkeilzie perprius ad Archidiaconatum de Murray pertinentium ;—ecclesiæ de Dolles et vicariæ de Aulderne perprius ad Subdiaconatum de Murray pertinentium ;—ecclesiarum de Rafforth et Ardclaith perprius ad Succentorem de Murray pertinentium ;—ecclesiarum parochialium rectoriarum et vicariarum de Bonoch, Aberlour, Skirdustaine, Advy, Cromdaill, Dippill, Ruthven, Innerkeithny, Lundichtie, Nuloy (vel Moy), Spynie, Kingousie, Croy et Moy, Duthill, Unthank vocatæ capellaniam de Duffus, Bolleskyne, Kinness (vel Kinneff), Dumbennan, Botarie, Elchies, Glas, Essie, Kincardine, et Duffus; —ecclesiarum communium de Alteralloway, Braavene, Farneway, Lagane, Abernethie, Ardintullie, et Birnethie, rectoriarum et vicariarum ecclesiarum suprascriptarum, infra vicecomitatus de Elgin et Forres, Nairn, Inverness respective.—A. E. 10*s.* N. E. 40*s.*—(Vide Aberdeen, Forfar, Perth, Nairne, Inverness.)   xix. 50.

(86)   Oct. 27. 1646.
ROBERTUS DUMBAR de Burgie, *hæres talliæ* Alexandri Dumbar de Westfield novissimi vicecomitis de Murray, *pronepotis amitæ,*—in officio vicecomitis de Elgin et Forres ;—turre et maneriei loco de Forres vocata Castellhill de Forres.—A. E. 3*s.* 4*d.* N. E. 10*s.*   xviii. 294.

(87)   Nov. 17. 1646.
THOMAS COMES DE ELGIN, *hæres masculus* Edwardi Domini Bruce de Kinlos, *fratris germani,*—in terris, dominio, et baronia de Kinlos comprehendente terras perprius spectantes ad abbaciam de Kinloss, et inter alia, villam de Kinlos et terras occupatas per inhabitantes ejusdem ; viz. Saracruik, Mylnecruik, Frier-

B

cruik, Wodland, Sclaitterland, Ewingiscruik, Langaiker, Porter-cruik, Smythland, acras terrarum circa jacentes;—Eistwode;—acras de Killand;—terras dominicales vulgo Maynes de Kinlos;—terras de Mewrtoun et acras earundem;—villam et terras de Coltfald, Hempriges, Haltoun, Langcoatt, Eister et Wester Windiehillis, Eist Grange cum molendino earundem, Litle Ernsyd, Newtoun, Winderlaw, Strutheris, Kilbuiak, Nether Ruiffeis, Kilflett, Boigharberrie, Lowrencetoun, Colleyiscruiks et acras earundem, Newlandheidis, Inschdemmy, Wastgrange cum molendino, Tannachies, Ailhoustak, Wards, Milnmeadow, Litlemedow, Blakstob, et Newlandis earundem;—3 acras terrarum de Killend, Park, et Parkland;—villam de Findorne cum salmonum piscaria super aquam de Findorne, Ordeis, Frieland;—terras de Nairne;—terras de Elgin;—annuos redditus de Dundurcus;—villas de Innernes et Forres, infra baroniam de Kinlos;—Monasterio et Abbaciæ loco de Kinlos, cum decimis, &c. ecclesiarum et parochiarum de Allane et Awache et capellaniarum de Cassiltoun, Bennethfeild, Hawldaich, et Killin;—omnibus unitis in dominium et baroniam de Kinlos, cum aliis terris in Bamff, Aberdeen, et Inverness.—A. E. 100m. N. E. 300m.—(Vide Bamf, Aberdeen, Inverness.)   xix. 16.

(88)   Jan. 28. 1648.

WILLIELMUS GRANT in Pitcroy, *hæres* Joannis Grant in Cardelis, *patris*,—in villa et terris dominicalibus de Cardellis, cum piscationibus vocatis Streamfisheins, Currachefisheins, et Wairdfisheins super aqua de Spey;—terris vocatis the Bishopiscroft de Petcroy, in baronia de Petcroy et parochia de Knokandoche.—E. 10l. *feudifirmæ*.   xx. 65.

(89)   Feb. 18. 1648.

WILLIELMUS RICHARTSONE in Inschkeill, *hæres* Alexandri Richartsone ministri apud Dollace fratris legitimi Willielmi Richartsone, *patris*,—in villa et terris de Rininel, infra baroniam et parochiam de Dollace.—A. E. ...... N. E. 2m.   xx. 60.

(90)   Mar. 24. 1648.

PATRICIUS STEWART, *hæres* Gulielmi Stewart apud inferiorem cymbam apud aquam de Spey, *patris*,—in dimidietate villæ et terrarum de Balnacoull vocata Moscadloche, et parte villæ et terrarum de Readhall, cum partibus villæ et terrarum de Readhall nuncupatis Todhoillis, Hardleyis, et Craigheid, infra parochiam de Eskill;—molendino de Cowfuird infra baroniam de Urquhart, cum astrictis multuris terrarum de Croftis, Balnacoull, Readhall, Stynie, et Newtoun, in parochia de Eskill.—E. 10l.   xix. 296.

(91)   Aug. 9. 1650.

ARCHIBALD GEDDES, *heir* of Andro Geddes of Essill, *his father*,—in the tounes and lands of Dalginsche and Insh of Cardine, with the fishing of salmound upon the water of Spey, in the barony of Barmuckattie:—E. 30s.—the lands of Eister Urtane alias Litle Urtane with the Bruerie, Brewcroft, and Brew-stedding, that part of the lands of Wester Urtane called Boigheid, and 4 aikers of arrable land lyand contigue to the lands of Wester Urtane, with pairt of the sward gars, which is a pertinent belonging to the said 4 aikers, all within the lordship of Rothes and parochin of Dundurcus.—E. 3l. 12s. *of feu duty*.   xxi. 40.

(92)   Jul. 31. 1652.

ALEXANDER INNES, *heir* of William Innes of Dippill, *his father*,—in the toun and lands of Kirktoun of Dippill, within the parochin of Dippill.—E. 6l. 16s. 5¼d. *of feu farm.*   xxi. 55.

(93)   Oct. 28. 1652.

ROBERT CUMING of Altar, *heir* of James Cuming of Altar, *his father*,—in the lands and barronie of Alter, to wit, the lands of Haltoun with the milne;—the lands of Corstoun, Wilbeigstoun, Stronaveich, Lochnavandoch, and Litle Phorpe, with the office of forrestrie of Drumynd;—the lands and barronie of Dollas, to witt, the Maines of Dollas, Eddinvaill, Rymmor, Auchnese, Blackhills, Bellivraot, Leonach, and Torchastell:—E. 50l.—the lands of Meikle and Litle Branchells with the milne:—E. 7l. 6s. 8d.—the lands of Logie, Ardoch, Presley, and Drumynd, with commone pasturage in the forrest of Droumynd, within the earldome of Murray:—E. 6l. 13s. 8d. &c. and 19s. 4d. in augmentatioun, *of feu farm*:—the lands of Tullidiwie, milne and fishing, within the lordship of Urquhart:—E. 10m. *of feu farm*:—the toun and lands of Kirktoun of Alter, within the barronie of Raffert and regalitie of Spynnie:—E. 10l. *of feu farm*:—the toune and lands of Logie, Gownie, Ardorie, Lyne, Dollasbrachtie, Clunernie, with the fishing upon the water of Findorne, within the regallitie forsaid.—E. 28l. *of feu farm*.   xxi. 95.

(94)   Jan. 26. 1653.

ANDREW GEDDES, *heir* of John Geddes of Scotstoun, *his father*,—in the toun and lands of Scotstounhill, within the parochin of St. Androis.—E. 20s.   xxi. 106.

(95)   Jun. 28. 1653.

ALEXANDER ERLE OF MURRAY, *heir* of James Erle of Murray, Lord Doun and Abernethie, *his father*,—in the lordship and erledome of Murray comprehending the lands of Eister Byn and Brewlandis, Kingorthe, Litle Tearie;—the forrest of Darnoway, Kintessock, Meikle Tearie, Barley;—the fishing of Slewpoole, Wester Dunduff, Eister Dunduff, Cairncroft, Carmouniscroft, Nundoill (Mundoill?), Bennageith, Bennaferrie, Knokeachnoch, Loggie, Hauch, Auchindeor, Tarress, the Brewlandis therof, Meikle and Litle Brumquhilles, Craigtoun, with the miln, Logietorvell (Logie Urwell?), Presley, Drumyne;—the Newlandis of Manachtie;—the brewlandis of Eister Alves;—the brewlandis of Wester Alves;—the brewlandis of Ardgay;—the brewlandis of Kintray;—the greiveship of Forres;—the 9 crofts of land of Elgin;—the greiveship of Elgin;—the landis of Peddisfeild;—Darnoway callit the Mynes, with the Whytmyre, Gairdeneris-croft, and croft behind the Orchyeard;—Connokewle, the Smithsland, Newtoun, Rantrayford, Stalkeriscroft, Cooperiscroft, Ruvies, Inshtellie, Mannachtie, Eister Alves, Wester Alves, Ardgay, Kintray, Brewlandis, Blakhilles, Reidhill (or Reidhall), Stynnefleures (Styme, Fleures?) with the salmound fishingis of Findorne, Spey, Slewpoole, and Lossie, the croft of Darnoway, the forrest park and sheaues therof;—the landis of Pittindreich, and thrid pairt of the landis of Duffus, with advocatioun of kirkis;—the landis and lordship of Abernethie, the burgh of barony of Darnoway, with other lands in Inverness and Perth erected into the erledome of Murray:—O. E. 170l. 13s. 4d. N. E. 213l. 6s. 8d. *of taxed ward duties*:—the landis called Harperland :—E. 20s. &c.—the lands of Myresyd :—E. 8l. &c.—the lands of Baxterland in Myresyd:—E. 20s. &c.—the fishing in the water of Lossie:—E. *ane barrell of grilshes, or* 40s. *and* 24 *dry trouts, or* 4d. *for the piece thereof* :—the toun and lands of Auld Brochty (Auld Droughty?), within the barony of Spyny:—E. 4l. 13s. 4d. &c.—the lands of Kinnedder, with the corne milne and cuningar :—E. 8l. &c.—the meidow of Kinnedder:—E. 10s. &c.—the yeard and palace roumes with the port called Scotisfauld, and takfishes of Darnhill and Laussie perteining to the landis of Newtoun:—E. 8s. &c.—the landis of Aikinheid:—E. 3 *chalderis beir*, &c.—the Brewhous of Aikinheid, within the barony of Kinnedder:—E. 20s. &c.—the landis of Hiltoun of Bairneth, with the Ailhous :—E. 13l. 6s. 8d. &c.—the Smiddiecroft of Birneth:—E. 24 *horse shoone and nails therto, or* 8s. *therefor* :—the lands of Nether Burneth:—E. 13l. 6s. 8d. &c.—the Brewhous of Hiltoun of Birneth:—E. 13s. 4d. &c.—the Kirktoun of Rothes:—E. 26s. 8d. &c.—the Brewhous of Rothes: —E. 8s. &c.—the milne of Birneth and multuris of the barony of Burneth:—E. 13s. 4d. &c.—the landis of Meikle Innerlochtie :—E. 13l. 6s. 8d. &c.—the milne of Litle Innerlochtie, without the astricted multuris :—E. 13s. 4d. &c.—the landis of Litle Innerlochtie :—E. 6l. 13s. 4d. &c.—the walkmylne of Litle Innerlochtie :—E. 53s. 4d.—the landis of Whytfeild :—E. 6l. 8s. 8d. &c.—the lands of Goodloch (or Geeloch) :—E. 3l. 6s. 8d. &c.— The lands of Eister Tillibardin :—E. 3l. 6s. 8d. &c.—the landis of Midle Tillibardin :—E. 5l. 6s. 8d. &c.—the landis of Glenlatrochie (or Glentrochie) :—E. 26s. 8d. &c.—the landis Cunzeoche :—E. 20s. &c.—the landis of Blairnhall :—E. 40s. &c.—all within the barony of Birneth;—the landis of Clune within the barony of Ranfert :—E. 5l. &c.—the landis of Kirktoune of Kinmoir :—E. 10l. 16s. 4d. &c.—the Brewhous therof :—E. 40s. &c. and 20m. *in augmentatioun of the above landis holden of the late bishops of Murray, of feu farm duties*.—(See Inverness, Perth, Fife.)   xxi. 263.

(96)   Jan. 1. 1654.

ROBERT DUNBAR, *heir* of Thomas Dunbar of Westfeild, *his father*,—in the half of the toun and lands of Westfeild;—the office of Shereffshipe of the sherefdome of Elgine and Forres, with the tower and manour place called the Castlehill of Forres, with other lands in Nairn.—O. E. 3s. 4d. N. E. 10s.—(See Nairn.) xxi. 261.

(97)   Jan. 5. 1654.

ALEXANDER DOUGLAS of Spyny, *heir* of Master Alexander Douglas somtyme bishop of Murray, *his father*,—in that peece of land called the Borrowbriggs.—E. 12d. *Sterling*.   xxi. 287.

(98)   Jan. 24. 1654.

GILBERT ROBERTSONE, *heir* of William Robertsone younger burges of Inverness, *his father*,—in the halfe of the Davoche land of Dutthell;—the halfe of the toune and lands of Eister, Wester, and Over Tullichrudan;—the halfe of Nether Dawach-Logie extending to three plowes of land of old extent;—the half of Kenvachie-Tippill;—the half of the toune and lands of Over and Nether Davachcairne extending to thrie plews of land of old extent;—the half of Davachmannayie extending to thrie plews land of old extent;—halfe of the toune and lands of Ochterblair and Car extending to thrie plews of old extent, with the half of the milne of Erriedinollie, within the lordship of Glenchormich, and parish of Duchell.—E. 1d. *of blench duty*.   xxiii. 27.

(99)   Apr. 19. 1654.
JOHN PHINISTER in Petgownie, *heir* of Thomas Phinister portioner of Pitgounie, *his father*,—in ane aughtein pairt of the toune and lands of Petgounie, within the barroney of Kilmaldunock.—E. 9s.   xxiii. 113.

(100)   Apr. 27. 1654.
ROBERT CUMYNG of Alter, *heir* of James Cumyng of Alter, *his father*,—in the Haltoune of Alter, kirklands and barronie thairoff and the milne ;—the lands of Corstoune, Urlebegstoune, Stroniveiche, Lochnochandoche and the Litle Phorpe.—E. 10l. of *feu farm*.   xxi. 339.

(101)   Apr. 27. 1654.
MR. JOHN CAMPBELL of Moy shereffclerk of Aberdene, *heir* of John Campbell of Moy, *his guidser*,—in the Eister tua parcialls of land callit the Kirklands of Moy ;—ane peice of land callit Bishopes Aiker, within the regalitie of Spanne and parochin of Moy.—E. 9s. 4d.   xxiii. 21.

(102)   Dec. 22. 1654.
WILLIAM CUMING, *heir* of Alexander Cuming of Kinchudrie, *his father*,—in the towne and lands of Kinchurdie ;—salmond fishings one the water of Spey and milne, within the barony of Strathspey and regalitie of Spynie.—E. 4l. 17s. 4d.   xxii. 10.

(103)   Jan. 24. 1655.
SIR GEORGE MACKEINZIE of Tarbit knight baronet, *heir male* of Sir George Mackeinzie of Tarbit knight baronet; *his father*,—in 39½ aikers of land in the lordship of Kynloss :—E. 31m. 3s. 4d. *of feu duty* :—the towne and lands of Muirtoun :—E. 10 *bolls 10 pecks bear*, &c.—17½ aikers of land of Morescruike, with the wood callit Athiswood :—E. 20 *bolls bear*, &c.—that peace of land callit the Leys or Greine :—E. 12l. 8s. 10d.—the salmond fishings of the Zairs upon the water of Findhorne, viz. Mekellzair, Midellzair, and Cultyre, with the buss and wood callit the Damwood, Westwood, Athiswood :—E. 53l. 6s. 8d. &c.—the toun and lands of Blakstobs and Newlands extending to 4 aikers of land, and 3 aikers callit the Killand :—E. 16 *bolls of bear*, &c. —the towne and lands of Findhorne with houses, crofts called the Craw, and ferryboat, and fishing, in the lordship of Kynloss, and pasturage :—E. 22m.—the toun and lands of Langcot :—E. 10m. *of feu duty* :—the towne and lands of Hattoune (or Haltoun) in the lordship and barony of Kinloss :—E. 60 *bolls victuall*, &c. *of feu duty* :—ane tenement with ane aiker of land in the barony of Kynloss :—E. 15s.—6 aikers of land callit Salrascruik (or Sellarcruik), Mylnecruike and Sikutterland (or Sklaitterland) :— E. 7 *bolls bear*, &c.—the fourth part of the Ailhous-tak and Woodland :—E. 3 *bolls bear*, &c.—ane aiker of land callit the Whiteaiker in the Westwoodland, all in the barony and regalite of Kynloss :—E. 10s.—a house in the towne of Kynloss ;—ane aiker of land in that field callit Killend, lyand as above :—E. 13s. 4d.—ane tenement of land lyand as above :—E. 40d.—5 aikers of land on the Eist part of Danysbuss lyand as above :—E. 6 *bolls victuall*, &c.—4 aikers of land as above :—E. 33s. 4d.—3 aikers of land in Woodland ;—6 aikers of land in Cellarcruike, Mylnecruike, and Sklaitterland :—E. 12 *bolls bear*, &c.—a little house and yard :—E. 6s. 8d. &c.—ane aiker of land contigue with the medow of the mylnes :—E. 10s.—Friercruike lyand as above :—E. 3s. 4d. &c.—the lands and barrony of Pluscardene, viz. the towne and lands of Auchtertyre ;—the towne and lands of Crocely ;— the towne and lands of Frostersait ;—the towne and lands of Inschesarnoch ;—the towne and lands of Inschellan ;—the towne and lands of Torhead ;—the towne and lands of Barnehill ;—the towne and lands of Overtoun ;—the towne and lands of Eistertoun ;—the towne and lands of Readdowie ;—the towne and lands of Deholl ;—the towne and lands of Neather Byres ;—the townes and lands of Eister and Wester Hills ;—the towne and lands of Whyttree ;—the towne and lands of Druikinghill, all lyand in the Glen of Pluscarden :—E. 120l.—a great tenement in Elgin :—E. 9s. 4d.—these lands callit Lepperlands within territory of Elgin : —E. 3l.—the Auld mylnes of Elgin :—E. ....—the lands of Levanshauch with right of patronages of kirks, &c.—E. 40s.—(Vide Inverness, Ross, Fife.)   xxii. 16.

(104)   Sep. 28. 1655.
GEORGE ERLE OF WINTOUN, &c. *heir* of George Erle of Wintoun, Lord Seatoun, Winsbrugh, and Tranent, &c. *his gudsir*, —in the landis of Leucharis :—E. 6l. 13s. 4d. *of feu duty* :—the lands of Mestis, within the parochin of Urquhart.—E. 12l. *of feu duty*.—(See Banff.)   xxiii. 205.

(105)   Dec. 7. 1655.
ALEXANDER SUTHERLAND of Torbo, *heir* of Johne Sutherland of Easter and Wester Kelless, *his brother germane*,—in the lands of Eister and Wester Kelless, and lands of Corcoponich

callit the Frie, within the regalitie of Spynie and parochins of Elgin and Dollas respectively.—E. 16l. 6s. 2¼d. &c. *of feu duties*.   xxiv. 27.

(106)   Dec. 28. 1655.
MR. JOHNE DOWGLAS, *heir* of Mr. Gawin Dowglas of Murraistoun, *his father*,—in the halfe davachie of land of Middilhauche alias Murraistoun, within the baronie and regalitie of Spynie.—E. 16s.   xxii. 143.

(107)   Jul. 18. 1656.
PATRICK DUNBAR of Blairie, *heir* of Patrick Dunbar of Blairie, *his guidser*,—in the towne and lands of Tulloch and Curboye, with the superioritie therof, and pasturing upon the Drume of Pluscarden ;—the forrestrie of Tulloch and office of forrester of the samene, within the barony of Sanquhair.—O. E. 50s. N. E. 10l.   xxiv. 33.

(108)   Sep. 25. 1656.
WILLIAM GRANT of Tulloch, *heir* of Patrick Grant of Wester Tulloch, *his guidser*,—in the davach lands of Tullochcruben, within the lordship of Glencharnich, in warrandice of the lands of Wester Tulloch in the county of Inverness.—O. E. 20s. N. E. 4l. —(See Inverness.)   xxiv. 64.

(109)   Oct. 3. 1656.
THOMAS DUMBAR of Graing, *heir* of Alexander Dumbar of Graing, *his father*,—in the lands of West Graing with the mylne, within the barroney of Kinlose :—E. 52m. and 2m. in augmentatioun, *of feu duty* :—the lands of Inchedinnie ;—the lands and aikers called Ailhoustak with the meadow, within the said barroney :—E. 4l. 3s. 4d. &c. *of feu duty* :—the advocatione of the deanrie of Murray comprehending the kirks of Auldearne and Nairne.—O. E. 40s. N. E. 8l.   xxiv. 254.

(110)   Feb. 13. 1657.
PATRICK CUMING, *heir* of Mr. William Cuming of Ernesyde, *his father*,—in the towne and lands of Ernesyde :—O. E. 40s. N. E. 8l.—the townes and lands of Inschwarrich or Inschberrie and Ellie, with the salmond fishing on the water of Spey :—O. E. 40s. N. E. 8l.—the towne lands of Ardiewhishe with the salmond fishing of the water of Spey callit the Coble, curroch and spear fishing :—O. E. 10s. N. E. 40s.—all within the barony of Barmuckatie ;—the townes and lands of Meikle Phorpe, within the barony of Raffen and regalitie of Spynie.—E. 10l. 5s. 6¼d. *of feu duty*.   xxiv. 125.

(111)   Jul. 16. 1661.
WILLIELMUS GRANT, *hæres* Joannis Grant de Lurg, *patris*; —in terris et davach terrarum de Claichaig, cum scheillings et grassings eisdem terris et davatæ spectantibus, nuncupatis Stronzeldie, Renaker, Ridirviclova, Badiechappell, Inschomich, Galdnahowin ;—multuris ejusdem davatæ ;—illa crofta terræ davatæ de Rottamoun vocata the Smiths Croft, in dominio de Abernethie et parochia ejusdem ;—5 octavis partibus davatæ terrarum de Rottamoun, et crofta terræ eidem davatæ pertinente, cum Scheilling vocata Altveir ;—6 bovatis terrarum davatæ de Lettoche vocatis the Ellen ;—4 bovatis terrarum de Drum ;—davata de Mucroch in Abernethie, cum multuris et decimis, in dominio de Abernethie, et parochia ejusdem.—E. ....   xxvi. 106.

(112)   Sep. 24. 1661.
HIERONIMUS SPENS, *hæres* Hieronimi Spens de Mylnetoun de Innerlochtie, *patris*,—in terris de Little Innerlochtie alias vocatis the Mylnetoun of Innerlochtie, cum molendino fullonis et cum molendino granario, infra regalitatem de Spynnie.—E. ....   xxvi. 329.

(113)   Feb. 14. 1662.
ROBERTUS GIBSONE de Linkwood, *hæres* Roberti Gibsone de Linkwoodes, *patris*,—in villis et terris de Linkwoodis Ovir et Nether comprehendentibus omnes 5 quintas partes earundem cum molendino ;—terris de Boigis, Glasgrein, Hill of Wood vulgo vocato Hillawood, in baronia de Barmukattie.—A. E. 4l. N. E. 16l.   xxvi. 123.

(114)   Aug. 28. 1662.
ANNA FORRESTER, *hæres* Willielmi Forrester sartoris burgensis burgi Vicicanonicorum, *patris*,—in villa et terris de Eister et Westir Fochaberis cum molendino ;—terris de Ardiranach (vel Ardmanach), infra baroniam et regalitatem de Urquhart, cum privilegio liberi burgi baroniæ, libero foro die hebdomadata aut die dominica et nundinis :—E. 13l. 6s. 8d. *feudifirmæ*—sexta parte villæ et terrarum de St. Androis-Kirktoun, cum annuo redditu 6l. de parte de St. Androis-Kirktoun nuncupata Gilmoirside, cum jure superioritatis ejusdem, in baronia de Kilmalmak :—A. E. 4l. N. E. 16l.—villa et terris de Cauldcoatts (vel Aulcoatts) :—E. 4l. *feudifirmæ* :—terris de Ogstoun et Plewlands, cum villa et molendino ejusdem, et privilegio nundinarum et fori de Kirktoun de Ogstoun, unitis in baroniam de Ogstoun :—A. E. 8l. N. E. 32l.—terris de

Dunkintie ;—terris de Meistes et Leisings, infra baroniam de ...., cum libertatibus in communiis de Cauldcoat-greins, in dicta baronia de Kilmalmack.—A. E. 40s. N. E. 8l.—(Vide Banf, Aberdeen, Inverness.)	xxxi. 123.

(115)	Nov. 12. 1662.
GEORGIUS MORIESONE de Baroch, *hæres* Georgii Moriesone præfecti de Aberdein, *patrui*,—in 2 decimis octavis partibus terræ de Greischipland de Elgin, cum pecia terræ communis pasturagii lie Grasland eisdem pertinente, infra dictas Greischiplands de Elgin;—warda maresia lie Moswaird infra wardas glebarias dicti burgi de Elgin, infra parochiam de Elgin;—2 tenementis terræ infra burgum de Elgin.—E. 8s. 4d. et 20s. in augmentationem, *feudifirmæ*.—(Vide Aberdeen, Kincardine.)	xxvii. 124.

(116)	Jul. 22. 1664.
CRISTINA ET ISSOBELLA DUMBARS, *hæredes portionariæ* Joannis Dumbar burgensis de Forres, *patris*,—in 2 rodis terrarum vocatis terris templariis Sancti Joannis, ex australi latere burgi de Forres.—E. 12d.	xxviii. 18.

(117)	Feb. 11. 1665.
LUDOVICUS GRANT de Frewchie, *hæres masculus* Jacobi Grant de Frewchie, *patris*,—in terris de Mulben ;—terris de Meikle Balnabruich :—A. E. 10m. N. E. 40m.—terris de Cardenie, Auldchaische, et Forgie :—A. E. 6m. N. E. 24m.—unitis in baroniam de Mulben ;—terris de Glencairnie et Bellnadalloch :—E. 7l. *feudifirmæ* :—terris de Knockandoch et Glencumrie pertinentibus ad capellam Sancti Andreæ alias Knockandoch, cum piscationibus super aqua de Spey, in baronia de Strathspey et regalitate de Spynie :—E. 9l. 6s. 8d. *feudifirmæ* :—terris de Broadland, pertinentibus ad dictam capellaniam alias callit Broadland fundatam infra ecclesiam cathedralem Moraviensem :—E. 9l. 6s. 8d. *feudifirmæ* :—advocatione Cancellariæ de Murray comprehendentis ecclesias de Kirkmichaell, Inneravin, Knockandach, Urquhart, et Glenmoriestoun, ac ecclesiarum parochialium de Cromdaill, Advie, Abernethy, Kinkardyne, et Dutholl, infra diocesim de Murray et vicecomitatus de Inverness, et Elgin et Forres respective, unitis ad terras de Eister Bunleod, infra baroniam de Urquhart.—E. 40l. 6s. 8d. *feudifirmæ*.—(Vide Inverness.)	xxviii. 81.

(118)	Nov. 22. 1665.
MAGISTER JACOBUS DUMBAR præco Evangelii Domini Nostri Jesu Christi apud Watten, *hæres* Georgii Dumbar filii Alexandri Dumbar de Bothe, *patrui*,—in manso Capellaniæ Divæ Catherinæ infra ecclesiam Moraviensem cathedralem fundatæ.—E. 13s. 4d. *feudifirmæ*.	xxviii. 223.

(119)	Apr. 3. 1666.
WILLIELMUS DUMBARE de Hemprigs, *hæres* Joannis Dumbar de Hemprigs, *patris*,—in terris de Burgie, Colliescruik, Kilflett, Bogharborie, Craighead, Berriemuires, Eister et Wester Lawrenstoune, Burnend de Tarres :—E. 42l. 6d.—terris de Ovir et Nethir Hemprigs cum decimis prædictarum terrarum :—E. 29l. 15s.—terris de Wastfeild et Inshagertie cum decimis, cum aliis terris in vicecomitatu de Nairne :—A. E. 20s. N. E. 4l.—terris de Bishopmylne infra regalitatem de Spynie.—E. 66l.—(Vide Nairn.)	xxviii. 337.

(120)	Maii 22. 1666.
ALEXANDER FALCONER portionarius de Coltfold, *hæres* Jacobi Falconer portionarii de Coltfold, *patris*,—in 4 octavis partibus villæ et terrarum de Coltfold, infra baroniam et regalitatem de Kinglosse.—E. 17l. 14s. 2d. *feudifirmæ*.	xxviii. 174.

(121)	Maii 25. 1666.
GEORGIUS CHALMER, *hæres* Walteri Chalmer filii Walteri Chalmer de Puttinseir, *fratris germani*,—in duodecima parte villæ et terrarum de Urquhart, cum illa parte vocata the Crooked Wood, in dominio de Urquhart.—E. 2l. 3s. 4d.	xxxii. 91.

(122)	Jun. 7. 1667.
ISSOBELLA ET HELENA DUNBARS, *hæredes portionariæ* Patricii Dumbar civis Sancti Andreæ, *patris*,—in parte orientali villæ et terrarum de Muirtoune vulgo nuncupata the Easthalf of the town and lands of Muirtoune, infra parochiam de Dyck.—A. E. .... N. E.	xxviii. 303.

(123)	Jul. 30. 1667.
THOMAS DUMBAR de Grange, *hæres* Alexandri Dumbar de Grange, *patris*, in 4 quintis partibus villæ et terrarum de Barmuckatie, cum molendino fullonum nuncupato Walkmylne, in baronia de Barmukatie ;—quinta parte dictæ villæ et terrarum de Barmukatie et Walkmylne ejusdem.—A. E. 9l. N. E. 12l.	xxviii. 334.

(124)	Jan. 16. 1668.
HELENA BROWN relicta Andreæ Melvill mercatoris burgi de Edinburgh, *hæres portionaria* Agnetæ Brown filiæ legitimæ Jacobi Broune chirurgi burgensis dicti burgi, *sororis*,—WILIELMUS MELVILL filius legitimus natu maximus Jacobi Melvill mercatoris burgensis dicti burgi, procreatus inter eum et Margaretam Broune;—ADAMUS GARDINE filius legitimus Adami Gardine chirurgi burgensis dicti burgi, procreatus inter eum et Susannam Broune, *hæredes portionariæ* dictæ Agnetæ Broun, *materteræ*,—in equali dimidietate villarum et terrarum de Burgie, Lawrenstoun et Colliescruik :—E. 21l. 3d.—equali dimidietate villæ et terrarum de Hemprigs :—E. 11l. 17s. 6d.—equali dimidietate villæ et terrarum de Bishopmylne.—E. 33l.	xxix. 5.

(125)	Jan. 16. 1668.
ADAMUS GARDINE junior filius Adami Gardine chirurgi burgensis de Edinburgh, *hæres* Susannæ Broune filiæ Jacobi Broun chirurgi burgensis dicti burgi, *matris*,—in equali dimidietate villarum et terrarum de Burgie, Lawrenstoun, et Colliescruik:—E. 21l. 3d.—equali dimidietate villæ et terrarum de Hemprigs :—E. 11l. 17s. 6d.—equali dimidietate villæ et terrarum de Bishopmylne.—E. 33l.	xxix. 7.

(126)	Jun. 17. 1670.
ALEXANDER GRANT in Calader, *hæres* Alexandri Grant aliquando in Westfield et postea de Dalnepott, *patris*,—in villa et terris de Dalnapott, Achmonie, Chappell-croft, et Smithie-croft, cum salmonum piscaria supra aquam de Spey, infra baroniam de Cardellis.—E. 50s. *feudifirmæ*.	xxx. 270.

(127)	Maii 17. 1672.
CATHARINA LESLIE sponsa Gulielmi Russell scribæ Edinburgi, *hæres* Alexandri Leslie scribæ signeto Regio, *patris*,—in terris de Scottistounhill.—E. 40s.	xxxi. 71.

(128)	Jun. 7. 1672.
ROBERTUS INNES de Muirtoun, *hæres* Domini Roberti Innes de Muirtoun, *patris*,—in 39½ acris terrarum nuncupatis dominicales terras de Kinloss ;—villa et terris de Muirtoune ;—17½ acris de Murrayscrook dictæ villæ et terris de Muirtoune contigue jacentibus ;—salmonum piscariis super aqua de Findhorne, viz. Meikle Yair, Midle Yaire, et Cultyre, cum domibus piscariis lie Fishhouses et Corffehouses ;—parkis et silvis nuncupatis Damwood, Westirwood, Ethieswood ;—silvis nuncupatis Park, cum parkis et hortis vocatis Lordsward, nova Warda et silvis ejusdem, Green Yaird, Sorvent et Cultyre, in parochia de Kinlois et regalitate ejusdem ;—villis et terris de Blackstobe cum Newlands, extendentibus ad 4 acras terrarum ;—terris vocatis Killandoun ;—villa et terris de Findhorne cum burgo et baronia ejusdem, schoir dewes, domibus, &c. nuncupatis lie Cruive ;—Whytfishings super mari, Mussill Scalpes et casualitatibus ejusdem, infra dominium de Kinlois :—E. 107l. 12s. 8d. *feudifirmæ* :—villa et terris de Longcoat, cum pecia terræ nuncupata Peashill, cum Park et Parklands, et 2½ acris terrarum infra dominium de Kinlois:—E. 10m. *feudifirmæ* :—tenemento terræ cum acra terræ prope jacente ;—6 acris terrarum in Salarascruike, Millcrooke, et Sklaitterland, cum quarteria brasinæ lie Ailhoustack et Woodland ;—acra terræ nuncupata Whytaiker in campo vocato Woodland, infra parochiam de Kinlos :—E. 5l. 4s. 4d. *feudifirmæ* :—hortis vel pomario nuncupato George Yeard in monasterio de Kinlois :—E. ....—4 acris terrarum jacentibus in Killand de Kinlois, et in campo terrarum vocato St. Johnwall :—E. 33s. 4d. *feudifirmæ* :—3 acris terrarum in Woodland ;—6 acris terrarum in Salarscruike, Milnecruik, et Sklaitersland:—E. 12 *bollæ* et 1 *pecca hordei*, *feudifirmæ* :—acra terræ jacente contigue cum prato molendinario :—E. 10s.—Friercruike :—E. 3s. 4d. et 2s. in augmentationem, *feudifirmæ* :—domibus possessis per Andream Baxter alias Ballonnie in villa de Kinlois;—acra terræ sibi pertinente in campo nuncupato Killand ;—5 acris terrarum ad Thomam Dick pertinentibus infra baroniam de Kinlois et regalitatem ejusdem :—E. 46s. 8d. *feudifirmæ* :—villa et terris de Haltoun, cum privilegio communitatis in monte de Burgie :—E. 60 *bollæ victualium*, &c. *feudifirmæ* :—villa et terris de Strutheris cum pecia novæ terræ adjacente :—E. 3 *bollæ* 3 *peccæ de rin-met bear*, &c. *feudifirmæ* :—villa et terris de Winderlawe, Crook, et Cowslandis, infra baroniam de Kinlois et regalitatem ejusdem :—E. 14l. *feudifirmæ* :—villa et terris de Newtoun de Kinlois, et terris de Gradoche, infra dominium et baroniam de Kinlois.—E. 9l. *feudifirmæ*.	xxxi. 78.

(129)	Oct. 11. 1672.
JOANNES MUIRSONE, *hæres* Patricii Muirsone burgensis de Elgin, *patris*,—in 4 rigis seu croftis terræ quæ ab antiquo pertinuerunt ad Capellaniam Divæ Catharinæ fundatam infra Cathedralem ecclesiam Moraviæ, infra territorium burgi de Elgin.—E. 10m.	xxxi. 109.

(130)	Oct. 11. 1672.
ROBERTUS INNES scriba Edinburgi, *hæres* Roberti Innes in Reidhall, *patris*,—in parte villæ et terrarum de Reidhall nuncupata the Maynes, infra parochiam de Essill.—A. E. .... N. E.	xxxi. 116.

(131)   Feb. 14. 1673.

DAVID FORBES, *hæres* Francisci Forbes de Thornehill, *patris*, —in villa et terris de Thornehill et Milnefeild.—A. E. 20s. N. E. 4l.   xxxi. 170.

(132)   Jun. 4. 1673.

ALEXANDER BRODIE de Lethin, *hæres* Alexandri Brodie de Lethin, *patris*,—in baronia et terris baroniæ de Lethin comprehendentibus terras dominicales lie Maynes de Lethin, cum molendino de Lethin ;—terras de Eister et Wester Arreck, Letgabarres, Milntoun, Newtoun, Auchavelgin ;—terras de Litle Stines cum molendino ejusdem ;—terras de Auchmoirres, Drumlochen ;— terras de Meikle Dulceis, Little Dulceis, Downcarne, Lyne, Tombauchlone et Colindoun, cum pastura in moris et maresiis de Breadschaw ;—salmonum piscationibus super aquis de Findhorne, lie Pottis et Poolles earundem nuncupatis Dowpooll, Camppooll, Poollcraggan, Pooletregane, Poollemoole, Poolleinsch, Pooleschot, Pooleunes, Poolquhinmay, et residuis dictæ aquæ de Findhorne pottis et pooles ;—forresta et curiis infra omnes bondas dictarum terrarum et baroniæ ;—advocatione beneficii Sacientarii (Sacristani?) de Murray comprehendente ecclesias parochiales de Raffart et Ardclach, alternatis vicibus cum domino de Spynie, infra diocesin de Murray et vicecomitatu de Elgin et Forres, et Nairne respective.—A. E. ...... N. E. 50l.—villis et terris de Eist Graynge et Litle Earnsyid, cum molendino de Eist Graynge, infra baroniam et regalitatem de Kinloss ;—villis et terris de Kilbuyack et Nather Ruiffes cum molendino, infra dictam baroniam et regalitatem, omnibus unitis in baroniam de Lethin ;—monasterio seu abbaciæ loco de Kinloss ;—salmonum piscariis et 5 stellis super aqua de Findhorne quæ ab antiquo ad dictum monasterium pertinuerunt, viz. Monkstell aut Vatterstell, Durstell, Cauldstell, et Overstell alias Eastell ;—residuo baroniæ de Kinloss ;—villa de Kinloss ;—decimis garbalibus ecclesiarum parochialium de Avach et Allag, cum advocatione dictarum ecclesiarum de Allag et Avach et capellaniarum de Casteltoun, Handach, et Killen ;—16 acris terrarum dictæ villæ et terrarum de Kinloss, cum prato nuncupato Litle Meadow vel Litlegreen apud Warkmanbridge ;—terris de Parkland ;—4 acris terrarum inter terras nuncupatas Sellercruik, Milnecruik, Freircruik, Woodland, Sclaitterland, Ewinscruik, Longaiker, et Portercruik, in dicta baronia et regalitate de Kinloss ;—feudifirmæ et albæfirmæ firmis lie few dewties, blenshe dewties, aliisque proficuis, censibus, firmis et annuis redditibus baroniæ et dominii de Kinloss, viz. de terris dominicalibus de Kinloss ;—acris terrarum circa Eistwood ;—acris de Killand ;—terris de Muirtoun et acris earundem ;—villa et terris de Cautfauld, Hemprigges, Haltoun, Eister et Wester Longcoatts, Windiehilles, West Graynge et molendino ejusdem, Newtoun, Windiebowes, Strutheris, Kilboghaugh, et Nethir Ruiffes, Kilflett, Burgie, Boigharvie, Laurentoun, Collerscrukes, et de acris earundem ;—Newlandhauch, Inchdemmie, Eistgraynge et molendino earundem, Tannachies, Allhoustack, Wards, Litlemeidow, Meiklemeidow, Blackstob, et Newlandis earundem ;—villa de Findhorne et salmonum piscariis super aqua de Findhorne, Ardeis, Firefeild ; —de terris de Moan ;—terris de Elgin ac annuis redditibus de Dundurnus, et de villis de Invernes et Forres, infra dictam baroniam et vicecomitatus de Nairn, Elgin et Forres, et Invernes.—E. *totius dominii de Kinloss* 200l.—(Vide Nairn, Inverness, Bamf, Ross, Aberdeen.)   xxxi. 256.

(133)   Jul. 16. 1673.

FRANCISCUS BRODIE, *hæres* Joannis Brodie de Windiehilles, *patris*,—in villa et terris de Windiehilles, infra dominium de Kinlos et parochiam de Alves.—E. 15l. 16s. *feudifirmæ.* xxxi. 234.

(134)   Nov. 10. 1674.

JACOBUS DOMINUS DE DUFFUS, *hæres* Alexandri Domini de Duffus, *patris*,—in terris et baronia de Duffus cum advocatione ecclesiæ de Duffus et capellaniæ de Unthank ;—terris de Corrilwood, omnibus unitis cum aliis terris in Nairne in baroniam de Duffus :—A. E. 42l. 13s. 4d. N. E. 200m. *taxatæ wardæ* :—villa et terris de Saltcoattis et Holmes :—E. 6l.—tertia parte terrarum de Duffus ab antiquo per annexationem infra dominium de Innerugie et vicecomitatum de Banff, nunc infra vicecomitatum de Elgin et Forres, cum tertia vice patronatus ecclesiæ de Duffus, et cum advocatione omnium capellaniarum.—A. E. ...... N. E. 40m. *taxatæ wardæ.*—(Vide Nairne, Caithnes.) xxxii. 92.

(135)   Feb. 27. 1675.

THOMAS URQUHART de Burisyeards, *hæres* Joannis Urquhart de Burrisyeards, *patris*,—in terris de Burrisyeards, Halfehillbank, Litle Cruik, Meikle Cruik, et Wysemans aikers :—A. E. 20s. N. E. 4l.—villa et terris de Sanquhair :—A. E. 3l. N. E. 12l. —4 sex decem partibus piscationum aquæ dulcis de Findorne, cum pendiculo vocato the Halfelongpoole.—E. 5 *barrellæ salmonum.*   xxxii. 240.

(136)   Feb. 27. 1675.

THOMAS URQUHART de Burrisyeards, *hæres* Joannis Urquhart de Burrisyeards, *patris*,—in terris de Burrisyeards, Halfehillbank, Litle Cruik, et Meikle Cruik, et Wysemansaikers :— A. E. 20s. N. E. 4l.—villa et terris de Sanquhair :—A. E. 3l. N. E. 12l.—4 sex decem partibus piscationum dulcis aquæ de Findhorne, cum pendiculo vocato the Halflangpoole.—E. 5 *barrellæ salmonum.*   xxxii. 257.

(137)   Aug. 18. 1675.

DOMINA MARGARETA CUNNINGHAME unica filia Alexandri Comitis de Glencarne, inter ipsum et Dominam Nicolam Stewart ejus sponsam procreata, *hæres portionaria lineæ* Domini Willielmi Stewart de Strabrock militis, *patrui* (vel *avunculi*),—et DOMINA CATHARINA STEWART filia Domini Jacobi Stewart de Strabrock, Domini Cardros, *hæres portionaria lineæ* dicti Domini Willielmi Stewart de Strabrock militis, *fratris*,—in terris, dominio, et comitatu de Murray comprehendentibus terras de Easter Byne et Brewlands earundem, Kingarth, Litle Tearie, forrestam de Darnaway, Kintesack, Meikle Tearie, Barlie, piscationem de Slowpoole, Wester Dunduf, Easter Dunduff, Cairncroft, Carmonyscroft, Muldoll (vel Mundow), Bennageith, Bennaferre, Knocketnoch, Logiehauch, Auchindore ;—terras de Brewlands ejusdem, Meikle et Litle Broomwheils, Craigtoune cum molendino, multuris, brewlands, et croftis earundem, Logiewrvell (vel Logietorvell), Preslay, Drumyne, Newlands de Monachtie, Brewlands de Easter Alves et Wester Alves, Brewlands de Argay, Brewhouse de Kintray, lie Greiveship de Forres ;—9 croftas terræ in Elgine, Greiveship de Elgin ;—terras de Peddesfeild, Darnaway vocatas terras dominicales, cum Whytecroft, Whytemyre, Gardnerscroft, et crofta post pomarium, Carnmokeill vel Cannokeill, Smithslands, Newtoune, Rantanfoord, Stakerscroft, Cowperscroft, Ravennes, Inshtillie, Easter Alves, Wester Alves, Ardgay, Kintray, Brewlands, Blackhills, Reidhills, St. Tunnie, Flewres, cum salmonum piscariis de Findorne, Spey, Sleupool, et Lossie, cum crofta de Darraway, Forrest, Park, et Shawes ;—terras de Pettindreich et tertiam partem terrarum de Duffus, cum advocatione ecclesiarum ;—terris et dominio de Abernethie cum aliis terris in vicecomitatu de Inverness :—A. E. 170l. 13s. 4d. N. E. 213l. 6s. 8d. *taxatæ wardæ* :—terris vocatis Harperslands :—E. 20s. &c.— terris de Myresyde :—E. 8l. &c.—terris de Baxterslands in Myresyde :—E. 20s. &c.—piscationibus super aqua de Lossie :—E. 1 *barrell de Grilshes*, &c.—villa et terris de Auldrachtie in baronia de Spynie cum decimis :—E. 4l. 13s. 4d. &c.—terris de Kinneder cum molendino granorum de Kynnedder, et cum lie palaceroumes et portu vocato Scotsfauld haven :—E. 8l. &c.—prato de Kinnedder :—E. 10s.—horto de Kinnedder :—E. 8s. &c.—terris de Aikinhead :—E. 3 *lie chalders hordei*, &c.—Brewhouse de Aikinhead :— E. 20s. &c.—terris de Hiltoun de Burneith :—E. 13l. 6s. 8d. &c. —Alehouse de Hiltoun de Burneith :—E. 13s. 4d. &c.—Smiddiecroft de Hiltoun de Burneith :—E. 24 *calcei equini cum lie Nails vel 8s. pro eisdem* :—villa et terris de Nether Burneith :—E. 13l. 6s. 8d.—terris de Hiltoun (vel Kirkton) de Rothes :—E. 26s. 8d. &c.—Brewhouse de Hiltoun de Rothes :—E. 8s. &c.—molendino de Burneith cum astrictis multuris baroniæ de Burneith :—E. 13s. 4d. &c.—terris de Meikle Innerlauchtie :—E. 13l. 6s. 8d. &c.— molendino de Little Innerlauchtie :—E. 13s. 4d. &c.—terris de Litle Innerlauchtie :—E. 6l. 13s. 4d. &c.—molendino fullonis de Litle Innerlauchtie :—E. 53s. 4d. &c.—terris de Whytefeild :—E. 6l. 6s. 8d. &c.—terris de Gedloch :—E. 3l. 6s. 8d. &c.—terris de Easter Tullibardine :—E. 3l. 6s. 8d. &c.—terris de Meikle Tullibardine :—E. 5l. 6s. 8d.—terris de Glenlatrochie (vel Glenatrachie) :—E. 26s. 8d. &c.—terris de Cunzeoch :—E. 20s. &c.— terris de Blairniehill (vel Blairhall) :—E. 40s. &c.—baronia de Burneith ;—terris de Clunie in dicta baronia :—E. 5l. &c.—terris de Kirktoun de Kinmore :—E. 10l. 16s. 4d. &c.—Brewhouse de Kirktoun de Kenmore.—E. 40s. &c. *feudifirmarum.*—(Vide Inverness, Perth, Fife.)   xxxii. 202.

(138)   Mar. 29. 1676.

DOMINUS ROBERTUS DUNBAR de Grange, *hæres* Marci Dunbar de Grangehill, *avi*,—in 2 sedecem partibus de 8 sedecem partibus piscationum recentis aquæ de Findhorne, infra regalitatem de Kinlos :—E. 2½ *barrellæ salmonum*, &c. *feudifirmæ* :—officio hæreditarii ballivatus et justiciariæ terrarum de Craigiehill, Buchtillie, cymbæ terrarum de Grangegrein, et molendini nuncupati Newmylne nunc the Mylne of Mizie, molendini de Grangegrein, piscationum de lie Feith Salmond fishings et Halflang Poole super dicta recenti aqua de Findhorne, et villarum et terrarum de Muretoune et Moye, infra dominium de Urquhart et regalitatem de Urquhart et Pluscarden.—A. E. 12d. N. E. 3s.   xxxiii. 13.

(139)   Mar. 29. 1676.

DOMINUS ROBERTUS DUNBAR de Grangehill, *hæres masculus lineæ* Niniani Dunbar de Grangehill, *patris*,—in terris vocatis the Frior croft of Kinsack (vel Kintessack), infra parochiam de

C

Dyck :—E. 10s. et 3s. 4d. in augmentationem :—terris dominicalibus de Grangehill :—E. 80m. feudifirmæ :—terris de Buchtillie tum cymba ;—terris de Grangegrein cum 4 quarteriis earundem ; —molendino de Moye alias vocato the Newmylne, et molendino de Grangegrein ;—terris de Muirtoune cum privilegio focalium, &c. in Logiemoss ;—piscationibus de lie Feyth salmond fishings, et salmonum piscariis de Halflang Poole super recenti aqua de Findhorne, in prioratu de Pluscarden, regalitate ejusdem, nunc regalitate de Urquhart.—E. 44m. 8s. 8d. feudifirmæ.   xxxiii. 15.

(140)   Aug. 15. 1677.
ALEXANDER TULLOCH de Tannachies, hæres masculus Alexandri Tulloch de Tannachies, avi paterni,—in villis et terris de Meikle et Litle Tannochies, Munkscuppat (vel Munkstippat), pratis, infra baroniam de Kinloss et regalitatem ejusdem .—E. 10l. 5s. 4d. feudifirmæ ;—terris de Logie cum pomario et communi pastura infra forrestam de Dunipace.—E. 10m. &c. feudifirmæ.   xxxiii. 221.

(141)   Aug. 15. 1677.
THOMAS KINAIRD de Calbin, hæres masculus Walteri Kinaird de Calbin, patris,—in terris de Calbin comprehendentibus partem terrarum et baroniæ de Calbin, lie Mayne de Calbyne nuncupatam; montem de Findorn, cymbam vulgo the Ferry Coble aquæ de Findorn, lie Muslescalp et salmonum piscaria eisdem pertinentibus, vulgariter the Stells of Calbyne nuncupatas, cum aliis piscariis ad dictas terras et baroniam de Calbyne spectantibus ;—terras de Makredden alias Mirritan ;—terras de Aikenheid alias Buchars, cum piscariis infra baroniam de Calbyne ;—reliquas terras terrarum et baroniæ de Calbyne ;—terras de Ryne nuncupatas alias Midlebyne ;—terras de Laik et Sandiefeild ;—terras de Dolaich alias Dilpotie cum molendino de Dilpote, multuris et sequelis terrarum et baroniæ de Calbyne, infra dictam baroniam de Calbyne :—A. E. 10l. N. E. 60 minæ ;—manso capellæ Sancti Niniani infra parochiam de Diser :—E. 10s. feudifirmæ :—omnibus unitis in baroniam de Calbyne ;—salmonum piscaria aquæ de Findorne vocata the Comon Stell, alias the Shaross (vel Sheroff) Stell, in occidentali latere dictæ aquæ de Findorne, infra parochiam de Dyke et regalitatem de Kinloss.—E. 5l. 16s. feudifirmæ.   xxxiii. 234.

(142)   Oct. 10. 1678.
ARCHIBALDUS DUNBAR, hæres Joannis Dunbar de Binns, patris,—in quarta parte villæ et terrarum de Nether Bins nuncupata Oldhouse ;—dimidio quartæ partis villæ et terrarum ejusdem et sedecima parte dictæ villæ et terrarum de Netherbins ;—dimidio occidentalis partis villæ et terrarum de Upperbins, infra baroniam de Urquhart et regalitatem ejusdem.—E. 21 bollæ hordei, &c.   xxxvii. 18.

(143)   Dec. 12. 1679.
JACOBUS CHALMER de Pittinsir, hæres Walteri Chalmer de Pittinsir, patris,—in villa et terris de Clackmarres cum decimis garbalibus, commone pasturage, &c. in parochia de Elgine.—E. 1d. albæ firmæ.   xxxv. 241.

(144)   Oct. 7. 1680.
JACOBUS BRODIE de Eodem, hæres masculus et lineæ Alexandri Brodie de Eodem, patris,—in terris et baronia de Brodie comprehendente terras dominicales de Brodie, maneriem de Brodie ; —villas et terris de Whytmyre et Dyck ;—villas et terras de Stedden, Muirehall, Gaitscrook, Newlands et molendinum fullonum de Brodie ;—terras de Dorkles, unitas ab antiquo in baroniam de Brodie infra parochiam de Dyck :—A. E. 10l. N. E. 40l.—villis et terris de Greishp et Broundescrook, in parochia de Fores, cum privilegio pasturagiorum in muire vocata the Pilmuire, cum privilegio in moris de Tarres et Moss de Blairie et Merkassie, et de Moris de Alter :—A. E. 4l. N. E. 16l. taxatæ wardæ :—villis et terris de Monachtie et Newlands, et terris de Reives, infra parochiam de Alves ;—unitis in baroniam de Monachtie.—A. E. 3l. 10s. N. E. 14l. taxatæ wardæ.   xxxv. 154.

(145)   Nov. 17. 1680.
THOMAS DUNBAR de Moy, hæres masculus Roberti Dunbar de Moy, patris,—in villis et terris feudifirmatis de Moy, infra dominium de Urquhart et baroniam de Farnen per annexationem.— E. 5l. 10s. 4d.   xxxvi. 16.

(146)   Maii 16. 1682.
MARGARETA COMITISSA DE HADINGTOUN, hæres talliæ et provisionis Joannis Ducis Rothusiæ, patris,—in terris et baronia de Rothes, cum jure patronatus ecclesiæ de Rothes et capellaniæ infra castrum de Rothes, et piscariis super aquam de Spey ; —terris dominicalibus de Rothes et molendino earundem ;—terris de Blackburne et Smiddie-croft, Cassilhill, Forrest de Torrakie, Pittagurtie Over et Nether, Auchinhortie et dimidietate terrarum de Glen Eister et Wester, Balinbreich, Milkdaries Eister et Wester, cum crofta et Ailhouslands de Agney alias Aikenway ;—terris de Oschiebullock, Fishertoune, Eleis, Ardochie, Robsilly, Burne-

---

tacks, Brachanny, Ardcanny, Kindillie, Blandlochy, Lenthillie Easter et Wester, Urtane Easter et Wester, Pitcraigie, Brig, Newtoune, Blackhall, Whiteclais, et Dundercus, cum quibusdam aliis terris in Aberdeen et Inverness :—A. E. 14l. N. E. 42l.—omnibus cum aliis terris in Fife, Perth, Kincardine, Forfar, Aberdeen, et Inverness, unitis in baroniam de Bambreich.—(Vide Fife, Perth, Kincardine, Forfar, Aberdeen, Inverness.)   xxxvi. 165.

(147)   Nov. 4. 1684.
ROBERTUS GIBSOUN de Linkwoods, hæres Roberti Gibsoun de Linkwoods, patris,—in villis et terris de Linkwoods Ovir et Nether, comprehendentibus 5 quintas partes earundem ;—villis et terris de Boigs, Glasgrein, Hill of Wood vulgo nuncupato Hillawood, in baronia de Barmucketie et vicecomitatu de Murray vocato Elgin et Forres.—A. E. 4l. N. E. 16l.   xxxvi. 339.

(148)   Dec. 18. 1685.
JOANNES GRANT de Bellanadalloch, hæres Georgii Grant de Kirdells, patrui,—in terris et baronia de Pitcroy (vel Piteroy) alias Cardell, viz. Delnapott, Smidiecroft, Piteroy, Cardellmoire, Cardellbeg, et Glenarder cum molendino apud Glengeldie ; —salmonum piscaria super aquam de Spey :—E. 20l. feudifirmæ :—crofta terrarum vulgo croft de Kirdells vocata, infra tenandriam de Finlarge et regalitatem de Spynie.—E. 2l. feudifirmæ.   xxxix. 5.

(149)   Jul. 27. 1686.
ALEXANDER DUNBAR de Westfeild, hæres masculus Roberti Dunbar de Westfeild vicecomitis de Elgine et Forres, patris,—in terris vocatis Hilles et Haynings :—E. 8 bollæ avenarum, albæ firmæ :—Castle, Castlehill, et Castlelands de Forres, cum officio vicecomitatus de Elgine et Forres, et custumis nundinarum burgi de Elgin vocatarum Sant Geils day :—A. E. 3s. 4d. N. E. 10s.— terris de Westfeild et Inshagertie infra parochiam de Spynie.— A. E. 2l. 10s. N. E. 10l.   xxxix. 178.

(150)   ....
JOANNES BRODIE de Windiehills, hæres Francisci Brodie de Windiehills, patris,—in villis et terris de Windiehills, infra dominium de Kinlosse et parochiam de Alves.—E. 15l. 16s. feudifirmæ.   xxxix. 353.

(151)   Maii 6. 1687.
COLINUS M'KENZIE de Pluscarden, hæres masculus Thomæ M'Kenzie de Pluscarden, patris,—in molendinis de Elgin vocatis molendinis de Maislowie (vel Weslowie, Maistowie ?) et Kingsmilne :—E. 50l. feudifirmæ :—manerie de Pluscarden ;—terris dominicalibus de Pluscarden ;—terris et baronia de Pluscarden comprehendente villam occidentalem lie Westertoun, Whitruff, Barnhill, Overtoun, Inshellen, Drinkinghill, Inshanoch, Corslyes, Croy, Achtertyre, Hills, Easter et Wester Readevie, Bellaloan, Aplyweird, cum molendino de Pluscarden :—E. 50l. feudifirmæ :—decimis dictarum terrarum et baroniæ de Pluscarden in villa lie Glen de Pluscarden, cum privilegio regalitatis infra omnes bondas earundem, omnibus unitis in baroniam et regalitatem de Pluscarden :—E. 20l. albæ firmæ :—terris de Loganshauch infra parochiam de Elgin.— E. 40s. feudifirmæ.   xl. 292.

(152)   Nov. 18. 1687.
JACOBUS CHALMERS clericus burgi de Elgine, hæres masculus provisionis Joannis Chalmers de Milntoun de Linkwood, patris,— in molendino de Nether Linkwood, cum multuris terrarum de Nether Linkwood, Over Linkwood, Boggs, Glasgroin, et Hillawood, cum communitate in mora de Barmuckatie, infra baroniam de Barmuckatie.—E. 30 bollæ victualium, feudifirmæ.   xl. 72.

(153)   Apr. 28. 1688.
ALEXANDER CUMING de Altyr, hæres masculus Roberti Cuming de Altyre, patris,—in terris et baronia de Altyre comprehendente terras et terras dominicales, &c. de Altyre, Bogstoun, Blairs, Knockhill, Lochnavandich, Stronavaich, Corstoun, Litle Phorpe, Craigroie, et Cotterstoun de Altyre, cum maneriei loco de Altyre et decimis parochiæ de Altyre, omnibus unitis in baroniam de Altyre.—A. E. 1l. 17s. 6d. N. E. 7l. 8s.   xl. 156.

(154)   Jul. 27. 1688.
JACOBUS ELEIS filius Jacobi Eleis scribæ in Edinburgo, hæres Katharinæ Leslie filiæ Alexandri Leslie scribæ signeto Regio, matris,—in terris de Scotstounhill infra parochiam de Saint Andrews. —A. E. 5s. N. E. 20s.   xl. 234.

(155)   Sep. 21. 1688.
DOMINUS ROBERTUS GORDOUN de Gordounstoun, hæres masculus Domini Lodovici Gordoun de Gordounstoun, patris,— in terris et baronia de Dallas comprehendente particulariter multuras et Miltoun de Dallas ;—villam et terras de Halton, Craigend, Blackhills, Torcastle, Toberbuie, Edinvil, Kinmor, Rimachie, Bel-

lavraide, Leonach, Succoch, Achnes, Bellachragan, et Alterhearnie, infra parochiam de Dallas:—A. E. 1l. 17s. 6d. N. E. 7l. 10s.—advocatione subdiaconatus Moraviensis comprehendente decimas parochiarum de Dallas et Auldearne, infra vicecomitatus de Murray et Nairne respective:—A. E. 1 rosa, N. E. 1d.—unitis in baroniam de Dallas. xl. 265.

(156) Jun. 27. 1690.
GULIELMUS DUGLAS de Egleshaw, hæres masculus Alexandri Douglas de Spynie, patris,—in villa et terris de Spynie cum Brasina et Crofta Brasinaria ejusdem;—portione terræ silvæ de Spynie, infra parochiam et regalitatem de Spynie.—E. 10l. feudifirmæ. xli. 216.

(157) Nov. 31. 1690.
JANETA FRAZER, filia Joannis Frazer aliquando fabri ferrarii burgensis de Inverness, procreata inter eum et Agnetam Gordoun, hæres portionaria Jacobi Gordon fabri murarii in Inverness, avi,—JANETA, MARGARETA, ET MARIA GORDOUNS, hære des portionariæ dicti Jacobi Gordoun, patris,—in annuo reditu 160l. correspondente 4000m. de villa et terris de Salterhill, pro principali, et de villa et terris de Ettils, in parochia de Kinnedder, in speciale warrantum dictarum terrarum.—E. 1d. xlii. 11.

(158) Feb. 13. 1691.
ALEXANDER CUMING de Altyr, patris,—in villis et terris de Kirktoun et Kirklands de Altyr, infra baroniam de Rafart et regalitatem de Spynie:—E. 10l.—villis et terris de Dallasbraghtie et Glenarnie, infra baroniam et regalitatem prædictas.—E. 14l. xlii. 167.

(159) Sep. 11. 1691.
WILIELMUS BAILIE mercator burgensis de Dundie, hæres masculus Wilielmi Bailie aliquando de Roshaugh, patrui,—in tenemento terræ cum horto communiter vocato mansionem de Unthank et Duffus, in Collegio de Elgine;—pecia terræ lie peice weast ground quæ est pars dictæ mansionis in dicto Collegio de Elgine.—E. 6s. 8d. feudifirmæ. xlii. 437.

(160) Oct. 15. 1691.
GEORGIUS BRODIE de Asklisk, hæres masculus Josephi Brodie de Asklisk, patris,—in terris de Asklisk et terris vocatis Drum de Pluscardin, cum hæreditario officio mari dictarum terrarum.—A. E. 30s. N. E. 6l. xlii. 216.

(161) Dec. 1. 1691.
JOANNES MARTINE, hæres Magistri Roberti Martine de Moriestoun, nuper Clerici curiæ Justiciariæ, patris,—in terris de Kirktoune de St. Andreus et Kirkhill, cum decimis:—E. 10l. 13s. 4d. feudifirmæ:—villis et terris de Easter et Wester Coildcoitis, cum decimis:—E. 4l. feudifirmæ:—infra parochias de St. Andreus et Spynie, baroniam de Kilmalennock (Kilmalemock) et regalitatem de Spynie respective;—terris dimidietatis davatæ terrarum de Meiklehaugh alias Moriestoune, infra baroniam et regalitatem de Spynie:—E. 16s.—terris de Baxterscroft prope terras de Pannis;—terris de Rousieroft (vel Routiscroft) prope burgum de Elgine, infra regalitatem de Spynie:—E. 56s. 8d. feudifirmæ:—dimidietate domorum et toftarum veteris et novi molendinorum de Elgine, infra baroniam et territorium dicti burgi:—E. 6s. 8d. feudifirmæ:—pecia terræ circundata cum aqua de Lossie:—E. 31s. feudifirmæ:—2 octodecimis partibus lie Auchten pairts lie Greishiplands (vel Greirshiplands) de Elgine, cum pecia communis pasturæ eidem adjacente, et Moiswaird eidem spectante, infra libertatem et territorium dicti burgi de Elgine:—E. 8s. 4d. et 2s. in augmentationem, feudifirmæ:—decima octava parte villæ et terrarum de Barflethills, et decima octava parte lie haugh earundem, infra parochiam Sancti Andreæ:—E. 4l. et 3s. 4d. in augmentationem, feudifirmæ:—maxima occidentali ruda terrarum;—pecia terræ vacuæ lie waistground ex boreali parte burgi de Elgine:—2 peciis terrarum burgalium ex boreali parte dicti burgi;—8 rudis terrarum prope dictum burgum de Elgine;—2 peciis terræ burgalis ex boreali parte dicti burgi;—annuo redditu 12d. ex ruda terræ ibidem;—altero annuo redditu 3s. ex ruda terræ ibidem;—annuo redditu 6s. ex ruda terræ ibidem;—annuo redditu 32s. ex ruda terræ ibidem;—annuo redditu 21s. ex pecia terræ ibidem;—annuo redditu 15s. de ruda terræ ibidem;—annuo redditu 16s. et 8 falcium in autumno ex pecia terræ ibidem;—annuo reditu 4s. de ruda terræ ibidem;—annuo reddita 20s. et 12 falcium in autumno de ruda terræ;—annuo redditu 10s. de ruda terræ ibidem;—annuo redditu 16s. et 8 falcium in autumno de ruda terræ ibidem;—castro lie Ladyhill de Elgine nuncupato;—2½ rudis lie Borrowland ibidem.—E. ....—(Vide Banf.) xlii. 355.

(162) Dec. 30. 1691.
JOANNES DUNCAN portionarius de Nether Bins, hæres masculus Jacobi Duncan portionarii de Nether Bins, fratris,—in quar-

teria seu quarta parte villæ et terrarum et Nether Bins, in baronia de Urquhart et regalitate ejusdem.—E. 2 bollæ 2 firlotæ aridæ multuræ, &c. feudifirmæ. xlii. 318.

(163) Apr. 5. 1692.
ABRAHAMUS LESLIE de Finrassie, hæres masculus Georgii Leslie de Finrassie, fratris germani immediate senioris,—in villa et terris de Finrassie in baronia et regalitate de Spynie.—E. 15m. 7s. &c. feudifirmæ.—(Vide Ross.) xlii. 388.

(164) Apr. 29. 1692.
GEORGIUS GORDON in Dundurcus, hæres masculus Jacobi Gordon in Collie, patris,—in quinta parte villæ et terrarum de Dundurcus, cum bruerii domo et acra terrarum ad eandem pertinente, et Rig terræ tanquam parte ejusdem, et salmonum piscatione super aqua de Spey, infra parochiam de Dundurcus, et baroniam de Barmuckatie.—A. E. 6s. 8d. N. E. 26s. 8d. xliii. 21.

(165) Dec. 17. 1692.
ALEXANDER CHALMER, hæres provisionis Jacobi Chalmer de Pettinfear, patris,—in villa et terris de Pettinfear (Pettinsear ?) vocatis Eister Pettinfear, infra parochiam de Longbryd.—E. 6l. 13s. 4d. feudifirmæ. xliii. 108.

(166) Jun. 17. 1693.
PETRUS DUNBAR, hæres Joannis Dunbar de Binns, patris,—in quarta parte villæ et terrarum de Nether Binns nuncupata Oldhouse;—dimidio quartæ partis villæ et terrarum ejusdem;—sedecima parte dictæ villæ et terrarum de Nether Binns;—dimidio orientalis partis villæ et terrarum de Upper Binns, infra baroniam et regalitatem de Urquhart.—E. 21 bollæ hordei, &c. xliv. 65.

(167) Feb. 27. 1694.
JOANNES DUNBAR de Bogs, hæres masculus Jacobi Dunbar de Bogs, avi,—in terris de Eister et Wester Bogs, Newtoun de Bogs, Stobs, prato et lie Heanings de Boigs, cum molendinis et multuris;—villa et terris de Chepletoun, molendinis et multuris, cum communitate et communi pastura infra bondas forestæ de Drummynde, olim infra baroniam de Sanquhar et parochiam de Forres, unitis in tenendriam et baroniam de Bogs.—A. E. 3l. N. E. 12l. xliii. 455.

(168) Feb. 27. 1694.
GEORGIUS DUNBAR de Inchbrok, hæres masculus Jacobi Dunbar de Inchbrok, patris,—in villa et terris de Inchbrok, infra parochiam et regalitatem de Spynie:—E. 3l. 17s. 10d. &c. feudifirmæ:—tertia parte cymbæ salmonum piscariæ super aqua de Inverspey:—E. 66l. 13s. 4d.—nona parte cratium fluminearium salmonum piscationis, lie Curroch salmond fishing super dicta aqua de Spey, dictæ tertiæ parti cymbæ piscariæ spectante, infra parochiam et regalitatem de Urquhart.—E. 40s. xliii. 457.

(169) Feb. 27. 1694.
ROBERTUS DUNBAR de Dumphaill, hæres masculus Jacobi Dunbar de Dumphaill, avi,—in terris et baronia de Tilliglens (vel Tillialens).—A. E. 3l. N. E. 12l. xliii. 459.

(170) Feb. 27. 1694.
ROBERTUS DUNBAR de Dumphaill, hæres masculus Alexandri Dunbar de Tarbat et Dumphaill, fratris avi,—in terris de Quythraw, cum communitate et pastura infra bondas forestæ de Drumynd, infra parochiam de Forres, olim in baronia de Sanquhar nunc in baronia de Bogs.—A. E. 30s. N. E. 4l. xliii. 461.

(171) Feb. 27. 1694.
ROBERTUS DUNBAR de Dumphaill, hæres masculus Davidis Dunbar de Dumphaill, patris,—in villis et terris de Glenmoir, Phekirk, villa et terris de Edinkilles, Newtoun de Edinkeilles, Beachin de Edinkillies, Dalnaglash de Edinkillies, Toberben de Edinkillies, villa et terris de Kirktoun de Edinkillies, cum Brewhousecroft earundem, molendino de Edinkillies cum crofta ejusdem, villa et terris de Tullochcreichie cum Brewhouse et crofta earundem, Carrachans cum Ailhouse et crofta earundem, cum salmonum piscaria de lie Eiss de Carrachans vulgariter nuncupata Tornachach, domo et fortalicio de Dumphaill, villa et terris de Belnablair, omnibus infra regalitatem de Spynie.—E. 16m. &c. feudifirmæ. xliii. 461.

(172) Mar. 27. 1694.
LODOVICUS DUNBAR de Grainge, hæres masculus Thomæ Dunbar de Grainge, patris,—in terris de Westgrainge cum molendino et manerii loco infra baroniam de Kingloss:—E. 52m. cum 2m. in augmentationem, feudifirmæ:—terris de Inchdemmie; terris et acris vocatis Ailehousetack cum prato:—E. 4l. 3s. 4d. &c. feudifirmæ:—parte et portione silvarum de Kinglos vocata Westwood, infra dictam baroniam:—E. 20s. feudifirmæ:—terris et terris dominicalibus vulgo Maynes de Burgie, Colliescrook, Bogharbories,

Berrimoor, Craighead, Burhend de Tarras et Eister Courestoune (vel Lourestoun), infra regalitatem de Kinglos :—E. 26*l.* 19*s.* 2*d.* &c. *feudifirmæ* :—villis et terris de Kilflat cum molendino :—E. 4*l.* &c. *feudifirmæ* ;—extendentibus in toto ad 42*l.* 6*s.* 8*d.*—villis et terris de Over et Nether Hemprigs.—E. 23*l.* 15*s. feudifirmæ.*
xliii. 465.

(173)   Jul. 27. 1694.

LUDOVICUS DUNBAR de Grange, *hæres masculus* Thomæ Dunbar de Grange, *patris*,—in ane everlasting heritable and perpetual libertie to cast, winne, and stack peitts, turfs, &c. in all the mosses of Over and Nether Blearies, Rassart (Raffart), Gramrie and Mercassie within the regalitie of Spynie.—E. 1*d. albæ firmæ.*
xliv. 198.

(174)   Aug. 29. 1694.

THOMAS FALCONER de Kincorth, *hæres masculus* Magistri Gulielmi Falconer de Kincorth, *patris*,—in villa et terris de Drumriach infra parochiam de Dyck et regalitatem de Spynie :—E. 40*s. feudifirmæ* :—decimæ sexta parte piscariæ aquæ recentis de Findhorne, cum quarta parte piscariæ nuncupatæ Elvenstell super aqua salsa de Findhorne, infra parochiam et regalitatem de Kinglose.—E. 3 *barrilæ salmonum,* &c.
xliv. 208.

(175)   Mar. 28. 1695.

ROBERTUS DUNBAR de Granghill, *hæres masculus* Domini Roberti Dunbar de Granghill, *patris*,—in terris vocatis Friarscroft of Kintesack infra parochiam de Dyck :—E. 10*s.* &c.—terris dominicalibus de Granghill :—E. 80*m.*—terris de Buchtillie cum cymba earundem ;—terris de Grangegreen cum 4 quarteriis earundem ;—molendino de Moy aliter vocato the New Mylne, cum molendino de Grangegreen ;—terris de Muirtoune cum libertate pasturandi pecora in moris de Logiemoasse, et Moiss de Rochcorse ; —piscationibus lie Feyth salmond fishings, et de lie half pool super recenti aqua de Findorn, in prioratu de Pluscardin, regalitate ejusdem, nunc regalitate de Urquhart :—E. 44*m.* 8*s.* 8*d.*—2 sedecim partibus de 8 sedecim partibus piscationum recentis aquæ de Findhorné, infra regalitatem de Kinloss :—E. 2½ *barrellæ salmonum,* &c. *feudifirmarum* :—officio hæreditario balliatus et justiciarii integrarum prædictarum terrarum, &c.—A. E. 12*d.* N. E. 3 *asses.*
xliv. 313.

(176)   Maii 14. 1695.

MAGISTER LODOVICUS GRANT de Dalvey, *hæres masculus* Domini Jacobi Grant de Dalvey, militis baroneti, *fratris germani*,—in terris de Delvy comprehendentibus Maines de Delvy et maneriei locum ejusdem, villas et terras de Knockandorne, Kairnglass, Shenwell, 2 Altevinas, Aird, Ailen, Shennach, Achienieranach, Achamone ;—villa et terris de Milnetone de Delvey, cum molendino de Delvy et terris molendinariis ;—salmonum aliisque piscationibus supra aquam de Spey ad easdem terras spectantibus, infra baroniam de Strathspey et regalitatem de Spynie.—E. 30*m.* &c.
xlv. 6.

(177)   Aug. 26. 1695.

JACOBUS SPENCE de Woodhead, *hæres masculus* Niniani Spence de Woodhead, *avi*,—in terris vocatis Newlands de Kinloss: —E. 13*s.* 4*d.*—3 acris terrarum de Kinloss vocatis Denneis aikers; —2 acris terrarum vocatis Newlandhead (vel Warlandhead) :—E. 35*s.*—infra baroniam de Kinloss et regalitatem ejusdem.   xlv. 77.

(178)   Nov. 10. 1696.

JACOBUS COMES DE LINLITHGOW ET CALLANDER, *hæres* Georgii Comitis de Linlithgow, Domini Livingston, fratris natu maximi Alexandri Comitis de Callander, patris dicti Jacobi, *patrui*, —in terris, dominio, et baronia de Urquhart et regalitate ejusdem, cum decimis garbalibus aliisque decimis tam rectoriis quam vicariis, tam proprietate quam superioritate, viz. villa, terris, et acris de Urquhart ;—terris de Unthank, et Lochfinfaus ;—Over et Neather Binns alias Hutcheonmoss et Hills, Maverstoun, Byers, Threapland, Woodland, Overmost and Nethermost Leuchars, et Forrester Seat, molendino de Urquhart, Milncraig, Bads, Bethhill, Cowfoord, Killmalenoch, Byers, Dunkatie, Monachtie, Forres cum molendino, Tilliedarrie cum molendino, terris molendinariis et decimis dictorum molendinorum respective cum multuris, infra comitatum seu thanagium de Murray ;—piscatione duarum cymbarum lie two Cobles super aquam de Innerspey, et tertia parte cymbæ lie Coble super aquam de Innerspey alias Corfhouse;—terris de Fochabers et Ardicardaroch ;—terris et baronia de Ferren, Grangegreen, Mortowne et molendino ejusdem, tam in proprietate quam tenandria, cum officio balliatus earundem, Moygrangehill, Cormachtie, Plienick, Bathallie, molendino de Grangegreen, et novo molendino de Potie, cum salmonum piscatione super freto lie Firth de Findhorne ;—salmonum piscatione de Fornanner, et salmonum piscatione cymbæ vel lie coble super aqua de Findhorne ;—decimis garbalibus aliisque decimis tam rectoriis quam vicariis ecclesiarum parochialium de Urquhart et Bellie, et terrarum infra dictas parochias, cum advocatione earundem respective, et libera regalitate infra bondas prædictarum terrarum, infra dominium de Urquhart :—A. E. .... N. E. ....—mansione præcinctus de Murray infra templum cathedrale de Murray et regalitatem de Spynie :—E. 5*s. feudifirmæ* :—salmonis piscatione de Tugnet, tam lie Reidfish quam Skailfish infra fluxum maris, ab ostio de Innerspey ex orientali, usque ad australe ostium de Lossie :—E. 4*l. feudifirmæ* :—dimidietate et nona parte de lie Curroch salmond fishing super aquam de Spey, infra comitatum de Murray, extendente ad cymbam, dimidiam cymbæ, et tertiam partem cymbæ salmonum piscationum super dictam aquam :—E. ....—mansione, horto, et columbario vicarii de Elgine infra cathedrale collegium de Elgin : —E. 40*s. feudifirmæ* :—terris de Forresterseat infra vicecomitatum de Murray.—E. ....(Vide Linlithgow, Edinburgh, Fife, Aberdeen.)
xlv. 926.

(179)   Maii 20. 1698.

MAGISTER ANDREAS GEDDES de Essill, *hæres masculus* Archibaldi Geddes de Essill, *patris*,—in villa et terris de Eister Ortoune alias Litle Ortoune cum bruerio, Brewcroft et Brewsteading, et pecia terræ de Wester Ortoune nuncupata Boighead, et 4 acris terræ arabilis jacentibus contigue dictis terris de Wester Ortoun ;—parte graminis vocata lie Swardegrass quæ est pars dictarum acrarum, infra dominium de Rothes et parochiam de Dundurcas :—E. 3*l.* 12*s. feudifirmæ* :—villa et terris de Daginsh et lie Insche de Cardenie, cum salmonum piscatione super aqua de Spey, infra baroniam de Barmuckatie et parochiam de Dundurcas :—E. 30*s. feudifirmæ* :—villa et terras de Stynie infra comitatum Moraviæ et parochiam de Essill.—E. ....
xlvii. 487.

(180)   Nov. 4. 1698.

JOANNES GRANT de Easter Elchies, *hæres* Patricii Grant de Easter Elchies, *fratris germani*,—in terris et davata terrarum de Easter Elchies cum molendino et piscationibus super aquam de Spey, in baronia de Strathspey et parochia de ....—E. 11*l.* 5*s.* 4*d.*
xlvii. 696.

(181)   Jul. 12. 1700.

LILIAS ET ELIZABETHA STEINSONES, *hæredes portionariæ et provisionis* Gulielmi Steinsone in collegio de Elgine, *patris*,—in manso subdiaconatus Moraviensis infra collegium ecclesiæ cathedralis Moraviæ, cum crofta subdiaconatus Moraviensis infra croftas canonicorum dictæ ecclesiæ.—E. 5*m. feudifirmæ.*
xlviii. 846.

SUPPLEMENTA

ELGIN ET FORRES.

(182)   Dec. 15. 1582.

JACOBUS DUMBAR de Cumnok, *hæres* Alexandri Dumbar de Cumnok militis, *avi,*—in terris de Westfeild, (exceptis 6 acris).—A. E. 6*l.* 13*s.* 4*d.* N. E. 20*l.*   A. 230.

(183)   Mar. 4. 1612.

JACOBUS SPENS de Elveskirktoun, *hæres masculus* Jacobi Spens de Elveskirktoun, *patris,*—in terris de Kirktoun de Elves, cum silva nuncupata lie Cuthell de Elves, in comitatu Moraviæ.—E. 5*l.* 2*s.* 6*d. feudifirmæ.*   E. 123.

(184)   Mar. 5. 1613.

MAGISTER JOANNES INNES de Coxtoun, *hæres* Alexandri Innes de Coxtoun, *patris,*—in solari dimidietate villæ et terrarum de Calcoittis, infra parochiam de Elgin:—E. 40*s.*—villa et terris de Shireftoun, infra parochiam de Elgin:—E. 4*l.*—villa et terris de Darclein, infra parochiam de Lambryd:—E. 40*s.*—villa et terris de Kirkhill de Lambryd, infra parochiam de Lambryd.—E. 4*l.* 3*s.* 4*d.*   E. 248.

(185)   Apr. 9. 1613.

JOANNES COMES DE ROTHES, Dominus Leslie, &c. *hæres* Jacobi Magistri de Rothes, *fratris,*—in terris et baronia de Rothes, cum castro, advocatione ecclesiæ parochialis de Rothes, et capellaniæ infra castrum de Rothes, cum piscariis infra bondas dictæ baroniæ super aqua de Spey;—terris dominicalibus de Rothes, molendino et crofta ejusdem;—terris de Blaikburne et Smiddecroft;—terris de Casilhill;—terris Forestæ de Touraky;—terris de Pittagartie Over et Nether;—terris de Auchinthortie, et dimidiatis terris de Glen Easter et Wester;—terris de Ballinbrochie (vel Blainbrochie);—terris de Milearis (vel Mildares) Eister et Wester, cum castro et lie Ailhous;—terris de Ayguy;—terris de Eschebullok;—terris de Fischertoun;—terris de Eleis;—terris de Ardochie;—terris de Robsillie;—terris de Burnetankis;—terris de Brackany;—terris de Arthany;—terris de Kindillie;—terris de Blarochie (vel Baroche);—terris de Lenthillie (vel Leuchelles) Eister et Vester;—terris de Urtane Eister et Vester;—terris de Pittrage;—terris de Brey (vel Brig);—terris de Newtoun;—terris de Blackhall;—terris de Quhitlayis (vel Quhetclayis), cum terris in Inverness:—A. E. 14*l.* N. E. 42*l.*—unitis cum aliis terris in baroniam de Ballinbreich.—(Vide Fife, Perth, Forfar, Kincardin, Aberdeen, Inverness.)   F. 3.

(186)   Sep. 25. 1657.

JOHN FOULLARTOUNE, *air of* James Foullartoune of Dinkintie, *his father,*—in the towne and lands of Dinkintie, with privilege of the commontie of Coldcottgrenis, lying within the barony of Kilmaldinock (or Kilmalemock):—E. 30*s. of feu duty:*—the towne and lands of Coldcottis within the parochine of Elgin:—E. 26*s.* 8*d. of feu duty:*—the tua pairt of the toune and landis of Sanct Androis Kirktoune, within the barony of Kilmalemock;—the sext pairt of the said toune and lands of Sanct Androis Kirktoune;—another sext pairt of the samyn lands of Sanct Androis Kirktoun, commonly callit Gilmersyd, lying within the said barony of Kilmalemock;—the toune of Sanct Androis Kirkhill, within the regalitie of Spynie, with libertie of pastouring bestial upon the lands of Kirktounhill, and of feall and divot in the mosses of Dinkintie.—E. 3*l. of feu duty.*   H. 217.

(187)   Mar. 29. 1676.

GULIELMUS DUNBAR de Earnehill, procreatus inter Ninianum Dunbar de Grangehill, et Findnellam Dunbar de secundo

CONTINUATIO

maritagio, *hæres masculus provisionis et conquestus* dicti Niniani Dunbar de Grangehill, *patris,*—in salmonum piscationibus unius lie Auchtendayes salmond fisheing, vel duarum sedecim partium de octo sedecim partibus totalium piscationum aquæ dulcis de Findhorne, a lie Slaypoole usque ad introitum torrentis de Massett in mare, sub terris de Westgrange et Kinlois, in regalitate de Kinlois:—E. 6*l.* 5*s. feudifirmæ:*—villis et terris de Easter et Wester Denduffis (vel Dunduffis), in parochia de Edinkeillie;—terris orientalis lateris terrarum dominicalium lie Maynes de Grangehill et southsyd theirof, in parochia de Dyk pro principali; —terris et villa de Kintesack in dicta parochia de Dyk, in warantizationem.—E. ......   I. 75.

(188)   Dec. 20. 1677.

JOANNES DASONE in Findhorne, *hæres* Joannis Dasone in Findhorne, *patris,*—in uno lie pleuchland villæ et terrarum de Coltfeild, extendente in annua solutione ad 17 bollas victualium, cum decimis garbalibus rectoriis et vicariis, infra parochiam de Alves, et regalitatem de Kinloss.—E. 2*l.* 4*s.* 3*d. feudifirmæ.*   L. 85.

FIFE.

INDEX NOMINUM.

a

404

b

HOME ;
Domina Margareta, vicecomitissa de Murray, 1599.
HOPE ;
Gulielmus, de Craighall, miles baronettus, 1272.
Maria (domina), 1109.
Thomas, de Craighall, miles baronettus, 914, 1272.
HORNE ;
Joannes, 562, 563.
———— de Over-Lassodie-Wester, 1319.
Margareta, 563.
Marjoria, 562, 1319.
HORSBURGH ;
Alexander, 458, 548.
Andreas, 421.
Fredericus, 421.
HUNTAR ;
David, 301.
Patricius, 1546.
———— de Overcarnebie, 301.
Robertus, de Newtoun de Rires, 44.
Willielmus, 44, 947.
———— portionarius de Newtoun de Reres, 1546.
HUTCHEOUN, alias SMITH ;
David, 459.
Georgius, 459.
HUTSONE ;
Willielmus, 632.
HUTTON ;
Christian, 833.
Henricus, 600.
———— portionarius de Newbigging, 833.
Jacobus, 377.
———— portionarius de Weltoun, alias Newbigging, 377, 600.
Margareta, 1413.
Thomas, 537, 1090.
———— portionarius de Westir Luscar, 1090, 1413.

JACK ;
Alexander, 699.
David, de Cultra, 1281.
Georgius, 699, 1281, 1282.
Robertus, 933, 1384.
Willielmus, 1384.
JAKSOUN ;
Patricius, 460.
Thomas, 460.
JAMESONE ;
Thomas, 312.
INGLIS ;
Alexander, 18, 1552.
———— de Tarvet, 18.
David, 280.
Elizabetha, 659.
Gulielmus, de Ottertoun, 658, 659.
Jacobus, de Cramond, miles baronettus, 1305.
Joannes, portionarius de Ardet, 280.
———— de Cramond, 1300.
———— — miles baronettus, 1300, 1305.
———— de Inglis-Tarvett, 1552.
Margareta (domina), 658, 1169.
JOHNSTOUN ;
Alexander, 1314.
———— portionarius de Berryhoill, 637.
David, 315.
Gilbertus, 149.
Jeanna, 637.
Joannes, 149.
Mariota, 315.
IRVING, IRWING ;
Alexander, de Lenturk, 1267.
Jacobus, 1294.
———— de Inchray, 1294.

KAA, KEY ;
Andreas, 965, 1542.

Andreas, portionarius de Kingsbarnis, 1542.
Carolus, 178.
David, 178.
Elizabetha, 1155.
Georgius, 499.
Gulielmus, 965.
———— portionarius de Kingisbarnes, 1155.
Joneta, 1155.
Katharina, 1155.
Thomas, 136.
———— portionarius de Kingisbarnes, 136.
KEIR ;
Alexander, 1124.
Andreas, 1124, 1153.
Joannes, 631.
Joneta, 468.
Mariota, 1153.
Michael, 1115.
Laurentius, de Forret, 1114, 1115.
Willielmus, 1114, 1115.
KELLIE, COMES DE— ;
Alexander, 642, 1430.
Thomas, 642.
KELLOCK ;
Gulielmus, portionarius de Windieage, 1092.
Jacobus, portionarius de Maistertoun, 999.
———— de Over Lassody, 1290.
Joannes, 1092.
———— portionarius de Over Lassody, 1290.
Robertus, 999, 1026.
———— portionarius de Maistertoun, 1026.
KELSO ;
David, 696.
Fredericus, 696.
KELTIE ;
Andreas, de Craighead, 1164.
David, 797.
John, 797.
KEMP, alias DURY ;
Henricus, 1545.
KER ;
Andreas, de Phernyhirst, 1516.
KILGOUR ;
Alexander, de Nethill, 86.
David, 86.
Jacobus, 171.
KINCARDEN, COMES DE— ;
Alexander, 1399.
Edwardus, 1399.
KINGHORNE, COMES DE— ;
Joannes, 398, 489, 759.
Patricius, 759.
KINGZEO ;
Besseta, 1586.
Thomas, 1586.
KINLOCH ;
David, 224.
———— portionarius de Luthrie, 394.
Franciscus, de Gilmertoun, miles baronettus, 1431.
Georgius, 428, 721, 1193.
Henricus, portionarius de Auchtermuchtie, 893.
Jacobus, 722, 1228.
———— portionarius de Auchtermuchtie, 722, 1228.
Joannes, 394, 428.
———— portionarius de Luthrie, 224.
Robertus, 721.
———— portionarius de Luthrie, 1193.
KINNEIR ;
Agneta, 1387, 1389.
Alexander, 541.
David, rector de Auchterhous, 517.
———— de Eodem, 2, 288, 323, 669, 1192.
Henricus, commendatarius de Balmerinoch, 517.
———— de Forret, 541.

Jeanna, 412, 488.
Joannes, 2, 488, 517.
———— de Eodem, 288.
Sophia, ———— 1387, 1389.
KINNINMOND, KINNYNMONTHE ;
Andreas, portionarius de Eodem, 198.
Jacobus, 198, 868.
———— de Eodem, 1265.
Joannes, 53.
———— portionarius de Kynninmonth, 53.
Patricius, de Callinshe, 396.
Patrick, of that Ilk, 868, 1265.
Walterus, 396.
KINNOUL, COMES DE— ;
Georgius, 520.
KINROSS ;
Robertus, 1571.
KIRK ;
Andreas, 427.
Joannes, 427.
KIRKCALDIE ;
Andreas, de Flashill, alias Harlasheills, 1371.
Jacobus, de Grange, 54.
Joneta, 1516.
Margareta, 1371.
Patricius, de Wester Abden, 231.
Willielmus, de Grange, miles, 54.
KNYCHTSONE ;
Jacobus, 654.
Thomas, 654.
KUTROUNE ;
James, 853.

LAMB ;
Joannes, 491, 558, 559.
Margareta, 558.
Rachael, 559.
Thomas, 491.
LANDELS ;
David, 246.
Henricus, 1285.
Joannes, 246.
Margareta, 1285.
LAUDERDAILL, COMES DE— ;
Joannes, 753.
LAW ;
Alexander, 526, 1329, 1372, 1450.
Christina, 1593.
David, 582.
Euphamia, 526.
Georgius, de Burntoun, 978.
Jacobus, 1329, 1450.
———— de Burntoun, 978, 1355.
Joannes, 582, 1185.
Joneta, 858, 1411.
Issobella, 526, 858, 1372.
Lilias, 1185.
Quintigernus, 942.
———— minister apud Edinburgh, 1185.
———— de Freuchie, 942.
Robertus, 772, 1411.
Sophia, 1372.
William, 858.
LAWRIE ;
Agneta, 1176.
Bessia, 1176.
Elizabetha, 1176.
Joannes, 1575.
Joneta, 1176.
Marjoria, 1176.
Robertus, 1176, 1575.
LEARMONTH ;
David, 1583.
Euphamia, 624.
Georgius, de Balcolmie, 1482.
Jacobus, 1482.
———— de Balcomye, 80, 81.
———— miles, 7, 492.
Joannes, 678.
———— de Balcomie, miles, 492.
———— de Birkhill, 80, 81.

MAXWELL;
Helena, portionaria de Auchtermuchtie, 904.
Jacobus, 898, 904, 1011, 1180.
—— portionarius de Auchtermuchtie, 1011, 1180.
Patricius, 465.
Robertus, 465.

MAY;
Henricus, de Bonningtoune, 1198.
Robertus, ———— 1198.

MELDRUM;
Christiana, 1248.
David, de Segy, 72.
Georgius, 1473.
—— de Crail, 1473.
Jacobus, 1248, 1359.
—— de Segy, 72.
Janeta, 1248, 1359.
Jeanna, 1359.
Joanna, 1248.

MELVILL, DOMINUS;
Georgius, 1204.
Robertus, 539, 809.

MELVILL DE MONYMAILL, DOMINUS;
Georgius, 754.
Joannes, 534, 535, 754.
Robertus, 534, 535.

MELVILL;
Agnes, 236.
Alexander, 1336.
Andreas, 213, 423.
—— portionarius de Ardethe, 1027.
—— de Garvok, miles, 236.
Bessie, 863.
Catherin, 863.
David, 116, 1541.
—— de Newmylne, 1519, 1523.
Ephraime, minister at Linlithgow, 863.
Euphame, 863.
Henricus, 443.
Jacobus, 443.
—— portionarius de Ardett, 73, 213.
—— de Halhill, 275, 539, 809.
—— —— miles, 275, 1519.
Joannes, 52, 73, 1027.
—— de Carskierdo, 1356.
—— de Murdocairney, 1336.
—— de Raith, 1523.
—— —— miles, 52, 534.
Patricius, 423.
Robertus, de Carskierdo, 1356.
Willielmus, commendatarius de Tungland, 236.

MERCER;
Anna, 1414, 1415, 1416.
Gulielmus, 1414, 1415, 1416.
Jacobus, 1416.
Maria, 1414.
Sara, 1414, 1415, 1416.

MERCHE;
David, 206.
Willielmus, minister apud Forgone, 206.

METHVEN;
David, 649.

MIDLETOUN;
Anna, 1289.
Elizabetha, 1289.
Georgius, 1289.
Helena, 1289.
Isobella, 1289.
Katharina, 1289.

MILLER, MYLLAR;
Andreas, 182, 183.
David, 1434.
Elizabetha, 182.
Gulielmus, 1514.
Henricus, 209, 930.
—— de Parun, 1434.
Joannes, 930.
—— (alias Watsone), portionarius de Auchtermuchtie, 127.
Margareta, 183.
Mariota alias Malie, 1514.

MITCHELL;
Catherina, 1031.
David, 1006.
—— portionarius de Drumeldrie, 475.
—— de Newburne, 1322, 1323.
Jacobus, 1006.
Joannes, 1194.
—— de Newburne, 1322.
Maria, 1230.
Thomas, 475.
—— portionarius de Newburne, 1194.

MITCHELSOUNE;
Agneta, 1161.
Archibaldus, 1161.
Joannes (doctor), minister apud Bruntiland, 486.
Joneta, 1161.
Issobella, 486, 1161.
Matheus, 1161.

MOIR;
Joannes, 441.
Robertus, 441.

MONCREIFF;
Alexander, 1464.
—— de Balcaskye, miles, 411.
Andreas, 347, 881.
—— minister apud Crail, 347, 481.
—— de Reidie, 817.
David, 881.
—— de Ballcaskie, 934.
—— de Craigye, 728.
Georgius, portionarius, de Auchtermuchtie, 1407.
—— de Reidie, 817.
Jacobus, 315, 1407.
Joannes, 348, 481, 662, 934, 1120.
—— de Balcaskye, 411, 728.
—— de Eodem, miles baronettus, 808.
Isobella, 433.
Nathaniel, de Randirstoun, 433, 709.
Nicolaus, de Crocehillis, 662.
Thomas, de Kinkell, 1464.
Willielmus, 728, 1120.
—— de Eodem, 348.
—— de Randerstoun, 433, 709.

MONTEITH;
Andreas, 1517.
Carolus, de Randiefurd, 702.
Donaldus, 980.
Duncanus, 980.
Willielmus, de Randiefurd, 702.

MONYPENNIE;
Alexander, de Kinkell, 90, 117.
—— de Pitmillie, 1350.
David, de Kynkell, 17.
Elspeta, 497.
Jacobus, de Pitmillie, 366.
—— —— (dominus), 738, 1350.
Joannes, —— 366, 738.
Patricius, de Pilrig, 1549.
Thomas, 17.
—— de Kinkell, 90, 117.

MORAVIÆ COMES;
Alexander, 813, 1029, 1030.
Jacobus, 118, 119, 120, 571, 813, 1029, 1030.

MOREIS;
Agneta, 1581.
David, 1094.
—— of Coudounsbaith, 851.
Joannes, 1094.
—— de Coudounsbaith, 851.

MORESOUN, MURISONE;
Hendrie, (alias Smith), 847.
Thomas, 540.
Willielmus, de Wester Weyms, 540.

MORTOUN, COMES DE—;
Robertus, 770.
Willielmus, 172, 173, 770.

MORTOUN; (vide MYRETOUN.)
Alexander, 844.
Arthurus, 326, 1069, 1103.
Elizabetha, 1103.
Grissellis, de Randelstoun, 326.
Joannes, 244.

Joannes, portionarius de Kingisbarnis, 244.
—— de Peitfeild, 1069.
Patricius, 844.
Thomas, de Cammo, 336, 404.
Willielmus, de Cammo, 336, 404.

MOULTRAY, MOWTRAY;
Elizabetha, 337.
Georgius, de Markinsche, 1457.
—— de Seyfeild, 205, 294.
Henricus, —— 205.
Jacobus, de Roscobie, 1269.
Joannes, de Markinsche, 294, 1457.
Robertus, 294.

MOUNTH, MONTH;
Andreas, portionarius de Kincaple, 1501.
David, 1501.
Jacobus, 638.
—— de Poffill de Strakynnes, 638.

MOWBRAY;
Jacobus (capitaneus), 440.
Joannes, de Barinbugall, miles, 233.
Robertus, —— —— 233.

MUDIE;
Andreas, 597.
Robertus, 382.
Thomas, portionarius de Maistertoun, 382.
Willielmus, 597.

MUIR;
David, 683.
Joannes, 683.

MUIRHEAD;
Agneta, 1167.
Jeanna, 1167.
Joannes, 1167.
Margareta, 1167.

MURRAY;
Andreas, de Balvaird, miles, 251, 361, 362.
Carolus, 1500.
David, de Arngosk, miles, 251.
Henricus, 1010.
—— de Pitlochie, 1301.
Joannes, de Bonnietoun, 894.
—— de Pittlochie, 1365.
Joneta, 343.
Margareta, 343.
Patricius, de Pitlochie, 1301, 1365.
Valterus, 1500.
Willielmus, 530.

MUSHET;
Joannes, portionarius de Auchtermuchtie, 1405.
Robertus, 1405.

MYLES;
Elspetha, 1579.
Thomas, 652, 1579.
—— portionarius de Lethame, 652.

MYLNE;
Margaret, 856.
Robert of Gawstoun, 856.

MYRETOUN; (vide MORTOUN.)
Andreas, 1276.
Arthurus, de Pittowie, 343, 575.
Joannes, 1276.
Patricius, 506, 844.
—— de Cambo, miles, 694, 695, 1402.
Robertus, 1402.
Thomas, de Cambo, (dominus), 694, 695.
Willielmus, 575.
—— de Cambo, 506.

MYRRIE, alias WILSON;
Jacobus, 854.

NAIRNE;
Alexander, 635.
—— feoditarius de Sandfurde, 635, 859, 1070.
David, de Sandfurd, 1525.
Gulielmus, 322, 859.
Joannes (capitarius), de Craigtoun, 1347.
Robertus, de Sandfurd, 1525.
Thomas, de Craigtoun, 1347.
—— (dominus), de Sanctfuird, 1070.

NAPEIR OF MERCHINGSTON, LORD;
Archibald, 822.

c

d

FIFE.

INDEX LOCORUM.

417

h

INQUISITIONES SPECIALES.

FIFE.

(1)   Jul. 24. 1542.

JONETA BUCQUHANAN, *hæres portionaria* Patricii Bucquhanan de Lany, *patris,*—in terris de Landoun, Urquhart Eister :—A. E. 20s. N. E. 7m.—Terris de Petlunbertie.—A. E. 40s. N. E. 10m.   i. 73.

(2)   Jul. 30. 1548.

JOANNES KYNNEIR, *hæres* Davidis Kynneir de Eodem, *patris,* —in terris et baronia de Kynneir, viz. Manerie, turre, fortalicio de Kynneir ;—terris dominicalibus et molendino earundem ;—Ovir Kathlok ;—Nathir Kathlok cum molendino et lie tour ;—Thainislandis, viz. tertia parte de Straburne, Fordell et Fotheris, cum molendino de Straburne ;—dimidietate terrarum de Kittadie et Craigsunquhar.—A. E. 15l. N. E. 200m.   i. 88.

(3)   Jan. 13. 1544.

WALTERUS GRUNDESTOUN, *hæres* Davidis Grundestoun, *patris,*—in quarta parte terrarum de Gleslie.—A. E. 15s. N. E. 4l.   i. 88.

(4)   Mar. 24. 1544.

ALEXANDER LESLIE, *hæres* Magistri Andreæ Leslie de Innerpefer, *patris.*—in terris de Kynnarde infra dominium monasterii de Elcho.—A. E. 5l. N. E. 50 m.   i. 89.

(5)   Oct. 6. 1545.

MARGARETA RAMSAY, *hæres portionaria* Francisci Ramsay de Foxtoun, *patris,*—in tertia parte dimidietatis terrarum de Foxtoun ;—2 particatis terrarum de Foxtoun alterius dimidietatis prædictarum terrarum.—A. E. 10s. N. E. 3l. 11s.   i. 96.

(6)   Oct. 6. 1545.

JONETA RAMSAY, *hæres portionaria* Francisci Ramsay de Foxtoun, *patris,*—in terris prædictis.   i. 96.

(7)   Mar. 13. 1547.

PATRICIUS LEARMONTH de Dairsie, *hæres* Jacobi Learmonth de Balcomy militis, *patris,*—in superioritate terrarum de Pitcairne, Colitoun, Eyster Colquhailzie, Wester Colquhailzie, et Pitcairne cum molendinis, in baronia de Loquhorschyre.—A. E. 5l. N. E. 80 m.   i. 95.

(8)   Oct. 2. 1548.

JACOBUS SPENS, *hæres* Alexandri Spens de Lathalland, *patris,* —in 3 quartis partibus terrarum de Lathalland :—A. E. 2l. N. E. 6l.—Dimidia parte terrarum de Kittade et Craigsunquhare.—A. E. 1l. N. E. 8l.   i. 44.

(9)   Oct. 2. 1548.

PETRUS BALFOUR, *hæres* Davidis Balfour de Baldone, *patris,* —in terris de Baldone.—A. E. 3l. N. E. 20l.   i. 44.

(10)   Oct. 2. 1548.

JOANNES BORTHUIK, *hæres* Roberti Borthuik de Gordinschall, *patris,* (qui obiit apud Fawsyde,)—in terris de Balhuffie. —A. E. 5l. N. E. 40l.   i. 53.

(11)   Oct. 2. 1548.

JACOBUS RAMSAY, *hæres* Joannis Ramsay de Arbeky, *patris,* (qui obiit apud Fawsyde,)—in terris de Banely.—A. E. 1l. N. E. 10l.   i. 86.

(12)   Oct. 2. 1548.

JOANNES STRANG, *hæres* Joannis Strang de Balcaskie, *avi,* (qui obiit apud Fawsyde) in dimidietate terrarum de Balcaskie cum cottagiis vocatis Ownstoun ;—octava parte terrarum de Balcaskie et Ownstoun ;—quarta parte terrarum de Petdones et eorum cottagiis.—A. E. 8l. N. E. 28l.   i. 55.

(13)   Oct. 2. 1548.

THOMAS BARCLAY, *hæres* Willielmi Barclay de Rind, *patris,* (qui obiit apud Fawsyde,) in terris de Rynd :—A. E. 4l. N. E. 8l.—quarta parte terrarum de Ardet.—E. 6l. &c.   i. 55.

(14)   Oct. 2. 1548.

JOANNES REID, *hæres* Davidis Reid de Aikenheid, *patris,* (qui obiit in conflictu de Fawsyde,)—in terris de Litle Sauling. —A. E. 1l. N. E. 8l.   i. 56.

(15)   Oct. 2. 1548.

ANDREAS WEYMES, *hæres* Jacobi Weymes de Myrecarny, *patris,* (qui obiit apud Pinkincleuch,)—in terris de Myrecarny cum molendino ;—terris de Waster Cruvy ;—terris de Logymirtho ; —terris de Brighous.—A. E. 6l. N. E. 66l. 13s. 4d.   i. 79.

(16)   Oct. 2. 1548.

JOANNES ANSTRUTHER, *hæres* Andreæ Anstruther de Eodem, *patris,* (qui obiit apud Pinkincleuch,)—in 40 acris terrarum de Anstruther infra dominium de Anstruther, et in tertia parte de lie Manis, in warrantum prædictarum acrarum ;—reliquis terris de Anstruther.—A. E. 6l. N. E. 66l. 13s. 4d.   i. 80.

(17)   Oct. 2. 1548.

THOMAS MONIPENNY, *hæres* Davidis Monypenny de Kynkell, *patris,*—in terris de Cameron.—A. E. 4l. N. E. 12l.   i. 95.

(18)   Oct. 23. 1548.

ALEXANDER INGLIS, *hæres* Alexandri Inglis de Tarvet, *patris,* (qui obiit apud Pinkecleuch,)—in baronia et terris de Tarvet ; —terris de Caiplie, Ovirtoun, Thrid part ;—terris de Nethertoun de Caiplie cum molendino ;—dimidietate terrarum de Balbirny et piscariis ;—terris dominicalibus de Tarvett, cum Outsattis, annexatis in baroniam de Tarvett :—A. E. 10l. N. E. 100l.—Terris de Eister Pitcorthie.—A. E. 5l. N. E. 11l. 16d.   i. 53.

A

(19)   Oct. 30. 1548.
JACOBUS AIRTH, *hæres* Joannis Arth, *patris*, qui obiit in conflictu de Pinkencleuch,)—in sexta parte terrarum de Strathour Wester;—sexta parte de Michelstoun cum molendino Haitpot vocato.—A. E. 1*l.* N. E. 10*l.*   i. 54.

(20)   Nov. 28. 1548.
ROBERTUS WEYMES, *hæres* Davidis Weymes de Caskyberry, *fratris*, (qui obiit in conflictu de Pinkencleuch,)—in 2 sextis partibus trium quarteriarum terrarum de Eister Lathrisk et Moncoutyemyre.—A. E. 1*l.* N. E. 14m.   i. 54.

(21)   Jan. 8. 1548.
ARCHIBALDUS DUDINGSTOUN, *hæres* Stephani Dudingstoun de Kildinigtoun, *fratris*, (qui obiit apud Pinkincleuch)—in assisæ halecibus maris orientalis.—E. 5 *lastes et dimidietas lastæ halecum.*   i. 104.

(22)   Jan. 8. 1548.
ARCHIBALDUS DUDINGSTOUN, *hæres* Thomæ Dudinstoun de Kilduncane, *patris*,—in terris de Kilduncan.—A. E. 2*l.* N. E. 20m.   i. 43.

(23)   Apr. 10. 1549.
PATRICIUS HEPBURNE, *hæres* Patricii Hepburne de Wauchtoun militis, *patris*,—in terris de Tolly cum quibusdam aliis terris in Haddingtoun et Berwick :—A. E. 40*l.* N. E. 120*l.*—Tertia parte terrarum de Blair, Mychilstoun et Strathore ;—tertia parte terrarum occidentalis portus de Dysart, et annuorum reddituum cum molendino.—A. E. 4*l.* N. E. 8*l.*—(Vide Haddington, Berwick, Peebles.)   i. 173.

(24)   Apr. 30. 1549.
DAVID SPENS, *hæres* Davidis Spens de Woolmastoun, *avi*,—in superioritatibus terrarum de Wylmastoun et Pettyncreiff.—A. E. 6*l.* N. E. 160*l.*   i. 43.

(25)   Apr. 3. 1554.
HENRICUS CLERK, *hæres* Georgii Clerk portionarii de Luthry, *patris*,—in decima sexta parte terrarum et villæ de Luthry in dominio de Fyfe.—E. 4*l.* 12s. 11d.   i. 78.

(26)   Aug. 11. 1554.
JONETA DURIE, *hæres* Roberti Durie de Eodem, *patris*,—in terris et baronia de Durie, viz. terris de Durie ;—terris de Balcurryquhy-Mekill ;—terris de Balcurryquhy-Litill ;—terris de Hauch, cum aliis terris in Perth unitis in baroniam de Durie.—A. E. 50m. N. E. 200m.—(Vide Perth.)   i. 76.

(27)   Jul. 18. 1555.
FRANCISCUS TULLOIS, *hæres* Michaelis Tulloiss de Hilcairny, *fratris*,—in dimidietate terrarum de Hilcairny :—A. E. 2*l.* N. E. 13*l.* 6s. 8d.—Annuo redditu 40s. de terris de Eister Forret. i. 77.

(28)   ...... 30. 1556.
THOMAS LESLIE, *hæres* Alexandri Leslie de Innerpeffor, *fratris*,—in terris de Kynnaird, infra dominium monasterii de Elcho.—A. E. 5*l.* N. E. 50m.   i. 59.

(29)   Apr. 27. 1557.
DAVID ARNOT, *hæres* Davidis Arnot de Eodem, *patris*,—in terris et baronia de Arnot ;—terris dominicalibus lie Fayll ;—terris de Litill Arnot, cum molendinis granorum et fullonum.—A. E. 5*l.* N. E. 80*l.*   i. 78.

(30)   Jun. 30. 1557.
DAVID SIBBALD, *hæres* Jonetæ Sibbald, *sororis*,—in quarta parte terrarum de Glasly.—A. E. 1*l.* N. E. 4*l.*   i. 76.

(31)   Dec. 20. 1557.
ALEXANDER CARNDERS, *hæres* Jacobi Carnders burgensis de Cupro, *patris*,—in 2 acris terrarum in Mylne-hill prope burgum de Cupro ;—dimidietate acræ terræ in Hauch prope molendinum fullonum ;—acra terræ in Kellelands ;—tertia parte terrarum de Porterlands.—A. E. 10s. N. E. 4*l.* 4s.   i. 52.

(32)   Mar. 6. 1557.
JOANNES BORTHUIK, *hæres* Roberti Borthuik de Gordounshall, *patris*, (qui obiit apud Pinkencleuch,)—in terris de Gordounshall.—A. E. 6*l.* N. E. 24*l.*   i. 81.

(33)   Apr. 2. 1558.
ISSOBELLA BALFOUR de Carreldstoun, *hæres* Davidis Balfour de Carreldstoun, *patrui*,—in terris de Rathmelry.—A. E. 12m. N. E. 48m.   i. 78.

(34)   Apr. 19. 1558.
JOANNES AYTOUN, *hæres* Andreæ Aytoun de Dunmure-Wester, *patris*,—in terris de Glenduky in baronia de Ballinbrecht.—A. E. 11*l.* 5s. N. E. 45*l.*   i. 97.

(35)   Maii 15. 1558.
JOANNES ARNOT, *hæres* Roberti Arnot de Wodmyll, *avi*,—in terris de Pincartoun.—A. E. 20s. N. E. 4*l.*   i. 51.

(36)   Jul. 30. 1558.
AGNETA SIBBALD, *hæres portionaria* Alexandri Sibbald, *patris*,—in tertia parte terrarum dominii de Lochmalony ;—dimidia parte binæ partis dominii de Lochmalony ;—tertia parte 2 molendinorum de Lochmalony.—A. E. 50s. N. E. 10*l.*   i. 73.

(37)   Jul. 30. 1558.
HELENA SIBBALD, *hæres portionaria* Alexandri Sibbald, *patris*,—in tertia parte terrarum prædictarum.   i. 80.

(38)   Jul. 30. 1558.
GRYSILLIS SIBBALD, *hæres portionaria* Alexandri Sibbald, *patris*,—in tertia parte terrarum prædictarum.   i. 81.

(39)   Oct. 25. 1558.
HENRICUS WARDLAW, *hæres* Joannis Wardlaw de Torrie, *patris*,—in terris et baronia occidentalis partis de Lochorschyre :—A. E. 47*l.* N. E. 188*l.*—Terris de Bruntoun et Dalginche cum molendino.—A. E. 12*l.* N. E. 48*l.*   i. 38.

(40)   Oct. 25. 1558.
HENRICUS WARDLAW, *hæres* Joannis Wardlaw de Torrie, *patris*,—in terris et baronia occidentalis partis de Lochorschyre.—A. E. 47*l.* N. E. 188*l.*   i. 45.

(41)   Jul. 26. 1559.
ALEXANDER SEYTOUN, *hæres* Margaretæ Balbirnie de Eodem, *matris*,—in dimidietate terrarum de Balbirnie.—A. E. 40s. N. E. 16*l.*   i. 46.

(42)   Apr. 9. 1560.
DAVID LESSELLIS, *hæres* Joannis Lessellis de Innerdovett, *patris*,—in terris de Innerdovett et Plewland, cum piscaria molendini marini vulgariter nuncupati Seymylnes.—A. E. 5*l.* N. E. 26*l.* 13s. 4d.   i. 49.

(43)   Oct. 31. 1560.
PETRUS OLYPHANT, *hæres talliæ* Alexandri Olyphant de Kellie militis, *filii patrui*,—in terris et baronia de Kellie, viz. castro et terris dominicalibus de Kellie, et villa de Kellie ;—terris de Baldutho, Kelliestoun, Aldenchroch, Grensyde, Kelliesyd, molendino de Pitkirrie, Kellie, superioritate de Pytcorthie.—A. E. 20*l.* N. E. 140*l.*   i. 50.

(44)   Feb. 11. 1560.
WILLIELMUS HUNTER, *hæres* Roberti Hunter de Newtoun de Rires, *fratris*,—in dimidietate terrarum de Newtoun de Rires. E. 12*l.* 3s. 4d. &c.   i. 47.

(45)   Jul. 9. 1561.
ELIZABETHA SCHAW, *hæres portionaria* Georgii Schaw de Broucht, *fratris*,—in tertia parte terrarum de Fordell.—A. E. 8*l.* N. E. 40s.   i. 46.

(46)   Jul. 9. 1561.
DAVID LINDSAY, *hæres* Willielmi Lindsay de Pyetstoun, *patris*,—in acra terræ jacente in Mylnehill prope burgum de Cupro.—A. E. 4s. N. E. 16s.   i. 46.

(47)   Jul. 29. 1561.
HELENA LESLIE, *hæres* Thomæ Leslie, *fratris*,—in terris de Kynnaird infra dominium de Elcho.—A. E. 5*l.* N. E. 50m.   i. 50.

(48)   Oct. 31. 1561.
GEORGIUS CLEPHANE, *hæres* Georgii Clephane de Clarslogie, *avi*,—in terris de Tornakideis.—A. E. 20s. N. E. 42m. i. 45.

(49)   Jun. 23. 1562.
THOMAS BARCLAY, *hæres* Thomæ Barclay de Ridy, *avi*,—in terris de Brigend et Quhitcroftis in baronia de Luchers-Weyms.—E. 4*l.*   i. 47.

(50)   Dec. 8. 1562.
MARGARETA WALLACE, *hæres* Jacobi Wallace portionarii de Ballomylne, *patris*,—in octava parte de Ballomylne, cum sequelis terrarum de Drumtennant, Martoun, et Eister Fairny, infra dominium de Fyiff.—E. 25s. &c.   i. 50.

(51)　　　Maii 19. 1563.
DAVID SETOUN, *hæres* Andreæ Setoun de Perbrothe, *avi,*—in terris de Urquhattis, viz. Eister Urquhattis, Midle Urquhat, Loppe Urquhat, in baronia de Perbrothe.—A. E. 4*l*. N. E. 16*l*.
i. 49.

(52)　　　Jan. 11. 1563.
JOANNES MELVILL, *hæres* Joannis Melvill de Raith militis, *patris,*—in 3 quarteriis terrarum de Murdocarny, cum communia in lie Myre de Star, infra senescallatum de Fyff.—E. 15*l*. 15*s*. &c.
i. 79.

(53)　　　Apr. 19. 1564.
JOANNES KYNNINMONTH, *hæres* Joannis Kynninmonth portionarii de Kynninmonth, *patris,*—in quinta parte terrarum de Kynninmonth.—A. E. 8*s*. N. E. 40*s*.
i. 48.

(54)　　　Maii 4. 1564.
WILLIELMUS KIRKCALDIE de Grange miles, *hæres* Jacobi Kirkcaldie de Grange,—in terris de Grange;—dimidietate terrarum de Tyrie;—terris de Banchrie;—terris de Nether Pittedy;—terris de Pitkeny et Turlvany;—terris de Balbairdy;—castro de Kinghorne cum monte, unitis in baroniam de Grange.—A. E. 17*l*. N. E. 69*l*.
i. 98.

(55)　　　Maii 16. 1564.
JOANNES BETOUN, *hæres* Joannis Betoun de Balfour, *patris,*—in terris de Balfour cum molendino.—A. E. 5*l*. N. E. 40*l*. i. 37.

(56)　　　Aug. 2. 1564.
DAVID STRIVELING, *hæres* Davidis Striveling de Brakie, *avi,*—in terris de Balkaskie.—A. E. 40*s*. N. E. 10*l*.
i. 40.

(57)　　　Maii 1. 1565.
JACOBUS BALRAME, *hæres* Willielmi Balrame de Eodem, *fratris,*—in terris de Balrame.—A. E. 5*l*. N. E. 15*l*.
i. 40.

(58)　　　Jun. 5. 1565.
ALEXANDER GAW, *hæres* Alexandri Gaw de Maw, *patris,*—in dimidietate terrarum de Maw cum pertinentiis, viz. dimidietate boreali earundem.—A. E. ...... N. E. 6*l*.
i. 40.

(59)　　　Feb. 28. 1565.
ELIZABETHA VALLANGE, *hæres* Joannis Vallange de Wester Pittedy, *patris,*—in occidentali dimidietate terrarum de Pittedie.—A. E. 4*l*. N. E. 10*l*.
i. 96.

(60)　　　Aug. 7. 1566.
JACOBUS LINDSAY, *hæres* Joannis Lindsay de Dowhill, *patris,*—in baronia de Crambeth Dowhill nuncupata cum molendino;—terris de Freuches;—quarta parte de Blair de Crambethe;—quarta parte de Kinnaird;—dimidietate terrarum de Drumlochtornoch, cum 10 summis cattalorum, boum et ovium, in Blair de Crambeth lie Soutterlandis;—10 summis ovium in monte de Balnarthie cum ovibus de Byn pascendis;—tertia parte de Eister Nevingstoun cum tertia parte molendini de Cleisch, ac tertia parte multurarum lie Suckin, et tetræ molendinariæ ejusdem;—tertia parte de Westir Nevinstoun cum tertia parte lie Brousterlandis ejusdem;—quarta parte de Culcarny et 2 acris terrarum in villa de Kinrose;—6 summis in communia de Kinros/Gallowhill nuncupata, cum quibusdam aliis terris in vicecomitatibus de Perth et Kinross, unitis in baroniam de Dowhill.—A. E. 40*l*. N. E. 200*m*.—(Vide Kinross, Perth.)
i. 39.

(61)　　　Jan. 14. 1566.
JACOBUS LUMMISDENE filius legitimus secundo genitus Joannis Lummisdene de Blanerne, *hæres talliæ* Thomæ Lummisdene de Ardrie, *consanguinei,*—in terris et baronia de Ardrie, continentibus terras de Ardrie, Baclany, Reidwallis, Sipsies, Powrane, Castelseid of Cowper;—quarta parte terrarum de Ramsayes Forthir, cum trigesima parte earundem, cum terris in Haddington unitis in baroniam de Ardrie.—A. E. 12*l*. N. E. 40*l*.—(Vide Haddington.)
i. 37.

(62)　　　Apr. 8. 1567.
HELENA STRIVELING, *hæres* Davidis Strivling de Eister Braiky, *avi,*—in terris de Balkaskie.—A. E. 40*s*. N. E. 10*l*. i. 83.

(63)　　　Jul. 31. 1567.
ELIZABETHA CARNAGIE, *hæres portionaria* Elizabethæ Ramsay de Culluthie, *matris,*—in terris et baronia de Lucheres-Ramsay cum pertinentiis, viz. terris dominicalibus de Luchres;—tertia parte terrarum de Segypark;—tertia parte terrarum de Raschemyre;—tertia parte terrarum de Kirktoun de Lucheres;—tertia parte terrarum de Bredland;—terris de Midmure cum lacu vocato Hadryloch;—tertia parte lacus vocati Canloch;—terris de Balleirth-

lie;—tertia parte terrarum de Formond cum piscaria super aqua de Edyn, a faucibus dictæ aquæ ad aquam de Mothre prout mare fluit et refluit, cum cymba lie ferrybait, et devoria vocata Ankerage navium et cymbarum infra bondas dictæ aquæ, cum potestate piscandi cum cymbis et retibus;—tertia parte terrarum de Mylnetoun, cum 2 molendinis granorum et Scheillinghauch earundem;—tertia parte terrarum de Pursk et communia de Lucklawhill;—dimidietate terrarum de Kinstar;—tertia parte terrarum de Baltongy;—tertia parte terrarum de Silverwelmos;—dimidietate terrarum de Rynd;—quarta parte terrarum de Muretoun, et quarta parte maresii nuncupati Inchegay;—tertia parte terrarum de Auldmutes cum cuniculario;—tertia parte terrarum de Kinschawdye;—tertia parte terrarum de Nethermyres cum cuniculario et piscaria;—tertia parte terrarum de Wester Fotheres;—dimidietate terrarum et baroniæ de Cruvye;—terris dominicalibus et piscaria super aqua de Mothre et ex parte boreali de Broundoid, cum communia de Lucklawhill et Lilleismure;—dimidietate terrarum de Weddersbe et Wodheid, cum communia in Monkismoss et Edyninsmure;—dimidietate terrarum de Gadwen, cum warda et prato earundem, ac communia in dicta mora, et maresiis nuncupatis Monkismoss et Edyninsmure;—dimidietate terrarum de Bouhous cum piscaria et communia;—dimidietate terrarum de Scheillis;—dimidietate de Lurgmyre, Erlistand, et piscaria earundem cum communia;—terris de Newtoun et communia cum molendino, et advocatione ecclesiarum, cum principali mansione, manerie et castro de Luthers.—Dimidietatis A. E. 10*l*. 13*s*. 4*d*. N. E. 53*l*. 6*s*. 8*d*.
i. 81

(64)　　　Jul. 31. 1567.
MARGARETA CARNAGY, *hæres portionaria* Elizabethæ Ramsay de Culluthie, *matris,*—in dimidietate terrarum et baroniæ de Luthères, &c. ut in precedente excepta principali mansione.
i. 89.

(65)　　　Oct. 29. 1567.
WILLIELMUS BLAKBURNE, *hæres* Willielmi Blakburne burgensis de Innerkething, *patris,*—in annuo redditu 2;*m*. de terris de Otterstoun.
i. 51.

(66)　　　Oct. 29. 1567.
THOMAS FOSTAR, *hæres* Georgii Fostar de Strathanrye, *patris,*—in terris de Giblistoun et Cowbaky;—terris de Langsyd.—A. E. 8*l*. N. E. 32*l*.
i. 36.

(67)　　　Nov. 1. 1567.
ALEXANDER GOURLAY, *hæres* Willielmi Gourlay de Kincraig, *patris,*—in terris et baronia de Kincraig.—A. E. 6*l*. N. E. 24*l*.
i. 48.

(68)　　　Jan. 22. 1577.
MICHAEL STEWINSONE, *hæres* Georgii Stewensone portionarii de Luthrie, *avi,*—in decima sexta parte terrarum de Luthrie, infra senescallatum de Fyfe.—E. 4*l*. 12*s*. 11*d*.
i. 43.

(69)　　　Apr. 30. 1579.
JOANNES WILLIAMSONE, *hæres* Joannis Williamsone portionarii de Kingiskettill, *patris,*—in decima sexta parte terrarum de Kingiskettill infra dominium de Fyf.—E. 16*s*. 8*d*. &c. i. 94.

(70)　　　Apr. 20. 1585.
DOMINUS PATRICIUS HEPBURN de Lufnes miles, *hæres* Patricii Hepburn de Wauchtoun, *patris,*—in terris de Tollie cum molendino, et aliis terris in Berwick et Haddingtoun.—A. E. 40*l*. N. E. 120*l*.—Tertia parte terrarum de Blair, Michilstoun, et Strathore;—tertia parte occidentalis portus de Dysert et annuorum reddituum ejusdem.—A. E. 4*l*. N. E. 8*l*.—(Vide Forfar, Aberdeen, Perth, Haddington, Berwick, Peebles.)
i. 176.

(71)　　　Feb. 22. 1588.
MAGISTER JACOBUS SEMPILL, *hæres* Joannis Sempill de Baltries, *patris,*—in terris et villa de Auchtermuchtie, cum molendino jacente in senescallatu de Fyff.—E. 5 celdræ 11 *bollæ frumenti*, &c.
i. 71.

(72)　　　Apr. 8. 1589.
DAVID MELDRUME de Segy, *hæres* Jacobi Meldrum de Segy, *patris,*—in dimidietate terrarum de Brwchtie in regalitate Sancti Andreæ.—A. E. 15*s*. N. E. 3*l*.
i. 68.

(73)　　　Aug. 30. 1595.
JOANNES MELVILL, *hæres* Jacobi Melvill portionarii de Ardett, *patris,* in decima sexta parte terrarum de Ardett, infra dominium de Fyff, cum communi pastura.—E. 36*s*. 8*d*. &c.
i. 117.

(74)　　　Feb. 14. 1598.
WALTERUS SCOTT, *hæres* Margaretæ Scott, *sororis,*—in annuo redditu 50*m*. de terris de Montquhanny.
i. 154.

(75)   Feb. 14. 1598.

WALTERUS SCOTT, *hæres* Elyzabethæ Scott, *sororis*,—in annuo redditu 50*m.* de terris de Montquhanny.   ii. 134.

(76)   Aug. 16. 1599.

THOMAS MARTEINE, *hæres* Thomæ Martene de Lathoms, *patris*,—in terris de Achenochen *alias* Midle, Wester, et Norther Lathoms, infra regalitatem Sancti Andreæ.—A. E. 30*s.* N. E. 6*l.*   ii. 13.

(77)   Nov. 25. 1599.

WILLIELMUS GILMOR, *hæres* Euphameæ Balcanquell, *matris*, —in octava parte borealis quarteriæ terrarum et villæ de Auchtermuchtie, extendente ad libratam et dimidiam libratam terrarum, cum privilegio communiæ in monte de Auchtermuchtie, et in terris nuncupatis Quhitfeild, in dominio et senescallatu de Fyiff.— E. 3 *bollæ* 1 *firlota* 2 *peccæ frumenti*, &c.   ii. 1.

(78)   Dec. 12. 1599.

GULIELMUS RAMSAY, *hæres* Davidis Ramsay burgensis de Dundy, *patris*,—in 5 acris terræ de Bodumcraig, in baronia de Balmerinoche.—E. 38*s.* 4*d.* &c.   ii. 15.

(79)   Jan. 23. 1600.

HENRICUS WILSOUN, *hæres* Thomæ Wilsoun sartoris, *patris*,—in 4 bovatis terrarum arabilium ex boreali parte maneriei de Balmarinoch cum decimis garbalibus inclusis, in baronia de Balmerinoch.—E. 11 *bollæ hordei*, &c.   ii. 13.

(80)   Feb. 27. 1600.

MAGISTER JOANNES LERMONTH de Birkhill, *hæres* Jacobi Lermonth de Balcomye, *fratris*,—in terris de Balcomy, unitis in baroniam de Balcomy, cum communi pastura in mora Kingismure nuncupata :—A. E. 4*l.* N. E. 83*l.*—Terris de Sauchop in parochia de Crail.—E. 3 *celdræ* et 4 *bollæ ordei*, &c.   ii. 31.

(81)   Mar. 6. 1600.

MAGISTER JOANNES LERMONTH de Birkhill, *hæres* Jacobi Lermonth de Balcomye, *fratris*,—in terris de Kilmonnane cum molendino in regalitate Sancti Andreæ.—E. 20*l.*   ii. 31.

(82)   Apr. 2. 1600.

ALEXANDER WOD de Lambelethame, *hæres* Jacobi Wod de Lambelethame, *patris*,—in 5 acris terræ arabilis cum dimidio acræ et dimidietate terræ husbandiæ, olim jacentibus per lie Runrig, inter terras colonorum de Pettinweyme ;—dimidia parte illius spatii terræ de lie Heuch subter rupes,—E. 10*s.*—2 acris terræ arabilis jacentibus per lie Runrig inter terras dictorum colonorum de Pettinweyme, in baronia de Pettinweyme :—E. 3*s.* &c.— 2 acris terræ arabilis inter terras dictorum colonorum de Pettinweyme ;—1 acra terræ arabilis jacente per lie Runrig inter terras dictorum colonorum ;—4½ acris terræ arabilis jacentibus in dicta baronia de Pettinweyme :—E. 6*s.* 8*d.* &c.—4 acris terræ arabilis ;—E.13*s.* 4*d.* &c.—2 acris terræ arabilis, in prædicta baronia :—E. 6*s.* 8*d.* &c.—2½ acris in territorio villæ de Anstruther :—E. 8*s.* 4*d.* &c.—1 acra terræ arabilis in dicta baronia de Pettinweyme ;— domo sive tenemento in burgo de Pettinweyme :—E. 3*s.* 6*d.* &c. —Acra terræ arabilis jacente per lie Runrig inter terras colonorum de Pettinweyme ;—Acra terræ arabilis inter terras dictorum colonorum de Pettenweym per lie Runrig, in baronia prædicta :—E. 8*s.* —tenemento cum horto in burgo de Pettinweyme subter rupes ;— acra terræ arabilis jacente inter burgum de Pettinweyme et villam de Anstruther.—E. 12*s.* &c.   ii. 27.

(83)   Apr. 9. 1600.

JACOBUS LUNDY, *hæres provisionis* Andreæ Lundy, fratris germani Magistri Willielmi Lundy de Eodem, *fratris*,—in annuo redditu 80*m.* de terris et baronia de Ardross.   ii. 25.

(84)   Maii 6. 1600.

JOANNES LUNDY, *hæres* Magistri Gulielmi Lundy de Eodem, *patris*,—in terris et baronia de Lundy, viz. terris dominicalibus de Lundy ;—terris de Haltone ;—terris de Balcormo cum molendino ; —terris de Over et Nether Praters;—terris de Teveittis ;—terris de Kene ;—terris de Gilstone ;—terris de Bowsie ;—terris de Stratherlie, cum molendino et advocatione capellaniarum earundem, unitis in baroniam de Lundy.—A. E. 20*l.* N. E. 200*l.*—Dimidietate terrarum de Kincraig.—A. E. 40*s.* N. E. 8*l.*   ii. 34.

(85)   Jun. 17. 1600.

WILLIELMUS CARMICHAELL balivus de Dysert, *hæres* Joannis Carmichaell filii Ricardi Carmichaell de Athenary, *fratris*,— in annuo redditu 23*s.* 6*s.* 8*d.*—annuo redditu 6*m.* de tenemento terræ in Dysert.   ii. 66.

(86)   Jul. 22. 1600.

DAVID KYLGOUR, *hæres* Alexandri Kylgour de Nethill, *patris*,—in annuo redditu 24*l.* de tenemento in burgo de Cupro.   ii. 57.

(87)   Oct. 1. 1600.

JOANNES BARCLEYTH, *hæres* Jacobi Barcleyth in Cowtray, *patris*,—in 6 acris terrarum de Cowtray, cum potestate retinendi 4 vaccas cum earum sequelis, et duos equos vel equas cum sequelis et pascendi inter bondas dictæ grangiæ in baronia de Balmerinoch.—E. 46*l.* &c.   ii. 74.

(88)   Oct. 22. 1600.

ANDREAS COKBURNE de Tretoun, *hæres* Joannis Cokburne de Tretoun, *patris*,—in terris de Tretone et Wester Newtone in dominio de Dalginche :—A. E. 45*s.* N. E. 9*l.*—Quarta parte terrarum de Kynnaird ;—quarta parte terrarum de Blaircrambaithe, cum 10 sowmes et quadam crofta in baronia de Crambethe.—A. E. 5*s.* N. E. 20*s.*   ii. 57.

(89)   Mar. 4. 1601.

ANDREAS AYTOUN, *hæres* Joannis Aytoun de Dunmure, *patris*,—in terris de Glendukie, in baronia de Ballinbreich.—A. E. 10*l.* N. E. 45*l.*   ii. 81.

(90)   Apr. 21. 1601.

THOMAS MONYPENNY de Kinkell, *hæres* Alexandri Monypenny de Kinkell, *patris*,—in terris de Kinkell et Snaudoun, in regalitate Sancti Andreæ.—A. E. 10*l.* N. E. 20*l.*   ii. 86.

(91)   Apr. 30. 1601.

NINIANUS M'MORANE, *hæres* Joannis M'Morane, *fratris*,— in octava parte terrarum de Kingisbarns, infra dominium et senescallatum de Fyiff, cum communi pastura Kingismure.—E. 8*l.* 6*s.* 8*d.* &c.   ii. 88.

(92)   Maii 6. 1601.

NICHOLAUS BAXTER, *hæres* Henrici Baxter burgensis de Cupro, *fratris*,—in duabus novem partibus terrarum de Batulie ; —duabus novem partibus terrarum de Kingarro :—A. E. 26*l.* N. E. 4*l.* 10*s.*—Duabus partibus 8 acrarum terræ arabilis prope terras de Bonefeild et montem placidi burgi de Cupro, cum 20 perticatis in mora comitis prope dictum burgum :—A. E. 15*s.* N. E. 40*s.*—Duabus partibus terrarum vocatarum Murebrekis et Arnottiskaine, cum communi pastura in dicta mora comitis ;—2 acris terræ arabilis quarum una jacet in lie Hauche, et altera inter molendinum dicti burgi ;—dimidietate acræ terræ arabilis in lie Mylnehill prædicti burgi, ac 3 glebis terrarum prope viam quæ ducit ad burgum de Dundie.—A. E. 15*s.* N. E. 3*l.*   ii. 89.

(93)   Maii 14. 1601.

JACOBUS BONAR de Rossie, *hæres* Willielmi Bonar de Rossie, *patris*,—in terris de Eister Rossie, infra senescallatum de Fyiff :— E. 19*l.* &c.—Tertia parte terrarum de Coilsie in baronia de Ballanbreich.—E. 10*m.*—(Vide Perth.)   ii. 90.

(94)   Maii 19. 1601.

DAVID LYNDSAY de Balcarres, *hæres* Magistri Joannis Lyndsay de Balcarres rectoris de Menmure olim secretarii S. D. N. Regis, ac unius senatorum ordinariorum sui Collegii Justiciæ, *patris*,—in superioritate villæ et terrarum de Eister Pitcorthie in baronia de Kellie :—A. E. 40*s.* N. E. 40*m.*—Terris de Inverdovat *alias* Lichtounislandis :—A. E. 3*l.* N. E. 12*l.*—Annuo redditu 1 celdræ 5 bollarum 2 firlotarum et 1 peccæ tritici, 2 celdrarum 8 bollarum et 3 firlotarum ordei, 25*l.* 13*s.* 7*d.* 48 caponum et 48 pultrearum, de terris de Balcarhous et molendino, infra senescallatum de Fyiff, cum 10 oneribus lie laid carbonum :—8 acris terrarum de Schyremure ;—terris de Balneill proxime adjacentibus infra dictum senescallatum, cum libertate pasturandi infra bondas terrarum de Schyremure vocatis lie Langsydemure :—A. E. 40 *nummi.* N. E. 13*s.* 4*d.*—Jure pascendi 36 boves 4 equos et 60 oves, et effodiendi cespites in dicta mora :—A. E. 20 *nummi.* N. E. 6*s.* 8*d.*—Parte terrarum capellaniæ Beatæ Mariæ Rires spectante, et de capellanis ejusdem perprius tenta, nunc Nether Cummerlandis vulgo nuncupata ;—illa Longastruther jacente inter Balcarhous, Eist Rires et Wester Rires usque ad marchiam de Newtoun :—E. 6*s.* 8*d.*—Annuo redditu 100*m.* de terris de Kilconquhair.—(Vide Haddington, Forfar.)   ii. 94.

(95)   Maii 19. 1601.

DAVID LYNDSAY, *hæres* Joannis Lyndsey de Balcarres, *fratris germani*,—in terris de Balneill, in parochia de Kilconquhair :— A. E. 1*l.* N. E. 10*l.*—Terris et molendino de Balcarhous in dicta parochia de Kilconquhar :—E. 25*l.* 14*s.* 7*d.* &c.—Terris de Balmakene in parochia de Carnebie ; omnibus unitis in baroniam de Balneill :—E. 40*s.*—Annuo redditu 300*m.* de dimidietate terrarum de Newtoun de Rires, in dicta parochia de Kilconquhar.   ii. 96.

(96)   Jun. 4. 1601.
MAGISTER JACOBUS ROBERTSOUN, *hæres* Patricii Robertsoun burgensis de Edinburgh, *patris*,—in orientali dimidietate terrarum de Jerresland de Auchtermuchtie extendente ad 2 mercatas terrarum, cum jure communiæ in monte de Auchtermuchtie ac in terris de Quytfeild, in dominio et senescallatu de Fyiff.—E. 2 *bollæ* 2 *firlotæ* 2 *peccæ tritici*, &c.   ii. 98.

(97)   Jun. 18. 1601.
MICHAEL SCOTT, *hæres* Davidis Scott de Kintulloch, *patris*,—in cottagio terræ de Auchtermuchtie Annyquhytelockis cottage nuncupato, cum jure communiæ in monte de Auchtermuchtie, in dominio et senescallatu de Fyiff.—E. 1 *firlota* 3 *peccæ avenarum*.   ii. 106.

(98)   Jun. 29. 1601.
JOANNES DOMINUS DE SALTOUN, *hæres* Georgii Domini de Saltoun, *patris*,—in terris de Dalgathie unitis ad baroniam de Abirnethie in Rothiemay.—A. E. 5*l*. N. E. 10*l*.—(Vide Forfar, Banff.)   ii. 111.

(99)   Jul. 8. 1601.
JOANNES SEYTOUN, *hæres* Capitani Patricii Seytoun, *patrui*,—in terris ecclesiasticis vicariæ de Stramiglo.—E. 20*m*. 6*s*. 8*d*.—Spacio terræ in quo monasterium fratrum prædicatorum civitatis Sancti Andreæ olim ædificatum fuit infra dictam civitatem;—annuo censu horti ejusdem ex parte australi vici australis prædictæ civitatis:—E. 20*s*.—Annuo redditu 216*m*. de terris de Eister et Wester Lathrisk.   ii. 107.

(100)   Jul. 8. 1601.
ROBERTUS HAKHEID, *hæres* Georgii Hakheid de Pitfirrane, *patris*,—in tertia parte terrarum de Pitfirrane in baronia de Stramiglo per annexationem ;—tertia parte terrarum de Pitfirrane in baronia de Craighall :—A. E. 30*s*. N. E. 6*l*.—Terris de Lumfynnance Souther et Norther, in baronia de Loquhoirser :—A. E. 3*l*. N. E. 12*l*.—Annuo redditu 400*m*. de terris et baronia de Craigeis, in baronia de Rossyth per annexationem.   iv. 393.

(101)   Jul. 9. 1601.
HENRICUS RYMOUR, *hæres* Joannis Rymour portionarii de Kingiskettil, *patris*,—in decima sexta parte terrarum et villæ de Kingiskettill, infra dominium de Fyiff et senescallatum ejusdem.—E. 16*s*. 8*d*. &c.   ii. 106.

(102)   Aug. 6. 1601.
DAVID BOSWELL, *hæres* Magistri Georgii Boswell de Bowhill, *patris*,—in dimidietate terrarum de Bowhill in baronia de Loquhoirsir cum dimidietate molendini.—A. E. 10*s*. N. E. 50*s*. iii.159.

(103)   Aug. 19. 1601.
GEORGIUS RAMSAY de Dalhousie, *hæres* Domini Alexandri Ramsay de Dalhoussie militis, *abavi*,—in majore dimidietate terrarum de Carnoch :—A. E. 40*s*. N. E. 10*l*.—Minore dimidietate predictarum terrarum de Carnoch in regalitate Sancti Andreæ.—A. E. 40*s*, N. E. 10*l*.   ii. 116.

(104)   Oct. 6. 1601.
ROBERTUS DURIE de Eodem, *hæres* Jonetæ Durie, *aviæ*,—in terris de Kilmuix et decimis, in regalitate Sancti Andreæ.—E. 10*l*.   iii. 14.

(105)   Oct. 8. 1601.
JOANNES CALWART, *hæres* Joannis Calwart portionarii de Kingisbarnis, *patris*,—in trigesima bina parte terrarum de Kingisbarnis, infra dominium de Fyiff et senescallatum ejusdem, cum communi pastura.—E. 25*s*. &c.   ii. 119.

(106)   Oct. 8. 1601.
JACOBUS SEYTOUN, *hæres* Patricii Seytoun portionarii de Auchtermuchtie, *patris*,—in parte unius duodecimæ partis sive libratæ terræ australis quarteriæ villæ et terrarum de Auchtermuchtie, cum jure communiæ in monte de Auchtermuchtie :—E. 12*d*. &c.—Domibus, tofta et horto apud burgum de Falkland ;—crofta terræ ad 3 acras terræ aut eo circa extendente, in dominio de Fyiff et senescallatu ejusdem.—E. 14*s*. 8*d*. et 16*d*. in augmentationem.   ii. 119.

(107)   Oct. 8. 1601.
JACOBUS GILMOUR, *hæres* Joannis Gilmour portionarii de Auchtermuchtie, *patris*,—in octava parte de Bondhalf villæ et terrarum de Auchtermuchtie, extendente ad 2 libratas terrarum ;—dimidietate terrarum de Marisland extendente ad libratam terræ, cum jure communiæ in monte de Auchtermuchty, ac in terris de Quhytfeild in senescallatu de Fyiff.—E. 4*l*. 4*s*. &c.   ii. 119.

(108)   Oct. 14. 1601.
WILLIELMUS BRUCE de Erlishall, *hæres* Alexandri Bruce de Erlishall, *patris*,—in bina parte tertiæ partis terrarum et villæ de Pursk :—A. E. 40*s*. N. E. 20*m*.—Una tofta et crofta vulgariter vocatis Lampland infra baroniam de Leucheris-forbes ;—tofta et crofta vulgariter vocatis Philps-croft infra dictam baroniam.—A. E. 5*s*. N. E. 20*s*.   ii. 118.

(109)   Dec. 16. 1601.
MARIA SCOTT, *hæres portionaria* Magistri Willielmi Scott advocati coram Dominis Concilii et Sessionis, *patris*,—in annuo redditu 2 celdrarum victualium de tertiis partibus terrarum de Carnægour et Lambieletham et molendini, in regalitate Sancti Andreæ.   ii. 132.

(110)   Dec. 16. 1601.
SUSANNA SCOTT, *hæres portionaria* prædicti Magistri Willielmi Scott advocati, *patris*,—in prædicto annuo redditu.   ii. 132.

(111)   Mar. 16. 1602.
WILLIELMUS SANDELANDS de Sanct Monance, *hæres* Jacobi Sandelands de Sanct Monance, *avi*,—in terris de Kirktoun de Cullessie-mylne et Pitlochie cum molendino ;—terris de Pitlair cum molendino ;—Drumclochope ;—dimidietate terrarum de Woddersbie et Wodheid ;—dimidietate terrarum de Gadvane, Bowhouse et Scheillis, unitis in baroniam de Pitlair ;—dimidietate dictarum terrarum de Woddersbie, Gadvan, Bowhouse et Wodheid, cum advocatione beneficiorum in baronia de Leuchers per annexationem :—A. E. 12*l*. N. E. 48*l*.—Decimis parvorum alborum piscium venientium ad portam de Sancti Monance ;—dimidietate terrarum de Westercleisch.—A. E. 20*s*. N. E. 3*l*.   iii. 56.

(112)   Apr. 13. 1602.
JOANNES DOMINUS LYNDSAY DE BYRIS, *hæres* Jacobi Domini Lyndsay de Byris, *patris*,—in terris et baronia de Pitcruvie ;—terris de Markinsche cum molendinis granorum et fullonum ;—terris de Pyottstoun ;—terris de Mounscheill ;—bina parte terrarum de Edendowny ;—bina parte terrarum de Cassindillie ;—terris et baronia de Pitlessie ;—terris de Haltoun et Bunzeoun ;—terris de Dumhaigillis, cum quibusdam aliis terris in Linlithgow, Haddington, et Perth, unitis in baroniam de Pitcruvie.—A. E. 50*l*. N. E. 100*l*.—(Vide Linlithgow, Haddington, Perth.)   iv. 27.

(113)   Apr. 13. 1602.
JOANNES DOMINUS LYNDESAY DE BYRIS, *hæres* Jacobi Domini Lyndesay de Byris, *patris*,—in terris de Orky cum molendino ;—quarta parte terrarum de Eister Lawthrisk nuncupata The Langflat ;—maresia vulgo Myre nuncupata Pitcontiemyre, quæ est pars terrarum de Orky in parochia de Lawthrisk :—A. E. 5*l*. N. E. 25*m*.—Terris ecclesiasticis vicariæ de Lawthrisk nuncupatis Bantuscall :—E. 46*s*. 8*d*.—Tertia parte terrarum de Cassindillie.—E. 4*l*. 13*s*. 8*d*.   iv. 30.

(114)   Apr. 13. 1602.
JOANNES DOMINUS LYNDSAY DE BYRIS, *hæres* Jacobi Domini Lyndsay de Byris, *patris*,—in bina parte terrarum de Balmon (vel Balmen) cum molendino, infra regalitatem Sancti Andreæ.—A. E. 5*m*. N. E. 20*m*.   ii. 150.

(115)   Maii 6. 1602.
MICHAEL BALFOUR de Bandone, *hæres* Davidis Balfour de Bandone, *patris*,—in dimidietate terrarum de Ballinbla apud burgum de Falkland, infra senescallatum de Fyiff, cum superioritate toftarum, tenementorum, &c. dictæ dimidietatis cum feudifirmis.—E. 4*l*.   ii. 155.

(116)   Maii 12. 1602.
DAVID MELVIL, *hæres* Jonetæ Wemes, *matris*,—in dimidietate duarum sextarum partium 3 quarteriarum terrarum de Eister Lathrysk et Moncotymyre.—A. E. 30*s*. N. E. 4*l*. 15*s*.   ii. 151.

(117)   Jul. 14. 1602.
THOMAS MONEPENNY de Kinkell, *hæres* Alexandri Monepenny de Kinkell, *patris*,—in terris de Camerone.—A. E. 1*l*. N. E. 12*l*.   ii. 158.

(118)   Jul. 22. 1602.
JACOBUS MORAVIÆ COMES, Dominus Abirnethy et Doun, &c. *hæres* Jacobi Moraviæ Comitis, Domini Abirnethy et Doun, *patris*,—in terris de Dunnybirsel ;—terris de Beinhill et Grange ;—19 acris terræ et 6 acris vulgo Caikinche nuncupatis :—E. 59*l*. 3*s*. 10*d*.—Terris de Killierie :—E. 1*l*. 13*s*. 8*d*.—Terris de Croftgarie et Brego in baronia de Bayth :—E. 14*l*. 10*s*. &c.—Terris de Muretoun de Bayth :—E. 28*s*. 8*d*.—Dimidietate terrarum de Knoksodrum :—E. 22*s*.—Terris de Newtoun, Cuthilhill et Seyside ;—terris de Caikinsche ;—1½ acra terræ apud finem occidentalem pon-

B

tis de Abirdour, ac molendino de Aberdour :—E. 24*l.* 4*d.*—Terris de Eister et Wester Boclavies.—E. 40*m.* &c.　　　iii. 77.

(119)　　　Jul. 22. 1602.
JACOBUS COMES MORAVIÆ, *hæres* Jacobi Comitis Moraviæ, &c. *patris,*—in insula divi Columbæ ac monasterii loco et manerie ejusdem.—E. 5*m.*　　　iii. 79.

(120)　　　Jul. 22. 1602.
JACOBUS MORAVIÆ COMES, &c. *hæres* Jacobi Domini Doun, *avi ex parte patris,*—in terris et baronia de Bayth continentibus terras de Craigbayth, Kirkbayth, Bathelokis, Scheilis, Hiltoun, Eistertoun, et Nethertoun ;—terras de Mourtoun, Coilheuchlandis cum carbonario, et molendino de Bayth.—E. 44*l.* 7*s.*　iii. 80.

(121)　　　Jul. 24. 1602.
MICHAEL SCOTT, *hæres* Davidis Scott de Kintulloche, *patris,* —in tofta seu tenemento terræ in burgo de Faulkland, cum 3 acris terrarum arabilium eædem croftæ et tenemento spectantibus, cum pastura 3 vaccarum intra bondas et limites harbagii de Ballinbla infra libertatem dicti burgi.—E. 20*s. cum hospitalitate debita et consueta.*　　　ii. 161.

(122)　　　Aug. 12. 1602.
MICHAEL BALFOUR, *hæres* Davidis Balfour de Bandone, *patris,*—in manerie vulgo Manor-place de Nuthill, prope burgum de Falkland infra senescallatum de Fyiff.—A. E. 3*s.* N. E. 12*s.* ii. 163.

(123)　　　Oct. 6. 1602.
JACOBUS SYBBALD, *hæres masculus* Andreæ Sybbald de Rankillar-over, *patris,*—in terris et baronia de Rankilor-over.—A. E. 3*l.* N. E. 12*l.*　　　ii. 172.

(124)　　　Nov. 24. 1602.
ROBERTUS HAY de Fudie, *hæres* Gilberti Hay de Fudie, *attavi,*—in terris de Southbanklandis, et terrarum parte boreali de Pitblado ex orientali, in dominio de Pitblado.—A. E. 40*s.* N. E. 8*l.*　　　ii. 179.

(125)　　　Nov. 24. 1602.
DAVID RAMSAY, *hæres* Joannis Ramsay de Brakmonth, *patris,* —in terris de Luklaw, cum monte Luklawhill et Brountod nuncupato ;—annuo redditu 13*s.* 4*d.* de molendino de Thomastone et terris ejusdem.—A. E. 20*s.* N. E. 4*l.*　　　ii. 183.

(126)　　　Dec. 23. 1602.
DAVID RAMSAY de Brakmonthe, *hæres* Joannis Ramsay de Brakmonthe, *patris,*—in terris de Letill Tarwelt in regalitate Sancti Andreæ.—A. E. 10*l.* N. E. 20*l.*　　　iii. 14.

(127)　　　Jan. 13. 1603.
ROBERTUS WATSON *alias* MYLLER, *hæres* Joannis Watsoun *alias* Myller portionarii de Auchtermuchtie, *patris,*—in dimidietate decimæ sextæ partis de Bondhalf villæ et terrarum de Auchtermuchtie, extendentibus ad 16 solidatas terræ, et in tertia parte molendini de Auchtermuchtie cum terris molendinariis, et privilegio communiæ in monte de Auchtermuchtie ac in terris Quhytefeild nuncupatis.—A. E. 12*s.* 2*d.* &c. pro tertia parte molendini 20*d.* &c.　　　iii. 8.

(128)　　　Mar. 3. 1603.
DAVID LUNDIE apparens de Newhall, *hæres masculus talliæ et provisionis* Roberti Lundie de Newhall, *fratris germani,*—in terris de Newhall :—A. E. 40*s.* N. E. 10*l.*—Terris de Lethame, in parochia de Carrail :—E. 10*l.* 13*s.* 4*d.*—Terris de Auchternairn (vel Auchtermairne) ac 2 acris arabilibus terrarum de Kennochie ;— terris de Kennoquhie ;—terris de Lalethame et Auldie in baronia de Leslie :—A. E. 4*l.* N. E. 16*l.*—Terris de Gilstoun in baronia de Lundy, in warrantum dictarum terrarum de Auchtermairny, Kennoquhie, Lalethyne et Auldie :—A. E. 4*l.* N. E. 16*l.*—Quarteria et trigesima secunda parte et bina parte alterius trigesimæ secundæ partis terrarum et villæ de Innergellie in regalitate Sancti Andreæ, et in bina parte duodecimæ partis terrarum de Innergellie in dicta regalitate.—A. E. 40*s.* N. E. 8*l.*　　iii. 69.

(129)　　　Apr. 20. 1603.
ROBERTUS LUNDY de Balgony, *hæres* Roberti Lundy de Balgony, *patris,*—in terris et baronia subscriptis, viz. terris de Over Balgony, Nether Balgony, Mylnetoun, Byris, Innerlochtie *alias* Spittal ;—terris de Dowane, viz. Over Dowan, Nether Dowane, Myldamis et molendino earundem ;—terris de Scerthum, viz. terris dominicalibus de Scerthum, Blaukfauldis, Cowdame, cum molendinis fullonum et granorum, et presentatione capellaniarum, cum quibusdam aliis terris in Perth, unitis in baroniam de Balgony : —A. E. 20*l.* N. E. 133*l.* 6*s.* 8*d.*—Terris de Pitlochie et Bannachtie :—E. 26*l.* 13*s.* 4*d.*—Terris de Denekery (vel Denekeir) infra

baroniam de Kirkcaldie, regalitatem de Dumfermling et dominium ejusdem :—E. 11*l.* 4*s.*—Terris de Drumdeill in baronia de Pitgornow :—E. 10*l.*—Terris de Innerlewen *alias* Cauldcottis in baronia de Methill et regalitate Sancti Andreæ :—A. E. 20*s.* N. E. 8*l.*— Terris maresii de Tretone jacentis contigue cum maresio de Dalginsche et Myltone de Balgony.—A. E. 10*s.* N. E. 53*s.* 4*d.*—(Vide Perth, Kincardine, Forfar.)　　　iii. 22.

(130)　　　Apr. 20. 1603.
ROBERTUS LUNDY de Balgony, *hæres* Davidis Lundy de Balgony, *avi,*—in annuo redditu 5*l.* de burgo de Crail, vel de firma regia ejusdem.　　　iii. 21.

(131)　　　Apr. 27. 1603.
ANDREAS BICKARTOUN de Wester Casche, *hæres* Joannis Balfoure de Wester Casche, *attavi ex parte matris,*—in terris de Wester Casche, cum molendino, et pastura suorum animalium per communem silvam forrestæ de Falkland.—A. E. 40*s.* N. E. 8*l.* iv. 8.

(132)　　　Jul. 27. 1603.
JACOBUS FORRETT, *hæres* Joannis Forrett de Fyngask, *patris,* —in terris de Fyngask cum molendino, in regalitate Sancti Andreæ.—A. E. 40*s.* N. E. 8*l.*　　　iii. 32.

(133)　　　Aug. 3. 1603.
ELIZABETHA FORRESTER, *hæres* Jacobi Forrester olim præfecti de Dundie, *proavi,*—in terris de Bownfeild in regalitate Sancti Andreæ.—E. 6*s.* 8*d.*　　　iii. 34.

(134)　　　Aug. 5. 1603.
MARGARETA THOMSONE sponsa Thomæ Birrell portionarii de Freuchie, *hæres* Alexandri Thomsone portionarii de Newtone de Falkland, *fratris,*—in octava parte et dimidietate decimæ sextæ partis de Newtoun de Falkland, cum libera pastura super Lowmond, infra dominium et senescallatum de Fife.—E. 50*s.* &c. iii. 34.

(135)　　　Aug. 24. 1603.
PATRICIUS DUDDINGSTOUN de Kincapill, *hæres* Archibaldi Duddingstoun de Kincapell, *patris,*—in omnibus et singulis assisæ allecibus maris orientalis regni Scotiæ.—E. 5¼ *lastæ halecum.*　　　iii. 35.

(136)　　　Oct. 6. 1603.
THOMAS KAA, *hæres* Thomæ Kaa portionarii de Kingisbarnes, *patris,*—in trigesima secunda parte villæ et terrarum de Kingisbarnes, in dominio de Fyiff et senescallatu ejusdem, cum communi pastura per terras de Kippo ad moram vocatam Kingismure.— E. 25*s.* &c.　　　iii. 40.

(137)　　　Oct. 26. 1603.
JACOBUS RAMSAY de Corstone, *hæres* Jacobi Ramsay de Corstone, *patris,*—in dimidietate terrarum et villæ de Newgrange de Balmerinoch, cum duabus acris reliquæ partis ejusdem ;—dimidietate terrarum de Clekcamiscleuch et Battelaw ;—2 acris villæ et terrarum de Couttray ;—dimidietate terrarum de Outfield de Byris cum Wateis-fauldis ;—4 acris terræ arabilis terrarum et villæ de Couttray ;—terris de Bangoif extendentibus ad 13 acras terrarum arabilium ;—2 acris terræ de Harlands, et una acra in Wodflet cum Heidrig ;—terris de Ducherrie extendentibus ad 16 acras terrarum arabilium in baronia de Balmerinoch.—E. 51*l.* 6*s.* 8*d.*　　　iii. 43.

(138)　　　Nov. 1. 1603.
WILLIELMUS SINCLAIR, *hæres* Henrici Sinclair, *fratris,*—in annuo redditu 120*m.* de dimidietate terræ occidentalis de Pittedie. iii. 42.

(139)　　　Nov. 30. 1603.
STEPHANUS DUDDINGSTOUN in Elie, *hæres* Georgii Duddingstoun, *fratris,*—in domibus in villa salinarum de Pittenweem. —E. 3*s.* 4*d.*　　　iii. 60.

(140)　　　Jan. 4. 1604.
JOANNES SETONE de Pittedie, *hæres* Elizabethæ Vallange, *aviæ,*—in occidentali dimidietate terrarum de Pittedie infra constabulariam de Kinghorne.—A. E. 30*s.* N. E. 10*l.*　　iii. 54.

(141)　　　Mar. 21. 1604.
DAVID TAYLZEOUR, *hæres* Davidis Taylzeour in Abircrumbie, *patris,*—in 2 acris terræ arabilis in lie Schad vulgariter The Mureflatt nuncupato, infra baroniam de Abircrumbie jacentibus contigue lie Runrig :—A. E. 3*s.* 4*d.* N. E. 10*s.*—Tenemento cum horto in in burgo de Pettinweyme ;—2 acris terræ arabilis in dominio de Pettinweyme in parte vocata Vellycruike, in dominio de Pettinweyme et baronia ejusdem :—E. 30*s.* 8*d.* &c.—3 acris terræ arabilis in lie Schad vulgo The Cowpottis nuncupato, in dominio et baronia de Pettinweyme ;—tenemento et horto in villa de Anstruther

in warrantum dictarum 3 acrarum :—E. 10s.—Annuo redditu 20 bollarum hordei de terris dominicalibus et baronia de Largo.   iii. 189.

(142)   Apr. 16. 1604.

ALEXANDER FORSYTH, *hæres* Jacobi Forsyth de Nydie, *patris*,—in terris de Nydie Eister cum molendino et piscariis, in regalitate Sancti Andreæ.—E. 5s. *Strevilingorum.*   iii. 101.

(143)   Maii 22. 1604.

MAGISTER PETRUS YOUNG de Seytoun, elimozinarius S. D. N. Regis, *hæres* Alexandri Young de Eistfeild unius Ostiariorum cubiculi S. D. N. Regis, *fratris*,—in terris quæ olim ad patrimonium prioratus sive cellæ de Pettinweme vocatis Nather Incħe spectarunt, cum particata sive petia terræ Cunninghar nuncupata, et pastura earundem, cum servitio tenentium de Pettinweme, ex parte boreali torrentis ejusdem, viz. Grangemures, Eister et Wester Pittetie, Lochend, Fawsyde, et Lyngów, cum earundem terrarum decimis inclusis, cum custodia et manutentione prati et wardæ equorum dicti monasterii et loci de Pettinweyme, in dominio et baronia de Pettinweyme :—E. 5l.—Tenemento in Pettinweme ;—dimidietate terræ husbandiæ vulgo nuncupata Half ane husbandland, ex parte occidentali burgi de Pettinweme :—E. 12s. 6d. &c.—Tenemento terræ in dicto burgo super rupes :—E. 5s. 6d.—Tenemento in Pettinweme ;—2 acris terrarum arabilium in territorio et dominio de Pettinweme :—E. 17s. &c.—Tenemento in Pettinweme :—E. 8s.—Tenemento in Pettinweme : E. 8s.—Tenemento in Pettinweme :—E. 6s. 8d.—Tenemento in Pettinweme :—E. 8s.—Tenemento in Pettinweme :—E. 6s. 8d.—Tenemento in Pettinweme :—E. 13s. 4d.—Acra terræ arabilis juxta communem moram de Pettinweme in dominio et baronia ejusdem.—E. 3s. 4d.—(Vide Elgin et Forres, Perth.)   iii. 155.

(144)   Jun. 1. 1604.

JOANNES ARNOT in Petlessie, *hæres* Jacobi Arnot de Chappell-Cattel, *fratris germani*,—in terris ecclesiasticis de Chappell-Cattel, liberis ab omni solutione decimarum garbalium, infra parochiam de Lawthrisk et regalitatem Sancti Andreæ.—E. 5l. 12d.   iii. 90.

(145)   Jun. 9. 1604.

THOMAS WALKER, *hæres* quondam Thomæ Walker portionarii de Drone, *patris*,—in una sexta parte, et decima octava parte terrarum de Drone, et molendini infra dominium de Fife et senescallatum ejusdem, cum communi pastura ad moram de Segy et Coitmure vocatam Dronismure.—E. 6l. 6s. &c.   iii. 91.

(146)   Jun. 14. 1604.

LAURENTIUS DOMINUS OLIPHANT, *hæres* Laurentii Domini Oliphant, *avi*,—in terris et baronia de Kelly cum molendinis.—A. E. 50l. N. E. 200l.—(Vide Perth, Kincardine, Edinburgh, Haddington, Caithness.)   iii. 89.

(147)   Jun. 26. 1604.

JACOBUS BALWARD, *hæres* Allani Balward de Glentarkie, *patrui*,—in terris de Glentarkie et Bellow.—E. 18m.   iii. 104.

(148)   Mar. 13. 1605.

WILLIELMUS HERVIE, *hæres* Magistri Thomæ Hervie advocati, *avi*,—in 14 acris terrarum infra baroniam de Westbarnis.—A. E. 14s. N. E. 56s.   iii. 124.

(149)   Mar. 23. 1605.

GILBERTUS JOHNSTOUN, *hæres* Magistri Johannis Johnstoun, *patris*,—in annuo redditu 100l. de terris et baronia de Dysert.   iii. 158.

(150)   Apr. 3. 1605.

MAGISTER WILLIELMUS SCOTT minister verbi divini apud ecclesiam de Couper, *hæres* Roberti Scott in Mylne-dene, *patris*,—in tertia parte terrarum borealis partis de Pitblado.—A. E. 20s. N. E. 4l.   iii. 126.

(151)   Apr. 3. 1605.

PATRICIUS HEPBURNE de Wauchtoun, *hæres* Patricii Hepburne de Lufnes militis Domini de Wauchtoun, *patris*,—in terris de Tollie cum molendino et piscaria, &c. cum quibusdam aliis terris in Haddington et Berwick.—A. E. 40l. N. E. 120l.—(Vide Haddington, Berwick, Perth, Kincardine, Aberdeen.)   iii. 160.

(152)   Maii 1. 1605.

ISSOBELLA PATERSONE, *hæres portionaria* Jacobi Patersone in Cullessie, *patrui*,—in annuo redditu 10l. de terris de Woddersbie in parochia de Cullessie.   iv. 325.

(153)   Maii 1. 1605.

JONETA PATERSONE, *hæres portionaria* Jacobi Patersone in Cullessie, *patrui*,—in annuo redditu 10l. de terris de Woddersbie in parochia de Cullessie.   iv. 325.

(154)   Maii 1. 1605.

ALISONA PATERSONE, *hæres portionaria* Jacobi Patersone in Cullessie, *patrui*,—in annuo redditu 10l. de terris de Woddersbie in parochia de Cullessie.   iv. 325.

(155)   Maii 14. 1605.

DOMINUS GEORGIUS TOURIS de Garmeltoun miles, *hæres* Johannis Touris de Innerleyth, *patris*,—in terris de Pitloche (vel Pitlochy) in regalitate et baronia de Dumfermling et Schyra de Kinglassie.—E. 10l. &c.—(Vide Edinburgh, Haddington, Berwick.)   iv. 10.

(156)   Maii 17. 1605.

MAGISTER ALEXANDER ANDRO, *hæres* Joannis Andro, *patris*,—in annuo redditu 100 bollarum ordei de terris de Buckheven spectantibus Jacobo Colvill Domino feoditario de Eister Weymis, apud locum vulgo lie Schoir de Leithe.—(Vide Edinburgh.)   iii. 231.

(157)   Jul. 24. 1605.

LUCAS WILSOUN burgensis de Edinburgh, *hæres* Lucæ Wilsoun burgensis dicti burgi, *patris*,—in annuo redditu 6m. de tenemento terræ infra burgum de Craill.   iii. 137.

(158)   Aug. 3. 1605.

LAURENTIUS SINCLER, *hæres* Guilielmi Sinclair, *fratris germani*,—in annuo redditu 200m. de terris de Pitkerie in baronia de Kelly.   iv. 143.

(159)   Aug. 3. 1605.

LAURENTIUS SINCLERE, *hæres* Henrici Sincler, *fratris*,—in annuo redditu 36l. de terris et baronia de Raithe :—Annuo redditu 40m. de occidentali dimidietate villæ et terrarum de Balgrummo.   iv. 144.

(160)   Aug. 14. 1605.

JOANNES BALFOUR, *hæres* Jonetæ Pitcairne, *matris*,—in terris de Dovane Eister et Wester, vulgo vocatis Myldamis, cum molendino.—A. E. 40s. N. E. 8l.   iv. 140.

(161)   Nov. 6. 1605.

JACOBUS LUNDY, *hæres* Joannis Lundy de Eodem, *patris*,—in terris et baronia de Lundie, viz. terris dominicalibus de Lundy;—terris de Haltoun ;—terris de Balcormo ;—terris de Over et Nether Prateris ;—terris de Tewquheittis ;—terris de Kenie ;—terris de Gilstoun ;—terris de Bowsie ;—terris de Straitherlie cum advocatione capellaniarum earundem, incorporatis in baroniam de Lundie :—A. E. 20l. N. E. 200l.—Dimidietate terrarum de Kincraig.—A. E. 40s. N. E. 8l.   iv. 24.

(162)   Dec. 19. 1605.

WALTERUS GOURLAY, *hæres* Walteri Gourlay portionarii de Kingiskettill, *patris*,—in quarteria terrarum de Kettill *alias* Kingiskettill, infra dominium de Fyff.—E. 3l. 6s. 8d. &c.   iii. 189.

(163)   Jan. 8. 1606.

JOANNES COILZEAR, *hæres* Joannis Coilzear de Lochgellie, *patris*,—in occidentali dimidietate terrarum de Lochgellie.—A. E. 7s. 6d. N. E. 30s.   iii. 168.

(164)   Feb. 5. 1606.

DOMINUS GULIELMUS ANSTRUTHER miles, *hæres* Domini Jacobi Anstruther de Eodem militis, *patris*,—in villa et baronia de Anstruther, cum terris dominicalibus et advocatione ecclesiarum et capellaniarum.—A. E. 5l. N. E. 66l. 13s. 4d.   iv. 43.

(165)   Mar. 12. 1606.

JACOBUS DOMINUS SINCLAIR, *hæres* Jacobi Magistri de Sinclair, *patris*,—in terris et baronia de Ravenscraig cum castro, portu castri, anchoragio, custumis et advocatione ecclesiarum :—A. E. 10m. N. E. 20m.—Terris et baronia de Dysert, villa et burgo ejusdem, mora et molendino et advocatione ecclesiarum.—A. E. 25l. N. E. 50l.   iv. 39.

(166)   Maii 28. 1606.

ALEXANDER SPENS, *hæres* Arthuri Spens de Lathalland, *patris*,—in terris de Lathalland :—A. E. 4l. N. E. 21l. 6s. 8d.—Dimidietate terrarum de Kittedy et Craigsonquhair.—A. E. 40s. N. E. 8l.   iv. 43.

(167)   Jun. 11. 1606.
GULIELMUS ELCHE, *hæres* Thomæ Dyn in Abircrumbie, *avunculi*,—in 5 acris terrarum arabilium in villa de Abircrombie infra baroniam ejusdem.—A. E. 5s. N. E. 20s.   iii. 213.

(168)   Oct. 2. 1606.
WILLIELMUS COWPER, *hæres* Joannis Cowper portionarii de Freuquhie, *patris*,—in octava parte villæ et terrarum de Freuquhie, cum communi pastura in Lowmondis, in dominio et senescallatu de Fyffe:—E. 40s. &c.—Decima sexta parte prædictæ villæ et terrarum de Freuquhy cum communi pastura in Lowmondis de Faulkland, in dominio et senescallatu prædicto.—E. 20s. &c.   iii. 222.

(169)   Oct. 2. 1606.
WILLIELMUS COWPAR, *hæres* Barbaræ Cowpar, *matris*,—in decima sexta parte terrarum et villæ de Freuquhy, cum pastura in Lowmondis, in dominio de Fyffe et senescallatu ejusdem.—E. 20s. &c.   iii. 222.

(170)   Oct. 2. 1606.
GRISSELIS GOURLAY, *hæres* Walteri Gourlay portionarii de Kingiskettill, *fratris*,—in quarteria terrarum de Kettill *alias* vocatarum Kingiskettill, infra dominium de Fyffe et senescallatum ejusdem, cum communi pastura per terras de Ramelie *alias* Drumymure.—E. 3l. 6s. 8d. &c.   iii. 222.

(171)   Oct. 30. 1606.
JACOBUS KILGOUR nauta in Brunteland, *hæres* Andreæ Scott portionarii de Auchtermuchtie, *avunculi*,—in annuo redditu 10m. de terris de Eister Rossie infra senescallatum de Fyif.—E. 10m.   iv. 87.

(172)   Nov. 4. 1606.
WILLIELMUS COMES DE MORTOUN, Dominus de Dalkeith, *hæres* Willielmi Comitis de Mortoun Domini de Dalkeith, *avi*,—in terris et baronia de Aberdour cum advocatione ecclesiarum;—terris de duabus Balbartanes in constabularia de Kinghorne:—A. E. 20l. N. E. 80l.—Terris de Tyrie, Westfeild, (vel Wodfeild,) et Seyfeild:—A. E. 10l. N. E. 40l.—(Vide Edinburgh, Linlithgow, Haddington, Berwick, Peebles, Lanark, Perth, Kirkcudbright, Dumfries.)   iv. 308.

(173)   Nov. 4. 1606.
WILLIELMUS COMES DE MORTOUN, &c. *hæres* Willielmi Comitis de Mortoun, &c. *avi*,—in terris de Kinneskwode, Bracelie (vel Bracolie), Kynnestoun, Balnethel, Wester et Eister Balgeddie, Portmook;—terris de Kylemagage;—cimba et piscaria in lacu de Levin;—ustrinis cementariæ de Bischophillis;—lie Gullatis lacus de Levin vulgo nuncupatis cruvis;—molendino de Polmylne in dominio de Bischopschyre, baronia ejusdem et regalitate de Sanct Androis;—molendino de Muckhart in dominio de Muckhartschyre et regalitate antedicta:—E. 106l. 8 cadi sive barrellæ *anguillarum salsarum*,—Terris et baronia de Kirkness:—E. 60l.—Terris de Craigfode in baronia de Pitgornow:—E. 20m.—Carbonaria nuncupata Keltieheuch cum solo ejusdem, infra bondas oppidorum et terrarum de Cocklaw et Lessodie, infra dominium de Dumfermeling.—E. 7l.—(Vide Dumfreis.)   iv. 311.

(174)   Nov. 5. 1606.
JOANNES ARNOTT de Wodmyll, *hæres* Joannis Arnott de Wodmyll, *patris*,—in terris de Pitcowie infra baroniam de Wauchtone et Elsterfurd.—A. E. 20s. N. E. 40s.   iii. 263.

(175)   Nov. 6. 1606.
JOANNES ARNOTE de Wodemylne, *hæres* Joannis Arnote de Wodemylne, *patris*,—in terris de Wodemylne, viz. manerie et terris dominicalibus de Wodemylne et molendino, cum acris;—terris de Eistwode, Westwode, et Wedderisbybank, cum silvis et lacubus nuncupatis Braidloch et Blakloch *alias* lacu de Lundoris, cum piscariis earundem, et anguillarum archis in torrentibus ab eisdem lacubus descendentibus, infra senescallatum et dominium de Fyffe.—E. 30l. 13s. 4d.   iii. 223.

(176)   Dec. 3. 1606.
DOMINUS JACOBUS SCOTT de Abbotishall miles, *hæres* Willielmi Scott de Abbotishall, *patris*,—in terris de Fawsyde:—E. 20l.—80 acris terrarum arabilium de Pittenweme, domibus et edificiis in burgo de Pittenweme, cum molendino de Pittinweme eidem adjacentibus, et domo in villa de Anstruther et horto ejusdem vocato lie Fischehous:—E. 16l. 4s. &c.—Pecia terræ paludosæ ex parte occidentali de Eldwandfauld, infra baroniam de Fyif:—E. 6s. 8d.—Officio balliatus baroniæ de Pittenweme;—hortis et quicquid aliud continetur intra septa et ambitum murorum et vallorum monasterii de Pittenweme, cum area sive warda de Pittenweme, omnibus infra baroniam de Pittenweym.—E. 6l. 13s. 4d.   iii. 230.

(177)   Dec. 4. 1606.
ROBERTUS DAVIDSOUN, *hæres* Joannis Davidsoun in Faulkland, *filii patrui*,—in solari dimidietate decimæ sextæ partis terrarum et villæ de Kingiskettill, infra senescallatum de Fyffe.—E. 1d.   iii. 236.

(178)   Dec. 31. 1606.
DAVID KEY civis Sancti Andreæ, *hæres* Caroli Key civis ejusdem civitatis, *patris*,—in annuo redditu 10 bollarum victualium de terris de Deving, in baronia de Balgonie.   iii. 270.

(179)   Jan. 21. 1607.
WILLIELMUS PHILP, *hæres* Willielmi Philp burgensis de Dumfermeling, *patris*,—in annuo redditu 12 bollarum farinæ avenaticæ de terris domininicalibus de Rossyth.   iii. 246.

(180)   Jan. 22. 1607.
JOANNES TURPY, *hæres* Willielmi Turpy portionarii de Ballomylne, *avi*,—in quarteria de Bellomiln cum astricta multura, et parte terrarum de Drumtennand, Martoun, Ester Ferny solventium liberam multuram, infra dominium de Fyff et senescallatum ejusdem.—E. 50s.   iii. 257.

(181)   Jan. 28. 1607.
GUILIELMUS FOWLIS in Galraye, *hæres* Davidis Fowllis in Duchrone, *patris*,—in tofta vocata Smiddieland in Galraye, cum pecia, terræ eidem adjacente extendente ad 5 acras terrarum arabilium in baronia de Nauchtane;—3 messuagiis lie riggis in Langfauld extendentibus ad unam acram terræ, cum pastura, in Manis de Nauchtane.—E. 48s. &c.   iv. 76.

(182)   Mar. 12. 1607.
ELIZABETHA MYLLAR, *hæres portionaria* Andreæ Myllar in Werk, *patris*,—in annuo redditu 200m. de terris dominicalibus de Largo.   iv. 88.

(183)   Mar. 12. 1607.
MARGARETA MYLLAR, *hæres portionaria* Andreæ Myllar in Werk, *patris*,—in annuo redditu 200m. de terris dominicalibus de Largo.   iv. 89.

(184)   Aug. 26. 1607.
DAVID GOURLAY, *hæres* Jacobi Gourlay nautæ in Leyth, *patris*,—in terris nuncupatis Brewlandis de Kennoquhy, cum 7 rudis terrarum eidem adjacentibus, ac cum graminibus 2 vaccarum et unius equi infra terras de Drummard infra dominium de Leslie.—A. E. 20d. N. E. 5s.   iv. 118.

(185)   Oct. 6. 1607.
MICHAEL GILBERT de Kairnes, *hæres* Magistri Thomæ Gilbert de Kairnes advocati, *patris*,—in terris de Kairnes et molendinis earundem, in baronia de Stramiglo per annexationem:—E. 24l.—Annuo redditu 24l. de terris dominicalibus de Stramiglo in dicta baronia:—Terris de Dempstartounis in baronia de Stramiglo, in warrantum dictarum terrarum.—A. E. 5l. N. E. 20l.   iv. 136.

(186)   Dec. 17. 1607.
WILLIELMUS GILMOUR, *hæres* Roberti Gilmour portionarii de Auchtermuchtie, *patris*,—in dimidietate decimæ sextæ partis borealis quarteriæ villæ et terrarum de Auchtermuchtie, extendente ad 10 solidatas terrarum:—E. 13s. 2d. &c.—Decima sexta parte de Bondhalf dictæ villæ et terrarum de Auchtermuchtie, extendente ad libratam terræ, cum privilegio in monte de Auchtermuchtie, ac in terris de Quhytfeild, in dominio et senescallatu de Fyiff.—E. 24s. 4d. &c.   iv. 120.

(187)   Dec. 24. 1607.
AGNES BARCLET, *hæres* Davidis Barclet portionarii de Luthrie, *patris*,—in trigesima secunda parte villæ et terrarum de Luthrie in senescallatu de Fyiff.—E. 23s. 4d.   iv. 114.

(188)   Dec. 30. 1607.
ALEXANDER CLARK, *hæres* Issobellæ Ramsay, *matris*,—in annuo redditu 120m. de terris Roberti Ramsay de Balmonthe, et Thomæ Ramsay ejus filii et hæredis apparentis cum molendino.   iv. 177.

(189)   Jan. 14. 1608.
JOANNES ROBERTSONE, *hæres* Joannis Robertsone decani gildæ burgi de Edinburgh burgensis ejusdem burgi, *patris*,—in sexta parte borealis quarteriæ villæ et terrarum de Auchtermuchtie, extendente ad 2 libratas terrarum vocatarum Buistisland, cum privilegio communiæ in monte de Auchtermuchtie, ac in terris de Quhytfeild, infra senescallatum de Fyiff:—E. 4 bollæ 2 firlotæ *tritici*, &c.—Decima sexta parte de Bondhalf villæ et terrarum de Auchtermuchtie, extendente ad libratam terræ, cum dicto privilegio:—A. E. 2 bollæ tritici, &c.—Duodecima parte australis

quarteriæ dictæ villæ et terrarum de Auchtermuchtie, extendente ad libratam terræ cum dicto privilegio :—E. 2 *bollæ* 1 *firlota tritici*, &c.—Duodecima parte sive librata terræ dictæ australis quarteriæ de Auchtermuchtie cum privilegio :—E. 2 *bollæ* 1 *firlota tritici* :—Partibus et portionibus terrarum nuncupatarum Outfeildlandis of William Airthis pund-land in Bondhalf de Auchtermuchtie ;—acra terræ nuncupata Windgaitdaill;—Outfeildlands 10 solidatarum terrarum borealis quarteriæ de Auchtermuchtie cum privilegio communiæ :—E. 1 *bolla* 2 *firlota avenarum et* 5*s*.—Partibus et portionibus terrarum lie Feildlands libratæ terræ dictæ borealis quarteriæ de Auchtermuchtie, Schipeherdhillis et Murespot nuncupatis, cum privilegio dictæ communiæ.—E. 1 *firlota avenarum et* 6*s*. 8*d*.   iv. 126.

(190)   Mar. 10. 1608.
DOMINUS JACOBUS SCOTT de Abbotshall miles, *hæres* Willielmi Scott de Abbotishall, *patris*,—in dimidietate terrarum de Kinloche, cum dimidietate molendini et cottagiorum earundem infra senescallatum de Fyiff.—E. 32*m*. 5*s*. 8*d*.   iv. 139.

(191)   Mar. 10. 1608.
GEORGIUS STIRK, *hæres* Joannis Stirk portionarii de Auchtermuchtie, *avi*,—in cottagio terræ in Bondhalf de Auchtermuchtie, in senescallatu de Fyiff, cum privilegio communiæ in monte de Auchtermuchtie, ac in terris Quhytefeild nuncupatis.—E. 6*s*. 8*d*. &c.   iv. 142.

(192)   Apr. 27. 1608.
JACOBUS BURNE, *hæres* Jacobi Burne de Bowprie, *patris*,—in terris de Bowprie, Inchebardie et occidentali parte terrarum de Quhyithill, in regalitate de Baith.—E. 22*m*. 6*s*. 1*d*. &c.   iv. 154.

(193)   Maii 3. 1608.
MAGISTER WALTERUS MAWER, *hæres* Walteri Mawer de Mawerstoun, *patris*,—in villa et terris de Kilquhiss Wester quarum terræ vulgo vocatæ lie Schulbraidis de Kilquhiss sunt partes, in senescallatu de Fyiff.—E. 8*l*.   iv. 173.

(194)   Jun. 1. 1608.
MAGISTER MARTINUS CORSTORPHINE de Balrymonth, *hæres* Martini Corstorphin portionarii de Byrehillis, *patris*,—in annuo redditu 25 bollarum ordei, de terris et baronia de Wormestoun in parochia de Craill.   iv. 176.

(195)   Jun. 22. 1608.
MARGARETA LOCHOIR, *hæres* Guilielmi Lochoir burgensis de Kinghorne, *patris*,—in orientali dimidietate terrarum de Norther Pittedie in constabularia de Kinghorne :—A. E. 30*s*. N. E. 5*l*.—Occidentali parte præfatarum terrarum de Norther Pittedie in warrantum præfatarum terrarum.—A. E. 30*s*. N. E. 5*l*.   iv. 208.

(196)   Jun. 28. 1608.
DAVID CRAWFURDIÆ COMES, Dominus Lyndsay, *hæres* Davidis Crawfurdiæ comitis, Domini Lyndsay, &c. *patris*,—in superioritate terrarum de Newhall et Lawfeild :—A. E. 4*l*. N. E. 16*l*.—Superioritate terrarum de Kilquhiss annexata baroniæ de Fynevin :—A. E. 20*s*. N. E. 4*l*.—Terris et baronia seu tenandria de Auchtermonsie et terris de Kairny cum advocatione ecclesiarum earundem, in regalitate Sancti Andreæ.—A. E. 8*l*. N. E. 32*l*.—(Vide Forfar, Aberdeen, Perth.)   iv. 218.

(197)   Nov. 30. 1608.
NICOLAUS BAXTER, *hæres* Henrici Baxter burgensis de Cupro, *fratris*,—in nona parte terrarum de Kingarrok et Battullie, et tertia parte de Murebrekis et Arnotiskeine :—E. 3*l*.—2 dimidii acris terrarum arabilium supra Milnehill prope dictum burgum ;—petia terræ arabilis ab occidentali de Hedingdekis ;—10 particatis glebarum in Mora comitis.—A. E. 1*d*. N. E. 10*d*.   iv. 207.

(198)   Nov. 30. 1608.
JACOBUS KYNNINMONTH, *hæres* Andreæ Kyninmonth portionarii de Eodem, *patris*,—in quinta parte terrarum de Kyninmonth.—A. E. 10*s*. N. E. 50*s*.   iv. 221.

(199)   Jan. 3. 1609.
JACOBUS DONALDSONE, *hæres* Magistri Jacobi Donaldsone advocati coram Dominis Concilii et Sessionis, *patris*,—in annuo redditu 240*m*. de terris de Kynnaird.—(Vide Perth, Kincardine.)   iv. 213.

(200)   Apr. 19. 1609.
PATRICIUS DOMINUS DE LINDORIS, *hæres* Domini Andreæ Leslie de Lumbennes, *patrui*,—in 4 septimis partibus terrarum et villæ de Eister Lumbennene :—E. 26*s*. 8*d*.—Septima parte prefatarum terrarum et villæ de Eister-Lumbennie, in baronia de Ballinbreich.—E. 1*d*.   vii. 255.

(201)   Maii 24. 1609.
JOANNES SANDILANDIS, *hæres* Petri Sandilandis burgensis de Kinghorne, *patris*,—in dimidietate terrarum de Norther Pittedie infra baroniam de Kinghorne, tanquam principali ;—quarta

parte solaris terrarum et villæ de Tyrie vulgo vocata Sonie Quarterlandis of Tyrie, includente dimidietatem molendini de Tyrie, et dimidietatem terrarum de Egismadaye, (vel Egismalaye,) infra baroniam de Grenge in speciale warrantum dimidietatis terrarum de Norther Pittedie :—A. E. 30*s*. N. E. 6*l*.—Orientali dimidietate terrarum de Norther Pittedie in dicta baronia de Kinghorne.—A. E. 30*s*. N. E. 6*l*.   iv. 273.

(202)   Maii 24. 1609.
ROBERTUS LOTHEANÆ COMES, Dominus Newbottill, &c. *hæres* Marci Lotheanæ comitis, Domini Newbottill, &c. *patris*,—in tenemento terræ in burgo de Craill, cum aliis terris in Haddington, Stirling, Peebles, Lanark, Edinburgh, et Linlithgow.—A. E. 100*l*. N. E. 300*l*.—(Vide Haddington, Stirling, Peebles, Lanark, Edinburgh, Linlithgow.)   iv. 299.

(203)   Jun. 28. 1609.
MAGISTER DAVID ARNOTT, *hæres* Andreæ Arnott filii legitimi Andreæ Arnott de Scotlandwell, *fratris*,—in tertia parte terrarum et villæ de Findatis :—E. 10*l*.—Terris de Vayne.—E. 3*l*. 3*s*. 4*d*.   iv. 241.

(204)   Oct. 26. 1609.
JACOBUS AUCHMUTIE, *hæres* Magistri Gulielmi Auchmutie in Hawik, *patris*,—in annuo redditu 40*l*. de decima sexta parte et dimidia decimæ sextæ partis terrarum de Kingisbarnes in senescallatu de Fyff :—Annuo redditu 40*m*. de octava parte dictarum terrarum de Kingisbarnis.   iv. 290.

(205)   Nov. 2. 1609.
HENRICUS MOULTRAY de Seyfield, *hæres* Georgii Moultray de Seyfeild, *patris*,—in terris de Newtoun de Markinche in parochia de Markinche, et infra senescallatum de Fyfe :—E. 10*l*.—Terris de Eister Markinche, Nether Markinche, Pittinhagillis, Inshehome, Bichtie, cum 6 acris prati de Dalginche, in parochia prædicta.—A. E. 5*l*. N. E. 32*l*.   iv. 291.

(206)   Jan. 9. 1610.
DAVID MERCHE, *hæres* Magistri Willielmi Merche ministri verbi Dei apud Forgone, *fratris*,—in annuo redditu 15 bollarum ordei, et annuo redditu 60*l*. de terris de Ardrie et Sypseis, infra parochiam de Craill.   iv. 349.

(207)   Jan. 31. 1610.
CAPITANUS ALLANUS COUTTIS, *hæres* Allani Coutis olim in Wester Rossyth, *patris*,—in orientali dimidietate villæ et terrarum de Pitzocher in dominio et regalitate de Dumfermling :—E. 15*l*. 5½*d*. &c.—Terris de Balbowgie in baronia de Innerkething.—A. E. 3*l*. N. E. 12*l*.   iv. 359.

(208)   Feb. 15. 1610.
ROBERTUS DOMINUS LYNDSAY, *hæres masculus* Joannis Domini Lyndsay, *fratris germani*,—in terris et baronia de Pitcruvie ;—terris de Montscheill :—A. E. 40*s*. N. E. 4*l*.—Terris de Merkinsche cum molendino granorum et fullonum :—A. E. 40*s*. N. E. 4*l*.—Terris de Pyetstoun :—A. E. 20*s*. N. E. 40*s*.—Bina parte terrarum de Edindowny :—A. E. 30*s*. N. E. 3*l*.—Bina parte terrarum de Cassindillie :—A. E. 4*l*. N. E. 8*l*.—Terris et baronia de Pitlessie ;—terris de Hiltoun et Bungzeoun ;—terris de Dunnyhaggillis :—A. E. 4*l*. N. E. 8*l*.—unitis in baroniam de Pitcruvie :—Jure patronatus ecclesiæ parochialis de Syres :—A. E. 5*s*. N. E. 10*s*.—Terris de Orky ;—quarta parte terrarum de Eister Lawthrysk vocata Langflat ;—maressia vulgo vocata Pitcoitiemyre, quæ est pars terrarum de Orky :—A. E. 5*m*. N. E. 25*m*.—Terris ecclesiasticis vicariæ de Lawthrisk vocatis Bantuscall, infra parochiam de Lawthrisk :—E. 46*s*. 8*d*.—Omnibus unitis in tenandriam de Orky.   iv. 370.

(209)   Apr. 11. 1610.
HENRICUS MILLAR burgensis de Kircaldy, *hæres* Henrici Millar burgensis dicti burgi, *patris*,—in terris de Bege parte terrarum de Cardine, cum decimis garbalibus in parochia de Kinghorne-Eister.—A. E. 3*s*. 4*d*. N. E. 10*s*.   iv. 305.

(210)   Apr. 17. 1610.
JOANNES WEYMIS apparens de Eodem, *hæres masculus* Davidis Weymis feodatarii de Eodem, *fratris*,—in terris dominicalibus lie Mains de Weymis ;—jure patronatus ecclesiæ de Kirkmichael cum aliis terris in Perth :—A. E. 10*l*. N. E. 40*l*.—Terris de Weyms-schyre, Littil-lun, Tullibrek, Camrounmylne, lie Hauch, Donyface, Wester Tarvet, Wester Dron et Hildron ;—villa et portu de Weymis, Kirkhill, et Kirkmichell, Ballinkellie et Ballinald, ab antiquo in burgo baroniæ erectis, cum aliis terris in Perth :—A. E. 43*l*. 6*s*. 8*d*. N. E. 221*l*.—Terris de Colystoun :—A. E. 25*s*. N. E. 3*l*. 6*s*. 8*d*.—Terris de Littilraithe, Powgwild et Glennystown :—A. E. 4*l*. N. E. 16*l*.—Dimidietate terrarum de Maw :—A. E. 10*s*. N. E. 40*s*.—Omnibus unitis cum terris in Perth in baroniam de Weymis.—(Vide Perth.)   iv. 304.

C

(211)   Maii 2. 1610.

AGNES WATSONE, *hæres* Helenæ Watsone, *sororis*,—in tertiâ parte annui redditus 100*m.* et tertia parte alterius annui redditus 2¼*m.* de terris de Kynnaird.   iv. 354.

(212)   Maii 2. 1610.

MAGISTER GULIELMUS ANDERSONE, *hæres* Joannis Andersone, *patris*,—in annuo redditu 100*m.* de terris de Innerteill.   iv. 332.

(213)   Maii 3. 1610.

ANDREAS MELVILL, *hæres* Jacobi Melvill portionarii de Ardet, *patris*,—in decima sexta parte terrarum de Ardet, in dominio de Fyff, cum communi pastura.—E. 36*s.* 8*d.* &c.   iv. 307.

(214)   Maii 16. 1610.

JOANNES SANDILANDS, *hæres* Petri Sandylands de Norther Pittedie, *patris*,—in dimidietate terrarum de Norther Pittedie, infra baroniam de Kingorne, tanquam principali:—A. E. 1*l.* 10*s.* N. E. 6*l.*—Quarta parte solaris terrarum et villæ de Tyrie vocata Sonie-quarter-lands of Tyrie, includente dimidietatem molendini de Tyrie, et dimidietatem terrarum de Egilsmalie infra baroniam de Grange, in speciale warrantum terrarum de Norther Pittedie.—A. E. 10*s.* N. E. 2*l.*   iv. 321.

(215)   Maii 30. 1610.

JONETA BETIE sponsa Georgii Hill civis in Montroiss, *hæres* Helenæ Stirling, *filiæ fratris avi*,—in terris de Balcaskye.—A. E. 40*s.* N. E. 10*l.*   iv. 330.

(216)   Jul. 11. 1610.

JOANNES BLAK, *hæres* Jacobi Blak in Grenge, *patris*,—in annuo redditu 40*m.* de terris de Innerteil.   iv. 357.

(217)   Oct. 25. 1610.

WILLIELMUS TURPIE, *hæres* Joannis Turpie portionarii de Bellomylne, *patris*,—in octava parte de Bellomylne cum astricta multura et sequelis terrarum de Drumtennent et Eister Ferny, infra dominium de Fyiff et senescallatnm ejusdem.—E. 25*s.* &c. iv. 390.

(218)   Nov. 6. 1610.

ROBERTUS FORBES de Reres, *hæres* Arthuri Forbes de Reres, *patris*,—in terris et baronia de Reres :—terris de Faufeildis, Frostleyis, Tabbirs-vallis, Bowhillis ;—terris de Cumerlandis cum carbonibus et carbonariis ;—terris nuncupatis Firthmure infra dominium et baroniam de Reres, cum jure patronatus ecclesiarum et capellaniarum ad dictum dominium spectante, et præsertim capellaniæ Sanctæ Mariæ Reres :—A. E. 4*l.* N. E. 20*l.*—Terris et baronia de Leucharis-Forbes, viz. terris de Westhous et Brodland ;—tertia parte terrarum de Balbeuchlie ;—terris de Kirktoun de Leucharis, Milnetoun, Pursk, Ballaquhinzie ;—terris de Quheitcroft et Brigend ;—terris nuncupatis Auldmures et Nethermures ;—tertia parte terrarum de Raischemyre, cum salmonum piscariis super aqua de Edin ;—terris de Brakmonth ;—terris de Southeild (vel Southfeld) :—A. E. 8*l.* N. E. 40*l.*—Omnibus unitis in baroniam de Reres.— (Vide Perth.)   iv. 379.

(219)   Jan. 10. 1611.

JOANNES CALVART, *hæres* Thomæ Calvart portionarii de Kingisbarnis, *patris*,—in decima sexta et dimidietate decimæ sextæ partis terrarum de Kingisbarnis, infra dominium de Fyfe et senescallatum ejusdem.—E. 3*l.* 15*s.*   iv. 390.

(220)   Mar. 6. 1611.

DAVID CRAWFURDIÆ COMES, Dominus Lyndsay, &c. *hæres* Davidis Magistri Crawfurdiæ, *avi*,—in terris de Rathalert, cum molendino, et astrictis multuris terrarum de Murdocairny, Stay (vel Star), et Rathalert, infra dominium de Fyffe et senescallatum ejusdem.—E. 40*l.* &c.   iv. 414.

(221)   Mar. 19. 1611.

EDVARDUS DOMINUS BRUCE DE KINLOSS, *hæres* Roberti Bruce, *fratris germani*,—in terris de Pitcany et Crowany, in baronia de Kincorne.—A. E. 3*l.* N. E. 12*l.*   iv. 426.

(222)   Mar. 27. 1611.

ISSOBELLA CREICH incola villæ de Leyth, *hæres portionaria* Roberti Creich, *avi*,—in domo infra burgum de Newburghe et regalitatem de Lundoris.—E. 8*s.*   iv. 399.

(223)   Mar. 27. 1611.

JONETA CREICH incola villæ de Leyth, *hæres portionaria* Roberti Creich, *avi*,—in dicto domo.—E. 8*s.*   iv. 399.

(224)   Apr. 25. 1611.

DAVID KINLOCH, *hæres* Joannis Kinloch portionarii de Luthrie, *patris*,—in octava parte terrarum et villæ de Luthrie in dominio de Fyff, et senescallatu ejusdem :—E. 13*m.* 12*s.* 6*d.*—Decima sexta parte dictæ villæ et terrarum de Luthrie, in dicto dominio et senescallatu.—E. 4*l.* 12*s.* 11*d.*   iv. 405.

(225)   Feb. 4. 1613.

ALEXANDER BANE, *hæres* Jonetæ Gregor, *aviæ*,—in annuo redditu 18*m.* de terris de Newhall.   viii. 112.

(226)   Jun. 1. 1614.

GILBERTUS HERVIE, *hæres* Rachaelis Watsone, *matris*,—in tertia parte annui redditus 100*m.* de terris de Kynnerd ;—tertia parte alterius annui redditus 2¼*m.* de prædictis terris de Kynnerd.   vi. 98.

(227)   Jun. 1. 1614.

GILBERTUS HERVIE, *hæres* Agnetis Watsoun, *sororis matris*,—in tertia parte annuorum reddituum prædictorum.   vi. 98.

(228)   Jun. 1. 1614.

GILBERTUS HERVIE, *hæres* Helenæ Watsone, *sororis matris*,—in tertia parte annuorum reddituum prædictorum.   vi. 99.

(229)   Jul. 6. 1614.

JACOBUS MARCHIO DE HAMILTOUN, Comes Arraniæ, Dominus Evan, &c. *hæres* Domini Davidis Hamiltoun, *patrui*,—in terris et baronia de Innerkeithing, tam proprietate quam tenandria, viz. terris de Kincarnie, Pittadro cum molendino de Pittadro, terris de Cauldsyde, Newtoun de Pittadro nuncupatis ;—tofta de Balbugie, Casslendailles, Spenserfield, Salwinche et 16 rigis terrarum jacentibus ad orientalem partem borealis pontis de Innerkeithing.—A. E. 19*l.* N. E. 76*l.*   vi. 8.

(230)   Aug. 9. 1614.

DOMINA ELIZABETHA TURNBULL, Domina de Airdrie ac sponsa Domini Joannis Prestoun de Pennycuik militis, *hæres* Willielmi Turnbull de Airdrie, *patris*,—in terris de Thomastoun cum molendino in comitatu de Fyffe :—E. 33*l.* 6*s.* 8*d.*—Terris et baronia de Durie, ac terris de Balcruveis, viz. Mekill Balcruvie et Little Balcruvie, cum terris de Hauch, et molendino earundem, in warrantum terrarum de Thomastoun :—A. E. 10*l.* N. E. 40*l.*—Tenemento terræ prope burgum de Cowper, cum piscaria in aqua de Edin, in baronia de Inchegaw per annexationem, et infra dominium de Fyffe :—E. 4*l.*—Terris de Brountoun et Dalginsche cum molendino, jacentibus ut supra, in warrantum terrarum de Thomastoun, et decimarum ejusdem, et 15 acrarum de Castelfield, infra baroniam de Airdrie per annexationem, et 3 acrarum in Mid-Bonfield, decimarum de Castelfield, et prædicti tenementi :—A. E. 5*l.* N. E. 20*l.*—Terris de Pettincreiff nuncupatis Maynis et Bank de Pettincreiff :—A. E. 5*m.* N. E. 20*m.*—Tenemento in burgo de Cowper :—E. 20*s.*—Terris et baronia de Wolmestoun, cum advocatione ecclesiarum, in warrantum terrarum de Pittincreiff et tenementi prædicti.—A. E. 5*m.* N. E. 20*m.*—Terris ecclesiasticis prope burgum de Cowper nuncupatis Kirkfeild, extendentibus ad 37 acras terrarum, cum decimis garbalibus earundem, infra parochiam de Cowper pro principali :—E. 10*l.*—Villa et terris de Balgarvie infra parochiam de Cowper, in warrantum dictarum terrarum ecclesiasticarum :—E. 10*l.*—Terris de Glaidny :—E. 20*l.* —Villis et terris de Ovirkellie ;—villis et terris de Ardiñcreich, infra baroniam de Kellie :—A. E. 33*s.* 4*d.* N. E. 10*m.*—Terris de Pitkeirie infra dictam baroniam de Kellie :—A. E. 20*s.* N. E. 4*l.*— Pecia terræ nuncupata Braidleyis, extendente ad 16 acras terrarum, infra constabulariam de Carraill :—E. 5*s.*—Terris de Sipseis, infra baroniam de Airdrie, cum communi pastura in Kingsmure :—E. 8*l.* —Terris de Pincartoun apud burgum de Carraill :—A. E. 5*m.* N. E. 20*m.*—5 acris terrarum arabilium infra baroniam de Westbarnis, et parochiam de Craill :—E. 2 *celdræ ordei*, &c.—Tenemento terræ cum 3 acris terræ arabilis dicto tenemento contigue adjacentibus nuncupatis Langhous inter rudas burgales de Craill ;—terris jacentibus ex orientali parte dicti burgi de Craill in loco vocato Eist Greine ;—4 acris terrarum arabilium jacentibus infra dictas rudas burgales, et infra territorium dicti burgi ;—9 agellis vulgo buttis terrarum arabilium, cum earundem capitibus lie head rigs jacentibus infra dictas rudas burgales ;—3 acris terrarum arabilium, infra dictas rudas burgales et territorium dicti burgi :—E. 3*s.*—Tenemento infra prædictum burgum de Craill, cum uno lie butt terræ ex orientali parte lie Bakzet, cum botha ex orientali parte lie Forzet dicti tenementi, in warrantum dictarum acrarum, &c.—E. 6*s.* 8*d.*— 3 croftis terrarum arabilium infra dictas rudas burgales de Craill :—E. 3*s.* 4*d.*—Domo, &c. olim priorissæ monasterii de Hadingtoun spectante vulgo Girnell nuncupata, cum crofta terræ eidem contigue adjacente prope villam et burgum de Craill :—E. 18*l.*—Acra terræ jacente apud lie Kirkistyle burgi de Craill ;—bina parte acræ infra rudas burgales de Craill :—E. 2*s.*—3 riggis terrarum jacentibus ex boreali latere burgi de Cowper super Lady-brig :—E. 6*d.* —Tenemento terræ infra burgum de Cowper, ex boreali latere lie Bongait ejusdem burgi, in warrantum peciæ terræ nuncupatæ Sanct Christophers Kirkzeard :—E. 6*d.*—Spatio terræ vocato Pryors Nather Girnell, infra monasterium civitatis Sancti Andreæ :—tenemento cum viridario ejusdem intra mænia dicti monasterii infra.

regalitatem Sancti Andreæ:—E. 3s. 4d.—Crofta terræ arabilis cum decimis garbalibus ejusdem prope dictum monasterium Sancti Andreæ:—E. 6l. 13s. 4d.—Horreo præfati monasterii, cum horto vocato The Abaybarne and Barneyaird of the Priorie of Sanct Androis, cum pecia terræ viridis ante ostia ejusdem horrei:—E. 20s.—Columbario de Ballone, cum pecia terræ viridis super qua edificatur:—E. 6s. 8d.—2¼ acris terrarum arabilium ex occidentali parte dicti columbarii:—E. 6s. 8d.—Acra terræ arabilis vocata The Barnezaird of Ballone:—E. 3s. 4d.—Pecia terræ arabilis vocata The Waird and Medow of Ballone cum decimis, infra dominium prioratus Sancti Andreæ et regalitatem de Fyiff:—E. 20s.—4 acris terrarum arabilium prope dictam civitatem Sancti Andreæ, et infra regalitatem ejusdem:—E. 20s.—Terris de Mugdrum, in warrantum prædictarum terrarum:—A. E. 50s. N. E. 10l.—Parte terrarum de Cluny nuncupata Brumlands extendente ad 30 acras terrarum.—A. E. 30s. N. E. 6l.—(Vide Edinburgh.)　vi. 11.

(231)　Aug. 24. 1614.
PATRICIUS KIRKALDIE de Wester-Abden, hæres Patricii Kirkaldie de Wester-Abden, avi,—in 5 acris terrarum vocatarum Justinglands, et molendino de Kinghorne cum 6 acris terrarum eidem spectantibus, in villa de Kinghorne.—A. E. 20s. N. E. 4l.　vi. 4.

(232)　Sep. 14. 1614.
JOANNES CALWART, hæres Joannis Calwart burgensis de Anstruther, patris,—in annuo redditu 300m. de terris dominicalibus de Lundie.　vi. 165.

(233)　Jan. 10. 1615.
DOMINUS ROBERTUS MUBRAY de Barnbugall miles, hæres Domini Joannis Mubray de Barinbugall militis, proavi,—in terris et baronia de Innerkeithing tam proprietate quam tenandria, viz. terris de Cowberny (Cowkerny,) Pittadro cum molendino de Pittadro;—terris de Cauldsyd, Newtoun, et Pittadro;—toftis de Balbugie, Caslantie, Dalles, Spenserfeild, Salvinch, et 17 virgatis terrarum vulgariter riggis of land, ex parte orientali pontis borealis de Innerkeithing, unitis in baroniam de Innerkething.—A. E. 19l. N. E. 76l.　vi. 25.

(234)　Jan. 10. 1615.
JOANNES WEYMES de Pittincrief, hæres Patricii Weymes de Pittincreiff, avi,—in terris et baronia de Pittincreif, cum molendino.—A. E. 4l. N. E. 16l.　vi. 27.

(235)　Jan. 18. 1615.
DAVID AUCHMUTIE, hæres Joannis Auchmutie de Eisterferny, patris,—in terris de Auchmutie.—A. E. 4l. N. E. 16l.　vi. 24.

(236)　Feb. 1. 1615.
DOMINUS ANDREAS MELVILL de Garvok miles, hæres Agnetis Melvill filiæ quondam Willielmi Melvill commendatarii de Tungland, filiæ fratris,—in annuo redditu 60m. et 7 bollarum et 2 firlotarum hordei de terris de Prynlawis.　vi. 26.

(237)　Mar. 18. 1615.
DAVID AUCHMUTIE, hæres Joannis Auchmutie de Eisterferny, patris,—in terris de Eisterferny in senescallatu et dominio de Fyffe.—E. 14l. 13s. 4d. &c.　vi. 81.

(238)　Apr. 18. 1615.
WALTERUS HERIOT, hæres Walteri Heriot de Ramorhy, patris,—in bina parte terrarum de Ballingall.—A. E. 2m. N. E. 8m.　vi. 32.

(239)　Apr. 18. 1615.
JACOBUS ELPHINGSTOUN, hæres Frederici Elphingstoun de Innerdevat, patris,—in terris de Innerduvat et Plewlandis, cum piscationibus molendinorum marinorum vulgo The Seymylnis.—A. E. 40s. N. E. 8l.　vi. 44.

(240)　Apr. 22. 1615.
WALTERUS HERIOT, hæres Walteri Heriot de Ramorny, patris,—in terris de Ramorgnie et Lawfield cum molendino, infra comitatum de Fyffe.—A. E. 22l.　vi. 31.

(241)　Maii 11. 1615.
JOANNES BIRRELL, hæres Thomæ Birrell portionarii de Fruchy, patris,—in octava parte terrarum de Fruchie, infra dominium et senescallatum de Fyiff.—E. 40s. &c.　vi. 90.

(242)　Maii 20. 1615.
ANDREAS CLERK portionarius de Luthrie, hæres Henrici Clerk, patris,—in decima sexta parte villæ et terrarum de Luthrie, infra dominium de Fyiff.—E. 4l. 14s.　vi. 172.

(243)　Maii 24. 1615.
JACOBUS SIBBALD, hæres Jacobi Sibbald in Scony, patrui,—in annuo redditu 1260m. de terris dominicalibus de Lundy, in baronia de Lundy;—annuo redditu 190m. de terris de Lethame.　vi. 32.

(244)　Maii 25. 1615.
JOANNES MOIRTOUN, hæres Joannis Moirtoun portionarii de Kingisbarnis, patris,—in decima sexta parte villæ et terrarum de Kingisbarnis, in dominio et senescallatu de Fyffe.—E. 50s. &c.　vi. 64.

(245)　Maii 31. 1615.
JACOBUS RAMSAY de Corstoun, hæres Jacobi Ramsay de Corstoun, patris,—in terris de Corstoun, cum molendinis granorum et fullonum et communia in Lowmonds.—A. E. 2l. N. E. 8l.　vii. 41.

(246)　Jul. 5. 1615.
DAVID LANDILLIS, hæres Joannis Landillis in Cowll, patris,—in annuo redditu 100m. de terris dominicalibus de Forrett.　vi. 42.

(247)　Jul. 5. 1615.
CRISTINA NICOLSOUN filia quondam Elizabethæ Abernethie, hæres portionaria Willielmi Abernethie servi Alexandri comitis de Dumfermling, avunculi,—in annuo redditu 500m. de terris de Dalgatie.　vi. 47.

(248)　Jul. 5. 1615.
JONETA NICOLSOUN, hæres portionaria dicti Willielmi Abernethie, avunculi,—in dicto annuo redditu.　vi. 47.

(249)　Aug. 10. 1615.
GULIELMUS BELL, hæres Andreæ Bell calcearii burgensis de Dysert, patrui,—in annuo redditu 50m. de terris dominicalibus de Largo, infra regalitatem de Dunfermeling et senescallatum de Fyiff.　vi. 105.

(250)　Aug. 10. 1615.
GULIELMUS BELL, hæres Gulielmi Bell calcearii burgensis de Dysert, patris,—in annuo redditu 11 bollarum et 1 firlotæ victualium de terris dominicalibus de Weymes;—annuo redditu 3 bollarum ordei, et 3 bollarum farinæ avenaticæ de terris dominicalibus de Weymes;—annuo redditu 9 firlotarum victualium de terris vocatis lie Hauch de Leavin, infra baroniam de Weymis et parochiam de Scone;—annuo redditu 40m. de terris de Halhill, infra parochiam de Newbirneschyre et regalitatem de Dumfermeling;—dimidietate annui redditus 5 bollarum ordei, et 5 bollarum farinæ avenaticæ de terris dominicalibus de Largo, in senescallatu de Fyiff.　vi. 105.

(251)　Aug. 15. 1615.
DOMINUS ANDREAS MURRAY de Balvaird miles, hæres Domini Davidis Murray de Aringosk militis, proavi,—in terris et baroniis de Arngosk et Kippo, viz. terris de Aringosk, Pittilloch, Coudland, Gospertie, Heichame, Lethame, Fergy, Byn, Cathokill, Balverd, cum molendino in baronia de Aringosk;—terris de Kippo;—quarta parte terrarum de Muretoun et Tentsmure, Halyry (vel Halyrig), Wilkinstone, Carly, Hurly, Lochtone, et molendino de Kippo, unitis in baroniam de Aringosk.—A. E. 17l. N. E. 68l.　vi. 59.

(252)　Aug. 23. 1615.
DAVID BOSUALL, hæres Magistri Georgii Bosuall rectoris de Auchterdirray, patris,—in pecia terræ nuncupata Stredhous cum pertinentiis, viz. Craigmedow, Haningis, et Cotter-Medow, infra dominium de Lochoirschyre.—A. E. 2s. N. E. 6s.　vi. 147.

(253)　Sep. 6. 1615.
ROBERTUS DICK, hæres Roberti Dick nautæ in Wester Weymis, patris,—in tenemento terræ in burgo de Weymes.—E. 4s.　vi. 91.

(254)　Oct. 6. 1615.
ANDREAS WODE hæres Andreæ Wode, filii patrui,—in annuo redditu 100m. de terris lie Maynis de Wolmestoun.　vi. 85.

(255)　Nov. 7. 1615.
ALEXANDER CORBIE, hæres Alexandri Corbie, patris,—in quarteria decimæ sextæ partis terrarum de Luthrie, infra dominium et senescallatum de Fyiff.—E. 23s. 3d.　vi. 86.

(256)　Jan. 3. 1616.
DAVID BARCLAY de Cullernie, hæres Magistri Davidis Barclay de Cullerny, patris,—in baronia de Cullernie comprehendente terras de Cullernie;—terras de Carskeirdo;—terras de Eister et Wester Kinsleives, Frielandis, et Lawdiefrone;—3 quintas partes terrarum de Kynnynmonth;—dimidietatem terrarum de Byn et Kynnaird, ac septimam partem terrarum de Lumbenny cum molendino, unitas in baroniam de Cullernie:—A. E. 18l. 5s. N. E. 136l. 13s. 4d.—In 5 duodenis partibus terrarum de Kilmaronie in baronia de Pitblado.—A. E. 2l. 1s. 8d. N. E. 10l. 8s. 4d.　vi. 103.

(257)　Feb. 28. 1616.
JOANNES ARNOTE mercator burgensis de Edinburgh, hæres Domini Joannis Arnote de Berswick militis, avi,—in terris de Wodmylne cum pertinentiis subscriptis, viz. manerie et terris dominicalibus de Wodmylne;—molendino de Wodmylne, cum acris

ejusdem;—terris de Eistwode, Westwod, Weddersbiebank, et solari dimidietate terrarum nuncupata Frieland, cum lacubus nuncupatis Blackloch et Braidloch *alias* vocatis lacu de Lundoris, cum piscaria anguillarum in torrentibus, in dominio de Fyiff.—E. 30*l.* 13*s.* 4*d.* &c.   vi. 120.

(258)   Mar. 2. 1616.
DAVID BEATOUN, *hæres* Thomæ Beatoun portionarii de Bellomylne, *patris,*—in quarteria de Bellomylne cum sequelis terrarum de Drumtennand, Martoun et Eisterferny, infra dominium de Fyffe et senescallatum ejusdem.—E. 50*s.* &c.   vi. 122.

(259)   Jul. 17. 1616.
GEORGIUS HAMMILTOUN burgensis de Anstruther, *hæres conquestus* Joannis Hammiltoun burgensis de Craill, *fratris immediate junioris,*—in annuo redditu 10 bollarum ordei de terris de Wolmerstoun, infra parochiam de Craill.   vi. 112.

(260)   Jul. 17. 1616.
NINIANUS HAMMILTOUN, *hæres* Davidis Hammiltoun burgensis de Craill, *patris,*—in annuo redditu 10 bollarum ordei de terris de Wolmerstoun in parochia et constabularia de Craill; annuo redditu 10 bollarum ordei de prædictis terris de Wolmerstoun.   vi. 112.

(261)   Oct. 1. 1616.
JOANNES DOMINUS LINDSAY, *hæres* Roberti Domini Lindsay, *patris,*—in terris et baronia de Pittcruvie;—terris de Montscheild :—A. E. 40*s.* N. E. 4*l.*—Terris de Merkinsche cum molendinis granorum et fullonum :—A. E. 40*s.* N. E. 4*l.*—Terris de Pyetstoun :—A. E. 20*s.* N. E. 40*s.*—Bina parte terrarum de Edindownie :—A. E. 30*s.* N. E. 3*l.*—Bina parte terrarum de Cassindillie :—A. E. 4*l.* N. E. 8*l.*—Terris et baronia de Pitlessie ;—terris de Hiltoun et Bunzeoun ;—terris de Dunnihaygillis, unitis in baroniam de Pitcruvie :—A. E. 4*l.* N. E. 8*l.*—Terris de Orkie ;—quarta parte terrarum de Eister Lawthriske vocata Langflat ;—maresia vocata Pitcontie-Myre, quæ est pars terrarum de Orkie in parochia de Lawthriske :—A. E. 5*m.* N. E. 25*m.*—Terris ecclesiasticis vicariæ de Lawthriske Bantuscall nuncupatis, in parochia de Lawthriske :—E. 46*s.* 8*d.*—Terris de Kingask extendentibus ad libratam terræ antiqui extentus infra parochiam de Couper :—A. E. 20*s.* N. E. 4*l.*—Ecclesia de Carraill, cum advocatione ecclesiæ parochialis ;—ecclesia de Auchtermunsie cum advocatione prefatæ ecclesiæ et terrarum ecclesiasticarum de Auchtermunsie, et præposituræ de Carrail, unitis in tenandriam de Orkie :—A. E. 10*s.* N. E. 20*s.*—Terris de Kilquhis ;—advocatione ecclesiæ parochialis de Seres ;—superioritate terrarum de Newhall et Lawfeild :—A. E. 30*s.* N. E. 6*l.*—Hæreditario officio ballivatus monasterii vel Prioratus Sancti Andreæ nunc dominium Sancti Andreæ nuncupati ;—et in annua devoria seu feodo 80*l.* tanquam pro annuo censu et devoria debita pro decimis garbalibus villarum et terrarum de Muretoun, Drym, Drumhillis, Mungoiswallis, Middel-Garmiltoun, Cadra, Havestoun *alias* Coittis, pendicula de Byres, infra Constabulariam de Haddingtoun et vicecomitatum de Berwick, specialiter assignata pro feodo præfati officii ballivatus:—E. 80*l.*—Bina parte terrarum de Craighall et tertia parte terrarum de Craighall ;—bina parte terrarum de Seres, cum jure patronatus prebendarii Sancti Niniani infra ecclesiam parochialem de Seres ;—terris de Wester Pitscottie ;—tertia parte terrarum de Baltullie ;—tertia parte terrarum de Kyngarrok :—E. 54*l.*—Tertia parte terrarum de Seres :—A. E. 30*s.* N. E. 6*l.*—Terris de Kyrininmonthe cum carbonibus et carbonariis ;—terris de Baldynie ;—terris de Ladeddie et terris de Lymlandis ;—terris de Nethermagask ;—terris de Callinsche, in warrantum terrarum de Craighall, Seres, Wester Pitscottie, Baltullie, et Kyngarrok.—E. 54*l.*—(Vide Haddington.)   vi. 149.

(262)   Oct. 3. 1616.
JONETA ROBERTSOUN, *hæres* Magistri Joannis Robertsoun unius Magistrorum Collegii Mariani, infra civitatem Sancti Andreæ, *patris,*—in annuo redditu 50*m.* de octava parte terrarum de Kingisbarnis.   vi. 146.

(263)   Dec. 11. 1616.
PATRICIUS DUDINGSTOUN de Kincaple, *hæres* Archibaldi Dudingstoun de Kincaple, *avi,*—in omnibus et singulis assisæ allecibus maris orientalis regni Scotiæ.—E. 5*l.* *lasiæ halecium.* vi. 159.

(264)   Dec. 18. 1616.
WILLIELMUS ADAMESOUNE, *hæres* Alexandri Adamesoune in Pursk, *patris,*—in annuo redditu 2 bollarum ordei de terris de Balmullo, infra parochiam de Leucharis.   vi. 243.

(265)   Dec. 19. 1616.
JACOBUS LOGANE de Cowstoun, *hæres* Joannis Logane de Cowstoun, *patris,*—in dimidietate terrarum de Cowstoun.—A. E. 20*s.* N. E. 5*l.*—(Vide Edinburgh.)   vi. 218.

(266)   Jan. 15. 1617.
ROBERTUS GLEN, *hæres* Magistri Roberti Glen de Inchkerie, *avi,*—in terris de Inscherie cum decimis garbalibus.—E. 10*m.* 10*s.*   vi. 146.

(267)   Maii 7. 1617.
JOANNES PHILP burgensis de Cupro, *hæres* Roberti Philp, *fratris,*—in septima parte annui redditus 30 bollarum ordei, de terris et baronia de Montquhany.   vii. 53.

(268)   Maii 7. 1617.
JOANNES PHILP burgensis de Cupro, *hæres* Roberti Philp, *fratris,*—in septima parte annui redditus 30 bollarum hordei de terris et baronia de Montquhany.   vii. 152.

(269)   Jul. 3. 1617.
JOANNES BAIRDIE, *hæres* Roberti Bairdie burgensis de Innerkething, *patris,*—in rudis et tenementis in burgo de Innerkething.—A. E. 6*s.* N. E. 24*s.*   vi. 188.

(270)   Jul. 9. 1617.
LAURENTIUS DRONE apud molendinum de Exmagirdill, *hæres* Laurentii Drone, *patris,*—in annuo redditu 50*m.* de terris de Glentarkie.   vii. 102.

(271)   Jan. 13. 1618.
ELISABETHA ANNAND, *hæres* Joannis Annand burgensis de Craill, *patris,*—in annuo redditu 14 bollarum hordei de terris de Wolmerstoune in constabularia de Craill.   vii. 106.

(272)   Jan. 28. 1618.
HENRICUS PITCAIRNE de Eodem, *hæres* Jonetæ Pitcairne Dominæ de Downy, *filiæ patrui,*—in terris de Downy Eister et Wester vulgo nuncupatis Mylne-dammis, cum molendino.—A. E. 3*l.* N. E. 12*l.*   vii. 28.

(273)   Mar. 4. 1618.
JOANNES ANDRO, *hæres* Joannis Andro scribæ secreti consilii S. D. N. Regis, *avi,*—in annuo redditu 100 bollarum hordei de terris de Buckhevin.   vii. 51.

(274)   Apr. 8. 1618.
NINIANUS HAMMILTOUN, *hæres* Davidis Hammiltoun burgensis de Craill, *patris,*—in quarta et octava parte terrarum de Tornakatay vocata Nakitfeild, cum quarta et octava parte domorum, &c. infra constabulariam de Craill.—A. E. 6*s.* 3*d.* N. E. 10*l.* 10*s.*   vii. 60.

(275)   Apr. 14. 1618.
JACOBUS MELVILL de Halhill, *hæres* Domini Jacobi Melvill de Halhill militis, *patris,*—in terris de Prynlawis cum decimis garbalibus, in baronia de Baith.—E. 12*l.*   vii. 61.

(276)   Apr. 14. 1618.
STEPHANUS DUDINGSTOUN de Sanctfuird, *hæres* Stephani Dudingstoun de Sanctfuird, *patris,*—in terris de Sanctfuird.—A. E. 3*l.* N. E. 18*l.*   vii. 80.

(277)   Maii 19. 1618.
GILBERTUS ACHESOUN mercator burgensis de Edinburgh, *hæres* Joannis Achesoun mercatoris burgensis ibidem, *patris,*—in 8 acris terrarum arabilium vocatis Braidleyis, prope burgum de Craill et infra constabulariam de Craill.—A. E. 4*s.* N. E. 16*s.*   vii. 58.

(278)   Jul. 2. 1618.
JACOBUS SCRYMGEOUR senior de Fairdle, *hæres* Magistri Jacobi Scrymgeour, *fratris proavi,*—in tertia parte tertiæ partis terrarum de Baltullie et Kingarrok, in baronia de Seres :—A. E. 11*s.* N. E. 44*s.* 6*d.*—Tertia parte 8 acrarum ex parte boreali montis placiti de Cupro, cum 10 rudis glebarum infra moram Cupri :—A. E. 7*s.* 6*d.* N. E. 30*s.*—Tertia parte terrarum de Portarlandis prope burgum Cupri, viz. Mylnehill et Leshauchis, apud molendinum de Cupro ;—Murebrekis, Arnaldskeane, cum acris nuncupatis Portarlandis infra terras de Pittincreif et Thomastoun ;—tertia parte de Hedingdykis, cum officio janitoris castri de Cupro.—A. E. 10*s.* N. E. 40*s.*   vii. 66.

(279)   Jul. 23. 1618.
ARTHURUS BARCLAY, *hæres* Magistri Thomæ Barclay de Luplahillis, *patris,*—in quarta parte terrarum de Ardett, in dominio de Fyiff, et infra senescallatum ejusdem.—E. 7*l.* 6*s.* 8*d.* &c.   vii. 54.

(280)   Jul. 23. 1618.
DAVID INGLIS, *hæres* Magistri Joannis Inglis portionarii de Ardet, *patris,*—in quarta parte terrarum de Ardett, infra dominium de Fyff.—E. 6*l.* &c.   vii. 54.

(281)   Jul. 23. 1618.
JACOBUS DOMINUS HAY de Sala, *hæres* Domini Jacobi Hay de Kingask militis, computorum Rotulatoris, S. D. N. Regis, *patris,*—in officio hereditario camerariatus terrarum propriarum

S. D. N. Regis, intra comitatum et dominium de Fyiff, cum annuo feodo 200*l.* 2 celdrarum tritici et 2 celdrarum ordei, de censubus et redditibus dicti comitatus et dominii.—E. 3*s.* 4*d.*   vii. 86.

(282)   Oct. 8. 1618.
ROBERTUS STIRK, *hæres* Ricardi Stirk portionarii de Auchtermuchtie, *avi,*—in occidentali dimidietate terrarum de Jerrisland de Auchtermuchtie ad 2 mercatas terrarum extendente:—E. 2 *bollæ 2 firlotæ 2 peccæ frumenti,* &c.—Cottagio terræ in australi quarteria de Auchtermuchtie, cum privilegio communiæ in monte de Auchtermuchtie et terris de Quhytfield, infra senescallatum de Fyiff:—E. 8*s.* &c.—Decimis garbalibus terrarum prædictarum,—E. 2*d.*   vii. 90.

(283)   Oct. 8. 1618.
MAGISTER ROBERTUS WARDLAW, *hæres* Joannis Wardlaw burgensis de Edinburgh, *avi,*—in terris de Ladach in baronia occidentalis partis de Lochquhoreschyre.—A. E. 5*l.* N. E. 20*l.*—(Vide Forfar.)   vii. 92.

(284)   Oct. 21. 1618.
GRISSILLIS GREIFF, *hæres portionaria* Patricii Greiff præpositi de Brunteland, *fratris,*—in umbrali dimidietate villæ et terrarum de Balbedie, in dominio de Lochquhoreschyre, et parochia de Auchterdere.—A. E. 20*s.* N. E. 3*l.*   vii. 83.

(285)   Oct. 21. 1618.
MARGARETA GREIFF, *hæres portionaria* Patricii Greiff præpositi de Brunteland, *fratris,*—in terris prædictis.—A. E. 20*s.* N. E. 3*l.*   vii. 84.

(286)   Jan. 21. 1619.
JACOBUS SCHONEIR, *hæres* Alexandri Schoneir, *fratris,*—in duabus novem partibus villæ et terrarum de Drone et molendini earundem, infra senescallatum de Fyiff.—E. 6*l.* 6*s.* &c.   vii. 322.

(287)   Feb. 3. 1619.
WILLIELMUS SANDELANDIS de Sanctmonance, *hæres* Jacobi Sandelandis de Sanctmonance, *avi,*—in octava parte terrarum de Balcaskie et Ewynstoun.—A. E. 5*s.* N. E. 20*s.*   vii. 118.

(288)   Feb. 3. 1619.
DAVID KYNNEIR feoditarius de Eodem, *hæres masculus* Johannis Kynneir de Eodem, *patris,*—in officio ballivatus terrarum, baroniarum, prædiorum, et possessionum monasterio de Balmerinoche pertinentium.—A. E. 5*s.* N. E. 20*s.*   vii. 176.

(289)   Feb. 26. 1619.
MAGISTER JACOBUS BROUN, *hæres* Jacobi Broun burgensis de Bruntiland, *patris,*—in 2 tenementis in burgo de Bruntyland.—E. 27*d.*   viii. 46.

(290)   Apr. 8. 1619.
MAGISTER ROBERTUS AYTOUN, *hæres* Roberti Aytoun portionarii de Craigfudie, *patris,*—in solari dimidietate dimidietatis terrarum et villæ de Kynloch in senescallatu de Fyiff, cum dimidietate molendini et dimidietate de Brewlandis et Smydielandis:—E. 9*l.* 16*d.* &c.—Dimidietate villæ et terrarum de Kinloch, cum dimidietate molendini, &c. in dicto senescallatu de Fyff.—E. 1*d.*   vii. 118.

(291)   Maii 19. 1619.
ALISONA CLEPHANE, *hæres* Joannis Clephane in Brunteland, *avi,*—in gleba et terris ecclesiasticis vicariæ de Monymaill vocatis Montagart et Brewland, in regalitate Sancti Andreæ.—E. 10*m.* 6*s.* 8*d.* &c.   vii. 153.

(292)   Jul. 21. 1619.
MAGISTER PHILLIPPUS BALFOUR, *hæres* Colonelli Bartholomei Balfour de Reidherbis, *patris,*—in terris de Wilmerstoun et Maynis infra constabulariam de Carraill.—A. E. 3*l.* N. E. 6*l.*   vii. 140.

(293)   Aug. 16. 1619.
WILLIELMUS RIG mercator burgensis de Edinburgh, *hæres* Willielmi Rig mercatoris burgensis de Edinburgh, *patris,*—in terris de Balbrekie, cum molendino de Balbrekie *alias* Kingis Mylne, infra parochiam de Kennoway et dominium de Fyiff, pro principalibus ;—terris et Maynes de Largo, infra parochiam de Largo et dominium de Fyff, in warrantum terrarum de Balbrekie.—E. 8*l.* &c.—(Vide Inverness, Elgin et Forres.)   vii. 163.

(294)   Sep. 14. 1619.
ROBERTUS MOWTRAY filius legitimus Georgii Mowtray de Seyfeild, *hæres* Joannis Mowtray de Markinsche, *avi,*—in octava parte terrarum de Balcriskie et Ovenstoun.—A. E. 5*s.* N. E. 20*s.*   vii. 192.

(295)   Sep. 14. 1619.
GULIELMUS SANDELANDIS de Sanctmonance, *hæres* Jacobi

Sandelandis de Carnebie, *avi,*—in terris ecclesiasticis vicariæ ecclesiæ de Kinghorne-Eister.—E. 24*l.*   vii. 193.

(296)   Sep. 16. 1619.
MARIOTA COLVILL sponsa Davidis Wylie scribæ, *hæres portionaria* Ricardi Colvill burgensis de Edinburgh, *patris,*—in annuo redditu 20*l.* de terris de Eist Weyms.   vii. 164.

(297)   Sep. 16. 1619.
DOMINA MARIOTA SOMERVELL sponsa Domini Lodovici Craig de Ricartoun militis, unius senatorum Collegii Justiciæ, *hæres portionaria* Ricardi Colvill burgensis de Edinburgh, *avi,*—in annuo redditu 20*l.* de terris de Eist Weymes.   vii. 164.

(298)   Oct. 27. 1619.
LAURENTIUS BALRAHAME de Eodem, *hæres* Davidis Balrahame de Eodem, *avi,*—in terris de Balrahame.—A. E. 5*l.* N. E. 15*l.*   vii. 178.

(299)   Nov. 25. 1619.
RACHAEL AIRTHE, *hæres* Willielmi Airthe portionarii de Auchtermuchtie, *fratris,*—in partibus et portionibus decimæ sextæ partis sive libratæ terræ de Bondhalf de Auchtermuchtie, nuncupatis tribus ternariis vulgo thrie thriddis ejusdem ;—crofta terræ in australi quarteria dictæ villæ, cum privilegio communiæ in monte de Auchtermuchtie, infra senescallatum de Fyiff :—E. 25*s.* &c.—Decimis garbalibus prædictarum terrarum.—E. 1*d.*   vii. 195.

(300)   Dec. 1. 1619.
THOMAS DUDINGSTOUN, *hæres* Stephani Dudingstoun in Elie, *patris,*—in annuo redditu 50 bollarum hordei de terris de Sanfuird.   vii. 205.

(301)   Jan. .... 1620.
DAVID HUNTAR, *hæres* Patricii Huntar de Overcarnebie, *patris,*—in terris de Overcarnebie et parte croftæ nuncupatæ Cottoun Croft, cum pastura, &c. in mora vocata Kingismure ;—terris de Lochtie, cum lie Baksydelands terrarum de Carnebee, infra baroniam de Carnebie.—A. E. 5*m.* N. E. 20*m.*   viii. 12.

(302)   Feb. 17. 1620.
JOANNES ARNOTT, *hæres* Joannis Arnott portionarii de Auchtermuchtie, *patris,*—in octava parte ad 40 solidatas terrarum de Bondhalf de Auchtermuchtie extendente, cum privilegio communiæ in monte de Auchtermuchtie et terris de Quhytfeild :—E. 49*s.* 4*d.* &c.—Decimis garbalibus prædictarum terrarum.—E. 2*d.*   vii. 195.

(303)   Feb. 23. 1620.
ANDREAS CHRYSTESONE, *hæres* Joannis Chrystesone, *patris,*—in terris de Wester-Coudlands cum decimis garbalibus et minoribus, infra baroniam de Coudland.—A. E. 5*s.* N. E. 20*s.*   vii. 196.

(304)   Apr. 26. 1620.
ISSOBELLA LUNDIE sponsa Jacobi Philp in Anstruther, *hæres portionaria* Willielmi Lundie in Sutherfaufeild, *fratris,*—in annuo redditu 80*m.* de terris et baronia de Lundie et molendino.   vii. 248.

(305)   Apr. 26. 1620.
MARGARETA LUNDIE sponsa Thomæ Gray in Fawfeild, *hæres portionaria* Willielmi Lundie in Sutherfawfeild, *fratris,*—in annuo redditu prædicto.   vii. 249.

(306)   Apr. 26. 1620.
ELIZABETHA LUNDIE sponsa quondam Magistri Willielmi Bredfurd ministri apud Pitmouat, *hæres portionaria* Willielmi Lundie in Sutherfawfeild, *fratris,*—in annuo redditu prædicto.   vii. 249.

(307)   Maii 9. 1620.
THOMAS BLAIR de Balthyok, *hæres* Alexandri Blair de Balthyok, *patris,*—in terris de Cultis cum molendino, cum quibusdam aliis terris in vicecomitatibus de Forfar et Perth :—A. E. 18*l.* 6*s.* 8*d.* N. E. 133*l.* 6*s.* 8*d.*—Unitis in baroniam de Ardblair.—(Vide Forfar, Perth.)   vii. 240.

(308)   Maii 24. 1620.
GEORGIUS SEYTOUN de Carrestoun, *hæres* Georgii Seytoun de Carrestoun, *patris,*—in terris de Carrestoun :—A. E. 40*s.* N. E. 20*l.*—Terris de Ramelrie.—A. E. 4*l.* N. E. 32*l.*   vii. 242.

(309)   Jul. 5. 1620.
JOANNES LESLIE de Newtoun, *hæres* Georgii Leslie de Newtoun, *fratris germani,*—in terris et baronia de Newtounes subscriptis, viz. Eister-Newtoun, Wester-Newtoun, et Middle-Newtoun ;—terris cottagiis lie Coitlands et Brewlands de Sandfurde, et salmonum piscatione de Wodhevin super aquam de Tay, cum superioritate terrarum de Wodhevin :—A. E. 40*s.* N. E. 6*l.*—Duabus quarteriis extendentibus ad dimidietatem terrarum et villæ de

D

Glaswell *alias* Abusuie, vocatis Glaslie, et communi pastura in terris de Lowmonds :—A. E. 20s. N. E. 9l.—6 acris terrarum arabilium de Eister-Newtoun nuncupatis Mairtynisfeild *alias* Littill Newtoun, cum jure pascendi animalia, &c. in communi pastura terrarum de Newtoun pro principali :—A. E. 2s. N. E. 6s.—Annuo redditu 8 bollarum hordei de terris de Sandfurde, in warrantum præfatarum terrarum de Mairtynisfeild.　　　　　　vii. 264.

(310)　　　　　　Aug. 30. 1620.

JACOBUS RAMSAY de Corstoun, *hæres* Jacobi Ramsay de Corstoun, *patris*,—in terris de Corstoun, cum molendinis granorum et fullonum.—A. E. 40s. N. E. 8l.　　　　　　vii. 839.

(311)　　　　　　Oct. 3. 1620.

WILLIELMUS HALYDAY, *hæres* Domini Joannis Halyday de Tulliboll militis, *patris*,—in terris de Tulliboll comprehendentibus terras de Eister-Kilduff, Quhorlahill, Eister-Gelvan, Hauch earundem, Wester-Gelvan *alias* Bankheid, Eister-Thomcarne, Wester-Thomcarne *alias* Craigheid, Knockintymnie, Claysyk, Newbigging, cum villa et burgo de Cruik de Dovan, in liberum burgum baroniæ erecto;—terris de Harlaw, cum granorum et fullonum molendinis :—A. E. 5l. N. E. 20l.—Dimidietate terrarum de Byn, cum pastura, &c. super montes de Bannartie, infra parochiam de Cleisch :—A. E. 20s. N. E. 4l.—Omnibus cum quibusdam aliis terris in Perth unitis in baroniam de Tulliboll.—(Vide Perth.)　　vii. 260.

(312)　　　　　　Oct. 3. 1620.

BARBARA BEATY sponsa Thomæ Jamesone, *hæres portionaria* Helenæ Striviling neptis et hæredis quondam Davidis Striviling de Brakye, fratris germani quondam Thomæ Striviling, *neptis avi fratris*,—in terris de Balcaskie.—A. E. 40s. N. E. 10l.　　viii. 41.

(313)　　　　　　Oct. 3. 1620.

JONETA BETY relicta quondam Georgii Hill in Montrois, *hæres portionaria* Helenæ Striviling neptis et hæredis quondam Davidis Striviling de Brakye, fratris germani quondam Thomæ Striviling, *neptis avi fratris*,—in terris de Balcaskie.—A. E. 40s. N. E. 10l.　　　　　　viii. 41.

(314)　　　　　　Oct. 26. 1620.

WILLIELMUS LYELL, *hæres masculus* Willielmi Lyell portionarii de Kingisbarnis, *patris*,—in decima sexta parte et dimidietate decimæ sextæ partis terrarum de Kingisbarnis, infra dominium et senescallatum de Fyiff.—E. 9l. 15s. &c.　　vii. 308.

(315)　　　　　　Jan. 24. 1621.

MARIOTA JOHNESTOUN sponsa Jacobi Moncreiff burgensis de Carraill, *hæres* Davidis Johnestoun scribæ Edinburgi, *patris*,—in villa et terris de Wester-Bogye, cum 2 acris terrarum arabilium, in constabularia de Kinghorne, cum foro seu nundino apud capellam Divi Niniani.—A. E. 20s. N. E. 4l.　　　　　　vii. 318.

(316)　　　　　　Feb. 6. 1621.

JACOBUS WODE de Lambelethame, *hæres* Alexandri Wod de Lambelethame, *patris*,—in terris de Grange, cum decimis et communi pastura, in parochia de Kilconquhar.—A. E. 20s. N. E. 4l.　　　　　　vii. 324.

(317)　　　　　　Apr. 18. 1621.

GEORGIUS STRANG portionarius de Kilrynnie, *hæres* Roberti Strang portionarii de Kilrynnie, *avi*,—in 2 quinquinariis partibus vulgo lie *tua fyft* partis terrarum de Balbardye, in parochia de Kinghorne.—A. E. 20s. N. E. 4l.　　　　　　vii. 343.

(318)　　　　　　Maii 23. 1621.

ANDREAS BALRAHAME filius legitimus quondam Issobellæ Scherthume, *hæres portionarius* Andreæ Scherthume de Caskelpie, *avi*,—in terris de Caskelpie.—A. E. 20s. N. E. 4l.　　　viii. 39.

(319)　　　　　　Maii 23. 1621.

EUPHAMIA SCHERTHUME, *hæres portionaria* Andreæ Scherthume de Caskelpie, *patris*,—in terris de Caskelpie.—A. E. 20s. N. E. 4l.　　　　　　viii. 40.

(320)　　　　　　Maii. 23. 1621.

MARGARETA SCHERTHUME, *hæres portionaria* Andreæ Scherthume de Caskelpie, *patris*,—in terris de Caskelpie.—A. E. 20s. N. E. 4l.　　　　　　viii. 40.

(321)　　　　　　Jul. 11. 1621.

WILLIELMUS MAIRTENE de Giblestoun, *hæres* Alexandri Mairtene de Giblestoun, *patris*,—in dimidietate terrarum de Giblestoun.—A. E. 30s. N. E. 8l.　　　　　　viii. 20.

(322)　　　　　　Apr. 3. 1622.

GULIELMUS NAIRNE, *hæres* Agnetæ Bruce, *matris*,—in terris de Plewland vocatis Nairnes-Plewland in villa de Sandfurd, et 6 acris terræ arabilis in villa de Innerdovat.—A. E. 40s. N. E. 8l.　　　　　　viii. 56.

(323)　　　　　　Apr. 30. 1622.

DAVID KYNNEIR de Eodem, *hæres* Davidis Kynneir de Eodem, *avi*,—in terris et baronia de Kynneir subscriptis, viz. terris dominicalibus de Kynneir ;—Over Cathlok ;—Nether Cathlok ;—dimidietate terrarum de Kiltadie, Craigsunquher, et Torcathlok;—tertiis partibus de Straburne, Fotheris, et Fordell, cum molendino de Straburne.—A. E. 40l. N. E. 133l. 6s. 8d.　　　　viii. 38.

(324)　　　　　　Maii 24. 1622.

ROBERTUS DEMPSTER, *hæres* Magistri Joannis Dempster de Logiealtoun advocati, *patris*,—in dimidietate terrarum de Balbugie, in parochia de Innerkething :—A. E. 40s. N. E. 8l.—Terris de Balbugie in baronia de Innerkething.—A. E. 4l. N. E. 16l.—(Vide Aberdeen, Kincardine.)　　　　　　viii. 57.

(325)　　　　　　Aug. 6. 1622.

ANDREAS ROWANE, *hæres* Willielmi Rowane de Souther Glasmonth, *fratris*,—in solari dimidietate terrarum de Glasmonth, infra parochiam de Kinghorne.—A. E. 40s. N. E. 8l.　　viii. 72.

(326)　　　　　　Aug. 6. 1622.

ARTHURUS MORTOUN, *hæres* Grissellidis Mortoun de Randelstoun, *matris*,—in terris de Randelstoun et Ladylands, cum advocatione duarum capellaniarum quondam infra ecclesiam parochialem de Caraill situatarum, viz. Sancti Michaelis et Sanctæ Katherinæ, infra constabulariam de Caraill.—A. E. 6l. 13s. 4d. N. E. 20l.　　　　　　viii. 193.

(327)　　　　　　Dec. 18. 1622.

JOHANNES CALVART, *hæres* Johannis Calvart burgensis de Enstruther-Eister, *avi*,—in annuo redditu 300m. de terris dominicalibus de Lundy.　　　　　　ix. 180.

(328)　　　　　　Jan. 15. 1623.

JOANNES BLACKWOOD, *hæres* Thomæ Blackwood portionarii de Coldrane, *patris*,—in tertia parte villæ et terrarum de Wester Coldrane, infra baroniam de Reidcastell per annexationem.—A. E. 10s. N. E. 40s.　　　　ix. 156.

(329)　　　　　　Mar. 20. 1623.

JONETA BRUCE, *hæres portionaria* Roberti Bruce junioris de Pitlethie, *patris*,—in tertia parte terrarum ecclesiasticarum de Pitletheis cum decimis, in parochia de Lewcharis et regalitate Sancti Andreæ.—E. 14m. &c.—(Vide Forfar.)　　　　viii. 292.

(330)　　　　　　Mar. 20. 1623.

HELENA BRUCE, *hæres portionaria* Roberti Bruce junioris de Pitlethie, *patris*,—in tertia parte terrarum ecclesiasticarum de Pitletheis cum decimis, in parochia de Lewcharis et regalitate Sancti Andreæ.—E. 14m. &c.—(Vide Forfar.)　　　　viii. 293.

(331)　　　　　　Mar. 20. 1623.

MARGARETA BRUCE, *hæres portionaria* Roberti Bruce junioris de Pitlethie, *patris*,—in tertia parte terrarum ecclesiasticarum de Pitletheis cum decimis, in parochia de Lewcharis et regalitate Sancti Andreæ.—E. 14m. &c.—(Vide Forfar.)　　　　viii. 293.

(332)　　　　　　Apr. 22. 1623.

MAGISTER PATRICIUS BALFOUR, *hæres* Andreæ Balfour de Pitcullow, *patris*,—in tertia parte terrarum de Pitcullow, infra baroniam de Rankelor.—A. E. 20s. N. E. 4l.　　　　viii. 136.

(333)　　　　　　Jun. 25. 1623.

ROBERTUS BOSUALL burgensis de Kingorne, *hæres* Willielmi Boswall, *patris*,—in 2 tenementis in burgo de Kingorne :—E. 10l.—Horreo et ustrina cum portione horti infra prædictum burgum :—E. 5l.—Annuo redditu 20m. de tenemento in prædicto burgo.　　　　　　x. 84.

(334)　　　　　　Jul. 30. 1623.

MAGISTER DAVID WEYMES, *hæres* Duncani Weymes de Pitcanie, *patris*,—in terris et baronia de Cardoun comprehendente terras dominicales de Cardoun et molendina, terras de Bowhous, et terras de Bowleyis et Celdlair cum carbonariis, in baronia de Cardoun.—A. E. 3l. N. E. 12l.　　　　　　viii. 251.

(335)　　　　　　Sep. 30. 1623.

THOMAS MORTOUN de Cammo, *hæres* Willielmi Mortoun de Cammo, *patris*,—in terris et baronia de Cammo comprehendente terras de Cammo, terras de Belsis, terras de Murehouses, terras de Girmerstoun et Auldleyis, et terras de Southerfafeild, Bowhill, et Cummerland, unitas in baroniam de Cammo.—A. E. 10l. N. E. 80l.　　　　　　viii. 247.

(336)　　　　　　Oct. 23. 1623.

GEORGIUS HARDY filius legitimus quondam Davidis Hardy in Auchtermuchtie, *hæres conquestus* Joannis Hardie portionarii de

Auchtermuchtie, *patrui,*—in cottagia terræ in Auchtermuchtie nuncupata Kilgouris Cottage:—E. 30s. 4d. &c.—Cottagia terræ in Auchtermuchtie vocata Smartis Cottage, cum privilegio communiæ &c.—E. 4s. 2d. &c.—Cum decimis:—E. 2d.—In senescallatu de Fife.   viii. 223.

(337)   Nov. 12. 1623.
ELIZABETHA AUCHMOUTIE, *hæres* Elizabethæ Moutray sponsæ quondam Joannis Auchmowtie burgensis de Edinburgh, *matris,*—in molendino granorum de Merkinsch.—E. 1d. viii. 230.

(338)   Nov. 12. 1623.
JOANNES SWYNE, *hæres* Thomæ Swyne in Collello, *patrui,*—in molendino de Abirdour-Wester cum pastura, et multuris terrarum de Dunybirsill, Grainge de Barnhill, cum acris et rudis occidentalis lateris de Abirdour, et terrarum de Cuttilhill, Sey Syid, Bouprie, Quhythill, Wester Syid, Eister Syid, Eister et Wester Boclavies, Newtoun, Inschmairteine, Croftgarie, Brego, Caikinsche, et Brewlandis dp Newtoune:—E. 6l. 6s. 8d. &c.—Tenemente terræ continente 6 rudas infra villam de Abirdour-Wester.—E. 40s.   viii. 277.

(339)   Apr. 24. 1624.
WILLIELMUS HALYDAY, *hæres* Magistri Jacobi Halyday de Pitlochie commissarii de Dumfreis, *fratris germani,*—in terris de Pitlochie et Bannachtie, in dominio et senescallatu de Fyiff.—E. 26l. 13s. 4d.   viii. 234.

(340)   Apr. 29. 1624.
ROBERTUS PATERSONE de Dinmwir, *hæres* Georgii Patersone de Dinmwir, *patris,*—in orientali dimidietate terrarum de Dunmwir nuncupata terras de Over Dunmwir, cum molendino:—E. 14l. &c.—Septem decimis sextis partibus villæ et terrarum de Luthrie, viz. quarta parte et dimidietate decimæ sextæ partis dictæ villæ et terrarum de Luthrie:—E. 20l. 18s. 1¼d.—Molendino de Luthrie cum multuris et pastura:—E. 8l. 6s. 8d.—Octava parte et dimidietate decimæ sextæ partis dictæ villæ et terrarum de Luthrie:—E. 11l. 12s. 3¼d.—Trigesima secunda parte dictæ villæ et terrarum de Luthrie, in dominio et senescallatu de Fyiff.—E. 24s.   viii. 259.

(341)   Jun. 8. 1624.
ROBERTUS LUNDY de Balgony, *hæres* Roberti Lundy de Balgony, *avi,*—in terris de Drwmdaill in baronia de Pitgornow.—E. 10l.   ix. 147.

(342)   Jun. 30. 1624.
WALTERUS BALLINCANQUELL de Eodem, *hæres* Alexandri Ballincanquell de Eodem, *patris,*—in terris de Ballincanquell; —terris de Carimoir et Carringzeine.—A. E. 5l. N. E. 40m.   viii. 321.

(343)   Oct. 5. 1624.
MARGARETA MURRAY sponsa Arthuri Myretoun de Pittowie, *hæres* Jonetæ Murray, *sororis,*—in annuo redditu 16 bollarum hordei de terris et baronia de Wolmerstoun in parochia de Carraill.   viii. 330.

(344)   Nov. 2 1624.
ALEXANDER ABIRCRUMBIE, *hæres* Thomæ Abircrumbie, *patris,*—in terris de Abircrumbie, cum molendino et advocatione capellaniarum earundem.—A. E. 5l. N. E. 30l.   viii. 321.

(345)   Dec. 1. 1624.
JACOBUS BLAIKWODE, *hæres* Adami Blaikwode portionarii de Eister Cowdrane, *patris,*—in tertia parte villæ et terrarum de Eister Cowdrane, olim infra baroniam de Redcastell per annexationem.—A. E. 10s. N. E. 40s.   ix. 2.

(346)   Dec. 1. 1624.
MAGISTER DAVID WEYMIS minister verbi Dei apud Scoone, *hæres* Magistri Willielmi Weymis advocati Sancti Andreæ, *patris,* —in villa et terris de Dura:—A. E. 40s. N. E. 8l.—Terris de Foxtoun.—A. E. 40s. N. E. 8l.   ix. 144.

(347)   Dec. 29. 1624.
ANDREAS MONCREIFFE, *hæres* Magistri Andreæ Moncreiff ministri verbi Dei apud Carraill, *patris,*—in annuo redditu 2 celdrarum hordei de terris de Wolmerstoun, in parochia de Carraill: —annuo redditu 100m. de terris de Eister Forret.   viii. 331.

(348)   Jan. 11. 1625.
JOANNES MONCREIFF, *hæres* Willielmi Moncreiff de Eodem, *patris,*—in terris dominicalibus de Carnebie, extendentibus ad 10 mercatas terrarum in baronia de Carnebie.—A. E. 33s. 4d. N. E. 10m.—Unitis cum aliis terris in Perth in baroniam de Moncreiff. —(Vide Perth.)   viii. 335.

(349)   Feb. 2. 1625.
MARGARETA SIBBALD relicta Gavini Weymis, *hæres* Magistri Patricii Sibbald filii legitimi Andreæ Sibbald in Northkinkell, *fratris germani et unici,*—in tenemento in Dysert.—E. *firmæ burgales.*   ix. 132.

(350)   Feb. 19. 1625.
WALTERUS TURPIE, *hæres masculus* Jacobi Turpie, *patris,*— in quarta parte et octava parte terrarum et molendini de Bellomylne, et sequelis terrarum de Drumtennand, Martoun, et Eister Ferny in senescallatu de Fyiff.—E. 3l. 15s. &c.   ix. 66.

(351)   Mar. 9. 1625.
WILLIELMUS M'KIE, *hæres* Margaretæ M'Kie, *amitæ,*—in annuo redditu 10l. de umbrali dimidietate villæ et terrarum de Wester Cothegellie infra dominium de Lochinschyre.   ix. 199.

(352)   Apr. 2. 1625.
DAVID SYMPSOUN, *hæres* Davidis Sympsoun burgensis de Dysert, *patris,*—in terris de Monturpie:—E. 9l. 6s. 8d. &c.— tertia parte terrarum de Melgum et Lawgrennes, in dominio de Newburne et regalitate de Dumfermlyne.—E. 19s. 4d.   ix. 266.

(353)   Apr. 22. 1625.
JOANNES SINCLAIR, *hæres* Patricii Magistri de Sinclair, *patris,*—in occidentali dimidietate villæ et terrarum de Pitzocher, in dominio de Kynglassie et regalitate de Dumfermline.—E. 15l. 6d.   ix. 131.

(354)   Jun. 8. 1625.
ALEXANDER BAXTER, *hæres* Nicolai Baxter burgensis de Cupro, *patris,*—in 2 novem partibus terrarum de Kinggarro.— A. E. 13s. N. E. 45s.   ix. 8.

(355)   Jun. 22. 1625.
JOHANNES SINCLAIR de Pitzoquhar, *hæres* Patricii Sinclair de Pitzochar, *patris,*—in solari dimidietate terrarum de Balgriggie; —terris nuncupatis lie Strutheris in dominio de Lochoirschyre;— occidentali parte villæ et terrarum de Balgriggie, infra dominium de Fyiff.—A. E. 40s. N. E. 8l.   ix. 200.

(356)   Jul. 6. 1627.
RICHARDUS CUNYNGHAME de Rathillet, *hæres* Willielmi Cunynghame de Rathillet scribæ signeti Regii, *patris,*—in terris de Rathillet, cum Breweriis lie Brewlandis et astrictis multuris terrarum de Murdocarney et Star, et earundem terrarum de Rathillet, infra senescallatum et dominium de Fyiff.—E. 40l. &c. et 6s. 8d. in augmentationem, et 3s. 4d. in novam augmentationem.—(Vide Ayr, Edinburgh.)   ix. 311.

(357)   Jul. 14. 1625.
GEORGIUS BRUCE de Carnok, *hæres* Domini Georgii Bruce de Carnok militis, *patris,*—in quarta parte et dimidietate quartæ partis terrarum et villæ de Wester Gellatis cum decimis garbalibus:—E. 5 bollæ 3 furlotæ et ¼ bacæ tritici, &c.—Solari dimidietate terrarum et villæ de Sillietoun Eister:—E. 9l. 13s. 4d. &c. Umbrali dimidietate dictæ villæ et terrarum de Sillietoun Eister pro principali:—E. 5l. 10s. 2¼d.—Octava parte villæ et terrarum de Maistertoun in warrantum:—E. 5l. &c.—Dimidietate terrarum et villæ de Randellis Craigs:—E. 5l. 12s. 5¼d. &c.—Dimidietate molendini fullonum nuncupati Walkemylne in Burntmouth cum acris, &c.—E. 40s. 10¼d. &c.   ix. 90.

(358)   Jul. 14. 1625.
GEORGIUS BRUCE de Carnok, *hæres* Domini Georgii Bruce de Carnok militis, *patris,*—in majori dimidietate vocata borealis dimidietas terrarum et baroniæ de Carnok, cum jure patronatus ecclesiæ de Carnok:—A. E. 40s. N. E. 10l.—Terris de Gallorig et Clun in parochia de Pittincrief per annexationem:—A. E. 20s. N. E. 4l.—Terris dominicalibus de Pittencrieff cum molendino granario in warrantum terrarum de Gallorig et Clun.—A. E. 20s. N. E. 4l.   ix. 93.

(359)   Jul. 14. 1625.
GEORGIUS BRUCE de Carnok, *hæres* Domini Georgii Bruce de Carnok militis, *patris,*—in carbonibus, carbonariis, et patellis salinariis infra dominium de Culross, &c.—E. 22l.   ix. 94.

(360)   Jul. 14. 1625.
GEORGIUS BRUCE de Carnok, *hæres* Domini Georgii Bruce de Carnok militis, *patris,*—in annuo redditu 235m. de mola vocata Foddismyln, in parochia de Crumbie et dominio de Culross, et in warrantum solaris dimidietatis terrarum de Seillietoun-Eister, infra parochiam et regalitatem de Dumfermeling:—annuo redditu 800m. de terris vocatis The Three Urquhartis, in parochia de Stramiglo, et in warrantum quarteriæ et dimidiæ quarteriæ, terrarum et villæ de Westergelletis cum decimis, in parochia et regalitate prædictis.   xi. 96.

(361) Jul. 18. 1625.
DAVID VICECOMES DE STORMONTH, Dominus de Scone, *hæres masculus* Domini Andreæ Murray de Balvaird militis, *filii fratris*,—in villa et terris de Newtoun de Balcanquall, infra senescallatum de Fyff.—A. E. 20s. N. E. 4*l.* ix. 153.

(362) Jul. 20. 1625.
DAVID VICECOMES DE STORMONTH, Dominus Scone, *hæres masculus et talliæ* Domini Andreæ Murray de Baliwaird militis, *filii fratris*,—in terris et baronia de Arnegosk et Kippo, viz. terris de Arnegosk, Pittilloch; Coudland, Gospertie, Heichame, Lethame, Fargeiss, Beine, Cathoquhill, Balwaird;—terris de Kippo; —quarta parte terrarum de Muirtoun de Tentis-Mwre, Haliry, Wilkiestoun, Carlehurlie, Lochtoun, et molendino de Kippo, unitis in baroniam de Arnegosk :—A. E. 10*l.* N. E. 68*l.*—Terris et villis de Ladinurquhart-Wester, infra baroniam de Strathmiglo.—A. E. 20s. N. E. 4*l.* ix. 74.

(363) Jul. 21. 1625.
JOANNES HENRYSOUN de Fordell, *hæres* Domini Johannis Henrysoun de Fordell militis, *patris*,—in terris et baronia de Fordell subscriptis, viz. Eistertoun de Fordell vocatis Mekill Fordell, Westertoun de Fordell, Lethamé, et Littill Fordell, cum advocatione capellæ Sancti Theoreti, et decima quarta parte terrarum et baroniæ de Fordell :—A. E. 17*l.* N. E. 68*l.*—Terris dominicalibus de Stratoun nunc Stratounhall nuncupatis, cum manerie Brumhill appellata, et terris Hoill de Stratoun nuncupatis, cum molendino ejusdem, in baronia de Stratoun.—A. E. 5*l.* N. E. 20*l.* ix. 88.

(364) Jul. 29. 1625.
JACOBUS LENOCIÆ DUX, COMES DARNLIE ET MARCH, Dominus Torbolton, Methven, Sanctandrois et Obignie, Magnus Admirallus et Camerarius Scotiæ, *hæres* Lodovici Lenociæ et Richmundiæ, &c. Ducis, *patrui*,—in dominio et baronia de Sanctandrois comprehendente terras de Northbank; —terras de Clairmonth ;—terras de Dymork (vel Dymock) ;—terras de Balgoif ;—terras de Straytouns ;—terras de Ballon et Kirklandis de Couper ;—wardam, pratum et columbarium de Ballone cum lie Green Swaird de Ballone ;—terras nuncupatas Poffill de Straytouns ;—terras de Goikstoun ;—terras de Dynbrae ;—terras de Denheid ;—terras de Drumcarro ;—terras de Cassindone ; terras de Unthank ;—terras de Craigton ;—terras de Lumbo ; terras de Balrymonth-Eister ;—terras de Balrymonth-Wester et Newmylne ;—terras de Langraw ;—terras de Pryorlethan ;—terras de Grainge ;—terras de Stravethie ;—terras de Freirtoun ;—terras de Kirktoun ;—terras de Pitlethy ;—terras de Innerbrig ;—novum molendinum de Darsay ;—molendinum fullonum de Darsay ;— terras nuncupatas Kirklandis de Darsay ;—terras de Kithlock et Straflat;—terras de Chapplekettie ;—terras de Kirktoun de Markjnsche et Kirklandis de Markinsche ;—terras de Kilmux ;—molendinum nuncupatum lie Zaird Mylne ;—molendinum nuncupatum The New Mylne ;—molendinum nuncupatum The Law Mylne ;— molendinum nuncupatum The Abaymylnes ;—molendinum vocatum The Pryormylnes ;—terras nuncupatas Sanctandrois landis de Lundie ;—terras de Bannafeild ;—terras de Pryorwall ;—terras de Drem ;—terras de Pitmillie ;—terras de Bennefeild ;—terras de Feddinche ;—terras de Ballinbreich ;—terras de Ressieclero ;— terras de Pitfechies ;—terras de Ellenhill ;—croftam Prioris in Craill nuncupatam Hatonis-croft ;—aliam croftam Prioris in Carraill ;—croftam nuncupatam The Abbay-croft of Sanctandrois ; pratum nuncupatum The Waird-meadow ;—pratum nuncupatum Petmillies-meidow ;—terras nuncupatas Benistounes thrid de Lambilethame ;—2 hortos infra monasterium ex australi latere de lie Gaisthill ;—hortum Bennisdaillis Zaird nuncupatum infra prædictum monasterium, cum lie Closter et Seinzie Chalmer cum hortis earundem ;—terram nuncupatam The Wastneist ;—domum nuncupatam The Malthous ;—domum nuncupatam The Beir Gyrnell et hortum ejusdem, cum lie Fenceris Zaird ;—horreum nuncupatum The Abby-barne, et hortum nuncupatum The Barne-Zaird, cum domibus circa portam, vulgo about the Zait dicti monasterii ;—hortum ex orientali latere de lie Skaithspaill ;—hortum super lie Heirthsyde de lie Gyrnell ;—hortum et domum super lie Northwast pairt aquæ ;—cemiterium vulgo The Kirkzaird ;—hortum et domum infra dictum monasterium ;—acras et terras jacentes circa villam et civitatem de Sanctandrois, cum decimis garbalibus dictarum terrarum, &c. inclusis;—terras, tenementa, domos, edificia, &c. infra civitatem Sancti Andreæ ;—diversos annuos redditus ad baroniam et dominium de Sanctandrois pertinentes ;—monasterium et Abaciæ locum de Sanctandrois, &c. cum decimis garbalibus aliisque decimis tam rectoriis quam vicariis, &c. ecclesiarum et parochiarum subsequentium, viz. ecclesiæ parochialis Sancti Andreæ nuncupatæ The Trinitie Kirk, ecclesiæ Sancti Leonardi, infra ecclesiam Sancti Leonardi in Sanctandrois, ecclesiarum de Leuchars, Forgound in Fyiff, Darsy, Couper, Lathrisk, Skaine, Kennoquhy, Markinche, Langforgound, Eglisgreg, Rossy in Gourie, Fordoun in Mearnis, Bourlie, Migvie, Tarland, Dow in Atholl, Inchsture, Foulis, Portmok, Abircrumbie, Linlithgow, Haddintoun, Portin-

craig, Kynnaird, quæ perprius ad Prioratum et Abbaciam de Sanctandrois tanquam spiritualitatem ejusdem pertinuerunt;—Collegium de Sanct Androis Collegium Sancti Leonardi nuncupatum, infra civitatem Sancti Andreæ fundatum, cum terris, domibus, &c. ejusdem, cum provisione, nominatione et admissione principalis et integrorum magistrorum, regentium ac bursariorum dicti collegii, omnia cum quibusdam aliis terris in vicecomitatibus de Perth, Forfar, Kincardin, Aberdeen, Edinburgh, Haddington, Berwick, et Linlithgow, unita in temporale dominium et baroniam de Sanctandrois :—E. 500m.—(Vide Dumbarton, Stirling, Perth, Renfrew, Ayr, Forfar, Kincardin, Aberdeen, Edinburgh, Haddington, Berwick, Linlithgow, Lanerk.) ix. 249.

(365) Oct. 4. 1625.
JOANNES AYTOUN de Eodem, *hæres* Andreæ Aytoun de Eodem, *patris*,—in terris et baronia de Aytoun comprehendente terras occidentalis dimidietatis de Dynmure infra dominium de Fyffe :—E. 22*l.* 6s. 8d. &c.—Terras de Burnturk, et peciam moræ et terræ vocatæ Swardeird *alias* nuncupatam communem moram de Burnturk:—A. E. 3*l.* N. E. 12*l.*—Terras de Glendeukie unitas in baroniam de Aytoun:—A. E. 10*l.* N. E. 45*l.*—Terris de Drumtennand, infra senescallatum de Fyffe, cum pendiculo earundem vocato Hedderinch:—E. 10*l.* &c.—Annuo redditu 40s. de terris de Wester Casche. ix. 107.

(366) Jan. 3. 1626.
JACOBUS MONEPENNY apparens de Pitmillie, *hæres* Joannis Monepenny feoditarii de Pitmillie, *patris*,—in terris de Bowbet :— A. E. 20s. N. E. 4*l.* Terris de Drumraoche.—A. E. 20s. N. E. 4*l.* x. 195.

(367) Jan. 7. 1626.
CAPITANEUS LAURENTIUS SINCLAIR, *hæres* Dominæ Elizabethæ Forbes Dominæ Sinclair, *matris*,—in patella salinaria cum statione lie Pan Pott, inter patellas burgi de Dysart, cum carbonibus.—A. E. 10s. N. E. 40s. ix. 148.

(368) Mar. 8. 1626.
AGNES CHEISHOLME, *hæres* Jacobi Cheisholme nautæ burgensis de Pettinweme, *patrui*,—in 3 acris terrarum in lie Sched Northflatt nuncupato.—E......... ix. 102.

(369) Apr. 29. 1626.
ADAMUS BLAIKWOODE, *hæres* Jacobi Blaikwoode portionarii de Collindrane Eister, *patris*,—in tertia parte villæ et terrarum de Eister Collindrane, olim in baronia de Reidcastell per annexationem.—A. E. 10s. N. E. 40s. ix. 113.

(370) Maii 10. 1626.
MAGISTER WALTERUS HIRD doctor medicinæ in Renes in Britanny in Francia, *hæres* Willielmi Hird, *patris*,—in annuo redditu 346m. de terris et baronia de Eist Weymis et Tylliecultrie cum molendino.—(Vide Clackmannan.) ix. 155.

(371) Jul. 8. 1626.
JOANNES BROUN, *hæres* Johannis Broun naucleri in North-Quenisferrie, *patris*,—in particata terræ continente 2 acras terræ arabilis in parochia et regalitate de Dumfermling.—E. 33s. ix. 140.

(372) Jul. 15. 1626.
JONETA HALKET, *hæres portionaria* Jacobi Halket filii legitimi Jacobi Halket olim apud Halkettis milne, *fratris*,—in petia terræ vulgo vocata The Bank et Welleyis de Smetoun, infra dominium de Kirkcaldie et regalitatem de Dunfermiling.—E. 18*d.* ix. 152.

(373) Jul. 15. 1626.
AGNETA HALKET, *hæres portionaria* Jacobi Halket filii legitimi prædicti Jacobi Halket, *fratris*,—in terris prædictis. E. 18*d.* ix. 152.

(374) Jul. 15. 1626.
CRISTINA HALKET, *hæres portionaria* Jacobi Halket filii legitimi prædicti Jacobi Halket, *fratris*,—in terris prædictis.—E. 18*d.* ix. 152.

(375) Jul. 15. 1626.
JOANNES MAISTERTOUN, *hæres* Roberti Maistertoun burgensis de Kirkcaldie, *patris*,—in 6¼ acris terrarum infra dominium de Kirkcaldie et regalitatem de Dunfermiling.—E. 17s. 6¼*d.* ix. 153.

(376) Oct. 4. 1626.
JOANNES SMALL, *hæres* Andreæ Small portionarii de Kylburnes, *patris*,—in annuo redditu 90m. de terris de Pittauchope, et dimidia parte terrarum de Newgraindge. ix. 158.

(377) Oct. 5. 1626.
JACOBUS HUTTOUN, *hæres* Jacobi Hutton portionarii de Weltoun *alias* Newbigging, *fratris avi*,—in octava parte villæ et terrarum de Weltoun *alias* Newbigging, in parochia de Kinghorne-Wester, et regalitate de Dumfermeling.—E. 5*l.* 5s. 10*d.* ix. 139.

(378) Oct. 7. 1626.
WILLIELMUS WALWODE, *hæres* Adami Walwode portionarii de Southseid, *patris*,—in quarteria villæ et terrarum de Southseid, in parochia et regalitate de Dumfermeling.—E. 58s. 7½d. &c. ix. 133.

(379) Oct. 21. 1626.
WILLIELMUS HENRYSONE, *hæres* Joannis Henrysone portionarii de Bandrum, *patris*,—in quarta parte villæ et terrarum de Bandrum, infra parochiam de Sauling, et regalitatem de Dumfermling.—E. 58s. 7½d. &c. xiv. 7.

(380) Oct. 21. 1626.
WILLIELMUS WALKER, *hæres* Georgii Walker mercatoris burgensis de Dumfermline, *patris*,—in terris de Baithe-Moubray *alias* Cowdounes-baithe, in parochia et regalitate de Dumfermling. —E. 33s. 4d. ix. 140.

(381) Nov. 11. 1626.
JOANNES STANEHOUS, *hæres provisionis* Roberti Stanehous portionarii de Maistertoun, *patris*,—in 3 quarteriis villæ et terrarum de Southseid, in parochia et regalitate de Dunfermline.—E. 8l. 16s. &c. ix. 132.

(382) Nov. 25. 1626.
ROBERTUS MUDIE, *hæres* Thomæ Mudie portionarii de Maistertoun, *patris*,—in octava parte villæ et terrarum de Maistertoun: —E. 4l. 13s. 4d. &c.—Terris de Baithbell *alias* Mossyde:—E. 44s. 11d. &c.—Dimidietate villæ et terrarum de Baith under the hill *alias* Swyntounis-Baith nuncupata, in parochia et regalitate de Dumfermling.—E. 5l. 5s. 9d. ix. 139.

(383) Jan. 10. 1627.
JOHANNES PRESTOUN, *hæres* Dominæ Elizabethæ Turnbull sponsæ Domini Johannis Prestoun de Pennycuik militis, *matris*,—in terris de Mugdrome;—parte terrarum de Cluny nuncupata Broomelands earundem, extendente ad 30 acras terrarum in warrantum spatii terræ vocati The Priors Nether Girnell, infra monasterium Sancti Andreæ;—tenemento infra mænia dicti monasterii Sancti Andreæ;—crofta terræ arabilis prope monasterium Sancti Andreæ;—horreo præfati monasterii cum horto ejusdem vocato Abbay barne and Barneyard, cum pecia terræ ante ostia ejusdem horrei;—columbario de Ballon nuncupato cum pecia terræ;—2½ acris terrarum arabilium ex occidentali dicti columbarii;—acra terræ arabilis vocata The Barneyard of Ballon;—pecia terræ arabilis vocata The Waird et Waird-medow of Ballon;—4 acris terrarum arabilium prope civitatem Sancti Andreæ, &c.—A. E. 40s. N. E. 10l. ix. 178.

(384) Jan. 24. 1627.
ROBERTUS LUNDY de Balgony, *hæres* Roberti Lundy de Balgony, *patris*,—in terris et baronia de Balgony subscriptis, viz. terris de Ovir Balgony, Nather Balgony, lie Mylntoun, lie Byris, Innerlochtie *alias* Spittell nuncupatis;—terris de Dovaine, viz. Over Dovaine, Nather Dovaine, Mylndamis;—terris de Schethum, viz. terris dominicalibus de Schethume, Blackfaldis, Cowdam, cum molendino granorum et fullonum earundem, unitis in baroniam de Balgony:—A. E. 20l. N. E. 80l.—Terris marresiæ de Treatton. —A. E. 10s. N. E. 53s. 4d. ix. 177.

(385) Feb. 7. 1627.
GEORGIUS FORRESTER, *hæres* Thomæ Forrester de Strathenrie, *patris*,—in terris de Langsyde.—A. E. 10s. N. E. 40s. ix. 259.

(386) Feb. 16. 1627.
JACOBUS DEWAR, *hæres* Roberti Dewar de Baithe-Banaley, *patris*,—in dimidietate villæ et terrarum de Baithe under the hill, vocata Baithe-Banaley, in parochia et regalitate de Dumfermling. —E. 5l. 5s. 9d. &c. ix. 219.

(387) Mar. 24. 1627.
WILLIELMUS PATERSONE incola in Birren in Norvegia, *hæres* Willielmi Patersone burgensis de Kirkcaldie, *avi*,—in tenemento terræ cum horto et cauda, continente 4 rudas terræ in territorio de Kirkcaldie, infra dominium de Kirkcaldie et regalitate de Dumfermling.—E. 2s. ix. 221.

(388) Mar. 24. 1627.
ROBERTUS LUNDY de Balgonie, *hæres* Roberti Lundie de Balgonie, *patris*,—in terris de Donykeir in dominio et regalitate de Dumfermling.—E. 11l. 4s. ix. 238.

(389) Maii 23. 1627.
ANDREAS WARDLAW de Torie, *hæres masculus* Magistri Patricii Wardlaw de Torie, *patris*,—in terris et baronia de Lochirschyre-Wester *alias* nuncupatis Inchegall;—terris nuncupatis Flockhous et Bowhouis de Inchgall, cum lacu de Inchgall et jure patronatus capellæ de Inchgall;—terris lie Mylnetoun de Inchegall cum molendino;—terris de Blaircurschenye;—terris de Balbegye;—terris de Clun;—terris de Cathemoir;—terris de Norther et Souther Lumfynnance;—terris de Lochead;—terris de Spittell;—terris de Ballingrie;—terris de Navetye et Quontill;—montibus nuncupatis Banhartiehillis, cum jure patronatus ecclesiæ de Ballingrie;—quarteria terrarum de Blaircrambaithe;—quarteria terrarum de Kynnard;—dimidietate terrarum de Drumlocherinche;—dimidietate terrarum de Byne;—terris de Balquharg cum lacu, infra dictam baroniam de Locherschyre-Wester.—A. E. 20l. N. E. 80l. x. 2.

(390) Sep. 22. 1627.
ALEXANDER SYME, *hæres* Magistri Alexandri Syme advocati burgensis de Edinburgh, *patris*,—in terris et acris nuncupatis Briglandis de Innerteill, jacentibus prope occidentalem pontem de Kirkcaldie, infra constabulariam de Kingorne.—A. E. 10s. N. E. 40s. ix. 258.

(391) Oct. 2. 1627.
JACOBUS LINDESAY de Kilquhus, *hæres* Normandi Lindesay de Kilquhiss filii legitimi Joannis Domini Lindesay de Byris, *avi*, —in terris de Kittadye et Craigsunquhair.—A. E. 40s. N. E. 8l. ix. 267.

(392) Oct. 3. 1627.
WILLIELMUS HALIBURTOUN de Pitcur, *hæres* Domini Jacobi Haliburtoun de Pitcur militis, *patris*,—in terris de Couper-Makcultie cum piscaria salmonum aliisque piscariis super aquam de Ilay, in regalitate de Dumfermling.—E. 5m. *Sterlingorum*. ix. 275.

(393) Oct. 6. 1627.
ANDREAS TRUMBILL, *hæres* Georgii Trumbill portionarii de Eastbarnes *alias* Grainge, *patris*,—in 2 septimis partibus villæ et terrarum de Eastbarnes *alias* Grang, in parochia et regalitate de Dumfermling.—E. 9l. 7s. 1d. &c. ix. 294.

(394) Oct. 11. 1627.
MAGISTER JOANNES KINLOCHE, *hæres* Magistri Davidis Kinloche portionarii de Luthrie, *fratris germani*,—in octava parte villæ et terrarum de Luthrie in dominio de Fyff et senescallatu ejusdem:—E. 13m. 12s. 6d.—Decima sexta parte villæ et terrarum de Luthrie in dicto dominio de Fyff.—E. 4l. 12s. 11d. x. 21.

(395) Jan. 12. 1628.
ANDREAS WARDLAW, *hæres* Magistri Patricii Wardlaw de Torie, *patris*,—in terris de Kynnernie cum pendiculo vocato Steilend, in regalitate de Dunfermling.—E. 21l. &c. x. 32.

(396) Mar. 8. 1628.
MAGISTER WALTERUS KINNYNMONTHE, *hæres* Patricii Kynnynmonthe de Callinshe, *patris*,—in terris de Kilduncane.—A. E. 20s. N. E. 4l. x. 37.

(397) Apr. 10. 1628.
JOANNES PATERSOUN, *hæres* Michaellis Patersone de Myris, *patris*,—in terris de Myris Over et Nather terrarum de Auchtermuchtie, ac illo Outset vocato Dunschelt:—E. 10l. 10s.—Pratis de Auchtermuchtie, cum terris tam arabilibus quam minime arabilibus lie Suard-eirdis, infra bondas earundem, infra senescallatum de Fiff:—E. 15l. 16s. 8d.—Officio clavigeri et serjandiæ armorum cum summa 10l. 10s. tanquam pro feudifirmis dictarum terrarum de Myris Over et Nather, et assignata pro feodo dicti officii.—E. *servitium dicti officii*. x. 92.

(398) Jun. 6. 1628.
JOANNES, COMES DE KINGHORNE, Dominus Lyon et Glames, *hæres* Joannis Domini de Glames, *abavi*,—in terris et baronia de Kinghorne, exceptis terris de Banchrie, North Pittedie, Balderdie, et Castelhill.—E. 25s. *Sterlingorum*. x. 123.

(399) Jul. 16. 1628.
JACOBUS HOPBURNE, *hæres* Jacobi Hopburne de Colcairnye, *patris*,—in terris de Colcarny (vel Cowcairnye), cum postestate effodiendi glebas in maresia vocata Mos de Coudrane, in baronia de Innermey.—E. 8m. x. 121.

(400) Jul. 23. 1628.
DAVID BEATTOUN, *hæres masculus* Davidis Beattoun de Creiche, *patris*,—in terris de Creich;—annuo redditu 10l. de terris de Newtoun;—annuo redditu 2m. de terris de Flashill:—A. E. 40s. N. E. 20l.—Dimidietate terrarum de Freiland:—A. E. 10s. N. E. 40s.—Terris et baronia de Dynbug et Countrahills:—A. E. 8l. N. E. 80l.—Terris de Urquhart cum communi pastura super Lowmoundis de Falkland:—E. 18l. *pro terris et* 10s. *pro communi pastura*:—Terris de Nather Ryres cum feudifirmæ firmis:—A. E. 40s. N. E. 8l.—Terris de Balgoiffe in dominio prioratus Sancti Andreæ:—E. 14l. &c.—Terris de Gadvan:—E. 10m.—Villa et

E

terris de Johnstoun:—E. 17*l.* 6*s.* 8*d.*—omnibus unitis in baroniam de Creich.—Terris de Quottis.—E. 14*l.* &c.   x. 128.

(401)   Oct. 23. 1628.
JOANNES SPENS, *hæres* Willielmi Spens in Grange de Lundoris, *patris,*—in terris de Inchery, infra dominium et senescallatum de Fyff.—E. 16*m.*   x. 122.

(402)   Nov. 27. 1628.
ROBERTUS BAXTER, *hæres* Andreæ Baxter in Auchtermuchtie, *patris,*—in cottagio terræ de Auchtermuchtie;—dimidietate illius lie Daill terræ de Auchtermuchtie Bowrod-daill nuncupatæ, cum decimis garbalibus et privilegio communiæ.—A. E. 1*d.* N. E. 2*d.*   x. 178.

(403)   Dec. 10. 1628.
MAGISTER ANDREAS AUCHINLECK minister verbi Dei apud ecclesiam de Largo, *hæres* Magistri Joannis Auchinlek ministri verbi Dei apud Largo, *patris,*—in 4 tenementis infra burgum de Pittenweme et baroniam ejusdem.—E. 8*s.*   x. 177.

(404)   Dec. 19. 1628.
THOMAS MYRTONE de Cambo, *hæres* Willielmi Myrtoun de Cambo, *patris,*—in terris de Eister Balrymonth cum decimis garbalibus, in parochia et regalitate Sancti Andreæ.—E. 40*s.*   x. 127.

(405)   Mar. 4. 1629.
MAGISTER JOANNES HAIRT doctor medicinæ, *hæres* Magistri Joannis Hairt ballivi burgi Vicecanonicorum, *patris,*—in annuo redditu 42*l.*—annuo redditu 20*l.* 6*s.* 8*d.* de terris de Balbairdie.   x. 140.

(406)   Mar. 19. 1629.
DOMINUS JACOBUS LEVINGSTOUN de Kynnard baronettus miles, *hæres masculus* Domini Joannis Levingstoun de Kynnard, baronetti militis, *patris,*—in superioritate dimidietatis terrarum et baroniæ de Nauchtane, extendente ad superioritatem 10 mercatarum terrarum de Innerdovate, olim vocatarum Crymbleyis landis, cum jure patronatus capellæ Sancti Thomæ de Seymylne, cum passagio aquæ de Tay de Dundie, et molendino de Seymylnes, cum quibusdam aliis terris in Perth, unitis in baroniam de Kynnard.—A. E. 14*l.* N. E. 56*l.*—(Vide Perth.)   x. 198.

(407)   Mar. 24. 1629.
WILLIELMUS FORBES de Craigievar, *hæres masculus* Willielmi Forbes de Craigievar, *patris,*—in terris de Lochheid cum lacu vocato Lochgellie et piscatione ejusdem, in baronia de Waster Locherescheyre *alias* Inschegall.—A. E. 20*s.* N. E. 4*l.*—(Vide Aberdeen, Haddingtoun, Edinburgh, Banf.)   xi. 8.

(408)   Mar. 27. 1629.
SIMON GRAY, *hæres* Symonis Gray burgensis de Pittenweme, *patris,*—in tenemento cum horto in burgo de Pittenweme;—acra terræ in lie Patrik-lairis:—E. 11*s.* 4*d.*—Quarta parte de uno lie Husbandland, extendente ad 4 acras, inter terras colonorum de Pettenweme per lie rinrig;—uno lie Daill cum 3 lie Buttis;—dimidietate horti in Pettenweme.—E. 9*s.* &c.   x. 178.

(409)   Apr. 11. 1629.
JOANNES STRAUCHANE, *hæres* Joannis Strauchane naucleri in Levinismouth, *patris,*—in annuo redditu 160*l.* de terris de Balbrekie infra senescallatum de Fyff.   x. 284.

(410)   Apr. 16. 1629.
GEORGIUS BRUCE de Carnok, *hæres* Domini Georgii Bruce de Carnok militis, *patris,*—in quarta parte et dimidietate quartæ partis terrarum et villæ de Westir Gellettes, cum decimis garbalibus:—E. 58*l.* 17*s.* 2½*d.* &c.—Dimidietate orientalis quarteriæ villæ et terrarum de Westir Gellettis cum decimis garbalibus.—E. 19*l.* 12*s.* 5*d.* &c.—omnibus infra parochiam et regalitatem de Dumfermling.   x. 148.

(411)   Apr. 22. 1629.
JOANNES MONCREIFF de Balcaskye, *hæres* Domini Alexandri Moncreiff de Balcaskye militis, *patris,*—in 80 acris terrarum arabilium de Pettinweyme, cum domibus infra burgum de Pittinweyme;—domo cum horto in villa de Anstruther vocata Fischhous;—officio balliatus domini et baroniæ de Pittinweyme.—E. 2*l.* 2*s.* 6*d.* &c.—Terris paludosis vulgo Parkdykis *alias* Greindykis appellatis, ex occidentali parte de Waldfaulds.—E. 6*s.* 8*d.*—Hortis infra murum et ambitum monasterii de Pettinweyme cum columbario, wardis et prato de Pettinweyme, cum servitutibus dominii et baroniæ prædictæ:—E. 6*l.* 13*s.* 4*d.*—Privilegio communitatis in communi mora de Pettinweyme:—E. 20*s.*—Terris de Pittotter;—terris vocatis Holl;—terris vocatis Lochend:—E. 7*l.* 10*s.*   x. 223.

(412)   Maii 13. 1629.
THOMAS SCOTT, *hæres* Jeannæ Kynneir, *matris,*—in annuo redditu 50*m.* de 4 acris terrarum arabilium;—pecia terræ vocata Siesyd:—molendino vocato Nether-milne, in baronia de Balmerynoche.   x. 280.

(413)   Maii 13. 1629.
GEORGIUS DUDDINGSTOUN de Raderny, *hæres* Archibaldi Duddingstoun de Kilduncane, *proavi,*—in terris de Kilduncane.—A. E. 20*s.* N. E. 4*l.*   x. 303.

(414)   Aug. 6. 1629.
WILLIELMUS SCOT de Ardros, *hæres masculus* Domini Willielmi Scott de Elie militis, unius Ordinariorum Clericorum Sessionis S. D. N. Regis, *patris,*—in villa et terris de Murcambus et molendino in regalitate Sancti Andreæ.—A. E. 4*l.* N. E. 32*l.*   x. 235.

(415)   Aug. 6. 1629.
WILLIELMUS SCOTT de Ardros, *hæres masculus* Domini Willielmi Scott de Elie militis, unius Ordinariorum Clericorum Sessionis S. D. N. Regis, *patris,*—in terris et baronia de Ardros, et terris dominicalibus vulgo Maynes earundem;—terris et baronia de Elie cum burgo baroniæ, portu, &c.—villa, terris, moris, et hortis de Balclevie;—maresio Lathrowis myre nuncupato;—terris vocatis Petres-Meling, Fyfes-fauld, Broome-fauld, Cottarland, Walflat, Thorterlandis, West Myresyde, lie Over Linkis;—lacu nuncupato Reidmyre, infra parochiam de Kilconqhor, unitis in baroniam de Ardros:—A. E. 10*l.* N. E. 80*l.*—in terris de Grangemure ac mora earundem in dominio et baronia de Pittinweyme:—E. 2 *bollæ* 2 *firlotæ* 2 *peccæ frumenti,* &c.—Octava parte dictæ villæ, terrarum et moræ de Grangemure;—acra terræ vocata Guisaiker;—riga terminali lie Heid-rig ex boreali parte ejusdem acræ;—13 rigis terrarum peciæ terræ vocatæ Preistis-toftis;—riga terminali ex boreali parte ejusdem peciæ terræ;—parte peciæ terræ lie sched of land vocata Newland;—2 rigis terminalibus lie twa heidrigs of land:—E. 1 *bolla frumenti,* &c.—Decima sexta parte dictarum terrarum de Grangemure, in dicto dominio et baronia de Pittinweyme:—E. 2 *firlotæ frumenti,* &c.—omnibus unitis in tenandriam de Wester Grangemure:—Terris de Bruntscheillis, in baronia de Strathmeglo:—A. E. 16*s.* 8*d.* N. E. 10*m.*—Dimidietate terrarum de Newtoun de Rires et portione earundem, infra dominium et senescallatum de Fyiff.—E. 13*l.* &c.   x. 328.

(416)   Sep. 18. 1629.
WILLIELMUS SMAIRT, *hæres* Thomæ Smairt burgensis de Pettinweme, *patris,*—in tenemento, &c. in burgo de Pettinweme.—E. 10*s.* 8*d.*   x. 343.

(417)   Sep. 30. 1629.
GEORGIUS DUDDINGSTOUN de Kilduncane, *hæres* Patricii Duddingstoun de Kilduncane, *patris,*—in terris de Wormet et salmonum piscaria vocata Langcraig;—7 acris terrarum arabilium jacentium contigue apud molendinum de Wormet, in baronia de Nawchtoun.—A. E. 16*s.* 8*d.* N. E. 9*l.* 6*s.* 8*d.*   x. 288.

(418)   Oct. 7. 1629.
JOANNES DICKSONE burgensis de Craill, *hæres* Joannis Dikkesone, *avi,*—in 6 acris terrarum arabilium in baronia de Westbairnes.—E. 2 *bollæ* ordei pro qualibet acra.   xi. 80.

(419)   Oct. 8. 1629.
JOANNES PHINLAW, *hæres* Jacobi Phinlaw portionarii de Balcristie, *fratris germani,*—in octava parte villæ et terrarum de Balcristie:—E. 99*s.* 10*d.* &c.—Octava parte terrarum de Lynkis de Balcristie, in dominio de Newbirne et regalitate de Dumfermling.—E. 16*s.* 8*d.*   xi. 102.

(420)   Oct. 13. 1629.
DAVID RYMOUR, *hæres* Davidis Rymour in Kingiskettill, *patris,*—in decima sexta parte terrarum de Kettill, infra senescallatum de Fyffe.—E. 17*s.* 8*d.*   xi. 79.

(421)   Oct. 23. 1629.
FREDERICUS HORSBURGH, *hæres* Andreæ Horsburghe, *patris,*—in parte tenementi et horti cum 2 acris terrarum in burgo seu territorio et dominio de Pettinweime.—E. 4*s.*   x. 356.

(422)   Oct. 23. 1629.
JACOBUS SYME, *hæres* Patricii Syme, *patris,*—in domo et dimidietate horti in burgo de Pittinweyme.—E. 3*s.* 4*d.*   x. 357.

(423)   Oct. 23. 1629.
MAGISTER PATRICIUS MELVILL, *hæres* Andreæ Melvill, *patris,*—in tenemento in burgo de Pittinweyme.—E. 8*s.*   x. 357.

(424) Nov. 17. 1629.
ARTHURUS FINLAW, *hæres* Andreæ Fynlaw portionarii de Balcrystie, *patris*,—in dimidietate terrarum de Newtoun de Rires, infra senescallatum de Fyff.—E. 12*l*. 3*s*. 4*d*. &c. xi. 100.

(425) Nov. 17. 1629.
JOANNES SCOTT, *hæres* Roberti Scot in Wester Drone, *patris*, —in lie but terræ ex occidentali latere Auldhall nuncupato infra territorium de Drone;—nona parte molendini et terrarum molendinariarum de Dron, in senescallatu de Fyff.—E. 3*s*. 4*d*. xi. 111.

(426) Nov. 18. 1629.
DAVID BREADIE filius legitimus quondam Davidis Breadie burgensis de Craill, *hæres* Jacobi Williamsoun burgensis dicti burgi, *proavi*,—in 3½ acris terræ arabilis prope dictum burgum infra baroniam de Westbairnes.—E. 2 *bollæ hordei pro qualibet acra*. xi. 26.

(427) ...... 22. 1629.
JOANNES KIRK, *hæres* Andreæ Kirk in Woddeshill, *patris*,— in annuo redditu 100*m*. de terris de Schyredrum in parochia de .... xii. 69.

(428) Jan. 14. 1630.
GEORGIUS KINLOCH, *hæres* Magistri Joannis Kinloch, *fratris germani*,—in octava parte villæ et terrarum de Luthrie in dominio de Fyffe :—E. 9*l*. 5*s*. 10*d*.—Decima sexta parte ejusdem.—E. 4*l*. 12*s*. 11*d*. xi. 152.

(429) Jan. 19. 1630.
MAGISTER DAVID LENTROUN, *hæres* Davidis Lentroun naucleri civis olim civitatis Sancti Andreæ, *patris*,—in quarta parte terrarum de Newgrainge, et quarta parte vigesimæ quartæ partis earundem terrarum, infra regalitatem Sancti Andreæ :—E. 6*l*. —31 riggis terræ arabilis in territorio vocato Bearflett, tanquam parte præfatarum terrarum de Newgrange, et tribus riggis terræ arabilis in quadam parte vocata lie Gurres, infra dictam regalitatem Sancti Andreæ.—E. 44*s*. xii. 159.

(430) Feb. 10. 1630.
JONETA GAW, *hæres* Joannis Gaw de Maw, *fratris*,—in duabus dimidietatibus terrarum de Maw.—A. E. 20*s*. N. E. 4*l*. xi. 87.

(431) Mar. 3. 1630.
AGNETA ALYSONE, *hæres* Joannis Alysone burgensis de Cupro, *patris*,—in tenemento infra burgum de Crail.—E. .... xii. 135.

(432) Apr. 6. 1630.
JACOBUS LINDSAY de Dowhill, *hæres* Magistri Joannis Lindsay de Dowhill, *patris*,—in terris et baronia de Dowhill, cum molendino et aliis infra scriptis, viz. terris nuncupatis Crambethe-Dowhill ;—terris de Soyterlandis ;—terris de Fruches ;—quarta parte terrarum de Blair de Crambethe ;—quarta parte terrarum de Kynnaird ;—dimidietate terrarum de Drumlochtornoche ;—10 summis cattellorum in Blairhill de Crambethe ;—10 summis ovium in monte de Balnarthye ;—tertia parte de Eister Newingstoun ;— tertia parte molendini de Cleische ;—tertia parte de Wester Newingstoun, cum tertia parte de Brousterlands earundem ;—quarta parte terrarum de Culcarny ;—2 acris terrarum in villa de Kinross ; —6 summis annuatim in communia de Kinross vocata Gallowhill, in baronia de Dowhill ;—cum quibusdam aliis terris in Perth.— A. E. 40*l*. N. E. 133*l*. 6*s*. 8*d*.—(Vide Perth.) xi. 43.

(433) Apr. 8. 1630.
WILLIELMUS MONCREIFF de Randerstoun, *hæres* Issobellæ Moncreiff filiæ quondam Nathanielis Moncreiff de Randirstoun, *sororis*,—in dimidietate 20 acrarum terræ arabilis, et dimidietate acræ terræ cum decimis, &c. in dominio de Pettinweyme, baronia et regalitate ejusdem.—E. 2*s*. 6*d*. xi. 84.

(434) Maii 8. 1630.
CORNELIUS WILSOUN burgensis de Kirkcaldie, *hæres* Georgii Wilsoun burgensis ibidem, *patris*,—in pattella salina cum granario, infra territorium de Kirkcaldie et regalitatem de Dumfermline.— E. 3*s*. xi. 115.

(435) Maii 10. 1630.
JACOBUS DOMINUS OGILBIE DE AIRLIE, &c. *hæres* Jacobi Domini Ogilbie de Airlie, *abavi*,—in terris de Balbugy, infra baroniam de Innerkeything.—A. E. 4*l*. N. E. 16*l*. 13*s*. 8*d*. xi. 143.

(436) Jun. 4. 1630.
DAVID WALWOOD, *hæres* Thomæ Walwood, *avi*,—in annuo redditu 20 bollarum hordei de terris de Pitlethie in regalitate Sancti Andreæ. xiii. 293.

(437) Jun. 9. 1630.
JACOBUS WOOD de Lambatlathame, *hæres* Jacobi Wood de Lambatlathame, *avi*,—in terris de Gallerig et Clun, in baronia de Pettincreiff.—A. E. 20*s*. N. E. 4*l*. xii. 70.

(438) Jun. 16. 1630.
PATRICIUS BALFOUR, *hæres* Magni Sinclair de Leyis, *avi materni*,—in tenemento in burgo de Dysert ;—E. 40*d*.—Annuo redditu 12 bollarum farinæ avenaticæ de terris de Pitkyne in dominio de Lochoirschyre ;—Annuo redditu 12*l*. de terris de Bruntoun. xi. 88.

(439) Jun. 16. 1630.
PATRICIUS BALFOUR, *hæres* Willielmi Sinclair, *avunculi*,— in annuo redditu 20*l*. de terris dominicalibus de Reithe.—E. 20*l*. xi. 89.

(440) Jun. 17. 1630.
CAPITANEUS JACOBUS MOWBRAY, *hæres* Elizabethæ Spittell, *matris*,—in annuo redditu 72*m*. de terris de Newhall. xi. 85.

(441) Jul. 31. 1630.
ROBERTUS MOIR in Planis de Kirkcaldie, *hæres* Joannis Moir, *patris*,—in tenemento terræ continente rudam terræ infra territorium de Kirkcaldie et regalitatem de Dumfermeling, prope finem orientalem oppidi de Kirkcaldie.—E. 18*d*. xi. 59.

(442) Aug. 25. 1630.
JACOBUS DOMINUS COLVILL de Culros, *hæres* Jacobi Colvill de Eist Weymis militis, *proavi*,—in terris et baronia de Eist Weymes.—A. E. 20*l*. N. E. 80*l*. xi. 164.

(443) Sep. 25. 1630.
MAGISTER HENRICUS MELVILL burgensis de Kirkcaldye, *hæres* Magistri Jacobi Melvill, *fratris germani immediate senioris*, —in 6 acris terrarum arabilium de Balsusnye, in parochia de Kirkcaldye, et regalitate de Dumfermling.—E. 10*s*. 10½*d*. xi. 193.

(444) Oct. 13. 1630.
MICHAEL BALFOUR de Bandoun, *hæres* Davidis Balfour de Bandone, *patris*,—in terris de Bandone.—A. E. 40*s*. N. E. 8*l*. xi. 233.

(445) Oct. 20. 1630.
JOANNES MATHEW in Nather Lithe, *hæres* Alexandri Mathew de Kilburneis, *avi*,—in parte terrarum dominicalium et maneriei de Balmerynoche nunc vocatis Kirktoun de Balmerynoche, ex parte boreali monasterii ejusdem ;—4 acris terrarum adjacentibus dictæ maneriei de Balmerynoch ;—pecia dictarum terrarum de Balmerynoche vocata The Seasyd, cum terris breueriis de Balmerynoche ;—molendino inferiori vocato Nether Mylne de Balmerynoch, cum astrictis multuris baroniæ de Balmerynoche, cum decimis et pastura, in baronia de Balmerynoche.—E. 20*m*. xi. 168.

(446) Nov. 5. 1630.
THOMAS ALEXANDER portionarius de Drumeldrie, *hæres* Thomæ Alexander, *avi*,—in annuo redditu 750*m*. de partibus terrarum dominicalium de Largo, Beinhauche, Anderlasche, Aberdolloche, Wardes, Manthrilzeam, et Nather Chesteris nuncupatis, in baronia et parochia de Largo. xiii. 5.

(447) Dec. 1. 1630.
MARGARETA CUIK, *hæres* Willielmi Cuik olim in Pettinweyme, *patris*,—in 2 tenementis in villa de Pettinweyme ;—domo piscaria vocata ane fische hous ;—domo cum horto in dicta villa ;— 14 acris terrarum in dominio de Pettinweyme ;—pecia terræ vocata Litillfauld in medio lie Lone dictæ villæ ;—5 peciis terræ vocatis lie Littill Buttis ;—pecia terræ vocata Langrig ;—5 peciis terrarum vocatis lie Buttis ;—pecia terræ vocata Langaiker continente 2 dailles ; —pecia terræ vocata ane daill ;—acra terræ prope Sanct Monance Slope ;—acra prope Greindykes ;—acra prope crucem ;—acra ex parte occidentali lie Lone ;—5 peciis terræ vocatis Buttis, in dominio de Pettinweyme et baronia seu regalitate ejusdem.—E. 9*l*. 10*s*. &c. xi. 241.

(448) ...... 12. 1630.
JOANNES GOURLAY, *hæres* Alexandri Gourlay, *avi*,—in dimidio molendini de Lundie et 3 acris terrarum, et aliis duabus acris cum pastura, &c. in baronia de Lundie.—A. E. 2*s*. N. E. 8*s*. xi. 155.

(449) ....
MAGISTER DAVID AYTOUN, *hæres masculus et talliæ* Magistri Jacobi Aytoun, *fratris*,—in quarteria villæ et terrarum de Overgrange de Kinghorne-Wester :—E. 19*l*. 10*s*. &c.—Octava parte villæ et terrarum de Overgrange :—E. 7*l*. 18*s*. 4*d*. &c.— Altera parte dictæ villæ et terrarum de Overgrange.—E. 7*l*. 18*s*. 4*d*. &c. xi. 142.

(450) Feb. 22. 1631.

ANDREAS COWIE, *hæres* Willielmi Cowie fabri murarii ac burgensis de Pittenweyme, *patris,*—in tenemento cum horto in dicto burgo.—E. 6s. 8d. xi. 212.

(451) Mar. 18. 1631.

JONETA ADAMSOUN, *hæres* Jacobi Adamsoun in Newburghe, *patris,*—in 6 acris terrarum in regalitate de Lundoris :—E. 1d.—3 acris in dicta regalitate.—E. 1d. xi. 224.

(452) Mar. 26. 1631.

JACOBUS AYTTOUN frater germanus Magistri Roberti Ayttoun de Inchederny, *hæres talliæ et provisionis* Magistri Jacobi Aytoun de Grange, *patrui,*—in octava parte ad 40 solidatas terrarum de Bondhalf de Auchtermuchtie extendente :—E. 4 *bollæ frumenti,* &c.—Dimidietate terrarum de Marisland de Auchtermuchtie ad libratam terræ extendente ;—parte alterius dimidietatis de Marisland de Auchtermuchtie suprà villam de Auchtermuchtie, cum privilegio communiæ :—E. 2 *bollæ* 2 *firlotæ avenarum,* &c. —Decimis garbalibus terrarum supra scriptarum, infra senescallatum de Fyff.—A. E. 4d. N. E. 12d. xii. 75.

(453) Apr. 2. 1631.

THOMAS FINLAY, *hæres* Jacobi Finlay in Inchdevie, *patris,*—in octava parte villæ et terrarum de Balcrystie, infra parochiam de Newbirne et regalitatem de Dumfermling :—E. 39s. 10d. &c.— Octava parte terrarum de Links de Balcrystie, infra baroniam de Newbirne et regalitatem de Dumfermling.—E. 16s. 8d. xii. 192.

(454) Jul. 11. 1631.

WALTERUS AIRTH, *hæres* Walteri Airthe burgensis de Pittinweyme, *patrui,*—in tenemento in burgo de Pittinweyme ;—horreo et horto in dicto burgo ;—7½ acris terræ arabilis in dominio de Pittinweyme ;—quinta parte terrarum quondam Georgii et Joannis Greiges in dicto dominio, et 2 acris terrarum et 1 acra terræ in dicto dominio, cum pastura, &c.—E. 58s. 2d. &c. xi. 253.

(455) Jul. 23. 1631.

THOMAS ALEXANDER, *hæres* Thomæ Alexander, *avi,*—in 6 decimis sextis partibus villæ et terrarum de Drumeldrie :—E. 5l. 7s. 6d. &c.—Decima sexta parte villæ et terrarum de Balchrystie : —E. 19s. 8d.—Molendino de Newbirne nuncupato Newbirnemylne :—E. 5l. 14s. &c.—32 parte dictæ villæ et terrarum de Drumeldrie.—E. 8s. 11½d. &c.—infra parochiam et baroniam de Newbirne et regalitatem de Dumfermeling. xii. 27.

(456) Jul. 23. 1631.

THOMAS ALEXANDER, *hæres* Willielmi Alexander portionarii de Drumeldrie, *patris,*—in decima sexta parte terrarum et villæ de Balchristie, in parochia de Newburneschyre et regalitate de Dumfermling.—E. 19s. 8d. xii. 194.

(457) Jul. 30. 1631.

JACOBUS WALWOOD, *hæres* Willielmi Walwood portionarii de Nather Baith, *patris,*—in tertia parte villæ et terrarum de Nather Baithe, infra parochiam et villam de Dumfermling.—E. 3l. 10s. 1½d. &c. xi. 252.

(458) Sep. 2. 1631.

ANDREAS DUNDAS filius Janetæ Bennet, *hæres portionarius* Joannis Bennet senioris burgensis de Bruntiland, *fratris avi,*—in dimidietate tenementi infra burgum de Bruntiland.—E. 3d. xiii. 51.

(459) Sep. 3. 1631.

GEORGIUS HUTCHEOUN *alias* SMITH, *hæres* Davidis Hutcheoun *alias* Smith in Kirkcaldie, *patris,*—in pecia terræ in territorio de Kirkcaldie infra regalitatem de Dumfermeling.—E. 2s. xi. 249.

(460) Sep. 3. 1631.

THOMAS JAKSOUN in Kirkcaldie, *hæres* Patricii Jacksoun in Kirkcaldie, *patris,*—in tenemento cum horto continente 2 rudas terræ in territorio burgi de Kirkcaldie.—E. 12d. xi. 250.

(461) Oct. 5. 1631.

JOANNES FUIRD, *hæres* Roberti Mathesoun in Pittinweyme, *avi,*—in tenemento cum horto, &c. in burgo de Pittinweyme.— E. 13s. 10d. xi. 277.

(462) Oct. 5. 1631.

WILLIELMUS LUMSDELL, *hæres* Joannis Lumsdell in Pittinweyme, *patris,*—in tenemento in Pittinweyme.—E. 16s. xiii. 5.

(463) Oct. 6. 1631.

HENRICUS WATSOUNE, *hæres* Thomæ Watsoun burgensis de Anstruther, *patris,*—in tenemento in burgo de Pittinweyme.— E. 49s. &c. xi. 254.

(464) Nov. 19. 1631.

JOANNES GRAY, *hæres* Thomæ Gray pollentarii in Patellis Salinariis de Kirkcaldie, *patris,*—in 4 rudis terrarum cum tenemento et horto desuper edificatis, in territorio de Kirkcaldy et regalitate de Dumfermling.—E. 9d. xii. 1.

(465) Feb. 4. 1632.

ROBERTUS MAXWELL, *hæres* Patricii Maxwell burgensis de Auchtermuchtie, *patris,*—in partibus et portionibus terrarum unius octavæ partis terrarum de lie Bond-half de Auchtermuchtie, cum decimis garbalibus earundem, infra territorium de Auchtermuchtie et senescallatum de Fyff.—A. E. 1d. N. E. 4d. xiii. 145.

(466) Feb. 4. 1632.

ROBERTUS ORROK, *hæres* Henrici Orrok portionarii de Overgraing de Wester-Kingorne, *patris,*—in octava parte villæ et terrarum de Over-graing de Kingorne-Wester, in parochia de Wester Kingorne et regalitate de Dumfermling.—E. 9l. 15s. &c. xiii. 163.

(467) Feb. 20. 1632.

ROBERTUS PULLO, *hæres* Joannis Pullo, *avi,*—in tenemento in burgo de Pittinweyme.—E. 7s. xiii. 54.

(468) Apr. 6. 1632.

JONETA KEIR, *hæres portionaria* Michaellis Wilkie, *avunculi,* —in tenemento et horto in burgo de Pittinweyme.—E. 7s. 6d. xii. 89.

(469) Apr. 20. 1632.

DANIEL STRANG, *hæres* Jonæ Strang, *fratris germani,*—in tenemento cum horto in burgo de Pittinweyme, cum acra terræ in Eistcroft, in dominio et baronia de Pittinweyme.—E. 11s. 4d. xii. 91.

(470) Maii 2. 1632.

BARBARA STEWART sponsa Willielmi Stewart de Maynes, *hæres* Jacobi Stewart de Burray, *patris,*—in terris de Cuttelhill et Seasyid, in dominio de Sanct Colmesinch ;—terris de Wester Balclevyes in parochia de Aberdour ;—2 tenementis in burgo de Aberdour, infra dominium de Sanct Colmesinch.—E.............. xii. 46.

(471) Maii 16. 1632.

DAVID BALFOUR, *hæres* Joannis Balfour portionarii de Sandfurde, *patris,*—in dimidietate terrarum de Sandfurde, cum piscatione earundem nuncupata Breadhauch, infra baroniam de Nauchtoun pro principalibus :—A. E. 20s. N. E. 4l.—Terris de Wormet cum molendino de Wormet, et 6 acris pro terris molendinariis ejusdem ;—7 acris terræ arabilis dicto molendino adjacentibus, et salmonum piscationibus super aqua de Tay vocatis Langcraigis, in warrantum.—A. E. 16s. 8d. N. E. 3l. 6s. 8d. xii. 44.

(472) Maii 25. 1632.

JONETA, ELIZABETHA, ET MARGARETA ROBERTSOUNS, *hæredes portionariæ* Davidis Robertsoun burgensis de Pittinweyme, *patris,*—in domibus et horto, &c. in dicto burgo.— E. 5s. xi. 279.

(473) Maii 25. 1632.

WILLIELMUS WANDERSOUN, *hæres portionarius* Davidis Robertsoun burgensis de Pittinweyme, *avi,*—in domibus et horto, &c. supra-mentionatis. xi. 280.

(474) Jun. 13. 1632.

JOANNES STRAQUHEN, *hæres* Joannis Straquhane in Lewin, *patris,*—in annuo redditu 160l. de terris de Balbrikie, infra senescallatum de Fyiff. xii. 87.

(475) Jun. 16. 1632.

THOMAS MITSCHELL, *hæres* Davidis Mitchell portionarii de Drumeldrie, *patris,*—in decima sexta parte cum dimidio decimæ sextæ partis villæ et terrarum de Drumeldrie, in parochia de Newburne et regalitate de Dunfermling.—E. 27s. 4d. &c. xi. 280.

(476) Jul. 12. 1632.

WILLIELMUS RICHARTSOUN, *hæres* Willielmi Richartsoun burgensis de Pittinweim, *patris,*—in tenemento cum horto in dominio et burgo de Pittinweim.—E. 4s. xiii. 188.

(477) Jul. 18. 1632.

JACOBUS LUNDIE de Straherlie, *hæres* Joannis Lundie de Straherlie, *patris,*—in terris de Straherlie tam bina parte quam tertia parte in baronia de Lundy.—A. E. 40s. N. E. 8l. xiii. 23.

(478) Jul. 25. 1632.

ROBERTUS BEVERAGE nauta burgensis de Pittinweyme, *hæres* Michaelis Wilkie burgensis dicti burgi, *avunculi,*—in tenemento in burgo de Pittinweyme.—E. 7s. 6d. xiii. 9.

(479)   Oct. 2. 1632.

THOMAS ABIRCRUMBIE, *hæres* Alexandri Abircrumbie de Eodem, *fratris germani*,—in terris de Cranbrigges, in dominio et baronia de Pittinweim.—E. 10s. et 2s. in augmentationem.
xiii. 227.

(480)   Oct. 2. 1632.

THOMAS ABIRCRUMBIE, *hæres* Alexandri Abircrumbie de Eodem, *avi*,—in terris templariis de Abircrumbie, in dominio de Abircrumbie.—E. 40d.   xiii. 228.

(481)   Nov. 7. 1632.

MAGISTER JOANNES MONCREIFF, *hæres* Magistri Andreæ Moncreiff olim ministri verbi Dei apud Craill, *patris*,—in annuo redditu 100m. de terris de Eister Forrettoun.   xii. 132.

(482)   Nov. 14. 1632.

JOANNES PEAT, *hæres* Alexandri Peat burgensis de Anstruther-Eister, *patris*,—in parte tenementi vocati Sanctcyldis Chaippill in dicto burgo.—E. 5s.   xii. 61.

(483)   Apr. 24. 1633.

MARGARETA SPITTELL, *hæres* Gulielmi Spittell de Leuchall, *avi*,—in occidentali tertia parte villæ et terrarum de Letham vocata Seafield de Letham, in baronia de Fordell.—A. E. 20s. N. E. 4l.   xiii. 79.

(484)   Apr. 24. 1633.

MARGARETA SPITTELL, *hæres* Jacobi Spittell de Leuchald, *patris*,—in terris dominicalibus de Beathe, ac dimidietate terrarum de Knoksuderon, infra baroniam de Beath.—A. E. 2l. N. E. 10l.   xiii. 99.

(485)   Apr. 30. 1633.

ROBERTUS ARBUTHNOTT, *hæres* Domini Roberti Arbuthnot de Eodem militis, *patris*,—in terris dominicalibus de Creiche in warrantum terrarum et baroniæ de Cairnetoun, in vicecomitatu de Kincardine.—A. E. 5l. N. E. 20l.—(Vide Kincardine.)
xiii. 83.

(486)   Maii 2. 1633.

ISSOBELLA MITCHALSOUN, *hæres* Issobellæ Orrok sponsæ Doctoris Joannis Mitchelsoune ministri verbi Dei apud Bruntiland, *matris*,—in annuo redditu 100m. de terris de Middil-Baldrig et Masone-landis eidem adjacentibus, in parochia et regalitate de Dumfermling.   xiii. 92.

(487)   Maii 22. 1633.

CAROLUS DIKSOUN, *hæres* Thomæ Diksoun, *patris*,—in domo extendente ad 60 pedes in longitudine et 16 in latitudine in burgo de Pittinweme.—E. 12d.   xii. 111.

(488)   Maii 22. 1633.

MAGISTER JOANNES KYNNEIR, *hæres* Jeannæ Kynneir, *amitæ*,—in annuo redditu 50m. de 4 acris terrarum ;—pecia terrarum vocata Seasyd, cum terris breueriis ejusdem et molendino vocato Nethermylne, in baronia de Balmerynoche.   xii. 127.

(489)   Maii 24. 1633.

JOANNES COMES DE KINGHORNE, Dominus Lyone et Glames, *hæres* Joannis Domini de Glames, *abavi*,—in terris et baronia de Kinghorne.—E. 50s. *Sterlingorum.*   xiii. 95.

(490)   Aug. 10. 1633.

THOMAS HENRYSOUN, *hæres* Thomæ Henrysoun burgensis de Pettinweyme, *patris*,—in dimidietate tenementi in Pettinweyme.—E. 3s.   xiii. 110.

(491)   Aug. 17. 1633.

JOANNES LAMB, *hæres* Thomæ Lamb burgensis de Kircaldie, *patris*,—in dimidietate umbralis dimidietatis terrarum de Smeatoune extendente ad quarteriam ejusdem :—E. 3s. 4d.—3 acris terræ arabilis terrarum de Auld Smeatoun jacentibus in lie Bromehilheid ;—3 acris terræ arabilis dictarum terrarum de Smeatoun ex orientali latere de Halkettis-dane :—E. 20s.—3 acris terræ arabilis terrarum de Balsusnie ex orientali latere de lie Londyk ;—5 acris terræ arabilis dictarum terrarum de Balsusnie jacentibus ex occidentali latere communis viæ de Kircaldie :—E. 14s.—Omnibus in parochia de Kircaldie et regalitate de Dumfermling.—E. in integro 37s. 4d.   xiii. 153.

(492)   Aug. 21. 1633.

DOMINUS JACOBUS LEARMONTH de Balcomie miles, unus Senatorum Collegii Justiciæ S. D. N. Regis, *hæres* Domini Joannis Learmonth de Balcomie militis, *patris*,—in terris de Northbank infra dominium prioratus Sancti Andreæ et regalitatem ejusdem ;—parte marresiæ de Drumcarro.—E. 6l. 14s.   xiii. 125.

(493)   Aug. 21. 1633.

MARGARETA SPITTELL, *hæres* Jacobi Spittell de Leuchald, *patris*,—in terris de Leuchald, in baronia de Rossythe.—A. E. 40s. N. E. 10l.   xiii. 221.

(494)   Sep. 18. 1633.

JONETA HARDIE, *hæres* Thomæ Hardie de East-mylne, *patris*,—in molendino de Pitlair vocato East-mylne ;—parte terrarum de Pitlair adjacente dicto molendino, cum communi pastura in baronia de Pitlair :—E. 32s.—Annuo redditu 32s. de terris et baronia de Pitlair, in compensationem feudifirmæ dicti molendini de Pitlair.   xii. 134.

(495)   Oct. 12. 1633.

JACOBUS DURY, *hæres* Joannis Durrie filii legitimi Georgii Durie de Craigluscour, *fratris*,—in terris et villis de Craigluscour :—E. 12l. 5s. 0½d. &c.—Terris de Baldrig-Eister *alias* Hoilbaldrig, in parochia et regalitate de Dumfermling.—E. 8l. 10s. 3d. &c.   xiv. 76.

(496)   Oct. 16. 1633.

JACOBUS HALKERSTOUN, *hæres* Willielmi Halkerstoun portionarii de Hilcairney, *patris*,—in solari dimidietate terrarum de Hilcairney tanquam principali :—A. E. 40s. N. E. 8l.—Terris vocatis Hiltoun de Carslogy in warrantum.—A. E. 20s. N. E. 4l.   xii. 142.

(497)   Oct. 30. 1633.

JONETA ECKLEIN, *hæres* Elspetæ Monypennie sponsæ Magistri Joannis Ecklein, *matris*,—in annuo redditu 200m. de terris de Pitmillie cum molendino, in constabularia et parochia de Craill.   xv. 100.

(498)   Dec. 18. 1633.

JONETA BOISWELL sponsa Jacobi Mackie in Mackysmylne, *hæres portionaria* Jacobi Boswell senioris burgensis de Kinghorne, *patris*,—in acra terræ vocata Ruid aiker in parochia de Kinghorne-Eister, cum peciis terrarum de Vicarisgraing.—E. 20s.   xiv. 119.

(499)   Dec. 18. 1633.

BEATRIX BOISWELL sponsa Magistri Andreæ Halyburtoun de Muirhouslaw, MARGARETA BOISWELL sponsa Georgii Key et CATHARINA BOISWELL, *hæredes portionariæ* prædicti Jacobi Boiswell, *patris*,—in prædictis terris.   xiv. 120.

(500)   Jan. 10. 1634.

THOMAS CUIK, *hæres* Thomæ Cuik, *patris*,—in tenemento in burgo et dominio de Pettinweim.—E. 9s. 6d.   xii. 141.

(501)   Jan. 10. 1634.

MARJORIA STANNERGILL, *hæres portionaria* Willielmi Stannergill, *avi*,—in tenemento in Pittinweim :—E. 8s.—Pecia terræ domoque in dicto burgo de Pittinweim.—E. 12d.   xiii. 225.

(502)   Jan. 15. 1634.

ROBERTUS BORTHWICK de Balhouffie, *hæres* Joannis Borthwick de Balhouffie, *patris*,—in terris de Balhouffie.—A. E. ...... N. E. ......   xii. 143.

(503)   Mar. 15. 1634.

DAVID CRYSTIE burgensis de Dysart, *hæres* Alexandri Crystie burgensis de Dysart, *patris*,—in 3 decimis sextis partibus villæ et terrarum de Over Stentoune in parochia de Kinglassie, et regalitate de Dumfermling.—E. 6l. 16d. &c.   xiv. 20.

(504)   Mar. 19. 1634.

THOMAS DOMINUS FENTOUN, *hæres* Alexandri Domini Fentoun, *patris*,—in terris et baronia de Kellie comprehendente terras dominicales de Kellie ;—villas et terras de Over Kellie, Auchincroth, Bellistoun, Baldutho, Pitkiry, et molendinum nuncupatum Kellie-mylnes ;—tertiam partem terrarum de Greinsyd, Paikishoill, Comshall ;—unitas in baroniam de Kellie :—A. E. 20l. N. E. 140l.—Dominio de Pittinweim comprehendente maneriei locum de Pittinweim, ex antiquo nuncupatum monasterium de Pittinweim infra clausuram dicti monasterii ;—burgum et villam de Pittinweim et Anstruther, ex occidentali parte torrentis ejusdem, cum portubus, anchoragiis, &c. quæ quovis tempore elapso ad prioratum de Pittinweim pertinuerunt ;—terras et acras de Pittinweim, Anstruther, et Mylnetoun de Pittinweim ;—terras de Graingmuir et Eister Greindykes, cum wardis et pratis earundem ;—terras de Cran-brigges ;—terras de Lingo ;—terras nuncupatas Insche ;—terras nuncupatas Pittotter ;—terras de Lochend ;—ilam de May ;—croftam de Craig nuncupatam Monkiscroft, cum carbonibus et carbonariis ;—terras et vastum fundum inter orientalem finem villæ de Anstruther, ad limites de Sanct Monance subtus ripa et fodina lie heuch, tam infra quam extra fluxum maris, cum tenementis, salinarum patellis, et privilegio inveniendi calcem, &c. cum molendinis aquaticis et ventosis, et communiis de Pettinweim, maresiis et

F

mora nuncupata Colpotmuir, et libertate piscationis in mari cum cymbis et retibus;—et in omnibus aliis terris, baroniis, &c. quæ prius pertinuerunt ad temporalitatem dicti prioratus de Pittinweim;—decimis garbalibus aliisque decimis ecclesiæ de Pittinweim nuncupatæ Anstruther, ex occidentali parte torrentis ejusdem;—cum quibusdam aliis terris, &c. in Perth, Forfar, et Haddington, unitis in dominium de Pittinweim:—A. E. 20*l.* N. E. 60*l.*—20 acris terræ arabilis inter terras colonorum de Pittinweim, et acra terræ ex orientali parte summæ crucis, cum decimis garbalibus in dominio de Pittinweim:—E. 5*s.*—Annuo redditu 4680*l.* de terris et baronia de Kellie, et terris et dominio de Pittinweim;—annuo redditu 540*m.* de dominio de Kellie et terris de Pitkirry.—(Vide Perth, Forfar, Haddington.)   xiii. 159.

(505)   Mar. 27. 1634.
JOANNES BORTHWICK, *hæres* Petri Borthwick de Graingmure, *avi,*—in orientali dimidietate terrarum et villæ de Graingmure, cum 3 acris terræ et prato vocato Skinner-medow;—dimidietate terrarum et villæ de Lingo olim ad commendatarium de Pettinweim pertinente;—prato quondam per Simonem Mylne occupato;—domo cum horto ex boreali parte villæ de Pettenweim, in dominio de Pettinweim, ac infra balliatum seu regalitatem ejusdem.—E. 25*l.* 17*s.* 8*d.*   xiii. 224.

(506)   Maii 7. 1634.
MAGISTER PATRICIUS MYRTOUN, *hæres* Gulielmi Myretoun de Cambo, *patris,*—in 4 lie buttis in burgo de Craill, cum decimis piscium.—E. 20*l.*   xiv. 1.

(507)   Jun. 7. 1634.
JACOBUS BURGANE in Northferrie, *hæres* Petri Burgane portionarii de Ferriehill, *fratris germani,*—in 3 decimis sextis partibus villæ et terrarum de Fairhill in parochia et regalitate de Dumfermeling.—E. 37*s.* 6*d.* &c.   xiii. 186.

(508)   Jul. 2. 1634.
WILLIELMUS STRANG burgensis de Anstruther, *hæres* Jacobi Strang burgensis de Anstruther, *avi,*—in acra terræ arabilis apud lie Likkerstane, et dimidietate acræ terræ arabilis per lie rin buttis apud lie Chesterhill, in dominio de Pitenweyme et regalitate ejusdem.—E. 10*s.* &c.   xiv. 2.

(509)   Jul. 2. 1634.
GEORGIUS TAILZEOUR in Elie, *hæres* Davidis Tailzeour in Abercrombie, *patris,*—in 3 acris terræ arabilis in dominio de Pittenweyme et regalitate seu balliaria ejusdem.—E. 10*s.*   xiv. 2.

(510)   Aug. 14. 1634.
JACOBUS DOWGLAS de Stanypeth, *hæres masculus* Magistri Thomæ Dowglas de Stanypeth, *patris,*—in 6 acris terrarum arabilium in Skurbank, infra baroniam de Balmerinoche:—E. 46*s.*—Annuo redditu 100*m.* de terris de Parbroith.—(Vide Peebles, Edinburgh, Haddington.)   xv. 125.

(511)   Nov. 26. 1634.
DAVID BENNET in Kingisbarnis, *hæres* Andreæ Bennet in Graystanis de Kilconquhar, *avi,*—in 3 acris terræ arabilis in dominio et baronia de Pittenweyme:—E. 12*s.*—Acra terræ arabilis prope Sanctmonance-slope.—E. 4*s.*   xiv. 16.

(512)   Nov. 26. 1634.
JOANNES BROUN de Fordell, *hæres* Joannis Broun de Fordell, *patris,*—in terris de Wester Balbartane in baronia de Abirdour, constabularia de Kinghorne et regalitate de Dalkeith.—E. 5*m.*—(Vide Perth, Forfar.)   xiv. 85.

(513)   Dec. 13. 1634.
ELIZABETHA, MARIOTA, ET CATHARINA THOMSOUNES, *hæredes portionariæ* Adami Thomsoun incolæ villæ de North Queinsferrie, *patris,*—in tenemento in villa et territorio de North Queinsferrie, in parochia et regalitate de Dumfermeling.—E. 2*s.* 8*d.*   xv. 223.

(514)   Jan. 14. 1635.
EUPHAMIA WATSOUN, *hæres portionaria* Davidis Watsoun in Duchrone, *fratris,*—in 6 acris terrarum arabilium de Cultrey in baronia de Balmerinoche.—E. 46*s.*   xiv. 134.

(515)   Jan. 14. 1635.
MARGARETA WATSOUN, *hæres portionaria* prædicti Davidis Watsoun, *fratris,*—in prædictis terris.   xiv. 135.

(516)   Jan. 14. 1635.
EUPHAMIA ET MARGARETA WATSOUNS, *hæredes por-*

tionariæ Jacobi Watsoun in Duchrone, *patris,*—in 2 acris terrarum arabilium de Duchrone, in dominio de Balmerinoche.—E. 13*s.* 4*d.*   xiv. 135.

(517)   Feb. 13. 1635.
MAGISTER JOANNES KYNNEIR filius Magistri Davidis Kynneir rectoris de Auchterhous, *hæres masculus provisionis et lineæ* Magistri Joannis Kynneir filii primogeniti quondam Henrici Kynneir, commendatarii de Balmerinoch, *patrui,*—in manerie de Balmerinoch ab antiquo monasterium de Balmerinoch nuncupata infra clausuram et precinctum ejusdem, ac in hortulo vulgo lie Gairdine et pomario dicti monasterii, cum loco super quo ecclesia dicti monasterii olim sita fuit, cum horto sive terra vasta dicto loco ubi ecclesia situata fuit adjacente, cæmiterium conventus nuncupato:—E. 4*m.*—Silva de Balmerinoch et terris ejusdem, cum piscatione salmonum contigue adjacente vulgo nuncupata Barrendenfishing;—4 acris terrarum de Barnecroft cum pecia terræ eidem annexata;—viridario lie Grein de Balmerinoch, cum pomario pruneto, vulgo lie Plumzeard, cum horto et domo;—superiore molendino vulgo Overmylne, cum domibus eidem molendino adjacentibus vulgo Johne Boneshous, pollentario, &c. et warda et horto vulgo Nutzaird vocato eidem wardæ annexato, cum decimis garbalibus et decimis piscium præfatarum terrarum, infra baroniam de Balmerinoch;—hortis arabilibus de Balmerinoch;—pomario lie Fruitzaird ad occidentalem partem ejusdem jacente, vulgo vocato Harrettiszaird, cum muris et loco ruinosæ domus eidem contigue adjacente vulgo lie Bruntgirnell, cum decimis, infra dominium de Balmerinoch;—terris de Woodflat;—terris de Harlandis;—terris de Corsfauldis;—pecia terræ vocata Barnezaird cum communi pastura;—4 acris terrarum de Harlandis et Woodflatt.—E. 28*l.* 6*s.* 8*d.*   xiii. 287.

(518)   Mar. 4. 1635.
DAVID PATOUN in Coultrey, *hæres* Davidis Patoun in Coultrey, *patris,*—in 13 acris terrarum arabilium villæ et terrarum de Coultrey, in dominio et baronia de Balmerinoch.—E. 7*s.* 8*d.*   xiv. 106.

(519)   Apr. 22. 1635.
THOMAS SPENCE, *hæres* Alexandri Spence de Lathallane, *patris,*—in terris de Lathallane ab antiquo nuncupatis Athallane.—A. E. 4*l.* N. E. 21*l.* 6*s.* 8*d.*   xiv. 96.

(520)   Maii 5. 1635.
GEORGIUS COMES DE KINNOUL vicecomes de Dupline, Dominus Hay de Kinfawnis, *hæres* Georgii comitis de Kinnoul, &c. *patris,*—in terris de Largo et feudifirmis earundem extendentibus ad 5 celdras avenarum, 3 celdras et 8 bollas hordei, et celdram et 10 bollas tritici:—E. 5 *celdræ avenarum,* &c.—Terris de Ardet extendentibus ad 4 celdras, 4 bollas hordei, et 4 bollas tritici:—E. 4 *celdræ hordei,* &c.—Terris de Rathellet extendentibus ad 2 celdras 4 bollas ordei, et 2 bollas tritici:—E. 2 *celdræ 4 bollæ ordei,* &c.—In warrantum baroniæ de Cousland.—(Vide Edinburgh, Perth.)   xiv. 93.

(521)   Maii 13. 1635.
CATHARINA CUIK filia legitima Allani Cuik burgensis de Anstruther, *hæres* Alexandri Broun burgensis de Anstruther, *fratris avi ex parte matris,*—in crofta parva seu horto et columbario in villa seu terris de Kilruny, cum decimis piscium quarumcunque advenientium et vicariæ de Kilruny quovismodo spectantium.—E. 20*l.*   xiii. 232.

(522)   Maii 16. 1635.
GEORGIUS AUSTEANE, *hæres* Georgii Austeane factoris burgensis de Edinburgh, *patris,*—in tertia parte terrarum de Eister Gellitis, cum decimis garbalibus infra dominium de Dumfermling.—E. *tertia pars* 15 *bollarum et firlotæ tritici,* &c.   xiv. 143.

(523)   Maii 23. 1635.
JACOBUS GIB de Carriber, *hæres* Domini Joannis Gib de Knok militis, *patris,*—in terris de Knok, in parochia et regalitate de Dumfermeling:—E. 4*l.* 13*s.* 4*d.* &c.—Terris de South Letheines jacentibus ut supra.—E. 18*l.* &c.   xiv. 93.

(524)   Jun. 27. 1635.
WILLIELMUS ANDIRSOUN, *hæres* Joannis Andirsoun tinctoris burgensis de Dumfermling, *patris,*—in acra terræ arabilis vulgo vocata Gervisaiker prope burgum de Dumfermeling, in parochia et regalitate ejusdem.—E. 18*d.*   xv. 14.

(525)   Aug. 21. 1635.
JOANNES WEMYSS feoditarius de Bogie, *hæres* Jacobi Wemyss feoditarii de Bogie, *patris,*—in villa et terris de Bogie-Wester, infra constabulariam de Kinghorne-Eister.—A. E. 20*s.* N. E. 4*l.*   xiv. 70.

(526) Oct. 24. 1635.

EUPHAMIA ET ISSOBELLA LAW, *hæredes portionariæ* Alexandri Law burgensis de Kirkcaldie, *patris,*—in 2¼ acris terrarum de Balsusny.—E. 4s. 6d.   xv. 20.

(527) Dec. 23. 1635.

JACOBUS LUMISDEN, *hæres* Jacobi Lumisden burgensis de Carraill, *patris,*—in tenemento in burgo de Carraill.—E. 36 *mitlones.*   xv. 38.

(528) Jan. 21. 1636.

ISSOBELLA AYTOUN, *hæres portionaria* Jeannæ Aytoun, *sororis germanæ,*—in septena parte sextæ partis borealis quarteriæ villæ et terrarum de Auchtermuchtie, extendente ad 40 solidatas terrarum nuncupatas Buistislandis, cum privilegio communiæ in monte de Auchtermuchtie et terris de Quhytfield nuncupatis, infra senescallatum de Fyff :—E. *septima pars 4 bollarum tritici,* &c.— Septena parte decimæ sextæ partis de lie bond-half de Auchtermuchtie, extendente ad libratam terræ, cum privilegio prædicto : —E. *septima pars 2 bollarum tritici,* &c.—Septena parte duodecimæ partis australis villæ et terrarum de Auchtermuchtie, extendente ad libratam terræ, cum privilegio prædicto :—E. *septena pars 2 bollarum tritici,* &c.—Septena parte duodecimæ partis sive libratæ terræ dictæ australis quarteriæ cum privilegio prædicto :—E. *septena pars 2 bollarum tritici,* &c.—Septena parte partis terræ nuncupatæ Outfieldlands libratæ terræ in bondhalf de Auchtermuchtie:—E. *septima pars 1 bollæ avenarum,* &c.—Septena parte lie Outfieldlands 10 solidatarum terræ borealis quarteriæ de Auchtermuchtie nuncupatæ Hoill, Tippermacoy, et Fluires :—E. *septena pars 2 firlotarum avenarum,* &c.—Septena parte partium lie Outfieldlands libratæ terræ antedictæ borealis quarteriæ de Auchtermuchtie, nuncupatæ Schiphirdhills et Murespot, cum privilegio prædicto :—E. *septena pars 1 firlotæ avenarum,* &c.—Septena parte libratæ terræ dictæ australis quarteriæ vulgariter nuncupatæ lie Cuikspundland *alias* Ryssies pundland, cum privilegio antedicto :—E. *septena pars 4 bollarum tritici,* &c.—Septena parte decimarum garbalium prædictarum terrarum:—E. *septena pars 16 denariorum* :—Septena parte duodecimæ partis sive libratæ terræ prædictæ australis quarteriæ villæ et terrarum de Auchtermuchtie :—E. *septena pars 1 bollæ tritici,* &c.—Decimis garbalibus dictarum terrarum ;—omnibus cum terris de Marislandis de Auchtermuchtie unitis in tenandriam de Grange.   xviii. 323.

(529) Jan. 21. 1636.

ISOBELLA AITTOUNE, *hæres portionaria* Jeannæ Aittoune, *sororis germanæ,*—in septena parte sextæ partis borealis quarteriæ villæ et terrarum de Auchtermuchtie, extendente ad 40 solidatas terrarum nuncupatarum Buistis-land, cum privilegio communiæ in monte de Auchtermuchtie, infra senescallatum de Fyiff :—E. *septena pars 4 bollarum 2 firlotarum tritici,* &c.—Septena parte decimæ sextæ partis de lie Bondhalff de Auchtermuchtie, extendente ad libratam terræ cum privilegio communiæ :—E. *septima pars 2 bollarum tritici,* &c.—Septena parte duodecimæ partis australis villæ et terrarum de Auchtermuchtie, extendente ad libratam terræ cum privilegio communiæ :—Septena parte duodecimæ partis sive libratæ terræ dictæ australis quarteriæ terrarum de Auchtermuchtie cum privilegio prædicto :—E. *septena pars 2 bollarum 1 firlotæ tritici,* &c.—Septena parte partis terræ nuncupatæ Outfeild landis libratæ terræ in lie Bondhalff de Auchtermuchtie, et cottagiata acra terræ nuncupatæ Windgaittdaill :—E. *septena pars 1 bollæ 2 firlotarum avenarum,* &c.—Septena parte de lie Outfeild landis decem solidatæ terræ borealis quarteriæ de Auchtermuchtie nuncupatæ Hoill, Tippermacoy, et Fluires :—E. *septena pars 2 firlotarum avenarum,* &c.—Septena parte partium lie Outfeild landis libratæ terræ antedictæ borealis quarteriæ de Auchtermuchtie, nuncupatæ Schipperdhillis et Murespot cum privilegio antedicto :—E. *septena pars 1 firlotæ avenarum,* &c.—Septena parte libratæ terræ (vel 2 librarium terrarum) dictæ australis quarteriæ de Auchtermuchtie vulgariter nuncupatæ lie Cuikis pundlandis *alias* Ryssies pundland cum privilegio antedicto :—E. *septena pars 4 bollarum 2 firlotarum tritici,* &c.—Septena parte duodecimæ partis sive libratæ terræ dictæ australis quarteriæ villæ et terrarum de Auchtermuchtie :—E. *septena pars 1 bollæ 2 firlotarum tritici,* &c.—Decimis garbalibus dictarum terrarum :—A. E. *septena pars 16 denariorum.* N. E. *septena pars 2 solidorum* :—Omnibus cum terris de Marislandis de Auchtermuchtie unitis in tenandriam de Grainge.   xix. 231.

(530) Mar. 11. 1636.

WILLIELMUS MURRAY, *hæres* Agnetæ Pacok, *matris,*—in horto et tenemento in burgo et dominio de Pettinweyme.—E. 4s.   xv. 232.

(531) Apr. 20. 1636.

JEANNA SMALL, *hæres* Andreæ Small portionarii de Kilburnes, *patris,*—in dimidietate terrarum de Kilburnes, infra baroniam vel dominium de Balmerinoch.—E. 4m.   xv. 81.

(532) Maii 7. 1636.

JACOBUS DOWGALL, *hæres* Thomæ Dowgall incolæ in Leith, *avi,*—in acra terræ in Kirkaldie infra regalitatem de Dumfermeling.—E. 40d.   xiv. 126.

(533) Maii 7. 1636.

ANDREAS GALLOWAY in Pettinweyme, *hæres* Alexandri Galloway in Boughall de Balmerinoch, *avi,*—in 2 acris terrarum arabilium de Boghall in baronia de Balmerinoch.—E. 15s. 4d.   xv. 82.

(534) Maii 11. 1636.

JOANNES DOMINUS MELVILL DE MONYMAILL, *hæres conquestus et provisionis* Roberti Domini Melvill junioris de Monymaill, filii Roberti Domini Melvill senioris de Monymaill, fratris immediate junioris Joannis Melvill de Raith, *avi,*—in terris et baronia de Monymaill comprehendente titulum, honorem et dignitatem domini de Monymaill ;—villam et terras de Lethame cum molendino de Monymaill :—E. 24l.—Terras et moram vocatam Edinsnure in dominio de Lindores :—E. 10m.—Terras de Monkismyre in dominio de Lindores :—E. 13s. 4d.—Maneriem et locum de Monymaill, cum communi pastura infra communiam et communitatem de Pitcontie et Lethame :—E. 13s. 4d.—Decimas garbales ecclesiæ parochialis de Monymaill :—A. E. 13s. 4d. N. E. 53s. 4d.—Stramen sive Pabulum vulgo The Strae and Fodder :— E. 2d. pro qualibet lie *Thrave Straminis* :—Glebam et terras ecclesiasticas vicariæ de Monymaill, vulgo vocatas Montagart et Brewland cum pastura, omnes unitas in baroniam de Monymaill.—E. 11m. 3s. 4d.   xv. 224.

(535) Maii 11. 1636.

JOANNES DOMINUS MELVILL de Monymaill, *hæres conquestus prædicti* Roberti Domini Melvill junioris de Monymaill, &c. *avi,*—in terris de Murdocairnie, infra senescallatum de Fyfe.—E. 41m. 6s. 8d.   xv. 228.

(536) Maii 15. 1636.

ELSPETA, HELENA, ET MARGARETA THOMSOUNES, *hæredes portionariæ* Petri Thomsoun, *patris,*—in tenemento in burgo et dominio de Pettinweyme.—E. 6s.   xv. 222.

(537) Jun. 25. 1636.

THOMAS HUTTOUN, *hæres* Thomæ Huttoun in Wester Luscoir, *patris,*—in tertia parte terrarum occidentalis lateris villæ de Wester Luscoir, in parochia et regalitate de Dumfermeling.—E. 46s. 9d. &c.   xv. 207.

(538) Jul. 9. 1636.

ROBERTUS AYTOUN, *hæres masculus* Magistri Davidis Aytoun de Kinglassie causidici coram Dominis Concilii et Sessionis, *patris,*—in terris de Finglassie in regalitate de Dumfermeling et scira de Kinglassie :—E. 25l. 5s. 5d. &c.—Terris de Pitlochie jacentibus ut supra, in warrantum terrarum de Finglassie.—E. 10l.   xv. 150.

(539) Jul. 22. 1636.

JACOBUS MELVILL de Hallhill, *hæres lineæ* Roberti Domini Melvill filii solius Roberti Domini Melvill, &c. *patris,*—in terris de Nethirgraing de Kinghorne-Wester vocatis Maynes, cum decimis : —E. 6 celdrarum hordei, &c.—Manerie vocata The Castell of Bruntland :—E. 6s. 8d.—Molendinis vocatis The Sea Mylnes of Bruntland :—E. 40s.—Orientali quarta parte terrarum de Wester Kinghorne, omnibus infra regalitatem de Dumfermling.—E. 20l. &c.   xv. 48.

(540) Sep. 24. 1636.

WILLIELMUS MORESOUN de Wester Weymes, *hæres* Thomæ Moresoun incolæ in Leyden infra provinciam Holandiæ in Belgia inferiore, *fratris,*—in orientali dimidietate tenementi in territorio de Kirkcaldie infra regalitatem de Dumfermeling.—E. 12d.   xv. 208.

(541) Sep. 28. 1636.

MAGISTER ALEXANDER KINNEIR, *hæres* Henrici Kinneir de Forret, *fratris,*—in terris et baronia de Forret comprehendente terras de Eister Forret et Wester Forret, cum villa cottagia lie Cottoun de Forret et Torforret, omnibus unitis in baroniam de Forret. —A. E. 6l. N. E. 24l.   xv. 219.

(542) Oct. 1. 1636.

PATRICIUS BUTTER de Gormok, *hæres masculus* Joannis Butter feoditarii de Gormok, *patris,*—in baronia de Gormok comprehende terras de Over et Nether Rossyes, unitas in baroniam de Gormok.—E. 40 *bollæ hordei,* &c.—(Vide Perth.) xv. 107.

(543) Nov. 5. 1636.

DAVID ELISTOUN, *hæres* Henrici Elistoun in Kyngarrach, *avi,*

—in 2 sex decimis partibus terrarum et villæ de Newbirnetoun, in parochia de Newbirne et regalitate de Dumfermling.—E. 23s. 11d. &c. xv. 209.

(544) Jan. 11. 1637.
MAGISTER LAWRENTIUS OLIPHANT, *hæres* Henrici Oliphant portionarii de Kilmarone, *patris*,—in 5 duodecim partibus villæ et terrarum de Kilmaron.—A. E. 2l. 6d. N. E. 10l. 8s. 4d. xv. 209.

(545) Jan. 13. 1637.
JACOBUS PHILP, *hæres* Jacobi Philp portionarii de Berriehoïl, *patris*,—in 8 bovatis terrarum de Grainge vocatis Berriehoïll:—E. 8l. 6s.—Dimidietate lie Southeastwood cum decimis:—E. 5l. 6s. 8d.—9 acris terrarum in Hauche, &c. Medowes, Brodland, in parochiis de Ebdie et Newbrugh respective, et infra regalitatem de Lindores.—E. 12l. 5s. 4d. xv. 166.

(546) Feb. 18. 1637.
HENRICUS CANT, *hæres* Jacobi Cant nautæ in Northqueensferrie, *patris*,—in 3 carrucatis seu rudis terræ in villa de Northqueensferrie, in parochia et regalitate de Dumfermling.—E. 18d. xv. 230.

(547) Mar. 17. 1637.
DAVID ERSKINE, *hæres masculus* Henrici Erskine de Cardrois, *patris*,—in dominio et baronia de Cardrois comprehendente terras quæ olim ad Abbaciam de Inschmahomo, et Abbaciam de Drybrugh pertinuerunt, et specialiter in terris de Pitcorthie et Innergellie;—terris et domibus de Anstruther;—terris ecclesiasticis de Kilruny, et annuo redditu 13s. 4d. de Dalcoif;—quæ quidem terræ, &c. cum aliis terris, ecclesiis, decimis, &c. dictæ Abbaciæ de Drybrugh et Prioratus de Inschmahomo, et integri fructus et redditus de Cambuskenneth, per quondam S. D. N. Regem in temporale dominium de Cardrois erectæ fuerunt.—E. 100l.—(Vide Perth, Roxburgh, Berwick, Lanark, Edinburgh, Stirling, Dumbarton.) xv. 183.

(548) Mar. 24. 1637.
ALEXANDER HORSBRUGH, *hæres* Roberti Baxter burgensis de Pettinweim, *avi*,—in tenemento in burgo de Pettinweyme.—E. 6s. 2d. xv. 170.

(549) Mar. 24. 1637.
JOANNES CUIK, *hæres* Joannis Cuik burgensis de Pettinweim, *patris*,—in tenemento in burgo de Pettinweyme.—E. 4s. xv. 171.

(550) Mar. 24. 1637.
ROBERTUS ALEXANDER, *hæres* Roberti Alexander burgensis de Anstruther, *avi*,—in 2 acris terrarum arabilium infra limites burgi de Pettinweyme, et infra dominium ejusdem.—E. 6s. 8d. xv. 172.

(551) Mar. 25. 1637.
JACOBUS BOISWELL de Glasmonth, *hæres* Joannis Boiswell de Pittedye, *fratris germani*,—in terris et baronia de Pittedye, comprehendente occidentalem dimidietatem terrarum de Pittedye infra constabulariam de Kingórne;—umbralem dimidietatem terrarum de Norther Pittedye infra baroniam de Kingorne pro principali;—solarem quarteriam villæ et terrarum de Tyrie, includentem dimidietatem molendini, et dimidietatem terrarum de Egleismaley, infra baroniam de Graing;—terras de Eister Pittedye infra constabulariam de Kingorne, omnes unitas in baronia de Pittedye:—A. E. 4l. 10s. N. E. 18l.—Terris de Inschkeirye cum decimis garbalibus, infra baroniam de Baithe.—E. 10l. xv. 251.

(552) Jun. 30. 1637.
THOMAS COMES DE HADINGTOUN, Dominus Byning et Byres, *hæres masculus* Thomæ Comitis de Hadingtoun, &c. *patris*,—in dominio et baronia de Byning, comprehendente terras et baroniam de Innerkeithing tam proprietatem quam tenandriam ejusdem, viz. terras de Kincairdin, Pitcalder, cum molendino de Pitcalder;—terras de Caldsydet, Newtoun de Pitcalder, toftis de Balbowgie, Casland-Dailles, Spencerfeild, Salwadge, et 17 rigas terræ ad orientalem partem borealis pontis de Innerkeithing, cum carbonariis et libero portu.—A. E. 18l. N. E. 36l.—(Vide Hadington, Edinburgh, Linlithgow, Berwick.) xv. 140.

(553) Jul. 28. 1637.
JACOBUS LOCHOIR burgensis de Kingorne, *hæres* Martini Lochoir, *fratris germani*,—in tenemento in Kingorne.—E. *servitium burgi*. xv. 282.

(554) Jul. 29. 1637.
THOMAS OLIPHANT de Hilkairnie, *hæres* Thomæ Oliphant portionarii de Hilkairny, *patris*,—in equali dimidietate villæ et terrarum de Hilkairny.—A. E. 40s. N. E. 19l. 6s. 8d. xv. 210.

(555) Sep. 1. 1637.
WILIELMUS QUHYTT, *hæres* Roberti Quhyte burgensis de Pittinweim, *patris*,—in tenemento in Pittinweim.—E. 6s. 8d. xiv. 191.

(556) Oct. 7. 1637.
JOANNES BIRRELL, *hæres* Joannis Birrell portionarii de Freuchie, *avi*,—in octava parte terrarum de Freuchie infra dominium et senescallatum de Fyfe.—E. 40s. &c. xv. 284.

(557) Oct. 7. 1637.
HENRICUS DUNCANE, *hæres* Joannis Duncane, *avi*,—in duodecima parte terrarum de Newtoun de Falkland, infra dominium et senescallatum de Fyfe.—E. 26s. 8d. &c. xv. 285.

(558) Oct. 17. 1637.
MARGARETA LAMB, *hæres portionaria* Joannis Lamb, *fratris*,—in equali dimidietate umbralis dimidietatis terrarum de Smeitoun, extendente ad quarteriam ejusdem;—3 acris terræ arabilis de Auld Smeitoun in Brounmylneheid;—3 acris terræ arabilis de Smeitoun;—3 acris terræ arabilis de Balsusney;—5 acris terræ arabilis de Balsusney, omnibus in parochia de Kirkcaldie et regalitate de Dumfermling.—E. 37s. 4d. xiv. 152.

(559) Oct. 17. 1637.
RACHAEL LAMB, *hæres portionaria* prædicti Joannis Lamb, *fratris*,—in prædictis terris. xiv. 153.

(560) Dec. 27. 1637.
DAVID BOISWELL de Glasmont, *hæres* Joannis Boiswell de Pittedye, *patrui*,—in terris de Eister Pittedye in baronia de Kingorne.—A. E. 30s. N. E. 6l. xv. 251.

(561) Feb. 3. 1638.
THOMAS BEINSTOUN, *hæres* Thomæ Beinstoun burgensis de Pittinweim, *patris*,—in tenemento in Pittinweim:—E. 13s. 4d.—Dimidietate alterius tenementi in Pittinweim.—E. 6s. 6d. xiv. 172.

(562) Apr. 28. 1638.
MARJORIA HORNE, *hæres portionaria* Joannis Horne, *patris*,—in terris de Over Lassodie-Wester, in parochia et regalitate de Dunfermling.—E. 3l. 10s. 2¼d. &c. xiv. 170.

(563) Apr. 28. 1638.
MARGARETA HORNE, *hæres portionaria* Joannis Horn, *patris*,—in terris de Ovir Lassodie-Wester;—in parochia et regalitate de Dunfermling.—E. 3l. 10s. 2¼d. xiv. 184.

(564) Jun. 23. 1638.
HENRICUS LEVINGSTOUN, *hæres* Jacobi Levingstoun portionarii de Over Lassodie, *patris*,—in dimidietate villæ et terrarum de Over Lassodie extendente ad 5 solidatas terrarum, in parochia et regalitate de Dunfermling.—E. 52s. 2d. xiv. 179.

(565) Jun. 28. 1638.
GEORGIUS BRUCE de Carnok, *hæres* Alexandri Bruce de Albeth, *fratris inmediate junioris*,—in villa et terris de Wester Ingzever in dominio de Culross:—E. 22m. &c.—Terris de Kynnerine cum pendiculo de Heilend in dominio de Dunfermling:—E. 21l. &c.—Terris de Eister Ingever in dominio de Culross.—E. 10l. 6s. 8d.—(Vide Stirling, Edinburgh.) xiv. 195.

(566) Jul. 14. 1638.
WILLIELMUS BROUN, *hæres* Joannis Broun, *avi*,—in tenemento in North Queensferrie, in parochia et regalitate de Dunfermling:—E. 12 *nummi*.—Horto jacente ut supra.—E. 6d. xiv. 173.

(567) Jul. 14. 1638.
WILLIELMUS BROUN, *hæres* Joannis Broun, *fratris germani*,—in decima sexta parte terrarum de Ferriehill in regalitate de Dunfermling.—E. 12s. 6d. xiv. 182.

(568) Aug. 30. 1638.
GILBERTUS COMES DE ERROLL, Dominus Hay, magnus regni Scotiæ constabularius, *hæres* Willielmi Comitis de Erroll, Domini Hay, magni regni Scotiæ constabularii, *patris*,—in terris de Casingray, cum quibusdam aliis terris in Aberdeen, Kincardine, Forfar, et Perth, unitis in baroniam de Erroll.—A. E. 190l. N. E. 500l.—(Vide Aberdeen, Perth, Kincardine, Forfar.) xv. 285.

(569) Oct. 3. 1638.
MAGISTER JACOBUS SCOTT mercator burgensis de Edin-

burgh, *hæres* Andreæ Scott mercatoris burgensis de Edinburgh, *patris,*—in terris de Techindad, extendentibus ad 10 solidatas terrarum antiqui extentus cum molendino et piscatione, infra parochiam de Cleische.—A. E. 5s. N. E. 50s. xiv. 257.

(570) Oct. 10. 1638.
GEORGIUS SEATOUN de Carrestoun, *hæres* Georgii Seatoun de Carrestoun, *patris,*—in terris de Carrestoun :—A. E. 40s. N. E. 20l.—Terris de Ramelry.—A. E. 4l. N. E. 32l. xiv. 216.

(571) Nov. 15. 1638.
JACOBUS MORRAVIÆ COMES, Dominus Doun et Abernathie, *hæres* Jacobi Morraviæ Comitis, Domini Doun et Abernathie, *patris,*—in decimis garbalibus ecclesiarum parochialium de Abirdour, Delgatie, Rossythe, Leslie, et Beith quæ ab antiquo ad abbaciam de Sanct Colmsinch pertinuerunt.—E. 10m.—(Vide Elgin et Forres, Inverness.) xiv. 263.

(572) Nov. 17. 1638.
GEORGIUS BRUCE de Carnok, *hæres* Domini Georgii Bruce de Carnok militis, *patris,*—in dimidietate carbonum lucratorum seu lucrandorum, vulgo Wyne and to be Wyne, ex terris de Sillietoun Eister et Wester, Burnemonthe, cum molendino fullonum earundem, Randelis Craigis, Medowend, Legattsbrig, et Windmylnehill, infra regalitatem de Dunfermling.—E. 5m. xiv. 229.

(573) Nov. 28. 1638.
GEORGIUS BRUCE de Carnok, *hæres* Domini Georgii Bruce de Carnok militis, olim designati burgensis de Culrois, *patris,*—in annuo redditu 800m. de terris nuncupatis The Thrie Urquhatis, infra parochiam de Strathmeglo, in warrantum dimidietatis et quarteriæ terrarum de Gellatis, cum decimis in parochia de Dunfermline. xiv. 231.

(574) Dec. 4. 1638.
ALEXANDER CORBIE, *hæres* Alexandri Corbie portionarii de Luthrie, *patris,*—in quarta parte decimæ sextæ partis terrarum de Luthrie, infra senescallatum de Fyffe.—E. 23s. 3d. xiv. 268.

(575) Dec. 4. 1638.
WILLIELMUS MYRTOUN, *hæres* Arthuri Myrtoun de Pettowre, *patris,*—in quarteria terrarum de Ardethe, Little Ardethe *alias* Hayistoun nuncupata, in parochia de Leuchars et infra senescallatum de Fyffe.—E. 7l. 8s. 8d. &c. xiv. 281.

(576) Dec. 15. 1638.
MAGISTER JACOBUS WEYMIS, *hæres* Magistri Joannis Weymis burgensis de Dysert, *patris,*—in orientali molendino de Kirkcaldie vulgo vocato Halketismylne cum horreo et ustrino ;—pecia terræ et croftæ nuncupatæ Welleyis, in parochia et dominio de Kirkcaldie, et regalitate de Dunfermling.—E. 4l. 12s. 6d. &c. xiv. 232.

(577) Dec. 15. 1638.
AGNES HALKET, *hæres* Jacobi Halket, *fratris germani,*—in molendino pontis orientalis de Kirkcaldie in regalitate de Dumfermling.—E. 4l. 12s. &c. xiv. 233.

(578) Jan. 4. 1639.
WILLIELMUS STEVINSONE, *hæres* Jacobi Stevinsone burgensis de Pettinweim, *patris,*—in tenemento in Pittinweim ;—terris arabilibus vulgo nuncupatis Ane haill half housband land, extendentibus ad 8 acras terrarum arabilium in lie Rinrig;—6 acris terræ arabilis cum tenementis et hortis, omnibus infra dominium de Pitinweim.—E. 9l. 7s. 4d. &c. xiv. 291.

(579) Jan. 10. 1639.
DAVID WILSONE, *hæres* Georgii Wilsone in Mylnetoune, *patris,*—in tenemento in villa de Mylntoun et territorio de Pittinweim ;—4 acris terræ arabilis in balliatu seu regalitate et dominio de Pitinweim :—E. 20s. &c.—2 acris terræ arabilis jacentibus ut supra.—E. 8s. &c. xiv. 321.

(580) Jan. 10. 1639.
DAVID WILSONE in Mylntoun, *hæres* Alexandri Wilsone, *patrui,*—in dimidietate tenementi in Pettinweim :—E. 5s.—Horto in Mylntoun :—E. 2s. 8d.—Acra terræ arabilis in balliatu seu regalitate et dominio de Pettinwem.—E. 3 *firlotæ ordei,* &c. xiv. 322.

(581) Jan. 10. 1639.
JACOBUS SCOTT, *hæres* Joannis Scott in Mylntoun, *patris,*—in 2 acris terræ arabilis in balliatu seu regalitate et dominio de Pettinwem.—E. 6s. 8d. xiv. 323.

(582) Jan. 26. 1639.
JOANNES LAW, *hæres* Davidis Law burgensis de Kirkcaldie, *patris,*—in 2 acris terræ arabilis de Balsusnie :—E. 22d. pro quali-

bet acra :—4 acris cum bina parte acræ terræ arabilis de New Smeitoun :—E. 15s. 6d.—3 acris terræ arabilis de Smetoun, extendentibus in integro ad 9 acras et binam partem acræ de Balsusnie et Smeitoun respective, omnibus in dominio et parochia de Kirkcaldie et regalitate de Dunfermling.—E. 10s. xiv. 256.

(583) Maii 8. 1639.
MAGISTER GEORGIUS HEREOT, *hæres* Walteri Hereot feoditarii de Ramorgny, *fratris germani,*—in terris de Ballingall tam bina parte quam tertia parte earundem.—A. E. 40s. N. E. 8l. xiv. 294.

(584) Sep. 30. 1639.
WILLIELMUS FUIRD, *hæres* Andreæ Fuird, *patris,*—in tenemento in Pitinweim ;—dimidietate acræ terræ arabilis prope summam crucem ;—sulco vulgariter ane hempbutt in Petinweim.—E. 7s. 8d. &c. xiv. 254.

(585) Oct. 30. 1639.
HELENA DUDINGSTOUN, *hæres* Georgii Dudingstoun de Raderny, *fratris,*—in terris de Kilduncan :—A. E. 20s. N. E. 4l.—Terris de Wormet cum molendino, et salmonum piscaria de Wormet vocata Langcraig ;—7 acris terrarum arabilium apud molendinum de Wormet, partibus terrarum dominicalium de Nauchtoun.—A. E. 16s. 8d. N. E. 3l. 6s. 8d. xiv. 240.

(586) Dec. 18. 1639.
JOANNES COMES DE ATHOILL, Dominus Murray, &c. *hæres* Joannis Comitis de Athoil, &c. *proavi ex parte matris,*—in officio hæreditario ballivatus terrarum et baroniæ Dunkeldensis, episcopis et ecclesiæ in patrimonio spectante, cum pertinentiis dictæ baroniæ annexatis, ex parte boreali aquæ de Forth, infra vicecomitatus de Fyfe, Forfar, et Perthe respective, cum feodo .... de firmis et decimis garbalibus terrarum de Eister et Wester Inschewines et Ladywell, in baronia Dunkeldensi et vicecomitatu de Perth.—E. *servitium administrationis justiciæ in dicto officio.*—(Vide Forfar, Perth.) xvi. 98.

(587) Feb. 12. 1640.
JOANNES PHILP burgensis de Cupro, *hæres* Doctoris Davidis Philp de Kippo, *fratris germani,*—in terris et baronia de Kippo comprehendentibus terras dominicales de Kippo, et molendinum de Kippo ;—villas et terras de Garlehurlie, Halyrie, North Quarter, Littill Kilduncane, Lochtoun, et Wilkistoun, ab antiquo unitas in baroniam de Kippo :—A. E. 8l. N. E. 120m.—Jure communiæ seu communis pasturæ in terris de Kingismuir :—A. E. 2s. N. E. 10s.—Septima parte annui redditus 30 bollarum hordei de terris et baronia de Montquhany. xvi. 89.

(588) Feb. 29. 1640.
ALEXANDER ORROK, *hæres* Alexandri Orrok de Eodem, *patris,*—in dimidietate octavæ partis villæ et terrarum de Overgrange de Kinghorne-Wester, in parochia de Kinghorne-Wester, et regalitate de Dumfermling ;—dimidietate alterius octavæ partis præfatæ villæ et terrarum de Overgrange ;—octava parte prædictæ villæ et terrarum de Overgrange jacente ut supra, extendente præfatæ duæ dimidietates et octava pars (male designatæ per errorem calculi, tres octavæ in infeofamento dicti Alexandri) ad quartam partem earundem :—E. 18l. &c.—Tertia parte terrarum de Orrok, Silliebabie, et Dunerne, infra parochiam et regalitatem prædictas :—E. 2m. 6s. 8d.—2 partibus dictæ villæ et terrarum de Orrok, Silliebabie, et Dunerne, jacentibus ut præmittitur.—E. 9l. 6s. 8d. xvi. 58.

(589) Mar. 24. 1640.
MAGISTER JACOBUS WELWOODE, *hæres* Joannis Welwod civis Sancti Andreæ, *patris,*—in 9 acris terræ arabilis inter terras de Newgrange, in dominio prioratus Sancti Andreæ et regalitate ejusdem.—E. 27s. 6d. xvi. 193.

(590) Maii 15. 1640.
JOANNES GEDDIE miles in Holandia, *hæres* Joannis Geddie, *avi,*—in annuo redditu 4 bollarum hordei, et 2 bollarum hordei de terris de Kinkell, infra regalitatem de Fyfe. xvi. 22.

(591) Maii 15. 1640.
JOANNES GEDDIE, *hæres* Thomæ Geddie civis Sancti Andreæ, *fratris avi,*—in annuo redditu 22m. de dimidietate villæ et terrarum de Brughtie infra regalitatem de Fyfe. xvi. 55.

(592) Jun. 12. 1640.
ROBERTUS HAMILTOUN, *hæres* Roberti Hamiltoun de Kinkell, *patris,*—in terris de Kinkell et Snawdoun ;—terris de Spinkistoun ;—terris de Greinlawis ;—terris de Brounhillis, in regalitate et parochia Sancti Andreæ.—A. E. 10l. N. E. 20l. xvi. 185.

(593) Jul. 15. 1640.
JOANNES PRESTOUN feoditarius de Airdrie, *hæres* Dominæ

G

Elizabethæ Turnbull dominæ de Ardrie, *matris*,—in terris et baronia de Wolmerstoun cum advocatione ecclesiarum, in speciale warrantum terrarum de Pittincreiff nuncupatarum Maynes et Bank de Pittincreiff, cum pastura, in communia de Cuper et Earles Mwir. —A. E. 5m. N. E. 20m. xvi. 141.

(594) Jul. 15. 1640.
JOANNES PRESTOUN feoditarius de Ardrie, *hæres* Gulielmi Turnbull de Ardrie, *avi*,—in domo olim priorissæ monasterii de Hadintoun, granario vulgo Girnell nuncupato, ac horreo et horto et crofta eisdem contigue adjacente, prope villam et burgum de Craill.—E. 18*d*. xvi. 142.

(595) Sep. 12. 1640.
WILLIELMUS WARDLAW de Logie, *hæres* Magistri Thomæ Wardlaw de Logie, *patris*,—in acra nemoria vulgo The Wod-aiker, inter silvam de Garvok ;—pecia terræ contigue a tergo nemoris de Garvok vulgo North-ward nuncupata ;—pecia terræ silvæ de Garvok ex boreali latere ejusdem ;—6 acris terrarum in orientali fine dictæ silvæ cum passagio, omnibus in parochia et regalitate de Dumfermling:—E. 10*s*.—Terris de Logie in parochia de Rossythe-Wester et regalitate de Dumfermling :—E. 26*s*. 8*d*.—Octava parte terrarum de Newlands prope burgum de Dumfermling infra regalitatem ejusdem :—E. 30*s*.—Octava parte terrarum de Newlands olim Roberto Davidsoun spectante :—E. 30*s*.—Quarta parte terrarum de Newlands possessa per quondam Thomam Stevinsoun in parochia et regalitate de Dumfermling.—E. 3*l*. xvi. 43.

(596) Sep. 12. 1640.
JOANNES HALYBURTOUN, *hæres* Beatricis Boiswell unius quatuor filiarum legitimarum, et cohæredum Joannis Boiswell senioris burgensis de Kinghorne, *matris*,—in quarta parte acræ terræ arabilis vocatæ Rud-aiker, in parochia de Kinghorne-Easter pro principali ;—quarta parte peciæ terræ de Viccars-Grange nuncupatæ Oxpitholl in warrantum acræ vocatæ Ruid-acre ;—quarta parte portionis terrarum de Vicars-grange, infra lie Cullor-Cove.—E. 25*s*. xvi. 323.

(597) Oct. 3. 1640.
ANDREAS MUDYE burgensis de Dumfermling, *hæres* Willielmi Mudye latonii burgensis dicti burgi, *patris*,—in bina parte acræ terræ cum tenemento et horto, in orientali fine inferioris villæ de Dumfermling.—E. 24*s*. 9*d*. xvi. 59.

(598) Oct. 17. 1640.
JOANNES YOUNG, *hæres* Joannis Young portionarii de Byrhillis, *patris*,—in 3 partibus terrarum et villæ de Byrhillis, in dominio et regalitate Sancti Andreæ, viz. octava parte et decima sexta parte terrarum de Byrhills :—E. 12 *bollæ frumenti*, &c.—Decima sexta parte et trigesima secunda parte terrarum de Byrhills :—E. 6 *bollæ frumenti*, &c.—Octava parte dictarum terrarum de Byrhills in dominio et regalitate prædictis :—E. 8 *bollæ frumenti*, &c. —Decima sexta parte dictæ villæ et terrarum de Byrhills.—E. 4 *bollæ frumenti*, &c. xvi. 110.

(599) Oct. 23. 1640.
THOMAS COMES DE HADINGTOUN, dominus Byning et Byris, &c. *hæres masculus* Thomæ Comitis de Hadingtoun, &c. *patris*,—in dominio et baronia de Byning comprehendente terras et baroniam de Innerkeithing, tam proprietatem quam tenandriam, viz. terras de Kincardyne et Pitcalder, cùm molendino de Pitcalder ;—terras de Caldsyd, et Newtoun de Pitcalder, toftas de Balbougie, Causland-dails, Spensarfield, Salwadge, et 17 rigas terrarum ad orientalem partem borealis pontis de Innerkeithing, cum carbonibus et privilegiis liberorum portuum, infra bondas baroniarum de Dumany et Innerkeithing.—A. E. 18*l*. N. E. 36*l*.—(Vide Edinburgh, Haddington, Linlithgow, Berwick.) xvi. 1.

(600) Oct. 31. 1640.
HENRICUS HUTTOUN nauta in Kirkcaldy, *hæres* Jacobi Huttoun portionarii de Weltoun *alias* Newbiging, *fratris germani*, —in octava parte villæ et terrarum de Weltoun *alias* Newbiging, in parochia de Kinghorne-Wester et regalitate de Dumfermling.—E. 5*l*. 5*s*. 10*d*. &c. xvi. 24.

(601) Dec. 5. 1640.
MAGISTER ROBERTUS COLVILL in Culros, *hæres* Magistri Roberti Colvill ministri evangelii apud Culross, *patris*,—in terris de Nether Kynnedder in regalitate de Dumfermling.—E. 10*l*. 16*s*. 8*d*. &c. xvi. 51.

(602) Dec. 11. 1640.
DAVID STENHOUS, *hæres* Jacobi Stenhous in Byres de Balmerinoche, *patris*,—in 4 acris terrarum arabilium de Barncroft de Balmerinoch, in dominio de Balmerinoch :—E. 30*s*. 8*d*. &c.

Acra terræ cum tofta et crofta ejusdem, in dicto dominio in territorio vocato The Harland :—A. E. 3*s*. 4*d*. N. E. 18*s*. 4*d*.—Pecia terræ cum decimis garbalibus hujusmodi in dominio prædicto.— A. E. 30 *nummi*. N. E. 10*s*. xvi. 199.

(603) Feb. 5. 1641.
ROBERTUS PULLO, *hæres* Joannis Pullo burgensis de Anstrather-Wester, *avi*,—in tenementis in Pettinwem :—E. 8*s*.—Lie daill terræ arabilis :—E. 5*s*.—Dimidietate acræ terræ in lie Rinrig, in lie sched Scrogyfauld nuncupato, in burgo et infra limites et dominium de Pettinwem.—E. 6 *peccæ hordei*. xiv. 323.

(604) Feb. 5. 1641.
GRISSILLIS BOYTER, *hæres* Andreæ Boytar burgensis de Dundie, *avi*,—in tenemento in Pittinweim in dominio ejusdem. —E. 18*d*. xviii. 2.

(605) Mar. 11. 1641.
JACOBUS STEWART de Rossythe, *hæres masculus et talliæ* Jacobi Stewart de Rossythe, *patris*,—in terris dominicalibus et baronia de Rossythe ;—terris de Leuchaldis, Pitrevie, Wester Cleische, Dunduff, Coilstoun, Balnamuile, et Montroy :—A. E. 16*l*. N. E. 80*l*.—Omnibus cum quibusdam aliis terris in Dumfries, Perth, et Clackmanane, unitis in baroniam de Rossythe.—(Vide Dumfries, Perth, Clackmananc.) xvi. 102.

(606) Mar. 30. 1641.
JACOBUS COMES DE ANNANDAILL, vicecomes de Annand, dominus Murray de Lochmaben, *hæres* Joannis Comitis de Annandaill, &c. *patris*,—in fundo castri ruinosi nuncupato Castellsteid de Falkland, cum maneriei loco, et viridariis vastis et nemoribus adjacentibus dicto Castellsteid :—E. 20*s*.—Fundo, terra et hortis juxta burgum de Falkland :—E. 3*s*. 4*d*.—Pecia terræ de Dorno, ex orientali parte orientalis maresiæ et silvæ de Falkland : —E. 20*s*.—Officio constabulariæ et capitanariæ, ac custodiæ palatii S. D. N. Regis de Falkland, cum domibus, et 5 celdris hordei 5 celdris avenarum annuatim, de promptioribus feudifirmæ firmis villarum et terrarum de Newtoun de Falkland et Freuquhay, tanquam feodo pro administratione dictorum officiorum, et sustentatione dicti palatii ;—officio forestariæ S. D. N. Regis lucorum, silvarum, saltuum, maresiarum, et hayningis de Falkland, cum communi pastura aliisque libertatibus, et cortice dictarum silvarum, cum celdra hordei et 2 celdris avenarum de firmis terrarum de Newtoun et Freuchie :—E. 12*d*.—Quæ omnes perprius unitæ erant ad comitatum, dominium, et baroniam de Annandaill.—(Vide Dumfries, Roxburgh, Kirkcudbright.) xvi. 118.

(607) Maii 12. 1641.
ISSOBELLA BREBENER, *hæres* Roberti Brebener in Inschry, *fratris avi*,—in 4 acris terrarum arabilium de Byris de Balmerynoch, cum pasturagio 4 vaccarum et equi vel equæ, in dominio de Balmerynoch.—E. 26*s*. 8*d*. et 4*s*. in augmentationem. xvi. 133.

(608) Jun. 12. 1641.
ROBERTUS BROUN de Fynmonth, *hæres* Davidis Broun de Fynmonth, *patris*,—in annuo redditu 100*l*. de terris dominicalibus et baronia de Durie. xvi. 180.

(609) Jun. 19. 1641.
GEORGIUS HALKET, *hæres* Jacobi Halket, *fratris germani*, —in molendino pontis orientalis de Kirkcaldy cum terris molendinariis, in regalitate de Dumfermling.—E. 4*l*. 12*s*. xvi. 150.

(610) Jul. 31. 1641.
JOANNES BOSWALL burgensis de Bruntiland, *hæres* Adami Boswall burgensis dicti burgi, *patris*,—in crofta terræ nuncupata Quarriersland jacente prope ecclesiam de Kinghorne-Wester ;— crofta terræ lie Walcaris-croft nuncupata, in regalitate de Dumfermling.—E. 16*s*. 4*d*. xvi. 162.

(611) Aug. 11. 1641.
JONETA ARNOTE sponsa Jacobi Baveredge in Wester Tilliachie, *hæres* Andreæ Arnote de Vaine, *patris*,—in terris de Vaini.—E. 3*l*. 6*s*. 8*d*. xvii. 143.

(612) Oct. 27. 1641.
JOANNES TRAILL, *hæres* Thomæ Traill de Blebohojll, *patris*, —in terris de Blebohill, in territorio de Blebo et regalitate Sancti Andreæ.—E. 6*s*. 8*d*. *monetæ Sterlinæ*. xvi. 275.

(613) Nov. 13. 1641.
WILLIELMUS ROWANE, *hæres* Andreæ Rowane portionarii de Gask, *patris*,—in dimidietate villæ et terrarum de Gask, in parochia et regalitate de Dumfermling.—E. 7*l*. 10*s*. &c. xvi. 134.

(614) - Feb. 16. 1642.
HELENA DUDINGSTOUN sponsa Davidis Balfour, *hæres* Georgii Dudingstoun portionarii de Radernie, *fratris*,—in quarta parte villæ et terrarum de Radernie, infra regalitatem de Fife.— E. 30s. &c. xvi. 222.

(615) Mar. 12. 1642.
MAGISTER DAVID LINDSAY, *hæres* Magistri Hugonis Lindsay olim advocati in civitate Sancti Andreæ, *patris*,—in domo ex boreali parte viæ australis dictæ civitatis:—E. 6d.—2 acris terræ arabilis prope dictam civitatem in regalitate ejusdem.—E. 5s. 10d. pro *unaquaque acra*. xvi. 195.

(616) Mar. 12. 1642.
CATHARINA GEDDIE, *hæres* Magistri Georgii Mairnes olim advocati in civitate Sancti Andreæ, *avi*,—in 4 acris terræ arabilis inter acras prioratus Sancti Andreæ in regalitate ejusdem.—E. 5s. 10d. pro *unaquaque acra*. xvi. 215.

(617) Apr. 13. 1642.
CAROLUS PITCARNE, *hæres* Magistri Andreæ Pitcairne unius cubiculi dormitorii S. D. N. Regis, et suæ majestati Magistri falconarii, *patris*,—in annuo redditu 840l. de terris et baronia de Forther, et de terris de Pitcairne. xvi. 197.

(618) Apr. 27. 1642.
JOANNES COMES DE ROTHES, Dominus Leslie, &c. *hæres* Joannis Comitis de Rothes, Domini Leslie, &c. *patris*,—in terris et baronia de Ballinbreich;—terris dominicalibus de Ballinbreich;—terris de Heicham;—terris de Logie;—terris de Fliskis Eister et Wester;—terris de Fliskmillane;—terris de Balhelvie;—terris de Coilsey;—terris de Pitcarles Eister et Wester;—terris de Drumbarro:—A. E. 20l. N. E. 60l.—Terris de Lumbennes Eister et Wester:—A. E. 6l. N. E. 18l.—Annuo redditu 5 bollarum hordei de terris de Abernethie:—Terris de Pittachope:—A. E. 3l. N. E. 9l.—Terris de Balmedisyd:—A. E. 4l. N. E. 12l.—Terris et baronia de Taces, Haltaces, Hiltaces, Bandirrane, Cockles, et Kilmux, cum advocatione ecclesiarum:—A. E. 6l. N. E. 18l.—Annuo redditu 40s. de terris de Eister Lawthrisk vocatis Riggis;—omnibus unitis in baroniam de Ballinbreich.—(Vide Perth, Forfar, Kincardine, Elgin et Forres, Aberdeen, Inverness.) xvi. 258.

(619) Apr. 27. 1642.
JOANNES COMES DE ROTHES, Dominus Leslie, &c. *hæres* Joannis comitis de Rothes, &c. *patris*,—in terris et baronia de Inchgall, viz. terris vocatis Maynes de Inchgall;—terris de Flokhous et Bowhous de Inchgall, cum lacu de Inchgall, et advocatione capellæ et capellaniæ de Inchgall;—terris de Mylntoun de Inchgall cum molendino;—terris de Balbegie;—terris de Cartmoir;—terris de Lumphannane Souther et Nather;—terris de Locheid;—terris de Spittell;—terris de Ballingrie;—terris de Navitis et Quonthill;—terris vocatis Bannerthiehills, cum advocatione ecclesiæ parochialis de Ballingrie;—quarta parte terrarum de Blair-Crambethe;—quarta parte terrarum de Kynnaird;—dimidietate terrarum de Drumlochtornoche;—dimidietate terrarum de Byne;—terris de Ladache;—terris de Blaircusny, cum villa et terris de Corshill supra Inchgall, et terris de Balferg, cum lacu et maresio earundem, omnibus unitis in baroniam de Inchgall:—A. E. 20l. N. E. 80l.—Terris de Coudland Eister et Wester cum molendino; —terris de Drummes, Over et Nather Powrane:—A. E. 7l. 10s. N. E. 30l.—Terris et baronia de Leslie comprehendentibus terras et burgum de Leslie;—terras de Pittgeddie;—terras de Bangae;—terras de Pitcany;—terras de Fromonthill;—terras de Holl;—terras de Drummaird;—terras de Mekill et Littill Balquhumries;—terras de Balgothrie;—terras de Drummaine;—terras de Strathenrie cum molendino;—terras de Ballsillie;—terras de Pitcairne;—terras de Blakhall;—terras de Lalathin;—terras de Audie;—terras de Kennoquhie, cum annuo redditu 40s. de terris de Kennoquhie, omnes unitas in baroniam de Leslie:—A. E. 20l. N. E. 60l.—Terris de Auchtermairne:—A. E. 4l. N. E. 12l.— Officio vicecomitatus de Fyffe cum feodis, &c.—E. *administratio justiciæ*:—Terris de Ballilero et crofta ecclesiastica de Leslie cum decimis.—E. 5l. 3s. 4d. xvi. 256.

(620) Apr. 27. 1642.
JOANNES COMES DE ROTHES, Dominus Leslie, &c. *hæres* Joannis Comitis de Rothes, &c. *patris*,—in terris de Parkhill cum prato et pomariis earundem, et silva vocata Ernesyde in senescallatu de Fyfe.—E. 10l. 6s. 4d.—Terris sive insulis vocatis Reidinche et Kowinche cum decimis earundem.—E. 20m.—Salmonum piscatia et aliorum piscium super aqua de Tay cum decimis.— E. 4l. xvi. 261.

(621) Maii 5. 1642.
MAGISTER GEORGIUS HEREOT, *hæres* Walteri Hereot feoditarii de Ramorny, *fratris*,—in terris de Ramorny et Lawfeild cum molendino;—terris de Pitrauchine;—maneriei loco de Newark infra senescallatum de Fyffe.—E. 22l. xvi. 204.

(622) Maii 5. 1642.
JOANNES SMAIRT, *hæres* Archibaldi Smairt portionarii de Kingiskettill, *patris*,—in decima sexta parte villæ et terrarum de Kingiskettill:—E. 16s. 4d. &c.—Alia decima sexta parte dictæ villæ et terrarum de Kingiskettill:—E. 16s. 8d. &c.—Alia decima sexta parte dictæ villæ et terrarum de Kingiskettill:—E. 16s. 8d. &c.—Alia decima sexta parte dictæ villæ et terrarum de Kingiskettill.—E. 16s. 8d. &c. xvii. 248.

(623) Maii 23. 1642.
JOANNES BRUSSOUN, *hæres* Andreæ Brussoun nonnunquam burgensis de Pittenweym, *patris*,—in tenemento in burgo de Pittenweym:—E. 6s. 8d.—Pecia terræ in dicto burgo.—E. 2s. 4d. xvii. 31.

(624) Jul. 12. 1642.
MAGISTER GULIELMUS BARCLAY minister verbi Dei apud Falkland, *hæres* Euphamiæ Leirmonth sponsæ Gulielmi Barclay ballivi Sancti Andreæ, *matris*,—in acra terræ arabilis in dominio prioratus Sancti Andreæ, in territorio vulgo vocato Nather Rufflattis.—E. 5s. 10d. xvi. 234.

(625) Jul. 12. 1642.
MAGISTER GULIELMUS BARCLAY minister verbi Dei apud Falkland, *hæres* Gulielmi Barclay olim ballivi civitatis Sancti Andreæ, *patris*,—in tenemento templario cum horto in dicta civitate:—E. 6d. —11 acris et ruda terræ arabilis, cum stagno prope dictam civitatem, in dominio prioratus ejusdem.—E. 5s. 10d. pro *unaquaque acra*. xvi. 239.

(626) Aug. 11. 1642.
LOCUM TENENS COLONELLUS GULIELMUS SIBBALD, *hæres* Jacobi Sibbald in Boussie, *patris*,—in terris de Milntoun de Blebo, in regalitate Sancti Andreæ.—A. E. 6s. 8d. N. E. 26s. 8d. xvi. 250.

(627) Sep. 7. 1642.
JOANNES COMES DE ATHOLE, *hæres masculus* Joannis Atholiæ comitis, *patris*,—in officio hereditario ballivatus terrarum et baroniæ Dunkeldensis, episcopis et ecclesiæ ejusdem qualiterunque in patrimonio spectante, cum pertinentiis tam contiguæ quam discontigue jacentibus, dictæque baroniæ annexatis et incorporatis, ex parte boreali aquæ de Forthe, infra vicecomitatu de Fife, Forfar, et Perth respective, cum servitiis tenentium et inhabitorum dictarum terrarum et civitatis Dunkeldensis temporibus belli et guerriæ. —E. *debitum servitium in administratione justiciæ*.—(Vide Perth, Forfar.) xvii. 96.

(628) Oct. 20. 1642.
HENRICUS CLERK portionarius de Luthrie, *hæres* Andreæ Clerk, *patris*,—in decima sexta parte villæ et terrarum de Luthrie, infra dominium sive senescallatum de Fife.—E. 4l. 14s. xvii. 115.

(629) Oct. 27. 1642.
JACOBUS DOMINUS DE SANCT COLME, *hæres masculus* Henrici Domini de Sanct Colme, *patris*,—in dominio de Sanct Colme comprehendente monasterium et maneriei locum de Sanct Colmesinche;—Inche de Sanct Colme;—terras et baroniam de Beith;—terras de Croftgarie, Brego, Muirtoun de Beith, molendinum et terras molendinarias ejusdem;—terras de Quhythill Eister et Wester;—terras de Bowpry;—terras de Inscheardie;— terras de Newtoun, cum brasina de Newtoun, et terras bruerias extendentes ad 4 acras aut eocirca;—terras de Kaikinsche, Cuthilhill, Seysyd, Knokfodrum, Prynlawis, Donybirsel, Grange, Barnhill, 19 acras apud Grange jacentes, et 6 acras nuncupatas Kaikinsche;—Croftas ecclesiæ lie Kirkcroft de Dalgettie et Uchtertul, et pratum ejusdem;—terras de Kildrie, Inshekerie, Lewchallisbeith, molendinum de Pascarmylne;—terras de Sanct Cerotislandis nuncupatas, infra baroniam de Foirdell;—terras de Eister et Wester Barclevis;—terras de Bancbiro;—Croftas ecclesiæ lie Kirkcrofts de Leslie et Rossythe;—terras de Sisterlands ex parte orientali torrentis de Abirdour;—1½ acras terræ ad finem occidentalem villæ de Abirdour;—tenementa et rudas terrarum ex parte occidentali torrentis de Abirdour, quæ ex antiquo ad dictum monasterium pertinuerunt;—molendinum et terras molendinarias de Abirdour Wester, cum pastura et astrictis multuris de Donybirsell, Grange, Barnhill, acrarum et rudarum occidentalis lateris de Abirdour, Quhythill, Bowprie, Cuthilhill, Wastersyd, Eistersyd, Eister et Wester Barclevies, Newtoun, Inshemartein, Croftgarie, Brego, Kaikinsche, et Brewland de Newtoun, jacentium infra baroniam de Abirdour;—terras de Glasmonthill;—dimidium carucatæ terræ apud ecclesiam de Sanct Maleing nunc Inshkerie nuncupatam, cum capella Buthadlach nunc Egilsmalye nuncupata, Kynnachan, duas Kincairnies Over et Nether;—duas bovatas terrarum de Middeltoun;—terras de Clunet nunc vocatas Clunevane, molendino de Fordell, cum integris terris ad easdem spectantibus;—terras nunch-

patas Crosaikeris in terris de Otterstoun situatas ;—toftam in Tipa permure, cum omnibus et singulis quibuscunque terris baroniæ de Beith ;—villam de Abirdour, ex occidentali latere torrentis ejusdem cum privilegio burgi baroniæ ;—ilas de Nickery, Carkky, et Haystak, cum lie Seamark, cum privilegiis maris ;—annuos redditus subscriptos, viz. 40s. Sterlingorum de terris de Strahenrie ;—20s. de ecclesia de Crawmond ;—8s. de Cowstoun ;— 14s. de Cullello ;—10s. argenti de Ovirboilmull ;—20s. argenti de Balledmonthe ;—15s. argenti de molendino de Lundie ;— 14s. de molendino de Fordell ;—53s. 4d. de molendinis de Crawmond ;—8s. de terris de Craigin ;—13s. 4d. de Kincarden-Walden ;—12s. de Kingsdomine et dominio de Kinghorne, cum decimis prædictarum ecclesiarum parochialium de Abirdour, Delgatie, Rossythe, Leslie, et Beithe, quæ omnes terræ, &c. una cum aliis terris in vicecomitatibus de Edinburgh, Linlithgow, Perth, et Hadingtoun, perprius erectæ ad abbaciam de Sanct Colmesinch pertinuerunt, et quæ erectæ fuerunt in dominium de Sanct Colme. —E. 100m.—(Vide Edinburgh, Linlithgow, Perth, Hadingtoun.) xvii. 94.

(630) Nov. 12. 1642.
GULIELMUS SCOTT de Balmonth, hæres Magistri Roberti Scott de Balmonth, patris,—in terris de Balmonthe cum pastura 100 vaccarum et boum, et 300 ovium super bondas moræ de Craill. —A. E. 3l. N. E. 33l. xvii. 111.

(631) Nov. 26. 1642.
JOANNES KEIR burgensis de Innerkeithing, hæres Joannis Keir nautæ villæ de Leith, patris,—in terris de Spitlefeild, in parochia de Innerkeithing et regalitate de Dunfermling.—E. 2m. xvii. 109.

(632) Dec. 2. 1642.
WILLIELMUS HUTSONE, hæres Willielmi Hutsone in Milntoun de Pettinweyme, patris,—in tenemento cum horto in Mylntoun de Pettinweme, infra limites burgi de Pettinweme, et dominium ejusdem.—E. 5s. 4d. xvii. 33.

(633) Dec. 2. 1642.
MARGARETA GRAY, hæres Davidis Gray in Mylntoun de Pettinweyme, avi,—in tenemento et horto infra limites burgi de Pettinweyme, et dominio ejusdem.—E. 2s. 8d. xvii. 35.

(634) Dec. 5. 1642.
JOANNES STEVINSONE, hæres conquestus Thomæ Stevinsone, fratris immediate junioris,—in duabus acris terræ arabilis infra limites burgi de Pettinweyme.—E. 8s. xvii. 34.

(635) Jan. 10. 1643.
ALEXANDER NAIRNE, hæres provisionis Alexandri Nairne feodotarii de Sandfurde, filii,—in terris de Sandfurde nuncupatis Eist-Plewlandis de Sandfurde, cum sex acris terrarum arabilium in villa de Inverdovat, unitis in baroniam de Sandfurde :—A. E. 50s. N. E. 10l.—Terris de Laveroklaw alias nuncupatis unam carucatam terræ de Inverdovat ;—tribus acris in Fluiris, cum tofta in villa de Inverdovat et communi pastura in communia de Inverdovat et Skaitmure, et salmonum piscaria nuncupata Greinsyde ;— 10 mercatis terrarum de Inverdovat nuncupatis Tremlayis lands, cum integris aliis terris de Inverdovat ;—terris de Litill Ovir Friertoun, et salmonum piscaria vocata Greinsched, piscanda super occidentalem partem aquæ de Tay, et terris de Scotiscraig eisdem adjacentibus, tanquam pro principali ;—et in terris de Sandfurde, et terris de Wormet, cum molendino et salmonum piscaria de Wormet nuncupata Langcraig in warrantum, unitis in baroniam de Inverdovat.—A. E. 5l. N. E. 20l. xvii. 131.

(636) Jan. 19. 1643.
JOANNES FERMOUR, hæres Davidis Fermour burgensis de Craill, patris,—in crofta terræ arabilis in Craill, in parochia de Craill, et prioratu Sancti Andreæ.—E. 6s. 8d. xvii. 118.

(637) Jan. 27. 1643.
JEANNA JONSTOUNE, hæres Alexandri Jonstoune portionarii de Berryholl, patris,—in 8 bovatis terrarum villæ de Berryholl, in lie Grange infra regalitatem de Lundoris.—E. 4l. 3s. 4d. &c. xvii. 65.

(638) Feb. 1. 1643.
JACOBUS MOUNTH, hæres Jacobus Mounth de Poffill de Strakynnes, patris,—in terris de Poffil de Strakynnes vulgariter nuncupatis Sawgreiffislandis de Strakynnes, in dominio prioratus Sancti Andreæ et regalitate ejusdem.—E. 50s. &c. xvii. 119.

(639) Feb. 2. 1643.
JONETA YOUNG, hæres Roberti Young in Bannatye-mylne, avi,—in annuo redditu 100m. de tertia parte villæ et terrarum de

Eister Colsie, et de tertia parte villæ et terrarum de Eister Colsie, infra baroniam de Ballinbreich.—E. 10m. xvii. 156.

(640) Feb. 15. 1643.
GRISSILLIS BOYTER sponsa Patricii Guthry burgensis de Dundie, hæres Andreæ Boyter burgensis de Dundie, avi,—in terris de Bodomcraig extendentibus ad 5 acras cum pastura, in dominio de Balmerinoche.—E. 38s. 4d. &c. xvii. 146.

(641) Mar. 1. 1643.
ANDREAS WALKER, hæres Andreæ Walker burgensis de Anstruther, patris,—in acra terræ arabilis in regalitate Sancti Andreæ, in territorio de Eister Sandihill.—E. 5s. 10d. xvii. 147.

(642) Apr. 10. 1643.
ALEXANDER COMES DE KELLYE, hæres Thomæ Comitis de Kellye, Domini Pettenweyme, fratris germani,—in terris et baronia de Kellie comprehendente terras dominicales de Kellye ;— terras et villas de Over Kellie, Auchincroiche, Belliestoun, Baldutho, Petkirch, molendina nuncupata Kellye milnes, tertiam partem terrarum de Greinsyd, Pakishow, et Comshow, unitas in baroniam de Kellye :—A. E. 20l. N. E. 140l.—Dominio de Pettenweyme, comprehendente maneriei locum de Pettenweyme ex antiquo nuncupatum monasterium de Pettinweyme ;—burgum et villam de Pettinweyme et Anstruther ex occidentali parte torrentis ejusdem, cum portubus, anchoragiis, custumis, &c. quæ tempore elapso ad prioratum de Pettenweyme et patrimonium ejusdem pertinuerunt ;— terras et acras de Pettenweyme, Anstruther, Milntoun de Pettenweyme et acras ejusdem ;—terras de Grangemure, Eister Greindykis cum wardis et pratis earundem ;—terras de Cranbrigs ;—terras de Lingo ;—terras nuncupatas lie Insche ;—terras de Pittotter, Lochend, Ilam, nuncupatam Ilam de May, Croftam de Crail nuncupatam Monkiscroft, cum carbonibus et carbonariis, salinarum patellis, &c.—terras et vastum fundum jacentem inter orientalem finem villæ de Anstruther ad limites de Saint Monance, subtus ripa et fodina lie heuch, tam infra quam extra fluxum maris ;—privilegio inveniendi et lucrandi calcem et calcifodinas, struendi ustrinas, et in eisdem terris comburendi calcem ;—cum communiis de Pettenweyme, maresiis, mora nuncupata Colpotimure, et libertate piscationis in mare ;—cum aliis terris in Perth, Forfar, et Hadingtoun, et cum omnibus aliis pertinentiis, annuis redditibus, firmis, canis, custumis, &c. quæ prius pertinuerunt ad temporalitatem dicti prioratus de Pettenweyme ;—decimis garbalibus aliisque decimis ecclesiæ de Pettenweyme, nuncupatæ Anstruther, ex occidentali parte torrentis ejusdem, et ecclesiæ parochialis de Ryndis, omnibus unitis in dominium de Pettenweyme :—A. E. 20l. N. E. 60l.— 20 acris terræ arabilis jacentibus inter reliquas terras colonorum de Pettenweyme ;—acra terræ ex orientali parte summæ Crucis, cum decimis illarum 21 acrarum in dicto dominio de Pettenweyme. —E. 5s.—(Vide Perth, Forfar, Haddingtoun.) xvii. 58.

(643) Apr. 12. 1643.
ROBERTUS RICHARTSONE burgensis de Bruntiland, hæres Patricii Richartsone filii legitimi Roberti Richartsone senioris ballivi burgi de Bruntiland, fratris,—in umbrali dimidietate villæ et terrarum de Balbedie, in dominio de Locharschyre, parochia de Auchterderay.—A. E. 20s. N. E. 3l. xvii. 150.

(644) Apr. 22. 1643.
JACOBUS AYTOUN de Finglassie, hæres Roberti Aytoun de Finglassie, fratris,—in terris de Finglassie in regalitate de Dunfermling et Schyra de Kinglassie, tanquam pro principali :—E. 25l. 5s. 5d. &c.—Terris de Pitlochie in warrantum.—E. 10l. &c. xvii. 145.

(645) Apr. 25. 1643.
JACOBUS VICECOMES DE DUDOPE, Dominus Scrymgeour, hæres masculus Joannis Vicecomitis de Dudope, Domini Scrymgeour, patris,—in terris et baronia de Dundie comprehendentibus inter alia terras de Hilfeild, South-Borland et Mariefeild de Innerkeithing, cum aquaticis et ventosis molendinis earundem :—A. E. 10l. N. E. 40l.—Unitis et erectis cum aliis terris in Forfar, Perth, Aberdeen, et Argyle, in baroniam de Dundie.—(Vide Forfar, Perth, Aberdeen, Argyle.) xvii. 160.

(646) Apr. 29. 1643.
WILLIELMUS DURIE portionarius de Overgrange, hæres Joannis Durie filii legitimi quondam Roberti Durie incolæ villæ de Leith, fratris germani,—in octava parte terrarum de Overgrange, in parochia de Kingorne-Wester et regalitate de Dumfermling.— E. 7l. 18s. &c. xvii. 155.

(647) Maii 10. 1643.
DOMINUS ANDREAS BRUCE de Earlishall miles, hæres Gulielmi Bruce de Erlishall, patris,—in dimidietate quartæ partis villæ

et terrarum de Radernie, comprehendente in se decimam sextam partem terrarum et villæ de Radernie, trigesimam secundam partem dictæ villæ et terrarum, alteram trigesimam secundam partem dictæ villæ et terrarum, extendente in integro ad dimidietatem prædictæ quartæ partis villæ et terrarum de Radernie ;—aliam decimam sextam partem terrarum et villæ de Radernie ;—partes et portiones villæ et terrarum de Radernie particulariter subscriptas, viz. quarteriam occidentalem et quarteriam borealem dictarum terrarum, trigesimam binam partem, quartam partem dictæ quarteriæ borealis, et decimam sextam partem, et aliam decimam sextam partem dictarum terrarum de Radernie, cum carbonibus et carbonariis, calce et lapide, omnibus insimul computatis extendentibus ad quartam partem et dimidietatem quartæ partis dictæ villæ et terrarum de Radernie, pro principali :—E. 2 *celdræ avenarum*, &c.—Terris de Stravelthie in warrantum terrarum de Radernie :—E. 24*l.* 8*s.*—Omnibus jacentibus in regalitate Sancti Andreæ.   xvii. 157.

(648)   Maii 11. 1643.

DOMINUS ANDREAS BRUCE de Earlishall, *hæres* Gulielmi Bruce de Erlshall, *patris,*—in terris de Catholok vulgo Deanbrae ; —decimis garbalibus aliisque decimis tam rectoriis quam vicariis, magnis et minutis prædictarum terrarum pro principali :—A. E. 3*l.* N. E. 12*l.*—Terris dominicalibus de Kynneir ;—terris de Kittadie *alias* Craigsunquhar extendentibus ad dimidietatem de Kittadie et Craigsunquhar, infra baroniam de Kynneir, in warrantum terrarum de Nether Catholok *alias* Deanbrae et decimarum:—A. E. 5*l.* N. E. 20*l.*—Tertia parte terrarum de Strathburne, Fothers, et Fordell cum molendino de Strathburne, infra baroniam de Kynneir ;—alia tertia parte terrarum de Strathburne, cum lie Butt terræ adjacente dictæ tertiæ parti de Strathburne apud Currok :—A. E. 26*s.* 8*d.* N. E. 5*l.* 6*s.* 8*d.*—Terris de Moncurr's lands in Lewchars :—A. E. 40*s.* N. E. 8*l.*—Tofta vocata Lamplands infra baroniam de Lewchars-Forbes, et in villa de Lewchars ;—tofta et crofta vocata Philpscroft, infra parochiam de Lewchars-Forbes in villa de Balbeuchlie.—A. E. 3*s.* 4*d.* N. E. 13*s.* 4*d.*   xvii. 158.

(649)   Maii 12. 1643.

MAGISTER DAVID METHVEN, *hæres* Elizabethæ Wood, *matris,*—in 3 acris et 2 rudis terræ arabilis in Prioratu Sancti Andreæ et regalitate ejusdem.—E. 23*s.* 4*d.*   xvii. 169.

(650)   Maii 17. 1643.

BARBARA CUIK, *hæres* Jacobi Cuik in Abirdour, *patris,*—in 8 acris terrarum nuncupatis The Sisterland, cum loco et hortis olim matris et sororum monialium loci de Abirdour, in villa, dominio et baronia de Abirdour, et regalitate de Dalkeith.—E. 1*d.* et 6*m.* 6*s.* 8*d.*   xvii. 180.

(651)   Maii 20. 1643.

JOANNES BOSWELL, *hæres* Davidis Boswell de Mildeanis, *patris,*—in terris de Milndeanis extendentibus ad octavam partem terrarum de Gaitmilk, cum molendino de Kinglassie *alias* Gaitmilkmylne vel Mylnedeanis, cum astrictis multuris terrarum infra parochiam de Kinglassie usitatis et consuetis, in parochia de Kinglassie et regalitate de Dumfermling.—E. 3*l.* 8*s.* &c.   xvii. 155.

(652)   Jun. 8. 1643.

THOMAS MYLES, *hæres* Thomæ Myles portionarii de Lethame, *patris,*—in trigesima secunda parte terrarum et villæ de Lethame et prati ejusdem, in dominio de Moniemaill infra regalitatem Sancti Andreæ ;—octava parte villæ et terrarum de Lethame et prati ejusdem.—E. 5 *bollæ frumenti*, &c.   xvii. 171.

(653)   Jun. 8. 1643.

DAVID BONTAVERONE, *hæres* Thomæ Bontaverone portionarii de Lethame, *patris,*—in octava parte villæ et terrarum de Lethame et prati ejusdem, in baronia de Moniemaill, infra regalitatem Sancti Andreæ.—E. 5*l.* 14*s.* &c.   xvii. 172.

(654)   Jun. 9. 1643.

THOMAS KNYCHTSONE, *hæres* Jacobi Knychtsone burgensis de Pettenweyme, *patris,*—in tenemento in Pettenweyme et horto : —E. 8*s.*—Acra terræ arabilis in dominio de Pettenweyme et baronia ejusdem.—E. 12*s.*   xvii. 70.

(655)   Jul. 2. 1643.

DAVID WILSONE, *hæres* Davidis Wilsone nautæ burgensis de Queensferrie, *patris,*—in quarta parte villæ et terrarum de Ferriehill, in parochia et regalitate de Dunfermling.—E. 3*l.* 11*s.* 8*d.*   xvii. 212.

(656)   Jul. 7. 1643.

PETRUS SMART, *hæres* Petri Smart burgensis de Anstruther-Eister, *patris,*—in tenemento in Anstruther-Eister.—E. 5*s.*   xvii. 69.

(657)   Jul. 8. 1643.

GRISSELIS RAMSAY sponsa Jacobi Ramsay burgensis de Dundie, *hæres* Gulielmi Ramsay burgensis de Dundie, *patris,*—in 5 acris terrarum arabilium de Bodomtraig, in baronia et dominio de Balmerinoch.—E. 1*l.* 11*s.* 8*d.*   xvii. 80.

(658)   Jul. 19. 1643.

DOMINA MARGARETA INGLIS, *hæres portionaria* Gulielmi Inglis de Otterstoun, *patris,*—in terris de Bandirran ;—terris de Hilteas ;—terris de Cocklawis et Halteas in parochia de Syres, baronia de Teas et Craighall per annexationem, unitis in tenendriam de Teas :—E. 18*l.* 2*s.*—Terris de Otterstoun extendentibus ad 40 solidatas terrarum antiqui extentus, et pendiculo Quhythill nuncupato, et Outset Mak-Keiswalls nuncupato.—A. E. 40*s.* N. E. 8*l.*   xvii. 177.

(659)   Jul. 19. 1643.

ELIZABETHA INGLIS, *hæres portionaria* Gulielmi Inglis de Otterstoun, *patris,*—in terris prædictis.   xvii. 178.

(660)   Jul. 29. 1643.

JOANNES HAMILTOUN de Kinkell, *hæres* Roberti Hamiltoun de Kinkell, *patris,*—in terris de Kinnaldie-Norder cum prato et warda ;—terris de Gilmorstoun, infra regalitatem Sancti Andreæ. —E. 46*l.* 13*s.* 4*d.*   xvii. 235.

(661)   Aug. 2. 1643.

JOANNES HAMILTOUN, *hæres* Roberti Hamiltoun de Kinkell, *fratris germani,*—in terris de Kinkell et Snawdoun ;—terris de Spinkistoun ;—terris de Greinlawis ;—terris de Bromehillis, in regalitate et parochia Sancti Andreæ.—A. E. 10*l.* N. E. 20*l.*   xvii. 261.

(662)   Aug. 10. 1643.

JOANNES MONCREIF, *hæres talliæ* Nicolai Moncreif de Crocehillis, *patrui,*—in tenendria de Crocehillis comprehendente in se libratam terræ australis quarteriæ villæ et terrarum de Auchtermuchtie, cum tofta et mansione ejusdem :—E. 27*s.* 6*d.* &c.—3 libratis terrarum ejusdem australis quarteriæ dictæ villæ et terrarum de Auchtermuchtie:—E. 4*l.* 2*s.* 6*d.* &c.—Duodecima parte australis quarteriæ villæ et terrarum de Auchtermuchtie extendente ad unam libratam terræ ejusdem, cum communia in monte de Auchmuchtie, ac in terris de Whytfeild :—E. 2 *bollæ* 1 *firlota tritici*, 27*s.* &c.—Decimis garbalibus dictæ tenendriæ de Crocehillis comprehendentis in se dictas 5 libratas terrarum australis quarteriæ de Auchtermuchtie.—A. E. 12*d.* N. E. 4*s.*   xvii. 250.

(663)   Sep. 1. 1643.

MARGARETA MEASSONE, *hæres* Ricardi Meassone, *patris,* —in tenemento et horto in burgo de Pettinweyme.—E. 7*s.* 6*d.*   xvii. 206.

(664)   Oct. 24. 1643.

ALEXANDER DOMINUS BALCARRAS, *hæres* Davidis Domini Balcarras, *patris,*—in terris de Balneill cum communi pastura infra bondas moræ de Firthmure, in parochia de Kilconquhar ;— villa et terris de Eister Pitcorthay, tam superioritate quam proprietate, in baronia de Kelly :—A. E. 1*l.* N. E. 10*l.*—Terris et molendino de Balcarras, cum communi pastura et libertate focalium in mora de Schyremure, jacentibus in parochia de Kilconquhar :—E. 26*l.* 15*d.* &c.—Parte terrarum spectantium capellaniæ beatæ Mariæ Rires, nuncupata Nether-Cummerlandis, extendente ad 8 acras de Langstruther :—E. 6*s.* 8*d.*—Advocatione ecclesiæ parochialis de Kilconquhar :—A. E. 3*s.* 4*d.* N. E. 13*s.* 4*d.*—Omnibus cum quibusdam aliis terris unitis in baroniam de Balcarras :—8 acris terrarum de Schyremure terris de Balneil adjacentibus, vocatis Langsydemure ;—privilegio pasturæ 12 boum, 4 equorum, et 30 ovium, infra reliquas bondas de Schyremure vocatas Langsydmure, cum privilegio cespitum :—A. E. 40 *nummi.* N. E. 13*s.* 4*d.*—Privilegio pascendi 36 boves, 4 equos et 60 oves, et privilegio cespitum.— A. E. 20 *nummi.* N. E. 6*s.* 8*d.*   xvii. 239.

(665)   Dec. 6. 1643.

MAGISTER ARTHURUS FORBES, *hæres* Jacobi Forbes portionarii de Kilmaine, *patris,*—in dimidietate terrarum de Kilmaine in regalitate Sancti Andreæ.—E. 5*s.*   xviii. 132.

(666)   Dec. 22. 1643.

ROBERTUS DOMINUS BALFOUR DE BURGHLEY, *hæres portionarius* Joannis Averie ballivi de Falkland, *avi ex parte matris,* —in sacello et loco Beatæ Mariæ vulgo our Lady Chappell lie Birkinsyde nuncupato, adjacente ad Lowmounthis de Falkland prope palatium et villam de Falkland.—E. 40*s.* 12*d.*   xviii. 27.

(667)   Dec. 22. 1643.

JOANNES BLYTHE de Pitanhope, *hæres portionarius* prædicti Joannis Averie, *proavi ex parte matris,*—in terris prædictis.—E. 40*s.* 12*d.*   xviii. 27.

H

(668) Jan. 13. 1644.
GEORGIUS STIRK de Bandane, *hæres* Georgii Stirk de Bandaine, *patris*,—in terris de Bandane ;—3 acris terrarum de Dudthrone ;—2 acris terrarum de Bodomcraig, infra dominium et baroniam de Balmerinoche :—E. 6*l.* 10*s.* 4*d.* &c.—Prato et lie Sward dimidietatis terrarum de Newgrange, cum decimis garbalibus :—A. E. 3*s.* 4*d.* N. E. 13*s.* 4*d.*—18 acris terrarum arabilium de Balgoiff in warrantum prædicti prati.—E. 7*s.* 8*d. pro unaquaque acra.*
                                            xviii. 123.

(669) Jan. 16. 1644.
DAVID KINNEIR de Eodem, *hæres* Davidis Kinneir apparentis de Eodem, *avi*,—in terris de Kaithlok et Frierflat *alias* Fernyfaulds, in dominio prioratus Sancti Andreæ et regalitate ejusdem.—E. 10*l.* &c.
                                            xvii. 252.

(670) Mar. 20. 1644.
JACOBUS WINCHESTER de Kinglassie, *hæres* Alexandri Winchester junioris de Kinglassie, *patris*,—in terris de Kinglassie cum domo de Lochmolonie ;—quarta parte terrarum et villæ de Polduff, omnibus in dominio de Byrhill et regalitate Sancti Andreæ.—E. 13*l.* 8*s.* 8*d.*
                                            xviii. 23.

(671) Mar. 20. 1644.
JACOBUS WINCHESTER, *hæres* Alexandri Winchester, *avi*,—in 12 acris et 2 rudis terræ arabilis prope civitatem Sancti Andreæ et in regalitate ejusdem.—E. 5*s.* 10*d. pro qualibet acra.*
                                            xviii. 25.

(672) Mar. 23. 1644.
ALEXANDER BRUCE, *hæres* Isobellæ Young sponsæ quondam Joannis Bruce portionarii de Luthrie, *matris*,—in decima sexta parte terrarum de Luthrie, infra senescallatum de Fife.—E. 4*l.* 12*s.* 11*d.*
                                            xvii. 276.

(673) Mar. 27. 1644.
GULIELMUS BORTHUIK, *hæres* Magistri Eleazari Borthuik ministri verbi Dei apud ecclesiam de Leucharis, *patris*,—in partibus terrarum de Pitarthie nuncupatis Chesteris et Bruntone, cum parte dictarum terrarum, in parochia de Dynnynnow et regalitate Sancti Andreæ ;—parte terrarum de Over Balellie jacente ut antea.—E. 7*l.* 6*s.* 8*d.*
                                            xviii. 139.

(674) Apr. 18. 1644.
MAGISTER THOMAS RIG de Athernie, *hæres* Gulielmi Rig de Athernie, *patris*,—in pecia et portione terrarum de Lethem vocata Damhous, extendente ad 4 acras, cum parte communiæ et lie Commoune lone appellata Water-Lundiefauld, et decimis garbalibus inclusis :—A. E. 12*d.* N. E. 4*s.*—Terris de Letham in dominio seu tenendria de Auchteruther Struther, infra regalitatem Sancti Andreæ.—E. 40*l.*—(Vide Stirling, Inverness vel Ross, Cromartie, Elgin et Forres, Edinburgh.) xvii. 265.

(675) Maii 18. 1644.
JOANNES LYNDSAY de Dowhill, *hæres* Jacobi Lyndsay de Dowhill, *patris*,—in terris et baronia de Dowhill, viz.—terris nuncupatis Crambethe-Dowhill cum molendino ;—terris de Soyterlands ;—terris de Fruchtis ;—quarta parte terrarum de Blair-Crambethe ;—quarta parte terrarum de Kinnaird ;—dimidietate terrarum de Drumlochetornoche, cum pastura ;—tertia parte de Eister Nevingstoun, cum tertia parte molendini de Cliesche ;—tertia parte de Wester Nevingstoun, cum tertia parte de Brousterland ;—quarta parte terrarum de Cowcairny, cum 2 acris in villa de Kinross in baronia de Dowhill, cum pastura, cum quibusdam aliis terris in Perth unitis in baroniam de Dowhill.—A. E. 40*l.* N. E. 188*l.* 6*s.* 8*d.*—(Vide Perth.) xviii. 126.

(676) Jun. 24. 1644.
JOANNES CUNYNGHAME de Barnes, *hæres* Alexandri Cunynghame de Barnes, *patris*,—in terris insularibus de May, in ore maris et fluvii seu fluminis de Forthe, in dominio et balliaria de Pettenweme, cum potestate piscium tam intra quam extra insulam ipsam.—E. 11*l.* xviii. 56.

(677) Jul. 4. 1644.
MAGISTER ALEXANDER CLERK de Pettincrieff, *hæres* Domini Alexandri Clerk de Pettincrieff militis, *patris*,—in terris et baronia de Pettincreif et molendinis earundem :—A. E. 4*l.* N. E. 16*l.*—Terris de Daill et West-Aiker prope burgum de Dumfermling, infra parochiam et regalitatem de Dumfermeling :—E. 26*s.* 8*d.*—Quarta parte terrarum de Newlands in regalitate prædicta:—E. 8*l.*—(Vide Edinburgh.) xviii. 137.

(678) Aug. 14. 1644.
MAGISTER JOANNES LERMONTH advocatus, *hæres* Magistri Roberti Lermonth de Sanct Nicolas, *patris*,—in 4 acris et 2 rudis terræ arabilis prope civitatem Sancti Andreæ in regalitate ejusdem.—E. 5*s.* 10*d. pro unaquaque acra.*
                                            xviii. 171.

(679) Aug. 21. 1644.
DAVID AUCHMWTIE nauta in Sanct Androis, *hæres* Magistri Roberti Auchmwtie de Demnuche (Deninuche), *patris*,—in terris de Park et Poyntok :—E. 10*s.*—Terris nuncupatis Craigingruggis, fauld :—E. 20*s.*—3 acris terrarum in Harlandis ;—1 acra terræ in Woodflatt :—E. 20*s.* &c.—Terris de Scrogiesyde in baronia et dominio de Balmerinoche.—E. 46*s.* xviii. 172.

(680) Sep. 26. 1644.
DOMINUS ALEXANDER GIBSONE de Durie miles, rotulorum, registri, et Concilii clericus, *hæres* Domini Alexandri Gibsone de Durie militis, unius Senatorum Collegii Justitiæ, *patris*,—in terris de Sconie cum pendiculis, viz. terris de Mountflowrie ;—terris de Bambeth ;—terris de Threpland *alias* Threptuche ;—terris de Levin ;—terris de Levinsmouth, cum portu lie heavin villæ de Levinsburne et Levinsbrig ;—villa de Levin cum portu et piscationibus ;—salmonum piscariis et molendinis tam granorum quam fullonum, cum multuris terrarum de Innerlevin *alias* Cauldcoaltis :—E. 4*m.*—Burgo baroniæ de Levin :—E. 40*s.*—Terris de Balgrimo infra regalitatem Sancti Andreæ, omnibus unitis in tenandriam de Sconie :—E. 26*s.* 8*d.*—Libertatibus, &c. burgi de Levin ;—aqua de Levin :—A. E. 12*d.* N. E. 4*s.*—Terris ecclesiasticis de Sconie infra parochiam de Sconie :—E. 6*s.* 8*d.*—Terris de Clettie ;—terris de Beatycraigis et Newbiging :—A. E. 3*l.* N. E. 12*l.*—Decimis garbalibus terrarum et terrarum dominicalium de Durie, Sconie, Levin, Bambeth, Mountflowrie, et Balgrimo, et terrarum de Hauche et Hauchmylne, terrarum de Balcorvies Mekell et Littell, ac terrarum de Donyface infra parochiam de Markinche ;—decimis dictarum terrarum de Clettie, &c. in parochia de Kettill, unitis in baroniam de Durie.—E. 20*s.* xviii. 140.

(681) Oct. 23. 1644.
JOANNES CALVIE, *hæres* Joannis Calvie burgensis de Lundoris, *proavi*,—in crofta burgali continente 10 rudas, et in 5½ rudis, omnibus jacentibus in regalitate de Lundoris.—E. 6*d. pro unaquaque ruda.* xviii. 167.

(682) Nov. 4. 1644.
JOANNES VICECOMES DE DUDOPE, Dominus Scrymgeour, *hæres masculus* Jacobi Vicecomitis de Dudope, Domini Scrymgeour, *patris*,—in terris de Hilfeild, Southdeidland, et Mariefeild de Innerkeithing, cum aquaticis et ventosis molendinis, unitis ad baroniam de Dundie, cum aliis terris in Forfar, Perth, Aberdeen, et Argyle.—A. E. 10*l.* N. E. 40*l.*—(Vide Forfar, Perth, Aberdeen, Argyle.) xviii. 157.

(683) Nov. 9. 1644.
JOANNES MURE, *hæres* Davidis Muir in Santmonance, *patris*,—in 6 acris terræ arabilis dimidietatis terræ husbandiæ in dominio de Pettinweyme ;—tenemento infra limites burgi et dominii de Pettinweyme.—E. 27*s.* 8*d.* &c. xviii. 162.

(684) Dec. 6. 1644.
WILLIELMUS THOMSONE, *hæres* Archibaldi Thomesone, *avi*,—in tenemento in burgo de Pettinweyme.—E. 8*s.* xviii. 153.

(685) Dec. 20. 1644.
JOANNES WATSONE, *hæres* Thomæ Watsone, *patris*,—in tenemento in burgo de Pettinweym.—E. 3*s.* 4*d.* xviii. 168.

(686) Dec. 28. 1644.
JOANNES WILLIAMSONE, *hæres* Joannis Williamsone portionarii de Killoch, *avi*,—in octava parte dimidietatis terrarum et villæ de Kinloch in senescallatu de Fyff.—E. 45*s.* 4*d.* xviii. 166.

(687) Jan. 31. 1645.
JOANNES BARCLAY, *hæres* Thomæ Barclay, *patris*,—in tenemento in Pettinweyme :—E. 3*s.*—2 tenementis in dicto burgo.—E. 11*s.* 4*d.*—Dimidietate tenementi in Pittinweem.—E. 6*s.* 4*d.* xviii. 176.

(688) Feb. 19. 1645.
JACOBUS ALLANE nauta in civitate Sancti Andreæ, *hæres* Magistri Andreæ Allane vicarii apud ecclesiam de Leucharis, *patris*,—in 3 acris terræ arabilis prope civitatem Sancti Andreæ et in regalitate ejusdem.—E. 17*s.* 8*d.* xviii. 184.

(689) Feb. 19. 1645.
DAVID GUIDLAID, *hæres* Davidis Guidlaid quondam ballivi Sancti Andreæ, *patris*,—in 9 acris et 2 ruidis terræ arabilis prope civitatem Sancti Andreæ, in regalitate ejusdem.—E. 55*s.* 5*d.* xix. 332.

(690) Apr. 10. 1645.
JOANNES COMES DE HADINGTOUN, Dominus Bynning et Byres, *hæres masculus* Thomæ Comitis de Hadingtoun, Domini Bynning et Byres, *avi*,—in terris, baronia, et regalitate de Drem comprehendente 3 tenementa in villa de Craill ;—terras templarias de Carnebie ;—terras templarias de Craigtoun ;—terras templarias de Abercrombie ;—terram templariam vocatam Magask ;—

terras templarias de Craighall ;—terras templarias de Balcomo ;—terram templariam de Lundie, et terram templariam apud Spinam de Lundie ;—terras templarias de Collestoun ;—terras templarias de Sandiehillok vocatas Temples Startharlie ;—terras templarias de Londeffron ;—terras templarias de Balfarge ;—terras templarias de Stremeglo ;—terras templarias de Inchgall ;—terras templarias de Balmullis ;—terras templarias de Cowcairny ;—terras templarias de Byne et Newingstoun ;—2 tenementa infra burgum de Cowpar ;—terras templarias juxta Cowpar vocatas Skaviecroheard ;—terras templarias vocatas Templehill ;—12 tenements in Sanct Androis ;—4 tenementa in Aberdour ;—terram templariam juxta Kinghorne ;—2 tenementa in Kinghorne ;—terram templariam in Innerkeithing ;—tenementum templarium in Innerkeithing ;—2 pecias arabilis terræ templariæ juxta Innerkeithing, et 2 terras templarias in Innerkeithing ;—terras templarias de Bambreiche ;—terras templarias de Leslie ;—terras templarias de Lisk ;—terras templarias de Newtoun ;—terras templarias de Lochmalony ;—terram templariam de Balgony ;—terras templarias vocatas Inchmartein ;—terras templarias de Struthers et Waddieshauche ;—terras templarias de Urquhart ;—terras templarias de Kirkforther, et terras templarias de Litle Tarbert, cum piscariis et privilegio regalitatis ;—et quascunque alias terras templarias, &c. infra regnum Scotiæ, cum molendinis et salmonum piscariis, omnes unitas in baroniam et regalitatem de Drem, cum aliis terris in vicecomitatibus de Edinburgh et Haddington.—E. 3l.—(Vide Edinburgh, Haddington.)   xviii. 198.

(691)   Apr. 10. 1645.
JOANNES COMES DE HADDINGTOUN, &c. *hæres masculus* Thomæ Comitis de Haddingtoun, Domini Bynning et Byres, *fratris germani*,—in domihio et baronia de Bynning comprehendente terras et baroniam de Innerkietheing tam proprietatem quam tenandriam, viz. terras de Kincairden, Pitcalder, et molendino de Pitcalder ;—terras de Caldsyde, et Newtoun de Pitcalder, lie toftis de Balbowgie, Casland-Daills, Spensarfield, Salwadge et 17 rigas terræ ad orientalem partem borealis pontis de Innerkeithing, cum privilegio liberorum portuum infra bondas baroniæ de Damany et Innerkeithing, et cum aliis terris in Linlithgow.—A. E. 16l. N. E. 36l.—(Vide Haddington, Edinburgh, Linlithgow, Berwick.)   xviii. 202.

(692)   Jul. 5. 1645.
DOMINUS JACOBUS SANDELANDS de Sanct Monance, *hæres* Gulielmi Sandelands de Sanct Monance, *avi*,—in terris de Kirktoun de Cullessy, Mylnhill, et Pitlochie cum molendino ;—terris de Pitlair cum molendino, Drumclohope ;—dimidietate terrarum de Weddersbie et Woodheid, et dimidietate terrarum de Gadvan, Bowhous, et Scheils ;—dimidietate terrarum de Weddersbie, Gadvan, Bowhous, et Wodheid cum advocatione, &c. earundem in baronia de Lewcharis per annexationem :—A. E. 30l. N. E. 40l.—Dimidietate terrarum de Westercleische :—A. E. 20s. N. E. 3l.—Unitis in baroniam de Pitlair ;—Alia dimidietate terrarum de Scheils cum dimidio de Lurgmure Eilstande, et piscaria ejusdem, cum communia in mora et marresio de Mounsmoss et Edinsmure:—A. E. 40s. N. E. 8l.—Decimis piscium lie Smallin teynde fishe.—E. 5l.   xviii. 90.

(693)   Jul. 16. 1645.
DOMINUS JACOBUS SANDELANDS de Sanct Monance miles, *hæres* Willielmi Sandilands de Sanct Monance, *avi*,—in dimidietate terrarum de Sanct Monance Finvirie nuncupata ;—altera dimidietate terrarum de Finvirie vochta Wester Sanct Monance cum molendinis ;—5 mercatis terrarum de Finvirie :—A. E. 4l. N. E. 16l.—8 acris terrarum de Sanct Monance contigue adjacentibus maneriei loco de Sanct Monance, cum turre et fortalicio de Sanct Monance vocatis Newwark, omnibus unitis in tenandriam seu dominium nuncupatum dominium de Sanct Monance, cum officio balliatus dicti dominii ;—villa de Sanct Monance erecta in liberum burgum baroniæ :—A. E. 20s. N. E. 4l.—Decimis piscium lie smallin teynd fishe.—E. 5l.   xviii. 92.

(694)   Feb. 18. 1646.
DOMINUS PATRICIUS MYRTOUN de Cambo miles, *hæres* Domini Thomæ Myrtoun de Cambo, *patris*,—in terris et baronia de Cambo comprehendentibus terras de Cambo cum molendinis ;—terras de Belses ;—terras de Muirhous ;—terras de Girsmertoun et Auld Lyis ;—terras de Southerfafeild, Bowhill, et Cummerland, omnes unitas in baroniam de Cambo.—A. E. 5l. N. E. 30l.   xviii. 81.

(695)   Feb. 19. 1646.
DOMINUS PATRICIUS MYRTOUN de Cambo, *hæres* Domini Thomæ Myrtoun de Cambo, *patris*,—in terris de Myrtoun in parochia de Kinbak et infra regalitatem Sancti Andreæ, cum communi pastura in communia de Blebo-Myrtoun.—A. E. 4l. N. E. 16l.   xviii. 87.

(696)   Mar. 13. 1646.
FREDRICUS KELSO, *hæres* Davidis Kelso, *patris*,—in tenemento in burgo et dominio de Pittenwem.—E. 2s. 6d.   xviii. 78.

(697)   Apr. 27. 1646.
JOANNES SCRYMGEOR, *hæres* Hugonis Scrimgeor de Balrymonth-Easter, *patris*,—in terris de Easter Balrymonth cum decimis, in parochia Sancti Andreæ, dominio prioratus Sancti Andreæ et regalitate ejusdem :—E. 10l. 6s. 8d.—Quarta parte et decima sexta parte terrarum de Newgrange ;—quarta parte vigesimæ quartæ partis earundem terrarum de Newgrange, continente partem earundem terrarum vocatam Sconiehill :—E. 13l. 11s. 4d.—Molendino Newmylne vocato prope civitatem Sancti Andreæ pro principali : —E. 6l. &c.—Bina parte terrarum de Lambelethem et molendini ; —bina parte terrarum de Carnegor ;—terris de Balrymonth-Wester jacentibus ut supra, in warrantum terrarum de Newgrange. —E. 27l.   xviii. 252.

(698)   Jun. 16. 1646.
ALEXANDER BELL textor, *hæres* Cristinæ Patersone, *filiæ fratris aviæ*,—in acra et 2 rudis terræ arabilis infra dominium prioratus Sancti Andreæ et regalitatem ejusdem, in territorio vulgo nuncupato Northmure.—E. 8s. 10d.   xviii. 260.

(699)   Jun. 24. 1646.
GEORGIUS JACK in Cultra, *hæres* Alexandri Jack in Cultra, *patris*,—in 10 acris villæ de Cultra in dominio de Balmerinoch.— E. 3l. 6s. 8d.   . xviii. 305.

(700)   Jun. 24. 1646.
GULIELMUS BEANE, *hæres* Gulielmi Beane de Pitmossy, *avi*, —in terris de Pitmossy in dominio et baronia de Balmerinoch.— E. 40s. &c.   xviii. 306.

(701)   Jun. 24. 1646.
GULIELMUS BEANE, *hæres* Gulielmi Beane in Cultra, *patris*, —in 10 acris villæ de Cultra in baronia de Balmerinoch.—E. 3l. 16s. 8d. &c.   xviii. 306.

(702)   Oct. 31. 1646.
CAROLUS MONTEITH de Randiefurd, *hæres* Willielmi Monteith de Randiefurd, *patris*,—in terris de Windmilnhill, infra parochiam et regalitatem de Dunfermling :—E. 7l. 7s. 2½d.—Terris de Perdew *alias* Brumhill, cum acris, viz. Stanieaiker, Schortaiker, et Butaiker, infra regalitatem de Dumfermling :—E. 8s.—Terris de Lymkilhill *alias* Langbank :—E. 10l. 15s.—Prato Carriers-medow nuncupato, in regalitate prædicta :—E. 10s.—Terris capellaniæ terris de Guyldielandis nuncupatis, cum jure patronatus capellaniæ altaris beatæ Mariæ virginis de pietate, infra ecclesiam de Dumfermling.—E. 6l. 13s. 4d.   xix. 66.

(703)   Jan. 6. 1647.
DAVID PATERSONE, *hæres portionarius* Gulielmi Watsone portionarii de Bodomcraig, *proavi ex parte matris*,—in 2 acris terrarum de Bodomcraig, in baronia de Balmerinoche.—E. 15s. 4d. &c.   xix. 23.

(704)   Jan. 6. 1647.
CRISTINA GLEN, *hæres portionaria* Gulielmi Watsone portionarii de Bodomcraig, *proavi ex parte matris*,—in prædictis 2 acris terrarum de Bodomcraig.—E. 15s. 4d.   xix. 24.

(705)   Feb. 17. 1647.
MARGARETA BERCLIT, *hæres* Jacobi Berclit in Boddumcraig, *patrui*,—in 4 acris terrarum de Scur, in dominio et baronia de Balmerinoch ;—acra terra in Scurbank et parte horti ;—alio horto ex parte boreali lacus de Scur, cum communi pastura.—E. 38s. 4d.   xix. 53.

(706)   Apr. 14. 1647.
MAGNUS AYTOUN, *hæres masculus* Magistri Andreæ Aytoun de Kinglassie, *filii patrui*,—in quarteria villæ et terrarum de Drumaird.—A. E. 25s. N. E. 5l.   xix. 57.

(707)   Maii 17. 1647.
JEANNA FUIRD, *hæres portionaria* Joannis Fuird burgensis de Orientali Anstruther, *patris*,—in 3 acris et dimidio unius acræ terræ arabilis, in regalitate et dominio de Pittinweyme :—E. 12s. &c.—Acra terræ arabilis in dominio et regalitate prædictis.—E. 3s. &c.   xix. 191.

(708)   Maii 17. 1647.
MARGARETA, AGNETA ET GRISSILLIS FUIRDIS, *hæredes portionariæ* Joannis Fuird burgensis de Orientali Anstruther, *patris*,—in acris prædictis.   xix. 192.

(709)   Maii 18. 1647.

WILLIELMUS MONCREIFF de Randirstoun, *hæres* Nathanielis Moncreiff de Randirstoun, *patris*,—in tenemento cum horto in burgo de Pettinweyme;—7 acris terræ arabilis;—acra cum uno lie ruid;—dimidio unius acræ, in Langlands;—dimidio lie Daill, in Langlands;—lie Lady-heidrig, infra limites burgi de Pittenweyme et dominium ejusdem.—E. 8s. &c. xix. 103.

(710)   Jun. 2. 1647.

ALEXANDER AIRTHE, *hæres masculus* Georgii Airthe de Foxtoun, *fratris*,—in villa et terris de Foxtoun.—A. E. 40s. N. E. 8l.   xix. 71.

(711)   Aug. 16. 1647.

AGNETA BLAK, *hæres* Willielmi Black burgensis de Anstruther, *avi*,—in acra terræ arabilis in territorio de Pittenweme, cum communi pastura.—E. 3s. 4d. xix. 133.

(712)   Aug. 19. 1647.

GEORGIUS ARNOT de Capildrae, *hæres* Andreæ Arnot ministri verbi Dei apud Scotlandwell, *patris*,—in terris dimidietatis de Capildrae et dimidietate prati earundem, in Lochoirshyre.—A. E. 20s. N. E. 4l. xix. 156.

(713)   Aug. 25. 1647.

AGNETA BALVAIRD, *hæres portionaria* Andreæ Balvaird de Glentarkie, *patris*,—in villa et terris de Glentarkie.—E. 13m. 11s. 8d. xix. 156.

(714)   Aug. 25. 1647.

JONETA ET CATHARINA BALVAIRDS, *hæredes portionariæ* Andreæ Balvaird de Glentarkie, *patris*,—in terris prædictis.   xix. 157.

(715)   Aug. 25. 1647.

EGIDIA WILLIAMSONE filia legitima Gulielmi Williamsone in Abernethie, inter illum et Elizabetham Ballingall procreata, quæ fuit filia legitima Willielmi Ballingall, procreata inter eum et Elizabetham Balvaird unam ex filiabus Andreæ Balvaird de Glentarkie, *hæres portionaria* dicti Andreæ Balvaird, *proavi*,—in villa et terris de Glentarkie.—E. 16m. 11s. 8d. xix. 157.

(716)   Aug. 25. 1647.

JONETA ET MARGARETA WILLIAMSONES, *hæredes portionariæ* Andreæ Balvaird de Glentarkie, *proavi*,—in terris prædictis.   xix. 157.

(717)   Aug. 25. 1647.

JONETA GILMOUR filia legitima Jacobi Gilmour portionarii de Auchtermuchtie, procreata inter illum et Jeannam Balvaird quæ fuit una ex filiabus Andreæ Balvaird de Glentarkie, *hæres portionaria* dicti Andreæ Balvaird, *avi*,—in terris prædictis. xix. 157.

(718)   Aug. 25. 1647.

ELIZABETHA ET JEANNA GILMOURIS, *hæredes portionariæ* Andreæ Balvaird de Glentarkie, *avi*,—in terris prædictis.   xix. 158.

(719)   Sep. 23. 1647.

WILLIELMUS SHAW de Lathangie, *hæres masculus* Willielmi Shaw de Lathangie, *avi*,—in terris de Lathangie in regalitate de Dumfermling:—E. 8l. 13s. 4d. &c.—Cymba super lacu de Leavin olim commendatario et conventui monasterii de Dumfermling spectante.—E. 40s.   xix. 134.

(720)   Oct. 2. 1647.

WALTERUS FAIRFULL de Lathalland, *hæres* Willielmi Fairfoull de Lathalland, *patris*,—in terris de Lathalland cum decimis garbalibus, in baronia de Newbirnshyre et regalitate de Dumfermling.—E. 20l. 2s. &c.   xix. 177.

(721)   Oct. 9. 1647.

MAGISTER ROBERTUS KINLOCHE, *hæres* Georgii Kinloche, *fratris germani*,—in octava parte villæ et terrarum de Luthrie, in dominio et senescallatu de Fyffe:—E. 9l. 5s. 10d.—Decima sexta parte villæ et terrarum de Luthrie.—E. 4l. 12s. 11d.   xix. 115.

(722)   Oct. 9. 1647.

JACOBUS KINLOCHE, *hæres* Jacobi Kinloche portionarii de Auchtermuchtie, *patris*,—in illa parte decimæ sextæ partis de lie Bonhalff de Auchtermuchtie, Netherfeildlandis nuncupata, cum privilegio communiæ in monte de Auchtermuchtie:—E. 1 *bolla ordei*, &c.—Decimis garbalibus præfatarum terrarum.—A. E. 1d. N. E. 2d.   xix. 208.

(723)   Oct. 9. 1647.

WILLIELMUS TURPIE, *hæres* Willielmi Turpie portionarii de

Bellomylne, *patris*,—in octava parte de Bellomylne cum terra et astricta multura ejusdem, infra dominium de Fyff.—E. 25s. &c.   xix. 229.

(724)   Oct. 9. 1647.

GRISILLIS AYTTOUN, *hæres portionaria* Annæ Ayttoun filiæ legitimæ tertio genitæ Magistri Jacobi Ayttoun de Graing, *sororis*,—in septena parte sextæ partis borealis quarteriæ villæ et terrarum de Auchtermuchtie, extendente ad 40 solidatas terrarum nuncupatarum Buistislandis;—septena parte decimæ sextæ partis de Bonhalff dictæ villæ et terrarum de Auchtermuchtie extendente ad libratam terræ;—septena parte duodecimæ partis australis villæ et quarteriæ de Auchtermuchtie, extendente ad libratam terræ;—septena parte duodecimæ partis sive libratæ terræ dictæ australis quarteriæ de Auchtermuchtie;—septena parte portionis terræ nuncupatæ Outfeildlandis, libratæ terræ in Bondhalff de Auchtermuchtie;—septena parte cottagiatæ acræ terræ Windgaitdaill nuncupatæ;—septena parte lie Outfeildlandis, unius 10 solidatarum terrarum borealis quarteriæ de Auchtermuchtie;—septena parte portionum lie Outfeildlandis libratæ terræ borealis quarteriæ de Auchtermuchtie lie Schiphirdhillis et Murespott;—septena parte libratæ terræ australis quarteriæ de Auchtermuchtie, nuncupatæ Cuikspund-land *alias* Rossie's Pund-land;—septena parte duodecimæ partis sive libratæ terræ australis quarteriæ de Auchtermuchtie, cum privilegio communitatis in monte de Auchtermuchtie:—E. *septena pars 15 bollarum tritici*, &c.—Septena parte decimarum garbalium prædictarum terrarum:—A. E. 2s. N. E. 4s.—Omnibus cum terris de Mairsland unitis in tenandriam de Grainge de Auchtermuchtie.   xix. 267.

(725)   Oct. 9. 1647.

ELIZABETHA ET BARBARA AYTTOUNES, *hæredes portionariæ* Jeannæ Ayttoun filiæ legitimæ quarto genitæ quondam Magistri Jacobi Aytoun de Grainge, *sororis*,—in terris et decimis garbalibus prædictis.   xix. 268.

(726)   Oct. 9. 1649.

GRISSILIS, ELIZABETHA, ET BARBARA AYTTOUNES, *hæredes portionariæ* Annæ Ayttoun filiæ legitimæ tertio genitæ quondam Magistri Jacobi Ayttoun de Graing, *sororis*,—in terris et decimis garbalibus prædictis.   xix. 268.

(727)   Oct. 12. 1647.

EUPHAMIA DISCHINGTOUN, *hæres* Martini Dischingtoun burgensis de Pettenweyme, *fratris germani*,—in tenemento in Pettenweyme.—E. 8s.   xix. 129.

(728)   Oct. 13. 1647.

GULIELMUS MONCREIFF filius legitimus natu maximus Magistri Davidis Moncreiff de Craigye, *hæres masculus* Joannis Moncreiff de Balcaskie, *avi ex parte matris*,—in terris et baronia de Balcaskie comprehendente dimidietatem et octavam partem terrarum de Balcaskie et terrarum de Unstoun, cum manerei loco de Balcaskie;—aliam octavam partem dictarum terrarum de Balcaskie et Unstoun;—partem dictarum terrarum de Balcaskie, Unstoun, et Inche de Balcaskie cum molendino, extendentem ad quarteriam partem ejusdem, omnes unitas in baronia de Balcaskie:—A. E. 8l. N. E. 32l.—Terris de Fausyde cum decimis garbalibus:—A. E. 13s. 4d. N. E. 53s. 4d.—Terris de Balmonthe-Wester *alias* Gordounshall, cum lie Kirkdaine, et terris nuncupatis Preists-hill et Broomhill, in parochia de Carnbie:—A. E. 2l. N. E. 8l.—Partibus et pendiculis dominii seu baroniæ de Pettenweyme nuncupatis Pittotar;—terris nuncupatis Holl;—terris nuncupatis Lochend *alias* octava pars terrarum de Grangmwir:—E. 8l. 4s.—11 acris 62 acrarum terræ cum domibus, in burgo de Pettenweyme;—partibus dictarum acrarum nuncupatarum Grendeykis, Warda et prato de Pettenweyme:—E. 55s. &c.—Communitate et communi pastura in mora de Pittenweyme:—E. 20s.—Hortis aliisque infra murum et ambitum monasterii de Pettinweyme cum columbario et prato:—E. 10m.—Omnibus in dominio seu baronia de Pittenweyme, et unitis in baroniam de Balcaskie. xix. 144.

(729)   Nov. 3. 1647.

MAGISTER ARTHURUS FORBES, *hæres* Jacobi Forbes portionarii de Kilmany, *patris*,—in terris de Lucklaw cum Hill et Craig ejusdem Broundod nuncupatis.—A. E. 2l. N. E. 8l. xix. 298.

(730)   Nov. 16. 1647.

ALEXANDER BLAK, *hæres* Alexandri Blak burgensis de Anstruther Eister, *patris*,—in acra terræ arabilis prope Bullines in vulgari vocato Simon Wards-brae, in dominio et baronia de Pettenweyme.—E. 3s. 4d.   xix. 148.

(731)   Nov. 20. 1647.

JOANNES WILLIAMSONE, *hæres* Willielmi Williamsone burgensis de Kircaldie, *fratris germani*,—in 5 acris et dimidio acræ terrarum arabilium de Smeitone contigue adjacentibus, in dominio de Kirkcaldie et regalitate de Dumfermling.—E. 3s. 4d. *pro qualibet acra.* xix. 122.

(732) Dec. 4. 1647.
WILLIELMUS ANDERSONE burgensis de Kirkcaldie, *hæres masculus* Joannis Andersone pollentarii burgensis de Kirkcaldie, *fratris germani,*—in 6 acris terræ arabilis terrarum de Smeiton et Balsusney, in regalitate de Dumfermline.—E. 20s. xix. 154.

(733) Dec. 16. 1647.
ELIZABETHA RANKEIN, *hæres* Jacobi Rankein, *fratris germani,*—in 40 solidatis terrarum de Bonhalff de Auchermuchtie, cum privilegio communiæ in monte de Auchermuchtie, &c.—E. 4 bollæ frumenti, &c.—Decimis garbalibus prædictarum terrarum, infra senescallatum de Fyff.—A. E. 1d. N. E. 2d. xix. 205.

(734) Dec. 16. 1647.
ELIZABETH GILMOUR, *heir* of Robert Gilmour portioner of Auchtermuchtie, *her father,*—in thrie thrid pairts of ane 10 shilling land of the bondhalf of Auchtermuchty, and tua daills of land of the Outfeild lands therof ;—tua thrid pairts of the Buistis Pund land in the said bonhalf, and that pairt callit the Comoun land ;—ane butt of land in the shed called Cecnyflett, with priviledge of frie comuntie :—E. 2 bollis stuff, &c.—The teynd shaves of the said portiounes of lands, within the stewartry of Fife.—E. 2d. xxi. 245.

(735) Dec. 21. 1647.
DAVID CARSTAIRES, *hæres* Davidis Carstaires brasiatoris civis Sancti Andreæ, *patris,*—in 5 acris et 3 rudis terræ arabilis prope civitatem Sancti Andreæ, in regalitate ejusdem.—E. 5s. 10d. *pro unaquaque acra.* xix. 160.

(736) Dec. 29. 1647.
MARGARETA LITHGOW, *hæres* Thomæ Lithgow, *patris,*—in tenemento cum horto in Pettinweme.—E. 8s. xix. 211.

(737) Dec. 29. 1647.
MARGARETA LITHGOW, *hæres* Davidis Lithgow burgensis de Pettinweme, *avunculi,*—in tenemento in Pettinweme.—E. 3s. xix. 212.

(738) Jan. 18. 1648.
DOMINUS JACOBUS MONIEPENNIE de Pittmillie, *hæres* Joannis Moniepennie de Pittmillie, *patris,*—in terris de Pitmillie et advocatione ecclesiarum, infra regalitatem Sancti Andreæ.—E. 13s. 4d. xix. 376.

(739) Feb. 1. 1748.
MAGISTER JOANNES ARTHURE de Newtoun, *hæres* Joannis Arthour de Newtoun, *patris,*—in terris de Wester Kincapell *alias* Newtone-Arthor nuncupatis, cum piscaria super aqua de Eden, in regalitate Sancti Andreæ.—E. 2m. xix. 179.

(740) Feb. 2. 1648.
GULIELMUS ROWANE, *hæres* Andreæ Rowane de Southerglasmonth, *patris,*—in solari dimidietate terrarum de Glasmonth, infra parochiam de Kinghorne.—A. E. 40s. N. E. 8l. xix. 176.

(741) Feb. 4. 1648.
JACOBUS RANKEIN, *hæres* Andreæ Rankein portionarii de Auchtermuchtie, *fratris germani,*—in cottagio terræ cum privilegio communitatis in monte de Auchtermuchtie, infra senescallatum de Fyfe :—E. 1 firlota et dimidium peccæ avenarum, &c.—Decimis garbalibus dicti cottagii.—A. E. 1d. N. E. 2d. xix. 203.

(742) Feb. 26. 1648.
ROBERTUS WALWOOD portionarius de Touch, *hæres masculus* Roberti Walwood portionarii de Touch, *patris,*—in dimidietate terrarum et villæ de Touch et molendini ejusdem, in parochia et regalitate de Dumfermling.—E. 5l. 17s. 6d. &c. xix. 221.

(743) Feb. 26. 1648.
DAVID ANDERSONE notarius publicus, *hæres masculus* Magistri Walteri Andersone in Dumfermling, *fratris germani,*—in acra terræ arabilis vocata Jervis-aiker, prope burgum de Dumfermling.—E. 18d. xix. 254.

(744) Mar. 8. 1648.
HELENA PATOUNE, *hæres* Elizabethæ Patoune filiæ legitimæ Davidis Patoune in Cultra, *sororis,*—in 2 acris terrarum de Cultra, infra baroniam de Balmirrinoche.—E......... xix. 238.

(745) Mar. 8. 1648.
HELENA PATOUNE, *hæres* Margaretæ Patoune filiæ legitimæ Davidis Patoune in Cultra, *sororis,*—in 2 acris terrarum de Cultra.—E......... xix. 239.

(746) Mar. 14. 1648.
MAGISTER JOANNES SHIVES de Kembak, *hæres* Joannis Shives civis Sancti Andreæ, *filii fratris avi,*—in 4 acris terræ arabilis prope civitatem Sancti Andreæ, in regalitate ejusdem.—E. 5s. 10d. *pro unaquaque acra.* xix. 180.

(747) Mar. 15. 1648.
DOMINUS DAVID CARMICHAEL de Balmedie miles, *hæres* Davidis Carmichael de Balmedie, *patris,*—in terris de Balmedie, in dominio et regalitate de Abernethie.—A. E. 3l. N. E. 9l.—(Vide Perth.) xix. 362.

(748) Mar. 22. 1648.
JACOBUS CROMBIE, *hæres* Joannis Crombie burgensis de Pittinweym, *patris,*—in tenementis in Pittinweym.—E. 14s. 4d. xix. 226.

(749) Mar. 24. 1648.
NICOLAUS STRANG, *hæres* Nicolai Strang burgensis de Pittinweim, *avi,*—in tenemento in Pittinweim.—E. 6s. xix. 227.

(750) Mar. 24. 1648.
NICOLAUS STRANG, *hæres* Danielis Strang olim burgensis de Pittinweim, *patris,*—in tenemento in burgo de Pittinweim :—E. 8s.—Acra terræ arabilis in Eist-croft ex orientali parte muri monasterii de Pittinweim.—E. 4s. &c. xix. 228.

(751) Apr. 17. 1648.
ISSOBELLA STRANG, *hæres portionaria* Patricii Strang burgensis de Pittinweyme, *fratris,*—in tenemento in burgo de Pittinweyme ;—2½ acris terræ arabilis in croftis de Pittinweyme ;—1½ acra terræ in dictis croftis de Pittinweyme.—E. 38s. 8d. xix. 242.

(752) Apr. 17. 1648.
GRISSILLIS, DORATHIA, ET BESSETA STRANGES, *hæredes portionariæ* Patricii Strang, *fratris,*—in tenemento et acris prædictis. xix. 242.

(753) Apr. 26. 1648.
MARGARETA LUNDINE sponsa Roberti Maitland fratris germani Joannis comitis de Lauderdaill, *hæres talliæ et provisionis* Joannis Lundie de Eodem, *patris,*—in terris et baronia de Lundin continente terras dominicales de Lundin ;—villam et terras de Haltoun ;—terras de Balcormo cum terris templariis ;—terras de Stratherlie ;—terras de Over et Nether Praiteris ;—terris de Tewquhittis ;—terras de Keame ;—terras de Gilstoune ;—terras de Bowsie, cum molendino, piscationibus et advocatione capellaniarum ;—dimidietatem villæ et terrarum de Kingcraig, omnes unitas in baroniam de Lundin.—A. E. 20l. N. E. 200l. xix. 249.

(754) Maii 3. 1648.
GEORGIUS DOMINUS MELVILL de Monymaill, *hæres masculus* Joannis Domini Melvill de Monymaill, *patris,*—in terris de Pitcuntie :—E. 30m.—Terris de Muirfeild in dominio de Monymaill :—E. 42s. &c.—Terris de Murdocarny.—E. 41m. 6s. 8d. xix. 321.

(755) Maii 17. 1648.
WILLIELMUS WANDERSOUNE, *hæres portionarius* Alexandri Robertsone burgensis de Pittinweyme, *fratris avi,*—in horto cum domibus, &c. prope burgum de Pittinweyme.—E. 3s. xix. 255.

(756) Maii 17. 1648.
DAVID ADAMSONE ET ANDREAS MATHISONE, *hæredes portionarii* Alexandri Robertsoune burgensis de Pittinweyme, *fratris avi,*—MARGARETA ROBERTSOUNE, *hæres portionaria* dicti Alexandri Robertsoune, *patrui,*—in horto, &c. prædicto. xix. 255.

(757) Maii 24. 1648.
LAWRENTIUS CUNYNGHAME de Barnes, *hæres* Joannis Cunynghame de Barnes, *patris,*—in terris et baronia de West-Barnes comprehendente terras de West-Barnes, infra parochiam de Carrell :—A. E. 5l. N. E. 20l.—Terras insulares et insulam de May, cum domo luminaria lie Lichthous, in ostio maris fluvii de Forthe, infra dominium de Pittinweyme et balliatum ejusdem, cum potestate omnia genera piscium tam intra quam extra insulam capiendi, &c.—E. 11l.—Omnes unitas in baroniam de West-Barnes. xix. 259.

(758) Maii 25. 1648.
JACOBUS BYNNING de Dynninow, *hæres* Capitanei Jacobi Bynning de Dynninow, *patris,*—in terris de Dynninow, cum molendino et multuris terrarum de Dynninow, et Ballelie, cum peciis terræ ad dictas terras de Dynninow contigue adjacentibus, quæ sunt partes terrarum de Ballelie, viz. terris molendinariis de Dynninow quæ ad dictas terras de Ballelie resumptæ fuerunt ;—pecia terræ extendente ad 2½ acras cum 2 schort buttis of land ac domo, &c. ad dictas terras molendinarias contigue jacentibus,

I

infra regalitatem Sancti Andreæ, pro principalibus, cum privilegio lucrandi cespites, &c. in mora vocato Kingismuir, et jure communis pasturagiæ in dicta mora:—E. 9*l*.—Terris de Pitmillie infra regalitatem prædictam in warrantum.—E. 13*s*. 8*d*. xix. 253.

(759) Jun. 15. 1648.
PATRICIUS COMES DE KINGHORNE, Dominus Lyone et Glames, *hæres masculus* Joannis Comitis de Kinghorne, Domini Lyon et Glames, *patris*,—in Ila de Inchkeithe et terris ejusdem;—jure patronatus ecclesiæ parochialis de Kinghorne-Eister, et de Nether-Airlie in Forfar;—cum quibusdam aliis terris in Forfar:—A. E. 6*s*. 8*d*. N. E. 20*s*.—Terris de Langforgound vocatis Byrefiat:—A. E. 6*s*. 8*d*. N. E. 26*s*. 8*d*.—Terris et baronia de Kinghorne:—E. 50*s*. *Sterlingorum*:—Terris de Fotheris et Schanwell vocatis Tentismuires cum piscaria de Drumlaw, Johnefauldis vel Johnsandis, Pykerknow (vel Pynleknow), et Lindoschott, infra regalitatem de Dumfermling:—E. 40*s*.—Dimidietate terrarum de Tyrie, Westfeild, Seyfeild et terris de tua Balbartanes, infra constabulariam de Kinghorne:—A. E. 5*l*. N. E. 20*l*.—Dimidietate terrarum de Callindreanes Eister et Wester, et terris de Maw, infra parochiam de Tilliboile:—A. E. 20*s*. N. E. 40*s*.—Dimidietate terrarum de Kinnswood, Braccalie, Eister Balgadie, Wester Balgadie, Balnathill, Pettindreach et terrarum vocatarum The Wood of Kilnague;—terris de Kinnestoun et Portmook, infra dominium de Bischopschyre, balliatum ejusdem et regalitatem de Sanct Androis:—E. 53*l*.—Annuo redditu 1200*m*. de terris et baronia de Aberdoure:—Tenemento vocato Teyndbarne, infra burgum de Kinghorne:—E. 3*s*. 4*d*.—(Vide Forfar, Aberdeen, Banf, Perth, Kinross.) xix. 273.

(760) Jun. 21. 1648.
DAVID BROUN de Viccarisgrainge, *hæres* Davidis Broun de Viccarisgrainge, *patris*,—in terris ecclesiasticis vicariæ ecclesiæ de Kinghorne-Eister, cum gleba et mansione, in parochia de Kinghorne.—E. 24*l*. xix. 296.

(761) Jul. 14. 1648.
JOANNES COUPAR, *hæres* Joannis Coupar, *patris*,—in acra terræ arabilis, infra dominium prioratus Sancti Andreæ et regalitatem ejusdem, in territorio nuncupato Alhallawhill.—E. 5*s*. 10*d*. xix. 268.

(762) Sep. 20. 1648.
JEANNA LEPAR, *hæres portionaria* Joannis Lepar olim præfecti civitatis Sancti Andreæ, *patris*,—in terris de Northbank, in dominio prioratus Sancti Andreæ et regalitate ejusdem, cum parte maresii de Drumcarrow.—E. 6*l*. &c. et 2*s*. pro augmentatione. xix. 286.

(763) Sep. 20. 1648.
CATHARINA, ANNA, EUPHAMIA, HELENA, ET ELIZABETHA LEPARS, *hæredes portionariæ* prædicti Joannis Lepar, *patris*,—in terris prædictis. xix. 287.

(764) Nov. 13. 1648.
BESSETA DAVISONE, *hæres* Davidis Davisone burgensis de Pittinweme, *patris*,—in tenementis in Pittinweme.—E. 7*s*. 6*d*. xix. 289.

(765) Dec. 18. 1648.
SIMON ANDERSONE, *hæres* Thomæ Andersone burgensis de Pittinweme, *fratris avi*,—in tenemento in Pittinweme.—E. 6*s*. xix. 291.

(766) Jan. 17. 1649.
JACOBUS ROSE, *hæres* Margaretæ Cuningham relictæ Magistri Jacobi Rose ministri verbi Dei apud ecclesiam de Forteviott, *matris*,—in annuo redditu 200 mercarum de terris de West-Barnes. xx. 120.

(767) Mar. 3. 1649.
JOANNES HENDERSONE, *hæres* Willielmi Hendersone portionarii de Bandrum, *fratris germani*,—in quarta parte villæ et terrarum de Bandrum, infra parochiam de Sawline et regalitatem de Dumfermline.—E. 58*s*. 7½*d*. &c. xix. 322.

(768) Mar. 3. 1649.
ROBERTUS STANHOUS, *hæres* Willielmi Stanhous portionarii de Northfoid, *patris*,—in quarta parte villæ et terrarum de Northfoid, in parochia et regalitate de Dumfermling.—E. 58*s*. 7½*d*. &c. xix. 322.

(769) Mar. 8. 1649.
MAGISTER DAVID AYTTOUN advocatus, *hæres lineæ* Jacobi Ayttoun portionarii de Auchtermuchtie, *fratris germani*,—in octava parte ad 40 solidatas terrarum de lie Bonhalff de Auchtermuchtie extendente:—E. 4 *bollæ frumenti*, &c.—Dimidietate terrarum de Mairsland de Auchtermuchtie, ad unam libratam terræ extendente;—parte alterius dimidietatis de Mairslandis de Auchtermuchtie, cum privilegio communiæ in monte de Auchtermuchtie:—E. 2 *bollæ* 2 *firlotæ avenarum*, &c.—Decimis garbalibus prædictarum terrarum.—A. E. 4*d*. N. E. 8*d*. xix. 330.

(770) Mar. 29. 1649.
ROBERTUS COMES DE MORTUN, dominus Abirdour, *hæres masculus* Willielmi Comitis de Mortoun, &c. unius insignis ordinis cohortis periscillidis, *patris*,—in terris, comitatu et baronia de Mortoun, cum advocatione ecclesiarum, et jure præsentandi quatuor pauperos studentes quos bursarios vocant in academia Glasguensi:—E. 60*l*.—Terris et baronia de Abirdour cum advocatione ecclesiarum;—terris de duabus Balbartanes:—A. E. 20*l*. N. E. 80*l*.—Terris de Tyrie, Westfeild, et Seyfeild, infra constabulariam de Kinghorne:—A. E. 10*l*. N. E. 40*l*.—Terris de Cullendranes Eister et Wester;—terris de Mallo (vel Maw) cum molendino, infra baroniam de Tulliboill:—A. E. 2*l*. N. E. 4*l*.—Decimis garbalibus ecclesiæ parochialis et parochiæ de Portmock, infra diocesin Sancti Andreæ:—A. E. 3*s*. 4*d*. N. E. 13*s*. 4*d*.—Terris de Pittindreiche, cum mora in dominio de Bischopschyre et regalitate Sancti Andreæ:—E. 12*l*. 18*s*. 8*d*.—Terris et baronia de Kirknes;—manso prioratus Sancti Salvani, infra villam de Kirknes, cum warda prope dictam villam vocata The Priors Waird, et insula Sancti Salvani infra lacum de Lochlevin, cum jure piscandi super dictum lacum, quodquidem mansum, &c. sunt partes terrarum et baroniæ de Kirknes:—E. 60*l*.—Partibus terrarum de Kynneswoode, terris de Scotlandwell, et illis terris de Philpstoun quæ aliquando ad Cristinam Pitbladdo pertinuerunt, infra regalitatem Sancti Andreæ:—A. E. 5*s*. N. E. 10*s*.—Villis et terris de Kinneswoode, Bracolie, Kennestoun, Balnathill, Wester Balgeddie, Eister Balgeddie, Portmock, Kilmagag, cymba et piscaria in lacu de Lochlevin, ustrinis tenementariis vulgo Bischopehillis, lie Gullettis lacus de Lochlevin, vulgo nuncupatis The Cruives;—molendino de Powmylne, in baronia et dominio de Bischeopschyre infra regalitatem Sancti Andreæ;—molendino de Muckart cum multuris, in dominio seu baronia de Muckartschyre, et infra regalitatem Sancti Andreæ.—E. 106*l*. *cum* 8 *cadis sive barrellis anguillarum salsarum*.—(Vide Linlithgow, Haddington, Peebles, Lanark, Kirkcudbright, Kinros, Perth.) xix. 350.

(771) Maii 30. 1649.
JOANNES PHILP, *hæres* Jacobi Philp burgensis de Newburgh, *patris*,—in 5 acris terrarum arabilium infra regalitatem de Lindoris.—E. 7*l*. xx. 49.

(772) Jun. 27. 1649.
HELENA ARNOTT sponsa Roberti Law, *hæres* Joannis Lumsden, *proavi*,—in acra terræ arabilis prope civitatem et in regalitate Sancti Andreæ, in territorio nuncupato The Wester Langlands.—E. 5*s*. 10*d*. xx. 161.

(773) Jul. 4. 1649.
DAVID LITLEJON, *hæres* Joannis Litlejon clerici senescallatus de Fyiff, *patris*,—in dimidietate terrarum de Almerie-Cruik, cum pendiculo Greinland vocato et 5 buttis terrarum ibidem, extendentibus ad 2½ acras;—3 acris in Hauch de Newburgh;—5 acris terrarum in Middilhauch et Westhauch de Newburgh, in regalitate de Lindoris;—decimis garbalibus prædictarum terrarum;—2 acris terrarum de Newburgh in warrantum decimarum;—3 acris terrarum in West Hauch de Newburgh;—3½ acris terrarum;—alia acra terræ arabilis in Eist Hauch de Newburgh in regalitate prædicta.—E. 24*l*. 17*s*. xx. 66.

(774) Jul. 27. 1649.
CATHARINA WINCHESTER, *hæres* Capitanei Jacobi Winchester de Polduff, *patris*,—in 12 acris et 2 rudis terræ arabilis prope civitatem Sancti Andreæ, in dominio prioratus et regalitatis ejusdem.—E. 5*s*. 10*d*. *pro unaquaque acra*. xx. 61.

(775) Jul. 27. 1649.
CATHARINA ET HELENA WINCHESTER, *hæredes portionariæ* prædicti Capitanei Jacobi Winchester, *patris*,—in terris de Kinglessie cum domo de Lochmolonie, in dominio de Byrehills et regalitate Sancti Andreæ;—quarta parte terrarum de Polduff jacente ut supra.—E. 13*l*. 8*s*. 8*d*. xx. 61.

(776) Aug 3. 1649.
DAVID GUIDLAID, *hæres* Davidis Guidlaid, *avi*,—in 2 acris terræ arabilis in regalitate Sancti Andreæ.—E. 5*s*. 10*d*. *pro unaquaque acra*. xx. 12.

(777) Aug. 8. 1649.
PETRUS CLARK de Glaidnie, *hæres* Georgii Clerk de Glaidnie, *patris*,—in terris de Glaidnie, in regalitate Sancti Andreæ.—E. 8*l*. xix. 367.

(778) Sep. 18. 1649.
MARGARETA AITKIN, *hæres* Magistri Andreæ Wilsone, *avunculi ex parte matris*,—in annuo redditu 2 celdrarum et 7 bol-

larum victuallis de terris de Grange, terris de Thre, terrisque de Blanschie, in parochia de Kinghorn-Eister. xx. 1.

(779) Sep. 19. 1649.
THOMAS WILSOUN de Walkmylne, *hæres* Andreæ Wilsone de Walkmylne, *patris,*—in molendino fullonario cum terris eidem contigue adjacente, et potestate fodiendi cespites infra aliquam partem de Crombie, infra baroniam de Abircrombie et dominum de Culros.—E. 4*l.* 20*d.* &c. xix. 369.

(780) Sep. 22. 1649.
GEORGIUS BUTTER filius legitimus natu maximus Archibaldi Butter de Magdaleins, *hæres conquestus* Willielmi Butter de Ardgaith, *patrui immediate junioris,*—in annuo redditu 1200*m.* de terris et baronia de Aberdour cum molendinis et piscariis et cum advocatione, &c.—(Vide Perth.) xx. 81.

(781) Oct. 17. 1649.
DAVID FALCONER, *hæres* Roberti Falconer portionarii de Craigfuddie, *patris,*—in quarta parte villæ et terrarum de Craigfuddie ;—alia quarteria villæ et terrarum de Craigfuddie, infra dominium et regalitatem Sancti Andreæ.—E. 72*l.* 12*s.* &c. xix. 366.

(782) Oct. 17. 1649.
SIMON GRIG, *hæres* Simonis Grig, *avi,*—in 10 acris et 3 rudis terræ arabilis in regalitate Sancti Andreæ.—E. 5*s.* 10*d. pro unaquaque acra.* xx. 101.

(783) Oct. 31. 1649.
THOMAS REID, *hæres* Roberti Reid fabri lignarii civis civitatis Sancti Andreæ, *patris,*—in 4 rudis terræ arabilis in lie Shed vocato Wester Sandiehill, in regalitate Sancti Andreæ.—E. 5*s.* 10*d.* xx. 101.

(784) Nov. 7. 1649.
MARIA, CATHARINA, ET JANNETA SYMPSONS, *hæredes portionariæ* Davidis Symsone senioris de Feddinch, *avi,*—in tertia parte terrarum de Blairmitchelstoun et Strathoir ;—tertia parte terrarum de Westhaven de Dysert.—A. E. 30*s.* N. E. 6*l.* xx. 135.

(785) Nov. 8. 1649.
JONETA ET MARIA SYMSONES, *hæredes portionariæ* Willielmi Symsone de Feddinche, *patris,*—in terris de Feddinche infra regalitatem Sancti Andreæ.—E. 8*l.* xx. 136.

(786) Nov. 8. 1649.
CATHARINA SYMSONE, *hæres portionaria* Willielmi Symsone, *patris,*—in terris prædictis.—E. 8*l.* xx. 138.

(787) Nov. 9. 1649.
JOANNES HEPBURNE de Wauchtoune, *hæres masculus* Domini Patricii Hepburne de Wauchtoune militis, *patris,*—in terris et baronia de Wauchtoune comprehendente terras de Tollie, unitis cum aliis terris in vicecomitatibus de Haddington et Berwick, in baroniam de Wauchtoune.—A. E. 40*l.* N. E. 120*l.*—(Vide Haddington, Berwick.) xx. 94.

(788) Dec. 26. 1649.
DOMINUS JOANNES CARSTAIRES de Kilconquhare, *hæres* Joannis Carstairs de Newgrange, *patris,*—in duodecima parte terrarum de Newgrange ;—quarta parte vigesimæ quartæ partis earundem terrarum, in dominio prioratus et regalitate Sancti Andreæ :—E. 4*l.* 6*s.* 4*d.*—Duodecima parte et quarta parte vigesimæ quartæ partis prædictarum terrarum :—E. 3*l.* 14*s.*—5 acris terræ arabilis de Eistgrange.—E. 38*s.* xx. 119.

(789) Jan. 5. 1650.
JOANNES SINCLEIR, *hæres* Joannis Sinclair de Balgriggie, *patris,*—in solari dimidietate terrarum de Balgriggie ;—terris nuncupatis Strutheris in dominio de Lochorshyre ;—occidentali parte dictæ villæ et terrarum de Balgriggie.—A. E. 40*s.* N. E. 8*l.* xx. 114.

(790) Feb. 12. 1650.
HENRICUS PEIRSONE, *hæres* Roberti Peirsone portionarii de Netherbaith, *patris,*—in tertia parte villæ et terrarum de Netherbaith *alias* Peirsons-Baith, in parochia et regalitate de Dumfermling.—E. 3*l.* 10*s.* 1¼*d.* xx. 129.

(791) Feb. 13. 1650.
JACOBUS ROBERTSONE, *hæres* Jacobi Robertsone ballivi Sancti Andreæ, *patris,*—in 6 acris et 3 rudis terræ arabilis prope civitatem Sancti Andreæ in regalitate ejusdem.—E. 5*s.* 10*d. pro unaquaque acra.* xx. 137.

(792) Feb. 13. 1650.
JOANNES ROBERTSONE in Coupar, *hæres* Georgii Robert-

sone de Pittormie, *fratris,*—in solari dimidietate terrarum et villæ de Pittormie ;—umbrali dimidietate prædictæ villæ et terrarum, in regalitate Sancti Andreæ.—E. 5*l.* xx. 140.

(793) Apr. 3. 1650.
EUPHANIA PRYD, *hæres* Joannis Pryd brasiatoris civis Sancti Andreæ, *patris,*—in 2 acris et 1 ruda terræ arabilis infra regalitatem Sancti Andreæ, in illa lie Shed vocato Eister Langlands lie Preistdeane.—E. 5*s.* 10*d. pro unaquaque acra.* xx. 160.

(794) Apr. 6. 1650.
PATRICIUS STEWART de Baith, *hæres* Henrici Stewart de Baith, *patris,*—in villis et terris de Westerbaith nuncupatis Stewartsbaith :—E. 5*l.* 17*s.* 3¼*d.* &c.—Terris de Keirsbaith, in parochia et regalitate de Dumfermline.—E. 5*l.* 13*s.* 4*d.* &c. xx. 28.

(795) Maii 29. 1650.
MARGARETA PATERSONE filia Joannis Patersone in Letham, *hæres* Joannis Hog portionarii de Strakinnes, *patrui,*—in acra terræ arabilis in Shed vocata Ballonzeard.—E. 5*s.* 10*d.* xx. 43.

(796) Jul. 20. 1650.
MARGARETA BOSWELL, *hæres* Davidis Boiswell apud ecclesiam de Auchtertule, *patris,*—in terris ecclesiasticis de Auchtertule in parochia de Auchtertule.—E. 5*m.* 10*s.* 8*d.* xx. 197.

(797) Jul. 20. 1652.
JOHN KELTIE, *heir* of David Keltie in Knokintynie, *his grandfather,*—in the lands of Knokintynie :—E. 70*m.* &c.—The lands of Newbigging, which are pairts of the lands and baronie of Tulliboill, within the parochin of Tulliboill.—E. 25*m.* &c. xxi. 14.

(798) Aug. 6. 1652.
EUPHAME NEPER, *heir* of John Neper somtyme provést of the citie of Sanct Androis, *her father,*—in 5 aikers and 2 ruids of arrable land lyand amongste the aikers of the pryorie of Sanct Androis in the shed commonlie called Bessagart ;—2 aikers of land ;—ane aiker of land in that shed called Brounfauld ;—ane aiker of land, in that shed called the Eightein-Aikers ;—2 aikers of land. —E. 5*s.* 10*d. ilk aiker.* xxi. 20.

(799) Ott. 5. 1652.
JOHN ERSKEIN, *heir* of Erthor Erskein of Scotscraige, *his father,*—in the lands and toun of Scotiscraige comprehending the lands of Sandiehills with the Cunyngar ;—5¼ aikers of land of the samen with coit-houses and brewhouses, and pairt of the forsaids lands occupyed be Mr. James Durie :—E. 60*l.* 11*s.* 8*d.* &c.—The toun and ferie of Pittencraig (or Portoncraig) ;—the corne milne called The Miln of Ferietoun, with milne-lands and astrict multers of the lands and aikers of the Ferietoun of Portouncraig :—E. 40*s.* —The lands called Chappeltoun, within the lorpship of Scotiscraig and regalitie of Sanct Androis :—E. 10*s.*—The lands and toun of Southferie of Portincraig, with the aikers of arrable land of the said toun, brewlands, tenements called coithouses, and commonties ;— the harbourie of Portingcraig with priuelledge of the ferrie-boat upon the watter of Tay, within the regallitie of Sanct Androis :— E. 27*l.* 15*s.* 2*d.*—The lands of Gappott (or Gorpott), with the milne and fishings of salmond :—E. 16*m.*—The lands of Fothers and Schannell utherwayes called Tentismures, with fishinges of Drumlaw, Johnsands, Pynlknow, and Lindeshott and uther fishinges, in the regalitie of Dumfermling.—E. 17*l.* 10*s.*—(See Clackmannane.) xxi. 82.

(80) Oct. 5. 1652.
PATRICK LORD DESFUIRD, *heir* of Sir Patrick Ogilvie of Inchmertein knight, *his father,*—in the lands of Cassingray with other lands in Perth and Forfar unite into the barronie of Erroll. —O. E. 116*l.* 13*s.* 4*d.* N. E. 466*l.* 13*s.* 4*d.*—(See Perth, Forfar.) xxi. 98.

(801) Oct. 13. 1652.
SIR ROBERT FLETCHER of Innerpeffeir, *heir* of Sir Andrew Fletcher of Innerpeffer knyght, *his father,*—in ane annual rent of 2000*l.* furth of the lands and barronie of Aberdour. xxi. 170.

(802) Oct. 30. 1652.
GEORGE BUTTER of Claschbenie sone to the deceist Archibald Butter, who was immediat elder brother to the deceist Williame Butter of Argath, *heir of conqueis* of the said Williame Butter of Ardgath, *his uncle,*—in ane annualrent of 1200 merks furth of the lands and baronie of Aberdour. xxi. 170.

(803) Nov. 10. 1652.
MARGREAT, MORTOUN, AND CHRISTIAN ANDERSONE, *heirs portioners* of Margreat Lithgow in Pittinwem, *their mother,*—in 2 tenements in Pittinwem.—E. 11*s.* xxi. 44.

(804) Jan. 1. 1653.
THOMAS SPENS sone to the deceast Catherin Smart, and MAR-GREAT and JONET COWANES doughters to the deceased Christian Smart, *heirs portioners* of John Smart burges of Pittin-weyme, *their uncle on the mother syd*,—in a peace of ground under the brae, within the pryorie of Pittinweyme:—E. 3s. 4d.—A house and zaird within the burgh of Pittinweyme.—E. 3s. xxi. 70.

(805) Jan. 26. 1653.
JOHN PITCAIRNE, *heir of lyne* of John Pitcairne of Unstoun, *his father*,—in the lands of Unstoun, within the parochin of Scony:—E. 7l. 16s. 8d.—The lands of Kilmukis-Wester with the teynds:—E. 10l.—The commoun pasturage and libertie of fewall in the commoun of Dovine, within the regality of Sanct Androes:—E. 3s. 4d.—The lands of Wester Newtoun, within the barony of Dalginsh and parochin of Kinnoquhy, in warrandice of the lands of Kilmukis:—E. 1d.—The toun and lands of Pitcairne within the paroch of Leslie:—E. ....—Ane annuelrent of 400 merks of the toun and lands of Auchtermairnie, and tua pairt lands of Lale-tham, in the paroch of Kennoquhie. xxi. 118.

(806) Jan. 27. 1653.
ROBERT RICHARTSOUN, *heir* of Robert Richartsoun burges of Bruntland, *his father*,—in the toun and lands of Kinnistoun, within the parochin of Portmook and regality of Sanct Androes:—E. ....—An annualrent of 80 merks furth of ane tenement of land, within the toun of Aberdour. xxi. 152.

(807) Mar. 2. 1653.
ANNA HAMILTOUN only daughter to Johne Hamiltoun of Mauchlinhoill spous to Robert Acheson of Sydserff, *heir* of Robert Hamiltoun merchand burges of Dundie, *her guidser*,—in 7 aikers of arrable land;—the teynds of fishes and speciallie of salmound and herring within the bounds of the viccarage of Leucharis, with the teynds of salmound of the red-sands perteining to thrie barones of Leucharis.—E. 40l. and 13s. 4d. in augmentatioun.—(See Forfar.) xxi. 122.

(808) Apr. 8. 1653.
SIR JOHNE MONCREIF of that Ilk baronat, *heir maill* of Sir Johne Moncreif of that Ilk knight baronat, *his father*,—in the landis callit The Maines of Carnebie with the milne lands, extending to ane 10 merk-land, within the baronie of Carnebie:—O. E. 33s. 4d. N. E. 10m.—Erected with other lands in Perth into the baronie of Moncreif:—The lands of Freirtoune and fishings commonlie callit Kelochoill, with all uther fishings belonging thairto upon the watter of Tay, yles, bayes, inches, &c. within the lordship of the priorie of Chartorhous.—E. 48l.—(See Perth.) xxi. 249.

(809) Apr. 12. 1653.
JAMES MELVILE of Hallhill, *heir of lyne* of Robert Lord Melvile, *his father brother sonne*,—in the lands and barony of Wester Kingorne, to wit, the toun and lands of Over Kingorne;—the lands of Weltoun with the milne;—the lands of Moyshous;—the lands of Errock;—the lands of Sillibalbie;—the lands of Eister Quarter;—the lands of Lymekills;—the lands of Over Grange;—the aikers of the lands of Kingorne;—the lands of Nether Grange;—an annualrent of 53 shillings 4 pennies furth of the rents of the monasterie of Sanct Colme, with the castell of Bruntyland, and priviledge of frie regality, chappell and chancelery, with advocatione of the paroch kirk of Wester Kingorne, and teynd shaves and others teynds, all within the regality of Dumfermling, and unite into the barony of Bruntyland.—E. 10l. xxi. 133.

(810) Apr. 12. 1653.
JOHN HALYBURTOUN younger fiar of Moreishaw, *heir* of David Boswell at the kirk of Auchtertull, *his gudser*,—in the Kirklands of Auchtertull with the meidow, within the paroch of Auchtertull:—E. 5m. 10s. 8d. &c. xxi. 134.

(811) Apr. 21. 1653.
KATHRINE WANDERSOUN, *heir* of William Wandersoun burges of Pittinweyme, *her father*,—in a tenement in Pittinweyme.—E. 3s. xxi. 133.

(812) May 24. 1653.
JOHN SKEIN of Halyairds, *heir* of Sir Andro Skeene of Halyairds, *his father*,—in the lands and barony of Auchtertule, viz. the lands of Newtoune and Craigtoune of Auchtertule;—the lands of Weltoun;—the lands of Milnetoune and milne of Auchtertule;—the lands and loch of Halzairds;—the lands of Easter and Wester Clintrayes, with the loich of Lochorishburne, unite into the barronie of Auchtertule:—E. 92l.—The burgh of barronie of the Milnetoune of Auchtertule, with weiklie and yeirlie faires:—O. E. 20s. N. E. 4l.—The advocatione of the kirk of Auchtertule within the

diocie of Dunkell, with the lands of Shepletoune in the Sherrefdome of Perth.—O. E. 40s. N. E. 8l.—(See Perth.) xxi. 181.

(813) June 23. 1653.
ALEXANDER ERLE OF MURRAY, *heir* of James Erle of Murray, lord Doun, and Abernethie, *his father*,—in the teynd sheaves and other teyndis of the kirks and paroches of Aberdour, Dalgettie, Rossythe, Leslie, and Raith, personages and vicareges therof quhilk of old belonged to the abbacie of St. Colmes-inch.—E. 10m.—(See Elgin and Forres, Inverness, Perth.) xxi. 263.

(814) Jul. 9. 1653.
ALEXANDER CORNFUT portioner of Balcristie, *heir* of Alexander Cornfutt portioner of Balcristie, *his father*,—in the sixteine pairt and half sixtein pairt of the toune and landis of Balcristie, within the parochine of New-Birne and regalitie of Dumfermling;—ane sixtein pairt and half sixtein pairt of the links of Balcristie, within the regalitie forsaid.—E. 43s. 5¼d. &c. xxi. 232.

(815) Jul. 9. 1653.
ALEXANDER CORNFUT portioner of Balcristie, *heir* of Andro Cornfut portioner of Balcristie, *his gudger*,—in the sixtein pairt of the toune and landis of Balcristie, within the parachin of Newburne and regalitie of Dumfermleine.—E. 19s. 8d. &c. xxi. 235.

(816) Jul. 18. 1653.
JAMES TAYLZOR mairchand citiner of St. Androus, *heir* of James Taylzor ane of the lait baylzeis of the said cittie, *his father*,—in 2 ackers and 2 rude of land in the teritorie callit Ballonyeardis;—ane other acker in the teritorie callit Over Balbeildie;—ane acker and rud land neir the cittie of St. Androis, all lyand among the remnant ackers of the priorie of St. Androus and regallitie therof.—E. 5s. 10d. for ilk aicker. xxi. 210.

(817) Jul. 23. 1653.
GEORG MONCREIF of Reidie, *heir* of Androw Moncreife of Reidie, *his father*,—in the lands of Reidie and Layngswaird, utherways called the Waird of Reidie.—O. E. 20s. N. E. 4l. xxi. 185.

(818) Aug. 9. 1653.
MR. DAVID BARCLAY of Touch, *heir* of Mr. David Barclay of Touch, *his father*,—in the lands of Touch-Easter.—O. E. 20s. N. E. 4l. xxi. 184.

(819) Aug. 20. 1653.
MARRIE ARNOT spous of George Fernall and doughter to Thomas Arnot, *heir* of Archibald Arnot burges of Fakland, *her gudger*,—in the kirk lands callit ane croft of arrabill land lyand contigue to the mansioun of Kinglassie, with uther lands and yeards therof, and pasturadge in the comuntie of the lands and villadge of Kinglassie, in the parisone of Kinglassie.—E. 3l. xxi. 210.

(820) Aug. 26. 1653.
ALEXANDER HENRYSOUN, *heir* of Johne Hendersoun maltman citiner of Sant Androes, *his father*,—in 3 aikeris of arrable land, amongst the Prior aikeris of Sant Androes.—E. 5s. 10d. for ilk aiker. xxi. 276.

(821) Aug. 26. 1653.
ALEXANDER FAIRFOULL shomaker in St. Androes, *heir* of Robert Phennesoune citiner of the said city, *his gudser on the mother syd*,—in ane aiker of arrable land lyand neir the said citie, in that territory called Wester Rufflettis.—E. 5s. 10d. xxi. 319.

(822) Sep. 6. 1653.
ANNA NAPEIR, *heir* of Alexander Napeir brother germane to Archibald lord Napeir of Merchingston, *her father*,—in the third pairt of the lands of Ester Gellettis, with the teynd sheaves:—E. 5 bolls 2 pecks and ⅓ pairts of ane lippie whytt aitts, &c.—The shaddow half of the uther third pairt of the lands of Ester Gellets, with the teynd sheaves:—E. 2 bolls 2 firlottes 1 peck and ⅓ pairt of ane lippie whytt aitts, &c.—Ane uther halfe of ane third pairt of the lands of Ester Gellets, with the teynd sheaves, within the pareoche of Laitt and regalitie of Dumferling.—E. 2 bolls 2 firlotts 1 peck and ⅓ of ane lippie of wheatt aitts, &c.—Ane annuelrent of 1000l. furth of the lands of Easter Gelletts, within the pareoche and regalitie of Dumferling.—(See Stirling.) xxiii. 108.

(823) Sep. 7. 1653.
GEORGE TOUCH skipper in Dysert, *heir* of William Touch in Leaven, *his father*,—in ane tenement of land in Pettinweim.—E. 10s. 8d. xxi. 188.

(824) Oct. 18. 1653.
ANDRO BALFOUR of Graing, *heir* of Michall Balfour of Graing, *his father*,—in the fourt pairt of the toune and lands of

Newgraing;—the fourt pairt of the lands of Gleckannyscleuch and Battellaw, and half of the land of Corfauldis;—ane aiker of the lands of Cultrie, and the fourt pairt of the lands of Outfeild of Byres;—ane acker of land of Duchroun, and ane uther acker at the North pairt of the lands of Duchron;—the half of ane uther fourt pairt of the landis of Newgrainge, Cleckmanyscleuch, Battillaw, Corsfaulds, and Outsettis of the byres;—ane aicker of the samyn lands of Cultry, within the baronie of Balmerino :—E. 24*l.* 16*s.* 8*d.*—The half of ane fourt pairt of the said toune and lands of Newgraing, viz. the sunny half of the said fourt pairt ;—ane half of the fourt pairt of the meidowes of the lands of Newgraig ;—half of the fourt pairt of 4 oxingait of lands of Cleckannyscleuch and Battillow ;—ane half of 8 oxingait of the lands of Outfeild of Byres ;—half of an acker of land in the toun of Cultrey, within the baronie of Balmerino.—E. 9*l.*   xxi. 246.

(825)   Dec. 30. 1653.

JOHNE BRABONER in Shethum-milne, *heir* of Issoball Braboner, *his brother daughter,*—in 4 aickers arabill land of the Byres of Balmerinoch, with pastourage of 4 kye, and ane horse or meir with the rest of the goods of the Byres land, within the lordship of Balmerino.—E. 2*m.* &c. and 4*d.* of augmentation.   xxi. 247.

(826)   Jan. 31. 1654.

SIR HENRIE WARDLAW of Pittravie knicht baronet, *heir* of Sir Henry Wardlaw of Pittravie knicht baronet, *his father,*—in the landis of Pittravie unite into the barony of Pittravie:—O. E. 10*l.* N. E. 40*l.*—The lands of Prymrose :—E. 13*l.* 17*s.* 4*d.* &c.—The landis of Sant Margaretstaine:—E. 10*l.* 4*s.* 5*d.* &c.—The landis of Wester Pitcorthie and Eister Pitcorthie :—E. 27*l.* 11*s.* 6*d.* &c.—The toun and landis of Pitbauchlie :—E. 5*l.* 6*s.* 8*d.*—The teynd shaves thereof :—E. 58*s.*—The half of the toun and landis of Mastertoun :—E. 20*l.* &c.—All within the parochin and regality of Dumfermling, and unite into the barony of Pittravie :—The landis of Blaklaw, within the parochin and regality of Dumfermling :—E. 5*l.* 17*s.* 3½*d.* &c.—The landis of Southwaird of the wood of Garvock with the corne milne, milne lands, &c. within the said parochin and regality :—E. 10*s.*—The teynd sheaves of the said lands of Southwaird :—E. 2*s.*—The astricted multuris of Pitbauchlie, Sant Margaret-Stane, Prymrose, Pitcorthies Eister and Wester, Mastertoun, Foid, and Garvack, within the said parochin and regality.—E. 3*s.*   xxi. 279.

(827)   Feb. 14. 1654.

DAVID BROUN of Finmonth, *heir* of Robert Broun of Finmonth, *his father,*—in the west halfe of the lands of Finmonth, within the regalitie of Dumferling and parochin of Kingask.—E. 12*m.*   xxiv. 131.

(828)   Feb. 14. 1654.

DAVID BROUN of Finmonth, *heir* of David Broun of Finmonth, *his guidser,*—in the Eist halfe of the lands of Finmonth, within the parochin of Kinglassie and regalitie of Dumfermling :—E. 12*m.*—The toune and lands callit Royallie on the south syde of the water of Levin, within the baronie of Kirknes.—E. 20*s.*   xxiv. 182.

(829)   May 2. 1654.

JONET BURGOUN spous of James Peacok in the North Queinsferrie, *heir portioner* of Thomas Burgoun in North Queinsferrie, *her father,*—in thrie sextein pairts of the landis of Ferriehill, within the regality of Dumfermling.—E. 37*s.* 6*d.*   xxi. 293.

(830)   Maii 23. 1654.

MAGISTER DAVID LITLEJOHNE studens theologiæ, *hæres* Joannis Litlejohne clerici senescallatus de Fyffe, *patris,*—in terris de Nauchtoun et Gallery.—A. E. 20*s.* N. E. 4*l.*   xxvii. 281.

(831)   Jun. 6. 1654.

KATHERIN WARDLAW spous to James Dalgleische of Tynnigask, *heir* of Hendrie Wardlaw of Foulford, *her brother germane,*—in the lands of Dewarisbaith *alias* Foulford, within the pareochin and regalitie of Dumferling.—E. 86*l.* 8*d.* &c.   xxiii. 8.

(832)   Aug. 29. 1654.

WILLIAM BRUCE of Pittairthie, *heir* of Androw Bruce of Pittairthie, *his father,*—in a pairt of the landis of Pittairthie on the West syd of the hie way that passes fra the citie of Sanct Androus to the burgh of Pittinweem, with that peice of the saids lands on the eist of the said hie way, and the remanent pairts of the lands of Pittairthie callit Chestors and Bruntoun, within the regalitie of Sanct Androus :—E. 10*m.*—The quarter of the landis of Tournakeders called Naikedfeild, within the constabularie of Craill, extending to 21 aikers of arable lands, with the fourt pairt of the meidow :—O. E. 5*s.* N. E. 20*s.*—The sextein pairt of the lands of Kingsbarnes, with commone pasture throw the lands of Kippo,

within the lordshipe and stewartrie of Fife and paroch of Craill.—E. 50*s.* &c. and 2*s.* in augmentatioun.   xxiii. 31.

(833)   Sep. 19. 1654.

CHRISTIAN HUITTOUN spous to William Davesone sailler in Kirkaldie, *heir* of Hendrie Huitoune portioner of Newbiggings, *her brother,*—in the aughtein pairt of the landis of Newtoune *alias* Newbiggings, within the pareoche of Kinghorne-Wester and regalitie of Dumferling.—E. 5*l.* 5*s.* &c.   xxiii. 140.

(834)   Sep. 26. 1654.

ANDRO CHALMERS, *heir* of Johne Chalmers burges of Dysart, *his father,*—in the 2 aikers and 2 butts of the lands of Mitchelstoun, within the parochin of Dysart :—E. 14*s.* 4*d.*—Ane aiker and ane halfe aiker of the lands forsaid.—E. 10*s.*   xxii. 91.

(835)   Oct. 12. 1654.

STEPHANE TOUCHE skipper in Leven, *heir of conqueis* of David Touche, *his imediat younger brother,*—in 6 aikers of arrable land, within the limites of the burgh of Pittinweim ;—a tenement in the said burghe.—E. 27*s.* 6*d.* &c.   xxiii. 59.

(836)   Oct. 17. 1654.

MR. ALEXANDER CUPAR in Culros, *heir* of John Cupar tailyeor in Sanct Andreus, *his father,*—in 2 aikers of arabill lands neir the citie of Sanct Androus and in the regalitie thairof.—E. 5*s.* 10*d. for everie aiker.*   xxiii. 54.

(837)   Oct. 28. 1654.

EUPANE, GRISSELL, AND JANET SYMSONS, dochters to Mr. James Symsone minister at Kirkaldie, *heirs portioners of tailzie and provisione* of Thomas Richartsoune younger, *their sister son,*—in the half of lands, tenements and croft within the burghe of Dysart.—E. 3*s.* 4*d.*   xxiii. 57.

(838)   Oct. 31. 1654.

JOHN PLEINSONE, *heir* of John Pleinsone in Sanctandrois, *his guidsir,*—in 5 aikers and 3 rudis of arrabill land within the priory and regalitie of Sanct Androis.—E. 5*s.* 10*d. for ilk aiker.*   xxii. 39.

(839)   Dec. 21. 1654.

MARGARET CALLENDAR, *heir* of James Callendar burges of Pittenween, *her father,*—in an aiker of arrabill land in that shead callit The Hungriflat, in the burgh of Pitneweyme.—E. 5*s.* 6*d.*   xxii. 1.

(840)   Dec. 21. 1654.

HENDRIE DEMPERSTOUN burges of Pittinweyme, *heir* of Alexander Demperstone burges of the said burgh, *his brother,*—in a house or part of a tenement callit The Backhous Land ;—3 aikers of arrable lands lying as follows, viz. twa aikers in the Crouggie faulds (or Scroggie faulds), and the thrid aiker in the Hungrieflat, lying within the limits of the burgh of Pettinweyme.—E. 3*s.* 4*d.* &c.   xxii. 2.

(841)   Jan. 2. 1655.

WILLIAM PITCARNE of that ilk, *heir* of David Pitcarne of that ilk, *his father,*—in an annualrent of 500 merks Scots forth of the lands of Kingcappill, in the regality of Saint Androis, equivalent to the yeirly tak dewty of 500 merks for the teynds of the said lands of Kingcapill, disponed by the said deceased David Pitcarne to Sir John Spotiswood sometyme of Dairsey knight. xxii. 3.

(842)   Jan. 24. 1655.

SIR GEORGE MACKEINZIE of Tarbit knight baronet, *heir male* of Sir George MacKeinzie of Tarbit knight baronet, *his father,*—in the lands and barony of Innerteill· comprehending the Maynes of Innerteill ;—the bridge and lands of Bridgelands callit Sanct Katherins toune, with the chaple of Saint Katherin, and donation of the chaplanrie thereof, and pendicle callit Saint Germane's aiker :—O. E. 5*l.* N. E. 20*l.*—The halfe of the lands of Over and Nether Tyries, within the regalitie of Dalkeith and the constabularie of Kinghorne.—E. ......—(See Inverness, Ross, Elgin and Forres.)   xxii. 16.

(843)   Feb. 6. 1655.

GEORGE PRYDE, *heir* of Mr. George Pryde minister at the kirk of Hutton, *his father,*—in 2 aikers and 3 ruids of arrabill lands lyand neare to the citie, lordship and priory of Sanct Androis.—E. 5*s.* 10*d. for every ane of the said aikers.*   xxii. 29.

(844)   Feb. 6. 1655.

ALEXANDER MORTOUN, *heir* of Patrik Myrtoun citiner in Sanct Androis, *his father,*—in that aiker of arrabill land neare the city of Sanct Androis, lordship and pryory thereof.—E. 5*s.* 10*d.*   xxii. 30.

K

(845) Feb. 20. 1655.
ALEXANDER BRUCE of Broomholl, *heir* of Mr. Robert Bruce advocat, thairafter designit of Broomholl one of the Senators of the Colledge of Justice, *his father*,—in the lands of Wester Gellets with the teynd sheaves, in the regalitie of Dumferling :—E. 15 *bolls 1 firlott 2 pecks wheit*, &c.—The corne mylne of Burnemonth, mylne lands, with astricted multurs of the kirk-lands and glyb of Rossyth, with multurs of the lands of Garlickhill :—E. 3s. 4d.—The toune and lands of Sillietoun, for principall :—E. 11l. 5d. &c.—The eight pairt of the towne and lands of Maistertoune in warrandice of the lands of Sillietoun :—E. 5l. &c.—The halfe of all coalls win or to be winne of the lands of Sillietoune, Eister and Wester Burnemonth, Walk-mylne, Meidowend, Leggatts Bridge and Windmylne-hill, within the regalitie of Dumferling :—E. 5l. —The third pairt of the toune and lands of Eister Gelets with the teynd sheaves, within the pareochin and regalitie of Dumferling. —E. 5 *bolls 2¼ pecks wheat*, &c. xxiii. 166.

(846) Mar. 13. 1655.
JONET BOYST spous to .... Cluny in the Ruid, *heir portioner* of James Boyst in Lombenny, *her brother*,—in the sevint part of the toun and lands of Eister Lombenny, within the barony of Ballinbreich and parochin of Abernethie.—O. E. 10s. N. E. 40s. xxii. 68.

(847) Mar. 17. 1655.
JAMES FLEMING sone of William Fleming maltman in Aberdour, *heir portioner* of Hendrie Murisone *alias* Smyth Smith in Aberdour, *his grandsir*,—in ane tenement of land in Aberdour. —E. 6s. 8d. xxii. 164.

(848) Mar. 20. 1655.
PETER HAY of Murtoun, *heir* of Hendrie Hay of Murtoun, *his father*,—in the lands of Murtoun in the regalitie of Sanct Androis. —E. 3l. 4s. xxii. 43.

(849) Mar. 28. 1655.
JOHN BROUN, *heir* of Johne Broun burges of Pettinweyme, *his father*,—in a tenement in the burgh of Pettinweyme.—E. 8s. xxii. 42.

(850) Apr. 17. 1655.
JAMES FLEMING sone of William Fleming, *heir portioner* of James Beanes in Aberdoure-Wester, *his guidshir*,—in the halfe of ane tenement in Aberdour-Wester:—E. 8s. 4d.—The uther halfe of the said tenement, in the lordship of Sanct Colme :—E. 8s. 4d. —Ane peace of land in the said burgh and village of Aberdour-Wester.—E. 6s. 8d. xxii. 164.

(851) May 1, 1655.
JOHNE MOREIS of Coudounsbaith, *heir* of David Moreis of Coudounsbaith, *his father*,—in the 3 merk lands of Cowdounsbaith within the parochin and regalitie of Dumfermling.—E. 3l. 10s. 7d. &c. xxii. 52.

(852) May 29. 1655.
JOHNE BROUNE of Vicarisgrainge, *heir* of David Broune of Vicarisgrainge, *his brother*,—in the Kirklands of the Vicarage of Kinghorne-Easter, with the glybe and mansioun within the parochin of Kinghorne.—E. 24l. xxii. 102.

(853) May 29. 1655.
ELIZABETH TAILLYEOR spous to James Kutroune merchand citiner of Sanct Androus, *heir* of Robert Tailyeor merchand in Sanct Androus, *her father*,—in 2 aikers and 3 ruds of arrable lands, and other 3 ruids of arrable land, lyand neir the cittie of Sanct Androus, within the lordship and pryorie thairof.—E. 5s. 10d. *for everie aiker*. xxiii. 100.

(854) Jun. 12. 1655.
JOHNE WILSONE *alias* Myrrie, *heir* of James Wilsone *alias* Myrrie in Freuchie-mylne, *his father*,—in these pairts of the lands of Forther callit Hodghill and Greigislands, within the barony of Forther.—O. E. 5s. N. E. 20s. xxiv. 31.

(855) Feb. 6. 1656.
AGNES BYNNING, *heir* of Thomas Bynning burges of Pettinweyme, *her father*,—in ane tenement and yard in the burgh of Pettinweyme.—E. 3s. 4d. xxii. 130.

(856) Mar. 18. 1656.
MARGARET MYLNE *heir* of Robert Mylne of Gawstoun, *her guidshir*,—in the lands of Gawstoun in the barony of Balmerinoche.—E. 5m. xxii. 161.

(857) May 20. 1656.
JAMES ROBERTSONE, *heir* of James Robertsone of Clearemouth, *his father*,—in the lands of Claremouth, with the teinds,

and myre of Clarmouth :—E. 12l. 6s. 8d.—The tua pairt of the halfe of the lands of Denheid, and thrid pairt of the halfe of the said land, extending to ane halfe of the lands of Denheid, within the lordship, pryorie, and regalitie of Sanct Androus :—E. 5l. 10s. &c.—The lands of Dynnork with the myre, in the regalitie of Sanct Androus.—E. 12l. 6s. 8d. xxiii. 206.

(858) July 15. 1656.
ISSOBELL AND JONET LAWS, *heirs portioners* of William Law wryter in Edinburgh, *their brother germane*,—in ane annuelrent of 1280 merks furth of the lands and tennendrie of Murcambus and teynds therof, within the regalitie of Sanct Androis. xxiv. 26.

(859) Sep. 2. 1656.
WILLIAM NARNE, *heir* of Alexander Narne of Sandfurd, *his father*,—in the lands of Sandfurd callit The East Pleulands of Sandfurd, with 6 aikers of arrable land in the towne of Innerdovat, unite into the barony of Sandford :—O. E. 50s. N. E. 10l.—The lands of Laveroklaw utherways callit ane carrucat of land of Innerdovat, 3 aikers of lands in Fluires, with ane toft in the towne of Innerdovat, and pasture on the North and South commontie of Innerdovat and Sklatmure, and salmond fishing callit Greinsyde;— the 10 merkland of Innerdovat callit Trinleislands with other lands of Innerdovat ;—the lands of Litle Over-Freirtoun, and salmond fishing callit Grein-syde, upon the West part of the watter of Tay for principall ;—the lands of Sandfurd and lands of Wormlet, and salmond fishing of Wormet callit Long-craig, in warrandice, all unit into the barony of Innerdovat :—O. E. 5l. N. E. 20l.—The lands of Langsyde.—O. E. 10s. N. E. 40s. xxiv. 51.

(860) Sep. 2. 1656.
ROBERT BARCLAY of Cullerny, *heir male* of Sir David Barclay of Cullerny knight, *his father*,—in the lands and barony of Cullerny comprehending the lands of Cullerny ;—the lands of Carskido ;—the lands of Eister and Wester Kinsteives, and Frielands of Ladiffron ;—the thrie fyft pairts of the lands of Kiningmonth, and sevint part of the lands of Lumbenny, unit into the barony of Cullerny :—O. E. 18l. 5s. N. E. 136l. 13s. 4d.—The sevin tuelfe part of the lands of Kilmaron, within the barony of Pitblado :— O. E. 58s. 4d. N. E. 14l. 13s. 4d.—The lands of Pitblado, Hiltoun, and Boughall :—O. E. 4l. N. E. 16l.—Ane fyft part of lands of Kiningmonth, within the parochin of Kinglassie.—O. E. 8s. N. E. 32s. xxiv. 61.

(861) Sep. 4. 1656.
MARJORIE WAUCHE, *heir* of George Wauch burges of Pittinweyme, *her brother germane*,—in a tenement in Pittinweyme. —E. 4s. xxiv. 57.

(862) Oct. 24. 1656.
ROBERT VICOUNT OF ARBURTHNET, *heir* of Robert Vicount of Arburthnet, *his father*,—in the dominical lands of Creich, in warrandice of the lands and baronie of Carnetoune in the sherefdome of Kincardine.—O. E. 5l. N. E. 20l.—(See Kincardine.) xxiv. 94.

(863) Oct. 28. 1656.
BESSIE, CATHERIN AND EUPHAME MELVILLS, *heirs portioners* of Mr. Ephraime Melvill late minister at Linlithgow, *their father*,—in a tenement of land in the citie of Saint Androis. —E. *service of burgh used and wont.* xxiv. 78.

(864) Jan. 20. 1657.
JOHNE FOULAR in Kincaple, *heir* of Mitchell Foular, *his father*,—in 2 aikers of arrable land neare the citie of Saint Androis, in the territorie callit Wester Langlands.—E. 5s. 10d. *ilk aiker.* xxiv. 114.

(865) Jan. 27. 1657.
JOHNE BRUCE, *heir* of Alexander Bruce of Wester Abdnie, *his father*,—in a tenement and croft of land callit the Kingsgait now Wester Abdnie, besyde the burghe of Kinghorne, within the regalitie of Saint Androis :—E. 14s.—5 aikers of land callit Justinglands, besyde the said burghe of Kinghorne.—O. E. 6d. N. E. 2s. xxiv. 93.

(866) Jan. 27. 1657.
HELENE AND ELIZABETH SCHEVEZES, *heirs portioners* of Johne Scheveze of Kemback, *their brother*,—in the lands of Kemback with the mylne ;—the lands of Kinnaird with the hill therof ;—ane four pairt of the lands of Craigfudie, with the teynd sheaves and salmond fishing in the water of Edine, and comon pasture on the hill of Kemback, within the regalitie of Saint Androis :—E. 45l. &c.—Ane sext part and auchtine part of the toune and lands of Drone and of the mylne, with comon pasture in the muire of Sygie and Coatmuire callit Drones-mure, within the stewartrie of Fyiff :—E. 6l. 6s. &c. and 37s. 1d. in augmentation :—all unit into the tenendrie of Kemback ;—4 aikers of

arrable land lyand besyde the citie of Saint Androis.—E. 5s. 10d. for ilk aiker.   xxiv. 165.

(867)   Jan. 27. 1657.
GEORG SCOT, heir of John Scott secund son to Sir John Scot of Scotistorbot knight, his father,—in halfe of the lands of Giblestoune, within the parochin of Carnbie;—ane uther halfe of the lands of Giblestoune lyand as said is.—O. E. 3l. N. E. 12l.   xxiv. 187.

(868)   Mar. 3. 1657.
JAMES KININMONTH of that Ilk, heir of Patrick Kininmonth of that Ilk, his father,—in ane fyft part of the lands of Kininmonth, within the parochin of Kinglassie :—O. E. 12s. N. E. 3l.—The lands of Cowquhales Eister and Wester;—the lands of Colletoune; —the lands of Pitcairne and Mylne of Pitcairne :—O. E. 6l. N. E. 24l.—The lands of Urquhart :—O. E. 5l. N. E. 20l.—The lands of Pitkenny :—O. E. 30s. N. E. 6l.—All unit into the barony of Wester Kininmonth.   xxiv. 127.

(869)   Mar. 3. 1657.
BEATRIX, MARGARET, GRISSALL, ELIZABETH, AND JONET RICHARTSONES, heirs portioners of Robert Richartsone burges of Bruntiland, their father,—in the toune and lands of Kinnestoune, within the parochin of Portmoage and regalitie of Saint Androis:—O. E. 20s. N. E. 4l.—Ane annualrent of 80 merks furth of a tenement or rude of land, within the toune of Aberdoure and regalitie of Dalkeith.   xxiv. 181.

(870)   Mar. 10. 1657.
ANDREW SWORD, heir of James Sword late provest in Saint Androis, his father,—in the lands aud barony of West-Barnes, with the few ferme dewties of the aikers of the forsaids lands, within the parochin of Creall :—O. E. 5l. N. E. 20l.—The iland, lands and ile of May, with the licht-house, and priviledges usit and wont, lying in the mouth of the river of Forth, within the lordship of Petinweme with fischings :—E. 11l.—All unit into the baronie of West Barnes.   xxiv. 164.

(871)   Mar. 10. 1657.
ANDROW SWORD, heir of James Sword late provest of Saint Androis, his father,—in the lands of Cambo ;—the lands of Belsis ; —the lands of Muirhouss ;—the lands of Gerfunstoune and Aldleyes, with the teynds :—O. E. 5l. N. E. 80l.—A tenement in the citie of Saint Androus.—E. 10m.   xxiv. 197.

(872)   Jun. 9. 1657.
ANDROW BEATTOUN of Blebo, heir of Androw Beattoun of Blebo, his father,—in the lands and baronie of Blebo comprehending the Maynes of Blebo;—the lands of Balruchie, with the North mylne of Blebo callit The Corne Mylne;—the lands of Mylnetoune of Blebo, with the South-mylne of Blebo callit Quhyt-mylne, within the regalitie of Saint Androis :—E. 44s. 6d. Sterling Inglish money:—The lands of Myretoune in the barony of Kingbak, with halfe of the meidowe that lyes towards the eist of Blebo and comone pasture.—O. E. 30s. N. E. 6l.   xxiv. 211.

(873)   Jan. 16. 1657.
MR. JOHNE LINDSAY of Wolmestoune, heir male of Mr. Patrick Lindsay of Wolmestoune, his father,—in the lands and barony of Wolmestoune, within the constabularie of Craill.—O. E. 3l. N. E. 12l.   xxiv. 172.

(874)   Jul. 21. 1657.
MR. JOHNE PRINGELL minister at Fogo, heir of George Pringell of Balmungie, his father,—in the tennendrie of Balmungie, within the regalitie of Saint Androis.—E. 5s.   xxiv. 186.

(875)   Aug. 28. 1657.
AGNES ADAMSONE, heir of Andro Adamsone skipper burges of Pittinweyme, her father,—in a tenement of land in Pittenweyme :—E. 10s.—4 aikers of arable land lyand in rinrig on the west part of the burgh of Pittinweyme ;—ane aiker of land ;—ane uther aiker of land callit Maxwells aiker, lyand within the limits of the burghe of Pittinweyme.—E. 29s.   xxiv. 170.

(876)   Oct. 27. 1657.
SIR ROBERT BALFOUR of Kinaird knight, heir male of Sir James Balfour of Kinaird knight barronet, his father,—in the lands of Kynaird :—E. 40m. and 16s. 8d. in augmentatione :—The teinds personag and vicarag of the said lands :—O. E. 1s. N. E. 4s.—All united into the barrony of Kinaird ;—the lands of Lendores comprehending the precinct thairof :—O. E. 40s. N. E. 8l.—The lands of Clayes, Meadows, Bowbuttis, Reidhilloch, Reidinch:—E. 18l.— The lands of Marycroft :—E. 42s.—The lands of Court-waird :— E. 2 bolls meall, &c.—500 marks yeirlie of the few deuties of the abbacie of Lendores, with 24 bolls beir and 2 bolls aitt-meall

furth of the lands of Woodruiff, within the territorie of Newburghe, and ane boll of bear and boll of meall furth of pairt of Berrieholl, in nam of dry multur :—O. E. 20s. N. E. 4l.—All within the regalitie of Lindores.   xxiv. 232.

(877)   Oct. 27. 1657.
SIR ROBERT BALFOUR of Kinneird knight barronet, heir maill of Sir Mitchell Balfour of Denmylne, his grandfather,—in the myllne called Denmylne, with 2 particates of the myre of Old Lendores, and astricted multures off the villag of Auld Lindores, and frie multure of the toune of Inchray and comone pasturag, within the lordshipe of Fyife :—E. 6l. 10s. &c.—The myllne under the brae called The Craigmyllne, with crofts thairof and lands called the Seigs, teynds and astricted multures, within the barrony of Graing :—E. 39l.—The dry multur of Kinaird extending to 8 bollis bear and 8 bollis aits, with the astricted multures of all the graines of the inhabitants of Newburghe, and uthers dewties used to be peyed to the Abbot of the monasterie of Lindores ;—ane croft of land in the Cuningholles, within the regalitie of Lindores : —O. E. 1s. N. E. 2s.—3 aikers of lands of the Graing of Lendores called Keigisholl, Chapmancroft, Eister and Wester Cuningares :— E. 40s.—The teind sheaves and uther teinds of the lands of Denmyllne, and 2 particats of the myre in Old Lendores :—O. E. 6s. N. E. 24s.—The teind sheaves, personag and vicarag of the Myllnelands of Craigmylne with the croft thairof, the lands called Seigis, Cuningholls, and 3 aikers of land of the Graing of Lindores called Keishall, Chapmancroft, Eister and Wester Cuningares :—O. E. 6s. N. E. 24s.—8 Oxingait of the lands of Graing of Lindores upon the North syd of the toun of Graing, within the regalitie of Lindores ;—2 aikers of land neir the toune of Newburghe :—E. 11l. 3s. 4d.—A daill or rig of feild land called Brockisdall, upon the South pairt of the North Cuningar, with the rest of Gavin Adamson younger portioner of Graing of Lendores his feild lands on the North pairt of the said East Cuningar, within the regalitie of Lindores ;—2 daills of the feild land called Blacksdaill, on the South pairt of the said Cuningar, with the rest of the feild lands quhilk perteined to James M'Gill, on the North pairt of the said Cuningar, within the regalitie of Lindores :—E. 3s.—The personag or great teinds of the lands of Inchray, within the parochine of Abdie;—the personag and vicarage teinds of the lands of Craigend, within the regalitie of Lendores ;—the teind sheaves of a daill or rig of feild land called Brocksdaill, and of 2 daills of feild land called Blacksdaill with the rest of the feild lands :—O. E. 3s. 4d. N. E. 13s. 4d.—Ane tenement of land extending to 2 ruids of land within the burghe of Newburghe :—E. 12d.—The lands of Drumdaill with commone pasturage in the Lowmonds :—E. 10l. 3s. 4d.—The teind sheaves and vicarag teinds of the lands of Drumdoill :—O. E. 1s. N. E. 4s.—All united into the barony of Denmylne.   xxiv. 227.

(878)   Jan. 19. 1658.
ROBERT RUSSELL, heir maill of James Russell portioner of Kettel, his father,—in ane sexteine pairt of the towne and lands of Kingskettell :—E. 16s. 8d. &c.—Ane wther sexteine pairt and halfe of ane sexteine pairt of the saids toune and lands of Kingsketill, within the stewartrie of Fyffe.—E. 25s. &c.   xxiv. 242.

(879)   Jan. 25. 1658.
ANDROW SYMSONE clark of Anstruther-Eister, heir of Georg Symsone burgis of Anstruther-Wester, his guidser,—in 4 aikers of arable land within the lordshipe of Pittinweim neir the toune of Anstruther-Wester.—E. 16s. 8d.   xxiv. 240.

(880)   Feb. 2. 1658.
DAVID LINDSAY of Kirkforther, heir of David Lindsay of Pystoune, his guidser brother,—in ane annualrent of 6l. furthe of ane fourt pairt of the lands of Kingskettel, within the stewartrie of Fyffe.   xxiv. 243.

(881)   Feb. 24. 1657.
DAVID MONCREIFF burges of the burghe of Carik (Carail), heir of Andro Moncrieff bailzie of the said burgh, his guidser,—in 4 aikeris of arriable land of ane quarter of the landis of Nakitfeild within the constabularie of Craill.—O. E. 4d. N. E. 1s. 4d.   xxv. 117.

(882)   May 11. 1658.
JAMES ERLE OF SOUTHESK, lord Carnegy of Kinnaird and Leuchars, heir maill of David Erle of Southesk, &c. his father,— in the halfe of the lands of Seggy, with salmond fishing upon the water of Edyn, with the proper mure of Segy:—O. E. 10l. N. E. 40l —Unit with lands in Forfar into the barony of Fairne ;—the lands of Colluthie within the regalitie of Saint Androus :—E. 6s. 8d.— The lands and barroncy of Leuchars-Ramsay, to witt the Maynes of Lewchars ;—the thrid pairt of the lands of Rashemyre ;—the thrid pairt of the lands of Seggy-park ;—the thrid pairt of the lands of Kirktoune of Leuchars ;—the thrid pairt of the lands

of Broadland ;—the lands of Mydmure with the loch called Heilley-loche, and the thrid pairt of the loche called Canloch ;—the lands of Balbeuchlie ;—the thrid pairt of the lands of Formond, with salmond fishing upon the watter of Eden and the ferrie boat deuties ;—the third pairt of the lands of Mylnetoune, with the 2 corne mylnes and shilling halfe therof ;—the third pairt of the lands of Purske and commontie of Lucklaw-hill ;—the lands of Kinstar and Ryhill ;—the lands of Balcourie ;—halfe of the lands of Silverielmoir ;—halfe of the lands of Rynd with the moss; —the fourt pairt of Muretoune and fourt pairt of the moss called Inchgray ;—the thrid, pairt of the lands of Aldmure, with the salmond fishings and cuningars therof ;—the third pairt of the lands of Kinshadne ;—the third pairt of the lands of Nather Mures, with the cuningar and salmond fishing thereof, and third pairt of the lands of Wester Fothers, with advocatione of kirks ;—the lands of Cruvie and fishing upon the watter of Mottrie, with commontie of Lucklaw-hill and Liliesmure ;—the halfe of the lands of Sheylles with the halfe of Lurgymyre, Erlstane and fishing therof, with comontie, and the mure and mosse of Monksmos and mure of Gynsmure ;—the lands of Newtoune with commontie and advocationes of kirks, all unit into the barroney of Leuchars with other lands in Forfar, with priviledge of frie fairs :—E. 200m.—The lands of Craigie, Garpott, and ane third pairt of the lands of Fordell and Straeburne ;—the shadowhalf of the thrid pairt of the lands of Fordell with comontie in Ryce-myre ;—halfe of the lands of Rynd within the barroney of Leuchars ;—the thrid pairt of the myre called Ryce-myre, lyand contigue to the lands of Rynd ;—that meidow lyand fornent the yaird of Pitlethie :—O. E. 10l. N. E. 40l. —The teind sheaves and teind bolls of the lands of Craigie, Reynd, Balconzie (Balcourie), Kinstare, Segy, and third pairt of the lands of Broadlands of Lewchars, comprehending Moncurs lands, Mylnetoune of Lewchars with the Meadow, Pursk, Nather-mures, Auldmures, Kinshaldie, and Wester Fothers, and fourt pairt of the lands of Mortoune, within the barronie of Leuchars and lordshipe of Saint Androus.—O. E. 40d. N. E. 13s. 4d.—(See Forfar, Kincardine.) xxv. 35.

(883) Jun. 23. 1658.
ALEXANDER ANDERSONE burges of Pittinwem, and WILLIAM WHITT resident in the said burghe, *heirs portioners of* William Fowllar maltman burgis of Pittinwem, *their guidser on the mother syd*,—in a tenement in Pittinwem, and ane halfe aiker of arable land at the Battie muire, within the limits of the said burghe.—E. 6s. xxv. 72.

(884) Aug. 12. 1658.
JOHN SMYTH merchand in Air, *heir* of Mr. William Smyth reider at Air, *his father*,—in 4 aikers of land upon the North syde of the burghe of Dumfermling, within the parochin and regallitie of Dumfermling.—E. 1m. xxv. 80.

(885) Sep. 29. 1658.
THOMAS NICOLSONE, *heir* of Sir Thomas Nicolsone Lord advocat, *his father*,—in ane annuelrent of 160l. furth of the landis and Maynes of Balcaras within the parochine of Kilkonquer. xxv. 118.

(886) April 12. 1659.
JOHNE GED in Gedismylne, *heir* of *conqueis* of Beatrix Ged, *his sister*,—in ane annuelrent of 180l. furth of the corne mylne of Kinghorne-Wester *alias* Gedsmylne ;—6 aikers of land and peice of land callit Whytinghill, and 12 aikers of arrable land, within the parochin of Kinghorne-Wester and regalitie of Dumfermling. xxv. 176.

(887) Jun. 18. 1661.
JOANNES STRAEHENDRIE *alias* COALYEARE de Lochgellie, *hæres* Joannis Strahendrie *alias* Coalyeare de Lochgellie, *patris*,—in terris de Wester Lochgellie tam solari quam umbrali dimidietate ejusdem, in dominio de Locharschyr et baronia de Glasmonth.—A. E. 15s. N. E. 3l. xxvi. 14.

(888) Jun. 27. 1661.
AGNETA BLACK incola de Anstruther-Easter, *hæres portionaria* Jacobi Black nautæ burgensis de Anstruther-Easter, *frqtris*,—in 2 acris in territorio de Pittinwein.—E. 6s. 8d. &c. xxvi. 35.

(889) Jun. 27. 1661.
WILLIELMUS CRAUFURD incola villæ de Leith, *hæres portionarius* Jacobi Black nautæ burgensis de Anstruther-Easter, *fratris aviæ*,—in terris prædictis. xxvi. 35.

(890) Jul. 30. 1661.
DAVID PHILP de Kippo, *hæres* Roberti Philp de Kippo, *patris*, —in terris et baronia de Kippo, comprehendentibus terras dominicales et terras de Kippo, cum molendino de Kippo ;—villas et terras de Carhurlie, Haligrie, North Quarter, Litle Kilduncan,

Lochtoun, et Wilkestoun, unitas in baroniam de Kippo.—A. E. 40s. N. E. 8l. xxvi. 28.

(891) Aug. 1. 1661.
ANTONIA BROWN, *hæres* Domini Joannis Brown de Fordell militis, *patris*,—in baronia de Rossie comprehendente terras de Eister Rossie ;—villas et terras de Wester Rossie, et tres ternarias sive tertias partes hujusmodi, cum lacu de Rossie et anguillarum archa lie Eel ark intra integrum lacum, infra senescallatum de Fife : —E. *celdra frumenti*, &c.—Molendino de Lumquhat in dominio de Fyffe:—E. 11m. 6s. 8d.—Decimis garbalibus terrarum prædictarum, et terrarum de Nether Rossie, cum annuitate præfatarum decimarum :—A. E. 6s. 8d. N. E. 20s.—Unitis in baroniam de Rossie. xxvi. 29.

(892) Aug. 21. 1661.
ROBERTUS WEEMS de Unthank, *hæres* Cavini Weems de Unthank, *patris*,—in terris de Unthank cum decimis:—E. 14l. 6s. 8d. &c.—Parte villæ et terrarum de Newgrange apud Sanctum Andream, extendente ad quartam partem ejusdem:—E. 10l. &c.— Terris de Hiltarret pro principali, infra regalitatem Sancti Andreæ: —E. 260m.—Terris dominicalibus de Carslogie in warrantum terrarum de Hiltarret.—E......... xxvi. 78.

(893) Sep. 5. 1661.
HENRICUS KINLOCHE portionarius de Auchtermuchtie, *hæres* Henrici Hog, *avunculi*,—in parte terrarum agrestium lie Feildland nuncupata Pitmunzies ;—terris lie Outfeildlandis duarum octavarum partium lie Bondhalff vocatis Lyes et Pitmunzies ;—decimis garbalibus earundem.—A. E. 6d. N. E. 2s. xxvi. 189.

(894) Sep. 10. 1661.
MARGARETA WARDLAW sponsa Joannis Murray feoditarii de Bonnietoun, *hæres* Henrici Wardlaw de Pitlochie, *patris*,—in terris de Pitlochie, in regalite de Dumfermeling et shyra de Kinglassie.—E. 10l. &c. xxvi. 32.

(895) Oct. 17. 1661.
ANNA COMITISSA DE BUCCLEUGH, *hæres talliæ et provisionis* Mariæ Comitissæ de Buccleugh, *sororis germanæ*,—in terris et terris dominicalibus de Leslie cum molendino ;—terris de Balgiddie et Caddam, infra parochiam et baroniam de Leslie, cum decimis garbalibus.—A. E. 5l. N. E. 15l.—(Vide Renfrew, Peebles, Edinburgh, Selkirk.) xxvi. 68.

(896) Nov. 28. 1661.
EGIDIA RANKEIN portionaria de Auchtermuchtie, *hæres* Jacobi Rankein, *patris*,—in tertia parte molendinariarum terrarum de Auchtermuchtie :—E. 1 *pultrea* et 20d.—2 buttis terrarum in lie Bound halff vocatis lie Mairislandbuttis :—E. 2 *peccæ avenarum* :—infra senescallatum de Fiff :—E. ....—Decimis prædictarum terrarum.—A. E. 6d. N. E. 2s. xxvi. 224.

(897) Nov. 28. 1661.
ROBERTUS GILMOR portionarius de Auchtermuchtie, *hæres* Gulielmi Gilmor, *patris*,—in decima sexta parte seu librata terræ in Bondhalff de Auchtermuchtie :—E. *bollæ frumenti* :—2 tertiis partibus de lie infeild 40 solidatarum terrarum in dicto Bondhalffe :—E. 2 *bollæ frumenti*, &c.—Decimis garbalibus prædictarum terrarum.—A. E. 12d. N. E. 4s. xxvi. 224.

(898) Nov. 28. 1661.
JACOBUS MAXWELL, *hæres* Jacobi Maxwell, *patris*,—in sexta parte extendente ad 40 solidatas terrarum australis quarteriæ villæ et terrarum de Auchtermuchtie :—E. 4 *bollæ frumenti*, &c.—Duodecima parte et tertia parte duodecimæ partis ejusdem australis quarteriæ, extendentibus ad 2 mercatas terrarum ejusdem :—E. 3 *bollæ frumenti*, &c.—Cottagia in dicta australi quarteria :—E. 7 *peccæ avenarum* :—2 rigis terrarum in illa parte lie Stepperis croft vocata ;—3 rigis terrarum in dicta crofta, in territorio de Auchtermuchtie et senescallatu de Fyffe ;—decimis garbalibus prædictarum terrarum.—A. E. 6d. N. E. 2s. xxvi. 225.

(899) Dec. 12. 1661.
JOANNES LEITCH de Munsmylne, *hæres* Davidis Leitch, *patris*, —in 2 quarteriis terrarum et molendini de Ardeth *alias* Munsmylne, et aliis duabus quartis partibus dictarum terrarum et molendini de Ardeth *alias* Munsmylne, infra senescallatum de Fyffe, cum communi pastura in mora Seggiemure vocata.—E. 20m. et 13s. 4d. in augmentationem. xxvi. 107.

(900) Dec. 12. 1661.
ROBERTUS SCOT portionarius de Drone, *hæres* Joannis Scot, *patris*,—in butt terræ infra territorium de Drone cum nona parte molendini de Drone, infra senescallatum de Fiffe.—E. 3s. 4d. xxvi. 108.

(901)   Dec. 12. 1661.

JOANNES WALKER portionarius de Drone, *hæres* Davidis Walker, *patris*,—in nona parte terrarum de Drone infra senescallatum de Fyffe.—E. 3*l.* 2*s.* 11½*d.* &c. *feudifirmæ.*   xxvi. 108.

(902)   Dec. 19. 1661.

ROBERTUS RUSSELL portionarius de Kings Kettell, *hæres* Davidis Russel, *patris*,—in umbrali dimidietate quarteriæ villæ et terrarum de Kings Kettell, infra senescallatum de Fyffe.—E. 35*s.* 4*d.* &c. *feudifirmæ.*   xxvi. 223.

(903)   Dec. 19. 1661.

GULIELMUS RANKEIN portionarius de Auchtermuchtie, *hæres* Joannis Rankein, *patris*,—in cottagio terræ in Bondhalff de Auchtermuchtie ac decimis garbalibus ejusdem.—A. E. 6*d.* N. E. 2*s.*   xxvi. 326.

(904)   Dec. 19. 1661.

HELENA MAXWELL portionaria de Auchtermuchtie, *hæres* Jacobi Maxwell, *avi*,—in tertia parte terrarum molendinariarum de Auchtermuchtie:—E. 20*d.* &c. *feudifirmæ:*—terris lie Netherfeild lands de Buists pund land ;—parte cottagii terræ in Bondhalffe de Auchtermuchtie :—E. 2 *firlotæ frumenti*, &c. *feudifirmæ :*—decimis garbalibus earundem, infra senescallatum de Fyffe.—A. E. 6*d.* N. E. 2*s.*   xxvi. 327.

(905)   Dec. 19. 1661.

THOMAS SCHOOLBRAIDS portionarius de Auchtermuchtie, *hæres* Thomæ Schoolbraids, *avi*,—in 2 portionibus 10 solidatarum terrarum agrestium, lie Feild lands de Bondhalf de Auchtermuchtie nuncupatis Inshalks:—E. 2 *firlotæ* 2 *peccæ avenarum*, &c. *feudifirmæ:*—decimis garbalibus prædictarum terrarum.—A. E. 6*d.* N. E. 2*s.*   xxvi. 327.

(906)   Dec. 19. 1661.

RICCARDUS STIRK portionarius de Auchtermuchtie, *hæres* Roberti Stirk, *patris*,—in occidentali dimidietate terrarum de Jerrassland de Auchtermuchtie extendente ad 2 mercatas terrarum:—E. 2 *bollæ* 2 *firlotæ* 2 *peccæ frumenti*, &c. *feudifirmæ:*—cottagio terræ in lie Bondhalff:—E. 1 *bolla* 2 *peccæ avenarum*, &c. *feudifirmæ:*—decimis garbalibus.—A. E. 6*d.* N. E. 2*s.*   xxvi. 328.

(907)   Dec. 24. 1661.

JACOBUS DUDINGSTOUN de Saintfuird, *hæres* Stephani Dudingstoune de Saintfuird, *patris*,—in terris de Saintfuird.—A. E. 4*l.* 10*s.* N. E. 18*l.*   xxvi. 110.

(908)   Jan. 24. 1662.

JOANNES DURIE, *hæres* Willielmi Durie portionarii de Grange de Kinghorne-Wester, *patris*,—in octava parte terrarum de Ovirgrange, in parochia de Kinghorne-Wester et regalitate de Dumfermline :—E. 7*l.* 18*s.* &c. *feudifirmæ:*—dimidia parte terrarum de Knock et Southleathines, in parochia et regalitate de Dumfermling.—A. E. .... N. E. ....   xxvi. 123.

(909)   Feb. 21. 1662.

JOANNES HOG, *hæres* Francisci Hog nautæ burgi de Kircaldie, *patris*,—in 2 acris terrarum de Smeitoun, in parochia de Kirkcaldie et regalitate de Dumfermeling.—E. 3*s.* 4*d.* *feudifirmæ.* xxvi. 127.

(910)   Feb. 25. 1662.

WILIELMUS STEWART de Maynes, *hæres* Jacobi Stewart de Maynes, *fratris germani*,—in terris de Cuthilhill et Seasyde, infra dominium de St. Colmesinche:—E. 4*l.* &c. et 6*s.* 8*d.* in augmentationem, *feudifirmæ:*—terris vocatis Viccar lands de Dalgatie infra parochiam de Dalgatie:—E. 24*s.* *feudifirmæ:*—tenemento terræ cum cauda et pertinentiis continente 1½ rudam, infra burgum de Abirdour Wester et dominium de St. Colmesinche :—E. 10*s.* *feudifirmæ:*—tenemento apud finem pontis de Abirdour:—E. 10*s.* *feudifirmæ:*—terris de Wester Balcleveyis infra dictam parochiam de Abirdour.—E. 9*m.* 6*s.* 8*d.* *feudifirmæ.*   xxvi. 294.

(911)   Feb. 27. 1662.

DAVID MATHIESONE, *hæres* Andreæ Mathiesone nautæ et burgensis de Pettinweyme, *avi*,—in pecia terræ infra burgum de Pettinweyme et dominium ejusdem.—E. 2*s.* 4*d.* *feudifirmæ.*   xxvi. 141.

(912)   Mar. 6. 1662.

JOANNES ANDERSON portionarius de Kinloche, *hæres* Thomæ Andersone, *patris*,—in umbrali dimidietate solaris dimidietatis villæ et terrarum de Kinloch, infra senescallatum de Fyffe.—E. 4*l.* 10*s.* 8*d.* &c. *feudifirmæ.*   xxvi. 226.

(913)   Mar. 21. 1662.

MAGISTER ANDREAS AYTOUN, *hæres* Magistri Davidis Aytoun de Balhumbrie advocati, *patris*,—in annuo redditu 640*m.*

de terris et baronia de Lougtoun ;—annuo redditu 160*m.* de prædictis terris et baronia de Lougtoun-Creichtoun olim vocatis Clune, in parochia de Kinglassie et infra regalitatem de Dumfermeling.   xxvi. 347.

(914)   Apr. 8. 1662.

DOMINUS THOMAS HOPE de Craighall miles baronetus, *hæres masculus* Domini Thomæ Hope de Craighall militis baroneti, *patris*,—in terris et baronia de Craighall comprehendentibus terras de Craighall et illam partem earundem nuncupatam terras templarias vel Thorniedykes de Craighall ;—terras de Seres cum jure patronatus capellaniæ vocatæ Saint Ninianis altar infra parochiam de Seres, et presentatione lectoris et præceptoris lie Reader et Schoolmaster apud ecclesiam de Seres ad dictam capellaniam pertinente ;—burgum baroniæ de Seres cum omnibus libertatibus et privilegiis, foris et nundinis ;—terras de Callenge ;—terras de Pitscottie Wester ;—terras de Pitscottie Easter ;—terras de Baltullie ;—terras de Kingarrock ;—terras de Balquhy ;—terras de Dura ;—terras de Rumgalley, cum piscationibus salmonum et aliorum piscium in aquis de Seres et Edine ;—terras de Cairnes ;—terras de Pitfirrane ;—terras et baroniam de Taisses comprehendentes terras de Taisses, Hiltaisses, Haltaisses, molendinum de Taisses ;—terras de Bandirran et Cockles :—A. E. 26*l.* 10*s.* N. E. 106*l.*—terras et baroniam de Kynninmonth comprehendentes terras de Kynninmonth cum decimis earundem ;—terras de Baldinnie et molendinum cum decimis earundem ;—terras de Ladedie et Lymelands cum decimis earundem ;—terras de Overmagask cum decimis ;—terras de Nether Magask et decimas earundem ;—integram moram lie muir de Magask cum decimis ;—terras de Balmakie-medow cum decimis :—A. E. 26*s.* 8*d.* N. E. 5*l.* 6*s.* 8*d.*—terras de Athernie ;—terras de Monthryff :—A. E. 3*l.* 6*s.* 8*d.* N. E. 13*l.* 6*s.* 8*d.*—annuum redditum 25*m.* de terris de Athernie ;—terras de Arnydie cum mossa de Arnydie :—E. 40*s.* *feudifirmæ:*—decimas prædictarum terrarum de Arnydie :—A. E. 6*d.* N. E. 2*s.*—terras ecclesiasticas de Seres :—E. 20*l.* &c. *feudifirmæ:*—officium balliatus præposituræ de Kirkheuch et terrarum ad idem spectantibus, cum bobus sasinarum lie sasine oxen:—A. E. 1*d.* N. E. 4*d.*—mineria et mineralia auri, argenti, copri, plumbi, stannj, &c.—E. *decima pars metallorum:*—unitis in baroniam de Craighall.   xxvi. 190.

(915)   Apr. 15. 1662.

JACOBUS COMES DE FINDLATOR, Dominus Deskfuird, *hæres* Patricii Comitis de Findlator, Domini Deskfuird, *patris*,—in terris de Cassingray cum aliis terris in vicecomitatibus de Perth et Forfar.—A. E. 30*l.* N. E. 120*l.*—(Vide Banff, Perth, Forfar.)   xxvi. 145.

(916)   Maii 5. 1662.

JOANNES STANHOUS, *hæres* Roberti Stanhous portionarii de Northfood, *fratris germani*,—in quarta parte terrarum de Northfood, in parochia et regalitate de Dumfermling.—E. 58*s.* 8*d.* &c. *feudifirmæ.*   xxvi. 318.

(917)   Maii 5. 1662.

DAVID PEARSONE, *hæres* Henrici Pearsone portionarii de Nether Baith, *fratris germani*,—in tertia parte terrarum de Nether Baith in parochia et regalitate de Dumfermling.—E. 3*l.* 10*s.* 2*d.* &c. *feudifirmæ.*   xxvi. 318.

(918)   Maii 8. 1662.

JOANNES WILSONE, *hæres* Davidis Wilsone naucleri burgensis de Anstruther Westir, *patris*,—in 4½ acris terræ infra dominium seu regalitatem de Pittinweme :—E. 15*s.* &c. *feudifirmæ:*—3½ acris terræ arabilis infra dictam regalitatem.—E. 19*s.* 4*d.* &c. *feudifirmæ.*   xxx. 63.

(919)   Jun. 3. 1662.

ANDREAS ARNOT de Capledrae, *hæres* Georgii Arnot de Capledrae, *patris*,—in terris orientalis dimidietatis de Capledrae et dimidietate prati in Locheirschyre.—A. E. 20*s.* N. E. 4*l.*   xxvi. 217.

(920)   Aug. 5. 1662.

JOANNES GIBSONE de Durie, *hæres masculus et talliæ* Domini Alexandri Gibsone de Durie militis, *fratris germani*,—in terris et baronia de Durie, comprehendentibus terras dominicales, villam et terras de Durie ;—terras de Coldstreame ;—terras de Sillieholl ;—terras de Myresydes Ovir et Nether ;—terras de Balstressies ;—terras de Meikle et Litle Balcurvies, cum molendino vocato New Durie Mylne ;—terras de Hauch cum molendinis ;—terras de Auld Durie Mylne, cum piscationibus salmonum aliorumque piscium in aqua de Levin, infra parochias de Sconie et Markinsch :—A. E. 12*l.* N. E. 48*l.*—terras de Donyface cum salmonum piscationibus infra aquam de Levin, infra parochiam de Markinsche :—A. E. 3*l.* N. E. 12*l.*—terras de Sconie cum pertinentiis, viz.—terras de Montflurie ;—terras de Bambeich ;—terras de Threipland alias Threipinsche ;—terras de Levin ;—terras de Levin-Mouth, cum portu lie herbrie villæ de Levinsburne et Levinsbridge ex utroque latere aquæ ;—villam de Levin cum portu, propugna-

L

culo, albis piscationibus, &c. salmonum piscationes aliasque piscationes, cum molendinis tam granorum quam fullonum, et multuris terrarum de Innerlevin alias Caldcoattis:—E. 4m.—burgum baroniæ de Levin cum libero portu:—E. 40s.—libertates, privilegia et immunitates burgi de Levin:—A. E. 12d. N. E. 4s.—terras de Balgruno cum mansione:—E. 26s. 8d.—infra regalitatem Sancti Andreæ, unitas in tenandriam de Sconie;—terras vicarias seu terras ecclesiasticas de Sconie cum decimis garbalibus earundem, infra parochiam de Sconie:—E. 6s. 8d.—terras de Clettie;—terras de Brettiscraigis et Newbigging:—A. E. 3l. N. E. 12l.—decimas garbales et decimas rectorias terrarum et terrarum dominicalium de Durie, et terrarum de Sconie et Levin, Bambeich, et Montsture, ac terrarum de Balgruno in dicta parochia de Sconie;—decimas garbales et rectorias terrarum de Hauch et Hauchmylne, et terrarum novorum et antiquorum molendinorum de New and Old Durie-Mylnes et Myresydes;—decimas garbales terrarum de Balcurvies Meikle et Litle, et terrarum de Donyface, infra parochiam de Markinsch;—decimas garbales et rectorias dictarum terrarum de Clettie, Brettiscraigs, et Newbigging, infra parochiam de Kettle, unitas cum prædictis terris de Durie et Clettie, in baroniam de Durie:—E. 20s.—baroniam de Largo comprehendentem terras terrasque dominicales vulgo Maynes baroniæ de Largo, et cottagia earundem:—E. 21l. 6s. 8d. &c. feudifirmæ:—burgum baroniæ de Largo lie Nethertoun et Seatoun:—E. 6s. 8d. feudifirmæ:—portum de Largo super utroque latere torrentis ostii ejusdem:—E. 6s. 8d. feudifirmæ:—terras de Faufeilds et Froisleyis;—terras de Brounslands:—A. E. 3 asses, N. E. 12 asses:—terras de Schyremure:—E. 6l. 16s. 8d. feudifirmæ:—terras de Balvaird infra regalitatem de Dunfermling:—E. 7l. 10s. 8d. feudifirmæ:—omnia fodina et mineralia 'uri, argenti, copri, æris, stanni, plumbi, ferri, &c. infra universas bondas præfatarum terrarum, cum advocatione ecclesiæ parochialis de Largo rectoriæ et vicariæ ejusdem:—E. decima pars metallorum:—erectis in baroniam de Largo;—et omnibus prædictis terris erectis in baroniam de Durie. xxvi. 276.

(921) Aug. 19. 1662.
ISSOBELLA ET MARGARETA SIBBALDS, hæredes portionariæ Davidis Sibbald de Cuikstone, fratris germani,—in terris de Cuikstoun infra parochiam de Craill.—A. E. 10s. N. E. 2l. xxvii. 88.

(922) Aug. 25. 1662.
JOANNES DICKSONE, hæres Andreæ Dicksone burgensis de Inverkeithing, patris,—in tenemento terræ cum horto et cauda continente 3 rudas terræ, in territorio de North Quenisferrie, parochia et regalitate de Dumfermeling.—E. 16d. feudifirmæ. xxvi. 319.

(923) Aug. 25. 1662.
JANNETA ET MARGARETA DRYSDAILL, hæredes portionariæ Thomæ Burgan portionarii de North Ferrie, avi,—in decima sexta parte cum dimidio decimæ sextæ partis terrarum de Ferriehill, in parochia et regalitate de Dumfermling.—E. 22s. 10d. &c. feudifirmæ. xxvi. 320.

(924) Aug. 25. 1662.
ALISONA BURGANE, hæres Jacobi Burgane portionarii de North Ferrie, patris,—in 3 decimis sextis partibus villæ et terrarum de Ferriehill, in parochia et regalitate de Dumfermling.—E. 37s. &c. feudifirmæ. xxvi. 321.

(925) Sep. 3. 1662.
JACOBUS SWORD armorarius burgensis de Sanctandrois, hæres Henrici Sword ballivi dicti burgi, filii legitimi Wilielmi Sword civis ibidem, fratris germani immediate senioris Walteri Sword patris dicti Jacobi Sword, filii patrui,—in 3 tenementis terrarum in dicta civitate Sancti Andreæ:—E. 3s. 4d.—annuo redditu 18m. de 3½ acris terræ arabilis ad Joannem Brown in Myrtoun pertinentibus;—annuo redditu 4l. de prædictis 3½ acris terræ arabilis;—tenemento terræ in burgo de Elie.—E. ...... feudifirmæ. xxvi. 339.

(926) Sep. 23. 1662.
NATHANIEL SPENCE de Lathallane, hæres Thomæ Spence de Lathallane, patris,—in terris de Lathallane ab antiquo nuncupatis Athallane.—A. E. 4l. N. E. 16l. xxvi. 297.

(927) Sep. 27. 1662.
AGNETA FAIRFULL, hæres Normandi Fairfull, ballivi burgi de Anstruther-Wester, avi,—in 6½ acris terræ arabilis cum pecia terræ vocata Bank, infra dominium seu regalitatem de Pettinweyme prope burgum de Anstruther-Wester.—E. 23s. 4d. &c. feudifirmæ. xxvi. 295.

(928) Nov. 6. 1662.
ROBERTUS DOMINUS COLVILL DE OCHELTRIE, hæres masculus Roberti Domini Colvill de Ocheltrie, patrui,—in terris de Midle Cleisch, Wester Cleisch, Dollelands earundem;—terris de Haltoun de Cleische;—terris de Bordland de Cleisch, Nivingstoun Eister et Wester, cum Brewlands earundem;—terris de

Blair de Crambie;—annuo redditu 10m. 10s. 8d. de terris de Crambie;—terris de Blacksalling, unitis in baroniam de Cleisch:—A. E. 4l. N. E. 16l.—terris de Quyltis, viz. Pow, Halcroft, Meidowzaird, Zowstock, Halburnes, cum 2 pendiculis earundem vocatis Reyes Croft et Lowden Croft, cum decimis:—E. 94l. 10½d. feudifirmæ:—terris de Crumbie cum decimis:—E. 186l. 17s. 5d. feudifirmæ:—patellis salinis et ollis lie Bucat Pottis, cum carbonibus, carbonariis, et fossis, infra bondas dictarum terrarum æ bondas fluxus maris, et cum wrack et wair, et Craigis, portubus et propugnaculo seu propugnaculis, infra fluxum seu refluxum maris et bondas prædictas:—E. 15m. feudifirmæ:—terris de Craigflower:—E. 24s. feudifirmæ:—terris de Meadowfuris et Wanles Akeris, in baronia de Crumbie et regalitate de Culrois:—E. 33s. 4d. feudifirmæ:—officio ballivatus dominii de Culrois cum 40l. pro feodo dicti officii annuatim:—E. 2s. et administratio justiciæ:—domo inferiore in præcinctu abbaciæ de Culrois.—E. 12d. xxvi. 321.

(929) Nov. 6. 1662.
ANDREAS RICHARD at the Four myll Hous, hæres Davidis Ricard civis civitatis Sancti Andreæ, fratris germani,—in 4 acris et 3 rudis terræ arabilis prope civitatem Sancti Andreæ in regalitate ejusdem.—E. 5s. 10d. pro unaquaque acra, feudifirmæ. xxvi. 340.

(930) Jan. 2. 1663.
JOANNES MILLER, hæres Henrici Millar burgensis de Kirkcaldie, patris,—in 2 acris terrarum arabilium, cum 2 partibus acræ terrarum de Balsusney, infra parochiam de Kirkcaldie et regalitatem de Dumfermling.—E. 5s. 4d. feudifirmæ. xxvii. 5.

(931) Jan. 2. 1663.
ELIZABETHA, JONETA, ET ISSOBELLA FERGUISSONES, hæredes portionariæ Katherinæ Page, matris,—in dimidietate molendini fullonum de Gaitmilk et terris eidem annexis, extendentibus ad 4 acras terræ arabilis, in dominio de Gaitmilk, parochia de Kinglasse et regalitate de Dumfermline.—E. 34s. 8d. feudifirmæ. xxvii. 58.

(932) Jan. 24. 1663.
JACOBUS BINNYNG, hæres Jacobi Binnyng burgensis de Pettinweyme, patris,—in dimidio tenementi in dicto burgo de Pettenweyme et dominio ejusdem.—E. 7s. feudifirmæ. xxvi. 352.

(933) Jan. 24. 1663.
MARGARETA WILSON sponsa Roberti Jack mercatoris burgi Sancti Andreæ, hæres Andreæ Wilsone nautæ burgensis de Pettinweyme, patris,—in tenemento cum horto in burgo de Pettinweyme subtus rupes.—E. 8s. feudifirmæ. xxvi. 353.

(934) Feb. 20. 1663.
JOANNES MONCRIEFF, hæres Magistri Davidis Moncrieff de Ballcaskie, patris,—in annuo redditu 2000m. de terris et baronia de Balcaskie;—terris de Pittotar, Lochend, Meadows, Wairds et acris suis in Pettinweyme, sub reversione 20,000m. xxvii. 128.

(935) Feb. 26. 1663.
JACOBUS TURPIE portionarius de Ballomylne, hæres Jacobi Turpie, proavi,—in quarteria et octava parte molendini de Ballomylne cum astrictis multuris, &c. terrarum de Drumtennent, Mairstoun et Eister Fairney, in dominio et senescallatu de Fyffe.—E. 3l. 15s. &c. feudifirmæ. xxvii. 37.

(936) Feb. 26. 1663.
JONETA ET MARGARETA LUCKLAWIS portionariæ de Newtoun de Rires, hæredes portionariæ Simonis Lucklaw, patris,—in dimidietate terrarum de Newtoun de Rires, infra senescallatum de Fyffe.—E. 12l. 3s. 4d. &c. feudifirmæ. xxvii. 87.

(937) Feb. 26. 1663.
JOANNES BALFOUR portionarius de Kinloche, hæres Roberti Balfour, avi,—in 3 octavis partibus dimidietatis villæ et terrarum de Kinloche, cum dimidietate molendini et dimidietate terrarum de Smiddielands, Brewlands et Cotlands, infra senescallatum de Fyffe.—E. 17m. &c. feudifirmæ. xxvii. 122.

(938) Mar. 3. 1663.
DOMINUS JOANNES PRESTOUN de Airdrie miles baronettus, hæres masculus et talliæ Domini Joannis Prestoun de Airdrie militis baronetti, patris,—in terris et baronia de Airdrie comprehendentibus terras dominicales de Airdrie, aliasque terras de Ardrie;—terras de Ridwallis;—terras de Castlefeild apud burgum de Cuper, cum advocatione capellæ Sanctæ Mariæ Virginis infra parochiam burgi de Craill fundatæ:—A. E. 10m. N. E. 40m.—terras de Sypsis:—A. E. 40s. N. E. 8l.—terras de Firthfeild, in parochiis de Carail et Kilrinny cum decimis:—E. 11l. 6s. 8d. &c. feudifirmæ:—omnes unitas in baroniam de Ardrie;—in terris de Pincartoune apud burgum de Carail;—privilegio colligendi

Wrack et Wair :—A. E. 5m. N. E. 20m.—5 acris terrarum arabilium infra baroniam de Westbarnes et parochiam de Carail :—E. 2 bollæ hordei, &c.—terris de Thomastoune cum molendino, infra comitatum de Fyffe, pro principali :—E. 33l. 6s. 8d.—terris et baronia de Durie et terris de Balcurvies, viz. Meikle Balcurvies et Litle Balcurvies ;—terris de Hauch, in warrantum prædictarum terrarum de Thomastoune :—A. E. 10l. N. E. 40l.—hospitio seu tenemento prope burgum de Couper, cum piscaria in aqua de Edine, in baronia de Inchgall per annexationem :—E. 4l.—terris de Bruntoune et Dalginche, in warrantum 15 acrarum de terris de Castlefeild et hospitii, infra baroniam de Ardrie per annexationem, cum piscaria in aqua de Edine :—A. E. 5l. N. E. 20l.—3 acris terrarum arabilium in Midle Bondfeilds prope dictum burgum de Cupro, et prædictis terris de Bruntoun et Dalginch, in warrantum prædictarum 3 acrarum :—E. 6s. 6d. pro unaquaque acra, feudifirmæ:—acra terræ vocata Colmesaiker:—E. 6d. feudifirmæ:—terris de Pittincreiff nuncupatis Maynes et Bank de Pittincreif, cum communi pastura et focali in communia de Couper et Earlesmure, pro principali :—A. E. 5m. N. E. 20m.—terris et baronia de Woolmerstoun, cum advocatione ecclesiarum, in warrantum prædictarum terrarum de Pittincreif :—A. E. 5m. N. E. 20m.—pecia terræ vocata cæmiterium Sancti Christopheri vulgo antiquum cæmiterium burgi de Cupro:—E. 9 asses:—tofta domorum seu breueria infra burgum de Kennoquhie:—E. 2s.—terris de Lochmalonie extendentibus ad 40 solidatas terrarum antiqui extentus.—A. E. 40s. N. E. 8l. xxvii. 52.

(939) Mar. 12. 1663.
MAGISTER WILIELMUS STEVINSONE minister verbi Dei apud Fordyce, hæres Magistri Wilielmi Stevinsone ministri verbi Dei apud ecclesiam de Gemrie, patris,—in pecia vastæ terræ infra burgum de Pettinweyme :—E. 2s.—2 acris terræ arabilis ex occidentali parte de Pettinweyme :—E. 7s.—domo infra burgum et dominium de Pettinweyme :—E. 3s. 4d.—acra terræ arabilis apud Hiecroce, infra dominium de Pittenweyme :—E. 3s. 4d. &c.—extendentibus in toto ad 15s. 8d. feudifirmæ. xxvii. 26.

(940) Mar. 12. 1663.
ALEXANDER OLIPHANT, hæres Petri Oliphant burgensis de Pettinweyme, avi,—in domo cum horto infra burgum et dominium de Pettinweyme.—E. 2s. feudifirmæ. xxvii. 27.

(941) Maii 1. 1663.
WILIELMUS RICHARDSONE, hæres Jacobi Richardsone ballivi de Pettinweyme, patris,—in 3 tenementis infra burgum et dominium de Pittinweyme.—E. 22s. feudifirmæ. xxvii. 57.

(942) Maii 7. 1663.
MAGISTER QUINTIGERNUS LAW portionarius de Freuchie, hæres Magistri Quintigerni Law, patris,—in octava parte terrarum et villæ de Freuchie ;—decima sexta parte dictæ villæ et terrarum ;—alia decima sexta parte dictæ villæ, extendentibus ad quarteriam villæ et terrarum de Freuchie.—E. 4l. &c. feudifirmæ. xxvii. 91.

(943) Maii 12. 1663.
GEORGIUS COMES DE PANMUIR, Dominus Breichin et Navar, hæres Patricii Comitis de Panmuir, Domini Breichin et Navar, &c. patris,—in terris de Kingorne cum decimis garbalibus, erectis in baroniam de Kinghorne :—E. 50s. Sterlingorum :—tenemento terræ nuncupato Teindbarne infra burgum de Kinghorne:—A. E. 10d. N. E. 3s. 4d.—dimidietate terrarum de Tyrie, Westfeild, Seafeild et terrarum de duabus Balbartanes, infra constabulariam de Kinghorne :—A. E. 5l. N. E. 20l.—dimidietate terrarum de Cullindraines Eister et Wester, et terrarum de Maw :—A. E. 20s. N. E. 40s.—dimidietate terrarum de Kinnefwood, Breckollie, Barnethill (vel Balnethill), Eister Balgeddie, Wester Balgeddie, Pittindreich ;—silva de Kilmagus ;—terris de Kennystoun et Portmook, infra dominium de Bischopshyre et regalitatem Sancti Andreæ.—A. E. 13l. 5s. N. E. 53l.—(Vide Kinross, Perth, Aberdeen, Bamf, Forfar, Kincardine.) xxvii. 62.

(944) Jun. 9. 1663.
SIMON GRAY, hæres Simonis Gray burgensis de Pettinweyme, avi,—in tenemento in Pettinweyme ;—acra terræ in Patriklairs:—E. 11s. 4d. &c. feudifirmæ:—quarta parte de uno lie husband land, extendente ad 4 acras terræ arabilis jacentes per lie rinrig ;—lie daill cum 3 lie butts in Pettinweyme, et infra dominium ejusdem.—E. 9s. &c. feudifirmæ. xxvii. 85.

(945) Jun. 11. 1663.
JOANNES CALVART, hæres Joannis Calvart portionarii de Kingsbarnes, avi,—in trigesima bina parte terrarum de Kingsbarnes, infra dominium et senescallatum de Fyffe, cum communi pastura et introitu præ terris de Kippo ad moram Kingsmure:—E. 25s. &c. feudifirmæ. xxvii. 87.

(946) Jun. 11. 1663.
WALTERUS SCHOOLBRAIDIS portionarius de Hills de Auchtermuchtie, hæres Roberti Schoolbraids, patrui,—in terris lie outfield lands de Buist pund lands vocatis Pitmunzies ;—parte libratæ terræ etiam Pitmunzies vocata cum decimis earundem, infra senescallatum de Fyffe.—E. 13s. 4d. feudifirmæ. xxvii. 122.

(947) Jul. 11. 1663.
ISSOBELLA BLACK sponsa Gulielmi Hunter naucleri burgensis de Anstruther Easter, hæres Wilielmi Black naucleri burgensis dicti burgi, patris,—in tenemento prope burgum de Anstruther-Easter ;—acra terræ arabilis prope dictum burgum.—E. 20s. feudifirmæ. xxvii. 142.

(948) Sep. 24. 1663.
ANNA M'MORRANE, hæres Jacobi M'Morrane de Newhall, patris,—in quarta parte villæ et terrarum de Kingsbarnes infra senescallatum de Fyfe.—E. 17l. 13s. 4d. &c. feudifirmæ. xxvii. 118.

(949) Sep. 24. 1663.
JOANNES BRIG, hæres Alexandri Brig portionarii de Kingisbarnes, patris,—in decima sexta parte terrarum et villæ de Kingisbarnes, infra senescallatum Fyffæ.—E. 50s. &c. feudifirmæ. xxvii. 123.

(950) Dec. 18. 1663.
ROBERTUS GED, hæres Magistri Gulielmi Ged feoditarii de Baldrig, patris,—in terris de Midle-Baldrig et Meassonlands :—E. 7l. 10s. 2½d. feudifirmæ:—decimis dictarum terrarum, in parochia et regalitate de Dumfermling:—E. 6 bollæ hordei, &c. feudifirmæ:—molendino granario de Kinghorne-Wester alias Gedsmylne, cum astrictis multuris villarum et terrarum parochiæ de Kinghorne-Wester, 6 acris terrarum et pastura in villa de Overgrange :—E. 9l. 6s. 8d. &c. feudifirmæ:—pecia seu particata terræ Quhytinghill nuncupata :—E. 13s. 4d. feudifirmæ:—12 acris terræ arabilis vocatis Pittiecomounlands :—E. 11l. 3s. 4d. feudifirmæ:—ruda seu quarta parte acræ terræ :—E. 3s. 4d. feudifirmæ :—omnibus jacentibus in parochia de Kinghorne et regalitate prædicta. xxvii. 198.

(951) Feb. 23. 1664.
JONETA CARSTAIRS, hæres provisionis Wilielmi Carstairs polentarii civis civitatis Sancti Andreæ, patris,—in annuo redditu 400m. de terris et baronia de Balcomie, in parochia de Caraill. xxvii. 186.

(952) Feb. 23. 1664.
WILIELMUS CARSTAIRS, hæres provisionis Wilielmi Carstairs polentarii civis civitatis Sancti Andreæ, patris,—in prædicto annuo redditu. xxvii. 187.

(953) Mar. 8. 1664.
JACOBUS WATSONE filius natu maximus Davidis Watsone, hæres Jacobi Watsone præpositi civitatis Sancti Andreæ, avi,—in terris de Pitcruvie, Aucheindownie et Brissemyre :—A. E. 5l. N. E. 10l.—terris de Balmeane cum molendino, infra parochiam de Largo.—E. 20s. feudifirmæ. xxvii. 163.

(954) Mar. 17. 1664.
GEORGIUS BARCLETT, hæres Joannis Barclett burgensis de Pettinweyme, patris,—in tenemento in Pettinweyme cum dimidia parte horti prope Elvands fauldis, infra burgum et dominium de Pettinweyme.—E. 3s. feudifirmæ. xxvii. 179.

(955) Apr. 1. 1664.
ANDREAS BALLINGALL in Newburgh, hæres Alexandri Ballingall, fratris germani,—in 2 acris, una jacente in Brodlands, alia in prato occidentali de Newburgh, infra parochiam de Newburgh et regalitatem de Lindoires.—E. 56s. 8d. xxvii. 175.

(956) Apr. 19. 1664.
JOANNES SCOTT, hæres Magistri Jacobi Scott mercatoris burgensis de Edinburgh, patris,—in terris de Tachindad extendentibus ad 10 solidatas terrarum antiqui extentus, infra parochiam de Cleische.—A. E. 5s. N. E. 50s. xxvii. 177.

(957) Apr. 19. 1664.
DAVID BROUNE filius Joannis Broune incolæ in Weyms, hæres Catharinæ Browne in Weymes, amitæ,—in tenemento infra burgum de Weymis-Wester.—A. E. 6d. N. E. 2s. xxvii. 313.

(958) Maii 3. 1664.
JACOBUS GEDDIE, hæres Willielmi Geddie filii Wilielmi Geddie mercatoris burgensis Sancti Andreæ, patrui,—in annuo redditu 40m. de terris de Balcomie infra parochiam de Carail. xxvii. 240.

(959) Maii 3. 1664.
JACOBUS GEDDIE, hæres Wilielmi Geddie mercatoris burgensis Sancti Andreæ, patrui,—in annuo redditu 260m. de prædictis terris de Balcomie. xxvii. 241.

(960)　　　　Maii 24. 1664.
WILIELMUS HAMILTOUN de Muirhous, filius primo genitus Joannis Hamiltoun de Muirhous apothecarii burgensis de Edinburgh, *hæres talliæ et provisionis* Jacobi Elphingstoune de Innerdovat, *avunculi*,—in terris de Innerdovat et Plewlands, cum piscariis et molendinis lie Seamylnis, infra baronias de Newtoun et Nauchtoun respective.—A. E. 2*l*. N. E. 8*l*.　　xxvii. 197.

(961)　　　　Maii 31. 1664.
DAVID FYIFF, *hæres* Thomæ Fyiff in Pitlair, *patris*,—in quarta parte et dimidio quartæ partis villæ et terrarum de Pitlaire infra baroniam de Pitlaire.—E. 8*l*. 6*s*. 8*d*. *feudifirmæ.*　xxviii. 15.

(962)　　　　Jun. 23. 1664.
MARGARETA SCHOLBREADS, *hæres* Allani Scholbreads portionarii de Auchtermuchtie, *patris*,—in pecia terrarum agrestium lie Fieldlands 40 solidatarum terrarum lie Bondhalfe de Auchtermuchtie cum decimis.—E. bolla avenarum, &c. *feudifirmæ.*　xxviii. 238.

(963)　　　　Jun. 23. 1664.
ANDREAS BIRRELL, *hæres* Thomæ Birrell portionarii de Freuchie, *patris*,—in decima sexta parte villæ et terrarum de Freuchie cum pastura super Lowmondis, infra senescallatum de Fyiff.—E. 3 *bollæ hordei*, &c. *feudifirmæ.*　xxviii. 240.

(964)　　　　Jun. 23. 1664.
ALEXANDER GUIDELL, *hæres* Euphaniæ Scholbreads, *matris*,—in illa parte Outfeildlands vocata Pettinmyre in territorio de Auchtermuchtie, cum jure in monte de Auchtermuchtie et terris de Whytfeild, et decimis dictæ portionis terrarum.—E. 3 *firlotæ avenarum, feudifirmæ.*　xxviii. 241.

(965)　　　　Jun. 23. 1664.
GULIELMUS KEY incola in Kingsbarnes, *hæres* Andreæ Key fabri ferrarii in Kingsbarnes, *patris*,—in tofta ex antiquo vocata tofta decimæ sextæ partis terrarum ad dictum Andream Key pertinentis, in villa de Kingsbarns et senescallatu de Fyiff.—E. 1*d*. *feudifirmæ.*　xxix. 57.

(966)　　　　Jul. 19. 1664.
JOANNES SMITH, *hæres* Joannis Smith in Muirhead, *patris*,—in acra terræ arabilis cum pastura vaccæ in villa de Newbirne, domo et horto, in parochia de Newbirne et regalitate de Dumfermling.—E. 4*s*. 10*d*. *feudifirmæ.*　xxvii. 220.

(967)　　　　Sep. 20. 1664.
JOANNES LYELL in Burnesyde de Saline, *hæres* Elizabethæ Lyell in Carnock, *sororis*,—in annuo redditu 64*m*. de terris de Nether Kinnedder, in parochia de Saline et regalitate de Dumfermling.　　　　　xxvii. 241.

(968)　　　　Sep. 29. 1664.
DOMINUS JACOBUS ARNOT de Fairney, *hæres* Domini Jacobi Arnot de Fairney, *patris*,—in terris et baronia de Pitcruvie ;—terris de Montscheillie:—A. E. 40*s*. N. E. 4*l*.—terris de Markinsh cum molendinis tam granorum quam fullonum earundem :—A. E. 40*s*. N. E. 4*l*.—terris de Pyotstone :—A. E. 20*s*. N. E. 40*s*.—bina parte terrarum de Edindowny :—A. E. 30*s*. N. E. 3*l*.—tertia parte terrarum de Edindowny ;—terris de Caskalpie et Tor :—A. E. 5*l*. 10*s*.—bina parte terrarum de Cassindilly :—A. E. 4*l*. N. E. 8*l*.—tertia parte terrarum de Cassindilly :—E. 4*l*. 13*s*. 4*d*.—terris de Hiltoun et Drumhaggilis, unitis in baroniam de Pitcruvie:—A. E. 4*l*. N. E. 8*l*.—terris de Orkie cum molendino ;—quarta parte terrarum de Easter Lawthrisk vocata Langflat ;—maresia vocata Pitcontiemyre quæ est pars terrarum de Orkie :—A. E. 5*m*. N. E. 25*m*.—terris ecclesiasticis vicariæ de Lawthrisk Bantuscall nuncupatis :—E. 46*s*. 8*d*.—terris de Kingask extendentibus ad libratam terræ antiqui extentus, infra parochiam de Cowper :—A. E. 20*s*. N. E. 4*l*.—decimis ecclesiæ de Carraill et Auchtermonsie;—terris ecclesiasticis de Auchtermoonsie, unitis in tenandriam de Orky:—A. E. 10*s*. N. E. 20*s*.—terris de Kilwhish, cum decimis ecclesiæ de Sires :—A. E. 30*s*. N. E. 6*l*.—terris et tenandria de Auchterutherstruther comprehendentibus terras de Auchterutherstruther, Kirkforther, Lathem ;—terris seu tenandria de Auchtermoonsie ;—terris de Cairnie, Balmanie ;—carbonibus, lapide et calce prædii et terrarum de Radernie, omnibus unitis in tenandriam de Auchterutherstruther :—E. 82*l*.—terris de Parbroth, Hillock ; et Ladisfrone cum molendino de Ladisfrone :—A. E. 7*l*. N. E. 56*l*.—decimis parochiæ et ecclesiæ parochialis de Creich :—A. E. 6*s*. 8*d*. N. E. 20*s*.—terris de Cults et Barclarie infra parochiam de Cults :—A. E. 10*l*. N. E. 80*l*.—terris de Lattishot cum;—omnibus prædictis terris unitis in dominium et baroniam de Crawfurd-Lindsay:—E. 4*l*. 13*s*. 4*d*.—terris de Ardross et Ely, in baroniam de Ardros erectis :—A. E. 10*l*. N. E. 80*l*.—terris de Graingmure ;—E. 2½ *bollæ* 2 *peccæ frumenti*, &c.—octava parte terrarum de Graingemuir :—E. 1 *bolla frumenti*, &c.—decima sexta parte terrarum de Grainge-

muir :—E. ½ *bolla frumenti*, &c.—terris de Bruntsheillis :—A. E. 16*s*. 8*d*. N. E. 6*l*. 13*s*. 4*d*.—terris et baronia de Wester Fairney ;—terris dominicalibus ejusdem;—terris et forrestro de Kilsace (vel Kilface) :—A. E. 10*l*. N. E. 80*l*.—maresia de Fairney et Swardyerd ejusdem, in dominio et senescallatu de Fyiff.—E. 4*l*.　　　　　　　　　　xxviii. 11.

(969)　　　　Oct. 11. 1664.
JOANNES ANDERSONE in Inzever, *hæres* Henrici Andersone in Inzever, *fratris*,—in annuo redditu 80*m*. de terris de Quyltmilne in regalitate de Culrois.　　xxix. 219.

(970)　　　　Oct. 14. 1664.
ALEXANDER CRYSTIE, *hæres* Thomæ Crystie de Hoill, *patris*,—in terris de Hoill alias Legatesbrige, cum pendiculo lie Tippet, in parochia et regalitate de Dumfermeling.—E. 5*l*. 2*s*. 2½*d*. *feudifirmæ*, &c.　　　xxviii. 6.

(971)　　　　Nov. 18. 1664.
CRISTINA ET ISSOBELLA SMITHIS, *hæredes portionariæ ratione conquestus* Georgii Smith ballivi de Pettinweyme, *filii fratris secundo geniti avi*,—in tenemento infra burgum et dominium de Pettinweyme.—E. 3*s*. 4*d*. *feudifirmæ.*　xxvii. 274.

(972)　　　　Jan. 10. 1665.
HENRICUS BARNDERE de Quyltmylne, *hæres* Henrici Barndere de Quyltmilne, *avi*,—in molendino de Quylts in baronia de Quylts.—E. 5*m*. &c. *feudifirmæ.*　　xxvii. 326.

(973)　　　　Jan. 10. 1665.
JOANNES BENNET de Busses, *hæres* Roberti Bennet de Busses, *patris*,—in terris de Waster Quylts vulgo Busses nuncupatis in baronia de Quylts.—E. 5*m*. &c. *feudifirmæ.*　xxvii. 327.

(974)　　　　Feb. 8. 1665.
JOANNES DOMINUS BALFOUR DE BURGHLY, *hæres masculus* Roberti Domini de Balfour de Burghly, *patris*,—in officio coronatoris vicecomitatus de Fife parte baroniæ de Burghly, cum terris in Kinross :—A. E. 10*l*. N. E. 54*l*.—in terris de Meikle Balgarvie et Litle Balgarvie, cum communia ad Fairniemyre, et communia ad moras de Cowper, infra dominium et senescallatum de Fyiff:—A. E. 3*l*. N. E. 18*l*.—terris de Star cum maresio et pastura, infra dictum senescallatum :—A. E. 3*l*. N. E. 10*l*. &c. *feudifirmæ :* —terris et baronia de Stramiglo comprehendente terras et villas de Demperstounes, Eister et Wester Skllbirsland, et Skoboland, et partem vocatam Walkerland ;—maneriem locum de Stramiglo ; villam et burgum de Stramiglo alias nuncupatum Eglismartin cum tofta et horto ;—terras et acras de Stramiglo ;—orientale molendinum de Stramiglo, cum multuris, et pastura in Lowmounds de Faulklands et montibus de Auchtermuchtie :—A. E. 12*l*. N. E. 50*l*. *taxatæ wardæ :*—8 acras terrarum nuncupatas Westend de Stramiglo, omnes unitas in baroniam de Stramiglo :—E. 8*l*. *feudifirmæ :*—8 octavis partibus cum dimidio decimæ sextæ partis, et bina parte dimidietatis decimæ sextæ partis villæ et terrarum de Newtoun de Faulkland, cum communia in Lowmonds de Faulkland :—A. E. 50*s*. 7½*d*. N. E. 16*s*. 8*d*. &c. *feudifirmæ:*—octava parte cum dimidio decimæ sextæ partis prædictæ villæ et terrarum de Newtoun de Faulkland ;—decima sexta parte cum dimidio decimæ sextæ partis dictæ villæ et terrarum;—dimidio decimæ sextæ partis ac tertia parte decimæ sextæ partis villæ et terrarum ;—dimidio decimæ sextæ partis dictæ villæ et terrarum de Newtoun de Faulkland ;—communi pastura in Lowmonds de Faulkland :—E. 5*l*. 10*s*. &c. *feudifirmæ :*—sacello et loco Beatæ Mariæ vulgo Our Ladys Chappell Birkinsyde nuncupato, cum communia, prope palatium et villam de Faulkland :—E. 40*s*. 12*d*. *feudifirmæ :*—decimis 3 quarteriarum et 40 denariatarum terrarum villæ et terrarum de Newtoun de Faulkland, in parochia de Gilgour alias Faulkland, ac villæ et terrarum de Balgarvie, infra parochiam de Monymaill, cum aliis decimis in Kinross.—A. E. 12*d*. N. E. 4*s*.—(Vide Kinross, Stirling.)　　xxviii. 1.

(975)　　　　Feb. 21. 1665.
ANDREAS BRUCE de Earlshall, *hæres masculus* Domini Andreæ Bruice de Earlshall, *patris*,—in terris et baronia de Leucharis-Bruice comprehendente tertiam partem terrarum de Brodland, et Cumertoun, cum prato et privilegio piscandi super aquam de Edine ;—tertia parte terrarum de Lewcharsmylnetoune ;—tertia parte terrarum de Strathburnes ;—tertia parte terrarum de Wester Fothirs;—tertia parte terrarum de Auldmuires, cum cuniculariis et salmonum piscaria super Reidsands ;—tertia parte de Kinschalldie et Nether Muires ;—terris de Myresyde alias Midmuire ;—tertia parte de Raschiemyre cum 2 daills, horreum de Earlishall existentibus, et 4 lie cavills terrarum, extendentibus ad 4 acras terrarum supra villam de Balbuchrie, 2 toftis de Balbuchrie ;—nona parte terrarum de Pursk ;—terris et toftis villæ de Lewchars cum privilegio mori et Links, infra baroniam de Lewchars-Bruice ;—tertia parte villæ et terrarum de Fordell ;—tertia parte villæ et terrarum

de Cubaikie, infra baroniam de Lewchars-Bruce;—bina parte tertiæ partis terrarum et villæ de Pursk ;—alia tertia parte dictarum terrarum de Strathburnes, Fotheris, et Fordell, cum molendino de Strathburne, infra baroniam de Kinnear;—alia tertia parte dictarum terrarum de Cubaikie infra baroniam de Crajgie, omnibus unitis in baroniam de Earlshall.—A. E. 5l. N. E. 20l.—(Vide Forfar.) xxviii. 91.

(976) Maii 25. 1665.
JOANNES WARDLAW, hæres Magistri Joannis Wardlaw de Abden, patris,—in villa et terris de Binnend cum prato et Links, infra parochiam de Bruntyland et regalitatem de Dumfermling.—E. 14l. 6s. &c. feudifirmæ. xxviii. 26.

(977) Maii 25. 1665.
JOANNES BROUNE, hæres Joannis Broune, patris,—in particata terræ continente 2 acras terræ arabilis, in parochia ét regalitate de Dumfermling, cum pastura super terras de Northferry.—E. 33s. feudifirmæ. xxviii. 31.

(978) Jun. 27. 1665.
JACOBUS LAW de Bruntoun, hæres masculus Georgii Law de Bruntoun, patris,—in terris de Bruntoun, Dalginsch, Bightie, et Pittinhaggilis in dominio de Dalginsch, cum maresiis vocatis Bruntoun moss :—A. E. 12l. N. E. 48l.—terris de Treatoun, Eister Newtoun et Wester Newtoun :—A. E. 9l. N. E. 36l.—terris de Ovir et Nether Markinsche.—A. E. 7l. N. E. 28l. xxviii. 70.

(979) Jul. 6. 1665.
ANDREAS GEDD, hæres Andreæ Gedd portionarii de Freuchie, patris,—in duodecima parte villæ et terrarum de Freuchie infra senescallatum de Fyiff.—E. 31s. feudifirmæ. xxviii. 239.

(980) Aug. 22. 1665.
DONALDUS MONTEITH faber ferrarius in Branker, hæres Duncani Monteith fabri ferrarii in Kettle, fratris.—in octava parte villæ et terrarum de Ketill infra senescallatum de Fyiffe ;—dimidietate annui redditus 30l. de quarteria dictæ villæ et terrarum de Kettell, omnibus in parochia de Ketle et senescallatu de Fyiffe.—A. E. ...... N. E. ......—(Vide Edinburgh.) xxviii. 61.

(981) Sep. 7. 1665.
JOANNES MACK, hæres Joannis Mack in Mairstoun, patris,—in annuo redditu 20m. de quarta parte terrarum et molendini de Ballomilne, infra senescallatum de Fyiff. xxviii. 144.

(982) Oct. 26. 1665.
JEANNA RICHARDSONE, hæres portionaria Willielmi Richardsone scribæ in Pettinweyme, filii fratris,—et JACOBUS LUNDY filius Annæ Richardsone sororis dictæ Jeannæ, hæres portionarius prædicti Willielmi Richardsone, filii patrui,—in 3 tenementis in Pettinweyme :—E. 22s. feudifirmæ :—2¼ acris terrarum infra limites burgi de Pettinweyme.—E. 8s. &c. feudifirmæ. xxviii. 78.

(983) Dec. 7. 1665.
RICARDUS SYME, hæres Henrici Syme portionarii de Auchtermuchtie, patris,—in 40 solidatis terrarum borealis quarteriei de Auchtermuchtie cum decimis :—E. 4 bollæ frumenti, &c. feudifirmæ :—10 solidatis terrarum ejusdem borealis quarteriei cum decimis :—E. 1 bolla frumenti, &c. feudifirmæ :—una lie daill terrarum illarum 5 solidatarum terrarum borealis quarteriei Loch-roaddaill nuncupata.—E. 2s. feudifirmæ. xxviii. 187.

(984) Dec. 9. 1665.
JOANNES OLIPHANT, hæres lineæ Petri Oliphant burgensis de Pettinweim, patris,—in tenemento in Pettinweim :—E. 6s. 8d. feudifirmæ :—domibus cum pecia horti infra dictum burgum de Pettinweim.—E. 6s. feudifirmæ. xxviii. 88.

(985) Dec. 9. 1665.
JONETA, AGNETA, ET CATHARINA LUNDIES, hæredes provisionis Jacobi Lundie naucleri burgensis de Pettinweim, patris,—in tenemento in burgo de Pettinweim.—E. 3s. 4d. feudifirmæ. xxviii. 89.

(986) Jan. 30. 1666.
JOANNES HALYDAY de Tuliboal, hæres masculus Gulielmi Halyday de Tuliboal, patris,—in terris de Tuliboall comprehendentibus terras de Eister Kilduff ;—terras de Quhoirlahill, Eister Gelvan, Hauch earundem, Westir Gelvan alias Bankheid, Eister Thomecairne, Wester Thomecairne alias Craigheid, Knockintinnie, Claysaik, Newbigging ;—villam de Cruik de Dovan et burgum baroniæ ejusmodi, cum foro hepdomadario ejusdem burgi baroniæ ;—terras de Harlaw, cum granorum et fullonum molendinis, et maneriei loco de Tuliboall :—A. E. 5l. N. E. 20l.—terris ecclesiasticis de Tuliboall extendentibus ad 4 acras terrarum, infra parochiam de Tuliboall :—E. 26s. 8d. feudifirmæ :—omnibus unitis in baroniam de Tullibole.—(Vide Perth.) xxviii. 151.

(987) Feb. 13. 1666.
MAGISTER GEORGIUS WALKER, hæres Andreæ Walker burgensis de Dumfermline, patris,—in 4 quinque partibus terrarum de Lumpisland alias Grantisland;—4 quinque partibus 6 acrarum infra easdem et aquæ ductum lie Coalzearaw vulgo Mynlelead versus aquilonem, infra parochiam et regalitatem de Dumfermling.—E. 2s. feudifirmæ. xxviii. 106.

(988) Feb. 13. 1666.
MAGISTER GEORGIUS WALKER, hæres Georgii Walker mercatoris burgensis de Edinburgh, patrui,—in quinta parte terrarum de Lumpisland alias Grantisland ;—quinta parte 6 acrarum terræ infra easdem et aquæ ductum lie Coalzearaw vulgo vocatum Mylnelead versus aquilonem, infra parochiam et regalitatem de Dumfermling.—E. 6d. feudifirmæ. xxviii. 107.

(989) Feb. 22. 1666.
WILLIELMUS STEWART de Kirkhill, hæres Domini Jacobi Stewart de Kirkhill militis, patris,—in quinta parte villæ et terrarum de Scotscraig et Sandihills, cum salmonum piscationibus super aquam de Tay ;—molendino granario de Ferritoun ;—terrarum et acrarum de Ferritoun ;—terrarum et acrarum de Ferritoun de Portoncraig :—E. 60l. 11s. 8d. &c. feudifirmæ :—quinta parte terrarum de Fothers et Shamvald alias vocata Tentmures, cum piscationibus de Drumlaws, Johnsands, Pyntknow, Lindoshott :—E. quinta pars 20l. &c.—quinta parte villæ et terrarum de Southferrie de Portoncraige, acrarum, et terrarum arabilium ejusdem lie brewlands ;—tenementorum vocatorum Coathous vel Croftsteiddes, cum portu de Portoncraig et privilegio cymbarum portatoriarum.—E. 27l. 15s. &c. feudifirmæ. xxviii. 120.

(990) Feb. 22. 1666.
WILLIELMUS STEWART de Kirkhill, hæres Domini Ludovici Stewart de Kirkhill militis, avi,—in terris, &c. prædictis. xxviii. 123.

(991) Feb. 22. 1666.
JOANNES OLYPHANT de Carpow, hæres Willielmi Olyphant de Carpow, patris,—in diversis tenementis, &c. infra burgum de Dunfermling :—E. servitium burgi :—10 acris terrarum tanquam parte quarteriæ villæ et terrarum de Newlands, infra parochiam et regalitatem de Dumfermling.—E. 3l.—(Vide Perth.) xxviii. 214.

(992) Mar. 6. 1666.
DAVID BARCLAY, hæres Magistri Davidis Barclay de Touch-Eister, patris,—in terris de Touch-Eister.—A. E. 20s. N. E. 4l. xxviii. 126.

(993) Mar. 15. 1666.
MAGISTER JACOBUS REID, hæres Willielmi Reid mercatoris burgensis de Edinburgh, patris,—in annuo redditu 406l. 2s. 6d. de Joannis Comitis de Dundie ejus terris nuncupatis Cowflat, Borland, Mylnsyde, Buttriebuttis, Blacksyde et terris de Corslandhill, infra parochiam de Innerkeithing.—(Vide Aberdeen, Ayr.) xxviii. 146.

(994) Mar. 31. 1666.
MAGISTER SIMON GRIG scriba in Edinburgh, hæres Simonis Grig mercatoris burgensis Sancti Andreæ, avi,—in tenemento infra burgum et dominium de Pettinweim.—E. 2s. feudifirmæ. xxviii. 123.

(995) Mar. 31. 1666.
ROBERTUS RICHARDSONE, hæres Andreæ Richardsone ballivi de Anstruther-Westir, patris,—in 2 acris terræ prope burgum de Anstruther-Wester, infra dominium et regalitatem de Pettinweim.—E. 6s. 8d. feudifirmæ. xxviii. 123.

(996) Maii 8. 1666.
WILLIELMUS DOWGLAS de Kirkness, hæres Domini Willielmi Dowglas de Kirkness, patris,—in terris et baronia de Kirkness, cum officio ballivatus.—E. 60l.—(Vide Kinross.) xxviii. 145.

(997) Maii 31. 1666.
JOANNES WHYITT, hæres Jacobi Whyitt naucleri burgensis de Kirkcaldie, patris,—in 2 acris terrarum arabilium de Balsusney :—E. 22d. pro qualibet acra, feudifirmæ :—acra terræ terrarum de Smeitoun :—E. 3s. 4d. feudifirmæ :—alia acra terræ in Doyles :—E. 3s. 4d. feudifirmæ :—omnibus infra regalitatem de Dumfermling. xxviii. 227.

(998) Jul. 21. 1666.
JOANNES SCOTT, hæres Joannis Scott burgensis de Kinghorne, patris,—in tenemento cum horreo et horto, infra limites burgi de Pettinweim et dominium ejusdem.—E. 7s. feudifirmæ. xxviii. 180.

(999) Aug. 3. 1666.
ROBERTUS KELLOCK, hæres Jacobi Kellock portionarii &c.

M

Maistertoun, *patris*,—in octava parte villæ et terrarum de Maistertoun, infra parochiam et regalitatem de Dumfermline.—E. 4*l.* 13*s.* 4*d. feudifirmæ.*　　　　　xxviii. 189.

(1000)　　　　　Sep. 11. 1666.
JOANNES PEIRSONE, *hæres* Magistri Joannis Peirsone filii Magistri Alexandri Peirsone de Sowthhall, *patris*,—in annuo redditu 100*l.* de terris de Over Raderny.　　　　　xxviii. 219.

(1001)　　　　　Oct. 5. 1666.
ANDREAS SMYTH, *hæres* Andreæ Smyth, *patris*,—in quarta parte villæ et terrarum de Northfoid, infra parochiam et regalitatem de Dumfermline.—E. 2*l.* 18*s.* 0½*d. feudifirmæ.*　　xxviii. 204.

(1002)　　　　　Oct. 12. 1666.
JACOBUS ANGUS, *hæres ex provisione* Patricii Angus naustrologi burgensis de Bruntiland, *patris*,—in 10 acris terræ arabilis terrarum de Nether Grange cum decimis :—E. 12 *bollæ hordei,* &c. *feudifirmæ* :—illis lie delfiis terræ arabilis terrarum de Eastquarter, aut quartæ partis de Kinghorne-Wester, omnibus infra baroniam et parochiam de Bruntiland et regalitatem de Dumfermlyne.—E. 13*s.* 4*d.* &c. *feudifirmæ.*　　　　　xxviii. 229.

(1003)　　　　　Dec. 27. 1666.
ANDREAS FLETCHER de Saltoune, *hæres* Domini Roberti Fletcher de Saltoun, *patris*,—in terris de Lugtoun comprehendentibus *terras* de Cluny nuncupatas Lugton-Crichtoun ;—terras de Haltoun de Lugtoun, Dogtoun, Muirtoun, Forrestertoun, Mylnetoun et Craigsyde, infra regalitatem de Dumfermline.—A. E. 6*l.* 13*s.* 4*d.* N. E. 26*l.* 13*s.* 4*d.*—(Vide Edinburgh.)　　xxviii. 244.

(1004)　　　　　Jan. 2. 1667.
ISSOBELLA, BESSETA, ET ELIZABETHA COOKIS, *hæredes portionariæ* Alexandri Cook burgensis de Pettinweim, *fratris avi*,—in tenemento in burgo et dominio de Pettinweim.—E. 4*s.* 4*d. feudifirmæ.*　　　　　xxviii. 233.

(1005)　　　　　Jan. 5. 1667.
AGNETA ET CATHARINA FAIRFULLIS, *hæredes portionariæ* Agnetæ Fairfull filiæ Normandi Fairfull burgensis de Anstruther, *filiæ fratris*,—in 6½ acris terræ arabilis, cum pecia terræ vocata Bauck, infra dominium seu regalitatem de Pettinwem prope burgum de Anstruther-Wester.—E. 23*s.* 4*d.* &c. *feudifirmæ.*　　　　　xxviii. 234.

(1006)　　　　　Jan. 9. 1667.
JACOBUS MITCHELL, *hæres* Davidis Mitchell in Pitlivar, *patris*,—in molendino de Cavill in parochia de Dumfermling et regalitate Sancti Andreæ ;—annuo redditu 100*l.* de terris de Cavill.—E. ....　　　　　xxviii. 251.

(1007)　　　　　Mar. 14. 1667.
EUPHAMIA SYMSONE, *hæres* Magistri Jacobi Symsone ministri apud Kirkcaldie, *patris*,—in molendino de Balbreikie alias vocato Kingsmylne, infra parochiam de Kennoway.—E. 9*l.* 13*s.* 4*d.* &c. *feudifirmæ.*　　　　　xxviii. 271.

(1008)　　　　　Mar. 19. 1667.
JACOBUS BEATOUNE feoditarius de Balfowre, *hæres masculus et conquestus* Magistri Davidis Beatoune de Pitkeirie, *fratris immediate junioris*,—in villa et terris de Pitkeirie infra parochiam de Kilrynnie.—A. E. 3*l.* N. E. 12*l.*　　　　　xxviii. 262.

(1009)　　　　　Mar. 20. 1667.
ISSOBELLA WHYTE, *hæres* Joannis Whyt burgensis de Pettinweim, *avi*,—in domo infra burgum et dominium de Pettinweim.—E. 2*s. feudifirmæ.*　　　　　xxviii. 258.

(1010)　　　　　Apr. 19. 1667.
HENRICUS MURRAY, *hæres* Margaretæ Wardlaw de Pitlochie, *matris*,—in terris de Pitlochie, infra parochiam et schyram de Kinglassie et regalitatem de Dumfermline.—E. 10*l.* &c. *feudifirmæ.*　　　　　xxviii. 263.

(1011)　　　　　Jul. 4. 1667.
JACOBUS MAXWELL portionarius de Auchtermuchtie, *hæres* Jacobi Maxwell, *patris*,—in 40 solidatis terrarum borealis quarteriæ de Auchtermuchtie :—E. 4 *bollæ* 2 *firlotæ frumenti,* &c. *feudifirmæ* :—decimis garbalibus dictarum terrarum :—A. E. 6*s.* N. E. 2*s.*—in senescallatu de Fife.　　xxix. 38.

(1012)　　　　　Jul. 4. 1667.
JOANNES DEMPERSTOUN, *hæres* Roberti Demperstoune portionarii de Auchtermuchtie, *patris*,—in 45 solidatis terrarum borealis quarteriæ de Auchtermuchtie :—E. 5 *bollæ* 1 *pecca frumenti,* &c. *feudifirmæ* :—5 solidatis terrarum dictæ borealis quarteriæ de Auchtermuchtie :—E. 2 *firlotæ* 1 *pecca frumenti,* &c. *feudi-*

firmæ :—decimis garbalibus :—A. E. 6*d.* N. E. 2*s.*—infra senescallatum de Fife.　　　　　xxix. 39.

(1013)　　　　　Jul. 6. 1667.
JOANNES DICK, *hæres* Joannis Dick tegulatoris burgensis de Pettinweim, *patris*,—in tenemento cum horto in burgo de Pettinweim.—E. 12*d. feudifirmæ.*　　　　　xxviii. 306.

(1014)　　　　　Jul. 6. 1667.
JACOBUS COOK, *hæres* Thomæ Cook ballivi de Pettinweim, *patris*,—in tenemento in Pettinweim :—E. 9*s.* 6*d. feudifirmæ* :—dimidio acræ prope summam crucem ;—sulco lie ane Hempbutt, infra limites burgi de Pettinweim et dominium ejusdem.—E. 12*d.* &c. *feudifirmæ.*　　　　　xxviii. 307.

(1015)　　　　　Jul. 6. 1667.
JACOBUS COOK ET MAGISTER DAVID AIRTH, *hæredes portionarii* Thomæ Ritchardsone ballivi de Pettinweim, *avi ex parte matris*,—in tenemento in Pettinweim :—E. 2*s. feudifirmæ* :—tofta et domo in dicto burgo.—E. 4*s. feudifirmæ.*　　xxviii. 308.

(1016)　　　　　Jul. 6. 1667.
GEORGIUS FORREST, *hæres* Joannis Forrest burgensis de Pettinweim, *patris*,—in tenemento in Pettinweim et dominio ejusdem.—E. 3*s. feudifirmæ.*　　　　　xxviii. 309.

(1017)　　　　　Jul. 12. 1667.
DAVID SYMSONE, *hæres* Davidis Symsone de Monturpie, *patris*,—in terris de Monturpie et tertia parte terrarum de Melgum et Langreines, in dominio de Newbirne et regalitate de Dumfermline.—E. 9*l.* 6*s.* 8*d.* &c. *feudifirmæ.*　　xxviii. 312.

(1018)　　　　　Jul. 20. 1667.
GEORGIUS DISCHINGTOUNE, *hæres portionarius* Gulielmi Sutherland senioris nautæ in Saint Monance, *proavi ex parte matris*,—ELIZABETHA GILLESPIE, JONETA ET MARGARETA MARTINES, *hæredes portionariæ* prædicti Gulielmi Sutherland, *avi ex parte matris*,—in tenemento infra dominium et burgum de Pittenweim.—E. 4*s.*　　　　　xxviii. 314.

(1019)　　　　　Aug. 16. 1667.
DAVID WILIAMSONE burgensis de Kirkcaldie, *hæres* Joannis Williamsone senioris burgensis de Kirkcaldie, *avi*,—in 5½ acris terrarum arabilium de Smeittoune in dominio de Kirkcaldie et regalitate de Dumfermline.—E. 18*s.* 4*d. feudifirmæ.*　　xxviii. 323.

(1020)　　　　　Sep. 12. 1667.
DAVID RYMOUR, *hæres* Davidis Rymour portionarius de Kettell, *avi*,—in decima sexta parte terrarum de Kettell, infra senescallatum de Fyiff.—E. 25*s.* &c. *feudifirmæ.*　　xxix. 56.

(1021)　　　　　Sep. 30. 1667.
THOMAS FUIRD, *hæres* Joannis Fuird burgensis de Pettinweim, *patris*,—in dimidio horti et domo in burgo de Pettinweim et dominio ejusdem.—E. 3*s.* 4*d. feudifirmæ.*　　xxviii. 334.

(1022)　　　　　Jan. 16. 1668.
WILLIELMUS HENDERSON, *hæres* Willielmi Turpie portionarii de Bellomylne, *avi*,—in octava parte de Bellomylne, cum sequelis terrarum de Drumtennent et Easter Fernie, infra senescallatum de Fyfe.—E. 25*s.* &c. *feudifirmæ.*　　xxxvi. 96.

(1023)　　　　　Jan. 21. 1668.
DOMINUS ANDREAS RAMSAY de Abbotshall miles, *hæres* Colonelli Davidis Ramsay filii Magistri Andreæ Ramsay de Wittoun, *fratris germani*,—in terris de Grangemuir cum mora ejusdem, infra dominium et baroniam de Pittenweem pro principali : —E. 4 *bollæ* 2 *peccæ frumenti,* &c. *feudifirmæ* :—terris et baronia de Ardross, in speciale warrantum terrarum de Grangemuir : —A. E. 10*l.* N. E. 40*l.*—annuo redditu 160*l.* de dictis terris et baronia de Ardross, in speciale warrantum decimarum de Grangemuir.　　　　　xxix. 19.

(1024)　　　　　Jan. 31. 1668.
JEANNA ET HELENA DAWLINGS, *hæredes portionariæ* Jacobi Dawling junioris naucleri burgensis de Sowth Queensferrie, *patris*,—in terris vocatis Cluttiscroft continentibus 4 acras terrarum arabilium ;—6 acris terrarum arabilium in Halbank, ex orientali parte burgi de Dumfermling infra regalitatem ejusdem.—E. 1 *libra piperis.*—(Vide Linlithgow.)　　　　　xxix. 22.

(1025)　　　　　Feb. 7. 1668.
PETRUS YOUNG de Seatoun, *hæres* Domini Petri Young de Seatoun militis, *avi*,—in terris quæ olim ad patrimonium prioratus sive cellæ de Pittinweim vocatum Nethir Inch pertinuerunt, cum particata seu pecia terræ lie Cunyngare nuncupata, olim per

priores et commendatarios dicti prioratus de Pittinweim tanquam cunicularium possessa ;—gramine et pastura earundem terrarum infra metas subscriptas, et servitiis tenentium baroniæ de Pittinweim ex parte boreali torrentis ejusdem infraspecificatis, viz. Grangmoores Easter et Wester, Pittoter, Lochend, Falsyde, et Lucgow, in occupatione, aratura et laboratione earundem terrarum solitis et consuetis ;—decimis earundem inclusis ;—custodia et manutentione prati et wardæ equorum dicti Monasterii et Loci de Pittinweim, jacentibus in dominio et baronia de Pittinweim ;—tenemento terræ cum horto in burgo de Pittinweim ;—dimidietate terræ husbandiæ vulgariter nuncupata half ane husbandland ex parte occidentali dicti burgi ;—alio tenemento cum horto et terræ pecia olim vacua et nunc ædificata, in dicto burgo supra rupes ;—tenemento cum horto in dicto burgo sub ripa ejusdem ;—2 acris terrarum arabilium in territorio dominii de Pittinweim ;—domo et tenemento terræ cum horto in burgo de Pittinweim, in via nuncupata Mariegait ;—tenemento cum horto ibidem ;—tenemento cum horto ibidem ;—alio horto prædicto tenemento pertinente apud orientale latus muri monasterii de Pittinweim ;—tenemento cum horto infra dictum burgum ;—tenemento cum hortis ibidem ;—acra terræ arabilis ;—omnibus in dominio et baronia de Pittinweim. —E. 9l. 11s. 4d. feudifirmæ. xxix. 16.

(1026) Feb. 7. 1668.
ROBERTUS KELLOK, hæres Roberti Kellock portionarii de Maistertoun, avi,—in octava parte villæ et terrarum de Maistertoun, infra parochiam et regalitatem de Bruntiland.—E. 4l. 13s. 4d. feudifirmæ. xxix. 24.

(1027) Mar. 19. 1668.
JOANNES MELVILL, hæres Andreæ Melvill portionarii de Ardethe, patris,—in decima sexta parte terrarum de Ardethe infra senescallatum de Fyiff, cum communi pastura ad moram vocatam Lillies Muir et Lucklawhill, et communi pastura ad moram de Segie ad gradiendum præ terris de Munsey mylne.—E. 26s. 8d. &c. feudifirmæ. xxx. 228.

(1028) Mar. 25. 1668.
MARGARETA DAIRSIE, hæres Willielmi Dairsie naucleri burgensis de Anstruthir-Westir, avi,—in 3 acris terræ arabilis infra dominium et regalitatem de Pettinweim.—E. 10s. &c. feudifirmæ. xxix. 29.

(1029) Apr. 7. 1668.
ALEXANDER COMES MORAVIÆ, hæres masculus Jacobi Comitis Moraviæ, Domini Doun et Abernethie, avi,—in illis partibus dominii de Sanct Colme infra mentionatis, viz. terris de Bowprey ;—terris de Inchebairdye ;—terris de Prinlawes ;—crofta ecclesiæ lie Kirkcroft de Dalgettie, et crofta ecclesiæ lie Kirkcroft de Auchtertuill ;—terris de Inchkeirye ;—terris de Leuchattis-Beath ;—terris nuncupatis St. Cerottis landis infra baroniam de Fordell ;—terris de Bancliro ;—dimidietate terrarum de Knocksodrum ;—crofta ecclesiæ de Leslie ;—crofta ecclesiæ de Rossayth ;—terris nuncupatis Sisterslands ex parte orientali torrentis de Aberdour ;—tenementis et rudis terrarum ex parte occidentali torrentis de Aberdour, quæ ex antiquo ad abbaciam de St. Colme pertinuerunt ;—terris de Glasmonth ;—dimidio carucatæ terræ apud ecclesiam de Sanct Maring nunc Inchkiery nuncupatæ, cum capella Buchadlach nunc Eglismaldie nuncupata ;—Kinnouchim (Kynnachan ?) per rectas metas earundem ;—2 Kincairnes Over et Nether, et tofta in burgo de Edinburgh ;—2 bovatis terrarum in Middletoun ;—terris de Clune nuncupatis Clunvan, cum molendinis de Fordell ;—terris nuncupatis Crossaikers in terris de Otterstoun situatis ;—Ilis de Inkry, Barkry, et Heystack cum sea mark et libertate piscationis, &c. ;—annuo redditu aut annua pensione 40s. de Strathenry ;—annuo redditu 20s. de ecclesia de Crawmond ;—annuo redditu ⅓s. de Coustoun ;—annuo redditu 14s. de Cultello ;—annuo redditu 10s. argenti de Over Balmuill ;—annuo redditu 20s. argenti de Balledmonth ;—annuo redditu 15s. argenti de molendino de Lundye ;—annuo redditu 14s. de molendino de Fordell ;—annuo redditu 53s. 4d. de molendinis de Crawmond, et 3s. de terris de Craigin ;—annuo redditu 13s. 4d. de Kinkairdine-Waldine ;—annuo redditu 12s. de Kingsdominie et dominio de Kinghorne, cum aliis terris in Edinburgh, Linlithgow, Perth, Haddington.—A. E. 2m. N. E. 10m.—(Vide Edinburgh, Linlithgow, Perth, Haddington.) xxix. 91.

(1030) Apr. 7. 1668.
ALEXANDER COMES MORAVIÆ, hæres masculus Jacobi Comitis Moraviæ, Domini Doun et Abirnethie, patris,—in dominio de St. Colme comprehendente monasterium, mansionem et maneriei locum de St. Colmes Insche, infra clausuram seu præcinctum dicti monasterii ;—insula lie Insch de St. Colme et ejusdem cum cuniculariis ;—terris et baronia de Beith comprehendentibus terras de Craigbaith ;—terras de Kirkbaith ;—terras de Bathillocks ;—terras nuncupatas Sheills, Hiltoune, Eistertoune, et Ne-

thertoune, Croftgarye ;—terras de Brago ;—terras de Muirtoune ;—terras nuncupatas Coalheuchlands cum carbonario, et cum molendino de Beith ;—terris de Whytehill Easter et Wester ;—terris de Muirtoune de Beith ;—terris de Newtoune cum brasina de Newtoune et terris brueriis ;—terris de Dinnebirsell ;—terris de Barnehill et Grainge ;—19 acris terrarum ;—terris de Easter et Westir Balclevies ;—dimidietate terrarum de Knocksodrum, infra baroniam prædictam ;—terris de Kilrye ;—terris de Cultillhill et Seasyde ;—1¼ acra terrarum ad occidentalem finem pontis de Abirdour ;—molendino de Abirdour, cum multuris terrarum de Dinnebirsell, Grainge, Barnehill, acrarum et rudarum occidentalis lateris de Abirdour, Cultellhill, Boupry, Whytehill, Westirsyde, Eistersyde, Eister et Westir Balclevies, Newtoune, Inschmartine, Croftgary, Brago, Caikinsche, et terrarum vocatarum Brewlands de Newtoune, infra baroniam de Abirdour ;—molendino nuncupato pastarmylne (Pascarmylne ?), cum pastura 4 vaccarum et 1 equi in communia, et cum pastura super dictas terras de Kilrye ;—ceteris partibus dictæ baroniæ de Beith, decimis dictarum terrarum, et decimis garbalibus aliisque decimis ecclesiarum parochialium de Abirdour, Dalgattie, Rossyth, Leslie, et Beith ;—villa de Abirdowr ex occidentali parte torrentis, cum privilegio burgi baroniæ, unitis cum aliis terris in Edinburgh et Linlithgow in dominium de St. Colme.—A. E. 20l. N. E. 60l.—(Vide Edinburgh, Linlithgow.) xxix. 92.

(1031) Apr. 14. 1668.
JACOBUS ROWANE filius Gulielmi Rowane de Gask, hæres portionarius Catharinæ Mitchell sponsæ Jacobi Allane in Balbairdie, aviæ ;—JONETA ALLANE sponsa Henrici Davidsone in Blacklaw, hæres portionaria dictæ Catharinæ Mitchell, matris,—in dimidietate terrarum de Staniehill infra parochiam de Kinghorne : —E. 2m. feudifirmæ :—dimidietate annui redditus 4m. de solari dimidietate terrarum de Souther Glasmonth, infra parochiam prædictam. xxix. 65.

(1032) Maii 5. 1668.
MARGARETA CLERK, hæres Magistri Davidis Clerk burgensis de Anstruther, patris,—in annuo redditu 240l. de terris et baronia de Kellie. xxix. 49.

(1033) Maii 15. 1668.
GEORGIUS BERVIE, hæres Georgii Bervie nautæ burgensis de Kirkaldie, patris,—in 6 acris terræ arabilis terrarum arabilium de Balsusney prope burgum de Kirkaldie :—E. 10s. 10½d. feudifirmæ :—2 acris terræ vulgo vocatis Walkerlands prope burgum de Kirkaldie, in parochia ejusdem et regalitate de Dunfermline.—E. 13s. 4d. feudifirmæ. xxix. 48.

(1034) Maii 19. 1668.
JACOBUS LUMSDEAN de Montwhanny, hæres Generalis Majoris Roberti Lumsdean de Montwhanny, patris,—in terris et baronia de Montwhanny :—A. E. 10l. N. E. 40l.—annuo redditu 10m. monetæ sterlinæ de terris de Eister Ferny. xxix. 64.

(1035) Maii 19. 1668.
JOANNES COUPAR filius Andreæ Coupar in Chapilden, hæres Thomæ Bogie in Blairstrowie, fratris avi ex parte matris,—in annuo redditu 20l. de terris de Nathir Graynge de Kinghorne-westir et terris de orientali quarta parte vocatis, in baronia de Brunt Illand, infra parochias de Leslie et Brunt Illand. xxx. 53.

(1036) Aug. 28. 1668.
JOANNES BINNING, hæres Andreæ Binning burgensis de Pettinweim, patris,—in tenemento in Pettinweim.—E. 3s. 4d. feudifirmæ. xxix. 79.

(1037) Aug. 28. 1668.
JOANNES BINNING, hæres Agnetæ Binning, filiæ patrui,—in domo et horto in Pettinweim.—E. 3s. 4d. feudifirmæ. xxix. 80.

(1038) Aug. 28. 1668.
CRISTINA BINNING, hæres Marjoriæ Duncane sponsæ Joannis Binning nautæ burgensis de Pettinweim, matris,—in acra terræ arabilis continente 2 rigas et unum daill, infra dominium de Pettinweim.—E. 3s. 4d. feudifirmæ. xxix. 80.

(1039) Sep. 22. 1668.
ROBERTUS DOMINUS COLVILL, hæres Roberti Domini Colvill, patrui,—in terris, dominio, et baronia de Balcarras, comprehendentibus terras de Balneill cum communi pastura, &c. infra limites moræ nuncupatæ Firthmure, in parochia de Kilconquhar : —A. E. 1l. N. E. 10l.—villam et terras de Easter Pitcorthay tam superioritatem quam proprietatem earundem, infra baroniam de Kellie.—A. E. 40s. N. E. 26l. 13s. 4d.—terras et molendinum de Balcatras cum communi pastura, &c. in Schyremure, in parochia de Kilconquhar infra senescallatum de Fife :—E. 26l. 15d. &c. feudifirmæ :—partem terrarum olim pertinentium capellaniæ beatæ

Mariæ de Rires nuncupatarum Nethir Cumerlands'—E. 6s. 8d. &c. *feudifirmæ* :—advocationem ecclesiæ parochialis de Kilconquhar:—A. E. 3s. 4d. N. E. 13s. 4d.—omnibus unitis in baroniam de Balcarras. xxix. 174.

(1040) Oct. 7. 1668.
DAVID VICECOMES DE STORMONTH, Dominus de Balvaird, Cockpoole, et Lochmabin, *hæres masculus* Davidis Vicecomitis de Stormonth, Domini de Balvaird, Cockpoole, et Lochmaben, *patris*,—in terris et baronia de Drumduff comprehendente terras de Arngosk, molendinum ejusdem, Pittillock, Couland, Gospertries orientalem et occidentalem, Higham, Letham, Fargies, Binnes, Catochell, et Balvaird, cum maneriei loco et molendino ejusdem ;—quarteria seu quarta parte terrarum de Mortoun de Tentismoores:—A. E. 9l. N. E. 36l.—terris de Ballinblae ambabusque earundem dimidietatibus, cum lie Lonning et Sward earth, infra hortum molendini de Falkland :—E. 9l. 6s. 8d. *feudifirmæ* :—tenemento terræ infra burgum de Falkland ;—parte terrarum de Falkland vocata Newlands ex orientali et occidentali lateribus aquæ de Mospie ;—acra terræ vocata Croftangrie alias Christcroft, infra libertatem dicti burgi de Falkland:—E. 1d.—maneriei loco de Nethill ex occidentali aquæductu molendini de Falkland :—A. E. 6d. N. E. 2s.—portione terrarum de Loàmonds de Falkland, vocatis Blackhillis et Muris de Falkland :—E. 10m.—carbonariis infra omnes bondas terrarum de Lowmonds :—E. *decimum onus omnium carbonum, intra palatium S. D. N. Regis importandum, pro provisione dicti S. D. N. Regis durante eorum personali residentia apud palatium de Falkland:*—decimis garbalibus aliisque decimis parochiæ et ecclesiæ parochialis de Kilgour alias Falkland :—A. E. 12d. N. E. 4s.—officio scrutandi lie Lowmonds de Falkland, cum spad silver, &c.—A. E. 6d. N. E. 2s.—terris de Kilgour :—A. E. 20s. N. E. 4l.—terris de Carngait (vel Carncart), Heirop, et Drumduff ;—terris ecclesiasticis de Stramiglo ;—advocatione parochiæ de Stramiglo, cum decimis garbalibus &c. ecclesiæ parochialis ejusdem :—A. E. 12d. N. E. 24s.—terris de Easter Cash :—A. E. 3l. N. E. 12l.—terris de Wester Cash :—A. E. 40s. N. E. 8l.—terris de Rynds et Newyards ;—communi pastura et privilegio communitatis in lie Lowmonds et muris de Faulkland ad dictas terras de Kilgour et Carngait, Eister et Wester Cashies pertinentibus :—E. ....—terris de Mugdrum :—A. E. 20s. N. E. 4l.—parte terræ vocatæ Raecruik ;—terris de Eister Cash contigue adjacentibus, cum pasturagio et privilegio earundem ;—terris de Pittincarite ;—terris de Ledinurquhat Eister et Westir :—A. E. 40s. N. E. 8l.—occidentali molendino de Stramiglo :—E. 55s. &c. *feudifirmæ* :—terris de Newtoun de Balcanquale :—A. E. 20s. N. E. 4l.—advocatione ecclesiæ parochialis de Abernethie cum decimis garbalibus aliisque decimis ejusdem :—A. E. 6d. N. E. 2s.—decimis garbalibus terrarum de Kincraigie, Pitgormaw, Freirmilne, Craigfod, Chappelden :—A. E. .... N. E. ....—24 acris terræ terrarum de Pitgormow ad occidentale molendinum de Stramiglo pertinentibus, infra parochiam de Stramiglo :—A. E. 2d. N. E. 4s.—terris, baroniis, &c. ad prioratum de Elcho spectantibus, ubicunque infra regnum Scotiæ jacent, viz. terris de Wester Elcho cum decimis garbalibus, quæ terræ dominicales vulgo Maines vocantur ;—terris de Westertoune de Elcho ;—terris de Coitts cum decimis garbalibus ;—terris de Kinnaird, cum molendinis, piscationibus, decimis, aliisque quæ ab antiquo ad monasterium de Elcho pertinebant, cum decimis de Dun in Forfar, et terris in Perth :—E. 20l.—terris de Pitgormow et Friermilne :—E. 34l. &c.—24 acris terrarum ex orientali latere dictarum terrarum de Pitgormow, cum terris ex occidentali latère de Stramiglo ;—terris de Kincragie ;—terris de Craigfode ;—pecia terræ capellaniæ Sanctæ Mariæ de Dun Gaitsyd nuncupata, infra dominium de Balmerino :—E. 29l. 13s. 4d. &c.—decimis garbalibus 5 aratorum terrarum de Berriehill, et villæ de Lut'rie :—A. E. 12d. N. E. 4s.—decimis garbalibus de Haltounhill, Murrayrigs, et Craigend ;—decimis garbalibus de Eister seu Over Dunmure ;—decimis garbalibus terrarum de Wester et Nether Dunmure et Carpow, nunc Aytoun nuncupatarum, infra parochiam de Ebdie ;—decimis garbalibus villæ et terrarum de Luthrie, et decimis garbalibus villæ et terrarum de Eister et Wester Kintlawes, infra parochiam de Creigh :—E. 12d.—terris ecclesiasticis de Ebdie:—E. 53s. 4d.—terris ecclesiasticis de Creigh :—E. 2s. 8d.—advocationibus ecclesiarum aliorumque de Ebdie et Creigh, cum decimis, mansionibus, glebis, et terris ecclesiasticis :—E. 2s.—omnibus unitis in baroniam de Drumduff ;—terris de Pitlochie et Bannachie, cum terris de Drumdreill :—E. 40m.—omnibus cum aliis terris in Perth, Forfar, Dumfreis, et Kirkcudbright, erectis in vicecomitatum de Stormonth, dominium de Balvaird, Cockpoole, et Lochmaben.—(Vide Forfar, Perth, Dumfries, Kirkcudbright.) xxix. 108.

(1041) Oct. 20. 1668.
ELIZABETHA RANKEIN sponsa Willielmi Calderwood apothecarii burgensis de Edinburgh, *hæres* Patricii Rankein de Lumquhat, *patris*,—in terris de Lumquhat cum pendiculis vocatis Lochieheids et Dounicheids, Capondaill et Ratlingfuird :—E. 10l.

6s. 8d. *feudifirmæ* :—decimis garbalibus dictarum terrarum et vicariis decimis earundem, omnibus infra parochiam de Cullessie et regalitatem de Lindoirs.—A. E. 1s. N. E. 4s. xxix. 125.

(1042) Oct. 20. 1668.
ELIZABETHA RANKEIN sponsa Willielmi Calderwood apothecarii burgensis de Edinburgh, *hæres* Jacobi Rankein, *fratris germani*,—in annuo redditu 560m. de terris et baronia de Balcomie, Craighead et pertinentiis, et terris de Kilniniane, infra parochiam de Carraill. xxix. 127.

(1043) Oct. 29. 1668.
AGNETA FLINT, *hæres* Adami Flint burgensis de Pettinweim, *avi*,—in tenemento cum hortis in burgo de Pettinweim.—E. 7s. 6d. *feudifirmæ*. xxix. 132.

(1044) Oct. 29. 1668.
JOANNES GEDDIE, *hæres* Wilielmi Geddie Ædilis burgensis Sancti Andreæ, *patris*,—in tenemento nova mansione nuncupata, cum horto ejusdem in burgo de Pettinweim et dominio ejusdem ;—tenemento cum horto in dicto burgo ;—dimidia parte, viz. umbrali dimidia parte terrarum husbandiarum Wilielmo Horsburgh seniori spectante ;—equali dimidia fundi et Braes de Pettinweim ex occidentali parte villæ salinarum de Pettinweim ;—acra terræ arabilis per lie Rinrig inter acras colonorum de Pittinweim ;—4 acris terræ arabilis in Northflett prope torrentem et Patricklairs ;—2 acris terræ arabilis in territorio burgi de Pettinweim, in sheddes in dicto dominio vulgo Broom et Northflett nuncupatis. —E. 43s. *feudifirmæ*. xxix. 133.

(1045) Oct. 29. 1668.
THOMAS COOK, *hæres* Andreæ Cook in Pettinweim, *avi*,—in 2 domibus in dicto burgo prope Kilheuche.—E. 3s. *feudifirmæ*. xxix. 133.

(1046) Nov. 3. 1668.
DAVID SCOTT de Scottstarvitt, *hæres masculus* Jacobi Scott feoditarii de Scotstervit, *fratris*,—in terris et baronia de Tervitt infra parochiam de Sires :—A. E. 8l. N. E. 32l.—terris de Caiplie comprehendentibus terras de Caiplie, Ovirtoun vocatas Thrid pairt, cum pendiculo nuncupato Scabert ;—terras de Nethirtoune de Caiplie cum molendino, infra parochiam de Kilrynnie, cum libertate communis pasturæ et focalium super moras vocatas Kingsmure et Carraillmure ;—decimas garbales et vicarias decimas terrarum de Ovir Caiplie alias Thrid part, et terrarum de Nethir Caiplie :—A. E. 5l. N. E. 20l.—villam et terras de Eister Pitcorthie :—E. 11l. 16s. *feudifirmæ* :—terras de Wester Pitcorthie, viz. binam partem earundem de abbacia de Dryburgh tentam :—E. 8m. 10s. *feudifirmæ* :—et illam tertiam partem de abbacia de Cambuskenneth tentam, infra parochiam de Kilrynie :—E. 32s. *feudifirmæ* :—decimis garbalibus aliisque decimis tam rectoriis quam viccariis terrarum de Wester Pitcorthie, tam binæ partis quam tertiæ partis :—A. E. 12d. N. E. 4s.—omnibus unitis in baroniam de Scottstarvitt. xxix. 130.

(1047) Nov. 24. 1668.
NICOLAUS BOSWELL, *hæres* Davidis Boiswell de Balgonie-Wester, *patris*,—in terris de Wester Balgony alias Litle Balgony tam solari quam umbrali dimidietatibus earundem, extendentibus ad 40 solidatas terrarum antiqui extentus infra parochiam de Auchterdirran, cum libertate focalium et pastura in mora de Dundonald, pro principali:—A. E. 2l. N. E. 8l.—umbrali dimidietate terrarum de Balvedie infra parochiam prædictam, in warrantum terrarum de Wester Balgony.—A. E. 20s. N. E. 4l. xxix. 210.

(1048) Dec. 15. 1668.
DAVID SWORD, *hæres* Andreæ Sword apothecarii burgensis Sancti Andreæ, *fratris germani*,—in terris de Cambo ;—terris de Belsis ;—terris de Muirhouss ;—terris de Girsmistoune et Aldleys, infra parochiam de Kingsbarnes cum decimis, unitis in baroniam de Cambo.—A. E. 5l. N. E. 20l. xxix. 153.

(1049) Dec. 15. 1668.
MAGISTER WILLIELMUS WOOD, *hæres* Jacobi Wood nuper præpositi Sancti Andreæ, *avi*,—in terris de Cambo, molendinis de Cambo, Belshies, terris molendinariis earundem, Muirhouss et Girsmestoune, unitis in baroniam de Cambo.—A. E. 5l. N. E. 20l. xxix. 153.

(1050) Dec. 22. 1668.
JACOBUS ARNOTT de Fairnie, *hæres* Domini Jacobi Arnott de Fairnie, *patris*,—in terris de Weddersbie et Woodhead ;—terris de Kirktoune de Cullessie, Mylnehill, et Pitlochie ;—terris de Gadwan, Newhous et Scheills, cum dimidio maresii vocati the Lairgmyre, llestrand, piscatione ejusdem, et communitate de Moncksmose et Edinsmure ;—terris de Kirklands de Cullessie, infra parochiam de Collessie, unitis in baroniam de Weddersbie.—A. E. 10l. N. E. 40l. xxix. 218.

(1051)   Jan. 1. 1669.

JACOBUS STEWART, *hæres* Alexandri Stewart, *patris,*—in annuo redditu 8*m.* pro unaquaque centesima mercarum principalis summæ 4000*m.* de terris de Killernie et Bandrum cum pendiculo vocato Stealend, infra regalitatem de Dumfermlyne;—terris de Killernie et Bandrum cum pendiculo vocato Stealand.—E. 21*l.* &c. *feudifirmæ.*—(Vide Clackmanan.)   xxix. 147.

(1052)   Jan. 1. 1669.

PATRICIUS ANGOUS burgensis de Bruntiland, *hæres* Issobellæ Angous, *sororis,*—in annuo redditu 23*l.* de terris et baronia de Bruntiland comprehendentibus tèrras de Nethir Grange et decimas, arcem de Bruntiland et marina molendina, terras de East-quarter et quarteriam seu quartam pàrtem terrarum de Kinghorne-Westir, in baronia de Bruntiland.   xxix. 177.

(1053)   Feb. 2. 1669.

HELENA ET BARBARA MAIRTAINS, *hæredes portionariæ* Magistri Georgii Martein ministri verbi Dei apud ecclesiam de Dundie, *patris,*—in terris et baronia de Cambo et molendino;—terris de Muirhouss infra parochiam de Kingsbarnes, unitis in baroniam de Cambo.—A. E. 5*l.* N. E. 20*l.*   xxix. 179.

(1054)   Apr. 22. 1669.

CAROLUS HAMILTOUN, *hæres* Hugonis Hamiltoun mercatoris burgensis de Edinburgh et unius balivorum ejusdem, *patris,*—in annuo redditu 295*l.* 4 *assium* de terris de Balneill partibus dominii et baroniæ de Balcarris, infra parochiam de Kilconquhar:—E. 1*d.*—terris de Balneill infra parochiam prædictam, cum libertate focalium in Firthmuire:—A. E. 1*l.* N. E. 10*l.*—villa et terris de Pitcorthie infra baroniam de Kellie:—A. E. 40*s.* N. E. 26*l.* 3*s.* 4*d.*—terris et molendino de Balcarras cum communi pastura et libertate focalium in Schyremure, infra parochiam de Kilconquhar:—E. 26*l.* 15*d.* &c. *feudifirmæ :*—terris quandoquidem spectantibus Capellaniæ Beatæ Mariæ Rires, nuncupatis Nather Cummerlands :—E. 6*s.* 8*d. feudifirmæ*—advocatione parochiæ et parochialis ecclesiæ de Kilconquhar :—A. E. 3*s.* 4*d.* N. E. 13*s.* 4*d.*—villa et terris de Balbat'.ie Eister et Wester;—villa et terris de Balmarken (vel Balmaken);—villa et terris de Wester Pitcorthies :—A. E. .... N. E. ....—unitis in baroniam de Balcarras.—(Vide Forfar, Edinburgh, Stirling.)   xxix. 296.

(1055)   Maii 14. 1669.

JOANNES YOUNG nauclerus in Sowth Queensferrie, *hæres* Roberti Hill naucleri ibidem, *avunculi,*—in tenemento cum horto et cauda in territorio et villa de North Queensferrie, in parochia et regalitate de Dumfermline.—E. 20*s. feudifirmæ.*   xxix. 200.

(1056)   Maii 21. 1669.

JACOBUS WARDLAW, *hæres* Jacobi Wardlaw portionarii de Wester Luskar, *patris,*—in equali dimidietate orientalis lateris de Wester Luscoir alias Stobies-Luscar nuncupata, in parochia et regalitate de Dumfermline :—E. 3*l.* 10*s.* 1½*d.* &c. *feudifirmæ :*—pendiculo villæ et terrarum de Luscar-Eviot alias Lochend, nuncupato Drumtuthell, existente tertia parte dictæ villæ et terrarum :—E. 4*l.* 2*s.* 7*d. feudifirmæ*—dimidio de Baith-Halket alias Mastertouns-Baith, in parochia et regalitate de Dumfermline.—E. 8*l.* 13*s.* 4*d.* &c. *feudifirmæ.*   xxix. 199.

(1057)   Maii 28. 1669.

DOMINUS DAVID AUCHMOUTIE, *hæres* Joannis Auchmoutie de Eodem, *avi,*—in terris de Hallhill;—terris de Melgume et Lawgreins, in parochia de Newbirnshyre, infra regalitatem de Dumfermlyne.—E. 22*l.* 17*s.* 9*d.* &c. *feudifirmæ.*   xxix. 202.

(1058)   Jun. 7. 1669.

AGNETA THOMSONE, *hæres* Catharinæ Thomsone sponsæ Gulielmi Thomsone incolæ in North-Queensferrie, *matris,*—in equali dimidio tenementi terræ cum horto et cauda, in territorio et villa de North Queensferrie in parochia et regalitate de Dumfermling.—E. 10*s. feudifirmæ.*   xxix. 271.

(1059)   Jul. 13. 1669.

THOMAS OLIPHANT de Hilcairnye, *hæres* Thomæ Oliphant de Hilcairnye, *patris,*—in dimidietate villæ et terrarum de Hilcairnye;—solari dimidietate lie Suny halfe lande terrarum de Hilcairnye, pro principali :—A. E. 4*l.* N. E. 16*l.*—terris de Hiltoun de Carslogie, in warrantum terrarum de Sunny halfe de Hilcairnye.—A. E. 2*l.* N. E. 8*l.*   xxx. 2.

(1060)   Jul. 23. 1669.

AGNETA ET JONETA ANDERSONES, *hæredes portionariæ* Roberti Andersone polentarii burgensis de Kirkcaldie, *fratris,*—in 4 acris terræ arabilis de Balsusney, infra dominium de Kirkcaldie et regalitatem de Dumfermline.—E. 8*s. feudifirmæ.*   xxix. 217.

(1061)   Aug. 6. 1669.

JACOBUS BURGANE, *hæres* Roberti Burgane in Northqueens-ferrie, *patris,*—in tenemento terræ in territorio de North Queensferrie apud finem Petræ vulgo vocatæ Crocecraig, in parochia et regalitate de Dumfermline :—E. 2*s.* 8*d. feudifirmæ:*—decima sexta parte terrarum de Ferriehill in regalitate ante dicta.—E. 12*s.* 6*d.* &c. *feudifirmæ.*   xxix. 228.

(1062)   Aug. 28. 1669.

ROBERTUS LYELL filius Joannis Lyell in Burnsyde, *hæres* Elizabethæ Lyell relictæ Gulielmi Lyell in Carnock, *sororis patris,*—in annuo redditu 64*m.* de terris de Nether Kinnedder, in parochia de Sawling et regalitate de Dumfermling.   xxix. 269.

(1063)   Sep. 10. 1669.

ROBERTUS BEVERADGE, *hæres* Roberti Beveradge burgensis de Pettinweem, *patris,*—in tenemento in burgo de Pettinweem.—E. 7*s.* 6*d. feudifirmæ.*   xxix. 230.

(1064)   Sep. 10. 1669.

PETRUS OLIPHANT, *hæres* Petri Oliphant ballivi de Anstruther-Wester, *patris,*—in tenementis in burgo de Pettinweem.—E. 12*s. feudifirmæ:*   xxix. 231.

(1065)   Sep. 10. 1669.

GRISSILLIS STEVINSONE, *hæres* Andreæ Stevinsone in Sanct Androis, *patris,*—in 2 domibus et 2 cameris;—occidentali cella in burgo de Pettinweem subtus rupes :—E. 3*s.* 4*d. feudifirmæ :*—4 acris terræ arabilis, ex orientali parte dicti burgi de Pettinweem in lie Shed nuncupato Langnes.—E. 14*s.* &c. *feudifirmæ.*   xxix. 231.

(1066)   Sep. 20. 1669.

MARGARETA EDIE, *hæres* Joannis Edie, *avi,*—in decima sexta parte terrarum de Kingsbarns infra dominium et senescallatum de Fyff.—E. 50*s.* &c.   xxxviii. 224.

(1067)   Sep. 30. 1669.

JACOBUS LINDSAY, *hæres* Jacobi Lindsay de Kilwhish, *patris,*—in villa et terra de Wester Kilwhish, quarum pendiculum et portio terræ vulgo nuncupata lie Showbraids de Kilquhish existit pars et portio, infra dominum de Fiff.—E. 8*l. feudifirmæ.* xxix. 287.

(1068)   Sep. 30. 1669.

THOMAS THOMSONE, *hæres* Alexandri Thomsone portionarii de Auchtermochtie, *fratris,*—in orientali dimidietate terrarum de Inchetuddell, cum communitate ad montem de Achtermochtie et terras vocatas Whytefeild, infra senescallatum de Fyfe.—E. *bolla hordei,* &c.   xxxvi. 17.

(1069)   Dec. 14. 1669.

ARTHURUS MORTOUNE filius Magistri Arthuri Mortoune burgensis de Craill, *hæres* Joannis Mortoune de Peitfeild, *avi,*—in 8 acris terrarum arabilium cum decimis prope burgum de Craill, in constabularia ejusdem, nuncupatis Nuns Pitfeild.—E. 4*m.* 12*d.* et 12*d.* in augmentationem, *feudifirmæ.*   xxix. 275.

(1070)   Jan. 11. 1670.

ALEXANDER NAIRNE de Sanctfuird, *hæres* Domini Thomæ Nairne de Sanctfuird, *patris,*—in terris de Sanctfuird vocatis Eistir Plewlandis de Sanctfuird ;—6 acris terrarum arabilium infra villam de Innerdovat, omnibus unitis in baroniam de Sanctfuird :—A. E. 2*l.* N. E. 8*l.*—terris de Laverocklaw alias vocatis carucata terræ vulgo ane carucat of land in Innerdovat ;—3 acris terrarum in Fluires ;—crofta in villa de Innerdovat ;—communi pastura super boreali et australi partibus communitatis de Innerdovat et Sklaitmuire, cum salmonum piscaria nuncupata Greensyid ;—10 mercatis terrarum de Innerdovat nuncupatis Trinleislands cum aliis terris de Innerdovat ;—terris de Litle Ovir Freirtoune ;—salmonum piscaria nuncupata Greensyid super aqua de Tay ;—terris de Scottiscraige ;—unitis in baroniam de Innerdovat :—A. E. 2*l.* N. E. 8*l.*—decimis garbalibus et rectoriis terrarum et baroniæ de Sanctfuird et Innerdovat :—A. E. 10*s.* N. E. 2*l.*—terris de Sanctfuird :—A. E. 2*l.* N. E. 8*l.*—terris de Wormett cum molendino ;—salmonum piscaria de Wormett nuncupata the Langcraige fisching, in warrantum :—A. E. 20*s.* N. E. 4*l.*—unitis in baroniam de Inverdovat ;—terris de Langsyid :—A. E. 10*s.* N. E. 2*l.*—villa et tertis de Eistir Kinslieff cum decimis, infra parochiam de Creiche, sub redemptione pro 6800*m.*—A. E. 2*l.* N. E. 8*l.*   xxx. 43.

(1071)   Jan. 22. 1670.

JOANNES WATSONE, *hæres* Gulielmi Watsone burgensis de Pettinweem, *patris,*—in tenemento in burgo de Pettinweem ;—3 acris terræ arabilis partibus 7 acrarum terræ arabilis terræ husbandiæ jacentibus per lie Rinrig, infra limites burgi et dominii de Pettinweem ;—2 acris terræ arabilis jacentibus ut supra.—E. 32*s. feudifirmæ.*   xxix. 231.

N

(1072) Jan. 22. 1670.
GEORGIUS WATSONE, *hæres conquestus* Gulielmi Watsone filii Gulielmi Watsone senioris ballivi de Pittenweem, *fratris germani immediate junioris,*—in 4 acris terræ arabilis infra limites burgi de Pettinweem et dominium ejusdem.—E. 13*s.* 4*d. feudifirmæ.* xxix. 282.

(1073) Feb. 24. 1670.
CAROLUS COMES DE HADINGTOUN, Dominus Bynning et Byres, *hæres masculus* Joannis Comitis de Hadingtoun, Domini Bynning et Byres, *patris,*—in terris et baronia de Bynning comprehendente inter alia terras et baroniam de Innerkething tam proprietatem quam tenandriam, viz.—terras de Kincardin, Pitcalder cum molendino de Pitcalder;—terras de Caldsyid et Newtoun de Pitcalder, toftas de Balbougie, Carsland, Daills, Spencirfeild, Salwadge, et 7 rigas terræ jacentes in orientali parte borealis pontis de Innerkething, cum carbonibus infra fluxum maris infra bondas de Drumany et Innerkeithing, et libertate liberi portus:—A. E. 18*l.* N. E. 36*l.*—omnes unitas in dominium et baroniam de Bynning.—(Vide Haddington, Edinburgh, Linlithgow, Berwick.) xxx. 12.

(1074) Feb. 24. 1670.
CAROLUS COMES DE HADINGTOUN, Dominus Byning et Byres, *hæres masculus* Joannis Comitis de Hadingtoun, Domini Bynning et Byres, *patris,*—in terris, baronia et regalitate de Drem comprehendentibus, 3 tenementa in villa de Craill;—terras templarias de Carnebie;—terras templarias de Craigtoune;—terras templarias de Abircrombie;—terram templariam vocatam Magast;—terras templarias de Craighall;—terras templarias de Balcomo;—terram templariam in Lundie;—terram templariam apud Spinam de Lundie;—terras templarias de Colliestoun;—terras templarias de Sandiehillock vocatas Tempills Strathairlie;—terras templarias de Balfarg;—terras templarias de Stremeglo;—terras templarias de Inschgall;—terras templarias de Balmules;—terras templarias de Coucairney;—terras templarias de Syne et Newingstoune;—2 tenementa infra burgum de Couper;—terras templarias juxta Couper vocatas Skavie-Croheard;—terras templarias juxta dictum burgum de Couper vocatas Tempill-hill;—12 tenementa in Sanct Androis;—4 tenementa in Aberdour;—terram templariam juxta Kinghorne;—tenementum infra Kinghorne;—terram templariam juxta burgum de Kinghorne;—2 terras templarias in villa de Innerkething;—2 pecias arabilis terræ templariæ juxta Innerkething;—terram templariam in Innerkething;—terram templariam juxta Innerkething;—terras templarias de Balinbreiche;—terras templarias de Leslie;—terras templarias de Lisk;—terras templarias de Newtoun;—terras templarias de Lochmalony;—terram templariam de Balgonie;—terras templarias de Inchminnotein juxta Aberdour;—terras templarias de Strutheris et Waddiesbauche;—terras templarias de Urquhart;—terras templarias de Kirkforther;—terras templarias de Litle Tarbot cum jure regalitatis;—et omnes alias terras templarias olim ad dominum de Torphichen et ad Magistrum Robertum Williamson pertinentes ubicunque jacentes infra regnum Scotiæ, cum decimis, unitas cum aliis terris in vicecomitatibus de Haddington et Edinburgh in regalitatem et baroniam de Drem.—E. 3*l.*—(Vide Edinburgh, Haddington.) xxx. 15.

(1075) Mar. 3. 1670.
DAVID HALKERSTOUN, *hæres* Jacobi Halkerstone de Rathillit, *patris,*—in terris de Rathillit, cum terris breweriis, et multuris terrarum de Murdocairney et Star, ac dictarum terrarum de Rathillit, infra dominium et senescallatum de Fyiff.—E. 40*l.* &c. *feudifirmæ.* xxxi. 271.

(1076) Apr. 27. 1670.
JOANNES WATSONE, *hæres* Willielmi Watsone ballivi de Pittinweyme, *patris,*—in tenemento cum horreo, ustrina lie Coble, et horto ejusdem, infra burgum de Pittinweyme;—3 acris terræ arabilis infra dominium de Pittinweyme.—E. 21*s.* 4*d. feudifirmæ.* xxx. 37.

(1077) Apr. 27. 1670.
WILLIELMUS STRANG, *hæres* Andreæ Strang in South Ronaldsay, *patris,*—in tenemento in Pittinweyme;—orientali dimidietate horti dicto tenemento spectante.—E. 2*s. feudifirmæ.* xxx. 37.

(1078) Jul. 12. 1670.
GEORGIUS ANDERSONE, *hæres provisionis* Jacobi Andersone clerici burgi de Cupro, *patris,*—in terris de Foxtoune.—A. E. 2*l.* N. E. 8*l.* xxx. 107.

(1079) Aug. 2. 1670.
DAVID ARNOT, *hæres* Colonelli Caroli Arnott feoditarii de Eodem, *patris,*—in boreali turre de Arnott et villa et terris de Feall;—villa et terris de Little Arnott;—molendino de Arnott;—aliis terris et tenementis baroniæ de Arnott, viz. australi domo cum lie Eistir et Westir Meadowes et Leasures;—terris de Scotlandwell in regalitate Sancti Andreæ:—A. E. 5*l.* N. E. 80*l.*—hæreditario officio balliatus dictarum terrarum de Scotlandwell et terrarum de Findatie, aliarumque terrarum et possessionum ab antiquo ad beneficium de Scotlandwell pertinentium.—E. 40*m.* xxx. 113.

(1080) Oct. 6. 1670.
JACOBUS FINLAW, *hæres* Joannis Finlaw portionarii de Balchristie, *patris,*—in octava parte villæ et terrarum de Balchristie:—E. 39*s.* 10*d. feudifirmæ*:—octava parte terrarum de Lynkis de Balchristie, in dominio de Newbirne et regalitate de Dumfermline.—E. 16*s.* 8*d. feudifirmæ.* xxx. 191.

(1081) Oct. 19. 1670.
DAVID WILSONE, *hæres* Davidis Wilsone portionarii de Milntoune de Pittinweyme, *patris,*—in tenemento in villa de Milntoune et territorio burgi de Pettinweyme;—horto in Mylntoune;—5 acris terræ arabilis infra dominium et limites burgi de Pettinweyme.—E. 26*s.* 8*d.* &c. *feudifirmæ.* xxx. 115.

(1082) Oct. 19. 1670.
JOANNES DAWSONE, *hæres* Georgii Dawsone in Milntoune de Pittinweyme, *patris,*—in tenemento in Milntoune de Pittinweyme infra limites dicti burgi de Pittinweyme.—E. 5*s.* 4*d. feudifirmæ.* xxx. 118.

(1083) Jan. 9. 1671.
ADAMUS TURNBULL, *hæres* Joannis Turnbull portionarii de Grainge, *patris,*—in 2 septimis partibus villæ et terrarum de Eistbarnes alias Grainge, in parochia et regalitate de Dumfermline.—E. 9*l.* 7*s.* 1*d.* &c. *feudifirmæ.* xxx. 133.

(1084) Jan. 9. 1671.
JOANNES MACKIE, *hæres* Gulielmi Mackie portionarii de Cocklaw, *patris,*—in 3 octavis partibus villæ et terrarum de Cocklaw;—5 solidatis villæ et terrarum de Cocklaw orientalis dimidietatis ejusdem, in parochia et regalitate de Dumfermline.—E. 26*s.* 1½*d.* &c. *feudifirmæ.* xxx. 134.

(1085) Jan. 9. 1671.
JOANNES BLACK, *hæres* Davidis Black portionarii de Cocklaw, *avi,*—in 3 octavis partibus villæ et terrarum de Cocklaw;—altera octava parte dictarum villæ et terrarum de Cocklaw, omnibus in parochia et regalitate de Dumfermline.—E. 26*s.* 1½*d.* &c. *feudifirmæ.* xxx. 135.

(1086) Feb. 1. 1671.
JOANNES STRANG, *hæres* Joannis Strang burgensis de Pittinweyme, *patris,*—in tenemento et horto in Pittinweyme.—E. 5*s. feudifirmæ.* xxx. 147.

(1087) Feb. 1. 1671.
WILLIELMUS STEVINSONE, *hæres* Joannis Stevinsone burgensis de Pittenweyme, *fratris,*—in 2 acris terræ arabilis infra limites burgi de Pittinweyme.—E. 8*s.* &c. *feudifirmæ.* xxx. 147.

(1088) Feb. 1. 1671.
HELENA SMYTH, *hæres portionaria* Roberti Smyth naucleri burgensis de Pittinweyme, *avi,*—et ISSOBELLA SMYTH, *hæres portionaria* dicti Roberti Smyth, *patris,*—in tenemento terræ in Pittinweyme.—E. 8*s. feudifirmæ.* xxx. 148.

(1089) Feb. 13. 1671.
JOANNES DEWAR, *hæres* Jacobi Dewar de Bonaleyesbaithe, *patris,*—in dimidietate villæ et terrarum de Baith undir the hill vulgo vocatarum Baith-Bonaley, in parochia et regalitate de Dumfermline.—E. 5*l.* 5*s.* 9*d. feudifirmæ.* xxx. 149.

(1090) Feb. 13. 1671.
THOMAS HUITTON, *hæres* Thomæ Huitton portionarii de Westir Luscar, *patris,*—in tertia parte terrarum occidentalis lateris villæ de Westir Luscar, in parochia et regalitate de Dumfermline.—E. 46*s.* 9*d. feudifirmæ.* xxx. 150.

(1091) Feb. 13. 1671.
JOANNES TURNBULL, *hæres* Georgii Turnbull de Westir Sillitoune, *patris,*—in terris et villa de Sillitoune-Westir, in dominio et regalitate de Dumfermline.—E. 5*l.* 10*s.* 2½*d.* &c. *feudifirmæ.* xxx. 151.

(1092) Feb. 13. 1671.
JOANNES KELLOCK, *hæres* Gulielmi Kellock portionarii de Windieage, *patris,*—in tertia parte molendini de Lassodie cum astrictis multuris villarum et terrarum subscriptarum, viz. Foulfurd, Couldoun, Baith, Mossend-baithe, Stevinsone-baithe, Turnbull, Maistertoun-baithe, Bonaleys-baithe, Swintouns-baithe, Westerbaithe, Kerrs-baith, Craigdukie-Eister, Blairothie, Blairinbothie-Souther, Blairinbothie-Norther, Woodend, Cocklaw, Ovir Lassodie

Elstir et Westir, Nathir Lassodie et terrarum de Windieage :—E. 35s. 6d. &c. *feudifirmæ* :—octava parte terrarum de Windieage :—E. 8s. 9d. &c. *feudifirmæ* :—in parochia et regalitate de Dumfermline.   xxx. 152.

(1093)   Feb. 13. 1671.
GULIELMUS WALWOOD portionarius de Touche, *hæres* Gulielmi Walwood portionarii de Touche, *patris*,—in dimidietate villæ et terrarum de Touche, in parochia et regalitate de Dumfermline. —E. 3l. 11s. 1d. &c. *feudifirmæ*.   xxx. 152.

(1094)   Feb. 14. 1671.
DAVID MOREIS, *hæres* Joannis Moreis mercatoris burgensis de Kirkcaldie, *patris*,—in villa et terris, et terris dominicalibus et maneriei loco de Balrame, infra parochiam de Abirdour, cum decimis garbalibus.—A. E. 2l. N. E. 8l.   xxx. 163.

(1095)   Mar. 9. 1671.
ALEXANDER DURHAME de Largo, *hæres* Magistri Francisci Durhame de Largo, *fratris germani*,—in terris et baronia de Largo comprehendente terras terrasque dominicales baroniæ de Largo, et cottagia earundem et molendinum :—E. 21l. 6s. 8d. &c. *feudifirmæ* :—burgum baroniæ de Largo, lie Nethirtoune et Seatoune : —E. 6s. 8d. *feudifirmæ* :—port et havin de Largo, cum custumis et divoriis, &c.—E. 6s. 8d. *feudifirmæ* :—terras de Fawfeilds et Frosleyes ;—terras vocatas Broomeslandes :—A. E. 3s. N. E. 12s. —terras de Shyremoore :—E. 6l. 17s. 8d. *feudifirmæ* :—in fodinis et mineralibus auri, argenti, æris, stanni, plumbi, ferri, et aliorum metallorum ;—advocatione ecclesiæ parochialis de Largo rectoriæ et vicariæ :—E. ....—omnibus infra parochiam de Largo et senescallatum de Fyiff ;—terris de Balbaird infra regalitatem de Dumfermline :—E. 7l. 10s. 10d. &c. *feudifirmæ* :—omnibus unitis in baroniam de Largo.   xxx. 251.

(1096)   Mar. 13. 1671.
ANDREAS FOORD, *hæres* Willielmi Foord burgensis de Pittinweyme, *filii fratris avi*,—in tenemento terræ in Pittinweyme.— E. 5s. *feudifirmæ*.   xxx. 159.

(1097)   Mar. 15. 1671.
JONETA BUIST sponsa Jacobi Thomsone in Weddersbie,— CATHARINA BUIST sponsa Thomæ Lumsdene ibidem,— CRISTINA BUIST sponsa Gavini Thomsone portionarii de Graynge de Lindoires,—HELENA ET MARGARETA BUISTES, *hæredes portionariæ* Joannis Buist in Cullessie, *patris*, —in terris et baronia de Weddersbie comprehendente terras de Weddersbie et Woodheid ;—terras de Kirktoune de Cullessie, Milnehill, et Pitlochie ;—terras de Drumlochie, et dimidietatem terrarum de Nathir Cleishe ;—terras de Gadvan, Bowhouss, et Sheilles, cum dimidio maresii nuncupati Lurgmyre et Ilestrand, piscatione, et communitate de Monkismos et Edinsmure, decimis et annuitate earundem :—A. E. 10l. N. E. 40l.—terris et baronia de Rossie comprehendente terras de Eister Rossie ;—terras et villas de Westir Rossie ;—3 tornarias seu tertias partes hujusmodi ;—lacum de Rossie ;—acram terrarum vulgo nuncupatam Killraike, cum maresiis nuncupatis Myres de Rossie, et pratis lie Inches et Gallis dicti lacus cum piscariis, infra senescallatum de Fife ;—molendinum de Lumwhatt et commune pasturagium ejusdem, infra senescallatum prædictum :—E. 11m. 6s. 8d. &c. *feudifirmæ* :—decimis dictæ baroniæ de Rossie cum annuitate earundem.—A. E. 6s. 8d. N. E. 20s.   xxx. 165.

(1098)   Mar. 15. 1671.
PATRICIUS OGILVIE de Murie, *hæres* Willielmi Ogilvie de Murie, *patris*,—in terris de Cassingray, quæ terræ cum aliis in Perth et Forfar fuerunt propriæ partes dominii et baroniæ de Erroll.—E. 40l. *taxatæ wardæ*.—(Vide Perth, Forfar.)   xxxi. 1.

(1099)   Apr. 17. 1671.
THOMAS BOISWELL, *hæres* Alexandri Boiswell naucleri burgensis de Kirkcaldie, *patris*,—in 2 acris terrarum arabilium de Smeitone ex parte boreali territorii burgi de Kirkcaldie, infra regalitatem de Dumfermline.—E. 6s. 8d. *feudifirmæ*.   xxx. 173.

(1100)   Apr. 25. 1671.
MAGISTER JACOBUS CHRYSTIE de Whythous, *hæres* Jacobi Chrystie de Whythous scribæ signeto Regio, *patris*,—in terris et baronia de Pettincreif cum molendino, infra parochiam de Dumfermline, in speciali warrantatione et securitate terrarum de Whythous et decimarum earundem in Edinburgh :—A. E. .... N. E. ....—3 decimis sextis partibus villæ et terrarum de Ovir Stentoune :—E. 6l. 16s. &c. *feudifirmæ* :—alteris 3 decimis sextis partibus dictæ villæ et terrarum de Stentoun :—E. 6l. 16s. &c. *feudifirmæ* :—quarteria seu quarta parte dictæ villæ et terrarum de Stentoune Ovir et Nathir, in parochia de Kinglassie, infra regalitatem de Dumfermline :—E. 8l. 22d. &c. *feudifirmæ* :—terris de

Balsillie infra baroniam de Leslie.—A. E. .... N. E. ......:..— (Vide Edinburgh, Perth, Stirling.)   xxx. 178.

(1101)   Maii 3. 1671.
JACOBUS HAKERSTOUNE, *hæres* Joannis Halkerstoune de Turnbulles-baith, *fratris*,—in terris de Turnbulles-baithe in parochia et regalitate de Dumfermline.—E. 8l. 13s. 4d. &c. *feudifirmæ*.   xxx. 174.

(1102)   Maii 19. 1671.
ROBERTUS BORTHWICK, *hæres* Joannis Borthwick portionarii de Lingo, *patris*,—in dimidietate terrarum et villæ de Lingo, infra dominium seu regalitatem de Pittinweyme.—E. 5l. 5s. 9d. *feudifirmæ*.   xxx. 184.

(1103)   Jun. 13. 1671.
ELIZABETHA MORTOUNE, *hæres* Arthuri Mortoune incolæ burgi de Craill, *fratris*,—in 8 acris terrarum arabilium cum decimis, prope burgum de Craill in constabularia ejusdem, nuncupatis Nun's Peitfeild.—E. 4m. 12d. &c. *feudifirmæ*.   xxx. 210.

(1104)   Jun. 15. 1671.
DOMINUS CAROLUS HALKET de Pitfirrand miles baronettus, *hæres masculus* Domini Jacobi Halket de Pitfirrand, *patris*,— in terris de Knockhous :—E. 23l. 10s. 9½d. *feudifirmæ* :—terris de Pitconoquhie in parochia de Dumfermling :—A. E. 2l. N. E. 6l.—tertia parte terrarum de Pitfirrane in parochia prædicta :—E. 4l. 6s. &c. *feudifirmæ* :—dimidietate villæ et terrarum de Lymkilles, cum decimis et privilegio algæ maris, in parochia et dominio de Dumfermling et regalitate ejusdem :—E. 1 firlota 1½ pecca tritici, &c. *feudifirmæ* :—2 tertiis partibus terrarum de Pitfirrane in baronia de Craighall :—E. 40l.—boreali dimidietate terrarum de Steilend (vel Hillend) in parochia de Sauling.—E. 3l. 8d. &c. *feudifirmæ*.   xxxiii. 18.

(1105)   Aug. 10. 1671.
ALEXANDER GUIDAILL, *hæres* Alexandri Guidaill, *filii*,— in portione lie Outfeild vocata Pitmungies, in territorio de Auchtermuchtie et infra senescallatum de Fyiff, cum privilegio communiæ in monte de Auchtermuchtie et terris de Whytfeild, et decimis garbalibus dictæ portionis terrarum.—E. 3 firlotæ avenarum, *feudifirmæ*.   xxxi. 42.

(1106)   Aug. 29. 1671.
WILLIELMUS PITCAIRNE de Pitloure, *hæres masculus* Magistri Roberti Pitcairne feoditarii de Pitloure, *fratris germani*,—in villa et terris de Westir Pitloure et Aucknorie :—A. E. 3l. N. E. 12l.—terris de Eistir Pitloure cum fossa lie fos, et maneriei loco de Pitloure, infra baroniam de Stramiglo ;—privilegio communitatis et pasturagii in Lowmondis de Falkland et in montibus de Auchtermuchtie ;—terris in Stramiglo cum pasturagio in Lowmondes, et 3 croftis in Stramiglo :—A. E. 3l. N. E. 12l.— omnibus unitis cum aliis terris in vicecomitatu de Perth, in tenandriam de Pitloure ;—villa et terris de Steidmuirland infra dominium de Balmerino.—E. 6l. &c. *feudifirmæ*.—(Vide Perth.)   xxx. 229.

(1107)   Nov. 3. 1671.
ROBERTUS NICOLSONE, *hæres* Magistri Thomæ Nicolsone advocati, *patris*,—in orientali dimidietate villæ et terrarum de Pittocher-Eistir, in dominio et regalitate de Dumfermline.—E. 15l. 5½d. &c. *feudifirmæ*.   xxx. 246.

(1108)   Nov. 17. 1671.
WILLIELMUS SMAIRT, *hæres* Henrici Smairt, *patris*,—in 2 acris terrarum in Eist and West Brodlandes de Newburgh, infra regalitatem de Lindoirs.—E. 56s. *feudifirmæ*.   xxx. 11.

(1109)   Apr. 3. 1672.
DOMINUS CAROLUS ERSKINE de Alva miles baronettus, *hæres* Thomæ Erskine filii primogeniti Domini Caroli Erskine de Cambuskenneth militis, inter eum et Dominam Mariam Hope ejus conjugem procreati, *fratris germani natu senioris*,—in baronia de Cambuskenneth comprehendente terras ecclesiasticas parochialis ecclesiæ de Leckrop :—E. 13s. *feudifirmæ* :—terras ecclesiasticas parochialis ecclesiæ de Arnegosk :—E. 13s. 8d. *feudifirmæ* :—infra vicecomitatu de Fife et Perth respective ;—decimas garbales aliasque decimas dictarum ecclesiarum de Leckrop et Arnegosk :—E. 20m. *feudifirmæ* :—unitis cum aliis terris in Perth et Clackmanan in baroniam de Cambuskenneth.—(Vide Perth, Clackmannan.)   xxxi. 158.

(1110)   Jul. 2. 1672.
JACOBUS HAMILTON, *hæres* Niniani Hammiltone burgensis de Carraill, *patris*,—in quarta parte et octava parte terrarum de Tornaikedairs vocata Naiketfeild, infra constabulariam de Craill.— A. E. 52s. 6d. N. E. 10l. 10s.   xxxi. 58.

(1111) Jul. 3. 1672.
ANDREAS . HAMILTOUN, *hæres* Willielmi Hamiltoun de Graingemoore, *patris,*—in 2 acris terræ arabilis prope burgum de Anstruther-Westir, infra limites burgi de Pittinweyme, et dominium ejusdem.—E. 10s. &c. *feudifirmæ.* xxxi. 55.

(1112) Jul. 3. 1672.
ANDREAS HAMILTOUN, *hæres masculus* Willielmi Hamiltoun de Grangemure, *patris,*—in terris de Grangemure-Eister, in antiquis infeofamentis orientalem dimidietatem terrarum de Grangemure designatis, infra dominium de Pittinweyme et regalitatem ejusdem, pro principali :—E. 18l. 2d. *feudifirmæ:*—dimidietate terrarum et villæ de Lingo jacentibus ut supra, in warrantum.—E. 5l. 5s. 9d. *feudifirmæ.* xxxi. 53.

(1113) Jul. 9. 1672.
MAGISTER JOANNES SINCLAIR, *hæres masculus* Joannis Synclair de Balgreigie, *patris,*—in solari dimidietate terrarum de Balgregie ;—terris nuncupatis Struthers prædictæ solari dimidietati terrarum adjacentibus, in dominio de Lochoirshyre ;—occidentali parte dictæ villæ et terrarum de Balgreigie in dicto dominio de Lochoirshyre :—A. E. 40s. N. E. 8l.—9¼ acris terræ arabilis in Borland infra baroniam de Dysert.—A. E. 3s. N. E. 12s. xxxi. 60.

(1114) Jul. 30. 1672.
WILLIELMUS KEIR, *hæres* Lawrentii Keir de Forret, *patris,*—in solari dimidietate terrarum et baroniæ de Pitlessie ;—umbrali dimidietate terrarum et baroniæ de Pitlessie, redimabilibus per solutionem 16,000l.—A. E. .... N. E. ....(Vide Perth.) xxxi. 72.

(1115) Jul. 30. 1672.
WILLIELMUS KEIR filius Lawrentii Keir de Forret, *hæres* Michaelis Keir filii natu maximi dicti Lawrentii Keir de Forrett, *fratris germani,*—in terris de Eistir et Westir Forrettis cum Coattoun de Forrett, et pastura de Lucklawhill ;—terris de Forrett.—E. 25l. 6s. 8d. xxxi. 74.

(1116) Oct. 8. 1672.
JONETA RAMSAY, *hæres* Georgii Ramsay filii Joannis Ramsay de Braikmonthe Literarum Cornuationum custodis, *fratris germani,* —in terris de Braikmonth et Southfield et molendinis, infra baroniam de Leuchar-Forbes :—A. E. 3l. N. E. 12l.—terris de Lucklaw cum monte et colle earundem vocatis Browndod, infra parochiam de Leuchares.—A. E. 2l. N. E. 8l. xxxi. 97.

(1117) Oct. 11. 1672.
HENRICUS PHILP, *hæres* Michaellis Philp in burgo de Newburghe, *patrui,*—in 9 acris 8 bovatis terrarum de lie Grainge nuncupatis Berrieholl :—E. 8l. 6s.—9 acris terrarum in Haughes-Meidow, Brodland, et Port orientali de Newburghe, infra parochias de Ebdie et Newburghe, infra regalitatem de Lindoirs.—E. 12l. 5s. 4d. xxxi. 304.

(1118) Oct. 29. 1672.
JACOBUS LENTHRONE, *hæres* Roberti Lenthrone præpositi burgi de Saint Androis, *patris,*—in dimidietate terrarum de Saintfoorde, cum salmonum piscatione super aqua de Tay nuncupata Breidheugh aliisque piscationibus, in baronia de Nauchtoune :— A. E. 2l. N. E. 8l.—annuo redditu 480m. de terris et baronia de Barnes. xxxi. 113.

(1119) Nov. 22. 1672.
ALISONA ET EUPHAMIA BALCANQUELLIS, *hæredes portionariæ* Joannis Balcanquell burgensis de Kirkcaldie, *patris,*— in 4 acris terrarum arabilium de Smeitoun, prope burgum de Kircaldie in parochia ejusdem.—E. 3s. 4d. pro qualibet acra, *feudifirmæ.* xxxi. 110.

(1120) Feb. 18. 1673.
JOANNES MONCREIFF senior burgensis de Carraill, *hæres provisionis* Gulielmi Moncreiff burgensis ibidem, *fratris germani,* —in 6 acris terræ arabilis quarteriæ seu quartæ partis terrarum de Naketfeild, jacentibus contigue in posteriore latere earundem terrarum de Naketfeild, in parochia de Carraill.—A. E. 7¼d. N. E. 5 asses. xxxi. 154.

(1121) Feb. 20. 1673.
GRISSILLIDA BEATOUN sponsa Gulielmi Macdowell de Garthland, *hæres* Alexandri Beatoun de Langhermistoun scribæ signeto Regio, *patris,*—in terris de Treatoun ;—superioritate terrarum de Westir Newtoun, in baronia de Dalginshe.—A. E. 9l. N. E. 36l.—(Vide Edinburgh.) xxxi. 199.

(1122) Mar. 26. 1673.
JOANNES BINNYNG nauta in burgo de Pittinweyme, *hæres*

Cristinæ Binnyng, *filiæ,*—in acra terræ arabilis continente 2 rigas et 1 daill, infra limites burgi de Pittinweyme et dominium de Pittinweyme.—E. 3s. 4d. xxxi. 217.

(1123) Maii 16. 1673.
FRANCISCUS HAY de Balhoussie, *hæres* Magistri Georgii Hay de Balhoussie, *patris,*—in terris de Cullindraine et Maw cum molendino de Maw, in warrantum 5 octavarum partium villæ et terrarum de Kildonyng, unitis cum aliis terris in vicecomitatu de Perth, in baroniam de Duplin.—A. E. .... N. E. ....(Vide Perth, Forfar.) xxxii. 69.

(1124) Jul. 2. 1673.
ANDREAS KEIR, *hæres* Alexandri Keir ballivi de Anstruther-Westir, *patris,*—in tenemento infra burgum de Pittinweyme ;— acra terræ ex occidentali parte burgi de Pittinweyme ;—acra terræ arabilis vocata Long Aiker prope Chestirhill, infra limites dicti burgi de Pittinweyme ;—acra terræ arabilis in Langlandis ;—acra terræ arabilis prope villam de Milnetoune ;—acra terræ arabilis infra limites dicti burgi ;—3 acris terræ arabilis jacentibus ut supra ; —acra terræ arabilis prope Billanes in loco vocato Simeon Wardes Brae, cum dimidio acræ infra limites dicti burgi ;—2 acris terræ arabilis jacentibus ut supra ;—acra terræ arabilis prope crucem de Pittinweyme ;—parte seu spatio terræ infra limites dicti burgi. —E. 47s. &c. *feudifirmæ.* xxxi. 223.

(1125) Sep. 5. 1673.
JACOBUS CUNAND, *hæres* Davidis Cunand portionarii de Maistertoun, *patris,*—in octava parte villæ et terrarum de Maistertoune, in parochia et regalitate de Dumfermline.—E. 5l. *feudifirmæ.* xxxi. 260.

(1126) Oct. 14. 1673.
DOMINUS JOANNES PRESTOUN de Airdrie miles baronettus, *hæres* Willielmi Turnbull de Pittincreiff, *proavi ex parte matris,*—in pecia terræ vocata Kings-cairne in mora vocata Crailles Muire, extendente ad 40 acras arabilis terræ.—A. E. 3s. N. E. 12s. xxxi. 269.

(1127) Nov. 28. 1673.
MARGARETA ET MARIOTA WILSONES, *hæredes portionariæ* Davidis Wilsone in Queensferrie, *patris,*—in quarteria seu quarta parte villæ et terrarum de Ferriehill, in parochia et regalitate de Dumfermline.—E. 3l. 11s. 8d. &c. *feudifirmæ.* xxxi. 268.

(1128) Dec. 9. 1673.
DOMINUS DAVID SYBBALD de Rankeillor-Over miles baronettus, *hæres* Magistri Georgii Sybbald de Gibliestoun medicinæ doctoris, *patrui,*—in dimidietate terrarum de Gibliestoun ;—altera dimidietate terrarum de Gibliestoun, infra parochiam de Carnbie. —A. E. 3l. N. E. 12l. xxxi. 283.

(1129) Mar. 27. 1674.
GULIELMUS BROWNE servitor Domini Jacobi Foullis de Collingtoune unius Senatorum Collegii Justiciæ, *hæres* Gulielmi Burgan, *avunculi ex parte matris,*—in tenementis terræ et domorum cum horto, in villa de Northqueensferrie in regalitate de Dumfermline.—E. 2s. *feudifirmæ.* xxxi. 307.

(1130) Mar. 27. 1674.
ANDREAS DEWAR in Innerkething filius Helenæ Stenhous, *hæres* Roberti Stenhous, *avunculi,*—in quarta parte villæ et terrarum de Northfoid, in parochia et regalitate de Dumfermling.—E. 58s. 7d. *feudifirmæ.* xxxii. 60.

(1131) Jun. 16. 1674.
JACOBUS DUNCANE in Cultrae, *hæres* Margaretæ Watsone, *sororis proaviæ,*—in dimidietate 2 acrarum terrarum arabilium de Duchrone, in dominio de Balmerinoche :—E. 6s. 10d. *feudifirmæ,* et 1d. in augmentationem :—dimidietate 6 acrarum terrarum de Cultray cum pastura, in baronia de Balmerinoch.—E. 23s. &c, *feudifirmæ.* xxxii. 38.

(1132) Jul. 7. 1674.
DAVID SCOTT de Scottistarvett, *hæres* Domini Joannis Scott de Scottistarvett militis, *avi,*—in insula de Inchekeith infra mare in medio æstuarii de Forth.—A. E. 5s. N. E. 1l. xxxii. 25.

(1133) Jul. 7. 1674.
ANDREAS GRAY filius Joannis Gray mercatoris burgensis de Dundie, *hæres* Grissillidis Boyter, *aviæ maternæ,*—in terris de Boddincraige extendentibus ad 5 acras, cum pastura, infra dominium de Balmerinoch.—E. 38s. 4d. *feudifirmæ.* xxxii. 33.

(1134) Jul. 29. 1674.
DOMINUS ALEXANDER BALFOUR de Kynnaird miles ba-

ronettus, *hæres masculus* Domini Roberti Balfour de Kynnaird militis baronetti, *filii fratris*,—in molendino nuncupato Denmylne, et 2 particatis maresiæ lie myre de Old Lindoires, et astrictis multuris villæ de Old Lindoires, et libera multura villæ de Inshrag, et pastura in Scroges, Gallowhill, Earnsyid Slack, Pitbullie Slack, Muirie, Craigden, Denbrae, et in Whitfeild nuncupata Easthills in Swairdlands, in dominio de Fyiff:—E. 6*l.* 10*s.* &c. *feudifirmæ:*—molendino sub ripa vocato Craigmylne, cum terris nuncupatis Seiges et decimis, infra baroniam de Grange:—E. 39*l.*—arida multura de Kynnaird extendente ad 8 bollas hordei et 8 bollas avenarum, cum astrictis multuris granorum inhabitantium de Newburghe:—E. ....—crofta terræ in Cunynghoilles infra regalitatem de Lundoires:—A. E. 1*s.* N. E. 4*s.*—3 acris terrarum de Grange de Lindoires nuncupatis Kegieshoill, Chapmancroft, Easter et Wester Cunynghars:—E. 40*s. feudifirmæ:*—decimis dictarum terrarum de Denmylne et 2 particatarum maresii:—A. E. 6*s.* N. E. 24*s.*—decimis dictarum terrarum molendinariarum de Craigmyle et croftarum, et Seiges, et toftæ in Cunyngholls:—A. E. 6*s.* N. E. 24*s.*—decimis terrarum de Inchray in parochia de Ebdie, et terrarum de Craigend et 2 daills terrarum subscriptarum infra regalitatem de Lindoirs:—A. E. 3*s.* 4*d.* N. E. 13*s.* 4*d.*—8 bovatis terrarum de Grange de Lindoirs infra dictam regalitatem;—2 acris terrarum prope villam de Newburghe:—E. 1*l.* 3*s.* 4*d. feudifirmæ:*—2 daills terrarum campestrium lie Feildland vocatis Blackisdaill, infra regalitatem prædictam, cum riga campestri vocata Brockisdaill:—E. 3*s. feudifirmæ:*—tenemento villa burgum de Newburghe:—E. 12*d. feudifirmæ:*—terris de Drumdeill cum pastura in Lowmonds:—E. 10*l.* 3*s.* 4*d. feudifirmæ:*—decimis garbalibus dictarum terrarum de Drumdeill:—A. E. 1*s.* N. E. 4*s.*—omnibus unitis in baroniam de Denmylne;—terris et baronia de Kynnaird:—E. 40*m.* &c. *feudifirmæ:*—decimis dictæ baroniæ:—A. E. 1*s.* N. E. 4*s.*—unitis in baroniam de Kynnaird;—dimidietate croftarum nuncupatarum Mariecroft et Cairtwaird, infra regalitatem de Lindoires.—A. E. 20*s.* N. E. 4*l.* xxxii. 47.

(1135) Jul. 30. 1674.
AGNETA BURRELL portionaria de Frewchie, *hæres* Joannis Burrell portionarii de Freuchie, *patris*,—in octava parte terrarum de Freuchie infra dominium et senescallatum de Fyiff.—E. 40*s.* &c. *feudifirmæ.* xxxii. 43.

(1136) Oct. 13. 1674.
JACOBUS WATSONE de Atherney, *hæres* Davidis Watsone civis Sancti Andreæ, *patris*,—in annuo redditu 800*m.* de terris de Barns in parochia de Craill redimabili pro 10,000*m.* xxxvi. 160.

(1137) Oct. 13. 1674.
JACOBUS WATSONE de Atherny, *hæres masculus* Alexandri Watsone de Dumbrae, *patrui*,—in terris de Nether Kedlock nuncupatis Dunbrae, infra baroniam de Kinneyr postea nuncupatam Baroniam de Earleshall:—A. E. 3*l.* N. E. 12*l.*—decimis garbalibus et aliis decimis dictarum terrarum de Kedlock, pro principali:—A. E. 12*s.* N. E. 2*l.* 8*s.*—terris dominicalibus de Kinneyr:—A. E. 3*l.* N. E. 12*l.*—terris de Kittilie (vel Kittitie) alias Craigsunkar, extendentibus ad dimidietatem dictarum terrarum de Kitticlie (vel Kittitie) alias Craigsunkar, in warrantum dictarum terrarum de Nether Kedlock vocatarum Dumbrae.—A. E. 40*s.* N. E. 8*l.* xxxvii. 77.

(1138) Oct. 22. 1674.
MARGARETA DAIRSIE, *hæres* Davidis Dairsie burgensis de Anstruther Wester, *patrui*,—in 2 acris terræ arabilis in illa parte vocata Patriklawes, infra limites burgi de Pettinweim.—E. 6*s.* 8*d. feudifirmæ.* xxxii. 63.

(1139) Dec. 30. 1674.
EUPHAMIA DEMPSTER, *hæres* Jacobi Dempster de Balbougie portionarii de Lithrie, *patris*,—in 3 decimis sextis partibus cum trigesima bina parte villæ et terrarum de Lithrie, pasturagio et decimis dictarum terrarum, infra parochiam de Creich:—E. 7 minæ pro unaquaque decima sexta parte, et 3 minæ 6*s.* 8*d.* pro trigesima secunda parte, feudifirmæ. xxxii. 81.

(1140) Apr. 23. 1675.
ROBERTUS SHAW clericus burgi de Kinghorne, *hæres masculus* Gulielmi Shaw de Lethangie, *filii patrui*,—in terris de Lethangie infra regalitatem de Dumfermling;—cymba super aqua de Levin.—E. 10*l.* 13*s.* 4*d. feudifirmæ.* xxxii. 121.

(1141) Maii 7. 1675.
THOMAS HAY de Balhoussie, *hæres* Francisci Hay de Balhoussie, *fratris germani*,—in terris de Cullindrain et Maw, in warrantum 5 octavarum partium terrarum de Kildonyng in Perth.—A. E. .... N. E. ....—(Vide Perth, Forfar.) xxxii. 124.

(1142) Maii 22. 1675.
KATHARINA COMITISSA DE LEVIN, *hæres talliæ et pro*-

visionis Margaretæ Comitissæ de Levin, *sororis*,—in terris de Balgonie comprehendentibus terras et terras dominicales de Balgony;—terras de Bankheid;—terras vocatas Gleib;—terras de Lochliesyde;—terras de Coaltoune de Balgonie;—terras de Byretoune;—terras de Milntoun de Balgony cum molendinis granorum et fullonum;—terras de Spittill, Markinschlaw, Shirthum, et molendinum de Shirthum, in baronia de Balgonie;—terras de Trittonmyre;—terras de Craigincat, in baronia de Glasmonth;—terras de Eister Baglillie cum molendino vocato Inshdatiemilne, unitas in dominium et baroniam de Balgonie.—A. E. 28*l.* N. E. 112*l.*—(Vide Berwick, Perth.) xxxii. 137.

(1143) Jul. 22. 1675.
DOMINUS MICHAEL BALFOURE de Denmylne miles baronettus, *hæres masculus* Domini Alexandri Balfoure de Denmylne militis baronetti, *patris*,—in molendino vocato Denmylne, cum 2 particatis maresiæ lie myre de Old Lindoires, et astrictis multuris villæ de Old Lindoires, cum libera multura villæ de Inschreyis et pastura in Skroges, Gallowhill, Earnesyde Slack, Pittullieslack, Mariescraigden, Denbrae et in Whytefeild nuncupata Eisthill in Swairdlands, in dominio de Fyiff:—E. 6*l.* 10*s.* &c. *feudifirmæ:*—molendino vocato Craigiemylne et terris nuncupatis Seggis cum decimis, infra baroniam de Grange:—E. 29*l. feudifirmæ:*—arida multura de Kinnaird extendente ad 8 bollas hordei et 8 bollas avenarum, cum astrictis multuris granorum inhabitantium de Newburgh:—E. ....—crofta terræ in Cunyngholes infra regalitatem de Lundores:—A. E. 1*s.* N. E. 4*s.*—3 acris terrarum de Grange de Lundoirs nuncupatis Kygisholl, Chapmanscroft, et Eister et Wester Cuningaires:—E. 40*s.*—decimis prædictarum terrarum de Denmylne, &c.—A. E. 6*s.* N. E. 24*s.*—decimis terrarum molendinariarum de Craigmilne, &c.—A. E. 6*s.* N. E. 24*s.*—decimis dictarum 3 acrarum de Grange de Lindores, &c.—decimis terrarum de Inchrey in parochia de Ebdie, et terrarum de Craigend et daills terrarum subscriptarum infra regalitatem de Lindoirs:—A. E. 3*s.* 4*d.* N. E. 13*s.* 4*d.*—8 bovatis terrarum de Grainge de Lindoires infra prædictam regalitatem;—2 acris terrarum prope villam de Newburgh:—E. 1*l.* 3*s.* 4*d. feudifirmæ:*—riga terræ campestris nuncupata Brockisdale;—2 daills terrarum campestrium lie Feildlands vocatis Blacksdaill, infra regalitatem prædictam:—E. 3*s. feudifirmæ:*—tenemento cum horto infra burgum de Newburghe:—E. 12*d. feudifirmæ:*—terris de Drumdeill cum pastura in Lowmonds:—E. 10*l.* 3*s.* 4*d. feudifirmæ:*—decimis terrarum de Drumdeill, omnibus unitis in baroniam de Denmylne:—A. E. 1*s.* N. E. 4*s.*—terris et baronia de Kinaird:—E. 40*m.* &c. *feudifirmæ:*—decimis dictarum terrarum de Kynaird:—A. E. 1*s.* N. E. 4*s.*—unitis in baroniam de Kynaird;—terris de Lochmilne;—terris vocatis Milncraigs et lacu, cum astrictis multuris terrarum et villarum de Ovir et Nether Pitgoueries, et tertiæ partis terrarum de Colszie infra baroniam de Abernethy:—E. 10*m.* &c. *feudifirmæ:*—decimis terrarum de Wester Lumbenny in baronia de Ballinbreich, ac terrarum de Lochmilne et terrarum de Milnecraigs:—A. E. 1*s.* N. E. 4*s.*—terris de Wester Lumbenny in baronia de Balmerinoch.—A. E. 4*s.* N. E. 8*s.* xxxii. 159.

(1144) Aug. 10. 1675.
ANDREAS DAW portionarius de Sauchop, *hæres* Andreæ Daw portionarii de Sauchope, *patris*,—in bina parte terrarum de Sauchope infra parochiam de Craill:—E. 2 celdræ et 3 bollæ hordei, &c.—terris et baronia de West Barnes.—A. E. 5*l.* N. E. 20*l.* xxxii. 178.

(1145) Aug. 18. 1675.
DOMINA MARGARETA CUNNINGHAME unica filia Alexandri Comitis de Glencarne, inter ipsum et Dominam Nicolam Stewart ejus sponsam procreata, *hæres portionaria lineæ* Domini Willielmi Stewart de Strabrock militis, *patrui*,—et DOMINA CATHARINA STEWART filia Domini Jacobi Stewart de Strabrock, Domini Cardros, *hæres portionaria lineæ* dicti Domini Willielmi Stewart de Strabrock militis, *fratris*,—in decimis garbalibus ecclesiarum et parochiarum de Aberdour, Dalgaty, Rossyth, Lesly, et Baith, quæ olim ad abbaciam de St. Colme's-inch spectabant:—E. 10*m. albæ firmæ:*—terris de Dunybirsell cum manerici loco:—E. ....—comprehendentibus terras de Wester Aberdour, Bowprick, et Cullello:—E. 41*s.* 4*d.* &c.—terras de Barnehill;—terras de Grange:—E. 7*l.* 4*s.* &c.—terras de Easter et Wester Bucclevie:—E. 40*m.* &c—terras de Croftgarie et Brego:—E. 14*l.* 10*s.*—terras de Craigbaith, cum terris et baronia de Baith:—E. 44*l.* 7*s.*—cum decimis prædictarum terrarum;—molendino de Abirdour;—terris de Cuthilhill, Seysyde, et Carkinch, cum 1¼ acra terræ ad finem occidentalis pontis de Aberdour, et astrictis multuris dicti molendini.—E. 20*l.* 8*s.* 4*d. feudifirmarum.*—(Vide Elgin et Forres, Inverness, Perth.) xxxii. 202.

(1146) Aug. 18. 1675.
DOMINA MARGARETA CUNNINGHAME unica filia Alexandri Comitis de Glencairne, *hæres portionaria lineæ* Domini Jacobi Stewart de Strabrock, *avi*,—et DOMINA CATHARINA STEWART, Domina Cardros, *hæres portionaria lineæ* dicti Do-

O

mini Jacobi Stewart, *patris*,—in annuo redditu correspondente summæ 18,000*m.* de terris et dominio de St. Colme, infra regalitatem de Dumfermline. xxxii. 215.

(1147) Sep. 1. 1675.
JACOBUS STEWART de Rossyth, *hæres masculus* Jacobi Stewart de Rossyth, *patris*,—in terris dominicalibus et baronia de Rossyth ;—terris de Leuchalds, Pitrevie, Wester Clenflie, Dunduf, Coalstoune, Balmamule, et Mountcoy, unitis in baroniam de Rossyth.—A. E. 16*l.* N. E. 80*l.*—(Vide Dumfreis, Perth.) xxxii. 177.

(1148) Sep. 7. 1675.
HENRICUS PITCAIRNE de Pitloure, *hæres masculus* Gulielmi Pitcairne de Pitlour, *fratris germani*,—in villa et terris de Wester Pitloure et Auchnorie :—A. E. 3*l.* N. E. 12*l.*—terris de Eister Pitlour cum maneriei loco de Pitlour in baronia de Stramiglo, cum pastura in Lowmonds de Falkland et in montibus de Auchtermuchtie;—terris de Stramiglo cum 2 croftis et tofta in villa de Stramiglo :—A. E. 3*l.* N. E. 12*l.*—unitis in tenendriam de Pitlour ;—villa et terris de Steidmureland infra dominium de Balmerinoch.—E. 6*l.* *feudifirmæ.*—(Vide Perth.) xxxii. 182.

(1149) Nov. 2. 1675.
JOANNES ARNOT, *hæres lineæ et conquestus* Alexandri Arnot de Balcormo, *patrui*,—in villa et terris de Balcormo.—A. E. 3*l.* N. E. 12*l.* xxxii. 263.

(1150) Nov. 19. 1675.
HENRICUS WARDLAW, *hæres* Jacobi Wardlaw portionarii de Wester Luscar, *patris*,—in orientali latere de Wester Luscar, in parochia et regalitate de Dumfermline:—E. 7*l.* 3*d.* &c. *feudifirmæ:*—pendiculo villæ et terrarum de Luscar-Eviot alias Lochend, nuncupato Drumtuthell jacente ut supra, cum privilegio in lie Startling time ducere eorum pecora trans Burndrum ad lacum de Lochend absque pastura, et fodere petas :—E. 4*l.* 2*s.* 7*d.* &c. *feudifirmæ :*—dimidietate terrarum de Baith-Halket alias Maistertounes Baith.—E. 4*l.* 6*s.* 8*d.* &c. *feudifirmæ.* xxxii. 332.

(1151) Jan. 14. 1676.
ALEXANDER ESPLINE, *hæres* Jacobi Espline camerarii comitis de Dumfermline, *patris*,—in 6 acris terræ arabilis nuncupatis Girsumersland (vel Grasmuireland):—E. 3*l.* 15*s.* *feudifirmæ :*—3 acris terræ arabilis nuncupatis Pilmuire :—E. 6*d.* *feudifirmæ :*—aliis 3 acris terræ arabilis nuncupatis Pilmore :—E. 9*d.* *feudifirmæ :*—acra terræ arabilis vocata Forresters aiker alias Wood aiker, in parochia et regalitate de Dumfermline.—E. 6*d.* *feudifirmæ.* xxxii. 354.

(1152) Apr. 6. 1676.
JACOBUS CHRYSTIE, *hæres* Magistri Jacobi Chrystie de Stentoune, *patris*,—in 3 decimis sextis partibus villæ et terrarum de Over Stentoune :—E. 6*l.* 16*d.* &c. *feudifirmæ :*—aliis 3 decimis sextis partibus dictæ villæ et terrarum de Stentoune superiore et inferiore :—E. 6*l.* 16*d.* &c. *feudifirmæ :*—quarta parte dictæ villæ et terrarum de Stentone superiore et inferiore, in parochia de Kinglassie et regalitate de Dumfermline.—E. 8*l.* 22*d.* &c. *feudifirmæ.*—(Vide Stirling.) xxxii. 390.

(1153) Apr. 15. 1676.
MARIOTA KEIR sponsa Roberti Lyell ballivi de Anstruther-Wester, *hæres* Andreæ Keir nuper ballivi dicti burgi, *fratris germani*,—in diversis tenementis et acris terrarum infra limites burgi de Pettinweyme.—E. 4*l.* 15*s.* 4*d.* *feudifirmæ.* xxxii. 368.

(1154) Maii 12. 1676.
CAROLUS HODGE in Innerkeithing, *hæres* Henrici Cant in North Queinsferrie, *avunculi ex parte matris*,—in 3 carrucatis seu rudis terræ in villa de North Queinsferrie, in parochia et regalitate de Dumfermlyne.—E. 18*d.* *feudifirmæ.* xxxii. 412.

(1155) Maii 18. 1676.
JONETA, ELIZABETHA, ET KATHARINA KAYES, *hæredes portionariæ* Gulielmi Kay portionarii de Kingisbarnes, *fratris germani*,—in tofta terræ in villa et parochia de Kingsbarnes.—E. 1*d.* *feudifirmæ.* xxxii. 425.

(1156) Sep. 19. 1676.
ROBERTUS GED in Bruntilland, *hæres* Mausiæ Boswell, *amitæ*,—in dimidietate quartæ partis dimidii annui redditus 90*m.* de terris de Muntwhannie. xxxiv. 115.

(1157) Dec. 28. 1676.
JACOBUS TOSHE, *hæres* Jacobi Toshe molendinarii molendini de Cashe, portionarii de Auchtermuchtie, *patris*,—in 3 metis terræ vocatis Boubutts, infra parochiam de Auchtermuchtie ;—una valle terræ lie Daill in Broadmyre dicti burgi ;—altera valle lie Daill in Sheadd vocata Cornieflett, cum decimis et pascua super monte de Auchtermuchtie et terris de Whytfield.—E. 2 *firlota avenarum.* xxxiii. 85.

(1158) Jan. 23. 1677.
GULIELMUS WILSONE, *hæres* Thomæ Wilsone de Fullonico lie Wackmylne, *patris*,—in molendino Fullonario, in baronia de Abercrumbie, dominio et regalitate de Culros.—E. 4*l.* 1*s.* 4*d.* *feudifirmæ.* xxxiii. 224.

(1159) Feb. 1. 1677.
JOANNES DUNCE in Cheets, *hæres* Joannis Dunce portionarii de Auchtermughtie, *fratris*,—in dimidio 6 metium terrarum lie butts 50 solidorum terrarum borealis quarterii de Auchtermughtie :—E. 2 *peccæ hordei, feudifirmæ :*—dimidio decimarum garbalium dictarum 6 metium terræ.—E. .... xxxiii. 125.

(1160) Feb. 1. 1677.
JOANNES GOODAILL, *hæres* Alexandri Goodaill portionarii de Auchtermuchtie, *avi*,—in partibus libratæ terræ lie Mairsland Pannneland nuncupatis cum decimis, in campo inferiori sive lie Shedes, viz. in portione jacente in hac parte sive lie Shedd Broodmyre nuncupata ;—valle terræ lie Daill in hac parte lie Shed Summar leasour nuncupata ;—librata rigga terræ jacente in hac parte sive lie Shedd Boubuttes nuncupata ;—riga terræ in hac parte lie Roumeidow nuncupata;—parte de Greenmyre de Auchtermuchtie ad dictam libratam terræ spectante ;—communia in monte de Auchtermuchtie et terris lie Whytfeild nuncupatis :—E. 6*s.* 8*d.* &c. *feudifirmæ :*—decimis garbalibus dictarum terrarum.—E. 1*d.* xxxiii. 387.

(1161) Mar. 2. 1677.
AGNETA, ISSOBELLA, ET JONETA MITCHELSONES filiæ Archibaldi Mitchelsone, *hæredes portionariæ conquestus* Mathei Mitchelsone naucleri burgensis de Kirkcaldie, fratris immediate junioris dicti Archibaldi Mitchelsone balivi de Linktoun de Abbotshall, *patrui*,—in tenementis in Kirkcaldie.—E. 40 *nummi.* xxxiii. 132.

(1162) Mar. 29. 1677.
JACOBUS BARCLAY, *hæres* Jacobi Barclay portionarii de Luthry, *avi*,—in decima sexta parte terrarum de Luthry infra senescalliam de Fyf;—decima sexta parte terrarum de Luthry.—E. 4*l.* 12*s.* 11*d.* pro unaquaque decima sexta parte, *feudifirmæ.* xxxiii. 115.

(1163) Aug. 6. 1677.
JOANNES SCOTT, *hæres* Roberti Scott portionarii de Westerdrone, *patris*,—in butt terræ ex occidentali latere illius partis Old Hall nuncupato, infra territorium de Drone, cum nona parte molendini de Drone, et nona parte terrarum molendinariarum, infra senescallatum de Fyf.—E. 3*l.* 4*d.* *feudifirmæ.* xxxiii. 203.

(1164) Nov. 6. 1677.
ANDREAS KELTIE de Craighead, *hæres* Andreæ Keltie in Craighead, *patris*,—in villa et terris de Craighead de Cairnbo infra parochiam de Fossoquhan.—A. E. 5*s.* N. E. 20*s.* xxxiv. 56.

(1165) Jan. 1. 1678.
JACOBUS ARNOT de Fairney, *hæres masculus* Domini Roberti Arnot de Fairney, *patrui*,—in terris et baronia de Wester Fairney ;—terris dominicalibus ejusdem cum terris et Forresta de Kilface ex boreali latere montium de Fairney :—A. E. 12*l.* N. E. 48*l.*—maresiis lie Myres de Fairnies et lie Suaird earundem.—E. 4*l.* *feudifirmæ.* xxxiii. 324.

(1166) Mar. 12. 1678.
JEANA HERIOT sponsa Magistri Joannis Craig advocati, *hæres talliæ et provisionis* Magistri Georgii Heriot de Ramorney, *patris*,—in terris de Ramorney et Laufeild cum molendino ;—terris de Pittrauchnie ;—pendiculo dictarum terrarum de Ramorney ;—illa parte terrarum de Ramorney nuncupata Newwark, infra senescallatum de Fyfe :—E. 22*l.* *feudifirmæ :*—2 tertiis partibus terrarum de Ballingall ;—alia tertia parte dictarum terrarum de Ballingall :—A. E. 40*s.* N. E. 8*l.*—pendiculo terrarum de Drumtennent vocato Hetherinch :—E. 2*l.* *feudifirmæ :*—decimis garbalibus terrarum de Hetherinch, infra parochiam de Cullessie et senescallatum prædictum, pro principali :—E. 2*d.* *albæ firmæ :*—annuo redditu 10*l.* 8*d.*—annuo redditu 12 bollarum victualis ;—annuo redditu 3 pultriarum et 3 quintarum partium pultriæ e residuo dictarum terrarum de Drumtennent infra parochiam prædictam, in speciale warrantum proportionum feudifirmæ, &c. terrarum de Drumtennent ;—quarteria et octava parte terrarum et molendini de Bellomilne, cum sequelis terrarum de Drumtenent, Marstoune, et Easterfairne, et communitate et pastura de Monkissmoss et Edinsmore, infra senescallatum prædictum :—E. 3*l.* 15*s.* &c. *feudifirmæ :*—annuo redditu 60*l.* de terris de Pitkeinie et Strathore, infra parochias de Auchtertuil et Dysert. xxxiii. 399.

(1167) Mar. 22. 1678.
JEANNA, MARGARETA, ET AGNETA MUIRHEAD, *hæredes portionariæ* Joannis Muirhead in Mossyd de Kinnaird, *patris*,

—in terris de Mylnehills et molendino infra regalitatem de Dumfermlyne.—E. 10l. &c. *feudifirmæ.* xxxiii. 414.

(1168) Mar. 26. 1678.
ROBERTUS BALFOUR, *hæres* Gulielmi Balfour de Ballo, *patris,*—in villa et terris de Ballo infra parochiam de Falkland.—A. E. 1l. N. E. 4l. xxxiii. 361.

(1169) Aug. 6. 1678.
JOANNES ERSKINE de Merstoun filius Domini Joannis Erskine, *hæres* Dominæ Margaretæ Inglis, *matris,*—in dimidio terrarum de Otterstoune extendente ad 40 solidatas terras antiqui extentus ;—dimidio lacuum, silvarum, parcarum, cottagiorum et pertinentium dictarum terrarum, et pendiculi vocati Whythill et Outsett nuncupati Mackies Walls :—A. E. 20s. N. E. 4l.—dimidio terrarum de Bandirrane cum partito maresio ejusdem, et communi pastura ;—dimidio terrarum de Hilltess ;—dimidio terrarum de Cocklawis et Haltesses cum pastura, infra parochiam de Syres, baroniam de Teasses et Craighall per annexationem, unitis in tenendriam de Teasses.—E. 9l. 1s. *feudifirmæ.* xxxiii. 465.

(1170) Oct. 21. 1678.
JOANNES SMALL, *hæres* Joannis Small portionarii de Wester Newtoun de Rires, *patris,*—in dimidietate villæ et terrarum de Wester Newtoune de Rires, cum dimidietate maneriei loci, infra parochiam de Kilcunquhare.—E. 6l. 1s. 8d. &c. *feudifirmæ.* xxxiv. 39.

(1171) Mar. 22. 1679.
MARGARETA NORIE, *hæres* Davidis Norie burgensis de Anstruther, *fratris germani,*—in tenemento terræ infra burgum de Anstruther-Wester, dominium et regalitatem de Pittinweim.—E. 6s. xxxiv. 109.

(1172) Aug. 29. 1679.
ROBERTUS LOCKHART, *hæres* Roberti Lockhart portionarii de Walkertoun de Gaitmilk, *avi,*—in dimidietate molendini fullonis de Gaitmilk et terris eidem annexis, extendentibus ad 4 acras terræ arabilis, in dominio de Gaitmilk, parochia de Finglas et regalitate de Dumfermline.—E. 34s. 8d. &c. *feudifirmæ.* xxxiv. 193.

(1173) Oct. 7. 1679.
NATHANIELL QUHYT, *hæres* Joannis Quhyt ballivi burgi de Ellie, *patris,*—in terris de Bruntschells infra baroniam de Airdrois.—A. E. 1l. N. E. 4l. xxxiv. 162.

(1174) Oct. 17. 1679.
WILLIELMUS DEMPSTER, *hæres* Alexandri Espleine filii Jacobi Espleine Camerarii Comitis de Dumfermline, *avunculi ex parte matris,*—in 6 acris terræ arabilis nuncupatis Girsmuireland ex orientali parte burgi de Dunfermline :—E. 3l. 15s. *feudifirmæ :*—acra terræ vocata Forresters aiker alias Woodaiker, in parochia et regalitate de Dumfermline.—E. 6d. *feudifirmæ.* xxxiv. 165.

(1175) Nov. 30. 1679.
JOANNES LESLIE, *hæres* Majoris Andreæ Leslie de Quarter, *patris,*—in acra arabilium terrarum de Neather Grainge de Bruntylland, cum decimis garbalibus ;—crofta arabilium terrarum de Neathergrainge vocata Croftangrie, extendente ad 4 acras terrarum aut eo circa, cum decimis garbalibus, in baronia et parochia de Bruntyland :—E. 7 *bollæ* 1 *pecca hordei, feudifirmæ :*—44 acris terrarum arabilium de Eistquarter, seu quartæ partis terrarum de Kinghorne-Westir, includentibus acram vocatam Kilneaicker, in baronia et parochia de Bruntyland et regalitate de Dumferline :—E. 13l. 12s. &c. *feudifirmæ :*—10½ acris terrarum arabilium prædictarum terrarum de Nethergrange cum decimis garbalibus, in baronia et parochia de Bruntylland.—E. 13 *bollæ,* &c. *hordei, feudifirmæ.* xxxv. 4.

(1176) Jan. 14. 1680.
JONETA, ELIZABETHA, MARJORIA, BESSIA, ET AGNETA LAWRIES, *hæredes portionariæ* Roberti Lawrie fabri murarii in Anstruther-Wester, *avi,*—in ustrina nunc tenemento, infra burgum de Anstruther.—E. 2s. *feudifirmæ.* xxxv. 2.

(1177) Feb. 25. 1680.
JOANNES HAY de Haystoune, *hæres masculus* Magistri Joannis Hay de Haystoune nuper unius Clericorum Concilii et Sessionis, *patris,*—in annuo redditu 90l. de terris de Balcomie.—(Vide Selkirk, Peebles.) xxxv. 24.

(1178) Mar. 26. 1680.
JOANNES STEVENSONE, *hæres* Joannis Stevensone de Stevensonebaith, *patris,*—in terris de Stevensonbaith, in parochia et regalitate de Dumferling.—E. 4l. 6s. 8d. *feudifirmæ.* xxxv. 23.

(1179) Apr. 1. 1680.
JOANNES SYME, *hæres* Jacobi Syme portionarii de Auchtermuchtie, *patris,*—in solari et umbrali dimidietatibus quintæ partis 40 solidatarum terrarum septentrionalis quarteriæ de Auchtermuchtie vocatis Buistslands, jacentibus in lie Shade vocata Milnflatt, cum dimidio pasturæ unius vaccæ lie Cows grass, in Greenmyre de Auchtermuchtie, cum carbonibus et privilegio communitatis :—E. 3 *firlotæ tritici,* &c. *feudifirmæ :*—decimis garbalibus dictæ quintæ partis :—E. 1d. *albæ firmæ :*—partibus et portionibus dictarum 40 solidatarum terrarum septentrionalis quarteriæ de Auchtermuchtie nuncupatæ Buistlands, jacentibus in lie shed ejusmodi vocatis Eist et Westwairds :—E. 3 *firlotæ hordei,* &c. *feudifirmæ :*—9 rigis vel butts terrarum prope Auchtermuchtie, cum privilegio communitatis :—E. 1 *firlota tritici,* &c. *feudifirmæ :*—decimis garbalibus dictarum rigarum.—E. 1d. *albæ firmæ.* xxxv. 40.

(1180) Apr. 1. 1680.
JACOBUS MAXWELL, *hæres* Jacobi Maxwell portionarii de Auchtermuchtie, *patris,*—in Neatherfeildlands 40 solidatarum et 10 solidatarum terrarum sub villam de Auchtermuchtie ;—portionibus ejusmodi terrarum supra villam de Auchtermuchtie, jacentibus in lie Shedds subsequentibus, viz. 11 rigis et meta lie butt ejusmodi terrarum in lie Shortlambflatt, et 4 rigis et 1 headrig in Langlambflatt ;—2 daills in Milnflett ;—10 solidatis lie daills nuncupatis et 2 daills terrarum in Over Kincraigie ;—2 rigis in Neather Kincraigie, cum pastura 2 vaccarum in lie Wester Greenmyre de Auchtermuchtie, et cum privilegio communis pasturæ in monte de Auchtermuchtie et Whytefeild, infra parochiam de Auchtermuchtie :—E. 3 *bollæ* 2 *firlotæ* 2 *peccæ tritici,* &c. *feudifirmæ :*—decimis garbalibus dictarum terrarum.—E. 1d. *albæ firmæ.* xxxv. 59.

(1181) Apr. 9. 1680.
DAVID SYME, *hæres* Joannis Sym portionarii de Over Lassoday, *patris,*—in terris orientalis partis de Over Lassoday Easter, in parochia et regalitate de Dumfermling.—E. 3l. 10s. 2½d. &c. *feudifirmæ.* xxxv. 61.

(1182) Apr. 27. 1680.
JOANNES MATTERS, *hæres* Janetæ Carstaires sponsæ Magistri Joannis Matters pastoris apud Cults, *matris,*—in annuo redditu 160m. de terris et baronia de Balcombie in parochia de Craill. xxxv. 191.

(1183) Apr. 29. 1680.
JACOBUS CORSTORPHINE de Nydie, *hæres* Jacobi Corstorphine portionarii de Kingsbarnes, *avi,*—in decima sexta parte villæ et terrarum de Kingsbarnes.—E. 50s. &c. *feudifirmæ.* xxxv. 60.

(1184) Apr. 30. 1680.
DOMINUS HENRICUS WARDLAW de Petrevie miles baronettus, *hæres* Domini Henrici Wardlaw de Pitrevie militis baronetti, *patris,*—in terris de Gaitmilk :—E. 26l. 7s. 1d. &c. *feudifirmæ :*—decimis garbalibus terrarum de Gaitmilk :—E. 20l. *feudifirmæ :*—infra parochiam de Kinglass et regalitatem de Dumfermling ;—villa et terris de Binend, cum pratis et terris super boreali latere prati ejusdem, unacum lie links, pasturagiis, &c. quæ terræ de Binend cum pertinentiis prædictis, sunt partes terrarum de Eastquarter vel quartæ partis terrarum de Kinghorne-Wester, infra parochiam de Burnt Island et regalitate de Dumfermling :—E. 14l. 6s. &c. *feudifirmæ :*—octava parte villæ et terrarum de Maistertoune, in parochia et regalitate de Dumfermling.—E. 4l. 19s. 4d. &c. *feudifirmæ.* xxxv. 57.

(1185) Maii 6. 1680.
MAGISTER JOANNES LAW filius Magistri Quintigerni Law unius ministrorum de Edinburgh, *hæres provisionis* Liliæ Law, *sororis germanæ,*—in annuo redditu correspondente 3,000m. de quarta parte villæ et terrarum de Freuchie, infra parochiam de Falkland. xxxv. 128.

(1186) Maii 10. 1680.
MAGISTER GULIELMUS BEATHUNE de Craigfuidie advocatus, *hæres* Jacobi Beathune filii Roberti Beathune de Bandorie, *fratris,*—in annuo redditu 100l. de villa et terris de Coull ;—in terris de Easter Leathrisk, in speciale warrantum dictæ villæ et terrarum de Coull. xxxv. 256.

(1187) Maii 19. 1680.
DOMINUS ANDREAS RAMSAY de Waughtoune miles baronettus, *hæres masculus* Domini Andreæ Ramsay de Waughtoune militis baronetti, *patris,*—in terris et baronia de Abbotshall cum maneriei loco de Abbotshall ;—terris de Milntoune alias vocatis Linktoune, et burgo baroniæ de Linktoune contigue dictis terris de Abbotshall, et liberis nundinis et foris :—E. 25l.—molendino vocato Westmilne de Kirkcaldie cum astrictis multuris :—E. 8l. &c.—astrictis multuris baroniæ de Kirkcaldie, viz. lie insucken et

outsucken terrarum et villarum de Abbotshall, Milntoune, Bogie, Smeatoune, Balsusney, Bennoquhey, Denykeir, Walkersland, Smiddieland, Unaikers, et cum astrictione totius dominii, comitatus, et baroniæ de Kirkcaldie, burgi et villæ ejusdem, infra dominium de Kirkcaldie et regalitatem de Dumfermling, cum communi pastura, &c.—E. 26s. 8d. et 3s. 4d. in augmentationem:—advocatione ecclesiæ parochialis de Abbotshall infra regalitatem de Dumfermling cum decimis:—A. E. 1d. N. E. 4d.—patellis salinariis lie salt pans, infra bondas burgi baroniæ de Linktoune, vel baroniæ de Abbotshall, vel terrarum occidentalium lie Westmilne, &c.—E. 8 bollæ salis, et 40s. pro unaquaque patella:—carbonibus, carbonariis, &c. infra bondas dictarum terrarum et baroniæ de Abbotshall, Linktoune, molendinis lie Westmilne, &c. cum communi pasturagio:—E. 40s.—omnibus terris aliisque prædictis unitis in baroniam de Abbotshall, et villa de Milntoune alias Linktoune erecta in burgum baroniæ de Linktoune.—(Vide Haddington, Berwick.)　　　　xxxv. 82.

(1188)　　　Maii 21. 1680.
DAVID DAULING nauta de Queensferrie, hæres Georgii Dauling nautæ burgensis de Queensferrie, filii fratris immediate senioris,—in terris vocatis Brieriehill, in parochia et regalitate de Dumfermling.—E. 3l. 9d. feudifirmæ.　　　　xxxv. 114.

(1189)　　　Maii 26. 1680.
JOANNES RAE, hæres Christinæ Patrick in Pittenweem, matris,—in dimidietate tenementi infra burgum de Anstruther-Wester et dominium et regalitatem de Pittinweem.—E. 20d. feudifirmæ.　　　　xxxv. 123.

(1190)　　　Maii 26. 1680.
JOANNES RAE, hæres Elizabethæ Patrick in Pittinweem, amitæ,—in dimidietate tenementi infra burgum de Anstruther-westir.—E. 20d. feudifirmæ.　　　　xxxv. 123.

(1191)　　　Aug. 27. 1680.
MATHEUS HEAGIE, hæres Mathei Hegie nuper Thesaurarii burgi de Kirkcaldie, patris,—in annuo redditu 40l. de 2 acris terræ arabilis de Balsussney, infra regalitatem de Dumfermline.　　　　xxxv. 174.

(1192)　　　Sep. 28. 1680.
DAVID KINNEIR de Eodem, hæres masculus Davidis Kinneir de Eodem, patris,—in terris et baronia de Kinneir comprehendente terras et terras dominicales de Kinneir, terras de Overcaithlock, terras de Easter et Wester Torrs infra baroniam de Kinneir, omnes unitas in baroniam de Kinneir.—A. E. 6l. N. E. 24l. xxxv. 157.

(1193)　　　Oct. 28. 1680.
MAGISTER GEORGIUS KINLOCH, hæres Magistri Roberti Kinloch portionarii de Luthrey, patris,—in octava parte villæ et terrarum de Luthrey:—E. 9l. 5s. 10d. feudifirmæ:—decima sexta parte dictæ villæ et terrarum de Luthrey:—E. 4l. 12s. 11d. feudifirmæ:—quarteria alterius decimæ sextæ partis dictarum terrarum de Luthrei.—E. 23s. 4d. feudifirmæ.　　　　xxxv. 161.

(1194)　　　Apr. 22. 1681.
JOANNES MITCHELL, hæres Thomæ Mitchell portionarii de Newburne, avi,—in 2 quartis partibus villæ et terrarum de Newbirntoune, extendentibus ad dimidietatem dictæ villæ et terrarum de Newbirntoune, in parochia de Newburne et regalitate de Dumfermline:—E. 4l. 11s. 5d. &c. feudifirmæ:—decima sexta parte cum dimidio decimæ sextæ partis villæ et terrarum de Drumeldrie, in parochia de Newbirne et regalitate de Dumfermline.—E. 27s. 4½d. &c. feudifirmæ.　　　　xxxv. 247.

(1195)　　　Apr. 15. 1681.
JOANNES SUITTIE, hæres Gulielmi Suittie mercatoris burgensis de Edinburgh, patris,—in annuo redditu 600l. de terris de Innerteill cum terris dominicalibus, et de lie halfe lands de Tyrie.—(Vide Edinburgh, Peebles.)　　　　xxxvi. 274.

(1196)　　　Maii 10. 1681.
DOMINUS JACOBUS TURNOR miles, hæres Doctoris Archibaldi Turnor unius ministrorum burgi de Edinburgh, fratris,—in terris et baronia de Brunton et Dalginch, infra parochias de Markinch et Kennoway respective.—A. E. .... N. E. ....—(Vide Haddington.)　　　　xxxvi. 3.

(1197)　　　Jul. 19. 1681.
ISSOBELLA SYMSON sponsa Donaldi Urquhart in Birkes, hæres portionaria lineæ et conquestus Magistri Joannis Bayne de Pittcairlie scribæ signeto Regio, filii Donaldi Bayne fratris germani Helenæ Bayne proaviæ dictæ Issobellæ Symson, nepotis proaviæ,—ISSOBELLA ROSS sponsa Donaldi M'Neill in Contane, neptis Margaretæ Bayne sororis germanæ prædicti Donaldi Bayne, hæres portionaria lineæ et conquestus dicti Magistri Joannis Bayne de Pittcairlie, nepotis aviæ,—et ALEXANDER BAYNE nuper bal-

livus de Dinniguall, filius Agnetæ Bayne sororis germanæ dicti Donaldi Bayne, hæres portionarius lineæ et conquestus dicti Magistri Joannis Bayne de Pittcairlie, filii avunculi,—in terris de Eister et Wester Pitcairlies;—6 septenis partibus terrarum de Easter Lumbeny:—E. 10m. feudifirmæ:—septena parte dictarum terrarum de Easter Lumbenny:—E. 20m.—decimis dictarum terrarum de Eister et Wester Pitcairlies, et villæ et terrarum de Easter Lumbenny olim in parochia de Abernethie:—E. 10s.—tertia parte terrarum de Eister Colsie, infra baroniam de Ballenbrech:—E. 1 bolla hordei, &c. feudifirmæ:—alia tertia parte terrarum de Eister Colsie infra baroniam de Ballenbrech:—E. 10m. feudifirmæ:—altera tertia parte prædictarum terrarum de Eister Colsie:—E. 10m. feudifirmæ:—parte 2 mercatarum terrarum orientalis dimidietatis lie Bondhalf terrarum de Auchtermuchtie, nuncupata Jerveslands, extendente ad 19 solidatas terrarum, cum pasturagio supra montem de Auchtermuchtie et terras de Whytehill cum decimis:—E. 2 bollæ tritici, &c. feudifirmæ.—(Vide Perth, Haddington, Edinburgh.)　　　　xxxvi. 81.

(1198)　　　Jul. 26. 1681.
HENRICUS MAY de Bonningtoune, hæres Roberti May de Bonningtoune, patris,—in terris de Brigtoune et Currieholl nunc vocatis Bonningtoune, cum communi pastura de Threapmure et Currieholl, et pastura de Bougans de Cults, cum decimis garbalibus, in baronia de Cults, dominio de Coulrose.—E. 4l. 18s. 8d. feudifirmæ.　　　　xxxv. 270.

(1199)　　　Dec. 15. 1681.
ALEXANDER BRIDGE, hæres Magistri Alexandri Bridge portionarii de Kingsbarns, patris,—in decima sexta parte villæ et terrarum de Kingsbarns cum pastura in Kingsmure, infra parochiam de Kingisbarnes.—E. 5s. &c. feudifirmæ.　　　　xxxvi. 138.

(1200)　　　Dec. 15. 1681.
RICHARDUS PATTONE, hæres Joannis Pattone portionarii de Auchtermuchtie, patris,—in illa Sheid vocata Lange Floures, et 2 rigis terrarum vocatis Throttergate partibus de Bondhalf de Auchtermuchtie, infra parochiam de Auchtermuchtie, et cum pastura in montibus de Auchtermuchtie et terris vocatis Whytefeild:—E. 2s. &c. feudifirmæ:—decimis dictarum terrarum.—E. 1d. albæ firmæ.　　　　xxxviii. 292.

(1201)　　　Mar. 16. 1682.
DAVID RYMORE, hæres Davidis Rymore portionarii de Kettle, patris,—in decima sexta parte terrarum de Kettle, infra senescallatum de Fyfe.—E. 25s. &c. feudifirmæ.　　　　xxxv. 135.

(1202)　　　Apr. 21. 1682.
THOMAS CROMBIE, hæres Thomæ Crombie nautæ burgensis de Kircaldie, patris,—in 2 acris occidentalibus terræ arabilis terrarum de Balsusney.—E. 4s. feudifirmæ.　　　　xxxvi. 203.

(1203)　　　Apr. 21. 1682.
WILLIELMUS ANGUS, hæres Patricii Angus nautæ burgensis de Bruntiseland, patris,—in 2 acris terræ arabilis terrarum de Balsusney prope burgum de Kirkaldie:—E. 22d. pro qualibet acra, feudifirmæ:—2 acris et bina parte acræ 4 acrarum et binæ partis acræ terræ arabilis de New Smeitoune, Middle Shed terrarum arabilium de Auld Smeittoune, in dominio de Kirkcaldie et regalitate de Dumfermleyme.—E. 8s. 6d. feudifirmæ.　　　　xxxvii. 41.

(1204)　　　Apr. 26. 1682.
DAVID COMES DE LEVIN, filius secundo genitus Georgii Domini Melvill, procreatus inter eum et Dominam Catherinam Leslie ejus sponsam, hæres talliæ et provisionis Catharinæ Comitissæ de Levin, consanguineæ,—in comitatu de Levin, dominio et baronia de Balgonie, inibi comprehendente terras, dominium, &c. infra specificatas, viz.—in terris et baronia de Balgonie comprehendente terras et terras dominicales de Balgonie;—terras de Bankheid;—terras vocatas lie Gleib circa maneriei locum de Balgonie;—terras de Lochtiesyde;—terras de Coalltoun de Balgonie;—terras de Brytoun;—terras de Mylntoun de Balgonie cum molendinis de Balgonie;—terras de Spittle, Markinslaw, Shirthum et molendinum de Shirthum, in baronia de Balgony;—terras de Tritonmyre;—terras de Craignical in baronia de Glasmouth;—terras de Eister Baglillie, cum molendino nuncupato Inschdattie milne, omnibus unitis in comitatum de Levin, et dominium et baroniam de Balgony.—A. E. 28l. N. E. 112l.—(Vide Berwick, Perth.)　　　　xxxvi. 195.

(1205)　　　Maii 16. 1682.
MARGARETA COMITISSA DE HADINGTOUN, hæres talliæ et provisionis Joannis Ducis Rothusiæ, patris,—in honore, titulo et dignitate comitis de Rothes, Domini Leslie et Bambreich;—nec non in terris et baronia de Ballinbreich:—terris dominicalibus de Ballinbreich (vel Bambreich);—terris de Hichame;—terris de Logie;—terris de Flisks Eister et Wester;—terris de Fliskmillaine;—terris de Balhelvie;—terris de Coilsey;—terris de Pitt-

carlies Easter et Wester ;—terris de Drumbarto:—A. E. 20l. N. E. 60l.—annuo redditu 5 bollarum hordei de terris et dominio de Abernethie ;—terris de Pittachope :—A. E. 3l. N. E. 9l.—terris de Balmediesyde:—A. E. 4l. N. E. 12l.—terris de Lumbennies Eister et Wester :—A. E. 6l. N. E. 18l.—piscariis baroniæ de Bambreich super aqua de Tay, una cum cymbis portatoriis ejusdem aquæ, et advocatione ecclesiæ de Flisk et præbendæ de Abernethy vocatæ Fervenshyre, et capellæ de Glenduckie, et aliarum ecclesiarum :—A. E. .... N. E. ....—terris de Kilmonth cum advocatione ecclesiæ :—A. E. 30s. N. E. 6l.—annuo redditu 40s. de terris de Eister Lathrisk vocatis Riggis;—omnibus cum aliis terris in Perth, Kincardine, Forfar, Elgin et Forres, Aberdeen, et Inverness unitis in baroniam de Bambreich :—terris de Parkhill cum prato et sylva nuncupata Irnesyde, in senescallatu de Fife :—E. 10l. 6s. 8d. *feudifirmæ* :—terris seu insulis vocatis Ridinsche et Kowinche, cum salmonum piscaria super aquam de Tay, et decimis dictarum insularum, &c. in regalitate de Lindores :—E. 4l. *pro salmonum piscaria,* et 20m. *pro insulis et decimis, feudifirmæ* :—terris de Lumphinnane Souther et Norther :—A. E. 2l. N. E. 8l.—terris de Couland (vel Condland) Easter et Wester ;—terris de Downes (vel Drummes), et Over et Nether Powrane :—A. E. 7l. 10s. N. E. 30l. —terris et baronia de Leslie comprehendentibus terras et burgtum de Leslie;—terras de Pitgede, Bangad, Pitcany, Fremonthill, Holll, Drummaird, Meikle et Little Balquhumfries, Balgothrie, Drummaine, Strathdurie (vel Strathenrie) cum molendino ;—terras de Ballsillie, Pitcaerne, Blackhall, Lalathine, Andie, Kinnochie, et annuum reditum 40s. de dictis terris de Kennochie, unitas in baroniam de Leslie, cum nundinis in burgo de Leslie:—A. E. 20l. N. E. 60l.—terris de Auchtermairnie, cum liberis nundinis in burgo de Leslie :—A. E. 4l. N. E. 12l.—unitis in baroniam de Leslie :—officio vicecomitis vicecomitatus de Fyfe :—E. *valet administrationem justiciæ :*—decimis garbalibus dictæ villæ de Heichame :—A. E. 1l. N. E. 4l.—domo in burgo de Cowper cum hortis et acris infra dictum burgum :—A. E. 10s. N. E. 40s.—terris de Holekettle :— A. E. 3l. N. E. 12l.—foro hepdomadario et liberis nundinis in burgo de Leslie :—E. *valent seipsa :*—terris de Ballilevo et crofta ecclesiastica de Lesly cum decimis, tanquam partibus baroniæ de Lesly :—E. 5l. 3s. 4d. *feudifirmæ* :—omnibus unitis in baroniam, dominium, et comitatum, baroniam de Lesly et comitatum de Rothes ;—terris et baronia de Cluny nuncupatis Lugtoune-Crightoune ;—terris de Haltoune de Lugetoune, Dogtoune, Muiretoune, Forrestertoune, Mylnetoune, et Craigsyde, in regalitate de Dumfermling :—E. 20s. *nomine canæ :*—decimis prædictarum terrarum de Clunie, &c. tam rectoriis quam vicariis, cum jure patronatus ecclesiæ de Kinglassie, infra parochiam de Kinglassie et regalitatem de Dumfermling :—E. 2s. *albæ firmæ :*—omnibus unitis in baroniam de Cluny-Lugtoune ;—terris de Caskieberriane infra parochiam de Kinglassie et regalitatem de Dumfermling :—E. 13l. 6s. &c. *feudifirmæ* :—terris de Eister Strathore :—A. E. 2l. N. E. 8l.—sexta parte terrarum de Wester Strathore :—E. 10m. *taxatæ wardæ.*—(Vide Perth, Kincardine, Forfar, Elgin et Forres, Aberdeen, Inverness.) **xxxvi. 165.**

(1206)   Maii 16. 1682.
DAVID SCOTT de Balmounth, *hæres* Gulielmi Scott de Balmounth, *patris,*—in terris de Balmounth, cum pastura 100 vaccarum et bovum et 300 ovium, infra bondas moræ de Craill.—A. E. 3l. N. E. 12l. **xxxvii. 65.**

(1207)   Maii 16. 1682.
GULIELMUS PHILP de Overcarnebie, *hæres* Davidis Philpe de Overcarnebie, *patris,*—in terris de Overcarnebie cum parte Cottounecroft nuncupata ;—terris de Lochtie cum Backsydelands terrarum de Carnebie, infra baroniam de Carnebie ;—terris templariis de Carnbie, crofta et 4 acris terrarum cum pastura, in baronia et territorio de Carnebie.—A. E. 3l. N. E. 12l. **xxxvii. 67.**

(1208)   Jul. 20. 1682.
JOANNES WHYTE, *hæres* Jonetæ Boswell de Kingsmilne sponsæ Joannis Whyte ballivi de Kirkaldie, *matris,*—in molendino de Balbreikie aliter nuncupato Kingsmylne, in parochia de Kennoquhie infra senescallatum de Fyfe.—E. 9l. 13s. 4d. *feudifirmæ.* **xxxvii. 7.**

(1209)   Sep. 12. 1682.
ROBERTUS VICECOMES DE ARBUTHNET, *hæres* Roberti Vicecomitis de Arbuthnet, Domini de Innerbervie, *patris,*—in terris dominicalibus de Creigh, in speciale warrantum terrarum et baroniæ de Cairnetoune, in Kincardine.—A. E. 5l. N. E. 20l.— (Vide Forfar, Kincardine.) **xxxvii. 25.**

(1210)   Nov. 30. 1682.
JOANNES FALCONER, *hæres* Magistri Davidis Falconer Theologiæ Doctoris et Professoris, infra novum Collegium in Universitate Sancti Andreæ, *patris,*—in annuo reditu 92l. de terris de Rathillet et Dam, infra parochiam de Killmenie ;—annuo redditu 96l. de terris de Rathillet et Dam. **xxxvii. 57.**

(1211)   Dec. 8. 1682.
GULIELMUS STEWART de Rosyth, *hæres* Jacobi Stewart, *consanguinei germani ex parte patris,*—in terris de Killearnie et Bandrum cum pendiculo vocato Stealend, infra regalitatem de Dumfermline.—E. 30l. &c. *feudifirmæ.*—(Vide Clackmannan.) **xxxvii. 53.**

(1212)   Dec. 8. 1682.
JEANNA ROWAN, *hæres* Nicolai Rolland (vel Rowand) de Craighouse, *patris,*—in terris de Craighouse;—terris nuncupatis Serjanscroft, cum summis animalium in Cleuch pasturandis ;—molendinis de Drumkapie et Craighouse cum astrictione multurarum, in dominio de Killearnie et regalitate de Dumfermling.—E. 10l. &c. *feudifirmæ.* **xxxvii. 96.**

(1213)   Dec. 8. 1682.
ISSOBELLA WARDLAW, *hæres* Magistri Caroli Wardlaw de Logie, *patris,*—in villa et terris de Logie, infra regalitatem de Dumfermling :—E. 26s. 8d. *feudifirmæ* :—dimidietate terrarum de Newlands prope burgum de Dumfermling infra regalitatem prædictam :—E. 6l. *feudifirmæ* :—pecia terræ contigue a tergo nemoris de Garvock communiter Northward nuncupata ;—pecia silvæ de Garvock vocata Woodaiker ;—6 acris terræ in orientali fine dictæ silvæ cum passagio et Loanning.—E. 10s. *feudifirmæ.* **xxxvii. 166.**

(1214)   Dec. 21. 1682.
DOMINA ANNA M'MORAN sponsa Domini Georgii Campbell junioris de Sesnock, *hæres* Niniani M'Moran de Newhall, *avi,* —in tofta inter terras Andreæ Grant ex occidentali ;—9 acris terrarum baroniæ de Kilconquhar ;—8 acris terræ arabilis terrarum de Kilconquhar ;—Peitroume prope Inchcurbrig.—E. .... **xxxvii. 60.**

(1215)   Dec. 22. 1682.
JACOBUS HENDERSONE, *hæres* Joannis Hendersone portionarii de Bandrum, *patris,*—in quarta parte villæ et terrarum de Bandrum, in parochia de Sauling et regalitate de Dumfermling.— E. 2l. 8s. 8d. *feudifirmæ.* **xxxvii. 94.**

(1216)   Jan. 11. 1683.
HELENA BROUNE, *hæres* Henrici Broune ballivi de Anstruther, *patris,*—in tenemento in Anstruther-Wester ;—horto infra burgum et regalitatem de Pettinweeim.—E. 3s. 4d. *feudifirmæ.* **xxxvii. 86.**

(1217)   Jan. 26. 1683.
ALEXANDER CLERK de Pitzewcher, *hæres* Magistri Gilberti Clerk de Pitzewcher, *avi,*—in 3 octavis partibus villæ et terrarum de Stentone vulgo vocatis Nether Stentoun, in parochia de Kinglassie et regalitate de Dumfermling, pro principalibus:—E. 12l. 2s. 8d. &c. *feudifirmæ:*—terris de Balbirnie ambabusque dimidietatibus earundem, cum molendino de Balbirnie, pro warranto dictarum terrarum de Stentone :—E. ....—occidentali dimidietate villæ et terrarum de Pitzeucher, in dominio et regalitate de Dumfermling, pro principali :—E. 15l. 6d. &c. *feudifirmæ* :—solari dimidietate terrarum de Ballgriegies ;—terris de Struthers ;—occidentali parte dictarum terrarum de Balgreigies, in dominio de Lochoreshyre, pro warranto dictæ occidentalis dimidietatis villæ et terrarum de Pitzeucher.—E. .... **xxxvii. 116.**

(1218)   Mar. 27. 1683.
ROBERTUS BENNET de Busses, *hæres* Joannis Bennet de Busses, *patris,*—in terris de Wester Quyltis vocatis Busses, in baronia de Quilts et regalitate de Culrose.—E. 3l. 6s. 8d. et 3 asses, 4d. *in augmentationem.* **xxxvii. 162.**

(1219)   Apr. 19. 1683.
ANDREAS CORNEFOOT, *hæres* Alexandri Cornfoot portionarii de Balchrystie, *patris,*—in decima sexta parte cum dimidietate decimæ sextæ partis terrarum et villæ de Balchrystie et Links, in Newburneshyre et regalitate de Dumfermling.—E. 43s. 5¼d. &c. *feudifirmæ.* **xxxvii. 113.**

(1220)   Apr. 19. 1683.
DANIEL AUCHMOUTIE, *hæres* Davidis Auchmoutie portionarii de Drumeldrie, *patris,*—in 3 octavis partibus terrarum de Drumeldrie :—E. 6l. 13s. 4d. &c. *feudifirmæ* :—decima sexta parte villæ et terrarum de Drumeldrie, in schyra de Newburne et regalitate de Dumfermling :—E. 17s. 11d. &c. *feudifirmæ* :—acra terræ vocata Hoill aiker cum decimis garbalibus, in dominio et regalitate de Dumfermling.—E. 6 firlotæ hordei, &c. *feudifirmæ.* **xxxvii. 114.**

(1221)   Apr. 19. 1683.
JACOBUS FINLAY, *hæres* Thomæ Finlay portionarii de Balchrystie, *patris,*—in quarta parte villæ et terrarum de Balchrystie : —E. 4l. 1s. 6d. &c. *feudifirmæ:*—octava parte villæ et terrarum de Balchrystie :—E. 39s. 10d. &c. *feudifirmæ :*—quarta parte et octava parte lie Links earundem, in parochia de Newburne Schyre et regalitate de Dumfermling.—E. 50s. *feudifirmæ.* **xxxvii. 115.**

P

(1222) Maii 26. 1683.
DOMINA MARGARETA BOYD sponsa Domini Jacobi Foulis de Reidfoord, unius ex senatoribus Collegii Justiciæ, *hæres* Joannis Boyd Edilis Edinburgi, *patris*,—in 2 acris terræ arabilis infra territorium de Pettinweim, dominium seu regalitatem ejusdem.—E. 6s. 8d. &c. *feudifirmæ.*   xxxvii. 159.

(1223) Jul. 28. 1683.
ANNA LUGTOUNE, *hæres* Joannis Lugtone burgensis de Anstruther-Wester, *patris*,—in tenemento terræ infra burgum de Anstruther-Wester et balliariam seu regalitatem de Pettinweem.—E. 6s. *feudifirmæ.*   xxxvi. 272.

(1224) Nov. 9. 1683.
MAGISTER JOANNES PHILP de Ormistoune, *hæres* Joannis Philp Clerici de Newburgh, *avi*,—in 3 acris terrarum arabilium in hauches et meadows de Newburgh, infra regalitatem de Lindoires. —E. 4l. 4s. *feudifirmæ.*   xxxvi. 334.

(1225) Nov. 23. 1683.
THOMAS GOURLAY, *hæres* Thomæ Gourlay portionarii de Balchrystie, *patris*,—in octava parte villæ et terrarum de Balchrystie, in parochia de Newburne:—E. 29s. 10d. *feudifirmæ:*—octava parte de Links de Balchrystie.—E. 16s. 8d. *feudifirmæ.*   xxxvii. 225.

(1226) Jan. 3. 1684.
JANETA ET AGNETA BEVRADGES, *hæredes portionariæ* Richardi Bevradge in Over Easter Rossie, portionarii de Aughtermughty, *patris*,—in 3 daills terræ in Bondhalf de Auchtermughty; —3 rigis terræ in lie Shed nuncupata Rothelbank;—4 butts terræ nuncupatis Jocksbutts;—4 butts terræ in Cowmeadow et 2 butts in Gibbsdaill, cum pastura in monte de Auchtermughty et Whytefeild:—E. 2 *peccæ tritici*, &c. *feudifirmæ:*—decimis dictarum terrarum.—E. 1d. *albæ firmæ.*   xxxvi. 264.

(1227) Jan. 3. 1684.
JACOBUS BRUCE, *hæres* Andreæ Bruce, *patris*,—in dimidietate terrarum de Kinloch et molendini, cum Brewlands, Smiddielands, Cottlands, infra parochiam de Collessie et senescallatum de Fyfe: —E. 33m. 5s. 8d. &c. *feudifirmæ:*—decimis garbalibus dictarum terrarum.—E. 1d. *albæ firmæ.*   xxxvii. 259.

(1228) Jan. 3. 1684.
JACOBUS KINLOCH, *hæres* Jacobi Kinloch portionarii de Auchtermughty, *patris*,—in parte decimæ sextæ partis de Bondhalf de Auchtermughtie Neitherfeildlands nuncupata, cum privilegio in monte de Auchtermuchtie et terris de Whytefeild:—E. 1 *bolla hordei*, &c. *feudifirmæ:*—decimis garbalibus dictæ partis.—E. 1d. *albæ firmæ.*   xxxvii. 293.

(1229) Jan. 3. 1684.
JOANNES THOMSONE, *hæres* Joannis Thomsone in Channells de Rossie portionarii de Auchtermughty, *patris*,—in 10 solidatis terræ in Nether Bondhalf de Aughtermughtie:—E. 1 *bolla tritici*, &c. *feudifirmæ:*—decimis dictarum terrarum.—E. 1d. *albæ firmæ:* —cottagio terræ in dicta Bondhalf, cum communi pastura in monte de Auchtermughtie et terris de Whytefeild, infra parochiam de Auchtermughty:—E. 5s. 10d. *feudifirmæ:*—decimis dicti cottagii terræ.—E. 1d. *albæ firmæ.*   xxxvi. 266.

(1230) Jan. 4. 1684.
SOPHIA TOD, *hæres* Mariæ Law sponsæ Georgii Tod naucleri in Kirkcaldie, *matris*,—in dimidietate 10 acrarum terrarum arabilium cum Ley pertinente ad easdem, in parochia de Kirkcaldie et regalitate de Dumfermleyne.—E. ....   xxxvii. 235.

(1231) Jan. 22. 1684.
PATRICIUS ABERCROMBIE, *hæres* Jacobi Abercrombie de Northstraerudie, *patris*,—in boreali dimidietate terrarum et villæ de Straerudie, cum communi pastura.—E. 40s. *feudifirmæ.*   xxxvii. 244.

(1232) Jan. 22. 1684.
THOMAS DUNCANE tenens in Eister Cruvie, *hæres* Joannis Duncane aliquando in Rind, *patris*,—in solari tertia parte terrarum de Wester Setters (vel Fetters), in parochia de Lewchars et baronia de Lewchars-Bruice.—A. E. 2d. N. E. 1s.   xxxix. 1.

(1233) Jan. 25. 1684.
CAROLUS COMES DE NEWBURGH, *hæres* Jacobi Comitis de Newburgh, *patris*,—in terris et baronia de Kinnaird comprehendentibus superioritatem dimidietatis terrarum et baroniæ de Naughtoun, in quantum extendi poterit ad superioritatem 10 mercatarum terrarum de Innerdevat olim vocatarum Crymbleis Lawes; —advocatione capellæ et capellaniæ Sancti Thomæ de Seamilnes; —passagio aquæ de Tay de Dundee cum molendino de Seamilnes,

unitis cum aliis terris in Perth in baroniam de Kinnaird.—A. E. 14l. N. E. 56l.—(Vide Perth.)   xxxvii. 266.

(1234) Feb. 5. 1684.
GULIELMUS DUDINGSTOUNE de Saint Furd, *hæres* Jacobi Dudingstoune de Saint Furd, *patris*,—in terris de Saint Furd.— A. E. 4l. N. E. 16l.   xxxvii. 252.

(1235) Mar. 7. 1684.
MARGARETA COMITISSA DE WEYMES, *hæres talliæ* Davidis Comitis de Weymes, *patris*,—in maneriei loco, turre, fortalicio, et castro de Bruntiland vulgo nuncupatis castrum de Bruntiseland :—E. 6s. 8d. *feudifirmæ:*—molendinis de Bruntiseland vocatis Sea Milnes de Bruntiland;—cum multuris segetum super solo burgi de Bruntisland vocati Kinghorn-Wester crescentium :—E. 40s. *feudifirmæ:*—portione terræ Ross nuncupata cum decimis garbalibus, quæ est pars terrarum de Nether Grange de Kinghorne-Wester vocata Maines :—E. 8 *bollæ* 1 *firlota* 3 *peccæ* 2 *liepies hordei:*—2 acris terrarum arabilium infra murum lie Dyke cum decimis, ex boreali latere dicti castri ;—2 acris terrarum arabilium de East Quarter, seu quarta parte præddictarum terrarum de Kinghorne-Wester vocata Creich's Butts, cum parva parte dictarum terrarum de East Quarter vocata Delphs, infra regalitatem de Dumfermling, pro principali :—E. 26s. &c. *feudifirmæ:*—terris de Bogie ;—terris de Bennaquhie et Rambroig, quæ sunt partes terrarum de Bulsusnie ;—solari dimidietate umbralis dimidietatis terrarum de New Smeatoune ;—6 acris terrarum arabilium de Old Smeatoune, infra regalitatem prædictam, in warrantum terrarum prædictarum.—E. ....   xxxvii. 258.

(1236) Mar. 13. 1684.
MARGARETA COMITISSA DE WEYMES, *hæres talliæ* Davidis Comitis de Weymes, *patris*,—in terris de Camrone, cum molendino granario de Camrone, infra senescallatum de Fyffe.—E. 8l. &c. *feudifirmæ.*   xxxvii. 256.

(1237) Apr. 22. 1684.
WILLIELMUS GOURLAY de Kincraig, *hæres* Thomæ Gourlay de Kincraig, *fratris*,—in solari dimidietate terrarum de Kincraig, unita in baroniam de Kincraig.—A. E. 4l. N. E. 16l.   xxxvii. 274.

(1238) Jun. 20. 1684.
JACOBUS CURRIE tenens in Crombie, *hæres* Jacobi Main in Wester Pitcorthie, *avi*,—in acra terræ arabilis Stonnie Aiker vocata, prope burgum de Dumfermling in parochia et regalitate ejusdem.—E. 18s. *feudifirmæ.*   xxxvii. 296.

(1239) Aug. 22. 1684.
JACOBUS STENHOUS, *hæres* Joannis Stenhouse portionarii de Southfode, *patris*,—in 3 quarteriis villæ et terrarum de Southfode, in parochia et regalitate de Dumfermline :—E. 8l. 16s. &c. *feudifirmæ:*—octava parte villæ et terrarum de Mastertowne, in dicta parochia et regalitate de Dumfermlyne.—E. 4l. 13s. 4d. &c. *feudifirmæ.*   xxxvi. 246.

(1240) Aug. 30. 1684.
ROBERTUS WISEHEART, *hæres* Richardi Wisheheart in Anstruther-Wester, *patris*,—in domo in burgo de Anstruther-Wester, et dominio seu regalitate de Pittinweim.—E. 2s. 3d. *feudifirmæ.*   xxxvi. 260.

(1241) Sep. 4. 1684.
ANDREAS HEAGIE, *hæres* Mathei Heagie mercatoris burgensis de Kircaldie, *patris*,—in villa et terris de Eister Bogie cum terris dominicalibus ejusdem ;—terris de Wester Smeatoun ;—terris de Muttonhall ;—partibus terrarum de Bennaquhie :—E. 15l. *feudifirmæ:*—5 salinis lie Salt Pans infra burgum et territorium de Kirkcaldy, infra parochias de Kirkcaldie et Abbothall respective, et regalitatem de Dumfermline.—E. 60l. *feudifirmæ.* xxxvi. 262.

(1242) Oct. 2. 1684.
ALEXANDER AYTOUN de Inchdarnie, *hæres* Joannis Aytoun de Inchdarny, *patris*,—in terris de Inchdarny infra parochiam de Kinglassie et regalitatem de Dumfermling :—E. 31l. 4s. &c. *feudifirmæ:*—quarta parte terrarum de Overgrange de Kinghorne-Wester nuncupata Pitfirran quarter :—E. 19l. 10s. &c. *feudifirmæ:* —octava parte dictarum terrarum de Overgrange de Kinghorne-Wester :—E. 7l. 18s. 4d. &c. *feudifirmæ:*—alia octava parte prædictarum terrarum infra parochiam de Kinghorne-Wester, dominium et regalitatem de Dumfermling.—E. 8l. 11s. 8d. &c. *feudifirmæ.*   xxxvi. 244.

(1243) Dec. 4. 1684.
AGNETA THOMSONE, *hæres* Andreæ Sympsone clerici communis burgi de Anstruther, filii Thomæ Symsone fratris germani Agnetæ Symsone, matris Georgii Thomsone in Anstruther-Wester, patris dictæ Agnetæ Thomsone, *filii fratris aviæ*,—in 4 acris

terræ arabilis infra dominium de Pettinweem et propé burgum de Anstruther-Wester.—E. 16s. 8d. &c. *feudifirmæ.*   xxxvi. 348.

(1244)   Dec. 11. 1684.
ROBERTUS RUSSALL scriba in Edinburgo, *hæres* Roberti Russall (nuncupati Provest) portionarii de Kingiskettle, *patris,*—in octava parte villæ et terrarum de Kingskettle.—E. 1l. 16s. 4d. *feudifirmæ.*   xxxviii. 99.

(1245)   Dec. 12. 1684.
HENRICUS BELFRADGE, *hæres* Jacobi Belfradge portionarii de Netherbaith, *patris,*—in tertia parte villæ et terrarum de Neitherbaith alias Peirsones Baith appellatæ, in parochia et regalitate de Dumfermling.—E. 3l. 10s. 1d. &c. *feudifirmæ.*   xxxvii. 326.

(1246)   Jan. 5. 1685.
JOANNES ANNANE, *hæres* Helenæ Buist sponsæ Gulielmi Annane in Newfergie, *matris,*—in tertia parte annui redditus 144l. correspondente 3600m. ex dimidietate umbralis dimidietatis terrarum de Kinloch, Smiddielands, et Brewlands, et dimidietate molendini de Kinloch, infra parochiam de Collessie.   xxxvii. 306.

(1247)   Mar. 12. 1685.
WILLIELMUS ANNAN in Newfergie, *hæres* Joannis Annan, *filii,*—in tertia parte annui redditus 144l. correspondente 3600m. ex dimidietate umbralis dimidietatis terrarum de Kinloch, et dimidietate molendini de Kinloch, infra parochiam de Collessie.   xxxvii. 318.

(1248)   Apr. 14. 1685.
JANETA, JOANNA, ET CHRISTIANA MELDRUMS, *hæredes portionariæ* Magistri Jacobi Meldrum in Brughtie, *patris,*—in annuo redditu 80l. de terris de Broadland vocatis Leuchares-Bruce, Puskmilnetone, et Fordall, infra parochiam de Leuchares.   xxxix. 245.

(1249)   Apr. 17. 1685.
DOMINUS DAVID ARNOTT de Eodem, *hæres* Caroli Arnott feoditarii de Eodem, *patris,*—in annuo redditu 40l. de terris de Eister Smeiton, in parochia de Kirkcaldie et regalitate de Dunfermline.   xxxviii. 253.

(1250)   Jul. 16. 1685.
DAVID CORSTORPHINE, *hæres* Gulielmi Corstorphine portionarii de Kingsbarns, *patris,*—in octava parte terrarum et villæ de Kingsbarns, infra senescallatum de Fyfe.—E. 5l. 18s. 4d. *feudifirmæ.*   xxxviii. 109.

(1251)   Jul. 16. 1685.
ELIZABETHA SHOOLBRAID, *hæres* Thomæ Shoolbraid portionarii de Auchtermuchtie, *patris,*—in 2 partibus 10 solidatarum terrarum agrestium lie Feildland de Bondhalf de Auchtermuchtie nuncupatis Inchokes :—E. 2 *firlotæ* 2 *peccæ avenarum,* &c. *feudifirmæ :*—decimis dictarum terrarum.—E. 1d. *albæ firmæ.*   xxxviii. 243.

(1252)   Oct. 23. 1685.
JACOBUS ANGUS, *hæres* Jacobi Angus ballivi de Bruntiland, *patris,*—in 10 acris terræ arabilis terrarum de Nether Grainge cum decimis.—E. 12 *bollæ hordei,* &c. *feudifirmæ:*—lie delfs terræ arabilis terrarum de Eastquarter, aut quartæ partis de Kinghorne-Wester :—E. 13s. 4d. &c. *feudifirmæ:*—3 acris terræ arabilis et lie delfs terræ arabilis terrarum de Eastquarter, omnibus in baronia et parochia de Bruntiland et regalitate de Dumfermline.—E. 1l. 4s. 9d. &c. *feudifirmæ.*   xxxviii. 169.

(1253)   Oct. 23. 1685.
JOANNES BROUN de Prathouse, *hæres* Joannis Broun de Prathouse, *avi,*—in quarta parte villæ et terrarum de Northfodd, in parochia et regalitate de Dumfermline.—E. 58s. 7¼d. &c. *feudifirmæ.*   xxxviii. 226.

(1254)   Dec. 11. 1685.
JOANNES STOBIE, *hæres* Adami Stobie portionarii de Wester Luscar, *fratris germani,*—in tertia parte terrarum occidentalis lateris villæ de Wester Luscar alias Stobies Luscar nuncupata, in parochia et regalitate de Dumfermline.—E. 46s. 9d. &c. *feudifirmæ.*   xxxviii. 211.

(1255)   Feb. 4. 1686.
GULIELMUS SYBALD, *hæres* Jacobi Sybald portionarii de Freuchy et Newtoun de Falkland, *patris,*—in octava parte villæ et terrarum de Freuchy, cum pastura super Lowmonds de Falkland, cum 2 rigis terræ dictarum terrarum de Freuchy, superioritate toftæ, horti, et 2 buttis ex boreali parte viæ publici.—E. 40s. &c. *feudifirmæ:*—octava parte et dimidietate decimæ sextæ partis villæ et terrarum de Newtoune de Falkland, infra senescallatum de Fyfe, cum pastura in Lowmonds de Falkland.—E. 50s. &c. *feudifirmæ.*   xxxviii. 232.

(1256)   Feb. 4. 1686.
MAGISTER ROBERTUS ARNOT ludimagister Falklandiæ, *hæres* Joannis Arnot portionarii de Auchtermuchtie, *patruelis,*—in inferiore campo lie Netherfeild 40 solidatarum terrarum de Bondhalf de Auchtermuchtie, cum croft of land post hortos, et cum pastura in monte de Auchtermuchtie et terris vocatis Whytfeild, infra senescallatum de Fyffe.—E. 3 *firlotæ et* 1 *pecca tritici,* &c. *feudifirmæ:*—decimis dictarum terrarum.—E. 1d. *albæ firma.*   xxxviii. 238.

(1257)   Feb. 4. 1686.
THOMAS DUNCAN, *hæres* Henrici Duncan portionarii de Newtoune de Falkland, *patris,*—in duodecima parte terrarum de Newtoune de Falkland.—E. 26s. 8d. &c. *feudifirmæ.*   xxxviii. 241.

(1258)   Feb. 11. 1686.
GULIELMUS LYALL, *hæres* Gulielmi Lyall de Boghall, portionarii de Kingsbarns, *patris,*—in decima sexta parte, et dimidietate decimæ sextæ partis terrarum de Kingsbarns:—E. 3l. 15s. &c. *feudifirmæ :*—trigesima bina parte dictarum terrarum de Kingsbarns:—E. 25s. &c. *feudifirmæ :*—duodecima parte dictarum terrarum, omnibus infra senescallatum de Fyfe.—E. ....   xxxviii. 236.

(1259)   Apr. 6. 1686.
GEORGIUS PATULLO de Balhouffie, *hæres* Magistri Georgii Patullo aliquando præfectus Collegii Sancti Salvatoris Andreapolitani, *patris,*—in annuo redditu 20l. de terris de Straburne, infra parochiam de Leuchars.   xxxix. 430.

(1260)   Apr. 8. 1686.
ROBERTUS YOUNG, *hæres conquestus* Joannis Young portionarii de Auchtermuchtie, *nepotis,*—in parte terrarum de Auchtermuchtie in inferiori campo lie Neatherfeild, viz. 3 rigis in Summerlisser ;—2 rigis in West Waird, et 5 lie butts in Eastwards, infra senescallatum de Fyffe :—E. 2 *firlotæ tritici,* &c. *feudifirmæ :*—decimis dictarum terrarum.—E. 1d. *albæ firmæ.*   xxxviii. 294.

(1261)   Apr. 8. 1686.
ELIZABETHA ET CATHARINA GILLMOURS, *hæredes portionariæ* Roberti Gillmour portionarii de Auchtermuchtie, *patris,*—in decima sexta parte seu librata terræ in Bondhalf de Auchtermuchtie :—E. 2 *bollæ tritici,* &c. *feudifirmæ :*—parte 2 tertiarum partium de lie Infeild 41 solidatarum terrarum in dicta Bondhalf :—E. 1 *bolla tritici,* &c. *feudifirmæ :*—4 solidatis terræ de Bondhalf de Auchtermuchtie, parte de Outfield 40 solidatarum terrarum :—E. 1 *bolla* 1 *firlota et* 1 *pecca avenarum,* &c. *feudifirmæ :* —parte de Outfeild de Knowheads 40 solidatarum terrarum :—E. 2 *firlotæ avenarum,* &c. *feudifirmæ :*—decimis dictarum terrarum. —E. 1d. *albæ firmæ.*   xxxviii. 296.

(1262)   Apr. 13. 1686.
DAVID BALFOUR de Grange, *hæres masculus* Andreæ Balfour de Grange, *patris,*—in quarta parte villæ et terrarum de Newgrange, (exceptis 1 acra, et 12 reputatis acris vocatis Bandene) ;—quarta parte terrarum de Clekkanyscleugh et Battell-law, et dimidietate terrarum de Corfaulds (exceptis 2 acris ex occidentali parte earundem);—1 acra terrarum de Cultrey, et quarta parte terrarum de Outfeild de Byres (excepta Craigincurfauld);—acra terrarum de Deuchron ;—alia acra terræ ad borealem partem terrarum de Deuchron ;—dimidietate alterius quartæ partis terrarum de Newgrainge, Clekkanyscleugh, Batel-law, Corfaulds, et Outfeilds de Byres, et 1 acra terrarum de Cultrey, cum principali domo, viz. aula citra dimidietatem dictæ quartæ partis terrarum, in baronia de Balmerino :—E. 24l. 16s. 8d. *feudifirmæ :*—dimidietate solari quartæ partis villæ et terrarum de Newgrainge ;—dimidietate quartæ partis pratorum villæ et terrarum de Newgrainge ;—dimidietate quartæ partis 4 bovatarum terrarum de Clekkanyscleugh et Battellaw ;—dimidietate quartæ partis 8 bovatarum terræ de Outfeild de Byres, (excepta pecia terræ de Craigingursfauld) ;—dimidietate acræ jacente in villa de Cultrey, in baronia de Balmerino. —E. 9l. *feudifirmæ.*   xxxviii. 392.

(1263)   Apr. 15. 1686.
ALEXANDER ORROK de Eodem, *hæres* Alexandri Orrok de Eodem, *patris,*—in 2 octavis partibus villæ et terrarum de Overgrange de Kinghorne-Wester :—E. 16l. 11s. 5d. et 2 *oboli,* &c. *feudifirmæ :*—alia octava parte dictæ villæ et terrarum, in parochia de Kinghorne Wester et regalitate de Dumfermlinge :—E. 9l. 15s. &c. *feudifirmæ :*—terris de Orrok, Sillybabie, et Dunerne jacentibus ut supra, omnibus unitis in baroniam de Orrok.—E. 5l. *feudifirmæ.*   xxxviii. 303.

(1264)   Apr. 27. 1686.
CHISTIANA, AGNETA, ET ALISONA BOSWALLS, *hæredes portionariæ* Jonetæ Boiswall filiæ Henrici Boiswall ballivi in Kirkcaldie, *sororis,*—et HENRICUS BARCLAY filius Thomæ Barclay burgensis ibidem, *hæres portionarius* dictæ Jonetæ Bois-

wall, *matertera*,—in annuo redditu 120*m*. de terris de Ballbeigie, et de terris et baronia de Ravinscraig et Dysart respective, infra parochiam de Dysart.   xxxviii. 328.

(1265)   Apr. 27. 1686.
PATRICIUS KINNINMOND de Eodem, *hæres* Jacobi Kinninmond de Eodem, *patris*,—in quinta parte terrarum de Kinninmonth, infra parochiam de Kinglassie :—A. E. 12*s*. N. E. 3*l*.—terris de Urquhart.—A. E. 5*l*. N. E. 20*l*.—terris de Coquhallies Easter et Wester ;—terris de Colletoune ;—terris de Pitcairn et molendino de Pittcairn :—A. E. 6*l*. N. E. 24*l*.—terris de Pittkeany.—A. E. 30*s*. N. E. 6*l*.—omnibus unitis in baroniam de Wester Kinninmonth.   xxxviii. 320.

(1266)   Apr. 27. 1686.
CHRISTIANA, AGNETA, ET ALISONA BOSWALLS, *hæredes portionariæ* Henrici Boiswall ballivi in Kirkcaldie, *patris*,—et HENRICUS BARCLAY filius Thomæ Barclay burgensis de Kirkcaldy, *hæres portionarius* dicti Henrici Boswall, *avi ex parte matris*,—in annuo redditu 360*m*. de terris de Ballbeigie infra parochiam de Dysart ;—et de terris et baronia de Ravinscraig et Dysart respective ;—alio annuo redditu 160*l*. de terris de Ballcleavie, Cuthillhill, et Seasyd, infra parochiam de Aberdour. xxxviii. 325.

(1267)   Apr. 27. 1686.
GRISELLA RAMSEY sponsa Magistri Alexandri Irwing de Lewturk (Lenturk ?),—et HELENA RAMSEY sponsa Gulielmi Young mercatoris in Edinburgo, *hæredes portionariæ* Magistri Joannis Ramsay ministri apud ecclesiam de Markinsh, Domini de Duniface, *patrui*,—in terris de Duniface cum decimis et piscatione in aqua de Levin, infra parochiam de Markinsh.—A. E. 3*l*. N. E. 12*l*.   xxxviii. 414.

(1268)   Apr. 29. 1686.
JOANNES HARDIE, *hæres* Thomæ Hardie portionarii de Auchtermuchtie, *patris*,—in cottagio terræ de Auchtie (Auchtermuchtie ?) in Bond half ejusdem, infra senescallatum de Fyff, et privilegio propriæ communiæ in monte de Auchtie (Auchtermuchtie ?) et terris vocatis Whytefeild.—E. *dimidium peccæ tritici*, &c. *feudifirmæ* :—decimis garbalibus—E. 1*d*. *albæ firmæ*.   xxxix. 47.

(1269)   Maii 21. 1686.
JACOBUS MOUTRAY de Roscobie, *hæres masculus* Jacobi Moutray de Rescobie, *patris*,—in villis et terris de Rescobie comprehendentibus decimas garbales earundem :—E. 21*l*. 18*s*. 11*d*. *feudifirmæ* :—terras de Redcraigs, Bowhills, Craigencat alias Weddergroynge, quæ sunt partes et pendicula terrarum de Rescobie, cum decimis garbalibus :—E. 21*l*. 18*s*. 7*d*. *feudifirmæ*:—terris de Blairnbothies Norther :—E. 26 *petræ casei*, &c. *feudifirmæ*:—terris de Blairnbothies Souther :—E. 4*l*. 3*s*. 4*d*. *feudifirmæ* :—terris de Woodend alias Keltiewood, in parochia et regalitate de Dumfermline.—E. 40*d*. *feudifirmæ*.   xxxix. 163.

(1270)   Jun. 17. 1686.
DAVID THOMSONE, *hæres* Jacobi Thomsone portionarii de Kings-Kettle, *patris*,—in octava parte et dimidio decimæ sextæ partis villæ et terrarum de Kingskettle :—E. 41*s*. 8*d*. &c. *feudifirmæ* :—quarteria seu duabus octavis partibus villæ et terrarum de Kingskettle.—E. 3*l*. 6*s*. 4*d*. &c. *feudifirmæ*.   xxxix. 50.

(1271)   Aug. 3. 1686.
JACOBUS COMES DE AIRLIE, *hæres* Jacobi Comitis de Airlie, *patris*,—in terris de Balbugie infra baroniam de Innerkithen.—A. E. 3*l*. 10*s*. N. E. 14*l*.   xxxix. 183.

(1272)   Sep. 21. 1686.
DOMINUS GULIELMUS HOPE de Craighall miles baronettus, *hæres masculus* Domini Thomæ Hope de Craighall militis baronetti, *patris*,—in terris et baronia de Craighall comprehendente terras de Craighall, et terras templarias vel Thorniedykes de Craighall ;—terras de Sires, cum jure patronatus capellaniæ altaris Sancti Niniani altar, infra parochiam de Sires, et presentatione lectoris et preceptoris apud ecclesiam de Sires ;—burgum baroniæ de Sires, cum foris et nundinis ;—terras de Callendge ;—terras de Pitscottie-Wester cum molendino ;—terras de Pittscottie-Easter cum molendino ;—terras de Baltullie ;—terras de Kingarroke ;—terras de Balquhis ;—terras de Dura ;—terras de Rumgellie cum molendino ;—piscationibus salmonum in aquis de Sires et Edin ;—terras de Cairns cum molendino ;—terras de Pittfirran ;—terras de Taisses comprehendentes terras de Taisses, Hilltaisses, Haltaisses, molendinum de Taisses ;—terras de Bandirran et Cockles :—A. E. 26*l*. 10*s*. N. E. 106*l*.—terras et baronium de Kininmouth comprehendentem terras de Kininmouth cum decimis ;—terras de Baldinnie cum molendino et decimis ;—terras de Ladedie et Lymelands cum decimis ;—terras de Overmagask cum decimis ;—terras de Neather Magask cum decimis ;—moram lie Muire de Magask cum decimis ;

—terras de Balmakie-Medow cum decimis :—A. E. 26*s*. 8*d*. N. E. 5*l*. 6*s*. 8*d*.—terris de Aithernie cum molendino ;—terris de Monthryve :—A. E. 3*l*. 6*s*. 8*d*. N. E. 13*l*. 6*s*. 8*d*.—annuo redditu 25*m*. de prædictis terris de Aithernie et molendino ;—mineralibus et mineriis auri, argenti, cupri, plumbi, stanni aliorumque metallorum et mineralium infra prædictas terras :—E. *decima pars metallorum et lie Ure* ;—omnibus unitis in baroniam de Craighall.   xxxix. 115.

(1273)   Oct. 12. 1686.
ROBERTUS FORBES de Kires (Rires ?), *hæres* Arthuri Forbes de Kires (Rires ?), *patris*,—in terris et baronia de Rires, viz.—terris de Fairfeilds, twa Fairfeilds nuncupatis ;—terris de Frostlies ;—terris de Cabersuallies ;—terris de Cowhills (vel Bowhills) ;—terris de Cumberlands ;—terris de Firthmuire, cum advocatione capellaniæ Saint Marie-Kires (Rires) nuncupatæ :—A. E. 4*l*. N. E. 20*l*.—terris de Strathboyes et Neatherpirnie, infra baroniam de Kires (Rires) :—A. E. 5*s*. N. E. 20*s*.—terris et baronia de Lewchars-Forbes, viz. terris de Westhouse et Broadland ;—tertia parte terrarum de Balbughlie ;—terris vocatis Kirktoune de Lewchars ;—terris de Milnetowne, Pusk, Balquhinzie ;—terris de Auldmuires et Neathermuires ;—tertia parte terrarum de Rashmyre, cum piscationibus salmonum vocatis Redsands, et piscaria super aqua de Edin, cum Couble boat passage ferrieing ;—terris de Brackmouth ;—terris de Southeild cum molendino ;—terris de Whytecroft et Brigend, unitis in baroniam de Rires.—A. E. 8*l*. N. E. 40*l*.   xxxix. 106.

(1274)   Oct. 12. 1686.
DOMINUS ALEXANDER ARSKINE de Cambo miles baronetus, Leo Rex Armorum, *hæres* Domini Caroli Arskine de Cambo militis baroneti, Leonis Regis Armorum, *patris*,—in terris et baronia de Cambo comprehendente terras de Cambo ;—terras de Belsas ;—terras de Moorhouse ;—terras de Girsmistoun et Auldlyes ;—terras de Southerfaulfield, Bowhill, et Cumberland, omnes unitas in baronium de Cambo :—A. E. 5*l*. N. E. 20*l*.—terris de Pincartone apud burgum de Craill, cum privilegio de Wrack et Wair.—A. E. 2*l*. N. E. 8*l*.   xxxix. 150.

(1275)   Oct. 16. 1686.
DOMINUS GEORGIUS SUTTY de Balgon, unicus filius Georgii Sutty de Admistone, *hæres* Gulielmi Sutty mercatoris burgensis de Edinburgh, quondam designati scribæ in Edinburgh, *patrui*,—in annuo redditu 600*l*. de terris de Innerteill quondam vocatis baronia de Innerteill, cum terris dominicalibus, molendinis et salmonum piscationibus, et de Halflands de Tyre.   xxxix. 159.

(1276)   Oct. 21. 1686.
ANDREAS MYRTOUN, *hæres* Joannis Myrtoun olim ballivi de Pittinweem, *patris*,—in umbrali dimidia parte terrarum husbandiarum olim ad Gulielmum Horsburgh spectante, extendente ad 6 aut 7 acras, jacentes per lie rinrig inter terras colonorum de Pittinweem ;—acra terræ fundi et braes de Pittinweem ex occidentali parte villæ salinarum de Pittinweem, infra limites dicti burgi et dominium ejusdem ;—acra terræ arabilis per rinrig jacente, infra limites et dominium de Pittinweem ;—parte terræ subtus ripa olim ad Davidem Oliphant pertinente, infra limites de Pittinweem :—E. 35*s*. &c. *feudifirmæ* :—4 acris terræ arabilis in dominio de Pittinweem ;—2 acris terræ arabilis in territorio dicti burgi.—E. 2 *bollæ hordei*, *feudifirmæ*.   xxxix. 490.

(1277)   Oct. 22. 1686.
DAVID SYMPSONE clericus de Anstruther, *hæres* Joannis Sympsone clerici burgi de Dysert, *patris*,—in 5 acris terrarum arabilium de Old Smeiton, in parochia de Kirkcaldie et regalitate de Dumfermline.—E. 16*s*. 8*d*. *feudifirmæ*.   xl. 24.

(1278)   Jan. 6. 1687.
JACOBUS SCOT, *hæres* Joannis Scot portionarii de Wester Drone, *fratris germani*,—in butt terræ infra terras de Drone, cum nona parte molendini de Drone et pastura.—E. 3*s*. 4*d*. *feudifirmæ*.   xxxix. 228.

(1279)   Jan. 6. 1687.
JACOBUS WALKER, *hæres* Joannis Walker portionarii de Drone, *patris*,—in nona parte terrarum de Drone.—E. 4*l*. 1*s*. 6*d*. &c. *feudifirmæ*.   xxxix. 231.

(1280)   Jan. 6. 1687.
ANDREAS PATERSONE, *hæres* Georgii Patersone de Dunmoore, *patris*,—in terris de Dunmoore vocatis Easter vel Over Dunmoor cum molendino de Dunmoor, in parochia de Abdie.—E. 14*l*. &c. *feudifirmæ*.   xxxix. 238.

(1281)   Mar. 1. 1687.
DAVID JACK portionarius de Coultra, *hæres* Georgii Jack portionarii ibidem, *avunculi*,—in 10 acris terrarum villæ de Coultra in dominio de Balmerenoche.—E. 3*l*. 16*s*. 8*d*. &c. *feudifirmæ*.   xxxviii. 422.

(1282) Mar. 1. 1687.
HELENA BAYNE sponsa Georgii Jack in Fliskmilling, *hæres* Joannis Bayne portionarii de Cultra, *patris*,—in 3 acris terræ arabilis terrarum de Dewcheron, in dominio et baronia de Balmerinoch :—E. 23s. &c. *feudifirmæ* :—3¼ acris arabilibus de Cultra, in dominio et baronia de Balmerinoch, cum pastura super terras de New Grange et Corbiemore.—E. 26s. 10d. *feudifirmæ.*
xxxviii. 423.

(1283) Apr. 16. 1687.
WILLIELMUS ALLAN burgensis de Anstruther-Wester, *hæres* Willielmi Allan burgensis ibidem, *patris*,—in tenementis infra burgum de Anstruther-Wester et balijatum seu regalitatem de Pettinweim.—E. 30s. 6d. *feudifirmæ.*
xxxviii. 418.

(1284) Jun. 11. 1687.
ROBERTUS HAMILTONE de Kilbrackmonth, *hæres* Frederici Hamiltone de Lingo, filii Jacobi Hamiltone de Kilbrackmonth, *patrui*,—in dimidietate terrarum de Lingo, infra dominium seu regalitatem de Pittinweem.—E. 44s. 8d. *feudifirmæ.* xxxix. 484.

(1285) Oct. 21. 1687.
MARGARETA LANDELS, *hæres* Henrici Landels in Boggie, *patris*,—in annuo redditu 300m. correspondente 5000m. de terris dominicalibus de Easter Boggie, et de parte terrarum de Boggie vocata Windieflatt, infra parochiam de Abbotshall. xxxix. 737.

(1286) Dec. 13. 1687.
ELIZABETHA BRYDIE sponsa Georgii Aiken in Lethe, *hæres* Roberti Brydie calcearii burgensis de Falkland, *patris*,—in annuo redditu 20l. de terris de Pyetstoun infra parochiam de Markinsche. xl. 237.

(1287) Jan. 6. 1688.
DAVID TURNBULL portionarius de Grange, *hæres* Adami Turnbull portionarii de Grange, *patris*,—in 2 septimis partibus villæ et terrarum de East Barns, in parochia et regalitate de Dumfermlin.—E. 9l. 7s. 2d. &c. *feudifirmæ.* xl. 279.

(1288) Jan. 19. 1688.
GULIELMUS GEDD, *hæres* Andreæ Gedd portionarii de Freuchie, *patris*,—in duodecima parte villæ et terrarum de Freuchie, infra senescallatum de Fyfe.—E. 31s. &c. *feudifirmæ.* xli. 241.

(1289) Jan. 19. 1688.
KATHARINA, ELIZABETHA, ANNA, HELENA, ET ISOBELLA MIDLETOUNS, *hæredes portionariæ* Magistri Georgii Midletoun medicinæ doctoris, *patris*,—in annuo redditu 136l. correspondente principali summæ 3400m. ;—et in annuo redditu 40l. correspondente principali summæ 1000m. de terris de Foodie, infra parochiam de Dairsie et regalitatem Sancti Andreæ. xliii. 411.

(1290) Feb. 10. 1688.
JACOBUS KELLOCK portionarius de Over Lassody, *hæres* Joannis Kellock portionarii de Over Lassodie, *patris*,—in dimidietate villæ et terrarum de Over Lassodie, in parochia et regalitate de Dumfermlin.—E. 52s. 2d. &c. *feudifirmæ.* xl. 281.

(1291) Apr. 24. 1688.
JEANNA SIMPSON sponsa Jacobi Wimys, *hæres* Alexandri Symson nautæ burgensis de Dysert, *fratris germani*,—in tenemento in burgo de Dysert ;—altero tenemento cum acra, fonte et horto in dicto burgo ;—2¼ acris in lie bank apud Minzion, infra parochiam de Dysert.—A. E. 10s. N. E. 40s. xli. 27.

(1292) Maii 8. 1688.
CAROLUS COMES DE SOUTHESK, Dominus Carnegie de Lewchars, &c. *hæres masculus* Roberti Comitis de Southesk, Domini Carnegie de Kinnaird et Leuchars, *patris*,—in baronia de Leucharis-Ramsay, viz. terris dominicalibus de Lewchars ;—tertia parte terrarum de Ryschemyre ;—tertia parte terrarum de Segspark ;—tertia parte terrarum de Kirktoun de Lewchars ;—tertia parte terrarum de Borland ;—terris de Midmure cum lacu vocato Hadrieloch, et tertia parte lacus vocati Cauloch ;—terris de Balkeochlie ;—tertia parte terrarum de Tormond, cum salmonum piscaria super aquam de Eden, Ferrieboat et anchoragiis ;—tertia parte terrarum de Milntoun ;—tertia parte terrarum de Pursk et communia de Louklawhill ;—terris de Kinstair et Ryhill ;—terris de Balconzie ;—dimidietate terrarum de Silverwellmoiss ;—dimidietate terrarum de Rynd ;—quarta parte terrarum de Mortoun ;—quarta parte maresii nuncupati Inchgrey ;—tertia parte terrarum vocatarum Auldmuirs ;—tertia parte terrarum de Kinshandie ;—tertia parte terrarum de Nethermuires ;—tertia parte terrarum de Wester Fothers, cum castro de Lewcharis ;—advocatione ecclesiarum dictarum terrarum ;—terris de Cruvie cum piscaria super aqua de Motrie ex parte boreali de Broundod, et communia de Louklawhill et Liliesmure ;—dimidietate terrarum de Scheills cum di-

midio de Lourgiemyre, Gilsland, et piscaria earundem, et communiis in mora et maresia vocata Monkiesmos et mora de Edinsmure ;—terris de Newtoun cum advocatione ecclesiarum, unitis in baroniam de Lewcharis :—E. 200m. *taxatæ wardæ* :—dimidietate terrarum de Segy, et salmonum piscaria super aquam de Edyn a Burghtieden ad aquam de Moultræ, cum propria mora de Segy ;—tertia parte maresii nuncupati Rycemyre :—A. E. 10l. N. E. 40l. —decimis garbalibus et decimalibus bollis terrarum de Craigie, Rynd, Balconzie, Kinstair, Segy, ac tertiæ partis terrarum de Brodlands de Lewcharis, comprehendentis terras ab antiquo nuncupatas Monçurslands, Milnetoun de Lewchars cum pratis earundem, Pursk, Nethermuires, Auldmuires, Kinschandie, Wester Flotteris, et quartæ partis terrarum de Mortoun, in parochia de Lewchars et dominio de St. Andrews :—A. E. 3s. 4d. N. E. 13s. 4d. —unitis cum aliis terris in comitatum de Southesk et dominium de Carnegy ;—terris de Craigie, Garpet, et tertia parte terrarum de Fordell et Straburne ;—umbrali dimidio tertiæ partis terrarum de Fordell, dimidiis terris de Fordell, cum communitate et hæreditariis tenentibus in myre vocato Rycemyre ;—dimidio terrarum de Reynd infra baroniam de Lewchars ;—prato juxta hortum de Pitleothie :—A. E. 10l. N. E. 40l.—terris de Colluthie infra regalitatem Sancti Andreæ :—A. E. 6s. 8d.—dimidietate terrarum de Segy infra baroniam de Naughtoun et parochiam de Lewchars.—A. E. .... N. E. ....(Vide Forfar, Kincardine, Peebles, Selkirk, Dumfreis, Kirkcudbright, Aberdeen.) xl. 178.

(1293) Jul. 26. 1688.
OLIVERUS BARCLEY, *hæres* Jacobi Barclay portionarii de Luthrey, *patris*,—in decima sexta parte terrarum de Luthry infra senescallatum de Fife :—E. 4l. 12s. 11d. *feudifirmæ* :—alia decima sexta parte terrarum de Luthry.—E. 4l. 12s. 11d. *feudifirmæ.* xl. 235.

(1294) Jul. 26. 1688.
JACOBUS IRVING, *hæres* Jacobi Irving de Inchray, *patris*,—in terris de Inchray et Urie cum decimis, infra senescallatum de Fife. —E. 16m. *feudifirmæ.* xl. 238.

(1295) Jul. 26. 1688.
GILBERTUS CLARK, *hæres* Joannis Clerk portionarii de Luthry, *patris*,—in decima sexta et dimidietate decimæ sextæ partis villæ et terrarum de Luthry, infra senescallatum de Fife.—E. 6l. 19s. 4¼d. *feudifirmæ.* xl. 239.

(1296) Aug. 15. 1688.
ROBERTUS HERIOTT alias CRAIG de Ramorney, *hæres talliæ et provisionis* Jeannæ Herriot Dominæ Ramorney, relictæ Magistri Joannis Craig advocati, *matris*,—in terris de Ramorney et Laufield ;—terris de Pitrauchie, quæ sunt partes terrarum de Ramorney ;—parte terrarum de Ramorney ;—parte terrarum de Ramorney nuncupata Newarke :—E. 22l. *feudifirmæ* :—2 tertiis partibus terrarum de Ballingall cum pendiculis :—A. E. 40s. N. E. 8l. —parte terrarum de Drumtennent vocata Hetherinch, cum pastura in moris de Monkmoss et Edensmore, et decimis, infra parochiam de Cullessie, pro principali :—E. 2l. &c. *feudifirmæ* :—annuo redditu 10l. 8d. ;—annuo redditu 12 bollarum victualis et 3⅓ pultriæ de residuo dictarum terrarum de Drumtement, in warrantum terrarum de Drumtenent ;—quarteria et octava parte terrarum et molendini de Bellomilne, et astrictis multuris terrarum de Drumtenent, Merston, et Eister Fairney, cum pastura de Monkmoss et Edinsmoore, et decimis dictarum terrarum :—E. 3l. 15s. &c. *feudifirmæ* :—annuo redditu 60l. de terris de Pitkenie et Streathore, in parochiis de Auchtertule et Dysert. xl. 253.

(1297) Aug. 28. 1688.
PATRICIUS CRAMBIE, *hæres* Patricii Crambie mercatoris burgensis de Cupro, *patris*,—in annuo redditu 80l. de terris et baronia de Rires, vel de terris et baronia de Luchars-Forbes, comprehendentibus terras de Bicadlands, Westhouse, Pusk. xli. 266.

(1298) Aug. 30. 1688.
GEORGIUS MACKALLAY, *hæres* Patricii M'Kalla apothecarii in Cupro, *patris*,—in annuo redditu 32l. correspondente 800m. de terris de Cunniquhie, in parochia de Moniemeall et regalitate Sancti Andreæ. xliii. 17.

(1299) Nov. 2. 1688.
JOANNES REDDIE, *hæres* Joannis Reddie ballivi de Dysert, *patris*,—in annuo redditu 8l. de tenemento in Dysert. xl. 364.

(1300) Jan. 3. 1690.
DOMINUS JOANNES INGLIS de Cramond miles baronetus, *hæres lineæ* Magistri Joannis Inglis de Cramond, *avi*,—in superioritate annui redditus 64l. correspondentis 1600m. de terris de Kingaske.—E. 1d. *albæ firmæ.*—(Vide Haddington, Edinburgh.) xliii. 3.

Q

(1301) Jan. 24. 1690.
PATRICIUS MURRAY de Pitlochie, *hæres* Henrici Murray de Pitlochie, *fratris*,—in terris de Pitlochie in regalitate de Dunfermline, et shyra de Kinglassie.—E. 10*l.* &c. *feudifirmæ.* xli. 7.

(1302) Feb. 14. 1690.
GULIELMUS HACKERSTON de Turnbull-Baith alias Hackerstouns-Baith, *hæres* Jacobi Hackerston de Turnbulls-Baith alias Hackerstouns-Baith, *patris*,—in terris de Turnbulls-Baith alias Hackerstouns-Baith in parochia et regalitate de Dunfermline.—E. 8*l.* 13*s.* 4*d.* *feudifirmæ.* xli. 30.

(1303) Apr. 2. 1690.
DOMINUS DAVID THREEPLAND de Fingask miles, *hæres* Domini Patricii Threipland de Fingask militis baronetti, *patris*,—in superioritate dimidietatis terrarum et baroniæ de Naughtan, in quantum extendi poterit ad superioritatem 10 mercarum de Innerdevat olim vocatæ Dymbleslands;—advocatione capellæ Sancti Thomæ de Seamylnes;—passagio aquæ de Tay, cum molendino de Seamilnes, cum aliis terris in vicecomitatu de Perth, in baronia de Kinnaird.—A. E. 14*l.* N. E. 46*l.*—(Vide Perth.) xli. 97.

(1304) Maii 13. 1690.
EDWARDUS BROUN nauta in Northqueensferrie, *hæres* Edwardi Broun nautæ ibidem, *avi*,—in tenemento terræ cum 2 hortis in Northqueensferrie, in parochia et regalitate de Dumfermline.—E. 2*s.* 8*d* *feudifirmæ.* xli. 134.

(1305) Jun. 3. 1690.
DOMINUS JOANNES INGLIS de Cramond miles baronettus, *hæres masculus et lineæ* Domini Jacobi Ingles de Cramond militis baronetti, *patris*,—in annuo redditu 64*l.* correspondente 1600*m.* de terris de Kingaske.—(Vide Edinburgh, Lanark, Haddington, Linlithgow.) xli. 174.

(1306) Jul. 24. 1690.
MAGISTER JOANNES BARCLAY, minister verbi Dei apud Kingkettle, *hæres* Joannis Barklay balivi de St. Androis, *patrui*,—in 3 acris terræ arabilis prope civitatem Sancti Andreæ, in dominio prioratus et regalitatis ejusdem.—E. 5*s.* 10*d.* *feudifirmæ, pro unaquaque acra.* xli. 273.

(1307) Jul. 31. 1690.
ROBERTUS STIRK, *hæres* Roberti Stirk portionarii de Auchtermuchty, *patris*,—in riga terræ in Boubutts, quæ est pars lie Stirk ten shilling land, cum decimis et jure in monte de Auchtermuchty et Whytfeild;—2 rigis terræ in Howmeedow;—daill terræ in Southsyde, cum decimis garbalibus, et jure comunitatis in monte de Auchtermuchty et Whytfeild, omnibus infra parochiam de Auchtermuchty.—E. 26*s.* 8*d.* &c. *feudifirmæ.* xli. 230.

(1308) Nov. 21. 1690.
ROBERTUS SCOTT de Spenserfeild, *hæres* Gulielmi Scott de Spenserfeild, *fratris germani*,—in tertia parte terrarum de Easter Gellettis cum decimis garbalibus:—E. *5 bollæ 2 peccæ ¼ lippie tritici*, &c. *feudifirmæ*:—umbrali dimidietate alteræ tertiæ partis de Easter Gellettis cum decimis:—E. *2 bollæ 2 firlotæ* 1 *pecca ¼ lippie tritici*, &c. *feudifirmæ*:—altera dimidietate tertiæ partis dictarum terrarum de Easter Gellettis, infra parochiam et regalitatem de Dunfermline.—E. *2 bollæ 2 firlotæ* 1 *pecca ¼ lippie tritici*, &c. *feudifirmæ.* xli. 440.

(1309) Dec. 16. 1690.
ROBERTUS BOGGIE de Kinnastoune, *hæres* Roberti Boggie de Kinnastone, *patris*,—in dimidio terrarum de Kittattie et Craig-Senchar, infra parochiam de Leuchars.—A. E. 2*l.* N. E. 8*l.* xli. 415.

(1310) Jan. 1. 1691.
GEORGIUS SHAW filius Lauchlani Shaw Decani Gildæ de Cupro, *hæres* Margaretæ Mansone, *matris*,—in annuo redditu 40*l.* correspondente 1000*m.* de terris et baronia de Scoonie et Leven, infra regalitatem Sancti Andreæ:—E. 1*d.* *albæ firmæ*:—in terris de Cumoghie, infra regalitatem Sancti Andreæ et parochiam de Monimaill.—E. 12 *bollæ frumenti.* &c. xlii. 145.

(1311) Jan. 15. 1691.
ELISABETHA LENTRON, *hæres* Patricii Lentron aliquando mercatoris, civis in civitate Sancti Andreæ, *patris*,—in terris olim nuncupatis terris ecclesiasticis de Dairsie, nunc vocatis terris de Neumylne apud Dairsie, cum molendino fullonio de Dairsie alias vocato Stankhill, et terris eidem adjacentibus, extendentibus ad 8 acras terrarum, infra parochiam de Dairsie et regalitatem Sancti Andreæ:—A. E. .... N. E. 1*d.* *albæ firmæ*:—annuo redditu 320*m.* de terris de Friertoune, infra regalitatem Sancti Andreæ:—E. 2*d.* *albæ firmæ*:—annuo redditu 120*l.* de terris et baronia de Dairsie, infra regalitatem prædictam.—E. 1*d.* *albæ firmæ.* xlii. 29.

(1312) Feb. 5. 1691.
DAVID BALFOUR, *hæres* Joannis Balfour portionarii de Kinloch, *patris*,—in 3 octavis partibus dimidietatis villæ et terrarum de Kinloch, cum dimidietate terrarum de Smiddielands, Breulands, et Cottlands, infra senescallatum de Fyffe:—E. 11*l.* 6*s.* 8*d.* &c. *feudifirmæ*:—octava parte dimidii terrarum et villæ de Kinloch cum pasturagiis in umbrali dimidietate prædicti dimidii terrarum et villæ de Kinloch, cum Maltbarn, Maltkill, et Maltcoble.—E. 45*s.* 4*d.* *feudifirmæ.* xlii. 13.

(1313) Mar. 5. 1691.
HELENA GEDDIE sponsa Magistri Jacobi Lentrone de Santfoord,—et ELISABETHA GEDDIE, *hæredes portionariæ* Joannis Geddie de Saint Nicolas, *patris*,—in terris de Wester Kincaple alias Neutoun-Geddie, cum principali messuagio, et piscaria super aqua de Eden, infra regalitatem Sancti Andreæ.—E. 26*s.* 8*d.* *feudifirmæ.* xlii. 27.

(1314) Mar. 12. 1691.
MARGARETA CLARK sponsa Alexandri Johnstoune civis civitatis Sancti Andreæ, *hæres* Alexandri Clark, *patris*,—in 2 acris 1 ruda terræ arabilis jacentibus prope civitatem Sancti Andreæ, in dominio prioratus et regalitate ejusdem, in territorio vocato Wester Langlands.—E. 5*s.* 10*d.* *pro unaquaque acra, feudifirmæ.* xlv. 406.

(1315) Mar. 20. 1691.
GULIELMUS LIDDELL, *hæres* Georgii Liddell hortulani in Dunibirsell, *patris*,—in tenemento in territorio de North Queensferrie apud finem petræ vulgo vocatæ Crocecraig, in parochia et regalitate de Dunfermling:—E. 2*s.* 8*d.* *feudifirmæ*:—decima sexta parte terrarum de Ferriehill in regalitate prædicta, cum lie ground et top annuals de quibuscunque terris et tenementis:—E. 12*s.* 6*d.* &c. *feudifirmæ*:—tenementis cum horto in villa de Northqueensferrie, et infra regalitatem prædictam, continentibus 3 rudas terrarum.—E. 2*s.* *feudifirmæ.* xlii. 119.

(1316) Mar. 20. 1691.
ANDREAS M'KIE, *hæres* Jacobi Mackie de Southfeild, *patris*,—in quarta parte villæ et terrarum de Southfeild, in parochia et regalitate de Dunfermling.—E. 2*l.* 18*s.* 7½*d.* *feudifirmæ.* xlii. 121.

(1317) Jul. 14. 1691.
JACOBUS BINNING de Dinmow, *hæres* Jacobi Binning de Dinmow, *patris*,—in terris de Pitmyllie infra regalitatem Sancti Andreæ, cum communi pasturagio, libertate glebarum, &c. in mora vocata Kingsmuir, in speciale warrantum terrarum de Dinmow;—cum molendino et astrictis multuris terrarum de Dinmow et Ballelo;—peciis terræ subscriptis ad dictas terras de Dinmow contigue adjacentibus quæ sunt partes dictarum terrarum de Ballelo, viz. terris molendinariis de Dinmow;—pecia extendente ad 2¼ acras terræ, cum 2 lie short Butts of land, domo et horto ad dictas terras molendinarias contigue adjacentibus.—E. 13*s.* 8*d.* *feudifirmæ.* xlii. 178.

(1318) Jul. 23. 1691.
JOANNES WEEMS, *hæres* Ronaldi Weems de Lathoker, *patris*,—in terris de Lathoker cum molendino;—terris de Easter et Wester Muirtouns;—terris de Hisseldean;—terris de Constable-Crook, cum carbonibus et carbonariis infra regalitatem Sancti Andreæ.—E. 16*l.* *feudifirmæ.* xlii. 205.

(1319) Jul. 24. 1691.
MARIA, JANETA, ET MARGARETA GRAYES, *hæredes portionariæ* Marjoriæ Horne filiæ et hæredis portionariæ Joannis Horne de Over Lassodie-Wester, et sponsæ Gulielmi Gray junioris de East Comrie, *matris*,—in dimidietate villæ et terrarum de Over Lassodie-Wester, in parochia et regalitate de Dunfermline.—E. 1*l.* 15*s.* 1¼*d.* &c. *feudifirmæ.* xlii. 221.

(1320) Aug. 13. 1691.
JANETA DICK sponsa Alexandri Stevensone in Leith, *hæres* Joannis Dick junioris, *fratris germani*,—in proprietate 2 acrarum terrarum arabilium prope civitatem Sancti Andreæ, in dominio prioratus, et regalitate ejusdem, in territorio vocato Nether Balbeildie.—E. 11*s.* 8*d.* *feudifirmæ.* xliv. 247.

(1321) Sep. 15. 1691.
MARGARETA PHILPE sponsa Joannis Corstarphine junioris de Nyddie, *hæres* Davidis Philpe de Overcarnbie, *patris*,—in terris de Overcarnbie cum parte earundem lie Eatouncroft (vel Coattouncroft) nuncupata, cum pasturagiis, &c. infra moram vocatam Kingsmuir;—terris de Lochtie cum Backsydelands dictarum terrarum de Carnbie infra baroniam de Carnbie;—terris templariis de Carn-

bie, tofta et 4 acris terrarum ejusdem, cum communi pastura de Carnbie, in baronia et territorio de Carnbie :—A. E. 5*l.* N. E. 20*l.* —annuo redditu 180*m.* correspondente 3000*m.* de terris et baronia de Airdrie et Sypses, et terris de Pincartone, infra baroniam de Barnes, et omnibus infra parochiam de Craill ;—vel de terris et baronia de Thomastone et Pittincreiff, infra parochiam de Cupro :— E. 1*d. albæ firmæ :*—annuo redditu 330*m.* correspondente 5500*m.* de terris et baronia de Airdrie et Sypses in parochia de Craill, in warrantum terrarum de Drumraick.—E. 1*d. albæ firmæ.* xlii. 242.

(1322) Oct. 29. 1691.
DAVID MITCHELL portionarius de Neuburne, *hæres* Joannis Mitchell portionarii de Neuburne, *patris,*—in 2 quartis partibus villæ et terrarum de Neubirntoun, extendentibus ad dimidietatem dictæ villæ et terrarum de Neubirntoun, in parochia de Neuburn et regalitate de Dunfermline ;—decima sexta parte cum dimidio decimæ sextæ partis villæ et terrarum de Drumeldrie, in parochia de Neuburne et regalitate de Dunfermline.—E. 4*l.* 15*s.* 5*d.* &c. *feudifirmæ.* xlii. 219.

(1323) Nov. 3. 1691.
DAVID MITCHELL de Newburne, *hæres* Davidis Mitchell de Newburne, *patrui,*—in dimidietate annui redditus 120*m.* correspondente 1000*m.* de terris de Cardone.—E. 1*d. albæ firmæ.* xlii. 281.

(1324) Nov. 3. 1691.
DAVID BALFOUR, *hæres* Joannis Balfour portionarii de Kinloch, *patris,*—in annuo redditu 40*l.* correspondente 1000*m.* de terris de Easter et Wester Lathrisk.—E. 1*d. albæ firmæ.* xlii. 309.

(1325) Dec. 10. 1691.
PATRICIUS RUSSEL, *hæres* Roberti Russell portionarii de Kingskettle, *patris,*—in umbrali dimidietate quarteriæ villæ et terrarum de Kingskettle, infra senescallatum de Fyfe.—E. 35*s.* 4*d.* &c. *feudifirmæ.* xliii. 471.

(1326) Dec. 10. 1691.
PATRICIUS RUSSELL, *hæres* Roberti Russell portionarii in Kingiskettle, *patris,*—in umbrali dimidietate quarteriæ villæ et terrarum de Kingskettle, infra senescallatum de Fife.—E. 25*s.* 4*d.* &c. *feudifirmæ.* xlv. 365.

(1327) Dec. 24. 1691.
JOANNES WEEMS de Unthank, *hæres* Roberti Weems de Unthank, *patris,*—in terris de Unthank cum decimis garbalibus :— E. 14*l.* 6*s.* 8*d.* &c. *feudifirmæ :*—parte et portione villæ et terrarum de Neugrange jacente apud Sanctum Andream, extendente ad quartam partem ejusdem, dempta trigesima secunda parte:—E. 10*l.* &c. *feudifirmæ :*—omnibus in dominio prioratus et regalitatis Sancti Andreæ. xlii. 323.

(1328) Dec. 26. 1691.
MAGISTER JOANNES WILSONE, *hæres* Davidis Wilsone portionarii de Milnetoune de Pittenweim, *patris,*—in tenemento cum horto in villa de Milntoun et territorio burgi de Pittenueim ; —horto in Milntoun ;—5 acris terræ arabilis, infra dominium de Pittinuelm et limites burgi ejusdem.—E. 26*s.* 8*d.* *feudifirmæ.* xlii. 299.

(1329) Jan. 8. 1692.
ALEXANDER LAW burgensis de Kirkcaldie, *hæres* Jacobi Law filii Jacobi Law nuper præpositi burgi de Kirkcaldie, *fratris germani,*—in 4½ acris terrarum arabilium de Auld Smeatoune, jacentibus prope burgum de Kirkcaldie, infra parochiam de Kircaldie et regalitatem de Dunfermline.—E. 3*s.* 4*d.* pro *unaquaque acra, feudifirmæ.* xlii. 332.

(1330) Jan. 26. 1692.
MARGARETA BOSEWELL filia legitima Georgii Bosewell fratris germani Davidis Bosewell de Ballmutto, procreata inter illum et Margaretam Bruce ejus sponsam, quæ fuit legitima filia natu maxima Joannis Bruce de Wester Abden, *hæres* Elizabethæ Bruce filiæ legitimæ dicti Joannis Bruce de Wester Abden, *materteræ,*—in tenemento et crofta aliquando Kingsgate nuncupato et nunc Wester Abden, apud burgum de Kinghorne, in parochia de Kinghorne et regalitate Sancti Andreæ:—E. 14*s.* *!feudifirmæ :* —4 acris terræ de Bryslandwalls et 2 acris vocatis Gair, intra burgagium de Kinghorne :—E. *servitium burgale :*—5 acris vocatis Justinglands :—A. E. 6*d.* N. E. 2*s.*—terris nuncupatis Templelands prope burgum de Kinghorne.—E. .... xliii. 23.

(1331) Jan. 26. 1692.
MARGARETA BOSEWELL filia legitima Georgii Bosewell fratris germani Davidis Bosewell de Ballmutto, procreata inter illum et quondam Margaretam Bruce ejus sponsam, quæ fuit filia legitima natu maxima quondam Joannis Bruce de Wester Abden, *hæres* Joannis Bruce de Wester Abden, *avi,*—in superioritate ter-

rarum, tenementorum, &c. subscriptorum (exceptis terris burgalibus subscriptis), viz. tenementi et croftæ aliquando Kingsgate nuncupati et nunc Wester Abden, apud burgum de Kinghorne, in parochia de Kinghorne et regalitate Sancti Andreæ :—E. 14*s.* *feudifirmæ :*—5 acrarum vocatarum Justinglands apud dictum burgum de Kinghorne :—A. E. 6*d.* N. E. 2*s.*—terrarum vocatarum Templelands prope dictum burgum :—E. ....—2 acrarum burgalium vocatarum Gair inter reliquas acras burgales de Kinghorne ; —4 acrarum terræ de Bryselandwalls, intra burgagium dicti burgi de Kinghorne, inter reliquas acras burgales.—E. *servitium burgale.* xliii. 25.

(1332) Apr. 8. 1692.
DOMINUS ALEXANDER BANNERMAN de Elsick miles et barronettus, *hæres* Magistri Georgii Bannerman de Dumboig advocati, *unici fratris germani,*—in villis et terris de Dunboig comprehendentibus villas et terras de Dunboig, Countriehills, cum libertate burgi baroniæ in villa de Dunboig, et mossa de Dunboig : —A. E. 2*l.* N. E. 8*l.*—villas et terras de Gadvan et Johnstoune:— E. 17*l.* 6*s.* 8*d.* &c. *feudifirmæ :*—dimidium terrarum de Freeland : —A. E. 2*s.* 6*d.* N. E. 10*s.*—decimis omnium terrarum prædictarum :—A. E. 3*s.* 4*d.* N. E. 13*s.* 4*d.*—omnibus infra parochias de Dunboig et Abdie, et unitis in baroniam de Dunboig. xlii. 474.

(1333) Apr. 21. 1692.
MAGISTER JOANNES BONAR de Greigstoun, *hæres* Magistri Jacobi Bonar de Greigstoun, *patris,*—in villa et terris de Greigstoun cum decimis garbalibus inclusis, infra parochiam de Cameron et regalitatem Sancti Andreæ:—E. 26*l.* 13*s.* 4*d.* &c. *feudifirmæ:*—annuo redditu 72*l.* de terris et baronia de Kilninian, infra parochiam de Craill et regalitatem Sancti Andreæ:—E. 1*d. albæ firmæ.* xliii. 28.

(1334) Maii 3. 1692.
JANETA ET AGNETA DEWARS, *hæredes portionariæ* Andreæ Dewar naucleri burgi de Bruntisland, *patris,*—in 2 borealibus acris seu 2 quinque partibus 5 acrarum arabilium terrarum de Neather Grainge cum decimis, in parochia et baronia de Bruntisland.—E. 2 *bollæ* 3 *firlotæ* 1 *pecca hordei,* &c. *feudifirmæ.* xlv. 410.

(1335) Jul. 26. 1692.
MAGISTER JOANNES LINDSAY de Wolmestoune, *hæres* Magistri Joannis Lindsay de Wolmestoune, *avi,*—in terris et baronia de Wolmestoune comprehendente terras et Maynes de Wolmestoune, infra constabulariam de Craill.—A. E. 3*l.* N. E. 12*l.* xlii. 431.

(1336) Aug. 25. 1692.
MAGISTER ALEXANDER MELVILL, *hæres* Joannis Melvill de Murdocairny, *fratris germani,*—in occidentali dimidietate terrarum de Murdocairny ;—alia dimidietate dictarum terrarum de Murdocairny, infra senescallatum de Fyfe.—E. 21*l.* &c. *feudifirmæ.* xliii. 97.

(1337) Sep. 9. 1692.
JACOBUS DAULING filius legitimus Jacobi Dauling naucleri in Queensferrie, *hæres* Davidis Dauling naucleri in Queensferrie, *avi,*—in superioritate,—et *hæres* dicti Jacobi Dauling, *patris,*—in proprietate terrarum subscriptarum, viz.—in terris vocatis Brieriehill continentibus 8 acras, in parochia et regalitate de Dunfermline.—E. 3 *trutæ* seu 9*d. feudifirmæ.* xliii. 59.

(1338) Sep. 15. 1692.
WILIELMUS AYTOUNE filius Magistri Joannis Aytoune, *hæres conquestus* Wilielmi Aytoune de Feddinsh, *fratris avi,*—in terris de Feddinsh in regalitate Sancti Andreæ.—E. 8*l.* &c. *feudifirmæ.* xlii. 462.

(1339) Sep. 20. 1692.
ROBERTUS DOMINUS COLVILL, *hæres masculus* Roberti Domini Colvill, *patris,*—in terris de Quylts, viz. Powhillcroft, Meadowhead, Youflock, Hallburnes, cum 2 pendiculis earundem vocatis Keyscroft et Loudounscroft, cum decimis ;—terris de Crombie cum decimis :—E. 94*l.* 10*d.* 1 *obulus,* &c. *feudifirmæ* :— carbonibus et carbonariis :—E. 15*m. feudifirmæ :*—terris de Craigflour :—E. 24*s. feudifirmæ :*—terris de Meedow-furris :—E. 23*s.* 4*d. feudifirmæ :*—terris de Wanlesaikers, in baronia de Crombie et regalitate de Culross :—E. 46*s.* 8*d. feudifirmæ:*—officio balliatus dominii de Culross :—E. 2*s.* et *administratio justiciæ :*—domo inferiore quæ jacet in præcinctu abbaciæ de Culross.—E. 12*d.*—(Vide Kinross.) xlii. 461.

(1340) Sep. 20. 1692.
ROBERTUS DOMINUS COLVILL, *hæres masculus* Roberti Domini Colvill, *fratris avi,*—in terris de Dunduff, in parochia et regalitate de Dumfermling :—A. E. 30*s.* N. E. 6*l.*—terris de Outh cum lacu Lochglo nuncupato, in parochia de Dumfermline et regalitate ejusdem :—E. 11*l.* 4*s. feudifirmæ :*—terris de Lochalmond (vel Lathalmond), in parochia et regalitate de Dumfermling :—

E. 6*l* &c. *feudifirmæ:*—molendino vulgo Fithies milne cum astrictis multuris, viz. Insucken et Outsucken de Grange de Abercrombie, &c.—E. 5*l*. 16*s.* 8*d.* &c. *feudifirmæ:*—terris de North Lethems in regalitate de Dumfermline.—E. 5*l*. 13*s*. 4½*d. feudifirmæ.*—(Vide Perth.)   xli. 467.

(1341)   Dec. 2. 1692.
JANETA ET ALISONA DOUGLASSES, *hæredes portionariæ* Alexandri Douglas portionarii de Maistertoun, *patris,*—in octava parte villæ et terrarum de Maistertoun, infra parochiam et regalitatem de Dunfermline.—E. 4*l*. 11*s.* &c. *feudifirmæ.*   xliii. 116.

(1342)   Dec. 22. 1692.
ROBERTUS LENTRONE de Sant Foord, *hæres* Magistri Jacobi Lentrone de Sant Foord, *fratris,*—in tertia parte terrarum et villæ de Kincaple :—E. 4*l*. 2*s*. 8*d.* &c. *feudifirmæ* :—octava parte ejusdem villæ et terrarum de Kincaple:—E. 31*s.* &c. *feudifirmæ:*—vigesima quarta parte ejusdem villæ et terrarum :—E. 10*s.* 4*d.* &c. *feudifirmæ:*—extendentibus in integro ad dimidietatem de Kincaple, in regalitate Sancti Andreæ.   xliii. 218.

(1343)   Dec. 22. 1692.
ROBERTUS LENTRONE de Sant Foord, *hæres* Roberti Lentrone nuper de Sant Foord, præpositi civitatis Sancti Andreæ, *patris,*—in 3 acris et 2 rudis terrarum arabilium prope civitatem Sancti Andreæ, in dominio prioratus, et regalitate ejusdem ;—4 acris terrarum arabilium jacentibus ut supra.—E. 5*s*. 10*d.* *pro unaquaque acra, feudifirmæ.*   xliii. 222.

(1344)   Feb. 3. 1693.
ROBERTUS GALBREATH lanio burgi de Falkirk, *hæres* Roberti Galbreath lanionis ibidem, *patris,*—in terris de Milnhills, infra regalitatem de Dunfermline, cum decimis.—E. 10*l.* &c. *feudifirmæ.*   xliv. 68.

(1345)   Feb. 4. 1693.
CAROLUS STUART de Cullello, *hæres masculus et lineæ* Magistri Archibaldi Stewart gubernatoris castri de Stirling, *patris,*—in terris de Stenhouse et Moyhouse infra regalitatem de Dumfermling :—E. 8*l*. 6*s*. 8*d.* &c. *feudifirmæ*—terris de Dunearne infra dictam regalitatem de Dumfermling:—E. 3*s.* 3*d. feudifirmæ:*—annuo redditu 10*l.* de terris de Orrock et Craighead, infra dominium de Kinghorne occidentalem et dictam regalitatem de Dumfermling, pro principali :—E. 2*d. albæ firmæ.*—dictis terris de Orock, cum pendiculo ejusdem vocato Craighead, in warrantum terrarum de Easterhouse, Moyhouse, et Dunearne, et annui redditus prædicti.—A. E. .... N. E. ....   xliv. 450.

(1346)   Feb. 24. 1693.
JACOBUS HILL nuper ballivus de Queensferrie, *hæres* Roberti Hill nuper ballivi de Queensferrie, *patris,*—in superioritate ;—et *hæres* Georgii Hill, *fratris,*—in proprietate terrarum aliarumque subscriptarum, viz. in quarteria seu quarta parte villæ et terrarum de Ferriehill, in parochia et regalitate de Dumfermline.—E. 3*l*. 11*s*. 8*d.* &c. *feudifirmæ.*—(Vide Linlithgow.)   xliii. 197.

(1347)   Jun. 22. 1693.
MAGISTER THOMAS NAIRNE de Craigtoun, *hæres* Capitani Joannis Nairne de Craigtoun, *fratris germani,*—in villa et terris de Craigtoune, et terris templariis earundem, in parochia de Camerone infra regalitatem Sancti Andreæ :—E. 4*l.* &c. *feudifirmæ:*—tertia parte dimidietatis seu dimidietate illarum duarum tertiarum partium terrarum de Denhead, in parochia et regalitate Sancti Andreæ.—E. 30*s.* 8*d.* &c. *feudifirmæ.*   xliii. 303.

(1348)   Oct. 17. 1693.
MAGISTER ROBERTUS LENTRONE, *hæres* Magistri Jacobi Lentrone de Santfoord, *fratris,*—in dimidietate terrarum de Santfoord, cum salmonum piscatione super aqua de Tay nuncupata Breidheugh aliisque piscationibus, in baronia de Nachtone.—A. E. 2*l.* N. E. 8*l.*   xliii. 349.

(1349)   Oct. 17. 1693.
MAGISTER ROBERTUS LENTRONE, *hæres* Roberti Lentrone de Santfoord, *patris,*—in annuo redditu 480*m.* de terris et baronia de Barns.—E. 1*d. albæ firmæ.*   xliv. 32.

(1350)   Feb. 20. 1694.
ALEXANDER MONYPENNIE de Pitmillie, *hæres* Domini Jacobi Monypennie de Pitmillie, *patris,*—in terris de Bawbett :—A. E. 20*s.* N. E. 4*l.*—terris de Drumraik.—A. E. 20*s.* N. E. 4*l.*   xliii. 438.

(1351)   Mar. 13. 1694.
MARGARETA, KATHARINA, ET CHRISTIANA BRUNS, *hæredes portionariæ* Joannis Broun de Vicarsgrainge, *patris,*—in

---

terris ecclesiasticis vicariæ ecclesiæ de Kinghorne-Eister cum gleba et mansione, in parochia de Kinghorne.—E. 24*l. feudifirmæ.*   xliii. 454.

(1352)   Mar. 23. 1694.
JOANNES WILSONE portionarius de Balchristie, *hæres* Davidis Wilsone portionarii de Balchristie, *fratris,*—in decima sexta parte cum dimidia decimæ sextæ partis villæ et terrarum de Balchristie, in parochia de Newburne et regalitate de Dumfermline.—E. 30*s.* 7½*d.* &c. *feudifirmæ.*   xliv. 20.

(1353)   Apr. 17. 1694.
MAGISTER DAVID BARCLAY de Easter Touch, *hæres* Davidis Barclay de Eister Touch, *patris,*—in villa et terris de Eister Touch, quondam infra parochiam de Kinghorne et nunc infra parochiam de Abbotshall.—A. E. 1*l.* N. E. 4*l.*   xliv. 12.

(1354)   Jul. 10. 1694.
JOANNES GLASS calcearius, *hæres* Joannis Glass salinatoris lie salter in Torie, *avi,*—in pecia seu particata terræ in baronia de Torrie.—E. 3*l*. 9*s*. 4*d.* &c. *feudifirmæ.*   xliv. 64.

(1355)   Jul. 10. 1694.
JACOBUS LAW de Bruntoune, *hæres* Jacobi Law de Bruntoun, *patris,*—in terris de Bruntoun et Dalginsch cum mossa vocata Bruntone moasse ;—terris de Treatoune;—terris de Easter Newtoune, Wester Newtoune, Over Markinch, et Nether Markinch ; —terris de Bighvie et Pittinghalls, omnibus unitis in burgum baroniæ de Markinch, infra parochias de Markinch et Kennoway respective.—A. E. 29*l.* N. E. 116*l.*   xliv. 172.

(1356)   Jul. 24. 1694.
JOANNES MELVILL de Carskierdo, *hæres* Roberti Melvill de Carskierdo, *patris,*—in terris de Carskierdo, infra baroniam de Cullairney et parochiam de Cires.—A. E. 4*l.* N. E. 16*l.* xliv. 114.

(1357)   Aug. 2. 1694.
ELIZABETHA BARCLAY, *hæres* Magistri Gulielmi Barclay ministri verbi Dei apud Falkland, *patris,*—in tertia parte villæ et terrarum de Gouckstoun, in dominio prioratus Sancti Andreæ et regalitate ejusdem.—E. 4*l*. 12*s. feudifirmæ.*   xliv. 148.

(1358)   Aug. 3. 1694.
JACOBUS FORRET, *hæres* Davidis Forret portionarii de Drummeldrie, *avi,*—in decima sexta parte villæ et terrarum de Drummeldrie, in parochia de Newburne et regalitate de Dumfermline. —E. 17*s*. 11*d.* &c. *feudifirmæ.*   xliv. 152.

(1359)   Oct. 16. 1694.
JANETA ET JEANNA MELDRUMS, *hæredes portionariæ* Magistri Jacobi Meldrum aliquando ludimagistri apud Alloway, *patris,*—in annuo redditu 80*l.* de terris de Broadsland vocatis Leuchars-Bruce, Pusksmylnetoune, et Fordhall, infra parochiam de Leuchars.—E. 1*d. albæ firmæ.*   xliv. 217.

(1360)   Oct. 24. 1694.
JACOBUS DURHAME de Largo, *hæres* Alexandri Durhame de Largo, *patris,*—in terris et baronia de Largo comprehendente terras et terras dominicales dictæ baroniæ de Largo et cottagia earundem: —E. 21*l*. 6*s*. 8*d.* &c. *feudifirmæ* :—burgum in baronia de Largo lie Nethertoune et Seatoun ejusdem, ab antiquo in liberum burgum baroniæ erectum:—E. 6*s.* 8*d. feudifirmæ:*—liberum portum lie haven de Largo :—E. 6*s.* 8*d. feudifirmæ:*—terras de Faulfields, Froslayes et terras vocatas Broomlands :—A. E. 3*s.* N. E. 12*s.*—terras de Shiremure, cum mineralibus auri, argenti, æris, stanni, plumbi, et aliorum metallorum infra bondas dictarum terrarum ;—advocationem ecclesiæ de Largo, omnes infra parochiam de Largo :—E. 6*l*. 16*s*. 8*d. feudifirmæ:*—terras de Balvaird infra regalitatem de Dunfermling:—E. 7*l*. 10*s*. 10*d.* &c. *feudifirmæ:*—omnes unitas in baroniam de Largo.   xliv. 193.

(1361)   Oct. 25. 1694.
ALEXANDER FRAZER, *hæres* Alexandri Frazer portionarii de Freuchie, *patris,*—in octava parte et 2 decimis sextis partibus villæ et terrarum de Freuchie, extendentibus ad quarteriam dictæ villæ et terrarum ;—superioritate illius toftæ vocatæ Nucktoft infra senescallatum de Fyfe.—E. 4*l.* &c. *feudifirmæ.*   xliv. 191.

(1362)   Oct. 25. 1694.
ALEXANDER CLARK de Pitteuchar, *hæres* Alexandri Clark de Pitteuchar, *patris,*—in illa parte terrarum et baroniæ de Forther vocata Freuchymylne, cum pecia terræ vocata Ward;—privilegio in communia Drummiemoore vocata.—E. 1 *bolla* 3 *firlotæ* 2 *peccæ hordei,* &c. *feudifirmæ.*   xliv. 226.

(1363)   Oct. 25. 1694.
ALEXANDER BOISWALL, *hæres* Alexandri Boiswall, *patris,*

—in illa parte terrarum et baroniæ de Forthar vocata Freuchymilne, cum pecia terræ vocata Ward, et privilegio in communiâ Drummiemoore vocata.—E. 3 *bollæ* 1 *firlota* 2 *peccæ hordei*, &c. *feudifirmæ*. xliv. 228.

(1364) Oct. 25. 1694.
JOANNES DURIE, *hæres* Davidis Durie ballivi de Kirkcaldie, *patris*,—in parte terrarum et baroniæ de Forthar vocata Freuchie-mylne, cum pecia terræ vocata Ward, et privilegio in communia Drummiemoore vocata.—E. 3 *firlotæ* 3 *peccæ hordei*, &c. *feudifirmæ*. xliv. 231.

(1365) Oct. 25. 1694.
PATRICIUS MURRAY de Pittlochie, *hæres* Margaretæ Wardlaw sponsæ Joannis Murray de Pittlochie, *matris*,—in parte terrarum et baroniæ de Forthars vocata Freuchymilne, cum pecia terræ vocata Ward, et privilegio in communia Drummiemoor vocata.—E. 2 *bollæ* 3 *firlotæ* 1¼ *pecca hordei*, &c. *feudifirmæ*. xliv. 233.

(1366) Nov. 8. 1694.
JANETA DICK sponsa Alexandri Stevinsone in Leith, *hæres* *talliæ* Joannis Dick senioris aliquando brasifactoris in civitate Sancti Andreæ, *avi*,—in superioritate 2 acrarum terrarum arabilium prope civitatem Sancti Andreæ in territorio vocato Nether Balbeildie.—E. 5s. 10d. *feudifirmæ*, pro unaquaque acra. xliv. 245.

(1367) Nov. 23. 1694.
AGNETA TOD, *hæres* Sophiæ Tod filiæ Georgii Tod nautæ burgensis de Kirkcaldie, *sororis*,—in dimidietate 10 acrarum terrarum de Balsusney cum lie Lay ad easdem pertinente, in parochia de Kirkcaldie.—E. .... xliv. 343.

(1368) Nov. 24. 1694.
AGNETA TOD, *hæres* Georgii Tod naucleri burgensis de Kirkcaldie, *patris*,—in quarta parte annui redditus 160l. de terris de Balcleavie, Cutlehill, et Seasyd, infra parochiam de Aberdour ;—quarta parte annui redditus 360m. et quarta parte annui redditus 120m. de terris de Balbeigie, in baronia de Ravenscraig et parochia de Dysert, nec non de terris et baronia de Ravenscraig et Dysert cum decimis, in dicta parochia. xliv. 337.

(1369) Dec. 27. 1694.
MAGISTER HENRICUS WEYMS, *hæres* Davidis Weymis de Foodie, *patris*,—in terris de Wester Foodie in regalitate Sancti Andreæ.—E. 8l. *feudifirmæ*. xliv. 240.

(1370) Jan. 19. 1695.
MARIA MACLELAN, *hæres* Marionæ Spence filiæ Magistri Jacobi Spence ministri verbi Dei apud Alveth, *matris*,—in terris et baronia de Ardros continente terras de Wester Grangemuire, Camremuir, Muircambus, Newtoune de Rires, Bruntsheills, cum villa, territorio, et portu lie harbour de Elie, maneriei loco de Elie, et advocatione ecclesiæ de Elie, infra parochias de Elie et Kilconquer :—A. E. 5l. N. E. 20l.—terris, baronia, et terris dominicalibus de Dairslie (Dairsie) ;—terris de Newmylnes, Middle Sordie, Todhall, et Arindinage, cum partibus terrarum de Kincaple, et advocatione ecclesiæ de Dairsie, infra parochiam de Dairsie.—E. 34l. 13s. 4d. &c. *feudifirmæ*. xliv. 289.

(1371) Jan. 22. 1695.
MARGARETA KIRKALDIE sponsa Joannis Duncan in Harlasheillis, *hæres* Andreæ Kirkaldie junioris de Flashill alias Harlasheills, *patris*,—in pendiculo terrarum de Flashill et West Plewlands de Santfoord vocato Harlasheills, comprehendente acram terræ vocatam Gibs aicker, cum salmonum piscariis in aqua de Tay.—A. E. 2l. N. E. 8l. xliv. 263.

(1372) Jan. 25. 1695.
ISSABELLA ET SOPHIA LAWS, *hæredes portionariæ* Alexandri Law burgensis de Kirkcaldie, *patris*,—in 3 acris terræ arabilis terrarum de Balsusney ex boreali latere burgi de Kirkcaldie :—E. 3s. 4d. pro unaquaque acra, *feudifirmæ* :—3 acris dictarum terrarum :—E. 5s. 5½d. *feudifirmæ* :—2½ acris terræ arabilis terrarum prædictarum apud Spinetum lie Litle Thornebush, omnibus infra parochiam de Kirkcaldie et regalitatem de Dumfermline.—E. 6s. 8d. *feudifirmæ*. xliv. 274.

(1373) Mar. 23. 1695.
JOANNES WILSONE, *hæres* Joannis Wilsone in Anstruther-Wester, *patris*,—in 4½ acris terrarum arabilium, infra balliariam seu regalitatem de Pittenweem.—E. 15s. &c. *feudifirmæ*. xliv. 346.

(1374) Jul. 4. 1695.
ISSOBELLA ADAMSONE, *hæres* Gavini Adamsone portionarii de Grainge de Lindores, *fratris germani*,—in tertia parte annui redditus 144l. correspondente 3600m. ex dimidietate umbralis dimi-

dietatis terrarum de Kinloch, Smiddielands et Brewlands ejusdem, et ex dimidietate molendini de Kinloch, et terrarum molendinariarum. xlv. 26.

(1375) Aug. 23. 1695.
JOANNES SCOTT filius legitimus Henrici Scott portionarii de Maistertoune, *hæres* Jacobi Cunnand portionarii de Maistertoune, *avi ex parte matris*,—in octava parte villæ et territorii de Maistertoune aliquando per dictum Jacobum Cunnand occupata, in parochia et regalitate de Dunfermling.—E. 5l. &c. *feudifirmæ*. xlvi. 132.

(1376) Oct. 8. 1695.
ELIZABETHA LENTHORNE, *hæres* Patricii Lentron nuper ballivi burgi Sancti Andreæ, *patris*,—in annuo redditu 40m. de terris de Wastbarnes, infra parochiam de Craill.—E. 1d. *albæ firmæ*. xlv. 82.

(1377) Oct. 18. 1695.
JOANNES DAVIE, *hæres* Georgii Davie nautæ in Northferrie filii Walteri Davie nautæ ibidem, *fratris germani*,—in tenemento terræ in North-Queinsferrie cum horto eidem adjacente, in parochia et regalitate de Dumfermling.—E. 18d. *feudifirmæ*. xlv. 362.

(1378) Oct. 29. 1695.
JOANNES COMES DE STRATHMORE ET KINGHORNE, &c. *hæres* Patricii Comitis de Strathmore et Kinghorne, Vicecomitis Lyon, Domini Glamiss, Tannadyce, Sydlaw, et Stradichtie, &c. *patris*,—in terris et baronia de Kinghorne, comprehendentibus liberum burgum de Kinghorne, terras, redditus regales, tam intra quam extra burgum, et liberam forrestam, infra constabulariam de Kinghorne, cum officio constabulariæ de Kinghorne :—E. 60s. *sterlingorum*, *firmæ* :—advocatione ecclesiæ parochialis et parochiæ de Kinghorne, cum decimis ;—advocationibus ecclesiarum parochialium et parochiarum de Easter et Neather Airlies infra vicecomitatum de Forfar :—A. E. 3s. 4d. N. E. 10s.—omnibus erectis, cum terris in vicecomitatibus infrascriptis, in comitatum de Kinghorne et dominium de Glamis.—(Vide Forfar, Kincardine, Aberdeen, Perth, Banff.) xlv. 219.

(1379) Nov. 1. 1695.
ROBERTUS VICECOMES DE ARBUTHNET, *hæres* Roberti Vicecomitis de Arbuthnet, Domini de Innerbervie, *patris*,—in terris dominicalibus de Creich, in warrantum terrarum et baroniæ de Cairntoune in vicecomitatu de Kincardine.—A. E. 5l. N. E. 20l. —(Vide Kincardine, Forfar.) xlv. 316.

(1380) Dec. 9. 1695.
ARCHIBALDUS COMES DE ARGYLE, Dominus Kintyre, Campbell, et Lorn, &c. *hæres* Archibaldi comitis de Argyle, Domini Kintyre, Campbell, et Lorn, &c. *patris*,—in terris de Litle Daulin ;—terris de Boreland de Sauline, cum reliquis terris comitatus de Argyle :—E. 500m. *taxatæ wardæ* :—terris de Over Kinnedder :—E. 9l. 8s. 1½d.—omnibus unitis in dominium, comitatum, et baroniam de Argyle ;—terris de Balgonar infra baroniam de Saline :—E. 51m. *feudifirmæ* :—terris ecclesiasticis de Campbell alias Dollar seu Gloun, nunc vero nuncupatis 10 libratas terrarum de Campbell, Burnsyde, et Eastertoune, extendentibus ad 10 libratas terrarum antiqui extentus.—E. 16m.—(Vide Inverness, Argyle, Perth, Clackmannan, Stirling, Bute, Forfar, Dumbarton.) xlv. 629.

(1381) Jan. 2. 1696.
GRIZELETA RANKINE, *hæres* Egidiæ Rankine portionariæ de Auchtermuchtie, *sororis germanæ*,—in tertia parte terrarum molendinariarum de Auchtermuchtie cum horto earundem :—E. 1 *pultrea et 20d. feudifirmæ* :—2 lie butts terrarum in Bondhalfe vocata Mairesland butts, cum partibus et portionibus terrarum subsequentium, viz. riga terræ vocata Bogrig ex boreali parte hortorum de Auchtermuchtie ;—pecia rigæ terræ in Shade Cow Meadow nuncupata ;—pecia lie Ode land terræ apud finem superiorem de Broadmyre ;—pecia rigæ in Bowbutts ;—parte et portione viridarii de Auchtermuchtie ad dictas terras spectante :—E. 2 *peccæ avenarum, feudifirmæ* :—decimis garbalibus et rectoriis earundem :—E. 1d. *feudifirmæ* :—omnibus infra parochiam de Auchtermuchtie. xlv. 356.

(1382) Jan. 3. 1696.
ADAMUS TURNBULL, *hæres* Davidis Turnbull portionarii de Grainge, *patris*,—in 2 septimis partibus villæ et terrarum de Eastbarnes alias Grainge, in parochia et regalitate de Dumfermling.—E. 9l. 17s. 1d. &c. *feudifirmæ*. xlv. 353.

(1383) Jan. 6. 1696.
AGNETA ET MAGDALENA SCOTTS filiæ Patricii Scott filii Patricii Scott de Langschaw, procreatæ inter illum et Margaretam Wairdlaw sororem Magistri Caroli Wardlaw de Logie, *hæredes portionariæ* Issobellæ Wardlaw unicæ filiæ dicti Magistri

R

Caroli Wardlaw de Logie, *consanguineæ germanæ*,—in villa et terris de Logie infra regalitatem de Dumfermling :—E. 26s. 8d. *feudifirmæ* :—dimidio terræ vocatæ Newlands prope burgum de Dumfermling infra regalitatem prædictam :—E. 6l. *feudifirmæ* :—parte seu pecia terræ jacente contigue a tergo nemoris de Garvock communiter vocata Northward ;—parte seu pecia terræ silvæ de Garvock vulgo vocata Woodaicker ;—6 acris terræ in orientali fine dictæ silvæ, cum passagio et loaning sex ulnas in longitudine, jacente infra parochiam et regalitatem de Dumfermling.—E. 10s. *feudifirmæ*. xlv. 515.

(1384) Feb. 11. 1696.
WILIELMUS JACK nuper ballivus in burgo civitatis Sancti Andreæ, *hæres* Roberti Jack mercatoris in dicta civitate Sancti Andreæ, *patrui*,—in annuo redditu 20l. correspondente 500m. de terris de Newtoune de Nydie infra dictam regalitatem :—E. 1d. *albæ firmæ* :—4 rudis terræ arabilis jacentibus prope dictam civitatem inter reliquas acras prioratus Sancti Andreæ, infra dictam regalitatem, in illo territorio vulgo nuncupato the Wester Sandiehill. —E. 5s. 10d. *feudifirmæ*. xlviii. 478.

(1385) Feb. 24. 1696.
DOMINUS JOANNES ARSKINE de Alva, *hæres* Domini Caroli Arskine de Alva, *patris*,—in terris et baronia de Cambuskenneth comprehendente terras ecclesiasticas parochiales de Leckrop :—E. 13s. *firmæ* :—terras ecclesiasticas ecclesiæ parochialis de Arnegost :—E. 13s. 8d. *firmæ* :—decimas garbales aliasque decimas dictarum terrarum ecclesiasticarum de Leckrop et Arnegost :—E. 20m. *feudifirmæ* :—unitas cum aliis terris in Stirling et Clackmannan in baroniam de Cambuskenneth.—(Vide Stirling, Clackmannan.) xlv. 491.

(1386) Feb. 28. 1696.
ISSOBELLA ADAMSONE, *hæres* Gavini Adamsone portionarii de Grange de Lindores, *avi*,—in 8 bovatis terrarum extendentibus ad acram terræ de Grange de Lindores, jacentibus ex parte boreali villæ de Grange in dominio de Lindores, cum decimis earundem, et dimidio decimarum garbalium et rectoriarum ad easdem pertinentium de aliis 8 bovatis terrarum in Grainge, infra parochiam de Ebdie et regalitatem de Lindores.—E. 9l. 10s. 8d. *feudifirmæ*. xlviii. 109.

(1387) Mar. 10. 1696.
AGNETA KINNEIR, *hæres talliæ* Sophiæ Kinneir de Eodem, *sororis*,—in terris et baronia de Kinneir comprehendente terras dominicales de Kinneir ;—terras de Over Catthlock ;—terras de Easter et Wester Tarras infra baroniam de Kinneir :—A. E. 3l. N. E. 12l.—partibus et portionibus terrarum de Newgrange :—E. 4l. et. 6s. 8d. *feudifirmæ et augmentationis* :—terris de Prior-Catthlock, Freirfleit, et Fernifaulds.—E. 10l. *feudifirmæ*. xlv. 479.

(1388) Maii 2. 1696.
JOANNES WILSONE scriba in Anstruther-Wester, *hæres* Joannis Wilsone nautæ ibidem, *patris*,—in 3 acris terræ arabilis cum communi pastura, infra balliariam seu regalitatem de Pittenweem. —E. 19s. 4d. &c. *feudifirmæ*. xlv. 765.

(1389) Maii 21. 1696.
AGNETA KINNEIR, *hæres talliæ et provisionis* Sophiæ Kinneir de Eodem, *sororis*,—in portionibus terrarum de Newgrange :—E. 4l. et 6s. in augmentationem, *feudifirmæ* :—terris de Pryorcaithlock, Freirflatt, et Fairniefaulds :—E. 10l. &c. *feudifirmæ* :—infra regalitatem Sancti Andreæ. xlv. 778.

(1390) Maii 28. 1696.
MICHAEL BALFOUR de Northbank, *hæres* Domini Andreæ Balfour militis medicinæ doctoris, *patris*,—in 15 acris et 3 rudis terræ arabilis, in dominio et prioratu Sancti Andreæ et regalitate ejusdem, in diversis territoriis :—E. 5s. 10d. *feudifirmæ*, pro unaquaque acra :—sexta parte terrarum de Northbank, in parochia de St. Andrews et regalitate ejusdem.—E. sexta pars 6l. &c. *feudifirmæ*. liv. 542.

(1391) Jul. 30. 1696.
AGNETA CLARK filia legitima secundo genita Alexandri Clark polentarii in civitate Sancti Andreæ, *hæres conquestus talliæ et provisionis* Joannæ Clark filiæ tertio genitæ dicti Alexandri Clark, *sororis immediate junioris*,—in acra terræ arabilis jacente inter reliquas acras prioratus Sancti Andreæ, infra regalitatem ejusdem, in territorio nuncupato the Shortlonglands.—E. 5s. 10d. *feudifirmæ*. xlvi. 197.

(1392) Aug. 18. 1696.
HENRETA PHINN, *hæres* Magistri Georgii Phinn ministri apud ecclesiam de St. Laurence, *patris*,—in terris de Easter Whythill cum decimis, infra dominium Sancti Columbi et baroniam de

Bath :—E. ....—annuo redditu 160l. correspondente 4000m. de terris de Whytehill-Easter, et posteriore et anteriore partibus earundem, jacentibus ut supra.—E. 1d. *albæ firmæ*.—(Vide Lanark, Stirling, Linlithgow, Edinburgh.) xlvii. 260.

(1393) Nov. 5. 1696.
DAVID STEWART, *hæres* Walteri Stewart de Kincarrochie, *patris*,—in sexta parte terrarum de Drone et molendino ejusdem et decimis, infra senescallatum de Fife.—E. 4l. 14s. 6d. &c. *feudifirmæ*. xlvi. 345.

(1394) Nov. 10. 1696.
JACOBUS COMES DE LINLITHGOW ET CALLENDER, *hæres* Georgii comitis de Linlithgow, Domini Livingston, fratris natu maximi Alexandri comitis de Callander, patris dicti Jacobi, *patrui*,—in terris templariis et tenementis quæ ad quondam Magistrum Robertum Williamson de Muristoune pertinuerunt, tam proprietate quam tenendria, cum officio balliatus et privilegio regalitatis integrarum bondarum earundem ;—omnibus carbonibus et carbonariis infra terras dominii et regalitatis de Dunfermline, jacentibus infra parochias de Kinglassie et Newburne :—E. ....;—tenemento terræ et hortis infra burgum de Dumfermline.—E. ....—(Vide Linlithgow, Edinburgh, Elgin et Forres, Aberdeen.) xlv. 926.

(1395) Jan. 16. 1697.
CATHARINA ET ANNA BINNINGS, *hæredes portionariæ* Thomæ Binning mercatoris in St. Androwes, *patris*,—in 7 acris terræ arabilis infra limites et libertates burgi de Pittenweem, et dominium ejusdem.—E. 34s. 4d. &c. *feudifirmæ*. xlvi. 449.

(1396) Jun. 5. 1697.
JOANNA AIRTH, *hæres* Magistri Davidis Airth ministri verbi Dei apud ecclesiam de Portpatrick, *patris*,—in tenemento in burgo de Pittenweem ;—dimidietate tenementi et horti in dicto burgo ; —7 acris terræ arabilis aut eocirca ;—2 acris terrarum arabilium, infra limites dicti burgi.—E. 50s. 8d. &c. *feudifirmæ*. xlvi. 543.

(1397) Jul. 12. 1697.
ANNA ET JANETA DICKS filiæ Gulielmi Dick de Grange procreatæ inter eum et Elizabetham Lesslie ejus primam sponsam, quæ fuit soror Joannis Lesslie de Newtoune, *hæredes portionariæ talliæ* dicti Joannis Lesslie de Newtoune filii Domini Joannis Lesslie de Newtoune, *avunculi*,—in terris de Corbie;—terris de Corbiehill, et 8 acris terræ arabilis dictis terris de Corbie adjacentibus ;—decimis terrarum et acrarum suprascriptarum :—E. 10l. &c. *feudifirmæ* ;—silvis de Balmirrinoch ;—stagnis et muris dictæ silvæ ;—piscationibus de Brounden et Whitquarrell-Houpt (vel Cropt, vel Hope) ;—terris saltuarii seu custodis dictæ silvæ ;—decimis tam dictæ silvæ et terrarum saltuarii, quam dictarum piscationum ;—principali maneriei loco terrarum de Birkhill ;—domibus et ædificiis ejusmodi juxta Lugden infra dictam silvam ædificatis ;—vivario cum arboribus inibi crescentibus, infra baroniam de Balmirrinoch, tanquam pro principali :—E. 10m. &c. *firmæ* :—annuo redditu 10 celdrarum hordei de terris et baronia de Balcomie, in speciale warrantum dictarum terrarum de Corbie et Corbiehill, silvarum, acrarum, piscationum, decimarum, aliarumque suprascriptarum :—A. E. 1s. N. E. 3s. :—terris et baronia de Newtoune subscriptis, viz. Easter Newtoune, Wester Newtoune, Midle Newtoune, Coatlands, et Breulands de Sanford, et salmonum piscationibus de Woodhaven super fluvium de Tay, cum superioritate de Woodhaven :—A. E. 40s. N. E. 6l.—6 acris terræ arabilis de Easter Neutoun nuncupatis Mortinsfeild alias Litle Newtoune, cum privilegio tenendi et pasturandi 8 pecora et 80 oves et 2 equos in communi pastura dictarum terrarum de Newtoune :—E. 6l. 13s. 4d. *taxatæ wardæ* :—decimis garbalibus et rectoriis terrarum et baroniæ de Newtoune, viz. Easter Newtoune, Wester Newtoune, Midle Newtoune et 14 acrarum dictarum terrarum et baroniæ :—A. E. 1s. N. E. 3s.—quæ omnes terræ, baronia, aliaque particulariter supramentionata, unitæ sunt in baroniam de Newtoune. xlviii. 560.

(1398) Oct. 15. 1697.
ROBERTUS WHYTE de Bennochie, *hæres* Joannis Whyte de Bennochie, *patris*,—in villa et terris de Bennochie, infra parochiam de Abbotshall et regalitatem de Dumfermline :—E. 6l. &c. *feudifirmæ* :—terris de Runbroig (vel Rumbroig) parte terrarum de Balsasnay 9¼ acras terræ arabilis continente, quondam infra parochiam de Kirkcaldie nunc de Abbotshall, et regalitatem de Dumfermling :—E. 29s. 11d. *feudifirmæ* :—acris terrarum de Abbotshall cum decimis garbalibus inclusis, infra parochiam et baroniam de Abbotshall :—E. 20m. *feudifirmæ* :—decimis dictarum acrarum.— E. .... *feudifirmæ*. xlvi. 683.

(1399) Jan. 20. 1698.
ALEXANDER COMES DE KINCARDEN, *hæres masculus* Edwardi comitis de Kincarden, *patrui*,—in majore dimidietate vo-

cata boreali dimidietate terrarum et baroniæ de Carnock, cum advocatione ecclesiæ de Carnock :—A. E. 40s. N. E. 10l.—minore parte dictarum terrarum et baroniæ de Carnock, infra regalitatem Sancti Andreæ :—E. 8l. feudifirmæ:—terris de Gallowrig et Clune, infra baroniam de Pittencreif per annexationem, pro principalibus :—A. E. 20s. N. E. 4l.—terris dominicalibus de Pittencreef, in warrantum dictarum terrarum de Gallowrig et Clune:—A. E. 20s. N. E. 4l.—terris et baronia de Torrie continente terras dominicales de Torrie ;—villam et terras de Torriburne ;—portum de Torrie ;—terras de Bilbow, Rosehill, et Pitfoules Easter et Wester, Skeldowhills, Rimiltoune ;—terras de Gillanderstoune et Drumfine, in regalitate Sancti Andreæ :—E. 20l. feudifirmæ :—fundo et terris coram dictis terris de Torrie, gleba et terris ecclesiasticis earundem, cum salinis ædificatis infra fluxum maris lie Seaflood, et carbonibus :—E. 6s. 8d. feudifirmæ:—villa et terris de Wester Inzevar infra dominium de Culross:—E. 22m. &c. feudifirmæ et augmentationis:—villa et terris de Easter Inzevar infra dictum dominium de Culross.—E. 10l. &c. feudifirmæ et augmentationis.—(Vide Perth.)   xlvii. 85.

(1400)   Feb. 24. 1698.
DOMINUS HENRICUS WARDLAW de Pittrevie, hæres masculus et lineæ Domini Henrici Wardlaw de Pittrevie militis baronetti, patris,—in terris de Pittrevie unitis in baroniam de Pittrevie:—A. E. 10l. N. E. 40l.—terris de Prymrose :—E. 13l. 17s. 4d. &c.—villa et terris de St. Margretstoune :—E. 10l. 4s. 5d. &c.—terris de Easter et Wester Pitcorthies:—E. 27l. 11s. 6d. &c.—villa et terris de Pittbauchlie :—E. 5l. 6s. 8d. &c.—decimis dictarum terrarum de Pitbachlie :—E. 58s.—dimidio villæ et terrarum de Westertoune (vel Maistertoune) :—E. 20l.—infra parochiam et regalitatem de Dumfermline, et omnibus unitis in baroniam de Pittrevie ;—terris de Gaitmilk cum decimis, infra parochiam de Kinglassie et prædictam regalitatem :—E. 26l. 7s. 1d. &c.—terris de Blacklaw :—E. 5l. 17s. 3¼d. &c.—terris de Southwaird silvæ de Garvock :—E. 10s.—astrictis multuris terrarum de Southward :—E. 2s.—decimis dictarum terrarum de Southwaird.—E. 2s. feudifirmarum.   xlvii. 314.

(1401)   Apr. 8. 1698.
JACOBUS BENNET de Grange, hæres Capitanei Jacobi Bennet de Grange, patris,—in 5 septem partibus villæ et terrarum de East Barnes alias Grange, et Fyifiesfauld, infra parochiam et regalitatem de Dumfermline, cum decimis inclusis.—E. 20l. 5s. 3¼d. feudifirmæ.   xlvii. 32.

(1402)   Maii 3. 1698.
ROBERTUS MYRTOUNE, hæres Domini Patricii Myretoune de Cambo militis, patris,—in terris de Auldlyes partibus baroniæ de Cambo, quæ baronia comprehendit terras de Cambo;—terras de Belches, Muirhous, Gersmerstoune, Auld Leyes, Southerfafeild, Bowhill, et Cumberland.—A. E. 12s. N. E. 9l. 13s. 4d.   xlvii. 82.

(1403)   Maii 5. 1698.
DAVID CARMICHAELL de Balmedie, filius Davidis Carmichaell de Balmedie, hæres Euphamiæ Dempster, matris,—in 3 decimis sextis partibus villæ et terrarum de Luthrie :—E. 7m. pro unaquaque decima sexta parte, feudifirmæ :—trigesima bina parte dictæ villæ et terrarum de Luthrie, infra parochiam de Creich.—E. 3m. 5s. 8d. feudifirmæ.   xlvii. 74.

(1404)   Maii 10. 1698.
ANDREAS ABERCROMBIE filius natu maximus Andreæ Abercrombie in Capeldræ, qui fuit frater germanus Patricii Abercrombie de Northerstrarudie, hæres dicti Patricii Abercrombie, patrui,—in boreali dimidietate terrarum et villarum de Strarudie, cum pasturatione supra Boig-Lochtie, et in orientali communitate inter terras de Pitlochie et dictas terras de Strarudie ad occidentalem, infra dominium de Lochershyre.—E. 40s. feudifirmæ.   xlvii. 50.

(1405)   Maii 12. 1698.
ROBERTUS MUSHET, hæres Magistri Joannis Mushet aliquando ludimagistri ad occidentalem portum Edinburgi, et portionarii de Auchtermuchtie, patris,—in 3 tertiis partibus decimæ sextæ partis vel libratæ terræ lie Bondhalfe de Auchtermuchtie, cum jure communiæ in monte de Auchtermuchtie et terris vocatis Whytfeild, infra territorium de Auchtermuchtie.—E. .... bollæ tritici, &c. feudifirmæ.   xlvii. 333.

(1406)   Maii 12. 1698.
MARGARETA GILMOR, hæres Jacobi Gilmor portionarii de Auchtermuchtie, patris,—in 3 rigis terrarum de lie butts de Knowheads, 40 solidatis terrarum de Bondhalfe de Auchtermuchtie, cum decimis, et jure communiæ in monte de Auchtermuchtie et Whytfeild, infra territorium de Auchtermuchtie.—E. 2 peccæ tritici, &c. feudifirmæ.   xlvii. 346.

(1407)   Maii 12. 1698.
JACOBUS MONCREIFF, hæres Georgii Moncreiff portionarii de Auchtermuchtie, patris,—in 6 occidentalibus rigis illius lie Shed vocati Midleflett, cum head rigs earundem, infra territorium de Auchtermuchtie, decimis earundem, et jure communiæ in monte de Auchtermuchtie et terris de Whytfeild.—E. 2 firlotæ 3 peccæ tritici, &c. feudifirmæ.   xlvii. 343.

(1408)   Maii 19. 1698.
JACOBUS CORSTORPHINE de Nydie, hæres Martini Corstorphine de Balkeathlie, patrui,—in terris de Balkeathlie cum parte dictarum terrarum vocata Prymrowhill, in regalitate Sancti Andreæ.—E. 12l. 13s. 8d. feudifirmæ.   xlvii. 79.

(1409)   Maii 19. 1698.
KATHARINA MARTINE sponsa Alexandri Gordone de Achomachie, hæres portionaria Joannis Martine de Lathons, patris,—MAGISTER THOMAS MARTINE incola in St. Androus, filius Elizabethæ Martine filiæ dicti Joannis Martine,—et MARGARETA LEITCH sponsa Alexandri Ferrier ballivi de St. Androus, et filia Helenæ Martine filiæ dicti Joannis Martine, hæredes portionarii dicti Joannis Martine, avi,—in terris de Auchinhochane alias Midle, Wester, et Norther Lathons vocatis, infra regalitatem Sancti Andreæ.—A. E. 6s. 8d. N. E. 26s. 8d.   xlvii. 247.

(1410)   Jun. 2. 1698.
JACOBUS OLIPHANT polentarius in St. Androws, hæres Jacobi Oliphant polentarii burgensis de St. Androws, avi,—in acra terræ arabilis prope civitatem Sancti Andreæ in regalitate ejusdem, in territorio nuncupato Greigstofts ;—alia acra terræ arabilis prope dictam civitatem et in regalitate ejusdem, ac in territorio vocato Easter Langlands.—E. 5s. 10d. pro unaquaque acra, feudifirmæ.   xlvii. 219.

(1411)   Jul. 26. 1698.
ROBERTUS LAW mercator in civitate Sancti Andreæ, hæres Janetæ Law sponsæ Henrici Grahame de Braickness, et filiæ Roberti Law mercatoris in Anstruther, filiæ patrui,—in 4 acris terræ arabilis infra dominium de Pittenweem et libertates burgi ejusdem, prope burgum de Anstruther-Wester.—E. 16s. 8d. feudifirmæ.   xlvii. 447.

(1412)   Aug. 18. 1698.
JOANNES CUTTLER, hæres Joannis Cutler portionarii de Auchtermuchtie, patris,—in 4 solidata terra in monte de Auchtermuchtie vocata Pitmunzies cum decimis, et jure communiæ in dicto monte et terris de Whytfield.—E. 1 bolla avenarum, &c. feudifirmæ.   xlvii. 483.

(1413)   Sep. 23. 1698.
MARGARETA HUTTON, hæres Thomæ Hutton portionarii de Wester Luscar, patris,—in tertia parte terrarum occidentalis lateris villæ de Wester Luscar, infra parochiam et regalitatem de Dumfermline.—E. 46 obuli et 9d. feudifirmæ.   xlvii. 578.

(1414)   Oct. 6. 1698.
ANNA ET SARA MERCERS, hæredes portionariæ Mariæ Mercer filiæ Gulielmi Mercer aliquando mercatoris in London, sororis germanæ,—in quinta parte annui redditus 24l. sterlingarum de terris de Kirktoune, in parochia de Forgan et infra regalitatem Sancti Andreæ.—E. 1d. albæ firmæ.   xlviii. 610.

(1415)   Oct. 6. 1698.
ANNA ET SARA MERCERS, hæredes portionariæ Gulielmi Mercer filii Gulielmi Mercer aliquando mercatoris in London, fratris germani,—in quinta parte annui redditus 24l. sterlingarum de terris de Kirktoune, in parochia de Forgan et infra regalitatem Sancti Andreæ.—E. 1d. albæ firmæ.   xlviii. 613.

(1416)   Oct. 6. 1698.
ANNA ET SARA MERCERS, hæredes portionariæ Jacobi Mercer filii Willielmi Mercer mercatoris in London, fratris germani,—in quinta parte annui redditus 24l. sterlingarum, de terris de Kirktoune, in parochia de Forgan et infra regalitatem Sancti Andreæ.—E. 1d. albæ firmæ.   xlviii. 615.

(1417)   Nov. 11. 1698.
IOANNES ROBERTSONE incola in Southqueensferrie, hæres Joannis Robertsone nautæ in Southqueensferrie, patris,—in terris vocatis Bririehill continentibus 8 acras terrarum, infra regalitatem de Dunfermline.—E. 8 trutæ seu 9d. feudifirmæ.   xlvii. 661.

(1418)   Dec. 2. 1698.
DAVID TOD nauclerus in Kirkcaldie, hæres lineæ Agnetæ Tod filiæ Georgii Tod naucleri in Kirkcaldie, neptis,—in 10 acris terrarum arabilium terrarum de Balsusney, infra parochiam de Kirkcaldie et regalitatem de Dunfermline.—E. 18s. 1d. feudifirmæ. xlvii. 744.

(1419)   Dec. 6. 1698.
DAVID TOD, *hæres lineæ* Agnetæ Tod filiæ Georgii Tod naucleri in Kirkcaldie, *neptis*,—in quarta parte annui redditus 160*l.* de terris de Balclevy, Cuttlehill et Seasyde, infra parochiam de Aberdour ;—quarta parte annui redditus 360*m.*—quarta parte annui redditus 120*m.* de terris de Balbeigie, infra baroniam de Ravenscraig et parochiam de Dysert, et de terris et baronia de Ravenscraig et Dysert, infra dictam parochiam.—E. 1 *nummus albæ firmæ.*
          xlvii. 776.

(1420)   Jan. 12. 1699.
ISABELLA, ELIZABETHA, ET HELENA TAYLOURS, *hæredes portionariæ* Magistri Davidis Taylor ministri verbi Dei apud Anstruther-Wester, *patris*,—in 4 acris 3 rudis terræ arabilis terrarum de Stratyrome cum decimis, infra parochiam et regalitatem Sancti Andreæ.—E. 19*s.* 4*d. feudifirmæ.*
          xlix. 87.

(1421)   Jan. 14. 1699.
JOANNES COWIE mercator in Dumfermling, *hæres conquestus* Jiell Cowie filiæ natu maximæ Joannæ (Joannis) Cowie ballivi in Dumfermling, *sororis*,—in dimidietate 10 acrarum terrarum arabilium, prope burgum et infra parochiam et regalitatem de Dumfermline.—E. 11*s.* 8*d. feudifirmæ.*
          xlvii. 739.

(1422)   Jan. 19. 1699.
GULIELMUS CHEAPLAND nauta in St. Androus, *hæres* Willielmi Cheapland filii Gulielmi Cheapland nautæ Sancti Andreæ, *consanguinei germani vel filii patrui*,—in dimidietate annui redditus 44*l.* de parte villarum et terrarum de Byrehills, in regalitate Sancti Andreæ.—E. 1*d. albæ firmæ.*
          xlvii. 728.

(1423)   Jan. 19. 1699.
GULIELMUS CHEAPLAND nauta in St. Andrews, *hæres* Davidis Cheapland filii Gulielmi Cheapland nautæ Sancti Andreæ, *consanguinei germani*,—in dimidietate annui redditus 44*l.* de parte villarum et terrarum de Byrehills in regalitate Sancti Andreæ.—E. 1*d. albæ firmæ.*
          xlvii. 731.

(1424)   Mar. 16. 1699.
GEORGIUS PATERSONE de Denmure, *hæres* Andreæ Patersone de Denmure, *fratris germani*,—in quarta parte terrarum de Kilmanie, cum dimidietate molendini ejusdem, infra regalitatem Sancti Andreæ.—E. 12*l.* et 6*s.* 8*d. feudifirmæ et augmentationis.*
          xlvii. 873.

(1425)   Apr. 4. 1699.
DOMINUS JOANNES GIBSONE de Paintland, qui fuit pater Domini Alexandri Gibsone de Paintland, unius Clericorum Concilii et Sessionis, qui erat pater Domini Joannis Gibsone de Paintland, *hæres masculus talliæ et provisionis* Joannis Gibsone de Durie, filii Domini Alexandri Gibsone de Durie, Clerici Registri, *filii fratris avi*,—in terris et baronia de Durie comprehendente terras, villam et terras dominicales de Durie ;—terras de Caldstream, Silliehole, et Myresydes superiores et inferiores ;—terras de Balstressie ;—terras de Litle et Meikle Balcurvies, cum molendino granorum ædificato super dictis terris de Balcurvies molendinum de New Duriemilne nuncupatum ;—terras de Haugh et Hauchmilne ;—salmonum piscariis in aqua de Leven, cum pendiculis dictarum terrarum et baroniæ de Durie, infra parochias de Sconie et Markinsh respective, et officio justiciariæ et potestate puniendi personas in temporibus illicitis apprehendentes salmones ;—privilegia burgi de Levin, et portus ;—aquam de Leven ex utroque latere, cum custumis, et cum wrack et ware tam in ostio fluminis quam in mari, infra bondas dictarum terrarum de Levin et Sconie, unitas in baroniam de Durie—A. E. .... N. E. ....—terris vicariis seu ecclesiasticis de Sconie cum decimis, infra parochiam de Sconie :—E. 6*s.* 8*d.*—terris et tenandria de Sconie, viz. terris de Mountflourie ;—terris de Bambaith ;—terris de Threipland alias Threipinsh ;—terris de Leven ;—terris de Levinsmouth ;—portur lie haven ;—villa de Levinsburne et Levinsbridge ex utroque latere aquæ de Levin in villa de Levin, cum piscationibus salmonum super aqua de Levin ;—molendinis dictarum terrarum et multuris terrarum de Innerleven lie Coaldcotts, in parochiis de Sconie et Markinsh :—E. 4*m.*—burgo baroniæ de Levin cum libero portu et nundinis :—E. 40*s.*—libertate burgi de Levin, et portum et propugnaculum lie Pier ædificare, et libertate onerandi et exonerandi naves in dicta aqua de Levin :—A. E. 12*d.* N. E. 4*s.*—terris de Balgrummo infra regalitatem Sancti Andreæ :—E. 26*s.* 8*d.*—in tenandriam de Sconie erectis ;—decimis terrarum et terrarum dominicalium de Durie, terrarum et tenandriæ de Sconie et Levin, Bambeth, et Mountflourie, ac decimis dictarum terrarum de Haugh et Haughmilne, et terrarum nuncupatarum New and Old Duriemilnes, et Myresydes, et terrarum de Balcurvies Meikle et Litle, infra parochiam de Merkinsh, et omnium reliquarum terrarum suprascriptarum.—E. 20*s.*
          xlvii. 800.

(1426)   Apr. 29. 1699.
ROBERTUS LUNDIN de Eodem, *hæres masculus talliæ et pro-*
visionis Jacobi Lundin de Eodem, *fratris germani*,—in terris et baronia de Lundin comprehendente villas, terras, baroniam, aliaque subscripta, viz. terras dominicales de Lundin ;—villam et terras de Haltoune, terras de Balcormoe et terras templarias earundem ;—terras de Strathairlie ;—terras de superiori et inferiori Pratas ;—terras de Teuchitts ;—terras de Keam ;—terras de Gilstoune ;—terras de Boussie ;—dimidietatem villæ et terrarum de Kincraig ;—omnes unitas in baroniam de Lundin.—A. E. .... N. E. 20*l.*
          xlviii. 1.

(1427)   Jul. 26. 1699.
DOMINUS JACOBUS HALKET de Pitfirren miles baronettus, *hæres masculus et lineæ* Domini Caroli Halket de Pittfirren militis baronetti, *patris*,—in terris de Knockhouse (vel Kirkhouse) cum mansione ejusdem et carbonibus :—E. 23*l.* 10*s.* 9½*d.* &c. *feudifirmæ* :—terris de Pitconnoquhie in parochia de Dumfermline :—A. E. 2*l.* N. E. 6*l.*—tertia parte terrarum de Pitfirren jacente in parochia prædicta :—E. 4*l.* 6*s.* &c. *feudifirmæ* :—dimidietate villæ et terrarum de Lymkills cum decimis, et privilegio colligendi algam marinam pro melioratione dimidietatis dictarum terrarum, in dominio, parochia, et regalitate de Dumfermling :—E. 1 *bolla, tritici,* &c. *feudifirmæ* :—2 tertiis partibus terrarum de Pitfirren cum maneriei loco, jacentibus in parochia de Craighall.—E. 40*l.*
          xlviii. 197.

(1428)   Sep. 21. 1699.
JOANNES CARSTAIRS de Kilconquhar unicus filius Capitani Willielmi Carstairs, qui fuit filius natu tertius Domini Joannis Carstairs de Kilconquhar militis, *hæres masculus et talliæ* Joannis Carstairs de Kilconquhar, *patrui*,—in terris et baronia de Kilconquhar comprehendente villam et terras de Kilconquhar cum lacu et piscariis ejusdem, omnibus erectis in baroniam de Kilconquhar infra regalitatem Sancti Andreæ :—E. 163*l.* *taxatæ wardæ et* 6*l.* *nomine canæ,* &c.—privilegio nundinarum.—E. 30*s.*   xlviii. 205.

(1429)   Sep. 28. 1699.
HELENA LINDSAY sponsa Joannis Stewart de Ladiewell,—JOANNA LINDSAY sponsa Joannis Stewart de Balmaklie,—ELIZABETHA LINDSAY sponsa Magistri Henrici Balnaves de Croman,—MARGARETA LINDSAY relicta quondam Hugonis Smith mercatoris in Perth,—BARBARA ET SOPHIA LINDSAYES, *hæredes portionariæ* Magistri Gulielmi Bethun fratris germani Davidis Bethun de Creich, *patris* Margaretæ Bethun sponsæ Gulielmi Lindsay de Kilspindie, quæ fuit mater dictarum Helenæ, Joannæ, Elizabethæ, Margaretæ, Barbaræ, et Sophiæ Lindsayes, *avi*,—in villa et terris de Cunnoquhie, in parochia de Moniemaill infra regalitatem Sancti Andreæ, cum decimis garbalibus aliisque decimis rectoriis et vicariis.—E. 24*l.* 13*s.* 4*d.* &c. *feudifirmæ.*
          xlviii. 957.

(1430)   Oct. 26. 1699.
ALEXANDER COMES DE KELLIE, Vicecomes de Fenton, Dominus de Pittenweym, *hæres* Alexandri comitis de Kellie, Vicecomitis de Fenton, Domini de Pittenweym, *patris*,—in terris et baronia de Kellie comprehendente terras dominicales de Kellie ;—villas et terras de Over-Kellie, Auchineroch, Belliston, Baldutho, molendina nuncupata Kellie-milnes ;—tertiam partem terrarum de Greensyde, Parkisholl, et Cowsholl, unitas in baroniam de Kellie :—A. E. 20*l.* N. E. 140*l.*—dominio de Pittenweem terras aliaque infrascripta comprehendente, viz. manerei locum de Pittenweem ab antiquo monasterium de Pittenweem nuncupatum, cum ædificiis, hortis, &c. infra clausuram, præcinctum aut muros dicti monasterii et loci ejusdem ;—burgum et villam de Pittenweem et Anstruther ex occidentali parte currentis ejusdem, cum terris, tenementis et hortis ejusmodi ;—terras et acras de Pittenweem, Anstruther, Milntoune de Pittenweem, acras ejusdem ;—terras de Grangemuir, Easter Greendykes cum wardis et pratis earundem ;—terras de Cairnbrigs ;—terras de Lingo ;—terras nuncupatas Inch ;—terras nuncupatas Pittotter ;—terras de Lochend ;—insulam nuncupatam Island of May ;—croftam terræ de Crail vocatam Monkscroft ;—cum carbonibus et calce, communiis de Pittenweem, et mora nuncupata Coalquitmuir ;—terras et baroniam de Easter et Wester Rinds, cymbam et piscariam super aquam de Tay, olim in Perth, decimas garbales aliasque decimas tam rectorias quam vicarias, et divorias quascunque ecclesiæ de Pittenweem, Anstruther ex orientali partis torrentis ejusdem, et ecclesiæ parochialis de Rinds, rectoriæ et viccariæ ejusdem, omnes unitas, cum aliis terris in vicecomitatibus de Forfar et Haddington, in dominium de Pittenweem :—A. E. 20*l.* N. E. 60*l.*—advocatione ecclesiarum parochialium et parochiarum de Carnbie et Pittenweem, Anstruther-Wester et Rinds :—E. 2*d.*—omnibus terris prædictis cum aliis terris in Forfar et Haddington, erectis in comitatum de Kellie.—(Vide Forfar, Haddington.)   xlviii. 249.

(1431)   Nov. 8. 1699.
DOMINUS FRANCISCUS KINLOCH de Gilmertoun miles baronettus, *hæres* Domini Francisci Kinloch de Gilmertoune militis baronetti, *patris*,—in molendinis, terris de Craigiemilnes nuncupatis, et terris de Pinsonlie, infra parochiam de Torriburne :—E. ....

terris et baronia de Ravenscraig cum castro, columbario, pomario, cuniculario et Bank de Dysert, portu navium, &c.—terris de Boirlands, Balbeagie, Orsmilnes, Carberrie, Wolstoune, et Woolstoune waird, Duxard, cum decimis garbalibus, aliisque decimis rectoriis et vicariis prædictarum terrarum et baroniæ de Ravenscraig : —A. E. . . . . . .—N. E. . . . . . .—terris et baronia de Dysert cum civitate et burgo de Dysert, advocatione ecclesiæ et capellaniarum, cum decimis garbalibus aliisque decimis rectoriis et vicariis prædictarum terrarum et baroniæ de Dysert;—quæ terræ, baroniæ, aliaque respective suprascripta erectæ sunt in baroniam de Ravenscraig;—patellis salinariis infra et circa burgum de Dysert, cum domibus salinariis et granariis iisdem spectantibus, et Shiels dictarum patellarum salinarium;—tenemento terræ et horto;—altero tenemento terræ prope dictum burgum de Dysert, omnibus unitis in baroniam de Ravenscraig.—A. E. . . . . . .—N. E. 40l. *taxatæ wardæ.*—(Vide Haddington, Edinburgh, Berwick, Perth, Linlithgow.) xlviii. 291.

(1432) Nov. 29. 1699.
JOANNES SKEEN senior de Halyeards, *hæres provisionis* Jacobi Skeen, *filii secundo geniti,*—in maneriei loco et terris dominicalibus de Grange et molendino hujusmodi:—A. E. . . . . .—N. E. . . . . . —terris de Banchrie infra baroniam de Grainge et parochiam de Kinghorne :—E. . . . . . .—quæquidem terræ et molendinum disjunctæ sunt ab antiqua baronia de Grange, et in baroniam de Newgrange erectæ. lii. 726.

(1433) Dec. 15. 1699.
ALISONA WHYT, *hæres* Joannis Whyt polentarii in Kirkcaldie, filii Jacobi Whyt nautæ burgensis dicti burgi de Kirkcaldie, *patris,* —in acra terrarum arabilium de Balsasney jacente supra lie Yeardheads;—altera acra terræ dictarum terrarum de Balsasney jacente in Over Sched:—E. 1s. 10d. *feudifirmæ:*—acra terrarum de Smeitoune jacente in Daills :—E. 3s. 4d. *feudifirmæ:*—altera acra terræ jacente etiam in Daills:—E. 3s. 4d. *feudifirmæ:*—omnibus infra regalitatem de Dumfermline. xlviii. 408.

(1434) Jan. 5. 1700.
HENRICUS MILLER de Parun, *hæres* Davidis Miller scribæ in Kirkcaldie, *patris,*—in 2 acris terrarum arabilium cum 2 partibus acræ terrarum de Balsesney, jacentibus ex parte boreali burgi de Kirkcaldie, infra parochiam de Kirkcaldie et regalitatem de Dunfermline.—E. 5s. 4d. *feudifirmæ.* xlviii. 389.

(1435) Jan. 12. 1700.
JOANNES SYME, *hæres* Davidis Syme portionarii de Over Lassody Easter, *patris,*—in terris orientalis partis de Over Lassody Easter, in parochia de Dumfermline et regalitate ejusdem.—E. 3l. 10s. 2½d. &c. *feudifirmæ.* xlviii. 403.

(1436) Feb. 2. 1700.
GULIELMUS WALLWOOD de Touch, *hæres* Gulielmi Wallwood de Touch, *avi,*—in superioritate terrarum aliarumque subscriptarum, viz. in dimidietate villæ et terrarum de Touch, in parochia et regalitate de Dumfermline.—E. 3l. 11s. 1d. &c. *feudifirmæ.* xlviii. 466.

(1437) Feb. 2. 1700.
GULIELMUS WALLWOOD de Touch, *hæres* Jacobi Wallwood de Touch, *patrui,*—in proprietate terrarum aliarumque subscriptarum, viz. dimidietate villæ et terrarum de Touch, in parochia et regalitate de Dumfermline.—E. 3l. 11s. 1d. &c. *feudifirmæ.* xlviii. 469.

(1438) Feb. 15. 1700.
JACOBUS BIRRELL, *hæres* Andreæ Birrell portionarii de Freuchie vulgo Milnefeild, *patris,*—in decima sexta parte villæ et terrarum de Freuchie, cum libera pastura boum suorum super Lomonds secundum antiquum usum, infra senescallatum de Fyfe. —E. 20s. &c. *feudifirmæ.* xlviii. 472.

(1439) Feb. 27. 1700.
CRISTIANA BENNET de Bussis, *hæres* Roberti Bennet, *patris,* —in terris de Wester Quylts vulgo Bussis nuncupatis, in baronia de Quylts et regalitate de Culros.—E. 3l. 6s. 8d. *feudifirmæ.* xlviii. 476.

(1440) Mar. 14. 1700.
JACOBUS COMES DE SOUTHESK, Dominus Carnagie de Kinnaird et Leuchars, *hæres masculus et lineæ* Caroli comitis de Southesk, Domini Carnagie de Kinnaird et Leuchars, *patris,*—in baronia de Leuchars-Ramsay et terris particulariter subtus specificatis ad dictam baroniam unitis et annexatis, viz. terris dominicalibus de Leuchars ;—tertia parte terrarum de Rashemyre ;—tertia parte terrarum de Segspark ;—tertia parte terrarum de Kirktoune de Leuchars ;—tertia parte terrarum de Broodland ;—terris de

Midsmuir, cum lacu vocato Hadrieloch, et tertia parte lacus vocati Cawloch ;—terris de Balbeochlie ;—tertia parte terrarum de Formond, cum salmonum piscaria super aquam de Eden, a faucibus dictæ aquæ ad aquam de Motrie, cum cymba (lie Ferrie boat) et divoriis vocatis anchoragiis navium et cymbarum, infra bondas dictæ aquæ applicandarum, et libertate piscandi cum cymbis (lie cobles) et retibus infra eandem per limites prædictos ;—tertia parte terrarum de Milntoune, cum integris duobus molendinis granorum et lie Shillinghaugh earundem ;—tertia parte terrarum de Pursk et communia de Louklawhill ;—terris de Kingstair et Ryehill ;—terris de Balconzie ;—dimidietate terrarum de Severwellmoss ;—dimidietate terrarum de Reynd, maresiis et moris, (lie mossis) earundem ;—quarta parte terrarum de Mortoun ;— quarta parte maresii nuncupati Inchgray ;—tertia parte terrarum vocatarum Auldmures, cum salmonum piscariis et cuniculariis earundem ;—tertia parte terrarum de Kingshandie ;—tertia parte terrarum de Neathermuires, cum cuniculariis et salmonum piscariis earundem ;—tertia parte terrarum de Wester Fothers, cum castro et fortalicio de Leuchars, et advocatione ecclesiarum prædictarum terrarum ;—terris de Cruvie cum fortalicio, terris dominicalibus et piscaria supra aquam de Motrie, ex parte boreali de Broundod, cum communia de Louklawhill et Lilliesmures ;—dimidietate terrarum de Scheills ;—dimidio terrarum de Largiemyre, Gillsland, piscaria earundem, et communiis in mora et maresiis vocatis Munkiemoss et mora de Edinsmuir ;—terris de Newtoune cum communia etiam et præfatis moris et maresiis, et advocatione ecclesiarum, perprius in baroniam de Leuchars unitis, cum nundinis infra villam de Leuchars:—E. 200m. *taxatæ wardæ:*—dimidietate terrarum de Segy cum salmonum piscaria super aquam de Eden, a Brughtieden ad aquam de Multrie, cum speciali privilegio in præfata aqua cum cymbis, retibus, &c. infra bondas prædictas piscandi; —propria mora de Segy tanquam propria parte et pendiculo præfatarum terrarum de Segy eisdem in proprietate pertinente ;—quæ dimidietas terrarum de Segy aliarumque supra scriptarum, ad baroniam de Fearnie annexatur, et quæ baronia naturaliter jacet infra vicecomitatum de Forfar ;—tertia parte maresii nuncupati Rycemyre contigue terris de Reynd :—A. E. 10l. N. E. 40l.—decimis garbalibus et decimalibus bollis terrarum de Craigie, Reynd, Balconzie, Kinstair, Segy, et tertiæ partis de Broadlands de Leuchars, comprehendentis terras ab antiquo vocatas Moncursland, Milntoune de Leuchars cum pratis earundem, Pursk, Neathermures, Auldmures, Kinshandie, et Wester Floters (vel Fothers), et quartæ partis terrarum de Mortoune, in parochia de Leuchars et dominio de St. Androus:—A. E. 3s. 4d. N. E. 13s. 4d.—unitis cum aliis terris in comitatum de Southesk ;—terris de Craigie-Garpet, et tertia parte terrarum de Fordell et Strabarn (vel Straburn) ;—umbrali dimidio tertiæ partis dictarum terrarum de Fordell tam superioritatis quam proprietatis, quæ tertia pars et dimidium tertiæ partis de Fordell, extendunt, ad dimidium terrarum de Fordell, cum communitate in terris de Craigie et dimidiis terris de Fordell, in Myre vocata Rycemyre (vel Ryermyre) ;—dimidio terrarum de Reynd infra baroniam de Leuchars ;—prato jacente juxta hortum de Pitlethie:—A. E. 10l. N. E. 40l.—(Vide Forfar, Kincardine, Aberdeen.) xlviii. 679.

(1441) Apr. 17. 1700.
CAPITANUS ALEXANDER BRUCE de Pittairthie, *hæres* Gulielmi Bruce de Pittairthie, *fratris germani,*—in quarta parte terrarum de Tornakeders nunc nuncupatis Nakedfeild, quæ quarta pars dictarum terrarum extendit ad 21 acras terræ arabilis aut eo circa, cum quarta parte prati dictarum terrarum de Nakedfeild.— A. E. 5s. N. E. 20s. xlviii. 547.

(1442) Apr. 18. 1700.
CAPITANUS ALEXANDER BRUCE de Pittairthie, *hæres* Gulielmi Bruce de Pittairthie, *fratris germani,*—in partibus seu portionibus terrarum de Pittairthie jacentibus in regalitate Sancti Andreæ.—E. 10m. *feudifirmæ.* xlviii. 537.

(1443) Oct. 8. 1700.
GEORGIUS CAMPBELL, *hæres* Alexandri Campbell de Carsgounie, *patris,*—in annuo redditu 80l. principali summæ 2000m. correspondente, de terris et baronia de Balcomie cum decimis, infra parochiam de Craill.—E. 1d. *albæ firmæ.* l. 27.

(1444) Oct. 10. 1700.
JANETA WATSONE incola Sancti Andreæ civitatis, *hæres* Magistri Davidis Watsone portionarii de Newgrange, *patris,*— in illa parte vel Shed villæ et terrarum de Newgrange nuncupata Garries ;—parte villæ et terrarum vocata Westfeild alias Greigstafts vel Gathercold, aliquando ad Wellwood spectante, continente 6 acras terrarum aut eo circa ;—parte dictarum villæ et terrarum nuncupata Ballmungzie-Butts, omnibus infra parochiam et regalitatem Sancti Andreæ ;—10 acris terræ arabilis terrarum de Balrymonth-Wester et headrig earundem vulgo vocatis Puloxbrae, in parochia Sancti Andreæ.—E. 26s. 8d. *feudifirmæ.* xlviii. 889.

S

(1445)   Nov. 28. 1700.
JOANNES AYTOUN de Kinaldie, *hæres* Domini Joannis Aytone de Kippo militis, ostiarii generosi S. D. N. Cubiculi et Nigri
Baculi, *patrui*,—in terris et baronia de Kippo comprehendente
terras et terras dominicales de Kippo ;—molendinum de Kippo ;—
villas et terras de Carhurlie, Halyry, Northquarter, Westsyde de
Edgtoun (vel Egtoun), Litle Kilduncan, Lochtoun, et Wilkiestoun,
unitas in baroniam de Kippo :—A. E. 40s. N. E. 8l.—terris de
Cookstoun infra parochiam de Craill nunc de Kingsbarns, et unitis
in baroniam de Kippo.—A. E. 5s. N. E. 1l.   xlix. 350.

OMISSA.

(1446)   Aug. 19. 1533.
ARCHIBALDUS COMES ERGADIÆ, Dominus Campbell et
Lorn, &c. *hæres* Archibaldi Comitis Ergadiæ, Domini Campbell et
Lorn, &c. (qui obiit in conflictu de Flodown), *avi*,—in 20 mercatis
terrarum de Bordland de Sawling:—A. E. 7m. N. E. 20l.—4 mer-
catis terrarum de Little Black Sawling.—A. E. 20s. N. E. 4l.
                                                    xcviii. 99.

(1447)   Nov. 28. 1640.
ANDREAS SMYTH portionarius de Northfod, *hæres* Willielmi
Smithe portionarii de Northfod, *patris*,—in quarta parte villæ et
terrarum de Northfod, in parochia et regalitate de Dumfermling.
—E. 58s. 7¼d. &c.   xvi. 41.

(1448)   Jun. 8. 1642.
JACOBUS PRYD, *hæres* Alexandri Pryd fabri ferrarii civis Sancti
Andreæ, *patris*,—in 2 acris terræ arabilis prope civitatem Sancti
Andreæ, in regalitate ejusdem.—E. 5s. 10d. *pro unaquaque acra*,
feudifirmæ.   xvi. 290.

(1449)   Feb. 28. 1656.
ROBERT MAKGILL, *heir of tailzie and provision* of Patrick
Makgill second sone' of Sir James Makgill knight baronet, *his brother*,—in the lands of Largo and few fermes thereof extending
yearly to 5 chalders aits, 3 chalders 8 bolls beir, and 1 chalder
10 bolls wheit :—E. 5 *chalders aits*, &c.—the lands of Ardethe
and few fermes thereof extending yearly to 4 chalders 4 bolls beir,
and 3 chalders 4 bolls wheit :—E. 4 *chalders 4 bolls beir*, &c.—the
lands of Rathalet with the few ferms thereof, extending yearly to
2 chalders 4 bolls beir, and 2 bolls wheit, in warrandice of the
towne, lands, and baronie of Cousland with the teynds, in the
shire of Edinburgh.—E. 2 *chalders 4 bolls beir*, &c.—(See Edinburgh, Haddington, Berwick, Linlithgow.)   xxii. 150.

(1450)   Aug. 25. 1662.
ALEXANDER LAW, *hæres* Jacobi Law burgensis burgi de
Kirkaldie, *patris*,—in 2 acris terrarum arabilium de Balsusney,
infra regalitatem de Dumfermline.—E. 4s. *feudifirmæ*. xxvi. 252.

(1451)   Jan. 6. 1687.
PATRICIUS RANKINE, *hæres* Jacobi Rankene portionarii de
Auchtermuchtie, *fratris*,—in cottagio terræ cum decimis garbalibus et privilegio communitatis in monte de Auchtermuchtie et
terris vocatis Quhitfield.—E. 1 *firlota et dimidium peccæ avenarum*,
&c. *feudifirmæ*.   xxxix. 233.

(1452)   .   Mar. 10. 1691.
HELENA GEDDIE sponsa Magistri Jacobi Lentrone de St.
Foord, et ELIZABETHA GEDDIE, *hæredes portionariæ* Joannis
Geddie de St. Nicholas, *patris*,—in annuo redditu 300m. principali summæ 5000m. correspondente, de terris et baronia de Rives
(Rires ?), seu de terris de Westhouse, vel de terris de Breadlands
de Leuchars, vel de integris, seu una vel altera prædictarum terrarum, vel de quavis parte earundem, cum molendino, infra parochias de Kilconquer et Leuchars.—E. 1d. *albæ firmæ*.   xlii. 25.

(1453)   Jul. 13. 1699.
PATRICIUS THOMSON unicus filius quondam Patricii Thomson mercatoris burgensis de Edinburgh, *hæres* Jacobi Thomson de
Dunninow, *patrui*,—in terris de Dunninow, cum principali fortalicio, molendino, terris molendinariis, multuris, et specialiter astrictis multuris terrarum de Dunninow, et terrarum de Balleslie, cum
peciis terrarum jacentibus contigue et juxta dictas terras de Dunninow, quæ sunt partes terrarum de Balleslie, pro principali :—E. 9l.
feudifirmæ:—et in warrantizationem earundem, in terris de Pitmillie, cum advocatione ecclesiarum, infra regalitatem Sancti Andreæ ;—jure fodiendi cespites in communitate de Kingsmure de
Crail.—E. 13s. 8d. *feudifirmæ*.   lxvii. 387.

SUPPLEMENTA

FIFE.

(1454)   Dec. 9. 1579.
ANDREAS COKBURNE, *hæres* Joannis Cokburne de Tratone, *patris*,—in terris de Tratone et Wester Newtone, in dominio de Dalginsche.—A. E. 10*l.* N. E. 40*l.*   A. 76.

(1455)   Dec. . . . 1579.
ANDREAS WOD, *hæres* Andreæ Wod de Largo, *patris*,—in terris de Balbrekye :—E. 8*l.* &c. *feudifirmæ* :—annuo redditu 3 celdrarum victualium, de terris de Uvir Kathillok.   A. 83.

(1456)   Jan. 20. 1579.
JACOBUS SCOTT de Balwerie, *hæres* Willielmi Scott de Balwerie militis, *patris*,—in terris et baronia de Stramiglow, viz. terris dominicalibus de Stramiglow, cum turre, fortalicio, manerie principali, villa seu burgo de Stramiglow, cum molendinis occidentali et orientali, advocatione præposituræ et prebendariorum Collegii de Stramiglow ;—terris de Eister Pitlour, Wester Pitlour, Achnarie, C . . . . . , Kilgour, Leirhope, Dunduff, Dempstertoun cum molendinis, Kilboisland, Scollowland, Redy, Drumrichnak, Laingisland vocata Wairde, Dempstertoun, Mugdrum, molendino et piscaria in aqua de Tay ;—tertia parte villarum de Seres cum molendino ;—Craighall cum principali messuagio ejusdem ;—Balquhie, Baltulie, Kyngarroch, Callinches ;—terris de Pitscottie, cum molendino, Duray, Rumgallie cum molendinis, Bruntschellis, Kairnis, cum molendinis, et tertia parte terrarum de Pitfirrane, cum principali messuagio ejusdem ;—terris de Wester Casche, cum turre et molendino ;—24 acris terrarum villæ de Pitgorno;—Muretoun in Tentismuris (exceptis duabus quarteriis terrarum) ;—6 solidis 8 denariis annui redditus de tenemento in Falkland ;—5¼ acris in territorio de Falkland et Ballinbla ;—terris de Wemys Eister et Wester :—A. E. 42*l.* N. E. 210*l.*—terris occidentalis partis villæ seu burgi de Stramiglow, cum molendino ejusdem ;—terris de Eister Casche.—E. 34*l.* 19*s.* 8*d.*   A. 87.

(1457)   Feb. 10. 1579.
GEORGIUS MULTRAY de Markinsche, *hæres* Joannis Multray de Markinsche, *avi*,—in 4 acris terrarum de Breweselland nuncupatis, in constabularia de Kyngorne.—A. E. 40 *nummi*, N. E. 16*s.*   A. 94.

(1458)   Mar. 5. 1579.
CRISTINA FORBES, *hæres portionaria* Joannis Forbes feoditarii de Reres, *patris*,—in tertia parte terrarum et baroniæ de Reres cum molendinis, et advocatione capellæ beatæ Mariæ Virginis de Reres :—A. E. 26*s.* 8*d.* N. E. 42*l.* 4*s.* 5¼*d.*—tertia parte terrarum et baroniæ de Lucheris-Forbes cum piscariis.—A. E. 53*s.* 4*d.* N. E. 7*l.* 13*s.* 4*d.*   A. 96.

(1459)   Mar. 16. 1579.
JACOBUS BLACATER, *hæres* Joannis Blacater de Tulleallane, *patris*,—in 20 mercatis terrarum de Halcatis.—A. E. 40*s.* N. E. 20*m.*   A. 102.

(1460)   Maii 18. 1580.
GEORGIUS SEYTONE, *hæres* Isobellæ Balfour de Carreldstone, *matris*,—in terris de Ramelrie :—A. E. 4*l.* N. E. 32*l.*—terris de Drumrawok.—A. E. 1*l.* N. E. 5*l.*   A. 103.

(1461)   Maii 18. 1580.
GEORGIUS SEYTONE, *hæres* Joannis Seytone de Carreldstone, *patris*,—in terris de Carreldstone.—A. E. 2*l.* N. E. 20*l.*   A. 105.

(1462)   Jul. 6. 1580.
HENRICUS BAXTER, *hæres* Davidis Baxter burgensis de Cowper, *patris*,—in 2 novem partibus terrarum de Baltullie;—2 novem partibus terrarum de Kingarrow :—A. E. 26*s.* N. E. 4*l.* 10*s.*—2 partibus 8 acrarum terrarum arabilium (una acra excepta), nuncupatarum Kellylands prope terras de Bonefeild, et montem Placiti burgi de Cupro, cum 20 perticatis in Mora Comitis prope dictum burgum :—A. E. 15*s.* N. E. 40*s.*—2 partibus terrarum de Mwrbrekis et Arnottiscayn, cum communi pastura in Mora Comitis ;—2 acris terrarum arabilium ;—dimidietate acræ terræ arabilis in lie Mylnhill prædicti burgi;—3 glebis terrarum prope viam quæ ducit ad burgum de Dundie.—A. E. 15*s.* N. E. 3*l.*   A. 109.

(1463)   Oct. 4. 1580.
DAVID SYBBALD de Letham, *hæres* Davidis Sybbald de Letham, *patris*,—in terris de Cuikstoun :—A. E. 20*s.* N. E. 16*l.* —quarta parte terrarum de Glaslie.—A. E. 10*s.* N. E. 4*l.* A. 117.

(1464)   Oct. 26. 1580.
ALEXANDER MONYPENNY, *hæres* Thomæ Monypenny de Kinkell, *patris*,—in annuo redditu 10 bollarum victualium de terris de Sipsies.   A. 119.

(1465)   Apr. 4. 1581.
JACOBUS COLWILL, *hæres* Jacobi Colwill de Balbethie, *patris*, —in dimidietate de Balbethie, Pitkenny, Mwrtoune, et Balgonye, in baronia de Lochquhoirschere tanquam principali :—A. E. 3*l.* N. E. 10*l.*—dimidietate terrarum dominicalium de Ester Wemyiss, in warrantum.—A. E. 3*l.* N. E. 17*l.* 10*s.*   A. 140.

(1466)   Apr. 8. 1581.
DAVID SCHETHUM de Skelpye, *hæres* Alexandri Schethum de Skelpye, *patris*,—in annuo redditu 40 solidorum de terris de Downefeild.   A. 141.

(1467)   Apr. 12. 1581.
THOMAS SENNZEOR, *hæres* Thomæ Sennzeor in Lethame, *patris*,—in annuo redditu 20 mercarum, et unius bollæ pisarum, de octava parte Davidis Fermour terrarum de Kingisbarnis ;—annuo redditu 10 librarum et 3 firlotarum avenarum, de dimidietate terrarum de Kincragye.   A. 142.

(1468)   Aug. 3. 1581.
HELENA ORME, *hæres portionaria* Jacobi Orme feoditarii de Mukdrum, *fratris*,—in terris de Haltounhill, cum lie Murieriggis, lie Craigend, in regalitate de Lindoris :—E. 14*l.* 8*s.* 8*d.*—tenemento 3 rudarum in villa de Newburgh, toftis, croftis, et acris.—E. 15*d. firmæ burgalis.*   A. 164.

(1469)   Oct. 5. 1581.
ANDREAS ATHONE, *hæres* Joannis Athone, *patris*,—in terris

de Dunmure-Nether, cum Brewland et prato, in dominio de Fyff infra senescallatum ejusdem.—E. 29*l*. A. 168.

(1470) Nov. 15. 1581.
MAUSIA COWTTIS, *hæres portionaria* Alani Cowttis in Spittell, *avi,*—in annuo redditu 12 mercatum de terris de Schethun et molendino. A. 179.

(1471) Nov. 15. 1581.
EUFAMIA COWTIS, *hæres portionaria* Alani Cowtis in Spittell, *avi,*—in annuo redditu prædicto. A. 181.

(1472) Dec. 20. 1581.
DOROTHEA FORBES, *hæres portionaria* Joannis Forbes feodatarii de Reress, *patris,*—in tertia parte terrarum et baroniæ de Reress, et advocationis capellæ beatæ Mariæ Virginis de Reres :—A. E. 26*s.* 8*d.* N. E. 42*l.* 4*s.* 5½*d.*—tertia parte terrarum et baroniæ de Lutheris-Forbes.—A. E. 53*s.* 4*d.* N. E. 7*l.* 13*s.* 4*d.* A. 189.

(1473) Feb. 21. 1581.
MAGISTER GEORGIUS MELDRUM, *hæres* Magistri Georgii Meldrum . . . . de Crail, *patris,*—in terris de Drumcloche :—A. E. 20*s.* N. E. 5*l.*—6 acris terrarum arabilium in Castelfeild de Cupar.—A. E. 10*s.* N. E. 50*s.* A. 194.

(1474) Jun. 20. 1582.
DAVID FORRET, *hæres* Davidis Forret feodatarii de Eodem, *patris,*—in terris et baronia de Forret, lie Cottoun et molendino earundem.—A. E. 5*l.* N. E. 25*l.* 6*s.* 8*d.* A. 216.

(1475) Jan. 8. 1582.
GULIELMUS SCOTT de Abbottishall, *hæres* Thomæ Scott de Abbottishall, *patris,*—in dimidietate terrarum de Kynloch, molendini et cottagiorum earundem :—E. 33*m.* 5*s.* 8*d. feudifirmæ :*—terris de Pitgorno (exceptis 24 acris), et terris de Freirmylne :—E. 34*l.* &c. *feudifirmæ :*—80 acris terræ arabilis terrarum de Pittenweem, cum domibus in burgo de Pittenweem, domo in villa de Anstruther, et horto, vocata Fischhous, ac pecia terræ paludosæ ;—officio ballivatus baroniæ de Pettinweem :—E. 16*l.* 11*s.* 8*d.* &c. *feudifirmæ :*—integris hortis, cum omni illo quod continetur intra septa et ambitum murorum et vallorum monasterii de Pittenweem, cum columbario ac warda et prato de Pittenweem, servitutibus et serviciis tenentium baroniæ de Pittenweem, (excepto loco sive manerie monasterii de Pittenweem).—E. 6*l.* 13*s.* 4*d.* A. 233.

(1476) Maii 8. 1583.
DAVID ARNOT, *hæres* Davidis Arnot de Eodem, *patris,*—in terris et baronia de Arnot, manerie, terris dominicalibus, Litill Arnot, molendinis granorum et fullonum, unitis in baroniam de Arnot.—A. E. 5*l.* N. E. 80*l.* A. 253.

(1477) Maii 15. 1583.
JONETA FORBES, *hæres portionaria* Joannis Forbes feodatarii de Reres, *patris,*—in tertia parte terrarum et baroniæ de Reres, cum molendinis, et advocatione capellæ beatæ Mariæ Virginis de Reres :—A. E. 26*s.* 8*d.* N. E. 42*l.* 4*s.* 5½*d.*—tertia parte baroniæ de Lutheris-Forbes.—A. E. 53*s.* 4*d.* N. E. 7*l.* 13*s.* 4*d.* A. 254.

(1478) . . . . 8. 1584.
DAVID BALFOUR, *hæres* Alexandri Balfour, *patris,*—in una sexta parte terrarum de Drone et molendini earundem, infra senescallatum de Fiffe.—E. 4*l.* 14*s.* 6*d.* &c. *feudifirmæ.* B. 24.

(1479) Aug. 31. 1586.
ALEXANDER TULLOCH, *hæres* Thomæ Tulloch de Pitkennetic, *patris,*—in dimidietate terrarum de Hilcarny.—A. E. 40*s.* N. E. 13*l.* 6*s.* 8*d.* B. 84.

(1480) Maii 10. 1587.
GEORGIUS DOMINUS SALTOUN, *hæres* Alexandri Domini Saltoun, *patris,*—in terris de Dalgathie :—A. E. 5*l.* N. E. 10*l.*—unitis cum aliis terris in Banff, Forfar, Stirling, Edinburgh, et Berwick baroniæ de Abernathie in Rothemay, ad faciendum servitia in curia vicecomitatus de Banff.—(Vide Haddington, Banff, Forfar, Stirling, Edinburgh, Berwick, Roxburgh.) B. 103.

(1481) Jun. 19. 1587.
DAVID CARMICHAEL, *hæres* Jacobi Carmichael in Piteairly, *patris,*—in annuo redditu 50*m.* de terris de Fliskmillane in baronia de Ballinbreych. B. 109.

(1482) Oct. 24. 1587.
JACOBUS LEIRMONTH, *hæres* Georgii Leirmonth de Balcolmie, *patris,*—in terris de Balcolmie, cum portu, molendino et cunicularis earundem, unitis in baroniam de Balcolmie :—A. E. 5*l.* N. E. 8*l.*—17 acris terrarum arabilium nuncupatis Stewartflet, in Supp.

constabularia de Craill :—A. E. 1*l.* N. E. 6*l.* 13*s.* 4*d.*—terris de Sauchup, cum mansione in parochia de Craill.—E. 4 *bollæ ordei,* &c. *feudifirmæ.* B. 118.

(1483) Jun. 26. 1588.
ANDREAS ARNOT minister apud Scotlandweill, *hæres* Walteri Arnot, *fratris germani,*—in annuo redditu 40*l.* de acris et terris de Westbarnis, infra senescallatum de Fyff. B. 147.

(1484) Jan. 7. 1588.
GULIELMUS DISCHINGTONE in Drumelrie, *hæres* Magistri Davidis Dischingtone, *fratris,*—in annuo redditu 5*m.* de terris Davidis Nerne de Newtoun de Reres. B. 168.

(1485) Jun. 19. 1589.
JONETA FORISKEILL, *hæres* Thomæ Foreskeill, *fratris,*—in annuo redditu 20*m.* de terris de Lumquhatmylne cum molendino. B. 183.

(1486) Dec. 20. 1589.
ALEXANDER CREICHTONE de Nauchtane, *hæres* Willelmi Creichtone de Drylaw, *patris,*—in terris de Lachillis (exceptis piscationibus), in baronia de Nauchtane.—A. E. 20*s.* N. E. 8*l.* B. 203.

(1487) Mar. 23. 1589.
JOANNES CALVIE, *hæres* Joannis Calvie burgensis de Neuburgh, *avi,*—in 7 acris terrarum arabilium cum dimedio acræ, cum tertia parte lie Almeriecruik, in regalitate de Lundoris.—E. 12*l.* 11*s.* 1*d. feudifirmæ.* B. 210.

(1488) Maii 28. 1590.
MAGISTER JOANNES AYTOUN de Kynnaldye, *hæres* Magistri Andreæ Aytoun de Kynnaldie, *patris,*—in terris de Sowther Kynnaldye et molendino earundem, cum astrictis multuris de Kynnaldy Sowther, in regalitate Sancti Andreæ.—A. E. 12*m.* N. E. 24*m.* B. 221.

(1489) Sep. 2. 1590.
JACOBUS DOMINUS LYNDSAY DE BYRIS, *hæres* Patricii Domini Lyndsay de Byris, *patris,*—in dimidietate terrarum de Cranok (vel Carnok).—A. E. . . . . . N. E. 10*l.* B. 244.

(1490) . . . . . . 1590.
JACOBUS DOMINUS LYNDSAY DE BYRIS, *hæres* Joannis Domini Lyndsay de Byris, *avi,*—in dimidietate terrarum de Carnock :—A. E. 40*s.* N. E. 10*l.*—tertia parte terrarum de Cassindillie.—E. 4*l.* 13*s.* 4*d. feudifirmæ.* B. 245.

(1491) Oct. 30. 1590.
GEORGIUS BOTHWELL, *hæres* Davidis Bothwell burgensis de Dunfermling, *abavi,*—in 2 acris terræ arabilis prope burgum de Dunfermling ex boreali parte ejusdem ;—3 acris terræ arabilis vocatis Pylmure etiam ex boreali parte dicti burgi :—Et dictus GEORGIUS BOTHWELL, *hæres* Davidis Bothwell burgensis de Dunfermling, *avi,*—in 2 acris terræ arabilis prope burgum de Dunfermling in lie Halbank, in parochia et regalitate de Dunfermling.—E. 18*d.* B. 255.

(1492) Jan. 4. 1590.
WILLIELMUS SANDELANDIS de Sanct Monance, *hæres* Jacobi Sandelandis de Sanct Monance, *patris,*—in terris et baronia de Pitlair :—A. E. 12*l.* N. E. 36*l.*—dimidietate terrarum de Sanct Monance nuncupatâ Inverye, infra regalitatem Sancti Andreæ ;—altera dimidietate prefatarum terrarum de Inverye nuncupatâ Wester Sanct Monance, cum dimidio molendini ejusdem, infra regalitatem prædictam.—A. E. 10*l.* N. E. 30*l.* B. 269.

(1493) Jan. 20. 1590.
GEORGIUS ABIRCRUMBIE, *hæres* Andreæ Abircrumbie, *patris,*—in tenemento cum horto in Pittinveeme ;—domo piscaria vulgariter ane Fischehous ;—tenemento cum horto in dicto burgo ;—5 acris terrarum arabilium ;—2 acris terrarum arabilium ;—terris olim per Joannem Watsone seniorem occupatis vocatis Husbandland, jacentibus per lie rynrig ;—in villa de Pittenveme, dominio et baronia ejusdem.—E. 3*l.* &c. *feudifirmæ.* B. 271.

(1494) Mar. 3. 1590.
MICHAEL BALFOUR de Burlie, *hæres* Dominæ Margaretæ Balfour de Burlie, *matris,*—in terris de Star (vel Scar), cum maresia ejusdem :—E. 10*l.* 9. . . . . . &c. *feudifirmæ :*—dimidietate villarum et terrarum de Kinloch et molendini earundem, cum dimidietate terrarum vocatarum Half Smyddelandis, Half Brewlandis, et Half Coitlandis :—E. . . . . *l.* 16*s.* &c. *feudifirmæ :*—officio hereditario Coronatoris vicecomitatus de Fyiff, cum omnibus salariis et divoriis ejusdem :—E. 1*d.*—terris de Meikle Balgarvie et Littill Balgarvie :—E. 18*l. feudifirmæ :*—dimidiata terra de Baubla, cum communi pastura in communia de Falkland :—E. . . . . *l. feudi-*

G

firmæ:—omnibus in senescallatu de Fyiff.—(Vide Kinross, Perth, Stirling.) B. 290.

(1495) Apr. 28. 1591.
ALEXANDER MERTENE, *hæres* Gulielmi Mertene portionarii de Gibblistoun, *patris,*—in dimidietate terrarum de Gibblistone.— A. E. 1*l.* 10*s.* N. E. 8*l.* C. 1.

(1496) Aug. 25. 1591.
JACOBUS LYNDSAY de Ernhall, *hæres* Patricii Lyndsay de Myirtone, *patrui,*—in terris de Hiltone;—carbonario nunc obtento super communitate terrarum de Hiltone et reliquarum terrarum adjacentium, cum terris eidem carbonario proprie spectantibus, ex occidentali parte ejusdem, ac universis et singulis carbonibus obtinendis infra limites prædictarum terrarum de Hiltone, Eister Cowie, Scheillis, Balfidlokkis, et reliquis partibus terrarum baroniæ de Baithe, in dominio de Sanct Colmis Inche.—E. 4*l.* 5*s.* 9*d.* *feudifirmæ.* C. 27.

(1497) Oct. 5. 1591.
MAGISTER JOANNES AITTONE de Kynnaldie, *hæres* Magistri Andreæ Aittone de Kynnaldie, *patris,*—in manso seu manerie de Kirkness Prioris Insulæ Sancti Servani intra lacum de Levin, cum horto et domibus ejusdem, una cum domibus et hortulis 5 cottariorum eidem pertinentibus;—warda Prioris waird nuncupata;—insula dicti Sancti Servani intra dictum lacum de Levin, cum piscaria super eundem lacum, et jure piscandi cum cymba seu cymbis in eodem lacu, in baronia de Kirkness:—E. 3*l.* 13*s.* 4*d.* *feudifirmæ:*—annuo redditu 6*l.* 13*s.* 4*d.* de 4 acris Andreæ Strong terræ arabilis, ad occidentalem partem territorii nuncupati Hungryflatt, infra dominium de Pittenweem. C. 30.

(1498) Oct. 12. 1591.
WILLELMUS ABERNETHIE, *hæres masculus* Willelmi Abernethie, *patris,*—in terris de Dalgatie in baronia de Rothemay.— A. E. 5*l.* N. E. 10*l.* C. 38.

(1499) Maii 3. 1592.
ROBERTUS BEATOUN, *hæres* Joannis Beatoun . . . .—in terris de . . . . 8 acris terrarum de Innergellie:—E. 6*s.* 8*d.* —decimis halecum et aliorum piscium:—E. 6*s.* 8*d.*— . . . . de Kennoquhye cum columbario:—E. . . *l.* 6*s.* 8*d.* . . . . C. 74.

(1500) Maii 14. 1592.
VALTERUS MURRAY, *hæres* Caroli Murray, *avi,*—in mora et terris vocatis Kingismure.—A. E. . . . . . *s.* N. E. . . . . *l.* C. 77.

(1501) Jun. . . . . 1592.
DAVID MONTH, *hæres* Andreæ Month, olim portionarii de Kincaple, *patris,*—in vigesima quarta parte villæ et terrarum de . . . . in regalitate Sancti Andreæ.—E. 5 *bollæ* 1⅓ *firlota* . . . . . . &c. *feudifirmæ.* C. 83.

(1502) Jul. 5. 1592.
ANDREAS WOD de Largo, *hæres* Andreæ Wod de Largo junioris, *patris,*—in molendino vocato Balbrekiemylne, et terra molendinaria ejusdem;—terris de Auld . . . . . ac astrictis multuris terrarum de Camerone, Balbrekie, et Ball . . . . . kirk, infra senescallatum de Fyiff.—E. 9*l.* &c. *feudifirmæ.* C. 86.

(1503) Jul. 26. 1592.
MAGISTER PATRICIUS ARTHOUR, *hæres* Jacobi Arthour, alias Jakques Arthour, *fratris,*—in annuo redditu 6 bollarum ordei de terris de Cambo. C. 88.

(1504) Aug. 16. 1592.
DAVID SETONE de Parbrothe rotulator computorum S. D. N. regis, *hæres* Andreæ Setone de Parbrothe, *avi,*—in terris de Blelok.—A. E. 20*s.* N. E. 4*l.* C. 94.

(1505) Oct. 20. 1592.
THOMAS ABIRCROMBIE, *hæres* Alexandri Abircrombie de Eodem, *patris,*—in terris de Abircrumbie proprietate et tenandriis, cum molendinis, advocationibus ecclesiarum et capellaniarum.— A. E. 5*l.* N. E. 30*l.* C. 103.

(1506) Oct. 23. 1592.
DAVID TALBERT, *hæres* Joannis Talbert, *patris,*—in . . . . . . ane Brewland nuncupata de Rescobye . . . . C. 105.

(1507) Oct. 31. 1592.
ROBERTUS WARDLAW, *hæres* Henrici Wardlaw, *fratris,*— in annuo redditu 250*m.* de terris dominicalibus de Balquharig :— annuo redditu 1 celdræ . . . . . de terris de Balgonie. C. 107.

(1508) Oct. 31. 1592.
ROBERTUS WARDLAW, *hæres* Villelmi Vardlaw, *fratris,*— in annuo redditu 10*l.* de dimidietate terrarum de Spittell, in Loquhoiri-Schyre et in baronia de Inchegall. C. 109.

(1509) Nov. 3. 1592.
JACOBUS ANDERSONE, *hæres* Thomæ Andersone burgensis de Newburche, *patris,*—in 2 acris terrarum arabilium, una in Eist Brodland, et altera in Westhauche, in regalitate de Lundors.— E. 54*s.* 8*d.* *feudifirmæ.* C. 110.

(1510) Nov. 8. 1592.
ANDREAS AUCHMOWTIE burgensis burgi de Edinburgh, *hæres* Euphamiæ Auchmowtie filiæ legitimæ quondam . . . . *sororis germanæ,*—in annuo redditu 20*l.* de terris de Unthank in regalitate Sancti Andreæ. C. 111.

(1511) Dec. 6. 1592.
MICHAEL BALFOUR de Montquhany, *hæres* Andreæ Balfour de Montquhany, *avi,*—in annuo redditu 16*l.* de terris Davidis Wilsone de Wodflat et Hardlands, in dominio de Balindrinoch. (Balmerinoch?) C. 116.

(1512) . . . . . . 1592.
GEORGIUS LUNDIE, *hæres* Georgii Lundie de Berriehill, *patris,*—in . . . . quarta parte terrarum de Ovirgrange Wester in parochia de Kingorne ;—terris de Brieryhill . . . . terris de Pennyland . . . . pecia arabilis terræ vocata Clad . . . . terris de Halbank.—E. . . . . . 5*d.* . . . . C. 139.

(1513) . . . . 20. 1592.
DAVID FROSTER, *hæres* Davidis Froster, *patris,*—in vigesima quarta parte villæ et terrarum de Kyncapill.—E. 5 *bollæ* 1⅓ *firlota frumenti,* &c. *feudifirmæ.* C. 145.

(1514) Jul. 11. 1593.
MARIOTA alias MALIE MILLAR, *hæres portionaria* Gulielm Millar, *fratris,*—in tenemento ante et retro cum horto in villa de Anstruther ;—dimidia unius acræ terræ arabilis in lie Grenis ;— 1 acra terræ arabilis infra lie Burne ;—dimedia acræ terræ arabilis, in dominio et baronia de Pittenweem.—E. 7*s.* 6*d.* &c. *feudifirmæ.* C. 185.

(1515) Aug. 4. 1593.
ANDREAS MAISTERTOUN in Bayth, *hæres* Roberti Maistertoun, *avi,*—in 4 mercatis terrarum de Baythe ex parte occidentali ecclesiæ de Baythe;—4 mercatis terrarum de Muretoun de Baythe; —3 libratis terrarum de Craigbayth, viz. dimidietate totius villæ de Craigbayth;—terris de Schelis, in baronia de Bayth.—A. E. 3*l.* N. E. 15*l.* C. 192.

(1516) Nov. 26. 1593.
ANDREAS KER de Phernyhirst, *hæres* Jonetæ Kirkcaldie, *matris,*—in terris et baronia de Grange, continente terras de Tyrie, Banchrie, Norther Pittadie, Ballerdie, Pittanie.—A. E. 17*l.* N. E. 69*l.* C. 205.

(1517) Feb. 12. 1593.
MARIOTA RAMSAY sponsa Andreæ Monteyth pistoris burgensis de Edinburgh, *hæres* Jonetæ Ramsay, *sororis avi,*—in duplici tenemento terræ, infra burgum de Cowper in Fyff.— A. E. 4*l.* N. E. 5*l.* C. 215.

(1518) Nov. 5. 1594.
JACOBUS WENTOUN in Grangia, *hæres* Joannis Wentoun, *patris,*—in 8 bovatis terrarum de Grangia de Lundors, infra regalitatem de Lundors :—E. 8*l.* 10*s.*—2 acris terrarum arabilium infra dictam regalitatem.—E. 53*s.* 4*d.* *feudifirmæ.* C. 257.

(1519) Jan. 15. 1594.
DOMINUS JACOBUS MELVILL de Halhill miles, *hæres ratione conquestus* Davidis Melvill de Newmylne, *fratris,*—in terris de Prynlawis cum decimis garbalibus inclusis, in baronia de Bayth. —E. 12*l.* *feudifirmæ.* C. 263.

(1520) Jan. 29. 1594.
ROBERTUS LUNDY filius Magistri Willelmi Lundy de Eodem, *hæres ratione conquestus* Andreæ Lundy, *fratris,*—in annuo redditu 500*m.* de terris et acris de Barnis :—annuo redditu 200*m.* de terris de Cambo in parochia de Craill. C. 266.

(1521) Jun. 21. 1595.
JOHANNES RAMSAY, *hæres* Patricii Ramsay civis civitatis Sancti Andreæ, *patris,*—in annuo redditu 10 bollarum ordei de duodecima parte terrarum de Kingcaple infra regalitatem Sancti Andreæ. C. 296.

(1522) Jan. 1. 1595.
JACOBUS ROBERTSOUN in Leslie, *hæres* Andreæ Robertsoun, *patris*,—in trigesima secunda parte et decima sexta parte terrarum de Kingzoquhye, in dominio de Monimaill et regalitate Sancti Andreæ.—E. *1 bolla 2 firlotæ frumenti*, &c. *feudifirmæ.* D. 17.

(1523) Mar. 4. 1595.
JOHANNES MELWILL de Raith, *hæres talliæ et provisionis* Davidis Melvill de Newmyln, *fratris germani*,—in molendino granorum cum terris molendinariis ejusdem, et molendino fullonum de Dairsye, vulgo nuncupato the Valkmylne alias Stankhill, cum terris eidem adjacentibus, extendentibus ad 8 acras terrarum, cum hortis capellæ Divi Leonardi prope Dairsye, in parochia ejusdem et regalitate Sancti Andreæ.—E. *15l. 2s. 8d. feudifirmæ.* D. 29.

(1524) Maii 12. 1596.
ALEXANDER MERTENE de Giblistoun, *hæres* Willelmi Mertene, *patris*,—in cottagio terrarum de Owir Kellie, viz. unius tenementi et 9 acrarum terrarum, et animalium pastura eidem tenemento spectante, in baronia de Kellie.—A. E. 3s. 4d. N. E. 13s. 4d. D. 44.

(1525) Jul. 21. 1596.
DAVID NARNE de Sandfurd, *hæres* Roberti Narne de Sandfurd, *avi*,—in bina parte tertiæ partis terrarum de Pursk.—A. E. 40s. N. E. 20m. D. 60.

(1526) Aug. 31. 1596.
ROBERTUS RAMSAY, *hæres* Alexandri Ramsay de Balmont, *patris*,—in terris quartæ partis de Burneturk, cum 10 acris dictarum terrarum :—A. E. 20s. N. E. 3l.—terris de Balmonthe.—A. E. 3l. N. E. 33l. D. 71.

(1527) Oct. 13. 1596.
ARTHURUS SPENS, *hæres* Jacobi Spens de Lathalland, *patris*,—in 3 quartis partibus terrarum de Lathalland ;—quarta parte prædictarum terrarum, extendentibus ad totas et integras terras de Lathalland :—A. E. 4l. N. E. 21l. 6s. 8d.—dimedia parte terrarum de Kittadie et Craig-Sunquhair.—A. E. 40s. N. E. 8l. D. 84.

(1528) Oct. 22. 1596.
ALEXANDER WOD de Lambeletham, *hæres* Jacobi Wod de Lambeletham, *patris*,—in molendino vulgo . . . . cum terris molendinariis, in dominio prioratus Sancti Andreæ et regalitate ejusdem :—E. 6l. 40d. et 24 capones, *feudifirmæ* :—. . . . . . . villæ et terrarum de Balrymonth Wester, in prædicto dominio prioratus et regalitatis Sancti Andreæ :—E. 7l. 10s. &c. *feudifirmæ* :—9 acris terrarum de Strathtyrum :—A. E. 3s. 4d. N. E. 13s. 4d.—annuo redditu 50m. de dimidietate villæ et terrarum de Denbra, in prædicta regalitate :—annuo redditu 40m. de terris de Kilconquhar :—annuo redditu 40l. de terris de Feddinche, in prædicta regalitate. D. 87.

(1529) Oct. 22. 1596.
ALEXANDER WOD de Lambelethame, *hæres* Jacobi Wod de Lambelethame, *patris*,—in terris de Gawstoun :—E. 5m.—10 acris sive terris villæ de Cowtray :—E. . . . l. 13s. 4d.—3½ acris terræ arabilis de Cowtray :—E. 26s. 10d. &c. *feudifirmarum* :—terris de Gallorig et Cluny, in baronia de Pittencreif :—A. E. 26s. 8d. N. E. 8m.—47 acris terrarum de Ardros, in baronia de Ardros ;—17 acris terræ arabilis dictarum terrarum de Ardros in dicta baronia, pro principali :—A. E. 30s. N. E. 6l.—terris de Drummeis et Carmurie, in parochia de Kilconquhar, in warrantum dictarum 47 et 17 acrarum de Ardros :—A. E. 30s. N. E. 6l.—dimidietate terrarum de Lochtoun, (una acra dempta), infra baroniam de Kippo, et parochiam de Craill :—A. E. 10s. N. E. 3l.—annuo redditu 8 bollarum ordei, et 8 bollarum farinæ avenaticæ de tertia parte terrarum de Fordell, in parochia de Lutheris :—annuo redditu 20m. de terris de . . . . D. 91.

(1530) Oct. 22. 1596.
ALEXANDER WOD de Lambelethame, *hæres* Jacobi Wod de Lambeletham, *patris*,—in terris de Monturpie :—E. 9l. 6s. 8d. &c. *feudifirmæ* :—tertia parte terrarum de Melgum et Lawgreins, in regalitate de Dunfermling.—E. 19s. 4d. *feudifirmæ.* D. 95.

(1531) Oct. 22. 1596.
MARTINUS BALFOUR, *hæres* Davidis Balfour portionarii de Lalethin, *avi*,—in terris de Dowyn tam in orientali quam in occidentali parte, cum molendinis, cum tenente libero ejusdem terræ quæ vocatur Eist Dowyn, et lie Commonis, in baronia de Balgonie.—A. E. 40s. N. E. 8l. D. 97.

(1532) Nov. 13. 1596.
JONETA GILZETT, *hæres portionaria* Joannes Zister, *avunculi*,—in quarta parte 4 acrarum terrarum de Barnecroft, in baronia de Balmerinoch.—E. 7s. 8d. &c. *feudifirmæ.* D. 101.

(1533) Nov. 13. 1596.
ELIZABETHA alias BESSIE GILZETT, *hæres portionaria* Joannis Zister, *avunculi*,—in quarta parte 4 acrarum de Barnecroft, in baronia de Balmerinoch.—E. 7s. 8d. &c. *feudifirmæ.* D. 102.

(1534) Dec. 8. 1596.
HENRICUS ECHLING de Pitadro, *hæres* Jacobi Echling de Pitadro, *avi*,—in multuris granorum, viz. frumenti, ordei, et avenarum terrarum de Balbugie, tenentium et habitantium presentium et futurorum earundem, in baronia de Innerkeithing, vulgariter lie Thirle multur, dicto quondam Jacobo et suo molendino de Pittadro, et molendinariis ejusdem præsentibus et futuris provenientibus.—A. E. 5s. N. E. 20s. D. 116.

(1535) Jan. 19. 1596.
ELIZABET GILZETT, *hæres* Joannis Zeister, *avunculi*,—in dimidietate 4 acrarum terrarum de Barnecroft, in dominio de Balmerinoch cum mansione.—E. 15s. 4d. &c. *feudifirmæ.* D. 118.

(1536) Feb. 26. 1596.
JACOBUS ANDERSONE, *hæres* Roberti Andersone, *patris*,—in dimidietate terrarum vocatarum Lethquhoislandis ;—dimidia unius acræ alterius dimidietatis prefatarum terrarum, cum communi pastura ad 8 vaccas, 30 oves, et 2 equos ad duos annos, cum tofia et crofta juxta vadum de Edin, in baronia de Lauthrisk.—A. E. 2s. N. E. 8s. D. 132.

(1537) Mar. 16. 1596.
JACOBUS SPITTELL de Leuquhat, *hæres* Gulielmi Spittell de Leuquhat, *patris*,—in terris dominicalibus de Bayth ;—dimidietate terrarum de Knok-Sudderone, cum molendinis, carbonibus, et carbonariis, in baronia de Bayth.—A. E. 40s. N. E. 10l. D. 136.

(1538) Apr. 27. 1597.
AGNES BALMANNO, *hæres portionaria* Jacobi Balmanno apud ecclesiam de Auchtertuill, *patris*,—in dimidietate terrarum de Weltoun in baronia de Auchtertule.—A. E. 10s. N. E. 50s. D. 143.

(1539) Apr. 27. 1597.
ISSOBELLA BALMANNO, *hæres portionaria* Jacobi Balmanno apud ecclesiam de Auchtertule, *patris*,—in dimidietate terrarum de Weltoun in baronia de Auchtertuill.—A. E. 10s. N. E. 50s. D. 144.

(1540) Jun. 15. 1597.
BEATRIX FORRETT, *hæres portionaria* Joannis Zeister, *avunculi*,—in dimidietate 4 acrarum terrarum de Barnecroft in dominio de Balmerinoch.—E. 15s. 4d. &c. *feudifirmæ.* D. 149.

(1541) Jul. 31. 1611.
DAVID MELWILL, *hæres* Davidis Melwill burgensis de Dysert, *attavi*,—in crofta vulgariter lie orcheard in burgo de Dysert.—E. 2s. *feudifirmæ.* E. 67.

(1542) Oct. 31. 1611.
ANDREAS KAA, *hæres* Andreæ Kaa portionarii de Kingisbarnis, *patris*,—in decima sexta parte terrarum de Kingisbarnis, infra dominium de Fyff et senescallatum ejusdem, cum communi pastura, libero introitu et exitu bonis suis præ terris de Kippo ad morum vocatum Kingismure.—E. 50s. &c. *feudifirmæ.* E. 217.

(1543) Apr. 8. 1612.
PATRICIUS MONYPENNY de Pilrig, *hæres* Patricii Monypenny de Pilrig, *avi*,—in tenemento terræ vocato Capella Sanctæ Annæ, infra civitatem Sancti Andreæ.—E. 3l. 4s. 8d. *feudifirmæ.* E. 149.

(1544) Maii 6. 1612.
WALTERUS SCOTT, *hæres* Georgii Scott in Dysert, *patris*,—in terris de Bancliro ;—crofta ecclesiastica de Leslie, cum decimis in parochia de Leslie :—E. 5l. 3s. 4d. *feudifirmæ et augmentationis*:—terris de Drwmes Owir et Nethir, in baronia de Condland :—A. E. 5s. N. E. 30s.—terris de Pwrane in warrantum terrarum de Drwmes.—A. E. 10s. N. E. 40s. E. 157.

(1545) Aug. 7. 1612.
ROBERTUS DURY de Eodem, *hæres* Henrici Dury de Thomastoun olim vocati Henrici Kemp, *avi*,—in terris de Thomastoun, cum molendino et terris molendinariis, in dominio de Fyff.—E. 25l. *feudifirmæ.* E. 200.

(1546) Nov. 19. 1612.
PATRICIUS HUNTAR, *hæres* Willielmi Huntar portionarii de Newtoun de Reres, *patris*,—in dimidietate terrarum de Newtoun de Reres, in dominio de Fyff infra senescallatum ejusdem.—E. 12l. 3s. 4d. &c. *feudifirmæ.* E. 225.

(1547)   Apr. 9. 1613.

JOANNES COMES DE ROTHES, Dominus Leslie, &c. *hæres* Jacobi Magistri de Rothes, *fratris*,—in terris et baronia de Ballinbreiche, cum castro et fortalicio ;—terris dominicalibus de Ballinbreich ;—terris de Heichame ;—terris de Logie ;—terris de Fliskes Eister et Wester ;—terris de Belchetwod ;—terris de Fliskmylane ; —terris de Balhelbie ;—terris de Colsy ;—terris de Pittarles (vel Petcarles), Eister et Wester ;—terris de Drumbaro ;—advocatione ecclesiæ parochialis de Flisk, prebendæ ecclesiæ collegiatæ de Abernethie, nuncupatæ Sorvinschip (?) ac capellaniæ capellæ de Glendeukie, et omnium ecclesiarum et capellaniarum baroniæ de Ballinbreiche :—A. E. 20*l.* N. E. 60*l.*—terris de Pittanthope :— A. E. 3*l.* N. E. 9*l.*—terris de Balmedisyd :—A. E. 4*l.* N. E. . . . . —terris de Lumbenies Eister et Vester :—A. E. 6*l.* N. E. 18*l.*— annuo redditu 5 bollarum ordei annuatim de terris et dominio de Abernethie, cum piscariis super aqua de Tay, cymbis transportatoriis lie Ferrie boitis dictæ aquæ inter Torbieden et Frances aquæ de Erne :—terris et baronia de Taisses, Haltaisses, Hiltraisses, Bandirran, Cokless, et Kilmux, cum advocatione ecclesiarum et capellaniarum :—A. E. 6*l.* N. E. 18*l.*—annuo redditu 40*s.* de terris de Eister Lauthrisk vocatis Riggis:—omnibus unitis cum aliis terris in baroniam de Ballinbreich.—(Vide Perth, Forfar, Kincarden, Elgin et Forres, Aberdeen, Inverness.)   F. 3.

(1548)   Apr. 9. 1613.

JOANNES COMES DE ROTHES, Dominus Leslie, &c. *hæres* Jacobi Domini Leslie, *patris*,—in terris de Parkhill, cum prato et pomeriis, et silva vocata Ironesyid.—E. 10*l.* 6*s.* 4*d. feudifirmæ.*   F. 10.

(1549)   Apr. 9. 1613.

JOANNES COMES DE ROTHES, Dominus Leslie, &c. *hæres* Jacobi Domini Leslie, *patris*,—in terris seu insulis lie Red Insche et Kow Insche nuncupatis, cum decimis.—E. 20*m. feudifirmæ* : —piscaria salmonum aliorumque piscium inter terras de Mugdrum et finem orientalem dictarum insularum lie Insches, cum decimis : —E. 4*l. feudifirmæ:*—infra regalitatem de Lundoris.   F. 11.

(1550)   Apr. 14. 1613.

JOANNES ARNOTT de Chepillkettill, *hæres* Margaretæ Arnott filiæ legitimæ quondam Jacobi Arnott de Chepillkettill, *filiæ fratris*,—in annuo redditu 20 bollarum victualium de terris dominicalibus de Inglistarvett nunc Scottistarvett nuncupatis, cum molendino terrisque molendinariis, in baronia de Tarvett.   F. 14.

(1551)   Apr. 30. 1613.

PATRICIUS DOMINUS SINCLAIR, *hæres* Jacobi Domini Sinclair, *fratris germani*,—in terris et baronia de Ravinscraig, cum **castro**, portu castri, anchoragiis et custumis, et advocatione ecclesiarum:—A. E. 10*m.* N. E. 20*m.*—terris et baronia de Dysart, mora et molendinis, ex australi latere aquæ de Oir, et advocatione ecclesiarum :—A. E. 20*l.* N. E. 40*l.*—burgo de Dysert et Burrowruidis : A. E. 5*l.* N. E. 10*l.*—quarta parte terrarum de Drumarde, et 2 acris terrarum de Kennoquhay et Brewland ibidem.—A. E. 10*s.* N. E. 20*s.*   F. 23.

(1552)   Maii 19. 1613.

ALEXANDER INGLIS, *hæres* Magistri Alexandri Inglis fratris quondam Joannis Inglis de Inglis-Tarvett, *patrui*,—in annuo redditu 40*l.* de terris et baronia de Tarwett et molendino ejusdem.   F. 49.

(1553)   Jun. 22. 1613.

ALEXANDER RAMSAY de Drumraok, *hæres* Thomæ Ramsay de Balmonth, *fratris*,—in terris de Balmonth.—A. E. 3*l.* N. E. 33*l.*   F. 62.

(1554)   Jun. . . . . 1613.

WILLIELMUS SCOTT de Elie, *hæres masculus* Magistri Willielmi Scott feoditarii de Ardross, *filii*,—in terris et baronia de Ardross, cum carbonibus et carbonariis, molendinis, silvis, piscariis (excepta illa parte prædictarum terrarum et baroniæ de Ardros ex australi parte de lie Over Lynkis de Elie, comprehendente particulares lie Scheddis et pecias terrarum subsequentes, viz. Rambothie, Schiphirdisbuttis, Newlandfauldis, et Cruikis).—A. E. 6*l.* N. E. 48*l.*   F. 65.

(1555)   Jan. 26. 1614.

ALEXANDER RAMSAY de Drumraok, *hæres* Roberti Ramsay de Balmunthe, *patris*,—in annuo redditu 100*m.* de terris de Durie in baronia de Durie.   F. 172.

(1556)   Feb. 24. 1614.

JONNETA COUPER, *hæres* Davidis Couper burgensis de Couper in Fyffe, *patris*,—in acris et rudis terrarum arabilium in Bondfeildis et rudis burgorum eidem burgo adjacentibus.—A. E. . . . . *s.* N. E. 40*s.*   F. 178.

(1557)   Mar. 3. 1614.

ROBERTUS ARNOT de Ferny, *hæres* Andreæ Ferny de Eodem, *avi*,—in lie Myir de Fernye et Suairdzird ejusdem, infra dominium de Fyiff et senescallatum ejusdem.—E. 4*l. feudifirmæ.*   F. 180.

(1558)   Mar. 9. 1614.

JOANNES LESLIE de Lumbene, *hæres masculus* Georgii Leslie de Newtone, *fratris*,—in terris de Corbie, Corbiehill et 8 acris terrarum arabilium adjacentibus cum decimis :—E. 10*l.* &c. *feudifirmæ:*—silva de Balmerinoche cum fossis et aggeribus ;—piscariis de Brumeden et Quheitquerrellhoupe, et aliis piscationibus quibuscunque a fluxu et refluxu maris, super aqua de Tay, inter Corbieden ex occidentali et lie Burnden ex orientali ;—terris Forrestarii seu custodis prædictæ silvæ, cum decimis silvæ, piscationum, et terrarum Forrestarii, cum principali mansione terrarumde Bakhill prope Lugden, in baronia de Balmerinoche, pro principali :—E. 10*m.* &c. *feudifirmæ:*—annuo redditu 10 celdrarum ordei de terris et baronia de Balcolmie, in warrantum terrarum aliarumque prædictarum.   F. 182.

(1559)   Jun. 22. 1614.

JOANNES DURIE, *hæres* Petri Durie, *avi*,—in terris et baronia de Durie, cum annexis, viz. dominicalibus de Durie;—terris de Litill Balcurvy, Meikill Balcurvy ;—terris de Hauch cum molendino.— A. E. 12*l.* N. E. 43*l.*   F. 217.

(1560)   . . . . . . 1623.

JOANNES PRESTOUN, *hæres* Dominæ . . . . Turnbull, *matris*,—in terris de Thomastoun, cum molendino, terris molendinariis, aquæductu :—E. 33*l.* 6*s.* 8*d.*—terris et baronia de Durye et Balcruveyis, viz. Mekill Balcruvey et Litill Balcruvey, cum terris de lie Hauche et molendino :—A. E. 10*l.* N. E. 40*l.*—hospitio et tenemento sive magna mansione prope burgum de Coupar, cum horto, columbario et piscaria super aqua de Edyne :—E. 4*l.*—terris de Bruntcun et Dalginsche cum molendino ;—in warrantum terrarum de Thomastoun et decimarum, 15 acrarum terrarum de Castelfeild et decimarum, 3 acrarum in Midbondfeild, et magni hospitii prædicti :—A. E. 5*l.* N. E. 20*l.*—terris de Pittencreiff nuncupatis lie **Maynes** et Bank de Pittencreiff, cum communi pastura in communia de Coupar et Earlismore :—A. E. 5*m.* N. E. 20*m.*— terris de Pincartoun, cum privilegio colligendi lie wrak et wair.— A. E. 5*m.* N. E. 20*m.*   G. 36.

(1561)   . . . . . . 1623.

JACOBUS LUNDIN, *hæres provisionis* Gulielmi Lundin de Eodem, *filii fratris*,—in terris et baronia de Lundin, viz. Maines de Lundin, Haltoun, Balcormo, Stratheilie, Over et Nether Prateris, Teirquhites, Keam, Gilstoun, et Bowsie, ... carbonariis, ... advocatione capellaniarum :—A. E. . . . . N. E. 200*l.*—dimidietate villæ et terrarum de Kincraig.—A. E. 40*s.* N. E. . . . .   G. 40.

(1562)   Oct. 20. 1625.

JACOBUS BALCANQUELL, *hæres* Ricardi Balcanquell burgensis de Auchtermuchtie, *patris*,—in particularibus partibus et portionibus unius decimæ sextæ partis sive libratæ terræ de lie Bondhalff de Auchtermuchtie nuncupatis lie Southsyed, Nuik et Half aikeris ;—parte dictæ libratæ terræ vocata lie Netherfeild ejusdem, cum privilegio communiæ in monte de Auchtermuchtie ac in terris lie Quhytefeild nuncupatis :—E. 1 *bolla* 3 *firlotæ ordei*, &c. *feudifirmæ:*—decimis garbalibus earundem terrarum :—A. E. 1*d.* N. E. 2*d.*—infra senescallatum de Fyff.   G. 46.

(1563)   Jun. 20. 1629.

BARBARA AYTOUN, *hæres portionaria provisionis* Alexandri Aytoun filii legitimi quondam Magistri Jacobi Aytoun de Grange, *fratris germani*,—in septena parte terrarum aliarumque infra scriptarum, viz. sextæ partis borealis quarteriæ villæ et terrarum de Auchtermuchtie, extendentis ad 40 solidatas terrarum nuncupatarum Buistislands, cum privilegio communiæ in monte de Auchtermuchtie ac terris lie Quhytfeild nuncupatis :—E. *septena pars* 4 *bollarum* 2 *firlotarum tritici*, &c. *feudifirmæ:*—septena parte decimæ sextæ partis de lie Bondhalf villæ et terrarum de Auchtermuchtie, extendentis ad libratam terræ, cum jure communiæ in monte de Auchtermuchtie et terris de Quhytfeild :—E. *septena pars* 2 *bollarum tritici*, &c. *feudifirmæ:*—septena parte duodecimæ partis australis villæ et quarteriæ de Auchtermuchtie, extendentis ad libratam terræ, cum privilegio communiæ in monte de Auchtermuchtie et terris de Quhytfeild :—E. *septena pars* 2 *bollarum* 1 *firlotæ tritici*, &c. *feudifirmæ:*—septena parte partis et portionis terrarum nuncupatarum lie Outfeild lands libratæ terræ Willielmi Airth in lie Bondhalf de Auchtermuchtie, in his partibus sive lie Scheddis lie Travelay et Layes nuncupatis ;—cottagiatæ acræ terræ lie Windgaitdaill nuncupatæ :—E. *septena pars* 1 *bollæ* 2 *firlotarum avenarum*, &c. *feudifirmæ:*—septena parte de lie Outfeild landis 10 solidatarum terrarum borealis quarteriæ de Auchtermuchtie, vocatarum Hoill, Tippermacoy et Fluiris, cum privilegio communiæ supra recitato, correspondente quantitati dictarum terrarum :— E. *septena pars 2 firlotarum avenarum*, &c. *feudifirmæ :*—septena parte partium et portionum de lie Outfeild lands 1 libratæ terræ antedictæ borealis quarteriæ de Auchtermuchtie, nuncupatarum Shiphirdhillis et Nurespot, cum privilegio communiæ antedictæ, quantitati terrarum correspondente :—*E. septena pars 1 firlotæ avenarum*, &c. *feudifirmæ :*—septena parte duodecimæ partis sive libratæ terræ dictæ australis quarteriæ terrarum de Auchtermuchtie, cum privilegio communiæ in monte de Auchtermuchtie et terris de Quhytfeild ;—septena parte terræ australis quarteriæ de Auchtermuchtie vulgariter nuncupatæ Cuikis pundland, alias Ryssie's pundland, cum privilegio communiæ suprascripto :—*E. septena pars 4 bollarum 2 firlotarum tritici*, &c. *feudifirmæ :*—septena parte illius partis duodecimæ partis sive libratæ terræ australis quarteriæ villæ et terrarum de Auchtermuchtie quondam per Patricium Seytoun occupatæ :—*E. septena pars 1 bollæ 3 firlotarum tritici*, &c. *feudifirmæ :*—decimis garbalibus et decimis rectoriis terrarum particulariter supra specificatarum :—A. E. 6*d.* N. E. 2*s.*—omnibus infra senescallatum de Fyffe, et cum terris de Marisland unitis in tenandriam de Grange de Auchtermuchtie. G. 56.

(1564) Jun. 20. 1629.
GRISSILIS AYTOUN, *hæres portionaria provisionis* Alexandri Aytoun filii legitimi quondam Magistri Jacobi Aytoun de Grange, *fratris germani*,—in septena parte terrarum aliarumque suprascriptarum. G. 61.

(1565) Jun. 20. 1629.
MARGARETA AYTOUN, *hæres portionaria provisionis* Alexandri Aytoun filii legitimi quondam Magistri Jacobi Aytoun de Grange, *fratris germani*,—in septena parte terrarum aliarumque suprascriptarum. G. 66.

(1566) Jun. 20. 1629.
ELIZABETHA AYTOUN, *hæres portionaria provisionis* Alexandri Aytoun filii legitimi quondam Magistri Jacobi Aytoun de Grange, *fratris germani*,—in septena parte terrarum aliarumque suprascriptarum. G. 72.

(1567) Jun. 20. 1629.
JEANNA AYTOUN, *hæres portionaria provisionis* Alexandri Aytoun filii legitimi quondam Magistri Jacobi Aytoun de Grange, *fratris germani*,—in septena parte terrarum aliarumque suprascriptarum. G. 77.

(1568) Jun. 20. 1629.
ISSOBELLA AYTOUN, *hæres portionaria provisionis* Alexandri Aytoun filii legitimi quondam Magistri Jacobi Aytoun de Grange, *fratris germani*,—in septena parte terrarum aliarumque suprascriptarum. G. 82.

(1569) Jun. 20. 1629.
ANNA AYTOUN, *hæres portionaria provisionis* Alexandri Aytoun filii legitimi quondam Magistri Jacobi Aytoun de Grange, *fratris germani*,—in septena parte terrarum aliarumque suprascriptarum. G. 87.

(1570) Jul. 14. 1630.
DAVID LUNDYE de Auchtermairnye, *hæres* Roberti Lundye de Neuhall, *fratris*,—in terris de Maristoun.—A. E. 10*s.* N. E. 40*s.* G. 130.

(1571) Jun. 17. 1631.
MAGISTER ROBERTUS KINROSS, *hæres* Alesonæ Orrok, *materteræ*,—in horto terræ infra burgum de Bruntiland.—E. 12 *nummi.* G. 153.

(1572) Oct. 5. 1631.
ALEXANDER WOOD, *hæres* Alexandri Wod burgensis de Pittenwem, *patris*,—in tenemento seu domo, cum boreali dimidio horti hujusmodi tenementi, in burgo de Pittenwem et dominio ejusdem.—E. 3*s.* 4*d. feudifirmæ.* G. 168.

(1573) Dec. 17. 1631.
JOANNES SYME, *hæres* Willielmi Syme portionarii de Over Lassody, *patris*,—in terris orientalis partis de Over Lassodey Easter, in parochia et regalitate de Dunfermling.—E. 3*l.* 10*s.* 2*d. et obulus*, &c. *feudifirmæ.* G. 174.

(1574) Dec. 21. 1633.
AGNETA BROUN, *hæres portionaria* Willielmi Broun burgensis de Dunfermling, *patris*,—in 6 acris terræ arabilis nuncupatis Gresmuirlands ex parte orientali burgi de Dunfermling :—E. 2*s.* 6*d. feudifirmæ :*—terris de Lumpsland alias Grantsland, et 6 acris terræ arabilis infra easdem et aquæductum lie Coilyeara vulgo Mylnlead, prope burgum de Dunfermling.—E. 3*l.* 15*s. feudifirmæ.* G. 243.

(1575) Nov. 15. 1634.
JOANNES LAURIE pellio burgensis Edinburgi, *hæres* Roberti Laurie pistoris burgensis de . . . . *patrui*,—in dimidietate tenementi terræ et horti in territorio de Kirkaldie, infra regalitatem de Dunfermling.—E. 18*d.* H. 19.

(1576) Maii 6. 1636.
JOANNES ROBERTSONE, *hæres ratione conquestus* Magistri Willielmi Robertsone filii legitimi Gilberti Robertsone de Weltoun scribæ Edinburgi, *fratris immediate junioris*,—in annuo redditu 100*m.* de tenemento magno, infra burgum de Bruntiland. H. 25.

(1577) Maii 14. 1642.
CHRISTINA COWTIS, *hæres* Allani Cowttis senioris de Wester Rossyth Camerarii de Dunfermeline, *avi*,—in terris de Baith-Cowtis et Baith-Bell :—E 8*l. feudifirmæ :*—terris de Northwaird jacentibus a tergo nemoris de Garvok :—E. 5*s. feudifirmæ :*—terris de Blarnbothie-Norther :—E. 16*l.* 16*s.* 4*d. feudifirmæ :*—octava parte terrarum de Overgrange (de Kingorne-Wester).—E. 7*l.* 18*s.* &c. *feudifirmæ.* H. 38.

(1578) Jul. 14. 1648.
GULIELMUS CUPAR, *hæres* Thomæ Cupar, *fratris*,—in acra terræ arabilis prope civitatem Sancti Andreæ, infra dominium Prioratus Sancti Andreæ et regalitatem ejusdem, in territorio vulgo nuncupato Carnesybank.—E. 5*s.* 10*d. feudifirmæ.* H. 75.

(1579) . . . . 24. 1648.
THOMAS MYLLES burgensis burgi de Dundei, *hæres* Elspethæ Mylles sponsæ quondam Roberti Glen nautæ burgensis de Kingorne, *filiæ patrui*,—in dimidietate tenementi infra burgum de Kingorne.—E. 20*d.* H. 78.

(1580) Jun. 23. 1649.
DAVID DEWAR, *hæres* Magistri Jacobi Dewar de Lassodie Nethir, *patris*,—in terris de Nethir Lassodie, in parochia et regalitate de Dunfermline :—E. 10*l.* 10*s.* 8*d.* &c. *feudifirmæ :*—terris de Blairothie in parochia et regalitate prædictis.—E. 7*l.* 5*d.* &c. *feudifirmæ.* H. 96.

(1581) Maii 8. 1650.
JACOBUS NICOLSONE, *hæres* Agnetæ Moreis, *matris*,—in 2 acris terræ arabilis.—E. 5*s.* . . . . *d. feudifirmæ*, pro unaquaque acra. H. 138.

(1582) Jun. 19. 1650.
GILBERTUS PATERSONE de Litle Kinneir, *hæres provisionis* Magistri Jacobi Patersone de Craigfuthie, *fratris germani*,—in quarta parte terrarum de Kilmanie cum dimidietate molendini, in regalitate Sancti Andreæ.—E. 12*l. feudifirmæ.* H. 140.

(1583) Jul. 10. 1650.
DAVID LEIRMONTH, *hæres* Magistri Joannis Leirmonth de Sanct Nicolas, *patris*,—in 4 acris et 2 rudis terræ arabilis, in dominio Prioratus Sancti Andreæ et regalitate ejusdem.—E. 5*s.* 10*d. feudifirmæ* pro unaquaque acra. H. 146.

(1584) Oct. 8. 1650.(?)
JACOBUS SCOTT, *hæres masculus* Jacobi Scott de Scottistarvatt militis, *patris*,—in terris et baronia de Tarvatt ;—molendino hujusmodi, infra parochiam de Syres :—A. E. 8*l.* N. E. . . . .—terris et baronia de Caiplie, comprehendente terras de Scabert ;—terras de Nethertoun de Caiplie cum molendino ;—terras de Eister Pitcorthie :—A. E. 5*l.* N. E. . . . .—decimas garbales et vicariæ decimas terrarum de Ovir Caiplie alias Thrid part terrarum de Nather Caiplie, villæ et terrarum de Eister Pitcorthie, et Wester Pitcorthie :—E. . . . .—unitis in baroniam de Scottistarvatt. H. 151.

(1585) Nov. 1. 1650.
CRISTINA, ISSOBELLA, ET AGNETA STANNERGILLIS, *hæredes portionariæ* Willelmi Stannergill olim burgensis de Pettinweim, *avi*,—in domo anteriore et parvula domo seu camera, ex orientali parte posterioris ostii ejusdem anterioris domus, cum fonte, horto et pecia terræ vacuæ, in Pettinweim.—E. 3*s. feudifirmæ.* H. 156.

(1586) Nov. 1. 1650.
BESSETA KINGZEO, *hæres* Thomæ Kingzeo olim burgensis de Pettinweim, *patris*,—in tenemento cum horto in burgo de Pettinweim supra rupes ;—domo sive tenemento in dicto burgo, nunc in unum tenementum redactis, in dominio de Pettinweim.—E. 8*s. feudifirmæ.* H. 157.

(1587) Jan. 3. 1651.
JACOBUS CUIK, *hæres* Joannis Cuik burgensis de Pettinweim, *patris*,—in tenemento cum horto in burgo de Pettinweim :—E. 7*s.* 4*d. feudifirmæ :*—acra terræ arabilis juxta summam crucem

H

dicti burgi:—E. 3s. 4d. *feudifirmæ:*—acra terræ arabilis ex orientali parte burgi de Pettinweim:—E. 6s. 8d. *feudifirmæ:*—acra terræ arabilis ex orientali parte muri monasterii.—E. 6s. *feudifirma.* H. 163.

(1588) Feb. 15. 1651.
DAVID BISSIE, *hæres* Thomæ Bissie olim in Mylnetoun de **Pettinweim,** *patris,*—in tenemento cum horto in Pettinweim, et in dominio ejusdem.—E. . . . s. 4d. *feudifirma.* H. 168.

(1589) Mar. 5. 1651.
HENRICUS BALLINGALL, *hæres* Henrici Ballingall polentarii civis civitatis Sancti Andreæ, *patris,*—in acra terræ arabilis prope dictam civitatem in dominio et regalitate Sancti Andreæ, ac in territorio vulgo nuncupato the Northmuire.—E. 5s. 10d. *feudifirmæ.* H. 174.

(1590) Maii 21. 1651.
ANDREAS NEPAR, *hæres* Willielmi Nepar olim ballivi civitatis Sancti Andreæ, *patris,*—in 6 acris et 3 rudis terræ arabilis prope dictam civitatem, in dominio prioratus Sancti Andreæ et regalitate ejusdem.—E. 5s. 10d. pro unaquaque acra *feudifirmæ.* H. 179.

(1591) Feb. 28. 1654.
DAVID LORD BALVAIRD, *heir* of Andro Lord Balvaird, *his father,*—in the lands and barony of Arnegosk, comprehending the lands of Arnegosk, Pitilloch, Conland, Gospertie, Heichame, Lethame, Fargies, Beene, Kathokill, Balvaird, with the maner and milne thairof;—the fourth part of the lands of Mortoun in Tenstmwres, with towres, fortalices, maner places, and fishings, united into the barony of Arnegosk:—O. E. 9l. N. E. 36l.—the lands and baronies underwritten, viz. the lands of Ballinblae (or Bablae or Banblae) and both the syds thairof, with loning and swaird eard:—E. 9l. 6s. 8d. of *feu ferme:*—the maner place of Nethill, with orchyeards:—O. E. 6d. N. E. 2s.—that pairt and portioun of the lands of the Lowmonds of Falkland callit Blakhillis, and mwres of Falkland:—E. 10m. of *feu ferme:*—the coales great and small being or that may be within the haill bounds of the Lowmonds of Falkland, and within all uther lands of the lait deceist King's property, lyand narrest thairto:—E. the tenth laid of colles, &c. of *feu ferme:*—the teynd scheaves and uther teynds of the paroche, and paroche kirk of Kilgoure, utherwayes callit Falkland, personage and vicarage thairof:—O. E. 12d. N. E. 4s.—a tenement in the burgh of Falkland;—that pairt and portioun of the lands of Falkland callit Newlandis, alsweill upon the east as weist pairts of the water of Mospie, and on the west pairt of the maner place of Nethill;—that aiker of land callit Croftangrie, alias Christis croft, within the libertie of the burgh of Falkland:—E. *service of burgh usit and* **wont** :—the office of Raynging the Lowmonds of Falkland, with spaide silver for delveing and winning thairwpone of truffs, peatts, and devotts, and punishing of goods pasturing upon the same:—O. E. 6d. N. E. 2s.—the towne and lands of Kilgour:—O. E. 20s. N. E. 4l.—the towne and lands of Easter Cash:—O. E. 3l. N. E. 12l.—the towne and lands of Wester Cashe:—O. E. 40s. N. E. 8l.—the lands of Ryndis and Neweird, with tour, maner place, maynes, millne, millnelands, multours, and sequels, with commoun pasturage and privilege of commountie in the Lowmonds and mwres of Falkland;—the lands of Muckdrum (or Mugdrum) with the maner place, millnes, millnelands, fishings thairof:—O. E. 20s. N. E. 4l.—the Kirklands of the Vicarage of Stramiglo;—that piece of land with the lands of Easter Cash callit Raecrook, lyand contigue, with the pasturage and privileges thereof usit and wount;—the lands of Carnegatt (or Carnegalt), Herop, and Drumduff;—the teynd sheaves and uther teynds of the parish kirk of Stramiglo, and other lands annexed to the barony of Drumduff:—O. E. 6s. N. E. 24s.—the lands of Pittencardie (or Pittmiclardie);—the lands of Ladinurchut Easter;—the lands of Ardinurchut Wester (Ladinurchat Wester?), united to the barony of Drumduff:—O. E. 40s. N. E. 8l.—the west mylne of Stramiglo:—E. 55s. of *feu ferme:*—all lying within the lordship of Fyfe:—the lands of Newtoun of Balcanquall, with the feu fermes, kaines, customes, casualities, and uther services due for the said lands, lyand within the stewartrie of Fyfe:—O. E. 20s. N. E. 4l.—the teynd scheaves and personage teyndis of the lands of Kincraigie, Pitgorma, Friermilln, Craigfoid, Chappelden, and 24 aiker of arable land of the saids lands of Pitgorma, pertaining to the west millne of Stramiglo, lying within the said paroche:—O. E. 12d. N. E. 4s.—the lands of Pitgorma and milln:—E. 34l. &c. of *feu ferme:*—24 aikers of land lyand contigue to the easte pairt of the saids lands of Pitgorma, with the lands of the west pairt of Stramiglo:—E. 2s. 4d. &c. of *feu ferme:*—the lands of Frier millne:—E. . . . . . —the lands of Kincraigie, and both the halfs thairof, with mansiounes, houses, biggings, tofts, crofts, and pertinents;—the lands of Craigfod;—that piece of land, with houses, biggings, yards, and the aikers of land of Sanct Marie's chapell callit Gairnyd:—E. 24l. 18s. 4d. &c. of *feu ferme:*—all lyand

within the lordship of Balmerino:—the teynds of the lands following, viz. of these 4 plewghes of land of the south pairt of the Grange of Lindorse, and of 3 plewghes of land of the lands of Berrieholle;—the great teynds of the lands of Old Lindorse;—the teynd scheaves and great teynds of the town and lands of Luthrie:—O. E. 12d. N. E. 4s.—the Kirklands of Ebdie:—E. 53s. 4d. of *feu ferme:*—the Kirklands of Creiche:—E. 2s. 8d. of *feu ferme:*—with the patronage of the kirks of Ebdie and Creiche, all united into the barony of Drumduff:—the lands of Pitlochie and Benathie (or Benachie, or Bannachtie), with the fortalice, manor place, millne and millne lands, with the milln multors of the said lands, and of the lands of Drumdile:—E. 26l. 13s. 4d. of *feu ferme:*—lying within the lordship of Fife.—(Vide Perth.) H. 186.

(1592) Nov. 6. 1655.
HUGHE SCRYMGEOUR merchant in Sanct Androis, *air* of John Scrymgeour of Eister Balrymonth, *his brother,*—in the lands of Eister Balrymonth, with the teynd scheaves thairof includit, in the parochine of Sanct Androis, lordschip and pryorie and regalitie thairof:—E. 10l. 6s. 8d. &c. of *feu ferme:*—the fourt pairt and sextein pairt of the lands of Newgrainge;—the fourt pairt of the twenty fourt pairt of the said lands of Newgrainge, containing that pairt callit Stanyhill:—E. 18l. 11s. 4d. of *feu ferme:*—the mylne callit Newmylne, lyand neir the citie of Sanct Androis, with mylne lands and astrickit multouris, lyand in the said lordship and regalitie:—E. 6l. &c. of *feu ferme:*—the twa pairt of the lands of Lambieletham, and twa pairt of the mylne and haill mylne lands of Lambieletham;—the twa pairt of the lands of Carnegour;—the lands of Balrymonth Wester;—in warrandrie of the fourt pairt, and sextein pairt, and fourt pairt of the twenty fourt pairt of Newgrainge, containing Stonyhill and the Newmylne.—E. 27l. of *feu ferme.* H. 204.

(1593) Dec. 15. 1665.
ELIZABETHA ET ISSOBELLA BROUNS, *filiæ legitimæ* quondam Jacobi Broun nauclerī burgensis de Kirkcaldie, *hæredes portionariæ* Christinæ Law viduæ incolæ burgi de Kirkcaldie, *aviæ,*—in 3 acris terræ jacentibus super orientali latere de Londyk terrarum de Balsusney, infra parochiam de Kirkcaldie et regalitatem de Dunfermline.—E. 6s. *feudifirma.* I. 27.

(1594) Sep. 19. 1676.
MARGARETA GED in Burntylland, *hæres* Issobellæ Ged, *sororis germanæ,*—in dimidietate quartæ partis annui redditus 900m. de terris de Mountquhannie. I. 81.

(1595) Jan. 16. 1677.
GULIELMUS WEYMES, *hæres* Magistri Roberti Weymes de Cuthilhill, *patris,*—in annuo redditu 720m. de terris de Burghlie, cum decimis garbalibus, infra parochiam de Orrowall. I. 82.

(1596) Maii 13. 1679.
PATRICIUS HAY de Pitfour, *hæres* Capitani Willielmi Hay, *fratris,*—in annuo redditu 240m. correspondente principali summæ 4000m. de terris de Mounth, infra parochiam de Monemaill. I. 96.

(1597) Feb. 6. 1685.
ELIZABETHA ET CHRISTINA ELEISS, *hæredes portionariæ* Joannis Eleiss filii quondam Magistri Joannis Eleiss advocati, *fratris germani,*—in annuo redditu 400l. correspondente principali summæ 10,000m. de terris et dominio de Ballmerinach;—terris et dominio de Cowper;—terris et baronia de Rastalrig, hereditarie pertinentibus ad Joannem Magistrum de Balmerinoch, jacentibus in vicecomitatibus de Fyfe, Angus et Edinburgh, respective;—vel de aliquibus aliis terris ad dictum Johannem Magistrum de Balmerinoch spectantibus, infra regnum Scotiæ.—(Vide Forfar, Edinburgh.) I. 126.

(1598) Maii 28. 1686.
MARGARETA ET JEANNA DRUMMONDS, *hæredes portionariæ* Jacobi Drummond in Queensferry, *patris,*—in terris vocatis Cloutscroft, continentibus 4 acris terrarum arabilium;—5 acris terrarum arabilium jacentibus contigue in Hallbank, ex orientali parte burgi de Dunfermline;—in parochia et regalitate de Dunfermline.—E. libra piperis et firma burgalis. I. 136.

(1599) . . . . . . 1693.
CAROLUS STEWART de Cullello, *hæres talliæ* Magistri Francisci Stewart de Cullello, filii secundo geniti quondam Dominæ Margaretæ Home vicecomitissæ de Murray, *patrui,*—in terris et villa de Cullello, infra parochiam de Aberdein (Aberdour?) et regalitatem de Dunfermlin:—E. 23l. 2s. 8d. &c. *feudifirmæ:*—terris de Caikinche;—terris de Hilside olim vocatis bruerio lie Brewery of Newtoun;—terris vulgo vocatis 22 acris terrarum de Whytehill;—cum decimis inclusis in dictis terris de Caikinche, Hilside, et 22 acris de Whytehill:—E. 8l. 6s. &c. *feudifirmæ:*—

omnibus in dominio de Sanct Colme et baronia de Beith :—terra cottagia et 6 acris terrarum eidem adjacentibus vocatis Nuiklands, in occidentali parte villæ de Aberdour, olim infra regalitatem de Dalbeith, et nunc infra regalitatem de Aberdour :—A. E. . . . . . . N E. . . . . . .—molendino et terris molendinariis de Aberdour occidentali, cum pasturagio 4 equarum (vaccarum?) et unius equi annuatim in communitate ;—astrictis multuris terrarum subscriptarum usitatis et consuetis infra baroniam de Aberdour, viz. terrarum de Dunnibirsell, Grainge de Bernhill, cum universis acris et . . . . occidentalis lateris de Aberdour et de Cuthilhill, Sayside, Boning, Whythill, Westersyde, Eastersyde, Wester et Easter Balclavers, Newtoun, Inchmartin, Crosgarie, Brego, Bakinche et lie Browlands de Newtoun.—A. E. . . . N E. . . . I. 169.

(1600) Oct. . . . 1694.

MARGARETA ET MARIA LUNDIES filiæ legitimæ quondam Georgii Lundie clerici in Dysert, *hæredes portionariæ* Margaretæ Sibbald sponsæ . . . . . Lundie in Dysert, *aviæ*,—in annuo redditu 10*l*. de terris de Corstoun.—E. 1*d. albæ firmæ.* I. 181.

(1601) Maii 13, 1700.

MAGISTER GEORGIUS STIRLING Medicinæ Doctor, *hæres* Georgii Stirlin Chirurgi Pharmacopæi burgensis de Edinburgh, *patris*,—in dimidietate annui redditus 900*m.* de terris et baronia de Carnock, infra parochiam de Carnock.—E. 1*d. albæ firmæ.* I. 287.

FORFAR.

INDEX NOMINUM.

a

b

FORFAR.

INDEX LOCORUM.

517

c

d

e

528

f

532

INQUISITIONES SPECIALES.

FORFAR.

(1)   Feb. 11. 1545.
HENRICUS FULLARTOUN, *hæres* Alexandri Foullartoun portionarii de Crego, *patris*,—in sexta parte, nona parte et octava parte terrarum de Crago, in parochia de Logy-Mocross. (Montros?)—A. E. 40s. N. E. 8l.   i. 24.

(2)   Maii 25. 1546.
JOANNES DUNCANE, *hæres* Thomæ Duncan, *patris*,—in quarta parte terrarum de Pollingarrow ;—quarta parte terrarum vulgo nuncupatarum Hole, et quarta parte molendini earundem, in baronia de Aberlemno.—A. E. 5l. N. E. 20l.   i. 23.

(3)   Mar. 4. 1546.
ANDREAS LUNDY, *hæres* Jacobi Lundy de Balgony, qui obiit apud Pinkiecleuch, *fratris*,—in terris de Wester Gogy, in regalitate de Keremure.—A. E. 1l. N. E. 10l.   i. 86.

(4)   Mar. 15. 1549.
JOANNES FOULLARTOUN de Kynnaber, *hæres* Alexandri Foullartoun de Kynnaber, *patris*,—in dimidia parte terrarum de Kynnaber cum molendinis earundem.—A. E. 5l. N. E. 20l.   i. 24.

(5)   Jun. 16. 1550.
ANDREAS GUTHRIE de Eodem, *hæres* Alexandri Guthrie de Eodem militis, *avi*,—in 6 acris terrarum jacentibus contigue apud ecclesiam de Kirkbuddo, cum pastura 6 vaccarum, &c. et donatione beneficii dictæ ecclesiæ.—A. E. 10s. N. E. 30s.   i. 27.

(6)   Jun. 26. 1550.
ANDREAS LOVALL, *hæres* Henrici Lovall de Balumbie militis, *patris*,—in terris de Balumbie, cum manerie et molendino.—A. E. 5l. N. E. 20l.   i. 28.

(7)   Apr. 11. 1551.
JOANNES THORNTOUN de Eodem, *hæres* Lodovici Thorntoun de Eodem, qui obiit apud Pinkiecleuch, *patris*,—in terris de Thorntoun.—A. E. 10l. N. E. 40l.   i. 28.

(8)   Jun. 23. 1551.
JOANNES FULLARTOUN de Kinnabir, *hæres* Alexandri Fullartoun de Kinnabir, *patris*,—in dimidietate solari terrarum de Kinnabir.—A. E. 4l. N. E. 15l.   i. 26.

(9)   Oct. 3. 1551.
DAVID HAY, *hæres* Thomæ Hay de Nether Sandfuird, *patris*,—in quarta parte terrarum de Lumlethin, cum quarta parte molendini earundem.—A. E. 10m. N. E. 25m.   i. 25.

(10)   Nov. 14. 1554.
THOMAS FOTHRINGHAME de Pourie, *hæres* Thomæ Foth-ringhame de Pourie, *patris*,—in terris de Haltoun de Inneraritie et Pethouse :—A. E. 4l. N. E. 16l.—dimidietate terrarum de Murhous :—A. E. 20s. N. E. 4l.—terris et baronia de Brychtie (vel Wester-Brychtie) cum molendino;—terris de Happas (vel Haxxas) in baronia de Inneraritie.—A. E. 12l. N. E. 26l.   i. 30.

(11)   Maii 10. 1572.
WILLIELMUS DUQUHAR, *hæres* Davidis Duquhar de Eodem, *patris*,—in quarta parte terrarum de Waterstoun ad solem jacente, in baronia de Waterstoun.—A. E. 25s. N. E. 5l.   i. 30.

(12)   Jul. 15. 1572.
THOMAS TULLO, *hæres* Francisci Tullo de Hilcairnie, *patris*,—in custodia moræ de Montrewmonth, cum toftis et croftis ab antiquo solitis et consuetis ;—terris de Muremylnes ;—annuo redditu 10s. de terris et baronia de Fethie.—E. 2d. argenti.   i. 31.

(13)   Oct. 10. 1574.
ROBERTUS DURHAME, *hæres* Willielmi Durhame de Grange, *fratris*,—in terris dominicalibus de Grange, cum manerie, molendinis granorum et fullonum, et piscariis tam in mari quam in aqua dulci ;—superioritate terrarum de Balcloche.—A. E. 8l. N. E. 32l.   i. 30.

(14)   Jun. 18. 1577.
DAVID SEATOUN de Parbroth, *hæres* Andreæ Seatoun de Perbroth, *avi*,—in dimidietate terrarum de Ardo, jacente in baronia de Logy-Montrois.—A. E. 2m. N. E. 8m.   i. 23.

(15)   Apr. 20. 1585.
DOMINUS PATRICIUS HEPBURN de Lufnes miles, *hæres* Patricii Hepburn de Wauchtoun, *patris*,—in terris et baronia de Craigis continente in specie, tertiam partem terrarum de Meikil-Perth, Conane, cum tertia parte piscariæ super aquam de Northesk;—tertiam partem terrarum de Balloche, Killarie, Wester-Darie, Eister-Darie, cum molendino ;—terras de Over-Craiggis de Glemlen cum molendino ;—terras de Wester Craigis de Glemlen ;—annuum redditum 14s. de terris de Nather Craigis de Glemlen ;—terras de Eister et Wester Eglismauldies cum molendino :—A. E. 11l. 13s. 4d. N. E. 100m.—tertia parte terrarum et baroniæ de Dunlappie, et tertia parte molendini ejusdem, cum advocatione alternatis vicibus ecclesiæ de Dunlappie.—A. 40s. N. E. 10l.—(Vide Aberdeen, Perth, Haddington, Berwick, Fife, Peebles.)   i. 176.

(16)   Maii 25. 1596.
MAGISTER JACOBUS BANNATYNE de Newtyld, *hæres* Magistri Thomæ Bannatyne de Newtyld unius Senatorum Collegii Justiciæ S. D. N. Regis pro tempore, *patris*,—in terris de Kirktoun de Newtyld cum brasina et decimis garbalibus earundem, in regalitate de Aberbrothock :—E. 40s.—dimidietate illius dimidietatis villæ et terrarum de Balmaw, extendente ad quartam partem

A

seu quarteriam vulgo quarter terrarum.de Balmaw, in regalitate de Lindoris ;—binis quartis partibus seu duabus quarteriis vulgo tua quarteriis dictarum terrarum et villæ de Balmaw, in warrantum dimidietatis de Balmaw :—E. 9l. 16s. &c.—annuo redditu 11m. de dimidietate terrarum de Balmaw ;—annuo redditu 10m. de terris de Nether Smithistoun, in baronia de Lundie.   ii. 159.

(17)   Dec. 15. 1599.
JOANNES STRATHAUCHIN de Claypottis, *hæres* Gilberti Strathauchin de Claypottis, *patris*,—in dimidietate terrarum de Skryne ;—3 quartis partibus molendini et terrarum molendinariarum de Skryne, Craigmylne nuncupati ;—dimidietate terrarum de Fischertoun de Skryne, cum dimidietate portus et piscariarum ejusdem, in baronia de Panmure.—A. E. 4l. N. E. 16l.   ii. 7.

(18)   Aug. 5. 1600.
JOANNES CREICHTOUN clericus vicecomitatus de Drumfries, *hæres* Willielmi Guild, *avunculi*,—in 20 mercatis terrarum de 17 libratis terrarum de Innerpeffer, in baronia de Slains.—A. E. 20m. N. E. 80m.   ii. 50.

(19)   Aug. 23. 1600.
WILLIELMUS BURGH, *hæres* Willielmi Burgh de Wester Davidstoun, *patris*,—in terris de Wester Davidstoun, in dominio de Newtibber et baronia de Dundie.—E. 6l. 1d. &c.   ii. 51.

(20)   Maii 19. 1601.
DAVID LYNDSAY de Balcarras, *hæres* Magistri Joannis Lyndsay de Balcarres rectoris de Menmure, olim secretarij S. D. N. Regis, ac unius Senatorum Ordinariorium sui Collegii Justiciæ, *patris*, —in terris et baronia de Balgavis comprehendente terras de Eister et Wester Balgavis ;—terras de Hiltoun ;—terras de Langlandis, cum molendino et lacu de Balgavis :—A. E. 10l. N. E. 40l.—terris de Hauche de Finnevin in baronia Forrestæ de Plattan.—A. E. 25s. N. E. 5l.—(Vide Haddington, Fife.)   ii. 94.

(21)   Jun. 29. 1601.
JOANNES DOMINUS DE SALTOUN, *hæres* Georgii Domini de Saltoun, *patris*,—in terris et baronia de Redie.—A. E. 20l. N. E. 40m.—(Vide Fife, Bamff.)   ii. 111.

(22)   Aug. 27. 1601.
MAGISTER JOANNES OGILVIE de Eodem, *hæres* Gilberti Ogilvie de Eodem, *patris*,—in terris et baronia de Ogilvie, cum maneriebus et molendinis earundem, comprehendente terras de Eister Pourie ;—terras de Wester Pourie :—A. E. 18l. N. E. 72l. —annuo redditu 20l. de terris de Duninade ;—annuo redditu 10m. de tenemento et domibus in Killiemure et 3 acris terrarum arabilium ;—quarta parte villæ et terrarum de Balkello, infra baroniam de Teling.—A. E. 10s. N. E. 40s.—(Vide Perth.)   ii. 113.

(23)   Sep. 7. 1601.
JACOBUS STRATHAUCHIN de Carmylie, *hæres* Jacobi Strathauchin de Carmylie, *patris*,—in terris de lie lairdschip de Carmylie comprehendentibus particulares terras subscriptas, viz. terras dominicales vulgo Manis de Carmylie cum manerie earundem ;—terras de Auchlair, Quhythilpark, Westhillis, Midhillis, Bakhillis, Eisthillis, Newtoun, Myltoun, cum molendino earundem, Cokhill cum brasina, Gotmureheids, Murelandis, Crosden, et terras et villas de Monquhir, cum communi pastura in moris de Panmure, et advocatione capellaniæ capellæ Beatæ Virginis Mariæ de Carmylie, in baronia de Panmure ;—terras de Skethin infra baroniam prædictam :—A. E. 10l. N. E. 40l.—orientali parte terrarum dominicalium de Panmure nuncupata orientali dimidietate earundem, et terris vocatis The Firth of Panmure ;—octava parte terrarum de Skryne, in baronia prædicta :—A. E. 53s. 4d. N. E. 10l. 13s. 4d.—dimidietate terrarum de Skryne olim occupata per Robertum Kyd ;—3 quartis partibus molendini de Skryne et terrarum molendinariarum ejusdem vocatarum Craigmylne, cum 3 partibus multurarum ejusdem ;—dimidietate terrarum de Fischertoun de Skryne, cum dimidietate portus et piscariæ earundem, in baronia prædicta :—E. 20l.—annuo redditu 20l. de tertia parte de Pitskellie, in baronia de Barrie :—in terris de Guind cum decimis garbalibus, in dominio et regalitate de Abirbrothok.—E. 6l. 6s. 10d. &c.   ii. 133.

(24)   Oct. 10. 1601.
JOANNES SPALDING, *hæres* Joannis Spalding portionarii de Kynnaltie, *patris*,—in orientali quarta parte terrarum de Kinnaltie-Halhill et molendini earundem, in baronia de Reidye.—E. 16s. 8d.   ii. 157.

(25)   Nov. 14. 1601.
GEORGIUS HARDIE, *hæres* Alexandri Hardie in Balulie, *patris*,—in solari quarta parte et umbrali octava parte terrarum de Logy-Montros.—E. 8l. 17s. 9d.   iii. 28.

(26)   Jan. 29. 1602.
MAGISTER JOANNES OGILVIE, *hæres* Gilberti Ogilvie de Eodem, *patris*,—in terris de Bethlowmanes et Drumforkis, in baronia de Craigis-Glennylay.—A. E. 10m. N. E. 10l.   ii. 131.

(27)   Feb. 13. 1602.
PATRICIUS OGILVY de Drymmie, *hæres* Joannis Ogilvy de Pitpoyntie, *patrui junioris*,—in annuo redditu 14½ bollarum victualium de terris de Pittempen, in regalitate Sancti Andreæ.   ii. 139.

(28)   Jul. 3, 1602.
MAGISTER JOANNES SKENE filius legitimus Magistri Joannis Skene clerici Registri, *hæres talliæ et provisionis* Magistri Duncani Skene notarii, *patrui*,—in 2 annuis redditibus, uno earundem 40l.—altero 40m. de orientali dimidietate terrarum et villæ de Balnabreich, in parochia de Brechin.   ii. 161.

(29)   Jul. 22. 1602.
JACOBUS MORAVIÆ COMES, Dominus Abernethy et Doun, &c. *hæres* Dominæ Elizabethæ Stewart Comitissæ de Murray, *matris*,—in terris et baronia de Essie :—A. E. 10l. N. E. 40l.— villa et terris de Kethynnis, in baronia de Kethynnis :—A. E. 8l. N. E. 12l.—terris de Petdowny in baronia de Kethynnis.—A. E. 20s. N. E. 4l.   iii. 82.

(30)   Oct. 1. 1602.
JOANNES BROWN latonius burgensis de Edinburgh, *hæres* Barbaræ Broun, *filiæ fratris*,—in annuo redditu 40l. de tertia parte terrarum de Baskellie.   ii. 168.

(31)   Jan. 22. 1603.
THOMAS GOURLAY, *hæres* Andreæ Gourlay de Dargo, *patris*,—in 10 riggis et 2 buttis terræ arabilis terrarum de Blackness cum decimis garbalibus, in regalitate de Scona.—A. E. 13s. 4d. N. E. 4m.   iii. 8.

(32)   Mar. 26. 1603.
DOMINUS DAVID WODE de Craig miles, *hæres* Davidis Wode de Craig, *patris*,—in terris de Annanie.—A. E. 30s. N. E. 6l.   iii. 13.

(33)   Mar. 29. 1603.
KATHARINA LYNDSAY sponsa Duncani Robertsoun de Dulkebane, *hæres* Roberti Lyndsay portionarij de Balhall, *patris*, —in solari dimidietate terrarum de Balhall, cum crofta et brasina vulgo Lichescroft, in baronia de Balhall, cum novo molendino granario.—A. E. 25s. N. E. 5l.   iii. 18.

(34)   Apr. 20. 1603.
ROBERTUS LUNDY de Balgony, *hæres* Roberti Lundy de Balgony, *patris*,—in terris de Wester Gaigill (vel Wester Gaige) in regalitate de Keremure.—A. E. 40s. N. E. 10l.—(Vide Fife, Kincardine, Perth.)   iii. 22.

(35)   Apr. 27. 1603.
ANDREAS BICKARTOUN de Casche, *hæres* Henrici Bickartoun de Casche, *attavi*,—in terris de Baldovan et Strathechtyne-Martine, cum molendino, in baronia de Rescobie.—A. E. 10s. N. E. 40s.   iii. 25.

(36)   Jun. 3. 1603.
PETRUS GRAY, *hæres* Thomæ Gray, *patris*,—in dimidietate terrarum et villæ de Middilgourdie, perprius jacentium in regalitate de Scona, in senescallatu de Huntingtour :—E. 20m. 11s. 8d. &c.—decimis garbalibus earundem.—E. 4 bollæ frumenti, &c.   iii. 23.

(37)   Nov. 5. 1603.
JOANNES ERSKYNE de Dun, *hæres masculus* Joannis Erskine de Dun, *patris*,—in terris et baronia de Dun subscriptis, viz. terris dominicalibus de Dun ;—terris de Balwelloche ;—terris de Cottraw ;—terris de Somishill ;—terris de Fordes ;—terris de Glaskennoche cum molendino ;—terris de Taok cum advocatione capellaniæ seu altaragii Beatæ Mariæ in ecclesia parochiali de Dun ; —piscaria in aqua de Southesk ;—terris de Mekilcarcarie ;—terris de Balwellie et terris de Quhitefield, in dicta baronia de Dun ;— officio constabulariæ de Montrois cum terris piscariis et divoriis, et communia in mora de Montremonthe.—A. E. 20l. N. E. 80l.   iii. 45.

(38)   Jan. 14. 1604.
ANDREAS ROLLOCK filius natu maximus inter Dominum Walterum Rollock et Dominam Jeannam Stewart ejus sponsam procreatus, *hæres masculus* dicti Domini Walteri Rollock de Gairdin militis, *patris*,—in terris et baronia de Gairden, viz. terris dominicalibus de Gairden vulgo Maines de Gairden ;—molendino de Gairden vocato Dentounmyln ;—Smyddiehill de Gairden ;—terris de Middiltoun ;—terris de Eastertoun vulgo Legatstoun ;—terris et.

villa de Prescheok Eister et Wester ;—terris de Freok cum molendino, et communi pastura in moro de Monthrewmonth, unitis in
baroniam de Gairden.—A. E. 7*l*. N. E. 28*l*.　　　iii. 99.

(39)　　　　　Jan. 21. 1604.
JACOBUS FENTOUN de Ogill, *hæres* Davidis Fentoun de Ogill,
avi,—in terris de Ogill cum molendinis.—A. E. 10*l*. N. E. 33*l*.
6*s*. 8*d*.　　　　　　iii. 58.

(40)　　　　　Jan. 30. 1604.
ALEXANDER KYD, *hæres* Thomæ Kyd, *patrui*,—in annuo
redditu 26*s*. 8*d*. de tenemento Nicolai Watsoun ex australi parte
vici Ergadiæ in burgo de Dundie.—E. 2*m*.　　　iii. 145.

(41)　　　　　Feb. 8. 1604.
ALEXANDER BLAIR de Balthayok, *hæres* Alexandri Blair de
Balthayok, *avi*,—in terris et baronia de Airdlare cum molendinis ;
—terris de Baldowrie ;—cum terris in Perth unitis in baroniam
de Ardlare.—A. E. 18*l*. 6*s*. 8*d*. N. E. 188*l*. 6*s*. 8*d*.—(Vide Perth.)
iii. 64.

(42)　　　　　Feb. 18. 1604.
JACOBUS DRUMMOND, *hæres* Walteri Drummond portionarii
de Baldoven, *patris*,—in quarta parte villæ et terrarum de Baldoven in parochia de Stradichmartin :—A. E. 20*s*. N. E. 4*l*.—annuo
redditu 40*m*. de prædicta solari quarta parte terrarum de Baldoven.
iii. 67.

(43)　　　　　Aug. 18. 1604.
ANDREAS GRAY, *hæres* Andreæ Gray in Bulzean, *patris*,—in
dimidietate terrarum de Balschando in baronia de Lundy.—A. E.
20*s*. N. E. 40*s*.　　　　　iii. 103.

(44)　　　　　Jun. 11. 1605.
ROBERTUS BEATONE de Balfour, *hæres masculus propinquis*
Jacobi Beatone Archiepiscopi Glasguensis, *filii fratris avi*,—in
terris de Auchtmuithie cum decimis :—E. 5*l*. 15*s*. 10*d*. &c.—
terris de Grange de Conan cum decimis :—E. 17*l*. 22*d*. &c.—terris
de Goind cum decimis garbalibus, in dominio et baronia de Aberbrothok et regalitate ejusdem.—E. 7*l*. 6*s*. 8*d*. &c.　　iv. 21.

(45)　　　　　Jul. 2. 1605.
LAURENTIUS DOMINUS OLIPHANT, *hæres* Laurentii Domini Oliphant, *avi*,—in terris et baronia de Newtyle et Kilpurny,
cum molendino de Newtyle ;—A. E. 10*l*. N. E. 32*l*.—bina parte
terrarum et baroniæ de Auchtertyre et Balcraig ;—A. E. 10*l*. N. E.
40*l*.—terris et baronia de Turingis et Drymmye :—A. E. 10*l*.
N. E. 40*l*.—terris et baronia de Galray.—A. E. 10*l*. N. E. 40*l*.
iv. 9.

(46)　　　　　Sep. 19. 1605.
JACOBUS WISCHART, *hæres* Magistri Jacobi Wischart burgensis de Montross, *patris*,—in tenemento cum horto jacente in
dicto burgo.—E. 40*l*.　　　　　iv. 36.

(47)　　　　　Oct. 5. 1605.
MARIA OGILVIE, *hæres portionaria* Roberti Ogilvie de Bel-
lachie, *patris*,—in quarta parte terrarum de Glenmarkie, in baronia de Glenyla.—E. 19*l*. 6*d*. *feudifirmæ*.　　iv. 49.

(48)　　　　　Oct. 5. 1605.
EUPHAMIA, MARGARETA, ET JONETA OGILVIES,
hæredes portionariæ prædicti Roberti Ogilvie, *patris*,—in terris
prædictis.　　　　　iv. 50.

(49)　　　　　Feb. 18. 1606.
DAVID LINDSAY de Balgawis, *hæres* Domini Walteri Lindsay
de Balgawies militis, *patris*,—in terris, villa, burgo, et baronia de
Balgawis, cum molendino, viridi, palude, lacu et ejusdem piscaria ;
—terris de Hiltoun de Guthra et Langlandis, cum sylvis, Bogs et
Firth de Hiltoun, ab antiquo in baronia de Guthrie ;—illa parte terrarum de Inuerdevit vocata Lichtounis-landis, olim in baronia de
Naughtane in Fife, nunc per annexationem in baronia de Balgawis,
unitis in baroniam de Balgawis :—A. E. 7*l*. N. E. 28*l*.—terris de
Hauch infra baroniam de Fynhevin :—A. E. 3*l*. N. E. 12*l*.—baronia de Inneraritie cum officiis Forrestarum, et advocatione rectoriæ et vicariæ ecclesiæ de Innerarity :—A. E. 20*l*. N. E. 30*l*.—
terris de Corlungzie et Balhungzie in baronia de Downie :—A. E.
5*l*. N. E. 20*l*.—terris de Cunyngair-landis ;—terris vocatis Debaitta-
bill-lands ;—terris de Westhaugh, Outfeild-fauldis cum moro et
crofta adjacente, terris de Litil-Marcus ab antiquo vocatis Cottar
landis de Hauch, et terris vocatis Cuningair-landis de Finhevin.—
A. E. 20*s*. N. E. 4*l*.　　　　　iii. 181.

(50)　　　　　Feb. 25. 1606.
JACOBUS BEATOUN filius legitimus Davidis Beatoun de Melgund, *hæres* Davidis Beatoun, *fratris germani*,—in terris de Rind
vocatis Bryantoun-Rind.—A. E. 20*s*. N. E. 4*l*.　　iii. 208.

(51)　　　　　Apr. 30. 1606.
WILLIELMUS RUTHVEN de Ballendane, *hæres* Willielmi
Ruthven de Ballandane militis, *patris*,—in dimidietate terrarum de
Lwnane alias vocatarum Courthill, Dumberneth, et dimidietate mo-
lendini de Lunane.—A. E. 5*l*. N. E. 10*l*.　　　iii. 203.

(52)　　　　　Nov. 8. 1606.
HENRICUS GUTHRIE de Halkertoun, *hæres* Alexandri
Guthrie de Halkertoun, *proavi*,—in umbrali dimidietate 3 quarta-
rum partium terrarum de Hiltoun de Guthrie ;—trigesima parte ad
umbram solaris dimidietatis earundem terrarum de Hiltoun de
Guthrie, in baronia de Guthrie.—A. E. 26*s*. 8*d*. N. E. 5*l*. 6*s*. 8*d*.
iv. 54.

(53)　　　　　Mar. 14. 1607.
ALEXANDER FULLARTOUN, *hæres* Alexandri Fullartoun
portionarii de Craigo, *patris*,—in sexta, octava, nona, et decima
sexta partibus terrarum de Craigo, infra parochiam de Logie-Montrois.—A. E. 30*s*. N. E. 6*l*.　　　　　iii. 271.

(54)　　　　　Apr. 25. 1607.
JACOBUS STRATHAUCHIN, *hæres* Patricii Strathatichin apud
templum de Monakye, *patris*,—in annuo redditu 20*m*. de terris
ab antiquo vocatis Eister Bordour, in baronia de Leyis.　iv. 170.

(55)　　　　　Maii 21. 1607.
JOANNES KYD, *hæres* Joannis Kyd in Wodwray, *patris*,—in
2 acris terræ arabilis de Carsgownie, unacum pastura in agris et limitibus de Carsgownie 24 ovium 4 boum 1 equi et 1 equæ.—A. E.
6*s*. 8*d*. N. E. 20*s*.　　　　　iv. 63.

(56)　　　　　Jul. 18. 1607.
SYBILLA LOVELL, *hæres portionaria* Jacobi Lovell, *fratris*,—
in terris de Westferrie :—A. E. 5*s*. N. E. 20*s*.—salmonum piscatione de Ferryduris vocata The Vastcruik alias Kilcraige, super borealem partem aquæ de Taya.—E. 7*l*. 3*s*. 4*d*.　　iv. 81.

(57)　　　　　Jul. 18. 1607.
MARIOTA LOVELL, *hæres portionaria* Jacobi Lovell, *fratris*,
—in terris de Wast Ferrie :—A. E. 5*s*. N. E. 20*s*.—salmonum piscatione de Ferrieduris vocata The Uast Cruik alias Kilcraig, super
borealem partem aquæ de Taya.—E. 7*l*. 3*s*. 4*d*.　　iv. 82.

(58)　　　　　Oct. 3. 1607.
ALEXANDER RAMSAY, *hæres* Capitani Alexandri Ramsay,
patris,—in tenemento cum horto jacente in civitate Brechinensi.
—A. E. 13*s*. 4*d*. N. E. 53*l*. 4*d*.　　　　iv. 125.

(59)　　　　　Dec. 29. 1607.
MAGISTER WILLIELMUS SCHAIRP de Pitlethy, *hæres*
Magistri Alexandri Schairp, *fratris*,—in sexta parte terrarum de
Hiltoun de Craigie :—E. 14*m*. &c.—alia sexta parte prædictarum
terrarum :—E. 4 *bollæ frumenti*, &c.—dimidia parte alterius sextæ
partis prædictarum terrarum.—E. 2 *bollæ tritici*, &c.　iv. 118.

(60)　　　　　Apr. 30. 1608.
ANDREAS GRAY, *hæres masculus* Andreæ Gray de Dynninald,
avi,—in terris de Dynninald cum portu et piscaria ejusdem, in parochia de St. Skaoch infra prioriam de Restennet.—E. 45*l*. *feudifirmæ*.　　　　　iv. 153.

(61)　　　　　Jun. 2. 1608.
JOANNES WOD mercator burgensis de Montrois, *hæres* Magistri
Davidis Wode filii legitimi natu maximi quondam Georgii Wode
in Abbottoun, *fratris germani*,—in annuo redditu 45 bollarum victualium, de terris de Kynnaber et molendinis earundem ;—annuo
redditu 99 bollarum victualium, de villis et terris de Guthrie et
Newtoun, in parochia de Arbirlet et regalitate de Rescobie.
iv. 171.

(62)　　　　　Jun. 11. 1608.
WILLIELMUS GARDIN, *hæres* Andreæ Garden in Wester
Fanno, *patris*,—in solari dimidietate terrarum de Monboy, in ba-
ronia de Rossye.—A. E. 13*s*. 4*d*. N. E. 53*s*. 4*d*.　　iv. 177.

(63)　　　　　Jun. 28. 1608.
DAVID CRAWFURDIÆ COMES, Dominus Lyndsay, &c.
hæres Davidis Crawfurdiæ Comitis, Domini Lyndsay, &c. *patris*,
—in terris et baronia de Fynevin :—A. E. 40*l*. N. E. 66*l*.—terris
de Ochterallane :—A. E. 10*l*. N. E. 30*l*.—terris de Tulliebrolok ;
—terris de Cultnahilt et Newpark :—A. E. 6*l*. N. E. 13*l*. 6*s*. 8*d*.
—40 mercis annui redditus de custumis burgi de Montrose ;—annuo redditu 100*m*. de magnis custumis burgi de Dundie :—in hospitio seu tenemento terræ hospitium comitis vocato, jacente in
burgo de Dundie, cum advocatione capellaniæ infra dictum hospitium fundatæ, rupe vocata St. Nicolas craig, infra fluxum maris
burgi de Dundie, et fortalicio et loco dicti rupis, advocatione
capellaniæ de St. Nicolas, et advocatione 5 capellaniarum Sancti

Georgii Martyris, et capellaniæ omnium sanctorum infra ecclesiam parochialem de Dundie :—A. E. 9m. N. E. 5m.—terris et baronia de Forrest de Plattan :—A. E. 60l. N. E. 144l. 13s. 4d.—terris et baronia de Inverarritie et advocatione rectoriæ et vicariæ earundem ;—terris de Kirktoun de Inverarritie et Parkyet partibus baroniæ de Inneraritie :—A. E. 20l. N. E. 80l.—dimidietate baroniæ de Clovay :—A. E. 8l. 17s. 9d. N. E. 26l. 13s. 8d.—terris et baronia de Downy ;—terris de Ardesty, Balhungy, Downykene, Cottown, Brewland de Downy, Knychtishill, acra de Smyddiehalloch :—A. E. 50l. N. E. 200l.—superioritate terrarum de Lekequhy et dimidietatis terrarum de Inglistoun de Kynnettillis :—A. E. 4l. N. E. 16l.—erectis cum aliis terris in dominium et baroniam de Fynevin.—(Vide Aberdeen, Perth, Fife.) iv. 218.

(64) Aug. 6. 1608.
JOANNES LYON de Auldbar, hæres Domini Thomæ Lyon de Auldbar militis, patris,—in terris et baronia de Melgund cum tenandriis earundem subscriptis, viz. terris dominicalibus de Auldbar, cum cruives et salmonum piscariis super aqua de Southesk ;—terris de Clatterbene ;—dimidietate terrarum de Balnacaith ;—terris de Blaberhill ;—terris de Wodend ;—terris de Bellaithschaw et Forrest-outset earundem ;—terris de Southmelgund, cum communitate in moris de Monthrewmonth :—A. E. 6l. N. E. 24l.—terris et baronia de Tannadyce :—A. E. 20l. N. E. 80l.—terris de Stannoquhie.—E. 13l. 6s. 8d. feudifirmæ. iv. 224.

(65) Feb. 28. 1609.
PATRICIUS MAULL, hæres Patricii Maull de Panmure, patris,—in terris et baronia de Panmure, viz. terris dominicalibus lie Maynis de Panmure ;—molendino de Crombie ;—terris de Muredrum, Ailhous de Pitleivie ;—terris de Newtoun et Blacklawis, Blockat ;—molendino de Maynis de Panmure ;—terris de Benvie et molendino ;—terris de Balriddrie ;—terris de Carmylie et molendino earundem cum pertinentiis, viz. Newtoun, Eisterhill, Westerhill, Auchlair, Monthyre (Monikie ?), Skethin, Glaster, Carnegye, Pitleivie, Auchranzie, Scryne, Craigmiln, Eisterhevin de Panmure ;—terris de Balvissie et Ballischan :—A. E. 40l. N. E. 160l.—terris de Cambystoun cum molendino, in baronia de Downie.—A. E. 13s. 4d. N. E. 53s. 4d. iv. 228.

(66) Maii 6. 1609.
CAROLUS AIR, hæres Georgii Air portionarii de Haltoun de Guthrie vulgo vocato Eistertoun de Guthrie, patris,—in octava parte villæ et terrarum de Haltoun vulgo Eistertoun de Guthrie, in baronia de Guthrie.—A. E. 8s. 4d. N. E. 33s. 4d. iv. 279.

(67) Nov. 4. 1609.
HUGO MAXWELL de Teling, hæres masculus Domini Davidis Maxwell de Telling militis, patris,—in terris dominicalibus lie Mains de Teling nuncupatis Milntowne ;—molendino dictarum terrarum ;—terris de Balmuith ;—dimidietate terrarum de Balgro ;—dimidietate terrarum de Kirktoun ;—dimidietate terrarum de Polkembb ;—dimidietate terrarum de Balkello ;—terris de Polgavie ;—unitis in baroniam de Teling.—A. E. 14l. N. E. 56l. iv. 291.

(68) Dec. 2. 1609.
DOMINUS WILIELMUS AUCHTERLONY de Eodem miles, hæres masculus Gulielmi Auchterlony de Eodem, patris,—in terris et baronia de Auchterlony alias Kelly.—A. E. 20l. N. E. 80l. iv. 295.

(69) Jan. 19. 1610.
GILBERTUS OGILVIE de Eodem, hæres Magistri Joannis Ogilvie de Eodem, patris,—in terris et baronia de Ogilvie comprehendente terras de Eister Powrie :—A. E. 12l. N. E. 48l.—quarta parte terrarum et villæ de Balkello in baronia de Teilling :—A. E. 10s. N. E. 40s.—terris de Gussland et Gallowfauldheid :—A. E. 15s. N. E. 3l.—terris de Pettcruthie :—A. E. 10s. N. E. 40s.—annuo redditu 11 bollarum 1 firlotæ victualium ;—annuo redditu 6 bollarum 3 firlotarum victualium de terris de Foffartie :—in terris de Blaklwnandis et Drumforkis, in baronia de Craggis-Glenylay :—A. E. 10s. N. E. 40s.—annuo redditu 20l. de terris de Dynnynald.—(Vide Perth.) iv. 334.

(70) Jan. 27. 1610.
WILLIELMUS DURHAME de Grange, hæres Willielmi Durhame de Grange, patris,—in terris de Fallow in baronia de Innerkylour :—A. E. 30l. N. E. 6l.—annuo redditu 6 chaldres victualis de terris et maneriis de Ridcastell in baronia antedicta, in warrantum dictarum terrarum de Fallow ;—in terris de Dunfynd in baronia de Duny.—A. E. 4l. N. E. 16l. iv. 280.

(71) Jun. 19. 1610.
THOMAS FOTHERINGHAME de Pourie, hæres masculus Thomæ Fotheringhame de Pourie, patris,—in terris et baronia de Brochtie subscriptis, viz. terris de Haltoun de Inneraritie cum mo-

lendino et Peilhouse :—A. E. 4l. N. E. 16l.—terris de Wester Brichtie ;—terris de Happis cum focalibus et pastura in moris de Brichty et Innerarity :—A. E. 12l. N. E. 26l.—dimidietate terrarum de Murroise :—A. E. 20s. N. E. 4l.—terris de Balladrone :—A. E. 5l. N. E. 10l.—dimidietate terrarum de Tarsappie cum piscaria super aqua de Tay :—A. E. 6l. 13s. 4d. N. E. 20l. 13s. 4d.—terris et baronia de Wester Pourie :—A. E. 3l. N. E. 12l.—terris et baronia de Inneraritie, viz. terris de Kirktoun de Inneraritie ;—terris de Parkzet cum molendino granario de Inneraritie ;—terris de Unstoun ;—terris de Bratillo ;—dimidietate terrarum de Carret ;—terris et villa de Banetoun ;—pecia terræ nuncupata Guisland de Inneraritie ;—jure patronatus ecclesiæ de Inneraritie ;—terris de Lytill Tarbrax, cum moris baroniæ de Inneraritie et de Kirktoun de Inneraritie et Parkzet, jacentibus infra parochiam de Inneraritie ;—terris appellatis Cuschetgreane, infra baroniam de Downy ;—superioritate terrarum de Mekill Torbrax, Labothy, Newtoun, et Balgirscho, et alterius dimidietatis de Carret :—A. E. 16l. N. E. 64l.—4 acris terrarum templariarum in villa et territorio de Brichtie :—A. E. 5s. N. E. 20s.—tertia parte terrarum dominicalium de Downy ;—tertia parte terrarum de Balhungie in baronia de Downy :—A. E. 8l. N. E. 24l.—tertia parte terrarum de Windie-ege et Renelgrene, in baronia de Fynhevin :—A. E. 26s. 8d. N. E. 5l. 6s. 8d.—tertia parte annui redditus 42 bollarum victualium de molendino granario de Fynhevin, et de terris de Ordie in baronia de Fynhevin. iv. 388.

(72) Jul. 19. 1610.
GULIELMUS TYRIE de Drumkillo, hæres Davidis Tyrie, patris,—in dimidietate terrarum de Lunnan cum dimidia parte molendini, in baronia de Lunane.—A. E. 20m. 16s. 8d. N. E. 63m. 10s. iv. 328.

(73) Jul. 28. 1610.
GILBERTUS AUCHINLECK de Eodem, hæres Roberti Auchinleck de Eodem, patris,—in annuo redditu 10l. de terris de Balwissie in baronia de Panmure. iv. 489.

(74) Maii 2. 1611.
JOANNES SCHARP de Ballindoche, hæres Domini Willielmi Scharpe de Ballindoche militis, patris,—in sexta parte terrarum de Craigie :—E. 14m. &c.—tenemento cum horto in Dundey.—A. E. 20s. N. E. 3l.—(Vide Perth, Edinburgh.) iv. 429.

(75) Maii 2. 1611.
JOANNES SCHARPE de Ballindoche, hæres Magistri Alexandri Scharp fratris germani quondam Domini Willielmi Scharp de Ballindoch militis, patrui,—in sexta parte de Hiltoun de Craigie :—E. 4 bollæ frumenti, &c.—dimidietate sextæ partis prædictæ terræ.—E. 2 bollæ tritici. iv. 429.

(76) Jan. 11. 1612.
THOMAS WISCHART in Ballindarg, hæres masculus Thomæ Wischart in Ballindarg, patris,—in 2 aratris terrarum arabilium de Inglistoun de Kinnettilles, extendentibus ad quartam partem terrarum de Inglistoun de Kinnettiles, in parochia de Kinnettilles.—A. E. 20s. N. E. 4l. vii. 195.

(77) Jan. 11. 1612.
ELIZABETHA TRAILL sponsa Roberti Rollock, hæres portionaria Willielmi Traill mercatoris ac burgensis de Dundie, fratris germani,—in terris de Leggisland in regalitate de Keremuir.—A. E. 30s. N. E. 6l. viii. 282.

(78) Jan. 11. 1612.
ELIZABETHA TRAILL sponsa Roberti Rollock, hæres portionaria Georgii Traill mercatoris ac burgensis de Dundie, fratris,—in quarta parte terrarum de Kirktoun de Liff, cum quarta parte terrarum brasinarum ejusdem, in orientali dominio de Scona.—E. 16 bollæ ordei, &c. feudifirmæ. viii. 282.

(79) Maii 21. 1614.
HUGO SAMSOUN servitor quondam Gulielmi Rind de Cars, hæres Willielmi Samsoun, patrui,—in annuo redditu 16m. de terris et manerie de Cars, in baronia de Rescobie. vii. 75.

(80) Jul. 30. 1614.
GEORGIUS ERSKIN de Kirkbuddo, hæres Joannis Erskin, patris,—in terris de Kirkbuddo et pecia terræ Hoilmylne nuncupata, cum molendino :—A. E. 3l. N. E. 12l.—6 acris terrarum arabilium apud ecclesiam de Kirkbuddo, cum pastura 6 boum.—A. E. 10s. N. E. 30s. vi. 18.

(81) Maii 20. 1615.
JOANNES LYOUN de Cossins, hæres Joannis Lyoun de Cossins, patris,—in annuo redditu 40m. de terris de Haltoun de Tullois in regalitate de Aberbrothok. vi. 49.

(82) Jul. 8. 1615.
ROBERTUS LICHTOUN de Ulisheavin, *hæres* Roberti Lichtoun burgensis de Montrois, *patris*,—in solari dimidietate terrarum de Colmoundis (Tolmoundis?) in parochia de Logie-Montrois.—A. E. 10*s*. N. E. 40*s*. vi. 81.

(83) Jul. 22. 1615.
GILBERTUS RUSSEL, *hæres* Gulielmi Moyses alias Bucklemaker in Hill de Dundie, *nepotis sororis patris*,—in roda terræ in suburbio de Dundie The Rattownraw nuncupato.—A. E. 10*d*. N. E. 3*s*. 4*d*. vi. 55.

(84) Aug. 1. 1615.
GEORGIUS LINDESAY filius secundo genitus Domini Henrici Lindesay de Carreldstoun militis, *hæres masculus* Domini Joannis Lindesay militis filii natu maximi dicti Domini Henrici, *fratris germani*,—in terris et baronia de Fynnehevin :—A. E. 40*l*. N. E. 66*l*.—terris de Auchterallone :—A. E. 10*l*. N. E. 30*l*.—terris de Tullibrollock, Cultnahilt, et Newpark:—A. E. 6*l*. N. E. 13*l*. 6*s*. 8*d*.—annuo redditu 40*m*. de custumis S. D. N. Regis burgi de Montrois ;—annuo redditu 100*m*. de magnis custumis de Dundie ;—de hospitio et tenemento terræ vocato hospitium comitis, infra burgum de Dundie ;—jure patronatus capellaniæ infra dictum hospitium fundatæ ;—rupe vocata Sanct Nicolas Craig infra fluxum maris burgi de Dundie, cum jure patronatus capellaniæ de Sanct Nicolas infra eandem situatæ, jure patronatus 5 capellaniarum Sancti Georgii Martyris, et capellaniæ omnium sanctorum infra ecclesiam parochialem fundatarum :—A. E. 3*m*. N. E. 5*m*.—omnibus unitis ab antiquo in baroniam de Fynnehevin ;—terris et baronia de Forrest de Plattane :—A. E. 60*l*. N. E. 140*l*. 13*s*. 4*d*.—terris et baronia de Downie ;—terris de Ardestie, Balhungie, Downiekene, Cottoun, Brewland de Downy, Knichtishill, et acra de Smiddiehalloch :—A. E. 50*l*. N. E. 200*l*.—dimidietate baroniæ de Clovay :—A. E. 8*l*. 17*s*. 9*d*. N. E. 26*l*. 13*s*. 8*d*.—superioritate terrarum de Lacaquhy, et dimidietatis terrarum de Inglistoun et Kinnettilis :—A. E. 4*l*. N. E. 16*l*.—unitis cum terris in Perth in baroniam de Finnehevin.—(Vide Perth.) vi. 140.

(85) Aug. 26. 1615.
JOANNES SCRYMGEOR de Dudop, *hæres masculus* Domini Jacobi Scrymgeor de Dudop militis, constabularii de Dundie, *patris*,—in terris de Balrudrie et Benvie, cum advocatione ecclesiarum earundem, in baronia de Panmur :—E. 6*d*. *argenti*:—terris dominicalibus de Maynes de Dod ;—foresta, sylva et parte terrarum de Dod ;—terris de Fyndstoun.—A. E. 3*l*. N. E. 12*l*. vi. 57.

(86) Sep. 7. 1615.
DOMINA MARIA DOWGLAS comitissa de Buchan, *hæres* Dominæ Cristinæ Stewart comitissæ de Buchan, *aviæ*,—in terris, baronia, et dominio de Auchterhous :—A. E. 13*l*. 6*s*. 8*d*. N. E. 80*l*.—terris et baronia de Essie, viz. Castletoun, Ailhous, et terris brasinariis de Essie, novo molendino, Balkerye cum molendino, Glenquhariteis, Balgrugo, et Dryland de Essie :—A. E. 12*l*. N. E. 72*l*.—terris et baronia de Nevay :—A. E. 5*l*. N. E. 20*l*.—terris et baronia de Kethins et terris de Pitdynnie in eadem baronia :—A. E. 16*l*. N. E. 64*l*.—terris et baronia de Kinzawtie :—A. E. 16*l*. N. E. 64*l*.—terris de Memis (vel Mennis) cum molendino :—A. E. 4*l*. N. E. 16*l*.—terris de Bachlawnans et Drumforkis, cum advocatione ecclesiarum.—A. E. 6*l*. N. E. 24*l*. vi. 59.

(87) Oct. 7. 1615.
DAVID FYIFF in Skechin, *hæres* Davidis Fyiff aliquando in Newtoun de Carmylie, *patris*—in annuo redditu 12 bollarum victualium de tertia parte terrarum de Carmylie in parochia de Panbryd ;—annuo redditu 24*l*. de terris de Hiltoun in baronia et parochia de Innerkeiller. vi. 166.

(88) Oct. 7. 1615.
WILLIELMUS GUTHRIE, *hæres masculus* Alexandri Guthrie de Eodem, *fratris germani*,—in terris dominicalibus de Guthrie ab antiquo vocatis The Kirktoun, cum molendino granorum ;—terris de Teiltoun ;—reliquis terris baroniæ de Guthrie subscriptis, viz. Eistertoun alias Haltoun, et Milnetoun de Guthrie, cum advocatione ecclesiæ collegiatæ de Guthrie, communi mora de Monthrewmonyth, et superioritate terrarum de Langlands.—A. E. 7*l*. N. E. 28*l*. vi. 176.

(89) Nov. 2. 1615.
JACOBUS TWEDIE de Drummalzear, *hæres* Jacobi Twedie de Drummalzear, *patris*,—in dimidietate terrarum subscriptarum, viz. terrarum de Braidfuttis-Gairdin alias Wester-Gairdin, cum pertinentiis nuncupatis Tempillhill, Newtoun, Loneheid, et Dounheid, ac mora nuncupata Dowglasmure ;—terrarum de Little Gairdin alias Eister et Wester Bardour, cum advocatione capellaniæ de Quheitfeild et terris capellanariis ;—terrarum de Burnesyid et Murehous.—A. E. 40*s*. N. E. 8*l*. vi. 78.

(90) Dec. 28. 1615.
ALEXANDER STRATHAUCHIN, *hæres* Alexandri Strathauchin feoditarii de Brigtoun, *patris*,—in terris et baronia de Brigtoun de Kynnettillis, cum Brewlands, Browsterseattis et molendino granorum de Brigtoun ;—terris de Inglistoun vocatis ab antiquo Inglistoun de Kinnettillis.—A. E. 6*l*. N. E. 24*l*. vi. 185.

(91) Apr. 13. 1616.
DAVID DEWCHAR, *hæres* Davidis Dewchar de Eodem, *patris*, —in solari quarta parte terrarum de Watterstoun in baronia de Waterstoun.—A. E. 25*s*. N. E. 5*l*. vi. 90.

(92) Oct. 5. 1616.
PATRICIUS GRAY, *hæres masculus* Andreæ Gray de Lour, *patris*,—in solari quarta parte terrarum dominicalium et villæ de Lour, cum bina parte alterius quartæ partis terrarum dominicalium antedictarum solari quartæ parte contigue adjacente, in parochia de Restennet ;—reliquis terris dominicalibus et villa de Lour cum molendino earundem, jacentibus ut supra :—A. E. 4*l*. N. E. 16*l*.—parte. moræ ab antiquo Kingismure nuncupata.—A. E. 3*s*. 4*d*. N. E. 13*s*. 4*d*. vi. 185.

(93) Oct. 5. 1616.
ALEXANDER OGILVIE de Scheillhill, *hæres* Alexandri Ogilvie de Scheillhill, *patris*,—in terris de Mwirheid de Murchill cum decimis garbalibus et vicariis, in parochia de Tannadyce.—A. E. 13*s*. 4*d*. N. E. 4*m*. vi. 251.

(94) Nov. 16. 1616.
PATRICIUS STRATHAUCHIN de Carmyllie, *hæres* Jacobi Strathauchin de Carmyllie, *fratris germani*,—in lie Lairdschip de Carmyllie comprehendente terras dominicales lie Mayns de Carmyllie ;—terras de Auchlair, Quhythill, Quhythillpark, Wasthillis, Midhillis, Bakhillis, Eisthillis, Newtoun, Milnetowne cum molendino, Cokhillis cum brasina, Goittmureheidis, Mureland, Crosden ;—terras et villam de Monquhin ;—advocatione capellæ Beatæ Virginis Mariæ de Carmyllie, in baronia de Panmwir.—A. E. 8*l*. N. E. 32*l*. vi. 187.

(95) Nov. 16. 1616.
PATRICIUS STRATHAUCHIN de Carmyllie, *hæres* Jacobi Strathauchin de Carmyllie, *patris*,—in terris de Skechin (vel Skechin), in baronia de Panmwir :—A. E. 50*s*. N. E. 10*l*.—terris de Goynd cum decimis garbalibus, in dominio de Abirbrothok.—E. 6*l*. 6*s*. 10*d*. &c. vi. 187.

(96) Feb. 1. 1617.
ARCHIBALDUS WOOD de Craig, *hæres* Domini Davidis Wood de Craig militis, *patris*,—in terris de Balkeillie, Fullertoun, et Demini-Easter, unitis in baroniam de Hiltoun, cum aliis terris in Kincardine.—A. E. 12*l*. 16*s*. N. E. 50*l*. 4*s*.—(Vide Kincardine.) vi. 153.

(97) Feb. 8. 1617.
ARCHIBALDUS WOD de Craig, *hæres* Domini Davidis Wod de Craig militis, *patris*,—in terris et villa de Annaine :—A. E. 20*s*. N. E. 4*l*.—terris de Craig ab antiquo vocatis Craigtoune de Inschebrayok ;—terris de Brodland ;—terris de Scotistoun ;—terris de Inchebrayok cum piscaria salmonum, in baronia de Rescobie et regalitate de Sanct Androis.—E. 31*l*. 10*s*. 8*d*. *feudifirmæ*. vi. 163.

(98) Apr. 30. 1617.
JOANNES COMES DE KINGORNE, Dominus Lyoun et Glamis, *hæres* Patricii Comitis de Kinghorne, Domini Lyoun et Glamis, *patris*,—in terris thanagii de Glames, et advocatione ecclesiarum :—A. E. 25*l*. N. E. 100*l*.—terris, baronia, et thanagio de Tannades :—A. E. 20*l*. N. E. 80*l*.—unitis cum aliis terris in Aberdeen et Perth in baroniam de Glamis ;—terris de Ardecrok alias Litill Cossynis :—E. 40*s*.—Ila de Inchekeith ;—advocatione ecclesiæ de Kinghorne-Eister ;—advocatione ecclesiæ de Nathir-Airlie, cum decimis.—A. E. 6*s*. 8*d*. N. E. 20*s*.—(Vide Aberdeen, Perth.) vii. 16.

(99) Apr. 30. 1617.
JOANNES COMES DE KINGORNE, Dominus Lyoun et Glames, &c. *hæres* Joannis Domini Glames Regni Scotiæ Cancellarii, *avi*,—in terris de Kindrohad (vel Kintrokat), cum molendino nuncupato Hoilmylne, infra dominium de Brechin.—E. 20*l*. vii. 20.

(100) Maii 17. 1617.
GEORGIUS STRANG, *hæres* Joannis Strang portionarii de Kilrenny, *patris*,—in terris de Wester-Dod ;—2 pendiculis terrarum de Eister-Dod nuncupatis Gallowfauldis et Forrestersaitt, in baronia de Dod.—A. E. 20*s*. N. E. 4*l*. vii. 228.

B

537

(101) Jul. 5. 1617.

ALEXANDER LYNDSAY de Vaine, *hæres masculus* Davidis Lyndsay de Vaine, *avi*,—in terris de Vaine in baronia de Ferne.—A. E. 5*l*. 6*s*. 8*d*. N. E. 21*l*. 6*s*. 8*d*. vii. 155.

(102) Sep. 12. 1617.

JOANNES BARRY, *hæres* Willielmi Barry mercatoris burgensis de Dundy, *patrui*,—in tenemento in burgo de Dundy.—E. 20*l*. vii. 24.

(103) Jun. 23. 1618.

WILLIELMUS FULLARTOUN de Eodem, *hæres* Domini Willielmi Fullartoun de Eodem militis, *avi*,—in dimidietate terrarum de Ardoch :—E. 10*m*.—nona parte terrarum de Crago nuncupata Scrymgeours-landis, infra parochiam de Logy-Montrois :—A. E. 8*s*. N. E. 32*s*—quarta parte umbralis dimidietatis, et octava parte umbralis dimidietatis terrarum de Logy-Montrois, infra dominium de Rescoby, et regalitatem Sancti Andreæ ;—umbrali dimidietate terrarum de Tolmondis, infra dictam regalitatem Sancti Andreæ, et duabus acris præfatarum terrarum de Tolmondis, jacentibus in Coithaw, in baronia de Dun :—A. E. 40*s*. N. E. 8*l*.—annuo redditu 36 bollarum victualium de molendino de Dun ;—terris templariis villæ de Tempill-Logy-Ardoch infra parochiam de Logy-Montrois :—E. 5*s*.—tertia parte terrarum dominicalium de Downy ;—tertia parte terrarum de Balhungy, in baronia de Downy :—A. E. 4*l*. 3*s*. 4*d*. N. E. 16*l*. 13*s*. 4*d*.—tertia parte terrarum de Windynaige et Ravelgrene, infra baroniam de Fynnevin :—A. E. 16*s*. 8*d*. N. E. 5*m*.—tertia parte annui redditus 42 bollarum victualium de molendino granorum de Fynnevin, et de terris de Ordy in dicta baronia de Fynnevin ;—annuo redditu 200*m*. de villa et terris de Kynnettillis, infra parochiam de Kynnettillis ;—in quarta parte villæ et terrarum de Kirktoun de Lyff :—E. 3*l*.—quarta parte croftæ nuncupatæ Kirkcroft :—E. 7 *firlotæ ordei* :—quarta parte terrarum nuncupatarum Brewlandis dictæ villæ, in dominio de Scone :—E. 11*s*. 8*d*.—extendentibus in integro ad 5*l*. 9*s*.—(Vide Perth, Haddington.) vii. 71.

(104) Jul. 11. 1618.

JONETA BALFOUR, *hæres portionaria* Henrici Balfour in Panbryde, *patris*,—in umbrali media umbralis quartæ partis jacente in solari media terrarum dominicalium de Kynblachmonth, in baronia ejusdem.—A. E. 4*s*. 2*d*. N. E. 16*s*. 8*d*. vii. 64.

(105) Jul. 11. 1618.

ELIZABETHA BALFOUR, *hæres portionaria* Henrici Balfour in Panbryde, *patris*,—in terris prædictis.—A. E. 4*s*. 2*d*. N. E. 16*s*. 8*d*. vii. 64.

(106) Jul. 18. 1618.

ISSOBELLA OGILVIE, *hæres* Magistri Jacobi Ogilvie filii legitimi Domini Joannis Ogilvie de Innerquharitie militis, *patris*,—in terris molendini de Rescobie, cum molendino et multuris in regalitate de Rescobie.—E. 8*l*. vii. 55.

(107) Jul. 21. 1618.

ANNA RAE filia natu maxima, et *hæres portionaria* Adami Rae de Pitsindie, *patris*,—in terris de Carreldstoun nuncupatis Furdstoun ;—terris de Nather-Carrelstoun, cum molendinis earundem ;—terris de Littill-Watterstoun, Braklow, et Bollehillok, in speciale warrantum terrarum de Kinfawnis, Pitsindie, &c. unitis in baroniam de Pitsindie.—A. E. 10*l*. N. E. 40*l*.—(Vide Perth, Stirling.) vii. 78.

(108) Jul. 21. 1618.

ELIZABETHA RAE filia secundo genita et *hæres portionaria* Adami Rae de Pitsindie, *patris*,—in terris prædictis.—(Vide Perth, Stirling.) vii. 79.

(109) Jul. 21. 1618.

HELENA RAE filia tertio genita, et *hæres portionaria* Adami Rae de Pitsindie, *patris*,—in terris prædictis.—(Vide Perth, Stirling.) vii. 79.

(110) Jul. 27. 1618.

JOANNES STURROK nauta burgensis de Dundie, *hæres* Joannis Sturrok mercatoris burgensis dicti burgi, *filii fratris avi*,—in tenementis in Dundie.—E. 20*l*. vii. 94.

(111) Oct. 1. 1618.

ROBERTUS DOMINUS BOYD, *hæres* Jacobi Domini Boyd sui patrui quondam Roberti Domini Boyd, *abavi*,—in dimidia baroniæ de Teilling.—A. E. 5*l*. N. E. 20*l*.—(Vide Ayr, Lanark, Perth.) vii. 68.

(112) Oct. 3. 1618.

JOANNES OGILVY de Innerquharitie, *hæres* Domini Joannis Ogilvy de Innerquharitie militis, *patris*,—in solari tertia parte terrarum et villarum de Wester Glenquhariteis et Ballingtoir, cum terris molendinariis, infra baroniam de Lintraithin.—A. E. 6*s*. 8*d*. N. E. 26*s*. 8*d*. vii. 138.

(113) Oct. 8. 1618.

MAGISTER ROBERTUS WARDLAW, *hæres* Joannis Wardlaw burgensis de Edinburgh, *avi*,—in annuo redditu 10*l*. de 40 mercis magnæ custumæ burgi de Montrois.—(Vide Fife.) vii. 92.

(114) Apr. 8. 1619.

DAVID KYNNAIRD filius legitimus Davidis Kynnaird burgensis de Dundie, *hæres* Alexandri Kynnaird, *fratris*,—in tenementis in Dundie.—E. 10*m*. vii. 128.

(115) Apr. 21. 1619.

JACOBUS HALYBURTOUN de Pitcur, *hæres* Domini Jacobi Halyburtoun de Pitcur militis, *patris*,—in terris et baronia de Gask et Pitcur, cum molendino et advocatione ecclesiarum :—A. E. 5*l*. N. E. 40*l*. 20*s*.—terris et baronia de Balluny comprehendente terras de Newtoun et Balluny :—A. E. 5*l*. N. E. 20*l*.—terris de Eglismonichto alias Barnhill, Brachan alias Camp, et Brigend de Monyfuith, et salmonum piscariis vocatis Palmanichto super borealem partem aquæ de Tay, cum decimis garbalibus et vicariis, infra baroniam de Eglismonichto et regalitatem de Keremure ;—terris de Balmoissie, infra baroniam et regalitatem prædictas :—A. E. 6*l*. N. E. 24*l*.—duabus partibus de Kirktoun de Monyfuth, et Justingleyis, cum piscaria in mari et aqua de Tay ;—sexta parte dictæ villæ de Kirktoun de Monyfuth, in warrantum de Eglismonichto, &c. infra regalitatem de Keremure.—A. E. 3*l*. N. E. 12*l*.—(Vide Perth.) vii. 119.

(116) Apr. 21. 1619.

JACOBUS MORAVIÆ COMES, Dominus de Doun, &c. *hæres* Jacobi Moraviæ Comitis, Domini Abernethie, &c. *avi*,—in terris et comitatu de Buchane comprehendente inter alia terras subscriptas, viz. terras et baroniam de Uchterhous ;—terras de Wester-Keith partes dictæ baroniæ de Uchterhous ;—terras et baroniam de Essie ;—terras de Glenquharities et Halbertoun tenendrias dictæ baroniæ de Essie ;—terras et baroniam de Neway ;—villam et terras de Kettynis, et terras de Pidtownie in baronia de Kettynes ;—terras et baroniam de Kinzaltie, cum manerie de Quheich.—A. E. 62*l*. 6*s*. 8*d*. N. E. 300*l*.—(Vide Aberdeen, Bamf.) vii. 142.

(117) Apr. 24. 1619.

JOANNES GRAHAME in Hedderweik, *hæres* Roberti Grahame in Hedderweik, *avunculi*,—in solari dimidietate terrarum de Hedderweik et Clayleck, in regalitate de Abirbrothok.—A. E. 40*s*. N. E. 8*l*. vii. 125.

(118) Apr. 24. 1619.

JOANNES LICHTOUN, *hæres masculus* Roberti Lichtoun de Ullisheavin, *patris*,—in terris et baronia de Ullisheavin, cum molendino, portubus, piscariis et villa piscaria, ab antiquo erectis in baroniam de Ullisheavin.—A. E. 3*l*. N. E. 33*l*. 6*s*. 8*d*. vii. 129.

(119) Maii 29. 1619.

ARTHURUS ERSKENE, *hæres* Jacobi Erskene portionarii de Auchterforfar ;—in dimidietate terrarum de Auchterforfar.—A. E. 20*s*. N. E. 4*l*. vii. 124.

(120) Jun. 26. 1619.

THOMAS GARDINE, *hæres* Thomæ Gardine de Legatstoun, *patris*,—in terris de Eistertoun de Gardine nuncupatis Legatstoun ;—terris de Middiltoun de Gardine ;—terris de Cottoune de Middiltoun de Gardine.—A. E. 3*l*. N. E. 12*l*. vii. 188.

(121) Jul. 15. 1619.

WILLIELMUS CREICHTOUN filius naturalis, et *hæres talliæ* Roberti Domini Creichtoun de Sanquhar, *patris*,—in terris et baronia de Panbryd ;—villa et terris de Foirmaill et Foirnochtie, cum quibusdam aliis terris in Dumfries, Kirkcudbright, Haddington, et Perth, unitis in dominium de Sanquhar.—A. E. 200*l*. N. E. 800*l*.—(Vide Dumfries, Kirkcudbright, Haddington, Perth.) vii. 145.

(122) Nov. 25. 1619.

GULIELMUS MURRAY Magister navis S. D. N. Regis vocatæ lie Charles, *hæres* Willielmi Murray, *patrui*,—in umbrali tertia parte terrarum dominicalium de Ullischevin, et umbrali tertia parte portus piscariæ et terrarum piscariarum ejusdem, infra baroniam de Ullischevin.—E. 11*l*. 2*s*. 9*d*.—tenemento terræ cum horto in burgo de Montroise.—E. 6*s*. 8*d*. vii. 192.

(123) Jan. 11. 1620.

WILLIELMUS COMES DE MORTOUN, Dominus Dalkeith, *hæres* Willielmi Comitis de Mortoun, &c. *avi*,—in terris de Tullois ;—terris de Straquhy et molendino ejusdem, cùm terris de Corstoun, super australi latere. aquæ de Eveny, infra regalitatem de Abirbrothok.—E. 40l. vii. 250.

(124) Jan. 22. 1620.
DAVID LEVINGSTOUN de Donypace, hæres Joannis Levingstoun de ·Donypace, fratris,—in bina parte villæ et terrarum de Mekil-Perth ;—bina parte villæ et terrarum de Connonye ;—bina parte villæ et terrarum de Ballochie ;—terris vocatis Bank ;—terris de Muretoun ;—moris de Mekil-Perth, Connonye, et Ballochie, cum advocatione ecclesiarum de Stracathro, Buttingill, et Kilmoir, et salmonum piscaria super. aquam de Northesk :—A. E. 6l. 13s. 4d. N. E. 26l. 13s. 4d.—dimidietate annui redditus 24s. de terris de Nether-Craigis de Glenila :—E. 12s.—prædictis terris de Nether Craigis de Glenila ;—terris de Auchrayne ;—terris de Cuikistoun cum molendino ;—terris de Blackstoun ;—terris de Drumflogue, Blachlownance ;—terris de Kinbraid ;—terris de Auchnaves :—A. E. 16l. 13s. 4d. N. E. 66l. 13s. 4d.—unitis in baroniam de Craigis.—(Vide Kincardine, Stirling, Linlithgow.) vii. 198.

(125) Apr. 26. 1620.
GEORGIUS ADAME in Ballegarno, hæres Jacobi Adame in Ballegarno, patrui,—in dimidietate tenementi terræ in burgo de Dundee.—E. .... vii. 198.

(126) Maii 2. 1620.
DOMINA MARGARETA CANNEOLIE sponsa Domini Joannis Scott de Newburghe militis, hæres Jeannæ Canneolie relictæ quondam Thomæ Creichtoun de Bodumcraig, sororis germanæ,—in terris terrisque dominicalibus de Maynes de Gairdin et molendino de Gairdin appellato The Dentoun Mylne ;—terris de Middletoun et Eistertoun nuncupatis Legatstoun ;—terris de Pressok et Friok cum communi pastura in mora de Montrewmont, omnibus unitis in baróniam de Gairdin.—A. E. 7l. N. E. 28l. vii. 230.

(127) Maii 9. 1620.
THOMAS BLAIR de Balthyok, hæres Alexandri Blair de Balthyok, patris,—in terris et baronia de Ardblair, cum molendino ; ‑terris de Baldowrie, cum quibusdam aliis terris in vicecomitatibus de Fife et Perth :—A. E. 18l. 6s. 8d. N. E. 193l. 6s. 8d.— unitis in baroniam de Ardblair.—(Vide Fife, Perth.) vii. 240.

(128) Sep. 30. 1620.
GULIELMUS FULLARTONE de Eodem, hæres Gulielmi Fullartone de Eodem militis, avi,—in dimidietate terrarum de Ardo, infra regalitatem de Lindoirs.—E. 6l. 13s. 4d. vii. 317.

(129) Nov. 4. 1620.
ANDREAS STEVIN, hæres Andreæ Stevin aliquando in terris dominicalibus de Kellie inhabitantis, patris,—in tertia parte terrarum dominicalium de Kellie, in baronia de Kellie et parochia de Abirlit.—A. E. 10s. N. E. 40s. viii. 60.

(130) Mar. 3. 1621.
ALEXANDER DOMINUS DE SPYNIE, hæres Alexandri Domini de Spynie, patris,—in terris et villa de Ballisak ;—terris de Braidfutis-Gardine ;—mora ad prædictas terras adjacente ab antiquo nuncupata The Douglas-muir, nunc Lindsayeis-muir, cum advocatione capellaniæ de Quhytfeild et decimis ;—terris de Muirhous in baronia de Redcastle ;—Coughoilles alias Innerkellour ;—villa et terris de Burnesyde ;—advocatione ecclesiarum parochialium de Aulderne, Nairne, Alves, ·Langbryid, Kinedwart, Essill, Kirkmichaell, Innerawine, Knokando, Urquhart, Glenmoriestone, Forres, Eddinkellie, Dolles, Alderne, Rafforth, Ardclettus, Bonach, Aberdour, Skeirdustan, Ardry, Cromdaill, Dippill, Ruthven, Innerkethny, Lundichtle, Moy, Spynie, Kilglassie, Croy et Moy, Duchill, Unthank vocata capellania de Duffus, Bollesken, Kinmoir, Dumbennane, Botarie, Elchis, Glas, Essie, Kincardin, et Duffus, Alter-Alloway, Braaven, Farneway, Lagane, Abirnethie, Ardintullie, et Birneth, infra vicecomitatus de Elgin et Forres, Nairne, et Inverness :—A. E. 10l. N. E. 20l.—terris de Sandiefurde, Boigwilk, et Kilhill, in baronia de Forrest de Platoune :— A. E. 40s. N. E. 8l.—terris domus hospitalis Sancti Germani ordinis, vocatis Tempil landis de Kinblachmont, cum privilegiis.— E. 5s. vii. 312.

(131) Mar. 3. 1621.
WILLIELMUS RUTHVEN, hæres Domini Willielmi Ruthven de Ballendene militis, patris,—in dimidietate terrarum et villarum de Lownane et Dumbarnacht, jacente ad umbram ;—dimidietate molendini de Lownan in baronia de Lownane.—A. E. 5l. N. E. 10l. vii. 320.

(132) Mar. 17. 1621.
THOMAS OGILVY de Eodem, hæres Gilberti Ogilvy de Eodem, avi,—in tertia parte terrarum de Lumlathine :—A. E. 33s. 4d. N. E. 6l. 13s. 4d.—bina parte quartæ partis terrarum de Crwdy,

cum bina parte croftarum versus umbram, infra baroniam de Roscobie et regalitatem Sancti Andreæ.—E. 6s. 3d. viii. 34.

(133) Maii 8. 1621.
ALEXANDER ERSKENE de Dune, hæres masculus Joannis Erskene de Dune, filii fratris,—in terris et baronia de Dune comprehendente terras dominicales de Dwne, cum officio constabularii de Montrois :—A. E. 6l. 13s. 8d. N. E. 26l. 13s. 4d.—terras de Barwyloche ;—terras de Cotraw ;—terras de Sounshill ;—terras de Fordes ;—terras de Glaskernoche cum molendino ;—terras de Tayok, cum advocatione capellaniæ Beatæ Mariæ infra ecclesiam de Dune ;—piscariam in aqua de Southesk ;—terras de Sandis ex boreali parte dictæ aquæ, cum piscariis super dictis terris de Sandis ;—terras de Meikle Carcorie ;—terras de Balwylie, et terras de Quhytfeild, in baronia de Downe, cum communi mora de Monthrewmonth :—A. E. 13l. 6s. 8d. N. E. 53l. 6s. 8d.—omnes unitas in baroniam de Dune. vii. 332.

(134) Jun. 14. 1621.
PATRICIUS KYNNAIRD de Clochindarge, hæres Georgii Kynnaird de Clochindarge, patris,—in terris de Polgavie, pro principalibus :—A. E. 4l. N. E. 16l.—dimidietate terrarum de Balkello in baronia de Teilling, in warrantum.—A. E. 20s. N. E. 4l. vii. 334.

(135) Oct. 20. 1621.
JOANNES RYND de Cars, hæres Gulielmi Rynd de Cars, avi, —in terris de Cottoun de Cars :—A. E. 20s. N. E. 4l.—terris de Craigheid in baronia de Fynevine ;—terris de Parkzet et Westmylne vocatis The Wairdmylne, in baronia de Forrest :—A. E. 40s. N. E. 8l.—annuo redditu 40l. de terris dominicalibus et baronia de Downie. viii. 30.

(136) Nov. 17. 1621.
JACOBUS KYD burgensis de Dundie, hæres Archibaldi Kyd burgensis dicti burgi, avi,—in annuo redditu 52 bollarum victualium de orientali dimidietate terrarum de Balnabreicht in dominio de Brechin. viii. 78.

(137) Jan. 12. 1622.
JOHANNES OGILVY de Inschewane, hæres Thomæ Ogilvy de Inschewane, patris,—in terris de Eister Auchleuchrie cum salmonum piscaria, infra baroniam de Kynnaltie :—A. E. 20s. N. E. 4l. —terris de Auchnagray ;—quarta parte occidentali terrarum de Inschewane, cum brasina et crofta de Kynnaltie.—A. E. 20s. N. E. 4l. viii. 61.

(138) Mar. 13. 1622.
JONETA ROBSONE sponsa Davidis Kynmonthe burgensis de Dundie, hæres Johannis Robsone pistoris ac burgensis ibidem, patrui,—in terris burgalibus in burgo de Dundie.—E. 40l. viii. 14.

(139) Jun. 8. 1622.
JOHANNES OGILVIE de Innerquharitie, hæres Johannis Ogilvie de Innerquharitie, avi,—in annuo redditu 90m. de terris et piscariis de Monyfuith, in regalitate de Keremure. viii. 94.

(140) Jul. 6. 1622.
ROBERTUS ERSKIN de Ardaiste, hæres Roberti Erskin de Ardaistie, patris,—in terris de Ardaistie ;—terris de Murdrum et Oxingang in baronia de Downie ;—parte terræ de Outfeild terrarum Downikaine ;—4 particatis terrarum nuncupatis 4 buttis de Downiekaine, extendentibus ad 4 acras et 3 rudas seu virgatas terræ arabilis, in baronia prædicta.—A. E. 3l. 15s. N. E. 15l. viii. 71.

(141) Jul. 20. 1622.
GULIELMUS GUTHRIE de Eodem, hæres Alexandri Guthrie de Eodem, patris,—in terris de Memas in baronia de Tannadyce. —E. 5l. viii. 49.

(142) Aug. 3. 1622.
JOANNES DONALDSONE in Balgray, hæres Joannis Donaldsone, nepotis patrui,—in hospitio et dimidietate horti in burgo de Dundie.—E. 50m. viii. 68.

(143) Aug. 3. 1622.
JOANNES DONALDSONE, hæres Mathei Donaldsone fullonis burgensis de Dundie, filii patrui,—in tertio hospitio et sellario, &c. in Dundie.—E. 50m. viii. 68.

(144) Dec. 18. 1622.
THOMAS BALLARDIE in Fuird de Pitcur, hæres Jacobi Ballairdie burgensis de Dundie, filii patrui,—in tenemento in burgo de Dundie.—E. 20l. viii. 122.

(145) Mar. 20. 1623.
JONETA BRUCE, hæres portionaria Roberti Bruce junioris de

Pitlethie, *patris*,—in tertia parte terrarum de Wallace-Craigie, in baronia de Dundie.—A. E. 8s. 4d. N. E. 33s. 4d.—(Vide Fife.)
viii. 292.

(146) Mar. 20. 1623.
MARGARETA BRUCE, *hæres portionaria* Roberti Bruce junioris de Pitlethie, *patris*,—in tertia parte terrarum de Wallace-Craigie, in baronia de Dundie.—A. E. 8s. 4d. N. E. 33s. 4d.—(Vide Fife.)
viii. 293.

(147) Mar. 20. 1623.
HELENA BRUCE, *hæres portionaria* Roberti Bruce junioris de Pitlethie, *patris*,—in tertia parte terrarum de Wallace-Craigie, in baronia de Dundie.—A. E. 8s. 4d. N. E. 33s. 4d.—(Vide Fife.)
viii. 293.

(148) Jun. 14. 1623.
CRISTINA LINDSAY filia legitima Georgii Lyndsay nautæ ac burgensis de Dundy, *hæres* Jacobi Lyndsay tinctoris ac burgensis dicti burgi, *patrui*,—in hospitio cum horto et sellario in burgo prædicto.—E. 20m.
viii. 284.

(149) Nov. 29. 1623.
JOANNES HENRIE in Keremure, *hæres* Joannis Henry ibidem, *patris*,—in annuo redditu 50m. de terris et manerie de Guthrie ; —annuo redditu 40l. de dictis terris et manerie de Guthrie.
viii. 228.

(150) Maii 15. 1624.
COLINUS CAMPBELL de Lundy, *hæres* Colini Campbell de Lundy, *patris*,—in terris de Polkello :—E. 4l. &c.—terris de Pokenno (vel Palkembok) :—E. 8l. 13s. 4d. &c.—terris de Polkak : —E. 15l. &c.—villa et terris de Telling :—E. 7l. 13s. 4d.—terris de Balgray :—E. 7l. &c.—terris de Sheilhill :—E. 12l. &c.—molendino de Telling.—E. 3l. 10s.
ix. 39.

(151) Jan. 12. 1625.
ALISONA HAY filia legitima Johannis Hay vietoris in Birran in Norvegia, *hæres* Mathei Donaldsone junioris filii legitimi Mathei Donaldsone senioris fullonis burgensis de Dundie, *avunculi magni*, —in tenemento in Dundie.—E. 8m.
ix. 12.

(152) Jan. 12. 1625.
ALISONA HAY filia legitima Johannis Hay vietoris in Birran in Norvegia, *hæres* Johannis Donaldsone filii Mathei Donaldsone senioris fullonis burgensis de Dundie, *avunculi magni*,—in tenemento in Dundie.—E. 8m.
ix. 12.

(153) Jan. 19. 1625.
JOANNES LEVINGSTOUN de Dunlappies, *hæres* Allani Levingstoune de Dunlappies, *patris*,—in terris de Dunlappies.—A. E. 3l. 5s. N. E. 13l.
ix. 199.

(154) Maii 5. 1625.
JACOBUS MARCHIQ DE HAMMILTOUN, Comes Arraniæ et Cambridge, Dominus Even et Innerdaill, *hæres* Jacobi Marchionis de Hammiltoun, &c. *patris*,—in terris et baronia de Aberbrothock subtus mentionatis, viz.—burgo baroniæ et villa de Abirbrothok, Common Firth et mora de Aberbrothok ;—terris de Gwynd, Brakkis, Grange de Connane, Kirktoun de Abirbrothok, Seatoun, Mylntoun de Connane, Warddykis, Pander-Lawfawld, cum Dischland, Lamblaw, Newtoun, Kynnaldie, Bruntoun, Carnetoun, et Murehous, Newbigging, Peibles, Gaistmedow, cum decimis prædictarum terrarum ;—terris de Dykmontlaw, Northtarrie, Sellerscroft, Smythescroft, Croft de Ward Myln, Deansdaill, Colliestoun, Ruffis, Gutherishill, Ward-dykis, Grynters-Croft, Durwartiszeardis, Mairland, Cunynghair, Cairny, Lethan, Achymuthy, cum Fischertoun et Ailhous earundem ;—Muredrum, Newgrang, Keptie, Almoushouscroft, Spittilfeild, Northferrie, cum piscariis earundem ;—Barbourcroft, Skaitterbank apud lie Denzet alias Countland ;—St. Ninian's Croft ;—terris de Croftis ;—terris de Modyaiker, lie Almoushoushall, lacu de Keptie et Cairny ;—molendinis de Kirktoun et Wardmyln ;—passagio cymbæ lie Boittis Passage de Monros, cum terris ad dictum passagium spectantibus ; —terris nuncupatis Hedderweik et Cleyleik, cum Myritoun (vel Marytoun) infra parochiam de Abirbrothoke ;—terris dominicalibus vulgo Maynes de Athy, Raismylne, Boigheid, Smeithisland, Bruntoun, Overgrein, Nathergrein, Medowland cum particulo de Eistergrein, et 2 acris terrarum arabilium de Rankynnow, cum portu in Kellowrburne infra parochiam de Athy ;—terris de Achnaglis ;—terris de Achterlony, Dwnnichton, et bruerio vulgo Ailhous earundem, Lethame, Incorstoun, Dunbarro, Windie-ege, Crawquhy, Corstoun, Tullois, cum decimis inclusis, infra parochiam de Dwnichtin ;—terris de Both et Kirktoun de Innerkelour cum decimis, infra parochiam de Innerkelour ;—villa et terris de Eister Lwnane cum decimis, infra parochiam de Lwnane ;—villa de Kirktoun de Kincowdrum, Eister et Moir-Persies, Wester Persie, Midle Peirsie, Achteraithe, Kinclun, Baldewy, Little Cany, Mikle Cany, Balfour, Ascrave-Ovir, Ascrave Nather, molendino de Kin-

cowdrum ;—terris de Kynnennall cum decimis, infra baroniam et parochiam de Kincowdrum ;—terris de Braco et Boschane infra baroniam de Abirbrothok ;—terris ecclesiasticis de Barrie extendentibus ad unam bovatam terræ infra parochiam de Barrie ;—terris ecclesiasticis de Glames infra parochiam ejusdem ;—terris ecclesiasticis de Newtyld infra parochiam ejusdem ;—diversis annuis redditibus qui ab antiquo ad Abbaciam et Monasterium de Abirbrothoke tanquam temporalitas pertinuerunt ;—Monasterio ac Abbaciæ loco de Abirbrothok cum decimis garbalibus aliisque decimis, &c. ecclesiarum et parochiarum subscriptarum, viz. de Abirbrothok St. Vigiane, Abirlott, Panbryd, Murehous, Monkies lie Maynis, Dwnichtin, Lownane, Innerkelour, Athy, Monyfuthe, Clova, Ruthven, Glammes, Kerymure, Newtyld, Kincoudrum, Garvok, Dunbug, Innerness, Abirhirdoir, Banff, Gemry, Lungley, Coule, et Kynnernie, Banchorie-Trinitie, Bothelny, Forgie, Fyvie, Tarves, Nyg, Fettirangus, Carmylie, St. Mariekirk de Auld Montrois, ac ecclesiæ de Hanevisell in Tyndell, cum decimis garbalibus quæ perprius ad dictam Abbaciam de Abirbrothock tanquam spiritualitas pertinuerunt, unitis cum quibusdam aliis terris in Kincardin, Edinburgh, Aberdeen, Banf, Perth, Nairn, Stirling, et Inverness, in temporale dominium et baroniam de Abirbrothoke. —A. E. 200l. N. E. 600l.—(Vide Lanark, Linlithgow, Bute, Stirling, Kincardine, Edinburgh, Aberdeen, Banf, Perth, Nairn, Inverness, Ayr.)
ix. 13.

(155) Maii 14. 1625.
RICARDUS BLYTH, *hæres masculus* Jacobi Blyth, *patris*,—in dimidietate terrarum de Hiltoun de Cragy ;—terris de Milntoun de Craigy, in regalitate de Lundoris.—E. 16l. &c.
ix. 54.

(156) Jul. 29. 1625.
JACOBUS LENOCIÆ DUX, Comes Darnlie et March, Dominus Tarbolton, Methven, Sanct Androis et Obignie, Magnus Admirallus et Camerarius Scotiæ, *hæres* Lodovici Lenociæ et Richmundiæ Ducis, &c. *patrui*,—in dominio et baronia de Sanct Androis comprehendente terras de Littil-Lour ;—terras de Pitconteis cum decimis garbalibus, et cum quibusdam aliis terris in vicecomitatibus de Fife, Perth, Kincardin, Aberdeen, Edinburgh, Haddington, Berwick, et Linlithgow, erectis in temporale dominium et baroniam de Sanct Androis.—E. 500m.—(Vide Dumbarton, Stirling, Perth, Renfrew, Ayr, Fife, Kincardin, Aberdeen, Edinburgh, Haddington, Berwick, Linlithgow, Lanark.)
ix. 249.

(157) Jan. 7. 1626.
ALEXANDER BARCLAY, *hæres* Davidis Barclay de Wester Auchluchre, *patris*,—in terris de Wester Auchluchre cum piscaria salmonum, in parochia de Tannadyce et baronia de Kynnalte.— A. E. 20s. N. E. 4l.
ix. 247.

(158) Jul. 5. 1626.
JOANNES ROY M'DUFF, *hæres* Gilberti M'Duff mercatoris burgensis de Dundie, *fratris immediate junioris*,—in hospitio in Dundie.—E. 10l.
ix. 127.

(159) Sep. 25. 1626.
JOANNES MAXWELL, *hæres* Joannis Maxwell fabri lignarii burgensis de Dundie, *patrui*,—in annuo redditu 10m. de tenemento in Dundie.
ix. 126.

(160) Oct. 6. 1626.
JACOBUS CARNEGIE, *hæres masculus* Davidis Carnegie de Balmache, *patris*,—in terris de Balveny et Balglessie.—A. E. 4l. N. E. 16l.
ix. 222.

(161) Oct. 6. 1626.
JOANNES COLLACE, *hæres* Thomæ Collace de Petforkie, *patris*,—in dimidietate terrarum de Petforkie :—A. E. 26s. 8d. N. E. 6l.—alia parte dictarum terrarum de Petforkie :—A. E. 13s. 4d. N. E. 40s.—in dominio Brechinensi.
ix. 265.

(162) Oct. 25. 1626.
ALEXANDER UDWARD, *hæres* Davidis Udward mercatoris burgensis de Dundie, *patris*,—in hospitio in Dundie.—E. 16l.
ix. 134.

(163) Nov. 3. 1626.
PETRUS OLIPHANT, *hæres masculus* Laurentii Oliphant de Nedder-Turingis, *patris*,—in terris de Nedder-Turingis, Drinie, et Surdache, in parochiis de Abirlemno et Rescobie.—A. E. 3l. N. E. 12l.
ix. 209.

(164) Feb. 5. 1627.
JACOBUS MOREIS, *hæres* Andreæ Moreis nautæ burgensis de Dundie, *patrui*,—in bothis et tenementis in Dundie ;—annuo redditu seu feudifirma 20s. de tenemento in Dundie ;—altera feudifirma 4l. de dicto tenemento ;—annuo redditu 20s. et annuo redditu 11m. de præfato tenemento.—E. 40m.
ix. 180.

(165) Feb. 28. 1627.
MATILDA AUCHINLECK, *hæres portionaria* Alexandri Auchinleck burgensis de Dundie, *patris*,—in annuo redditu 10*l*. 10*s*. de tenemento in Dundie. ix. 211.

(166) Feb. 28. 1627.
ELIZABETHA AUCHINLECK, *hæres portionaria* Alexandri Auchinleck nautæ burgensis de Dundie, *patris*,—in annuo redditu 10*l*. 10*s*. de tenemento in Dundie. ix. 237.

(167) Mar. 16. 1627.
JOANNES LICHTOUN, *hæres* Roberti Lichtoun burgensis de Montrois, *avi*,—in solari dimidietate terrarum de Tolmondis, in parochia de Logy-Montrois.—A. E. 10*s*. N. E. 40*s*. ix. 216.

(168) Mar. 28. 1627.
JACOBUS COMES DE MONTROIS, Dominus Graham et Mugdok, *hæres* Joannis Comitis de Montrois, *patris*,—in terris, baronia, et comitatu de Auld Montrois, salmonum piscaria de Southesk, et advocatione ecclesiarum :—A. E. 20*l*. N. E. 100*m*.—terris et baronia de Kynnaber et piscariis salmonum super aqua de North Esk, et in arenis de Kynnaber et Charletoun :—A. E. 20*l*. N. E. 100*m*.—unitis cum aliis terris in Stirling et Linlithgow in baroniam de Auld Montrois.—(Vide Stirling, Perth, Linlithgow.) ix. 185.

(169) Apr. 7. 1627.
JOANNES MURETOUN, *hæres* Joannis Muretoun civis civitatis Brichinensis, *patrui*,—in tenemento infra civitatem Brichinensem :—E. 26*s*. 8*d*.—pecia terræ jacente ut supra.—E. 3*s*. 4*d*. x. 68.

(170) Oct. 6. 1627.
WILLIELMUS HALIBURTON de Pitcur, *hæres* Domini Jacobi Haliburton de Pitcur militis, *patris*,—in terris et baronia de Newtyld et Kilpurnie ;—bina parte terrarum et baroniæ de Auchtertyre et Balcraig, cum decimis garbalibus:—A. E. 20*l*. N. E. 72*l*.—tertia parte villæ et terrarum de Auchtertyre et Balcraig, cum decimis garbalibus, infra baroniam de Auchtertyre.—A. E. 20*s*. N. E. 4*l*. ix. 270.

(171) Oct. 6. 1627.
WILLIELMUS HALIBURTOUN de Pitcur, *hæres* Jacobi Haliburtoun de Pitcur, *fratris germani*,—in terris et baronia de Gask et Pitcur :—A. E. 5*l*. N. E. 20*l*.—terris et baronia de Baluny comprehendente terras de Newtoun de Baluny :—A. E. 5*l*. N. E. 20*l*.—terris ecclesiasticis de Newtyld cum decimis garbalibus earundem, comprehendentibus villam et terras de Kirktoun de Newtyld et Brewlands earundem, cum decimis garbalibus inclusis ;—terras vocatas terras ecclesiasticas de Newtyld cum decimis garbalibus, in parochia de Newtyld :—A. E. 20*s*. N. E. 4*l*.—equali dimidietate villæ et terrarum de Balmaw, extendente ad quartam partem terrarum de Balmaw, in regalitate de Lindoris ;—et in warrantum quartæ partis de Balmaw, in aliis binis quartis partibus vulgo Two Quarters dictarum terrarum et villæ de Balmaw.—E. 3*l*. 16*s*. &c. ix. 272.

(172) Mar. 28. 1628.
CAPITANEUS JOANNES LYNDESAY de Woodwraith, *hæres* Domini Joannis Lyndesay de Wodwrayth militis, *patris*,—in terris de Ballinscho, Woodhead, et Bearnsdaillfauldis, cum Reidmois, &c. in baronia de Forrest de Plattone.—A. E. 50*s*. N. E. 10*l*. x. 90.

(173) Apr. 16. 1628.
ROBERTUS M'KEIN, *hæres* Andreæ M'Kein junioris, *fratris*,—in dimidia parte 16 lirarum terrarum arabilium vulgo rigis of arabill land, in parte territorii burgi de Montrois vocata Clayhalf :—E. 18*s*. 9*d*.—dimidia parte 3 lirarum terrarum arabilium in crofta Divi Joannis vocata St. John's croft :—E. 16*s*. 9*d*.—dimidia parte unius liræ terræ arabilis in dictis terris de Clayhalf ;—dimidia parte 2 lirarum terrarum in crofta dicti burgi appellata Quhytberrie-croft ;—dimidia parte 8 lirarum in terris dicti burgi vocatis The Sandhalf.—A. E. 12*d*. N. E. 4*s*. x. 99.

(174) Apr. 30. 1628.
AGNES BELL, *hæres portionaria* Davidis Hoppringill burgensis de Dundie, *filii fratris aviæ*,—in 2 tenementis terræ in burgo de Dundie.—E. 20*l*. x. 84.

(175) Apr. 30. 1628.
JOANNES SCRYMGEOR in Edmestoun, *hæres portionarius* Davidis Pringill burgensis de Dundie, *filii fratris pronviæ*,—in 2 tenementis in Dundie.—E. 20*l*. x. 93.

(176) Oct. 17. 1628.
DOMINUS JACOBUS YOUNG de Innerrichtie miles, unus generosorum S. D. N. Regis privati cubiculi, *hæres* Domini Petri Young de Seatoun militis, *patris*,—in dimidia parte terrarum de Lownane continente terras de Halkhill ;—terras de Newtoun ;—

lie Sony Eisthialf terrarum de Dumbarnot, cum dimidio molendini de Lownane, in baronia de Lownane ;—in proprietate et superioritate villæ et terrarum de Ardbeckie in dicta baronia.—A. E. 5*l*. N. E. 20*l*. x. 309.

(177) Oct. 22. 1628.
MAGISTER ALEXANDER WEDDERBURNE filius Magistri Jacobi Wedderburne clerici de Dundie, *hæres* Petri Wedderburne mercatoris burgensis de Dundie, *patrui*,—in tenementis et terris in burgo de Dundie.—E. 40*m*. x. 116.

(178) Nov. 24. 1628.
DAVID NORIE, *hæres* Marjoriæ Carmannow, *materteræ*,—in tenemento in Dondie.—E. 20*m*. x. 358.

(179) Mar. 17. 1629.
JONETA DOIG filia legitima Thomæ Doig mercatoris burgensis de Dundie, sponsa Willielmi Fendar polentarii burgensis ejusdem burgi, *hæres* Catherinæ Doig filiæ legitimæ Joannis Doig nautæ burgensis de Dundie, *filiæ patrui*,—in annuo redditu 10*m*. de terris burgalibus in burgo de Dundie. x. 141.

(180) Mar. 24. 1629.
ALEXANDER GUTHRIE de Wester-Gaigie, *hæres* Willielmi Guthrie de Wester-Gaigie, *patris*,—in villa et terris de Wester-Gaigie, in regalitate de Keremure.—A. E. 10*s*. N. E. 40*s*. xii. 62.

(181) Maii 8. 1629.
WILLIELMUS RAIT de Cannonsyith, *hæres* Roberti Rait filii secundo geniti quondam Willielmi Rait de Halgrein, *patris*,—in terris de Cannonsyith, in baronia de Leyes, tanquam principali :—A. E. 6*l*. N. E. 24*l*.—terris dominicalibus de Leyis, et terris vocatis Eister et Wester Bordouris in dicta baronia de Leyes, in warrantum.—A. E. 4*l*. N. E. 16*l*. xi. 132.

(182) Maii 15. 1629.
JACOBUS CANT, *hæres* Roberti Cant portionarii de Baskellie, *patris*,—in tertia parte orientali terrarum et villæ de Baskellie in baronia de Barrie :—E. 6*l*, &c. *feudifirmæ* :—dimidietate tertiæ partis terrarum et villæ de Baskellie jacente ut dictum est.—E. 3*l*. &c. *feudifirmæ*. x. 208.

(183) Maii 27. 1629.
JACOBUS OGILVIE de Newtoun, *hæres* Joannis Ogilvie de Newtoun, *patris*,—in terris de Newtoun de Bellitie ;—terris de Frewchy cum molendino et Milntoun de Frewchy et astrictis multuris ;—quarta parte terrarum de Glenmarkie, in baronia de Glenyla.—E. 21*l*. 3*s*. &c. *feudifirmæ*. x. 186.

(184) Jun. 12. 1629.
DAVID ARBUTHNOT de Auchterforfar, *hæres* Alexandri Arbuthnot portionarii de Auchterforfar, *patris*,—in dimidietate solari terrarum et villarum de Auchterforfar, cum molendino.—A. E. 20*s*. N. E. 4*l*. xi. 125.

(185) Jun. 19. 1629.
GEORGIUS COMES DE CRAUFURD, Dominus Lyndsay et Phinhavin, &c. *hæres masculus* Domini Joannis Lindsay de Bath militis, *fratris germani*,—in terris de Eister Balnabreiche in dominio de Brechine.—E. 14*m*. 6*s*. 8*d*. x. 278.

(186) Jul. 17. 1629.
ARCHIBALDUS WOOD de Hiltoun, *hæres masculus* Domini Davidis Wood de Craig militis, *patris*,—in custodia moræ de Montreuthmonth ;—terris de Muirmylnes cum licentia molendina extruendi ;—annuo redditu 10*s*. de baronia de Feithie ;—crofta nuncupata Wall, cum 3 lie Lawis ex orientali parte manerici episcopi de Brechine nuncupatis Fairniewall ;—tofta nuncupata Fairnyfauld ;—tofta et crofta de Pitgennatie ;—tofta et crofta de Mwirsyid ;—tofta et crofta de Quhyitfauldis ;—tofta et crofta de Lwnansyid ;—molendino nuncupato Mwirmylnes, cum 4*d*. pro qualibet vanga seu ligone fodiendo glebas in dicta mora, et aliis privilegiis.—A. E. 20*s*. N. E. 4*l*. x. 336.

(187) Oct. 30. 1629.
GEORGIUS COMES CRAFURDIÆ, Dominus Lyndsay, *hæres masculus* Domini Joannis Lyndsay de Baith militis, *fratris*,—in terris de Carelstoun vocatis Fuirdtoun ;—terris de Nather Carelstoun cum molendinis ;—terris de Littill Waterstoun, Breklaw, et Bellehillok, cum officio adjudicatoris in Parliamentis S. D. N. Regis, et curiis justiciariis, infra vicecomitatum de Forfar.—A. E. 10*l*. N. E. 40*l*. x. 312.

(188) Oct. 30. 1629.
JOANNES WISCHART de Eodem, *hæres* Joannis Wischart de Eodem, *avi*,—in superioritatibus et annuis redditibus 3 acrarum

C

terrarum extendentibus annuatim ad 30s.—superioritate et annuo redditu tenementi terræ et 2 acrarum extendente ad 20s.—superioritate et annuo redditu 1½ acræ terræ extendente ad 15s.—superioritate et annuo redditu tenementi et acræ terræ extendente ad 10s.—superioritate tenementi et 3 acrarum terrarum extendente ad 30s.—infra regalitatem de Kerremure.—E. 5l. 5s.   xii. 70.

(189)   Oct. 30. 1629.
JOANNES WISCHART de Eodem, *hæres* Domini Joannis Wischart de Eodem militis, *patris,*—in terris de Kanymwkkant alias Kanyneill cum molendino, in baronia de Kincauldret et regalitate de Aberbrothok.—E. 1 *libra piperis* et 12d.   xi. 120.

(190)   Jan. 29. 1630.
ISSOBELLA GRAY, *hæres* Andreæ Gray de Donynald, *proavi,*—in annuo redditu 6m. 6s. 8d. de terris de Fuirdtoun in dominio de Carslestoun (Carelstoun).   xi. 119.

(191)   Mar. 18. 1630.
DOMINUS ALEXANDER IRWING de Drum miles, *hæres masculus* Alexandri Irwing de Drum, *patris,*—in terris et baronia de Auchterlony alias Kellie :—A. E. 20l. N. E. 80l.—terris de Cuithlie ;—terris de Crudier ;—terris de Newtoune de Ardbirlatt, cum molendino de Arbirlatt, infra baroniam de Ardbirlatt et regalitatem Sancti Andreæ.—E. 50s. *pro una dimidietate,* 3l. *pro altera dimidietate, feudifirmæ.*—(Vide Aberdeen, Kincardine.)   x. 348.

(192)   Maii 14. 1630.
JOANNES NEWAY de Eodem, *hæres* Joannis Neway de Eodem, *patris,*—in quarta parte terrarum de Kincreath, in parochia de Methie-Lour, tanquam principali :—E. 4l. 7s. 8d.—quarta parte terrarum de Hiltoun de Guthrie vocata Langlandis, in baronia de Guthrie, in warrantum terrarum de Kincreath :—A. E. 20s. N. E. 4l.—annuo redditu 4l. 6s. 8d. de terris et manerie de Carss.   xi. 40.

(193)   Jun. 10. 1630.
DOMINUS JACOBUS YOUNG de Seatoun miles, unus generosorum ex cubiculo Regis, *hæres* Domini Petri Young de Seatoun militis, *patris,*—in umbrali dimidietate terrarum de Dykmonthlaw :—E. 40 *bollæ avenarum vulgo horscorne,* &c.—solari dimidietate terrarum de Seatoun cum portu Covehevin nuncupato, et lie teindfish ejusdem et wrack et wair, cum pastura et privilegio glebarum in moris de Abirbrothoke vocatis Firthes, et decimis garbalibus, in dominio et regalitate de Aberbrothok :—E. 20 *bollæ frumenti,* &c.—terris de Wester Methie tam solari dimidietate quam umbrali dimidietate, in baronia de Kincauldrum :—E. ......—annuo redditu 6l. 10s. de tenemento in burgo de Dundie.   xi. 280.

(194)   Nov. 19. 1630.
GEORGIUS ERSKYNE de Kirkbuddo, *hæres* Joannis Erskyn de Kirkbuddo, *patris,*—in umbrali mediata terrarum de Hedderwick et Clayleck, infra regalitatem de Aberbrothok.—E. 40d.   xi. 201.

(195)   Nov. 27. 1630.
PATRICIUS GRAY de Invergourie, *hæres* Domini Patricii Gray de Invergourie militis, *patris,*—in terris et villa de Havstoun et Scrogfield (vel Scrogerfield), in baronia de Patbrothe (vel Parbrothe).—A. E. 4l. N. E. 20l.   xi. 188.

(196)   Jan. 8. 1631.
ROBERTUS MELVILL, *hæres masculus* Jacobi Melvill feoditarii de Dysart, *fratris,*—in terris dominicalibus lie Maynes de Meikill Dysert, in baronia de Dysert.—A. E. 3l. 6s. 8d. N. E. 13l. 6s. 8d.   xi. 173.

(197)   Jan. 21. 1631.
JACOBUS BEATOUN, *hæres* Jacobi Beatoun de Westhall, *patris,*—in dimidia parte terrarum et molendini de Muirhous vocata Westhall (vel Weschall, vel Westchall), in baronia de Inneraritie :—A. E. 40s. N. E. 8l.—terris et baronia de Carbuddo :—A. E. 3l. N. E. 12l.—annuo redditu 40m. de annuo redditu 100m. de custumis burgi de Dundie ;—annuo redditu 40l. de prædicto annuo redditu 100m. de magnis custumis de Dundie.   xii. 144.

(198)   Maii 28. 1631.
PATRICIUS MAXWELL de Teylling, *hæres masculus* Georgii Maxwell feoditarii de Teylling, *patris,*—in terris et baronia de Teylling comprehendente terras dominicales de Teylling vocatas Mylnetoun, cum molendino de Teylling ;—terris de Balmuith ;—dimidietate terrarum de Balgray ;—dimidietate terrarum de Kirktoun ;—dimidietate terrarum de Polkembok ;—dimidietate terrarum de Balkello, unitis in baroniam de Teilling.—A. E. 10l. N. E. 40l.   xii. 199.

(199)   Jun. 11. 1631.
JACOBUS WALKER filius natu maximus Willielmi Walker pellionis burgensis de Dundie, inter ipsum et Elizabetham Aber-

crombie procreatus, *hæres portionarius* Jacobi Abercrombie nautæ dicti burgi, *avi materni,*—in tertia parte orientalis dimidietatis tenementi terræ et horti in burgo de Dundie.—E. 6s. 8d.   xiii. 121.

(200)   Aug. 12. 1631.
DAVID OGILVIE de Glaswall, *hæres masculus* Davidis Ogilvie de Glaswall, *patris,*—in terris et villa de Kirkhillokes, in baronia de Glenlay (Glenilay ?).—E. 32s. 6d. &c.   xii. 77.

(201)   Oct. 21. 1631.
DAVID BEATOUN de Balfour, *hæres masculus et talliæ* Jacobi Beatoun Archiepiscopi Glasguensis, *filii fratris proavi,*—in terris de South Tarrie sine decimis earundem, in dominio, baronia et regalitate de Aberbrothok.—E. 12l. &c.   xiv. 128.

(202)   Oct. 22. 1631.
WILLIELMUS AUCHTERLONY de Wester Seatoun, *hæres* Jacobi Auchterlony de Wester Seatoun, *patris,*—in occidentali dimidietate terrarum et villæ de Setoun, cum decimis garbalibus ejusdem, et wrack et wair de lie Houp ejusdem, in regalitate de Aberbrothok.—E. 20 *bollæ frumenti,* &c.   xii. 35.

(203)   Nov. 12. 1631.
GRISSILIS ROS, *hæres portionaria* Andreæ Ros nautæ burgensis de Dundie, *patris,*—in terris burgalibus ex parte australi vici lie Fluikergait de Dundie ;—4 virgatis horti ex boreali parte dicti vici. —E. 20m.   xiii. 299.

(204)   Nov. 12. 1631.
MARGARETA, MARIOTA, ET ELIZABETHA ROSS, *hæredes portionariæ* Andreæ Ross nautæ burgensis de Dundie, *patris,* —in terris prædictis.   xiii. 299.

(205)   Apr. 14. 1632.
JOANNES FORRESTER de Deyhous, *hæres* Joannis Forrester de Deyhous, *patris,*—in terris de Buddon cum Linkis earundem et decimis garbalibus ;—horto, columbario et warda australi vocata The Abbotis Horsward, infra baroniam de Barrie.—E. 6l. 13s. 4d.   xii. 39.

(206)   Maii 18. 1632.
ARTHURUS ERSKENE in Glenbay, *hæres* Arthuri Erskene portionarii de Auchterforfar, *patris,*—in dimidietate terrarum de Auchterforfar (vel Uchterforfar).—A. E. 20s. N. E. 4l.   xiii. 43.

(207)   Jul. 25. 1632.
MAGISTER PATRICIUS PANTER unus regentium collegii Mareawii (Marescalli ?) apud fanum Sancti Andreæ, *hæres* Andreæ Panter naulceri burgensis de Dundie, *patris,*—in 5 acris terræ arabilis, in baronia de Dundie in occidentali campo ejusdem :—A. E. 4s. 5d. N. E. 17s. 8d.—annuo redditu 200m. de quarta parte terrarum de Kirktoun de Liff, et quarta parte villæ ejusdem nuncupata Brewland.   xii. 133.

(208)   Jul. 31. 1632.
WILLIELMUS LYNE burgensis de Aberbrothok, *hæres* Joannis Lyne burgensis dicti burgi, *avi,*—in 2 acris terrarum de Punderlawfeild cum decimis garbalibus, in dominio et regalitate de Aberbrothok.—E. 2 *bollæ ordei, feudifirmæ.*   xiv. 94.

(209)   Aug. 18. 1632.
DAVID CARNEGIE de Balmachie, *hæres masculus* Jacobi Carnegie de Balmachie, *patris,*—in terris de Balveny et Balglessie.— A. E. 6l. N. E. 24l.   xiii. 28.

(210)   Aug. 18. 1632.
JOANNES COLLACE, *hæres* Joannis Collace de Balnamoone, *avi,*—in dimidietate terrarum et baroniæ de Menmure, viz.—terris de Balnamoone cum molendinis granorum et fullonum ;—terris de Auchsersie (Auchfersie ?) ;—dimidietate villarum et terrarum de qalfour, Balconell, Pitmeddie, Chapeltoun, et Wodland, in baronia de Menmure, extendentibus ad dimidietatem baroniæ de Menmure : —A. E. 10l. N. E. 40l.—quarta parte terrarum et baroniæ de Menmure, viz. quarta parte villarum et terrarum de Balconell, Irland, Roome, Balfour, Lochtie, Ledmore, Pittmeddie et Corsbank, cum superioritate dimidiæ partis terrarum de Balzeadie, in dicta baronia de Menmure, extendentibus ad quartam partem baroniæ de Menmure.—A. E. 5l. N. E. 20l.   xiii. 75.

(211)   ....
MARGARETA DUMBAR filia natu maxima Isobellæ Scharpe sponsæ Roberti Dumbar de Burgie sororis germanæ Joannis Scharpe de Ballindoche, *hæres portionaria* dicti Joannis Scharpe, *filii fratris matris,*—in octava parte sextæ partis terrarum de Craigie :—E. 23s. 4d.—octava parte sextæ partis terrarum de Hiltoun de Craigie :—E. ⅓ *bollæ frumenti,* &c.—octava parte sextæ partis die-

tarum terrarum de Craigie:—E. 1 *firlota frumenti*, &c.—octava parte tenemen50 infra burgum de Dundie.—A. E. 2s. 6d. N. E. 7s. 6d.—(Vide Perth, Edinburgh.)　　　　　xii. 107.

(212)

JEANNA, ISSOBELLA, ET ELIZABETHA DUMBARS filiæ Issobellæ Scharpe sponsæ Roberti Dumbar de Burgie, sororis germanæ Joannis Scharpe de Ballindoche, *hæredes portionariæ* dicti Joannis Scharpe, *filii fratris matris*,—in terris suprascriptis.—(Vide Perth, Edinburgh.)　　　　xii. 109.

(213)　　　　Mar. 14. 1633.

MAGISTER JOANNES RAY, *hæres* Magistri Joannis Ray ludimagistri scolæ burgi de Edinburgh, *patris*,—in terris de Litle-Perth, infra dominium de Coupar.—A. E. 5l. 5s. N. E. 21l.　i. 179.

(214)　　　　Maii 8. 1633.

DAVID BEATOUN de Balfour, *hæres* Jacobi Archiepiscopi Glasguensis, *filii fratris proavi*,—in terris de Southtarry, in baronia, dominio et regalitate de Aberbrothok.—E. 6l. 13s. 4d. &c. *feudifirmæ*.　　　　xiii. 100.

(215)　　　　Maii 31. 1633.

MAGDALENA FERGUSSONE sponsa Joannis Duncane junioris mercatoris burgensis de Dundie, *hæres* Magistri Gulielmi Fergussone de Balbeuchlie, *patris*,—in terris de Balbeuchlie;—terris templariis eisdem terris contigue coadjacentibus cum decimis, in baronia Dunkeldensi.—E. 20l. 3s. 4d.　　　　xiii. 93.

(216)　　　　Jun. 14. 1633.

ROBERTUS CLAYHILLS de Baldovie, *hæres* Roberti Clayhills de Baldovie, *patris*,—in terris de Baldovie cum molendino, in baronia de Dundie.—A. E. 40s. N. E. 8l.　　　　xii. 110.

(217)　　　　Jul. 12. 1633.

JOANNES GRAY in Foulis, *hæres* Joannis Gray polentarii burgensis de Dundie, portionarii de Mylnetouncraig, *patrui*,—in 11 acris terrarum arabilium in occidentali campo de Dundie.—A. E. 10s. N. E. 40s.　　　　xiii. 167.

(218)　　　　Aug. 6. 1633.

WILLIELMUS BRUCE de Erlishall, *hæres* Domini Willielmi Bruce de Erlishall militis, *proavi*,—in villa sive terris de Wallace-Craigie.—A. E. 25s. N. E. 5l.　　　　xiii. 109.

(219)　　　　Nov. 1. 1633.

PATRICIUS AUCHTERLOWNY, *hæres* Patricii Auchterlowny filii legitimi quarto geniti quondam Willielmi Auchterlowny de Eodem, *patris*,—in terris de Eister Banhard et parte terrarum de Wester Banhard, extendentibus ad 4 boum arationem terrarum, vulgo four oxen gang landis, in baronia de Kellie.—A. E. 24s. N. E. 4l. 16s.　　　　xiii. 149.

(220)　　　　Dec. 20. 1633.

DOMINUS ANDREAS ROLLOK de Duncrub miles, *hæres* Georgii Rollok de Duncrub, *patrui*,—in bina parte terrarum de Chappelltoun de Balgover alias Over Corstoun nuncupatarum.—A. E. 10s. N. E. 4m.　　　　xiii. 184.

(221)　　　　Mar. 19. 1634.

THOMAS DOMINUS FENTOUN, *hæres* Alexandri Domini Fentoun, *patris*,—in dominio de Pettinweim comprehendente croftam terræ Aberbrothokis croft nuncupatam, cum quibusdam aliis terris, &c. in Fife, Perth, Haddington.—A. E. 20l. N. E. 60l.—(Vide Fife, Perth, Haddington.)　　　　xiii. 159.

(222)　　　　Maii 16. 1634.

EDWARDUS MONTAGO portionarius de Kirktoun de Liff, *hæres masculus* Edwardi Montago portionarii de Kirktoun de Liff, *avi*,—in octava parte villæ et terrarum de Kirktoun de Liff;—octava parte croftæ nuncupatæ Kirkcroft, cum octava parte terrarum nuncupatarum Brewland ejusdem villæ, in dominio et regalitate de Scoone.—E. 54s. 6d. &c.　　　　xiii. 206.

(223)　　　　Maii 23. 1634.

JACOBUS ROLLOK de Monkisholme, *hæres* Jacobi Rollok de Monkisholme, *proavi*,—in tenemento in Dundie.—E. 6s. 8d.　　　　xiv. 82.

(224)　　　　Sep. 1. 1634.

JOANNES TODRICK nauta in Dundie, *hæres portionarius* Thomæ Fairwoder burgensis de Dundie, *avi*,—in 2 virgatis terræ in burgo de Dundie;—annuo redditu 11m. de tenemento in Dundie;—annuo redditu 16m. de terris in Dundie.—E. 1m.　xiv. 83.

(225)　　　　Oct. 8. 1634.

JOANNES OGILVIE apud molendinum de Dullivaird, *hæres*

Thomæ Ogilvie apud Wardmylne, *patris*,—in terris nuncupatis Cunyngarhill de Abirbrothok cum decimis garbalibus, in dominio et regalitate de Abirbrothok.—E. 8s. et 20d. in augmentationem, *feudifirmæ*.　　　　xiv. 28.

(226)　　　　Nov. 26. 1634.

JOANNES BROUN de Fordell, *hæres* Joannis Broun, *patris*,—in parte terrarum vocatarum Kingismure, in baronia de Eodem, cum decimis garbalibus dictarum terrarum:—A. E. 6s. 8d. N. E. 20s.—terris de Craignathrew, infra baroniam de Restenneth:—E. 2m.—decimis garbalibus dictarum terrarum.—E. 1m.—(Vide Fife, Perth.)　　　　xiv. 85.

(227)　　　　Dec. 23. 1634.

PATRICIUS YEMAN de Dryburgh, *hæres* Joannis Zeman de Dryburgh, *patris*,—in villa et terris de Dryburgh in dominio de Scone:—E. 12l. 10s.—octava parte et sexta parte alterius octavæ partis villæ et terrarum de Blacknes, in dominio prædicto:—E. 48s. 10d.—decimis garbalibus prædictarum terrarum de Dryburgh, et terrarum de Blacknes:—A. E. 3s. 4d. N. E. 13s. 4d.—terris de Pittelpie in dominio prædicto.—E. 12l. 10s.　　　　xv. 26.

(228)　　　　Jan. 10. 1635.

ALEXANDER CARNEGIE de Cuikstoun, *hæres* Davidis Carnegie de Cuikstoun, *patris*,—in terris de Cuikstoun, infra dominium de Brechin.—A. E. 20s. N. E. 4l.　　　　xiii. 280.

(229)　　　　Apr. 14. 1635.

JACOBUS LAMB, *hæres* Andreæ Candidæ-Casæ Episcopi, *patris*,—in terris de Southtarrie in dominio de Aberbrothock et regalitate ejusdem:—E. 12l. &c.—prato nuncupato South-Tarrie medow cum decimis;—terris nuncupatis Over et Nather Hayes de Aberbrothok cum decimis, in regalitate et baronia de Aberbrothok:—E. 30s.—crofta seu acra terræ nuncupata Tarrie-Medowcroft, alias Medow-aiker, infra dominium et regalitatem prædictas:—E. 1 *bolla sicci hordei*, &c.—2 acris terrarum de Punderlaw cum decimis, infra regalitatem prædictam.—E. 2 *bollæ sicci hordei*, et 12d.—(Vide Edinburgh.)　　　　xiii. 282.

(230)　　　　Maii 5. 1635.

GEORGIUS COMES DE KINNOUL, Vicecomes de Dupline, Dominus Hay de Kinfawnis, *hæres* Georgii Comitis de Kinnoul, Vicecomitis de Dupline, Domini Hay de Kinfawnis, nuper supremi regni Scotiæ Cancellarii, *patris*,—in dimidietate dominii, et baroniæ de Spynnie, comprehendente terras et villam de Ballasak nunc vocatas Spynnie, cum 2 molendinis granariis;—terras de Braidfuitis-Gairdin;—moram ab antiquo nuncupatam Douglasmure nunc Lindsay's-mure, cum advocatione capellaniæ de Quhytfeild;—terras de Murehous in baronia de Reidcastell;—Coughoillis alias Innerkeillor;—terras et villam de Burnesyde, omnes unitas in dominium et baroniam de Spynnie, pro principali:—A. E. 5l. N. E. 10l.—et in warrantum earundem, in dimidietate villarum, terrarum et baroniæ de Phinheavin, viz. terrarum dominicalium de Phinheavin cum advocatione ecclesiæ de Phinheavin vocatæ Outhlaw;—villarum et terrarum de Aikinhauld, Eister et Wester Ravelgrenis, Windiedge, Parkfuird, Outhlaw, Eister et Wester Ordis, Blakdykis;—terrarum de Hauch, in parochiis de Tannadyce et Phinheavin alias Outhlaw, et baronia de Phinheavin:—A. E. 20l. N. E. 38l.—in dimidietate terrarum de Grainge de Conane, cum decimis garbalibus dictæ dimidietatis, in baronia et dominio de Abirbrothok, infra regalitatem ejusdem.—E. 6l. 18s. &c.　xiv. 21.

(231)　　　　Nov. 4. 1635.

THOMAS BEATTOUN filius Capitani Thomæ Beattoun, *hæres* Jacobi Beattoun olim de Melgum, *avi*,—in annuo redditu 40 bollarum victualium de umbrali dimidietate terrarum de Corsbank et molendini, in parochia de Restobie.—E. ....　　　xv. 237.

(232)　　　　Feb. 12. 1636.

DAVID OGILVY de Newtoun, *hæres* Jacobi Ogilvy de Newtoun, *patris*,—in terris de Newtoun de Bellatie;—terris de Freuchie cum molendino et mylnetoun de Freuchie;—quarta parte terrarum de Glenmarkie cum molendino, in baronia de Glenylla.—E. 21l. 3s. &c. *feudifirmæ*.　　　　xv. 117.

(233)　　　　Maii 24. 1636.

PETRUS GUTHRIE, *hæres* Magistri Patricii Guthrie ministri verbi Dei apud ecclesiam de Logie-Buchane, *patris*,—in terris dominicalibus de Guthrie vocatis ab antiquo Kirktoun, cum molendino granorum;—terris de Teiltoun;—reliquis terris baroniæ de Guthrie subscriptis, viz. Eistertoun alias Haltoun et Mylnetoun de Guthrie, cum advocatione ecclesiæ collegiatæ de Guthrie, et communia in mora de Montreumonth.—A. E. 6l. 13s. 4d. N. E. 26l. 13s. 4d.　　　　xv. 217.

(234)　　　　Oct. 1. 1636.

JOANNES IRWING de Brucklaw, *hæres* Jacobi Irwing de

Brucklaw, *patris*,—in terris et baronia de Menmure comprehendentibus terras dominicales de Balnamoone cum molendino de Blackhall;—terras de Blackhall, Bukithill, Walkertoun;—binam partem terrarum de Lochtie;—binam partem terrarum de Cowfuird, Balcomell;—terras de Auchinfersie;—binam partem terrarum de Ledmoir, Kirktoun, et Menmure, Chappeltoun, Rome, et Inland (Irland?).—A. E. 10*l.* N. E. 40*l.* xv. 173.

(235) Nov. 25. 1636.
ELIZABETHA ERSKINE sponsa Roberti Ramsay burgensis de Montrois, *hæres portionaria* Joannis Erskine de Newbigging, *patris*,—in terris de Newbigging;—terris de Colt et Capill cum molendino, in parochia de Montrois.—A. E. 30*s.* N. E. 6*l.* xv. 216.

(236) Nov. 25. 1636.
MARGARETA ERSKINE, *hæres portionaria* Joannis Erskine de Newbigging, *patris*,—in terris prædictis. xv. 216.

(237) Jun. 9. 1637.
ANDREAS ABERCROMBIE mercator burgensis de Dundie, *hæres* Capitani Andreæ Abercrombie burgensis de Dundie, *patris*, —in tenemento in Dundie.—E. 20*s. feudifirmæ.* xiv. 149.

(238) Nov. 24. 1637.
ALEXANDER DURHAME in Auchinleck, *hæres* Alexandri Durhame nonnunquam apud molendinum de Delnie, *patris*,—in annuo redditu 55*m.* 6*s.* 8*d.* de terris et villa de Natherbow et Drumclunie, in parochia de Kirrimure. xiv. 243.

(239) Dec. 15. 1637.
ALEXANDER WEDDERBURNE de Kinganny, *hæres* Magistri Alexandri Wedderburne de Kinganny, *patris*,—in dimidietate villæ et terrarum de Wester Gourdie vocata the Sonny half, cum decimis garbalibus ejusdem, in dominio de Scone;—umbrali dimidietate villæ et terrarum de Wester Gourdie, cum decimis garbalibus ejusdem, in dominio prædicto.—E. 27*l.* 16*s.* 8*d.* xv. 263.

(240) Jan. 6. 1638.
ALEXANDER RYND, *hæres* Gulielmi Rynd de Cars, *avi*,—in terris de Craighead;—terris de Parkzett, cum molendino occidentali vulgariter The Wardmylne nuncupato;—terris de Bow in baronia de Phinheaven et Forrest de Pleatoune respective.—A. E. 3*l.* 10*s.* N. E. 14*l.* xiv. 162.

(241) Jan. 6. 1638.
ALEXANDER RYND, *hæres* Joannis Rynd de Carss, *patris*,— in villa et terris de Carsburne :—E. 5*m.*—villa et terris de Myresyd.—E. 40*s.* xiv. 162.

(242) Mar. 17. 1638.
DAVID LINDSAY de Edzell, *hæres masculus* Alexandri Lindsay feodatarii de Edzell, *filii*,—in terris, dominio, et baronia de Glenesk, continentibus villas et terras de Glenmark cum terris dominicalibus et brasina de Innermark;—terras de Kirktoun de Lochlie, Glenlie, Glennessok, Bady, Dilbrek, Quhigistreith, Hauch, Kindrochwood, Auchrenny cum molendino, Rotnoquhy cum molendino, Migvie, Auchlochie, Auschallarie, Dilskeamvie, Dilula, Schanno, Corvestorne, Meikill Tulloch, Dilphuber, Achrie; —terras de Inneskandie, molendinum granorum et fullonum et Brewlands;—terras de Tulliedowy cum molendino et pendiculis earundem, viz. Woodtoun, Bogtoun, et Broklaw;—terras de Argyth et Drumgairne, Finnoch, molendinum de Lethnot et terras de Makindab, Tullibairnes, Auchory;—dimidietatem terrarum de Gleschory;—terras de Edzell, Dildarg, Banhard, et Dalbog, cum molendino earundem et piscationibus salmonum;—terras de Ballinsagart, Stranoketie, Brabnerhill, Litle Tulloche, Clochie;—alteram dimidietatem terrarum de Gleschorie;—terras de Baillie, Turnabraine, Corquhairncorss, Kinnoirkenie, cum molendino earundem, Glentennet, Glencaitty, Kaidlach, Sanquhur, Cairncross et brasinam, Auchedin et molendinum, Blakhillis, Auchintoule, Ardo, Dilhaisme, Heuchehead, Skairfurde, Dirahill, Gamelie, Galloleis, Hunthill, Blackhauch, Greinbank, cum piscationibus salmonum super aquis de Northesk et Eskandie, cum advocatione ecclesiarum de Edzell, Lethnot et capellaniæ de Dalbog;—mineralia auri, argenti, æris, plumbi, stanni, &c.—A. E. 50*l.* N. E. 200*l.*—unitis in baroniam de Glenesk cum terris in Kincardine ;— terris de Auchnavis, quarum terræ de Hillocktoun, Eastertoun, Westertoun, Milntoun, Ailhouse et molendinum sunt partes.— A. E. 10*s.* N. E. 40*s.*—(Vide Kincardine.) xiv. 188.

(243) Apr. 17. 1638.
WILLIELMUS HAY de Dalgatie, *hæres* Domini Alexandri Hay de Dalgatie militis, *patris*,—in terris de Dronlair, Gurgristoun (vel Gingristoun), Tempilltoune et molendino earundem, in baronia de Erroll.—A. E. 10*l.* N. E. 40*l.*—(Vide Aberdeen.) xiv. 164.

(244) Apr. 28. 1638.
ANDREAS GRAY, *hæres masculus* Patricii Gray de Lowr, *patris*,—in solari quarta parte terrarum dominicalium et villæ de Lowr, cum binà parte alterius quartæ partis terrarum dominicalium dictæ solari quartæ parti adjacente, in parochia de Restennet ;— reliquis terris dominicalibus et villa de Lour.—A. E. 4*l.* N. E. 16*l.* xiv. 186.

(245) Jun. 1. 1638.
ISSOBELLA AIKMAN filia legitima Joannis Aikman junioris burgensis de Aberbrothock, *hæres portionaria* Joannis Aikman senioris burgensis dicti burgi, *avi*,—in 2 acris terrarum de Uischeland cum decimis garbalibus, infra dominium et regalitatem de Abirbrothok.—E. 1 *bolla hordei*, &c. *feudifirmæ.* xv. 295.

(246) Jun. 1. 1638.
NICOLA AIKMAN filia legitima prædicti Joannis Aikman, *hæres portionaria* prædicti Joannis Aikman, *avi*,—in terris prædictis. xv. 295.

(247) Aug. 30. 1638.
GILBERTUS COMES DE ERROLL, Dominus Hay, Magnus Regni Scotiæ constabularius, *hæres* Willielmi Comitis de Erroll, Domini Hay, Magni Regni Scotiæ constabularii, *patris*,—in terris de Dronlaw cum quibusdam aliis terris in Aberdeen, Perth, Kincardine, et Fife.—A. E. 180*l.* N. E. 500*l.*—(Vide Aberdeen, Perth, Kincardine, Fife.) xv. 285.

(248) Oct. 18. 1638.
JOANNES SCHARPE, *hæres* Magistri Joannis Scharpe feoditarii de Houstoun advocati, *patris*,—in sexta parte terrarum de Craigie: —E. 14*m.* &c.—alia sexta parte terrarum de Hilton de Craigie :— E. 4 *bollæ frumenti*, &c.—dimidietate alterius sextæ partis terrarum de Craigie.—E. 2 *bollæ tritici*, &c.—(Vide Linlithgow, Edinburgh.) xiv. 251.

(249) Nov. 1. 1638.
JOANNES HAMILTOUN de Blair, *hæres* Joannis Hamiltoun, *avi*,—in villa nuncupata Northferrie prope Bruchtie, infra dominium et regalitatem de Aberbrothock, cum decimis garbalibus et piscaria super aqua de Tay.—E. 11*l. feudifirmæ.* xiv. 214.

(250) Mar. 5. 1639.
JOANNES OCHTERLONY, *hæres* Gulielmi Ochterlony de Wester Seatoun, *patris*,—in occidentali dimidietate villæ et terrarum de Seatoun, cum decimis garbalibus ejusdem, intra regalitatem de Abirbrothoke.—E. 20 *bollæ frumenti*, &c. *feudifirmæ.* xiv. 280.

(251) Maii 3. 1639.
JONETA PEIRSONE sponsa Roberti Fletcher burgensis de Dondie, *hæres portionaria* Joannis Peirsone filii legitimi Jacobi Peirsone mercatoris burgensis dicti burgi, *fratris*,—in quinta parte terrarum et villæ de Eister Liff, in regalitate de Scona :—E. 42*s.* 7¼*d.* &c.—quinta parte decimarum garbalium præfatarum terrarum, infra unitas parochias de Lyff, Logie, et Innergowrie.—A. E. 16*d.* N. E. 5*s.* 4*d.* xvi. 91.

(252) Maii 3. 1639.
ELSPETHA PEIRSONE relicta quondam Thomæ Annand mercatoris burgensis de Dondie,—EUPHAMIA PEIRSONE sponsa Gulielmi Wright mercatoris burgensis dicti burgi,—ANNA ET BARBARA PEIRSONES, *hæredes portionariæ* prædicti Joannis Peirsone, *fratris*,—in 4 quintis partibus prædictarum terrarum et decimarum garbalium. xvi. 92.

(253) Dec. 18. 1639.
JOANNES COMES DE AITHOLL, Dominus Murray, &c. *hæres* Joannis Comitis de Atholl, &c. *proavi ex parte matris*,—in officio hæreditario ballivatus terrarum et baroniæ Dunkeldensis, episcopis et ecclesiæ in patrimonio spectantium, ex parte boreali aquæ de Forth, infra vicecomitatus de Fyfe, Forfar, et Perth respective, cum feodo .... de firmis et decimis garbalibus terrarum de Eister et Wester Inschewines et Ladywell, in baronia Dunkeldensi et vicecomitatu de Perth.—E. *servitium in administratione justiciæ in dicto officio.*—(Vide Perth, Fife.) xvi. 38.

(254) Apr. 24. 1640.
JOANNES THORNTOUN de Eodem, *hæres masculus* Patricii Thorntoun de Eodem, *patris*,—in terris de Thorntoun, cum communi pastura et focalibus, infra parochiam de Glames :—A. E. 4*l.* N. E. 16*l.*—terris templariis vocatis Templebank et Muttoneaiker, ex parte boreali villæ de Hayistoun.—A. E. 3*s.* 4*d.* N. E. 13*s.* 4*d.* xvi. 85.

(255) Maii 15. 1640.
DONALDUS THORNTOUN de Blaknes, *hæres* Alexandri Thorntoun de Blaknes, *patris*,—in quarta parte villæ et terrarum de Blaknes, &c.—sexta parte octavæ partis dictarum terrarum de

Blaknes, in dominio de Scona :—E. 4*l*. 11*s*. 8*d*.—decimis garbalibus prædictarum terrarum.—A. E. 5*s*. N, E. 20*s*.   xvi. 23.

(256)   Jul. 10. 1640.
JACOBUS BOYTER de Natherliff, *hæres* Jacobi Boyter de Natherliff mercatoris burgensis de Dondie, *patris*,—in terris et baronia de Ogilvie nuncupatis Glen de Ogilvie, in parochia de Glames:
—A. E. 10*l*. N. E. 40*l*.—octava parte terrarum et villæ de Kirktoun de Lyffe;—octava parte croftæ vocatæ Kirkcroft, et octava parte croftæ terrarum vulgo Brewlandis de Lyffe vocatæ, in dominio de Scona:—E. 2 *bollæ* 2 *peccæ frumenti*, &c.   xvi. 29.

(257)   Dec. 23. 1640.
PETRUS BUOCK, *hæres* Joannis Buock portionarii de Mylntoun de Connon, *proavi*,—in terris dimidietatis occidentalis lie Shaddow half de Mylntoun de Connon, cum dimidio molendini et decimis garbalibus, infra regalitatem de Aberbrothok.—E. 1 *celdra hordei*, &c.   xvi. 31.

(258)   Jul. 24. 1641.
PATRICIUS OGILVIE de Bennachie, *hæres* Patricii Ogilvie de Bennachie, *patris*,—in terris et villa de Grang de Airlie, in regalitate Sancti Andreæ et infra dominium de Cupro.—E. 3*l*. 6*s*. 8*d*. &c.—(Vide Perth.)   xvi. 282.

(259)   Aug. 27. 1641.
WILLIELMUS MOREIS, *hæres masculus* Willielmi Moreis portionarii de Wester Innergowrie, *patrui*,—in octava parte villæ et terrarum de Wester Innergowrie, in regalitate de Scona.—E. 40*s*. &c.   xvi. 140.

(260)   Aug. 27. 1641.
JACOBUS SMYTHE incola in Dondei, *hæres masculus* Andreæ Smythe in Wester Innergowrie, *fratris avi*,—in dimidietatibus molendini granorum et terrarum molendinariarum de Wester Innergowrie, in regalitate de Scona.—E. 50*s*. 4*d*. &c.   xvi. 141.

(261)   Oct. 2. 1641.
ALEXANDER OGILVY de Schilhill, *hæres* Alexandri Ogilvy de Schilhill, *patris*,—in terris de Auchnagray, cum brasina et crofta vulgo The Brewseat and Brewcroft of Kinmalie, infra baroniam de Kinmatie (Kinmalie ?).—A. E. 10*s*. N. E. 40*s*. xvi. 181.

(262)   Dec. 31. 1641.
JEANNA LINDSAY filia legitima Domini Joannis Lindsay de Ordine de Bath militis, *hæres portionaria et conquestus* Colonelli Henrici Lindsay, *filii fratris avi*,—in dimidia parte terrarum de Craignathrow, in baronia de Restennet :—E. 13*s*. 4*d*.—dimidia parte decimarum garbalium prædictarum terrarum de Craignathrow.—E. 6*s*. 8*d*.   xvi. 283.

(263)   Dec. 31. 1641.
MARGARETA LINDSAY filia legitima Domini Joannis Lindsay de Ordine de Bath militis, *hæres portionaria et conquestus* Colonelli Henrici Lindsay, *filii fratris avi*,—in dimidia parte terrarum et decimarum garbalium prædictarum.   xvi. 284.

(264)   Apr. 27. 1642.
JOANNES COMES DE ROTHES, Dominus Leslie, &c. *hæres* Joannis Comitis de Rothes, Domini Leslie, &c. *patris*,—in dimidietate advocationis ecclesiæ de Auchterhous.—E. ....—(Vide Aberdeen, Elgin et Forres.)   xvi. 252.

(265)   Apr. 27. 1642.
JOANNES COMES DE ROTHES, Dominus Leslie, &c. *hæres* Joannis Comitis de Rothes, Domini Leslie, &c. *patris*,—in terris et baroniis de Fethies Eister et Wester, cum advocatione ecclesiarum, unitis in baroniam de Ballinbreich.—A. E. 7*l*. N. E. 21*l*.—(Vide Fife, Perth, Kincardine, Elgin et Forres, Aberdeen, Inverness.)   xvi. 258.

(266)   Maii 3. 1642.
DOMINUS GULIELMUS BLAIR de Balgillo miles, *hæres* Domini Joannis Blair de Balgillo militis, *patris*,—in terris propriis et baronia de Kincaldroun, viz. terris dominicalibus de Kincaldroun, Buchtiehillok et molendino earundem ;—terris de Lour et Muirtoun, cum pendiculis nuncupatis Segydene, Denhead, Greinordie, et Greinmyre; et dimidietatibus terrarum de Carrat et Wester Meathie, tenandriis de Nevay, Easter Meathie, Kincreich, dimidietate de Wester Meathie, et quarta parte terrarum de Lour, unitis in baroniam de Kincaldrum :—A. E. 13*l*. 6*s*. 8*d*. N. E. 53*l*. 6*s*. 8*d*.—terris et baronia de Reiddie.—A. E. 5*l*. N. E. 20*l*.   xvi. 202.

(267)   Maii 6. 1642.
JOANNES COMES DE KINGHORNE, Dominus Lyon et Glammis, &c. *hæres masculus ratione eonquestus* Jacobi Lyone de

---

Auldbar, *fratris germani immediate junioris*,—in terris et baronia de Auldbar nuncupata Melgound, comprehendente terras dominicales de Auldbar, cum Cruvis et salmonum piscariis super aquam de Southesk ;—terras de Clatterboine;—dimidietatem terrarum de Balmacathie ;—terras de Bloberhill cum molendino;—terras de Woodend ;—forrestam de Kellotshaves cum Forrestseat earundem ;—terras de South Melgound cum communia in moris, &c. de Montreumonth;—tenandria de Balzeon :—A. E. 6*l*. N. E. 24*l*.—terris de Stannochie.—E. 16*m*.   xvi. 303.

(268)   Maii 18. 1642.
JACOBUS COMES DE ANNANDAILL, Vicecomes de Annand, Dominus Murray de Lochmaben, &c. *hæres masculus et talliæ* Quintigerni Vicecomitis de Stormount, *consanguinei*,—in dominio et baronia de Scone comprehendente principalem mansionem et maneriei locum abbaciæ et dominii de Scone, infra muros et præcinctum dictæ maneriei et abbaciæ;—terras dominicales nuncupatas Hauch de Scone ;—villam, terras, et acras de Scone, cum annuis redditibus et salmonum piscariis apud illam partem aquæ de Tay nuncupatam Heads de Scone, et Broome-Parkis de Scone, Moras de Scone ;—terras ab antiquo nuncupatas baroniam de Gowrie, et nunc vulgo baroniam de Scone, comprehendentem terras de Craig-Makerran, cum Cuthill earundem ;—terras de Byris ;—terras de Aikinheid, Over Colan et Nether Colan, cum salmonum piscariis ;—terras de Innerlowis cum molendinis granorum et fullonum ;—terras de Lethindie, Ardgilzeane, Friertoun, Barclayhillis, New-Milne, cum molendino (alias Bossnidie), Gairdrumes;—terras de Schirrestoun cum salmonum piscariis earundem ;—terras de Lochtoun ;—terras de Bonhard, Boghall, Balgarnie ;—terras de Polkmilne ;—terras de Balquhormok, Almerland, Chappellhill, Chappelzaird ;—croftam de Schirrestoun, Sconshauch, Auchnapopill, Braco, Warkland et Hoill, Sandhill, Bernard et Sconescroft ;—acras de Balbuchtie, Pryors-croft, Dowcatts-croft, Guisecroft, James Hendirsouns-croft, domos conventuum lie convent houses in villa de Scone cum hortis, Sir James-croft, Mr. Andro Strangis-croft, William Mohypennyes-croft, croftam Andreæ Merschell, croftam Joannis Carver, Kingis Orchard, Breid-croft, Schawyis-croft, Wattirland ;—terras de Scheipsteiddis de Balbuchtie, Lymepottis, Spoutwallis ;—mansionem nuncupatam Lympottis, omnes sub aqua de Ilay ;—terras de Inschryrra ;—terras de Arnebathie, Hestieclewis, et Scheinehill, Over Fyngask ;—terras de Raitt ;—rigam terræ ex australi parte terrarum ecclesiasticarum de Raitt ;—peciam terræ ex orientali parte cymeterii de Raitt cum Smeddiecroft de Raitt ;—secundas decimas de Raitt, Keanquheit de Inchemarteine ;—terras de Nathir Durdie, Over Durdie et molendinum de Dundaff ;—villam et terras de Kirktoun de Liff ;—terras bruerias lie Brighous et molendinum granorum cum multuris ;—terras de Nather Liff, Eister Liff, Wester Gourdie, Eister Gourdie, Pittelpie, Dryburghe, Blaknes, Balgartnay, Balgay, Logy, Eister Innergowrie, Wester Innergowrie, cum molendinis granorum et fullonum earundem, Denimiln, Smyddiecroft, et Largo, omnes in parte dictæ baroniæ vocata Angus ;—3 acras terrarum de Kintulloch ;—terras, castra, &c. ad temporalitatem, patrimonium et proprietatem prioratus de Lochtay ab antiquo pertinentia ;—omnia tenementa, ædificia, domos, &c. in Clakmanan, Dundie, Edinbrugh, Stirling, Innerkeithing, Craill, St. Andros, et Aberdein, ad dictam abbaciam pertinentia, et annuos redditus infra easdem, et annuum redditum 3*l*. 5*s*. 8*d*. de terris de Balmahaggillis ;—annuum redditum 13*s*. 4*d*. de Cokilmuire ac omnes terras, &c. dictæ abbaciæ et baroniæ de Scone, quæ ad monasterium de Scone, abbates et conventus ejusdem ab antiquo pertinuerunt, cum decimis garbalibus, aliisque decimis, et decimis annualibus wardarum, reieviorum, et extractuum curiarum senescallatus de Stratherne et eschaetarum, &c. omnes jacentes infra vicecomitatus de Perth et Forfar respective, cum decimis garbalibus et aliis decimis, &c. ecclesiarum parochialium de Scone, Roggartoun, Kilspindie, Raitt, Logye, Liff, Innergowrie, Cambusmichaell, Eicht, ac ecclesiæ parochialis de Dundonald in Sutherland, quæ ad abbaciam de Scone pertinuerunt :—E. 1000*m*.—omnibus, cum terris, et tenementis templariis circa villam de Scone, unitis in dominium et baroniam de Scone.—(Vide Perth.)   xvi. 224.

(269)   Jul. 5. 1642.
HELENA LINDSAY sponsa Magistri Davidis Carnegie ministri verbi Dei apud ecclesiam de Fernall, ac filia primogenita Magistri Davidis Lindsay de Dunkenny, *hæres portionaria* Joannis Lindsay de Dunkenny, *fratris germani*,—in quinta parte terrarum de Dunkenny, in baronia de Lintrathin et parochia de Essie :—A. E. 14*s*. N. E. 56*s*.—quinta parte terrarum de Kirktoun de Essie, in dicta baronia de Lintrathin :—A. E. 8*s*. N. E. 32*s*.—quinta parte terrarum vocatarum Deirielandis de Essie, in baronia de Essie.—A. E. 8*d*. N. E. 32*d*.   xvi. 243.

(270)   Jul. 5. 1642.
ISSOBELLA LINDSAY sponsa Magistri Andreæ Rollok ministri verbi Dei apud ecclesiam de Dunce,—JEANNA LINDSAY re-

D

licta Magistri Jacobi Duncane ministri verbi Dei apud ecclesiam de Montrois,—et CATHARINA LINDSAY, *hæredes portionariæ* Joannis Lindsay de Dunkenny, *fratris germani,*—in tribus quintis partibus terrarum prædictarum.   xvi. 244.

(271)   Aug. 2. 1642.
GEORGIUS SUTTIE lanio burgensis de Edinburgh, *hæres provisionis* Domini Joannis Ker vicarii de Chirnesyde, *proavi ex parte matris,*—in sexta parte terrarum de Lumlathine.—A. E. 16s. 8d. N. E. 3l. 6s. 8d.   xvii. 102.

(272)   Aug. 30. 1642.
THOMAS FRASER, *hæres masculus provisionis* Thomæ Domini Fraser de Lovat, *abavi,*—in terris et baronia de Kynnell, viz. in terris de Braikie, Haltoun de Kynnell, Maynis et Manisbank, Balnavis et Rynmure.—A. E. 20l. N. E. 30l.   xvii. 192.

(273)   Sep. 7. 1642.
JOANNES COMES DE ATHOLE, *hæres masculus* Joannis Atholiæ Comitis, *patris,*—in officio hæreditario ballivatus terrarum et baroniæ Dunkeldensis, episcopis et ecclesiæ ejusdem qualitercumque in patrimonio spectante, cum pertinentiis tam contigue quam discontigue jacentibus dictæque baroniæ annexatis et incorporatis, ex parte boreali aquæ de Forthe, infra vicecomitatus de Fife, Forfar, et Perth respective, cum servitiis tenentium et inhabitatorum dictarum terrarum et civitatis Dunkeldensis temporibus belli et guerræ.—E. *debitum servitium in administratione justiciæ.*—(Vide Fife, Perth.)   xvii. 96.

(274)   Nov. 7. 1642.
ROBERTUS BALMANNO, *hæres* Alexandri Balmanno de Carlungzie scribæ burgensis de Edinburgh, *patris,*—in terris et villa de Carlungzie, in baronia de Downie.—A. E. 3l. 17s. 4d. N. E. 15l. 9s. 4d.   xvii. 213.

(275)   Dec. 6. 1642.
MAGISTER PATRICIUS MELVILL, *hæres masculus* Magistri Andreæ Melvill de Baldovie ministri verbi Dei apud ecclesiam de Maritoun, *fratris germani,*—in terris de Baldovie cum piscaria in South Esk, in baronia de Inchvreock.—A. E. 40s. N. E. 8l.   xvii. 104.

(276)   Dec. 6. 1642.
MAGISTER ALEXANDER RAMSAY minister verbi Dei apud ecclesiam de Strickmairtine, *hæres* Alexandri Ramsay junioris in Gedhall, *patris,*—in terris de Gedhall et decimis garbalibus ;—acræ terræ in baronia de Barrie :—E. 13m. 20d. &c.—pecia tenementi terræ templariæ infra burgum de Dondei.—A. E. 3s. 4d. N. E. 13s. 4d.   xvii. 109.

(277)   Dec. 14. 1642.
DAVID OGILVIE de Clovay, *hæres masculus* Domini Davidis Ogilvie de Clova militis, *patris,*—in baronia de Clovay comprehendente terras de Kirktoun, Arnetibber, Ballinhard et Ballintyre, Bradownies et Tullumulloquhy, Doill et Clayleich.—A. E. 5l. N. E. 20l.   xvii. 123.

(278)   Feb. 28. 1643.
JOANNES OGILVY de Balfoure, *hæres* Joannis Ogilvy de Balfoure, *patris,*—in terris de Balfoure-Kirktoun et terris de Ascreveis Over et Nether, cum molendino de Kincoldrum et multuris lie Multurscheaf et Ringbear totius baroniæ de Kincoldrum, viz. terrarum et villarum de Eister Persie, Midle Persie alias Bagra, Wester Persie, Ascrevies Over et Nether, Kirktoun-Balfour, Baldovie, Kinclune, Meikle Kenny, Litle Kenny, Aucherok, jacentibus in baronia de Kincaldrum, dominio et regalitate de Abirbrothok.—E. 44l. *feudifirmæ.*   xvii. 133.

(279)   Apr. 10. 1643.
ALEXANDER COMES DE KELLYE, *hæres* Thomæ Comitis de Kellye, Domini Pettinweyme, *fratris germani,*—in dominio de Pettinweyme, comprehendente croftam terræ de Aberbrothok nuncupatam Abirbrothokcroft, cum aliis terris in Fife, Perth, et Haddingtoun.—A. E. 20l. N. E. 60l.—(Vide Fife, Perth, Haddingtoun.)   xvii. 58.

(280)   Apr. 25. 1643.
JACOBUS VICECOMES DE DUDOPE, Dominus Scrymgeour, *hæres masculus* Joannis Vicecomitis de Dudope, Domini Scrymgeour, *patris,*—in terris et baronia de Dundie continentibus terras de Dudope, tam tertiam quam binam partem earundem;—terras de Castelhills ;—officia Constabulariæ et Vexillum lie Banner S. D. N. Regis gerendi, Coltsilver, et omnes custumas primi nundini de Dundie ;—terras de Henderstoun, Sillieseat, et Eddertie ;—terras et baroniam de Newtibber inibi comprehendentes villas et terras de Coustoune, Davidstoun, et Pitnepie ;—molendinum et terras moléndinarias de Mylnholl ;—terras de Balluny ;—terras lie

Aikers apud Eistferrie ;—terras de Duntrune et Baldovie ;—terras de Lumlathin et Craigo ;—advocationem ecclesiæ de Dundie, et decimas garbales terrarum infra parochiam ejusdem :—A. E. 20l. 1½d. N. E. 80l. 5d.—quæquidem terræ, &c. unitæ sunt cum aliis terris in Fife, Perth, Aberdeen et Argyle, in baroniam de Dundie ;—terris de Baldovan ;—terris de Strickmartein, comprehendentibus terras de Balmadoune, Kirktoune de Strickmartyne, Hillhouse, et Baldraigoune ;—terras de Auchinharrie et Bridgend de Auchry, in baronia de Rescobie et regalitate Sancti Andreæ, unitis in tenendriam de Baldovan :—E. 4l.—terris de Balrudrie et Benvie cum advocatione ecclesiæ, in baronia de Panmure:—E. 6d. *argenti:*—terris de Adamstoun in baronia de Dronlaw :—A. E. 40s. N. E. 8l.—terris de Bulzeon alias Catermelane, infra baroniam de Melgound per annexationem.—A. E. 2s. N. E. 10s.—(Vide Fife, Perth, Aberdeen, Argyle.)   xvii. 160.

(281)   Jun. 9. 1643.
ANNA GRAY sponsa Willielmi Luke notarii in Forfar, *hæres* Willielmi Gray nonnunquam scribæ curiæ vicecomitatus de Forfar, *patris,*—in quarta parte villæ et terrarum de Balmaw, in dominio et regalitate de Lundoris.—E. 25s. 4d.   xvii. 201.

(282)   Jun. 9. 1643.
ISSOBELLA ET EUPHAMIA GRAYIS, *hæredes portionariæ* Willielmi Gray nonnunquam scribæ curiæ vicecomitatus de Forfar, *patris,*—in terris prædictis.   xvii. 202.

(283)   Jul. 21. 1643.
JACOBUS DURHAME de Eister Powrie, *hæres* Magistri Alexandri Durhame filii legitimi quondam Jacobi Durhame de Patkerro, *patris,*—in terris de Haltoun de Kinnell in baronia de Kinnell ;—annuo redditu 75m. de terris de Wester Braikie aut aliis terris de Kinnell :—A. E. 40s. N. E. 8l.—6 acris terræ arabilis in baronia de Barrie.—E. 4m.   xvii. 200.

(284)   Aug. 22. 1643.
DOMINUS ANDREAS BRUCE de Erlishall miles, *hæres* Gulielmi Bruce de Erlishall, *patris,*—in villa sive terris de Wallace-Craigie.—A. E. 25s. N. E. 5l.   xvii. 205.

(285)   Dec. 5. 1643.
THOMAS PEARSONE de Lochlandis, *hæres* Thomæ Pearsone de Lochlandis, *avi,*—in terris de Lochlandis cum decimis garbalibus ;—lacu nuncupato Loch de Lochlandis cum piscationibus et aucupationibus in et super eundem lacum, intra baroniam, dominium, et regalitatem de Aberbrothok:—E. 9l. 18s. &c. et 2s. in augmentationem, *feudifirmæ :*—terris de Barnegrein cum decimis, infra regalitatem antedictam.—E. 7s. et 4d. in augmentationem, *feudifirmæ.*   xix. 137.

(286)   Mar. 22. 1644.
DAVID HARING, *hæres* Jacobi Haring de Glesclwne, *proavi,* in dimidietate villæ et terrarum de Haltoun de Essie cum Brewlands ejusdem.—A. E. 20s. N. E. 4l.   xviii. 57.

(287)   Nov. 4. 1644.
JOANNES VICECOMES DE DUDOPE, Dominus Scrymgeour, *hæres masculus* Jacobi Vicecomitis de Dudope, Domini Scrymgeour, qui obiit in conflictu apud Longmarstonmoor, *patris,*—in terris et baronia de Dundie, continente terras de Dudope ;—terras de Castelhill ;—officia constabulariæ de Dundie, et vexillum lie Banner S. D. N. Regis gerendi, lie Coltsilver, &c. de Dundie ;—terras de Henderstone, Sillieseat, et Eddertie;—terris et baronia de Newtibber, comprehendente villas et terras de Coustoune, Davidstoune et Pitnepie ;—molendinum de Mylnehoill ;—terras de Baluny ;—terras lie Aikers apud Eistferrie ;—terras de Duntrwne et Baldovie ;—terras de Craigo, cum advocatiohe ecclesiæ de Dundie, et decimis garbalibus terrarum infra parochiam ejusdem, unitas ad baroniam de Dundie :—A. E. 19l. 3s. 6d. N. E. 76l. 14s.—terris de Baldovan ;—terris de Strikmairtyne, comprehendentibus terras de Balmadoune ;—terris de Kirktoune de Strikmairtyne ;—terris de Hilhouse, et Baldraigoune ;—terris de Auchinharrie, Brigend de Auchry, in baronia de Rescobie, et regalitate Sancti Andreæ, unitis in tenandriam de Baldovan :—E. 4l.—terris de Balrudrie et Benvie, cum advocatione ecclesiæ earundem, in baronia de Panmwre :—E. 6d. *argenti :*—terris de Adamstoun, in baronia de Dronlaw :—A. E. 40s. N. E. 8l.—terris de Bulzeon alias Cattermeline, infra baroniam de Melgounin per annexationem.—A. E. 2s. 6d. N. E. 10s.—(Vide Fife, Perth, Aberdeen, Argyle.)   xviii. 157.

(288)   Jun. 6. 1645.
SUSSANNA HALDEN, *hæres* Alexandri Halden portionarii de Eister Keillour, *fratris,*—in terris de Eister Keillour, jacentibus in lie rinrig, infra baroniam de Essie.—A. E. 16s. 8d. N. E. 3l. 6s. 8d.   xviii. 234.

(289)　　　　Feb. 20. 1646.

JOANNES GRAY, *hæres* Joannis Gray portionarii de Badihill, *patris*,—in terris in Badiehill et 4 acris terræ arabilis in Badiehill in baronia de Barrie.—E. 5*l.* 12*s.* &c.　　xviii. 244.

(290)　　　　Jun. 12. 1646.

GEORGIUS DOMINUS SPYNIE, *hæres masculus* Alexandri Domini Spynie, *patris*,—in baronia de Phynnevin, comprehendente in se terras de Auchteralløne, Tillibrollok, Cultnahilt, et Newpark :—A. E. 6*l.* N. E. 24*l.*—40*m.* annui redditus de custumis de Montrois ;—annuum redditum 100*m.* de custumis magnis burgi de Dundie, cum advocatione 5 capellaniarum Sancti Georgii Martyris, et capellaniæ Omnium Sanctorum fundatæ infra ecclesiam parochialem de Dundie, cum libertate sepulchri in dicta ecclesia :—A. E. 3*s.* 4*d.* N. E. 13*s.* 4*d.*—omnes unitas in baroniam de Finhevin ;—terras et baroniam Forrestæ de Plattoun :—A. E. 40*l.* N. E. 160*l.*—terras dimidietatis baroniæ de Clovay :—A. E. 5*l.* N. E. 20*l.*—superioritatem terrarum de Lacoquhy, et dimidietatis terrarum de Inglistoun de Kynnettlis.—A. E. 4*l.* N. E. 16*l.*— (Vide Aberdeen, Perth, Elgin et Forres, Nairne, Inverness.)　　xix. 50.

(291)　　　　Oct. 27. 1646.

ANNA LYON filia legitima primogenita Joannis Lyon in Weschill de Glamis, sponsa Capitanei Davidis Lyon, *hæres portionaria* Patricii Lyon burgensis de Dundie, *avi*,—in tertia parte mansionis vicariæ de Glamis nuncupata Weschill (vel Westhill), in territorio villæ de Glamis prope ecclesiam ejusden ;—terris ecclesiasticis sive gleba dictæ vicariæ de Glamis, in parochia de Glamis.—E. 20*s.*　　xviii. 295.

(292)　　　　Oct. 27. 1646.

MARGARETA LYON filia legitima tertio genita prædicti Joannis Lyon,—et CATHARINA LYON filia legitima secundo genita dicti Joannis Lyon ac sponsa Edwardi Preitie, *hæredes portionariæ* prædicti Patricii Lyon, *avi*,—in terris prædictis.　　xviii. 296.

(293)　　　　Nov. 3. 1646.

DAVID LEVINGSTOUN de Newtonn, *hæres* Joannis Levingstoun de Newtonn, *patris*,—in terris et villa de Newtoun tam umbrali quam solari dimidietatibus, in parochia de Stracathro.—E. 11*m.* 2*s.* 3*d.* &c.　　xviii. 321.

(294)　　　　Maii 4. 1647.

JACOBUS BOYTAR de Netherliff, *hæres* Jacobi Boytar senioris ballivi de Dundie, *patris*,—in octava parte et sexta parte alterius octavæ partis terrarum et villæ de Blaknes :—E. 48*s.* 10*d.*—decimis garbalibus præfatarum partium dictarum terrarum de Blaknes, infra dominium de Scona, tanquam pro principali.—A. E. 2*s.* 6*d.* N. E. 10*s.*—(Vide Kincardine.)　　xix. 54.

(295)　　　　Jul. 20. 1647.

DOMINUS ROBERTUS DOWGLAS, *hæres* Joannis Dowglas de Tulliequhillie, *patris*,—in terris et villa de Stracathrow :—E. 23*l.* 4*s.* &c.—villa et terris de Mylndanes, cum molendino et astrictis multuris terrarum de Stracathrow, Capus-drimie, et Newtoun ;—terrarum de Walkmylne, Ballonnie, Muretoun, Smiddiehill, cum multuris villæ et terrarum de Aldecat, et lie dargs of turfs super mora de Muretoun :—E. 8*l.* 6*s.* 4*d.* &c.—terris et villa de Nathrowe, in parochia de Naver.—E. 12*m.*—(Vide Kincardine.)　　xix. 80.

(296)　　　　Aug. 27. 1647.

MAJOR JOANNES MUIRETOUNE, *hæres* Joannis Muiretoune civis civitatis Brechinensis, *patrui*,—in tenemento cum horto vocato de antiquo mansio thesaurarii Brechinensis.—E. 26*s.* 8*d.*　　xix. 385.

(297)　　　　Oct. 29. 1647.

JOANNES RAMSAY de Wester Ogill, *hæres masculus* Jacobi Ramsay de Wester Ogill, *patris*,—in terris de Wester Ogill cum molendino.—A. E. 5*l.* N. E. 20*l.*　　xix. 142.

(298)　　　　Jan. 8. 1648.

JACOBUS HALLIBURTOUN de Keillour, *hæres masculus* Georgii Halliburtoun de Keillour, qui obiit in conflictu de Tippermuir prope burgum de Perth, *patris*,—in terris de Wester Keillour, cum molendino et pendiculis nuncupatis Hill de Keillour et Densyid :—A. E. 5*l.* N. E. 20*l.*—dimidietate villæ et terrarum de Eister Keillour, in baronia de Linlathin :—A. E. 16*s.* 8*d.* N. E. 3*l.* 6*s.* 8*d.*—annuo redditu 40*s.* de alia dimidietate terrarum de Eister Keillour ;—annuo redditu 40*s.* de terris de Wester Keillour.　　xix. 246.

(299)　　　　Feb. 18. 1648.

DOMINUS GULIELMUS AUCHINLECK de Balmannow miles, *hæres masculus* Magistri Archibaldi Auchinleck portionarii de Blacknes, *fratris germani*,—in octava parte et sexta parte alterius octavæ partis terrarum et villæ de Blaknes, infra dominium de

Scona :—E. 48*s.* 10*d.*—decimis garbalibus octavæ partis et sextæ partis alterius octavæ partis dictæ villæ et terrarum de Blaknes.— A. E. 2*s.* 6*d.* N. E. 10*s.*　　xix. 200.

(300)　　　　Mar. 31. 1648.

DOMINUS PATRICIUS MAXWELL de Newark et Tealling miles, *hæres masculus* Georgii Maxwell de Newark, *patris*,—in terris ecclesiasticis nuncupatis Preistoun de Tealling cum decimis, in parochia de Tealling.—E. 21*l.*　　xix. 236.

(301)　　　　Apr. 15. 1648.

JACOBUS MELVILL de Cotsyid, *hæres masculus* Ricardi Melvill de Cotsyid, *patris*,—in terris de Cotsyid, Easter Cotsyid appellatis, cum 4 acris terrarum de Westir Cotsyid ;—terris nuncupatis Preistis-meddowe, et 2 croftis terræ arabilis Lawis-croft et Tagowiscroft vocatis, cum loco et manerie de Cotsyde ;—9 acris terræ arabilis cum crofta Stephaines-croft appellata, et pecia terræ Dumestank vocata, in Hauche prope ecclesiam de Barrie ;—3 acris terræ arabilis cum 2 peciis terrarum Burtones-croft nuncupatis ;—terris de Coitwallis cum 2 acris terræ arabilis de Coitsyid Corsdaillis nominatis, cum tofta et crofta ad easdem spectantibus ;—pecia terræ vulgo nuncupata Lyes-croft ;—terris nuncupatis Chappell-Zairdis, omnibus infra baroniam de Barrie ;—12 acris ecclesiasticis terrarum arabilium vicario pensionario de Barrie nonunquam spectantibus, infra parochiam de Barrie.—E. 21*l.* 2*d.* &c.　　xix. 247.

(302)　　　　Maii 2. 1648.

DAVID ERESKYNE de Kirkbuddo, *hæres* Joannis Ereskyne de Kirkbuddo, *avi*,—in umbrali dimidietate terrarum de Hedderwick ; —umbrali dimidietate terrarum de Claylek, infra regalitatem de Abirbrothock.—E. 3*s.* 4*d.* *feudifirmæ.*　　xix. 288.

(303)　　　　Jun. 2. 1648.

JOANNES LYNDSAY de Edzell, *hæres masculus* Davidis Lyndsay de Edzell, *patrui*,—in terris, dominio, et baronia de Glenesk continente villas et terras de Glenmak, cum terris dominicalibus et brasina de Innermarke ;—terras de Kirktoun de Lochlie, Glenlie, Glenessok, Bady, Dilvrek, Quhigstreich, Hauche, Kyndrochwood, Auchrennie cum molendino, Rotuquhey cum molendino, Migwie, Auchlochie, Auschallarie, Dilskamfie, Dilula, Schanno, Canerscorne, Meikle Tulloche, Dilphuber, Achrie ;—terras de Inneskandie, molendina granorum et fullonum, brasinam, et terras brasinarias appellatas Brewlandis ;—terras de Tullidow cum molendino et pendiculis earundem, viz. Woodtoune, Bogtoune, et Broklaw ;—terras de Argythe, Drumcairne, Swinoche, molendinum de Lethnat et terras de Makindab, Tulliebarnis, Auchorie ;—dimidietatem terrarum de Glescorie ;—terras de Edzell, Dildarg, Banchard, et Dalboig, silvam et molendinum ;—terras de Ballinsargatt, Strannokkettie, Brabnerhill, Litle Tulloche, Clochie ;— alteram dimidietatem de Glescorie ;—terras de Baillie, Turnabraine, Corquharne, Coris, Lemudire, Kenny, molendina earundem, Glentennent, Glencat, Kaidlache, Saquhair, Cairnecors et brasinam ejusdem, Auchedin et molendinum ejusdem, Blackhills, Auchintowll, Ardo, Dilhasin, Heuch-heid ejusdem, Skaitfoord, Dirahill, Camelie, Gallowleis, Hunthill, Blakhauche, Greinbank, cum salmonum piscationibus super aquas de Northesk et Eskandie, et advocatione ecclesiarum de Lethnot et capellaniæ de Dalbog ;— potestate villam et burgum baroniæ in aliqua parte terrarum de Edzell habendi :—A. E. 50*l.* N. E. 200*l.*—potestate inveniendi et fodiendi mineralia auri, argenti, æris, plumbi, stanni, &c. infra bondas dictarum terrarum :—E. *decima pars metallorum* :—unitis in baroniam de Gleness ;—terris de Auchnevis, viz. terris de Hillocktoun, Eistertoun, Westertoun, Mylnedene, et Ailhouse, cum molendino :—A. E. 10*s.* N. E. 40*s.*—omnibus cum quibusdam aliis terris in Kincardine unitis in baroniam de Glenesk.—(Vide Kincardine.)　　xix. 263.

(304)　　　　Jun. 2. 1648.

JOANNES LYNDSAY de Edzell, *hæres masculus* Davidis Lyndsay de Edzell, *patrui*,—in terris ecclesiasticis de Wester Edzell cum pendiculis, viz. Derahoill, Meikle Margy (vel Magry), Litle Margy, infra dominium de Rescobie et regalitatem Sancti Andreæ. —E. 16*m.*　　xix. 265.

(305)　　　　Jun. 9. 1648.

DAVID ERSKEINE de Kirkbuddo, *hæres masculus* Georgii Erskeine de Kirkbuddo, *patris*,—in terris de Egilsjohne, in parochia de Dwn.—E. 6*l.* 10*s.* &c.　　xix. 263.

(306)　　　　Jun. 15. 1648.

PATRICIUS COMES DE KINGHORNE, Dominus Lyon et Glames, *hæres masculus* Joannis Comitis de Kinghorne, &c. *patris*, —in terris thanagii de Glames :—A. E. 25*l.* N. E. 100*l.*—terris, baronia, et thanagio de Tannadyce :—A. E. 20*l.* N. E. 80*l.*—cum quibusdam aliis terris in vicecomitatu de Aberdeen, unitis in baroniam de Glames ;—terris de Ardecroch alias Litle Cossynnes :—

E. 40s.—jure patronatus ecclesiæ parochialis de Nether Airlie et decimis, cum quibusdam aliis terris in Fife :—A. E. 6s. 8d. N. E. 20s.—terris et baronia de Baikie (vel Baky) :—A. E. 40l. N. E. 160l.—terris de Drumgleyes (vel Drimleyis) et Carden ;—terris de Drumgeicht :—A. E. 40l. N. E. 140l.—lacu de Forfar vocato Fallache cum insula et piscaria in eodem :—A. E. 20s. N. E. 4l.—terris de Cossynes :—A. E. 40s. N. E. 8l.—terris de Wester Drummes, infra dominium de Breichen :—E. 43l. 4s.—terris de Tullois alias Tullochie ;—terris de Crauchie ;—molendino de Crauchie, cum ring bear, ring aittis ejusdem, et decimis, omnibus super australi latere aquæ de Eveny infra regalitatem de Aberbrothock :—E. 54l.—terris et baronia de Auldbar vocata Melgound, comprehendente terras dominicales de Auldbar, cum salmonum piscaria super aquam de Southesk ;—terris de Clatterbane ;—dimidietate terrarum de Balnacathie ;—terris de Blowerhill ;—terris de Woodend ;—Forresta de Kelletschaw, cum Forrester Sait earundem ;—terris de South Melgound ;—communia in moris et maresiis de Mountrenamachè (Montrewmonth ?) cum tenandria de Bulzeone :—A. E. 6l. N. E. 24l.—terris de Stannochie :—E. 10l. 13s. 4d. —terris et baronia de Doddis, viz. terris de Muirlarthanwood et Henwood vocatis Dod, cum piscaria infra lacum de Rescobie ad dictas terras spectante ;—terras vocatas Kingismuir et jure patronatus ecclesiæ parochialis de Rescobie :—A. E. 4l. N. E. 16l.—terris de Balmokottie infra regalitatem de Kelliemuir (Kerriemuir ?)—dimidietate terrarum et baroniæ de Montblairie, et salmonum piscatione in aqua de Doverne ;—dimidietate terrarum de Ryland ;—dimidietate terrarum de Culburne et Inschrowatt ;—dimidietate terrarum de Tullochie, cum pendiculis vocatis Over Tullochy, Haggischeill, et Schireley ;—dimidietate terrarum de Todlaw et salmonum piscariæ ejusdem ;—dimidietate terrarum de Quhyitfeild ;—dimidietate terrarum et villæ de Bogsmedditoun et Bredmyre, cum salmonum piscaria super dicta aqua de Doverne ;—dimidietate terrarum de Blaktoun, Hairwoodhill, Over Deuchris, et Petgaries ;—dimidietate terrarum de Auchinbadie cum piscaria ;—dimidietate terrarum et villarum de Stanieley, Balgray, et Knokin ;—dimidietate terrarum de Fortrie et Glenhous ;—dimidietate terrarum de Monmonay de Dredland ;—dimidietate terrarum de Kinbene ;—dimidietate terrarum de Scottistoun, Nether Deuchiris, et Brumesyid ;—dimidietate terrarum et villarum de Auchmeddin, Glencuthill, Lenies, et Towie ;—dimidietate terrarum de Petnacadder et Inschbrek ;—dimidietate terrarum et villarum de Litle-Blythe, Claveriefauldis, et Balmagellie ;—dimidietate terrarum de Gelliehill, cum molendino vocato Gelliemylne ;—dimidietate terrarum de Todlaw et Gellimuir ;—dimidietate terrarum et villæ de Cowane et Silverfuird ;—dimidietate villarum et terrarum de Jackistoun, Hungriehill, Monie-Bleatoun, Brunthaire, Meikle et Litle ...., Muirhous, Auldailhous, et Barnehill :—A. E. 10l. N. E. 50l.—dimidietate villæ et terrarum de Downe :—A. E. 40d. N. E. 13s. 4d.—dimidietate terrarum de Newtoune et Montblairie ;—dimidietate terrarum et baroniæ de Glencuthill :—A. E. 5l. N. E. 20l.—dimidietate terrarum de Balmahekillis, terrarum de Fetterlettir et Lethintie ;—terrarum de Saltcottis ;—terrarum de Glovenny, Inchebreke, et Litle Methlick ;—dimidietate terrarum de Balmadie, cum monte vocata Erlishillock, et terrarum de Carnetradlydane ;—dimidietate terrarum de Beildlistoun cum salmonum piscatione super aqua de Don ;—dimidietate terrarum de Allath et Nethir Ardmoir ;—dimidietate terrarum et baroniæ de Grandoun :—A. E. 5m.- N. E. 20m.—dimidietate terrarum de Presley ;—dimidietate terrarum de Auchinull et Crabstoun :—A. E. 5m. N. E. 20m.—dimidietate terrarum et baroniæ de Cantries vocatæ Paterfintries infra parochiam de Kingdowart (vel Kinedwart) ;—dimidietate terrarum de Glassaforrest et Glasgoego ;—dimidietate annui redditus 9l. de terris de Kintor :—A. E. 5l. N. E. 24l. —dimidietate terrarum et baroniæ de Auchterhous cum pendiculis earundem, viz. Haltoun de Auchterhous cum lacu ;—terris de Deskfurd ;—terris de Cottoune ;—molendino de Auchterhous ;—terris de Burneheid ;—terris dominicalibus de Auchterhous et terris de Bonnytoun ;—dimidietate terrarum de Wester Keythe :—A. E. 6l. N. E. 40l.—dimidietate juris patronatus ecclesiæ de Auchterhousie :—A. E. 3s. 4d. N. E. 13s. 4d.—dimidietate terrarum et baroniæ de Eissie, cum terris de Glenquharie et Halkertoun, terris de Castletoun, Inglistoun, Deirlandis, et Brewlandis de Eissie ;—terris de Baldenge, et Newmylne de Eissie :—A. E. 6l. N. E. 36h.—dimidietate terrarum et baroniæ de Nevay :—A. E. 50s. N. E. 10l. —dimidietate terrarum et baroniæ de Kettinis et Petdonie, et terrarum vocatarum Brodlandis et Eister Kittoun :—A. E. 8l. N. E. 32l. —dimidietate terrarum et baroniæ de Kingzaltie cum maneriei loco de Queich, cum pendiculis earundem, viz. terris de Neather Kingzaltie, molendino de Kingzaltie ;—terris de Cossackis, Shiresbank, Auleis, Turfawich ;—terris de Torrelandis et Inchvenet et terris de Scherihill.—A. E. 8l. N. E. 32l.—(Vide Aberdeen, Banff, Perth, Kinross, Fife.) - 　　　　　xix. 273.

(307)　　　　　　Dec. 29. 1648.
DAVID ANDERSON (vel ALEXANDER) de Ravinsbie, hæres Jacobi Alexander de Ravinsbie, patris,—in terris et villa de Car-

nowstie pro principali :—E. 8l. 7s. &c.—40 solidatis terrarum de Barriemuir, et 10 solidatis earundem terrarum, cum 4 acris terrarum de Badiehill, in baronia de Barrie, in warrantum terrarum de Carnowsie.—E. 4l. 15s. &c.　　　　　　　xix. 307.

(308)　　　　　　Apr. 11. 1649.
DAVID CARNEGY de Balmachie, hæres talliæ Joannis Carnegy de Eodem, consanguinei,—in 11 acris terrarum de Punderlaw et Deischland cum decimis, in dominio et regalitate de Aberbrothok. —E. 11 bollæ hordei, &c. feudifirmæ.　　　　　xx. 51.

(309)　　　　　　Oct. 20. 1649.
JOANNES FORRESTER de Deyhouse, hæres Joannis Forrester de Deyhouse, patris,—in terris de Buddone cum Links earundem et decimis, infra baroniam de Barrie, et cum ædificiis et warda australi vocata The Abbots Horsewaird, et pomario.—E. 6l. 13s. 4d.　　　　　　　　　　xx. 109.

(310)　　　　　　Nov. 20. 1649.
JOANNES OGILVIE de Schillhill, hæres Alexandri Ogilvie de Schilhill, patris,—in terris de Auchnagray ;—crofta vulgo vocata Brewseatt et Brewcroft of Kynnatie, infra baroniam de Kynattie : —A. E. 10s. N. E. 40s.—quarta parte binæ partis terrarum de Shillhill, et octavæ partis earundem, in baronia de Forrest de Plattoune.—A. E. 10s. N. E. 40s.　　　　　　xx. 108.

(311)　　　　　　Feb. 8. 1650.
DAVID ERSKYNE de Kirklands, hæres Georgii Erskyne de Kirklands, patris,—in umbrali dimidietate terrarum de Hedderweik ;—umbrali dimidietate terrarum de Cleylik, infra regalitatem de Aberbrothok.—E. 3s. 4d. feudifirmæ.　　　　xx. 127.

(312)　　　　　　Maii 21. 1650.
DOMINUS ROBERTUS FLETCHER de Innerpeffer, hæres masculus Domini Andreæ Fletcher de Innerpeffer militis, unius senatorum Collegii Justiciæ, patris,—in terris et baronia de Innerpeffer comprehendente terras de Panlathie et Balbaine, cum molendino de Panlathie ;—terras de Pitcoura, cum privilegio regalitatis, capellæ et cancellariæ, infra regalitatem de Kerimure :—A. E. 4l. N. E. 16l.—terras de Innerpeffer et Haltoune :—A. E. 3l. N. E. 12l.—omnes unitas in baroniam de Innerpeffer ;—in terris et villis de Stotfauldis, Falais (vel Falawis), Leadsyid et Kirkhill, cum pastura in mora de Moneikie nuncupata Northmure, in parochia de Moneikie :—A. E. 13s. 4d. N. E. 4m.—terris et baronia de Woodwrae comprehendente solarem dimidietatem terrarum dominicalium lie maynis de Woodwrae, præsertim solarem dimidietatem illius partis vocatæ Goristoune ;—3 solares quarterias terrarum de Hoill ; —3 solares quarterias villæ et terrarum de Polgarok ;—occidentalem quarteriam dictarum terrarum et villæ de Polgarrok, cum quarta parte terrarum de Hoill, et quarta parte molendini de Polgarrok ;—umbralem dimidietatem nuncupatam occidentalem dimidietatem terrarum de Woodwrae, et umbralem dimidietatem illius partis earundem vocatæ terras de Gorstoune, cum piscatione salmonum super aqua de South Esk, et cum mora de Woodwrae, infra parochiam de Aberlemno, omnes unitas in baroniam de Woodwrae pro principali :—E. .... feudifirmæ :—terris de Ravilgrein et occidentalibus terris dominicalibus de Fynnetoun, infra dominium de Finetoune, et baroniam de Forrest de Platoune. —A. E. 6s. 8d. N. E. 2m.—(Vide Haddington.)　　xx. 175.

(313)　　　　　　Aug. 20. 1652.
DONALD THORNTOUN now of Balgonie, heir of Alexander Thorntoun of Blacknes, his father,—in the lands of Foffartie, with the teynd shaves and viccaradge teynds, within the diocie of Dunkeld.—E. 12l. of feu farm duty.　　　　　　xxi. 61.

(314)　　　　　　Sep. 28. 1652.
GEORGE HAY, heir of James Hay of Kininmonth, his father,—in the town and lands of Dronlaw, Gurgristoun (or Curegristoun) Tempiltoun and miln therof, in the barronie of Erroll.—O. E. 10l. N. E. 40l.—(See Aberdeen.)　　　　　　xxi. 241.

(315)　　　　　　Oct. 5. 1652.
PATRICK LORD DESFUIRD, heir of Sir Patrick Ogilvie of Inchmertein knight, his father,—in the lands of Dronlaw with other lands in Perth and Fife unite into the barronie of Erroll.— O. E. 116l. 13s. 4d. N. E. 466l. 13s. 4d.—(See Fife, Perth.) 　　　　　　　　　　　　　　xxi. 98.

(316)　　　　　　Jan. 11. 1653.
JAMES HALYBURTOUN of Pitcur, heir male of William Halyburtoun of Pitcur, his father brother,—in the lands and barony of Newtyld and Kilpurnie, with manor place and the medow ;—the twa pairt lands and barony of Auchtertyre and Balcraig ;—the teynd sheves of the foirnamed lands ;—the teynd shaves of all other lands within the paroch of Newtyld :—O. E. 12l. 13s. 4d. N. E. 50l. 13s. 4d.—the kirklands of Newtyld, with the teynd shaves, comprehending the toun and lands of Kirktoun

of Newtyld and Brewlands, with the teynd shaves ;—the Kirk-lands of Newtyld, with the teynd sheaves :—O. E. 20s. N. E. 4l.—ane forth part of the toun and lands of Balmaw, as principall ;—tua quarters of the samyn lands and toun, all within the parochin of Newtyld, in security of the said fourth pairt.—E. 3l. 16s. &c.
xxi. 126.

(317)　　　　　Jan. 11. 1653.
JAMES HALYBURTOUN of Pitcur, *heir male* of James Haly-burtoun of Pitcur, *his father brother sone*,—in the lands and ba-rony of Gask and Pitcur, with advocatioun of the samyn :—O. E. 5l. N. E. 20l.—the lands of Ballouny comprehending the New-toun of Ballowny :—O. E. 5l. N. E. 20l.—the thrid pairt of the toun and lands of Auchtertyre and Balcraig, with the thrid pairt of the milne of Auchtertyre called the milne of Newtyle.—O. E. 6l. 6s. 8d. N. E. 25l. 6s. 8d.—(Vide Perth, Aberdeen.) xxi. 128.

(318)　　　　　Mar. 2. 1653.
ANNA HAMILTON only daughter of Johne Hamiltoun of Machlinhoill, spous to Robert Achesone of Sydserff, *heir* of Ro-bert Hamilton merchand burges of Dundie, *her guidser*,—in a te-nement of land in Dundie :—E. 2s.—ane annualrent of 13s. 4d. forth of the said tenement.—(See Fife.)
xxi. 122.

(319)　　　　　Mar. 2. 1653.
ANNA HAMILTOUN spous to Robert Achesoun of Sydserff, *heir* of Robert Hamiltoun soune to Robert Hamiltoun burges of Dundie, *her father brother*,—in tenements in Dundie.—E. 2s.
xxi. 125.

(320)　　　　　Mar. 2. 1653.
ANNA HAMILTOUN spous to Robert Achesoun of Sydserff, *heir* of John Hamiltoun of Mauchlinhoill, *her father*,—in a tene-ment in Dundie :—E. 6s. 8d.—an few ferme deuty of 14m. of the said tenement.
xxi. 125.

(321)　　　　　Apr. 14. 1653.
HARIE WOOD of Bonietoune, *heir male* of Sir Harie Wood of Bonytoune, *his goodser*,—in the lands of Idvy, Auchskurrie, mylne of Auchskurrie, Kinneris, Bracktullo and Gask, within the bar-ronie of Reiscobie and regalitie of St. Andrews.—E. 66l. 13s. 4d. *of feu farm*.
xxi. 176.

(322)　　　　　Jul. 7. 1653.
DAVID RAMSAY younger of Cairnetoune, *heir* of David Ram-say younger fier of Cairnetoune, *his father*,—in the toune and lands of Cairnetoune alse weill sunny as shadow halfes, with the teind sheaves, within the lordshipe and regalitie of Aberbrothock :—E. 16 *bolls wheat*, &c. and 6s. 8d. in augmentatioun, *of feu farm :*—ane croft of land called Barbors-croft :—E. 26s. 8d. and 6d. in augmentatioun, *of feu duty :*—7½ aikers of land, with the teynd shaves :—E. 7½ *bolls bear*, *of feu duty :*—5 aikers of land, with the teynd sheaves in Punder-lawfeild.—E. 2 *bolls bear*, *of feu duty*.
xxi. 327.

(323)　　　　　Aug. 17. 1653.
JAMES PHILP of Almericlos, *heir* of Mr. James Philp baillie of Aberbrothock, *his father*,—in the climosynarie croft of the lord-schip of Aberbrothock, with the teynd sheaves :—E. 30s.—the lands of Swestmedow (or Guestmedow), with the teynd scheaves :—E. 3 *bolls wheat*, *of feu duty :*—ane tenement of land on the eist part of the said croft ;—ane other tenement of land :—E. 40s. of *feu duty :*—the lands of Guthries-hill extending to 9 aikers, within the pareoche of St. Vigeance, and within the regalitie of Aberbro-thock.—E. 3l. *of feu duty*.
xxiii. 1.

(324)　　　　　Aug. 18. 1653.
SIR JAMES OGILVIE of Newgrainge knyght, *heir* of Frances Ogilvie, *his father*,—in the toun and landis of Newgrange with the bounded mures thereof, comprehending the meidow called Hill-meidow of Aberbrothock ;—the landis and mures of the Firth of Aberbrothock ;—a peece of the mure called Brodmure :—E. 17l. *of feu farm duty :*—the teynd shaves of the foirsaids lands :—E. 24 *bolls meill*, &c.—all within the lordship of Aberbrothock, and unite into the tenement of Newgrange.
xxi. 304.

(325)　　　　　Sep. 2. 1653.
ALEXANDER LYELL of Murthill, *heir mail* of Colonell Johne Lyell of Murthill, *his father*,—in the Kirklands of Tannadyce called Barnezairds, within the lordship of Rescobie and regalitie of St. Andrews.—E. 15l. *of feu duty*.
xxi. 186.

(326)　　　　　Nov. 4. 1653.
JOHNE GUTHRIE of Over-Dysart, *heir maill* of Johne Guthrie of Inverlounan, *his father's brother*,—in the toune and lands of In-verlounan with the teynd sheves, within the pareoch of Lownan and lordship of Aberbrothock.—E. 40 *bolls beare*, &c. *of feu farm*.
xxiii. 2.

(327)　　　　　Dec. 2. 1653.
ISSOBELL OSTLAIR only daughter in life to John Ostlar bra-bener in the Hill of Dundie, and spous to Thomas Bower braben-der in the said Hill, *heir* of James Ostlair, *her father brother*,—in the Templelandis within the toun and territorie of the Temple-toun of Auchterhous, with pasturage, within the barony of Dron-law.—E. 4s. *of feu duty*.
xxi. 298.

(328)　　　　　Feb. 3. 1654.
JOHN LYELL of Murthill, *heir maill* of Colonell John Lyell of Murthill, *his father*,—in the Kirklands of Tannadyce called Barn-yeards, within the lordship of Rescobie and regality of St. Androes.—E. 15l. *of feu duty*.
xxi. 303.

(329)　　　　　Feb. 9. 1654.
MARGARET SCRYMGEOUR, *heir* of Major William Scrym-geour brother to Johne Scrymgeour of Kirktoun, *her father*,—in the landis of Auchmuchtie :—E. 42l. 13s. 4d. &c. *of feu duty :*—the landis of Newtoun of Aberbrothock :—E. 24 *bolls wheet*, and 5s. in augmentatioun, *of feu duty :*—the half landis of Bruntoun and teynd shaves, in the lordship and regalitie of Aberbrothock.—E. 13 *bolls* 1 *firlett wheit*, &c. *and* 6s. 8d. *in augmentatioun, of feu duty*.
xxi. 287.

(330)　　　　　Feb. 10. 1654.
WILLIAM BLAIR of Balgillo, *heir maill* of Sir William Blair of Balgillo, *his father*,—in the lands and baroney of Reidie.—O. E. 5l. N. E. 20l.
xxi. 332.

(331)　　　　　Apr. 5. 1654.
CAPTAIN DAVID BUCHAN, *heir* of Mr. William Buchan in Lochmilne, *his father*,—in the Templelandis of Nether Drumgley with pasturage, within the lordship of Glames.—E. 18d. *of feu duty*.
xxi. 291.

(332)　　　　　Apr. 5. 1654.
JOHN GUTHRIE of Halkertoun, *heir maill and of provisioun* of Harie Guthrie fier of Halkertoun, *his soune*,—in the landis of Halkertoun with the milne, within the barony of Essie.—E. 13s. 4d.
xxi. 292.

(333)　　　　　Apr. 21. 1654.
JAMES MURRAY in Nether-pairt, *heir* of James Murray burges of Montros, *his father brother*,—in 2 tenements of lands with the yaird and barnes, on the south pairt of the castele-gate of the burghe of Montrose, with 6 rigs of arable land, within the terri-torie of the burghe of Montros :—E. 12l.—3 aikers of arable land within the territorie of the said burghe.—E. 30d. *for ilk aiker, of feu farm*.
xxiii. 5.

(334)　　　　　May 19. 1654.
JOHN SYMMER of Brathinge, *heir* of John Symmer of Bra-thinge, *his father*,—in the landis of Brathinge alswell sunny as shaddow pairts, with the corne milne of Brathinch, within the pa-rochin of Brechin.—E. 17l. 6s. 4d. &c. *of feu farm*.
xxi. 320.

(335)　　　　　May 26. 1654.
JOHN THOMSOUN portioner of Liff, *heir* of James Thomsoun portioner of Liff, *his brother*,—in the fourth pairt of the landis of Kirktoun of Liff ;—the fourth pairt of the croft called the Kirk-croft with the fourth pairt of the Brewlandis ;—the yeard called the Dowcat-yeard, and Knaveship and custodie of the corne milne of the said toun, with the aikers therof, within the lordship of Scone :—E. 5l. 9s. &c. *of few farm :*—the teynd shavis and per-sonage teyndis of the fourth pairt of the said landis, &c. within the united paroches of Essie and Invergowry.—O. E. 2s. N. E. 8s.
xxi. 316.

(336)　　　　　June 29. 1654.
JOHNE AUCHTERLONY younger of Hospitallfeild, *heir* of Johne Auchterlony younger fiar of Guynd, *his father*,—in the toun and landis of Hospitalifeild :—E. 5m. 6s. 8d. *of feu duty :*—the teynd shaves of the forsaid landis :—E. 3m. and 3s. 4d. *in augmentatioun, of few duty :*—within the lordship of Aberbrothock.
xxi. 320.

(337)　　　　　Aug. 8. 1654.
THOMAS BRUCE in Milnetoun of Ogill, *heir* of Alexander Bruce in Drumachie, *his father*,—in the toun and landis of Dru-machie.—O. E. 5s. N. E. 20s.
xxi. 321.

(338)　　　　　Aug. 8. 1654.
JOHN GUTHRIE of Halcartoune, *heir* of Harie Guthrie of Halcartoune, *his father*,—in the teynd sheaves and personag teynds of the lands of Halcortowne and milne lands therof, within the parochin of Forfar-Restennet :—O. E. 2s. 8d. N. E. 10s. 8d.—the lands of the West or Shaddow-halfe of Mylnetoune of Connone, with halfe of the mylne and mylne lands, and the teynd sheaves,

E

549

within the regalitie of Aberbrothock :—E. 1 *chalder bear*, &c. *of feu farm :*—the fewferme dewties, &c. of the said shaddow halfe of the Mylnetoune of Connone, with the teynd sheaves :—O. E. 12*s.* N. E. 48*s.*—the halfe of the tua pairt of the West pairt of the muire called the Firth-muire of Aberbrothock, within the lordship and regalitie of Aberbrothock.—O. E. 6*d.* N. E. 2*s.*   xxiii. 17.

(339)   Nov. 13. 1654.
THOMAS DAVIDSOUNE litster of Dumferling, *heir* of Robert Davidsone maltman burgis of Dumferling, *his brother,*—in a tenement in Dundie.—E. 4*l.*   xxiii. 59.

(340)   Dec. 5. 1654.
MR. JOHNE FOTHERINGHAME of Powrie, *heir male* of Thomas Fotheringhame of Powrie, *his brother germane,*—in the lands of Whitfield within the regallitie of Kerrimuire :—E. 5*m.* of *feu duty :*—the halfe of the West part of the lands of Ethie-Betone, within the said regalitie.—E. 12*l. of feu duty.*   xxii. 13.

(341)   Dec. 5. 1654.
MR. JOHNE FOTHERINGHAME of Powrie, *heir male and of provision* of Alexander Fotheringhame of Powrie, *his brother sone,*—in the lands and barony of Brichtie, comprehending the lands of Wester Brichtie ;—the lands of Happis, with fuel and commonties in the muires of Brichtie and Inveraritie ;—the lands of Haltoun of Inveraritie, Peathpuse and Milne of Haltoune ;—the halfe lands of Murehouse ;—the lands of Baludron, and the halfe of the lands of Tarsappie, with fishings on the water of Tay :—O. E. 20*l.* N. E. 80*l.*—the lands and barony of Wester Powrie :—O. E. 3*l.* 6*s.* 8*d.* N. E. 13*l.* 6*s.* 8*d.*—the lands and barony of Inveraritie comprehending the lands of Haltoun of Inveraritie, with the wood and lands callit Parkzeat ;—the lands of Boirtoun ;—the lands of Brektulo ;—the corne mylne of Inveraritie ;—the lands of Loufton ;—the half lands of Carrat, and that peace land callit the Gwsland of Inveraritie ;—advocation of the kirk of Inveraritie and teinds thereof ;—the lands of Litle Tarbrax and muirs of the barony of Inveraritie ;—the lands of the kirktoun of Inveraritie and Parkzeat, within the parochin of Inveraritie ;—also comprehending the …………… of the lands of Meikle Tarbrax ;—the superioritie of the lands of Lavethie, Newtoun, and Balgeirsho, and superioritie of the other half of the said lands of Carrat, all united into the barony of Inveraritie :—O. E. 20*l.* N. E. 80*l.*—the lands of Cushiegrein within the barony of Downie :—O. E. 6*s.* N. E. 24*s.*—4 aikers of Templand within the towne and territorie of Brichtie :—O. E. 5*s.* N. E. 20*s.*—the personage teynds of the lands of Wester Powrie, Wester Brichtie, and Templands of the half lands of Murehous, within the parochin of Murehous ;—the personage teynds of the lands of Balmure and Mylnlands, within the parochin of Maynis ;—the personage teynds of the lands of Cushiegreine within the parochin of Moneikie ;—the teynd scheaves of the half of the toun and lands of Ethie-Beatoune, within the parochin of Monyfuith.—O. E. 20*s.* and 2 *chalders victual,* N. E. 6*l.* and 2 *chalders victual.*   xxii. 14.

(342)   Jan. 6. 1655.
MARGARET MELVILL spous to Captaine Robert Smyth in Ireland, daughter of James Melvill Esquyre, *heir* of Alexander Lyndsay of Beathick (Keathick ?), *her guidshir,*—in the lands of Kairne (Fairne ?) and Sherefbank, within the barony of Forrest of Plattone, with power of bigging a corn milne.—O. E. 50*s.* N. E. 3*l.*   xxii. 74.

(343)   Mar. 29. 1655.
ALEXANDER LYNDSAY of Pittarlie, *heir* of Alexander Lyndsay of Pittarlie, *his father,*—in the lands of Pittarlie ;—a peace muir of Downy lyand contigue to the said lands, within the barony of Downie :—O. E. 20*s.* N. E. 4*l.*—the lands of Guyldie, and a peace of mure of Downie :—O. E. 16*s.* N. E. 3*l.* 4*s.*—a tenement callit the Erle's Ludging within the burgh of Dundie, and patronage of the Chaplainrie founded within the foresaid ludging ;—the Craig callit St. Nicolas Craig within the sea flood of the said burgh of Dundie, and fortalice ;—the advocation of the chaplanrie of St. Nicolas situate there, and of the 5 chaplanries of Sanct George the Martyre, and the chaplanrie of All Saints, situate within the paroch kirk of Dundie :—O. E. 3*s.* 4*d.* N. E. 13*s.* 4*d.*—ane annuelrent of 100*m.* furth of the late King's greate customes of the burgh of Dundie.   xxii. 41.

(344)   May 4. 1655.
DAVID GROW in Bruntoun son procreate between Thomas Grow in Cairntoune, and Elizabeth Petrie eldest daughter of the deceased David Petrie in Cottoune of Reidcastle, *heir portioner* of Jonett Petrie daughter to the deceast Mr. Robert Petrie sometime schoolmaster at Breichin, brother german of the said Elizabeth Petrie, *his mother's brother's daughter ;*—and CHRISTIAN and JANET PETRIES also daughters of the said David Petrie, *heirs*

portioners of the said Janet Petrie, *their brother's daughter,*—in ane aiker callit Turings-aiker ;—2 aikers of arrable land conteyning 6 rigs of land :—O. E. 2*s.* N. E. 8*s.*—ane tenement of land callit Cruikshank's land ;—2 akers of arrable land :—E. 40*s. of feu duty :*—ane tenement of land :—E. 5*l.*—ane other tenement :—E. 5*l. of feu duty :*—2 aikers of arable land :—E. 13*s.* 4*d. of feu duty :*—ane tenement of land :—E. …………—all within the territorie of the burghe of Breichen.   xxiv. 60.

(345)   June 16. 1655.
JAMES BIRSBANE, *heir* of James Birsbane indwellar in Dundie, *his father,*—in an annuelrent of 480*m.* furth of the lands of the Maynes of Dudope, with the teynd sheaves, within the pareoche off Dundie.   xxiii. 94.

(346)   Jun. 29. 1655.
DAME ELIZABETH, DAME CECILIA, AND JEANE FOTHERINGHAMES, *heirs portioners* of Thomas Fotheringhame of Powrie, *their father,*—in the lands of Balmure, with the corne and walkmylnes of the samene, within the lordship and regalitie of Kirriemure.—O. E. 3*l.* N. E. 12*l.*   xxii. 78.

(347)   Jul. 6. 1655.
THOMAS BROUN of Leckowie, *heir* of James Broun of Leckowie, *his father,*—in the toune and lands of Leckowie, Over and Nether as weill sunny as shadow halfes thereof, within the parochin of Kinnethes (Kinnettles ?) and barronie of the Forrest of Plattone.—O. E. 24*s.* N. E. 4*l.* 16*s.*   xxii. 108.

(348)   Jul. 13. 1655.
JAMES BEATOUNE of Westhall, *heir* of James Beatoun of Westhall, *his father,*—in the lands and barony of Kirkbuddo.—O. E. 3*l.* N. E. 12*l.*   xxii. 82.

(349)   Jul. 17. 1655.
WILLIAM RAIT of Comonsyth, *heir* of William Rait of Comonsyth, *his father,*—in the lands of Comonsyth, of old within the barony of Innerkeillor, now within the barony of Leys, and in warrandice of the said lands of Comonsyth :—O. E. 6*l.* N. E. 24*l.*—the dominicall lands of Leys ;—the lands of Eister and Wester Borders within the said baronie of Leys.—O. E. 4*l.* N. E. 16*l.*   xxii. 80.

(350)   Jul. 17. 1655.
JOHN SPEID of Auchdobie, *heir male* of John Speid of Auchdobie, *his guidshir,*—in the lands of Auchdobie :—E. 20*l.*—the corne mylne of Auchdobie with the multors of the towne and lands of Easter Drums, within the lordship of Breichin.—E. 54*s.* 4*d.*   xxii. 81.

(351)   Aug. 21. 1655.
MARGARET HALIBURTOUN, *heir* of James Haliburtoun portioner of Peattie, *her grandsir,*—in the halfe of the halfe of the lands and towne of Peattie.—O. E. 25*s.* N. E. 5*l.*   xxii. 167.

(352)   Sep. 18. 1655.
WILLIAM RUTHVEN of Gardyne, *heir male of conques* of Collonell Sir Francis Ruthven of Carse knight, *his immediat younger german brother,*—in the lands of Carse :—E. 12*d.*—the lands of the Mylntoun of Rescobie ;—the lands callit the Wardlands and Serjantlands, with fishing in the loch of Rescobie, in the barony of Rescobie and within the regallitie of Sanct Androis :—E. 8*l.* 6*s.* 8*d.*—the lands of Westcotoune of Carse, callit Mackieshill ;—the lands of Parkyeat, and Wardmylne, within the baronie of Phinevin and Forest of Platon :—O. E. 23*s.* 4*d.* N. E. 6*l.* 13*s.* 4*d.*—the lands of Carsburn and Clochtow callit Myrsyde, within the barronie of Restenment :—E. 8*m.*—the baronie of Turing comprehending the lands and barony of Balgawie ;—the burgh of baronie of Balgawie ;—the Greinemyre ;—the mylne and loch of Balgawie :—O. E. 4*l.* N. E. 16*l.*—the lands of the Hiltoun of Guthrie, and Langlands, with the pendicle callit Pykerton :—O. E. 3*l.* 6*s.* 8*d.* N. E. 13*l.* 6*s.* 8*d.*—the lands of Over and Nether Turing with the pendicle callit Whinnidrume ;—the lands of Surdo, with fishings upon the loch of Rescobie, within the barony of Taring (Turing?) :—O. E. 6*l.* N. E. 24*l.*—the teynd sheaves of the forsaid lands of Nether Turing, Whinnidrum, and Surdo within the parochin of Aberlemno, all unit into the barony of Turing :—O. E. 15*s.* N. E. 3*l.*—the lands and baronie of Reidcastle, Cowholes, and Inerkeillor, comprehending the principall dominicall lauds callit the Maynis of the said barony ;—the lands callit the Westmaynis of Reidcastle ;—the lands of Tronshill, Laverokhill, and Newbarnes ;—the lands of Fishertoune and Fisherlands ;—the toune and lands of Inscheok ;—the lands of Parkland with the myre and mos callit Balnamoons myres ;—the lands of Chappeltoun ;—the lands of Peirfeild, with the mylne of Innerkeillor callit the Kirktoun mylne ;—the lands of Balindoch ;—the toune and lands of Walkmylnes and Walkmylne thereof ;—the toune and lands of Hodg-

toun and Fallows ;—the lands of Hiltoun and Grange, with advocation of the chaplanrie of Whytfeild, with uther lands in Perth :—O. E. 20*l.* N. E. 80*l.*—the land of Hedderstaiks with the milne, within the parochin of Rescobie and barony of Forrest of Platten, as for principal :—O. E. 20*s.* N. E. 4*l.*—the lands of Over and Nether Bowhous ;—the lands of Wood of Phineven within the barony of Phineven, in warrandice of the said lands of Hedderstaiks.—O. E. 35*s.* N. E. 7*l.*—(Vide Perth.)   xxii. 110.

(353)   Dec. 6. 1655.
DAVID THOMSONE, *heir* of David Thomsone of the Walkmylne of Glenboy, *his father*,—in the Walkmylne of Glenboy within the lordship of Coupar.—E. 4*l.* 12*s.* 6*d. of feu duty.*   xxii. 149.

(354)   May 22. 1656.
DAVID CARNEGY of Craig, *heir mail* of Sir Johne Carnegy of Craig knight, *his father*,—in the lands of Heighame with the boats, fishings, and salmond fishing callit the Holl, within the baronie of Rescobie and regalitie of Sanct Androis :—E. 8*l. of feu duty :*—the kirklands and gleibe of Neather-Inchbryock, with the teynds.—E. 6*l.* 13*s.* 4*d. and* 3*s.* 4*d. in augmentation, of feu duty.*   xxiv. 16.

(355)   Jul. 29. 1656.
JAMES CRICHTOUN of Ruthvens, *heir male* of Johne Crichtoun of Ruthvens, *his grandser*,—in the lands of Formall (Fernwall ?) and Fornochtie extending to the ane halfe of the samene lands.—O. E. 5*s.* N. E. 10*l.*   xxiv. 58.

(356)   Jul. 29. 1656.
JOHNE LINDSAY of Pitscandlie, *heir* of Mr. David Lindsay of Pitscandlie, *his father*,—in the tounes and lands of Pitscandlie, Mearsland, and Baldardie, within the barony of Rescobie and regalitie of Sant Androis.—E. 5*l.* &c. *of feu duty.*   xxiv. 59.

(357)   Aug. 6. 1657.
DAVID FOTHERINGHAME of Powrie, *heir male* of Mr. Johne Fotheringhame of Powrie, *his father*,—in the lands and baronie of Brightie comprehending the lands of Wester Brightie ;—the lands of Happis with comuntie ;—the lands of Haltoun of Inneraritie and Peathouse ;—mylne of Haltoun ;—the halfe lands of Murhouss lyand on the Eist-part of the burne ;—the lands of Balrudrone, and halfe of the lands of Torsappie, with fishings on the water of Tay :—O. E. 20*l.* N. E. 80*l.*—the lands and barony of Wester Powrie :—O. E. 3*l.* 6*s.* 8*d.* N. E. 13*l.* 6*s.* 8*d.*—the lands and barony of Inneraritie, comprehending the lands of Haltoun of Inneraritie ;—the lands of Kirktoun of Inneraritie, with the wood, and lands callit Park-Zeat ;—the lands of Bonytoun ;—the lands of Barktullo, with the maress ;—the lands of Unstoun ;—the corne mylne of Inneraritie ;—the halfe lands of Carrat, and that peace of land callit Gooseland of Inneraritie, with advocatioun of the Kirk of Inneraritie, personage and vicarage teynds ;—the lands of Litle Tarbrax, with the muirs of the barony of Inneraritie and Kirktoun of Inneraritie and Parkzeat, within the parochin of Inneraritie ;—also comprehending the property of Meikle Tarbrax, superiority of the lands of Labothy, Newtoun, and Balgirsho, and superioritie of of the other half of the lands of Carrat :—O. E. 20*l.* N. E. 80*l.*—the lands of Cashiegreine, of old within the barony of Downe :—O. E. 6*s.* N. E. 24*s.*—all united into the barony of Inneraritie ;—4 aikers of Templeland, within the towne and territorie of Brightie :—O. E. 5*s.* N. E. 20*s.*—the personage teynds of the lands of Wester Pourie, of the lands of Wester Brightie, Templelands and mylnelands therof, of the halfe lands of Murhouss, all within the parochin of Murhouss ;—the personage teynds of the lands of Balmure, within the parochin of Maynes ;—the personage teynds of the lands of Cashiegreine within the parochin of Monakie ;—the teynd sheaves and personage teynds of the half of the halfe toun and lands of Ethiebeatoun, within the parochin of Monyfuith.—O. E. 20*s.* &c. *and* 2 *chalders victual,* N. E. 6*l. and* 2 *chalders victual.*   xxiv. 176.

(358)   Aug. 6. 1657.
DAVID FOTHERINGHAME of Powrie, *heir male* of Thomas Fotheringhame of Powrie, *his father brother*,—in the lands of Whitfeild, within the regalitie of Keremure :—E. 5m. *of feu duty :*—the West halfe part of the lands of Ethiebeatoun, within the regalitie of Kerremure.—E. 12*l. of feu duty.*   xxiv. 179.

(359)   Aug. 18. 1657.
ANNA HAMILTOUN, *hæres* Alexandri Hamiltoun filii Alexandri Hamiltoun olim præfecti rei tormentariæ, *fratris germani*,—in terris et thanagio de Glamis :—A. E. 25*l.* N. E. 100*l.*—terris et thanagio de Tannadies :—A. E. 20*l.* N. E. 80*l.*—unitis cum terris in Perth in baroniam de Glamis ;—terris de Ardcroke alias Little Cossynes, cum decimis garbalibus parochiæ de Nether Airlie :—E. 2*l.*—terris nuncupatis baronia de Baikie :—A. E. 40*l.* N. E. 160*l.*

—terris de Drumgleys, Carden, et Drumgeicht :—A. E. 40*l.* N. E. 140*l.*—lacu de Forfar vocato Fallinsche, cum insula vocata the Eillark, et piscatione in eodem :—A. E. 20*s.* N. E. 4*l.*—terris de Cossynes :—A. E. 2*l.* N. E. 8*l.*—unitis cum terris in Perth in baroniam de Baikie ;—terris de Wester Drimes infra dominium de Brechin :—E. 43*l.* 4*s.*—terris de Tullor alias Tullioch ;—terris de Cranchie (vel Crauchie) et molendino, et cum decimis garbalibus prædictarum terrarum, infra regalitatem de Aberbrothock :—E. 54*l.*—terris et baronia de Auldbar nuncupatis Melgoun, comprehendentibus terras dominicales de Auldbar, cum salmonum piscatione super aquam de Southesk.;—terras de Clatterburne ;—dimidietatem terrarum de Balmachachie ;—terras de Bloberhill cum molendino ;—terras de Wodend, Forrestoun de Kelletschaw cum Forresterseat earundem ;—terras de South Melgoun cum comunia in moris de Montreumonth, cum eradicatione genistæ, et effosione et lucratione glebarum, cespitum et focalium, et pastura animalium et pecorum, et cum tenandria de Bulzeon :—A. E. 6*l.* N. E. 24*l.*—terris de Stannachie :—E. 10*l.* 13*s.* 4*d.*—terris vocatis baronia de Dodes, viz. terris de Muirlarchanwood et Henwood vocatis Dod, cum piscatione in lacu de Rescobie ;—terris de Kingismure, cum decimis parochiæ de Rescobie :—A. E. 4*l.* N. E. 16*l.*—unitis cum terris in Perth in baroniam de Auldbar alias Melgoun ;—terris de Wester Drimmes cum molendino granario infra dictam baroniam de Dodes.—E. ....—(Vide Perth.)   xxvi. 287.

(360)   Aug. 28. 1657.
MR. THOMAS OGILBIE of Carsbank, *heir* of Thomas Ogilbie of Carsbank, *his father*,—in the lands of Carsbank, within the barony of Rescobie and regalitie of Saint Androis, as principal :—E. 20*l.* &c. *of feu duty :*—the toune and lands of Aberlemno callit the Kirktoun of Aberlemno, lyand as said is, in warrandice of the forsaid lands.—E. 5*l. of feu duty.*   xxiv. 175.

(361)   Aug. 28. 1657.
PATRICK CARNCROSE of Balmishanner, *heir male* of David Cairncrose of Balmishanner, *his brother*,—in the toune and lands of Balmishannet, and pendicles callit Caldhame and Tullo-hill.—O. E. 20*s.* N. E. 4*l.*   xxiv. 175.

(362)   Aug. 28. 1657.
ANDROW LINDSAY at the mylne off Rotwell, *heir maill* of Alexander Lindsay at the mylne of Rotwell, *his father*,—in the lands and toune of Fichell, with the teynd sheaves ;—the fourt pairt of the toune and lands of Rotwall, with the teynd sheaves, within the barony of Cortoquhy.—O. E. 6*s.* 8*d.* N. E. 26*s.* 8*d.*   xxiv. 198.

(363)   Dec. 17. 1657.
JOHN LYELL of Murthill, *heir* of Alexander Lyell of Murthill, *his brother germane*,—in the toune and lands of Wester Dobies and Whytwall, within the barroney of Forest of Platone and parochin of Tannadyce, with common pasturage.—O. E. 18*s.* N. E. 3*l.* 12*s.*   xxiv. 238.

(364)   Dec. 17. 1657.
DAVID CARMICHELL sone to the deceist Patrick Carmichell burges of Dundie, *heir* of James Carmichell burges of Dundie, *his guidser*,—in the halff landis of the West pairt of the landis of Ethic-Beattoun, within the regalitie of Kirrewir (Kirremuir ?).—O. E. 50*s.* N. E. 10*l.*   xxv. 131.

(365)   Feb. 16. 1658.
ALEXANDER CAMPBELL of Balgirsho, *heir* of Alexander Campbell of Balgirsho, *his father*,—in the lands called Abden of Ketins, comprehending the lands in the West end of the village of Kettins ;—the lands of Ovir Corstoune ;—the lands of Greinebarns ;—the milne of Kettins ;—the chappell of Kettins, in the regalitie of St. Androus.—E. 7*s.*—(See Perth.)   xxiii. 223.

(366)   May 5. 1658.
ALEXANDER IRWING now of Drum, *heir maill* of Alexander Irwing of Drum knight, *his father*,—in the lands and barroney of Auchterloanie otherwayes called Kellie :—E. 160*l.*—the lands of Cuthlie ;—the lands of Crowdie, Torreis, and Newtoun of Ardbirlote, within the barrony of Ardbirlot, and regalitie of St. Androus :—E. 3*l.* 5*s.*—the teynd sheaves and personage teynds of the lands and barroney of Kellie, comprehending the maynes of Kellie, Balcathie, Painstoun, Getmar, Wormy-myllns, Lyle, Kellie, Balmilmoore, Bonytoune, Phallahill, Greinfoord, Lyne, Phallais, Hunter's-Penth, Garro, Garromylnes, Rattinraw, Westerknox, Easterknox, Mylnehill, Bonhards, Mylnlands of Kellie within the barroney of Kellie, and parochine of Ardbirlote ;—the teind scheves and personag teinds of the tounes and lands of Cuthlie, Denheid, Blindwalls, Cairtfoord, Newtoune of Ardbirlote, Kirktoune of Ardbirlote, Pharine, Know, Crowdie, Cottoun of Crowdie, and Pasiehills, within the said parochine of Ardbirlot.—O. E. 20*s.* N. E. 4*l.*—(See Aberdeen, Kincardine.)   xxv. 25.

(367)   May 11. 1658.

JAMES ERLE OF SOUTHESK, Lord Carnegy of Kinnaird and Leuchars, *heir maill* of David Erle of Southesk, &c. *his father*, —in the lands and barroney of Kinnaird ;—the lands of Heughland called Balnamoone, and salmond fishing therof upon the watter of Southesk ;—the lands of Litle Carcarie ;—the lordship of Fethies with the corne mylnes, and lands of Smydie-lands, with commonie in the mure of Montrewmonth and Kynnell and mures adjacent, all unit into the barroney of Kynnaird :—O. E. 13*l*. N. E. 52*l*.—the lands of Glaster within the barroney of Panmure :—O. E. 40s. N. E. 8*l*.—the lands of Cuikstoune:—O. E. 5*l*. N. E. 20*l*.—the lands of Addercat :—E. 6*l*.—the lands of Midledrumes and Grennedden with the teind sheaves:—E. 60*l*.—the mylne of Caldhame with the mylne lands:—E. 15*m*.—the advocatione of the parish-kirk of Kinnaird :—O. E. 12*d*. N. E. 4s.—all unit into the tennendrie of Cuikstoune ;—30 aikers of land in the bank of Masendew ;—the lands of Litle Masendew ;—the hill of Masendew uther ways called Bells-hill ;—the lands of Auchnacarroch, within the lordship of Brechen :—E. 37*l*. 15s. &c.—the lands of Eister Delgitie, within the said lordship of Brechin :—E. 13 *bolls victuall and* 6s. 8*d. in augmentation*, &c.—the lands and barronie of Fairne comprehending the lands of Fermertoune, Blaquhairne, and corne and walk mylines of Fairne Old and New ;—the lands of Balquhaldie, Balmaditie, Boigsyde, Bogietrosto, Leddinhenrie ;—Eister, Wester, and Midle Tillehills, Auchnetrie, Mudiestack, Schamfoord, Van, Auchlochie, Duquhair, Brustoune, with the outsetts called Whytthillocks, Lichtouneseat, Dubtoune, Scotshill, Bellieseatt, Cathrowseatt, Fairneseatt, Courtfoord, Cornabewes, Reidfoord, Lundies-aikers, Cuikstak, within the pareochine of Fairne, with advocatione of the kirk of Fairnie, and fourt pairt of the toune and lands of Waterstouns :—O. E. 15*l*. N. E. 60*l*.—the sunny halfe of the lands of Watterstoune ;—the sunny halfe of the Maynes of Watterstoune, and of Easter Hiltoune, and Wester Hiltoune of Watterstoune, Windiesoir, and Blacklawes, with the mylline of Watterstoune :—O. E. 10*l*. N. E. 40*l*.—ane annwelrent of 15 steane weight of cheis furth of the sunny halfe of the lands of Waterstoune ;—all mettals of gold, silver, copper, lead, tinne, iron, and other mettals and mineralls that sall happine to be found within the barroney of Fairne and portiones of the lands of Waterstoune :—E. *the third pairt of the mettalls, win and diggid* :—the teind sheaves of the lands of Panbryd, to witt, Kirktoun of Panbryd, Rottounrow, Balmaquhy, and Barneyairds, also of the lands of Carnegy and Glaister, within the parochine of Panbryde and lordshipe of Aberbrothoke :—O. E. 40*d*. N. E. 13s. 4*d*.—all with lands in Fife unit into the barronie of Fairne ;—the lands of Kirktoune of Fairne, in the barony of Dunkeld and Sheriffdom of Forfar :—E. 18*m*. &c.—the toune and lands of Leuchland (or Leuchars) alswell sunny as shaddow halfes, within the parochine and lordshipe of Breichin :—O. E. 3*l*. N. E. 12*l*.—the lands of Kynnell with corne and walk myllnes, within the barronie of Rescobie and regalitie of St. Androus :—E. 6s. 8*d*.—the lands of Wester Delgatie within the lordship of Brechine :—E. 30s.—the lands of Panbryde, to witt, Kirktoun of Panbryde, Balmaquhy, Barneyairds, Rottinraw, with the port, haven, and mylne, with other lands in Fife unit into the barronie of Lewchars :—E. 290*m*.—ane quarter of the lands of Wsterstoune comprehending ane quarter of the Maynes of Watterstoune ;—ane quarter of the Wester Hiltoune of Watterstoune ;—ane quarter of the Eister Hiltoune of Waterstoune, and ane quarter of Windzore and Blacklawes :—O. E. 25s. N. E. 5*l*.—unit with lands in Kincardine into the barroney of Disclun.—(See Fife, Kincardine.)   xxv. 35.

(368)   May 11. 1658.

JAMES EARLE OF SOUTHESK, Lord Carnegie of Kinnaird and Leuchars, *heir maill* of David Lord Carnegie, *his brother germane*,—in the lands and maynes of Farnewell ;—the millne of Farnewell with the milne lands, aikers and pasturage, and 4 aikers of arrable land :—E. 56*m*. &c. and 26s. 8*d*. in augmentatione ;—the lands of Croftheid:—E. 5*l*. &c. and 40*d*. in augmentatioune :—the office of bailliarie of the lands abone wryttine, with the fewferme dewties:—O. E. 12*d*. N. E. 4s.—the lands of Meikell Carcarrie, within the pareochin of Farnowell and barroney of Dune be annexatione.—O. E. 7*m*. N. E. 28*m*.   xxv. 47.

(369)   May 11. 1658.

JAMES EARLE OF SOUTHESK, *heir maill of tallie and provisione* of Sir Robert Carnegy of Dunnychtine, *his uncle*,—in the toune and lands of Dunnychtine with the teind sheaves, within the lordship of Aberbrothock ;—the towne and lands of Carnquhy (or Cortoquhy) and Ochterlony with the teind sheaves :—E. 202*l*. 12*d*. and 20s. in augmentatioune, *of feu duties* :—the towne and lands of Lathame and Corstoune with the teind sheaves :—E. 14s. *of feu duty*.—the malt-kill of Dunychtine with Brewlands and teind sheaves therof ;—ane aiker of arrable land in Dunychtine with the teinds, within the lordshipe of Aberbrothock.—E. 3s. 4*d*. *of feu duty*.—all unit into the tennendrie of Dunnychtine. xxv. 50.

(370)   Sep. 7. 1658.

ROBERT FLETCHER of Balinshoe, *heir* of Robert Fletcher of Balinshoe, *his father*,—in the lands and toune of Balinshoe ;—the landis of Woodhead and Barnesdaillfaulds, within the barronie of the Forrest of Pleattone :—O. E. 50s. N. E. 10*l*.—the landis of Craignathrow :—E. 26s. 8*d. of feu duty* :—the teynd sheaves, within the barronie of Restenneth.—E. 18s. 4*d. of feu duty*.   xxv. 92.

(371)   Dec. 15. 1658.

JOHN ERLE OF ETHIE, Lord Loure and Inglishe-maldie, *heir of conqueis* of Robert Carnegie of Dunichten, *his imediat younger brother*,—in the lands and barronie of Caraldstoun called Foordtoun ;—the lands of Nathir Caraldstoun, with the corne and walkmylnes ;—the lands of Litill Watterstoun, Brocklaw, and Beriehillock, and a peice of arrable land callit the Haugh, on the North syd of the watter of North Esk, with the office of dempster in Parliaments, Justicecourts, and Circuit-courts, of the sherefdome of Forfar.—O. E. 10*l*. N. E. 40*l*.   xxv. 190.

(372)   Dec. 16. 1658.

JOHN PEDDIE, *heir* of James Peddie portioner of Kinclune, *his father*,—in the aught pairt of the toune and landis of Kinclune with the teynd sheaves, within the barronie of Kilgoldrum and lordship of Aberbrothock.—E. 34s. *of feu duty*.   xxv. 139.

(373)   Jan. 21. 1659.

ALEXANDER BOWAR fier of Kincreith, *heir of provisioun* of George Gordoun fier of Kincaldrum, in the proper lands underwryttin of the barronie of Kincaldrum, to wit, the dominicall lands and mayns of Kincaldrum and Buchtiehillock :—O. E. 45s. N. E. 9*l*.—the Templelands of Kincaldrum.—E. 3s. *of feu duty*. xxv. 158.

(374)   Mar. 18. 1659.

ARCHIBALD WOOD of Hiltoun, *heir maill* of Archibald Wood of Hiltoun, *his father*,—in the keeping of the mure of Montreuthmont ;—the lands of Muirmilnes ;—ane annuelrent of 10s. furth of the lands and barronie of Feithie ;—the croft callit the Daill, with 3 lands on the Eist pairt of the Bischopis mans of Brechin, callit Fairniedeall ;—the tofts and crofts of Petkennittie, Muirsyd, Whytfaulds, Lunnansyd ;—the milne callit Muremylnes, with 4*d*. for every spade casting peits, &c. in the said mure.—O. E. 20s. N. E. 4*l*.   xxv. 177.

(375)   Mar. 25. 1659.

ALEXANDER BOWAR of Balgirscho, *heir* of Alexander Bowar of Balgirscho, *his father*,—in the toun and lands of Balgirscho, and lands of Newtoun of Ballgirscho, in the barronie of Inneraritie.—O. E. 40s. N. E. 8*l*.   xxv. 164.

(376)   Apr. 29. 1659.

JAMES SCOT of Logie-Montrose, *heir* of James Scott of Logie-Montrose, *his father*,—in the lands of Logie-Montrose, comprehending the toune and lands of Mylnehill and Tolmundis ;—the mylne and mylnelands of Logie-Montrose, with salmond fishing, cruves and ferrie bott upon the watter of Northesk, within the lordship of Rescobie and regalitie of St. Androse :—E. 17*m*. 20*d*. *of feu duty* ;—the sunny half of the tounes and lands of Hedderwick and Cleyleck, within the regalitie of Aberbrothick and parochine of Montrose :—O. E. 25s. N. E. 5*l*.—the half of the lands of Craigo commonlie callit the Law of Craigo and hill of Craigo, comprehending ane sixt, aught, nynte, and saxtein pairtis of the lands of Craigo :—O. E. 30s. N. E. 6*l*.—the lands of Charltoun, with fischingis in the damis of Charltoun.—O. E. 20s. N. E. 4*l*.   xxv. 191.

(377)   Jul. 25. 1661.

JOANNES FORRESTER de Deyhous, *hæres* Joannis Forrester de Deyhous, *avi*,—in dimidia parte terrarum de Linkes de Barrie, cum pendiculis, viz. media parte terrarum vocata Saltgrass alias Shiptstands ;—media parte 4 acrarum vocatarum Barromans lands ;—media parte de Crocefaulds ;—media parte terrarum de Ryefaulds, cum prato vocato the Nether Meadows ;—decimis garbalibus et decimis lanæ, lini, cannabis, equorum, vitulorum, pullorum equinorum, butiri, casei, infra baroniam de Barrie.—E. 21*l*. *feudifirmæ*.   xxvi. 80.

(378)   Sep. 24. 1661.

DOMINUS ROBERTUS GRAHAM de Morphie, *hæres* Domini Roberti Graham de Morphie militis, *patris*,—in terris dominicalibus lie Maynes de Dun :—A. E. 4*l*. 11s. 8*d*. N. E. 18*l*. 6s. 8*d*.—terris de Balwyloch ;—terris de Cottrow ;—terris de Sounshill ;—terris de Fordes ;—terris de Eliskernot, cum molendino et piscatione salmonum in aqua de Southeske, et terris de Sands ;—terris de Balnodie et terris de Whytfield, infra baroniam de Dun, cum communia in mora de Montrewmonth.—A. E. 12*l*. 13s. 4*d*. N. E. 50*l*. 13s. 4*d*.   xxvi. 46.

(379) Oct. 17. 1661.

JOANNES WOOD de Bonnietoun, *hæres masculus* Patricii Wood de Bonnietoun, *patris*,—in terris de Letham :—E. 20*l.* et 20*s.* in augmentationem, *feudifirmæ*:—terris de Newbigging cum moris et maresiis :—E. 24 *bollæ victualium*, &c. *feudifirmæ* :—molendino vocato Kirktounmyln, cum hordeo custumali vocato Ringbear, et aliis divoriis, et multuris baroniæ de Aberbrothok :—E. 19*l.* &c. *feudifirmæ* :—prato vocato Kirktounmeadow alias the meadow de Letham et Newbigging, infra dominium et regalitatem de Aberbrothock :—E. 13*s.* 4*d. feudifirmæ*:—terris de Bonnietoun :—A. E. 3*l.* N. E. 12*l.*—terris de Annanie :—A. E. 30*s.* N. E. 6*l.*—terris de Kinblaithmonth, viz. terris de Gilchorne cum terris de Hantestoun, Lantoun, et Balmuillistoun ;—superioritate terrarum dominicalium de Kinblaithmonth, cum feudifirmæ devoria 10*l.* de dictis terris :—A. E. 10*l.* N. E. 40*l.*—terris de Banblain (vel Baublaine), Insheok ;—terris de Annatstoune et Myrsyd :—A. E. 3*l.* N. E. 12*l.*—terris de Pittarows :—A. E. 6*s.* 8*d.* N. E. 26*s.* 8*d.*—annuo redditu 8*m.* de Innierichtie. xxvi. 70.

(380) Oct. 24. 1661.

MAGISTER JACOBUS CUNYNGHAME, *hæres* Magistri Jacobi Cunynghame in Alloway, aliquando designati fratris germani quondam Joannis Cunynghame de Drumquhasill, *patris*,—in annuo redditu 390*m.* de terris et baronia de Brughtie et terris de Balgillo respective, infra parochiam de Monifuith, et de aliis terris in Perth, Aberdeen, et Banff.—(Vide Stirling, Perth, Aberdeen, Bamf.) xxvi. 98.

(381) Jan. 16. 1662.

JOANNES SCRYMSEOUR de Kirktoun, *hæres* Mariottæ Fothringhame, *aviæ*,—in dimidietate terrarum de Glenboy in dominio de Cupro.—E. 7*l.* 3*s.* 4*d.* &c. *feudifirmæ*. xxvi. 111.

(382) Jan. 16. 1662.

DAVID NEVAY de Eodem, *hæres* Joannis Nevay de Eodem, *proavi*,—in quarta parte terrarum de Kincreich in parochia de Methie-Lour pro principali :—E. 4*l.* 17*s.* 8*d.*—et in warrantum earundem, in quarta parte terrarum de Hiltoun de Guthrie vocata Langlands, in baronia de Guthrie :—A. E. 20*s.* N. E. 4*l.*—annuo redditu 4*l.* 6*s.* 8*d.* de terris et manerie de Carss. xxvii. 16.

(383) Jan. 16. 1662.

ANNA GORDOUN, *hæres* Georgii Gordoun feodatarii de Kincaldrum, *filii fratris*,—in terris propriis baroniæ de Kincaldrum comprehendentibus terras dominicales de Kincaldrum, Buchtiehillok, et molendinum de Kincaldrum ;—dimidietatem terrarum de Carrot ;—tenandriam terrarum de Kincreich :—A. E. 4*l.* 10*s.* N. E. 18*l.*—terris templariis de Kincaldrum in parochia de Methie.—E. 3*s. feudifirmæ*. xxvii. 22.

(384) Apr. 1. 1662.

GEORGIUS COMES DE PANMURE, Dominus Breichen et Navar, *hæres* Patricii Comitis de Panmure, Domini Breichen et Navar, &c. *patris*,—in terris erecti dominii et baroniæ de Aberbrothock, et olim abbaciæ ejusdem, tam spiritualitate quam temporalitate, viz. terris et baronia de Aberbrothock comprehendente burgum baroniæ et regalitatem de Aberbrothock, cum redditibus, censibus burgalibus, firmis, et divoriis, annuis redditibus, privilegiis aliisque quibuscunque ;—locum, sedem, scamnum lie Dask, et solium in ecclesia de Aberbrothock, quæ olim pertinuerunt ad abbates dictæ abbaciæ et dominos erectionis ejusdem ;—Waird, Haymedows, et Commonfirth et mora de Abirbrothock ;—terras de Guind, Brek, Grange de lie Common, Kirktoune de Aberbrothock ;—locum et præcinctum dicti dominii et abbaciæ de Aberbrothock ;—terras de Seytoune, Mylnetoun de Conon, Wardyk, Ponderlawfeild, Dischlands, Lamblaw, Newtoun, Kinaldie, Burnetoune, Cairnetoune, Murehouse, Newbiggings, Perkes (Peittis), Grasemedows, cum decimis terrarum suprascriptarum inclusis ;—terras de Dickmontlaw, Northtarre, Southtarre, Saileiscroft, Smithscroft, Croftis de Wardmylne, Dinisdaillis, Curstone, Ruiffis, Grothrestschellis, cum Wardyk, Gunterscroft, Cuningair, Cairnie, Lochelme, Auchmoutie cum Fischertoun et Ailhous ejusdem, Newgrainge, Muirdrum, Keptie, Almishouscroft, Spittelfeild, Northferrie, cum piscationibus ejusdem salmonum et alborum piscium, Barbarscroft, Sklaterisbank, Auchdeinzett alias Comitland, Saint Ninianescroft ;—terras de Croftis ;—terras de Medowaiker, Wairdaiker, Almshousland, lacus de Kerte et Cairnie, molendina de Kirktoune et Wairdmylne, cum astrictis multuris earundem, infra parochiam de Aberbrothock, et regalitatem ejusdem ;—Maynes de Ethie, Raismylne, cum sucken, thirle, multuris, terris molendinariis et sequelis ejusdem, Boighead, Smithland, Bruntoune, Overgrange et Nethergrange, Medowland cum lie Partickle de Eister Greining, et 2 acris terræ arabilis, Rankynno, Portu, Necurburne, et piscatione ejusdem, jacentes infra parochiam de Ethie et regalitatem antedictam ;—terras de Auchterlouny, Dunichten, Lethline, Costone, Dumbarro, Windieage, Cronquhie, Corstoune, cum earundem decimis inclusis, infra parochiam de

Dunichten ;—terras de Roth et Kirktoun de Innerkeillor et decimas earundem et firmas inclusas, infra parochiam de Inverkeilor ;—villam et terras de Eister Lownan, et decimas earundem inclusas, infra parochiam de Lownan ;—Kirktoune de Kingoldrum, Eister, Wester, et Mid Persies, Aucharoch, Kinclwne, Baldowie, Litill Kennie, Meikle Kennie, Astrevie, Overastrevie, molendinum de Kingoldrum cum terris molendinariis, sucken et thirle, multuris, Rincemlis, et decimis earundem inclusis, infra parochiam de Kingoldrum ;—piscatione de Monifuith in Angus ;—piscatione de Montrois, et cymba portatoria de Montroise ;—annuis redditibus ad dictam abbaciam pertinentibus, viz. de Mekill Cairny, 2*s.*—de Kinaldie, 5*l.*—de Scottistoune et Powburne, 5*l.* 6*s.* 8*d.*—de Kineffe, 16*s.*—de Benholm, 16*s.*—de Kinheld, 13*s.* 4*d.*—de Ardoch, 40*s.*—de Over Ailhouse de Torre, 29*s.*—de Forglen, 40*s.*—de Monefeith, 6*l.* 13*s.* 4*d.*—de Slaines, 40*s.*—de tenemento in Pearth, 42*s.* 6*d.*—de tenemento in Dundie, 6*s.* 8*d.*—de tenemento in Aberdein, 40*s.*—de Baldowie, 29*s.* 10*d.*—de Balumbie, 13*s.* 8*d.*—de Dun, 2*s.*—de Bracco, 5*l.* 6*s.* 8*d.*—de terris de Forfar, 40*s.* 8*d.*—de Cowie, 4*s.*—de molendino de Torre, 2*s.*—de terris de Torre, 2*s.* 4*d.*—de Knockenbenholm, 13*s.* 4*d.*—de Kinros, 2*s.* 8*d.*—de burgo de Edinburgh, 2*s.*—de Linlithgow, 2*s.*—de terris in burgo de Stirling, 4*s.* 6*d.*—in Innerkeithnie, 2*s.*—de terris in Currell (Crail ?), 3*s.*—de Kinghorne, 18*d.*—de terris apud pontem de Aberdein, 7*s.*—de terris de Futtie, 10*d.*—de Auchmuthie, 6*s.* 8*d.*—de Templehous, 6*s.* 8*d.*—de Auchortie, 3*s.* 4*d.*—de Riggall in Boyne, 3*s.* 4*d.*—de Ruglan, 40*s.*—omnibus et singulis ecclesiis parochialibus subscriptis, decimis rectoriis et vicariis, et fructibus earundem, perprius ad dictum erectum dominium de Aberbrothock et abbaciam ejusdem pertinentibus, viz. decimis rectoriis et vicariis ecclesiarum de Aberbrothock, nuncupatarum Saint Vigeance, Panbryd, Arbirlot, Moneikie, Muirhous, Dunnichten, Maynes, Lownan, Inverkeillor, Ethie, Monefeith, Clovay, Ruthven, Glamis, Kerrimure, Kingoldrum, Newtyld, infra vicecomitatum de Forfar ;—decimis rectoriis et vicariis ecclesiæ de Gavell infra vicecomitatum de Kincairdyne ;—decimis rectoriis et vicariis ecclesiarum de Duntrig et Abernetie, infra vicecomitatum de Fife ;—decimis rectoriis et vicariis ecclesiæ de Innernes ;—decimis rectoriis et vicariis ecclesiarum de Aberkedour (Aberkerdour ?) et Bamfe, infra vicecomitatum de Bamfe ;—decimis rectoriis et vicariis ecclesiarum de Gomrie, Longlie, Guild, Kinakne, Banquhorie-trinite, Bothlowie, Forgye, Fyvie, Tarvis, Nig, et Faterangus ;—cum advocationibus omnium prædictarum ecclesiarum et parochiarum ;—jure liberæ regalitatis omnium prædictarum terrarum, dominii, baroniæ, abbaciæ, aliorumque, cum capella et cancellaria ;—omnibus erectis cum aliis terris in temporale dominium, baroniam, et regalitatem de Aberbrothock.—E. 200*l. feudifirmæ*.—(Vide Kincardine, Edinburgh, Aberdeen, Bamf, Lanerk.) xxvi. 164.

(385) Apr. 1. 1662.

GEORGIUS COMES DE PANMURE, Dominus Breichen et Navar, &c. *hæres masculus* Patricii Comitis de Panmure, Domini Breichen et Navar, *patris*,—in terris et baronia de Panmure comprehendentibus terras et terras dominicales de Panmure lie be Eist and West the burne thereof ;—terras nuncupatas Firth de Panmure ac moram nuncupatam Frithlands, Haylands et Greenruiffis ;—molendinum de Panmure ;—terras de Muirdrum et Ailhous de Pitlivie nuncupatam Brewtack ;—terras de Heughhead, Breakis, Westbernes, et Balhill alias Barnhill ;—terras de Newtoun de Panmure, Blacklawes toftis et Blackcall ;—molendinum de Crombie ;—terras de Myresyd ;—terras de Pitlivie orientale et occidentale latus earundem ;—terras de Auchrynie ;—terras de Scryne et Eist Holme de Scryn ;—molendinum de Scryne nuncupatum Craigmylne ;—villam et terras nuncupatas Eistertoun de Panmure, cum navium statione de Panmure et libero portu hujusmodi, et libertate liberi burgi baroniæ in Eistertoun de Panmure, cum foris et nundinis, et cum alga maris, lie sea wair et wrick juxta dictas terras et baroniam de Panmure ;—terras de Balhoussie, Mosfauld, Bloomhillis Eister et Wester ;—terras de Bolishan cum mora ;—maresiam nuncupatam Dollomosse cum mora nuncupata Burghstanmure, Gallasydemure, et Riddermure ;—terras et terras dominicales de de Carmylie cum molendino, et cum advocatione capellaniæ de Carmylie nuncupatæ Our Ladys Chapell ;—terras ecclesiasticas ad dictam capellaniam pertinentes ;—Newtoun de Carmylie, Mylntoun de Carmylie ;—terras nuncupatas Mylngott ;—terras de Croceden, Duskiedrum, Whythill, Park, Monquhir, Mureheads, Newbigings, Newlands, Newfaulds, Graystane, Eisthillis, Midhillis, Westhillis, Blackhillis, Auchlair, Cockhillis et Brewlands cum molendino ;—Blackmure, Pyetstead, et Drumachar ;—terras de Skythin (vel Skychin) cum molendino ;—terras de Glaister et Carnegie ;—terras de Benvie cum molendino ;—terras de Balcudrie cum terris de Both et Cairncorthie et molendino eisdem pertinente, infra baroniam de Panmure :—A. E. 40*l.* N. E. 160*l.*—terras ecclesiasticas de Panbryde, cum advocatione vicariæ ecclesiæ de Panbryde et capellaniæ de Both :—E. 4*s.*—terras et baroniam de Dounie comprehendentem terras dominicales de Dounie cum pendiculis nuncupatis Gardners land, Craigtounward et Lussef-

F

mure, cum pecia terræ nuncupata Hyndfauldis, et moris et terris in boreali latere terrarum dominicalium de Dounie ;—petiam terræ nuncupatam Hyndcastell cum mora et maresiis hujusmodi ;—terras de Dunfuid cum molendino de Dunfuid (vel Dunfynd) ;—terras de Balhungie ;—terras de Cammestoun cum molendino ;—terras de Carlungie ;—terras de Monikies Eister et Wester, cum manerici loco et boreali mora earundem, et pertinentiis nuncupatis Whit-lunies Campe, Kirkhill, Kirktoun, et Leadsyde, cum pastura et moris dictæ baroniæ de Dounie ;—terras de Kirkhill, Brewhous et Brewlands de Monikie, omnibus unitis in baroniam de Dounie ;—villis et terris de Ardeastie ;—terris de Muirdrum ;—terris de Dunykean cum Smiddie lands ;—terris brueriis, Infeild et Out-feild ;—terris cottariis de Knightshill ;—terris officiariis et acris earundem, comprehendentibus 4 acras et 3 rudas terrarum de Dunykean, et terrarum bruerarium earundem ;—terras de Oxin-geang de Dounkean cum molendino granario de Dounie, et mul-turis baroniæ de Dounie ;—2 particatis terræ de Deallis, cum pas-tura super parte collis nuncupati Mylncraig, omnibus jacentibus in-fra baroniam de Dounie, cum privilegio communiæ :—A. E. 43l. 8d. N. E. 179l. 2s. 8d.—terris de Eister Innerpeffer :—A. E. 20s. N. E. 4l.—decimis garbalibus prædictarum terrarum et baroniæ de Panmure ;—decimis garbalibus dictarum terrarum et baroniæ de Dounie ;—decimis garbalibus dictarum terrarum de Eister Inner-peffer ;—decimis garbalibus terrarum ecclesiasticarum ad capella-niam de Carmylie pertinentium, ac terrarum de Both et Cairn-corthie cum molendino, ad capellaniam de Both pertinentium, infra parochias de Panbryd, Carmylie, Monikie, et Saint Vigeance respec-tive, quæ perprius ad dominium de Aberbrothock pertinuerunt :— E. 6l. 13s. 5d.—omnibus erectis in baroniam de Panmure ;—terris, dominio, et baronia de Brechen et Navar comprehendentibus cas-trum de Brechen, cum piscariis super aqua de Southesk et advoca-tionibus ecclesiarum, et preceptorio vocato Messindew ;—feudifir-miam 18l. 13s. 4d. de terris de Balnabreich infra terras de Breichen ;—annuum redditum 5l. de terris de Nether Carrelstoune, cum 9l. firmarum burgalium burgi de Breichen ;—officia balliatus et came-rariatus omnium prædictarum terrarum et baroniæ de Breichen et Navar ;—villam et terras de Dubtoun cum pendiculis vocatis Clay-faulds et Gallohills ;—villam et terras de Pitpollox ;—villam et terras nuncupatas the Haugh cum Haughmylne ;—villam et terras de Burgill ;—villam et terras de Kincraige Ovir et Nether, cum molendino nuncupato Balbirniemylne, et pendiculis terrarum de Kincraigs nuncupatis Gaitsyde et Windyage ;—terras de Raw de Leuchland cum bruerio earundem, Caldcottis et Lichtonhill ;—terras de Culterface et Lonshed, et terras nuncupatas Hayning ;—villam et terras de Lichtine (vel Lichtnie) ;—villam et terras de Blairno ;—villam et terras de Bogyshells ;—terras de Cragindowie cum molendino et pendiculis earundem nuncupatis Braco et Flae-boattis ;—terras de Blairdarg, Blackhaugh et Redshild ;—villam et terras de Pintoscall ;—terras de Pendreich ;—villam et terras de Kindroch, ac molendinum nuncupatum Holmylne ;—dimidietatem terrarum de Arrot ;—terras de St. Michalhill et Dirorig ;—acras terrarum jacentes apud occidentalem portum de Breichen ;—villam et terras de Tillibirnie ;—villam et terras de Tilliearblet ;—villam et terras de Nathro :—E. 383l. 6s. 8d. feudifirmarum :—officia Constabularii et Justiciarii infra civitatem et burgum de Breichen omniumque terrarum libertatis ejusdem, cum potestate et libertate annuatim nominandi et eligendi ballivum dicti burgi et civitatis de Brechin :—E. 1d.—omnibus erectis in dominium et baroniam de Brechin et Navar.   xxvi. 168.

(386)   Apr. 15. 1662.

JACOBUS COMES DE FINDLATOR, Dominus Deskfuird, hæres Patricii Comitis de Findlator, Domini Deskfuird, patris,—in terris de Dronlaw, cum aliis terris in vicecomitatibus de Perth et Fife.—A. E. 30l. N. E. 120l.—(Vide Banff, Perth, Fife.)   xxvi. 145.

(387)   Apr. 25. 1662.

DAVID COMES DE STORMONTH, Dominus Scone et Bal-vaird, hæres masculus talliæ Quintigerni Comitis de Stormonth, Domini Scone, &c. consanguinei,—in dominio et baronia de Scone, viz. principali mansione et maneriei loco abbaciæ et do-minii de Scone ;—terris dominicalibus lie Maynes nuncupatis Hauch de Scone ;—villa, terris, et acris de Scone cum annuis red-ditibus, ac cum salmonum piscaria apud illam partem aquæ de Tay nuncupatam Heidis de Scone ;—Broom Parkis de Scone ;—moris de Scone ;—terris ab antiquo nuncupatis baronia de Gowrie, et nunc baronia de Scone, comprehendente terras quæ ab antiquo pertinue-runt abbatibus de Scone, viz. terras de Craigniackerrane cum Cut-hill earundem ;—terras de Byres ;—terras de Aikenheid, Ovircul-lane, Nether Cullane, cum salmonum piscariis hujusmodi ;—terras de Innerbuiss, cum molendinis granorum et fullonum hujusmodi ;—terras de Lethindie, Ardgilzeane, Friertoun, Barclayhills, New-mylne cum molendino hujusmodi, (alias Bossiney,) Gairdrume ;—terras de Schirrefftoune cum salmonum piscariis earundem ;—terras de Lochtoun ;—terras de Bothard, Boghall, Balgarvie ;—terras de Pockmylne ;—terras de Balbrithock, Ailmerslane, Chappelhill, Chap-

pelzaird, Croft de Schirreftoun, Scone's-Hauch, Auchnapapell, Braco, Warkland, et Hoill, Sandiehill, Bernard, Scones-Croft, acras de Balbuchtie, Prior's-croft, Doucat-croft, Guis-croft, James Henriesones-croft, domos conventuum lie convent houses in villa de Scone cum hortis ;—Sir James Croft, Mr. Andrew Strang's Croft, William Monnypennyes Croft, Andrew Merschells Croft, crofta Joannis Carver, Kings Orchard, Breadcroft, Schawescrofte, Waterlands ;—terras de Scheipsteids de Balbuchtie, Lymepottis, Spoutwallis, cum mansione nuncupata Lympottis, omnes sub aqua de Ilay ;—terras de Inschirray ;—terras de Arnebathie, Hislie, Cleuch, et Schemeghill, Ovirfingask ;—terras de Rate ;—rigam terræ ex australi parte terrarum ecclesiasticarum de Raitt cum pas-tura ;—peciam terræ ex orientali parte cemiterii de Raitt, cum Smid-dieCroft de Rait ;—secundas decimas de Raitt ;—Keanwheit de Insch-mairtine ;—terras de Netherdurdie, Ovirdurdie et molendinum de Durdaff ;—villam et terras de Kirktoun de Liff ;—terras brewerias lie Brighous et molendinum granorum cum multuris ;—terras de Nether Liff, Eister Liff, Wester Gourdie, Eister Gourdie, Pittelpie, Dryburgh, Blacknes, Ballagartney, Balgay, Logie, Eister Innergourie, Wester Innergourie, cum molendinis granorum et fullonum earun-dem, Deanmylne, Smiddiecroft, et Dargo, omnes in parte dictæ ba-roniæ vocata Angus ;—3 acras terrarum de Kintulloch cum pastura ;—terras, castra, &c. ad temporalitatem patrimonii et proprietatem prioratus de Lochtie ab antiquo pertinentia ;—tenementa, &c. in Clackmannane, Dundie, Edinburgh, Stirling, Inverkeithine, Car-raill, Sanct Androis, Abirdein, ad dictam abbaciam pertinentia, et annuos redditus infra easdem, et annuum redditum 3l. 15s. 8d. de terris de Balhaggillis ac annuum redditum 11s. 4d. de terris de Gokilmure ac .... ;—omnes terras, &c. dictæ abbaciæ et ba-roniæ de Scone quæ ad monasterium, abbates et conventus ejus-dem ab antiquo pertinuerunt, cum decimis garbalibus et aliis deci-mis terrarum prædictarum, et cum decimis nummorum, wardarum, releviorum et extractuum curiarum senescallatus de Stratherne, et Eschaetarum, et casualitatum quæ ad S. D. N. regem infra vicece-mitatum de Perth pertinere poterunt ;—omnes jacentes infra vice-comitatus de Perth et Forfar respective ;—decimis garbalibus aliis-que decimis, &c. ecclesiarum parochialium de Scone, Ragortoun, Kilspindie, Rait, Logie, Liff, Innergourie, Cambusmichaell, Echt, et ecclesiæ parochialis de Dundonald in Sutherland, quæ ad abba-ciam de Scone pertinuerunt ;—terris templariis et templariis tene-mentis infra et circa dictam villam de Scone, omnibus unitis in do-minium et baroniam de Scone.—E. 1000m.—(Vide Perth.)   xxvi. 227.

(388)   Maii 1. 1662.

ROBERTUS FLETCHER de Ballinschoe, hæres Roberti Fletcher de Balinschoe, patris,—in baronia de Woodwrae comprehendente solarem dimidietatem terrarum dominicalium de Maynes de Wood-wrae, et præsertim solarem partem vel dimidietatem illius partis et pendiculi vocati Corstone ;—3 solares quarterias terrarum de Holl ;—3 solares quarterias villæ et terrarum de Polgarrock ;—portionem dictarum 3 solarium quarteriarum terrarum de Polgarock, infra pa-rochiam de Aberlemno :—A. E. 6l. N. E. 24l.—occidentalem quar-teriam terrarum et villæ de Polgarock, cum quarta parte dictarum terrarum de Holl, et quarta parte molendini de Polgarock, infra dictam parochiam de Aberlemno ;—umbralem dimidietatem nun-cupatam occidentalem dimidietatem dictarum terrarum de Wood-wrae, et præsertim umbralem dimidietatem portionis earundem vo-catæ Corstoun, et piscatione super aqua de Southesk, cum mora de Woodwrae :—A. E. 40s. N. E. 8l.—unitis in baroniam de Wood-wrae.   xxvi. 176.

(389)   Maii 1. 1662.

GRISILLIS SCOT sponsa Georgii Broun mercatoris burgensis de Dundie, hæres portionaria Thomæ Scot balivi dicti burgi, patris, —THOMAS ANDERSONE filius legitimus Jacobi Andersone nautæ burgensis dicti burgi, procreatus inter eum et Christinam Scot filiam legitimam natu maximam dicti Thomæ Scot,—CHRIS-TINA ET CATHERINA FAIRNIES filiæ legitimæ Georgii Fairnie mercatoris burgensis dicti burgi, procreatæ inter eum et Martham Scot filiam legitimam dicti Thomæ Scot, hæredes por-tionariæ dicti Thomæ Scot, avi ex parte matris,—in terris et villa de Westhall cum dimidio molendini in parochia de Muirhous :—A. E. 40s. N. E. 8l.—australi dimidietate peciæ terræ vastæ sive tenementi infra burgum de Dundie :—A. E. 4d. N. E. 16d.—2 rudis seu virgatis terræ in baronia de Dundie ;—2 rudis seu vir-gatis terræ, et ruda et media ruda contigue adjacente, infra prædic-tam baroniam de Dundie :—E. 36s. &c. feudifirmæ :—tenemento continente 2 rudas terræ ex australi parte burgi de Newburgh, in-fra regalitatem de Lindoris.—A. E. 6d. N. E. 2s.   xxvi. 251.

(390)   Aug. 19. 1662.

DOMINUS JOANNES CARNEGIE de Balnamoon, hæres mas-culus Davidis Carnegie, fratris germani,—in quarta parte terrarum de Balconnell, Irland, et Kowfuird ;—quarta parte terrarum de Rome ;—quarta parte terrarum de Balfour ;—quarta parte terra-rum de Lochtie ;—quarta parte terrarum de Leidmoir ;—quarta parte terrarum de Kirktoun-lands;—quarta parte terrarum de Pitmudie;—quarta parte terrarum de Tulloch, Burnervice, et Corsbank ;—superioritate occidentalis dimidietatis terrarum de Balzordie cum pendiculis et pertinentiis earundem, viz. Meikle Cruik, Little Cruik, molendinis granorum et fullonum, in baronia de Menmuire.—A. E. 5l. N. E. 20l. xxvi. 253.

(391) Sep. 23. 1662.
JACOBUS COMES DE PEARTH, Dominus Drummond et Stobhall, *hæres masculus* Joannis Comitis de Pearth, Domini Drummond et Stobhall, *patris,*—in terris de Smithstoun, Argairth, et Lurdcreiff (vel Laidcreiff), unitis cum aliis terris in vicecomitatu de Perth, in baroniam de Drymen.—A. E. 9l. N. E. 400l.—(Vide Perth.) xxvi. 299.

(392) Oct. 14. 1662.
JACOBUS COMES DE SOUTHESK, Dominus Carnegie de Kinnaird et Leucharis, &c. *hæres masculus* Davidis Comitis de Southesk, Domini Carnegie de Kinnaird et Leucharis, *patris,*—in annuo redditu 480m. de terris et baronia de Airlie, et de terris in Perth.—(Vide Inverness, Aberdeen, Perth.) xxvi. 350.

(393) Oct. 23. 1662.
HERCULES TAILZEOR de Burrowfeild, *hæres* Herculis Tailzeor de Burrowfeild, *patris,*—in terris de Burrowfeild cum manerie, in parochia de Montrois.—A. E. 5l. N. E. 20l. xxvi. 331.

(394) Oct. 28. 1662.
JOANNES HUNTER de Balgay, *hæres* Magistri Gulielmi Hunter de Balgay, *patris,*—in terris de Balgay et Loggie, in dominio de Scona :—E. 25l. 6s. 8d. et 2s. in augmentationem, *feudifirmæ:* —decimis garbalibus de Balgay et Loggie, infra unitas parochias de Liff, Loggie, et Innergourie.—A. E. 3s. N. E. 12s. xxvi. 329.

(395) Oct. 28. 1662.
PATRICIUS KID de Craigie, *hæres provisionis* Patricii Kid de Grange de Barrie, *avi,*—in terris et villa de Grange de Barrie tam bina quam tertia parte earundem :—E. 18l. &c. *feudifirmæ:*—terris de Barriemure vocatis Nether Barriemure seu Denheid in baronia de Barrie.—E. 10m. *feudifirmæ.* xxvii. 12.

(396) Oct. 28. 1662.
PATRICIUS KYD de Craigie, *hæres masculus et lineæ* Magistri Jacobi Kid de Craigie, *patris,*—in tertia parte terrarum et villæ de Hiltoun de Craigie ab antiquo Wester Craigie nuncupata, in baronia de Dundie :—A. E. 50s. N. E. 10l.—decimis garbalibus prædictæ tertiæ partis ;—decimis partis terrarum de Hiltoun de Craigie vocatæ ante pleuchgait of land :—A. E. 5s. N. E. 20s.—sexta parte terrarum de Hiltoun de Craigie :—E. 9l. 13s. 4d.—decimis garbalibus alterarum 2 sextarum partium et dimidiæ sextæ partis dictarum terrarum de Hiltoun de Craigie, extendentium ad 5 aratra terrarum, infra parochiam de Dundie :—E ....—terris de Over Barriemuir in baronia de Barrie.—E. 3l. 15s. xxvii. 13.

(397) Nov. 4. 1662.
JACOBUS CARNEGIE de Balnamoone, *hæres masculus* Davidis Carnegie feodatarii de Balnamoone, *patrui,*—in quarta parte terrarum de Balconell, Ireland, et Cowfoord ;—quarta parte terrarum de Rome ;—quarta parte terrarum de Balfoure ;—quarta parte terrarum de Lochtie, Ridmoir, Lidmoir, Kirktounlands, Pitmudie, Tulloch, Burnervite, et Corsbank ;—superioritate occidentalis dimidietatis terrarum de Balzeordie cum pendiculis, viz. Meikle Cruok, Little Cruok, in baronia de Menmurie.—A. E. 5l. N. E. 20l. xxvii. 14.

(398) Apr. 2. 1663.
ELIZABETHA PANTER, *hæres portionaria* Davidis Panter de Friock, *patris,*—et ANNA YOUNG filia Roberti Zoung in Carnoustie, *hæres portionaria* prædicti Davidis Panter, *avi,*—in villa et terris de Friock in baronia de Gairdin :—A. E. 10s. 4d. N. E. 2l. 13s. 4d.—terris nuncupatis quarter de Hiltoun alias nuncupatis Langlandis, in baronia et parochia de Guthrie.—A. E. 20s. N. E. 4l. xxvii. 101.

(399) Maii 2. 1663.
DAVID HUNTER de Restenneth, *hæres provisionis* Magistri Thomæ Hunter de Restenneth, *patris,*—in terris dominicalibus lie Maynes de Restenneth et decimis garbalibus, cum manerie, eilark, maresia, mora et lacu :—E. 20l. *feudifirmæ:*—mansione, loco, et clausura de Restenneth.—E. 10m. *feudifirmæ.* xxix. 307.

(400) Maii 6. 1663.
JACOBUS ESPLEN burgensis de Aberbrothock, *hæres* Jacobi Esplene burgensis ejusdem burgi, *patris,*—in 3 acris terrarum de Punderlawfield cum decimis, infra dominium et regalitatem de Aberbrothock.—E. 3 bollæ hordei, &c. *feudifirmæ.* xxviii. 225.

(401) Maii 12. 1663.
GEORGIUS COMES DE PANMUIR, Dominus Brechin et Navar, &c. *hæres* Patricii Comitis de Panmuir, Domini Breichin et Navar, &c. *patris,*—in dimidietate terrarum de Kethins et Pitdounie :—A. E. 50s. N. E. 10l.—perprius unita cum terris dimidietatis thanagii de Glendovachie, &c. in Aberdeen et Bamf, in comitatum de Breichin :—E. 43l. 4s. *feudifirmæ :*—terris de Auldbar vocatis Melgond, viz. terris dominicalibus de Auldbar, cum salmonum piscariis super aqua de Southesk ;—terris de Clatterbono ;—dimidietate terrarum de Balnacaike ;—terris de Bloberhill ;—terris de Woodend ;—forresta de Belletschaw cum forresterseat ejusdem ;—terris de South Melgond, cum communitatibus in moris de Montrewmonth, et tenandria de Bulzeon (vel Butheon) :—A. E. 6l. N. E. 24l.—terris de Stannochie :—E. 10l. 13s. 4d. *feudifirmæ :*—terris de Doddis, viz. terris de Mureletherwood et Henwood alias vocatis Dod, cum piscatione super lacum de Rescobie ;—terris vocatis Kingsmure, cum jure patronatus parochiæ de Rescobie :—A. E. 4l. N. E. 16l.—quæ terræ de Auldbar, &c. (exceptis Stannochie) unitæ erant in baroniam de Auldbar alias Melgond ;—terris thanagii de Glames :—A. E. 25l. N. E. 100l.—terris thanagii de Tannadyce :—A. E. 20l. N. E. 80l.—terris de Ardcrock et Litle Cossines :—E. 40s. *feudifirmæ :*—terris de Baikie :—A. E. 40l. N. E. 160l.—terris de Drumgleyes et Cardeane :—A. E. 5l. N. E. 20l.—lacu de Forfar vocato Fallinsch, cum insula, Eelark, et piscariis earundem :—A. E. 20s. N. E. 40l.—terris de Drumgight :—A. E. 20s. N. E. 4l.—terris de Cossines :—A. E. 40s. N. E. 8l.—quæ terræ de Baikie cum cæteris immediate suprascriptis, unitæ erant in baroniam de Baikie ;—terris de Tullos vulgo vocatis Tullochie ;—terris de Craichie cum molendino et decimis garbalibus, infra regalitatem de Aberbrothock :—E. 44l. *feudifirmæ :*—dimidietate terrarum de Aughterhouse cum pendiculis, viz. Haltoun de Oughterhous cum lacu, terris de Eistfeild ;—terris de Cottoune ;—molendino de Oughterhouse ;—terris de Burneheid, Maynes de Oughterhouse ;—terris de Bonytoune ;—dimidietate terrarum de Westerkeith, perprius erectis in baroniam de Aughterhouse :—A. E. 6l. 13s. 4d. N. E. 26l. 13s. 4d.—dimidietate patronatus ecclesiæ de Oughterhouse :—A. E. 40d. N. E. 13s. 4d.—dimidietate terrarum de Essie, cum terris de Glenquharities et Halcartoun ;—terris de Castletoun, Inglistoun, Deirlands, et Brewlands de Essie ;—terris de Baldengie et Newmilne de Essie ;—omnibus perprius erectis in baroniam de Essie :—A. E. 5l. N. E. 20l.—dimidietate terrarum de Nevay, perprius in baroniam de Nevay erecta :—A. E. 50s. N. E. 10l.—terris de Gairth super borealem partem lacus de Forfar.—E. 4l. *feudifirmæ.*—(Vide Fife, Kinross, Perth, Aberdeen, Banf, Kincardine.) xxvii. 62.

(402) Maii 13. 1663.
GULIELMUS KYD, *hæres conquestus* Roberti Kyd filii Magistri Jacobi Kyd de Craigie, *fratris immediate junioris,*—in 3 tenementis in Dundie :—A. E. 2s. N. E. 8s.—dimidietate rupis de Bruchtie ;—dimidietate villæ et terrarum de Northferrie vocatæ the Forth of Bruchtie cum decimis ;—piscatione super aquam de Tay ;—dimidietate feudifirmæ 143l. 6s. 8d. infra dominium de Aberbrothock.—A. E. 15s. N. E. 3l.—(Vide Clackmannan.) xxvii. 104.

(403) Oct. 6. 1663.
JOANNES RAMSAY de Kirkland de Kethins, *hæres* Joannis Ramsay de Kirkland de Kethins, *patris,*—in terris de Kirkland de Kethins cum decimis inclusis.—E. 8l. 3s. 4d. *feudifirmæ.* xxviii. 102.

(404) Dec. 17. 1663.
MARGARETA COLLACE filia Roberti Collace in Brechin, *hæres* Alexandri Black burgensis de Dundie, *proavi ex parte matris,*—in pecia terræ arabilis ab antiquo Watsones croft et nunc Blackis croft nuncupata, infra dominium de Dudop.—A. E. 20d. N. E. 6s. 8d. xxvii. 161.

(405) Apr. 26. 1664.
JACOBUS OGILVIE de Inschewane, *hæres et hæres masculus* Joannis Ogilvie de Inschewan, *patris,*—in terris de Eister Auchenchrie infra baroniam de Kinnaltie cum salmonum piscaria :—A. E. 20s. N. E. 4l.—quarta parte occidentali terrarum de Inschewane, cum brasina et crofta de Kinnaltie :—A. E. 6s. 8d. N. E. 26s. 8d. —3 quartis partibus terrarum et villæ de Inschewane, in baronia de Cortoquhie per annexationem regiam.—A. E. 20s. N. E. 4l. xxvii. 228.

(406) Apr. 26. 1664.
JACOBUS MUDIE de Arbeckie, *hæres* Jacobi Mudie de Arbeckie mercatoris burgensis de Montros, *patris,*—in terris de Arbeikie tam in bina parte earundem quam in tertia parte, nuncupata orientali tertia parte.—A. E. 1l. 12s. N. E. 6l. 8s. xxxiii. 342.

(407) Sep. 20. 1664.
WILLIELMUS RUTHVEN de Gairdine, *hæres masculus* Wilielmi Ruthven de Gairdine, *avi,*—in terris de Carse :—E. 12l.

feudifirmæ:—terris de Mylnetoun de Rescobie cum molendino de Rescobie ;—terris nuncupatis Wairdlands et Serjandlands, cum piscatione super lacu de Rescobie, in baronia de Rescobie et infra regalitatem Sancti Andreæ :—E. 8*l.* 6*s.* 8*d. feudifirmæ :*—terris de West Cottoun de Carss alias Mackieshill ;—terris de Parkgait, Wairdmylne, cum moris infra baronias de Phinheavin et Forrest de Platoun :—A. E. 33*s.* 4*d.* N. E. 6*l.* 13*s.* 4*d.*—terris de Carsbúrne et Clochtow (vel Clochlow) alias Myresyde, in baronia de Restennet :—E. 8*m. feudifirmæ :*—baronia de Tooring comprehendente terras et baroniam de Balgavie ;—burgum baroniæ de Balgavie ;—Greenmuirs, molendinum et lacum de Balgavie :—A. E. 4*l.* N. E. 16*l.*—terras de Hiltoun de Guthrie et Longlands, cum pendiculo vocato Pykertoun :—A. E. 3*l.* 6*s.* 8*d.* N. E. 13*l.* 6*s.* 8*d.* —terras de Over et Nether Tooring et pendiculum nuncupatum Whinndrum ;—terras de Surdo, cum piscationibus super lacu de Rescobie, in baronia de Tooring :—A. E. 4*l.* N. E. 24*l.*—decimis garbalibus dictarum terrarum de Nether Tooring, et pendiculi vocati Whinnedrum et Surdo, et terrarum et baroniæ de Balgavie, in parochia de Abirlemno, omnibus unitis in baroniam de Tooring, et omnibus prædictis terris erectis in baroniam de Carse :—A. E. 15*s.* N. E. 3*l.*—terris et baronia de Reidcastell, Cowholls, et Innerkeillor comprehendentibus principales terras dominicales dictæ baroniæ ;—brueriam et terras bruerias lie Ailhous et Brewlands ;—terras vocatas Westmaynis de Reidcastle ;—terras de Ironshill, Leavrockhill, Newbarnes, Fischertoun ;—terras piscarias lie Fischerlands dictæ baroniæ, cum cymba piscatoria ;—villam et terras de Inschok ;—terras de Parkland cum marresia vocata Ballinmooltismyre ;—terras de Cheapletoun et Pearcefield ;—molendinum de Innerkeillor alias Kirktounmylne ;—terras de Balindoch ;—villam et terras de Walkmylne et molendinum fullonum ;—villas et terras de Hodgetoun et Fallawis ;—terras de Hiltoun et Grange, cum advocatione capellaniæ de Whytfeild, et aliis terris in vicecomitatu de Perth :—A. E. 20*l.* N. E. 80*l.*—terras de Hedderstackis, cum molendino granorum et multuris terrarum dominicalium de Carse et terrarum de West Cottoune, cum privilegio glebarum in Reidmoss, infra parochiam de Rescobie et baroniam de Forrest de Platoun pro principali :—A. E. 20*s.* N. E. 4*l.*—terras de Over et Nether Bowhouss ;—terras de Wood de Finheavin, infra baroniam de Finheavin, in warrantum terrarum de Hedderstack, unitas in baroniam de Reidcastell :—A. E. 35*s.* N. E. 7*l.*—terris, tenementis, lie girners, acrisque, infra territorium burgi de Aberbrothock.—A. E. 15*s.* N. E. 3*l.*—(Vide Perth, Berwick.)   xxvii. 255.

(408)   Sep. 22. 1664.
DAVID CLAYHILLIS de Innergourie, *hæres* Roberti Clayhillis de Innergourie, *patris,*—in terris de Eister Innergourie alias Newbigging nuncupatis :—E. 11*l.* 12*s.* &c. *feudifirmæ:*—terris de Wester Innergourie :—E. 11*l.* 12*s.* &c. *feudifirmæ:*—molendino fullonum de Eister et Wester Innergourie nunc edificato in molendinum granorum ;—9 acris terrarum arabilium cum pastura :—E. 4*l.* *feudifirmæ :*—terris de Balgartnie cum croftis :—E. 50*s.* &c. *feudifirmæ :*—fabrica et crofta fabricæ terræ vulgariter all and haill the Smiddie and Smiddie croftland of Denmilne, cum astrictione fabricandi ferrum infra terras dominii de Scona in Angus, with the thirle of the haill ironwork of the said lands of the lordship of Scone used and wont :—E. 17*s.* 6*d. feudifirmæ :*—decimis garbalibus prædictarum terrarum ac terrarum de Eister Liffe et Baiksetts in unitis parochiis de Logie, Liff, et Innergourie, et infra dominium de Scone :—A. E. 6*s.* N. E. 24*s.*—dimidietate villæ et terrarum de Hiltoun de Craigie in regalitate de Lindoiris :—E. 14*m.* &c. *feudifirmæ :*—omnibus unitis in baroniam de Innergourie ;—villa et terris de Drumgeicht infra baroniam de Baikie per annexationem :—A. E. 20*s.* N. E. 4*l.*—terris de Eister Liffe et Backseatis, in regalitate de Scona et parochia de Liffe :—E. 10*l.* 13*s.* &c. *feudifirmæ :*—terris de Baldoive in baronia de Dondie :—E. 4*l.* *feudifirmæ :*—decimis garbalibus prædictarum terrarum de Baldovie, Drumgeicht, Hiltoun de Craigie, &c.—A. E. 4*s.* N. E. 16*s.*   xxvii. 267.

(409)   Sep. 22. 1664.
JOANNES NEVAY de Eodem, *hæres* Joannis Nevay de Eodem, *proavi,*—in quarta parte terrarum de Kincreich in parochia de Methielour, pro principali :—A. E. 4*l.* 17*s.* 8*d.*—quarta parte terrarum de Hiltoun de Guthrie vocata Longlands, in warrantum dictarum terrarum de Kincreich in baronia de Guthrie :—A. E. 20*s.* N. E. 4*l.*—annuo redditu 4*l.* 6*s.* 8*d.* de terris et manerie de Carss.   xxvii. 304.

(410)   Jan. 31. 1665.
MAGISTER DAVID PEIRSONE minister apud ecclesiam de Kilbarchine, *hæres* Magistri Thomæ Peirsone nuper ministri verbi Dei apud ecclesiam de Forfar, *patris,*—in annuo redditu 160*l.* de terris de Loighlands cum decimis garbalibus, infra regalitatem de Aberbrothock.   xxviii. 25.

(411)   Feb. 21. 1665.
ANDREAS BRUICE de Earlshall, *hæres masculus* Domini Andreæ Bruce de Earlshall, *patris,*—in villa seu terris de Wallaice-Craigy.—A. E. 25*s.* N. E. 5*l.*—(Vide Fife.)   xxviii. 91.

(412)   Apr. 4. 1665.
JOANNES GUTHRIE de Eodem, *hæres lineæ et masculus* Francisci Guthrie de Eodem, *patris,*—in terris de Wester Gaigie, infra regalitatem de Kirriemure:—A. E. 40*s.* N. E. 8*l.*—terris et baronia de Guthrie comprehendentibus terras dominicales de Guthrie vocatas ab antiquo Kirktoun de Guthrie ;—molendinum granorum de Guthrie;—terras de Teiltoune ;—alias terras dictæ baroniæ, viz. Eistertoun alias Haltoun, et Milntoun de Guthrie, cum advocatione ecclesiæ, præposituræ, et præbendariæ ecclesiæ collegiatæ de Guthrie, et communitate in mora de Montrewmonth :—A. E. 6*l.* 13*s.* 4*d.* N. E. 26*l.* 13*s.* 4*d.*—terris ecclesiasticis lie Templelands de Kincreich :—E. 11*s. feudifirmæ :*—terris de Brax cum decimis garbalibus, infra dominium et regalitatem de Aberbrothock :—E. 12 *bollæ hordei,* &c. *feudifirmæ :*—parte moræ vocatæ Firth de Aberbrothock, infra dictum dominium.—E. 3*l.* 4*d. feudifirmæ.*   xxviii. 9.

(413)   Apr. 4. 1665.
GULIELMUS BLAIR de Balgillo, *hæres* Domini Gulielmi Blair de Balgillo militis, *patris,*—in terris de Lowre et Muirtown cum pendiculis nuncupatis Segyden, Denhead, Greinordie, et Greinmyre :—A. E. 6*l.* 13*s.* 4*d.* N. E. 26*l.* 13*s.* 4*d.*—tenandriis de Nevay, Eister et Wester Methies.—A. E. 20*s.* N. E. 4*l.*   xxviii. 11.

(414)   Apr. 18. 1665.
GILBERTUS AUCHINLECK de Eodem, *hæres* Gilberti Auchinleck de Eodem, *avi vel patris,*—in terris de Auchinleck unitis in baroniam de Auchinleck :—A. E. 4*l.* N. E. 16*l.*—parte moræ baroniæ de Dounie.—A. E. 12*d.* N. E. 4*s.*   xxviii. 22.

(415)   Maii 30. 1665.
JACOBUS MARCHIO MONTISROSARUM, Comes de Kincardine, Dominus Grahame et Mugdok, &c. *hæres masculus* Jacobi Marchionis Montisrosarum, *patris,*—in terris, baronia, et comitatu de Auld-Montrois, cum salmonum piscaria de Southesk, et advocationibus ecclesiarum earundem :—A. E. 20*m.* N. E. 80*m.*—unitis cum aliis terris in Stirling, Perth, et Linlithgow, in baroniam de Auld Montrois ;—terris de Foulartoun :—A. E. 3*l.* N. E. 12*l.* —tertia parte terrarum de Ananie.—A. E. 10*s.* N. E. 40*s.*—(Vide Stirling, Perth, Linlithgow.)   xxviii. 50.

(416)   Jul. 11. 1665.
PETRUS LYON de Cossins, *hæres masculus* Magistri Thomæ Lyon de Cossins, *patris,*—in terris de Litle Milne et Lochmilne cum molendino et Faw Inch de Forfar ;—terris de Quilks in baronia forrestæ de Platan :—A. E. 50*s.* N. E. 10*l.*—terris de Kintyrie in baronia de Ethie-Beattoune et regalitate de Kirremure.— A. E. 40*s.* N. E. 8*l.*   xxviii. 35.

(417)   Jul. 11. 1665.
PATRICIUS ANDERSONE de Burnemouth, *hæres masculus* Joannis Andersone portionarii de Pettie, *avi,*—in quarta parte terrarum de Pettie cum quarta parte molendini earundem :—A. E. 25*s.* N. E. 5*l.*—terris de Hillend alias Templebank ;—acra terræ in terris de Haltoun et Newtyld ;—crofta cum horto in villa de Haltoune, in regalitate de Lindoris.—E. 44*s. feudifirmæ.* xxviii. 38.

(418)   Jul. 11. 1665.
JOANNES EISSIE filius Willielmi Eissie textoris burgensis de Aberbrothock, *hæres* Joannis Aikman burgensis de Aberbrothock, *proavi ex parte matris,*—in acra terræ in Dishland cum decimis garbalibus, infra dominium et regalitatem de Aberbrothock.—E. 1 *bolla hordei,* &c. *feudifirmæ.*   xxxv. 17.

(419)   Mar. 17. 1666.
ELIZABETHA alias BESSIE SCRYMSOUR, *hæres* Jacobi Scrymseur burgensis de Dundie, *patris,*—in occidentali dimidietate tenementi infra burgum de Dundie.—E. *servitium burgi.*   xxviii. 117.

(420)   Apr. 10. 1666.
PATRICIUS ANDERSONE de Burnmouth, *hæres masculus et lineæ* Patricii Andersone de Burnmouth, *patris,*—in quarta parte terrarum de Pettie et quarta parte molendini ejusdem :—A. E. 25*s.* N. E. 5*l.*—terris de Hillend alias the Templebank nuncupatis, et acra terræ in terris de Haltoun de Newtyld, et crofta cum horto in dicta villa de Haltoun, in regalitate de Lindoiris.—E. 44*s.* &c. *feudifirmæ.*   xxviii. 145.

(421)   Maii 22. 1666.
MAGISTER JACOBUS PEIRSONE, *hæres* Magistri Jacobi Peirsone clerici burgi de Aberbrothock, *patris,*—in tenemento cum 2 rudis in Eleemosinaria de Aberbrothock ;—7 acris terrarum de Keptie cum decimis, infra dominium et regalitatem de Aberbrothock.—E. 49*s.* &c. *feudifirmæ.*   xxviii. 182.

(422)   Maii 26. 1666.

PATRICIUS GRAY de Kinnell, *hæres* Patricii Gray de Kinnell, *patris*,—in terris et baronia de Kinnell comprehendente terras de Braikie ;—terras de Newbiging, Linmylne, et Boghall ;—terras de Haltoun de Kinnell cum molendino ;—terras nuncupatas Maynes de Maynesbank, et terras de Balnaves, omnes unitas in baroniam de Kinnell.—A. E. 20*l.* N. E. 30*l.*   xxviii. 159.

(423)   Jun. 6. 1666.

JACOBUS HALYBURTOUN, *hæres* Georgii Episcopi Dunkeldensis, *patris*,—in terris de Halkertoune in parochia de Forfar :—A. E. 13*s.* 4*d.* N. E. 53*s.* 4*d.*—solari dimidietate terrarum et villæ de Glenmarkie, in baronia de Glenyla.—E. 1*d. albæ firmæ.* —(Vide Perth, Kincardine.)   xxviii. 338.

(424)   Nov. 8. 1666.

GEORGIUS DOMINUS SPYNIE, *hæres masculus* Davidis Comitis de Crawfurde, *filii fratris avi*,—in tenandria et superioritate terrarum de Labothie et Muirhous cum molendino, in baronia de Innerraritie :—A. E. 3*l.* N. E. 12*l.*—tenandria et superioritate partium borealis moræ de Downie in baronia de Downie :—A. E. 40*d.* N. E. 13*s.* 4*d.*—omnibus unitis in dominium et baroniam de Phinheavin, cum terris in Perth.—(Vide Perth.)   xxviii. 319.

(425)   Apr. 16. 1667.

DAVID COMES DE NORTHESK, Dominus Rosehill et Eglishmaldie, *hæres masculus* Joannis Comitis de Northesk, Domini Rosehill et Egglishmadie, pro tempore designati Joannis Comitis de Ethie, Domini Lour, &c. *patris*,—in terris et baronia de Ethie, viz. terris dominicalibus de Ethie, Overgrein, Nethirgrein, cum molendino granario nuncupato Raismylne, Bruntoune de Ethie, Boighead cum prato, et acris vocatis Richardsones Aikers, Rankynno, et Smythsland, infra regalitatem de Aberbrothock, unitis in baroniam de Ethie :—E. 108*l.* 6*s.* 8*d.* &c. *feudifirmæ :*—villa piscaria lie Fishertoune de Auchmuthie cum brasina ;—terris nuncupatis Fisherlands cum portu in lie Heuchs et Standers, et pastura in mora de Auchmowthie, infra dominium de Aberbrothock :—E. 4*l. feudifirmæ :*—tertia parte terrarum de Kinaldie cum pastura in mora de Aberbrothock vulgo Firth et manerie, in baronia, regalitate, et dominio de Aberbrothock, cum decimis :—E. 7 *bollæ frumenti*, &c. *feudifirmæ :*—bina parte dictarum terrarum de Kinaldie, cum pastura in dicta mora, et decimis dictæ binæ partis : —E. 14 *bollæ frumenti*, &c. *feudifirmæ :*—parte moræ nuncupatæ Firth de Abirbrothock, in dominio de Aberbrothock :—E. 46*s.* 8*d. feudifirmæ :*—terris de Auchmuthie :—E. 42*l.* 13*s.* 4*d.* &c. *feudifirmæ :*—terris de Newtoun de Aberbrothock, cum decimis garbalibus :—E. 24 *bollæ frumenti*, &c. *feudifirmæ :*—dimidietate villæ et terrarum de Bruntoun cum decimis :—E. 13 *bollæ* 1 *firlota frumenti*, &c. *feudifirmæ :*—terris de Kirktoune de Innerkeillour cum decimis, infra dominium de Aberbrothock :—E. 50*s.* &c. *feudifirmæ :*—dimidietate terrarum de Lounan alias nuncupata Courthill-Dumbartnit, cum dimidietate molendini, &c. earundem ;—alia dimidietate terrarum et baroniæ de Lounan continente terras de Halkhill et Newtoune, sunny eist halfe terrarum de Dumbartnet, cum dimidio molendini de Lunan :—A. E. 10*l.* N. E. 40*l.*—villa et terris de Muirdrum in regalitate, dominio, et baronia de Aberbrothock :—E. 5*l.* 6*s.* 8*d. feudifirmæ :*—villa et terris dominicalibus de Northtarrie ;—terris de Ward et Warddykis, et terris de Geist meddow, cum manerie loco de Northtarrie, in dominio de Aberbrothock :—E. 6*l.* 13*s.* 4*d.* &c. *feudifirmæ :*—decimis terrarum et baroniæ de Ethie comprehendentium terras dominicales de Ethie, Ovirgreine, Nethirgreine, alias Overtoune et Nethirtoune de Ethie nuncupatas ;—decimis garbalibus dimidietatis terrarum et baroniæ de Lounan, comprehendentis terras de Courthill, Cothill, Falsecastle, Hillhead, dimidietatem terrarum de Dumbartnet et terrarum molendinariarum de Lounan, et terrarum de Kinblaithmont, Muirhouse, Burnesyde, et Rind :—A. E. 2*l.* N. E. 8*l.*—terris molendinariis molendini de Ethie, terris de Boigheid, Rankynno, Damesyde, Smythsland, et Ritchardsones aikers, in dominio de Aberbrothock :—A. E. .... N. E. ....—terris de Rind vocatis Brayingtoune-Rind, infra baroniam de Innerkeillour :—A. E. 10*s.* N. E. 40*s.*—terris de baronia de Dunlapies cum piscariis super aquis de Esk et Dey, et molendino, et advocatione earundem :— A. E. 13*l.* N. E. 52*l.*—dimidietate terrarum de Litle Perth :—E. 12*l. feudifirmæ :*—alia dimidietate dictarum terrarum de Litle Perth, infra dominium de Cowpar :—E. 11*l.* 6*s.* 8*d.* &c. *feudifirmæ :*—omnibus unitis in baroniam de Eglismaldie ;—villa et terris de Ardo infra dominium de Brechin ;—villa et terris de Muirtoune, infra baroniam de Keathick, parochiam de Strikathro et dominium de Brechin :—E. ...... *feudifirmæ :*—terris dominicalibus de Lour, cum pendiculis nuncupatis Segieden, Denheid, Greinorde, Greinemyre, tenendriis de Eister Methie et Wester Methie, infra parochiam de Methie :—A. E. 6*l.* 13*s.* 4*d.* N. E. 26*l.* 13*s.* 4*d.*—diversis terris, acris, et portionibus terrarum quæ sunt propriæ partes terrarum de Duddop et baroniæ de Dundie, in baronia de Dundie, viz.—1 acra nuncupata parva acra ;—altera acra cum gramine

cavernæ lie Den ;—acris arabilibus cum gramine, caverna lie Den et lapicidina lie Quarrell, cum privilegiis et asiamentis vulgo nuncupatis Foirbank, Middleshed, the Caldhame grein, and Tyries land ;—particata terræ lie Shed of land præfatarum terrarum de Duddope nuncupata Crawfurdsland, consistente in 10 acris terræ ;—portione terrarum de Duddope nuncupata Butcharts land et Hoigsfauld ;—tenandria seu superioritate cum feudifirmæ firmis croftæ nuncupatæ Mackiescroft, et lirarum 2 croftarum nuncupatarum Stevenson's croft et Donaldson's croft :—A. E. 53*s.* 4*d.* N. E. 10*l.* 13*s.* 4*d.*—decimis garbalibus dictarum terrarum et acrarum, &c.—A. E. 12*s.* N. E. 2*l.* 8*s.*—pecia moræ Kingsmure nuncupatæ : —A. E. 5*s.* N. E. 20*s.*—terris dominicalibus de Dun in baronia de Dun, cum molendino de Dun :—A. E. 4*l.* N. E. 16*l.*—diversis tenementis et acris terrarum, &c. infra burgum et territorium de Aberbrothock, viz.—tenemento seu granello vocato Sklaitgirnels ; —tenemento seu granello in via marina ;—acra terræ vocata Sandybutts ;—1½ acra in Warslop Shed ;—dimidia acra in Warslop Sheds ; —1 acra vocata Clay acre ;—aliis 2 acris cum gramine vocatis Loch ;—altera acra vocata Milngaitbank ;—frugis horreo cum horto a tergo apud aquam de Brothock :—A. E. 15*s.* N. E. 3*l.*—annuo redditu 852*l.* de terris et baronia de Phinheavin et Forrest de Platon, et præsertim de terris de Over et Nether Bous, Auchnaday, et Kingseat.—(Vide Perth, Kincardine.)   xxviii. 278.

(426)   Apr. 23. 1667.

JOANNES LYON de Cossins, *hæres masculus* Petri Lyon de Cossins, *patris*,—in terris de Mekle Cossins per annexationem infra baroniam de Baikie :—A. E. 40*s.* N. E. 8*l.*—terris de Litlemylne, Lochmylne, cum molendino et Fawinch de Forfar, et mansione :—A. E. 10*s.* N. E. 40*s.*—terris de Quilko infra baroniam Forrestæ de Plattoune.—A. E. 40*s.* N. E. 8*l.*   xxviii. 277.

(427)   Maii 14. 1667.

JACOBUS HALYBURTOUNE de Pitcur, *hæres masculus* Jacobi Halyburtoune de Pitcur, *patris*,—in terris et baronia de Gask et Pitcur, cum advocatione capellaniarum :—A. E. 5*l.* N. E. 20*l.*—terris de Balluny comprehendentibus terras de Neutoune de Balluny :—A. E. 5*l.* N. E. 20*l.*—tertiam partem villæ et terrarum de Auchtertyre et Balcraig, ac tertiam partem molendini de Auchtertyre nuncupati molendinum de Newtyld :—A. E. 6*l.* 13*s.* 8*d.* N. E. 25*l.* 6*s.* 8*d.*—unitis cum terris in Perth in baroniam de Pitcur ;—terris et baronia de Newtyld et Kilpurnie, cum maneriei loco et molendino de Newtyld ;—bina parte terrarum et baroniæ de Auchtertyre et Balcraig ;—decimis garbalibus prædictarum terrarum et baroniæ, et aliarum terrarum quarumcunque in parochia de Newtyld :—A. E. 12*l.* 13*s.* 4*d.* N. E. 50*l.* 13*s.* 4*d.*—terris ecclesiasticis de Newtyld cum decimis garbalibus, comprehendentibus villam et terras de Kirktoun de Newtyld et brasinam lie Brewlands, cum decimis garbalibus ;—terras appellatas terras ecclesiasticas de Newtyld cum decimis, vulgo Kirklands nuncupatas, in parochia de Newtyld :—A. E. 20*s.* N. E. 4*l.*—dimidietate dimidietatis villæ et terrarum de Balmaw, extendente ad quartam partem terrarum de Balmaw, aliquando in regalitate de Lindoirs, pro principali ;—et in warrantum dictæ quartæ partis, in aliis binis quartis partibus lie two quarters dictarum terrarum et villæ de Balmaw, infra parochiam prædictam :—E. 3*l.* 16*s. feudifirmæ :*—terris de Wester Keillor cum pendiculis nuncupatis Hill de Keillor et Densyde :—A. E. 5*l.* N. E. 20*l.*—dimidietate villæ et terrarum de Eister Keillor in baronia de Luntrathin :—A. E. 13*s.* 4*d.* N. E. 53*s.* 4*d.*—annuo redditu 40*s.* de altera dimidietate terrarum de Eister Keillor ;—annuo redditu 40*s.* de terris de Wester Keillor ;—terris et baronia de Keatnes et Pittdoune alias Baldunie nuncupatis, et terris vocatis Breadielands et Eister Keattunne, quæ sunt propriæ partes dictarum terrarum de Keatnes et Pittdoune, in baronia de Keatnes :— A. E. 5*l.* N. E. 20*l.*—terris de Baldourie in baronia de Airdlen :— A. E. 48*s.* N. E. 9*l.* 12*s.*—terris piscariis postea mentionatis, viz. terris de Henderstoune, Silleseat, tenandria et superioritate terrarum de Eddertie ;—terris et baronia de Newtibber comprehendentibus proprietatem, tenandriam, et superioritatem terrarum de Pitneapie, et tenandriam terrarum de Coustoune, Davidstoune, et molendini de Milneholl :—A. E. 5*l.* N. E. 20*l.*—terris dominicalibus de Duddop infra baroniam de Dundie, in warrantum terrarum de Pitneapie.—A. E. 7*s.* 6*d.* N. E. 30*s.*—(Vide Perth.)   xxviii. 352.

(428)   Maii 15. 1667.

JOANNES JUNKYNE de Balglessie, *hæres* Alexandri Junkyne de Balglessie, *patris*,—in terris de Balbenny et Balglessie cum molendino.—A. E. 6*l.* N. E. 24*l.*   xxviii. 276.

(429)   Maii 16. 1667.

JACOBUS CRICHTOUNE de Ruthvance, *hæres masculus* Jacobi Crichtoune de Ruthvance, *patris*,—in terris et baronia de Ruthvance, comprehendente villam et terras de Ruthvance-Davie alias Ruthvance nuncupatas, cum manerie de Ruthvance ;—terras de Balbirnie, unitas ad baroniam de Ruthvance ;—villam et terras vocatas Cottoune de Ruthvance, Hoill, Barbarnswell ;—terras, mo-

G

lendina, silvas seu liberam forrestam et piscarias &c. dictarum terrarum et baroniæ de Ruthvance, cum custumis et thelonio nundinarum Sancti Mundi, in baronia de Earlisruthvance, cum advocatione ecclesiarum de Essie et Nevay, unita ad dictas terras de Ruthvance :—A. E. 6l. N. E. 24l.—terras de Brigtoune de Ruthvance ;—villam et terras de Milntoune de Ruthvance alias nuncupatas Milnetoune de Earlesruthvance, quæ sunt partes baroniæ de Ruthvance :—A. E. 20s. N. E. 6l.—terris et baronia de Craigs comprehendentibus terras de Killerie, Eister Dery, Eister Craig, et Over Craig :—A. E. 10l. N. E. 40l.—decimis garbalibus terrarum de Litle et Meikle Killerie, Meikle et Litle Dery, Eister Craig ac tertiæ partis terrarum de Auchrany, in parochia de Glenyla, unitis in baroniam de Craigs :—A. E. 20s. N. E. 4l.—dimidietate terrarum de Formall (Fernall ?) et Fornochtie :—A. E. 50s. N. E. 10l.—tertia parte terrarum de Auchrany, infra baroniam de Craigs :—A. E. 13s. 4d. N. E. 53s. 4d.—terris baroniis (brueriis ?) vulgo Brewlands de Haltoune de Essie, cum pastura et privilegio brasiandi, in parochia de Essie.—A. E. 3s. 4d. N. E. 13s. 4d.   xxviii. 348.

(430)   Maii 16. 1667.
JACOBUS CRICHTOUNE de Ruthvance, *hæres* Joannis Crichtoune de Ruthvance, *abavi*,—in terris templariis in villa et territorio de Balbirnie, in baronia de Ruthvance :—E. 24d. *feudifirmæ:* —terris templariis apud Milnetoun de Ruthvance, infra prædictam baroniam de Ruthvance.—E. 30d. *feudifirmæ.*   xxviii. 351.

(431)   Jul. 4. 1667.
ALEXANDER RAMSAY de Balnabreich, *hæres* Margaretæ Crawmond de Westir Balnabreich, *aviæ*,—in occidentali dimidietate terrarum et villæ de Balnabreich infra dominium de Brechin, cum integro molendino, et piscariis salmonum in aqua de Sowthesk.—E. 14m. *feudifirmæ.*   xxviii. 321.

(432)   Jul. 4. 1667.
ALEXANDER RAMSAY de Balnabreich, *hæres* Joannis Ramsay de Balnabreich, *patris*,—in terris et villa de Eister Balnabreich tam bina quam tertia parte earundem, in dominio de Brechin.—E. 14m. *feudifirmæ.*   xxviii. 322.

(433)   Nov. 13. 1667.
DAVID PEIRSONE in Loighlands, *hæres* Magistri Davidis Peirsone de Loighlands, *patris*,—in terris de Loichlands cum decimis, infra baroniam, regalitatem, et dominium de Aberbrothock :—E. 9l. 18s. &c. *feudifirmæ:*—terris de Barngrein cum decimis :—E. 7s. et 4d. in augmentationem, *feudifirmæ:*—terris et villa de Peibles cum decimis, jacentibus ut supra :—E. 10 *bollæ hordei*, &c. *feudifirmæ:*—feudifirmæ firmis 12 bollarum hordei, 29 bollarum farinæ avenaticæ, et 5s. &c. de terris et villa de Peibles.—E. 20l. *albæ firmæ.*   xxviii. 373.

(434)   Sep. 8. 1668.
JACOBUS MARCHIO DE DOWGLAS, Comes Angusiæ, Dominus Abernethie, Ettrick, et Jedburgh Forrest, *hæres masculus* Archibaldi Comitis Angusiæ, Domini Dowglas et Abernethie, *patris*,—in comitatu Angusiæ, comprehendente terras, dominia, baronias, regalitates, aliaque subtus specificata, viz. in terris, dominio, baronia, et regalitate de Kirriemure :—A. E. 40l. N. E. 200l.—burgis baroniarum de Kirremure, Abernethie, Kirktoun de Dowglas, Crawfurde-Dowglas, Prestoun, Bothwell, Selkirk, et Drumlethie, cum foris et liberis nundinis :—et in omnibus locis, honoribus, immunitatibus et dignitatibus, per dictum quondam Archibaldum Comitem Angusiæ, vel quoscunque ejus prædecessores Comites de Angus perprius possessis et gavisis, et præsertim in primo loco sedendi et suffragium ferendi in omnibus Parliamentis, conventionibus et conciliis, et in primo loco ducendi primam aciem in omnibus bellis S. D. N. Regis, et gerendi coronam Regis in omnibus suis Parliamentis omni tempore affuturo, omnibus cum terris in Perth, Roxburgh, Berwick, Lanark, Haddington, et Selkirk, unitis et erectis in comitatum Angusiæ.—(Vide Perth, Roxburgh, Berwick, Lanark, Haddington, Selkirk.)   xxix. 73.

(435)   Oct. 7. 1668.
DAVID VICECOMES DE STORMONTH, Dominus de Balvaird, Cockpoole, et Lochmaben, *hæres masculus* Davidis Vicecomitis de Stormonth, Domini de Balvaird, Cockpoole, et Lochmaben, *patris*,—in decimis garbalibus aliisque decimis ecclesiæ et parochiæ de Dun, cum aliis terris, &c. in Fife et Perth :—E. 20l.—terris, dominio, et baronia de Scone, viz. principali mansione et maneriei loco abbaciæ et monasterii de Scone, cum domibus, &c. intra muros et præcincta dicti monasterii, mansionis et abbaciæ ;—terris dominicalibus vocatis Maynes alias Hauchhead de Scone ;—villa, terris et acris de Scone, cum villa de Scone, et salmonum piscariis ad eandem pertinentibus, et aliis piscariis super illam partem aquæ de Tay vocatam Heads de Scone, et Broomparks de Scone ;—moris de Scone et moris de Blair in Gowrie, et aliis moris, lie Sheip-

steids, pasturis et privilegiis pasturarum olim ad abbates de Scone pertinentibus ;—terris ab antiquo baronia de Gowrie, nunc baronia de Scone, vulgariter nuncupatis About (Above) the water of Yla, Under the water of Yula, and Under the brae in Angus, viz. terris de Over Cloquhat, Midle Cloquhat, et Nethir Cloquhat ;—terris dominicalibus vocatis Maynes de Crequhy ;—terris de Waltoune de Cruquhy, et Haltoun de Creuchy ;—terris dominicalibus vocatis Maynes de Mawes ;—terris de Muirtoun de Cruquhy ;—terris de Meikle Blair ;—villa de Blair et Brewlands de Blair cum molendino ;—Newtoun de Blair et Brewlands ejusdem ;—terris de Parkheid et Waltouns-Blair, Litle-Blair et terris de Lochend, cum lacu de Blair, et piscariis ejusdem ;—terris de Wester Banchrie, Morganstoune, Bochelzie, et terris de Solenzie in Stratharrell, cum salmonum piscariis de Keith et Woodlands, omnibus jacentibus supra dictam aquam de Yla ;—terris de Fotheranes cum molendino fullonis ;—terris de Kynnochtrie cum molendino ;—terris de Traismakkleir cum Roothill ;—terris de Byres ;—terris de Pitlochie, Cambusmichaele et molendino granorum, cum hujusmodi multuris et silva de Cambusmichaele, solo et loco ejusdem ;—salmonum piscariis de Cambusmichaell et Pitlochrie ;—terris de Aikenhead ;—Over Cullen, Nether Cullen cum salmonum piscariis ;—terris de Innerbuse cum molendinis granorum et fullonum ;—terris de Lethindie, Ardgilzunis, Freirtoune, Barclayhills, Newtoune vel Newmaynes alias Vosine, Gairdrum, Shiretoun, cum salmonum piscariis ;—terris de Lochtoun ;—terris de Buchard, Boghall, et Balgarvie ;—terris de Poikmilne et Kinnarroquhie, cum molendinis granorum et fullonum, croftis et 4 acris ejusdem ;—terris de Balquharno, Almerland, Chapelhill, Chapleyeard, Crofta apud Cherrietoune, Sconhauch, Auchnapopill, Bracco, Werkland et Hoill, Sandiehoill, Bernard, Scons croft, acris de Scone, acris de Balbuchtie nuncupatis Pryors croft, Dowcats croft, Goosecroft, James Henrysones croft ;—domo conventuum in villa de Scone cum hortis, St. James croft, the crofts of Mr. Andrew Strang, the croft of William Monnypenny, the croft of Andrew Marshele, the croft of John Carver, the Kings Orchyeard, Braidcroft, Shawscroft, Waterlane ;—terris de Sheipsteids de Balbuchtie, Lympotts, Spowtwales, Over Pitlowie, Nethir Pitlowie, Paumishill, cum suis pertinentiis et mansione vocatis Lympotts, jacentibus subtus aqua de Yula ;—terris de Craigtoun cum molendino granario et piscaria ;—terris templariis de Kinfaunes, secundis decimis de Kinfaunes, Segyden, et Kirkstile ;—terris de Inschyrae ;—terris vocatis Maynes de Cleine ;—acris de Cleine, cum ruinosa mansione et manerici loco de Cleine ;—terris hortulariis lie Gairdne de Cleine, cum terris de Hoill de Cleine, et molendino granorum villæ de Cleine ;—11 acris terrarum ad dictum molendinum pertinentibus ;—privilegio Brewerii in dicta villa de Cleine ;—terris de Arnebathie et Fingask-Over ;—terris ecclesiasticis de Rait ;—riga terræ ex australi parte dictarum ecclesiasticarum terrarum de Rait, cum pastura 12 ovium et 1 vaccæ in dicta pastura ;—pecia terræ ex orientali parte cemeterii de Rait ;—secundis terris de Rait, Kemquhyt de Glendook ;—Kemquhyt de Inchmartin ;—terris de Nethirdurdie, Over Durdie, et molendino de Dunduffe, jacentibus sub ripa villæ et terrarum de Kirktoun de Leff, cum Brewlands et Brighous et molendino granorum ;—terris de Nethir Liff, Easter Liff, Wester Gowrie, Midle Gowrie, Easter Gowrie, Pitelpie, Dryburgh, Blacknes, Balgray, Balgairtney, Logie, Eister Inner Gowrie, Wester Innergowrie, cum molendinis granorum et fullonum, Denmilne, Smiddiecrofts, et Darges, in parte dictæ villæ et baroniæ vocata Angus ;—3 acris terræ terrarum de Kintillok, cum pasturagiis et terris de Drumhors et Sanct Michaelcroft apud burgum de Perth ;—tenementis ædificiis et terris in Perth, Scone, Clackmannane, Dundie, Edinburgh, Stirling, Inverkeithing, Sanct Andrews, et Aberdein, ad dictam abbaciam pertinentibus et annuis redditibus de eisdem ;—annuo redditu 3l. 3s. 4d. de terris de Craigie ;—annuo redditu 9l. 15s. 8d. de terris de Balnagagills ;—annuo redditu 13s. 4d. de terris de Cockilmoore ;—tenementis et annuis redditibus infra aliquam partem regni Scotiæ ad dictam abbaciam pertinentibus, cum decimis garbalibus aliisque decimis totarum terrarum aliarumque antedictarum, eschaetis et casualitatibus dictæ abbaciæ ;—abbacia et monasterio de Scone et loco ejusdem, cum domibus tam intra mænia quam eisdem adjacentibus ;—terris, baroniis, decimis dictæ abbaciæ, dominii et baroniæ de Scone, quæ olim ad abbates ejusdem pertinebant, viz. terris et baronia de Gowrie nunc baronia de Scone, nuncupatis Above the water of Ila, and Under the brae of Angus, comprehendente terras prædictas ;—decimis ecclesiarum parochialium de Scone, Blair in Gowrie, Rodgertoun, Logie-Rait, Kilspindie, Logie, Liff, Innergowrie, Cambusmichaell, Kinfaunes, et Eight, cum advocationibus prædictarum ecclesiarum parochialium quæ ad dictam abbaciam de Scone pertinuerunt, infra vicecomitatus de Perth et Forfar respective, unitis in dominium et baroniam de Scone :—E. 1000l.—omnibus prædictis terris cum aliis in Perth, Dumfries, Fife, et Kirkcudbright, erectis in vicecomitatum de Stormonth, dominium de Balvaird, Cockpoole, et Lochmaben.—(Vide Fife, Perth, Dumfries, Kirkcudbright.)   xxix. 108.

(436)   Jan. 14. 1669.
JACOBUS CLAYHILLS de Nethirliff, *hæres masculus* Davidis Clayhills de Innergowrie, *filii fratris*,—in terris de Easter Innergowrie alias Newbiging nuncupatis :—E. 11*l.* 12*s.* &c. *feudifirmæ* :—terris dè Wester Innergowrie :—E. 11*l.* 12*s.* &c. *feudifirmæ* :—molendino fullonum de Westir et Easter Innergowrie translato in molendinum granorum, cum aquæductu ;—3 acris terrarum arabilium cum pastura 2 vaccarum :—E. 4*l. feudifirmæ* :—terris de Balgairtny :—E. 50*s.* &c. *feudifirmæ* :—fabrica et crofta fabricæ terræ vulgariter the Smidy et Smidy-croftland of Denmiln, cum astrictione fabricandi ferrum, infra terras dominii de Scona in Angus, vulgariter with the thirle of the haill ironwork of the saids lands of the lordship of Scone used and wont :—E. 17*s.* 6*d. feudifirmæ* :—decimis garbalibus dictarum villarum et terrarum de Easter Innergowrie alias Newbigging, Wester Innergowrie cum molendino granario, et terrarum de Easter Liff, Balgairtny, et Smidycroft de Denmiln, in unitis parochiis de Loggie, Liff, et Innergowrie, infra dominium de Scona :—A. E. 6*s.* N. E. 24*s.*—unitis in baroniam de Innergowrie ;—terris de Easter Liff, cum Backseattis ejusdem in regalitate de Scona et parochia de Liff :—E. 10*l.* 13*s. feudifirmæ* : —villa et terris de Drumgight infra parochiam de Baikie per annexationem :—A. E. 20*s.* N. E. 4*l.*—terris de Baldovie cum molendino, in baronia de Dundie :—E. 4*l. feudifirmæ* :—decimis garbalibus prædictarum terrarum de Drumgight et Baldovie.—A. E. 3*s.* N. E. 12*s.*   xxix. 191.

(437)   Feb. 23. 1669.
JACOBUS OGILVIE de Fornochtie, *hæres* Georgii Ogilvy de Friock filii Jacobi Domini Ogilvie de Airlie, *patris*,—in terris et villa de Friock cum molendino, in baronia de Gairdin, cum communitate et communi pastura in mora de Montreumonth.—A. E. 20*s.* N. E. 4*l.*   xxix. 269.

(438)   Mar. 24. 1669.
ROBERTUS GRAHAME de Morphie, *hæres* Domini Roberti Grahame de Morphie militis, *patris*,—in terris aliisque baroniæ de Dun subscriptis, viz. terris dominicalibus de Dune :—A. E. 4*l.* 11*s.* 8*d.* N. E. 18*l.* 6*s.* 8*d.*—terris de Balwyloch, Cottrow, Somishill, Fordes, et terris de Glesker vocatis Gleskernoch, cum molendino ejusdem, piscatione salmonum in aqua de Southesk, et terris de Sandis ex boreali parte aquæ de Southesk ;—terris de Balmelie et terris de Whytefeild, cum communia in monte de Monrewmonth, infra baroniam de Dun.—A. E. 12*l.* 13*s.* 4*d.* N. E. 50*l.* 13*s.* 4*d.*—(Vide Aberdeen.)   xxix. 188.

(439)   Apr. 22. 1669.
CAROLUS HAMILTOUN, *hæres* Hugonis Hamiltoun mercatoris burgensis de Edinburgh et unius ballivorum ejusdem, *patris*,—in annuo redditu 123*m.* de terris, baronia et dominio de Auchterhous.—(Vide Fife, Stirling, Edinburgh.)   xxix. 296.

(440)   Jun. 24. 1669.
JACOBUS MARCHIO MONTISROSARUM, Comes de Kincardine, Dominus Grahame et Mugdock, &c. *hæres masculus* Jacobi Marchionis Montisrosarum, *patris*,—in terris, baronia et comitatu de Montrois, cum advocatione ecclesiarum et capellaniarum earundem, per annexationem infra vicecomitatum de Forfar, unitis cum aliis terris in Stirling, Perth, et Linlithgow in baroniam de Auld Montrois :—E. ....—terris de Fullartoune :—A. E. 3*l.* N. E. 12*l.*—tertia parte terrarum de Annanie (vel Anname).—A. E. 10*s.* N. E. 40*s.*—(Vide Stirling, Perth, Linlithgow, Dunbarton.)   xxix. 220.

(441)   Jun. 25. 1669.
JONETA REID, *hæres* Alexandri Reid textoris de Forfar, *patris*,—in riga terræ in orientali lie Tailles ;—crofta terræ ex occidentali Tailles ;—crofta arabili in territorio dicti burgi de Forfar.—E. 3*s.* 4*d.*   xxix. 213.

(442)   Mar. 8. 1670.
MAGISTER ANDREAS REID de Knap, *hæres conquestus* Gilberti Reid, *fratris immediate junioris*,—in maneriei loco de Brughtie, cum piscationibus salmonum in aqua de Tay et Water mouth ejusdem ;—tertia parte terrarum ecclesiasticarum de Lundie, cum aliis terris in Perth :—A. E. 5*l.* 13*s.* 8*d.* N. E. 22*l.* 13*s.* 8*d.*—tertia parte villæ et terrarum de Balgillo ;—terrarum de Ley de Balgillo ;—villæ et terrarum de Dowratoune.—A. E. 33*s.* 4*d.* N. E. 6*l.* 13*s.* 4*d.*—(Vide Perth.)   xxx. 38.

(443)   Mar. 8. 1670.
PATRICIUS REID filius Joannis Reid de Knap, *hæres conquestus* Joannis Reid, *fratris immediate junioris*,—in sexta parte castri de Brughtie, cum piscationibus salmonum in aqua de Tay et Water mouthe ejusdem, et terrarum ecclesiasticarum de Lundie, cum aliis terris in Perth :—A. E. 56*s.* 8*d.* N. E. 11*l.* 6*s.* 8*d.*—sexta parte villæ et terrarum de Balgillo, terrarum de Ley de Balgillo, et

villæ et terrarum de Dowratoune (vel Dowcatoune).—A. E. 16*s.* 8*d.* N. E. 3*l.* 6*s.* 8*d.*—(Vide Perth.)   xxx. 40.

(444)   Oct. 18. 1670.
DAVID GUTHRIE de Carsbank, *hæres* Alexandri Guthrie de Carsbank, *patris*,—in terris de Craigheid vulgo vocatis Eister et Wester Craigheidis in baronia de Phinheavin ;—tenandria et superioritate villæ et terrarum de Carsgounie quæ sunt dimidietas ejusdem, et terrarum de Eistir Mairstoune, in baronia de Phinheavin.—A. E. 40*s.* N. E. 8*l.*   xxx. 111.

(445)   Dec. 18. 1670.
DAVID GUTHRIE filius Joannis Guthrie portionarii de Milntoune de Connon inter eum et .... Philp procreatus, *hæres masculus* Henrici Guthrie feoditarii de Halkertoune filii dicti Joannis Guthrie, inter illum et Elizabetham Lindsay ejus primam sponsam procreati, *fratris*,—in terris de Halkertoun cum molendino, in baronia de Essie.—A. E. 13*s.* 4*d.* N. E. 53*s.* 4*d.* xxx. 123.

(446)   Jan. 5. 1671.
GULIELMUS GRAY, *hæres* Joannis Gray scribæ in Forfar, *patris*,—in bina parte quartæ partis villæ et terrarum de Balmaw, in dominio et regalitate de Lindoires.—E. 50*s.* 8*d.* &c. *feudifirmæ.*   xxx. 145.

(447)   Jan. 5. 1671.
GULIELMUS LUKE scriba in Forfar, *hæres provisionis* Annæ Gray, *matris*,—in tertia parte quartæ partis villæ et terrarum de Balmaw, in dominio et regalitate de Lindoires.—E. 25*s.* 4*d. feudifirmæ.*   xxx. 160.

(448)   Mar. 15. 1671.
PATRICIUS OGILVIE de Murie, *hæres* Willielmi Ogilvie de Murie, *patris*,—in terris de Dronlawes, quæ terræ cum aliis in Fife et Perth fuerunt propriæ partes dominii et baroniæ de Errol. —E. 40*l. taxatæ wardæ.*—(Vide Fife, Perth.)   xxxi. 1.

(449)   Maii 16. 1671.
GEORGIUS COMES DE PANMURE, Dominus Maule, Breichin, et Navar, &c. *hæres masculus et lineæ* Georgii Comitis de Panmure, Domini Maule, Breichin, et Navar, &c. *patris*,—in terris et baronia de Panmure comprehendente terras et terras dominicales de Panmure lie Be Eist and West the Burne thereof ;—terras nuncupatas Firthe de Panmure, ac moram nuncupatam Frithlandis, Haylandis, et Greinruffes ;—molendinum de Panmure ;—terras de Muirdrum, et Ailhous de Pitlevie nuncupatam Brewtack ;—terras de Heugh-heid, Braikis, West-bernis, et Bakhill alias Barnehill ;—terras de Newtoun de Panmure, Blacklawes, Toftis, et Blackcatt ;—molendinum de Crombie ;—terras de Myresyid ;—terras de Pitlevie orientale et occidentale latus earundem ; —terras de Auchrynie ;—terras de Scryne et Eistholme de Scryne, molendinum de Scryne nuncupatum Craigmilne ;—villam et terras nuncupatas Eistertoune de Panmure, cum navium statione de Panmure, libero portu, et libertate liberi burgi baroniæ in Eistertoune de Panmure, cum foris et nundinis et alga maris ;—terras de Balhousie, Mosfauld, Brumhilles Eister et Westir ;—terras de Bolishan cum molendino ;—naresiam nuncupatam Diltomos, cum mora nuncupata Burghstainemuir, Gallasydmure, et Reidirmure ;—terras et terras dominicales de Carmyllie cum molendino, et advocatione capellaniæ de Carmyllie nuncupatæ Our Ladyes-chappell ;—terras ecclesiasticas ad dictam capellam pertinentes ;—Newtoun de Carmyllie et Mylntoun de Carmyllie ;—terras de Milngott ;—terras de Croceden, Duskie, Drum, Whythill, Park, Monquhir, Muirheid, Newbigginges, Newlands, Newfaulds, Graystanes, Eisthills, Midhilles, Westhilles, Blackhills, Auchlair, Cockehill, et Brewlands cum molendino, &c. Blackmure, Pyetstead, et Drumagar ;—terras de Skychin cum molendino ;—terras de Glaister et Carnegie ;—terras de Benvie cum molendino ;—terras de Balrudrie :—A. E. 40*l.* N. E. 168*l.*—terras et baroniam de Downie comprehendentem terras dominicales de Downie et pendicula nuncupata Gairdnerisland, Craigtoun-waird, et Lussetmuire, cum pecia terræ nuncupata Hyndfauldes, moris et terris jacentibus a boreali latere terrarum dominicalium de Downie ;—peciam terræ nuncupatam Hyndcastell ;—terras de Dunfynd cum molendino de Dunfynd ;—terras de Balhungie ;—terras de Cambestaine (vel Cambestoune) cum molendino ;—terras de Carlungie ;—terras de Moniekies Eister et Wester, cum boreali mora et pertinentiis nuncupatis Whitelunis, Camp, Kirkhill, Kirktoune, et Leadsyde, cum pastura, feuel, fail, et devot in moris baroniæ de Downie ;—terras de Kirkhill, Brewhouse, et Brewlandes de Monickie, omnes perprius unitas in baroniam de Downie ;—villa et terris de Ardeastie ;—terris de Muiredrum ;—terris de Donykean cum Smiddielandis, Knightshill, terris officiariis et acris earundem terrarum de Donnyken ;—terris de Oxingang de Donnykean ;—molendino granorum de Downie cum astrictis et liberis multuris baroniæ de Downie ;—2 perticatis terræ vulgo Dailles infra terras molendinarias, cum pastura super partem collis nuncupati Milncraige, et privilegio communiæ in moris de

Downie, infra baroniam de Downie :—A. E. 43*l*. 8*d*. N. E. 172*l*. 2*s*. 8*d*.—terris de Eister Innerpeffer cum piscaria salmonum :— A. E. 20*s*. N. E. 4*l*.—terris ecclesiasticis de Panbryde, cum advocatione et jure patronatus ecclesiæ de Panbryde et cappellaniæ de Both, cum terris de Both et Cairnecorthie, et molendino ad dictam capellam pertinentibus, omnibus infra baroniam de Panmure :—E. 4*s*.—decimis garbalibus terrarum et baroniæ de Panmure, terrarum et baroniæ de Downie, terrarum de Eister Innerpeffer, terrarum ecclesiasticarum de Carmyllie, ac terrarum de Both et Carncorthie, cum molendino ad dictam capellaniam de Both pertinentium, infra parochias de Panbryde, Carmyllie, Monickie, et St. Vigeance respective, quæ decimæ perprius ad dominium de Aberbrothick pertinuerunt :—E. 6*l*. 13*s*. 5*d*.—omnibus in baroniam de Panmure unitis ;—terris, dominio et baronia de Brechin et Navarr, comprehendentibus locum et castrum de Brechin, cum piscatione super aquam de Southesk, advocatione ecclesiarum, stellariorum, et locorum earundem, cum preceptoria vocata Massondew, et feudifirma 18*l*. 13*s*. 4*d*. de terris de Balnabreiche infra prædictas terras de Brechin ;—annuum redditum 5*l*. de terris de Nather Carraldstoune, cum 9*l*. firmarum burgalium burgi de Brechin ;—officia balliatus et camerariatus prædictarum terrarum et baroniæ de Breichin et Navar ;—villam et terras de Dubtoun cum pendiculis vocatis Clayfaulds et Gallohills ;—villam et terras de Pitpollax ;—villam et terras nuncupatas the Haugh cum Haughmilne ;—villam et terras de Burghill ;—villam et terras de Kincraigis Ovir et Nethir, cum molendino nuncupato Balbirny-milne, et pendiculis de Kincraigs nuncupatis Gaitsyid et Windieage ;—terras de Raw de Leuchland cum bruerio earundem, Caldcoitts et Lichtoun-hill ;—terras de Culterface, Lonsheid, et terras nuncupatas The Hayning ;—villam et terras de Lichline (vel Lichtine) ;—villam et terras de Blairno ; —villam et terras de Bogyschello ;—terras de Craigindowy, cum molendino et pendiculis nuncupatis Braco et Flawboittis ;—terras de Blairdarg, Blackbaughe, et Reidscheill ;—villam et terras de Pintoscall ;—terras de Pendreiche ;—villam et terras de Kindrochat ;—molendinum nuncupatum Holmilne ;—dimidietatem terrarum de Arrot ;—terras de St. Michaelhill et Dirorig ;—acras terrarum apud occidentalem portum de Breichin ;—villam et terras de Tilliebirnie ;—villam et terras de Tilliearblit ;—villam et terras Nathro :—E. 333*l*. 6*s*. 8*d*. *feudifirmæ* :—officio constabulariæ et Justiciariæ infra civitatem et burgum de Brechin, cum potestate nominandi ballivum dicti burgi :—E. 1*d*.—omnibus unitis in dominium et baroniam de Brechin et Navarr ;—in terris et baronia de Innerpeffer comprehendente terras de Panlethie et Balbanie cum molendino de Panlethie ;—terras de Pitcoura cum privilegio liberæ capellæ, regalitatis et cancellariæ infra bondas prædictarum terrarum, infra regalitatem de Kirriemuir :—A. E. 4*l*. N. E. 16*l*.— terris de Haltoun de Innerpeffer erectis in baroniam de Innerpeffer :—A. E. 3*l*. N. E. 12*l*.—terris de Stotfaulds et Fallais, cum privilegio pascendi animalia super prædictis terris, et effodiendi focalia in moris de Downie, in mora de Monickie nuncupata Northmure, infra parochiam de Monickie :—A. E. 13*s*. 4*d*. N. E. 4*m*.— terris de Croftis cum decimis garbalibus :—E. 80 *bollæ avenarum, feudifirmæ* :—dimidietate terrarum de Milnetoune de Conon cum decimis garbalibus :—E. 27 *bollæ farinæ avenaticæ*, &c. *feudifirmæ* : terris de Both cum decimis garbalibus :—E. 44 *bollæ farinæ avenaticæ*, &c. *feudifirmæ* :—omnibus infra dominium et regalitatem de Aberbrothock ;—dimidietate terrarum de Links de Barrie, viz. dimidietate terrarum vocatarum the Saltgras alias Schippherdsland ;—dimidietate 4 acrarum terrarum de Bowmans-land ;—dimidietate de Crocefaulds ;—dimidietate de Ryefaulds, cum prato nuncupato the New-Meidow, et dimidietate decimarum prædictarum terrarum, cum decimis lanæ, lini, cannabis, agnorum, vitulorum pullorum equinorum, butiri, casei, &c. in baronia de Barrie : —E. 21*l*. *feudifirmæ* :—terris de Buddon cum Lynkes et decimis garbalibus ;—ædificiis de Dyhous cum warda australi vocata Abbottishorsewaird, infra baroniam de Barrie.—E. 6*l*. et 13*s*. 4*d*. in a igmentationem, *feudifirmæ*.—(Vide Aberdeen.) xxx. 186.

(450) Maii 16. 1671.

GEORGIUS COMES DE PANMURE, Dominus Maule, Breichin et Navarr, &c. *hæres masculus* Georgii Comitis de Panmure, Domini Maule de Breichin et Navar, &c. *patris*,—in terris, &c. erecti dominii de Aberbrothock, et olim abbaciæ ejusdem, viz. terris et baronia de Aberbrothock, comprehendente burgum baroniæ et regalitatem de Aberbrothock, cum redditibus, &c. et privilegio eligendi ballivos dicti burgi ;—locum, sedem, scamnum lie Dask, et solium, in ecclesia de Aberbrothock, cum Waird, Haymeadows, Comowne-firth et mora de Aberbrothock ;—terras de Guynd, Bax, Grainge de Comoun, Kirktoun de Aberbrothock ;— maneriei locum et præcinctum dicti dominii et abbaciæ de Aberbrothock ;—terras de Seatoun, Mylnetoune de Conon, Wardyck, Pondlawfeild, Disland, Lamblaw, Newtoun, Kinnaldie, Bruntoune, Cairnetoun, Muirhous, Newbiggins, Peibles, Geistmeidow, cum decimis ;—terras de Dickmontlaw, Northtarrie, Southtarrie, Salircroft, Smithcroft, croftis de Wardmylne, Damisdailles, Collistoun, Ruiffes, Guthrieshill, Wardykes, Grinterscroft, Cuningair, Cairnie,

Leithelme, Auchmoutie cum Fischertoune et Ailhous ejusdem Newgraynge, Muirdrum, Keptie, Almaiscroft, Hospitalfeild, Northferrie, cum piscationibus salmonum et alborum piscium, Barberscroft, Sklaitersbank, Auchdenzett alias Countland, St. Ninianscroft, terras de Crofts, terras de Meadow-aiker, Ward-aiker, Almshous-lands ;—lacus de Keptie et Cairne, molendinum de Kirktoun et Wardmylne, infra parochiam et regalitatem de Aberbrothock ;—Mayner, Ethie, Raesmilne, Bogieheid, Smythland, Bruntoune, Ovir Grainge, Neathir Graynge, Meadowland, particle de Eistir Greininge, et duabus acris terræ arabilis, Rankynnow et portu, Necurburne et piscatione ejusdem, infra parochiam de Aithie et regalitatem ante dictam ;—terras de Auchterlonie, Dunichten, Lethelme, Costoune, Dumbarrow, Wyndieage, Cranquehie, Corstoun cum decimis, infra parochiam de Dunnichten ;—terras de Both et Kirktoun de Innerkeillour, cum decimis, infra parochiam de Innerkeillour ;—villam et terras de Eister Lounan cum decimis, infra parochiam de Lounan ;—Kirktoune de Kingoldrum, Eistir, Wester, et Midle Persies, Aucharoch, Kinclune, Baldovie, Litle Kennie, Meikle Kennie, Estreavie, Over Estreavie, molendinum de Kingoldrum, Kinneiles cum decimis, infra baroniam de Kingoldrum ;—piscationem de Monyfeithe in Angous, cum piscatione de Montrose et cymba portatoria de Montrose ;—annuos redditus ad dictam abbaciam pertinentes, viz. de Meikcairny (Mekill Cairny) 2*s*.—de Kinnaldie, 5*l*.—de Scottistoune et Powburne (vel Penburn), 5*l*. 6*s*. 8*d*.—de Kineffe, 16*s*.—de Benholme, 16*s*.—de Kinheld, 13*s*. 4*d*.—de Ardoch, 13*s*. 4*d*.—de Over Ailhouse de Torre, 29*s*.—de Forglen, 40*s*.—de Monefeith, 6*l*. 13*s*. 4*d*.—de Glamis, 40*s*.—de tenemento in Pearth, 42*s*. 6*d*.—de tenemento in Dundie, 6*s*. 8*d*.—de tenemento in Aberdin, 40*s*.—de Baldourie, 29*s*. 10*d*. —de Balumbie, 13*s*. 8*d*.—de Dun, 2*s*.—de Bracco, 5*l*. 6*s*. 8*d*.—de terris de Forfar, 40*s*. 8*d*.—de Cowie, 4*s*.—de molendino de Torre, 2*s*.—de terris de Torre, 2*s*. 4*d*.—de Knockenbenholm, 13*s*. 4*d*.— de Kinros, 2*s*. 8*d*.—de burgo de Edinburgh, 2*s*.—de Linlithgow, 2*s*.—de terris in burgo de Stirling, 4*s*. 6*d*.—de Innerkeithnie, 2*s*. —de terris in Carrill (Crail ?) 3*s*.—de Kinghorn, 18*d*.—de terris apud pontem de Aberdein, 7*s*.—de terris de Futtie, 10*d*.—de Auchmuthie, 6*s*. 8*d*.—de Templehous, 6*s*. 8*d*.—de Auchortie, 3*s*. 4*d*.—de Riggall in Boyne, 3*s*. 4*d*.—de Ruglan, 40*s*.—ecclesiis parochialibus subscriptis, cum decimis rectoriis et vicariis earundem, viz. ecclesiarum de Aberbrothock nuncupatarum St. Vigeance, Panbryde, Abirlott, Monickie, Muirhous, Dunichtin, Maynes, Lounan, Innerkeillor, Ethie, Monyfieth, Clovay, Ruthven, Glames, Keremure, Kingoldrum, Newtyld, Gavel in Kincardine, Dunbug, et Abernethie in Fife, Innernes, Abirkedour, Bamff, Gemrie, Langley, Guild, Kinnernie, Banquhorie-trinity, Bothlowie, Forgie, Fyvie, Tarves, Nig, Fetterangous, cum advocatione et jure patronatus prædictarum ecclesiarum ;—privilegio liberæ regalitatis, et liberæ capellæ et cancellariæ, cum quibusdam aliis terris in Kincardine, Edinburgh, Aberdeen, Banf, Nairn, Perth, et Lanark, erectis in dominium et baroniam de Aberbrothock.—E. 200*l*. *feudifirmæ*. (Vide Kincardine, Edinburgh, Aberdeen, Banf, Lanark, Perth, Nairn.) xxx. 197.

(451) Nov. 14. 1671.

JOANNES BARCLAY, *hæres* Alexandri Barclay de Wester Auchleuchrie, *patris*,—in terris de Westir Auchinleuchrie, cum piscaria salmonum, in parochia de Tannadyce et baronia de Kinnaltie.—A. E. 20*s*. N. E. 4*l*. xxxii. 68.

(452) Dec. 7. 1671.

GULIELMUS GRAY, *hæres* Joannis Gray portionarii de Badehill, *patris*,—in terris Henrici Gray avi dicti Joannis Gray in Badehill ;—terris in Badehill olim per Thomam Elder occupatis, in baronia de Barrie ;—4 acris terræ arabilis in Badehill in dicta baronia de Barrie.—E. 5*l*. 12*s*. *feudifirmæ*. xxxi. 8.

(453) Dec. 7. 1671.

ALEXANDER TRAILL, *hæres provisionis* Joannis Traill portionarii de Kirktoune de Liff, *patris*,—in quarta parte terrarum de Kirktoune de Liff :—E. 5*l*. 9*s*. &c. *feudifirmæ* :—quarta parte ejusdem villæ nuncupatæ Brewlands, in dominio de Scona.—E. 2 *bollæ et 1 firlota frumenti, feudifirmæ*. xxxi. 41.

(454) Apr. 30. 1672.

ALEXANDER DOMINUS FALCONER de HALCARTOUN, *hæres masculus* Alexandri Domini Falconer de Halcartoun, *patris*,— in terris et baronia de Halcartoun comprehendente inter alia terras et baroniam de Gallowraw.—A. E. 3*l*. N. E. 12*l*.—(Vide Kincardine.) xxxi. 25.

(455) Maii 7. 1672.

ALEXANDER MURRAY, *hæres* Domini Roberti Murray de Preistfield militis, *patris*,—in terris et baronia de Melgoune comprehendentibus Maynes de North Melgoune ;—terras de Belluhill, Nathirtoune, molendinum de Melgoune ;—dimidium villæ et terrarum de Balnacroyik ;—terras de Muiresyid, Haughhead, et

Daisecroft, quæ sunt propriæ partes terrarum de Northe Mel-goune ;—partem lie muir vocatæ Montrowmonth jacentem contigue cum prædictis terris de Melgoune ;—solarem dimidietatem villæ et terrarum de Eistirtoune ;—dimidium dictæ villæ et terrarum de Belnacroyik ;—terras de Wallrey, Laers, et Belliehill de Fleymingtoun, cum multuris et proficuis multurarum, .et partibus prædictarum Outfeild terrarum de Fleymingtoun, et 2 acris Infeild lands terrarum de Fleymingtone, cum multuris et proficuis prædictarum terrarum et acrarum ;—terras de South Melgound, omnibus jacentibus infra parochiam de Aberlemno, erectis in baroniam de Melgound :—A. E. .... N. E. 40l. taxatæ wardæ :—partibus terrarum et baroniæ de Woodwrae, comprehendentibus tres solares quarterias vel quartas partes villæ et terrarum de Polgarroch, infra dictam parochiam de Aberlemno, cum salmonum piscatione aliaque piscatione super aqua de Southesk, unitis cum aliis terris in baroniam de Woodwrae ;—terris de Blubber, Blub-berhill, et Blubbermilne, cum decimis rectoriis et vicariis ;—solari dimidia parte terrarum dominicalium de Woodwrae ;—solari dimidia parte pendiculi terrarum vocati Caustoune ;—3 solaribus quarteriis seu tribus quartis partibus terrarum de Hoyllam :—A. E. 50s. N. E. 10l.—umbrali dimidietate vocata occidentali dimidio terrarum de Woodwrae ;—umbrali dimidietate dictarum terrarum vocatarum Cawstoun, cum decimis dictarum terrarum.—A. E. .... N. E. 10l. taxatæ wardæ.—(Vide Edinburgh, Dumfries, Roxburgh.) xxxi. 32.

(456) Oct. 3. 1672.
MARGARETA ET CATHARINA LINDSAYES, hæredes portionariæ Joannis Lindsay incolæ in burgo de Breichin, patris,—in annuo redditu 35l. 6s. 8d. ex villis et terris de Craighead de Phinhaven. xxxi. 106.

(457) Oct. 22. 1672.
DAVID HALYBURTOUNE de Pitcur, hæres masculus Jacobi Halyburtoune de Pitcur, fratris germani,—in terris et baronia de Gask et Pitcur cum advocatione capellaniarum :—A. E. 5l. N. E. 20l —terris de Balunie comprehendentibus Newtoune de Ballunie :—A. E. 5l. N. E. 20l.—tertia parte terrarum et baroniæ de Auchtertyre et Balcraige, cum tertia parte molendini de Auchtertyre molendinum de Newtyle vocati :—A. E. 6l. 6s. 8d. N. E. 25l. 6s. 8d.—unitis cum terris in Perth et Aberdeen in baroniam de Pitcur ;—terris et baronia de Newtyld et Kilpurnie, cum molendino de Newtyld ;—bina parte terrarum et baroniæ de Auchtertyre et Balcraige, cum molendino, et decimis garbalibus dictarum terrarum, et aliarum terrarum quarumcunque infra parochiam de Newtyld :—A. E. 12l. 13s. 4d. N. E. 50l. 13s. 4d.—terris ecclesiasticis de Newtyld cum decimis garbalibus inclusis, comprehendentibus villam et terras de Kirktoun de Newtyld et Brewlands ;—terras ecclesiasticas de Newtyle vulgo Kirklands, cum decimis garbalibus, in parochia de Newtyle :—A. E. 20s. N. E. 4l.—quarta parte terrarum de Balmaw olim infra regalitatem de Lindoires pro principali ;—binis quartis partibus terrarum de Balmaw in warrantum prædictæ quartæ partis de Balmaw :—A. E. 3l. 13s. &c. feudifirmæ :—terris de Westir Killour cum molendino, et pendiculis nuncupatis Hill de Keillour et Densyd :—A. E. 5l. N. E. 20l.—terris et baronia de Keathnes et Pitdownie alias Baldownie ;—terris de Brodeland et Eister Keattoune :—A. E. 5l. N. E. 20l.—villa et terris de Baldowrie infra baroniam de Auldbar :—A. E. 2l. 8s. N. E. 9l. 12s.—quarta parte terrarum de Peattie cum quarta parte molendini :—A. E. .... N. E. ....—terris de Henderstoune et Sillieseatt, cum tenandria et superioritate terrarum de Edertie ;—terris et baronia de Newtibber comprehendente tenandriam, superioritatem et proprietatem terrarum de Pitneppie, et tenandriam de Cowstoune, Davidstoun et molendini de Milnholl :—A. E. 5l. N. E. 20l.—terris et terris dominicalibus de Duddop, infra baroniam de Dundie, in warrantum terrarum de Pitneppie :—A. E. 7s. 6d. N. E. 30s.—omnibus cum quibusdam aliis terris in Aberdeen et Perth unitis in baroniam de Pitcur ;—dimidietate villæ et terrarum de Eister Killour, in baronia de Lintraithine :—A. E. 13s. 4d. N. E. 53s. 4d.—annuo redditu 40s. de altera dimidietate terrarum de Eister Killour ;—annuo redditu 4s. de terris de Westir Killour.—(Vide Aberdeen, Perth.) xxxi. 98.

(458) Oct. 22. 1672.
DAVID HALYBURTOUNE de Pitcur, hæres Jacobi Halyburtoune de Pitcur, patris,—in dimidietate terrarum de Eglishmonichtone, Balmossie, cum 2 molendinis de Brachane, et terrarum de Kirktoune de Moneifeith et Justinleyes, cum piscationibus in mari et aqua de Tay, et decimis garbalibus dictarum terrarum in regalitate de Keremuire et parochia de Monefeith ;—dimidio terrarum de Muirhouss, et ambarum dimidietatum ejusdem et decimis garbalibus, in baronia de Inveraritie et parochia de Muirhous :—E. 10s. feudifirmæ :—annuo redditu 100l. 17s. 4d. de terris de Balgillo ;—villis et terris de Dowcattoune et Ley de Balgillo, et Gearhead. xxxi. 274.

(459) Maii 16. 1673.
FRANCISCUS HAY de Balhoussie (Balhouffie ?), hæres Magistri Georgii Hay de Balhoussie, patris,—in terris et baronia de Auld Montrois, cum salmonum piscariis de Southesk, in warrantum terrarum de Peill, &c. in viccecomitatu de Perth.—A. E. 20m. N. E. 80m.—(Vide Perth, Fife.) xxxii. 69.

(460) Apr. 23. 1674.
COLINUS CAMPBELL de Lundie, hæres Colini Campbell de Lundie, patris,—in antiqua baronia de Lundie comprehendente terras dominicales de Lundie alias Wester Dronlaw, cum lacubus de Lundie et piscarias hujusmodi ;—terras de Pittarno ;—terras vocatas Kirktoune de Lundie cum lacu de Lundie, et terras vocatas Brewlands ;—molendinum de Lundie ;—terras de Easter Keath cum lacu vocato Langloch et piscariis ejusdem ;—terras de Lardyett ;—terras de Ladycreff et Argarth ;—terras de Nather Smithtoun ;—terras de Balshando cum lacu vocato loch de Balshando ;—terras de Pendreich ;—terras de Dron cum aliis partibus, &c. dictæ antiquæ baroniæ de Lundie :—A. E. 12l. N. E. 48l.—in terris de Cambrock, Ovir Auchinhesh et Nethir Auchinhesh ;—terris de Ovir Alrick, Nether Alrick, Dounie, Dalmakebock, Kirktoune, Pitlochie, et Bekatie ;—dimidietate cum octava parte terrarum de Wester Innerraritie ;—3 tertiis partibus terrarum de Eister Innerraritie ;—3 tertiis partibus terrarum de Glenmarkie, infra baroniam de Glenilla :—E. 72l. 16s. &c. feudifirmæ :—omnibus unitis cum aliis terris in Perth in baroniam de Lundie.—(Vide Perth.) xxxii. 5.

(461) Maii 5. 1675.
JONETA, JEANNA, ISSOBELLA, ET MARGARETA GUTHRIES, hæredes portionariæ Roberti Guthrie de Kinblethmonth, avi,—in annuis redditibus 22s.—3l.—et 3l. de tenementis infra libertatem burgi de Aberbrothock ;—in tenementis infra libertatem dicti burgi.—E. 40d. xxxii. 342.

(462) Maii 7. 1675.
THOMAS HAY de Balhoussie, hæres Francisci Hay de Balhoussie, fratris germani,—in terris et baronia de Auld Montrose cum salmonum piscariis de South Esk, in warrantum terrarum de Peill-Letham, &c. in vicecomitatu de Perth.—A. E. 20... N. E. 30m.—(Vide Perth, Fife.) xxxii. 124.

(463) Oct. 1. 1675.
JACOBUS COMES DE PERTH, Dominus Drumond et Stabhall, hæres masculus Jacobi Comitis de Perth, Domini Drumond et Stabhall, patris,—in terris, dominio, et baronia de Drumond comprehendentibus terras et baroniam de Drymen continentem terras de Smithiestoun, Argairth, et Laidcreiff, unitis cum aliis terris in vicecomitatibus de Perth et Fife in baroniam de Drymen :—A. E. 95l. N. E. 400l.—omnibus prædictis terris unitis in baroniam et dominium de Drumond.—(Vide Perth, Fife.) xxxii. 184.

(464) Oct. 26. 1675.
JACOBUS COMES DE FINDLATOR, Dominus Deskfuird, &c. hæres Patricii Ogilvie de Inshmartine militis, avi,—in terris de Grange de Airly infra regalitatem Sancti Andreæ.—E. 3l. 6s. 8d. &c. feudifirmæ. xxxii. 360.

(465) Mar. 4. 1676.
WILLIELMUS DURHAME de Grange, hæres Willielmi Durham de Grange, patris,—in terris dominicalibus de Grange, cum molendinis granorum et fullonum, piscariis salmonum et fortalicio de Grange.—A. E. 8l. N. E. 32l. xxxii. 362.

(466) Apr. 12. 1676.
JOANNES AUCHTERLOUNIE de Guind, hæres Joannis Auchterlonie de Guind, patris,—in terris de Guind cum decimis garbalibus, infra dominium de Arbroth.—E. .... xxxv. 14.

(467) Maii 30. 1676.
JACOBUS COMES DE CARNWATH, hæres masculus Gavini Comitis de Carnwath, patris,—in terris et baronia de Auchterhous cum pendiculis, viz. Haltoun de Auchterhous ;—lacu terrarum de Eastfeild ;—terris de Cottoune cum molendino de Auchterhous ;—terris de Burnhead ;—terris dominicalibus de Auchterhous ;—terris de Boningtoune, partibus terrarum de Auchterhouse ;—terris de Wester Beith ;—terris et baronia de Essie ;—terris de Glenquharites et Halkertoun ;—terris de Dearland et Brewlands de Essie ;—terris de Baldengo ;—novo molendino de Essie, quæ sunt propriæ partes terrarum et baroniæ de Essie, in warrantum terrarum, dominii et baroniæ de Carnwath ;—omnibus unitis cum aliis terris in vicecomitatu de Lanark in comitatum, dominium, et baroniam de Carnwath.—A. E. 40m. N. E. 120m.—(Vide Lanark, Dumfreis.) xxxii. 436.

(468) Jun. 15. 1676.
COLINUS CAMPBELL de Lundie, hæres masculus Colini Camp-

H

bell de Lundie, *patris,*—in terris de Adamstoune, in baronia de Dronlaw.—A. E. 40s. N. E. 8l. xxxiii. 332.

(469) Nov. 22. 1676.
AGNETA MEIKESONE, *hæres* Jacobi Meiksone tinctoris burgensis de Dundie, *patris,*—in acra terræ de Disheland, cum dimidio acræ terræ de Nether Keptie et decimis, infra dominium et regalitatem de Aberbrothick.—E. 1 *bolla hordei, feudifirmæ.*
xxxiv. 159.

(470) Dec. 21. 1676.
JACOBUS ALEXANDER de Balskellie, *hæres* Davidis Alexandri de Balskellie, *patris,*—in dimidietate tertiæ partis terrarum et villæ de Balskellie :—E. 8l.—tertia parte ex orientali terrarum et villæ de Balskellie :—E. 6l. &c.—tertia parte et dimidietate alterius tertiæ partis villæ et terrarum de Balskellie, infra baroniam de Barrie :—E. 14m. 3s. 4d. &c.—media parte terrarum de Links de Barrie, viz. media parte terrarum vocatarum Saltgris alias Shipherdslands ;—media parte 4 acrarum vocatarum Bowmanslands ;—media parte terrarum de Corsefaulds ;—media parte terrarum de Ryefaulds ;—media parte vallium et pasturarum ;—integra parte decimarum terrarum prædictarum, cum decimis lanæ, lini, cannapis, agnorum, vitulorum, pullorum, equarum, butyri, et casei :—E. 20l. &c.—terris de Cowbyre cum prato, et decimis garbalibus, infra baroniam de Barrie :—E. 28l.—villa et terris de Carnowstie, pro principali :—E. 8l. 7s. &c. *feudifirmarum :*—40 solidatis terris de Barriemure ;—10 solidatis terris earundem ;—4 acris terrarum de Badiehill, in warrantum villæ et terrarum de Carnoustie.—E. ......
xxxvii. 188.

(471) Apr. 5. 1677.
JACOBUS KID de Woodhill, *hæres* Gulielmi Kid de Woodhill, *patris,*—in villa et terris de Woodhill cum communia in mora nuncupata Barriemuire, et maresia vocata Barriemyre, infra baroniam de Barrie :—E. 26m. &c. *feudifirmæ:*—decimis garbalibus dictarum terrarum de Woodhill, infra baroniam de Barrie et dominium de Balmerinoch :—E. 6s. et 3s. 4d. in augmentationem, *feudifirmæ:*—tertia parte villæ et terrarum de Haltoun de Craigie nuncupata Wester Craigie, infra baroniam de Dundie :—A. E. 40s. N. E. 8l.—sexta parte villæ et terrarum de Hiltoun de Craigie, apud solarem partem terrarum de Hiltoune :—E. 9l. 13s. 8d. *feudifirmæ:*—decimis garbalibus prædictæ villæ et terrarum de Hiltoun de Craigie :—A. E. 5s. N. E. 20s.—dimidietate terrarum de Craigie ad dictam solarem partem hujusmodi jacente :—E. 14m. *feudifirmæ :*—omnibus erectis in baroniam de Craigie. xxxiii. 245.

(472) Feb. 5. 1678.
MAGISTER ALEXANDER INGLIS minister verbi Dei apud ecclesiam de Douglas, *hæres* Magistri Georgii Inglis burgensis de Aberbrothick, *patris,*—in 2 acris terrarum in Temisdaill (vel Damisdaill) :—E. 26s. 8d. *feudifirmæ :*—5¼ acris terrarum in Punderslawfeild cum decimis garbalibus, infra dominium et regalitatem de Aberbrothick.—E. 5¼ *bollæ hordei, feudifirmæ.* xxxiii. 188.

(473) Maii 7. 1678.
PATRICIUS YEAMAN de Dryburgh, *hæres* Magistri Patricii Yeaman de Dryburgh, *patris,*—in villa et terris de Midle Gourdies ;—villa et terris de Easter Gourdies ;—molendino granorum de Denmylne, infra dominium de Scona :—E. 65l. 6s. 8d. &c. *feudifirmæ :*—decimis garbalibus dictarum terrarum de Midle et Easter Gourdies de Denmylne, infra parochias de Liffe, Logie, et Innergourie :—E. 1d.—villa et terris de Dryburgh in dominio de Scona :—E. 12l. 10s. *feudifirmæ :*—decimis garbalibus de Dryburgh in dictis unitis parochiis de Liff, Logie, et Innergowrie :—E. 2d. *albæ firmæ :*—terris de Pittelpie :—E. 12l. 12s. *feudifirmæ :*—terris ecclesiasticis de Tannadyce et Barnezeards, infra dominium seu baroniam de Rescobie et regalitatem de Sant Androus :—E. 15l. *feudifirmæ :*—terris, baronia, et thanagio de Tannadyce, et salmonum piscationibus, infra parochiam de Tannadyce :—A. E. 16l. N. E. 64l.—terris baroniæ de Finheaven nuncupatis Forrest de Plattoun, infra parochiam de Kirriemure, comprehendentibus the Wester, Midle, and Easter touns of Garlawbank, the toune and roome of Kilhill, the Easter Sandiefoord, Longbank, the tuo Boll houss, Drumclunes et albæ firmæ prædium ;—villa et terris de Heatherstalks, infra parochiam de Rescobie :—A. E. 5l. N. E. 20l.—terris de Wester Carse et Cottoun, infra dictam parochiam de Roscobie :—E. 12l. &c. *feudifirmæ :*—terris de Innerrightie cum molendino :—A. E. 4l. N. E. 16l.—terris de Eister et Wester Granges et molendino, et terris molendinariis de Kincreuch, infra parochiam de Methie :—E. 61l. 4s. 4d. *feudifirmæ :*—dimidia parte terrarum de Glenboy, infra parochiam de Methie :—E. 7l. 3s. 4d. *feudifirmæ :*—villa et terris de Trusbeg (vel Turfbeg), infra parochiam de Forfar :—A. E. 3l. N. E. 12l.—terris de Halcartoun cum molendino, infra parochiam de Forfar :—E. 80s. *feudifirmæ :*—terris de Carseburne et Myreside.—E. 8m. *feudifirmæ.* xxxiii. 453.

(474) Jun. 18. 1678.
JOANNES GRAHAME de Claverhouse, *hæres masculus* Magistri

Georgii Graham de Claverhouse, *avi,*—in terris de Polkello (vel Balkello) :—E. 4l. &c.—terris de Poltambock :—E. 7l. 13s. 4d. &c.—terris de Polcack :—E. 15l. &c.—villa et terris de Tealling :—E. 7l. 13s. 4d. &c.—villa et terris de Balgray :—E. 7l. &c.—terris de Shilhill :—E. 12l. &c.—molendino de Tealling :—E. 4l. 10s. *feudifirmarum :*—terris et baronia de Lundie comprehendente terras vocatas terras dominicales vulgo Maynes de Lundie alias Wast Dronlaw ;—terras de Pittermo ;—terras vocatas Kirktoune de Lundie cum lacu vulgo vocato the loche de Lundie, et terras vocatas Brewlandes earundem ;—molendinum de Lundie ;—terras de Easterkeath cum lacu vulgo vocato Langloch et piscatione ejusdem ;—terras de Ledyatt ;—terras de Ledcreiff et Ardgarth ;—terras de Smithstoune-Neather ;—terras de Balschando cum lacu vocato the Loch of Balschando et piscatione ejusdem ;—terras de Pendreich ;—terras de Dron, omnes unitas in baroniam de Lundie :—A. E. 12l. N. E. 48l.—in quarta parte villæ et terrarum de Balkello :—E. 13s. 4d. *feudifirmæ :*—dimidio terrarum de Balkello :—E. 26s. 8d. *feudifirmæ :*—terris de Balluny cum molendino, in baronia de Dudhope ;—portione vulgo nuncupata peice Outefeild land terrarum de Balluny :—E. .... *feudifirmæ :*—bina parte terrarum de Warriestoune :—E. 20s. *feudifirmæ :*—tertia parte terrarum de Warriestoune :—E. 15s. *feudifirmæ :*—tertia parte terrarum de Milntoune de Craigie, jacentibus ad solarem partem villæ de Milntoune de Craigie.—E. 4l. *feudifirmæ.*—(Vide Perth.) xxxv. 35.

(475) Jun. 18. 1678.
JOANNES GRAHAM de Claverhouse, *hæres masculus* Domini Gulielmi Grahame de Claverhouse, *proavi,*—in terris de Gotterstoune in baronia de Dundie pro principali :—E. 24s. 6d. *feudifirmæ :*—terris de Claypotts et pendiculo terræ infra Northferrie cum piscaria, in baronia prædicta, in warrantum terrarum de Gotterstoune, et in dictis terris principaliter.—E. 17m. 10s. &c. *feudifirmæ.* xxxv. 38.

(476) Maii 6. 1680.
JACOBUS BEATOUNE de Balfour, *hæres* Davidis Beatoune de Balfour, *avi,*—in terris de Guynd cum decimis garbalibus, in dominio et baronia de Aberbrothock et regalitate ejusdem.—E. 3l. 6s. 8d. &c. *feudifirmæ.* xxxv. 106.

(477) Maii 11. 1680.
ALEXANDER BOWAR de Kincaldron, *hæres* Alexandri Bowar de Kincaldrum, *patris,*—in propriis terris baroniæ de Kincaldrum, viz. terris dominicalibus de Kincaldrum et Buchtiehillock ;—molendino de Kincaldrom cum decimis ;—tenandria vel superioritate terrarum de Kincreith, infra baroniam de Kincaldrom et parochiam de Methie ;—dimidietate terrarum de Carrat infra parochiam de Inneraritie ;—3 quartis partibus terrarum de Kincreich, infra dictam baroniam nunc vocatam Kincaldrum, aliquando vocatam Lour :—A. E. 4l. 10s. N. E. 18l.—terris ecclesiasticis lie Templeland de Kincaldrum :—E. 3s. *feudifirmæ :*—quarta parte terrarum de Kincreith cum terris brueriis, infra parochiam de Methie-lour, tanquam principalibus :—E. 4l. 6s. 8d. *feudifirmæ :*—et in warrantum dictæ quartæ partis de Kincreith, in quarta parte terrarum de Hiltoune de Guthrie Langlands nuncupata, infra baroniam de Guthrie :—E. ....—annuo redditu 4l. 6s. 8d. de terris de Kirktoune de Nevay, in baronia de Kincaldrum alias Lour. xxxv. 165.

(478) Maii 13. 1680.
GULIELMUS RUTHVEN de Gairden, *hæres masculus* Gulielmi Ruthven de Gairden, *avi,*—in terris et baronia de Gairden comprehendente terras dominicales de Gairden ;—molendinum de Gairden vulgo vocatum Dentoun milne ;—terras de Midletoune et Eastertoune nuncupatas Leggatstoune ;—terras de Preastscheoch et Freoch, cum communi pastura in mora de Monthremonth, omnes unitas in baroniam de Gairden.—A. E. ..... N. E. 20l. xxxv. 207.

(479) Jun. 1. 1680.
JACOBUS HALYBURTONE de Fodderance, *hæres* Alexandri Halyburtone nonnunquam de Fodderance postea de Ardlair, *patris,*—in terris et baronia de Ardlair unitis in baroniam de Ardlair.—A. E. 13s. 4d. N. E. 4m. xxxvi. 122.

(480) Jun. 1. 1680.
JACOBUS HALYBURTONE de Fodderance, *hæres* Joannis Halyburtone de Fodderance, *patrui,*—in terris de Fodderance cum molendino fullonis et pastura in Kinnechtriemure, infra dominium de Scona :—E. 11l. 12s. 4d. *feudifirmæ :*—partibus terrarum et baroniæ de Ardlair, viz. molendino de Ardlair, Officerland, et Croppieley de Ardlair, domibus et hortis in Ardlair, Foularlands de Ardlair ;—et pendiculo vocato Heronhall, infra parochiam de Keatins.—A. E. 6s. 8d. N. E. 26s. 8d. xxxvi. 124.

(481) Mar. 30. 1681.
MARGARETA ET ELSPETHA PETREIS, *hæredes portionariæ*

Andreæ Petrie calcearii in Summerhill de Bol!ishin, *patris*,—in acra terræ in Punderslaufeild cum decimis, infra dominium et regalitatem de Aberbrothock.—E. 1 *bolla hordei, feudifirmæ*. xxxvi. 1.

(482) Maii 5. 1681.
DAVID COMES DE NORTHESK, *hæres* Davidis Comitis de Northesk, &c. *patris*,—in terris et baronia de Reidcastle, Cowholls, Innerkillar, comprehendentibus principales terras dominicales dictæ baroniæ, Brewhouses et terras bruerias lie Ailhouse, Brewlands;—terras vocatas Wester Maynes de Readcastle;—terras de Ironshill, Lavrockhall, et Newbarnes;—terras de Fishertoune et terras piscarias lie fisherlands dictæ baroniæ, cum cymba piscaria ejusdem villæ;—terras de Inshoch;—terras de Parkland cum maresia lie Moss et Myre Bonymoones myre nuncupata;—terras de Chappeltoune;—terras de Parsfeild;—molendinum de Innerkillar alias Kirktoune milne;—terras de Ballinoch;—villam et terras de Walkmilnes et molendinum fullonum hujusmodi;—villas et terras de Hodgetoune et Faullaues;—terras de Hiltoune et Grainge, cum advocatione capellaniæ de Whytefeild:—A. E. 20*l.* N. E. 80*l.*—in terris de Lower et Muretoune, et pendiculis earundem nuncupatis Syggieden, Denhead, Greenordie, et Greenmyre, cum tenendriis lie Easter et Wester Methies, infra baroniam de Kincaldrum:—A. E. 6*l.* 13*s.* 4*d.* N. E. 26*l.* 13*s.* 4*d.*—terris dominicalibus et villa de Louer cum molendino;—manerici loco de Lower:—A. E. 4*l.* N. E. 16*l.*—una parte terrarum de Meicklepert cum bina parte molendini earundem;—bina parte terrarum de Ballochie;—terrarum nuncupatarum Bank;—terrarum de Muirtoune;—moris de Meiklepert et Ballochie;—bina parte salmonum piscationis super aqua de Northesk;—tertia parte terrarum de Meiklepert;—tertia parte salmonum piscationis super aqua de Northesk;—tertia parte terrarum de Ballochie, cum pendiculis vocatis brae de Ballochie et Murtoune, cum privilegio communi pro Inglismaldie, Meikle Pert et Ballochie infra Luthermoss, unitis cum aliis terris in baroniam de Craigs:—A. E. 10*l.* N. E. 40*l.*—terris et baronia de Dunloppie, cum molendino et advocatione ecclesiarum et capellaniarum ejusmodi:—A. E. 13*l.* N. E. 52*l.*—terris de Litlepert infra dominium de Coupar, communia in mora de Luther, et cum aliis terris in vicecomitatu de Kincardine unitis in baroniam de Inglismaldie. —E. 24*l.* 6*s.* 8*d.* &c. *feudifirmæ*.—(Vide Perth, Kincardine.) xxxv. 257.

(483) Maii 5. 1681.
DAVID COMES DE NORTHESK, *hæres* Davidis Comitis de Northesk, &c. *patris*,—in umbrali dimidietate terrarum de Arithmithie, cum pecia terræ dictæ umbralis dimidietatis lie Parks de Arithmithie, et altera parte prædictarum terrarum de Arithmithie nuncupata Cattwalls, infra regalitatem de Aberbrothock, sub reversione 4000*m.*—E. 21*l.* 6*s.* 8*d.* &c. *feudifirmæ*:—annuo redditu 160*m.* de terris de Newtoune de Aberbrothock, infra dictam regalitatem. xxxvi. 189.

(484) Maii 17. 1681.
ROBERTUS ARBUTHNET de Findourie, *hæres masculus* Roberti Arbuthnet de Findourie, *patris*,—in solari dimidietate et occidentali dimidietate terrarum arabilium et campestrium Chappellands de Caldham nuncupatarum, in parochia de Brechin:—E. 14*l.* 15*s.* 4*d. feudifirmæ*:—villæ et terris de Eister Markhous vel Meikle Markhous cum molendino, et astrictis multuris dicti molendini, et præsertim villæ et terrarum de Muirton, Litle Markous, et Muirehillock, et Eister Markhouse;—villa et terris de Litle Markhous et Muirehillock, cum privilegio 3. lie dargs glebarum de glebario de Baldouckie, in baronia de Tannadyce.—A. E. 4*l.* N. E. 16*l.* xxxvi. 40.

(485) Aug. 23. 1681.
THOMAS CRAUFURD, *hæres* Thomæ Craufurd junioris mercatoris burgensis de Edinburgh, *patris*,—in annuo redditu 10*l.* de tenemento in Dundee.—(Vide Roxburgh, Edinburgh.) xxxvi. 49.

(486) Sep. 13. 1681.
JONETA, AGNETA, ET ISSOBELLA THORNTONS, *hæredes portionariæ* Caroli Thornton nonnunquam unius ballivorum burgi de Forfar, *patris*,—in annuo redditu 102*l.* de terris de Tulliquhanland, Craiksfauld et Kirkton de Aberlemno, in parochia de Aberlemno. xxxvi. 25.

(487) Oct. 25. 1681.
DAVID HALYBURTONE de Pitcur, *hæres masculus* Jacobi Haliburtone de Pitcur, *fratris germani*,—in terris et baronia de Gask et Pitcur cum advocatione capellaniarum:—A. E. 5*l.* N. E. 20*l.*—terris de Ballernie comprehendentibus terras de Neutoun de Ballernie:—A. E. 5*l.* N. E. 20*l.*—tertiam partem villæ et terrarum de Auchtertyre et Balcraig, cum tertia parte molendini de Auchtertyre nuncupati molendinum de Newtyld:—A. E. 6*l.* 6*s.* 8*d.* N. E. 25*l.* 6*s.* 8*d.*—cum terris in Perth et Aberdeen unitis in baroniam de Pitcur;—terris et baronia de Newtyld et Kilpurnie, cum molendino de Newtyld;—bina parte terrarum et baroniæ de

Auchtertyre et Balcraig;—decimis garbalibus dictarum terrarum et baroniarum, et aliis decimis terrarum in parochia de Newtyld:—A. E. 12*l.* 13*s.* 4*d.* N. E. 50*l.* 13*s.* 4*d.*—terris ecclesiasticis de Newtyld cum decimis garbalibus, comprehendentibus villam et terras de Kirktoun de Newtyld et brasinam lie Brewlands, cum decimis garbalibus;—terras appellatas terras ecclesiasticas de Newtyld cum decimis, vulgo Kirklands nuncupatis, in parochia de Newtyld:—A. E. 20*s.* N. E. 4*l.*—dimidietate dimidietatis villæ et terrarum de Balmaw, extendente ad quartam partem terrarum de Balmaw in regalitate de Lindoirs, pro principali;—et binis quartis partibus de Balmaw, in warrantiam dictæ quartæ partis:—E. 3*l.* 16*s. feudifirmæ*: —terris de Westir Keillor cum pendiculis nuncupatis Hill de Keillor et Densyde:—A. E. 5*l.* N. E. 20*l.*—terris et baronia de Keatnes (vel Keatins) et Pitdoun, alias Baldinnie nuncupatis;—terris vocatis Brodielands et Eister Keatnes (vel Keatoune), quæ sunt propriæ partes terrarum de Keatnes et Pitdoun, in baronia de Keatins:—A. E. 5*l.* N. E. 20*l.*—villa et terris de Baldourie, in baronia de Ardlair:—A. E. 2*l.* 8*s.* N. E. 9*l.* 12*s.*—quarta parte terrarum de Peattie, cum quarta parte molendini:—E. ....—terris piscariis aliisque postea mentionatis, viz. terris de Henderstoun et Silliesdale, cum tenandria et superioritate terrarum de Eddertie et molendino;—terris et baronia de Newtiber comprehendentibus proprietatem, tenandriam et superioritatem terrarum de Pitneapie, tenendriam et superioritatem, cum feudifirmæ firmis terrarum de Jowstoun (Cowston?) Davidstoun, et molendini de Milneholl:—A. E. 5*l.* N. E. 20*l.*—terris dominicalibus de Duddope, infra baroniam de Dundie, in warrantum proprietatis terrarum de Pitneapie.—A. E. 7*s.* N. E. 30*s.*—(Vide Perth, Aberdeen.) xxxvii. 8.

(488) Maii 16. 1682.
MARGARETA COMITISSA DE HADINGTOUN, *hæres taliæ et provisionis* Joannis Ducis Rothusiæ, *patris*,—in terris et baronia de Feithes Eister et Wester, cum advocatione ecclesiarum:—A. E. 7*l.* N. E. 21*l.*—cum aliis terris in Fife, Perth, Kincardine, Elgin et Forres, Aberdeen, et Inverness, unitis in baroniam de Bambreich.—(Vide Fife, Perth, Kincardine, Elgin et Forres, Aberdeen, Inverness.) xxxvi. 165.

(489) Jul. 31. 1682.
THOMAS PEIRSON, *hæres* Magistri Davidis Peirsone ministri verbi Dei apud ecclesiam de Kirkaldie, *patris*,—in annuo redditu 160*l.* de terris de Lochlands cum decimis garbalibus, in regalitate de Aberbrothock. xxxvii. 48.

(490) Sep. 12. 1682.
ROBERTUS VICECOMES DE ARBUTHNET, *hæres* Roberti Vicecomitis de Arbuthnet, Domini de Innerbervie, *patris*,—in solari dimidietate terrarum de Arrat;—dimidietate terrarum de Lightounhill, cum dimidietate molendini, infra dominium de Brechin: —E. 13*l.* 6*s.* 8*d. feudifirmæ*:—terris et villa de Isacckstoune in parochia de Brechin:—E. 4*l.* 13*s.* 4*d.* &c. *feudifirmæ*:—terris et villa de Pitforthie Neither et Cottertoun;—pecia terræ de Swaird Yeerd, ab antiquo Warda vicarii nuncupata.—E. 40*m.* &c. *feudifirmæ*.—(Vide Fife, Kincardine.) xxxvii. 25.

(491) Maii 4. 1683.
THOMAS CRAUFOORD mercator burgensis de Edinburgh, *hæres* Thomæ Craufoord junioris mercatoris burgensis dicti burgi, *nepotis*,—in tenemento terræ in burgo de Dundie.—A. E. .... N. E. ....—(Vide Edinburgh, Roxburgh.) xxxvii. 121.

(492) Maii 15. 1683.
ROBERTUS DOUGLAS de Bridgefoord, *hæres* Roberti Douglas de Bridgefoord, *patris*,—in terris et baronia de Kinnell comprehendentibus terras de Braikies;—terras de Newbiggirig, Lynmilne, et Boighall;—terras de Hartoune de Kinnell (Kinneff?) cum molendino et prato ejusdem;—terras vocatas Maynes et Maynes Bank;—terras de Balnaves, unitas in baroniam de Kinnell;—cum privilegio in moris de Montreuthmonth;—terras et superioritates de Easter Braikie et Auchanline, seu cujusvis partis baroniæ de Kinnell, ac etiam lie Isle, burial place et scamnum infra ecclesiam de Kinnell;—omnibus unitis in baroniam de Kinnell (Kinneff?).—A. E. 20*l.* N. E. 30*l.* xxxvii. 132.

(493) Nov. 5. 1684.
DOMINUS HENDRICUS GUTHRIE de Kingedward miles baronetus, *hæres* Henrici Guthrie de Collistoune, *avi*,—in terris de Collystoune, Ruives, et Park de Conon, cum crofta nuncupata Guthrieshill, in dominio et regalitate de Aberbrothock:—E. 30*l.* &c. *feudifirmæ*:—prato vocato Weitmeadow et Collistoune meadow;—modica parte et portione moræ de Firth de Aberbrothock, omnibus jacentibus infra regalitatem de Aberbrothock.—E. 10*s. feudifirmæ*. xxxvii. 329.

(494) Nov. 5. 1684.
DOMINUS FRANCISCUS OGILVIE de Newgrange, *hæres*

Domini Jacobi Ogilvie de Newgrange militis, *patris*,—in terris et villa de Newgrainge cum moris et pratis, comprehendentibus pratum vocatum Hallmeadow de Aberbrothock ;—terris et moris de Firth de Aberbrothock ;—modica portione ejusdem, et portione ejusdem moræ vocata Breidmuir ;—decimis garbalibus dictæ villæ et terrarum, in dominio et regalitate de Aberbrothock, omnibus unitis in tenemento de New Grainge.—E. 17*l. feudifirmæ.*

xxxvii. 338.

(495) Mar. 24. 1685.
JOANNES LYON de Brigtoune, *hæres masculus et talliæ* Davidis Lyon de Brigtoune, *fratris germani*,—in terris et baronia de Brigtoune comprehendente terras de Bridgetoune de Kinnetles ;—terras de Scroggerfeild infra parochiam de Kinnettles :—A. E. 7*l.* N. E. 28*l.*—terras vocatas Inglishtoune de Kinnettles quæ sunt quarta pars earundem, infra baroniam de Phinheavin, et postea per annexationem infra baroniam de Bridgetoune.—A. E. 9*l.* N. E. 12*l.*

xxxviii. 125.

(496) Apr. 1. 1685.
JOANNES MITCHELSONE portionarius de Graing de Kincreich, *hæres* Walteri Mitchelsoune portionarii de Graing de Kincreich, *proavi*,—in quarta parte terrarum de Grange de Kincreich, in dominio et regalitate de Coupar.—E. 7*l.* 3*s.* 4*d. feudifirmæ.*

xxxviii. 215.

(497) Dec. 18. 1685.
PATRICIUS LYELL mercator in Alshenoor, *hæres* Magistri Patricii Lyell ministri verbi Dei apud ecclesiam de Guthric, *patris*, —in 2 acris terrarum de Ponderlawfeild cum decimis, infra dominium et regalitatem de Aberbrothock.—E. 2 *bollæ hordei, feudifirmæ.*

xxxviii. 254.

(498) Dec. 18. 1685.
JACOBUS LYELL mercator burgensis de Aberbrothock, *hæres* Arthuri Lyell mercatoris in Edinburgo, *patris*,—in dimidio acræ terrarum in Ponderlawfeild in illa parte vocata Lochshead cum decimis, in dominio et regalitate de Aberbrothock.—E. ½ *bollæ hordei, feudifirmæ.*

xxxviii. 256.

(499) Dec. 18. 1685.
JOANNES PETER chirothecarius in London, *hæres* Joannis Peter mercatoris burgensis de Aberbrothock, *patris*,—in 2 acris terrarum de Ponderlawfeild cum decimis, in dominio et regalitate de Aberbrothock.—E. 2 *bollæ hordei,* &c. *feudifirmæ.* xxxviii. 262.

(500) Mar. 16. 1686.
ALEXANDER WEDDERBURNE de Eister Powrie, *hæres* Alexandri Wedderburn de Eister Pourie, *patris*,—in dimidietate villæ et terrarum de Wester Gourdie vocata the sunny half cum decimis ;—umbrali dimidietate dictæ villæ et terrarum de Wester Gourdie cum decimis, et Backseatts, in dominio de Scona.—E. 20*m.* 11*s.* 8*d.* pro qualibet dimidietate, *feudifirmæ.* xxxviii. 387.

(501) Apr. 27. 1686.
JACOBUS COMES DE PANMUIRE, &c. *hæres* Georgii Comitis de Panmuire, Domini Maule, Brechine, et Navarr, &c. *fratris senioris germani*,—in terris et baronia de Panmuir comprehendente terras et terras dominicales de Panmuir lie be east et be west the burne thereof ;—terras vocatas Firth de Panmuir ;—moram vocatam Firthlands, Haylands et Greenruiffes ;—molendinum de Panmuire ;—terras de Murdiam (Murdrum ?) et alehouse de Pittleavie vocatam Brewtack ;—terras de Haughheid, Brackies, Westberines, et Blackhill alias Barnhill ;—terras de Newtoune de Panmuir, Blacklawes, Tofts, et Blackcat ;—molendinum de Crombie ;—terras de Myrsyd ;—terras de Pittlevie occidentale et orientale latus earundem ;—terras de Auchrynie ;—terras de Scryne ;—Eastholme de Scryne ;—molendinum de Scryne nuncupatum Craigmilie ;—villam et terras vocatas Eastertoune de Panmuire, cum navium statione de Panmuire et libero portu, et libertate liberi burgi baroniæ in Eastertoun de Panmuir, foris et nundinis, et alga maris ;—terras de Ballhousie ;—maresiam nuncupatam Dilvamoss cum mora vocata Brughstanemuir, Gallowsydmuir, et Riddermoor ;—terras et terras dominicales de Carmyllie cum molendino earundem, advocatione capellæ de Carmyllie vocatæ Our Ladys Chappell ;—terras ecclesiasticas ad dictam capellam pertinentes ;—Newtoune de Carmyllie ;—Milnetoun de Carmyllie ;—terras nuncupatas Milnegate ;—terras de Creciden ;—Dustiedrum, Whythill, Park, Monqueir, Moorheads, Newbiggings, Newlands, Newfaulds, Graystaines, Easthills, Midhills, Westhills, Blackhills, Auchlair, Cockhill, et Brewlands, Blackmoor, Pyetsted, et Drum ;—terras de Skethin ;—terras de Glaister et Carnegie ;—terras de Benvie ;—terras de Balrudrie :— A. E. 40*l.* N. E. 168*l.*—terras ecclesiasticas de Panbryd, cum advocatione ecclesiæ de Panbryd et capellaniæ de Both, et terris de Both et Cairncorthie ;—E. 4*s. feudifirmæ.*—omnes in baronia de Panmuire ;—in terris et baronia de Dounie comprehendente terras dominicales de Doune, cum pendiculis vocatis Gardnersland, Craigtounward (vel Krightounward) et Lussetmoor, et pecia terræ nuncupata Hyndfaulds ;—peciam terræ vocatam Hyndcastle ;—terras

de Dunfynd cum molendinis de Dunfynd ;—terras de Balhungie ; —terras de Cambiestone ;—terras de Carlungie ;—terras de Monickies Easter et Wester, cum pertinentiis vocatis Whytlunies, Camp, Kirkhill, Kirkstaine, et Leadsyd, et communitate in moris de Dounie ;—terras de Kirkhill, brewhouse et brewlands de Monickies, unitas in baroniam de Dounie ;—villis et terris de Ardeaslie (vel Ardeastie) cum de Muirdrum ;—terris de Dounykean cum Smiddielands et cum Brewlands, Infeild et Outfeild, Cottarland, Knightshill, Officerlands, acris et maresiis, comprehendentibus 4 acras et 3 particatas rudas terrarum de Dounykean ;—terris de Oxengange de Dounykean ;—molendino granario de Dounie et terris molendinariis ;—2 dales of land infra dictas terras molendinarias, cum pasturagio super aliqua parte collis vocatæ Milnecraig, et privilegio communitatis in moris de Dounie :—A. E. 43*l.* 8*d.* N. E. 172*l.* 2*s.* 8*d.*—terris de Eister Innerpeffer:—A. E. 20*s.* N. E. 4*l.*—decimis omnium prædictarum terrarum et baroniarum infra parochias de Panbryd, Carnmyllie, Monickie, et Vigeance respective :—E. 6*l.* 13*s.* 4*d. albæ firmæ* :—omnibus erectis in baroniam de Panmure ;—terris, dominio, et baronia de Brechine et Navarr, comprehendentibus castrum et fortalicium de Brechine, cum piscationibus et cruives super aqua de Southesk, et præceptorio vocato Maisondieu ;—feudifirmam 18*l.* 13*s.* 4*d.* de terris de Balnabreich infra dictas terras de Brechin ;—annuum redditum 5*l.* de terris de Nether Caraldstoune, cum 9 libris firmarum burgalium burgi de Brechine ;—officia ballivatus et camerarii terrarum et tenandriæ terrarum earundem de Brechine et Navarr ;—villam et terras de Dulutoun (vel Dumbtoun), cum pendiculis vocatis Clayfaulds, et Gallowhills ;—villam et terras de Pittpollax ;—villam et terras vocatas Haugh cum Haughmilne ;—villam et terras de Burgill ;—villam et terras de Kincraigies Over et Nether, cum molendino vocato Balbirnie milne, et pendiculis dictarum terrarum de Kincraigie vocatis Gatesyd et Windiedge ;—terras de Raw de Leughlands cum brueriis earundem, Caldcoatts et Lightounhill ;—terras de Culterface (vel Culterfaie) et Lowsned ;—terras vocatas Hayning ; —villam et terras de Lichlin ;—villam et terras de Blairno ;—villam et terras de Bogieshello ;—terras de Craigindowie cum molendino et pendiculis vocatis Bracow (vel Braico) et Fliebots (vel Fleabittie) ;—terras de Blairdarg, Blackhaugh, et Reidsheild ;—villam et terras de Pintescall ;—terras de Pendreich ;—villam et terras de Kindrochat ;—molendinum vocatum Holmilne ;—dimidium terrarum de Arrott ;—terras de Saint Michaellhill et Dirorig ;—acras terrarum ad occidentalem portum de Brechen ;—villam et terras de Tilliebirnie ;—villam et terras de Tilliarblit ;—villam et terras de Nathro ;—omnibus prædictis terris unitis in dominium et baroniam de Brechin et Navarr :—E. 333*l.* 6*s.* 8*d. feudifirmæ* :—officia constabulariæ et Justiciariæ infra dictam civitatem et burgum de Brechine, cum potestate eligendi ballivum dicti burgi :—E. 1*d.*— terris et baronia de Innerpeffer comprehendente terras de Panlathie et Balbannie, cum molendino de Panlathie ;—terras de Pittcoura in regalitate de Kerremure, cum capella et cancellaria ;— A. E. 4*l.* N. E. 16*l.*—terris de Haltoun de Innerpeffer :—A. E. 9*l.* N. E. 12*l.*—erectis in baroniam de Innerpeffer ;—terris et villis de Scottfaulds et Fallais, cum libertate pasturæ, et effodiendi lie fewall in moris et maresiis de Dounie, et cum pastura in mora de Monickie vocata Northmoor, in parochia de Monickie :—A. E. 13*s.* 4*d.* N. E. 4*m.*—terris de Crofts :—E. 80 *bollæ avenarum,* &c. *feudifirmæ* :—dimidiis terris de Milnetoune de Canon, et dimidio molendini :—E. 1 *celdra hordei,* &c. *feudifirmæ* :—terris de Both cum decimis, infra dominium et regalitatem de Aberbrothock :—E. 44 *bollæ farinæ avenaticæ,* &c. *feudifirmæ* :—terris de Budden cum Links earundem et decimis ;—ædificiis et domibus de Deyhouse, cum warda australi vocata Abbotshorsewaird, infra baroniam de Barrie :—E. 6*l.* 13*s.* 4*d.* &c. *feudifirmæ* :—dimidio terrarum de Linkes de Barrie cum pendiculis, viz. dimidia parte terrarum vocatarum Saltgrass alias Sheepherds land ;—dimidia parte 4 acrarum terræ nuncupatarum Bowmanslands ;—dimidia parte de Crossfaulds ;—dimidia parte terrarum vocatarum Ryfaulds, cum prato nuncupato Newmeadow, et dimidio vallium et pasturagiorum cum decimis, in baronia de Barrie, et decimis lanæ, lini, cannabis, agnorum, vitulorum, pullorum equinorum, butyri, et casei :—E. 21*l. feudifirmæ* :—villa et terris de Newtoune de Glames, Chippethill (vel Clippethills), Myrtoun de Glames, Rochellhills, Guinie, Holmilne :—terris de Knockeny, Annasoull, infra baroniam et thanagium de Glames, in warrantum decimarum de Balhelvie :—A. E. 2*s.* N. E. 10*s.*—feudifirmæ censibus et feudifirmæ divoriis, canis et pultreis de terris et baronia de Barrie, et terris de Woodhill et Cotsyd ;—terris de Baskellie, et terris de Revensky ;—terris de Badiehilles ;—cuniculariis et campis maritimis lie linkes de Budden et Dayhouse, terris de Cowbyres et Gedhall ;—terris de Budden et terris de Carunslie, cum piscationibus de Gall et Buddinge, et aliis divoriis infra dictam parochiam, dominio de Balmerinoch solvendis ;—5 acris terræ, et officio balliatus prædictarum terrarum :—A. E. 6*l.* N. E. 24*l.*— terris de Pittairlie ;—terris de Guildie et pecia moræ de Dounie, in baronia de Dounie :—A. E. 9*l.* N. E. 12*l.*—terris et baronia de Auchterlony alias Kellie, comprehendentibus terras dominicales de Kellie ;—villam et terras de Balcathie, Panistoune, Cotton (vel Cottmure), Wormiemilnes cum multuris et sequelis earundem, Litle Kellie, Balmyliemure (vel Balknylnemure), Bonnytoune, Phalahill, Greenford, Lonie, Phalais, Hunterspaith, Garro, Garromilne cum sequelis earundem, Rottenraw, Wester Knox, Easter Knox, Milnehill, et Bonhards, molendinum de Kellie, multuras et sequelas ejusdem, omnes unitas in baroniam de Auchterlony vel Kellie :—A. E. 6l. N. E. 15l.—decimis garbalibus dictarum terrarum et baroniæ de Auchterlony vel Kellie, in baronia de Kellie et parochia de Arbirlot.—A. E. 15s. N. E. 3l.—(Vide Aberdeen.)

xxxviii. 340.

(502) Apr. 27. 1686.
JACOBUS COMES DE PANMURE, &c. hæres Georgii Comitis de Panmure, Domini Maule, Brechin, et Navarr, fratris senioris germani,—in terris et baronia de Aberbrothock comprehendente burgum baroniæ et regalitatem de Aberbrothock, locum, sedem et scamnum lie Dask, et solium in ecclesia de Aberbrothock, cum Ward, Haymeadows, et Commonfirth et mora de Aberbrothock ;—terras de Guynd, Biax, Grange de Conan, Kirktoun de Aberbrothock;—maneriei locum et præcinctum dominii et abbaciæ de Aberbrothock ;—terras de Seatoune, Milnetoune de Conan, Warddyk, Pondelawfeild, Dishland, Lamblaw, Newtoune, Kinnaildie, Bruntoune, Cairnetoune, Murehouse, Newbiggings, Peebles, Eastmeadow, cum decimis ;—terras de Dickmontlaw, Northtarrie, Southtarrie, Sallerscroft, Smithcroft, Crofts de Wairdmilne, Domisdaill, Colliestoune, Ruiffs, Guthrieshill, cum Warddykis, Grinterscroft, Cunninghar, Cairnie, Leitchholme, Auchmutie cum Fishertoune et Alehouse ejusdem, Newgrange, Muredrum, Keptie, Almehouscroft, Hospitallfeild, North Ferrie cum piscationibus salmonum et alborum piscium, Barbourscroft, Sclaitersbank, Auchdenzet, Countland, Sanct Ninianscroft ;—terras de Crofts;—terras de Meadowaiker, Wardaiker, Almeshouscroft ;—lacus de Keptie et Cairnie ;—molendina de Kirktoune et Wairdmilne, infra parochiam et regalitatem de Aberbrothock ;—Maynis de Aithie, Raesmilne cum multuris ejusdem, Boggichead, Smithland, Bruntoun, Over Grange, et Nether Grange, Meadow lands, cum particle de Easter Grange, et 2 acris terræ arabilis, Rankynnow, Port, Neikerburn et piscatione ejusdem, infra parochiam de Athie ;—terras de Auchterlonie, Dunichtoune, Leithelme, Costoune, Dumbarrow, Windieldge, Cranouchie, Corstoune, cum decimis, infra parochiam de Dunichtoune ;—terras de Both et Kirktoune de Innerkillor cum decimis, infra parochiam de Innerkillor ;—villam et terras de Eister Lownan et decimas earundem, infra parochiam de Lownan ;—Kirktoune de Kingoldrum, Easter, Wester, et Midle Persies, Auchorochie, Kinclune, Baldovie, Little Kennie, Meikle Kenny, Estreavie, Over Estreavie ;—molendinum de Kingoldrum cum multuris ejusdem, Kinnells et decimas earundem, infra parochiam de Kingoldrum ;—piscationem de Monifuith in Angusia, cum piscatione de Montrose, et cymba portatoria de Montrose ;—diversos annuos redditus ad abbaciam de Aberbrothock pertinentes, viz. de Meikle Cairnie 2s.—de Scottstoune et Powburne 5l. 6s. 8d.—de Kinnaldie 5l. de Kinceff 16s.—de Benholme 16s.—de Kinceld 11s. 4d.—de Ardoch 40s.—de Over Alehouse de Torrie 29s.—de Forglen 40s.—de Monifuith 6l. 13s. 4d.—de Glames 40s.—de tenemento in Pearth 42s. 6d.—de tenemento in Dundee 6s. 8d.—de tenemento in Aberdeen, 40s.—de Baldovie 29s. 10d.—de Balumbie 13s. 8d.—de Dun 2s.—de Braco 6l. 6s. 8d.—de terris de Forfar 40s. 8d.—de Cowie 4s.—de molendino de Torrie 2s.—de terris de Torrie 2s. 4d.—de Knockin-Benholme 13s. 4d.—de Kinrosse 2s. 8d.—de burgo de Edinburgh 2s.—de Linlithgow 2s.—de terris in burgo de Sterling 4s. 6d.—de Innerkeithing 2s.—de terris in Craill 3s.—de Kinghorne 18d.—de terris apud pontem de Aberdeen 7s.—de terris de Futty 10d.—de terris de Auchmutty 6s. 8d.—de Templehouse 6s. 8d.—de Auchorthies 3s. 4d.—de Raghill in Boyn 6s. 4d.—de Rugla 40s.—cum ecclesiis parochialibus subscriptis et decimis earundem, ad dominium et abbaciam de Aberbrothock pertinentibus, viz. decimis ecclesiæ de Aberbrothock Saint Vigence nuncupatæ ;—decimis ecclesiæ de Panbryd ;—decimis ecclesiæ de Arbirlot ;—decimis ecclesiæ de Monickie ;—decimis ecclesiæ de Murehouse ;—decimis ecclesiæ de Dunnightoune ;—decimis ecclesiæ de Maynes ;—decimis ecclesiæ de Lounan ;—decimis ecclesiæ de Innerkeillor ;—decimis ecclesiæ de Athie ;—decimis ecclesiæ de Monifuith ;—decimis ecclesiæ de Clova ;—decimis ecclesiæ de Ruthven ;—decimis ecclesiæ de Glames ;—decimis ecclesiæ de Keremure ;—decimis ecclesiæ de Kingoldrum ;—decimis ecclesiæ de Newtylle ;—decimis ecclesiæ de Gavill in Kincardine ;—decimis ecclesiæ de Dunbrig ;—decimis ecclesiæ de Abernethie in Fife ;—decimis ecclesiæ de Innernes ;—decimis ecclesiæ de Aberchirdour ;—decimis ecclesiæ de Bamff, et decimis ecclesiarum de Gamrie, Langlie, Guildie, Kinernie, Banchorie-trinitie, Bethelny, Forgie, Fyvie, Tarves, Nigg, et Fetterangus, cum advocationibus prædictarum ecclesiarum, et cum jure regalitatis terrarum, dominii, baroniæ et abbaciæ prædictarum, cum capella et cancellaria, omnibus unitis cum aliis terris in Kincardine, Edinburgh, Aberdeen, Banff, Lanark, Perth, et Nairn, in dominium,

baroniam, et regalitatem de Aberbrothock.—E. 200l.—(Vide Kincardine, Edinburgh, Aberdeen, Banff, Lanark, Perth, Nairn.)

xxxviii. 374.

(503) Jun. 23. 1686.
JOANNES MILNE navigator in Aberbrothock, hæres portionarius Thomæ Hamiltoune aliquando balivi de Aberbrothock, fratris aviæ ex parte matris,—et MARGARETA LEMAN (vel ZEMAN) sponsa Joannis Ogilog in Ahochlem, vicecomitatu de Antrum et Regno Hiberniæ, hæres portionaria dicti Thomæ Hamiltoune, avunculi,—in 7 acris 3 rudis terrarum arabilium cum decimis garbalibus, infra dominium de Aberbrothock in agro nuncupato Keptie :—E. 3l. 17s. 6d. &c.—tenemento cum horto in Aberbrothock :—E. 8s.—2 rudis terræ cum horto et decimis garbalibus:—E. 8s. et 8d. in augmentationem :—acra terræ in Dishland cum decimis garbalibus ;—2 regestis sive riggs terrarum cum decimis garbalibus in Dishland, infra dominium prædictum.—E. 2 bollæ hordei, &c. feudifirmarum. xxxix. 22.

(504) Oct. 15. 1686.
MARGARETA ET JEANNA ZEMANS filiæ Joannis Zeman et Isobellæ Hamiltone ejus sponsæ sororis Thomæ Hamiltone, hæredes portionariæ dicti Thomæ Hamiltoune ballivi in Aberbrothock, avunculi,—et JOANNES MILL filius quondam Joannis Mill procreatus inter illum et Helenam Zeman ejus sponsam, filiam dictæ Joannis Zeman et Isabellæ Hamilton, hæres portionarius dicti Thomæ Hamiltone, fratris aviæ,—in 7 acris 3 rudis terrarum arabilium cum decimis garbalibus, infra dominium de Aberbrothock in agro nuncupato Keptie ;—acra terræ cum decimis garbalibus infra dominium de Aberbrothock in agro de Keptie :—E. 3l. 17s. 6d.—tenemento terræ cum horto infra burgum de Aberbrothock :—E. 8s.—horreo et 2 rudis terræ hortorum elimosinariorum dicti burgi cum decimis garbalibus :—E. 8s. et 8d. in augmentationem : —acra terræ in Dishland cum decimis garbalibus in regalitate de Aberbrothock ;—2 riggs terrarum cum decimis garbalibus in parte terrarum de Dishland, infra dominium et regalitatem prædictam.—E. 2 bollæ hordei, &c. feudifirmarum. xxxix. 261.

(505) Oct. 15. 1686.
MARGARETA ET JEANNA ZEMANS filiæ Joannis Zeman, procreatæ inter illum et Isobellam Hamilton ejus sponsam, sororem Thomæ Hamilton, hæredes portionariæ Thomæ Hamiltone aliquando ballivi in Aberbrothock, avunculi,—et JOANNES MILL filius Joannis Mill procreatus inter illum et Helenam Zeman ejus sponsam, filiam dictæ Isobellæ Hamilton, hæres portionarius dicti Thomæ Hamiltoune, fratris aviæ,—in 7 acris 3 rudis terrarum arabilium cum decimis garbalibus, infra dominium de Aberbrothock, in agro nuncupato Keptie:—E. 3l. 17s. 6d.—tenemento et horto infra burgum de Aberbrothock :—E. 8s.—horreo et 2 rudis terræ hortorum elimosinariorum dicti burgi cum decimis garbalibus :—E. 8s. et 8d. in augmentationem ;—acra et 2 riggs terræ in Dishland cum decimis garbalibus, in dicta regalitate de Aberbrothock.—E. 2 bollæ hordei, &c. feudifirmarum. xxxix. 328.

(506) Jan. 18. 1687.
JOANNES CARNEGIE de Boysack, hæres masculus Joannis Carnegie de Boysack, patris,—in villa et terris de Boysack ;—terris de Broadfoot-gairdyne, cum pendiculis nuncupatis Kemphall, Newtoun, Loanhead, et Drumhead, et multuris prædictarum terrarum de Broadfoot-gairdyne ;—mora ad dictas terras jacente nunc vocata Lindsayesmuire, et ab antiquo Dowglasmure nuncupata, cum advocatione capellani de Whytfield ;—terris de Murehouse, et terris de Burnsyde in baronia de Reidcastle :—A. E. 5l. N. E. 20l.—terris nuncupatis Mayns de Lyes ;—terris de Litle Gairdyne alias Easter et Wester Borders, cum advocatione capellaniæ ad easdem pertinente intra ecclesiam de Innerkeillor situata :—A. E. 4l. N. E. 16l.—parte orientalis et occidentalis moræ nuncupatæ Firth de Aberbrothock, in the parochin of Saint Vigence :—E. 2m. feudifirmæ :—terris de Grange de Conon cum decimis, infra parochiam de Saint Vigence, baroniam et dominium de Aberbrothock :—E. 8l. 16s. &c. feudifirmæ:—omnibus unitis in baroniam de Boysack. xl. 9.

(507) Aug. 30. 1687.
DAVID OGILVIE de Clovay, hæres masculus Domini Davidis Ogilvie de Clovay militis, patris,—in baronia de Clovay comprehendente terras de Kirktoun ;—terras de Arrintibber, Doel, Ballinhard, et Ballintyre ;—terras de Breadownies, Tullumulluquhy, et Claylich ;—terras de Coldon, cum maneriei loco et molendino de Clovay, et glens et forrestis.—A. E. 10l. N. E. 40l. xxxix. 723.

(508) Sep. 10. 1687.
ALEXANDER MURRAY de Melgum, hæres Alexandri Murray de Melgum, patris,—in terris et baronia de Melgum comprehendente Mayns de North Melgum ;—terras de Gelliehill, Nethertoun ;—molendinum de Melgum ;—dimidium villæ et terrarum de Belnacroyck ;—terras de Muirsyde, Haughheid, et

I

Daeiscroft, quæ sunt propriæ partes terrarum de North Melgum :—A. E. .... N. E. 40l.—partem lie muire vocatam Montreumonth :—E. 2l.—alio dimidio dictæ baroniæ de Melgum vocato South Melgum, comprehendente solarem dimidiam villæ et terrarum de Eastertoun et Belnacroyck ;—terras de Waltrey, Laers, et Belliehill de Fleimingtoun, Outfeild terrarum de Fleimingtoun, cum 2 acris infield lands earundem terrarum de Fleimingtoun, quæ fuere partes de Waltrey ;—terras de South Melgum cum libertate in mora de Cambsmyre et decimis, in parochia de Aberlemno :—A. E. 3l. N. E. 12l.—unitis in baroniam de Melgum ;—partibus terrarum et baroniæ de Woodwrae comprehendentibus 3 solares quarterias villæ et terrarum de Polgairroch cum molendino ejusdem, infra parochiam de Aberlemno, et salmonum piscatione super aquam de Southesque, unitis in baroniam de Woodwrae :—A. E. 50s. N. E. 10l.—solari dimidia parte terrarum dominicalium de Woodwrae ;—et specialiter lie sunnie dimidia parte portionis pendiculi vocati Caustoun ;—3 solaribus quarteriis terrarum de Hoyll ;—umbrali dimidietate vocata occidentali dimidio terrarum de Woodwrae, et shadow half illius partis vocatæ Causton, cum decimis.—A. E. .... N. E. 10l. taxatæ divoriæ. xl. 136.

(509) Nov. 13. 1687.
ELIZABETHA BONAR relicta Alexandri Milne de Drumtouchtie, hæres portionaria Jacobi Bonar de Bonartoun, fratris germani,—et JACOBUS GOVAN filius Jacobi Govan sartoris burgensis Vicicannonicorum, procreatus inter illum et Janetam Maitland filiam Catherinæ Bonnar sororis germanæ dicti Jacobi Bonar, hæres portionarius dicti Jacobi Bonar, fratris aviæ,—in annuo redditu 240m. correspondente 4000m. de terris occidentalibus villæ de Wester Cottoun de Corse alias M‘Kieshill vocatis, infra baroniam de Phinheavin ;—umbrali dimidietate occidentalis dimidietatis villæ de Grange de Kincreich, cum molendino granario de Kincreich, in dominio de Coupar. xl. 83.

(510) Feb. 7. 1688.
HENRICUS CRAUFORD de Monorgum (vel Monorgound), hæres Henrici Craufurd de Eister Seatoun, patris,—in annuo redditu 188m. de terris et baronia de Tealling in parochia de Tealling ;—annuo redditu 162l. de terris et mansione de Bonytoun ;—mansione de Lethim ;—de terris de Over et Nether Newbiggings ;—terris de Annatstoun, Litle Inscheok, Myrsyde et Ballmuliemylne ;—terris de Eister, Wester, et Midle Idvies et pendiculo in Kirkden ;—terris de Gask, Ascurrie et molendino, omnibus intra parochias de Marietoun, Sanct Vigeance, Innerkillor, et Idvie :—in 2 tenementis infra burgum de Dundie ;—A. E. 10s. N. E. 40s.—tenemento infra dictum burgum de Dundie, in clausura vocata clausura Sanctæ Margaretæ, cum pecia terræ in dicto burgo.—A. E. 5s. N. E. 20s. xl. 309.

(511) Feb. 7. 1688.
HENRICUS CRAUFURD de Monorgound, hæres Henrici Craufurd de Easter Seaton, patris,—in annuo reditu 188m. de terris et baronia de Tealling in parochia de Tealling ;—annuo redditu 162l. de terris et mansione de Bonytoun, mansione de Lethim ;—terris de Over et Nether Neubigging ;—terris de Annatstoun, Little Inscheock, Myresyde, et Balmuliemylne ;—terris de Easter et Wester et Midle Idvies et pendiculo in Kirkden ;—terris de Gask, Ascurrie et molendino, infra parochias de Marietoun, Sanct Vigeance, Innerkeillar, et Idvice :—in magno tenemento terræ infra burgum de Dundie ;—tenemento seu hospitio, ex orientali parte clausuræ dicti tenementi ;—A. E. 10s. N. E. 40s.—tenemento terræ in dicto burgo ex boreali parte vici fori ejusdem, vel clausura vocata clausura Sanctæ Margaretæ ;—pecia horti in dicto burgo ex boreali parte dicti tenementi.—A. E. 5s. N. E. 20s. xli. 393.

(512) Maii 8. 1688.
CAROLUS COMES DE SOUTHESK, Dominus Carnegie de Lewchars, &c. hæres masculus Roberti Comitis de Southesk, Domini Carnegie de Kinnaird et Leucharis, patris,—in terris et baronia de Kinnaird ;—terris de Heughlands vocatis Balnamoon, et salmonum piscatione super aquam de Southesk ;—terris de Litle Carcarie ;—terris et dominio de Feithies ;—terris de Smidielands, cum communia in mora de Montreemonth, unitis in baroniam de Kinnaird :—A. E. 13l. N. E. 52l.—terris de Glester infra baroniam de Panmuire :—A. E. 40s. N. E. 8l.—terris de Cookstoun :—A. E. 5l. N. E. 20l.—terris de Addecat :—E. 6l.—terris de Midle Drum et Greenden cum decimis :—E. 60l.—molendino de Caldham :—E. 15m.—advocatione ecclesiæ de Kinnaird :—A. E. 12d. N. E. 4s.—unitis in tenandriam de Cookstoun ;—terris et baronia de Fairne comprehendente terras de Fermertoun, Balquhairne, cum molendinis granorum et fullonum de Fairne ;—terras de Balquhadlie, Balmaditie, Boigsyde, Boigie, Trusto, Leddinhendrie, Eister, Wester, et Midle Tullohills, Auchnacrie, Muidislack, Shamfoordvaine, Auchlochie, Dewchar, Brustan, cum Outsetts vocatis Whytehillocks, Lightounseat, Dubtoun, Scotishill,

Bellieseat, Carthrowseat, Fairnesseat, Courtfoord, Cornablows, Reidfoord, Lundiesaicker, Cookslack, cum pasturagiis super verticibus et oribus dictæ baroniæ de Fairnie ;—advocatione ecclesiæ de Fairnie, infra parochiam de Fairnie, et decimis terrarum de Waterstoun :—A. E. 15l. N. E. 60l.—solari dimidietate terrarum de Watterstoun, præsertim solari dimidietate terrarum dominicalium de Watterstoun ;—solari dimidietate terrarum de Easter Hiltoun et Wester Hiltoun de Watterstoun, Windsoir, et Blacklawes, cum molendino de Waterstoun :—A. E. 10l. N. E. 40l.—annuo redditu 15 petrarum casei de umbrali dimidietate terrarum de Watterstoun ;—quarta parte villæ et terrarum de Watterston infra dictam parochiam :—A. E. .... N. E. ....—metallis auri, argenti, cupri, plumbi, stanni, ferri et omnibus metallis existentibus infra bondas terrarum baroniæ de Fairnie :—E. tertia pars metallorum, &c.—terris de Panbryd, viz. Kirktoun de Panbryd, Balmaqwhy, Barnyards, Rottonrae, cum lie port, haven et molendino ejusdem, infra baroniam de Lewchars et vicecomitatum de Fife per annexationem :—E. ....—decimis dictarum terrarum de Panbryd, Kirktoun de Panbryd, Rottonrae, Balmaqwhy, et Barnyards, infra parochiam de Panbryd et dominium de Aberbrothock ;—decimis terrarum de Carnegie et Glaster :—A. E. 3s. 4d. N. E. 13s. 4d.—terris de Wester Dalgety infra dominium de Brechin :—E. 30s. &c. feudifirmæ :—villa et terris de Dunichtin cum decimis, infra dominium de Aberbrothock :—E. 82l. 12d.—villa et terris de Creichie et Ouchterlonyes cum decimis garbalibus earundem :—E. 120l.—terris de Letham et Corstoun cum decimis :—E. 14s.—maltkill de Dunychtin cum Brewlands et decimis ;—acra terræ arabilis in Dunichtin cum decimis, infra dominium de Aberbrothock, omnibus unitis in tenandriam de Dunychtin :—E. 3s. 4d.—villa et terris de Carnegie cum pratis vocatis Newpark, et pastura in Firth, moris et maresiis de Panmure et Diltounmos, infra parochiam de .... :—A. E. .... N. E. ....—terris de Garlact et mora vocata Kinnelmure, within the baronie of Luntrathan ;—terris de Maynesbank et Combraid, infra baroniam et parochiam de Kinnell ;—terris de Braichie et Bollishane, cum mora vocata Firth de Bollishan et communia, infra regalitatem de Aberbrothock :—E. 5l. 11s.—officio ballivatus terrarum de Braikie et Bolishane, et regalitatis de Aberbrothock, in quantum extendi potest ad dictas terras :—A. E. .... N. E. ....—dimidietate annui redditus 24s. de terris de Nether Craigs de Glenylla ;—terris de Nether Craigs, Aucharan alias Aucharranie, Cookstoune cum molendinis ejusdem, Blackstoun, Drumsloig alias Drumsloigne, Blacklunan alias Blanshlinias, Hombraid, et Auchnabraith alias Auchnansis ;—advocatione ecclesiarum de Stracaithrow, Buttirgale, et Gillmoir :—A. E. ...... N. E. ....—custodia moræ de Montreemonth ;—terris de Muirmilns ;—toft vocato Wall, cum 3 montibus lie lawes ;—tofts et crofts de Pitkennitie, Muirside, Whitefalls, Liniansyde ;—molendino de Muirmilnes juxta Feithie, unitis in baroniam de Carnegie :—A. E. 20s. N. E. 4l.—annuo redditu 10l. de baronia de Feithie ;—unitis in comitatum de Southesk et dominium de Carnegy ;—villa et terris de Lewchars (Lewchland) tam solari quam umbrali dimidio ejusdem, infra parochiam et dominium de Brechin :—A. E. 3l. N. E. 12l.—quarteria terrarum de Watterstoun comprehendente quarterium terrarum dominicalium de Watterstoun ;—quarterium de Wester Hiltoun et Eister Hiltoun de Watterstoun, et quarteriam de Winsoir et Blacklawes, infra parochiam de Fearne :—A. E. 25s. N. E. 5l.—terris de Meikle Carcarie, cum advocatione ecclesiæ de Fearnewall, infra parochiam de Fairnewall et baroniam de Dun per annexationem, omnibus in comitatu de Southesk et dominio de Carnegie, et quæ sunt propriæ partes earundem :—A. E. 7m. N. E. 28m.—terris de Kinnell infra baroniam de Rescobie et regalitatem Sancti Andreæ :—E. 8s.—mora de Montreemonth cum privilegiis in dicta mora.—E. 6s. 8d.—(Vide Fife, Kincardine, Peebles, Selkirk, Dumfreis, Kirkcudbright, Aberdeen.) xl. 178.

(513) Dec. 24. 1689.
JACOBUS DURHAME de Luffnes, hæres Domini Jacobi Durhame de Luffnes, patris,—in 2 tertiis partibus terrarum de Pitkerro :—E. 8m. 10d. taxatæ wardæ :—2 molendinis granariis de Pitkerro.—A. E. 3s. 4d. N. E. 13s. 4d. xli. 142.

(514) Dec. 24. 1689.
JACOBUS DURHAME de Luffnes, hæres Magistri Jacobi Durhame de Pitkerro dictatoris rotulorum in Scaccario, avi,—in tertia parte terrarum de Pitkerro.—A. E. 4m. N. E. 13s. 4d. xli. 244.

(515) Mar. 21. 1690.
JANETA ET MARIA RENNALDS, hæredes portionariæ Magistri Roberti Rennald ministri verbi Dei de Old Aberdeen, patris,—in terris de Kinnaldie cum decimis, infra parochiam de Saint Vigeans et regalitatem de Aberbrothock.—E. 21 bollæ frumenti, &c. feudifirmæ. xlii. 410.

(516) Jan. 20. 1691.
FRANCISCUS ERSKIN de Kirkbuddo, hæres masculus et lineæ

Davidis Arskin de Kirkbuddo, *patris*,—in terris et baronia de Kirkbuddo:—A. E. 15*s*. N. E. 9*l*.—terris de Eaglisjohn infra parochiam de Dun:—E. 6*l*. 10*s*. &c.—parte moræ de Dounie vocata pecia lie seade (vel per via lie Shade) ex australi parte torrentis de Kirkbuddo, in septentrionali latere ejusdem moræ.—E. 10*m*. xlii. 39.

(517) Jun. 2. 1691.

DOMINA ELIZABETHA NEVAY sponsa Domini Joannis Hay de Muirie, *hæres* Davidis Nevay de Nevay, unici filii legitimi quondam Domini Davidis Nevay de Nevay unius Senatorum Collegii Justiciæ, inter illum et Dominam Margaretam Hay ejus sponsam procreati, *fratris germani*,—in terris et baronia de Nevay infra parochiam de Eassie, cum decimis, pro principali;—A. E. 5*l*. N. E. 20*l*.—et in warrantum earundem, in terris et baronia de Auchterhous cum pendiculis subtus mentionatis, viz. Haltoun de Auchterhous;—terris de Cuiks (vel Links);—terris de Eastfeild;—terris de Attoune (Hattoun?);—molendino de Auchterhous;—terris de Burnhead;—terris dominicalibus de Auchterhous;—terris de Bonytoun, quæ sunt propriæ partes terrarum et baroniæ de Auchterhouse;—terris de Westerkeath.—A. E. 13*l*. 6*s*. 8*d*. N. E. 53*l*. 6*s*. 8*d*. xlii. 151.

(518) Sep. 15. 1691.

ANNA ET MARJORIA LIVINGSTONES, *hæredes portionariæ* Georgii Livingstonne de Neutoun aliquando in Neubigging, *patris*,—in villa et terris de Neutoune tam solari quam umbrali dimidietate ejusdem, in parochia de Strickathrow.—E. 7*l*. 15*s*. 8*d*. &c. *feudifirmæ*. xlii. 232.

(519) Oct. 22. 1691.

GEORGIUS M'KENZIE de Roshaugh, *hæres lineæ, et hæres masculus talliæ et provisionis* Domini Georgii M'Kenzie de Rosehaugh, *patris*,—in terris de Rottinraw, Milnehaugh, et Fidlaw, et terris de Balwoodbrae, cum lie voltis et hortis de Catkoon, quæquidem terræ nunc communiter nuncupantur terræ de Haughheid, et annexantur baroniæ de Shank:—A. E. 13*s*. 4*d*. N. E. 40*s*.—terris et baronia de Neutyld et Kilpurnie, cum maneriei loco de Newtyld et molendinis, et advocatione ecclesiæ de Neutyld;—binis partibus terrarum et baroniæ de Auchtertyre et Belcraige, cum pendiculis earundem vocatis Dennend, Reidfurd, Neubigging, et Boighead, et terrarum de Burnemouth;—terris de Clinsh infra baronias de Auchtertyre et Neutyld, cum decimis garbalibus:—A. E. 12*l*. 13*s*. 4*d*. N. E. 40*l*. 13*s*. 4*d*.—tertia parte terrarum de Auchtertyre et Belcraige, et tertia parte molendini de Neutyld:—A. E. 6*l*. 8*d*. N. E. 25*l*. 6*s*. 8*d*.—terris de Hilend alias Templebank, et acra infra terras de Halton de Neutyld;—crofta terræ cum horto infra dictam villam de Haltoun de Neutyld, infra parochiam de Neutyld:—E. 44*s*. *feudifirmæ*:—terris ecclesiasticis de Neutyld cum decimis garbalibus, comprehendentibus villam et terras de Kirktoune de Neutyld et Brewlands, cum decimis garbalibus;—istas terras ecclesiasticas de Neutyld cum decimis vulgo nuncupatas Kirklands, infra parochiam de Neutyld:—A. E. 20*s*. N. E. 4*l*.—dimidietate dimidii villæ et terrarum de Balmave, extendente ad quartam partem terrarum de Balmave pro principali, et in warrantum ejusdem, quartæ partis terrarum de Balmave;—binis quartis partibus vulgo tuo quarters villæ et terrarum de Balmave, infra parochiam prædictam:—E 3*l*. 16*s*. &c. *feudifirmæ*:—et principaliter in terris de Henderstoune et Sillieseatt, cum tenendria et superioritate terrarum de Eddertie;—terris et baronia de Neufibber comprehendente terras de Pitneapie et tenendriam et superioritatem, cum feudifirmis et divoriis terrarum de Coustoune, Davestoune et molendini de Milnholl;—pendiculo Burnsyde de Neutyld nuncupato:—A. E. 5*l*. N. E. 20*l*.—terris dominicalibus de Dudhope infra baroniam de Dundee:—A. E. 7*s*. 6*d*. N. E. 30*s*.—decimis garbalibus seu rectoriis omnium terrarum suprascriptarum, jacentium infra dictam parochiam de Neutyld:—E. ....—unitis in baronia de Newtyld;—terris dominicalibus et maneriei loco de Wester Keillor cum molendino;—pendiculo dictarum terrarum Hill de Keillor nuncupato;—Deansyde:—A. E. 5*l*. N. E. 20*l*.—occidentali dimidietate terrarum de Eister Keillor, infra baroniam de Eassie et parochiam de Newtyld:—A. E. 13*s*. 4*d*. N. E. 53*s*. 4*d*.—dimidietate terrarum et villæ de Easter Keillor, in baronia de Lantrethin:—A. E. 16*s*. 8*d*. N. E. 3*l*. 6*s*. 8*d*.—annuo redditu 40*s*. de altera dimidietate terrarum de Easter Keillor;—altero annuo redditu 40*s*. de terris de Wester Keillor:—E. 1*d*. *albæ firmæ*:—annuo redditu 200*l*. correspondente 5000*m*. de terris et baronia de Pitcur, comprehendente terras de Pitcur, Gask, Balgove, Balluny, Newtoun de Balluny, Balgillo, Eastounend de Keattins et Pitdounie, infra parochiam de Keattins.—E. 1*d*. *albæ firmæ*.—(Vide Edinburgh, Perth, Inverness, Ross, Berwick.) xlii. 250.

(520) Mar. 3. 1692.

HENRICUS CRAUFURD junior de Monorgand, filius procreatus inter Henricum Craufurd de Monorgand et Isobellam Nevay ejus sponsam, sororem germanam Davidis Nevay de Eodem, unici

filii Domini Davidis Nevay de Nevay unius Senatorum Collegii Justiciæ, procreati inter illum et Dominam Margaretam Hay ejus sponsam, *hæres portionarius* dicti Davidis Nevay de Eodem, *avunculi*,—in terris et baronia de Nevay, et in omnibus aliis terris tam ex orientali quam ex occidentali latere amnis lie burne de Nevay, infra parochiam de Essie, cum decimis rectoriis et vicariis ejusdem, unitis in baroniam de Nevay, tanquam pro principali:—A. E. 5*l*. N. E. 20*l*.—et in speciale warrantum earundem, in terris et baronia de Auchterhouse cum pendiculis subtus mentionatis, viz. Haltoun de Auchterhouse, terris de Lucks (Links?);—terris de Eistfeild;—terris de Hattoun;—molendino de Auchterhouse;—terris de Burnhead;—terris dominicalibus de Auchterhouse;—terris de Bonytoun, quæ sunt propriæ partes dictarum terrarum et baroniæ de Auchterhouse;—terris de Wester Keith.—A. E. 13*l*. 6*s*. 8*d*. N. E. 53*l*. 6*s*. 8*d*. xlii. 341.

(521) Mar. 24. 1692.

ALEXANDER WEDDERBURNE de Easter Pourie, *hæres* Alexandri Wedderburne de Easter Pourie, *patris*,—in terris de Easter Pourie cum molendino, quæ vulgo Wester Mains vel Midletoun vocantur, Easter Mayns et Burnesyde de Pourie, omnibus erectis in baroniam de Pourie, pro principali;—et in warrantum earundem, in terris et baronia de Ogilbie vulgo vocata Glen de Ogilbie, comprehendente terras de Haltoun de Ogilbie;—terras de Milntoun de Ogilbie cum molendino;—terras de Meikle et Little Kilmundies, Tarreymyre, Tarbrex, Midletoun, Dryburnes, Easter et Wester Handweicks, Wedderlyes, Broomsyde, Woodend, et Broomhillock:—A. E. 12*l*. N. E. 48*l*.—decimis garbalibus prædictarum terrarum et baroniæ de Pourie cum molendino, infra parochiam de Murehouse:—E. 10*s*. *albæ firmæ*:—dimidietate villæ et terrarum de Wester Gourdie vocata the Sunny half, cum decimis garbalibus, in dominio de Scona:—E. 20*m*. 11*s*. 8*d*. &c. *feudifirmæ*:—umbrali dimidietate dictæ villæ et terrarum de Wester Gourdie, cum decimis garbalibus et lie Backsetts, in dicto dominio de Scona.—E. 20*m*. 11*s*. 8*d*. &c. *feudifirmæ*. xlii. 368.

(522) Sep. 19. 1692.

ROBERTUS LINDSAY unicus filius legitimus quondam Jacobi Lindsay, filii legitimi senioris Magistri Jacobi Lindsay in Litlecoull, *hæres* Patricii Lindsay de Barnyeards, *fratris avi*,—in terris de Glenqueich, in dominio et baronia de Rescobie et regalitate Sancti Andreæ.—E. 3*l*. et 3*s*. 8*d*. in augmentationem, *feudifirmæ*. xliii. 398.

(523) Jan. 12. 1693.

GULIELMUS HUNTER de Restenneth, *hæres* Davidis Huntar de Restenneth, filii legitimi natu maximi inter quondam Magistrum Thomam Hunter de Restenneth et Christinam Pitcairn ejus secundam sponsam procreati, *patris*,—in terris dominicalibus de Restenneth et decimis garbalibus, cum maresia, lacu et pertinentiis:—E. 20*l*. *feudifirmæ*:—mansione loco et claustra de Restenneth, cum columbario et lie Eilark et piscariis, infra baroniam de Restenneth.—E. 10*m*. *feudifirmæ*. xliii. 175.

(524) Jan. 27. 1693.

JOANNES DOIG, *hæres* Magistri Davidis Doig filii legitimi natu maximi quondam Davidis Doig de Resuallie, *fratris immediate senioris*,—in annuo redditu 18*l*. de terris de Kirktoun de Aberlemno in parochia ejusdem, pertinentibus ad Joannem Thorntone.—E. 1*d*. *albæ firmæ*. xliii. 210.

(525) Feb. 23. 1693.

DAVID FALCONAR de Newtoun, *hæres* Domini Davidis Falconar de Newtoun nuper Præsidis Collegii Justiciæ, *patris*,—in terris et baronia de Dunlappie et molendino, cum advocatione ecclesiarum et capellaniæ infra parochiam ejusdem, et nunc per annexationem et unionem infra parochiam de Strickathrow:—A. E. 13*l*. N. E. 52*l*.—terris de Craighaugh et decimis, cum aliis terris in Kincardine:—A. E. 5*l*. N. E. 20*l*.—terris de Nether Perth et Cononies cum molendino de Perth, et multuris terrarum de Over Perth, Balachies, et Banks, et piscationibus super aquam de Northesk:—A. E. 5*l*. 15*s*. N. E. 23*l*.—omnibus unitis cum terris in Kincardine in baroniam de Newtoun.—(Vide Kincardine.) xliii. 200.

(526) Jul. 13. 1693.

GEORGIUS BROUN de Lidgertlaw filius quondam Majoris Georgii Broun de Ligertlaw, *hæres* Georgii Broun de Lidgertlaw, *avi*,—in quarta parte villæ et terrarum de Balmaw, jacente olim in regalitate de Lindoirs et nunc per annexationem infra vicecomitatum de Forfar;—umbrali dimidietate villæ et terrarum de Balmaw, extendente ad aliam quartam partem villæ et terrarum de Balmaw.—E. 7*l*. 12*d*. &c. *feudifirmæ*. xliii. 334.

(527) Oct. 26. 1693.

DAVID COMES DE NORTHESK, *hæres* Davidis Comitis de Northesk, *patris*,—in terris aliisque subscriptis, viz. terris et baronia de Reidcastle, Iceholls, Innerkeillor, comprehendentibus villas, terras, aliaque subtus specificata, viz. principales terras dominicales lie Maynes dictæ baroniæ, brewhouse, et terras bruerias, lie Alehouse et Brewlands;—terras vocatas Wester Maynes de Reidcastle;—terras de Ironshill, Laverockhall, et Newbarnes;—terras de Fischertoun et terras piscarias, lie Fisherlands dictæ baroniæ, cum cymba piscaria ejusdem villæ;—terras de Incheock;—terras de Parkland, cum integra maresia lie Moss et Myre Boniemeonsmyre nuncupata;—terras de Chapletoun;—terras de Peirsfield;—molendinum de Inverkeillor alias Kirktounmylne, cum terris molendinariis;—terras de Ballindoch;—villam et terras de Walkmylnes et molendinum fullonum hujusmodi;—villas et terras de Hodgetoun et Fallawes;—terras de Hiltoun et Grainge, cum advocatione capellaniæ de Whytfeild, et omnium aliarum ecclesiarum dictarum terrarum et baroniæ;—cum omnibus aliis terris cujuscunque alterius nominis, designationis vel tentionis sint, jacentibus infra bondas terrarum et baroniæ suprascriptarum, vel eisdem adjacentibus, quæ ad Jacobum Comitem de Tulliebardine vel in proprietate vel in tenendria pertinuerunt;—et similiter absque prejudicio generalitatis, terrarum de Bryanstoun, Annatstoune, Myresyde, quæ declarantur fore pendicula dictæ baroniæ de Reidcastle, tanquam pro principali:—A. E. 20l. N. E. 80l.—et in warrantum dictarum terrarum et baroniæ, in terris et baronia de Logie Almond aliisque terris in Perth;—quæ terræ principales et in warrantum, erectæ erant in baroniam de Reidcastle;—terris de Lour et Muirtoun, cum pendiculis nuncupatis Seggieden, Denhead, Greenordie, et Greenmyre;—tenendriis de Eister et Wester Methies infra baronium de Kincaldrom:—A. E. 6l. 13s. 4d. N. E. 26l. 13s. 4d.—terris terrarum dominicalium et villæ de Lour, cum molendino, maneriei loco de Lour, comprehendentibus totas quatuor quaternas partes hujusmodi:—A. E. 4l. N. E. 16l.—terris et baronia de Ethies, viz. terris dominicalibus de Ethie, Overgreen, Nethergreen, cum maneriei loco, portu, molendino granario nuncupato Raisemilne, Burnetoune de Ethie, Wighead, cum prato et acris vocatis Richardsons aikers, Rankenno, et Smithbank, infra regalitatem de Aberbrothick:—E. 108l. 6s. 8d. feudifirmæ:—piscaria lie Fishertoune de Auchmithie cum brasina ejusdem, alba domo, terris nuncupatis Fisherlands, cum portu et Heugh, et Standarts pro exsiccatione piscium, cum communi pastura et privilegio effodiendi cespites, lie turfs in mora de Auchmithie, infra dominium de Aberbrothick:—E. 4l. feudifirmæ:—tertia parte terrarum de Kinnaldie cum decimis, et communi pastura in communi mora de Aberbrothick vulgo Firth, et privilegio fodiendi lie fewall, faill, et divott, cum tota manerie de Kinnaldie, in baronia, regalitate, et dominio de Aberbrothick:—E. 7 bollæ frumenti, &c. feudifirmæ:—bina parte seu duabus tertiis partibus terrarum de Kinnaldie, cum communi pastura in mora de Aberbrothick nuncupata Firth, et fewall, faill, et divott;—decimis garbalibus dictæ binæ partis:—E. 14 bollæ frumenti, &c. feudifirmæ:—parte et portione moræ nuncupatæ Firth de Aberbrothick in dominio de Aberbrothick:—E. 46s. 8d. feudifirmæ:—terris de Auchmithies:—E. 42l. 13s. 4d. &c. feudifirmæ:—terris de Newtoun de Aberbrothick cum decimis:—E. 24 bollæ frumenti, &c. feudifirmæ:—dimidietate villæ et terrarum de Burntoun cum decimis:—E. 13 bollæ 1 firlota frumenti, &c. feudifirmæ:—villa et terris de Innerkeillor cum decimis garbalibus, in dominio de Aberbrothick:—E. 50s. &c. feudifirmæ:—dimidietate terrarum de Lownan alias nuncupata Courthill-Dumbartnet cum dimidietate molendini;—altera dimidietate terrarum et baroniæ de Lownan, nonnunquam ad Willielmum Tyrie de Drumkilbo spectante, cum dimidia parte molendini, continente terras de Hawlkhill;—terras de Newtoun;—Sunny Eist half terrarum de Dumbartnet, cum dimidio molendini de Lownan:—A. E. 10l. N. E. 40l.—villa et terris de Muirdrum infra regalitatem de Aberbrothick:—E. 5l. 6s. 8d. feudifirmæ:—villa et terris dominicalibus de Northtarrie;—terris de Ward et Warddyks, et terris de Geistmeadow, cum maneriei loco de North Tarrie, in dominio de Aberbrothick:—E. 6l. 13s. 4d. feudifirmæ:—decimis garbalibus et rectoriis dictarum terrarum de Ethie, comprehendentium terras dominicales lie Maynes de Ethie, Overgreen, Nethergreen, alias Overtoun et Nethertoun de Ethie, cum terris molendinariis molendini de Ethie, terris de Boighead, Rankinno, Damsyd, Smithslands, et Richardsons aikers:—E. 5l. 6s. 8d. albæ firmæ:—terris de Rynd vocatis Brayingtoun-Rynd infra baroniam de Innerkeillor:—A. E. 10s. N. E. 40s.—decimis garbalibus et rectoriis terrarum subscriptarum, viz. dimidietatis terrarum et baroniæ de Lownan, comprehendentis terras de Courthill, Coathill, Falscastle, Hillhead, et dimidietatem terrarum de Dumbarnet, et terrarum molendinariarum de Lownan, et decimas garbales terrarum de Rynd.—E. 40s. albæ firmæ.—(Vide Perth.)   xliii. 360.

(528)   Jan. 26. 1694.

JACOBUS LAMB, hæres Andreæ Lamb de Southtarrie, patris, —in prato de Southtarrie Southtarrie-meadow vocato, cum decimis;—terris de Over et Nether Heyes de Abirbrothok cum decimis:—E. 15s. et 5s. in augmentationem, &c.—2 acris terræ de Punderlawfeild cum decimis:—E. 2 bollæ hordei, &c.—terris de Southtarrie.—E. 6l. 13s. 4d. &c. feudifirmarum.   xliii. 450.

(529)   Aug. 24. 1694.

MAGISTER JACOBUS GRAY de Lauristoune, hæres Jacobi Gray de Lauristoune, patris,—in terris de Bulzione alias Catermelie, infra baroniam de Melgoune:—E. 10s. feudifirmæ:—aliis partibus terrarum de Bulzione vulgo nuncupatis Fourt pairt lands, quondam infra baroniam de Auldbarr, nunc per annexationem infra baroniam de Lyon, aliter baroniam de Longforgane in Perth.— E. 20s. feudifirmæ.—(Vide Perth.)   xliv. 220.

(530)   Sep. 13. 1694.

JACOBUS AUCHINLECK chirurgus pharmacopeus burgensis de Edinburgh, hæres Margaretæ Auchinleck filiæ Magistri Jacobi Auchinleck ministri apud Kittans, ac sororis Magistri Henrici Auchinleck ministri apud Perth, sororis patris,—in quarta parte quartæ partis villæ et terrarum de Newtoun de Glames cum decimis, in baronia et thanagio de Glames;—quarta parte quartæ partis alterius quartæ partis earundem terrarum.—A. E. ...... N. E. ......   xliv. 132.

(531)   Sep. 13. 1694.

JACOBUS AUCHINLECK prædictus, hæres Katharinæ Auchinleck filiæ Magistri Jacobi Auchinleck ministri apud Kittans, ac sororis dicti Magistri Henrici Auchinleck ministri apud Perth, sororis patris,—in quarta parte quartæ partis villæ et terrarum de Newtoun de Glames, cum decimis;—quarta parte partis quartæ alterius quartæ partis earundem terrarum.—A. E. .... N. E. ....   xliv. 134.

(532)   Sep. 13. 1694.

MARGARETA, ELIZABETHA, ET MAGDALENA STRACHANS, hæredes portionariæ Magistri Georgii Strachan nuper ministri verbi Dei apud ecclesiam de Guthrie, patris,—in annuo redditu 61l. 18s. correspondente 1031l. 16s. 8d. de terris de Kirkbuddo, et parte terræ nuncupatæ Patersons fawld, infra baroniam de Kirkbuddo;—annuo redditu 40l. correspondente 1000m. de terris de Carsbank, molendino et terris molendinariis ejusdem;—terris de Eister et Wester Craigheads et Easter Mearstoune, infra parochias de Rescobie, Oathlaw, et Aberlemno.   xliv. 155.

(533)   Oct. 4. 1694.

PATRICIUS MAXWELL de Tealling, hæres masculus Patricii Maxwell de Tealling, patris,—in terris et baronia de Tealling comprehendente terras dominicales de Tealling vulgo Milnetoune nuncupatas, cum molendino de Tealling;—terras de Balmith;—dimidietatem terrarum de Balgray;—dimidietatem terrarum de Kirktoune;—dimidietatem terrarum de Polkembock, et dimidietatem terrarum de Balkello, unitas in baroniam de Tealling:—A. E. 10l. N. E. 40l.—terris ecclesiasticis nuncupatis Priestoun de Tealling, cum decimis.—E. 21l. feudifirmæ.   xliv. 136.

(534)   Apr. 4. 1695.

JOANNES CARNEGIE de Kinnell, hæres masculus Jacobi Carnegie de Kinnell, fratris germani Joannis Carnegie de Boysack, patris,—in terris et baronia de Kinnell comprehendente terras de Braikie, Newbigging, Lunmylne, et Boighall;—terras de Haltoune de Kinnell;—terras vocatas Mains et Mainsbank, et terras de Balnaves, cum servitiis dictæ baroniæ de Kinnell, unitas in baroniam de Kinnell, cum communitate in mora de Montruethmont;—terras et superioritates de Eister Breakie et Auchinline, aut superioritatem cujusvis partis aut pendiculi dictæ baroniæ de Kinnell, ac etiam lie Isle, buriallplace, scamnum seu sedile, infra ecclesiam de Kinnell; quod olim pertinuit ad dictas terras et baroniam, omnibus unitis in baroniam de Kinnell.—A. E. 20l. N. E. 30l.   xliv. 359.

(535)   Apr. 17. 1695.

DAVID SCOT filius Roberti Scot de Benholm, hæres talliæ et provisionis Davidis Scot de Hedderweek, patrui,—in solari dimidietate terrarum de Hedderweek et Claylake:—E. 40d. feudifirmæ:—umbrali dimidietate dictarum terrarum:—E. 40d. feudifirmæ:—infra parochiam de Montrose et regalitatem de Aberbrothock;—terris de Newbigging, Colt, et Caple, cum terris de Myres, infra dictam parochiam pro principali;—et in terris de Fordes, Cottoun, et Leyes de Dun, Cocklaw, et Puggistoune, infra parochiam de Dun, in warrantum terrarum de Newbigging, Colt, et Caple:—E. 30l. taxatæ divoriæ:—terris de Glaster alias Glaskenno, pro principali:—E. 42l. 5s. taxatæ divoriæ:—et in terris de Meikle Morphie, Pillmore, Hill de Morphie et Silliecoats, Stane de Morphie et Smiddielands ejusdem, cum molendino de Morphie, et tertia parte salmonum piscationis super aqua de Northesk, et salmonum piscatione inibi rete Sancti Thomæ vulgo nuncupata, cum salmonum piscatione intra bondas terrarum de Hardrapstoun (Wardrapstoun?), in warrantum terrarum de Glaster:— A. E. .... N. E. .... —illis horreis et granariis lie loafts earundem, apud vicum scholarum burgi de Montrose.—E. 2s. feudifirmæ.—(Vide Kincardine.)   xliv. 327.

(536)   Oct. 29. 1695.

JOANNES COMES DE STRATHMORE ET KINGHORNE,

&c. *hæres* Patricii Comitis de Strathmore et Kinghorne, Vicecomitis Lyon, Domini Glamiss, Tannadyce, Sydlaw, et Stradichtie, &c. *patris*,—in terris, antiqua baronia, dominio et thanagio de Glamiss, comprehendente terras dominicales et villam de Glames cum burgo baroniæ et acris ejusdem;—villas et terras de Balnamoon, Myretoune, Bridgend, Clippethills, Newtoune, Westflat, Holmylne, Rochieshills, Easter et Wester Yeannies, Arnafoul, Knockeanie, Shepherdseat, Denhead, et Wester Denoon, cum castro et maneriei loco de Glames, advocatione ecclesiarum, et specialiter advocatione ecclesiæ parochialis et parochiæ de Glames, et decimis earundem:—A. E. 25*l*. N. E. 100*l*.—mansione vicarii de Glames nuncupata Westhill cum gleba ejusdem, infra territorium de Glames:—E. 4*m*. &c. *firmæ* et 6*s*. 8*d*. in augmentationem:—terris ad monasterium de Aberbrothwick pertinentibus infra dictum territorium de Glames:—E. 40*s*. *sterliuensium, firmæ:*—villa et terris de Thorntoune, cum communi pastura in mora jacente inter terras de Thorntoune, Haystoune, et Scrogerfeild, cum potestate et privilegio turbarias et glebas lie fewell et divot aliaque necessaria in eadem mora jactandi, infra parochiam de Glames;—terris templariis de Thorntoune vocatis etiam Templebank et Muttonaicker, cum privilegio pasturæ in moris adjacentibus, aliisque libertatibus, ex boreali parte præfatæ villæ de Haystoune, infra parochiam prædictam:—A. E. 4*l*. N. E. 16*l*.—villa et terris de Haystoune prout limitatæ et divisæ fuerunt a terris de Scrogfeild, jacentibus infra parochiam prædictam:—A. E. 3*l*. N. E. 12*l*.—terris de Cossins cum maneriei loco infra parochiam antedictam:—A. E. 40*s*. N. E. 8*l*.—terris de Ardecrock alias Litle Cossins, infra parochiam suprascriptam:—A. E. 40*s*. *firmæ:*—lacu de Forfar nuncupato Falinch, cum insula vocata insula Sanctæ Margaretæ, et cum maneriei loco in eadem, et anguillarum cista lie Eellark, et cæteris insulis ac piscationibus earundem;—Lochmilne, terris molendinariis et multuris ejusdem:—A. E. 20*s*. N. E. 4*l*.—officio constabulariæ burgi de Forfar, cum feodis et devoriis, cum castri monte, castro et maneriei loco ejusdem, et omnibus aliis terris, pendiculis, et pertinentiis quibuscunque, ad idem officium spectantibus ubicunque eadem jacent:—A. E. 3*s*. N. E. 12*s*.—officio coronatoriæ infra limites et bondas vicecomitatuum de Forfar et Kincardine, cum 4*l*. sterlinis annuatim levandis de extractis itinerum Justiciariæ infra prædictos vicecomitatus, ad dictum officium annexatis, cum aliis feodis et privilegiis ad idem spectantibus:—A. E. 5*s*. N. E. 20*s*.—terris, baronia et thanagio de Tannadyce, in quantum solummodo eædem comprehendunt villas et terras de Easter Ogyll;—villas et terras de Easter et Wester Memusses infra parochiam de Tannadyce:—A. E. 20*l*. N. E. 80*l*.—terris vocatis Kingsmuire infra baroniam de Dods;—advocatione ecclesiæ parochialis et parochiæ de Rescobie, decimis et emolumentis earundem quibuscunque, infra parochiam supra expressam:—A. E. 6*s*. 8*d*. N. E. 2*m*.—terris de Tulloig alias vocatis Tullochie;—terris de Grachie (vel Craichie) cum molendino de Craichie, terris molendinariis, multuris, sequelis, lie ring beer et ring oatts earundem, cum decimis garbalibus omnium terrarum aliorumque immediate supramentionatorum, ex australi latere torrentis de Eveny, infra regalitatem de Aberbrothwick:—E. 54*l*. *firmæ:*—terris de Haltoun de Eassie, cum lie brueseats et terris breweriis, infra parochiam de Eassie;—terris de Balgounie-Eassie cum molendino, terris molendinariis, liberis et astrictis multuris ejusdem, cum integris beneficiis, et proficuis ad præceptorem de Balgounie-Eassie spectantibus, infra parochiam de Eassie:—A. E. 40*s*. N. E. 8*l*.—terris et baronia de Reidie et Kinnaltie cum maneriei loco, infra parochiam de Neather Airlie:—A. E. 5*l*. N. E. 20*l*.—terris et baronia de Baikie comprehendente villas et terras de Baikie, Newtoune de Airlie, Drumdarne, Carlingwell, Litletoune, Lendertes, Broadiestoune, binam partem terrarum de Kinnaltie, cum maneriei loco de Baikie, et cum piscariis, molendinis, advocationibus ecclesiarum et capellaniarum earundem;—omnibus infra dictam parochiam de Neather Airlie:—A. E. 40*l*. N. E. 160*l*.—terris de Lenross cum orientali et occidentali paludibus vulgo vocatis mosses earundem;—acris terræ arabilis pertinentibus ad Sancti Johannis capellam vocatam capellaniam de Baikie, apud Sundreland de Baikie, cum beneficiis et proficuis ad dictam capellaniam spectantibus:—A. E. 5*m*. N. E. 20*m*.—villa et terris de Drumgleyes infra parochiam de Glames;—terris de Gardean (vel Cardean), cum molendinis earundem:—A. E. 40*l*. N. E. 140*l*.—terris de Northbandirran, tenendria et superioritate earundem, infra parochiam de Ketnes:—A. E. 30*s*. N. E. 8*l*.—terris de Kirktoune de Nevoy infra parochiam de Nevoy:—A. E. 5*l*. N. E. 20*l*.—terris de Wester Keith, Pitlyell, Bowhousses, et Clushmilne, cum molendinis et terris molendinariis, infra parochiam de Lundie:—A. E. 40*s*. N. E. 8*l*.—terris de Dronlaw;—terris de Templtoune et Gourgiestoune, cum Alehouse, quæ sunt propriæ partes præfatarum terrarum de Dronlaw, cum maneriei loco, et decimis rectoriis et viccariis dictarum terrarum, infra parochiam de Auchterhouse:—A. E. 6*l*. N. E. 24*l*.—ista parte et portione terrarum selionum lie Outfeildlands de Drimmie infra parochiam de Longforgound:—A. E. 2*s*. N. E. 8*s*.—advocatione ecclesiæ parochialis et parochiæ de Kinghorne, rectoriis et vicariis ejusdem, cum decimis in Fife;—advocationibus ecclesiarum

parochialium et parochiarum de Easter et Neather Airlies infra vicecomitatum de Forfar:—A. E. 3*s*. 4*d*. N. E. 10*s*.—comitatu de Buchan comprehendente particulares terras, baronias, annuos redditus aliaque subscripta, viz. terras et baroniam de Auchterhouse, comprehendentes Haltoun, terras dominicales de Kirktoune de Auchterhouse, villas et terras de Liocks Easter et Wester, Eastfeild, Cotton, Burnsyd, Burnhead, Newtoun, Boningtoune, Knowhead, cum maneriei loco de Auchterhouse, decimis garbalibus aliisque decimis rectoriis et vicariis prædictarum terrarum:—A. E. 13*l*. 6*s*. 8*d*. N. E. 80*l*.—advocationem ecclesiæ parochialis et parochiæ de Auchterhouse cum decimis:—A. E. 40*d*. N. E. 13*s*. 4*d*.—terras et baroniam de Eassie, cum terris de Glenquharities, terris brueriis et Dirielands (vel Dririelands) de Eassie, Balgrugar (vel Balbrugar), Balkeirie, Newmilne de Eassie, Inglistoune, Castletoune, Keillor, et Halkertoune, quæ sunt propriæ partes dictæ baroniæ:—A. E. 12*l*. N. E. 72*l*.—terras et baroniam de Kinnaltie, cum maneriei loco ejusdem, et maneriei loco de Quich (vel Queich);—terras de Neather Kinnaltie, molendinum de Kinnaltie cum terris molendinariis hujusmodi;—terras de Cossacks, Schirrifbank, Auchleish, Turfauchie, cum salmonum piscaria et cuniculariis earundem;—terras de Torrilands, Inshewan, et Shilhill, quæ sunt propriæ partes et pendicula dictarum terrarum et baroniæ de Kinnaltie:—A. E. 16*l*. N. E. 64*l*.—burgo baroniæ de Doune:—A. E. 40*d*. N. E. 13*s*. 4*d*.—2 burgis baroniæ, viz. nuper erecto burgo baroniæ de Glames comprehendente dictam villam de Glames;—burgo baroniæ de Longforgound;—cum omnibus libertatibus et privilegiis ad dictos duos burgos baroniæ spectantibus:—E. ....—terris in Forfar, Aberdeen, Kincardin, erectis in dominium et baroniam de Glamis, omnibus erectis cum terris in Perth et Fife in comitatum de Kinghorne, dominium de Lyon et Glamis:—terris de Balmuckettie et molendino earundem, infra regalitatem de Kirrimuir:—A. E. 6*l*. N. E. 24*l*.—annuo redditu 94*l*. 8*d*. correspondente summæ 1567*l*. 9*s*. 11*d*. de terris de Auchindorie, infra parochiam de Neather Airlie:—E. 1*d*. *albæ firmæ:*—annuo redditu 120*m*. correspondente summæ 2000*m*. et annuo redditu 12*m*. de dictis terris de Auchindorie.—E. 1*d*. *albæ firmæ*.—(Vide Kincardine, Aberdeen, Perth, Fife, Banff.) xlv. 219.

(537) Oct. 30. 1695.

MAGISTER PATRICIUS LYON de Carse, *hæres masculus* Domini Patricii Lyon de Carse unius Senatorum Collegii Justiciæ, *patris*,—in terris de Carse cum maneriei loco:—E. 12*l*. &c. *feudifirmæ:*—terris de Milnetoune de Rescobie cum molendino et terris molendinariis ejusdem;—terris vocatis Wardlands et Serjandlands earundem, cum piscatione super lacu de Rescobie, in baronia de Rescobie, infra regalitatem Sancti Andreæ, cum liberis et astrictis multuris dicti molendini de Rescobie, et specialiter terrarum de Carse, Parkyett, Carseburne, Myresyde et West Cottoune de Carse:—E. 8*l*. 6*s*. 8*d*. *feudifirmæ:*—terris de West Cottoune de Carse alias nuncupatis Mackieshill;—terris de Parkyett et Wardmilne cum molendino et terris molendinariis, in baronia de Phinhaven et Forrest de Plattoun:—A. E. 13*s*. 8*d*. N. E. 4*m*.—terris de Carseburne et Clochtow alias nuncupatis Myresyde, infra baroniam de Restennet:—E. 8*m*. *feudifirmæ:*—villa et terris de Craiksfaulds et Henwallburne;—villa et terris de Kirktoune de Aberlemno, cum molendino ejusdem et terris molendinariis, infra parochiam de Aberlemno et regalitatem Sancti Andreæ.—E. 5*l*. *feudifirmæ*. xlv. 284.

(538) Nov. 1. 1695.

ROBERTUS VICECOMES DE ARBUTHNET, *hæres* Roberti vicecomitis de Arbuthnet, Domini de Innerbervie, *patris*,—in dimidietate vocata umbrali dimidietate terrarum de Arrat, et terrarum de Lichtounhill, cum dimidietate molendini et terrarum de Milntoune de Arrat, et salmonum piscaria dictarum terrarum super aqua de Southesk, infra dominium de Breichen:—A. E. 2*l*. N. E. 8*l*.—solari dimidietate terrarum de Arrat;—dimidietate terrarum de Lightounhill, cum dimidietate molendini, multurarum et terrarum molendinariarum earundem, infra dominium de Breichen:—E. 13*l*. 6*s*. 8*d*.—terris et villa de Isackstoune in parochia de Breichen:—E. 4*l*. 13*s*. 4*d*. &c.—terris et villa de Pitforthie Neather, ac pecia terræ de lie Swaird Yerd ab antiquo warda vicarii nuncupata, ex parte boreali præfatarum terrarum de Neather Pitforthie, parte dictarum terrarum de Neather Pitforthie.—E. 40*m*. &c.—(Vide Kincardine, Fife.) xlv. 310.

(539) Dec. 9. 1695.

ARCHIBALDUS COMES DE ARGYLE, Dominus Kintyre, Campbell, et Lorn, &c. *hæres* Archibaldi Comitis de Argyle, Domini Kintyre, Campbell, et Lorn, &c. *patris*,—in terris baroniæ de Lundie comprehendentibus terras aliasque vocatas Maynes de Lundie alias Wester Dronlaw, cum lacubus de Lundie et piscationibus earundem;—terras de Pittarmo;—terras vocatas Kirktoune de Lundie cum lacu ejusdem, et terras vocatas Brewlands ejusdem;—molendinum de Lundie, cum terris molendinariis;—terras de Ladyett;—terras de Ladycreiff et Ardgarth;—terras de Neather

K

Smeithstoune ;—terras de Walshando cum lacu ejusdem et piscationibus ;—terras de Dron :—E. 30l. *taxatæ wardæ* :—in terris de Cambock, Over Auchinleich, et Neather Auchinleich ;—terris de Over Elrick, Neather Elrick, Dounie, Dalnakevock, Kirktoune, Pitlochrie, et Bellatie ;—dimidia et octava parte terrarum de Wester Inneraritie ;—3 tertiis partibus terrarum de Easter Inneraritie cum molendinis ;—3 tertiis partibus terrarum de Glenmackie infra baroniam de Glenyla :—E. 72l. 16s. &c. *feudifirmæ* :—quæ cum diversis aliis terris erectæ fuerunt in novam baroniam de Lundie, et annexatæ ad comitatum de Argyle.—(Vide Argyle, Inverness, Dumbarton, Perth, Fife, Clackmannan, Stirling, Bute.)   xlv. 629.

(540)   Maii 8. 1696.
THOMAS FOTHERINGHAME de Powrie, *hæres* Joannis Fotheringhame feoditarii de Pourie, *fratris germani,*—in terris et baronia de Brightie comprehendentibus terras de Wester Brightie ; —terras de Happs cum communitate in omnibus moris et mareisiis de Brightie et Inneraritie, cum pertinentibus tam spectantibus ad terras de Brightie quam ad terras de Happs, Haltoune, et Inneraritie, lie Peathouse et molendinum de Haltoune, dimidietatem terrarum de Muirhouse, ac dimidietatem terrarum de Tarsappie, cum piscationibus earundem super aqua de Tay :—E. 80l. *taxatæ wardæ* :—terris et baronia de Wester Pourie :—A. E. 3l. 6s. 8d. N. E. 13l. 6s. 8d.—terris et baronia de Inneraritie comprehendente terras de Haltoune de Inneraritie cum molendino ;— terras de Kirktoune de Inneraritie, cum sylva et terris de Parkyeat ;—terras de Bonnitoune cum maneriei loco earundem ;— terras de Bractillo cum moss earundem ;—terras de Unstone ;— molendinum granorum de Inneraritie et terras molendinarias hujusmodi ;—dimidietatem terrarum de Carrat, et pæciam terræ vocatam Gooseland de Inneraritie, cum advocatione ecclesiæ de Inneraritie rectoria et vicaria ejusdem ;—ac etiam comprehendente proprietatem terrarum de Meikle Tarbrax ;—superioritatem terrarum de Labothie, Newtoune, et Balgirsho, et superioritatem alterius dimidietatis terrarum de Carrat ;—et in terris de Litle Tarbrax, cum omnibus moris dictæ baroniæ de Inneraritie ;—terris de Kirktoune de Inneraritie infra parochiam de Inneraritie :—A. E. 20l. N. E. 80l.—terris de Cushie Green infra baroniam de Dounie :—A. E. 6s. N. E. 24s.—omnibus unitis in baroniam de Inneraritie ;—4 acris terrarum templariarum in villa et territorio de Breightie :—A. E. 20l. N. E. 80l.—decimis garbalibus terrarum de Wester Powrie, terrarum de Wester Breightie et terrarum templariarum et molendinariarum hujusmodi, et prædictæ dimidietatis terrarum de Muirhouse, omnibus intra parochiam de Muirhouse ;—decimis rectoriis de Balmuir infra parochiam de Maynes ;—rectoriæ decimis de Cushiegreen infra parochiam de Monikie ;—decimis garbalibus et rectoriis dimidietatis villæ et terrarum de Eathiebeatone in parochia de Monifieith :—A. E. 20s. &c. N. E. 6l. &c.—rupe de Brughtie cum terris de Bruchtie, et salmonum piscariis lie size fish aliisque piscationibus :—E. 40l. *taxatæ divoriæ* :—villa et terris de Northferrie prope Brughtie vulgo the Forth of Brughtie vocatis, cum decimis, et piscaria super aqua de Tay ;—terris cuniculariis ad dictas terras spectantibus :—E. 8l. *feudifirmæ* :—omnibus erectis in baroniam de Pourie-Fotheringhame ;—3 acris in Kirktoune de Kirriemuir circa montem placiti lie Courthill, vulgo nuncupatis Happie-hillock, infra parochiam et regalitatem de Kirrimuir ;—superioritate villarum et terrarum de Ballochs, cum feudifirmis aliisque divoriis, infra regalitatem de Kirriemuir, cum libertate effodiendi lie peats a mossa de Ballochs ;—villa et terris vulgo nuncupatis molendino de Kirrimuir, cum lie outfeild aickers, molendino et terris molendinariis, et cum lie infeild aickers, infra villam vocatam Kirktoune de Kirrimuir, infra regalitatem antedictam :—A. E. .... N. E. ....—terris de Balmuir cum molendinis granariis et fulloniis, infra dominium et regalitatem de Kirrimuir :—A. E. .... N. E. ....—terris dimidietatis terrarum de Eathiebeaton infra regalitatem præscriptam.—E. 12l. *feudifirmæ.*   xlv. 611.

(541)   Jun. 2. 1696.
PATRICIUS LYELL de Ballhall, *hæres masculus* Magistri Davidis Lyell ministri verbi Dei apud ecclesiam de Montrose, filii natu maximi Walteri Lyell clerici burgi de Montrose, filii Walteri Lyell fratris germani Jacobi Lyell de Balmaleidie, *patris,*—in terris de Bellhalveill alias nuncupatis Ballhall tam solari dimidietate quam umbrali dimidietate earundem, cum terris vocatis Leichiscroft, et novo molendino dimidietate de Bellhallveill et terris molendinariis ;—maneriei loco de Ballhall, cum advocatione ecclesiæ parochialis de Menmuire tam rectoriæ quam vicariæ ejusdem ;—villa et terris de Boigtoune et Milntoun de Bellhallveill alias Ballhall, cum molendino ejusdem, terris molendinariis, multuris et sequelis dictæ villæ de Milntoune, tam solari quam umbrali dimidietate dictarum terrarum et molendini, cum maneriei loco de Milntoune, infra prædictam parochiam de Menmuire.—A. E. 5l. N. E. 20l.   xlv. 915.

(542)   Jun. 17. 1696.
MAGISTER GULIELMUS PEIRSONE filius quondam Magistri Gulielmi Peirsone Doctoris Theologiæ, *hæres* Davidis Peir-

sone de Lochlands clerici burgi de Aberbrothwick, *patrui,*—in terris de Lochlands et decimis garbalibus inclusis, cum lacu de Lochlands, piscationibus et aucupationibus super eundem lacum, infra baroniam et regalitatem de Aberbrothwick :—E. 9l. 18s. &c. *feudifirmæ* :—terris de Barngrein et decimis inclusis, infra regalitatem et parochiam prædictam :—E. 7s. *feudifirmæ* :—tenemento infra burgum de Aberbrothwick :—E. 2s. 4d. *feudifirmæ* :—6 acris terrarum de Berriefauld infra burgum de Aberbrothwick.—E. ..... xlvi. 1.

(543)   Aug. 4. 1696.
JOANNES SCOTT de Hedderwick filius legitimus Roberti Scott de Benholme, *hæres talliæ et provisionis* Davidis Scott de Hedderwick, *patrui,*—in terris de Hedderwick et Clayleik, infra parochiam de Montrose et regalitatem de Aberbrothwick :—E. 6s. 8d. *feudifirmæ* :—terris de Newbigging, Colt, et Caple, cum terris de Myres infra dictam parochiam, pro principali ;—terris de Fordes (vel Fordas), Cottoun, et Leyes de Dun, Cocklaw et Puggiestoune, infra parochiam de Dun, in warrantum prædictarum terrarum :— E. 30l. *taxatæ wardæ* :—terris de Glaister, alias Glenskenno cum molendino, pro principali :—E. 42l. 5s. *taxatæ wardæ* :—horreis, domibus, et granariis apud vicum scholarem burgi de Montrose.— E. 2s. *feudifirmæ.*—(Vide Kincardine.)   xlvi. 92.

(544)   Oct. 30. 1696.
MARIA HAY sponsa Joannis Murray de Pitculloch, et ELIZABETHA HAY relicta quondam Jacobi Rattray de Craighall, filiæ Domini Georgii Hay aliquando de Meginsch militis, *hæredes portionariæ* Patricii Hay de Baldovie, *patrui,*—in terris et baronia de Baldovies comprehendentibus terras et villas de Easter Baldovies, cum pendiculis nuncupatis Brae de Baldovie, Denheid, cum turre et maneriei loco de Easter Baldovie, et decimis :—E. 12l. 13s. 4d. *feudifirmæ* :—dimidietatem terrarum de Greenmyre et Holmes et pendiculum vocatum Auchmidiefaulds, cum decimis :—E. 28s. 4d. *feudifirmæ* :—terras et villas de Wester Baldovies cum decimis :—E. 12l. 6s. *feudifirmæ,* et 13s. 4d. in augmentationem :—infra parochiam de Kingoldrum et regalitatem de Aberbrothwick ;—omnibus erectis in baroniam de Baldovie.   xlvi. 435.

(545)   Feb. 2. 1697.
MARGARETA RIND, *hæres* Thomæ Rind de Clocksbridges, *patris,*—in terris de Muirtoune cum molendino earundem, infra baroniam de Restenneth et parochiam de Forfar ;—villa et terris de Clocksbridges alias Ileark cum decimis garbalibus inclusis, infra baroniam de Restenneth et parochiam de Forfar.—E. 10l. *feudifirmæ.*   xlvi. 663.

(546)   Apr. 27. 1697.
DONALDUS ROBERTSONE de Nathrow, *hæres* Caroli Robertsone de Nathrow aliquando in Trusto, *patris,*—in villa et terris de Nathrow infra parochiam de Navarr.—E. 12m. *firmæ.* xlvi. 517.

(547)   Jun. 24. 1697.
DOMINA JOANNA NISBET Domina Harden, *hæres lineæ et talliæ* Domini Joannis Nisbet de Dirletoune, *patris,*—in terris et baronia de Fairne comprehendente terras de Fermertoune, Blairquhairne ;—molendina de Fairne et molendina granaria et fullona earundem tam antiqua quam nova ;—terras de Balquhadlie, Balmadillie, Boigsyde, Boigiecrofts, Leddinheule, Easter, Wester, et Midle Tullochillies, Auchihnauchrie, Middiestack, Cramfoord, Vagen, Auchinlochie, Denochen, Brigtoun (vel Brustoun), cum outsetts nuncupatis Whythillocks, Lichtounseatt, Dubtoune, Scotshill, Billieseat, Codthrowseat, Fairnseat, Countifoord, Carnabenes, Reidfoord, Lundies aicker, Cockstack, cum pasturagiis super capitibus et montibus dictæ baroniæ de Fairn, in parochia de Fairne, cum advocatione ecclesiæ ejusdem, in warrantum terrarum et baroniæ de Innerweek in vicecomitatu de Haddington.—A. E. 20l. N. E. 80l.—(Vide Haddington, Stirling, Clackmannan, Berwick.) xlvii. 155.

(548)   Jun. 21. 1698.
GULIELMUS LYELL de Dysert, *hæres masculus* Thomæ Lyell de Dysert, *patris,*—in terris et terris dominicalibus de Meikle Dysert, cum molendinis et multuris et pendiculis vocatis Crookward, Balstote, Geightieburne, Westward, Eastward, infra baroniam de Dysert :—A. E. 40s. N. E. 8l.—terris de Over Dysert alias nuncupatis Litle Dysart, olim infra parochiam de Breichen, et nunc infra parochiam de Marytoune :—E. 7m. &c. *feudifirmæ* :— unitis in baroniam de Dysert.   xlvii. 470.

(549)   Jul. 30. 1698.
JOANNES TURNBULL, *hæres* Joannis Turnbull de Strickathrow, *patris,*—in villa et terris de Strickathrow :—E. 23l. 4s. &c. *feudifirmæ* :—villa et terris de Milneden, cum astrictis multuris terrarum de Strickathrow, Drimmie, Capo, Newtoune, Walkmilne, Ballounie, Muirtoune, Smiddiehill, et Adecat, cum quibusdam dargis lie dargs cespittum infra moram de Muirtoune :—E. 8l. 6s.

8d. *feudifirmæ :*—solari et umbrali dimidietate terrarum de Drimmie, et salmonum piscatione super aquam de Northesk, cum maneriei loco de Drimmie :—E. 10l. &c. *feudifirmæ :*—villa et terris de Syde tam solari quam umbrali dimidietate earundem, infra parochiam de Strickathrow :—E. 12l. 13s. 4d. &c. *feudifirmæ:*—villa et terris de Ordo cum maresia lie myre ejusdem, infra dominium de Breichen.—E. 16l. 13s. 4d. &c. *feudifirmæ.*   xlvii. 351.

(550)   Jul. 30. 1698.
ALEXANDER ARBUTHNET de Findourie, *hæres* Roberti Arbuthnet de Findourie, *avi,*—in villa et terris de Findourie infra baroniam de Breichin :—E. 30s. &c. *feudifirmæ :*—solari et occidentali dimidietate omnium terrarum arabilium et campestrium lie Chappellands de Caldhame nuncupatarum, infra parochiam de Breichin :—E. 14l. 11s. 4d. &c. *feudifirmæ :*—villa et terris de Easter Merkhouse vel Meikle Merkhouse cum molendino, et astrictis multuris et præsertim villæ et terrarum de Mourtoune, Muirihillock, et Easter Markhouse ;—villa et terris de Litle Markhouse, infra baroniam de Tannydice, cum privilegio glebarum ex glebario de Baldoukie.—A. E. 4l. N. E. 16l.   xlvii. 376.

(551)   Jan. 26. 1699.
FRANCISCUS DRUMMOND, *hæres* Davidis Drummond, *patris,*—in terris de Wester Coustoune alias Davidstoune, infra baroniam de Newtibber.—E. 10l. &c. *feudifirmæ.*—(Vide Perth.)   xlviii. 396.

(552)   Mar. 16. 1699.
MAGISTER PATRICIUS LYON de Carnoustie, *hæres* Magistri Patricii Lyon de Carnoustie advocati, *patris,*—in terris de Carnoustie tanquam principalibus ;—40 solidatis terrarum et 10 solidatis terrarum de Barrmuire et 4 acrarum terrarum de Badiehill, in warrantum terrarum de Carnoustie ;—terris orientalibus campis lie Eastfield de Pitskeillie, omnibus infra baroniam et parochiam de Barrie ;—terris vocatis Corsefolds cum pasturagio in communiis dictarum terrarum ;—terris de Coatsyde nuncupatis Eastercoatsyde, cum 4 acris terrarum de Wester Coatsyde ;—terris vocatis Preists meadow et 2 croftis terrarum arabilium nuncupatis Lawscroft et Toygowiescroft, cum loco et terris dominicalibus de Coatsyde ;—9 acris terræ arabilis cum croftis vocatis Stephanscroft, et pecia terræ nuncupata Dounis stank in Kirkhaugh prope ecclesiam de Barrie exceptis 6 acris ;—3 acris terræ arabilis cum 2 petiis terræ vocatis Burtons croft ;—terris de Coatwalls cum 2 acris terræ arabilis de Coatsyde nuncupatis Corsedaills, cum tofta et crofta iisdem spectantibus ;—pecia terræ vel crofta vocata Leyes croft ;—terris vocatis Chappell Yairds, omnibus infra parochiam prædictam ;—12 acris terræ ecclesiasticæ aliquando ad vicarium pensionarium de Barrie pertinentibus, infra parochiam prædictam, in warrantum prædictarum terrarum de Carnoustie et orientalium camporum lie Eastfeilds de Pitskeillie, 40 solidatum et 10 solidatarum terrarum de Barriemuir, et 4 acrarum terrarum de Badiehill.—E. 8l. 7s. *feudifirmæ.*   xlviii. 15.

(553)   Apr. 25. 1699.
DAVID LINDSAY de Edzell, *hæres* Davidis Lindsey de Edzell, *patris,*—in terris, dominio, et baronia de Glenesk inibi continente villas et terras de Glenmark, cum terris dominicalibus et brasina de Innermark ;—terras de Kirktoune de Lochlie, Glenlie, Glenieffock, Bady, Dilbreck, Quhigstreethaugh, Kindrochwood, Auchranny cum molendino earundem, Rotnoquhie cum molendino, Migvie, Auchlochie, Auchshallarie, Dilcamfie, Dilvashanno, Carnescorne, Meikle Tulloch, Dilphuber, Auchrie ;—terras de Innereskandie, molendina granorum et fullonum, terras molendinarias, multuras, brasinam, terras brasinarias vulgo vocatas brewlands earundem ;—terras de Tullidowie cum molendino et pendiculis earundem, viz. Woodtoune, Boigtoune, et Brocklaw ;—terras de Ardgyth, Drumcairnie, Fumoch, molendinum de Lethnet et terras de Mackindab, Tullibarnes, Auchroy ;—dimidietatem terrarum de Glesscory ;—terras de Edzell, Dildargo, Banhard, Balboige (vel Salboig), siltam et molendinum earundem ;—terras de Ballansagart, Stranockeltie, Branerhill (vel Brabnerhill), Litletulloch, Clochie ;—alteram dimidietatem de Glescorie ;—terras de Ballie, Turnabrane, Corwharne, Corse-Lenmoire, Kenny, molendina et terras molendinarias earundem ;—Glentennis (vel Glentennet), Glencat, Glenlaichie (vel Caidlauche), Sanquhur, Kairncross et terras brasinam earundem ;—Auchedin, molendinum et terras molendinarias earundem, Blackhills, Auchintoull, Ardo, Dilhashnie (vel Dilharsnie), Heughead ejusdem, Skaitfurd, Dirahill, Camelie, Gallowleyes, Hunthill, Blackhaugh, Greinbank, et omnes alias terras, villas, &c. infra bondas prædictarum terrarum et baroniæ de Glenesk, cum libertatibus liberarum forrestarum, salmonum piscationibus, aliisque piscationibus super aquas de Northesk et Eskandie, ac cum advocatione omnium ecclesiarum et capellaniarum dictarum terrarum et baroniæ, ac præsertim rectoriarum, præbendariarum, et vicariarum de Edzell et Lethinot, et capellaniæ de Dalboig :—A. E. 50l. N. E. 200l.—terris et baronia de Newdosk olim in vicecomitatu de Kincardin, nunc de Forfar, et per annexationem infra dictam baroniam de

Glenesk ;—privilegio burgi baroniæ de Edzell ;—advocatione ecclesiæ de Newdosk rectoriæ et vicariæ ejusdem :—A. E. 40s. N. E. 8l.—mineralibus auri, argenti, æris, plumbi, stanni, aliorumque metallorum infra bondas dictarum terrarum et baroniarum :—E. *decima pars metallorum :*—terris de Auchnaves, quarumquidem terræ aliaque subscripta sunt propriæ partes et pertinentes, viz. terræ de Hillocktoune, Eastertoune, Westertoune, Milndenie, Ailhouse :—A. E. 10s. N. E. 40s.—terris templariis de Newdosk vulgo nuncupatis Dowcroft alias Brewetake de Newdoske, jacentibus in parochia de Newdoske ;—officio ballivatus prædictarum terrarum templariarum de Newdosk et regalitatis de Torphichen, infra bondas earundem :—A. E. 3s. 4d. N. E. 13s. 4d.—omnibus unitis in baroniam de Glenesk ;—terris ecclesiasticis de Wester Edzell cum suis pendiculis, viz. Dirahoill, Meikle Margy, et Litle Margy. —E. 16m. *firmæ.*   xlviii. 360.

(554)   Maii 18. 1699.
JACOBUS CRAMOND de Brathinsh, *hæres* Patricii Cramond de Brathinsh, *patris,*—in terris dominicalibus lie maines de Brathinsh ;—villis et terris de Drumillan, Damsyde, et Scroginheuch, infra dominium de Breichen, et parochiam de Menmuire.—E. 7l. 14s. 8d. &c. *feudifirmæ.*   xlviii. 49.

(555)   Sep. 21. 1699.
THOMAS WYNTOUNE de Strathmartine, *hæres* Patricii Wyntoune de Strathmartine, *patris,*—in terris de Strathmartine cum decimis ;—terris de Auchinharie ;—terris de Gulhouses, Balmadoune, Baldragone, et Pittempin ;—terris de Kirktoune de Strathmartine ;—terris de Bridgend de Auchray ;—terris et molendinis de Fallaes ;—terris de Pitpoyntie, omnibus infra baroniam de Rescobie, regalitatem de St. Andrews, et unitis in tenandriam de Strathmartine.—E. 2m. *feudifirmæ.*   xlix. 356.

(556)   Oct. 26. 1699.
ALEXANDER COMES DE KELLIE, Vicecomes de Fenton, Dominus de Pittenweym, *hæres* Alexandri Comitis de Kellie, vicecomitis de Fenton, Domini de Pittenweym, *patris,*—in dominio de Pittenweem comprehendente croftam terræ de Aberbrothwick nuncupatam Aberbrothweiks croft, quondam etiam infra vicecomitatum de Forfar, et per annexationem infra vicecomitatum de Fife, unitas cum aliis terris in Fife et Haddington, in dominium de Pittenweem.—A. E. 20l. N. E. 60l.—(Vide Fife; Haddington.)   xlviii. 249.

(557)   Mar. 14. 1700.
JACOBUS COMES DE SOUTHESK, Dominus Carnagie de Kinnaird et Leuchars, *hæres masculus et lineæ* Caroli Comitis de Southesk, Domini Carnagie de Kinnaird et Leuchars, *patris,*—in terris et baronia de Heughlands vocatis Balnamdon, et salmonum piscatione ejusdem super aquam de Southesk ;—terris de Litle Carcarie ;—terris et dominio de Feithie (vel Forthies) cum molendinis granariis earundem ;—terris de Smiddielands cum communia in mora de Moutfiemonth (vel Montriemonth) et Kinnell, et reliquis moris ad eandem adjacentibus, unitis in baroniam de Kinnaird :—A. E. 13l. N. E. 52l.—terris de Glaster infra baroniam de Panmuir :—A. E. 40s. N. E. 8l.—terris de Cookstoune :—A. E. 5l. N. E. 20l.—terris de Addicat :—E. 6l. —terris de Middleddrums et Greendens, cum decimis garbalibus earundem :—E. 60l.—molendinio de Caldhame cum terris molendinariis :—E. 15m.—advocatione ecclesiæ parochialis de Kinnaird :— A. E. 11d. N. E. 4s.—unitis in tenendriam de Cookstoune ;—terris et baronia de Fairne comprehendente particulares terras aliaque infrascripta infra parochiam de Fearn, viz. terras de Fermortoune, Balquhairn, molendina de Fairn granorum et fullonum, tam antiqua quam nova;—terras de Balquadlie, Boigsyde, Bogietrusto, Leddenhendrie, Easter, Wester, et Middle Tullohills, Auchnacrie, Middiestake, Shamfoord, Vaine, Auchlauchie, Denquhar, Brustoun, cum Outsettis vocatis Whithillocks, Leightounseat, Doubtoune, Scottshill, Belliesеat, Carthrowseat, Fairnseat, Courtfoord, Cofnablous, Reidfoord, Lundlesaikers, Cookstack, cum outsettis et pasturagiis super versicibus et oribus dictæ baroniæ de Fairn, infra parochiam prædictam ;—cum advocatione ecclesiæ de Fairn, rectoriæ et vicariæ ejusdem, tam terrarum ex antiquo infra dictam parochiam, quam rectoriæ et vicariæ terrarum de Waterstone infra scriptarum, ad dictam ecclesiam annexatarum :—A. E. 13l. N. E. 60l.—solari dimidietate omnium terrarum de Waterstoune, præsertim solari dimidietate terrarum dominicalium de Waterstoune ; —solari dimidietate terrarum de Easter Hiltoune et Wester Hiltoune de Waterstoune, Windeir, et Blacklaws, cum integro molendino de Waterstoune, et terris molendinariis, quæ omnia ad Jacobum Waterstoune de Eodem aliquando pertinuerunt :—A. E. 10l. N. E. 40l.—annuo redditu 15 petrarum casei de umbrali dimidietate terrarum de Waterstoune ;—quarta parte villæ et terrarum de Waterstoune quæ ad Georgium Marshall pertinuit, infra parochiam prædictam :—E. 3d. *albæ firmæ.*—quibuscunque metallis auri, argenti, cupri, plumbi, tanni, ferri, et omnibus aliis metallis, existentibus infra bondas terrarum et baroniæ de Fairn, et illas

portiones terrarum de Waterstoune quæ ad Davidem Lindsay de Edzells pertinuerunt :—E. *tertia pars eorundem :*—terris de Panbryde, viz. Kirktoune de Panbryde et Balmaquhay, Barnyairds, Rottenrow cum Port, haven et molendino ejusdem, jacentibus localiter infra dictum vicecomitatum de Forfar, et per annexationem infra baroniam de Leuchars, et vicecomitatum de Fyfe :—A. E. .... N. E. .... :—decimis garbalibus dictarum terrarum de Panbryde, Kirktoune de Panbryde, Balmaquhay, Rottenraw, et Barnyairds, infra parochiam de Panbryde et dominium de Aberbrothwick ;—decimis terrarum de Carnegie et Glaster (vel Glasstoune :—A. E. 3s. 4d. N. E. 13s. 4d.—terris de Wester Dalgetie infra dominium de Breichen :—E. 30s. &c. *feudifirmæ :*—villa et terris de Dunichtone cum decimis garbalibus ejusdem, infra dominium de Aberbrothick :—E. 82l. 12d. *feudifirmæ :*—villa et terris de Creichie et Auchterlonies, cum decimis garbalibus earundem : —E. 202l. 12d. &c. *feudifirmæ :*—terris de Lethem et Corstoune cum decimis garbalibus :—E. 14s. *firmæ :*—maltkilne de Dunichtone cum toftis et brewlands ejusdem, et decimis garbalibus;—acra terræ arabilis in Dunichtone cum decimis ejusdem, ex australi latere de Drumleig, infra dominium de Aberbrothwick :—E. 3s. 4d. *firmæ :*—omnibus unitis in tenandriam de Dunichtone ;—terris de Garlact cum mora ejusdem vocata Kinnells muire, infra baroniam de Luntrathen ;—terris de Mainsbank et Cornbraid (vel Combraird), infra baroniam de Kinnell et parochiam ejusdem ;—terris de Braickie et Bollieskair (vel Bollishan) ;—mora earundem vocata lie Firth de Bullician ;—communia et communi pastura in mora de Montriemonth, infra regalitatem de Aberbrothwick :—E. 5l. 11s. &c. *feudifirmæ :*—hæreditario officio ballivatus dictarum terrarum de Braickie et Ballishan, et regalitatis de Aberbrothick, infra bondas dictarum terrarum de Braickie et Bollishan :—A. E. 1d. N. E. 4d.—dimidietate annui redditus 24s. de terris de Neather Craigs et Glenylla :—E. 1d. *albæ firmæ :*—terris de Neather Craigs ;—terris de Aucharran alias Aucharranie, et Cookstoune, cum molendinis ejusdem, Blackstoune, Drumsloig alias Drumsloign (vel Drumboig), Blacklunins alias Blanshinians, Hombraid (vel Combraid) et Auchnabraith (vel Auchnabaith) alias Auchnansis ; —advocatione beneficiorum tam rectoriæ quam vicariæ ecclesiarum de Stracathrow, Buttergall, et Gilmore :—A. E. 20l. N. E. 80l.— custodia moræ de Montriemonth ;—terris de Muremilnes ;—omnibus toftis, croftis, proficuis, &c. subscriptis, viz. tofta vocata Wall cum tribus montibus lie Lawes, jacentibus ex occidentali parte maneriei loci de Fairnwall ;—tofts et crofts vocatis Fairnfaulds ;— tofts et crofts vocatis Pitkennell ;—toft et croft de Muresyde ;— toft et croft de Whitfalls ;—toft et croft de Lunnansyde ;—molendino de Muremilnes juxta Feithies ;—cum 4 denariis pro quolibet die cujusvis personæ petaria et cespites effodiendi lie heather infra bondas dictæ moræ colligendi et evehendi ;—4 denariis pro cujuslibet bovis seu vaccæ, seu animalis quadrupedalis pasturatione ;—potestate laborandi et occupandi dictam moram, et toftas faciendi et construendi pro animalium pasturatione, &c.—A. E. 20s. N. E. 4l.—annuo redditu 10l. de baronia de Feithie :—E. 1d. *albæ firmæ :*—quæquidem terræ de Straith vocatæ Steillstraith, et reliquæ terræ, annui redditus, aliaque suprascripta, unitæ sunt in baroniam de Carnagie, et quæ omnes terræ, baroniæ, tenendriæ aliaque supra scripta, cum terris in Fife et Kincardine, unitæ sunt in comitatum de Southesk et dominium de Carnegie ;—villa et terris de Leuchland, cum dimidio tam solari quam umbrali ejusdem, infra parochiam de Breichen et dominium ejusdem :—A. E. 3l. N. E. 12l.—quarteria terrarum de Waterstoune inibi comprehendente quarteriam terrarum dominicalium de Waterstoune, quarteriam de Waster Hilton de Waterstoune, quarteriam de Easter Hilton de Waterstoune, quarteriam de Windsoir et Blacklawes, infra parochiam de Fairn :—A. E. 25s. N. E. 5l.—terris de Meikle Carcarie (vel Carcair) :—A. E. 7m. N. E. 28m.—advocatione ecclesiæ de Fairnwall rectoriæ et vicariæ ejusdem, infra parochiam de Fairnwall et baroniam de Dune per annexationem :—E. 1d. *albæ firmæ :*—omnibus in dicto comitatu de Southesk et dominio de Carnegie, et propriis partibus earundem ;—mora de Montriemonth :—E. 6s. 8d. *feudifirmæ :*—2 tertiis partibus terrarum de Easter Drums ;—2 tertiis partibus moræ ejusdem vulgo Firth vocatæ :—E. 1d. *albæ firmæ :*—alia tertia parte villæ et terrarum de Easter Drums, cum mora ejusdem vulgo Firth vocata, infra parochiam de Breichen :—E. 2 *celdræ victualium,* &c. *feudifirmæ :*—villa et terris de Dalgethie infra baroniam de Keithock :—E. 30s. &c. *feudifirmæ :*—villa et terris de Addicat infra baroniam de Keithock :—E. 6l. &c. *feudifirmæ :*—terris dominicalibus de Fairnwall ;—molendino de Fairnwall, cum multuris dictarum terrarum dominicalium de Fairnwall, aliisque multuris dicti molendini, cum terris molendinariis, acris, gramine, et pastura ejusdem ;—4 acris terrarum quarum tres jacent apud ecclesiam de Fairnwall, et quarta acra apud Smiddielands :—E. 56m. &c. *feudifirmæ :*—terris de Croftheads :—E. 5l. &c. *feudifirmæ :*—officio bal-

livatus terrarum aliorumque particulariter supra scriptorum :—A. E. 1s. N. E. 4s.—tenemento infra villam de Breichen.—A. E. .... N. E. ....(Vide Fife, Kincardine, Aberdeen.)   xlviii. 679.

(558)   Maii 18. 1700.

MAGISTER DAVID OGILVIE nuper ballivus deputatus regalitatis de Kirrimuir, nunc scriba in Edinburgo, *hæres* Davidis Ogilvie ballivi deputati dictæ regalitatis de Kirrimuir, *patris* Davidis Ogilvie, qui fuit pater Joannis Ogilvie, patris dicti Magistri Davidis Ogilvie, *proavi,*—in toftis et ædificiis in villa de Kirrimuir Capellaniæ Sancti Culmoci incumbentibus, in cæmiterio de Kirrimuir situatæ, in regalitate de Kirrimuir.—E. 12 *nummi feudifirmæ.*
       xlviii. 881.

(559)   Aug. 1. 1700.

JACOBUS CARNEGIE de Balnamoon, *hæres masculus* Jacobi Carnegie de Balnamoon, *patris,*—in terris et baronia de Balnamoon comprehendentibus terras et baroniam de Carallstoune olim nuncupatas Fairdtoune ;—terras de Neather Caralstoune cum molendinis earundem tam granorum quam fullonum ;—terras de Litle Waterstoune, Brochlaw, et Berriehilloch ;—peciam terræ arabilis nuncupatæ Haugh ex occidentali latere aquæ de Southesk ;—piscationibus in dicta aqua de Southesk tam salmonum quam alborum piscium ;—officio adjudicatoris et solicitoris in particularibus itineribus in justiciariæ curiis circulariis, et curiis vicecomitatus de Forfar ;—terris de Pitforkie et Peithills :—E. 300l. *wardæ :*—solari dimidiatate terrarum et baroniæ de Menmuir, viz. terris de Balnamoon cum maneriei loco, molendinis granorum et fullonum earundem, cum partibus et pendiculis, viz. terris de Walkerstoune, Blackhall, et Buckethill, molendinis granorum et fullonum earundem ;—terris de Auchfarsoe cum communi pastura in montibus, motis et maresia versus boream ex oriental ;—solari dimidietate terrarum de Balleonall cum pendiculis, viz. terris de Birkhill cum maneriei loco ejusdem ;—solari dimidietate terrarum de Ireland, Cowfoord, Lochtie, Balfour, Leadmore, Kirktounelands, Rome, Tulloch, Crocebank, Burnervite, Pitmedie, Chapletoune, et Woodlands ab antiquo nuncupatis Forresttoune de Kilgarie, omnibus infra baroniam de Menmuire ;—quarta parte terrarum de Balconall, Ireland, et Cowfoord ;—quarta parte terrarum de Roome ;—quarta parte terrarum de Balfour ;—quarta parte terrarum de Lochtie ;— quarta parte terrarum de Leidmore ;—quarta parte terrarum de Kirktoun ;—quarta parte terrarum de Pitmedie ;—quarta parte terrarum de Tulloch, Burnervite, et Crocebank ;—superioritate occidentalis dimidietatis de Balzeordie, cum pendiculis et pertinentiis earundem, viz. Meikcruock (Meiklecruock?), Litlecruock, cum molendinis granorum et fullonum, omnibus in baronia de Menmuire, unitis in baroniam de Balnamoon ;—quarta parte terrarum de Balconal, Ireland, et Cowfoord ;—quarta parte terrarum de Rome ;—quarta parte terrarum de Balfour ;—quarta parte terrarum de Lochtie ;—quarta parte terrarum de Leidmore ;—quarta parte terrarum de Balzeards ;—quarta parte terrarum de Kirktoune, cum crofta terræ hujusmodi contigue adjacente communiter nuncupata Shankscroft ;—quarta parte terrarum de Pitmedie ;—quarta parte terrarum de Tulloch, Burnervite, et Crocebank, infra baroniam de Menmuire ;—terris dominicalibus de Balzeordie ;—villa et terris de Chapletoune ;—villa et terris de Braico ;—villa et terris de Meiklecruock et Litlecruock ;—molendinis et terris molendinariis de Cruock ;—villa et terris de Cousine cum molendino fullonio de Tavock ;—villa et terris de Langhaugh ; —villa et terris de Berriehill, omnibus infra parochiam et baroniam de Menmuire :—A. E. ...... N. E. 100m.—occidentali dimidietate villæ et terrarum de Balnabreich infra dominium de Breichen, cum salmonum piscationibus super aqua de Southesk :—E. 14m. *feudifirmæ :*—villa et terris de Easter Balnabreich tam bina quam tertia parte earundem, subtus et supra lie Craig hujusmodi, infra dominium de Breichen :—E. 14m. *feudifirmæ :*—quæ omnes terræ, baronia, molendina, aliaque suprascripta in baroniam de Balnamoon unita et incorporata fuerunt ;—villa et terris de Tilliebirnie in dominio de Breichen, et parochia de Navar :—E. 5l. 6s. 8d. *feudifirmæ :*—parte et portione communis moræ de Breichen olim ad civitatem de Breichen in proprietate pertinente, et alia parte ejusdem, cum privilegio communiæ et pasturagii in reliquo dictæ moræ. —E. 8l. *feudifirmæ.*   xlviii. 864.

(560)   Nov. 14. 1700.

ANNA CARNEGIE, *hæres* Magistri Jacobi Carnegie aliquando ministri verbi Dei apud ecclesiam de Aberbrothock, filii quondam Alexandri Carnegie de Cookstoune, et fratris germani Joannis Carnegie nunc de Cookstoune, *patris,*—in 2 annuis redditibus, viz. annuo redditu extendente ad 80l. correspondente 2000m. de terris de Cookstoune in parochia de Brechin :—E. 1d. *albæ firmæ :*— annuo redditu 60l. correspondente 1000l. de terris de Drumgrain et Unthank, in parochia de Brechin.—E. 1d. *albæ firmæ.* lii. 246.

OMISSA.

(561) Nov. 29. 1546.
JOANNES SCRIMGEOR constabularius de Dundie, *hæres masculus tailiæ* Jacobi Scrimgeor constabularii de Dundie, *filii patrui*, —in terris de Adamstoun, infra baroniam de Dronlow.—A. E. 50s. N. E. 10l.
xcv. 180.

(562) Maii 31. 1584.
JACOBUS OGILVIE, *hæres* Magistri Jacobi Ogilvie de Balfour, *patris*,—in terris de Kinkistoun cum molendino :—A. E. 6l. N. E. 50m.—dimidietate terrarum de Blackstoun, in baronia de Craigs-Glenylay :—A. E. 20s. N. E. 6m.—dimidietate terrarum de Petie et molendini.—A. E. 50s. N. E. 10l.
lxxxiii. 379.

(563) Apr. 30. 1617.
JOANNES COMES DE KINGHORNE, Dominus Lyoun et Glameis, *hæres* Patricii Comitis de Kinghorne, Domini Lyoun et Glameis, *patris*,—in terris et baronia de Baky, cum turre, fortali-cio, molendino et lacu :—A. E. 40l. N. E. 160l.—terris de Drum-gleyis et Carden ;—terris de Drumgeycht :—A. E. 40l. N. E. 140l.—lacu de Forfar Fallinche nuncupato, cum insula, manerie, an-guillarum sista (cista ?) lie Eill ark vocata, et piscaria in eadem :—A. E. 20s. N. E. 4l.—terris de Cossinis :—A. E. 40s. N. E. 8l.—unitis, cum terris in Perth, in baroniam de Baky.—(Vide Perth, *omissa*.)
vii. 18.

(564) Jul. 14. 1670.
DAVID ERSKINE de Dun, *hæres masculus* Domini Joannis Erskine feoditarii de Dun, *fratris germani*,—in turre, horto et plantationibus de Dun ;—villa et terris de Balvelloche ;—terris de Bolmelie ;—terris de Sounishill ;—terris de Foordes ;—terris de Gleskenno cum molendino ;—terris de Taok, cum advocatione ca-pellaniæ seu altaris Beatæ Mariæ Virginis infra ecclesiam parochia-lem de Dun ;—omnibus infra baroniam de Dun.—A. E. 10l. N. E. 40l.
xxx. 239.

L.

SUPPLEMENTA
FORFAR.

(565) Maii 21. 1582.
JACOBUS ROLLOK, *hæres* Georgii Rollok de Dincrub, *fratris*,—in annuo redditu 6 mercarum de terris de Haltoun de Inneraritie, in baronia de Inneraritie ;—bina parte terrarum de Chapeltoun de Balgowie alias Over Corstoun :—A. E. 10s. N. E. 4m.—molendino granorum de Cambistoun in baronia de Downy :—A. E. 33s. 4d. N. E. 6l. 13s. 4d.—annuo redditu 40 solidorum de terris de Balherie (vel Balkerie) in baronia de Essie.
A. 209.

(566) Maii 10. 1587.
GEORGIUS DOMINUS SALTOUN, *hæres* Alexandri Domini Saltoun, *patris*,—in terris baroniæ de Redie unitæ baroniæ de Abernathie in Rothiemay ad faciendum servitia in curia vicecomi-tatus de Bamf.—A. E. 20l. N. E. 40m.—(Vide Haddington, Bamf, Fife, Stirling, Edinburgh, Berwick, Roxburgh).
B. 103.

(567) Oct. 21. 1587.
JOANNES OGILVY de Innerquharitie, *hæres* Domini Johannis Ogilvy de Innerquharitie militis, *avi*,—in solari tertia parte villa-rum de Wester Glanquharitie et Ballintour, cum terris molen-dinariis, infra baroniam de Lintrathyn.—A. E. 6s. 8d. N. E. 26s. 8d.
B. 116.

(568) Dec. 4. 1588.
MAGISTER DAVID GARDYN de Eodem, *hæres masculus et tailiæ* Patricii Gardyn de Eodem, *patris*,—in terris de Pietiok (?) et communi pastura in mora de Montrewmon, in baronia de Gardyn.—A. E. 20s. N. E. 4l.
B. 166.

(569) Maii 3. 1589.
JOANNES OGILWY de Innerquharitie, *hæres* Domini Joannis Ogilwy de Innerquharitie militis, *avi*,—in annuo redditu 86l. 13s. 4d. tanquam parte annui redditus 280m. de terris de Halkhill, New-toun, Dunbartnet, et dimidietate molendini et terrarum molen-dinariarum earundem, in baronia de Lwnan.
B. 178.

(570) Aug. 16. 1589.
ANDREAS LESCELLIS, *hæres* Davidis Lescellis de Innerdovat, *patris*,—in dimidietate terrarum et villæ de Balruddie.—A. E. 50s. N. E. 10l.
B. 187.

(571) Mar. 21. 1589.(?)
PATRICIUS LYON, *hæres* Jacobi Lyon,......—in mansione, cum domibus, hortis, et terris ecclesiasticis de Glamis.—E. 4m. 6s. 8d. &c. *feudifirmæ*.
B. 209.

(572) Oct. 3. 1590.
KATHERINA TAILZEOUR, *hæres* Joannis Tailzeour civis Brechinensis, *patris*,—in boreali dimidietate tenementi nuncupati olim Buttergask's Land, cum horto et horreo, (exceptis duabus in-ferioribus bothis sive officinis anterioribus dictæ borealis dimidie-tatis, quæquidem bothæ spectant hæreditarie in feudifirma ad hæredes quondam Joannis Low, et tenentur de dicto quondam Joanne Tailzeour) ;—botha sive officina anteriore australis dimi-dictatis antedicti, tenementi jacente ex australi parte introitus et januæ anterioris dicti tenementi ;—orientali dimidietate peciæ terræ arabilis olim ad dictum borealius tenementum spectante ;—superioritate dictarum duarum botharum ad hæredes præfati Joannis Low spectantium, et feodifirmis de eisdem debitis :—A. E. 18d. N. E. 6s.—tenemento cum horto ex parte orientali dictæ civitatis :—A. E. 2d. N. E. 8d.—tenemento inter terras olim nun-cupatas Crukschankisland ;—acra terræ arabilis ad dictum tene-mentum olim spectante :—A. E. 12d, N. E. 4s.—annuo redditu 28s. de tenemento anteriore aliquando ad Joannem Watterstoun spectante ;—tenemento cum horto et horreo olim nuncupato Dun-cansoun's Land.—A. E. 6d. N. E. 2s.
B. 247.

(573) Oct. 30. 1591.
ALEXANDER RAMSAY, *hæres* Gulielmi Ramsay civis Brech-inensis, *avi*,—in tenemento in civitate Brechinensi ;—acra terræ arabilis apud civitatem Brechinensem.—E. 24s.
C. 44.

(574) Jan. 8. 1591.
ALEXANDER STRATOUN, *hæres* Georgii Stratoun de Eodem, *patris*,—in bina parte terrarum de Mekill Perth ;—tertia parte terrarum de Balloche.—A. E.... l. N. E. 20l.
C. 49.

(575) Feb. 5. 1591.
THOMAS COLLACE, *hæres* Joannis Collace portionarii de Mylntoun de Balhall, *patris*,—in solari dimidietate terrarum et villæ de Bogtoun ;—solari dimidietate molendini et lie Mylntoun de Balhall, in baronia de Balhall.—A. E. 25s. N. E. 5l.
C. 53.

(576) Apr. 22. 1592.
ALEXANDER MONGUMRIE, *hæres* Roberti Mongumrie de Nether Perth, *patris*,—in dimidietate terrarum de Litill Perth, in dominio de Cowper.—E. 12l. &c. *feudifirmæ*.
C. 70.

(577) Jun. 26. 1593.
JACOBUS COMES DE BUCHAN, Dominus de Ochterhous, *hæres* Johannis Comitis de Buchan, Domini de Ochterhous, *pro-avi*,—in terris de Vester Powrie.—A. E.... l. N. E. 12l.
C. 178.

(578) Jul. 19. 1593.
ARCHIBALDUS CHISHOLME, *hæres* Joannis Chisholme, *patris*,—in annuo redditu 16 bollarum victualium, de occidentali tertia parte terrarum de Panlathie ac de............ riis de Panlathie.
C. 187.

(579) Oct. 29. 1593.
JACOBUS LINDSAY de Dowhill, *hæres* Jacobi Lindsay de Dowhill, *patris*,—in tertia parte villæ et terrarum de........ in baronia de Craigis.—A. E. 13s. 4d. N. E. 53s. 4d.
C. 209.

(580) Mar. 25. 1595.
ELIZABETHA PURDIE, *hæres portionaria* Jacobi Purdie de Kinnaldy, *fratris*,—in terris de Kinnaldy, cum decimis garbalibus et communi pastura in moro de Abirbrothok vocato lie Firth, in baronia et regalitate de Aberbrothok :—E. 21 bollæ frumenti, &c. *feudifirmæ* :—annuo redditu 350m. de terris de Mekill Cany et molendino, in baronia de Kincaldrom.—(Vide Perth.)
C. 271.

(581)   Mar. 25. 1595.

MARIOTA PURDY, *hæres portionaria* Jacobi Purdie de Kin-naldy, *fratris*,—in terris et annuo redditu prædictis.—(Vide Perth.)
C. 274.

(582)   Maii 24. 1595.

ALEXANDER ANNAND, *hæres* Georgii Annand, *fratris*,—in annuo redditu 100m. de terris et villis de Tulloch alias Brasyd-Cotgibboun, cum molendino et quarta parte de Colzeame, in parochia de Cortoquhye.
C. 280.

(583)   Nov. 3. 1595.

ALEXANDER COKBURNE, *hæres* Joannis Cokburne de Nether Petforthy, *patris*,—in terris et villa de Nether Petforthy, in baronia de Kathik et dominio Brichinensi.—E. 40m. et 12 capones, *feudifirmæ*.
D. 11.

(584)   Oct. 2. 1596.

THOMAS LYELL, *hæres* Thomæ Lyell in Dinneychin, *avi*,—in brasina de Dinneychin, cum toftis, croftis, et terris brasinariis, et decimis garbalibus ;—acra terræ arabilis in Dinneychin, cum decimis garbalibus, ex parte australi de Drumbeig, infra baroniam de Dinneychin et regalitatem de Abirbrothok.—E. 22s. 4d. &c. *feudifirmæ*.
D. 75.

(585)   Oct. 2. 1596.

PATRICIUS LINDSAY de Bairnezardis, *hæres* Davidis Lindsay de Bairnezairdis, *patris*,—in crofta sive terra ecclesiastica vicariæ de Newtyld, infra parochiam de Newtyld et regalitatem de Abirbrothok.—E. 11l. *feudifirmæ*.
D. 77.

(586)   Nov. 20. 1596.

ANDREAS JHONSTOUN, *hæres* Gulielmi Jhonstoun in Badyhill, *patris*,—in 4 acris terrarum lie Infield in Badyhill, in baronia de Barrie.—A. E. 6s. 8d. N. E. 26s. 8d.
D. 104.

(587)   Nov. . . . 1596.

PATRICIUS DOMINUS GLAMMISS, *hæres* Joannis Domini Glammiss, *patris*,—in terris et baronia de Baky, cum molendinis, et advocatione ecclesiarum :—A. E. 40l. N. E. 160l.—terris de Drumgleyis et Carden, cum molendino . . . . ;—terris de Drumgeycht :—A. E. 40l. N. E. 140l.—lacu de Forfar vocato Fallinsche, cum insula et anguillarum cista lie Eelark :—A. E. 20s. N. E. 4l.—terris de Cosynnes :—A. E. 40s. N. E. 8l.—unitis cum terris in Perth in baroniam de Baky.—A. E. *totius baroniæ*, 108l. 9s. 2d. N. E. 393l. 6s. 8d.—(Vide Perth.)
D. 107.

(588)   Nov. . . . 1596.

PATRICIUS DOMINUS GLAMMISS, *hæres* Joannis Domini Glammiss, *patris*,—in terris Thanagii de Glammis, cum molendinis, et advocationibus ecclesiarum :—A. E. 25l. N. E. 100l.—terris, baronia, et thanagio de Tennadis, cum molendinis :—A. E. 20l. N. E. 80l.—omnibus unitis in baroniam de Glammis, cum terris in Aberdeen et Perth.—(Vide Aberdeen, Perth.)
D. 110.

(589)   Apr. . . . 1597.

. . . . BLAIR, *hæres* Joannis Blair, *patris*,—in terris de Balgillawye cum molendino :—A. E. 5l. N. E. 24l.—dimidietate terrarum de Blakstoun :—E. 8l. 13s. 4d. *feudifirmæ* :—annuo redditu 6m. de terris de Wester Keillour :—annuo redditu 7m. de terris de Balkeirie.
D. 145.

(590)   Jul. 5. 1597.

JACOBUS BETOUN ARCHIEPISCOPUS GLASGUENSIS, *hæres masculus* Joannis Betoun in Balquhargie, *patris*,—in terris de Auchmuthie, South et North Tarries (vel Carries) sine decimis inclusis ;—terris de Grange de Conan, et terris de Guynd, cum decimis garbalibus inclusis;—in dominio et baronia de Abirbrothok et regalitate ejusdem.—E. 90l. 4s. &c. *feudifirmæ*.
D. 158.

(591)   Jul. 23. 1597.

WILLELMUS BONAR, *hæres* Jacobi Bonar, *patris*,—in solari dimidietate terrarum de Newtoun, in baronia de Inneraritie.—E. 13s. 4d.
D. 159.

(592)   Feb. 16. 1597.

GEORGIUS AUCHINLEK de Balmanno, *hæres masculus* Georgii Auchinlek de Balmanno, *patris*,—in terris tertiæ partis villæ et terrarum de Muretoun, in baronia de Craiges.—A. E. 10s. N. E. 40s.
D. 177.

(593)   Apr. 20. 1605.

GUILIELMUS FULLARTOUN de Ardo, *hæres* Guilielmi Fullartoun de Ardo, *patris*,—in 2 octavis partibus terrarum de Craigowis :—A. E. 15s. N. E. 3l.—octava et decima sexta parte earundem terrarum de Craigowis, in parochia de Logie-Montrois :—A. E. 11s. 3d. N. E. 45s.—umbrali quarta parte, et umbrali oc-

tava parte terrarum de Logie-Montrois in regalitate Sancti Andreæ :—E. . . . . . :—umbrali dimidietate terrarum de Tolmonds :—E. . . . . . :—2 acris terræ jacentibus in Cottraw infra baroniam de Dwne.—A. E. 2s. N. E. 8s.
E. 7.

(594)   Oct. 5. 1605.

DAVID LINDSAY civis civitatis de Brechein, communis faber ferrarius dominii de Brechein, *hæres* Roberti Lindsay civis ejusdem civitatis, communis fabri ferrarii dominii de Brechin, *patris*,—in communi fabratera dicti dominii de Brechin, ac officio communis fabri ferrarii ejusdem ;—ac pro ejus servitio dicti officii, in 2 bollis, 1 firlota farinæ avenaticæ, annuatim de quolibet aratro et molendino villarum et terrarum subscriptarum, viz. de Balnabreiche, Kindrokwod, et Petpullox, Pittendreich, Hauch de Brechin, Buttergill, Pentaskall, Balbirnie et molendino ejusdem, Kincraig et Lewchlands ;—una cum vellere lanæ ex femore, ove agnoque, agricola dictarum terrarum, pro fabricando dictis agricolis tonsules laneas ;—cum communi pastura duarum vaccarum et equi in Hauch de Brechein.—A. E. 5s. N. E. 20s.
E. 264.

(595)   Nov. 9. 1611.

JOANNES LYOUN de Auldbar, *hæres masculus* Domini Thomæ Lyoun de Auldbar militis, *patris*,—in terris et baroniis de Mwrladderwod et Hempwood alias vocatis Dodd, cum turre, fortalicio, manerie, et silva, molendino, multuris et terris molendinariis, et piscatione infra lacum de Rescobie ; terris vocatis Kingismure ;—advocatione ecclesiæ parochialis de Rescobie annexata perprius baroniæ de Dodd ;—advocatione ecclesiæ parochialis de Nether Airlie annexata dictæ baroniæ de Dod.—A. E. 4l. N. E. 16l.
E. 98.

(596)   Mar. 11. 1612.

JOANNES COMES DE PERTH, Dominus Drummond et Stobhall, *hæres masculus* Jacobi Comitis de Perth, Domini Drummond et Stobhall, *fratris germani*,—in terris, baronia et dominio de Drummond, comprehendente inter alia, terras de Smythistoun, Argairth, et Laidcreiff ;—unitis in baroniam de Drymen, cum aliis terris in Perth et Stirling.—A. E. 95l. N. E. 400l.—(Vide Perth, Stirling.)
E. 123.

(597)   Apr. 25. 1612.

HELENA CARNEGIE, *hæres portionaria* Joannis Carnegie de Eister Fethie, *patris*,—in quarta parte terrarum de Middletoun de Gardin, in baronia de Gardyne.—A. E. 10s. N. E. 40s.
E. 153.

(598)   Apr. 25. 1612.

MAGDALENA CARNEGIE, *hæres portionaria* Joannis Carnegie de Eister Fethie, *patris*,—in terris prædictis.
E. 154.

(599)   Jun. 9. 1612.

JOANNES WOD burgensis de Montrois, *hæres* Georgii Wod de Owirtoun, *patris*,—in annuo redditu 39 bollarum victualium de terris et villis de Cuithlie et Newtoun, in parochia de Arbirlot et regalitate de Rescobie.
E. 177.

(600)   Aug. 4. 1612.

THOMAS OGILVIE de Eodem, *hæres* Magistri Joannis Ogilvie de Eodem, *patris*,—in parva pecia terræ nuncupata Batchlaris Tak alias Gusland ;—alio loco nuncupato Gusland or Gallowfaldheed, cum potestate brasinare, extendente ad 2 acras terræ, cum tofta, et decimis garbalibus inclusis, in baronia de Innererritie :—A. E. 16s. N. E. 8l.—terris de Pittreuchie (vel Pittruthie) :—A. E. 10s. N. E. 40s.—annuo redditu 11 bollarum 1 firlote victualis ;—annuo redditu 6 bollarum et 3 firlotarum victualis, de terris de Foffartie :—in terris de Blaklunnandis et Drumforkis, in baronia de Craigis :—A. E. 10s. N. E. 40s.—annuo redditu 20l. de terris de Donnynald.—(Vide Perth.)
E. 197.

(601)   Jan. 16. 1613.

MAGISTER PATRICIUS LYNDSAY advocatus, *hæres* Davidis Lyndsay de Kirktoun de Feirne, *avunculi*,—in terris de Kirktoun de Feirne, infra baroniam Dunkeldensem.—E. 18m. &c. *feudifirmæ*.
E. 236.

(602)   Apr. 9. 1613.

JOANNES COMES DE ROTHES, Dominus Leslie, &c. *hæres* Jacobi Magistri de Rothes, *fratris*,—in terris de Futheis Eister et Vester, cum advocatione ecclesiarum et capellaniarum :—A. E. 7l. N. E. 2. . . .—unitis cum aliis terris in baroniam de Ballinbreich.—(Vide Fife, Perth, Kincardin, Elgin et Forres, Aberdeen, Inverness.)
F. 3.

(603)   Maii 29. 1613.

GEORGIUS GRAY, *hæres* Joannis Gray de Brounknowe, *patris*,—in pecia seu pendicula terrarum de Dunninald vulgo nuncupata Brounknowe, in dominio de Restenneth, et parochia de Sanctskay.—A. E. 26s. 8d. N. E. 4m.
F. 50.

(604) Nov. 27. 1613.

GILBERTUS WATSOUN burgensis de Dundie, *hæres* Roberti Watsoun nautæ et burgensis dicti burgi, *patris,*—in terris de Bogiewilk, in baronia de Forest de Plato.—A. E. 20s. N. E. 4l.
F. 123.

(605) Maii 28. 1614.

GULIELMUS DURHAME de Grange, *hæres* Gulielmi Durhame de Grange, *patris,*—in terris de Fallawis in baronia de Innerkeillour, tanquam principalibus :—A. E. 30s. N. E. 6l.—annuo redditu 6 celdrarum victualium, de terris dominicalibus vulgo lie Maynis de Reidcastell in baronia prædicta, in warrantum prædictarum terrarum.
F. 208.

(606) Nov. 12. 1614.

DAVID LINDSAY de Vaine (vel Vance), *hæres* Alexandri Lindsay de Vaine (vel Vance), *avi,*—in terris de Kirktoun de Ferne, infra baroniam de Dunkeld.—A. E. 48s. N. E. 12l. F. 231.

(607) Jun. 30. 1623.

GULIELMUS MAN, *hæres* Thomæ Man filii legitimi quondam Thomæ Man mercatoris burgensis de Dundie, *fratris germani,*—in tenemento terræ cum horto, in eodem burgo.—E. 20m. G. 32.

(608) Nov. 8. 1642.

JOANNES OGILBY de Balfour, *hæres* Joannis Ogilby de Balfour, *patris,*—in terris de Balfour-Kirktoune ;—terris de Askreavie Over et Nether ;—molendino de Kingoldrum, astrictis multuris et lie multare sheafe et ringbear totius baroniæ de Kingoldrum, viz. terrarum et villarum de Eister Persie, Midle Persie, alias Balgray, Wester Persie, Askreavies Over et Nether, Kirktoun, Baldovie, Kinclune, Mekill Kenny, Litle Kenny, Aucharroch ;—terris molendinariis dicti molendini ac aliis multuris, in baronia de Kingoldrum et dominio de Aberbrothok.—E. 44l. *feudifirmæ.* H. 40.

(609) Apr. 28. 1643.

PATRICIUS DOMINUS OLIPHANT, *hæres* Joannis Magistri de Oliphant, *patris,*—in villa et terris de Patnepie (vel Pitnepie), in baronia de Newtibber.—A. E. 12s. N. E. 48s. H. 49.

(610) Mar. 28. 1649.

JOANNES OLYPHANT, *hæres* Joannis Olyphant in Rescobie, *avi,*—in bruerio vulgo lie Ailhouse et Brewlands de Rescobie, in dominio Archidiaconatus Sancti Andreæ, prope ecclesiam parochialem de Rescobie in regalitate Sancti Andreæ.—E. 10s. &c. *feudifirmæ.* H. 91.

(611) Mar. 29. 1650.

MAGISTER THOMAS HUNTER de Reswallie, *hæres* Thomæ Hunter de Reswallie, *patris,*—in croftis sive acris terrarum arabilium apud orientalem finem burgi de Forfar ;—terris de Muiretoun, lie ile ark, et terris nuncupatis Cloksbrigs, cum molendino et terris molendinariis, in baronia de Restennet :—E. 25m. *feudifirmæ* :—decimis garbalibus et rectoriæ decimis præfatarum terrarum et acrarum.—A. E. 3s. 4d. N. E. 13s. 4d. H. 109.

(612) Nov. 19. 1650.

GRISSILLIS BOWAR sponsa Andreæ Gray filii legitimi Gulielmi Gray scribæ curiæ vicecomitatus de Forfar, *hæres* Jeannæ Bowar filiæ legitimæ natu maximæ quondam Jacobi Bowar feodiarii de Innerichtie, *sororis germanæ,*—in dimidietate terrarum dominicalium de Innerichtie, cum domibus, columbariis, molendino et pertinentiis, comprehendente West Cottarfauld, Poolefauld, terras de Torquhappie et Quarterhauche, terras vocatas Galzions ;—officio maris feodi quartæ partis vicecomitatus de Forfar vocatæ Quarter de Dundie dictis terris annexato :—A. E. 40s. N. E. 8l—dimidio occidentalis dimidii villæ et terrarum de Grange de Kyncreiche ;—dimidio quartæ partis terrarum de Grainge de Kincreiche, existente solari dimidio orientalis dimidii earundem

terrarum ;—dimidio molendini granarii de Kincreiche, infra dominium de Couper.—E. 14l. 12s. 9d. &c. *feudifirmæ.* H. 160.

(613) Dec. 15. 1658.

SIR JOHN CARNEGIE, now of Balnamoone, *air maill and provisione* of David Carnegie appearand of Balnamoone, *his brother german,*—in the fourt pairt of the lands of Balconiell, Ireland and Cowfoord ;—the fourt pairt of the lands of Roome ;—the fourth part of the lands of Balfoure ;—the fourt pairt of the lands of Lochtie ;—the fourt pairt of the lands of Ledmoir ;—the fourt pairt of the lands of Kirktounelands ;—the fourt pairt of the lands of Pitmudie (or Pitmedie) ;—the fourt pairt of the lands of Tulloch, Burnevice, and Corsebank ;—the superiority of the West half of the lands of Balzeordie, with the pendicles of the same aftermentioned, viz. Meiklé Cruok, Litle Cruok, corne and walk milnes of the samine ;—lyand within the barony of Menmure.—O. E. 5l. N. E. 20l. H. 227.

(614) Nov. 13. 1667.

DAVID PEIRSONE de Lochlands, *hæres* Magistri Davidis Peirsone de Lochlands, *patris,*—in terris de Lochlands, cum decimis garbalibus inclusis, infra baroniam, dominium et regalitatem de Aberbrothock :—E. 9l. 18s. *feudifirmæ* :—terris lie Barnegreine nuncupatis, cum decimis inclusis, infra regalitatem antedictam :—E. 7s. 4d. *feudifirmæ et augmentationis* :—terris et villa de Peiblis, cum decimis garbalibus earundem inclusis, infra prædictum dominium :—*feudifirmæ* firmis et devoriis subtusmentionatis de terris et villa de Peibles, cum decimis inclusis, viz. 12 bollis ordei, 29 bollis farinæ avenaticæ, 5 solidis monetæ pro lie rin mairt et wedder, 6 caponibus, 6 pultreis, cum 12 solidis pro parte augmentationis.—E. 10 *bollæ ordei,* 29 *bollæ farinæ avenaticæ, &c. feudifirmæ.* I. 34.

(615) Feb. 5. 1668.

MAGISTER ALEXANDER INGLIS minister verbi Dei apud ecclesiam de Douglas, *hæres* Magistri Georgii Inglis . . . . *patris,*—in 2 acris terrarum in Erneslawshed :—E. 26s. 8d. *feudifirmæ* :—5½ acris terrarum in Punderslawfeild, cum decimis garbalibus inclusis, infra dominium et regalitatem de Aberbrothock.—E. 5½ *bollæ ordei, feudifirmæ.* I. 37.

(616) Sep. 11. 1673.

JOANNES OUCHTERLONY de Wester Seattoune, *hæres* Gulielmi Ouchterlony de Wester Seattoune, *proavi,*—in crofta vocata Sanct Ninian's Croft, cum decimis garbalibus, in baronia et regalitate de Aberbrothok :—E. 13s. 4d. *feudifirmæ* :—dimidietate terrarum et graminis de Seattouneden ex orientali parte terræ arabilis de Punderlaw, infra baroniam et regalitatem de Abirbrothok.—A. E. 3d. N. E. 1s. I. 51.

(617) Feb. 6. 1685.

ELIZABETHA ET CHRISTINA ELEISS, *hæredes portionariæ* Joannis Eleiss filii quondam Magistri Joannis Eleiss advocati, *fratris germani,*—in annuo redditu 400l. correspondente principali summæ 10,000m. de terris et dominio de Ballmerinach ;—terris et dominio de Cowper ;—terris et baronia de Restalrig, hæreditarie pertinentibus ad Joannem Magistrum de Balmerinoch, jacentibus in vicecomitatibus de Fyfe, Angus, et Edinburgh respective, vel de aliquibus aliis terris ad dictum Johannem Magistrum de Balmerinoch spectantibus, infra regnum Scotiæ.—(Vide Fyfe, Edinburgh.) I. 126.

(618) Dec. 8. 1685.

JANETA PEDDIE sola et legitima filia Joannis Peddie portionarii de Kinclune, *hæres* dicti Joannis Peddie, *patris,*—in octava parte villæ et terrarum de Kinclune, cum decimis garbalibus earundem, infra baroniam de Kingoldrum et dominium de Aberbrothock.—E. *tredecim octo solidi, &c. feudifirmæ.* I. 128.

SUPP.

I

HADDINGTON.

INDEX NOMINUM.

a

576

HAY DE ZESTER, DOMINUS;
Jacobus, 52.
Joannes, 87, 88, 89, 90, 91, 92, 425.
Willielmus, 3, 400.
HAY;
Agnes, 89.
Andrew, 240.
Cristina, 90.
Elizabetha, 91.
Grissillis, 92.
Jeanna, 88.
Joannes, 340.
———— de Aberlady, 266, 296.
———— de Lynplum, 415.
———— de Smythfeild, 425.
Margareta, 87.
Thomas, 340, 425.
Willielmus, 240.
———— de Aberlady, 266.
———— de Lynplum, 415.
———— de Zester, 88.
HECTOR;
Catharina, 173.
HENDERSON, HENRYSONE;
Elisabetha (domina), 341.
Henricus (doctor), de Elvingston, 341.
Thomas, de Chesters, miles, 174.
HEPBURNE;
Adamus, 294.
———— de Humby, 357.
Alexander, 10.
———— de Banglaw, 56.
Andreas, 293.
Anna, 311.
Barbara, 311.
David, de Humbie, 357.
Georgius, 10.
———— de Alderstoun, 196.
———— de Newmylnes, 180.
———— de Wester Munkrig, (doctor), 236, 353.
Gulielmus, de Beanstoune, 347.
Helen, 252, 253, 254.
Jacobus, 177, 180.
———— de Bairfute, 293, 294.
Joannes, 73, 196.
———— de Smeittoune, 255.
———— de Wauchtoune, 219.
Isobella, 311.
Margareta, 311.
Patricius, 1, 311.
———— de Banglaw, 56.
———— de Benestoun, 20.
———— de Eistcraig, 73.
———— de Lufnes, miles, 4, 26.
———— de Quhitcastell, miles, 20.
———— de Smeitoun, 255.
———— de Wauchtoun, 4, 26.
———— ———— miles, 1, 219.
———— de Wester Munkrig, 236, 353.
Robertus, 347.
———— de Bairfurd, (dominus), 177.
Thomas, rector de Auldhamstokkis, 10, 311.
———— de Humbie, 252, 253, 254.
HERIOT;
Gilbert, 230.
Jacobus, de Trabroun, 395.
Joannes, 376.
HOG;
Joannes, 376.
HOME, COMES DE—;
Alexander, 94, 95.
Jacobus, 94, 95, 141.
HOME, DOMINUS;
Alexander, 198, 199.
Georgius, 185, 186.
HOME;
Adamus, rector de Polwart, 47.
Alexander, 47, 57, 243, 423.
———— de Gamelscheill, 193.
———— de Heuch, 424.
———— de Johnscleuch, 328.
———— de North-Berwick, 47.
Anna, 206, 328.
David, de Coldinghamlaw, 93.

Georgius, 193, 417, 423.
———— de Broxmouth, 432.
———— de Foord, 243.
———— de Gamelsheills, 334.
———— portionarius de Pinkertoun, 417.
———— de Tulliecastell, miles, 189.
Helena, 331.
Jacobus, 334.
Jasperus, portionarius de Eistbarnes, 86.
Jeanna, 72.
Joannes, de Blacader, miles baronettus, 324.
———— de North Bervick, miles, 189.
Patricius, de Coldinghamlaw, 93.
———— de Garwalgrainge, 7.
———— de Polwart, 57, 424.
———— ———— miles baronettus, 221.
Thomas, 132.
———— portionarius de Eistbarnis, 86, 132.
Willielmus, de Quhitelaw, miles, 72.
HOPPER;
Hendrie, of Bourhouss, 251.
James, ————————, 251.
William, 251.
HORSBURCH;
Alexander, 88.
———— de Eodem, 88.
HUNTER;
Robert, 228.

INGLIS;
Cornelius, 452.
Jacobus, de Cramond, miles baronettus, 365.
Joannes, ————————, 366.
———— ———— miles baronettus, 365, 366.
Patricius, 455, 458.
INNES;
Willielmus, 129.
———— de Sandsyde, 129.
JOHNSTOUN;
Jacobus, 375.
———— (dominus), 318.
———— de Scheynis, 270, 297.
Joannes, 375.
———— de Elphingstoun, miles baronettus, 200, 318.
Samuel, de Elphingstoun, miles baronettus, 200.
———— de Scheynis, 270, 297.

KELLIE, COMES DE—;
Alexander, 192, 387.
Thomas, 192.
KELLIE;
Christiana, 453.
Egidia, 138.
Helena, 450, 457.
Jeanna, 451.
Joneta, 452.
Margareta, 454, 459.
Maria, 449, 456.
Rachael, 455, 458.
Thomas, de Myresyde, miles, 456, 457, 458, 459.
Willielmus, 138, 449, 450, 451, 452, 453, 454, 455.
KER;
Alexander, 381.
Andreas, 381.
———— de Fawdounsyde, 437.
———— de Moriestoun, 325.
Georgius, 437.
Jacobus, 282.
Marcus, de Moriestoune, 325.
Margareta, 282.
Robertus, 282.
Willielmus, de Cessfurde, 82.

KERINGTOUN;
Andreas, 16.
Georgius, 16.
KILL;
Thomas, 410.
KINGSTOUN, MAGISTER DE—;
Archibaldus, 350.
KINGSTOUN, VICECOMITISSA DE—;
Domina Elizabetha Dowglas, 259, 350.
KINLOCH;
Franciscus, de Gilmertoune, miles baronettus, 388.
KIRKWOOD;
Georgius, 158.
Jacobus, 158, 209.
KNOX;
Willielmus, 155.

LAUDER;
Georgius, 111.
———— portionarius de Tynynghame, 31.
Helena, 371.
Jacobus, 226, 371.
Robertus, 31.
———— de Gunsgreen, 371, 377.
Willielmus, 111, 226.
LAUDERDAILL, COMES DE—;
Carolus, 359, 378.
Joannes, 198, 217, 378.
LAUDERDAILL, COMITISSA DE—;
Domina Anna Home, 198.
LAUDERDERIÆ DUX;
Joannes, 359, 378.
LAWSOUN;
Jacobus, de Humbie, 34, 35.
———— ———— miles, 169.
Joannes, ————————, 169.
Robertus, de Humbie, 35.
LAYNG;
Jeanna (domina), 441.
Joannes, de Spittellis, 441.
LEIRMONTH;
Georgius, 278.
Robertus, 278.
LENOCIÆ DUX;
Jacobus, 114.
LENOCIÆ ET RICHMUNDIÆ DUX;
Lodovicus, 114.
LESSELLS;
Joanna, 372.
Joannes, 372.
LEVINGTOUN;
Alexander, de Saltcoitts, 179, 345.
Georgius, de Salcots, 345.
Henricus, 30.
Joannes, 30.
Patricius, 442.
———— de Saltcoitts, 179, 442.
LIDDELL;
David, 99, 448.
———— portionarius de Westbarnis, 99.
Georgius, 65, 436.
Margareta, 436.
LINDSAY, DOMINUS;
Joannes, 71.
Robertus, 71.
LINDSAY DE BYRIS, DOMINUS;
Jacobus, 14, 15.
Joannes, 13, 14, 15.
Patricius, 13.
LINDSAY;
Alexander, 42, 43.
Barbara, 42.
David, 12.
Jacobus, de Barcloy, 412.
Joannes, de Balcarras, 12.
———— de Bercloy, 412.
Margareta, 43.
LOCKHART;
Cromuellus, de Lee, 323.
Georgius, de Carnwath, 362.
———— ———— (dominus), 362.
Jacobus, de Lee, miles, 323.

HADDINGTON.

INDEX LOCORUM.

b

c

d

INQUISITIONES SPECIALES.

HADDINGTON.

(1)   Apr. 10. 1549.

PATRICIUS HEPBURNE, *hæres* Patricii Hepburne de Wauchtoun militis, *patris*,—in terris et baronia de Wauchtoun in constabularia de Haddingtoun, continente in speciali terras de Quynterfeild;—terris de Athilstanefuird, molendinis, terris molendinariis et dominicalibus de Waughton, et advocatione ecclesiarum, cum aliis terris in Berwick et Fife :—A. E. 40*l.* N. E. 120*l.*—dimidietate terrarum et baroniæ de Lufnoiss, cum jure patronatus capellæ Beatæ Mariæ infra cimeterium ecclesiæ parochialis de Aberlady :—A. E. 10*l.* N. E. 20*l.*—terris de Eister Gammilscheillis, Hauchesyde Rig nuncupatis, Zadley, cum communia seu commounty de Lammermuire, in baronia de Haillis et constabularia de Haddington :—A. E. 4*l.* N. E. 12*l.*—terris de Wester Crawquho cum molendinis et officio balliatus terrarum, loco et monasterio de Houstoun pertinentium, in constabularia de Haddington:—A. E. 40*s.* N. E. 6*l.*—10 husbandiis terris in territorio de Eist Fortune, in constabularia prædicta ;—dimidietate terrarum husbandiarum de Finkalstreet, in constabularia prædicta.—A. E. 10*l.* N. E. 34*l.* 5*s.* 8*d.*—(Vide Berwick, Fife.)   ,   i. 173.

(2)   Jan. 14. 1566.

JACOBUS LUMMISDENE, filius legitimus secundo genitus Joannis Lummisdene de Blanerne, *hæres talliæ* Thomæ Lummisdene de Ardrie, *consanguinei*,—in terris de Gleghorne cum molendino ad baroniam de Ardrie unitis, cum aliis terris in Fife unitis in baroniam de Ardrie.—A. E. 12*l.* N. E. 40*l.*—(Vide Fife.)   i. 37.

(3)   Oct. 6. 1576.

WILLIELMUS DOMINUS HAY de Zester, *hæres* Willielmi Domini Hay de Zester, *patris*,—in terris et baronia de Zester cum molendino earundem, et advocatione ecclesiæ collegiatæ de Bothenis ;—terris de Mainis de Park ;—terris de Gemmilstoun ;—terris de Giffertgait, et superioritate earundem ;—terris de Linplum ;—1 quarta parte in proprietate, et reliquis in superioritate, terrarum de Lethingtoun;—terrarum de Duncanlaw, exceptis terris ecclesiæ mortificatis, ac terris de Baro, et superioritate earundem :—A. E. 40*l.* N. E. 80*l.*—terris de Ugstoun :—A. E. 10*m.* N. E. 20*m.*—terris de Beltoun et Gilpallet :—A. E. 10*l.* N. E. 40*l.*—quarta parte terrarum et villæ de Blanss.—A. E. 40*s.* N. E. 4*l.*—(Vide Peebles, Edinburgh, *omissa.*)   i. 111.

(4)   Apr. 20. 1585.

DOMINUS PATRICIUS HEPBURNE de Lufnes miles, *hæres* Patricii Hepburn de Wauchtoun, *patris*,—in terris et baronia de Wauchtoun, continente in speciali terras de Quinterfield, terras de Elstanefuirde et terras dominicales de Wauchtoun et advocationem ecclesiarum, in constabularia de Haddingtoun, cum aliis terris in Berwick et Fife :—A. E. 40*l.* N. E. 120*l.*—terris et baronia de Lufnes cum molendino, et advocatione capellæ Mariæ Virginis infra cemiterium de Aberlady, infra constabulariam de Haddingtoun,

cum aliis terris in Fife :—A. E. 20*l.* N. E. 40*l.*—terris de Wester Cracho cum molendinis, et officio balliatus prædictarum terrarum, loci et domorum terris de Houstoun pertinentium :—A. E. 40*s.* N. E. 6*l.*—10 terris husbandiis in territorio de Eist-Fortoun ;—dimidietate terræ husbandiæ vocatæ Fingilstreit (vel Finkillstraith): —A. E. 10*l.* N. E. 34*l.* 5*s.* 8*d.*—terris tentis de ministro et conventu de Peibles, in villa et territorio de Lintoun vocatis The Sweirly, cum molendino fullonum de Houstoun et 4 acris terræ ; —terris de Hoggisland et Catley.—E. 8*l.*—(Vide Forfar, Aberdeen, Perth, Berwick, Fife.)   i. 176.

(5)   Aug. 20. 1589.

HENRICUS FORRESTER, *hæres* Domini Jacobi Forrester de Corstorphine militis, *fratris*,—in 7½ terris husbandiis et 6 terris cottariis de Lang-Nidry, in baronia de Tranent.—A. E. 4*l.* N. E. 12*l.*—(Vide Edinburgh, Linlithgow, Perth.)   i. 169.

(6)   Maii 27. 1595.

JACOBUS COKBURNE, *hæres* Jacobi Cokburne burgensis de Haddingtoun, *patris*,—in tenemento terræ infra dictum burgum ; —alio tenemento in dicto burgo.—E. *firma burgalis.*   iii. 9.

(7)   Feb. 7. 1600.

PATRICIUS HOME de Garwalgrainge, *hæres* Patricii Home de Garwaldgrainge, *patris*,—in terris de Garwaldgrange, cum terris ecclesiæ de Garwald et Brewland infra dictas terras;—1 husbandia terra in villa et territorio de Garwald, infra constabulariam de Haddingtoun.—E. 12*l.*   ii. 23.

(8)   Maii 22. 1600.

JACOBUS DOBBIE in Nungait, *hæres* Roberti Dobbie in Nungait, *patris*,—in 3 tenementis terrarum cum horto in Nungait, infra constabulariam de Haddingtoun.—E. 7*d.*   ii. 39.

(9)   Jun. 3. 1600.

WILLIELMUS DOUGLAS, *hæres* Joannis Dowglas pistoris ac burgensis de Hadingtoun, *avi*,—in tenemento terræ infra dictum burgum.—E. 40*d.*   ii. 40.

(10)   Nov. 27. 1600.

GEORGIUS HEPBURNE, *hæres* Alexandri Hepburne filii legitimi quondam Magistri Thomæ Hepburne rectoris de Auldhamstokkis, *fratris germani*,—in 7¼ husbandiis terris villæ et terrarum de Auldhamstokis, in villa et territorio de Auldhamstokis, baronia ejusdem, et constabularia de Hadingtoun.—A. E. 3*m.* 8*s.* 4*d.* N. E. 14*m.* 6*s.* 8*d.*   ii. 75.

(11)   Feb. 5. 1601.

GEORGIUS COKBURNE, *hæres* Henrici Cokburne burgensis de Hadingtoun, *patris*,—in acra terræ jacente ad occidentalem

A

finem campi vocati Capounflat, prope burgum de Hadingtoun.—
A. E. 2s. N. E. 8s.   ii. 78.

(12)   Maii 19. 1601.

DAVID LYNDSAY, *hæres* Magistri Joannis Lyndsay de Balcarras, rectoris de Menmuire, olim secretarii S. D. N. Regis, et unius senatorum ordinariorum sui Collegii Justiciæ, *patris*,—in terris de Eister Spittell alias Red Spittell, in dominio de Ballincreiff et constabularia de Hadingtoun.—A. E. 3l. N. E. 10l.—(Vide Fife, Forfar.)   ii. 94.

(13)   Apr. 13. 1602.

JOANNES DOMINUS LYNDSAY DE BYRES, *hæres* Patricii Domini Lyndsay de Byris, *avi*,—in terris ecclesiasticis de Dreme, infra parochiam de Haddingtoun et constabulariam ejusdem.—E. 26s. 8d.   ii. 150.

(14)   Apr. 13. 1602.

JOANNES DOMINUS LYNDSAY DE BYRIS, *hæres* Jacobi Domini Lyndsay de Byres, *patris*,—in terris de Denes cum molendino tam fullonum quam granorum ;—mora Hielandmure nuncupata ;—parte prædictarum terrarum de Denes ;—terris dominicalibus de Drem ;—terris de Dremhill ;—terris de Coitts ;—terris de Middilthride et Coitaikeris infra Drem ;—terris de Sanyngis (Haynings?) ;—terris de Muretoun ;—terris de Mongoiswellis ;—terris de Garmiltoun ;—terris de Harvestoun, in constabularia de Haddingtoun, cum quibusdam aliis terris in vicecomitatibus de Fife, Linlithgow, et Perth, unitis in baroniam de Pitcruvie.—A. E. 50l. N. E. 100l. —(Vide Fife, Linlithgow, Perth.)   iv. 27.

(15)   Apr. 13. 1602.

JOANNES DOMINUS LYNDESAY DE BYRIS, *hæres* Jacobi Domini Lyndesay de Byris, *patris*,—in terris et baronia de Byris cum terris dominicalibus ;—terris de Caldrow, infra constabulariam de Hadingtoun.—A. E. 10l. N. E. 30l.   iv. 29.

(16)   Maii 6. 1602.

GEORGIUS KERINGTOUN in Nungait, *hæres* Andreæ Keringtoun in Nungait, *patris*,—in 3 acris terrarum jacentibus in territorio de Nungait in campo vocato Nether Croft ;—2½ acris terrarum jacentibus contigue in agello vocato Bleksterflat ;—vasto tenemento terræ ex australi latere villæ de Nungait, infra constabulariam de Haddingtoun.—E. 22s. 6d. &c.   ii. 147.

(17)   Maii 6. 1602.

MARGARETA CARKETTILL, sponsa Archibaldi Hamiltoun de Barfute, *hæres* Adami Carkettill de Nunland, *patrui*,—in terris de Nunland infra constabulariam de Haddingtoun.—E. 8m. 3s.   iii. 15.

(18)   Jan. 6. 1603.

AGNETA CONGILTOUN, *hæres portionaria* Davidis Congiltoun, *fratris*,—in annuo redditu 22m. de husbandia terra et mansione in territorio de Dirltoun infra constabulariam de Hadingtoun ;—annuo redditu 10m. de prædicta husbandia terra cum mansione.   iii. 104.

(19)   Jan. 6. 1603.

MARGARETA ET ELIZABETHA CONGILTOUNS, *hæredes portionariæ* dicti Davidis Congiltoun, *fratris*,—in annuis redditibus prædictis.   iii. 104.

(20)   Maii 12. 1603.

PATRICIUS HEPBURNE de Benestoune, *hæres* Domini Patricii Hepburne de Quhitcastel militis, *patris*,—in officio balliatus monasterii monialium de Hadingtoun, terrarum molendinariarum, aliarumque subsequentium dicto monasterio spectantium, viz. terrarum de Bakbie, Walkmilne dicti monasterii, Wester Querellpittis ;—villæ dicti monasterii vocatæ Abbaytoun cum molendino ;—Muretounhall, Nungaittoun, Gymmersmylne ;—villæ de Garvat ;—terræ dominicalis et parochiæ ejusdem ;—Westhoip, Eisthoip, Newlandis, Snaudoun, Carfray, Wodend, Newtounslaid, Ryndislaw, Eister Nunraw, Wester Nunraw, Garvatgrange, Garvatmylne, Garvatkirktoun, cum omnibus inhabitatoribus, tenentibus, et vassalis dictarum terrarum, villarum, et molendinorum, et cum privilegiis, divoriis, et stipendiis.—E. 8d.   iii. 20.

(21)   Apr. 26. 1604.

GEORGIUS BROUN de Colstoun, *hæres* Patricii Brown de Colstoun, *patris*,—in terris et baronia de Colstoun ;—terris de Dalgourie, Myreside, Sandersdane, Seggersdane, in constabularia de Hadingtoun.—A. E. 20l. N. E. 60l.   iii. 84.

(22)   Jun. 14. 1604.

LAURENTIUS DOMINUS OLIPHANT, *hæres* Laurentii Domini Oliphant, *avi*,—in terris de Hadderweik, in constabularia de Hadingtoun.—A. E. 10m. N. E. 40m.—(Vide Perth, Fife, Kincardine, Edinburgh, Caithness.)   iii. 89.

(23)   Jul. 5. 1604.

ARCHIBALDUS NEWTOUN de Eodem, *hæres* Patricii Newtoun de Eodem, *patris*,—in terris et baronia de Newtoun, infra vicecomitatum de Edinburgh et constabulariam de Hadingtoun.—A. E. 10l. N. E. 53l. 6s. 8d.   iii. 93.

(24)   Feb. 28. 1605.

VIOLETA GIBSOUN, *hæres portionaria* Joannis Gibsoun nautæ in Leith, *patris*,—in imo tenemento cum 4 rigis terrarum ex boreali parte villæ de Nungait ;—1 riga terræ ex boreali latere dictæ villæ ;—altera riga et 8 rigis in Nethercroft ;—4 rigis in Schot ex orientali parte ecclesiæ Sancti Martini ;—tenemento terræ et Butt terræ adjacente, ex australi latere dictæ villæ de Nungait.—E. 27s. 8d.   iii. 139.

(25)   Feb. 28. 1605.

BARBARA, JEANNA, ET ELIZABETHA GIBSOUNS, *hæredes portionariæ* dicti Joannis Gibsoun, *patris*,—in dictis terris.   iii. 140.

(26)   Apr. 3. 1605.

PATRICIUS HEPBURNE de Wauchtoun, *hæres* Domini Patricii Hepburne de Lufnes militis, *patris*,—in terris et baronia de Wauchtoun cum turre, fortalicio, et terris dominicalibus, infra vicecomitatum de Edinburgh et constabulariam de Hadingtoun, comprehendentibus in specie terras de Quhinterfeild ;—terras de Elstanefurd, infra constabulariam et vicecomitatum prædictos, cum advocatione ecclesiarum, et aliis terris in Fife et Berwick :—A. E. 40l. N. E. 120l.—terris et baronia de Lufnois, cum jure patronatus capellæ Mariæ Virginis infra Cimiterium de Aberlady, infra constabulariam et vicecomitatum prædictos :—A. E. 20l. N. E. 40l.—terris de Wester Cratho, cum officio balliatus terrarum, loci, et domorum de Howstoun, infra constabulariam et vicecomitatum prædictos :—E. 6l. *feudifirmæ* :—10 terris husbandiis in territorio de Eistfortoun, infra constabulariam et vicecomitatum prædictos, et dimidietate terræ husbandiæ vocatæ Finkilstraith :—E. 34l. 5s. 8d. *feudifirmæ* :—terris vocatis Sweirly (alias Freirly) in villa et territorio de Lyntoun ex orientali parte de lie Querrelbog, cum molendinis fullonum de Houstoun, et 4 acris terrarum præfato molendino adjacentibus ;—terris de Hoggisland et Taitsley in villa et territorio de Houstoun :—E. 8l.—terris de Eister Gammelscheillis, Hauchsyde lie Rig vocatis, Zadley, et communitate in communia de Lammermuire, infra baroniam de Haillis :—A. E. 30s. N. E. 6l.—tenemento terræ jacente in burgo de Aberlady ex parte boreali vici regii ejusdem ;—7 sulcis terræ arabilis vulgo riggis in Northcrofts de Abirlady ;—11 riggis terrarum in dicta villa et territorio de Aberlady :—A. E. 5s. N. E. 10s.—annuo redditu 9s. de terra pertinente Davidi Craik ;—annuo redditu 5s. de terra pertinente priori loci de Lufnois ;—annuo redditu 8s. de terra Davidis Herriott ;—annuo redditu 5s. de terra Joannis Mennon ;—annuo redditu 40d. de terræ Thomæ Smyth ;—annuo redditu 6s. de terra Johannis Mortoun ;—annuo redditu 3s. de terra Capellaniæ Virginis Mariæ ;—annuo redditu 18d. de terra Davidis Mayne ;—annuo redditu 4s. de terra Walteri Lawson ;—annuo redditu 3s. de terra Prioris de Lufnois ;—annuo redditu 2s. de terra Thomæ Bartilmo ;—annuo redditu 3s. 4d. de terra Johannis Gordoun ;—annuo redditu 16d. de terra Thomæ Clephan ;—annuo redditu 16d. de terra Thomæ Burnet ;—annuo redditu 18d. de horto Johannis Hall ;—omnibus in villa de Aberlady.—(Vide Berwick, Fife, Perth, Kincardine, Aberdeen.)   iii. 160.

(27)   Maii 14. 1605.

DOMINUS GEORGIUS TOURIS de Garmeltoun miles, *hæres* Joannis Touris de Innerleyth, *patris*,—in terris de Garmiltoun-Nobill, infra constabulariam de Hadingtoun, cum aliis terris in vicecomitatu de Edinburgh, unitis in baroniam de Innerleyth :—A. E. 50l. N. E. 200m.—terris de Middill-Garmiltoun vocatis Garmiltoun-Alexander, infra constabulariam prædictam.—E. 20l.—(Vide Edinburgh, Fife, Berwick.)   iv. 10.

(28)   Maii 28. 1605.

ALEXANDER COKBURNE, *hæres* Alexandri Cokburne de Wodeheid, *patris*,—in terris de Southwode alias Wodeheid, jacentibus in baronia de Hardmestoun et constabularia de Hadingtoun.—E. 20s.   iv. 24.

(29)   Jun. 20. 1605.

ALEXANDER TODE in Dirletoun, *hæres* Georgii Tode in Dirletoun, *patris*,—in 3 tenementis cum hortis, et crofta continente 2 acras, in villa de Dirltoun ;—2 acris terræ arabilis jacentibus contigue in boreali crofta de Dirltoun in campo vocato Coitcroft ;—1 acra terræ in boreali, ad finem orientalem dictæ villæ, cum communi pastura in communia de Dirletoun, infra baroniam de Dirletoun.—E. 53s. 4d.   iv. 25.

(30)   Feb. 20. 1606.

HENRICUS LEVINGTOUN in Dirltoun, *hæres* Joannis Livingtoun in Dirltoun, *patris*,—in husbandia terra in villa et territorio de Dirltoun, et baronia ejusdem.—E. 10s. viii. 109.

(31) Feb. 27. 1606.
ROBERTUS LAUDER, *hæres* Georgii Lauder portionarii de Taynynghame, *patris*,—in cuniculario de Westbarnes cum terris arabilibus lie Fauldis dicto cuniculario spectantibus, et 4 fauldis, infra constabulariam de Haddington et vicecomitatum de Edinburgh;—pastura 16 summarum animalium super fundum dicti cuniculerii, cum privilegiis de lie Ferns et cespitum super moram de Powmure.—E. 5 *scoria et* 17 *paria cuniculorum et* 20s. *monetæ.* iii. 193.

(32) Apr. 24. 1606.
ROBERTUS DOMINUS ROXBURGH, *hæres* Willielmi Ker de Cessfurde, *patris*,—in terris baroniæ de Dudingstoun, et terris de Humbie in constabularia de Haddingtoun, cum aliis terris in Berwick, Roxburgh, et Selkirk.—E. 4l. 2s.—(Vide Roxburgh, Selkirk, Berwick. iii. 226.

(33) Nov. 4. 1606.
WILLIELMUS COMES DE MORTOUN, Dominus de Dalkeith, &c. *hæres* Willielmi Comitis de Mortoun, Domini de Dalkeith, *avi*,—in terris et baronia de Quhittinghame, cum advocatione ecclesiæ ejusdem, infra vicecomitatum de Edinburgh et constabulariam de Haddingtoun :—A. E. 10m. N. E. 40m.—erectis cum aliis terris in dominium, baroniam, et regalitatem de Dalkeith. —(Vide Edinburgh, Linlithgow, Fife, Berwick, Peebles, Lanark, Perth, Kirkcudbright, Dumfreis.) iv. 308.

(34) Mar. 4. 1607.
JACOBUS LAWSOUN de Humbie, *hæres* Jacobi Lawsoun de Humbie, *patris*,—in terris de Humbie cum mansione, &c. in baronia de Keyth infra constabulariam de Hadingtoun :—E. 20m.— 1½ bovata terræ in villa et territorio de Wester Dudingstoun;— 1½ bovata terræ hujusmodi terrarum de Wester Dudingstoun;— 1½ bovata terrarum de Wester Dudingstoun, extendentibus in integro ad 4½ bovatas :—A. E. 3l. N. E. 12l.—terris de Fegat in territorio de Eister Dudingstoun :—E. 4m.—terris de Gilcrystoun cum molendino, in dominio de Saltoun et constabularia de Hadingtoun :—A. E. 20s. N. E. 4l.—annuo redditu 4m. de tenemento infra burgum de Hadingtoun.—(Vide Berwick.) iv. 89.

(35) Mar. 4. 1607.
JACOBUS LAWSOUNE de Humbie, *hæres* Roberti Lawsoune de Humbie, *avi*,—in terris de Wansyde, in constabularia de Haddingtoun :—E. 3l.—tenemento in burgo de Hadingtoun.—A. E. 5m. N. E. 20m. iv. 91.

(36) Mar. 18. 1607.
WILLIELMUS WAUCHOPE de Stottandcleuch, *hæres* Gilberti Wauchop de Stottandcleuch, *patris*,—in terris de Stottandcleuch, cum communi pastura in mora de Auldhamstokis, infra baroniam de Auldhamstokis et constabulariam de Hadingtoun.—A. E. 4m. N. E. 16m. iv. 57.

(37) Mar. 19. 1607.
WILLIELMUS COKBURNE de Skirling, *hæres* Domini Willielmi Cokburne de Skirling militis, *patris*,—in terris de Lethame; —acris terrarum arabilium jacentibus apud burgum de Hadingtoun, infra constabulariam ejusdem.—A. E. 10l. N. E. 40l. iv. 141.

(38) Mar. 26. 1607.
DOMINUS WILLIELMUS BAILZIE de Lamyngtoun, *hæres* Edwardi Maxwell alias Bailzie feoditarii de Lamyngtoun, *patris*,— in terris de Hoprig et Paynstoun infra constabulariam de Hadingtoun.—A. E. 10m. N. E. 40m.—(Vide Lanark.) iv. 444.

(39) Apr. 16. 1607.
GULIELMUS BALLENDEN de Brochtoun, *hæres* Domini Jacobi Ballenden de Brochtoun militis, *patris*,—in terris de Litill Fawsyde, in constabularia de Hadingtoun, cum aliis terris in Edinburgh, Peebles, Linlithgow, et Stirling, cum jure capellæ et cancellariæ :—A. E. 90l. N. E. 360l.—erectis in baroniam de Brochtoun.—(Vide Edinburgh, Peebles, Linlithgow, Stirling.) iv. 72.

(40) Apr. 21. 1607.
ROBERTUS COMES DE WINTOUN, Dominus Seytoun, *hæres* Georgii Domini Seytoun, *avi*,—in terris et baronia de Eister et Wester Barnes, infra constabulariam de Hadingtoun.—A. E. 5l. N. E. 20l.—(Vide Berwick.) iii. 256.

(41) Apr. 21. 1607.
ROBERTUS COMES DE WINTOUN, Dominus Seatoun, *hæres* Roberti Comitis de Wintoun, Domini Seytoun, *patris*,—in terris, dominiis, et baronia de Setoun et Wintoun, cum advocatione ecclesiæ collegiatæ de Setoun et præbendariorum ejusdem :—A. E.

15l. N. E. 60l.—terris et baronia de Tranent, cum advocatione beneficiorum, infra constabulariam de Haddingtoun.—A. E. 20l. N. E. 80l.—(Vide Linlithgow.) iii. 255.

(42) Apr. 23. 1607.
BARBARA LINDESAY, *hæres portionaria* Alexandri Lindesay mercatoris burgensis de Edinburgh, *patrui*,—in annuo redditu 40l. de una rupe sive salis patella prope mare de Salt Prestoun, et 2 particatis terræ super quas edificantur domus et lie Girnilhous, pro conservatione salis dicti patellæ, cum aliis necessariis;—tenemento terræ in villa de Prestounpannis;—pecia terræ vastæ in dicta villa;—2 parcis vulgo riggis terræ arabilis de Salt Prestoun in Nether Schot, in constabularia de Haddingtoun.—E. 40l. iv. 159.

(43) Apr. 23. 1607.
MARGARETA LINDSAY, *hæres portionaria* prædicti Alexandri Lindsay, *patrui*,—in annuo redditu prædicto. iv. 160.

(44) Aug. 18. 1607.
PATRICIUS MONYPENNY, *hæres* Magistri Archibaldi Monypenny feoditarii de Pilrig, *patris*,—in terris de Westhall cum molendino, infra constabulariam de Haddingtoun.—A. E. 6m. N. E. 12m.—(Vide Berwick, Edinburgh.) iv. 93.

(45) Aug. 25. 1607.
DAVID MAKGILL, *hæres* Magistri Davidis Makgill de Cranstoun-Riddell, unius Ordinariorum Senatorum Collegii Justiciæ, *patris*,—in terris et baronia de Cranstoun-Riddell, cum jure patronatus ecclesiarum et specialiter ecclesiæ parochialis de Cranstoun :—A. E. 5l. N. E. 20l.—terris de Nisbet eidem ab antiquo annexatis, cum molendino, &c. in constabularia de Haddingtoun : —A. E. 4l. N. E. 16l.—comprehendentibus etiam in specie terras de Spottscheill et superioritatem earundem, infra prædictam constabulariam.—A. E. 20s. N. E. 3l.—(Vide Berwick, Linlithgow, Edinburgh.) iv. 99.

(46) Mar. 31. 1608.
GULIELMUS CONGILTOUN, *hæres* Gulielmi Congiltoun de Eodem, *patris*,—in terris de Congiltoun;—tenemento terræ in villa et territorio de Kingstoun;—terra husbandia in villa et territorio de Eist Fentoun;—tenemento terræ vulgariter vocato Suitterland in villa de Dirltoune :—A. E. 20l. N. E. 80m.—tenemento terræ in villa et territorio de Gulane, infra baroniam de Dirltoun et constabulariam de Haddingtoun :—A. E. 36d. N. E. 6s. 8d.— 1 bovata terræ templariæ in territorio de Haddingtoun :—A. E. 10s. N. E. 40s.—annuo redditu 8s. de tenemento terræ quod est tofta dictæ bovatæ terræ templariæ in dicto burgo. iv. 169.

(47) Jun. 23. 1608.
ALEXANDER HOME filius legitimus quondam Magistri Adami Home rectoris de Polwart, *hæres* Alexandri Home de North-Berwick, *patrui*,—in annuo redditu 50m. de bina parte villæ et terrarum dominicalium de West Fentoun, infra constabulariam de Haddingtoun. iv. 170.

(48) Jul. 5. 1608.
DOMINUS LUDOVICUS CRAIGE de Wrichtislands miles, unus Senatorum Collegii Justiciæ, *hæres* Magistri Thomæ Craige de Wrichtislandis advocati, *patris*,—in terris de Sanct Laurence prope burgum de Haddingtoun et infra constabulariam ejusdem :— E. 42l.—terris de Plewlandis alias Fressellisland.—A. E. 5s. N. E. 20s.—(Vide Edinburgh.) iv. 196.

(49) Maii 23. 1609.
JEANNA NESBIT, *hæres* Willielmi Nesbit portionarii de Newtounleyis, *patris*,—in quarta parte terrarum de Newtounleyis nuncupata in rentali regio lie Rig, in dominio de Dunbar et constabularia de Haddingtoun.—E. 24 *bollæ* 1 *pecca tritici*, &c. iv. 234.

(50) Maii 24. 1609.
ROBERTUS LOTHEANÆ COMES, Dominus Newbottill, *hæres* Marci Lotheanæ Comitis, Domini Newbottill, *patris*,—in dominio de Newbottill comprehendente terras, baronias, &c. subscriptas, viz. in terris de Salt Prestoun, cum dimidietate villæ de Salt Prestoun, et arabilibus acris in dicta villa, cum molendino apud Prestoungrange, et portu vocato Achesounes hevin, cum 2 granariis molendinis eidem adjacentibus vocatis the Seymylnis, et cuniculario adjacente versus mare;—terris de Cowthroppill;—64 acris terrarum arabilium in occidentali parte de Prestoungrange;—terris de Bairfurde, cum Manis vocatis Eister et Wester, et decimis garbalibus inclusis, molendino vocato Monkmylne et decimis garbalibus;—terris de Eister et Wester Monkriggis cum decimis garbalibus;—terris de Coitwellis cum decimis garbalibus;—terris de Cutlercroft et Seymaneslands cum decimis garbalibus;—terris de Puro et Fentoun cum decimis garbalibus, infra constabulariam de Haddingtoun;—tenemento terræ in burgo de Hadingtoun;—annuo

redditu 5s. de terra in burgo de Hadingtoune ;—salinarum patellis infra baroniam de Salt Prestoun ad monasterium de Newbottill perprius spectantibus, cum jure patronatus ecclesiarum parochialium de Newbottil, Hereot, et Cockpen, infra diocesim Sancti Ahdreæ :—terris et baronia de Prestoungrange comprehendentibus terras de Prestoungrange, cum manerie et villa ejusdem, carbonibus, carbonariis, salinis patellis, decimis salinis, cum cuniculario ;—terras de Souterclute, infra constabulariam de Hadingtoun ;—unitis cum aliis terris in Edinburgh, Stirling, Peebles, Fife, Linlithgow, et Lanark, in dominium de Newbottill.—A. E. 100l. N. E. 300l.—(Vide Edinburgh, Stirling, Peebles, Linlithgow, Lanark, Fife.)　　　　　　　　　　　　iv. 299.

(51)　　　　　　Jul. 13. 1609.
MICHAEL GILBERT, *hæres* Michaelis Gilbert aurifabri burgensis de Edinburgh, *avi*,—in annuo redditu 10 bollarum tritici et 10 bollarum ordei, de villa et terris de Traprene in dominio et baronia de Hailles, infra constabulariam de Haddingtoun.　iv. 250.

(52)　　　　　　Mar. 2. 1610.
JOANNES DOMINUS YESTER, *hæres* Jacobi Domini Hay de Yester, *patris*,—in terris, dominio, et baronia de Zester, cum advocatione ecclesiæ collegiatæ de Bothanis, præposituræ et prebendariorum ejusdem ;—terris et dominicalibus terris de Park ;—terris de Gamilstoun ;—terris de Giffertgait et superioritate earundem ;—terris de Linplume, viz. quarta ipsarum parte in proprietate, et reliquis in superioritate ;—terris de Duncanlaw et Baro :—A. E. 30l. N. E. 6l.—terris de Beltane et Gilpallat :—A. E. 10l. N. E. 40l.—quarta parte villæ et terrarum de Blance, infra constabulariam de Haddingtoun.—A. E. 40s. N. E. 4l.—(Vide Edinburgh, Peebles, Selkirk, Dumfreis, Perth.)　　　　iv. 361.

(53)　　　　　　Mar. 15. 1610.
THOMAS WODE in Grange, *hæres* Thomæ Wode in Grange, *patris*,—in vallibus molendinariis vulgo Mylnehauchis de Newgrange, jacentibus infra constabulariam de Hadingtoun et vicecomitatum de Edinburgh.—E. 43s. 4d.　　　　iv. 358.

(54)　　　　　　Aug. 7. 1610.
ISOBELLA BARROUN sponsa Joannis Fairlie mercatoris, *hæres portionaria* Jacobi Barroun mercatoris burgensis de Edinburgh, *patris*,—in mansione in villa de Saltprestoun ;—2 acris terrarum arabilium ex australi parte prædictæ mansionis ;—10 acris vocatis Park ;—6 acris vocatis Raviniscroft ;—3½ acris et 1 particata terræ vocatis Foulfoitt ;—4 acris terrarum de Foulfoitt ;—1 acra et particata dictarum terrarum ;—3 acris et 3 particatis terrarum de Schortbuttis, in dominio de Newbottel et constabularia de Hadingtoun, pro principalibus :—E. 8m.—rupe et portu nuncupatis Gilberts Draught, nunc Achesones heaven aliter Milnhaven, cum dimidio acræ de viridario lie Green eidem portui contigue adjacente, in villa de Prestoun-pannis, infra constabulariam præscriptam.—E. 8m. &c.—(Vide Edinburgh.)　　　　　　iv. 366.

(55)　　　　　　Aug. 7. 1610.
ELIZABETHA BARROUN sponsa Jacobi M'Morrane mercatoris, *hæres portionaria* Jacobi Barroun mercatoris burgensis de Edinburgh, *patris*,—in terris, &c. præscriptis.—(Vide Edinburgh.)　　　　　　　　　　　　iv. 368.

(56)　　　　　　Jan. 10. 1611.
ALEXANDER HEPBURNE de Banglaw, *hæres* Patricii Hepburne de Banglaw, *patris*,—in terris de Banglaw, infra constabulariam de Haddingtoun et vicecomitatum de Edinburgh.—E. 12m.　　　　　　　　　　　　iv. 412.

(57)　　　　　　Feb. 1. 1611.
PATRICIUS HOME de Polwart, *hæres* Alexandri Home fratris germani quondam Patricii Home de Polwart, *proavi*,—in terris dominicalibus de Heughe extendentibus ad 23½ husbandias terras :—E. 47l.—boreali prato et Law ad easdem terras pertinentibus, infra constabulariam de Hadingtoun :—E. 10l.—crofta terræ in dominio de North Berwick, infra constabulariam prædictam :—E. 33s. 4d.—2 molendinis de Northbervick et Millcroft, cum pastura super dominicalibus terris de Northbervick ;—terra husbandia in villa et territorio de Beynstoun infra constabulariam prædictam :—E. 14m. &c.—3 croftis terrarum in dicto dominio de Northbervick et constabularia prædicta.—E. 3l. 13s. 4d.　　　　iv. 419.

(58)　　　　　　Apr. 11. 1611.
WILLIELMUS DOUGLAS, *hæres* Johannis Douglas in Standanestane, *patris*,—in annuo redditu 20l. de 3 quarteriis terrarum de Howstoun, jacentibus infra constabulariam de Hadingtoun.　　　　　　　　　　　　iv. 428.

(59)　　　　　　Nov. 5. 1611.
JACOBUS KYLL, *hæres* Archibaldi Kyle senioris burgensis de Hadingtoun, *patris*,—in 2 tenementis in Hadingtoun.—E. 32s.　　　　　　　　　　　　iv. 458.

(60)　　　　　　Feb. 19. 1612.
WALTERUS LUKKIE, *hæres* Petri Gothray, *avunculi*,—in tenemento in Hadingtoun.—A. E. 8d. N. E. 2s.　　iv. 458.

(61)　　　　　　Nov. 19. 1612.
WILLIELMUS CONGILTOUN de Eodem, *hæres* Henrici Congiltoun, *fratris proavi*,—in 1 terra husbandia, in villa et territorio de Dirltoun et constabularia de Haddingtoun.—E. 10s.　viii. 116.

(62)　　　　　　Mar. 29. 1614.
JEANNA DOUGLAS, *hæres portionaria* Joannis Douglas pistoris burgensis de Hadingtoun, *patris*,—in tenemento terræ in dicto burgo ;—alio tenemento in dicto burgo.—E. *firma burgalis*.　　　　　　　　　　　　vi. 87.

(63)　　　　　　Mar. 29. 1614.
MARGARETA DOWGLAS, *hæres portionaria* Joannis Dowglas pistoris burgensis dicti burgi, *patris*,—in terris prædictis.　　　　　　　　　　　　vi. 88.

(64)　　　　　　Mar. 31. 1614.
DAVID QUHIPPO de Leyhouss, *hæres* Thomæ Quhippo de Leyhouss, *patris*,—in terris de Kidlaw in villa et territorio de Kidlaw, et baronia de Newtoun :—A. E. 40s. N. E. 4m.—terris de Leyhouse :—A. E. 2m. N. E. 8m.—terris de Belsibusk, in dicta baronia de Newtoun.—A. E. 10s. N. E. 40s.　　viii. 103.

(65)　　　　　　Apr. 21. 1614.
JOANNES THOMSON, *hæres provisionis* Katharinæ Watsoun sponsæ quondam Georgii Liddell in Nungait, *aviæ ex parte matris*,—in mansione in Nungait cum cauda ad aquam de Tyne ;—3 sulcis terrarum in Braidcross ;—1 acra terræ in territorio de Nungait ;—1 crofta vulgo Ane Schot of land nuncupata Nunsyd ;—1 riga terræ vulgo nuncupata ane end rig ;—2 longis rigis in Sprotfauld ;—dimidietate rigæ ibidem ;—quarteria sive quarta parte terrarum nuncupatarum The Priorisland, jacente in crofta terræ lie Schot of land nuncupata Flures, omnibus infra territorium de Nungait, et constabulariam de Haddingtoun.—E. 25s. 6d. *feudi-firmæ*.　　　　　　　　　　　　vi. 26.

(66)　　　　　　Aug. 3. 1615.
JOANNES NEMO, *hæres* Davidis Nemo in Westbarnis, *patris*,—in decima sexta parte terrarum de Westbarnis nuncupata 1 Rig, in dominio de Dumbar et constabularia de Haddington.—E. 11 *bollæ* ½ *pecca tritici*, &c.　　　　　　　vi. 50.

(67)　　　　　　Sep. 9. 1615.
DOMINUS ARCHIBALDUS DOWGLAS de Spott miles, *hæres* Domini Jacobi Dowglas de Spot militis, *patris*,—in terris et baronia de Spott, comprehendente terras de Eister Spott, viz. 14 terras husbandias villæ de Spott, cum cottagiis, et orientalibus et occidentalibus molendinis de Spott ;—terras de Lochehouss ;—terras dominicales de Downe et Brwmeknow ;—terras de Helden et Dunley ;—terras de Eister et Wester Brwmehouses, cum 4 terris husbandiis nuncupatis Paulislandis, et 2 terris husbandiis nuncupatis Pookislandis, in villa et territorio de Spott ;—terras de Reidpethuick, cum molendino, et advocatione præbendæ de Spott in ecclesia collegiata de Dunbar, in constabularia de Hadington et vicecomitatu de Edinburgh, unitis in baroniam de Spott.—A. E. 13l. N. E. 52l.　　　　　　　　　　　　vi. 93.

(68)　　　　　　Feb. 1. 1616.
WILLIELMUS BAILLIE de Lamyngtoun, *hæres* Domini Wilielmi Baillie de Lamyngtoun militis, *patris*,—in terris de Hoprig et Painstoun, infra constabulariam de Hadingtoun, et vicecomitatum de Edinburgh.—A. E. 10m. N. E. 40m.　　vi. 92.

(69)　　　　　　Maii 1. 1616.
PATRICIUS CARKETTILL de Markill, *hæres* Patricii Carkettill de Markill, *patris*,—in 18 terris husbandiis terrarum et villæ de Markill, cum acris hortulanis in baronia de Haillis et constabularia de Hadingtoun :—A. E. 5l. N. E. 20l.—9 acris terrarum contigue capellæ Beatæ Mariæ Virginis de Markill, cum pastura, in constabularia de Hadingtoun :—A. E. 3s. 4d. N. E. 13s. 4d.—terris ecclesiasticis de Boltoun :—E. 9m. 6s. 8d.—bovata terræ eisdem contigue adjacente, in prædicta constabularia.—E. 22s.—(Vide Edinburgh.)　　　　　　　　　　　　vi. 237.

(70)　　　　　　Maii 16. 1616.
DOMINUS ARCHIBALDUS DOWGLAS de Spot miles, *hæres* Domini Jacobi Dowglas de Spott militis, *patris*,—in 40 mercatis terrarum antiqui extentus de Thuristoun, Wodehall, et Waddelie, viz. 20 libratis terrarum de Thuristoun et Wodehall, in proprietate :—A. E. 20l. N. E. 80l.—10 mercatis terrarum de Waddelie in tenandria, infra constabulariam de Hadingtoun, et baroniam de Spott, et vicecomitatum de Renfrew per annexationem.—A. E. 10m. N. E. 40m.　　　　　　　　　　　　vi. 134.

(71) Oct. 1. 1616.
JOANNES DOMINUS LINDSAY, *hæres* Roberti Domini Lindsay, *patris,*—in hæreditario officio balliatus monasterii vel prioratus Sancti Andreæ nunc dominium Sancti Andreæ nuncupati;—annuo feodo 80*l.* pro annuo censu debito pro decimis garbalibus villæ et terrarum de Muretoun, Drym, Drumhillis, Mungoiswallis, Middle-Garmiltoun, Cadra, Havestoun alias Coittis, pendiculo de Byres, infra constabulariam de Hadingtoun et vicecomitatum de Berwick, pro feodo dicti officii.—E. 80*l.*—(Vide Fife.)
vi. 149.

(72) Oct. 17. 1616.
JEANNA HOME, *hæres* Domini Willielmi Home de Quhitelaw militis, *patris,*—in terris de Quhitelaw, in vicecomitatu de Edinburgh et constabularia de Hadingtoun.—A. E. 4*l.* N. E. 16*l.*
vi. 146.

(73) Nov. 21. 1616.
JOANNES HEPBURNE, *hæres* Patricii Hepburne de Eistcraig, *patris,*—in terris de Eistcraig, in constabularia de Hadingtoun.—A. E. 10*m.* N. E. 21*m.*
vi. 247.

(74) Nov. 28. 1616.
JACOBUS TAIT in Nungait, *hæres* Willielmi Tait senioris in Nungait, *patris,*—in villa et terris subtus mentionatis in villa de Nungait, et territorio ejusdem, viz. 2 sulcis terrarum in villa de Nungait :—E. 4*s.* 4*d.*—2 rigis terræ arabilis in campo vocato Braid-Croft :—E. 12*d.*—tenemento cum horto et 5 sulcis seu rigis terræ arabilis eidem adjacentibus, in villa de Nungait, in campo vocato Mylnflat :—E. 10*s.* 10*d.*—vasto tenemento cum horto et 1 riga terræ arabilis dicto vasto tenemento adjacente, jacente ut supra :—E. 9*d.*—vasto tenemento cum horto et 1 acra terræ arabilis continente 3 rigas, jacente ut supra :—E. 2*s.* 6*d.*—2 rigis terrarum in dicto campo ;—pecia terræ arabilis extendente ad 9 acras et 1 particatam, viz.—6 acris et 1 particata terræ:—E. 27*s.* 1*d.* &c. —3 acris cum valle lie Greshauch contigue adjacente :—E. 20*s.* &c.—4 acris terrarum arabilium infra territorium villæ de Nungait :—E. 8*l.* 6*s.* 8*d.*—omnibus infra constabulariam de Hadingtoun et vicecomitatum de Edinburgh.
vi. 192.

(75) Feb. 6. 1617.
JOANNES WALLACE, *hæres* Joannis Wallace in Grangemure, *patris,*—in annuo redditu 40*m.* de terris de Howlawis, in dominio de Spott, constabularia de Hadingtoun et vicecomitatu de Edinburgh.
vi. 245.

(76) Maii 1. 1617.
JOANNES BALD burgensis de Hadingtoun, *hæres* Archibaldi Bald nuncii burgensis de Edinburgh, *fratris germani,*—in tenemento terræ in burgo de Hadingtoun ;—3 acris terræ arabilis in campo vocato Gallowsyde ;—dimidietate quartæ partis terrarum de Sportlandis ;—1 acra terræ arabilis in Over Quarrellpittis ;—dimidio peciæ terræ vocatæ Ten-aikeris, in constabularia de Hadingtoun.—E. 49*s.*
vi. 242.

(77) Maii 20. 1617.
JEANNA, ALISONA, ET MARGARETA FRENCHE, *hæredes portionariæ* Roberti Frenche de Thornedykis, *patris,*—in tenandria terræ cum Millsteid in villa de Pitcokis et constabularia de Hadingtoun.—A. E. 5*l.* N. E. 10*l.*—(Vide Berwick.) vi. 239.

(78) Nov. 27. 1617.
WILLIELMUS TAITT junior in Nungaitt, *hæres* Willielmi Taitt senioris in Nungaitt, *patris,*—in tenemento terræ cum horto in Nungaitt ex parte boreali ejusdem ;—2 ruderis seu riggis terræ arabilis a cauda ejusdem tenementi extendentibus ad aquam de Tyne ;—2 buttis terræ prope Gilmersmyln ;—4 sulcis terræ arabilis in Mylneschott ;—2 sulcis terræ arabilis ibidem ;—2 acris terræ arabilis in agro vocato Burnies-Caldroun seu Mylneschott ;—4 sulcis terræ arabilis in agro ex parte orientali ecclesiæ Sancti Martini ; —1 butt in eodem agro ;—tenemento terræ cum horto et cauda in villa de Nungaitt :—E. 15*s.*—tenemento terræ cum horto ex boreali latere dictæ villæ de Nungaitt, infra villam et territorium de Nungait et constabulariam de Hadingtoun.—E. 15*d.* vii. 129.

(79) Jun. 4. 1618.
JOANNES DICKSOUN portionarius abbaciæ de Hadingtoun, *hæres* Roberti Dicksoun portionarii abbaciæ de Hadingtoun, *patris,*—in 4 terris husbandiis infra villam et territorium de Garvald; —pecia terræ vulgo vocata Hauch prope ecclesiam de Garvald ;— 8 acris terrarum arabilium infra territorium villæ de Nungait, et constabulariam de Hadingtoun.—E. 6*l.* 16*s.* &c. vii. 131.

(80) Jun. 23. 1618.
WILLIELMUS FULLARTOUN de Eodem, *hæres* Domini Willielmi Fullartoun de Eodem, *avi,*—in tenemento in Dumbar : —A. E. 12*d.* N. E. 4*s.*—6 rudis terrarum dicti burgi.—E. 6*s.* (Vide Perth, Forfar.) vii. 71.

(81) Jul. 14. 1618.
JOANNES DOMINUS HALYRUIDHOUS, *hæres* Joannis Domini Halyruidhous, *patris,*—in terris ecclesiasticis de Auldhame, in villa et territorio de Auldhame, et infra constabulariam de Hadingtoun :—E. 4*l.* 13*s.* 4*d.*—advocatione ecclesiæ de Auldhame. —A. E. 20*d.* N. E. 6*s.* 8*d.* vii. 55.

(82) Dec. 24. 1618.
JOANNES PURVES in Coldinghame, *hæres* Johannis Purves portionarii de Eistbarnis, *patris,*—in decima sexta parte villæ et terrarum de Eistbarnis de Dumbar appellata 1 riga, in dominio de Dumbar.—E. 13 *bollæ tritici,* &c. vii. 174.

(83) Jul. 10. 1619.
MAGISTER JACOBUS M'GILL, *hæres* Davidis M'Gill de Cranstoun-Riddell, *fratris germani,*—in terris de Nisbet annexatis terris de Cranstoun-Riddell :—A. E. 4*l.* N. E. 16*l.*—terris de Spotscheil.—A. E. 20*s.* N. E. 3*l.*—(Vide Edinburgh, Berwick, Linlithgow.) vii. 146.

(84) Jul. 15. 1619.
WILLIELMUS CREICHTOUN filius naturalis, et *hæres talliæ* Roberti Domini Creichtoun de Sanquhar, *patris,*—in terris de Langnyddrie, infra baroniam de Tranent et constabulariam de Haddington, cum quibusdam aliis terris in Dumfries, Kirkcudbright, Perth, et Forfar, unitis in dominium de Sanquhar.—A. E. 200*l.* N. E. 800*l.*—(Vide Dumfries, Kirkcudbright, Perth, Forfar.) vii. 145.

(85) Dec. 16. 1619.
JOANNES WAT in Eistbarnis, *hæres* Willielmi Watt portionarii de Eistbarnes, *patris,*—in octava parte villæ et terrarum de Eistbarnes de Dumbar in rentali Regis 2 riggis appellata, in dominio de Dumbar et constabularia de Hadingtoun.—E. 26 *bollæ tritici,* &c. vii. 251.

(86) Dec. 16. 1619.
JASPERUS HOME portionarius de Eistbarnis, *hæres* Thomæ Home portionarii de Eistbarnis, *patris,*—in 2 partibus in rentali Regis 2 riggis appellatis villæ et terrarum de Eistbarnis, in dominio de Dumbar et constabularia de Hadingtoun.—E. 26 *bollæ tritici,* &c. vii. 252.

(87) Maii 17. 1620.
MARGARETA HAY, *hæres portionaria* Johannis Domini Hay de Zester, *proavi,*—in annuo redditu 4*m.* de terris de Newtoun in occidentali parte villæ de Newtoun et constabularia de Hadingtoun.—(Vide Lanark.) vii. 291.

(88) Maii 17. 1620.
ALEXANDER HORSBURCH filius natu maximus Alexandri Horsburche de Eodem, inter ipsum et Jeannam Hay filiam quondam Willielmi Hay de Zester procreatus, *hæres portionarius* Johannis Domini Hay de Zester, *abavi,*—in annuo redditu prædicto. —(Vide Lanark.) vii. 291.

(89) Maii 17. 1620.
AGNES HAY, *hæres portionaria* Joannis Domini Hay de Zester, *proavi,*—in annuo redditu prædicto.—(Vide Lanark.) vii. 292.

(90) Maii 17. 1620.
CRISTINA HAY, *hæres portionaria* Johannis Domini Hay de Zester, *proavi,*—in annuo redditu prædicto.—(Vide Lanark.) vii. 293.

(91) Maii 17. 1620.
ELIZABETHA HAY, *hæres portionaria* Johannis Domini Hay de Zester, *proavi,*—in annuo redditu prædicto.—(Vide Lanark.) vii. 294.

(92) Maii 17. 1620.
GRISSILLIS HAY, *hæres portionaria* Joannis Domini Hay de Zester, *proavi,*—in annuo redditu prædicto.—(Vide Lanark.) vii. 295.

(93) Mar. 29. 1621.
PATRICIUS HOME de Coldinghamlaw, *hæres* Davidis Home de Coldinghamlaw, *avi,*—in terris de Elbottil, extendentibus ad 5 mercatas terrarum ;—terris vocatis Auldcastell et Stotfauld, et 100 pedibus terræ ex omni parte de Stotfauld, et communi pastura super terris de Elbottill et Dirltoun, in constabularia de Hadingtoun, et per annexationem infra dominium et baroniam de Dirltoun.—E. 6*m.* 6*s.* 9*d.* vii. 321.

(94) Apr. 25. 1621.
JACOBUS COMES DE HOME, Dominus Dunglas, &c. *hæres* Alexandri Comitis de Home, &c. *patris,*—in terris de Leyhouss in territorio de Staniepethe, dominio de Dumbar, et constabularia de

B

Haddingtoun :—A. E. 5s. N. E. 20s.—erectis cum aliis terris in baroniam de Home.—(Vide Berwick, Roxburgh, Selkirk, Stirling.) vii. 301.

(95) Apr. 25. 1621.
JACOBUS COMES DE HOME, Dominus Dunglas, &c. *hæres* Alexandri Domini Home, *avi*,—in terris de Maynes de Thornetoun, nuncupatis Over Thornetoun et Nether Thornetoun, Dodis, et Auldscheill, et molendino, cum pendiculis nuncupatis Aikingaw, Monynett, Creichness, infra constabulariam de Hadingtoun et per annexationem in baronia de Renfrew.—E. 40m.—(Vide Roxburgh.) vii. 305.

(96) Maii 3. 1621.
JACOBUS COMES DE ABERCORNE, Dominus Payslay et Kilpatrik, &c. *hæres* Claudii Domini Paislay, *avi*,—in dominio et baronia de Paislay comprehendente inter alia, decimas garbales ecclesiæ parochialis et parochiæ de Innerweik, infra constabulariam de Hadingtoun ;—advocationem prædictæ ecclesiæ, cum aliis terris in Renfrew, Ayr, Dumbartoun, Peebles, Roxburgh, Lanark, Argyll, Berwick, et Bute.—E. 133l. 6s. 8d.—(Vide Renfrew, Ayr, Dumbarton, Peebles, Roxburgh, Argyle, Berwick, Bute, Lanerk.) vii. 325.

(97) Aug. 7. 1621.
DOMINUS PATRICIUS MURRAY de Elibank miles, *hæres* Domini Gideonis Murray de Elibank militis, thesaurarii deputati S. D. N. Regis regni Scotiæ, *patris*,—in baronia de Ballincreiff comprehendente terras subscriptas, viz. 4 terras husbandias in Ballincreiff et 1 terram husbandiam ibidem ;—3 quartas partes terræ husbandiæ in Ballincreiff :—E. 2m. *pro qualibet terra husbandia*, &c.—columbarium, hortum, et domus ante hortum constructas, cum acra Dowcat-aiker nuncupata :—E. 300 *pulli columbarum*, &c.—28 acras cottagias villæ de Ballincreiff, cum molendino de Ballincreiff, et astrictis multuris dominii, villæ et terrarum dominicalium de Ballincreiff, Gosfurde, et Spittall, et officio balliatus earundem : —E. 20l. &c.—terram husbandiam illarum 2 terrarum husbandiarum Rowingstouneslands nuncupatarum ;—terram husbandiam 2 terrarum husbandiarum Myretoun nuncupatarum ;—2 mercatas 4 solidatas 6 denariatas terrarum alterius terræ husbandiæ ut supra nuncupatæ :—E. 3l. 13s. 4d.—terras de Ballincreiff nuncupatas 10 libratas terrarum :—E. 12l. 6s. 8d.—4 husbandias terras et 3 bruerias in Ballincreiff :—peciam terræ in Ballincreiff nuncupatam dimidietatem mercatæ terræ, infra dominium et territorium de Ballincreiff, et constabulariam de Hadingtoun :—E. 8l. 3s. 4d. &c.—terras de Powerhow alias Proro, ac partem terrarum de Fortoun et Fentoun ;—pasturagium 200 ovium, 20 boum et 2 equorum in communia de Kingistoun ;—cum decimis dictarum terrarum de Powerhow, Fortoun, et Fentoun, infra dominium de Newbotle et constabulariam de Hadingtoun :—A. E. 7l. 6s. 8d. N. E. 22l.—omnes unitas in baroniam de Ballincreiff.—(Vide Selkirk, Roxburgh.) viii. 139.

(98) Aug. 28. 1621.
ADAMUS HARCAS in Aberlady, *hæres* Joannis Harcas in Aberlady, *avi*,—in diversis tenementis in villa de Abirlady :—E. *firma burgalis*:—annuo redditu 16s. de tenemento in dicta villa ;—annuo redditu 13s. 4d. de tenemento ibidem. viii. 29.

(99) Jan. 31. 1622.
DAVID LIDDELL in Westbarnis, *hæres* Davidis Liddell portionarii de Westbarnis, *patris*,—in 2 rigis vocatis octava parte villæ et terrarum de Westbarnis, infra dominium de Dumbar, et constabulariam de Hadingtoun.—E. 22 *bollæ* 1 *pecca tritici*, &c. viii. 35.

(100) Mar. 28. 1622.
WILLIELMUS DOWGLAS de Toftis, *hæres* Archibaldi Dowglas de Toftis, *patris*,—in terris de Leuchem, in constabularia de Hadingtoun,—A. E. 20s. N. E. 4l. viii. 70.

(101) Maii 17. 1622.
DOMINUS GEORGIUS FORRESTER de Corstorphin miles, *hæres* Domini Jacobi Forrester de Corstorphin militis, *patrui*,—in 7 terris husbandiis et 6 terris cottagiis terrarum de Langnidrie, infra baroniam de Tranent et constabulariam de Hadingtoun.— A. E. 5m. N. E. 20m.—(Vide Edinburgh.) viii. 102.

(102) Jan. 23. 1623.
ELIZABETHA alias ELSPETH VANS, *hæres* Alexandri Vans de Blans, *patrui*,—in orientali dimidietate terrarum de Blans, cum molendino et piscariis :—terris Infeild et Outfeild nuncupatis, infra constabulariam de Hadingtoun :—A. E. 40s. N. E. 8l.—terris ecclesiasticis et gleba vulgo Kirkland de Boltoun nuncupatis ;— 2 acris terrarum infra Mayns de Boltoun :—bovata terræ infra dictam constabulariam.—E. 7l. 10s. *feudifirmæ*. xiv. 3.

(103) Jul. 31. 1623.
WILLIELMUS CLERKSOUN, *hæres* Willielmi Clerksoun in Pincartoun, *patris*,—in terra husbandia in villa et territorio de Pinkertoun, comitatu Marchiæ, et constabularia de Hadingtoun ; —tertia parte husbandiæ terræ in dicta villa et territorio de Pinkertoun.—A. E. 6s. 8d. N. E. 26s. 8d. viii. 187.

(104) Apr. 22. 1624.
WILLIELMUS NISBET, *hæres* Jacobi Nisbit, *filii fratris*,—in decima sexta parte villæ et terrarum de Westbarnes, in rentali regia riga nuncupata, in dominio de Dumbar et constabularia de Hadingtoun.—E. .... viii. 236.

(105) Apr. 22. 1624.
WILLIELMUS NISBIT, *hæres* Jacobi Nisbit, *filii fratris*,—in decima sexta parte villæ et terrarum de Westbarnis, in rentali regia riga nuncupata, in dominio de Dumbar et constabularia de Hadingtoun.—E. 11 *bollæ* ½ *pecca tritici*, &c. ix. 56.

(106) Jul. 1. 1624.
MARIOTA FISCHEAR, *hæres portionaria* Willielmi Fischear burgensis de Edinburgh, *fratris*,—in quarta parte dimidietatis terrarum de Coldingstanes, in constabularia de Hadingtoun.—A. E. 15d. N. E. 5s. viii. 260.

(107) Jul. 1. 1624.
KATHARINA FISCHEAR, *hæres portionaria* Willielmi Fischear burgensis de Edinburgh, *fratris*,—in quarta parte dimidietatis terrarum de Coldingstanes in constabularia de Hadingtoun.—A. E. 15d. N. E. 5s. viii. 260.

(108) Jul. 1. 1624.
WILLIELMUS WAUCHOP de Gleghorne, *hæres portionarius* Willielmi Fischear burgensis de Edinburgh, *avunculi*,—in quarta parte dimidietatis terrarum de Coldingstanes, in constabularia de Hadingtoun.—A. E. 15d. N. E. 5s. viii. 261.

(109) Jul. 1. 1624.
GEORGIUS CRAIG filius quondam Roberti Craig scribæ, *hæres portionarius* Willielmi Fischear burgensis de Edinburgh, *avunculi*, —in quarta parte dimidietatis terrarum de Coldingstanes, in constabularia de Hadingtoun.—A. E. 15d. N. E. 5s. viii. 261.

(110) Aug. 5. 1624.
JOANNES SYDSERFF, *hæres* Willielmi Sydserff fratris quondam Patricii Sydserff de Eodem, *patris*,—in terris de Sydserff et Hill alias nuncupatis Chappellsyd, infra constabulariam de Hadingtoun.—A. E. 40s. N. E. 8l. viii. 258.

(111) Jan. 20. 1625.
GEORGIUS LAUDER, *hæres* Willielmi Lauder burgensis de Dunbar, *patris*,—in 6½ acris terrarum infra libertatem burgi de Dunbar.—E. 10l. 13s. 4d. ix. 1.

(112) Jun. 16. 1625.
WILLIELMUS MAISLET in Pincartoun, *hæres* Johannis Maislet, *fratris germani*,—in 2 acris terræ in villa et territorio de Meikill Pincartoun, cum pastura 6 summarum lie sowmes gers in Burchill de Meikill Pincartoun, infra comitatum Marchiæ.—A. E. 2d. *argenti*, N. E. 6d. *argenti*. ix. 189.

(113) Jul. 28. 1625.
JACOBUS WILSOUN, *hæres* Walteri Wilsoun in Ballincrieff, *avi*,—in tenemento terræ cum horto et 2 sulcis terrarum vulgariter Twa riggis of land nuncupatis, infra burgum de Abirlady.—E. *firma burgalis*. ix. 185.

(114) Jul. 29. 1625.
JACOBUS LENOCIÆ DUX, Comes Darnlie et March, Dominus Tarbolton, Methven, Sanct Androis et Obignie, Magnus Admirallus, et Camerarius Scotiæ, *hæres* Lodovici Lenociæ, et Richmundiæ Ducis, &c. *patrui*,—in dominio et baronia de Sanct Androis, comprehendente terras de Drem cum decimis garbalibus, infra vicecomitatum de Edinburgh et constabulariam de Hadingtoun, cum quibusdam aliis terris in vicecomitatibus de Fife, Perth, Forfar, Kincardin, Aberdeen, Edinburgh, Berwick, et Linlithgow, erectis in temporale dominium et baroniam de Sanct Androis.— E. 500m.—(Vide Dumbarton, Stirling, Perth, Renfrew, Ayr, Fife, Forfar, Kincardin, Aberdeen, Edinburgh, Berwick, Linlithgow, Lanark.) ix. 249.

(115) Apr. 19. 1626.
ELIZABETHA TENNENT, *hæres* Georgii Tennent mercatoris burgensis de Edinburgh, *patris*,—in 4 rigis vel particatis terrarum extendentibus ad 2 acras terrarum in Wegriehill, infra baroniam de Prestoungrainge, dominium de Newbottill et vicecomitatum de E-

dinburgh :—E. 6s. 8d.—annuo redditu 110m. de terris subscriptis, viz. de 6 rigis in croftis de Prestoungrange ;—2 rigis in Wegriehill, et de 2 aliis rigis apud lie Style, et una daill in Wegriehill ;—aliis 2 rigis in Wegriehill, extendentibus in integro ad 5 acras terrarum, omnibus infra baroniam de Prestoungrainge, dominium de Newbottil et vicecomitatum de Edinburgh ;—et de 2 tenementis terræ in villa de Salt-Prestoun, ac de 2 acris terrarum arabilium de Salt-Prestoun, infra territorium de Salt-Prestoun, baroniam de Allhamer, constabulariam de Hadingtoun et vicecomitatum de Edinburgh. ix. 242.

(116) Maii 25. 1626.
JOHANNES SMAILL, hæres Catharinæ Alexander sponsæ Johannis Smaill mercatoris burgensis de Edinburgh, matris,—in quarta parte annui redditus 1000m. de terris de Westerspot, Greindeinheid et Nuikes, et de terris de Pitcoks et Blacklawis, infra baroniam de Beill. ix. 190.

(117) Jul. 13. 1626.
MAGISTER JACOBUS CARMURE, hæres Helenæ Broun, aviæ,—in annuo redditu 50m. de terris arabilibus nuncupatis terris Fratrum de Peibles, extendentibus ad 52 acras, infra libertatem et territorium de Dumbar. ix. 125.

(118) Maii 3. 1627.
CATHERINA LYLL filia primogenita Georgii Lyll senioris de Stanypeth, hæres provisionis Christianæ Lyll, sororis germanæ,—in annuo redditu 100l. de terris de Stanypeth, viz. de terris dominicalibus lie Maynis et villa de Stanypeth cum molendino, infra constabulariam de Hadingtoun. ix. 240.

(119) Aug. 23. 1627.
JACOBUS COCHRANE, hæres Elizabethæ alias Bessie Alexander sponsæ Jacobi Cochrane mercatoris burgensis de Edinburgh, matris,—in quarta parte annui redditus 1000m. de terris de Wester Spott, Grendenheid et Nukis, et de terris de Pitcoikis et Blaklawis, infra baroniam de Beill et constabulariam de Hadingtoun. x. 19.

(120) Maii 1. 1628.
VIOLETA DAWLING, hæres portionaria Roberti Dawling fratris quondam Magistri Joannis Dawling advocati, patris,—in annuo redditu 1000m. de terris et baronia de Ormestoun cum terris dominicalibus, infra constabulariam de Hadingtoun. x. 69.

(121) Maii 1. 1628.
JONETA DAWLING, hæres portionaria prædicti Roberti Dawling, patris,—in annuo redditu prædicto. x. 70.

(122) Sep. 13. 1628.
PATRICIUS ELEIS mercator burgensis de Edinburgh, hæres Patricii Eleis mercatoris burgensis de Edinburgh, patris,—in annuo redditu 60 bollarum hordei de terris de Stentoun et Dewchrie, infra constabulariam de Hadingtoun. x. 133.

(123) Oct. 30. 1628.
MAGISTER ALEXANDER SETOUN Ludimagister de Hadingtoun, hæres masculus et talliæ Henrici Setoun, fratris aviæ,—in molendino granario vocato Monkmylne intra terras de Bairfuird, cum terris de Monkhauche eidem adjacente, et astrictis multuris granorum crescentium super terris de Eister et Wester Monkriggis et Coitwallis cum pastura, infra constabulariam de Hadingtoun.—E. 11l. 4s. &c. x. 131.

(124) Dec. 23. 1628.
PATRICIUS COCKBURNE de Clerkingtoun, hæres masculus Domini Ricardi Cockburne de Clerkingtoun militis, patris,—in terris de Clerkingtoun cum molendinis granorum et fullonum, et terris de Spittlerig, infra constabulariam de Hadingtoun :—A. E. 4l. N. E. 20l.—terris et tenandria de Lethame comprehendente terras de Lethame:—A. E. 6l. N. E. 25l.—terras de Wintoun alias Wittoun, Milneflatt, Brounfeild alias Cryislandis ;—terras de Newark alias Langcrane :—A. E. 4l. N. E. 20l.—acris terrarum arabilium infra constabulariam et apud burgum de Hadingtoun, cum terris de Gaitsyde et Rottounraw, et jure patronatus capellaniarum et altarium Virginis Mariæ et Sancti Blasii infra ecclesiam de Hadington:—A. E. 26s. 8d. N. E. 6l.—omnibus unitis in baroniam de Clerkingtoun.—(Vide Linlithgow.) x. 132.

(125) Jan. 17. 1629.
JOANNES DOMINUS HALYRUDHOUS, hæres masculus Joannis Domini Halyrudhous, patris,—in terris de Stanelawis infra baroniam de Quhytkirk, regalitatem de Brochtoun et constabulariam de Hadingtoun :—E. 7l. 10s.—molendino de Lintoun infra baroniam, et regalitatem antedictas.—E. 11m. 9s. 4d. x. 244.

(126) Feb. 4. 1629.
GEORGIUS COCKBURNE de Ormestoun, hæres masculus et ex linea Domini Joannis Cockburne de Ormestoun militis, Clerici Justiciariæ S. D. N. Regis, et unius Senatorum sui Collegii Justiciæ, avi,—in terris et baronia de Ormestoun continente villam et terras de Ormestoun cum molendino ;—terras de Waistbyres et Murrayes ;—terras dominicales de Ormestoun ;—dimidietatem baroniæ de Paistoun cum molendino ;—terras vocatas Manerhill ;—terras de Wester Tempilhall et Tofthous ;—jus patronatus ecclesiæ de Ormestouh, in constabularia de Hadingtoun, unitas in baroniam de Ormestoun:—A. E. 29l. 13s. 4d. N. E. 118l. 13s. 4d.—terris de Bothill cum molendino ;—terris de Bircleuche ;—terris de Hairheid ;—terris de Bowscheilhill, in constabularia prædicta, unitis in tenandriam de Hairheid, cum advocatione ecclesiæ de Ellem :—E. 22l. 12d.—terris de Tempillhall-Eister, et dimidietate terrarum villæ de Paistoun, in regalitate de Torphechin:—E. 25l. 6s.—terris de Over Monynettis in dominio de Thornetoun et baronia de Renfrew.—E. 40s.—(Vide Berwick.) x. 338.

(127) Mar. 24. 1629.
WILLIELMUS FORBES de Craigievar, hæres masculus Willielmi Forbes de Craigievar, patris,—in terris et baronia de Saltoun, in parochia de Saltoun et constabularia de Hadingtoun, comprehendentibus terras in Aberdeen, Edinburgh, Fife, et Bamf:—A. E. 40l. N. E. 100m.—terras ecclesiasticas de Saltoun:—E. 11m.—decimas de Saltoun.—A: E. 10s. N. E. 40s.—(Vide Aberdeen, Edinburgh, Fife, Bamf.) xi. 8.

(128) Apr. 2. 1629.
JONETA CHOUSLIE in Tranent, hæres Georgii Chouslie, fratris,—in tenemento terræ in Prestounpanns, in baronia de Prestoungrang.—E. 28s. x. 154.

(129) Oct. 14. 1629.
WILLIELMUS INNES filius Gulielmi Innes junioris de Sandsyde, hæres Sybillæ Cockburne, matris,—in annuo redditu 400m. de terris et baronia de Ormistoun ac terris de Tempilhalls, infra constabulariam de Hadingtoun et regalitatem de Torphichen respective. x. 316.

(130) Maii 27. 1630.
MAGISTER ROBERTUS BROUN, hæres Henrici Broun in Over Keith, patris,—in annuo redditu 60m. de terris de Tempillhall Wester Tempillhall nuncupatis, in baronia de Ormestoun. xiii. 32.

(131) Dec. 2. 1630.
JACOBUS GIBSOUN, hæres Jacobi Gibsoun filii legitimi quondam Willielmi Gibsoun burgensis de Hadingtoun, filii patrui,—in acra terræ in campo vocato Croceflat ;—1 riga lie rudrig in Nunsyde ;—quarta parte terrarum de Flures ;—2 rigis vocatis Langriggis in Sprottisflat ;—4 rudis terrarum in campo vocato Braidcroft ;—dimidio particatæ terræ nuncupato The Halfrig ;—4 sulcis lie buttis of land ex australi latere ecclesiæ Sancti Martini :—E. 18s.—tenemento cum horto et 3 riggis terrarum ex boreali latere vici regii de Nungait, infra territorium ejusdem et constabulariam de Hadingtoun :—E. 3s.—2 tenementis templariis jacentibus contigue infra burgum de Hadingtoun, cum privilegio regalitatis aliisque libertatibus.—A. E. 13s. N. E. 26d. xi. 239.

(132) Dec. 23. 1630.
THOMAS HOME, hæres Thomæ Home portionarii de Eister Barnes, patris,—in riga terræ villæ et terrarum de Eistbarnes, infra dominium de Dumbar et constabulariam de Hadingtoun.—E. 13 bollæ 1¼ pecca, &c. hordei. xi. 214.

(133) Jan. 20. 1631.
WILLIELMUS COCKBURNE de Eodem, hæres Willielmi Cockburne de Eodem, patris,—in terris de Mayscheill infra constabulariam de Hadingtoun.—E. 10m. xi. 233.

(134) Feb. 24. 1631.
JACOBUS ELEIS mercator burgensis de Edinburgh, hæres Patricii Eleis mercatoris ac burgensis dicti burgi, avi,—in annuo redditu 60 bollarum hordei, de terris de Stenhous et Deuchrie, infra constabulariam de Hadingtoun. xi. 210.

(135) Apr. 23. 1631.
WILLIELMUS WAITT, hæres Joannis Waitt portionarii de Eistbarnes, patris,—in octava parte villæ et terrarum de Eistbarnes de Dumbar, in rentali regis appellata 2 riggis, in dominio de Dumbar et constabularia de Hadingtoun.—E. 1 chaldra 10 bollæ 1 pecca tritici. xi. 215.

(136) Jan. 3. 1632.
ALEXANDER MORISOUN de Prestoungrange, hæres Magistri Alexandri Morisoun unius Senatorum Supremi Senatus, patris,—

in terris et baronia de Prestoungrange, comprehendente terras et terras dominicales de Prestoungrange, cum manerie et villa ejusdem, et cuniculario dictis terris de Prestongrange adjacente ;—terras de Saltprestoun, cum dimidietate villæ de Saltprestoun et terris arabilibus in dicta villa ;—molendinum et terras molendinarias apud Prestoungrange, cum portu vocato Atchesounes Heaven, et 2 molendinis granariis eidem adjacentibus vocatis Seymylnes, et cuniculariis versus mare adjacentibus ;—terras de Cowthroppill ;—64 acras terrarum arabilium in occidentali parte de Prestoungrange ;—terras de Soutèrclout ;—patellas salinarias infra dictam baroniam cum decimis, australi insula ecclesiæ de Saltpreston, et advocatione ministri ejusdem ;—omnes infra constabulariam de Hadingtoun tanquam principalibus.—A. E. 20l. N. E. 60l.—(Vide Edinburgh, Peebles.) xii. 48.

(137) Feb. 16. 1632.
JOANNES REID incola villæ de Hailles, *hæres* Joannis Reid, *patris*,—in tenemento terræ cum horto, in villa monasteriali de Hadingtoun ;—1 acra terræ in Over Quarrelpittis ;—1 acra terræ in Nather Quarrelpittis ;—dimidio lie Quarrelpithoillis, cum potestate tenendi 1 suem lie Broadsowe, et 1 anserem vocatam lie Broadgoos in dicta villa monasteriali.—E. 10s. 6d. xiii. 16.

(138) Apr. 12. 1632.
EGIDIA KELLIE sponsa Joannis Ramsay de Edingtoun, *hæres portionaria* Magistri Willielmi Kellie scribæ Signeto Regio, *patris*,—in terris et villa de Eistbarnes ;—terris et villa de Newtounleyes ;—terris nuncupatis Rig et Fluires, in parochia de Dumbar et constabularia de Hadingtoun :—A. E. 15m. N. E. 45m.—7 acris terrarum arabilium vocatis Wattislandis cum pastura, in territorio burgi de Dumbar et constabularia antedicta :—E. 3s.—7 acris terrarum arabilium vocatis Spenceslandis cum pastura, in territorio dicti burgi :—A. E. 10s. N. E. 40s.—pecia terræ lie piecegreen nuncupata, ex orientali fine monticuli lie Know dictarum terrarum vocatarum Spensislandis, in Cruiks de Belhaven, infra constabulariam prædictam :—E. firma burgalis :—terris et acris terrarum subscriptis ad archipresbiteriatum de Dunbar pertinentibus, viz. 3 acris in Newtounleyes ;—alia parte dictarum terrarum ex australi parte lie Rouperstanehill ;—alia parte adjacente communiæ de Dumbar ;—alia parte dictarum terrarum in Langshott ;—alia parte in Newtounlies ;—alia parte terrarum in Sandecroceshed ;—alia parte vocata Kirktyne ;—3 acris terræ vocatis Preistisknow ;—3 acris terræ vocatis Preistisfauld, et 3½ acris terrarum in Quhinterfeild, in constabularia antedicta, extendentibus in integro ad 19½ acras.—E. 15l. 4s. xii. 53.

(139) Maii 1. 1632.
DOMINUS JACOBUS HAMMILTOUN de Fingaltoun miles, *hæres talliæ et provisionis* Roberti Hammiltoun feoditarii de Prestoun, *filii natu maximi*,—in terris et baronia de Prestoun et Prestounpanns, cum libero burgo baroniæ de Prestoun et libero portu ;—decimis garbalibus terrarum et baroniæ de Prestoun et Prestounpannes, cum privilegio fori et nundinarum, unitis in baroniam de Prestoun, infra constabulariam de Hadingtoun.—E. 40s.—(Vide Lanark, Renfrew.) xiii. 102.

(140) Apr. 4. 1633.
JACOBUS SMYTH, *hæres* Patricii Smyth in Drem, *patris*,—in 5 acris terrarum 2 bovatarum terrarum templariarum nuncupatarum Croceflat, in baronia de Dirltoun, et constabularia de Hadingtoun ;—4 acris prædictarum terrarum ;—sexta parte dictarum 2 bovatarum terrarum templariarum extendentium ad dimidium dominii de Torphichen, terrarum templariarum de Croce-Bethlem in Dirltoun ;—alia sexta parte prædictarum 2 bovatarum terrarum in Dirltoun :—E. 20d.—3 tenementis ex boreali parte villæ de Dirltoun, cum crofta terræ continente 2 acras ;—2 acris terrarum arabilium jacentibus contigue in boreali crofta de Dirltoun vocata Coatcroftis ;—alia acra terræ ;—communi pastura in communibus de Dirltoun ;—decimis garbalibus, pro principali :—E. 53s. 4d.—et in warrantum hujusmodi, in tenemento in villa de Elbottle, cum acra terræ in Cruikit aikers, et riga terræ in Cruikis ;—alia riga terræ in Steddailles, in baronia de Dirltoun.—A. E. 3d. N. E. 1d. xv. 31.

(141) Aug. 2. 1633.
DOMINA MARGARETA HOME, DOMINA DOUN, *hæres provisionis* Jacobi Comitis de Home, Domini Dunglas, &c. *fratris*,—in terris et baronia de Home comprehendente terras de Leyhous, in territorio de Stanypeth et dominio de Dumbar :—A. E. 5s. N. E. 20s.—erectis cum terris in Berwick, Roxburgh, et Stirling in baroniam de Home.—(Vide Berwick, Roxburgh, Stirling, Selkirk.) xiii. 136.

(142) Oct. 3. 1633.
GEORGIUS SYMPSOUNE pellitor burgensis de Hadingtoun, *hæres* Elizabethæ Barclay, *matris*,—in 2 acris terrarum arabilium in campo vocato Nunsyde, infra territorium de Nungaitt.—E. 6s. xiii. 133.

(143) Dec. 24. 1633.
ROBERTUS SETOUN, *hæres* Roberti Comitis de Wintoun, *patris*,—in portu et burgo baroniæ de Cowkainy juxta littus maris in baronia et dominio de Seton, infra constabulariam de Hadingtoun, erectis in liberum portum et burgum baroniæ :—A. E. 12 nummi, N. E. 3s.—magnis custumis dictorum portus et burgi baroniæ.—E. 10m. xii. 138.

(144) Feb. 27. 1634.
FRANCISCUS COMES DE BUCKCLEUCH, Dominus Scott de Quhytchester et Eskdaille, *hæres* Walteri Comitis de Buckcleuch, &c. *patris*,—in dominio et baronia de Hailles comprehendente dominium et baroniam de Hailles, cum advocatione ecclesiæ de Hauche, præbendaria de Lintoun vocatæ, et capellania de Markle ;—terras et baroniam de Auldhamstokes, cum advocatione ecclesiæ de Auldhamstokes, capellaniæ de Cockburnespeth et hospitalis ejusdem ;—terras de Eistcraig ;—terras de Hoperig, et terras et baroniam de Morehame, cum advocatione ecclesiæ ejusdem, in vicecomitatu de Edinburgh, et constabularia de Hadingtoun ;—cum aliis terris in Edinburgh, Berwick, Roxburgh, Selkirk, Dumfries, et Lanark, unitis in dominium et baroniam de Hailles.—A. E. 608l. 3s. 4d. N. E. 2000l.—(Vide Edinburgh, Berwick, Roxburgh, Selkirk, Dumfries, Lanark.) xii. 184.

(145) Mar. 19. 1634.
THOMAS DOMINUS FENTOUN, *hæres* Alexandri Domini Fentoun, *patris*,—in dominio de Pettinweime comprehendente terras de Mayscheilles ;—terras de Mayland de Barro ;—croftam et terras de Belheaven in constabularia de Hadingtoun, cum quibusdam aliis terris in Fife, Perth, et Forfar, unitis in dominium de Pittinweim.—A. E. 20l. N. E. 60l.—(Vide Fife, Perth, Forfar.) xiii. 159.

(146) Apr. 3. 1634.
BESSETA alias ELIZABETHA DAILL, *hæres* Joannis Daill portionarii de Barro, *patrui*,—in terris nuncupatis Mayland infra villam et territorium de Barro.—E. 10s. xiii. 145.

(147) Apr. 3. 1634.
BESSETA alias ELIZABETHA DAILL, *hæres* Joannis Daill filii legitimi Joannis Daill portionarli de Barro, *filii patrui*,—in templaria terra de Barro ex australi parte ejusdem, cum communi pastura in communia de Barro et Duncanlaw, cum pastura 18 summarum animalium et 1 equæ admissariæ lie Steid-meir nuncupatæ, 1 suis matricis lie brodsow, 2 anserum matricium lie brod-geis nuncupatarum, &c. infra constabulariam de Hadingtoune.—E. 3s. 4d. xiii. 146.

(148) Apr. 24. 1634.
JEANNA STALKER filia Joannis Stalker polentarii burgensis Vicicanonicorum, *hæres* Francisci Stalker, *filii patrui*,—in 3 sextis partibus extendentibus ad dimidietatem 2 bovatarum terrarum templariarum, in villa et territorio de Dirletoun in baronia de Dirletoun et regalitate de Torphichen.—E. 12d. xiii. 290.

(149) Maii 14. 1634.
JOANNES HAMILTOUN, *hæres* Joannis Hamiltoun de Fawsyd mercatoris burgensis de Edinburgh, *patris*,—in mansionibus, hortis, acris, &c. in villa et territorio de Saltprestoun, infra constabulariam de Hadingtoun et per unionem et annexationem infra dominium de Newbotle, viz. mansionibus, domibus, et hortis inter mansionem Henrici Achesoun, &c.—3 acris terrarum de Wigriehill ;—dimidietate acræ in Wigriehill ;—4 acris super Wigriehill ;—2 acris terrarum super Dumbarrisbuttis ;—1 acra terræ ex boreali parte dictæ villæ ;—2 acris ibidem ;—2 acris ex orientali parte viæ quæ ducit ad mare ;—1 acra in hujusmodi campo ;—1 acra in campo nuncupato Robertis-medow ;—E. 3l. 4s.—mansione et domo cum vasto horto eidem adjacente, ex boreali parte dictæ villæ de Saltprestoun :—E. 2s.—2 interliriis vulgo riggis terrarum arabilium de Saltprestoun, continentibus 1 acram terræ in Nether Schot, in baronia olim vocata de Alhamer nunc de Prestoun :—E. 40s.—decimis garbalibus terrarum de Littilfawsyd, infra parochiam de Tranent :—E. 5s.—salina patella cum ferreo artificio et domibus adjacentibus infra salinas de Saltprestoun :—E. 13s. 4d. &c.—pecia rupis et salina patella desuper, cum domibus jacentibus in salinis Domini Joannis Hamiltoun de Prestoun in baronia de Alhammer.—E. 16s. &c. xiii. 199.

(150) Aug. 14. 1634.
JACOBUS DOWGLAS de Stanypeth, *hæres masculus* Magistri Thomæ Dowglas de Stanypeth, *patris*,—in terris de Broomehoilles, infra baroniam et dominium de Newbotle et constabulariam de Hadingtoun.—A. E. 10s. N. E. 40s.—(Vide Peebles, Edinburgh, Fife.) xv. 125.

(151) Sep. 18. 1634.
JACOBUS DOMINUS ROS de Halkheid et Melvill, *hæres* Ja-

cobi Domini Ros de Halkheid et Melvill, *patris*,—in terris vocatis Craig et Maynes de Balgone infra constabulariam de Hadingtoun.—A. E. 10*l.* N. E. 60*l.*—(Vide Edinburgh, Linlithgow, Stirling, Renfrew, Ayr.)   xiii. 174.

---

(152)   Oct. 9. 1634.

DOMINUS ALEXANDER SWYNTOUN de Eodem, *hæres masculus* Joannis Swyntoun, *fratris germani*,—in terris de Standartes infra constabulariam de Hadingtoun.—E. 11*m.*   **xv. 283.**

(153)   Oct. 16. 1634.

DOMINUS JOANNES HAMILTOUN de Reidhous miles, *hæres* Domini Andreæ Hamiltoun de Reidhouse militis, unius Senatorum Supremi Senatus, *patris*,—in terris de Elster Spittell alias Eist Reidspittell ;—dimidietate terrarum dominicalium de Ballincreif cum molendino granario :—A. E. 13*l.* N. E. 52*l.*—in terra husbandia de Ballincreif vulgo nuncupata Wester Bissetlies, infra dominium de Ballincreif et constabulariam de Hadingtoun : —E. 20*s.*—hæreditario officio balliatus terrarum, molendini aliarumque supra specificatarum :—E. 3*s.* 4*d.*—terris de Reidspittell alias Wester Reidspittell ;—terris de Coittis, jacentibus ut supra :— A. E. 3*l.* N. E. 12*l.*—decimis garbalibus orientalis partis villæ et terrarum de Langniddrie vulgo nuncupatæ Eist-outfeildlandis de Langniddrie, in villa de Langniddrie, parochia de Tranent et constabularia de Hadingtoun :—A. E. 30*s.* N. E. 6*l.*—orientali parte villæ et terrarum de Langniddrie nuncupata Eistoutfield lands de Langniddrie :—E. ....—erectis in baroniam de Reidhous.   xiv. 139.

(154)   Dec. 18. 1634.

JEANNA THOMSOUN, *hæres portionaria* Georgii Thomsoun de Gourlawbankis, *patris*,—in terris de Shirrefleyes in villa et territorio de Northhailles ;—terra cottagia vulgo nuncupata Ane Coatland cum crofta, &c. in villa et territorio de Benistoun infra baroniam de Hailles et constabulariam de Hadingtoun ;—carrucata terræ appellata Gourlawbank, in villa et territorio de Lintoun.—A. E. 20*s.* N. E. 4*l.*   xiv. 100.

(155)   ...... 27. 1634.

WILLIELMUS KNOX in Morhame, *hæres* Willielmi Knox in Morhame, *patris*,—in pecia terræ extendente ad acram terræ, infra territorium de Nungait et constabulariam de Hadingtoun.— E. 7*s.*   xii. 179.

(156)   Apr. 23. 1635.

DOMINUS WILLIELMUS FORBES de Craigievar miles, *hæres* Magistri Willielmi Forbes de Craigievar, *patris*,—in 2 terris husbandiis in villa de Nether Saltoun et baronia de Saltoun, infra vicecomitatum de Edinburgh et constabulariam de Hadingtoun.— A. E. 10*s.* N. E. 20*s.*   xiv. 68.

(157)   Maii 14. 1635.

GEORGIUS MILLAR filius legitimus natu maximus Jacobi Millar de Gourlabankis, procreatus inter ipsum et Mariotam Thomsoun, *hæres portionarius* Georgii Thomsoun de Gourlabankis, *avi*, —in dimidietate terrarum de Sherefleyis, in villa et territorio de North-hailles ;—dimidietate terræ cottagiæ vulgo vocatæ Ane Coatland, in villa et territorio de Beinstoun infra baroniam de Hailles ;—dimidietate terræ vulgo vocatæ 1 carucata terræ appellata Gourlabankis, in villa et territorio de Lintoun ex parte australi aquæ de Tyne, infra dictam baroniam.—A. E. 20*s.* N. E. 4*l.*   xiii. 304.

(158)   Maii 21. 1635.

GEORGIUS KIRKWOOD, *hæres* Jacobi Kirkwood mercatoris burgensis de Hadingtoun, *fratris germani*,—in tenemento cum cauda in villa de Nungait prope Hadingtoun ;—3 rigis seu metis lie buttis terrarum in campo terræ vocato Braidcroft ;—acra terræ continente 3 rigas in campo vocato Nunsyde ;—riga seu daill vocata Endrig, in campo vocato Nunsyde ;—2 longis rigis terræ in campo vocato Sprotlands seu Sprotfauld ;—dimidio rigæ in dicto campo ;—altera meta in dicto campo ;—quarta parte terrarum vocatarum Pryoris landis in campo vocato Fluires :—E. 25*s.* 6*d.*— decimis prædictarum terrarum.—E. 1*d.*   xv. 22.

(159)   Jun. 4. 1635.

DOMINUS PATRICIUS ACHIESOUN de Glencairne miles baronettus, *hæres* Domini Archibaldi Achiesoun de Glencairne militis baronetti, aliquando unius Senatorum S. D. N. Regis, *patris*,—in 2 patellis salis cum rupe in fronte infra villam de Prestounpannis :—E. 16*s.* &c. *pro qualibet patella* :—diversorio in Prestounpannis :—E. 2*s.*—terris de Soutercloutt, infra baroniam de Prestoungrainge et constabulariam de Hadingtoun :—E. 10*l.*— parte terrarum de Prestoungraing vulgo vocata Bromehollis, infra dominium et baroniam de Newbotle et constabulariam prædictam. —E. 24*s.*—(Vide Edinburgh.)   xv. 62.

(160)   Jun. 18. 1635.

WILLIELMUS DAILL, *hæres* Alexandri Robesoun de Willis-

---

burne, *avi materni*,—in 8 acris terrarum cum tofta et crofta, in villa et territorio de Dirletoun infra baroniam de Dirltoun.— E. 8*s.*   xiii. 279.

(161)   Sep. 22. 1635.

DOMINUS ROBERTUS RITCHARDSOUN de Eister Pencaitland miles baronettus, *hæres* Domini Roberti Richardsoune de Eister Pencaitland militis baronetti, *patris*,—in terris, villa et Maynes de Pencaitland ;—terris de Denheid et Boigis cum molendino earundem :—A. E. 10*m.* N. E. 40*m.*—terris de Spilmurefuird cum molendino :—E. 6*m.* 3*s.* 4*d.* &c.—terris vocatis Viccarshill in Eister Pencaitland cum prato ;—parte terræ communiter Viccarsteddering nuncupata, omnibus in parochia de Pencaitland, infra constabulariam de Hadingtoun et vicecomitatum de Edinburgh :—E. 10*m.*—decimis terrarum de Pencaitland.—E. 10*s.*   xiv. 53.

(162)   Nov. 26. 1635.

GEDION BAILLIE, *hæres* Domini Jacobi Baillie de Lochend militis, unius Dominorum Secreti Concilii S. D. N. Regis, *patris*, —in baronia de Lochend comprehendente terras de Lochend, infra constabulariam de Hadingtoun :—E. 53*l.* 10*s.*—terras et bondas magni lacus de Dumbar :—E. 3*l.*—terras de Broompark jacentes ut supra :—E. 2 *chalderæ avenarum* :—rigam seu decimam sextam partem villæ et terrarum de Westbarnes ;—aliam decimam sextam partem nuncupatam in rentali regis rigam, prædictarum villæ et terrarum ;—aliam decimam sextam partem prædictarum terrarum ; —aliam decimam sextam partem prædictarum terrarum, infra dominium de Dumbar et infra constabulariam prædictam :—E. 44 *bollæ tritici*, &c.—advocationem archipresbiteratus de Dun bar jacentis ut supra, et capellaniæ nuncupatæ Saulpreistrie de Dumbar :—E. 26*s.* 8*d.*—terras de Eister et Wester Broomhousses ; —partem 2 terrarum husbandiarum nuncupatarum Powaislandis ;— partem 4 husbandiarum terrarum de Paulislandis ;—orientale molendinum de Spott :—A. E. 5*l.* N. E. 20*l.*—communias lie commontie et teyndscheives ecclesiæ collegiatæ de Dumbar :—E. 80*m.* —omnes unitas in baroniam de Lochend ;—terris de Standarts jacentibus ut supra :—E. 11*m.*—terris templariis in villa de Spott ;— terris templariis in Eister et Wester Broomehous, infra constabulariam de Hadingtoun.—E. 3*s.* 4*d.*   xv. 15.

(163)   Jun. 2. 1636.

JOANNES DICKSOUN, *hæres* Joannis Dicksoun portionarii de Abbay de Hadingtoun, *patris*,—in manerie seu mansionis loco in villa de Abbay de Hadingtoun, cum pecia terræ vocata Byrelotch et decimis garbalibus ejusdem, cum pastura 4 equorum et 4 vaccarum :—E. 20*s.*—pecia terræ vocata Beirzeard cum decimis garbalibus ejusdem, infra constabulariam de Hadingtoun :—E. 6*s.* —4 terris husbandiis infra villam et territorium de Garvald :—E. 4*l.* &c.—pecia terræ vocata Hauch prope ecclesiam parochialem de Garvald, infra constabulariam prædictam :—E. 20*s.*—6 acris terrarum arabilium infra territorium villæ de Nungait :—E. 4*s.* 10*d.* *pro qualibet atra* :—2 acris infra dictum territorium.—E. 3*s.* 6*d.*   xv. 65.

(164)   Sep. 8. 1636.

GULIELMUS SEYTOUN, *hæres* Domini Willielmi Seytoun de Kyllismore militis, *patris*,—in terris de Garvaldgraing et Brewland et terra husbandia, in villa et territorio de Garvald, cum privilegio cespitum et ligna scindendi in terris de Slaid et silvis de Houps, Newlands, et Snawdoun, infra constabulariam de Hadingtoun ;—terris ecclesiasticis de Garvald et Brewland :—E. 9*l.* 3*s.*—decimis garbalibus dictarum terrarum, &c.—E. 57*s.*—terris templariis de Rystible et Garvald cum hortis et pastura, jacentibus ut supra. —E. 30 *nummi*.   xv. 85.

(165)   Sep. 8. 1636.

WILLIELMUS DOMINUS ROS DE HALKHEID ET MELVILL, *hæres* Jacobi Domini Ros de Halkheid et Melvill, *fratris*, —in terris et baronia de Craig et Balgone in constabularia de Hadingtoun, unitis in baroniam de Craig et Balgone.—A. E. 10*l.* N. E. 60*l.*—(Vide Edinburgh, Linlithgow, Stirling, Renfrew, Ayr.)   xv. 210.

(166)   Nov. 10. 1636.

MAGISTER THOMAS BANNATYNE, *hæres* Domini Jacobi Bannatyne de Newhall militis, unius Senatorum Collegii Justiciæ, *patris*,—in terris de Newhall cum molendino ;—terris de Ballingruge, Howdoun, Heymoorcroce, Woodheid et Woodfute, jacentibus infra constabulariam de Hadingtoun :—A. E. 10*l.* N. E. 40*m.* —terris de Yokburne ;—terris vulgo vocatis merkland de Boltoun, in baronia de Boltoun et constabularia prædicta.—A. E. 6*s.* 8*d.* N. E. 5*l.* 6*s.* 8*d.*   xv. 168.

(167)   Dec. 14. 1636.

JACOBUS RAMSAY de Torbaine, *hæres* Davidis Ramsay de Torbaine, *patris*,—in annuo redditu 100*m.* de terris de Creichnes in parochia de Innerweik, dominio de Thorntoun, baronia de Renfrew per annexationem, et infra coustabulariam de Hadingtoun.—(Vide Wigton, Kirkcudbright, Edinburgh.)   xv. 175.

(168)   Mar. 17. 1637.
DAVID ERSKINE, *hæres masculus* Henrici Erskine de Cardrois, *patris,*—in dominio et baronia de Cardrois, comprehendente terras quæ olim ad Abbaciam de Inschmahomo et Abbaciam de Drybrugh pertinuerunt, et specialiter in terris de Elbotill ;—terris ecclesiasticis de Saltoun et Pencaitland ;—terris de Carsmyre et Kingstoun ;—annuis redditibus 30s. de burgo de Dumbar, et 6s. 8d. de Bothanes, et in omnibus aliis terris perprius ad dictam monasterium de Drybrugh spectantibus, et jacentibus infra vicecomitatus de Roxburgh, Berwick, Lanark, Edinburgh, constabulariam de Hadington, et Fife respective, et erectis cum aliis terris prioratus de Inschmahomo et integris fructibus Abbaciæ de Cambuskenneth, in temporale dominium de Cardrois.—E. 100l.—(Vide Perth, Roxburgh, Berwick, Edinburgh, Fife, Lanark, Stirling, Dumbarton, Wigton.)   xv. 133.

(169)   Maii 25. 1637.
JOANNES LAWSOUN de Humbie, *hæres* Domini Jacobi Lawsoun de Humbie militis, *patris,*—in terris de Gilchrystoun cum molendino, infra dominium de Saltoun et constabulariam de Hadingtoun.—E. 3l. 6s. 8d.   xv. 129.

(170)   Jun. 30. 1637.
THOMAS COMES DE HADINGTOUN, Dominus Byning et Byres, *hæres masculus* Thomæ Comitis de Hadingtoun, &c. *patris,*—in terris, dominio, et baronia de Bynning comprehendente terras et baroniam de Byres cum terris dominicalibus, villa et burgo baroniæ infra baroniam de Byres erecta, vocata villa et burgo de Drem ;—terras de Caldraw ;—terras et terras dominicales de Drem ;—terras de Dremhillis ;—terras de Cottis ;—terras de Midlethrid et Coitt ackeris in Drem ;—terras de Sayningis (Haynings ?) ;—terras de Muirtoun ;—terras de Mungoiswellis ;—terras de Garmelstoun ;—terras de Harvestoun, cum privilegio pasturæ in mora de Gledismure, et advocatione capellaniæ vocatæ The Lady Chapell of Drem, infra ecclesiam parochialem Sancti Andreæ ;—terras de Drem cum decimis garbalibus, infra constabulariam de Hadingtoun :—A. E. 30l. N. E. 90l.—annuum redditum 2s. de crofta terræ apud ecclesiam de Hadingtoun nuncupata Byres-Orchard ;—annuum redditum 2s. de tenemento in Hadingtoun ;—annuum redditum 2s. de 3 rudis terræ in Hadingtoun ;—annuum redditum 20d. de tenemento in Hadingtoun, et annuum redditum 12d. de terra in Hadingtoun nuncupata Sanct Androis land in Poildraught ; ecclesias parochiales de Dumany et Hadingtoun, cum decimis et advocatione earundem :—E. 3l.—partibus moræ nuncupatæ Monticulum de Gledismure, infra constabulariam de Hadingtoun, et usu lacus de Gledismure.—E. 20d.—(Vide Edinburgh, Linlithgow, Fife, Berwick.)   xv. 140.

(171)   Sep. 7. 1637.
GEORGIUS WOOD in Newmylne, *hæres* Roberti Wood in Newmylne, *patris,*—in terris ecclesiasticis de Hedderweik ad Archipresbyteratum de Dumbar olim spectantibus, in dominio de Hedderweik et constabularia de Hadingtoun, viz.—7 acris terrarum arabilium ex boreali latere villæ de Nanewar ;—2 acris terrarum arabilium ex australi villæ de Hedderweik cum 2 rigis dictarum acrarum ;—2 acris in Broomehill ;—pastura 14 summarum animalium et unius equi in terris dominii de Hedderweik :—E. 6m. 20d.—terris ecclesiasticis olim spectantibus prioríssæ Sancti Bothani in villa et territorio de Stentoun, viz. mansione cum 2 acris vocatis Brewhouslandis ;—terris ecclesiasticis in dicta villa et territorio apud Gallowhope ;—terris ecclesiasticis inter terras de Newmylne infra vicecomitatum de Ranfrew per annexationem, et constabulariam de Hadingtoun.—E. 44s.   xv. 278.

(172)   Oct. 10. 1637.
WILLIELMUS MARISCALLI COMES, Dominus Keith et Altrie, &c. *hæres masculus* Willielmi Mariscalli Comitis, Domini Keith et Altrie, &c. *patris,*—in dominio et baronia de Innerugie comprehendente inter alia terras, dominium, et baroniam de Keith-Marshell ;—terras de Over-Keith olim nuncupatas Keith-Symonis ;—villam et terras de Nether-Keith ab antiquo nuncupatas Keith-Mershell, cum officio Mariscallatus regni Scotiæ, et advocatione ecclesiæ de Keithmerschell, infra constabulariam de Hadingtoun, cum aliis terris in Kincardine, Aberdeen, Bamf, et Linlithgow, unitis in dominium et baroniam de Innerugie.—A. E. 100l. N. E. 400l.——(Vide Kincardine, Aberdeen, Banf, Linlithgow.)   xv. 253.

(173)   Nov. 30. 1637.
JOANNES SYMSOUN incola in Kallishandra in Hibernia, *hæres* Catharinæ Hector sponsæ Joannis Symsoun in Belhevin, *aviæ,*—in crofta terræ arabilis vocata Belhevin croft alias the Monkiscroft

et Hempzeard apud Belhevin, infra communiam de Dumbar, infra libertatem ejusdem et constabulariam de Hadingtoun.—E. 6s. 8d.   xv. 265.

(174)   Maii 29. 1638.
THOMAS ELPHINGSTOUN filius legitimus natu maximus Henrici Elphingstoun de Calderhall, *hæres* Domini Thomæ Henrysone de Chesters militis, unius Senatorum Collegii Justiciæ, *avi,*—in terris ecclesiasticis de Baro :—E. 9l.—pecia terræ vocata Oxingang nunc vocata Barochesters, infra constabulariam de Hadingtoun :—E. 22s.—annuo redditu 20m. de tenemento in Hadingtoun.—(Vide Edinburgh.)   xv. 243.

(175)   Jan. 3. 1639.
MAGISTER ALEXANDER FORREST, *hæres* Magistri Patricii Forrest de Archerfeild, *patris,*—in tenemento in villa de Dirltoun ;—domo et horto in villa de Dirltoun ;—altero tenemento vocato Quhytchalmer, cum horto et Quhytchalmer-acre in dicta villa ;—terra husbandia vulgo nuncupata Archerfeild, in territorio et baronia de Dirltoun ;—4 rigis terrarum in Orientali Craigflat, extendentibus ad 3 acras 1 rudam terræ ;—2 rigis terræ in occidentali Craigflat vocato Tordaills ;—3 rigis in Auldtoun ;—2 rigis in Murefeildduris, infra constabulariam de Hadingtoun, extendentibus in integro ad 5 acras terræ ;—4 acris terrarum continentibus 10 rigas in Archerfeild, infra villam et territorium de Dirltoun :—E. 5l.—4 acris terræ arabilis in Cruik de Elbotle ;—acra terræ nuncupata Archersland in villa de Elbotle :—E. 3s.—tenemento in dicta villa et territorio de Dirltoun, infra constabulariam de Hadingtoun.—E. 5s.   xiv. 320.

(176)   Apr. 4. 1639.
MAGISTER JOANNES DOUGLAS minister verbi Dei apud ecclesiam de Cannabie, *hæres* Jacobi Douglas, *fratris germani,*—in annuo redditu 200m. de terris de Quhittinghame, infra constabulariam de Hadingtoun.   xiv. 227.

(177)   Apr. 4. 1639.
JACOBUS HEPBURNE filius quondam Domini Roberti Hepburne de Bairfurd miles, *hæres masculus* Joannis Hepburne feoditarii de Bairfurd, *fratris,*—in tertia parte baroniæ de Morame, viz. in tertia parte terrarum dominicalium de Morame ;—6 husbandiis terris et 6 terris cottagiis lie Coitlands, in villa et territorio de Morame et infra constabulariam de Hadintoun, in quibus comprehenduntur terræ subscriptæ, viz. terræ de Northrig et Standingstane, cum carbonariis :—E. 13m. *feudifirmæ :*—bina parte terrarum de Standingstane parte baroniæ de Morame :—E. ....—terris et prædiis lie Maillings et Steadings de Eister Monkrig cum decimis, in baronia de Bairfurde :—E. 4l. 17s. &c. *feudifirmæ :*—terris de Bairfurde cum decimis, prato, et mora de Bairfurde :—E. 67l. *feudifirmæ :*—terris et fundo de Coitwallis et molendino de Bairfurd, infra baroniam de Bairfurde et constabulariam prædictam, cum decimis terrarum de Coitwallis.—E. 8m. 6s. 8d. *feudifirmæ.*   xvii. 37.

(178)   Jan. 7. 1640.
DOMINUS FRANCISCUS HAMMILTOUN de Castlekyllache miles baronettus, *hæres* Claudii Hammiltoun filii legitimi secundo geniti Domini Alexandri Hammiltoun de Innerweik, *patris,*—in terris de Creichnes, infra parochiam de Innerweik et baroniam de Renfrew per annexationem.—A. E. 20s. N. E. 4l.   xix. 358.

(179)   Maii 14. 1640.
ALEXANDER LEVINGTOUN de Saltcoitts, *hæres* Magistri Patricii Levingtoun de Saltcoitts, *patris,*—in terris de Saltcoittis cum terris dominicalibus et Links earundem, terris de Kingistoun, una terra husbandia in Williamstoun, certis domibus vocatis Raw of houses ex parte australi villæ de Gulane prope cemiterium ecclesiæ ejusdem ;—terris vocatis Candillislands in baronia de Dirltoun et constabularia de Haddintoun, extendentibus in integro ad 14 terras husbandias :—A. E. 3l. 10s. N. E. 10l. 10s.—5 terris husbandiis in villa de Dirltoun :—A. E. 25s. N. E. 3l. 15s.—terris vocatis Langledaills sive Langrigis, terris vocatis lie tua aught aikers, terris vocatis Hardrigis, et 2 terris husbandiis in villa de Gullane, extendentibus ad 5 terras husbandias :—A. E. 25s. N. E. 3l. 15s.—una carucata terræ in villa et territorio de Gulane, et dimidietate unius bovata terræ in villa de Dirltoun :—E. 10s.—prato de Gulane cum aquæductu :—E. 40s.—terris de Mylflatt in baronia de Dirltoun :—A. E. 5s. N. E. 15s.—una terra templaria continente dimidiam partem unius bovatæ terræ in villa et territorio de Gullane.—A. E. 14d. N. E. 3s. 6d.—(Vide Berwick.)   xvi. 95.

(180)   Maii 21. 1640.
JACOBUS HEPBURNE burgensis de Hadingtoun, *hæres masculus ratione talliæ* Georgii Hepburne de Newmylnes, *fratris,*—in tenandria de Newmylnes continente bina molendina granaria vocata Newmylnes, cum multuris et vallibus ;—4 acris terrarum arabilium a cauda domus molendini fullonis ;—acram terræ arabilis ;—unum lie Butt terræ inter aqueductum dictorum molendinorum ;—

dimidietatem quartæ partis terrarum de Sprottisflatt;—terras de Nather Quarrelpitts cum dimidietate de Hoil vocata Quarrelpithoilles et acris earundem;—dimidium peciæ terræ vocatæ Tenaikers;—agrum sive croftam nuncupatam Adams-flatt;—5 acras terrarum arabilium in Flures;—acram terræ ex orientali parte terrarum de Gallowsyde;—liram et 2 sulcos lie butts prope aquam de Tyne;—4 acras terræ arabilis in Nunsyde;—dimidium acræ terræ arabilis in Nunsyde;—acram terræ in Nunsyde;—2 acras terræ in Gallowsyde;—2 acras terræ arabilis in Croceflatt, apud carbonaria;—acram et dimidium acræ apud Newmylnes;—quartam partem terrarum de Sprottisflat;—moram monasterii, omnes unitas in tenandriam de Newmylnes:—E. 15*l*. 3*s*. 4*d*. &c. *feudi-firmæ*:—2 acris terræ arabilis prope dicta molendina in campo vocato Croceflatt.—E. 8*s*. &c.   xvi. 320.

(181)   Oct. 23. 1640.

THOMAS COMES DE HADINGTOUN, Dominus Byning et Byris, &c. *hæres masculus* Thomæ Comitis de Hadingtoun, &c. *patris*,—in terris, dominio, et baronia de Byning, comprehendente terras et baroniam de Byris, cum terris dominicalibus et villa et burgo baroniæ nuncupato burgo de Drem;—terras de Caldraw;—terras dominicales de Drem;—terras de Dremhillis et Coitts;—terras de Middilthrid et Coitt-aikeris in Drem;—terras de Saynings (Haynings?) Murtoun, Mungoiswall, Garmelstoun, Harvestoun, cum libertate communiæ in mora de Gladsmure, et jure patronatus capellaniæ vocatæ The Lady-chappell of Drem;—terras de Drem cum decimis garbalibus, infra constabulariam de Hadington:—A. E. 30*l*. N. E. 90*l*.—annuum redditum 2*s*. de crofta terræ apud ecclesiam de Hadingtoun nuncupata Byris Orchard;—annuum redditum 2*s*. de tenemento in via piscatoria de Hadingtoun;—annuum redditum 2*s*. de 3 rudis terræ in regia via de Hadingtoun;—annuum redditum 20*d*. de tenemento terræ in Hadingtoun;—annuum redditum 12*d*. de tenemento in Haddingtoun nuncupato Androis land in Poldraught, cum quibusdam aliis terris in vicecomitatu de Edinburgh:—A. E. 40*s*. N. E. 6*l*.—ecclesias parochiales de Dumany et Haddingtoun cum decimis garbalibus aliisque decimis earundem, et jure patronatus dictarum ecclesiarum:—E. 3*l*.—omnes terræ prædictæ sunt unitæ ad dominium et baroniam de Byning;—in parte moræ de Gladsmore ex occidentali parte monticuli seu Moitt de Gladsmure;—alia parte præfatæ moræ, cum libertate lacus de Gladismure, et usu lacus de Gladismure:—E. 20*d*.—terris et baronia de Lufnes, cum terris dominicalibus, molendino, et jure patronatus capellæ beatæ Mariæ Virginis, infra cemiterium de Aberlady:—A. E. 20*l*. N. E. 40*l*.—terris ecclesiasticis et tenementis olim ad lie Carmeleit-Friers apud Lufnes pertinentibus, cum hortis et acris lie rigs et Butts of land:—E. 20*m*. et 13*s*. 4*d*. in augmentationem:—terris templariis fratrum prædicatorum de Lufnes lie Tempill-croft;—tenemento templario cum horto et lie rig ejusdem jacente in Lufnaraw, ex parte orientali villæ de Aberlady;—tenemento templario in dicta villa de Aberlady ex parte boreali ejusdem:—A. E. 6*d*. N. E. 12*d*.—cum aliis terris in Edinburgh et Linlithgow perprius unitis in baroniam de Lufnes;—terris arabilibus, croftis, domibus, et pertinentiis olim ad capellaniam capellæ Mariæ Virginis, infra cemiterium ecclesiæ parochialis de Aberlady, in dominio, villa, et territorio de Aberlady, viz. pecia terræ in Damsheid;—pecia terræ vocata Preistsdyke;—pecia terræ in Dunstanes, cum pecia terræ in Croftis burgi de Aberladie;—terris domibus, &c. in dicta villa de Aberlady apud finem occidentalem ex parte australi ejusdem.—E. 26*s*. 8*d*.—(Vide Edinburgh, Linlithgow, Fife, Berwick.)   xvi. 1.

(182)   Oct. 23. 1640.

THOMAS COMES DE HADINGTOUN, Dominus Byning et Byris, *hæres masculus* Thomæ Comitis de Hadingtoun, &c. *patris*,—in terris de Preistlaw, Preistheid, (vel Penscheill), Preistheid, Frierdykis, et Winterscheillis cum molendino, infra dominium de Melros:—E. 30*l*.—terris de Hartishyd et Clintis:—E. 133*l*. 6*s*. 8*d*.—terris de Milnhauchis de Newgrange infra baroniam de Melros:—E. 3*l*. 3*s*. 4*d*.—terris et dominio de Tunynghame, viz. terris dominicalibus de Tunynghame;—20 terris husbandiis;—20 terris cottagiis;—5 terris brasinariis et molendino de Tunynghame;—terris vocatis Wardland, Gelliesthot, et Smythis-lands, cum piscatione salmonum in aqua de Tyne, tam in dulci aqua quam in salsa, lacubus, piscibus, &c. dictarum terrarum de Tunynghame;—annuo redditu 10*m*. de dimidietate villæ de Auldhame in dominio de Tyningham, cum alga maris lie Wrack et Wair, officio balliatus prædicti dominii de Tunynghame:—E. 81*l*.—villa et burgo baroniæ de Tunynghame, portu et statione cum custumis, &c.—E. 40*s*.—mansione, turre et fortalicio de Tunynghame;—terris de Brigis, Eister et Wester Greinspot alias Spensland, Geilsland, et Baxterland alias Doucataiker, in villa de Tunynghame;—terris de Lochhouss alias nuncupatis Halkerisland, extendentibus ad 2 husbandias et 6 acras terrarum:—E. 4*l*. 6*s*. &c.—terris de Knowis cum molendino ac pecia terræ nuncupata Dunkershill, et piscatia salmonum in aqua de Tyne, cum 4 dietis focalium vulgo four days-work of Fewal in mora dominicali de Tunynghame;—3 brueriis jacentibus in dicta villa de Tunynghame;—2 terris husbandiis nuncupatis Inche dictis terris de Knowis spectantibus, infra baroniam de Tunynghame et regalitatem Sancti Andreæ:—E. 16*l*. &c.—terris ecclesiasticis de Tunynghame, viz. terris de Kirklandhill et 5 acris terræ arabilis prope villam de Tunynghame;—2 terris husbandiis de Loch-houss nuncupatis Wester Loch-hous;—2 rigis capitalibus, lie Tua Heidrigis dictarum acrarum, in villa et territorio de Tunynghame, in dominio de Tunynghame et regalitate Sancti Andreæ:—E. 12*l*. 13*s*. 4*d*.—terris, tenementis, hortis, croftis, et rigis, in villa et teritorio de Aberlady, cum variis annuis redditibus de terris, tenementis, &c. in dicto territorio et villa de Aberlady.—E. 50*s*.—(Vide Roxburgh, Lanark, Peebles, Berwick, Linlithgow.) xvi. 7.

(183)   Oct. 23. 1640.

THOMAS COMES DE HADINGTOUN, Dominus Byning et Byres, &c. *hæres masculus* Thomæ Comitis de Hadingtoun, Domini Byning et Byres, *patris*,—in terris et baronia de Samuelstoun:—A. E. 4*l*. N. E. 12*l*.—terris et aikers ad dictas terras de Samuelstoun adjacentibus:—A. E. 20*s*. N. E. 3*l*.—advocatione et jure patronatus parochiæ de Athelstanefurd cum decimis:—A. E. 20*d*. N. E. 5*s*.—unitis in baroniam de Samuelstoun. xvi. 16.

(184)   Oct. 29. 1640.

JACOBUS BAILLIE, *hæres* Domini Gideonis Baillie de Lochend militis baronetti, *patris*,—in baronia de Lochend comprehendente terras de Lochend:—E. 53*l*. 10*s*.—terras et bondas magni lacus de Dunbar:—E. 3*l*.—terras de Broomepark cum pratis et pascuis equorum:—E. 2 *celdræ avenarum*:—rigam seu decimam sextam partem villæ et terrarum de Westbarnes;—aliam decimam sextam partem nuncupatam in rentali rigam villæ et terrarum de Westbarns:—aliam decimam sextam partem nuncupatam in rentali rigam villæ et terrarum de Westbarns;—aliam decimam sextam partem villæ et terrarum de Westbarns nuncupatam in rentali rigam, infra dominium de Dumbar et constabulariam de Hadingtoun, quæ confierunt in integro quartam partem ejusdem villæ et terrarum:—E. 44 *bollæ* 4 *peccæ tritici*, &c.—advocationem et jus patronatus Archiepresbiteriatus seu vicariæ de Dumbar, et capellaniæ vulgo nuncupatæ Saulspreistrie de Dumbar, cum terris et decimis eisdem spectantibus:—E. 26*s*. 8*d*.—terras de Easter et Wester Broomhousses, comprehendentes portionem 2 husbandiarum terrarum nuncupatarum Powaslandis, infra bondas terrarum de Wester Broomhousses;—portionem 4 husbandiarum terrarum nuncupatarum Paulislands infra bondas terrarum de Eister et Wester Broomhousses, partes terrarum de Spott;—orientale molendinum de Spott cum multuris:—A. E. 5*l*. N. E. 20*l*.—communias lie communtie teindsheavis ecclesiæ collegiatæ de Dumbar ubicunque jacent, quæ olim ad ecclesiam collegiatam de Dumbar pertinuerunt:—E. 80*m*.—omnes unitas in baroniam de Lochend;—in terris de Standarttis:—E. 11*m*.—terris templariis, viz. domibus et ædificiis in villa de Spott;—terris templariis in Eister et Wester Bromhousses.—E. 3*s*. 4*d*.   xvi. 65.

(185)   Jul. 1. 1641.

DOMINA ANNA HOME DOMINA MAITLAND, *sponsa* Joannis Domini Maitland, *hæres portionaria* Georgii Domini Home, *proavi*,—in dimidietate terrarum de Thornetoun, et Hielands et Lawlands earundem, comprehendentium terras de Over Thorntoun, Nether Thorntoune, Eister Aikingall, Wester Aikingall, Creichnett, et Monynet, cum turre et molendino de Thorntoun, infra constabulariam de Hadingtoun, per annexationem infra vicecomitatum de Renfrew.—E. 20*m*.   xvii. 149.

(186)   Jul. 1. 1641.

DOMINA MARGARETA HOME COMITISSA DE MURRAY, *sponsa* Jacobi Comitis de Murray, Domini Doun et Abernethie, *hæres portionaria* Georgii Domini Home, *proavi*,—in dimidietate terrarum prædictarum.—E. 20*m*.   xvii. 150.

(187)   Jan. 20. 1642.

DOMINA HELENA RICHARDSONE relicta quondam Domini Joannis Hamiltoun de Reidhous militis, *hæres portionaria* Alexandri Richardson filii legitimi quondam Domini Roberti Richardsone de Pencaitland militis baronetti, *fratris*,—in annuo redditu 800*m*. de terris de Eister Pencaitland et terris dominicalibus ejusdem, et de terris de Spelinfuird cum molendino, et terris de Briggis et Denhead, infra parochiam de Pencaitland. xvii. 132.

(188)   Jan. 20. 1642.

JEANNA RICHARDSONE, *hæres portionaria* Alexandri Richardsone filii legitimi quondam Domini Roberti Richardsone de Pencaitland militis baronetti, *fratris*,—in annuo redditu prædicto. xvii. 133.

(189)   Feb. 10. 1642.

DOMINUS GEORGIUS HOME de Tulliecastell miles, *hæres masculus* Domini Joannis Home de Northbervick militis, *patris*,—in acra terræ arabilis vulgo Lady-aiker nuncupata, cum domo et horto, infra terras de Gleghorne :—E. 3s. 4d.—decimis garbalibus aliisque decimis terrarum de Heuch et Roddes, et quinque croftarum terræ in Northbervick, et omnium croftarum et acrarum urbis et terrarum de Northbervick;—decimis garbalibus aliisque decimis terrarum de Craig et Balgone, et terrarum de Gleghorne et Eister Craig, infra parochiam de Northbervick.—E. 20l. xvi. 287.

(190)   Oct. 27. 1642.
JACOBUS DOMINUS DE ST. COLME, *hæres masculus* Henrici Domini de St. Colme, *patris*,—in dominio de St. Colme comprehendente duas rigas terræ apud burgum de Haddingtoun, et duas toftas in burgo de Haddingtoun, quæ cum aliis terris perprius ad abbaciam de St. Colmesinshe pertinuerunt, et erectæ fuerunt in dominium de St. Colme, cujus dominii in integro :—E. 100m.—(Vide Fife, Perth, Edinburgh, Linlithgow.)   xvii. 94.

(191)   Mar. 9. 1643.
ROBERTUS DOMINUS ROS DE HALKHEID ET MELVILL, *hæres* Willielmi Domini Ros de Halkheid et Melvill, *fratris*,—in terris et baronia de Craig et Balgone, infra constabularium de Hadintoun.—A. E. 10l. N. E. 60l.   xvii. 129.

(192)   Apr. 10. 1643.
ALEXANDER COMES DE KELLYE, *hæres* Thomæ Comitis de Kellye, Domini Pettenweyme, *fratris germani*,—in dominio de Pettenweyme, comprehendente inter alias terras in Fife, Forfar, et Perth, terras de Marshells, (Mayshells), Mayland de Baro, et croftam et terras de Belheavin :—A. E. 20l. N. E. 60l.—(Vide Fife, Perth, Forfar.)   xvii. 58.

(193)   Dec. 21. 1643.
GEORGIUS HOME, *hæres* Alexandri Home de Gamelscheill, *patris*,—in terris de Wester Gamelscheill cum molendino, et pastura infra moram de Lamermure, infra regalitatem de Dumbar et constabulariam de Hadintoun.—E. 20m.   xviii. 14.

(194)   Jan. 3. 1644.
FRANCISCUS DURHAME de Duntarvie, *hæres* Domini Jacobi Durham de Duntarvie, *patris*,—in annuo redditu 200m. de terris de Morhame, aut de terris de Haills in dominio de Haills, et infra constabulariam de Hadingtoun;—annuo redditu 100m. de prædictis terris de Morham aut de Overhaills.—(Vide Stirling, Lanark, Berwick.)   xviii. 163.

(195)   Jun. 6. 1644.
GEORGIUS DOWGLAS, *hæres* Jacobi Dowglas de Chesteris, *patris*,—in terris ecclesiasticis de Baro:—E. 9l.—pecia terræ vocata Oxingang et vulgo vocata Barochesteris, infra constabulariam de Hadintoun.—E. 22s. *feudifirmæ*.   xviii. 26.

(196)   Oct. 24. 1644.
JOANNES HEPBURNE, *hæres* Georgii Heburne de Alderstoun, *patris*,—in terris et baronia de Alderstoun comprehendente terras de Alderstoun ;—in terris de Caponflat ;—terris de Plewaland ;—terris vocatis Pethdaills ;—terris de Ruidland extendentibus ad 7 acras terrarum ;—terris de Pittercraigis, omnibus infra constabulariam de Hadingtoun, et unitis in baroniam de Alderstoune.—A. E. 4l. N. E. 16l.   xviii. 38.

(197)   Nov. 5. 1644.
JOANNES HAMILTOUN de Prestoun, *hæres* Domini Jacobi Hamiltoun de Fingaltoun militis, *patris*,—in terris et baronia de Prestoun et Prestonpanis cum libero burgo baroniæ de Prestoun et portu marino :—E. 40s.—decimis garbalibus prædictarum terrarum et baroniæ de Prestoun :—E. 6s. 8d.—omnibus unitis in baroniam de Prestoun, infra constabulariam de Hadingtoun.   xviii. 155.

(198)   Feb. 18. 1645.
DOMINA ANNA HOME COMITISSA DE LAUDERDAILL, sponsa Joannis comitis de Lauderdaill, *hæres portionaria* Alexandri Domini Home, *avi*,—in terris de Thornetoune et Hielandis et Lawlandis earundem, comprehendentibus terras de Overthornetoun, Netherthornetoun, Thornetoundodis, Eisteraikingall, Westeraikingall, Creiches et Monynet, cum molendino de Thornetoun, infra constabulariam de Hadingtoun, et per annexationem infra vicecomitatum de Renfrew.—A. E. 20l. N. E. 60l.   xviii. 256.

(199)   Feb. 18. 1645.
DOMINA MARGARETA HOME COMITISSA DE MURRAY, sponsa Jacobi comitis de Murray, *hæres portionaria* Alexandri Domini Home, *avi*,—in terris prædictis.   xviii. 257.

(200)   Feb. 20. 1645.
DOMINUS JOANNES JOHNESTOUN de Elphingstoun miles baronettus, *hæres* Domini Samuelis Johnestoun de Elphingstoun

militis baronetti, *patris*,—in terris de Lewche et superioritate earundem, infra constabulariam de Hadington.—A. E. 20s. N. E. 4l.   xviii. 224.

(201)   Apr. 10. 1645.
JOANNES COMES DE HADINGTOUN, Dominus Byning et Byres, &c. *hæres masculus* Thomæ comitis de Hadingtoun, Domini Byning et Byres, &c. *patris*,—in terris arabilibus, croftis, &c. olim ad capellaniam capellæ beatæ Mariæ Virginis intra cæmeterium ecclesiæ parochialis de Aberlady, in dominio de Aberlady :—E. 40s. *feudifirmæ* :—terris burgalibus, terris vastis, hortis, &c. omnibus in dominio, villa et territorio de Aberlady, et infra constabulariam de Hadingtoun.—E. 26s. 8d.   xviii. 197.

(202)   Apr. 10. 1645.
JOANNES COMES DE HADINGTOUN, *hæres masculus* Thomæ Comitis de Hadingtoun, Domini Bynning et Byres, *avi*,—in terris, baronia et regalitate de Drem comprehendente 11 tenementa in Hadingtoun, cum bovata terræ arabilis ;—bovatam terræ templariæ ;—terras templarias in villa de Innerweik ;—terras templarias in Spot vocatas Standandstainrig et Quhitrig, extendentes ad 2 terras husbandias ;—terram templariam in villa de Spot ;—3 tenementa in villa de Dumbar ;—terras templarias in Beinstoun ;—terras templarias in Athallstainfurde ;—terram templariam in villa de Eistfortoun ;—terram templariam de Lafnaraw ;—terram templariam in Aberlady ;—terras templarias de Rystavill et Garvald ;—2 tenementa in Aberlady ;—croftas templarias fratrum de Lufnis ;—terram templariam in villa de Barro ;—terram templariam vocatam Tempillfield ;—terras templarias de Seytoun et Tranent ;—terras templarias de Corsbandland ;—terras templarias in Dirltoun vocatas Lesliecruik ;—terram templariam in Dirltoun ;—terram templariam in Gulan vocatam Lucusland ;—terras templarias et tenementa in Gulan ;—terras templarias in Drem ;—2 terras templarias in Dirltoun ;—villam et terras de Elbottill ;—terram templariam de Corsehill ;—terram templariam in Sanctbothans ;—2 terras templarias in Duncanlaw ;—2 terras templarias in Sandersden ;—terram templariam ;—terram templariam in Duncanlaw ;—terram templariam in Hedderweik ;—terram templariam in Northberwik ;—terram templariam in Morham ;—terram templariam in Tunynghame ;—terram templariam in Morham ;—tenementum templarium in Northberwick ;—terram templariam in Pencaitland ;—terram templariam in Fentoun, cum piscariis ;—omnes infra constabulariam de Hadingtoun, et unitas in baroniam et regalitatem de Drem, cum aliis terris in Edinburgh et Fife.—E. 9l.—(Vide Edinburgh, Fife.)   xviii. 198.

(203)   Apr. 10. 1645.
JOANNES COMES DE HADINGTOUN, *hæres masculus* Thomæ Comitis de Hadingtoun, Domini Bynning et Byres, *fratris germani*,—in dominio et baronia de Byning comprehendente terras et baroniam de Byres, cum terris dominicalibus et villa et burgo baroniæ infra baroniam de Byres erecto, nuncupato villa et burgo de Drem ;—terras de Caldrow ;—terras et terras dominicales de Drem ;—terras de Dremhills ;—terras de Coitts ;—terras de Midlethrid et Coittakers in Drem ;—terras de Saning (Haning?) ;—terras de Muretoun ;—terras de Mungoiswalls ;—terras de Garmelstoun ;—terras de Harvestoun, cum privilegio communis pasturæ in mora de Glaidsmure, et cum advocatione capellaniæ vocatæ the Lady Chappell of Drem ;—terras de Drem cum decimis garbalibus, infra constabulariam de Hadingtoun :—A. E. 30l. N. E. 90l.—annuum redditum 2s. de crofta terræ apud ecclesiam de Hadingtoun nuncupata Byres orchyeard ;—annuum redditum 2s. de tenemento in via piscatoria de Hadingtoun ;—annuum redditum 2s. de 3 rudis terræ in via regia de Hadingtoun ;—annuum redditum 20d. de tenemento in Hadingtoun ;—annuum redditum 12d. de terra in Hadingtoun nuncupata Sanct Androis land in Poildraucht ;—ecclesias parochiales de Hadingtoun, et Dumany in Linlithgow, cum jure patronatus earundem, omnes unitas in dominium et baroniam de Byning :—E. 9l.—in parte moræ de Glaidsmure et libertate lacus da Glaidsmure infra constabulariam de Hadingtoun :—E. 20d.—terris et baronia de Samelstoun cum molendinis, et cum advocatione capellaniæ Sancti Nicolai de Samelstoun :—A. E. 4l. N. E. 12l.—terris de lie Aikeris ad prædictas terras de Samelstoun adjacentibus, infra constabulariam prædictam :—A. E. 20s. N. E. 12l.—advocatione ecclesiæ parochialis de Athelstainfurd cum decimis, infra constabulariam prædictam, omnibus unitis in baroniam de Samelstoun :—A. E. 20d. N. E. 5s.—terris et baronia de Lufnis cum molendinis et piscationibus, et advocatione capellæ beatæ Mariæ Virginis situatæ infra cemeterium de Aberlady, infra constabulariam de Hadingtoun :—A. E. 20l. N. E. 40l.—terris ecclesiasticis et tenementis ad lie Carmelietfriers apud Lufnis pertinentibus, infra dictam constabulariam :—E. 20m.—terris templariis fratrum prædicatorum de Lufnis lie Tempillcroft ;—tenemento templario in Lufnarow ex parte orientali villæ de Aberlady ;—tenemento templario in Aberlady, omnibus unitis in baroniam de Lufnis.—A. E. 6d. N. E. 12d.—(Vide Edinburgh, Linlithgow, Fife, Berwick.)   xviii. 202.

(204) Apr. 10. 1645.

JOANNES COMES DE HADINGTOUN, Dominus Byning et Byres, *hæres masculus* Thomæ Comitis de Hadingtoun, *fratris germani*,—in terris, dominio, et baronia de Melros, comprehendente inter alia terras de Hartsyde et Clintis:—E. 133*l.* 6*s.* 8*d. feudifirmæ*:—terras de Preistlaw, Penscheill, Frierdyks, et Winterscheils cum molendino :—E. 30*l. feudifirmæ*:—terras de Mylnhauches de Newgrange, infra dominium de Melros, constabulariam de Hadingtoun, et vicecomitatum de Edinburgh :—E. 2*l.* 3*s.* 4*d. feudifirmæ*:—terris et dominio de Tuninghame, viz. terris dominicalibus de Tuninghame ;—20 terris husbandiis ;—20 terris cottagiis ;—5 terris brasinariis ;—molendino de Tuningham ;—terris vocatis Wairdlands, Gillieschort et Smythisland, cum piscariis salmonum in aqua de Tyne ;—annuo redditu 10*m.* de dimidietate villæ de Auldhame in dicto dominio de Tinynghame;—officio balliatus dominii de Tuninghame, viz. terrarum de Knowes, Skougall, Broxmouth, Auldhame, Greinspott, Lochhouse, *et* Kirklandhill, et aliarum terrarum, excepta australi parte insulæ maris vocatæ Base :—E. 81*l. feudifirmæ*:—principali mansione, turre et fortalicio de Tunynghame ;—terris de Brigs Eister et Wester, Greinspot alias Spensland, Geilsland, et Baxtersland alias Doucat-aiker (vel Duncataiker), in villa de Tunynghame ;—terris de Lochehous alias nuncupatis Halkersland, extendentibus ad 2 terras husbandias et 6 acras terrarum, vulgo nuncupatas 5 terras cottagias et 1 terram brasinariam, extendentes ad 6 acras terrarum, infra dominium de Tunynghame, regalitatem Sancti Andreæ, constabulariam de Hadingtoun, et vicecomitatum de Edinburgh :—E. 4*l. feudifirmæ*, &c. —villa et burgo baroniæ de Tunynghame;—portu et statione ejusdem :—E. 40*s. albæ firmæ*:—terris de Knowes subscriptis, viz.— terris de Knowes cum molendino ;—pecia terræ nuncupata Duncarshill, cum piscaria salmonum in aqua de Tyne ;—4 dietis focalium, vulgo four days work of fewall· in mora dominicali de Tunynghame ;—3 brueriis in villa de Tunynghame ;—2 terris husbandiis nuncupatis Inshe, infra dictam baroniam de Tunynghame et regalitatem Sancti Andreæ, constabulariam de Hadingtoun et vicecomitatum de Edinburgh:—E. 16*l.* &c. *feudifirmæ*:—terris ecclesiasticis de Tunynghame, viz. terris de Kirklandhill et 5 acris terrarum arabilium prope villam de Tunynghame ;—2 terris husbandiis de Lochehous nuncupatis Wester Lochehous ;—2 rigis capitalibus lie Twa heidrigs dictarum 5 acrarum in dicta villa et territorio de Tunynghame, dominio ejusdem, regalitate Sancti Andreæ, constabularia de Hadingtoun et vicecomitatu de Edinburgh:—E. 12*l.* 13*s.* 4*d. feudifirmæ*:—terris, tenementis, hortis, rigis, et annuis redditibus, aliisque infrascriptis, viz. tenemento infra burgum de Aberlady ;—crofta terræ continente 11 rigas ex australi parte dicti burgi ;—altero tenemento infra burgum de Aberlady, cum 12 rigis ex australi parte dicti burgi ;— portione et riga terræ nuncupata lie Rig ex australi crofta burgi de Aberlady ;—ruda terræ in dicto burgo olim vocata Sportsland ;— altero tenemento cum clausura et hortis, et arabilibus terris adjacentibus, extendentibus in integro ad 22 solidatas terrarum infra burgum de Aberlady ;—tenemento ex boreali parte vici regii ejusdem burgi ;—7 sulcis terræ arabilis lie riggis in Northcroft de Aberlady;—aliis tenementis infra specificatis, viz. tenemento vasto ; —alio tenemento cum horto ;—alio tenemento cum horto ;—alio tenemento cum horto ;—cottagio tenemento terræ lie cottage tenement of land, cum horto ;—omnibus olim de Episcopo Dunkeldensi tentis :—E. 50*s.* 8*d. firmæ burgalis* :—annuis redditibus subscriptis de terris in dicta villa de Aberlady, viz. annuo redditu 9*s.*—annuo redditu 5*s.*—annuo redditu 8*s.*—annuo redditu 5*s.* —annuo redditu 40*d.*—annuo redditu 6*s.*—annuo redditu 3*s.*— annuo redditu 18*d.*—annuo redditu 4*s.*—annuo redditu 3*s.*—annuo redditu 2*s.*—annuo redditu 3*s.* 4*d.*—annuo redditu 16*d.*—annuo redditu 16*d.*—annuo redditu 18*d.*—(Vide Roxburgh, Lanark, Berwick, Peebles, Linlithgow.) xviii. 210.

(205) Oct. 28. 1646.

THOMAS PURVES, *hæres* Jacobi Purves burgensis ac ballivi de Dumbar, *patris*,—in duobus tenementis in burgo de Dumbar :—E. 10*d.*—horreis, hortis, &c. in suburbanis dicti burgi nuncupatis Sandbarnes ;—alio horto ;—lie Rid heringhouses et lie Steipstanes cum cameris, lie Girnells et Sklathouses apud lie Sandwell.—E. 13*s.* 4*d.* xix. 8.

(206) Mar. 11. 1647.

ANNA AIKINHEID, *hæres* Annæ Home sponsæ Magistri Thomæ Aikenheid unius commissariorum Edinburgensium, *matris*,—in annuo redditu 180*m.* de terris de Heuch et Rodis. xxvii. 216.

(207) Maii 26. 1647.

MAGISTER GEORGIUS PURVES medicus, *hæres* Thomæ Purves filii legitimi quondam Jacobi Purves mercatoris burgensis de Dumbar, *fratris*,—in tenemento terræ ex orientali latere burgi de Dumbar ;—tenemento cum horto apud portam dicti burgi nuncupatam the Sea port :—E. 10*d.*—horreis, hortis, Red herringhouse, &c. infra dictum burgum de Dumbar.—E. 13*s.* 6*d.* xix. 92.

(208) Jun. 2. 1647.

THOMAS HAMILTOUN de Prestoun, *hæres talliæ et provisionis* Joannis Hamiltoun de Prestoun, *nepotis patrui*,—in terris et baronia de Prestoun et Prestounpannis cum libero burgo baroniæ de Prestoun, libero portu, salinarum patellis, cum privilegio fori et liberarum nundinarum :—E. 40*s.*—decimis garbalibus terrarum et baroniæ de Prestoun et Prestoun Pannis :—E. 6*s.* 8*d.*—unitis in baroniam de Prestoun.—(Vide Renfrew, Lanark.) xix. 68.

(209) Jun. 17. 1647.

JACOBUS KIRKWOOD, *hæres* Jacobi Kirkwood scribæ signeto regio, *patris*,—in dimidietate terrarum de Coldingstanes, quæ dimidietas non excedit 8 acras, infra constabulariam de Hadintoun.— A. E. 5*s.* N. E. 20*s.* xix. 62.

(210) Aug. 10. 1647.

DOMINUS JACOBUS FOULIS de Collingtoun miles baronettus, *hæres* Domini Alexandri Foullis de Collingtoun militis baronetti, *patris*,—in terris de Staniepeth, infra constabulariam de Hadingtoun, in warrantum terrarum de Eister et Wester Sheillis de Colbrandspeth, &c. in vicecomitatu de Berwick.—E. 25*m.*—(Vide Berwick.) xix. 171.

(211) Aug. 26. 1647.

JACOBUS BANNATYNE commorans in Dalkeith, filius Magistri Patricii Bannatyne, *hæres* Magistri Jacobi Bannatyne rectoris de Rothes, *patrui*,—in annuo redditu 20*l.* de terris de St. Laurancehous, infra constabulariam de Hadingtoun.—E. 1*d. albæ firmæ.* xix. 162.

(212) Oct. 14. 1647.

JOANNES BALD, *hæres* Archibaldi Bald burgensis de Hadingtoun, *patris*,—in tenemento terræ infra burgum de Hadingtoun ; —3 acris terræ arabilis in Gallowsyd.—E. 40*s.* xix. 110.

(213) Oct. 28. 1647.

ARCHIBALDUS DOWGLAS de Spot, *hæres masculus* Domini Archibaldi Dowglas de Spot militis, *patris*,—in terris de Eister Spot, viz. 14 terris husbandiis villæ de Spot cum occidentali molendino de Spot ;—terris de Lochhous ;—terris dominicalibus de Doun et Brounsknow ;—terris de Helden et Dunley, cum parte 4 terrarum husbandiarum nuncupatarum Paulleslandis, et 2 terrarum husbandiarum nuncupatarum Pollokis-landis infra villam et territorium de Spot, cum advocatione præbendæ de Spot infra ecclesiam collegiatam de Dumbar fundatæ :—A. E. 8*l.* N. E. 32*l.*— 12 acris terrarum ecclesiasticarum quæ ab antiquo de Archipresbiteris de Dumbar tenebantur, in dominio de Spot ;—officiis camerariæ et balliatus terrarum et dominii de Dumbar, cum annuo feodo 20 bollarum tritici et 20 bollarum ordei de promptioribus firmis et divoriis dictarum terrarum et dominii :—A. E. 6*s.* 8*d.* N. E. 26*s.* 8*d.*—terris de Heartsyd, viz. Eister, Wester, et Midle Heartsydis, cum terris dominicalibus de Heartsyd alias Westpethheid, in dominio et baronia de Melros et infra constabulariam de Hadingtoun.—E. 200*m.* xix. 110.

(214) Jul. 27. 1648.

ROBERTUS AICHESONE mercator burgensis de Edinburgh, *hæres* Magistri Joannis Aichesone de Sydserff doctoris physicæ, *fratris*,—in terris de Sydserff et Hill alias Chapelsyid.—A. E. 40*s.* N. E. 8*l.* xix. 298.

(215) Mar. 14. 1649.

MARIOTA PRESTOUN sponsa Andreæ Cowpar, *hæres* Alexandri Prestoun de Fentounbarnes, *fratris germani*,—in terris de Barnes vocatis Fentounbarnes, in baroniis de Dirletoun et Kingstoun respective :—E. 6*l.*—4 terris husbandiis nuncupatis Bellislandis et Bissitslands :—A. E. 5*m.* N. E. 13*l.* 6*s.* 4*d.*—terra husbandia in villa et territorio de Eist Fentoun :—E. 5*m.* 2*s.*—decimis garbalibus omnium prædictarum terrarum.—A. E. 3*s.* 4*d.* N. E. 13*s.* 4*d.* xx. 190.

(216) Mar. 29. 1649.

ROBERTUS COMES DE MORTOUN, Dominus Abirdour, *hæres masculus* Willielmi Comitis de Mortoun, unius insignis ordinis cohortis periscillidis, *patris*,—in terris et baronia de Quhittinghame, cum advocatione ecclesiæ de Quhittinghame.—A. E. 10*m.* N. E. 40*m.*—(Vide Fife, Linlithgow, Peebles, Lanark, Kirkcudbright, Kinros, Perth.) xix. 350.

(217) Sep. 5. 1649.

JOANNES COMES DE LAUDERDAILL, &c. *hæres masculus* Joannis Comitis de Lauderdaill, Vicecomitis Maitland, Domini Thirlstaine et Boltoune, *patris*,—in terris de Lethingtoune ;—carrucata terræ nuncupata Westfield de Lethingtoun ;—terris de Wgstoune, infra constabulariam de Hadingtoun.—A. E. 10*l.* N. E. 30*l.*—terris et dominio de Dumbar continente terras de Eistbarnes, Westbarnes, Newtounleyes, Muirsyid, Oswalden, Rig et Fluires,

D

Lochend :—E. *25 celdræ tritici*, &c.—advocatione ecclesiæ collegiatæ de Dumbar, diaconiæ et Archipresbiteriæ ejusdem, præbendariarum de Beltane et Pincartoune, ecclesiæ de Dunce, et rectoriarum de Dumbar et Spott :—A. E. 1s. N. E. 3s.—baronia de
Hadingtoun continente terras nuncupatas Maynes de Hadingtoun ;
—terras de Munktounehall, Westhop, Woodend, Eisterhope, Eis-
ter-Newlandis, Ryndslaw, Snawdoune, Litle Newtoune, et Carfrae,
cum decimis :—E. 187*l*. 6s. 8*d*. et 26s. 8*d*. in augmentationem :—
villam et terras de Bloschet, Ledderweise (Hedderweik?), Gairmure,
Trottingslaw (vel Trottingshaw), dimidiam partem terrarum de
Byrecleuch :—E. ....—terris de Boltoun continentibus Maynes
de Boltoune ;—terras de Hayfuird alias Brigend ;—terras de Walkerland, Egliscarno, Over Boltoune, Inglisfeild, Lochlenow (vel
Boughtknow), Braidwoodsyid, Markeland, Woodheid, Plewlands,
Ewingstoune, Pilmuire, omnes unitas in baroniam de Boltoune :—
A. E. 6*l*. 13s. 4*d*. N. E. 26*l*. 13s. 4*d*.—terris de Begbie (vel Baik-
bie).—E. 71*m*.—(Vide Edinburgh, Peebles, Lanark, Berwick.)
                xx. 150.

(218)   Oct. 25. 1649.
MAGISTER JOANNES DOWGALL, *hæres* Roberti Dowgall
mercatoris burgensis de Edinburgh, *patris*,—in terris de Nunlandis
tanquam principalibus, infra constabulariam de Haddingtoun :—E.
8*m*. 3s.—occidental dimidietate terrarum et baroniæ de Bairfoord
cum decimis garbalibus, in warrantum terrarum de Nunlands, jacente ut supra.—E. 33*l*. 10s.   xx. 84.

(219)   Nov. 9. 1649.
JOANNES HEPBURNE de Wauchtoune, *hæres masculus* Domini Patricii Hepburne de Wauchtoune militis, *patris*,—in terris
et barónia de Wauchtoune et terris dominicalibus earundem ac
molendinis, &c. super aqua de Tyne, comprehendentibus terras de
Quhinterfeild ;—terras et villam de Athelstanefuird cum advocatione ejusdem, infra constabulariam de Hadingtoun, unitis cum aliis
terris in vicecomitatibus de Berwick et Fife ad baroniam de
Wauchtoun :—A. E. 40*l*. N. E. 120*l*.—jure patronatus ecclesiæ de
Athelstanfuird cum decimis :—A. E. 1s. N. E. 3s.—terris et tenandria de Houstoune ad prædictam baroniam unitis, comprehendentibus terras ecclesiasticas in Eistfortoune, extendentes ad 10 terras
husbandias, infra baroniam de Wauchtoun ;—dimidiam terræ husbandiæ vocatæ Finkilstreit et Athelstanefuird ;—terras et villam de
Lyne :—E. 15*l*. 10s. 8*d*. &c. *feudifirmæ*:—terras ecclesiasticas in villa
et territorio de Lyntoune vocatas Frierlie :—E. 30s. *feudifirmæ* :—
villam et Maynes de Houstoun :—E. 41*m*. *feudifirmæ* :—molendinum fullonum lie Walkmyle de Houstoune ;—4 acras terrarum
dicto molendino adjacentes :—E. 5*l*. *feudifirmæ* :—terras ecclesiasticas de Hoigsland et Taitlie, in villa et territorio de Houstoune:
—E. 40s. *feudifirmæ* :—terras ecclesiasticas de Wester Cracho cum
molendinis et piscariis, et cum officio balliatus prædictarum terrarum de Houstoune, unitas ad baroniam de Wauchtoune :—E. 6*l*.
&c. *feudifirmæ* :—in terris et baronia de Bass, viz. terris de Jons-
cleuch et Clintis :—A. E. 3*l*. N. E. 9*l*.—terris de Auld Haddingtoune et Leehous :—A. E. 6s. 8*d*. N. E. 20s.—terris de Popill
nuncupatis Laudersland alias Whytlawesland (vel Haitliesland),
cum molendino de Popill :—A. E. 20*m*. N. E. 80*m*.—terris de
Burt :—A. E. 40s. N. E. 4*l*.—terris de Newhall, Ballingrug, Howden, Hewmuirecroce, Woodheid, et Woodfoot ;—annuo redditu
42*l*. de dictis terris de Newhall, &c.—A. E. 20*l*. N. E. 66*l*.
—terris de Craig et Balgoun :—A. E. 10*l*. N. E. 60*l*.—terris de
Eister Pencaitland cum molendinis, et advocatione capellaniæ nuncupatæ Altare beatæ Mariæ, fundatæ infra ecclesiam parochialem
de North Berwik, cum insula ecclesiæ de North Berwick :—
A. E. 10*m*. N. E. 40*m*.—insula in mari vocata Bass tam boreali
quam australi latere ejusdem :—A. E. 8*l*. N. E. 20*l*.—terris et acris
in Morum ;—terris de Elbotill apud Northberwick :—A. E. 6s. 8*d*.
N. E. 20s.—14 terris husbandiis de Garvat (vel Garvald), cum advocatione capellaniæ apud summum altare infra monasterium de
Haddingtoun :—A. E. 5*l*. N. E. 26*l*.—annuo redditu 40*l*. de reliquis terris de Garvet (vel Garvald) ;—templaria tenandria nuncupata tenandria de Temple Hedderwick, comprehendente terram
templariam in Hedderweik ;—terram templariam in North Berwick ;—2 terras templarias in Moram ;—terram templariam in Tyninghame, et 4 terras templarias in Elbotill, cum molendinis et piscationibus, omnis unitibus in baroniam de Bass :—A. E. 8*d*. N. E.
2s.—in terra templaria nuncupata Spensisland, in villa et territorio
de Eister Fortoune :—A. E. 4*d*. N. E. 12*d*.—terra templaria in
villa et territorio de Athelstanefuirde, et crofta terræ Coitaker
nuncupata ;—portione terrarum dominicalium in villa de Penthik-
hill.—A. E. 4*d*. N. E. 12*d*.—(Vide Berwick, Fife.) xx. 94.

(220)   Nov. 22. 1649.
DAVID CREICHTOUN de Lugtoune-Creichtoune, *hæres* Domini Davidis Creichtoune de Lugtoune-Creichtoune in Fyiff militis, *patris*,—in terris de Fala, Falahill, Brothersheill et Wooderaik
cum decimis, et cum aliis terris in Roxburgh.—E. 20*l*. et 13s. 4*d*.
in augmentationem, &c.—(Vide Roxburgh, Edinburgh.) xx. 103.

(221)   Maii 17. 1650.
DOMINUS PATRICIUS HOME de Polwarth miles baronettus,
hæres masculus et talliæ Patricii Home de Polwarth militis baronetti, *patris*,—in terris dominicalibus de Heuch extendentibus ad
23¼ terras husbandias :—E. 47*l*.—boreali prato et lie law ad prædictas terras husbandias pertinente :—E. 10*l*.—crofta terræ in dominio de Northberwick :—E. 33s. 4*d*.—2 molendinis de Northberwick et Milcroft cum pastura ;—terra husbandia in villa et
territorio de Beinstoun, infra constabulariam de Haddingtoun :—
E. 14*m*. &c.—3 croftis terrarum de Northberwick, in dominio de
Northberwick et infra constabulariam de Hadingtoun.—E. 3*l*. 13s.
4*d*.—(Vide Berwick, Roxburgh.)   xx. 21.

(222)   Maii 21. 1650.
DOMINUS ROBERTUS FLETCHER de Innerpeffer, *hæres
masculus* Domini Andreæ Fletcher de Innerpeffer militis, unius
Senatorum Collegii Justiciæ, *patris*,—in terris et baronia de Saltoune.—A. E. 20*l*. N. E. 100*m*.—terris ecclesiasticis de Saltoune,
quæ ab antiquo de Abbacia de Dryburgh tenebantur :—E. 11*m*.
feudifirmæ:—2 terris husbandiis in Nethertoune de Saltoune, et
dimidio terræ husbandiæ in Overtoune de Saltoune, quæ ab antiquo tentæ fuerunt de Præposito Collegii Trinitatis apud Edinburgh, seu abbate de Soutray :—E. 7s. *feudifirmæ*:—decimis garbalibus ecclesiæ parochialis de Saltoune, infra constabulariam de
Hadingtoun :—A. E. 4*d*. N. E. 12*d*.—omnibus cum aliis terris unitis in baroniam de Saltoun.—(Vide Forfar.)   xx. 175.

(223)   Maii 24. 1650.
DOMINA MARGARETA BAILIE, Domina Luss, sponsa Do-
mini Joannis Colquhoune de Luss militis, *hæres* Jeannæ Bailie, *sororis germanæ*,—in dimidietate baroniæ de Lochend comprehendentis terras de Lochend :—E. 26*l*. 15s.—terras et bondas magni
lacus de Dumbar :—E. 30s.—terras de Bromepark :—E. 1 *celdra
avenarum* :—4 rigas seu 4 decimas septimas partes villæ et terrarum de Westbarnes, infra dominium de Dumbar :—E. 22 *bollæ
tritici*, &c.—advocationem et jus patronatus Archiepresbiteratus
seu vicariæ de Dumbar, et capellaniæ vulgo nuncupatæ Saulpreistrie de Dumbar, cum decimis ejusdem :—E. 13s. 4*d*.—terras
de Eister et Wester Brounehousses ;—partem 2 husbandiarum terrarum nuncupatarum Pomaislands ;—partem 4 husbandiarum terrarum nuncupatarum Paulislandis ;—orientale molendinum de
Spott :—A. E. 50s. N. E. 10*l*.—communias lie comuntie teind-
sheaves ecclesiæ collegiatæ de Dumbar :—E. 40*m*.—unitas in baroniam de Lochend ;—dimidietate terrarum de Standartis, infra
constabulariam de Hadingtoune :—E. 5*m*. 6s. 8*d*.—dimidietate terrarum templariarum in villa de Spott, et in Easter et Wester
Broomhouse, infra constabulariam de Hadingtoun.—E. 20*d*.
                xx. 181.

(224)   Maii 24. 1650.
DOMINA MARGARETA BAILIE, Domina Lus, sponsa Do-
mini Joannis Colquhoun de Luss militis, *hæres* Domini Gideonis
Bailie de Lochend militis baronetti, *patris*,—in terris et prædiis de
Woodhall, Knokindunce, Tripslaw, et Falslie ;—molendino vocato
Wallace-milne, partibus terrarum de Thurstoun et Woodhall ;—
10 mercatis terrarum de Waddelie in tenandria, per annexationem
infra baroniam de Renfrew, unitis in tenandriam de Woodhall.—
A. E. 12*l*. N. E. 48*l*.—(Vide Berwick.)   xx. 187.

(225)   Maii 27. 1650.
PATRICIUS DOMINUS ELIBANK, *hæres masculus* Patricii
Domini Elibank, *patris*,—in baronia de Ballincreif comprehendente 5 terras husbandias de Ballincreif ;—3 quarterias terræ husbandiæ in Ballincreif :—E. 2*m*. &c. *pro qualibet terra husbandia :*
—columbarium et hortum cum acra lie Dowcat-aiker nuncupata :—
E. 300 *pulli columbarum et* 1000 *cerasi* :—28 acras cottagias villæ
de Ballincreif :—E. 3s. &c. *pro qualibet acra* :—molendinum de
Ballincreiff :—E. 8*m*.—astrictas multuras dominii, villæ, et terrarum de Ballincreif, Gosfuird, et Spitell, cum officio balliatus earundem terrarum :—E. 20*l*. &c.—terram husbandiam Rowings-
tounslandis nuncupatam ;—2 mercatas 4 solidatas et 6 denariatas
terrarum alterius terræ husbandiæ nuncupatæ ut supra ;—terram
husbandiam Myrtoun nuncupatam :—E. 3*l*. 13s. 4*d*.—terras de
Ballincreif nuncupatas 10 libratas terrarum :—E. 12*l*. 6s. 8*d*.—
4 terras husbandias et 3 bruerias in Ballincreif ;—peciam terræ in
Ballincreif nuncupatam dimidietatem mercatæ terræ, infra dominium et territorium de Ballincreif et constabulariam de Haddington :—E. 8*l*. 3s. 4*d*. &c.—terras de Powerhow alias Proro ;—partem terrarum de Fentoun et Fortoun ;—pasturagium 200 ovium,
20 boum et 2 equorum in communia de Kingstoun, cum decimis
earundem terrarum, infra dominium de Newbotle, omnes unitas in
baroniam de Ballincreif :—A. E. 7*l*. 6s. 8*d*. N. E. 22*l*.—in quarteria terrarum dominicalium de Ballincrief nuncupata Lochhill :—
E. 20*m*. 3s. 4*d*.—acris, rigis, et lie buttis terrarum de Ballincreif,
outsteid, hortis, et pertinentiis earundem :—E. 5*l*.—dimidietate
terrarum Domini Joannis Hamilton de Reidhous militis, et Dominæ Helenæ Richardsoun ejus sponsæ eorum dimidietatis terra-

rum de Ballincrieff, ex australi latere villæ de Ballincreiff, cum integris multuris;—officio balliatus dictarum terrarum;—altera dimidietate terrarum de Ballincreif vulgo Half Maynes de Ballincrieff, et quæ vulgo nuncupabatur Stand the lane, ex occidentali latere communis viæ nuncupatæ Fulkisloane, cum molendino granario desuper constructo et multuris;—officio balliatus dictarum terrarum, infra constabulariam de Haddington, et hoc in warrantum feudifirmæ divoriarum quæ per S. D. N. Regem pro dicta dimidietate terrarum principaliter dispositarum a dicto Nobili Domino exigi poterint.—A. E. 10*l.* N. E. 40*l.*—(Vide Selkirk, Edinburgh, Roxburgh.) xx. 202.

(226) Aug. 18. 1652.
SARA TOD, *heir portioner* of William and James Lauders, *her mother brethren*,—in two third pairts of a hous, within the burgh of Dumbar;—tuo third pairts of a portion of ground leading to the shoir.—E. 2*s.* 6*d.* xxi. 95.

(227) Oct. 28. 1652.
DAVID BRAIDFOOT, *heir of conquest* of Thomas Braidfoot, *his brother german*,—in halff of a tenement of land in the toun of Seatoun.—E. 13*s.* 4*d.* xxi. 49.

(228) Jan. 10. 1653.
ROBERT HUNTAR in Mortoune, *heir* of Robert Hunter in Nungait, *his grandfather on the father syd*,—in a tenement of land, in the toun and territorie of Nungait.—E. 2*s.* xxi. 66.

(229) Apr. 4. 1653.
ANDRO TAIT, *heir* of James Tait gardener burges of Hadingtoun, *his father*,—in 2½ aikeris of land in the toun of Nungate in the Northcroft, as principal:—E. 7*s.* and 6*d.* &c. in augmentatioun:—in a tenement and onsteid of land in the town of Nungait, and a yard, with 5 butts of land at the back of the said tenement in the croft called Clappergait, in warrandice of the said 2½ acres:—E. ....—half of a tenement and rig of land, in the toun and territorie of Nungate;—the half of ane other tenement, with ane rig or butt of land, in the said teritorie of Nungate;—ane tenement or hous, in the toun of Nungate:—E. 10*s.* &c.—the half of 2½ aikers of land in the said toun and territory of Nungait, in the shott of land called Bleckstercroft, as principall:—E. 7*s.*—the half of 2 aikers of land, in the shot called Nethercroft.—E. .... xxi. 135.

(230) Apr. 18. 1653.
JOHN DICK in Prestoun, *heir* of Gilbert Heriot in Prestoun-Panes, *his guidser on the mother syd*,—in ane tenement of land, in Salt Prestoune, within the barronie of Thamer.—E. 20*s.* xxi. 179.

(231) May 10. 1653.
SIR WILLIAM BAILIE of Lamingtoune knight, *heir of provision* of William Bailie, *his oldest sonne*,—in the lands of Hoprig and Paynnstoune.—O. E. 10*m.* N. E. 40*m.* xxi. 180.

(232) May 12. 1653.
GEORGE ERLE OF WINTOUN, Lord Seatoun of Winshburgh and Tranent, *heir maill* of George Erle of Wintoun, Lord Seatoun of Winshburgh and Tranent, *his gudser*,—in the lands, lordships, and baronies of Seatoun and Wintoun, with advocatioun of the provestrie and collegiat church of Seatoun and other churches, chappells, and offices of paroch clerkships of the saids lands, lordships, and baronies:—O. E. 15*l.* N. E. 60*l.*—the landis and barony of Tranent, and advocatioun of churches, colleges, chappells, prebendaries, offices of parish clerkships, with the burgh of baronie of Tranent, yeirlie faires and weiklie mercats:—O. E. 20*l.* N. E. 80*l.*—the lands and barony of Eister and Wester Barnes:—O. E. 5*l.* N. E. 20*l.*—all unite with other lands into the erledome of Wintoun;—the teynd shaves of the toun and landis of Langniddrie, within the parochin of Tranent:—E. 1*d.*—the teynd sheaves of the landis of Mylis and Windiegowles, within the barony and parochin of Tranent:—E. 2*s.*—the burgh of barony of Cockenie with frie port and harborie therof:—O. E. 12*d.* N. E. 3*s.*—the great customes, &c. of the said harbourie of Cockenie:—E. 10*m.*—the office of justiciarie or justice generall of the Justice-ayr courts, and crownership of the regality of St. Androes upon the south syd of water of Forth, with the office of heretable bailierie of the said lands, within the sherrefdoms of Linlithgow, Edinburgh, Stirling, and Hadingtoun.—E. 1*d.*—(See Linlithgow, Edinburgh, Berwick, Stirling.) xxi. 144.

(233) May 12. 1653.
GEORGE EARLE OF WINTOUNE, Lord Seatoun of Winchbrugh and Tranent, *heir mail* of George Earle of Wintoun, &c. *his guidser*,—in the lands and barronie of Hails with advocatioune of the church of Hauche called the prebendarie of Lintoune, and chapell of Markell (or Murkell);—the lands of East Craig and Hoprigge;—the lands and barronie of Morehame, with advocatione of the church therof, with other lands in Berwick, Roxburgh, Dumfries, Edinburgh, and Kirkcudbright unite into the barrony of Hailes.—O. E. 20*l.* N. E. 80*l.*—(See Berwick, Roxburgh, Dumfries, Edinburgh, Kirkcudbright.) xxi. 177.

(234) Aug. 23. 1653.
AGNES GYPSON, *heir* of James Gyppson portioner of Nungete, *her father*,—in 4 rods or perticattis of land, in Braidscroft;—ane west tenement and 3 rigges conteining ane acre of land;—ane acre of arrabill land in Croceflat;—ane rig or rudrig in Nunsyd:—E. 13*s.* 4*d.*—6 buttes of arrabil land, in the towne of Nungate;—2 aikers of arable lands in Braidcroft:—E. 9*s.*—2 tenements of land with the taill extending to ane acre of land, conteining two dails of lands, in the territorie of Nungait:—E. 7*s.* 6*d.*—the personage and vicarage teynds of the said 4 rods and 2 acres of land in Braidcroft.—E. .... xxi. 183.

(235) Oct. 6. 1653.
DAM MARRIE SCOT countes of Buccleuch, *heir of taylze and provisioune* of Frances Earrle of Buccleugh, Lord Scot of Whitchister and Eskdaill, *her father*,—in the lands called the Maynis of Over Hailles;—the lands of Nether Haills, quhilk lands are pairts of the erledome, lordship, and barronie of Haills, in warandyce of the lordship of Liddisdaill, and barronies of Waltone, Chamberland-Newtoune, &c.—O. E. 40*l.* N. E. 120*l.*—all unite to the earldome of Buccleuch.—(See Roxburgh, Selkirk, Peebles, Dumfries, Edinburgh, Linlithgow, Kirkcudbright.) xxi. 193.

(236) Sep. 15. 1654.
DOCTOR GEORGE HEPBURNE of Wester Munkrig, *heir* of Patrick Hepburne of Wester Munkrig, *his father*,—in the lands of Wester Munkrig and 15 aikers of land of Eister Munkrig, with the teynds, within the lordschipe of Newbotle.—E. 13*l.* 6*s.* 8*d.* *of feu duty.* xxiii. 19.

(237) May 7. 1655.
SIR ALEXANDER AUCHMOWTIE of Gosfuird knight, *heir* of Sir Johne Auchmowtie of Gosfuird knight, *his father*,—in the lands and baronie of Gosfuird, comprehending the lands of Gosfuird within the constabularie of Hadingtoun:—E. 16*l.* &c. *of feu duty*:—the lands of Scougale within the lordschipe and baronie of Tynneghame, with liberty in the Muir of Tynningham.—E. 20*s.* *of feu duty.* xxii. 170.

(238) May 7. 1655.
JOHN NEWTOUN of that Ilk, *heir* of Patrick Newtoun of that Ilk, *his brother german*,—in the lands and barroney of Newtoun.—O. E. 50*s.* N. E. 10*l.* xxiii. 88.

(239) Oct. 8. 1655.
MR. JOHNE PRINGILL of Woodhead, *heir* of Robert Pringill of Woodhead wryter to the signet, *his father*,—in the touns and lands of Whitburgh and Blackhouse parts of the barony of Keith-Marshall, within the constabularie of Hadingtoun, and be annexatioun within the Lordship of Innerrugie and sherefdome of Bamf.—O. E. 50*s.* N. E. 10*l.* xxii. 98.

(240) Feb. 25. 1656.
WILLIAM HAY burges of Hadingtoun, *heir* of Andrew Hay in Dunnianhall, *his father*,—in ane annuelrent of 240*l.* furth of the lands and baronie of Newtoune. xxiv. 40.

(241) Feb. 28. 1656.
ROBERT MACKGILL, *heir of tailyie and provision* of Patrick Mackgill second sone of Sir James Mackgill of Cranstoun-M'Gill knight baronet, *his brother*,—in the lands of Nisbit within the constabularie of Hadingtoun:—O. E. 4*l.* N. E. 16*l.*—the lands of Spotsheills with superioritie thereof:—O. E. 20*s.* N. E. 3*l.*—the lands of Raufburne:—O. E. 5*l.* N. E. 15*l.*—the teynd sheaves of the lands of Nisbit lyand as above.—E. 4*s.* 6*d.*—(See Edinburgh, Berwick, Linlithgow.) xxii. 150.

(242) Mar. 17. 1656.
PATRICK DICKSONE indwellar in Edinburghe, *heir maill of tallie*, of John Dicksone portioner of the Abbay of Haddingtoun, *his brother sott*,—in the mannour and dwelling place, in the Abbay of Haddingtoune, with the yairds and peice of land callit Byrloch, the teynd sheaves and pasturage in the dominicall lands of the Maynes of the Abbacie of Haddingtoune:—E. 20*s.*—a peice of land called Beir-yaird, with the teynd sheaves:—E. 6*s.*—4 husband lands within the territorie of Garvald, and ane peice of land callit the Hauch besyde the church of Garvald:—E. ....—6 aikers of arrable land in the territorie of Nungait:—E. 4*s.* 10*d.* &c.—2 aikers in the said territorie.—E. 3*s.* 6*d.* xxiii. 148.

(243)   May 12. 1656.
ALEXANDER HOOME, *heir* of Georg Hoome of Foord, *his father*,—in ane annuelrent of 100m. furth of the lands of Waddalie, within the lordschipe of Foirstrum.—E. 1*d*.   xxiii. 156.

(244)   Nov. 3. 1656.
ROBERT MARKEIS, *heir* of Robert Markes in Nungaite of Hadingtoun, *his father*,—in a tenement of land with the yairds therof, within the towne and territorie of Nungate, and ane but of land on the North part of the Clappergait:—E. 3*s*. 4*d*.—ane uther tenement of land with the yaird and but of land, within the said towne and territorie of Nungaite.—E. 5*d*.   xxiv. 65.

(245)   Jan. 5. 1657.
JAMES TAIT weaver burgis of Nungait, *heir* of Hector Tait in Nungait, *his guidser*,—in ane annwelrent of 8*s*. furth of a tenement in Nungait ;—ane anwelrent of 3*s*. furth of a tenement in Nungait.   xxiv. 274.

(246)   Oct. 19. 1657.
JOHN COKBURNE of Ormestoun, *heir maill* of John Cockburne of Ormestoun, *his father*,—in the lands and barroney of Ormestoune comprehending the toune and lands of Ormestoun with the maynes and meadous;—the lands of West Byres;—the lands of Murrayes ;—the lands of Ormistoune ;—half of that pairt of the lands and barroney of Prestoune callit the Westfeild of Perstoune, and the teinds personag and vicarage of the said lands of Westfeild, within the barroney of Ormestoune ;—the heritable right of the teinds both personage and vicarage of the parishe kirk and parochin of Ormistoune :—O. E. 18*l*. 13*s*. 4*d*. N. E. 74*l*. 13*s*. 4*d*.—that uther halfe of Westfeild sometyme holdin of the Lords of Torphichen :—E. 3*l*. 2*s*. 8*d*.—all unit into the barroney of Ormestoune ;—the lands of Woolstruther in the lordship and barronie of Tranent.—O. E. 13*s*. 4*d*. N. E. 53*s*. 4*d*.   xxiv. 188.

(247)   Dec. 28. 1657.
ROBERT WICHTMAN, *heir of conques and provision* of John Wichtman in Prestoun, *his father*,—in the halfe of a tenement in Prestoune :—E. 7*s*. &c.—ane barne and yeard neir the dyke of Prestoune.—E. 6*s*. 4*d*.   xxiv. 205.

(248)   May 3. 1658.
RICHARD NEWTOUNE of that ilk, *heir* of John Newtoune of that ilk, *his father*,—in the lands and barroney of Newtoune, lying in the constabulary of Hadingtoune and sheriffdom of Edinburghe.—O. E. 50*s*. N. E. 10*l*.   xxv. 11.

(249)   May 6. 1658.
PATRICK BROUNE younger of Coalstoune, *heir maill* of George Broune fiar of Coalstoune, *his imediat elder brother*,—in the lands and barroney of Coalstoune ;—the Nether myllne of Coalstoune ;—the lands of Sanderstoune, Myresyd, Sandifoord, Seggehauch, and Colstoune ;—the lands of Delgourie, Seggarsdaine with the aikers of the samin ;—the over myllne of Coalstoune :—O. E. 20*l*. N. E. 60*l*.—the teynds of the lands and barroney of Coalstoune.—O. E. 4*d*. N. E. 12*d*.   xxv. 23.

(250)   Jun. 16. 1658.
PHILIP NISBET, *heir* of David Nisbet burgis of Dunbar brother german to Sir Alexander Nisbet of that Ilk, *his father*,—in 2 tenements in Dunbar.—E. 2*d*.   xxv. 62.

(251)   Aug. 26. 1658.
HENDRIE HOPPER of Bourhouss, *heir* of William Hopper sone to the deceist James Hopper of Bourhouss, *his younger brother*,—in 2 riggis of the landis of Westbarnes, or 2 sexteine pairts of the saidis landis of Westbarnes, within the parochine of Dumbar.—E. 19 *bolls wheat*, &c.   xxv. 110.

(252)   Jan. 25. 1659.
HELEN HEPBURNE, *heir* of Thomas Hepburne of Humbie, *her father*,—in the lands of Prestoun and Prestounpannes ;—the toune and burgh of barronie of Prestoun, with sea port and haveninng place, and priviledge of ane weikle mercatt and zeirlie faires :—E. 40*s*.—the teynd sheaves of the lands of Prestoun.—E. 6*s*. 8*d*.—(See Lanark, Renfrew, Edinburgh.)   xxv. 140.

(253)   Jan. 25. 1659.
HELEN HEPBURNE, *heir of provisioune* of Thomas Hepburne of Humbie, *her father*,—in these pairts of the lands, barronie, and lordship of Keyth-Marshall, viz. the toune and lands of Over-Keyth, Johnstounburne, Randelstoune, Laystoune, Blackbie, and Haltounhill ;—the mylne of Over-Keyth ;—the superioritie of the lands of Over-Keyth called Plewlandhill, whilks lands of Over-Keyth were of old callit Keyth-Symones, within the constabularie of Haddingtoune, and be annexatioun within the lordship of In-

verugie and sherefdome of Bamf ;—the landis of Poikbie, Wester Blaikbie, and Stobsheild, within the lordship and barronie of Keyth, all unitt into the barronie of South-Humbie.—O. E. 20*m*. N. E. 60*m*.—(See Edinburgh.)   xxv. 142.

(254)   Jan. 25. 1659.
HELEN HEPBURNE, *heir of lyne* of Thomas Hepburne of Humbie, *her father*,—in the lands of Humbie, Hieley, Birkinsyde, and Rowintriehaugh :—E. 20*m*. *of feu duty* :—the lands, village, and steadings of Wansyde comprehending Wansyderig, Whythill, and Stobsheill :—E. 3*l*. 4*s*. *of feu duty* :—the teynd sheaves and personage teynds of the lands of Humbie, comprehending the lands of Hieley, Birkinsyde, and Rowintriehauch ;—the teynd sheaves and personage teynds of the landis of Wansyde, Pockbie, Wester Blackbie, and Stobsheills, within the parochine of Humbie ;—the teynd sheaves of the lands of Over-keyth, Laistoune, Johnstounburne, Haltounhall, and Randilstoune, in the parochine of Humbie :—E. 9*l*. 6*s*. 8*d*.—all unit into the barronie of Humbie ;—the lands of Gillchrystoun with the milne.—E. 5*m*.   xxv. 144.

(255)   Apr. 21. 1659.
PATRICK HEPBURNE of Smeitoun, *heir* of Mr. John Hepburne of Smeittoune, *his father*,—in the halfe of the lands of Eist Craige, within the barronie of Northbervick :—O. E. 30*s*. N. E. 4*l*. 10*s*.—the lands of Plewlands and ane oxingait of land, within the territorie of the toune of Smeitoun and barronie of Haills :—O. E. 1*l*. 10*s*. N. E. 4*l*. 10*s*.—the lands of Mainshill within the toune and territorie of Morhame:—O. E. 40*s*. N. E. 6*l*.—10½ aikers of land within the barronie of Haills :—O. E. 10*s*. N. E. 30*s*.—the lands of Hill :—E. 4*l*. *of feu duty* :—10 aikers of arrable land, viz. 6 aikers of arrable land callit Smeddielands, and 4 aikers of the samen within the toune and territorie of Lintoun, with pasturage on the commonty of Lintoun :—O. E. 10*s*. N. E. 30*s*.—the Nether mylne of Lintoun, within the lordschip of Haills :—E. 20*s*. *of feu duty* :—2 husband lands with ane peice of land callit Riddawiscroft in the toun and territorie of Beinnstoun :—O. E. 23*s*. 4*d*. N. E. 3*l*. 10*s*.—2 husband lands within the toun and territorie of Beinnstoun and barronie of Haills :—O. E. 20*s*. N. E. 3*l*.—the lands and Mains of Wauchtoun.—O. E. 8*l*. N. E. 24*l*.—(See Edinburgh.)   xxv. 206.

(256)   Jun. 13. 1661.
DAVID DUN de Pleasance, *hæres* Joannis Dun de Pleasance, *patris*,—in terris de Pleasantes quæ sunt partes terrarum de Bowhouss, infra parochiam de Spott.—A. E. 44*s*. 6*d*. N. E. 10*m*.   xxvi. 9.

(257)   Oct. 17. 1661.
ANNA COMITISSA DE BUCCLEUGH, *hæres talliæ et provisionis* Mariæ Comitissæ de Bucclcugh, *sororis*,—in terris dominicalibus de Overhailles ;—terris de Netherhailles infra constabulariam de Haddington, in speciale warrantum dominii de Liddisdaill, baroniarum de Woltoun, Chamberlan-Newtoun, &c. in Roxburgh et Selkirk :—A. E. 40*l*. N. E. 120*l*.—terris de Elvingstoun ;—terris et baronia de Garmylntoun et Douning, cum aliis terris in vicecomitatibus de Edinburgh et Linlithgow, unitis in regalitatem, dominium et baroniam de Dalkeith, cum capella et cancellaria :—A. E. 40*l*. N. E. 160*l*.—cum aliis terris erectis in comitatum de Buccleuch.—(Vide Selkirk, Roxburgh, Peebles, Dumfries, Edinburgh, Linlithgow, Kirkcudbright.)   xxvi. 48.

(258)   Maii 1. 1662.
PATRICIUS DOMINUS DE ELIBANK, *hæres masculus* Patricii Domini de Elibank, *patris*,—in baronia de Ballincreiff comprehendente 4 terras husbandias de Ballincreiff ;—1 husbandiam terram ibidem ;—3 quartas partes terræ husbandiæ in Ballancreiff :—E. 2*m*. &c.—columbarium, hortum cum domibus ante hortum constructis ex australi, et cum acra retro horto Dowcat aiker nuncupata :—E. 300 *pulli columbarum*, &c.—28 acras cottagiis villæ de Ballincreiff :—E. 3*s*. &c. *pro qualibet acra* :—molendinum de Ballincreiff :—E. 8*m*.—Maynes villæ et terrarum dominicalium de Ballincreiff, Gossfuird et Spittell cum officio balliatus :—E. 20*l*. &c.—terram husbandiam 2 terrarum husbandiarum Rowingstannes lands nuncupatarum, et 2 mercatas 4 solidatas et 6 denariatas terrarum alterius terræ husbandiæ nuncupatæ ut supra :—E. 1*l*. 16*s*. 8*d*.—terras de Balincreiff nuncupatas 10 libratas terrarum :—E. 12*l*. 6*s*. 8*d*.—4 terras husbandias et 3 brewerias in Ballincreiff ;—peciam terræ in Ballincreiff nuncupatam dimidietatem mercatæ terræ, omnibus jacentibus infra dominium et territorium de Ballincreiff :—E. 8*l*. 3*s*. 4*d*. &c.—terras de Poverhow (alias Proro) ;—partem terrarum de Fortoune et Fentoune, et pasturagium in communia de Kingstoun, cum decimis dictarum terrarum de Poverhow, Fortoun et Fentoun infra dominium de Newbottell :—A. E. 7*l*. 6*s*. 8*d*. N. E. 22*l*.—omnibus unitis in baroniam de Ballincreiff ;—dimidietate dimidietatis terrarum de Ballincreiff, cum officio balliatus dictarum terrarum pro principali ;—altera dimidietate dictarum terrarum de Balincreiff vulgo nuncupata Halff Maynes de Bal-

lincreiff, cum molendino granario et officio balliatus, in warrantum feudifirmarum pro alia dimidietate.—A. E. 10*l.* N. E. 40*l.*—(Vide Selkirk.)   xxvi. 194.

(259)   Maii 15. 1662.
DOMINA ELIZABETHA DOWGLAS, Domina de Kingstoun, *hæres* Archibaldi Dowglas de Whittinghame, *fratris germani,*—in terris et baronia de Whitinghame continente carucatam terræ vocatam Caldsyde, infra villam et territorium de Whittinghame et dominium de Hailes:—A. E. 6*l.* 13*s.* 4*d.* N. E. 20*l.*—terras templarias ac glebam de Whittinghame :—E. 8*m.* 9*s.* 4*d. feudifirmæ:*—terras de Stanypaith cum communi privilegio in mora de Lambermuir :—E. 25*m. feudifirmæ :*—partem terræ vocatæ Birkes infra dictas terras de Whittinghame, ac terras de Stanypeth ;—terras de Hartrumwood cum privilegio in mora de Lambirmuir :—E. 15*m. feudifirmæ :*—erectas in baroniam de Whittingham.   xxvi. 192.

(260)   Jul. 8. 1662.
DAVID PURVES, *hæres* Doctoris Georgii Purves, *patris,*—in terris de Eister Fortoun infra baroniam de Wauchtoun et parochiam de Prestoun :—E. 15*l.* 10*s.* 8*d.* &c. *feudifirmæ :*—annuo redditu 240*m.* de terris de Whytlaw cum decimis earundem.—(Vide Edinburgh.)   xxvi. 255.

(261)   Aug. 26. 1662.
THOMAS HAMILTOUN de Reidhous, *hæres* Domini Joannis Hamiltoun de Reidhous militis, *patris,*—in terris de Eister Spittell alias Eister Reidspittell cum maneriei loco earundem nuncupato Reidhous :—A. E. 3*l.* N. E. 10*l.*—terra husbandia terrarum de Ballincreiff vulgo nuncupata Wester Bissetleyis :—E. 20*s.*—hæreditario officio ballivatus prædictarum terrarum et molendini :—A. E. 12*d.* N. E. 9*s.*—terris de Reidspittell ;—terris de Coitts tam proprietate quam superioritate et feudifirma ;—dimidietate terrarum dominicalium de Ballincrieff cum molendino granario de Ballincrieff:—A. E. 6*l.* 10*s.* N. E. 19*l.* 10*s.*—decimis garbalibus orientalis partis villæ et terrarum de Langniddrie nuncupatæ Outfeild landis de Langniddrie, in villa de Langniddrie et parochia de Tranent :—A. E. 3*s.* 4*d.* N. E. 10*s.*—unitis in baroniam de Reidhouse ;—orientali parte dictæ villæ et terrarum de Langniddrie vulgo nuncupata Eist Outfeild lands de Langniddrie.—E. ....   xxvi. 248.

(262)   Oct. 17. 1662.
JOANNES DOMINUS DE BARGANY, *hæres* Joannis Domini de Bargany, *patris,*—in terris et baronia de Innerweik, cum officio balliatus, infra constabulariam de Hadingtoun.—A. E. 20*l.* N. E. 80*l.*—(Vide Ayr, Linlithgow.)   xxvi. 332.

(263)   Nov. 3. 1662.
DOMINUS ROBERTUS SINCLAIR de Steinstoun miles baronetus, *hæres* Magistri Joannis Sinclair feodatarii de Stevinstoun, *patris,*—in terris de Steinstoun ;—piscationibus earundem super aquam de Tyne cum mora, et advocatione capellæ capellaniæ vocatæ Holieblood infra ecclesiam collegiatam de Hadingtoun:—A. E. 5*l.* N. E. 15*l.*—decimis garbalibus aliisque decimis dictarum terrarum de Steinstoun :—A. E. 12*d.* N. E. 3*s.*—terris ecclesiasticis de Pencaitland ;—decimis garbalibus aliisque decimis dictarum terrarum ecclesiasticarum et superioritate earundem ;—decimis garbalibus aliisque decimis terrarum et baroniæ de Wester Pincaitland, cum possessionibus earundem vocatis Foulstruther, Broomrig, Magrie, Miltoun cum molendino, Byrnesburne et Woodhall, in parochia de Wester Pincaitland.—E. 28*s.* 8*d.*   xxvi. 324.

(264)   Nov. 6. 1662.
MARIA GRAHAME, *hæres* Danielis Grahame incolæ villæ de Leith, *patris,*—in tenemento terræ in burgo de Haddington ;—3 acris terræ arabilis infra territorium villæ de Nungait in campo vocato Gallowsyde.—E. 40*s.*   xxvi. 317.

(265)   Nov. 24. 1662.
THOMAS COCKBURNE incola burgi de Hadingtoun, *hæres* Henrici Cockburne incolæ de Nungait, *avi,*—in 5 acris terræ arabilis, tenemento terræ cum horto et 2 caudis seu buttis terræ arabilis, infra territorium villæ de Nungait.—E. 27*s.*   xxvi. 348.

(266)   Jan. 22. 1663.
MAGISTER JOANNES HAY de Aberlady, *hæres* Magistri Willielmi Hay de Aberlady, *patris,*—in tenandria de Aberladie comprehendente terras dominicales de Aberladie, et terras vocatas Mansioun baikhous croft, cum decimis garbalibus ;—terras cunicularias vocatas Cunyngarthlands ;—linkis de Aberladie ;—cum officio balliatus prædictarum terrarum et villæ de Aberladie ;—villam de Aberlady ;—omnibus unitis in baroniam de Aberladie.—E. 97*l.* 10*s.*—(Vide Berwick, Dumfreis.)   xxvii. 3.

(267)   Jul. 20. 1663.
JOANNES AICHIESONE, *hæres* Jacobi Achiesone fabri lignarii

incolæ villæ de Nungait prope Hadingtoun, *patris,*—in tenemento in villa et territorio de Nungait.—E. 9*s.*   xxvii. 107.

(268)   Aug. 10. 1663.
GEORGIUS HALYBURTOUN de Inglisfoord, *hæres* Georgii Halyburtoun de Eglishorne, *patris,*—in annuo redditu 100*s.* de terris de Ovir Boltoun in baronia de Boltoun.   xxvii. 113.

(269)   Nov. 16. 1663.
MAGISTER GEORGIUS PURVES, *hæres* Joannis Purves burgensis de Dumbar, *patris,*—in 4 rigis seu decimis sextis partibus villæ et terrarum de Westbarnes in dominio de Dumbar.—E. 11 *bollæ tritici,* &c. *pro unaquaque riga.*   xxvii. 150.

(270)   Feb. 2. 1664.
JACOBUS JOHNESTOUN de Scheynis, *hæres* Magistri Samuelis Johnestoun de Scheynis, *patris,*—in terris de Staniepeth in warrantum terrarum de Easter et Wester Sheills de Colbrandspeth, &c. in Berwick.—E. 25*m.*—(Vide Berwick.)   xxvii. 171.

(271)   Feb. 15. 1664..
ROBERTUS ACHESONE de Sydserff, *hæres* Gilberti Achesone filii legitimi Roberti Aichesone de Sydserff, *fratris,*—in terris de Pilmoor et Rosilaw cum decimis, infra parochiam de Whytekirk.—E. 10*l.* &c.   xxvii. 238.

(272)   Maii 3. 1664.
JOANNES WOOD, *hæres* Joannis Wood burgensis de Lawder, *avi,*—in 12 acris terrarum arabilium in territorio villæ de Nungait, prope burgum de Hadingtoun.—E. 49*s.* 7*d.* &c. *feudifirmæ.*—(Vide Berwick.)   xxvii. 206.

(273)   Maii 23. 1664.
JOANNES PRINGILL de Woodheid, *hæres* Magistri Joannis Pringill de Woodheid, *patris,*—in terris de Eister Templehall :—E. 7*l.* 12*s.*—terris de Wester Templehall et Tofthous, cum privilegio habendi lapides et calcès infra bondas villæ et terrarum de Paistoun :—A. E. 13*s.* 4*d.* N. E. 2*l.*—terris et acris vocatis Parisflat et Viccarsfauld, olim ad vicariam de Pencaitland spectantibus :—E. 20*s.*—decimis prædictarum terrarum et terrarum de Huntlaw, Dryburghland, et Southwood alias Woodheid, infra parochiam de Pancaitland :—E. 7*s.* 6*d.*—omnibus unitis in tenandriam de Templehallis ;—villis et terris de Whytburgh et Blackhous cum multuris dictarum terrarum, quæ sunt partes terrarum et baroniæ de Keithmarschall, per annexationem infra dominium de Innerugie et vicecomitatum de Bamffe.—A. E. 50*s.* N. E. 10*l.*   xxvii. 194.

(274)   Jul. 28. 1664.
ARCHIBALDUS FERGUISONE in ...., *hæres* Jacobi Fergusone mercatoris de Hadingtoun, *fratris germani,*—in tenementis, acris, rudis, caudis, buttis et particatis terræ infra villam et territorium de Nungait.—E. 28*s.* 6*d.*   xxvii. 262.

(275)   Dec. 19. 1664.
GEORGIUS FORREST burgensis de Hadingtoun, *hæres* Georgii Forrest burgensis dicti burgi, *patris,*—in molendinis granariis vocatis Gymmersmylnes infra territorium de Nungait ;—valle vocata Gymmersmylneshauch ;—valle vocata Dobieshauch seu Braes, cum 4 rigis terræ arabilis Mylnecroft nuncupatis, et 2 acris terræ vocatis Mylnelands cum decimis :—E. 22*l.*—13½ acris terrarum in campo vocato Nungaitsyde ;—7 acris et 1 ruda terræ in Croceflatt, Adamflatt, et Floores, omnibus infra territorium de Nungait :—E. 4*s.* pro *unaquaque acra :*—3 tenementis cum caudis terræ arabilis :—E. 3*s.*—5 sulcis lie daills terræ ;—8 caudis lie buttis terræ :—E. 4*s.* &c.—infra territorium villæ de Nungait.   xxvii. 318.

(276)   Feb. 27. 1665.
ISSOBELLA ET AGNETA YEOMANS, *hæredes portionariæ* Gulielmi Yeoman burgensis de Haddingtoun et portionarii de Nungait, *patris,*—in 2 acris terræ arabilis in campo vocato Gallowsyde, infra territorium de Nungait :—E. 8*s.*—tenemento ex australi latere de Nungait et caudis lie buttis terræ arabilis :—E. 6*s.* 8*d.*—tenementis terræ in Nungait, et 6 rigis terræ arabilis :—E. 15*s.* 4*d.*—8 acris terræ arabilis :—E. 26*s.* 6*d.* &c.—dimidia quarta parte terrarum de Sprotlands continente 5 rigas.—E. ...... xxvii. 316.

(277)   Feb. 27. 1665.
ISSOBELLA ET AGNETA YEOMANS, *hæredes portionariæ* Roberti Yeoman portionarii de Nungait, *avi,*—in tenemento terræ, ustrino et horto in villa de Nungait :—E. 2*s.* 6*d.* &c.—annuo redditu 10*s.* ejusdem.   xxvii. 318.

(278)   Apr. 6. 1665.
GEORGIUS LEIRMONTH burgensis de Hadingtoun, *hæres* Roberti Leirmonth mercatoris burgensis dicti burgi, *patris,*—in

E

2 acris terræ arabilis in campo vocato Nethercroft ;—5 caudis lie butts terræ in Clappergait ;—tenemento terræ infra villam et territorium de Nungait.—E. 8s. &c.   xxvii. 324.

(279)   Jul. 31. 1665.
MARIONA ET JONETTA SPOTTISWOODS, *hæredes portionariæ* Jacobi Spottiswood mercatoris burgensis de Haddingtoun, *patris,*—in annuo redditu 100*l.* de terris de Camhill tanquam parte terrarum et baroniæ de Foord.   xxviii. 73.

(280)   Aug. 1. 1665.
ANDREAS FLETCHER de Saltoun, *hæres masculus* Domini Roberti Fletcher de Saltoun militis, *patris,*—in terris et baronia de Saltoune:—A. E. 20*l.* N. E. 100*m.*—terris ecclesiasticis de Saltoune quæ ab antiquo de Abbacia de Dryburgh tenebantur :—E. 11*m. feudifirmæ :*—2 terris husbandiis in Nethirtoun de Saltoun, et dimidio terræ husbandiæ in Overtoun de Saltoune, quæ ab antiquo tenebantur de Præposito Collegii Trinitatis apud Edinburgh, seu Abbate de Soultrae :—E. 7*s. feudifirmæ:*—decimis garbalibus ecclesiæ parochialis et parochiæ de Saltoune :—A. E. 4*d.* N. E. 12*d.*—omnibus cum aliis terris unitis in baroniam de Saltoun.
                                                              xxviii. 65.

(281)   Aug. 28. 1665.
GEORGIUS COMES DE WINTOUN, *hæres masculus* Georgii Comitis de Wintoun, *avi,*—in terris et baronia de Auldhamestockis, cum advocatione ecclesiæ de Auldhamstockis, capellaniæ de Colbranspeth et hospitalis ejusdem, per annexationem infra baroniam de Hailis, unitis in baroniam de Hailis.—A. E. 8*m.* N. E. 16*l.*   xxviii. 68.

(282)   Feb. 26. 1666.
JACOBUS KER filius Roberti Ker in Dudingstoun fratris immediate senioris Margaretæ Ker, *hæres conquestus* Margaretæ Ker in Dudingstoun, *amitæ,*—in annuo redditu 480*m.* correspondente 8000*m.* de terris de Thurstoun comprehendentibus Dryburnfoord, Jobstrand, Weddellie, cum pendiculis terrarum de Thurstoun, infra baroniam de Renfrew per annexationem.   xxviii. 131.

(283)   Maii 28. 1666.
ARCHIBALDUS SYDSERFE de Ruchlaw, *hæres* Magistri Jacobi Sydserfe de Ruchlaw, *patris,*—in terris de Litle Spott et Spottnuik cum decimis, infra baroniam de Beill.—E. 15*l.* 10*s.*
                                                              xxviii. 165.

(284)   Oct. 22. 1666.
JACOBUS STEWART, *hæres* Domini Willielmi Stewart constabularii castri de Dumbarton, *avi,*—in diversis acris et tenementis, &c. infra territorium de Dumbar.—E. 20*l.*   xxviii. 324.

(285)   Nov. 19. 1666.
ISOBELLA YEOMAN, *hæres* Agnetæ Yeoman filiæ Willielmi Yeoman, *sororis,*—in diversis dimidietatibus acrarum terræ arabilis, infra villam et territorium de Nungait.—E. 13*s.* 6*d.* &c.
                                                              xxviii. 271.

(286)   Nov. 11. 1667.
JOANNES HAMILTOUN in Salt Prestoun, *hæres* Joannis Hamiltoun mercatoris burgensis de Edinburgh, *patris,*—in decimis garbalibus terrarum de Litle Fawsyd.—E. 5*s.*   xxviii. 368.

(287)   Jan. 28. 1668.
MARGARETA SMYTH filia Joannis Smyth vestiarii burgensis de Edinburgh, *hæres* Magistri Alexandri Tailziefer, filii Patricii Tailzefer mercatoris burgensis dicti burgi, *fratris aviæ,*—in annuo redditu 160*l.* de terris de Stanielaws.—(Vide Edinburgh.)
                                                              xxix. 14.

(288)   Feb. 4. 1668.
ALEXANDER RITCHIE, *hæres* Magistri Jacobi Ritchie, *patris,*—in annuo redditu 738*m.* correspondente 12300*m.* de terris de Glegornie et terris dominicalibus ejusdem, molendinis et multuris de Gleghornie, cum decimis.—(Vide Edinburgh.)   xxix. 41.

(289)   Feb. 24. 1668.
ISSOBELLA FORREST, *hæres* Alexandri Forrest apud Bridge end de Hadingtoun, *patris,*—in 2 tenementis terræ apud orientale latus pontis de Hadingtoun.—E. 3*s.*   xxix. 37.

(290)   Apr. 7. 1668.
ALEXANDER COMES MORAVIÆ, *hæres masculus* Jacobi Comitis Moraviæ, Domini Down et Abernethie, *avi,*—in partibus dominii de Sanct Colme, viz. 2 riggis terrarum apud burgum de Hadingtoune ;—2 toftis in burgo de Haddingtoun, cum aliis terris in Fife, Edinburgh, Linlithgow, et Perth.—A. E. 2*m.* N. E. 10*m.* —(Vide Fife, Edinburgh, Linlithgow, Perth.)   xxix. 91.

(291)   Maii 11. 1668.
THOMAS TAIT scriba in Edinburgh, *hæres* Henrici Tait vestiarii incolæ dicti burgi, *patris,*—in 2 acris terræ arabilis continentibus 6 sulcos, in campo vocato Braidcroft ;—tenemento terræ cum horto et 9 sulcis a cauda ejusdem, ex boreali parte villæ de Nungait ;—11 sulcis terræ separatim in crofta quadam ex parte orientali ecclesiæ Sancti Martini.—E. 4*s.* 6*d.*   xxix. 45.

(292)   Aug. 5. 1668.
WILLIELMUS COMES DE WIGTOUN, Dominus Flemyng et Cumbernauld, *hæres masculus* Joannis Comitis de Wigtoun, Domini Flemyng et Cumbernauld, *fratris germani,*—in terris subscriptis in comitatum, dominium, et baroniam erectis, viz. terris de Frisolands ad 10 libratas terrarum extendentibus, unitis cum aliis terris in Peebles, Selkirk, et Perth in dominium et baroniam de Cumbernauld :—A. E. 16*l.* N. E. 68*l.*—omnibus erectis in comitatum de Wigtoun.—(Vide Lanark, Stirling, Peebles, Selkirk, Perth, Dumbarton.)   xxix. 85.

(293)   Sep. 7. 1668.
JACOBUS HEPBURNE de Bairfute, *hæres talliæ* Andreæ Hepburne, *fratris germani,*—in orientali latere terrarum de Caponflatt extendente at 22 acras terrarum aut eo circa ;—terris de Barkthun extendentibus ad 17 acras terrarum aut eo circa, quæ sunt propriæ partes terrarum de Aldarstoun, omnibus jacentibus in baronia de Alderstoun et parochia de Hadingtoun, pro principali :—A. E. .... N. E. 10*m.*—decimis dictarum terrarum etiam pro principali :— A. E. 12*d.* N. E. 3*s.*—terris de Alderstoun, in baronia et parochia de Hadingtoun, in speciale warrantum terrarum de Caponflatt, &c. —A. E. ...... N. E. 45*m.*   xxix. 127.

(294)   Sep. 7. 1668.
JACOBUS HEPBURNE de Bairfute, *hæres talliæ* Adami Hepburne, *fratris germani,*—in 28 acris terrarum de Caponflatt ;— terris nuncupatis Pichedailles continentibus 2½ acras terrarum, pro principali :—A. E. ...... N. E. 10*m.*—decimis dictarum terrarum etiam pro principali :—A. E. 12*d.* N. E. 3*s.*—terris de Alderstoun, in baronia de Alderstoun et parochia de Hadingtoun, in warrantum de Caponflatt, &c.—A. E. ...... N. E. 45*m.*   xxix. 129.

(295)   Sep. 8. 1668.
JACOBUS MARCHIO DE DOWGLAS, Comes Angusiæ, Dominus Abernethie, Ettrick, et Jedburgh Forrest, *hæres masculus* Archibaldi Comitis Angusiæ, Domini Dowglas et Abernethie, *patris,*—in comitatu Angusiæ, comprehendente inter alia terras subscriptas, viz. in terris de Thomptallone :—A. E. 40*l.* N. E. 100*l.* —terra templaria et 2 acris et prato in Hadingtoun, infra baroniam de Robertoun, et cum baronia prædicta.—A. E. 38*l.* N. E. 150*l.*—(Vide Forfar, Perth, Roxburgh, Berwick, Lanark, Selkirk.)   xxix. 73.

(296)   Oct. 22. 1668.
JOANNES HAY de Abirladie, *hæres* Magistri Joannis Hay de Abirlady, *patris,*—in tenendria et baronia de Aberladie comprehendente terras dominicales de Aberladie, et terras vocatas Mansione Baikhous croft eisdem adjacentes, cum decimis garbalibus ;—terras cunicularias lie Cunyngarthlands ;—Links de Abirladie, cum castro, turre et fortalicio dictarum terrarum ;—in officio balliatus prædictarum terrarum et villæ de Abirladie ;—villa de Abirladie ;—omnibus unitis in baroniam de Abirlady.—E. 97*l.* 10*s.* —(Vide Berwick.)   xxix. 141.

(297)   Apr. 22. 1669.
JACOBUS JONSTOUNE de Sheins, *hæres* Magistri Samuelis Jonstoun de Sheins advocati, *patris,*—in terris de Thorntoune lie Hielands et Lawlands earundem, comprehendentibus terras de Over Thorntoune, Nather Thorntoun, Eister Aikingall, Wester Aikingall cum pendiculis earundem nuncupatis Dod, per annexationem infra vicecomitatum de Renfrew, cum communitate in Chirnsyde-moore.—A. E. 40*l.* N. E. 120*l.*—(Vide Berwick.)
                                                              xxix. 181.

(298)   Feb. 24. 1670.
CAROLUS COMES DE HADINGTOUN, Dominus Binning et Byres, *hæres masculus* Joannis Comitis de Hadingtoun, Domini Binning et Byres, *patris,*—in terris, dominio, et baronia de Melros comprehendente inter alia terras de Hartsyid et Clints :—E. 133*l.* 6*s.* 8*d. feudifirmæ :*—terris de Priestlaw, Penscheill, Frierdyikis, et Winterscheillis cum molendinis :—E. 30*l. feudifirmæ :*—terris de Milnhaugh de Newgraynge infra dominium de Melrois :—E. 2*l.* 3*s.* 4*d. feudifirmæ :*—terris et dominio de Tyninghame, viz.—terris dominicalibus de Tyninghame ;—20 terris husbandiis ;—20 terris Cottagiis ;—5 terris brasinariis ;—molendino de Tyninghame ;— terris vocatis Wairdlandis, Gellieschott, et Smythslandis, cum piscaria salmonum in aqua de Tyne ;—annuo redditu 10*m.* de dimidietate villæ de Auldhame ;—officio balliatus dicti dominii de Tyninghame tam proprietatis quam tenandriarum, viz. terrarum de Knowes, Scougall, Broxmouthe, Auldhame, Greinspott, Lochhouss, et Kirklandhill, ac omnium aliarum terrarum tam proprietatis

quam tenandriarum earundem :—E. 81*l. feudifirmæ :*—principali mansione de Tyninghame ;—terris de Brigs ;—Eistir et westir Greinspotts alias Spensland, Gelliesland, et Baxtersland alias Doucat Aiker, in villa de Tyninghame ;—terris de Lochhouss alias nuncupatis Halkersland, extendentibus ad 2 terras husbandias, et 6 acris terrarum vulgo nuncupatis 5 terris cotagiis et 1 terra brasinaria, extendentibus ad 6 acras terrarum, infra dictum dominium de Tyninghame et regalitatem Sancti Andreæ :—E. 4*l.* &c. *feudifirmæ :*—villa et burgo baroniæ de Tyninghame cum portu et statione ejusdem :—E. 40*s. albæ firmæ :*—terris de Knowes, viz.—terris de Knowes cum molendino ;—pecia terræ nuncupata Duncarshill, cum piscariis salmonum in dicta aqua de Tyne, una cum 4 dietis focalium vulgo four dayes work of fewell in mora dominicali de Tyninghame ;—3 brueriis in villa de Tyninghame, ustrina et horreo ;—2 terris husbandiis nuncupatis Inche, infra dictam baroniam de Tyninghame et regalitatem Sancti Andreæ :—E. 16*l.* &c. *feudifirmæ :*—terris ecclesiasticis de Tyninghame, viz.—terris de Kirklandhill et 5 acris terrarum arabilium prope villam de Tyninghame ;—2 terris husbandiis de Lochhouss nuncupatis Westir Lochhouss ;—duabus rigis capitalibus lie tua heidrigs dictarum 5 acrarum terrarum in villa et territorio de Tyninghame, in dominio et regalitate prædictis.—E. 12*l.* 13*s.* 4*d. feudifirmæ.*—(Vide Roxburgh, Berwick, Linlithgow, Lanark, Peebles.)   xxx. 4.

(299)   Feb. 24. 1670.
CAROLUS COMES DE HADINGTOUN, Dominus Binning et Byres, *hæres masculus* Joannis Comitis de Hadingtoun, Domini Binning et Byres, *patris,*—in terris, dominio et baronia de Binning comprehendentibus terras et baroniam de Byres, cum terris dominicalibus, villa et burgo baroniæ infra dictam baroniam de Byres erectis, nuncupatis villa et burgo de Drem ;—terras de Caldrow ;—terras terrasque dominicales de Drem ;—terras de Dremhills et terras de Coitts ;—terras de Midlethrid et Coitt aikeris in Drem ;—terras de Hayninges ;—terras de Muirtoun ;—terras de Mungoiswelles ;—terras de Garmelstoun ;—terras de Harviestoun, cum privilegio communis pasturæ in mora de Glaidsmure ;—advocationem capellaniæ vocatæ The Lady Chappell of Drem ;—terras de Drem cum decimis garbalibus, infra constabulariam de Hadingtoun :—A. E. 30*l.* N. E. 90*l.*—parte moræ de Gladsmure, et libertate lacus de Glaidsmure, infra constabulariam de Hadingtoun :—E. 20*d.*—terris et baronia de Samelstoun cum molendinis, et cum advocatione capellaniæ capellæ Sancti Nicolai de Samelstoun :—A. E. 4*l.*—N. E. 12*l.*—terris de lie aikeris ad dictas terras de Samelstoun contigue adjacentibus :—A. E. 20*s.* N. E. 3*l.*—unitis in baroniam de Samelstoun.—(Vide Edinburgh, Fife, Linlithgow, Berwick.)   xxx. 12.

(300)   Feb. 24. 1670.
CAROLUS COMES DE HADINGTOUN, Dominus Bynning et Byres, *hæres masculus* Joannis Comitis de Hadingtoun, Domini Bynning et Byres, *patris,*—in terris, baronia et regalitate de Drem, comprehendente 11 tenementa in Hadingtoun cum bovata terræ arabilis ;—unam bovatam terræ templariæ ;—terras templarias in Innerweik ;—terras templarias in Spott vocatas Standandstanerig et Whitrig, extendentes ad duas terras husbandias ;—terram templariam in villa de Spott ;—3 tenementa in villa de Dunbar ;—terras templarias de Beinstoun ;—terras templarias in Athelstariefuird ;—terram templariam in villa de Eistfortune ;—terram templariam in Lufnaraw ;—terram templariam in Aberlady ;—terras templarias de Rystabill et Garvald ;—terram templariam in Lufnaraw ;—2 tenementa in Aberladye ;—croftas templarias fratrum de Lufnes ;—terram templariam in villa de Baro ;—terram templariam vocatam Templefeild ;—terras templarias de Seatoun et Tranent ;—terras templarias de Corsbaidland juxta villam de Dirletoun vocatas Lessiecruik ;—2 terras templarias in Dirltoun ;—terram templariam in Gulan vocatam Lucus land ;—terras templarias et tenementa in Gulan ;—terras templarias in Drem ;—2 terras templarias in Dirltoun ;—villam et terras de Elbottle ;—terram templariam in Corsehill ;—terram templariam in Sanctbothanis ;—2 terras templarias in Duncanlaw ;—2 terras templarias in Sandersdene ;—terram templariam in Duncanlaw ;—terram templariam de Hadderweik ;—terram templariam in Northberwick ;—terram templariam in Morham ;—terram templariam in Tyninghame ;—terram templariam in Morhame ;—tenementum templarium in North Berwick ;—terram templariam in Pencaitland ;—terram templariam in Fentoune, cum jure regalitatis ;—et omnes alias terras templarias olim ad Dominum de Torphichen et ad Magistrum Robertum Williamson pertinentes, ubicunque jacentes infra regnum Scotiæ, cum decimis, omnes unitas cum aliis terris in vicecomitatibus de Edinburgh et Fife in regalitatem et baroniam de Drem.—E. 3*l.*—(Vide Edinburgh, Fife.)   xxx. 15.

(301)   Feb. 24. 1670.
CAROLUS COMES DE HADINGTOUN, Dominus Bynning et Byres, *hæres masculus* Thomæ Comitis de Hadingtoun, Domini Bynning et Byres, *proavi,*—in terris de Banglaw infra constabula-

riam de Hadingtoun.—E. 20*s. feudifirmæ.*—(Vide Roxburgh, Berwick, Edinburgh, Selkirk, Peebles.)   xxx. 19.

(302)   Apr. 6. 1670.
JOANNES LOGANE de Burnecastle, *hæres* Georgii Logane de Burnecastle, *patris,*—in terris de Gilcristoun cum molendino, in baronia et dominio de Saltoun, cum aliis terris in vicecomitatu de Edinburgh.—E. 4*l. feudifirmæ.*—(Vide Berwick, Edinburgh.)   xxx. 20.

(303)   Apr. 25. 1670.
JACOBUS DURHAME de Lufnes, *hæres* Domini Jacobi Durhame de Lufnes militis, *patris,*—in terris et baronia de Lufnes, cum advocatione capellæ Beatæ Mariæ Virginis situatæ infra cemeterium de Abirladye :—A. E. 20*l.* N. E. 40*l.*—terris ecclesiasticis et tenementis olim ad Carmelit freiris apud Lufnes pertinentibus :—E. 20*m.*—terris templariis fratrum prædicatorum de Lufnes nuncupatis Temple-croft ;—tenemento templario cum horto et rig ejusdem in Luffnaraw ;—alio tenemento templario in villa de Aberladie :—E. 13*s.* 4*d.*—decimis dictarum terrarum templariarum ;—Linkes de Luffnes cum salmonum piscariis, &c.—E. 13*s.* 4*d.*—omnibus prædictis terris unitis in baroniam de Luffnes.   xxx. 34.

(304)   Maii 9. 1670.
PATRICIUS COCKBURNE de Popill, *hæres* Alexandri Cockburne de Popill, *patris,*—in terris vocatis Laudersiandis et Haitliesiandis alias Whytlawes landis, cum molendino de Popill ;—pecia terræ vocata Boigend quæ est pars dictarum terrarum de Popill :—A. E. 20*m.* N. E. 53*l.* 6*s.* 4*d.*—terris de Old Hadingtoun :—A. E. 3*s.* 4*d.* N. E. 10*s.*—terris de Clints :—A. E. 30*s.* N. E. 4*l.* 10*s.*—et terris de Wauchtoune cum decimis tam rectoriis quam vicariis, in warrantum principalium terrarum.—A. E. 40*l.* N. E. 120*l.*   xxx. 50.

(305)   Mar. 30. 1671.
DOMINA MARGARETA BAILLIE, Domina Luss, *hæres* Domini Jacobi Baillie de Lochend militis, *avi,*—in quarta parte terrarum de Newtounleyes vocata in rentali una riga, in parochia de Dumbar ;—tertia parte trium partium vocatarum in rentali thrie rigs dictarum terrarum et villæ de Newtounleyes.—E. ....   xxx. 183.

(306)   Mar. 30. 1671.
DOMINA MARGARETA BAILLIE, Domina Luss, *hæres* Domini Jacobi Baillie de Lochend militis, *avi,*—in quarta parte terrarum de Neutounlies vocata in rentali una riga in parochia de Dumbar ;—tertia parte trium partium vocatarum in rentali thrie riggs dictarum terrarum et villæ de Neutounlies, in parochia prædicta.—E. 24 *bollæ tritici,* &c.   xxxiii. 315.

(307)   Jun. 1. 1671.
JACOBUS REID filius quondam Joannis Reid in Haillis, *hæres* Joannis Reid Cultellarii in villa monasteriali seu abbatia de Hadingtoune, *avi,*—in tenemento terræ cum horto in dicta villa monasteriali ;—2 acris terrarum arabilium quarum una jacet in Ovirquarrell Pitts continente 10 buttis, et altera in Nathir-quarrell Pitts continente 6 buttis, cum uno sulco heidrig vocato ;—dimidietate de Quarrell pitt holles, cum pasturis trium animalium lie three grassumes in Abbey Mains, et potestate tenendi unam suem et unam anserem.—E. 7*s.*   xxx. 204.

(308)   Aug. 28. 1671.
RACHAEL ROBERTSONE sponsa Jacobi Dun incolæ in Langhermestoune, *hæres* Willielmi Robertsone in Nungaitt apud burgum de Hadingtoun, *patris,*—in vasto tenemento nunc horto terræ in dicta villa de Nungaitt apud burgum de Hadingtoun.—E. 16*d.*   xxxi. 52.

(309)   Dec. 28. 1671.
ADAMUS COCKBURNE de Ormestoune, *hæres masculus* Joannis Cockburne de Ormestoune, *fratris,*—in terris et baronia de Ormestoune comprehendentibus villam et terram de Ormestoune ;—terras de West Byres ;—terras de Murrayes ;—terras dominicales de Ormestoun ;—portione terrarum et baroniæ de Peastoun vocata Westfeild de Peastoun, viz. illa dimidietate ejusdem olim in dicta baronia de Ormestoun :—A. E. 18*l.* 13*s.* 4*d.* N. E. 74*l.* 13*s.*—altera dimidietate dicta Westfeild :—E. 3*l.* 2*s.* 8*d.*—decimis terrarum de Westfield ;—jure patronatus ecclesiæ parochialis et parochiæ de Ormestoune :—E. 4*s.*—unitis in baroniam de Ormestoun ;—terris de Woolstruther in baronia de Tranent, partibus terrarum de Elphinston.—A. E. 13*s.* 4*d.* N. E. 53*s.* 4*d.*   xxxi. 12.

(310)   Mar. 7. 1672.
RICARDUS NEWTOUN de Eodem, *hæres* Ricardi Newtoun de Eodem, *patris,*—in terris et baronia de Newtoun.—A. E. 50*s.* N. E. 10*l.*   xxxi. 85.

(311)   Maii 8. 1672.
BARBARA, MARGARETA, ANNA, ET ISSOBELLA HEPBURNES, *hæredes portionariæ provisionis* Patricii Hepburne filii natu maximi Magistri Thomæ Hepburne rectoris de Oldhamstockis,

fratris germani,—in terris ecclesiasticis ad rectoriam de Oldhamstockis pertinentibus in occidentali fine villæ de Oldhamstockis;—terris villæ de Oldhamstockis;—decimis dictarum terrarum, cum pastura in communi mora baroniæ de Oldhamstockis, et in maresia ejusdem nuncupata the Parsones Moss, in baronia de Hailles, cum aliis terris in Berwick:—E. 4*l*. *feudifirmæ*:—terris de Dod et Burngreene cum communi pastura, &c. in mora nuncupata Chirnsyd Commoun et Brokenmoss, in baronia de Thorntoun et parochia de Innerweik, per annexationem in vicecomitatu de Renfrew;—terris de Eistir Aikingalles, Westir Aikengalls et Steid;—pendiculo earundem nuncupato the Neigle, per annexationem in vicecomitatu de Renfrew, cum privilegio communitatis in moris de Chirnside Common et Brokenmoss.—A. E. 8*m*. N. E. 24*m*.—(Vide Berwick.) xxxi. 140.

(312) Aug. 15. 1672.
JACOBUS DOUGLAS, *hæres* Magistri Gulielmi Douglas advocati, *patris*,—in annuo redditu 150*m*. de terris de Stenlawes;—annuo redditu 704*l*. de terris de Thamthallum.—(Vide Perth, Berwick, Dumbarton, Roxburgh.) xxxi. 190.

(313) Maii 1. 1673.
MAGISTER ANDREAS MARJORIEBANKES, *hæres* Magistri Andreæ Marjoriebanks advocati, *patris*,—in tenemento in villa de Salt-Prestoun ex australi parte ejusdem:—E. 24*s*.—tenemento terræ cum horto in dicta villa:—E. 40*d*.—acris terræ in dicta villa infra dominium de Newbottle:—E. 45*s*.—mansione domo et horto cum riga terræ arabilis in dicta villa:—E. 3*s*. 4*d*.—10 acris terræ arabilis in villa et territorio de Salt Preston;—2 acris terræ in Shott nuncupato Dumbars butts;—1½ acra terræ in Shott nuncupato Foulfut;—3 acris terræ in Shott nuncupato Wigriehill;—2 acris terræ in dicto Schott de Wigriehill;—2 acris terræ ex boreali parte dictæ villæ, cum mansione, &c.—E. 3*l*. 13*s*.—terra et tenemento infra dictam villam de Salt Prestoun;—1½ acra terræ arabilis infra baroniam de Prestoun-Grayngе, in feild et shott of land nuncupato Foulfutts:—E. 5*s*.—4 acris terræ in Foulfutts:—E. 13*s*. 4*d*.—infra dominium de Newbottle. xxxi. 204.

(314) Maii 8. 1673.
ANNA HELENA SCOTT, *hæres* Walteri Scott filii Colonelli Walteri Scott de Hartwoodburne, *fratris*,—in quinta parte annui redditus 720*l*. de terris et terris dominicalibus de Wauchtoun, infra parochiam de Prestounhauch. xxxi. 208.

(315) Maii 8. 1673.
ANNA HELENA SCOTT, *hæres* Francisci Scott filii Colonelli Walteri Scott de Hartwoodburne, *fratris*,—in quinta parte annui redditus 720*l*. de terris et terris dominicalibus de Waughtoun, infra parochiam de Prestonhaugh. xxxi. 208.

(316) Maii 8. 1673.
ANNA HELENA SCOTT, *hæres* Elizabethæ Scott filiæ Colonelli Walteri Scott de Hartwoodburne, *sororis*,—in quinta parte annui redditus 720*l*. de terris et terris dominicalibus de Wauchtoun, infra parochiam de Prestoun-haugh. xxxi. 209.

(317) Maii 8. 1673.
ANNA HELENA SCOTT, *hæres* Margaretæ Scott filiæ Colonelli Walteri Scott de Hartwoodburne, *sororis*,—in quinta parte annui redditus 720*l*. de terris et terris dominicalibus de Wauchtoun, infra parochiam de Prestoun-haugh. xxxi. 209.

(318) Jun. 2. 1673.
DOMINUS JACOBUS JOHNSTOUN, *hæres* Domini Joannis Johnstoun de Elphingstoun militis baronetti, *patris*,—in terris de Leuchie, jure fundali, proprietate et superioritate.—A. E. 20*s*. N. E. 4*l*. xxxi. 244.

(319) Feb. 2. 1674.
JOANNES HAMMILTOUN, *hæres* Joannis Hammiltoun de Litle Fawsyde, *patris*,—in 3½ acris terrarum de Wigriehill;—4 acris in Wigriehill;—2 acris terræ supra metas nuncupatas Dumbar's Buttis;—1 acra ex parte boreali villæ de Saltprestoun;—2 acris ex boreali parte dictæ villæ;—2 acris ex orientali parte viæ ducentis ad mare;—1 acra in campo;—1 acra in Roberts meadow:—E. 3*l*. 6*s*. 8*d*.—mansione, domo cum horto ex boreali parte dictæ villæ;—3 acris terræ infra villam et territorium de Saltprestoun;—4½ acris et particata terrarum de Saltprestoun, ex parte boreali villæ ejusdem;—dimidio acræ terræ pertinente ad terras de Brumholls, parte terrarum de Prestongrange;—2 metis lie buttis terrarum juxta Kirkstyill dictæ villæ de Saltprestoun, infra baroniam de Prestongrange.—E. 28*s*. 8*d*. &c. xxxi. 290.

(320) Jan. 22. 1675.
JACOBUS DOUGLAS, *hæres* Margaretæ Pringle sponsæ Locum-tenentis Capitani Josephi Douglas, *matris*,—in terris et villa de Blacksheill parte dominii et baroniæ de Keith-Marshall, per annexationem infra dominium de Inverugie et vicecomitatum de Bamff.—E. 5*l*. *feudifirmæ*.—(Vide Edinburgh.) xxxii. 446.

(321) Jan. 22. 1675.
JACOBUS DOUGLAS, *hæres* Margaretæ Pringle sponsæ locumtenentis Capitani Josephi Douglas, *matris*,—in tertia parte terrarum et villæ de Blacksheill parte dominii et baroniæ de Keith Marshall, per annexationem infra dominium de Inveruge et vicecomitatum de Banff.—E. 5*l*. *feudifirmæ*. xxxii. 447.

(322) Oct. 7. 1675.
ROBERTUS COMES DE ROXBURGH, *hæres masculus et talliæ* Gulielmi Comitis de Roxburgh, Domini Ker de Cesfuird et Cavertoune, *patris*,—in terris de Oswalden infra dominium de Dumbar et constabulariam de Hadingtoun:—E. 20*l*. &c.—terris et tenandria de Pincartoune continentibus viridarium et cunicularium de East Barnes, et columbarium earundem:—E. 140 *paria cuniculorum*, &c.—advocatione decanatus de Dumbar includentis rectoriam et vicariam parochiæ de Whitinghame, et præbendariæ de Chirnsyde, et rectoris de Dumbar, Pincartoune, et Beltone:—E. 20*s*.—terris de Meikle et Litle Pincartouns, Burnet (vel Brunt), et Whiterig, unitis in tenandriam de Pincartoune:—E. 50*l*. 10*s*.—terris de Broxmouth infra parochiam de Dumbar:—E. 20*s*.—terris de Bonslie (vel Bewslie);—terra husbandia infra villam de Meikle Pincartoune vocata Armestrangslands:—E. 1 *rubea rosa, albæ firmæ*:—1½ terra husbandia vocata Woodslands;—1½ terra husbandia vocata Craweslands, infra dictam villam:—E. 6*l*. 6*s*. 8*d*.—molendino vocato Guildsmilne alias Brandismilne:—E. 4*l*. 13*s*. 4*d*.—crofta seu pecia terræ vocata Deanaiker:—E. ....—(Vide Roxburgh, Stirling, Linlithgow, Selkirk, Berwick, Peebles, Dumfries, Lanark, Ayr, Aberdeen, Edinburgh.) xxxii. 218.

(323) Nov. 9. 1675.
CROMUELLUS LOCKHART de Lee, *hæres* Domini Jacobi Lockhart de Lee militis, clerici justiciariæ Regiæ, *avi*,—in annuo redditu 280*m*. de terris de Hoprig et Penstoune, in warrantum terrarum de Stenhous, &c.—(Vide Lanark.) xxxii. 260.

(324) Mar. 4. 1676.
DOMINUS JOANNES HOME de Blackadder miles baronettus, *hæres* Joannis Home de Blacader militis baronetti, *patris*,—in terris de Johnscleugh et Westmuire, in dominio de Byell et baronia de Bass:—E. ....—annuo redditu 600*l*. de terris de Meikle et Litle Pinkertouns et Whytrig;—terris de Brounslie;—terra husbandia infra villam et territorium de Meikle Pinkertoune vocata Armstrangs lands;—terra husbandia et tertia parte terræ husbandiæ terrarum de Meikle Pinkertoune vocatis Woodlands, et tertia parte terræ husbandiæ vocatæ Crounlands (vel Crowslands);—molendino vocato Guildsmilne alias Brandismilne;—crofta vel pecia terræ vocata Deanaiker;—dimidia parte terrarum nuncupatarum common waters de Broxmouth;—novo molendino vocato New East Milne infra communiam burgi de Dumbar;—terris de Spotsheill;—annuo redditu 240*m*. de omnibus terris immediate prædictis.—(Vide Berwick.) xxxii. 371.

(325) Aug. 8. 1676.
ANDREAS KER de Moriestoun, *hæres* Magistri Marci Ker de Moriestoune, *patris*,—in terris de Albotle extendentibus ad 5 mercatas terrarum;—terris nuncupatis Oldcastell et Stotfauld;—centenis pedibus terræ circa Stotfauld, cum pastura super dictis terris de Elbotle et Direltoune.—E. 6*l*. 6*s*. 8*d*.—(Vide Berwick, Edinburgh.) xxxiii. 44.

(326) Oct. 5. 1676.
GULIELMUS SANDILANDS, *hæres* Magistri Joannis Sandilands advocati, *patris*,—in riga terræ villæ et terrarum de Eastbarnes;—decima sexta parte villæ et terrarum de East Barnes de Dunbar, nuncupata in rentali Regis riga terræ, Outfield et horto;—riga aut decima sexta parte villæ et terrarum de East Barnes, in dominio de Dunbar.—E. 13 *bollæ* 1¼ *pecca et tertia pars quarteriæ peccæ frumenti, pro unaquaque riga*. xxxiii. 25.

(327) Oct. 31. 1676.
ARCHIBALDUS FLETCHER, *hæres* Domini Andreæ Fletcher de Aberladie, *patris*,—in tenendria et baronia de Aberladie comprehendente terras dominicales de Aberladie, et terras vocatas mansionem et Backhouscroft, cum decimis hujusmodi;—terras cuniculares vocatas Links de Aberladie;—officium ballivatus dictarum terrarum;—villam de Aberladie cum rudis, parcis, lie taills et acris earundem, cum advocatione parochiæ de Aberladie et decimis, unitis in baroniam de Aberladie.—E. 97*l*. 10*s*.—(Vide Berwick.) xxxiii. 42.

(328) Dec. 7. 1676.
ANNA AICKENHEID filia Magistri Thomæ Aickinheid, *hæres*

Alexandri Hoome de Johnscleuch, fratris germani Annæ Home sponsæ dicti Magistri Thomæ Aickinheid unius commissariorum de Edinburgh, *avunculi,*—in 5 croftis terrarum arabilium prope burgum de Northberwick in baronia ejusdem.—A. E. ....
N. E. .... xxxiii. 259.

(329) Apr. 26. 1677.
JOANNES AUCHOMITIE filius Domini Alexandri Auchomutie de Gosfoord, *hæres* Domini Joannis Auchomutie de Gosfoord, *avi,*—in dimidietate terrarum de Auldham:—E. 6*l.* 13*s.* 4*d. feudifirmæ:*—alia dimidietate terrarum de Auldham et terris nuncupatis Soiterland, in dominio et baronia de Tinninghame et regalitate de St. Androis:—E. 6*l.* 13*s.* 4*d.*—terris ecclesiasticis ecclesiæ de Auldhame jacentibus ut supra;—advocatione ecclesiæ de Auldhame.—E. 4*l.* 13*s.* 4*d. feudifirmæ.* xxxiii. 157.

(330) Jun. 25. 1677.
MARGARETA NICOLSONE sponsa Roberti Patersone hortulani in Collidgstead, *hæres* Alexandri Nicolsone portionarii de Dirletoun, *fratris germani,*—in tenemento, horto et acra terræ infra baroniam de Dirletoune.—E. 6*s.* 8*d.* &c. *feudifirmæ.* xxxiii. 198.

(331) Oct. 8. 1677.
ANNA AICKINHEID filia Magistri Thomæ Aickinheid unius commissariorum de Edinburgh, *hæres* Helenæ Home sponsæ Joannis Aichesone filii Joannis Aichesone generalis notarii quondam S. D. N. regis, *materteræ,*—in annuo redditu 130*m.* 6*s.* 8*d.* restricto ad 52*l.* 8*s.* de terris de Heugh et Rodes. xxxiii. 277.

(332) Jan. 21. 1678.
ANNA, ALISONA, ET EUPHANA TURNBULLS, *hæredes portionariæ* Thomæ Turnbull de Sheadsbush, *patris,*—in portione terrarum et villæ de Newtoune:—E. ....—villa et terris de Skeadsbush (vel Sheadsbush), in baronia de Newtoune:—E. 1*d. albæ firmæ:*—terris de Marriestoune (vel Marviestoune), in baronia de Boltoune.—E. 1*d. albæ firmæ, cum 8 bollis avenarum,* &c. *feudifirmæ.* xxxiii. 355.

(333) Nov. 14. 1678.
GULIELMUS SIVES, *hæres* Jacobi Sives incolæ in villa monasteriali de Haddingtoune, *patris,*—in tenemento in dicta villa monasteriali de Haddingtoune cum pastura in Abbeymains.—E. 6*d. feudifirmæ.* xxxv. 12.

(334) Jan. 30. 1679.
JACOBUS HOOME, *hæres* Georgii Home de Gamelsheills, *patris,*—in terris de Wester Gamelsheills cum pastura infra moram de Lammermuire, in regalitate de Dumbar.—E. 20*m.* xxxiv. 91.

(335) Mar. 20. 1680.
ANNA SEMPILL, *hæres portionaria* Joannis Sempill de Balgon scribæ signeto Regio, *patris,*—in terris de Craig et Balgon, infra constabulariam de Haddingtoune:—A. E. 5*l.* N. E. 30*l.*—decimis rectoriis et vicariis, et valuatis decimarum bollis prædictarum terrarum.—A. E. 6*s.* 8*d.* N. E. 20*s.* xxxv. 28.

(336) Apr. 8. 1680.
JOANNES WEDDERBURNE de Gosfoord, *hæres* Domini Petri Wedderburne de Gosfoord militis, nuper unius Senatorum Collegii Justiciæ, *patris,*—in villa et terris de Westmaynes de Ballincreif, cum molendino et privilegio pasturagii in communitate;—hæreditario officio balliatus prædictarum terrarum et molendini:—E. 15 *bollæ hordei et* 10*l. feudifirmæ:*—quarta parte terrarum dominicalium de Ballincreif nuncupata Lochill, pro principali:—E. 25*m.* 6*s.* 8*d. feudifirmæ:*—dimidio terrarum dominicalium de Ballincrieff Standthelane nuncupato, cum molendino granario, infra dominium de Ballincreif;—terris de Reidspittell alias Westerspittell;—terris de Coitts:—A. E. 6*l.* 10*s.* N. E. 19*l.* 10*s.*—officio balliatus dictarum terrarum dominicalium de Ballincreif, molendini, &c.—E. ....—terris et baronia de Gosfoord comprehendente terras de Gosfoord cum molendino:—E. 16*l.* &c. *feudifirmæ:*—terris de Eister Spittell alias Eister Reid-Spittell:—A. E. 3*l.* N. E. 10*l.*—terra husbanda terrarum de Ballincreif vulgo nuncupata Wester Bissetleyes:—E. 20*s. feudifirmæ:*—hæreditario officio balliatus terrarum immediate suprascriptarum:—E. ....—terra husbandia infra territorium villæ de Ballincreif vulgo nuncupata Myretoune:—E. 26*s.* 8*d. feudifirmæ:*—omnibus unitis in baroniam de Gosfoord;—terris vocatis occidentalibus terris dominicalibus villæ Westermaynes de Reidhouse, designatis Eastoutfeild de Langnidrie, in speciale warrantum et securitatem dimidietatis dictarum terrarum lie Maynes de Ballincreif nuncupatæ Standthelane, cum molendino granario:—A. E. .... N. E. ....—hæreditario officio balliatus dictarum terrarum, molendini, &c.—A. E. 12*d.* N. E. 3*s.* 4*d.*—annuo redditu 1080*m.* de 5 husbandiis terris de Ballincreif;—3 quarteriis terrarum husbandiarum de Ballincreif;—28 acris vuigo nuncupatis Cottaikers terrarum de

Ballincreif cum molendino;—dominiis, villa et terris, et terris dominicalibus de Ballincreif, Gosfoord, et Spittell;—husbandia terra duarum terrarum husbandiarum vulgo nuncupatarum Rowingstouneslands;—2 mercatis 4 solidatis et 6 denariatis terrarum alterius terræ husbandiæ;—terris de Ballincreif nuncupatis librata terra;—husbandia terra 2 terrarum husbandiarum nuncupatarum Myretoune, cum husbandia terræ;—4 terris husbandiis et 3 brueriis lie Brewseats in Ballincreif;—pecia terræ de Ballincreif nuncupata dimidia mercata terræ infra dominium de Ballincreif;—quarteria terrarum dominicalium de Ballincreif nuncupata Lochill cum acris;—dimidietate terrarum de Ballincreif ex parte australi villæ de Ballincreif, in warrantum quarteriæ dictarum terrarum dominicalium de Ballincrieff nuncupatæ Lochill.—(Vide Edinburgh.) xxxv. 43.

(337) Apr. 8. 1680.
DOMINUS JOANNES SINCLARE de Longformacus miles baronettus, *hæres* Domini Roberti Sinclare de Longformacus advocati militis baronetti, *patris,*—in terris et baronia de Lochend, comprehendente terras de Lochend cum lacu:—E. 53*l.* 10*s. feudifirmæ:*—terras et bondas magni lacus de Dunbar:—E. 3*l. feudifirmæ:*—terras de Broompark cum pratis et pascuis equorum:—E. 2 *celdræ avenarum, feudifirmæ:*—4 rigis seu 4 decimis sextis partibus villæ et terrarum de Westbarnes infra dominium de Dunbar, extendentibus ad quartam partem dictæ villæ et terrarum:—E. 44 *bollæ* 4 *peccæ tritici,* &c. *feudifirmæ:*—advocatione archipresbyteratus lie archpreistrie seu vicarii de Dunbar, et capellæ nuncupatæ lie Saulpreistrie de Dunbar, cum terris et decimis:—E. 26*s.* 8*d. feudifirmæ:*—terris de Eister et Wester Broomhouse comprehendentibus portiones terrarum husbandiarum nuncupatarum Paulslands, partibus terrarum de Easter Spott;—orientali molendino de Spott:—A. E. 5*l.* N. E. 20*l.*—communiis et decimis garbalibus ecclesiæ collegiatæ de Dunbar:—E. 80*m. feudifirmæ:*—omnibus terris prædictis unitis in baroniam de Lochend;—terris de Standarts:—E. 11*m feudifirmæ:*—terris templariis in villa de Spott;—terris templariis in Eister et Wester Broomhouse, omnibus in baroniam de Lochend erectis:—E. 3*s.* 4*d. feudifirmæ:*—terris et prædiis de Woodhall, Knockindunce, Thripslaw, Falslie;—molendino vocato Wallace milne, quæ sunt propriæ partes 20 libratam terrarum de Thurstoune et Woodhall;—10 mercatis terrarum de Waddellie tam in proprietate quam in tenandria, per annexationem infra baroniam de Renfrew, et erectis in tenandriam de Woodhall:—A. E. 24*l.* N. E. 96*l.*—decimis garbalibus aliisque decimis dictarum terrarum de Woodhall, Knockindunce, Thripslaw, Falslie, et Wallace milne:—A. E. 2*s.* N. E. 6*s.*—omnibus unitis in baroniam de Lochend;—terris et tenandria de Hourheids (Hairheids) comprehendente terras de Bothell cum molendino;—terras de Birkcleugh;—terras de Hourheid (Hairheid);—terras de Bowshcilhill:—E. 22*l.* 8*s. feudifirmæ:*—terras de Ryelawbrigs:—A. E. 20*s.* N. E. 4*l.*—advocatione ecclesiæ parochialis de Ellem ad dictam tenandriam de Hairheid unita:—A. E. 1*d.* N. E. 12*d.*—terris de Over Moneynelt in dominio de Thorntoune et baronia de Renfrew:—E. 40*s. feudifirmæ:*—unitis cum aliis terris in vicecomitatu de Berwick in baroniam de Ellem;—in annuo redditu 1040*m.* correspondente 18,000*m.* de terris et baronia de Tantallon;—annuo redditu 600*m.* correspondente 10,000*m.* de terris et baronia de Tantallon.—(Vide Berwick.) xxxv. 70.

(338) Maii 19. 1680.
DOMINUS ANDREAS RAMSAY de Waughtoune miles baronettus, *hæres masculus* Domini Andreæ Ramsay de Waughtoune militis baronetti, *patris,*—in terris et baronia de Waughtoune, Brounrig, et Myresyde;—terris orientalibus et occidentalibus de Crathoes, cum terris templariis;—villa et terris de Gilmortoune;—villa et terris de Calie comprehendentibus in speciali terras de Whinterfeild, cum advocatione ecclesiarum;—terras de Atholstainfoord, cum aliis terris in vicecomitatu de Berwick:—A. E. 20*l.* N. E. 60*l.*—terris et tenandria de Houstoune annexata prædictæ baroniæ de Waughtoune, comprehendente terras et villas ecclesiasticas in Eastfortune, viz. 6¼ terras husbandias 10 terrarum husbandiarum in Eastfortoune, et dimidium terræ husbandiæ vocatæ Finklestreet in Atholstainfuird:—E. 15*l.* 10*s.* 8*d.*—3¾ terras husbandias dictarum 10 husbandiarum in Eastfortoune:—E. 8 *bollæ frumenti,* &c.—terras templarias vocatas Spenslands in villa et territorio de Eastfortune;—8 rigas terrarum arabilium in villa de Penratho:—E. ....—terris et villa de Lintoune;—terris ecclesiasticis in villa et territorio de Lintoune vocatis Frierlie:—E. 30*s.*—molendino fullonum de Houstoune cum 4 acris terrarum arabilium adjacentibus:—E. 5*l.*—terris vocatis Hoigslands et Caitlie cum terris ecclesiasticis earundem in villa et territorio de Houstoune:—E. 40*s.*—terris de Wester Chrachro et officio balliatus dictarum terrarum:—E. 6*l.*—villa et terris et terris dominicalibus de Houstoune, cum piscationibus salmonum in aqua de Tyne:—E. 51*m.*—omnibus unitis in baroniam de Waughtoune;—in terris et baronia de Bass, viz. terris de Johnscleugh, terris de Clints, terris de Old Hadding et lie house (Auld Haddingtoune house?), terris de

F

Papill nuncupatis Lauderslands et Haitlieslands (Whytelands), cùm molendino de Papill;—terris de Burt;—terris de Newhall;—terris de Ballingreig, Howden, Howmorecross, Woodhead, et Woodfoot, quæ sunt propriæ partes terrarum de Newhall;—terris de Edingtoune et Mersingtoune;—acris in Merchame (Moreham?);—4 terris husbandiis de Garvat;—insula ecclesiæ de North Berwick et nosocomio ejusdem, cum jure patronatus capellaniæ nuncupatæ Altare Beatæ Virginis Mariæ infra ecclesiam de North Berwick, et acris terrarum eidem spectantibus;—jure patronatus capellaniæ infra monasterium de Haddingtoun;—terris de Elbottle apud North Berwick;—templaria tenandria de Temple Hedderwick comprehendente 2 terras templarias de Hedderweick;—terram templariam de North Berwick;—2 terras templarias de Morhame;—terram templariam in Tuninghame;—4 terras templarias in Elbottle;—hæreditario officio balliatus et regalitatis dictarum terrarum, cum pasturagiis in communi mora villæ de Elstainfuird:—A. E. 13l. 6s. 8d. N. E. 26l. 13s. 4d.—terris ex orientalibus et occidentalibus moris de Lamermuire vocatis lie Earle of Marches muire cum privilegio pasturandi:—E, 40s.—annuo redditu 42l. de terris de Newhall, Ballingreig, Howden, Howmorecroce, Woodhead, et Woodfoot;—annuo redditu 40l. de reliquis terris de Garvat;—omnibus unitis in baroniam de Bass;—2 tenementis cum hortis infra burgum de Dunbar.—E. ....—(Vide Berwick, Fife.)   xxxv. 82.

(339)   Jul. 21. 1680.
RICARDUS WAIRD, hæres Ricardi Waird, patris,—in terris et baronia de Dolphinstoune perprius vocata Colthrople, infra parochiam de Saltprestoune:—E. 24l. &c. feudifirmæ:—decimis rectoriis et vicariis vel valuatis decimarum bollis dictarum terrarum.—E. 3l. albæ firmæ.   xxxv. 110.

(340)   Nov. 4. 1680.
JOANNES HAY, hæres Magistri Thomæ Hay unius clericorum secreti Concilii et Sessionis, patris,—in terris et terris dominicalibus lie Maines de Hirdmestoune cum advocatione capellæ Sancti Joannis Evangelistæ, prope castrum de Hirdmestoune:—A. E. 8l. N. E. 32l.—orientali dimidietate terrarum de Blanss cum molendino et decimis, in parochia de Saltoune, et unitis in baroniam de Hirdmestoune:—A. E. 40s. N. E. 8l.—annuo redditu 240l. correspondente 6000m. de terris et baronia de Hirdmestoune.   xxxv. 162.

(341)   Dec. 14. 1680.
DOMINA ELISABETHA HENDERSONE sponsa Domini Joannis Clerk de Pennicook militis barronetti, hæres Doctoris Henrici Henderson de Elvingston, patris,—in parte prædii et proportionis terrarum de Elvingstone nunc vocata the maner place et horto de Elvingston, cum 33 acris 3 rudis et 7 falls terræ earundem, within the lordship and regalitie of Dalkeith;—parte prædii dictarum terrarum vocata Congalleyroom (vel Bongalleyroom, vel Longalleyroom), cum 92 acris 3 rudis 39 falls et 5 ulnis dictarum terrarum;—prædio dictarum terrarum vocato the Howmoor-room, cum 3 coathousses et 94 acris terrarum:—A. E. ...... N. E. ...... terris nuncupatis St. Laurence hous extendentibus ad 82 acras terræ arabilis, prope burgum de Haddingtoun:—E. 42l. feudifirmæ:—decimis terrarum de Elvington, in parochia de Haddington:—A. E. 2l. 19s. 8d, N. E. 5l. 19s. 4d.—decimis terrarum de St. Laurence hous.—A. E. 3l. 19s. 4d. N. E. 6l. 18s. 8d.   xxxvi. 5.

(342)   Maii 10. 1681.
DOMINUS JACOBUS TURNOR miles, hæres Doctoris Archibaldi Turnor unius ministrorum burgi de Edinburgh, fratris,—in terris de Eistcraig cum decimis, infra parochiam de Northberwick.—A. E. 10m. N. E. 21m.—(Vide Fife.)   xxxvi. 3.

(343)   Jul. 19. 1681.
ISSOBELLA SYMSON sponsa Donaldi Urquhart in Birkes, hæres portionaria lineæ et conquestus Magistri Joannis Bayne de Pittcairlie Scribæ Signeto Regio, filii Donaldi Bayne fratris germani Helenæ Bayne proaviæ dictæ Issobellæ Symson, nepotis proaviæ,—ISSOBELLA ROSS sponsa Donaldi M'Neill in Contane, nepotis Margaretæ Bayne sororis germanæ prædicti Donaldi Bayne, hæres portionaria lineæ et conquestus dicti Magistri Joannis Bayne de Pittcairlie, nepotis aviæ,—et ALEXANDER BAYNE nuper ballivus de Duninguall, filius Agnetæ Bayne sororis germanæ dicti Donaldi Bayne, hæres portionarius lineæ et conquestus dicti Magistri Joannis Bayne de Pittcairlie, filii avunculi,—in dimidietate terrarum de Auldhame et terrarum nuncupatarum Soyterlands:—E, 10m.—alia dimidietate dictarum terrarum de Auldhame et terrarum de Soyterlands infra dominium et baroniam de Tinninghame:—E. 6l. 13s. 4d.—terris de Skougall cum libertate in mora de Tuninghame.—A. E. .... N. E. ....—(Vide Fife, Perth, Edinburgh.)   xxxvi. 81.

(344)   Sep. 21. 1681.
DOMINUS GULIELMUS NICOLSOUN miles baronettus, hæres masculus Domini Joannis Nicolsoun militis baronetti, fratris,

—in terris de Staniepath, in warrantum terræ husbandiæ in Cockburn's path, in Berwick.—E. ....—(Vide Edinburgh, Berwick.)   xxxvi. 107.

(345)   Jan. 25. 1683.
ALEXANDER LIVINGTOUNE de Saltcoats, hæres Georgii Livingtoune de Saltcotts, patris,—in terris de Saltcotts cum terris dominicalibus et Links;—terris de Kingstoune;—terra husbandia in Williamstoune, cum certis domibus vocatis Raw of Houses ex parte australi villæ de Gullane prope cemiterium, et terris vocatis Candillislands in baronia de Dirletoune, extendentibus ad 14 terras husbandias:—A. E. 8l. 10s. N. E. 10l. 10s.—acra terræ vocata Gyllonors aiker in Dirletoune:—A. E. .... N. E. ....—5 terris husbandiis in villa de Dirletoune:—A. E. 25s. N. E. 3l. 15s.—terris vocatis Langledaills sive Langriggs;—terris vocatis two eight aikers;—terris vocatis Hardriggis;—2 terris husbandiis in villa de Gullane, extendentibus ad 5 terras husbandias:—A. E. 25s. N. E. 3l. 15s.—carrucata terræ in villa et territorio de Gullane, et in dimidietate bovatæ terræ in villa de Dirletoune:—E. 10s.—prato de Gullane et aquæductu super terras de Dirletoune et West-Stentoune:—E. 40s.—terris de Myllflat, in baronia de Dirletoune:—A. E. 5s. N. E. 15s.—vastato tenemento terræ in villa et baronia de Aberlady.—E. ....—(Vide Berwick.)   xxxvii. 195.

(346)   Maii 4. 1683.
ELIZABETHA WAIRD conjux Thomæ Falconberg de Sandhuton, hæres Richardi Waird de Dolphingstoune, fratris germani,—in terris et baronia de Dolphingstoune perprius vocatis Gallthrople (vel Collthrople), infra parochiam de Saltprestoune:—E. 24m. &c. feudifirmæ:—decimis seu valuatis decimarum bollis dictarum terrarum.—E. 3l. albæ firmæ.   xxxvii. 124.

(347)   Jun. 14. 1683.
JEANA CALDERWOOD sponsa Roberti Hepburne fratris germani Gulielmi Hepburne de Beanstoune, hæres Magistri Jacobi Calderwood ministri verbi Dei apud ecclesiam de Humbie, patris,—in villis et terris de Whitburgh et Blackhouse, quæ sunt partes Dominii et baroniæ de Keithmarshall, cum multuris dictarum villarum et terrarum, per annexationem infra dominium de Innerugie et vicecomitatum de Bamf.—A. E. 50s. N. E. 10l.   xxxvii. 139.

(348)   Jun. 21. 1683.
JACOBUS DOUGALL, hæres Magistri Joannis Dougall de Nunland, patris,—in terris de Nunland prope Ugstoun, cum pastura in Gledsmore:—E. 8m. 3s.—prædio terrarum de Elvingstoune vocato Mirriehaltoune continente 93 acras, 1 rudam et 34 falls terrarum;—pecia terræ vocata Whinniewaird et mora, continente 12 acras 3 rudas et 3 ulnas terrarum cum decimis, in baronia et regalitate de Dalkeith, cum jure abducendi lapides et calces.—A. E. .... N. E. ....   xxxvii. 157.

(349)   Jun. 5. 1684.
ROBERTUS COMES DE ROXBURGH, hæres masculus et talliæ Roberti Comitis de Roxburgh, Domini Ker, Cesfoord, et Caverton, patris,—in terris de Oswalden extendentibus in rentali regis ad 3 rigas terrarum et dominii de Dumbar, infra dominium de Dumbar et constabulariam de Haddington:—E. 24 bollæ tritici, &c.—terris et tenandria de Pincarton, comprehendente viridaria et cunicularia de Eistbarns et columbaria:—E. 140 paria cuniculorum, &c. feudifirmæ:—advocatione decanatus de Dumbar includente rectoriam parochiæ de Quhitinghorne, prebendariam de Chirnsyde includentem rectoriam parochiæ de Chirnsyde, et advocatione capellaniarum de Dumbar, Pincarton, et Belton:—E. 20s. feudifirmæ:—terris de Meikle et Litle Pincartouns, Brunt, et Whytrig, unitis in tenandriam de Pincarton:—E. 50l. 10s. feudifirmæ:—terris de Broxmouth infra parochiam de Dumbar:—E. 20s. albæ firmæ:—terra husbandia infra villam et territorium de Meikle Pincarton vocata Armstrangslands:—E. rubra rosa, albæ firmæ:—terris de Bonslie (vel Bouslie);—terra husbandia et tertia parte terræ husbandiæ dictarum terrarum de Meikle Pincartoun vocata Woodslands;—tertia parte terræ husbandiæ vocatæ Craweslands infra dictam villam de Meikle Pincarton:—E. 6l. 6s. 8d. feudifirmæ:—molendino vocato Guildsmilne alias Brandismilne:—E. 4l. 13s. 4d. feudifirmæ:—crofta seu pecia terræ vocata Deanaiker:—E. 30s. feudifirmæ:—infra constabulariam de Haddingtoun.—(Vide Roxburgh, Edinburgh, Berwick, Selkirk, Peebles, Dumfreis, Lanark, Ayr, Kincardine, Stirling, Linlithgow.)   xxxvi. 287.

(350)   Sep. 8. 1684.
ARCHIBALDUS MAGISTER DE KINGSTOUNE, hæres Dominæ Elisabethæ Douglas Vicecomitissæ de Kingstoune, matris,—in terris et baronia de Whittinghame, comprehendentibus terras de Whittinghame;—............... terræ aut carrucata terræ nuncupata Caldsyde, infra villam et territorium de Whittinghame et dominium de Haills:—A. E. 6l. 13s. 4d. N. E. 20l.—terras templarias

ac glebam de Whittinghame, cum communi pastura in mora de Lambermuir :—E. 8m. 13s. 4d. *feudifirmæ*:—portionem terræ nuncupatam Birks ;—terras de Hartrumwood cum pastura in mora de Lambermuir :—E. 15m. *feudifirmæ* :—terras de Stenipeth :—E. 25m. *feudifirmæ.*—unitis in baroniam de Whittinghame.

xxxvii. 342.

(351) Nov. 24. 1684.

ARCHIBALDUS MURRAY de Spott, *hæres masculus* Gulielmi Murray de Spott, *patris*,—in terris et villa de Easter Spott, viz. 14 terris husbandiis villæ et terrarum de Spott et occidentali molendino de Spott ;—terris de Lochhouses ;—terris et terris dominicalibus de Doune et Bromesknow ;—terris de Halden et Dounley, cum portione 4 terrarum husbandiarum nuncupatarum Paulislands, et 2 terrarum husbandiarum nuncupatarum Pollockslands infra villam et territorium de Spott, cum advocatione præbendariæ de Spott ;—12 acris terrarum ecclesiasticarum in villa de Spott quæ ab antiquo de Archipresbyteris de Dumbar tenebantur :—A. E. 8l. N. E. 32l.—officiis camerariæ et balliatus terrarum et dominii de Dumbar, cum annuo feodo 20 bollarum tritici et 20 bollarum hordei, unitis in baroniam de Spott :—A. E. 6s. 8d. N. E. 26s. 8d.—terris de Hartsyde, viz. terris de Easter, Wester, et Midle Hartsydes, cum terris et molendino vocatis dominicalibus de Hartsyde alias Hertpethheid :—E. 200m.—2 rigis terræ in terris et villa de Westbarnes, extendentibus ad octavam partem dictæ villæ et terrarum :—E. 22 *bollæ tritici*, &c.—unitis in baroniam de Spott.

xxxvii. 351.

(352) Dec. 31. 1684.

WILLIELMUS MORISONE de Prestounegrange, *hæres* Domini Alexandri Morisone de Prestounegrainge, *patris*,—in terris et baronia de Prestounegrainge, comprehendentibus terras et terras dominicales de Prestounegrainge ;—terras de Saltprestoune, cum dimidietate villæ de Saltprestoune et terris arabilibus in dicta villa ;—molendinum et terras molendinarias apud Prestounegrainge, cum portu vocato Aitchison's haven cum domibus, &c. vocatis Seamilnes ;—terras de Cowthrople cum manerie ;—64 acras terrarum arabilium in occidentali parte de Prestounegrainge ;—terras de Sotterclout et patellas salinarias infra dictam baroniam, cum decimis prædictarum terrarum, et decimis piscariis ad dictam baroniam spectantibus, et australi insula ecclesiæ de Salt-Prestoune, cum advocatione ejusdem, pro principalibus.—A. E. 20l. N. E. 60l.—(Vide Edinburgh, Peebles.) xxxvii. 333.

(353) Apr. 20. 1685.

PATRICIUS HEPBURNE de Munkrig, *hæres* Doctoris Georgii Hepburne de Munkrig, *patris*,—in terris de Wester Munkrig et 15 acris terrarum de Easter Munkrig cum decimis, in dominio de Newbottle :—E. 13l. 6s. 8d.—parte terrarum de Easter Munkrig cum decimis infra baroniam de Beirfoord, pro principali :—E. ....—reliquis terris de Easter Munkrig, viz. terris, prædiis, et lie steidings de Easter Munkrig cum decimis, infra dictam baroniam de Beirfoord, in warrantum dictæ partis terrarum :—E. ....—9 acris terrarum communiter vocatis Cultershott, infra parochiam de Haddington.—E. 9m. 6s. 8d. &c. xxxviii. 298.

(354) Aug. 27. 1685.

JACOBUS DONALDSONE, *hæres* Jacobi Donaldsone mercatoris in London, *patris*,—in 2 annuis redditibus 150l. 10s. et 600m. de terris et dominiis de Haills ;—terris et baronia de Morham ;—terris de Traprain ;—terris de Newmilnes. xxxviii. 122.

(355) Maii 18. 1686.

JOANNES FLETCHER, *hæres* Archibaldi Fletcher de Aberledie, *fratris germani*,—in tenandria et baronia de Aberledie comprehendente terras dominicales de Aberladie, et terras vocatas mansionem et Blackhous croft, cum decimis ;—terras cunicularias vocatas Links de Aberladie ;—officium ballivatus dictarum terrarum ;—villam de Aberlady, infra constabulariam de Haddingtoun cum advocatione ecclesiæ de Aberlady.—E. 97l. 10s.—(Vide Berwick.) xxxviii. 402.

(356) Oct. 19. 1686.

DOMINUS GEORGIUS SEATOUNE de Gairmiltoune miles baronetus, *hæres* Domini Joannis Seatoune de Gairmiltoune militis baroneti, *patris*,—in villa et terris de Athelstainfoord cum decimis :—A. E. 10l. N. E. 30l.—dimidio terræ husbandiæ in Athelstainfoord vocatæ Finkelstreet, cum novis domibus vulgo nuncupatis Needles, super mora de West Fortune ;—crofta terræ nuncupata Swynlawes extendente ad 4 actas terrarum cum decimis :—E. 24s. *feudifirmæ* :—terris templariis infra bondas et territorium dictarum terrarum de Athelstainfoord, Finkellstreet, et Swynlawes respective :—A. E. 3s. 4d. N. E. 10s.—officio balliatus dicti dimidii terræ husbandiæ vocatæ Finkelstreet, domorum lie Needles ac vastæ terræ vocatæ Swynlawes cum decimis :—E. 6s. 8d. *feudifirmæ* :—terris de Easter Gairmiltoune alias vocatis Gairmiltoune-Noble cum advocationibus capellaniarum :—A. E. 10l. N. E. 30l.

—decimis garbalibus aliisque decimis et divoriis dictarum terrarum de Easter Gairmiltoune alias vocatis Gairmiltoune-Noble, et terrarum de Gairmiltoune-Alexander alias Mid-Gairmiltoune :—A. E. 3s. 4d. N. E. 10s.—terris de Gairmiltoune alias vocatis Gairmiltoune-Alexander :—A. E. 3l. N. E. 9l.—omnibus unitis in baroniam de Athelstainfoord. xxxix. 123.

(357) Apr. 4. 1687.

DAVID HEPBURNE de Humbie, *hæres talliæ* Adami Hepburne de Humby, *fratris*,—in terris et baronia de Humbie comprehendente terras et terras dominicales de Humbie ;—terras de Hielie ;—terras de Birkinsyde et Rowantreehill :—E. 8l. 6s. 8d. *feudifirmæ* :—decimis garbalibus dictarum terrarum et baroniæ de Humbie :—E. 6l. 4s. 6d.—partibus terrarum et baroniæ de Keithmarshall, viz. villa et terris de Overkeith, Hattounhill, molendino de Overkeith ;—terris de Hobsheill (Stobsheill), superioritate dictæ partis terrarum de Overkeith vocatæ Cleughlandhill (vel Pleughlandhill) et Blacklawes, infra baroniam de Keith :—E. 40m. *taxatæ wardæ* :—unitis in baroniam de Humbie ;—terris de Kilkerstoun (vel Gilberstoun vel Gilkerstoun) cum molendino, infra parochiam de Saltoun.—A. E. 1l. N. E. 3l. xxxix. 527.

(358) Nov. 4. 1687.

DOMINUS JACOBUS PRYMROSE miles, *hæres lineæ et provisionis* Domini Willielmi Prymrose de Caringtoune militis, *patris*,—in terris de Humbie ;—terris de Hill (vel Hielie) ;—terris de Bilkensyde et Broumtreehaugh :—E. 20m.—terris, villa, et prædio de Wansyde, comprehendentibus terras de Wansydrig, Whytehill, et Stobshill, cum decimis terrarum de Humbie :—E. 3l. 4s.—decimis garbalibus prædictarum terrarum, et terrarum de Pockbie, Wester Blackbie et Stobshiells, infra parochiam de Humbie ;—terrarum de Over Keith, Laistoun, Johnstonburn, Hattonhall, et Randalstoun :—E. 9l. 6s. 8d.—terris de Gilchristoun cum molendino :—E. 5m.—partibus terrarum et baroniæ de Keith-Marshell, viz. villa et terris de Over-Keith, Johnstounburn, Randelstoun, Laistoun, Blackbie, et Hattonhill ;—molendino de Over-Keith ;—superioritate terrarum de Over-Keith nuncupatarum Pleughslandhill, per annexationem infra dominium de Innerugie et vicecomitatum de Banff ;—terris de Pockbie, Wester Blackbie et Stobsheills, infra dominium et baroniam de Keith, omnibus unitis in baroniam de South-Humbie, in warrantum prædictarum terrarum.—A. E. 20m. N. E. 60m.—(Vide Edinburgh.) xl. 30.

(359) Apr. 5. 1688.

CAROLUS COMES DE LAUDERDALE, Vicecomes Maitland, Dominus Thirlestaine et Boltoun, &c. *hæres masculus* Joannis Lauderderiæ Ducis, *fratris germani*,—in dominio, baronia, et regalitate de Thirlestaine comprehendentibus terras de Ugstoun :—A. E. 40s. N. E. 3l.—terras et dominium de Dumbar comprehende terras de East Barnes, West Barnes, Newtounlies, Myresyde, Oswalden, Rige et Floors ac Lochend, cum loco ubi castrum de Dumbar situatum erat ;—villam et terras de Blyth et Hedderweik ;—terras de Gairmuir et Trottingshaw ;—dimidiam partem terrarum de Byrecleugh ;—terras de Castlehill ;—terras de East Mayns ;—terras de West Mayns, Woodincleugh, et Wantonwalls, Wyndpark, Lemiledge, Egrop, Breadshawrig, Heuch, Earnscleugh, Stevinsrig ;—villam et terras de Thirlstaine, Mylnehaugh, Tortullanrig, Dodhous, Over et Nether Tullous, cum pastura communia de Thirlstaine, infra dominium et regalitatem de Thirlestaine eidem annexata :—E. 25 *celdræ* 6 *bollæ tritici*, &c. *feudifirmæ* :—advocatione præbendariorum ecclesiæ collegiatæ de Dumbar, Beltan, et Pinkertoun, ecclesiæ de Dunse et rectoriarum et ecclesiarum de Dumbar et Spott.—A. E. 12d. N. E. 3s.—(Vide Peebles, Berwick, Edinburgh.) xl. 118.

(360) Oct. 11. 1688.

PETRUS WEDDERBURNE de Gosfoord, *hæres* Joannis Wedderburn de Gosfoord, *fratris germani senioris*,—in villa et terris de Westmains de Ballincreif :—E. 15 *bollæ hordei*, *feudifirmæ* :—quarta parte terrarum dominicalium de Ballincreif nuncupata Lochill, pro principali :—E. 25m. 6s. 8d. *feudifirmæ* :—terris et baronia de Gosfoord comprehendente terras de Gosfoord, unitis in baroniam de Gosfoord :—E. 16l. &c. *feudifirmæ* :—terris de Eister Spittell alias Redspittell :—A. E. 9l. N. E. 10l.—terra husbandia terrarum de Ballincreif nuncupata Wester Bisseteyes :—E. 20s. *feudifirmæ* :—terris de Redspittell alias Wester Spittell :—terris de Coates ;—dimidio terrarum dominicalium de Ballincreif Stand the lane nuncupato infra dominium de Ballincreif, cum molendino granario :—A. E. 6l. 10s. N. E. 19l. 10s.—officio balliatus terrarum suprascriptarum :—A. E. 12d. N. E. 3s. 4d.—terra husbandia infra territorium villæ de Ballincreif nuncupata Myretoune :—E. 26s. 8d. *feudifirmæ*—decimis de Easter et Wester Auchingawes ;—decimis terrarum de Newbigging et Swynstylaw, et Threeplandhill ;—cimis terrarum de Shythill, Thurston, Hairhead, Burslehill, Over Moneyet ;—decimis terrarum de Kisthill et Branxholme, quæ quidem decimæ sunt partes decimarum ecclesiæ de Innerweek, quæ olim fuerunt pars patrimonii Abbaciæ de Paisley, cum advocatione ecclesiæ de Innerweek et 2 terris templariis infra villam de Innerweek.—A. E. 10s. N. E. 40s.—(Vide Edinburgh.) xl. 316.

(361) Oct. 11. 1688.
PETRUS WEDDERBURN de Gosfoord, *hæres* Domini Petri Wedderburn de Gosfoord unius Senatorum Collegii Justiciæ, *patris*,—in terris vocatis occidentalibus terris dominicalibus de Reidhouse, lie East Outfeild de Langniddrie, in warrantum dimidietatis terrarum dominicalium de Ballincreife nuncupatæ Stand the lane, cum molendino granario, infra dominium de Ballincreife, et officio balliatus dictarum terrarum :—A. E. .... N. E. .... —annuo redditu 1080m. de 4 terris husbandiis de Ballincreife ;—3 quarteriis terrarum husbandiarum de Ballincreife ;—28 acris vulgo nuncupatis Coat aickers terrarum de Ballincreife, cum molendino de Ballincreife ;—dominio, villis, terris, et terris dominicalibus de Ballincreife, Gosfoord, et Spitle ;—terra husbandia 2 terrarum husbandiarum nuncupatarum Rowingstounsland ;—2 mercatis 4 solidatis 6 denariatis terris alterius terræ husbandiæ, de terris de Ballincreife nuncupatis 10 librata terra ;—terra husbandia 2 terrarum husbandiarum nuncupatarum Myrtoun house;—4 terris husbandiis et 3 brueriis lie brew seats in Ballincreife ;—pecia terræ de Ballincreiff vocata dimidia mercata terræ infra dominium de Ballincreife ;—quarteria terrarum dominicalium de Ballincreife vocata Lochill ;—acris terrarum de Lochhill ;—dimidietate dimidietatis terrarum de Ballincreife, in warrantum dictæ quartæ partis terrarum dominicalium de Ballincreif nuncupatæ Lochill. xl. 269.

(362) Maii 24. 1690.
GEORGIUS LOCKART de Carnwath, *hæres masculus* Domini Georgii Lockart de Carnwath, Domini Præsidis Sessionis, *patris*, —in annuo redditu 1080m. correspondente 18000m. de terris de Thomtallan ;—annuo redditu 1200m. correspondente 20,000m. de dominio et baroniis de Seatoun et Wintoun ;—terris et baronia de Tranent ;—terris et baroniis de Easter et Wester Barnes ;—terris de Langindorie (vel Langniddrie) ;—annuo redditu 480m. correspondente 8000m. de terris et baronia de Tinninghame, et terris et baronia de Byres.—(Vide Lanark, Dumfries, Edinburgh, Roxburgh.) xli. 145.

(363) Maii 26. 1690.
JOANNES SMYTH clericus burgi de Haddington, *hæres* Jacobi Smyth clerici communis dicti burgi, *patris*,—in terris de Broomrig infra baroniam de Wauchton, cum decimis.—A. E. 20s. N. E. 3l. xli. 221.

(364) Maii 28. 1690.
JOANNES BUTTLER filius Georgii Buttler de Kirkland, *hæres* Magistri Joannis Buttler de Kirkland, *avi*,—in terris de Pitcocks : —A. E. 5l. N. E. 10l.—unitis in baroniam de Thorndycks, cum aliis terris in Berwick.—(Vide Berwick.) xli. 210.

(365) Jun. 3. 1690.
DOMINUS JOANNES INGLES de Cramond miles baronettus, *hæres masculus et lineæ* Domini Jacobi Ingles de Cramond militis baronetti, *patris*,—in terris dominicalibus de North Berrick ;— terris vocatis Fermlands, Feufermeaikers cum campis lie Links earundem, extendentibus ad 15 husbandrias terrarum cum piscationibus ;—occidentali parte villæ de Northberrick vocata Nungate supra occidentale latus rivoli vocati Clartieburne ;—4 croftis terrarum in australi latere de North-Berrick et molendino granario vocato Overmilne de Lynton supra aquam de Tyne :—E. ....— insula de Longbelland cum advocatione capellaniarum et altaragiarum nuncupatarum Lady-Altar, Ruid Altar, et Saint Sebastians Altar intra templum parochiale de North Berrick ;—decimis garbalibus terrarum dominicalium de North Berwick, et prædictarum terrarum vocatarum Fermlands seu Fermaikers, occidentalis partis villæ et terrarum de North Berrick vocatæ Nungate super occidentale latus dicti rivoli nuncupati Clartieburne, cum prato vocato Law meadow, et North Berwick law, cum croftis molendinorum de Kincaith, et terrarum vocatarum Horsecrook, et terrarum nuncupatarum Puntone, Myrefauld, Slingable, Puntonrig, Puntonmyre, Northmeadow de Heugh, North Berwicklaw, et terrarum de Bonnyntoun et Greensyde, quæ sunt partes dictarum terrarum de Heugh, in parochia de North Berwick, redimabilibus pro 10,000l.—E. ....—terris de East Barnes in parochia de Dumbar, redimabilibus pro 3500m.—E. ....—(Vide Edinburgh, Lanark, Linlithgow, Fife.) xli. 174.

(366) Jun. 3. 1690.
DOMINUS JOANNES INGLIS de Cramond miles baronettus, *hæres lineæ* Magistri Joannis Inglis de Cramond, *avi*,—in superioritate dominicalium terrarum de North-Berwick, cum campis lie Links, et terrarum vocatarum Fermlands seu Fermeaikers, cum campis maritimis lie links earundem, extendentibus ad 15 husbandias terras ;—decimis piscium portus de Northberwick, et occiden-

talis partis villæ de Northberwick nuncupatæ Nungate, super occidentalem partem rivoli vocati Clartieburne, 4 croftarum terrarum super australe latus de Northberwick, et molendini granarii nuncupati Overmilne de Lintoune apud aquam de Tyne ;—insulæ de Longbelland, cum advocatione capellaniarum et Alteragiarum nuncupatarum Lady Alter, Ruid Alter, et St. Sebastians Altar intra templum parochiale de Northberwick ;—decimis garbalibus dictarum terrarum dominicalium de Northberwick, et occidentalis partis villæ de North Berwick nuncupatæ Nungate, prati vocati Lau Meadow et Northberwik law, cum croftis molendinorum de Kinkeith, et terrarum nuncupatarum Horsecrook, et terrarum nuncupatarum Puntoune, Myrefauld, Slingable, Puntounerig, Puntounemyre, Northmeadow de Heughe, Northberwicklaw, et terrarum de Bonyntoune et Greinsyde, quæ sunt pendicula dictarum terrarum de Heugh, in parochia de Northberwik, redimabilibus per solutionem 10,000l.—E. 1d. *albæ firmæ* :—superioritate terrarum de Eastbarnes, viz. octavæ partis vel duarum rigarum villæ et terrarum de Eastbarnes ;—rigæ et decimæ sextæ partis villæ et terrarum de Eastbarnes ;—orientalis rigæ et decimæ sextæ partis dictæ villæ et terrarum de Eastbarnes, infra parochiam de Dumbar, redimabili per solutionem 3500m.—E. 1d. *albæ firmæ*.—(Vide Fife, Edinburgh.) xlii. 3.

(367) Oct. 27. 1690.
ARCHIBALDUS MURRAY de Spott, *hæres* Gulielmi Murray de Spott, *patris*,—in annuo reditu 1080m. de 4 terris husbandiis de Ballincreiff ;—terra husbandia ibidem ;—3 quarteriis terræ husbandiæ in Ballencreiff ;—28 acris cottagiis villæ de Ballincreiff cum molendino de Ballincreiff ;—dominio, villa, terris et Mayns de Ballincreiff, Bosford (Gosfoord?) et Spittle, cum balliatus officio ; —terra husbandia de 2 terris husbandiis vocatis Rowistouns lands ; —terra vocata 2 mercata 4 solidata 6 denariata terra de alia terra husbandia vocata Rowistouns lands ;—terris de Ballencreiff vocatis Ten pund land ;—terra husbandia de 2 terris husbandiis vocatis Myretoun ;—4 terris husbandiis et 3 Brewlands in Ballencreiff ;— pecia terræ in Ballencreiff Half merk land vocata ;—quarta parte lie Maynes de Ballincreiff vocata Lochhill ;—acris, rigis et butts terræ de dictis terris de Ballencreiff ;—dimidietate terrarum de Ballencreiff.—E. 1d. xli. 297.

(368) Oct. 28. 1690.
GULIELMUS COMES DE DUNDONALD, Dominus Cochran de Paislay, *hæres masculus linealis* Joannis Comitis de Dundonald, Domini Cochran et Paislay, &c. *patris*,—in annuo redditu 240m. correspondente summæ 4000m. de terris de Saint Germans, Chesterhall, et Greendykes, in parochia de Tranent, et constabularia de Haddington.—E. 1d. *albæ firmæ*.—(Vide Renfrew, Dumbarton, Ayr, Lanark, Clackmanan.) xli. 319.

(369) Sep. 1. 1691.
ANDREAS FLETCHER de Aberlady, *hæres* Joannis Fletcher de Aberlady, *patris*,—in tenendria et baronia de Aberlady comprehendentibus terras dominicales lie Maynes de Aberlady, et terras vocatas mansionem et Blackhouse croft, cum decimis ;—terras cuniculares vocatas Links de Aberlady, cum castro ;—officium ballivatus terrarum prædictarum ;—villam de Aberlady :—E. 97l. 10s. *feudifirmæ* :—unitis in baroniam de Aberlady.—(Vide Berwick.) xlii. 212.

(370) Oct. 12. 1691.
CATHERINA SWINTONE, *hæres femella sine divisione* Georgii Swintone de Chesters, *patris*,—in terris ecclesiasticis de Baro :— E. 9l.—pecia terræ vocata Oxengang vulgo Barochesters.—E. 22s. xlii. 271.

(371) Feb. 1. 1692.
HELENA LAUDER filia Roberti Lauder de Gunsgreen sponsa Magistri Jacobi Lauder præpositi burgi de Haddingtoun, *hæres* Jacobi Congletoune filii Gulielmi Congletoune de Eodem, procreati inter eum et Helenam Hamiltoun ejus secundam sponsam, *avunculi*,—in decimis garbalibus et divoriis tam rectoriis quam vicariis bovatæ terræ templariæ in territorio de Haddingtoun ex parte boreali ejusdem burgi, extendentis ad 14 acras, in parochia et constabularia de Haddingtoune.—E. 1l. 10s. xlii. 405.

(372) Apr. 30. 1692.
JOANNA LESSELLS uxor Gulielmi Gourley de Kincraig, *hæres femella sine divisione* Joannis Lessels præpositi burgi de Haddingtoune, *patris*,—in annuo redditu 80l. correspondente 2000m. de terris de Clerkingtoune cum molendinis ;—terris et tenandria de Lethame comprehendente terras de Letham, terras de Wintoune alias Wittoun, Milnflat, Broomfeild alias Christlands et New-work alias Longcram ;—acris terræ arabilis infra burgum de Haddingtoun ;—terris de Rottenraw et Gatesyde, cum advocatione capellaniæ et alteragii Sanctæ Virginis, infra parochialem ecclesiam de Haddingtoun, cum communitate ad dictas terras spectante ;—terris de Spitlerig ;—omnibus unitis in baroniam de Clerkingtoun ;— terris de Ugstoune et decimis earundem, infra parochiam et

constabulariam de Haddingtoun :—E. 1d.—annuo redditu 240m. correspondente 4000m. de terris et baronia de Ballincreiff infra parochiam de Aberlady.—E. 2d.   xlii. 393.

(373)   Jul. 2. 1694.
MAGISTER JACOBUS SCOUGALL advocatus unusque Commissariorum Edinburgensium, *hæres* Margaretæ Scougall sponsæ Gulielmi Bennet junioris de Grubbit, *neptis*,—in terris et terris dominicalibus de Whytekirk, infra baroniam de Oldammer alias Whytekirk ;—illis peciis quæ fuere partes terrarum dominicalium de Whytekirk, viz. 26 acris dictarum terrarum dominicalium de Whytekirk ;—aliis 13 acris dictarum terrarum dominicalium cum pastura ;—illa parte baroniæ de Whytekirk nominata Pleasants, infra baroniam prædictam :—E. 107l. 12s. 8d. *feudifirmæ* :—decimis omnium prædictarum terrarum :—A. E. 6s. 8d. N. E. 3s. 4d.—hæreditario officio balliatus infra bondas præfatarum terrarum de Whytekirk.—E. 1d.   xliv. 117.

(374)   Jul. 16. 1694.
DAVID FORREST, *hæres* Georgii Forrest de Gimmersmylnes, *patris*,—in molendinis granariis vocatis Gimmersmylnes, cum mansione de Gimmersmylnes ad orientalem finem burgi de Haddington, et infra territorium burgi de Nungaite, et specialiter in villa vocata Gimmersmylnes haugh ;—valle vocata Dobieshaugh seu Braes ;—4 rigis terræ arabilis dictis molendinis contigue adjacentibus Mylnecroft nuncupatis :—E. 22l.—2 acris terræ arabilis vocatis Mylnelands in campo vocato Croceflatt cum decimis ;—13¾ acris terrarum arabilium in campo vocato Nungaittzyde in territorio dictæ villæ de Nungaite, cum decimis ;—riga nuncupata Minnies croft in campo vocato Braidcroft ;—3 acris terræ arabilis infra dictum territorium villæ de Nungaite, in campis vocatis Croceflatt :—E. 4s. *pro unaquaque acra* :—3 tenementis terræ cum 3 caudis lie butts terræ arabilis, ex parte boreali dictæ villæ de Nungaite :—E. 3s.—5 sulcis lie daills terræ inter dicta tenementa ;—8 butts terræ ex australi latere mansionis de Gimmersmylnes.—E. 4s.   xliv. 122.

(375)   Nov. 12. 1694.
JACOBUS JOHNSTOUNE in Elphingstoune, *hæres* Roberti Johnstoune ibidem, *patris*,—in annuo redditu 40l. correspondente 2000m. de villa, Mains, et terris de Congletoune, infra baroniam et parochiam de Dirltoune.—E. 1d.   xliv. 222.

(376)   Nov. 12. 1694.
MARGARETA SCOT sponsa Gulielmi Richartsone de Muirfeild,—HELENA SCOTT sponsa Jacobi Pringle mercatoris burgi de Edinburgh,—JEANNA SCOT sponsa Joannis Herriot in Langniddrie,—MARIONA SCOT sponsa Joannis Hog in Prestounpans,—CATHERINA SCOT sponsa Ricardi Richardson,—et ISABELLA SCOT, *hæredes portionariæ* Walteri Scot nuper ballivi in Aberladie, *patris*,—in 3 sulcis lie daills terræ de Aberlady, cum tenementis infra villam de Aberlady :—E. 40s.—tenemento terræ cum domibus intra dictam villam ;—altero tenemento ;—altero tenemento;—altero tenemento in Luffnes :—E. 3s. 4d.—tenemento cum horto ex boreali parte plateæ ejusdem villæ de Aberlady :—E. 16s.—16 terris husbandiis lie Mains de Congletoune ;—2 terris husbandiis in East Trentoun (Fentoun ?) ;—35 acris terrarum in Dirltoun, omnibus infra parochiam de Dirltoun :—E. 1d. redimabilibus pro solutione 3000m.   xliv. 223.

(377)   Nov. 22. 1694.
HELENA FORREST filia Davidis Forrest de Gymmersmylnes, *hæres portionaria* Roberti Lauder de Gunsgreen, *proavi ex parte matris*,—in cuniculario de West Barnes, cum terris arabilibus lie Faulds dicto cuniculario spectantibus, et pastura 16 summarum super fundum dicti cunicularii, et cum potestate effodiendi glebas super moram de Poumuir aut aliquam partem terrarum de West Barnes.—E. 5 *scoria* 17 *paria cuniculorum et 20s.*   xliv. 255.

(378)   Jul. 23. 1696.
JOANNES COMES DE LAUDERDALE, Vicecomes Maitland, Dominus Thirlestane et Boltoune, *hæres masculus* Caroli Comitis de Lauderdale, fratris germani et hæredis masculi deserviti et retornati quondam Joanni Duci de Lauderdale, *patris*,—in dominio, baronia et regalitate de Thirlestane inibi comprehendente inter alia, terras de Ugstone infra constabulariam de Hadingtoune et vicecomitatum de Edinburgh :—A. E. 40s. N. E. 3l.—terras et dominium de Dumbar infra constabulariam de Hadingtoune et vicecomitatum de Edinburgh, comprehendens terras de Eistbarnes, Westbarnes, Newtounleyes, Myresyde, Oswald dean, Rig of Floors ac Lochend :—E. 25 *celdræ* 6 *bollæ tritici,* &c. et 22l. &c. *feudifirmæ* :—loco et fundo rupis, et toto præcincto ejusdem, super quibus olim castrum de Dumbar et propugnacula situata fuerunt :—E. 6s. 8d. *feudifirmæ* :—advocatione prebendariarum ecclesiæ collegiatæ de Dumbar, diaconiæ, et Archipresbyteriæ ejusdem, prebendariarum de Beltan et Pinkertoune, ecclesiæ de Duns, rectorium ecclesiarum de Dumbar et Spott, omniumque prebendariarum

aliorumque infra dictum dominium quorum advocationes per prius ad predecessores S. D. N. Regis pertinuerunt jure, aut devolutione juris in manibus eorum, per acta parliamenti et leges regni, et quæ perprius comitibus de March aut præfato dominio quovis modo pertinuerunt :—A. E. 12d. N. E. 3s.—unitis cum terris, &c. in Peebles, Berwick, et Edinburgh, in dominium, baroniam et regalitatem de Thirlestane.—(Vide Peebles, Berwick, Edinburgh, Argyle.)   xlvi. 201.

(379)   Oct. 22. 1696.
JOANNES COMES DE ROXBURGH, *hæres masculus et talliæ* Roberti Comitis de Roxburgh, Domini Ker, Cessfoord, et Cavertoune, *fratris germani*,—in dominio et baronia de Halydean, comprehendente inter alia terras de Humbie infra constabulariam de Haddingtoune et vicecomitatum de Edinburgh, cum terris de Easter et Wester Dudihgstounes in Edinburgh :—E. 82l. 12s.—in terris de Oswaldein extendentibus in rentali regis ad tres rigas terrarum dominii de Dumbar, infra dominium de Dumbar, constabulariam de Haddingtoune et vicecomitatum de Edinburgh :—E. 24 *bollæ tritici,* &c. *firmæ* :—terris et tenendria de Pinkertoune comprehendente rectoriam et cunicularia de Eastbarnes, et columbaria earundem :—E. 140 *paria cuniculorum, computante bis sraaginta ad centum,* &c.—advocatione beneficiorum et capellaniarum subscriptarum, viz. Decanatus de Dumbar, includentis rectoriam et vicariam parochiæ de Whittinghame ;—prebendariæ de Chirnsyde includentis rectoriam et vicariam totius parochiæ de Chirnsyde ;—prebendariarum, capellaniarum seu rectoriarum de Dumbar, Pinkertoune, et Beltoune :—E. 20s.—terris de Meikle et Little Pinkertounes, Burnt et Whyterig infra constabulariam de Haddingtoune et vicecomitatum de Edinburgh :—E. 50l. 10s.—erectis in tenandriam de Pinkairtoune ;—terris de Broxmouth infra parochiam de Dumbar, constabulariam de Haddingtoune et vicecomitatum de Edinburgh :—E. 20s. *albæ firmæ* :—terris de Bouslie (vel Bouslie) ;—terra husbandia et tertia parte terræ husbandiæ terrarum de Meikle Pinkertoune vocata Woodslands;—tertia parte terræ husbandiæ vocatæ Crauslands infra villam de Meikle Pinkertoune :—E. 6l. 6s. 8d.—terra husbandia infra villam et territorium de Meikle Pinkertoune vocata Armstrangs lands :—E *rubra rosa albæ firmæ* :—molendino vocato Guildsmilne alias Brandsmilne :—E. 4l. 13s. 4d.—crofta seu pecia terræ vocata Deanaicker:—E. 30s. —infra constabulariam de Haddingtoune et vicecomitatum de Edinburgh.—(Vide Roxburgh, Stirling, Linlithgow, Edinburgh, Selkirk, Berwick, Peebles, Dumfries, **Lanark, Ayr,** Kincardine.)   xlvi. 243.

(380)   Jun. 24. 1697.
DOMINA JOANNA NISBET, Domina Harden, *hæres lineæ et talliæ* Domini Joannis Nisbet de Dirletoune, *patris*,—in terris, dominio, et baronia de Fentoun continentibus terras et baroniam de Fentountower comprehendentes terras de Over Syidserff alias vocatas Fentountower ;—annuum redditum 40s. de terris de Neather Sydserff ;—tertiam partem terrarum et baroniæ de Dirltoune :— 2 terras husbandias et 8 acras terrarum infra terras dominicales de Ferrigate, quæ sunt partes dictæ tertiæ partis de Dirletoun ;—terras et baroniam de Dirltoune comprehendentes tertiam partem dictarum terrarum et baroniæ de Dirltoune, cum silvis, Brokenparks, Highfeild, Mensles, et Menslesmuir, cum terris villæ de Dirletoune, et advocatione præposituræ de Dirletoune ;—tertiam partem dictæ baroniæ de Dirletoune comprehendentem villam de West Fentoun, et tertiam partem cuniculariorum hujusmodi, et tertiam partem advocationis dictæ præposituræ ;—terras de Colladgestead alias Quarrelledgehead ;—burgum baroniæ de Dirletoune ;—tertiam partem advocatione ecclesiæ de Dirletoune et tenemento terræ ex boreali latere villæ de Dirltoune ;—decimas prædictarum terrarum nuncupatarum Fentountower, et olim Easter Sydserfe in parochia de North Berwick ;—terras, tenementa, acras, domos, et hortos et terram husbandiam vocatam Archerfeild, cum domo et horto vocato Duncanshouse, et pomariis de Archerfeild, omnes jacentes infra villam, territorium et baroniam de Dirltoune ;—terras de Elbotle extendentes ad 5 mercatas terrarum ;—terras vocatas Oldcastle et Scotfauld (Stotfauld?) et centum pedes terræ, cum pastura super terras de Elbottle et Dirltoune ;—3 acras terrarum arabilium in lie Craigflats infra dictam baroniam de Dirltoun :—A. E. 42l. N. E. 168l.—terras et tenandriam de Kingstoune comprehendentem terras de Ellbotle extendentes ad 5 mercatas terrarum;—terras nuncupatas Oldcastle et Scotsfauld et 100 pedes in omnibus partibus ejusdem lie Scotfauld ;—terras de Kingstoune extendentes ad 4 terras husbandias ;—terras de Barnes alias vocatas Fentounbarnes ;—tenementum terræ in orientali fine villæ de Dirltoune ; —8 acras terrarum in territorio et villa de Dirltoune, et omnia in parochia de Gullan ;—terras, tenementa, et acras, &c. infra dictam parochiam de Gullan, quæ ad monasterium de Dryburgh olim pertinuerunt ;—ecclesiam de Gullan cum decimis dictæ ecclesiæ de Gullan, omnes unitas in tenandriam de Kingstoune :—E. 26l. 8s. *albæ firmæ* :—terras nuncupatas Frierlands de Dirltoune extendentes ad 10 mercatas terrarum antiqui extentus, cum tenemento

G

et horto in dicta villa de Dirltoune vocato Chappellyaird, in baronia de Dirltoune, unitas in dominium et baroniam de Fentoun:—E. 20*l.* 3*s.* 4*d. feudifirmæ:*—8 acras terrarum vocatas Williesburne in villa et territorio de Dirltoune infra baroniam de Dirltoun:—E. 8*s. feudifirmæ:*—2 acras terræ arabilis in dicta villa et territorio de Dirltoune, in illa parte vocata Leslie Cruick:—E. 10*d. feudifirmæ:*—terris, dominio et baronia de Innerweek, infra baroniam et vicecomitatum de Renfrew per annexationem, cum decimis dictæ baroniæ, partibus decimarum ecclesiæ de Innerweek, et ex antiquo partibus patrimonii abbaciæ, &c. de Paisley, cum jure patronatus ecclesiæ de Innerweek;—2 terris templariis in villa de Innerweek, cum officio ballivatus hujusmodi;—decimis dictarum 2 terrarum templariarum;—burgo baroniæ de Innerweek et foris hepdomadariis ejusdem, cum portu marino de Innerweek, omnibus unitis in baroniam de Innerweek:—A. E. 20*l.* N. E. 80*l.*—terris et baronia de Thorntoune, viz. terris de Thorntoune et Highlands et Lowlands earundem, comprehendente terras de Over Thorntoune et Nethir Thorntoune;—turrim et molendinum de Thorntoune;—terras de Thorntounloch;—terras de Whythill, Crocehouse, Gatesyde, Lawlatch, et Auldscheill, per annexationem infra vicecomitatum de Renfrew, cum aliis terris, &c. in baronia de Thorntoune;—cum decimis terrarum et baroniæ de Thorntoune partibus decimarum ecclesiæ de Innerweik, unitas in baroniam de Thorntoune:—A. E. 20*l.* N. E. 80*l.*—annuo redditu 360*m.*—annuo redditu 67*m.* 11*s.* et annuo redditu 600*m.* de terris et baronia de Dunglas et Thorntoune, pro principali:—E. 3*d. albæ firmæ:*—terris et baronia de Dunglas infra constabulariam de Hadingtoun et vicecomitatum de Berwick respective, cum terris de Thrieplandhill et Branksholme et omnibus aliis terris, &c. pertinentibus ad collegiatam ecclesiam de Dunglass infra bondas dictæ baroniæ de Dunglass.—E. ....—(Vide Stirling, Forfar, Clackmannan, Berwick.) xlvii. 155.

(381) Jul. 26. 1697.
ANDREAS KERR, *hæres* Margaretæ Burtone relictæ Alexandri Kerr agricolæ in Lestin, *matris,*—in annuo redditu 40*l.* correspondente 1000*m.* de terris de Nunland infra parochiam de Hadingtone.—E. 1*d.* xlix. 187.

(382) Jun. 28. 1698.
ALEXANDER DOMINUS DE ELIBANK, *hæres masculus* Patricii Domini de Elibank, *patris,*—in baronia de Ballincreif comprehendente 5 terras husbandias de Ballincreif, et 3 quartas partes terræ husbandiæ in Ballincreif:—E. 2*m. pro qualibet terra husbandia:*—columbarium, hortum, et domus cum acra lie Doucat aiker nuncupata:—E. 300 *pulli columbarum,* &c.—28 acras cottagias de Ballincreif:—E. 3*s.* et 6 *pultreæ pro qualibet acra:*—molendinum de Ballincreif cum astrictis multuris ejusdem, et maynes villæ et terrarum terrarumque dominicalium de Ballincreif, Gosford, et Spittell, cum officio balliatus earundem:—E. 8*m.*—terram husbandiam 2 terrarum husbandiarum Rowingstounslands nuncupatarum;—2 mercatas 4 solidatas 6 denariatas terrarum alterius terræ husbandiæ ut supra nuncupatæ:—E. 1*l.* 16*s.* 8*d.*—terras de Ballincreif nuncupatas 10 libratas terrarum:—E. 12*l.* 6*s.* 8*d.*—4 terras husbandias et terras bruerias in Ballincreif;—peciam terræ in Ballincreif nuncupatam dimidietatem mercatæ terræ, infra dominium et territorium de Ballincreif:—E. 8*l.* 3*s.* 4*d.* &c.—terras de Poverhaw alias Prova (vel Plora);—partem terrarum de Fortoun et Fertoun, et pasturagium in communia de Kingstoune, cum decimis, in dominio de Newbotle:—A. E. 7*l.* 6*s.* 8*d.* N. E. 22*l.*—omnes unitas in baroniam de Ballincreif cum terris in Selkirk;—dimidietate terrarum dominicalium de Ballincreif cum officio balliatus dictarum terrarum pro principali;—alia dimidietate dictarum terrarum nuncupata Half Mayns de Ballincreif, cum molendino et officio balliatus dictarum terrarum, in warrantum dispositis.—A. E. 10*l.* N. E. 40*l.*—(Vide Selkirk.) xlvii. 611.

(383) Oct. 31. 1698.
DOMINUS ROBERTUS SINCLAIR de Longformacus miles baronettus, *hæres masculus et lineæ* Domini Joannis Sinclair de Longformacus militis baronetti, *patris,*—in terris et baronia de Lochend comprehendente terras de Lochend infra constabulariam de Haddingtoune:—E. 53*l.* 6*s.* 8*d.* &c. *feudifirmæ:*—terras et bondas magni lacus de Dumbar:—E. 3*l. feudifirmæ:*—terras de Broompark infra constabulariam prædictam:—E. 2 *celdræ avenarum, feudifirmæ:*—in 4 rigis seu decimis sextis partibus villæ et terrarum de Westbarnes in dominio de Dumbar, infra constabulariam prædictam:—E. 40 *bollæ tritici,* &c. *feudifirmæ:*—advocatione Archipresbyteratus lie Archpreistrie seu vicariæ de Dumbar, et capellæ nuncupatæ Salt Preistrie infra constabulariam de Hadingtoune:—E. 6*s.* 8*d. feudifirmæ:*—terris de Easter et Wester Broomhouses;—parte 2 husbandiarum terrarum nuncupatarum Paulslands infra bondas terrarum de Wester Broomhouses, extendente ad octavam partem dictarum terrarum aut eo circa;—parte illarum 4 husbandiarum terrarum nuncupatarum Paulslands jacente promiscue per dictas terras de Easter et Wester Broomhouses, et

infra bondas earundem;—quæquidem terræ de Easter et Wester Broomhouses ab antiquo propriæ partes et pendicula terrarum de Easterspott fuere;—orientali molendino de Spott:—A. E. 5*l.* N. E. 20*l.*—communiis et decimis garbalibus ecclesiæ collegiatæ de Dumbar:—E. 80*m. feudifirmæ:*—omnibus in baroniam de Lochend unitis;—terris de Standarts infra constabulariam de Hadingtoune:—E. 11*m. albæ firmæ:*—terris templariis jacentibus in villa de Spott, cum toftis, croftis et Soumes grass ad easdem spectantibus;—terris templariis in Easter et Wester Broomhouses infra constabulariam prædictam, omnibus nuper in dictam baroniam de Lochend erectis:—E. ....—terris et prædiis de Woodhall, Knockindunce, Tripslaw, et Fauldslie;—molendino vocato Wallace milne, partibus et pertinentiis 20 libratarum terrarum de Thurstone et Woodhall;—10 mercatis terrarum de Wodelie (vel Wederlie) tam in proprietate quam in tenandria, infra constabulariam de Hadingtoune, per annexationem infra baroniam de Renfrew, omnibus in tenandriam de Woodhall erectis:—A. E. 24*l.* N. E. 96*l.*—decimis tam rectoriis quam vicariis prædictarum terrarum et prædiorum de Woodhall, Knockindunce, Tripslaw et Falsiie, et dicti molendini vocati Wallacemilne:—A. E. 2*s.* N. E. 6*s.*—dimidiatis terris de Newtounleyes jacentibus in parochia de Dumbar, infra constabulariam de Hadingtoune.—E. 24 *bollæ tritici,* &c. *feudifirmæ.*—(Vide Berwick.) xlviii. 582.

(384) Nov. 28. 1698.
WALTERUS HARPER, *hæres* Georgii Harper ballivi de Weymes, *patris,*—in octava parte villæ et terrarum de Eastbarnes sive 2 rigis ejusdem vulgo vocatis Brysones daill, in dominio et parochia de Dumbar et constabularia de Ha..iingtoune.—E. 45 *bollæ dimidium tritici dimidium hordei, feudifirmæ.* xlviii. 58.

(385) Jun. 5. 1699.
GEORGIUS MILLER junior de Gourlaybank, *hæres* Georgii Sandilands portionarii de Westbarnes, *avi ex parte matris,*—in decima sexta parte villæ et terrarum de Westbarnes apud Dumbar, vulgo vocata rig terrarum, infra dominium de Dumbar et constabulariam de Hadingtoune.—E. 11 *bollæ tritici,* &c. *feudifirmæ.* xlviii. 69.

(386) Oct. 9. 1699.
GRISSELLIDA HAMILTONE relicta quondam Magistri Gavini Lothian scribæ signeto S. D. N. Regis, et HELENA HAMILTONE sponsa Magistri Gulielmi Russell de Slipperfeild, ministri verbi Dei, *hæredes portionariæ* Joannis Hamiltone portionarii de Prestoune, *fratris germani,*—in mansionibus, domibus, ædificiis, hortis, acris et terris subscriptis jacentibus infra villam et territorium de Saltprestoune, viz. in mansionibus, domibus, et hortis infra mansionem olim ad quondam Henricum Aitchesone spectantem;—3¼ acris terrarum de Wigriehill;—4 acris super Wigriehill;—2 acris terræ supra metas vulgo nuncupatas Dunbar's Butts;—1 acra terræ ex parte boreali dictæ villæ;—2 acris ex dicta boreali parte dictæ villæ;—2 acris ex orientali parte viæ ducentis ad mare;—1 acra in eodem campo;—1 acra in campo vocato Roberti prato vulgo vocato Roberts meadow;—mansione et domo cum horto deserto eidem adjacente, ex boreali parte villæ de Salt-Prestoune;—3 acris terræ infra villam et territorium de Saltprestoune;—4 acris terræ, dimidio acræ et particata terræ terrarum de Saltprestoun, jacentibus contigue et ex boreali parte villæ ejusdem;—dimidio acræ terræ pertinente ad terras de Broomhoills, infra dictam villam et territorium de Saltprestoun;—2 metis vulgo butts terrarum jacentibus juxta propilæum vulgo Kirkstyle dictæ villæ de Saltprestoune, infra baroniam de Prestongrange.—E. 3*l.* 6*s.* 8*d. feudifirmæ.* xlviii. 319.

(387) Oct. 26. 1699.
ALEXANDER COMES DE KELLIE, Vicecomes de Fenton, Dominus de Pittenweem, *hæres* Alexandri Comitis de Kellie, vicecomitis de Fenton, Domini de Pittenweem, *patris,*—in dominio de Pittenweem comprehendente terras de Maysheill;—terras de Maylands de Baro;—croftas et terras de Beilhaven olim jacentes infra constabulariam de Hadingtoune et vicecomitatum de Edinburgh, nunc vero jacentes in dicta baronia de Easter et Wester Rinds, infra dominium de Pittenweem et vicecomitatum de Fife per annexationem, omnes unitas cum aliis terris in Fife et Forfar in dominium de Pittenweem.—A. E. 20*l.* N. E. 60*l.*—(Vide Fife, Forfar.) xlviii. 249.

(388) Nov. 8. 1699.
DOMINUS FRANCISCUS KINLOCH de Gilmertoune miles baronettus, *hæres* Domini Francisci Kinloch de Gilmertoune militis baronetti, *patris,*—in terris de Gilmertoune cum decimis garbalibus et rectoriis earundem, in baronia de Waughtoune, baronia de Prestonhaugh, constabularia de Haddingtoune et vicecomitatu de Edinburgh:—A. E. .... N. E. 24*l.*—terris de Markle cum molendino, et præpositura et capella Sanctæ Mariotæ et præbendariorum ad eandem pertinentium;—terris de Drylaws (vel Dryslaws):—A. E. 13*l.* 6*s.* 4*d.* N. E. 53*l.* 6*s.* 8*d.*—quæquidem terræ aliaque

suprascripta erant partes et portiones baroniæ de Haills, et nunc erectæ sunt in baroniam de Markle ;—decimis garbalibus rectoriis et vicariis earundem infra constabulariam de Hadingtoune et vice-comitatum de Edinburgh :—E. . . . . . .—terris de Wester Cracha annexatis ad locum de Houstoune, infra dictam constabulariam, cum decimis rectoriis et vicariis earundem terrarum :—A. E. . . . . . N. E. 6l.—terris et terris dominicalibus de Herdinstoun (Herd-manstoune), cum castro et advocatione capellæ Sancti Joannis Evangelistæ prope dictum castrum situatæ, infra parochiam de Sal-toune, baroniam de Herdminstoune et constabulariam de Hading-toune :—A. E. . . . . . N. E. . . . . . .—orientali dimidietate terra-rum de Blanse (vel Blanes) cum decimis garbalibus rectoriis et vi-cariis earundem ;—terris de Templefeild cum decimis garbalibus, rectoriis et vicariis, infra parochiam de Hadingtoune et constabu-lariam ejusdem :—A. E. . . . . . N. E. . . . . . .—annuo redditu 360m. correspondente summæ 6000m. de terris et baronia de Atholstonefoord, Garltoune olim Garmiltoune nuncupata, viz. villis et terris de Atholstounefoord, et dimidio husbandiæ terræ in Atholstanefoord vocatæ Needles nuper ædificatis ex australi latere moræ de West-fortoune ;—illa crofta terræ ex occidentali latere domuum vo-catarum Swynlawes (vel Swynlands) ad 4 acras terrarum exten-dente vel eo circa ;—cum terris ecclesiasticis aliisque terris cujus-libet nominis vel designationis infra limites et territorium prædic-tarum terrarum de Atholstonefoord, Finklestreet, et Swynlands, infra constabulariam de Hadingtoune ;—officio ballivatus prædictæ dimidiæ husbandiæ terræ vocatæ Finklestreet, et dictarum nova-rum domuum vocatarum Needles, et dictæ croft terræ ex occiden-tali latere domuum vocatarum Swynlawes, extendentis ad 4 acras terrarum aut ea circa ;—decimis tam rectoriis quam vicariis præ-dictarum terrarum de Atholstanefoord, et illæ croft terræ vo-catæ Swynlawes, et ex terris de Easter Garmiltoune alias vocatis Garmiltoune-Noble ;—ex terris de Garmiltoune-Alexander alias Midle-Garmiltoune infra constabulariam de Hadingtoun, perprius ad Georgium Comitem de Wintoune in vitali redditu, et Dominam Janetam Setoun in feodo pertinentibus ;—terris de Garmiltoune-Alexander vocatis Midle-Garmiltoune jacentibus sub vicecomitatu de Edinburgh et constabularia de Hadingtoune, perprius ad Joan-nem Comitem de Hadingtoune pertinentibus ;—quæquidem terræ,

ballivatus officium, aliaque suprascripta sunt erecta in baroniam de Atholstounefoord.—E. 1d. albæ firmæ.—(Vide Edinburgh, Ber-wick, Perth, Fife, Linlithgow.)   xlviii. 291.

(389)   Jan. 1. 1700.

GEORGIUS FORREST filius Davidis Forrest de Gimmers-milnes, *hæres* Helenæ Forrest, *sororis ex parte patris*,—in dimi-dietate cunicularii de Westbarnes, cum dimidietate terrarum ara-bilium lie faulds dictæ dimidietati cunicularii spectante, cum domi-bus, hortis et lie 4 faulds terrarum arabilium ejusdem, infra consta-bulariam de Hadingtoune ;—pastura 16 summarum omnium bes-tiarum super fundum dicti cunicularii, cum potestate effodiendi et lucrandi cespites et glebas super moram de Powmuir, aut ali-quam partem dictarum terrarum de Westbarnes.—E. 58¼ *paria cuniculorum*, &c. *feudifirmæ*.   xlviii. 362.

(390)   Oct. 7. 1700.

GEORGIUS COCKBURNE scriba Signeto Regio, *hæres* Magi-stri Jacobi Cockburn præpositi burgi de Hadingtone, *patris*,—in annuo redditu 20 bollarum victualium de terris de Morham et ter-ris dominicalibus earundem.   xlix. 82.

OMISSA.

(391)   Jul. 28. 1467.

BARTHOLOMEUS WOLFF, *hæres* Joannis Wolff, *patris*,—in terris de Waldale in dominio de Thurston, in baronia de Inner-wick, infra vicecomitatum de Edinburgh.—E. 100s.   lxxxvi. 69.

(392)   Oct. 13. 1505.

JOHANNES FORREST, *hæres* Johannis Forrest de Gamel-sheilds, *patris*,—in terris de Gamelsheilds, in constabulario de Haddington.—A. E. 5l. N. E. 10l.   xcvi. 414.

* G 2

HADDINGTON.

(393)   Mar. 25. 1572.

DAVID FORREST, *hæres* Joannis Forrest burgensis de Hadingtoun, *patris*,—in 3½ acris terræ arabilis nuncupatis Sleychislandis.—E. 1*d*.   A. 4.

(594)   Oct. 12. 1573.

WILLIELMUS DOMINUS BORTHWIK, *hæres* Joannis Domini Borthwik, *patris*,—in terris de Hatherweik, infra constabulariam de Hadingtoun.—A. E. 10*m*. N. E. 40*m*.   A. 27.

(395)   Nov. 7. 1580.

JACOBUS HERIOTT de Trabroun, *hæres* Jacobi Heriott de Trabroun, *patris*,—in terris de Henschawsyde, in baronia de Halis infra constabulariam de Hadingtoun et vicecomitatum de Edinburgh :—A. E. 90*s*. N. E. 8*m*.—terra husbandia et una bovata terræ in villa de Langnidre, infra constabulariam et vicecomitatum prædictos.—A. E. 33*s*. 4*d*. N. E. 8*m*. 4*s*.   A. 124.

(396)   Feb. 2. 1581.

.............COMES MARISCALLI, Dominus Keithe, *hæres masculus* Wilhelmi Comitis Mariscalli, Domini Keithe, *avi*,—in baronia de Keithe, et advocatione ecclesiæ parochialis de Keithe-Merschell ;—officio Mariscallatus totius regni Scotiæ ;—infra constabulariam de Hadingtoun.—A. E. 20*l*. N. E. .....   A. 193.

(397)   Dec. 10. 1582.

ROBERTUS MAGISTER DE SEYTOUN, filius et *hæres* apparens Georgii Domini Seytoun, *hæres* Georgii Seytoun olim senioris filii dicti Georgii Domini Seytoun, *fratris germani*,—in terris, dominio et baronia de Seytoun et Wyntoun ;—advocatione præpositura ecclesiæ collegiatæ de Seytoun, prebendarum ejusdem, omniumque aliarum ecclesiarum, capellaniarum, officiorumque clericatuum parochialium prædictarum terrarum, infra vicecomitatum de Edinburgh et constabulariam de Hadingtoun, (salvis et reservatis libero tenemento et vitali redditu præfato Georgio Domino Seytoun, pro omnibus suæ vitæ diebus).—A. E. 10*l*. N. E. 140*l*.   A. 227.

(398)   Feb. 21. 1585.

GEORGIUS SEYTOUN, *hæres* Johannis Seytoun ballivi villæ de Tranent pro tempore, *patris*,—in 4 bovatis terræ jacentibus in campo seu lie the Holtis, quæ similiter de Flat et Reidweillis dici solent, cum pecia orientali partis de Wedderlies eisdem 4 bovatis spectante ;—columbario prope templum de Tranent ;—dimidietate prati vulgariter nuncupati Myremedo, infra dominium et baroniam de Tranent, vicecomitatum de Edinburgh, et constabulariam de Haddington.—E. 8*m*. *feudifirmæ*.   B. 44.

(399)   Mar. 30. 1586.

MARGARETA QUHITLAW senior filia et una trium filiarum legitimarum quondam Patricii Quhitlaw de Eodem, *hæres portionaria* Johannis Fentoun de Eodem, *abavi*,—in terris de Over Sydserth (vel Over Sydserf) :—A. E. 5*m*. N. E. 20*m*.—annuo redditu 40*s*. de terris de Nether Sydserth, in baronia de North Bervik, infra vicecomitatum de Edinburgh, et constabulariam de Haddingtoun.   B. 53.

(400)   Mar. 30. 1586.

ISSOBELLA QUHITLAW secunda filia et una trium filiarum legitimarum quondam Patricii Quhitlaw de Eodem, *hæres portionaria* Johannis Fentoun de Eodem, *abavi*,—in terris prædictis.   B. 55.

(401)   Mar. 30. 1586.

MARIA QUHITLAW junior filia et una trium filiarum legitimarum quondam Patricii Quhitlaw de Eodem, *hæres portionaria* Johannis Fentoun de Eodem, *abavi*,—in terris prædictis.   B. 57.

(402)   Oct. 6. 1586.

WILLELMUS DOMINUS HAY DE ZESTER, *hæres* Willelmi Domini Hay de Zester, *patris*,—in 2 acris terrarum ecclesiasticarum, in territorio de Westbernis, et constabularia de Haddingtoun.—E. 14*s*. *feudifirmæ*.   B. 85.

(403)   Mar. 6. 1586.

JOHANNES SEYTOUN burgensis de Hadington, *hæres masculus talliæ* Henrici Seytoun, *fratris germani*,—in molendino granorum vocato lie Monkmyln, cum terris de Monkhauche eidem adjacentibus, liberis ab omni solutione decimarum ;—astricta multura granorum crescentium super terris de Eister et Wester Monkriggis et Cotwallis ;—pastura duodecim summarum cattellorum, a lie Braidmedow versus orientem per lie Knollis et lie Kyngis Schott, infra vicecomitatum de Edinburgh, et constabulariam de Haddingtoun.—E. 11*l*. 4*s*.   B. 94.

(404)   Maii 10. 1587.

GEORGIUS DOMINUS SALTOUN, *hæres* Alexandri Domini Saltoun, *patris*,—in terris baroniæ de Saltoun, in constabularia de Haddingtoun.—A. E. 40*l*. N. E. 100*m*.—(Vide Bamf, Forfar, Fife, Stirling, Edinburgh, Berwick, Roxburgh.)   B. 109.

(405)   Aug. 7. 1587.

JOHANNES DOWGLAS, *hæres* Roberti Dowglas olim in Dewchrie, *patris*,—in annuo redditu 20*l*. de tribus quarteriis terrarum de Howstown, infra vicecomitatum de Edinburgh, et constabulariam de Hadingtoun.   B. 112.

(406)   Oct. 30. 1587.

WILLELMUS CONGILTOUN, *hæres* Patricii Congiltoun de Eodem, *patris*,—in terris de Congiltoun, cum turre, messuagio, hortis, et edificiis ejusdem ;—tenemento terræ in villa et territorio de Kingistoun ;—una husbandia terræ in villa et territorio de Eist Fentoun ;—tenemento terræ vulgariter vocato ly Sutterland, in villa de Dirltoun :—A. E. 20*l*. N. E. 80*m*.—tenemento terræ in villa et territorio de Gulane :—A. E. 30*d*. N. E. 6*s*. 8*d*.—infra baroniam de Dirltoun, vicecomitatum de Edinburgh, et constabulariam de Haddingtoun.   B. 121.

(407)   Apr. 22. 1588.

THOMAS ANDERSOUN burgensis de Perth, *hæres* Hugonis Andersoun burgensis de Edinburgh, *patris* (vel *fratris*),—in tenemento terræ cum horto, ustrina, duobus horreis, cisterna lie Steipstane, in villa de Abirlady, cum cauda dicto tenemento adjacente ;—8 perticatis terræ vulgariter lie riggis, jacentibus in lie Runriggis, in terris vocatis Dunskellis, infra territorium dictæ villæ de Aberlady, regalitatem de Dunkeld, vicecomitatum de Edinburgh, et constabulariam de Haddingtoun.—E. 10*d*. *feudifirmæ*.   B. 141.

(408)   Jun. 16. 1589.

ALEXANDER ROBESONE de Willisburne, *hæres* Alexandri Robesone filii et hæredis quondam Alexandri Robesone in Elbotill, *patris*,—in 8 acris terrarum, cum tofta et crofta, in villa et territorio de Dirltoun, infra baroniam de Dirltoun, vicecomitatum de Edinburgh, et constabulariam de Haddingtoun.—E. 8*s*. *feudifirmæ*.   B. 179.

(409)   Jun. 16. 1589.

GEORGIUS CRANSTOUN, *hæres* Georgii Cranstoun in Osweldisden, *patris*,—in annuo redditu 3 celdrarum victualium, dimedia pars earundem tritici, altera vero ordei, de terris de Litill Pincartoun, infra vicecomitatum de Edinburgh, et constabulariam de Hadingtoun :—annuo redditu 3 celdrarum victualium dimedietatis ordei et dimedietatis tritici, de terris de Broxmouth et Brunslie, infra dictam constabulariam, in warrantum præfati annui redditus de Litill Pincartoun.   B. 181.

(410)   Oct. 27. 1589.

THOMAS KILL, *hæres portionarius* Alexandri Perie burgensis de Edinburgh, *avunculi*,—in annuo redditu 40*m*. de terris baroniæ de Auldhamstokis, cum molendino, infra vicecomitatum de Edinburgh, et constabulariam de Hadingtoun, et de terris de Malcolmstoun infra vicecomitatum de Edinburgh.   B. 196.

(411)   Oct. 27. 1589.

EUFAMIA alias EMMA PERIE, *hæres portionaria* Alexandri Perie burgensis de Edinburgh, *fratris germani*,—in prædicto annuo redditu.   B. 197.

(412) Mar. 9. 1589.
JACOBUS LYNDSAY de Barcloy, *hæres* Johannis Lyndsay de Bercloy, *avi*,—in terris de Reidspittel alias Eister Spittell, in dominio de Ballincreiff, infra constabulariam de Hadingtoun, et vicecomitatum de Edinburgh.—A. E. 3*l.* N. E. 10*l.* B. 207.

(413) Mar. 30. 1590.
PATRICIUS SYDSARFF de Eodem, *hæres* Joannis Sydsarff de Eodem, *avi*,—in terris de Nether Sydsarff et Chapelside, infra vicecomitatum de Edinburgh, et constabulariam de Hadingtoun.— E. 3*l.* B. 213.

(414) Jul. 6. 1590.
DOMINUS JOHANNES COKBURNE de Ormestoun, *hæres* Johannis Cockburne de Ormestoun, *patris*,—in terris de Bothill, cum molendino earundem ;—terris de Birkcleuch, Hairheid, et Bowscheilhill, infra vicecomitatum de Edinburgh, et constabulariam de Hadingtoun.—E. 22*l.* 8*d. feudifirmæ.* B. 235.

(415) Aug. 3. 1590.
WILLELMUS HAY de Lynplum, *hæres* Joannis Hay de Lynplum, *patris*,—in terris ecclesiasticis vicariæ de Barro, cum gleba, pratis, domibus, edificiis, et hortis, in villa et territorio de . . . . . . infra vicecomitatum de Edinburgh.—E. 3*l. feudifirmæ.* B, 241.

(416) Dec. 14. 1590.
ALEXANDER TOD, *hæres* Georgii Tod in Diriltoun, *patris*,—in 4 acris terrarum continentibus decem interleria vulgariter vocatis lie Ten riggis, in territorio de Diriltoun infra baroniam ejusdem, constabulariam de Hadingtoun, et vicecomitatum de Edinburgh.— E. 4*s.* B. 262.

(417) . . . . 15. 1590.
GEORGIUS HOME, *hæres* Georgii Home portionarii de Pinkertoun, *patris*,—in 4 terris husbandiis, cum toftis, croftis, et pertinentiis ;—una particata terræ vulgo nuncupata lie Ponderland ;— una terra herbagii vulgo vocata lie Gersland, aut alias Cokkisland, in villa et territorio de Pinkertoun, infra constabulariam de Hadingtoun.—A. E. . . . . *l.* N. E. . . . . *s.* 4*d.* B. 298.

(418) Maii 10. 1591.
GEORGIUS HALYBURTOUN, *hæres* Alexandri Halyburton de Egliscarnie, *patris*,—in terris de Egliscarno, infra vicecomitatum de Edinburgh, et constabulariam de Hadingtoun.—A. E. 30*s.* N. E. 6*l.* C. 8.

(419) Jul. 26. 1591.
ROBERTUS WOID, *hæres* Willielmi Woid in Newmilne, *patris*, —in terris ecclesiasticis de Hedderwik ad Archipresbiteratum de Dunbar spectantibus, in dominio de Hedderwik, constabularia de Hadingtoun, et vicecomitatu de Edinburgh :—E. 6*m.* 20*d. feudifirmæ :*—terris ecclesiasticis spectantibus Priorissæ Monasterii Sancti Bothani, in villa et territorio de Stentoun.—E. 44*s. feudifirmæ.* C. 18.

(420) Oct. 18. 1591.
ELIZABETHA SPENS, *hæres portionaria* Patricii Spens in Tranent, *patris*,—in 3 tenementis terræ, cum 2 acris terræ eisdem spectantibus, infra baroniam de Tranent, constabulariam de Hadingtoun, et vicecomitatum de Edinburgh.—E. 3*l.* 10*s.* &c. *feudifirmæ.* C. 39.

(421) Oct. 18. 1591.
MARGARETA SPENS, *hæres portionaria* Patricii Spens in Tranent, *patris*,—in prædictis 3 tenementis et 2 acris. C. 41.

(422) Apr. 13. 1592.
JOANNES LYELL, *hæres* Patricii Lyell, *patris*,—in occidentali dimedia parte tenementi terræ et 3 sulcorum terræ arabilis a cauda dicti tenementi adjacentium, in villa et territorio de Nungait ;— et alius tenementi terræ et horti et caudæ eidem tenemento adjacentis, continentis 3 sulcos terræ arabilis in villa de Nungait.— E. 3*s.* 6*d.* C. 67.

(423) Aug. 14. 1592.
GEORGIUS HOME, *hæres* Magistri Alexandri Home, *patrui*,— in 2 terris husbandiis, infra dominium de Spot, constabulariam de Hadingtoun, et vicecomitatum de Edinburgh ;—2 terris husbandiis vocatis Haukislands, infra dictum dominium, constabulariam et vicecomitatum.—A. E. 40*s.* N. E. . . . . . C. 91.

(424) Aug. 21. 1592.
PATRICIUS HOME de Pollwart, *hæres* Alexandri Home de Heuch, *patrui*,—in superioritate terrarum dominicalium de Heuch, extendentium ad 23½ terras husbandias . . . .
. . . . superioritate 3 croftarum . . . .

. . . . . . superioritate croftæ terræ olim occupatæ per Willelmum Mathesoun in North Beruik, in dominio de North Beruik, ...
. . . . superioritate 2 molendinorum de . . . . . . terrarum molendinariarum vocatarum the Milne croftis, et pastura 4 animalium super terris dominicalibus de North Beruik. —E. 2*d. albæ firmæ.* C. 95.

(425) Aug. 21. 1592.
JOHANNES HAY de Smythfeild, *hæres* Magistri Thomæ Hay fratris germani quondam Johannis Domini Hay de Zester, *fratris avi*,—in bina parte quartæ partis terrarum et villæ lie Park de Zester, in baronia de Zester, constabularia de Hadingtoun, et vicecomitatu de Edinburgh :—A. E. 20*s.* N. E. 3*l.*—terra husbandia in villa et territorio de Zester, infra baroniam et vicecomitatum antedictum.—A. E. . . . *s.* N. E. 30*s.* C. 99.

(426) . . . . 7. 1592.
WILLIELMUS BORTHUIK, *hæres* Roberti Borthuik scribæ, *patrui*,—in annuo redditu 100*l.* de terris de Alderstoun, infra vicecomitatum de Edinburgh, et constabulariam de Hadingtoun. C. 143.

(427) Apr. 10. 1593.
GILBERTUS AYTOUN, *hæres* Jacobi Aytoun, *patris*,—in tenementis vastis, cum horreo, horto, et crofta terræ eisdem adjacentibus :—E. 20*d.*—vasto tenemento terræ cum cauda ejusdem continente 2 sulcos terrarum arabilium :—E. 8*d.*—2 acris terrarum arabilium jacentibus separatim in quodam agello seu campo terræ vocato Hermanflat :—E. *occidentalioris acræ,* 5*s.* 4*d. orientalioris acræ,* 5*s.*—1 acra continente 6 rudas terrarum arabilium in agro vocato Dokenflat :—E. 30*d.*—1 acra terræ in campo vocato Mylnflat :—E. 3*s.*—2 acris terrarum arabilium jacentibus contigue in lie Medoakeris.—E. 8*s.*—*in integro,* E. 26*s.* 2*d.* C. 148.

(428) Apr. 30. 1593.
JOANNES CRANSTOUN, *hæres* Richardi Cranstoun de Skattisbus, *patris*,—in terris de Marweingstoun (vel Mersweingstoun), in baronia de Boltoun, infra vicecomitatum de Edinburgh, et constabulariam de Hadingtoun :—E. 20*l.* 3*s.* 4*d.* &c. *feudifirmæ :*— pecia seu parte terræ cum mansione, in villa, territorio et baronia de Newtoun ;—terris de Skattisbus, cum mansione et fortalicio, infra constabulariam et vicecomitatum prædictos.—A. E. . . . . . N. E. 16*s.* 8*d.* C. 154.

(429) Jun. 18. 1593.
JACOBUS BONKLE, *hæres* Magistri Cudberti Bonkle, *fratris germani*,—in 8¼ acris terrarum, infra libertatem de Dunbar et terras de Quhinterfeild respective, vicecomitatum de Edinburgh, et constabulariam de Hadingtoun.—E. 13*l.* 17*s.* 4*d.* &c. *feudifirmæ.* C. 169.

(430) Jul. 31. 1593.
JACOBUS LYLE, *hæres* Andreæ Lyle in Uver Huntliewod, *patris*,—in annuo redditu 20*l.* de terris, fortalicio, molendinis, multuris et pendiculis de Stanypeth, infra vicecomitatum de Edinburgh, et constabulariam de Hadingtoun. C. 191.

(431) Oct. 29. 1593.
WILLELMUS CONGILTOUN de Eodem, *hæres masculus* Davidis Congiltoun, *filii fratris avi*,—in terra husbandia cum mansione, in villa et territorio de Dirltoun, baronia ejusdem, vicecomitatu de Edinburgh, et constabularia de Haddingtoun.—E. 4*s.* C. 201.

(432) Apr. 22. 1594.
GEORGIUS HOWME de Broxmouth, *hæres* Georgii Howme de Broxmouth, *patris*,—in terris de Mekill Pincartoun :—E. 120 *bollæ tritici,* &c.—Litill Pincartoun et Quhitrig :—E. 40 *bollæ tritici,* &c —in dominio Merciæ, infra vicecomitatum de Edinburgh, et constabulariam de Hadingtoun. C. 237.

(433) Aug. 5. 1594.
JOANNES SINCLAIR de Hirdmestoun, *hæres* Willelmi Sinclair de Hirdmestoun militis, *patris*,—in baronia de Hirdmestoun, cum annexis et connexis ejusdem subscriptis, viz. terris dominicalibus lie Mains de Herdmestoun, cum castro, turre, fortalicio, manerie, hortis et molendinis, ac jure patronatus capellæ Sancti Joannis Evangelistæ prope dictum castrum situatæ, infra vicecomitatum de Edinburgh, et constabulariam de Hadingtoun ;—terris de Wester Pencaitland infra vicecomitatum et constabulariam predictam ; terris de Carfra, infra balliatum de Lauderdaill et vicecomitatum prædictum, uñitis in baroniam de Hirdmestoun.—A. E. 30*l.* N. E. 120*l.* C. 249.

(434) Sep. 23. 1594.
HENRICUS COKBURNE, *hæres* Joannis Cokburne de Kirkland de Boltoun, *patris*,—in terris ecclesiasticis et gleba vulgo Kirkland de Boltoun nuncupatis, cum prato ;—2 acris terrarum jacentibus infra terras dominicales lie Manis de Boltoun, lie vicaris

aikeris nuncupatis:—E. 9m. 6s. 8d. *feudifirmæ:*—bovata terræ jacente inter terras de Baighie et terras de Blans, infra vicecomitatum de Edinburgh et constabulariam de Hadingtoun.—E. 23s. 4d. *feudifirmæ.*   C. 253.

(435)   Dec. 29. 1595.
WILLIELMUS CONGILTOUN de Eodem, *hæres* Henrici Congiltoun de Eodem, *abavi,*—in terris subscriptis jacentibus in villa et territorio de West Fentoun, infra baroniam de Dirltoun, vicecomitatum de Edinburgh, et constabulariam de Hadingtoun, viz. antiquo messuagio seu manerio de West Fentoun, cum capella, horto et pomeriis, horreo et hortis horrei;—44 acris terræ arabilis in borealibus croftis de West Fentoun;—cum terris subscriptis, viz. incipiendo australiter ad lie Kipcoitrig, et sic extendendo occidentaliter per lie Coallzarde de Scraw et lie Buttis super novum hortum, lie Sowgreins, lie Loyngreins, lie Braidleithe, lie Henmedew, lie Burne, lie Sanderiggis, lie Kirkpotis, lie Stangheid, continentibus 4 terras husbandias, in villa de West Fentoun, et in baronia de Dirltoun.—E. 21l.   D. 16.

(436)   Jan. 26. 1595.
MARGARETA LIDDELL, *hæres* Katherinæ Watsoun relictæ quondam Georgii Liddell burgensis de Hadingtoun, *matris,*—in mansione jacente in lie Nungait, cum cauda ad aquam de Tyne ex boreali;—3 sulcis terræ in lie Braidcraft:—E. 17s. 1d.—1 acra terræ in lie Braidcroft, Nungait;—1 crofta terræ vulgo ane schott of land nuncupata Nunsyde;—1 riga terræ vulgariter an endrig nuncupata;—2 longis rigis, in Spotfauld;—1 dimedia riga;—quarteria sive quarta parte terrarum vulgo nuncupatarum The Prioris landis, jacente in una crofta terræ lie Schot of land nuncupata Fluris;—infra territorium de Nungait, constabulariam de Hadingtoun, et vicecomitatum de Edinburgh.—E. 8s. 5d.   D. 24.

(437)   Oct. 24. 1599.
GEORGIUS KER, *hæres* Andreæ Ker de Fawdounsyd . . . . . . in tertia parte terrarum et baroniæ de Dirltoun, infra vicecomitatum de Edinburgh, et constabulariam de Hadingtoun:—A. E. . . . . . . N. E. 80m.—tertia parte terrarum et baroniæ de Boltoun, infra vicecomitatum et constabulariam antedictam,—A. E. 44s. 5d. N. E. 8. . . . . . —(Vide Berwick, Kinross.)   D. 237.

(438)   Maii 20. 1606.
JOANNES DOMINUS ABERNETHIE, in Rothemay de Saltoun, *hæres* Alexandri Domini Abernethie in Rothemay de Saltoun, *avi,*—in terris ecclesiasticis de Saltoun, in dominio de Saltoun, infra constabulariam de Hadingtoun, et vicecomitatum de Edinburgh.—E. 11m. *feudifirmæ:*—(Vide Aberdeen, Berwick.)   E. 12.

(439)   Mar. 14. 1611.
JOANNES DOMINUS DE HALYRUDHOUSE, *hæres* Joannis Domini de Halyrudhouse, *patris,*—in terris et baronia de Alhammer alias Quhytkirk, cum villa et terris de Quhytkirk, terris dominicalibus vulgo lie Manys de Quhytkirk;—terris et villis de Myrrelawis et Brewaikeris de Quhytkirk;—terris de Furde;—villa et terris de Gilliswall;—villa et terris de Stanelawis, cum molendino de Lyntone;—villa et terris de Pilmure;—terris de Quhyt Insche;—infra constabulariam de Hadingtoun et vicecomitatum de Edinburgh;—decimis garbalibus aliisque decimis et fructibus, redditibus, emolumentis et devoriis quibuscunque, tam rectoriarum quam vicariarum, ecclesiarum et parochiarum de Quhytkirk, Libbertoun, Tranent, Craufurd-Lindsay, Sanct Cuthbert, et Halyrudhous;—erectis cum terris in Edinburgh et Kirkcudbright in temporale dominium et baroniam de Halyrudhouse:—A. E. 100m. N. E. 300m.—annuo redditu 330m. de terris dominicalibus vulgo Manys de Quhytkirk.—(Vide Kirkcudbright, Edinburgh.)   E. 46.

(440)   Oct. 10. 1611.
FRANCISCUS BOTHWELL, *hæres* Magistri Jacobi Bothwell filii legitimi quondam reverendi in Christo patris Adami Orcadensis et Zetlandiæ Episcopi, Commendatarii Sanctæ Crucis apud Edinburgh, *fratris germani,*—in annuo redditu 110l. de equali dimidietate quondam Henrico Sinclair de Quhitekirk hæreditarie pertinente, terrarum et baroniæ de Quhitekirk, cum lie Maynis earundem, Mirrielawis, Pilmure, et aliis suis pertinentiis jacentibus in baronia de Quhitekirk, regalitate de Halyrudhouse, infra vicecomitatum de Edinburgh, et constabulariam de Hadingtoun.   E. 93.

(441)   Apr. 2. 1612.
DOMINA JEANNA LAYING, *hæres* Magistri Joannis Laying de Spittellis, olim custodis signeti Regii, *patris,*—in terris de Reidspittell alias Westir Reidspittell nuncupatis, cum molendino;—terris de Coittis;—in constabularia de Hadingtoun, infra vicecomitatum de Edinburgh:—E. 22l. *feudifirmæ:*—terris de Eister Spittell alias Eister Reidspittell, in constabularia et vicecomitatu antedictis.—A. E. 9l. N. E. 10l.   E. 147.

(442)   . . . . . . 1613.
PATRICIUS LEVINGTOUN de Saltcoittis, *hæres* Patricii Levingtoun . . . . , *patris,*—in terris de Saltcoittis, cum terris dominicalibus et lie Lynkis earundem;—terris de Kingstoun;—terris husbandiis de Williamstoun;—lie Raw of houses in villa de Gulane;—terris vocatis Candillislandis, extendentibus in integro ad 14 terras husbandias:—A. E. 3l. 10s. N. E. 10l. 10s.—5 terris husbandiis villæ de Dirlton:—A. E. 25s. N. E. 3l. 15s.—terris vocatis Langledaillis sive Langriggis;—terris vocatis lie twa aucht aikeris dictæ terræ vocatæ Hardriggis;—2 terris husbandiis in villa de Gulane:—A. E. 25s. N. E. 3l. 15s.—1 carrucata terræ in villa et territorio de Gulane;—dimidia bovatæ terræ in villa de Dirltoun:—E. 10s.—prato de Gulane, cum aquæductu per terras dominii de Dirltoun et West Fentoun:—E. 40s.—terris de Mylnflatt, in baronia de Dirltoun:—A. E. 5s. N. E. 15s.—in constabularia de Haddingtoun, et vicecomitatu de Edinburgh.—(Vide Berwick.)   F. 150.

(443)   Jun. 19. 1623.
KATHARINA ALEXANDER sponsa Johannis Smaill mercatoris burgensis Edinburgi, *hæres portionaria* Magistri Roberti Alexander filii legitimi quondam Davidis Alexander mercatoris burgensis Edinburgi, *fratris germani,*—in annuo redditu 1000m. de terris de Westerspott, Græindenheid et Mukis, et de terris de Pitcokis et Blakhawes, infra baroniam de Beill, constabulariam de Hadingtoun, et vicecomitatum de Edinburgh.   G. 24.

(444)   Jun. 19. 1623.
ELIZABETHA ALEXANDER sponsa Johannis Windrahame mercatoris burgensis Edinburgi, *hæres portionaria* Magistri Roberti Alexander filii legitimi quondam Davidis Alexander mercatoris burgensis Edinburgi, *fratris germani,*—in annuo redditu prædicto.   G. 26.

(445)   Jun. 19. 1623.
BESSIA ALEXANDER sponsa Jacobi Cochrane mercatoris burgensis Edinburgi, *hæres portionaria* Magistri Roberti Alexander filii legitimi quondam Davidis Alexander mercatoris burgensis Edinburgi, *fratris germani,*—in annuo redditu prædicto.   G. 27.

(446)   Jun. 19. 1623.
BARBARA ALEXANDER, *hæres portionaria* Magistri Roberti Alexander filii legitimi quondam Davidis Alexander mercatoris burgensis Edinburgi, *fratris germani,*—in annuo redditu prædicto.   G. 29.

(447)   Jun. 26. 1623.
ALEXANDER GOTTERSOUN in North Berwick, *hæres* Issobellæ Richertsoun, *abaviæ,*—in tenemento terræ jacente ex occidentali parte de lie Grene de Dirltoun, in baronia de Dirltoun, vicecomitatu de Edinburgh, et constabularia de Hadingtoun;—acra terræ in Cotcroftis, infra baroniam prædictam.—E. 13s. 4d.   G. 31.

(448)   Nov. 5. 1629.
MAGISTER DAVID LIDDELL, *hæres* Davidis Liddell in Westbarnes, *patris,*—in terris ecclesiasticis, viz. terris vocatis Priestfauld 5 acras continentibus;—5 rudis in Beilhauch;—prato vocato Preistismedow continente 2 acras:—5 rudis inter terras regias vocatas Claiknow;—5 acris jacentibus inter terras regias vocatas Hawflattbrume (vel Halflattbrume);—1 acra inter lie Linkgait;—. . . . . . inter Salterlatisched;—6 rudis in lie Salterlatisched;—5 rudis circa lie Tippetknow;—2 acris inter terras regias ex omni parte;—7 rudis ex orientali latere de lie Sched de Greinlaw mylne;—. . . . . . dimidia unius acræ in lie Fairnielawis, cum pastura 8 boum et 2 equorum, in dominio de Dunbar.—E. 17m. 20d. *feudifirmæ.*   G. 103.

(449)   Apr. 12. 1632.
JACOBUS WYNRAME filius legitimus quondam Magistri Roberti Wynrame scribæ Edinburgi, inter ipsum et quondam Mariam Kellie unam filiarum legitimarum Magistri Willielmi Kellie scribæ signeto regii procreatus, *hæres portionarius* dicti Magistri Willielmi Kellie, *avi,*—in terris et villa de Eistbarnes;—terris et villa de Newtounlies;—terris nuncupatis lie Rig et Flures, in parochia de Dumbar, infra vicecomitatum de Edinburgh, et constabulariam de Hadingtoun:—A. E. 15m. N. E. 45m.—7 acris terrarum arabilium, cum pasturagiis vocatis Wattislands, in territorio burgi de Dumbar, infra terras vocatas Cruikes de Belhavin, in vicecomitatu et constabularia prædictis:—E. 3s.—7 acris terrarum arabilium vocatis Spenses landis, cum pastura, in territorio burgi de Dumbar infra Cruikis de Belheavin:—A. E. 10s. N. E. 40s.—pecia terræ lie Piecegrein nuncupata, ex orientali fine monticuli lie Know terrarum de Spenseslandis, in Cruikis de Belheavin:—E. *firma burgalis:*—terris et acris subscriptis ad archipresbyteratum de Dunbar pertinentibus, viz. 3 acris in Newtounlies;—alia parte dictarum terrarum ex australi parte lie Louperstanehill;—alia parte adjacente contigue communiæ ex orientali latere torrentis

vocati Broxburne;—alia parte in lie Langschot;—alia parte in lie Sanderscroceshed;—alia parte in Newtounlies;—alia parte vocata Kirktyne;—alia parte vocata Preistisknow;—3 acris terrarum vocatis Preistisfauld;—3½ acris terræ in Quhinterfeild;—extendentibus in universo ad 19½ acras, jacentibus ut prædicitur.—E. 15*l.* 4*s.* *feudifirmæ.*   G. 181.

(450)   Apr. 12. 1632.
HELENA KELLIE sponsa Magistri Thomæ Ramsay ministri verbi Dei apud ecclesiam de Foulden, *hæres portionaria* Magistri Willielmi Kellie scribæ signeto regio, *patris,*—in terris prædictis.
                                          G. 186.

(451)   Apr. 12. 1632.
JEANNA KELLIE sponsa Roberti Masone mercatoris burgensis Edinburgi, *hæres portionaria* Magistri Willielmi Kellie scribæ signeto regio, *patris,*—in terris prædictis.   G. 190.

(452)   Apr. 12. 1632.
JONETA KELLIE sponsa Magistri Cornelii Inglis incolæ burgi de Edinburgh, *hæres portionaria* Magistri Willielmi Kellie scribæ signeto regio, *patris,*—in terris prædictis.   G. 194.

(453)   Apr. 12. 1632.
CHRISTIANA KELLIE sponsa Johannis Cass scribæ Edinburgi, *hæres portionaria* Magistri Willielmi Kellie scribæ signeto regio, *patris,*—in terris prædictis.   G. 198.

(454)   Apr. 12. 1632.
MARGARETA KELLIE sponsa Johannis Setoun de Sanct Germanis, *hæres portionaria* Magistri Willielmi Kellie scribæ signeto regio, *patris,*—in terris prædictis.   G. 202.

(455)   Apr. 12. 1632.
RACHAEL KELLIE sponsa Patricii Inglis in Elvingstoun, *hæres portionaria* Magistri Willielmi Kellie scribæ signeto regio, *patris,*—in terris prædictis.   G. 206.

(456)   Apr. 12. 1632.
JACOBUS WYNRAME filius legitimus quondam Magistri Roberti Wynrame scribæ Edinburgi, et quondam Mariæ Kellie unius sororum germanarum Domini Thomæ Kellie de Myresyde, militis, *hæres portionarius* dicti quondam Domini Thomæ Kellie, *avunculi,* —in terris de Myresyde, cum pastura 6 vaccarum et 30 ovium lactilium cum sequelis, et 2 equorum, in bondis et cuniculariis terrarum de Westbarnes, in dominio de Dunbar, infra constabulariam de Hadingtoun, et vicecomitatum de Edinburgh:—E. 4*l.* 3*s.* 4*d. feudifirmæ:*—2 portionibus appellatis in rentali S. D. N. regis 2 rigæ, seu octava pars terrarum et villæ de Eistbarnes, in dominio, constabularia et vicecomitatu prædictis.—E. 26 *bollæ* 2⅓ *peccæ et quarteria peccæ tritici,* 26 *bollæ* 2⅓ *peccæ hordei, feudifirmæ.*
                                          G. 211.

(457)   Apr. 12. 1632.
HELENA KELLIE sponsa Magistri Thomæ Ramsay ministri ecclesiæ de Foulden, *hæres portionaria* Domini Thomæ Kellie de Myresyde, *fratris germani,*—in terris prædictis.   G. 214.

(458)   Apr. 12. 1632.
RACHAEL KELLIE sponsa Patricii Inglis in Elvingstoun, *hæres portionaria* Domini Thomæ Kellie de Myresyde militis, *fratris germani,*—in terris prædictis.   G. 216.

(459)   Apr. 12. 1632.
MARGARETA KELLIE sponsa Johannis Setoun de Sanct Germanis, *hæres portionaria* Domini . . . . Kellie de Myresyde, *fratris germani,*—in terris prædictis.   G. 219.

(460)   Jan. 22. 1664.
MAGISTER WILIELMUS CLERK, *hæres* Alexandri Clerk mercatoris burgensis . . . . —in terris de Howstoune, jacentibus infra constabulariam de Hadingtoun, cum molendino fullonum de Howstoune et . . . . . acris terrarum eidem adjacentibus: —E. 40*l.*—terris de lie Over et Nether Lenyes.—A. E. . . . . . . N. E. . . . . . .   I. 14.

(461)   Oct. 19. 1681.
JOANNES COMES DE WIGTON, Dominus Fleming et Cumbernauld, *hæres masculus* Gulielmi Comitis de Wigtoune, Domini Fleming et Cumbernauld, *patris,*—in terris de Frissell-lands ad 10 libratas terrarum antiqui extentus extendentibus, infra constabulariam de Hadington, et vicecomitatum de Edinburgh, cum molendinis, piscationibus et advocationibus ecclesiarum et capellaniarum, unitis cum terris in Dumbarton, Peebles, Selkirk, et Perth, in dominium et baroniam de Cumbernauld:—A. E. 16*l.* N. E. 68*l.* —erectis cum aliis terris in diversis vicecomitatibus in comitatum de Wigton, dominium et baroniam de Cumbernauld.—(Vide Stirling, Lanerk, Dumbarton, Peebles, Selkirk, Perth.)   I. 108.

INVERNESS.

─────

INDEX NOMINUM.

a

620

INVERNESS.

INDEX LOCORUM.

INQUISITIONES SPECIALES.

INVERNESS.

(1)   Mar. 3. 1502.
MURIELLA CALDOR, *hæres* Joannis Caldor, *patris,*—in terris de Downnaglasche:—A. E. 5*m*. N. E. 10*m*.—terris de 2 Kinkellis:—A. E. 20*m*. N. E. 35*m*. 4*s*.—terris de Invermerky.—A. E. 5*l*. N. E. 15*m*, 2*s*.—(Vide Nairne.)   cii. 186.

(2)   Nov. 7. 1558.
JACOBUS HAY de Manie, *hæres* Willielmi Hay de Manie, *patris,*—in terris de Innerallane, Gayth, Glenboge, Cragyne, et Drage (vel Drake).—A. E. 10*m*. N. E. 40*m*.   i. 22.

(3)   Apr. 24. 1562.
JOANNES BAROUN alias FRASER, *hæres* Hugonis Baroun alias Fraser unius portionariorum terrarum de Easter Moneak, Culrig, et Cloik, *patris,*—in dimidietate terrarum de Eister Moneak, Culrik, et Cloik.—A. E. 40*s*. N. E. 10*l*.   i. 21.

(4)   Feb. 12. 1563.
DONALDUS CAMROUN, *hæres* Donaldi Camroun de Lochzell, *patris,*—in terris 60 denariatarum terrarum de Knodzart :—A. E. 40*s*. N. E. 10*l*.—terris 20 denariatarum terrarum de Glenaves.—A. E. 20*s*. 8*d*. N. E. 10*m*.   i. 17.

(5)   Maii 16. 1566.
HUGO DOMINUS FRASER DE LOVAT, *hæres* Hugonis Domini Fraser de Lovat, *avi,*—in terris de Beaufort, viz. 1 davata de Glencowath (vel Glenconveth) ;—dimidietate terrarum de Ardallane ;—quarta parte terrarum de Munthrew ;—quarta parte de Foppoche ;—decima sexta parte terrarum de Inglistoun.—E. 13*l*.   i. 18.

(6)   Oct. 4. 1569.
PATRICIUS GRANT, *hæres* Joannis Grant de Culcabok, *patris,*—in terris de Culcabok et Knokintinnell cum molendinis ejusdem.—A. E. 8*l*. N. E. 20*m*.   i. 29.

(7)   Jun. 29. 1576.
JOANNES MURRAY, *hæres* Walteri Murray de Spanzedaill, *patris,*—in terris de Spanzedell cum molendino ejusdem, Aucharre-Floid et Polrosse.—A. E. 14*l*. 13*s*. 4*d*. N. E. 24*l*.   i. 42.

(8)   Jun. 20. 1578.
SYMON FRASER, *hæres* Hugonis Domini Fraser de Lovat, *patris,*—in terris de Bewforcht, viz. 1 davata terrarum de Glenconveth, dimidietate terrarum de Ardallane, quarta parte terrarum de Munthrew, quarta parte terrarum de Soppacher, et decima sexta parte terrarum de Inglistoun.—E. 13*l*. *feudifirmæ*.   i. 73.

(9)   Jul. 31. 1585.
WILLIELMUS McCLOYD, *hæres* Tormundi McCloyd de Herres, *patris,*—in terris de Herre nuncupatis Ardmannach de Lewes cum totis minutis insulis pertinentibus ad terras Ardmannach de Lewes, viz. 6 unciis terrarum de Urmes (vel Dyurmas), 4 unciatis terrarum de Meynos (vel Megines), 4 unciatis terrarum de Bracadill, 1 unciata terrarum de Lindall :—A. E. 53*l*. 6*s*. 8*d*. N. E. 213*l*. 6*s*. 8*d*.—2 unciatis terrarum de Trouternes, cum officio balliatus terrarum de Trouternes in Sky, infra dominium de Iles :—A. E. 5*l*. 6*s*. 8*d*. N. E. 21*l*. 6*s*. 8*d*.—terris et baronia de Glenelge, advocationibus ecclesiarum et capellaniarum.—A. E. 32*l*. N. E. 128*l*.   i. 65.

(10)   Mar. 3. 1600.
JOANNES GRANT de Glenmoristin, *hæres* Patricii Grant de Glenmoristin, *patris,*—in terris de Culcabok cum molendino, brasina et croftis ;—superioritate villæ et terrarum de Knokintyall pertinente ad baroniam de Culcabok.—A. E. 12*m*. N. E. 20*m*. ii. 148.

(11)   Oct. 6. 1601.
THOMAS NAIRNE, *hæres masculus* Joannis Nairne de Cromdell, *patris,*—in terris de Leithinte ;—terris de Over Auchrosk, Myd Auchrosk, Garland, Nether Auchrosk, Kirktoun de Cromdaill, Dalchappill, et Roynabellach, in baronia de Cromdaill.—A. E. 5*l*. N. E. 10*l*.   ii. 132.

(12)   Jul. 22. 1602.
JACOBUS MORAVIÆ COMES, Dominus Abernethy et Down, &c. *hæres* Dominæ Elizabethæ Stewart Comitissæ de Murray, *matris,*—in terris et dominio de Stratherne, viz. terris de Pettie, Brachlie, et Stratherne ;—molendino de Connadge, cum advocatione ecclesiarum de Pettie et Brachlie ;—turre et fortalicio de Hallhill, infra vicecomitatum de Innernes :—A. E. 12*l*. 10*s*. N. E. 37*l*. 10*s*.—terris de Cardell, villa et terris de Cullard, cum turre et fortalicio earundem lie Brodland, dimidietate terrarum de Holme, cum salmonum et aliis piscariis in aqua de Nyss, advocatione ecclesiarum et hospitalium, infra vicecomitatum de Innernes :—A. E. 16*l*. 13*s*. 4*d*. N. E. 50*l*.—terris de Meikledaird, cum turre et fortalicio earundem et servitiis terrarum de Budzet ;—annuo redditu 3*l*. de terris de Budzett ;—terris de Littill David, Culclachie ;—terris de Mekill Craigie ;—terris de Littill Craigie, cum piscariis præfatarum terrarum super aquam de Narne ;—terris de Wester Abirchalladour ;—terris de Eister Abirchalladour ;—terris de Mekill Abirardour ;—terris de Littill Abirardour ;—terris de Douncrombie ;—terris de Lettirquhillan ;—terris de Littill Brwme ;—terris de Mckill Brwme ;—terris de Flichtie ;—terris de Fer cum Croft Ailhouse earundem ;—terris de Innerarnie ;—terris de Gask ;—terris de Wester Larg ;—terris de Holme ;—terris de Failzie ;—terris de Drumnurny ;—in dominio de Strathnarne, et infra vicecomitatum de Innernes.—A. E. 40*l*. N. E. 120*l*.   iii. 80.

(13)   Oct. 8. 1602.
JOANNES STEWART de Kyncardin, filius senior quondam Walteri Stewart apparentis de Kincardin, *hæres* Joannis Stewart de

A

Kincardin, *avi*,—in terris et baronia de Kincardin cum molendino et Forresta ejusdem in lie Boundis de Strathspey.—A. E. 10*l.* N. E. 20*m.* ii. 169.

(14) Apr. 1. 1603.
HECTOR M'CLAYNE de Doward, *hæres* Hectoris M'Clayne, *avi*,—in terris de Achnahay, Achalane, Dugerre, Keanloch, Aucharanich, cum lie Stralum, lie Clasche, et lie Claschbraik, Auchtedonill, Owladill, cum lie Slow (vel Srow), Achitawer (vel Achtilawek), Rowsking, jacentibus in Morvarne ;—Inwirlochy, Auchtitorbeg, Tirlundy, Demsour (vel Drumsour), Auchmadala (vel Auchmadoull), Annisky, Cowlis, Dwny, Correchowlen (vel Torrechoulden), cum Soukkinch (vel Soukkauch), Auchichterre, Thomquharrik, jacentibus in Lochabir ;—4 mercatis terrarum de Skalpay, viz. Torm et Skeodin infra vicecomitatum de Innernes ;—advocatione ecclesiarum infra terras et insulas antedictas, cum officio balliatus ;—omnibus cum terris in Argyle unitis in baroniam de Doward.—A. E. 228*m.* N. E. 114*m.*—(Vide Argyle.) iii. 18.

(15) Sep. 26. 1603.
CAROLUS M'KILLEANE, *hæres* Joannis M'Kerleich, *filii fratris proavi*,—in terris et baronia de Ardgour subscriptis, viz.— 1 mercata terræ de Calph et Gervane ;—20 solidatis terræ de Dusky ;—1 mercata terræ de Auchinfobill et Transelk ;—1 mercata terræ de Stromgragnie et Clavalzelk ;—1 mercata terræ de Blairboy et Corriebeg ;—1 mercata terræ de 2 Inverskanviltillis ; —1 mercata terræ de Canieleffin et Crandelich ;—1 mercata terræ de Ardhatilane et Auchnanes (vel Auchnaves) ;—1 mercata terræ de Landnaves, et Craigvechan ;—1 mercata terræ de Narrauchan et Laickeich ;—20 solidatis terræ de Dawidoicht et Altezowis ;— 1 mercata terræ de Kilvoden ;—2 mercatis 10 solidatis terræ de Cwill ;—23 solidatis 4 denariatis terræ de Schallauchanbeg ;— 2 mercatis terræ de Sallauchanmoir ;—2 mercatis terræ de Innerfanda et Innervrakitill ;—dimidietate mercatæ terræ de 2 Brencalzeis et Claschnamwk, extendentibus in integro ad 22 mercatas terrarum antiqui extentus, cum piscariis in aquis salsis et dulcibus, infra dominium insularum et vicecomitatum de Innernes, erectis in baroniam de Ardgour.—A. E. 11*l.* N. E. 22*m.* iii. 48.

(16) Jun. 25. 1606.
HECTOR M'CLANE de Lochboy, *hæres* Joannis M'Clane de Lochboy, *proavi*,—in terris de Banvy, Mikeaniche, Fydlin (vel Sydlin), Creglong, Corpiche, Inneruate, Achido, Kilmalzie, Achmoleag, Drumfar (vel Drumfarn), Mollache, Fane, Worwillie, Fas, Farna (Fassafarne ?), Sconsouleak, Conebeg, Achitolleon, Keanloche, Drimnafalze, Culenape, Nahoacho, Clerochaik, Mischerolach, Trewsalachane, et dimidio Lindalie, in Locheale, infra dominium de Lochabria et vicecomitatum de Innernes.—A. E. 10*l.* 13*s.* 4*d.* N. E. 21*l.* 6*s.* 8*d.* iii. 212.

(17) Maii 22. 1607.
ALLANUS CAMRON de Locheile, *hæres* Donaldi Camrone de Locheile, *avi*,—in 60 denariatis terrarum de Knodart infra vicecomitatum de Innernes.—A. E. 40*s.* N. E. 10*l.* iv. 65.

(18) Maii 30. 1608.
AY M'BEAN M'ROBERT de Tordorreche, *hæres* Bean M'Robert de Tordarroche, *patris*,—in terris quartæ partis davatæ terrarum de Knokingeill, infra baroniam de Castellandis et vicecomitatum de Innernes :—A. E. 13*s.* 4*d.* N. E. 20*s.*—dimidietate davatæ villæ et terrarum de Tordarroche infra dictam baroniam ;—dimidietate villæ et terrarum de Tulliche, infra baroniam de Stravene, in warrantum terrarum de Tordarroche.—A. E. 26*s.* 8*d.* N. E. 40*s.* iv. 162.

(19) Oct. 6. 1608.
SYMON DOMINUS FRASER DE LOVAT, *hæres masculus talliæ et provisionis* Hugonis Domini Fraser de Lovat, *patris*,—in bina parte binæ partis tertiæ partis, et tertia parte binæ partis tertiæ partis terrarum et villarum respective de Glenelg infra scriptarum, jacentium infra vicecomitatum de Innernes, viz. Lewnachtan, Myileichter, Myilwochter, Wordellan, Pitchalman, Sandack, Knokfynd, Skalisagmoir, Skalisagbeg, Idinvaich, Achacharne, Bewlarie, Arecharnachtane, Legoillmoir, Lwgollbeg, Worblache, Caltray, Bearnare, Kilchinnen, in Glenmoir ;—Ballabraicht, Correriè, Eichtuach, Inchemichill, Cowldon, Achnaheill, in Glenbeg ;—Arnistill, Aihnaglen, Clamboill, Achcadoull.—A. E. 8*l.* N. E. 32*l.* iv. 188.

(20) Nov. 4. 1608.
THOMAS NARNE in Dalachapill, nunc de Cromdaill, *hæres masculus talliæ* Joannis Narne junioris de Cromdaill, *fratris*,—in terris de Lethintie cum manerie et molendino de Lethintie ;— terris de Overachrosk ;—terris de Midachrosk, Garling, Netherachrosk ;—terris de Kirktoun de Cromdaill ;—terris de Dallachapill et Ruynaballache, infra baroniam de Cromedaill et vicecomitatum de Innernes.—A. E. 6*l.* N. E. 9*l.* iv. 204.

(21) Dec. 6. 1608.
ALLANUS CAMERONE de Locheill, *hæres* Eugenii Camerone nuncupati Ewin Allaneson de Locheill, *proavi*,—in 30 mercatis terrarum de Locheill, viz. Creiff, Salchanbancoye, Corpoche, Kilmalzie, Achedo, Annat, Achetylye, Drumfermalauche, Fanmoirneyll, Fassefarne, Correbeg, Ovechan, Aychtioidoun, Chanlocheill, Kuderil (vel Knewil), Knap, Drimmasallye, Clachak, et Clachfyn ; —3 mercatis terrarum de Moyscheraliche, et 3 mercatis terrarum de Thomacheriche, in dominio de Lochaber et vicecomitatu de Innernes.—A. E. 10*l.* N. E. 40*l.* iv. 203.

(22) Mar. 21. 1609.
SIMON DOMINUS FRASER de Lovatt, *hæres masculus talliæ et provisionis* Hugonis Domini Fraser de Lovatt, *proavi*,—in tertia parte baroniæ, villarum et terrarum de Glenelg, infra dominium de Lovatt et vicecomitatum de Innernes, unita in baroniam seu dominium de Lovatt.—A. E. 10*l.* N. E. 40*l.* iv. 241.

(23) Maii 29. 1609.
JOANNES GRANT de Corremony, *hæres* Joannis Grant de Corremony, *patris*,—in baronia de Corremony, viz. 4 libratis terrarum de Corremony ;—4 libratis terrarum de Moril ;—8 libratis terrarum de quatuor Meakles ;—40 solidatis terrarum de Divrach ;— dimidio terrarum de Mekill Cloyne, extendente ad 20 solidatas terrarum ;—40 solidatis terrarum de Pitkerrell-croy ;—40 solidatis terrarum de Lochletter ;—40 solidatis terrarum de Achincemrag, extendentibus in integro ad 27 libratas terrarum, infra dominium de Urquhart et vicecomitatum de Innernes.—E. 27*l.* iv. 236.

(24) Feb. 4. 1612.
ANGUSIUS M'ALLAN M'RONNALD, *hæres* Ronaldi Allanson de Moydort, *avi*,—in 27 mercatis terrarum de Moydort, et 24 mercatis terrarum de Arrisack, infra vicecomitatum de Innernes. —A. E. 20*l.* N. E. 80*l.* iv. 456.

(25) Jul. 30. 1614.
LAUCHLANUS M'KINTOSCHE de Dunnachtane, *hæres* Lauchlani M'Intoche de Dunnachtane, *avi*,—in terris, baronia, et villis de Dunnachtanemoir, Dunnachtanebeg, Dalnawert, Kinrara, Nalry (vel Kinraranakyle), Gellowr, Kenlocht, Muckowl, et tertia parte terrarum de Pettowrie, cum molendinis de Dunnachtanemoir, et salmonum piscaria super aqua de Spey et lacu de Tomneische, in dominio de Baldonoche (vel Badeonach) et vicecomitatu de Innernes ;—terris de Beandocher cum molendino earundem, et salmonum piscaria super aqua de Spey ;—Cloyne cum salmonum piscariis super dicta aqua de Spey, Kenecreg (vel Crenecrag) et Schiesyne, in dicto dominio de Badeonach infra vicecomitatum prædictum ;—terris de Essiche, Bunchrubin, Dundelchach, et Toirdarrach infra terras castri de Innernes.—A. E. .... N. E. .... vi. 22.

(26) Mar. 24. 1615.
LAUCHLANUS M'INTOSCHE de Dynnachtane, *hæres* Lauchlani M'Kintosche de Dunnachtane, *avi*,—in terris de Glenloy et Locherkaig, viz. terris de Moy ;—terris de Arrache, lie Stroyne ; —terris de Bar, Innerlettin, Innerusq, Auchnagrew, Auchnanellane, Lochmalze, Glenmalzie, Dowbreg, Innermalze, Valuard, Kelleros, Auchnacarre, lie Clonis, Innercoyvalge, Auchnasawill, Crew, Salchanmuk, Kenmore, Kennachter, Morvalgam, Kelach, Glendischort, Glesbregach, Glenpean, Kenloch, Glenkuik, Murserliche, Bohintine, Kenkelle, Cappache, Auchnacros, Innerroymoir, Innerroybeg, Munvagan (vel Murvagan), Boheny, Auchlochrich, Kilkerroll, Tullich (vel Cullich), Dallich, Dundarge, Aucharderne, Bohinetynevill, Arkwe, infra dominium de Lochaber, cum officio vicecomitatus (vel ballivatus) et senescallatus totius dominii de Lochaber.—A. E. 80*l.* N. E. 160*l.* vi. 28.

(27) Jul. 1. 1615.
HECTOR M'CLEANE de Lochbowie, *hæres* Murdoci M'Cleane de Lochbowie, *proavi*,—in 6 denariatis terrarum de Acheybeg et Girnes ;—2 denariatis terrarum de Kowilkeliss ;—4 denariatis terrarum de 2 Achefors ;—3 denariatis terrarum de Achenagawyn ; —2 denariatis terrarum de Henibeg ;—denariata terrarum de Arcangus ;—denariata terrarum de Corosmedill ;—2½ denariatis terrarum de Clenlaid ;—2½ denariatis terrarum de Cormawin, extendentibus ad 12 mercatas terrarum, in dominio de Morevarne infra vicecomitatum de Invernes, nunc per annexationem infra vicecomitatum de Tarbert, et unitis cum terris in Argyle in baroniam de Moy.—A. E. 80*m.* N. E. 160*m.*—(Vide Argyle.) vi. 79.

(28) Jul. 1. 1615.
HECTOR MAKCLEANE de Dowart, *hæres masculus* Hectoris Makcleane de Dowart, *avi*,—in terris et baronia de Dowart continente inter alia terras de Auchnahay, Auchalane, Dugerre, Kinloch, Auchranich, cum lie Scra, Clasche, et Claschebrek, Auchigtadoull, Ouladill, cum lie Fron, Auchivaurs, et Rousting, jacente

in Morvarne ;—Innerlochy, Auchigtorber, Tirlundy, Drumfour, Achmadala, Annisky, Coulik, Downy, Correchenley, cum Sukkanoch, Autichterre, Thomquharrig, jacentes in Lochaber ;—4 mercatas terrarum de Skalpay, viz. Torrin et Skeadin infra vicecomitatum de Innernes, cum advocatione ecclesiarum et capellaniarum infra terras prædictas, unitas cum terris in Argyle in baroniam de Dowart.—A. E. 114m. N. E. ......(Vide Argyle.) vi. 114.

(29) Aug. 29. 1615.
JOANNES GRANT de Glenmorestoun, *hæres* Joannis Grant de Culcabock, *avi*,—in terris de Haulch infra baroniam de Culcabock, tanquam septima parte ejusdem.—A. E. 9s. 6¼d. N. E. 38s. 2d. vi. 73.

(30) Aug. 29. 1615.
HECTOR MACKEWNE MACKEACHIN de Blaachis, *hæres* Eugenii alias Ewne M‘Donald M‘Eachin de Blaachis, *patris*,—in 3 denariatis terrarum de Ballaachis (vel Blaachis), in dominio de Moirterne (vel Noirverne, Morvern ?), infra vicecomitatum de Innernes:—E. 40s. et 6d. *in augmentationem, feudifirmæ*:—et in warrantum earundem, in 3 denariatis terrarum de Glencalmadill cum obulo terrarum de Strone (vel Strome), in dicto dominio de Moirverne.—A. E. 1d. *albæ firmæ* N. E. 30s. vi. 234.

(31) Jan. 21. 1617.
LAUCHLANUS M‘INTOSCHE de Dunnauchtan, *hæres* Lauchlani M‘Intosche de Dunnauchtan, *avi*,—in terris de Bewfort, viz. Drumchardny, Cragack, Holme, Eskidell, Kinneress, infra baroniam de Bewfort et vicecomitatum de Innernes.—A. E. 7l. N. E. 35l. vi. 205.

(32) Maii 6. 1617.
DONALDUS GORME de Slait, *hæres* Donaldi Gorme de Slait, *patrui*,—in 20 libratis terrarum antiqui extentus de Slait :—E. 80l. et 6l. 13s. 4d. in augmentationem :—40 libratis terrarum antiqui extentus de Northwist :—E. 120l. et 6l. 13s. 4d. in augmentationem :—30 mercatis terrarum de Skerdhoug ;—12 mercatis terrarum de Beambeculla ;—1 denariata terrarum de Gergremynis ;—2 denariatis terrarum de Skolpick ;—4 denariatis terrarum de Gremynis (vel Greinynis) ;—2 denariatis terrarum de Tallowmartane ;—6 denariatis terrarum de Orwnsag ;—dimidio denariatæ terrarum de Wainlies ;—dimidio denariatæ terrarum de Ile Gilligerrie, jacentibus in dominio insularum infra vicecomitatum de Innernes :—E. 44l.—proviso quod castrum de Camys semper pateat et in promptu sit S. D. N. Regi, locum tenentibus, camerariis, aliisque regiæ Majestatis servitoribus illic frequentantibus ;—reservando 40 solidatas terrarum de Wist dicto S. D. N. regi et successoribus, possidendas per hujusmodi incolas ut sibi optimum visum fuerit, sub hac lege, quod nullo pacto disponantur hominibus insulanis lie Heillandmen, nisi quod eædem prius offerantur dicto Donaldo Gorme, suis hæredibus et assignatis.—E. 257l. 6s. 8d. *feudifirmæ, in integro.* vi. 191.

(33) Sep. 2. 1617.
MARIA BAYNE, *hæres portionaria* Andreæ Bayne M‘Kinnaucht de Kennapoill, *avi*,—in terris villæ et terrarum de Kinnapoill, in baronia de Rothiemurchus, regalitate de Spineto, et vicecomitatu de Innernes.—E. 1d. *albæ firmæ.* viii. 233.

(34) Sep. 2. 1617.
CATHARINA BAYNE, *hæres portionaria* Andreæ Bayne M‘Kinnaucht de Kennapoill, *avi*,—in terris villæ et terrarum de Kinnapoill in baronia de Rothemurchus, regalitate de Spinie et vicecomitatu de Innernes.—E. 1d. *albæ firmæ.* viii. 233.

(35) Sep. 2. 1617.
CRISTINA BAYNE, *hæres portionaria* Andreæ Bayne Makinnaucht de Kennapoill, *avi*,—in terris villæ et terrarum de Kennapoill, in baronia de Rothiemurchus, regalitate de Spineto et infra vicecomitatum de Innernes.—E. 1d. *albæ firmæ.* viii. 233.

(36) Apr. 28. 1618.
WILLIELMUS DOLLES de Budzett, *hæres masculus* Alexandri Dolles de Budzett, *avi*,—in terris de Budzettmoir et Dolleschyle ;—terris de Nether-Galcantray cum molendino ;—terris de Over-Galcantray, in dominio de Straithnairne infra vicecomitatum de Innernes.—E. 46s. 8d. &c. *feudifirmæ.* vii. 91.

(37) Nov. 7. 1618.
ALLANUS M‘EWINE M‘ALLANE alias M‘CLAINE de Ardgour, *hæres masculus* Joannis M‘Terlich M‘Ewne, alias M‘Claine de Ardgour, *filii fratris abavi*,—in terris et baronia de Ardgour subscriptis, viz. 1 mercata terræ de Calp et Garvan ;—20 solidatis terræ de Dusky ;—1 mercata terræ de Auchowchowill et Crenselk ;—1 mercata terræ de Straigagan de Clachack ;—1 mercata terræ de Blairboy et Correbeg ;—1 mercata terræ de duobus In-

nerskanadill ;—1 mercata terræ de Camlevin et Crandallich ;—1 mercata terræ de Arichowallin et Auchownanes ;—1 mercata terræ de Leadnevis et Cregveachan ;—1 mercata terræ de Narachan et Leckach ;—20 solidatis terræ de Dawindach et Auldhous (vel Antezous) ;—1 mercata terræ de Kilbidan ;—2 mercatis 10 solidatis terræ de Cullie ;—23 solidatis 4 denariatis terræ de Sallachanbeg ;—2 mercatis terrarum de Sallachanmoir ;—2 mercatis terrarum de Innersanda et Innerbrekadill ;—dimidietate mercatæ terræ de duobus Brainkyllie et Claschnamuck, cum piscariis, unitis in baroniam de Ardgour, infra dominium insularum.—A. E. 8l. N. E. 16l. vii. 150.

(38) Apr. 21. 1620.
HUGO FRASER, *hæres masculus* Hugonis Fraser de Belladrum, *patris*,—in terris et villis subscriptis, viz. villa et davata terræ de Holme et Reindowie ;—villa et dimidia davata terræ de Cragack, cum brasina lie Ailhouse et Ailhouscroft earundem ;—dimidietate molendini de Holm cum dimidietate multurarum de Drumchardonie, Holme, Reindowy, et Cragack ;—dimidietate de lie Zair nuncupata Carimoir et cum piscatione salmonum, &c. infra baroniam de Drumchardonie, et nunc per novam erectionem infra baroniam de Holm :—A. E. 52s. 6d. N. E. 13l. 2s. 6d.—crofta vocata St. Johnnes-croft in Eister Downie, in baronia de Aird.—E. 5s. vii. 258.

(39) Nov. 6. 1621.
ANGUSIUS M‘BEANE M‘ROBERT M‘KEY de Tardarroche, *hæres masculus talliæ et provisionis* Ayui alias Ay M‘Beane M‘Robert, *fratris germani*,—in terris dimidietatis davatæ villæ et terrarum de Tordarroche in baronia de Castellands de Innerness, pro principali ;—terris dimidietatis villæ et terrarum de Tulliche, in baronia de Tulliche et Ellerk, in warrantum.—A. E. 6s. 8d. N. E. 26s. 8d. vii. 356.

(40) Jun. 4. 1622.
THOMAS FRASER, *hæres* Jacobi Fraser M‘Allister burgensis de Innernes, *patris*,—in dimidietate occidentalis partis totius villæ et terrarum de Cragak, infra baroniam de Drumchardonie et vicecomitatum de Innernes.—A. E. 9s. N. E. 36s. viii. 45.

(41) Feb. 18. 1623.
DOMINUS JOANNES GRANT de Mulven miles, *hæres masculus* Joannis Grant de Frewchie, *patris*,—in terris et baronia de Frewchie cum pendiculis, viz. Casteltoun de Frewchie, Dalfour, (vel Dellifour), Auchnagall, 2 Culquhoches, 2 Connogess, Auldcharne, Glenlochie, unitis in baroniam de Frewchie, infra vicecomitatum de Innernes :—A. E. 33m. N. E. 40m.—terris de Lethintie ;—terris de Over Auchroisk, Mid Auchroisk, Garling, Neather Auchroisk, Kirktoun de Cromdaill noviter erecto in burgum baroniæ ;—Dellachappill, Ruynaballache, infra baroniam de Cromdaill :—A. E. 6l. N. E. 9l.—terris de Innerallan, Glenbeg, Gaych, Craggan, et Dreggie :—A. E. 4l. N. E. 16l.—terris de Tua Auchnarrowis, Downan, et Portis :—A. E. 10l. N. E. 20l.—erectis in baroniam de Cromdaill ;—villis et terris de Glenloy, Locharkack, Glenspean, et Glenroy, viz. terris de Moy, terris de Arracht, the Strone ;—terris de Barr, Innerlittin, Innerusk-Mullen, Auchnaroy, Auchnanellan, Lochmallie, Glenmallie, Delbrack (vel Dewrack), Innermallie, Valuart (vel Valnert), Kylleross, Auchnacarrie, lie Cloynis, Innercoyvalg, Auchnasaull, Crew (vel Creme), Sallachane, Muck, Kenmoir, Kennacht, Moirvalgan, Kyllacht, Glendischarroch, Glassbreagach, Glenpean, Kenloch, Glenkemkie, Musseirlich, Arkwy, Bohinttin, Kinkellie, Cappoch, Auchnacrosche, Inneroybeg, Innerroymoir, Moirvalgam, Bohennie, Auchowlochrach, Kilkerrell, Tulliche, Deldunderg, Auchowderrie, Bohintin, Villie, Auchowmaddie, Bregache, Bochaskie, Renach, Tollie, Antonowy (vel Auldnouy), Brechirewne (vel Vicherewne), Glenglaster, Bruiachan, Creuachan, Blairnahuton (vel Blairnahinvin), in dominio de Lochaber ;—officio ballivatus seu senescallatus totius dominii de Lochaber :—A. E. 80l. N. E. 160l.—terris de Urquhart, viz. Brodland cum fortalicio ejusdem, Keilsanctringan cum molendino, Kerroger, Drumbov, Wester Bunleod, Mid Bunleod, Easter Bunleod, Balmackaan, Garchalie, Polmalzie, Dulschairgie (vel Dulshangie), Litill Cloyne, Tribus Inchbremes, Mekill Dunach, cum officio Forestariæ Forestæ de Cloyne, et Mappalibus lie Scheallingis dictæ forestæ, infra dominium de Urquhart et vicecomitatum prædictum, erectis ab antiquo in feudifirmam de Urquhart :—E. 46l.—terris et baronia de Corremonie comprehendente terras infra scriptas, viz. 4 libratas terrarum de Corremonie ;—4 libratas terrarum de Morrall ;—8 libratas terrarum de 4 Meacklies ;—40 solidatas terrarum de Lochletter ;—40 solidatas terrarum de Auchowtemmerag ;—40 solidatas terrarum de Dunach ;—dimidietatem terrarum de Mekill Cloyne extendentem ad 20 solidatas terrarum ;—40 solidatas terrarum de Pitcherrelcroy, extendentes in integro ad 27 libratas terrarum, jacentes in dominio de Urquhart et infra vicecomitatum de Innernes.—E. 27l. 6s. 8d. viii. 129.

(42) Jul. 18. 1624.

WILLIELMUS CUTHBERT de Auldcastellhill, *hæres masculus* Joannis Cuthbert de Auldcastelhill, *patris*,—in terris de Auldcastelhill, cum molendinis et piscariis salmonum et alborum piscium in aquis salsis et dulcibus, infra vicecomitatum de Innernes:—A. E. 13s. 4d. N. E. 5m. *taxatæ wardæ:*—villa et terris de Drumond-Durris, nuncupatis Over et Nether Drumondis, infra baroniam de Durris et vicecomitatum prædictum.—E. 9m. *feudifirmæ.* viii. 254.

(43) Maii 5. 1625.

JACOBUS MARCHIO DE HAMMILTOUN, Comes Arraniæ et Cambridge, Dominus Even et Innerdaill, *hæres* Jacobi Marchionis de Hammiltoun, &c. *patris*,—in terris ecclesiasticis de Invernes, infra parochiam ejusdem, cum aliis terris in Forfar, Kincardine, Edinburgh, Aberdeen, Banf, Perth, Nairn, et Stirling, erectis in temporale dominium de Aberbrothock.—A. E. 200l. N. E. 600l.—(Vide Lanark, Linlithgow, Bute, Stirling, Forfar, Kincardin, Edinburgh, Aberdeen, Bamf, Perth, Nairn, Ayr.) ix. 13.

(44) Jul. 5. 1625.

WILLIELMUS MAKINTOSCHE de Auldtirley, *hæres masculus* Angusii Makintosche de Auldtirley, *patris*,—in terris de Auldtirley alias Artrallie, nuncupatis Mekill et Litill Auldtirlleyis et Brekinshe, cum piscariis salmonum et alborum piscium in salsis aquis earundem, et lie Wair, in regalitate de Spynie, parochia de Pettie.—E. 8m. *feudifirmæ,* &c. ix. 64.

(45) Sep. 7. 1626.

JOANNES M'CLEOD, *hæres masculus* Domini Roderici M'Cleod de Dunvegane militis, *patris*,—in terris et baronia de Glenelg, cum advocationibus ecclesiarum et capellaniarum earundem:—E. 32l.—terris de Herrie nuncupatis Ardmanach de Lewis, cum integris parvis seu minutis insulis ad terras de Ardmanach pertinentibus, viz. 6 unciatis terrarum de Duirnes;—4 unciatis terrarum de Megnes;—4 unciatis terrarum de Brekadill;—1 unciata terrarum de Lindall;—terris et castro de Dunvegane, infra Ilas de Sky et Lewis:—A. E. 53l. 6s. 8d. N. E. omnium prædictarum terrarum 160m. *wardæ:*—terris et ilis de Watternes extendentibus ad 5 unciatas terrarum:—A. E. 18l. 13s. 4d. N. E. 74l. 13s. 4d.—omnibus unitis in baroniam de Dunvegan;—20 libratis terrarum de Slaitt. —E. 86l. 13s. 8d. *feudifirmæ.* ix. 135.

(46) Jan. 23. 1627.

ROBERTUS MURRAY, *hæres masculus* Georgii Murray de Spainzidell, *patris*,—in terris de Spainziedell, cum molendino ac Charres, Floid, et Pulrossie, cum wrack et wair super littore marino, portubus marinis, freto et cymbis freti super aquam de Portnaculter, unitis in tenandriam de Pulrossie.—A. E. 6l, N. E. 24l. ix. 219.

(47) Sep. 18. 1627.

JOANNES M'DONALD M'ALLANE VICEANE, capitanus de Clanronald, *hæres masculus* Domini Donaldi M'Allane VicEane de Ellantirrin capitani de Clanronald, *patris*,—in 21 mercatis terrarum in insula de Eygk:—A. E. 10l. N. E. 40l.—9 mercatis terrarum de Moydort:—E. 6m.—9 mercatis terrarum infra dictam insulam de Egke antea minime hæreditarie dispositis, comprehendentibus terras de Galniscoull, Sandie, Growlin, tertiam partem terrarum de Cleatill ;—dimidietatem terrarum de Knock-Yltaak de Crae ;—terras de Tray ;—terras de Duassich ;—terras de Auchladdill, et dimidietatem de Balmerich ;—14 mercatis terrarum de Morrour comprehendentibus terras de Crae ;—terras de Tray ;—terras de Duassich ;—terras de Aucholadill ;—terras de Worklach, Arrichicharrie, et Nakyrsyde ;—terras de Poulliskman ;—terras de Schomusletter ;—terras de Skammadill ;—terras de Ratullan ;—terras de Ferratorie ;—terras de Clachock ;—terras de Inneroussie ;—terras de Merrikillie ;—terras de Lochbeoraid :—E. 28m.—7 mercatis terrarum de Arrasack, comprehendentibus terras de Keppach ;—terras de Mains, Arnapoll, Terrabeach, et Bonnarie :—E. 14m.—23 mercatis terrarum de Kennies (vel Kendess) :—E. 46m.—6 mercatis terrarum de Benistill infra insulam de North-Uist :—E. 12m.—omnibus unitis in tenandriam de Casteltirrim. x. 182.

(48) Nov. 10. 1629.

EUGENIUS M'LEAN, *hæres masculus* Caroli M'Lean olim tutoris de Ardgour, *avi*,—in 2 mercatis terrarum de Innerskaffadill ; —1 mercata terrarum de .... et Achuness ;—dimidietate 1 mercatæ terrarum de Achnaphubill ;—3 solidatis 4 denariatis terrarum de Blairbuy, infra baroniam de Ardgour et vicecomitatum de Innernes, unitis in liberam baroniam.—A. E. 50s. N. E. 5l. xi. 157.

(49) Jun. 29. 1630.

ALEXANDER CHISHOLME de Cromar, *hæres* Joannis Chisholme de Cromer, ...,—in terris de Knockfuid, Comermo

.... Innerchannaes cum molendino .... Breakaches, cum silvis et forresta de Aufr............ Breamdalache ....

.... xi. 15.

(50) Jul. 31. 1630.

ALEXANDER M'LEANE, *hæres* Donaldi M'Leane Ferquhardi Hectoris filii, *patris*,—in terris de Rarsay, viz. Clachan, Oistage, Innerwig, Clam, Maenes, Browkill, Awoynes cum insula Phladda, Ronaha, Skrebidell, Halleg et Larg, Lebost, Naseiring, Lagan, Achositore, Ire, Swysnes, Inneraros, Borradaill, Ramisdill ;—terris de Ire in Trouternes, Tuych, Tarrabost, Wgysadder, extendentibus in Rarsay ad 8 mercatas terrarum, et in Trouternes ad 3 mercatas, infra dominium insularum.—E. 24m. xi. 165.

(51) Mar. 26. 1633.

DOMINUS DONALDUS M'DONALD de Slaitt miles baronettus, *hæres* Donaldi Gorme M'Donald de Slaitt, *patrui*,—in insula nuncupata lie Insche vel Iyle de Canna, jacente in borealibus insulis hujus regni, infra fluxum maris ejusdem et vicecomitatum de Innernes, quæ perprius monasterio de Icolumkill infra præfatas insulas tanquam pars patrimonii pertinebat.—E. 24l. &c. *feudifirmæ.* xiii. 94.

(52) Maii 10. 1633.

HUGO DOMINUS FRASER de LOVATT, *hæres* Symonis Domini Fraser de Lovatt, *patris*,—in terris et baronia de Lovatt, viz. Stratharick, Aird, Abirtarf, Erchles alias Strathglas, Dalcors, Ardrannich, Culbrune (Culbirnie?), quarta parte de Bellardrum, Erchit, Bellicherronock, Comerkill, cum piscationibus super aquis de Ferne et Awoch, et advocationibus ecclesiarum et capellaniarum ;—terris de Midleyis et 2 Dalkulichis, infra dominium de Lovatt et vicecomitatum de Innernes, unitis et annexatis dictæ baroniæ seu dominio de Lovatt :—A. E. 222l. 4s. 4d. N. E. 666l. 13s. 4d.—terris de Beufort, viz. 1 davata terrarum de Glenconvethe ;—dimidietate terrarum de Ardellan ;—quarta parte terrarum de Bouchrew ;—quarta parte terrarum de Phopochie, et decima sexta parte terrarum de Inglistoun, infra vicecomitatum de Innernes :—E. 13l. *feudifirmæ :*—terris de Eister et Wester Agiess cum molendino ;—ila seu insula de Agies et ejusdem forresta vulgo nuncupata forresta de Browling, cum jure et titulo superioritatis earundem, infra vicecomitatum prædictum.—A. E. .... N. E. 6l. xiii. 82.

(53) Maii 24. 1633.

GEORGIUS M'KEINZIE, *hæres masculus* Colini Comitis de Seafort, Domini M'Keinzie de Kintaill, *fratris*,—in 80 mercatis terrarum de Troutirneis, cum molendinis, piscariis et advocatione ecclesiarum, in insula de Sky:—E. 400m. *feudifirmæ:*—2 unciatis terrarum de Troutirnies cum officio balliatus terrarum de Troutirnies, in dicta insula de Sky et dominio de Yles, unitis ad baroniam de Lewes:—A. E. 8m. N. E. 32m.—27 mercatis terrarum de Moydort, et 24 mercatis terrarum de Arrassack.—A. E. 20l. N. E. 80l. —(Vide Ross.) xiii. 239.

(54) Mar. 25. 1634.

WILLIELMUS FRASER de Drumchardony, *hæres masculus* Hugonis alias Hutcheone Fraser de Culbockie, *patris*,—in villa et terris de Drumchardony extendentibus ad 1¼ davatam terrarum antiqui extentus, cum brasina lie Ailhous et Ailhouscroft earundem ;—dimidietate molendini de Holme, cum dimidietate multurarum villarum et terrarum de Drumchardony, Holme, Rindowy, et Cragack, et dimidietate de lie Zair nuncupato Carrimoir pertinente ad dictas terras, cum piscationibus salmonum aliorumque piscium in mari et in paludibus lie Pooles, unitis in baroniam de Drumchardony, jacentibus in baronia de Drumchardony et Bewfort :—A. E. 52s. 6d. N. E. 13l. 2s. 6d.—terris de Culbocky cum brasina lie Ailhous earundem in dominio de Ardindanach (Ardmeanach).—E. 18l. 8s. &c. *feudifirmæ.* xiii. 180.

(55) Apr. 29. 1634.

WALTERUS INNES, *hæres* Jacobi Innes de Uvachbrekie, *patris*,—in terris et villis subscriptis infra vicecomitatum de Innerness, viz. villa et terris de Uvachbrekie :—A. E. 23s. 4d. N. E. 35s. 4d.—villa et terris de Inner Auchnagall.—A. E. 23s. 4d. N. E. 35s. 4d. xiv. 75.

(56) Maii 18. 1634.

WILLIELMUS M'INTOSCHE de Torcastell, *hæres masculus* Domini Lauchlani M'Intosche de Torcastell militis, *patris*,—in 3 tertiis partibus villarum et terrarum de Wester Cullodin, Mid Cullodin, Eister Cullodin, et Culquhinnak, cum brasinis, brueriis et croftis earundem ;—3 tertiis partibus molendinorum de Cullodin et Culquhinnak, existentibus integra baronia de Cullodin, infra vicecomitatum de Inverness :—A. E. 4l. N. E. 67l. 10s.—dimidietate terrarum de Tullich et Ellerig, infra baroniam de Cardell et Strathnerne et vicecomitatum prædictum :—A. E. 26s. 8d. N. E. 5l. 6s. 8d.—terris, baronia et villis de Dunachtan-moir, Dunachtan-beg, Dalnavert, Kinraranakell, Gellowy, Keneloch, Monck-coull (vel Muckoull) ;—tertia parte terrarum de Pitteivrie (vel Pit-tenrie), cum molendino de Dunachtan-moir, et salmonum piscariis super aqua de Spey et lacu de Tominsch, infra dominium de Badenoch et viccecomitatum prædictum ;—terris de Bendchar cum molendino, et salmonum piscariis super aqua de Spey ;—Cloyné, Kendcraig et Scheising, in dicto dominio de Badenoch et infra viccecomitatum prædictum :—A. E. 15l. 8s. 4d. N. E. 61l. 13s. 4d. —terris de Assich (vel Essich), Bunchruben, Dundelchack, et Tordarrach, infra terras castri de Innerness.—A. E. 4l. 15s. 4d. N. E. 19l. 1s. 4d. xiii. 157.

---

(57) Aug. 26. 1634.

THOMAS CHISSOLME filius legitimus secundo genitus Joannis Chissolme de Comer, *hæres masculus talliæ et provisionis* Alexandri Chissolme de Kynneres filii legitimi quondam Joannis Chissolme de Kinneres, *filii patrui*,—in terris et villa de Kinneres extendentibus ad dimidium davatæ terrarum antiqui extentus, existentibus 17 solidatis 6 denariatis terrarum, cum multuris et potestate molendina ædificandi super aliqua parte earundem, infra baroniam de Bewfort et Drumchardony et viccecomitatum de Innernes.—A. E. 17s. 6d. N. E. 3l. 10s. xiii. 250.

---

(58) Maii 19. 1635.

HUGO DOMINUS FRASER DE LOVAT, *hæres masculus* Symonis Domini Fraser de Lovat, *patris*,—in villis et terris de Ardingrask :—E. 4l. 6s. 8d. &c.—Ruydoun :—E. 5l. &c.—Inchrory :—E. 43s. 4d. &c.—Altar :—E. 56s. 8d. &c.—Cragskorrie :—E. 43s. 4d. &c.—Platchaick :—E. 43s. 4d.—Grome :—E. 56s. 8d. &c. —Fairlie :—E. 56s. 8d.—Teaknock cum pendiculis, viz. Over Croyartissy, Relict, et Greinfauld, cum brasina :—E. 5l.—terris et villis de Urquhany :—E. 53s. 4d.—villis et terris nuncupatis Half-Davoch :—E. 40s. &c.—terris de Both :—E. 26s. 8d.—Coricharvie :—E. 13s. 4d.—tertia parte villæ et terrarum de Meikle Cullimullin :—E. 40s.—tertia parte villæ et terrarum de Eister Glen de Conveth :—E. 40s.—quarta parte villæ et terrarum de Fainblair :—E. 16s. 8d.—Ferriehous et crofta ejusdem :—E. 20s.—Annat :—E. 26s. 8d.—Auldtoun vocata communi pastura :—E. 26s. 8d. —Teafrisch cum brasina :—E. 20s.—terris vocatis Measounland :—E. 40s.—terris nuncupatis Johne Cuikisland :—E. 4l. &c.—crofta terræ nuncupata M'Hucheonis-croft :—E. 26s. 8d.—communi brasina :—E. 16s.—terris dominicalibus de Bewlie cum pendiculis, priori et conventui de Bewlie pertinentibus :—E. 50s. &c. —crofta terræ nuncupata Dean James Pape his croft :—E. 46s. 8d. —crofta terræ nuncupata Merschellis-croft :—E. 6s. 8d.—crofta terræ vocata M'Allasteris-croft :—E. 10s.—2 molendinis vocatis Trachouk (vel Teaknock) et Bewlie, cum astrictis multuris baroniæ de Bewlie et terrarum suprascriptarum :—E. 16l. 13s. 4d. &c.—salmonum piscariis dictis priori et conventui pertinentibus in et super aqua de Ferne, extendentibus a Carnecot donec perveniat ad mare, et in aliis omnibus locis in dicta aqua :—E. 40s. *pro qualibet barrella* 30 *barrellarum salmonum*, &c.—infra dominium de Bewlie, unitis in baroniam de Bewlie :—E. 211l. 15s. *in integro, feudifirmæ :*—hæreditaria constabulariata et custodia palatii de Bewlie, cum horto et pomario ad dictum prioratum pertinentibus : —A. E. 2d. *argenti*, N. E. 10l.—hæreditario officio ballivatus infra bondas et limites terrarum dicti monasterii et prioratus de Bewlie. —A. E. 2d. N. E. 9l. xiii. 256.

---

(59) Sep. 20. 1636.

ALEXANDER FRASER, *hæres* Alexandri Fraser de Moniack, *patris*,—in terris dimidietatis villæ et terrarum de Eister Moniack, infra baroniam de Moniack et viccecomitatum de Inverness.—A. E. 20s. N. E. 4l. xv. 93.

---

(60) Mar. 31. 1637.

PATRICIUS GRANT, *hæres masculus* Joannis Grant de Glenmoristoun, *patris*,—in terris et villis de Culcabokis, cum molendino et brasina lie Ailhous-croft earundem ;—terris de Knokintinall, cum alga maris lie Sea wair, et libero pasturagio et libertate fodiendi focalia lie peittis et fewall in moris et maresiis de Leather, infra viccecomitatum de Innerness :—A. E. 12m. N. E. 20m.—villis et terris de Glenmoristoun et baronia ejusdem, comprehendente 40 solidatas terrarum de Conethan ;—40 solidatas terrarum de Crostie ;—40 solidatas terrarum de Iwach ;—40 solidatas terrarum de Auchnatoneran ;—40 solidatas terrarum de Auchowlean ;—40 solidatas terrarum de Wester Tullochleachart ;—40 solidatas terrarum de Eister Tullochleachart ;—40 solidatas terrarum de Eister Duldregin ;—40 solidatas terrarum de Innerbuick ;—40 solidatas terrarum de Blairie ;—40 solidatas terrarum de Over Inner ; —40 solidatas terrarum de Nether Inner ;—40 solidatas terrarum de Culnakirk, et 20 solidatas terrarum de dimidietate de Mekill Clynno ;—extendentes in integro ad 27 libratas 6 solidatas 8 denariatas terrarum antiqui extentus, infra dominium de Urquhart et viccecomitatum de Innernes, unitas in baroniam de Glenmoristoun : —E. 27l. 6s. 8d. *feudifirmæ :*—terris de Balmakaan, infra dominium de Urquhart et viccecomitatum de Innerness.—E. 11l. 9s. *feudifirmæ.* xiv. 204.

---

(61) Jun. 7. 1637.

JACOBUS GRANT de Freuchie, *hæres masculus* Domini Joannis Grant de Freuchie militis, *patris*,—in terris et baronia de Freuchie cum molendinis, piscariis et pertinentiis, viz. Casteltoun de Freuchie, Delsoun (vel Dellifours), Auchingall, 2 Culquoiches, 2 Canneggess, Auldchairne, et Glenlochie cum molendinis et piscariis, unitis in baroniam de Freuchie :—A. E. 33m. N. E. 40m.— terris de Lethintie cum molendinis ;—terris de Over Auchoirsk ; —Auld (vel Mid) Auchoirsk, Garling, Nether Auchoirsk, Kirktoun de Cromedaill erecto in liberum burgum baroniæ, Dellachappell et Ruinacallach (vel Ruynaballach), infra baroniam de Cromdaill :—A. E. 6l. N. E. 9l.—terris de Innerallane, Glenbeg, Gayglit, Traggane, et Treggie (vel Dreggie), cum molendinis et piscariis :—A. E. 4l. N. E. 16l.—terris de 2 Auchnarrowes, Downam (vel Downanes) et Poirts :—E. 20l.—unitis in baroniam de Cromdaill ;—burgo baroniæ de Cromdaill :—E. 3s. 4d. *albæ firmæ :* —terris et baronia de Urquhart, viz. Brodland, Keilsanctringan cum molendino ejusdem, Kerrogar, Drumboy, Westertounleod, Midtounleod, Eistertounleod, Balmakaan (vel Bellemakachane), Garthalie, Polmalie (vel Polmaines), Dulshangie, Litill Cloynes, 3 Inschbreinis, Meikle Diviache (vel Davioch), cum officio forrestariæ forrestæ de Cloine (vel Clunie), infra dominium de Urquhart, unitis ab antiquo in baroniam de Urquhart :—E. 46l. 6s. 8d.—advocatione Cancellariæ de Murray, comprehendentis ecclesias de Kirkmichaell, Inveralem (vel Inverawin), Knokandoch, Urquhart, et Glenmorestoun, et ecclesiarum de Cromdaill, Adwie, Abernethie, Kincardyne, et Duthell, infra diocesin de Murray, viccecomitatus de Inverness, Elgin et Forres respective, unitarum ad prædictas terras de Eistertounleod, infra baroniam de Urquhart :—E. 40s. 6d.—terris et baronia de Corremonie, comprehendente 4 libratas terrarum de Corremonie ;—4 libratas terrarum de Morall ;—8 libratas terrarum de 4 Monklies ;—40 solidatas terrarum de Lochletter ;—40 solidatas terrarum de Achoutenonrag ; —40 solidatas terrarum de Diviach ;—40 solidatas terrarum de Litle Cloyne ;—dimidietatem terrarum de Meikle Cloyne ;—40 solidatas terrarum de Pitchitellcroy, extendentes in integro ad 27 libratas terrarum, in dominio de Urquhart.—E. 27l. 6s. 8d.—(Vide Banff, Elgin et Forres.) xv. 271.

---

(62) Nov. 15. 1638.

JACOBUS MORAVIÆ COMES, Dominus Doun et Abernethie, *hæres* Jacobi Moraviæ Comitis, Domini Doun et Abernethie, *patris*,—in terris, dominio et comitatu de Morray, comprehendente terras et dominium de Stratherne, viz. terras de Pettie, Breachlie, et Stratherne ;—molendinum de Camage, cum advocatione ecclesiarum de Pettie et Breachlie ;—turrim et fortalicium de Hallhill, cum dimidietate terrarum de Holme, et salmonum aliisque piscariis in aqua de Ness, cum quibusdam aliis terris in Elgin et Forres, et Fife :—A. E. 170l. 13s. 4d. N. E. 213l. 6s. 8d.—terris de Mekle-David ;—terris de Budzett, cum annuo redditu 3l. de terris de Budzett ;—terris de Little-David, Culclathie, Meikle-Craigie, Litle-Craigie, cum piscariis prædictarum terrarum super aqua de Nairne ;—terris de Wester Aberchallador, Eister Aberchallador, Meikle et Litle Aberardor, Dalcrombie, Letterquhillane cum crofta ejusdem ;—Litill et Meikle Brwme, Flichtie, Far cum crofta et Ailhous earundem, Inverarnye, Gask, Wester Larg, Holme, Failzie, et Drumornye, infra dominium de Strathnairne.—A. E. 40l. N. E. 120l.—(Vide Elgin et Forres, Fife.) xiv. 263.

---

(63) Jan. 15. 1640.

JOANNES HAY de Park, *hæres masculus* Davidis Hay de Lochloy, *patris*,—in terris de Grome et Fingask cum croftis et brasina, infra baroniam de Aird et dominium de Lowat, in warrantum terrarum de Kinnowdie in viccecomitatu de Nairn, cum quibusdam aliis terris in Nairn, unitis in baroniam de Lochloy.—E. 40m. *taxatæ wardæ.*—(Vide Nairn.) xvi. 87.

---

(64) Apr. 27. 1642.

JOANNES COMES DE ROTHES, Dominus Leslie, &c. *hæres* Joannis Comitis de Rothes, Domini Leslie, &c. *patris*,—in terris de Kildathies, Donylawrane, cum aliis terris in Elgin et Forres, et Aberdeen, unitis in baroniam de Ballinbreich.—A. E. 14l. N. E. 42l.—(Vide Perth, Forfar, Kincardine, Fife, Elgin et Forres, Aberdeen.) xvi. 258.

---

(65) Maii 31. 1642.

DUNCANUS STEWART, *hæres* Joannis Stewart de Kincardine, *patris*,—in terris et baronia de Kincardyne cum molendinis, piscatione, et forresta ejusdem, in lie bounds de Strathspey.—A. E. 10l. N. E. 20m. xvi. 251.

---

(66) Jul. 26. 1642.

JOANNES M'ANGUS M'ALLANE M'COULL M'RONALD,

B

hæres Angusii M'Allane M'Coull M'Ronald de Ratiland, *patris,*—in tertia parte terrarum de Morrour.—A. E. 6*l*. 13*s*. 4*d*. N. E. 26*l*. 13*s*. 4*d*. xvi. 252.

(67)   Jul. 26. 1642.
HUGO MAGISTER de LOVAT, *hæres* Symonis Magistri de Lovat filii legitimi Hugonis Domini Fraser de Lovat, *fratris germani,*—in terris de Eister Kinmylies alias Brigend, Wester Kinmylies, Ballaferrie, Eister Abriachane, Wester Abriachane, Kilquhimen, molendino de Bucht, et piscaria de Ness vocata Frieschott, in baronia de Kinmylie :—E. 78*l*. 17*s*. 3½*d*. *feudifirmæ :*—dimidietate terrarum de Kiltarlattie et piscaria de Lyne alias Es aquæ de Foirne.—E. 40*s*.   xvii. 126.

(68)   Feb. 20. 1644.
DOMINUS JACOBUS M'DONALD de Slaitt miles baronettus, *hæres* Domini Donaldi M'Donald de Slait militis baronetti, *patris,*—in 20 libratis terrarum antiqui extentus de Slaitt :—E. 86*l*. 13*s*. 4*d*.—40 libratis terrarum antiqui extentus de Northwist:—E. 126*l*. 13*s*. 4*d*.—30 mercatis terrarum de Skerdhong ;—12 mercatis terrarum de Beambecula ;—1 denariata terræ de Gergriemyniss ;—2 denariatis terrarum de Stalpit (vel Scalpit) ;—4 denariatis terrarum de Greamnyss ;—2 denariatis terrarum de Talbowmartein (vel Tallowmartein) ;—6 denariatis terrarum de Orumseg ;—dimidio denariatæ terræ de Waynelies ;—dimidio denariatæ terræ de Ilegilligeir, cum molendinis et piscationibus, in dominio de Iles :—E. 44*l*.—extendentibus in integro ad 257*l*. 6*s*. 8*d*. *feudifirmarum :*—9 denariatis terrarum insulæ de Hilleskere in Northwist ;—12 denariatis terrarum de Ungnab ;—2 denariatis terrarum de Caronies ;—3 denariatis terrarum de Kirkibost ;—1 mercata terræ de Castertoun in Illaroy in Northwist ;—2 mercatis terrarum de Ardmidyllis in Slait :—E. 40*m*. &c. *feudifirmæ:*—10 denariatis terrarum de Killibaxter in Trouternes.—E. 52*s*. *feudifirmæ*. xviii. 17.

(69)   Jun. 12. 1646.
GEORGIUS DOMINUS SPYNIE, *hæres masculus* Alexandri Domini Spynie, *patris,*—in jure patronatus ecclesiarum parochialium de Aulderne et Nairne ;—ecclesiarum de Alves et Langbryd ad precentorem de Morray perprius pertinentium ;—ecclesiarum de Kinedwart et Essill (vel Essie) perprius ad Thesaurarium de Murray pertinentium ;—ecclesiarum de Kirkmicheall, Innerawin, Knokando, Urquhart, et Glenmoriestoun, perprius ad cancellariam de Murray pertinentium ;—ecclesiarum de Forres et Edinkeilzie, perprius ad Archidiaconatum de Murray pertinentium ;—ecclesiæ de Dolles et vicariæ de Aulderne, perprius ad Subdiaconatum de Murray pertinentium ;—ecclesiarum de Rafforth et Ardclaith perprius ad Succentorem de Murray pertinentium ;—ecclesiarum parochialium, rectorarum et vicariarum de Bonach, Aberlour, Skirdustaine, Advy, Cromdaill, Dippill, Ruthven, Innerkeithny, Lundichtie, Nuloy (vel Moy), Spynie, Kingousie, Croy, et Moy, Duthill, Unthank vocatæ capellaniam de Duffus, Bolleskyne, Kinness (vel Kinneff), Dumbennan, Botarie, Elchies, Glas, Essie, Kincardine, et Duffus ;—ecclesiarum communium de Alteralloway, Braavene, Farneway, Lagane, Abernethy, Ardintullie, et Birnethie, rectoriarum et vicariarum ecclesiarum suprascriptarum, infra vicecomitatus de Elgin et Forres, Nairn, et Inverness respective.—A. E. 10*s*. N. E. 40*s*.—(Vide Aberdeen, Forfar, Perth, Nairn, Elgin et Forres.)   xix. 50.

(70)   Mar. 30. 1647.
HUGO DOMINUS FRASER DE LOVAT, *hæres* Hugonis Magistri de Lovat, *patris,*—in terris de Eister Kinmylies alias Brigend, Wester Kinmylies, Ballaforrie, Eister Abriachane, Wester Abriachane, Kilchymen, molendino de Bucht et piscaria de Ness vocata Frieschott, in baronia de Kinmylies :—E. 78*l*. 17*s*. 3*d*. *feudifirmæ :*—dimidietate villæ et terrarum de Kiltarlatie et piscaria de lie Lyn alias Es aquæ de Foirne.—E. 40*s*. *feudifirmæ*. xix. 48.

(71)   Apr. 20. 1648.
HUGO FRASER de Foyer, *hæres* Willielmi Fraser de Foyer, *patris,*—in terris et villis de Eister Aberchalladors et Wester Aberchalladors extendentibus ad 2 davatas terrarum antiqui extentus, cum salmonum piscaria super lacu de Lochaiche, infra baronjam de Abertarff et dominium de Lovat.—A. E. 8*l*. N. E. 32*l*. xix. 270.

(72)   Apr. 20. 1648.
HUGO FRASER de Foyer, *hæres* Hugonis Fraser de Foyer, *avi,*—in terris de Boweiskin et Foyer, in baronia de Kinmylies et regalitate de Spynie :—E. 8*l*. 14*s*. 8*d*. *feudifirmæ et augmentationis :*—terris de Dunturkatt et Garrowie extendentibus ad unam davatam terrarum antiqui extentus, in baronia de Stratherrik et dominio de Lovat.—A. E. 4*l*. N. E. 16*l*. xix. 271.

(73)   Feb. 13. 1649.
ELIZABETHA M'INTOSCH sponsa Magistri Lachlani Grant ministri verbi Dei apud ecclesiam de Moy, *hæres* Dominæ Eliza-

bethæ Sincleir, *aviæ,*—in villa et terris de Dundelchaig extendentibus ad dimidietatem davatæ terrarum antiqui extentus, cum decimis.—A. E. 17*s*. 4*d*. N. E. 3*l*. 17*s*. 4*d*.   xx. 77.

(74)   Apr. 16. 1650.
HUGO FRASER, *hæres* Colonelli Hugonis Fraser de Kinnaries, *patris,*—in terris de Eister Kinmyles alias Brigend ;—terris de Wester Kinmyles, Ballafarrie, Eister et Wester Abriachane cum molendino de Bucht ;—piscariis de Ness lie Frieshott nuncupatis, in baronia de Kinmyles :—E. 78*l*. 7*s*. 3½*d*.—dimidietate villæ et terrarum de Kiltarlatie, infra regalitatem de Spynie, olim de Episcopis de Murray tentis, omnibus unitis in baroniam de Kinmyles.—E. 40*s*. *feudifirmarum*.   xx. 210.

(75)   Apr. 25. 1650.
EUGENIUS CAMERON de Lochzeild, *hæres* Allani Camerone de Lochzeild, *avi,*—in 60 denariatis terrarum de Knodart.—A. E. 40*s*. N. E. 10*l*.   xx. 38.

(76)   June 23. 1653.
ALEXANDER ERLE of MURRAY, *heir* of James Erle of Murray, Lord Doun and Abernethie, *his father,*—in the lands and lordship of Stratherne, viz. the landis of Pettie, Brachlie, and Strathnairne (or Stratherne) ;—the milne of Connadge, with advocatioun of the kirks of Pettie and Breaklie;—the toure and fortalice of Hallhill ;—the lands of Cardell ;—the toun and landis of Cullaird ;—the Brodland and half of the landis of Holme, with salmound fishing upon the water of Ness, and advocatioun of Kirks ;—the burgh of barony of Fishertoun of Pettie with faires and markettis, with other landis in Elgin and Forres, and Perth, erected into the erledome of Murray:—O. E. 170*l*. 13*s*. 4*d*. N. E. 213*l*. 6*s*. 8*d*. *of taxed ward duties :*—the landis of Meikle-David ;—the landis of Budzett, with ane annuelrent of 8*l*. furth of the landis of Budzett ;—the landis of Litle David, Culclachie ;—the landis of Meikle Craigy ;—the landis of Litle Craigie, with fishings upon the water of Nairne ;—the landis of Wester and Eister Aberchalladour ;—the landis of Meikle and Litle Aberardour ;—the landis of Dulcrombie ;—the landis of Letterquhillane, and croft therof ;—the landis of Litle and Meikle Broome ;—the landis of Slichtie (Flichtie ?) ;—the landis of Fer, with the croft and ailhous thereof ;—the landis of Innerarne ;—the lands of Gask ;—the landis of Wester Craigie with the milne ;—the landis of Holme ;—the lands of Fadyie (Failzie ?), and landis of Drumurny, within the lordship of Stratherne.—O. E. 40*l*. N. E. 120*l*.—(See Elgin and Forres, Perth, Fife.)   xxi. 263.

(77)   Sep. 16. 1653.
GEORG DUNBAR, *heir* of Robert Dunbar tutor of Avache, *his faither,*—in the tempill landis callit Tempell-cruik and Boigschangend, within the lordship of Torphichen be annexatioun :—E. 2*s*.—the tempill landis called Boigschang, Paddockburne, and Boigbaine, within the diosie of Ros.—O. E. 6*s*. 8*d*. N. E. 26*s*. 8*d*.   xxi. 232.

(78)   Jan. 24. 1655.
SIR GEORGE MACKEINZIE of Tarbit knight baronet, *heir male* of Sir George Mackeinzie of Tarbit knight baronet, *his faither,*—in the isles and lands of Barray, Vatarsay, Sandirray, Phappay, Maggillay, Bernday ;—the isles of Ferray and Killigir, and haill remanent lands and islands adjacent to the said isle of Barray callit the pendicle isles of Barray ;—the lands callit Teiromig of Beagistill ;—the Teirroungs (Teiromigs ?) of Fuday, Kilbarray, Niclene, Grange, Burrow, Keills, Hamgistill, with the Castell of Keismull, unit in the barony of Barray.—E. 40*l*.—(See Ross, Elgin and Forres, Fife.)   xxii. 16.

(79)   Nov. 22. 1655.
RORIE MACLEOAD of Dunvegane, *heir male* of Johne Mackleod of Dunvegane, *his father,*—in the lands and baronie of Glenegie (or Glenelgie), with the advocatioun of kirks ;—the lands of Harries callit the Ardmannoch of Lewes, with the small iles pertaining to the lands of Ardmannoch, viz. 6 unciats of land of Dairnes (or Duirnes) ;—4 unciats of land of Migness ;—4 unciats of land of Mackadaill (or Bracadaill) ;—1 unciate of land of Lindell ;—the lands and castell of Dunvegane, within the isles of Skye and Lewis, with advocatione of kirks :—O. E. 85*l*. 6*s*. 8*d*. N. E. 160*l*. *of taxt ward :*—the lands and yles of Watterness extending to 5 unciats of land :—O. E. 18*l*. 13*s*. 4*d*. N. E. 74*l*. 13*s*. 4*d*.—all unit into the baronie of Dunvegane.   xxii. 119.

(80)   Jul. 3. 1656.
GILLEIS MACKGILLEIS, *heir* of Johne Mackgilleis of Auchumony, *his father,*—in the toune and lands of Auchumony, with the ailhouse and ailhouse croft callit Killmichaell, within the barony of Kinmylies and regalitie of Spynie.—E. 5*l*. 7*s*. 10*d*. &c. *of feu farm*.   xxiv. 25.

(81)   Jul. 12. 1656.

HEW FRASER of Belladrume, *heir* of Hew Fraser of Belladrum, *his father*,—in the towne and davache lands of Holme and Reinduy (or Reindny);—the toune and half davach lands of Cragack with the Ailhouse and Ailhouse·croft;—the halfe of the mylne of Holme, with half multours of the lands of Drumchardonie, Holme, Reindny (or Reindny), and Cragack, with halfe of the yair callit Carremone and fishings of salmonds, &c. in the sea and pools pertaining to the saids lands, within the barony of Holme.—O. E. 52s. 6d. N. E. 13l. 2s. 6d.   xxiv. 52.

(82)   Sep. 25. 1656.

WILLIAM GRANT of Tulloch, *heir* of Patrick Grant of Wester Tulloch, *his guidser*,—in the towne and lands of Wester Tulloch, within the lordship of Badyenoch disponit principally.—O. E. 20s. N. E. 4l.—(See Elgin and Forres.)   xxiv. 64.

(83)   Jan. 15. 1657.

THOMAS FRASER of Streichen, *heir* of Thomas Fraser of Streichen, *his father*,—in the lands of Wester Moniak, within the parochin of Wardlaw, barony of Aird, and lordship of Lovit:—E. 5l. &c. *of feu duty*:—the towne and lands of Urquhany:—E. 53s. 8d. *of feu duty*:—the towne and lands of Fairlie, within the baronie and priorie of Bewlie.—E. 56s. 8d. &c. *of feu duty*.   xxiv. 117.

(84)   Jan. 15. 1657.

THOMAS FRASER of Streichin, *heir* of Thomas Fraser of Streichin, *his guidser*,—in the toun and lands of Ballachragane, extending to ane Pleughgange of land of old extent, within the lordship of Lovat:—O. E. .... N. E. ....—the half of the toun and lands of Eister Moniak, in the parochin of Wairdlaw, with the patronage of the Kirk of Bonach, in the diocie of Murray:—E. 4l. —the town and lands of Little Ballachernoche and Teinhirachen (or Tarchirachen), in the baronie of Durris:—E. 4l. *of feu farm*: —the toun and lands of Meikle Bellacharnóch, Dallachappell, and Knockie, with pasturage of the forest of Glenbrayne, in the barony of Stratharick and lordship of Lovat.—E. ....—(See Aberdeen.)   xxiv. 119.

(85)   Jun. 4. 1657.

PATRICK STEWART of Kincardyne, *heir* of Duncan Stewart of Kincardyne, *his brother*,—in the lands and baronie of Kincardyne, within the bounds of Strathspey.—O. E. 10l. N. E. 20m.   xxiv. 139.

(86)   Oct. 8. 1661.

LAUCHLANUS M'INTOSCHE de Torcastell, *hæres masculus* Willielmi M'Intosche de Torcastell, *patris*,—in dimidietate terrarum de Tulliche et Elrig, infra baroniam de Cardell et Strathnairne:—A. E. 26s. 8d. N. E. 5l. 6s. 8d.—terris, baronia et villis de Dunachtenmoir, Dunachtenbeg, Dalnavert, Kinraranakell, Gellowie, Kenloche, Muck, Coull, et tertia parte terrarum de Pitewrie, cum molendino de Dunachtenmoir et salmonum piscariis super aqua de Spey et lacu de Tominsche, in dominio de Badenoche;—terris de Bendchar, cum molendino et salmonum piscariis super aqua de Spey;—Clune cum piscariis super dicta aqua de Spey, Kincraig, Scheissing, in dicto dominio de Badenoche:—A. E. 15l. 8s. 4d. N. E. 61l. 13s. 4d.—terris de Essiche, Bunchruben, Dundelmak (vel Dundelchak), Tordarroche, infra terras castri de Inverness:—A. E. 4l. 15s. 4d. N. E. 19l. 1s. 4d.—villis et terris de Glenloy et Locherkag, viz. terris de Moy, Arracht, Strone;—terris de Barr, Innerlitten, Inveruschmallen, Auchnarje, Auchnanellan, Lochmailzie, Glenmakie (vel Glenmalzie), Delbrak (vel Dewrak), Invermalzie, Walward, Kelliross, Auchnatarrie (vel Auchnacarrie), Clunes, Invertoyvalg, Auchnasaill, Crew, Salchane (vel Balchane), Muck, Kenmoir, Kennacht, Murvalgan, Kyllacht, Glendisseroche, Glasbraigache, Glenpean, Kenloche, Glenkinkie, Murserolicht, et Arkowie, infra dominium de Lochaber;—terris de Glenspean et Glenroy in Lochaber, viz. terris de Bollunten (vel Bohunten), Kinkellie, Cappoche, Auchnacroice, Inverroymoir, Inverroybeg, Murvalgan, Bohenie, Auchnaloriche (vel Auchnatoriche), Kilkerrill, Tulliche, Dellindrumdirge (vel Delldrumderge), Auchnaderrie, Bohuntenvoule, Auchbaddie (vel Auchwaddie), Bregache, Bochaskie, Renache, Toldie, Altnowie, Wrcharewin, Glengasture (vel Glenglaster), Brenachane, Crenachane (vel Genachane), Blarnachenane, infra dictum dominium de Lochaber, cum officio balliatus seu senescallatus dicti dominii de Lochaber:—A. E. 80l. N. E. 160l.—terris de Moymoir, Moybeg, Altnaslinnache, Tullochcloiprie (vel Tullochclowrie), Steawoche, Tullochmakerrie, cum molendino et brasina, Rowan et Inverine, in baroniis de Moymore et Ard-\clache, et regalitate de Spynie.—E. 20l. 15s. 4½d. *feudifirmæ.*   xxvi. 120.

(87)   Oct. 22. 1661.

MAGISTER WILLIELMUS ROBERTSONE de Inches, *hæres* Joannis Robertsone de Insches, *patris*,—in 40 solidatis terrarum de Eister Duldregan et molendino;—40 solidatis terrarum de Eister Tullichleachart;—40 solidatis terrarum de Tullichleachart Wester;

—40 solidatis terrarum de Auchowbean;—40 solidatis terrarum de Innache;—40 solidatis terrarum de Croskeyis;—40 solidatis terrarum de Connachane;—40 solidatis terrarum de Innerweik;—40 solidatis terrarum de Blairie;—20 solidatis terrarum dimidietatis de Mekill·Clune;—40 solidatis terrarum de Auchnacomeran;—40 solidatis terrarum de Ovir Innet;—40 solidatis terrarum de Nether Inner cum molendino granario et sawmylne;—40 solidatis terrarum de Culnabank et molendino, extendentibus in integro ad 27 libratas 6 solidatas et 8 denariatas terrarum antiqui extentus, unitis in baroniam de Glenmoristoun:—E. 27l. 6s. 8d.—villis et terris de Culcavoks cum molendino;—brasinis et Ailhous Croft;—terris de Knockintinnell:—A. E. 12m. N. E. 20m.—terris de Meikill Hiltoun.—A. E. 2l. N. E. 8l.   xxvi. 161.

(88)   Jan. 22. 1662.

DOMINUS GEORGIUS M'KENZIE de Tarbet miles. baronettus, *hæres masculus* Domini Roderici M'Kenzie de Cogeauch, *avi*, —in terris de Auchnachay, Achalion, Dugerrie, Kinloch, Auchranich, cum Stralieclasch (Stralie, Clash?), et Claschbrek, Auchigladouill, Owladell, cum lie Fron, Achitavog, et Rowslouig; in Morvarne;—Inverlochtie, Auchtitorbeg, Tirlundie, Drumfour, Auchnadale, Annistie, Cowlick, Dounie, Torrehoilen, cum Sugkauch, Auchichterrie, et Thomquharig, in Lochaber;—4 mercatis terrarum de Scalpay, viz. Torrin et Skeadin, infra vicecomitatum de Inverness, cum advocatione ecclesiarum infra prædictas terras;—10 denariatis terrarum de Kilvaxter in Trouternes, in insula de Sky:—4 mercatis terrarum de Ballienaugalleache, et terris de Helsker in insula de Wist, cum piscariis tam in aquis recentibus quam salsis;—53 mercatis 10 solidatis terrarum de Morkarne, cum quibusdam aliis terris in vicecomitatu de Argyll, unitis in baroniam de Dowart:—A. E. 94m. 6s. 8d. N. E. 389m.—prædictis 10 denariatis terrarum de Kilvaxter et Trouternes, et terris jacentibus in insula de Sky, cum piscationibus earundem, et dictis 53 mercatis 10 solidatis terrarum de Morkarne, cum quibusdam aliis terris in Argyll unitis in tenandriam de Arroiss.—E. 1666l. 13s. 4d.—(Vide Argyll.)   xxvi. 129.

(89)   Feb. 6. 1662.

DOMINUS HUGO CAMPBELL de Calder miles, *hæres masculus* Colini Campbell filii quondam Joannis Campbell de Calder, *consanguinei germani*,—in terris de Dounmaglas et Innermarkie, infra thanagium et baroniam de Calder;—officio vicecomitis vicecomitatus de Nairne cum constabulario castri ejusdem, et assyse aill et assyse fisches earundem, cum aliis terris in Nairne, unitis in thanagium et baroniam de Calder:—A. E. 26l. 13s. N. E. 106l. 13s. 4d.—terris et baronia de Strathnairne, cum castro de Davie et piscationibus super aqua de Nairne, cum aliis terris in vicecomitatu de Nairne:—A. E. 40l. N. E. 186l.—terris et baronia de Duris vocatis Coupan de Durris, Bellieblair in Durris, Drum in Durris;—dimidietate terrarum de Holme in terris de Dalungouyie, Litill Bellicharinoch, Tirrichirrochan, cum salmonum piscatione super lacu de Lochnes;—villa et terris de Borlowm, cum piscatione super aqua et lacu de Ness;—villa et terris de Cullourth;—villa et terris de Kinchyill, unitis in baroniam de Durres;—terris ecclesiasticis de Durres vocatis Dorres, infra dominium de Urquhart;—jure patronatus ecclesiarum parochialium de Durres et Dalcus cum decimis, &c.—burgo baroniæ vocato burgum de Campbeltoun:—E. 26l. 13s. —omnibus unitis in thanagium et baroniam de Calder.—(Vide Argyll, Nairn.)   xxvi. 152.

(90)   Feb. 6. 1662.

DOMINUS HUGO CAMPBELL miles, *hæres masculus* Joannis Campbell de Calder, *patrui*,—in terris templariis vocatis The Temple landis de Ardorsereis subscriptis, denominatis Boigshauch, Boiglane, et Paddockburne;—terris templariis vocatis The temple croft de Ardorsar;—terris templariis de Over Bank et Over Cruik de Ardorseir in diocesi de Ross;—officio hæreditario ballivatus et privilegio liberæ regalitatis infra bondas prædictarum terrarum templariarum.—E. 2s.—(Vide Argyll.)   xxvi. 156.

(91)   Aug. 28. 1662.

ANNA FORRESTER, *hæres* Willielmi Forrester sartoris burgensis burgi Vicicanonicorum, *patris*,—in castro, turre et fortalicio de Innernes;—villa et terris subscriptis, viz. Dunzeanmoir, Dunzeancroy, Lagmilne, Davachtour, Davachgarroch, Davachnalarg, et Davachnacraige, infra parochiam de Innerness et Bonwinto:—Litle et Meikle Hiltounes, Eister et Wester Castle-Letheris, Ovir et Nethir Culduthellis, Knockinhill, Balnarobert, Torbreck, Bonachein, et Drumboy, in baronia de Dunalichtie.—A. E. .... N. E. ....—(Vide Bamf, Aberdeen, Elgin et Forres.)   xxxi. 123.

(92)   Oct. 14. 1662.

JACOBUS COMES DE SOUTHESK, Dominus Carnegie de Kinnaird et Leucharis, *hæres masculus* Davidis Comitis de Southesk, Domini Carnegie de Kinnaird et Leuchars, *patris*,—in terris et dominio de Badyenoch, cum jure patronatus ecclesiarum et capellaniarum ejusdem;—castro et fortalicio de Ruthven;—castro et fortalicio de Innerlochie cum viridario, in dominio de Lochaber :—A. E. 100*l.* N. E. 400*l.*—terris de Schean, Machadran, Pittinglas, Culleros, Letterfinlay, Inergley, Auchineske, Aucheron, 2 Rutherlettis, Mytinmyre, Blairourmoir, Stronla, Teirnadross, Blairourbeg, Auchnakter, Kilmanbeig, Linderill (vel Lindell), Bruckletter alias Lennoquhannis, Innerlare, Auchnagihyn, Monass, Clerinch, Kilquhenoch, Innoquhen, Auchnafoyn, et 2 Sastheillis (vel Fastheillis) et Inch, cum forrestis, in dominio de Lochaber ;—terris de Mamoir in dominio de Innerness ;—terris de Glenvess, Flesgarroe, Auchlaggan, Auchanton, Auchnagon, Auchenveich, Peniwreid, Interwill, Blairindryn, cum maneriei loco et fortalicio de Torcastell, in dicto dominio de Lochaber.—A. E. 20*l.* N. E. 80*l.*—(Vide Aberdeen, Forfar, Perth.) xxvi. 350.

(93) Jan. 8. 1663.
LAUCHLANUS M'LEANE de Lochbuy, *hæres* Murdochi M'Leane de Lochbuy, *fratris,*—in 6 denariatis terrarum de Achybeg et Yrnes ;—2 denariatis terrarum de Kowillkildies ;—4 denariatis terrarum de 2 Achiforssis ;—3 denariatis terrarum de Auchingowne ;—2 denariatis terrarum de Haynebeg ;—1 denariata terrarum de Ardangus ;—1 denariata terrarum de Corrosmidle ;—2½ denariatis terrarum de Clenled ;—2½ denariatis terrarum de Camroun, extendentibus ad 12 mercatas terrarum, infra dominium de Morverne ;—6 denariatis terrarum de Auchlenanc ;—6 denariatis terrarum de Drumin ;—4 denariatis terrarum de Auchiboill ;—2½ denariatis terrarum de Auchlownatrushland ;—2½ denariatis terrarum de Altachoneis ;—1 obulata terrarum de Dowbery ;—4 denariatis terrarum de Zoare ;—1 obulata terrarum de Dernamark ;—5 denariatis terrarum de Barrad, infra dominium de Morverne, cum officio balliatus terrarum de Morovill pertinentium Joanni olim domino insularum ;—terris de Benvay, Mikennick, Deylin, Creglong, Carpia (vel Tarpia), Innerate, Achido, Kilmale, Achmoleag, Drumfore, Mallache, Fenvarillie, Fassarney, Stanefeldach, Consliebeg, Achicoltoun, Kainloch, Drumnasallachie, Rowlenap, Nabotho, Clarechech, Mulcherolach, Trewsalachane, et dimidietate de Lindalie, jacentibus in Locheill, infra dominium de Lochaber ;—dimidietate officii balliatus insulæ de Tyriage, partis australis ejusdem, cum quibusdam aliis terris in Argyll et Perth.—A. E. 113*m.* N. E. 339*m.*—(Vide Argyll, Perth.) xxvii. 20.

(94) Jan. 6. 1664.
LAUCHLANUS M'FINGON de Strathordaill, *hæres masculus* Joannis M'Fingon de Strathordaill, *patris,*—in terris et baronia de Strathordaill, comprehendente inter alia terras de Strathordaill, cum piscatione, molendino, &c. infra insulam de Sky et dominium de Isles, cum cymba portatoria super aquam de Keillakin, et quibusdam aliis terris in Argyll :—A. E. 40*m.* N. E. 50*m.*—4 mercatas terrarum de Scalpa, comprehendentes terras de Tory, Skerdin, et Froninus, cum piscationibus salmonum, pro principali :—A. E. 4*m.* N. E. 16*m.*—unitas cum terris in Argyle in baroniam de Strathordaill.—(Vide Argyll.) xxvii. 148.

(95) Aug. 11. 1664.
JOANNES M'CLEOD de Donevegane, *hæres masculus* Roderici M'Cleod de Donevegane, *fratris,*—in terris et baronia de Glenelg, cum advocatione ecclesiarum :—A. E. 32*l.*—terris de Harries nuncupatis Ardmanoch de Lewis cum minutis insulis ad dictas terras pertinentibus, viz. 6 unciatis terrarum de Duirness ;—4 unciatis terrarum de Mignes ;—4 unciatis terrarum de Backadaill (vel Brackadaill) ;—1 unciata terræ de Lindaill ;—terris et castro de Donevegane, infra insulas de Lewis et Skye, cum advocatione ecclesiarum :—A. E. 53*l.* 6*s.* 8*d.* N. E. *omnium terrarum prædictarum* 160*m.* *taxatæ divoriæ* :—terris et insulis de Watterness, extendentibus ad 5 unciatas terrarum :—A. E. 18*l.* 13*s.* 4*d.* N. E. 74*l.* 13*s.* 4*d.*—omnibus terris et insulis prædictis unitis in baroniam de Donevegane. xxvii. 232.

(96) Feb. 11. 1665.
LUDOVICUS GRANT de Frewchie, *hæres masculus* Jacobi Grant de Frewchie, *patris,*—in terris et baronia de Frewchie, viz. Castletoune de Frewchie, Dellifour, Auchingall, 2 Colquhoiches, 2 Connegess, Auldchairne, et Glenlochie, unitis in baroniam de Frewquhie :—A. E. 33*m.* N. E. 40*m.*—terris de Lethintie ;—terris de Ovir Auchorsk, Mid Auchorsk, Gairling, Nether Auchorsk, Kirktoun de Cromdaill noviter erecta in burgum baroniæ, Dellachappall, et Ruynaballach, infra baroniam de Cromdaill :—A. E. 6*l.* N. E. 9*l.*—terris de Innerallan, Glenbeg, Gaych, Traggan, et Dreggie cum molendinis :—A. E. 4*l.* N. E. 16*l.*—terris de 2 Auchinarrowes, Domian, et Poirt, omnibus unitis in baroniam de Cromdaill :—E. 20*l.*—burgo baroniæ de Cromdaill :—E. 3*s.* 4*d.*—terris et baronia de Cromdaill :—E. 3*s.* 4*d.*—terris et baronia de Urquhart, viz. Broadland, Kilsaintringain, Kerogar, Drumboy, Wester Bunleod, Mid Bunleod, Eister Bunleod, Balmackane, Garthalie, Polmalie, Dulschangie, Litle Cloynes, 3 Inschbrenis, Meikle Diviach, cum officio forrestariæ forrestæ de Cloynie, infra dominum de Urquhart, unitis ab antiquo in baroniam de Urquhart :—E. 46*l.* cum 6*s.* 8*d.* in augmentationem, *feudifirmæ* :—advocatione cancellariæ de Murray comprehendentis ecclesias de Kirkmichael, Inveravin, Knokandoch, Urquhart, et Glenmoriestoun, ac ecclesiarum parochialium de Cromdaill, Advie, Abernethie, Kinkardyne, et Dutholl, infra diocesim de Murray et vicecomitatus de Inverness et Elgin et Forres respective, unitarum in et ad prædictas terras de Eister Bunleod, infra baroniam de Urquhart :—E. 40*s.* 6*d.* *feudifirmæ* :—terris et baronia de Corriemonnie comprehendente 4 libratas terrarum de Morall ;—8 libratas terrarum de 4 Meaklies ;—40 solidatas terrarum de Lochletter ;—40 solidatas terrarum de Auchowtenmerag ;—40 solidatas terrarum de Diviach ;—40 solidatas terrarum de Litle Cloyne et 40 solidatas terrarum de Petchitielcroy ;—4 libratas terrarum de Corriemonnie, et dimidietatem terrarum de Meikle Cloyine, extendentes in integro ad 27 libratas terrarum in dominio de Urquhart.—E. 27*l.* 6*s.* 8*d.* *feudifirmæ*.—(Vide Elgin et Forres.) xxviii. 81.

(97) Maii 18. 1665.
HUGO DOMINUS FRASER DE LOVAT, *hæres masculus* Hugonis Magistri de Lovat, *patris,*—in terris et baronia de Lovat, cum pertinentiis dictæ baroniæ, viz. Stratharik, Aird, Abertarff, Erchles alias Strathglas, Dalcorse, Ardynich, Culbanie, quarteria seu quarta parte terrarum de Belladrum, Erchit, Ballacherinoch, Comerkill, cum piscationibus super aquis de Forne et Avach, et advocatione ecclesiarum dictarum terrarum et baroniæ ;—terris de Midleyes et 2 Daltilichs, infra dominium de Lovat, unitis in dominium et baroniam de Lovat :—A. E. 222*l.* 4*s.* 4*d.* N. E. 666*l.* 13*s.* 4*d.*—terris et baronia de Kilmylies, viz. villa et terris de Kilmylies orientali et occidentali ;—villa et terris de Muirtoun alias Tounend, Balblair, Balferrie ;—crofta nuncupata crofta Joannis Robertsone, cum lie Frieshott super aqua de Ness ;—villa et terris de Abriachan, Kilquhunen, pertinentibus ad dictam baroniam ;—villa et terris de Inchberrie et Kirktoun in baronia de Pharnway :—E. 78*l.* 16*s.* 3½*d.* *feudifirmæ* :—dimidietate terrarum de Kiltarlatie et piscaria de Lyn alias Es super aqua de Forne :—E. 40*s.* *feudifirmæ* :—terris de Bewfort, viz. davata terræ de Glenconveth ;—dimidietate terrarum de Ardallan ;—quarta parte terrarum de Monchreu ;—quarta parte terrarum de Phopachie ;—decima sexta parte terrarum de Inglishtoun :—E. 13*l.* *feudifirmæ* :—terris de Eister et Wester Agish ;—ila seu insula de Ageiss ;—forresta vocata Forresta de Bruling :—A. E. 40*s.* N. E. 6*l.*—terris et baronia de Bewlie, viz. villa et terris de Ardencask, Ruenddoune, Inschrorie, Altar, Craigskarie, Portchaik, Grome, Ferlie, cum silvis earundem ;—Teaknok cum pendiculis earundem, viz. Ovir Coartises, Kelrig, et Greenfauld, cum brasina earundem ;—villa et terris de Urquhanie ;—villa et terris vocatis Half-Davache ;—terris de Both, Coricharkill ;—tertia parte terrarum de Meikle Culimulin ;—tertia parte villæ et terrarum de Eister Glenconveth ;—quarta parte villæ et terrarum de Fawblaire ;—Ferrie-house ;—crofta terræ vocata Annat alias Auldtoun ;—communi pastura de Teafrish ;—terris vocatis Measson lands ;—terris nuncupatis Johne Cuikes lands ;—crofta terræ vocata Mack-hutchonis-croft ;—terris dominicalibus de Bewlie cum pendiculis, &c. ad pryoratum et conventum de Bewlie pertinentibus et spectantibus, cum crofta terræ vocata Deane James Papes croft ;—crofta terræ vocata Marshellis croft ;—crofta terræ vocata M'Alisters croft, cum 2 molendinis vocatis Teaknok et Bewlie ;—salmonum piscaria pertinente ad prædictum pryoratum in et super aqua de Forne, cum aliis partibus dictæ aquæ, infra baroniam de Bewlie, omnibus unitis in baroniam de Bewlie :—E. 211*l.* 18*s.* *feudifirmæ* :—constabularia et hereditaria custodia palatii de Bewlie :—A. E. 3*l.* 6*s.* 8*d.* N. E. 10*l.*—officio balliatus dictæ baroniæ de Bewlie.—A. E. 20*s.* N. E. 3*l.* xxviii. 42.

(98) Maii 22. 1666.
HUGO FRASER de Kineres, *hæres masculus* Colonelli Hugonis Fraser de Kineres, *patris,*—in villis et terris de Kineres extendentibus ad dimidium davatæ terrarum antiqui extentus, existentibus 17 solidatis 6 denariatis terrarum, cum potestate ædificandi molendinum, infra baroniam de Bewfort et Drumchardinie.—A. E. 17*s.* N. E. 3*l.* 10*s.* xxviii. 256.

(99) Maii 5. 1669.
ROBERTUS COMES DE SOUTHESK, Dominus Carnegy de Kynaird et Lewcharis, *hæres* Jacobi Comitis de Southesk, Domini Carnegy de Kinnaird et Leucharis, &c. *patris,*—in terris et dominio de Badzenoch, cum advocatione ecclesiarum et castro de Ruthven, viz. terris de Schian, Makadran, Pittenglas, Culleros, Pitterfinlay, Innergley, Auchinesk, Aucheron, 2 Rutherlettis, Myttinmyre, Blairurnoire, Stronla, Teirnadrosse, Blairurbeg, Auchnakter, Kilmanveig, Lindell, Bruckletter alias Lenoquhanes, Innerlaer, Auchnagichyn, Monass, Clernich, Kilwhenoch, Innoquhyn, Auchnasoyn (vel Auchnafoyn), 2 Fastheilles et Insch, cum forresta, &c. in dominio de Lochquhaber ;—terris de Maimoire et castro de Inverlochtie cum viridario, in dicto dominio de Lochquhaber :—A. E. 100*l.* N. E. 400*l.*—terris de Glenvest (Glenevies?), Flesgaroe, Auchlaggan, Auchanton, Auchnagon, Auchien-

veiche, Penilbreid, Interwill, Blairindryn, cum maneriei loco de Torcastell, in dicto dominio de Lochquhaber.—A. E. 20l. N. E. 80l.—(Vide Peebles, Selkirk, Dumfries, Kirkcudbright, Aberdeen.) xxix. 182.

(100) Apr. 12. 1670.
HUGO FRAZER de Cullbokie, hæres masculus Willielmi Frazer de Cullbokie, patris,—in villa et terris de Drumchardony extendentibus ad dimidietatem davatæ terrarum antiqui extentus cum brasina, Ailhous et Ailhous croft;—dimidietate molendini de Holme et multurarum villarum et terrarum de Drumchardonie, Holme, Rindowie, et Craiggack;—dimidietate de lie Yair nuncupata Carimoir pertinente ad dictas terras de Drumchardonie, Holme, et Craiggack, cum piscationibus salmonum et alborum piscium de Drumchardony, in baronia de Drumchardony et Bewfort;—omnibus unitis in baroniam de Drumchardony:—A. E. 52s. 6d. N. E. 10l. 10s.—villa et terris de Kingillie extendentibus ad 3 quartas partes davatæ terrarum antiqui extentus, cum piscaria de lie Yair nuncupata Carriesluak (vel Corrieshiak), infra dominium de Lovat;—villa et terris de Kilaugh extendentibus ad quarteriam davatæ terrarum antiqui extentus in baronia de Aird, infra dominium prædictum, unitis in baroniam de Kingillie.—A. E. 4l. N. E. 16l.—(Vide Ross et Cromartie.) xix. 32.

(101) Jun. 4. 1673.
ALEXANDER BRODIE de Lethin, hæres Alexandri Brodie de Lethin, patris,—in feudifirmæ et albæ firmæ firmis lie few dewties, blenshe dewties aliisque proficuis, censibus, firmis et annuis redditibus baroniæ et dominii de Kinloss, viz. de terris dominicalibus de Kinloss;—acris terrarum circa Eistwood;—acris de Killand;—terris de Muirtoun et acris earundem;—villa et terris de Cautfauld, Hempriggis, Hattoun, Eister et Westir Longcoatts, Windiehilles, West Graynge et molendino ejusdem, Newtoun, Windiebowes, Strutheris, Kilboghauch (vel Hilboghauch) et Nether-Ruiffes, Kilflett, Burgie, Boigharvie, Laurentoun, Collerscruikes, et de acris earundem, Newlandhauch, Inchdemmie, East-Graynge et molendino earundem, Tannachies, Ailhoustack, Wards, Litle-meadow, Meikle-meadow, Blackstob, et Newlands earundem;—de villa de Findhorne, et salmonum piscariis super aqua de Findhorne, Ardeis, Firefeild;—de terris de Moan;—de terris de Elgin et annuis redditibus de Dundurnus, et de villis de Invernes et Forres, infra dictam baroniam, et vicecomitatus de Nairne, Elgin et Forres, et Invernes respective.—E. totius dominii de Kinloss 200l.—(Vide Nairn, Bamf, Ross et Cromarty, Aberdeen, Elgin et Forres.) xxxi. 256.

(102) Aug. 18. 1675.
DOMINA MARGARETA CUNNINGHAME unica filia Alexandri Comitis de Glencarne inter ipsum et dominam Nicolam Stewart ejus sponsam procreata, hæres portionaria lineæ Domini Willielmi Stewart de Strabrock militis, patrui,—et DOMINA CATHERINA STEWART filia Domini Jacobi Stewart de Strabrock, Domini Cardros, hæres portionaria lineæ dicti Domini Willielmi Stewart de Strabrock militis, fratris,—in terris et dominio de Stratherne (Strathnairne?), viz. terris de Pettie, Brachlie, et Strathnairne;—molendino de Connadge;—advocatione ecclesiarum de Pettie et Brauchlie, cum turre et fortalicio de Halhill;—terris de Cardell;—villa et terris de Cullaire cum turre hujusmodi, Braidland et dimidio terrarum de Holme, cum salmonum piscaria super aqua de Ness;—advocatione ecclesiarum, beneficiorum, capellaniarum et hospitalium;—burgo baroniæ de Darnaway et Fishertoune de Pettie, cum aliis terris in vicecomitatu de Elgin et Forres:—A. E. 170l. 13s. 4d. N. E. 213l. 6s. 8d. taxatæ wardæ:—terris de Meikle Davie cum servitiis terrarum de Budzet;—annuo redditu 3l. de terris de Budzet;—terris de Litle Davie, Culrachie;—terris de Meikle Craigie et Litle Craigie, et piscationibus dictarum terrarum super aqua de Nairne;—terris de Wester Aberchallador, Easter Aberchallador, Meikle Aberardor, Litle Aberardor, Dalcrombie, et Catterquhillor, et crofta ejusmodi;—terris de Meikle Brome, Litle Brome, Slichtee (Flichtie?) et Feir, cum crofta lie house earundem;—terris de Innerrarie, Gask, Wester Craigie, Holme, Failyee, et Drumdarray, in dominio de Strathnairne.—A. E. 40l. N. E. 120l.—(Vide Elgin et Forres, Perth, Fife.) xxxii. 202.

(103) Jun. 19. 1677.
ALEXANDER CHISHOLME, hæres Alexandri Chisholme de Comermore, patris,—in terris de Knockfine, Comermore, 2 Innerchaniches cum molendino, 2 Breckachies, cum silvis et forrestis de Frick (vel Affrick), Cullovie (vel Canobie), Breamalloch, extendentibus ad 3 davatas terrarum in Strathglass et comitatu Rossiæ;—unitis in baroniam de Comermore.—A. E. 4l. 8s. 5½d. N. E. 20m. xxxii. 336.

(104) Sep. 25. 1679.
JOANNES HAY de Lochloy, hæres Joannis Hay de Lochloy, patris,—in terris de Eirne et Fingask in baronia de Aird et dominio de Corbat (Tarbet?), in speciale warrantum et securitatem

terrarum de Kinowdie, infra vicecomitatum de Nairne, unitis cum aliis terris in vicecomitatu de Nairne in baroniam de Lochley (Lochloy?).—E. 15l.—(Vide Nairn.) xxxv. 20.

(105) Maii 16. 1682.
MARGARETA COMITISSA DE HADINGTOUN, hæres talliæ et provisionis Joannis Ducis Rothusiæ, patris,—in terris de Kildathies, Donylowrane cum piscariis et advocatione ecclesiarum, cum aliis terris in Elgin et Forres et Aberdeen:—A. E. 14l. N. E. 42l.—unitis cum aliis terris in Fife, Perth, Kincardine, Forfar, Elgin et Forres et Aberdeen, in baroniam de Bambreich.—(Vide Fife, Perth, Kincardine, Forfar, Elgin et Forres, Aberdeen.) xxxvi. 165.

(106) Jan. 22. 1684.
ÆNEAS MACDONALD de Schian, hæres Angusii Macdonald alias M'Angus More de Schian, abavi,—in dimidietate terrarum de Schian;—dimidietate terrarum de Pittinaglaslie, et dimidietate terrarum de Callinross.—A. E. ..... N. E. ..... xxxvii. 279.

(107) Aug. 11. 1685.
MAGISTER WILLIELMUS FRASER Præco apud Killworak, hæres Magistri Donaldi Fraser Præconis apud Wrquhart, patris,—in villa et terris de Comermore comprehendentibus villam et terras de Camermore, Glenne, et Sheillings nuncupatas Auchietait, Dermore, Binvean, Glenshie, Inshnahaum, Pollew;—villam et terras de Breakach ,cum molendino ejusdem et Glen vocato Glengourie;—villam et terras de Easter et Wester Innerchanighs et molendinum de Wester Innerchaunich, cum lie Glens earundem nuncupatis Craskie, Muckeram, Cariefatrie, et Innernacourt;—villam et terras de Knockfinn cum forrest de Affrick et Sheillings, viz. Cullovie, Lubknockden, Altbea, Cornagaw, Lubernagail, Ballnaculloch, Affrickmulloch, Glenarim, Tombean, Fauthor, Leckovie, Strathnashalgie et quibusdam aliis, extendentibus ad 3 davatas terrarum, infra parochias de Kilmorak et Kiltarlatie;—villa et terris de Erchles, Mault, Comerkirktoun, et Comercroy, cum decimis parochiæ de Kilmorak;—villa et terris de Buntait, infra prædictas parochias, cum decimis.—A. E. 4l. 8s. 5½d. N. E. 20m. xxxviii. 140.

(108) Apr. 24. 1688.
HUGO ROSS de Kilravock, hæres masculus Hugonis Ross de Kilravock, patris,—in terris et villis de Fleemingtone extendentibus ad davatam terræ antiqui extentus, infra parochiam de Brachley et Pettie et in dominio ejusdem, cum multuris dictarum terrarum:—E. 20l. feudifirmæ:—terris de Innerarnye extendentibus ad 2 aratra terræ infra Strathnairne:—E. 4l. feudifirmæ:—terris de Dulater et Dalglass extendentibus ad 4 oxgate land infra Strathnairne, cum multuris dictarum terrarum.—E. 4m. feudifirmæ.—(Vide Nairn, Ross et Cromarty.) xl. 357.

(109) Dec. 13. 1688.
JANETA ET ÆGIDIA M'LEODS alias M'ALASTER vic GILLICHALLUM, hæredes lineæ conquestus et provisionis Alexandri M'Leod alias M'Alaster vic Gillichallum de Rasay, patris,—qui fuit filius et hæres quondam Alexandri M'Leod alias M'Gillicallum, avi dictarum Janetæ et Igidiæ M'Leods alias M'Alaster vic Gillicallum, qui fuit filius et hæres Malcolumbi M'Leod alias M'Gillicallum de Rasay, proavi dictarum Janetæ, et Igidiæ M'Leods alias M'Alaster vic Gillicallum de Rasay;—in omnibus terris et insulis de Rasay et Snisort in Trotternish comprehendentibus villas, terras, insulas, lie grassings, Kilmiluach, Ausach, Balliechurne, Balliemeanoch, Invervig, Glam, Moisnes, Crochill cum pertinentiis de Sciepadeall, Hallag, Leaghk, Kamorick, Lieboast, Slagandine, Slachro, Fearne, Stair, Ire, Shuashnesmore, Shuashnesbeg, Inneraross, Broradell, Glen, et Kylehan;—duabus insulis quæ vulgo Rona et Fladda appellantur;—oppidis, terris, lie grassings de Ire, Cott (vel Tott), Carobost, Glengrast, Ugisarder, Knockshint, Penniemore, et Pennie-Cappan, in patria vel baronia de Trouternish;—cæteris villis, terris, insulis, et aliis de Fortuna-Rasaye in parochia de Snisort.—E. 26m. 3s. 4d. feudifirmæ. xlii. 54.

(110) Apr. 22. 1690.
JACOBUS ROSE clericus vicecomitatus de Nairne, hæres Magistri Hugonis Rose, ministri verbi Dei apud Nairne, fratris immediate senioris,—in dimidio davatæ terræ de Termet;—quarta parte villæ terrarumque de Newtoune de Scottack;—crofta vulgariter nuncupata Smiddie croft, infra dominium et parochiam de Bettie (Pettie?).—E. 3 asses 4d. feudifirmæ. xli. 125.

(111) Maii 19. 1691.
EVENUS M'PHERSONE burgensis de Invernes, hæres Gulielmi MackPhersone de Wester Craigie, patris,—in aratro terræ de Wester Craigie infra Stratherne (Strathnairne?).—E. 20m. feudifirmæ. xlii. 432.

(112) Maii 19. 1691.
ANGUSIUS MACKPHERSONE de Dalraddie, hæres Pauli

C

Mackphersone de Dalraddie, *avi*,—in villis et terris de Dalraddie extendentibus ad davatam terræ, comprehendentibus villas et terras de Keanintachir, Knockningailliach, Loyninriech, et Balivuilin, quæ sunt propriæ partes et pendicula de Dalraddie, cum grassings, sheillings et pasturagiis in Feavorer (Teavorer ?), Biachnahegg (vel Riochmaheg), et Badabog, infra parochiam de Alvie et dominium de Badenoch.—E. 50m. &c. *feudifirmæ.* xlii. 433.

(113) Maii 19. 1691.
ELIAS MACKPHERSONE de Inverestrie, *hæres* Joannis M'Phersone de Inverestrie, *patris*,—in terris de Inverestrie, Cuntelait, Comarnisdaile-more, cum libertate silvarum et pasturalium, extendentibus ad davatum terræ antiqui extentus ;—terris de Falatrie, Corriarnisdaillbeg, extendentibus ad davacum terræ, cum salmonum piscaria super lacum de Lochinch et aquam Spei per eum currentem, communiter vocata piscaria de Farlatrie ;—terris de Inveruglash-Claggan, cum molendino ejusdem super aquam de Duglass, extendentibus ad dimidium davaci terræ extentionis antiquæ ;—terris de Dell de Killihuntlie cum crofta ejusdem, extendentibus ad davacum terræ antiquæ extentionis ;—terris de Invermarkie cum molendino ejusdem comprehendentibus terras de Auchiyousichan, cum crofta molendini de Invermakie, totum extendens ad 4½ davaca terræ, infra dominium de Badenoch.—E. 50m. *feudifirmæ propter unumquodque davacum,* &c. xlii. 435.

(114) Oct. 22. 1691.
GEORGIUS M'KENZIE de Roshaugh, *hæres lineæ, hæres masculus talliæ et provisionis* Domini Georgii M'Kenzie de Rosehaugh, *patris*,—in terris de Gusachan comprehendentibus terras de Hiltone, Knocknacrea ;—terras de Meikle Guschachan ;—terras de Mid Guschachan ;—terras de Gartaneen ;—terras de Ballachladich ;—terras de Ballalair ;—terras de Wester Auchnahickles ;—terras de Easter Auchnaheickles ;—terras et pasturas de Grassing de binis Glassacks, et Riglassie, et Badnamarlich, cum molendino nuncupato molendino de Gusaichan, infra parochiam de Convent (vel Conveth), pro principali ;—et in warrantum earundem in terris de Kingillie et Keallachie, infra parochiam de Wardlaw, tam pro principali quam in warrantum, redimabilibus per Hugonem Frazer de Culboikie.—E........—(Vide Edinburgh, Forfar, Perth, Ross et Cromarty, Berwick.) xlii. 250.

(115) Jun. 28. 1692.
MAGISTER GULIELMUS M'INTOSH de Aberardor, *hæres* Lachlani M'Intosh de Aberardor, *patris*,—in davata terrarum Majoris et Minoris lie Meikle et Litle Aberardors, cum molendino de Aberardor, jacente infra Strathnairne :—E. 580m. *firmæ* :—terris de Meikle et Litle Brins, cum molendino ejusdem, infra Strathnairne :—E. 300m. &c. *firmæ* :—1½ aratro terrarum de Invermasserane, et Badefin, jacente in Strathern (Strathnairn?) :—E. 50l. &c. *firmæ* :—dimidio villæ et terrarum de Tullich et Elrigg, infra dominium de Strathnairne, cum multuris et sequelis et potestate condendi molendinum.—E. 10l. xliii. 237.

(116) Oct. 12. 1693.
LILIAS M'KENZIE sponsa Kennethi M'Kenzie de Scatwell, *hæres talliæ et provisionis* Domini Rodorici M'Kenzie de Findone, *patris*,—in villa et terris de Drumcharden extendentibus ad davatam et dimidium davatæ terrarum, cum bruerio et brueria crofta ejusdem ;—dimidietate molendini de Holme et terrarum molendinariarum et multurarum villæ et terrarum de Drumharden, Riendowie, Holme, et Craggach, infra baroniam de Drumcharden et Beuford ;—villa et terris de Kingchie (vel Kingihie) extendentibus

ad tres quarterias seu quartas partes davatæ terrarum, cum bruerio et brueria crofta et molendino, et piscariis et Yair nuncupata Carrisluack aliisque piscationibus tam in aquis salsis quam dulcibus, infra dominium de Lovat ;—villa et terris de Keilach extendentibus ad quarteriam seu quartam partem davatæ terrarum cum multuris, infra baroniam de Aird, in warrantum terrarum de Findone et Culbokie in vicecomitatu de Ross.—E........ *firmæ.*—(Vide Ross et Cromarty.) xliii. 394.

(117) Dec. 11. 1694.
JACOBUS FRAZER, *hæres masculus* Alexandri Frazer de Moniack alias Riligg, *patris*,—in villis et terris de Easter Moniack infra parochiam de Wardlaw.—A. E. 40s. N. E. 8l. xlv. 56.

(118) Dec. 9. 1695.
ARCHIBALDUS COMES DE ARGYLE, Dominus Kintyre, Campbell, et Lorn, &c. *hæres* Archibaldi Comitis de Argyle, Domini Kintyre, Campbell, et Lorn, &c. *patris*,—in terris de Kirktoune de Inschevar :—E........ :—terris de Glenelg ;—terris de Arrasack ;—21 mercatis terrarum de Eygke ;—1 mercata terræ de Gargremenes in insula de Vuist ;—unitis cum reliquis terris in comitatum de Argyle ;—terris et villis de Glenloy et Lockarkaig, comprehendentibus terras de Moy, Arrachlie, Strone ;—terras de Barr, Inverlitten, Invermust, Vullen, Auchnarie, Auchnanellan, Lochmalvyie (Lochmalzie?), Glenmaltzie, Deurach, Invermaltzie, Balward, Kellerose, Auchnacarrie, Clunes, Invertoybolg, Auchnasoull, Taelk, Salachan, Mucke, Kenmoar, Kernacht, Mulvalgane, Rylacht (Kylacht?), Glendesroght, Glasbeagach, Glenpeane, Glenloch, Glenkinkie, Muristockich et Arkowie, infra dominium de Lochaber, et vicecomitatum de Inverness :—E. 500m. *taxatæ wardæ* :—3 mercatis terrarum de Moydart :—E. 6m. *firmæ* :—9 mercatis terrarum in insula de Eygke, comprehendentibus terras de Galmuscoull, Sandie, Grouling ;—tertiam partem terrarum de Cleatill ;—dimidiam partem terrarum de Knockealtack, et dimidiam partem terrarum de Balmearich (vel Balmerick) :—E. 18m. *firmæ* :—14 mercatis terrarum de Morrour comprehendentibus terras de Creive ;—terras de Tray ;—terras de Dowassick ;—terras de Auchollandick ;—terras de Scomishettir ;—terras de Skumadill ;—terras de Rattallin ;—terras de Phirourie ;—terras de Clathick ;—terras de Inneressig ;—terras de Merikill ;—terras de Lochbore ex utroque latere lacus ;—terras de Northblyth, Arichicharie, et Nackerfaid, et terras de Poulistman :—E. 28m. *firmæ.*—7 mercatis terrarum de Arrissack comprehendentibus terras de Keppach cum antiquis limitibus et bondis earundem ;—terras de Main, Ardnapeull, Torrabaith, et Bonnarie :—E. 14m. *firmæ* :—23 mercatis terrarum de Kyndies :—E. 46m. *firmæ* :—6 mercatis terrarum de Beuistill infra insulam de Northvuist :—E. 12m. *firmæ* :—30 mercatis terrarum de Skeirchug (vel Serehoig) ;—12 mercatis terrarum de Bambecula :—E. 8m. *firmæ* :—unitis cum aliis terris in comitatum de Argyle ;—60 denariatis terrarum de Knoydart proprietate et tenendria earundem, erectis in baroniam de Knoydart, etiam unitis in comitatum, dominium et baroniam de Argyle tanquam partibus earundem.—E. 40l. *taxatæ wardæ.*—(Vide Argyle, Dumbarton, Perth, Fife, Clackmannan, Stirling, Bute, Forfar.) xlv. 629.

(119) Jul. 14. 1696.
JOANNES FRAZER de Mayne, *hæres masculus* Jacobi Frazer de Mayne, *patris*,—in tertia parte villæ et terrarum de Mayne vulgo the Mid thrid part of Mayne, extendente ad quartam partem davatæ terræ cum decimis, infra baroniam de Strathglash ;—dimidio davatæ villæ et terrarum de Wester Eskidaile, infra dominium de Lovat.—E. 1d. *albæ firmæ.* xlvii. 451.

OMISSA.

(120) Jul. 21. 1513.
DOMINUS THOMAS PATERSONE rector de Assint, *hæres* Domini Gulielmi Paterson rectoris de Bolleskine, *patrui*,—in terris de Durris :—A. E........ N. E. 24m.—terris de Culcabock et Knockihtinnel cum molendino.—A. E. 12m. N. E. 20m. xcv. 188.

(121) Jul. 21. 1513.
DOMINUS THOMAS PATERSONE rector de Assint, *hæres* Domini Willielmi Patricii rectoris de Boleskyne, *patrui*,—in terris de Durris in vicecomitatu de Innerness :—A. E. 18m. N. E. 24m.—terris de Culcabok et Knokyntinneal cum molendino, in dicto vicecomitatu.—A. E. 12m. N. E. 20m. xcviii. 37.

(122) Oct. 5. 1563.
HUGO FRAYSSER, *hæres* Willielmi Fraysser de Abyrchallo-

douris, *patris*,—in terris de Lytill Ballecharrinoch et Tirricherichan, in baronia de Durris.—A. E. 20s. N. E. 8l. xcv. 187.

(123) Oct. 6. 1573.
JOANNA (vel JEANNA) FRASER, *hæres* Hugonis Fraser de Abbirchalledoris, *patris*,—in terris de Musate-ward, Musatemayne et Mellowye, in baronia de Abertarff :—A. E. 3l. N. E. 12l.—terris de Wester Aberchalliders, in baronia de Strathnairne.—A. E. 4m. N. E. 10l. 13s. 4d. xciv. 359.

(124) Jul. 31. 1582.
...... M'CONNACHIE TIRVIT, *heir* of Paull MacConnachie, *his father*,—in the half toun and lands of Tullich and Ellricht, lyand within the barony of Straithnairne and shirifdome of Inverness.—A. E. 20s. N. E. 3l. 6s. 8d. *of feu duty.* xcv. 188.

SUPPLEMENTA

INVERNESS.

(125) .... 18. 1596.

THOMAS FRASER, alias MOIR, legitime procreatus inter Alexandrum Fraser alias Moir in Ester Downe, et Moir Nein Dougall ejus matrem, *hæres masculus* dicti Alexandri Fraser, alias Moir, *patris*,—in crofta terræ vocata Sanct Johnes croft in Eister Downe, in dominio de Lovat.—E. 5s.   D. 140.

(126)   Apr. 6. 1613.

JACOBUS DONALDSON, *hæres* Magistri Jacobi Donaldson advocati coram Dominis Concilii, *patris*,—in omnibus et singulis summis pecuniarum et aliis quibuscunque si quæ sint, nomine augmentationis tantum, quondam Domino Wilhelmo Keith de Delnie militi, hæredibus et successoribus suis per . . . . tenentes Emphiteoteutasque seu feudifirmarios præsentes et futuros baroniæ de Delnye noviter erectæ, terrarum, molendinorum, piscationum et aliorum infra eandem jacentium, et quarumcunque partium earundem.—E. 102l. *cum 2 obulis, et 2 firlotis ordei*.   F. 1.

SUPP.

(127)   Apr. 9. 1613.

JOANNES COMES DE ROTHES, Dominus Leslie, &c. *hæres* Jacobi Magistri de Rothes, *fratris*,—in terris de Kildathies et Donylauran, cum molendinis et piscariis, cum terris in Elgin et Forres:—A. E. 14l. N. E. 42l.—unitis cum aliis terris in baroniam de Ballinbreich.—(Vide Fife, Perth, Forfar, Kincardin, Elgin et Forres, Aberdeen.)   F. 3.

(128)   Maii 13. 1623.

ALEXANDER ROSS, *hæres* Roberti Ross in Annat, *patris*,—in orientali dimidio villæ et terrarum de . . . . Ulladill, extendente ad quartam partem davatæ terrarum, in parochia de Logie . . . . . . ster.—E. 3l. 7s. 5d. *feudifirmæ*.   G. 17.

(129)   . . . . . . 1630?

ALEXANDER CHISSOLME, *hæres* Joannis Chissolme, ... —in terris et villis de Kinnerres, extendentibus . . . . cum multuris, ac potestate ædificandi molendinum seu molendina. —A. E. 17s. 6d. N. E. . . . .   G. 138.

K

KINCARDINE.

INDEX NOMINUM.

a

KINCARDINE.

INDEX LOCORUM.

c

INQUISITIONES SPECIALES.

KINCARDINE.

(1)   Jun. 3. 1580.
ALEXANDER STRATOUN de Eodem, *hæres* Georgii Stratoun de Eodem, *patris*,—in baronia et terris de Disclune.—
A. E. 3*l.* N. E. 12*l.*   i. 35.

(2)   Apr. 23. 1582.
JACOBUS STRATHAUCHIN, *hæres* Joannis Strathauchin de Monboddow, *patris*,—in tertia parte terrarum et villæ de Ardbirnie;—terris et villa de Craighill;—villa et terris de Kirkhauche.—A. E. 20*s.* N. E. 4*l.*   i. 27.

(3)   Maii 20. 1585.
ROBERTUS LUNDIE apparens de Balgonie, *hæres* Davidis Lundie de Balgownie, *patris*,—in terris et baronia de Mondynes.
—A. E. 10*l.* N. E. 60*l.*   i. 35.

(4)   Feb. 16. 1585.
JOANNES WISCHART, *hæres* Joannis Wischart de Pittaro militis, *patrui*,—in terris et villa de Eister Balfour, Wester Balfour, et Inchcerback in baronia de Newdosk:—A. E. 40*s.* N. E. 8*l.*—terris de Cairntoun alias nuncupatis Fordoun, continentibus terras de Townlie;—terras de Fordounflatt, cum molendino ejusdem vocato molendino de Pitranie, et Brewlands prope ecclesiam de Fordoun, cum privilegio villæ de Fordoun erectæ in liberum burgum baroniæ.—A. E. 5*l.* N. E. 20*l.*   i. 67.

(5)   Feb. 19. 1593.
JOANNES JOHNSTOUN, *hæres* Georgii Johnstoun de Eodem, *patris*,—in annuo redditu 4*m.* &c. de villis et terris de Hiltoun de Longair in baronia de Dunottar.—(Vide Aberdeen, Banff.)
                                i. 183.

(6)   Oct. 1. 1599.
MAGISTER JOANNES DOWGLAS de Corsbatt, *hæres conquestus* Francisci Dowglas, *fratris*,—in terris de Warbertoun (vel Wardrapertoun) in parochia de Eglisgrig:—A. E. 20*s.* N. E. 4*l.*—annuo redditu 46*l.* 13*s.* de terris et villa de Petscellie, in baronia de Glenbervie et parochia de Fordoun.   ii. 111.

(7)   Apr. 20. 1601.
GILBERTUS MENZIES de Petfoddelis, *hæres* Georgii Menzies, *patris*,—in terris de Findoun et molendino de Findoun, in baronia ejusdem.—A. E. 20*s.* N. E. 4*l.*   ii. 97.

(8)   Jul. 31. 1602.
ROBERTUS ARBUTHNET, *hæres* Davidis Arbuthnet de Fandowrie, *patris*,—in tertia parte solari villæ et terrarum de Arbirnie, in parochia de Benholm.—A. E. 20*s.* N. E. 4*l.*   ii. 180.

(9)   Mar. 4. 1603.
ALEXANDER IRWING de Drum, *hæres* Alexandri Irwing de

Drum, *patris*,—in crofta villæ ecclesiasticæ de Banquhorie-ternan infra baroniam de Roscobie :—E. 3*s.* 4*d.*—terris de Hirne, Eister Drumchrynie et molendino, cum pendiculo de Mynklat, infra baroniam de Cultercumming per annexationem :—A. E. 20*s.* N. E. 4*l.*—terris de Strathquhane ex boreali parte aquæ de Fewche, Over Tillilair, Nether Tillilair, Muirailhouse cum molendinis fullonum et granorum ;—Tillgowny, Balquharne, Schamfer, Larachmoir, Blakhall cum sylva et nemore; Collonache et Bag, cum toftis, croftis, &c. infra baroniam de Strauchquhane :—A. E. 5*l.* N. E. 20*l.*—terris vocatis Davach ecclesiæ parochialis de Strauchquhane, Tirrelwiddis, Ardlach (vel Ardalloch);—villa ecclesiastica de Strathauchin (vel Strauchquhane) infra parochiam de Strauchquhane :—E. 6*l.* 6*s.* 8*d.*—terris templariis de Strathachin (vel Strauchquhane) comprehendentibus 3 acras ex australi parte aquæ de Feuche, infra regalitatem de Torphichen.—E. 12*d.*   iii. 16.

(10)   Apr. 20. 1603.
ROBERTUS LUNDY de Balgony, *hæres* Roberti Lundy de Balgony, *patris*,—in terris et baronia de Mondynis cum molendino.
—A. E. 10*l.* N. E. 60*l.*—(Vide Fife, Perth, Forfar.)   iii. 22.

(11)   Jun. 14. 1604.
LAURENTIUS DOMINUS OLIPHANT, *hæres* Laurentii Domini Oliphant, *avi*,—in terris et baronia de Glensaucht.—A. E. 4*m.* N. E. 20*m.*—(Vide Perth, Fife, Edinburgh, Haddington, Caithness.)   iii. 89.

(12)   Apr. 3. 1605.
PATRICIUS HEPBURNE de Wauchtoun, *hæres* Patricii Hepburne de Lufnes militis, Domini de Wauchtoun, *patris*,—in terris de Brothertoun cum portubus maritimis :—A. E. 5*l.* N. E. 20*l.*—tertia parte terrarum de Fettercairne (vel Fethircairne), in baronia de Rescobye.—A. E. 33*s.* 4*d.* N. E. 6*l.* 13*s.* 4*d.*—(Vide Haddingtoun, Berwick, Fife, Perth, Aberdeen.)   iii. 160.

(13)   Mar. 15. 1606.
ALEXANDER GARDYNE, *hæres* Arthuri Gairdyne de Banchorie, *patris*,—in terris de Banchorie cum piscatione salmonum super aqua de Die ;—terris et villa de Tullochill, in regalitate de Aberbroithe.—A. E. 40*s. feudifirmæ.*   iii. 200.

(14)   Apr. 29. 1606.
DAVID TULLOCH, *hæres* Alexandri Tulloch de Craignestoun, *patrui*,—in baronia de Craignestoun cum pertinentiis, viz. in terris dominicalibus de Craignestoun ;—molendino granorum ejusdem ;—terris de Nether Seat de Craignestoun ;—terris de Burnesyde vocatis Cottersched de Craignestoun ;—terris de Inschegray ;—terris de Odmestoun ;—pastura in moris de Luther, Kincardin, Cammok, et Strethfinlo, infra parochiam de Fordan.—A. E. 40*s.* N. E. 8*l.*   iii. 199.

A

(15)   Apr. 29. 1606.

CHRISTINA ARROT uxor Willielmi Murray civis Brichenensis, *hæres* Elizabethæ Arrott, *sororis,*—in dimidia parte molendini de Kincardine et terrarum molendinariarum ;—dimidietate villæ et terrarum de Reidheuche, in baronia de Balmayne.—A. E. 6*s.* 8*d.* N. E. 26*s.* 8*d.*   iii. 207.

(16)   Jul. 31. 1606.

ROBERTUS ARBUTHNETT, *hæres talliæ* Jacobi Arbuthnett portionarii de Arrat, *patris,*—in 2 solaribus tertiis partibus contigue jacentibus villæ et terrarum de Over Knoxis, infra baroniam de Benholm ;—tertia solari parte villæ et terrarum de Mylhetoun de Matheris cum molendino ejusdem, in baronia de Lowranstoun, in speciale warrantum terrarum de Ovirknoxis.—A. E. 10*s.* N. E. 40*s.*   iii. 218.

(17)   Jul. 31. 1606.

ROBERTUS ARBUTHNET de Eodem, *hæres masculus et talliæ* Andreæ Arbuthnet de Eodem, ...—in quarta parte solari villæ et terrarum de Husbandtoun de Middiltoun, in baronia de Middiltoun et parochia de Conva :—A. E. 10*s.* N. E. 40*s.*—terris et villis de Cottartounes de Balmakewins, in thanagio de Fittercairne et parochia de Arbuthnot.—A. E. 10*s.* N. E. 40*s.*   iii. 218.

(18)   Sep. 30. 1606.

ALEXANDER STRATHAUCHIN de Thornetoun, *hæres masculus* Alexandri Strathauchin de Thornetoun, *avi,*—in terris et baronia de Thornetoun, viz. in terris de Brigtoun, Newthornetoun, Brandyisleyis, Langhill, cum bruerio lie Browstersait apud molendinum granorum de Thornetoun :—A. E. 6*l.* N. E. 24*l. taxatæ wardæ :*—antiquo castro de Kincardin et ejusdem fundamento lie Castellsteid ;—terris de Peitgarvie, Caldhame, Muirtoun, Goiseslie, Roishill (vel Wishill) et Wismanstoun, cum parcis lie park de Kincardine, pendiculis et pertinentiis earundem, viz. terris de Newbidding cum molendino, Boidhall (vel Boighall), Hunterseatt, Creichburne, Blairnamiddlie, Arnbarrow, Arcleseatt (vel Archerseat), Toidhoillis, et Newseitt ;—moris et petariis lie moris et mosses de Kincardia, Hallow (vel Gallow) Hillock, et Gallowmyres, cum focalibus lie fewall, faill, et divot, ac communi pastura in moris de Luthar, Cammak, et Strafinlowhill;—A. E. 5*l.* N. E. 20*l.*—montibus sive communibus moris vulgo Braylandis of Thornetoun usque ad summitatem montium earundem :—E. ....—terris de Haddow et Lawschead, in parochia de Conwathe ;—A. E. 20*s.* N. E. 5*m.* 6*s.* 8*d.*—officio ballivatus baroniæ de Thornetoune et terrarum superius specificatarum, unitarum in baroniam de Thornetoun :—A. E. 9*s.* 4*d.* N. E. 18*s.* 4*d.*—terris, acris, &c. prope villam de Kincardin, viz. crofta vocata Hillcroft ;—The aiker-riggis thereof ;—crofta vocata Wealcroft;—crofta vocata Chancellar-croft;—crofta vocata Hillcroft, Dencroft ;—2 croftis vocatis Calseycroftis;—crofta vocata Loniecroft ;—crofta vocata Bakhouscroft ;—crofta vocata Lorimerscroft ;—crofta vocata Burnecroft;—crofta vocata Halscroft, cum dimidio croftæ vocatæ Boigscroft ac etiam Coryismunis;—crofta vocata Beatties croft ;—crofta vocata Annabadies-croft ;—4 croftis vocatis Craigisland, quarum 2 vocantur Hallcroft et Hencroft, et aliæ 2 Archer-croft et Hellcroft ;—crofta vocata James Pittereheidisland ;—crofta vocata Countiess-croft ;—crofta vocata Countais-hauch-croft ;—crofta vocata Loichetraist ;—crofta vocata Blaikindennis ;—crofta vocata Dewresunis ;—crofta vocata Wealcroft, cum dimidio umbrali croftæ vocatæ Bowmanis ;—omnibus jacentibus in villa et constabularia de Kincardin ;—terris, croftis, et tenementis de Gallowhillestoun, Palframanstoun, Langhauche, Suittercroft, Templecroft, Skinnercroft, Goiscroft, Twa Chaippellcroftis, Loniecroft aiker et Newlandis, cum multuris earundem in dicta villa :—A. E. 20*s.* N. E. 33*s.*—2 croftis in villa de Fettercairne.—A. E. 3*s.* 4*d.* N. E. 6*s.* 8*d.*   iv. 130.

(19)   Jan. 13. 1607.

DOMINUS IOANNES WODE de Fettercairne miles, *hæres masculus* Walteri Wode de Fettercairne, *patris,*—in terris et thanagio de Fettercairne et Aberluthnot, cum officiis chalmerariatus et ballivatus ejusdem ;—terris de Parochis-croft et Deraylandis ;—terris de Over et Nether Balmacknewis, cum molendino et piscatione salmonum ejusdem super aqua de Northesk, jacentibus in thanagio de Fettercairne et Aberluthnoch.—E. 53*l.* 6*s.* 4*d.* &c. *feudifirmæ.*   iii. 245.

(20)   Jan. 13. 1607.

DOMINUS JOANNES WODE nunc de Fettercairne miles, *hæres masculus* Walteri Wode de Fettercairne, *patris,*—in terris et villa de Eister Strath vocatis Litill Strath, infra parochiam de Fettercairne.—A. E. 20*s.* N. E. 4*l.*   iii. 245.

(21)   Apr. 30. 1607.

DOMINUS IOANNES WISCHART de Pittarow miles, *hæres* Domini Iohannis Wischart de Pittarrow militis, *patris,*—in terris dominicalibus lie Maynes de Pittarrow ;—terris de Wastertoun de Pittarrow ;—Meikill et Litill Carnabegis ;—Eister et Wester Wit-

tounis cum molendino, et privilegio liberæ forrestæ infra omnes bondas dictarum terrarum ;—advocatione ecclesiæ de Fettercairne, rectoriæ et vicariæ ejusdem ;—salmonum piscatione in aqua de Northesk pertinente dimidietati terrarum de Warbertoun, &c. extendente ad piscationem 2 cymbarum lie twa Cobillis et 2 retium, ex ambabus partibus et lateribus dictæ aquæ, unitis in baroniam de Pittarow :—A. E. 4*l.* N. E. 16*l.*—terris de Balfoure ;—terris de Cowlie, cum multuris ejusdem in parochia de Fordoun :—A. E. 4*l.* N. E. 16*l.*—molendino de Conwathe, et villa molendinaria lie Maltoun :—E. ...,...,—terris et baronia de Ridhall, viz. Balfeiche, Reidhall, et Pittingardner, cum molendino de Balfeiche, jacentibus infra regalitatem de Abirbrothock :—A. E. 9*l.* N. E. 12*l.*—terris de Kirktoun de Newdosk cum bruerio ;—terris de Newdosk communiter nuncupatis terris de Banharie, in baronia de Rescobie et regalitate Sancti Andreæ :—A. E. 36*s.* 8*d.* N. E. 7*l.* 6*s.* 8*d.*—crofta jacente prope templum de Fordoun vocata Diraycroft, et capella jacente in cimeterio de Fordoun vocata Sanct Palladeis Chapell :—E. ....—omnibus unitis in baroniam de Pittarrow.   iv. 61.

(22)   Dec. 19. 1607.

ALEXANDER CUMMYNG, *hæres masculus* Alexandri Cummyng de Culter, *patris,*—in terris et baronia de Tulliboye tam in proprietate quam tenandria, comprehendente particulares villas, terras, &c. subscriptas, viz. villam et terras de Kilduthie ;—molendinum baroniæ de Tulliboy ;—terras de Waster Drumchrynie, Eister Drumchrynie, Hyrne, Boighill, Lichtwoode, Haltoun, Craigtoun, cum Boigs earundem, et monte de Fair eisdem adjacente ;—terras de Standandstanes ;—villas et terras de Carnquhin, Rewmoir, Tilnabo, Catterloche, et terras vocatas the Eist side of the Myre, in baronia de Cultar per annexationem.—A. E. 5*l.* N. E. 10*l.*—(Vide Aberdeen.)   iv. 146.

(23)   Jan. 29. 1608.

ANDREAS MONCUR de Slaynes, *hæres* Andreæ alias Dand Moncur de Slaynes, *patris,*—in terris de Slaynes, Faildsyid, et Brakes :—A. E. 20*s.* N. E. 4*l.*—dimidia parte terrarum de Blaklawis ;—dimidia parte umbrali villæ et terrarum de Glasland, et quarta parte villæ et terrarum de Fishertoun alias Bredlay, infra baroniam de Kinneff et parochiam ejusdem :—A. E. 20*s.* N. E. 4*l.*—terris villæ ecclesiasticæ de Kinneff :—A. E. 20*s.* N. E. 4*l.*—terris de Blaccokmwir et Kirkburn, in baronia de Roscobie et regalitate Sancti Andreæ.—A. E. 36*s.* 8*d.* N. E. 7*l.* 6*s.* 8*d.*   iv. 132.

(24)   Jan. 3. 1609.

JACOBUS DONALDSONE, *hæres* Magistri Jacobi Donaldsone, advocati coram Dominis Consilii et Sessionis, *patris,*—in annuo redditu 66 bollarum victualium de terris et baronia de Petnamone, olim in baronia de Balmane nunc in baronia de Pitnamone.—(Vide Perth, Fife.)   iv. 273.

(25)   Jan. 9. 1610.

ROBERTUS FORBES de Phyunersie, *hæres masculus* Joannis Forbes de Echt, *filii patrui,*—in 40 solidatis terrarum de Cowlie unitis in baroniam de Echt-Forbes.—A. E. 40*s.* N. E. 8*l.*—(Vide Aberdeen, Banff.)   iv. 279.

(26)   Jan. 10. 1615.

JACOBUS STRAQUHAIN de Monbodow, *hæres* Jacobi Straquhain de Monbodow, *avi,*—in terris et villa de Monbodow in baronia de Reidhall et parochia de Fordoun.—A. E. 20*s.* N. E. 4*l.*   vi. 38.

(27)   Oct. 31. 1615.

MAGISTER ROBERTUS GARDYN, *hæres* Magistri Thomæ Gardyn de Blairtoun, *patris,*—in villa et terris de Chappeltoun, in parochia de Fettercarne.—E. 5*m.*   vii. 5.

(28)   Jul. 2. 1616.

ROBERTUS ARBUTHNOT de Mandynis, *hæres* Joannis Arbuthnot de Mandynis, *patris,*—in terris lie Mans de Mandynis ;—villa et terris de Westertoun de Mandynis, cum molendino et communi pastura montis de Knokhill, in baronia de Mandynis et parochia de Fordoun.—A. E. 3*l.* N. E. 12*l.*   vi. 117.

(29)   Feb. 1. 1617.

ARCHIBALDUS WOOD de Craig, *hæres* Domini Davidis Wood de Craig militis, *patris,*—in baronia de Haltone, comprehendente terras de Hiltoun cum Sieport ejusdem, in parochia de Caterlin ;—dimidietate umbrali molendini de Craigmylne, cum arida multura ejusdem, in parochia de Fordoun, cum aliis terris in Forfar unitis in baroniam de Hiltoun :—A. E. 12*l.* 16*s.* N. E. 50*l.* 4*s.*—villa et terris de Caterlin, cum molendino de Caterlin et Sieport ejusdem, et cymbis alborum piscium, in baronia de Newlandis et regalitate de Aberbrothok.—E. 4*l.*—(Vide Forfar.)   vi. 153.

(30)   Mar. 15. 1617.

CHRISTINA GORDOUN, *hæres portionaria* Jacobi Melvill de

Hervistoun, *avunculi*,—in dimidietate terrarum maneriei de Hervistoun in baronia de Kinneff :—A. E. 20s. N. E. 4l.—dimidietate tenementi et dimidietate 4 croftarum in territorio de Covy infra constabulariam ejusdem.—E. 2s. vi. 202.

(31) Maii 10. 1617.
MAGISTER ANDREAS ARBUTHNOT, *hæres* Roberti Arbuthnot de Littilfuthes, *patris*,—in villa et terris de Littilfuthes, in baronia de Strattonis et parochia de Kinneff.—A. E. 5s. N. E. 20s. vi. 250.

(32) Maii 10. 1617.
GULIELMUS ARBUTHNOT, *hæres* Joannis Arbuthnot de Mandynis, *patris*,—in terris maneriei de Mandynis ;—Westertoun de Mandynis cum molendino, in baronia de Mandynis et parochia de Fordoun.—A. E. 3l. N. E. 12l. vii. 42.

(33) Jul. 31. 1617.
VIOLETA MENZIES, *hæres* Georgii Wod in Abatoun, *avi*,—in dimidietate annui redditus 140m. de villa de Westertoun de Pitcarro (Pitarro ?), in parochia de Fordon. vii. 9.

(34) Jul. 31. 1618.
ALEXANDER THORNETOUN, *hæres* Donaldi Thornetoun burgensis de Edinburgh, *patris*,—in quarta parte baroniæ de Pittaro, cum quarta parte molendini de Cunvay, viz. quarta parte lie Maynes de Pittaro ;—quarta parte de Westertoun de Pittaro ;—quarta parte de Mekle et Litle Carnebegis;—quarta parte de Eister et Wester Wittounes cum quarta parte molendini, infra baroniam de Pittaro et parochias de Fordoun et Fettercarne ;—sexta parte octavæ partis prædictarum terrarum et baroniæ de Pittaro comprehendente terras suprascriptas, in warrantum quartæ partis de Blakness, &c.—A. E. 21s. 8d. N. E. 4l. 6s. 8d. vii. 93.

(35) Sep. 1. 1618.
DOMINUS GEORGIUS KEYTH de Drumtochtie miles, *hæres* Magistri Jacobi Keyth de Halvestoun, *patris*,—in villa et terris de Overcraigie et Lintfauld, in baronia de Craigie et parochia de Eglisgreg.—A. E. 10s. N. E. 40s. vii. 86.

(36) Sep. 1. 1618.
DOMINUS GEORGIUS KEITH de Drumtocti miles, *hæres* Magistri Jacobi Keith de Halvitstoun, *patris*,—in terris de Halwoodstoune, Hilend, ac superioritate de Fischerhill, cum piscationibus salmonum, &c. super arenas vocatas Sanct Siras-sandis ;—terris et villis de Nether Witstoune cum pendiculis earundem, Pettennos, Pittargiis, cum molendino de Nether-Witstoun, et multuris baroniæ de Witstoun, Ailhouscroft, Brierlandis (vel Brewlands) and common brewing of the samyn, et piscaria salmonum ejusdem ;—terris de Lytill Witstoune ;—omnibus in dominio de Lindoiris, baronia de Witstoun, et parochia de Eglisgreg.—E. 100m. vii. 151.

(37) Oct. 6. 1618.
JOANNES COMES MONTROSIÆ, &c. *hæres* Joannis Comitis Montrosiæ, Domini Grahame de Muckdok, *patris*,—in dimidietate villæ et terrarum de Wardrapertonis, in parochia de Eglisgreig.—A. E. 40s. N. E. 8l. vii. 247.

(38) Nov. 7. 1618.
HELENA WYLIE, *hæres portionaria* Jacobi Melvill de Hervistoun, *avunculi*,—in terris et manerie de Hervistoun, in parochia de Kinneff.—A. E. 40s. N. E. 8l. vii. 110.

(39) Aug. 14. 1619.
DOMINUS GEORGIUS KEYTH de Drumtochtie miles, *hæres* Magistri Jacobi Keyth de Halwitstoune, *patris*,—in terris et villa de Netherwitstoune cum pendiculis ejusdem, Pettennis, Pettargiis, et molendino de Netherwitstoune, terris molendinariis et multuris baroniæ de Witstoune, bruerio et terris vocatis Brewlandis et piscationibus ;—terris de Halwitstoune, Hilend, et Fischerhill, cum piscariis super arenas vocatas Sanct Seirrece-sands ;—villa de Littil-Witstoune, in regalitate de Lindoris et baronia de Witstoune. —A. E. 4l. N. E. 16l. vii. 166.

(40) Oct. 5. 1619.
THOMAS BURNET de Leyis, *hæres* Alexandri Burnet de Leyis, *patris*,—in terris et baronia de Leyis comprehendente villam et terras de Callonoch, Canneglerache cum molendino, Clachmoir et Dammis ;—terras jacentes in forresta de Drum extra parkam ejusdem, viz. in terris maneriei de Crathes, cum salmonum piscatione super aquam de Dea, et molendino fullonum de Crathes ;—terris de Leyis, Drumschallo, Lochtoun, cum lacu de Banchorie-yle et piscationibus ejusdem ;—Woodend, Carleith, Candishill, cum molendino granorum baroniæ de Leyis vocato The Nether Mylne ;—terris de Wester Carny :—A. E. 10l. N. E. 40l.—terris baroniæ de Tilliboy, viz. Kilduthy, cum molendino vocato molendino de

Tilliboy ;—villa et terris de Wester Drumferny, Hirne, molendino de Hirne, Vohill, Eister Drumferny, Lochwood, Haltoun, Craigtoun, cum silvia, maresiisque montis de Fair, Mincletis, Standingstanes, Carnyquhin, Ramoir, et Caterloch, et terris vocatis The Eist syd of the Myre :—A. E. 4l. N. E. 16l.—terris et baronia de Muchells cum messuagio, Pittay et Conclahilles, Monthgaitheid, Blakbuttis, Stranathro, Stralethem, Dennabuck, Corthanes, et Greinheidis, cum piscationibus alborum piscium, cymbis piscariis, Fischer landis, et molendino de Muchells, omnibus jacentibus in baronia de Muchells ;—terris et villa de Eister Camphell, Blairheid, Wester Camphell, Ailhous-croft, Cairnomoir, Craigour cum molendino et molendino de Camphell, crofta in Lumphannane et parte montis de Fair ;—villa de Tilliharkie cum pertinentiis vocatis Brigend et Dillivair :—A. E. 6l. N. E. 24l.—omnibus unitis in baroniam de Leyis ;—terris et villis de Pittinkerie, Braithinche, Innercany cum molendino ;—dimidia parte villæ et terrarum de Banchorie-trinitie cum ferrieboat ejusdem, Diracroft, Kinneskie cum superioritate ejusdem in dominio de Aberbrothock et parochia de Banchorie-Trinitie ;—jure patronatus et decimis garbalibus ejusdem parochiæ.—A. E. 4l. N. E. 16l. vii. 204.

(41) Jan. 22. 1620.
DAVID LEVINGSTOUN de Donypace, *hæres* Joannis Levingtoun de Donypace, *fratris*,—in terris de Over Egglismaldie ;—terris de Cauldfauche ;—terris de Prattishauche ;—bina parte villæ et terrarum de Middle Egglismaldie, cum bina parte molendini ;—terris de Nether Egglismaldie cum molendino :—A. E. 44s. 6d. N. E. 8l. 18s.—unitis in baroniam de Craigis.—(Vide Forfar, Stirling, Linlithgow.) vii. 198.

(42) Maii 24. 1622.
ROBERTUS DEMPSTER, *hæres* Magistri Joannis Dempster de Logie-Altoun advocati, *patris*,—in terris de Nether Eglismaldie, per annexationem in baronia de Craigie.—A. E. 30s. N. E. 6l.— (Vide Aberdeen, Fife.) viii. 57.

(43) Jun. 14. 1623.
GILBERTUS MEINZEIS de Pittfoddells, *hæres* Gilberti Menzeis de Pittfoddells, *patris*,—in terris de Maynes de Mariculter ;—terris de Cottoun cum decimis et salmonum piscaria in aqua de Die ;—terris de Blaires, Eistland, Tullieskeith, Eister Tullibuoy, et Eister Eischintillie, cum molendino de Mariculter, et astrictis multuris terrarum et baroniæ de Mariculter ;—silva de Kinteveline infra regalitatem de Torphichen, baroniam et parochiam de Mariculter :—E. 8l.—dimidietate terrarum et baroniæ de Torrie, Balnagask, Lorstoun, Coive, Kincorth, molendini et Ailhouscroft ;—annui redditus 40s. de terris de Banchorie et Ardo ;—annui redditus 18s. 4d. de terris de Kirkhill, cum dimidietate feudorum, firmarum et annuorum reddituum de ruidis, tenementis, et ædificiis de Torrie ;—in dimidietate cymbarum dictæ baroniæ vocatarum ferry boattis et fische boattis cum piscationibus, &c. dimidietate de Abotishall et decimis, infra baroniam de Torry :—E. 29l. &c.— terris de Findoun, cum piscatione et portu de Findoun :—A. E. 4l. N. E. 16l.—terris de Cuikstoun in dicta baronia de Findoun. —E. 5s. viii. 198.

(44) Jul. 6. 1624.
ROBERTUS KEYTH, *hæres* Willielmi Keyth de Seytoun, *patris*,—in terris, domibus et crofta terræ vocata Couparis-croft, in villa de Covye.—E. 10s. *feudifirmæ*. ix. 319.

(45) Nov. 26. 1624.
JOANNES MONCUR de Slains, *hæres* Andreæ alias Dand Moncur de Slains, *avi*,—in terris de Slains, Falsyd et Brekis, in baronia de Eister Kynneff et parochia ejusdem.—A. E. 20s. N. E. 4l. viii. 328.

(46) Maii 5. 1625.
JACOBUS MARCHIO DE HAMMILTOUN, Comes Arraniæ et Cambridge, Dominus Even et Innerdaill, *hæres* Jacobi Marchionis de Hammiltoun, &c. *patris*,—in terris de Glenforquhar, Tibberrie cum molendino earundem, Arndallhous, Denhous, Abbottoun, Mikle-Culbak, Litle-Culbak, Drumsleid, Auchinbley, Kinkell, Newlandis, Blaires, Fotterling cum portu et piscaria, molendino de Fotterling, molendino de Convethe, cum decimis prædictarum terrarum, infra parochiam et baroniam de Newlandis;—burgo de Torrie;—villa de Torrie lie Haly Maynes, Coiff cum manerie, Bannagask, Corstoun, Kincorth ;—cymba vulgo The North ferry boit ;—bruerio lie Ailhous de Torrie ;—Andro Jamesonis Croft ;—molendino de Torrie ;—dimidietate cymbæ de Over Ferry boitt cum piscaria, infra parochiam de Torrie alias Nyg ;—terris de Tullyquhillie, Mallanik, Pittenkerie, Brunthauch, Innerkeny cum molendino, Kyneskie, Diracroft cum decimis inclusis, in baronia de Banchorie-Trinitie et parochia ejusdem ;—terris de Scottistoun, Powburn, Kynneff, et Benholme cum decimis, infra parochiam et baroniam de Newlandis ;—terris de Kirkhill infra parochiam de Torrie alias Nygg ;—terris de Banchoriedrine et Ardo cum decimis inclusis, in-

fra baroniam de Banchorie-Trinitie et parochiam ejusdem ;—terris ecclesiasticis de Monyfuthe cum piscariis earundem ;—piscaria de Montros ;—cymba transportationis vulgo The Ferrie-boitt de Montros, cum quibusdam aliis terris infra vicecomitatus de Forfar, Edinburgh, Aberdeen, Banf, Perth, Nairn, Stirling, Inverness, erectis in temporale dominium de Aberbrothok.—A. E. 200l. N. E. 600l. —(Vide Lanark, Linlithgow, Bute, Stirling, Forfar, Edinburgh, Aberdeen, Bamf, Perth, Nairn, Inverness, Ayr.) ix. 13.

(47) Jul. 29. 1625.
JACOBUS LENOCIÆ DUX, Comes Darnlie et March, Dominus Tarboltoun, Methven, Sanct Androis et Obignie, Magnus Admirallus et Camerarius Scotiæ, hæres Lodovici Lenociæ et Richmundiæ Ducis, &c. patrui,—in dominio et baronia de Sanct Androis comprehendente terras de Chappeltoun ;—terras ecclesiasticas vulgo Kirklands de Bennachtie cum decimis garbalibus ;—terras de Haddo cum decimis garbalibus, et quibusdam aliis terris in Fife, Perth, Forfar, Aberdeen, Edinburgh, Haddington, Berwick, et Linlithgow, erectis in temporale dominium et baroniam de Sanct Androis.—E. 500m.—(Vide Dumbarton, Stirling, Perth, Renfrew, Ayr, Fife, Forfar, Aberdeen, Edinburgh, Haddington, Berwick, Linlithgow, Lanark.) ix. 249.

(48) Maii 31. 1626.
JOANNES FORBES de Balnagask, hæres Magistri Duncani Forbes, patris,—in dimidietate umbralis partis terrarum de Balnagask cum piscaria salmonum de Legret et Powdoun super aqua de Die, infra parochiam de Nig et regalitatem de Abirbrothok :—A. E. .... N. E. ....—tertia parte molendini et terrarum molendinariarum de Balbegno alias molendinùm de Blaklatiche nuncupati.—E. 40s. x. 77.

(49) Mar. 9. 1627.
WILLIELMUS KEYTH, hæres Joannis Keyth de Ravinscraig, patris,—in terris et baronia de Patnamone comprehendente villam et terras de Patnamone, Dronochmyre ;—molendinum granorum de Kincardin ;—molendinum fullonum de Petnamone ;—villam et terras de Reidheuch olim Quhytfield nuncupatas, cum pendiculis de Pitnamone nuncupatis Gallowhillok alias Cokhillis et Stanrihauch cum communi pastura, infra baroniam de Balmane, unitis in baroniam de Petnamone.—A. E. 53s. 4d. N. E. 10l. 13s. 4d. x. 18.

(50) Oct. 2. 1627.
DOMINUS WILLIELMUS FORBES de Monymusk miles baronetus, hæres Willielmi Forbes de Monymusk, patris,—in tertia parte molendini et terrarum molendinariarum de Balbegnot alias molendinum de Blaklauch nuncupati.—A. E. 10s. N. E. 40s. x. 113.

(51) Nov. 1. 1628.
DOMINUS GULIELMUS FORBES de Monymusk, hæres Domini Willielmi Forbes de Monymusk militis baronetti, patris,—in burgo de Torrie ;—terris de Torrie ;—terris de Halymaniscoiff ;—terris de Balnagask ;—terris de Loirstoun ;—terris de Kincothie ;—cymba vocata The North ferrie boitt ;—brasina de Torrie ;—crofta vocata crofta Andreæ Jamesoune ;—molendino de Torrie ;—dimidio cymbæ vocato The half of the Ower Ferrie boit, cum piscaria ejusdem ;—terris de Kirkhill ;—piscatione salmonum in aqua de Dey apud pontem de Dey vocata Poldoun, et piscatione de Lagret, cum dimidio retis piscariæ super vadum dictæ aquæ, et decimis dictarum piscariarum ;—annuis redditibus 13s. 4d. de Kirkhill ;—40s. de Ardo ;—29s. de Ower Ailhous de Torrie, in parochia de Nig ;—decimis garbalibus aliisque decimis ecclesiæ et parochiæ de Nig ;—terris de Banchrie-Devinik et Ardo cum decimis, in parochia de Banchrie-Devinik, unitis in baroniam de Torrie :—A. E. 4l. 13s. 4d. N. E. 18l. 13s. 4d.—in tertia parte molendini et terrarum molendinariarum de Balbegano alias Blaklatche nuncupati :—E. 40s. feudifirmæ:—villa et terris ecclesiasticis de Banchrie-Divinik, in parochia de Banchrie.—E. 5l. 3s. &c. feudifirmæ. x. 234.

(52) Jul. 31. 1629.
DAVID RAMSAY de Balmane, hæres Davidis Ramsay de Balmane, patris,—in terris et baronia de Balmane cum pendiculis vulgo Blairis et Boginnothie nuncupatis ;—villa et terris de Eslie cum pendiculis Burnesyd nuncupatis ;—villa et terris de Wester Straith cum granorum molendino, et pendiculis vulgo Lonshed, Burnetisland et Drumhenrie nuncupatis ;—molendino granorum de Fettercaine ;—annuo redditu 20s. de terris de Fettercairne ;—villa et terris de Seskie (Feskie ?) cum communibus in moris de Luther, Kincardine, Gallowmyre, et Cummok, unitis in baroniam de Balmane.—A. E. 7l. 6s. 8d. N. E. 29l. 6s. 8d. x. 290.

(53) Jan. 12. 1630.
THOMAS CHYNE de Ranestoun, hæres Magistri Patricii Cheyne de Arnage, patris,—in terris de Aquharthies infra baroniam de Findoun.—A. E. 26s. 8d. N. E. 5l. 6s. 8d. x. 317.

(54) Aug. 13. 1630.
JACOBUS WOOD in Tillefontan, hæres Jacobi Wood de Witstoun, proavi,—in terris de Hall de Witstoun :—E. 11l. &c. terris de Fischerhill :—E. 40s.—terris de Hillend :—E. 4l. 10s.—in integro 40m. 3s. 4d. feudifirmæ :—terris de Litle Witstoun :—E. 7l. 13s. 10d.—omnibus infra baroniam dé Witstoun et regalitatem de Lundorris. xi. 237.

(55) Aug. 14. 1630.
ALEXANDER IRWING de Kincowsie, hæres Joannis Irwing de Kincowsie, patris,—in villis et terris de Kincowsie, salmonum piscaria in aqua de Die, cum communi pastura et decimis.—E. 26s. 8d. feudifirmæ. xii. 12.

(56) Oct. 18. 1631.
ALEXANDER STRATOUN feuditarius de Eodem, hæres Joannis Stratoun feuditarii de Eodem, patris,—in terris et baronia de Lawrestoun, cum molendino de Matheris, et multuris prædictarum terrarum et terrarum de Matheris et Pittinnes, cum piscationibus et cymbis lie boattis ejusdem, infra baroniam de Laurestoun :—A. E. 10l. N. E. 40l.—terris et baronia de Disclun, cum petaria lie Peitmoss ac molendinis ejusdem, et salmonum piscatione super aquam de Northesk:—A. E. 3l. N. E. 12l.—terris de Wester Kinneff vocatis Herborscheillis, ac dimidietate terrarum de Glassland et quarta parte terrarum de Fishertoun, cum advocatione capellaniæ de St. Johnn in Kinneff vocatæ Barras :—A. E. 3l. N. E. 12l.—unitis cum aliis terris in Edinburgh et Peebles, in baroniam de Lawrestoun ;—terris de Eister Balfoures, Wester Balfoures, et Inchearbok, cum manerici loco de Balfour, infra baroniam de Newdosk:—A. E. 3l. 6s. 8d. N. E. 13l. 6s. 8d.—terris vocatis The twa Woodtounes cum molendino:—A. E. 40s. N. E. 5l.—terris de Daledis cum salmonum piscariis super aqua de Northesk ;—terris de Strath vocatis Steilstrath cum communitate in mora de Luther : —A. E. 5m. N. E. 20m.—villis et terris de Hill de Cregie, Greinhills, Murehead, Breddislaw, Maxfauld, Gapieshauch cum molendino de Cregie, infra parochiam de Eglesgreig ;—advocatione ecclesiæ parochialis de Fettercairne, infra diocesin Sancti Andreæ :—A. E. 3l. N. E. 12l.—villa et terris de Chappeltoun in parochia de Fettercarne :—A. E. 5m. 12d.—terris de Kirkhauch, Reidheuch, et Craghill in parochia de Eglesgreg :—A. E. 40s. N. E. 8l.—terris de Kirktoun de Newdósk cum brasina, in baronia de Newdosk : —E. 8l. 13s. 4d.—terris dominicalibus de Balbegno, in parochia dé Fettercairne.—E. 22l. 4s. 6d.—(Vide Edinburgh, Peebles.) xi. 245.

(57) Mar. 18. 1632.
DOMINUS ALEXANDER IRWING de Drum miles, hæres masculus Alexandri Irwing de Drum, patris,—in terris annexatis baroniæ de Drum, viz. Parkland de Drum, Parkwodis et terris molendinariis cum 2 chaldris farinæ avenaticæ, pertinentibus dicto Park ;—terris de Quhytrigis et Reidmyre ;—annuo redditu 10m. de terris de Crautoun et Ures, cum quibusdam aliis terris in vicecomitatu de Aberdeen, unitis in baroniam et liberam forestam, baroniam de Drum vocatam :—A. E. 20l. N. E. 80l.—terris de Craigtoun de Peiterculter :—E. 26s. 8d. feudifirmæ.—crofta terræ villæ ecclesiasticæ de Banchorie-ternam, in baronia de Roscobie per annexationem, et vicecomitatibus de Aberdeen et Kincardine respective :—E. 3s. 4d. feudifirmæ:—terris vocatis The Kirkdavach of Strathauchin, Tillilandis, Advachie et Kirktoun de Strathauchin, infra parochiam de Strathauchin :—E. 6l. feudifirmæ :—terris et villis de Strathauchin ex boreali parte de Feuch cum pendiculis vocatis Ovir et Nether Tillilairis, Muirailhous cum molendinis granorum et fullonum ;—terris de Tulligounie, Balquhairne, Schamphar, Larachmoir, Blackhall, Colluncheit, Boig, infra parochiam de Strathauchin :—A. E. 5l. N. E. 20l.—terris de Herine, Eister Drumquhrenie, et pendiculo vocato Muicklattis (Mincklattis ?) in baronia de Culter-Cumyng per annexationem.—A. E. 20s. N. E. 4l.—(Vide Aberdeen, Forfar.) x. 348.

(58) Maii 1. 1632.
DOMINUS ROBERTUS ARBUTHNOT de Eodem, hæres Domini Roberti Arbuthnot de Eodem militis, patrui,—in 2 nonis partibus terrarum de Innerbervie vocatis Halgrein, cum particatis lie rudis et molendino ;—2 nonis partibus terrarum de Innerbervie nuncupatis Brucelandis alias Barneholl (vel Burnhill), cum tertia parte molendini earundem, et annuis redditibus particatarum lie Ruids de Innerbervie, et piscaria salmonum in aqua de Bervie ad dictas terras pertinente, ac piscaria alborum piscium in lie poirt de Gourdoune ;—annuo redditu 5s. de terris de Birnie ;—annuo redditu 20s. de terris de Stane de Benholme.—A. E. 26s. 8d. N. E. 5l. 6s. 8d.—piscaria salmonum et aliorum piscium super littora marina lie Sea Shoir subtus dictam villam de Innerbervie :—E. 13s. feudifirmæ:—communitate et communi mora de Innerbervie :—E. 10s. feudifirmæ :—unitis in baroniam de Arbuthnot ;—nona parte terrarum de Innerbervie nuncupata Brounsyde, cum crofta in villa, burgo, et territorio de Innerbervie nuncupata Mylndaill :—A. E. 6s. 8d. N. E. 26s. 8d.—piscatione salmonum et

alborum piscium super aqua de Bervie ;—advocatione et jure patronatus ecclesiarum quæ olim fratribus Ordinis Carmelitarum pertinuerunt prope burgum de Innerbervie ;—2 nonis partibus terrarum de Silleflett in Innerbervie, cum rudis burgalibus, &c. et annuis redditibus, firmis burgalibus, aliisque annuis firmis;—2 nonis partibus molendini de Innerbervie, quæ dictis fratribus pertinuerunt ;—piscatione salmonum et aliorum piscium super dicta aqua de Bervie ;—portu et navali hospitio de Gourdoun :—E. 30*l*. 1*s*. 8*d*.—terris infra territorium burgi de Innerbervie vocatis lie Chaplanes chappelaniæ de Cubie (vel Cawie) ;—2 rudis terrarum in Burghauche dicti burgi ;—2 rudis terrarum prope dictum burgum ;—2 rudis terrarum ex australi parte de Cowgait de Innerbervie ;—torreo vulgo Kill ;—2 rudis terræ arabilis vulgo Quhytruides appellatis, ex australi parte lie Kowgait dicti burgi; —1¼ ruda terræ arabilis ex boreali parte lie Kowgait dicti burgi vocata Fogman ;—4 rudis terræ ex boreali parte lie Kowgait ; —annuo redditu 20*s*. de terris ex boreali parte lie Cowgait ;—annuo redditu 20*s*. de terris ex orientali parte communis viæ dicti burgi ;—annuo redditu 12*s*. de terris ex boreali parte de Seagait dicti burgi ;—annuo redditu 9*s*. de terris ex australi parte de Mercat gait dicti burgi, prædictis annuis redditibus ad dictos prædicatores Carmelitanos olim etiam spectantibus :—E. 3*l*. 6*s*. 8*d*.—terris de Kirktoun de Arbuthnot, cum salmonum piscaria in aqua de Bervie, infra parochiam de Rescobie et regalitatem Sancti Andreæ : —E. 3*l*. 6*s*. 8*d*. *feudifirmæ* :—terris templariis de Kinneff, infra parochiam de Kineff.—A. E. 1*s*. N. E. 4*s*. xi. 265.

(59) Jul. 27. 1632.
JACOBUS COMES DE MONTROIS, Dominus Grahame et Muckdock, *hæres* Domini Roberti Grahame, *patrui*,—in terris ecclesiasticis de Eglisgreig vocatis Kirksyd cum decimis ;—piscaria salmonum et decimis earundem, infra parochiam de Eglisgrig.—E. 5*l*. 4*s*. 4*d*. *feudifirmæ*. xii. 121.

(60) Jan. 29. 1633.
DOMINUS JOANNES WISHART de Pittaro miles, *hæres* Domini Joannis Wishart de Pittaro militis, *patris*,—in molendino de Conveth cum villa molendinaria lie Mylntoun, in regalitate de Aberbrothock.—E. 10*m*. *feudifirmæ*. xiii. 185.

(61) Feb. 16. 1633.
ALEXANDER STRAUCHINE de Goeseslie, *hæres* Joannis Strauchane de Goeseslie, *patris*,—in terris de Goeseslie in thanagio de Fettercairne et parochia de Aberluthnot :—A. E. 15*s*. N. E. 3*l*. —molendino de Over Balmakewine nuncupato molendino de Lutheris cum multuris, in thanagio de Aberluthnot.—E. 10*m*. xiii. 194.

(62) Apr. 30. 1633.
ROBERTUS ARBUTHNOTT, *hæres* Domini Roberti Arbuthnott de Eodem militis, *patris*,—in terris et baronia de Arbuthnott comprehendente terras dominicales de Arbuthnott, cum molendino de Arbuthnott et villa molendinaria ejusdem, Pethill, Elpetie, Drumzochar, Auldkeok, Caldcoitts, Brungishill, Garrittismyre, Brigend, Ladnaskeyne, Montgoldrum, Pitforthie, Meikle-Fiddes cum molendino, Collistoun, Metlawhill, Threipland, Leise, Pitcarlis, Dunravin, Craighill, Cowffurde, Quhytfeild, Bamff, cum molendino fullonum et Brundisland, piscariis aquæ de Bervie et jure patronatus ecclesiæ de Arbuthnott ;—terras de Arduthie, Auchinhoche (vel Auchinzoche), Greincastell, Porterhauche, et Portercroft :—A. E. 20*l*. N. E. 80*l*.—terras de Portertoun et Orchertoun, cum pastura et privilegio fodiendi glebas in moris de Strathfindlo et Cammoke :—A. E. 20*s*. N. E. 4*l*.—2 nonas partes terrarum de Innerbervie vocatas Halgrein, cum particata vulgo ruidis et molendinis earundem;—binas nonas partes de Innerbervie nuncupatas Brucelandis alias Barnehill, cum tertia parte molendini, annuorum reddituum, particatarum lie Ruidis de Innerbervie, cum piscaria salmonum in aqua de Bervie ad dictas terras pertinente, et piscaria alborum piscium in port de Gairdoun ;—annuum redditum 5*s*. de terris de Bervie ;—annuum redditum 20*s*. de terris de Staine de Benholme :—A. E. 26*s*. 8*d*. N. E. 5*l*. 6*s*. 8*d*.—piscariam salmonum super littora marina lie Seaschoir subtus prædictam villam de Innerbervie, cum potestate utendi cymbis et retibus super dictam aquam :—E. 13*s*.—communitatem et commune morum de Innerbervie, cum privilegiis :—E. 10*s*.—omnes prius unitas in baroniam de Arbuthnett ;—in terris, &c. quæ olim fratribus ordinis Carmelitarum situatis prope burgum de Innerbervie, quovis modo pertinuerunt ;—et præsertim in 2 nonis partibus terrarum de Sillieflet et Innerbervie cum rudis burgalibus, &c. tam infra quam prope burgum de Innerbervie et communi pastura ;—2 nonis partibus molendini de Innerbervie, cum piscatione salmonum aliorumque piscium super aqua de Bervie ac in ostio et faucibus ejusdem, et potestate ædificandi lie Cruiffis super easdem aquas, et habendi cymbas piscarias super prædicta aqua in ostio ejusdem ;—portu, statione et navali hospitio de Gairdoun cum custumis et tholis, et potestate habendi et ædificandi granaria :—E. 30*l*. 1*s*. 8*d*.—terris jacentibus infra territorium dicti burgi de Innerbervie, vulgo Chap-

lands capellaniæ de Cowie, cum domibus, terris, rudis, annuis redditibus quæ quondam ad prædicatores Carmelitanos olim spectabant, omnibus infra parochiam de Kynneff :—E. 3*l*. 6*s*. 8*d*.—terris et baronia de Carnetoun alias Fordoun nuncupata, continente terras subscriptas, viz. terras de Convalie, Fordounflat, molendinum de Carnetoun alias molendinum de Pitranny nuncupatum et brewtak, juxta ecclesiam de Fordoun, cum libertatibus villæ de Fordoun in liberum burgum baroniæ erectæ, infra diocesin Sancti Andreæ :— A. E. 5*l*. N. E. 20*l*.—terris de Cowlie, infra parochiam de Fordoun, prius unitis ad baroniam de Arbuthnot :—A. E. 40*s*. N. E. 8*l*.—terris de Kirktoun de Arbuthnot, cum piscaria salmonum in aqua de Bervie, in baronia de Rescobie, infra regalitatem Sancti Andreæ :—E. 3*l*. 6*s*. 8*d*.—terris ecclesiasticis de Kynneff, cum maneriei loco vocato Quhissilberie, cymba piscaria lie fischebott et albis piscationibus earundem, in baronia de Rescobie, regalitate Sancti Andreæ et parochia de Kynneff.—E. 5*l*. 13*s*. 4*d*.—(Vide Fife.) xiii. 83.

(63) ⋯⋯⋯⋯
MARGARETA KEITH sponsa Davidis Barclay de Matheris, *hæres portionaria* Magistri Alexandri Keith de Benholme (vel Phaisdo), *patris*,—in quarta parte terrarum infrascriptarum, viz. terris et baronia de Benholme comprehendente terras dominicales vulgo Maynis de Benholme ;—villas et terras de Over et Nether Knoxes, Forgie, Greinleyes, Inchemedden, Tulloch ;—villam et terras de Kirktoun de Benholme, cum molendino et pendiculo dictarum terrarum vulgo Hairmuir (vel Bairmuir) nuncupato, cum illa domo vulgo Girnell, horto et clausura ejusdem, jacentibus prope urbem de Guirdoun, cum advocatione et jure patronatus ecclesiæ parochialis de Benholme rectoriæ et vicariæ, jacentibus in baronia de Benholme, et parochia ejusdem :—A. E. 50*s*. N. E. 10*l*.—binis partibus terrarum de Arbirnie, viz. orientali et occidentali tertiis partibus earundem jacentibus ut supra :—A. E. 10*s*. N. E. 40*s*.— terris et baronia de Pettnamoone comprehendente villas et terras de Pettnamoone, Dronochmyre, molendinum granorum de Kincairdyne, cum molendino fullonum de Petnamoone ;—villas et terras de Reidheuch olim Quhytfield nuncupatas ;—cum illis pendiculis de Pettnamoone vulgo Gallowhillok alias Cockhillis et Stanriehauch nuncupatis et communi pastura in moris et maresiis de Luther, Kincardyne, Gallowmuir, et Cammok, et in ac super communem montem supra Fesky, olim in baronia de Balmane, nunc in dicta baronia de Petnamoone et parochia de Fourdoun :—A. E. 13*s*. 4*d*. N. E. 53*s*. 4*d*.—villis et terris de Phaisdo, Brodland ;— villa et terris de Auchcairnie cum molendino granorum de Phaisdo et terris molendinariis ;—maneriei loco de Phaisdo, in parochia de Fordoun :—E. 31*s*. 8*d*.—omnibus unitis in baroniam de Benholme; —terris de Brothertoun, viz. terris dominicalibus vocatis Maynis de Brothertoun ;—terris de Muirtoun de Brothertoun ;—terris de Johnesheaven cum piscationibus, cymbis piscariis, lie fisherlandis et girnelhous earundem, in parochia de Benholme et baronia de Garwock ;—media tertia parte vulgo Mid Thrid pairt terrarum et villæ de Arbirnie, in parochia de Benholme :—A. E. 10*s*. N. E. 40*s*.— terris templariis vulgo Temple landis de Benholme, jacentibus ut supra :—E. 9*d*.—terris, toftis, croftis, hortis, domibus, hostillariis, et brueriis de Auchcairnie, extendentibus ad 7¼ acras et 6 ulnas, vulgo ane single fall nuncupatis, infra territorium seu constabulariam de Kincardine, cum vulgo lie Loning extendente ad 12 ulnas in latitudine.—E. ⋯⋯⋯⋯ xii. 146.

(64) Apr. 25. 1634.
ELIZABETHA KEITH sponsa Magistri Willielmi Wischart rectoris ecclesiæ de Restalrig, *hæres* Magistri Alexandri Keith de Phaisdo, *patris*,—in terris et baronia de Benholme comprehendente terras dominicales vulgo Maynis de Benholme ;—villas et terras de Over et Nather Knokis, Forgie, Greinleyes, Inchmedden, Tulloche ;—villam et terras de Backtoun (Kirktoun?) de Benholme cum molendino, et pendiculo dictarum terrarum vulgo Hairmure nuncupato, et domo vocata Girnell, horto, et clausura ejusdem prope urbem de Guirdoun ;—advocatione ecclesiæ parochialis parochiæ de Benholme, rectoriæ et vicariæ, in baronia et parochia de Benholme :—E. ⋯⋯⋯⋯—binis partibus terrarum de Arbirnie, viz. orientali et occidentali tertiis partibus earundem, jacentibus ut supra ;—terris et baronia de Petnamoone, comprehendente villas et terras de Petnamoone, Dronochmyre, molendino de Kincardyne, cum molendino fullonio de Pitnamoone ;—villas et terras de Reidheuch olim Quhytfeild, cum illis pendiculis de Pitnamoone vulgo Gallowhillock alias Cokhillis et Stanriehauch nuncupatis, cum communi pastura in moris et maresiis de Luther, Kincardyne, Gallomure, et Cammok, et super montem communem supra Fesky ;— olim jacentibus in baronia de Balmaine, nunc vero in baronia de Pitnamoone, parochia de Fordoun :—E. ⋯⋯⋯⋯—villa et terris de Phaisdo, Brodland ;—villa et terris de Auchcairnie, cum molendino granorum de Phaisdo et maneriei loco de Phaisdo ;—⋯⋯⋯
⋯⋯⋯⋯⋯⋯⋯⋯⋯⋯⋯⋯⋯⋯⋯⋯⋯⋯⋯⋯⋯⋯
⋯⋯⋯⋯⋯⋯⋯⋯⋯⋯⋯⋯ xii. 189.

B

(65) Jan. 22. 1636.
JACOBUS WOOD de Balbegno, *hæres* Joannis Wood de Balbegno, *fratris*,—in terris dominicalibus vulgo Maynes de Balbegno, cum molendino et piscaria, in parochia de Fettercairne ;—thanagio et baronia de Fettercairne ;—terris de Balerno et astrictis multuris earundem, Coldcoitt alias Tillifontem, Bonakettle, et Stranossen, Akers, Ruides, et terris de Fettercairne;—molendino de Blaklatch, cum officio Camerariæ et balliatus dictarum terrarum ;—terris de Eister Strath ;—maresiis vocatis Thé Moss de Balmanie, omnibus unitis in baroniam seu thanagium de Fettercairne, in parochia de Fettercairne.—E. 12l. 13s. 4d. xv. 12.

(66) Jan. 22. 1636.
JOANNES COMES DE ROTHES, Dominus Leslie, &c. *hæres* Georgii Comitis de Rothes, Domini Leslie, &c. *abavi proavi*,—in terris de Petnamoone, cum molendinis de Kincardyne et Fettercairne, infra parochiam de Fordoun.—A. E. 53s. 4d. N. E. 10l. 13s. 4d. xv. 44.

(67) Jan. 27. 1636.
DOMINUS GILBERTUS RAMSAY miles baronettus de Balmaine, *hæres* Davidis Ramsay de Balmaine, *patris*,—in terris et baronia de Balmaine, viz. terris et villa de Balmaine cum pendiculo earundem vulgo Blaires de Bogminothie nuncupato;—villa et terris de Eslie cum pendiculo Burnsyde nuncupato ;—villa et terris de Wester Strath, cum molendino granorum, et pendiculis vulgo Lonsched, Burnettisland, et Drumhenrie nuncupatis ;—molendino granorum de Fettercairne ;—annuo redditu 20s. de terris de Fettercairne, villa et terris de Feskie cum communibus in moris de Luther, Kincardine, Gallowmyres, et Cammok, et communi monte supra Feskie, omnibus unitis in baroniam de Balmaine :—A. E. 7l. 6s. 8d. N. E. 29l. 6s. 8d.—occidentali tertia parte villæ et terrarum de Pitgarvie ;—villa et terris de Newbigging, comprehendentibus terras vocatas Todhoillis et partem wardæ vulgo Waird de Arnbarrow ;—villa et terris de Crithiburne, cum communitate in moris ut supra ;—bina parte villæ et terrarum de Pitgarvie, cum molendino fullonum et Walkmylnelands, infra parochiam et thanagium de Aberluthnot :—E. 40s.—villa et terris de Jackistrath infra parochiam de Fettercairne :—A. E. 20s. N. E. 4l.—terris molendinariis de Blacklatch ;—villa et terris de Thanistoun et Loneley ;—villa et terris de Cowthill ;—villa et terris de Dillatie ;—3 aratris terrarum de Fodra ;—villa et terris de Greingaittes ;—villa et terris de Hairstainmure ;—villa et terris de Ballandmure (vel Braelandmure) ;—villa et terris de Sandiehillok ;—terris molendinariis de Blacklatch, in baronia de Fettercairne :—E. 12l. 13s. 4d.—tertia terrarum de Heland-Agoyne ;—tertia parte longæ et brevis Haltounes :—A. E. 40s. N. E. 8l.—terris de Over-Craignestoune comprehendentibus villas et terras de Goskihill et Barehill :—E. 6l.—terris templariis :—E. 3s. 4d.—crofta terræ nuncupata Paroche-croft et Diraland de Fettercairne.—A. E. 10s. N. E. 40s. xv. 35.

(68) Déc. 17. 1636.
ANDREAS RAITT, *hæres* Magistri Davidis Raitt Primarii Collegii Regalis Veteris Aberdoniæ, *patris*,—in villis et terris de Over et Nether Balmakewins, cum pastura et piscaria salmonum super aqua lie Northwater, in thanagio de Fettercairne et parochia de Aberluthnot.—E. 10l. *feudifirmæ*. xv. 151.

(69) Apr. 25. 1637.
ANDREAS DOMINUS FRASER, *hæres masculus* Andreæ Domini Fraser, *patris*,—in terris et baronia de Durris comprehendentibus terras dominicales lie Maynis de Durris ;—villas et terras de Kinclunis, Balfour, Densyid, Brakmonth ;—villam et terras de Castletoun de Durris cum monte castri ejusdem, Pitcoutounes, Strachie, Meikle Tulloche, Litill Tulloche ;—villas et terras de Calladrum, Smiddie, et Smiddie croft, Wester Dorres, Mylnetoun de Dorres ;—villas et terras de Balladrum, Darnefuird, Lechtane, Spyhilles, et Cloddis ;—villam et terras de Wester Eschintillies alias nuncupatas Eschintillies Regis, tanquam principales :—A. E. 12l. 12s. N. E. 50l. 8s.—advocatione ecclesiæ parochialis de Durris.—A. E. 20l. N. E. 6s. 8d.—(Vide Aberdeen.) xv. 161.

(70) Oct. 10. 1637.
WILLIELMUS MARISCALLI COMES, Dominus Keith et Altrie, &c. *hæres masculus* Willielmi Mariscalli Comitis, Domini Keith et Altrie, &c. *patris*,—in terris et baronia de Uras cum partibus, viz. villa et terris de Uras et molendino ejusdem ;—Crawtoun cum piscaria ;—terris de Brountoun et Johnnestoune, cum piscaria salmonum super aqua de Cowie et Bervie, et advocatione, &c. prædictarum terrarum ;—terris et baronia de Strauchane et Calpaso cum pendiculis, viz. Aquhinach, Wodend, Balbrydie, Meiklebarnes, Newtoun, Blairydrene, molendino ejusdem ;—Milloche, Eslie, Knockhill, Knockminnany, Auquhorsk, Gellan, Hauch de Gellan molendino de Carnay, molendino fullonum de Gellan, Pitredlie, Tempiltoun, Murehauch, Broomehauch, Delphro, Hed-

driehauch, Spittleburne, Nuthyhauch, Pontoun de Dy, Hunthillok, Glendy, molendino ejusdem, Colliescorce, Tilliequhomrie, Baldelphine, Schannell, Strathy, Balblyth, Muirailhous ex australi parte aquæ de Feuch, Dilbreok, Hillockes ejusdem, Newhauch, molendino ejusdem, Fingleynies, Mauldscheill, Craigiecuthill cum salmonum piscaria ejusdem super aquas de Die, Dy, Feuch, et Aven ;—villis et terris de Collonirth, Bog, molendino fullonum ejusdem, Tirrelud, Gaitsyde, Blakhall, Ardlever, Shampheir, Balquhairne, Kirktoun, Larachemore, Tilliegounie, Over Tillielaw, Muirailhouse ex boreali parte aquæ de Feuche, Ailhouscroft ejusdem, Smiddiecroft ejusdem, et molendino granorum, cum aliis terris in Haddington, Aberdeen, Banff, et Linlithgow, unitis in dominium et baroniam de Innerugie :—A. E. 100l. N. E. 400l.—dominio et baronia de Dunnotter, comprehendente terras de Gallowtoun, Lochburne, Lochsyde, Fuird de Bredie ;—terras de Stanehevin, cum libero portu, pecuniis portuariis vulgo Hevin Silver, &c.—St. Ninianes Den ;—St. Ninianes Chapell ;—molendinum de Stainhevin ;—molendinum de Glaslo ;—Newtounleyes, Todelholles, Newtoun, Chappeltoun ;—villas et terras de Tortrestoun, Buchlaw, Scotismylne ac montem Ravenscraig nuncupatam ;—terras de Dunnehilles, Dennis, Ailhoushill ;—terras et baroniam de Brodland de Ratray, Rachnoquhe, Carnglas, Cardnes, Mylnehill, molendinum de Cremond cum advocatione prædictarum terrarum, in vicecomitatibus de Kincardine et Aberdin respective :—A. E. 5l. N. E. 20l.—terris et baronia de Fetteresso cum pendiculis, viz. piscaria baroniæ de Fetteresso super aquas de Fetteresso et Cowie ;—terris de Ravensnab, Glentoun, Ruttoun, Rumblozen, Auquhollie, Smallburne, Cowtoun cum molendino, Bogfairne, Tilliesnaulie, Wester Cheyne, Eister Cheyne, Ferrachie, molendino de Ferrachie alias the Mylnes of Forrest, Kirkburne, Fetheres, Touchie, Glaslo, Over Craigie, Nether Craigie, Clochnahill, Blakbalk, Elfhill, Grames, Bray de Fetteresso, Hobschaw, Boiges, cum jure patronatus prædictarum terrarum, jacentibus in vicecomitatibus de Kincardine et Aberdeen respective :—A. E. 20l. 5s. N. E. 60l. 15s.—terris et baronia de Garvock cum pendiculis earundem super aqua de Bervie ;—terris dominicalibus et pendiculis, viz. villis et terris de Artherhous, Scheilles, Henstoun, Cullardo, Tullo, Reidfuird, Balhagartie, Brediestoun, Ravinscha, Smeddiehill, Barnehill, Brumetoun, Falconesleyes, Johnstoun, Unthank, Clettoun, Craig, Pettie et molendino earundem, Dava, molendino de Garvock, Stane de Benholme, Erbirne, Brothertoun, Muirtoun, Eister Matheres, Wester Matheris, cum advocatione terrarum prædictarum, in vicecomitatibus de Kincardine et Aberdeen respective :—A. E. 20l. N. E. 80l.—hæreditario officio vicecomitatus de Kincardyne et constabulariæ de Kincardyne, Cowie, Durris, cum privilegiis earundem et domibus, &c. circa villam de Cowie, cum forresta de Cowie vocata forresta de Month ;—villis, terris, et croftis de Kincardyne, Gallowhillstoun, et Pamphray, Manstoun, cum advocatione capellaniæ Divæ Catherinæ, et libertate liberi burgi de Kincardyne, jacentibus in vicecomitatibus de Kincardine et Aberdeen respective :—A. E. 3l. N. E. 12l.—omnibus prærius unitis in baroniam de Dunotter ;—terris de Lochburne cum advocatione Archidiaconatus de Brechin comprehendentibus ecclesiam de Strachane cum decimis.—A. E. 4s. N. E. 16s.—(Vide Haddington, Banf, Aberdeen, Linlithgow.) xv. 253.

(71) Mar. 17. 1638.
DAVID LINDSAY de Edzell, *hæres masculus* Alexandri Lindsay portionarii de Edzell, *filii*,—in terris, dominio, et baronia de Glenesk, continentibus terras et baroniam de Newdosk cum molendinis et piscationibus, privilegio burgi baroniæ et advocatione ecclesiæ de Newdosk :—A. E. 40s. N. E. 8l.—mineralia auri, argenti, æris, plumbi, stanni, aliaque metalla infra bondas baroniarum de Glenesk, &c.—E. *decima pars earundem :*—unitas cum terris in Forfar in baroniam de Glenesk ;—terris templariis de Newdosk vulgo nuncupatis Dowcroft alias Brewtak de Newdosk in parochia de Newdosk, cum officio balliatu prædictarum terrarum templariarum de Newdosk et regalitatis de Torphichen, infra bondas earundem :—A. E. 3s. 4d. N. E. 13s. 4d.—unitis in baroniam de Glenesk.—(Vide Forfar.) xiv. 188.

(72) Aug. 30. 1638.
GILBERTUS COMES DE ERROLL, Dominus Hay, Magnus Regni Scotiæ Constabularius, *hæres* Willielmi Comitis de Erroll, Domini Hay, Magni Regni Scotiæ Constabularii, *patris*,—in terris et baronia de Cowie, cum aliis terris in Aberdeen, Perth, Fife, et Forfar unitis in baroniam de Erroll.—A. E. 190l. N. E. 500l.—(Vide Aberdeen, Perth, Fife, Forfar.) xv. 285.

(73) Jan. 28. 1642.
ALEXANDER COVIE in Coschnay, *hæres* Joannis Covie in Reidmyre, *patris*,—in terris de Coschnay ;—terris de Auchlochter, Knokbank, et terris templariis de Coschnay, infra baroniam de Mandynis et parochiam de Fordoun.—A. E. 40s. N. E. 8l. xvi. 196.

(74) Apr. 12. 1642.

WILLIELMUS DOUGLAS, *hæres* Magistri Georgii Douglas doctoris divinitatis, et fratris germani domini Willielmi Douglas de Glenbervie militis baronetti, *patris*,—in villis et terris terrarum et baroniæ de Glenbervie subtus specificatis, viz. terris terrisque dominicalibus de Glenbervie, cum pendiculo nuncupato Backfeild, et molendino de Glenbervie ;—villa et terris vocatis Halkhill ;—villa et terris de Quarrellhill ;—villa et terris de Inches ;—villa et terris de Over Kynmonth et parte vocata Bogburne ;—villa et terris de Nether Kynmonth ;—villa et terris de Drumlithie vocatis Intoun de Drumlithie ;—villa et terris de Out-toun de Drumlithie vocatis Candie, Blacksnab, et France ;—privilegio liberi nundini et fori hebdomadarii die Jovis in villa de Drumlithie ;—jure patronatus ecclesiæ de Glenbervie et aliorum beneficiorum ;—superioritate terrarum de Allagevin, omnibus infra baroniam de Glenbervie pro principalibus ;—partibus dictarum terrarum de Glenbervie vocatis Pildrithie, Falsyd, Newmilne, et Hairwood, in warrantum molendini de Glenbervie.—A. E. 10*m.* N. E. 40*m.* xvi. 297.

(75) Apr. 27. 1642.

JOANNES COMES DE ROTHES, Dominus Leslie, *hæres* Joannis Comitis de Rothes, Domini Leslie, &c. *patris*,—in terris de Dunlopies cum advocatione ecclesiarum:—A. E. 19*l.* N. E. 39*l.* —terris et baronia de Balmanie et Wodfeild cum advocatione ecclesiarum :—A. E. 10*l.* N. E. 30*l.*—unitis in baroniam de Ballinbreiche.—(Vide Perth, Forfar, Fife, Elgin et Forres, Aberdeen, Inverness.) xvi. 258.

(76) Maii 27. 1642.

JACOBUS ALLARDES de Eodem, *hæres* Joannis Allardes de Eodem, *patris*,—in terris et baronia de Allardes cum molendino comprehendentibus terras de Litill Barras et Leyes :—A. E. 10*l.* N. E. 40*l.*—terris et baronia de Pitcarie cum terris dominicalibus ejusdem ;—terris de Cloach et Classindrum :—A. E. 5*l.* N. E. 20*l.* —unitis in baroniam de Allardes. xvi. 273.

(77) Jan. 9. 1644.

MAGISTER JACOBUS SKEIN de Ramoir, *hæres* Magistri Gilberti Skein de Ramoir, *patris*,—in terris de Carinquhin, Ramoir, Caterloche et Tillebo.—A. E. 40*s.* N. E. 8*l.* xviii. 57.

(78) Sep. 6. 1644.

THOMAS COLLINSOUN de Auchinlownies, *hæres masculus* Thomæ Collinsoun de Auchinlownies, *patris*,—in terris de Auchinlownie cum salmonum piscaria in aqua de Dee, infra baroniam de Mariculter, dominium et regalitatem de Torphichen :—E. 26*s.* 8*d.* —decimis garbalibus prædictarum terrarum :—E. 13*s.* 4*d.*—tenemento in villa de Torre et infra regalitatem de Aberbrothok.—E. 24*s. feudifirmarum.* xviii. 82.

(79) Maii 4. 1647.

JACOBUS BOYTAR de Netherliff, *hæres* Jacobi Boytar senioris ballivi de Dundie, *patris*,—in octava parte et sexta parte alterius octavæ partis terrarum et baroniæ de Pittaro, viz. terrarum dominicalium de Pittaro ;—terrarum de Westertoun de Pittarro ;—terrarum de Mekle et Litle Cairn'begges ;—terrarum de Eister et Wester Woodtounes et molendini ;—octava parte et sexta parte alterius octavæ partis molendini de Conveth, cum terris molendinariis, in warrantum partium terrarum de Blaknes in vicecomitatu de Forfar.—A. E. 11*s.* 8*d.* N. E. 46*s.* 8*d.*—(Vide Forfar.) xix. 54.

(80) Jul. 20. 1647.

DOMINUS ROBERTUS DOWGLAS, *hæres* Joannis Dowglas de Tulliequhillie, *patris*,—in terris de Tilliequhillie, Mallamucke, Mennonye et crofta de Banchorie, in baronia de Banchorie et regalitate de Aberbrothok.—E. 11*l.* 18*s.* &c.—(Vide Forfar.) xix. 80.

(81) Sep. 3. 1647.

JACOBUS LASOUN in Polburne, *hæres* Willielmi Lasoun in Polburne, *patris*,—in villis et terris de Lagevin, Blancerno (vel Blairerno), molendino ejusdem, Badevene, Colden, in baronia de Glenbervie.—A. E. 50*s.* N. E. 5*l.* xix. 162.

(82) Jun. 2. 1648.

JOANNES LYNDSAY de Edzell, *hæres masculus* Davidis Lyndsay de Edzell, *patrui*,—in terris et baronia de Newdosk cum molendinis, per annexationem in baronia de Glenesk ;—advocatione ecclesiæ de Newdosk:—A. E. 40*s.* N. E. 8*l.*—potestate mineralia auri, argenti, æris, plumbi, stanni, infra bondas prædictarum terrarum fodiendi :—E. *decima pars metallorum* :—unitis in baroniam de Glenesk ;—terris templariis de Newdosk vulgo Dowcroft alias Brewtack de Newdosk, cum officio ballivatus prædictarum terrarum templariarum de Newdosk ac regalitatis de Torphichen infra bondas earundem :—A. E. 3*s.* 4*d.* N. E. 13*s.* 4*d.*—omnibus cum aliis terris in Forfar, unitis in baroniam de Glenesk.—(Vide Forfar.) xix. 263.

(83) Maii 11. 1649.

ALEXANDER STRACHANE de Falsyde, *hæres* Alexandri Strachane de Falsyde, *patris*,—in terris de Falsyid et Brex cum pastura super montem nuncupatum Saint Jonshill, et decimis, in baronia et parochia de Kynneff.—A. E. 10*s.* N. E. 40*s.* xx. 83.

(84) Nov. 16. 1649.

MAGISTER DAVID SIBBALD de Kair, *hæres* Magistri Jacobi Sibbald de Kair, *patris*,—in terris et baronia de Mandynes comprehendente terras et villas de Eistertoune et Westertoune de Mandynes et molendinum, Choppiswalls, terras de Coschnay, Knokbank, Auchlochter, et Knokhill ;—terras dominicales de Kair et molendinum ;—terras de Castletoune, Watistoune, et Burnehous :—A. E. 10*l.* N. E. 40*l.*—erectas in baroniam de Mandynis. xx. 123.

(85) Dec. 28. 1652.

JOHNE IRWING of Kincawssie, *heir* of Alexander Irwing of Kincaussie, *his father*,—in the toun and landis of Kincaussie, with salmound fishing upon the water of Die, and teynd shaves, within the parochin of Marie-coultar :—O. E. 1*l.* N. E. 4*l.*—the toun and landis of Auchquhorties, with the pendicles called Sheillis of Meikle Achlie and Brunthillock, and milne of Auchquhorties, within the parochin of Banchorie-Davnick and barony of Findoun.—O. E. 2*l.* N. E. 8*l.* xxi. 290.

(86) Mar. 18. 1653.

ISSOBELL GRAHAME dauchter to Harie Graham, *heir portioner* of Richard Grahame of Hospitall, *her grand uncle*,—MARY CHAPMAN dochter to Elizabeth Grahame douchter to the said Harie, *heir portioner* of the said Richard Grahame of Hospitall, *her grait grand uncle*,—in the lands of Hospitall-sheills, within the parochine of Aberluthnet.—E. 1*l.* xxi. 163.

(87) Mar. 10. 1654.

ALEXANDER BURNET of Leyis, *heir* of Sir Thomas Burnet of Leyis knicht, *his gudser*,—in the landis and barony of Leyis comprehending the lands and toun of Colonach, Cannaglerach with the milne, Clashmoore de Damns ;—the lands lyand in the forrest of Drum without the park therof, to witt the landis and maner place of Crathes, with salmound fishing upon the water of Die adjacent to the saidis landis, and walkmilne of Crathes ;—the landis of Leyis, Drumshelloch, Lochtoun with the loch of Bancharie, yle therof and fishing, Woodend, Carleith, Candishill, with the corne milne of the barony of Leyis called the Nether Milne ; —the landis of Westercairny :—O. E. 10*l.* N. E. 40*l.*—the landis and barony of Tilliboy, to witt, Kilduthie with the milne of Tilliboy ;—the toun and landis of Wester Drumsreine, Hirne, milne of Hirne, Bodhill, Eister Drumsreine, Lightoun, Hattoun, Craigtoun, with the woodis and maris of the hill of Fair, Minclettis, Standingstanes, Cairnwhinne, Ramoire, and Katerloche ;—the landis called the Eister-syd of the myre :—O. E. 4*l.* N. E. 16*l.*—the barony of Muchalls, Pittayet, Coutlahillis, Monthgetheid, Blakbuttis, Stranathroe, Strulothan, Dennabak, Corthanes, Agreinheids, with the whyt fishing boatis, and mill in the barony of Muchalls:—O. E. 6*l.* N. E. 24*l.*—the landis and toun of Eister Campbell (Campbell), Blairheid, Wester Campbell, Ailhouscroft, Cairnamoore, Cragour, with the milne of Campbell and croft of Lumphanan, with pairt of the hill of Fair ;—the toun of Dilhaikie with the pertinents called the Brigend and Delewday :—E. ....—all unite into the barony of Leyis ;—the landis and tounis of Pittenkerrie, Brathings, Innercanny, with the milne ;—the half toun and landis of Bancharie-trinity, with the ferrie boat, Dirocroft, Kinaskie, with the superiorite therof, in the lordship of Arbroth, and parochin of Bancharie-Trinity, with the right of patronage of the parochin of Banchrie-Trinitie :—O. E. 4*l.* N. E. 16*l.*—the landis of Inwerie, with the half of the landis of the Kirktoun therof, in the lordship of Arbroth, and parochin of Bancharie, in the regality of St. Androes and barony of Rescobie :—O. E. 3*l.* N. E. 12*l.*—the landis and barony of Strachan and Culpersoe with pendicles, to witt, Acquhynnand, Woodend, Balbreddie, Meikle Barnes, Newtoun, Bleredrein and milne, Mullo, Eslie, Knokhill, Pitreddie, Templetoun, Knokgellan, Hauch of Gellan, mill of Calune, Mininy, Afrask, Currenhauch, Walkmill, Murehauch, Broomhauch, Dilfroe, Heddriehauch, Spittelburne, Bridge of Die, Hunthillock, Glenday and miln therof, Nuttiehauch, Colliscors, Tilliquhomrie, Bandelphin, Strathie, Balblyth, Dilbreck, Hillokes, Newhauch therof, with the milne, Finglennies, Mauldishoill, Craig, Cuthill, Carderne, Grein, Aillhous, Cuttishilloch, with the salmound fishing of the saids landis upon the watters of Dee, Dy, and Feuch, and Awan, with the advocatioun of the archdeanrie of Brechin or parochin of Strachan, within the lordship of Inwerugie be annexatioun :—O. E. 20*l.* N. E. 80*l.*—the landis of Clunie, Kennertie, and Brounehill, with the milne of Cluny, within the parochin of Banchorie-Trinity.—O. E. 1*l.* N. E. 4*l.* xxi. 315.

(88) Feb. 27. 1655.
ISSOBELL LOW, *heir* of Johne Low of Litle Balmakellan, *her father*,—in that pairt of the lands of Nether Balmakellan callit the Cottertowne and Cotterlands of Balmakellane, within the parochin of Aberbrothick.—E. 40s. xxiv. 54.

(89) Oct. 21. 1656.
WILLIAM FORFAR eldest lawful son to William Forfar in Gripsoball in Pomerland, *heir* of James Forfar in Scotestoune of Powburne, *his father brother*,—in the toune and land of Henstoune, within the barony of Garvicke.—O. E. 8s. N. E. 32s. xxiv. 128.

(90) Oct. 24. 1656.
ROBERT VICOUNT OF ARBUTHNET, *heir* of Robert Vicount of Arbuthnet, *his father*,—in the lands and barronie of Arburthnet comprehending the dominical lands, &c. of Arbuthnet, milne of Arbuthnet, Peithill, Elpetie, Drumnocher, Aldcaike, Caldcoats, Brungishillis, Garriotsmyre, Brigend, Ladnoskene, Mountgordierume, Pitforthie, Mikle Fiddes, with the milne, Colestoune, Meitlawhill, Threpland, Bayes (vel Kayes), Pitcarles, Dunraven, Craighill, Cowfuird, Whitfild, Bamfe, with the walkmylne, and Brundeslands, and fishings of the water of Bervie;—the fishing in the fresh water from the head parte of the coble pet besydes Slugitie, with advocatioun of the kirk of Arbuthnet and chaplanrie of Sanct Mary Virgyne beneath the said kirk;—the lands of Ardathill, Auchinzocher, Greincastell, Potterhauch, Portercrofts:—O. E. 20l. N. E. 80l.—the lands of Portertoune and Orchartoune, with pasturage and priviledge of peits in the mures of Straithfindlow and Cammoch:—O. E. 20s. N. E. 4l.—tuo nyne parts of the lands of Innerbervie callit Halgreine, with the ruids and mylnes therof;—tuo nyne parts of the lands of Innerbervie called Bruce-lands utherways Barnhill, with the third part of the mylne therof, and yearlie revenues of the ruids of Innerbervie, with salmond fishing in the water of Bervie, and fishing within the port of Gurdoune;—ane yearlie revenue of 5 shilings of the lands of Bervie, and yearlie revenue of 20 shilings of the lands of Staine of Benholme for the astrict multors therof:—O. E. 26s. 8d. N. E. 5l. 6s. 8d.—the salmond fishing, &c. upon the sea shore beneath the village of Innerbervie:—E. 13s. *of feu farm:*—the comontie and comon mure of Innerbervie, with priviledges:—E. 10s *of feu farm:*—all united into the baronie of Arbuthnot;—the lands, mylnes, victuall, and yearlie revenues of the samene with salmond fishing and whyte fishing upon the water of Bervie, and advocatioun of Kirks, whilks of old did appertaine to the Carmiltant brethren neare the burghe of Innerbervie;—tuo nyne parts of the lands of Sillieflet and Innerbervie, with the burro ruds, aikers, &c. within and neare the burghe of Innerbervie, and burgal fermes;—tuo nyne parts of the mylne of Innerbervie, with salmond fishing upon the water of Bervie in the mouth of the said water in salt water and fresh, and powre of bigging croves in the mylne dame therof;—the sea port of Gordoune, with powre of garners and office houses for buying and selling meat, drink, and other merchandize:—E. 30l. 1s. 8d. *of feu farm:*—the lands within the territorie of the burghe of Innerbervie callit Chaplens Chaplanrie of Cowie, with lands, ruds, and yearlie revenues, viz. 2 ruds of land in the burgh-hauch of Innerbervie;—2 other ruds of land;—2 ruds of land;—a kill and malt pot;—2 ruds of land callit Whytruds;—1½ rud of arable land;—4 ruds of land;—ane yearlie revenue of 20s.—20s.—12s. and 9s. quhilks ruds and yeirlie revenues did belong of old to the Carmelite brethren, all within the parochin of Kineffe:—E. 3l. 6s. 8d. *of feu farm:*—the lands and baronie of Carnetoune utherwayes callit Fordoune, conteyning the lands of Convallie, Fordoun-flet, mylne of Carnetoune utherways mylne of Petrinnie, and Brewtak, the kirk of Gordoune, with priviledges of the said village erected into ane frie burghe of baronie, within the dyocie of Saint Androis:—O. E. 5l. N. E. 20l.—the lands of Coulie, within the parochin of Fordoun:—O. E. 40s. N. E. 8l.—the lands of the Kirktoune of Arbuthnet, with salmond fishing in the water of Bervie, within the baronie of Rescobie and regalitie of Saint Androis:—E. 3l. 6s. 8d. *of feu farm:*—the kirklands of Kinneffe with the maner place callit Whilleboate and mylne, fish boat and uther fishings, within the baronie of Rescobie, regalitie of Saint Androis, and parochin of Kineffe.—E. 5l. 13s. 4d. *of feu farm.*—(See Fife.) xxiv. 94.

(91) Oct. 24. 1656.
ANDRO WOOD of Balbegno, *heir* of James Wood of Balbegno, *his father*,—in the maner place of Balbegno with the mylne of Balbegno;—the lands of Balerno and astrictet multors, Caldcoats utherwayes callit Tillifowre, Bonaketill and Strathnosen, Skairruids and lands of Fettercairne;—the croft of land besyde the Nethermylne;—the mylne of Blackelauche, with the office of chamberlanrie and bailyiarie of the said lands;—the lands of Strathester, with libertie in the mure of Luther and moss of Balmayne, and power of pasturage of nolt and sheep, all unit into the barony or

Theinage of Fettercairne, within the parochin of Fettercairne.—E. 12l. 13s. 4d. xxiv. 129.

(92) Feb. 24. 1657.
ROBERT KEITH of Craige, *heir* of Mr. Robert Keith third sone to Mr. James Keith of Woodstoune, *his father brother*,—in the lands of Over Craigie and teynd sheaves thereof, within the parochin of Inglishgraige.—O. E. ...... N. E. ...... xxiv. 154.

(93) Jul. 24. 1657.
ROBERT MARNIE, *heir* of John Marnie in Frierglen, *his father brother*,—in ane annuelrent of 100m. furth of the lands of Pitgarvie within the parochine of Aberluthnot. xxv. 79.

(94) Sep. 18. 1657.
MR. ARTHURE STRAITOUNE of Kirksyde, *heir* of Arthure Straitoune of Kirksyde, *his father*,—in the Kirklands of Egleisgreig callit Kirksyde, with the teynd sheaves, salmond fishing and teynd theirof, in the sea, within the parochin of Egleisgreig:—E. 5l. 8s. 4d.—the tounes and landis of Scotistoune and Marchrie, with the Officers land and fishings, within the barronie of Witstoune, regallitie of Lindoires and parochin of Egleisgreig.—E. 18l. 17s. 6d. and 4l. in augmentatioun. xxv. 81.

(95) Feb. 19. 1658.
MR. THOMAS FORBES doctor of medicine, *heir* of William Forbes of Cottoune sometyme baillie burges of Aberdeine, *his father*,—in the halfe lands of Kirkhill with the outsetts called the Tulloche, and teind sheaves within the pareochine of Nig, baronie of Roscobie and regalitie of Saint Androws, with the halfe of ane annuelrent of 20s. furth of the burghe of Aberdeine, with pasturage in the comontie of the barronie of Torie;—the halfe of the white and salmond fishing within the bounds of the said lands called Saint Mussets-bey, with halfe of the teinds of the said fishings, and power to big Cruffes, harborries and ports, all unit into the tennendrie of Kirkhill.—E. 38s. 6d. *of feu farm.* xxv. 53.

(96) May 5. 1658.
ALEXANDER IRWING of Drum, *heir maill* of Alexander Irwing of Drum knight, *his father*,—in the lands of Whytriggs and Reidmyre, with ane yeirlie annuelrent of 10m. furth of the lands of Crowtoune and Uries, with other lands in the shire of Aberdein, all unite into the barony of Drum:—O. E. 40l. N. E. 160l.—the lands of Craigtoune of Pittirculter, and ane croft of land of the Kirktoune of Banchorie-ternane, within the baroney of Rescobie be annexation:—E. 26s. 8d.—the lands called the Kirkdavach of Strauthauchen, Tililuds, Ardvaich, Kirktoune of Strauthauchane, within the parochine of Strauthauchin:—E. 6l.—the tounes and lands of Strauthauchin on the North syd of Fewch, and the pendicle thairof callit Uvir and Nethir Tilliloirs, and Moore-Ailhous with the lands of Tilligowny, Balquharne, Stemphar, Larochmor, Blackhall, Collonache and Bogg, within the parochin of Strauthauchin:—O. E. 5l. N. E. 20l.—the lands of Hirn, Easter Drumquhernie, with the pendicell therof called Munchlats, within the barroney of Culter-cumyng be annexatione.—O. E. 20s. N. E. 4l.—(See Aberdeen, Forfar.) xxv. 25.

(97) May 11. 1658.
JAMES ERLE OF SOUTHESK, Lord Carnegy of Kinnaird and Leuchars, *heir maill* of David Erle of Southesk, &c. *his father*,—in the lands and barroney of Disclune, with the mylne and salmond fishing upon the watter of Northesk:—O. E. 15l. N. E. 60l.—unit with lands in Forfar into the barroney of Disclun;—the toune and lands of Chapeltoune in the pareochine of Fettercairne.—E. 5m. and 12d. *in augmentatioune.*—(See Forfar, Fife.) xxv. 35.

(98) Nov. 18. 1658.
ARCHIBALD WOOD, *heir* of Archibald Wood of Hiltoun, *his father*,—in the toune and lands of Hiltoun with sea portis and fishingis, within the parochine of Caterlaine.—O. E. 50s. N. E. 10l. xxv. 156,

(99) Apr. 1. 1662.
GEORGIUS COMES DE PANMURE, Dominus Breichin et Navar, *hæres* Patricii Comitis de Panmure, Domini Breichen et Navar, &c. *patris*,—in terris, &c. erecti dominii et baroniæ de Aberbrothock et olim abbaciæ ejusdem, tam spiritualitate quam temporalitate, viz. terris et baronia de Aberbrothock comprehendente inter alia terras de Glenferquhar, Tipertie cum molendino ejusdem, Arnathouse, Deirhous, Abbatoun, Meikle Culbae, Litle Culbae, Drumsyde, Auchinblae, Kincels, Newlands, Blaires, Caterlyn, cum portu et piscatione ejusdem, molendino de Caterlyne, molendino de Gonbaith, cum decimis inclusis, infra parochiam et baroniam de Newlands;—burgum de Torre, villam de Torre lie Halyncanes, Chuff (vel Cluiff), cum manerei loco et hortis, Balnagask, Larstoune, Kincorth, Nether cymbam portitoriam, Ail-

house de Torre, croftam Andreæ Edmistoun, molendinum de Torre, dimidium cymbæ portitoriæ de Overferrie, cum piscatione et portu ejusdem, infra parochiam de Torrie ;—terras de Tilliequillie (Tilliequhillie ?) cum terris de Malnock, Pentenkerrie, Tranchauge, Innerkennie cum molendino ejusdem, Kinaskie, Deírncroft, cum decimis inclusis, infra baroniam de Banquhorie-trinite, parochiam ejusdem, et vicecomitatum de Kincairdyne in Mearnes ; —diversos annuos redditus ad dictam abbaciam pertinentes ;—cum ecclesiis parochialibus et decimis et advocationibus perprius ad dictum erectum dominium pertinentibus, et specialiter ecclesiæ de Gavel in Kincairdyne ;—jus liberæ regalitatis omnium prædictarum terrarum, dominii, baroniæ, abbaciæ, aliorumque, cum capella et Cancellaria, omnibus erectis cum aliis terris in temporale dominium, baroniam, et regalitatem de Aberbrothock.—E. 200l. firmæ.— (Vide Forfar, Edinburgh, Aberdeen, Bamf, Lanerk, Perth, Nairn.) xxvi. 164.

(100) Maii 22. 1662.
MAGISTER THOMAS BURNET Medicinæ Doctor, hæres Magistri Roberti Burnet de Crimond, unius Senatorum Collegii Justiciæ, patris,—in annuo redditu 600m. de terris de Muchallis, comprehendentibus baroniam de Muchallis, Pyttiat, Couttahillis, Montgeathead, Blackburne alias Blackbuttis, Stranathro, Straleathen, Dennabuck, Corthens et Agrieniheids, cum alba piscaria, cymbis piscatoriis, agris piscatoriis, et molendino de Muchallis, in infra parochiam de ....—E. 600m.—(Vide Aberdeen, Edinburgh, Peebles.) xxvi. 259.

(101) Jul. 30. 1662.
ALEXANDER WOOD de Craignestoun, hæres Joannis Wood de Craignestoun, patris,—in terris dominicalibus de Craignestoun ; —villa et terris nuncupatis Greinbottome de Craignestoun ;—terris de Burnesyde de Craignestoun vulgo nuncupatis Cottarschaid de Craignestoun, cum communitate et communi pastura in moris de Kincardine, Luther, et Cammok ;—villis et terris de Netherseat de Craignestoun alias vocatis Caldstreame cum molendino de Craignestoun ;—villis et terris de Inschgray vocatis Nether Inchgray et Nether Seat de Inchgray ;—2 partibus seu portionibus terrarum dominicalium de Craignestoun vulgo the Swyne Waird and Busch vocatis, infra parochiam de Fordoun.—A. E. 40 asses, N. E. 8l. xxvi. 247.

(102) Nov. 12. 1662.
GEORGIUS MORIESONE de Baroch, hæres Georgii Moriesone præfecti de Aberdein, patrui,—in villa et terris de Ardo cum salmonum piscaria super aquam de Die, et decimis garbalibus, infra parochiam de Banchrie-Deavnock :—E. 40s. feudifirmæ :—villa et terris de Jackstoun cum decimis, infra dictam parochiam de Banchrie-Deavnock.—A. E. .... N. E. ....—(Vide Aberdeen, Elgin et Forres.) xxvii. 124.

(103) Mar. 24. 1663.
MAGISTER ROBERTUS BUCHANE de Portlethame, hæres Magistri Willielmi Buchane feoditarii de Portlethame, fratris,—in terris et baronia de Portlethame ;—terris de Bolquharn et Claschferquhar, cum superioritate, annuis redditibus, et feudifirmæ firmis terrarum de Cuikstoune et Auchquhorthies, infra parochiam de Banchrie-Davinick, unitis in baroniam de Portlethame.—A. E. 3l. N. E. 12l. xxvii. 61.

(104) Maii 12. 1663.
GEORGIUS COMES DE PANMUIR, Dominus Breichen et Navar, &c. hæres Patricii Comitis de Panmure, Domini Breichen et Navar, &c. patris,—in terris de Overcraigie.—A. E. 5s. N. E. 20s.—(Vide Fife, Kinros, Perth, Aberdeen, Bamf, Forfar.) xxvii. 62.

(105) Maii 12. 1663.
MAGISTER ALEXANDER STRAITOUN de Snadoune, hæres Arthuri Straitoun de Snadoune scribæ signeto regio, patris,—in villa et terris de Suawdoune et parte moræ de Craigie ;—villa et terris de Hill de Craigie et pendiculo earundem nuncupato Houshill ;—villa et terris de Overseat de Craigie vulgo nuncupatis Greinhills ;—terris de Muirhead, Maxfauld, Gapyshauch, Bredyslaw, et Milnehill ;—molendino de Craigie in parochia de Eaglesgrig, unitis in baroniam de Snadoune.—A. E. 40 asses, N. E. 10l. xxvii. 119.

(106) Maii 19. 1664.
DOMINUS THOMAS BURNET de Leyis miles baronetus, hæres Domini Alexandri Burnet de Leys militis baroneti, patris, —in terris et baronia de Leyes comprehendentibus villam et terras de Collonoch, Coningleirach cum molendino et multuris, Clashmoir de Dammes ;—terris in forresta de Drum extra parcam ejusdem, viz. terris maneriei de Crathes cum salmonum piscatione super aquam de Die ;—molendino fullonum de Crathes ;—terris de Leyes, Drumschallo, Lochtoune cum lacu de Banchorie, yle et piscationibus ejusdem lacus, Woodend, Carleith, Condershill, cum molendino granorum de Leyes vocato the Nether milne ;—terris de Wester Cairnie :—A. E. 10l. N. E. 40l.—terris baroniæ de

Tulliboy, viz. Kilduthie cum molendino de Tulliboy ;—villa et terris de Wester Dumfrenie, Hirne, Bodhül, Eister Dumfrenie, Lochwood, Baltoune, Craigtoun cum silvis montis de Fair, Minclettie, Standingstanes, Canniquhair, Ramoir, et Caterloch, et terris vocatis the Eistsyde of the myre :—A. E. 4l. N. E. 16l.—terris et baronia de Muchallis cum pertinentiis, Pittyrot, Coulterhillis, Monthgaithead, Blackbuttis, Stranathro, Stralethin, Dennabuck, Corthens, et Greinheids, cum molendino de Muchallis, in baronia de Muchallis ;—terris et villis de Eister Campbell, Blairheid, Wester Campbell, Ailhouscroft, Cairnemoir, Craigoure, Fordie, cum molendino de Campbell, et cum crofta de Lumwhannane et parte montis de Fair ;—villa de Tilliethikie cum pertinentiis vocatis the Bridgeid et Dillieterr, omnibus unitis in baroniam de Leyes:—A. E. 6l. N. E. 24l.—villis et terris de Pittinkirie, Braithinsh, Innercamis ;—dimidia parte villæ et terrarum de Banchorie-Trinitie cum ferrieboat ejusdem, Diracroft, Kinniskie cum superioritate earundem, in dominio de Aberbrothock, baronia de Banchorie-trinitie ac diocesi Aberdonensi, cum jure patronatus tam rectoriæ quam vicariæ dictæ parochiæ de Banchorie-trinitie, et decimis dictæ parochiæ :—A. E. 4l. N. E. 16l.—villis, terris et baronia de Strachan et Culperso cum pendiculis, viz. Auquhinzeach, Woodend, Balbredie, Meiklebarnes, Newtoun, Bleredryne cum molendino, Mulloch, Eslie, Knockhill, Pitreddie, Templetoun, Knock, Gellane, Hauch of Gellane ;—molendino de Cambie, Minnonie, Afforsk, Carranhauch, Walkmylne, Muirhauch, Broomhauch, Dilfroe, Heddriehauch, Spittleburne, Bridge of Die, Hunthauch, Glendy cum molendino, Nuttihauch, Colliescroft, Tilliequhomrie, Badelphine, Strathie, Balblyith, Dilbrock, Hillocks, Newhauch cum molendino, Fenglennies, Mauldscheill, Craigathill, Corderue, Greinailhous, Couttieshillock, cum salmonum piscariis dictarum terrarum super aquis de Die, Dye, Feuch, et Avan ; —advocatione et jure patronatus Archidiaconatus de Breichen seu parochiæ de Strachan, jacentibus per annexationem in dominio de Innerugie.—A. E. 20l. N. E. 80l. xxvii. 192.

(107) Apr. 29. 1665.
DOMINUS JOANNES FORBES de Monimusk miles baronettus, hæres Domini Willielmi Forbes de Monimusk militis baronetti, patris,—in burgo de Torrie ;—villa et terris de Torrie ;—terris de Halymanscave, Balnagask, Loirstoun, Kinkorthie ;—cymba vocata the North ferrie boat ;—brasina, crofta et molendino de Torrie ;— dimidio cymbæ vocato the half of the Over ferrie boate ;—terris de Kirkhill ;—piscatione salmonum in aqua de Die apud pontem de Die vocata Pouldoune, et piscatione salmonum de Lagret, et dimidio retis piscationis cum decimis dictarum piscationum ;—annuo redditu 13s. 4d. de Kirkhill, 40s. de Ardo, 29s. de Overailhous de Torrie in parochia de Nigg ;—decimis garbalibus ecclesiæ parochialis de Nigg ;—terris de Banchorie-Devinik et Ardo, in parochia de Banchorie-Devinik, omnibus unitis in baroniam de Torrie :—A. E. 4l. 13s. 4d. N. E. 18l. 13s. 4d.—tertia parte molendini de Balbegno alias molendini de Blacklatche nuncupati.—E. 40s. feudifirmæ. xxviii. 7.

(108) Jun. 2. 1666.
ROBERTUS ARBUTHNOT de Caterline, hæres Roberti Arbuthnot de Caterline, patris,—in terris de Caterlin infra regalitatum de Aberbrothock.—A. E. 40 asses, N. E. 8l. xxviii. 177.

(109) Jun. 6. 1666.
JACOBUS HALYBURTOUN, hæres Georgii Episcopi Dunkeldensis, patris,—in terris de Cassiltoune ;—terris de Wattistoune, in parochia de Fordoun.—A. E. 25s. N. E. 5l.—(Vide Perth, Forfar.) xxviii. 338.

(110) Nov. 6. 1666.
ALEXANDER STRATOUN de Eodem, hæres Alexandri Stratoun de Eodem, patris,—in terris et baronia de Lawrenstoun, molendino vocato molendinum de Mathers cum multuris prædictarum terrarum et terrarum de Mathers-Pitinnes :—A. E. 10l. N. E. 40l. —terris de Wester Kinneff vocatis Harborsheillis ;—dimidietate terrarum de Glasland ac quarta parte terrarum de Fishertoune, cum advocatione capellaniæ de St. Johne in Kinneff vocatæ Barras: —A. E. 3l. N. E. 12l.—unitis cum aliis terris in vicecomitatibus de Edinburgh et Peibles respective in baroniam de Lawrestoun ; —terris de Eister Balfoures, Wester Balfoures et Incharbock, cum maneriei loco de Balfoure, infra baroniam de Newdask :—A. E. 5l. N. E. 20l.—terris vocatis the two Woodtounes :—A. E. 3l. N. E. 12l.—advocatione ecclesiæ parochialis de Fettircairne, infra diocesim Sancti Andreæ :—A. E. 20 asses, N. E. 4l.—terris de Kirkhauch, Reidhauche, et Craighill in parochia de Eglisgreig.—A. E. 3l. N. E. 12l.—(Vide Edinburgh, Peebles.) xxviii. 285.

(111) Apr. 16. 1667.
DAVID COMES DE NORTHESK, Dominus Rosehill et Eglishmaldie, hæres masculus Joannis Comitis de Northesk, Domini Rosehill, et Egglishmaldie, pro tempore designati Joannis Comitis de

C

Ethie, Domini Lour, &c. *patris,*—in terris de Dalledies cum molendino et salmonum piscaria super aquam de Northesk;—terris de Straith vocatis Steills Straith, cum communia in mora de Luther:—A. E. 3*l.* N. E. 12*l.*—villa et terris de Muirtoune tam orientalibus quam occidentalibus lie Eister et Wester Muirtouns, et terris de Rosehill cum officio et jurisdictione ballivatus, infra thanagium de Fettercairne et parochiam de Aberbuthnot:—A. E. 30*s.* N. E. 6*l.*—terris de Over et Nether Balmakawens (vel Balmakewns) et salmonum piscaria super aquam de Northesk;—molendino de Balmakaven alias molendino de Luther vocato, cum terris vocatis maynis de Luther, in baronia de Balmakawen, thanagio et parochia de Aberbuthnot:—E. 20*l.* &c. *feudifirmæ:*—parte terrarum de Nethir Balmakawens olim Cottarlands de Nethir Balmakawen, alias Litle Balmakewen nuncupata, extendente ad 9 acras terrarum;—crofta seu pecia dictarum terrarum de Nether Balmakewens contigue dictis 9 acris, cum decimis et pastura, &c. in mora de Luther, infra parochiam de Aberbuthnot;—aliis partibus terrarum vocatis Boreas tack, jacentibus ut supra:—E. 40*s.* *feudifirmæ:*—villa et terris de Caldhame, infra parochiam de Aberbuthnot.—E. 1*m.* &c. *feudifirmæ.*—(Vide Perth, Forfar.) xxviii. 278.

(112) Apr. 15. 1669.
MAGISTER GEORGIUS GORDONE, *hæres* Georgii Gordoune apparitoris, *patris,*—in terris et baronia de Snadoune;—parte mori de Craigie;—villa et terris de Over Craigie et pertinentiis vocatis Househille;—villa et terris de Overseatt de Craigie vocatis Grcinhilles;—terris de Mureheade, Maxfald, Gapieshauch, Brydies Law, et Millhouse, et molendino de Craigie, infra parochiam de Eiglesgrige, unitis in baroniam de Snadowne.—A. E. 50 *asses,* N. E. 10*l.* xxix. 198

(113) Oct. 28. 1669.
WILLIELMUS MEINZIES de Pitfoddeles, *hæres* Domini Gilberti Meinzies de Pitfoddells militis, *patris,*—in terris de Findon, piscationibus et portu ejusdem, in baronia de Findon:—A. E. 4*l.* N. E. 16*l.*—terris de Cookstoune in dicta baronia de Findon:—E. 5*s. feudifirmæ:*—terris de Maines de Mureculter, terris de Coattoun, cum decimis garbalibus, et salmonum piscaria super aqua de Dee ad dictas terras spectantibus;—terris de Blaires, Eastland, Tullieskeith, Easter Tilliburies, et Easter Eshintillie cum molendino de Mariecultet, et communi pastura;—silva de Kinteullin, infra regalitatem de Torphichen, baroniam et parochiam de Marieculter:—E. 8*l. feudifirmæ:*—terris de Wester Tilliburies cum salmonum piscaria in aqua de Dee, et decimis garbalibus, infra dictam baroniam de Marieculter, dominium et regalitatem de Torphichen.—E. 6*s.* 8*d. feudifirmæ.* xxix. 253.

(114) Oct. 28. 1669.
WILLIELMUS MEINZIES de Pitfoddells, *hæres masculus* Gilberti Meinzies filii natu maximi Domini Gilberti Meinzies de Pitfoddells militis, *fratris immediate senioris,*—in dimidietate terrarum et baroniæ de Torrie, viz. dimidietate villarum et terrarum de Torrie, Balnagask, Loirstoune, Coiff, Kincorth, molendini earundem, Ailbouscroft, annui redditus 40*s.* de terris de Banchorie et Ardoch;—annui redditus 13*s.* 4*d.* de terris de Kirkhill, cum dimidietate feudifirmarum et annuorum reddituum de rudis et tenementis villæ de Torrie;—dimidietate cymbarum dictæ baroniæ, cum piscationibus alborum piscium, et hortis maneriei vocatæ Abbotshall;—dimidietate dictæ Abbotshall in baronia de Torrie:—E. 29*l. feudifirmæ:*—dimidietate garbalibus prædictarum terrarum:—E. 28*m. feudifirmæ:*—villa et terris de Ardo tam umbrali quam solari dimidietatibus earundem, cum salmonum piscariis super aqua de Die, infra parochiam de Banchorie-Devinik.—E. 40*s.* xxix. 255.

(115) Dec. 2. 1669.
JOANNES BURNETT, *hæres* Andreæ Burnett de Dooris mercatoris burgensis de Aberdein, *patris,*—in terris lie Maynes de Dooris superiore et inferiore;—villis et terris de Kinclunies, Balfoure, Densyde, Over et Nether Nibbatstoun;—villa et terris de Castletoun de Dooris cum monte castri lie Castlehill, Pittcowtounes, Monthamocke, Strathie, Meikill et Little Tulloches, Ashintillies, et Boginreath, infra baroniam de Dooris et parochiam ejusdem:—E. 30*l. feudifirmæ:*—terris de Kirktoune de Doris, cum salmonum piscariis super aqua de Dee, infra regalitatem de St. Andreois et parochiam prædictam;—croftis terræ in parochia castri lie Castiltoun de Dooris, infra parochiam supra dictam.—A. E. ...... N. E. ...... xxix. 274.

(116) Feb. 23. 1671.
MARGARETA ET ELIZABETHA COWIES, *hæredes portionariæ* Joannis Cowie de Reidmyre, *avi,*—in villa et terris de Reidmyre infra parochiam de Conveth.—A. E. .... N. E. .... xxx. 176.

(117) Maii 16. 1671.
GEORGIUS COMES DE PANMURE, Dominus Maule, Breichin et Navarr, &c. *hæres masculus* Georgii Comitis de Pan-

mure, Domini Maule de Breichin et Navarr, &c. *patris,*—in terris erecti dominii de Aberbrothock, viz. terris et baronia de Aberbrothock, comprehendente terras de Glenfarquhar, Tiperty, Arnathous, Denhous, Abbatoune, Meikle Culbae, Litle Culbae, Drumsyd, Auchinblae, Kincells, Newlands, Blaires, Caterlyne cum portu et piscatione ejusdem, molendino de Caterlyne, molendino de Conveth et decimis, infra parochiam et baroniam de Newlands;—burgum de Torrie, villam de Torrie, Halyncaynes, Cluiff, Balnagask, Larstoun, Kincorth;—Nather cymbam portatoriam, Milhous de Torre;—croftam Andreæ Edmingstoune;—molendinum de Torre;—dimidietatem cymbæ portatoriæ de Over Torre, cum piscatione et portu ejusdem, infra parochiam de Torre;—terras de Tilliequhillie, Maknok, Pentenberrie (Petinkerrie?) Branchange, Innerkennie cum molendino, Kinaskie et Deirincroft, cum molendino et decimis, infra baroniam et parochiam de Banchorie-Trinitie, cum aliis terris in Edinburgh, Forfar, Banf, Nairn, Aberdeen, Perth, et Lanark.—E. 200*l.*—(Vide Edinburgh, Forfar, Bamf, Nairn, Aberdeen, Perth, Lanark.) xxx. 197.

(118) Feb. 27. 1672.
WILLIELMUS MENZIES de Pitfoddellis, *hæres* Gilberti Menzies feodatarii de Pitfoddellis, *fratris germani,*—in terris de Findone, cum molendino et portu de Findone, unitis ad baroniam de Pitfoddellis.—A. E. 4*l.* N. E. 16*l.*—(Vide Aberdeen.) xxxi. 64.

(119) Apr. 30. 1672.
ALEXANDER DOMINUS FALCONER DE HALCARTOUN, *hæres masculus* Alexandri Domini Falconer de Halcartoun, *patris,*—in terris et baronia de Halcartoun, comprehendentibus terras terrasque dominicales de Halcartoun;—terras de Hills de Halcartoun;—terras de Bent tam tertiam partem quam binam partem earundem:—A. E. 6*l.* N. E. 24*l.*—villas et terras de Midletoun, Eister Midltoun, Drumquharber, Husbandtoun, et Outseatt vocatum Warnyfuird;—moram de Cammoch et omnes bondas ejusdem;—moram nuncupatam Lawrenmure alias moram de Drumquharber;—terras nuncupatas Nethirseat de Halcartoun alias nuncupatas Kilhill, cum molendino granario de Kilhill;—terras de Clerkhill et Latch:—A. E. 6*l.* N. E. 24*l.*—terras et baroniam de Glensauch:—A. E. 40 *asses,* N. E. 8*l.*—burgum baroniæ de Halcartoun cum nundinis et foris;—omnes unitas in baroniam de Halcartoun;—terris nuncupatis Diracroft alias Belaikers cum domibus, &c. nuncupatis Kirktoun de Conveth alias St. Laurence, in regalitate de St. Andreis et dominio de Rescobie, cum foro hebdomadario et nundinis:—A. E. 10 *asses,* N. E. 40 *asses:*—terris de Barnehill;—terris de Henstoun;—terris de Westir Cullardo, infra parochiam et baroniam de Garvock, cum privilegio focalium et cespitum in mora de Garvock:—A. E. 40 *asses* N. E. 8*l.*—annexatis ad baroniam de Halcartoun.—(Vide Forfar.) xxxi. 25.

(120) Jun. 4. 1672.
MAGISTER ROBERTUS KEITH de Craig, *hæres* Roberti Keith de Craig, *patris,*—in villa et terris de Reidfuird cum libertate effodiendi glebas de lie Moss de Whyitwater, infra baroniam et parochiam de Garvock:—A. E. 30 *asses,* N. E. 6*l.*—terris de Over Craigie cum decimis infra parochiam de Eiglisgreig.—A. E. 10 *asses,* N. E. 40 *asses.* xxxii. 32.

(121) Sep. 18. 1672.
MAGISTER GEORGIUS SCOTT, *hæres masculus talliæ et provisionis* Domini Joannis Scott de Scottistarvett, *patris,*—in terris et baronia de Garvock, comprehendentibus terras et baroniam de Garvock cum piscariis earundem super aqua de Bervie;—terras dominicales, viz. villas et terras de Arthursheilles, Henstoun, Cullerdo, Reidfuird, Ballagardie, Ravinshaw, Smiddiehill, Barnehill, Falconsleyes, Unthank, Clettoune, Craigpettie et molendinum, Dava cum molendinis de Garvock et Stane de Benholme, et advocationibus ecclesiarum prædictarum terrarum et baroniæ de Garvock.—A. E. 20*l.* N. E. 80*l.* xxxi. 88.

(122) Aug. 9. 1673.
ROBERTUS GRAHAME de Morphie, *hæres masculus* Domini Roberti Grahame de Morphie, *avi,*—in terris et baronia de Morphie-Frazer continentibus terras dominicales, Pitvedlies, Spittilmyre, et Densyid, cum molendino de Maynes alias molendino de Kinnaird nuncupato:—A. E. 6*l.* N. E. 20*l.*—terris de Canterland, monte de Canterland, et terris de Kinnaird, cum decimis earundem, infra parochiam de Eiglisgreig, unitis in baroniam de Canterland:—A. E. 40*s.* N. E. 8*l.*—dimidietate villæ et terrarum de Wardropertoun cum salmonum piscariis in aqua de Northeske, infra dictam parochiam de Eiglisgreig.—A. E. 40*s.* N. E. 8*l.* xxxi. 312.

(123) Aug. 19. 1673.
ROBERTUS GRAHAME de Morphie, *hæres masculus* Domini Roberti Grahame de Morphie, *patris,*—in terris de Stean de Morphie et Smiddielands, infra baroniam de Morphie;—baronia de Morphie-Meikle comprehendente terras dominicales de

Morphie-Meikle ;—terras de Pilmore ;—terras de Hill de Morphie et Silliecottes, cum molendinis de Morphie et de Stean de Morphie, et salmonum piscationibus super aqua de Northeske, infra parochiam de Eglisgreige :—A. E. 10l. N. E. 40l.—villa et terris de Commestoune infra baroniam de Canterland :—A. E. 3l. N. E. 12l.—dimidietate villæ et terrarum de Wardropertoune, infra parochiam de Eglisgreig.—A. E. 40s. N. E. 8l. xxxi. 313.

(124) Aug. 19. 1673.
HERCULES SCOTT de Brotherstoune, hæres masculus Herculis Scott de Brothertoune, patris,—in villa et terris de Maines de Brothertoune ;—terris de Johnshaven, piscariis, Fisherlands et Girnelhouses ;—villa et terris de Muirtoune de Brotherstoune, in parochia de Benholm et baronia de Garvock :—A. E. .... N. E. ....—media tertia parte villæ et terrarum de Arbirnie jacente ut supra :—A. E. .... N. E. ....—binis partibus villæ et terrarum de Arbirnie, cum tertia vice seu lie turne advocationis ecclesiæ de Benholme, infra parochiam de Benholme :—A. E. 2l. N. E. 8l.—villa et terris de Staine de Benholme in baronia de Garvock, cum parte de moss de Whytwater de Pul :—A. E. 2l. N. E. 8l.—et in warrantum prædictarum terrarum, terris dominicalibus de Durras.—A. E. 3l. N. E. 12l. xxxiv. 134.

(125) Mar. 16. 1674.
DOMINUS CAROLUS RAMSAY miles baronettus de Balmaine, hæres Domini Davidis Ramsay de Balmaine militis baronetti, patris,—in terris et baronia de Balmaine, viz. villa et terris de Balmaine cum pendiculis Blaires et Boginothie nuncupatis ;—villa et terris de Eslie cum pendiculis Burnesyid nuncupatis ;—villa et terris de Westir Strath cum molendino granorum, et pendiculis Lonsched, Burnetts land et Drumhenrie nuncupatis, molendino granorum de Fettircairne, et annuo redditu 20 solidorum de terris de Fettercairne ;—villa et terris de Faskie cum communibus de Luthar, Kincardine, Gallowmyres, et Camnock, et communi monte supra Faskie :—A. E. 7l. 6s. 8d. N. E. 29l. 6s. 8d.—occidentali tertia parte terrarum et villarum de Pitgarvie ;—villa et terris de Newbigging comprehendentibus terras vocatas Todholles, partem et pendiculum hujusmodi, ac dimidietatem wardæ de Arnebarrow ;—villa et terris de Creichiteburn ;—cum multuris dictæ tertiæ partis villæ et terrarum de Pitgarvie, ac villæ et terrarum de Newbigging comprehendentium dictas terras de Todholles, et prædictas villam et terras de Creichieburne ;—bina parte villæ et terrarum de Pitgarvie cum multuris, molendino fullonum et terris molendinariis lie Walkmilne landis, infra parochiam de Aberluthnott :—E. 40s.—villa et terris de Jackstrath, quæ villa est pars terrarum baroniæ de Fettircairne vocatæ Eistir Strath, infra parochiam de Fettircairne :—A. E. 20s. N. E. 4l.—terris molendinariis molendini de Blacklatche infra baroniam prædictam ;—villa et terris de Thenstoun et Loneley ;—villa et terris de Coathill ;—villa et terris de Dillathie ;—3 aratris terræ de Fodra ;—villa et terris de Greingaitts ;—villa et terris de Hairstounmure ;—villa et terris de Braelandmure ;—villa et terris de Sandiehillock, cum pasturagiis :—E. 12l. 13s. 4d.—terris templariis de Fettircairne :—E. 3s. 4d.—omnibus unitis in baroniam de Balmaine. xxxi. 325.

(126) Jun. 17. 1674.
GILBERTUS MEINZIES de Pitfoddells, hæres masculus Willielmi Meinzies de Pitfoddells, patris,—in dimidietate terræ et baroniæ de Torrie, viz. dimidietate terrarum de Torrie, Balnagask, Lorrystoune, Coist (vel Caist,) Kincorth, molendino ejusdem, Ailhouscroft ;—annuo redditu 40s. de terris de Banchorie et Ardoch ;—annuo redditu 13s. 4d. de terris de Kirkhill, cum dimidietate feudifirmæ firmarum de rudis, tenementis, et edificiis villæ de Torrie ;—de dimidietate cymbarum lie ferrie et fisher-boats dictæ baroniæ, cum piscationibus alborum piscium ;—hortis et manerici loco vocato Abbotishall et dimidietate dicti Abbotishall :—E. 29l. feudifirmæ :—decimis garbalibus dictarum terrarum de Torrie :—E. 28m. feudifirmæ :—terris de Maines de Maryculter ;—terris de Cottoune cum decimis garbalibus, et salmonum piscaria super aqua de Dee ;—terris de Blaires, Eastland, Tullieskeith, Easter Tullibouries, et Easter Eshintullie, cum molendino de Maryculter et multuris terrarum et baroniæ de Maryculter ;—silva de Kintewline, infra regalitatem de Torphichen, baroniam et parochiam de Maryculter :—E. 8l. feudifirmæ :—terris de Wester Tullibouries cum salmonum piscaria super aqua de Dee eisdem adjacente, et decimis garbalibus, infra baroniam de Maryculter et dominium et regalitatem de Torphichen :—E. 6s. 8d.—decimis garbalibus dictarum terrarum :—E. 40s.—omnibus cum quibusdam aliis terris in vicecomitatu de Aberdeen unitis in baroniam de Pitfoddelles :—terris de Cookstoune in baronia de Findone.—E. 5s.—(Vide Aberdeen.) xxxii. 149.

(127) Oct. 3. 1674.
ROBERTUS DOUGLAS de Glenbervie, hæres Jacobi Douglas de Staniepeth, avi ex parte matris,—in terris de Maynes de Glenbervie ;—terris de Drumleithie cum decimis, et beneficiis, et privi-

legio nundinarum et fori ;—parte dictarum Maynes vocata Backfeild de Maines et molendino de Glenbervie ;—villa et terris de Halkhill ;—villa et terris de Quarrelhill, Insches, et Intoune de Drumleithie, cum advocatione ecclesiæ de Glenbervie, omnibus unitis in baroniam de Glenbervie.—A. E. 3l. N. E. 12l. xxxii. 65.

(128) Oct. 29. 1674.
JOANNES DOUGLAS de Inshmarlo, hæres Magistri Jacobi Douglas de Inshmarlo, patris,—in terris de Arbeadie et Inshmarlo ac croftis in Banchorie nuncupatis Grayes-croft ;—molendino et silva de Glencomount, cum salmonum piscationibus super aqua de Die, in parochia de Banchorie, et per annexationem infra parochiam de Glenbervie.—A. E. 40s. N. E. 8l. xxxii. 89.

(129) Apr. 14. 1675.
JOANNES FORBES de Leslie, hæres Willielmi Forbes de Leslie, patris,—in terris de Banchorie cum molendino et salmonum piscationibus super aqua de Die ;—terris de Tullohill, quarum subscriptæ terræ sunt propriæ partes, viz. terræ dominicales de Banchorie ;—terræ de Mid-Banchorie et Litle Banchorie, Broadgrein, Over et Nether Brandsmyres, Tullohill, Berriehillock, Heildountree, et Hauchheid, infra dominium de Aberbrothick :—E. 40s. feudifirmæ :—terris de Kirktoun de Banchorie-Deavonick, infra parochiam de Banchorie-Deavonick.—E. 4l. 3s. 4d. feudifirmæ. xxxii. 248.

(130) Dec. 30. 1676.
ALEXANDER SIBBALD de Kair, hæres Magistri Davidis Sibbald de Kair, avi,—in terris et baronia de Mondynes comprehendentibus terras et villas de Eastertoun et Wastertoun de Mondynes, terras molendinarias, Thopiswalls ;—terras de Coschnay, Knockbank, Auchtochter (Auchlochter ?), et Knockhills ;—terras dominicales de Kair ;—terras de Casteltoune, Watestoune, et Burnhous, unitas in baroniam de Mondynes.—A. E. 10l. N. E. 40l. xxxiii. 88.

(131) Mar. 16. 1677.
GULIELMUS RAITT de Halgreen, hæres masculus Gulielmi Raitt de Halgrein, avi,—in terris de Balandro comprehendentibus terras dominicales de Ballandro ;—terras de Whytfeild ;—villam et terras de Johnshavine cum portu ac piscationibus alborum piscium ;—terras de Bank de Johnshavine :—A. E. 5l. N. E. 20l.—terris et baronia de Drumnagair cum communitate in mora et maresia de Luther et in mora de Carrisloch ;—2 nonis partibus terrarum de Inverbervie vocatis Fullie Flatt (vel Sillieflatt ?) cum molendino ;—terris molendinariis molendini de Inperbervie ad dictas duas nonas partes dictarum terrarum de Innerbervie spectantibus ;—piscariis salmonum et alborum piscium in aqua de Bervie ;—portu de Gordoune contigue jacente dictis 2 nonis partibus terrarum de Inverbervie ;—annuis redditibus rudarum dicti burgi de Inverbervie, unitis in baroniam de Drumnagair :—A. E. 3l. N. E. 12l.—terris de Kirktoune de Aberluthnet, in the baronie of Rescobie and regalitie of Stands :—E. 4m.—terris de Halgreen cum 2 nonis partibus terrarum de Inverbervie, particatis et bina nona parte molendini, ac annuo reditu 20s. de Staine de Benholme ;—dimidietate salmonum piscationis super Fishshoar subtus villam de Inverbervie, in baronia de Arbuthnot :—E. 20l.—rudis terræ de Skittertie cum tenemento de Grayshill, infra Burgh haugh de Inverbervie, infra territorium dicti burgi ;—terris vocatis Breadzeards cum tenemento infra Cowgait de Inverbervie.—A. E. ...... N. E. ...... xxxiii. 160.

(132) Apr. 13. 1677.
MAGISTER JACOBUS THOMSONE,* hæres Georgii Thomsone clerici Vicecomitatus de Kincardine, patris,—in villis et terris de Balnagubbis, Sauchinshaw, Old Hillock, Craigwalls, et Netherlie cum decimis ;—infra parochiam de Fetterresso et baroniam de Urre.—A. E. 19s. N. E. 3l. 16s. xxxiii. 149.

(133) Jun. 6. 1678.
GULIELMUS FRAZER mercator in Dundie, hæres Andreæ Frazer de Balnaketle, fratris germani,—in terris dominicalibus de Balnaketle, Gairden, Pleugh, Strathnessan et Skeare, cum maneriei loco de Balnaketle, infra parochiam de Faittercairne.—E. 40s. xxxiii. 411.

(134) Jul. 22. 1679.
MARIA ET HELENA RAMSAYES filiæ Magistri Roberti Ramsay de Woodstoun, hæredes portionariæ Magistri Andreæ Ramsay de Woodstoune, avi,—ELIZABETHA ET MARJORIA WALKERS filiæ Margaretæ Ramsay filiæ dicti Magistri Roberti Ramsay, procreatæ inter illam et Magistrum Willielmum Walker, hæredes portionariæ dicti Magistri Andreæ Ramsay de Woodstoune, proavi,—in terris et villa de Nether Woodstoune, cum molendino de Nether Woodstoune et astrictis multuris baroniæ de Woodstoune, cum brueriis et terris nuncupatis Brewlands :—E. 29l. 6s. feudifirmæ :—terris de Halwoodstoune, Hill-

end et Fisherhill, cum piscariis salmonum super arenas nuncupatas Stryfiries (St. Serf's ?) Sands :—E. 40m. 6s. 8d. *feudifirmæ*.—villa et terris de Litle Woodstoune, infra regalitatem de Lindores et baroniam de Woodstoune.—E. 7l. 18s. 10d. *feudifirmæ*. xxxiv. 146.

(135)   Oct. 6. 1680.
JACOBUS HOG de Bleridryne, *hæres* Menoni Hog de Bleridryne, *avi*,—in terris de Bleriedryne et 1 parte terrarum de Newtoune cum molendino granorum de Bleriedryne et multuris terrarum de Culperso.—A. E. 10s. N. E. 40s.   xxxv. 268.

(136)   Dec. 23. 1680.
JACOBUS WATT in Catterline, *hæres conquestus* Alexandri Watt in Stonhyve, *patrui*,—in tenemento terræ in Stonhyve continente 9 rudas terræ, in the parish of Dunnottar.—E. 3s.   xxxv. 203.

(137)   Mar. 23. 1681.
THOMAS FORBES de Echt, *hæres masculus* Thomæ Forbes feoditarii, *nepotis ex fratre germano seniore*,—in baronia de Echt-Forbes comprehendente 40 solidatas terrarum de Couly antiqui extentus, cum terris in Banf et Aberdeen :—A. E. 10l. 10s. N. E. 42l.—unitas cum dictis terris in Banf et Aberdeen in baroniam de Echt-Forbes.—(Vide Banf, Aberdeen.)   xxxv. 219.

(138)   Maii 5. 1681.
DAVID COMES DE NORTHESK, *hæres* Davidis Comitis de Northesk, *patris*,—in villa et terris de Caldhame, cum communi pastura, &c. infra parochiam de Aberluthnot.—E. 1m. *feudifirmæ*. —(Vide Perth, Forfar.)   xxxv. 257.

(139)   Maii 5. 1681.
DAVID COMES DE NORTHESK, *hæres masculus* Joannis Comitis de Northesk, *avi*,—in terris de Muirtoun Easter et Wester, et terris de Rosehill, cum jurisdictione balliatus infra thanagium de Fercairdine (Fettercairne?) et parochiam de Aberluthnot. —A. E. 13s. N. E. 6l.   xxxvi. 188.

(140)   Maii 18. 1681.
ROBERTUS VICECOMES DE ARBUTHNET, Dominus de Inbervie, *hæres* Domini Roberti Arbuthnet de Eodem, *avi*,—in villa et terris de Drummellie infra parochiam de Fordoune :—E. 13l. 6s 8d.—villa et terris de Jackstoun infra parochiam de Egglisgreg.—E. 8l.   xxxvi. 44.

(141)   Sep. 9. 1681.
CAROLUS COLLINSONE de Auchlunies, *hæres* Thomæ Collinsone de Auchlunies, *patris*,—in terris de Auchlunies, cum salmonum piscaria in aqua de Dee et decimis garbalibus, infra baroniam de Mariculter, dominium et regalitatem de Torphicken.—E. 2m.   xxxvii. 198.

(142)   Maii 16. 1682.
MARGARETA COMITISSA DE HADINGTOUN, *hæres talliæ et provisionis* Joannis Ducis Rothusiæ, *patris*,—in terris de Dunloppies cum advocatione ecclesiarum :—A. E. 19l. N. E. 39l. —terris et baronia de Balmayne et Woodfield cum advocatione ecclesiarum :—A. E. 10l. N. E. 30l.—cum aliis terris in Fife, Perth, Forfar, Elgin et Forres, Aberdeen, et Inverness unitis in baroniam de Bambreich.—(Vide Fife, Perth, Forfar, Elgin et Forres, Aberdeen, Inverness.)   xxxvi. 165.

(143)   Sep. 12. 1682.
ROBERTUS VICECOMES DE ARBUTHNET, *hæres* Roberti Vicecomitis de Arbuthnet, Domini de Innerbervie, *patris*,—in terris et baronia de Arbuthnott, comprehendente terras dominicales, turrim, castrum et fortalicium de Arbuthnet, cum molendino de Arbuthnott et villa molendinaria ejusdem, Pethill, Elpettie, Drumzocher, Auldkeak, Caldcottis, Brungishill, Garritsmyre, Brigend, Ladnaskeyne, Mongoldrum, Pitforthie, Meikle Fiddes et molendinum, Colliestoun, Metlawhill, Threpland, Leise, Pitcarlis, Dumrabin, Craighill, Carfurd (vel Cowford), Whytefeild, Bamfe, cum molendino fullonum, et Blundiseland (vel Brundsland), cum piscariis aquæ de Bervie, &c. et cum advocatione ecclesiæ parochialis de Arbuthnet, et capellaniæ Sanctæ Mariæ Virginis ;—terras de Arduthie, Achinzoch, Greencastell, Porterhauch, Portercroft :— A. E. 20l. N. E. 80l.—terras de Portertoun et Orchartoun, cum pastura et focalibus in moris de Shothfuidlo (vel Strathfindlo) et Cammok :—A. E. 20s. N. E. 4l.—2 nonas partes terrarum de Innerbervie vocatas Halgrein, cum particatis vulgo ruides, et molendinis ;—binas nonas partes terrarum de Innerbervie nuncupatas Brucelands alias Barnehill, cum tertia parte molendini ;—annuos redditus particatarum lie ruides de Innerbervie, cum piscaria salmonum aliorumque piscium in aqua de Bervie ;—annuum redditum 5s. de terris de Bervie ;—annuum redditum 20s. de terris de Stain de Benholme.—A. E. 26s. 8d. N. E. 5l. 6s. 8d.—piscariam super littora marina subtus prædictam villam de Innerbervie :—E.

13s. *feudifirmæ* :—communitatem et communem moram de Innerbervie :—E. 10s. *feudifirmæ* :—villa in baroniam de Arbuthnott ; —terris, redditibus, piscationibus, advocatione ecclesiarum intra vicecomitatum de Kincardine, aut in quibuscunque partibus hujus regni, quæ olim ad fratres Ordinis Carmelitarum prope burgum de Innerbervie, pertinuerunt ;—2 nonis partibus terrarum de Sillie-flett et Innerbervie ;—2 nonis partibus molendini de Innerbervie ; —piscatione salmonum et aliorum piscium super dicta aqua de Bervie ;—portu de Gourdoune :—E. 30l. 1s. 8d. *feudifirmæ* :— terris infra territorium burgi de Innerbervie vocatis Chappellands Capellaniæ de Cowie, viz. 2 rudis terrarum in Burgh-haugh burgi de Innerbervie ;—2 aliis rudis terrarum ;—2 aliis rudis ex australi parte de Cowgaite ;—terra vulgo Kill et Maltpott ;—2 aliis rudis terrarum arabilium vulgo Whyteruides ;—1½ ruda ex boreali parte de Cowgate ;—4 rudis terrarum ex boreali parte de Cowgate, quondam dictis fratribus spectantibus ;—annuo redditu 20s. de terris Willielmi Hendersone ;—annuo redditu 20s. de terris Roberti Provost ;—annuo redditu 12s. de terris Arthuri Copland ;—annuo redditu 9s. de terris Davidis Provost ;—qui annui redditus olim ad dictos fratres spectabant, omnes infra parochiam de Kinneff :— E. 9l. 6s. 8d. *feudifirmæ*:—terris et baronia de Cairnetoun alias Fordoun nuncupatis, continentibus terras de Convalle, Fordoun-flatt, molendinum de Cairnetoune alias molendinum de Pitranny et Brewtack, juxta ecclesiam de Fordoune, cum privilegiis villæ de Fordoun in liberum burgum baroniæ erectæ, infra diocesin Sancti Andreæ :—A. E. 5l. N. E. 20l.—terris de Cowlie, infra parochiam de Fordoun :—A. E. 40s. N. E. 8l.—unitis in baroniam de Arbuthnott ;—terris et baronia de Wester Kinneff comprehendentibus terras dominicales lie Grange de Kinneffe, cum terris vocatis clausura lie Waird, et terris inclusis lie Waird lawes (vel lands) ;— terris de Deasyde (vel Densyde) ;—terris de Craigdavie, Harbur-shell, Doubtoune, cum advocatione capellæ Sancti Joannis in Kinneffe Barras nuncupatæ, infra parochiam de Kinneffe :—A. E. 9l. N. E. 12l.—partibus terrarum de Outtoun de Drumlithie vocatis Broombank, France, Blacknab et Candie ;—terris de Intoune de Drumlithie, infra parochiam de Arbuthnot ;—terris de Newbigg-ing ;—terris de Over Kenmonth Eister et Wester ;—terris de Boggisburne, et terris de Norther Kinmonth, infra parochiam de Glenbervie cum glebariis, pro principali :—A. E. 9l. N. E. 12l.— terris et baronia de Pittarrow, viz. terris dominicalibus lie Maines alias Easter Pittarrow seu Foordhouse nuncupatis ;—molendino de Conveth ;—terris de Westertoun de Pittarrow ;—terris de Black-fordhouse, et pendiculo Stainnieroofe vocato ;—villa et terris de Carnebeggoes, infra baroniam de Pittarrow ;—terris de Drum-lochtie Easter et Wester ;—villa et terris de Blackfauldis ;—molendino de Drumlochtie alias molendino de Broomliehillock ;— Over et Nether Frierglen alias Easter Glensauch ;—in warrantum dictarum terrarum principalium :—A. E. 9l. N. E. 12l.—unitis in baroniam de Kinmonth ;—terris de Kirktoune de Arbuthnott, cum salmonum piscatione aquæ de Bervie, in baronia de Rascobie, infra regalitatem Sancti Andreæ :—E. 6l. 5s. 8d.—terris ecclesiasticis de Kinneffe vocatis Whissleberrie, cum cymba piscaria et piscationibus, in baronia de Rascobie, regalitate Sancti Andreæ, et parochia de Kinneffe :—E. 5l. 10s. 4d.—villis et terris de Peattie bina et tertia partibus, cum salmonum piscaria super aqua de Bervie, infra baroniam de Garvock :—A. E. 10s. N. E. 40s.—terris de Eister Mathers, infra dictam baroniam de Garvock :—A. E. 10s. N. E. 40s.—templaria de Convalle in baronia de Kairnetoune, regalitate aliquando de Torphichin nunc de Dreyne.—E. 3s. 4d.— (Vide Fife, Forfar.)   xxxvii. 25.

(144)   Sep. 21. 1682.
MAGISTER ROBERTUS REID de Balnaketle, *hæres* Magistri Roberti Reid de Balnaketle, ministri verbi Dei apud Banchorie-Trinitie, *patris*,—in villis et terris de Balnaketle, comprehendentibus terras dominicales de Balnakettle et aratrum terræ vocatum Garden-Plough ;—terras de Strathnossen ;—terras de Skair, cum maneriei loco de Balnaketle infra baroniam de Balbegno et parochiam de Fettercairne :—E. 40s.—terris et villis de Wester-strath et pendiculo vulgo Lonshead, Burnetsland, et Drumhenrie nuncupatis, cum communia in moris de Luther, Kincardine, Gallowmyre, Cammok, et communia montis supra Faskie, infra baroniam de Balmain et parochiam de Fettercairne.—A. E. 40s. N. E. 8l.   xxxvii. 21.

(145)   Maii 24. 1683.
ALEXANDER KEITH de Urass, *hæres provisionis* Alexandri Keith de Uras, *patris*,—in 4 aratris terræ de Uras cum privilegio in glebariis de Craigie et Clochnahill pro principali ;—terris de Crawtoune et molendino de Uras infra parochiam de Dunotir, in warrantum dictarum terrarum.—E. 6 *asses* 8d.   xxxvii. 186.

(146)   Aug. 9. 1683.
MARGARETA SIBBALD de Kair, *hæres* Alexandri Sibbald de Kair, *nepotis*,—in terris et baronia de Mondynes comprehendente terras et villas de Eistertoune et Westertoune de Mondynes,

Chopiswalls ;—terras de Coshnay, Knockbank, Achlochter, et Knockhill ;—terras dominicales de Kair ;—terras de Castletoune, Wattiestoune, et Burnehouse, unitas in baroniam de Mondynes.—A. E. 10*l.* N. E. 40*l.*   **xxxvii. 199.**

(147)   Aug. 9. 1683.
JACOBUS WOOD de Litleshath (Little Strath), *hæres* Alexandri Wood de Litleshath, *patris,*—in terris de Litleshath (Little Strath?) de Balbegno, et terris de Litlegreine, Burne, et Wallhauch ;—Cruik graminis quod est pars dictarum terrarum de Litleshath apud pontem orientalem ;—parte terræ de Meikleshath (Meikletrath?) ad finem de Litlegrein burne ;—petia terræ recte descendente ad exteriorem gavillam domus Gullielmi Matthie, infra parochiam de Fettercairne.—E. 10*s.*   **xxxvii. 294.**

(148)   Jun. 5. 1684.
ROBERTUS COMES DE ROXBURGH, *hæres masculus et talliæ* Roberti Comitis de Roxburgh, Domini Ker, Cesfoord, et Caverton, *patris,*—in terris, dominio, et baronia de Holydean, comprehendentibus terras ecclesiasticas de Petercoulter, cum aliis terris, &c. in Selkirk, Peebles, Dumfreis, Lanark, Ayr, Edinburgh, et Roxburgh :—E. 10*l.* &c.—decimas ecclesiæ de Petercoulter cum aliis decimis in Roxburgh, Selkirk, Peebles, Berwick, Dumfreis, Lanark, et Edinburgh :—E. 40*m. albæ firmæ* :—omnes unitas in dominium et baroniam de Holyden.—(Vide Roxburgh, Edinburgh, Berwick, Selkirk, Peebles, Dumfreis, Lanark, Ayr, Stirling, Linlithgow, Haddington.)   **xxxvi. 287.**

(149)   Jul. 24. 1684.
JACOBUS HOG de Bleridryne, *hæres* Menonis Hog de Bleridryne, *proavi,*—in terris de Blerydrine et parte terrarum de Newtoun à Tirriewallwest, cum molendino granorum de Blerydryne et astrictis multuris terrarum et baroniæ de Culperso, cum jurisdictione ballivatus dictarum terrarum.—A. E. 10*s.* N. E. 40*s.*   **xxxvi. 358.**

(150)   Apr. 27. 1686.
JACOBUS COMES DE PANMURE, &c. *hæres* Georgii Comitis de Panmure, Domini Maule, Brechin, et Navarr, *fratris senioris germani,*—in terris et baronia de Aberbrothock comprehendente terras de Glenfarquhir, Tipertie cum molendino ejusdem, Arnathouse, Denhouse, Abbatoune, Meikle Culbie, Litle Culbie, Drumsyd, Auchinblae, Kinkell, Newlands, Blairs, Caterlyne cum portu et piscatione ejusdem ;—molendinum de Caterlyne ;—molendina de Conuaith cum decimis, infra parochiam et baroniam de Newlands ;—burgum de Torrie ;—villam de Torrie, Holmcairns, Cluist, Balnagask, Carsetoune, Kincorts, Nethar Cymbam portatoriam, Alehouse de Torrie ;—croftam Andreæ Edmingstoune ;—molendinum de Torrie ;—dimidium cymbæ portatoriæ de Overferry, infra parochiam de Torrie ;—terras de Tilliequhillie cum terris de Marnoch, Pentenbury, Brawchange, Innerkennie cum molendino et multuris ejusdem, Kinnaiskie, Dairnscroft, cum decimis, infra baroniam de Banchorie-Trinitie et parochiam ejusdem ;—unitas cum aliis terris in Forfar, Edinburgh, Aberdeen, Banff, Lanark, Perth, Nairn, in dominium, baroniam et regalitatem de Aberbrothock.—E. 200*l.*—(Vide Forfar, Edinburgh, Aberdeen, Banff, Lanark, Perth, Nairn.)   **xxxviii. 374.**

(151)   Mar. 21. 1688.
ALEXANDER IRVINE de Drum, *hæres masculus* Alexandri Irvine de Drum, *patris,*—in terris et baronia de Drum comprehendente terras de Whyterigs et Reidmyre, cum annuo redditu 10*m.* de terris de Crawtoun et Wris, unitis in baroniam et liberam forrestam de Drum :—A. E. 40*l.* N. E. 160*l.*—terris de Hirne et Eister Drumquhirnie, cum illo pendiculo vocato Mucklatts, infra baroniam de Cultercumming per annexationem.—A. E. 20*s.* N. E. 4*l.*—(Vide Aberdeen.)   **xl. 101.**

(152)   Mar. 21. 1688.
ALEXANDER IRVINE de Drum, *hæres masculus* Alexandri Irvine de Drum, *patris,*—in villis et terris baroniæ de Straquhan ex boreali parte aquæ de Feuch, cum pendiculis vocatis Over Tilliliair, Nether Tilliliair, et Muirailhous, cum molendinis et multuris et sequelis terrarum borealis partis baroniæ de Straquhan, cum terris de Tilligonie, Balquhairne, Shampfair, Larachmoir, Blackhall, et silva earundem, Collonach et Boig, infra baroniam et parochiam de Straquhan.—A. E. 5*l.* N. E. 20*l.*   **xl. 114.**

(153)   Apr. 24. 1688.
JACOBUS PETRIE filius natu maximus Roberti Petrie mercatoris Edinburgensis, *hæres* Magistri Roberti Petrie de Portlethan filii Gulielmi Petrie mercatoris Aberdonensis, fratris Jacobi Petrie mercatoris ibidem, fratris Roberti Petrie mercatoris Edinburgi, patris dicti Jacobi, *filii fratris avi,*—in terris et baronia de Portlethen cum portu marino de Portlethen ;—terris de Balquhairne et Glasliarquhar (vel Glassfarquhar), cum superioritate, annuis redditibus, et feudifirmis terrarum de Cuikstoun et Auquhorties, infra pa-

rochiam de Banchorie de Uhick (Devinik), unitis in baroniam de Portlethan.—A. E. .... N. E. 100*l. taxatæ wardæ.*—(Vide Aberdeen.)   **xl. 152.**

(154)   Maii 8. 1688.
CAROLUS COMES DE SOUTHESK, Dominus Carnegie de Lewcharis, &c. *hæres masculus* Roberti Comitis de Southesk, Domini Carnegie de Kinnaird et Leucharis, *patris,*—in villa et terris de Chapletoun infra parochiam de Fettircairne :—E. 5*m. feudifirmæ* :—terris et baronia de Carnegie comprehendente terras de Strath vocatas Steilstrath, cum communia in mora de Luther, et pecia terræ terrarum de Dillebies vocata monte de Dillebies (vel Dilledies), extendente ad 5 acras terræ arabilis ;—pecia graminis et communia in mora de Luther :—E. 10*m. taxatæ wardæ* :—unitis in comitatum de Southesk et dominium de Carnegy ;—terris et baronia de Distlune et petaria, cum piscatione salmonum super aquam de Northesk :—A. E. 15*l.* N. E. 60*l.*—terris et baronia de Fairneflat vocatis Eister Kinness comprehendente villam et terras de Fairnflat ;—villam et terras de Overtoun de Fairnflat ;—villam et terras de Baikie de Fairnflat ;—villas et terras de Glassland, Haukhill, et Gorepooll, cum 3 cymbis piscariis, et molendino de Fairneflat ;—villis et terris de Largie, cum decimis, in parochia de Kinness :—A. E. .... N. E. ....—decimis terrarum et baroniæ præscriptarum de Fairneflat, et Largie :—A. E. .... N. E. ....—terris et baronia de Pitarow comprehendente terras dominicales earundem ;—Eastertoun de Pitarow vulgo nuncupatum Foordhous ;—Westertoun de Pitarow ;—Blackfoordhous ;—molendinum de Cavoth et Meikle Cairnbeg :—A. E. .... N. E. ....—annuo redditu 1462*m.* 10*s.* 8*d.* de terris de Intoun de Drumlethie ;—Outtoun de Drumlethie, comprehendente villas et terras de Broombank, Candie, Blacksnab, France ;—villam et terras de Overkinninmonth, Nether Kininmonth, et Boigburne ;—terris de Drumlochtie et molendino de Drumlochtie ;—villa et terris de Frierglen.—(Vide Fife, Forfar, Selkirk, Peebles, Dumfreis, Kirkcudbright, Aberdeen.)   **xl. 178.**

(155)   Jul. 5. 1688.
WILLIELMUS NAPIER, *hæres* Magistri Roberti Napier de Falsyde, *patris,*—in terris de Fallsyde et Braicks cum pastura super montem nuncupatum St. John's Hill ;—terris et maneriei loco de Staines (vel Slaines), in parochia de Kinness (Kinneff) :—A. E. 20*s.* N. E. 4*l.*—dimidiatis terris de Glasslands ;—quarta parte de Fishertoun aliter nuncupata Broadley, in dicta parochia et baronia de Kinneff :—A. E. 10*s.* N. E. 40*s.*—solari dimidietate terrarum de Blacklawes jacente ut supra.—E. 3*l.* 4*s.*   **xl. 225.**

(156)   Feb. 14. 1690.
MAGISTER THOMAS BURNET unus ex regentibus Academiæ de Edinburgh, *hæres* Alexandri Burnet unius balivorum burgi de Aberdeen, *patris,*—in villa et terris de Kirkhill, infra parochiam de Nig, sub reversione pro 1163*l.*—E. 3*l.*   **xli. 223.**

(157)   Mar. 27. 1690.
DAVID DOMINUS FALCONER de Halkertoun, *hæres masculus* Alexandri Domini Falconer de Halkertoun, *patris,*—in terris et baronia de Halkertoun comprehendentibus terras terrasque dominicales de Halkertoun ;—terras de Hills de Halkertoune et terras de Bent, tertiam partem et binas partes earundem :—A. E. 6*l.* N. E. 24*l.*—villas et terras de Midletoun, Easter Midletoun, Drumwharber, Husbandtoun et Outsett Warnifoord nuncupatum ;—moram lie muir de Camock, cum mora nuncupata Laurence Muir alias Muir de Drumwharber ;—terras nuncupatas Neather Seat de Halcartoun alias Killhill, cum molendino granario de Killhill ;—terras de Clarkhill et Latch ;—burgum baroniæ apud burgum de Halkertoun, cum nundinis et mercatis :—A. E. 6*l.* N. E. 24*l.*—terras et baroniam de Glensauch :—A. E. 40*s.* N. E. 8*l.*—omnes unitas in baroniam de Halkertoune ;—terris nuncupatis Diracroft alias Belackers, cum domibus nuncupatis Kirktoun de Conveth alias Saint Laurence, infra regalitatem de Saint Androus et dominium de Rescobie :—A. E. 10*s.* N. E. 40*s.*—terris de Houstoun, Barnhill ;—terris de Wester Culardo, cum multuris, et privilegio in mossis de Garvock, infra parochiam et baroniam de Garvock.—A. E. 40*s.* N. E. 8*l.*   **xli. 301.**

(158)   Dec. 11. 1690.
ROBERTUS BARCLAY de Urie, *hæres* Roberti Barclay de Urie, *patris,*—in terris et terris dominicalibus de Urie, et salmonum piscationibus super aqua de Cowie ;—villis et terris de Maugray, Woodhead, Pewbair, Ballnagaight, Glerthno, et Cairnetoune ;—molendino de Cowie, molendino aratro lie Milnpleugh ;—multuris prædictarum terrarum et terrarum de Reidcloak, Finlaustoun et terrarum quæ ad comitem de Erroll pertinuerunt, in et circiter villam de Cowie, et terrarum de Walkmiln de Urie, et multuris de orientali et occidentali Logies ;—partibus et pendiculis terrarum de Montquich nuncupatis Trills, Burnhauch, Rothneck, et Corsley ;—molendino de Montquich et multuris comprehendentibus

D

multuras 12 aratrorum de Montquich, infra parochiam de Fetteresso, cum decimis garbalibus prædictarum terrarum, pro principali ;—terris et terris dominicalibus de Dunnottar ;—molendino de Stonhaven, cum feudifirmis villæ de Stonhaven, et cymbis piscariis dictæ villæ ;—septentrionali dimidio villæ et terrarum et terrarum dominicalium de Auras ;—molendino de Auras, infra parochiam de Dunottar, in warrantum dictarum villarum et terrarum principaliter dispositarum, unitis in baroniam de Urie.—A. E. 10*l.* N. E. 40*l.* xli. 406.

(159) Dec. 8. 1692.
MAGISTER JOANNES RAIT de Findlaystoune, *hæres* Magistri Jacobi Rait de Findlaystoun ministri verbi Dei apud ecclesiam de Durrott, *patris,*—in villa et terris de Findlaystoune, infra parochiam de Fetteresso, cum decimis :—A. E. 10*s.* N. E. 40*s.*—villa et terris de Tilliebroadleis, molendino de Coldfaugh, terris de Haulkhill, cum communitate in mora de Luther et communi glebario ejusdem.—E. 6*d.* xliii. 76.

(160) Jan. 12. 1693.
ALEXANDER IRVINE de Glassill, *hæres* Alexandri Irvine de Glassill, *patris,*—in terris de Glassill partibus meridionalibus et septentrionalibus ejusmodi, jacentibus ex una et altera partibus aquæ de Cannay, infra parochiam de Banchorie-ternan :—E. 3*l.* 13*s.* 8*d.* et 20*d.* in augmentationem :—partibus terrarum de Tillieluid vocatis Kirktoun et Gaitsyde, infra parochiam de Strachan.—E. 6*l.* 6*s.* 8*d.* xliii. 124.

(161) Feb. 23. 1693.
DAVID FALCONAR de Newtoun, *hæres* Domini Davidis Falconar de Newtoun nuper Præsidis Collegii Justiciæ, *patris,*—in villa et terris de Barnes et molendino ejusdem ;—villa et terris de Newtoun cum multuris terrarum de Newtoun et Balmakellie ;—privilegio in maresio de Balmakellie et communitate in Luther's muire alias King's muire, proportionali parte de Kingsmuire et jure proprietatis ejusdem, infra bondas maresii de Balmakellie et moras de Luther proportionaliter ad valorem terrarum de Barnes, et cum decimis prædictarum terrarum :—A. E. 10*l.* N. E. 40*l.*—villa et terris de Smiddiehill, cum bruerii domo, et libertate effodiendi glebas in mossa de Whytwater, et lie truffs ex mora de Garvock ;—villis et terris de duobus Clettouns et duobus Unthanks cum parte mossæ de Whytwater ;—terris de Bruntoun :—A. E. 3*l.* 6*s.* 8*d.* N. E. 13*l.* 6*s.* 8*d.*—omnibus infra parochias de Conveyth et Garvock, et baroniam de Garvock ;—terris et baronia de Eglismaldie comprehendente terras de Over et Nether et Middle Eglismaldies ;—terras de Coldfaugh et Prittishaugh cum molendino de Eglismaldie et communitate in Luthersmuir et Luther's moss, et burgo baroniæ ;—duabus partibus Magnæ moræ ex orientali de Eglismaldie, et ex boreali amnis de Northesk vocatæ mora de Luther :—A. E. 3*l.* N. E. 12*l.*—terris de Balmaludie infra parochiam de Aberluthnet ;—croftis terræ super orientale latus rivoli descendentis ad cæmiterium de Aberluthnet infra dictas terras de Balmaludie :—A. E. 1*l.* 13*s.* 4*d.* N. E. 6*l.* 13*s.* 4*d.*—terris et baronia de Morphi-Frazer, continente Maynes, Pitbedles, Spittelmyres, Densyde, cum molendino de Maynes alias Kynnaird infra parochiam de Eglisgreig, cum terris de Craighaugh in Forfar :—A. E. 5*l.* N. E. 20*l.*—terris de Canterland et monte de Canterland ;—villa et terris de Kynnaird infra baroniam de Canterland et parochiam de Eglisgreig :—E. 18*l. taxatæ wardæ* :—omnibus unitis in baroniam de Newtoun ;—villis et terris de Muirtoune orientalibus et occidentalibus, et terris de Rosehill, cum multuris, et cum officio, ampla et libera jurisdictione balivatus earundem, infra Thanagium de Fettercairne et parochiam de Aberluthnet :—A. E. 30*s.* N. E. 6*l.*—villis et terris de Chapletoun de Braico, cum libertate communitatis et lucrandi fewel, faill et divett super Brouncatter, cum multuris et decimis, infra parochiam de Menmuire et baroniam ejusdem, unitis et annexatis ad baroniam de Newtoun :—E. 23*l. taxatæ wardæ* :—terris de Chapletoun cum decimis inclusis, infra parochiam de Eglisgreig.—E. 5*l.* 15*s.* 6*d.*—(Vide Forfar.) xliii. 200.

(162) Apr. 20. 1693.
ROBERTUS BRUCE, *hæres* Alexandri Bruce nonnunquam Clerici Deputati burgi de Aberdeen, *patris,*—in terris de Kirkhill, cum Outsetts vocatis Tulloch, et decimis garbalibus inclusis, infra baroniam de Roscobie, parochiam de Nigg et regalitatem de Saint Andrews ;—annuo redditu 20*s.* ad dictas terras spectante de burgo seu villa de Aberdeen, cum pastura et communitate baroniæ de Torie, et piscaria salmonum et aliorum piscium infra limites dictarum terrarum vulgo St. Muffotsbey nuncupatarum prope terras de Torie, et potestate construendi molendina super qualibet parte dictarum terrarum sive infra maris fluxum, cum decimis piscium.—E. 3*l.* xliii. 251.

(163) Apr. 17. 1695.
DAVID SCOT filius Roberti Scot de Benholm, *hæres talliæ et provisionis* Davidis Scot de Hedderweeck, *patrui,*—in terris de Meikle Morphie, Pilmore, Hill de Morphie et Silliecoats, Stane de Morphie et Smiddielands ejusdem, cum molendino de Morphie, et tertia parte salmonum piscationis super aqua de North Esk, de rege tentæ, et salmonum piscatione inibi Sancti Thomæ vulgo nuncupata, cùm salmonum piscatione infra bondas terrarum de Wardropstoun, in warrantum terrarum de Glaster in Forfar.—A. E. .... N. E. ....—(Vide Forfar.) xliv. 327.

(164) Oct. 29. 1695.
JOANNES COMES DE STRATHMORE ET KINGHORNE, &c. *hæres* Patricii Comitis de Strathmore et Kinghorne, Vicecomitis Lyon, Domini Glamiss, Tannadyce, Sydlaw, et Stradichtie, &c. *patris,*—in officio Coronatoriæ infra limites et bondas vicecomituum de Forfar et Kincardine, cum 4*l.* sterlinis annuatim levandis de extractis itinerum Justiciariæ infra prædictos vicecomitatus ad dictum officium annexatis, cum aliis feodis et privilegiis ad idem spectantibus :—A. E. 5*s.* N. E. 20*s.*—cum aliis terris in Forfar, Aberdeen, Banff, et Kincardine erectis in dominium et baroniam de Glamis, et omnibus erectis cum terris in Fife et Perth in comitatum de Kinghorne, dominium de Lyon et Glamis.—(Vide Forfar, Perth, Fife, Aberdeen, Banf.) xlv. 219.

(165) Nov. 1. 1695.
JACOBUS BURNET de Monboddow, *hæres* Magistri Roberti Burnet de Kair, *patrui,*—in terris de Ballandro comprehendentibus terras dominicales lie Mains de Ballandro, terras de Whytfeild, villam et terras de Johnshaven cum portu et piscatione alborum piscium ejusmodi, terras de Bank de Johnshaven, in parochia de Benholme pro principali :—A. E. 5*l.* N. E. 20*l.*—et in warrantum earundem, in terris de Sillieflett cum communitate jacentibus ut supra :—A. E. 30*s.* N. E. 6*l.*—terris et terris dominicalibus de Kair cum molendino et villarum de Castletoune, Wattistoune, Burnbank, et Reidheugh, cum maneriei loco de Kair ;—et terrarum dominicalium quibuscunque, et particulariter includentium terras et pendiculum earundem nuncupatas Shipherdshaugh, Woodhead, et Broadhaugh, infra parochiam de Arbuthnet.—A. E. 30*s.* N. E. 6*l.* xlv. 93.

(166) Nov. 1. 1695.
ROBERTUS VICECOMES DE ARBUTHNET, *hæres* Roberti Vicecomitis de Arbuthnet, Domini de Innerbervie, *patris,*—in terris et baronia de Arbuthnet comprehendente terras dominicales et fortalicium de Arbuthnet, cum molendino et villa molendinaria ejusdem, Peathill, Elpetie, Drumgochar (Drumzochar), Auldcake (vel Aldhale), Cauldcoats, Brunzieshill, Garritsmyre, Brigend, Ladnashyne (vel Ladnaskynes), Montgodrum, Pitforthie, Meikle-Fiddes cum molendino et terris molendinariis ejusdem, Colliestoune, Metlawhill, Threapland, Leyes, Pitcairles. Dumraven, Craighill, Cranford (vel Cowford), Whitefeild, Bamff, molendino fullonum et Brundieland (vel Bundiesland), cum piscariis aquæ de Bervie, et piscatione in aqua recenti ab occidentali et suprema parte de lie Coblepott :—advocatione rectoriæ et vicariæ ecclesiæ parochialis de Arbuthnet, et capellaniæ Sanctæ Mariæ Virginis, infra dictam ecclesiam parochialem ;—terras de Arduthie, Auchinyock, Greencastle, Porterhaugh et Portercroft :—A. E. 20*l.* N. E. 80*l.*—terras de Portertoune et Orchardtoune, cum communi pastura et privilegio effodiendi et lucrandi glebas et cespites, in universis moris de Strathfuidlaw (vel Smithfurdlaw, Strathfindlaw ?) et Camnock per omnes partes et bondas ejusdem :—A. E. 20*s.* N. E. 4*l.*—2 nonas partes terrarum de Innerbervie vocatas Halgrein, cum particatis vulgo rudes et molendinis earundem ;—2 nonas partes dictarum terrarum de Innerbervie nuncupatas Bruicelands alias Barnhill, cum tertia parte molendini earundem, et annuis redditibus particatarum rudes de Innerbervie ;—piscariam salmonum aliorumque piscium in aqua de Bervie ad dictas terras ab antiquo pertinentem ;—piscariam alborum piscium in port de Gourdone, cum potestate habendi cymbas aliisque privilegiis dicti portus ;—annuum redditum 5*s.* de terris de Bervie ;—annuum redditum 20*s.* de terris de Stain de Benholme, pro astrictis multuris earundem, prius unitas ad baroniam de Arbuthnet tanquam partes ejusdem :—A. E. 26*s.* 8*d.* N. E. 5*l.* 6*s.* 8*d.*—piscariam salmonum et aliorum piscium super littora marina lie sea shoar subtus prædictam villam de Innerbervie, cum potestate habendi cymbas, &c.—E. 13*s. firmæ* :—communitatem et communem moram de Innerbervie :—E. 10*s. feudifirmæ* :—omnes prius unitas in baroniam de Arbuthnet ;—et de omnibus aliis annuis redditibus, &c. ubicunque jacent quæ olim fratribus Ordinis Carmelitarum prope burgum de Inverbervie quovis modo pertinuerunt, et præsertim, in 2 nonis partibus terrarum de Sillieflet et Innerbervie, cum rudis burgalibus, acris, tenementis earundem tam infra quam prope burgum de Innerbervie et territorium ejusdem, et cum annuis redditibus, firmis et divoriis earundem, et communi pastura et communitatibus quibuscunque eisdem spectantibus ;—2 nonis partibus molendini de Innerbervie et terrarum molendinariarum earundem cum multuris, sequelis, lie Watercornes, &c. earundem ;—piscatione salmonum et aliorum piscium super dicta aqua de Bervie, ac in ostio et faucibus ejusdem tam in salsis quam in aquis dulcibus ;—portu et statione navali de Gordoun :—E. 30*l.*

1s. 8d. feudifirmæ :—terris jacentibus infra territorium dicti burgi de Innerbervie, lie Chappell-lands Capellaniæ de Cowie, cum hortis et divoriis earundem, et omnibus et singulis terris, rudis, annuis redditibus aliisque inframentionatis, viz. 2 rudis terrarum jacentibus infra Burghaugh dicti burgi de Innerbervie ;—2 aliis rudis terrarum ;—2 aliis rudis terrarum jacentibus ex australi parte de Cowgate de Innerbervie ;—torreo vulgo lie Kiln et Maltpott ;—aliis 2 rudis terrarum arabilium vulgo Whiterudes appellatis, ex australi parte de Cowgate dicti burgi ;—1½ ruda terrarum arabilium ex boreali parte Cowgate dicti burgi vulgo lie Fogman nuncupata ;— 4 rudis terrarum ibidem ;—annuo redditu 20s. de terris Willielmi Hendersone ibidem ;—alio annuo redditu 20s. de terris Roberto Provost spectantibus, ex orientali parte communis viæ dicti burgi lie Mercatgate ;—annuo redditu 12s. de terris Arthuro Copland pertinentibus jacentibus ex boreali parte lie Seagate dicti burgi ;— annuo redditu 9s. de terris Davidi Provost pertinentibus ex australi parte lie Mercatgate dicti burgi ;—omnibus ad prædicatores Carmelitanos olim spectantibus, infra parochiam de Kinneff :—E. 3l. 6s. 8d. feudifirmæ:—terris et baronia de Cairntoun alias Fordoun nuncupata, continente terras de Convallie, Fordounflatt, molendinum de Cairntoun alias molendinum de Pitremy (vel Pitrenny) nuncupatum ;—that Brew tack juxta ecclesiam de Fordoun, cum privilegiis villæ de Fordoun, in liberum burgum baroniæ erectæ, infra diocesin Sancti Andreæ :—A. E. 5l. N. E. 20l.—terris de Coulie cum multuris earundem, infra parochiam de Fourdoun etiam unitis ad baroniam de Arbuthnet :—A. E. 40s. N. E. 8l.—terris et baronia de Wester Kinneff comprehendente terras dominicales Grange de Kinneff nuncupatas, cum terris vocatis clausura lie waird, et terris inclusis lie wardlands earundem de Densyde, et croftis ejusmodi;—terris de Craigdavie, Harboursheills, Dubtoune, cum advocatione capellæ Sancti Johannis in Kinneff nunc Barras nuncupatæ, infra parochiam de Kinneff :—A. E. 3l. N. E. 12l.— partibus terrarum de Outtoun de Drumleithie vocatis Broombank, France, Blacksnab, et Condie ;—terris de Intoun de Drumleithie, infra parochiam de Arbuthnet ;—terris de Newbigging ;—terris de Over Houmonth Easter et Wester, et pendiculis earundem ;—terris de Bogsburne et terris de Norther (vel Neather) Kincomith, jacentibus infra parochiam de Glenbervie, cum privilegio effodiendi glebas ex glebaria de Drumwyes (vel Drumleyis):—A. E. 3l. N. E. 12l.—terris et baronia de Pittarrow, viz. terris dominicalibus lie maines alias Easter Pittarrow seu Foordhouse nuncupatis;—molendino de Conveth cum terris molendinariis ;—terris de Westertoun de Pittarow ;—terris de Blackfoordhouse et pendiculo earundem Stainieruive vocato ;—villa et terris de Carnbegg ;—omnibus infra baroniam de Pittarrow ;—terris de Drumvochtie (Drumtochtie?) Easter et Wester ;—villa et terris de Blackfaulds ; —molendino de Drumtochrie alias molendino de Bomlihilloch et terris molendinariis ;—terris de Over et Neather Freirglen alias Easter Glensaugh vocatis, in warrantizationem dictarum terrarum principalium, unitis in baroniam de Kinmounth :—A. E. 3l. N. E. 12l.—terris de Kirktoune de Arbuthnet, cum salmonum piscatione in aqua de Bervie iisdem terris spectante, in baronia de Rascobie et infra regalitatem Sancti Andreæ :—E. 3l. 6s. 8d.—terris ecclesiasticis de Kinneff cum maneriei loco earundem vocato Whistlebarne (vel Whistleberrie), molendino et terris molendinariis earundem cum cymba piscaria lie Fishboat et albis piscationibus earundem, in baronia de Rascobie, regalitate Sancti Andreæ et parochia de Kineff :—E. 5l. 13s. 4d.—villis et terris de Peattie tam bina quam tertia partibus earundem, cum salmonum piscaria super aqua de Bervie ;—molendino de Peattie, terris molendinariis et astrictis multuris dicti molendini, infra baroniam de Garvick :— A. E. 10s. N. E. 40l.—terris de Easter Maithers infra dictam baroniam de Garvocks :—A. E. 10s. N. E. 40s.—templaria de Convallie, in baronia de Cairntoune, regalitate aliquando de Torphichen nunc de Dreyne :—E. 3s. 4d.—terris et villis de Drumealie infra parochiam de Fordoun :—A. E. 3l. N. E. 2l.—terris de Jackstoune jacentibus in lie runrig cum terris de Eastermeathins, infra parochiam de Eccleasgreig.—A. E. 20s. N. E. 4l. —(Vide Fife, Forfar.)   xlv. 310.

(167)   Maii 1. 1696.
ALEXANDER IRVING de Murthill filius natu maximus Magistri Alexandri Irving de Murthill, hæres talliæ Alexandri Irving junioris de Drum ;—in terris et baronia de Drum comprehendente terras, baronias aliaque subscripta, viz. lie Parklands de Drum, parcam, silvas et terras molendinarias ejusmodi, cum 2 celdris firmarum victualium lie ferm victuall ad dictam parcam spectantibus ;— terras de Whitriggs et Reidmyre, cum annuo redditu 10m. de terris de Crawtoune et Wris, unitas cum aliis terris in Aberdeen in baroniam de Drum.—A. E. 40l. N. E. 160l.—(Vide Aberdeen.)   xlv. 546.

(168)   Aug. 4. 1696.
JOANNES SCOTT de Hedderwick filius legitimus Roberti Scott de Benholme, hæres talliæ et provisionis Davidis Scott de Hedderwick, patrui,—in terris de Meikle Morphie, Pilmore, Hill de Morphie et Silliecoats, Stonnie-Morphie et Smiddielands ejusdem,

cum molendinis de Morphie, et tertia parte salmonum piscationis super aqua de North Esk (de rege tentæ), et salmonum piscatione ibidem Rete Sancti Thomæ vulgo nuncupata, cum salmonum piscatione intra bondas et limites terrarum de Wardroptoun, in warrantum terrarum de Glaister in Forfar.—E. . . . .—(Vide Forfar.)   xlvi. 92.

(169)   Oct. 22. 1696.
JOANNES COMES DE ROXBURGH, hæres masculus et talliæ Roberti Comitis de Roxburgh, Domini Ker, Cessfford, et Cavertoune, fratris germani,—in baronia et dominio de Halydean comprehendente inter alia terras ecclesiasticas ecclesiæ de Peterculter, cum aliis terris in Edinburgh, Selkirk, Peebles, Dumfries, Lanerk, Ayr, et Roxburgh :—E. 10l. &c. firmæ:—decimas rectorias et vicarias dictæ parochiæ, cum aliis decimis in Roxburgh, Berwick, Selkirk, Peebles, Dumfries, Lanark, Ayr, et Edinburgh.—E. 40m. albæ firmæ.—(Vide Roxburgh, Stirling, Linlithgow, Edinburgh, Selkirk, Berwick, Haddington, Peebles, Dumfries, Lanark, Ayr.)   xlvi. 243.

(170)   Dec. 29. 1696.
JOSEPHUS STRATONE, hæres Magistri Arthuri Stratone de Kirksyde, patris,—in terris ecclesiasticis de Eglesgreig vulgo vocatis cum decimis, salmonum piscaria et decimis infra parochiam de Eglesgreig :—E. 7 bollæ hordei, &c. feudifirmæ:—villis et terris de Scotstoune et Marchrie cum terris vulgo nuncupatis Officers lands, cum piscariis infra baroniam de Woodstoune, regalitatem de Lindoirs et parochiam de Eglisgreig.—E. 22l. 17s. 6d. &c. feudifirmæ.   xlvii. 368.

(171)   Sep. 16. 1697.
JACOBUS SCOTT de Benholme, hæres Roberti Scott de Benholme, patris,—in villis, terris et baronia de Benholme subscriptis, viz.—terris vocatis Over Maynes de Benholme, cum pendiculis vocatis Hairmoor, Carnanack, Casteltoune, Castletounebank, et Gedspoole, cum Over et Neather Denncoairds de Benholme ;— terris de Tulloch, et ista pecia terræ jacente intra muros quæ semel fuit pars earundem ;—villis et terris de Greinleys et pendiculo vocato Gelliewaird ;—villis et terris de Inchmedden et Forgie, et illa parte terræ vocata Craigstack, cum dimidietate occidentali moræ de Kinsethle;—dimidietate molendini de Benholme;—terris de Kirktoune de Benholme ;—secunda ex tribus alternis vicibus advocationis ecclesiæ de Benholme, decimarum rectoriarum et vicariarum ejusdem ;—libertate effodiendi cespites stercorarios lie Midding fail in terris de Cowford;—omnibus infra baroniam de Benholme et parochiam ejusdem, pro principali :—A. E. 7l. 10s. N. E. 30l.—et in warrantizationem quartæ partis dictarum terrarum, dimidii molendini aliorumque suprascriptorum, in terris de Neather Maines de Benholme, et altera dimidietate molendini de Benholme :—A. E. 2l. 10s. N. E. 10l.—terris templariis de Benholme. —E. 3s.   xlvi. 655.

(172)   Sep. 16. 1697.
JACOBUS SCOTT de Benholme, hæres Roberti Scott de Benholme, patris,—in villis, terris et baronia de Benholme subscriptis, viz. terris vocatis Over Maynes de Benholme, cum pendiculis vocatis Hairmoor, Carnanock, Castletoune, Castletounebank, et Gedspoole, cum Over et Neather Denncoairds de Benholme ;—terris de Tulloch et ista pecia terræ jacente intra muros quæ semel fuit pars earundem ;—villis et terris de Greinleyes, et pendiculo vocato Gelliewaird ;—villis et terris de Inchmedden et Forgie, et parte terræ vocata Craigstack, cum occidentali dimidietate moræ de Kinsethle;—dimidietate molendini de Benholme ;—terris de Kirktoune de Benholme ;—secunda ex tribus alternis vicibus advocationis ecclesiæ de Benholme, decimarum rectoriarum et vicariarum ejusdem, cum libertate effodiendi cespites stercorarios lie Midding fail in terris de Cowford, omnibus jacentibus infra baroniam de Benholme et parochiam ejusdem, idque pro principali : —A. E. 7l. 10s. N. E. 30l.—terris de Neather Maynes de Benholme, et altera dimidia molendini de Benholme, in warrantizatione quartæ partis dictarum terrarum, dimidii molendini, &c.— A. E. 2l. 10s. N. E. 10l.—terris templariis de Benholme.—E. 3s.   xlvi. 672.

(173)   Oct. 12. 1697.
DOMINUS DAVID RAMSAY de Balmaine, hæres masculus Domini Caroli Ramsay de Balmaine militis baronetti, patris,—in terris et baronia de Balmaine inferius specificatis, viz.—villa et terris de Balmaine, cum pendiculis vulgo Blaires et Bognothie nuncupatis ;—villa et terris de Esho cum pendiculo nuncupato Burnsyde;—molendino granorum de Fettercairne;—annuo redditu 20s. de terris de Fettercairne ;—villa et terris de Faskie ;—moris et maresiis de Luther, Kincarden, Galamyres, et Canmock, et communi monte supra Faskillie :—A. E. 7l. 6s. 8d. N. E. 29l. 6s. 8d.—occidentali tertia parte villæ et terrarum de Pitgarvie ;—villa et terris de Newbigging inibi comprehendentibus terras vocatas Fedholls (Todholls?), et dimidietatem de Waird de Arnebarrow super occidentale latus torrentis de Arnebarrow ;—villa et terris de Creichie-

burne, cum multuris tertiæ partis villarum et terrarum de Pitgarvie et Newbigging, comprehendentium dictas terras de Fodholls (Fodholls?) et Creichieburne, cum libertate effodiendi petas lie fewel, faill et divott, communitatis et communis pasturæ bestiarum in moris et maresiis de Luther, Cannock, et Stratinellayhill, et singulis montibus et lie Hillocks, super Braelands de Thornetoune ;—omnibus erectis in baroniam de Balmaine ;—dimidietate villæ et terrarum de Pitgarvie, cum multuris, molendinis fullonum et terris molendinariis, et communi pastura in moris et maresiis de Luther :—E. 40s.—infra parochiam de Aberluthnet ;—villa et terris de Jackstrath parte terrarum baroniæ de Fettercairne vocata Easter Strath, infra parochiam de Fettercairne :—A. E. 20s. N. E. 4l.—terris molendinariis et molendinis de Blacktulloch (vel Blacklaith) infra baroniam prædictam ;—villa et terris de Thomstoune (vel Thainstoune) et Loncley ;—villa et terris de Colthill et Dilatie, et 3 aratris terræ de Fodra (vel Feodo) ;—villa et terris de Greingate (vel Greingarth) ;—villa et terris de Hairstounemuir ;—villa et terris de Braylandmuir ;—villa et terris de Sandihillock :—E. 12l. 18s. 4d. firmæ :—terris templariis de Fettercairne infra parochiam de Fettercairne :—E. 3s. 4d.—omnibus unitis in baroniam de Balmaine. xlvi. 713.

(174) Oct. 14. 1697.

GEORGIUS ALLARDES de Eodem, *hæres masculus* Domini Joannis Allardes de Eodem, *patris*,—in terris et baronia de Allardes, comprehendente terras de Litle Barras et Leyes :—A. E. 10l. N. E. 40l.—terris et baronia de Pitcarrie et terris dominicalibus ejusdem ;—terris de Cloak, Achendreck, et Clashendrum, et aliis pendiculis dictæ baroniæ de Pitcarrie, unitis in baroniam de Allardes.—A. E. 5l. N. E. 20l. xlvi. 691.

(175) Apr. 27. 1699.

DAVID HERIOT portionarius de Corstorphine, *hæres* Magistri Davidis Heriot advocati, *avi*,—in terris et baronia de Portlethin cum portu marino lie port of Portlethin ;—villis et terris de Balquharn et Classfarquhar et crofta ejusdem, et domibus de Portlethin, cum superioritate villarum et terrarum de Auchquhorthies et Cookstoune, omnibus infra parochiam de Banchory-Davenik.—A. E. 3l. N. E. 12l. xlviii. 891.

(176) Jun. 8. 1699.

THOMAS BURNET de Glenbervie, *hæres* Magistri Roberti Burnet de Glenbervie, *patris*,—in terris dominicalibus de Glenbervie ;—terris de Halkhill, Inshes, literas lie buithes de Drumleithie, cum terris possessis aliquando per Adamum Fergusone ;—terris de Intoune lie Broustertack cum pendiculo ;—Northerkinmonth, cum nundinis et foris in urbe de Drumleithie, et decimis dictarum terrarum tam rectoriis quam vicariis ;—donatione ecclesiæ de Glenbervie ;—terris de Inchbreck, Lagdrome, Pittdrich, et Dilliewaird, infra parochias de Glenbervie et Arbuthnet, omnibus unitis in baroniam de Glenbervie.—E. 6l. taxatæ wardæ. xlviii. 125.

(177) Mar. 14. 1700.

JACOBUS COMES DE SOUTHESK, Dominus Carnegie de Kinnaird et Leuchars, *hæres masculus et lineæ* Caroli Comitis de Southesk, Domini Carnagie de Kinnaird et Leuchars, *patris*,—in villa et terris de Chapletoune infra parochiam de Fettercairn :—E. 5m. &c. feudifirmæ :—terris et baronia de Carnegie inibi comprehendente terras de Strath vocatas Steill-Strath, cum communia in communi mora de Luther, et communi maresia ejusdem ;—pecia terræ de Dillievies (vel Dilliedies) monte de Dillivies vocata, extendente ad 5 acras terræ arabilis aut eo circa, cum pecia gra-

minis ad eandem spectante, et communia in communi mora et maresia de Luther :—E. 10l. taxatæ wardæ :—villa et terris de Carnegie, pratis ejusdem New Park vocatis, cum communi pastura in lie Firth, ac in omnibus moris et maresiis de Panmuir et dicta mossa :—A. E. 40s. N. E. 8l.—terris et baronia de Disclune et petario ejusdem lie Peatmoss, cum molendino et salmonum piscaria super aquam de Northesk :—A. E. 15l. N. E. 60l.—omnibus, cum aliis terris in Fife et Forfar, in comitatu de Southesk et dominio de Carnegie, et propriis partibus eorundem ;—terris et baronia de Fairnflatt, Easter Kinross (vel Kinneff) vocata, inibi comprehendente villam et terras de Fairnflatt ;—villam et terras de Baikie de Fairnflatt ;—villam et terras de Overtoune de Fairnflatt ;—villam et terras de Glassland ;—villam et terras de Hauckhill ;—villam et terras de Gorpook, cum 3 cymbis piscariis et molendino de Fairnflatt ;—villa et terris de Largie, cum decimis garbalibus, personagiis, et vicaragiis earundem, et libertate et communitate per universas partes montis Sancti Joannis, in parochia de Kinross :—A. E. . . . . . N. E. 500m. taxatæ wardæ :—decimis garbalibus rectoriis et vicariis dictarum terrarum et baroniæ de Fairnflatt, et terrarum de Largie :—E. 1d. albæ firmæ :—terris et baronia de Pitarrow comprehendente terras dominicales earundem ;—Eastertoune de Pittarrow vulgo nuncupata Foordhouse ;—Westertoune de Pittarrow ;—Blackfoordhouse ;—molendino de Cavath et Meikle Cairnbeg ;—annuo redditu 1462m. 10s. 8d. de terris de Intoun de Drumlethie ;—Outtoune de Drumlethie, comprehendente villas et terras de Broombank, Candie, Blacksnab, France ;—villam et terras de Ovir Kinninmonth, Neather Kinninmonth, Boigburne, cum terris de Drumlochly (vel Drumlochty) et silvis ;—molendino de Drumlochty cum terris molendinariis ;—villa et terris de Freirglen :—E. 1d. albæ firmæ :—terris de Pitgairdner cum pendiculis earundem Brandmuire vocatis, Ponte de Læppie ;—terris de Reidhall, Balfeith, cum decimis garbalibus, in speciale warrantum summæ 16,000m.—A. E. . . . . . . N. E. . . . . . .—(Vide Fife, Forfar, Aberdeen.) xlviii. 679.

OMISSUM.

(178) Jan. 18. 1666.

JOANNES BARCLAY junior de Johnstoune, *hæres* Davidis Barclay de Johnstoune, *patris*,—in terris de Johnstoune cum monte earundem vocato Falconesleys, et maneriei loco de Johnestoune, in baronia de Garvock, parochiis de Garvock et Conveth respective ;—parte terrarum de Eyster Unthank, cum decimis garbalibus hujusmodi, et privilegiis focalium in maresio de Whytwater, in dicta baronia de Garvock ;—terris de Wester Unthank, ac terris de Eister Unthank aliquando per Jacobum Barclay, &c. occupatis ;—villis et terris de Eister de Wester Cloatouns, in dicta baronia de Garvock, cum decimis garbalibus seu rectoriis decimis villarum et terrarum præscriptarum, et libertate effodiendi glebas, &c. in dicto maresio de Whytwater :—A. E. 30 asses, N. E. 6d.—terris de Blacockmuire, cum molendinis de Blacockmuire ;—acris, domibus, ædificiis, et toftis de Kirktoune de Conveth, in parochia de Conveth et regalitate Sancti Andreæ ;—illa parte et portione terrarum de Wester Blacockmuire perprius per Joannem Barclay seniorem occupata, in parochia et regalitate præscriptis.—A. E. 26s. 8d. N. E. 5l. 6s. 8d. xc. 87.

KINCARDINE.

(179)   Oct. 31. 1581.

GEORGIUS COMES MARISCALLI, *hæres* Vilhelmi Comitis Mariscalli, *avi*,—in terris de Over et Nether Auchquhorties, in baronia de Ury.—E. 40s. *feudifirmæ.*   A. 174.

(180)   Oct. 31. 1581.

GEORGIUS KEYTH COMES MARISCALLI, *hæres masculus* Vilhelmi Comitis Mariscalli, Domini Keyth, Mariscalli regni Scotiæ, *avi*,—in dimidietate baroniæ de Dunnotter, cum castro:—A. E. 50s. N. E. 10l.—terris et maneria de Fetteresso :—A. E. 5l. N. E. 20l.—baronia de Garwak, cum piscariis super aquis de Ury et Bervie :—A. E. 20l. N. E. 80l.—officio vicecomitatus de Kyncardin :—A. E. 40s. N. E. 8l.—unitis in baroniam de Dunnotter.   A. 176.

(181)   Feb. 21. 1585.

WILLIELMUS FORBES, *hæres* Magistri Duncani Forbes de Monymusk, *patris*,—in umbrali dimidietate baroniæ de Torrie in regalitate monasterii de Abirbrothok, cum molendinis, brasinis, cymbis et alborum piscium prensionibus, piscationibus et annuis redditibus infra scriptis, viz. in specie, dimedia parte burgi de Torrie ;—dimedia parte terrarum subsequentium, viz. villis et terris de lie Crif, Halymanscrif vulgariter nuncupatis ;—terris de Balnagask, Lerstoun (vel Lorstoun), Kyncorthe, lie Nether Ferryboit, brasina de Torrie et molendinum ejusdem, et crofta ad idem molendinum spectante ;—dimedia dimedietatis de lie Uvirferryboit ;—superiore brasina, lie Over Ailhous vulgariter nuncupata ;—dimedia parte annuorum reddituum terrarum de Kirkhill de Ardoche ;—alborum piscium prensionibus et piscationibus duntaxat :—E. 29l. *feudifirmæ :*—decimis garbalibus dictæ dimedietatis umbralis terrarum et baroniæ de Torrie, in feudifirma ad easdem spectantibus, in parochia de Neig ;—salmonum piscariis in aqua de Dee vulgariter vocatis Poldoun-Largat, cum dimedia rethis piscariæ super lie Furdis ejusdem aquæ, jacentis prope pontem constructum super hujusmodi aqua de Dee, ex parte australi ejusdem situatæ ;—ruinosa domo in dicta baronia prope aquam de Dee, ex parte australi ejusdem situata, una cum hortis ejusdem.—E. 46l. 6s. 8d. *feudifirmæ.*—(Vide Aberdeen.)   B. 39.

(182)   Jul. 31. 1590.

WALTERUS CURROUR de Inchedroch, *hæres* Georgii Currour, *proavi*,—in annuo redditu 5m. de terris de Clewis, in baronia de Lowrenstoun.   B. 238.

(183)   Maii 7. 1591.

JOHANNES STRATHACHIN, *hæres* Johannis Strathachin in Goisleslie (Gosseslie ?) *patris*,—in superioritate dimidietatis solaris villæ et terrarum de Nether Balmakevin.—A. E. 5s. N. E. 20s.   C. 7.

(184)   Mar. 2. 1591.

JACOBUS KENNEDY, *hæres* Joannis Kennedy de Carmuik, *patris*,—in terris et villa de Auchquhortis, infra baroniam de Findoun.—A. E. 10s. N. E. 40s.   C. 56.

(185)   Maii 15. 1612.

MAGISTER DAVID RAIT principalis Collegii Aberdonensis, *hæres* Helenæ Raitt filiæ legitimæ quondam Magistri Andreæ Raitt fratris senioris dicti Davidis, *neptis*,—in molendino de Cragie, terris molendinariis et multuris, in parochia de Eglisgreg.—A. E. 13s. 4d. N. E. 53s. 4d.   E. 166.

(186)   Apr. 9. 1613.

JOANNES COMES DE ROTHES, Dominus Leslie, &c. *hæres* Jacobi Magistri de Rothes, *fratris*,—in terris de Dunloppeis, cum molendino, piscariis et advocatione ecclesiarum et capellaniarum :—A. E. 12l. N. E. . . 9l.—terris de Balmene et Wodfeild, cum manerie, piscariis et advocatione ecclesiarum et capellaniarum:—A. E. 10l. N. E. 30l.—unitis in baroniam de Ballinbreich cum aliis terris.—(Vide Fife, Perth, Forfar, Elgin et Forres, Aberdeen, Inverness.)   F. 3.

(187)   Maii . . . 1614.

ALEXANDER GAIRDIN de Burrowfeild, *hæres* Willielmi Gairdin de Burrowfeild, *avi*,—in villa et terris de Over Craignestoun in parochia de Fordoun.—A. E. 20s. N. E. 4l.   F. 205.

(188)   Maii 28. 1614.

ALEXANDER GAIRDIN de Burrowfeild, *hæres* . . . . Gairdin de Burrowfeild, *patris*,—in terris et villa de Drumellie in parochia de Fordoun.—A. E. . . . N. E. 4l.   F. 207.

(189)   Apr. 25. 1634.

MARIA STEWART sponsa Magistri Willielmi Keith de Kirktounhill, et filia legitima Roberti Stewart de Inchbrek, inter ipsum et quondam Nicolam Keith filiam legitimam Magistri Alexandri Keith de Phaisdo procreata, *hæres portionaria* dicti Magistri Alexandri Keith de Phaisdo, *avi*,—in terris et baronia de Benholme, comprehendente terras dominicales vulgo Maynis de Benholme ;—villas et terras de Over et Nather Knoxis, Forgie, Greinleyes, Inchmedden, Tulloche ;—villam et terras de Kirktoun de Benholme, cum molendino, terris molendinariis, astrictis multuris, sequelis et Knaiffschippes ;—pendiculo vulgo Hairmure nuncupato ;—domo vulgo Girnelhous, horto et clausura prope urbem de Guirdoun ;—advocatione ecclesiæ parochialis de Benholme, in baronia de Benholme et parochia ejusdem, viz. in quarta parte earundem :—A. E. 50s. N. E. 10l.—quarta parte binarum partium terrarum de Arbirnie, viz. orientalium et occidentalium tertiarum partium earundem, jacentium ut supra :—A. E. 10s. N. E. 40s.—quarta parte terrarum et baroniæ de Pettnamoone, comprehendentis villas et terras de Pettnamoone, Dronochmyre, molendinum granorum de Kincardyne, cum terris molendinariis et multuris ;—molendinum fullonum de Pettnamoone ;—villas et terras de Reidheuche olim nuncupatas Quhytfeild, cum pendiculis de Pettnamoone vulgo Gallohillok, alias Cokhillis, et Stanriehauche nuncupatis ;—communitatibus in moris et maresiis de Luther, Kincardyne, Gallowmuir et Cammok, et super communem montem supra Feskie:—A. E. 13s. 4d. N. E. 53s. 4d.—olim infra baroniam de Balmain, nunc in baronia de Pettnamoone, et parochia de Fordoun :—quarta parte terrarum et villæ de Phaisdo et Brodland, villæ et terrarum de Auchcairnie, cum molendino granorum de Phaisdo, terris molendinariis et multuris et maneriei loco de Phaisdo, in parochia de Fordoun:—A. E. 7s. 11d. *et dimidium obuli*, N. E. 31s. 9d.—omnibus unitis in baroniam de Benholme : —quarta parte terrarum de Brothertoun, viz. terrarum dominicalium lie Maynis de Brothertoun, cum maneriei loco, hortis et pomariis ;—terrarum de Muirtoun de Brothertoun ;—terrarum de Johnesheivin, cum piscationibus, cymbis piscariis, lie Fischerlandis et Girnelhous earundem, in parochia de Benholme et baronia de Garvok ;—mediæ tertiæ partis vulgo Midthrid pairt terrarum et villæ de Arbirnie, in parochia de Benholme :—A. E. 10s. N. E. 40s.—quarta parte terrarum templariarum vulgo Tempill landes de Benholme, jacentium ut supra :—E. 9d.—quarta parte terrarum, toftarum, croftarum, domorum, hostillariæ et bruerii de Auchcairnie, quæ extendunt ad 7½ acras et 6 ulnas vulgo ane single fall, infra territorium seu constabulariam de Kincardyne, cum lie Loning.—E. 5m.   H. 2.

(190)   Apr. 25. 1634.

MAGISTER ALEXANDER WOOD filius legitimus Magistri Jacobi Wood de Tippertie, inter ipsum et quondam Issobellam Keith ejus conjugem filiam legitimam quondam Magistri Alexandri Keith de Phaisdo, legitime procreatus, *hæres portionarius* dicti Magistri Alexandri Keith, *avi*,—in terris et baronia prædictis.   H. 8.

(191)   Maii 2. 1650.

DOMINUS WILLIELMUS DRUMMOND filius legitimus natu minimus Joannis Comitis de Perth, nunc WILLIELMUS COMES DE ROXBURGHE, Dominus Ker de Cessfurd et Cavertoun, *hæres talliæ et provisionis* Roberti Comitis de Roxburghe, Domini Ker de Cessfurd et Cavertoun, *avi*,—in terris, dominio et baronia de Halyden, comprehendente terras ecclesiasticas ecclesiæ de Peterculter, cum aliis terris ecclesiasticis in Roxburgh, Berwick, Edinburgh, Selkirk, Peebles, Dumfreis, Lanerk, et Ayr, et manerie de Kelso:—E. 10l. &c. *feudifirmæ :*—decimas garbales aliasque decimas ecclesiæ de Peterculter, cum aliis decimis ecclesiarum in Roxburgh, Berwick, Selkirk, Peebles, Dumfries, Lanerk, et Edinburgh.—E. 400m. *albæ firmæ.*—(Vide Roxburgh, Berwick, Edinburgh, Stirling, Linlithgow, Selkirk, Peebles, Dumfries, Ayr, et Lanerk.)   H. 111.

(192)   Dec. 27. 1694.

JACOBUS TURNBULL, *hæres* Magistri Patricii Turnbull ministri verbi Dei apud Conteth (Conveth ?), *patris*,—in annuo redditu 160l. correspondente ad summam principalem 4000m. de terris de Reidfoord et Over Craigie, infra parochias de Garvoch et Eaglisgreig.   I. 182.

KINROSS.

INDEX NOMINUM.

a

666

KINROSS.

INDEX LOCORUM.

INQUISITIONES SPECIALES.

KINROS.

(1)   Aug. 7. 1566.

JACOBUS LINDSAY, *hæres* Joannis Lindsay de Dowhill, *patris*,—in baronia de Crambeth Dowhill nuncupata cum molendino ;—terris de Freuches ;—quarta parte de Blair de Crambethe ;—quarta parte de Kinnaird ;—dimidietate terrarum de Drumlochtornoch, cum 10 summis catalorum, boum et ovium, in Blair de Crambethe lie Soutterlands ;—10 summis ovium in monte de Balnarthie ; cum ovibus de Byn pascendis ;—tertia parte de Eister Nevingstoun, cum tertia parte molendini de Cleische, ac tertia parte multurarum et terræ molendinariæ ejusdem ;—tertia parte de Wester Nevinstoun et Browsterlandis ejusdem ;—quarta parte de Culearny, et 2 acris terrarum in villa de Kinrose, et 6 summis in communia de Kinros Gallowhill nuncupata, in vicecomitatibus de Fife et Kinros, et unitis cum terris in Perth in baroniam de Dowhill.—A. E. 40*l.* N. E. 200*m.*—(Vide Perth, Fife.)   i. 39.

(2)   Jul. 3. 1605.

WILLIELMUS DOUGLASS MAGISTER DE MORTOUN, *hæres* Roberti Douglas feoditarii de Lochlevin, *hæredis apparentis* Willielmi Douglas de Lochlevin nunc Comitis de Mortoun, Domini de Dalkeith, *patris*,—in terfis et baronia de Kinros, cum castro, loco, lacu et piscariis de Lochlevin ;—villa, burgo et terris de Kinross, et terris de Dalqueich cum molendino ;—officio vicecomitis vicecomitatus de Kinross.—A. E. 100*m.* N. E. 200*m.*—(Vide Perth, Edinburgh, Roxburgh.)   iii. 211.

(3)   Jan. 7. 1607.

JACOBUS WARDLAW, *hæres* Joannis Wardlaw, *patris*,—in 5 acris terrarum in villa de Kinross et territorio ejusdem.—A. E. 13*s.* 4*d.* N. E. 40*s.*   iii. 247.

(4)   Jun. 27. 1609.

DOMINUS JOANNES SCHAW de Arnecumrie miles, *hæres* Willielmi Schaw, *patrui*,—in terris de Cowdoun et Cavilstoune.—A. E. 3*l.* N. E. 9*l.*   iv. 369.

(5)   Dec. 15. 1619.

HENRICUS LATHANGIE, *hæres* Henrici Lathangie portionarii de Bennagall, *patris*,—in tertia parte villæ et terrarum de Bennagall, in baronia de Drumduff.—A. E. 13*s.* 4*d.* N. E. 53*s.* 4*d.*   vii. 231.

(6)   Jul. 17. 1621.

ALEXANDER STEIDMAN in Kinros, *hæres* Willielmi Steidman in Kinros, *patris*,—in tofta et crofta extendente ad 1 acram et dimidietatem acræ, infra villam et balliatum de Kinros :—A. E. 2*s.* N. E. 8*s.*—2 acris terrarum in villa de Kinros cum 6 summis super communiam de Kinross Gallowhill nuncupatam.—A. E. 8*s.* 4*d.* N. E. 13*s.* 4*d.*   vii. 350.

(7)   Aug. 27. 1623.

ALEXANDER SCHAW, *hæres* Domini Jacobi Schaw de Sauchie militis, *patris*,—in terris de Coldtoun, Cavilstoun, et Brunthill, cum advocatione capellæ Divi Niniani, unitis in baroniam de Sauchie cum aliis terris in Clackmannan.—A. E. 24*l.* N. E. 92*l.*—(Vide Clackmannan.)   viii. 264.

(8)   Dec. 22. 1630.

ALEXANDER SCHAW de Sauchie, *hæres* Alexandri Schaw de Sauchie, *proavi*,—in dimidietate villæ et terrarum de Finlarie.—A. E. 10*s.* N. E. 16*s.* 8*d.*   xiii. 267.

(9)   Dec. 22. 1630.

ANNA BROUN, *hæres portionaria* Petri Broun de Balquharne, *avi*,—in tertia parte dimidietatis villæ et terrarum de Finlarie.—A. E. 40*d.* N. E. 5*s.* 9*d.*   xiii. 267.

(10)   Dec. 22. 1630.

ELIZABETHA BROUN, *hæres portionaria* Petri Broun de Balquharne, *avi*,—in tertia parte dimidietatis villæ et terrarum de Finlarie.   xiii. 267.

(11)   Dec. 22. 1630.

EUPHAMIA BROUN, *hæres portionaria* Petri Broun de Balquharne, *avi*,—in tertia parte dimidietatis villæ et terrarum de Finlarie.   xiii. 268.

(12)   Jul. 16. 1642.

MARGARETA LOWTHIANE, *hæres* Willielmi Lowthiane portionarii de Arlarie, *patris*,—in quarta parte villæ et terrarum de Arlarie, in parochia de Orvell et regalitate de Dumfermling.—E. 3*l.* 16*s.* 8*d.* &c.   xvi. 247.

(13)   Jun. 15. 1648.

PATRICIUS COMES DE KINGHORNE, Dominus Lyone et Glames, *hæres masculus* Joannis Comitis de Kinghorne, Domini Lyon et Glames, *patris*,—in dimidietate terrarum et baroniæ de Kinross, comprehendente castrum, lacum, et piscariam de Lochlevin ;—villas et terras de Glaschlochie, Iniecreiche (vel Eniecreiche) alias Annacroiche, Castliegour (Caskiegour?), Eister Tullochie, Wester Tullochie, Cultbowie alias Bowtounes-Lawcroiche ;—villam, burgum baroniæ, et terras de Kinross, cum molendino de Kinross, Mawquhiche vulgo Mawhill, Mowardarine, Thomynane ;—dimidietatem villæ et terrarum de Vovoll, Brokloche et prati ejusdem, Drumgarlatt vulgo Drumgarland, cum terris de Warroke tanquam partibus terrarum de Drumgarlett, Auchterveny, cum terris de Middelrig tanquam partibus terrarum de Auchterveny ;—annuum redditum de terris de Culcarnay, Croftmartine, Theataliche vulgo Tullochie-Dalquiche ;—dimidietatem 5 acrarum terrarum infra villam et territorium de Kinross :—

A

A. E. 50m. N. E. 100m.—dimidietatem terrarum et baroniæ de Segey, et trium partium ejusdem, comprehendentium terras dominicales aliasque terras de Meikle Segey ;—villam et terras de Litle Segey, Over Crago et Nether Crago ;—molendinum de Crago ;—villas et terras de Knaggour, Ladlemont, Rentour, Redlischioun (Ledlischioun ?) cum illis partibus et pendiculis terrarum de Ledlischioun nunc vocatis Douglas-fauldis :—A. E. 10l. N. E. 20l.—dimidietatem terrarum de duobus Killennoquhies et Haltoun ;—dimidietatem terrarum de Cassiedewglie, cum molendino earundem, et astrictis multuris 10 libratarum terrarum de Classidewglie et Killennaquhies.—A. E. 5l. N. E. 10l.—(Vide Forfar, Aberdeen, Banf, Perth, Fife.) xix. 273.

(14) Mar. 29. 1649.
ROBERTUS COMES DE MORTOUN, Dominus Abirdour, *hæres masculus* Willielmi Comitis de Mortoun, &c. unius insignis ordinis cohortis Periscillidis, *patris*,—in terris de Kinros comprehendentibus castrum, lacum et piscariam de Lochlevin ;—villas et terras de Glaslochie, Ennecreiche vulgo Annacroiche, Caskygour, Eister Tullyochie, Wester Tullyochie, Cultbuy vulgo Bowtounes-Lawcroche ;—villam, burgum baroniæ, et terras de Kinros, cum molendino de Kinros, Maweniche vulgo Mawhill, Mawardlary, Thomynan ;—dimidietatem villæ et terrarum de Urwell, Brokloche et pratum hujusmodi, Drumgerlock vulgo Drumgarland, cum terris de Warrok existentibus parte terrarum de Drumgarlat vulgo Drumgarland, Auchteveny, cum terris de Midlerig existentibus parte terrarum de Auchteveny ;—annuum redditum de Calcarny, Croftmairtyne, Thentulchie vulgo Tilliochy et Dalqueiche, cum officio vicecomitis de Kinros ;—5 acris infra villam et territorium de Kinros :—A. E. 100m. N. E. 200m.—terris et baronia de Segy, cum tribus tertiis partibus hujusmodi, comprehendente terras dominicales aliasque terras de Meikle Segy ;—villam et terras de Litill Segy, Ovir Craigo, Nether Craigo et molendinum de Craigo ;—villam et terras de Knaggour, Ledlemonth, Rentouill, Ledleschioun, cum pendiculo terrarum de Ledlischioune nuncupato Douglasfaulds, et advocatione ecclesiæ et parochiæ de Orwall et decimis garbalibus aliisque decimis :—A. E. 20l. N. E. 40l.—terris de duabus Killennoquhies et Halfoun :—A. E. 5l. N. E. 10l.—terris de Classiedeuglie cum molendino et astrictis multuris 10 libratarum terrarum de Classiedewglie et Killennoquhies.—A. E. 5l. N. E. 10l. —(Vide Fife, Linlithgow, Haddington, Peebles, Lanark, Kirkcudbright, Perth.) xix. 350.

(15) Jul. 9. 1658.
JOHN HENDERSON, *heir* of Robert Hendersoun in Airlarie, *his father*,—in an annuelrent of 28 merkis furth of the fourth pairt of the lands of Dalqueich. xxi. 319.

(16) Maii 12. 1663.
GEORGIUS COMES DE PANMUIR, Dominus Breichin et Navar, &c. *hæres* Patricii Comitis de Panmure, Domini Breichin et Navar, &c. *patris*,—in dimidietate terrarum de Kinrois aliisque subtus specificatis, viz. castro, lacu et piscatione de Lochlevin, villa et terris de Glaslochie, Gunneireich (Ennecreich?) vulgo vocatis Annacroich, Caskigour, Eister Tulliochie, Wester Tulliochie, Culthovie vulgo vocatis Boutounes, Lacroich, villa et terris de Kinrois cum molendino de Kinros, Mawqueich vulgo Mawhill, Mawardlairie, Thomynane, dimidietate villæ et terrarum de Urwill, Brockloch cum prato, Drumgerlet vulgo Drumgarland, cum terris de Warrock partibus de Drumgarland, Auchterbinny, cum Middlerig parte terrarum de Auchterbinny ;—annuo redditu de Calkairnie, Croftmortoun, Thentullochie vulgo vocatis Tulliochie et Dalqueich ;—omnibus antea erectis in baroniam de Kinros ;—dimidietate 5 acrarum terrarum infra villam de Kinros :—A. E. 50m. N. E. 100m.—dimidietate terrarum de Seggie et trium tertiarum partium ejusdem ;—terris dominicalibus aliisque terris de Meikle Seggie ;—villis et terris de Little Seggie, Over-Craigo, Nether-Craigo et molendino de Craigo ;—villis et terris de Knadgour, Ladlemont, Rentowall, Ledlischeon, cum pendiculo de Ledlischeon nunc Douglasfauldis nuncupato ;—omnibus erectis in baroniam de Seggie :—A. E. 10l. N. E. 20l.—dimidietate terrarum de 2 Killennoquheis et Hiltoun, (vel Haltoun) ;—dimidietate terrarum de Classiedouglie cum molendino et astrictis multuris 10 libratarum terrarum de Classiedouglie et Killenoquheis et aliis multuris.—A. E. 5l. N. E. 10l.—(Vide Fife, Perth, Aberdeen, Kincardine, Forfar, Bamf.) xxvii. 62.

(17) Sep. 21. 1663.
MARGARETA SMITH sponsa .... Elder in Arlarie, *hæres* Roberti Smith portionarii de Arlarie, *fratris*,—in duodecima parte terrarum de Arlarie, in parochia de Urwell et regalitate de Dumfermeling.—E. 25s. 6¼d. &c. *feudifirmæ*. xxvii. 155.

(18) Jul. 1. 1664.
JOANNES HENDERSONE, *hæres* Joannis Hendersone portionarii de Airlarie, *patris*,—in quarta parte terrarum de Arlarie in parochia de Urwell et regalitate de Dumfermling :—E. 3l. 6s. 8d. *feudifirmæ* :—2 nonis partibus terrarum de Arlarie jacentibus ut supra.—E. 3l. 8s. 5d. *feudifirmæ*. xxvii. 219.

(19) Feb. 8. 1665.
JOANNES DOMINUS BALFOUR DE BURGHLY, *hæres masculus* Roberti Domini de Balfour de Burghly, *patris*,—in terris et baronia de Burghly, continentibus terras dominicales de Burghlie ;—villam et terras nuncupatas Milnes de Quoath ;—terras de Haitoun ;—terras de Tilliryes Eister et Wester ;—terras de Tarhill ;—terras de Shanwell ;—officium coronatoris vicecomitatus de Fyiff ;—terras de Connatie cum maresia nuncupata Connatie myre, omnes infra baroniam de Burghly et unitas in baroniam de Burghly :—A. E. 10l. N. E. 54l.—decimis victualibus prædictarum terrarum et baroniæ de Burghly, infra parochiam de Orwald, cum aliis decimis in Fife.—A. E. 12d. N. E. 4s.—(Vide Stirling, Fife.) xxviii. 1.

(20) Maii 8. 1666.
WILLIELMUS DOWGLAS de Kirkness, *hæres* Domini Willielmi Dowglas de Kirkness, *patris*,—in villa et terris de Brakilaw infra baroniam ejusdem ;—terris de Turffhillis.—E. 20l.—(Vide Fife.) xxviii. 145.

(21) Jan. 4. 1670.
GULIELMUS ARNOTT in Kinneskwood, *hæres* Gulielmi Arnott in Kinneskwood, *patris*,—in annuo redditu 56l. de terris et baronia de Burghlie infra baroniam de Burghlie sub reversione 1400m. ;—alio annuo redditu 18m. de domibus, tenementis et horto in villa de Kinros, sub reversione 300m. xxix. 293.

(22) Mar. 21. 1678.
JACOBUS RANKEIN, *hæres* Joannis Rankein de Colden, *patris*, —in terris de Colden, Cavilstoune, et Brunthill, cum domicilio nuper ædificato super dictas terras de Colden, et advocatione capellæ Sancti Niniani, infra baroniam de Sauchie per annexationem. —A. E. 24l. N. E. 6l. xxxiv. 24.

(23) Dec. 8, 1682.
ROBERTUS ARNOT de Histoune, *hæres* Margaretæ Louthian portionariæ de Arlarie, *matris*,—in quarta parte villæ et terrarum de Arlarie, in parochia de Orwell et regalitate de Dumfermling.—E. 3l. 16s. 8d. &c. *feudifirmæ*. xxxvii. 98.

(24) Jul. 16. 1687.
JACOBUS YOUNG, *hæres* Jacobi Young portionarii de Findatie, *patris*,—in dimidietate villæ et terrarum de Findatie, infra parochiam de Portmoack aliquando in Fife et per annexationem infra vicecomitatum de Kinross.—E. 15l. *feudifirmæ*. xliv. 325.

(25) Aug. 11. 1699.
JACOBUS STEIDMAN, *hæres talliæ et provisionis* Roberti Steidman portionarii de Ballingall, *patris*,—in tertia parte villæ et terrarum de Ballingall, infra baroniam de Dunduff et parochiam de Orwell.—A. E. 6s. 4d. N. E. 2m. xliii. 213.

(26) Sep. 20. 1692.
ROBERTUS DOMINUS COLVILE, *hæres masculus* Roberti Domini Colvill, *patris*,—in terris et baronia de Cleish, viz. terris de Midle Cleish, Wester Cleish, Dollandis earundem ;—terris de Haltoune de Cleish ;—terris de Borland de Cleish ;—Neivingtoune Easter et Wester, cum molendino et terris molendinariis de Cleish, Brewsteidis earundem, et terris de Blair de Crombie ;—annuo redditu 10m. 10s. 8d. de dictis terris de Crombie ;—terris de Blacksailing, omnibus unitis in baroniam de Cleish.—A. E. 4l. N. E. 16l.—(Vide Fife.) xli. 461.

(27) Jun. 8. 1694.
JOANNES HENDERSONE, *hæres* Joannis Hendersone portionarii de Arlarie, *patris*,—in quarta parte terrarum de Arlarie, in parochia de Urwill et regalitate de Dumfermline :—E. 3l. 16s. 8d. &c. *feudifirmæ* :—2 nonis partibus dictarum terrarum jacentibus ut antea.—E. 3l. 8s. 5d. *feudifirmæ*. xliv. 60.

(28) Dec. 15. 1699.
ROBERTUS COVENTRIE, *hæres* Davidis Coventrie portionarii de Arlarg (Arlary?), *patris*,—in 2 duodecimis partibus et nona parte villæ et terrarum de Arlarg (Arlary?), infra parochiam de Orwall et regalitatem de Dumfermline.—E. 4l. 4s. 8d. &c. *feudifirmæ*. xlviii. 404.

SUPPLEMENTA

KINROSS.

(29) Oct. 7. 1580.

JACOBUS BLACATAR de Tulliallane, *hæres* Johannis Blacatar de Tulliallane, *patris*,—in annuo redditu 36 mercarum de terris de Cavilstone et Knowdone. A. 118.

(30) Apr. 11. 1583.

JOANNES ALEXANDER, alias DUNCAN, *hæres* Annabellæ Fergesoun, *sororis matris*,—in prima tertia parte tenementi, domorum et hortorum, cum tertia parte acræ eidem tenemento pertinente, infra territorium de Kinross, et villam ejusdem.—A. E. 2s. 8½d. N. E. 44s. A. 248.

(31) Oct. 22. 1584.

JACOBUS SCHAW de Sauchie, *hæres* Magistri Willelmi Schaw, prepositi de Abernethy, *fratris avi*,—in tertia parte terrarum et baroniæ de Segy.—E. 15l. B. 10.

(32) Mar. 3. 1590.

MICHAEL BALFOUR de Burlie, *hæres* Dominæ Margaretæ Balfour de Burlie, *matris*,—in terris dominicalibus vulgo Mains de Burlie, cum turre, lacu et piscationibus ejusdem, Tuchill (vel Tarhill) et lie outsettis;—terris vocatis Myln de Quhort, molendino ejusdem, Tull . . . . Eister et Wester, et binis tertiis partibus terrarum de Hiltoun.—A. E. 10l. N. E. 54l.—(Vide Perth, Stirling, Fife.) B. 290.

(33) Oct. 30. 1592.

JACOBUS LYNDESAY de Dowhill, *hæres* Jacobi Lyndesay de Dowhill, *patris*,—in annuo redditu 5m. de terris de Segy, in dominio de Dirltoun, et vicecomitatu de Kinross. C. 106.

(34) Oct. 24. 1599.

GEORGIUS KER, *hæres* Andreæ Ker de Fawdounsyd, ... —in tertia parte terrarum et dominii de Segy.—A. E. 3l. 6s. 8d. N. E. 20m.—(Vide Hadington, Berwick.) D. 237.

KIRKCUDBRIGHT.

INDEX NOMINUM.

a

KIRKCUDBRIGHT.

INDEX LOCORUM.

c

679

INQUISITIONES SPECIALES.

KIRKCUDBRIGHT.

(1)   Oct. 29. 1548.
JOANNES ASCHENNAN, *hæres* Cuthberti Aschennane de Park, (qui obiit in campo de Pinkincleuch), *patris,*—in 2¼ mercatis terrarum de Tormellan;—2¼ mercatis terrarum de Grobdaill;—2¼ mercatis terrarum de Canknok:—E. 22¼m.—16 solidatis terrarum, de Ballemak antiqui extentus in parochia de Balmaghie.—E. 40s.   i. 115.

(2)   Oct. 29. 1548.
CATHARINA GORDOUN, *hæres portionaria* Joannis Gordoun de Blaikat, (qui obiit in conflictu de Pinkiecleuch), *patris,*—in 14 mercatis terrarum de Blaikat et Lag antiqui extentus, in parochiis de Girtoun et Ur.—E. 3m. 6s. 8d.   i. 116.

(3)   Oct. 29. 1548.
MARGARETA GORDOUN, *hæres portionaria* prædicti Joannis Gordoun, *patris,*—in terris prædictis.   i. 116.

(4)   Oct. 29. 1548.
HELENA GORDOUN, *hæres portionaria* prædicti Joannis Gordon, *patris,*—in terris prædictis.   i. 116.

(5)   Oct. 29. 1548.
AGNES GORDOUN, *hæres portionaria* prædicti Joannis Gordoun, *patris,*—in terris prædictis.   i. 116.

(6)   Oct. 29. 1548.
MARJORIA GORDOUN, *hæres portionaria* prædicti Joannis Gordoun, *patris,*—in terris prædictis.   i. 116.

(7)   Oct. 29. 1548.
EUFAMIA GORDOUN, *hæres portionaria* prædicti Joannis Gordoun, *patris,*—in terris prædictis.   i. 116.

(8)   Oct. 29. 1548.
MARIOTA GORDOUN, *hæres portionaria* prædicti Joannis Gordoun, *patris,*—in terris prædictis.   i. 116.

(9)   Oct. 29. 1548.
SIBILLA GORDOUN, *hæres portionaria* prædicti Joannis Gordoun, *patris,*—in terris prædictis.   i. 117.

(10)   Oct. 29. 1548.
BEATRIX GORDOUN, *hæres portionaria* prædicti Joannis Gordoun, *patris,*—in terris prædictis.   i. 117.

(11)   Oct. 29. 1548.
WILLIELMUS RAMSAY, *hæres* Joannis Ramsay de Sypland, (qui obiit in conflictu de Pinkiecleuch), *patris,*—in 10 mercatis terrarum de Sypland antiqui extentus, in parochia de Kirkcudbright.—E. 10m.   i. 117.

(12)   Aug. 5. 1550.
ROBERTUS DOMINUS MAXWELL, *hæres* Roberti Domini Maxwell, *patris,*—in 20 libratis terrarum de Treifgrange cum molendino et custodiæ officio castri de Treve.—E. 105l. 6s. 8d.—(Vide Dumfries.)   i. 152.

(13)   Aug. 5. 1550.
ROBERTUS DOMINUS MAXWELL, *hæres* Roberti Domini Maxwell, *patris,*—in terris de Gordounstoun extendentibus ad dimidietatem terrarum de Glenken, Kennaheid, Aikheid, Monteir, Knoknema, Strolokoven, Ottroduscan, cum molendinis;—lacu, manerie, et messuagio de Lochinwar:—E. 120m.—Terris et baronia de Grenane—E. 60m.—Terris de Spottis.—E. 54m.—(Vide Roxburgh, Dumfries, Perth, Renfrew.)   i. 167.

(14)   Feb. 4. 1550.
MAGISTER JOANNES MARJORYBANKIS, *hæres* Joannis Marjoribanks burgensis de Edinburgh, *patris,*—in terris vocatis Litill Simpillane, extendentibus ad 5 mercatas terrarum antiqui extentus, in parochia de Kirkcudbryght.—A. E. 5m. N. E. 10l.   i. 157.

(15)   Apr. 14. 1552.
CATHARINA GORDOUN, *hæres portionaria* Margaretæ Gordoun, *sororis,*—in undecima parte 10 solidatarum ex 9 mercatis terrarum de Blaket, cum undecima parte molendini de Blaket, extendente ad 11 denariatas terrarum:—A. E. 11d. N. E. 8½d.—6 denariatis terrarum de 5 solidatis.6 denariatis terrarum ex 5 mercatis terrarum de Lag antiqui extentus, in parochiis de Ur et Girthoun.—A. E. 6d. N. E. 11d.   i. 149.

(16)   Apr. 14. 1552.
MARIOTA GORDOUN, *hæres portionaria* prædictæ Margaretæ Gordoun, *sororis,*—in undecima parte dictarum terrarum.   i. 150.

(17)   Apr. 14. 1552.
EUPHAMIA GORDOUN, *hæres portionaria* prædictæ Margaretæ Gordoun, *sororis,*—in undecima parte dictarum terrarum.   i. 150.

(18)   Apr. 14. 1552.
AGNES GORDOUN, *hæres portionaria* prædictæ Margaretæ Gordoun, *sororis,*—in undecima parte dictarum terrarum.   i. 150.

(19)   Apr. 14. 1552.
JONETA GORDOUN, *hæres portionaria* prædictæ Margaretæ Gordoun, *sororis,*—in undecima parte prædictarum terrarum.   i. 150.

(20)   Apr. 14. 1552.
HELENA GORDOUN, *hæres portionaria* prædictæ Margaretæ Gordoun, *sororis,*—in undecima parte dictarum terrarum.   i. 150.

A

(21) Apr. 14. 1552.
SIBILLA GORDOUN, *hæres portionaria* prædictæ Margaretæ Gordoun, *sororis*,—in undecima parte dictarum terrarum. i. 150.

(22) Nov. 14. 1553.
EGIDIA KENNEDY, *hæres portionaria* Patricii Kennedy de Bargawtoun, *fratris*,—in terris de Bargawtoun, Lawgsolieane, Culzeane, Donane et Grenesodorum, extendentibus in toto ad 19 mercatas terrarum antiqui extentus in parochia de Balmagrene.—A. E. 19*m*. N. E. 57*m*. i. 152.

(23) Mar. 9. 1553.
ALEXANDER LEVINGSTOUN, *hæres talliæ* Joannis Levingstoun feodatarii de Litill Airdis ....,—in 10 libratis terrarum de Litill Airdis;—40 solidatis terrarum de Killame (vel Killarne);—10 libratis terrarum de Eddinghame et Culloch, unitis in baroniam de Levingstoun.—A. E. 22*l*. N. E. 100*l*. i. 141.

(24) Apr. 21. 1556.
JACOBUS GORDOUN, *hæres* Alexandri Gordoun de Barnbarroch, *patris*,—in 6 mercatis terrarum de Barnbaroch et Barnchwry antiqui extentus, cum 2 molendinis dictarum terrarum, in parochia de Colven;—3 mercatis 10 solidatis terrarum de Gaitgill-M‘Ilvernok;—25 solidatis terrarum de Gaitgill-M‘Illinsche antiqui extentus, in parochia de Larg.—A. E. 7*l*. 15*s*. N. E. 23*l*. 5*s*. i. 132.

(25) Oct. 25. 1556.
MAGISTER HENRICUS LAUDER advocatus S. D. N. Reginæ, *hæres* Gilberti Lauder burgensis de Edinburghe, *patris*,—in 10 mercatis terrarum antiqui extentus vocatis Netherthrid, in parochia de Kirkcormo:—A. E. 10*m*. N. E. 29*m*.—Terris de Litell Kilbryde in parochia de Kirkmabreck:—A. E. 4*l*. N. E. 12*l*.—Terris de Lagane extendentibus ad 5 mercatas terrarum antiqui extentus, in parochia et baronia de Cardeneis.—A. E. 5*l*. N. E. 20*l*. i. 146.

(26) Maii 24. 1569.
JOANNES DOMINUS MAXWELL, *hæres* Roberti Domini Maxwell, *patris*,—in 20 libratis terrarum de Threiffgrange, cum officio custodiæ castri de Threiff, in parochiis de Balmaghie et Keltoun.—E. 103*l*. 6*s*. 8*d*.—(Vide Dumfries.) i. 64.

(27) Feb. 14. 1569.
RICHARDUS CAIRNES, *hæres* Alexandri Cairns de Barnebachill, *patris*,—in 100 solidatis terrarum de Barnebachill (vel Barnebathill), in parochia de Lochintoun.—A. E. 100*s*. N. E. 15*l*. i. 148.

(28) Dec. 20. 1570.
JOANNES HEROUN, *hæres* Joannis Heroun de Kerrochrie, *patris*,—in 40 solidatis terrarum subscriptis, viz. 8 solidatis terrarum de Kerreochrie (vel Kerdochrie);—1 mercata terrarum de Lessens;—dimidia mercata terræ de Carss;—dimidia mercata terrarum de Blakcraig;—5 solidatis terrarum de Dalmarmoran antiqui extentus, in parochia de Monygaff.—A. E. 40*s*. N. E. 6*l*. i. 125.

(29) Maii 29. 1571.
MARIOTA CAMPBELL, *hæres portionaria senior* Finlaui Campbell de Crocewald, *patris*,—in 10 libratis terrarum de Cathbully, viz. 5 mercatis terrarum de Ballingae;—5 mercatis terrarum de Knoknarling;—5 mercatis terrarum de Garlarg, extendentibus in integro ad 10 libratas terrarum antiqui extentus nuncupatas Catbully:—A. E. 10*l*. N. E. 30*l*.—10 mercatis terrarum de Knokleod antiqui extentus in parochia de Kellie. (Kellis?)—A. E. 10*m*. N. E. 30*m*. i. 90.

(30) Jul. 29. 1572.
BEATRIX M‘DOWALL, *hæres portionaria senior* Jacobi M‘Dowall de Spottis, *fratris*,—in 5 solidatis terrarum de Drongandow et Correith;—8 solidatis terrarum de Kirreuchrie;—10 solidatis terrarum de Connotrie;—1 mercata terræ de Meikill Carss antiqui extentus, in parochia de Monygoff, cum officio Coronatoris inter aquas de Die et Nyth.—A. E. 36*s*. 8*d*. N. E. 5*l*. i. 90.

(31) Mar. 17. 1572.
WILLIELMUS LEVENOX, *hæres* Willielmi Levenox de Calie, *patris*,—in 20 libratis terrarum de Calygirtoun:—A. E. 20*l*. N. E. 60*l*.—10 mercatis terrarum de Barley cum molendino et piscaria ejusdem antiqui extentus, in parochia de Girtoun:—A. E. 10*m*. N. E. 30*m*.—5 libratis terrarum de Knokewane:—A. E. 5*l*. N. E. 15*l*.—4 mercatis terrarum de Barlochan antiqui extentus, in parochia de Butill.—A. E. 4*m*. N. E. 12*m*. i. 102.

(32) Jul. 8. 1574.
JOANNES MAXWELL, *hæres masculus* Joannis Maxwell de Kirkconnell, *patris*,—in 20 mercatis terrarum de Kirkconnell antiqui extentus in parochia de Troqueir.—A. E. 20*m*. N. E. 60*m*. i. 91.

(33) Feb. 17. 1574.
JOANNES ACANNANE, *hæres* Fergusii Acannane, *patris*,—in terris de Kyrdachy;—dimidietate mercatæ terrarum de Knoklie;—3 partibus terrarum de Lagganelewin, extendentibus in integro ad 4½ mercatas terrarum antiqui extentus in parochia de Balmaclellane.—A. E. 4½*m*. N. E. 9*l*. i. 94.

(34) Nov. 8. 1575.
JACOBUS M‘CULLOCH, *hæres* Joannis M‘Culloch de Barholme, *patris*,—in 5 mercatis terrarum de Lachinmollan (Laikmullene) antiqui extentus, in parochia de Anuecht (Anweth).—A. E. 5*m*. N. E. 10*l*. i. 92.

(35) Jun. 26. 1576.
ALEXANDER LEVINGSTOUN, *hæres* Roberti Levingstoun de Litill Airdis, *patris*,—in 4 mercatis terrarum de Litill Airdis, vocatis The Maynes of Litill Airdis;—2½ mercatis terrarum de Dornall;—20 solidatis terrarum de Fynnenes;—22 solidatis terrarum de Irneganoch antiqui extentus;—molendino de Tuncanespies, in parochia de Balmagie;—10 libratis terrarum de Edinghame et Cullocht ejusdem extentus, in parochia de Ur;—40 solidatis terrarum de Killerne antiqui extentus in parochia de Anueht.—A. E. 18*l*. 6*s*. 8*d*. N. E. 55*l*. 6*s*. i. 93.

(36) Jul. 24. 1576.
EDWARDUS MAKMORANE, *hæres* Margaretæ Gordoun, *matris*,—in 11 solidatis 6 denariatis terrarum de 9 mercatis terrarum de Blakat, cum undecima parte molendini antiqui extentus, in parochia de Ur;—5 solidatis terrarum de Laig antiqui extentus, in parochia de Girtoun.—A. E. 16*s*. 6*d*. N. E. 49*s*. 6*d*. i. 91.

(37) Feb. 17. 1578.
ALEXANDER JARDANE de Apilgirth miles, *hæres* Domini Alexandri Jardane de Apilgirth militis, *abavi*,—in 16 libratis terrarum de Drumnowan, Moncraigis, et Inglistoun antiqui extentus in parochia de Kirkanders.—A. E. 16*l*. N. E. 48*l*. i. 107.

(38) Jul. 31. 1582.
THOMAS M‘CLELLANE, *hæres* Jacobi M‘Clellane de Sannik, *patris*,—in 3 mercatis terrarum de Drumjowand antiqui extentus, infra parochiam de Kirkcanderis.—A. E. 40*s*. N. E. 6*l*. iii. 196.

(39) Jul. 31. 1593.
HUGO CAIRNIS, *hæres* Archibaldi Cairnis de Kip, *fratris*,—in 2 mercatis terrarum de Auchincarne antiqui extentus, infra baroniam de Dundrennane;—20 solidatis terrarum de Kyp cum piscaria earundem in aqua de Ur antiqui extentus, infra parochiam de Colven.—E. 7*m*. 10*s*. iii. 106.

(40) Apr. 4. 1598.
RICHARDUS BROWN, *hæres* Thomæ Brown, *fratris naturalis*,—in pecia et portione terræ vocata Green of Newabbay jacente apud portam Dulcis Cordis *alias* Newabay;—ædificio nuncupato Malie Broun's onsett, et in 20 dietis vulgo Dayswarks petarum, cum horreo extra inferiorem partem Monasterii de Newabay, in parochia de Lochindeloch (Lochkindeloch) *alias* Newabbay.—E. 4*l*. iii. 12.

(41) Jun. 26. 1599.
MAGISTER ROBERTUS GLENDONYING, *hæres* Alexandri Glendoning, *fratris*,—in 10 solidatis terrarum de 2½ mercatis terrarum de Barnebord antiqui extentus in parochia de Balmaghie.—A. E. 10*s*. N. E. 30*s*. ii. 6.

(42) Jul. 17. 1599.
JOHANNES REDIK, *hæres* Johannis Redik de Dalbatie, *patris*,—in 5 mercatis terrarum de Barharrow antiqui extentus, in parochia de Kirkanderis.—A. E. 3*l*. 6*s*. 8*d*. N. E. 10*l*. iv. 104.

(43) Dec. 18. 1600.
THOMAS TRUISTRIE, *hæres* Thomæ Truistrie burgensis de Drumfries, *patris*,—in 6 solidatis 8 denariatis terrarum antiqui extentus de Troqueir in baronia de Drumsleit;—40 denariatis terrarum antiqui extentus de Trequeir in lie Rundaill jacentibus, infra 5 mercatas terrarum antiqui extentus de Troqueir, in baronia prædicta;—40 denariatis terrarum antiqui extentus de dictis 5 mercatis terrarum de Troqueir jacentibus in lie Rundaill, infra eandem baroniam:—E. 38*s*. 4*d*. &c.—6 rudis terræ vulgo Corsflat nuncupatis infra parochiam de Troqueir;—4 acris terrarum de Corsflatzaird infra dictas 5 mercatas terrarum de Troqueir;—dimidietate unius acræ terrarum cum dimidia ruda, et lie 4 fall terrarum vocatarum Guilaker, jacentibus in Rindaill.—A. E. 6*s*. 8*d*. N. E. 20*s*. ii. 73.

(44) Feb. 17. 1601.
ROBERTUS CAIRNIS, *hæres* Henrici Cairnis de Tor, *patris*,—in dimidietate terrarum de Auchincairne extendente ad 4 mercatas

terrarum earundem antiqui extentus;—20 solidatis terrarum de Tor;—5 solidatis terrarum de Taill de Forrest antiqui extentus;—pecia terræ vocata Sanct Michelliscloiss, infra parochiam de Rerik. —E. 13*l*. 6*s*. 8*d*.   ii. 80.

(45)   Mar. 12. 1601.

THOMAS McCULLOCH de Barholme, *hæres* Joannis McCulloch de Barholm, *avi*,—in 20 solidatis terrarum de Clauchreid antiqui extentus, infra parochiam de Kirkdaill.—A. E. 20*s*. N. E. 3*l*.
                                                                          ii. 82.

(46)   Mar. 12. 1601.

THOMAS McCULLOCH de Barholme, *hæres* Jacobi McCulloch de Barholme, *patris*,—in 3 mercatis terrarum de Bardrestoune antiqui extentus, infra parochiam de Anwith.—A. E. 40*s*. N. E. 9*m*.
                                                                          ii. 82.

(47)   Apr. 9. 1601.

GEORGIUS MAXWELL, *hæres* Edwardi Maxwell de Drumcoltrane, *patris*,—in 3 mercatis terrarum de Coklaikis antiqui extentus infra parochiam de Wr.—A. E. 40*s*. N. E. 6*l*.   ii. 85.

(48)   Apr. 11. 1601.

JOANNES DOMINUS MAXWELL, *hæres masculus* Joannis Domini Maxwell, *patris*,—in ballivatus officio terrarum et possessionum spectantium ad præposituram ecclesiæ collegiatæ de Lynclouden, jacentium infra senescallatum de Kirkcudbright, et quarumcunque aliarum dictæ præpositurae terrarum ubicunque infra regnum Scotiæ fuerint;—5 libratis terrarum antiqui extentus de Nunbellie et Fawewen (vel Fallowen), in parochia de Kirkbene et senescallatu antedicto, et spectantibus ad baroniam de Drumsleit, in feodo seu salario dicti ballivatus officii:—A. E. 5*l*. N. E. 15*l*.—Principali officio ballivatus terrarum, dominiorum, prædiorum, &c. monasterii de Tungland;—5 libratis terrarum antiqui extentus de Cargane in parochia de Troqueir, in feodo seu salario dicti officii ballivatus de Tungland.—A. E. 5*l*. N. E. 15*l*.   ii. 92.

(49)   Maii 30. 1601.

FLORENTIA BROWNE, *hæres* Thomæ Browne de Schambellie, *patris*,—in 20 solidatis terrarum antiqui extentus de Craigsyid, et 10 solidatis terrarum de Carsgowne ejusdem extentus, in baronia de Lochkyndloch et parochia de Newabbay.—E. 4*m*.   iv. 163.

(50)   Nov. 18. 1601.

ROGERUS DUNGALSOUN mercator burgensis de Edinburgh, *hæres* Rogeri Dungalsoun burgensis ejusdem burgi, *patris*,—in 3 mercatis terrarum de Overculquha antiqui extentus, in parochia de Tungland:—A. E. 3*m*. N. E. 12*m*.—Una pecia terræ ordiaciæ infra territorium burgi de Kirkcudbright, cum tenemento in anteriori parte ejusdem:—E. 6*d*.—2 tenementis in dicto burgo.—E. 12*d*.—(Vide Wigton).   iii. 73.

(51)   Jul. 29. 1602.

AGNES GORDOUN, *hæres* Jacobi Gordoun de Barnebarroch, *avi*,—in 3 mercatis et 10 solidatis terrarum de Gaitgill-Makilvernok;—25 solidatis terrarum de Gaitgill-McNische;—25 solidatis terrarum de Gaitgill olim occupatis per quondam Fynlaum Watsoun, extendentibus in integro ad 5 libratas terrarum antiqui extentus infra parochiam de Borge:—A. E. 5*l*. N. E. 15*l*.—6 mercatis terrarum de Barnebarrache et Barnehowrie, cum principali mansione de Barnebarrach et molendinis de Barnebarrach et Barnehowrie antiqui extentus, infra parochiam de Colven.—A. E. 4*l*. N. E. 12*l*.   ii. 178.

(52)   Jul. 31. 1602.

JOANNES McCUBENE de Tradonoch, *hæres* Archibaldi McCubine de Tradonoch, *patris*,—in 32 solidatis terrarum de Munivick (vel Mynivick) et Drummakloch antiqui extentus;—dimidietate terrarum de Caldonis extendente ad 10 solidatas terrarum antiqui extentus, infra baroniam de Garrowleis.—A. E. 42*s*. N. E. 8*l*. 8*s*.
                                                                          ii. 160.

(53)   Jun. 7. 1603.

JOANNES GREIRSON, *hæres masculus* Cuthberti Greirsone de Halydayhill, *patris*,—in manerie seu mansione, domo lapideo, fortalicio, et habitationis loco de Dalskairth, cum domibus, &c. intra stagnum inclusis, cum pomærio et horto extra stagna, infra parochiam de Troqueir:—E. 1 *rosa* et 6*s*. 8*d*.—15 denariatis terrarum de 10 solidatis terrarum de Gallowhill;—Labena vocata Dalskairth's moss;—tenemento cum horto vocato McKaddrock's tenement in villa Finis pontis de Drumfries, infra parochiam prædictam;—2 tenementis cum hortis vocatis Dynnis tenements in villa de Troqueir in diversis locis;—tenemento cum horto in Troqueir vocato Clerk's tenement.—E. 6*s*. 8*d*.   iii. 31.

(54)   Jul. 29. 1603.

THOMAS McCULLOCHE de Barholme, *hæres* Davidis McCulloche de Laikmullene, *proavi*,—in 7 mercatis 6 solidatis 8 denaria-

tis terrarum de Gaitgill-Mundwell vocatis Conquhiton antiqui extentus, jacentibus infra parochiam de Borge.—A. E. 5*l*. N. E. 15*l*.
                                                                          iii. 57.

(55)   Jan. 24. 1604.

ALEXANDER CAIRNIS de Cultis, *hæres* Joannis Cairnis de Cultis, *patris*,—in 8 solidatis terrarum de Glenure *alias* vocatis Blairboyis antiqui extentus, in parochia de Monygolf.—A. E. 8*s*. N. E. 24*s*.   iii. 58.

(56)   Apr. 10. 1604.

RICHARDUS HEREIS apparens de Mabie, *hæres* Roberti Hereis de Mabie, *patris*,—in 4 libratis terrarum de Meikill et Litill Mabies;—6 mercatis terrarum de Dullarg;—20 solidatis terrarum de Craigbull;—2 mercatis terrarum de Cruikis;—20 solidatis terrarum de Dalschynnie;—mercata terra de Brydiesholme;—16 solidatis 8 denariatis terrarum de Machrewin, extendentibus in integro ad 19 mercatas 3 solidatas 4 denariatas terrarum antiqui extentus, infra parochiam de Troqueir:—A. E. 19*m*. 3*s*. 4*d*. N. E. 57*m*. 10*s*.—40 solidatis terrarum de Auchinschine et Auchinskeoche, infra parochiam de Culwan.—A. E. 40*s*. N. E. 6*l*.—20 solidatis terrarum ecclesiasticarum lie Glebe de Culwen, infra parochiam de Culwen.—E. 4*l*.   iii. 105.

(57)   Sep. 19. 1604.

JOANNES DOMINUS MAXWELL, *hæres* Joannis Domini Maxwell, *patris*,—in terris dominii et baroniæ de Butill subscriptis, viz. villa de Butill cum molendino de Butill, Munocheis, Barscheane, Marenach, Castelgour, Balgredden, Guffokland, Corwarie, Nether Kelton *alias* Halmure, cum insula Quhithorne, Clone, Auld Toleleis, Knokmekill, Knoklytill, Culgnaw, piscaria de Ur, Cuill, Corbertoun, Daldawen, Lochdowganis, Overlochdowganis, Middillochdowganis, Nether Hennikis, mercata terræ de Kilbryid, Moett de Ur, Jakleig, Mylbank, Lytill Ritherne, Sleingaw, Carlingwork, cum universis et singulis aliis partibus, &c. prænominatarum terrarum et baroniæ, jacentibus in dominio de Galloway:—E. 245*l*. 6*s*.—49 mercatis 2 solidatis terrarum de Kirkpatrik-Durham subscriptis, viz. 40 solidatis terrarum de Culscheinchane;—40 solidatis terrarum de Torbracho;—20 solidatis terrarum de Kirkland;—40 solidatis terrarum de Moniedow;—88 solidatis 8 denariatis terrarum de Nather Marcartney;—40 solidatis et 40 denariatis terrarum de Barda ....;—20 solidatis terrarum de Margley;—40 solidatis terrarum de Tragilhey;—40 solidatis terrarum de Arkland;—40 solidatis terrarum de Arreimein;—40 solidatis terrarum de Drumtoukie;—5 mercatis terrarum de Auchinhey;—mercata terræ de Darnegarroch;—40 solidatis terrarum de Culfad;—40 solidatis terrarum de Barmoffate;—40 solidatis terrarum de Knokculloch;—2 mercatis terrarum de Overbar;—2 mercatis terrarum de Natherbar et molendino earundem, in senescallatu de Kirkcudbright, infra vicecomitatum de Drumfreis:—E. 130*m*. 8*s*. 8*d*.—20 libratis terrarum de Trevegrange cum molendino, infra senescallatum de Kirkcudbright, cum officio senescallatus de Kirkcudbright, et custodia castri de Treve:—E. 103*l*. 6*s*. 8*d*.—Officio ballivatus omnium terrarum et possessionum pertinentium ad monasterium Dulcis Cordis, jacentium infra senescallatum de Kirkcudbright et vicecomitatum de Wigton, et aliarum terrarum ubicunque infra regnum Scotiæ fuerint, cum 5 mercatis terrarum antiqui extentus de Locharthour, in baronia de Lochekindeloch, parochia de Kirkennell, infra dictum senescallatum de Kirkcudbright, pro feodo seu salario pro suis laboribus in præfati ballivatus officii usu et fruitione:—E. 11*m*.—Officio ballivatus omnium terrarum et possessionum monasterii de Dundrennan infra senescallatum de Kirkcudbright et vicecomitatum de Wigton, et aliarum terrarum ubicunque infra regnum Scotiæ ad dictum monasterium de Dundrennan pertinentium; cum 5 libratis (vel mercatis) terrarum de Mullok, insula et terris de Hestoun et cuniculariis ejusdem, in baronia de Dundrennan, parochia de Rerik, et senescallatu de Kirkcudbright, pro feodo seu salario pro suis laboribus, in præfati ballivatus officii de Dundrannan usu et fruitione.—E. 15*l*.   iii. 113.

(58)   Nov. 5. 1604.

DOMINUS ROBERTUS GORDOUN de Glen miles, *hæres* Domini Johannis Gordoun de Lochinvar militis, *patris*,—in 19 mercatis terris de Kenmoir et Laggane;—20 mercatis terris de Balmaclellane et Park, unitis in baroniam de Kenmoir, in parochiis de Kellis et Balmaclellane:—A. E. 39*m*. N. E. 117*m*.—10 libratis terrarum de Torschrachane et Dalbaittie in parochia de Ur:—A. E. 10*l*. N. E. 30*l*.—5 mercatis terrarum de Dunrod in parochia de Sannik:—A. E. 5*m*. N. E. 10*l*.—34 mercatis terrarum de Glen, Skyrburne, et Over Polcrie, in parochia de Anweth;—3 mercatis terrarum de Pollincrie antiqui extentus in dicta parochia de Anweth;—4 mercatis terrarum de Evinstoun, Blakcraig, et Knoknone in parochia de Balmaclellane;—6 mercatis terrarum de Hardlands et Monyboy in parochia de Balmaclellane:—A. E. 47*m*. N. E. 141*m*.—5 mercatis terrarum de Ballingait;—5 mercatis terrarum de Knokmarling et Darsarloch;—5 mercatis terrarum de Garlarge et Blakmerk, extendentibus ad 10 libratas terrarum antiqui extentus vocatas Catbullie, in parochia de Kellis;—5 mercatis terrarum de Laggane;—3 mercatis terrarum de Littill Kirkbryde;—20 solidatis terrarum de Clauchreid;—2½ mercatis terrarum de Killigoune;—1 mercata terræ de Mylmark;—1 mercata terræ de Slaychtis;—1 mercata terrarum de Marcoither (vel M'Corhill), in parochia de Anweth et baronia de Cardines:—A. E. 20*l.* N. E. 60*l.*—3 mercatis terrarum antiqui extentus de Orquhir in parochia de Girthoun:—A. E. 40*s.* N. E. 6*l.*—2½ mercatis terrarum de Lag, cum dimidio molendini granorum ejusdem antiqui extentus, in parochia de Girthoun:—A. E. 33*s.* 4*d.* N. E. 5*l.*—37 mercatis terrarum de Gordounstoun extendentibus ad dimidietatem de Glenken in baronia de Grennane, et 20 solidatis terrarum de Cornavell in parochia de Kellis.—A. E. 25*l.* 13*s.* 4*d.* N. E. 77*l.* iii. 100.

(59) Nov. 5. 1604.
DOMINUS ROBERTUS GORDOUN de Glen miles, *hæres* Domini Joannis Gordoun de Lochinvar militis, *patris*,—in 5 libratis terrarum de Nether Barcappill:—E. 7*l.* 10*s.* &c. *firmæ*:—5 mercatis terrarum de Kirkconnell et Blakmark:—E. 3*l.* &c. *firmæ*:—10 mercatis terrarum de Largmannoch:—E. 20*m.* &c. *firmæ*:—2 mercatis terrarum de Leoch:—E. 49*s.* 4*d.* &c. *firmæ*:—5 libratis terrarum de Overculquha et Brigend:—E. 18*m.* &c. *firmæ*:—5 libratis terrarum de Netherculquha:—E. 10*l.* &c. *firmæ*:—5 libratis terrarum de Ballannane:—E. 10*l.* &c. *firmæ*:—5 libratis terrarum de Over Ballincrosche:—E. 16*m.* &c. *firmæ*:—5 libratis terrarum de Nether Ballincrosche:—E. 10*l.* &c. *firmæ*:—5 libratis terrarum de Argranane, Litillpark, et Grayiscroft:—E. 5*l.* 3*s.* &c. *firmæ*:—10 libratis terrarum vocatis Maynes de Toungland:—E. 20*l.*—Granorum molendino et astricta multura terrarum de Overbarcappill, cum aquæ ductu lie Milncroftis:—E. 6 *bollæ farinæ avenaticæ*, &c.—Astrictis multuris terrarum de Dunnop:—E. 4 *bollæ farinæ avenaticæ*, &c.—Molendino fullonum:—E. 10*l.*—omnibus in parochia de Toungland:—Quæ quidem firmæ et pretia victualium, pultrearum et anserum coacervatæ, extendunt ad summam 161*l.* 15*s.* et 5*l.* in augmentationem; in integro 166*l.* 15*s.*—hæreditario officio balliatus deputati terrarum, dominiorum, prædiorum, et aliarum quarumcunque possessionum Monasterii de Toungland:—E. *valet administrationem justitiæ tenentibus et inhabitatoribus*:—2½ mercatis terrarum de Glenquickin et Dargavell antiqui extentus, in parochia de Kirkmabrek:—E. 3*l.* 10*s.* 8*d.*—5 libratis terrarum de Eurig, cum molendino et astricta multura, in parochia de Girthoun:—E. 20*l.* 13*s.* 4*d.* *firmæ*.—3 mercatis terrarum villæ vel lie Clauchand de Girthoun cum decimis inclusis, in dicta parochia de Girthoun:—E. 46*s.* 8*d.* *firmæ*:—Terris ecclesiasticis et gleba ecclesiastica parochiæ de Balmaclellane, cum mansione in parochia de Balmaclellane:—E. 6*m.* 6*s.* 8*d.*—4 mercatis terrarum de Lochinkit antiqui extentus in parochia de Kirkpatrik of the Mure:—E. 5*l.* 6*s.* 8*d.*—10 mercatis terrarum de Chapelerne antiqui extentus, in parochia de Crocemichael:—E. 20*m.* &c.—Annuo redditu 300*m.* de 4½ mercatis terrarum antiqui extentus de Nether Hesilfeild, in parochia de Rerik.—(Vide Wigton). iii. 127.

(60) Jan. 22. 1605.
THOMAS M'CLELLANE in Orchardtoun, *hæres masculus* Willielmi M'Clellane de Gelston, *filii fratris*,—in terris et baronia de Twyneme, extendente ad 50 libratas terrarum aut eocirca antiqui extentus, in parochia de Twyneme, et piscaria in aqua de Die, infra bondas 8½ mercatarum terrarum de Kirkchrystie, in parochia de Kirkchrystie:—A. E. 50*l.* N. E. 150*l.*—Terris et baronia de Gelstoun subscriptis, viz. 3 mercatis terrarum de Glenzarrok;—20 solidatis terrarum de Litillquhytehillis;—20 solidatis terrarum de Potterland;—3 mercatis terrarum de Kirkmirrein et Glen;—4 mercatis terrarum de Meikillquhytehillis et Gildanbank (vel Gileanbank);—20 solidatis terrarum de Newlands;—7½ mercatis terrarum de Arilane;—12 mercatis terrarum de Inglistoun cum molendino de Gelstoun;—8 mercatis terrarum de Bordland infra parochiam de Gelstoun;—10 mercatis terrarum de Netherthrid, cum molendino de Kirkcormok, in parochia de Kirkcormok;—mercata terræ de Glenley, et dimidietate mercatæ terræ de Cotland, in parochia de Kirkcudbryght, unitis in baroniam de Gelstoun.—A. E. 35*l.* 13*s.* 4*d.* N. E. 107*l.* iii. 116.

(61) Feb. 12. 1605.
HUGO CAIRNIS, *hæres* Petri Cairnis de Kip, *patris*,—in mercata terra de Auchinskeaucht antiqui extentus in parochia de Colven.—A. E. 13*s.* 4*d.* N. E. 40*s.* iii. 132.

(62) Mar. 12. 1605.
JACOBUS GORDOUN, *hæres* Joannis Gordoun de Knarie, *patris*,—in 1 mercata terra de Knarie antiqui extentus, in parochia de Kirkpatrick de Mure.—E. 26*s.* 8*d.* iii. 124.

(63) Apr. 13. 1605.
ROBERTUS HEREIS, *hæres* Ricardi Hereis in Barnebarroch, *proavi*,—in principali mercata terrarum de Barnebarroch antiqui extentus, cum mansione.—E. 40*s.* iii. 201.

(64) Sep. 19. 1605.
JACOBUS MURRAY de Cokpule, *hæres masculus* Caroli Murray de Cokpule, *patris*,—in terris de Laik:—A. E. 20*l.* N. E. 60*l.*—Terris de Arbigland:—A. E. 10*l.* N. E. 30*l.*—Unitis cum aliis terris in Dumfries in baroniam de Cokpule, cum molendinis et advocatione ecclesiarum, et burgo baroniæ in villa de Ruthwell.—(Vide Dumfries.) iii. 185.

(65) Oct. 8. 1605.
THOMAS M'CLEALLANE de Glesto, *hæres masculus* Gulielmi M'Cleallane de Glesto (vel Glestoun vel Gelstoun), *filii fratris*,—in 5 libratis terrarum de Gaithill-Mundell nuncupatis Conquechtoun antiqui extentus, in parochia de Borg.—A. E. 5*l.* N. E. 15*l.* iii. 180.

(66) Oct. 8. 1605.
THOMAS M'CLELLANE de Gelstoun, *hæres masculus* Gulielmi M'Clellane de Gelstoun, *filii fratris*,—in 5 libratis terrarum de Gaitgill-Mundell nuncupatis Conquhetoun antiqui extentus, infra parochiam de Borg.—A. E. 5*l.* N. E. 15*l.* iv. 25.

(67) Oct. 8. 1605.
ALEXANDER MURRAY, *hæres* Jacobi Murray filii Symonis Murray in Kirreclauch, *patris*,—in 3 mercatis terrarum de Blakcraig antiqui extentus, infra parochiam de Borg.—E. 1*d.* iv. 48.

(68) Apr. 15. 1606.
JOANNES CUITLAIR, *hæres* Joannis Cuitlair de Oraland, *patris*,—in 6½ mercatis terræ antiqui extentus de Over Rerik, infra baroniam de Rerik;—5½ mercatis terræ antiqui extentus de Oroland infra baroniam de Rerik.—E. 19*l.* iii. 191.

(69) Jun. 3. 1606.
JOANNES SCHAW, *hæres* Georgii Schaw de Craiginbae, *patris*, in dimidietate terrarum de Craiginbay infra dominium Galuidiæ.—E. 4*l.* et 20*d.* iii. 223.

(70) Jul. 31. 1606.
THOMAS M'CLELLANE, *hæres* Willielmi M'Clellane de Balmangane, *patris*,—in 10 libratis terrarum de Balmangane *alias* the Grange of Sannik antiqui extentus, cum speciali potestate lie wrak et wair a mari ad aliquam partem dictarum terrarum, et de omnibus et singulis bonis, lie wrak, waith, wair, aliisque bonis et rebus quibuscunque, quæ naufragio vel alio casu infra bondas dictarum terrarum, vel in arena seu littore maris eisdem adjunctis reperiri contigerint, tanquam propriis bonis et rebus utendis et disponendis absque ullo computo, ratiocinio, vel solutione inde facienda, jacentibus infra parochiam de Sannik:—E. 40*l.* 13*s.* 4*d.*—12 mercatis terrarum de Mountcraig in parochia de Kirkcanders:—A. E. 8*l.* N. E. 24*l.*—Terris ecclesiasticis et gleba vicariæ ecclesiæ de Sannik:—E. 6*s.* 8*d.*—25 solidatis terrarum ex terris de Ballannane, extendentibus ad quartam partem 5 libratarum terrarum de Ballannane, infra parochiam de Toungland.—E. 50*s.* iii. 228.

(71) Nov. 4. 1606.
WILLIELMUS COMES DE MORTOUN, Dominus de Dalkeith, &c. *hæres* Willielmi Comitis de Mortoun, Domini de Dalkeith, *avi*,—in terris et baronia de Borg:—E. 20*l.*—Terris et baronia de Prestoun:—E. 60*l.*—Terris et baronia de Butehill cum advocatione ecclesiarum:—E. 80*l.*—Omnibus cum aliis terris erectis in dominium, baroniam, et regalitatem de Dalkeith.—(Vide Edinburgh, Linlithgow, Haddington, Fife, Berwick, Peebles, Lanark, Perth, Dumfries.) iv. 308.

(72) Jan. 27. 1607.
THOMAS BROWN, *hæres* Willielmi Brown de Fartheheid (vel Fortheheid), *avi*,—in 2 mercatis ex 3 mercatis terrarum de Bardestane (vel Bardescane) antiqui extentus, in parochia de Annueth.—A. E. 26*s.* 8*d.* N. E. 4*l.* iv. 79.

(73) Mar. 10. 1607.
THOMAS LICHTOUN, *hæres* Rollandi Lichtoun in Auchinflour, *patris*,—in 1 mercata terræ 12 solidatarum et 6 denariatarum terrarum 10 mercatarum terrarum de Auchinflour, cum principali mansione ejusdem, in parochia de Kirkcudbright.—A. E. 25*s.* 10*d.* N. E. 3*l.* 17*s.* 6*d.* iv. 87.

(74) Jun. 2. 1607.
JACOBUS LINDSAY, *hæres* Jacobi Lindsay de Fairgirth, *patris*,—in 40 solidatis terrarum de Fairgirthe, cum molendino ejusdem:—A. E. 3*m.* N. E. 9*m.*—10 mercatis terrarum de Mekill Corsak:—A. E. 10*m.* N. E. 30*m.*—5 mercatis terrarum de Lytill Corsak:—A. E. 5*m.* N. E. 15*m.*—15 solidatis terrarum de Auchinvay:—A. E. 15*s.* N. E. 45*s.*—3 mercatis terrarum de Ryis antiqui extentus, in parochiis de Rigtoun et Partoun.—A. E. 3*m.* N. E. 9*m.* iv. 71.

(75) Jun. 2. 1607.

DOMINUS JACOBUS MURRAYE de Cokpule miles, *hæres masculus* Adami Murray, *fratris*,—in annuo redditu 40*l.* de 3 mercatis terrarum de Clone antiqui extentus in parochia de Girtoun. iv. 107.

(76) Jul. 31. 1607.

MARGARETA NEILSOUN, *hæres portionaria* Gilberti Neilsoun in Merkfas, *patris*,—in annuo redditu 20*m.* de 2 mercatis terrarum de Nethercroftis in parochia de Kirkpatrick-Dirrame. iv. 172.

(77) Jul. 31. 1607.

ELIZABETHA ET ISSOBELLA NEILSOUNS, *hæredes portionariæ* dicti Gilberti Neilsoun, *patris*,—in annuo redditu prædicto. iv. 172.

(78) Oct. 13. 1607.

JOHANNES GORDOUN de Beoche, *hæres* Jonetæ Gordoun, *matris*,—in 10 solidatis 11 denariatis terrarum 9 mercatarum terrarum de Blacket, cum undecima parte molendini earundem antiqui extentus, in parochia de Or ;—5 solidatis 6 denariatis 5 mercatarum terrarum de Lag extentus ut prædicti, in parochia de Girtoun.—A. E. 16*s.* 5*d.* N. E. 49*s.* 3*d.* iv. 99.

(79) Oct. 13. 1607.

EDWARDUS MAXWELL, *hæres* Roberti Maxwell de Bracoth, *patris*,—in 4 mercatis terrarum de Croftis de Kirkpatrick antiqui extentus ;—20 solidatis terrarum de Midmerquharne extentus prædicti, infra parochiam de Kirkpatrick ;—2¼ mercatis terrarum de Nether Redik extentus prædicti, in parochia de Nether Redik.— E. 11*l.* 14*s.* 8*d.* &c. iv. 182.

(80) Oct. 27. 1607.

GEORGIUS GORDOUN, *hæres* Alexandri Gordoun de Barskeoche, *patrui*,—in 5 mercatis terrarum de Auchinreoch antiqui extentus, in parochia de Or infra dominium Gallavidiæ :—A. E. 3*l.* 6*s.* 8*d.* N. E. 10*l.*—3 mercatis terrarum de Strongassill, viz. 1 mercata terræ de Strongassill et Crocefald ;—1 mercata terræ vocata Midmark ;—dimidio mercatæ terræ vocatæ Cassinbrok *alias* Croce-William, et dimidio mercatæ terræ de Haw antiqui extentus, in parochia de Kellis :—A. E. 40*s.* N. E. 6*l.*—Terris de Stronfaskin, Largmore, Knokschene, Middill et Nether Barskeochis, cum piscationibus ejusdem in aqua de Ken, in parochia de Kellis : —E. 25*l.*—4 mercatis terrarum de Glenairne antiqui extentus in parochia de Or.—A. E. 53*s.* 4*d.* N. E. 8*l.* iv. 102.

(81) Nov. 3. 1607.

JACOBUS GORDOUN de Mercartnay, *hæres* Alexandri Gordoun de Mercartnay, *patris*,—in 5 mercatis terrarum de Glengoppok antiqui extentus, in baronia de Crocemichaell.—E. 4*l.* iv. 183.

(82) Dec. 19. 1607.

DOMINUS GULIELMUS GRIERSON, *hæres masculus* Rogeri Griersone de Lag, *patris*,—in 19 mercatis terrarum de Bargaltoun, Larghiame, Dirremoll, Culzeane, Dovane, et Denfeddrame antiqui extentus, in parochia de Balmaghie.—A. E. 12*l.* 13*s.* 4*d.* N. E. 38*l.* iv. 121.

(83) Jan. 25. 1608.

ARCHIBALDUS MAXWELL de Cowhill, *hæres* Domini Roberti Maxwell de Dunwoddie militis, *patrui*,—in 5 mercatis terrarum de Blairinny, in baronia de Corsmichell et dominio de Linclowden :—E. 6*m.* 10*s. feudifirmæ* :—5 mercatis terrarum de Blakerne in dicta baronia de Corsmichell :—E. 7*l.* 10*s.* &c. *feudifirmæ* :—terris de Fussokhill et Casselandis ;—terris quondam Roberti Clerk et hostum quondam Gilberti Richie cum tenemento in villa de Troqueir ;—20 solidatis terrarum cum lie Wattyeard, Killyeard, Blakaikeris, et Lynezeard in baronia de Drumsleit, infra regalitatem de Linclowden, territorium de Troqueir et villam Finis pontis de Drumfreis.—E. 30*s.*—(Vide Dumfries.) iv. 351.

(84) Apr. 26. 1608.

JACOBUS CHALMER de Gaitgirth, *hæres* Jacobi Chalmer de Gaitgirth, *avi*,—in terris de Newpark de Glenken, in dominio de Galloway.—E. 8*l.* 2*s.* iv. 149.

(85) Apr. 26. 1608.

DOMINUS ALEXANDER JARDANE de Apilgirth miles, *hæres* Domini Alexandri Jardane de Apilgirth militis, *abavi*,—in terris et baronia de Kirkandris cum molendino.—E. 32*l.*—(Vide Dumfries.) iv. 150.

(86) Jul. 5. 1608.

THOMAS McCLELLANE, *hæres masculus* Joannis McClellane de Almernes, *patris*,—in terris ecclesiasticis et gleba ecclesiæ parochialis de Gelstoun, extendentibus ad 2¼ mercatas terrarum antiqui extentus, in parochia de Gelstoun cum decimis :—E. 5*m.* 6*s.* 8*d.*—crofta terræ vocata Rigcroft, parte 20 solidatarum terrarum de Litil Tor in parochia de Rerik.—E. 4*l.* iv. 208.

(87) Jul. 5. 1608.

DOMINUS ROBERTUS McCLELLANE de Bomby miles, *hæres* Thomæ McClellane de Bomby, *patris*,—in 5 libratis terrarum de Overlaw, et 3 mercatis terrarum de Barloko antiqui extentus in parochia de Rerik, unitis cum aliis terris in Wigton in tenendiffam :—E. 65*l.* 14*s.* 8*d.*—officio hæreditariæ justiciariæ et balliatus de terris et baronia de Kirkcryst et regalitate ejusdem, infra bondas dictæ baroniæ :—E. *administratio justiciæ*, &c.—8 mercatis terrarum de Kirkcryst in baronia et parochia de Kirkcryst :—E. 11*l.*—Terris de Mekill-Tor et Glenshynnok extendentibus ad 8 mercatas terrarum antiqui extentus ;—5 libratis terrarum antiqui extentus vocatis Balig in parochia de Rerik :—E. 22*l.*—3¼ mercatis terrarum vocatarum Mekill-hals, in baronia de Dundrennan et parochia de Rerik.—E. 5*l.*—(Vide Wigton.) iv. 223.

(88) Jul. 12. 1608.

JEANNA FULLERTOUN, *hæres portionaria* Joannis Fullertoune de Carltoun, *patris*,—in 6 mercatis terrarum de Litill Carltoun ;—3 mercatis terrarum de Mekill Carltoun antiqui extentus, in parochia de Borg.—A. E. 6*l.* N. E. 18*l.* iv. 238.

(89) Jul. 12. 1608.

MARGARETA FULLERTOUN, *hæres portionaria* Joannis Fullertoune de Carltoun, *patris*,—in prædictis terris.—A. E. 6*l.* N. E. 18*l.* iv. 238.

(90) Nov. 1. 1608.

ROBERTUS FORRESTER, *hæres* Edwardi Forrester burgensis de Kirkcudbright, *avi*,—in 6 solidatis 8 denariatis terrarum antiqui extentus vocatis Cotland, in parochia de Kirkcudbright.— A. E. 6*s.* 8*d.* N. E. 20*s.* iv. 231.

(91) Nov. 2. 1608.

DOMINUS JACOBUS DOUGLAS miles, *hæres* Domini Jacobi Douglas de Drumlangrig militis, *avi*,—in 1 mercata terrarum antiqui extentus de Polvadache, in baronia de Grenane.—A. E. 13*s.* 4*d.* N. E. 40*s.*—(Vide Dumfries.) iv. 375.

(92) Oct. 10. 1609.

GEORGIUS GORDOUN de Barskeoch, *hæres* Alexandri Gordoune de Barskeoche, *patrui*,—in 16 solidatis terrarum de Bargalie, et 8 solidatis terrarum de Barquhoyis antiqui extentus, in parochia de Monygoif.—A. E. 24*s.* N. E. 3*l.* 12*s.* iv. 260.

(93) Dec. 5. 1609.

JACOBUS GORDOUN, *hæres* Gulielmi Gordoun in Culleindoche, *patris*,—in 2¼ mercatis terrarum 40 solidatarum terrarum de Killerne et Torris antiqui extentus, in parochia de Anueth :— E. 5*l.* 4*s.*—Firmis feudifirmariis dictarum terrarum :—E. 5*l.* 4*s.*— Dimidia mercata terræ de Tor extentus prædicti :—A. E. 6*s.* 8*d.* N. E. 20*s.*—20 solidatis terrarum de Marquother extentus prædicti :—A. E. 20*s.* N. E. 3*l.*—2 mercatis terrarum 4 mercatarum terrarum de Brooche antiqui extentus, in parochia de Kirkdaill.— A. E. 26*s.* 8*d.* N. E. 4*l.* iv. 413.

(94) Mar. 20. 1610.

ALEXANDER GORDOUN de Castraman, *hæres* Issobellæ Muirhead, *matris*,—in 5 mercatis terrarum antiqui extentus de Castraman et Darregoune, infra parochiam de Girtoun.—A. E. 3*l.* 6*s.* 8*d.* N. E. 10*l.* iv. 377.

(95) Apr. 17. 1610.

ALEXANDER STEWART DOMINUS GAIRLEIS, *hæres* Domini Alexandri Stewart de Gairleis militis, *patris*,—in 21 mercatis terrarum de Grennane cum molendino, in baronia de Dalry. —A. E. 14*l.* N. E. 42*l.* iv. 286.

(96) Maii 22. 1610.

JEANNA CHARTEOURIS, *hæres* Jacobi Charteouris filii et hæredis apparentis Roberti Charteouris de Kelwode, *patris*,—in terris de Dunrod-Sanik called Mekill Dunrod, infra dominium Gallovidiæ et parochiam de Sannik.—E. 28*l.* 13*s.* 4*d.* iv. 389.

(97) Oct. 9. 1610.

JOANNES MARTENE, *hæres* Joannis Mertene in Blakschaw, *patris*,—in dimidietate mercatæ terræ ex 5 mercatis terrarum antiqui extentus de Troqueir, in parochia de Troqueir et regalitate de Lincluden.—E. 20*s.* iv. 394.

(98) Nov. 4. 1610.

JOANNES GORDOUN de Airdis, *hæres* Elizabethæ Gordoun,

B

matris,—in 10 solidatis terrarum 9 mercatarum terrarum de Blaikit antiqui extentus, et duodecima parte molendini et piscariæ ejusdem in parochia de Ure.—A. E. 10*s*. N. E. 30*s*. iv. 450.

(99) Dec. 4. 1610.
ALEXANDER MURRAY, *hæres* Jacobi Murray in Solodzeoche, *patris*,—in 1½ mercata terrarum de Barclay antiqui extentus, in parochia de Rerik.—A. E. 17*s*. 9½*d*. N. E. 53*s*. 4*d*. iv. 421.

(100) Mar. 12. 1611.
NICOLA M'MORANE, *hæres portionaria* Roberti M'Morane de Kirkcunan, *patris*,—in sexta parte 5 libratarum terrarum de Kirkcunan:—E. 3*l*. 8*s*. 10½*d*.—Sexta parte 40 solidatarum terrarum de Blakbelly:—E. 21*s*. 1½*d*.—Sexta parte 25 solidatarum terrarum de Mylnetoun antiqui extentus, in parochia de Buitill.—E. 21*s*. 1½*d*. iv. 430.

(101) Mar. 12. 1611.
ROSINA M'MORANE, *hæres portionaria* Roberti M'Morane de Kirkcunan, *patris*,—in sexta parte terrarum prædictarum. iv. 430.

(102) Apr. 9. 1611.
EDUARDUS STURGEON filius Jacobi Sturgeon in Wraithis, *hæres portionarius* Roberti M'Morane de Kirkinane, *avi*,—in sexta parte terrarum prædictarum. iv. 421.

(103) Apr. 9. 1611.
GEORGIUS MAXWELL de Drumcoltrane, *hæres* Eduardi Maxwell de Drumcoltrane, *patris*,—in 1 mercata terræ de Quhythill antiqui extentus in parochia de Ure.—A. E. 13*s*. 4*d*. N. E. 40*s*. iv. 427.

(104) Apr. 30. 1611.
ROBERTUS M'GHIE de Balmaghie, *hæres* Alexandri M'Ghie de Balmaghie, *patris*,—in 5 mercatis terrarum de Nether Camdudzeall vocatis The Maynes of Balmaghie;—2½ mercatis terræ de Over Camdudzeall;—2½ mercatis terrarum de Glentow cum molendino;—2½ mercatis terrarum de Drumlayne;—16 solidatis terrarum de Barend;—16 solidatis terrarum de Mekill Creochis;—2½ mercatis terræ de Candnik;—2½ mercatis terræ de Tormellen;—2½ mercatis terræ de Groibdaill;—2½ mercatis terræ de Arie;—2½ mercatis terræ de Over et Nether Craik;—13½ mercatis terræ de Keltoun, in parochiis de Balmaghie et Keltoun, unitis in baroniam de Balmaghie:—A. E. 27*l*. 5*s*. 4*d*. N. E. 81*l*. 16*s*.—4 mercatis terrarum de Litle Airdis;—2½ mercatis terrarum de Dornell;—20 solidatis terrarum de Fynnaneis;—22 solidatis terrarum de Argannoch;—22 solidatis terrarum de Tuncanespeik ejusdem extentus, cum molendino;—16 solidatis terrarum de Ballemak extentus prædicti, in parochia de Balmaghie;—10 libratis terrarum de Edinghame et Culloch antiqui extentus cum molendinis et piscariis, in parochia de Wr;—40 solidatis terrarum de Killarne extentus antedicti, in parochia de Anueth, unitis in baroniam de Levingstoun:—A. E. 20*l*. 6*s*. 8*d*. N. E. 61*l*.—16 solidatis 8 denariatis terrarum de Sleugarie, cum jure patronatus ecclesiæ parochialis de Balmaghie, unitis ad baroniam de Levingstoun:—A. E. 16*s*. 8*d*. N. E 50*s*.—Dimidia parte terrarum de Quhytpark, infra dominium Galvidiæ et parochiam de Keltoun.—E. 7*l*. 16*s*. 4*d*. iv. 451.

(105) Jul. 30. 1611.
JOANNES GORDOUN de Airdis, *hæres* Joannis Gordoun de Airdis, *patris*,—in dimidia parte terrarum de Quhytpark:—E. 7*l*. 10*s*. &c.—terris de Airdis, Over, Middill, et Nether, infra dominium Galvidiæ subtus Crie.—E. 20*l*. &c. iv. 451.

(106) Dec. 1. 1612.
JOANNES MORIESOUN, *hæres* Edwardi Moriesoun de Adinghame, *patris*,—in 20 solidatis 16 denariatis terrarum 5 libratarum terrarum de Adinghame antiqui extentus, infra parochiam de Ur:—A. E. 20*s*. 16*d*. N. E. 3*l*. 4*d*.—50 solidatis terrarum de Mekillculloch infra dictam parochiam.—A. E. 50*s*. N. E. 7*l*. 10*s*. vi. 45.

(107) Mar. 23. 1613.
ROBERTUS FORRESTER, *hæres* Roberti Forrester burgensis de Kirkcudbryht, *patris*,—in 2½ mercatis terrarum de Grannoche antiqui extentus, in parochia de Balmaghie.—A. E. 33*s*. 4*d*. N. E. 5*l*. vi. 72.

(108) Jan. 25. 1614.
DOMINUS ALEXANDER KIRKPATRICK de Kirkmichaell miles, *hæres* Margaretæ Cairnis Dominæ Orchardtoun, *matris*,—in tertia parte 9 mercatarum terrarum de Orchardtoun *alias* vocatarum Irisbuttill, in parochia de Buttill.—A. E. 3*m*. N. E. 9*m*. vi. 24.

(109) Apr. 15. 1614.
ROBERTUS M'GHIE de Balmaghie, *hæres masculus* Alexandri M'Ghie de Balmaghie, *patris*,—in 5 mercatis terrarum 10 mercatarum terrarum de Mains de Cardineis antiqui extentus, in parochia de Anueth et baronia de Cardineis.—A. E. 3*l*. 6*s*. 8*d*. N. E. 10*l*. vi. 4.

(110) Maii 18. 1614.
PATRICIUS HANAY de Kirkdall, *hæres* Joannis Hanay de Kirkdaill, *avi*,—in 4 mercatis terrarum de Kirkdaill;—2 mercatis terrarum de Brouncht (vel Broicht,) in parochia de Kirkdaill.—A. E. 4*l*. N. E. 12*l*. vi. 16.

(111) Jun. 7. 1614.
GEORGIUS GORDOUN, *hæres* Willielmi Gordoun, *patrui*,—in 3½ mercatis terrarum nuncupatis Hodie;—dimidietate unius mercatæ terræ vocatæ Carsinbrok *alias* Corswillame, in parochia de Keiris (Kellis?)—A. E. .... N. E. ....;—terris de Strongassill.—A. E. 46*s*. 8*d*. N. E. 7*l*. vi. 34.

(112) Jul. 26. 1614.
GEORGIUS LOGANE, *hæres* Thomæ Logane in Stronepatrik, *patris*,—in 1 mercata terræ 2½ mercatarum terrarum de Glentow antiqui extentus, in parochia de Balmaghie.—A. E. 13*s*. 4*d*. N. E. 40*s*. vi. 96.

(113) Maii 18. 1615.
JOANNES M'GHIE de Balmaghie, *hæres* Roberti M'Ghie de Balmaghie, *patris*,—in 5 mercatis terrarum de Nether Camdudzeall vocatis the Maynis of Balmaghie;—2½ mercatis terrarum de Over Camdudzeall;—2½ mercatis terræ de Glentow cum molendino;—2½ mercatis terrarum de Drumlayne;—16 solidatis terrarum de Barend;—16 solidatis terrarum de Mekillcreochis;—2½ mercatis terræ de Kammuik (vel Kanduik vel Kandnik);—2½ mercatis terræ de Tormollin;—2½ mercatis terræ de Grobdaill;—2½ mercatis terræ de Arie;—2½ mercatis terræ de Ovir et Nether Crayis, et 13½ mercatis terræ de Torris de Keltoun, in parochiis de Balmaghie et Keltoun, unitis in baroniam de Balmaghie:—A. E. 27*l*. 5*s*. 4*d*. N. E. 81*l*. 16*s*.—16 solidatis 8 denariatis terrarum de Slowgarrie, cum jure patronatus ecclesiæ de Balmaghie, in parochia de Balmaghie, annexatis ad terras de Levingstoun:—A. E. 16*s*. 8*d*. N. E. 50*s*.—dimidietate terrarum de Quhytpark in dominio Galuidiæ.—E. 7*l*. 16*s*. 4*d*. vi. 30.

(114) Jul. 11. 1615.
JOANNES EWERT, *hæres* Joannis Ewert in Torris de Keltoun, *patris*,—in 2 mercatis et 40 denariatis terrarum 4½ mercatarum terrarum de Quhytpark *alias* Calsend antiqui extentus, in parochia de Keltoun.—A. E. 30*s*. N. E. 4*l*. 10*s*. vi. 113.

(115) Oct. 10. 1615.
GILBERTUS GREIRSONE, *hæres* Gilberti Greirsone de Kirremonnow, *patris*,—in 5 mercatis terrarum de Castelmaddie:—E. 40*s*.—5 mercatis terrarum de Kirremonnow in parochia de Kellis.—A. E. 3*l*. 6*s*. 8*d*. N. E. 10*l*. vi. 73.

(116) Oct. 10. 1615.
ROBERTUS GORDOUN, *hæres* Alexandri Gordoun in Lochans, *patris*,—in annuo redditu 70*m*. de 6 mercatis terrarum de Mekill Knokis antiqui extentus, in parochia de Buttill. vi. 77.

(117) Oct. 10. 1615.
JOANNES M'GHIE, *hæres* Roberti M'Ghie de Balmaghie, *patris*,—in 20 solidatis 2½ mercatarum terrarum de Barnebord antiqui extentus, in parochia de Balmaghie.—A. E. 20*s*. N. E. 3*l*. vi. 84.

(118) Oct. 17. 1615.
WILLIELMUS DOUGLAS de Drumlangrig, *hæres* Domini Jacobi Douglas de Drumlanrig militis, *patris*,—in terris, baronia, et regalitate de Drumlangrig comprehendente inter alia 5 mercatas terrarum antiqui extentus de Craigmowie:—E. 9*l*. 18*s*. 8*d*.—5 mercatas terrarum de Airdis in baronia de Corsmichaell:—E. 11*m*.—Unitas cum aliis terris in Dumfries et Roxburgh, in baroniam et regalitatem de Drumlanrig, cum capella et cancellaria.—(Vide Dumfries, Roxburgh.) vi. 64.

(119) Oct. 31. 1615.
ROBERTUS MAXWELL, *hæres* Domini Roberti Maxwell de Spotis militis, *patris*,—in 11 mercatis terrarum antiqui extentus de Spotis in parochia de Ur:—A. E. 11*m*. N. E. 33*m*.—5 mercatis terrarum de Threifgrange vocatis the Lytle Maynes antiqui extentus:—E. 14*l*. 13*s*. 4*d*.—6 mercatis terrarum de Lytle Castelgor:—E. 9*l*. 12*s*.—5 solidatis terrarum de Cloyne:—E. 12*s*. 4*d*. et 6*s*. 8*d*. in augmentationem;—jacentibus in parochiis de Keltoun et Butle;—10 mercatis terrarum antiqui extentus de Craigtoun et Chapeltoun in parochia de Butle:—E. 13*l*. 6*s*. 8*d*. et 20*s*. in augmentationem:—terris de Nether Law Eister et Wester, extendentibus ad 18 libratas terrarum antiqui extentus, cum decimis:—E. 80*m*.—terris de Over Netherfeild (vel Hessilfeild) extendentibus ad 4 mercatas terrarum antiqui extentus, cum decimis:—E. 7*l*.

10s.—2 molendinis granorum de Dundrennan, vocatis Auchincarie et Nether Reak :—E. 43l. 13s. 4d.—50 solidatis terrarum antiqui extentus de Nether Lynkingis :—E. 5l. 10s.—40 solidatis terrarum de Balcheskie :—E. 4l. 10s.—dimidia mercata terræ de Balcarie, cum Fischzair et decimis :—E. 85s. 10d.—crofta terræ vocata Turnour's croft cum decimis, apud Abbatiam de Dundrennan: —E. 26s. 8d.—jacentibus in baronia de Dundrennan ; extendentibus in integro ad 117l. 12s. 6d.—3 mercatis terrarum de Glenzairok :—A. E. 3l. N. E. 9l.—2 mercatis terrarum de Kirkmyrring :—A. E. 2m. N. E. 6m.—20 solidatis terrarum de Lytle Quhythillis :—A. E. 20s. N. E. 3l.—1 mercata terræ de Glen alias vocata Skreill antiqui extentus, in parochia de Gelstoun :—A. E. 18s. 4d. N. E. 3m.—50 solidatis terrarum de Butlemaynis :—A. E. 50s. N. E. 7l. 10s.—25 solidatis terrarum de Lytlemylntoun antiqui extentus in parochia de Butle, in speciali warranto 40 solidatarum terrarum de Blakbellie.—A. E. 25s. N. E. 3l. 15s.   vi. 181.

(120)   .... 13. 1615.
JOANNA GORDOUN filia legitima Rogeri Gordoun sponsa Jacobi M'Millann, filii legitimi Donaldi M'Millann de Brokloch, hæres Alexandri Gordoun, fratris,—in 20 solidatis terrarum vocatis the Bluris de Barskeische (Barskeoch ?) antiqui extentus, in parochia de Kellis.—A. E. 20s. N. E. 3l.   vi. 172.

(121)   Apr. 16. 1616.
EDUARDUS ASLOWANE, hæres Eduardi Aslowane in Fell, patris,—in 2 undecimis partibus 14 mercatarum terrarum de Blaiket et Laig, cum 2 undecimis partibus molendini de Blaiket, extendentibus ad 33 solidatas et 11 denariatas terrarum earundem, in parochiis de Wr et Girthoun.—A. E. 33s. 11d. N. E. 5l. 21d.   vi. 126.

(122)   Apr. 16. 1616.
GEORGIUS GORDOUN, hæres Georgii Gordoun filii Joannis Gordoun de Auchinreoch, patris,—in 20 solidatis 3 mercatarum terrarum de Lytletoun antiqui extentus, in parochia de Borg.— A. E. 20s. N. E. 3l.   vi. 176.

(123)   Maii 23. 1616.
JOANNES BROUN de Mollans, hæres Joannis Broun de Mollans, patris,—in 10 solidatis 11 denariatis terrarum 9 mercatarum terrarum de Blaiket antiqui extentus, cum undecima parte molendini earundem, in parochia de Wre, olim pertinentibus Helenæ Gordoun matri quondam Joannis Broun ;—10 solidatis 11 denariatis 9 mercatarum terrarum de Blaiket, et undecima parte molendini, olim pertinentibus Thomæ Maxwell de Arremyng ;—cum sua parte, et parte Joannis Pillo croftæ vocatæ Bonsak pertinentis prædictis 9 mercatis terrarum de Blaiket ;—10 solidatis 11 denariatis terrarum 9 mercatarum terrarum de Blaiket, cum undecima parte molendini ejusdem, olim pertinentibus Willielmo Douglas de Eschtries ;—10 solidatis 11 denariatis 9 mercatarum terrarum de Blaiket, cum undecima parte molendini ejusdem, olim pertinentibus Joanni Gordoun de Beoche ;—10 solidatis 11 denariatis terrarum 9 mercatarum terrarum de Blaiket, cum undecima parte molendini earundem, olim pertinentibus Petro M'Dowell de Machirmore ;—quæ quidem quinque partes extendunt in integro ad 54 solidatas 7 denariatas terrarum prædictarum 9 mercatarum terrarum de Blaiket, et quinque undeciinas partes molendini ejusdem. —A. E. 54s. 7d. N. E. 8l. 3s. 9d.   vi. 128.

(124)   Jul. 16. 1616.
JOHANNES CORRIE de Cowgairth, hæres Johannis Corrie de Cowgairth, patris,—in 8 mercatis terrarum de Cowgairth antiqui extentus, in parochia de Partoun.—A. E. 40s. N. E. 6l.   vii. 96.

(125)   Jul. 25. 1616.
JOANNES COMES DE CASSILLIS, &c. hæres Joannis Comitis de Cassillis, Domini Kennedye, &c. patrui,—in 10 libratis terrarum antiqui extentus vocatis Forrest de Buchquhane cum piscaria, in dominio de Galloway ;—terris vocatis Libera Forresta alias Frie Forrest, jacentibus contiguæ dictæ Forestæ de Buchquhane, unitis in baroniam de Buchquhane.—E. 23l. 13s. 4d.—(Vide Ayr, Wigton.)   vi. 107.

(126)   Sep. 10. 1616.
ROBERTUS M'CLELLANE de Nuntoun, hæres Willielmi M'Clellane de Nuntoun, proavi,—in 3 mercatis terrarum de Balm'Craill antiqui extentus in parochia de KirkM'Breck.—A. E. 3m. N. E. 6l.   vii. 61.

(127)   Dec. 10. 1616.
MARIOTA JOHNSTOUN sponsa Danielis Kilpatrick ephippiarii burgensis de Dumfreis, hæres Joannis Jhonstoun in Collegio de Lincluden burgensis de Dumfreis, fratris germani,—in tenemento in capite villæ de Lincluden ;—8 acris terrarum dominicalium de Lincludene ;—1 acra terræ jacente in lie Beircroft terrarum dominicalium de Lincluden ;—1 dieta lie Daywark prati annuatim in

Charterland medow, cum glebis lie peittis terrarum dominicalium de Lincludin ;—8 summis animalium, lie sowmis of guides, in gramine et communi pastura de Lincluden, in parochia de Toreglis et regalitate de Lincluden.—E. 20s.—(Vide Dumfries.) vi. 157.

(128)   Dec. 20. 1616.
ALEXANDER M'DOWELL, hæres Thomæ M'Dowell in Lagintyre, patris,—in 2 mercatis terrarum 5 mercatarum terrarum de Spittell antiqui extentus, in parochia de Kirkcudbright :—A. E. 26s. 8d. N. E. 4l.—2 mercatis 5 libratarum terrarum de Chapeltoune antiqui extentus, in parochia de Rerik :—A. E. 26s. 8d. N. E. 4l.—10 solidatis 20 solidatarum terrarum de Auchnabaine antiqui extentus, in parochia de Rerik.—A. E. 10s. N. E. 30s.   vi. 252.

(129)   Jan. 15. 1617.
MARGARETA SINCLAIR, hæres portionaria Georgii Sinclair mercatoris burgensis de Air, patrui,—in 1 mercata terrarum de Glen ;—dimidia mercata terrarum de Stronehanny ;—1 mercata terrarum de Toddistoun, cum domibus infra montem de Sancti Johannis Clauchane, vulgo nuncupata the Hous under the Hill of St. Johnnisclauchane, infra parochiam de Dalray.—E. 8l. 8s. 6d.   vi. 167.

(130)   Jan. 15. 1617.
JONETA SINCLAIR, hæres portionaria Georgii Sinclair mercatoris burgensis de Air, patrui,—in terris prædictis.—E. 8l. 8s. 6d.   vi. 167.

(131)   Apr. 15. 1617.
WILLIELMUS MAXWELL de Cavens, hæres Magistri Willielmi Maxwell de Cavens, patris,—in 10 solidatis terrarum de Gaitsyd, in parochia de Kirkbean :—E. 24s.—crofta terræ vocata Powcroftsyd (vel Powsydcroft) in parochia prædicta.—E. 18s.   vi. 185.

(132)   Jun. 3. 1617.
JOANNES M'NACHT mercator burgensis de Edinburgh, hæres Rogeri M'Nacht mercatoris burgensis de Edinburgh, patris,—in 2 mercatis terrarum antiqui extentus de Larglach (vel Langloch) in parochia de Kirkpatrik-Durhame :—E. 6d.—2 mercatis terrarum de Midmerquhorne :—A. E. 20s. 8d. N. E. 4l.—1 mercata terrarum de Brokloche alias Knokloshe antiqui extentus, infra parochiam prædictam :—A. E. 13s. 4d. N. E. 3m.—molendino granario baroniæ de Corsmichaell cum crofta ejusdem, in parochia de Corsmichaell.—E. 13s. 4d.   vii. 1.

(133)   Jul. 29. 1617.
JOANNES GORDOUN, hæres Rogeri Gordoun apparentis de Troquhain, patris,—in 40 solidatis terrarum de Auchinhay ;— 1 mercata terrarum de Darnegarroch ;—1 mercata terrarum de Ovir et Nather Slougabeyis ;—molendino de Kirkpatrick cum astrictis multuris baroniæ de Kirkpatrick, infra dictam baroniam de Kirkpatrick-Durhame:—E. 17l. 4s.—4 mercatis terrarum de Mwill antiqui extentus, infra parochiam de Kirkpatrick de Mure et baroniam de Lochmaben per annexationem, partibus monasterii de Dundrennan :—E. 4m. 40d.—40 solidatis terrarum de Kirtilbryd ; —20 solidatis terrarum de Margley ;—40 solidatis 40 denariatis terrarum de Bardarroche, infra parochiam de Kirkpatrick-Durhame.—E. 12l. 14s. 4d.   ix. 306.

(134)   Oct. 28. 1617.
ROGERUS GORDOUN de Holme, hæres Willielmi Gordoun de Holme, patris,—in 5 mercatis terrarum de Holme antiqui extentus, in parochia de Balmaclellane :—A. E. 5m. N. E. 10l.— 5 mercatis terrarum de Fyntallachie antiqui extentus, in parochia de Kellis :—A. E. 5m. N. E. 10l.—25 solidatis ex 5 libratis terrarum de Ballannan antiqui extentus, in parochia de Tungland :— A. E. 25s. N. E. 3l. 15s.—Annuo redditu 50m. de 16 solidatis 8 denariatis terrarum de Barend antiqui extentus, infra parochiam de Balmaghie.   vii. 44.

(135)   Oct. 28. 1617.
ROGERUS GORDOUN de Holme, hæres Willielmi Gordoun de Holme, avi,—in 1 mercata terræ de Monybwy antiqui extentus, in parochia de Balmaclellane.—A. E. 13s. 4d. N. E. 40s.   vii. 45.

(136)   Oct. 28. 1617.
JOANNES DOMINUS HEREIS, hæres Joannis Domini Herreis, avi,—in 100 solidatis terrarum de Barnebachill :—A. E. 5l. N. E. 15l.—20 solidatis terrarum de Conhuith antiqui extentus, infra parochias de Lochrwtoun et Troqueir respective.—A. E. 20s. N. E. 3l.   vii. 74.

(137)   Oct. 28. 1617.
ROBERTUS M'CLELLAN de Nuntoun, hæres Thomæ M'Clellane de Nuntoun, patris,—in 10 mercatis terrarum antiqui extentus de Kirkcarsell ;—5 mercatis terrarum ejusdem extentus de Barcly ;—terris vulgo nuncupatis 20 solidatis terrarum de Sellcroft antiqui extentus, extendentibus ad 16 mercatas terrarum, infra parochiam de Rerik.—A. E. 11l. N. E. 33l.   vii. 167.

(138)   Nov. 18. 1617.

JONETA GORDOUN, *hæres* Joannis Gordoun de Kirkland, *patris*,—in 1 mercata terræ antiqui extentus vocata Toddistoun ;—tenemento terræ in villa de Sanct Johnnesclauchan, vulgo nuncupata Domus sub monte ;—4 acris terrarum et 1 dieta lie Daywark prati cum horto, &c. eidem tenemento spectante, infra parochiam de Dalry :—E. *8m.* 6s. 8d.—terris vocatis the Littill Kirkland de Dalry, extendentibus ad 18 acras terrarum :—E. 5s. 4d.—omnibus in baronia de Carleton.   vii. 25.

(139)   Oct. 13. 1618.

JOANNES EDZER de Land, *hæres* Clementis Edzer, *avi*,—in 1 mercata terræ de Marbroy antiqui extentus, in parochia de Colwen.—A. E. 13s. 4d. N. E. 40s.   viii. 19.

(140)   Mar. 11. 1619.

ROBERTUS MAXWELL, *hæres* Edwardi Maxwell olim in Craichie, *patris*,—in annuo redditu 50m. de dimidietate terrarum ecclesiasticarum de Crocemichaell, extendente ad 20 solidatas terrarum antiqui extentus, in parochia de Crocemichaell.   vii. 346.

(141)   Apr. 29. 1619.

JOANNES MAXWELL de Conhaith, *hæres* Joannis Maxwell de Conhaith, *patris*,—in 2 mercatis terrarum antiqui extentus de Kirkland de Ur ;—2 mercatis terrarum ejusdem extentus de Nether Kirkland de Ur, infra parochiam de Ur.—E. 4l.   vii. 254.

(142)   Maii 20. 1619.

JOHANNES MAXWELL in Prestoun, *hæres* Hugonis Maxwell in Prestoun portionarii de Keltoun, *patris*,—in dimidietate 20 solidatarum terrarum de Lytle Bar antiqui extentus, extendente ad 10 solidatas terrarum :—E. 10s. 10d.—dimidietate portionis terræ vocatæ Freirzaird ;—dimidietate portionis terræ jacentis sub lie Walkmylne, cum dimidietate peciæ terræ vocatæ the Hayclose, et dimidietate ustrini :—E. 9s. 8d.—dimidietate 10 solidatarum terrarum antiqui extentus de Nethercars vocata Drantland :—E. 10s. 10d.—omnibus infra parochiam de Lochkindeloch.   vii. 245.

(143)   Jul. 13. 1619.

ROBERTUS DOMINUS MAXWELL, *hæres* Joannis Domini Maxwell, *fratris*,—in terris de Gordounstoun extendentibus ad dimidietatem terrarum de Glenkene, Bennaheid, Aikheid, Monteir, Knoknema, Stralocaven nuncupato Ottroduskan, cum molendino, et lacu et manerie de Lochinvar:—E. 80l.—terris et baronia de Grenan :—E. 40l.—terris de Spottes :—E. 36l.—unitis cum aliis terris in baroniam de Maxuell ;—terris dominii et baroniæ de Buttill, viz. villa de Buttill cum molendino, Muncheis, Barscheane, Marenathe, Castelgour, Balgredden, Guffokland, Coravarie, Nether Keltoun *alias* Halmyre, cum insula de Quhythorne, Clone, Auld Toleleis, Knockmeikill, Knoklittill, Culgnawe, piscaria de Ur, Cuill, Corbertoun, Duldaven, Lochdowganis, Over Lochdowganes, Middill Lochdowganes, Nethermerks, mercata terræ de Kirkbryd, Mot de Ur, Jakleig, Mylnbank, Litill Rithorne, Slognawe (vel Slewgaw), Carlingwark, in dominio de Galloway :—E. 245l. 6s.—49 mercatis 2 solidatis terrarum de Kirkpatrik-Durhame, viz. 40 solidatis terrarum de Culscheinhea ;—40 solidatis terrarum de Torbrache ;—20 solidatis terrarum de Kirkland ;—40 solidatis terrarum de Moniedow ;—38 solidatis 8 denariatis terrarum de Nether Makcartnay ;—40 solidatis 40 denariatis terrarum de Bardarroche ;—20 solidatis terrarum de Margley (vel Marcey) ;—40 solidatis terrarum de Trivegrange ;—40 solidatis terrarum de Arkland ;—40 solidatis terrarum de Armein (Arrimeing) ;—40 solidatis terrarum de Drumtoukie (vel Drumtakie) ;—5 mercatis terrarum de Auchinley ;—mercata terræ de Darngarroche ;—40 solidatis terrarum de Culquhane ;—40 solidatis terrarum de Barmoffet ;—40 solidatis terrarum de Kirkculloch (vel Knokculloch);—2 mercatis terrarum de Overbar ;—2 mercatis terrarum de Netherbar et molendino :—E. 130m. 8s. 8d.—20 libratis terrarum de Trivegrange, cum officio senescallatus de Kirkcudbright, et custodia castri de Treve :—E. 103l. 6s. 8d.—Officio balliatus terrarum pertinentium ad Monasterium Dulcis Cordis, cum 5 mercatis terrarum de Lochartour antiqui extentus, in baronia de Lochkindeloche et parochia de Kirkconnell, pro feodo seu salario pro suis laboribus in præfati balliatus officii usu et fruitione :—E. .... :—Officio balliatus terrarum et possessionum monasterii de Dundrennane, cum 5 libratis terrarum de Mellok, et insula et terris de Hestoun, in baronia de Dundrennane et parochia de Rerik, pro feodo seu salario pro suis laboribus in præfati balliatus officii de Dundrenane usu et fruitione :—E. ....:—Officio balliatus terrarum spectantium ad præposituram ecclesiæ collegiatæ de Lyncluden, cum 5 libratis terrarum antiqui extentus de Mumbellie et Sallowen (vel Nunbellie et Fallowen), infra parochiam de Kirkbene, et spectantibus ad baroniam de Drumslait, pro feodo pro laboribus in præfati balliatus officii usu et fruitione :—E. ....:—Officio balliatus terrarum, &c. monasterii de Tungland, cum 5 libratis terrarum antiqui

extentus de Cargane, infra parochiam de Troqueir, pro feodo pro usu dicti officii.—E. ....(Vide Roxburgh, Dumfries, Perth, Wigton.)   xii. 47. 170.

(144)   Jul. 15. 1619.

WILLIELMUS CREICHTOUN filius naturalis et *hæres talliæ* Roberti Domini Creichtoun de Sanquhar, *patris*,—in 20 libratis terrarum de Kirkpatrik-Irnegray *alias* Cluders, cum advocatione ecclesiæ earundem ; cum aliis terris in Dumfries, Haddington, Perth, et Forfar, unitis in dominium de Sanquhar.—A. E. 200l. N. E. 800l.—(Vide Dumfries, Haddington, Perth, Forfar.)   vii. 145.

(145)   Aug. 24. 1619.

ROBERTUS M'CLELLANE de Nuntoun, *hæres* Jacobi M'Clellane de Auchinhay tutoris de Nuntoun, *patrui*,—in 6 mercatis terrarum de Auchinhay antiqui extentus, in parochia de Borg.—A. E. 6m. N. E. 18m.   viii. 120.

(146)   Mar. 2. 1620.

JACOBUS CHALMER de Gaitgirth, *hæres* Jacobi Chalmer de Gaitgirth, *avi*,—in terris de Fynteilltallache, extendentibus ad 26¼ mercatas terrarum antiqui extentus.—A. E. 17l. 13s. 4d. N. E. 79½m.   viii. 244.

(147)   Maii 30. 1620.

WILLIELMUS GLENDONYNG de Laggan, *hæres conquestus* Jacobi Glendonying de Mochrum filii quondam Joannis Glendonyng de Drumrasch, *fratris*,—in 4 mercatis terrarum de Mochrum antiqui extentus infra dominium de Partoun :—A. E. 4m. N. E. 12m.—crofta vocata the Hoddum croft extendente ad 40 denariatas terrarum, infra dominium de Partoun.—A. E. 40d. N. E. 10s.   vii. 249.

(148)   Jun. 1. 1620.

THOMAS GORDOUN de Crogo, *hæres* Jonetæ Gordoun unius duarum hæredum portionariarum Rogeri Gordoun, *matris*,—in dimidietate 5 mercatarum terrarum antiqui extentus de Crogo, extendente ad 33 solidatas 4 denariatas terrarum infra parochiam de Balmaclelland :—A. E. 33s. 4d. N. E. 5l.—dimidietate 2½ mercatarum terrarum ejusdem extentus de Holme de Dalquharne, extendente ad 16 solidatas 8 denariatas terrarum, infra parochiam de Dalry.—A. E. 16s. 8d. N. E. 50s.   vii. 245.

(149)   Jun. 1. 1620.

THOMAS GORDOUN de Crago, *hæres* Jacobi Gordoun de Crago, *patris*,—in dimidietate 5 mercatarum terrarum antiqui extentus de Crago extendente ad 33 solidatas 4 denariatas terrarum, infra parochiam de Balmaclellane :—A. E. 33s. 4d. N. E. 5l.—dimidietate 2½ mercatarum terrarum ejusdem extentus de Holme de Dalquharne, extendente ad 16 solidatas 8 denariatas terrarum, infra parochiam de Dalry.—A. E. 16s. 8d. N. E. 50s.   vii. 246.

(150)   Feb. 15. 1621.

THOMAS HUTTOUN notarius, *hæres* Jeannæ Greir, *matris*,—in 2 mercatis terrarum de Mydkermanoche antiqui extentus, in parochia de Kellis.—A. E. 2m. N. E. 6m.   vii. 301.

(151)   Mar. 28. 1621.

MAGISTER RICARDUS MURRAY de Cokpuill, *hæres masculus* Domini Jacobi Murray de Cokpuill militis, *fratris germani*,—in terris de Laik :—A. E. 20l. N. E. 60l.—terris de Arbigland:—A. E. 10l. N. E. 30l.—cum aliis terris in senescallatu Vallis Annandiæ, unitis in baroniam de Cokpuill.—(Vide Dumfries.)   viii. 146.

(152)   Oct. 25. 1621.

ROBERTUS MAXWELL, *hæres* Roberti Maxwell vocati de Conhaithe, burgensis de Drumfries, *patris*,—in annuo redditu 40l. de 4 mercatis 6 solidatis 8 denariatis terrarum de Lochill antiqui extentus, in parochia de Lochinnedeloche.   viii. 120.

(153)   Oct. 25. 1621.

THOMAS LIDDERDAILL de Sanct Maryile, *hæres* Jacobi Lidderdaill de Ile, *patris*,—in 5 libratis terrarum antiqui extentus vocatis the Meikill-galtnay.—E. 5l. 3s. 4d.   x. 179.

(154)   Maii 16. 1622.

JOANNES PRINGILL de Bardarroche, *hæres* Davidis Pringill de Bardarroche, *patris*,—in 2½ mercatis terrarum de Bardarroch antiqui extentus ;—5 mercatis terrarum de Glengapinoche ;—5 mercatis terrarum ex 20 mercatis terrarum de Newtoun de Cardineiss antiqui extentus, in baronia de Cardineiss, et parochia de Annueth.—A. E. 8l. 6s. 8d. N. E. 25l.   viii. 43.

(155)   Maii 16. 1622.

JOANNES HERES de Mabie, *hæres* Ricardi Heres de Mabie, *patris*,—in 4 libratis terrarum de Mekill et Litle Mabies ;—6 mercatis terrarum de Dullarg ;—20 solidatis terrarum de Craigbill ;—2 mercatis terrarum de Cruikis ;—20 solidatis terrarum de Dalshynnie ;—1 mercata terræ de Brydiesholme ;—16 solidatis 8 denariatis terrarum de Merquhrewin, extendentibus in integro ad 19 mercatas 3 solidatas 4 denariatas terrarum antiqui extentus, in parochia de Troqueer :—A. E. 19m. 3s. 4d. N. E. 38l. 10s.—40 solidatis terrarum de Auchinschein et Auchinskeoch antiqui extentus, in parochia de Colven :—A. E. 40s. N. E. 6l.—20 solidatis terrarum ecclesiasticarum vicariæ de Culven antiqui extentus, infra dictam parochiam de Culven.—E. 4l. viii. 55.

(156) Maii 22. 1623.
HELENA MAXWELL, hæres portionaria Davidis Maxwell in Treifgrange, patris,—in dimidietate mercatæ terrarum de Coitland antiqui extentus, infra parochiam de Kirkcudbrycht.—A. E. 6s. 8d. N. E. 20s. x. 61.

(157) Maii 22. 1623.
JONETA MAXWELL, hæres portionaria Davidis Maxwell in Treifgrange, patris,—in dimidietate terrarum prædictarum.—A. E. 6s. 8d. N. E. 20s. x. 61.

(158) Oct. 23. 1623.
ROBERTUS MURE, hæres Niniani Mure de Lagmullin, patris, —in 5 mercatis terrarum de Lagmulline alias vocatis Mylne-ile antiqui extentus, in parochia de Anueth :—A. E. 5m. N. E. 15m. —5 mercatis terrarum de Barharrow in parochia de Kirkanders, pro principali :—A. E. 5m. N. E. 15m.—8 mercatis terrarum de Mekill Dalbetie, comprehendentibus 4 mercatas terrarum de Mekill Dalbetie ;—20 solidatas terrarum de Auchnynniche ;—dimidiam mercatam terræ de Glenselche, et 2 mercatas terrarum de Chapeltoun, in warrantum terrarum de Barharrow :—A. E. 8m. N. E. 24m.—2 mercatis terrarum de Littill Rithorne in parochia de Ur, in warrantum terrarum de Barharrow :—A. E. 2m. N. E. 6m.— 20 solidatis terrarum de Over Creochis antiqui extentus, in parochia de Girtoun :—A. E. 20s. N. E. 3l.—mercata terræ de Dalmalin antiqui extentus :—A. E. 1m. N. E. 3m.—mercata terræ de Quhytcroftis antiqui extentus, infra dictam parochiam de Girtoun. —A. E. 1m. N. E. 3m. viii. 328.

(159) Feb. 12. 1624.
JACOBUS MUREHEID de Lachoipe, hæres Jacobi Mureheid de Lachoipe, patris,—in 10 libratis terrarum antiqui extentus de Balgreddane et Bulleis.—A. E. 10l. N. E. 30l.—(Vide Lanark, Edinburgh, Renfrew, Linlithgow.) viii. 262.

(160) Oct. 12. 1624.
DAVID CANNANE de Littilknox, hæres Alexandri Cannane in Crachlaw, fratris,—in terris de Slawigdau alias vocatis the Fell in Balmaclellane, in parochia de Balmaclellane.—E. 8l. 3s. 4d. viii. 327.

(161) Feb. 1. 1625.
MARGARETA HALYDAY, hæres portionaria Joannis Halyday in Glen, avi,—in 10 solidatis terrarum antiqui extentus terrarum de Drumruckalie, in parochia de Girthoun :—A. E. 10s. N. E. 30s.—25 solidatis terrarum ex 50 solidatis terrarum de 5 libratis terrarum de Ballannan antiqui extentus, in parochia de Tungland :—A. E. 25s. N. E. 3l. 15s.—1 mercata terrarum de Fauldbey antiqui extentus, in parochia de Kirkmabrek.—A. E. 1m. N. E. 3m.—1 mercata terrarum de Chapeltoun antiqui extentus :—A. E. 1m. N. E. 3m.—20 solidatis terrarum de Margwilliam antiqui extentus, in parochia de Kirkmabrek.—A. E. 20s. N. E. 3l. x. 157.

(162) Feb. 1. 1625.
MARGARETA alias MEGGIE HALIDAY, hæres portionaria Joannis Haliday in Glen, avi,—in terris prædictis. x. 158.

(163) Feb. 1. 1625.
AGNES HALIDAY, hæres portionaria Joannis Haliday in Glen, avi,—in terris prædictis. x. 158.

(164) Feb. 1. 1625.
JONETA HALIDAY, hæres portionaria Joannis Halliday in Glen, avi,—in terris prædictis. x. 159.

(165) Oct. 11. 1625.
JOANNES BROUN de Carsluith, hæres Joannis Broun de Carsluith, patris,—in 7 mercatis terrarum de Carsluith, cum molendino :—A. E. 7m. N. E. 21m.—3 mercatis terrarum de Strouance in parochia de Kirkdaill :—A. E. 3m. N. E. 9m.—36 solidatis 8 denariatis terrarum de Littil Culmen :—A. E. 36s. 8d. N. E. 5l. 10s.—3 mercatis terrarum de Mekill Furtheid :—A. E. 3m. N. E. 9m.—40 solidatis terrarum de Littill Furthheid in parochia de Ur. —A. E. 3m. N. E. 9m. ix. 28.

(166) Aug. 24. 1626.
EDWARDUS MORESONE, hæres Edwardi Moresone de Eding-

hame, avi,—in 20 solidatis 16 denariatis 5 libratarum terrarum de Edinghame antiqui extentus, infra parochiam de Ur.—A. E. 20s. 16d. N. E. 3l. 4s. ix. 166.

(167) Aug. 24. 1626.
EDWARDUS MORESONE, hæres Joannis Moresone de Edinghame, patris,—in 50 solidatis terrarum 5 libratarum terrarum de Mekill Tulloche, infra parochiam de Ur.—A. E. 50s. N. E. 7l. 10s. ix. 167.

(168) Oct. 18. 1627.
CUTHBERTUS BROUN de Land, hæres Joannis Broun senioris de Land, avi,—in 20 solidatis terrarum de Cullingath:—E. 3l. 16s. —molendino nuncupato Walkmylne de Newabay infra terras de Barbocht, in baronia de Lochkindeloch.—E. 28s. 4d. x. 97.

(169) Oct. 18. 1627.
ALEXANDER MAKDOWELL de Machirmoir, hæres Petri M'Dowell de Machirmoir, patris,—in terris de Mekill Cars :— A. E. 1m. N. E. 3m.—10 solidatis terrarum de Tonnotrie (Connotrie ?)—A. E. 10s. N. E. 30s.—8 solidatis terrarum de Kirruchtrie antiqui extentus, cum dimidietate salmonum piscariæ infra aquam de Crie, infra parochiam de Monygoiff :—A. E. 8s. N. E. 24s.— officio Coronatoris inter aquas de Die et Nith, infra senescallatum de Kirkcudbright :—A. E. 12d. N. E. 3s.—terris de Machirmoir; —terris de Carsnaw, Inschestaffic, Parkmaklurg, et Carsmaktaggart, extendentibus in integro ad 5 mercatas et 40 denariatas terrarum antiqui extentus, infra parochiam de Monygoffe :—A. E. 5m. 40d. N. E. 10l. 10s.—dimidietate mercatæ terræ de Lessence: —A. E. 6s. 8d. N. E. 20s.—dimidietate 6 solidatæ 8 denariatæ terræ de Carsmannoch :—A. E. 3s. 4d. N. E. 10s.—dimidietate 6 solidatarum 8 denariatarum terrarum de Blakcraig, et salmonum piscariæ de Kirruchtrie infra aquam de Crie, infra parochiam prædictam.—A. E. 3s. 4d. N. E. 10s. x. 366.

(170) Mar. 20. 1628.
JOANNES GORDOUN de Lochinwar, hæres Domini Roberti Gordoun de Lochinvar militis, patris,—in 19 mercatis terrarum de Kenmure et Laggen, cum molendino et piscariis earundem ;— 20 mercatis terrarum de Balmaclellane et Park, cum molendino et piscariis; unitis in baroniam de Kenmure, in parochiis de Balmaclellane et Kells respective :—A. E. 39m. N. E. 117m.—10 libratis terrarum de Tarskerechain (vel Torstrechane) et Dalbetie cum piscariis, in parochia de Ur :—A. E. 10l. N. E. 30l.—5 mercatis terrarum de Dunrod in parochia de Sannyk :—A. E. 5m. N. E. 10l. —34 mercatis terrarum de Glenskyerburne et Over Poltrie (vel Polcrie;)—3 mercatis terrarum de Pollintrie (vel Pollincrie,) infra parochiam de Anueth ;—4 mercatis terrarum de Ewinstoun, Blakcraig, Knoknone ;—6 mercatis terrarum de Hardlands et Munibwy in parochia de Balmaclellane :—A. E. 47m. N. E. 141m.— 5 mercatis terrarum de Bellingat ;—5 mercatis terrarum de Knockmarling et Darsallok ;—5 mercatis terrarum de Garlarg et Blakmark, extendentibus ad 10 libratas terrarum antiqui extentus vocatas Catbellie, in parochia de Kells ;—5 mercatis terrarum de Laggan ;—3 mercatis terrarum de Litle Knokbryde ;—20 solidatis terrarum de Clauchreid ;—2½ mercatis terrarum de Killigowne ;— 1 mercata terrarum de Mylnemark ;—1 mercata terrarum de Slaichtis ;—1 mercata terrarum de Meroquhir (vel Mercoquhir) in parochia de Anueth :—A. E. 20l. N. E. 60l.—terris de Kirkcanderis cum molendino, viz. Retray, Robeinstoun, Cumzentoune (vel Kinzentoun), Barloto (vel Barloco), Margrie, Knokbrex, et insula de Kircanderis, in dicta parochia de Anueth :— E. 21l.—terris et baronia de Erlstoun extendente ad 40 libratas terrarum antiqui extentus, cum molendino, piscariis et jure patronatus ecclesiæ parochialis vocatæ St. John's Kirk ;—8 solidatis terrarum de Craiggulane in parochia de Dalry, unitis in baroniam de Erlstoun :—A. E. 35l. 5s. 4d. N. E. 105l. 16s.— terris et baronia de Crocemichaell comprehendentibus 2½ mercatas terrarum de Fuffok alias Suffok ;—5 mercatis terrarum de Irnealmerie ;—5 mercatis terrarum de Auchindolie ;—5 mercatis terrarum de Largimen (Largnain?)—2½ mercatis terrarum de Irnefullan ;— 5 mercatis terrarum de Culgrais ;—5 mercatis terrarum de Craddill alias Troddaill ;—5 mercatis terrarum de Millance ;—5 mercatis terrarum de Hillingtoun ;—5 mercatis terrarum de Hairybrand ;—10 mercatis terrarum de Croftis ;—5 mercatis terrarum de Glengopok ;—terris et terris dominicalibus lie Maynes de Greinlaw, cum lie Kayne Pettis et Bwndaywarkis dictæ baroniæ de Crocemichaell ;—5 mercatis terrarum de Erinsbie ;—10 mercatis terrarum de Chapellane (vel Chapelerne) ;—2½ mercatis terrarum de Clairbrand :—E. 213l. 6s. 8d.—5 mercatis terrarum de Litill Dryburgh ;—5 mercatis terrarum de Drumjarg ;—5 mercatis terrarum de Irnefillane ;—5 mercatis terrarum de Ernecraig ;— 5 mercatis terrarum de Blairinnie ;—5 mercatis terrarum de Meikill Dryburgh ;—5 mercatis terrarum de Chepmantoun ;—5 mercatis terrarum de Blakerne ;—5 mercatis terrarum de Armynnie ;— 5 mercatis terrarum de Kilnotrie ;—molendino granario de Crocemichaell ;—5 mercatis terrarum de Garrontoun ;—2½ mercatis ter-

C

rarum de Blakpark, cum jure patronatus ecclesiæ de Crocemichaell: —A. E. 57m. 6s. 8d. N. E. 172m. 6s. 8d.—decimis garbalibus aliisque decimis ecclesiæ parochialis et parochiæ de Kirkmabrek: —E. 20l.—omnibus unitis in baroniam de Crocemichaell:—terris de Amurfad (vel Aminfad,) Cuill, Blaires et Craig, extendentibus ad 10½ mercatas et 40 denariatas terrarum antiqui extentus;—7 mercatis terrarum de Balquassie;—4 mercatis terrarum de Burnes;—36 solidatis 8 denariatis terrarum de Spittell;—30 solidatis terrarum de Cullindache antiqui extentus:—E. 49l. 8d.—26 solidatis 8 denariatis terrarum de Culcrainzie et Garhorne, vulgo nuncupatis Kilchronchie et Garquhill;—4 mercatis terrarum de Lochinkit antiqui extentus:—E. 12m. 10s.—terris de Litlehals: —E. 43s. 4d.—terris de Glenquickin et Dargarvell extendentibus ad 2½ mercatas terrarum antiqui extentus, infra baroniam de Ferrie de Crie:—E. 3l. 12s. 8d.—terris et baronia de Gelstoun comprehendente 3 mercatas terrarum de Glenzarrok;—20 solidatas terrarum de Litle Quhythill;—20 solidatas terrarum de Potterland;—3 mercatas terrarum de Kirkmurrine et Glen;—4 mercatas terrarum de Meikle Quhythill et Gildowbank;—20 solidatas terrarum de Newlandis;—7½ mercatas terrarum de Arealand (vel Arenland;)—12 mercatas terrarum de Inglistoun;—molendinum de Gelstoun;—8 mercatas terrarum de Bordland, infra parochiam de Gelstoun.—A. E. 42m. N. E. 84l.—(Vide Roxburgh, Dumfries.) x. 49.

(171) Mar. 20. 1628.
GEORGIUS GORDOUN de Kirkdaill, *hæres provisionis* Rogeri Gordoun de Quhytpark, *fratris germani*,—in 5 mercatis terrarum ex 20 mercatis terrarum de Newtoun de Cardins antiqui extentus, in baronia de Cardines et parochia de Anwoth.—A. E. 5m. N. E. 10l. xi. 167.

(172) Maii 1. 1628.
JACOBUS LINDSAY de Auchinskeoch, *hæres* Joannis Lindsay de Auchinskeoch, *patris*,—in terris de Clonzeard, Auchinskeoch, Auchinhay, Auchinlosche, et Glenstokkane, infra parochias de Suithwik et Culwen respective.—E. 15l. 4s. x. 64.

(173) Maii 29. 1628.
PATRICIUS MAKKIE, *hæres* Alexandri Makkie de Stranord, *fratris germani*,—in 1 mercata terrarum antiqui extentus de Stranord, et 5 solidatis terrarum antiqui extentus de Tonnergie, extendentibus ad 18 solidatas 4 denariatas terrarum, infra parochiam de Monygoff.—A. E. 18s. 4d. N. E. 55s. x. 325.

(174) Oct. 7. 1628.
JOANNES MAXWELL de Gribtoun, *hæres* Domini Willielmi Maxuell de Gribtoun militis, *patris*,—in 40 solidatis terrarum de Over Inglistoun, in parochia de Lochkindeloch *alias* Newabay.—E. 43s. 4d. x. 119.

(175) Oct. 23. 1628.
ALEXANDER GORDOUN de Erlestoun, *hæres* Joannis Gordoun de Erlestoun, *patris*,—in 1 mercata terræ de Erlistoun;—1 mercata terræ de Mylntoun;—1 mercata terræ de Ardoch;—dimidia mercata terræ de Over Barley;—dimidia mercata terræ de Blaquharne;—1 mercata terræ de Knokgry, et 2½ mercatis terrarum de Marbrok, cum molendino de Erlestoun, in dominio de Erlestoun et parochia de Dalry:—A. E. 7m. 6s. 8d. N. E. 22m. 6s. 8d.—dimidietate terrarum de Quhytpark:—E. 8l. 3s. 4d.—terris de Airdis, Over, Middill, et Nather, in dominio Gallovidiæ subtus Crie:—E. 20l. 3s. 4d. &c.—40 solidatis terrarum antiqui extentus de Monydow;—40 solidatis terrarum ejusdem extentus de Barmoffatte, in baronia de Kirkpatrik-Durhame.—E. 11l. x. 159.

(176) Apr. 21. 1629.
DOMINUS ROBERTUS GREIRSOUN de Lag miles, *hæres* Domini Willielmi Greirsoun de Lag militis, *patris*,—in terris vocatis Betwix the Watteris, Dalskarth-holme, Reidbank, Ernemelloche, Machrewin, et Wodheid, extendentibus ad 11 mercatas terrarum antiqui extentus cum molendino, et superioritate 5 libratarum terrarum de Auchinfranko, et 5 libratarum terrarum de Barquhar;—terris de Daltalloch-holme, Corriezardloch, Brokloch, Drumjowane et Loukfurds, extendentibus ad 20 mercatas terrarum antiqui extentus; cum aliis terris in vicecomitatu de Dumfries, unitis in baroniam de Lag:—A. E. 145m. 6s. 8d. N. E. 338m. 6s. 8d.—19 mercatis terrarum de Bargaltoun, Larghiame, Dirremow, Culzean, Donnan, et Denfeddrome (vel Dynsedderom) antiqui extentus, infra parochiam de Balmaghie:—A. E. 19m. N. E. 57m.—10 libratis terrarum de Arbigland;—20 libratis terrarum de Laik:—A. E. 30l. N. E. 90l.—50 solidatis terrarum de Nethirlarg *alias* Larglanglie antiqui extentus, jacentibus in terris dimidietatis baroniæ de Ur, in regalitate de Terreglis et parochia de Ur.—A. E. 50s. N. E. 7l. 10s.—(Vide Dumfries.) x. 143.

(177) Jun. 30. 1629.
JOANNES CHARTERIS de Suffok, *hæres* Joannis Chartoris de Suffok, *patris*,—in 16 solidatis terrarum de Finneniche antiqui extentus, in parochia de Balmagie.—E. 20l. et 12d. in augmentationem. x. 263.

(178) Oct. 22. 1629.
ALEXANDER M'DOWELL, *hæres* Petri M'Dowell de Machirmoir, *patris*,—in 16 solidatis terrarum de Bargalie, et 8 solidatis terrarum de Blairquhoyes (vel Barquhoyes) antiqui extentus, in parochia de Monygoff.—A. E. 24s. N. E. 100m. xi. 160.

(179) Dec. 9. 1629.
JOANNES HAIRSTANIS senior burgensis de Drumfreis, *hæres* Mathei Hairstanis de Craigis, *fratris*,—in 10 mercatis terrarum antiqui extentus de Grange in parochia de Ur.—A. E. 10m. N. E. 30m.—(Vide Dumfries.) xi. 95.

(180) Feb. 2. 1630.
JOANNES GORDOUN de Lochinvar, *hæres* Domini Roberti Gordoun de Lochinvar militis, *patris*,—in terris et baronia de Larg, comprehendente 40 solidatas terrarum de Culgow;—40 solidatas terrarum de Litil Park;—20 solidatas terrarum de Glenairme;—30 solidatas terrarum de Bartachlaw (Barbachlaw?)—30 solidatas terrarum de Drumnaucht et Glengarrane;—10 solidatas terrarum de Tarquinnok;—10 solidatas terrarum de Craignyne;—15 solidatas terrarum de Craignell;—15 solidatas terrarum de Powreckboye, Laggane, et Brokloche, et mercata terræ de Kereedrachat;—burgo baroniæ de Moniegoff cum foris et hepdomadalibus macellis;—fortalicio de Larg in parochia de Monygoffe.—A. E. 11l. 3s. 8d. N. E. 33l. 10s. xi. 105.

(181) Feb. 2. 1630.
JOANNES GORDOUN de Lochinvar, *hæres* Domini Joannis Gordoun de Lochinvar militis, *avi*,—in terris de Gordounstoun extendentibus ad dimidietatem de Glenken vocatam Kennyheid, Acked Nether, (Aikheid, Monteir,) Knokneman, Stromekawane, et Hottorduscane, cum molendino granorum de Bannahard;—lacu et capitali messuagio de Lochinvar, in baronia de Grennan per annexationem.—A. E. 24l. 13s. 4d. N. E. 74l. xi. 106.

(182) Mar. 10. 1630.
JOANNES M'GHIE de Balmaghie, *hæres* Roberti M'Ghie de Balmaghie, *patris*,—in 4 mercatis terrarum de Litill Airdes;—2½ mercatis terræ de Dornell;—20 solidatis terrarum de Fineneisch;—22 solidatis terrarum de Argannoche;—22 solidatis terrarum de Tuncanespeik antiqui extentus;—16 solidatis terrarum de Bellimak in parochia de Balmaghie;—10 libratis terrarum de Edinghame et Culloch antiqui extentus, in parochia de Ur;—40 solidatis terrarum de Killernie extentus antedicti, in parochia de Anuath, cum jure patronatus ecclesiæ parochialis de Balmaghie, unitis in baroniam de Lewingstoun.—A. E. 20l. 6s. 8d. N. E. 61l. xi. 44.

(183) Apr. 8. 1630.
JOHANNES MULLIGANE polentarius burgensis de Drumfreis, *hæres* Johannis Mulligane polentarii burgensis dicti burgi, *patrui*,—in dimidia parte annui redditus 10l. de 10 acris terrarum nuncupatis lie ten aikars de terris de Curstaines, in regalitate de Lyncluden et parochia de Troqueir. xi. 212.

(184) Jun. 1. 1630.
DOMINUS RICARDUS MURRAY de Cokpuil miles baronettus, *hæres masculus* Domini Jacobi Murray de Cokpuill militis, *fratris*,—in terris ecclesiasticis de Kirkbaine, viz. terris et villa de Kirkbaine extendentibus ad 16 bovatas terrarum:—E. 20l.—decimis dictæ villæ et terrarum de Kirkbaine:—E. 12 *bollæ farinæ avenaticæ*:—3 croftis terræ subscriptis, viz. crofta vocata Powsyd: —E. 32s.—decimis dictæ croftæ:—E. 3 *firlotæ farinæ avenaticæ*:—crofta vocata Gaitsyd:—E. 20s.—decimis dictæ croftæ:—E. 1 *bolla farinæ avenaticæ*:—crofta vocata Frater'scroft:—E. 8s.—decimis dictæ croftæ:—E. 1 *firlota farinæ avenaticæ*:—domo prope ecclesiam de Kirkbaine vocata Neuhous, et pecia terræ arabilis vocata Pensioun croft:—E. 6s.—decimis ejusdem croftæ:—E. 2 *peccæ farinæ avenaticæ*:—decimis parvis terrarum et croftarum antedictarum.—E. 26s. 8d. &c. xi. 36.

(185) Jul. 29. 1630.
ROBERTUS NEILSOUN de Corsok, *hæres* Joannis Neilsoun de Corsok, *patris*,—in 3 mercatis terrarum antiqui extentus de Litill Corsok;—1 mercata terræ de Marnhowle;—1 mercata terræ de Blakmerk (vel Blaknek;)—11 solidatis 8 denariatis terrarum de Dervie (vel Arvie;)—molendino et manerie de Corsok, infra parochiam de Partoun:—A. E. 3l. 18s. 4d. N. E. 11l. 15s.—2 mercatis terrarum de Larglache antiqui extentus, infra parochiam de Kirkpatrik-Durhame:—E. 4l. &c.—15 solidatis terrarum de Auchinvey ejusdem extentus, in parochia de Partoun:—E. 3l. &c.—

annuo redditu 6 bollarum farinæ avenaticæ, et 3 mensurarum lie firlots of beir de 40 solidatis terrarum de Foünnoche antiqui extentus, in parochia de Partoun;—annuo redditu 20m. de terris de Founnoche;—annuo redditu 2 bollarum farinæ avenaticæ de 3 mercatis terrarum de Crathie antiqui extentus, in parochia de Partoun. xi. 126.

(186) Nov. 9. 1630.
EDWARDUS MORISOUN, *hæres* Roberti Morisoun de Arnegannoch, *patris*,—in 22 solidatis terrarum de Arneganoche antiqui extentus, in parochia de Balmeghie.—A. E. 22*s*. N. E. 3*l*. 6*s*. xi. 251.

(187) Feb. 24. 1631.
JOANNES GORDOUN de Ovir Barskeoche, *hæres* Alexandri Gordoun de Over Barskeoche, *patris*,—in terris de Over Barskeoche et Drumbuy antiqui extentus, in parochia de Kellis et dominio Galvidiæ:—E. 10*l*. 13*s*. 4*d*.—3 mercatis terrarum de Auchlaue extentus prædicti, in parochia de Kirkcormok.—A. E. 40*s*. N. E. 6*l*. xi. 217.

(188) Apr. 19. 1631.
ALEXANDER STEWART, *hæres* Petri Stewart in Caldenis, *avi*,—in 8 solidatis terrarum de Dallasche-cairnes antiqui extentus, in parochia de Monygolfe.—A. E. 8*s*. N. E. 24*s*. xi. 213.

(189) Oct. 13. 1631.
JACOBUS GORDOUN de Marcartney, *hæres masculus* Jacobi Gordon de Marcartney, *avi*,—in 2 mercatis 11 solidatis et 8 denariatis terrarum de Over Marcairtney antiqui extentus, in parochia de Kirkpatrick-Durrame.—E. 3*l*. 16*s*. 8*d*. xii. 56.

(190) Nov. 8. 1631.
DOMINUS JOANNES MAXWELL de Conhaithe miles, *hæres masculus* Joannis Maxwell de Conhaithe, *patris*,—in 1 mercata terræ vocata Clauchane *alias* Clauchanemerk, in villa de Dalry et infra dominium de Earlestoun:—E. 16*s*.—molendino de Erlestoun.—E. 40*s*. xiii. 22.

(191) Dec. 13. 1631.
MAGISTER GEORGIUS ASLOANE de Garroche, *hæres* Joannis Asloane de Garroche, *fratris*,—in 3½ mercatis terrarum de Auchingray antiqui extentus, in parochia de Lochkindeloche.—E. 7*l*. xiii. 31.

(192) Dec. 13. 1631.
MAGISTER GEORGIUS ASLOANE de Garreoche, *hæres* Joannis Asloane de Garreoche, *patris*,—in 5 libratis terrarum de Garroche antiqui extentus, in parochia de Troqueir.—A. E. 5*l*. N. E. 15*l*. xiii. 118.

(193) Jul. 17. 1632.
GULIELMUS NEILSOUN de Meisfeild, *hæres* Gilberti Neilsone de Meisfeild, *patris*,—in terris de Meisfield antiqui extentus, in dominio Galuidiæ et parochia de Twyname.—E. 4*l*. 17*s*. xi. 274.

(194) Sep. 25. 1632.
JACOBUS M'LELLANE, *hæres* Gulielmi M'Clellane de Barskoig, *fratris*,—in dimidietate mercatæ terrarum de Marskaig antiqui extentus, in parochia de Dalry.—A. E. 6*s*. 8*d*. N. E. 20*s*. xiii. 63.

(195) Oct. 9. 1632.
JOANNES GORDOUN de Troquhane, *hæres* Joannis Gordoun de Troquhane, *avi*,—in 3 mercatis terrarum de Troquhane;—1 mercata terræ de Craig;—1 mercata terræ de Barmorrowe;—3 mercatis terrarum de Blarennie antiqui extentus, in parochia de Balmaclellane:—A. E. 5*l*. 6*s*. 8*d*. N. E. 16*l*.—Terris de Bartaggart extentus prædicti, in dominio Galvidiæ subtus Crie et parochia prædicta;—dimidia mercata terræ de Altaquhyt, parte 30 solidatarum terrarum de Arnelosche extentus prædicti;—5½ mercatis terrarum de Irnlantoun extentus prædicti, in parochia de Tuyname:—A. E. 6*l*. 13*s*. 4*d*. N. E. 20*l*.—5 libratis terrarum de Barkaple extentus prædicti, in parochia de Toungland.—E. 7*l*. 10*s*. &c. xiii. 27.

(196) Oct. 16. 1632.
DAVID RAMSAY de Balmane, *hæres masculus* Davidis Ramsay de Balmane, *patris*,—in dimidietate terrarum de Kirkcanders antiqui extentus, in parochia de Kirkcanders et dominio de Galloway.—E. 21*l*. et 20*s*. in augmentationem. xiii. 33.

(197) Oct. 23. 1632.
JONETA M'GHIE, *hæres portionaria* Gulielmi M'Ghie burgensis de Kirkcudbright, *patris*,—in 16 solidatis 8 denariatis terrarum 10 mercatarum terrarum de Mekill Kirkland antiqui extentus, in baronia de Dunrod et parochia de Kirkcudbright:—E. 47*s*. 11*d*.—crofta vocata Chappelcroft cum stallang ejusdem, et pastura 5 lie Soumes gras in communia de Mekill Kirkland jacente ut supra:—E. 16*s*.—terris ecclesiasticis de Kirkcryst in parochia de Kirkcryst.—A. E. 20*d*. N. E. 5*s*. xiii. 101.

(198) Oct. 23. 1632.
GRISSILIS M'GHIE, *hæres portionaria* Gulielmi M'Ghie burgensis de Kirkcudbright, *patris*,—in 16 solidatis 8 denariatis 10 libratarum terrarum de Mekill Kirkland antiqui extentus, in baronia de Dunrod et parochia de Kirkcudbryght:—E. 47*s*. 11*d*.—crofta terræ vocata Chappellcroft cum lie Stallang ejusdem, et pastura 5 lie Soumes gras in communia de Mekill Kirkland, jacente ut supra:—E. 16*s*.—terris ecclesiasticis de Kirkcryst in parochia de Kirkcryst.—A. E. 20*d*. N. E. 5*s*. xiii. 106.

(199) Oct. 30. 1632.
JOANNES HERREIS de Mabie, *hæres* Joannis Herreis de Mabie, *patris*,—in 4 libratis terrarum de Meikill et Littill Mabies;—6 mercatis terrarum de Dullarge;—20 solidatis terrarum de Craigbill;—2 mercatis terrarum de Cruikes;—20 solidatis terrarum de Dalschynnie;—1 mercata terræ de Brydisholme, et 16 solidatis 8 denariatis terrarum de Marquhrewme, extendentibus in integro ad 19 mercatas 3 solidatas 4 denariatas terrarum antiqui extentus, in parochia de Troqueir:—A. E. 12*l*. 6*s*. 4*d*. N. E. 38*l*. 10*s*.—40 solidatis terrarum de Auchinschene et Auchinskeoche extentus prædicti, in parochia de Culven:—A. E. 40*s*. N. E. 6*l*.—20 solidatis terrarum ecclesiasticarum vicariæ de Culven extentus prædicti, in dicta parochia de Culven:—E. 4*l*.—50 solidatis terrarum de Larglanlie extentus prædicti, in dimidia baronia de Ure et parochia ejusdem:—A. E. 50*s*. N. E. 7*l*. 10*s*.—5 libratis terrarum de Auchinfrauder (vel Auchinfranko) extentus prædicti cum molendino, in parochia de Lochrutton:—E. 5*l*.—1 mercata terræ de Ruchmerkland extentus prædicti, in dicta parochia de Lochruttoun.—E. 40*s*. xiii. 77.

(200) Maii 14. 1633.
JACOBUS MYLLIGHAME de Blakmyre, *hæres* Jacobi Mylligthame de Blakmyre, *patris*,—in 5 mercatis terrarum de Craigok, et 2½ mercatis terrarum de Holme de Dalquhairne antiqui extentus, in parochiis de Balmaclellane et Dalry respective.—A. E. 5*l*. N. E. 15*l*. xiii. 92.

(201) Aug. 8. 1633.
JOANNES GORDOUN de Barskeoche, *hæres* Georgii Gordoun de Barskeoche, *patris*,—in terris de Stranfaskin;—terris de Largemoir;—terris de Knokscheine;—terris de Midle et Nethir Barskeoches, cum piscatione in aqua de Ken:—E. 25*l*.—3 mercatis terrarum de Strangassill, viz. 1 mercata terræ de Strangassil et Crocefad;—1 mercata terræ nuncupata Midmark;—dimidietate mercatæ terræ vocatæ Cassinbrok *alias* Croce-William, et dimidietate mercatæ terræ de Haw antiqui extentus, in parochia de Kellis:—A. E. 40*s*. N. E. 6*l*.—4 mercatis terrarum de Glenarme antiqui extentus, in parochia de Or.—A. E. 53*s*. 4*d*. N. E. 8*l*.—(Vide Wigton.) xiii. 104.

(202) Oct. 10. 1633.
EDWARDUS MAXWELL de Drumcolterane, *hæres* Gulielmi Cairnes de Orchartoun, *avi materni*,—in 2 mercatis terrarum antiqui extentus de Glenure nuncupatis Bargalie, in parochia de Monygolfe.—A. E. 26*s*. 8*d*. N. E. 6*m*. xiv. 110.

(203) Oct. 29. 1633.
JACOBUS GORDOUN, *hæres* Alexandri Gordoune in Lochanes, *patris*,—in 20 solidatis 5 libratarum terrarum de Knok-Overgaltnay antiqui extentus, in dominio de Torphichen et parochia de Galtnay.—A. E. 20*s*. N. E. 3*l*. xiv. 73.

(204) Oct. 29. 1633.
PATRICIUS HERROUN de Kirrewchtrie, *hæres* Joannis Herroun de Kirrewchtrie, *avi*,—in 8 solidatis terrarum de Kirreuchtrie antiqui extentus, in parochia de Monygaff.—A. E. 8*s*. N. E. 24*s*. xiv. 78.

(205) Jan. 21. 1634.
JACOBUS GORDOUN de Marcartney, *hæres* Jacobi Gordoun de Marcartney, *avi*,—in 5 mercatis terrarum de Glengappok antiqui extentus, in parochia de Crocemichael et baronia ejusdem.—E. 3*l*. 6*s*. 8*d*. &c. xii. 188.

(206) Jul. 29. 1634.
ROBERTUS MAXWELL, *hæres* Edwardi Maxwell de Bracoche, *patris*,—in 10 mercatis terrarum antiqui extentus de Bracoche infra parochiam de Butle.—E. 13*l*. 6*s*. 8*d*. xiv. 59.

(207) Jul. 29. 1634.
ALEXANDER GORDOUN de Earlestoun, *hæres* Elizabethæ Gordoun unius hæredum portionariarum Joannis Gordoun de Blaiket, *aviæ*,—in duodecima parte 14 mercatarum terrarum de

Blaiket et Lag, cum duodecima parte molendini de Blaiket antiqui extentus, in parochiis de Ure et Girtoun respective.—A. E. 15*s.* 6*d. et tertia parte* 2*d.* N. E. 46*s.* 8*d.* xiv. 93.

(208) Jul. 29. 1634.
ALEXANDER HALLYDAY, *hæres masculus* Davidis Hallyday in Grobdaill, *patris*,—in 2½ mercatis terrarum de Grobdaill, et 16 solidatis 8 denariatis terrarum de Tormallane antiqui extentus, in parochia de Balmaghie.—A. E. 50*s.* N. E. 7*l.* 10*s.* xiv. 110.

(209) Aug. 26. 1634.
ROGERUS M'NAUCHT de Killquhannatie, *hæres masculus* Joannis M'Naucht de Killquhannatie, *patris*,—in 10 mercatis terrarum de Killquhannatie antiqui extentus, in parochia de Kirkpatrick-Durhame.—A. E. 6*l.* 13*s.* 4*d.* N. E. 20*l.* xiii. 229.

(210) Mar. 17. 1635.
JOANNES VICECOMES DE KENMUIRE, Dominus de Lochinvar, *hæres* Joannis Vicecomitis de Kenmuire, Domini de Lochinvar, *patris*,—in 19 mercatis terrarum de Kenmure et Lagane, cum molendinis et piscationibus earundem;—20 mercatis terrarum de Balmaclelland et Park, cum molendinis et piscationibus earundem, unitis in baroniam de Kenmuire, in parochiis de Balmaclelland et Kellis respective:—A. E. 39*m.* N. E. 117*m.*—10 libratis terrarum de Torskraichane et Dalbetie, cum molendinis et piscationibus, in parochia de Ur:—A. E. 10*l.* N. E. 30*l.*—34 mercatis terrarum de Glenskyreburne et Over Polcrie cum molendinis et piscationibus;—3 mercatis terrarum de Pollincrie in parochia de Anuath;—4 mercatis terrarum de Ewinstoun, Blakcraig, et Knoknone;—6 mercatis terrarum de Hardlandis et Moniebuy, in parochia de Balmaclelland:—A. E. 47*m.* N. E. 141*m.*—5 mercatis terrarum de Bellingait;—5 mercatis terrarum de Knoknarling (vel Knokmarling) et Darselloche;—5 mercatis terrarum de Garlarg et Blakmark, extendentibus ad 10 libratas terrarum antiqui extentus vocatis Catbellie, in parochia de Kellis, cum molendinis et piscationibus;—5 mercatis terrarum de Laggane;—3 mercatis terrarum de Litle Kirkbryd;—20 solidatis terrarum de Clauchreid;—2½ mercatis terrarum de Killigoune;—1 mercata terræ de Milmark;—1 mercata terræ de Slaithes (vel Slaichtis;)—1 mercata terræ de Marchohar in parochia de Annuath:—A. E. 20*l.* N. E. 60*l.*—terris et baronia de Erlstoun extendente ad 40 mercatas terrarum antiqui extentus, cum molendinis et piscationibus, advocatione ecclesiæ parochialis vocatæ St. Johne's Kirk de Dalry, in parochia de Dalry, omnibus unitis in baroniam de Erlstoun:—A. E. 32*m.* 12*s.* N. E. 98*m.* 9*s.* 4*d.*—terris et baronia de Gelstoun, viz. 3 mercatis terrarum de Glenzarrok;—20 solidatis terrarum de Litle Quhythill;—20 solidatis terrarum de Potterland;—3 mercatis terrarum de Kirkmurine et Glen;—4 mercatis terrarum de Mekill Quhythill et Galdowbank;—20 solidatis terrarum de Newlandis;—7½ mercatis terrarum de Arieland;—12 mercatis terrarum de Inglestoun;—molendino de Gelstoun;—8 mercatis terrarum de Bairdland cum piscationibus, in parochia de Gelstaines (Gelstoun?)—A. E. 42*m.* N. E. 126*m.*—terris et baronia de Corsmichaell subtus mentionatis, viz. 2½ mercatis terrarum de Fuffok *alias* Suffok;—5 mercatis terrarum de Irnealmerie;—5 mercatis terrarum de Auchindolie;—5 mercatis terrarum de Largmen (Largnain;)—2½ mercatis terrarum de Irnfillane;—5 mercatis terrarum de Culgruff;—5 mercatis terrarum de Tradill *alias* Treddill;—5 mercatis terrarum de Mollance;—5 mercatis terrarum de Hillintoun;—5 mercatis terrarum de Harybraund;—10 mercatis terrarum de Croftis;—5 mercatis terrarum de Glengappok;—terris dominicalibus lie Maynis de Greinlaw, cum lie Kayne peitts et bundayworks baroniæ de Crocemichaell;—5 mercatis terrarum de Irnemsbie;—10 mercatis terrarum de Chapelerne;—2½ mercatis terrarum de Clairbraund, cum advocatione ecclesiæ parochialis de Corsmichaell:—E. 213*l.* 6*s.* 8*d.*—5 mercatis terrarum de Litle Drybrughe;—5 mercatis terrarum de Drumjarg;—5 mercatis terrarum de Irnefillane;—5 mercatis terrarum de Irnecraig;—5 mercatis terrarum de Blairennie;—5 mercatis terrarum de Mekill Dryburghe;—5 mercatis terrarum de Chapmantoun;—5 mercatis terrarum de Blakerne;—5 mercatis terrarum de Arnminnie;—5 mercatis terrarum de Kilnottrie;—molendino granario de Corsmichaell;—5 mercatis terrarum de Gerrentoun;—2½ mercatis terrarum de Blakpark, cum advocatione ecclesiæ de Corsmichaell:—A. E. 57*m.* 6*s.* 8*d.* N. E. 172*m.* 6*s.* 8*d.*—decimis garbalibus, &c. ecclesiæ parochialis et parochiæ de Kirkmabrek:—E. 20*l.*—unitis in baroniam de Corsmichaell;—6 mercatis terrarum de Culreache et Grobtail, in parochia de Girtoun:—A. E. 4*l.* N. E. 12*l.*—10 mercatis terrarum de Lochfergus;—5 mercatis terrarum de Brokloch;—5 libratis terrarum de Blakstokartoun;—3 mercatis terrarum de Litle Stokartoun;—10 mercatis terrarum de Mekill Sypland;—5 mercatis terrarum de Litle Sypland;—15 mercatis terrarum de Bombie, cum molendino granario ejusdem;—10 mercatis terrarum de Balgreddane;—10 mercatis terrarum de Auchinflour;—mansionis loco de Kirkcudbrycht;—Newmylne de Kirkcudbrycht, in parochia de Kirkcudbrycht;—8 mercatis terrarum de Chappeltoun, in parochia de Kirkcanders;—12 mercatis terrarum de Laichborg;—3 mercatis terrarum de Blakcraig, infra parochiam de Borg;—5 mercatis terrarum de Cambletoun;—50 solidatis terrarum de Ovir Maynis;—1 mercata terrarum de Mark;—6 mercatis terrarum de Glengepe;—2½ mercatis terrarum de Fuffok;—5 libratis terrarum de Kempletone et molendino granario;—5 libratis terrarum de Over Campstane;—5 libratis terrarum de Nather Campstane, in parochia de Tuynem:—A. E. 139*m.* 40*d.* N. E. 417*m.* 10*s.*—10 libratis terrarum de Balmangane cum piscariis, infra parochiam de Sannik:—E. 40*l.* 13*s.* 4*d. feudifirmæ*:—terris et baronia de Larg, viz. 40 solidatis terrarum de Culgow;—40 solidatis terrarum de Litlepark;—20 solidatis terrarum de Glennamar;—40 solidatis terrarum de Drummauch et Glengerrane;—20 solidatis terrarum de Barrauchle;—10 solidatis terrarum de Torqunik;—10 solidatis terrarum de Craignyne;—15 solidatis terrarum de Pulbrebboy, Laggane, et Brokloche;—1 mercata terræ de Kirredraucht;—burgo baroniæ de Mongof, cum liberis foris et hebdomadalibus macellis, et fortalicio de Larg, in parochia de Monygoif:—A. E. 11*l.* 40*d.* N. E. 33*l.* 10*s.*—3 mercatis terrarum de Drumrasche antiqui extentus, cum advocatione ecclesiæ de Partone;—5 libratis terrarum de Trallallane *alias* Glenlawis, cum molendinis granorum et fullonum;—2 mercatis terrarum de Ervie;—1 mercata terræ de Barsell (vel Bardell;)—40 solidatis terrarum de Over Bordland et Barsell;—terris de Glengunzeok, et terris vocatis lie Tuentie schilling land, omnibus infra parochiam de Partoun:—A. E. 14*l.* N. E. 42*l.*—terris de Cuill, Corra (vel Turre,) Corbattane (vel Torbattane,) Dildauane, et Guffokland in baronia de Buittill:—E. 54*l.* 12*s.*—Fischear croft de Kirkcanderis et insula de Kirkcanderis, parte dimidietatis terrarum de Kirkcanderis, in parochia de Kirkcanderis, et dominio Galvidiæ:—E. 4*s.* 8*d.*—terris de Cleurie (vel Clanrie;)—terris de Laggane;—terris de Garverrie;—terris de Tullinach (vel Cullenach,) in dominio de Galloway subtus Crie, cum parte liberæ forestæ de Buchan:—E. 24*l.* 6*s.*—terris de Muirfad, Cuill, Blairis, et Craig, extendentibus ad 10½ mercatas et 40 denariatas terrarum antiqui extentus;—7 mercatis terrarum de Barhassie;—4 mercatis terrarum de Burnes;—36 solidatis 8 denariatis terrarum de Spittell;—30 solidatis terrarum de Cullinache (vel Cullindache:)—E. 49*l.* 8*s.*—26 solidatis 8 denariatis terrarum de Culcrainzie et Garhorne, vulgo nuncupatis Culcronchie et Garquhir;—4 mercatis terrarum de Lochinkit:—E. 12*m.* 10*s.*—2 mercatis terrarum de Knarie et Bar antiqui extentus:—E. ....—terris de Litle Hals:—E. 43*s.* 4*d.*—terris de Glenquikin et Dargavall extendentibus ad 2½ mercatas terrarum antiqui extentus, infra baroniam de Ferrie de Crie.—E. 3*l.* 12*s.* 8*d.* xiv. 24.

(211) Maii 23. 1635.
JOANNES NEWALL, *hæres* Martini Newall de Barnbachell, *patris*,—in 100 solidatis terrarum de Barnbachell antiqui extentus, in parochia de Lochrutoun.—A. E. 100*s.* N. E. 15*l.* xv. 6.

(212) Feb. 25. 1636.
WILLIELMUS GRAHME, *hæres* Arthuri Grahme aliquando in Chapmantoun, *patris*,—in 5 mercatis terrarum 10 mercatarum terrarum de Croftis antiqui extentus, infra parochiam de Crocemichaell:—A. E. 5*m.* N. E. 15*m.*—10 solidatis terrarum 9 mercatarum terrarum de Blaiket antiqui extentus, cum undecima parte molendini, in parochia de Ur.—A. E. 10*s.* 11*d.* N. E. 32*s.* 9*d.* xvii. 108.

(213) Oct. 1. 1636.
ADAMUS STURGEONE, *hæres* Clementis Sturgeoun in Wraithes, *patris*,—in 6 rudis terrarum in lie Banks de Troquheir, in parochia ejusdem, et in baronia de Drumsleit:—E. 12*s.*—annuo redditu 40*l.* de 20 solidatis terrarum de Dalschynie antiqui extentus, in dominio de Mabie et parochia de Troqueir. xv. 88.

(214) Dec. 14. 1636.
JACOBUS RAMSAY de Torbaine, *hæres* Davidis Ramsay de Torbaine, *patris*,—in annuo redditu 417*m.* de 10 mercatis terrarum de Meikle Sypland et molendino granario de Bombie antiqui extentus, in parochia de Kirkcudbryght;—2½ mercatis terrarum de Nethir Reddick antiqui extentus, in parochia de Rerik, et baronia de Drimdennane: (Dundrennane?)—A. E. 33*s.* 4*d.* N. E. 5*l.*—6 mercatis terrarum de Bardrochewood antiqui extentus, cum molendinis et piscariis, in parochia de Monygalfe.—A. E. 4*l.* N. E. 12*l.*—(Vide Wigton, Haddington, Edinburgh.) xv. 175.

(215) Aug. 29. 1637.
JOANNES COMES DE ANNANDAILL, vicecomes de Annand, Dominus Murray de Lochmabene, *hæres masculus provisionis et talliæ* Domini Ricardi Murray de Cokpuill militis baronetti, *fratris*,—in terris de Laik:—A. E. 20*l.* N. E. 60*l.*—terris de Arbigland, unitis cum terris in Dumfries in baronia de Cokpuill.—A. E. 10*l.* N. E. 30*l.*—(Vide Dumfries.) xv. 148.

(216) Oct. 11. 1638.
JOANNES LOWRIE de Maxweltoun, *hæres* Stephani Lowrie, *patris*,—in terris de Reidcastell extendentibus ad 10 mercatas terrarum antiqui extentus, infra baroniam de Ur et regalitatem de Torreglis.—A. E. 10m. N. E. 30m. xiv. 210.

(217) Dec. 19. 1638.
JOANNES MAXWELL de Kirkconnell, *hæres* Harberti Maxwell de Kirkconnell, *patris*,—in terris de Kirkconnell cum piscariis salmonum super aqua de Nith, infra dominium de Galloway:—E. 40l. et 20s. *in augmentationem* :—20 solidatis terrarum de Aird vocatis Litill Aird, infra parochiam de Lochkindiloch :—E. 36s. 8d.—4 acris terrarum ecclesiasticarum vocatis Kirklandcroft, infra dominium de Kirkconnell, parte terrarum ecclesiasticarum de Troqueir.—E. 4s.—(Vide Dumfries.) xiv. 235.

(218) Maii 20. 1640.
JACOBUS COMES DE QUEEINSBERRIE, Vicecomes de Drumlanrig, Dominus Douglas de Hawick et Tibberis, *hæres* Willielmi Comitis de Queeinsberrie, &c. *patris*,—in 1 mercata terrarum antiqui extentus de Polwaddoch, infra baroniam de Grennane. —A. E. 13s. 4d. N. E. 40s.—(Vide Dumfries, Ayr, Lanerk.) xvi. 99.

(219) Sep. 10. 1640.
HUGO KENNEDY de Ardmillan, *hæres* Thomæ Kennedy de Ardmillan, *patris*,—in 10 mercatis terrarum de Knokreoch et Knoknaldein antiqui extentus.—A. E. 10m. N. E. 40m.—(Vide Ayr, Wigton.) xvi. 115.

(220) Mar. 30. 1641.
JACOBUS COMES DE ANNANDAILL, Vicecomes de Annand, Dominus Murray de Lochmaben, *hæres* Joannis Comitis de Annandaill, &c. *patris*;—in 5 mercatis terrarum de Meikle et Litill Clooks antiqui extentus;—mercata terræ nuncupata Cowyaird, cum pendiculis nuncupatis Irnecraig;—dimidietate terrarum lie Half lands de Carsok, extendente ad 2 mercatas terrarum antiqui extentus ;—3 mercatis terrarum de Drumstinchet ejusdem extentus, infra parochiam de Culven :—E. 16l.—6 mercatis terrarum de Crechan *alias* Caruchan, cum molendino de Tirachtie :—E. 4l.—4 mercatis terrarum de Nunholme, perprius unitis ad baroniam de Lochmaben :—E. 4m.—terris de Laik et molendino :—A. E. 20l. N. E. 60l.—terris de Arbigland cum molendino et advocatione ecclesiarum :—A. E. 10l. N. E. 30l.—unitis ad baroniam de Cokpoole.—(Vide Dumfries, Roxburgh, Fife.) xvi. 118.

(221) Dec. 28. 1641.
JOANNES M'KNAYCHT mercator burgensis de Edinburgh, *hæres talliæ et provisionis* Rogeri M'Knaycht de Kilquhanadie, *nepotis patrui*,—in 5 mercatis terrarum de Overtoun de Kilquhanadie, in parochia de Kirkpatrik-Durham.—A. E. 3l. 6s. 8d. N. E. 10l. xvi. 280.

(222) Maii 16. 1643.
JOANNES GREIR, *hæres* Gilberti Greir de Castelmadie, *fratris germani*,—in 5 mercatis terrarum de Castelmadie :—E. 5m. et 20s. in augmentationem :—20 solidatis terrarum de Woodheid et Largero (vel Largerie :)—A. E. 20s. N. E. 3l.—5 mercatis terrarum de Kerymonoch :—A. E. 5m. N. E. 15m.—2½ mercatis terrarum de Craiginbae :—E. 3l. 6s. 8d. et 11s. in augmentationem :—omnibus in parochia de Kellis. xvii. 185.

(223) Maii 16. 1643.
JACOBUS CANNANE de Killochie, *hæres* Jacobi Cannan de Killochie, *avi*,—in 32 solidatis terrarum antiqui extentus de Killochie ;—16 solidatis terrarum de Knokley antiqui extentus, in baronia de Balmaclellane.—A. E. 48s. N. E. 7l. 4s. xvii. 187.

(224) Aug. 10. 1643.
JACOBUS MAXWELL de Innerweik unus S. D. N. Regis cubiculi dormitorii, *hæres* Willielmi Maxwell de Kirkhous, *fratris*,—in 5 mercatis terrarum antiqui extentus de Crustainis vel Cruvestanes (Curriestanes) in baronia de Drumsleit :—E. 5l. 13s. 1½d.—5 libratis terrarum de Garroch antiqui extentus infra parochiam de Troqueir :—A. E. 5l. N. E. 15l.—terris de Reidbank extendentibus ad 40 solidatas terrarum aut eo circa antiqui extentus:—E. 4l. 16s.—terris de Corbriehill et clausura Watson's clois nuncupata :—A. E. 20s. N. E. 3l.—7 acris terrarum prope Carganebridge ad finem pontis de Dumfries, in parochia de Troqueir et baronia de Drumsleit :—E. 12s. 4d.—tenementum apud finem pontis de Dumfries : —E. 5s.—tenendria de Almernes comprehendente 10 libratas terrarum antiqui extentus de Almernes, in parochia de Buthill, cum jurisdictione regalitatis et justiciariæ infra bondas dictarum terrarum :—E. 28l.—40 solidatas terrarum antiqui extentus de Over Cliftoun, infra parochiam de Southwick :—E. 4l.—terras ecclesiasticas ecclesiæ parochialis et parochiæ de Kirkbene, viz. villam et terras de Kirkbene extendentes ad 16 bovatas terrarum, cum com-

muni pasturagio equorum, &c. super montes et fellis vocatos Crufellis, cum 3 croftis, una vocata Powsydcroft, alia Gaitsydcroft, et tertia Frater'scroft ; et domo noviter edificata prope ecclesiam de Kirkbene vocata the Newhouse, cum pecia terræ arabilis vocata Pensioncroft, et piscariis in fine aquæ de Nith, infra parochias de Kirkbene et Lochkindiloch, extendentes ad 5 libratas terrarum aut eo circa :—E. 25l. 7s. 4d.—6 mercatis terrarum de Drumganis in baronia de Drumsleit :—A. E. 4l. N. E. 12l.—9 mercatis terrarum antiqui extentus de Madinpape, in parochia de Southwick:—A. E. 6l. N. E. 18l.—omnibus unitis cum terris in Dumfries in tenendriam de Almernes ;—dimidietate mercatæ terræ 6 mercatarum terrarum de Over Terrauchtie antiqui extentus;—tertia parte mercatæ terræ de Clunie et Skillingholme ejusdem extentus, in baronia de Drumsleit :—E. 13s. 4d.—mercata terræ de Over Terrauchtie, et alia dimidietate mercatæ terræ de Over Terrauchtie nuncupatæ Blaiksland, infra parochiam de Troqueir :—A. E. 20s. N. E. 3l.—2 mercatis terrarum de Over Terrauchtie :—6 acris de Croftingland de Over Terrauchtie, infra parochiam de Troqueir : —A. E. 30s. N. E. 4l. 10s.—terris de Cowcorce extendentibus ad 10 solidatas terrarum aut eo circa cum communi pastura, infra parochiam de Kirkbene, et baroniam de Prestoun under the Fell :— A. E. 10s. N. E. 30s.—33 solidatis 4 denariatis terrarum de Arnennadie antiqui extentus, in parochia de Crocemichaell infra baroniam de Greinlaw:—A. E. 33s. 4d. N. E. 5l.—mercata terræ de Terraughtie vulgo vocata Chapmanleyis antiqui extentus, in parochia de Troqueir :—A. E. 13s. 4d. N. E. 40s.—5 mercatis terrarum antiqui extentus de Munscheis, in parochia de Buithill et baronia ejusdem :—E. 9l. 18s. 8d. &c. *feudifirmæ* :—40 solidatis terrarum de Mylnbank et Jakleg ejusdem extentus, in parochia de Southwick:—E. 4l. 19s. 4d. &c. *feudifirmæ*:—2 mercatis terrarum de Nether Cliftoun, in parochia de Southwick.—A. E. 26s. 8d. N. E. 4l.—(Vide Dumfries.) xvii. 215.

(225) Aug. 15. 1643.
HELENA MAXWELL, *hæres portionaria* Thomæ Maxwell in Treivgrange, *fratris*,—in 2½ mercatis terræ antiqui extentus de Treivgrange in parochia de Balmeghie.—A. E. 33s. 4d. N. E. 5l. xvii. 236.

(226) Dec. 12. 1643.
JACOBUS HAMILTOUN de Bothuelhauch, *hæres* Alisonæ Sinclair filiæ legitimæ Joannis Sinclair de Wodislie, *aviæ*,—in dimidia parte 10 mercatarum terrarum de Spottis antiqui extentus vocatarum Kingisgrange, in dominio de Galloway.—E. 14l. 14s. 7d. *feudifirmæ*. xvii. 247.

(227) Dec. 12. 1643.
ALISONA HAMILTOUN relicta quondam Gavini olim Episcopi Candidæ Casæ, *hæres* Isobellæ Sinclaire filiæ legitimæ Joannis Sinclaire de Woddislie, *matris*,—in dimidia parte 10 mercatarum terrarum de Spottis antiqui extentus vocatarum Kingisgrange, in dominio de Galloway.—E. 14l. 14s. 7d. xvii. 250.

(228) Jan. 30. 1644.
ELSPETHA GORDOUN, *hæres* Alexandri Gordoun de Castramen, *patris*,—in 5 mercatis terrarum de Castramen et Dirregowyne antiqui extentus, in parochia de Girtoun.—A. E. 3l. 6s. 8d. N. E. 10l. xvii. 258.

(229) Jan. 30. 1644.
JACOBUS COMES DE ANNANDAILE, Vicecomes de Annan, Dominus Murray et Lochmabane, *hæres* Joannis Comitis de Annandaile, Vicecomitis de Annan, Domini Murray de Lochmabane, *patris*,—in 5 libratis terrarum de Cargean antiqui extentus, infra parochiam de Troqueir, cum jure hæreditarii officii balliatus dictarum terrarum.—A. E. 5l. N. E. 15l. xvii. 262.

(230) Feb. 5. 1645.
MARIOTA HANNAN, *hæres provisionis* Georgii Hannan, *patris*, —in tenemento in Kirkcudbright.—E. 3s. 4d. xviii. 223.

(231) Feb. 12. 1645.
MARGARETA HANNAN, *hæres* Georgii Hannan burgensis de Kirkcudbright, *patris*,—in tenemento in Kirkcudbright.—E. 3s. 4d. xviii. 177.

(232) Feb. 25. 1645.
JOANNES STEWART de Shanbellie, *hæres* Joannis Stewart de Allaine, *patris*,—in 20 solidatis terrarum in Clauchanland antiqui extentus :—E. 44s.—20 solidatis terrarum de Craigiesyd antiqui extentus :—E. 44s. 6d.—20 solidatis terrarum de Carsgoun antiqui extentus :—E. 44s. 1d.—dimidia mercatæ terræ de Lytle Barbethe :—E. 15s. 8d.—mercata terræ de Dalbuy :—E. ....— crofta terræ vocata Wanfuirdcroft et Braes :—E. 4s.—croftis terrarum lie Croftheid et Meggiekennandis croft, infra parochiam de Lochekyndeloche *alias* Newabbay et baroniam ejusdem.—E. 4s. xviii. 222.

D

(233)   Maii 1. 1645.

ROBERTUS VICECOMES DE KENMURE, Dominus Lochinvar, &c. *hæres masculus et talliæ* Joannis Vicecomitis de Kenmure, Domini Lochinvar, &c. *nepotis patrui*,—in 34 mercatis terrarum de Glenschyrburne et Over Polcrie cum molendinis et piscariis, in parochia de Anuath :—A. E. 34*m.* N. E. 82*m.*—terris et baronia de Erlistoun extendentibus ad 40 mercatas terrarum antiqui extentus, cum molendinis et piscariis, et advocatione ecclesiæ parochialis nuncupatæ St. John's Kirk de Dalry, in parochia de Dalry, omnibus unitis in baroniam de Erlistoun :—A. E. 32*m.* N. E. 98*m.* 9*s.* 4*d.*—terris et baronia de Gelstoun comprehendentibus 3 mercatas terrarum de Glenzarrok ;—20 solidatas terrarum de Littill Quhythill ;—20 solidatas terrarum de Potterland ; 3 mercatas terrarum de Kirkmirrane et Glen ;—4 mercatas terrarum de Meikle Quhythill et Gildowbank ;—20 solidatas terrarum de Newlandis ;—7½ mercatas terrarum de Arieland ;—12 mercatas terrarum de Inglistoun ;—molendinum de Gelstoun ;—8 mercatas terrarum de Boirdland cum piscariis, in parochia de Gelstoun :—A. E. 42*m.* N. E. 126*m.*—terris et baronia de Corsmichaell comprehendentibus 2½ mercatas terrarum de Fuffok *alias* Suffok ;—5 mercatas terrarum de Irnenalmrey ;—5 mercatas terrarum de Auchindolie ;—2 (vel 5) mercatas terrarum de Largmen (Largnene;) —2½ mercatas terrarum de Irnefillan ;—5 mercatas terrarum de Culgruise (Culgruff;)—5 mercatas terrarum de Troddill *alias* Traddill; —5 mercatas terrarum de Mollance ;—5 mercatas terrarum de Hillintoun ;—5 mercatas terrarum de Hariebrand ;—10 mercatas terrarum de Croftis ;—5 mercatas terrarum de Glengappock ;—terras dominicales lie Maynis de Greinlaw, cum lie Kayne peittis et bundaywork baroniæ de Corsmichaell ;—5 mercatas terrarum de Irnenisbie ;—10 mercatas terrarum de Chappellerne ;—2½ mercatas terrarum de Clourbrand (Clairbrand,) cum advocatione et jure patronatus ecclesiæ parochialis de Corsmichaell :—E. 219*l.* 6*s.* 8*d. feudifirmæ :*—5 mercatas terrarum de Litteldrybrughe ;—5 mercatas terrarum de Drumlarge (vel Drumjarg ;)—5 mercatas terrarum de Irnefilland ;—5 mercatas terrarum de Erncraig ;—5 mercatas terrarum de Blairenne ;—5 mercatas terrarum de Meikildrybrughe ;—5 mercatas terrarum de Chapmantoun ;—5 mercatas terrarum de Blakerne ;—5 mercatas terrarum de Armynie ;— 5 mercatas terrarum de Kilnottrie ;—molendinum granorum de Corsmichaell ;—5 mercatas terrarum de Gerrintoun ;—2½ mercatas terrarum de Blakpark, cum molendinis et piscariis, et jure patronatus ecclesiæ de Corsmichaell :—A. E. 57*m.* 6*s.* 8*d.* N. E. 172*m.* 6*s.* 8*d.*—decimis garbalibus, &c. ecclesiæ parochialis et parochiæ de Kirkmabrick, omnibus unitis in baroniam de Corsmichaell :—E. 20*l.*—terris de Clenrie ;—terris de Laggane ;— terris de Garvorie ;—terris de Cullindoch, cum parte forrestæ de Buchane dictis terris de Cullindach adjacente, infra dominium de Galloway subtus Crie :—E. 24*l.* 6*s. feudifirmæ :*—terris de Mureford, Cuill, Blaires, et Craige, extendentibus ad 10½ mercatas et 40 denariatas terrarum antiqui extentus ;—7 mercatis terrarum de Barhassie ;—4 mercatis terrarum de Burnes ;—36 solidatis et 8 denariatis terrarum de Spittill ;—30 solidatis terrarum de Cullindach antiqui extentus :—E. 49*l.* 8*s.*—26 solidatis et 8 denariatis terrarum de Culcranzie et Garhorne, nunc vulgo nuncupatis Culcruquhy et Garquhir ;—4 mercatis terrarum de Lochinkit :— E. 12*m.* 10*s.*—2 mercatis terrarum de Knarrie et Bar :—E. 4*l.*— terris de Litillhals :—E. 48*s.* 4*d.* et 10*s.* pro servitiis, &c.—terris de Glenquikkin et Dargavell extendentibus ad 2½ mercatas terrarum antiqui extentus, infra baroniam de Ferrie de Crie :—E. 3*l.* 12*s.* 8*d.*—tenandria de Endrig comprehendente 5 libratas terrarum de Nether Barcapill :—E. 7*l.* 10*s.* &c. *feudifirmæ :*—5 mercatas terrarum de Kirkconnell et Blakmark :—E. 3*l.* &c. *firmæ :*— 10 mercatas terrarum de Barmanoch (vel Larmannoch) :—E. 20*m.* &c. *firmæ :*—2 mercatas terrarum de Beoch :—E. 49*s.* 4*d.* &c. *firmæ :*—5 libratas terrarum de Overculquha et Brigend :—E. 18*m.* &c. *firmæ :*—5 libratas terrarum de Natherculquha :—E. 10*l.* &c. *firmæ :*—5 libratas terrarum de Ballanane :—E. 10*l.* &c. *firmæ :*— 5 libratas terrarum de Overballincrosche :—E. 16*m.* &c. *firmæ :*— 5 libratas terrarum de Netherballincrosche :—E. 10*l.* &c. *firmæ :*— 5 libratas terrarum de Argranane, Littillpark, et Grayiscroft :—E. 5*l.* 8*s.* &c. *firmæ :*—10 libratas terrarum vocatarum Maynis de Tungland :—E. 30*l.*—molendinum granorum de Tungland ;—E. 6 *bollæ farinæ avenaticæ,* &c.—molendinum fullonum de Tungland :—E. 10*l.* &c.—astrictas multuras, &c. de Tungland, cum salmonum piscariis in aqua de Die, in baronia de Tungland :—E. 4 *bollæ farinæ avenaticæ,* &c.—hæreditario officio balliivatus deputati terrarum et possessionum ad monasterium de Tungland pertinentium :—E. 1*l.*—5 libratis terrarum de Endrig cum molendino earundem, in baronia de Kirkcryst, et cum molendinis et salmonum piscariis, omnibus unitis in tenandriam de Endrig :—E. 34*l.* 18*s.* 4*d.*—5 libratis terrarum de Dunjope antiqui extentus, in baronia de Tungland :—E. 12*l.* 6*s.* 8*d.* &c.—crofta terræ vocata Lanymossok infra parochiam de Tungland.—E. 15*s.*—(Vide Wigton.)   xviii. 60.

(234)   Maii 1. 1645.

ROBERTUS VICECOMES DE KENMURE, Dominus Lochinvar, *hæres masculus et talliæ* Joannis Vicecomitis de Kenmure, Domini Lochinvar, *filii patrui*,—in 37 mercatis terrarum antiqui extentus de Gordounestoun, cum molendino granorum earundem, in parochia de Dalry.—A. E. 24*l.* 13*s.* 4*d.* N. E. 74*l.*—(Vide Wigton.)   xviii. 68.

(235)   Maii 1. 1645.

ROBERTUS VICECOMES DE KENMURE, Dominus Lochinvar, *hæres masculus* Jacobi Gordoun de Buittle, *patris*,—in 10 mercatis terrarum antiqui extentus de Buittill, infra baroniam et parochiam de Buittill :—E. 16*l.* 6*s.* 8*d. feudifirmæ :*—astrictis multuris prædictarum terrarum :—E. 5*m.*—salmonum piscaria in aqua de Ur :—E. 10*s.*—3 mercatis terrarum de Litill Kirkbryde :— 1 mercata terræ de Slaithis antiqui extentus, infra parochiam de Kirkmabrik.—A. E. 4*m.* N. E. 12*m.*   xviii. 69.

(236)   Jul. 29. 1645.

JOANNES MAXWELL, *hæres* Joannis Maxwell de Barfill, *patris*,—in 2½ mercatis terrarum de Overbarfill ;—20 solidatis terrarum de Natherbarfill, extendentibus ad 4 mercatas terrarum antiqui extentus, infra dominium de Herreis et regalitatem de Tereglis :—A. E. 4*m.* N. E. 8*l.*—annuo redditu 17 bollarum farinæ avenaticæ de molendino granario de Mylntoun, infra dimidiam baroniam de Ur, parochiam et regalitatem prædictam ;—annuo redditu 80 librarum de 6 mercatis terrarum antiqui extentus de Natherbarfill, infra baroniam de Tereglis et regalitatem prædictam.   xviii. 239.

(237)   Feb. 24. 1646.

ALEXANDER MURDOCH de Camloddane, *hæres* Patricii Murdoche de Camladdane, *patris*,—in 10 libratis terrarum de Camloddane antiqui extentus, cum piscaria in aqua de Crie, viz. Dalhugin, Glenhoische, Drum-M'Kyllin, Risk, Auchinleck, Dallashe, Stronbae, Eirnecriese, Dirrelzene, Crangincalzie, Laggane, et Manquhill, in dominio Galvidæ :—A. E. 10*l.* N. E. 30*l.*—dimidia parte mercatæ terræ de Lessence ;—dimidia parte 8 solidatarum terrarum de Kirrechtrie ;—dimidia parte 5 solidatarum terrarum de Craigdewes ;—dimidia parte 6 solidatarum 8 denariatarum terrarum de Kersmanoch ;—dimidia parte 6 solidatarum et 8 denariatarum terrarum de Blakcraig, cum mansione de Blakcraig, et dimidia piscariæ de Kirrechtrie infra aquam de Crie, extendentibus in toto ad 27 solidatas terrarum antiqui extentus, in parochia de Monygolf.—A. E. 20*s.* N. E. 3*l.*   xviii. 316.

(238)   Mar. 31. 1646.

SARA M'NAUCHT sponsa Samuelis Lokhart mercatoris burgensis de Edinburgh, *hæres* Joannis M'Naught de Kilquhannadie mercatoris dicti burgi, *patris*,—in 5 mercatis terrarum de Overtoun de Kilquhannadie, in parochia de Kirkpatrik-Durham :— A. E. 3*l.* 6*s.* 8*d.* N. E. 10*l.*—5 mercatis terrarum antiqui extentus de Nathertoun de Kilquhannadie, cum molendino granario de Kilquhannadie :—A. E. 5*m.* N. E. 15*m.*—3 mercatis terrarum de Dumgewch :—A. E. 3*m.* N. E. 9*m.*—mercata terræ de Fynken antiqui extentus in baronia de Erlistoun :—A. E. 1*m.* N. E. 3*m.*— dimidietate 10 mercatarum terrarum de Grange nuncupata Kingsgrange, extendente ad 5 mercatas terrarum antiqui extentus, in parochia de Ure :—A. E. 5*m.* N. E. 15*m.*—2 mercatis terrarum de Chapeltoun in parochia de Ure :—A. E. 2*m.* N. E. 6*m.*—2 mercatis terrarum antiqui extentus de Chapeltoun in dicta parochia.— A. E. 2*m.* N. E. 6*m.*—(Vide Edinburgh.)   xviii. 246.

(239)   Apr. 7. 1646.

BARBARA REDDIK sponsa Jacobi Rig in Greinmers, *hæres portionaria* Pauli Reddik de Barscheine, *fratris*,—in terris de Barscheine et Marinoche, extendentibus ad 4 mercatas terrarum antiqui extentus, infra parochiam et baroniam de Butle :—A. E. 4*m.* N. E. 8*l.*—5 libratis terrarum de Gaitgill-Mundell antiqui extentus, infra parochiam de Borg.—A. E. 5*l.* N. E. 15*l.*   xviii. 251.

(240)   Apr. 7. 1646.

NICOLA REDDIK sponsa Lanceloti Murray in Arbigland, *hæres portionaria* Pauli Reddik de Barschein, *fratris* ;—et JACOBUS MAXWELL filius legitimus Jacobi Maxwell nuncii, *hæres portionarius* prædicti Pauli Reddik, *avunculi*,—in terris prædictis.   xviii. 252.

(241)   Apr. 16. 1646.

JOANNES CHALMER de Gaitgirth, *hæres* Jacobi Chalmer de Gaitgirth, *patris*,—in terris de Newpark de Glenken, in dominio de Galloway :—E. 8*l.* 2*s.*—40 solidatis terrarum de Neddir Barskeuch *alias* Watterssyde, Bratt, Braityle, et Brattis-croft, cum salmonum piscaria in parte aquæ de Ken vocata Pool de Daldruch, infra parochiam de Kellis :—A. E. 40*s.* N. E. 6*l.*—26½ mercatis terrarum de Fyntillach, quarum 10 mercatæ terrarum earundem vocantur Park et Fyntilloch, cum salmonum piscariis in aquis de Die et Ken, infra parochiam de Kellis, unitis in baroniam de Fintillach.—A. E. 26*m.* 6*s.* 8*d.* N. E. 58*l.*—(Vide Ayr.)   xviii. 111.

(242) Jul. 28. 1646.

HARBERTUS BROUN, *hæres* Joannis Broune filii legitimi Magistri Caroli Broun in Clauchen de Newabay, *fratris immediate senioris*,—in parte terræ vocata lie Greine de Newabay, extendente ad 2 acras terrarum, in parochia de Lochkindelloche *alias* Newabbay.—E. 4*l. firmæ*. xviii. 270.

(243) Sep. 15. 1646.

NICOLA M'NAUGHT, *hæres femella provisionis* Rodgeri M'Naught de Kilquhennatie, *fratris,*—in 10 mercatis terrarum antiqui extentus de Kilquhennatie cum molendinis, in parochia de Kirkpatrick-Durhame:—A. E. 6*l.* 13*s.* 4*d.* N. E. 20*l.*—40 solidatis terrarum de Culfade antiqui extentus jacentibus ut supra.—A. E. 40*s.* N. E. 6*l.* xviii. 299.

(244) Sep. 15. 1646.

NICOLA M'NAUGHT, *hæres* Joannis M'Naught de Kilquhennatie, *patris,*—in 2 mercatis terrarum 6 mercatarum terrarum antiqui extentus de Meikell Merkquhirne, in parochia de Kirkpatrik-Durhame.—E. 3*l.* 18*s.* 4*d. firmæ.* xviii. 301.

(245) Jan. 26. 1647.

JOANNES LENOX de Calie, *hæres* Joannis Lenox de Calie, *patris,*—in 20 libratis terrarum de Caliegertoun:—A. E. 20*l.* N. E. 60*l.*—10 mercatis terrarum de Barley cum molendino et piscariis earundem antiqui extentus, in parochia de Girtoun:—A. E. 10*m.* N. E. 20*l.*—5 libratis terrarum de Kirkennane:—A. E. 5*l.* N. E. 15*l.*—4 mercatis terrarum de Barlochane:—A. E. 4*m.* N. E. 12*m.* —3 mercatis terrarum de Blaikbellie cum molendino, ejusdem extentus:—A. E. 8*m.* N. E. 9*m.*—25 libratis terrarum de Mylntoun dicti extentus, in parochia de Butill.—A. E. 25*s.* N. E. 3*l.* 15*s.* xix. 26.

(246) Jan. 26. 1647.

JOANNES LENNOX de Plimtoun, *hæres* Andreæ Lennox de Plimtoun, *avi,*—in terris de Plimtoun extendentibus ad 9 mercatas terrarum, infra dominium de Galloway.—E. 6*l.* 13*s.* 4*d. feudifirmæ*. xix. 27.

(247) Feb. 2. 1647.

MARGARETA GLENDONING, *hæres* Georgii Glendoning, *patris,*—in annuo redditu 40*l.* et 6 bollarum farinæ avenaticæ de 2 mercatis terrarum de Burnsyd antiqui extentus, infra parochiam de Partoune. xx. 55.

(248) Feb. 27. 1647.

EDWARDUS CAIRNES de Tar (Tor), *hæres* Roberti Cairnes de Tar, *patris,*—in 4 mercatis terrarum de Auchincairne cum lie Stallange;—20 solidatis terrarum de Tar, et 5 solidatis terrarum vulgo Taill de Forrest, in baronia de Dundrennane et parochia de Rerik.—E. 9*l.* 3*s.* 4*d. feudifirmæ.* xix. 25.

(249) Mar. 30. 1647.

DAVID ARNOT de Barcapill, *hæres* Davidis Arnot de Barcapill, *patris,*—in 5 libratis terrarum de Larg, infra parochiam de Tuynom:—A. E. 5*l.* N. E. 15*l.*—5 mercatis terrarum de Barcly, infra parochiam de Rerike.—A. E. 5*m.* N. E. 15*m.* xix. 47.

(250) Jan. 13. 1648.

JOANNES DOMINUS DE KIRKCUDBRIGHT, *hæres masculus* Thomæ Domini de Kirkcudbright, *filii patrui,*—in terris et baronia de Twynom *alias* Cumpstoun, comprehendentibus castrum de Twynom *alias* Cumpstoun ;—terras dominicales de Twynom vocatas Bordland de Cumpstoun, cum salmonum piscatione:—A. E. 5*l.* N. E. 15*l.*—terras de Over Cumpstoun :—A. E. 5*l.* N. E. 15*l.* —terras de Ovir Kempiltoun :—A. E. 10*m.* N. E. 20*l.*—5 mercatas terrarum et dimidiam mercatæ terræ de Glenges :—A. E. 6*m.* N. E. 18*m.*—2 mercatas terrarum de Fuffoke:—A. E. 2*m.* N. E. 6*m.*—inferiores 5 mercatas terrarum de 10 mercatis terrarum de Balimacumbell (vel Bannacampbell:)—A. E. 5*m.* N. E. 15*m.*—mercatam terræ de Blakmarke:—A. E. 1*m.* N. E. 3*m.*—50 solidatas terrarum de superioribus terris dominicalibus de Twynom :—A. E. 50*s.* N. E. 7*l.* 10*s.*—omnes infra baroniam de Twynom et unitas in baroniam de Twynom *alias* Cumpstoun :—terris et baronia de Bombie comprehendentibus 10 libratas terrarum de Bombie :—A. E. 10*l.* N. E. 30*l.*—castrum et maneriei locum de Bombie infra burgum de Kirkcudbright :—A. E. 40*d.* N. E. 10*s.*—9 mercatas terrarum de Lochfergus :—A. E. 9*m.* N. E. 27*m.*—10 mercatas terrarum de Auchinflour :—A. E. 10*m.* N. E. 30*m.*—10 mercatas terrarum de Black Stokartoun :—A. E. 10*m.* N. E. 30*m.*—8 mercatas terrarum de Litle Stockartoun :—A. E. 3*m.* N. E. 9*m.* —4½ mercatas terrarum de Broekloche et Quhytclose :—A. E. 4*m.* 6*s.* 8*d.* N. E. 13*m.*—10 mercatas terrarum de Mikil Syipland :—A. E. 10*m.* N. E. 30*m.*—5 mercatas terrarum de Litle Sypland :—A. E. 5*m.* N. E. 15*m.*—5 mercatas terrarum de Gribtie :—A. E. 5*m.* N. E. 15*m.*—omnes antiqui extentus, infra parochiam de Kirkcudbright :—10 mercatas terrarum de Middlethrid antiqui extentus,

in parochia de Kirkcormoche :—A. E. 10*m.* N. E. 30*m.*—2 mercatas terrarum de Galcrogo (Garcrogo :)—A. E. 2*m.* N. E. 6*m.*— 20 solidatas terrarum de Corridow antiqui extentus, infra parochiam de Balmaclellane :—A. E. 20*s.* N. E. 3*l.*—9 mercatas terrarum de Polmadie cum molendinis et piscationibus antiqui extentus, in parochia de Kellis :—A. E. 9*m.* N. E. 27*m.*—12 mercatas terrarum de Barrones :—A. E. 12*m.* N. E. 36*m.*—8 mercatas terrarum de Chappeltoun :—A. E. 8*m.* N. E. 24*m.*—6 mercatas terrarum de Balnegowchine (vel Blakmacgauchejne:)—A. E. 6*m.* N. E. 18*m.*—mercatam terræ de Blakmark :—A. E. 1*m.* N. E. 3*m.*— 9 mercatas terrarum de Plimtoun antiqui extentus cum molendinis, in parochia de Kirkanderis :—A. E. 9*m.* N. E. 27*m.*—6 mercatas terrarum de Bardrochwode antiqui extentus cum molendinis et piscationibus, infra parochiam de Monnegaff :—A. E. 6*m.* N. E. 18*m.* —omnes unitas in baroniam de Bombie :—5 libratis terrarum de Over Law, in parochia de Rerike :—E. 10*l.* 13*s.* 4*d. feudifirmæ* et 3*s.* 4*d.* in augmentationem :—omnes unitæ sunt in baroniam et dominium de Kirkcudbright. xix. 283.

(251) Sep. 26. 1648.

JOANNES NEILSOUN, *hæres* Jacobi Nejlsoun de Marquhirne, *fratris,*—in 2 mercatis terrarum de Midtoun de Marquhirne antiqui extentus, in parochia de Kirkpatrik-Durhame.—A. E. 26*s.* 8*d.* N. E. 4*l.* xix. 360.

(252) Mar. 29. 1649.

ROBERTUS COMES DE MORTOUN, Dominus Abirdour, *hæres masculus* Willielmi Comitis de Mortoun, &c. unius insignis ordinis cohortis periscillidis, *patris,*—in terris et baronia de Borg : —E. 20*l.*—terris et baronia de Buthill cum advocatione ecclesiarum.—E. 80*l.*—(Vide Fife, Linlithgow, Haddington, Peebles, Lanark, Kinros, Perth.) xix. 350.

(253) Jan. 29. 1650.

JOANNES TURNER de Airdwall, *hæres* Magistri Willielmi Turner de Airdwall, *avi,*—in 4½ mercatis terrarum de Airdwall et Ernefas, infra baroniam de Lokkindilloch.—E. 9*m.* &c. *feudifirmæ*. xx. 134.

(254) Jan. 29. 1650.

JACOBUS GORDONE de Strangaslyle (vel Strangassyle,) *hæres* Georgii Gordoune, *patris,*—in 3½ mercatis terrarum de Strangaslyle (vel Strangassyle) antiqui extentus, vulgo vocatis 1 mercata terræ de Strangaslyle et Carfauld ;—1 mercata terræ vocata the Midmark ;—1 mercata terræ vocata the How, et dimidia mercata terræ vocata Corsemark *alias* Corsewilliam, infra parochiam de Kellis.—A. E. 8½*m.* N. E. 7*l.* xx. 135.

(255) Aug. 17. 1652.

THOMAS LIDDAILL, *heir* of Thomas Liddell brother german to Robert Liddell, and son to James Liddaill of Ile, *his father brother,*—in the 2½ merkland of old extent of the 10 merkland of Tars (Tors,) within the parochin of Galloway, and stewartrie of Kirkcudbright.—O. E. 33*s.* 4*d.* N. E. 10*m.* xxiii. 134.

(256) Sep. 30. 1652.

ROBERT WEIR, *heir* of Robert Weir in Moniegoff, *his guidser,* —in the ane merk land of the 2 merkland of the 5 merkland of Spittall of old extent, within the parrochin of Kirkmabreck.— A. E. 13*s.* 4*d.* N. E. 40*s.* xxi. 54.

(257) May 12. 1653.

GEORGE EARLE OF WINTOUN, Lord Seatoun of Winschbrughe and Tranent, *heir* of George Earle of Wintoun, &c. *his guidser,*—in ane annuel rent of 230*l.* furth of the landis and barony of Partoun, extending to ane 40 pund land of auld extent, within the barony and parochin of Partoun, under reversion of 2390 punds.—E. 1*d.* (See Dumfries.) xxi. 172.

(258) May 12. 1653.

GEORGE ERLE OF WINTOUNE, Lord Seatoun of Winchbrugh and Tranent, *heir mail* of George Erle of Wintoun, &c. *his guidser,*—in the lands and barronie of Kirkmichaell ;—the lands of Terrauchtro (Terrauchtie) Drumlark, Mabie, and Cruiks ;—the lands and barronie of Calestoun (or Earlestoun) callit Grenken (or Glenken,) with the advocatione of the Church of Dalry, and with other lands in Haddingtoun, Berwick, Roxburgh, Dumfries, and Edinburgh, unite into the barrony of Hailes.—O. E. 20*l.* N. E. 80*l.* —(See Haddington, Berwick, Roxburgh, Dumfries, Edinburgh.) xxi. 177.

(259) May 17. 1653.

WILLIAM MAXWELL of Kirkhous, *heir mail and of tailzie* of James Erle of Dirletoun, &c. *his gudsir brotheris sone,*—in the 5 merkland of Coustanes (or Crustanes) (Currystanes) of auld extent, within the barony of Drumslit and parochin of Traqueir :—E. 5*l.* 13*s.* 4*d. of feu farm* :—the 5 pound land of Garroch of old extent, within the parochin of Kirkbeine :—O. E. 5*l.* N. E. 15*l.*—the 40 shilling land of old extent of Reidbank, within the parochin of Kirkbeine:—E. 4*l.* 16*s.* *of feu farm*:—The landis of Corbreehill and clos of land called Watsones-close:—O. E. 20*s.* N. E. 3*l.*—7 aikeris of land neir Cargenbridge:—E. 12*s.* 4*d.* *of feu farm*:—houses yeardis and tenements at the Brigend of Dumfries, within the parochin of Troqueir and barony of Drumslet:—E. 5*s.* *of feu farm*:—the tennandrie of Almernes, comprehending the 10 pund land of Almernes of old extent, within the parochin of Buttell, with priveledge of regalitie and justiciarie within the bounds of the said lands:—E. 28*l.* *of feu farm*:—the 40 shilling land of old extent of Over Cliftoun, within the parochin of Southwick:—E. 4*l.* *of feu farm*.—the 6 merkland of Drungaines, within the barony of Dumslet:—E. 12*l.*—the 9 merkland of old extent of Madenpape within the parochin of Southwick:—O. E. 6*l.* N. E. 18*l.*—all with other lands in Dumfries unite into the tennandrie of Almernes.—(See Dumfries.) xxi. 285.

(260) May 20. 1653.
ELIZABETH CUNINGHAME spous to James Cuninghame advocat, *heir* of Mr. Cuthbert Cuninghame toune clerk of Dumfreis, *her father*,—in the lands called the Tolseylands (or Calsayslands) extending to 30 aikers and 3 rods of land, within the parochen of Traqueir:—E. 20*s.*—ane 40 pennie land of the 5 merkland of Traqueir, within the said parochin:—E. 9*s.* 8*d.*—the lands called the brae of Currechen (Carruchen) *alias* Conheth-brae, within the said parochen, and tua dayes work of peates:—E. 15*s.* 4*d.*—the 20 shilling land of Cothuth (Conhuth) of auld extent, within the said parochin.—E. 3*l.* xxi. 189.

(261) Oct. 6. 1653.
DAM MARRIE SCOT Countes of Buccleuch, *heir of taylze and provisioune* of Frances Earle of Buccleugh, Lord Scot of Whitchester and Eskdaill, *her father*,—in the lands, lordships, and barronie of Buthill, viz. the toune of Buthill with the Milne, Muncheis, Baskeane, Marmeoth, Castelgowre, Balgreddane, Guffockland, Corvarie (Corbary,) Nether Keltoune *alias* Hallsmyre, with the eyle of Whithorne, Clowe, and Cocklyes, Knock Meickle, Knock Litill called Lenow;—the fishing of Urr, Cuill, Corbartoun, Daldatin (Dalbatie,) Loachduganes, Over Loachduganes, Midill Loachduganes, Netherflie, Marks;—the merkland of Kirkbryd, Mot of Ur, Jackligmillne, Bank, Littill Reacholme, Slognaw, Carlenwork, within the lordship of Galaway;—the 20 pound land of East Grang (or Theifgrainge,) on aither syd of the watter of Die with the millne, in warrandice of the great ludginge or place in Dumfreis, and other lands before mentioned, unite to the barronie of Langholme:—E. 349*l.* 10*s.*—all the above are unit to the earldome of Buccleuch.—(See Roxburgh, Selkirk, Peebles, Dumfries, Haddington, Edinburgh, Linlithgow.) xxi. 193.

(262) Feb. 21, 1654.
SIR JOHNE GREIRSOUNE of Lag knicht, *heir* of Sir Robert Greirsone of Lag, *his father*,—in the landis called Betwixt the wateris, Dalscarth-holme, Reidbank *alias* Reidbrae, Druemelloche, Mochrum, and Woodheid, extending to ane 11 merkland of auld extent, with the superiority of the 5 pund land of Auchinfrankoe, and 5 pund land of Barquhar and Drummoir alswell proppertie as superiority, within the parochin of Lochruttoun;—the landis of Tantullochholme, Corizardloch, Brockloch, Drumjowane, and Longfurd, extending to ane 20 merkland of auld extent, with other lands in Dumfries unite into the barony of Lag:—O. E. 47*m.* 6*s.* 8*d.* N. E. 142*m.* 6*s.* 8*d.*—the 19 merkland of Bargattoun, Larghieannie (Larghneane,) Deirmow, Culzean, Donnan, and Demfodrum of auld extent, within the parochin of Balmaghie:—O. E. 19*m.* N. E. 57*m.*—the 50 shilling land of Natherlarg *alias* Larglanglie of auld extent, within the landis of the half barony of the regality of Terreglis.—O. E. 50*s.* N. E. 7*l.* 10*s.*—(See Dumfries.) xxi. 299.

(263) Sep. 19. 1654.
JOHNE NILSOUNE of Corsock, *heir* of Robert Neilsoune of Corsock, *his father*,—in the 5 merk 11 shilling 8 penny land of the lands of Corsock-Lindsay of auld extent, comprehendant the 3 merkland of Littill Corsock;—the merkland of Marnehoull;—the merkland of Blackmark, and 11 shilling 8 penny land of Arvie, within the parisin of Partoun:—O. E. 5*m.* 11*s.* 8*d.* N. E. 17*m.* 7*s.* 4*d.*—the 2 merkland of Lairdlauch, within the parochine of Kirkpatrick-Durhame.—E. 4*l.* xxi. 217.

(264) Jan. 23. 1655.
MR. WILLIAM GORDOUN of Earlstoun, *heir* of Alexander Gordoun of Earlstoun, *his father*,—in the lands of Earlstoun within the parochin of Dalry, comprehending ane merkland of Earlstoun;—ane merkland of Mylntoun;—ane merkland of Ardoch;—ane halfe merkland of Over Barley;—ane halfe merkland of Balwherne;—ane merkland of Knolygrey (Knockgrey;)—$2\frac{1}{2}$ merkland of Marbrock, with the mylne and milne lands of Earlestoune:—O. E. $7\frac{1}{2}$*m.* N. E. $22\frac{1}{2}$*m.*—the halfe of the lands of Quhytpark within the parochin of Keltoun:—E. 7*l.* 10*s.* and 13*s.* 4*d.* in augmentation:—the lands of High, Over, Middell, and Nether Airds, within the lordship of Galloway beneath Crie, and parochine of Kellis:—E. 20*l.* &c.—the 40 shiling land of Myndell (or Myndew:)—E. 5*l.* 10*s.*—the 40 shiling land of Barnofarrie (or Barmoffatie,) within the barony and parochin of Kirkpatrick-Durhame:—E. 5*l.* 10*s.*—the lands of Over Marcairtney:—E. 4*l.* 10*s.*—the lands of Nether Marcairtney:—E. 5*l.* 10*s.*—the lands of Glengoppok.—E. 5*m.* xxiv. 1.

(265) Jun. 22. 1655.
JOHNE GREIRSONE of Capinoch, *heir* of Alexander Greirsone of Barnebachell, *his father's brother*,—in the 100 shiling land of Barnebachell of old extent, within the parochin of Lochrutine and stewartrie of Kirkcudbright.—O. E. 5*l.* N. E. 15*l.* xxii. 75.

(266) Aug. 28. 1655.
ELIZABETH GLENDYNING, *heir* of William Glendyning of Gellstoun, *her father*,—in the lands and barony of Gelstoun comprehending the 3 merk land of Glenzarock;—20 shiling land of Litle Whytehill;—20 shiling land of Potterland;—3 merkland of Kirkmirring and Glen;—4 merkland of Meikle Quhythill and Gildowbank;—20 shiling land of Newlands;—12 merkland of Inglistoun, with the mylne of Gelstoun and the multors of the $7\frac{1}{2}$ merkland of Arriland;—the 8 merkland of Bordland, all within the parochin of Gelstoun:—O. E. $34\frac{1}{2}$*m.* N. E. $103\frac{1}{2}$*m.*—the 9 merkland of Cuill:—E. 14*l.* 8*s.*—the 6 merkland of Corwar, within the parochin of Buitill:—E. 9*l.* 12*s.*—all united into the baronie of Gelstoun. xxii. 126.

(267) Aug. 28. 1655.
JOHNE MAXWELL of Arkland, *heir* of Robert Maxwell of Arkland, *his guidser*,—in the 40 shiling land of Arkland:—E. 5*l.*—the 20 shiling land of Nether Knokwalloch:—E. 50*s.*—the merkland of Darngarroch:—E. 33*s.* 4*d.*—all within the parochin of Kirkpatrick-Durhame. xxiv. 73.

(268) Oct. 2. 1655.
MR. WILLIAM GORDOUNE of Errlstoune, *heir* of Johne Gordoune of Errlstoune, *his guidshir*,—in ane croft of land callit Templelandcroft of Crocemichaell, within the parochin of Crocemichall:—E. $\frac{1}{2}$*m.*—the ane merkland of Over Glenhall (or Glenhowle,) and half merkland of Nether Barley of old extent, within the lordshipe of Erlestoune and parochin of Dalry.—O. E. $1\frac{1}{2}$*m.* N. E. $4\frac{1}{2}$*m.* xxiv. 1.

(269) Oct. 16. 1655.
SIR JAMES MURRAY of Babertoun knight, *heir* of Dame Katherin Weir relict of Sir James Murray of Babertoun knight, *his mother*,—in the toune and lands of Prestoun;—the corne mylne of Prestoune and milne lands;—that particat of land callit the merkland;—3 aikers of land callit the mylne aikers with multures;—the toune and lands of Keavance;—the towne and lands of Melshead (or Mersheid;)—the croft of land callit the Myrheidcroft;—the toune and lands of Glenwadan, within the barony of Prestoun and regalitie of Dalkeith, with privilege of commonty in the commonty of Prestoun, called the Fell and Merse of Prestoun:—O. E. 40*l.* N. E. 120*l.*—the 10 shiling land of Gaitsyd within the parochin of Kirkbeine:—E. 22*s.*—the croft land callit Powsydecroft, within the said paroch.—E. 16*s.* &c. xxii. 140.

(270) Jan. 3. 1656.
MARGARET GLENDINNING, *heir* of George Glendynning of Mochrum, *her father*,—in the 3 merkland of Glenfute of old extent, within the baronie and parochin of Partoun.—O. E. 3*m.* N. E. 9*m.* xxiv. 3.

(271) Feb. 14. 1656.
DAVID CRAWFURD of Carse, *heir* of David Crawfurd in Litle Park, *his great grandfather*,—in the 5 shiling land of Craigincalyie;—5 shiling land of Kerygowne;—5 shiling land of Munquhill with Garngaber, and 5 shiling land of Largourley of old extent, within the parochin of Monygoff.—O. E. ...... N. E. ...... xxiv. 17.

(272) Jan. 13. 1657.
JEANE MAXWELL spous to Thomas Cruik merchand burges of Dumfreis: ELIZABETH MAXWELL spous to James Gordoun of Killilour: and NICOLAS MAXWELL spous to James Hamiltoun portioner of Alrenning (Areeming,) *heirs portioners* of Thomas Maxwell of Alrenning, *their father*,—in the 40 shiling land of Alrenning, within the parochin of Kirkpatrick-Durhame.—E. 5*l.* and 2*d.* in augmentatioun. xxiv. 110.

(273) Feb. 3. 1657.
GRISSELL M'KIE dochter to Sir Patrick M'Kie of Large Knight, *heir portioner* of Alexander M'Kie appearand of Large,

her brother,—in the third pairt of the merkland of Stranard, and 5 shilling land of Tonnerghie of old extent, within the parochin of Monigoffe.—A. E. 6*s*. 2*d*. N. E. 18*s*. 4*d*. xxiv. 88.

(274) July 28. 1657.
JOHNE GORDOUNE son to John Gordone, wha was son to Alexander Gordone in Garlarg, *heir* of Robert Gordoune of Knoxbreck, *his granduncle*,—in the 3 marke land of Knoxbreck;—the 8 marke land of Borloche (or Barlock,) and the 22 shilling land of the 4 mark land of Kinzeontoune, within the parochin of Kirkanders and lordshipe of Galloway, stewartry of Kirkcudbright, and sheriffdom of Wigtoun:—E. 9*l*. 5*s*. 8*d*.—ane annuelrent of 80*m*. furth of the 9 markland of Inglistoun, and 16 pound land of Kirkanders, within the pareoche of Kirkanders, now of Borg be annexatione. xxiv. 271.

(275) Nov. 24. 1657.
PATRICK MURDUCHE of Camluddane, *heir* of Alexander Murdoche of Camluddane, *his father*,—in the 10 pound land of auld extent of Camluddane, with fisching in the water of Crie, comprehending the lands of Dalhugane, Glenwhase, Drum-M'Kewn, Risk, Auchinleck, Dallasche, Scranbae, Drumcreise, Dirieleyne, Craigincallie, Laggane, and Manquhill, within the lordshipe of Galloway;—the halfe pairt of ane merkland of Leffence;—the halfe pairt of the 8 shilling 4 penny land of the lands of Kirieuchtrie;—the halfe pairt of the 5 shilling land of Craigdewes;—halfe pairt of the 6 shilling 8 penny land of Carsmanoche, and halfe pairt of the 6 shilling 8 penny land of the lands of Blackcraig, with the mansione of Blackcraige, and halfe pairt of the fisching of Kirieuchtrie within the watter of Cree, contigue to the lands of Kirieuchtrie;—extending in haill to ane 20 shilling land of auld extent, within the pareochin of Munigoffe.—A. E. 11*l*. N. E. 33*l*. xxiv. 259.

(276) Feb. 16. 1658.
MR. JOHN HAY of Aberledie, *heir* of Mr. William Hay of Aberledie, *his father*,—in the 40 shilling land of auld extent, called the Lands;—the 20 shilling land of Cullinghauch, within the parochin of Lochkindiloch and barony of the samin;—the 8 markland of Drum, and markland called Under the Walls;—the portione of land called Howlats-close;—the lands of Glenlyon;—the corne-mylne of Newabay and Multourhous;—the salmond fisching and uther fischings, within the fott of the water of Nith;—the house and tenement biggit upon the Abay-grein of Newabay;—the right of superioritie of the 20 shilling land of Barbell, 4 markland of Corbellie, and 20 shilling land of Glen, with the walk-myllne of Newabbay;—the right of superioritie of the 40 shilling land of Lochloy and Kinhervie;—the fewfermes furthe of the said 40 shilling land of Lands;—8 markland of Drum, corne mylne of Newabbay, markland called Under the Walls and Houllats-close, 20 shilling land of Cullingath, 20 shilling land of Glenson, halfe marke land of Litill Barbeth, and walk-myllne of Newabbay;—lands of Eister and Wester Glens, lands of Meikill Barbeth, 4 markland of Carbellie, and 40 shilling land of Kinhervie, with the personag and vicarage teinds of the forsaids lands;—unit in ane tenendrie, within the barroney and parochin of Lochkindiloch.—A. E. 10*l*. N. E. 30*l*. xxiv. 233.

(277) Feb. 16. 1658.
ALEXANDER M'GHIE of Balmaghie, *heir* of Sir John M'Ghie of Balmaghie, *his father*,—in the lands and barony of Balmaghie under written, viz. the 5 merkland of Nether Camdudzell, commonly called The Maynes of Balmaghie and Barnbord;—the 2½ merkland of Over Camdudzell;—the 2½ merkland of Glentow, with the mylne of the same;—the 2½ merkland of Drumlay;—the 16 shilling land of Barend;—the 16 shilling land of Meikle Cruthis (or Creich);—the 2½ merkland of Canduick;—the 2½ merkland of Termollen (or Tormellan);—the 2½ merkland of Grobdaill;—the 2½ merkland of Airie;—the 2½ merkland of Over and Nether Croyes (or Crayes);—the 13½ merkland of the Torrs of Kiltoune, all lying within the parochin of Balmaghie and Keltoun respectively, united into the barony of Balmaghie:—A. E. 27*l*. 5*s*. 4*d*. N. E. 81*l*. 16*s*.—the 16 shilling 8 penny land of Slogarie, in the parish of Balmaghie, with the patronage of the kirk of Balmaghie:—A. E. 16*s*. 8*d*. N. E. 50*s*.—the 4 merkland of Fynnisch (or Fyninisch) and Dornell, of auld extent, in the said parish of Balmaghie, parts of the barony of Livingstoune:—A. E. 53*s*. 4*d*. N. E. 8*l*.—the half part of the lands of Whytpark now commonly called Calseyend, within the lordship of Galloway and parochine of Keltoun.—E. 7*l*. 16*s*. 4*d*. xxv. 1.

(278) Feb. 23. 1658.
AGNES, MARGARET, AND JONETT CARLILES, *heirs portioners* of William Carlile late bailly burgis of Dumfreis, *their father*,—in the 2 markland of Glenure *alias* Bargalie, Barhoyse, and Dalasch-Cayrnes, within the pareochin of Monygolfe.—A. E. 2*m*. N. E. 6*m*.—(See Dumfries.) xxiv. 256.

(279) Feb. 23. 1658.
ROBERT MURE of Barharrow, *heir* of Robert Mure of Barharrow, *his father*,—in the 5 merkland of Largmilline *alias* Mylneilie of auld extent, within the parochine of ....:—A. E. 5*m*. N. E. 10*l*.—the 5 merkland of Barharrow, within the parochine of Kirkcanderis:—A. E. 5*m*. N. E. 10*l*.—the 2 merkland of Littill Aucharne within the parochine of Ure, in warrandice of the lands of Barharrow.—E......... xxv. 205.

(280) Apr. 27. 1658.
THOMAS BROUNE of Coirsluith, *heir* of Robert Broune of Corsluith, *his father*,—in the 7 merkland of Corsluith;—the 9 merkland of Kirkmabrick;—the 3 merkland of Kirkbryde;—3 merkland of Strowans;—3 merkland of Furthheid:—A. E. 25*m*. N. E. 75*m*.—the 3 merkland of Glenquiken and Garroquhan:—E. 3*l*. 12*s*. *feu duty*:—all lying in the parochines of Kirkmabrick and Ur. xxv. 10.

(281) May 11. 1658.
JAMES ERLE OF SOUTHESK, Lord Carnegy of Kinnaird and Leuchars, *heir maill* of David Erle of Southesk, Lord Carnegy of Kinnaird and Leuchars, *his father*,—in the lands of Arbigland:—A. E. 10*l*. N. E. 30*l*.—the myllne of Tarrauchtie, mylne lands &c. annexed before to the barroney of Lochmaben.—E. 4*l*.—(See Peebles, Selkirk, Dumfries.) xxv. 43.

(282) Dec. 21. 1658.
JOHN LENOX of Pluntoun, *heir maill and of taillyie* of Alexander Lenox of Callie, *his father brother sone*,—in the 20 pund land of Calliegirtoun:—A. E. 20*l*. N. E. 60*l*.—the 10 merkland of Barleg with mylne and fishings of old extent, within the parochin of Girtoun:—A. E. 10*m*. N. E. 30*m*.—the 5 pund land of Kirkennen:—A. E. 5*l*. N. E. 15*l*.—the 4 merkland of Barlochan:—A. E. 4*m*. N. E. 12*m*.—the 3 merkland of Baitbellie (or Blackbellie) with the mylne:—A. E. 3*m*. N. E. 9*m*.—The 25 shilling land of Mylnetoune of the extent forsaid, within the parochine of Buitle.—A. E. 25*s*. N. E. 3*l*. 15*s*. xxv. 151.

(283) Feb. 11. 1659.
ROBERT GREIRSONE of Lag, *heir* of Sir Johne Greirsone of Lag knight, *his father*,—in the lands callit Betwixt the Watters, Dalskerth-holme, Reidbank *alias* Reidbrae and Maloche, Mocherome and Woodheid, extending to ane 11 merkland of auld extent, with the superioritie of the 5 pund land of Auchinfrancko, and 5 pund land of Barquhair and Drummore, within the parochine of Lochrutoune;—the lands of Dallcallaholme or Yeaird, Lochebrokloche, and Langfurd, extending to ane 20 merkland of auld extent, with other lands in Dumfries unit into the barronie of Lag:—A. E. 154*m*. 9*s*. 4*d*. N. E. 366*m*. 4*d*.—the 19 merkland of Bargartane (or Bargaltoun), Larghame, Dirimow, Kullandennan (or Gulzeane-Donnan,) and Densoverane (Dounforane) of auld extent, within the parochine of Balmagie:—A. E. 19*m*. N. E. 57*m*.—the 50 shilling land of Neither Larg *alias* Larglauchlie of auld extent, within the lands of the halfe barronie of Urrie and regalitie of Terrogelis:—A. E. 50*s*. N. E. 7*l*. 10*s*.—(See Dumfries.) xxv. 195.

(284) Feb. 20. 1659.
MARIE WALSHE spous to Williame Gordoun of Munibuy, *heir* of Johne Walshe younger of Collistoun, *her brother german*,—in the 4 pund land of Boordland and Cowansdykis, within the parochin of Alddistone:—A. E. 4*l*. N. E. 12*l*.—the 10 pund land of Lochdrougand, within the parochine of Kirkcormoch.—A. E. 10*l*. N. E. 30*l*.—(See Dumfries.) xxv. 180.

(285) Mar. 22. 1659.
JOHNE MORIESOUN of Edinhame, *heir* of Edward Moriesone of Edinghame, *his father*,—in the 10 pund land of Edingham and Culloch (or Tulloch) of auld extent, with the mylne of Edingham, within the parochin of Ur.—A. E. 10*l*. N. E. 30*l*. xxv. 159.

(286) Sep. 10. 1661.
JOANNES LINDSAY de Wauchope, *hæres* Jacobi Lindsay de Barclay et Wauchope, *avi*,—in 4 mercatis terrarum de Bordland in Southwick antiqui extentus, infra parochiam de Southwick;—3 mercatis terrarum de Laggan et Marbroy;—terris de Bordland et Laggan antiqui extentus, infra parochiam de Colwen.—A. E. 7*l*. N. E. 21*l*.—(Vide Dumfries.) xxvi. 33.

(287) Oct. 17. 1661.
ANNA COMITISSA DE BUCCLEUGH, *hæres talliæ et provisionis* Mariæ Comitissæ de Buccleugh, *sororis*,—in dominio et baronia de Buithill subscriptis, viz. villa de Buithill cum molendino, Moushanes, Barskean, Marneoch, Castellgour, Balgreddan, Guf-

E

fockland, Corwarie, Nether Keltoun *alias* Halmyre, cum insula de Quhythorne, Clone, Auldcockleyes, Knockmeikle, Knocklitle, Collima, piscaria de Urr, Cuir, Corberton, Daldevan, Lochduganes, Over Lochduganes, Midle Lochduganes, Nethermerks mercatæ terræ de Kirkbryde, Moitt de Urr, Jakleig, Milnebank, Litle Ryehorne, Slognaie, Carlingwark, in dominio de Galloway;—23 libratis terrarum de Threifgrang ex utroque latere aquæ de Die:—E. 349*l.* 10*s.*—in warrantum magni ædificii in Dumfreis, et 2 pistrinarum et hortorum, terrarum de Staikheuch, Midleholmes, Murthum, Beckes, et Neulandes;—Stokholm, Meikleholm, et Galaside;—Neishill, Cauldfeild et molendino, Corsmungo, Irischauch, et Thomsheill, Blackburnfoot, Breckanheidshoill, Bleisse, Wattergranis, Glencors, Tannalie, Watterholmes, Birslands, Brydishill, Bogholmes, Puttingstanholm, Raeknows, Halyschawes, Glententmontheid, Tounsheidis, Monkrelling, et Rowantrieland;—Torrona, Flask, et Flaskholm, Hewgill, Glendovan, Park *alias* Blisse, Burngraynes, Cardesgill, Bombie, Cauldkin, Wolfhope, Blisse, Wrae, Fingland, Stanergait, et Burnfoot;—Loganheid, Brouneis, Enzieholm, et Milngillside, Appletriequhat, Erswood, Meikle Megdaill, Cunzieartoun *alias* Bilholm, et Litle Megdail in Dumfries;—et cum aliis terris in Dumfries, erectis in baroniam de Langholm;—omnibus erectis cum terris in Selkirk, Roxburgh, Peebles, Dumfries, Haddingtoun, Edinburgh, et Linlithgow, in comitatum de Buccleugh.—(Vide Selkirk, Roxburgh, Peebles, Dumfries, Haddingtoun, Edinburgh, Linlithgow.) xxvi. 48.

(288) Oct. 22. 1661.
JOANNES SHARP, *hæres* Joannis Sharp mercatoris burgensis de Dumfries, *patris*,—in annuo redditu 171*m.* de illis partibus 20 mercatarum terrarum de Kirkconnell vocatis 40 solidatis terrarum de Over Auchinfad;—40 solidatis terrarum de Litle Auchinfad et terris de Drummillein, extendentibus ad 40 solidatas terrarum, infra parochiam de Newabbey quondam parochiam de Troqueir. xxvi. 81.

(289) Dec. 17. 1661.
DANIEL NEILSONE de Myfeild, *hæres* Wilielmi Neilsone de Myfeild, *patris*,—in terris de Myfeild antiqui extentus, in dominio Gallovidiæ et parochia de ....—E. 4*l.* et 17*s.* in augmentationem. xxvii. 277.

(290) Jan. 14. 1662.
ROBERTUS COMES DE KENMUIR, *hæres* Joannis comitis de Kenmuir, Domini de Lochinvar, *filii patrui*,—in 3 mercatis terrarum antiqui extentus de Drumrasch, cum advocatione ecclesiæ parochialis de Bartoun;—4 libratis terrarum de Tratolan *alias* Glenlairis, cum molendinis granorum et fullonum;—2 mercatis terrarum de Ervie;—mercata terræ de Barsell;—40 solidatis terrarum de Ovir Borland et Netherstell;—terris de Glengunzeoch, et terris vocatis 20 shilling land, omnibus jacentibus infra parochiam de Bartoun (Partoun?)—A. E. 12*l.* N. E. 36*l.* xxvi. 127.

(291) Feb. 10. 1662.
JOANNES M'CULLOCHE filius Davidis M'Culloch in Auchleoch, *hæres* Doctoris Joannis M'Culloch medici, *filii fratris abavi*,—in terris et baronia de Cairdnies et terris de Auchinfloures, quæ sunt pendicula earundem, extendentibus ad 120 mercatas terrarum cum advocatione ecclesiarum.—A. E. 80*l.* N. E. 240*l.*—(Vide Wigton.) xxvi. 115.

(292) Jul. 29. 1662.
ALEXANDER M'CLELLANE de Jurdiland, *hæres* Patricii M'Clellane de Jurdiland, *patris*,—in 20 solidatis terrarum de Jurdiland, infra parochiam de Kirkcudbright.—E. 41*s.* 8*d.* *feudifirmæ*. xxxiii. 329.

(293) Nov. 4. 1662.
JACOBUS MULLIGANE de Blackmyre, *hæres* Jacobi Mulligane de Blackmyre, *avi*,—in $2\frac{1}{2}$ mercatis terræ de Holme de Dalquhairn, infra parochiam de BalM'Clellane.—E. 50*s.* xxvii. 2.

(294) Nov. 11. 1662.
JACOBUS NEILSONE de Maidenpape, *hæres* Georgii Neilsone de Maidenpape, *patris*,—in 6 libratis terrarum de Maidenpape antiqui extentus, infra parochiam de Southwick.—A. E. 6*l.* N. E. 18*l.* xxviii. 96.

(295) Aug. 27. 1663.
ROBERTUS HERREIS de Barbarroch, *hæres* Roberti Herres de Barnebarroch, *patris*,—in principali mercata terræ de Barnebarroche, infra parochiam de Colwein.—A. E. 1*m.* N. E. 3*m.* xxvii. 143.

(296) Sep. 15. 1663.
ROBERTUS MAXWELL, *hæres* Wilielmi Maxwell de Kirkhous, *patris*,—in terris ecclesiasticis ecclesiæ parochialis et parochiæ de Kirkbene, viz. villa et terris de Kirkbene extendentibus ad 16 bovatas terrarum cum pastura, &c. super montibus et fells communitatis vocatæ Criefeild:—E. 20*l.* 4*s.*—crofta terræ vocata Powsydecroft:—E. 32*s.*—altera crofta vocata Gaitsydcroft:—E. 30*s.*—tertia crofta vocata Fraterscroft, cum domibus prope ecclesiam de Kirkbene:—E. 8*s.*—petia terræ arabilis vocata Pensioncroft, cum piscariis in fine aquæ de Nith, infra parochias de Kirkbene et Lochkindeloche respective, extendentibus ad 5 libratas terrarum, cum advocatione parochiæ de Kirkbene et decimis, unitis ad terras ecclesiasticas de Kirkbene:—E. 6*s.* 8*d.*—10 libratis terrarum de Almernes antiqui extentus, in parochia de Buthle, cum privilegio Regalitatis et Justiciariæ:—E. 28*l.*—40 solidatis terrarum de Overcliftoun, in parochia de Riddek:—E. 40*s.*—6 mercatis terrarum de Drumgaines infra baroniam de Drumslytt et parochiam de Traquair, omnibus unitis cum aliis terris in Dumfreis in tenandriam de Almerness:—A. E. 6*m.* N. E. 18*m.*—5 mercatis terrarum de Cruestanes, infra baroniam de Drumslytt et parochiam de Traquair:—E. 6*l.* 10*s.* 2*d.*—terris de Corberriehill et Cloislane infra parochiam de Traquair, extendentibus ad 20 solidatas terrarum:—A. E. 20*s.* N. E. 3*l.*—40 solidatis terrarum de Reidbank infra parochiam de Kirkbene.—E. 4*l.* 16*s.*—(Vide Dumfries.) xxvii. 252.

(297) Sep. 15. 1663.
FRANCISCUS STEWART de Barnsoull, *hæres* Archibaldi Stewart de Barnesoull, *patris*,—in 5 mercatis terrarum de Barnesoule, infra parochiam de Kirkpatrick-Irnegray:—A. E. 5*m.* N. E. 15*m.*—tenemento terræ in australi latere lie green de Newabbay:—E. 40*s.*—tenemento terræ ex boreali latere lie Abbay grein.—E. 3*l.* xxvii. 325.

(298) Mar. 15. 1664.
JACOBUS LINDSAY de Fairgirth, *hæres* Jacobi Lindsay de Fairgirth, *proavi*,—in 40 solidatis terrarum de Fairgirth cum molendino;—10 mercatis terrarum de Meikle Corsok;—15 solidatis terrarum de Auchinvey, et 3 mercatis terrarum de Ryis, in parochiis de Partoun et Colven respective.—A. E. 11*l.* 8*s.* 4*d.* N. E. 34*l.* 5*s.* xxvii. 172.

(299) Mar. 24. 1664.
ROBERTUS M'BRAIR, *hæres* Roberti M'Brair de Netherwood, *proavi*,—in 5 mercatis terrarum de Meikle et Litle Clookis antiqui extentus;—mercata terræ vocata Cloynzaird, cum pendiculo vocato Ironecraig;—dimidietate terrarum de Corsok extendente ad 2 mercatas terræ antiqui extentus, in parochia de Culven:—E. 12*l.* *feudifirmæ*:—terris de Richerene nuncupatis Meikle Richerene, aliter Nether Richerne, extendentibus ad 5 libratas terrarum, infra dominium de Herreis, regalitatem de Terreglis et parochiam de Wr, cum salmonum piscaria et jurisdictione regalitatis et Justiciariæ.—A. E. 5*l.* N. E. 15*l.*—(Vide Dumfries.) xxvii. 200.

(300) Mar. 29. 1664.
ROBERTUS M'CLELLANE de Barscoib, *hæres* Gulielmi M'Clellane de Barscoib, *patris*,—in 5 mercatis terrarum de Barscoib antiqui extentus, infra parochiam de BalM'Clellane:—A. E. 5*m.* N. E. 15*m.*—20 solidatis terrarum de 40 solidatis terrarum de Barnshalloch antiqui extentus:—A. E. 20*s.* N. E. 3*l.*—$2\frac{1}{2}$ mercatis terrarum antiqui extentus de Ewinstoun:—A. E. $2\frac{1}{2}$*m.* N. E. $7\frac{1}{2}$*m.*—20 solidatis terrarum de Corridow et Classingarroch:—A. E. 20*s.* N. E. 3*l.*—$2\frac{1}{2}$ mercatis terræ de Fuffock, infra parochiam de Crocemichaell:—A. E. $2\frac{1}{2}$*m.* N. E. $7\frac{1}{2}$*m.*—$2\frac{1}{2}$ mercatis terrarum de Meikle Bogrie, et mercata terræ de Litle Bogrie, infra parochiam de Lochruttoun:—A. E. $3\frac{1}{2}$*m.* N. E. 7*l.*—30 solidatis terrarum de Ovirbarnecleuch, et 40 solidatis terrarum de Malabay, infra parochiam de Irongray.—A. E. 3*l.* 10*s.* N. E. 10*l.* 10*s.* xxvii. 290.

(301) Apr. 5. 1664.
MARIOTA ET ELIZABETHA RIGIS, *hæredes portionariæ* Georgii Rig mercatoris burgensis de Drumfreis, *patris*,—in 18 mercatis terrarum de Hillis, et mercata terræ terrarum ecclesiasticarum de Lochruttoun antiqui extentus, infra parochiam de Lochruttoune.—A. E. 19*m.* N. E. 50*m.* xxvii. 297.

(302) Sep. 6. 1664.
ALEXANDER CHARTERS, *hæres* Josephi Charters de Duchraw, *fratris germani*,—in terris de Duchraw extendentibus ad 10 libratas terrarum antiqui extentus, continentibus terras de Tornorroch, Randrumglas, twa Duchraws, Clonie, Barbeth, Uroch, Uliock, The Maynes, lie twa Craigs, Drumbrecks, cum molendino de Duchraw, et salmonum piscatione super aquam de Die, omnes infra parochiam de BalM'Glies (Balmaghie?)—A. E. 10*l.* N. E. 30*l.* xxvii. 245.

(303) Sep. 6. 1664.
JEANNA BROWNE, *hæres* Harberti Browne de Large, *patris*,—in 4 mercatis terrarum de Duirsdow antiqui extentus, infra parochiam de Girtoune.—A. E. 4*m.* N. E. 12*m.* xxviii. 188.

(304) Jun. 23. 1668.
ROBERTUS LIDDERDAILL de Sanct Mary Ile, *hæres* Jacobi Lidderdaill de Sanct Mary Ile, *patris*,—in 2¼ mercatis terræ antiqui extentus vocatis Sanct Mary Ile, cum decimis, infra parochiam de Galtnay.—E. 5*l.* 3*s.* 6*d.* xxix. 62.

(305) Sep. 8. 1668.
MARIA GORDOUN, *hæres* Gulielmi Gordoune de Robertoun, *patris*,—in 6 mercatis terrarum de Rotraix ;—3 mercatis terrarum de Robertoun ;—2 mercatis terrarum 4 mercatarum terrarum de Kingzeantoun ;—molendino de Kirkcanders, in parochia de Kirkcanders et dominio de Galloway.—E. 8*l.* 2*s.* xxix. 188.

(306) Sep. 22. 1668.
JOANNES COMES DE CASSILLS, Dominus Kennedy, *hæres tallie et provisionis* Jacobi Domini Kennedy, *fratris germani*,—in 10 libratis terrarum antiqui extentus vocatis The Forrest de Buchane ;—terris vocatis The Frie Forrest contigue adjacentibus dictis terris vocatis The Forrest de Buchane, cum lacu vocato Lochmalatfig, infra vicecomitatum de Galloway :—E. 23*l.* 13*s.* 4*d.* —cum quibusdam aliis terris in vicecomitatibus de Wigton et Ayr, unitis in baroniam de Leswart.—(Vide Wigton, Ayr.) xxix. 95.

(307) Oct. 7. 1668.
DAVID VICECOMES DE STORMONTH, Dominus de Balvaird, Cockpoole et Lochmaben, *hæres masculus* Davidis Vicecomitis de Stormonth, Domini de Balvaird, Cockpoole et Lochmaben, *patris*,—in mercata terræ de Cloneyeard, et pendiculo nuncupato Ironcraig ;—3 mercatis terrarum de Drumstainchell infra parochiam de Culven :—E. 8*l.*—terris de Meikle et Little Cloiks ;—dimidietate terrarum de Corshope :—E. 8*l. feudifirmæ :*—erectis cum aliis terris in vicecomitatum de Stormonth, &c.—(Vide Fife, Forfar, Perth, et Dumfries.) xxix. 108.

(308) Dec. 15. 1668.
MARIOTA, BARBARA, ET MARTHA RUTHIRFUIRDS, *hæredes portionariæ* Magistri Georgii Ruthirfuird ministri verbi Dei apud ecclesiam de Tungland, *patris*,—in 3¼ mercatis terrarum de Argtenan et Grayscroft antiqui extentus, infra parochiam de Tungland.—A. E. 2*l.* 6*s.* 8*d.* N. E. 7*m.* xxx. 149.

(309) Apr. 27. 1669.
MAGISTER JACOBUS BROUNE, *hæres* Joannis Broune de Land, *patris*,—in 20 solidatis terrarum de Overcars ;—20 solidatis terrarum de Nethircars ;—40 solidatis terrarum de Nethir Inglstoune, omnibus antiqui extentus, infra parochiam de Kirkendloche *alias* Newabbay ;—3 libratis terrarum de Lochhill.—E. 16*l.* 7*s.* 4*d.* xxix. 216.

(310) Apr. 29. 1669.
ROBERTUS GREIRSONE de Lag, *hæres masculus* Roberti Greirsone de Lag, *filii patrui*,—in terris nuncupatis betwixt the waters, Dalskeirthholme, Ridbank *alias* Ridbrae, Mallachhochrean, et Woodhead, extendentibus ad 11 mercatas terrarum antiqui extentus cum molendino ;—superioritate 5 libratarum terrarum de Auchinfranko, et 5 libratarum terrarum de Barquhan et Dudmure, infra parochiam de Lochrutone ;—terris de Dalcallochholme, Corrieyardloch, Brockloch, Drumgovan, et Longfoord, extendentibus ad 20 mercatas terrarum antiqui extentus, unitis cum aliis terris in Dumfries in baroniam de Lag :—A. E. 144*m.* 9*s.* 4*d.* N. E. 366*m.* 4*d.*—19 mercatis terrarum de Bargaltoune, Largeliume, Dirremoir, Culzean, Donnen (Colzeandonnen,) et Donsoverane antiqui extentus, infra parochiam de Balmagie :—A. E. 19*m.* N. E. 57*m.*—50 solidatis terrarum de Netherlag *alias* Larglanglie, infra terras dimidiæ baroniæ et regalitatis de Terregles.—E. 7*l.* 10*s.*—(Vide Dumfries.) xxix. 194.

(311) Maii 5. 1669.
ROBERTUS COMES DE SOWTHESK, Dominus Carnegy de Kynaird et Lewchars, *hæres* Jacobi Comitis de Sowthesk, Domini Carnegy de Kynnaird et Leuchars, &c. *patris*,—in terris de Arbigland :—A. E. 10*l.* N. E. 30*l.*—molendino de Tarrauchtie, in baronia de Lochmaben :—E. 4*l.*—(Vide Peebles, Selkirk, Dumfries, Inverness, Aberdeen.) xxix. 182.

(312) Jun. 8. 1669.
JOANNES GORDOUNE, *hæres provisionis* Rogeri Gordoune de Largmore, *patris*,—in 5 mercatis terrarum de Garverie antiqui extentus vocatis Over, Midle, and Nethir Garveries, infra parochiam de Kells.—E. 7*l.* 3*s.* 8*d.* xxix. 204.

(313) Oct. 12. 1669.
ELIZABETHA STEWART sponsa Alexandri Macghie de Balmaghie, *hæres* Colonelli Williemi Stewart de Castelstewart, *patris*,—in 6 mercatis terrarum de Bardrochwood antiqui extentus, infra parochiam de Monygaff, pro principali :—A. E. 4*l.* N. E. 12*l.*—

10 mercatis terrarum de Meikle Sypeland, et 5 mercatis terrarum de Litle Sypeland, infra parochiam de Kirkcudbright, in warrantum prædictarum terrarum de Bardrochwood.—A. E. 10*l.* N. E. 20*l.* xxix. 247.

(314) Oct. 12. 1669.
JOANNES M'MILLANE de Drumnes, *hæres* Cuthberti M'Millane de Drumnes, *patris*,—in 20 solidatis terrarum de Drumnes et Craglingell, infra parochiam de Kells.—A. E. 20*s.* N. E. 3*l.* xxix. 247.

(315) Oct. 14. 1669.
WILLIELMUS LAWRIE de Reidcastle, *hæres* Jacobi Lowrie filii tertio geniti Joannis Lowrie de Maxweltoune, *fratris immediate junioris*,—in terris de Logane et pendiculo vocato Braidlies, cum maneriei loco, turre et fortalicio de Logane, infra dominium de Galloway.—A. E. 10*m.* N. E. 30*m.* xxix. 272.

(316) Oct. 14. 1669.
LUDOVICUS CRAIG de Rickartoune, *hæres* Thomæ Craige de Rickartoune, *patris*,—in 19 mercatis terrarum de Kenmure et Laggan ;—20 mercatis terrarum de Balmaclannan (Balmaclellan) et Park, unitis in baroniam de Kenmure, infra parochias de Balmaclannan et Keills.—A. E. 39*m.* N. E. 117*m.*—(Vide Edinburgh.) xxx. 48.

(317) Apr. 6. 1670.
JOANNES COMES DE NITHISDAILL, Dominus Maxwell et Herries, *hæres masculus et talliæ* Roberti Comitis de Nithisdaill, Domini Maxwell, Eskdaill et Carleill, *proavi fratris immediate senioris*,—in terris de Gordounstoun extendentibus ad dimidias terras de Glenken, Bennaheid, Aikheid, Montire, Knocknenæ, Strolocavern vocatas Atrodusken, cum molendinis et messuagio de Lochinvar :—E. 30*l.*—terris de baronia de Grennan cum molendinis :—E. 40*l.*—terris de Spott :—E. 36*l.*—omnibus unitis in dominium et baroniam de Maxwell :—terris, dominio, et baronia de Buttill, viz. villa de Buttill cum molendino de Buttill, Munshes, Barscheane, Marsheane, Castelgoure, Balgredden, Guffockland, Cortarie, Nathir Keltoune *alias* Halmyre, cum insula de Whithorne, Clone, et Auldcockleyes, Knockmeckle, Knocklittle, Collignaw, piscaria de Urr, Jacklegg, Milnebank, Litle Rickherne, Slognaw, Carlingwark, Coull, Corbertoun, Daldaven, Lochdugunes, Over Lochduganes, Midle Lochduganes, Nethirmerkes, mercata terræ de Kirkbryid, Moitt de Urr, in dominio de Galloway :—E. 243*l.* 6*s.*—49 mercatis ac 2 solidatis terrarum de Kirkpatrick-Durhame, viz.—40 solidatis terrarum de Culshangan ;—40 solidatis terrarum de Tarbrawche ;—20 solidatis terrarum de Kirkland ;—40 solidatis terrarum de Moniedow ;—38 solidatis 8 denariatis terrarum de Nather M'Kertnae (vel M'Kermore) ;—40 solidatis et 40 denariatis terrarum de Bardarrach ;—20 solidatis terrarum de Margley ;—40 solidatis terrarum de Targlehay ;—40 solidatis terrarum de Arkland ;—40 solidatis terrarum de Armyng ;—40 solidatis terrarum de Drumcouthraw ;—5 mercatis terrarum de Auchinley (Argley) ;—mercata terræ de Garnederroche (vel Darngarroch) ;—20 solidatis terrarum de Culfadd ;—40 solidatis terrarum de Barmofattie ;—40 solidatis terrarum de Knockwallock ;—2 mercatis terrarum de Ovir Barr ;—2 mercatis terrarum de Nathir Barr cum molendino, infra senescallatum de Kirkcudbright, et vicecomitatum de Dumfries :—E. 130*m.* 8*s.* 8*d.*—20 libratis terrarum de Treivegrayfige cum molendino ;—officio senescallatus de Kirkcudbright, et hæreditaria custodia castri de Treve ac insulæ ejusdem ;—salmonum piscatione super aquam de Dee, cum aliis piscationibus ad dictum castrum ab antiquo pertinentibus.—E. 103*l.* 6*s.* 4*d.*—officio balliatus terrarum et possessionum ad monasterium de Sweithart pertinentium, infra senescallatum de Kirkcudbright et vicecomitatum de Dumfries, ac quarumcunque aliarum terrarum infra regnum Scotiæ ad dictum monasterium pertinentium ;—cum 5 mercatis terrarum antiqui extentus de Lochertour, infra baroniam de Lochkindloche et senescallatum de Kirkcudbright, pro feodo dicti officii balliatus :—E. 11*m.*—officio balliatus terrarum et possessionum monasterii de Dundrennan, infra senescallatum de Kirkcudbright, ac quarumcunque aliarum terrarum ad dictum monasterium pertinentium ubicunque infra regnum Scotiæ jacent, cum 5 libratis terrarum de Mulloch, et insula et terris de Hestoune in baronia de Dundrennan, parochia de Rerick, et infra dictum senescallatum de Kirkcudbright, pro feodo officii balliatus de Dundrenan :—E. 15*l.*—officio balliatus terrarum possessionumque ad præposituram ecclesiæ Collegiatæ de Lincluden pertinentium, infra dictum senescallatum de Kirkcudbright, et quarumcunque aliarum terrarum ad prædictam præposituram pertinentium, ubicunque infra regnum Scotiæ jacent ;—5 libratis terrarum de Nynbellie et Faulaend in parochia de Kirkden, et infra senescallatum prædictum ac ad baroniam de Drumgleit pertinentibus, pro feodo officii balliatus :—A. E. 5*l.* N. E. 15*l.*—principali officio balliatus terrarum aliarumque possessionum monasterii de Tungland ;—5 libratis terrarum antiqui extentus de Kergen, infra parochiam de Traquire et senescallatum de Kirkcudbright, pro feodo officii balliatus de Tungland :—A. E. 5*l.* N. E. 15*l.*—terris et baronia de Prestoune,

cum advocatione ecclesiarum et capellaniarum dictarum terrarum et baroniæ, infra dictum senescallatum de Kirkcudbright, cum jurisdictione liberæ regalitatis infra bondas dictarum terrarum et baroniæ de Prestoune, omnibus unitis in baroniam et regalitatem de Prestoune:—E. 60*l.*—terris de Litle Kilquhannadie;—10 libratis terrarum dominicalium lie Maynes de Southwick cum molendino, infra parochiam de Southick et senescallatum de Kirkcudbright, cum terris vocatis The Burages, &c. et aliis terris in vicecomitatu de Dumfries:—E. 25*l.*—omnibus prædictis terris unitis cum aliis terris in vicecomitatibus de Roxburgh, Perth, Dumfries, et Wigtoun, in comitatum de Nithisdaill.—(Vide Roxburgh, Perth, Dumfries, Wigton.) xxx. 22.

(318) Maii 24. 1670.
JACOBUS MURRAY in Inshkeill in regno Hiberniæ, *hæres* Alexandri Murray de Blackcraig, *patris*,—in 3 mercatis terrarum de Blackcraig antiqui extentus, infra parochiam de Borg:—A. E. 40*s.* N. E. 6*l.*—mercata terræ et tertia parte mercatæ terræ de Barcly antiqui extentus, infra parochiam de Rerrick.—A. E. 17*s.* 10*d.* N. E. 53*s.* 6*d.* xxxi. 135.

(319) Jul. 22. 1670.
ROBERTUS THOMSONE de Inglistoune, *hæres* Jacobi Thomsone de Inglistoune, *patris*,—in 12 mercatis terrarum de Nuncraige cum decimis:—A. E. 8*l.* N. E. 24*l.*—9 mercatis terrarum de Inglistoune cum decimis:—A. E. 6*l.* N. E. 18*l.*—16 libratis terrarum de Kirkcanders, infra parochiam de Kirkanders nunc de Borg per annexationem.—E......... xxx. 91.

(320) Jan. 3. 1671.
WILLIELMUS MONTGOMERIE, *hæres* Capitani Willielmi M'Clellane de Overlaw, *avi materni*,—in 5 libratis terrarum antiqui extentus de Overlaw, infra parochiam de Rerik.—E. 16*l.* *feudifirmæ.* xxxi. 266.

(321) Feb. 6. 1672.
ROBERTUS GORDOUNE, *hæres* Joannis Gordoun de Garveri, *fratris*,—in 5 mercatis terrarum de Garverries antiqui extentus, vocatis Ovir, Midle, et Nather Garveries, infra parochiam de Kels.—E. 7*l.* 3*s.* 8*d.* *feudifirmæ.* xxxi. 8.

(322) Feb. 6. 1672.
GULIELMUS GORDON, *hæres* Rogeri Gordoun in Hill, *patris*,—in 40 solidatis terrarum de Over Laggan antiqui extentus, infra parochiam de Parton.—A. E. 40*s.* N. E. 6*l.* xxxi. 229.

(323) Jan. 14. 1673.
MARIONA, BARBARA, ET MARTHA RUTHERFUIRDES, *hæredes portionariæ* Magistri Georgii Rutherfuird ministri verbi Dei apud ecclesiam de Tungland, *patris*,—in annuo redditu 146*l.* 6*s.* 8*d.* de terris de Norther Barncrosh, extendentibus ad $3\frac{1}{2}$ mercatas terræ antiqui extentus, infra parochiam de Tungland;—in warrantum terrarum de Argrennan et Grayscroft. xxxi. 164.

(324) Feb. 25. 1673.
ALEXANDER LOWRIE, *hæres* Gulielmi Lowrie de Reidkistle, *fratris*,—in terris de Logan, cum pendiculo earundem vocato Braidlayes, infra parochiam de Buitle.—A. E. .... N. E. .... xxxi. 219.

(325) Jan. 27. 1674.
ROGERUS GORDONE de Aroquhaine, *hæres* Rogeri Gordone de Aroquhaine, *avi*,—in 40 solidatis terrarum de Auchinhae;—mercata terræ de Darnharroch (vel Darngarroch);—mercata terræ de Ovir et Nether Slangabers;—molendino baroniæ de Kirkpatrick, omnibus infra baroniam de Kirkpatrick-Durhame:—E. 17*l.* 4*s.* *feudifirmæ*:—40 solidatis terrarum de Kirkhillbryde, ac 20 solidatis terrarum de Marglay;—40 solidatis et 40 denariatis terrarum de Bardarroch, infra dictam parochiam de Kirkpatrick-Durham.—E. 12*l.* 4*s.* 4*d.* *feudifirmæ.* xxxi. 318.

(326) Jan. 27. 1674.
ROGERUS GORDONE de Aroquhaine, *hæres* Joannis Gordone de Aroquhain, *proavi*,—in terris de Bartaggart extendentibus ad 4 mercatas terrarum, infra parochiam de Ballmaclellane:—E. 7*l.* 4*d.* *feudifirmæ*:—$5\frac{1}{2}$ mercatis terrarum de Irlandtoune antiqui extentus, infra parochiam de Twynem.—A. E. 3*l.* 13*s.* 4*d.* N. E. .... xxxi. 319.

(327) Jun. 9. 1674.
NICOLA GIBSONE, *hæres* Joannis Gibsone in Park, *patris*,—in terris de Dalquharnochen *alias* Waterhead, extendentibus ad dimidium mercatæ terræ antiqui extentus:—A. E. 6*s.* 4*d.* N. E. 20*s.*—terris de Neather Minnibuy extendentibus ad 1 mercatam terræ:—A. E. 13*s.* 4*d.* N. E. 40*s.*—infra parochiam de Balmaclellan. xlvi. 441.

(328) Jul. 22. 1675.
JACOBUS GREIRSONE de Dalgoner, *hæres masculus* Joannis Greirsone de Daltoune *alias* Castellmaddie, *pronepotis fratris proavi*,—in 5 mercatis terrarum de Kerymonow:—A. E. 5*m.* N. E. 10*l.*—5 mercatis terrarum de Castillmaddie infra parochiam de Kellis.—E. 3*l.* 8*s.* 4*d.* xxxii. 147.

(329) Jun. 22. 1676.
JACOBUS TAILFAIR de Haircleugh, *hæres* Jacobi Tailfair de Haircleugh, *patrui*,—in annuo redditu 40*l.* de terris de Litle et Meikle Halses et Collin, infra parochiam de Terrick (Rerick?)—annuo redditu 38*l.* de terris de Barnefrald cum molendino, pertinentibus ad Franciscum Stewart, infra parochiam de Irnegray.—(Vide Lanark, Dumfries, Berwick.) xxxiii. 77.

(330) Feb. 6. 1677.
GULIELMUS M'CULLOCH de Netherardwall, *hæres* Thomæ M'Culloch de Netherardwall, *patris*,—in 5 mercatis terrarum antiqui extentus de Netherardwall, infra parochiam de Anweth.—A. E. 5*m.* N. E. 15*m.* xxxiii. 382.

(331) Dec. 20. 1677.
PATRICIUS ROSS in Formastoun, *hæres* Capitanei Willielmi Ross de Rossisle, *nepotis fratris proavi*,—in baronia de Rosisle, comprehendente terras quæ sunt partes baroniæ de Drem, viz. 2 terras templarias et croftas, unam terrarum de Inglistoun, alteram terrarum de Knochuray, infra parochiam de Karkanders;—tenementum terræ in medio 8 mercatæ terræ de Kirkcudbright, extendens ad 3 acras terræ templariæ infra parochiam de Kirkcudbright;—terram templariam in medio terrarum de Chappeltoune, extendentem ad 6 acras terrarum in dicta parochia de Kirkanders;—croftam terræ prope templum de Balmagie in parochia ejusdem;—5 libratam terrarum antiqui extentus vocatam lie Meikle Galtneys;—10 libratam terræ de Galtneys in parochia de Galtneys;—aliam 5 libratam terram dictæ 10 libratæ terræ de Galtneys in dicta parochia de Galtneys;—$2\frac{1}{2}$ acras terræ templariæ vocatas Sanct Johns croft, in Neutoune in baronia de Cairnes;—templariam croftam de Crocemichaell in parochia de Crocemichael;—terras templarias de Ballochen vocatas Gairden croft, in parochia de Boothill;—terras templarias in dicta parochia de Boothill;—tenementum templarium cum riga terræ infra burgum de Kirkcudbright;—insulam de Ross quæ est pars baroniæ de Balmango in parochia de ...., unitis cum aliis terris in Dumfries, Lanark, et Wigton in baroniam de Rosisle:—A. E. 13*s.* 4*d.* N. E. 40*s.*—dimidiata mercata terra 5 mercatæ terræ villæ de Troquair, in parochia de Troquhair et baronia de Drumslait:—A. E. .... N. E. ....—20 solidata terra de Glen nuncupata The Midglen, cum silva et lignis crescentibus infra parochiam de Newabbay:—A. E. .... N. E. ....—5 mercata terra de Keltounhill, et 10 mercata terra de Midkelton, in parochia de Keltoun, in speciali warranttum mansionis domus in burgo de Dumfries:—A. E. .... N. E. ....—annuo redditu 460*m.* 10*s.* 8*d.* de terris de Newwark:—5 mercatis terris de Kirkpatrick;—terris de Rouchtrie;—terris de Tounfoot;—terris de Midtoun;—terra de Brae, infra baroniam et parochiam de Ireongray, sub reversione per Davidem M'Brair;—annuo redditu 129*l.* de terris et baronia de Drumslet vel de ...... mercata terræ de Cowhill, infra parochiam de Troquhair;—sub reversione per comitem de Nithsdale.—(Vide Dumfries, Wigton, Lanark, Berwick.) xxxiii. 439.

(332) Jun. 11. 1678.
JOANNES RIDDICK de Dalbattie, *hæres* Joannis Reddick de Dalbattie, *patris*,—in 4 mercatis terrarum de Over Dalbettie et Houtrie-Carse cum burgagiis, infra territorium villæ de Urr et infra parochiam de Urr.—A. E. ...... N. E. ...... xxxiv. 161.

(333) Jul. 23. 1678.
PATRICIUS EPISCOPUS DE ABERDEIN, *hæres* Domini Joannis Scougall de Whytkirk, *fratris germani*,—in annuo redditu 1061*m.* de 19 mercatis terrarum de Renmure (Kenmuir?) et Laggan;—20 mercatis terrarum de Balmaclellan et Park, unitis in baroniam de Renmuire (Kenmuir?) infra parochias de Balmacclellan et Kells;—terris et baronia de Crocemichaell, comprehendentibus $2\frac{1}{2}$ mercatas terrarum de Fuffock;—5 mercatas terrarum de Ironaluirie;—5 mercatas terrarum de Auchindolie;—5 mercatas terrarum de Larman;—$2\frac{1}{2}$ mercatas terrarum de Ironfillan;—5 mercatas terrarum de Culgruff;—5 mercatas terrarum de Trowdaile;—5 mercatas terrarum de Mollandis;—5 mercatas terrarum de Hillowtoune;—5 mercatas terrarum de Hariebrand;—10 mercatas terrarum de Croffts;—5 mercatas terrarum de Glengappock;—terras et terras dominicales de Greenlaw;—5 mercatas terrarum de Ironspie;—10 mercatas terrarum de Chappell-Iron;—$2\frac{1}{2}$ mercatas terrarum de Clarbrand;—cum advocatione ecclesiæ parochialis de Crocemichael;—5 mercatas terrarum de Litle Drybrugh;—5 mercatas terrarum de Dunjarg;—5 mercatas terrarum de Ironfillan;—5 mercatas terrarum de Ironcrogo;—5 mercatas terrarum de

Blairnie;—5 mercatas terrarum de Meikle Drybrugh;—5 mercatas terrarum de Chapmantoune;—5 mercatas terrarum de Blackiron;—5 mercatas terrarum de Ironminie;—5 mercatas terrarum de Killnotrie;—molendinum granarium de Crocemichaell;—5 mercatas terrarum de Garrantoun;—$2\frac{1}{2}$ mercatas terrarum de Blackpark;—decimas garbales aliasque decimas ecclesiæ parochialis de Kirkmabrick, unitas in baroniam de Crocemichaell. xxxiii. 437.

(334) Jul. 23. 1678.
JONETA BROUN, *hæres* Joannis Broun de Lochill, *patris*,—in 20 solidatis terrarum de Over Carse antiqui extentus, infra parochiam de Newabbay.—A. E. 1*l.* N. E. 3*l.* xxxiv. 51.

(335) Jan. 6. 1680.
JACOBUS LINDSAY, *hæres* Jacobi Lindsay de Fairgirth, *patris*,—in 40 solidatis terrarum de Fairgirth cum molendino:—A. E. 2*l.* N. E. 6*l.*—10 mercatis terrarum de Meiklecotsok:—A. E. 6*l.* 13*s.* 4*d.* N. E. 20*l.*—15 solidatis terrarum de Auchinvay:—A. E. 15*s.* N. E. 2*l.* 5*s.*—3 mercatis terrarum de Ryse:—A. E. 2*l.* N. E. 6*l.*—omnibus infra parochias de Partoune et Colven, et senescallatum de Kirkcudbright. xxxv. 8.

(336) Jan. 20. 1680.
JOANNES HERRIES de Bracoch, *hæres masculus* Joannis Herries de Bracoch, *avi*,—in 20 solidatis terrarum de Bracoch:—E. 20*s.* *feudifirmæ*:—16 solidatis 8 denariatis terrarum de Meikle Boagrie, infra parochiam de Kirkpatrick-Irongray:—E. 23*s.* 4*d.* &c.—decimis garbalibus dictarum terrarum de Bracoch.—E. 3*l.* &c. xxxv. 176.

(337) Apr. 27. 1680.
THOMAS GREIRSONE de Bargaltoune, *hæres* Gulielmi Greirsone de Bargaltoune, *patris*,—in 4 mercatis terrarum de Litle Aires *alias* vocatis Livingstoune, comprehendentibus terras et mansionem de Livingstoune;—terras de Knockmurie vulgo vocatas Five Shilling Land;—cymbam et croftam vulgo vocatas boat et boatcroft de Balmaghie, et terras vocatas Kirkcroft de Balmaghie:—A. E. 2*l.* 13*s.* 4*d.* N. E. 12*m.*—22 solidatis terrarum de Irongennoch, et molendino granario de Coltnespeck cum insula vocata lie Milne Isle;—10 libratis terrarum vocatis Muire de Balmaghie, infra baroniam de Balmaghie.—A. E. 22*s.* N. E. 3*l.* 6*s.* xxxv. 252.

(338) Jun. 1. 1680.
MAGISTER ROBERTUS WYLIE, *hæres* Magistri Thomæ Wylie ministri Evangelii apud Kirkcudbriam, *patris*,—in 5 mercatis terrarum de Barclay antiqui extentus, infra parochiam de Rerick.—A. E. 5*m.* N. E. 15*m.* xxxv. 116.

(339) Aug. 24. 1680.
ALEXANDER M'GOWNE, *hæres* Alexandri M'Gowne mercatoris in Dumfries, *patris*,—in annuo redditu 247*m.* 2*s.* 8*d.* de 30 solidatis terrarum de Uroche;—32 solidatis terrarum de Wlroch;—10 solidatis terrarum de Meikle et Litle Craigs, in parochia de Balmaghie, infra 10 libratas terrarum de Duchrae. xxxv. 192.

(340) Jan. 25. 1681.
JACOBUS M'ADAM de Waterheid, *hæres* Gilberti M'Adam de Waterheid, *patris*,—in terris de Waterheid extendentibus ad $4\frac{1}{2}$ mercatas terræ antiqui extentus, infra parochiam de Carsfairne:—A. E. 3*l.* N. E. 9*l.*—mercata terræ de Nether Smittoun, infra dictam parochiam.—A. E. 11*s.* 4*d.* N. E. 3*m.* xxxvi. 14.

(341) Maii 12. 1681.
JACOBUS RIGG in Greenmerse, *hæres* Jacobi Rigg in Greenmerse, *proavi*,—in annuo redditu 4 bollarum farinæ avenaticæ de terris de Sanctbrydsholm, infra parochiam de Troqueir. xxxvi. 30.

(342) Nov. 10. 1681.
ROBERTUS LAURIE de Maxweltoun, *hæres* Gulielmi Laurie filii secundo geniti Joannis Lawrie de Maxwelltoun, *fratris germani*,—in terris de Reidcastle extendentibus ad 10 mercatas terrarum antiqui extentus, infra parochiam de Urr et regalitatem de Terreglis.—E. 40*m.*—(Vide Dumfreis.) xxxvi. 159.

(343) Feb. 28. 1682.
DOMINUS ROBERTUS MAXWELL de Orchardtoun, *hæres* Domini Roberti Maxwell de Orchardtoun, *patris*,—in $2\frac{1}{2}$ mercatis terrarum de Saint Mary Isle antiqui extentus:—E. 5*l.* 3*s.* 8*d.* *feudifirmæ*:—10 mercatis terrarum antiqui extentus de Torris in parochia de Galtnay.—E. 35*l.* 8*s.* *feudifirmæ*. xxxvii. 54.

(344) Sep. 19. 1682.
MARGARETA M'GOUNE, *hæres* Alexandri M'Goune filii Alexandri M'Goune mercatoris in Dumfries, *fratris*,—in annuo redditu 247*m.* 2*s.* 8*d.* de 30 solidatis terrarum de Uroch;—32 solidatis terrarum de Ulioche;—16 solidatis terrarum de Meikle et Litle Craigs, in parochia de Ballmacghie infra 10 libratas terrarum de Duchra. xxxvii. 42.

(345) Feb. 20. 1683.
GULIELMUS M'CULLOCH de Nether Arduall, *hæres* Gulielmi M'Culloch de Nether Arduall, *patris*,—in 5 mercatis terrarum de Nether Arduall, infra parochiam de Anweth:—A. E. 5*m.* N. E. 15*m.*—3 mercatis terrarum de Lochintyre;—mercata terrarum vocata Milmark:—A. E. 4*m.* N. E. 8*l.*—dimidia mercatæ terræ de Marquhather, infra parochiam de Anueth, pro principali:—A. E. 6*s.* 8*d.* N. E. 20*s.*—terris de Milnisle et molendino de Skyreburne, in warrantum dictarum terrarum. xxxvii. 126.

(346) Oct. 16. 1683.
GULIELMUS M'GHIE, *hæres* Elisabethæ Stewart sponsæ Alexandri M'Ghie de Ballmaghie, *matris*,—in 6 mercatis terrarum de Bardrochwood antiqui extentus, infra parochiam de Monygaffe, pro principali:—A. E. 6*m.* N. E. 18*m.*—10 mercatis terrarum de Meikle Seipland:—A. E. 10*m.* N. E. 30*m.*—5 mercatis terrarum de Little Seipland in parochia de Kirkcudbright:—A. E. 5*m.* N. E. 15*m.*—in warrantum terrarum de Bardrochwood. xxxvi. 268.

(347) Jan. 19. 1686.
JONETA M'MILLAN, *hæres* Joannis M'Millan de Drumes, *patris*,—in 20 solidatis terrarum de Drumnes et Craiglingtell, infra parochiam de Carsfairn.—A. E. 20*s.* N. E. 3*l.* xxxviii. 222.

(348) Jul. 13. 1686.
ELIZABETHA THOMSONE, *hæres* Gulielmi Thomsone portionarii de Nuncraige, *patris*,—in 4 mercatis terrarum de 12 mercatis terrarum de Muncraige (vel Nuncraig), infra parochiam de Kirkanders.—A. E. 4*m.* N. E. 12*m.* xxxix. 188.

(349) Jul. 15. 1686.
ROBERTUS LENNOX, *hæres lineæ* Andreæ Lennox, *abavi*,—in terris de Plumptoune extendentibus ad 9 mercatas terrarum, infra dominium de Galloway.—E. 6*l.* 13*s.* 4*d.* *feudifirmæ*. xxxix. 167.

(350) Oct. 26. 1686.
GEORGIUS MURRAY, *hæres* Domini Jacobi Murray de Cavens, *patris*,—in 10 solidatis terrarum de Gatesyde, infra parochiam de Kirkbeane.—E. 22*s.* et 2*s.* in augmentationem. xxxix. 343.

(351) Dec. 7. 1686.
ANNA ET JEANNA M'CLELLANDS, *hæredes portionariæ* Magistri Archibaldi M'Clelland in Kirkland de Kirkcormuck, *avi*,—in terris ecclesiasticis ecclesiæ parochialis de Kirkcormick cum molendino granario, infra terras de Midlethrid.—E. .... xxxix. 413.

(352) Jan. 25. 1687.
GRISSELLIDA DEMSTER, *hæres* Rogeri Demster de Over Laggan, *fratris germani*,—in 40 solidatis terrarum de Over Laggan pro principali;—ac in speciale warrantum earundem, in orientali latere terrarum de Borland *alias* Holme;—terris de Midfominoch, infra baroniam et parochiam de Portoune.—E. ...... xxxix. 626.

(353) Mar. 29. 1687.
GULIELMUS CAIRNES, *hæres* Davidis Cairnes de Kipp, *patris*,—in mercata terræ de Auchinskeoch, infra parochiam de Coven (Colven?)—A. E. 1*m.* N. E. 3*m.*—annuo redditu 80*m.* de 5 mercatis terrarum de 10 mercata terrarum de Kirkcarsell, infra parochiam de Dundrennan. xxxix. 662.

(354) Apr. 19. 1687.
HELENORA, ELIZABETHA, NICOLA, ET GRISSELLA STEWARTS, *hæredes portionariæ* Magistri Roberti Stewart de Robeinstoun fratris germani Alexandri Comitis de Galloway, *patris*,—in annuo redditu 780*l.* de 8 mercatis terrarum de Kirkcudbright et Mers;—.............. mercatis terrarum de Litle Kirkland de Crist;—5 mercatis terrarum de Cammilltoune;—.......... mercatis terrarum de Auchingaschell et Ringcroft, infra baroniam de Tuynhame;—terris et baronia de Twynhame comprehendente Neither Compstoune cum piscationibus lie Mers;—Over Compstoune et Comptstounend, Overmaines, Troftril, Glensaxt, Cullcaigrie, Tufock, Cammiltoun, et Ringcroft de Auchingassell. xxxix. 463.

(355) Jun. 7. 1687.
JACOBUS M'CLELAND, *hæres* Joannis M'Cleland de Auchlean, *fratris germani*,—in 3 mercatis terrarum de Auchlean cum piscatione super aquam de Dee:—A. E. 3*m.* N. E. 9*m.*—10 mercatis terrarum de Midle Thrid:—A. E. 10*m.* N. E. 30*m.*—5 mercatis terrarum de Laigh Arkland, infra parochiam de Kirkcormock.—A. E. ...... N. E. ...... xl. 249.

(356) Jun. 28. 1687.
JOANNES BROUNE, *hæres* Gulielmi Broune de Furthhead,

F

patris,—in 3 mercatis terrarum de Furthhead, infra parochiam de Urr.—A. E. 3*m*. N. E. 9*m*. xlvi. 407.

(357) Oct. 4. 1687.
DAVID M'ILNAE, *hæres* Davidis M'Ilnae de Lochheid, *patris*,—in mercata terræ de Locheid, cum portione liberæ forrestæ vocatæ The Free Forrest of Buchane infra parochiam de Kells, et nunc secundum dismembrationem ecclesiæ dictæ parochiæ, infra parochiam de Carsfairn.—A. E. 1*m*. N. E. 3*m*. xl. 89.

(358) Dec. 1. 1687.
JACOBUS GREIRSON, *hæres* Joannis Greirson de Capinoch, *patris*,—in 100 solidatis terrarum de Barnbachle antiqui extentus, infra parochiam de Lochrutton.—A. E. 100*s*. N. E. 300*s*. xl. 151.

(359) Feb. 9. 1688.
MARGARETA WRIGHT, *hæres* Joannis Wright filii Adami Wright in Cairntoun, *fratris*,—in mercata terra de Clunzie, Skillingholme and Brekinknow, infra baroniam de Drumsleit et parochiam de Tarregles.—A. E. 1*m*. N. E. 3*m*. xl. 94.

(360) Maii 8. 1688.
CAROLUS COMES DE SOUTHESK, Dominus Carnegie de Lewcharis, &c. *hæres masculus* Roberti Comitis de Southesk, Domini Carnegie de Kinnaird et Leucharis, *patris*,—in molendino de Tarrawchtie et tertis molendinariis, olim baroniæ de Lochmaben annexatis.—E. 4*l*.—(Vide Fife, Forfar, Kincardine, Peebles, Selkirk, Dumfreis, Aberdeen.) xl. 178.

(361) Oct. 9. 1688.
GULIELMUS LINDSAY, *hæres masculus* Joannis Lindsay de Mains, *patris*,—in 10 libratis terrarum antiqui extentus de Mains, cum piscationibus in aqua de Southwick, in parochia de Southwick.—E. 52*m*. &c. xl. 329.

(362) Jul. 29. 1690.
PATRICIUS ANGUS, *hæres* Roberti Angus naucleri in Bruntiyland, *patris*,—in molendino granario de Grange lie Burnecreuk nuncupato Milnedam aquæ ductus, astrictis multuris baroniæ de Saint Marie Isle, infra dictam baroniam de Saint Mary Isle, cum decimis prædictarum terrarum in dicta baronia et parochia de Gairtney.—E. 20*m*. &c. xli. 262.

(363) Jul. 29. 1690.
WILIELMUS GLENDONING, *hæres* Joannis Glendoning de Robertoune, *patris*,—in 2 croftis terrarum Megerland et Barcrofts nuncupatis cum decimis, infra parochiam de Kirkanders.—E. 1*d*. *argenti*. xli. 264.

(364) Aug. 6. 1690.
ROBERTUS WALLACE de Cairnhill, *hæres* Roberti Wallace de Cairnhill, *patrui*,—in terris de Culzenach:—E. 7*l*. 10*s*.—portione Forrestæ de Buchan, adjacente dictis terris de Culzenach, in dominiò de Galloway.—E. 3*s*. 4*d*.—(Vide Ayr.) xli. 249.

(365) Oct. 21. 1690.
GULIELMUS MAKGIE de Balmakgie, *hæres* Alexandri Makgie de Balmakgie, *patris*,—in 5 mercatis terrarum de Neither-Candidzell vulgo vocatis Maynes de Balmakgie;—$2\frac{1}{2}$ mercatis terræ de Over Candidzell;—$2\frac{1}{2}$ mercatis terræ de Glentoun cum molendino;—$2\frac{1}{2}$ mercatis terræ de Drumlayn;—16 solidatis terris de Barend;—16 solidatis terris de Meikle Creoches;—$2\frac{1}{2}$ mercatis terræ de Candnick;—$2\frac{1}{2}$ mercatis terræ de Tormollen;—$2\frac{1}{2}$ mercatis terræ de Grobdaill;—$2\frac{1}{2}$ mercatis terræ de Airie;—$2\frac{1}{2}$ mercatis terræ de Over et Nether Craes;—$13\frac{1}{2}$ mercatis terræ de terris de Keltoun, infra parochias de Balmakgie et Keltoun, erectis in baroniam de Balmaghie;—16 solidatis 8 denariatis terrarum de Slogarie, infra parochiam de Balmakgie, cum jure patronatus dictæ parochialis ecclesiæ et decimis ejusdem, et advocatione beneficiorum;—4 mercatis terrarum de Fymmish et Dornell antiqui extentus, infra parochiam de Balmakgie; quæ terræ de Slogarie, Fymmish, et Dornell unitæ erant ad baroniam de Livingstoun;—jure patronatus ecclesiæ parochialis de Balmakgie;—dimidia parte ex terris de Whytpark, infra dominium de Galloway et parochiam de Keltoun.—A. E. 55*m*. 8*d*. N. E. 165*m*. 8*d*. xliii. 314.

(366) Nov. 14. 1690.
JACOBUS RIG in Greinmerse, *hæres* Joannis Rig ibidem, *patris*,—in annuo redditu summæ principalis 1000*m*. ad 6*m*. per centum, de 2 mercatis terrarum de Cruiks et Cruickthorn, in parochia de Traquair.—E. 1*d*. xlviii. 446.

(367) Jan. 2. 1691.
JOANNES NEILSONE de Corsock, *hæres* Joannis Neilsone de Corsock, *patris*,—in 5 mercatis 11 solidatis et 8 denariatis terrarum de Corsock-Lindsay antiqui extentus, comprehendentibus 3 mercatas terrarum de Litle Corsock;—mercatam terræ de Warnhoill;—mercatam terræ de Blackmark;—11 solidatas 8 denariatas terræ de Ervie in parochia de Partoun:—A. E. 5*m*. 11*s*. 8*d*. N. E. 17*m*. 7*s*.—2 mercatis terrarum de Lairdlach, in parochia de Kirkpatrick-Durham:—E. 4*l*.—terris templariis de Barscoab, et terris de Mark (vel Barmark), Drumanister, et Corodow, ad 5 mercatas terrarum antiqui extentus extendentibus, cum decimis, in parochia de Balmaclellan:—A. E. 5*m*. N. E. 15*m*.—3 mercatis terrarum de Creichie in parochia de Partoun:—E. 6*l*.—15 solidatis terrarum de Auchinvae in dicta parochia de Partoun:—E. 1*d*.—$2\frac{1}{2}$ mercatis terrarum de Nether Armannoch in dicta parochia.—E. 1*d*. xlii. 294.

(368) Mar. 24. 1691.
JOHANNES MAKIE in Peningham, *hæres masculus* Patricii Makie de Larg, filii Patricii Makie balivi de Monygaff, qui fuit filius Patricii Makie de Barjarock, qui fuit frater Jacobi Makie de Corsbie, patris Roberti Makie de Corsbie, qui fuit pater dicti Johannis Makie, *nepotis fratris avi*,—in terris et baronia de Larg comprehendente 10 libratas terrarum de Camlodden;—mercatam terræ ex 2 mercatis terræ de Monygaff;—terras nuncupatas Littlepark et Largspark;—mercatam terræ de Strinord;—5 solidatas terrarum de Tonderghie, infra parochiam de Monygaff:—A. E. .... N. E. 30*l*.—villam de Monygaff in burgum baroniæ erectam.—E. 2*d*. xlii. 138.

(369) Jun. 5. 1691.
JONETA MORHEID sponsa Homeri Martin in Spedoch, ac soror germana .... Morheid de Calsayheid, qui fuit pater Joannis Muirhead de Calsayheid, *hæres* dicti Joannis Morheid, *nepotis*,—in mercata terræ ex $2\frac{1}{2}$ mercatis terrarum de Borland antiqui extentus, infra baroniam de Bishopforest et parochiam de Irongray.—E. 34*s*. 6*d*. xlii. 172.

(370) Jun. 5. 1691.
ROBERTUS MAXUELL de Maxueltoun, *hæres* Joannis Maxuell de Maxueltoune, *fratris germani*,—in 2 mercatis terrarum antiqui extentus de Maxueltoun *alias* Hanyngstoun, infra balliatum de Bishop Forrest et parochiam de Irongray.—E. 6*m*. xlii. 210.

(371) Jun. 9. 1691.
WILIELMUS MARTINE de Dularg, *hæres* Jacobi Martine de Dularg, *patris*,—in $2\frac{1}{2}$ mercatis terrarum de Natherarvie:—E. 7*m*. 6*s*. 8*d*.—3 mercatis terrarum antiqui extentus de Nather Dularg:—E. 9*m*.—infra baroniam et parochiam de Partoun. xlii. 226.

(372) Jun. 23. 1691.
ROBERTUS BROUN de Bishoptoun, *hæres* Edmondi Broun de Trostan, filii procreati inter Gavinum Broun de Bishoptoun, et Elizabetham Maxwell ejus sponsam, *fratris germani ex parte patris*,—in 30 solidatis terrarum de Lochbank:—E. 4*l*. 10*s*.—mercata terræ de Drougans (vel Drongans):—E. 2*l*.—20 solidatis terrarum de Kissock:—E. 3*l*.—10 solidatis terrarum de Woodhouse antiqui extentus, infra baroniam de Lochkindloch et parochiam de New Abbay:—E. 30*s*.—3 mercatis terrarum de Trostan:—E. 6*l*.—dimidio mercatæ terræ de Lochend, infra parochiam de New Abbay:—E. 20*s*.—20 solidatis terrarum de Over Carse antiqui extentus, infra parochiam prædictam:—E. 3*l*.—4 mercatis terrarum de Disdow, infra parochiam de Girthoun.—E. 8*l*. xlii. 182.

(373) Jul. 7. 1691.
GULIELMUS GORDOUN de Craichlaw, *hæres* Gulielmi Gordoun de Craichlaw, *avi*,—in 20 solidatis terrarum de Bardochit cum molendino antiqui extentus, infra baroniam de Earlestoun.—E. 3*l*. xliii. 472.

(374) Oct. 22. 1691.
JOANNES BELL in Achinleri, *hæres* Joannis Bell de Whytsyde, *patrui*,—in 8 mercatis ex 12 mercatis terrarum de Kirkbryde vocatis Whytsyde, infra parochiam (baroniam?) de Cardines et parochiam de Anwith.—E. 24*m*. xlii. 413.

(375) Mar. 14. 1693.
GABRIEL ALASONE unus balivorum burgi de Drumfries, *hæres* Magistri Adami Alasone de Whitepark, *patris*,—in 5 libratis terrarum de Dunjop, infra parochiam de Tungland.—E. 15*l*. xliii. 228.

(376) Apr. 29. 1693.
MARGARETA MAKMILLAND sponsa Willielmi Charters, *hæres portionaria* Andreæ Makmilland de Barwhinzeok, *fratris*;—et MICHAEL MAKGHIE, *hæres portionarius* dicti Andreæ Makmilland, *avunculi*,—in 5 mercatis terrarum de Barwhinzeok:—A. E. 3*l*. 6*s*. 8*d*. N. E. 10*l*.—50 solidatis terrarum ex terris dominicis de Nether Maynes de Twynholm, infra parochiam de Twynholm.—A. E. 50*s*. N. E. 7*l*. 10*s*. xliii. 256.

(377) Feb. 20. 1694.

AGNETA ET MARIOTA LINDSAYES, *hæredes portionariæ* Hendrici Lindsay de Ruscaller, *patris*,—in 6 mercatis terrarum de Carruchan antiqui extentus, infra parochiam de Troqueer, cum officio balliatus, regalitatis, seu baroniæ infra limites prædictarum terrarum.—E. 18*m*. xliii. 449.

(378) Maii 14. 1695.

WILLIELMUS MOOR de Cassincarie, *hæres* Joannis Moor de Cassincarie, *patris*,—in mercata terræ de Carse cum piscaria ejusdem :—E. 3*m*.—4½ mercatis dimidietatis mercatæ et 30 denariatarum terrarum de Spittell :—E. 14*m*. 1*d*.—cymba portatoria de Crie :—E. 5*l*. 6*s*. 8*d*. &c.—4 mercatis terrarum de Cassincarie, cum piscaria earundem :—E. 12*m*.—20 solidatis terrarum de Mark-William, et mercata terræ de Chapell-mark :—E. 7½*m*.— 2 stallingers de lie Ferrie de Crie cum ordei et avenarum croftis earundem ;—communi molendino granario baroniæ de Ferrie de Crie, cum astrictis multuris præfatæ baroniæ, et cum domibus, aquæ ductibus, monte molendini, &c. infra parochiam de Kirkmabrick, cum cymba portatoria lie ferrie boat de Crie.—E. 10*l*. 6*s*. 8*d*. xlv. 33.

(379) Oct. 22. 1695.

JACOBUS DUX DE QUEENSBERY, *hæres masculus et lineæ et talliæ* Gulielmi Ducis de Queensbery, *patris*,—in terris et baronia de Drumlangrig comprehendente 10 libratas terrarum de Almairnes antiqui extentus;—5 mercatas terrarum antiqui extentus de Craigmuy cum maneriei loco ;—5 mercatas terrarum de Airds, infra baroniam de Corsmichaell, cum advocatione ecclesiarum et parochiarum de Penpunt et Mortoune, tam rectoriis quam vicariis ; —omnes unitas cum aliis terris in vicecomitatu de Dumfries, in baroniam et regalitatem de Drumlangrig:—A. E. 328*l*. N. E. 984*l*. —prædiis et terris de Lochrinnie et Trosten, ad ...... mercatas terrarum antiqui extentus extendentibus, quæ sunt partes et pertinentes terrarum et baroniæ de Lochrinnie, in parochia de Balmacklellane :—A. E. 2*l*. N. E. 6*l*.—terris de Polvadock (vel Patvadock) extendentibus ad mercatam terræ antiqui extentus in baronia de Grenan:—A. E. 13*s*. 4*d*. N. E. 2*l*.—unitis cum aliis terris in vicecomitatu de Dumfries in baroniam de Drumlangrig.—(Vide Dumfries, Lanark.) xlv. 175.

(380) Maii 26. 1696.

GULIELMUS COMES DE NITHSDALE, Dominus Maxwell, Herries, Eskdale, et Carlyll, *hæres masculus et linealis et talliæ* Roberti Comitis de Nithsdale, Domini Maxwell, Herries, Eskdale, et Carlyell, *patris*,—in officio senescallatus de Kirkcudbright, cum terris de Sprinkell, &c. in Dumfries :—E. 45*l*.—terris de Gordistoune (vel Gordinstoune) extendentibus ad dimidias terras de Glenken, Bonnockhead, Aikhead, Montire, Knoknem (vel Knocknane), Strolokaven vocatis Otroduscan, cum molendinis earundem, lacu, maneriei loco, et messuagio de Lochinvar :—E. 80*l*.—terris et baronia de Grennan cum molendinis:—E. 40*l*.—terris de Spots: —E. 36*l*.—cum terris in Roxburgh, Dumfries, et Perth, erectis in dominium de Maxuell :—terris, domibus et baronia de Buitle subscriptis, viz. villa de Buitle cum molendino de Buitle, Munshes, Barshean, Marnock, Castelgour, Balgreddan, Guffokland, Corvarie, Nether Keltoune *alias* Haymyre (vel Halmyre,) cum insula de Whytehorn, Cloneauld, Cockleyes (vel Clone, Auldcockleyes,) Knockmeikle, Knocklittle, Collignaw, piscatione de Urie, Cuill, et Corbertoune, Daldaven, Lochdugans, Over Lochdugans, Midle Lochdugans, Nether lie Merks ;—1 mercata terrarum de Kirkbryde, Mott de Urr, Jaklig, Milnbank, Litle Richorn, Slognaw, Carlinwork, infra dominium de Galloway:—E. 245*l*. 6*s*.—49 mercatis 2 solidatis terrarum de Kirkpatrick-Durham subscriptis, viz. 40 solidatis terrarum de Culshangan ;—40 solidatis terrarum de Turbraroch (vel Tarbraoch) ;—20 solidatis terrarum de Kirkland ; —40 solidatis terrarum de Moniedew ;—38 solidatis 8 denariatis terrarum de Nether Marketnae (vel M'Cartnay) ;—40 solidatis 40 denariatis terrarum de Bardarroch ;—20 solidatis terrarum de Margley ;—40 solidatis terrarum de Trallhay (vel Traglehay) ;— 40 solidatis terrarum de Arkland ;—40 solidatis terrarum de Armyng (vel Auldmyng) ;—40 solidatis terrarum de Culfade ;— 40 solidatis terrarum de Barmofatis (vel Barmofatie) ;—40 solidatis terrarum de Drumconchra (vel Drumtochra) ;—5 mercatis terrarum de Auchinley (vel Argley) ;—mercata terrarum de Darngarroch ;—40 solidatis terrarum de Knockwalloch ;—2 mercatis terrarum de Overbarr ;—2 mercatis terrarum de Netherbarr et molendino earundem, infra senescallatum de Kirkcudbright et vicecomitatum de Dumfries :—E. 130*m*. 8*s*. 8*d*. *firmæ* :—20 libratis terrarum de Treivgrang ex quocunque latere aquæ de Die, cum molendino earundem :—officio senescallatus de Kirkcudbright ;— hæreditaria custodia castri de Treive et insula ejusdem ;—salmonum piscatione super aquam de Die aliisque piscationibus ab antiquo dicto castro spectantibus :—E. 109*l*. 6*s*. 4*d*. *firmæ* :—officio balliatus terrarum et possessionum ad monasterium de Sweetheart pertinentium, infra senescallatum de Kirkcudbright et vicecomitatum de

Dumfries, et quarumcunque aliarum terrarum infra hoc regnum Scotiæ ad dictum monasterium pertinentium ;—cum 5 mercatis terrarum de Lochartur, infra baroniam de Lochindeloch, pro dicto comite de Nithsdale suo feodo in usu et servitio dicti officii balliatus :—E. 11*m*.—officio balliatus terrarum et possessionum monasterii de Dundrennan, infra senescallatum de Kirkcudbright et vicecomitatum de Dumfries, et quarumcunque aliarum terrarum ad dictum monasterium pertinentium ubicunque infra regnum Scotiæ existant ;—5 libratis terrarum de Mulloch, cum insula et terris de Hestoune et cuniculariis ejusdem, infra baroniam de Dundrennan et parochiam de Rerik, pro feodo in usu et servitio dicti officii balliatus de Dundrennan :—E. 15*l*.—officio balliatus terrarum et possessionum ad præposituram ecclesiæ collegiatæ de Lincluden, infra senescallatum de Kirkcudbright spectantium, et quarumcunque aliarum terrarum dictæ præposituræ spectantium ubicunque infra regnum Scotiæ existant ;—5 libratis terrarum de Nynbellie et Fallowend, infra parochiam de Knockbean, ad baroniam de Drumsleit pertinentibus, pro suo feodo in usu et servitio dicti officii balliatus:—A. E. 5*l*. N. E. 15*l*.—principali officio balliatus terrarum, domorum, locorum, aliarumque possessionum quarumcunque monasterii de Tungland ;—5 libratis terrarum antiqui extentus de Cargen (vel Kergen), infra parochiam de Traquair, pro usu dicti officii balliatus de Tungland :—A. E. 5*l*. N. E. 15*l*.—terris de Litle Kilwhannadie ;—hæreditario officio balliatus terrarum et possessionum ad abbatiam de Halywood spectantium ;—10 libratis terrarum et terris dominicalibus de Southwick cum molendino, infra parochiam de Southwick, cum aliis terris in Dumfries :—E. 2*l*.— omnibus prædictis terris cum aliis terris in Dumfries, Roxburgh, Perth, et Wigton, erectis in comitatum de Nithsdale ;—terris et dominio de Tereglis infra scriptis, viz. terris et baronia de Tereglcs cum tenendriis de Laglanie (vel Larglanglie,) et Glaisters ;—advocatione ecclesiæ de Kirkpatrick-Irongray et capellæ de Chappelyaird ;—terris et baronia de Kirkgunzean ;—advocatione ecclesiæ de Kirkgunzean;—terris et dimidia baronia de Urr, infra senescallatum de Kirkcudbright et vicecomitatum de Dumfries;—privilegio regalitatis dictarum terrarum et baroniarum.—E. 240*m*.—(Vide Roxburgh, Dumfries, Perth, Wigton.) xlvi. 21.

(381) Sep. 1. 1696.

JOANNES FULLERTONE de Auchinhay, *hæres* Willielmi Fullertoune de Authinhay, *patris*,—in 6 mercatis terris antiqui extentus de Auchinhay ;—dimidio terrarum de Meikle Carletoune ad 1 mercatam terræ antiqui extentus extendente, omnibus infra parochiam de Borgue ;—12 mercatis terris de Borrouness antiqui extentus, infra parochiam de Kirkanders.—A. E. 14*l*. N. E. 42*l*. xlvi. 135.

(382) Sep. 1. 1696.

HESTERA M'GORMOCK, *hæres* Gilberti M'Cormock de Barley, *avi*,—in 20 solidatis terris de Barley, et molendino granario de Polmaddie antiqui extentus, infra parochiam de Kells.—E. 3*l*. xlvi. 444.

(383) Sep. 1. 1696.

JOANNES M'CULLOCH de Barholme, *hæres* Isobellæ M'Dougall filiæ legitimæ quondam Joannis M'Dougall de Barholme, *matris*,—in 4 mercatis terris de Pibble ;—20 solidatis terris de Clauchred ;—infra parochiam de Kirkmabreik et Kirkdale:—A. E. 3*l*. 13*s*. 8*d*. N. E. 11*l*.—2 mercatis terris et 1 mercata terræ de Glenquhichen, infra baroniam de Ferrie, et parochiam de Kirkmabreck ;—et pro warantizatione earundem, in 3 mercatis terris de Struans, infra dictam parochiam de Kirkdale et Kirkmabreck. —A. E. 3*l*. 13*s*. 8*d*. N. E. 11*l*. xlvi. 496.

(384) Sep. 1. 1696.

JOANNES M'CULLOCH de Barholme, *hæres* Joannis M'Culloche de Barholme, *avi*,—in 5 libratis terrarum de Barholme, infra parochiam de Kirkdale annexatam ad parochiam de Kirkmabreik ; —A. E. 5*l*. N. E. 15*l*.—3 mercatis terrarum de Bardistrand, infra parochiam de Anwith :—A. E. 2*l*. N. E. 6*l*.—5 mercatis terrarum de Laggenmullen *alias* Milnysle, infra parochiam de Anwith.— E. 1*d*. xlvi. 499.

(385) Sep. 1. 1696.

DAVID M'CULLOCH de Neather Arduall, *hæres* Willielmi M'Culloch de Neather Arduall, *fratris germani*,—in 5 mercatis terris de Neather Arduall infra parochiam de Anwath :—E. 10*l*. —3 mercatis terris de Lochintyre :—E. 6*l*.—1 mercata terræ de Milnemark :—E. 2*l*.—dimidio mercatæ terræ de Marwhocher :— E. 20*s*.—infra parochiam de Anwath. xlvi. 507.

(386) Dec. 1. 1696.

JOANNES M'CULLOCH de Barholme, *hæres* Mariæ M'Dowall filiæ legitimæ quondam Joannis M'Dowall de Barholme, sororis germanæ Isobellæ M'Dowall matris dicti Joannis M'Culloch, *amitæ*, —in 4 mercatis terris de Pibble, et 20 solidatis terris de Clauchred, infra parochiam de Kirkmabreck et Kirkdale:—A. E. 3*l*. 13*s*.

8*d.* N. E. 11*l.*—2 mercatis terris et 1 mercata terræ de Glenquicken pro principalibus, infra baroniam de Ferrie et parochiam de Kirkmabreck;—et pro warantizatione dictarum terrarum de Glenquicken, in 3 mercatis terris de Struans infra annexatam parochiam de Kirkdale et Kirkmabreck.—A. E. 3*l.* 13*s.* 8*d.* N. E. 11*l.* xlvi. 503.

(387) Mar. 1. 1698.
WILLIELMUS M'CULLOCH de Kirklaugh, *hæres* Roberti M'Culloch de Kirklaugh mercatoris burgensis de Kirkcudbright, *avi*,—in 5 mercatis terrarum de Kirklaugh antiqui extentus, et molendino de Scyrburne, in parochia de Anwoth.—E. . . . . xlvii. 438.

(388) Jun. 28. 1698.
DOMINUS ROBERTUS LOURIE de Maxueltoune, *hæres* Domini Roberti Lourie de Maxueltoune, *patris*,—in terris de Reidcastle extendentibus ad 10 mercatas terrarum antiqui extentus, tanquam parte dimidietatis terrarum et baroniæ de Ur, infra parochiam de Ur et baroniam de . . . .—E. 26*l.* 13*s.* 4*d.* xlvii. 571.

(389) Sep. 20. 1698.
MAGISTER JOANNES GORDONE, *hæres masculus et provisionis* Alexandri Vicecomitis de Kenmuir, *patris*,—in 19 mercatis terrarum antiqui extentus de Kenmuir et Laggan;—20 mercatis terrarum de Balmaclelland et Park, unitis in baroniam de Kenmuir;—5 mercatis terrarum de Ballengate;—5 mercatis terrarum de Knocknarling, Darselloch, Ramsell, superiore et Midle Orchyeards;—5 mercatis terrarum de Garlurg, extendentibus ad 10 libratas terrarum antiqui extentus vocatas Catbellie;—terris et baronia de Earlestoune, extendentibus ad 40 mercatas terrarum antiqui extentus, cum advocatione Sancti Joannis de Daleg (vel Dalry);—terris et baronia de Gelstoune, comprehendente 3 mercatas terrarum de Glensawock;—20 solidatas terrarum de Whythills;—20 solidatas terrarum de Potterland;—3 mercatas terrarum de Kirkmyre et Glen;—4 mercatis terrarum de Meikle Whythills et Shedowbank;—20 solidatas terrarum de Newlands;—7½ mercatas terrarum de Ayreland;—12 mercatas terrarum de Inglestoune, cum molendino de Gelstoune, M'Braicks et Barniewater, et 8 mercatas terrarum de Broadland;—in terris et baronia de Crossmichaell, comprehendente 2½ mercatas terrarum de Fuffock;—5 mercatas terrarum de Irnmyre;—5 mercatas terrarum de Auchindalie;—5 mercatas terrarum de Fargarie;—2½ mercatas terrarum de Irnefillan;—5 mercatas terrarum de Trodlie *alias* Tradlie;—5 mercatas terrarum de Mollans;—5 mercatas terrarum de Hillingtoune;—5 mercatas terrarum de Heribrand;—10 mercatas terrarum de Crofts;—10 mercatas terrarum de Glenguppoch;—in terris et terris dominicalibus de Greenlaw, cum canis et lie bound days work baroniæ de Crossmichaell;—5 mercatis terrarum de Irnehills;—10 mercatis terrarum de Chappeliron;—2½ mercatis terrarum de Clowbrand et Auchinhoy, cum advocatione ecclesiæ de Crocemichaell;—5 mercatis terrarum de Meikle Dryburgh;—5 mercatis terrarum de Chapmantoune;—5 mercatis terrarum de Blackyearne;—5 mercatis terrarum de Kilnotrie, cum molendino granario de Crocemichaell;—5 mercatis terrarum de Geiringtoune;—2½ mercatis terrarum de Blackpark;—5 mercatis terrarum de Irnecraig, et 5 mercatis terrarum de Blairney;—10 libratis terrarum de Jerse, Katharinæ, et Debaitie;—terris de Bargalie et Barhoyse;—3½ mercatis terrarum de Glenskairburne et Over Paltries;—terris de Kaillcora, Corbatoun, Dildovan, et Suffolk (Fuffok):—A. E. 298*m.* N. E. 894*m.*—terris et baronia de Gordonstone:—A. E. 40*m.* N. E. 120*m.*—terris et baronia de Toungueland, *alias* vocata tenandria de Endrig, in baronia de Toungueland, cum officio ballivatus deputati terrarum &c. pertinentium ad monasterium de Toungland.—E. 219*l.* *feudifirmæ.* xlvii. 459.

(390) Maii 31. 1699.
ADAMUS CRAIK de Arbigland, *hæres* Gulielmi Craik de Arbigland nuper præpositi burgi de Drumfreis, *patris*,—in terris de Arbigland extendentibus ad 10 libratas terrarum antiqui extentus, infra parochiam de Kirktoune.—A. E. 10*l.* N. E. 30*l.*—(Vide Dumfries.) xlviii. 155.

(391) Nov. 21. 1699.
DOMINUS GEORGIUS MAXWELL de Orchzeardtoune, *hæres* Domini Roberti Maxuell de Orchzeardtoune, *patris*,—in 9 mercatis terrarum de Orchzeardtoune antiqui extentus, infra parochiam de Buitle.—A. E. 6*l.* N. E. 18*l.* xlviii. 384.

(392) Dec. 1. 1699.
CAROLUS M'CLELLANE de Colline, *hæres masculus* Patricii M'Clellane de Colline, *fratris germani*,—in 5 libratis terrarum de Chapeltoune:—E. 11*l.* 13*s.* 4*d.* &c. *feudifirmæ*:—20 solidatis terrarum de Colline antiqui extentus:—E. 43*s.* 4*d.* &c. *feudifirmæ*:—decimis garbalibus dictarum 5 libratarum terrarum de Chapletoune:—E. 30*l.* *feudifirmæ*:—3½ mercatis terrarum de Meiklehalfe:—E. 4*l.* 13*s.* 4*d.* *feudifirmæ*:—40 solidatis terrarum de Stocken.—E. 13*s.* 4*d.* &c. *feudifirmæ.* xlviii. 315.

(393) Dec. 22. 1699.
KATHERINA, JOANNA, ET HELENA MURRAYES, *hæredes portionariæ* Georgii Murray de Covens, *fratris germani*,—in 10 solidatis terrarum de Gatesyde infra parochiam de Kirkbean.—E. 20*s.* et 2*s.* *in augmentationem, feudifirmæ.* xlviii. 456.

(394) Jul. 16. 1700.
ARCHIBALDUS CUTLAR de Orroland, *hæres* Joannis Cutlar de Orroland, *patris*,—in 6½ mercatis terræ antiqui extentus de Over Rerick, et 5½ mercatis terræ ejusdem extentus de Orroland:—E. 19*l.* 20*d.* *feudifirmæ*:—3 mercatis terrarum de Fagra antiqui extentus:—E. 4*l.* 40*s.* &c. *feudifirmæ*:—dimidietate 40 solidatarum terrarum de Auchinbeinzie *alias* nuncupata Barend, extendente ad 20 solidatas terrarum antiqui extentus, in baronia de Dundrennan *alias* Rerik et parochia ejusdem.—E. 43*s.* 4*d.* liii. 104.

(395) Dec. 27. 1700.
BARBARA HERREIS, *hæres portionaria* Roberti Herreis de Barnbarroch, *patris*,—in dimidio principalis mercatæ terræ de Barnbarroch antiqui extentus, in parochia de Culven.—A. E. ½*m.* N. E. 1½*m.* xlix. 32.

OMISSA.

(396) Aug. 5. 1550.
ROBERTUS DOMINUS MAXWELL, *hæres* Roberti Domini Maxwell, *patris*,—in terris, dominio, et baronia de Butill, viz. villa de Buttill cum molendino;—Munschies;—Barschynnane;—Marenach;—Castlegoure;—Balgredden;—Guffokland;—Corwarie;—Nathir Keltoun *alias* Halmyre, cum insula de Quhithorne;—Clone;—Auld Cokleis;—Knockmekill;—Knocklitle;—Kulgnaw;—piscaria de Wr;—Cule;—Corbertoun;—Daldawen;—Lochdowganes;—Over Lochdowganis;—Midle Lochdowganes;—Nathir Lochdowganes;—lie merkis mercatæ terræ de Kirkbryde;—lie moit de Wr;—Jackleig;—Milbank;—Litil Richerne;—Sleingaw;—Carlingwark;—in dominio de Galloway et senescallatu de Kirkcudbright.—E. 243*l.* 6*s.* i. 167.

(397) Feb. 23. 1633.
JOANNES LENNOX de Calie, *hæres* Gulielmi Lennox de Calie, *avi*,—in 40 solidatis terrarum de Buitlemains, partibus 22 mercatarum terrarum de Kirkinnane antiqui extentus, in parochia de Buittle infra senescallatum de Kirkcudbright.—A. E. 50*s.* N. E. 7*l.* 10*s.* xcv. 216.

(398) Feb. 5. 1650.
DAVID RAMSAY of Torbane, *heir* of David Ramsay of Torbane *his guidser*,—in the 2½ merk land of Nether Reddick of auld extent, within the barony of Dundrennan.—E. 3*l.* 10*s.* *of feu farm.*—(Vide Wigton.) xxi. 114.

(399) Oct. 12. 1664.
JACOBUS CLERKE de Trolos, *hæres* Joannis Clerk in Nether Dalvenie, *patris*,—in terris de Nework antiqui extentus vocatis 20 libratis terrarum de Clawden, comprehendentibus terras de Inglistoun, Lagge, Rourtanbridge, Dallquhairne, Hallhill, Roughtrees, Nework, Kirkpatricks Over et Nather, Clowdanes cum molendinis granorum et fullonum;—lie Victual Milns and Waulk Milns;—terris de Woodheid, omnibus infra parochiam de Kirkpatrick-Irnegray, et senescallatum de Kirkcudbright.—A. E. 20*l.* N. E. 60*l.* xxviii. 28.

SUPPLEMENTA

KIRKCUDBRIGHT.

(400)   Apr. 22. 1572.

THOMAS M^cCLELLANE de Nuntoun, *hæres* Willielmi McClellane de Nuntoun, *avi*,—in 9 mercatis terrarum de Plimtoune antiqui extentus, in parochia de Kirkanders.—A. E. 9*m.* N. E. 27*m.*   A. 6.

(401)   Jun. 10. 1572.

THOMAS M^cQUHARG, *hæres* Thomæ McQuharg, *patris*,—in 20 solidatis terrarum de 5 mercatis terrarum de Barchclye antiqui extentus, in parochia de Rerik.—A. E. 20*s.* N. E. 3*l.*   A. 9.

(402)   Jan. 25. 1574.

WILLELMUS LEVENAX, *hæres* Willelmi Levenax de Calíe, *patris*,—in 3 mercatis terrarum de Blakbullie cum molendino :—A. E. 3*m.* N. E. 6*l.*—25 solidatis terrarum de Milntoun, quæ sunt partes 22 mercatarum terrarum baroniæ de Kirkennane antiqui extentus, in parochia de Butill.—A. E. 25*s.* N. E. 3*l.* 15*s.*   A. 45.

(403)   Jan. 24. 1575.

ALEXANDER STEWART, *hæres* Alexandri Stewart de Dalswontoun militis, *patris*,—in terris et baronia de Garrulis et Glenmannocht, cum officio senescallatus infra bondas earundem, cum molendinis, lie Cruis et piscationibus.—A. E. 80*m.* N. E. 240*m.*
                              A. 53.

(404)   Jan. 22. 1576.

ALEXANDER ACANNANE, *hæres* Joannis Acannane, *fratris germani*,—in terris de Killoche, dimidia mercatæ terrarum de Knokley, et tertia parte terrarum de Lagganlevin, extendentibus in integrum ad 4½ mercatas terrarum antiqui extentus, in parochia de Balmaclellane.—A. E. 3*l.* N. E. 9*l.*   A. 287.

(405)   Maii 1. 1582.

THOMAS SCOT, *hæres* Johannis Scot in Barfreggane, *patris*,—in dimidia mercata terrarum de Wodheid antiqui extentus, cum molendino, in parochia de Troqueir.—A. E. 6*s.* 8*d.* N. E. 20*s.*
                              A. 205.

(406)   Oct. 30. 1582.

JOHANNES GORDOUN, *hæres* Alexandri Gordoun de Torquhane, *patris*,—in 3 mercatis terrarum de Torquhane ;—1 mercata terrarum de Craig ;—1 mercata terrarum de Barmorrow (vel Barkorrow) ;—3 mercatis terrarum de Barinnie ;—4 mercatis terrarum de Mekill Mochrum antiqui extentus, in parochiis de Balmaclellane, Kellis, et Partoun.—A. E. 8*l.* N. E. 36*m.*   A. 221.

(407)   Sep. 16. 1585.

GULIELMUS M^cCLELLANE, *hæres masculus* Alexandri McClellane de Geldstoun, *patris*,—in terris et baronia de Gelstoun subscriptis, viz. de . . . . mercatis terrarum de Glenzarrok ; —20 solidatis terrarum de Litill Quhithillis ;—20 solidatis terrarum de Potterland ;—3 mercatis terrarum de Kirkmirrene et Glen ;—4 mercatis terrarum de Mekill Quhithillis et Gildowbank ; —20 solidatis terrarum de Newlands ;—7 marcatis terrarum de Arelande ;—12 marcatis terrarum de Inglistoune, una cum molendino de Gelstoun ;—8 marcatis terrarum de Bordland ;—in parochia de Gelstoun ;—20 marcatis terrarum antiqui extentus de Kirkcormok, Netherthrid et Archeland nuncupatis, cum molendino de Kirkcormok, in parochia de Kirkcormok ;—1 marcata terrarum de Glenley, et dimedia marcata terræ de Cotland, in parochia de Kirkcudbrycht ;—unitis cum terris in Wigtoun in baroniam de Gelstoun.—A. E. 79*l.* N. E. 237*l.*—(Vide Wigton.)   B. 32.

(408)   Jul. 31. 1587.

JOANNES RERIK, *hæres* Elizabethæ Levingstoun, *matris*,—in 22 solidatis terrarum de Arnegannoch antiqui extentus, in parochia de Balmaghie.—A. E. 22*s.* N. E. 3*l.* 6*s.*   B. 110.

(409)   Maii 15. 1593.

MARGARETA GORDOUN, *hæres* Margaretæ Sinclair, *matris*, —in dimidietate 4½ mercatarum terrarum antiqui extentus baroniæ de Erlistoun, extendente ad 2 mercatas et 40 denariatas terrarum earundem subscriptarum, viz. dimidietate mercatæ terræ de Erlistoun ;—dimidietate mercatæ terræ de Mylntoun ;—dimidietate mercatæ terræ de Marnbrok ;—dimidietate mercatæ terræ de Quhitlie ;—dimidietate mercatæ terræ de Dalclany ;— dimidietate dimediæ mercatæ terræ de Glentie, in baronia de Erlistoun, et parochia de Dalry.—A. E. 30*s.* N. E. 4*l.* 10*s.*   C. 161.

(410)   Jun. 19. 1593.

GULIELMUS CONQUHIR, *hæres* Richardi Conquhir de Girthsting, *patris*,—in 40 solidatis terrarum antiqui extentus vocatis lie Girthsting et decimis:—E. 40s. et 20s. pro decimis, &c. *feudifirmæ:*—occidentali dimidietate villæ et terrarum vulgo Netherlaw vocatarum, cum decimis garbalibus et multuris:—E. 15l. et pro decimis et multuris 63 bollæ *farinæ*, &c. *feudifirmæ:*—40 solidatis terrarum de Balcheskie (vel Baltheskie) antiqui extentus:—E. 4l. 10s. *feudifirmæ:*—dimedia mercata terrarum de Balcarie, cum lie Fischezaird et piscaria ejusdem, ac nemore:—E. 15s. 10d. *feudifirmæ:*—infra baroniam de Rerik. C. 172.

(411) Mar. 12. 1593.
PATRICIUS MURDOCH, *hæres* Patricii Murdoche de Camloddane, *patris*,—in 10 libratis terrarum de Camloddane antiqui extentus, cum piscaria in aqua de Crie, viz. Dalhugin, Glenquhorse, Drumekillyn, Resk, Auchinlek, Dalasche, Stroneba, Dyrnecreif, Dirrelzeyne, Craigincalzie, Lagane et Munquhile, in dominio Galwidiæ.—A. E. 10l. N. E. 30l. C. 220.

(412) Jun. 17. 1595.
JOANNES EWART, *hæres* Willelmi Ewart in Torris de Keltoun, *patris*,—in 10 solidatis terrarum ecclesiasticarum de Butill extendentibus ad dimidietatem earundem, cum decimis garbalibus et prædialibus inclusis, in parochia de Butill.—E. 5m. 40d. *feudifirmæ et augmentationis.* C. 295.

(413) Nov. 2. 1596.
JOHANNES PATERSONE, *hæres* Roberti Patersone in Lochdowgane, *patris*,—in tertia parte 4 mercatarum terrarum de Littil Dalbatie, extendente ad 1 mercatam 4 solidatas et 5 denariatas terrarum ejusdem antiqui extentus, in parochia de Ur.—E. 17s. 9d. D. 98.

(414) Mar. 21. 1597.
ANDREAS ARNOTE, *hæres* Davidis Arnote de Barcappill, *patris*,—in 8 mercatis terrarum antiqui extentus de Ovir Barcappill, infra baroniam de Toungland.—E. 9m. *feudifirmæ et augmentationis.* D. 181.

(415) Jul. 31. 1598.
ANNABELLA CHALMER, *hæres* Wilelmi Chalmer de Wodheid, *patris*,—in 2½ mercatis terrarum de Craigincbay, infra parochiam de Kellis et dominium Galvidiæ:—E. 3l. 17s. 8d. *feudifirmæ et augmentationis:*—20 solidatis terrarum antiqui extentus de Wodheid et Largerie, infra parochiam de Kellis.—A. E. 20s. N. E. 3l. D. 193.

(416) Jul. 31. 1610.
THOMAS McCLELLANE de Balmangan, *hæres* Guilielmi McClellane de Balmanghane, *patris*,—in 3 mercatis terrarum de Roontoune antiqui extentus, infra baroniam de Laik, et parochiam de Girtoune.—A. E. 40s. N. E. 6l. E. 33.

(417) Mar. 14. 1611.
JOANNES DOMINUS DE HALYRUDHOUSE, *hæres* Joannis Domini de Halyrudhouse, *patris*,—in terris et baronia de Dunrod, cum pertinentiis, annexis, et connexis, viz. terris de Drummoirsyde, Mylntoun, Balma, Balfeix, et croftis nuncupatis the Stallange croft et Chapell croft, cum molendino de Dunrod, et astrictis multuris terrarum baroniæ de Dunrod;—terris nuncupatis Mekill Kirkland et Littill Kirkland, infra senescallatum de Kirkcudbright et vicecomitatum de Drumfreis;—unitis cum terris in Edinburgh et Haddingtoun in temporale dominium et baroniam de Halyrudhouse.—A. E. 100m. N. E. 300m.—(Vide Edinburgh, Haddington.) E. 46.

(418) Mar. 12. 1611.
JOANNES BROWNE, *hæres* Joannis Browne de Lande, *patris*,—in 40 solidatis terrarum de Lande;—20 solidatis terrarum de Barbethe;—20 solidatis terrarum de Glenne:—E. 9l. 17s. 4d. &c. *feudifirmæ:*—8 mercatis terrarum de Drum:—E. 17m. &c. *feudifirmæ:*—4 mercatis terrarum de Corbellie:—E. 9m. &c. *feudifirmæ:*—1 mercata terrarum nuncupata Under the Wall;—una portione terrarum nuncupata the Howlatsclois:—E. 24s. 8d. *feudifirmæ:*—dimidia parte molendini granorum baroniæ de Lochkindeloch, cum domo multurarum, et dimidietate multurarum astrictarum:—E. 11l. 12s. *feudifirmæ:*—omnibus infra baroniam de Lochkindeloche. E. 52.

(419) ...... 1611.
JOANNES DOMINUS HERREIS, *hæres* Guilielmi Domini Herreis, *patris*,—in 40 solidatis terrarum de Kinhervie et Clokcloy antiqui extentus, in parochia de New Abbay.—E. 3m. et 3s. 4d. *feudifirmæ et augmentationis.* E. 105.

(420) Feb. 23. 1613.
MAGISTER JOANNES MEIKILL, *hæres* Joannis Meikill clerici Commissariatus de Kirkcudbright, *patris*,—in 2½ mercatis terræ antiqui extentus terrarum de Balmaa, cum decimis inclusis

et astrictis multuris, infra parochiam de Dunrod:—E. 8m. *feudifirmæ:*—annuo redditu 100l. de 5 mercatis terræ antiqui extentus ...., infra parochiam de Gelstoune et baroniam ejusdem. E. 243.

(421) Mar. 9. 1613.
JOHANNES JARDANE, de Apilgirth, *hæres* Domini Alexandri Jardane de Apilgirth militis, *patris*,—in terris et baronia de Kirkanders cum molendino, exceptis 12 mercatis terrarum de Mounkcraig.—E. ....—(Vide Dumfries, Lanerk.) E. 250.

(422) Sep. 23. 1613.
JOANNES BROWNE de Mollans, *hæres* Joannis Browne de Mollans, *patris*,—in 5 mercatis terrarum de Mollans antiqui extentus, in baronia de Corsmichell:—E. 6l. 18s. 4d. *feudifirmæ:*—5 mercatis terrarum de Gerrentoun antiqui extentus, jacentibus ut supra:—E. 5m. 3s. 4d. &c. *feudifirmæ:*—10 mercatis terrarum de Lytil Dryburghe et Drumsarge, (vel Drumfarge vel Drumjarge) antiqui extentus:—E. 10m. & . *feudifirmæ:*—40 solidatis terrarum ecclesiasticarum de Corsmichell antiqui extentus:—E. 4l. 6s. 8d. *feudifirmæ:*—22 solidatis terrarum de Cuntanespik antiqui extentus, in parochia de Balmaghie, cum molendino, multuris et insula molendini vulgo vocata the Mylne Iyile of the samyn.—A. E. 22s. N. E. 3l. 6s. F. 95.

(423) Feb. 20. 1621.
QUINTIGERNUS MAXWELL, *hæres* Roberti Maxwell de Fourmarkland, *patris*,—in 20 solidatis terrarum antiqui extentus de Midglen, infra baroniam de Lochkindeloch.—E. 26s. 8d. *feudifirmæ.* F. 256.

(424) Jun. 5. 1623.
JOANNES GORDOUN, *hæres* Jacobi Gordoun in Cullingdoch, *patris*,—in 2½ mercatis terræ 40 solidatarum terrarum de Killerne antiqui extentus, in parochia de Anweth:—E. 5l. 4s. *feudifirmæ:*—feudifirmarum divoriis dictarum terrarum:—A. E. 5l. 4s. N. E. 15l. 12s.—dimidia mercata terræ de Tor antiqui extentus, in dicta parochia.—A. E. 6s. 8d. N. E. 20s. G. 20.

(425) .... 13. 1657?
ALEXANDER TRAN, *air of* Alexander Tran late Minister at Lochrutton, *his father*,—in 2½ merk land of Riddings;—1 merk land of Bonarich;—15 shilling land of Nether Barnclewgh;—another 15 shilling land thereof, being the equal half of the 4½ merk land of Nether Barnclewch;—3 pund land of Over Barnclewch, and 15 shilling land of Larbreck, in the parish of Kirkpatrik Irngray, with the privilege and jurisdiction of regality, extending to 11 merks 5 shilling land:—O. E. ane maill, N. E. 3 maills:—and in warrandice thereof, the other half of the 4½ merk land of Nether Barnclewch;—2 merk land of Crochmoir;—2 shilling land of Clowden;—4½ merk land of Knockshinnoch, 3 merk land of Glen;—half merk land of Margloliie;—4½ merk land of Meikle Beoch;—2 merk land of the 4 merk land of Lytle Beoch;—1½ merk land of Bracoch;—1 merk land of Lytle Bogrie; lying in the parish of Kirkpatrick-Irongray, barony and regality of Terreglis, with the priviledge and jurisdiction of regality;—the lands and barony of Kirkgunzeand, extending to 60 merk land, with the miln, and advocation of the Kirk of Kirkgunzeand;—the 50 merk land of the half barony of Ur, and frie jurisdiction of regalitie, lying in the stewartry of Kirkcudbright, and shirreffdom of Dumfries.—O. E. .... N. E. .... H. 219.

(426) Feb. 23. 1658.
ROBERT VISCOUNT OF KENMURE, *air of* James Gordoun of Buittill, *his father*,—in the 16 shilling land of Bargalie of auld extent;—the 8 shilling land of Barhoys of auld extent, in the parish of Minigaff.—O. E. 24s, N. E. 3l. 12s. H. 222.

(427) Jan. 13. 1663.
JOANNES DUNBAR de Machriemoire, *hæres* Antonii Dunbar de Machriemoire, *patris*,—in 1 mercata terræ de Meikle Carse;—11 solidatis terrarum de Tonnotrie;—8 solidatis terrarum de Kirriuchterie antiqui extentus, cum dimidietate salmonum piscariæ earundem infra aquam de Crie, prædictis terris contiguæ adjacentis, infra parochiam de Monygoiffe;—officio coronatoris inter aquas de Die et Nith:—A. E. 31s. 4d. N. E. 4l. 14s.—terris de Machrimoir;—terris de Corsnae, Inshcastle, Parkemakeluge, Parkmaktagirt et Corsmaktagirt, extendentibus in integro ad 5 mercatas et 40 denariatas terrarum antiqui extentus, infra parochiam de Monygoiffe, cum parte officii coronatoris infra senescallatum de Kirkcudbright inter aquas de Die et Crie;—dimidietate 1 mercatæ terræ de Lessence; et dimidia 6 solidatarum et 8 denariatarum terrarum de Carsmainoch;—dimidia 6 solidatarum et 8 denariatarum terrarum de Blackcraige;—dimidia salmonum piscariæ de Kirruchtrie, infra parochiam prædictam.—A. E. 4l. 3s. N. E. 12l. 9s. I. 8.

(428)   Oct. 20. 1681.

DOMINUS ROBERTUS MAXWELL de Urchardtoune miles et Baroneta, *hæres* Domini Roberti Maxwell de Urchardtoune, *patris*,—in 9 mercatis terrarum de Urchardtoune antiqui extentus, in parochia de Butle :—A. E. 9*m.* N. E. 27*m.*—40 solidatis terrarum de Blackbellie antiqui extentus, infra parochiam prædictam :—A. E. 40*s.* N. E. 6*l.*—terris de Netherlaw lie Eister and Wester, extendentibus ad 18 libratas terrarum antiqui extentus, cum decimis inclusis:—A. E. 18*l.* N. E. 54*l.*—terris de Uverhessilfeild, extendentibus ad 4 mercatas terrarum antiqui extentus, cum decimis inclusis :—A. E. 4*m.* N. E. 12*m.*—2 molendinis granariis de Dundrennan uno vocato molendino de Auchincairne, et altero molendino de Netherkerick, cum terris molendinariis, multuris et decimis inclusis :—E. . . . . . *feudifirmæ* :—50 solidatis terrarum de Nether Linkings antiqui extentus :—A. E. 50*s.* N. E. 7*l.* 10*s.*—40 solidatis terrarum antiqui extentus de Balcheskie :—A. E. 40*s.* N. E. 6*l.*—dimidia mercata terræ de Balcarie, cum lie fish yair, silvis et decimis earundem inclusis :—A. E. 6*s.* 8*d.* N. E. 20*s.*—crofta terræ vocata Cairnes croft (vel Turners croft) extendente ad 4 acras terrarum, cum decimis inclusis:—E. . . . . *feudifirmæ*:—infra baroniam de Dundrennan.   I. 104.

(429)   . . . . . 1686.

ANDREAS M^cMILLAN, *hæres* Gulielmi McMillan de Barquhinzeock, *patris*,—in 5 mercatis terrarum de Barquhinzeock :—A. E. 3*l.* 6*s.* 8*d.* N. E. 10*l.*—50 solidatis terrarum dominicalium de Nether Mayns de Twynam :—A. E. 50*s.* N. E. 7*l.* 10*s.*—infra parochiam de Twynam.   I. 148.

(430)   Feb. 9. 1688.

MARGARETA WRIGHT, *hæres* Adami Wright in Cairngintoune, *patris*,—in crofta terræ vocata Braebrome croft extendente ad 5 solidatas terræ, parte 6 mercatarum terrarum de Carnthan, infra parochiam de Troqueir ;—decimis garbalibus et minutis dictæ croftæ terræ, et 2 lie dargs glebarum annuatim in fossa de Carnthan, pro principali ;—alia parte dictarum 6 mercatarum terrarum de Carnthan, infra dictam parochiam, in warrantizationem dictæ croftæ.—A. E. 5*s.* N. E. 15*s.*   I. 149.

(431)   Maii 11. 1697.

EDWARDUS GOLDIE de Craigmuie, *hæres* Edwardi Goldie de Craigmuie, *patris*,—in 5 mercatis terrarum antiqui extentus de Craigmuie, infra parochiam de Balmaclelland.—E. 10*l.*   I. 207.

www.ingramcontent.com/pod-product-compliance
Ingram Content Group UK Ltd.
Pitfield, Milton Keynes, MK11 3LW, UK
UKHW051000020625
6184UKWH00056B/1485